濱江特刊輯録

（一九三五年二月 — 一九四一年六月）

主　編：李冬梅
副主編：牛文傑 趙　靖

國家圖書館出版社
National Library of China Publishing House

圖書在版編目(CIP)數據

《濱江特刊》輯録:一九三五年二月——一九四一年六月/李冬梅主編. -- 北京:國家圖書館出版社,2017.4

ISBN 978 -7 -5013 -6071 -0

Ⅰ.①濱… Ⅱ.①李… Ⅲ.①報紙 - 彙編 - 中國 - 1935—1941 Ⅳ.①G219.296

中國版本圖書館 CIP 數據核字(2017)第 057335 號

書　　名 《濱江特刊》輯録:一九三五年二月——一九四一年六月

著　　者 李冬梅　主編　牛文傑　趙　靖　副主編

責任編輯 陳　卓

助理編輯 梁　盼

封面設計 北京麒麟軒文化發展有限公司

出　　版 國家圖書館出版社(100034　北京市西城區文津街 7 號)

(原書目文獻出版社　北京圖書館出版社)

發　　行 010 -66114536　66126153　66151313　66175620

66121706(傳真)　66126156(門市部)

E - mail nlcpress@ nlc. cn(郵購)

Website www. nlcpress. com→投稿中心

經　　銷 新華書店

印　　裝 河北三河弘翰印務有限公司

版　　次 2017 年 4 月第 1 版　2017 年 4 月第 1 次印刷

開　　本 787 × 1092(毫米)　1/8

印　　張 88.5

書　　號 ISBN 978 -7 -5013 -6071 -0

定　　價 960.00 圓

本書編委會

主　編：李冬梅

副主編：牛文傑　趙　靖

編　委：關雪嵐　朴雨美　金朝陽　于　博　韓笑盈　林學軍
張麗偉　戴天才　李曉龍　馮若愚　戰　艦

序言

多年從事圖書館地方文獻工作，我们深知圖書館收集、保存、整理、開發地方文獻資源的重要性。曾幾何時，感慨讀者像蝸牛一樣在浩如烟海的文獻中一點一滴地收集資料，其付出的辛苦勞作與耗費的時間深深觸動我們，設想如果我們從事地方文獻的工作者，能夠代替讀者完成一部分工作，提供某一專題、書目的資料，深度挖掘我們的資源，方便快捷地爲讀者服務，是不是更能體現我們工作的意義？正是基於此種想法，我館地方文獻開發、資源整理工作一直没有間斷，從前輩們的《館藏地方文獻書目》《館藏建國前中文地方報紙篇目索引》到近期的《哈爾濱四十年回顧史》以及館藏數據庫的製作，探索與實踐並存。再者，公共圖書館收集、整理地方文獻資源是爲了傳承地域文化與歷史的共同記憶，在當代文化大發展的背景下，圖書館肩負着宣傳公共文化知識的功能，但是對於知識歸納、整理，尤其是對於地方特色資源的整理、挖掘更顯難能可貴，同時也是不可丢棄的職責。這種兼具彰顯公共文化宣傳者形象，同時又不失去作爲地域文化傳播機構應有的特色，也應該是公共圖書館的一項重要工作内容。基於以上緣由，我們整理館藏資源，完成了《〈濱江特刊〉輯録（一九三五年二月—一九四一年六月）》的編輯工作，並即將付梓。

《〈濱江特刊〉輯録（一九三五年二月—一九四一年六月）》是由《盛京時報》中刊載的《濱江特刊》輯録而成。《盛京時報》於一九〇六年十月十八日（清光緒三十二年九月初一日）在瀋陽創辦，終刊於一九四四年九月十四日，歷時三十八年，是日本人在華所辦中文日報中歷時最久的一份報紙，發行範圍大體以東三省爲主，兼及華北各地。該報出版期間開設過若干特刊，《濱江特刊》就是其中一種，内容是當時哈爾濱及周邊社會形勢的新聞報道，是一份包羅社會萬象的特刊。《濱江特刊》刊登時間從一九三五年二月二十三日到一九四一年六月二十二日，不定期出版，結束時期號是五百四十九號，經我們查詢、鑒别，共存有二百九十期，外加一篇改版預告，共二百九十一期。本書是將每期整版掃描成圖片形式，經修整、去除廣告，衹保留文章部分，因原件的缺失和裝訂問題，有部分期號圖片是不完整的。我們對每期每版每一篇文章的標題做了梳理，編輯成索引：對於没印刷清楚的字，經辨認、猜測出來的字用（）括起；完全看不清楚的内容用□表示；有些文章注明了報道地點，用［］表示，置於文章標題後面。索引附在正文之後，可供讀者閲讀時浏覽參考。目録中報紙期號和日期不清楚的，用□表示，且按照報紙日期順序排列。

《盛京時報》作爲日本人創辦的報紙，是日本侵華的宣傳工具，不可避免要站在日本人的立場來考慮問題、發表言論、粉飾太平。這一點在我們輯録《濱江特刊》的時候，就已經看到。《濱江特刊》刊登的時間是一九三五年至一九四一年，正是日本人在中國活動最猖獗的時期，報紙上經常出現宣傳「王道樂土」的消息。但是，《濱江特刊》還是刊登了一些有價值的史料，如張雪松在《〈盛京時報〉特刊研究》一文中所描述：「翻開《濱江特刊》，從第一號開始……没有了冗繁、乏味的政治新聞，少了琳琅滿目、花樣繁多的各種廣告，鋪展在眼前的是一份真正來自民間、包羅社會萬象的報紙。」「《濱江特刊》創刊之日起便以新鮮犀利的社會新聞吸引討好讀者，報道群衆所想，努力迎合讀者口味。」《濱江特刊》内容涉及經濟、教育、官職設置、行醫問藥、交通環境、居住建築、警事、慈善等等領域，如：「大同元年至康德二年北滿豆麥收獲比較——濱江省公署調查發表」「馬迭爾財東被綁案法院昨日公開審理」「發現真性馬炭疽，市獸醫股立布防疫陣，施行消毒外厲行警戒」；還有表達對弱者同情的文章，如：「乞丐叫苦不迭，社會事業聯合會大肆宣傳，勸告市民勿賜予乞丐錢物，既不收容，復不救濟，真真豈有此理」「花界公會變相之婦女救濟會將成立，可憐的妓女又添一層剥削」。這些報道，淡化了枯燥的政治新聞，與人們日常生活息息相關，而且經常出現直接批評政府和揭露商家惡行的報道，具有一定意義上的輿論監督作用。生活的原生態，常常更能反映出歷史的本相。我們所做的文獻整理工作，就是將這些歷史文獻資料原汁原味地呈獻給讀者，供讀者研究、瞭解歷史上哈爾濱地區的狀況，閲讀歷史文獻資料，感悟一方水土的滄海桑田、日月輪回。梳理歷史誠然需要宏觀描述和概念的歸納，學者們爲此皓首窮經、焚膏繼晷，祇爲曲盡其妙，去僞存真。但這一切都應該建立在大量的歷史事實、細節之上，不然就會失之於片面、籠統，甚至虚假。歷史是錯綜複雜的，唯有依靠方方面面上上下下各式各樣的記録，纔有可能接近其原貌。作爲文獻的整理者，力圖用更多的文獻資料來填充被人們有意或無意留下的空白，這便是編輯此本《〈濱江特刊〉輯録（一九三五年二月—一九四一年六月）》的意義。

地方文獻資料是一個地區歷史進程的見證，它客觀反映了一個地區歷史發展的軌跡。公共圖書館是搜集、整理和傳播文化遺產的重要機構，承擔着本地歷史文獻資源建設的職責。唯願《〈濱江特刊〉輯録（一九三五年二月—一九四一年六月）》的出版，能爲使用者展示一個可以管窺的「過去」，能對本地區歷史文獻的積纍傳承有所貢獻。

需要説明的是：由於政治立場的局限，這些報紙中存在若干歪曲事實和對中國共産黨及中國共産黨領導下的抗日武裝大肆污蔑之處，本書編輯過程中，對這部分内容進行了一定删節，特此説明。

編　者

二〇一七年三月

目録

第一號　一九三五年二月二十三日……二
第二號　一九三五年三月六日……四
第三號　一九三五年三月十八日……六
第四號　一九三五年三月二十一日……八
第五號　一九三五年三月二十七日……一〇
第六號　一九三五年四月四日……一二
第七號　一九三五年四月九日……一四
第八號　一九三五年四月二十日……一六
第九號　一九三五年四月二十六日……一八
第一〇號　一九三五年五月六日……二〇
第一一號　一九三五年五月八日……二二
第一二號　一九三五年五月十六日……二四
第一三號　一九三五年五月二十二日……二六
第一五號　一九三五年六月七日……二八
第一六號　一九三五年六月十三日……三〇
第一七號　一九三五年六月二十日……三二
第一八號　一九三五年六月二十七日……三四
第一九號　一九三五年七月三日……三六
第二〇號　一九三五年七月□日……三八
第二一號　一九三五年七月十七日……四〇
第二二號　一九三五年七月二十五日……四二
第二三號　一九三五年八月二日……四四
第二四號　一九三五年八月八日……四六
第二五號　一九三五年八月十六日……四八
第二六號　一九三五年八月二十六日……五〇
第二七號　一九三五年八月三十一日……五二
第二八號　一九三五年九月五日……五四
第三〇號　一九三五年九月二十八日……五六
第三一號　一九三五年□月□日……五八
第三二號　一九三五年十月十一日……六〇
第三三號　一九三五年十月十八日……六二
第三四號　一九三五年十月二十四日……六四
第三五號　一九三五年十月三十一日……六六
第三六號　一九三五年十一月八日……六八

第三七號　一九三五年十一月十五日……七〇
第三八號　一九三五年十一月二十一日……七二
第三九號　一九三五年十一月二十九日……七四
第四〇號　一九三五年十二月五日……七六
第四一號　一九三五年十二月十三日……七八
第四二號　一九三五年十二月十八日……八〇
第四三號　一九三五年十二月二十六日……八二
第四四號　一九三六年一月九日……八四
第四五號　一九三六年一月十七日……八六
第四六號　一九三六年一月二十七日……八八
第四七號　一九三六年二月一日……九〇
第四八號　一九三六年二月八日……九二
第四九號　一九三六年二月十三日……九四
第四九號　一九三六年二月二十日……九六
第五〇號　一九三六年□月□日……九八
第五一號　一九三六年三月六日……一〇〇
第五二號　一九三六年三月十六日……一〇二
第五三號　一九三六年三月二十日……一〇四
第五四號　一九三六年三月二十七日……一〇六
第五五號　一九三六年四月四日……一〇八
第五六號　一九三六年四月十日……一一〇
第五七號　一九三六年四月十七日……一一二
第五八號　一九三六年四月二十三日……一一四
第五九號　一九三六年四月二十九日……一一六
第六〇號　一九三六年五月七日……一一八
第六一號　一九三六年五月十四日……一二〇
第六二號　一九三六年五月二十一日……一二二
第六三號　一九三六年五月二十八日……一二四
第六四號　一九三六年六月四日……一二六
第六五號　一九三六年六月十日……一二八
第六六號　一九三六年六月十八日……一三〇
第六七號　一九三六年六月二十六日……一三二
第六八號　一九三六年七月二日……一三四
第六九號　一九三六年七月九日……一三六
第七〇號　一九三六年七月十七日……一三八
第八一號　一九三六年七月二十九日……一四〇
第八二號　一九三六年七月三十一日……一四二
第七三號　一九三六年八月六日……一四四
第七四號　一九三六年八月十三日……一四六
第七五號　一九三六年八月十五日……一四八
第七六號　一九三六年八月二十七日……一五〇
第七七號　一九三六年九月二日……一五二
第七八號　一九三六年九月十日……一五四
第七九號　一九三六年九月十九日……一五六
第八〇號　一九三六年九月二十六日……一五八
第八二號　一九三六年十月二日……一六〇

第八一號　一九三六年十月八日……一六二
第八二號　一九三六年十月十六日……一六四
第八三號　一九三六年十月二十三日……一六六
第八五號　一九三六年十月二十八日……一六八
第八六號　一九三六年十一月四日……一七〇
第八七號　一九三六年十一月十二日……一七二
第八八號　一九三六年十一月十九日……一七四
第八九號　一九三六年十一月二十六日……一七六
第九〇號　一九三六年十二月二日……一七八
第九一號　一九三六年十二月十日……一八〇
第九二號　一九三六年十二月十六日……一八二
第九三號　一九三六年十二月二十五日……一八四
第九四號　一九三七年一月十三日……一八六
第九五號　一九三七年一月二十一日……一八八
第九六號　一九三七年一月二十七日……一九〇
第九七號　一九三七年二月三日……一九二
第九八號　一九三七年二月十七日……一九四
第九九號　一九三七年二月二十六日……一九六
第一〇〇號　一九三七年三月四日……一九八
第一〇一號　一九三七年三月十一日……二〇〇
第一〇二號　一九三七年三月十七日……二〇二
第一〇三號　一九三七年三月二十五日……二〇四
第一〇四號　一九三七年三月三十一日……二〇六

第一〇五號　一九三七年四月七日……二〇八
第一〇六號　一九三七年四月十四日……二一〇
第一〇七號　一九三七年四月二十一日……二一二
第一〇八號　一九三七年四月二十八日……二一四
第一〇九號　一九三七年五月五日……二一六
第一一〇號　一九三七年五月十二日……二一八
第一一一號　一九三七年五月十九日……二二〇
第一一二號　一九三七年五月二十七日……二二二
第一一三號　一九三七年六月二日……二二四
第一一四號　一九三七年六月九日……二二六
第一一五號　一九三七年六月十六日……二二八
第一一六號　一九三七年六月二十三日……二三〇
第一一七號　一九三七年七月一日……二三二
第一一八號　一九三七年七月七日……二三四
第一一九號　一九三七年七月十五日……二三六
第一二〇號　一九三七年七月二十一日……二三八
第一二一號　一九三七年七月二十九日……二四〇
第一二二號　一九三七年八月五日……二四二
第一二三號　一九三七年八月十三日……二四四
第一二四號　一九三七年八月十八日……二四六
第一二五號　一九三七年八月二十六日……二四八
第一二六號　一九三七年九月一日……二五〇
第一二七號　一九三七年九月九日……二五二

第一二八號　一九三七年九月十六日……二五四
第一二九號　一九三七年九月二十二日……二五六
第一三〇號　一九三七年九月二十三日……二五八
第一三一號　一九三七年九月二十九日……二六〇
第一三二號　一九三七年十月七日……二六二
第一三三號　一九三七年十月十六日……二六四
第一三四號　一九三七年十月二十日……二六六
第一三五號　一九三七年十月二十九日……二六八
第一三六號　一九三七年十一月三日……二七〇
第一三七號　一九三七年十一月九日……二七二
第一三八號　一九三七年十一月十七日……二七四
第一三九號　一九三七年十一月二十三日……二七六
第一四〇號　一九三七年十二月一日……二七八
第一四二號　一九三七年十二月五日……二八〇
第一四一號　一九三七年十二月十一日……二八二
第一四三號　一九三七年十二月二十二日……二八四
第一四三號　一九三七年十二月三十日……二八六
第一四四號　一九三八年一月十四日……二八八
第一四五號　一九三八年一月二十一日……二九〇
第一四六號　一九三八年一月二十六日……二九二
第一四七號　一九三八年二月五日……二九四
第一四八號　一九三八年二月十七日……二九六
第一四九號　一九三八年二月二十三日……二九八

第一五〇號　一九三八年三月一日……三〇〇
第一五一號　一九三八年三月九日……三〇二
第一五二號　一九三八年三月十六日……三〇四
第一五三號　一九三八年三月二十二日……三〇六
第一五四號　一九三八年三月三十日……三〇八
第一五五號　一九三八年四月五日……三一〇
第一五六號　一九三八年四月十二日……三一二
第一五七號　一九三八年四月十九日……三一四
第一五八號　一九三八年四月二十七日……三一六
第一五九號　一九三八年五月五日……三一八
第一六〇號　一九三八年五月十三日……三二〇
第一六一號　一九三八年五月十九日……三二二
第一六二號　一九三八年五月二十六日……三二四
第一六三號　一九三八年六月二日……三二六
第一六四號　一九三八年六月八日……三二八
第一六五號　一九三八年六月十五日……三三〇
第一六七號　一九三八年□月□日……三三二
第一六八號　一九三八年六月二十九日……三三四
第一六九號　一九三八年七月七日……三三六
第一七一號　一九三八年七月二十日……三三八
第一七三號　一九三八年八月二日……三四〇
第一七四號　一九三八年八月十二日……三四二
第一七五號　一九三八年八月十七日……三四四

第一七六號　一九三八年八月二十四日……三四六
第一七七號　一九三八年□月□日……三四八
第一七八號　一九三八年九月七日……三五〇
第一七九號　一九三八年九月十五日……三五二
第一八一號　一九三八年九月二十九日……三五四
第一八二號　一九三八年十月六日……三五六
第一八三號　一九三八年十月十三日……三五八
第一八三號　一九三八年十月二十日……三六〇
第一八四號　一九三八年十月二十七日……三六二
第一八五號　一九三八年十一月二日……三六四
第一八六號　一九三八年□月□日……三六六
第一八七號　一九三八年十一月十七日……三六八
第一八八號　一九三八年十一月二十二日……三七〇
第一九〇號　一九三八年十二月九日……三七二
第一九一號　一九三八年十二月十六日……三七四
第一九二號　一九三八年十二月二十二日……三七六
第一九三號　一九三八年十二月二十九日……三七八
第一九四號　一九三九年一月十二日……三八〇
第一九五號　一九三九年一月十九日……三八二
第一九六號　一九三九年一月二十五日……三八四
第一九七號　一九三九年二月一日……三八六
第一九八號　一九三九年二月九日……三八八
第一九九號　一九三九年二月十五日……三九〇
第一九九號　一九三九年三月三日……三九二
第二〇一號　一九三九年三月八日……三九四
第二〇二號　一九三九年三月十五日……三九六
第二〇三號　一九三九年三月二十四日……三九八
第二〇四號　一九三九年三月二十八日……四〇〇
第二〇五號　一九三九年四月十二日……四〇二
第二〇六號　一九三九年四月十四日……四〇四
第二〇七號　一九三九年四月二十一日……四〇六
第二〇九號　一九三九年五月十一日……四〇八
第二一〇號　一九三九年五月十七日……四一〇
第二一一號　一九三九年五月二十五日……四一二
第二一一號　一九三九年五月三十一日……四一四
第二一二號　一九三九年六月八日……四一六
第二一三號　一九三九年六月十四日……四一八
第二一四號　一九三九年六月二十三日……四二〇
第二一五號　一九三九年七月四日……四二二
第二一六號　一九三九年七月七日……四二四
第二一七號　一九三九年七月十三日……四二六
第二一八號　一九三九年七月二十日……四二八
第二一九號　一九三九年七月二十七日……四三〇
第二二〇號　一九三九年八月三日……四三二
第二二一號　一九三九年八月九日……四三四
第二二二號　一九三九年八月二十四日……四三六

第二二三號　一九三九年八月三十一日……四三八
第二二四號　一九三九年九月六日……四四〇
第二二五號　一九三九年九月十二日……四四二
第二二五號　一九三九年九月十五日……四四四
第二二六號　一九三九年十月十二日……四四六
第二二七號　一九三九年十月二十四日……四四八
第二二八號　一九三九年十月二十六日……四五〇
第二二九號　一九三九年十一月二日……四五二
第二三〇號　一九三九年十一月九日……四五四
第二三一號　一九三九年十一月十六日……四五六
第二三二號　一九三九年十一月二十二日……四五八
第二三三號　一九三九年十一月三十日……四六〇
第二三四號　一九三九年十二月七日……四六二
第二三四號　一九三九年十二月十三日……四六四
第二三五號　一九三九年十二月二十一日……四六六
第二三七號　一九四〇年一月二十四日……四六八
第二三八號　一九四〇年二月二十二日……四七〇
第二三九號　一九四〇年三月五日……四七二
第三〇〇號　一九四〇年三月八日……四七四
第三〇一號　一九四〇年三月二十二日……四七六
第三〇二號　一九四〇年三月二十七日……四七八
第三〇二號　一九四〇年四月六日……四八〇
第三〇二號　一九四〇年四月十一日……四八二

第三〇三號　一九四〇年四月十八日……四八四
第三〇四號　一九四〇年四月二十七日……四八六
第三〇五號　一九四〇年五月十七日……四八八
第三〇六號　一九四〇年五月二十四日……四九〇
第三〇七號　一九四〇年六月二日……四九二
第三〇八號　一九四〇年六月七日……四九四
第三〇九號　一九四〇年六月十四日……四九六
第四〇〇號　一九四〇年六月十六日……四九八
第四〇一號　一九四〇年六月二十六日……五〇〇
第四〇二號　一九四〇年七月十六日……五〇二
第四〇三號　一九四〇年七月二十一日……五〇四
第四〇四號　一九四〇年七月三十日……五〇六
第四〇五號　一九四〇年八月七日……五〇八
第四〇五號　一九四〇年八月十七日……五一〇
第四〇六號　一九四〇年八月二十九日……五一二
第四〇七號　一九四〇年九月五日……五一四
第四〇九號　一九四〇年九月十九日……五一六
第四一二號　一九四〇年九月二十九日……五一八
第四一三號　一九四〇年十月八日……五二〇
第四一四號　一九四〇年十月十二日……五二二
第四一五號　一九四〇年十月二十四日……五二四
第四一六號　一九四〇年十月二十七日……五二六
第四一七號　一九四〇年十一月三日……五二八

第四一八號　一九四〇年十一月九日……五三〇
第四一九號　一九四〇年十一月十四日……五三二
第四二〇號　一九四〇年十一月二十三日……五三四
第四二一號　一九四〇年十一月三十日……五三六
第四二二號　一九四〇年十二月七日……五三八
第四二四號　一九四〇年十二月十四日……五四〇
第四二五號　一九四〇年十二月二十二日……五四二
第四二六號　一九四一年一月十二日……五四四
第四二七號　一九四一年一月十八日……五四六
第四二八號　一九四一年一月二十五日……五四八
第五三一號　一九四一年二月八日……五五〇
第五三二號　一九四一年二月二十二日……五五二
第五三四號　一九四一年三月八日……五五四
第五三五號　一九四一年三月二十日……五五六
第五三七號　一九四一年三月三十日……五五八
第五三八號　一九四一年四月六日……五六〇
第五三九號　一九四一年四月十二日……五六二
第五四〇號　一九四一年四月十九日……五六四
第五四一號　一九四一年四月二十九日……五六六
第五四二號　一九四一年五月四日……五六八
第五四三號　一九四一年五月十一日……五七〇
第五四四號　一九四一年五月十七日……五七二
第五四五號　一九四一年五月二十四日……五七四
第五四七號　一九四一年六月七日……五七六
第五四八號　一九四一年六月十四日……五七八
第五四九號　一九四一年六月二十二日……五八〇
篇名筆畫索引……五八三

濱江特刊輯録

（一九三五年二月——一九四一年六月）

濱江特刊

第一號

市營交通事業 從前弊端不但未除 接收之後流弊叢生

哈爾濱之交通事業、向來操諸私人手中、只圖侔利、未嘗顧及市民之便利與安全也、故市民嘖有煩言，哈爾濱特別市公署應輿論之要求、毅然將電車及大汽車於去年十二月廿四日及本年一月廿日先後收歸市營、當接收同時、市署曾一再宣示、市營宗旨在於利國便民、絕非從前之侔利主義可比矣、市民聞聽之下、莫不額首稱慶、意今後之交通事業、既歸市營、想從前之種種弊端、可於如數一掃、詎料事實有出人意料之外者、即電車、大汽車自收歸市營以來能將以前之弊竇掃除、甚至更有甚於前、殊爲憾事、前將觀察所得、爰誌於後、希市當有以改善之焉、

一、關於電車—查電車前歸電業局經營時、一切手續尙稱便利、惟自由車站至道外十六道街線路、票價改爲國幣四分後、即將自正陽街至十六道街一段改爲短途、由車站赴十六道街之乘客、至正陽街須換車等車、殊感時間上之不經濟、乘客莫不痛詆此弊、輿論亦多非難、無如電業局堅持謬見、置輿論於不顧、祇圖侔利、視諫言若旁風、故始終未肯變更其換車辦法、一般市民預料待收歸市營時、必即改革、以順輿情、詎今一仍舊慣、不加改正、實有負市民企盼電車收歸市營之情、

自喇嘛台至鐵路局一段、在電業局經營時、尙係兩輛車往返載客、僅足支配、詎近日來竟減至一輛、往返於三里餘之路線上、於此冰點下嚴寒之哈爾濱、乘客頓於狂風暴雪中候車、所謂便民者即是之謂乎、從前道外電車的距離均是三分鐘行車一週道裡爲 五十六 分鐘道外爲四十八分鐘之間隔、乘客少候時間、鐘點多車行的速度低少生創人摔人撞人車的事故、今道裡改爲五十四分一週道外改爲 四十四分一週、道裡由教堂街返回換車、道外由正陽街返回換車、間隔有四分半和二分鐘不平均的距離有的車空空如也、有的車擁擠不堪兩車連貫而行撞車摔人創人等不幸事故甚至日有數次、是之謂便民耶、實令人大惑不解、

二、關於大汽車—大汽車在未收歸市營之前、固腐敗不堪言狀、任何人亦難否認、彼等任意攬客、不顧市民之安全、且負有保護市民安全責任之警察、因有說不出的原因、甘願放棄了應行的權限、大汽車公會因不堪輿論之指責、乃在南馬路許公路拐角及道裡十二道街口兩處設置駐在所、以便限制車量乘客、而策安全、用意不謂不善、當施行之初、一二日成績頗爲良好、未幾一仍舊慣、充量裝載、雖然車行至南馬路站住、有一類似印度人因終日在粗風暴日之露天留守所致操頭假作點數之態度、然從未聞有一次施行其限制之職權大汽車公會之職員、所放棄職權、是否亦與警察有同樣『說不出的原因』、局外人當不敢臆測也、

但自收歸市營後裝載乘容漫無限制、相隔距離恆十數分鐘而不見一輛、恆數輛連貫而行秩序上之紊亂、或係因接收伊始、諸般手續尙未就範、猶可原宥、惟大車之隨意載客、漫無限制、殊屬非當、當局倘果將大汽車收歸市營爲謀市民之便利、發達市政時、則應大汽車按照電車之辦法、規定平均之距離時間、有客無客、至時則開、乘客按照汽車之容量、及載重量、限制人數、以免危險、

道外正陽街、因街道太窄、行人如蟻、爲避免撞車創人危險、向來不准大汽車通行、大汽車自收歸市營後、新闢正陽街至廿道街路線、既與相距咫尺之大新街電車軌道相並行、復影響洋車夫之生活於無法維持、撞車創人之慘劇亦在所難免、深望市當局設法改革之、

此外如收車時間問題、原未收歸市營前晚十二時後、道裡外交通全賴大汽車聯絡、歸市營後、改晚十時收車、致道裡外之交通、晚十時後須賴人力車及小汽車聯絡、殊失市營大汽車便利市民之本旨、望市當局速恢復前制、市民幸甚、

市農會財源茂盛 姚會長老運亨通

數月前因賄選曾惹起極大波瀾之哈爾濱之農會、當時輿論鼎沸、楚歌四起、委以姚某手眼通天、雖經幾度之告發、結果得以平安渡過、且馬馬虎虎仍然膺得市農會會長之榮銜、一般人良 不驚嘆金錢 之萬能也、查鴉片小賣人無選舉及被舉權早有明文規定、姚某身爲廣德樓鴉片零賣所小賣人、竟恃其財勢、得以左右法律、一般人知者又莫不爲我滿洲國王道政治下之法律太息不置耳、經百折面不撓市農會會長大權終得操從之姚某、自市農會成立後、焉得不進行其第二步之發財計畫、於是出頭組織馬車會、後未成功、又向潔濱公司之大糞進攻、結果以某種之關係、亦未能達到目的、最後以菜蔬種售出組合爲一大好發財機會、且與農民亦有相當關係、乃出與競爭先收菜蔬組合半數之手續料、後全部免收、一般

麵莊發財 全憑倒袋

自關稅改正後哈埠之麵粉有恢復三年前進出南滿之希望、故各大火磨及糧商莫不遣人四出大肆購買小麥、惟以年來小麥歉收、農村存麥無多、聞各糧商收買之結果不佳、以是小麥之價格竟節節上漲哈埠唯一出路之南滿一帶、因外洋期粉尙未到期之關係、暫時仍不得向南滿播足、各火磨存粉過多麵粉價格一時難能提高、故各火磨莫不賠累不甚、惟與火磨有連帶關係之麵莊家、莫不大發其厥財、在哈埠一般商業中儼然一種時形現象矣、頃據個人中談稱、麵莊家所得火磨之佣金絕少、而其所以發財者、不在佣金、而在倒袋耳、蓋火磨有大小之分、麵粉有貴賤之別、以雙合盛與成泰德二[illegible]、小袋麵粉高出二毛、各麵莊後屋多有地下室、以頂龍換鳳之手段、使賤者得以貴賣矣、且每袋麵粉原四十斤〇十四兩、由麵莊所買之麵謹足四十斤每舊小麵袋 按說不過 哈洋八九分、即可買得、因各麵莊利用舊麵袋、故每條漲至一角五六麵袋所用鉛蛋、亦漲至哈洋五分、綜合每小袋麵粉麵莊可獲利三角是以各麵莊年中剩餘千萬元者、良有以也、惟有火磨與用戶苦矣云、

多數是些野鶯養者流、正人君子、尤其是知識階級的人、絕對少數、於是該院也是佔了『地利』便宜、又因開銷輕微、營業也很發財、

大同電影院—位居正陽十一道街、係前光明社經理人宋福堂所經營、地址極爲狹窄充其量可容二百人、且無樓座、係一普通房舍、因陋就簡、而作成者、去年因負上海天成電影公司、及平安電影院片租過鉅、經天成公司及平安接辦、將債還清、於去年冬月間、又交還宋福堂經營、因無好片可演、只能維持現狀、並無財可發、

以上五家係道外一隅、關於道裡南岡等處者有以下數家、

把拉斯電影院—位居道裡中國七道街、係法國人某所經營、爲哈爾濱電影公司直轄之大影院、設備堂皇建築壯麗、專演中國各大影片公司之新出品、春節以來、連演明星公司出品之『方芸英』、『大路』等有聲影片上座頗多因道裡觀衆時看外國影片、故電影知識亦隨之提高、尤其是俄人居多、嗜電影成癖、故營業狀、爲哈埠電影業之冠云

馬迭爾電影院—位居中央大街、與把拉斯鱗比相接、亦係哈爾濱電影公司之直屬影院、設備之堂皇潔淨、較把拉斯有過之無不及、多演外國影片專供給一般黃髮碧眼兒觀衆、營業亦十分發達、

光陸電影院—位居外國四道街爲與某所經營、現暫租與某猶太人、除間或演幾次中國無聲片外、大部份是演外國片、

編後餘墨

『四大閘夫克』、『巴也嚇力』、這是黃髮、碧眼睛男女大汽車掌的兩句生意經、譯出來是、『站下』、『走啦』、其後營業大汽車盛行一時我們貴國人操斯業者、亦就把這兩句毛子話號來應用、代表大汽車的神聖襲令、所以在有大汽車通行線的馬路上、便可所到『四大閘夫克』或是『巴也嚇力』一種是蒼老、一種是嬌柔、又一種是嬌問糅、似是而非的聲音、於是乎『大閘夫克』和巴也嚇力』兩句話與哈爾濱社會間會發生直接關係、直到現在、尤其是哈爾濱交通局成立以後、一般

放下屠刀立地成佛

肉商公會捐款興辦乞丐兒童義務學校

哈爾濱社會事業聯合會、屬下之道外乞丐收容所、創辦以來、成績頗佳、惟該所失學兒童、不下五六十人、常此放任此一般活潑天眞之兒童、既無一枝之長、又無普通學識、前途固極可慮、社會事業聯合會有鑒及此、乃擬設法籌設義務學校、惟苦常年經費無着、乃向猪肉商同業公會商洽、幸得該公會之援助、慨解義囊、准予每月津貼國幣二百元、以爲該義務學校之常年經費、聞舊歷年關渡過、在不遠之將來即可實現、校址暫附設於乞丐收容所、課程偏重工藝及普通常識、乞兒畢業後有自給之能、造福乞兒非淺云、

長途汽車營業發達

哈爾濱水運局、自封江之後、於客歲十二月二十二日起、在沿江各處設置辦事處、從業員不下二百餘名、運瀛車自備與租用計二百四十輛、辦理江上長途瀛車、開駛以來、營業異發達、據該局一月末統計、運輸乘客二千八百三十一名計運輸貨物三十萬噸、客貨總收入約十萬二千三百餘元、與上年比較、全多四個月間、運輸客人爲數祇一千二百名、貨物十五萬噸、總收入祇六萬元、但本年瀛車預料尙可駛行至三月末、故該局之長途瀛車業務前途極有好望云、

人不明其眞像者、以爲果市農會其爲農民解除菜蔬種售組合之剝削、純爲農民謀福利者、詎知市農會雖不收過秤費、而强制農民加入該會、爲普通會員一人入會費、國幣五角、以外更有正式會員、特別會員、一元二元四元不等、凡屬正屬會員、乃發給會章、帶此會章者到菜市售菜過秤不收手續料、總計市農會管下八個鄉農會、二百七十餘村屯、會費均按一元計算、年可得數萬元、市農會之經費固可解決矣、惟連年多匪多災疲蔽已極、農村無形中受此剝削亦云苦矣云、

電電會社本年度新設施

收買新設局二百四十處

滿洲國電信電話株式會社、哈爾濱管理處、爲期發展業務、銳意計畫建設中、據同本年度解凍後施行之工程如下、

昂昂溪—富拉爾基間架設長途電話綫、

黑龍江—大黑河間架設長途電話綫、

預定本年新設蛟河勃力、慶城明月溝、等電報話局、並收買海倫、克山、三道鎭、通河、拜泉等一百餘處民營電話事業、總計買收及新設局不下二百四十餘處、此外增加市內電話數目及處所如下、

		在現電話數、	本年新增數
一	哈爾濱	四六三三、	五〇〇、
二	吉林	一五二二	一五〇、
三	龍江	一一一八	一〇〇、
四	圖們	五二七	〇〇、
五	新站	一〇八	二〇〇、
六	滿洲里	一〇九	一五、
七	北安鎭	一四一	三〇、
八	牡丹江	二五四	四五〇、
九	海拉爾	二六八	三〇、
十	新京城內	四二〇	五〇、
十一	綏芬河	三〇	四〇、
十二	黑河	二三七	四〇、
十三	一面坡	三九	五、
十四	安達	五三	五、
十五	九台	七〇	一、
十六	滿溝	六六	一、

新募集的陰性車掌、老毛子不問還是照樣、『四大鬧夫克』、『巴也嚇刀』可笑是我們貴國的女先生們、差不多亦都受了老毛子的傳染、所以在任何街路坐客們告訴要下車的時候、這些如花似玉雄糾糾的娘娃娃的車掌們、必定撒開嗓子喊着、『四大鬧夫克』繼續着又是『巴也嚇力』可是在她們說了後、自己似乎覺着難堪、便吐一吐舌頭、爲像是閻婆惜的窮『三短、於心上一樣的有愧、然而習慣、就是自、然久而久之便不引以爲怪了相形之下『四大鬧夫克』和『巴也嚇力』不但難能打倒、而且還大走其桃走運、出常自於滿洲美人口中、嬌情情的另有一番風味云、

哈埠電影事業概觀

負有國際都市榮譽的哈爾濱、因爲三年兩次水災、弄得大家一齊鬧窮、小本商店相繼荒閉、惟有電影事業年來確極發達、也許是『富而好禮貧而好樂』的表徵嗎？抑時代演進愈深人民知識之需求愈切歟？我眞有點不明白、茲將各電影院之狀況略誌於下、

國泰電影院—位居道外正陽十六道街、原爲光明社、係宋福堂所經營、後經哈爾濱電影公司收買、大加修飾、把一個極腐敗的影院、遽然變成[illegible]堂皇華麗的影院、專演中國各大影片公司出品之有聲[illegible]片、爲與各影院競爭、票價並不很貴、惟以地址偏僻、營業終不得十分發達、舊正以來、映演上海聯華公司出品之『大路』、頗得一般智識階級之歡迎、每日觀衆十分踴躍、院內甚至無立錐之地、近日來所演之『人間仙子』及『春宵曲』上座亦屬不惡、

平安電影院—位居許公路正陽大街西口、前爲中央電影院、係吳子厚、李沛霖所經營、後免於伍知威接辦重新改組、地點四通八達、交通便利、建築裝飾也都很雅緻的、惟以中國各大製片公司爲聯華藝華天一星等廠出品、明皆爲哈爾濱影片公司所包辦、凡以上各大製片廠出品、除在該公司直屬之把拉斯、馬迭爾、鳳翔敖立安特、國泰等五家映演外、不准在哈個院映演、以故平安幾乎無片可演、所以不能不別關道路、去年平安在演電影以外、弄些雜耍、像空中飛人喇萬能脚喇去年秋間、又邀小桂花在該院一面演電影、一面唱戲評、後因來爲新舞台及華樂兩戲院、先後邀來劉漢臣李萬春、平安觀衆減少、祇好又胡亂弄些破爛影片、如彭公案啦、荒江女俠啦等片來映、好再道外的觀衆、對於電影知識有限、像『大路』『漁光曲』一類的影片還看不懂對於弄刀弄槍亂殺亂砍的武俠神怪片、頗饒幸趣、於是平安佔了『人和』『地利』的兩個條件、又兼宣傳得法、每天開場總是擁擁擠擠的滿堂座、營業很是發達、

亞洲電影院—位居道外七道街、浴海沕胡同、原爲郭敬三等所創辦、後出讓於日人田中、地址僻偏、裝修不雅、空氣悶塞、光線暗淡、爲一藏汚納穢之所在、影院夫役、多與小綹勾通丟失衣帽錢款等事恒一日數起、每經失主發覺茶役輒僞作盤詢狀、將失主團團圍住、給小綹造成機會使之溜之乎也、因無好片映演、只得將數年前明星公司出品之火燒紅蓮神怪片返復映演、委以道外『老博帶』階級現象較多皆喜看百里之外飛劍殺人的勾當、所以一連演了二三年的老乏片、還是不少人看、也是哈爾濱尤其是道外一隅、文化落後的一種表徵、所以去年一年的工夫、聽說亞洲倒賺三萬多元、你說奇怪不奇怪？

東北大院—往居道外昇平二道街原爲孫某所創辦、後以映演宣傳赤化影片、被舊政權時代濱江警察廳查封、孫某當時畏罪遠逃、聽說現在之奉天又開了個什麼影院、營業倒很發達、東北影院自被查封後、經官方得舖墊家具出租、與石某接手經營、於前年又經劉某接辦、地址既然偏僻、建築又復不良、破桌爛櫈、汚穢不堪、新正以來、發生火警數次、幸經救滅、未至燎原、所演影片爲『火燒平陽城』『關東大俠』一類影片、因地處偏僻、一般苟合男女、在交通便利行人較多的所在、惟恐被熟人看見、所以多携往該院、以蔽耳目、所以在東北大戲院看電影的、大

春節映演『傾國艶妃』、繼續賀波林『城市之光』、上座頗爲踴躍云、

美國電影院—位居中國九道街係猶太人入美國籍者某所創辦、影院之寬敞、建築之合理、修飾之淸潔、可執哈埠影院之牛耳、尤其有聲電影機價値萬元、爲他院所不及、惟經營不得法、專演外國破爛影片、春節後演華納公司出品之『奇異酒店』該片內有表演天使裸體跳舞、接吻等褻穢淫亂一幕、將基督詆譭不堪、於十二日夜八時許、正演『天使跳舞』一幕時、忽然池座內轟然一聲、一似爆竹聲響、一時弄得觀衆們走頭無路、孩哭婦啼秩序因之大亂當場由該院茲役捉獲俄青年一名、送交經緯署、略加盤問即刻承認不諱、不過因憤恨該院公映此等侮辱宗教影片、予以警戒、警廳除一面依法懲辦肇事犯人外、一面勒令該停演『奇異酒店』、改演『幸福之歌』矣云、

鳳翔電影院—位居南崗義洲街、既屬哈爾濱電影公司直轄影院、所演影片亦無非該公司所有之中國片、及西洋片在五大影院輪流映演、不過南崗一隅俄人居多、故編重西洋出品、營業亦屬不惡、

敖立安特影院—亦在義洲街與鳳翔遙遙相對之因南一隅幅帽廣濶、僅有此二影院、營業狀均屬可觀云、此外馬家溝猶有明星影院、專演類似亞洲等院之下等舊片、營業僅足維持現狀云、

濱江特刊

第二號

滿洲建國三週年帝制實施週年紀念 哈埠市民慶祝若狂

懸燈結彩輝煌華麗 萬人空巷排隊遊行

三月一日滿洲建國三週年帝制實施週年之一曠古大典、哈爾濱官民於事前籌備周詳、是日也、各機關、法團、以及各重要路口皆懸燈結彩、輝煌華麗、各商號、住戶門前、均高懸五色國旗、春風蕩漾、王道樂土之表徵十足、午前十時、十數萬市民、齊集於道裡公園、由呂省長主席之下、振鈴開會主要官員、多有極懇切之演說、直至十一時許始於萬衆高呼萬歲聲中宣告閉會、按照事前確定之程序、排隊游行、一時萬人空巷、而秩序整然、沿中央大街而斜紋街、直奔南崗、順義洲街而拐八長官公署街、直至啦嘛始散、沿途高呼口號民衆之精神煥發、散猶臨依依不去、足見民意之赤誠、晚七時道裡特〇公園、及道外十六道街等處、燃放花炮、市民自動演扮秧歌、一時市街頓呈熱鬧之景像、人民咸露懽樂之笑容、扶老携幼爭看秧歌、蹡蹡蹌蹌路爲之塞足見民衆對新國愛護之殷切矣云、

楊連三……報應不爽

八站中馬路三合盛糧業、經理楊連三、年屆知命、性好漁色、四年前兼任一面坡中東啤酒公司經理時、該公司工人楊某之妻、姿首頗佳、楊連三垂三年齒漸增、對於性慾自不能使其得到充份之愉快、不得不另闢道路、於是狂蜂浪蝶、紛至沓來、久之爲楊連三所知、大發雄威、以期儆戒、詎料其妻老羞成怒、竟於當晚服安眠藥水、以圖自殺、幸爲家人發覺拉赴道裏斜街某醫院救治、據云性命不至危險云、

汽車一輛往道裡某人飯店、庋其鋪伴生活、澈夜達旦、紙醉金迷、一種旖旎風光、非祇顚倒光棍、而更羨煞寡婦、故兩人東仰西歪、俱各陶醉於香檳杯中、其失態處、肉麻骨酥、雖貴媳過婦之貴棒萱臨席監視但是否關斬將、過局外人殊不得知云、

半眞半假之俏皮坤伶玉艷芳、與房間老板戴銘洲、同居問題、醞釀經久、聲滿歌場、現在某月下老人撮合之下、不日即將實現、目下進行細目、祇身價與脫離梨園兩則、緣艷芳除父死母亡以外、尚有弱弟表兄、在艷芳未嫁以前、生是王家人、死是王家鬼、故其終身代價、成爲與戴同居中心問題、亦即備將來脫離梨園後養贍弱弟費用、依戴個人意見先出現欵一千元、並使艷芳再繼續演唱一年、所得包銀、完全交其表兄、惟己身拿出之一千元現欵、仍歸渠個人經管、或放印子或存銀行、以待將來的小舅子成人後、再全盤托出、而因戴爲人狡滑艷芳正在詳加考慮中云、

出演華樂之坤伶小八仙旦、本姓胡、初習武術、賣藝江湖、後入梨園、演刀馬旦、終因藝術幼稚、包銀甚微、頃以不足支配、乃天開奇想、轉以肉體感人、先與該園某巨頭要好、故常驕氣凌人睥視一切、後某中饋有人、仙大失所望、聞近來已公然在該台後院開社煙館、一般狂蜂浪蝶、多樂就之、營華之盛不亞於零賣所云

名伶李萬春所屬之永春社藝員小奎官、嗜好黑貨而外、如報並貪女色、先與原在德鳳下處現移迎春院更名紅寶之香元熱度甚高、惟紅寶楊花水性、任誰無常、不久鴛鴦捧打各自東西、聞奎官慾火難禁、目下正向該園某坤角進攻中云

零賣所女招待

幾擒幾縱——是謂取締!

關於哈爾濱市鴉片零賣所、的女招待、人們知道警察廳已經三令五申的取締了、可是事實告訴我們說、『什麼取締?們、除却有特殊情形不受查獲的、不是也時常的『捉將官裡去』嗎?不過被捉的她們（女招待 實際上不是什麼罪犯、的時日、不定是逢郵一天、即便不幸被罰上了捐[illegible]兩元錢僅不過削去十分之二罷了、如此輕微的罰捐、像是喫點『家常便飯、』無怪她們都說『滿不在乎』了、

看吧!在春風蕩漾下的女招待活躍了、自由地活躍了

妻貌過艷 夫疑不貞

北滿鐵路路警內勤第二區、警士邸如海、奉天人、年逾而立、猶無妻室、一身孑立、形影相弔、時感生活之單調、乃遍尋月老、爲牽紅線、嗣於客歲臘月間、經友人之撮合、聘得某姓女爲妻、女年才及笄、姿態艷麗、剪髮天足、儼然一時髦女郎也、邸本醜惡、娶此俊婦、相形之下、不啻有武大金蓮冉世之譏、一般人既羨邸艷福非淺、復嘆惜佳人其配蠢郎也、自過門後、邸自知形穢不相匹配、惟恐其妻子另有外遇、乃妨嫌之心、油然而生每有稚子過其門、立即追出、口中自言姦夫來矣 當其值班站崗之時、恆嘆惜不置、謂同事曰、此時家中之姦夫諒已不計其數矣、一日偕妻赴道外閒步、便中至某飯館小酌、酒過三巡、輒將堂倌呼至、謂何物大胆敢冒然姦人婦女耶耶、堂倌被其突然一問、竟自瞪目不知所答、妻知其神經過敏、婉言相勸、邸之疑心愈甚、乃飯未罷、即憤憤拽女回、逼之吐實、妻痛哭流啼、否認其事、邸不之信、命嗚誓、乃在戶外燃藝雙香、燒化錢[illegible]、迫妻[illegible]諸天神、以明其事之有無、妻無法、只好忍泣含悲、長跪當街、鄰人聞知、咸趨窺視、莫不竊笑邸某之愚、又嘆其妻遇人之淑也、無何、邸公然具呈控同事五人有誘姦其妻之嫌於路警處、經一度之調查、查屬子虛、乃將邸調於內勤三區、務、事乃暫息云、

鐵輪馬車 亟宜取締

素負國際都市榮譽歐亞樞紐之哈爾濱市、從前原有道裏外之分、道裡特別區直屬奉天、道外濱江縣轄於吉林、因各行其政、事之掣肘、故道裏外雖惟一道之隔、文化、市政不啻天壤之別、道外之醞釀骯髒、街道之崎嶇凹凸、不堪言狀、道裡則高樓華厦、道路之坦寬濶、殊不負國際都市之榮譽自客歲七月間、大哈爾濱市實現、道外劃歸特別市管轄後、丸百庶政、勵精圖治、機關應合併者合併之、宜取銷者取銷之、道路之興修、市政之整備皆在着着進行中、相信在不遠之將來、醞釀骯髒之道外、即漸可步上平坦寬敞之大途矣、惟市內通用之載重鐵輪馬車、爲破壞道路之唯一惡魔、望市當局在可能範圍內 興修馬路之同時、設法取締鐵輪載重馬車通行市內、使通行市內之車均換膠皮輪、良可一逸勞永、而免此路方始修成、被路業業已破損、未知芻蕘之見、市當局以爲然否、

涎三尺、欲謀之、乃百般引逗、以物質金錢大肆誘惑、終以女子虛榮心盛、又兼本夫一介苦力、懦弱可欺、無何果與楊連三勾達成姦、於是花前月下、時相聚首、影院戲場、恆見双棲、其本夫雖然察覺、無如勢力懸殊、雖幾次發作、亦難割斷、彼等之情絲、奸夫姦婦、私相研討、鑽竇逾垣、終非永久之計、必設法拔除眼中之釘、而結白首之盟、於是倩人調楚、復以金錢以餌、以勢力以懾之、老白帶出身之楊某、自知其妻琵琶別抱、另有所戀、欲恢復從前之情感、殊屬不易、奈何經得起魯仲連鼓其如簧之舌、惟有唯唯而已、由是其本夫昇金遠徙、一對野鴛鴦遂得其自由、公然成爲正式夫妻矣、詎此女水性楊花、楊連

歌場艷聞

伶界女妖貴婦孟麗君自搭入華樂後曾一度修眞養性爲劉郎守貞舊正以來突又春色難關與同台武生劉口口彼此要好、二十三日夜戲散場後、共乘小

取締什麼、女招待遂是女招待！因此、人們對於『取締』二字似乎費解了、對於當局尊嚴的申令、也有些懷疑起來了！然而事實又要指示人們說、『糊塗的你們！』甚麼費解？懷疑甚麼？那些鴉片所和女招待只能當時從腰裡掏出兩元錢的手數料交上去、馬上便被釋放了、而那取締云乎者、維有美其名者曰『罰辦』『忽寧說是徵捐好！原來『取締』便是『納捐』的代名詞、這有什麼費解呢！

至於零賣所僱用女招待、是和漁人用餌一樣的用意、漁人沒有香餌、魚是不會上鈎的、那麼零賣所若不用女招待、所謂醉翁之意不在酒的一般顧客們、還有那個願意前去呢？吸烟的人不多、零賣所的生意便不能賺錢、不賺錢、就會影響專賣當局的財政、緣此才成了這樣不徹底取締、發生令人懷疑的現像！

依據上述事實的剖示、知道女招待不能消滅的內因本來一個女招待一天的收入、平均總在十元錢的左右、還被罰納捐

小評

軍人乘車半票問題

（農）

電車大汽車自收歸市營後、弊竇叢生、迭見各報、雖輿論一再評論、奈當事者視若東風吹過馬耳何、自軍警實行半票命令頒佈以來道裡外及顧鄉屯線、迭次發生軍人搗毀大汽車案乘客、因以受傷有所聞、是故每至黃昏入夜、大汽車乘客莫不各懷懼心、惟恐城門失火、恙及池魚也、是此久之、既失市署維持交通之原義、且營業上亦必受不良之影響、根據向來之習慣、體恤軍警收入之微薄、獎勵建國以來軍警東討西伐維持秩序之苦功、避免今後搗毀大汽車案之續出、顧念大汽車營業前途之影響、未若收回成命之可愉、所得必倍於所失也、愚見所及、敢直陳之、以供交通當道檢討云、

市農會從來多事

姚會長賄選風潮乍告平息

鄉農會賄選風潮又起

哈爾濱市農會賄選問題乍告平息、所屬第一鄉農會長辛英才又發生侵蝕公欵被控之不幸事件、雖經倩人調楚、双方遞呈和解、然以辛某之被選來路不明、似爲姚某之當選有同樣之嫌疑、蓋辛於大同二年因侵蝕公欵、把持會務、剝削農員魚肉鄉愚、被人向實實業部告發、嗣經實業部派員調查屬實將辛某遞奪公權、永無選擧及被選擧權、此次懂農會成立第一鄉農會、辛則四出奔走、各方運動、置國法於不顧、干犯例禁所不忌、終至達到目的、一般鄉民皆懾辛某之威暴、雖憤憤而不敢言詎辛某任職未逾一月、以前之故態復萌、竟私公呑欵、至二百餘元事爲會員馮春盛、王喜存等查覺、控於道外地方檢察廳、辛自知事發乃四出倩人調解、雖双方遞和解呈、但事關刑事、檢廳似不應准予調解　將來事態演至如何程是否能引起賄選事件頗惹人注目云、

建議發展哈爾濱航業計畫書

第一章　社會之經濟原則

竊查自世界之物質進化以來社會間之一切事業、無不包括在經濟範圍以內、合於經則者、濟原則則其事業必然發達背於經濟原則者、則其事業必致衰落、實毫無疑義、但就經濟原則之分別而言、計分爲廣義之經濟範圍與狹義之經濟範圍二種、廣義之經濟範圍、乃總括個人生活全部之消費事業與生產事業兩大部分、歸納於經濟原則以內、爲一切事業之準則、狹義之經濟範圍、乃專指某一種生產事業而言、務求適合於經濟原理、一方面避免消費事業之損失、一方面促進生產事業之發達也、何謂消費事業、即支出資金而得生產孳息之收益例個人衣食住及其他一切消費是矣、何謂生產事業、即投入資金而得生產益　息之收益也凡關於一切營業事物皆屬之、而生產事業又分爲有給生產事業與無給生產事業二種、有給生產事業、乃以資金供給生產事業之需要、而收得生產事業孳息利益之貨價、社會間之工商業務均屬於此項之範圍、其例至爲廣泛、不勝枚舉、無給生產事業、乃爲無須供給資金於生產事業之需要、而亦取得生產孳息之收益也、此種事業爲狹義之性質、社會間頗不多有、而又分爲公權之無給生產事業、與私權之無給生產事業、在公權方面之無給生產事業之例、約有數種、（一）印花、（二）郵票、（三）國有紙幣是矣、在私權方面無給生產事業、之例、亦有數種（一）儲蓄（二）保險、（三）商滙兌是矣、但無給生產事業雖爲經濟原則所特許、然範圍過狹、不能爲社會多數人類所經營、故不能不另闢途徑、以謀人類之建設而樹事業之中心、是以有給生產事業尚焉、不過在此物質進化之過程中、而求有給生產之發達、其間之需要、供給過剩等等問題、均須依經濟原則爲之重心、以權衡生產消費兩大問題之標的、而定其利害輕重之關係、則其業之贏虧、瞭爲指掌矣、

第二章　發展航業之程序

現在社會既遞加演進、而入於物質進化之期間內、則社會之環境、皆爲物質進化公例所包圍、此種公例、即學者所謂天演公例也、際此而欲求社會之進展、非依物質進化之途徑邁往直進、決難圖功若遲迴歧途坐失機會、則爲物質進化公例所淘汰矣、況近來社會事業機械萬能、物質進化已達極點、由此所生之生產消費兩問題並趨嚴重、而供給需尤費磋商、所以物質進化中心之經濟原則、成爲社會間一切事業之規律、舉生產、消費兩大問題而加以權衡者也夫航業爲物質進化之產物、自不待言、同時而順應物質進化潮流之經濟原則、因以並重自應依生產、消費兩問題需求供給之程度詳加考慮、以之定爲發展航業之程序、務求消費需要之供給極力縮減或免除、並同時與促進生產實力之增加、使航業繁榮之進展、月異而歲不同、則乍特本埠航業之福、抑亦各江流域興廢之所繫也、查本埠航業、自大同二年度、業已組成爲哈爾濱航業聯合局、迄今兩易寒暑、成績尚不惡劣、倘對於生產之部、加以發展、消費之部、加以改張、務使生產部加倍擴充、並得吸收消費之部、消費之部極力縮減、亦使合入生產之部、是於無形中變爲無給生產事業、化去大部之支出、增加鉅之收入、實合於經濟原則之需要、而航業必爲長足之進展矣、惟是本章所定『發展航業程序』必須先爲之所以免紊亂、則生息各得其當、而收功自易矣、茲將發展程序分別說明於下、（未完）

濱江特刊

第三號

盛京時報北滿總支社
社址　哈爾濱道裡斜紋二道街一三
電話道裡五二七二番

小評

北滿特別區撤廢與公務員之飯碗問題

滿洲國當前的外交的大問題、同時亦爲北滿行政區劃重大的變更、厥爲北鐵讓渡之後、北滿特別區之撤廢、

×　×

在含蓄極多意義之中、北滿特別區之撤廢、乃吾人認爲當然之事、不有任何異念、惟所最值注意者、則係北滿特別區撤廢之同時、連帶而生之人們的失業問題、似乎要不能避免、

×　×

在北滿特別的行政區域內、公務員與其他賴以謀生者、其數當屬甚多、今一旦將彼輩倚爲生活之職業消滅之、則此後吃飯問題、自然要不能解決、而陷於失業的苦境中、失業是人們最感苦痛的事、一旦有許多失業的人發生、遂能成爲社會問題、

×　×

在政府縝密籌劃之下、自然能顧慮到這種小事、而設法救濟之、不至教他們沒飯吃、然而現在我們都要先說來的意思不過預備給政府作個參考、注意及之、不使許多人發出挨餓的悲號來、纔好！

中等教員檢定後各校教員將大異動

區小接收如入五里霧　失學兒童依然未減少

本年開學以來、哈爾濱教育界之第一砲、即爲中等學校教員檢定、於檢定之先、當軸雖則再三聲明、不過爲考査各教育設計之標準、然自檢定以來在濱江省各縣、及北滿特別區一百餘教員之中、竟發現寫字發顯不學無術之南郭先生、故對於中等教員、實行廣擴的大更動、其中數名當在淘汰之列、現正由教育當局分別審定、不日即可呈送公署總務科

題、即係經費、蓋特別各校、每年所仰給之費、均來自北滿鐵路之協欵、在北鐵讓渡問題未決之前、時於接收云云、似乎不能辦到、然市公署之責任者、於日前竟又大聲稱、謂關於接收事項、已與區方辦妥期於七月一日實行、全年之預算、爲五十二萬元、已由市署籌妥二十五萬元、其餘之二十七萬、中央允爲代拿云云、吾人爲市教統一計、當然以市署即早接收爲妙、但事實之推移實現之期未能遽然判斷也、事變以來、基於人口之繁密、學齡兒童亦隨之增加、其中尤以小學爲甚、而學校並未加班、故應考者幾十倍於錄收者、因之造成哈爾濱學生念書亦須托門子之空前笑話、今年因各中學卒業者班次較多、而小學校亦多有加班者、故今年學生之入學、已不如去歲之擁擠、然以詳細核之失學兒童及少年仍可驚之數字、此乃教育界當前之大問題也、

花界公會變相之婦女救濟會將成立

可憐的妓女又添一層剝削

客歲間經幾度掙扎、結果終被批駁未克成立之花界公會、一般野心勃勃之市儈無賴者流依然作　其發財迷夢、未或稍醒、一年一來仍在　奔走運動中、怎奈從前之花界公會、雖未成立、而內中之黑幕確被揭穿、此次不得不變更名目巧謂婦女救濟會用換湯不換藥之矇避手段、以圖達到剝削一般處於人間地獄之可憐蟲、聞此次係慣於剝削伎倆能手之哈爾濱特別市農會會長姚錫九之羽黨現任市農會文牘之念鳳五等輩所創辦、近日以來、似漸趨於具体化之形勢、已租妥道外經十五道街樓房五間爲會址、現正積極修飾籌備一切中、據傳業蒙市署許可、不久即可開始其變相的妓捐工作、倘所傳果然屬實、古人所云有　志者事竟成一語誠不誣也、惟日常處於十八層地獄中之妓女將進而爲十九層地獄矣云、

回看青年會之碧眼老哥、似已心服口服矣、誠體育界今年最初之趣也、

編後餘墨

『婦女救濟會是　個什麼東西階』單　的說就是以前未句話立的花界公會的別名、換區成說也就是　剝削妓女的　罪惡機關、吾人對於此等巧立名目歛取民財的組織、雖然不能贊成然而對於念鳳五等人之善於鑽營、又不能不衷心欽佩、似此百折不撓的精神、和靈敏圓活的手腕、會把已經被批駁的花界公會、搖身一變而變成了什麼『婦女救濟會』、這是吾人所不能爲或者能爲而不肯爲的勾當、可是市署對於念等之千變萬化　或許也是有點不勝　其應付、終久被他矇混過去吾不齒欽佩念等之變化無窮、又不勝爲一般可憐、的妓女們叫苦不

員之性行、思想、以作國家教一經檢定以後、教育當局乃決定人事股正式發表、故時下終年吮吸粉筆面之所謂神聖的教員、、多抱揣揣不安之感、向北鐵讓渡會議再事抬頭以來、哈爾濱教育界在報章大載特載者、厥爲特別區小學校之移轉問題、區市兩當局教育者之主惱、爲此事亦曾京哈僕僕、作先期之準備、惟眞像如何、兩方之責任者均緘口不言、所言者亦不過爲正在準備等不關痛癢者、然據內幕人云、市方之對於區立各小學、未嘗不思即刻攬將過來、作哈爾濱市小學教育之統一、然其中最大問

濱江市建國紀念日
軍樂隊奏樂攝影

遷移啓事

逕啓者依諸濱江特刊之發行本總支社之事務頓見冗繁而大北新報社內從來之支社址亦不敷應用此次期於建國及帝制紀念之三月一日爲機將支社遷於左記哈爾濱道裡斜紋二蹬街十三號電話五二七二號同時並積極發展言論事業故嗣後關於本報一切務請向前記地址接洽除分函通知外合圖登報聲明

盛京時報社北滿總支社道裡斜紋二蹬街一三事

電話道裡五二七二番

四軍勝碧眼兒

今年哈埠体育界　最初有趣籃球賽

冬眠期之哈爾濱体育界、以皇上陛下渡日爲機哈爾濱第四軍管區之籃球隊、因去歲曾代表滿洲國前赴大連與賽、故新京體育聯盟總部、選定該隊爲隨駕赴日之籃球隊、該隊得命後、連日在青年會室內球場、加緊練習、不期於此時竟遇勁敵、緣哈爾濱籃球界現在只有兩大壁壘、除四軍球隊之外、即爲青年會之俄人球隊、該隊以此次四軍、球隊之被選隨駕赴日、頗不服氣、故自上週以來、該隊屢約四軍球隊、作友誼比賽、此種含有嫉妬性之挑戰、四軍方面、實不能報以回响、卒於本月之日晚間双方在青年會場、於自于司令官以下二百餘人參觀之下、排開陣式擺好戰場、双方均分甲乙兩隊於銀角初鳴之下、無形之中、雙方球員各作錦標之戰、然鳴金結果、青年會隊卒致敗北、四軍球員名於實均告勝利之下個個喜氣洋洋、人人精神百倍

選、惟有市公署對於這個小小題目、尤其是一些個懦弱無能的下賤妓女、似乎沒有理會他的必要、

舒蘭煤礦　新煤到哈

△每噸十三元

日滿合辦之舒蘭煤礦公司、於去年秋間、即在吉林省棒棰溝地方開採煤炭、但以所僱之礦師無煤礦知識、雖經數月之採掘、終無相當之結果、其後由該公司另聘專門家數名爲礦師、重新計畫、未及匝月、則告成功、現在礦工二百五十人每月採煤量約七十七噸、炭層厚約三百尺、面積計百三十萬坪、埋藏推定量約八千萬噸、位置距拉賓路四家房站六華里交通異常便利、現在鶴岡煤每噸十五元、舒蘭煤每噸價只十三元、因品質略同、較鶴岡減價二元、故一般用戶、多爭相購用、預料該公司之營業前途、頗堪期待云、

建議發展哈爾濱航業計畫書（續）

第一節　改革不適用之船隻

按經濟原則而論、社會間無論何種生產事業、凡內部之消費大者、其影響之結果、必妨害業務之發達、毫無可疑、蓋消費之量足以抵銷或拭輕生產之量故也、且經濟原則之主要意旨、凡經過物質進化過程之過剩物品、不但對於社會情況不能適宜、即對於最近進化之物質、其生產力之懸殊、已不堪言、而需要良奢、供給亦鉅、實爲不適於生產之物類也、航業聯合局既爲近時之組織、則其主要成份之各船、當然新舊不一、優劣紛岐、加以船舶競爭供過於求、凡昔日著名之新輪、今已成可過渡時代之剩品降爲二三等者比比皆是不但爲歷史上之故物、而生產少、需要衆 亦成爲物質進化 之淘汰物、經濟原則上之過剩品矣、是以本年航業雖稱起色、而江干停航之預備輪船、尚有十餘隻、其主要之原因、當不外此、蓋航身腐朽、吃水深速度慢、馬力小、容量狹、燃料鉅、均能予航業以不利也、夫長年停航、等於無生產之能力、而分勞有生產能力輪船之利益、不單爲單純消費事業、實亦妨害生產事業之發達、大爲不可、自應加以改善、另謀發展之途、改消費爲生產、方爲相當、以免坐蝕機體耳、惟此種改善事務、關係重大、宜將具體方案摘要列下、以資參考、

（一）建設機製面粉工廠、併附設製油、製米、火鋸、發電等工廠、

（二）建設煤礦林業燃料原料等事、

查前列兩項事業、未免有超出航業範圍之嫌、就狹義言之航業性質論、無採取之必要、但依經濟原則言之、社會間一切事業無不超重生產、而避免消費、若明知爲單純消費、而不設計改革、以希圖避免、則營業前途、必受相當之影響、而不能發展矣、倘將現在不適用之船、加以改善、以期各個之發展、則不但免去現在之消費、且可變爲將來之生產、其利害關係、豈可同日語哉、茲將本年預備船隻開列於下、慶林、順天、富江、太平、先裕、廣順、蘇州、公濟、新生、泰利、北鎮、山海泡、前計船隻、在本年暢盛之時尙未航行、其生產力不卜可知、總之不外收益少、需要多、供給鉅之各種原因、所以將其編入預備船隻以內也、夫日計不足、月計有餘、若連年累月不加改善、其有費實成漏卮、非特妨害航業之發達、亦且損害船東之利益、尤恐有經濟學識者、議航業之無人也、雖前列機製面粉、油、米、火鋸、發電等廠、似覺溢出航業範圍以外、然以之救濟各不適用之船、消費計、實不得不然之舉、且又爲經濟原則所應爾也、

濱江特刊
第四號
盛京時報北滿總支社
社址 哈爾濱道裡斜紋二道街一三
電話道裡五二七二番

爲加入中央市場 十商提出質疑書
中央批發公司不過一普通代理店 非得強迫加入係何意義！

波瀾迭起之中央批發市場、自一月末警察廳保安科將未加入之十家鮮貨代理店經理人、召喚到廳、勸令加入、嗣以各代理店股東多未在哈、經理人不敢擅自主持、致擱置至今、消息沉靜、一般關心中央批發市場者莫不欲知近來關中央批發市進行至何程度、今覓得洪泰合洪增合、恒茂隆、洪順利、蔚茂盛、裕和昌、同茂東、永順昌、公益厚、三合福等十家鮮貨代理店向各機關呈遞之質疑書爰錄於下以饗讀者、

爲呈請事、竊商等爲哈爾濱市中央卸賣市場加入問題，前於一月末、曾被哈爾濱警察廳保安科楚科長、數度召喚、勸令加入、且以各財東等皆未在哈、不敢擅專、致迄今終無結果、因商等對中央卸賣市場之設立、有種種之疑問、礙難遽予加入、頃已草擬質疑書一冊簽請楚科長逐項予以詳細之解釋、俾資有所遵循、惟所擬是否有當、不敢自信、理合據同

間、尤其是對於先日公佈之市央批發市場法、更未言到正當之解釋、其股份公司官廳之內容、亦並不知、本此對於各財東將以何理由而勸其加入、除言警察當局強迫使之加入外、我等想更無說服之方策、若此則誠有負 察廳期待勸解加入之急、故商等期於各財東來哈或歸哈時、爲充分預備勸令共加入理由起見、希望對於普通卸賣市場股份有限公司之本

場命令云云、除此空虛而抽象的辭句外、並未聞有具體的面使徹底了解的說明、但商等認定勸誘此將爲現要任職、識見卓絕言論高邁、必於國家於市民爲至緊要者、故雖無理解然就事言於思想上不能不言信、但此只限於個人方面 惟事關於強請多數出資者之參加、并理由安在至少商等必須得到相當程度之了解、本此信念而進行、乃爲當然之事實、

等、因此必須開設云、然當市現存之中央卸賣市場、只販賣鮮貨、魚類、野菜類、其中尤以鮮貨爲主要之經營、故對於現當業者之損害賠償、以及股票之分配、一切亦只限於鮮貨代理店業者、其性質同一普通之公司、已可瞭然、且事實上之鮮貨、以新鮮爲絕對條件、一時一刻亦必得爭先販賣、故非以貯藏、集聚等爲目的者明矣、然而鮮貨雖云爲生活必需品、但此可謂僅爲中流以上之人所備、進而言之亦可認爲奢侈品、以此等物品爲主體而販賣之市場、既如前述一朝有事之際果能完成集足國軍食料大任唯一之責任乎、且其統制配給至市民之食料等爲主要要旨亦非迫切之問題者、非耶？尤其如次項所述數理上必然對於需要者之提高賣價不可乎哉？對於上述 種種見□想致新與以具體的徹底的說明、

（二）關於中央市場公益之點

生產者與需要者之間、中間榨取機關存在愈多、則對於需要者愈增加負擔、此乃合理而不易之原則 毫無置疑 徐地、若較從來對於需要者有一厘之提用、既較從前增加可驚之一成提用、□益以如鮮貨之易腐敗、損傷者之損失、表面數爲一成、此已有三分之差於中央卸賣市場、更有 謂仲買人者、介在於買主之間、與代理

江北難民救濟狀況

哈爾濱特別市、爲賑濟江北罹災難民、在松浦鎮設立放米廠、頃據第三辦事處報告、近期放賑救療狀況於次、

食糧現品配給狀況

食糧種別	救濟員數	食糧配給量
高粱米	前日迄之累計 二二、五四五人 本日救濟數 四、六七六人 計 二七、二二一人	前日迄之累計 二一九、九一〇磅 本日之數量 三四、〇〇〇磅 計 二五三、九一〇磅

救療狀況

病名	施療員數 前日迄之累計	本日之施療員數	計	摘要
感冒	三		三	十二月十八日衞生科醫員仝孫兩氏巡迴診療
肺病	一		一	
胃腸病	二		二	
水痘病	一		一	

匡救土木工事名並其進步摻合及窮民就役狀況

工事名	工程進捗步合	就役員數
沙運搬	前日迄之出來高 本日迄之出來高 三、〇〇〇立米 計 三、〇〇〇立米	前日迄之就役員數累計三、一七一員 本日就役員數六六 計三、二三七員

雜報 （一）淨土寺施粥廠延至二月三日止計救濟人員四〇、二二三員

（二）三月一日世界慈善聯合總會運至本處包米一千一百廿一甫特半計發放薛家窩堡、小王家窩堡、李家窩堡王老板屯、下套子、汲家店、三馬架、斗滿子、福樂村、呂岡屯、窮棒子崗朱家窩堡呂家窩堡、張和屯、温家窩堡、關家窩堡、袁家窩堡林家窩堡、吳家店、大王家窩堡、大耿家窩堡、小耿家窩堡、呼家窩堡、遼家窩堡双口面、黑小屯、黃家窩堡曹家窩堡、王廣屯、徐瑞屯、張義窩堡、黃成屯、唐家窩堡、等三十三村屯、各每人發給包米十斤計共發三萬三千六百四十五斤、

（三）三月四日哈爾濱慈善總會監察部幹事長高長春及會員趙霽濟並偕同本處職員趙德赴羅災區 難區調查因該會製就棉衣一千套俟調查完竣後即行 給難民而資禦寒云、

場法、解釋

第六條 中央卸賣市場開設後之關於其所販賣之物品、於當該指定區域內不得於該市場以外之場所營卸賣市場行爲、

第七條 中央卸賣市場開設之際、關於其所販賣之物品、若於當該區域內有營類似中央卸賣市場業務之市場時 實業部大臣令其歇業、

第八條 中央卸賣市場開設者、對於由前條規定被令歇業之市場開設者及卸賣營業者、當與以損害賠償、

由前項規定之賠償金額、以當事者間之協議而決定之、協議不能時得請實業部大臣裁決、有不服實業部大臣之裁決者、得於上記裁決書送 後之當日起、九十日以內提訴於法庭、

據在哈爾濱日字新聞所報、對於前記法令、關於鮮貨代理店業者之解釋、其市公署案（實業部其他 中央政府 各當局者、亦同樣報出該法令制定之根本趣旨）發表如左、

一、於第七條由實業部大臣命歇業者、有營類似中央卸賣市場業務之市場」辭句、因有此市場之限定辭句、如現在之非

關於前記各當局者之諸解釋、如商等無學文盲完全不通事理之低級常識者終不能了解極言之而甚至感覺爲有作用之純粹詭辯者亦實無可奈何、以商等程度之常識除以前記加解釋外更無別法、因此雖大受當局諸官與世間識者之嗤笑、而甚惶恨、然無此以上常識、法理的解釋等更屬絕無之我等十代理店經理所乖憐使得洽啓蒙開愚之鴻恩、實爲幸甚、

復由前記市公署等解釋、據第六條鮮貨代理店業者即被停止營業、亦無損害賠償之必要然市公署對於當業者之分配股票、不顧□由自己先實行損害賠償而與所述完全矛盾乎？

以下所述乃爲商等關於前記法令之私見

（未完）

李督辦將任駐俄大使

依北鐵問題之根本解決滿蘇兩國□隔膜已斷、因之邦交轉好、事實上蘇聯已承認滿洲國、故滿洲國政府依北鐵讓渡機會、於莫斯科及各主要都市、設立外交機關、即督辦公署廢止、將任參議之李紹庚氏將爲駐俄大使云、

娼妓鳳英 可謂逆女

失業商人王慶祥、年五十五歲、原籍山東、家貧如洗、職不成、且家中人口頗多、無力贍養、乃於前兩載携眷來哈求人謀事、膝下有一女名王鳳英、年方二九、尚待字中、初時以典當維生、日久天長、衣飾當盡、束手無策乃蒼天不佑、其父被生活所累、又生疾病、臥床不起、爲救眉急不得已、遂託友人將鳳英介紹至道裡永安樓充招待、日可得錢三二元、由斯一家之生活、遂可解决矣、鳳英本係鄉村女、子初出茅廬、見社會之繁華、

資帶一冊備文呈請鑒核、如爲合理、在可能範圍內、伏懇予以同情之援助、實爲感德之至、謹呈

對哈爾濱警察廳當局者懇乞說明哈爾濱中央卸賣市場諸項

於本年一月三十一日、商等十家鮮貨代理店、在哈爾濱警察廳命令之下、對陰曆正月卒哈或二十日歸哈之各財東、曾會約勸令其加入、哈爾濱中央卸賣市場股份公司爲股東一節茲鑒於責任之重大、而熟思自己之境地、本來商等全屬無學文盲、對於社會情勢等等不通、自不得言、即一般之常識和理論亦殊欠缺、更進而對於至於中央卸賣市場設立之主要意義、更無何了解、至對於所稱公益之點、致有許多之疑質、以及與該卸賣市場公司有關係之一切事項、即予以具體而詳細之說明 至少對於左記數項疑問亦得予以急迅速之明示、以爲勸令各財東加入之根據、是所渴望、此正商等誠意欲促成此事實之早日實現之明證表示、尙祈諒察、苟能如願以償、則不勝感戴之至、

質疑第一 關於中央卸賣市場者

（一）關於中央卸賣市場開設之重要性、

商等聞知當市有開設中央卸賣市場決意之昨春、尤其由計畫其實由進行之七月以來、雖屢次由市公署當局者及市場公司豫定之要員及其他當地警察廳特務科員等人、聞知對於中央卸賣市場之說示、及強要加入股東、然所言強迫加入之理由、只不過依據中央政府之嚴

於此敢重新懇請將中央卸賣市場開設之最重要性加以具體的徹底的說明、而使無學文盲低級常、者之商等亦得了解、商等庶得推廣其意使各財東等加入、風聞中央卸賣市場爲統制配給全市民之食料者、而於一朝有事之際集成國軍之食料

一落之負擔加、絕對不可謂爲公益、（衛生施設等事與本項又當別論）、

於此請一觀現存哈爾濱中央卸賣市場開設之實情、從來之鮮貨代理店業者、介在於荷主（即老客）與買主中間、提用錢七分、然中央卸賣市場之用錢

店業介在於老客與買主之間者相同、因此仲買人只向市場交納相當額之保證金、而負有買賣重大責任之故、共提 從來代理店業者所提用之七分用錢者、自屬應當、若此則市場增多月錢之三 分與仲買 人之七分、（假定）計較從前共多一成

字雖爲一成、然此一成對於需要者之波及、更有妥當增率、乃理之當然、如此需要者必然的得出較從前高出一成以上之價而購買、誰能謂之公益哉、然而既揚言爲公益事業、則必有商等所不能想到之原理存在、關於此點敢乞賜具體的徹底的說明、

或曰「使原價低廉」、此雖爲任何人所欲言者、但此乃屬於理論、實際則不可預定、此說非但不得與需要原則相拮抗、事實上如論者所言之微妙工作由官署進行反不如個人進行、易收效果者、乃明瞭之事實、以此種理論而欲否認生產者與需要者中間因生出新的高率搾取機關、而需要者負擔增加之事實並無何理由根據、

質疑第二 關於中央卸賣市

市場鮮貨代理店不能由實業部大臣命令歇業、

二、按第八條必須與以損害賠償者、只限於第七條由實業部大臣命令歇業者之故、對於無由被命歇業之鮮貨代理店業者、自無損害賠償之必要、

三、然而現在鮮貨代理店業者、事實營「卸賣市場行爲」之故、當然按第六條不得繼續營業、

除上記外關於第六條發表之意見如左、

雖有視第六條單爲取締規定而非禁止規定者、然非唯市公署及哈爾濱警察廳之解釋、即中央政府趣之旨亦以第六條非單取締規定而爲禁止規定、市公署 警察當局持有斷行禁止鮮貨 代理店業之者既定 方針云、

竟染侈奢、日時接迎一 紈袴靑年、擧目盡是花天酒地、入耳無非紙醉金迷、由斯所得之金錢、儘牛裝束、乃父吟咽床第因無錢醫治、竟於年前一命嗚呼矣、自斯鳳英若斷線風箏任意漂泊、更無顧慮、欲所欲爲、嗣被永安樓零賣所、朱經理查覺、以鳳英品行卑劣、遂態其職、不料鳳英自被辭退後、旋又經人荐至道裡十一道街慶賓樓零賣所內、仍操舊業鳳英自到慶賓樓後、持已黑貌、小窺視一切、恒對顧客、趾高氣揚、一般烟客、因伊面黑、別送一號曰「小黑子」、鳳英自父死後、終日夜不歸宿、閒近來與登徒子陳某者、打得火熱、隨地縱慾尋歡、家有弱妹在抱日不繼食、母雖各處尋找、終被拒絕、由此母與妹、遂流爲乞丐、但鳳英雖置之不理、一般知之者莫不指責爲逆女云、

哈市人口消長觀

國際都市之哈爾濱、人口之多突破五十萬、國籍之複雜尤爲他埠所不及、茲將東市自民國十七年迄至康德元年七月末人口增減及國籍區別表列於下、

	滿人	日人	蘇聯人	其他	計
民國一七年	二三八、七七六	三、四七五	二七、三九三	三二、二八四	三〇一、九二八
民國一八年	二四二、二一七	三、六五五	二七、一六六	四一、二六八	三一四、三〇六
民國一九年	二三二、八二二	三、六七二	二七、二三三	五三、六一一	三一七、三三八
民國二〇年	二五〇、五三六	三、六五三	二七、九〇五	五一、八九四	三三三、九八八
大同元年	二五七、五八九	六、三五八	二四、二一六	三九、八一四	三二七、九七二
大同二年	三〇〇、二七六	七、〇七八	二七、六一七	四五、一三九	三八〇、一一〇
康德元年	三五六、三三八	一一、二四八	二四、五七四	三六、五二二	四二八、六八二

建議發展 哈爾濱航業計畫書（續）

第三節建設大賚、肇州、通河湯原、方正、樺川等處機製麪粉油米火鋸、發電等工廠、

查大賚肇州、縣爲嫩江流域之地、乃麥豆特產之區、秋收之後、原料價低、設置機製麪粉暨豆油工廠、最爲適宜、更可附設電業、以爲補助、倘以妥善方法、提買麥豆脊粮、而奇贏更能立致也、通河湯原二縣均松花江流域北岸之區、爲林業輸出口岸、尙又僻處於腹地、除建設機製油米麪粉工廠外、更可附設火鋸發電事業、以爲補助、方正、樺川二縣、爲松花江南岸財賦之區、麥豆最旺亦宜建設前記各項工廠、以爲發展航業之補助、如此則前述過剩各船之機體、自可移用、作爲製造各種建設工業之發動機、一轉移間、即化無用爲有用、改消費爲生產矣、況全江交通、悉歸航業之掌握、最爲靈便、運輸一切建設材料、頗爲合宜之、尤無扞格之虞也、

第二目 關於建設各工廠之設計、

凡關於一切事業之建設、須有建設之軌道、其軌道當依乎經濟原則而定、合於經濟原則者、謂爲有經濟之建設、不合於經濟原則者、謂之不經濟之建設、合於經濟建設者、其事業必然發達、不經濟之建設者、其事業必然衰落、此爲一定之理、決無可疑、蓋事業內部組織之分類、不能盡同、有爲消費之部者、雖同一資金、投之於消費之部、則歸於消耗、投之於生產之部、則發出利源、原因既殊、結果遂異、其在建設之初、三十幅爲一戰、消費與生產並重、因難避免、但的其輕重、權其大小、設計者因可稍事補短、避重就輕、而爲長久之計畫也、且近來社會之通病、對於建設事務毫無徹底之設計、有在建設進行之中、而資本已不足供給者有於建設完備之後、更無資本可以營業者、或雖以少有剩餘資金、已無發展業之能力者而所營事業、途因之失敗矣、此其對於事業建設之無設計智識之所致也、今之設立前記各項工廠、原爲補救過剩船隻單純消費起見、方有此擧、故關於建設工廠之設計、當然以避免消費爲前提、凡於生產孳息無關之附屬建設、應力求撙節務使收入多而支出少、以達到化消費爲生產之目的、合於經濟原則而後已、例如建設之始須擇各處經一九八事變後工商業之廢址倚有倉庫、房舍、垣牆等殘缺者、擇其廉價得之、再設法修理門窗及附件等之短缺者、即可開辦、而工料各項消費、自節省矣總計每工廠之建設、約用國幣三元、即能告成也、此外再計每一工廠、每日製粉數量、用麥一千甫特每一甫特、各以縣市行約定價八角、共爲八百元、每月以三十日計算、購麥價二萬四千元若在七月、新麥登市 每甫特約定價六角、每千甫特、核價六百元、每月以三十計、共核一萬八千元、全年對折宜爲七角、每月以三十日計算、核麥價二萬一千元、雖以上爲約計之數、然無大差、茲更進而預計製數量、每甫特麥製各號粉爲二十五公斤、每日千甫特麥即製粉二萬五千公斤、爲八百三十三甫特又十斤、每日三萬甫特麥即製粉七十五萬公斤、爲二萬五千甫特、每斤粉各號折核價爲九分、即每甫特麪粉二元七角、以二萬五千甫特計算、核國幣六萬七千五百元、除去每月麥價二萬一千元、每月淨得利益、四萬六千五百元增至年以十二個月價算、淨得利益國幣五十五萬八千元、而草子計料爲星收入尙不計也、再預餘附製豆油之數量、每甫特大豆 以各處秋價計價、定價四角、每月製豆五百甫特、即每月一萬五千甫特、共爲六十元、每甫特約計製油六斤、每斤核價八分、即每甫特出油價四角八分、再每甫特餅價二角、共爲六角八分、除去豆價四角、每甫特得利二角八分、即每月得利四千二百元全年以十二個計算、得利爲五萬零四百元、（未完）

畢隊長耿直招怨 被誣告私通消息

一經偵查賈某畏罪潛逃

北滿鐵路路警警備隊、副隊長畢瑞麟、河北交河籍、原係軍人出身、對於軍紀風紀、向極注意、惟以秉性剛直、辦事認眞、言出法隨、部屬雖多畏敬、但宵小之徒莫 銜恨、詎料日前突被人向新京某軍憲以秘函告發、謂畢與關內暗通消息、有不穩之行動、新京方面據函轉飭路警處、經縝密之調査、結果認爲所告全屬子虛、鑒於畢素日對於部屬軍令之森嚴必遭不肖之徒 反感捏造是非之人、定係所屬部下所爲、乃招集所有長警命各自寫字一幅、以資與秘函筆跡相對、旣待寫畢、竟發覺警士賈某於交卷後即已失踪、再對筆跡、相互雷同、確係出自一人手筆、由此證明賈某誣告無疑、除據實呈復新京日本軍憲外、一面正緝捕在逃之賈犯中云、

濱江特刊

第五號

盛京時報北滿總支社

社址　哈爾濱道裡斜紋二道街一三

電話道裡五二七二番

哈市都市計劃輪廓

三十年後之人口以一百萬作預算

將來市面積擴大二百五十平方粁

哈市爲滿洲國最大都市、將爲北滿之政治、經濟、軍事之中樞、故本市之盛衰、實影響於國家經濟之消長、蓋本市之街道、當初原係俄人經營、建設在道裏與南崗之一部、無具作計劃、此外如傳家甸、偏臉子、正陽河、馬家溝、幾乎放任、聽其自然發展、於是在經濟上、保安上、衛生上、形成不完善之都市、故現在須將原有街市改造、同時確立發展郊外計劃、爲目前當務之急、本市之特別市制實施以前、市費經多端折轉、第一期計劃事業費爲一千三百萬圓、發行公債而着手進行計劃、本市人口增加率據已往考查、每年約二萬人、三十年後之人口、比現在須增加四十萬、即成百萬之數本市之計劃、大概在三十年後之人口、以百萬作預算、

本市三十年後、推定可收容人數百萬、市當局詳加考慮、人口一人當二百五十平方米、現在市街地域八十平方粁、約三倍以二百五十平方粁擴大、將來於交通、保安、衛生、經濟、防衛上益見發展、成爲理想中之都市、

人口足容百萬、在母市總面積二百五十平方粁內、樹立基本都市計劃、而將地域內之重要街地、置於不顧、又創設新市街地、未免有太過不及之勢、然依市當局計劃兩者相比較、寧可發展郊外、

然對於現市街地決不放棄、且須有諸般之設施、如道路上下水道、衛生設備、及其他或在新市街建築前、施行、或與新市街一同着手、使新舊提携爲繁榮之都市、

以上事業之施行、第一期爲三年、第二期須考查第一期發展之實、作適宜之計劃云、

依衛生舊制、而施設事實上爲市營事業、其收益屠宰場十五萬圓、家畜市場六萬圓、使用費及手數費、占極大地位、

屎尿塵芥處、調查所、在本年：設調查之後、預定建築汚物燒却場、

公用施設爲消防隊、水上救護隊、公園、驗車所、水按等、

本市消防隊預算五萬八千圓護、設備須完善、技術頗優秀水上救護隊、爲松花江上救助機關、大公園一個、小公園十有五、以外養樹園並設置花窖街路樹等、

驗車所、爲徵收稅驗車機關、水按爲供給市內飲料之用

土木施設道路橋梁修築費、下水道費、河川工事調查費等、經常部十四萬六千五百四十九圓、臨時部道路修築費十萬元、營繕費七十一萬六千九百三十七圓、特別會計道路維持三十二萬元、此外一般會計經常部道路清潔費之十一萬八千三百一元、道路清道隊三隊、約三百餘、由清掃人組成清除市內不潔之品云、

牛截河子發見股匪

▲國道局自動車隊 ▲被匪襲擊損失頗重

十九日窰山國道局自動車五輛行至牛截河子、離窰山北方四十四基羅米地點、突被大幫胡匪（頭目不明）包圍襲擊、警備員雖勇敢應戰、但寡不敵衆運轉手日本人松崎定一、滿我警備員名譽戰死九名、輕重傷二十餘名、內有日本人技師二名、高橋菊雄（三五）千田長、（二七）重傷、現在該匪出沒無常、日滿軍聞報急出動現場、目下追緝中云、

爲加入中央市場十商提出質疑書

中央批發公司不過一普通代理店

非得强迫加入係何意義！

（續）

一、哈爾濱之鮮貨代理店業者、對老客即荷主負全責任以自己計算而決定一切之故、爲第六條爲中央卸賣市場開設之總括的規定、即爲純粹之取締令、於中央卸賣市場開設後開設之際」已繼續營「類似如中央卸賣市場之業務」者、實業部大臣命其歇業之故、因此等變態的不合法的法規之存在、乃絕不應有者、况於此王道樂土之大滿洲帝國治下乎？商等以爲滿洲帝國之法律令規決非欲罰民、乃徹頭徹尾爲保護人民而設者、因此亦對之心悅誠服、

如前所述「營市場行爲者」與「營類似卸賣市場業務之市場」完全爲同一意義、於此所謂市場之辭句不加以廣範之解釋完全爲無意義、如鮮貨代理店業者若據前項一、雖可得兩種之解釋、然通閱該法規中央卸賣市場開設之際、相信由實業部大臣命令歇業者、視爲正當、因此故於第八條揭載由前條規定命令歇業之市場開設者、及卸賣營業者、之明確指示、以期使之不發疑義、即於此處明確規定之兩種營業、認爲共同包含於第七條「營類似中央卸賣市場業務之市場」句之廣義市場中方爲至當、

然而因何於第七條亦如第八條未明確分別記載兩種營業？蓋因卸賣業者雖屬千萬差別、然與本法令有關係者只限於其中之類似中央卸賣市場業務之卸賣營業者、與其他一般之卸賣營業者並無何等關係、因此如其插入萬一發生誤解、亦未可知之卸賣業者辭句、則反不如指其商業行爲帶有市場性質者、故將此包含於廣義之市場辭句中、此即爲第八條中所明者歟、但此種解釋殊屬牽强、雖思將第七條解爲「有類似中央卸賣市場業務之市場及卸賣業者時實業部大臣命其歇業」、然與第八條對比時亦不得不下

特別市公署之行政設施小調查

本年預定建築汚物燒却場

市立病院之改善大有進步

社會施設　舊軍閥之虐政橫行、幾不顧貧氏之困苦、然滿洲國社會事業是較其他發達、本市當局對於此點、詳爲考慮其施設如慈善救濟所、育兒院、小賣市場、公共沐浴塘、及其他、開此後對衛生方面之施設、亦許增加、如免費施療機關等、

衛生施設第一病院、第二病院、診療所三處、獸醫院、衛生救護隊、、並宰場屎新設之家畜市場屎尿芥調査所等、

第一病院除精神科而外、全部爲機關之設備、第二病院即是精神科、其當初有相當之設備、爲滿屈指之六病院、施避者亦多、積年已久、失於改善、爲北鐵及滿鐵經營之大病院壓迫、而漸次不振、改稱爲市立醫院、

大同二年度、第一病院第二病院、一年總收入三萬圓、支出十萬圓、自聘得日本優秀醫師、一方面對於醫療機關、努力設備、所以名實上市立病院改善、大有進步、本年預算十萬圓、支出二十三萬圓、

衛生救護隊是救護行路病者之救護而設、衛生指導隊、木年開、始作三箇班、是巡回診療機關、屠宰場、及家畜市場

名實相符、如習慣上其名稱表示之純粹卸賣代理業者、與只仲介買賣除現場外、不負責任之市場、根本不同、因此相信即假定第六條爭禁止規定、亦非應受其制裁之性質者、然於第八條對市場開設者及卸賣營業者』之辭句觀之、據該法令之精神、相信我等鮮貨代理店業者亦被包含於第 七條中之『類似中央卸賣市場業務之市場』者、如此解釋方爲妥當、

以上無論何者若如市公署及其他之解釋、只拘泥於市場二字之辭句、而重視之、則市場之辭句果爲限於何等範圍而言、爲營業許 可之市 場名目乎、抑爲營業看板(招牌)上市場文字而言乎、或爲公衆習慣上稱呼市場名目而言乎、非先明示其定義之後、而斷定之不可、懇請明示此正確之定義、

一、對法令第六、第七、第八條按商等之常識程度解釋如左、

當該指定區域內有營卸賣市場行爲者、除該市場以外絕對不許存在、因此爾後開業之不許自不待言、即從來繼續營同樣商業行爲者亦必須廢棄、對此規定毫無置疑之點、

於此所發生之問題、爲中央卸賣市場開設前面同樣性質之繼續營業、即對此既得權者、應如何處理之點、

即於第七條『中央卸賣市場實現按第六條規定之事實、而實業部大臣命歇業者、定爲『類似中央卸賣市場業務之市場』此『營類似業務之市場』之意、與第六條之『卸賣市場行爲『之意完全相同、此種解釋方爲自然、因此若以鮮貨代理店業者爲非市場、則於第六條亦不得謂之市場行爲、復於第七條明確限定者『實業部大臣命令歇業同時非此實業大臣命令歇業之性質者、第六條之法規本身 更無命令 歇業之理由、即實業部大臣未命令歇業之既存當該營業者雖於中央卸賣市場開設後、亦依然得繼續其營業、原來營業繼續之不可能者、必由實業部大臣命令歇業而後可、除實業部依據本令而行使命令之外、天下何人以何法得令並無不正之既存營業者之歇業乎、再既存營業者因新營業開始之故、由法規令其歇業、但一方面則規定與以損害賠償、一方面則規定不與此

前記之解釋、

尤其若市公署等之解釋、論者以第八條所明示『由前條規定被命歇業之卸賣業 者』辭句、指何者而言歟？無疑此種卸賣業者、必然的有其存在而其存在即由第七條之規定、可知於第七條規定中非將此包含於『營類似中央卸賣市場業務之市場』辭句中而解釋、不可一點即以小兒之常識亦可明瞭之事實、

（未完）

北鐵接收

哈市前途無量

曆經數年之交涉、而卒告成功、爲滿洲國最光榮者、爲北鐵接收、於二十三日已由此式簽字、哈市頓成交通經濟中心、今後北鐵運費減低、貨物由南源之而來、市內金融、頓呈活動、麥粉落價、將來京濱線路軌改正、列車直通大連、議有朝發夕至之勢、實滿洲國發展之好現象云、

蘇聯從業員多欲歸化滿籍

▲以圖在路局謀不欲回國

北鐵已於二十三日正式簽字北鐵關係各機關亦於當日接收竣事、而蘇聯從業員、尙有許多欲歸化滿洲國、以圖在鐵路局謀生活、不願回國者我國雖五族共和、但能向准其入籍頗惹各方面之注目云、

建議發展哈爾濱航業計畫書（續）

元更、預計附製米數量、以秋稻登場之日計算、迨至春初、約爲一百五十元、每月製稻米一百石、每石工資、定爲三元、應爲二十元、共得利益四千五百元、加前五十五萬八千元、又五萬零四百元、共爲六十一萬二千九百元、此爲一機製面粉、油米工廠之計算也、若按本節六處工廠計算、則爲三百六十一萬七千四百元收入、不爲不鉅、併於通河湯原、產木之區、附設火鋸、及膠合板工廠、三姓亦可爲之不能無相當之收入也、又可於各工廠之內附設發電事業、出售電力、以爲補助各廠工薪、及其他消費之用、蓋各工廠、已有發動機、祇備有電礦電料、所需無幾、所入尙鉅、足可供給各工廠一切消費之用也、總計各項、建設事業唯製粉爲最宜、第一獲利豐富、第二社會需要、第三原料充足、況全江省產麥豆之區、所予所求可盡力發展也、

第三節　建設供給航業燃料原料之事業

自世界物質進化以來、各機器之活動、有利用電力者、有利用汽力者、電力有天然電、水電汽電之分、天然電社會用者較少、水電本埠亦未實行、茲所述者祇汽電汽力二者而已、汽力爲直接對於機體加以汽壓之活動、汽電爲汽壓摩擦電機轉、加機體之電力活動也但無論爲汽力或汽電約皆爲極熱度之汽流所衝動、毫無疑義、而發生此極熱度之汽流者則又燃料爲之主動也夫航業既爲物質進化之產物、即輪船之動作、質言之即機體之動作機體之動作、即熱度汽流之衝動熱度汽流之衝動即燃料所生熱力之助用也、燃料者、何煤料是矣、綜核全部航業計輪船、一百三十餘隻、除少數、預備以停航外、現航之船、約一百二十餘隻、其燃料多寡不等、或用煤或用木柴、而需要實非少數、約計大同二年度、全部航業所需燃料、計煤三百餘萬甫特、即五萬餘噸、約用國幣七八十萬元譜、又計木柴二萬餘沙中、約用國幣二十萬元之譜、統核國幣在百萬元以內、康德元年度、航業尚未結束、無雖確定統計之數、然較大同二年度、航行船隻既已增加則燃料自然多、約在百萬元以上、需要多而供給鉅、自應妥加籌劃、非唯減輕消費、尤宜變爲生產、以生產而吸消費、從而護得利原、立無窮之基業、則不但合於經濟原則而航空加倍發展、亦可計日而俟矣、況查航空業、所用之煤料、爲鶴崗礦產也、以鉅金購入也、航業所用木柴爲林場之出品也亦已鉅金購入也、然試問、除鶴崗之外、沿江區果無煤乎、而林場則比比也、與鶴崗一江之隔樺州之煤礦質良且旺極、待開採而鳳山湯原二縣、所屬八浪河流域增興福之林場、距三姓江口僅一百華里、即能得此大宗燃料之原料場、不但可以供給航業各船需要之燃料、

（未完）

濱江特刊

第六號

盛京時報北滿總支社
社址　哈爾濱道裡斜紋二道街一三
電話道裡五二七二番

黃酒釀造業◎◎◎

擬請求取銷營業稅

既有專銷稅再納營業稅不免重復

稅局新發之帳簿各商均無法填寫

哈爾濱之黃酒釀造業、向來即係採用包稅制度由去年一月間改為按照釀酒斤數納稅、施行以來、黃酒釀造業、倘可免為其難、詎本年二月間、突然又發下黃酒製造帳、每家兩冊須按照所列之格式填寫、呈報稅局、各黃酒製造業、多係三五人籌資組成、且為目不識丁之老白帶階級、既無司賬、亦無力僱用司賬、對此次稅捐局新發之帳簿、莫不感有無法填寫之苦、雖經稅局一再指導、奈皆無司賬之知識何、故結果落得一塌糊塗、多數寫得是驢唇不對馬嘴、聞黃酒釀造商、現擬請求稅務當局、體念斯界之苦衷、恢復以前之包稅制度或加入專銷票內、如認為從前包稅時納稅過輕、（每月五元後漲專銷稅、且有營業稅、似為重復且有偏枯之嫌故有請求稅務當局按照燒鍋之待遇援例取銷營業稅之期圖將來稅署能否照准、頗堪惹人注目云、

京濱夜車即將恢復

哈爾濱、於滿洲國躍進史上第一時代、即北鐵讓渡成功因之北滿別開生面、事變後日本人之陽春旅行、向滿洲來之產業視察團、及觀光團之人團體、人數不下數萬、本年解冰海、當由南滿而至北滿欲領略接收後之北滿風味於去年南部車被襲擊、故夜間停止客車及運輸、自來月十日夜間、開始通行客車及運行列車云、

市農會行將改選

姚錫九引咎辭職

辛英才將不免被押

市農會之笑話何多

從來多故之哈爾濱市農會、一輿情、而免糾紛姚某不得已、成立以來、笑話迭出、耗盡心亦惟有唯命是聽忍痛將市農會

於運動之能手、亦恐難逃法律之裁判云、

電業局將設大發電所

地址在馬家溝

供給哈爾濱全市電力之哈爾濱電業局、一個月總發電力為五四七、〇〇〇〇萬基洛、向全市發送、計馬家溝一、〇〇〇〇瓩、道裡七三〇瓩、道外三九五〇瓩、而本年計劃將馬家溝、道外、道裡散在之發電所統一決定於馬家溝增設一〇〇〇〇瓩之發電所云

中央大街之國際賭場

呼盧嚇雉

通宵達旦

經緯署管內中央大街有秋林洋行附近、某日本飯館樓上、由日本浪人及俄人滿人組成一大國際賭博場、哈至黃昏入夜、賭徒濟濟、呼盧嚇雉頗為熱鬧通宵達旦及今半月餘矣、聞每夜抽頭不下兩千元、負維持治安之警察當局、如不設法取締語云『賭為盜源』、將來影響哈市之治安、至為重要云、

為加入中央市場十商提出質疑書

中央批發公司不過一普通代理店

非得强迫加入係何意義！

（續）

要之、現鮮貨代理店業者、中央卸賣市場開設後、非由實業部大臣命其歇業不可因此應由中央市場開設者予以損害賠償、

但實業部大臣無歇業之命令、絕對無歇業之必要、原來因有新事業開始者、而令舊有營同一業務者廢業時、必須與以相當損害賠償、乃世界共通之道德的、習慣的、常識的原則、其道又有何辭句上看板（招牌）上的差別存在乎？一切皆應接其本質而後可、置哈爾濱鮮貨代理店業者非立於此原則之例外不可者、毫無此等理由之存在、

質疑第三關於哈爾濱中央卸賣市場股份公司之定款、固不待言、即關於其他亦欲詳知、尤其於其現狀上至少祈使左記疑問氷解是幸、

此項由市公署向鮮貨當業者分配股票金額時、詮衡之上加以詮衡以期審查之萬全而決定之、聞其本意則根據此數年間交易額即按其實力而決定者、因此該股票額直可斷言為當業者各自所有實力之不易標準、於此試一觀其額數時、對我等十商店之豫定分配額為十一萬元、再加入市場公司之日本人方面合計約二十萬元、滿洲人五商店八萬八千元上下、合計約為三十萬元、大概為我等十商店之三倍、如此擁有我等三倍實力日滿人職員及股東之故、則市場股份公司其開設以來、必然的搬入鮮貨約三倍於我等十商店者、乃屬理之當然、然而聞其實際狀況則除於開業第一日有少量貨物之外、其後殆未搬入貨物以致不得不暫時解散從業員云、此乃最大之疑問、我等十商店每日至少販運貨物至一萬餘元、則市場股份公司每日販運貨物必為四萬元上下、而其殆屬全無者何也畢竟當初分配股票時彼等或利用其地位、（其全員殆皆為發、起人）將各自之實力誇大呈報歟？或為自私自利而分奪股票歟？事實上既有實力而又兼股東、並且多數皆為董事、則其自己所交易之貨物、不繫入自己之市場股份公司、而搬往他處販賣、即敢為此明顯之不法行為者確信二途中必出其一、關於以上實狀懇祈予以明確指示、

質疑第四據現在所懸之牌、為私營、致祈明示、

一、哈爾濱特別市中央批發市場股份有限公司、

顧名思義、既係法人之組織則不過與商等為同性而又極普通之代理店而已、實質既同、商等即無加入之必要性、而非得強迫加入者、係何意義、商等殊為不解、若謂係依中央批發市場法而設立、則現在之哈爾濱特別市中央批發市場、不過僅懸牌於門外、擁有虛名而已、其實質上仍未成立、致其雖是負責人、商等既不得知、而觀其內容之組織、及營業之規程等若何、尤不明瞭、此點亦望予以明白之教示、（完）

光天化日匪人行刼

道外正陽署管界昇平街成義源靴店、櫃夥湯青山、（三二）於二十八日午后二時半頃、赴道外大新五道街某洋服店處購洋服、及女人服等、出門之前往之際、突由後面尾逐一滿人怪漢、手持短刀一把、忽刺傷楊某背部、隨將楊某所購的洋服等一概奪去、向七道街方面逃走、楊某尾追不及、乃急赴正陽署報告經過情形該署得報隨時出動、各方面搜查、因時間過久匪早已無踪矣云、

至七元）再稍微增加、亦未為不可、以免各家均須聘用專門司賬、而添彼此之麻煩、同時開燒鍋業單納專銷稅、而無營業牌照稅、黃酒釀造業規模維小但情形確與燒鍋業相同不但有

血終至攫得會長榮銜之姚錫九近以內部彼此間之互相傾扎爭權奪利、搗亂不已、且外部輿論之非難、實有無法應付之勢負有監督責任之市公署、乃授意與姚某、着其速予辭職以順

會長之交椅双手拿讓與他人、業經市農會大會通過擬於四月一日開改選大會、將來繼任人選、聞現任副會長之辛夢西及王雨穡呼聲為最高、現在各人正在奔走中、將來鹿死誰手未敢預料云、又市農會所屬之第一鄉農會、前曾被調奪公權而今次又當選之辛英才會長、因吞蝕公欵、被農民在濱江法院告發、嗣經魯仲連從中調楚、得免被押各節、曾誌本報、詎料近來市農會因姚錫九之辭職態度因之遽無轉變、從來取袒護主義之市農會、轉而為辛之原告人矣、將其一切罪狀一發檢舉、控之於法庭、聞不久即將開庭審查、據一般之觀察辛某雖如何巧辯、盡其平生善

運費改正後 輸入貨物激增

八站貨物倉庫不敷佔用

北鐵接收後、鐵路總局、將運費改正結果、運輸系統大起變化、輸入貨物轉多、開從未有之新紀錄、二十七八日由京濱線（舊南部線）到哈之貨激增、拉賓濱京二線同率運費、相距離不遠而自新運實施、由拉濱運費幾乎斷絕、來月更較北鐵時代須增加數倍、八站貨物倉庫有不敷佔用之勢云、

建議發展哈爾濱航業計畫書（續）

第一目建設樺川煤礦之設計

査樺川煤礦、原為土人所開發、近以種種關係、未得積極與辦、今利此時機、收買礦照自屬易易、至開辦之法、第一建設運煤鐵路第二、建設礦內工程、第三酌定礦工數量、第四、預定收支概算、查關於第一、建築運煤鐵路問題、實為重要事務蓋無鐵路預為運煤之用、則行銷困難、煤礦等於虛設矣、但修築鐵路須有整備之設計、不可妄動、擬該處土人言礦區距江及百里、而且多屬平地、路基尚不為難、假定枕木道鐵機關車貨車及其他附屬建築工程、預用國幣六十萬元、以其祇作運煤之用、所需工科尚可儉約故也惟本人無鐵路工程學識不能確定事務範圍祇可以約略計之耳、關於第二、建設礦山工程問題、預計用過剩船機全俱一份、及抽水機等件、暫可不用與工人容舍合併其他工程假定建設費八萬元、加前六十萬元為六十八萬元、更加預備金十萬元、統共為七十八萬元足矣、關於第三酌定礦工數目問題、當以出煤數為準則假定每月為千噸、以三十萬零五千甫特計算、則應用礦工為八百人、例如每二入一小時可出煤十五袋、每袋定為五甫特、即七十五特甫每日定工作時間為十四小時、休息時間十小時、即每二人日出煤一千零八十五甫特、每八百人日出煤四十萬零三千甫特約為六千五百餘噸、但其間不要誤工時間、故每日可定出煤最低數量為五十噸也、夫既每日出煤五千噸、即每日應運至江埠五千噸、以免積壓、茲以三十萬零五千甫特計算、應為三百零五火車、每一次列車為三十火車、尚須十次列車、更計以三個機車輪班輸送、每機車日運三次而設、而各列車往返週間、定為六小時、即可足為、無有積煤虞矣、但車站兩方、均須直接裝卸、方為合宜、出煤者直接裝車、卸車者直接入船、免去搗堆、即省工費、惟江埠宜低、路基宜高、不但裝卸便利、即冬際船停、亦就近便於屯煤、為省工費之一法也、預計江埠裝卸工人為四百名、即能足用、加前礦工人八百名、

只為一千二百名、其工資宜由煤款扣算、不能列入建設之設計以內也、關於第四預定收支概算問題、亦約畧及之、查一二兩項約計建設費為七十八萬元、而收入之數、預計每噸煤價、以礦山計算、除一切消費、定為國幣八元、則每日五千噸、即為四萬元、每年一百八十萬噸、為一千四百四十萬元、在第一年期內、除去建設費七十八萬元、淨得純益為一千三百六十二萬元、若以本埠算計煤價、每噸假十二元、則一百八十萬噸、即為二千一百六十萬元、（運費在內）除去七十八萬元、尚為二千零八十一萬元也、實為航業收入破天荒之新紀錄、可謂極端之發展矣、即退一步言之、雖其中不能盡符設計之預定、然亦無賠累之可言、況航業每年需煤、約用欵至八十萬元之鉅、實非細事、倘本議所述每年出煤能供給自家消費、而建設費即可於第一年內抵銷、而第二年內所得即為贏餘矣、似亦可為也

第二目建設採伐八浪河流域林業之設計

查航業每年在航行時間內、各船需要木柴甚夥、約計全年所用數目為二十萬餘儲核國幣二十萬元左右、為數實鉅此種燃料之供給、亦為航業宜採之原料、决非營業範圍以外之事、故凡以採原料謂為營業範圍之公例、乏於經濟之學識者化接各處採伐木柴之情形每儲在冬際之時、備值國幣二三元之譜、以二萬餘儲計之、原價祇六七萬元耳、今航業批買之價、每儲國幣九元餘總買價在二十萬元左右、按照冬際之價、實加二倍有餘、況自行採伐較冬價尤底廉、其得失豈可以道里耶、然此不過就木柴一項言之耳查船來木價增加、木業日形起色、双攘大木、每根約值國幣五六十元之譜其他大木五六十元價值昂貴、而採伐此項大木工費、統計敖山敖河在內、每根約用國幣十圓、

喪身敗德之壽爾康春藥

當局何不速予取締

道外正陽街亨得利內寓之柯爾登洋行所經售之德國壽爾康補片、為應合一般色狂兒心理上之需要而作成的一種帶有刺激性、奮興性的春藥、有能預支全身精力之能力、一經服用當可如彼廣告所謂『得到美人的歡心』、然而經此一度快愉後、十日內敢怕使你原氣不得恢復、所謂舒服一時、遺罪半月即斯之謂歟？倘青年色狂兒果不間斷的服用、一定會使你一步步走向絕途、春藥為亡國滅種之尤物、為世人所公認、滿洲建國以來、政治昌明、對於人民之建康、保護不遺餘力惟對此喪 身敗德之 壽爾康春藥、負有責任之當局、從未聞加以取締、殊屬令人大惑不解云云、

一、哈爾濱特別市中央批發市場、

一、哈爾濱批發股份有限公司、

一、據商等之觀測、哈爾濱特別市中央批發市場、和哈爾濱特別 市批發股 份有限公司、

一、係根據中央頒佈之中央批發市場法成立者、

一、似法人之組織不能相提並論其兩者之實質 係為官辦

路局協議製紀念章

哈爾濱鐵路局、於滿洲國史上輝光之點、即接收北鐵之事業完成、於圓滿和平都繼續營業、對此接收、實有可紀念之價值、故鐵路局方面現正協議擬製一種紀念章、發於接收員以示紀念、而資獎勵云、

濱洲綫煥然一新

哈爾濱鐵路局所經營之濱洲線、為直貫歐亞之大動脈、今後一切改善、漸漸實施、茲將貨物旅客列車開到時間、及運費其他列左、

一、旅客列車

哈爾濱開　前八時三十分

滿洲里到　翌前七時十分

滿洲里開　後四時十分

哈爾濱到　翌後二時三十分

二、貨物列車

哈爾濱開　前十時五十分

滿洲里到　翌後一時四十分

滿洲里開　後一時十分

哈爾濱到　翌前八時三十分

三、票價

一等四六圓八角、二等二八圓一角、三等一八圓七角、

四、旅客行李免費限制運量一等六〇瓩、二等四〇瓩、三等三〇瓩、

五、寢台票價

一等　下七圓上四圓

二等下四圓五角上三圓

此外全線大站之食堂、由總局直營、小站個人委任經營、列車內之食堂、萬國寢台公司經營云、

濱江特刊

第七號

盛京時報北滿總支社
社址 哈爾濱道裡斜紋二道街一三
電話道裡五二七二番

電業局交通局暗潮愈擴大
因從前電業局之優待條件一旦免除
兩局之職員互相仇視暗潮愈趨愈烈
發電廠住在車掌一度鬧荒

電車自歸市營後、同時電業局與交通局便成兩個機關、於是電車同來發受電業局之無[illegible]、電燈、以至電熱等優惠的待遇、當然在電業局交通局方面有各家之同[illegible]、由[illegible]取[illegible]、那麼電業局的人們、向來坐車不化錢的條件、與電燈電爐電熱的優遇條件相對的免掉、將來沒花費電車錢的電業局的人們、在這下命後、革[illegible]調中、好像車掌們接除了外人對於他們報復、所以不由的那邊怒於車掌們身上、並將意的派人暗查的調查各車掌家有無盜電的行爲、車掌們也認爲電業局這是一種報服手段、所以電業局的職員無論是誰、要想坐車就得掏錢、絕對沒有半點通融的餘地、聽說前幾天有位發電廠的什麼白廠長、軒然坐在電車上、車掌毫不客氣的電業局和交通局間的暗潮、一天比一天的擴大、這種暗鬥由大體上看、固然是一種不幸的事件、但是從背面來看、暗鬥越是激烈、電業局和交通局所收的利益越大、換句話說、這交暗潮與兩當局之利益、適成正比例、因爲越是這樣、電業局的職員坐車越得買票、翻過來說、越是衝突、車掌越不致有盜電的行爲、這也算是像車收歸市營後的一種好現[illegible]云、

久大昌被騙
▲損失國幣兩萬元

當北鐵接收前一日(廿二日)晨間、突有一日人、西裝革履衣線楚楚、至南崗大直街秋林左近之久大昌錢莊自言姓吉田鐵路局經理課長也、現以接收北鐵、需要國幣、欲以金票易爲一〇九、須捷欵至路局相兌該號執事當即首肯、將由義昌泰火磨提出國幣兩萬元、携同吉田某至水運局樓上之鐵路局經理課、命執事人小坐、吉田外出、未幾復返、謂日下趕辦接收事務、忙迫不堪、容當明日再換可也、執事共途唯唯告退、翌日吉田再來久大昌、携同該號執事帶欵前往、至則吉田將欵取得、令久大昌執事稍候片時、即將金票送來、久大昌執事認爲兩度來此、諒無舛錯、乃坐候、詎知該日人去後數小時迄未見返、心中未免疑感、乃詢問室內其他人員、皆云不識其人、且該課並無吉田課長、至此久大昌執事始恍然大悟、知己被騙、追悔不得、乃報告警察請爲緝捕云、

以來、雖然日淺、頗見進展、事務頗爲繁忙、一般人非常歡迎、爲今回各地衛戍病院內、名譽傷兵主催慰問、日期決定第一回本月七日、按河衛戍病院慰問、準備對策、三十日由午前十時開始種種研究、民會內事務所、開役員會、對於慰問品募集其他等、由岡田會長及坂井常任幹事一行八名出發慰問云、

市農會與菜蔬組合
因營業上之衝突三進三出
辛英才可算倒戈能手

笑話迭出之哈爾濱市農會、前因與菜蔬組合營業上發生衝突、双方張弓勸馬、搖旗吶喊、一時形勢非常張緊、初以辛英才由菜蔬種售組合投降市農會、將菜蔬組合之一切進行計劃、全盤托出、市農會因下添一員虎將、乃出與組合相抗爭、凡農民加入市農會者、繳

打擊、發財迷夢幾幾乎打消、詎料辛英才將地圖獻出後、雖換得第一鄉農會會長之桑衛、嗣以吞蝕公欵、被農民遺發得弄名譽狼藉、不可收拾、市農會將計就計、毅然又將其免職辛英才懊喪之餘、不得不別覓出路、此時菜蔬種售組合、認爲時機到來、乃乘勢又將辛某

啓事

啓者、本總支社、對於哈爾濱市內報紙之推銷、及送達、向委道外正陽西大街路北盛京時報總分銷處負責辦理、今後報紙如有未按時送到、或訂閱及辭退等情事、請逕向該總分銷處接洽可也、

盛京時報北滿總支社謹啓

王敬齋
手眼通天
可謂剝削能手

較房閥尤甚之二層房東王敬齋、在本埠包租樓甚多、如長春三道街、老豆腐房、王蘿子齊藥附近之大觀園、太古街、承德街、以及郵局接近之五道街等、約不下十餘處、收入既豐、遂物色各種人才、如更夫先生、訴訟代理人等甚多、現在人才濟濟、各司其事、王則坐收其利、誠可謂剝削之能手、對於所屬、有才能優良者、則酌委以重職、有王功符者、(卅一)山東平原人、年富力強、談吐伶俐、爲王所器重、遂委以更夫之職、在土娼毗連之長春三道街大院內、以其薪水微薄、復將其副業(放印子錢)委之一部分、該更夫之收入遂裕、俗云『安逸出閑事、飽暖生淫心』、人之常情、於上月廿一日晚戲後、該更夫與一密友(海軍司令部軍人)在酒肆狂飲、卒至二人酩酊大醉、相偕西倒東歪踱入新舞台老板李有餘之下處、李有女二人、長女廿一歲、次女才十餘歲、兩名醉漢進屋毫不客氣、即臥在舖上、聲言吸鴉片、且露奚落兩女子之表示、二人四目爛爛形色可懼、李不敢與之口角、此時王與海軍二人酒力上湧、嘔吐狼藉、醜態百出、愈鬧愈凶、李見勢不佳、囑兩女看住、急赴附近派出所報告、當場將該二人捉獲、帶所送正陽署、略事審訊以其固意調戲良家婦女、將二人均上脚鐐、轉送刑事科、此時神通廣大之更夫主人王敬齋、四出奔走、卒依其聯衿孫某之斡旋、始將脚鐐卸下、送交道外濱江地方法院矣、嗣因王敬齋之奔走、復將王功符保出、仍服原職、原一龜奴出身之王敬齋、手眼以至如此、一般人知者莫不驚嘆不置云、

及其他雜類活動、但日本特產輸出物、及銀行等幾無一事、三月末哈爾濱管內所存大豆如左表(單位基羅)

區名	數量
八站	五三、八七二
舊哈市	二七、七二〇
三棵樹	七、四二五
顧鄉屯	一五、二六三
計	一〇四、二八〇

各糧商現存之數量如左

單位—共噸

三泰棧	一六、五〇〇
天丰東	一四、一九〇
協昌仁	一四、〇二五
益發	一一、三八五
永盛東	六、六六〇
天增長	四、二九〇
裕昌源	四、一二五
同聚祥	四、一二五

行將着手
建築江壩

哈爾濱大都市、人民五十萬爲每年受松花江水患脅迫、無不恐慌、市公署爲與市民謀幸福、求安全計、不遺餘力、亟求滿洲國政府當局援助、撥下鉅欵、建設松花江沿岸江壩、現下當局已認可矣、市公署佐藤工務處長、於三十一日赴新京領取此欵、三百萬元、以待解冰期後、立即着手動工、地點由哈爾濱西端正陽河起、至下流傅家甸、長約一萬米突、土地房產如有防碍築堤地點時一概買收云、

的向他要票、這位從來沒有買慣電車票的白廠長、當時不由的面部表現出十二分的不滿意、結果終予掏出四分錢、白廠長下了車、一口氣跑回發電廠、立刻寫出很滑稽的帶有刺激性的一張告白說『車掌老爺們、今後請勿再來取熱水！』（因車掌向來由發電廠供給冷水熱水）所謂車掌老爺們、看見這樣堂堂的告白、誰還敢拿頭往像皮墻上來碰、希望涼水能夠喝常也就『如願是矣』、誰知這位白廠長、果然在十五日的那一天的早晨、斷然的將涼水管也將行杜絕、這一下弄得往在發電廠的車掌們、鬧了水荒、最後經管理員向白廠長一度的懇求、總算白廠長開了天大的恩賜、又把水管同放、因

國幣兩萬元、久久目見顧主臨門、殷勤接待、結果講妥價目一元之會費、在市上過秤、盜免手數料、菜蔬組合猛然受其拉攏加入組合、市農會方面之十二個評議員、憤市農會對會務之把持、一怒竟全體辭職、投於菜蔬組合、於是市農會一時似陷於無形中解散之狀態、從前在菜市過秤、會員本不收費、現又改收百分之二手續費矣、然而菜蔬組合、從前原收百分之四手續費、現以市農會收百分之二手續費、又改收為不費、數月以來、市農會菜蔬組合間之抗爭、不啻三進三出、考有爭執原因、果為農民謀福利歟？抑為個人謀福利歟？殊為耐人尋味之問題云、

大綸綢緞莊 又施騙人伎倆
但營業依然不振

哈埠近年以來、商業競爭之方法、愈出愈奇、減價抓彩、已成老生之常談、時至今日、皺法完全敗露、一般人多不肯受其害縮矣、善於欺騙從來不顧商業道德之南方綢緞莊、利用荒閉為口詞、以圖倖利、道外一隅、會迭見不鮮、此法乍興人多不知其詐、認為營業荒閉、急於收攏、貨物必較平日低廉、於是三角一尺之綢緞、盡為八角、對折尚為四角、每尺可賺國幣一角、其利亦不為少矣、近來正陽三道街口之大綸綢緞莊、又施其騙人伎倆、門前高搭彩坊、並有一人頭戴偽面具手搖鈴鐺以資惹人注意、但以此種手段多為一般人所深知、故營業依然不見繁盛云、

國防婦人會 主催慰問團

寧安國防婦人會支部、創立

北滿特產界 三月間之情形
哈爾濱管內所存大豆 統計一〇四・二八〇

哈爾濱交易所、於三月中、特產及國幣、定期比率表如左

單位—特產一車一元五基羅噸　國幣—圓

大豆	一五、二九六
小麥	四、七四九
國幣現物	三六八、九
同定期	一、六六三、六

與二月中對照比較、豆餅完全消解、大豆激增六千四百六十五車、小麥減去一百九十七車、國幣超過現物五十九萬二千圓、比定期激增至一千一百六十八萬二千圓、對特產物低減景況成績依然良好、大豆及國幣定期比較激增原因、為國幣行市活動、大豆行市動搖、特產物及小林料等依然、歐洲購買、因鐵道新運費問題、一個月來無何轉變、僅高粱小米

青岡處匪患掃情

哈爾濱 盤居北滿安達、青岡縣、蘭西縣一帶有刀匪首五靜、公平、寬兆春、各處搶奪燒殺、無惡不作、人民聞聲戰慄、於三十一日青岡縣警察隊偵悉、將三匪首捕獲、帶署嚴重審詢中云、

又依肇洲縣為根據地之老來好之匪首、合流匪首江東股匪、約三百名、小槍隊匪、於三十一日午後六時、在五區東台二十里一帶地點、大肆掠奪、肇洲縣警察隊佐藤警務指導官據報遂指揮部下出動、將該匪完全取包圍陣形、督勵部下、猛力總攻擊、匪從漸漸不支遂被警察將所有匪徒一網打盡云、

建議發展 哈爾濱航業計畫書（續）

所餘者皆為純利、實有數倍之收益、而剩餘木柈、即可充作燃料、以供各船之用、自屬一舉兩得、況本節所述八浪河流域之林場、直通三姓江口北岸、去三姓僅百華里即有深密之林場、採伐放河均屬易易、倘於秋後冬末、七至二月五個月之間、極力採伐、以五百人之工作、至少能採大木二十取萬根、依砍山供給工人衣食宿工費、除欠貨到江口補發、則祇需十二萬五千元耳、復於十二月至二月間放山四五月間放六七航閑月、運至濱江矣、另以春夏運放木柴、以備各船燃料、實無棄材、至吳善、約計每木得利三十元、每萬大木得利三十萬元、則二十五萬大木、得利即為七百五十萬元、而各船所用木材亦在其中矣、所費無幾、所得頗鉅、且費為生產、又無形變為無給生產事業、實謂最合經濟原則而得物質進化之神體者也、查該地為增興稿私有林場、現售與某公司樹成株五十萬根、定價一元、已有例雖加以砍放等費亦已廉矣、

第三章　今後航業前途之推量

今後航業之前途、日趨嚴重、非加進生產之實力、不易渡此難關、在昔當蔭槐長江時代、著手建築為崗至呼海路支線、以期爭取江運、嗣以楊常事變、遂至中止、然已引起航界之大恐慌矣、近來航業雖覺粗安然已非昔比、盛衰之跡歷歷在目、航業人自能知之、我滿洲國王道鼎新、紀歷三載、政理國富、事實行、以近來工程迅速計算、不出數年之間、全路必將造竣、則下江貨物、可由延吉路出釜山、由吉奉路出安東或大連、路健而費可減、即使航鐵運費相等、而冬運夏運遲遲之關係、亦足制航業之進展矣、所奉蘇俄測已將東鐵售於我國、或為維持該路發達起見、停止吉回路工程之進行、已未可知、果爾則航業始安枕矣、唯第三回兩節所述建設事業果能順利進行則航業已自立基礎、可以永存在不仰承運於他人、雖吉回路成立、亦不受其影響矣、是在富有經濟學識之考成練達者深謀遠慮耳、

第四章總結之說明

三、小為預防單純消費之必要、（二）於必須需要消費之供給之範圍內、改善為無給生產事、（三）務使收倍於支、適於經濟原則、確定航業發展之基礎、查預防單純消費、係專指過剩船隻而言、此等不適用之船隻、就表面言之、亦未嘗不可營業、但因種種關係、實為不適於航行、例如船身腐朽、吃水深、速度慢、馬力小、容量狹、燃料鉅、等等原因、雖勉強流航行、不但不能獲利、且必受意外之損失、予航業以不利、比較近年所造之船、成為反比例、加船多事少、謂為過剩、實非虛言、故此等船、祗有坐享分配成分之權力、無有担負航行之能力、實為單純忌、若長此以往、在過剩船之船東、因所歡迎、但為航業前途與獲利船之船東計、亦必宜有相當改善、以調劑利害於其間也、故第一二節所論、雖於狹義、航業範圍不無抵觸、然為救濟過剩船隻之單純消費起見、亦不得不然之舉也、況總計所設機器工廠各項收入、約為國幣三百六十一萬餘元、其數豈小量哉、查二項所述於必須需要消費之供給範圍內、改為無給生產事務者、方將機就計之良好方法、以不能避免之燃料消費、發展為鉅大之生產事業、而又以生產事業吸收、料之消費、例於大同二年度、全部航業燃料費、約在國幣一百萬元左右、康德元年度、增據四五節所論建設燃料原料事業之設計、所支費用、約為國幣九十萬零五千元、而預計收益之數、則為二千一百三十七萬元、與或為二千八百五十七萬元、所謂以、燃料消費發展生產事業、轉以生產事業吸收燃料消費、亦變為無給生產事業之性質矣、況一項之收支比較、為以十八萬之支數、對二千一百三十七萬元或二千八百五十二萬元之收數、均加二十陪以上、實為經濟原則所大許二特許者以之確立航業發展之基礎、可謂無甚不立、況又固有航業之收入哉、順應物質進化之潮流有餘裕矣、此之謂發展經濟計畫、此之謂發展航業計畫綜論、

(第三種郵便物認可)

康德二年四月十一日 星期六 盛京時報 第九千零卅五號 (七)

濱江特刊

第八號

盛京時報北滿總支社

社址 哈爾濱道裡 斜紋二道街一三

電話道理五二七二番

笑話迭出之

哈爾濱市農會

姚錫九雖然辭職依舊野心勃勃
島英三固屬握權但是四面楚歌
評議員會議招集三次未開成

百般設計、盡平生伎倆、隱瞞半年之久、希望市農會長之姚錫九、卒於去年五月間賄選成功後、經官憲之不滿其資格與履歷、更內多方控告、賄選敗露、責任當局諭令速將會體解散、另行呈報會員名冊、以資重選等情、當時姚錫九會大爲憤慨親詣市公署、質問結果、大碰其象皮墻而返、仍得遵論令定期改選、姚某更灌注精神、倍加努力、頗具不折不撓之志、大有誓不當選不休之概、其行雖劣、其志可欽、改選期至所謂「有志者事竟成」一語、果不我欺、迨二次成功後、遂趾高氣揚、以爲會長一席、除我無人、官憲方面、雖不滿意、但以姚之法和奪人、經偌大之波折與反對、市農會長一席之交椅、終歸姚所攫得矣、

△　△　△

姚之初任會長時興高彩烈、自覺以前任區官、馬路工程局局長、慈善會會長名譽甚好、嗣經大賄案發現、被捕羈監、一世英名一旦付於東流、今藉此機會、初任會長、勵精圖治、好自爲之名譽何患不復耳、

△　△　△

事與願違、眞如周公瑾所謂「既生瑜何生亮」、姚既坐會長之交椅、而偏有無顧而問之島英三、二人意見大相軒輊、姚畏顧問、處處敢怒而不敢言、深不致與之較、因不肯輕棄費盡九牛二虎之力得來之會長、曾因顧問所攬辦之菜蔬過秤費斡旋所、商人承辦之豬店等非正式會務、赴市公署對簿、而姚亦未得其逞、更以無顧而問之島英三、在會內偏不顧一切經費之有無、凡事擴大舖張、舖陳器具、會內日用品、應有盡有、無銀付價、盡數賒欠、自去年十一月、至今春之月間、數月之間、欠外面商家、約計兩三千元、而會內之職員、除念鳳五文牘有約在先、每月在姚會長手內支卅元外、其他職員薪俸、至今未發分文、姚見風頭不順、會中人物、對於樓房之多、著欵之鉅、未有出其右者、遂於三月間、藉旋里爲名、濳行之際、留一非正式辭呈、按所留辭呈、有兩種意思(一)恐怕再向前者推、內部職員薪俸之積壓、索討及賒欠外面商家貨欵之逼、恐錢吃虧、(二)對於經偌大波折、費盡力量、得來市農會長之頭銜、不翼而飛、落於別人頭上、綜未正式辭職詎料姚走之後、而島顧問大權在握、關於會費上無着、遂一方面催各鄉農會速繳會員之會費、一方面假農會名義驅逐經市公署許可之蔬菜組合、縣農會議決、不取過秤費、亦實行收費、又聲明本會所成立斡旋所、會員誰願當所寧、拿出一千元就可以當、卒爲幾次欲當農會長之王雨穠充當、又包攬陸文權等商人承辦之哈市豬店、開有繳農會二千五百元之支票爲手續費等傳說、結果鄉農會員之會費有被鄉農會長擅自私用說、(報紙已揭載)菜蔬組合之驅逐未成、反惹起反感、目下爭執激烈兩者之間大有不共戴天、勢不兩立之勢、關於包攬之陸文權所辦之豬店、因爲繳上二千餘元、今天催促、明天質問、在市公署總未領下許可、不能開辦、現陸某異常急燥、大有呈告之決心、對於王雨穠接辦之斡旋所長、島顧問准其斡旋菜蔬過秤費之經營、因經菜蔬組合之反抗、此時並有一部分市農會方面之職員、倒戈加入菜蔬組合、所長王雨穠一見「大勢去矣」、遂向島顧問一千元運動費、並決意辭退、刻下處於四面楚歌之島顧問、慌張失措此來連日招集兩三次評議員、緊急會議、但均未開成每次與會者、僅關係者三二人而已、上兩次以改選會長、討議經費末一次爲討論應付菜蔬組合之對策、但均未開成、頃聞本月十五日、又開會議、能否開成頗爲一般人所注目云、又留辭呈假旋里爲名、避免金錢吃虧之姚會長錫九、在兩禮拜前、已經返哈深坐本宅、派人探頭探腦、打聽市農會之消息、以圖再作馮婦、至於現在歛跡不敢出頭者、係恐島顧問抓着合其拿欵、攬辦豬店之陸文權、所交之手續費二千五百元、因有姚錫九和島顧問二人所辦、尤恐陸某告發再來個二次「入中」云、

官商職工公寓 一幕有趣的武劇

也可說是男司機女車掌的一段素描

道裏商舖街門牌十號、爲一官商職工公寓之所、自交通局一部女車掌稅居後、致引起該局一般運轉手之注意、亦跟踪而來、擇定房間、與車掌等所住之屋、洽成「對門居」之佳話、久而久之、於公餘歸寓後、爲消遣雙方寂寞計、鶯歌燕語、「人間仙子」影片中之小販女子似以哈市女車爲背影、而作成的、像「雲兒飄在天空、魚兒藏在水中、」及「玉堂春」「武家坡」一類動聽的曲子、總是不斷的流露在她們的口頭、送到對過把門兒不肯相掩的屋裡、同時一般的隣家 也算沾光不少、所以她們的歷史上、已經是贏得不少的喝采與鼓掌之好評、此種佳劇、常是到了夜半的時候、始行停演、該處的夫役、爲責任關係、與公衆安寧計、不能不加以約束、致破壞了人家隔墻兒酬和到天明的韻事激起她們與他們的不滿、終

大豆價格勢必提高

三月三十一日、據某方調查、南北滿存大豆之數量、爲百五萬四千六百二十三噸、較之前年此時、減少三十五萬百四十七噸、今後觀測、大豆之價格、必當騰貴、因本年德國至新豆上市期、最少需三十五萬噸、其他歐洲諸國、需十五萬噸、計五十萬噸、日本、台灣、中國需五十五萬、計百五萬噸、故在滿洲國現在存豆之數量實有生產不足、需要過多之勢、故推測大豆之價無低落之可能云、

哈爾濱之牛乳事業

哈爾濱之新聞紙、鑑於哈埠事業各界及一般市民均關心於牛乳問題、故對于牛乳事業異常注意、本文之著者、前曾服務于「滿洲牛乳業主公會」、對于牛乳業情形極爲熟悉、按上述公會係于一九三三年組成、現已瓦解矣、牛乳業主等于本年內復開始組織牛乳業公會之運動、創辦人等已作成數項議決案、擬妥規章、但公會之組織迄未實現、各牛乳業主鑑于前組織之公會已行解散、故對于再組公會之倡議、多不信任、查牛乳業現時之情、實有組織公會之必要、蓋牛乳業者現無團體之組織、於銷售牛乳及採購飼料時、均受損失、倘有中央之團體時、則能代表同業向官憲接商各項問題、研究牛乳業之改善、調節牛乳價額採購飼料、以及討論乳牛之保險問題、牛乳業對于哈爾濱市以及國鐵有重大之經濟意義蓋牛乳之飼料、如羊草及黃草多經由東西兩部線運來哈埠也、一九三三年內、北鐵時代運輸之羊草及黃草、總額爲三八、五〇五噸、此種物品、全係線內運輸、故運出寬城子站、以外之黃草及羊草、爲數極少、於一九三二年內運出該站以外者、僅有五十二噸、乳中飼料百分之八十四、(三二、〇八五噸)均係運至哈區各站者、尤以運至哈爾濱總站、(二四、七四二噸)及香坊站(四、六七九噸)者佔最多數、按運至哈區各站之黃草及羊草、多爲俄人所用之飼料、至於滿人所用者、則係鍘碎之黃草、此種之黃草、均由哈埠近郊經旱路運來哈市、黃草及羊草之主要供給者、厥爲沿濱洲線各地、茲將發運上述物品最多之各站、列表如左、

車站名稱	發運之數量
小蒿子	一、〇三九
喇嘛甸子	二、七三九
薩爾圖	五、七八八
宋站	一〇、二八一
滿溝	七、九七七
總計	二七、八二四

自上表觀之、供給乳牛飼料百分之八十六者、爲安達區之五站、其餘百分之十四係由距哈爾濱較遠之小站運來者、目東南兩線並無黃草之運輸、市民突破五十萬之哈爾濱、對於家畜業之出產品、及拖駕車輛之馬匹、需要甚大、因此哈埠之牛乳事業及馬車業、均甚發達、而哈埠現有之牛馬數目、亦屬甚多、至其詳確總數、雖難預定、但據哈爾濱市公署獸醫科發表、哈埠現有之牛、共計六千頭、共所需用之飼料、均爲一六、二八〇噸黃草、即佔運來哈埠黃草總額百分之八十二、是以乳牛爲黃草之主要需用者、哈埠牛乳業務良好者、僅佔少數、其大部份牛乳事業、均不甚良好、除數項牛乳業設備完整外、其餘之牛乳業設備均不十分完善云、

乳牛之數目、全哈埠所飼養

風流 科長甘戴綠頭巾

老夫娶少妻早晚入家的 可爲老而無德者之殷鑒

司法界多事之秋

鄭檢察官因受賄被撤職 黃推事因設賭被捉官裏 昔日堂上客今日階下囚

正陽街上 警匪大戰

哈爾濱車站 將大加刷新

農安新設 農事試驗場

第四軍區 建陸軍監獄

市街商民 屢遭匪搶

乞丐叫苦不迭

社會事業聯合會大肆宣傳 勸告市民勿賜予乞丐錢物 既不收容復不救濟眞眞豈有此理

濱江特刊

第九號

盛京時報北滿總支社

社址　哈爾濱道裡斜紋二道街一三

電話道裡五二七二番

特別區行將廢止
大江堤本年興修
各縣治安已有具体方針
哈市春耕救濟調查完畢
呂省長對記者團發表

北鐵接收後、關於北滿特別區之存在廢止問題、以當局迄未正式公布、故各方面皆非常注目、濱江省長呂榮寰氏、昨日在省公署、於會見記者席上、關於上述問題、及濱江省治安問題、哈市治水諸問題、以濱江省長、北滿特別區長官、哈爾濱特別市市長之資格、依記者之發問、作如左之重要談話、

關於特別區之存在與廢止問題一般固皆注意、按特別區原爲收回一切權利而設、現在於北鐵已經全部收回後、權利亦即完全收回、不成問題、則特別之廢止、亦成爲必然者、但關於撤廢方法後、及撤廢後種種處置如何、尚未決定、政府當局、正在精密研究中、不過依事實上言、對撤廢後、爲人民謀利益、爲行政謀向上、故自然經過相當考慮、始可決定、

省長資格、曾經檢閱、見各官警、武氣勃勃、非常勇敢、殊堪稱爲模範警察隊、一旦出勤剿匪、再經日滿軍隊之助援、

隊、十二個分隊、備置迫擊砲機關槍、大砲、非常充足、隊警皆爲馬隊、係由白俄之哥沙克、日系最精份子、及游動警察隊之精銳共同組織而成、馬匹則係由友方軍部援助、特選並曾經獸醫官特爲檢定者、內體官警皆爲中年强幹人才、將依游擊方法、同時與各縣警察隊呼應連絡、從事痛剿、各地匪賊、相信絕可收得最宏效果云、

絕對可達最後成功、其他各方似亦宜仿照此法行、進辦理、則全滿治安之穩如磐石、掃清全國匪患、可期而待、本人於皇帝還幸前須赴京迎駕、歸來後、將赴京路巡視、治安狀況前因警務廳長爲日軍最精幹者曾任陸軍中佐、對於軍事及治安問題、素有經驗、濱江全省之今後治安最近即可底定不抱悲歡、

□　□　□

關於哈市永久的防水問題、預算已決定爲二百八十萬元、以建築大江堤、不使再有水患發生、就中此巨額經費、由中央担任全額三分之二關本市擔負三分之一、經都市建設局鈴木總務科長、數度赴京、與國務院主計處、接洽已無問題、關東軍方面、以哈市兩次水患、人民不堪其害、對於治水事、亦甚爲關心、西尾參謀長、上次來哈、即完全爲視察江堤而來、實施期正與中央商洽中、預測本年決可動工、否則天時不測、殊爲堪慮、去年水雖未侵入、但第一次水患、人民遭其害者、今尚未復、將來大堤築成、人民與政府間均可受相當利益、故築堤之切要、已不可再緩、

此外關於哈市春耕救濟問題現在調査已畢、江南北全部農村救濟預算、共爲九千四百餘元、共計應救地畝、爲二千餘垧、每垧約得四元有奇、最近將提出市自治會決定後、當可實施、貸與農民、按此項貸款辦法、農民僅出百分之六之利息、秋季收獲完了再爲返還、關於此種貸款辦法、在市方本爲出於不得已者、在農民本身亦宜設法求宜補救、且此項預算、本年度預算無此支出、市方將由明年度預算內借用、政府對人民救濟、不遺餘力於此亦可想見云云、

永來盛被匪光顧

道外南頭道街路西永來盛、於十九日午後八時半、突來滿人一名、將司賬者王喜發監視、搶出國幣四百三十元、逃走後該號報告正陽署、現正在嚴密搜査逃犯中、匪賊年約二十五六歲、身穿青色皮大氅云、

日對乘客橫眉竪目之男車掌們也就算由此宣告失業矣、一面花枝女招展之車掌、也都歡天喜地的上車服務了、査市署之所以肯毅然把男車掌們的飯盌給打碎、是根據他們素日對乘客蠻橫無理、反過來說、女車掌之被僱用、是希望她們對乘客出以和藹態度、予乘客以好

姚錫九辭職後
島英三突被罷免
市農會之搗乱將何日終止
市當局置之不理農民苦矣

勢如散沙、形將瓦解之市農會、半月以來、招集三次會議惟屆時到會者只島英三(日人)辛夢西、(副會長)王雨穠(翰旋所長)三二人、因不足法定人數、均無結果而散會、又訂於本月十五日開緊急評議會議、事前發出若干公函、屆、各報記者前往、當被該會顧問島英三對記者謂、今日係評議會議、無可記之材料、似有拒絕之口吻、記者等乘興而往、一無所獲、無趣而返、嗣據該會會員傳出消息、當日開會之情形、及討議之事務、詳誌於

佐藤股長、王通譯等共計與會人數廿餘名、可謂數次招集會議以來所到人數以此次爲最多、惟開會之秩序、亂七糟八亦無臨時主席、就像衆好漢聚會似的、大家亂出意見、混說一氣、共討議之事項、頗爲重要、且合新聞材料、茲記其大意(一)關於該會經費問題(二)會章變更、(三)職員淘汰不良份子、(四)討論姚錫九(正會長)辭職挽留問題全体通過挽留(但另組織審察委員會)審核討論之間、忽有評議高辟閣李桂升等七名、交出罷免島顧問英三職務之建議書一份、衆人一一閱過、其建議書十餘條、不及備載甚重要者有島英之職權、會務獨斷、在外以農會名義賒購物品、不與會員會長通知、擅行賒欠、數約二千餘元會務以外、攬辦之事(例如支文權所辦猪店交二千五百全元票之手續費)等、該建議書陸体贊成通過、當交市署派來監視之佐藤股長帶回市署十二時開會、至三時廿分散會、對島顧問之罷免將來能否辦到堪惹各方面之注目云、又訊、藉辭呈爲名、避免蠻象之姚會長、探悉該會罷免島顧問之消息、遂喜形於色、大有乘機再起之企圖、據聞會員中暫時尚無反對者云、

江水漸漲
航行有望

松花江於解氷之始、江水低落、較大輪船已不能勤轉、近來水量轉增、十八日一二七米突七、十九日一二七米八一、二十日一二九米突九、航聯局大展愁眉、預定航行、上下流定期開始、客船瀛船拖船等共一百一拾四隻、將開始浮沉於松花江上云、

撤廢方法、所謂六月實現之說尙未聞悉、亦未接到政府明令蓋以撤廢後、行政、教育警察如何處置、關係非常重要、政府方面、亦決不能漠然視之、刻下正在考慮研究中、至於併縣合併之說、殊不確實、蓋現在各地呈請設治者頗多、尤以對於行政預算、稅收、一切均關係甚大、不能馬虎從事也、

□ □ □

濱江省各縣治安、治安問題現在已有具體方針、今後可無顧慮、查各縣治安、向來由各縣警察隊担任、而各縣警察隊則每縣數百名不一、理爲整頓各縣警察、決將呈請政府、增加縣警察之預算、此外本省又組織清鄉警察隊、內有三個大

而達到匪患肅清之目的、此濟鄉隊現已經訓練成熟、前天在志士碑前舉行編成式、本人以

編輯餘墨

大汽車收歸市營之同時、素感、不但予此小數女車掌本身以經濟獨立之機會、且爲全個的女子職業開闢一條新的出路以向被 男性卑視的婦女們、也可藉此爭口氣、凡女車掌們應體察當局之用意、顧及將來女子職業前途之興衰、當如何奮發自勉、以符市署及一般民衆之期待、

詎料事實竟大謬而不然、自女車掌們把持了大瀛車賣票的大權後、竟一變其女子固有之特長溫柔態度、對乘客之蠻橫較之男車掌有過之無不及、致一般市民畏途如虎、對女車掌有以母夜叉及母老虎呼之者、似此不禁令人爲女子職業前途放聲一哭云、

車內吸烟固不道德 拽之下車亦屬不當

車務監督何故動手打人？

日昨有市署職員某、由道外乘市營大汽車、赴道裡途中、半道突犯紙烟癮、由腰間掏出紙烟一支、啣於口中、被女車掌瞥見、認爲破壞交通局之規章、有碍公共衛生、立逼其人下車、市署職員某、初固不聽經女車掌發令、使大瀛車停駛拽之下車、正爭執間、適車務監督某日人滋場、略詢始末、即將吸烟者飽以老拳、該市署職員被打辱後、向車務監督謂『既打又辱、但交付車資、何故不予車票、想係車務監督、與女車掌同舞弊乎』監督聞訊、轉向車掌、不賣票原因、女車掌瞠目無以答、車務監督乃將女車掌譴誡再三、一場風潮始告一段落云、

次、到會者除以前開會不成照例到會之島顧問、辛副會長、王幹旋所長三人外、計有評議高祥閣、李桂升等十二名、鄉農會長辛英才、安玉成等四會長、職員念鳳五、念鳳來、等五六名、並有市署派來監視之

横山部隊舉行軍旗祭儀式

回憶三十年前、還強於世界之俄國、與日本首山激戰、繼則奉天會戰、結果日本大勝、駐哈橫山部隊、於四月二十四日、舉行軍旗祭儀式如下、

一、式典自午前十時三十分、
軍旗奉迎、
隊長祭文奉讀
對軍旗分列式
軍旗奉安
二、摸擬戰自午前十一時
三、開宴自正午
四、餘興自午後一時

新稅則頒佈後營業稅決不再增

中澤副署長對本報記者談

赴新京參加稅務監督署長會議之濱江稅務監督署中澤副署長、於日昨返任、記者特往訪關於此次會議之經過所談於左

（問）（以下記者問中澤署長答）此次署長會議之結果爲何？

（答）此次在京所開之署長會議、係討論營業稅及酒稅之改正問題、

（問）全國各地皆課以實錢稅惟哈埠仍課以營業稅、將來此新稅則對有以改正乎？

（答）現在國內納稅方法、頗不一致、當局正在按照各地方之情形、加以愼密之考慮中、將來或按實錢數目課稅、抑按照資本金數目課稅、現在尙未確定、但以治外法權即將撤廢待撤廢之後、外人亦須照納國稅、故納稅之方法、必力求其統一、

（問）此種統一的新納稅方法在本年之會計年度能否實施？

（答）實施之日期、須由財政部發表、外人不得預聞、

（問）本埠商家請求減稅案、此次署長會議、曾未提出討論

（答）此次會議、完全爲討論新稅則、故未提出、但關於春季營業稅之改正、資本雄厚之商、尙未感覺有何困難、惟資微薄本之商家、反感覺困難、今後必力求其平衡、

（問）黃酒業前曾請求變更納稅方法、此次署長會議、對於酒稅曾加以討論、但對黃酒業納稅方法、將來能否改正？

（答）一切酒類、均將按照新規定稅則納稅、黃酒業當然亦必取共一律、

（問）新稅則在未能正式頒布之前、黃酒業現行之納稅方法因不適用、能否加以改正？、

（答）按照日本之酒稅納法、釀造後即須納稅、商方雖然損失、亦不能退稅、（未完）

電電會社北滿事業之概要

滿洲國電信電話株式會社、成立以來、社務日漸發達、玆將該社北滿一部份之事業概要、調査於下、

局所數	現在	會社成立當時
總數	一三四	一二二
電報局	六四	七三
電話局	六	四
電報電話局	三一	一五
電報通話辦事處	一	
通話所	二九	一八
工務所	二	一
放送局	一	一
內日文辦事處	三〇	八

對外國鐵道電報通話辦法處數目、

電報 七八 通話 一三（內北鐵接收關係）電報 一八 通話 一三

放送聽取者數目	現在	大同二年	增加數
（二月末調查）	一九四四	六八九	一、二五五
內譯 日人	六一九	一三二	四八七
滿人	六三七	一五三	四八四
俄人	六八八	四〇四	二八四

回線距離

電信線 亘長 五、八〇〇粁、延長 一三、五〇〇粁

市外電話線 亘長 三、二〇〇粁 延長一四、八〇〇粁

市內電話線 亘長 二、六〇〇粁 延長六二、六〇〇粁

電報辦理狀況

		康德元年度	大同二年度	增減數目
發信	總數	九五三、七五一	六〇七、三三五	三四六、四一六
	國內	六九三、八八九	四〇〇、八三三	二九三、〇五六
	日滿	二〇七、一〇四	一六一、三五六	四五、七四八
	國際	五三、七五八	四五、〇八六	八、六七二
着信	總數	一〇〇三、〇三七	六七四、一三五	三二八、九〇二
	國內	七四六、六〇九	四三九、三五六	三〇七、二五三
	日滿	一九九、六八七	一八六、四五五	一三、二三二
	國際	五六、七四一	四八、三二四	八、四一七

電話通話時數及料金

	康德元年度	大同二年度	增減數目
發信	三八六、一五八	三二一、三六五	六四、七九三
着信	三七八、八二四	三三〇、八九三	四七、九三一
料金	三九二、八六〇、七三	二八六、一六〇、三三	一〇六、七〇〇、四〇

發信 二、九增 着信 二、〇增 料金三、七增

電話加入者數目

現在	會社成立當時	增減數目
一〇、八六〇	五、七三九	五、一二一

內收買民營電話八局一、四五一以外由四月一日接收道外電局繼承之電話數目一、一七五共計一二、〇二八

收入比較

	康德元年	大同二年	增減數目
電信	九三六、八〇〇	一三六、六〇〇	六、八強
電話	一、四四九、三〇〇	一、一八四、三〇〇	一、二強
放送	三七、〇〇〇	四〇、〇〇〇	〇〇、七強
計	二、四二三、一〇〇	一、三六〇、九〇〇	[illegible]

減

員現在數目

總數 一、八〇六

吏員日人三六一 滿七〇一 俄人三五 計一、〇九七

傭人日人六一 滿人五九四 俄人五四 計七〇九

濱江特刊
第十號
盛京時報北滿總支社
社址 哈爾濱道裡斜紋二道街一三
電話道裡五二七二番

濱江省所屬

各縣之財政狀況

各縣財政之確立須視治安之狀態

廿七縣中財政能自立者僅有六縣

財政確立之前途仍尚遼遠

在議日之第一次省長會議席上、對於地方財政即各縣財政之確立、本即爲滿洲國內治上刻下之最重要問題、並已由各省當長高唱須進行準備、此等情形、已如當時之次報告、故目下濱江省當局、即以對於縣財政既居於指導監督之立場自不得不進行求其整備、現正根據管轄下二十七縣之基礎資料、編製康德三年度之預算、其內容據聞大體如次、

一、在管下二十七縣中、去年度之財政能行自立者、僅有濱倫、綏化、雙城、青山、蘭西、肇東之六縣、其他之二十一縣、均須由中央政府給與補助、故本年度除上述之六縣外更加上濱縣、望奎、密山之三縣、作爲縣財政確實能自立者

自[illegible]經費、及其他之住民自治負擔費、亦爲數頗多、不過缺干詳細之統計、故莫能詳明、類如某縣縣警察費計六萬元、但自警團費之總額竟達三十萬元以上、而超過縣警費用之數倍、由此即可明瞭其實情矣、

五、在上列二十七縣中、最多者係双城縣、計歲入約三十六萬二千元、歲出約三十四萬六千元、合計約七十萬九千元最少者係東興縣、歲入一萬九千元、歲出約五萬七千元、合計七萬六千元、又二十七縣平均歲入十四萬九千元、歲出約十七萬四千元、合計約三十二萬三千圓、

六、除上述外、在二十七縣之行政費用、直接由國庫支辦者、計約四十萬圓、

之難問題云、

酒館激增　影響娼妓

去年以來、哈市之黃酒館、有爲雨後春筍之勢、遽然增添六十餘家、其字號大多千奇百怪、爲桃花宮、雲龍鎮、五鳳樓、杏花天、杏花村、菊籬春、等等、皆以花技招展之摩登妙齡女子敬酒、一般青年、皆趨之若鶩、蓋多係醉翁之意、不在酒也、但同時烟館、妓館之營業、頗受極大之影響云、

車務監督　未免過惡

二十四日下午六時四十一分、第九號電車由道外駛至山街之際、某滿婦乘客、由該站下車、適有某日本車務監督、查驗車票因該滿婦夾客所持之票、用手稍捻、致剪口略大、該車務監督、竟謂其使用廢票、非罰國幣五元不可雖經滿車乘客、及機長等齊爲講情、伊亦不允、該女乘客[illegible]迫、幾至泣下、閤車乘客、對之咸抱不平似此車務監督、亦未免過惡、不獨於交通局營業有關、即於日滿親善上、亦有極大之妨害云、

市農會笑料何多？

姚錫九辭職照准島顧問罷免待議

奔走副會長之王雨穠被警廳拘留

衙、當然落於辛夢西副會長之頭上矣、所遺副會長一席、即依法投票選舉、按該會之評議十六名、因壽坤一名缺席、只十五票、結果評議員李雅彬以最多數(九票)當選爲副會長、其餘之六張票程增、(五票)劉振興、(一票)午後三點卅分閉會云、

又訊關於前報經評議員高祥閣等提出之罷免島顧問之建議書、尚未表決、去留不定、又有二二人推舉前會長姚錫九爲該會顧問者、採納與否、不尙難預料、又訊對會長抱絕大希望之該農會評議員兪韓旋所長之王雨穠氏在廿一日之會議席上、以沛曉之聲音慨慨之言詞、發表個人意見、言語之間、多含諷刺口吻、故於閉會時、由警廳特務科蒞會之監視官、着李雅彬、陳培潤二人將該王雨穠發表之言詞、爲之記錄、一証據、遂將王帶回警廳、事隔二二日(廿四)尙在拘押中云、

讀者之聲

正陽署管內搶案何多

哈爾濱搶案之多莫過於道外一域、道外搶案之多而且大、又莫過於正陽署管內、正陽署搶案之多、又莫過於蓬署長之任內、其比較損失輕微之案、姑不置論、如交通銀行、恒聚銀行之兩餉驚人的搶案已足引起一般有錢階級之畏懼、負有治安及保護人民生命財產責任之正陽署、應如何努力奮勉、以符市民之期望、詎料不但過去之兩大搶案、擲諸腦後、終未破獲、近來又以奮通銀行及天增長糧棧被搶聞、損失逾過二萬元之鉅、豈黃髮碧眼之匪賊團其固若與蓬署長以難堪歟？抑以正陽署管內之戒備較之其他各署爲懈怠、而易於行事歟？吾以爲前後三銀行之被搶、均在夜間十二時以後、黎明之前、街上行人絕少、五步一崗、十步一警之正陽署、迭次發生此種大搶案、來往沿路警察其果不見之乎、倘在鬧行人如蟻之大街上、匪徒參雜其間、固難辨認、然在夜靜更深之時、如有人經過、不加以盤詰、任其往來、何況前交通恒聚兩銀行之搶、均係假匪屌爲、且均係黎明之際、有此兩番之經驗、不多見老毛子之道外於夜靜更深之後、發見之竟仍任其自由往返、豈非頑忽職責、似此重大搶案之一再發生將來道外正陽署管內銀行業之生命財產、不免陷於無保護之態狀、殊堪憂慮、望當局今後對正陽署管內之治安、須加以十二分注意、

此外又有三縣、能望其近時可謂以自立、及尙有十二縣、大概至明後年有自立之可能性、

二、康德二年度上列二十七縣之預算、總計歲出約四百七十一萬元、又歲入約四百萬元、歲入不足額約七十一萬元、並且因爲縣別各個會計主義之關係、國庫補助金額須達約一百萬元、故每一縣平均歲入不足三萬五千餘元、

三、歲入概算總額、約四百萬圓之內容、以晌捐、（地租附加稅）糧捐、（穀類交易稅）及車捐佔約百分之八五、其他則爲種種之雜捐、

四、歲出預算總計、約四百七十一萬元之內容可如次表、

警察費	四八%
縣公署費	二八%
教育費	二〇%
其他	一六%

其中警察費約佔其半額、此外尙有可視爲與警察費相關之

由上列觀察、可知縣財政之確立問題、益須視乎治安狀態之改善、而此點雖較之去年確實顯見改善、但確立之前途、仍尙遼遠、特以自警團費達于縣警費數倍之解決、尤爲難中之

屬招評議開會不成立市農會、因會務之繁要、更禁不住市公署之催迫、遂於本月廿二日十二時、函招各評議、於該會議事室、招開評議員會議、由市公署、警察廳派員監視之下勉强舉行矣、共詳情誌之如次、

到會人數除市公署大伴科長、王通譯、警廳監視官員（姓名未詳）外、計有評議王雨穠等十四名、辛副會長、島顧問等不下廿餘名、此次會議、關於前數次會議未解決之姚錫九會長去留問題、經衆表決、照准辭職、根據農會章程、會長因故辭職時、應由副會長補充之、不問此次之正會長之

反消運動成功

哈商工協會得到最後勝利

滿洲國官吏及滿鐵消費組合進出哈市之空氣漸趨濃厚官吏消費組合、擬於五月一日即行開始、滿鐵消費組合、亦相繼而起、同時全哈商店聯盟、於二十四日在公會堂開反消運動大會、參加者日滿代表六十餘名、協議結果、誓死反抗、務期打倒二組合始已、二十五日新京開全滿聯合商工協會、哈市出席者、谷口商工協會長、及選定委員十名案於二十五日午前二十五分赴京參加、全滿商工協會緊急會議、討論結果全會一致通過、滿洲國官吏消費組合、哈爾濱支部計劃徹廢同時選定代表十數名、歷訪滿洲國政府及關係當局、陳述商工會議決案、結果二十五日晚、滿洲國當局、鑑於哈爾濱之情勢、決定徹消哈爾濱支部當向全滿商工協會發表、同晚哈代表由京來電、滿官消組徹廢運動成巧、最後之勝利、終歸於哈商工協會云、

取締暗娼後

澡塘平添春色

自四月十五日、滿妓實施檢黴之後　警廳爲妨止暗娼增加、曾飭令所屬各署、嚴厲取締暗娼、爲斯暗娼聚集之各旅舘、一時竟不得安身矣、故不得不另謀新的出路、近日以來、各澡塘內、遂照平添不少春色、公然講價隨意檢選、形形色色花花絮絮三五成群、醜態百出、爲取締暗娼後之一種稀奇現像云、

新稅則頒佈後

營業稅決不再增

中澤副署長對本報記者談　（續）

（問）黃酒業賣出之酒往往有一經退回、酒已不能再賣、原料工費既受損失、再課以國稅、商家必不勝其担負、對此有改正之必要乎？

（答）此問題係酒稅中之一小問題、待新稅則頒佈後、自有相當辦法、蓋日本之稅務比較世界各國頗稱完善、此次滿洲國鑒於治外法權行將撤廢、外人均須課納國稅、更進一步研究、必使之十分完備、期予外商以良好印相、博國人以好評

（問）哈埠因係國際都市、外商雲集、商業之競爭、各不相讓但外商因享有治外法權之關係不能課稅、貨物之成本較之國商爲低、爲予滿商以競爭機會、始特定包稅制度、（即營業稅）、比較國內其他地方所課之國稅尙低、此次新稅則開有增加稅額之傳說、是否以治外法權撤廢爲機會、同時頒佈之？

（未完）

哈市線毯類及土布行銷之情形——

（一）線毯類及半毛粗毯類

此種製品、供諸官廳旅館集會場所、及一般家庭舖設品之用、然供一般所需者、多下級之品物、供諸官廳旅館之用者、則屬高級之品尤以半毛之地毯類爲甚、

如半毛毯類、於滿洲事變前天津所產者殊有相當輸入、最近則因關稅關係、及奉天滿蒙遂至激減、哈埠歷來行銷者、（一）天津及當地所製之品物、（二）當地所產者、染色織工、其他各點、均較遜於天津、但瀰來滿蒙毛織公司、聘有天津斯業技術優良之織工、已克製造與天津完全同樣之物品、哈埠諸官廳旅館所需者、業已歸其獨佔、故目前該公司之製品、竟獲得天津貨之稱號、再該公司用雜毛爲原料、製造下級之物品、以供給普通一樣之需要、唯格色彩格式畧欠鮮美、現在當地製品、因距奉天、齊齊哈爾等羊毛產生地較近、已能完全成爲家庭工業之產物、唯其製造技術欠佳、所織色彩、圖案樣式尚欠鮮明、且較滿蒙毛織公司普通物產猶劣、然因價値甚廉、僅及其半、尚能供一般家庭相當之需、

此外如外國製品、及其他毯類之輸入量、因無適當統計、詳細未能明悉、下列統計、因便於參考起見並將毛毯色含在內、未免有隔靴搔癢之感（以滿洲國外國貿易統計年報爲根據）

棉線及半毛粗毯類（毛毯在內）輸入數量

原產國	一九三二年 數量（磅）	一九三二年 金額（國幣元）	一九三三年 數量（磅）	一九三三年 金額（國幣元）
日本	九九、八四八	二三、三三〇	一九、〇四三	五三、〇五九
朝鮮	二九	四三六	一八五	四七七
中國	二、四〇五	三、九七六	一、六六六	一二、〇〇六
德國	四、二六八	一〇、六九〇	一、一〇五	二、五三二
波蘭	—	—	三、七〇二	一、〇二六
意大利	四二〇	一、二一〇	—	—
美國	—	—	八〇七	八二〇
加拿大	—	—	二七	二九
合計	二〇、九五五	三七、七六〇	一九八、四六〇	三七一、四六〇

更將地毯及其他舖設用之物列下

原產國	一九三二年 數量	一九三二年 金額（國幣元）	一九三三年 數量	一九三三年 金額（國幣元）
日本	不詳	五一、九九七	不詳	三六〇、〇九〇
朝鮮	仝	六、七五六	仝	四〇
中國	仝	二七、四五〇	仝	一〇、五〇六
英國	仝	五、七九六	仝	三〇二
德國	仝	二、二三〇	仝	一、五七一
美國	仝	一、一二〇	仝	—
加拿大	仝	—	仝	二六九

濱江特刊

第十一號
盛京時報北滿總支社
哈爾濱道裡斜紋三道街二十一號
電話 五七二二番

交通局醜聞兩則

堂堂屬官行竊當場被捕
小小車掌竟敢挑逗女生

入汽車電車自於去冬移歸市營、由市公署組織之哈爾濱特別市交通局經理後一般商民、初固以爲交通局爲官設機關、對於商民、自應予以種種便利、乃不期自由市營之後、除大汽車女車掌司機自以爲有特無恐、對乘客大肆驕橫、有違維持國際都市交通之旨外、並任意售賣廢票、飽其私囊、以及男司機、女車掌間、風流笑話、層出不窮、至於臭而不可聞也已爲社會人之切齒指謫矣、乃無獨有偶、電車股方面、近亦連續發生醜事兩則、一爲現役電車股之前電業局科員富憲章、竊取衣料敗露、慘遭痛打、致被交通局發覺予以革職處分、一爲男車掌張汝潤、對女乘客「不要錢」調情現醜茲以二事頗饒興趣、試分別記之如下、

交通局雇員□□（前電業局）時代充任科員當憲章、於前一……

警察乘車理宜讓座

施展欺騙技倆

舊北鐵職員其注意之

俄人乘機

市農會又開會議

討論罷免島顧問事件

大西洋鐘店
營業發達

哈市線毯類及——（續）
土布行銷之情形

乃該車掌既不收受、故作不知先儘向其他乘客售票畢、直至後司機台、不向女生賣票、未幾又入車內、女生、又出欵表[illegible]票之意、該車掌當即顯勢示近女身前、謂〔小意思！不必買了〕同時向女生懷中投一紙條（上寫什麼、非局外人能知）女生於撿視之下、愕然大怒、遂將紙條扯得粉碎、擲於車上、當時一般乘客、不知底理、全車乘客之視線、咸集於車掌及女生但見一個双頰緋江、怒髮[illegible]冠一個垂頭喪氣、踞蹐不安、於衆目睽睽之下車掌不得已、始由皮囊中取出車票一張售與女生、時已車到台停車、女生下車後、一面向道裡行之電車安全地帶行走、一面並低聲低罵、至此一調情獨幕、趣劇、始告閉幕云、

黑　龍　江

龍江縣界內飢民 紛紛來省領賑

目下已達二百五十四名

【黑龍江】省屬龍江縣界內各村屯之飢民、自省方放賑以來、即紛紛來省到龍江縣署領賑、截至昨……十七日止、共計到省飢民二百五十四名、內中小孩計一百十八名、共領去賑糧計十石三斗四升、茲更將各村屯之飢民人數及領取賑糧之數目、詳誌於左、

大高糧屯來省飢民共三十九名、內小孩十八名、共領賑糧一石五斗九升

十五里屯來省飢民共二十八名內小孩八名、共領賑糧一石二斗四升、

哈拉圖海屯來省飢民共二十八名、內小孩十二名、共領賑糧一石一斗六升、

莫虎屯來省飢民共三十七名內小孩二十三名、共領賑糧一石三斗[illegible]升、

兩半屯來省飢民共三十二名內小孩十八名、共領賑糧一石二斗四升、

大拉哈氣屯來省飢民共二十八名、內小孩十名、共領賑糧一石二斗、

西塔哈屯來省飢民共六十二名、內小孩二十九名、共領賑糧二石五斗二升、

以上共計七屯共二百五十四名、內小孩一百十八名、領賑糧十石三斗四升、領賑辦法大人每人領五升、小孩每人領三升、但以現勢觀之、尚有陸續來省之勢云云、

負機務、保衛治安、享受無料乘車之特權、無論如何擁擠、竟軒然高坐、置一般老婦稚子擁擠站立而不顧、查既身爲警察、而又無費乘車、當以本身之職務與乘車資格相衡清楚、所以無費乘車之原因、係基於爲國家干城、而免費係由於愛戴之優待故爾、以理言亦萬不應該高擬上座、而使掏錢之乘客跨立踏板或車內受顛簸晃蕩之不安、使其對保衛本身安全之可敬的警察、發生極不良而敢怒不敢言之念頭也而本市之警察、乃乘滿車電車對於座位毫不客氣大搖大擺、高踞上座談談論論、眞正豈有此理、尚望有司其責者、予以糾正以勿忝此一線警譽、使其勿墜而增民衆對警察之敬仰意念、想警政當局對此種諍言、當不致以爲何從也矣、

新稅則頒佈後 營業稅決不再增（續）

中澤副署長對本報記者談

倘在治外法權未撤廢之前而遽然頒佈、滿商將受外商之壓迫、必同歸於盡、閣下對此以爲然否？

（答）此次新稅則頒佈對於普通營業稅、決無再增之可能、不過力謀平均而已、

（問）聞酒稅因改正稅法之結果、較前年度將增加二百萬元如謂不再增加、此說何所根據？

（答）此係根據治外法權撤廢後、外人課稅增加之數目、並非增加於國人者、談至此已經零時十五分矣、所有人員已經下班記者乃急遽告辭而出云、（完）

五萬捆、（每捆六十疋、每疋二十二碼、均屬寬達十八吋之物）但十一月及十二月之數量係預想之統計、

此外尚有備作參考者、昨年全滿本色棉布類之輸入量、約九萬捆、據此查之、亦可見大同布輸入之盛矣、

日本製品、較當地所產之土布、質良好、批評極佳、是種製品、全部均係本色、輸入後始行染色、完全利用工人、因日本國內機器所染者、不耐洗濯也、

阿片組合 將設日語班

【黑龍江】省垣阿片組合會、茲爲造就人材及溝通日滿間之情感語言起見、特於其組合內附設一日語講習班、據聞近已籌備略見端倪、不日即可期諸實現矣云、

天新染廠 技藝精巧

道外南頭道街天新染廠、係哈埠首創之一西法染廠、創辦以來、蓋有年矣、對於各種綢緞、毛呢、一經洗濯、煥然一新、工藝之精、巧奪天功、故於哈市商工業極蕭條之今日、該廠之營業獨稱發達云、

省垣警廳衛生課 調查全市牛乳業

計全市共四十五家

【黑龍江】省垣警察廳衛生課課長吳興華氏、自蒞任以來、對於公務不但努力向前、且更對市內之衛生、亦復竭力勢畫實行、務期達到盡善盡美之目的而後止、最近更鑒於市內之一般業牛奶業者、是否其所售之牛奶合乎衛生、以及全市爲此業者數目、故昨於廿六日特下令詳細調查具報、以便化驗加以統計、而期有利於市民之健康、嗣據調查全市之牛奶業者之家數計南區警署界內共有牛奶業者、十八家、中區警署界內十九家、北區警署界內七家東區、警署界內一家、以上共計全市四十五家云云、

編輯餘墨

烟館女招待之取締、警察當局、不當三令五申、但以取締之方法未能激底、故捉者固捉而當者仍當、哈市六十家鴉片小賣所、除復泰樓及昇平街第十一號小賣所、向來未僱用女招待之外、其餘之小賣所、多者數十人、小者七八人、何嘗因警廳之取締而稍行斂跡、不過徒予一般不肖份子造成一種撒詐之機會而已、如正陽署便衣勤之爲香山、向各招待勒索錢欵一端、足以證明烟館女招待之操此業也、除一旦不幸被捕受罰之外、向有如馮香山同樣之不肖份子肆意勒索者必大有人在焉、望當局其注意[illegible]云、

同生泰執事 熱戀招待

道裏中國八道街酒店瑞華居爲發展營業、招徠顧客計、遂僱用女招待數名、內一招待花名什麼卿、年方二九、性極風流、故不特招得一般登徒者流有醉翁之意、留連忘返、即使大腹賈亦大有拜倒石榴裙下、願作鴛鴦不羨仙之概、有新城大街同生五金行執事某甲、年屆不惑性喜漁色、尤酷嗜杯中[illegible]每日不特風雨不輟、並持權中歇項、或三十元二十元存於酒館、自[illegible]至[illegible]寸步不離、賞[illegible]飲酒、兼而行之、每至人靜更深始偕同該招待、往二道街雙飛双宿、日日如是、已達月餘、一般論者、均認爲該執事之存歇酒權、熱戀招待之作法、堪稱盡大頭之能事云云、

來函照登

盛京時報編輯主任先生惠鑒、敬啓者敝行所經理之德國出品內分泌製劑之『壽爾康』補丸與『壽爾賜保命』二項乃德國威廉鄭大藥廠監製德國愛特諾博士發明專治諸虛百損功能轉弱爲強久經各國名醫一致推崇且已迭次化驗毫無毒質以及其他不良之副作用故在萬國商標註冊之外又經德國領事證明有案不意近有一般未知該藥之內容及成效者竟在貴報濱江附刊之中誤爲催春之劑遽加攻擊此實大謬故特具函聲明尚希貴報予以更正俾安營業而免混淆至紉公誼專佈即頌撰安上海柯爾登洋行啓

同會堂執事 王書田自殺

【黑龍江】省垣正陽大街同合堂藥舖執事人王書田、（五一）昌黎人、於月之廿一日上午三時頃、吞服巨量鴉片自殺事發後哄動全市、局外人紛紛傳說其自殺原因、致衆口紛紜莫衷一是、嗣經記者親往調查始悉個中眞相如左、

同合堂藥舖執事人王書田、生有髮妻郭氏年已四十八歲、生有三子長名永祜、次名永祝、三名永禮、同居更有族侄名永禎者、一家六口相安以業、前於去歲、曾爲王吉太作保、負有大同火磨外債一千七百元、及旭東號之金票四千七百元、並立有担負償還責任之合同、及至今年行將至期、而王吉太則並無償還能力、故此欵勢須保人王書田爲之代償、但王書田之財產僅此一小小藥舖、估價不過[illegible]千數百元之譜、故對此巨債實無力償還、因此王書田自思此欵不還、則今後信用完全掃地、要還則更無資力、輾轉思維、致出此下愚之策、而自殺矣、但於其自殺之前、吞服巨量鴉片之後、王書田更以電線縛於其妻及其三子一侄之身上、一方以此電線一端繫於電表之線上、企圖其一家六口同歸於盡、幸而王吞於毒發之後、始將電門開放、不料電力過巨竟將保險盒內之線燒斷、始將老幼五口完全救下、否則慘劇之發生、誠有不堪設想者也、其後死者尚留有遺書三封、大意均爲令其戚友照料其家屬、更談及其債務、令戚友等酌予處置其善後云云、目下此案已歸官方并聞有成訟之說、侍訪明再誌、

少婦歸寧 私自潛逃

【黑龍江】省垣五福里門片十七號住戶莫文俊之妻王喜蓮、年廿一歲、本地人、於前數日、假借歸寧爲名、竟致私自潛逃矣嗣經其夫得訊至其岳家詢問、則據答並未見其妻之來此、故變方現正提起訴訟矣、然彼美一人、現在何方、抑另有愛人、局外人實難揣測云、

中銀支行通告 舊幣失效在邇

【黑龍江】省垣中央銀行齊齊哈爾支行、昨……廿五日特行佈告、關於舊時代各種紙幣兌換截止期、即至本年六月卅一日爲止、倘過期仍不到該行兌換新幣、則即爲廢紙一張、且失去行使效用故此甚望我全省商民人等如存有舊時代之各種紙幣者、盡速至該行兌換、否則逾期作廢、豈不自遺損失耶也

山東義地 又遭劫

【龍江】省垣城南之山東義地（龍江縣管界）坆墓、前曾兩度被劫、爲時尚未滿一月之間、忽於昨……廿一日夜十時許、該義地又復遭劫、此誠爲倒霉之至矣、緣是夜十時頃該處看坆者康鳳翔等、甫擬睡臥、不料忽有胡匪六七名闖至、當即破門而入進屋後即以二匪入內四匪守門、進內之二匪、一持大槍、一持小槍、當將屋內人等統逼至裡間屋內、旋即翻箱倒篋大肆搜索、結果搶去青毡帽一頂、青湖縐小女羊皮襖一件、藍色毛衣一件、國幣二元搶畢臨行時更將永安里四等妓館紅仙堂妓女院眉之靈柩劈開、當將死屍所戴之金耳環一付擄去約重一錢許、擄畢即行逃去、該看坆人等以時值深夜出外恐有危險、直至次晨廿二日早六時始行報警云、

鄧典獄長辭職

【黑龍江】龍江第一監獄典獄長鄧延壽氏、法學淵熟、品端行方、自康德元年接篆以來對內對外、舉凡應興應革諸事無不竭力進行、其特殊之勳勞尤爲常人所莫及、如其改良獄政、創設工業、墾種苗圃、講求衛生等、種種善政、不可枚舉、因此上峯極爲嘉許、各界亦甚爲讚佩、且其獄內人犯、亦復人人稱頌其德、詎意好事無常、該鄧氏忽於近日提出辭呈、幷聞業蒙上峯之准許、且已於昨……一日早、實行交代矣至於新任典獄長、尚未正式發表、夫知屬誰氏、約於一二三日內、當有一定之發表矣云、

老鼎新欺騙顧客

道外大有泉執事陳某、於三月九日在桃花巷老鼎新刷洗羊皮大袍一件、雖洗衣備案、始則托詞尚未洗出、迄至上月廿六日、又復往取、老鼎新執事竟敢[illegible]良不承認曾收受其皮襖、同時並使出現賦閒於該號前充第二區批發處緝私員之陳觀生、公然搜查大有泉執事陳某、陳以所洗之皮襖不予、公然搜查、因無緝私憑據、拒絕其搜查、於是致由口角而動武、並將陳觀生拽至純化街派出所理論、經派出所排解、認爲老鼎新有意欺騙、除申斥外、並令即時將所洗之皮襖交出、老鼎新無法、只得向當舖將該皮襖抽出交與陳某、冒充緝私員之陳觀生、亦討得一場沒味而去、一場糾紛、方告[illegible]息云、

濱江特刊

第十二號

盛京時報北滿總支社
社址 哈爾濱道裡斜紋二道街一三
電話道裡五二七二番

對峙半年來之農會菜蔬組合合併

兩剝削機關雖然歸併爲一

然而農民之負担未稍輕減

對峙半年以來之哈爾濱市農會、與菜蔬種售組合向以內部份子複雜、時相倒戈、又兼姚、島之意軒輊、相將辭職、其後形勢大有分久必合之勢、前由菜蔬組合倒戈於市農會、再由市農倒回菜蔬組合之倒戈能手辛英才、陳培潤等、藉姚、島之辭職爲楔機開始斡旋合併兩剝削骿指機關、以圖共同魚肉斲若綿羊之農民、玆調査其經過經緯大體如下、

丁靜實、無所事事之黑籍君子也、於去年秋間、見哈市附近、菜園林立、菜蔬上市、堆集如山、丁忽然靈機發動、以爲有財可發、乃糾合三五同志發起組織菜蔬種售組合、以圖從中漁利奔走經月、足得市公署之批准、於是東扯西拉、湊集無業同志二三十人、於市署

爲市農會文牘佥鳳五、評議高辭閣等所聞知、以爲如此一筆大財、豈肯讓伊乎自獨得、於是報告會長及顧問、開會討論分肥計策、結果認爲菜蔬出產係出自農民、市農會有剝削之權、菜蔬但合何得超俎代庖、因此一面市署交涉、一面擅自到菜市與菜蔬組合相爭過秤、當

組合同樣收費、有此兩層剝削機關、相對並立、農民自難僥倖逃出羅網、最近以市農會會長姚錫九、顧問島英三相繼辭職、斡旋所長兼評議王雨樵、因有不穩行爲、被警廳拘押、以致會務陷於羣龍無首之狀態、菜蔬組合方面、認爲有機可乘遂利用由市農會投降之辛英才陳培潤等、從中斡旋、並以利誘念鳳五、致意于新轉任正會長之辛夢西、願將從前之一切敵對行爲撤開、言歸於好、實行合作、十數日來、假道外桃花巷群英樓鴉片零賣所內、作爲臨時會場於一榻橫陳、噴雲吐霧中、將對峙半年來之市農會菜蔬組合、以三千元之代價

掌日間所賣之欵、至晚原包交出、待至翌日清算、自難免長短不齊之弊、門田某除將所長之欵、私入己囊外、並由每包內、私取國幣一角、嗣以車掌中、恆有錢間領得零錢一元以備賣票找零、但或以車機發生障碍、不能開駛、或以個人有病、臨時請假、致所領之欵分文未動、至晚交回、待至翌日、竟少一角、似此事件、一再發生、車掌中即有認爲門田某似有竊欵之嫌、乃具實呈報於是密以錢欵若干、令車照例至晚交與門田、待至翌日、果少一角、一再試驗、遂證明確屬事實、最近復將門田某、調於車庫、經管大瀛車之零件云、

交通局所用之大宗汽油、向來分識於警察街、馬家溝兩倉庫、双方各以日人一名經管、因出入油數、乾無統計、遂發生驚人之大竊案、每屆夜靜更深之際、馬家溝所在之汽油倉庫、竟以大汽車向外私運汽油、其損失之數量、概可想見矣、事爲交通當局發覺、乃將警察街及馬家溝兩倉庫之經管人、同時調於交通局充當院內夏夫云、又從前交通局所購之汽油、每次或三百筒或五百筒不等、但向無人檢點、月前警察街倉庫、購油三百筒、除一百八十筒入庫無法檢查外、在大汽車倉庫之一百二十筒內、發見十六個半筒者、事爲市公署聞知、乃將購買汽油之權、改歸市署物品購買股負責辦理矣云、

哈市之兩種怪現像

市場內公然賭博無人過問

大街上公開賣淫有誰干涉

洋車夫懇求取銷正陽街大汽車線路

警察當局予以批駁

因留一線之生路予洋車夫、並鑒於街道狹窄、易於發生危險、故道外正陽街、從來禁止營業大汽車通行、不圖有大瀛車收歸市營後、爲頭第一步、先開通正陽街之新線路、不但與交通局管下之大新街電車道平行、有影響電車收入之可能且直接予牛馬生活之洋車夫以重大的打擊、以致每日最低級之生活幾至無法維持、聞洋車夫不得已、會聯合分頭向市署及警廳懇求、取銷正陽街之大瀛車線路、據聞當局以人類進化爲原則批駁洋車之要求、一般洋車夫亦只好推命是聽云、

界、夫以交通複雜之通衢尚如是、餘者當如何？不知責任者應作如何解釋云、

哈市又一剝削機關

事變以來、哈市公會組合、大有雨後春筍之勢紛紛設立、考其實無非巧立名目、搾取民財而已、終以邪不侵正、以故成立不久、先後倒閉者有之、依然苟延殘喘勉强支持者亦有之、總之此種戲法、在哈埠一域可謂習空見慣之把戲矣、一般入多知其底蘊、大半不肯十受其剝削矣、不圖近來又有什麼家禽組合成立爲鄭興周及某卒業於蕎鷄學校之高等流氓組織聞凡販賣家禽者、均須向該組合繳納相當之費用、無形中爲一家禽販賣商、平添一個徵

可一樣要齎、乃向桑某取醫料費國幣兩千元、桑聞訊之下、不勝驚異、以爲十四瓶約水、共價值兩千元、誠爲稀世珍聞未免跡近欺詐、但以醫治之先未能明白講妥藥價、亦屬缺憾不得已、倩人調楚、除手交國幣二百元、及赤金手鐲一付外(約值國幣一百元)並登報感謝証張猶以爲不足、非兩千元不可、聞現在双方仍在相持不讓中、將來如何解決、容訪再誌云、

路燈縮減

民有怨言

哈市市電氣事業、向來由私人或半官性質之經營、對於市內之路燈、從不講究、致國際都市之哈爾濱、每至黄昏入夜之後、通衢大道上、數十步外僅見極稀微暗淡之一點光明、往來行人、倘可藉此而不至陷於高低不平極危險之地溝中、

固足稱羨、自電業局收歸電氣股份有限公司經營後、一般市民、莫不双手加額、以爲今後對市內之路燈、或將加以整頓俾黑暗之哈市、化爲不夜之城詎料事實大謬不然、從來極暗淡之路燈、自歸電氣公司後、不但未能增加盞數及度數、反較之從前縮減、因之一般市民莫不煩言嘖嘖云、

江水消瘦

影響染業

哈埠之商工業、端賴下江一帶爲唯一之銷場、本年開江以來、因江水消瘦、船舶不通、故哈市之商工業、一時陷於死態、尤其染坊業、自入春以來各雜貨商、因準備開江後之貨物、尚略續交染、詎自開江後一個半月以來、三十餘家染坊業者、幾至全部停頓、據個人談稱、如江水依然不漲、共他營業姑置不論、惟染坊一業、將有不能支持之勢云、

航聯局職員

何得代客包購船票

松江解凍以來、以江水奇瘦航路阻塞、大型汽船、遂不能行駛江下、小汽船、出航者爲數亦少、以致向下游各碼頭之旅客、咸感購票困難之苦、於是航業聯合局內部職員、乃得作祟之機、非代客包購船票、

日前又於其零賣所中因追女招待無料住宿、發生爭執、致觸海軍之怒、當場大肆鞭撻、結果抱頭鼠竄而去、以致滿城風雨、引爲話柄、玆誌其兩次遭打之詳情如次、

及警廳派員監視之下、開會選舉、結果、以丁某佔多數、遂當選爲理事長、於是哈市農民間由此又增加一所徵稅機關、菜市上樹立、出售某種菜蔬區域、大秤一桿、勇漢數人、於嘈雜忙亂之菜市上、以拉夫之手段、逼迫農民過秤、馴若綿羊之農民、誰敢反抗、於是凡菜蔬買賣、價值議妥後、須經該組合過秤、按賣價抽百分之四之手續費、以偌大之哈爾濱人口突破五十萬、每日所需之菜蔬、當然不在小處、因之手續費之收入亦豐、丁某本一窮措大、遽然腰纏累累、名利兼獲、以爲後半世生活可以無憂矣、不由得『格拉曼著火』大燒其包焉、於是秦樓楚館、時見丁之足跡、烟舘飯肆、恒有彼之行踪、剝削農民之血汗金錢揮霍猶如糞土、未及匝月、事

日因双方各不相讓、幾乎演成武劇雖經市署屢次排解、市農會以農民之利益應歸農會享受名正言順、而菜蔬組合、則以爲有市署之批示照准、並非利斂民財、以致双方張弓勸馬、大有不共戴天之勢、農會過秤之初、除收會費外、不另收過秤費、未幾又改變章程、亦興

運動妥協、以市農會斡旋所長王雨穗在押、無人經營爲理由將市農會之磅秤等用器、完全免與菜蔬組合接收、並許市農會正副會長兼任菜蔬組合之總監察、由此鼎立之兩剝削機關雖歸併爲一、然而農民負担未稍輕減也、嗚呼農民!

交通局之醜聞何多?

門田某窃款被查覺調管零件
管庫者偷油經發見改任更官

自上月廿九日、交通局、雁員屬官在舊北鐵職員消費公社行窃、當場被捕事件發生後、一般人對之十分注意、詎料世間事無獨有偶、交通局職員行窃、豈獨富某一人而已茲據所聞、更有以下二則、原交通局車務監督門田某、以性體蠻橫品行不端、時有毆打車掌司機之情事、經發見後、調於內部發大瀛車票、復以無故毆打從人、乃又調管收款事務、緣車

在警察當局、高唱取締暗娼取締賭博之今日、在表面觀之、似已雷厲風行矣其成績如何、姑置不論、然最令吾人能大惑不能解者、在市內道衢市場、則有公然賭博、公然窑賣者在焉、洵足爲國際都市之哈爾濱、別添一種燦爛異彩、而見之者、則莫不感爲咄咄怪事!

一、道外五道街七道街之小市場內、不分日夜、皆有骰子局(俗謂搖骰子寶)其數不下數十夥、下級人士、趨之若鶩、呼雉喝盧之聲、可聞於百步之外、該管警察、且熟視無睹、夫賭爲盜源、盡人皆知、國家懸爲禁例、而該警署、竟公然容認之、其用心何在、眞令人百思而不得一解、

一、道外景陽街天泰棧以南以迄桃花巷、每夜十一時左右、則經自某種鶯鶯燕燕之遊娼、即會集於此、公然評論夜度資之價格、一般登徒子、更趨之若鶩逗遛其間、聞其索價最低者則有五角一元、最多者不過三元、即可長消永夜、錦帳溫柔、過其地而望之直成黑暗世

十四瓶藥水

價値國幣二千元?
紫忱醫院大敲竹槓
一般患者須加注意

前濱江自動電話公司佐辦桑景陽、年屆花甲、膝前僅有一子、名旭東、年已十八、桑愛若拱璧、不圖兩月前、突患彪腫症、勢頗危篤、桑日夜憂慮遍請中西醫療治、終未見癒、嗣經友人介紹、景陽街紫忱醫院、院長張紫忱之醫治、連打葯針十四次、病稍見痊桑固喜出望外、張認爲桑既痛愛其子

稅機關、家禽販賣商因不甘受其無謂之剝削、現由販賣家禽商十三人、出頭組織同業公會以資團結、而使一致與該組合相抗衡、將來家禽組合之發財迷夢能否作成、且看家禽同業公會之反抗力大小以爲定評云云、

即代客承運貨物、以使從中漁利、遂使一般向江下謀生之勞工、頓生蜀道難行之嘆、多有在店候至三五日而不能購票者而在此開航半月期中、售票員役、殆已腰纏累累矣、未悉責任當局、對此非法行爲、將何以處之云、

吳額外少尉

兩次遭打

本埠某機關額外少尉副官吳某、年雖無知、蠻橫異常、因讀書不知上進、遂致中途輟學嗣以乃父之顏面關係獲得一額外少尉名義、在副官處臨時服務、至是吳某遂亦軍裝馬靴、居然以軍官自持洋洋、得意、不知自身之非正軌軍官也、軍政部沒有他的名字除前者於華樂舞台仗勢打人、反致遭打外

前次社會事業聯合會、爲寒濟江北數千名無救難民、曾假道外華樂舞台演唱賑災義務、演戲之第二日夜、吳隨上司前往照料一切、乃於初開戲時、上司尙未前往、而吳已身穿黃色之副官值日帶、先上司而至矣、當時有某機關職員、因購戲票曾與戲院售票發生爭執、吳竟忘却自身係隨上司侍候一切、居然以彈押資格自居、背値日帶、跨指揮刀、壯聲厲色對該觀客狙聲辱罵『什麼東西』大撒威風、不期該觀客等約有四五人、皆係拉賓路警務員、以吳既無彈押責任、竟敢如此橫行、認爲見爲越權行爲、於是不容分說、齊上前、將吳按倒、大事鞭撻、吳既遭打、鼻青臉腫、於戲院老板排解之機會、始抱頭鼠竄、逃往台後男厠所內、藏匿、厠於警務員等去後方行出來、自是吳受此莫大教訓、雖對於機關中人已不致從來之橫蠻撒野、然對一般下級社會人、依然不改其惡劣習慣、日前吳偕便衣靑年數名赴道外某鴉片零賣所吸食鴉片中、突見一女招待員妙齡年少姿色可人、不由野心來潮、竊女招待員『今晚不野留別人、跟我到太和賓館去住』女招待聞言以爲眞有愛知之意略表示羞索夜度資時、吳見不能無料消魂、竟又現其挾奏毛病、浪言大罵、『今天不跟嗣本寢去住、非將爾逐出不可、那時才知道副官老爺的勵害云云、女招待嚇極、當秘訴於另一室中之煙客、客中一人、與女招待本有舊好、且往還非常融洽、聞得此種急故不由火上心頭、小切但見着類似海軍服制一人直入吳少尉烟室、飛碟揚碗、開始大戰、結果卒以勢力不敵吳大少尉、除輕傷數處、左眼被打腫、額外少尉之陸軍肩牌同時亦被打掉、非俟吳恐再有其他不利故不待有人解說、即先逃出歸去矣、

濱洲沿線

「林業區之經濟狀況」(一)

(一)概觀

濱洲線據其經濟狀況而言、可分爲左列三區、

(一)牙㟁狩獵區滿洲里至牙克石地域、計三六九哩、

(二)林業區牙克石至礙子山地域、計三一二哩、

(三)農業區礙子山至對青山地域、計三二三哩、

上述林業區中距鐵路二三三十公里以內之較大森林、早已採伐罄盡、故目下採運電桿、枕木等所需之木材、須遠出四五十公里之地帶、以至山中、至鐵路車站之運費、亦因之大增且須繳納北鐵高率運費及各項稅金、或受匪賊掠奪、處此情景之下、一般個人微細經營者殆無利益可言、僅能維持其生業於艱難困苦中、其餘資本較大之企業家、亦不得不收縮其業務或竟完全停止進行、迄至一九三三年此等地域之治察、漸次確立、並因國有鐵路建設日繁、木材需要大增、一般經營者、始漸轉入良好之途、

本篇所論哈拉蘇至博克圖之區域、乃西線林業區主要之部分、更沿鐵路西行森林密度及產量、更形增加、自博克圖迄於興安嶺頂上之興安地帶、始屬林業中心地之正流、故哈拉蘇巴里木雅魯等之地居民、均依搬運木料爲唯一主要生路、赫里果爾以西各部落居民之生業、亦以搬運木料及一切木料爲主、

經封建主義經濟過程移於商品經濟乃至資本主義經濟之滿洲經濟、其自身中包藏自然經濟及單純商品及資本主義諸關係、試就地域觀之、如都會及含有代表近代資本主義經濟形態之鐵路沿線一帶、係受商品經濟乃至資本主意經濟關係之支配、其餘各地大部仍處於半封建的經濟關係之中、

具有半植民地性格之滿洲經濟之近代發達、係因帝俄及日本資本相繼進出、與世界經濟結合後、自外部變革所促成、當十九世紀中葉、因產業資本之發生、始遭壓迫、如運川烟熱之俄國商業資本、得與地主結合、一意探求利益之所在、漸往滿洲侵入、至其新對象之東清鐵路告成即其其他各部分努力破壞滿洲經濟封建制度、自是即鐵路沿線地帶以外、遂均已導入商品經濟範圍之內矣因之哈拉蘇至博克圖等地、即濱洲沿線之開拓、較北滿各地爲早其商品經濟化之端緒則須考諸前世紀之末葉、現在此等地方居民之經濟、亦浮沈於受世界經濟牽制下、滿洲經濟不振之波中、但因自然趨勢、彼等經濟處於受採運木材或木務支配之地村、至對農位業業僅屬供自家消費之副業、然亦有以農業爲主者、則屬例外矣玆就各地經濟情形分述如左、

(二)哈拉蘇、哈拉蘇戶口表

	滿洲國籍	蘇聯籍	無國籍俄人	合計
戶口數	六八	五	五	七八
人口數(男)	一九〇	九	一一	二一〇
(女)	七四	八	九	九〇
人口總計	二六四	一七	二〇	三〇一

家畜及大車數馬三八、牛二九、騾四羊六、雞一二三

車二五

滿人各項職業戶數農戶、五八商戶、四鐵路工人、三木工二鐵工、一

(註)本篇此項數字、均係一九三四年一月所調查、

如上表所列、哈拉蘇乃擬有人口三百餘之小村落、居民大部分以搬運及販賣木料爲生、業木料 樹種以松樺榨柞等爲主、運至該部落時完全利用牛車馬車、自十五公里雅魯河下遊地方運入、其搬運事務因結冰及需要關係、以秋冬期中最爲活躍、其餉售方法、各項木料之材料、運至部落、鋸至一定長度後、須待俄人木販視察齊哈爾、及哈爾濱等埠需要情形、與該市場各木商定立批發合同後、轉向當地農民之購求、即經濱洲運出、但自當地部落運至北鐵車站、悉由農民担任、每古板由木販給予運費哈洋一元、木料價格時有變動每古板約達哈洋十五至二十元之間、本年初因北滿商業不振、曾落至十二元左右、且農民復受木販從中榨取、木販交付彼等代價時、專圖自身之利益、輒以麵粉棉布等作價償付無形中每古板木拌又將低廉一兩元、故當地農民之困窮、益覺深刻化矣、每一農戶、每一季節中、採運木拌之平均收入、約達十五古板、可得哈洋二百五十至三百元之間、更有交易告成後之租稅、每百元須二十一元八角、則由木販担負

昨年自哈拉蘇站運出之木拌、共七一三噸、

當地農民及一般居民於春夏如過有閑散時期、即於近郊栽培供自家消之野菜等物、其日用必需各物從前多購自北鐵消費社、每週開往兩次之售貨列車、因較當地售價殊廉也、北鐵此項售貨車、並不限制職員購求商品、以蘇聯產者爲立、大部分係免稅免費輸送、故價値低廉、購者亦多、然哈拉蘇及西線其他小部落之普通店、殊欠發達云!

(未完)

卍字會募集義金

【營口】世界紅卍字分會、鑒及台灣北部地震之災甚鉅、被害居民、流離失所、情狀慘惻、是特召集全體會員開會、發起台北震災義捐、以重義舉云、

濱江特刊

第十三號
盛京時報北滿總支社
社址　哈爾濱道裡斜紋二道街一三一
電話道裡五二七二番

交通局之新式車票 予車掌以舞弊之機

既無編定號碼又無附剪時間 與世界各國電車票別開生面

哈爾濱交通局、自將電車票改式後、既無編定號碼、又無附剪時間、與世界各國電車票別開生面、惟此種票式、流弊滋多、益足予貪倖車掌、以僥倖舞弊之機、以是每日收入之票欵、多者有之、少者亦有之、此中癥結、究竟何在、專門家當能知之、故交通局鑒於責任之重要、自不能坐視公欵之虧蝕、昨特明令公表、關於車掌出售票欵、多少至一元以上、無論其理由如何、即以舞弊論、而革職、至有確實舞弊証據、除斥革外、並送法院依法處罪、斯固爲交通局亡羊補牢之新政策、然識者論之、究不若根本改善之爲得計、然則交通局之新定車票式樣、其果將立異以爲高乎？抑圖逆情以釣譽乎、責任者其又作何解釋？

航聯局 船隻分配狀况

本年開江時期、水量之減少爲歷年所未有、航聯局之較大船舶、赴下流淺擱不能通行、近來水量較增、三姓淺擱處輪船、可自由出入、航聯局對分配船隻計劃如次、

大賚、紅橋江鴻瑞
齊齊哈爾、豐樹根間江鷗、
哈爾濱、大賚、扶餘間綏遠
哈爾濱、富錦間、濱安、亞州
海星、綏成、海晏、天泰、天安、咸遠、三江、
哈爾濱、黑河間油口、北海
瀛濱、
哈爾濱、虎林間、三省、鴻麟、佩江、金泰、燕泰、
哈爾濱、三姓間三江、金城
富錦、虎林間平安、
漠河古拉林間名山、
以上分配之船舶、大部分就航、大賚、江橋間之鴻瑞、於十四日出發、全部指定航路計劃就緒云、

菸蔴組合又將出兌

因商民覺悟官府嚴予監督 以致無油可揩乃妙想天開

哈爾濱市、自去歲以還、以官方對各業公會組織之弛禁、以是以私利爲目的之各種組合、殆如雨後春筍、應運而生、如妓館也、菜蔬也、糞便也、家禽也、烟蔴也以及…種種、莫不成立所謂之組織、此中尤以烟蔴組合、聲張爲最盛、亦以該組合經手人獲利爲最多、緣該組合、係黃某所創辦、成立未久、即以三千元出賣與吉林劣紳韓石卿、自韓接辦以來、即大下官雨、委任理事長、副理事長、部長、系長、秘書、會計、文牘、司事、傳達、幾形同簡任敕之官廳、開辦之初、以商民之不明組合爲何物、固已飽得壓剝之利矣、迄乎今日商民多知覺悟、官府監督亦嚴、已無前此之鉅利可圖、以是該韓某、現又準備以五千金出售組合許可証、但事逾月餘、迄無應者、結局恐不免於倒閉之一途云、

正陽署 舉行表彰式

上月二十日、道外正陽署總動員搜查胡匪、結果獲五人組之匪團、及其他匪人若干名、對此案破獲之殊勳者、爲保障街派出所欒姜二警士、及其他十九名、日昨十九日午前九時在道外正陽署舉行表彰式、全體警官、出席二百八十、餘名警察廳方面、賜給獎金若干、以資獎勵云、

電電會社

開發北滿電政計劃 哈爾濱管理處

縣與縣間主要幹線將繼續興修 明月溝朝陽川等處將設電報局

負開發北滿電政元哈爾濱分社電話管理處、依諸般之準備現已入於本格工作時期矣、於綫路事宜、除哈爾濱新京間與齊齊哈爾昂昂溪間、大黑河齊齊哈爾間之新設綫已自五月初開始分別架設外、餘爲北滿縣與縣間之主要幹綫、於六月中、仍將繼續興修、目下更進行於開辦新局、已決定者計有延吉縣所屬之明月溝、朝陽川兩地、已定於自六月一日起開設電報局、東寧縣城、亦將自六月一日、設日文電報局、此外更將於北鐵全綫博克圖、

北鐵接收後

俄人不動產紛紛求售 資本家投資二百萬元 組織不動產株式會社

自北鐵收歸國營後、蘇籍員役、即行紛紛歸國、同時在哈白系俄人之商業、亦即因以衰落、甚於以上諸關係、赤白俄人私有之不動產、乃多主張出售、以另尋新的出路、兩月以來、當地不動產之交易、與價格已入於混亂時期、在哈某日滿資本家、並擬以此爲企業、而組織不動產株式會社、預計投資二百萬元、其成行至堪注視云、

北鐵接收後、情勢一變、歸國蘇聯人、及白俄有不動產者繼續聲明出賣價值特別便宜、買主幾全爲滿人、其土地價值大致如次（單位一沙繩國幣圓）、

新安埠方面	一〇—三〇圓
南崗方面	二九—四〇圓
馬家溝方面	一五—三五圓
道裡方面	五〇—[illegible]〇圓

馬家溝發電廠

將設大型發電機 北滿各地民營電燈廠 本年內一律收歸官營

哈爾濱電業局、依電業組社之意旨、以發展北滿電氣事業爲見的已擬定由社出資五百萬元在北滿各地電燈廠內、普設變電所、以調濟其電流同時在哈爾濱馬家溝發電廠內、裝置一萬啟羅瓦特發電機、以增其發電力、而備大哈爾濱市全境四鄉、商民之需要、此外更限定於本年度內、將北滿綏芬、呼蘭阿城、双城以次各民營電燈廠、一律收歸官營、以統一全滿之電氣事業、其成行如何至堪注視云、

市農會評議兼幹旋所長

王雨穠移交法院判罪 將來法院如何判斷頗堪注目

哈爾濱市農會、評議員兼幹旋所長王雨穠、因在會議席上發表不穩言詞、被警察廳特務科逮捕後、歷經廿餘日偵查之結果雖無政治犯之事實、而有通匪濟匪之嫌、乃於上月卅日移交刑事科偵查、又經縝密之偵查後、認爲確有犯罪行爲、故於本月十三日、送交濱江地方法院、依法判罪、將來法院方面、如何判斷、頗堪惹人注目云、

馬家溝收容所

仍將按日發給食料 市署鑒於貧民無處投奔 致解散期限遂無形延緩

由哈爾濱市公署、社會事業聯合會附設之馬家溝難民收容所、以經費支絀關係、前曾公表、自五月一日實行解散並自該日停供伙食、不料屆期各難民以無地可奔、遂造成楚囚對

濱洲沿線 林業區之經濟狀况（二）

（三）巴里木

（一）概觀

巴里木、戶口表

	滿洲國籍	蘇聯籍	無國籍	合計
戶口數	二八	七	二二	五七
人口數（男）	八九	一二	六〇	一六一
（女）	一七	九	四四	七〇
人口共計	一〇六	二一	一〇四	二三一

巴里木家畜及大車數

	牛	馬	豚	雞	鵝	騾	車
俄人部分	六一	四三	[illegible]	二一九	六	一	三一
滿人部分	二四	二八	[illegible]	四五	六	一	一七
合計	八五	七一	[illegible]	二六四	六	一	四八

巴里木亦爲與哈拉蘇大致略同之小部落、其特異之點、唯人口乃滿俄參半所構成、但須注目者、俄人方面經濟力漸有凌駕滿人之勢、居民生活、較哈拉蘇略高、其家畜數量、則較人口處於優勢之哈拉蘇爲多、

茲舉巴里木站發出及遂到貨物之數量如左、藉此當可查知該地之經濟情形、及農民自給自足程度如何也、

巴里木站遂出及到着貨物數量表（單位噸）

出入貨物別	量別 / 年度別	一九二八年	一九二九年	一九三〇年	一九三二年	一九三三年	
運出	穀類	九	—	六	三	—	一
	木桦	一、八四九	三、〇五九	一、五六六	二一五	二三一	六三〇
	木材	五〇	三三四	五六四	三六	二	四五六
	木炭	三九〇	四三一	三四〇	一〇四	一〇二	一三〇
	其他	七九	一四五	一七三	二八	八	一五八
	合計	[illegible]	[illegible]	[illegible]	[illegible]	[illegible]	[illegible]
運到	穀類	一二七	二〇六	二二六	一三	一六	不明
	麩子	一四五	一二五	一三八	二五	一三	不明
	其他	一三四	七七	四二	五五	一八	不明
	合計	四五二	四〇八	五〇六	一九三	一四七	不明

（註）本表係以北鐵統計年報爲根據、一九三三年部分係參錄該路未公布之統計、故有不明之處、

據右表觀之一九二八年、至一九三〇年、漸有增加、一九三一年、至一九三二年、即趨轉落、昨年又有恢復之象、至轉落主因、乃事變匪賊跳梁之關係、此外滿亡國有鐵路延設後、撫順煤遞至北滿、亦受木材減少之近因也、

巴里木之俄人方面、以狩獵、滿人方面、以搬運木材爲主要生業、茲就此殊有興味之點分述如左、

（二）俄人方面經濟之一般

上述俄人方面之主要生業、爲狩獵、其活躍僅在冬季、（十二月中旬至二月上）旬其餘均處於閑散期中、則從事自家消用之野菜栽培、及搬運木材、榨取牛乳等工作、尤以夏期來、自哈爾濱各地避暑客極多、向彼塑鋪爲雅魯河之魚類、或作登山之嚮導、或以房屋出租、殊可謀得種種之收入、然始終不逾自給自足之經濟範圍、總之此爲彼等樂處極低生活中、利用閑散時期、構成全部收入、最重要之一部、

俄人以狩獵、滿人以搬運木材爲主業、如就其民族性及經濟

札蘭屯以次各主要站開辦市內電訪、日下正在估計工程材料

中、北滿電信、今後之發表、至堪期待云、

一場訛詐未遂案

道外洛海湧胡同、住戶鄭延喜、(二十五)其族弟鄭永清、久患癲症、經年不愈、本月以來、更復轉劇、而不能起、日前變轉成心臟急懷症、昏迷不省、遂不可治、延喜爲追詢其身後事、乃煩友延請衛生醫院院長曲壽山、代爲注射強心劑曲至、見病者已入昏盲、乃爲注射樟腦油少許、以待其清醒並告以此症已無可救葯、以是延喜遂赴街購買棺木、而病者以神經過弱、雖經注射、亦未清醒、未半刻而死去、其妻劉氏見丈夫死去、哭之甚哀、時適死者表侄李某趕到、伊本一賭棍出身、見醫者未去、而病者已死、以爲有機可乘、與其表嬸計議、擬敲詐曲醫、誣爲用藥所誤、於是双方遂起口角曲醫士以所注射之藥、藥瓶尚在、有証可攷、且強心劑之樟腦油、決無致人於死之理、於是乃赴道外北七道街派出所理論其時鄭延喜已將棺材買歸、聞及此事、大爲震怒、以爲醫生仍係友人介紹、又爲哈埠名醫、決無誤人之理、乃馳赴分所、情願具結完案、並向曲醫致歉、一場訛詐未遂案、遂告解決矣、

泣、慘狀、市公署鑒於其情之可憫、現已無形援助、故事逾半月、難民依然棲於其地、據聞該者被近、仍將按日發給食料、以恤貧苦、云、

白處長赴日見學

滿洲電信電話會社、爲改善滿洲電信設施、取法先進國家於去冬曾派哈爾濱電信管理處營業課長時、吉秀雄氏赴歐美視察、茲以友邦日本電信尤與滿洲有密切關係、頃又派哈爾濱電信管理處長白鶴澤與總社營繕課長王家棟二人、再赴日本見學、白氏業於十七日晚、由哈首途赴連、會同王氏由大連啓帆、經朝鮮而入日本內地往返行程、預定爲二十五日云、

黑龍江

建國紀念

第四次運動大會 江省大會籌備忙

關於大運動會之要旨已規定 并印刷成冊已分發于各界矣

【黑龍江】滿洲帝國建國紀念第四屆全國大運動會、爲期在邇、全國各省對此均在紛紛忙於籌備之中、而我江省亦已於大滿洲帝國體育聯盟龍江省事務局主催之下、關於本屆大會一切進行事宜以及會場之佈置等重要事件、業約大體籌備就緒、同時更將本屆大會之要旨亦已規定竣事、并於日前印刷成冊且分發於各界矣茲將大會之要旨詳列於左、

建國紀念第四屆龍江省齊齊哈爾大運動會要旨

會場 男子師範體育場

會期 六月五日午前九時

一、主辦大滿洲帝國體育聯盟龍江省事務局

二、名稱建國紀念第四次龍江省齊齊哈爾大運動會、

三、地點省立男子師範體育場、

四、舉辦日期、六月五日(端午節)午前九時起至午后三時止、

五、參加團體、凡市內男女中小學校、皆得參加各界一般市民亦准參如、

六、種目、

甲一般種目、

(一田徑賽、

社會組、百米、二百米、八百米、馬拉松、跳高、跳遠、鉛球、鐵餅、八百米、接力男中亦可參加)、

男中組、一千六百米接力、

女中組四百米接力(龍江女二組、女師初高級各一組)、

男小組、四百米接力(每式出一組)

女小組、二百米接力(每校出一組)

日鮮男小組、二百米

日鮮女小組百米

乙特別種目

一體操、男中混合團體操女中混合團體操、男女小混合團體操、

二、舞踏女師、龍江女中校

三童子團省城童子團分列、

四團體競爭繼引(男中)

五餘興競爭百米食面包競走(社會組)百米提燈競走(社會組)

七宣傳、

甲中央實行委員担當事項

一、催勸及促進爲各地之言論機關、

二標語、傳單等之分配、

三於三主要都市用飛機散布傳單、

四無綫電放送、

五撮電影及映電影、

乙地方担當事項

一發行實應該地方之特點之宣傳印刷品、

二、組織音樂隊、

三組織救護隊如有困難則利用此機會宣傳醫術文化以資大衆之啓蒙

建國紀念第四屆齊齊哈爾大運動會籌備會職員

委員

委員長、板橋并治、

委員姜廣年、內田陽、麻秉均、王桂華、王文彬、劉古學、關錫寬、王恩、趙德山、王守範、新谷彌平、

役員

庶務系、係長八谷靖彥、係員、樓景韓、吳松齡、

審組系、系長、姜廣年、系員、關典聲、新谷彌平王桂華、

會場系、系長、內田陽系員、鄭炳寶、池宮城克通、

接待系、系長渡邊久孝系員、孫清源、高津貴美

賞品系、系長孫樹勳、系員、劉德純、趙耀志、

建國紀念第四屆齊齊哈爾大運動會簡單、

一、名稱本會定名爲建國紀念第四次龍江省齊齊哈爾大運動會、

二、目的、爲紀念滿洲之建國以體育爲媒介將王道建國本旨及民族協和精神使其徹底普及並期國民身心向上爲目的、

三、組織及職務爲進行本會之事業設下列各係、

甲監督系

關於監督及指導本會各系進行一切事務、

乙、進行系、

一關於運動種目進行宣告事項

二、關於時間遵守指揮進行事項、

丙、競技系

一、關於競技結果審判事項

二、關於競技實施一切事項

丁會場系、

一關於會場之設備整理事項

二、關於競技應用物品之準備整理事項、

戊接待系、

關於來賓接待事項、

已、賞品系、

一、關於賞品之購置及保管事項、

二、關賞品之授與事項、

庚、記錄系

一、關於競技成績記錄事項

二、關於本台一切記錄事項

辛、宣傳系

一、關於建國精神之宣傳事項、

二、關於體育提倡之宣傳事項、

壬、衛生系

一、關於衛生救護事項、

癸、警備系

關於會場內外之秩序維持及警備事項、

四、職員

名譽總裁一名、會長一名、副會長二名、係長若干名、係員若干名、

以上係長係由會長聘定之

五、經費

本會經費由政府補助金項下支付、

建國紀念第四次齊齊哈爾大運動會職員、

名譽總裁鄭國務總理大臣、

總裁孫省長、會長王教育廳長

副會長楊市政局長、板橋學務科長、監督系劉禮教科長、加藤視學官、廣視學官、

進行系長、加藤豊作、

系員、楊樹德、呂廣耀、薛雲樓、裴景仁、田國榮、趙元相、梁萬猷、萬祖武、馬正裕

競技系長、姜廣年、沙駿廷、于明俊、

審判長、新谷彌平

終點審判員、四柳王桂華劉古學、石本淳、

時計員、八谷、郭慶新、畢纖隆、

發令員、小西麻秉鈞發令、

鄭宇明入口抽籤、

途中審判員、運索孫徐鴻達關舞東、賀鐵華、

(未完)

齊齊哈爾警察廳 再發退職恩餉三月

前後共計六月足見皇恩浩蕩

【黑龍江】齊齊哈爾警察廳前去職之人員、由去冬兩度之裁員後、計先後巡官以上者達二十餘名、而該廳對每人曾發給退職恩餉三個月、嗣因某方以所發給之三月恩餉實屬太薄、故又向中央追請再予發給三個月者、直至目下該廳已蒙中央之批准故已於昨日(十四日)通知各退職人員到廳、領恩餉三個月者因此一般退職人員於領到此款後、無不稱頌王道國家之皇恩浩蕩云云、

警察何得 假公濟私

道裡經緯警察署、常値勤於中央大街十四道街口之麻子崗警、於月前因便衣乘座交通局大汽車去道外、當女車掌「阿聆」驗票時、該警當即掏出其警察手賬、以証明其爲警察身份、而冀邀免票乘車之優待、詎該車掌以爲交通局內一再限制、警察免費乘車、必須着齊整之制服、當即加以拒絕、令其購票、於是此警以身未携帶零錢、被逼下車、心常恨恨、以圖報復、不意天下事無獨有偶、果於上星期一、三日該警於上午十一時許、又値勤於中央大街十五道街口、適該女車掌正服務於開往馬家溝之大汽車內在行至十四道街南部、因前面一小瀨車阻礙、將車暫停、以俟其讓開道路過去、當時有一交通向日系職員、於行車綫中躍上車箱、該警睹此以爲大瀨車違反警章、有機可乘、遂助即將車攔住、堅稱非將司機或車掌帶往警署罰辦不可、經滿車乘客、據理調解有半小時之時間、卒無效果、結局由該局躍上車之日系職員鈴木氏、取出名片一張、謂不應就擱乘客時間、有事請逕電知局內、當必予以完滿解決等語、該警以爲不共戴天之大仇既復、始行倖倖而去、因此一般乘客、對該警之此種行爲、極度憤慨、爲不特有違警察之身份、且亦予滿洲國法治國家之警吏聲譽上一最大污點、未審警政當局、對之作何態度、能否予以改善、以使此負有國際都市之哈爾濱警政、能充分發揮王道政治下樂土之光輝、是當拭目以觀後效也云、

習性思之、自各不同、故俄人對所有之牛馬、及車輛用途、僅從事搬運自家消費之糧食、及木材等物、或充榨乳之需而已、茲就狩獵而論、試舉巴里木附近所產鳥獸種類、及用途價格等項列左、

甲　大鹿(其功用部分及價格如下)尾二〇至三〇元、(哈洋)角一五至三〇元、肉每斤(封特)一兩角左右、

乙　灰鼠　毛皮每張二元

丙　猞子　毛皮每張六至八元

丁　三貓　毛皮每張三〇至六〇元

戊　狼　毛皮每張一五至三〇元

己　貂鼠　毛皮每張二元

庚　狍子　每八封特一角

辛　野豬　肉每封特一角五分

壬　野雞　肉每支一元三角

癸　飛龍　每支一元五角

其中以猞猁猻生產最富、每一獵期、每戶俄人、平均約收入三〇〇至四〇〇元、尤以老練獵者。及備有佳良、獵犬者、收入可達六七百元、

濱江特刊

第十五號

盛京時報北滿總支社
社址 哈爾濱道裡 斜紋二道街一三
電話道裡五二七二番

播種期迫於目前

市署借給籽種何故遲遲不發
江北災民多以樹葉野菜果腹

慈善家宜速賑濟！

江北馬家船口各災民、以時屆夏令、市署對於春耕貸款、曾盛傳將發給籽種、用作春耕貸款、以免各災民今後再有凍餒之虞、但此種借給籽種之傳宣、至今仍未見諸實行、各災民等近以播種之期迫於目前若不速爲借給、則將來時期已過、即不能播種、更兼其他之切膚問題、有須直待解決者、爲此乃共同推舉保長段永德、王子安 團總張子家、甲 長王鳳吉、魏鳳鳴等、代表災民、於昨日上午、赴松浦警察署、向朱署長哀懇拯救辦法[illegible]項、其悽惻之情形、聞之令人酸鼻

江北各災民、去歲得有今日者、幸蒙各界人士、竭力拯救、惟災民等、當此春耕期間、以室各懸磬、無力播種、而市署當局、近來盛傳、將向江北各災民、借給種籽、作爲春畊貸欵以樹葉野菜充饑矣

二、江北災民、此者多就食他方、自願當有不暇、以故所氣乘之老弱人等、此時雖與去冬拋候不同、然能赴淨土寺就食者、爲數寥寥、此等災民、終日多在街頭行乞、及尋覓殘餘菜根等充腹、長以下去、終非善策、惟一辦法、節要求代爲懇求本埠慈善機關、前往放賑、以救倒懸、朱署長於該代表聲淚俱下哀哀懇求時、當即一再安慰、允予代辦、必盡力設法云云、又一淨土寺粥鍋原擬於上月下旬實行撤銷、但附近就食之災民八百餘名、因粥鍋倘果一旦撤銷、則無就飯之所、必至同爲餓殍故、殷殷哀懇、本埠之慈善家護婆普提心捐欵賑濟、務使粥鍋延期、聞慈善家車鏡汝太太、對此頗表同情、願爲首倡、但須更換彼個人之名義、嗣以並非彼個人出資施粥、仍須依賴其他大多數善人捐欵、故未實現、聞目下由齊耀掀、黃天眞、修樂亭楚科長等慈善家、捐資繼續賑濟、每日須欵四十元云、」

趙警佐天良何在
戀表妹拋棄髮妻
可憐的郭氏被棄仰藥自殺！

爲情、乃嚴格拒絕、趙以黃面婆在堂、致影響於表妹之婚事難成、於是不由視髮妻竟如目中之釘焉、

趙妻郭氏、先徙居安達、嗣以趙熱戀表妹、終年不寄分文、致生活無法維持、乃來哈尋趙、詎知趙不見則可、一見之下、怒氣塡膺、大發雷霆、郭氏雖知有變、猶不知其中之所以然也、惟有携子抱女、熱淚如珍珠斷線、滾滾下流、趙於憤怒之下、竟將郭氏子女一併趕出門來、郭氏乍到哈埠、人地兩生、竟爾無處投奔、乃流落於道外大新街、連陞客棧、此二月前之事云、

郭氏住於客棧、兩手空空、身無長物、子女叫嗷乞哺、默思丈夫、高車驪馬、揚武揚威、高樓大廈、呼童喚僕、食則珍饈美味、揮金似土、相形之下、不啻天堂地獄之生活、每一念及、心如針刺、淚如雨下、偵察結果、始知趙與表妹已結不解之因緣矣、於是乃向道外地方法院、提起告訴、法院以子女滿堂、不宜離異、乃爲双方調解、令趙收容、期言歸於好、仍不失一和樂家庭、趙雖當堂認可、然夫婦間感情已經破裂、自難合度、郭氏無法、曾一度求見趙之上司某、

[illegible]

（靜雷）

（一）

因三年之間、兩次水災、造成江北馬家船口一帶、農村之破產、其年青力壯者、皆投奔他鄉、所餘之老弱殘廢者、無處遷移、惟有坐以待斃、幸經本埠各慈善機關、見義勇爲、設主粥廠以圖救濟、棄一般災民、得有今日、誠堪表彰之事跡也、但設立粥廠、僅爲一時之治標辦法、倘欲澈底救濟、自不能不求治本之方、治本之方爲何、曰須使農民各務其務、但農民現在無衣無食、何邊言及耕種、倘當局不加以援助、此數千百災民之生活無法國家之稅收、以及民食頗爲重大、故識者莫不認爲澈底救濟江北災民、爲當務之急、

賢明之市公署當局、因責任之督促、對此何嘗不智、故兩月以來、即盛傳將發給籽種、用作春畊貸款、免農民有『錢到手飯到口』之弊、法至良意至善、倘能實行、未始非農民之福音也、無如宣傳經久、迄未實現、說者謂市署當局日夜專心忙於發展各種營業、無暇顧及此江北數千百災民之饑饉勾當耶？

（二）

吾如是聞、功德分『有謂』與『無謂』、有謂之功 德爲何、蓋其施設功德也、惟恐他人不德、乃施設功德後、惟恐人知係出自良 心、對諸天神、毫不含有釣譽意、故兩者較之、無謂之功德爲眞慈善其功偉、有謂之功德爲假冒爲善、其功渺也、

故目觀察、今日之慈善家、大多數注重於有謂之功德、假慈善以圖沽名釣譽者、吾以爲不獨車太太其一人、不過車太太弄得未免太露骨耳、

（三）

『一步登高、六親不認』、從前吾以遺話說得未免太籌些、今見趙大警佐之拋棄糟糠、愈信先民之言爲不誣矣、

趙之戀表妹而棄郭氏也、完全爲喜新厭故之表徵、趙之品也、

初、未始不和、及今[illegible]增愛色削減、致使趙拋棄之、其表妹倘果有透郭氏所以被棄之原因、當知自身之容艷亦難能保持永久、倘若等到秋老花謝之時、前車既覆乎、

（四）

哈市醫院之多、甲於全國、其不藏 不詐者、固屬不少、然專事敲騙伎倆者、實大有人在焉、若忱醫院十四針藥水就欵二千元之竹過、曾幾何時結術品三醫院、又以威 脅 產婦聞、正當臨盆 之際、何物產婆、竟敢拿人命做兒戲、要錢欵之事固屬可恨、其玩忽人命之處 有責當局、實不應漠視也、

同樓二十二號住戶鄭興維（廿七）捷足先登矣、鄭現充差役工於嫵媚、相處之下、感情日益接近、但姜婦處境非豐、且須由肉體得錢、以維生活、而鄭又兩手空空、一身之外別無常物、二人處此境遇、當然左右爲難、鄭固爲多智之輩、乃援用移花接木辦法、將友人某警察機關夫役白玉川者於姜氏、用以補助生活、而個人可坐享漁利、白亦色中惡鬼、同往於該樓上、得此好友、援用對鄭之厚意、已感同再造之深恩、於是白遂得爲姜氏之入幕賓矣、維姜氏本一淫婦、遇張則張、遇李則李、不久又與傳教員發生關係、而傳以姜風流少艾、秀色迷人、乃以全副精神、側重於姜、乃恨鄭白二人如眼中釘、遂向更夫徐某證詞舉發、鄭白興姜有染、恐生人命關係嚇其鄰逐鄭白二戶、徐本山東人、 性直而悍於五月二十八日、當對鄭白下逐客令、二人以證據無着、焉能干服、於是三人由口角而至毆鬥由樓上滾至樓下、正在互擊聲嘩之際、樓上傳 教員之前愛、崔李二氏、已知傅某另歡姜氏、早有滿心醋意、今見更夫逐白鄭搬家、以爲係姜氏主使乃指桑罵槐鬧個不休、姜氏鬧礬、挺身而出、乃與崔李二氏宣戰、打做一團、院內住戶、以戰機益緊、姜氏與更夫、一併負傷、恐釀事故、遂馳報承德街派出所、由該所李巡長、率警將一干人犯、一併帶所罰判、獨傳教員、因聞報赴劇所躲避、未能即時逮捕云、

齊齊哈爾全市
中小學校一覽
本報記者最近調查

【黑龍江】齊齊哈爾全市省立公立私立中小學校共內部之詳細狀況據記者之調查披露於左、

齊齊哈爾、日語專修學校、全年經費三二、六五二、〇〇元、校長于敬修氏、級數、初級無、高級 五級、學生 數、男二五二名、敎職員數男十名、事務員數男二名、

齊齊哈爾師範學校、全年經費三六、九一二、〇〇元、校長李延盛、級數、初級二級、高級五級、計七級、學生數男

費一七、二八〇、〇〇元、校長阿成嘎、級數、初級四級、學生數、男一五七名、敎職員數男九名、事務員數男一名、

（以上均係公私立者、經費數單位作元）

齊齊哈爾師範學校第一附屬小學校、全年經費一六、八四〇、〇〇元、校長李保全、級數、初級九、高級四、計十三級、學生數、男五九〇名、女二〇名、敎職員數男十五名、事務員數男一名、

齊齊哈爾師範學校、第二附

以待秋收後、再將所借之籽種返還、此項消息傳出後、各災民翹望之下、莫不双手加額、以爲江北災民從此將不虞饑餓矣、詎料災民人等、坐待數月之久、所謂借給籽種之事實至至今仍未見諸實行、況當此春耕播種之期、瞬迫在眉睫、若不即速發放、待時期錯過、則不能播種矣、而災民人等、云饑餓之前車可鑒、今后不欲再受此種困苦、故特哀懇代向第三鐵車處交涉、速予發放、以便播種、而資救濟、

二、災民人等、現在日能到淨土寺義粥就食者、每日不下八百餘人、此皆限於離淨土寺相近者而言、其他相距過遠者因不能前往就食、現多以樹葉野菜充饑、慘不忍聞、若淨土寺粥場不延長放粥日限、則江北馬家船口一帶之災民、相率

三角戀愛案

移花接木差警兩全其美

本埠某機關、贊佐趙某、年三十二歲、奉天人、十數年前、在原籍經媒妁之言、父母之命、娶得郭姓女爲室、郭固一鄉間女子、但頗知婦道、故過門以來、夫婦間感情、尚稱不惡、郭氏生一子二女、子現已八歲矣、趙某經年來在外流浪官場、各利兼收、髮妻郭氏、年事漸增、黃面婆當然不配當官太太也、適趙有姨表妹、前肄業於本埠某女中、年方雙十、姿色可人、住上號草料街、趙每於公餘、輒往盤旋、一未經世故之弱女子、焉見得金籠馬靴氣概軒昂之堂堂大警佐、趙施其誘惑之手段、女一面爲虛榮心所驅使、一面爲金錢所引誘、未久果爲趙某所得矣、自此之後、影院、舞場、時見一制服馬靴之警官、偕同一妙齡時髦之女生、花前月下、恒有表兄表妹之儷影、校中功課、早擲諸腦後矣、因醜聞遠播、弄得風雨滿城、至爲學校當局聞悉、乃將女革除、女被革、現又轉學於某英文補習學校、趙曾向其表妹要求婚約、但其表妹以堂堂女學生、曾作妾媵、未免難以

以某家務糾葛、不願條解、郭氏逼於進退維谷、舉目無親之境地、感覺天地雖大、實無容身之處、乃於日前（十九日）下午五時、吞服鴉片若干、經人發覺、因趕救不及、終予與世常辭矣、嗚呼可憐哉郭氏！噫嘻忍心哉趙某！

得隴望蜀教員一箭三鵰
醋海生波同入縲絏

道外南馬路頭道街、門牌十三號、四十一戶住戶傅子良、現充敎職、爲人行爲卑劣、且貪色如命、同樓有寉、李兩姓婦、皆不守婦道、傳均以誘惑手段、而成姦、該樓前又新搬入姜氏婦者、年方花信、楚楚動人、搬入後未旬日間、即爲

濱洲沿線

「林業區之經濟狀況」（四）

牛、二八馬、一〇車、三五尙有赫里爾之不動產、大工人宿舍一處、亦資本之一部、

二、生產量、昨年度共運出木桲六七〇古板、（三、五五一噸）

三、勞働者、直接僱用勞働者十名、其中獨身者八名、宿舍食事俱由主人供給、月給工資哈洋三十元、此外携有眷屬者二名、居處亦由主人供給、月給工資哈洋五十元、如至夏季農事忙時、尙須臨時僱用工人若干、但僅供食事、每日給與工資一元五角、多於博克圖招募、上述俱指白系俄人而言、更有關於林區內採伐木材、及製木之滿人勞働者事項、另詳博克圖林業記述中、

四、市場以海拉爾及齊齊哈爾之一部爲主、

五、發送地及需要地之木桲價格、及其採算關係、（利益）

甲、馬爾蒙持夫氏所担負之各項用費、（按哈洋計）

木桲採伐費、（給與滿人勞働者）每古板六元、

林區費、（給與林區所有者李德才氏）每古板二元七角五分、

搬運費、（冬季自林區運至車站近處）、係企業主直接僱用俄人勞働者、月給工資三十元每古板三元、（預定額）

貨車費、每輛十元、

路軌佔用費、每輛貨車十元（林區鐵路支線屬東方公司所有、上列係停於該路裝有木桲之貨車、每晝夜應徵之費用、）

裝車費、每車三元、

每一貨車容量爲一六、五噸、共裝木桲三、一古板、按上列各項費用合計、每車木桲共需成本六〇、二五元、但建築物維持費及家畜飼養費、尙未在內、馬爾蒙特夫氏、昨年度每車木桲、售給木販之價値、計八〇至九五元之間、每車計可獲利一五至三〇元左右、

乙、木販負担之費用、

一、稅金

國稅	一八、〇〇元（哈洋）
特區稅	一、五〇元
警察稅	一、二〇元

二、運費

自當地往海拉爾每車運率　七二、〇元

除上項外、尙有自海拉爾站往木桲推置場之搬運費、及雜費等、總計約一〇五元、而海拉爾木桲市價、每古板爲哈洋八〇元、故每車三、一古板、木桲運至海站、可獲代價二、五〇元之譜、

木販每車木桲之成本、於林場購買價値爲八〇至九五元、上項支出爲一〇五元、總計則在一八五至二〇〇元之間、按市價計每車可獲利益五〇至六五元、而費用總額由鐵路運費約占百分之四十五

丙採算關係、

木桲一物、經木販即需要地之木材業者之定購、一切合同簽定完畢、始於現地採伐搬運至合同簽定、普通多在夏季施行、故採伐地帶、於合同告成後、立時顯呈活躍、如馬爾蒙特夫氏一類之包工者、其木桲採伐業務、於是時雖負有前途各項費用、亦莫不增進利益二三成、更如雖有稅金關係、但依木桲品質價極低、稅金亦微、且遇裝車時、維有三一古板普通定量、但因出發站即赫里果爾及其他小站、均無檢查斤量之設備、並可易於逾量多裝、雖遇到達站檢舉追補運費、（未完）

齊齊哈爾郵政局
滿日華匯兌之成績
——三四兩月份者——

【黑龍江】省垣郵政局、自開辦滿國匯兌及滿日小匯兌以來、其業成績、務之異常良好、頃據最近之調查、其三月份及四月份之成績、分別詳列於左、

（一）滿華匯兌成績

三月份開發三二六張、計國幣一萬四千一百三十八元七角、兌付二一張計國幣六百七十七元三角四分、

四月份開發七三三張計國幣二千二百十九元八角兌付二五張計國幣八百九十三元四角九分、

（二）滿日小匯兌成績

三月份開發三二六張、計金票四千六百四十七元三角九分、兌付二張計金票三百零六元八角五分

四月份開發三五三張計金票五千二百一十三元九角七分、兌付一八張計金票一百二十五元四角二分、

以上爲三月份及四月份兩月之成績、至五月份之成績預料當較上記兩月爲多、且以此足見滿華滿日兩國間融和之氣象愈形增加矣云、

二二四名、敎職員數、男十七名、事務員數、男二名、

齊齊哈爾兩級中學校、全年經費三五、六五二、〇〇元、校長王宸章、級數、初級四、高級二、計六級、學生數男二〇一名、敎職員數、男十六名、事務員數、男二名、

齊齊哈爾工業學校、全年經費三一、六九二、〇〇元、校長宋炳麟、級數、初級一、高級三、計四級、學生數、男一四〇名、敎職員數、男十名、事務員數男二名、

齊齊哈爾、農業學校、全年經費三〇、二二一、〇〇〇元、校長張秉權、級數、初級一、高級三、計四級、學生數、男一〇九名、敎職員數、男十一名、事務員數、男二名、

齊齊哈爾女子師範學校、全年經費三九、五五二、〇〇元、校長王純德、級數、初級五、高級三、計八級學生數、女三〇八名、敎職員數、男十四名、女四名、計十八名、事務員數男二名、（以上均係省立者、經費數單位作元）

龍江中學校、全年經費二七、八四〇、〇〇元、校長劉雅齋、級數、初級六、高級無、計六級、學生數、男二九一名敎職員數、男十七名、事務員數男三名、

龍江女中學校全年經費八、二五六、〇〇元、校長楊簽亭級數初級三、學生數女一三六名、敎職員數、男六名、女九名、事務員數女一名、

蒙旗公立師範學校、全年經

屬小學校、全年經費一一、〇六〇、〇〇元、校長張永、級數初級五、高級三、計八級、學生數男三五一名敎職員數、男十一名、事務員數男一名、

齊齊哈爾師範學校第三附屬小學校全年經費七、三四〇、〇〇元、校長王日宣、級數初三級、高級一、計四級、學生數、男一三三名、女二三名、敎職員數、男五名、事務員數男一名、

（未完）

建築江堤即將動工

哈爾濱松花江堤建築案、追加預算三十萬圓、於二十七日召集緊急自治會會議、一體通過、一方都市建設局、關於工事已準備進行、先起自景陽街二十道街之危險處、加以修至築、約三個月即可告竣云、

濱江管內石油專賣額

於四月十日、滿洲國石油專賣制度實施以來、濱江專賣署管下之專賣如次、

四月	瀛油	三千九百罐
	石油	三千八百罐
	金額	三萬六千圓
五月	瀛油	一萬三千罐
	石油	一萬二千罐
	金額	十萬圓

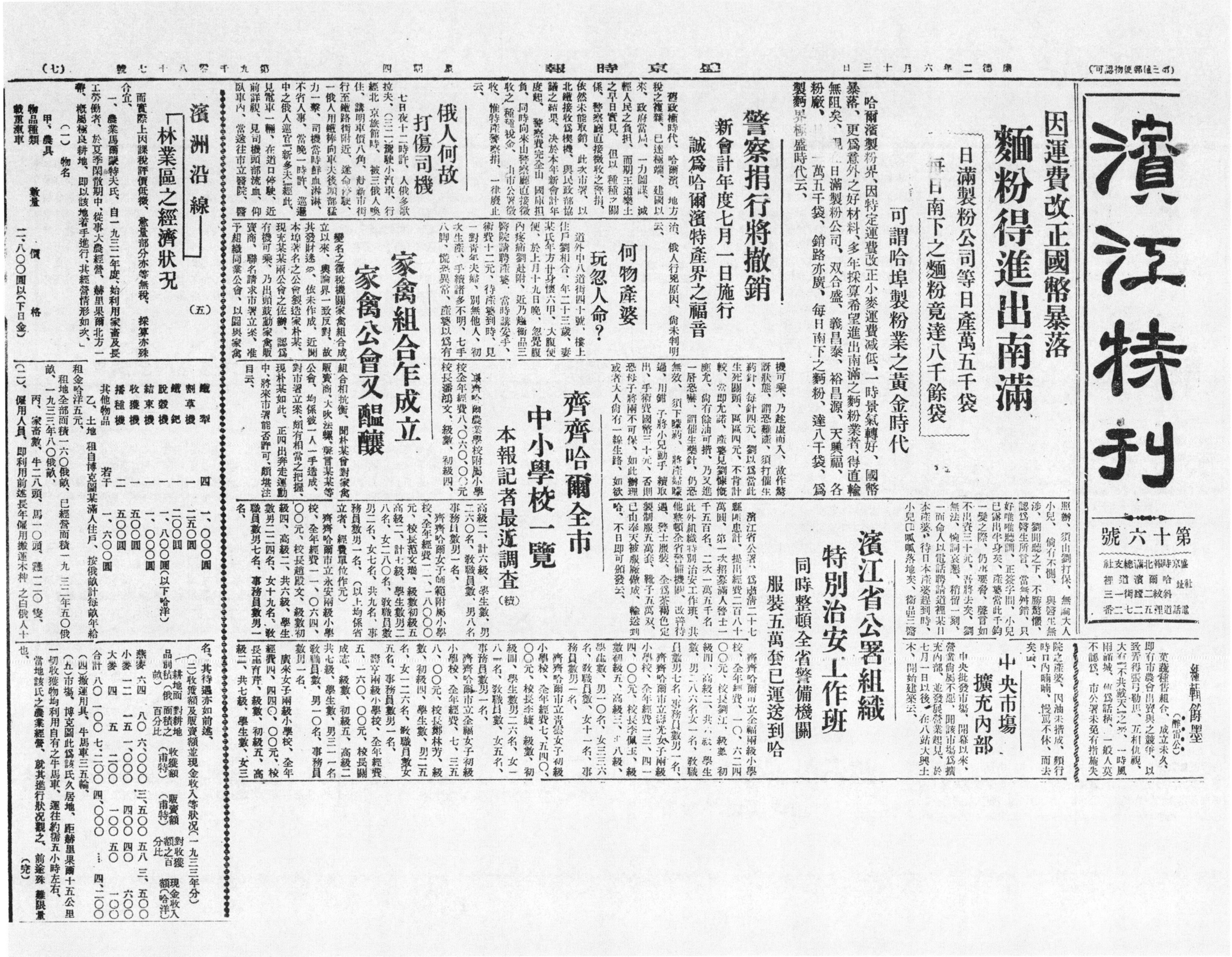

濱江特刊

第十六號

盛京時報北滿總支社
社址 哈爾濱道裡 斜紋二道街一三
電話道裡五二七二番

盛京時報 康德二年六月三十日 第九千零八十七號 (七)

因運費改正國幣暴落
麵粉得進出南滿
日滿製粉公司等日產萬五千袋
每日南下之麵粉竟達八千餘袋
可謂哈埠製粉業之黃金時代

哈爾濱製粉界、因特定運費改正小麥運費減低、一時景氣轉好、國幣暴落、更爲意外之好材料、多年採算希望進出南滿之麪粉業者、得直輸無阻矣、現在日滿製粉公司、双合盛、義昌泰、裕昌源、天興福、各粉廠、日產一萬五千袋、銷路亦廣、每日南下之麪粉、達八千袋、爲製麪界極盛時代云、

警察捐行將撤銷
新會計年度七月一日施行
誠爲哈爾濱特產界之福音

何物產婆
玩忽人命?

俄人何故
打傷司機

家禽組合乍成立
家禽公會又醞釀

齊齊哈爾全市
中小學校一覽
本報記者最近調查(續)

濱江省公署組織
特別治安工作班
同時整頓全省警備機關
服裝五萬套已運送到哈

中央市場
擴充內部

濱洲沿線
林業區之經濟狀況(五)

30

常之處、卽生命…不應再生亮以啓彼此傾扎之機、而造成相互對立之事態、殊爲憾事、詎知天下事、無獨有偶、菜蔬種售組合與市農會之紛爭、相持半年之久、宜告解決、家禽販賣組合、與家禽公會之爭端亦暗潮而漸趨於表面化矣、所謂家禽販賣組合者、亦然非與菜蔬種售組合同一性質之剝削機關、換言之、亦即全哈市五十五市民之公敵也、蓋家禽販賣商因中添一層「稅捐」、…成本自然必須提高、在販賣商之本身、「貴買貴賣」、似無多大影響、惟「羊毛出自羊身上」與謂家禽組合直接剝削家禽販賣商、勿寧謂之爲間接榨取哈爾濱五十萬人民之脂膏也、故一般人認爲家禽組合、根本即無設立之必要、當局已經許可、夫復何言、不過往去已矣、來者可追、君不見菜蔬禽售組合、與市農會之紛爭乎?、當局宜以前車既覆、作爲殷鑒、勿令組合公會兩相駢立、再演成紛爭之事態、則市民幸甚

黑龍江全省各官私立 學校總額及現狀

本報駐江記者才元伯調查

【黑龍江】江省教育、自滿洲帝國定鼎後、卽經歷任之省垣教育廳長竭力整頓、迄今二三年來、將舊軍閥時代之不良教授方針、業已徹底改良、一方對於教育人材、更能採用賢良、以謀根本的改善、故今日江省教育、所以得有如此之優良成績者、蓋有由矣、且不但全省教育之素質、業已全部向上外、卽全省各校之全年經費、亦已有具體的規定、非復如昔日之經費無着也、頃據本報記者之最近調查、關於黑龍江全省各縣之男女官私立各學校、詳細狀況數目、全年經費額、教職員人名額數、男女學生數目、一一分別詳誌於左、

黑龍江全省各縣官立男女學校狀況

齊齊哈爾市—男二校女三校計五校、全年經費五〇、〇〇〇、〇〇元(單位元)

四一名教職員數女九名、事務員數男一名、

同信女子兩級小學校、全年經費四、四四〇、〇〇〇元校長潘秀、級數、初級五、高級二、共七級、學生數、女三〇三名、教職員數女九名事務員數男三名、(以上均係龍江縣立者、經費單位作元)

龍江中學附屬小學校、全年經費九、〇〇〇、〇〇元、校長山速孔、級數、初級四、高級二、共六級 學生數男二七八名、教職員數男七名、事務員數男一名、

龍江女子中學附小學校、全年經費、五、八六八、〇〇元、校長李興業、級數、初級九、高級二、共七級、學生數、女四一〇名、教職員數、女一〇名、事務員數、女一名、

淸眞兩級小學校全年經費、八、四六八、〇〇元、校長馬正裕、級數、初級四、高級二、共六級、學生數、男一五三名女六一名、教職員數男九名、女四名、共九名、事務員數男一名、

乘彝兩級小學校 全年經費四、七六四、〇〇元、校長張乘彝、級數、初級四、高級一共五級、學生數、男一三九名教職員數、男六名、女一名共七名 事務員數男一名、

齊晉小學校全年經費二、三〇〇 〇〇元、校長王玉堂、級數、初級三、學生數、男六五名、教職員數 男五名、

孤兒小學校、全年經費、一、〇八〇、〇〇元校長袁葆眞、級數、初級三、學生數、男九三名女九名、教職員數、男三名、

女子教養院、全年經費二一、三二〇、〇〇元、院長朱張希班、級數、初級四、高級二、共六級、學生數、男三名、女一〇〇名、教職員數男一名、女七名共八名、事務員數、男七名、女一名、

(以上均係私立者經費單位作元、)

合計全市共有省立公立、市立、縣立、私立、等男女學校計二十九校、全年總經費統計四二一、三七八、〇〇元、總計級數、爲一七二級、總計學生數、爲男四三四九名、女二六五四名總計教職員數、爲男二〇二名、女八一名、共計二八三名、總計事務員數爲男四一名、女三名、共計四四名云云、(完)

大豆價格 每況愈下

端陽節後之豆價突破八角、出乎一般人之所預料、七日市行暴落、收盤八角九分、較之五日前、又落五角五分爲本年來最低之價格、一般特產商、焦灼萬狀、其暴落原因、仍爲歐洲帮不肯購買、不能輸出、此外麥價亦暴落至一元三角云、

電費減低 年內實行

哈市之電燈、及電動力使用費、較之南滿高出數倍、各生產工業界、及一般需要者、皆願望減低、工商會議所、根據南滿使用費、要求電業局減價、電業局對此、亦表示同意惟須由基礎上調查後、作一準備最晚至本年末當可實施減費云、

中等學校無

小學校男二校、女三校共五校、全年經費九〇、〇〇〇、〇〇元、職員數、男七名、女三名、共十名、教員數男十二名、女十七名、共二十九名、僱員無、傭員數男八名、女無共八名、級數初級二十一級、高級七級、共廿八級、學生數男六三一名、女六七五名、共一三〇六名、

龍江縣—男三十六校、女二校共三十八校、全年經費四二、一八〇、〇〇元(單位元)

中等學校無

小學校男三十六校女二校、共三十八校全年經費四二一八〇、〇〇元職員數男二十二名、女二名、共二十四名、教員數六十二名、女十六名、共八十二名、僱員數、男四名、女無、傭員數、男四十名、女二名、共四十二名、級數、初級七十三級、高級十五級、共八十八級、學生數、男二六〇二名、女一〇二六名、共三六二八名、

景星縣男七校女一校、共八校、全年經費三、六六〇、〇〇元(單位元)

中等學校無

小學校男七校、女一校共八校、全年經費三、六六〇、〇〇元職員數男一名、女一名、共二名、教員數、男八名、女一名共九名、僱員無傭員數男八名、女無、級數、初級十級高級一級、共十一級、學生數男[illegible]六八名、女六八名共四三六名、

甘南縣男六校女一校、共七校、全年經費七、七〇四、〇〇元(單位名)

中等學名無

小學校男六校、女一校、共七校、全年經費七、七〇四、〇〇元職員數、男二名名、女一名、共三名、教員數男十二、女四、共十六名、僱員無、傭員數男九名、女二名共十一名、級數初級十三級、高級四級、共十七級、學生數男四九三名、女八四名、共五七七名、

富裕縣男十二校女一校、共十三校、全年經費七、九二〇〇〇元(單位元)

中等學校無

小學校、男十二校、女一校共十三校、全年經費七、九二〇、〇〇元、職員數男二名、女無教、員數男二十一名、女二名、共二十三名、僱員無、傭員數男二名、女一名、共三名、級數、初級二十一級、高級二級、共二十三級、學生數男六六九、女一二四、、共三六三名、

訥河縣男十五校、女三校、共十八名、全年經費一四、三六四、〇〇元、(單位元)

中等學校無

小學校男十五校、女三校、共十八校、全年經費一四、三六四、〇〇元、職員數男五、女無、教員男二十九名、女六名、共三十五名、僱員數男三名、女無、傭員數男十二五名級數、初級二十八級高級七級共三十五級、學生數男九四八名、女二五〇名、共一一九八名、

嫩江縣男十校、女一校、共十一校、全年經費八、九七六、〇〇元、(單位元)、

中等學校無

小學校男十校、女十一校共十一校、全年經費八、九七六〇〇元、職員數男一名、女一教、共二校、教員數男十七名女四名、共二十一名、僱員數無、傭員數男二名、女無、級數初級十七級、高級三級、共二十級、學生數、男四五五名、女二三七名、共六九二名

德都縣男九校、女無、全年經費一〇、三三四、〇〇元(單位元)

中等學校無

小學校、男九校、女無、全年經費一〇、三三四、〇〇元職員數男三名、女無、教員數男十四校、女二名、共十六名僱員無、傭員數男九名、女一名、共十名、級數 初級十五級、高級一級、共十六級、學生數、男三七〇名、女一二名、共四八一名、

龍鎭縣—男三校、女無、全年經費八、一〇七、〇〇元(單位元、)

中等學校無、

小學校男三校全年經費八、一〇七、〇〇元、職員數男二名、女無、教員數男十名女二名、共十二名、僱員無、傭員數男四名女無、級數初八級、高級三級共十一級、學生數男二七七名、女八六名 共三八六名、

通北縣—男四校女一校共五校、全年經費五、四一二、〇〇元(單位元)

(未完)

糖業聯合會 因意見分歧

須延期成立

以北滿呼蘭、南滿奉天、鐵嶺、三製糖工廠、復活爲主題、將設之滿洲製糖會社、已誌本報、五月中旬、由糖業聯合會、招股一千萬圓、設立日、滿合辦製糖會社、並先組織創立委員會、據本市某方之確聞、因招股及設立後、經營方針、委員會內意見不一致、故該會社成立須延時云、

江防艦隊 考試新兵

錄取二百名

滿洲國江防艦隊、本年招募之新兵、試驗地點、計新京、奉天、安東、哈爾濱、營口等五處、哈爾濱於六日在第二中學校、檢驗體格、七日舉行考試應試者四百餘名、僅錄二百名、期於七月一日、卽正式入隊服務云、

帽爾山站 發見股匪

濱綏線帽爾山站、於七日夜十時半、趙尚志匪約六百餘名突然來襲、該地駐屯日軍、及滿軍、協力應戰、一面披閱訊、日軍〇〇名、及警務段德永巡告以下〇〇名、赴帽爾山助戰、亘四小時之久、八日早二時、始將匪擊退、帽爾山日軍守備隊長、小野特務曹長戰死、日兵二名、自衛團二名重傷、滿軍戰死二名、住民死數名、並被綁去四五十名云、

哈爾濱守備隊、於八日早九時三十五分、派〇〇名、乘列車赴帽爾山、因通信機關割斷、該地詳細情形不明云、

公園詩謎社

爲文人薈萃之處 爲無上娛樂之所

道裡公園怡軒內、本年入夏以來、新添詩謎社一處、本埠一般文人學子、於夕陽西下之時、多紛紛前往推敲、凡欲猜者、須以國幣一角、購猜券一張、如果猜中、不但原欵歸趙、且可得獎品若干、聞該社不久、更將添加燈虎助興、現正蒐集材料中、側聞該社自開辦以來、迄至現在、未及匝月已經賠累不堪、原因如所出之詩、頗易猜中、恒有數人均猜一字而猜中者、故該社之老闆劉某、竟大叫其苦、一般猜者確日見踴躍、說者謂如常此以往、劉老闆將大折其本矣云、

馬迭爾 財東被綁案

法院昨日公開審理

轟動全市之中央大街馬迭爾財東小卡斯伯被綁致害一案、經滿方行政當局、努力搜查、先後捕獲犯人多名、於昨日(七日)上午九時、在特區地方法院、第二法庭公開審理、當滿外人士、及新聞記者、旁聽時、濟濟一堂、幾無隙地、足見本埠人士關心此案云、

北黑拉賓 鐵軌將改修

北黑線開通以來、因鐵軌新設、路線未能穩固、以是列車常發生誤點、出軌顚覆、相撞事件、路局爲防止事故起見、考慮改善沿線之從業員、及徹底普及防止事故之思想、並於六月一日起舖換兩鐵軌、約二旬間完成、先於北安、龍鎭間開始、長七十基洛米突、預定工事總額六萬元、此外拉濱線五常至新站間長二百基洛米突之線路亦大改修、實爲一般旅客之福音云、

森島總領事 行將歸國

榮陞駐德大使館參事官之前哈爾濱總領事森島守人氏、爲視察間島、朝鮮兩地、於二十四日午前九時二十五分出發、二十九日歸哈、預定下月五六日歸日本云、

濱江特刊

第十七號
盛京時報北滿總支社
社址　哈爾濱道裡斜紋二道街一三
電話道裡五二七二番

滿蘇聯絡會議順利進行中
自十日起已連續開會四次
雙方意見已漸趨接近

北滿鐵路讓渡後、依東京讓渡協會與第十三條、滿蘇最要問題之滿蘇間歐亞鐵道與電信電話聯絡會議、前經我政府決定、在哈爾濱舉行、雖已派定外交部北滿特派員施履本、為首席委員長、其他電信關係、以交通部森原郵務司長為委員、鐵道關係、以森田路政司長為委員、蘇方亦派定駐哈總領事為全權代表、烏蘇里鐵路駐哈代表外三名為委員、經双方接洽結果、已由十日起、在外交部特派員公署、連續開會三次、茲於昨日上午十一時、仍由上述各員一同出席下、在原地場續開第四次會議、討論關於鐵道與電信電話聯絡事宜、直至下午二時、始行散會、據探聽所得、經四回會商之結果、双方間意見、已益見漸趨接近、可依前日大橋外交次長之飛哈、曾與蘇聯總領事一度會見、作長時間會談之結果、問題之圓滿解決當指日可待矣云、

乞丐收容所
經費支絀成績欠佳
望當局速謀治本之辦法

當局鑑於國際都市之哈爾濱、似不應有污穢骯髒衣衫襤褸之乞丐陳於通衢大路上、以免有碍於國際觀瞻、故由去年春間、經社會事業聯合會之提倡、蒙道裡外兩商會之援助、准予每會每月津貼國幣六百四十元、共為一千二百八十元、作為常年經費、利用道外北十二道街、從前官店之房舍、設立乞丐收容所、以圖將哈市之乞丐、盡量收容、而免流落於街頭巷尾、其用意至為良善也

詎去年來、地方多故、四鄉難民、紛紛報奔來哈、因謀生困難、或染成惡劣嗜好、乃流為乞丐、故乞丐之數目日益增加、而收容所之經費、為固定數目者、不能增漲、於是不得已、由去歲秋間、將每日兩次高粱米乾飯、改為兩次稀粥、現在該所除職員警察廿人外、尚有乞丐四百三十餘人、每日需高粱米十二𥺻子、菜鹽費二元、致每月千二百八十元之經費、不足開銷、街頭流浪之乞丐、為數仍不下四五百名、

醉雷公曰、收容所之設立、為救濟乞丐之治標辦法也、蓋如盡量收容、使市內乞丐藹濟、則限於經費之担負過重、無情籌措、如照現在之似收容而不收容、則市內之乞丐、依然不見減少、殊非得計、故欲使市內之乞丐絕跡、非謀根本之救濟辦法不為功、根本救濟辦方如何、曰設立貧民工廠、試略陳其大致梗概於下、

・由政府出資、就現在之乞丐收容所、擴而大之、所內附設診療部、聘請專門醫師、為染有嗜好者戒除嗎啡海落英癮、同時附設貧民工廠、聘請專門技師、教以各種技藝、按時工作、按時休息、所有出品、由所內自由出售、所得利益概歸收容所開銷、於相當時期後、乞丐之技藝學成、如欲別謀生路、則聽其自然、如欲仍在所內繼續工作、則按其成績之優劣、給以工資、不但可以自養、而且可以養人、乞丐既有出路、經費亦有來源、較之現在月耗千二百餘元之有用金錢、而收養多數無用之乞丐不亦宜乎？

一幕離奇搶案
鬧了半天原來自家搗鬼
苦了警察費盡偵查工夫

月之十三日午前十二時許、突有一人至純街派出所報稱、王景豐、係南馬路廣和皮店司賬、頃間赴中央銀行、取款二千元、行經景陽街六號、小茶館門前、遇二暴客、一中等身材者、着青衣、頭戴青毡帽、一人着藍大衫、戴紫色毡帽手持匣槍、逼近身前、大肆威嚇、徒手之匪、將王身邊所携之款、一千元搜去、向西逃走、持槍之匪又將所餘之一千元、搜去向南逃去、請求緝捕云云、該所據報、除一面派警追緝外、並將王景豐送署、經持館巡官、一再盤問、王景豐始終一如上述、逕報署長、視察其中情節、頗為蹊蹺、似有其他複雜情形乃將王景豐暫時羈押哈字偵探隊關隊長聞訊趕到亦認為光天化日之下、通衢大道之上行人如織、竟能持槍强搶、乃親詣景陽街六號茶館、根詢本日下午十一時許該門前曾否有人被搶、據該茶館執事言、其實曾有一人、在門前與一提雨傘者密談良久分頭而散、並未見有被搶之事、關隊長根據此種調查情形、愈為疑惑、於是返回正陽署、與蓬署長一同嚴重叩詢、被搶當時之情形、並迫問王本街有無親屬、王謂昇平街志成養院內、住有王景義、太古街廣太皮店柜夥王景廣、均係彼之堂叔弟兄、於是將二王一併傳案、經盤詰結果、知王景義、王景廣、均屬好人、但因案情重大、不得不暫時羈押、以待案情大白後、再為釋放、至晚九時、關隊長同蓬署長、又將王景豐提出、用種種方法、盤問王景豐、不得已乃將經過情形吐露、案情乃至大白、據供廣和皮店執事孫廣勛、有叔弟廣祿、前曾遂舊軍閥張宗昌充差多年、張失敗後、來哈投奔廣勛、廣勛出資設立小舖一處、委託廣祿經營、未幾賠累不堪、乃告歇業、由此廣祿乃賦閑於廣和皮店、坐吃山空、日前聞知新京方面、將匯到大宗現款、廣祿乃與司賬王景豐合計、如款匯到時、倘令王往取時、廣祿候之於景陽街東新棧門前、王將款交與廣祿後、即時赴派出所報告、偽稱被搶、待事過後、共同設立鞋舖一所、王同意、是日果如法施行、不圖詭計不密、為官憲看破、不得不吐露真情云云、蓬署長據供、乃與關隊長花班長、一同赴廣和皮店、將廣祿逮捕、初廣祿尚不承認、有同謀之事、繼經王景豐之對証、廣祿見無法掩飾、乃承認共謀不諱、詢問錢款交與何人、廣祿則謂業經交與乃兄廣勛、如是又將孫廣勛帶署、廣勛仍不肯承認、曾收見此款、但王景豐及孫廣祿、業經全部供認、現在正陽署、為慎重起見、尚在詳細追究中、諒孫廣勛雖如何刁賴、因有王景豐與孫廣祿之確証、亦難否認云、

多角風流訟案
男主角方錫重之自述

轟傳一時之桃色新聞主角傳文閣筆店經理方錫雲、與女店員姜廣英、（一名芷君）經理權夥之關係、而演成同居之事實、以致方姜二人甚恐社會物議、法律不許、乃於去歲十一月六日、囑使芷君先行出走、赴上海暫避、而方亦遂后追往、二人如是在上海實行同居、為所欲為、此中滋味、大有樂不思蜀之感、無如興盡悲來、為天然之定例、姜於出走后、其兄以愛妹無蹤、當即四出尋找、結果同時方亦不知所往、因之發現此中不無蛛絲馬跡可尋之處、未幾方與姜並由上海返哈、而姜之兄遂在法院正式起訴、控方以誘拐罪名、並將姜之表姐宋淑秋亦牽連在內時至今日、尚未正式宣判、惟方姜二人之曖昧、如何發生、外間人鮮有知者、茲據方錫雲所持之片面理由如下、

◎敝號去歲九月一日登報招用女店員、九月七日、姜芷君與夏歸光二人、即同時被錄取、入店任事、十

為求省政之向上
決肅清匪患
閻傳紱省長鄭重之談話

昨日…十五日午前十時半、濱江省長閻傳紱氏、與滿方記者團、正式視事後之初次會見閻氏態度自然、口齒敏捷、且毫無官僚習氣、實為滿洲新興國家之典型官吏、氏因視事未久、忙於各方酬酢、對于省署一切政務、雖已接收就緒、但當正式執行職務、因之於談話中、關於省務未能談及、所談者、不過屬於希望事項、茲將氏談話誌之如左、

本人自知才疏學淺、不克膺政治廣大之濱江省長重責、但經政府之委命、各方特別援助勉力從任耳、省署金井總務廳長、前到大連滿鐵及奉天市公署從職時、曾與本人同事多年、其學識及政治之經驗、為本人所深知者、此外前山各警務廳長、相信對于地方治安有良好方策、並民政廳李廳長、實業廳葆廳長、教育廳梁廳長、均富有經驗、故本人自信得人、一切均可分担進行、本人唯希望事項、政治包含極廣、擬於政治之向上、須以根本之治安方面進行、目下濱江省區管下、因有胡匪之滋擾、故政治不免有不良之現相、今後仍擬根本掃除匪源、以期政治入於正途斯時自可望地方之安謐、人民安享王道樂土、此為本人所最希望者云云、至此、閻氏復表示、今後希望新聞界特別援助已而記者乃即辭去、

華樂舞台
營業不振

道外十六道街華樂舞台、自北平名伶李萬春之永春社全體演唱去哈後、因成績打破空前紀錄、故其後一般伶人、以藝術之不敵萬春、恐遭失敗、幾至無人敢來、以致該園邀角、亦大感困難、中間曾一度停鑼、其後雖改演小桂花王金香一流之評戲、亦無叫座能力、慘遭失敗、該園主人不得已、於是又奇想天開、由龍江邀來名坤伶恩曉峯、及其女恩維銘並艷雲霞、麒麟童弟子王瀛洲諸人組班仍演皮簧、打砲之第一日、上座頗為不少、其後因恩伶年衰角色不齊、更因該台主人變更售票辦法、改為進門買票、對客入座、致於失却叫座能力之外、更復大遭觀衆不滿、雖經該園主人及以恩曉峯之名、登報啓事、向觀衆道歉、然迄未能挽回、連日以來、每日白天連同夜戲、僅收入四五十元、尚不足飯碗問題之開銷、較之李萬春時代、實有天壤之別、據現勢觀察、如始終如此、則該園演唱壽命、恐難再支持一月、數日之後、即有再度停鑼之可虞云、

于琛澂氏榮轉
離哈時之盛況
日滿官民熱烈歡送
臨行前于氏並致告別詞

第四軍管區司令官于琛澂氏、依此次之內閣改組、第一軍管區于芷山司令官、榮陞軍政部大臣之職、奉中央命、調任第一軍管區司令官、遺席由軍政部次長郭恩霖氏轉任、已見前報刊載、茲新任郭司令官來哈後、於前日在司令部內、已與于前司令官將一切事務交接完畢、于氏在哈事務既畢、

康德二年度
市歲出入預算案
一般會計二百四十七萬三千元
十七日提出市自治會審議

新舊市長交替以來、最初之市自治委員會、定於十七日開會、亘五日間、討論議案、計廿二項、其中最重大者、厥為康德二年度市公署之歲出入預算案、共內容大概如下、

（單位圓）

（一）一般會計預算額

（1）歲入

經常部	一、八三〇、六三五
臨時部	六四二、四五三
計	一、四七三、〇八八

（2）歲出

經常部	一、二四九、八九五
臨時部	一、一三三、一九三
計	二、四七三、〇八八

比較上年度決算額歲入經常部增加一〇五、一六四元、臨時部減去一、四一〇、四一七元、相差一、三〇五、二五三元至於歲出經常部減一〇、九八五元、臨時部減去一、二九四、二六四元合計減一、三〇五、二五三元歲入歲出預算之主要內容於下、

（一）經常部歲入

使用料手數料	四九二、九七一
財產收入	一六四、七九
提成金	五、〇〇〇
市營事業收入	五、〇〇〇
雜收入	一一八、七七五
市捐	一、〇四四、〇九七
計	一、八三〇、六三五

（二）臨時部收入

國庫補助金	一
寄附金	五〇
負擔金	三〇、〇〇〇
滾入金	五〇〇
補填金	三〇、〇〇〇
財產賣價	一、五〇二
滾存金	一、〇〇〇
春耕資本返還金	九、四〇〇
市債	五七〇、〇〇〇
計	六四二、四五三

（三）經常部歲出

會議費	九、〇二〇
市公署費	五四九、六九九
土木費	一四三、六一二
教育費	五四、一九三
社會事業費	三一、六一六
傳染病預防費	三、四九七
醫院費	一一、一〇三
獸醫院費	九、六三二
藥房費	五、八五二
污物處理費	一六二、二九〇
屠獸費	二九、三五二
衛生指導救護費	一三、八八三
警備費	二九、〇六八
公園費	九、〇二九
家畜交易市場費	三、〇〇〇
財產費	四、一五三
辦理公數費	二、五〇〇
雜支費	八、二五〇
預備費	四〇、〇〇〇
計	一、二四九、八九五

（四）臨時部歲出

警備費	七二、六〇〇
土木費	一四一、〇〇〇
污物處理事業整理費	三〇〇、〇〇〇
調查費	二〇、三三一
公債費	一九七、七八七
補助費	一八四、〇一五
雜支出	五七、四六〇

月二十日左右、芷雙亡、即因事離職、當其芷君入店后、詢同身世、始悉其爲前特區政務長宋文林之親表妹、當時頗竟悵然、然以宋廳長身分、何致令此無父無母之親表妹、幼年輟學、芷君爲女一中高材生、捨身充任小店員、當即以此詢之、而芷君則實係抱獨身主義、而日受婚姻之包圍、故不得不謀獨立生活、以求避免一切困難也、

◎

在此期中、鑑因與其相處日久、兩人之思想相同、心地相同、志行之超潔又相同、秉性豪俠、威武不屈、富貴不移者又相同、因是双方敬仰、双方愛慕、芷於是即有嫁鑑之決心、鑑以其學問知識品行言談、均有出入之處、正在敬愛之不暇中、無意中又發現芷君之哀詩一首、內中訴說身世如何悲苦、人類之愛均係假的、惟對於鑑認爲如何可敬、如何可愛、但以鑑無表愛她之表現、引爲遺憾、至此始知芷君對鑑之表示、殊出意料之外、恰巧鑑妻沈氏、有某種原因、與鑑不能合作、久有離異之心、鑑根據家中老父之意旨、以彙議相屬、當作正式求婚書、與芷君、(該此求婚書現存芷君手義意甚深)、旋鑑與芷君爲更進一步、乃於去歲十月二十九日、赴貧民義地、芷君爲其亡父立碑、乃邀鑑同往、追碑立竣、芷君爲其亡父叩頭之時、乃向鑑曰、我之身體、今當亡父碑前、全部相告、但既告君、則此身定全爲君所有矣、(如何隱痛、關係個人私德、不能發表)、有擁芷君與鑑相對、又向其亡父墓前叩首、誓誓、並取出芷君所作誓約、(一人於是插血爲盟、至是二人皆泣不可抑、鑑由是一切主權、完全操諸芷君之手矣、以上鑑單說來、其發生愛情經過、不過於此、惟芷君以沈氏不去、引爲美中不足、鑑以沈氏有某種不可告人之原因、乃於前(十二)日身以四百元國幣、揮之使去、作正式脫離、以免妨碍鑑與芷君之神聖不可侵犯之純結的愛情、

（未完）

急待赴奉履新、故於昨日)十六日)上午九時廿五分、已搭京濱南行第二次列車携副官秘書譯官各一名、就赴任之途矣、當日除關省長、施市長、金警察廳長、程高法院長、王高檢廳長、佐原鐵路局長、尹海軍司令官、安藤特務機關長、日軍多數將校、並各學校、一致在站歡送、四軍當局、以于氏在任多有樹立、除郭新司令官以下全體幕僚、及在哈出席旅長會議之各地區司令官、各旅長其他各部首佐、亦全體到站送行外、更依陸軍禮節、在車站內外、配置儀仗堵列部隊、及傳書鳩、軍禮砲、軍樂隊、臨時之戒備、尤極嚴肅、當列車[illegible]、于氏會對歡迎者致簡單之答詞、容態閒、更舉手表現依依惜別之意、旋時至九時廿五分、于氏登車、已而於軍禮砲聲中、一列車徐徐動轉開行、于仍於車門舉手點首、對歡送者表示謝意云、

黑龍江全省各官私立
學校總額及現狀（續）

本報駐江記者才元伯調查

中等學校無、

小學校男四校女一校共五校、全年經費五、四一二〇〇元、職員數男二名、女一名、共三名、教員數男六名女二名共八名偏員無傭員數男五數級數初級八級、高級二級共十級、學生數男三一〇名、女一〇六名共四一六名、

克東縣—男四校、女一校、共五校全年經費四、九九七、〇〇元(單位元、)

中等學校無、

小學校男四校、女一校共五校、全年經費四、九九七、〇〇元、職員數男一名、女一名共二名、教員數男七名、女一名、共八名、偏員無、傭員數男四名、女一名共五名、級數初級六級、高級一級、共八級、學生數、男二七三名、女一〇一名、共三七四名、

克山縣—男十二校、女四校、共十五校、全年經費二三、七〇四、四〇元、(單位元)

中等學校男一校、女一校、共二校、全年經費六、一四一〇〇元職員數、男二名、教員數、男四名、偏員數男二名、傭員數、男二名、級數初級四級、學生數男、一〇九名、女四五名、共一五四名、

小學校男十校、女三校、共十三校、全年經費、一七、五六三、四〇元、職員數男十名、女二名共十二名、教員數、男二十五名、女十一名、共三十六名偏員無、傭員數男十八名、級數初級四十六級、高級九級、共五十五級、學生數男一、三七九名、女五六三名、共一九三八名、

拜泉縣—男十二校、女十校、共二十二校、全年經費二六、〇八八、〇〇元(單位元)、

中等學校男一校、女一校、共二校、全年經費三、〇〇〇、〇〇元、職員數、男二名、教員數男三名、女一名、共四名偏員無傭員無、級數初級二級學生數、男五十名、女三十名、共八十名、

小學校男十一校、女九校、共二十校、全年經費二三一〇八八、〇〇元、職員數男八名、女五名、共十三名、教員數、男三十八名、女十八名、共五十六名、偏員數男五名、傭員數男二十名、級數、初級四十六級、高級六級、共五十二級、學生數、男一五三二名、女八三七名、共二三六九名、

明水縣—男二十四校、女一校共二十五校、全年經費一五、五六二、〇〇元(單位元)、

小學校男二十四校、女一校共二十五校、全年經費一五、五八二、〇〇元、職員數、男六名、女一名、共七名、教員數男三十六名、女八名、共四十四名、偏員數、男二名、女一名共三名、傭員數男二十六名、女一名共二十七名、級數、初級五十五級、高級四級、共五十九級、學生數、男一一六四名、女二三七名、共一四〇一名

依安縣—男七校、女三校、共十校、全年經費一一、四〇六、〇〇元(單位元)中等學校無

小學校男七校、女三校、共十校、全年經費一一、四〇六、〇〇元、職員數、男七名、女一名共八名教員數、男十五名、女四名、共十九名、偏員無、傭員數男十一名級數、初級十八級、高級四級共廿二級、學生數男五三〇名、女一六三名、共六九三名、

林甸縣男十校、女一校、共十一校、全年經費一八、三〇九、〇〇元(單位元)中等學校無

小學校男十校、女一校、共十一校、全年經費一八、三〇九、〇〇元、職員數男五名、女一名、共六名、教員數男二十二名、女二名、共廿四名、偏員無、傭員數男十四名、級數初級十七級、高級四級、共廿一級、學生數男七三〇名、女二一六名、共九四六名、

泰康縣—男十六校、女無、全年經費、四、三〇八、〇〇元(單位元)

中等學校無、

小學校男十六校、全年經費四、三〇八、〇〇元、職員數男一名、教員數、男十一名、女一名、共十七名、偏員無、傭員數男十六名、級數、初級十七級、高級一級、共十八級學生數、男五四三名、女三〇名、共五七三名、

泰來縣—男十一校、女二校共十三校、全年經費一五、六九八、〇〇元(單位元)、中等學校無、

小學校男十一校、女二校、共十三校、全年經費一五、六九八、〇〇元、職員數、男八名、女一名、共九名、教員數男三十三名、女七名、共四十名、偏員無、傭員數男十六名女三名、共十九名、級數、初級三十二級、高級八級、共四十級、學生數男一一四三名、女三〇九名、共一四五二名、

鎮東縣—男十校、女無、全年經費一〇、五五七、〇〇元(單位元)中等學校無、

小學校男十校、全年經費一〇、五五七、〇〇元、職員數男三名、教員數男廿二名、女四名、共廿六名、偏員數、男一名、傭員數男五名、級數初級廿級、高級三級、共廿三級、學生數、男五二八名、女一八九名、共七一七名、

大賚縣—男十一校女二校、共十三校、全年經費一〇、八九六、〇〇元(單位元)、中等學校無、

小學校男十一校、女二校、共十三校、全年經費一〇八九六、〇〇元、職員數男二名、女一名、共三名、教員數男二十名、女五名、共二五名偏員數男四名、傭員數男九名、級數、初級廿級、高級五級、共廿五級、學生數、男九九八名、女二三五名共一二三三名、

安廣縣—男三十六名、全年經費、一六、三八九、〇〇元(單位元、)

中等學校男一校全年經費二九二六、〇〇元、職員男一名教員男三名、偏員傭均無、級數初級一級學生數男四十三名、

小學校男三十五名、全年經費一三、四六三、〇〇元、職員數男四名、教員數男五十四名、女五名、共五十九名、偏員無、傭員數男三十八名級數初級五十四級、高級五級、共五十九級、學生數男一六九六名、女一七七名、共一八七三名、

洮安縣—男二十六校、全年經費三二、四三八、六〇元(單位元、)

中等學校男一校、全年經費六、二七二、〇〇元、男職員一名、男教員六名、男偏員一名、男傭員二名、初級二級、男學生六十二名、

小學校男二十五校、全年經費二六二六六、六〇元職員數男廿五名、教員數、男三十名、女七名、共三十七名、偏員數男二名、傭員數男三名、級數初級四十三級、高級八級、共五十一級、學生數男一三一七名、女三三〇名共一六四七名、

洮南縣—男三十四校、女四校、共三十八名、全年經費七五、五〇二、〇〇元(單位元)

中等學校男二名、女三名、共五名、全年經費二一、六九八〇〇元、職員數男二名、女三名、共五名、教員數男十八數、女二名、共二十名、偏員數男四數、傭員數男四、級數初級九級、學生數男一三一名女一五一名、共二八二名、

小學校男三十二校、女一校共三十三校、全年經費五三、八〇四、〇〇元、職員數男八名女四名、共十二名、教員數男七十一名、女三十四名、共一〇五名、偏員數男十名、傭員數男四十名、級數初級七十級、高級十八級、共八十八級學生數、男二七二九名、女八五七名、共三五八六名、

開通縣—男二十三校全年經費二五、一四九、〇〇元(單位元)

中等校男一校全年經費、三一二一、〇〇元職員數男二名教員數、男二名偏員無傭員數男一名、級數初級一級學生數男四十名、

小學校男二十二校、全年經費二二、〇二八、〇〇元職員數男二十二名、女一名、共廿三名、教員數男十九名、女九名共廿八名、偏員無、傭員數男三十名級數初級三十九級、高級七級、共四十六級、學生數男一五六六名、女一四六名共一七一二名

[illegible]榆縣—男廿一校全年經費一〇、二四九、〇〇元(單位之)

中等學校無

小學校男廿一校全年經費一〇二四九、〇〇元、職員數、男三名、教員數男廿七名、偏員無、傭員數男廿一名、級數初級廿九級、高級二級、共廿七級、學生數男七六二名、女一六八名、共九三〇名、

突泉縣—男廿校全年經費二一、五四〇、〇〇元(單位之)

中等學校男一校全年經費四八八、〇〇元、男職員一名、男教員三名、男偏員一名、男傭員一名初級一級、學生數男四十八名、

小學校男十九名全年經費一七、〇五二、〇〇元職員數男十八名女一名共十九名、教員數男三十二名、女三名共三十三名、偏員無傭員數男廿名、女一名、共廿一名、級數、初級四十一級、高級四級、共十五級、學生數男一三五四名、女二二三名、共一五七七名、

（未完）

市農會搬回原處
望辛會長好自爲之

哈爾濱特別市農會、自前任會長姚錫九引咎辭職後、顧問島英三、雖經評議提出罷免狀、而仍覲問政、嗣因拖欠某俄人洋服店之欵被控、島爲避債、於兩星期前乃溜之大吉矣、於是市農會之會務、始完全歸於辛參西會長之手焉、

辛鑒於從前姚、島時代剝削政策之所以失敗、乃一變從前之方針、圖挽狂瀾於既倒、劈頭先與菜蔬組合妥協、年中坐收三千四百元之利益、以免鷸蚌相爭而使漁翁得利、不亦智乎？

農會創設之初、原在北十四道街、嗣以諸般剝削政策正在努力前進■發財迷夢方酣未醒、認爲原有之會址狹窄、不敷佔用、乃遷於中馬路義生昌之院內焉、結果因計劃未克成功、致房租拖欠過鉅經辛會長接以來、以爲從前之舖張太甚、乃招開評議會議決、仍遷回原十四道街舊址、以節經費聞於日昨—十三日已實行遷移矣云、

醉雷公曰、姚、島之所以失敗、以其不度德、不量力、一意剝削、結果也、一個引咎辭職、名譽破產、一個債臺高築、溜之乎也、報應照彰、即斯之謂歟？深望於辛會長者、能以姚、島爲前車之鑑、善自爲之、多與艱苦農民、作些功德、勿陷姚、島之覆轍、則國家幸甚、農民幸甚、吾嘗拭目以待之焉、

小學校建築本年度支出額	一五〇、〇〇〇
計	一二二三、一九三
特別會計預算	六百九十二萬餘圓
(一)都市計劃事業預算	
一、歲入	五、四二〇、〇〇〇
內譯	
土地賣價	
小作料	一三八、五〇〇
貸地料	四〇、〇〇〇
受益者負担金	二〇、〇〇〇
工費收入	一
雜收入	一、四九八
市債	五、二二〇、〇〇〇
歲出	五、四二〇、〇〇〇
建築費及出額	五、四二〇、〇〇〇
(二)中央市場預算	
歲入	四五二、〇一二
經常部	七九、六〇六
使用料	七九、五五五
股份分配金	
雜收入	五〇
臨時部	三七二、四〇〇
市債	三七二、四〇〇
歲出	四五二、〇一二
經常部	二六、一五六
市場費	二一、一五六
預備費	五、〇〇〇
臨時部	四二五、八五〇
開設費支出額	三九五、〇〇〇
公債費	二六、〇〇〇
雜支出	四、八五〇
(三)工藝養成所預算	
歲入	一〇七、八〇〇
歲出	一〇七、八〇〇
經常部	九四、九一〇
臨時部	一二、八九〇
(四)交通事業預算	
一歲入	九四三、五五四
經常部	七八三、一六四
電車收入	三七〇、八一〇
汽車收入	四一二、三五四
臨時部	一六〇、三九〇
積立年金滾入	一六〇、三九〇
二歲出	
經常部	七八一、一六四
交通局費	四三一、三五六
電車事業費	二二九、〇九七
汽車事業費	三一七、五九〇
補償金	三〇、〇〇〇
償還金	六三、七三八
預算費	六、二七三
臨時部	一六三、三九〇
調査費	二、〇〇〇
電車建設費	五〇、〇〇〇
汽車補修費	一一〇、三九〇

（未完）

濱江特刊

第十八號

盛京時報北滿總支社 地址 哈爾濱道裡 斜紋二道街一三 電話道裡五二七二番

江上遊覽會盛況

沿江兩岸青草如茵茅屋漁船相對成趣

徐風吹來水波不興樂聲悠揚共樂融融

參加人數不下六百餘名

一年一度之江上遊覽大會、廿三日由哈爾濱航聯局主催之下、盛大舉行、事前由該局向在哈日滿各機關分發請柬、居時日滿各機關首腦、以及家屬、出席者不下六百餘人、均登哈爾濱號、由道裡中央大街碼頭起錨、向下游開駛、午後一時十五分、抵老山頭、沿江兩岸、青草如茵、茅屋漁船相對我趣、徐風吹來、水波不興、紅男綠女、以言以笑、樂聲悠揚、其樂融融、每人分發食券、酒券、汽水券各一紙、或攜妻子共述天倫之樂事、或聚好友開懷暢飲以盡歡、直至午後四時廿分、始返回道裡碼頭、參廿者乃於感謝航聯局招待盛意中而散云、

松浦鎮添設

郵政局及公衆電話

哈爾濱郵政管理局、鑒於江北松浦鎮、日漸繁興、居民增多、特在該處、添設郵政局一處、電電會社、亦該郵局內、按設公衆電話、以備市民之利用、於昨廿一日已經開通、道裡公園內、及南崗車站內之公衆電話、每次料金五分、惟江北松浦鎮、則爲一角云、

訟棍歟律師歟？

無權代理有用意

大鬧法庭侮辱人

【黑龍江】齊齊哈爾惠民街四號、蓮氏鴻鈞、乃婦女中之苦人兒、去歲再醮章日瑋、結婚後、將其淳首飾、約值五千餘元、交與章某、帶歸南方原籍、生息長利、而章某存心欺詐、得錢盜歸、回江之後、忽生歹心無故遺棄、闊其絕過、求因而涉訟、章理虧早避無踪、託友逼迫離婚、早已成案、而張大律師奉伯、不知何故、竟私自代理、（委任及委託書、完全無有）於月之十二日開庭、律師因無理陳訴、當庭震怒、有如代官訊賊、拍桌漫罵、曰『不用扯蛋』吾不明在神聖法庭之上、扯的什麼蛋蛋是何物、扯如何講、而且、法官某一再厲聲諭令退庭、亦抗不遵行、因而與法官、大犯其扯蛋之口角、氣燄薰天、聲振屋瓦、法官忍無可忍有請求院長核辦之表示蓮氏亦以明律守法之人、竟大鬧法庭、公然侮辱且有教唆隱匿、及原始合謀詐欺、與中途兩頭橋詐之嫌、業在刑庭提起公訴、並向律師公會、請議律師、有以（一）合謀詐欺、（二）越姐鈞利、（三）公然侮辱、（四）教唆隱匿、（五）訟棍行爲、（六）誘拐詐欺、甚於刀筆代書、興訟闖王不獻奈、無端挑唆等情是否違法請調查懲處、[illegible]堂堂法家、爲人權之保障、爲社會之領袖、必不與共、分此誣擊、定有相當之辦法也云、

公然賭博

警察當局何不取締

道裡中央大街北頭、交通局大觀園車庫之左近、邇來發見以飛機模型循轉賭博者、不下數十夥、每人每日可有十數民衆[illegible]賭之下、公然以此新賭博方式巧取民財、警察當局似無取締之必要云、

誘弱女於密室而姦污之

且欲帶至新京押入娼窰

青年學生眞乃大胆妄爲

本埠上號順裕和糧棧、經理劉興武、家稱小康、有一子二女、長女業經出閣、嫁西號某姓子爲妻、子現肄業於道裡第一中學、次女桂紅年方十五、亦肄業於附近之高級小學、夜間在某日語學院補習日文、每日朝出夜歸、頗守規矩、本校有無賴男生十數人、見桂紅姿首頗佳、學問超群、於散學歸途中、時相挑逗、桂紅不堪其擾、乃據實告諸乃父、劉興武聞聽之下、恐桂紅年事漸長、將來發意外事故、於三月間、令桂紅退學、閉守閨中、習練針指、至此一般無賴男生、遂不得逞矣、詎端陽節日、桂紅靜極思動、經乃父之允許、赴西號其姊處串親、午間即在該處就餐、至晚始歸、乃父對桂紅頗爲不滿、以爲節下不宜在外逗留、大肆斥責、並欲鞭笞、桂紅見乃父盛怒之下、爲避其鋒芒、不得已飲泣逃回西號其姊處、暫住二日、桂紅欲求其胞兄回家向乃父求情、饒恕、於是於七日早、孤身一人、奔向市內而來、行至中途、恰與無賴男生周永和、（一八）張國權、（一八）韓行寶等三人狹路相逢、周等乃毅然上前攔住去路、根詢桂紅何往、桂紅正在躊躇不知第一中學所在、乃以實告、周等願爲嚮導、乃引桂紅經中央大街、乃至警察街、向未竣工之啦嘛臺下冰窖、待桂紅甫一進門、周等即將門上鎖、於是乃研究辦法、討論結果、決將桂紅設法送至新京、賣出爲娼、得款均分、三人意見一致、乃由韓看守桂紅、周、張分頭設法籌借路費、直至黃昏入夜、周、張迄未歸來、韓以機會不宜錯過、乃將門開放、闖入冰窖、威逼之下、竟將桂紅姦污、至七日至十日三夜、連姦五次、周永和因搗借路費無着、遂與想入鬧、親詣劉興武家、意圖敲詐、言語之間、露出知桂紅下落之語氣、劉興武正在尋女不得之際、根據此種疑點、報告該管警署、將周拘署考問、周將以上經過供認不諱、復將張國權、韓行寶二犯人、一併逮捕、並在韓行寶腰間、搜出鑰匙一把、於十日早五時、至警察街啦嘛臺下冰窖中、將桂紅尋獲、由香坊警[illegible]

松江下游水警局

本月杪實行撤廢

一切事務分交濱江三江兩省署

自新行政區劃實施後、松花江下游水上警察局、即無存在之必要、經當局協議之結果、決由本月底止、將該局實行裁撤、所有從來松花江下游水上警察局之一切事務、分別移交與濱江、三江兩省屬各縣警務局繼續辦理、關濱江省已奉到民政部之命令、現在正在着手辦理撤銷接及管之一切手續中云、

震明樓執事

李振一欺騙招待

佩君可謂人財兩丢！

道外北五道街震明樓鴉片零賣所、爲某地區警備司令之令弟李振一所經營、開幕以來、爲招徠顧客客見、即聘用多數女子招待、其中有一佩君者、年已二十又七矣、雖然身爲招待、手中頗有積蓄、經理人李振一、見財起意、乃與佩君勾搭成姦、經李父之同意、於大同二年秋間、竟正式納爲小星、佩君以爲終身有靠、將所有積蓄國幣二千元、如數交李、李本爲圖佩君之財而曲與周旋、現錢已到手、計劃完全成功、遺棄之心、油然而生、復經友人劉某之措合、娶得前充稅捐局長景某之女、本埠著名之交際花景碧珍爲妾、另築金屋以藏之、自此置佩君於不顧、一孤苦令丁之弱女子、既經被棄、從前積蓄、爲李騙去、生活頓感困難、雖迭次尋李、不與得見、于是不得已、又倩人介紹、至七道街寶元樓鴉片零賣所、仍操其招待舊業、每有人問及佩君之身世、輒觸其創痕、則淚如雨下云、

雞林叢訊

◎防疫注射　吉垣近來因天氣忽熱之關係、致有時疫流行、日本人之赤痢患者、繼續發見、所以引起衞生當局之注意、定於本月二十八二十九兩日、將吉林國立醫院及東洋病院、以人民實行豫防接種、預防注射、以免發生流行、準備已定屆期日滿市民、可至東洋病院及國立醫院受診云、

◎教員調動　吉林省中等教員、已經實行二次檢查、大多數均爲合格、頃據教員界消息、近來吉林省立各中等教員教務主任訓育主任及教授等、將有大行互相調動之說、以人地適宜爲主、發表期在七月開始年度之期、或暑假以前、又吉林省各教育機關之經費欲行增加者、刻因康德二年之預算、教育費不能增加之關係、各省所擬增加預算之處、恐不能實行云、

◎松江點綴　經久日爭持而得到勝利之松花江北岸護口堤工程、中等之福昌公司、已將召集之工程隊、指揮開工建築、沿江北岸之房屋、均已遷移竣事、工人之臨時宿舍、有似野戰兵營已均用蓆木修成、晚間對時於松花江畔、頗有滿蒙之味、延長將及十里之江岸上、程隊之挖土掘坑、岸上游人扶男挈女、均來參觀漁舟歇於水中、鉤者坊乎江畔、所有樹本及一切建築物完全拆除、一望可達小白山之巔楓景又增一層美裝、江水已漸次退去、惟水泥薄枝柴飄浮、柴船來者甚多、因江堤開工小販苦力、大爲活躍於江邊、與吉垣商賈經濟上加以有景象云、

◎請縮路綫　吉垣自從大同汽車成立以來、由車站至北山間之大同乘合自動、開駛以來、吉垣之馬車人力車之生意、一落千丈、馬車每日一元五六角、人力車二三角或不開張生活困苦已達極點、所有人力車馬車之數目、亦日漸次減少、現在吉林市車業組合、爲挽救人力車馬車夫之營業、特向吉林警察廳呈請縮短大汽車之路綫、茲將請示原文錄左、呈爲大同汽車不按站段停車隨時搭客防碍洋馬車業甚鉅、可否加以限制、而救民命事、茲據職會各區評議員、屢次到會面稱糧米行街、大同汽車公司汽車不按原來規定站段停車、在市內各地隨地招客、加之票價一再低減一般欲乘洋馬車之客、盡數被其吸收、該公司對於車站及北山兩處客人、盡量搭載、甚有每輛載有二十餘名之多、直至深夜仍然往返不絕於途、加之車行甚速、對於車馬步行者時有衝突、不惟交通上易生危險、而洋馬車業受其影響甚鉅、懇請加以限制、以示體恤等語、經職會復查尚屬實在、倘將來長此一往、吉林市內洋車相繼歇業、三千洋馬車業、日暮窮途、則賴此以求生活者、何止三千、我國同立行王道政治、既篤愛爲宗旨似不應使繁榮業者、僅一大家公司、而枯涸者不止數千素仰[illegible]

（編者附識）[illegible]擾動社會之貪婪、減殺之方、妻風流訟案、各報雖略爲記載、惟略而未詳、本報以此案之經過、反乎綱常、情節之復雜、脫乎倫理、與世道人心、的有極大關係、故不惜用盡種種方法、經過悠久時間、向各方面調查其原委、茲將攏閱所得、而作成有系統之記事、內中有誘惑、有奸淫、有拐騙、有欺詐、有肉慾之情耆、有驚險之陰謀、殆已極盡人間之黑幕矣、茲自本日起、按期在本特刊內揭載、希閱者、以新聞視之亦可、以小說觀之亦可、[illegible]說明之亦可、再上期十七號在特刊所載多角風流訟案之未完稿因在期近新詳細記述故該稿暫停合併究明、

一兩主角之略歷

男主角方偉龍、字錫甫年四十四歲、湖南長沙人、幼年在原籍、曾娶某姓女爲妻、且已生有一子、現年已及冠、惟方自幼家教欠缺、縱慾無度食色而不分親疏、嗜酒而不計醉醒、其族侄某、與方同城而居、方不時出入其家、方侄妻滿圓姿容秀麗、楚楚動人、方一見[illegible]

交通部擬設立無線電監視所

哈爾濱天津廣州三處

中央派員赴日考查

學校總額及現狀

黑龍江全省各官私立（續）

本報駐江記者李元伯調查

一雙佳偶變成怨偶

夢跑了五年未尋到天涯 結果在岳家發見了他 但已不顧歸來了

稅務當局嚴厲取締偷稅

製成稽征獎勵規則

吉林市車業組合長白文魁 吉林警察廳長孫

德便請呈……（以下正文模糊，無法辨認）

濱江時報

第十九號

市署接管始末

市內區立小學

市方爲統一市教育有歸市辦必要

原社會科所屬教育股同時昇爲科

市內某文化機關亦有歸市管說

又一幕庸醫殺人！

呂程氏患腹痛請醫行針不料針竟折於腹內

【黑龍江】 省垣永安里王生堂之執事人呂少亭家內，有媳婦呂程氏，於數日前突患肚腹疼痛之病……

黑龍江全省各官私立學校總額及現狀

本報駐江記者才元伯調查 (續)

路警與地方警衝突

誠爲邇來一大不幸事件

廿四日正午左右，在距哈市廿里地點，平房古屯之哈爾濱警察廳、頤鄉屯警察署管下派出所之警士某，於飯後在鐵道線左右散步中，未悉何故，與該站路警發生爭執，乃該路警等二名，率路工廿餘人，齊奔派出所而來，自稱係奉段長命令，除在派出所內發生亂暴行爲外，並將身着警察服制之警士，用鐵鍊綁帶往路警段，此誠爲邇來路警滿警間一大不幸事件，特誌其詳情如次。

齊齊哈爾市最近全市人口總額

四五兩月份之調查統計

【黑龍江】 省垣全市滿日外及鮮之人口，依市面之繁榮，交通之便利，與支移民之結果，人口之數字，最近愈益增加……

桃色案公審旁聽記 (一)

男主角方錫重未到案

宋叔秋姜芷君一度激辯

風流訟案始末記 (續)

家、讀書寫字、倒也安然、一日見報紙登載傳文閣文具店招考女店員之廣告、芷君乃欲然告紉秋欲前往一試、經紉秋之同意、即日去同到道外正陽十道傳文閣投考、

飽經世故之紉秋、見該店執事以及櫃夥、倒也齊整、自認爲滿意、務要求應試、當由經理方錫重、親自命題二道、當時作答、結果姿芷君當選矣、同時方錫重對投考者槩稱、當選女店員之食宿、必另有安排、紉秋與芷君回家後、各自欣喜、是夜無話、不提、待至翌日晨起、芷君乃實行到傳文閣服務、由此早去晚回、並無何疑議、不過紉秋對芷君因係從未踏入社會之弱女、於世故不明、惟恐鬧出笑話時加指導、一日、芷君回家時紉秋問及吃飯時同誰一起、知係與經理方錫重同餐、當時警告芷君、今後勿要與方某同棹用飯、可與大多數櫃夥一同、以避瓜李之嫌、芷君唯唯、

一星期後、一日芷君回家、欣然告曰、櫃上昨日又錄用女店員夏羿光一名、女職員宿舍亦經備妥、明日起將與夏女同遷入、紉秋及紉秋之母宋姿氏、以爲芷君朝出夜歸、頗不方便宿舍既然成立、遷入可矣 於是當晚將行李收拾停當、翌日拉到傳文閣宿舍、芷君至此三數日間、始回家一次、

較姿芷君晚入店一星期之夏羿光、人品長得、比芷君在上原是一個情場過來人、對於世事人情、觀察十分清澈、對錫重早有愛慕之意、於是施展其老奸巨滑要弄女人之手腕、向錫重進攻、夏見勢頭不對、竟然於一月後辭職矣、

夏羿光辭職後、女店員宿舍惟餘姿芷君一人、方錫重將對夏之手腕又轉向芷君、未經世故之姿芷君、果然受其蠱惑、由經理與女店員、係更進一步而爲情侶入幕之賓矣

（未完）

名、女五五名、共計一三七人、

南區人口、四三戶、男一一一名、女九八名、共計二〇九人、

東區人口、一戶、男二名、女一名、共計三人、

合計七七戶、男一九六名、女一五五名、共計三五一人、

蘇維埃國人

中區人口三戶、男三名、女一名、共計四人、

其他各區均無住戶、

合計、三戶、男三名、女一名、共計四人、

德意志國人

中區人口、二戶、男二名、女一名、共計三人、

其他各區均無住戶、

合計、二戶、男二名、女一名、共計三人、

美利堅國人

中區人口、二戶、男一名、女四名、共計五人、

其他各區均無住戶、

合計、二戶、男一名、女四名、共計五人、

瑞士國人

中區人口、二戶男二名、女三名、共計五人、

其他各區均無住戶、

合計、二戶、男二名、女三名、共計五人、

波蘭國人

北區人口、一戶男一名、女一名、共計二人、

中區人口、男三名、女二名共計五人

其他各區無住戶、

合計三戶、男四名、女三名共計七人

挪威國人

北區人口、一戶、男一名、女三名、共計四人、

其他各區均無住戶、

合計一戶、男一名、女三名、共計四人、

總計各國人口數

北區人口、四〇五二戶、男二〇三八名、女八八五〇名、共計二〇八八八人、

中區人口、四七七一戶、男一五九三四名、女八一一七名、共計二四〇五一人、

南區人口、五六七〇戶、男一五七四九名、女一〇二〇二名、共計二五八五一人、

東區人口、一五七四戶、男四二一八名、女二〇八二名、共計七三〇〇人、

永區人口、二八七戶、男八〇五名、女四七〇名、共計一二七五人、

合計 一六三五四戶、男四八七四四名、女三〇六二一名共計總額七九三六五人、

五月份全市各區人口總額、

滿洲國人

北區人口、三九九七戶、男一一九九名、女八七七一名、共計 二〇七七〇人、

中區人口、四五七一戶、男一五五五一名、女七八六四名共計二三四一五人、

南區人口、四七八六戶、男一四〇〇四名、女八八二〇名共計二二八二四人、

東區人口、一四九五戶、男四〇三九名、女二九八三名、共計七〇二二人、

水區人口、二九〇戶、男八二一名、女四六〇名、共計一二八一人、

合計 一五一三九戶、男四六四一四名、女二八八九八名共計七五三一二人、

日本國人（內地人）

北區人口、三六戶、男八二名、女四三名、共計一二五人

中區人口、一二三戶、男二一七名、女二二〇名、共計三三九人、

南區人口、七六四戶、男一四七三名、女一〇四七名、共計二五二〇人、

東區人口、七〇戶、男一六九名、女一一〇名、共計 二七九人、

合計、九九戶、男一九四一名、女一三二〇名、共計三二六一人、

朝鮮國人（內地人）

北區人口、二〇戶、男四六名、女二八名、共計七四人、

中區人口、四四戶、男九〇名、女八〇名、共計一七〇人

南區人口、九七戶、男二〇三名、女一〇五名、共計三〇八人、

東區水區均無住戶、

合計 一〇一戶、男三三九名、女二七三名共計一一二人

俄國人（舊白俄人）

北區人口一戶、男一名、女一名、共計二人、

中區人口、三二戶、男八二名、女五五名、共計一三七人

南區人口、四三戶、男一一二名、女九〇名、共計二〇九人

東區人口、一戶、男二名、女一名、共計三人、

水區無住戶、

合計七七戶、男一九六名、女一五五名、共計三五一人、

蘇維埃國人

中區人口、三戶、男三名、女一名（完）共計四人、

共他各區無住戶

合計 三戶、男三名、女一名、共計四人、

德意志國人

中區人口二戶、男二名、女一名、共計三人、

共他各區無住戶、

合計 二戶、男二名、女一名、共計三人、

美利堅國人、

中區人口、二戶、男一名、女四名、共計五人、

共他各區無住戶、

合計 二戶、男一名、女四名共計五人、

瑞士國人

中區人口、二戶、男二名、女三名共計五人、

共他各區無住戶

合計 二戶、男二名、女三名、共計五人、

波蘭國人

北區人口、一戶、男一名、女一名、共計二人、

中區人口、二戶、男三名、女二名、共計五人、

共他各區無住戶、

合計 三戶、男四名、女三名、共計七人、

挪威國人

北區人口、一戶、男一名、女四名、共計五人

共他各區無住戶

合計 一戶、男一名、女四名、共計五人、

總計各區人口數

北區人口、四〇五六戶、男一二一三〇名、女八八四八名共計二〇九七八人、

中區人口、四八〇戶、男一五九五一名、女八一三〇名共計二四〇八一人、

南區人口、五六九〇戶、男一五七九一名、女一〇一三〇名、共計二五九七一人、

東區人口、一五六六戶、男四二一〇名、女三〇九四名、共計七三〇四人、

水區人口、二九〇、男八二一名、女四六〇名、共計一二八一人、

合計 一六三八二戶、男四八九〇三名、女三〇六六二名、共計總額七九五六五人、

以上係四五兩月份者、就中四月份者爲七萬九千三百六十五人、而五月份者爲七萬九千五百六十五人、若以之較諸二月份（七萬八千四百五十三人）三月份（七萬八千四百一十三人）之人口總額則四月份者較二月份者全市人口計增加九百一十二人、而五月份者較三月份者全市人口計增加一千一百五十二人、以此數之、則省垣全市之人口數字誠顯示激增、且以此更足見王道樂土內之人民均樂斯邦也云、

男女擁抱嘎嘎有聲

看燈聲稱是烟客烟妓行雲作雨

原來是一對小怨家在大接其吻

鴉片零賣所內一幕趣劇

烟妓老七、初在道外三道街某鴉片零賣所燒烟、嗣因該所燈老趙過於蠻橫、老七不堪其苦、乃於上月間轉入景陽街某零賣所、乃操其燒烟工作、有徐某者、固一風流少年也、與老七一見之下、頗爲投緣、由烟客漸成入幕之賓焉、昨晚徐某照例又到該零賣所、會見老七二人在室內甜甜蜜蜜、情話綿綿、經久不去、看燈老張、大不耐煩、對其他烟客揚言、老七與徐某假烟室作陽台、公然行雲作雨、一般烟客以爲果有其事、紛紛出簾窺視、但見二人之嘴形同呂字且嘎嘎作響、於風月場中人謂、此西人名詞『氣斯』、（譯音）新名詞爲『接吻』、普通說就是親嘴耳、看燈張某經此番解釋、始恍然大悟、大開其聰明之孔、蓋際茲社交公開之今日、男女於烟館、即果有眞個消魂之事、亦何須大驚小怪、看燈張某毋乃玩固極矣云、

能方便嗎？答、怎不方便呢、也是沒法子的、問、離新京時幾時到的奉天？是當天還是次日？答我是頭一次出門、記不清是什麼時間了、但記得到奉天住了一夜、問、下車後住在什麼地方？答、是住一個棧房內、因爲棧房曾說距車站很近的、但是住了該棧、因爲初次出門、又小心又害怕、又見一切佈置不好、又怕是入了野鷄房子、後見有農人二名、亦住該棧、曾問他們『還是一個棧房？』他們說不知道、可是又沒法了、所以雖然害怕也只好打開行李、聽其自然罷了、至於棧名記得很特別、也記不清楚了、問？該棧距車站多遠、是你自己去的麼？答、不遠就是、是被棧房裡的人接了去的、問、花了多少錢？答、大概一元五吧、問、住的什麼房子？是什麼床？答自己住了一個房間、並且是一個破床、問、你何時出棧房走的？是如何上的站？答、次日由棧房領去的問、買的什麼票、答、是買的是由新京到哈爾濱的票、（按推事問曝奉赴濱票何等票、謂吾由京到哈正是相反）至此推事鎮頭頭微笑、又問？你說的回來時吧？答、是的、問、我問的是你去的時候沒問回來那麼你在新京到底說來沒有？答、未說、問、奉天呢？奉天曾經住了一宿、問、還是說※樂、答怎樣、問、由奉天到的麼？答、到上海、問、到是從奉天先到大連呢？還是直到上海呢？途中化了多少錢？答當然是到大連、花了約廿餘元吧、問、不對、一人由奉天到大連那能花二十餘元、那麼是幾個人呢？答是我一個人、但廿多元是由奉到大連再由大連到上海共同化的、問、那麼奉天大連間到底化了多少？答不過是兩三塊錢、問你既初次出門、奉天到大連再到上海經過很遠、你是如何明白？答自己知道、問問你來哈多少年了？答二三年吧、問是隨你姑母來的麼？答不是、是姑母先來、派人接我來的、問你在哈及原籍時、到過外埠沒有、在哈後原籍均未出過門、

縣旗長會議閉幕

閻省長對記者談

【哈爾濱】濱江省第一次縣旗長會議閉幕後、記者於昨廿八日上午十一時許、特往訪濱江省閻省長、當承接見、依記者之問所談如下、

（問）關於此次縣長會議對行政有何新的計劃？

（答）此次縣長會議乍告閉幕議案頗多、現在正在整理中、其中最主要者厥爲各縣之財政治安、教育、等事項云、

（問）省長對於此次縣長會議有何感想？

（答）鄙人來任未久、適逢縣長會議、不但得與各縣長以親面之機、且可聽到各縣長之詳細報告各縣之情形、因此對於各縣之情況、加以推測、猶若目睹、雖未躬自前往視察、大致情形、已可明瞭矣、相信根據此次會議、各議決案徹底作去、將來必收相當效果云、

（問）省署對財政不足之各縣有何對策？關於民政廳、指示各縣事項中、有以極少數之財政、而辦理縣政之一項、事實上有無困難情形？

（答）省署對於此事、已加注意、將來定有相當補救辦法、

（問）經此次縣旗長會議結果、省長對於各縣之情形、大致明瞭、但總不若躬自實地視察爲當、省長有無出巡之意、並於何時出巡？、

（答）必要時必親自出巡、但何時起身、均無不可、現在尚無一定、

（問）聞縣長會議閉幕後、貴署所屬各教育局長會議有於最近將招開之說、有其事否？

（答）現在尚無准期云云、談至此、記者遂興辭而返云、

少婦攜幼女潛逃

【黑龍江】省垣小曠道南胡同門片六號、院內住戶徐寶富家內有髮妻黃氏現年廿七歲、吉林人、於日前午后四時許、突乘其夫徐寶富出外無人之際、竟攜其五齡之幼女、以及毯子一條、棉袍一件、花淨布褥子一床、幷同屋陶姓家之鏡子一架等物、捲去、一併潛逃、及其夫返家發覺後、其妻業已出走多時矣、嗣經徐某倩人四出尋覓、結果一無下落、其夫無法、已於昨廿五日午前八時頃、往報該管警署、請求代爲查找、至將來能否弋獲、則尚在不知之列、然據識者云、其妻之逃走、似乎另有情人、但事實未見、實不可以臆測也云、

教界捐賑百餘元

【安東】本埠省當局、鑒於四鄉民食不繼、茲爲設法救濟、爰由省當局招集各機關合議、組織救災委員會負責、勸募災款、實行以來、各界皆踴躍輸將、近教育界方面、經鄭局長登高一呼、各校職教員學生、皆慨解義囊、多多捐助、近聞各學校、業將款項捐妥、共捐七百餘元、已由教育局解交救災委員會照收云、

（第三種郵便物認可）　康德二年七月[illegible]日　盛京

濱江特刊

第二十號
盛京時報北滿總支社
社址 哈爾濱道裡 斜紋二道街一三
電話道裡五二七二番

電話費酌減運動

市內及長途電話費較南滿過昂 日本商工會議所具函請求酌減

電電會社正在審議中

哈埠市內及長途電話費、比較南滿各地方昂高、日本商工會議所、前曾一度派員赴南滿各地實地調查、作成比較表、先向哈電電會社哈爾濱管理處要求酌減市內及長途電話費、由電電會社准函後、現正與大連總社縝密研究中、將來能否酌減一般人頗為重視、今將南滿各地市電話費與哈市比較表覓錄於下、

哈爾濱市內電話費分爲五等、依其組稜算

甲、旅館飯店　十九元二角
乙、普通商號　十二元九角
丙、住宅　八元七角
丁、官廳　七元
軍隊　四元〇八分

外埠不分等級費用一律

大連	九元
奉天	八元
旅順	七元
鞍山	六元
瓦房店	五元

市內電話名義變更費之比較

哈爾濱	二十四元
齊齊哈爾	二元
大連	七元
奉天	七元
新京	七元
旅順	五元
鞍山	三元
瓦房店	三元

長途電話費比較表

由哈爾濱至奉天	一元九角五
由奉天至哈爾濱	一元九角五
由哈爾濱至新京	一元三角五
由新京至哈爾濱	一元二角
由哈爾濱至大連	四元
由大連至奉天	二元九角五

業股東見前途茫茫、無意前進、遂無形撤退、及至菜蔬組合與市農會合作後、情勢一轉、從前之股東雖欲重新加入竟遭拒絕、於是、見財眼紅之業股東十數人、現正公推該組合前任庶務主任李冠英爲代表、擬起訴法庭、自市農會出頭對抗以來、菜蔬組合無形中即停止營業、迄今數月、賠累將近數萬餘元、爲追加股本、於昨六日特在該組合招開股東茶話會、藉機討論籌款辦法、據該組合聲言、下星期一市署與警廳、將聯銜布告取締小販、凡販賣青菜之小販、須至該組合請領執照、否則即認爲私自販賣、將來警廳能否如彼所云、攜同取締、誠爲一般人所極端重視云、

正義團招集支部會議

本月十日午後

大滿洲正義團北滿本部、創辦以來、成績昭著、近經民政部正式許可、同時、酒井主盟爲鼓勵團員、特於日前來哈、定於本月十日午後二時、在該團本部、招集所屬四十八支部開會討論、今後團務進行等事項云、

風流訟案始末記（續）

一日姜芷君回家、決謂其姊宋紉秋曰、號中擬添設出版部、將聘吾姊爲文藝編輯、務希慨允是荷、紉秋初不知其用意之所在、當以門外漢謙辭、詎芷君之意愈堅、紉秋不得已允從常考慮、芷君乃去、

翌日芷君偕傅文閣經理方錫重同至紉秋家、甫待落坐、方由腰中掏出聘任書一紙授紉秋時紉秋雖欲謙辭、奈方與芷君懇切請求何結果議妥每月薪金二十元、在家辦公、凡文藝稿件隨時送紉秋家、除紉秋外、並將另聘編輯數名、於是紉秋始允可、

紉秋爲與方研究關於出版部、進行事務、翌日晨起特赴道外傅文閣、適方外出、乃同芷君至女職員宿舍稍候、未幾見方錫重推門闖入手提點心兩包、一見紉秋兩頰緋紅、隨手將所提之點心、放於門后之立厨中、轉身向紉秋談出版部之進行計劃、見方錫重與芷君送點心、已被她看破一分、但總未能想到已經不可告人的關係故與方討論結果、由紉秋出名在各報刊登徵稿啓事、紉秋不同意、爭執良久、結果成爲懸案、方去后、紉君忠告芷君曰、吾見方經理對你很好你是初入社會、對於一切多不澈底、千萬留心令譽、勿貽口舌於外人、與方保持權夥之關係而已、勿進一步而發生友誼之關係、今後方如仍加優遇、須嚴厲拒絕、芷君唯唯、

數日后、廣告刊出、果有宋紉秋各銜、紉秋見後即赴傅文閣見錫重、要求撤銷宋紉秋字樣、方不同意、正爭執間、芷君向方要求担任兒童編輯、言時姿態嬌憨確非女職員對經理人談話之態度、至此紉秋已看破二分、乃決意辭去文藝編輯之職務、嚴厲要求撤銷廣告上之名義、方不得已、隨發撤銷通知一紙、着各報停止刊登徵稿啓事、

紉秋回家後、一夜憂思展轉不能成眠、翌日晨以所見告諸乃母宋姜氏、宋姜氏聞訊、半信半疑、命紉秋招芷君回家盤問究竟、再作道理、紉秋奉母命、即赴傅文閣、至時芷君已外出、據柜夥言、去未多時紉秋候兩小時、未見歸來、欲爲疑惑、不得已、向挨夥索筆墨、留一紙條、謂「市署招考教員、宥備一道、一時忘記、不能解答、妹回時務即回家、至晚芷君始喘喘而歸、因宋姜氏已就寢、紉秋問妹聞何往、芷君謂與父立碑、紉秋、聞同誰前往、芷君謂因方經理與涞上坟、故同道而去、紉秋至此已看破三分、恐被他人聽見、乃就外屋寫字臺上、寫一紙條授芷君、芷君接來看時、上寫「你向來上坟同「我」道去、因何此次竟與方經理去、荒郊野外、孤男少女、被外人看見、難免瓜李之嫌、今後必須格外留心」、芷君看罷低聲對紉秋謂、今後再不了、

紉秋見芷君足上着新皮鞋一双、身上着新毛衣一襲、均係新置、加以立碑之資、每月收入十五元薪金、已不敷支出、紉秋至此已看破四分、紉秋與芷君正在閒談間、方錫重由外慌張闖入、對芷君謂、時屆日暮、何遲之不歸、且言且偕芷君出門、乘小汽車風馳電掣而去、紉秋至此已看破五分、

—未完—

人、何況三個小孩係三個父親血、情何以堪、加以家中每日開消極大、所幸性本豁達、不然其身早死、死則老幼隨亡、所係六口、豈不哀哉、幸上天垂佑、業有積蓄、且有職業、生活尚可維持、唯近因被騙、未免拮据、痛心至極、常有死志、是誠婦女中之至苦者、記者對其情景、實有不忍卒言者、且又有不能已於言者、以其天職之所在也、溯蓮氏之元配丈夫爲侯姓即其第一次結婚之丈夫、侯無兄弟家道小康、於吳督廳下曾充營長之職、後不幸陣亡、長官嘉其忠勇、予以恤金數千元、皆歸蓮氏承受、蓮氏遺腹三月生一男孩、乳名保住、苦守三年、後以時局關係、應門無人、而其娘家父母又無人奉養、於萬般無奈之際、始改嫁李姓、李則曾充江省督察長之職、餘勢頗極一時之盛、此時也置產放債、家道亦蒸蒸日上、乎儼儼有福有祿之官太太矣、不意好事無常、禍起蕭墻、甥[illegible]一聲、九一變起、李又陣亡、而骨骸無所、李且無家族、遺一女孩、小名鴉頭、嗚呼！蓮氏以一弱女子、兩遭巨變、何人能堪、不過上有八旬二老、踽踽無依、下有小兒、嗷嗷待哺、此時也不同前時矣、生既不能、死更不得、蓮氏實難乎其爲人也、從此扶老、幼、奔波苦旋、直至去秋、則蓮氏之遭心、更進一步矣、而亦爲此巨騙案之開始進演之時也、

（未完）

對外紛爭乍息　詎知禍起蕭墻

菜蔬組合眞成多事之秋

與菜蔬組合死力對抗之市農會、自姚錫九引咎辭職、島英二避倩船之大吉後、陳容大亂一時陷於群龍無首之狀態、菜蔬組合亦竭筋疲力盡、用收買之方式、除聘新任市農會長辛學西為監事長、月薪百元、李繼彬為理事月薪六十元外、每年由菜蔬組合津貼市農會三千二百元、除七八九三月菜蔬最盛時期每月交付四百元外、其餘二千元分九個月交清、由農民劃削百分之十之脂膏、除交中央批發市場十分之七外、所餘三成市農會尚可分肥、於是從前藉口為農民利益而抗爭之市農會至此假面具完全揭開、甘願將從前之一切敵對行一筆勾消、因之奄奄一息之菜蔬種售組合、立見甦生矣、詎知天下事惟有發財難、尤其是前立名目斂取民財、更難乎其難也、菜蔬種售組合對外之紛爭方慶平息、孰知內部又禍起蕭墻矣、

菜蔬種售組合在未與市農會實行合併以前、已賠累不堪

桃色案公審旁聽記【二】

男主角方錫重未到案　宋紉秋姜芷君一度激辯

問、你到了上海以後、有多少日子而回寄的信呢、答那我可記不清楚了、問、你先給誰來的信呢答、給我表姐、問、寄在什麼地方呢、答、南滿街門牌四十四號、問、這是頭一封嗎、答是的、問、不對你上一次不是說頭一封信是寄到傳文閣的嗎、答我上一次也是這說的、問、第二封信呢、答第二封信才寄到傳文閣的呢、問是直接寄去的還是託別人轉的的、問這家買賣和傳文閣有甚麼關係呢、答那我可不知道、問、妳不知、怎麼會由他這裡轉寄信件呢、答因為在傳文閣住了兩個月的地方、當然是知道的了、問妳到上海和方錫重什麼時候見的面呢答大約有一個多月問妳到上海住在什麼地方啊、答住在京都公寓、問妳一到上海就住在京都公寓嗎、答我才到上海的時候住在東方飯店、問誰又給妳介紹的京都告價錢格外便宜、所以我纔搬到京都公寓去的、問妳和方、重見面就在京都公寓嗎、答是的、問你們見面以後、住了幾天、方錫重是幾時回的哈爾濱呢答『兩天』他很着急的就回來啦、問大概他是接着傳文閣的電報啦吧、答也許是問方錫重回來的時候、他沒叫你跟他一同回來嗎、答我要是跟他一塊回來、那不是更有嫌疑了麼、問那時候你要跟他一同回來就沒有這場官司啦、答低垂粉頸默默含羞　問方錫重回來的時候、他給你留下多少錢呢、答沒有留錢、問方錫重說給你留下錢來着、答根本沒有那回事問那麼你在上海化什麼呢、答元錢去、問就是這二十元錢嗎答是

推事又問、宋紉秋你把怎樣看出來的情形、一字不漏詳細說一遍、(以下推事問)宋紉秋答聲音慘悲、我在發事的上月二十幾日、看他和方某有些可疑的情形、當時我就問他、她說不出一句話來、我才勸她說是為女子的怎樣應當、怎樣不應當、說着她就給我跪下啦嗚咽着說、你是我的親姐姐、凡事都不應當瞞着你、現在我已經被人欺騙了、姐姐你得救我千萬不要再告訴第二個人或者救我姑姑知道、不然我祇有一死當時我雖然是答應她、並且要他和我一同回家、她又說這安置安置再自己回家、所以我才自己回去的、但是當天本想着把她說的話、學給我母親聽、但是母親已經睡下了、直到第二天早、我忍耐不住、完全告她母親了、我母親聽了之後、決意派人去叫她回家、問誰去叫她的呢、答給我帶孩子的老頭去的、問你自己叫她、她都不回去、別人就會叫他回去了嗎、答因為這一天正是十月初一、這他一定要家去、並且頭一天晚上她床上放着許多燒紙、所以我能相信她真能回家、問你不是叫他回家燒紙呀、還是叫她回這個家呀、答就是不讓她在傳文閣了回這個家去、問找回她去了沒有、答並沒見着她、問方錫重多偕到你們家裏去的、答第二天早晨、問她跟你說什麼來呢、答他對我母親說話、我們同時都在屋裏、問你沒有和他筆談嗎、答他是何等樣人、我沒有和他筆談的必要、問你不是寫過一個紙條嗎、(在卷)我念念給你聽還有一法、莫如將錢双手捧送老太太、使老太太金是以放心、你為她真能犧牲、答我在檢察廳寫過這樣一個條子、對於方錫重、確無其事、問不是方錫重有一個妾沈彥平、妳母親答應能夠和她脫離了、這事就好辦、有這話沒有、答因為方錫重對我母親、先說、他對沈氏怎麼感情不好、和姜廣英定和沈氏脫離、再和廣英結婚、所以我母親越法生氣了、馬上逼他找回廣英來、問妳沒與他筆談答應他替他幫忙嗎、答他是用侮辱的手腕、我答是答應他、豈不是把我妹妹賣給他一樣嗎、問有一個彩霞湘繡姪傳的不是也到你家去來嗎、答是的、問多偕去的呢、答在他走後的二十多天去了兩次、問頭一次是拿的信件去的第二次是拿着方錫重的片子去的對嗎、答是這個樣子、問他去是甚麼意思呢、答頭一次他請我到彩霞湘繡店去一次、問你去來嗎、答我沒去、問你怎麼不去呢、答我沒有去的必要、

(未完)

有計畫有組織經過長時間的　龍沙大騙案敗露經過

騙婚騙財官商律師全班合演　＝運鴻鈞女士被騙痛史＝

【黑龍江】世風不古、人情鬼蜮、晚近之一般青年男女因受歐風美雨之薰陶、其險詐之行為誠有出乎法律道德以外者也、迨我新國家應運而興、闢於整風正俗莫不以王道為準繩、故建國未三載、已將社會上之頹風挽回實多、此誠堪慶幸者也、雖然而於號稱大都市之中、關於一切奸詐欺騙之事件、仍有在暗中蠢動者、即如齊齊哈爾市、於康德元年秋、曾發生一有組織、有計畫、且經過長時間之騙婚騙財巨案、其中花花絮絮以及離合悲歡、誠可謂之為五味具全一幕警世悲劇矣、目下此案於敗露後、且已在省垣地方法院提起訴訟、雖尚未判決、然事實具在、自不難善惡分明也、爰更將此案之敗露情形及當時施行合謀騙婚騙財之一切經過情形一一詳誌於後、

有運鴻鈞女士者、原籍昌圖人、曾肄業於女子師範學校、且為該校之高材生、卒業後歷充各女校教員等職、其後獨具隻眼、改習工業、尤對於寫眞之術、頗具心得、嗣經江省女子職業工廠聘為寫眞部技師、現年雖僅三十、而其經驗實為宏富、但其自身所經歷者、極為沈痛、對於娘家上有八旬父母、且須女代子職、對於自身有子女三人、亦須負養育之責其家庭之狀況、即是哥哥無能、親戚貧弱、老的老、小的小、在老的任欲强索、在小的仰賴無

失信固屬無禮　搗毀亦太野蠻

道外正陽西大街滿洲印刷局、經理任福海、前為招徠主顧、特聘用日人西治某外櫃一名、專事招攬印刷物品、日前攬得平安座戲報一宗、言明翌日交貨、詎知一夜光景、未能印完、西治自覺對人失信乃大發雷霆、盛怒之下、將該印刷局內所有機器舖墊一併搗毀、因之不能開業、任福海無法、隨將日人西治告訴云、

軍裝股匪　刼掠自衛團

阿城縣第五區大帽子、駐屯自衛團、於五日下午三時半頃、突來服裝整齊武器俱備之胡匪四十餘名、僞稱因在附近討匪、身體疲倦、暫借自衛團少息、但自衛團亦未疑惑、當即讓入、無何、突然大變態度該匪一聲命令發下、將二十一名自衛團武裝全部解除、事前自衛團亦未預防、當然未能抵抗、結果搶去武器若干、臨行復綁去團員五名、行抵中途阿什河站附近、當有電業修理電線工人一名、身着制服、正在工作間、被該夥匪將衣服施行剝去、向南方逃竄、駐屯阿什河日軍獨立守備隊及二層甸子自衛團、接得急報後、立即出動追擊、該匪身着滿洲國軍服軍帽、係不知何人舊部下之逃兵、詳細一切不甚明瞭、現下正在調查中云、

天時不正　痢疾猖獗

時值夏令、陰雨連綿、忽寒忽暖、氣候不均、市民稍不留心、易染疾病、邇來痢疾猖獗患者頗多、僅就滿鐵及紅十字兩醫院收容者披露於下、望一般市民注意及之

一、眞田健一(五)道裡買賣街一四號

二、近藤順吉(二五)極樂寺鐵路局舍宅

三、中澤道也(二八)南崗大直街四一號

四、山田禮三(二一)第四軍區顧問部

五、遠藤重治(三〇)大直街四一號

劉某可謂佛門罪人

欠債不還累及活佛

道外承德街、佛教會會長劉福清、前在道裡新安埠安康街住家時、於大同二年十二月初九日、借到同院住戶王景全名下、國幣四百六十元、王某以劉乃佛教會會長開口不離道德、定是佛門信徒、故亦未與要保、併且是短期借款、無息無利、不日即還、詎該劉某、借款到手、如若無其事者、然後經屢次討要、劉某不且未付竟說是有何憑據、情因該款是暗見接授、確無據、王某又不認將此鉅欵平白損失、遂於上年十一月間、在道外濱江地方法院、將劉某控告、在次度審訊、劉尚不承認、有借欵情事、幸經該院一再審理、劉始供出、借欵詳情、故莛判令償還、否則即將佛教會之物品執行查封、劉某尚不忍致供奉佛祖受查封之牽連、應與覓具妥保、債額分為三期歸還、當時找妥道外太古街恒順成担保負償還之完全責任、劉某始如期繳還債額之一部後、因原保恒順成營業倒閉、以為又有可乘之機、故將下欠之國幣一百七十元、又抗債不歸、本案雖經執行庭一再傳集保証、惟負責無人、迄至今案仍久懸、王某在此情形之下、又擬在濱江地方法院二次呈控、查本案果再續訟、原有前案久懸、諒劉某仍難狡展、彼時若再二次執行、又有誰敢為之担保耶、否則若將萬民信仰之佛教會、被法院查封、不惟劉某為佛門之罪人、即佛教會[illegible]、亦

盛京時報
康德二年七月十七日
濱江特刊
第二十一號
一幕離奇慘殺案
市之附近廟鄉屯發見五條大虫
周建奎吃下麵條一碗一命嗚呼
且看法官如何審理
厠所看性史
東北影院劉經理之無狀
華樂舞台之末運
邢君明亦無叫座能力
編輯餘墨
醉雷公
桃色案公審旁聽記【三】
男主角方錫重未到案
宋紉秋姜芷君一度激辯

有計畫有組織經過長時間的

龍沙大騙案敗露經過

騙婚騙財官商律師全班合演

（續）

「運鴻鈞女士被騙痛史」

嗚呼友情！嗚呼人道！

先以妻相姦繼以妻相換

最后害了幼女一走了之！

（完）

爲貧所迫秀春下水

爲情所感相武服毒

桃園女掌班的未免太惡！

濱江特刊

第二十二號
盛京時報北滿總支社
社址　哈爾濱道裡斜紋二道街一三一
電話道裡五二七二番

珠河縣商會

張會長擅徵捐稅
王縣長助紂為虐

各商聯名陳情濱江省公署
派員調查結果下情未上達
商方再派代表晉謁省當局
王縣長因通匪被省署逮捕

一月以前、本報由某方面探得珠河縣商會長、與該縣王縣長狼狽為奸、魚肉商民之新聞一則、當時認為我滿洲王道樂土之上、堂堂縣長、或不至於竟敢冒天下之大不韙、如此妄為、又兼路途遙遠、無法實地調查、臨未肯披露、延至今日、突以王縣長通匪被捕聞、是証前得之稿、似出有音、本新聞紙有傳達民間疾苦與當局之義務之旨、不惜五日黃花、爰將所得披露於下、(編者附識)

珠河向為刀匪潛藪之區、朝出夕沒、行蹤無定、地方商民實有無法應付之感、獨商會長張清靈、能與匪等聯絡、屢與被害者、出作說客、比及新任王縣長鳴山上任后、張又輸調鋒芒、曲盡平生本領、竭力逢迎、久之彼此間隨引為知已、於是張出入縣衙、毫無忌憚、一般商民、仰張鼻通廣大、自大刀會時期迄至現在、把持會務二年之久、大權在握、無往而不利、張之威福於焉更大增矣、

一

去年四月間、濱江稅務監督署某調查員、視察各縣、抵珠河之時、開張會長曾假託餽贈禮金為名、每戶商份、斂收國幣四元八角、統計約千餘元、盡入張之私囊、此外又擅徵糧石捐、與賣錢捐、按百分抽一之辦法、儼若國課一般、雖舊吉林省民政廳調查班、明令禁止而該會長因有王縣長之袒護、於新省改制后、仍敢勒收如故、斯以其專權態度、不亞於昔之蕭卓曹操也、一面關於商會事務、職員部份、為佐辦王美青、會計張海濤、非至感即十足、一則黑籍君子、一則嗎啡大王、同時張會長與王縣長每日花天酒地、打牌吸烟、所有一切消耗、皆為商民之脂膏、且張連任以來、從未清算賬目、去秋各商羣情激昂、合連名請求、開誠佈公、張知弊竇特多、礙難公佈、乃情託十縣長、對各商武斷壓迫、勢別會並協豐裕、信通時務、猶一力主張ㄙ以昭大公、不圖竟惹起王縣長之老羞成怒、於本年三月一日帝制實施、與建國週年之時、全國普天同慶、獨王縣長不謬不然、帶領親信隨從、盡協豐裕、大肆辱罵、並逼迫休業、該號因在王之掌握之中、並無反抗餘地、自不得不荒閉大吉矣、張有此特寵、如虎添翼、益行驕橫、反之各商民亦愈痛苦矣

一、其於上情、當地各商、因不堪其虐待、及無謂之剝削、三月中旬、會集合四十餘家、連名陳情於濱江省公署、當省署接到此種呈文后主派委員趙萬璃赴珠河實地調查、初時對於王縣長之封鎖協豐裕、及張綁端斂收商份自肥等情、秉公無私、調查詳確、同時又錄取各被害者之結証、並於各商號攝取賬目上、蓋印『趙萬璃』之圖章、似頗認真、不期經過兩日之后、趙委員之態度大變、對於各商之陳述情形者一概拒絕、在商務會及縣公署、留連數日、於三月二十四日、趙突偕張會長一同返哈、個中真像、殊令局外人莫明其糊塗、然王張兩人至此對商民之仇視、益復肆無忌憚、火熱水深、苦矣哉無辜之弱小商民乎?

一、四月十七日、各商始奉到省署通知、着將全案由縣署移交司法處理、然又據委員會之指令、令即靜候依法處理云云、根據此點、足以判明趙委員似未據實聲覆、以致下情未能上達歟?商民方面、以王縣長有兼理司法之權、今王張利害相連、與各商相持對立、倘使此案仍訴理於王縣長、豈有

有計畫有組織經過長時間的
龍沙大騙案敗露經過
騙婚騙財官商律師全班合演
‖運鴻鈞女士被騙痛史‖

(續)

良為近世之新女性是古年之賢婦人、吾何敢望豈不妄想也乎適旁有章之表兄徐致祚者、問即曰、運氏為吾兄貴親、可能劉否代致微忱、一執斧柯、倘辦到、定是良緣、縱然不成亦兩無所損、如果有意、吾願化主、且無論何種條件、我均能負其全責、勿論介紹人、証婚人隨君所命、均所不辭、鬧談至此、其全柜之五六人、亦在旁同聲稱讚、劉開言、以為此事若成、亦大好事、況保一媒可活十年乎、於是喜孜孜的而見運氏、婉商此事、許氏又在旁極力縱諭、運氏始垂淚言曰自兩遭變故後、自知命薄如紙、死志久蓄、今二位為我何敢故作矯情、不過此事萬不可草率從事、雖知章某之不懷、尚請暗中訪查之無乖、只求能為我支撐門戶、能代我養老育幼、且能始終如一、我雖肝腦塗地亦所甘願也、劉某遂將此意一一達之於章某、章聞之甚喜、於是急令徐致祚與章曰璋立至運家、面訂一切、至者運氏不索彩禮、所附養老育幼之

教育廳令各縣來省
舉行詔書奉戴典禮
‖已定於七月十九舉行‖

【黑龍江】滿洲帝國大皇帝陛下、於訪日回鑾後、所頒發之日滿親善詔書、叠令各省遵照奉戴一節、業已多日、茲者省垣教育廳對此遂即定於本月十九日午前十時、在省立齊齊哈爾師範學校附屬第一部小學校內舉行奉戴典禮、日下業已準備妥協、並於日前已轉令泰來、訥河、龍江、拜泉、洮南等五縣內之教育局長及內務局長來省參加典禮、至各縣如無有教育局長者、則均須專派內務局長來省參加、且一律限期到省勿誤為要、同時省垣各學校校長屆時亦一律參加典禮、一方對此更規定參加者之注意事項如左、

一、日期、定七月十九日午前十時、

二、試場、龍江省立齊齊哈爾師範第一附屬小學校內、

三、服裝、參加奉戴者應着國式禮服或洋服、

四、携帶印鑑、參加奉戴者應携帶印鑑、以備詔書之領受、

五、旅費、參加奉戴者往返旅費、於式典告終後在總務廳經理科支給、

六、還縣後處置、參加奉戴者應於出發前將奉到詔書回縣奉迎手續預為議妥、

七、奉戴手續、奉戴儀式由本署規定臨時通知云

倒霉洋車夫
深夜拉鬼客

【黑龍江】省垣市內有一某姓之洋車夫、於前日在雷家胡同拉一日人乘客赴南大營地方、迨返回途中時已夜深至小火車道北邊地方、忽有着青布大衫之矮客人一名亦未講價、即跳上洋車令車夫向北疾行、車夫當即拉起向北急行隨行隨問該坐客開拉往何處、且覺所拉之車非常輕便、嗣經乘客指揮令其直向前拉、車夫此時但覺昏昏沈沈亦不辨方向、隨向前疾行、直至三時頃、即見前面一片汪洋大水、則該坐客至此乃一躍下車竟投水內、車夫驚慌之下、審視之平地并無大水、再找乘客早如黃鶴之杳杳矣、噫!深夜遇鬼、當聞人道、但未証實、茲者車夫所遇無乃鬼乎、是誠令人不可深解者也、

宋紱秋具呈
請求却下恐嚇案

風流訟案中男主角方錫重控告宋紱秋恐嚇一案、業檢廳却下、方為牽制宋紱秋撤銷姦拐案起見、曾聲請再議、茲將宋紱秋向檢廳呈遞之辯訴狀錄其下、為傳文閣筆店經理方錫重、誣告恐嚇、謹陳明其奸詐累事、爲杏傳文閣經理方錫重、以捏罪反噬、誣告恐嚇一案、除原案經過事實理由、迭經呈明在卷不再申叙、俾免煩複外、茲謹就發見足証其蓄謀牽累之各種事實、為鈞廳縷陳之、一、方錫重所以捏造此無籍圖抵抗伊姦拐姜廣英一案也、查當去年伊將姜廣英拐至上海民母告發其妨害家庭後、伊自知難逃罪刑、為抵抗狡展計、遂設謀捏造事實、控民恐嚇、一方控告、一方暗恐和解、倘書兩敗俱傷、此相嚇詐、民方置之不理、則屢屢函求、(有伊親筆函件、可証繼復賴託郎世臣來民處調說、民迄不為動、最後情急、竟與姜、先後至民處、多方央求更自撰呈狀要民連署、遞請共同撤銷各狀扣留呈院、此即公審前一日之事實也、由上之方錫重屢屢將兩案併題、請求撤銷、其設罪情虛而捏造事實誣民恐嚇、以為要挾撤銷姦拐原案之具、情節顯然矣、不然民如果有恐嚇之事實、伊自可求諸法律制裁、而期最後之勝利何必甘心屢屢為鬼祟之為、揑合撤哉、是方自知民根本即無違法之行為、雖如何栽判、隱蔽於一時、濟者自濟、終有水落石出之日、世人耳目不能掩、用是

風流訟案始末記（續）

方錫重見事件擴大、來爲與芷君計議對策、一來自知理虧、一經審査必受囹圄之苦、乃秘密赴滬與芷君同往大東公寓、計議結果、方先芷君而回到案后果不出方之所料即時羈押、此時芷君在滬得到方入獄之耗、匍匐歸來、向檢廳自首、堅稱伊之出走、係受婚姻之包攬不得已自動出走與方無涉請求釋方、檢廳據此隨命方出保証金五百元、將方開釋、

其時宋紉秋全家已回奉天、方於出獄后、復在檢廳以恐嚇詐財爲理由、將宋紉秋告發宋之承保白某受法院之催促、親自到奉傳宋、因發生衝突、紉秋未肯到案、二次帶領法警到奉將紉秋綁縛來哈、檢廳以紉秋抗辯不到隨羈押兩星期、紉秋入獄之第二日、照例只許一人接見、晨起紉秋正在院內放風時、禁卒呼宋紉秋有人接見、紉秋以爲戚友接見急趨前看時

乃方錫重耳、方見紉秋時口稱表姐、你受苦了我實在對你不起、請你原諒我、官司不是好打的……此時宋紉秋一見仇人不禁兩眼發黑聽到此種稱呼、直氣得三尸神暴跳、五臟耗氣臟空、雖欲發作怎奈身在囹圄插翅也難飛出、唯有二目直視方錫重、呆呆出神、俄間、禁卒驅方去、紉秋之精神始漸漸恢復、然多愁多病之紉秋經此一度刺激、病魔乘隙侵入、紉秋在獄中具繕辯訴狀一紙請求保釋就醫、准狀后始得自由、方告紉秋之恐詐財罪、經檢察

官偵察結果、認爲無理、當予以不起訴處分、待至六月二十三日、在本案正在進行期間、方爲欲避免和誘罪名起見、在厚德福飯莊、與姜芷君正式舉行結婚典禮、

方姜結婚後、方錫重之態度遽然轉硬、以姜芷君之名義、又在檢廳告宋紉秋妨害自由、現在此案尚在偵查中、容后補記、

法院依檢察官起訴之理由開庭公審之結果、認爲方錫重確有和誘之罪名、乃按照刑法第二百五十七條之規定判處有期

徒刑六個月、至此涉訟經年之風流訟案、在法律上、可謂暫告一段落、至於將來檢察官對方錫重之重婚罪、以及姜芷君之侵佔、妨害家庭、妨害公務罪檢舉后、當然另有一番新的局面、故事實上本案將來演至如何地步、未可預料也、

聲明此稿原擬待全案終了后、再爲發表、但本新聞實在被捷之關係、不得不先期刊露、故對於標題「始末」上稍有不符之處尚希讀者見諒、將來本案演至如何程度必隨時爲露、以饗讀者諸君、請注意披閱　編者附識、

公理可言、因此商方特派代表蘇耕九（泰和金店經理）王香九（天盛久執事）劉子輝（厚生東執事）等三名、於上月廿九日來哈、晉謁濱江省公署負責當局、結果如何、尙無所聞、突於日昨、以王縣長通匪被捕聞、商民之冤枉、或者由此不難申雪、滿洲國之王道政治、即將廣播於邊陲之城矣云、

王姓小女孩 忽然失踪

省垣永裕街門牌十二號住戶王魏氏之外甥女名小了頭、年甫六歲於昨十七日正午十二時、在街玩耍之際、忽然失踪、遍經其家人赴各處尋找亦未尋獲、同時并往報該管警署請求代爲查找云云、

李交通部大臣 歡宴哈埠各機關

——假座道裡宴賓樓

就任后第一次來哈參加航政局作業船下水式典禮察所屬各機關之交通、李大臣、昨廿日午后六時半假坐宴賓樓招待哈埠日滿各機關首腦被邀人數百一十人、七時十分入座、由李大臣致詞略謂、敝人新任之後、初次來哈、僅備粗宴、招待在哈老友、當此炎熱天氣、蒙各位光臨、至爲榮幸、殊深感謝、敝人前在北鐵任內、多承在座諸君之援助、使北鐵讓渡得以圓滿解決、敝人對此十分感謝、北鐵問題解決後敝人赴大連原擬稍事休息、去時匆匆未能與諸君作別、未待回哈、遽奉大命、晉京接任、今次來哈籍機得與諸位老友相見一述離情殊感愉快、此次担任滿洲國之交通、自覺責任之重、不比北鐵時代、實感不堪勝任、幸各位皆係故友、尙希不吝珠玉時加指導、今日天氣炎熱、幸蒙光臨此薄酒祝各位健康云、繼由衛戍病院久我院長代表來賓致答詞略謂、敝人僅代表、來賓、謹說幾句話、大臣任職以來、未得晤別、此次第一次回哈、得以相見殊爲榮幸之至、僅借主人之酒祝大臣閣下之健康云云、畢開始飲宴席間賓主言歡濟濟一堂頗盡一時之盛況、直至八時四十分始散云、

條件、章某甘願盡負共責、然後又商之於運氏老父、其父亦非常喜悅、於是順順利利婚約告成時爲康德元年八月中旬也、

至八月廿七日章某以中途婚姻不可久懸、要求急速結婚但因自己爲頭前老闆、一柜之長、不便過事舖張、運氏亦以半老徐娘羞於見人擬結婚後便一同回南了此餘生、更不願舖張、双方意思既同、他人自無問題、於是兩方半爲減省經濟起見、便將運氏之家、變爲章氏之門、於八月廿七日約請徐致祥劉蘊章、許氏王女及運氏之老父等在運之屋內、王女以米盌代香爐插香一股許氏拔新娘劉徐拔新即、於是双方拜罷天地謝媒人、婚書告成、當時未不過未邀請房東及鄰右耳蓋因北地之習慣、尋對於寡婦改嫁爲不祥之事、屋內院中均不准寫婚書、有資格之人、亦不給人寫婚書、寫婚書者皆係貧賤之人而寫婚書之地點或在廟台上、或在空地樣溝間、俗謂其處爲絕地、三年不生寸草維爲絕維、亦不能再用、書寫之人須多給錢、否則無人寫也故寫婚書之人、與地皆成問題

至寡婦上轎亦不准在院內、而且走至院內、須先摟一摟孤樹或抱一抱烟囱、不然則撞見什麼什麼不吉、所以人皆畏之房東更所忌諱、而況既求縮減何能舖張、故未能邀請他人也僅自己大嚼一頓新人即實行同居矣、運氏由此亦度其甜蜜生活也、迨至十月八日忽有徐印蘅尹徐章等、特請劉蘊章至章日璋家、當經章告劉曰、頃接家信、謂吾之父母在家仍極力進行南遊親之中、并催吾急速南還、但若不能回南則不能阻止親事、且欲阻親事須有証據況吾一回南至早亦須兩三月後方能返江、我二人結婚日淺無相當証據双方皆不放心、一方於回南後更打算稟知父母、將家事略理清楚、後局太平之際我將子女帶來、時局不清我將運氏送回說至此大家皆言一九三五六兩年爲世界危機、不可不預覓避秦之地、還是回南較爲安全也、章又繼言曰、所說雖對、但尚有一難題即係於結婚之初我曾允許養老扶幼、現在猶將來一同回南那個條件、如何履行呢、言至此眼望運氏笑曰、您若是眞心應該願意與我一同回南、既願回南即應予以確實証據、我到南方也好給實安排、運氏聞言笑曰余之生命財産均交與你、你與我本係一体、南方是我家我豈有不願回南之理呢、（未完）

友軍演習

駐齊友軍卅八聯隊砲長中隊定由月之十六日起至廿日止、每日由午前八時起至午后四時止、在船套子西邊地方演習、戰鬥射擊、一方并發出通知、以免屆時市民發生誤會也云、

松竹公司 是否騙財

當局應加注意

哈爾濱電影界自寒光「可憐的她」失敗后、相繼發見過明聲的「心上發花」一現後、也就緊接壽命正寢了、在這近一二年來、不但哈爾濱、就是全滿洲國也沒一個影片公司、所有各影院除仰賴中國出品外、只好演些歐洲片、況且因了國家政體之不同、往之感到此路不通之悶、那末現在在滿洲國境、尤其是國際都市的哈爾濱開設一個比較完美的影片公司、一定會大發厥財的、在各方面極端希冀企盼中、東北旅館果然發見了個什麼松竹影片公司、大登其廣告招考演員、一般影迷或失業的商人、紛紛往考、結果錄出十五名、據說每人須預繳保證金國幣三十元始能就職、一般考入者皆恐受騙、認爲正當影片公司不至如此辦理、故多退縮不前、究竟該公司之設立是否騙財、責任當局應加以注意云、

興記商店內 檢出私烟具

省垣正陽大街門牌四十號、興記商店內於昨十七日午后二時頃、突有阿片專賣支署緝私官鷲尾正坦、叢選君、要鴻恩等、在該號內檢査出私烟燈罩二百五十八個、烟燈二十盞、烟斗五十八個、烟簽子三百十支、旋即將一般私烟具帶回支署予以沒收矣云、

以圖撤銷、既可卸脫恐嚇案之誣告罪責、復可免除姦拐案之刑罰、其用心之奸狡、行爲之卑污、於此可見一斑焉、一、方錫重之誣告案、已自行承認也、方錫重撲之請求撤銷原案呈狀、明言其所告之恐案係屬出誤會云云、原狀業經方姜蓋印、存院可查、夫所謂誤會之者、換言之即係本無其事實、竟敢行捏造、意圖使人受刑事處分、而向官廳告發、此非誣告而何、伊雖於呈狀未直

遺、是恐嚇一案、爲伊之、告一案由其完全自認、更屬昭然若揭矣、一、其在此案之誣告恐嚇、即爲姦拐一案、僞証案獄之生根也、在彼案中、方錫重作實民會向之索欵、以圖說卸罪刑起見、乃甘冒不韙、委仿民之筆跡僞造紙條一枚、（原條存卷）等經當廳檢對筆跡、査明僞造夫伊對於極明顯之筆跡、猶敢僞造誣民索欵、何離教唆仰伊鼻息之柜夥、僞証恐嚇耶、況伊控民恐嚇、別無

務、明有偏袒之僞詞、其無爲証之效力復何待言、其欲捏成民之索欵故不得不誣民恐嚇、方錫重所以生此題外波瀾、係爲僞証索欵一事埋伏之根、實毫無疑義、以誣告爲牽累之手段也、方錫重誣民恐嚇、意在使民畏其訟累、以爲要挾、撤銷姦拐一案之具、已如上述伊見數次要求、民不之顧、遂又有姜廣英控民妨害自由之舉、（此案業經鈞廳偵訊明確、係屬誣控本月十五日、而

亦自知橫生枝節、無理取鬧、然其拼爲飾之糾纏、無盡無休者、無非深知民一纖弱女流、隻身寄寓、又有家事墜累、定無力與之長久周旋、窺破此中弱點、使民畏其健訟、而允其撤銷姦拐一案、其用意與誣告恐嚇、正復相同、民着儘而允撤、適中其計、若如前付之不理、則將見一波未平、一波又發、後此之誣告、勢必層出不窮矣、就上述方錫重蓄意之奸險、行爲之鬼蜮綜合觀察其控

而自明、爲法律尊嚴計爲民權之保護計對此刁惡之纏訟應請即予却下、以儆囂風而清訟原夫以法案明顯誣告之案致使無辜之民延頸待審、久受訟累他鄉漂泊老親倚閭、子女待撫、顚沛流離之疼苦實非筆墨所可能宣、惟有叩懇仁慈、早日裁決、俾深寃昭白、得安生業、不勝感戴之至、理合具文聲請、鈞廳鑒核施行、謹呈濱江法院檢察廳七月十七日宋紉秋、

濱江特刊

第二十三號

盛京時報北滿總支社
社址 哈爾濱道裡斜紋二道街一三
電話道裡五二七二番

引起一般注意之 路警退職金問題

路警勞苦功高應與路員同一待遇 鐵路局人事課現在正調查考慮中

關於哈爾濱鐵路局、此次決定之對於舊北滿鐵路滿人從業員、退職金發給規程、因對編入警務課之原北鐵路警處全體官員長警、認爲何辦性質、不能與路局員司享受同一待遇、不能發給退職金、未編入概算之內、以致引爲問題、一事、會見本報記載、路局方面、對之究將如何措施、迄至現在尚無正式表示、惟聞警務課原路警處全體人員、以路警原屬鐵路局直接管轄、與督辦公署有包辦之性質絕對不同況督辦公署之職員尚有退職金、而惟路警認爲例外機關、且一切預算開支、在中東以至北鐵時代、向由路局會計處直接辦理、即一般用品亦向由路局領出、是與路局爲純粹的直接關係、且在北鐵時代對於辦理退職金、雖曾經一度發生問題、然結果依然同樣發給、更以路警分駐沿線各處、押車、護路剿擊胡匪、並歷來辦理共黨案件、查禁不法書籍、犧牲無算著有功績事實上更不能誌爲例外、無享受退職金之權利、故前曾一度晉謁福祉課（原恤金處）請求諒解、以爲適當辦之處置、當時福祉課當局固認爲所請合理、甚爲同情、惟因退職金事係由路局人事課方面計劃辦理、故亦無若何之辦法表示、其後原路警處人員、除面謁人事各關係課方面以口頭說明請求書、改定原薪同樣予以發給外、並即已向局長、副局長、參贊、人事課、福祉課以次各課長呈遞請求書、說明應同樣享受退職金之理由、至其請求書之內容、因路局方面未有發表、不得其詳、然據各方面探詢所得、其請求之理由大致分下列之各項、

（一）路警人員退職、應領之津貼可分爲由儲蓄會給予、與路局給予二部、所謂儲蓄會者即恤金處之儲蓄撥助會、依照北鐵章程、路員即應入會、含有强制性質、但對路警處人員、則准自由會員、凡入會者退職時可領回本人一切儲金並其他輔助金、與利息、在會十年以上者、據醫務檢查失其工作能力時、約百分之六十七者、有領受恤金之權、至本會不足十年者、失其工作能力亦至少有三分之二者、有領受一次津貼之權、就此而言、路警職員、入會者即有享受權利、自有路警處十五年以來、均由恤金處進行辦理、從無異議、但此爲儲蓄之部與鐵路本身無關、然不入會者即不能享受鐵路津貼、即指退職金而言、因病辭職者、須經醫務檢查喪失勞勤力三分之二、未能服務者、均有享受之權利、因改組裁職者、共退職金之發給、不必經醫務檢查手續、應依例發給、根據上述種切、證明儲蓄會與退職金毫不相關、是即可謂不入會者、亦有享受退職金之明証也、

（一）一九二一年、路局曾以局令發表、路警處人員、應與鐵路局享受同一之待遇、一九二三年、理事會亦曾以訓訓發表前旨、迨後路警雖移歸特別區管轄、然彼時理事會決議在事實上一切支付算預算報告、仍須與從來相同、即其所處地位共他各處、仍不稍異、依然係爲鐵路局之一處、自應仍享受同樣之待遇也、

（二）歷年來路警方面與鐵路局間、因退職金問題、頗有糾葛！發生甚至訴諸法院、始得解決、一九二五年以前白俄人員佔全額之半數、至一九三五年改組、華人日多、當時加入儲蓄會者極少、但俄人則全體加入、當彼時也、赤黨掌權與白俄形成對立、故對白俄應領津貼處處刁難、華員則每隨長官更迭、在職甚暫、加入會者、除領取儲金及增補金外、共應領之退職金、爲數不多、因此原因、多不欲旅居坐待、此外未入會者、或謬於不入會即無退職金之見解、或知有權因別故不願久待、以是華人提出請求者、亦不甚多、一九二七年事漸融洽、華人領得退職金者、已有不少（爲游[illegible]等十一人等）共后中蘇感情惡化、直自事變以至滿洲建國、蘇方對我路警職員、無不盡量剝削、迨我國成立后、路警承政府之命從事撲滅共黨之妨害沿線鐵路工作、逮捕反動份子、查封不法供系部爲護路而犧牲、爲消滅匪類及赤色份子而奮鬥、得使至接收現在始終安全、是路警與路局關係密切、擁有相當功績、與共他各分爲同一路員、應有同樣享受退護金之權利、不依以例外而視之也…

（二）又關於上述路警人員退職金問題、記者曾向路局方面探詢、是否有改定新則照樣發給之可能、據人事課方面表示萬對於此問題、究宜爲何處理、認爲有研究之必要、刻下正在慎重調查考慮中、如何之處須待調查后始能決定云云、

國際偽幣團

被當局一網打盡

道裡經緯街門牌百〇三號、住戶朝鮮人朴鳳官、（三四）品行不端、不務正業、康德元年二月間、於偏臉子及太平橋等處、聯絡一般無識滿人、終日聚賭抽頭、久而久之、異想天開、拋發大財之主義、引誘原籍濱江省阿城縣現住於上號安埠街門牌二百四十號、素無職業之滿人宋喜三、家有熟地數十晌、家道小康、將所有土地賣去之錢項、與鮮人朴某內有蘇聯人及英國人共謀、以作偽造偽國幣之資本、而前後五次、竟造出偽國幣數十萬元之巨、所造偽幣區別如下、壹元、五元拾元、一角銀子、而宋喜三之父宋福財、素日賣黃煙爲業、見發大財、眉際之間、即拋棄賣黃煙發財遲慢之舊職業、宋喜三偽幣已竟作妥、持回家中三千元、父子在家議論出賣之方法、又找宋之姊丈徐國華（三〇）住道外南頭道街、無職業、三人討論出賣安協、宋徐二人持偽幣到鄉中賣給滿人壹百元之偽國幣賣價眞國幣七十元內中每百元偽國幣價便宜三十元、但鄉中愚農、爭先恐後爭買、有購買偽幣之每人四十元乃至五十元不等、其中蘇聯人在內聯絡造偽國幣、其意見並非拋發財之主義以爲擾亂滿洲國之財正、不料事機不妙、天網恢恢、被警察廳特務科、日本領事館偵知、將一干犯人一網打盡云、

回民請求市署 設立牛羊仲立會

家畜市場又發生內訌

哈爾濱特別市、爲使一般家畜業者聯合、以一事權計、特設市營家畜 市場、開辦以來、因用人不當惹起多數回教教民之反感、以致成績欠佳、怨言載道、近經回教教民楊子言等向市署呈控請求另行組織有系統合法之仲立業、將來市署能否照准未可預料、茲將楊等上市署之呈文意錄於下、[illegible]爲、改善利民辦法、仰祈鑒核恩准事、竊民等謹 將本案事實、分別述之如下、

一、查國民有聯合營業之自由、已載於國家根本大法、在法律上亦有保障人權之明文、是凡有寓意壟斷私圖妨害公共事業者、均在所當禁止之例、查市營家畜市場組織伊始宗旨則使一般家畜業者聯合、一律[illegible]畜各商、送在獸醫院開會、市署派員蒞場監視、討論如何進行辦法、並規定簡章、如有未合、或修改刪除、均由大會公決、以防流弊、況市署曾向民衆聲明、凡家畜業者、弗論其營業存在與否、是凡本行均可加入本行營業、俾市民均有生活之路思、此辦法誠爲大公無私、市場一經成立、對於規章均不相符、未免有失所望、如不改絃更張、仍任私人自私自利、不但影響公家收入、爲害市民之生活、實非淺鮮也、

二、查我回教徒、在全滿有三百萬之多、亦國家蒸本民族之一也、共生活當以牛羊業爲[illegible]、兄合爾賓爲全滿最大商埠[illegible]彖論、終年勞苦、全家老小賴以生活、自奉鈞署命令、通知遷於市場、民等即相率停業、正擬遵照市署規章遷移市場、以爲此次都市計劃、鈞署勵精圖治、股法革新、將一般牛居、化散爲整、民等皆以爲較前必極端改善、方自慶幸、以爲由此利賴無窮、詎料市場之中、僅容五人專利、餘均不得入場、謀牛羊業之生活、同一教民、少數竟受優遇、而大多數竟遭薄待頗抱遺憾、

三、查市場 成立之 根本意旨、即爲原有同業、完全遷移場以營此業務、而徒令五人入場、把持其他大多數教民、將數十年以血汗經營之事業、驟直同歇竭 民等全家老 小之生路、洵可謂惠及少數、害及公衆也、而況經紀人李鈞堂、利己心切、不顧公益、竟演成獨自吃飯、使舊有牛羊 業者絕望、因此激動教民公憤、害群之馬、勢當必除、

四、查在未入市場之先、各家牛羊店、對於販賣客商、供以商人本色莞爾接待、以博得客商之歡迎、故往年 運販牛羊、雲湧不絕、以致市面之營業及稅收、頗利經由牛羊之所、計牛店兩家、猪店、糧店車站各處、逐日能售牛隻一百餘頭、本年成立、空前絕後、從來未有之偉大市場、將一般牛業創歸一致、每日成交、尤頭、甚至交易停頓、斷竭成交、與事之實體、恰恰相反、求本求源、乃李鈞堂措置不良也、否則試問因何有此駭聞之奇減、俗云千里之馬、非人力而不能往、請問李鈞堂爲何如人耶、夜郎執政、曷能勝任、尤因性情粗野、更兼蠻橫成性對於客商、橫加刁難、本年歸屬市場、特官方監督之下、擅作威福、倍加倨傲、天蠻行爲、變本加厲、所有販客、怨聲載道紛紛攻詆、幾成衆矢之的、所有販客、不堪其刁難、多數客商、漸自不顧入場交易、以致外埠小本販客、將牛坐地減價出售本埠大宗販客、四出外埠購買、查秋山場長、經年餘之苦

哈爾濱 記者視察團

定於八月一日首途 視察廣軌沿線及濱北沿線

本報特派記者田春光隨行

自北鐵接收後、新省制實施來、北滿一帶之經濟政治等局面、煥然另有一番新的氣象、在哈各報記者、爲受本身使命之督促、以及一般民衆 之期待、一月以來、即醞釀組織廣軌沿線以及穀倉地帶之濱北沿線視察團、結果幸蒙在哈各方面之援助、得以成功、定於八月一日 由哈首途、先向濱洲線、轉赴濱北線、再至濱綏線預定往返需時兩週間、沿路所得、隨時披露報端、以饗讀者此種壯舉、爲滿洲建國後、哈爾濱新聞界之處女行、相信將來定有相當之供獻云、

一向成爲懸案之 道路交通取締規則

決定由八月一日起施行

哈爾濱警察廳保安科、關於從先、懸案之道路交通取締規則、及自動車取締規則、已於昨日公布、決由八月一日施行、因爲交通事故之不少、所以有交通規律 之整理、是自明之理然現 本市積年 之餘弊、不起改革、不但交通禍累出而時時易惹慘事、甚有遺憾之處、但警察當局時常苦心焦慮、努力研究一般交通之意識向上之對策、依現今到處制新故應基準一般民衆之意識、及現在之時勢、以期交通之美風、謀事故之防止以期交通之安全、爲前揭二法規公布之主眼爲貲叱故意違反者、務望免去消極的效果、無論如何法規、亦得良善運用爲妙、即係不失良好之法律、本當局全體努力以期收其効果、並希一般民衆之協力立刻增一層光輝、法規之概要略表如下、

一、道路交通取締規則

本規則由第一章至第七章爲規定、應當遵守事項、第七章爲規定罰則、第一章既係本規則適用之範圍、爲主揭用語之定美、第二章係交通之限制、即步行者及車馬之遵守事項、或關於 警察官交通 之整理信號、揭示交通標識、本章中最重要點、步道車道互相無冒昧事項、爲勵行左側通行、互相留心、免去衝突、第三章車馬之停車限制、如從前到處停車不但危險萬分、而且損害大都市之體面頗多、故務必指定停車場所、於禁止停車場所、禁

風流訟案又起波瀾
檢察官對重婚妨害公務案
同時偵察並傳厚德福爲証

迭誌本報之方姜戀姦案、自方錫重被判入獄後、案中消息略爲沉寂、惟因前次所判者、乃合姦略誘之一部分耳、判後之風傳、有謂方錫重不服原判、行將上訴者、有謂檢察廳之馬檢察官、謂爲刑庭推事判罪輕微、提起上訴者、種之傳說、莫衷一是、上次判決、迄未發下、復於本月二十七日、上午十一時許、濱江地方檢察廳、檢察官馬駿朋、復由獄中將男主角方錫重提出、併傳女主角姜廣英、及証人厚德福之執事人到案候訊、本日偵訊案由、爲方錫重之重婚案、及姜廣英之妨害公務案、當將方錫重提出之時、瞥見方之形容焦粹、面色慘黃、蝨蟻滿面、已非昔日之瀟洒面目矣、偶遇識者、更有一種羞慚狀態、由法警押赴男犯待質室後、不時女主角姜廣英亦翩翩而來、身穿白地黑花印度綢長衫、外套灰色風衣、左手拐新式皮包、右手拿着白股紗面小扇、惟觀其面帶怒容、正合了『法門寺劉瑾的一句話、她是成心要打官司來啦！』姜廣英走進檢察廳後、故意前行數步、越過女待質室、闖至男待質室門前、二目斜視、與方錫重打了一個招面、一句話也沒說、即被法警喝往女待質室內、姜廣英入室後、放下提包、暫作爲枕、即側身、倒於大櫈之上頭、究其作何感想、頗堪耐人尋味也、

示之道明瞭其他限制之處、彼此多少不便互相考慮、共得失利害、但依現在狀態觀察、決不能增進民衆之福祉、可是此等限制、應漸次採用一種進行方法、然對於各業者不得不希望進行實踐之誠意、認爲與公衆之安危關係重要事項、當有極深銘感於心、第四章關於各種車輛之積載量限制、亦是交通之安全、道路保全上之重要事項、第五章爲限制妨害交通之行爲、於必要時受警察署長之許可、或認可得解除範圍內一部分之禁止、但不得妨害他人、第六章專爲保全道路起見要佔用道路時與市公署之道路佔用條例、當然併用之、警察署長對於危險之防止、道路或工作物之保全負有主要之責任第七章目的亦表略關第八章係罰則、但是法人之時要明瞭代表者担任適當之責任、有以上之概說但是詳細由各章條參照之務望充分諒解爲要、

二、自動車取締規則

爲本規則之主要點舉列如下【一】設有規定內容條章中、應有疑義字句之定義的規定事項、(二)自動車構造裝置、或司機上之必要大概根據普通自動車、特殊自動車、及小型自動車三種、(三)關於自動車之構造裝運、設有規定交通警察由見地 規定自動車 之規格事項、(四)就加以改正自動車司機許可、從來許可別應分爲三大類之制度、現改爲普通許可、特殊許可及小型許可之制度、且司機許可有効期間、爲五個年、無條件於全國的認爲有効力、(五)爲公衆用乘用車之司機者、設有就業許可之制度、(六)爲自動車限制緩和之最高速度、於市內最高速度、爲三十五瓦、於交通繁閑以內應要相當之駛行、設有騷音取締之規定、所謂設定交通優先權事項、(七)關於牽引自動車設有特別規定等事項云、

市署元年度
稅捐成績

市公署康德元年徵收各種稅捐、總豫算額壹百八十萬三千四百三十三圓、對於六月末及現在收入爲百五十五萬九千九百八九十一元、照豫算額數約八成云、成績良好、至八月中間、豫定約十五萬元、各種稅務實收成績如左、

捐名	豫算單位元	收入	比率
工商業	一九二三六九	一五七四二一	八二
房地賃價	[illegible]	[illegible]	[illegible]
車捐	[illegible]	一三〇七六八	[illegible]
住房	一五六〇〇〇	一三七七九八	八八
馬路捐	[illegible]	[illegible]	[illegible]
娛樂捐	[illegible]	[illegible]	[illegible]
碼頭捐	四八〇〇〇	四八〇〇〇	一〇〇
拍賣動產	一六〇	[illegible]	[illegible]
狗捐及狗牌	七三五〇	七三五〇	一〇〇
廣告	一三九〇〇	[illegible]	[illegible]
不動產取得	一六〇〇〇	[illegible]	[illegible]
計	[illegible]	[illegible]	[illegible]
第二區計	[illegible]	[illegible]	[illegible]
第三區計	[illegible]	[illegible]	[illegible]
第三區計	[illegible]	[illegible]	[illegible]
總計	一八〇三四三三	一五七九九八一	八八

有計畫有組織經過長時間的
龍沙大騙案敗露經過
騙婚騙財官商律師全班合演
―運鴻鈞女士被騙痛史―

（續）

當時有新印二人者齊聲應曰此事最好由運氏立一志願書、然後再立一婚書、大家再用上印、則即遠永無錯矣、嗣有劉蘊章曰彼二人婚事已成木已作舟、且以彼二人之恩情程度而言、則更無若何問題之發生也何必再多此一舉乎、章日曰瑋、曰不然、我們南方規矩、凡娶媳婦、須經家長同意、戶族允許、故准進門參拜家堂後算眞夫婦、死後方能入於祖塋方今與運氏既無一切經之手續、我到家後如何安排呢、言下非常爲難、運氏見此心大不忍、曰依你應如何辦呢、婚書及志願書、應如何立呢、章曰你如願意即有辦法當下運氏即決然表示願意、并願被章辦理一切、說至此雙方、議妥當由印某去買婚書、遂一同散去、是日夕劉印某由龍江縣署買來婚書兩份、并立志願書之草稿經唐某擬好、一併拿到、底稿上大意寫立志願書人運鴻鈞、年歲籍貫與章日瑋結婚、所有娘家父母、及前夫子女、均絕斷關係所有不動財產均由鴻鈞處理清楚與章日瑋毫無關係等語、及視婚書、則爲訂婚書、運氏問曰、吾等結婚數月爲何用訂婚書呢、劉蘊章曰 訂婚與結婚不同此訂婚書似乎不能應用印曰訂婚結婚均是一樣、且縣署業已現下不能再買結婚書矣此時大家齊聲曰、訂婚也罷結婚也罷有我們大家還証不過一紙空文嗎、當下由此即將訂婚書寫就、寫畢均在婚書簽名蓋印、婚書上寫男章日瑋、女運鴻鈞、介紹人劉蘊章、証婚人徐致祚、主婚人章世鼎(男父)運德陞(女父)、嗣志願書亦行寫完、當經大家看過後婚書男女各執一份、志願書則交與章曰瑋手、事畢一同又至永安里新新飯店會餐一頓席間有印某鼎茂祈吉堂、袁和醫園徐吉齋五味和松嘉珍、徐子明、尹大春徐一飛等陪坐、食畢及晚始散、散時章更向諸人道我明晚回南家在遺邊、請諸位多加關照云云至九日午后大家又至章家送行、當時運氏曾親交與章耳墜一付囑其帶回給老婆婆稍去以表孝意、至夜章又與運氏計議擬將值錢之東西帶歸南方預作回家避秦之計、運氏當時以爲與章結婚業已數月、在此期中章對運之愛情始終如一、眞可說是出必告、返必面、小心伴慎、及溫存體貼、無不使運氏爲其傾服、在運氏實屬心滿意足、即他人亦復艷羨今章擬回南并擬將一切珍貴品帶去、故運氏心中願極、當下將共數年積蓄如金首飾、現大洋全部告知章曰瑋、章聞之大喜、繼曰妳埋金地下終不如由我帶歸南方、存在醫園、或分別入股、或貸出、南方商店均皆殷實醫園尤有信用、你何不也照此存出、則不但得利且、有把握、三年即可本利相抵、不出十年妳只進不出、豈不大大發財嗎、二來妳給女兒、給兒女可以隨便處分、縱然不給兒女豈不也足你的用嗎況且此地變亂沒常、倘再有意外事件、彼時不俱携帶不了即入股亦是不能了、運氏見說遂死心塌地的由地下埋藏處破土取出、計金麒麟金手鐲、金鐲子等共十四兩三錢有奇、及津大洋一千三百元、現大洋四百元、統行拿出交與章手、章又將天津大洋在街上換好現大洋遂由運氏取一四方之白布包將首飾與大洋一層層之排好、縫上一個袋子、與章帶好、及時間已到、章將備好之行裝僱車竟赴車站遂與運氏分手南下而去、

（未完）

馬車驚逸
壓死幼童

道外北十五道街、門牌九號住戶扎光祥、(二一九)素以養地列車爲生、於昨二十六日、下午二時半許、驅車行抵承德街由東頭向西進行中、忽由後方開來小電車一輛、因道來往行人不絕小汽車按警笛開道、不意該馬車大驚、向西奔逃、詎知有承德街門牌百三十三號住戶王振有之長子王全山七年、歲、在馬路中遊玩、竟被該地列車撞倒、車輪由頭部胸部輾過、結果因受重傷、當即斃命、由口眼內向外流血、睹狀十分悽慘、分所據報以電話報告地方法院 據報告之法院 急臨驗事地點檢驗後、將馬車夫送交懲辦云、

中央電報局
將築新舍

中央電報局、前租濟興石頭道街高岡之樓舍、茲因狹窄、辦公不敷用之故、爲便利辦公起見、擬在新城大街建築新舍工費六十萬圓今秋着手動工、樓高五層、第一層作倉庫、二層樓接收一切事件、及機械室、三層無線電、有線電、及電信通信室等四層自動電話交換室、埠頭區分佔用、五層設置管理處云、

福順德財東
富而不仁

福順德銀行大股東梁子勳、山東福山縣人、年逾不惑、怪好漁色、固一不學無術之紈袴兒也、繼承先人遺業、俗人謂之「幸福享受者」社會學者則稱爲「罪惡之創造者」日前自烟台來哈、借視察生意之名、度其都市紙醉金迷生活之實、抵哈後、暫則寓居於福順德、夜則宿於中華客棧、而每晚必招綠多數野妓賭錯玩於殿欄之上、雲氣雨烟、通宵達旦、至其親友往訪者、多被拒而不見故多憤其六親不認、爲富不仁云、

華樂舞台
又將荒閉？

屢幹屢荒之道外十六道街華樂舞台、前假新舞台全班還京之機會、特由北平辦來落泊票友一躍下海之刑君明來哈、以圖居奇、詎知哈埠經內江李萬春、外江麒麟童之演唱後、一般顧曲者之眼光頓然提高、非聽非馬之刑君明、雖經華樂主人之大吹大擂、廣肆吹噓、結果終難收效、近日以來、觀客愈見稀少、每日收入不及百元開該園鑒於新舞台之房舍收理即將竣工、全班藝員三日來哈、獨特無叫座能力之刑君明、必受新舞台之影響而至難堪、又擬向平津物色角色、如果成功、以圖與新舞台相抗爭、否則惟有趨於關門大吉之一途云、

又新京舞台此次以六千元、銀、聘妥小楊月樓、定於八三日來哈、五日開演云、

啦！啦！怪事!!!
軍士遇艷婦？

△一結果竟是一淫蕩妖精

【黑龍江】省垣正陽大街中五金行後院住戶、有王仲儒現任譯官、於最近由北安鎮省、曾該及一最奇怪之事謂北安鎮之鄉屯中、原有一駐之軍隊、軍中有一士兵王某於某日晚間正獨坐納凉之、忽見一濃裝美艷之少婦一再自外而來、旋即進前向王調戲、王某爲其所勸即携其纖玉手共赴無邊大會、於綣中美少婦極盡淫蕩之能事、風一度後、由此少婦無日不、來即綢繆、爲時一久、該姓軍士意爲奇遇、每向其同者告之、同時并言該美婦人合時種種淫蕩之態、繪形繪誠令聽者也消魂、如此多日有一日該王某竟不言不語變成啞吧矣、如是又經過多雖經其同伴百般勸誘、反以此而變成啞吧矣、如是又經過多日 一日正在白晝午刻之際、忽然霹雷一聲、烟火滿室、只見金光閃爍中該王某陡然大喊曰你可去了由此仍然言笑如初嗣經其自道云、自從余將房中事述之與人後被美婦人即形忿怒并戒除勿再亂說因余未聽仍說如故、致觸其怒、遂即以針刺入余之咽喉、以後即變成啞吧矣、但綣綣如故、今者忽被雷所驚 頓失所在、至今亦無他異、然究不悉是狐是妖奇離怪誕直如聊齋中事、但此類事雖常聞人道、均未見實、今竟事實具在、是誠奇事、方令科學

俄人司機
幸未肇禍

交通局之大汽車、二百二十九號運轉手俄人、於二十七日下午二時許、由道裡向道外開駛、行抵北馬路東北旅館門前、突有一滿人、年約四十餘、過橫道之際、一時不慎、被大汽車撞倒、而俄人司機、立用急停車手術、結果幸被害人受有輕傷、亦爲不幸中之幸矣、

龍沙瑣聞
十八大姑娘
隨情人潛逃

省垣青云路門片一號住戶朱省眞、生宜有長女 名朱鳳貞現年十八歲、已卒業於女子初中學校、當此將會與樂輯修相識二人時以學問相攻習故居之竟以是而發生戀愛、然而使君有婦、彼二人時時相愛之餘、竟有何不相逢未嫁時之嘆、但戀情之爲物、雖金石亦不能阻、結果二人於密計之下、忽於月之十四日上午六時許、朱鳳貞借口赴街送信爲名、竟與樂輯修二人實行逃走矣、直至十六日双方家人始行發覺、除情人各處尋覓外并又報告該管警署

搜集人才處理、專屬擴充營業、志在國計民生、建設遠大之基業、詎料誤任用此害羣之馬、倒行逆施、武斷專橫、大背我場長根本意旨、如任李鈞堂橫決處理、所有販客、必致惡其刁難、望而却步、貽害無窮、設不澈底剷除、此塊大病常此已往、將此市場、必致演成發狀之不若、直接與買賣客商種種垢病、間接與市面稅收、及市面繁興、有莫大之影響、般般弊害、殊堪髮指、民等爲全體敎民生活計、及國家稅收、市面繁興計、爲我場長經過苦心不成泡影計、請求招集全集大會、公開付諸公決、五峦市場成立之先、敎民等爲貧寒者少出資本、祇織一牛羊仲立業、內設理事會、凡市場負責介紹買賣者、應由理事會在股東中擇選品行端方、對於買賣雙方感情融洽者爲合格、任爲經紀、凡出入欵項、則由理事人負責辦理、以昭信守、不但合法、且利益均沾、綜觀以上五端、民等所請純爲正義改善辦法、另行組織有系統合法之仲立業、使人民均有生活道路、不但不背市章、且合乎民心、如任李鈞堂之任所欲爲相循覆轍、不但哈市敎民牛羊業者生活斷絕、即公家之收入、恐有減而難增、爲此披瀝上陳、叩懇鈞署、鑒核俯准、即肯招集全體當場討論、以更

濱江特刊

第二十四號

盛京時報北滿總支社

社址　哈爾濱道裡　斜紋二道街一三

電話道裡五二七二番

社會批評

從桃色案之纏訟不休說到炭料的地方法院慢令致期與違反時效（上）

小記者

被節橫生之桃色訴訟進行期中、以受理聲請再議續行偵查恐嚇案之濱江地方法院、不惜違反區域管轄上之法律程序、聽從誣告人意圖報復之旨趣、直接派員越省非法拘傳被誣無罪之女當事人、儼然以强盜或殺人罪嚴重待遇、歸縛歸案、即日收押不准討保、停止接見自五月二十八日起、被押十四日至六月十日糊塗被釋出獄、至今又已月餘、宋後一月期間、乃關於續行偵查之恐嚇本案、始終未經一次傳訊原被兩造、至營地方檢察廳對於此案是否起訴、抑已却下、無從判斷、質言之即方錫東原訴人之七日不服上訴期限永遠存在、亦即橫被誣告爲非法蹂躪之女當事人宋紱秋氏始終務須延致守候永無離卸哈地之期、蓋以前事證之、倘宋紱秋氏朝離哈埠、則法院夕出傳票、稍有延誤、或聲請辯訴、結果仍必如前回之拘宋紱秋責問時當辦法、在保人自合間、於方錫東第一次控訴宋紱秋恐嚇案被却下後、當送達不起訴處分書七日期滿、本已完全脫離原保之資格、即被訴人宋紱秋亦係遵守時效之原則、日却下七日後、在哈猶住留一月、始行移家赴奉、中間方錫東果有不服却下、聲請再議、於七日法定期間之事則法院依法援衡不起訴處分書、與受理聲請再議續行偵查之理由書、例須送達之與被訴、當事人者、計一個　月中隨　時可以送到、則被　訴人聽　候集訊、全家必不南遷、乃亘一月之長期、控訴人已依期聲請再議、而法院對於被訴人不予通告、姑待其遷徙另一區域、而後發動傳票、此種「慢令致期」、違反時效「所生之連帶之損失、應由法院負其責任者一、被訴人主體上旣有如此疑義、設若當時仍然住哈、對此久失時効一遇井思泉、之纏誣訟案、是否應當馴伏對簿、尙須爲法律上細密之研究、况別無新證有力於裁判文書或物據發生、仍本原案續行偵查、則無論被訴當事人是否遷移、隨時隨地、均不適用書面答辯之權宜規定、則案情無有不明、蓋越境傳案例有川資之損失、除命盜重案外、在各級法院經費內向無此種預算章程、是法院不負此項特別開銷者、亦不宜加諸訴訟人民以無辜負也、故依法級程序區域之規定、倘遇案多通飾　非面質不能明、則須行文於被傳當事人所在區域之法院派吏會警代傳、始示公明而昭愼重、其被傳人川資損失等等、或由公家擔負、或由判決後敗訴者賠償、則臨時酌理衡情、法院有權、公平處置、不宜聽任原被兩造自行紛爭也、此案濱江地方檢察廳過期受理聲請再議、根本既已不合、乃后一再糾纏已失時效解、除責任之被訴人保人追出越省傳案

（續）

致無故喪失斧資、荒廢職業、今日更以法律無根之賠償質問責成於受誣不自犯罪未完／被控者、爲債務之履行、此法院應負其責任者二、

誣告恐嚇之當事人章錫東、即受檢察官檢舉一部份因、觸犯刑法二百五十七條應適用第三款移送被誘人出滿洲國區域外者、處　年以上有期徒刑之處分、今祇不圖免強施用依一款所謂和誘略誘未滿二十歲之男女脫離享有親權之人、監護人或保佐人者之較輕刑期六個月、而依然遲遲未能執行之主人翁也　初因畏罪而肆誣、實欲籍誣　而免罪、蓋以恫嚇宋紱秋希圖達到撤銷彼所犯原案、故製造宋紱秋恐嚇之材料再糾結刁訟以爲要挾也、兩案貌似無關、內實連帶、社會耳目縱可瞞過、然在法院則不啻燭照燃犀也脫其不然、安有檢察廳第一次之明白却下不予起訴之處、青乎又安有二次之飛籤火票疾風暴雷非法捕逮、黑暗收押、忽然開門而放、將所控恐嚇之案、置諸陰山背後不問不聞乎、

有計畫有組織經過長時間的龍沙大騙案敗露經過

騙婚騙財官商律師全班合演
——運鴻鈞女士被騙痛史——

章曰璋南下後運氏、亦即返家、呼嗚！一双佳偶從茲竟成永別矣、章氏返南、運氏留江、於是又經過長時間、之平安度過、直至今春章曰璋忽由南方返江、會一度至運氏家中、二人相見之下、倖寒溫幾句家常旋即匆匆別去當時運氏以爲章曰璋宜行返江、一切應酬當然下於萬分痛苦之中、將某氏送走後、自己又悲傷、自己之遭遇回憶二載婚姻竟將如斯結果誠令人悲憤無極也然命也如斯夫復何言、亦只有聽諸上天而已

交與章曰璋之金物首飾等項、實應一併返還運氏、但結果章某竟一走了事、業此並未顧及、似此顯係章某有意騙取運氏之首飾可見、故運氏始在龍江地方法院、以此爲理由將章某控告、章某被告後、更委張大律師爲其代理人、双方纏訟至今業已三月有餘、目下尚未判決仍然纏訟中、將來如何尚未可知、只有待諸判決後再行補誌也云云、

但據記者之調查、此事之原起、直至於現在、其中眞相、實有出人意　表者、總　言之、事發有因、是非各有、在章曰　固屬擬騙運氏、然同時運氏對章亦　別有懷抱、是　非曲直、在社會方面業有公論、無須双方再事爭執矣、最妙兩方從茲互諒在不了之中以不了了之、實爲双方萬全之策也、記者附識、

（已完）

爲倡辦粥鍋、每日施粥兩次、以資救濟、而嗷嗷之民、被其活者、爲數甚鉅、其今歲自二月開放粥鍋以來、調查其每月食粥人數、及需用米量之數目如左、

二月份食粥人　一萬六千四百七十五人　需米十石零七斗四升（龍江大斗）

三月份　食粥人　二萬三千八百六十七人　需米十石零六斗

四月份　食粥人　三萬四千七百　四十人　需米二十二石九斗八升

五年份　食粥人　四萬二千零七十人　需米三十一石七斗二升六　月份食　粥人四萬三千二百二十四人需米二十八石四斗一升

七月份　食粥人　三萬八千三百七十四人　需米二十三石三斗

以上總計六個月共食粥人十九萬八千七百五十人共需米一百二十七石三斗六升云、

交通局大汽車股運轉時間延長

舊大汽車公會、被市公署買收以來、向上號轉轉之線路、早七點半出車、晚七點收車、而一般市民頗感不便、對於交通局大汽車股頗言嘖嘖、現下交通局大汽車股有鑒如此、爲便利交通及收入種種關係、由八月一日起、向上號開駛之大汽車運轉時間、臨時變更、早六點半出車、晚至九點收車、而上號住民、因大汽車延長運轉時間、頗稱便利、悅客欣色想交通局之收入金當能增加云、

日人住戶被偷兒光顧

南崗阿什河街住戶門牌六九號日人矢川富次郎、於昨二日晚、不知何時、潛入小偷、將衣物被其光顧頗鉅價格壹百五十餘元、而日人早起床時、見後門大開、知必有變、遂急檢點一切東西、始知被竊以上所述之物、由被害日人推察、而附近吉林街、及郵街、左右所住滿人、有匿藏偷盜之可疑

捕收押、此若與對方之方錫重作比較觀、則法院之對待顯然有上下床之別、是不當法律因人而變其性質者、在方錫重繫獄時通函致唆串供、保外時帶罪離婚結婚、述其所爲、竟將被控姦拐之主體推翻、自行達到强奪婚姻之目的、對有[illegible]證資、捏製証據、變更事實、顛倒輿論之觀聽、淆亂裁判之途徑、凡此種種見證明確報紙揭載、市口騰說、而法院僅於人言可畏、輕處從錢、僅予六個月有期徒刑、貞與方錫重個人之私法何異、尤可怪者、置呈火催逼如捕大盜之恐喝案、積壓匝月、不一結訊、而民事調解處反提前接受、陪同法警越省非法拘傳之原保人白香閣來償鉅額川資賠償之請求、傳集

警察廳試驗合格

自動車運轉手

於八月一日公佈

【黑龍江】齊齊哈爾警察廳、爲整頓交通、俾免發生危險、起見、特於上月考試自動車運轉手、茲經試驗合格者、共三十五名、於今八月一日公佈、茲探錄共合格運轉手、第次姓名如下、(一)車齊林、(二)米壽喬、(三)施德林、(四)劉向陽、(五)張作武、(六)劉雲霈、(七)鞠家彥(八)何爾亭、(九)張萬學、(十)王錫元(十一)劉學池、(十二)趙振璞、(十三)劉玉山、(十四)馬云章、(十五)于永麟、(十六)姚仲山(十七)劉宗唐、(十八)王金銘(十九)何耀亭、(二十)呂致廉(二十一)呂連順、(二十二)姜寶貴、(二十三)賈榮、(二十四)薛來芝、(二十五)、楊乃寬、(二十六)錢喜臣、(二十七)錢喜勝、(二十八)郭維漢(二十九)趙鴻儀、(三十)呂炳文、(三十一)連煥林、(三十二)梁振海、(三十三)、李耀彬、(三十四)王玉章、(三十五)金連陞云

很忙、遂聽其自去、次日再次日章曰璋竟一去不返矣、至是運氏心知有异、當下即赴正德醫國章處詢問、不料至者醫國人等均謂章曰璋回、來是已回來、但是自日昨去某處、直至今晨仍未見返吾等亦不知是何緣故云云運氏聆言之下於着急之中無暇多問隨又赴各處探詢凡係與之有關係之處、均經運氏一一訪過、結果竟無蹤跡、如是又經過旬日、突有當日結婚時之某氏來訪運氏、相見晤談之中運氏始得知眞相、即由來人口中談及章曰璋之一切詳細狀況同時更吉知章曰璋對運之婚因、已未經章之家長及戶族等之同意故章運婚姻實難達到正式成立之目的云云運氏聞聽之下、實不啻迅雷轟頂、當

又數日竟得章曰璋之正式通告謂章運之婚約請從此宣告離异云云、同時並由中人說項令章曰璋返還運氏百元作爲了事、運氏對此雖極不願、但事已至此、亦有只有聽之而已、事過後在表面上觀之章運之婚事業已告一段落矣、但實際上運氏所

基督會佈道

【黑龍江】基督復臨安息日會、爲勸化人心向善起見、特於本市、遍貼佈告、略謂、定於八月一日起、至九月一日止在中區界、酒樓胡同佈道、時間由晚七點半起、至八點半止、每日佈道一小時云、

五教道德院

六個月食粥人數

總計約二十萬人

【黑龍江】本埠五教道德院慈善事需、乃爲龍江第一善士長孔玉書氏、品端行方、生性慈祥、長年茹素布衣、行街向不乘車、共擲節之錢款、盡辦各界無不贊許、茲龍江近數年來、農村歉收、乏食者大有人在、該院長不忍目此飢民、特

據情報告日領警、而領警得報當即大佈警網嚴加搜查云、

日本馬戲團

六日開演

【黑龍江】日本馬戲團首領宇田彥一、携共一行三十餘名原定於七月三十一日、來江開演、茲因採擇地址、致爲延期開演馬戲團、現租妥龍沙公園市場、龍江戲院之戲棚、於八月一日、双方合同成立、決定八月六日、該馬戲團開演云、

各區報告雨量

【營口】縣境入伏以來、霪雨連綿不晴、地勢低下者、各區農田受水害者、各村長、昨三日已來縣、報告雨量、及災情狀況云、

道路交通取締規則

第一章　通則

第一條　於本令道路者係指公衆通行之道路橋梁本附屬廣場之謂附屬於道路之溝渠及其兩旁樹木敷並其他地物亦認爲道路、

第二條　車馬者係指各種車輛並牛馬之謂但依軌道諸車及小兒車類不在此限、

第三條　緩行車者指足踏自行車拉貨車乘用馬車牽引汽車手推車類之謂疾行者車者係指瀛車自動車行車類之謂、

第二章　交通限制

第四條　通行道路者應從[illegible]指示並其他[illegible]

第五條　操縱車馬應依左列之規定而爲信號、但得以方向指示機或其他適當之信號代之

一、擬向右轉或向右側通行時須將右手向右方水平伸出

二、擬向左側通行時須將左手向左方水平伸出

三、使後車追越時將右手向右方（或左手向左方）水平伸出

四、於道路交叉點擬前進時須將右手（或左手）向前方水平舉之

第六條　在步道車道有區別之道路緩行車須通行於車道極左[illegible]疾行車須通行於車[illegible]中央部之區別之設備或道路標示者應從其區別通行

無區別步道車道之道路步行者須通行於極左側緩行車須通行其右側疾行車須通行於中央部左側

隊伍、神輿、葬列及其他行列牛馬之類準用緩行車之例通行

第七條　組成隊伍或排成行列而通行於道路時須遵守左之事項但婚禮、葬祭、學生及其他之有慣例者不在此限

一、隊伍支配適當各隊附有監督者

二、區分之各隊間保持相當之間隔

[illegible]警察署長認有必要時除前項遵守事項

第八條　車馬或步行者不得由進行中之他車馬及電車之前後橫越

第九條　車馬遇有左之場合須鳴音響器或呼喚或爲其他信號而徐行

一、通過道路之交叉點曲角及其他灣曲之處或交通繁盛之處並雜沓之處時

二、通過坂路隧道或橋梁及其他危險之處時

三、通過學校病院兒童遊園地或遊步場附近時

四、通過公園內及其附近時

五、橫越步道時

六、通過泥濘之處時

第十條　車馬連續進行時在後之車馬須保持必要之距離以

第十一條　車馬不得濫行追越進行中之他車馬或並行及競走

第十二條　車馬追越前方之場合除得不已之時外前者須避讓於左方後者須由其右方通過

在前項之後車須鳴音響器或呼喚或爲其他信號須待前者避讓或爲信號後方得進行

第十三條　車馬在交通繁盛之道路除在道路交叉點外須避向反對方向轉灣

第十四條　軌道敷內除不得已外不許通行但乘用汽車郵政車自動自行車之類以不妨軌道車進行爲限得通行之

第十五條　橫過鐵道或軌道時須稍停必俟認爲不能與火車電車等衝闖時方可通[illegible]

[illegible]損壞物件時須立即停止而救護被害者及其他必要應急之措置並須速將其事實報告於警察官吏

第十七條　車馬或步行者對於進行中之消防車郵政車傷病人運搬車及隊伍神輿葬列須避讓之

第十八條　在疾行車道與緩行車道無區別之道路緩行車及牛馬須讓其同方向進行中之疾行車前行

第十九條　車馬之進路交叉有衝突之虞時若左方見有他車馬時須徐行或停止以待其通過

第三章　車馬停車制限

第二十條　警察署長整理市街交通或風紀之保存上有必要場所對於車馬得限制停車。

[illegible]方向停於道路之左側（在步道車道有區別之道路須停於步道緣石近側而成平行部位）但經警察署長認可橫列停車角度停車時不在此限

於前項時須防止車馬轉行奔逸必要之措置但不可繫於並木道路元標里程標及道路標識之上

第二十二條　於左列地點不得停車

一、道路之交叉點坡路拐角隘路隧道或橋梁及與其接近之地點

二、火災報知機消火栓人孔等接近之地點

三、其他警察署長所指定之地點

（未完）

（第三種郵便物認可）　康德二年八月十六日　盛京時報　星期五　第九千二百五十一號（七）

濱江特刊

第二十五號
盛京時報北滿總支社
社址　哈爾濱道裡　斜紋二道街一三
電話道裡五二七二番

社會批評

從桃色案之纏訟不休　說到炭料的地方法院　反噬復仇與呈誣利己（中）

小記者

蓋亦深諒反噬復仇逞誣利已、佐證不足、理由欠缺之刁訟、倘竟徇違袒加被訴者、以無辜之罪名、在良心上不好意思、在公論上無法索解、然又恐對方某不過、故不得已而發生上述違法瀆職連續不斷的行爲試列如下、

一、對宋紉秋不通知再議、姑待離哈爲越境過的傳訊、宋使紉秋受經濟之損失、

二、不依法定由奉天法院代傳、公然派法警越省直接追捕縛以繩索、儼重看管如命盜案拒捕圖逃等犯人之待遇、無論青年婦女、壯年男子、亦行難堪、況宋紉秋歷充哈爾濱電話局職員、及第十七校教員、身分名譽、適逢所關甚大、法院如此其來、可使宋紉秋受身分名譽上之損失、

三、當保人白杳閣於本年五月二十三日、持地方檢察廳傳票在奉天逼傳宋紉秋赴哈歸案之際、宋紉秋爲申明個人立場、並開脫保人責任起見、曾向檢廳書其現住地址、及候辯聲明書、內容大意可分四項、

甲、方錫重聲請再議已失時效、檢廳如仍受理請將再議及續偵否理由通知依法用書面答辯、

乙、家主回籍省親病姑奉寓別無親屬、個人所生未成年子女三人皆染患時疫、因無人看護調係、故不能遠離就審、請求矜憫、

丙、因家計貧窘、赴哈投審暫長住候訊之一切斧資費用、亦須寬以時日措備湊積、請准緩期、

丁…本身女流弱質、保人一强壯孤男、非但千里長途同行不便、即共所持不過地方檢察廳一普通傳票眞假公私無法分辨、若檢廳必須傳訊、請正式行文奉天執法機關、依法、代傳、自當即日遵照投案云云、當時將此聲明書製成二份、一交保人白沓閣即日持回、當廳投遞、一由郵局掛號直遞濱江地方檢察廳、此固有該廳一切紛執憑單可考、乃保人去後三日、突借檢廳司法警捲土重來公然持出拘票排闥宋紉秋家、並未發生抗傳或圖逃情勢遽然加以捆綁、迫令明穿通衢鬧巷再赴警段、說明被逮原因、更不容時刻稽留臥病兒女、許如此檢廳湮沒當事人之請願書强奪病危兒女之看護者以遂方錫重報復之慾、使宋紉秋受遺棄家庭、割捨兒女之損失、

四、拘捕到案後、未經一次與控訴人同堂質訊、遽以抗傳不法、毫無証據之模糊理事、所謂加禍與人、何患無詞乃將押於濱江看守所不准討保、停止接見、是檢廳聽從方錫重之私願、使宋紉秋受精神與身體健康上之損失、

五、黑押十四日、原被告未經一訊、突將宋紉秋釋放出獄、取保候質迄今又已兩月餘一任宋紉秋如何請願、關於本案、檢察廳置之不理、使宋紉秋爲無期之守候、孤身婦女羈留異地、金錢損耗、住居困難親屬流離、進退失所之損失、

六、濱江地方檢察廳、故致宋紉秋於如此種種損失、前者已然、而後者方興未艾、然揆諸共對方錫重酬答之意、或且猶以爲未足、故一面累積宋紉秋之無量損失、俾稱其願、一面更予方錫重以無窮便利、使滅

接收區立小學　市署已奉到文部指令　十五六日可接收完竣

關於在哈市濱特別市管轄區域內之特區小學、及文化機關等、移歸市公署管轄一案、業認前報、茲經記者歷訪區市各關係當局、所得消息綜合如次、想亦關心哈市教育者所樂聞也、

據上次本報所載、區小移管、在原則上之歸屬、亦已決定、毫無問題、所差者只經費上、及移管之時期、不能不仰文教部之指令耳、

茲文教部已於七月廿二日以指令一六五號通達市署、明令自七月一日起接收、接收範圍、計在市內之區小滿校十九校者係小十校、共二十九校、及區立圖書館、第一體育場、民衆教育館等、文化機關、托附以相當條件、即（一）此次移交爲經營權、至於財產權、俟後指示、（二）附屬小學歸舊第十小學校、雖於接收後、亦得爲特區之代用小學校、（三）工程個小學、於接收后、如特區有需要時、須無條件的返還之云云等條件、特市當局、奉到此項正式指令後當即派人赴特區教育處接洽一切關係文件之接交、原定本月九日、双方會齊辦理移交、乃因區方管理文件人病假、致未能如時辦理、總之此件已臻水到渠成之勢、預料於開學前、即本月十五六日前後、必當辦理完竣、

至於接收後之人事問題、其各校教員校長等、除少數調轉外、當無多少去職者、薪金亦當如歸無甚縮減、

小過刻下區小校應歸各校教職員、因七月薪份未能領到、並不悉眞象如何、感到地位不安、茲據本報所得消息薪金一俟接收完竣後、自可發給不成問題云云、

白俄事務局爲救濟　白俄失業青年　設置俄人青年聯盟　十三日在南崗開會

溯自帝俄衰微、原北鐵改隸後、在哈俄人、自無以前之興高彩烈、富裕安享之滅、加以彼等素不注意生產、致生活問題、亦日趨不振、

據當局調查所得上述俄人、有自中學卒業後、因經濟困難無法上進、又無相當職業、致流爲汽車駕駛人、或助手、以及酒舘影院之差役等、舊俄青年流於乞討、或身染惡嗜、尤不乏其人、近調査上項青年、實達二千名之多、此中有雖自學校卒業、因無固定職業、致以偷盜爲生者、亦爲數甚衆、如斯其前途危險、殊甚、白俄事務局、爲統制白俄之機構、對以上墮落青年、已着手研究救濟及指導方針、特組成『哈爾濱俄人青年聯盟』、以當救濟之責、

內容之主要工作、即在一定期中、每日免費教日滿語授言、技術工藝等如其成績優良者則順次介紹於日滿各商店及官署、俾得就職之機、

上述聯盟開會式、決定十三日在南崗『投思投也夫思基』中學舉行、所有放浪無職俄青年二千餘名皆當參與云云、

道路交通取締規則（續）

第四章　諸車積載制限

第二十三條　貨車之積載量與車體之重量共不得超過左之制限但多輪瀛車不在此限

一、汽　車　五二五〇公斤

二、牛馬車之類　四輪車　二五〇〇公斤　其他　一五〇〇公斤

三、手推車　六〇〇公斤

第二十四條　貨車積貨之容積不得超過左之限制、

一、高蓬汽車由車箱不得超過二、五公尺其他之貨車不得超二公尺

二、出於車箱前後者各六公寸

三、出於車箱左右者各三公寸汽車之積貨不能使其突出於車體之前後左右、

第二十五條　依據第二十三條第二十四條之規定貨車之積載重如必須超過積貨之容積限制而不能分裝時得受當地所屬警察官署之許可

第二十六條　如有左列之一者不得操縱車馬或駕御

一、精神病者、聾者、癡者、盲者或有傳染病者

二、酩酊大醉者

三、不熟練者

第二十七條　車馬夜間無燈火者不得通行

第五章　妨害交通行爲之制限

交通上能生妨碍行爲之制限

第二十八條　在道路上不張散布傳單式廣告

第二十九條　搬運長大物件或危險物時應爲預防危險及妨碍交通之必要措置、

第三十條　非受警察官署長之許可不得在道路演藝、演說、講教、開設攤床及其他招集多人之行爲、

前項之行爲雖在道路附近行之認爲有妨害交通之虞時警察官吏得停止其行爲、並命其他必要措置、

第三十一條　在道路或其附近不得爲有危險或妨害交通之行爲、

第三十二條　在道路不得爲左記各項之一之行爲亦不得使人爲之、

一、練習運轉各種車及乘馬、

二、遊戲、

三、無保護者而使未滿四歲之幼兒徘徊、

第六章　道路之保全、

第三十三條　汚損道路者即使共恢復原狀道路附近之工作物如有毀損致發生交通妨害之虞者亦同、

第三十四條　於通行以外有使用道路時須呈請所轄警察官署受其許可

第三十五條　已受許可而使用

饒河園山子商務會
邢會長合謀詐財
現已在哈法院起訴
地營內强姦幼女案
開庭審理
啤酒瓶中
私藏煙土
論道外衛生
讀者之聲
被收警士限期入局

濱江特刊

第二十六號
盛京時報北滿總支社
社址 哈爾濱道裡 斜紋二道街一一三
電話道裡五二七二二番

社會批評

從桃色案之纏訟不休 說到炭料的地方法院（下）

非法姦淫與豪奪婚媾

小記者

姜廣英爲妨害家庭罪案中之主體者、以其爲未成年之幼女、被人姦拐、則無論監護人之親告、或法律之公訴、無不以維持風化、保持人道爲依歸、故法律許之更有權、方錫重爲妨害家庭之犯行者以其姦拐未成年之幼女圖遂其非法姦淫之目的因被法律相發檢舉、則其意圖豪奪之婚媾、始終再無成就之可能、故亦當以法律解之曰有罪就此附立論譬諸強盜行搶、然一旦事發到官、除科以相當罪刑其所搶之物、非公家沒收、即返還失主、不能認爲强盜應得之項、遂即置而不問也明矣、又如殺人成傷、未至立死者、公家即經發現兇手殺人、萬無容許其已經被縛之後、脫索持刀、再行將人殺死之理、本案被姦之姜廣英與被殺未死之傷人、及被搶未還之贓物、大體相同、大體相同道外厚德福飯莊正式結婚、是則神聖不可侵犯之法律可供方錫重一人之予取予求、祗此一經結婚、大似便可證明該男女之自由意志、一若證明方錫重之對於姜芷君非出於利誘、或強姦、既可打消監護人之親告權、又可抵制原案檢察官之公訴罪並將方錫重以前作僞合詞聲辯栽誣之文書種類、統由已經結婚之正式夫婦同聲敵愾、逕由此毀家護婿之姜廣英單獨慨負全責、是眞不啻賊盜享受強搶之贓、而曰搶之有理殺人更滅行兇之迹、而曰殺之有功、法院竟自習焉不察熟視無覩此蓋予以便利者五也、據方錫重自己公佈關于構成請願結婚呈遞法院備案、宋姜氏之一封信、謂姜廣英已得姑母宋姜氏之認可、將監護權付與伊兄廣岫、逕代主婚、故一面呈明法院一面登報宣佈婚期云云、以表示希圖了結不再纏糾之誠意、然後宋姜氏之函件始有發生效之可能、乃此函發着已逾兩星期、姜廣英竟有措詞極怪之一函簡單作覆、大意完全不認與方戀愛之非是、一味指定宋紉秋爲撤消控案之障礙、爲縱姦圖詐蒙蔽宋姜氏之一人嫂詞迫令宋姜氏將控案撤消、并由方錫重另致宋姜氏少君宋彬如氏一函、亦責令速勸母氏迅即撤消、不然濱江新聞界勢將披露全案事實、彼此名譽攸關、勿貽後悔等語、通篇用意不外恫嚇、而關於宋紉秋恐喝部份如何首先撤廢、則隻字不提、對於該方面應負之損失賠償、更無一語承認、且對於宋姜氏原函第二條所謂『如果方某仇心不死、對於吾女紉秋仍復纏訟、則案由吾起、仍由吾結、吾當即赴北滿一行云云』、姜廣英覆函中竟謂『吾等甚屬果爲人道維持公訴敗、則不應採此私函、爲方姜結婚之鐵券果准親告人撤消原訴訴、開脫方罪敗、又不應容方姜於全部條件中、任擇利已之結婚一部而於自白誣控之恐嚇案、任情擱置、於應負損失賠償之件、堅不履行、是明明法院聽受其抽象的要求、其是否公正、有無利益、於被害之當事人皆置諸不予聞問、綜觀上述宋紉秋被誣恐喝案、延不訊結、而反來勾結私傳之原保、索要不合理之鉅額川費損失、故致五體投地以贊濱江法院與同檢察廳、曰最忠愛方錫重之法曹、更予方錫重以天高地厚之便利者七也、依上七種便利對照、待遇宋紉秋之五種損失豈直上下床之別、實有天壤雲泥之判、夫爲國家執律愼刑、明情折獄、其瀆法毀紀、縱惡滅良、至於如此牡所以濱江法院與同級檢察廳更不能不負責任者三、夫具此三大端、悍然不措担負違法之責任、乃謂此後仍須仗其維持風化、扶植人權、鋤暴安良、明刑弼教者、若非夢囈必屬顚狂、舉世不乏深邃法律學家、甚望秉正確之眼光、發揮極度公明之偉論也、（完）

霸佔於先遺棄於後

王榮軒可謂衣冠禽獸

王申氏、（四〇）於前、國九年隨乃夫王郎來哈、王有表弟王榮軒（五二）固一善於玩弄女性之熟手、以表親之關係、時出入於王郎家、久之表嫂與表弟間、竟發生不可告人之醜事、嗣以王郎在旁諸多不便、乃設法遣之回里、郎歸后閱二年、一命嗚呼、於是榮軒與申氏脫開表嫂表弟之關係、一變而爲正式夫婦矣、

王榮軒坐食山空、久之債台高疊、認爲哈埠生活程度過高、不易滯留、乃與申氏核討、以申氏之積欵八百餘元作爲資本、去山裡開設私烟館、申氏同意、乃將所有積欵交出携同前夫遺下之子漢臣（一八）至山裡營私烟館生涯、閱數載、申氏齒漸增色漸衰、積欵已罄、榮軒遂生遺棄之心、於民十四年勸申氏回里省親、申信以爲實、歸里后、音信渺絕、民十八申氏携子來哈、時榮軒已任八站東濟油坊庶務處會計兼外交經理矣、步登青雲、鵬程萬里、收入豐富、遂成大腹賈焉、申氏早被擲諸腦后、故申氏來哈后、雖迭次求見終以如狼似虎之閽人攔阻未得一晤、不得已暫寄身於東發合客棧、思前想后、頗爲傷情、每日携子至東濟油坊附近相待、一旦榮軒外出相遇、必與拚命、事爲榮軒得知、乃倩人調楚、與申哈洋二百元作爲川資、仍舊回家、並應每年必滙給生活費五百圓以上、千圓以下、於是申乃二次旋里、詎回里后、所謂滙欵云云終未見諸實行、申不得已、於翌年竟三度來哈、榮軒知來者不善、當倩友人延爽街雙發永執事劉岐山向申氏關說、予洋四百元仍令回家、並携有字據一紙、令申氏簽押、申氏原一目不識丁之無知女子、當詢及上書何字、劉僞作誦讀之狀、謂申氏此次回里后一切旅費及生活費均由榮軒担負、但今後則不許無故來哈尋找以免麻煩云云、申氏信以爲眞、自忖如果王肯供給生活費、則何苦千里迢迢前來尋找、於是叩予簽押、詎料此押不簽則可、經此一簽竟聚五洲之鐵鑄成大錯、蓋劉所携之紙、乃離異書也不幸申氏陷於牢籠、但申氏當時猶睡在鼓中未嘗夢覺也、申氏領得現欵三百圓言明所餘百元、待秋后即予繳清、申氏乃携子歸里、機聲燈影、教子讀書、以期王榮軒之贍養、詎知、年復一年、不但分文不見滙來、即便音信亦無、申氏不得已、於月前又行來哈、見王以依然饗以閉門之羹、謁劉時、亦遭拒絕、申於此時陷於進退維谷之境地、始回憶從前之字據、再看今日之景像、諒係受騙、悲痛之餘幾不欲生、加以孤身逆旅、典當已空、不得已、乃遷居於道外二道街南北女工店一面在地方法院以霸占於先、遺棄於后、要求王榮軒與以終身之贍養費、及三次來哈之旅費爲理由、將王榮軒控告、將來司法當局如何審理、容訪再誌云、

花甲翁行窃被捕

【哈爾濱】道外大水晶街史家大院住戶楊亭珍、因事擬去江北於本日二十日早七時卅分在哈爾濱車站購票時、將行李置於一旁、待票購得回頭時、自己之行李、竟不翼而飛、楊急追尋見一老者、携行李前走楊呼警援助、路警陳興、應聲追去、老者雖老、却健步如飛陳警追之不及、乃連鳴二槍示威、車站派出所聞槍聲、多數警士追至、見老者由泰申街向海關街奔去、警察只聞路警放槍、不知是何案件、亦隨之連發五槍、直追至建築街海關街拐角始行捉住、帶所問時據供張連才、六十歲、熱河建平縣人、現住撫順街無職業、由該所連同文件一併送署懲辦矣云、

縣視學查城廂校

【開原】本邑教育局長朱子壽氏、縣視學王駿聲氏、以秋季開學伊始、所屬各級學校、職教員是否遵期到校、學生出席人數若何、學校設備完善與否、確有考察之必要、該二氏乃於日前相携分赴城廂各級學校、視察一切情形、遇有不當之處、均詳加指正、以期改善而謀本邑教育之向上云、

爲法律計在、方錫重姦拐公訴成立之日起、即不應再令此未婚、犯罪、壞法、藐度、之男女繼續同居、一則妨威脅誘姦、串唆供詞、二則淆亂民衆觀聽、潰决風俗禮教、或責令監護人收回暫養、或逕由法院寄候女監、一俟全案裁判告終、再行處分、此爲正當辦法詎法院非但義不出此、竟至縱釋方錫重公然與强姦之姜廣英夥度不離、甚切容納方錫重呈遞不法之請求公然登報聲明、實行於六月二十三日、在濱江須知宋姜氏函覆其姪女姜廣英之件、乃係私函、既無瀆褻法院公訴方面以絕對主張有效之意思亦無肯定其婚姻爲合法、以爲最後承諾實踐之心理蓋方錫重之有罪、無罪、繫於公訴公判之範圍、不在此項之臨時結婚、便可由親告人撤消原訴者也、即使該函實有此意、而函尾尚有預約之雙方撤消控訴之一切辦法、在理亦須方姜兩人於接信之五日期內、先爲首肯之確定答覆、並須將立意誣人之恐喝案、首先自白撤消、歡迎姑母來北求之不得」云云、敢請世間明眼人作透視的觀察、並須對證宋姜氏原函通體大意、試問此數語是否拒絕妥協條件、而特向宋姜氏下最後宣戰之哀的美敦書乎、且僅此尚不足以證明、覆信未逾一週即有運動法院派警偕保越省拘傳之事實發現、而謂實意向姑母求和、情願服從所約、謀和之條件、今日即係根據此函而結婚者、其誰信之、且法院對此、尤爲新奇、當方錫重請願結婚附呈此函之際、使法院

地咨强姦幼女案

繼續審理情形

劉母親自出庭被告推翻原供

本案之推演益堪注目！

引起社會一般重視之惡少年韓行寶張國權等妨害家庭及妨害風化一案、昨五日午前、在刑一庭續行審理、以監護人資格被害人劉桂紅之生母吳氏事前八時二十分到候審、迨因直接姦女之恨、與間接殺夫之仇疼心疾首、對推事第一審若將妨害風化强姦部份之原案撤銷、反而遞狀追訴、長致案情逐漸擴大化一方被告元兇韓行寶之父兄韓幹才韓行亮、因託人調停未果、老羞之下改變方針、委聘滿方律師吳德林及日系辯護士石橋茂、出庭辯護九時三十分、票提韓張出看守所、旋於檢察官馬駿朋氏涖庭監審之下、而推事王永興出簽將原被告及監護人一同提至堂前、首先由書記官報告開廳案由略謂今日續行審理韓行寶張國權妨害家庭部份、上次已公開審理、惟韓行寶妨害家庭風化之部後王推事亦起立聲稱、根據刑法之規定爲被害人保守名譽起見中間宣告旁聽之新聞記者退席、但結果輿論紛載其事、似已無不公開之必要、今天續行開庭云云、審理約二小時、被告韓行寶突將香坊署刑事科、檢察廳與法院第一次開庭時之自己承認對劉桂紅五次行姦經過始末、因緘其口、擬將原供推翻、但結果並無正當証據、故石橋茂辯護士在退廳前之刹那間、要求被害人將原案撤銷、兩全其美、然因對方態度强硬、並無何結局妥將當庭筆錄如左、

推事、劉吳氏、你多大歲數吳氏、四十二歲、推事、你是濱江人麼、吳氏、是、推事、住在東號啊還是西號呢、吳氏東號人、推事、什麼街、吳氏政府街三百九十八號門牌、推事、劉振全是你的甚麼人呢、吳氏、是我丈夫、推事他因什麼死的呢、吳氏、就是因爲家裡攤上這樣逆事、心裏一股火就病啦、推事、什麼病呢、吳氏霍亂病、推事、病了多少日子呢、吳氏、有一個多月、現下已竟死了十六天啦、推事、劉振東是你什麼人呢、吳氏、是我小叔子、也鬧病啦所以未來、推事、上次到案的那一個是誰呢、吳氏那是我四小叔子叫劉振興、審訊至此推事傳令法警劉吳氏、劉桂紅及張國權、一併帶下堂口、祗留韓行寶一人在庭接續追問推事問韓行寶、你與劉桂紅是多喒認識的呢、答、今年二月間認識的、問、你和他同過學麼、答、沒有、問、你和張國全周永和他們不是都跟劉桂紅在一班學日語認識的麼、答、我只是在道裡工廠學徒、那能還去念書呢、問生這個韓幹財是誰呢答、是我父親、問你父親來了麼、答我不知道、問、你現在委任、兩個律師麼答、我不知道、方才見我哥哥來啦、問、你哥叫甚麼名子呢答、叫行亮、推事又命傳韓行亮上堂問、你叫甚麼名子、答我叫韓行亮、問多大歲數、二十四歲、問、韓行寶是你甚麼人、答、是我弟弟、問關於本案訴訟、你父親先委了吳律師啦、後來你又委的石橋茂、以前律師可是解除聘約啦、還是兩個律師都委啦呢、答吳律師是我父親辦的、石橋茂辯護士是我委的可以雙方都委、問既是兩個都委、全有代理辯護權、不想下判决書的時候、也是悮會、到底給誰呢、你先下去吧、韓行亮退入旁聽席後、推事復對律師、吳德濬略稱、八月二日所遞之委任狀、業已接到、惟韓幹財所遞之委託代理人與法不合、根據刑法第一百七十七條之規定、須用扶佐代理人方爲合法、你告訴他、再補一張吧、吳律師唯唯而從、復將韓行寶傳訊推事問、韓行寶、你與劉桂紅認識後、一共見了有多少次面呢、答總共二十多次、問那末係整天際追隨着她在一塊麼、答不是、問你既是在工廠裡學徒、那有還些工夫跟她見面呢、因爲答我以前不在工廠裡住、每天午後回家、第二天早晨騎着車子再來、問你們工廠裡佔着幾間房子呢、答佔着三間、問房子還是誰的呢、答是老毛子的、我們柜上包作那裡的活計、所以也可以住、問六月八日這天、你在什麼地方見着的劉桂紅呢、答在上號鐵道南邊、她同着姓張的跟王文鳴她們在一處遛躂我們就碰見他啦、問你們幾個人哪、答張國權周永和、問你們在那裡遇見的呢、答上號之育學校、門前、他們騎着車子玩、我們碰見的、問劉桂紅和王文鳴姓張的見着你們還說什麼話來沒有、答他和張國權說我們往道裡遛躂遛躂去吧、問劉桂紅是從那裡來的呢、答他從他姐姐家出來、問那時天氣在什麼時候呢、答十二點多鐘、問張國權和周永和他倆說什麼來的、答張國權說我住的那裡不錯、所以劉桂紅就說我們到那裏住兩天去吧、問這是跟誰說呀、說話的這個地方、離他姐姐家有多遠呀、答有半里啦地、問張國權周永和他們跟你一塊領着去的呀、還是他自己去的呢、答張國權他們快要走到馬家溝了、才回去的、問劉桂紅教你去的呀還是張國權叫他跟的去、答劉桂紅要跟我去的、問你們到了這裡有什麼時候啦、答大約有七點鐘啦、問怎麼走了有這時的工夫呢、答我們並未坐車、而且還扶着脚踏車、在中央大街、新城大街、還遛躂啦一回、等我們到了的時候、天就快黑了、問你們晚上還吃的什麼東西來麼、答吃的列巴、問什麼時候睡覺了、答大約八九點鐘就把門鎖上啦、問當時、答沒有、問你鎖上門不怕外面看着、答在裡面關上啦、問門上原有鎖呀、還是另外門有鎖頭呢、答原來有鎖、關門上不鎖呢、怎麼把他姦的呢、答沒有姦他、問係在警察署刑事科檢察廳、及和上次過堂都說三宿姦了五次、你怎麼又說沒姦呢、答、以前我是受刑不過、問、在警察上受刑不過、在檢察廳給你刑來麼、答我是不明白、恐怕刑所以我才胡說的、問、你上次所說的話、一點也不糊塗、同着我你說就有兩次啦、今天突然翻供、這是你哥哥教你這麼說的呀、還是律師教的呢、答誰也莫教給我、問沒教你這麼說、你今天怎麼不承認了呢、就該不讓你們見面、見了面就壞事、這必是有人告訴你教你過堂時不承認、一承認了、就不得了啦、我告訴你、你若想推翻前供不承認、可是你自已找虧吃法院不管承認不承認、我要調查証據確鑿是一樣判你的罪、官司已到了這個地步、

（未完）

菜蔬組合强制納捐

惹起農民激烈反抗

太古街上每日發生群毆事故

國際都市中演出稀罕怪現象

徵税機關變像之菜蔬種售組合、成立以來、惹起農民之極大反感、嗣以市農會出頭抗爭、致菜蔬組合受極大之打擊以至無法進行、詎知事急則緩市農會因島英三溜之乎也、姚錫九引咎辭職、王雨穠因通匪嫌疑被押後、一時市農會竟有陷於群龍無首之狀態、菜蔬組合大首領丁鑑寰、利用此機、將新任會長辛夢西拉攏入套、以每年三千四百元之津貼爲條件、市農會甘願將數千市農民双手獻與菜蔬組合、任彼宰割因此一息僅存之菜蔬種售組合、遽然甦生矣、乃每日派遣多數如狼似虎之嘍囉、在太古街菜市上、大秤高懸、强制徵收其賣錢之稅、所有農民皆忍無可忍、隨取最後之一途、以實力抵抗、不受其剝削、菜蔬組合則以爲農民可欺、每以拉夫式之手段强迫過秤、因此國際都市之哈爾濱、太古街菜市上、頓然變成太古時代部落相爭無治安統治之狀態、連日以來、互相毆打、日無虛晨、所最令人奇怪者、即負有治安責任之當局、從來未聞加以防止、迄至昨晨、又因菜蔬種售組合職員錢海、吳慶緒、范玉候等强制使農民姚成瑞等過秤抽頭、姚等不甘、隨發生羣毆事件、双方齊歸警所轉署送廳鬪現在警察當局認爲該組合之設立與地方治安、公共秩序均有極大之影響、現在正在研究徹底辦法中云、

濱江特刊

第二十七號

盛京時報北滿總支社
社址 哈爾濱道裡斜紋二道街一三
電話道裡五二七二番

舊政權時遺下之警捐 道外商會請求豁免

大哈爾濱市內一道之隔不宜兩種待遇

道外商民每年担負警費達十一萬餘元

當民國十年東北舊政權時代、因哈埠人口突增、原有之地方警察、爲數寥寥不敷分配、經警察當局與道外商會接洽之結果、每年由商會担負警費若干、另外增添警察、自此年復一年、累次增加、迄至民國十七年時、哈洋毛荒、警察之薪俸低微、不堪維持生活、於是又要求道外商會貼水、自比商會方面每年担負之警費總計十一萬五千二百七十二元八角之多、新國肇造以來凡舊政權時代之非法捐稅、先后取銷、衆之大哈爾濱市成立以后、道裡外之警權劃一、道裡外惟一道之隔、道裡之警費完全由政府支付、道外則依然由商會負担一部、於法於理既不相符、於政府之整個預算上亦有極大之癥結、況年來哈市商業凋蔽至於極端、實無力担負此極費用、聞道外商會、擬分呈警廳及民政部、請求豁免從來不合法之警費將來能否邀准、一般人頗爲注目云、

海軍爲復仇 二次打警察

號、一輛一二三五號、其餘一輛號碼不明、風馳電掣來至地區檢査所門前、跳下海軍三四十名、未容分說、即將檢査警士宋浩然(二七)揪倒在地、用鐵絲繩鞭、沒頭沒腦、大肆毒打、同班之警察一見寡不敵衆、急跑去求援、屋內留守之警士、見勢頭不佳、隨鳴槍一發、以圖威嚇、衆水兵聞得槍聲、始一鬨而散、再看警士宋浩然時、已昏迷倒地、滿身鱗傷、一臉血痕、傷勢頗重、除通知各方面截堵外、並將宋送至市立醫院應急醫治、險醫生言、目下尚無何危險、將來有無變化未敢預料也、

香坊警察署對於此事、十分不滿、立即轉諸警廳、請求向海軍江防艦隊司令部嚴重交涉、一面轉報憲兵隊、請求懲辦肇事之禍首、現在双方正在進行交涉中、將來如何處置、頗堪惹人注目云、

齊齊哈爾鐵路局施行業務大監察

【黑龍江】齊齊哈爾鐵路局、對於所屬業務、爲整飭計、擬定期施行大監察、玆探其監察日程及施行區域如下、九月六日、克山北安間、七日、克山寧年間、八日、寧年訥河間、九日寧年東昻昻溪間、十日、齊齊哈爾、十七日、四平街八面城間、十八日八面城鄭家屯

亦二十一歲、依蘭縣人、現住道外中十四道街、門牌七號、院內樓上十二戶、曾在某工廠學藝、伊二人既係同庚同鄉、又係世家之好、故伊二人年方三歲時、即各由父母作主、訂爲婚姻、後於大同元年、該縣境內盜匪蜂起、民不聊生、呂家爲避匪擾、全家遷移孫家、爲災、孫家復又移居哈市、至哈之後、孫依石投入法學院求學、呂靜之亦往女子工廠學藝、双方之目的、以爲男女各有技藝、互助經濟、可爲一良好之維新家庭、詎依石入校未久即結識一異性膩友、初則並肩於市、繼則双宿旅店、情濃之後、更進一步、而實行同居、永訂白首之約、將靜之遺於腦後、竟恒月不歸矣、靜之雖託人調處、要求同居、依石始終不允、問其要求離異、彼又非錢不能、因此靜之終日悲泣、以爲遇人不淑、前途茫茫殊堪危懼、遂在濱江地方法院

找熱客管念三未遇、在此相候之際、詎被警察查獲、與楊李二人、並不相識云云、該巡官見其男女三人、一室橫臥、供云素不相識、情理矛盾、雖無苟且之爲、亦有瓜李之嫌、遂將男女三犯、帶署訊辦、結果將女犯按違警法處罰國幣兩元、二男犯各罰國幣一元、女若無錢交納須令男犯代付、如此判斷結案云、

查獲挖墳盜墓犯

【黑龍江】江省近數年來、因生計所迫關係、一般無賴子、挖盜墳墓者、爲數甚夥、故往荒郊坵墟一視、無論舊墓新坟、被盜者觸目皆是、眞是見之傷心、聞之酸鼻、令人痛恨不已也、玆本埠警廳、對於

翼、以致各客寓所之營業、日落千丈、大有不堪支持之勢、欲謀營業之發展、又非女招待拉不住烟客、故是各家依然冒險僱用、恢復前額、於月之二十三日午後八時三十分許、道外正陽署司法官張北超、帶警

見你的麽、答那是他胡說、問你是多偺往你姐姐家去的呢、答我是初七去的在我姐姐家住了一天、初八日在我姐姐家出來、碰着他們的、問你姐姐家在什麽地方住呢、答在東號、問你家也在東號住既是從你姐姐家出來、爲什麽不先回家云呢、答我不敢家去怕我父親打我、問你父親爲什麽要打妳呀、答就是因過節還天我在姐姐家吃了一頓飯、我父親說大節下爲什麽在親戚家吃飯、所以生氣要打我、問你不是往你姐姐家去了嗎、答我是初七去的呀、問爲吃飯要打你是初五

額爾克訥左翼旗概觀

一、總論

額爾克訥左翼旗、地處我國之北部、土曠人稀、物生豐富其歷史之久遠、無稽可考、迨至前清光緒三十四年、設治曰拉林設治局、於民國九年、改設治局爲室韋縣、西北以額爾古訥河爲界、與蘇聯毗連、實爲我國西北之重要門戶、大興安嶺縱貫東南、山林森密、樓林之人、狩獵爲最多、旗內居民、俄僑約占百分之七十五、滿人約占百分之二十五、均以農牧兼業、近年來人口漸繁、氣候漸暖、人民耕種、有收而無歉也、工商營業、有盈而無絀也、惟因道路不便、交通滯礙、工商不甚發展、耕種不知改善、經過數年後、地方漸薄即行荒棄、深爲可惜、倘能建築道路、土資改良、加以肥料則此地可謂興安北省之冠也、

二、歷史、地理、

第一章 總說

額爾克訥在翼旗、處居於我國北部、北以額爾古訥河爲界、與蘇聯後貝加爾相毗連、全面積約二萬五千平方米、在前清以前人煙絕跡、其後一九一八乃至一九二零年、受露國革命勃發、後貝加爾避難之民移居於三河沿岸、當宣統元年、始由呼倫廳直接管轄、民國九年遂設官立縣、其名曰室韋、土地肥沃、尤爲興安北省之冠、人民俄僑占百分之七十五、滿民占百分之二十五、皆以農牧兼業、氣候覺晚、適於麥類菜蔬等、而又以天然之秩草爲最多、東有大興安嶺諸山之屏藩、林木繁密、樓林人賴以狩獵爲生、惟以交通梗塞、商業因之不振、旗內有根河得爾布爾河、哈烏爾河、橫貫其中故稱三河、

第二章 歷史

查額爾克訥左翼旗開設最晚、當前清宣統元年間、在吉拉林設治局歸乎倫廳統治之、迨民國九年、改設縣制、定名曰室韋縣、其縣署設在吉拉林、民國十八年、中俄戰役、署房被俄焚燬、遂遷移於蘇沁屯、大同二年七月一日、旗制頒布、定名曰額爾克訥左翼旗、而旗署初設於上庫力、及至康德元年十月十六日、又遷移奈勒穆圖屯、人民多係俄僑、其始自一九一八年、乃至一九二零年、露國革命勃發、後貝加爾避難之民移居於吉拉林三河沿岸、

第三章 地理

額爾克訥左翼旗、位於興安北省內北緯五十度十分、乃至五十一度三十五分、東緯百十九度十五分、乃至百二十二度七十分、總面積約二萬五千餘平方粁、東以大興安嶺爲界、與興安東省爲鄰、西以額爾古訥河爲界、與蘇聯後貝加爾爲鄰、南以根河口爲界、與陳巴爾虎旗爲鄰、北以莫爾道嘎河口爲界、與額爾克訥右翼旗爲鄰、旗內最大之河川有三、曰根河、曰得爾布爾河、曰哈烏爾河、根河發源於大興安嶺之山麓、長約三百粁、河口幅長約一百米、

得爾布爾河、發源於西內山、長約一百二十粁河口幅長約五十米、哈烏爾河、發源於綽博克托山、長約一百粁河口幅長約三十米、此二河皆由東而西流、匯入於額爾古訥河、

（未完）

警士宋浩然滿體鱗傷頭破血出

警察廳現向海軍司令部交涉中

二十二日午后六時許、交通局第六三一號乘客大汽車、行經香坊警察署管界地區檢查所前、警察施行檢査之時、照例站立之乘客均須下地受檢、一般站立之乘客均各紛紛下地、內中惟有養民軍艦海軍兵士王伯亞一名、不肯下地受檢、警士徐寶奎令王下車、王不從、於是由口角而動武、與王同著有鮮人一名便衣滿人數名、見王與徐動手、一齊上前、將徐包圍、三拳兩脚、將徐打得鼻靑眼烏、經其他警察之協助始將王伯亞及鮮人一併捕獲送署、當軍警双方打成一團之時、隨王同行之便衣滿人、携所帶之手提包乘隙逃去、究竟手提包內所藏何物不得而知、王與鮮人至署經珍田康廣指導官審問后、即電知海軍江防艦隊司令部、於當晚經該司令部派日人教官某至香坊警察署、將王領回、同時將鮮人亦即釋放、自以爲一場風波至此告一段落、詎知今廿四日午后一時許、地區檢査所警察多派往賽馬場出勤、只剩警士三名駐守、開來營業小汽車三輛、一輛一二〇

地窨强姦幼女案(續)

繼續審理情形

劉母親自出庭被告推翻原供

本案之推演益堪注目!

莫如有什麼說什麼、法律遂能夠原諒你你作的、這個事還不夠表良心的麼、怎麼然再撒謊呢、劉桂紅倒是你樂意領她呀、還是她樂意跟你去呢、你要是照這邊說嗎、還許有點好辦、至此韓行寶答、我以前跟她有姦、推事問、怎麼以前有姦在什麼時候呢、答以前有一個多月啦、問在什麼地方呢、答在上號東邊、問隔着上號有多遠呢、答有四五里地、問在什麼地方姦的呢、答在地下姦的、問在六月八日以前一個多月、天氣尙在寒冷的時候、幹還種事情不怕冷嗎、答不冷、問你承認了這個也是打官司、承認那個也是一樣犯罪、這裡又不承認上一次說出的話、又扯出姦來啦、行麼、劉桂紅現下在這裡啦、答無言、問你把劉桂紅領到地窨裡在那裡睡的覺呢、答在地板上睡的、問屋子裡不黑麼、答不大離、問據你說是沒有姦他、答沒有、問那麼第二天還有人來麼、答來了一個、問誰呀、答張國權來的、問張國權來了、跟劉桂紅見面來麼、答沒有、問既是張國權的主意、教你領的、况且不是他倆先認識、旣然來了、那能不見面、或是一塊遛躂去呢、答張國權說這一天內爲去考鐵路局、沒有工夫、光怕劉桂紅教他領着玩去所以才沒給他面見、問張國權怕的見面、劉桂紅教他領着遛躂、那麼你沒領他出去遛躂遛躂去麼、答我領他遛躂一次、問亦是上午領着去的呀、還是下午呢、答上午九點、問往那見遛去來呢、答往江沿砲隊街北頭、問你有工夫領他去遛躂嗎、答還一天正赶上我們掌柜的往鐵路局去啦、問劉桂紅在你那裡住了幾天幾宿呢、答住二宿、白天頭上、我哥哥來叫我我就回家啦、問你哥哥爲什麼來叫你呀、答爲的是我過節也沒回家、我天天在外邊跟他們在一塊打啣啣、我父親要叫我回家打我、問不是因爲劉桂紅失踪、你有嫌疑劉家找到你家去啦、你父親才把你找回去、要問爹麼 答不是、問往劉桂紅家門前扔紙捲、打哨子、這事你知道吧、答我不知道、問怎麼上一次過堂、你不是說你見着來嗎、答我沒見着、我是聽見的、問劉桂紅在地窨裡都同你說怎麼來呢、答沒說話、問第二天也沒說話麼、答沒有、問這都是誰叫給給你的呀、呆了一宿、你二人能不說話麼、不承認不成、倒是姦了幾回吧、答沒有、問你跟他沒有姦、張國權又沒來、你哥哥又來找你你怎麼還不把他放了呢、你是作繭自縛、自找吃虧要是盡聽別人出高着、恐怕就上了當啦、推事又令傳張國權到庭、問張國權你家裡跟你接過見麼、答我母親來過一次、問跟劉桂紅是你先認識的麼、答是、問韓行寶領她地窨裡去、是你叫她領的麼、答法官我不知道、問怎麼你不知道呢、你不是跟周永和二人送到馬家溝而後你們倆方回的麼、答我是一步也沒送、問到了第二天你不是還往地窨裡去了一趟麼、因爲你要考鐵路局、怕劉桂紅叫你領着他遛躂、你也沒給他面見、對麼答我沒去過、問韓行寶領走劉桂紅你知道吧、答我也不知道、問以前你常往劉桂紅家門前去過麼、答沒去過、問上一次你不是說打哨子投紙捲、是你跟周永和你倆麼、有時候劉桂紅還領着她小弟弟出來告訴你們、教你們在怎麼地方等着她、因爲她父母親知道啦、才不讓她念的書麼、答不是不知道、問劉桂紅她父親爲甚麼要打她呢、答他家的事情、我不知道、問往韓行寶的地窨裡去、你倒是去過麼、答我一次也沒去過、問韓行寶說是你去過麼、並且你教劉桂紅往韓行寶那裡去、是他自己帶了去的、怎麼你又不知道啦呢、答實在是不知道、問韓行寶與劉桂紅二人以前有姦麼、答我也不知道、推事問、審張國權供詞完全是(不知道)故遂又令法警帶被害人劉桂紅上庭、問劉桂紅六月八日這天是誰叫你上地窨裡去的呀、答張國權韓行寶周永和他們三個人、問你是從那裡來呢、在怎麼地方碰見他們呢、答我是從我姊姊家來、在東號碰見的、問你這一天不是和王文鳴還有個姓張的你們往鐵路南遛躂去來麼、答我沒去我也不認識王文鳴是何許人、問韓行寶說你跟王文鳴還有姓張的在一處遛躂他在鐵道南遇

你往你姐姐家去是初七、當日打着妳了嗎、答纔院裡不少人拉着沒打着我、問既是沒打着你已竟過了一兩天的事情就算完啦、你怎麼你還往你姐姐家去呢、答我父親不跟別人一樣、打不着我終不出氣、問你父親打你光爲吃飯喝還爲別的事呢、

(未完)

問、十九日、鄭家屯、二十日、鄭家屯通遼間、二十一日、通遼、二十二日、鄭家屯太平川間、二十三日、太平川南洮南間、二十四日、南洮南及洮南、二十五日、洮南王爺廟間、二十六日、白城子泰來間、二十七日、泰來楡樹屯間、監察範圍、爲工廠、各站、信號場、列車段、機務段、警務段、(包含分段駐在分所)自働車營業所、小學校、醫院、(包含分醫院診療所)出診所、苗圃、種羊場、警備犬訓練所、檢車段云、

但見新人笑不聞舊人哭

昔日鴛鴦侶今日陌頭人

孫依石喜新厭故遺棄髮妻

呂靜之狀訴離異請求調解

孫依石、年二十一歲、濱江省依蘭縣人、僞哈爾濱法學院之學員、現住南崗西八台市西豐街門牌十二號、共妻呂靜之

彼時男女二人、俱已成年、遂即因陋就儉、草草結婚、双方婚後之情感、尙稱融洽、迨至次年秋間、因江水氾濫、堤破

民事調解處、狀訴離異、請求調解、該庭據狀後、已定於月之二十七日開庭調解、現已票傳各方矣云、

雖無苟且之爲

亦有瓜李之嫌

一男一女同榻而眠

被警瞥見罰欵了事

道外正陽署司法巡官張北超、於二十二日午後九時許、帶警檢査旅店、至二道街永和棧、第五號房內、瞥見一男一女、睡臥一榻、當即詳細盤詰據男犯、楊子馥供稱、年二十六歲、濱江省阿城縣人、現在某輪船包飯、共一男犯李福生、供稱年二十二歲、與楊同鄉、現爲小本商人、二人因來尋找管金三、適値外出、在此相候云云、復訊據女犯楊吳氏供稱二十一歲、奉天省撫順縣人、現住大水晶街、門牌三號、其夫現在一面坡陸軍第十六旅充當副官、因妻妾三人、爭風吃醋、故而懷憤來哈、被生計所迫、以致流爲野鷄、因來

是項盜犯、曾爲一再嚴拿、已爲査獲不少、日昨(八月二十一日)、該廳偵緝員王吉祥等、又査獲挖坟盜墓犯、王鳳山、王文升、張洪亮等三名、據該等供稱、前於五月初旬、有吳永貴、勾結該等及王振山、孟老五關云圃等六人、赴山東義地、紅仙堂新葬之坟墓盜出金首飾多件、經關云圃手賣、大家均劈等情、惟査關云圃前已被警廳拿獲、送押第一監獄、此案在逃者、惟王振山孟老五二人、想天網恢恢、早晩恐亦難脫法網、亦必爲之被擒云、

烟妓之末路

正陽署大捕招待

市內各零賣所之女招待、自警廳變更罰欵處分、實行拘禁以來、各女招待供皆縮首歛

數名在道外富錦頭道街、錦陽樓零賣所內、又捉獲女招待差王氏、(二十三歲)朱桂蘭、(二十五歲)于淑文、(十九歲)梁了頭、(十四歲)李張氏、(三十二歲)以上五名、連同執事何作舉、一並送歸正陽署、轉交刑事科訊辦矣云、

龍江縣

招募信差

【黑龍江】龍江縣鑒於所屬之各機關、交通多稱不便、對於公文之傳遞、倚靠郵局、未免遲滯太甚、爲研究消息傳遞靈通起見、現擬招募信差四名、以粗通文字、年齡在三十歲以內、二十歲以上爲合格、均得自備鞍馬、其待遇薪資十元、膳資三元、馬乾三元、共考試日期、定於本二十九日云、

住戶失盜

【黑龍江】本埠潘家胡同住戶孫文操、於八月二十一日夜、被小偷盜去黃風衣一件、灰毛布洋服上身一件、丈靑洋服褲一件、毛布背心一件、白閑脖一件、花閑脖一件、當即報知潘家胡同分所請査找云、

竊木椿者被獲

【黑龍江】昨月之二十一日、夜十時許、有齊克路工人劉景鳳、見有二人、將日軍東大營所設之電網木樁子、拔下數根、用斧子劈碎、捆成三捆即背負而行、當報知三里崗子分所、玆該分所交通警趙志祿聞報之後、即爲跑去、將該竊犯二人拿獲、據問一名謝炳奎、一名何慶玉、均因貧困不已、擬竊此賣錢、藉以生活云、

汽車馬車互撞

【黑龍江】前於十九日夜十時許、有國際公司八一號汽車、司機人于振學、開駛至本埠新華路、向東急行、適有一四三號快馬車、赶車夫爲陳興登、正往西行、双方躲避不及、以致互撞、結果快馬車拉桿及車前體、均被撞壞、馬亦輒傷、馬車夫亦受有微傷、共汽車之水箱、據聞亦被撞壞云、

濱江特刊
第二十八號
盛京時報北滿總支社
社址 哈爾濱道裡斜紋二道街一三
電話道裡五二七二番

舉世注目之◈◈◈京濱線改軌情形

三小時內彪大工程宣告完竣

京濱線廣軌車至此已告歸寢

京濱線軌道改窄工事、經廿七八九三日間之積極準備、至卅日已全部準備就緒矣、卅一日依預定計劃、由上午五時起、至八時三個小時內、全線佈置中之作業員、及全體改軌路工、由改良事務所及路局線路課長以次各系長、一同蒞場指揮之下、分十七班、九十六區、已將全部工程、安然告竣矣、同日上午八時半、已先由哈爾濱站開出試行窄軌車一列、佐源局長以次改良工事關係者、均搭乘出發、視察改軌一般狀況、同時新京方面亦發出試運窄軌列車、至陶賴昭爲北宇佐美鐵路總局長、滿鐵佐藤理事、爲視察改軌之狀況、亦已於卅日夜先由新京搭車赴陶賴昭又同日九時廿五分、由哈向新 京方面開行之 旅客列車、已準時改開標準線車、當日一般旅客、及赴站觀光者、非常踴躍、至時京濱線之廣軌列車、已告歸寢、而在歷史上有極大價值之大連哈爾濱直通列車、後直通亞細 亞號特列車、亦於茲開始矣、

又訊乘試行列車赴南部視察中之佐源局長、當日轉陶賴昭後、即請見宇佐美總局長、藤佐理事、報告一切經過、同日並偕宇佐美、佐藤兩氏、搭由京開來之第一次窄軌車歸返哈爾濱矣、

又訊京濱路軌改軌完成二十一日已開行窄軌列車經過成績極佳、而自昨日(一日)起除全線及共他國線列車行時刻、一律改正外、第一回最初亞細亞號直通列車、昨日(一日)上午九時亦已由哈爾濱站出發矣、旅客之踴躍、爲從來所未有、當日哈爾濱鐵路局招待試乘亞細亞號之在哈重要官民二十名外、有志者十名亦即乘該列車出發矣、

攀花折柳意圖叵測

捧牌抽頭曲盡孝思

中泰銀行湯經理之風流穢史

道裏中泰銀行道外分行經理湯文博、山左黃縣人也、年三十許、熊臂蛇腰、狡獪愈恒、五六年前、豐泰號時代、徐中一謀臨恒聚棧、湯實作孽之主角也、傾人造孽、腰纏累累、因是大腹賈之身架、端得十足、飽暖思淫慾、距今二一年前、湯與懷春樓糟妓黑列巴笑月、兩情甚歡、酒樓飯店、報效甚豐、並因笑月故、曾與某機關職員、一度惹起爭風糾紛、各懷酸意、兩不相下、嗣某機關職員、以湯人格卑劣、極度憤慨、將以斷然手腕以處置之、湯懼、倪人調說、以某種條件由湯表示讓步、成立妥協、一段吃醋酸話、於焉而告和息、然自是滿城風雨、平康遊人、殆無不知、湯於笑月姑娘前、雖仍在繼續努力奉迎中、結果竟爲笑月所甩之矣、其后湯又輾轉追逐文媚、淑媚、羞花、翠翠、終因折花攀柳、意圖叵測、致被圈樓中人下眼視之、湯不得已、乃改變其「逛」的方針、致力於烟館、飯館、酒樓之女招待焉、道裏道外、足跡追遍、在湯以爲嚴守秘密、無人或知、殊不料隔牆有耳、早經臭聲四溢、廣播全市矣、聞湯最近唯一愛神、出於地點適中之道外南三道街紅星酒社、芳名「素娟」娟年十六七、巧小玲瓏、執酒樓中女使之牛耳、原籍北平、爲伶人二色臉張順利之甥女、初與某大糧商外甥李某熱度甚熾、山誓海盟、談婚論嫁、遂因李某有糟糠在堂、夙緣未償、但是娟之破瓜、確乎由李開始飽啖無餘、反之經濟方面、李所損失、亦至不貲、被棄後、首於北四道街賢友酒社執女使業、移幟紅星、不過兩月、因能別開生面、獨爲湯所鍾愛、朝前夕后、報效不遺餘力、進而常在夜半十一二時之間、紅星酒社落幌以前、遣武裝護勇一名、駕駛該行自用小汽車、迎娟至該行宿舍、捧牌抽頭、曲盡孝思、上下職員、敢怒而不敢言、同時初出茅廬之娟姑娘、見湯如此財厚勢重、受虛榮心八面包圍、悠悠蕩蕩、神不自持、更加湯之手段超凡、對娟猶能鞠躬盡瘁、曲於慇懃、出車入馬、雖一擲千金、在所不惜、當卅日夜、湯照例着車迎接素娟、但是娟兒嗜飲、已及半醉、東仰西歪、不能自主、卒由護勇攙之上車、汽笛鳴時、瞬息去、似湯某者可謂風流經理矣云、

左右開弓暴打不休

車掌司機同時遭辱

河野車務監督之兇暴行爲

大汽車市營後、車掌運轉手與乘客間、發生糾紛事件、日有所聞、此固家常便飯、司空見慣者也、而汽車股內部如部督與女車掌運轉手間、發生齟齬之事、亦時有發生、昨日(二十一日)上午九時半頃由馬家溝方面而向道裡警察街行之三三八號大汽車、行至刑事科門前、停車場停車後、乘客紛紛降車、同時在該車服務中之第三三號女車掌麗淑榮、(二十)第九〇號運轉手王恒禮、見乘客降車已畢、當時因急於回轉、準備再向馬家溝開出、故一力縱行轉灣、女車掌當時亦未暇顧及將車門關上、不期正於此時適爲車庫監督河野督見、不容分說、於怒目大瞪之下、喝令運轉手將車停住、同時即由車內將運轉手王恒禮、及女車掌麗淑榮、一併扯下、左右開弓、暴打不休、運轉手爲一男子、尚能忍受、惟女車掌麗淑榮、於被暴打之下、桃色双頰、頓然蠻紅、同時眼眶中已淚簌簌下矣、然以畏懼監督惡勢、表面上尚不敢稍有難色、嗣於監督去後、始怏怏登車、繼續服其車掌職務云、

地窨强•姦幼女案 (續)

繼續審理情形

劉母親自出庭被告推翻原供

本案之推演益堪注目!

答沒有別的事、問你呢姓王的姓 張的不認識嗎、答不認識、問你是從多偺不念書啦、答從二月裡、問爲什麼不叫你念書了呢、答因爲男女合班而且男生都是些沒有職業的人我父親才不讓我念啦、問你退學以後他們還常去找你嗎、答不常去、問不是他們常去打唷子扔紙捲嗎、答他們這一帮人很多、二天騎着車子滿街亂跑遇見女人他們就不說正經話、問他們給你扔過紙捲麼、答不過我也沒檢着、問上回你叔叔說因爲扔紙捲被你父親檢着啦、才不讓你念書了嗎、答那是我妹妹檢着 給我姐姐看了、我姐姐又告訴我父親的、問紙上寫着你的名字啦嗎、答是併且有許多的侮辱我的話、問六月八日這天張國權周永和送到那裡回去的、答西號還遛、問爲什麼她們領你你就跟着他去呢、答我是要往道裡找我哥哥去、他們問我說你知道第一中學在那裡嗎、我說不知道、他們要送我去、問這時天有甚麼時候、答三點多鐘、問妳甚麼時候從你姐姐家裡出來的、答吃了午飯大約 一點啦鐘、問甚麼時候到了道裡呢、答天都快要黑啊、問你們還在道裏遛躂來嗎、答沒有直接到的警察街、推事問你到底怎麼往地窨裡去的呢、桂紅答他說叫我在地窨裡等着他、給我哥哥去送信去、我在地窨門口站着、他把我推進去鎖上門就走啦、問以後甚麼時候回來的、答有十一二點鐘、問他拿着甚麼東西沒有、答沒有問不是還吃到列巴來嗎、答那是第二天、問地窨裡有牀嗎、答沒有、問在地板上睡嗎、答磚地沒有地板、問有行李嗎、答空地窨那裡來的行李呢、問屋裡也有電燈照的很亮嗎、答不亮沒有電燈、問他和你說甚麼來呢、答沒說甚麼、問那能一句話不說呢、就能把你姦了嗎、桂紅當時面紅過耳含羞不語、問別瞞着、你自己的事情、你若不說話、能行嗎、桂紅仍未答、問你倆以前不是沒姦嗎、答沒有、問他要姦你是怎麼說的呀、還又不是你樂意、他要强姦你、他到是怎麼說的呀、答他說你要不認可、我拿磚頭打死、問還樣你就從他了嗎、你自己脫的衣裳啊是他給你脫的衣裳呢、說呀怎麼的啦、答他給我脫的、問姦了幾次啊、答姦了兩次、問頭一次有多大工夫 洩的身呢、桂紅含羞不答、推事你說呀、問說呀或是一個鐘頭、或是半個鐘頭、或是十分鐘、或是八分鐘、答那又沒有表、我

稚子在抱急待撫育 老母病臥無人奉養

既無嫡姒可資分勞亦無僕婢能為照顧

宋叔秋具狀檢廳請准回籍

鳳琉訟案中之對方女主角宋叔秋，因方錫重具罪反嫌，於宋恐嚇一案，濱江地方檢察廳訊問偵察，迄今數月，終未結案，宋因貧並嫌鄉孤身遊旅，病體纏綿，家中有稚子在抱，惟待撫育，堂上有老母病臥，無人奉養，特具呈檢廳請求准予回籍侍親撫子，措詞哀婉，令人不忍卒讀，茲覓得原狀錄后以饗讀者，

為久寄外鄉，生計艱困，憂鬱成疾，懇恩准予回籍調養，以全殘命事，竊查傅文閣筆店總理方錫重，具罪反嫌，誣民恐嚇一案，所有經過事實，及其設謀陷害之原委，前迭經呈明，鈞廳，并懇准予早日卸下，以免無辜受累，各在案，現又月餘，未奉明示，民理應仍前靜候，豈敢多瀆，惟實因寄寓哈埠，為時已久，外鄉之生計，及原籍之家事，交相困迫，進退維艱，又兼病體纏綿，日益萎頓，勢已臨於絕境，苦痛爲處水火，其目前百般困難之情狀，誠有不能不為，鈞廳詳細縷陳，而乞哀憐者焉，

查民自上次被釋出獄後，因拮据乏貲，無力外寓，遂不得不寄食戚家，賴其熱心照拂，居食雖勉可無憂，然仰木非素封，人口又衆，月入微薄，且給獵，民今借寓數月，更見不堪累擾，況結案無期，歸年莫卜，長此仰給於人，以為傳舍，非特心有未安，以後勢所不許，貧民雖明知長久寄居係屬非計，而為貧力制限，外遷另居尤所不能，來日方遠，居處無良籌，為此晰夕焦燮，苦無良策，設使一旦隱生遠客舍下，則呼籲無門，勢非淪落於哈埠不止矣，抑尤有難者，現時民之訴訟上一切用度，俱賴多方告貸，遂集而來，左支右絀，捉襟見肘，僅此數月已苦無法支持，若再多所計延，即使能勉強之擭有庇身之所，而各項必需之花費，亦必斷絕無出，束手待困，此尤倍覺惶懼者也，民有子女二人，長者未至成童，幼者猶在懷抱，提携乳哺，惟母是賴，難為時刻之離，民不在家，既無嫡姒可資分勞，亦少

月，孝娘遺世，苦狀叢集，其可憐無告之狀，當不知何似，民不幸為訟累牽纏，祇當自嗣，見女何辜，同遭此厄，每一憶及五中如裂，幾欲忘生，且七旬老母因迭受驚氣，在民未來哈之前，即已病臥床榻，氣息奄奄，朝不慮夕，匪特家書時道思女心切，夢中猶呼，嘗之者腸斷，聞之者鼻酸，又以格於國法，雖急切盼民歸，亦不敢明言催迫，民竊何心，能不悲痛，親倚後亦惟有吞聲飲泣，瞻傷命之不尤而已，欲回籍親省，則勢有未能，欲留此延侯，則情有不可，民之進退，實萬分狼狽，夫以罪人方待，某一紙之誣陷，竟致母病不能侍，子幼不能撫，骨肉離析，銀鐺入獄，坐困異鄉，生計將絕，此可謂人間之至慘，而當亦為仁人所矜憐者矣，再民前在獄中，即曾患有時疫，并心

時疫經醫治得痊，而失眠之症迄未見效，近因過度憂慮，益復加重，終宵不寐，神經失常，午夜悲思，輒痛生或不得再返故鄉，而將長為異域之鬼，命也如斯，夫復何尤，現方錫重犯罪，業經法院審實處刑，足徵公道昭彰，法理猶存，惟為該案之枝節恐嚇案，至今未蒙，明令卸下，民本應居此恭候裁決，祇緣處境萬分艱困，生命堪虞，迫不獲已，為此叩懇仁慈，俯恤民艱，恩施格外，准予回籍侍親撫子，俾況病得痊，不審間關歸鳥，則有生之日，俱是戴德之年，游泣陳詞，不勝迫切待命之至，理合具文呈請，鈞廳鑒核早日批示施行，

謹呈，濱江地方法院檢察廳

八月十四日宋叔秋，

× × ×

額爾克訥左翼旗概觀（續）

第一章 總說

額爾克訥左翼旗公署，奉令於大同二年七月一日，接收室韋辦事處，改組成立，惟旗公署組織法，在大同二年間，關於人員規定，以事之繁簡，切實錄用，剷除人浮於事之積弊，但因地處我國北部重要之門戶，以情形特殊，故警察署，直接由興安北省警察局統治之，

第二章 行政

額爾克訥左翼旗公署，奉令於大同二年七月一日接收前室韋辦事處，改組成立，所有旗住民，均依旗制之規定，得享受權利而負應盡之義務，惟旗署成立未久，地方行政尚在進行中，以此欲作系統之說明，實非易易，謹將組織圖示如左，（圖從略）

第三章 軍事

額爾克訥左翼旗地處邊陲，人烟稀少，當前清以前時代幾無人跡，故無軍備之可言，迨至清雍正五年，恰克圖條約成立後，沿邊始設卡倫五處，宣統三年吉拉林添駐巡防步隊一哨，同年冬月間蒙旗獨立吉拉林之步隊，即行撤散，迨至民國十八年中俄戰起黑龍江省騎兵五十一團駐防吉拉林，同年十月中俄戰敗，駐吉拉林五十一團即行撤退，此後並無軍事矣，

第四章 外交

無

第五章 司法

額爾克訥左翼旗公署，地處邊陲，村屯星稀，人民鮮少，溯諸已往之時代，亦無司法之可言，自民國九年縣署成立後，即兼辦司法兼判官，由縣長兼任之以外，置承審一員書記員，迨至大同元年蘇張之變，司法移歸於警察署兼理，及康德元年奉令仍歸旗公署兼辦，而旗長兼判官，

第六章 警察

本旗開化最晚，民國九年始設警察署於蘇沁屯，歸呼倫廳統治之，民國十八年因中俄戰役，即將該署裁撤，而令國警察制度改組為縣公安局，當前室韋縣之公安局，由縣長兼辦之，迨至大同二年五月間，仍復設警察署，茲將警察組織列表如下（表從略）

—未完—

國民再接再厲

誓死反對菜蔬組合

反對國民不下三千餘名

日內擬分向各機關呼籲

因菜蔬行售組合，强迫國民納捐，惹起全市國民之公憤，各節，曾迭誌本報，因警察當局藉口調查，遲遲總無解決之辦法，國民方面不得已，除公推代表分頭向各機關陳情請求解外，並擬向新京各部院呼籲，請求將菜蔬組合早日取締，聞此運國民方面，具名請求者不下三千餘名，蓋菜蔬販售組合，當日向市署請願許可時，係假藉一般國民之名義，始經得一紙批示，今日全市國民，一齊出頭反抗，足證當日假藉國民之名義，係屬上壓下之手段，今日一旦揭穿，其中之陰謀，對於取締該組合既屬當然之趨勢，惟對於擾民官府，想亦民意，巧歛民財，等罪名，恐該難逃公道云，

教廳將派員調查

【安東】本埠省公署教育廳茲以暑假期滿，各縣學校已遵照部令如期開學，現已旬日，茲當此開學伊始，關於各縣學校一切設施，及教授之情形，亟應考核，以便指示，而資改善整頓，是以該廳擬將派員分赴各縣實地調查，現正籌備，約在九月初旬即可分派人員前往各縣詳細視察云，

李氏何太狠 打死弟婦

道外南頭道街仁義巷，仁義興新衣莊執事人李永仁，年四十歲，河北省人，李有胞弟永昌，二年前經媒妁之言，父母之命，娶得北十四道街久成永董客閩子周之女素甑（一六）為童養媳，永仁之妻，刁悍異常，對童養弟婦，時加鞭撻，永仁因有河東獅子之懼，不敢阻攔，其妻以至無忌憚，為所欲打，日前因些微細故，又將素甑打得皮開肉綻，遍體鱗傷，死去活來，經鄰右奔告乃父閩子周及赶到時，素甑已氣息奄奄，熱淚漣漣，閩見此情，心如刀判，隨報告附近純化街派出所，翌日廿九日素甑竟因傷勢過重，一命嗚呼，純化街派出所送署，因事關人命，將永仁逮捕，一面通知檢察廳派員檢驗指埋，現在正陽署，正在嚴重審訊中，將來素甑之含冤，或不難昭雪云，

知道哇，問衣服全脫了嗎，還是單脫下身呢，答上身沒有脫，問在地窖裡住幾天呢，答三天，問第一天姦了幾次啊，說啊別害臊，答三次，問第二天三次頭一次完了呆了有多大工夫，又姦第二次呢，你們也不睡一回覺嗎，答一宿沒睡覺，問第二天一宿沒睡覺你們都說什麼來呀，能夠不說話嗎，答他說叫我好好的在這裡呆着，問你以前不是個處女，答是，問他頭一次姦你的時候，有血麼，把下身衣服脫下來完了時候，有血沒有血，還看不見嗎，說呀，不說怎麼能伸冤呢，你要實在不能說，你說不能說，好給你落供，往下再問別的，答不能說，問你從前來過月信嗎，答沒有，問沒有，你不是十五歲了麼，體個月

信就是經脈呀，從前來過麼，答沒有，問劉桂紅你道外七道街，有什麼親戚麼，答沒有，問手擊湖色信件一封，吹鬍瞪眼嚷究問，這封信是你寫的麼，答不是，問也沒有和你們家裡有來往的人麼，答我不知道，問我要是不好，對於你還案十有不相當的地方，可以往上邊告我，院長司法部，高等廳能管着我的太多，再往上說還有皇帝，別寫信罵，我況且我的好壞，也不是罵信就可以罵好的，天理良心我都懂的，決不敢胡來，罵一罵我不過一時快樂快樂罷，以前在野外辯行實姦過你麼，答沒有，問辯行說他在六月八日以前，有兩個多月，在上號東邊野外姦過你麼，答他是胡說，問你和跟幽腊有姦麼，答沒有，熟至

此後提監護人劉吳氏，問劉吳氏桂紅他在那裡念過書啊，答在上號市立第七小學校高級念書，問她是從多咱不念的呢，答由去年冬天就不念啦，問因為什麼不念的呢，答因為家裡人多，我又有小孩子脫離不開工夫，所以就不叫他念啦，問從多咱開始去學日語呢，答今年春天二三月間，協和會在上號成立了日語學院她就要去念日文，問念了多少日子呢，答去了不多的日子家裡就讓她去啦，問為什麼不讓他去了呢，答她爸爸聽說是男女合班又有些沒職業的人，因此就不讓他念啦，問她去念日語的時候，下班回家還有人跟著她嗎，答沒有，問她不念了以後，他們（指辯行實等）常騎着車子在你們門前繞嗎，答他們這一黨子十幾多個，也不但在我們門前，所有在街上碰見姑娘媳婦們他們就圍上前去說閒話兒，問他們不是往你們門前邦過紙捻嗎，答邦過我也不知道，問原來這案是檢察官起訴認為辯行實強暴脅合謀略誘應犯刑法第二百五十七條，這一條是公訴罪，就是你們不告，官家知道也是要判他們罪的，辯行實強姦部分，是犯妨害風化罪，第二百四十條，這一條因為是妨害親權，你們要告，法院就判他罪，你們要是不告，就是檢察官也沒辦法，因為這個案子究問起來罪名很大，法律上為保守當事人名譽起見由第二百四十條至二百五十五條等罪，准許撤消，因為你們不明白法律，我不得不告訴你，這個官司就是判了，被告人如若不服，還得上訴高等廳，不定三年五載，才能判定，你們得跟去打官司，桂紅今年十五歲過了年就十六，後年就是十七，我官司不完，他並不能找主，我可不知道你小叔子上一次回家是怎麼告訴的，開的滿城風雨，說是讓你們撤銷，答她回去也沒說甚麼，光說法官叫我們還跟呈，我們也不明白還是了麼呈，後來請了幾位律師問了一回，也是不明白，聞後在大北新報上看着本案記事，才知道是叫還撤銷的呈子，我想不但我的孩子被他給姦污了，而且我丈夫也因為出了這種不名譽的逆事氣忿病死，如此不共戴天之仇，那能不究呢，所以無論如何也不能撤銷，同時還懇求法官，本據法律之威信，加重辦他們的罪，推事，這個不用你說，都有檢察官，所有你願意說的話，檢察官都能替你說，如果你認為你男人，死的屈，還可以另案在檢察廳告他，只要檢察官起訴，我們一樣受理，問劉吳氏道外七道街有你親戚朋友沒有，答沒有，推事復出問桂紅之原函，並附大北新聞記事兩則，據謂原函大意，不外指摘余之劣蹟，毀謗天良，此種舉動似為太過，豈於上次開庭時，完全是為你們着想，方才說過，如果上訴至高等法院，保不定五年六載完不了，（未完）

邢克仁 畏罪潛逃

詐財案至此大白

饒河縣商務會長邢克仁與公正辭執事張立王合謀，詐財二案，曾見前報，經被害人孫殿一在濱江地方法院控告后，邢因畏罪，潛伏於道外北四道街某日商家，以治外法權之關係，法警不能執行職權，邢終以避守家中，一旦出頭，難免飽嘗鐵窗風味，最后竟取三十六着最上一着，實行，潛之大吉，現在原告人正在各處追尋中，一再涉訟，債務紛爭案件，經邢克仁之潛逃，足證道同弊合謀詐財屬實云，

△ △ △

（第三種郵便物認可）　康德二年九月廿八日

濱江特刊

第三十號
盛京時報北滿總支社
社址 哈爾濱道裡 斜紋二道街一三
電話道裡五二七二番

因路局收回官房 官公吏紛紛遷居

道裡外之空閑房屋大半租出 呈房產界數年來未有之活況

因路局將各機職員佔用之官房實行收回、故哈爾濱除軍部及電電會社等三機關外、凡區署、警廳等統計十二個機關之職、從前佔用之路局官房者、均分別限期遷出、自本月十日迄至現在、必須遷移之住戶、不下五百餘家、因之道裡外、偏臉子、以及馬家溝等處之空閑房屋、大半租出、誠爲房產家意料不及之好機會云、

市署警廳聯銜佈告 平抑房租

康德二年九月十七日
哈爾濱警察廳長
哈爾濱特別市長

福聚東櫃夥 被匪架走

上號南油坊街門牌、五百卅號、福聚東糧棧、經理趙福廷(五〇)營商以來頗有發達、久爲不逞徒之所垂涎、但苦無機會可乘、該號櫃夥、馬宗元、(四三)濟南府人、奉執事人命令、於今晨八時頃、赴上號南大門裡、購買由鄉中來大車糧食買妥四車、正欲送糧車、回櫃之際、在途中遇見二匪、身着軍服軍帽、領章綠色、紅肩牌以手招呼馬某停住有事、而馬某雖不認識、既是軍人招呼、不敢不從命令、當時停止待候不料該匪至馬某面前、掣出手槍、威嚇不準抵抗、否則擊斃馬某始知遇匪、只得由匪自便、遂被匪架走、向鐵道南方逃竄、嗣經車夫急至油坊街分所及別動警察隊報告、立即出動追赶、結果匪徒逃之已遠、現下軍警兩界、偵騎四出正在協力緝捕中云、

時期、堆積稀少、果然買氣抬頭、內外輸出商、對現物大肆購買、一日十月卯、以七角七分五厘開行、繼續躍進、而大連市場之現物、現示四元三角三分之最近新價格、對此追隨而見八角三分之本月中之高價、然因美棉及亞麻增產之報及歐洲買氣一頓、遂演成反落十四日新開一月卯、以七角四分開始、嗣因輸出商之旁觀、及銀價提交之惡影響、而有七角二分之低價、其后歐洲市場因阿意兩國關係、忽告險惡、美國之態度硬化、政狀不安、及德國財政窘迫之激化持續不活潑之平穩之商況、而下旬則因日本市場豆餅需要之增大、及現物稀簿、歐洲之强調、於是油場及輸出商均出頭購買、遂以漸騰以七角七分二厘五毫散市而越月、

△一豆餅　當夏令淸淡之期、持續於日產一萬塊之市況現物、以九角七分五厘開行、以九角七分爲低價、因大豆連日高價趨於漸騰、九月份一元一分之現物、一元二分之高價旋因大豆返落而軟化、十六日遂有九角四分之低價、然其后因美國市場之好況、生絲之奔騰、及豆油之地方消費量增加買氣枉盛已極、又因現物稀簿九月卯一元三分、現物一元五分之高價出現、仍呈强調、而日本市場由於硫安價高、及農村生產品之昂騰、購買力有意外之增大、他方面則原料之大豆、因天氣之賜惠、預料將來必賤之人情、頗爲濃厚、至二十九日、果然十一月卯十二月卯寶物相繼而出、而輸出側對此又能儘量購買、以九角二分之低價成交、以九角五分散市、於活況裡越月焉、

俄少年陰謀顚覆電車 被司機發見捉獲送署

交通局十七號電車、司機人劉溯元、(二七)關裏人、於十八日下午七時半許、駕駛電車追、結果捕獲一名、送至花園分所、據供出名老扶克、(一八)共謀顚覆電車不諱、現下正

部分不親切之車掌、想不久亦必趨於好轉、否則違犯汽車駛主義、諒亦必根本剷除、但雖乘務員訓練好評、缺點仍有不鮮、北馬路之停留場地區狹窄、車馬複雜、行人稠密、發生事故、時有所聞、若不將該處道路改修、難免交通、發生事故、其二西門臉各路綫、必通過之要路、乘客多待於西門臉候車、無不受風吹雨淋之苦、頗惹煩言、無有待合所之設置、不絕入耳、不但乘務員換班休息不便、一般乘客亦感非常苦惱、想當局謀乘客歎聲方便、似有修待合所之必要云

額爾克訥左翼旗概觀（續）

第三章　租稅

本旗地未經出放、均爲官有所有人民之墾種、分舊新之別、新地捐(初年所種之田)按每俄垧二元五角、(耕種一年後)舊地每垧五元、

第四章　官公有財產

土地、森林、皆公有、

五、產業

第一章　總說

額爾克訥左翼旗、在滿洲國之北、面積遼濶、土質肥沃、既利於農業、復宜於牧養、以氣候稍寒、開闢較晚、從前住民、均以牧養爲業、並無從事農業者、以良好之土地、不知開拓、殊爲可惜、近十年來、氣候不似從前之寒冷、由他處遷來之民、亦知耕地、有利可圖、於是開墾之地、有四千餘垧、而所產之大小麥等、產量亦豐、而農家又有利用機器、以耕地者、獲利又鉅、惟以人烟稀少、未墾之地、尙有三萬餘垧之多、誠能招來他處農民、從事開墾、牧養之沃地、自不難變得耕田矣、則農業之前途、正未可限量也、

第二章　農業(畜產)

額爾克訥左翼旗、以氣候關係、土地不適宜於高粱及大豆、其他之菓樹、更不能栽種僅能產出麥子、今將產出麥子之種類、及生產額數列表於左

自至康德元二年　月　日概算

三輪汽車撞傷學生

馬家溝巴陵街、門牌十一號、住戶趙某之子趙連成(一四)在慈惠學校讀書、下午一時許散學回家、行抵警察廳東方處、不意由東向西、突馳駛〇〇司令部三輪瀛車一輛、雙方躲避不及、始將趙生碰傷頭部、傷勢甚重、尙警急以電話通知市立醫院、叫救急車一輛、送市立醫院應急手術調治中云、

味劣於滿洲猪、肉毛及鬃可作爲刷子材料、農家飼之者、並不多、經調查結果、旗之全境共有猪一千六百九十六口、飼猪之業、不及牧養馬、牛羊業之盛、

編後餘墨

（醉雷公）

爲貧所迫而挺身走險者、其行固可惡、而其意猶可愍、衡諸富而不仁者猶可逭也、

我如斯聞、上大有好生之德、人之困於衣食而爲非、固屬最下之策、但其意在『求生』不得已而爲之者、蓋果有寃府、信必衡法事理、予以寬容、惟富者宜『養德』、如不『養德』即屬『缺德』何況不『養德』而故意『爲非』乎、較之衣食所迫而作惡者、罪加千百倍不爲過也

作善獲福、爲惡獲報、天網恢恢、疎而不漏、姚某之一再入獄、揆諸果報之說、信不誣矣、

奉勸世之富而不仁者、當以前車爲殷鑒、勿以不『缺德』即可以、須知不『養德』、即屬『缺德』、宜進一步『養德』是爲對、

一對野鴛鴦被獲

【哈爾濱】李玉發、(三六山東萊州府人、二年前移居於石道河子、務農爲生娶妻李唐氏、(二九)生性風流、不安於

偽佈告事、案查在哈市租賃房屋、向稱昂貴、具頗感困難、所以自市營住宅之完成、其他經營之住宅、其租價始有緩和之顯著、現時鐵路局之住宅、騰出多數、加以修理、(舊北鐵之住宅現在空間)及現下市內各處復有新築之房、完成以後、則市內住宅定有相當之餘裕、不至過感缺乏、所以房租亦不應過於昂貴、惟因此關係、凡租房之人、頗受一時之影響、實有阻礙哈市繁榮之遺憾、當局有鑑及此、對於各房東如有漲價行為、實於道德公益相違、決定予以限制、務使照舊低落、為謀哈市進展、今後如有貪利之徒、任意漲價者、應依法規予以相當之處分、除分令各署與在哈警務官憲協力嚴行取締外、合行佈告市民、一體週知、勿違此佈、

▲更　正▲

第二十九期之濱江特刊、誤印為第六十二期之大連特刊、特此更正、請讀者見諒

濱江特刊編輯部啓

滿洲國協和會
濱江省事務局狀況概要【上】

濱江事務局事務長　赤嶺義臣述

一、過去情形

溯源濱江省事務局、由成立迄今其中經過及變遷已有種種之歷史、當未成立之先、係於大同元年四月間、設置協和會委員會於奉天、此為最初着手局、協和會首唱民族協和、發揚王道精神、在北滿樞紐之哈爾濱、已獨樹一幟、惟當北滿在殘破之餘、兵匪之蹂躪地方之紊亂、已達極點、民心浮動無所歸趨、本會以決死悲壯之[illegible]安定民心、宣稱王道為已任、因此收效頗大、不幸當時犧牲者計四名、而協和會所到之處、民眾均誠心信賴、民心稍得安寧、彼時國家鑑於治安為第一要義、甚此方針、與日滿兩軍、並關係各機關、協力同心、宣傳建國精神、發揚王道主義、宣德達情、收攬民心、同時糾合地方中堅國民、結成分會、努力國家建設、務祈官民一致、結果一般民眾、相信[illegible]區之組織網、已告完成、而各地分會又能徹底了解協和精神會員均一致邁進建國工作途徑、幸於康德元年三月一日、恭逢我滿洲帝國與國民為永遠紀念之 皇帝陛下登極大典實現、已副國民翹望矣、此後除專心整頓指導、及訓練外、仍甚於治安為第一主義繼續進行宣傳宣撫工作、如去歲從事第二次特別工作之東防衛地區治安工作等、同時並重復工作、所幸民眾覺悟、均改變已往思想、努力治安方策、以致建國二年中間治安、已恢復原狀、不但國家慶幸、世界各國亦均為驚駭、由此以觀、宣傳實為建國第一要素、而當此日滿親善之初、協和運動更為需要、建國要人、有鑑及此均竭誠提倡、協和精神、是以本會自成立以來、犯萬難冒萬險、衝破荊途、邁進康莊、創設已竟完成、今後當注重實際工作、對於宣德達情、已認為[illegible]開地方聯合協議會、努力暢達民意、從此更與國家各機關取密切連絡、務期建國精神實現、王道政治完成、日滿協和、東亞和平、為將來既定方針也、

二、現勢狀況

協和會為早日實現協和精神、故極力擴充會務、自康德二年七月改組伊始、國府增加經費廿萬元、各省事務局、按地方情形、增添辦事處、即以濱江省事務局管下而論、除原有五處辦事處、現又增加八（未完）

哈市八月中
經濟狀況之消長

哈爾濱之時產界及錢鈔市況、在過去之八月份中消長狀態、據交易所之調查、大致分敘於下、

△—國幣 前月以來、持續軟調之市況、八月二十七日遂以一〇二圓八角開行、一〇二元九角為高價、遂趨於漸落步調、七日因受滿洲國產金買價提高之刺激、竟達至本市場開始以來之最低價一〇一圓四、而與金票同價之氣象、益見濃厚、雖海外銀塊不動、仍演出大暴落、十日遂有康德元年五月以來之新低價、一〇〇元五角、旋以大連鈔票之強調、始見返騰、而亘二旬間、海外市況、因中國及印度相繼賣物、而引出投機份子之大拍賣、以致倫敦銀塊之奔落、十四日遂突破一〇〇元之大關、而有九九圓八角之價格、復因銀行側之防護買盤、而有一〇〇圓四角之反撥、嗣因阿比西尼亞與意大利之關係惡化、而演成一〇〇元八角之價格、然以對鈔票滙兌之低落遠卯(九月二十七日)遂以一〇〇元四角五分散市、於[illegible]越月云、

△—大豆 前月以來、待機於第一次收獲豫想發表之歐洲市場、預料畧定、並適值端節

哈爾濱大房產家
姚錫九再入獄
因某種事件被警廳逮捕

本埠大房產家姚錫九、事變以前、曾因大賭案關係、一度入獄、乘事變之機始得僥倖脫出、一般人以為姚某經此打擊、必當痛改前非、仍不失為一良民、詎姚惡性天成、不知懺悔、為非作惡、依然如昔、前為某種事件、又被警察當局逮捕入獄、迄今將及匝月、猶在羈押偵查中、姚雖恃金錢之魔力、倩人百般運動、希圖消案、奈清明廉潔之警察當局、確非從前舊政權時代之貪污枉法官吏可比、偵察結果、倘眞有事實、恐法網恢恢、難以脫逃云、

由刑事科門前、向馬家溝行、車抵道裡公園前、當日防空演習、燈火管制、正消燈之際、不料有三俄人少年、均是十七八歲、利用消燈黑暗機會、置於電車鐵軌上木桿兩棵、希圖顛覆電車、傷害乘客、詎知司機人、因黑暗關係、將車開駛速度最慢、發見軌道有障妨物件、當即用急停車手術、將車停止、下地查看、而該少年藏於暗處、以待電車顛覆、嗣被乘客及司機瞥見、惡少年藏身地點、三俄人見機不佳、轉身潛逃、乘客與司機人、協力尾在繼續緝捕逃犯中云、

賊運不通　當場捉獲

道外長春頭道街、門牌六十號、住戶張愛信、(二六)於昨日下午二時頃、因事外出、被樑上君子藉此良機、將鎖撬開侵入室內、竊去衣物多件、將欲逃走、不意被鄰人李玉勳撞見、當場抓獲、送該管分所、據供行竊不諱、備文送署懲辦云、

大汽車股　訓練有方

交通局將營業大汽車收歸市營以來、營業狀況、異常發展前由日本購來流型式大汽車多輛、配佈各路線運轉、一般乘客、頗感便利、汽車股力謀乘客之歡心方便起見、由下月初旬、實行設立指定停留場目標、除停留場而外、決不能隨便站車、自採用之女車掌、訓練有方、嚴守規章、而今對於一般乘客、和顏悅色、大有好評、故乘客特別滿足、與車輛發生衝突漸次稀少、雖有一少

種類	數量	每石價值	出口數量	到達地名
大麥	二、〇四七石	一〇〇〇	六〇〇石	海拉爾及三河
小麥	一九、七九四石	一五〇〇	一、五〇〇石	地方消費之
燕麥	七、九六七石	一〇〇〇	一、三二〇石	仝
蕎麥	七〇九石	六〇〇		仝
油麥	一、五〇八石	一二〇〇		仝
總計	三二、〇二五石		三、四二〇石	仝

一、農作物之限制

旗境內雖有山嶺、然柞樹極少、又以氣候關係、並無養蠶者、且夏季較短、霜來又早、氣候確表現大陸性、故僅能種大小麥等類、又因農作物生育期間短少之結果、一年只有一次收穫、至蔬菜僅有白菜、蘿蔔少數之栽種者、

二、農村之現狀

查本旗之面積、約二萬五千餘平方粁、住民僅有一千七百餘戶、以農收兼業者居多、每年每人能耕種三十畝之地、可收穫二十石之大小麥、並能兼操牧養事業、除日用之化消而外、尚有贏餘、況地方平靜會攤極少、農村狀況、並無窘迫情形、又以農民所種之地、均未從經官丈放、由人民隨便開墾、官家僅收地方捐、水旱之災、又不常見、是以生活狀況極為充裕、

第三章　畜產業

額爾克訥翼旗、地面擴大、水草豐富、最適宜、於牧養、實天賜與以無盡之改場也、住民均以牧養為主、其家畜之多寔令人驚歎也、然無論其為專業、或兼業、其畜養之方法、皆為原始舊法、未加改良、故家畜品質、難免粗劣、且由家畜所生產之物質、其利用及加工方法等、尚欠研究、若與各國比較、則有落伍之現象也、誠能加意研究、改良家畜品種以提高資源之價值、將來牧畜業之興盛、經濟之發展、自有一日千里之勢、

一、家畜

本旗境內、飼養之主要家畜有馬、牛、羊、猪等為主、家禽之中、以鷄鴨鵝為主、

馬以蒙古馬居多、身材短小俄僑所養之馬、比蒙古馬身軀較大、本旗之馬、共有四千六百三十二匹、

牛、均為蒙古牛、身軀並不高大、畜之者用之挽車耕田者極少、乳者均畜之孳生子息、及擠取其乳、牡者亦有用之服旁役者、旗境內之牛、總計有一萬二千四百三十二頭、身軀發育、不良肉量少脂肪不甚富足、

羊、羊有山羊棉羊二種、農家多以牧養羊為副業者、山羊比棉羊較小、其皮多用之製做衣服、肉可為食料、本旗之羊一萬四千二十頭、猪、本旗住民、以俄僑居多、農家畜養之猪、多為俄國種、體大而肥、[illegible]

室、每逢外出、濃裝淡抹、引誘狂蜂浪蝶、終日不離門前、穢言淫語、不堪入耳、唐氏結識某軍隊兵士王喜均、(三〇)河北省人、熱度極高、卿卿我我、形影不可少離、詎知好事多魔、由今年五月間、該軍隊奉命調轉哈爾濱駐防、李唐氏竟亦追隨來哈、與王某在道外租房實行同居、儼然如同夫婦其本夫於李唐氏走后明查暗訪始知潛逃來哈、李某遂亦追之來哈、所謂冤家路窄、於日昨見唐氏行經十五道街適被本夫撞見、當時捉獲控告於南新署、該署據報將奸夫王喜均一併逮捕、現下正在審訊中云、

主任榮陞分局長

【公主嶺】懷德稅捐局、古榆樹分所主任劉先治、久歷稅差、精明幹練、素為該局長之器重、自接主任後、對與稅務亟加整頓、擘畫有方、對于商民、尤屬融洽、至於稅收、頗稱起色、早為極峯嘉許、於本月中經奉天稅務監督署、電調突泉稅捐分局長、該氏刻已將分所事宜、逐一交代清楚、不日束裝履新局長之職、惟該局局長、以及全體職員、茲為該主任、此次榮膺局長、頗為榮幸、故而恭送、撮影以資紀念云、

承認紀念之盛況

【城廠】九月十五日、為東鄰承認我滿洲國三週年紀念、本縣警學兩界、早奉縣令、至期舉辦慶祝大會、假學校作會場、早九時農商各界、齊集會場、參加者約兩千餘人、舉行典禮、協和會長胡叙忱、致開會詞、講演東鄰承認我國之意義、措詞肯切、聽者動容、繼乃沿街遊行、歡呼之聲、達於[illegible]盛一時之盛云、

濱江特刊

第三十一號

盛京時報北滿總支社

社址　哈爾濱道裡斜紋二道街一三

電話道裡五二七二番

楊彩忱因借官欵 偌大財產被沒收
平民借官欵終成後患
勢力相懸殊强肉弱食

世事經濟皆學問、人情練達即文章、是言人有學術、亦得會用、苟若不明世故人情、雖然學富五車、如遇事時、也得吃虧、處於崎嶇社會、道德淪亡之今世、尤得特別注意、時加嚴防、否則遇事不免被人欺騙、落得身敗名裂、挽救無術矣、如道外北七道街門片十號、房對家爺墨堂楊彩忱楊鑫忱兄弟二人、論其學識稍得起滿腹文章、併在教育界供職有年、惜其生長富家不善經理家務、祗知嬌妻美妾、駿馬輕裘、未想到富貴如夢、財似浮雲、前於民國十年四月間、因其揮霍過度、入不敷出、故將祖遺之不動產、計十六處陸續抵押於奉天儲蓄會名下、息借

失、因屢不到案、致被缺席裁判、將價值六十餘萬元之家私判歸該會所有矣、彼時楊氏兄弟、以鉅大產業、僅還該會二十六萬元之借欵、心有不服、提出上訴、三審結果、准其二年爲期、籌欵抽贖、如至期不贖、該產業全部即歸儲蓄會所有、楊氏兄弟、以爲有此鉅大產業、不難籌欵司贖、至期轉借錢欵、奉小洋五十三萬元交庭待贖、詎該會復謂、錢化當時、須交哈洋、追由奉小洋轉換成哈洋時、又恐逾過贖期、雖經向法院聲請展期、結果仍是以過期爲詞、該會拒絶回贖、楊某因此、連年涉訟、走遍司法、因在舊政權時代、終未逃出張派勢力範圍之下、（蓋奉天儲蓄會完全操縱舊政權軍政要人之手也、）仍然未能贖出、與該會請求清算產物之所値、與債務之數目、是否應行找出一部財產、及以前經該會收去租金是否除利息之外而有餘、該會不但不與淸算近更進一步攻擊、將爺墨堂現有七道街之樓房所租之住戶、仗勢驅逐、强制收租、致又揭起訴訟、双方對庭爭執、該會現聘日滿律師三人爲常年法律顧問、與楊氏兄弟周旋、惟本案楊氏兄弟、能否勝訴、倘在異問、惟揆諸以上情形言之、楊彩忱在民國十年、借欵之數、僅不過二十七萬五千元奉票而已、至民國十二年五月間、即被該會沒收一部、同年十二月間、已被該會完全收租、迄至現在、該會仍抱夜狼獨奪之野心、豈楊某財產蕩盡而後已者、何其忍也、世之無故以產業作抵押、輕使官欵者、亦可以此爲戒矣、

廚夫騎馬踏傷小女

上號安埠街、門牌二三六號、住戶孀婦王馬氏、（二六）其長女小東、年七歲、昨日下午二時半許、在門外遊玩、不意有藤田組廚夫、王來端（三五）騎馬赴安埠街辦事、一時不愼、將小東被馬碰倒、踏傷頭部、受有重傷、當時昏迷不省人事、適被崗警發見、立時赶到肇事場所、將該小女送至醫院、應急手術治療、生命頗有危險云、

額爾克訥左翼旗概觀（續）

一、養禽業

家禽以鷄爲主、鵝子、鴨次之、鷄能產蛋七八十枚、肉與蛋味均美好、鵝一年能產蛋三十枚、肉味劣於鷄鴨、利用其驚人之性質、爲農家之看家用

一、玆將鷄鴨鵝之數目列表於左

種類	數目	每隻產蛋數	每隻鷄價値	每個蛋價値	備考
鷄	七、二六二	六〇	五〇	二分五	
鴨	一二二	七五	六〇	三分	
鵝	一四一	三〇	一、〇〇	五分	

一、權乳業

本旗營榨乳業者、僅有五家、亦以人煙稀少故也、本旗住民無一家不養牛、以擠取牛乳爲飲料、

一、玆將乳牛之數目、及每隻牛每日所出之乳、及每甫子之價値列表如左、

乳牛數目	日出乳數	年出乳數	日出油數
二、七五六	五斤	一千斤	二兩餘

年出油數	乳每甫價値	油每甫價値
一甫特二斤	六角	十六元

一、養蜂業

本旗以氣候寒冷、養蜂者極少、僅奇魯圖屯有養蜂者一家、共養蜂二十五房、每一房年出蜂蜜一甫特、合滿洲秤約三十斤、每甫特能賣國幣十元、

一、其他牧畜業

本旗境內尚有畜養駱駝者、但爲數極少、經調査不過七頭、均用之挽車、每頭每年能出絨三十斤、

回家後、稍事質問、致觸張某之怒、閉門毒打雖双喜百般哀求、張竟稱打死方休、以免後患、嗣經鄰人調說、始暫放過、張以腥臊口、時迫令其續娶之妻下水、以圖達其營利之目的、女不允、即加虐待、事爲該管南新署聞知、曾一度將張傳署、加以警告、張釋回後遷怒於續娶之妻、以爲暗中舉發、盛怒之下、將女大肆毆打、因此双喜忍無可忍、遂具呈在濱江地方檢察廳、將張殿閣控告、諒不久即可開庭偵査、萬惡滔天之龜奴張殿閣、恐難免受法律之處裁云、

在德元輪船上 搜出大批私土
共二千餘兩價値四千餘元
密輸犯船員十七名同逮捕

哈爾濱航業聯合局所屬之德元輪船、本月二十七早八時、由富錦來哈、在八站碼頭拋錨專賣署緝私官多名、上船施行檢査、結果在船艙內、搜得烟

依舊操其生涯、據聞無論如何嚴拿、其爲求衣食計、勢難根株斷絶、玆昨九月廿五日、中區警署署長傅國卿、派該署指導官椎木菊助君、察査煙館、

宋紉秋遵傳來哈 恐嚇案即將却下案

桃色訟案中站在証人地位之宋紉秋、因方錫章在檢廳控告恫嚇一案、依無端緒、寄居哈埠、候審無期、生活維艱、又兼家中母老子弱、急待奉養、故一月以前、曾呈報檢廳、暫回奉天原籍、聽候票傳會見前報、濱江地方檢察廳、且前又下傳票、定期開庭、宋遵傳於二十六來哈、翌日即向檢廳呈報到案、日內即可開庭偵査、擬一般觀測、經此次偵査後、恐嚇案或將予以却下云、

電氣科員若干名、（四）出技者各電氣股長依下記審定、一、出技組數各電氣股均一組、二、出技者爲監工員以下者、三、出技者一人爲一種、（五）競技會細則及方法書另訂之（六）競技上所需一切工具概須持往、縱有不足物品、會場一概不補給、故應特別注意、（七）競技者須於當日八時前齊集電氣科前、（八）競技之成績優秀者、局長授與賞狀及賞品云、

三個竊犯 送往檢廳懲辦

【黑龍江】近數日間、經本埠警察廳、在零市場、拿獲竊

淫婦潛逃 報警緝捕

香坊署小北屯分所管界、大安里門牌九號、住戶胡連川、（二一九）山東掖縣人、以賣小工

奉小洋二十七萬五千元、原定月利二分、按月付息、詎因其生活日窘、付息無力、致使該會任意盤剝、息滾爲本、双路並進、二年之間、即被該會沒收抵押之樓房一百三十四間、地基三段、共計三百方丈、以上兩項、折合哈洋八萬五千元、作爲利息、除收尙欠該會本利奉小洋五十二萬五千七百餘元、該會復以力壓泰山之術將陸續抵押之借據二十餘張、相成數目、改成總欠字據一張、以防其陸續抽贖、彼時楊氏兄弟失計者、即時爲之劃押承認也、由此相沿至是年冬季該會見其無力贖產、即實行强制收租矣、惟其所收之租金、僅可作爲利息、本銀仍是按日喘漲、後於民國十三年、該會又以抗債不還爲理由、在濱江地方法院具呈控告、經該院受理本案後、票傳楊八兄弟到案審訊、詎該楊氏等、正在醉迷烟花之際、爲顧及財產之損

俄商被偷
水獺皮五十餘張

道外二道街、七十八號住戶俄人巴拉斯吉、以開皮貨店爲生、於昨下午六時半頃、因事外出、不知何時侵入小偷、將水獺皮窃取五十三張、狐狸皮一張、統計價值三千餘元、迨八時半許、該經理歸宅發覺東西散亂、知情有變、當即檢點物暂、始知被盜、以上多數物件、立報該管分所、請代緝捕云、

既逼嫡妻爲娼　又迫續娶下水
萬惡滔天之龜奴張殿閣之兇暴

女子張雙喜、（十九）河北保府人、數年前隨乃父遷居奉天新台子、當地有地痞張殿閣、見双喜姿色超群、以爲奇貨可居、遂起不良之念、以扶養二老爲條件、聘得双喜爲室、過門未久、僞稱赴奉找事、先偕双喜前往、待事謀成后、再接其二老不遲、双喜信不稍疑、即束裝就道、抵奉後、事未謀成、又言赴甜草崗舅父家、於是由奉北來、至哈後、賃居道外南十八道街、每日非打即罵百般虐待、逼操皮肉生涯、双喜不從、則不與飲食、一弱小女子、無抵抗之能力、只得聽其擺佈、乃於本年正月八日、將双喜以國幣三百元、押幣薈芳里福樂堂、張得款後、大肆揮霍、不日將款用罄、双喜每月賺錢少時、即加以毒打、双喜賣笑所得口資、充分供給得之揮霍、並以双喜所賺之腥錢又續娶一室、張之用度日增、亦即双喜之担負愈重、於上月十八日、又向福樂堂使得國幣三百元、事爲双喜聞知、夜晚

搜查中巧獲一匪
△一田島主任之功勳

香坊署刑事係、田島主任、近鑒青紗將倒、胡匪乘機蠢動、於昨下午三時、田島主任率幹士數名、不眠不休、到處嚴厲搜查、以破匪胆、正在上號安福樓鴉片零賣所、搜查之際、突發見吸煙客一名、形質惝恍、意欲潛逃、不意勇敢幹士、上前逮捕、實行搜查、結果搜出舊式手槍一支、常帶者經田島主任嚴審之下、供出孟賢仁、（二七）双城縣人、是否胡匪、確有甚大嫌疑、現下仍在嚴審中云、

滿洲國協和會
濱江省事務局狀況概要【下】

濱江事務局事務長　赤嶺義臣報告

(二)直轄分會、計市內已正式成立者十七個、並有呼蘭、賓縣、阿城三分會、統歸事務局負連絡指導及訓練責任

(三)辦事處計有十三處

一、一面坡辦事處、直轄珠河縣葦河縣二、綏化直轄望奎縣、鐵驪縣三、寧安四、五常五、穆稜六、巴彥直轄木蘭縣八、安達站直轄安達縣、肇東縣、肇州縣、郭爾羅斯後旗、九、密山直轄虎林十、青崗直轄蘭西縣十一雙城十二延壽十三東寧辦事處設置之宗旨原爲指導靈活、連絡周密、訓練詳慎起見、故濱江省二十七縣一旗、已爲十三處工作運動兼顧並施矣、此外尙有工作成以及各辦事處已有十餘處、並設有留日學生準備教育所、留日學生奬學會、武術學院等、均期語言通達、免除隔閡、以促成協和爲目的、此現勢狀況也、將來則務期發展、以協和普遍爲目的、

三、將來計畫

將來計畫分既定方針、與將來計畫兩種、既定方針、如主事會、議常務員會議、此項會議、是欲研討工作良策、並注重訓練、及連絡感情爲主旨、省聯合協議會、全國聯合協議會事項、由被選代表陳述、小者由省聯解決、大之由聯公裁、此正所謂宣德達情、實際工作也期滿洲青年之澈底覺悟、例年春秋兩季、開雄辯大會、以青年之先覺、喚醒民衆之後覺、欲明經濟狀況、則組織經濟調查、隨時得到北滿經濟情形、並實行映畫宣傳、以電影情景感化一般民衆之充分認識、以及各種紀念日、均有特別運動實績、此外則組織日本視察團實現日滿親善、而便觀感倣效、開金融座談會、與農村經濟座復、又鑑於思想有關國家大局、即開思想座談會、以期思想改善、此既定方針也、而將來計劃、則有以下數種、一擴充辦事處、務要達到一縣爲單位、方能免除、顧此失彼之憾二常開工作員會議、藉明各地情形工作狀況、以使感情融洽而便互相砥勵、三改組分會、以期基礎鞏固、並組織模範分會而作其他分會之借鏡、四整頓會費、以節經濟源流、而作重要事業五、設置問事處、以聯除民衆糾紛、而便民隱上達六而關荒地、富國裕民、無過於此七、召開縣聯合協議會、以造成協和團結之眞諦八、關於民衆災害、不分種族、勢必竭力救濟、以符王道建國精神發揚、民族協和眞義九、如民族協和運動、建國精神工作、已爲協和會重要使命、總以上各項、現已實行工作者、十之七八、共十之二三尙在計畫進行之中、但回顧已往、多慚[illegible]之羞、爲將來整頓、恒懷履冰之懼、希我同志及國民明達、時賜南針、以匡不逮、俾免隕越

土約二千餘兩、價值四千四百餘元、同時將密輸犯人十二名船員五名、共十七名、一併逮捕、茲將密輸犯及船員採錄於下、

△一密輸犯　紀春和、張臣恒、鄧起貴、張玉桂、李守寶（以上七十兩及八十兩各二包、王煥正、溪文孝（三包）于才（二）劉鴻賓、（三包）徐景山（四包龍四江、（六包）于在泉一包

△一船員　張文孝、（一包）韓殿奎（二包）康任福、楊春山魏中有（三包）

野妓勢難根株斷絕
中署又拿獲七名

【黑龍江】本市各專賣零賣所內、野妓成群、專爲吸客燒煙、反於燒煙之際、對於客人無不大獻其媚、以致色客、左擁右抱、確有樂不思蜀之慨、故警廳爲該等傷風敗俗、曾飭所屬一再驅逐查拿、無如野妓等、爲生活無着、陽奉陰違、在東記零賣所、査獲野妓、崔淑淸、關玉珍、劉樹芬等三名在芳記零賣所、查獲野妓魏淑珍一名、在各零賣所、查獲孔雅卿、高劉氏、崔雅妝等三名共查獲野妓七名、一併帶署、轉送警廳懲辦、以維風化云、

路局業務競技會
開辦電報等競技
△一成績優秀授賞

【黑龍江】據齊齊哈爾鐵路局消息其業務競技會由鐵路局主催之茲於本月二十八日該競技會在本市開辦電柱建設、及電報加設等競技、而成績優秀者、則由局長授與賞狀及賞品、其此次開辦之規定、開錄於下（一）開辦日期並開辦地、九月二十八日、在齊齊哈爾開辦（二）競技種目及參加人員、一、電柱建設、日人三名、滿人七名一組、二、電報加設、日人二名、滿人五名一組、三通信裝置、日人二名、滿人二名一組、（三）職員、會長、局長、副會長、工務處長、委員長、電報科長、準備委員、電氣科員若干名、齊齊哈爾電氣段長、競技委員、電氣科員若干名、各電氣段通信副段長、或工務員各一名、審查委員、

取破爛床子衣物之竊犯馬彩五一名、又拿獲竊取省議會胡同五號、日商理髮舘剪子、傅鐵英、王雲龍等竊犯兩名、共三個竊犯、均於九月廿六日、一併送往地方檢察廳辦云、

爲生、其妻胡池氏、（二七）生性風流、素日不安於室、終日濃裝淡抹、三寸小金蓮、踏遍街頭、打情罵俏、時有所聞、引誘一般狂蜂浪蝶、終日徘徊門前、汚語淫言、不堪入耳、近來結識吳相元、（二九）河北省東光縣人、勾搭成姦、日久熱度極高、暗訂百年之約、倘有胡某之岳母從中撮合、於昨乘伊夫外出工作、不備之際、携其子女二名、隨奸夫潛逃無蹤、其夫報告小北屯分所、請求査緝云、

唐山保險業發達

【唐山】本市百業凋敝、惟保險事業、尙稱發達、茲據調查本市、本年火險單票、而價額在四百餘萬元、所担保者供係外商太古最多、美亞次之、永興又次之、開賠欵迅速、而可靠者、則推美國保險會云、

菜蔬組合果將再起？
一般觀測係放空砲
消息傳出後國民大起恐慌

陷於停頓狀態中之哈爾濱菜蔬種售組合、所有科長以下之大小嘍囉、見大勢去矣、或不辭而別、或靜待索薪、大頭目丁鑑賓、爲懷柔一般嘍囉起見會對所屬發表、現已募集多數小資人、出資整頓、前欠之薪俸、不久之將來、即可如數發放下月十日、即能加入中央批發市場、恢復徵稅工作、自此消息傳出後、內部職員、稍見安定、惟一般國民則驚慌萬圖與該組合拼命、不至打消、誓不休止、一般人對于之發表有兩種觀測、

一、因內部職員勢將瓦解、爲懷柔起見、不得不放此空砲

一、或者市署、不顧民意、果然准許該組合、如期加入中央批發市場營業、

綜觀以上兩說、仍以前說爲有力、蓋明廉潔之市署當局、決不至甘心爲虎作倀、剝削市民之脂膏、而惹起全體國民之反感、與全市民市民之不

濱江特刊
第三十二號
盛京時報北滿總支社
社址　哈爾濱道裡斜紋二道街一三
電話道裡五二七二番

江水奇瘦航行困難
江岸之貨物堆積如山不能運出
大體輪船皆停航行駛者十餘艘

本年開江之際、因江水奇瘦航行亟感困難、迨至四月以後、江水漸漲、始不啻[illegible]距近日以來、距封江之期、僅餘月餘、下江沿岸各地商家、大批購買貨物、以備冬、春兩季之銷售、正所謂航業界最繁忙之時期、然江水連日消瘦、截至昨日、下游三姓江道之水量、僅及關標三尺、則爲一二八、四六、凡航行之輪船、吃水量在三尺以上者、均不能通過三姓狹隘之處、航業聯合局所屬之輪船、其吃水量在三尺以下者、僅十餘隻、且因水量過淺亦不敢滿裝貨物、非但航業界大叫其苦、即沿江商號亦莫不愁眉緊鎖云、

青蚨飛來法繩收去
捉姦未成詐財罪立
姚錫九六太太與人通姦被捉
徐譒譯因五十元錢賣放入獄

哈市房閥、著名士紳姚錫九、雖係年近知命、然因財大燒心、除每日守着算盤想法剝削地皮魚肉貧民之外、則即左擁右抱、同着一般姨太太、食

夫淫婦、一併逮捕、終因金錢好使、該王氏許以鉅金、請求開釋、錢款不便、暫交五十、該徐某一見青蚨飛來、即將態度軟化、捋過五十元國幣、立辦、復經該科令傳原告到案指証、惟該王氏、恐因此案牽及姦情、故隱匿不面、傳喚無着該案雖係一面詞的官司、碍因案關詐財、又未便輕予開釋、故於本月三日、已將徐某轉送濱江地檢方察廳偵查矣云、

香坊署警士
破獲賭窟

哈爾濱上號[illegible]市門牌十八號住戶、顧鳳翔、(三九)阿城人、素無正業、以賭博爲生、於昨上午九時許、招集賭徒數名、正在興高唱呼之際呼盧嚇雉之怪聲、竟達戶外突被巡邏警士、石顯一、聞聲闖入將一干賭犯、一網打盡、備文送署懲辦云、

廚夫竊款潛逃

哈爾濱顧鄉屯福源和雜貨商、執事人、王清山(四三)濱

其名、而未見其面、咸爭相覩光、詎料『聞名不如見面、見面去一大半』、台步零亂、詞調荒謬、新排之石頭人招親生子一幕、有傷風化、因之連日以來座上漸次稀少云、

奸夫淫婦潛逃

哈爾濱上號道南街、門牌五十九號、住戶張維山、(四〇)河北省人 務農爲生、家道寒微、其子張丁兒(一八)大同元年經媒人、聘娶史文春之女爲妻、今年二月間過門以來、張史氏(一六)雖小家婦女、裝束時髦、不安於室、結識趙玉臣(二四)河北省人現無正業、初則陳倉暗渡、繼則棧道明修、卿卿 我我、大有不可稍離之勢、暗訂白首之約、突於昨下午二時許、乘家人不備、隨姦夫趙 玉臣相偕潛逃、遍尋無着、無奈將趙某之兄控告於香坊署、請求澈底追究、據報之香坊署、立將其兄趙玉山逮捕入獄、現正緝捕在逃之奸夫淫婦中云、

是之謂難兄難弟
兄靠女招待弟割靴腰子
醋海起波瀾險些出人命

晚近以來、一般婦女、爲生活所迫、或充烟館招待、或當酒肆堂役、其名稱與妓女雖然

工人、忽至義和居飲酒解悶、得識菊春、春兒見彼二人裝束僕實、乃大灌其迷湯、果然使

憤怒之下、將銀鐲當菊春之面投入痰筒之內、憤之而去、春兒只得飲泣吞聲、將手鐲自行撈出、暗喊倒霉而已、顧客中又有商人周立全者、與春兒亦頗親善、報孝極豐、春兒不惜以全幅精神假與週旋、未久事爲柜政聞知、下逐客之令、現在賦閒於偏臉子、聞有堂叔弟周立棠、(三〇)住第一旅館、係一烟土老客也、收入頗豐、乘機而入、或至澡塘洗對盆、或偕旅館開房間、日無虛晨、夜無虛夕、二人戀得火熱、事爲其兄立全聞知、隔昨懷藏牛耳尖刀、突至義和居、適春兒又同立棠外出未歸、乃沽酒自

額爾克訥左翼旗概觀（續）

第四章　林業關於森林面積、及其蓄積量、尚無確實調査、森林之區域、在哈烏爾河北方、根河流域、及興安嶺之麓、並額爾克訥河流域地方、面積極廣、所產之樹、老幹參天、至樹之種類、亦不一律、以落葉松佔多數、白樺次之、黑樺、白楊柳、油松等又次之多用之爲建築之用、其不成材者、作爲燃料、因交通不便、不能運銷他處、

一、製炭業

本旗所產之木材極多、又以人煙稀少、並無製炭業者、

一、獵狩業

本旗以獵狩爲業者不多、據調查所 得之數、不過 百人上下、以獵取灰鼠皮者居多、麅皮次之、旱獺皮又次之、其他如狼皮狐皮更不多見、

一、葯材採取業

所產葯材無多、僅有黃芪、黃芩及甘草、當歸 以產量極少、交通又不便、並無採取者

一、其他林產物業

本旗雖有森林、除獵狩爲業者外、並無其他林產物業、

第五章　水產業

額爾克訥左翼旗、北有額爾克訥河、境內有得爾布爾河、哈烏爾河、根河、雖有魚類、並無以 捕魚爲業者、春秋兩季、有以釣取者、有擒魚亮子者、然均自己食用、出售者寔不多見、

一、江湖漁撈業

旗之境內、並無湖泊、僅北有額爾克訥河、亦無以捕魚業者、

（未完）

歡取樂、沉醉於溫柔鄉里、老姚雖是竭力週旋、終因年歲的關係、兼以姬妾過多、難免有些兼顧難週、其第六房姨太太王氏、本爲鼓姬出身、浪漫成性、自命風流、況在狼虎之年歲、實不堪受空帷之寂寞、故瞞着老姚、時常出來物色情郎買地闔會、前與商人辛姓者、引誘成姦、日久情深、初則旅館影院、繼則竟將姦夫領到家去、以達通宵之樂、在外方雖是滿城風雨、盡人皆知、惟老姚假裝糊塗、毫不過問、事爲北新警察署之徐譯者聞悉、自恨艷福太淺、未被選任、致嫉、徐某權不外溢、於是以警察之特殊權利、留意捉姦、於上月初間、觀艦式前、藉查戶口爲詞、貪夜帶同劉王二譯赴北十四道街老姚住宅檢查、至時果見辛某與王氏同室橫臥、蜜語甜言、該徐某當即放下面孔、施行警察權利、將姦將法繩收回、持欵而去、該王氏見其走後、以爲放走姦夫、有所狡展、不惟不付餘欠之賄欵、反向北新署聲訴徐譯詐財已遂、該署以徐某事關瀆職當將其收押、送歸刑事科懲

江人、前月所傭夫廚役、周建（三六）撫寧縣人、突於昨日下午十時許私之將櫃房買桌抽匣撬開、竊取國幣兩千元、潛逃無踪、次晨被執事人發覺、亦晚、遂報告該署、請求查緝云

小楊月樓空負盛名

△來哈表演無叫座能力

中國名伶梅蘭芳、旅歐時歸途中路過日本、曾受東隣人士熱烈之歡迎、結果載譽而歸、名利兼獲、造成中國梨園界歷史上最光榮之一頁、時來哈在新舞台、表演之外江青衫花旦小楊月樓、正落魂海上、鑑於外國人對於中國戲劇如同『老毛子看戲白打工』容易以魚目混珠、乃聯合某日人東渡、期發洋財、果然賴各報之宣傳、迨抵大阪時、觀客異常踴躍、楊自忖得計、竊笑梅蘭芳之博得外人歡迎原來如此、因之夜郎自大目空一切、遂將同行之日人辭退、獨自帶領全班配角够奔東京、詎料抵東京後、連日演唱無人光顧、所携之欵化淨、欲歸不能、竟窮困彼處、叫天不應呼地不靈、萬不得已、將所有戲裝典當一空、勉強回國、正在潦倒無出路之間、適新舞台檢破爛將其檢來、在打砲之初、一般人徒聞

不同、然其行爲實有過之而無不及也、因之醜聞艷事、迭有所聞、道外南三道街路東、義和居酒館、有招待菊春者、山東招遠產也、双十年華、蓄髮纏足、固一十八世紀之古裝美人也、因工嫵媚、善溫存、致一般狂色兒爭相捧場、每日門前、車水馬龍、遂然大紅而特紅矣、菊春運用其狐媚手腕、將一般酒色之徒、引入迷魂之陣、先是有南勳街某書局經理雖年將就木、而性慾依然、一見菊春、則傾愛慕之心、惟以年齒相差、公然講戀論愛、似不相宜、乃認菊春爲義女、贈以手鐲、並刻菊春之名於其上、以資紀念、晝則義父義女相稱、晚則哥哥妹妹相喚、惹得風雨滿城、茶飯酒肆、傳爲話柄、該老板恐與飯碗有關、遂急流勇退、漸次疏遠、於是菊春又不得不別覓大頭、一月以前、有江北造船所之劉姓二二人神魂顛倒、春兒一見『吾計售矣』遂更進一步的攻擊、將腕上所帶之銀手鐲携下、分贈二劉、以作紀念、而爲釣魚之餌、二劉以實爲實、果然携之而去、逾數日而不之再來、菊春一見『賠了婦人又折兵』、大爲懊悔、遣人親至江北詣二劉、討要銀鐲、劉隨之而來、飲、語云『酒入愁腸、分外易醉』、喝得酩酊大醉後、大罵菊春及其弟立業爲衣冠禽獸、嗣後被該酒館執事推出門外、頗行時、東歪西倒猶滿嘴臭罵不休、險矣哉、醋海起波瀾、險些兒鬧出人命、有司其責者盍注意及之云、

警廳果警長拿獲著名匪首

【黑龍江】齊齊哈爾警察廳警長果雨田、現在本市、拿獲久慣爲匪之著名匪首吳漢三、又名吳彬綽號鎮八方、夙在甘南縣結夥強搶、曾搶劫甘南住戶鄭連升、王振好等家、亦幾經甘南縣、一再通緝、現該匪首惡貫滿盈、竟被果警長拿獲、當綁帶警廳、請訊辦云、

農會長病故出缺

【延壽】縣農會會長于雲五蒞任以來、頗盡職責、年老力衰、積勞成疾、染病月餘、突於本月四日、竟爾作故、會長一席、因而出缺、希望者頗不乏人、究竟鹿死誰手、後訪再誌、

對於「桃色訟」案的論評【上】

（潘水風人）

鄙人讀報日無間斷、對於『桃色訟案』本事始末、澈底了然、倖我身爲局外之人、立在第三者旁觀地位、謹以良心的宣誓的、自信力、爲此下述不悖人情天理的合法批評、想讀者不乏高明、當不吝質疑與賜教也、

社會持論份子、誠有如前報所指之『道德觀念』與『戀愛主義』兩途、因其主見、一執其古今新舊之不同、故其立論亦必有失入失出之不須、鑑前者[illegible]論理、後者論情、不肯折中、必然偏重、第吾人丁此過渡時會、論他人事、須屛除個人黨見與主觀、以顚撲不破之國家大法爲前題、以世界共同之合理順情爲後勁以事爲緯須先明其是非、以法律爲經、庶不畸於枉縱、故吾人持論、與其膠執新舊界說、爭雄聚訟、勿寧一衷法律、酌理衡情、茲就其經過節節事實、印証其於理於情、究竟有無不合之處、然後[illegible]不辯而自明矣、

一、宋姜氏究竟有無監護權與親告權?、

（甲）按親告權須由監護權而產出、監護權須依條文而成立此法理也、別無直系尊親屬、其直接撫養者得爲監護人、直系尊親屬不在現場時、其撫養監護人得以執行親告、此人情也、姜廣英之乃祖乃父以及本身、三世受宋姜氏恩養、凡一切之婚葬教育、四十年來未出宋氏之門、此與家人骨肉毫無差別、非獨鄉貫之里閭戚族可以證明、即質之姜廣英及乃兄廣岫、倘人天理良心、蓋亦不容[illegible]一語決定曰、宋姜氏確有準監護權、

（乙）姜廣英考充商店員、徵論係其個人志願、即監護人方面、亦殊不認有放任與遺棄之責、蓋今世男女、各頂職業生活、不能強伊以寄人籬下之身甘受閨房之桎梏、若謂職業生活、即先有破壞童貞之處、則今世各地各機關公私會社、根本即應廢棄女人、此殊不近人情、抑亦絕無此理、如此則姜廣英之被人姦拐、可謂忽然特有之畸形、祇能研論被害與加害者責任誰歸、不能硬派監護[illegible]

（丙）姜廣英被人誘姦、事實發覺之日起、至宋姜氏報案警廳刑科之日止、中間尚經猶豫若干日期、始而備促姜女回歸俾則而証其個人對此婚姻是否同意、繼而方錫山單人求婚、未得要領、因而偕亡、迨及覓向該傅文閣商店理論時、竟無一人肯負追尋責任、監護人職責所在、於情於理、不能指其舉控爲非、

（丁）夫一經舉控、便爲親告此固不可不研論其有無親告權也、抑知當宋姜氏舉控之時無論姜廣英別無直系尊親、即[illegible]

第二、宋姜氏以確定準監護權之資格、試問此案之舉控、不屬宋姜氏而誰屬之、設者倘有姜廣英之胞兄廣岫云云、不知彼時廣岫久離哈埠、夙聞已返彰武寄籍、且不知其坐落何在法律本重時效、準監護人寧能放過此間之時效、而靜待後來姜廣岫索其胞妹乎?（此節報載宋姜氏致姜廣英函內可查、姑不備錄）何況以三世受恩之宸廣岫、此之宋姜氏、亦根本無監護與親告權乎、故亦可以一語決定曰、宋姜氏確有代親告權、即法院之公訴、亦當基[illegible]

濱江特刊

第三十三號

盛京時報北滿總支社

社址 哈爾濱道裡 斜紋二道街一三

電話道裡五二七二番

中央批發市場 業經正式開幕之 前途仍不容樂觀

已收買之十家代理店因仲賣票發生波折
未收買之二十一家商店又聯合一致反抗
市公署進退維谷成騎虎之勢

醞釀經年枝節發生之中央批發市場、自以國幣十五萬元、將十家鮮貨代理店之代理權實行買收後、由表面觀之、紛爭似將告一段落、詎知當茲中央批發市場新屋落成舉行開場式之同時、因該市場當局違背當日所立之誓約書、而又惹起爭執、其事實據調查所得披露於下、

原十家鮮貨代理店、於出賣代理權之同時、曾向市方要求、保留仲賣人之權利、並最多不得超過三十五家、經双方之同意、載於誓約、以憑信守、詎於中央批發市場、正式成立之時、竟放出仲賣人六十九名、超過双方所定數目之一倍、因此十家鮮貨代理店認爲該市場

十家鮮貨代理店反對結果、由中央批發市場出資十五萬元將代理權買收、故除已經買收之十家以外各代理店、當然亦不肯白白將大好營業拱手讓人、於是援照十家先鋒隊之前例、聯絡二十一家、團結一致、與該市場反抗、並聘請內海大辯護士爲法律顧問、依法保護其營業權、茲將第二批反對加入中央批發 市場之商號 分列於下、

春增長　新發祥
同發合　萬合福
泰來魚店　東記魚店
日新商店　同慶東
元昌號　公興福
復源祥　永聚號
三義合　源盛福

央批發市場亦無非營業性質不過比其他一般代理店之規模較大而已、但既無强制取締其他一般代理店之營業之權能而獨自攏略、則其他代理店非依正當手續、何時亦不能完全取銷當初市署聽信行將荒閉之永興德執事唐俊三等三五敗類之鼓惑、一步走錯百步走歪、結果弄成騎虎之勢、欲强制之加入則於法律良心兩所不許、欲中途而廢又於體面威嚴均有所關、最後不得不忍痛掏出十五萬元買收、並未想到猶有第二第三反對者之紛紛再起也、由此以觀中央批發市場之前途、仍然暗礁叢叢、不容樂觀云、

正陽署 捉獲慣匪

董元祥、（四二）山東登州府人、自滿洲事變後、投於匪首九江部下爲匪、盤踞山河城子一帶、後手中略有積蓄、去年冬月、潛伏來哈、住於偏臉子南大街五十八號、被正陽警察署王刑事偵知、於十一日下午十二時許、率警士三名、乘其不備、將董某捉獲、當由其屋內實行搜查、結果搜出手槍兩支、子彈九十發、由其腰中搜出約匪行搶信件一封、當即帶署、經嚴重審訊、供出爲匪不諱、現下正在繼續審問中、

忤逆之子毆打双親 隣人規勸加入戰團

如此教員可爲師表矣！

異常、殊堪痛恨、實爲滿洲王道樂士之敗類、不可理喻、遂羈押署內、諒日內即將轉交刑事科懲辦以儆忤逆云、

特濱兩地法院 即將實行合併

道外改爲特地法院分院

依大哈爾濱市之實施、道裡外從前所有々駢指機關、均各先後歸併、以圖撙節經費、而便統一事權、迄至現在、蘋果僅存之道外 吉林濱江 地方法院、猶與特地法院兩相對立、濱江地方法院之第二審仍屬吉林、中央司法當局爲撙節經費統一事權、與訴訟人便利起見擬將吉林濱江地方法院歸併於特別區地方法院同時改爲道外分院、第二審當然亦改歸特區高等法院、此議經中央當局愼重考慮結果、聞在此次司法會議席上業經表決、最近之將來即可實現云、

大滿麥酒株式會社 營業前途極度悲觀

◎||所造麥酒迭次發見死

以一千萬元之大資本、開設之大滿洲忽布麥酒會社、當開辦之初、一般人對之有極大之期待、詎因該會社之幹部、中途發生爭執、互相排斥、致影響於前途之進展、且所製之麥酒品質惡劣猶屬小事、更迭次發見死鼠、對於衛生上有極大之妨害、一般市民爲保護健康莫敢購買、因之該會社之信用掃地、同時營業之前途、極度悲觀云、

刑事係、該署據報立派警士、將高某捕獲帶署一略加審訊、供出偷小孩不諱、現下正在嚴審中云、

偷女出賣 未竟被捕

南崗道外間 電車宜增加

不然有失民望

自南崗車站至道外十六道街之電車共爲十一台、自車站至正陽街間外有短途車三台兩共十四台、近日以來、因交通局之車輛不敷分配、除短途車一輛因機 件毀壞入庫不 能使用

違背誓約、仲賣票拒絕領受、爲不按照從前所規定之數目施行時、誓必依舊退出市場、現在正在積極研究對策中云、

—又訊—哈爾濱特別市中央批發市場、之營業科目、包括鮮菓鮮魚菜蔬等項、當十家鮮貨代理店反將加入市場之時、其他十家以外之鮮貨鮮魚菜蔬代理店、均在觀望之中、嗣因

福合盛　義盛發
永順號　永慶祥
裕興泰　慶盛福
和生利

以上共計二十一家、按理自應援照從前十家之例、再予收買、惟所堪憂慮者、即此二十十家爲果買收后、能否再有第三第四起發生頗爲疑問、顧中

濱地檢廳日系檢官

由特檢大塚兼任

中央司法當局爲整頓吉林濱江地方檢察廳、擬選派日系檢察官消息曾見本報嗣經當局考慮結果、因日系檢察官之人材缺乏、暫令特區地方檢察廳大塚檢察兼任該廳檢察官、昨十一日晚業已奉到司法部正式任命、大塚檢察官於今日已到廳視事矣、奏稱炭料之吉林濱江地方檢察廳、將來必有一番興革云

姚王氏畏罪潛逃 姚錫九將受掛連

姚太太通姦捉放案續訊

哈爾濱著名士紳姚錫九之六妾姚王氏、因與奸夫趙秀傑通姦、被北新警察署王翻譯當場捉獲、嗣因以國幣三十元買放、事爲該署發覺、將王翻譯檢舉送科轉廳、收押等情、曾見上期本報濱江特刊、濱江地方檢察廳對於此案異常重視、日前曾票傳姚王氏到廳偵察、姚錫九一來避免問題擴大與自身之名譽有關、且自知行賄受賄須受同一之刑事處分、因此除將姚王氏匿藏於十道街公舘、使檢廳無法拘傳、但檢廳因王氏既係姚錫九之六妾、此事發生、與姚不無關係、故將票傳姚錫九到案、或責令其找回姚王氏、以便進行偵察云、

上號安寧街門牌六六三號、住戶姜海富、濱江人、髮妻姜劉氏、夫婦二人年逾半百、膝前惟有一子名仁厚、現年二十六歲、前肄業於煙台英文專修學校、事變後返籍、於康德元年曾任本埠第一中學英文教授、嗣因品行不端被革、賦閑家中、無所事事、日常對其二老頗不孝順、每觸其怒、輒打罵交加、日前偶因細故、將其父母施行暴打、其父情急、乘機逃出、躲至比隣、張會良家、張見情不憤、遂赴姜家調說、詎知姜子滿腔怒氣、竟對張翁而來、三言兩語、遂即交手、因張翁年老氣衰、無力抵抱、被姜子打倒塵埃、時張良會之子張振華趕到、見乃父被姜子毆傷、不由怒髮冲冠未容分說即與姜子交鋒、二人正當年青力壯、眞乃棋逢對手、將遇良材、一拳一脚相戰十數回合、未見勝負、結果拉拉扯扯一路打至分所、經安寧街分所長加以審訊、據姜子供稱此係我姜家祖傳遺風、不與你等相干、分所以爲清官難斷家務事、不得已乃將一干人犯備文送交番坊警察署、待該署刑事系主任再度審訊時、姜子依然滿口胡言、謂毆打高堂係「恨鐵不成鋼」父母之腦筋過舊必須嚴加教誨」云云、該署以姜子忤逆

高振貴出獄又入獄

高振貴、（二〇）吉林農安縣人、素無正業、無所不爲、於今年二月間行竊、被警察署逮捕、後送法院判有期徒刑六個月、前數日罪滿出獄、仍惡行不改、於十一日下午二時半許徘徊定興街門牌二十四號、舊立夏門前、夏女小珍三歲、在門外玩耍之際、被高某將其小女抱起向西逃跑、至新舞台意欲賣給唱戲某坤伶、不意該小女嚎啕啼哭不止、坤伶見高某形色愴惶、暴露恐懼態度、被坤伶窺破內情、當報告正陽署

外、並將交通最繁之南崗道外間之短途車一台撥於第二線路、因此南崗道外間除一台跑短車外、僅餘電車十一台、距離時自然較遠、駕駛時尚須開快、不但沿途各站堆存乘客極多、即於交通安全上、亦有極大之妨碍查電車在未收歸市營以前星期例假時日全部收入、最高未逾二千八百元、自經市營後、竟超三千元以上、營業方面不謂不發達、惟時市民交通上之方便、何置故置之不顧殊失當日電車收歸市營時、一般市民當局之殷望云、

額爾克訥左翼旗概觀（續）

第六章　礦業

額爾克訥左翼旗境內、礦業極富、又以額爾訥河南岸金礦爲最豐、然利棄於地、多未開採、良可惜也、從前亦有以人工開採者、或四五十人一班、或五六人一班、由官家墊款口糧、按傾淘金所得之金、由官收買、以人工淘金、未能改良又以辦法未能盡善、隨行停止現在只有吉拉林小西溝、大有金礦公司一處、以淘取砂金爲主、

大有公司、共有礦丁五百餘人、每人每年平均能採取砂金三十六個、每個（核庫平秤一錢二分）該公司不過以米面等類易礦丁之金、公司每年換得之金、尚不及產額二分之一也、

一、磚瓦類製造業

旗境內住民建築之房屋、均用木料、並無用瓦者、是以無業製瓦者共有磚窰七處、專爲燒磚、以備砌築火牆之用、因所燒之磚、銷售無多、磚窰所燒之磚　一年不過數次而已、

（未完）

對於「桃色訟」案的論評

【中】

（瀋水風人）

二、方錫重究竟成立如何之和誘罪？方錫重以店主身分、姦污女店員、執戀愛主義說者、謂爲無罪、其當否姑不具論、即吾人暫爲假定、此說爲合乎現代潮流、然吾聞之戀愛必出乎雙方、自由須不背法律、方姜本事具在　請與明眼人一解剖之！

（甲）姜廣美素以獨身主義想、試就其個人發表經過、及方之從旁同聲代証者、亦無不歷歷可徵、如此、則是姜未愛方方必欲求其愛、則凡司以誘惑歆動、纏戀、諂媚、一切的一切、必盡量而爲之、如此、姜則方爲求愛施誘之主動人、姜爲受誘予愛之被動者、已成年者尚不過爲自陷之份子、未成年者則實爲無識被害之一人

可謂滑天下之大稽、剩天下之大謬、

（乙）抑方之對姜、不獨誘愛也、實有挾持威迫之嫌疑、讀者疑吾言乎、請按其証（一）方於最後自述不得已之供詞、謂姜久已不貞、無一人知而彼獨知、此即一向刺姜所得之秘密、亦即迫姜以必須從已之要挾也、（二）凡一切發表其彼此相愛、過程、如「鐵血姻緣感恩記」等洋洋大篇、甚至爲求婚允婚書、如與宋姜氏並[illegible]

調查其遷証、雖名義不同、然無一非方錫重個人手筆、亦無一非由傳文閣油印而成、且無一不呈遞法廳、以圖証實其同心戀愛、是直使姜廣英毫無自白與擺脫的機會、此非挾制而何、（三）自姜廣英發覺被姦、方即抑制不容與監護人對面、一則由個人求婚、事不諧而、姜出走、再則煩彩霞湘繡莊主人引賭、事不諧而教唆發誣、三則給姜女自沈歸來、仍起居不離、儼爲夫婦、甚至、恐姜[illegible]六月廿三日之帶　罪結婚、吾人何以斷定、自姜女被誘姦佔至今、蓋無日不在孳劣力權之內、無論對內對外、以至法廳監獄、凡有姜廣英之種種強理特蠻背倫蔑法之言語動作、無一不由於方錫重之發縱指揮、　大演雙簧、高唱傀儡戲、姜廣英强殺是一女子、何况中人以下之材料乎？故吾謂方錫重僥倖成立一和誘之風流罪、僅判以最輕的短期六個月徒刑、豈或法律以過分的矜全、施以特別的寬寺、然乎？否乎？（未完）

濱江特刊
第三十四號
盛京時報北滿總支社
社址　哈爾濱道裡斜紋二道街一三
電話道裡五二七二番

滿洲國各大臣令夫人
組織國防婦女會
國防乃全國民之責任男女俱無可諉卸
各地愛國婦女莫不踴躍參加

滿洲國自張國務總理大臣夫人以下、各貴夫人、鑒於國防乃全國民之責任、無論男女、俱無可諉卸、使國家一旦有緩急之事、男子立於槍林彈雨之中、婦女團結一致、努力負荷務使充實國防、準備普及國防思想、以樹國家百年之大計、特發組織滿洲國國防婦女會、特聘南軍司令官張國務總理大臣岩佐憲兵司令官等爲名譽顧問擬妥簡章、分發全國各地、募集會員、凡愛國婦女莫不踴躍參加、玆將該會之組織起意書及名譽顧問以下各重要人選、採錄於下、

滿洲國國防婦女會組織起意書我滿洲帝國、國基鞏固、王道精神、照耀世界、無遠弗屆凡我三千萬民衆、均沐皇帝陛下之深仁厚澤、誠不勝欣喜感養成全國一致之精神、使緩急可恃、有備無患、以立完備國防、同人等有見及此、爰組織滿洲帝國國防婦女會、以爲全國倡、所望各界人士熱誠輔助、隨時指導合力並進俾得完成本會之使命、同人等有厚望焉、

名譽顧南關東軍司令官
全　張國務總理大臣
全　岩佐憲兵司令官
全　謝駐日大使
顧問　長岡總務廳長
全　臧參議府議長
全　筑紫參議府副議長
全　佐佐木軍政部最高顧問
全　羅監察院院長
全　熙宮內大臣
全　袁尚書府大臣
全　增參議
全　沈參議
同　德京師憲兵司令官
同　張格宮內府禮官
同　王新京自治會委員長
專任顧問山本關東軍兵事部長
同　張侍從武官長
同　丁實業部大臣
同　呂民政部大臣
同　孫財政部大臣
同　李交通部大臣
同　阮文教部大臣
同　馬璘新京憲兵隊長
同　結城協和會專任委員
同　韓新京特別市長
同　高木防空協會主事
同　修首都警察廳總監
同　張軍政部參謀司長
同　王軍政部軍需司長
同　王軍政部調查部長
同　劉中央銀行理事
同　呂國務總理大臣秘書官

全　劉中央銀行理事夫人
全　榮滿洲航空會社社長夫人、
全　大橋外交部次長夫人
全　李軍政部次長夫人、
全　洪財政部次長夫人、
全　德京師憲兵司令官夫人
全　星野財政部總務司長夫人、
全　韓新京特別市長夫人
全　張軍政部參謀司長夫人
全　王軍政部軍司長夫人
全　王軍政部調查部長夫人
全　林宮內府會計審查局長夫人
全　呂國務總理大臣秘書官夫人
全　張格宮內府禮官夫人
全　馬特別市教育科長夫人
全　今田軍政部顧問、
全　河谷協和會組織處長
全　[illegible]軍政部調查部[illegible]二課長、
全　古市協和會總務處長
全　鄭軍政部調查部宣傳科長、
全　小野首都警察廳警佐
全　平野新京公署庶務科長
全　寺田協和會社會科長
全　廣田協和會庶務科長
全　堀田協政部總務司資科長、
全　永島文教部禮教司總務科長、
全　永田軍政部囑託、

名譽會長張國務總理大臣夫人
會長　于軍政部大臣夫人、
副會長孫財政部大臣夫人、
全　德憲兵司令官夫人、
總務部長（理事長）今出軍政部顧問、
總務副部長（專任理事）河谷滿洲國協和會組織處長、
全　本部長韓特別市長夫人
副本部長劉中央銀行理事夫人
第二部長林[illegible]會計審查局長夫人、
第三部長呂國務總理秘書官夫人
常任理事軍政部調查部宣傳長
全　小野首都警察廳警
全　平野新京別市公庶務科長
全　曲民政部總務司資料科長、
全　永島教部教務司總務科長、
全　廣吉滿洲國協和會庶務科長、
全　永田軍政部囑託、

中央支行易經理

【西安】滿洲中央銀行、西安支行經理潘承恩、人極忠厚作事謹慎、近奉總行之令、將潘經理調回總行服務、所遺西安支行經理一額、以毛鳳翩接充、毛經理於月十八日到西安支行到差、潘前經理、已奉令往總行服務去訖云、

洪增合紅利糾紛案
內容原來如此
股東滅良吞蝕盈利
民事敗訴誣告侵佔

關於道裡洪順和之執事李紅胡子、其平素行爲、已誌本報李經營是業、二十餘年、所賺及司賬執事蕭惠亭二人之外、其他執事、皆在五里霧中、如若獨吞紅利、非將齊竹齋清出提出誣告之訴、其所控之理由、據稱本年舊曆正月初五日、櫃上被匪強搶時、有與客人宋有年浮存之國幣千元、併未被匪搶去係被齊蕭二人合謀侵佔等情、惟其中之矛盾頗多、齊蕭二人、在柜三年、將紅利賺到八萬餘元、併無軌外行爲、絕不致侵佔客人之徵款、況客人浮存錢款、今存明取、存期無定、爲敢私自侵佔、查當時若

義之至、然目下世界之情勢、參伍錯綜、縱橫捭闔、物質之進步、日新月異、歲有不同、强存弱亡、殆成定例、我滿洲帝國、新興未久、國力未充、豈可不急起直追、綢繆未雨、以充實完備之國防、而免他人之窺瞰於萬一、

國防之責任、乃全國民之責任、無論男女、俱無可諉卸、使國家一旦有緩急之事、男子立於槍林彈雨之中、爲國盡瘁、而婦女輩仍度其安閒歲月、不第有虧天職、亦且有負初心、是以吾婦女界、應自明其責任之所在、團結一致、努力負荷、務使充實國防、準備普及國防思想、以樹國家百年之大計、

爲欲達到此目的、須先由家庭爲起點、研究國防之學識、

仝　實參議
仝　胡參議
仝　于軍政部大臣
仝　張外交部大臣
仝　馮司法部大臣
仝　齊蒙政部大臣
仝　入江宮內府次長
仝　榮中央銀行總裁
仝　林最高法院院長
仝　永津關東軍第三課長
仝　榮滿洲航空會社社長
仝　大橋外交部次長
仝　山成中央銀行副總裁
仝　關中央銀行監事
同　平島協和會次長
同　李軍政部次長
同　洪財政部次長
同　星野財政部總務司長
同　歸國都建設局長
同　林宮內府會計審查局長

同　吉田軍政部大臣秘書官
同　馬特別市教育科長
理事　張國務總理大臣夫人
同　長岡總務廳長夫人
仝　于軍政部大臣夫人
仝　張侍從武官長夫人
仝　孫財部大臣夫人、
仝　熙宮內府大臣夫人、
仝　呂民政部大臣夫人、
仝　丁實業部大臣夫人、
仝　李交通部大臣夫人、
仝　文教部大臣夫人、
仝　齊蒙政部大臣夫人、
仝　謝駐日大使夫人、
仝　增參議夫人、
仝　入江宮內府次長夫人
仝　榮中央銀行總裁夫人
仝　山成中央銀行副總裁夫人
仝　關中央銀行監事夫人

紅利、何祗四五十萬元、無論其怎麼發的財、俗語說的好、一肥遮三醜、祗要是有錢朋友也就遮然多了、捧的李某、遮然成爲富家翁矣、洪增合之股東、李某既佔多數、當然是言出法隨、各股東不敢違抗、常言說山河容易改秉性最難移、李某自生人以來、從未見其作過一件公平事、此次見洪增合遂發財得紅利十餘萬元、未免有點見錢眼開、不但將東股七個硬作十個在八萬零四百餘圓紅利之中僅提出四萬五千圓作爲開分之數其餘之款、均爲股東侵吞、中央批發市場賠償之三萬二千圓國幣、更爲股東獨享特權、因爲正經理王善堂、乃甩手經理、絕事皆由副經理齊竹齋負責、所以櫃中之賬目賬錢之多寡、除副經理齊竹齋不可、故忍心滅良、楞是沒有齊竹齋之身股竟說是僱的勞金除已支使國幣一千四百圓之外櫃中諸事、概無過問之權、齊某因不堪忍受、始在濱江地方法院起訴、但各股東此舉、明明不利與齊竹齋、暗中用意與其他執事亦有莫大之損失、況其良心滅絕之人、何事不可爲也、如若再與其繼續營業、豈知不再受其騙、以齊竹齋之後逐、是可爲前車之鑑、驚醒了各執事、未來之後怕、故正經理、王善堂、以下各執事、皆不肯助紂爲虐、藉着東家缺德前在民庭審理、將櫃中諸事、合盤托出、証明齊竹齋八厘之身股係屬實在、以致各股東行將敗訴、此時本案竟又別生枝節、有該號無名股東劉敬亭、甘爲戎首、在濱江地方檢察廳果認爲有侵佔行爲、既不應賠償宋有年之款、假如賠償、亦應向齊竹齋、蕭惠孚二人提出警告、如不即時革職、也應令其二人負責賠償之、而各股東當時併未提出若何異議、併變明與齊竹齋六百元之獎勵金、殊屬矛盾已極、再者既係齊蕭二人合謀侵佔、獨清出齊竹齋、仍留蕭惠孚照常經理司賬、恐亦無此情理、無如是金錢好使、衙門口寬債難填、檢察官祗要見着金錢、那還管是非曲直、胡胡塗塗、即將齊蕭二人收押在監、但是一官受賄、未必供皆貪贓、現在公正廉明之陳廳長之屬下、作此非法之事、未免令人爲之担憂、假如一旦陰謀敗露、恐怕全案之主動者、皆難免縲絏之災也、後果如何、頗堪注目云、

對於「桃色訟案」的論評

【下】

（淮水鳳人）

三、姜廣英對於個人婚姻、究否有權自主？

姜廣英之年齡本有十六校高小畢業証書、及女一中招考報名、種種確實可証、適用未成年之法律、非但決無問題、抑亦有關犯罪之重輕、不容忽視者也、方錫重誘姦拐匿未成年之幼女、致觸妨害家庭罪、更屬無可諱言、除誘惑外、復加以威脅、是又與强姦無異、即質之講戀愛主義者、恐亦代方辯護無詞也、即進一步言之、不必問年齡、亦不必問方有無脅迫、但問姦情既被宋叔秋所發覺、姜如自信主婚事、何不逕詣宋姜氏、作懺悔承認之証明？當方錫重親詣盟護人求婚時、又何不一同偕往、以表示有合無離的主義？若謂畏威羞口、何以待質室竟有誓死不歸堅決的表示、檢廳上且有曾在上海墮落無恥之供詞、若謂純粹自由、又何必專待宋姜氏示函脫退盟護權予其胞兄、而後始行結婚之儀式、蓋此種種、無一不可証明姜女之愛方決無成見、從未爭持自主婚姻、亦無一不可証實方錫重之苟圖避免罪名、必挾姜以自重、旁觀者輒謂其自主權云者、是不曾曰、姜女之婚權、方錫重可以代主、宋姜氏不能代主、即姜廣英亦不必自主也、嗚呼、有是理乎？

四、宋叔秋關於姜女論婚、會否索費、關於姜女出走、是否知情？按歷次廳訊、兩造供辯堅鑿、無處不可証明宋叔秋絕無索費情形、其不知出走消息、明眼人自能剖辯、不煩吾之贅言、今即姑作假定言之、宋姜氏改委追究責任於宋叔秋、此其時、不過意在得人而已、宋叔秋若不得姜廣美、無以對母、若得姜而必破壞其婚事、無以對姜、姑爲重索婚費之言、使方有力而欲實澈其愛、必不吝此區區、使方無力而又不類自陷姦非、則必獻出姜女、此機可謂爲叔秋覓人的一種手段、彼時未入法律圈內、毫無究詰的必要、迨至後來已入法律的範圍、又應著眼於彼此有無授受、及數量若干、以爲已否允婚之佐證、因無不可、但仍不能掩蓋方錫重之先姦後拐、蓋方之姦拐、乃在所謂索秋叙款之前也、今可証明者、方宋兩間並無授受一夕、即如假定當初確有詐財的思想共行爲、而實效未生、亦等於虛擬未入、況根本既不能証有此種事實乎？又姜之赴滬亦姑假定叔秋知情、依方辯論個人毫無圖婚思想、即姜之出走、亦屬確不知情、則亦方氏自負之絕頂聰明、並有充分法律知識、負有店主之責任、與求婚的嫌疑、一旦人自本店走出、且盜有五十元之公款、寧能默爾而受、以自陷於被人詐騙之局乎？姑再認其一時糊塗、未能覺悟、迨發現被人詐索彩禮身價、被人控訴妨害家庭、此時大禍即在目前、自已亦曾親赴上海、晤姜女、滙寄川費、供給盤纏、何不逕將姜女帶回、交回原主、一了百了？至姜女返哈投堂、佐集供証之日、又何不聲明不甘局騙請求法檢將姜女轉回本家乎？又何以下堂仍復同居、俾朝夕教唆串供乎？又何以錯打錯上講、竟爲此毫無根據悍然不顧之非法結婚乎？爲此層層推論、姜女出走、宋叔秋知情與否、均山無關重輕、只問方錫重是否知情、是否謀婚、是否成立其姦拐罪名、以爲斷不宜聽其揑造枝葉巧爲逃避而執法與持論者即眼光四射隨其口講指畫而任意株連也、

吾人僅由本市的過程、作細密的研究、敢以貢呈管見者、如此如此、至於法律科斷的重輕與宋叔秋池魚之殃的寃抑、姦事雖伸、不在本事範圍、恕不加論、

（完）

濱江特刊

第三十五號
濱江時報北滿總支社
電話道裡二七五二番

市營中央批發市場

因延付客人貨款 客帮提出質疑!

中興市場之經濟支絀狀況捉襟見肘

向市署請求墊款二萬元向再兩可中

業經正式開幕之市營中央批發市場、因在未正式開辦以前、假營業期間之賠累、新市場之建修、以及十家鮮貨代理店之收買、已經耗費百數十萬元、故開幕之後、連日來、經中北鎮方面客人、委託代售之貨、既經售出、貨款恒有愈旬不償者、故客人方面、因追索欠款、廿一日會一度發生爭執等情形、會誌本報、頃聞客帮對該市場、最近提出以下數項要求、

一、貨物一經交與市場後、如有丟失情事發生、市場能否負賠償之責、

一、貨物售出后、其代價限於幾日內可如數付清、

一、凡貨物交與市場、收、叫行時、客人仍有主權主持去留否、

以上數條、提出後、該市場尚無相當答復、聞現在正在偵查考慮中、

又訊一市營中央批發市場、開辦以來、只顧以廣招來、曾對小賣商發表、准其隨意賒欠故小賣商對下江客帮、亦均賒出、有多至萬元以上者、因此市場方面無錢墊付客人、致信用喪失、惹起客人之不滿、市場方面至此又向小賣商追討欠款、但小賣 因賒欠又 復賒出、當然無現款償還、且窃笑市場出乎反乎爾、殊屬不當、均積欠不交、致市場方面之經濟狀況、陷於苦境、乃向市署要求再墊款二萬元、以作活動金、市署本意以爲市場正式開幕、即可賺錢、不料仍須墊付借大資本、故令該市場陳述墊款正當理由、交付市署審核後、再行辦理、將來能否照准墊付、未可預料云、

空幃獨守衾底單寒 偕妹同母潛逃來哈

兩次捉獲恨劉何必多事 一紙呈文誣其妨害自由

吉廣玉、年逾花甲、帽兒山人、本年五月間、子夭亡、遺妻子各一、妻劉鳳雲、年二十二歲、剪髮大足 稍有幾分姿色、自其夫死後、携在抱之幼子、及老翁度日、空幃獨守時感衾底單寒、竟於六月廿八日偕同其生母以及已經定婚之胞妹佩珍(一五)背翁潛逃、鳳雲之翁吉慶雲、同佩珍之翁常萬榮四出覓尋 並無下落、嗣聞業經逃哈、委以哈埠幅員廣大、鄉間人初到哈市、舉目無親、方向難辨、何處可尋、忽憶及吉有表弟劉運魁者、在哈警界充差、求作鄉導、或可尋獲、於是託運魁之父、修書一封、携帶來哈運魁見有乃父之函、且係尋親、當然義不容辭、乃在市內於公餘之暇、四出探聽果於本月十七日在道外裤福街特別第一處、將鳳雲找着、翁媳相見之下不勝唏噓 似感於環境所迫、不得已而出此下策者、以冒歸里、鳳雲並不返對並且十分表示同情、依鳳雲自訴、其妹佩珍、現在豐潤六道街、鴻泰樓、亦操招待業、於是相偕一併至劉運魁之家、以備稍爲憩息、即行旋里、劉運魁以至親臨門、當然慇懃看顧、熱誠招待、方慶破鏡重圓詎知別生枝節、

原鳳雲之出走、本爲別謀出路、不料遠走哈埠、終是尋獲焉肯再行回家安度、所以當時僞爲順從、一併回里者、不過是一時之懷柔手段耳、故至劉運魁家后、一夜之間、詭計頓生、僞稱飯館尚欠薪金、待算清后、以便回里、用作養釜告與劉運魁、皆信以爲真、又見其意頗誠懇、無疑的、竟放虎歸山、詎知此一去、踪跡杳無數日未返、於是不得已、乃二次覓尋、復在道外第一旅館、三層樓上、四十七號、同時有鴻滁樓執事王胖子、以外管、楊二人、同居一室、正在策謀何種計劃中、爲劉運魁及吉慶玉、常萬榮等尋獲、當時令其還里、鳳雲仍然態度沉靜、僞稱薪金猶未領出、至遲不過三二日內、定可歸還其翁等不已、只好暫回靜候、詎知人未回、而傳票到矣、

原鳳雲之不歸、何嘗是是薪金未能領下、蓋與熱心勃勃之油棧子王胖子合謀暗策中也、經王某之唆使、爲之劃策、捏詞誣劉運魁妨害自由、強姦民女 在濱江地方檢察廳將劉控告、檢廳接狀後、立即票傳劉運魁到案、本月廿一日開庭、由杜檢察官偵査結果、據原被告之供詞推査、認爲鳳雲係無理出關、現有其翁吉廣玉常萬榮之証明、同在一室就寢、劉運魁之妻在側、焉能遂行姦污與事理不容、顯係因劉運魁携同乃翁、兩次尋獲、致彼等潛逃未果、乃銜恨在心、出此毒辣手段、以圖陷害、當即推下堂來、據一般人觀測、本案當必予以却下處分、吉廣玉、常萬榮惟恐鳳雲、佩珍、見訴訟無望、誣告之罪難免、乘機實行三十六着最上一着、再行逃之夭夭、則必遠走高飛、無處可找、故在正陽署控告、據報之正陽署、當即將鳳雲、佩珍及其生母一併傳署、暫時羈押中、諒不日即可送交刑事科、轉送檢察廳云、

秦豐樓廚役 何故輕生?

原因在調查中

王宗禮(二三)山東招遠縣人現充道外北頭道街、秦豐樓飯館廚役、於昨二十五日、下午九時外出、不知因何事故、萌厭世之念、購得多量鴉片、在臥室吞服、經複䁥發覺後、煙毒業已發散、面如土色、全體紫、狀極悲慘、當急送往醫院療救、雖吐出許多黑汁、然時間過晚、不可救藥、待至下午十一時半許、遂嚥氣斃、但服毒原因、似甚複雜、現下該管正陽署、正在着手調査中云、

一覺醒來 錢物丟失

道外豐潤街、門牌八號、住戶王義田、(四〇)濱江人、於十八日晚、正在酣睡之時、不知何時、被樑上君子、破毀窗上玻璃侵入、十九日朝晨起床發見、玻璃損壞一枚、知必有變、急檢點物件、櫃子抽匣、放置國幣二百拾九元、懷表一只、藥酒三瓶、均被小偷竊去立即報告該管分所、請爲搜查分所當即轉報正陽署云、

不良日人 設計騙財

哈埠爲北滿唯一之大都市人口突破五十餘萬、人煙稠密、國籍複雜、近來屢次發現、日人欺詐誆騙、於二十五日、下午五時許、南崗大直街、俄人鐘表舖、突闖入日人二名、一年約四十許、身着黑色大氅、一年約二十許、身着茶色大氅、該二人進屋後、聲稱、買女人用金殼手表、俄人執事以爲顧主來臨、慇懃招待、將手表樣式看完、挑選六只、婦人所用金殼手表、價格四十五元

私烟館兼營質當

癮君子無錢有物亦可吸烟

上號安埠街、門牌二三八號住戶鮮人宋華順、(二五)性質兇惡、係一流氓之輩、結識狐朋狗黨、三五成群到處霸橫因無正業、以開設私煙館爲生、一般癮君子終日滿屋、生意極爲發展、考其原因、多賴無業之遊民癮君子、無錢吸煙 有東西亦可作押品、待後有錢、亦可抽贖、所以上號盜賊送出不鮮、以擾亂地面治安莫此爲甚、於昨日午前十一時許、有一滿人年約二十餘歲名不詳、進屋吸烟二角、向乘烟資、無錢償還、遂被扯出大街、拳腳交加、衣裳扯碎不堪當時大街觀熱鬧 一時擁擠非常、有好事者上前拉勸、始告了結、望負治安之責者、倘若不嚴加取締、盜匪難以肅清云、

續爾克訥左翼旗概觀(續)

第七章 工業

一、石灰及石膏類製造業

旗境內 從前並無製造 石灰者、於康德元年十二月、有俄僑各拉結也夫瓦西力操在境內卡減構什克山側 採石灰礦、呈請前來、當即轉請省署、業奉令照准、然並無製石膏者、

一、製粉業

三河出產大小麥極夥、然製粉者僅有一家、資本額國幣七萬五千元、於大同二年七月開始營業、每年能出麥粉一百十餘萬斤、出麩子七十二萬斤、

一、屠宰及肉類加工業

屠宰業、僅有四家、奈勒穆圖一家、吉拉林二家、小西溝一家、以屠宰牛羊爲主、宰豬極少、所宰之牛羊十餘天尚賣不完、亦以人烟稀少故也、至於所宰之豬、一月能賣出一口如肉類加工業一家亦無、

本旗村屯零星、人稀少、又以地處邊遠、氣候冷寒、關於其他各種工業、均無經營者、故無從填報、

六、商業、金融

第一章 總說

我國本爲農業國、興安北省、多以牧畜爲業、至於商業、萎靡不振、無足稱者、自滿洲國成立以來、通都大邑、以及沿鐵道之兩旁、商業日見發展、惟我三河地方、以僻處北邊、交通梗塞、商業未見發達、與從前無甚差異、誠能謀交通之整備、住戶漸增加、商業亦必隨之日漸興盛、

第二章 商業

境內共有商戶六十九家、均作小本營業、以販賣洋布、洋火、洋油及鹼、鹽、酒類、並其他雜貨爲主、因交通不便、住戶稀少、均無厚利可圖、僅可維持目前現狀而已、

一、從事各種物品 販賣業者、共有六十九家、

一、從事客棧及公寓業者、

旗境內從事客棧營業者、共十四家、又均係個人經營者居多、以來往客商過少、多有不能維持生活者、

一、從事飯館、茶館、烟館及妓館業者、

從事飯館業者、僅有十一家、並無茶館、有鴉片零賣所一家、妓館七家、

一、從事理髮業者、

境內並無理髮處、僅有業理髮者二人、以備各機關人員及商民剪髮、從事斯業者、較比其他工人收入頗多、月可得國幣六十五元、

一、從事澡塘業者、

僅拉吉林有澡塘一家、規模極小、以營業不佳、時作時止

一、商業機關、

商會、僅吉拉林鎮有商會一處、以謀商業之保護、增進與同業者之聯絡、並藉此啓發商業知識、維持公益爲主要目的、

第三章 貿易

一、總說

三河以牧畜業、礦業等之原始產業爲主要產業、概觀三河貿易、則輸出貨物、以牲畜及畜產物爲首位、礦產物、林產物、皮張等次之、輸入貨物、

一紙饒有趣味的判詞

舊北鐵職員合謀騙財案判決

鄒科長手眼通天竟得脫法網

關於舊北鐵從業員鄒玉如、王郁文等、合謀騙財一案、經過詳情、已誌本報、因經在監犯王郁文、供明案中隱諱後、案情大白、其中主犯、以鄒玉如爲罪魁、雖有原審推事、極力袒護、惟因原告人劉鎖華、一再催請、故上次開庭時、將鄒玉如傳案審理、但因本案既有從前之情託、事實上不得不維持到底、故該推事胡胡塗塗將本案裁判、惟裁判之理由、既不合於法理、又不順乎人情

茲將裁判書之全文誌之如次、

「吉林濱江　法院刑事裁判書　元年度刑字八二六號、判決、被告王鐵文、（即王玉文、男年三十一歲、呼蘭縣人、住新安埠、前路局職員、）右列被告詐財案件、經同級檢察廳檢察官提起公訴、本院審理判決如左、

主文、王鐵文詐財罪處罰金二百元、不爲完納、以罰金二元計算、一日折易監禁、裁判確定、前羈押日數、以一日判罰金一元、

事實、緣王鐵文與同案鄒玉如、均在前北鐵路局[illegible]王鐵文充運務處[illegible]光商務處會計科[illegible]元年三月間、告[illegible]擬包租飯車、求[illegible]動、高文崇與王[illegible]王鐵文轉託人辦[illegible]向鄒至爲關說、[illegible]費國幣一千元、[illegible]元、作爲運動費[illegible]月七日、劉鎖華[illegible]王鐵文領導、同[illegible]面見鄒玉如、在[illegible]付玉如國幣六[illegible]爲又向劉鎖華[illegible]借哈洋三百元、[illegible]局呈請、始終未[illegible]停止審判、現經告訴人將王鐵文訪獲、送由該同檢察廳轉送到院、

理由　意旨、與起訴前開事實大略相同、訊據被告供認前情不諱、對於先交之國幣六百元、據稱確在辦公廳所過道中交付鄒玉如收訖、以後之哈洋三百元、並未經手等情、查該被告與鄒玉如本係一致行動、如果該項國幣六百元、係由鄒玉如獨自詐取、該被告人又何必避不到案、況鄒玉如由該被告介紹、乃字據中記載親眼看見劉高二人將欵交付鄒玉如科長之手云云、已預伏以卸責地步、殊不知此種事實、意搭彌彰、自應認爲共同犯罪無疑、基上論結、合依刑法第四[illegible]二條、第三百六十三條、第一項、第五十五條第三項、第六十四條特爲判決如主文、本件同級檢察廳檢察官杜守義蒞庭、執行檢察官之職務、大滿洲國康德二年十月十六日、吉林濱江地方法院刑事簡易庭、推事韓光榮、書記官葛[illegible]

若按以上裁判全文、[illegible]是合謀騙財、而獨處罰王郁文、並無鄒玉如之罪責、殊屬矛盾已極、聞原告人已在檢察廳提起抗告、執法者對於本案、果何處理、鄒玉如是否有罪、頗堪惹人注目云、

一只、有三十五元、四十元不等、該二日人、當時聲稱我共妻在滿鐵病院養病、妄爲購買將表送到即可付錢、俄人執事、信以爲實、當差柜夥送同顧主、至滿鐵病院、日人囑告柜夥在外少待、現下婦人有病、進內不便、柜夥從命、少時日人復出、手持金票、百元一枚、曾買四十元及四十五元手表兩掛、此票能找開否、隨時又說三十元之手表、價値略貴、請你向執事以電話商議、價値少算、我也要買等語、柜夥亦未疑念、當在病院內、以電話向執事議論價碼之際、不料該二日人乘機、由後門潛逃無踪、柜夥電話掛完、不見日人、當即遍尋無着、始知被騙、立即報告領警、請求查緝、據報領署、急出動搜查、至今向無所獲云、

正陽署破獲欺騙團

本埠迭次發見、有組織之欺騙團、無知鄉愚、受騙者屢有所聞、正陽警察署、不惜苦下工夫、晝派偵騎、四出搜查、無如該團行蹤秘密、終未破獲、日前又有由下來哈之二工人、携帶碎金頗多、途中爲欺騙團員注目、僞稱還有叔父在哈、開設銀行、如有餘欵、交彼寄存、萬無遺失、二工人信以爲眞、果將所携之金、如數交彼、追至哈後、其人竟自失踪、不得已以事報警、正陽署用種種之偵探方法、於日昨十九日、在道外菁芳樓鴉片零賣所、由巡官張北超、李再白二人、携同多數長警、將正在一攔橫陳、噴雲吐霧分勞贓物中之欺騙團大頭目王樂亭逮捕、依王之供述、年四十歲、東山人、現住道外二十道街、門牌八號、素日專事以欺騙爲生、並組織欺騙團、自爲團長、部下嘍囉、不下數十名、凡北滿沿江沿站各地、均設有機關、經營斯業、已廿餘年、因行動慎密、從未犯案云、該署據供、去王家搜出金手鐲五枚、金手鐲一付、價值五百餘元、並現欵二千餘元、及至副頭目李某家逮捕時、李聞風遠逃、遂將其妻李王氏逮捕、當場搜出國幣百餘元、詢及所餘之欵、據李王氏供稱、業被其夫携走、正陽署現正嚴厲搜查、在逃之餘犯中、諒不久即可一網打盡云、

景星樓鴉片零賣所

煙妓韻秋之小史

宋營長用盡計謀空遺恨

傅菊元能死不嫁結寃仇

【哈爾濱】傅菊元小字韻秋、原籍山東蓬萊人、父繼三、早年營商、遷居北平、菊元係在平所產也、及年六歲、因乃父事業失敗、偕同東來、遂走龍沙、齒漸長就學於華北女中、菊元生性聰敏、麗質天成、每考必列前茅、喜運動、善交遊、固一廿世紀之新女性、亦該校之高材生也、年十五、初中卒業、因家勢所迫、無力升學、不得已出身向世、初執教鞭於滿溝站十七校五冊級任教授兼事務員、每日度其粉筆生活、而爲孩子王焉、菊元幼時、有男同學馬仲賓、兩相愛好、彼時青年竹馬、兩小無猜、及長馬負笈東瀛、留學日本、二人雖關山相隔、難禁賦別離之歌、迨菊元執教於滿溝之際、適爲仲賓調充該站站倉主任之時、天假良機、似冥冥中有所支配者、常年思慕、一旦相聚、共意之洽不堪言喩矣、因此柳陰花下、暗訂白首之約、海誓山盟、結成同心之願、仲賓遂倩人說媒、菊元之父以女大當嫁、於焉慨諾、預定異期結婚、詎知好事多魔、中途又發生意外波折、

有舊軍閥遺產宋予之者、字天賜、現充陸軍營長、駐紮昂昂溪、一日因公赴滿溝、在體育場上見菊元丰姿超群、談笑大方、因之得害相思之病、聘媒向菊元之父求婚、初菊元之父固以一女不能二嫁、堅決拒絕、嗣因利誘勢逼、以國幣七百元爲財禮之條件下、雙方口頭均各允諾、事爲菊元聞知、雖如何向乃父苦諫、不許、於萬般無奈、竟七次仰藥、期圖自殺、均被家人發覺救濟、因此宋營長見事不成、遂生二計、以爲非將美人得到己手不止、宋營長以爲菊元所以肯仰藥自殺、玉殞花消、亦不甘就已者、皆情敵馬仲賓從中作梗也、欲使菊元傾服、須先剷除其背景、仍不惜喪心病狂、苦下毒手、逕函實業部、誣馬私吞公欵、行爲不端、實部准函後、立即派員蒞滿調査、馬雖無私吞公欵之事、然因與菊元之週旋、公務有廢弛、得知上峯行將派員前來、遂同菊元、一夜之間、將所有未結公事、如數結清、迨調査人抵滿時、幸未査出破綻、然以密函告發雪片飛來、實部認爲處理不當、果將馬撤差、

馬仲賓被撤後、逕赴日本、以情告踏共師某、嗣經將共[illegible]情上達、現又轉任新京[illegible]會社計股長職、宋天賜見馬被撤、以爲有機可乘、復又倩人說媒、此時菊元因知宋奸險、愉恨之入骨、乘欵惜馬之遭遇、爲已所出、恨不能吞宋之肉、飲宋之血、以解心頭之怨、焉能適爲妾歟、任彼雖巧手、故反對益堅、因此宋營長老羞成怒、竟連生三計、思圖報服、

菊元之父傅繼三、在滿溝站開設亞東旅館、兼營飯莊、宋勾結當地官方、每日查店數次、住客咸嫌查店之苦、均紛紛遷移他處、一座東亞旅館、不數日、門可羅雀矣、於是傅氏父女、知該站不容久居、乃拼當一切、逕來哈埠、菊元之意志頗高、以爲借大哈市、覓一職業何處不是安身之地、詎知蒞哈後、舉目無親、流落棧房、資金用罄、典當已空、謀事不妥、生活困難、共父年居花甲、經此打擊、因憂成疾、潦倒床第、呻咽不絕、氣息奄奄、嗷館之資猶無、何處可覓拔貴、迫不得已竟使一活潑的、純潔的、天眞爛漫的新女性菊元、墮落於景陽街景星樓鴉片零賣所、充當招待、每日燒烟所得、些須饘頭、以供乃父服藥之資、每有客人詢及家世、菊元飄滿眼含淚、雖不欲以往事告人、所最令人欽佩者、每於燒烟之暇、仍於女吸烟室內、習練楷書、臨讀古文、凡古人名作、莫不背誦如流、善書米南宮十七帖、鋒劉情秀、形同生龍活虎、無半點俗氣、一般知之者、多求揮毫、誠烟樓女侍中、不可多見之絕色艷妓之招待云、

編後餘墨

（醉雷公）

轟傳多時、案又沉寂之栗鐘華騙婚遺棄一案、經告人韓克桂、在民刑兩廳、一再申訴、彼時惹起各方之注意、若按本案之實在情形言之、栗鐘華前在軍政權時代、亦爲軍政界之中健份子、彼時向韓克桂求栗一事、確定有之、無論是爲妻爲妾、當時亦定獲得韓克桂與其家長之同情、至於過門之後、若即若離之種種波折、總不外乎一個「醋」子、亦怨當初栗鐘華被「色」所迷、作事糊塗、當時不但是對於韓克桂用一種詐騙手段、即對其家庭中、亦完全是藏頭露尾、並無明白表示、以致其家中妻妾、均不承認韓克桂係栗之家屬、栗鐘華對於韓克桂及其子「麥海」不致公然承認者、槪因家有河東獅子故也、但是栗將初步旣然作錯、即應極力挽回、託人向韓克桂調處、供給養贍、招撫幼子、果再敷延三年五載、雙方醋性稍煞、未必不能成一良好家庭、使妻妾[illegible]聚一堂、對於人道上、亦說的下去、無爲栗鐘華、不但「色鬼」而且「財迷」、不但不能收留、而且不背出資扶養、一口咬定、百般不認、其意以謂韓乃女流之輩、如若打上三年五載的官司、其父韓字銘未必能供養的了、久牛僻、非常了定將本案化、日消爲想到案背後之主使者頗不乏人、況有事實俱在、在法律亦未必容許、如日前民庭開庭時、栗僅委託律師代爲敷延、自己不顧到案、此亦非完善之策、假如民庭一怒、照一方之請求、缺席判決、彼時栗某四萬八千元撫養費、恐亦難以擺脫、民事如果成立、亦於遺棄之罪、有所依據、下上一紙拘票、更難免人財兩丟、未悉栗縣長以爲然否、

以酒類、煙捲、洋火、鹹鹽、洋布、及日用品爲主、至詳細數目、未經調査、確數不知、

三河貿易、從前以沿額爾克訥河岸者佔大多數、自與俄國斷絕國交以來、貿易遂一落千丈、自我滿洲國成立、、地方平靜、戶口亦漸增加、將來貿易之發展、自有一日千里之勢、

第四章　金融

從前滿洲國之金融、極爲紊亂、又不完全、金融機關中又多、而所發出之紙幣、亦無限制、人民所受之損失、誠非淺鮮、而三河地方流通之紙幣、從前以江洋爲本位、自滿洲國成立、而中央銀行自創業以來、當局復致通貨之整理、而金融界恢復其活潑狀況也、

一、流通之舊貨幣、及外國貨幣、

三河地方、與俄毘連、從前地方流通之紙幣、以俄國之紙幣爲本位、並有以現金爲交易者、自俄國紙幣不通行後、我國人民所受之損失外、誠不堪聞問、市面通用之貨幣、以現大洋及現大洋票、與奉天大洋、哈爾濱、黑龍江大洋票爲多、自滿洲國成立、由中央銀行、將舊有之貨幣、均行收回、幣制既然統一、信用自然鞏固、無復如從前之紊亂矣、

一、現在流通之貨幣及外國貨幣、

現在流通市面之貨幣、有紙幣、銀幣二種、紙幣爲中央銀行所發有百元、十元、五元、一元、五角、之分、銀幣有一角與五分之別、復有青銅貨幣爲補助貨幣、有一分者、有五厘者、爲交易找零之用、外國貨幣、有大日本國、朝鮮銀行並日本銀行發行之紙幣、流通市面極多、

一金融機關及滙兌情事、

三河地方、並無銀行支號、亦無錢莊、金融機關、一槪全無、商民滙兌金錢、除郵局而外、別無滙兌機關、（未完）

未領許可擅開飯館

被警署拘捕

王連秀、（五五乙山東文登人現住王昭屯、文治街、門牌八十五號、以開私煙館爲生、驕有積蓄、家並小康、富而不仁、心地奸詐、以依某日人之勢力、驕傲異常、前數月藐視警察署之法規、强不領許可、又開一飯館、明目張膽、蠻橫異常、突於十八日、被警察署查出、將其逮捕、經覆審後一度偵詢、現在仍在拘押中云、

（第三種郵便物認可）　康德二年十一月八日　盛京時報　星期五　第九千二百卅二號　（五）

濱江特刊

第三十六號
盛京時報北滿總支社
社址　哈爾濱道裡斜紋二道街一三
電話道裡五二七二二番

檢察當局◇◇◇擬開犯罪展覽會

訓練市民對犯罪搜索常識

指紋學在犯罪搜查上殊多輔助

指紋學、在犯罪搜查上、殊多輔助、因之本埠自三年前、即努力實施、用收實效、是在國際都市犯罪屢出之哈爾濱、其效力之發揮、極堪期待也同時關於指紋設備、在近三年以來、亦愈臻完善矣、徒以一般市民對此甚爲漠然、時多遺憾、誠爲遺憾者也、

蓋近年以來、所謂文化都市之市民、對犯罪搜查上、皆執協調精神、以致重大犯人時能從速落網、故發生重大案件時有識市民類須對一切搜索上物件、皆須留意、勿加淩亂、以待官方搜查上便利、乃我哈埠市民、對此等常識、殊多缺乏、

俟警察等到達肇事地點時所搜查物件、大體淩亂、或室內亂入多人、或已大加整潔、與當時情況、大相逕庭、致使搜索上無從着手、

例如十月初旬、道裡透籠街、南鄉洋服店之盜案、雖經將作案人捕獲、但非就當時指紋上之功蹟、再如日本居留民會、所存之伊藤博文之文明杖、被盜事件、當時雖擬對犯者指紋上着手、但因室窗已皆淸掃未留痕跡、致無從搜查、再如十月廿九日、道外朝鮮人被慘殺事件、其屍體既早被紅卍字會埋葬、即死人所使之兇器、同被多數手觸、亦無法辨明其指紋、

目下檢察當局、在市公署等機關援助之下、擬召開犯罪展覽會、訓練市民之犯罪搜索常識、用保治安以維良好預料不久、即可實現云云、

保甲制度實施中當局首須注重人選

土豪劣紳時在磨其爪牙爲一旦得勢必擇人而噬

哈市之治安、已漸告平穩、雖有時發現小醜跳梁、而警廳當局、對此亦頗有相當研究、努力期求市民安居樂業、故對於充實警備計劃、現在着手進行中、由十一月一日、實行改編、同時全市施行保甲制度、該保甲組織、爲以十戶爲排、排設排長、又以十排爲甲、甲置甲長、及副甲長、在每一警署管內、保設保長、與副保長凡在十八歲以上、四十歲以下之男子、須全部加入協同有力之聯絡、一旦有非常急事、同起抗禦、平時嚴防不良份子潛入、及受警察署長指揮、並兼協助警察整理衞生、預防傳染病及消防事務、並調査戶口等事項、復於甲設自衞團、由保長指揮之、團設團總、與副團經此若施行、各戶則由排長負責如各任排之境內、遇有不良份子等潛入、即由排報於甲、甲報於保、取此嚴密聯絡、不逞份子自難逃出法網、市面可期安全、屆時窃盜强搶等案件自可減少、此種組織、須本友愛自治的精神作去、在大同二年十二月以來、哈市曾行此制當時行之者爲太平橋、顧鄉屯松浦鎮三警察署管內、成績非常良好、治安多得協助、今乃延於市內、先由南新署施行、亦得非常收穫、因此對廳當局對於所餘之七警署管內、亦決施行、用補警力不足、惟此種組織、首須注重人選、若排甲保等長、必得其人、則於地方實可造莫大福利、如果不得其人、不特魚肉居民、且能擾亂地方、蓋軍閥失勢以來、一般貪官污吏、土豪劣紳、固已不敢公然在王道政治下、公然活動、然於暗中尙時時磨其爪牙以備蠢動、蓋因彼輩等習性已成、決難悛改、一旦得勢、定必擇人而噬、想關心自安之警政當局、對於此種人選、必能詳細考査也云、

商工銀行竟敢擅自查封福泰樓

該行自知理曲要求和平了結

福泰樓要求賠償損失三千元

哈爾濱商工銀行、自成立以來、期僅數月、雖未惹起一般商民之注意、與表示若何同情、但該行之職員却比從前威風百倍除僱用日滿律師三名、向各房戶催促陳欠租金外、該行之職員、亦親往各房戶處、揚言威嚇、迫令繳租、否則即與以查封處分、因該行原在道外十六道街、有樓房一處、於七年前租與福泰樓飯店、及今數年來該號、因受市面蕭條之影響、以致營業虧累、積欠租金八百餘元、在該行未成之前、經該行之管理員何某、向該號接洽除以傢俱担保外、准該號分期代還、並經親立欠據、双方各執詎在墨跡未乾之期間、該銀行突告成立、何某反悔前言、未經依法起訴、即將該號之舖墊私自查封、該號遂告歇業、復經該銀行向濱江地方法院提出告訴時、而被告人該號執事李某亦向該銀行提出質問、所持理由、以爲雖欠房租、數百元、該管理員何某、已竟允許、緩期代還、如該行倘有反悔、不履前約、亦應追及該號之原保、或向法院具呈催索、詎該銀行冒然間令該號何某將該號之門戶查封、以致該號被強制停業者、刻已三個月餘、在此停業期間該號之有形損失、數達三千餘元、以法律爲人情方面言之、理合責令該銀行負責賠償現下該行情知理曲、向該飯店提出和平之表示、目下尚在進行之中、後果如何解决、頗難料云、

關於鄭玉如、王郁文等合謀詐財一案、經濱江地方法院、二次裁判後詳請已誌前刊、情因原告人劉鎮華、不服裁判、故在濱江地方檢察廳、提出抗告之狀於本月二日上午九時許、該廳票傳原告人到案偵査抗告理由、原告人訴稱該刑庭原審推事、既判稱鄭玉如與王郁文有共同詐財之行爲、理宜均皆判罪、緣何獨判罰王郁文而不責鄭玉如耶？關於民事問題、除另案向民庭起訴外、對於該裁判全部不服故抗告於本廳云云、該廳認爲手續不合如有不服、可再具呈請求再再審理等情、原告人已遵諭補呈、同日該廳立下拘票拘傳鄭玉如到案、收押候審矣、因本案主犯鄭玉如、前經該推事一再宣判無罪者因與推事素有蛛絲馬跡之關連、如若本案仍歸原審推事再審、恐亦不無情關故原告人仍根據抗告意旨、請求該推事避席矣、在此新興王道國家司法界之黑暗如此、殊

發現一齣盜馬

【哈爾濱】程家崗子門牌二

胡匪襲入五家屯搶去車馬衣物

【黑龍江】頃據官署傳出消息、龍江縣境、臥牛吐分所管界、五家子屯、於十月十三日突來胡匪九名、各持大小槍械、襲入該屯、闖進住民楊德利家、持槍威嚇、當搶去車馬衣物等項、即逃逸無踪、茲龍江縣署、聞報後、立飭所屬警隊、出動嚴爲查緝云、

額爾克訥左翼旗概觀（續）

我滿洲國成立以來、幣制統一、度量衡亦復一律、又兼地方平靜、物價穩固、民生狀況頗爲充裕、三河地方、因人煙稀少、商戶零星、並無批發之物、只有零賣之物、茲將零賣物價值、一一列表於下、

品名	單位	康德元年十月	十一月	十二月	康德二年一月
玻璃	一箱	二二、〇〇	仝上	仝上	仝上
洋釘	一斤	二五			
火柴	一包	一二			
麻袋	一條	五〇			
白糖	一斤	二〇			
洋粉連	一疋	一、四〇			
樣子	一條	二、〇〇			
麵粉	一袋	三、九五			
紅磚	一個	二、五〇			
大米	一斗	八、〇〇			
小米	一斗	一、五〇			二、七〇
粉條	一斤	二〇			
大葱	一斤	三〇			五〇
蒜	百斤	一、〇〇	一、一〇		一、五〇
大頭菜	十斤	三〇			五〇
白菜	十斤	五〇			七〇
地豆	十斤	一〇		五	二〇
者羅魚	一斤	二〇			
細鱗魚	一斤	二〇			
狗魚	一斤	〇八			
猪肉	一斤	二五			
羊肉	一斤	一二			
牛肉	一斤	一二			
鷄	一隻	六〇			
鴨子	一枚	〇六			
鷄子	一枚	〇五			
牛奶	一斤	〇二			
黃油	一斤	五〇			
蘿蔔	一斤	三〇			
細鹽	十斤	一、〇〇			
上等醬油	一桶	三、二〇			
二等醬油	一桶	二、七〇			
三等醬油	一桶	二、二〇			
麵醬	一斤	一二			
豆油	一斤	一三			
猪油	一斤	二五			
醋	一斤	一五			
西皮酒	一斤	六五			
秋林水酒	一斤	七五			
燒酒	一斤	三〇			
牧牛牌紅酒	一斤	六五			
啤酒	一瓶	七〇			
金槍香煙	一包	一、五〇			
雙鳳香煙	一包	三、五〇			

炭料的司法界

醉雷公

從前在舊政權時代、在黎民百姓口中、常聽道一句俗語、即是『屈死別告狀』、這雖是一句勵人負氣的平常話細玩其中義意、頗深、不但是對於訴訟當事人用之頗洽、即對於一般氣、如若是向司法界中人們談起話來、則另有一種論調、講的是『靠河的吃水』『靠山的燒柴』、大堂上沒種着穀子高粮、有官就有私、有私就有弊、打官司是你們自投來的、也不是法院裡把你請了來的、請問若按以上之論法司法界中吃私舞弊、還不是成了官的了嗎、如標準、他還能顧及人民之冤屈嗎？因爲各貪官任意貪贓賣法、以致黎民百姓、把法院視爲畏途矣、自我滿洲國建國以來、幸賴友邦之援助、行政治安、經濟文化、建設教育莫不蒸蒸日上、尤其是對於司法、屢次召開法會協會、以期改革舊弊惡習、無如一般貪贓成性審違法多端、如經查出、勢難寬宥、故預作下野之計、如同夏初之蚕、緊吃等死、此雖在新舊交替過程中、勢所難免之現象、然在此王道之國家、司法當局、理宜從速詳査、以紓民困、現在此收回領事裁判權之醞釀期間、尤爲當務之急也云、

十四號住戶、楊殿臣、(四五)濱江省人、以拴地列子車爲生、於三十一日午前、二時至五時中間、被竊賊由牆踰入院內、竊去白騸馬三匹、灰栗色騾子一匹、黑騍騾一匹、待五時許、起床喂馬草料之際、發見大門已開、騾馬不見、知必係倫兒所竊、抑刻查緝云、

依原告人之抗告 鄒玉如終被押

且看原審推事如何處置

舊北鐵職員騙財案續訊

不禁令人浩嘆不置云、

女車掌廢弛職務 乘客捺下竟不理

哈爾濱　市營大汽車、經營以來、一般乘客頗稱便利、惟女車掌以爲官辦掌握勢力、汚辱乘客、態度蠻橫、層見迭出、交通局對於乘客、滿足起見、故時加召集司機車掌訓練、不良份子屢次剷除、嚴守規章者固不乏人、公然違背交通意義、對於乘客、言語蠻橫驕傲態度、在在多有、於昨三十一日、第八路線、六三三號車、三九號車掌、劉玉琳、於當日下午七時許、由西門臉向上號開駛、車至地段街、有日人乘客一名、年約卅餘歲、赴飛機場、不料車至飛行場之停留場時、車掌在司機前部默坐、對乘降乞客人置之不理、該日人見目的地已到、而車未減速通過、司機俄人開駛速度如飛、乘客求車掌停車、詎知車掌不但不停車、仍默坐如木偶、置之罔聞、當燈光稀少黑暗異常、該日人無奈車正追行中、躍身跳於車下、當即被摔倒車下未起、車掌見肇禍更未停車亦未檢査被摔之乘客、意欲移禍於他人、由此觀察、此等車掌視乘客之性命如草芥、可惡已極云、

八站中馬路之搶案 內中情節令人懷疑

被搶人李鴻發供辭矛盾

三十一日午前十時、八站中馬路、關東倉庫前、發生一起搶案、茲誌其詳情如次、

日本賣藥會社、哈爾濱出張所員、滿人李鴻發、(二六歲)携現欵四百二十元、擬送往中央銀行存儲、乃行當該處、突被匪搶去、

所管經緯警察署、對其所供詳加考査後、乃竟發現彼所陳述、有與事實相反之處即、

一、滿鮮強盜協同作案彼所稱行搶者、係滿鮮強盜、滿鮮強盜共同作案、固不能爲絕無惟殊不合於事實、

二、被搶錢中尙餘四十元、未被搶去、據稱攜帶現四百七十元、但被匪搶去爲四百卅元尙餘四十元、未搶、惟揆諸事實、所携錢欵、既同置於一皮包內、況又皆係紙幣、豈能單爲留四十元不搶之理、

三、行搶地點、行搶地點、爲八站關東軍倉庫前、來往行人不絕、且倉庫有日本軍之步哨匪人行搶、豈能於實間、擇此地點加以彼之被搶、純係一人報告、並無其他人目擊、

據以上各點、李人供稱、不能使人無疑、惟李係三月前到該會社工作、人尙誠實、存欵歷經彼辦理、從無差池、不知此次何出此事、殊使人墮入五里霧中、刻警察方面、對此正嚴重辦理以期水落石出云云、

日人貨店被竊

【哈爾濱】中國十四道街、門牌二十六號、院內二戸日人泉猶八(四一)以開設雜貨店爲業、於昨一日午前五時、許起床、發見貨物倉庫門戸大開、知必被盜、急進屋檢點物件、始知丟失茶色毛紗一疋、(六十碼)黑絹紬衣裡三疋、黑呢子三疋、羔呢子一疋、女人用大氅衣料二件、灰呢子大氅一件、茶色洋服料一疋、蕉色呢子大氅一件、羔色呢子大氅一

金票九百七十餘元、當急報告電車街分所、請求査緝云

磚茶	一塊	一、〇〇
紅茶	一斤	九〇
美孚火油	一箱	一〇、八〇
老牌火油	一箱	無
上等棉花線	一斤	無
下等棉花線	一斤	無
好白花旗布	一疋	一〇、〇〇
次白花旗布	一疋	九、〇〇
好藍花旗布	一疋	一一、五〇
次藍花旗布	一疋	無
棉花	一斤	七五
上等洋襪子	一双	七〇
下等洋襪子	一双	二五
駱駝絨	一斤	五〇
砂糖	一斤	二〇
擴子	一斤	二五

（未完）

齊齊哈爾全市 國籍戶口人數調査

【黑龍江】齊齊市面、自滿洲國成立以來、日趨繁榮、而戶口亦逐之日爲加增、茲據最近本市居留之各國戶口人數調査如下、

滿人	戶	一五三四一
	男	四六九八八
	女	二九三六五
日人	戶	一〇七六
	男	二〇九七
	女	一三九九
朝鮮	戶	一七一
	男	三五九
	女	二八四
白俄	戶	七七
	男	一九六
	女	一五五
蘇聯	戶	三
	男	二
	女	一
德國	戶	二
	男	二
	女	一
美國	戶	二
	男	一
	女	四
	男	二
	女	四
波蘭	戶	三
	男	四
	女	三
那威	戶	一
	男	一
	女	四

以上總計一萬六千六百七十八戶 男女共數、八萬零八百七十二人、

誰埋槍彈 被人挖出

頃聞本埠北門外、慶家胡同川號、住戶王錫九、於近日雇用白清廉、與其修理院內東南角裝東西之小板棚、在靠東墻根下、挖出小罈罐一個、上口以磁碟覆之、內藏有花牌八音手槍一支、號碼一六二零九四、子彈九粒、槍梭兩個、當以事關軍火、未便藏匿、送交本管北區警署核收轉報、據聞四五年前、曾有軍署宦庶務在其院內寓住、迨事變時、全家逃避、蓋或彼遺留之物也、究竟是否、容訪再誌、

警廳官兵 恤助故警

【黑龍江】本埠永安里分所警士劉國安、於今夏爲捍衛地方、被匪槍殺其故後旋由當局提升警長、並給與恤金、以及追悼各節、曾誌本報、茲聞警察廳、全體官兵、爲其家道寒微、特於本十月份餉項內、日人以薪餉二分之一、滿人以薪餉三分之一恤助該故警長之家以慰幽魂云、

于股長解到 嫌疑匪犯

齊齊哈爾警察廳司法科股長于宗德、品端行方、自任職以來、頗獲上峯之嘉許、茲該君於前數日、赴往泰來、辦理某項匪案、而該君於日昨(十月二十四日)帶解重要嫌疑匪犯、朱學貴、朱德三叔侄二人返省、業已交廳訊辦云、

鷲尾緝私官 拿獲私造煙斗犯

黑龍江　齊齊哈爾專賣署緝私官、鷲尾正垣君、於昨月之十五日、在大同昌胡同、陳家院內、姜福堂家、搜出私造烟斗六十個、據該姜福堂供稱、因生計無路、故造售烟斗、藉維口食、茲該緝私官、以事干違禁、當即帶署依法懲辦云、

姦夫淫婦飲酒貪歡 乃夫捉獲控告警所

【哈爾濱】香坊署管界、小北屯分所、關新屯門牌三十號住戶、紀朝仁、(三六)山東肥縣人、以種菜園爲生、其妻紀劉氏、(二五)三寸金蓮、姿容秀麗、三四分人材、雖裝束不十分流行、以自時稱髦、性質風流、不安於室、酒色性嗜、外號一斤酒呼之、近來結識比鄰、無業流氓、李鳳成者、(三一)山東肥縣人、初則二人眉目傳情、繼則花蔭月下幽巫野合、共夫早有所聞、因懼防奸情出人命故、是忍氣吞聲、裝聾做啞、未敢聲張、以持名譽、暗帶綠巾、詎知奸夫姦婦、以紀某軟弱可欺、公然明鋪夜蓋儼然如同夫婦也、鬧的滿城風雨、大街小巷、均以此爲、談話資料、雖三尺玩童、亦呼紀某龜頭、於昨一日下午三時許紀劉氏被奸夫李某邀至自宅、飲酒取樂、迨紀某外出工作下午六時返宅、不見其妻、正在情急之下、遂尋找到李宅、見其妻與奸夫、併肩談情、大飲特飲之際、紀見狀忍無可忍、正在盛怒令妻回家、以觸奸夫之怒、將紀某暴打不休、結果本夫到小北屯分所將奸夫控告、據報分所警士、將一干人犯逮捕、備文送至坊署現下嚴押云

龍江縣境內近日之匪訊

龍江縣境各鄉屯、但三五成羣、十數結夥、到處儼如星羅棋佈、而示深林密之內幾乎無處無之、綁殺刦掠、時聞耳鼓、乃自金風起動、秋禾割刈以來、加以官署痛剿、則匪蹤雖稍削減、仍未根株斷絕、茲頃聞龍江縣屬李三店警察署長梁國治報稱、前於十月十九日、下午一時、其管內東腿屯距李三店六里)許苗喜慶家突來步匪六名、二持大槍、二持德槍、二持木棒、闖入屋內、持槍喊嚇、不准動轉、結果槍去馬匹衣物、向南逃逸云、

又稱距李三店三十餘里、崔背屯、住民劉青珍、陳相九家於十月十七日、上午一時許、突來步匪八名、二持大槍、二持手抱、餘持木棒、亦槍去財物若干、逃遁無踪云、

又訊、縣境大民屯署管內宛屯、住戶戚里利、於十月二十日、裝白菜車兩輛、來省售賣完畢、即於當日早九時回行、至十時行抵本屯三里許已有之白菜地、擬爲砍菜、見伊姐王戚氏、與其外甥王福才正爲與伊砍菜、比時復見由東來大輪車一輛、該車二人攀買菜、進前一人掏出匪槍、即逼令其里利同走、茲戚里利將其槍爲猛然抓住、在此爭持之間、而大輪車之他人、當以大槍、照定該戚某左臨鳴放、子彈由其右臨透出、遂即殞命、該匪二名、亦即逕奔溪兒云、

濱江特刊

第三十七號

盛京時報北滿總支社

社址 哈爾濱道裡斜紋二道街一三

電話道裡五二七二番

信濟銀行倒閉後 不正事實暴露

債權人召集會議討論索欵辦法

該行與美領館幹部有關

本埠信濟銀行倒閉、致連累二千七百餘人之儲金者一大恐慌、業誌報端、玆儲金者等、定於十日午后二時半起、在道裡商務街俄國商工會議所、召集儲金者會議、討論向銀行進行索欵辦法、同時近日綜計各方情報、該銀行之非法情形、特誌如次、

一、據該行記載一九二七年八月卅一日、上海本行對當地支行、有五萬二千五百元之負債、詳考上海本行設置時日、爲一九二九年五月十五日、是與上述日期顯然不符、其間似有何等不正事實、

二、該銀行理事團『歐西舖裴投隨夫』兩人有以換錢之所得利益私飽情形、

三、前美國駐哈總領事翰森、由該銀行借國幣九百元、迄未返還、又前副領事『里里斯投漏木』、亦借該行欵八百三十四元美金未還、由此可證該行與美國領事館幹部間有關係、

四、一九三四年六月十八日『墨亞斯尼扣夫也思也思』（目下在滿洲里）曾存二千盧布於該行、玆悉該行封鎖、急來哈交涉、竟以未見爲對由上各點、可知該行之不正事實甚當刻存欵者、會議後當更有相多澄露也云云、

道口錯車之際、不意一四八三號營業小汽車司機、張玉寶操駛小汽車不愼、搶過橫道時、被雙方電車挾於中間、三車由正面衝突、該小汽撞得粉碎、小汽車坐客滿人二名、當即受有重傷電車前方玻璃及前部亦有相當破損、適有崗警赶到、將受傷乘客送市立醫院治療、一方將小汽車司機送署懲辦云

俄人外出 家中被竊

損失六十餘元

南崗阿什河街、三十九號、注戶俄人舊俄佛金、（六二）於昨八日午前九時半頃、因事外出、待下午六時許返宅、發見門鎖被人破壞情知有變、急進屋檢點物件、始知被賊竊去黑色袂呢大氅一件、闊巾一條咖啡色手套一付、深色灰禮帽一頂共值價六十餘元、當即至吉林街分所報告、請求查緝云、

國際戀愛爭奪戰

老毛子既嫁日人又戀韓人

醋海生波打得落花流水

本埠日僑、原籍宮城縣、仙台市柳町三〇、現住馬家溝共和街一四號內四戶之日本人柳原武者、（三五歲）於本年二月上跳起、跑至外邊呼救、柳原追及之、揮拳便打、尼那倒地柳原仍怒氣不息、復行闖至住室內、將室內什物一一打壞、其暴行、强迫其同赴領事館理論、乃該柳原見及所行不法、乃自鐵工事務所辭職、取得職薪、擬逃往他處、終經領事館警察古木金兩刑事、將其緝捕、目下正在審訊之中、如斯國際戀愛爭奪戰之歸趨尚在未悉中、容訪再誌其結果云、

新發祥春增長執事 果因何而被捕？

靜待實業部批示、以便與中央批發市場進行協商妥協辦法中之新發祥春發長等六家代理店、不圖突於上月廿八日及本月一日新發祥執事馬耀南、春增長執事楊世英楊世珍等以先后均被警廳逮捕聞、因此以上兩代理店因陷於羣無首之情勢、遂宣告停業未幾破捕之楊世珍又被釋放惟新發祥執事馬耀南、春增長執事楊世英一因無營業許可一因營業許可滿期、分別處罰拘禁半月、聞警廳所以如此措施而未予停業者、蓋以中央某當道曾一度質問之故耳、

康德商店丟自行車

道裡中國九道街、三十一號康德商店、於昨八日下午十時許、柜夥趙愛丁、（二五）將自行車鎖閉放置院內、不知何時、被賊將鎖撑破竊去、待九日午前六時發覺、而賊早已杳如黃鶴矣、遂至花園街分所請求偵緝、據報分所、刻正在搜查中云、

警廳將設法 取締不良建築

哈埠最近、建築業日益興隆建築物日有增加、惟據實地觀察、外國人之建築、無論二層三層、因材料堅固、故建築物亦極牢實、但邇來日人包工者、有以粗材簡料承修之房屋甚多不祇不堅、且一經馬路上載重車行走時、二層樓即動搖欲裂本此、警察當局、對此、不久當派遣專門技術、規定方式、加以取締云、

濱田修造家中被竊

南崗貨棧街、門牌十六號、住戶日人濱田修造、（二五）現充鐵路水運局職員、於八日午前八時許、外出工作、將門鎖閉、至下午四時頃、公畢返宅會發見門戶大開、知必遭竊、進屋見柜箱被賊損壞、當即檢查衣物等類、竊去便服一件、青色使服一件、黑色衣服一件、洋服一套、淺色大氅一件而大氅兜內、盖有鐵路紀念章印、共值國幣百餘元、立至南崗署報告、請爲查找云、

中央車站之改築工程

顧鄉屯將有大中央車站出現
京濱車站似無立即改築必要

本市京濱綫車站之改築工程、正在進行之中、茲據訪問該站長談稱結果、

本縣在不碍營業之下進行工程、不果以各方難以急進、實爲遺感、一方將來之大哈爾濱都市建設計劃、在顧鄉屯方面、當有大中央停車場出現、是則本站台似無立即修成理想偉大之建物、但在範圍內之改良、自促其早日告成也、刻下不便之處、首爲便所、如不由食堂則不能進入便所、現批改由一二等候車室亦可進入、同時行李存置亦成問題、現在之中央大庭改爲剪票口、行李處則移轉於其傍邊、收票場目下臨時建築、亦即完成、來年則進行驛長室等建築云云、

交通慘劇

三車正面衝突

九日午前十時二十分、司機張國珍、駕駛六號車、由道裡警察街、向車站開駛、行抵同發隆前橫道口處、適有三十二號電車司機李文富、由車站向道裡操縱、雙方電車正在橫

與俄女「尼那」（二四歲）者意氣相逢、結成投居關係、在松花江對岸順直街三一號、由俄人租房一處、月租五圓、兩人同棲同飛甚屬洽意、

嗣於五月、柳原氏移往馬家溝共和街居住、只遺「尼那」仍在原處、時該俄女以年已妙齡、不甘獨守空幃之苦、且柳原久別不至、乃擬別覓新歡、適外國三道街國際旅館之僑人朝鮮人崔某道、見及該婦性之煩悶、乃乘機而入、二人竟結不解之緣、因崔某手法高妙、甚得女子歡心、故該俄女愛人甚柳原、

柳原得此消息、甚爲忿激、遂於十月廿八日、一人痛飲大醉酊銘、乘機往尼那處、大興問罪之師、先以木拌將窗戶玻璃等悉爲破壞、後闖進室內、時崔正未在、尼那已在就寢中、聞及大聲吵鬧、立即由床

并將墻上懸掛之「尼那」倩影、一併扯碎、委之爐中、并將室內小貓二匹打死、

大鬧之後、酒氣漸消、乃手持木料、口奏凱歌、轉赴東之俄老婦人處、以金票十元、買牛乳飲之、翌廿九日未明、復往戀敵之國際旅館崔某處、適崔亦未在、加以天尚未曉、無人應答、柳原益怒、侵入室內大加咆哮憤然而去、

崔某歸悉所事、立赴柳原作事之奉天城東北鐵工所、追問

鐵路局接收航聯問題

短期間內恐難辦到

與船東間之價格研究甚爲困難

近來盛傳、航業聯合局、於明年度、將歸鐵路局經營之說、茲據某消息、談稱如左、

航聯局純利甚多、一年能得三百萬元、半年亦可得百五十萬元、實爲利益純厚之營業、是爲鐵路局收買後、加以合理的經營、自是可能、惟立即辦到尚不可能、其理由固有多端、其實際困難問題、如收買時與船主間之價格研究、甚爲困難、且兩方不能無多大懸殊、且船主之大部分爲華南或山東人甚多、接洽時亦費相當時間也云云、

編輯餘墨

（醉雷公）

哈爾濱特別市公署、爲繁榮地方、完成都市計劃、不惜費盡精力、圖謀市署自身經濟之膨漲、先後將管內比較最賺錢之幾種營業、千方百計、弄到已手、曾未顧及市民之反對與不諒解、此種大而無畏的精神、誠令吾人贊歎不置、

道外商務消防隊、成立有年成績卓著、經費向由商會代募、總算是一個整個的市民公益機關、年來因商業凋敝、經費無着、雖迭次請求市署開方便之門、予以接辦、終被拒絕結果仍由商會想法慘淡經營、吾不禁竊笑道外商會、其何不智以至如此、豈不知賠錢貨其誰欲要、倘以營業大汽車、電車、批發市場、家畜市場、潔濱公司、屠宰場等賺錢買賣、何用再四請求、早予接收矣、

額爾克訥左翼旗概觀（續）

第六章　度量衡

權然後知輕重、度然後知長短、凡計物體之大小、長短輕重、捨度量衡而外、別無他法、我國之度量衡制度、有名無實、因地制宜、此省與彼省不同、此縣與彼縣互異、甚至有一縣之度量衡、尚不一律者、我國自建國以來、政府以度量衡之統制、認爲急務、使實業部掌管、並於該部設置權度局、以擔當度量衡之統一、及檢查其他一切事務、近來參酌米突法、及俄國現在之制度、

一、現行之度量衡

三河地方、俄僑居多、度量衡均用俄人制度、至度之制度、一尺曰一阿拉神、核滿洲國裁尺二尺二寸、並無量器、糴糶糧石均用衡器、權其輕重、以布特計算之、每布特核滿洲秤三十斤、並無其他衡器、只有磅秤、以十二兩爲一斤、至於量地之寬窄、木材之長短、房屋之大小、均以沙繩計算之、每沙繩核滿洲國裁尺六尺六寸、將來新度量衡頒發自能統一矣、

第一章　總說

本旗地多山嶺、交通頗爲梗塞、海拉爾位其南、吉拉林居其北、所有交通、均取天然之路徑、並無人工之修築、夏季藉水利之交通、帆船由吉拉林航額爾古訥河、直達奇乾漠河、往返約許四十日、若結凍時、大汽車尚可駛行、駛車馬爬亦通行、奈總有滯延之處、所有通信均依人力、郵便由海拉爾至奈勒穆圖、往返約許十日、由奈勒穆圖至吉拉林、以及奇乾往返二十餘日、其交通之不便、通信之遲延、以可概見、旗境無河土木工程、僅於大司

款、乃修築根河橋梁現已告成、當此時旅客往來、車馬通行頗爲坦途也、

第二章　交通

一、郵便電信及電話業

本旗警察署、設有長途電話、由奈勒、穆圖至海拉爾如有緊急事務、以此電話通報其他並無營有電話業者、旗內奈勒穆圖設有郵便局一處、名曰三河郵局、（屬海拉爾郵便局管理）內設局長一員、信差一名、所有境內各村屯之信件、多係郵差、途中經過各村屯、交由屯長代爲轉遞之、

二、無線電信業

警察分署、各設無線電一台、及上庫力日本警備隊、設有無線電一台、

三、其他通信業

無

四、鐵路運輸業

無

五、汽車及電車運輸業

本旗並無汽車、及電車專業、僅有由海拉爾來之汽車運輸貨物、或旅客惟運輸期間並無一定、

六、人力暨畜力運輸業

本旗營運輸業者、僅民戶所飼養之車馬、來往運輸貨物、或入山運輸木材、其運輸之價

業

無專營運輸業者、

七、帆船運輸業

每至夏季、藉額爾克納河帆船、來往運輸、由吉拉林至奇乾漠河等處、

八、輪船運輸業

無

第三章　土木

一、房屋建築業

本旗人煙稀少、民戶無多、關於專營房屋、建築者均無、如民戶建築之房屋、多由本地作零工人承作之、

二、道路橋梁及溝渠等建築

濱江特刊

第三十八號

盛京時報北滿總支社
社址 哈爾濱道裡斜紋二道街一三一
電話道裡五二七二番

倆無許可之野妓、大街小巷、公然叫濫者、（及娼妓根據大小旅館爲巢穴、招引一般漁色子弟、傷風敗俗莫此爲甚、日後規條實行、決定嚴予取締、懲不貸云、

中央市場
限令各代理店
廿日起一律遷入
如有敢故意反對者將實行取締
無條件遷入商方堅決反對

哈爾濱中央批發股份有限公司、當初以爲既係市署主辦、一般商民、誰敢出頭反對、殊不知建國以來、迄今數載、商民對建國精神、澈底瞭解、認爲王道政治下、非同舊政權時代軍閥之跋扈、雖有理亦無處申訴、只得引頸受其宰割、因此洪增全、洪泰合等十家鮮貨代理店、鑒於中央批發公司同樣爲一批發商店、不過其範圍較大而已、其性質與其他代理店並無差異、何得將固有數十年來之民營營業一旦取締、歸併該公司一家壟斷經營、於法於理自屬不合故據理抗爭、交涉經年、雖該公司以市營之面具、利用各方面、或威嚇或勸誘、不惜剛柔並施、煞費苦心、終以紙老虎不能咬人、最後乃忍痛出資十五萬元、將十家鮮貨代理店之營業權收買、至此以爲可以風平浪靜、順利進行矣、初未料及除此十家以外、猶有若干家代理店倘不依照收買之手續、強迫無條件加入、亦屬不能之事也、蓋自該公司假營業期間迄至新市場築成、百萬之鉅資、已耗去無餘矣、如再照買收洪增合等十之家辦法、將新發祥、春增長等六家買收之、不但公司自身之經費上感覺支絀、猶不知將來能否再有接踵而起之代理店發生、勢必買不勝買、如不買收、則與公司本身之權益衝突、因此該公司竟踏於欲進不能、欲罷不可之騎虎難下進退維谷之狀態、十五日午後、中央批發市場久保場長、假座道外商會、招集市內之蔬菜、魚肉、鮮菓代理店經理人開會、出席者計六十九名、當場保場長、以命令式之演詞、限令各商自本月廿日起、須一律遷入場內營業、有故意反對、不肯遷行者、此後勸實行取締、不准其在外自由營業、惟對於市場法之第八條之規定關於停業後之損失賠賞、則絕口不讀、關一般商民對此無條件遷入咸抱決定心、實肯犧牲一切後不言明損失賠賞數目、則決不遷入云、

冒充官人
詐騙俄婦

新安埠民康街、門牌十八號住戶蘇聯婦人、皆衣力巴（一三）於十五日下午二時許闖入滿人一名身着西服大氅、中等身材、面瘦、進屋後、口操俄語、聲稱我是警察管理處、詐騙國幣九十二元、初者該俄婦人、信而不疑、待騙徒走後、突然省悟、知爲受其騙、遍尋無着、悔亦事晚、遂至該管分所報告、請求查緝、當時以電話通知各署、現下刑事科協同各署員、大肆活動、密佈密探、嚴厲搜查、想不久、該犯亦必被捕云、

哈市日人
將編入保甲
現在進行研究中

哈市警察廳、令各警署編織保甲制度、先後實行以來、成績良好、在哈日人居留民會、十四日曾召集臨時評議會、認爲亦有協力加入保甲組織之必要、以特務機關爲中心、現下正在研究中、將來或能編入保甲制內協同維持地方治安云、

被淘汰之職員
有鼓動留任運動說
各官憲對之注意調查
市署之人事整理果不公乎？

市公署再限期
換訂新房地租約
屆期倘仍不聲請換領
認爲退租必另行招租

哈爾濱特別市公署、現以該署所有之房地出租、換訂新租約辦法、業經於上年十一月十五日公佈實行、當時並會分別通知各租戶、限於本年六月廿十日以前、對所有房地舊租契約、一律解除、在解除以前、各租戶務須到署聲請另行換訂新租約、勿得延悞各在案、惟自通知以後、迄今已逾數月、各租戶遵令到署換訂新約者、固不乏人、而遲遲觀望、至今猶未換訂者、亦復不少、長此延宕、殊屬非是、因此該署昨又佈告各房地租戶週知、凡未換訂新租約各租戶、務於本年十一月卅日以前、到市署管財科、填具聲請書、以憑核辦、至以前已遞聲請書者、經市署將新租約作成後、即行會同保證人到署簽字、繳納保證金、以便領取、此後屆期倘仍延不聲請換約、該署即認爲退租、另行將該租戶所租之房地招租他人、決不再行展緩云、

哈市公署
退職人員
共九十四名

此次市署之行政人事大整理、辭職人員姓名、官職探錄於下、

會計科	屬官	王劭璘
社會科	〃	童茂春
實業科	〃	朱治陽
教育科	〃	鄭德沅
衛生科	〃	張承雲
第二辦事處	〃	張慶豐
〃	〃	鍾明純
〃	〃	王憲久
〃	〃	陳德三
運輸科	〃	趙復全
秘書科	囑託	馬兆麟
監理科	〃	陸瑞香
水道科	〃	葉國光
〃	〃	谷裕山
育兒院	〃	呂殿爲
工藝養成所	〃	梁希曾
屠宰分場	〃	梁忠彥
驗車廠	〃	李清渃
第一病院	〃	郭明鑰
〃	〃	李葆田
安康小學校	〃	關李盟馥
庶務科	雇員	有泉登美子
主計科	〃	唐百里
會計科	〃	張仲玉
社會科	〃	王文廉
捐務科	〃	徐瑜
實業科	〃	徐少庭
〃	〃	于赫欽
監理科	〃	劉璧澤
道路科	〃	有馬凡人
〃	〃	丹羽正
〃	〃	沈紹勳
第二辦事處	〃	景致祥
〃	〃	曹際盛
〃	〃	島永?
〃	〃	李秉璋
〃	〃	劉悅忱
〃	〃	李仙樵
〃	〃	譚秉文
總務科	〃	文勃
建築科	〃	侯聯容
〃	〃	姜德三
庶務科	〃	姜延俊
〃	〃	中山茂子
〃	〃	雨宮官三
運輸科	〃	蔡芳秋
〃	〃	大連國男
〃	〃	藤井元
〃	〃	谷元宏
〃	〃	隅田中治
〃	〃	張起鳳
工務科	〃	田中清一
中央市場	〃	渡邊吉雄
第一病院	〃	梅舌斯克
〃	〃	米拉丢
慈善救濟所	〃	李子春
育兒院	〃	張樂天
市場	〃	段玉貴
驗車所	〃	才鼎銘
藥房	〃	田立金那
建築科	〃	蕭汝儒

煤炭價格高昂
當局宜設法平抑

時值天寒、一般商民、必用品即是煤炭、而哈市煤炭、每頓價高十八九元、而南滿撫順出產之塊煤、最優良者不過九元、但哈市所用之鶴崗煤、較撫順煤品質惡劣、尚且價高二倍、殊爲不當、但由鶴崗每頓煤撤運來哈、一切運費、及原價在內、不過十元左右、一般奸商、不顧民生、只圖倖利每頓煤可賺八九元之利益、故一般市民、頗感痛苦、望負有責任之當局、設法平抑之、以紓民困、實爲市民之幸云、

強姦養女不隨
一怒砍傷全家
馬某殺人後竟自殺

道外大水晶街、門牌七十五號、住戶孀婦王王氏、（四五）膝下生子女各一、子王成義、（一六）女名代英、（一五）因生活困難、無法度日、無奈於去年與同院住居之小販馬喜林、（五九）天津人實行姘度、王王氏母子三人、依馬某撫養、詎知馬某人面獸心、性嗜漁色、見王王氏之女代英、姿色秀麗並且年青、裝束時髦、杏眼桃腮一時獸慾縱動、意馬難拴、於十五日午前一時半許、乘其母子正在酣睡之際私自潛入代英被窩、意欲施行無理、代英由夢中驚醒、赫令滾去、此時被王王氏聞知、不免怒火大發大興問罪之師、不料馬某、老羞成怒、殺機頓生、遂躍身下地、操起板斧一把、猛向王王氏頭部砍去、只聽喊嗡一聲王王氏當即昏倒不省人事、代英

法院編制法
明春定能公佈
全國分五大司法區域
濱特兩地法院亦合併

遲遲迄今終未公佈之法院編制法、據某司法要人談稱、其原因只以爲辦案敏捷起見、擬提高司法警察之權限、可以直接逮捕犯人、因此似與地方警察之權限不無衝突之處、故民政部與司法部現在審議中、致法院編制迄未公佈、預料至遲來年春間定可公佈、在公佈之後、全國司法管區共分爲五區、奉天安東爲一區、熱河錦州爲一區、吉林間島爲一區、濱江三江爲一區、龍江黑河爲一區、每區設一高等法院及檢察廳、同時道外濱江地方法院及同級檢察廳亦即與道裡之特區地方法院檢廳合併爲一云、

額爾克訥左翼旗概觀（續）

三、其他土木建築業
本旗無專土木建築業、如有興修土木建築者、多係僱使勞動者爲之、
八、教育、宗教、社會、
第一章　總說
本旗僻居荒陬、人煙稀少、關於教育及社會、向無準確之防針、蓋於民國時、俄國人來此、避難僑居者、佔全境百分之七、均以農業牧畜爲生、而使欲其子弟就學者、亦無相當機會、自我滿洲建國後、爲走實王道樂土之淵源、以澈底明瞭建國之要義、凡百事業、力求設施、務使境內人民去奢崇儉、重仁尚禮、茲將本旗教育宗教社會現在之狀況分節述之、
第二章　教育
本旗學校經官民一致籌劃、於大同二年七月間、遵照文教部規定、私立學校暫行規則、在三河各屯設立[illegible]小學校十三處、吉拉林[illegible]入小學校一處、
一、教育行政機關
本旗教育機關、爲旗公署俄僑私立學校　內設視學一員、而考察各校實際、以求進展、滿人學校、由吉拉林選舉董一名、負管理責任、遇有其他事故、得隨時報告本署辦理之、
一、教育方針
本旗人民俄僑最多、而就學子弟、亦以俄人爲多、其教育之方針、均採用俄文、但與我建國精神上、相反之書籍、及一切不良課本、均不得使用之、吉拉林鎮私立小學校、則用滿文課本、
一、學校數目
本旗學校、均爲初級小學校、其學校制度、均援用四年制、茲將學校名稱、及學生數目列表於後、康德元年月日

屯別	校名	學生數目 男	女	合計	備考
奈勒穆圖	奈勒穆圖學校	五五	二三	七八	
上庫力	上庫力學校	六〇	二八	八八	
上吳爾格	上吳爾格學校	三八	二八	六六	
庫力緯維	庫力緯維學校	三〇	二三	五二	
社博貝	社博貝學校	四九	二六	七五	
下庫力	下庫力學校	一九	一一	三〇	
下吳爾格	下吳爾格學校	一八	一〇	二八	
蘇沁屯	蘇沁學校	二二	一三	三五	
土倫堆	土倫堆學校	二一	八	二九	
普克若普克	普克若普克學校	一四	七	二一	
拉不大仁	拉下大仁學校	一四	一二	二六	
奇魯圖	奇魯圖學校	一八	九	二七	
怕丕來	怕丕來學校	一七	一一	二八	
吉拉林鎮	吉拉林初級小學校	一四	六	二〇	

一、官公私立及書房
本旗僅有立案之小學校十四處、其他並無、
二、圖書館博物館及動植物園、
無、
三、關於其他教育業
無、
第三章　宗教
本旗文化開闢較晚、其人民多係俄人來此僑居、就習慣上考察、多數均以耶蘇教爲主重、而滿人信奉佛教、亦不在少數、
一、關於佛教業、
無、
二、關於道教業、
無、
三、關於喇嘛教業、
無、
四、關於回教業、
無、
五、關於耶蘇教業、本旗營耶蘇教共有五處、每處俱有主管佈教者、其教堂全年之經費、統由各信教徒均納之、
第四章　社會事業
本旗僻在邊陲、交通滯難、關於社會事業、尚缺設施、僅於康德元年間、於奈勒穆圖、設公衆治療所一處、所有人民治療、均免收藥資、其經費由旗公署補助之、
第五章　勞動
本旗民戶、全境有七千餘人、多數均以農業爲生、故農業勞動者、佔三分之二、其他營勞動業、有一千餘人、成年以作土木建築勞動事業爲生、
附（一）彩票（二）國際統計（三）重要日誌　無　（完）

哈爾濱特別市公署、因最近市收入之縮減、施行第一次人事大整頓、裁撤理事官以下事務官、屬官、囑託、雇員等九十四名、已於日前經總務處庶務科、作具体的正式護表矣、惟一般被裁撤者、對市署之措施、認爲有欠公平之處、故日來盛傳被撤人員中、有以某人爲中心組織留任運動、並擁向政府直接陳情之風談、聞關係各官憲、對此十分注意現在正在秘密調査中、將來問題能否擴大、殊堪注目云、

所屬	官職	氏名
庶務科	屬官	佐治俊彥
營務科	〃	吉本重之
庶務科	〃	劉桂森
秘書科	〃	沈祖衍
秘書科	〃	周志徽
〃	〃	潘景洁
捐務科	〃	趙雲式
〃	〃	錢啓鋆
管財科	〃	胡禧緒
徵收科	〃	佟裕文
〃	〃	嚴光漢
第三辦事處	〃	王祖慶
計劃科	技士	兆宗弼
庶務科	屬官	鄧潤田
〃	〃	劉世駿
建築科	技士	盧京格
工務科	技士	木下之雄

雙興合被竊

道外南頭道街、双興合皮靴鋪、執事李殿臣（三二）山東黃縣人、於十五日下午八時許、工廠工畢、工人外出、將門關鎖、不知何時、被竊賊將撑壞侵入、竊去水獺皮帽五頂、金古魯皮帽二頂、禮服呢鞋三双、待發覺時、竊賊早已潛逃、共損失國幣百餘元、當即至分所報告、據報分所、以電話轉告正陽署、請求査緝云、

保安科計劃
澈底取締野妓

警廳保安科、因鑒於娼妓之中、所有夫之婦、爲數不少、因風紀及道德關係、現下着手研究取締方法、不日即可實行

哈爾濱航聯局
將疏濬上游江道
明年解冰後即行動工
三年之內完成此工程

哈爾濱航業聯合局、鑒於松江上游江水深淺不一、灣曲難行、狹窄之處、冰流逆轉、影響航運、殊非淺鮮、本開闢河川之主旨、特命吉林辦事處遣駐員山川勇氏、聯合當地航業公會、負責調査、由華甸至扶餘之間、航線中之淺灘石灘灣曲難行之處、現經調査明確繪圖具覆、聞航聯局擬於明春解冰後、即開始疏濬工事、計劃在明年一年之內可以往來航行、三年之內完成疏濬計劃云、

百般哀求、而馬某因强姦未遂故惹此禍、一不作二不休、復將代英頭部亦砍傷數處、王王氏之子成義、見勢不佳、將欲向外逃跑、當被馬某照左手腕一斧、受傷倒地、馬某見造殺人之禍、固知難逃法網、自持尖刀一把、照準自己腹部刺傷、應聲倒地、事被同院更夫發覺、立至保定街分所報告、據報警察、立時赶到肇事現場將一干受傷之人、以電話通知市立醫院、叫來救急車一輛、拉至醫院施急手術治療、據醫士云、傷勢頗重、生命危篤云、

父打子不羞
何苦萌短見
張合亭勿乃太愚

上號安埠街、門牌一九八號住戶張鴻如（四九）河北省人、於十六日午前七時許、與其子張合亭、因細故發生口角、被乃父申斥、孰知其子忿恨之下私自外出、在某私烟館、購多量鴉片、乘家人不備、將其吞服、時間未久、竟被乃父査覺當即至安寧街分所報告、警察以電話通知市立醫院、叫來救急車、送至醫院灌救、吐出黑色毒汁若干、聞未有生命危險云、

濱江特刊

第三十九號

盛京時報北滿總支社

社址 哈爾濱道裡斜紋二道街一三

電話道裡五二七二番

哈爾濱都市計劃

第一期建設工程區域墊土工作終了

按工程之實況分爲一、二、三區

哈市之都市計劃、已進行年餘、因事涉密秘、一時尚未發表其全貌、茲據向各方探詢結果、特誌如下、以饗讀者、

正陽河顧鄉屯一帶之正陽區都市建設計劃、自本年春着手工程以來、已有顯著之進步、刻第一期建設工程區域之約五十八萬平方米之地域、其墊土工作、大體已經終了、甚形平坦、將來繁榮、大可期待、據個中人談稱、

此爲正陽河區約三百萬平方米建設計劃之第一期之三年計劃工程、按工程之實況、分爲第一、二、三三區、第一區爲住宅區、第二區爲娼妓區、第三區爲綜合的遊樂區、及商店區、此區設劇院、電影院、百貨店、郵政局等、以資活動、

刻下第一、第二區之整理區劃工程、大體完了、本年盡量先使之完成、俟來春解凍時、則極力進行建築房屋、

再第二區之娼妓地帶之基本建設工程、近已幾告完成、此后妓館或移轉此處、或在此處新設云云、

羅久負盛名、前因隊址不敷用方改築新舍、在京鄰南三道街、與正陽街拐角、建築隊舍工事現已告成、二十一日當可移於新舍矣、

此新建築爲青磁色之二層樓房、舊隊舍自昭和七年以來作用迄今、已逾三年有半、現在之分隊長油谷氏、爲該隊之第四任隊長、同時爲新移官舍紀念起見、定于十二月一日、舉行盛大之開所式、并於隊內之大道場舉行壯烈之道場云云、

由分所轉報法院、法院派員前往檢驗、確實服毒自殺、至於服毒原因、局外人不得詳知、現下正在調查中云、

魏炳祥家

被匪光顧

香坊署管界鼎新屯、門牌三一號、住戶魏炳祥（三二）山東肥縣人、務農爲業、稍有積蓄、久爲匪徒所覬覦、於昨下午八時許、突然闖入滿匪三名、各持槍械、進屋後、脅威錢財、不令聲張、否則擊斃、遂翻箱倒柜、結果搶去國幣五十元、當即呼哨一聲逃竄、待事主報告分所、立時以電轉知香坊署、警察及便衣警士赶到現場、而匪早已杳如黃鶴矣、現下嚴

冒充緝私員之

日浪人相繼落網

現在日警署嚴重審訊中

詹鴻溥

何故輕生

原因調查中

道外長春七道街、門牌四號、滿洲工作所、執事日人山田岩太郎、有柜夥詹鴻溥、（一七）突於二十二下午十二時許、

經富樫警正之斡旋

六商承認加入市場

商方要求賠償二十萬元損失

市場方面似承認賠償十萬元

哈爾濱市營中央批發市場、與春增長等六家代理店、爲加入問題惹起爭執各情形、曾迭

於本月廿日由春增長、新發祥同發合、萬合福、泰來魚店、東記魚店、等六代理店正式簽

佈警網、不眠不休、緝捕逃犯」中云、

徐文敬之死

非自縊乃被殺

經緯署現搜查兇犯中

二十一日午後二時、中國十三道街四十九號內、住戶滿人商人徐文敬、（十八歲）自縊於倉庫內、經經緯署立即派員馳赴現場、發現該縊死者係以麻繩縊於倉庫中、同時腹部并有刀傷、而頸部自縊麻繩之痕跡、俟死後時弔上者、因此此人究係自殺乎、成一疑問、於是由經緯署派長、濱司法主任、馳抵肇事地點、對關係當齊拘至署內、加以嚴重審訊

判明該死者徐文敬、係一日用雜貨商、并沿街賣煙草等爲生、并非富裕、故此次之死、同苦爲他人傷害、亦係因仇、同時、某係最近於上述地點居住、其品行如何、尚未判明、故在搜查上、有相當困難云云、

家溝某洗衣局門前、詎知邊某見該洗衣舖門前放置自行車上之筐內、有洋服兩套、遂見財起盜心、將洋服竊去、正逃走間、不意有香坊署之便衣警李子通、見該盜賊行色愴惶、當時上前盤詰、言語支吾、立將逮捕送署、經刑事係田島主任審訊、供出行竊不諱、現下羈押留置場中云、

公順糧棧

設賭被捉

上號安埠街、門牌五十五號、公順糧棧、執事人、孫玉峯、（六一）營商有年、頗有資產、於昨二十二日下午九時許、召集賭徒、楊起良、（四七）任德成、（五七）數名聚賭抽頭、正要紙牌、興高采烈之際、不意被安埠街分所巡官、姜端林偵知、當即率領警士數名、乘其不備、由板障跳入院內、將一干賭犯、網網打盡、遂將賭徒帶所、備文轉署、現下羈押中云、

講習司法

江口刑事科長

哈爾濱警察廳江口刑事科長、爲對全滿日系指導官講習司法、於廿四日午前乘亞細

遍來詐稱專賣署職員、遍向各私煙館敲詐之日滿不逞份子勝行活躍、當局對之、甚深注意、極力搜羅、乃於本月十九日、竟又發生一起上述事件、茲誌其詳情如次、十九日午后十時前后、新安埠警察署管內老正陽河二道街、朝鮮人李某經營之私煙館內、突發生槍聲一響、事爲警署中人聞知、立即派員馳赴、現場、結果捕獲一日本人、持手槍一隻、子彈八粒、經審訊結果、判明該人原日本內地愛媛生人、名門田正爾、(二八歲)於是將其帶署加以審訊、判明該員迭次冒充專賣署緝私員、向各私煙館詐財、至於所持手槍係由砲隊街京屋洗染房日人三好某所有、經門田供來者、按其所供、諸多可疑、因國際關係、當即引渡於日本領事館之八森巡査、開始嚴重審問、據供最近來哈、擬求枝棲等語但按其行踪、不能無餘罪之疑同時半月前逮捕之帶手搶强盜拘留中之日人安藤元供稱、其共犯中有門田某者、於是將安藤帶出令二人會面、而門田尙百般狡展、堅不承認、終經安藤証實、乃自供彼二人曾爲共犯、并屢在私煙館內詐欺云云

傅家甸憲兵隊喬遷

擔當人口二十餘萬道外治安工作之大日本憲兵分隊、其活

不知因何、頓萌短見、購多量大煙、私自吞服、待至二十三日午前八時即死、待執事人發覺、氣早斷絕、立即報告分所

生女通姦被捉送警
司法警知法不知情！

三十六欄吉利胡同、門牌十二號住戶吳連卿、現充特區監獄司法警、吳有女名吳素貞、(一八)生性浪漫、舉止風流、天足剪髮、體格窈窕、裝束時髦可謂摩登之女郎也、情竇早開、不堪獨宿寂寞、本年三月間、與同院、住戶周子清、(二九)河北省人、現下賦閑、初則眉目傳情、繼則發生肉體關係、熱度極高、誠有不可少離之勢、於二十二日下午四時許、一對野鴛鴦正在貪歡之際、不料乃父吳某、由監獄公畢返宅、適爲瞥見而不由怒火沖天、當將一對野鴛鴦捉住、送至十二街分所、經分所備文送署懲辦云、

誌本報、嗣經哈爾濱警察廳富樫警正及道外商會李會長之從中斡旋結果、對於加入市場問題在原則上已得商方之同意、字承認加入、同時由即日起停止運貨、至於停業後之損失賠償一層、聞商方共提出廿萬元之要求、富樫警正、負責向中央批發市場交涉、必使商方滿意、側聞市場方面、對要求賠償之數目、現在正在進行審議中、似有承認賠償十萬元以上之模樣、但據商方之意向、最低限度、亦須在十四五萬左右總之波折發生之中央批發市場至此似又現出一線之曙光云、

賊運不通行竊被捕

邊寶祿、(二七)濱江省人、現無正業、尙有阿芙蓉癖、於二十三日午前十時許、徘徊馬

亞晚列車晉京、預定須一星期後返哈、滯京期內、其職務暫由谷內總務股長代理、頻行時會一度召集全科官員講話、大致謂此次奉令晉京、對全滿日系指導官講習司法、需時一星期始能返哈、於此期間、望大家努力合作、勿玩忽職務等語云云、

實業部調查猪種

【鐵嶺】新京實業部、爲調查各地猪種、及飼養之狀況起見、特派員於各省市縣調查、茲實業部毛委員於昨二十五日上午由奉乘車來鐵、當即赴縣公署、由呂局長說明、該委員由縣派隨員一名、赴三區各村視察云、

提存法

康德二年八月二十二日公布　同年九月一日施行

依本年八月二十二日勅令一百〇二號公佈九月一施行之提存法令、吉林濱江地方法院已遵令設置濱江提存局、茲將該提存法探錄於下、以饗讀者、

第一條　依法令之規定、所提存之金錢及有價證券、由提存局保管之、

第二條　利害關係人、對提存局之處分、得向管轄其提存局所在地之地方法院及高等法院附設地方庭聲明異議、

前項異議之聲明、應向提存局以提出聲明爲之、

第三條　提存局認爲異議有理由時、應變更其處分、對異議聲明人通知其主旨、如認爲異議無理由時、應附具意見向管轄法院送交關於異議之書類、

第四條　法院認爲異議無理由時、應駁斥之、如認爲有理由時、應對提存局命爲相當之處分、

依前項規定之裁判、應以附具理由之裁決爲之、並送達於提存局及異議聲明人、

第五條　聲明人對駁斥異議聲明之裁決、限於其裁決以違反法令爲理由者、得爲抗告、

對前項抗告所爲之裁判、不得聲明不服、

第六條　抗告除本法有特別規定者外、準用民事訴訟關於抗告之規定、

第七條　提存局依應領取提存物者之請求受取、爲提存標的、有價證券之償還金利息、或分派金作爲代替提存物或爲其附屬物而保管之、

代保證金提存有價證券者、提存人得請求其利息、或分派金之交付、

第八條　司法部大臣關於依法令規定所提存非金錢或有價證券之物品、得指定應保管之倉庫營業人或銀行、

倉庫營業人、或銀行限於屬其營業種類之物而能得保管之數量、負保管義務、

第九條　倉庫營業人、或銀行對應領取依前條第一項規定所提存之物品者、得請求通常對於同種物所應請求之保管費

第十條　凡爲提存者、應將提存書與提存物一併提出、

第十一條　應領取提存物者、請求其交付時、須證明其權利、

應領取提存物者、於應爲對待給付時、若非依債務人之書面、裁判或公正證書及其他公正書面證明已爲給付、已供担保或債務人不阻碍時提存物之交付時、不得領取提存物、

第十二條　提存人非證明提存出於錯誤、或提存原因已消滅不得取回提存物、

附則

本法自康德二年九月一日施行、

提存局官制、

第一條　提存局屬於司法部大臣之管理掌管、依法令所爲之提存事務、

第二條　提存局於各地方法院及高等法院分院附設地方庭所在地設置之、

第三條　提存局之管轄區域、與管轄其所在地地方法院及高等法院分院附設地方庭之管轄區域同、

第四條　在地方法院所在地之提存局事務、由該地方法院院長監督之

在高等法院附設地方庭所在地之提存局事務、由該地方庭所屬分院之監督推事監督之、前二項監督準用關於司法行政監督之規定、

第五條　提存局置書記官、書記官爲委任、

提存局共置專任書記官六人

第六條　置書記官二人以上之提存局、以其中一人爲主任書記官、置書記官一人之提存局、即以其人充主任書記官、

主任書記官、掌理提存局之事務、指揮監督所屬職員、

書記官承主任書記官之指揮辦理庶務、

附則

本令自康德二年九月一日施行、

松花江上爬犂通行

關于松花江結冰在即、業誌本特刊、茲於十八九兩日結冰漸厚、十九冰上行人已行開始、同時同船舶之入塢、已早辦理完了、廿一日晨茲以十二道街江岸附近、已有爬犂容過横江之跡、江防艦隊附近、更有多數滿人兒童、在此滑冰爲戲、

下流佳木斯方面、於十九日午後六時、氣溫零下、零下十三度、水溫則爲零下一十五度、已完全結冰矣云云、

濱江特刊

第四十號
盛京時報北滿總支社
社址　哈爾濱道裡斜紋二道街一三
電話道裡五二七二番

哈爾濱市內電影事業之消長
道裡南崗電影事業日落千丈
道外之亞洲平安營業極發達

哈爾濱電影界之權威者、哈爾濱電影公司、直轄有五大影院、曰巴拉斯、曰馬迭爾、曰鳳翔、曰國泰、曰敖連特、資本之雄壯、甲於哈埠、經營之手腕、夥於一般、凡中國內地之各影片公司之出品、須先經該公司映演、後發還中國、待六個月後二次來哈仍須在以上五影院映演、他家始終不得染指已、故前數年間、營業極端盛旺、詎近年以來、形勢急轉、一變從來之極盛狀態、而入於不振境地、除道之國泰尚堪維持外、其餘巴拉斯、馬迭爾等影院、每日收入幾不抵支出、但道外所在之亞洲電影院、則無論新片舊片、場場滿座、每日支出不足八十元、而收入恆超過三百元、其次則為平安、狀況、遂日落千丈、

反觀道外規模較小之亞洲、平安兩影院、適足為証、蓋道外居民、雖不能概括而言、然大多數為中下級之電影知識份子、每演有義意有價值之新片、恆不了解、形同嚼蠟、食而未覺其味、對於火燒紅蓮寺等類演義神怪影片、則認為真有其事實、每當茶餘酒後、三五羣坐、大談其玄妙勾當、與來則安步當車、至影院化費一毛、不傷筋、不動骨、也不論光線好歹、也不顧齷齪不潔、會精聚神、但看如何鬥寶、如何殺砍、看到高興時、喊好鼓掌、認為一角錢化的不寃、感到這種片子、百看不厭、所以貪錢吃窮人、也可以說是刮地窮、一毛雖少、積少成多、總之道外亞洲、平安之所以賺錢者、即以觀眾對於電影之知識、與經濟之原則上成正比例、故能暢旺云、

傅家甸憲兵分隊舉行開廳式

道外日本憲兵分隊部官舍、自本夏以來、即着工修理、迺來已竣工、茲定于十二月一日午后三時、在道外新世界飯

巨商洪增合之紅利糾紛案
賬目鑑定后即可宣判

惹起社會注目、案情變寶叢生之洪增合紅利糾紛一案、民刑兩庭之情形、已迭誌本報、告訴人劉徵亭、為避免誣告之罪、將告訴之責任、完全推與該號監理李傑忱身上　雖然與

判矣云、

日人外出家中被竊
損失九十餘元

哈爾濱香坊署國課街分所管界、協和街門牌六八號、住戶日人東沒樹、（三四）於二十九日午前八時許、外出工作、待下午四時工畢回宅、發見窗戶玻璃被偷兒打碎闖入、偷去蓄音機一架、洋戲唱片二十枚、待發覺時、偷兒早已逃竄無蹤、損失國幣九十餘元、立至該管分所請求緝捕云、

日人亦有銀針秀士

二十七日午后九時半前后、道裡區日本警察署派出所、突來一青年日人、請求救助、衣冠不整、形容枯槁、而其神情尤迫急可疑、據詢明該人、係日本大阪生人、塚本勇、年二十六歲、初由內地浮浪無告、奔走來滿、因不務正業、并染有嗎啡癖、益陷窮困、正當警察詢問時、該人忽然發狂、擬由戶外奔逃、而顏色青、手足拘攣、竟頭觸玻璃窗、然流血如注、警察見及此情、當即以嗎啡與之注射、立刻安靜、惟為時已晚、該人竟悶絕死去、當將其屍體加以消毒、由日本居留民會、將其埋葬、據詳細調查、死者塚本、來哈後、曾在南崗等日本咖啡館工作、因性好游蕩、致染成嗎啡之癖、距死二三日前、曾到道裏日本警署派出所人事相談所、請求救助云云、

一二元匯票改成二千
犯人三名在哈捕獲
在逃韓人正緝拿中

九月二十日、新京中央銀行、曾發一巧妙之改塗匯票騙案、即由海倫匯來之匯票、票面本為二元、竟被人用極巧妙手術、改為二千元、由新京中央銀行將此款提出、

事后經多方詳閱、始判明其偽造、同時更與海倫分行連絡、愈足証明其偽、於是會同海倫警察、進行秘密調查、以期戈獲、經多方活動、密秘偵查中、終于本月廿七日、在哈市道外滿人旅館中、逮捕有關犯人三名、惟首犯朝鮮人、尚未落網、據訊此事發生經過、殊饒興味、茲特詳誌如次、

先是海倫縣公署、接到搜索犯人之報道、當即調查該匯款人係居住海倫城內之張青山、十九歲、孫介臣、十八歲、（皆係假名）於是向此二人居所擬捕、帶往刑事科審訊、

據犯人李鴻青供稱本人（李自稱於九月廿日、滯留新京時、經濟甚為困拙、當向海倫友人得星山、孫介臣請求援助、未幾該二人寄來二元之匯票一張、

本擬赴銀行將此二元取出、乃同宿中一姓名不詳之朝鮮人、突稱暫將此匯票借我一用、對汝絕無不利等語、強將匯票取去、翌日不知該鮮人用何方法、將票面之二元改作二千元、本人見此恐領款時被人察覺、當要求該鮮人代取、於是彼親赴新京城內、四馬路中央銀行本行、毫未費難、取出國幣二千元、取出后、該鮮人自分去千六百元、只與本人四百元、吾二人乃分道揚鑣、各奔前程、我則潛來哈市居住、并將海倫之張孫二友喚來、同日語學校攻讀云云、據供不無支離之點、彼三人與上述鮮人、共謀之跡、甚為濃厚、於是乘二十八日午前十一時五十分、由哈開列車、將三犯護送海倫、詳加審訊、一方更懇請日本官憲、協力搜索此案之在逃主犯朝鮮人、以期早明真象云云、

舊俄地名即將取銷
都市建設局正在研究中

刻下大哈爾濱市內各處尚多有沿用舊俄舊名者、其最顯著者、如沙曼屯、王兆屯者、即其一例、此即係沿用俄語之音譯、與現實諸多不符、再如莫斯科兵營、尤為顯著、都市建設計劃已將上項地帶、編入大哈市內、但對此名稱、殊多不便、因之都市建設局、對此等地滯之改名方法、加以深切研究、邇來已漸得具體、一時因不能立即發表、俟與市公署警察廳等慎重協議後、即可發表、據測明年解冰期、有改用新名稱模樣云云、

市自治委員改選問題
責任當局早有成見

惹起一般市民極端注目之哈爾濱特別市自治委員改選問題、聞責任當局、慎重斟酌考慮之果、對廿一名委員中已故之與子青補充人選已有成見、同時對於、開會向不出席或出席而不發言之委員、此次決將更替、聞此次市署千葉庶務科長之晉京、即係向民政部當局請示認可、故現在一般有志者、正在積極奔走逐鹿中、將來何人登台何人落選、殊堪惹人注目之問題云、

民保健上、對不良醫師、仍在繼續偵察中云云、

俄商被竊
損失頗鉅

道裡斜紋一道街、門牌九號、俄商鐘表舖、執事人札司拉為司吉衣、（四二）於昨廿九日下午十時許、因事外出、待十二時返宅、發見門大開、門鎖被人破壞侵入、竊去戲匣子一個、裁縫用手搖自行機壹架、男式表一只、女式表一只、男式美金表鍊一條、銀盒三個、煙盒一個、銀酒杯三個、

支出較之亞洲雖多二三十元、但收入亦在二三百元左右、倘有利可圖、考其所映之片、固遠不及哈爾濱電影公司所屬五大影院之影片、何以賣錢獨多、究其實大致不外以下之原因耳、

道裡、南崗之居民、對於電影之知識、因受西洋片之熏陶、雖不及中國影片公司一般幼稚作家、但對於亂殺亂砍之西遊記、火燒紅蓮寺、荒江女俠等演義的、胡鬧的、無義識的劣片、早所不齒、故欲適合口味、必須要以中國最新出品之有聲影片、於是片租當然必須提高數倍、然而受世界經濟恐慌影響之哈埠、當然亦難能例外、以致電影之知識過高、而經濟狀況過低、兩者不能平衡、故演劣片則不肯一顧、演好片又心有欲而力不足、以此故道裡南崗之各大影院之營業

店、舉行開廳式、其秩序畢如次、

一、開會辭、
一、神官之修祓
一、來賓祝辭、
一、閉會之辭、
一、開宴、

原被告一律羈押
致市民煩言嘖嘖
北田巡官之新猷殊爲不當

繼持館義雄巡官後任、主持正陽署刑事系之北田茂刑事主任、蒞任以來、對於署內之刑事案件、大加整理、凡涉訟之當事人、無論原被告、仰或因毆致傷、危在旦夕之被害者、既不准討保、又不准治療、以示法律之尊嚴、管內居民恒有捕捉窃盜、人贓俱獲、送署懲辦者、將捕盜之人、一併羈押、不准討保、此種辦法、固足減少涉訟之事故、但亦足構成不良份子之惡根性而有恃無恐、故一般論者、多以爲北田主任、對滿洲國之風俗人情、欠缺諫達、倘始終以惟我獨尊之夜郎自大態度辦理案件、則正陽署管內之居民苦矣云、

關於刑庭洪增合之股東劉敬亭反控齊竹齋蕭惠孚二人合謀侵佔部分、雖經檢察官馮斯逾、一愁之間、送歸審判、無如其中案情疑竇百出、難於論罪、故經刑庭推事韓光榮、令齊蕭二人、具保開釋、听候裁判、

增合再用何術、陷齊蕭二人於囹圄、頗難逆料、惟關於民事部分、事實已審查明確、刻未宣判者、尚有兩種問題、

(一)洪增合之鮮貨代理權、以三萬二千元出讓於中央批發市場、一項、所得之欵、是否東西股均劈、或爲東股獨得、双方各執一是、法院殊難判斷、理合函令雜貨同業公會、根據與中央批發市場訂立之誓願書據實呈覆、以便採取爲立判之根據、(二)齊竹齋訴稱三年賬期、共賺紅利八萬零四百餘元、尚餘厚成金二千七百七十七元(荒賬在外)各情是否屬實、須得鑑定該號之賬目、以証所控之確否、關於是項、法院已提取該號之賬目、送交哈爾濱市道外商會、負責鑑定矣、聞該商會對於本案、頗爲重視、轉請市內巨商數家、共同鑑定、待鑑定完竣、即可函覆法院、依法判決、諒本案不日即可公

行拘捕、不料已事前聞風遁走、搜索其家宅、已皆隱滅蹤跡、但據來往書信測來、該犯人等似潛來哈埠、

於是由河野指導官、馳來哈埠、首向滿人聚集所着手進行、至二十日、偶然發現上述張孫二人、同時更探明滙票收受人李鴻青、(假名二十六歲)潛伏道外正陽王道街、福順棧之訊、當即將上述人逮

双盛店櫃夥携欵潛逃
捌去國幣二百餘元

顧鄉屯天和街、門牌三九號、雙盛店執事人姜鳳有(五〇)店內司賬鄭胥宇、(二二)於昨二十九日午前七時許、藉稱赴商務會探朋友、執事人信而不疑、當時應允、鄭某去后、待至今日、仍未返店、執事略有省悟、立即檢查抽匣錢欵、始知被其私之窃去國幣二百六十元、昧良潛逃、遂命櫃夥、四出遍尋無着、該鄭某係奉天人、身着青棉袍、分髮四方臉、頭戴灰毡帽、當即報告刑事科、請求杳緝、據報立派多數密探、嚴佈警網、大事活動搜查中云、

日警署注意
取締日僑墜胎惡風
向日本人醫師會發出通知
依醫師法施行第八條施行

國際都市之哈爾濱、犯罪累出、一方墮胎罪尤多發生、本埠日本警察署、有鑑于近來日僑產兒死亡甚多、其中更有不良醫師墮胎等說、警署對之、在國民保健取締惡風上、自不能不加以深切注意、

於是於近日、向本埠日人醫師會、發出通知、內云『依據醫師法施行規則第八條、凡醫師對屍體或滿四個月之死嬰體之檢案時、皆須加以注意、如認爲異常時、須於廿四小時內報告所轄警察署等條文、惟本地醫師、對此殊多漠視、從未按規辦理、只出具死亡証書、并不詳加察攷、在警察方認爲遺憾、望能按照法規辦理爲要云云之通知、

醫師會得此通知後、立即召集全體醫師會協議、此后各按法規處理、以免不便、同時并相約與警方相互協力、對不良醫師、加以排擊、惟在警察方面、認爲邇來亡兒甚多、在小國

(別司舍)皮子七張、洋服料八件、銀錯子二把、各種銀殼表十掛、銀手鐲二十個、金錯子一付、損失五百餘元、當即至經緯署報告、請爲杳緝云、

百斯篤疫
路局努力防止

哈爾濱鐵路局、鑑及齊北線克山站附近、發生百斯篤等情、業誌本報、同時路局認爲重大、對防疫加十分努力、并定如次辦法、期其撲滅、

一、由北安、克山、泰安各站來之旅客、須豫防注射完了、并附以証明書、(一週之間隔二回)俟診察后方得登車、

二、其他各站(寧年除外)之旅客運輸中止、

三、北安寧年間各站、寧年納河各站、發送之皮類等、中止運輸云、

張天寶勉學兎子叫
張少如怒責楊月樓
哈埠遊藝界之一段趣聞

道外新舞臺、自以六千元鉅欵、邀得著名旦角小楊月樓、登臺獻藝以來、爲期不及兩月、聞已於日前、經大連宏濟大舞臺接去、繼趙松樵之後任、惟係該臺主李香閣、此次與小楊月樓所定之合同、並無包銀與其劈賬、由斯可見該臺主之手腕圓滑也、

蓋因小楊月樓從前雖有五大名旦之盛譽、奈已時過境遷、等如馬老齒長、返不及前、亦爲原因之一端、況該楊藝員所演之戲劇、莫不荒謬絕倫之故也、該楊大藝員拿手佳劇、即是一至八本花木蘭、故來哈第一炮、即將是劇貼出、當時哈市顧曲家、因李萬春、安舒元相繼去後、戲癮正濃之際、唐韻笙與雪艾琴等、又遠往新京、以致哈市梨園、勢若倒閉、一般有周郎癖者、感覺掃興、在此期間、唐韻笙與雪艾琴、遷回濱江、開鑼未幾、小楊月樓乘興而來、兼以哈市顧曲家、祗聞其名、未見其面、故在打炮三天之期間、上座甚佳、該舞臺則日進千元、該臺主秦玉峰、欣欣於色、以爲發財有機、不料日子常了、這位楊大藝員、既不能天天出演花木蘭、其餘本人所編之戲、又是非驢非馬、不倫不類、如該楊大藝員所排之五虎平南一齣、內中楞把包文正給編於劇中、若按宋史考查、五虎平南之時、包文正已死去三十餘年、該楊大藝員竟有起死回生之術、硬叫包公復活、眞是掀人太甚、但是濱江之顧曲家、偏又不爲其欺、雖無驅逐善策、祗好就是不去、免的多生閑氣、這麼一來、把個新舞台鬧的門可羅雀、雖是天天開鑼、所往者大半數盡是票座、等如堂會無異、因爲楊大藝員、一人討厭、影響的唐韻笙也不肯賣力、雖然唐韻笙、有時爲其配戲、也不過是敷延塞責、有一天夜戲末軸、是小楊月樓與唐韻笙合演狄青招親、在跳舞一場、楊大藝員來一個大捨身的幹法、露着兩條大腿、連竄代跳、自名得意、再一看唐韻笙、面紅耳赤、大有羞愧無地之態、以唐韻笙之資格來說、眞是跟着他丟臉、

後因該楊大藝員、排演全本樊梨花一齣、該台裡子配角張天寶、飾程咬金、在搬兵求救之場內、小楊月樓硬叫張天寶學兎子叫、否則即不能准如所求、出兵應援、當時張天寶、若堅執不學一聲兎子叫、恐怕此戲沒有結果、所以纔委委屈々的學了一聲兎子叫、這時候氣壞了張天寶的女兒張少如下場之後、責問小楊月樓、所排之戲譜中、有無學兎子叫的字樣、此句是由何根據、這位編劇大家、無言可答、幸經後臺老板、出而調處、始未惹起波瀾、小楊月樓羞愧求去、惟因長使包銀、兼以該臺旦角缺乏、繼續無人、故雖停演二日結果復又開鑼、小楊月樓爲維持顏面之計、使出絕技劍法、竟一天連演八本花木蘭、但是哈市顧曲家、素睹其劇、俗不可奈、故仍然未能叫座、

在此蜚聲四溢、內起糾紛之期間、幸有大連宏濟舞臺來人邀角、小楊月樓找着下野的台階、所以並無要求、無條件隨之前往、該臺邀其演唱、不講包銀、與其劈賬者、概因恐其不能叫座、避免損失之故也、此次小楊月樓之赴連、結果如何、姑不置論、誌之、不僅顧曲家望其速去、即新舞臺之現有角色、唐韻笙等、亦莫不暗念一聲『早就該走』也、故該出臺唐韻笙主催之下、再整旗鼓、重行開演、以減價主義、恢復從前之頹敗狀況、二十九日早戲、爲敬德歸天、夜戲爲三四本堯舞禹湯鑑、劇中各角、精神鼓舞、各獻其長、惟惜該臺經小楊月樓、鬧得聲譽塗地一恐一二日間、殊難挽回也、聞赴平邀角之該臺財主秦玉峯、業已來函、聞與梆子青衣金鋼鑽、訂立合同、至遲兩星期內定能到哈、若按梆子一類、雖爲過去時代、但近來社會風情、漸趨返古、兼以該伶素負盛譽、果能來哈獻技、與顧曲家另換耳目、別開生面、亦定能興盛一時也云、

濱江特刊

第四十一號

盛京時報北滿總支社
社址 哈爾濱道裡斜紋二道街一三
電話道裡五二七二番

附加稅商捐撤廢同時 道外將改納市稅

按照賣錢數目徵收百分四十五 比較從前之數目增加十三倍强

道外商家、除繳納營業稅外、並按照營業牌照之等級、繳納附加稅及商捐二種、向由商會代爲徵收、轉交第二辦事處、自大哈爾濱市成立以來、道外劃歸特別市管轄、因道裏外之納稅辦法不同、早有醞釀改革之計劃、但終未實現、近由市署通知道外商會、由明年一月一日起、即將附加稅及商捐一律撤銷、改按各商之賣錢數目徵收百分之四十五之市捐、從前之附加稅及商捐兩種、以道外賣錢最多之同記商場而論、每年不過五百三十餘元、此次改賣錢數目徵收百分之四十五、則每年須納市稅萬二千餘元、當此商業極度蕭條之下、商家遽然加重若大担負、實於商業前途之發展上、有莫大之影響、負有維持市面、發達商業重任之市公署、如此措施、殊令人百思而不得其一解云、

十人列車往復則其雜踏可想而知、致交通整理上、依成原來之混亂情形、況送迎人候車室甚爲狹小、殆無立錐、如斯多人出即與廣場之車輛排置處相雜、在婦人孺孩間、尤爲危險、是以一般識者、對站前交通之整理、認爲當務之急云云、

無獨有偶之兩起竊案

A、香坊署國課街、分所管界、國課街門牌二號、濱田商店、執事人濱田敬之、於昨六日下午六時許、後屋寢室、被偷兒將門鎖撬壞闖入、竊去靑呢大氅一件、水熊領一件、灰色狹大氅一件、損失價值國幣四五十元、待發覺時、竊賊早已無踪、當即至該管分所報告、請求偵緝云、

B、國課街門牌八十二號、住戶劉奎東、現充職濱田雜貨店櫃夥、其妻劉孟氏、於昨六日下午二時許、因買物赴道裡、待五時半頃返舍、發見門鎖不知何時被竊、賊破壞侵入、竊去國幣拾貳元黑色呢二四碼價值二十七元、共損失三十餘元、立至該管分所請求代爲偵查云、

遺漏、諸位分局員、應特別注意、此層在事務方面、凡度量衡器及計量器之製作、修理、販賣、輸入事務、均應呈請本大臣許可、至普及並統制事項、在新購器具時、應與各地方商會、農會妥爲接洽、令採用共同購買辦法、務使普通各處、故應積極對各團體、努力開導、而在技術方面、凡檢定事項、應嚴加取締、以期法令徹底、務使民衆一體週知、俾不發生違法案件、庶幾於國家庶政昌明之中、可以實現度量衡之統一、以完成斗量之理想、茲値設置哈爾濱分局、特以一言爲訓、

實業部大臣丁鑑修

△局長訓詞

茲値本局設立哈爾濱分局、謹以一言爲諸君告、政府爲謀度量衡器之統一、實業部即於工商司內設權度一科、銳意研究之結果、制定法令、於康德元年三月改科爲局、旋公布權度局官制、企劃統制權度行政、而爲普及澈底計、曾於康德元年五月十五日、在奉天設立分局、此次又在北滿重要都市哈爾濱設立分局、以備辦理權度行政、及檢定計器公司之成品、查度量衡器、爲社會之公器、正與貨幣相同、萬不可不求其正確、故度量衡法中、定有檢定並取締制度、然或運用之人、治如佛雖造成、未經開光、不足現其莊嚴、爲度量衡官吏者、應於此三致意焉、而一方面對於民衆應奬勵便用、此社會公器之度量衡器、俾統一其規格、增進其能率、而免除現在之混亂、本日舉行設局典禮、蒙本部丁大臣親臨、并承賜訓、本局長并分局員等、極爲感激、倍覺光榮、甚願分局諸位、仰體大臣訓示之意、念其職責之重大、專心致意、努力權度行政之普及、貫澈本局長厚望焉、

權度局長[illegible]

日人藉端詐財 事發聞風遠蕩

邇來本埠日滿各機關發現一日本人、自稱係邊疆問題研究所顧問、小島龍興者逕向佐原鐵路局長、尹江防艦隊司令官等、各要人拜訪、遞出新京田邊參議等各人之介紹名片、以後援費爲名、强索金錢、經日本領事館警察署司法係探悉、乃加心搜索、終於探知該人宿於富久屋旅館、乃馳往捕、不料該人事前覺知、事機不妙、已潛逃他處、刻下正在搜索行跡中、

六歲、來哈窺機、擾亂作案、不料事前爲南新署偵探探悉、由王偵探以下、於五日午后十時起、在十九道街六號院內經大格鬪之後、將該匪捕獲、據訊如上稱係山東生人、於五六年前來滿、在沿江一帶拉幫爲匪首、勢力甚大、近因感及日滿軍之大討伐、覺及身邊危險、於是裝作商人暫時來哈渡冬、來哈即住於十九道街六號、茲以事機不密、就捕云云、

胡謅春秋

卜明屛

本年雖趨年末、但回溯一年中、以世界言、實爲紛爭開端之期、爲德之爆彈政治宣言、致西歐震駭、意阿開戰、則全球閧然舉此多故東亞關心種種、世界大勢全在不安對抗之中、實無可諱言、說了半天、竟離題太遠、因本市祇是世界一角、不由本花架找相當題目、何必起首來了一個大冒頭、閒言少叙、就本埠中找些材料、作起胡謅春秋、

一、交通局與電業局的暗潮在表面上尙未釀成重大事實、殼子裡則兩者對抵情形、已大有可觀、遠因在電交交接時、因無料乘車及減輕電力費爲糾紛焦點、不過因交通局起初虎氣甚足、無人敢惹、在電業方面、只好暫時忍氣吞聲、近來交通局種種措施、大爲市民不滿、又屢與警察起鬨、討了無趣、電業局久無機發洩之發憤、乃得乘此一鬧矣、即原來電鐵所屬之車掌、現交通局之車掌、向有利用電爐子之不公開而公開之秘密、同時原電局職員、現轉交通局服務之人員、亦因享此特權、在電局方面、認此弊既已分家另住、更因得臉不認人、故認起眞來、每日派人嚴查、發現上述事實、即鐵面無私、毫不徇情、同時對方亦不示弱、竟以提出退電燈爲對抗、如斯二方之暗潮醞釀、何日成爲然大波、現雖不敢定、但起因在兩局之糾紛、而波及者、則爲此一般職員眞是城門失火了、

二、去年是專利年、一般牟利之徒大形活動、竟發生包銷天然冰之怪劇、即某者以三千元向關係機關請准包銷松花江冰、本意在轉手牟利、不過依此爲生之冰窖、爲生活關係、不能漠視也、聯合起來以三千元起了包銷証、結果該起意牟利者、因無冰窖、致大蝕其饗于賠三千、可是光陰如箭轉眼又到了結冰打冰的時期、聞該筌牟利人、仍不死心、大有去年賠錢今年找之勢、不過其能否蹈過去年覆轍、明眼人一見便知了、

三、滿洲帝國的無綫電放送、因主要在提倡社會教育、所以官民皆正注意、可是放送項目、十分之七是日語、固然接設者大半是日僑、可是如將來滿人安設者增加起見、還以增加滿語項目爲是、

四、電汽車 自交通間接辦後、一切設施、大有使人懷憶電業局大汽車公會之時代、其中尤使乘客最感不如從前者、除將道裡外乘客看做貨車運輸外、在一切電車上之固有電爐子、竟不加燃燒、致將乘客凍的大有煩言、不過因交通局案報自行其是、不聽諫言之故技、一般乘客、只好自認霉頭、少出幾次門罷了、

擦審訊結果、實判明所稱全屬子虛、純係假借、藉謀詐騙、共所稱由蘇聯捨死忘生逃出者、實僅由齊齊哈爾潛擬偷來哈埠耳、問者爲之啞然失笑、當將其拘留於安達站憲兵隊中矣云云、

播譯指導官狼狽爲奸 慘殺無辜塗炭居民

警察保護下滿溝站竟成黑暗世界（一）

滿溝站特區警察署、譯于連臣、與早川指導官、狼狽爲奸、勾結地方土豪、慘殺無辜、塗炭居民、事經告發、調査屬實、由區公署警務處、將于譯及早川指導官等、先後撤差拘捕、將于送交濱江地方檢察廳、依法處理、茲將其窮兇極惡、任意生殺予奪、慘不忍聞之犯罪行爲、探錄於下、

一、殺人事件、

甲、于興全、字芳五、年四十五歲、前曾在肇東縣內會匪群中、其後了解建國之眞義、已得當局之諒解、而翻然投誠、就滿溝站第五區署員、頗能克盡厥職、不意其以前爲會匪之經過、被該站特區警察署譯于連臣探知、竟將其遠

滿洲國權度局
哈爾濱分局成立
丁大臣趙局長均有訓問

滿洲國權度局、哈爾濱權度分局、於六日午前十時、在實業部丁大臣蒞席之下、隆重舉行、當時參加式典者、丁大臣以外、有中央權度局長趙震氏及本埠濱江省公署實業廳蓀廳長、市署實業菊池科長、道裡外兩商會長等二十餘名、十時振鈴開會、先由丁大臣致訓詞、繼由趙局長致訓辭、約十一時禮成散會茲將丁大臣、趙局長之訓詞、探錄於下、

▲大臣訓詞

前因我國度量衡制度混亂、亟謀統一辦法、俾能率增進、以期文化發展、國力暢達、而頒布度量衡法、及計量法、度量衡法係康德元年三月一日、實施計量法、係本年九月一日實施、自是以來、實業部雖令權度局徹底銳意努力其普及、然尚未見效、而在僻壤之區、尤未覩其實績、殊覺遺憾、足證度量衡之改正、其事甚難、僅僅制定法令、決不能達到目的、務須國民全體、在充分理解之下、熟習其事故、實業部先在奉天、設置分局、謀普及徹底、今又在我國國際都市著名之哈爾濱、設置分局、令共普及徹底、俾所期目的毫無

小島自稱爲一流名士、且與各要路有所往還、故在旅館中、舉止闊綽、迨其逃走時所欠旅館各費不下數百元云云、

匪首老二哥落網

久在下江一帶爲匪搶掠之匪首熊學才、報字老二哥、五十

站前交通
亟宜整理

本市雖號稱滿洲唯一之大都市、且爲北滿要衝、不過交通不整而尤車站前爲極混雜、夙有交通地獄之稱、

於是哈爾濱警務段、及其他關係機關、曾有所討論、結果定於九月二十三日起、將從來雜亂無章紛紛排置於車站前之汽車、馬車人力車各種車輛、決定整理位置、凡通過站前廣場之各種車輛、全部靠左、走廢止從來車站與車站之直通、并於各要所配置路警、以資指揮、

自上述辦法施行以來果較前秩序良好、惟刻因送迎人、候車室暫設之故、加以下車客人、亦皆自上項廣場通迎、每

燃爐取暖發生火警
焚毀房屋三間

香坊署潔淨街、門牌二十二號、住戶楊增、(四四)以赶地列子車爲生、於六日午前八時許、因燒火爐、一時不愼、由煙筒走火、致將板坮烤着、發生火警、當時以電話通知第一消防署、救火車赶到撲滅、計燒失洋鐵蓋房三間、價值三百元、損失物品一百五十餘元、以上共計五百元、當將火首備文送香坊署審訊中云、

俄人窮極無聊
僞稱自蘇逃出
經憲兵隊偵查結果眞像始明

蘇聯籍住所不定舊北鐵兩綫齊齊哈爾工務段之工人『也魯賓者、』四十八歲、自鐵路讓渡退職以來、不願歸還蘇聯、乃在花天酒地中、盡量取樂、未幾所領之退職金、已告烏有、生活立現困難、竟淪落爲乞丐焉、

彼與『沙乍利也夫』者、爲良友、彼亦窮極無聊、於是二人會晤、談及近況、竟擬假充由蘇聯國內逃出者、以翊博得憐憫、而資騙取生活所費、於十二月三日午前三時、二人藏於齊齊哈爾候車室中、夜二時半偷乘由齊開哈之三八四貨物內、擬來哈埠、午前十時、抵安達站時、爲車務員査出、詢其偷乘原故、彼二人即僞以由蘇聯脫國者、義詞因慕王道樂土之滿洲國、故捨死忘生、而來滿就食、諸希同情之云、

當經鐵路人員每以住所衣食并找通譯送往安達站日本憲兵隊、詳査原委、以便安插、乃

卍字粥鍋
就食者多

世界紅卍字會濱江分會、施粥廠、爲救濟貧民、特由十二月一日起、開始逐日貧民就食者甚衆、其時間爲午前八時、及午后二時二次、茲將共一日起三日止、統計表列下

一日	男	五〇一名
	女	一八七名
	男童	二八七
	女孩	二七四名
	計	一二四九名
二日	男	二〇八名
	女	一六六名
	男童	二五一名
	女孩	二五〇名
	計	八七五名
三日	男	五三〇名
	女	一八四名
	男童	二〇六名
	女孩	一八五名
	計	一一〇五名

捕、其後在其妾弟秀有才(二一)家中、搜出手槍一枝、以此爲証據、又將其親屬張某及厨役一併逮捕、非刑拷問、致在香爐火掠之下、背骨暴露、體無完膚、拘押經三閱月之後、于譫譯即以該手槍作証據、並不問其爲誰所有、即將于興全及其妾弟秀有才、親屬張某、於陰夜之中、拖至郊外、實行槍決、厨役則釋放、此本年舊曆正月間事也、(未完)

北田巡官
調轉松浦

到任未久之正陽署刑事系北田巡官、因對滿洲國之風俗人情欠缺練達、故遇事每多倒行逆施、致惹管內居民、頗言嘖嘖各節、會見上期本特刊、事爲上峰査覺、認爲北田難能担當人口極複雜之正陽署刑事事務、遂於日前、調轉人烟稀少之江北松浦署矣云、

大同元年至康德二年
北滿豆麥收獲比較
濱江省公署調査發表

關於本年度、北滿特產之大豆、小麥、各方預測之收獲量、各誌各報茲者農事已畢、各方已有確實調査、昨據濱江省公署發表、所屬管下、自大同元年度以降、各年度大豆、小麥收獲量如下、

大豆大同元年度、呼蘭六萬七千四百三十噸、賓縣七萬三[illegible]百噸、阿城三萬一千七百四十噸、五常六萬三千六百二十噸、双城十萬五千八百七十噸、肇州七萬七千二百五十噸、肇東三萬九千四百七十噸、蘭西四萬七千二百噸、青遠二萬五千九百二十噸、青岡五萬零二百噸、望奎三萬零九百六十噸、海倫四萬六千八百一十噸、綏稜九千三百一十噸、綏化四萬七千九百二十噸、慶城縣一萬三千三百六十噸、鐵驪三千七百七十噸、東興縣四千五百三十噸、巴彥四萬四千二百六十噸、木蘭二萬七千五百三十噸、延壽五萬四千七百八十噸、珠河四萬九千七百七十噸葦河一萬七千二百五十噸、東寗一萬零八百噸寗安七萬一千七百噸穆稜二萬七千七百六十噸、密山四千一百三十噸、合計一百一十一萬七千三百七十噸、

大同二年度呼蘭六萬〇六百噸濱縣七萬六千六百四十噸、阿城四萬八千噸、五常五萬五千三百七十噸、双城十一萬一千五百八十噸、肇州五萬九一千百噸、肇東三萬二千零八十噸、蘭西三萬七千九百四十噸、青遠二萬六千四百二十噸青岡三萬六千一百九十噸、望奎三萬五千六百八十噸、海倫六萬二千八百五十噸、綏稜一萬六千零三十噸、綏化五萬八千一百五十噸、慶城二萬七千一百八十噸、鐵驪七千三百一十噸、東興一萬零五十噸、巴彥五萬九千五百九十噸、木蘭二[illegible]四千六百八十噸、延壽五萬四千七百五十噸、珠河二萬八千五百七十噸、葦河一萬零二百噸、寗安六萬五千八百四十噸、穆稜二萬七千九百六十噸、東寧一萬〇二百四十噸、密山七萬二千八百八十噸、虎林九千四百八十噸、合計一百一十二萬六千三百七十噸、

康德元年度呼蘭七萬二千五百噸、濱縣五萬一千一百五十噸河珠四萬五千九百五十噸、五常四萬九千二百七十噸、雙城十一萬二千零三十噸、肇州一萬四千九百十噸、肇東九千八百十噸、蘭西二萬一千六百一十噸、青遠一萬一千二百二十噸、青岡一萬一千二百三十噸、望奎三萬三千二百九十噸、海倫三萬八千七百九十噸、綏稜一萬六千二百噸、綏化六萬六千二百噸、慶城二萬零八百十噸、鐵驪二千三百四十噸、東興三千六百七十噸、巴彥五萬一千三百十噸、木蘭一萬五千一百六十噸、延壽二萬四千六百八十噸、珠河一萬五千一百六十噸、葦河六千八百五十噸、寗安二萬三千四百六十噸、穆稜二萬六千六百四十噸、東寗五千四百七十噸、密山四萬一千四百十噸、虎林四千零二十噸、合計八十萬〇八千八百三十噸、

康德二年度呼蘭九萬八千[illegible]百二十三噸、濱縣六萬五千零十三噸、阿城五萬七千〇十六噸、五常四萬一千八百六十八噸、双城十四萬五千七百七十七噸、肇州一萬八千八百五十七噸、肇東一萬〇九百三十二噸、蘭西三萬八千八百十五噸、青遠四千〇八十九噸、青岡二萬〇一百六十八噸、望奎四萬四千一百八十四噸、海倫七萬〇六百八十三噸、綏稜一萬九千九百八十七噸、綏化七萬二千〇九十五噸、慶城二萬八千一百二十三噸、鐵驪六千五百〇二噸、東興四千四百二十六、噸、巴彥六萬四千四百三十噸、木蘭一萬六千〇三十四噸、延壽三萬七千八百十噸、珠河、一萬八千四百八十二噸、葦河九千五百十一噸寗安六萬一千八百七十三噸、穆稜二萬四千九百六十三噸、東寗六千二百三十八噸、密山縣三萬五千二百十六噸、虎林一千五百四十六噸濱江一萬三千六百六十三噸、合計一百零三萬一[illegible]五百五十七噸、

濱江特刊
第四十二號
盛京時報北滿總支社
社址　哈爾濱道裡斜紋二道街一三
電話道裡五二七二番

建築物取締規程

都市建設局進行討論改正中

來年度起皆須適用此新規程

本埠之建築物取締規則、迄今仍行延用舊俄市政時代之遺物、其有悖現況處、不一而足、殊爲國際文化都市之辱、當局有鑑及此、對於建築規程之修正、實成爲當務之急、

擬行改正之核心、即首由保安及衛生上以及都市整備上着想、故迄今已足卅年之舊規程、實不應用、自近代建築近步上言、其規程儼同無軌道者、尤爲明顯、

況以往本市之建築取締規程、不祇地區有道裡外馬家溝之南崗之別、而手續費亦不相同、在大哈市成立後、形式上雖成統一、實際依與以往相同、毫無改善、茲經累次研究決定不久將來完成規程用■■一、

目下正由都市建設局、佐藤局長、藤島建築科長、以及各主管科長進行討論改正案中、俟得共同協議機關承認、最後并經民政部大臣許可、即當正式公布、取締規定由來年度起之建築物、皆便適用此新規程云云、

商務印書館

販賣反滿抗日書籍

太平花小說被沒收

上月據密報、市內某印書局、販賣反動思想書籍等情、南崗及道裡日本憲兵隊、當即進行搜查、近日得有綫索、當即會同經緯署、於十二日午后一時、馳往目的地、道裡新城大街之滿商印刷業之商務印書館、（該館規模宏大、上下人員六十五人之多、經理人王昭庭）嗣更經該館經理王氏處、經努力搜查、計沒收社會小說『太平花』等含有反滿抗日之書籍六十餘冊、又其他載有不穩思想書籍三百餘冊、

警官等由該處搜查完畢、赴王經理處、王正未在家、無從搜索、於是留少數人偵查、其餘歸隊、爲時未幾、該王某即行歸來、當被留守中警官拘捕、

據云當搜查時、彼隱匿天棚中、見人走後、始行下來、逕於沒收書籍之太平花、係以戀愛軍事小說爲名、包含反滿抗日思想、作者係張恨水、乃上海之反滿抗日之急進份子且在中國文壇亦頗負盛名、

場小搶案

盛茂永雜貨舖

損失約百餘元

濱外北十二道街、門牌一三號、盛茂永雜貨舖、執事人楊希安、（三六）山東武昌縣人、經商有年、稍有積蓄、故惹匪徒垂涎已久、於昨十三日下午五時半許、突闖入滿匪二名、一匪大鬍圓臉、身着青布棉袍、頭戴海猴皮帽、手持八音手槍、一匪中等身材、着青布棉袍、年約四十餘歲、長臉、手持鐵絲數把、進屋後、將執事人及櫃夥騙入一室、以槍威嚇、並用鐵絲均施行翻搜、結果搶去狐狸皮襖一件、毛布棉袍一件、共值損失國幣一百四十餘元、搶畢即行奪門逃去、事後事主至該管分所報告、警察赶到時匪徒早已杳無蹤影云、

怙惡不悛形同化外

土棍韓耀亭仍出花會局

道外小六道街、素以出花會局爲生之土棍韓耀亭、關於其平素行爲、及與其妾韓張氏涉訴各情、已誌當時各報、後經濱江地方檢察廳偵訊之下、認爲韓某果有逼妾爲娼、因不從致施虐待情形、當即備文送交同級、法院審判、韓某彼時、大起恐慌、俛人向韓張氏說合、願與贍養費國幣三百元、承認韓張氏脫離夫妾關係、經韓張氏認可之後、再向濱江地方法院遞呈、請求撤消原訴時、詎該院刑庭推事韓光榮、已將本案終結、判處韓某徒刑六個月、因韓某託人求合之目的、係爲欲脫法網之計、殊未料及罪刑未能免除、復又化去三百元國幣、弄的美姬出手、人財兩空、可謂之周郎妙計安天下、賠了夫人又折兵矣、韓耀亭自被判徒刑之後、心中非常焦燥、嗣經某律師代爲策謀、如欲避免鐵窗之苦、除向第二審聲明上訴外、別無他法、韓某在此驚慌失措之際、實不啻漏網之魚、喪家之犬、上訴一途、雖係勝負未卜、但因執行之期、已迫眉睫、亦祇有依計而行、提起上訴、更未能料及觀艦大典時、濱江市內、捉拿土棍流氓、未想到能把本人抓去、但是該管正陽警察署、毫不客氣、因韓某既爲著名土棍、平素行爲不端、當即派警將韓某捕獲、送至警察廳刑事科拘留、

當時正陽署捉獲韓某之目的、以爲停止其花會局之活動、可以清靜地方以待觀艦大典畢式後、即可將其釋放、詎料韓某以爲金錢萬能、勾通差役、除隨便通信運進食品外、竟把剃頭刀兒亦行運入拘留所內、該韓某雖在避罪之所、仍將其豬咀般的咀巴、括的靜亮、致被所官查出、報由刑事科、將韓某送至濱江監獄寄押、兩月有餘、現因將其釋放、該韓據舊惡難改、茲又恢復舊業、某會局照常開辦、似該韓某者、眞是形同化外、難與理喩、地方警察、關於出花會局之行爲、是否干涉、姑不置論、即其逼妾爲娼一案、如若仍然維持原判時、韓某不得再往拘畱所內蹲幾天嗎云、

乘兒子不常在家

老子專學掏灰耙

半夜硬鑽被窩強行姦污

醜發逐子父子打成官司

哈爾濱香坊署比樂街分所管界、馬家溝比樂街門牌十二號、住戶劉福令（二六）山東保府人、以木匠爲業、家道小康、妻劉王氏、（四二）膝下生有二子、長子劉玉海（一九）前充職偏臉子永豐德洗衣舖櫃夥、大同二年五月間、經媒人撮合、聘娶高順之長女爲妻、康德元年三月已經迎娶過門、子媳劉高氏現年十八、天足長髮、態容梭俏、詎竟引起乃翁之淫涎、每乘子未在、輒加調戲、惟其老妻在側、妨礙不得如願耳、適劉妻王氏於一月前已歸還原籍河北省、長子劉玉海、守柜務無暇回家、故僅公媳二人度日、前於十一月五日夜半、福令一時獸慾衝動、意馬難拴之際、乘其兒媳酣睡、私奔入兒媳被窩、施行非禮、實行不道德事、將劉高氏強姦、事過五六日後、劉子玉海由柜回、高氏當將受被姦污事向夫細訴、玉海聞言、不禁大怒會向乃父■師問罪嗣後即每

哈爾濱市

康德三年度 市稅條例說明【一】

至要—爲市稅體系之繼備—與徵稅手續之改善

哈爾濱特別市公署依北鐵時代布特捐之撤銷及酒稅移交中央後、市之歲入缺欠四十三萬元之多、除向中央當局請求由國庫補助外、並將康德三年度一稅中新加以整理、茲將市署於日昨十三日發表之市稅條例說明採錄於下、

本市於康德二年七月一日、將哈爾濱警察廳徵收之各種捐稅中、可存置爲市稅者、實行接收、制定暫行市稅條例、除房捐、地捐、營業捐等直接稅外、雜捐（例如車捐船捐等）大致均整理完竣、更有主要之捐稅、某於市內各區成立之沿[illegible]平、有非於近期中施行整理不可之狀態、此次政府之地方稅法、於八月二十四日公布、地方稅之基準、得以規定、從來以收入充分爲原則、謎知強制市民義務之不公平課稅、全部按照地方稅法之規定、加以改正、

本市此番整理、洽當市況不振之時、且又在國稅營業稅急激增加之後、故盡力考慮、以可得從來負担範圍之收入爲止、稅不增加、而且不違公正原則、制定此市稅條例、市因感覺難以維持、現在之市費、會呈中央、將以前依照政府命[illegible]人件費等、更力求節儉、涉於富麗之施設、及暫不實施而不防、得事業之進展者、均暫不設施、以期不使市民因此番之稅制整理、感覺動搖不安、對於預算之節減、亦加十分努力、

此番稅制整理之結果、只就將來市財政之正當發展上必要之市稅體系整備、以前縱然負担不均者、多少改正、如由收入方面觀察、歲入卻減收三十二萬圓、（但含有酒捐及北鐵市稅）

如由市民方面觀察稅種、較前簡單、負擔較以前所納之金額、無大變化、且省手續、實[illegible]較前漸好、『易』於居住、易於商買、街路光明、想亦不爲過言、

但捐稅與多數之各階級市民、均有關係、如就各戶觀察較以前多少變更、實事自所難免、特別蒙受市之恩惠者、及擔負能力偉大者、按稅之原則分配想較從來之稅額、多少必有增減、市方乃嚴正爲大局着想、不使一般市民受打擊、擇

	調定額
現在	二、四五二、八五二圓
整理後	二、一七一、八〇七圓
相差減	三〇、〇四五圓　減

如右記由總數上觀上觀之、

胡調春秋

（二）　卜明屏

提起交通局之惹人不滿的善政、實是難以消受、各方非難之聲、亦滿洲遺篇、如配車不合理、只九時公務員上班前、午后四時下班後、道裡外之大汽車車不數用、累人在冰天雪地中立正苦待、同時乘客無定量、對滿人滙聚聚道裡外、續同貨物、看待等中、實已歷由本埠各報上、連載民衆不平鳴、

同時更有幾宗不便乘客之處、在客人亦願一盡忠告、聽否任便、可是負代表人民喉舌之新聞立場、總以一吐爲快、第一個先說一說早幾大汽車行當西門臉之換錢、不知怎回

事、長九時前、一般人有急務時、愈期望車勿中途耽誤、偏偏即女車掌一到西門臉、必定下車換一次零錢、連上無下總得耽誤三四分鐘、在交通局起初宣稱之增加速度上、大相背馳、而隨某乘客之恨事、尤在恣中、可是一到夜八時后、則每一次車、除非乘滿人不開有時竟至候二十分鐘以上、同時開車的先生、賓際的小姐、自他們暖和的小亭子、或小飯館去享福、將車門開放、任乘客飽嘗寒風、同時公園道裡間之汽車、在了國西門臉、本有許多乘客守候、或從後趕車、不過他在十六道街西門臉間、總是盡量飛馳、即當見紅標記乘降標識下有人候車、亦毫不介意的跑去、有時發見有人從後滿頭帶汗的趕車、他們也置爲未看、凡正他們知道你沒有百里的飛腿、絕不能與汽車賽跑、他們正認這事寫意的很呢

按章不在始定地點、不得停車、這是對民衆的告示、他們局裏人如車掌車務員等、不在此例、雖然車中已是滿無立椎、一般人怕悞事哀求、他們也不會允許發車、而說出一聲毫不負責的坐夥尚未見影的後趟車

可是一遇着他們的同類、就不顧定章、不怕悞了其他乘客的光陰、立刻把車停住、同時開車等之野蠻成性、（尤以俄人爲甚）任意出口詈人、以致爲所不慎的警察質問的事、也不勝枚舉、

諸大的哈爾濱、在道裡的鐵路橫道無地下道、或高架道之設置、較友邦日本、雖小鄉鄙邑也顧及此相較眞爲我國際都市之恥、

記得記者有一次、拉了幾盆花、同三隻小猫、由 裡坐洋車、走到北馬路鐵路橫道、正値火車卸車、足足候了一點二十五分鐘、不祇把我凍的 不亦樂乎、把拉車的也急的蹬脚、同時我那可憐的小猫、及鮮花、也都凍毀了、

再有道裡外、（八站道裡之鐵路橫道）爲交通要口、同時因來往火車、致時時關上欄欄、杜塞兩方人馬、不祇損失光陰不少、而因此發生危險、也時出不尠呀、

（未完）

夜回家住宿、以防將來、更令劉斷翁媳往來、不意翁媳斷絕後、劉亦無機可乘、爲報復計乃發令拒絕其子回家、其子無奈、當於日前將其父、控告於該管分所、分所具告、當將劉及母子媳一併傳案、一度訊問後、乃送往香坊署究辦矣、

濱江紳界之趣聞

因門牌刁某耍無賴 爲口角吳氏喪殘生

本埠有富紳吳某者廿年前哈埠商界之巨擘也、今年夏間、集同類於共第、作竹城戲、甫待就坐、適有劣紳刁三爺者不約而來、刁固一嗜賭如命之徒品行惡劣、性體暴躁、爲人多所不齒、一見局成、躍躍欲一試、吳窺其意、將主人之地位拱讓之、刁大悅、遂得加入戰團、戰數十回合、刁均敗北、自忖爲 不別謀 對策、終難制勝、刁暗自準備待陣式列開、戰未久、刁將牌忽推倒於牌堆中、鼓掌曰勝矣、其他賭友、見刁此種舉動、皆面面相覷者良久、一人質之曰、果勝乎盍公開、刁聞言老羞成怒、以三爺之身份何能爲區區而欺騙爾等、因此爭執良久、嘵嘵不休吳聞聲、由內室出、詢以故、遂斥刁之不當、謂君何得又出此？刁本怒不可遏、聞此爲火加油、霹靂性發、大肆咆哮、謂君謂又弄此技、何所據而云此、假人名譽、莫此爲甚、是可忍孰不可忍、因此初則你言我語、兩相口角、繼則愈演愈烈、交口漫罵、幸經他人之勸解、未至動武、將刁推走、但双方數十年之情感、至此遂告破裂焉、

人有以事趨告女兆者、女兆因劣紳中之尤者也、見同類相殘、引爲不幸、急趨吳及刁處自作魯仲連、第一日女兆設合好宴於新世界、請吳某及刁三爺於上座、酒過三巡、女兆力陳利害、並謂數十年來之友誼一旦而喪失、豈可得乎、吳某及刁三爺唯唯、翌日吳某又請女兆及刁、三日刁復請吳及女兆、由此表面上一場爭執、似告平息、詎知吳某之生性、素不讓人、經刁之一罵、當時火由三昧起、氣向胆邊生、風燭之年、經此一怒、而種下知死之恙、未數日、竟一命嗚呼矣知者莫不謂、吳某之死也、實刁三爺所致之也云、

俄人大胆 大街行搶

年末在即、一般生活恐慌、挺身走險之流、日有所聞、而年來俄人之不良份子、從事於匪賊生涯者、亦爲數不少、不意於夙稱繁華 之道裡 中央大街、竟發生一俄人强奪、并敢毆人之怪劇、即家住道裡中國四道街之日本人坂本一、於十日午前零時四十分、行當中央大街池田菓子店附近、突覺有人、向彼衣袋中取物、當即返顧、見係一身體高大之俄人、於是大聲叱責、意欲何爲、

乃該俄人、見事機已洩、竟向坂本左眼處猛擊一拳、坂本亦不甘示弱、與之格鬪、適以夜深無人應援、致該俄人逸向新城大街而去、而坂本亦無所損失、同時即急報告日本領事館、警察張非常警戒網、努力搜索犯人中云云、

譜譯指導官狼狽爲奸

慘殺無辜塗炭居民 （二）

警察保護下滿溝站竟成黑暗世界

乙、羅維明、（三六）於康德元年九月十日、在滿溝站就傭於當地土豪王化堂家、因王在特區地畝局、（現在地畝管理局）領有地號若干、而又轉租他人、委羅催討租金、因市面之不景氣、租金不無滯納者、而王則責羅不爲盡力、用木棒擊羅、羅以少年氣盛、當時未能忍受、亦即反擊、王以本人有財有勢、又有相當身份、何能受此侮辱、遂施暗箭傷人之毒辣手段、以期報服此辱、於暗中買勵于譜譯、及早川指導官、於本年三月一日、將羅逮捕、事本屬於門毆、該等竟以匪人看待、而非刑拷打、致羅受刑不過、而昏去者數次、蓋王之所以如此者、因其財產、多數來路不明、羅多知之、恐羅再有不利於己之聲揚、故存心非買羅一死不可、遂於本年六月十八日夜間、將羅拖至郊外槍決、對其遺屍、又用刀而分割之、其爲狀之慘、實不忍閱、其后以盲人王占擧、爲羅之保人、遂又向王勒索錢款、除帶案嚴刑拷打外、又沒收其財產爲此閱早川指導官及于譜譯、取得王化南之賄款、不下三千元之多、早川指導官、及于譜譯、本屬下級警察官吏、並無斃人之權、而其對王羅等之小事、竟毫不加思索及審查即將羅以土匪看待、而施行極刑者、如果無賄賂之行爲、其誰肯信之、但以事關人命、而又恐上峯査知、遂又獨出心裁作張假供、使張寶令（四〇）代替劊押、以作羅爲匪之証據、但對張亦不知罪果何在、而於本年九月廿四日夜間、早川指導官、乘醉酒逞性、而視爲趣事拖羅於郊外槍殺之、被殺之羅維明、尙有父母在堂、父羅萬忠、現年五十四歲、母五十有五、妻於九年前病故、弟見成、年方十六、妹十四、一家老幼維待羅維明賺錢糊口、自羅死後、其父萬忠、携次子見成、避難來哈、曾在省署、遞呈五次、陳訴遭難之經過、告發于譜譯 等之非法、省署准狀、調査屬實、將元兇于連臣及早 川指導官、先後撤差拘押、致滿溝站全体居民莫不欽佩省當局之英斷、而又得到甚深之安慰、

丙、張寶合者、四十歲、駐滿溝站充夫役、因爲朋友寄存之箱內、有扎槍頭二個、事被于譜譯聞知、即認爲犯罪、帶人將張逮捕、既不追究該枪頭之來源、亦不問事實之眞像、即於逮捕前商務會會長季湘三之九月廿四日晚、因早川指導官在街吃醉酒後、即回署而拖至郊外、槍殺之、其後並用刀分其屍、血肉狼藉、慘不忍覩其殘暴而遂意殺人之處、有如此者、張既死、其家中拋下妻子數人、竟夜啼哭、無人照管、困苦之狀、聞者酸鼻、張在地下、能瞑目乎、我王道國家、能允許彼輩任意如此胡爲乎？

一、剝削事件

甲、裕發源燒鍋（縣東分廠）在舊歷正月間、無事時、家人閑坐、作葉子戲、（無一外人參加）事本我國之通習、不意被于等偵知、以爲該 燒鍋乎素對於警察署、換言之即共個人毫無任何表示、早已心中不滿、今乘機即以犯賭爲名、將該燒鍋之賭錢者逮捕、至警署後、

（未完）

轟動社會之 地窨强姦案

辯論終結即將宣判 如何判處殊堪注目

轟動一時之地窨內强姦幼女案屢次開庭情形已誌當時報端惟被告人韓行賓、張國全、周永和等、雖係極端迴避事實、並經韓行賓聘請日滿律師代爲辯護、終於是爲期已晚、有以前之供述、用資証明、故未發生若何效力、然因原審迫令原告人劉鎮新（即劉桂紅之叔）將强姦部份撤消、奈因劉桂紅之母親以謂幼女已被其侮、本夫復因氣致死、於法律上、於人情上、殊難容忍、故不欲撤消原訴、更進一步、而加以攻擊致原審 推事前已引責離 職、本案復經刑庭推事黃明遠、繼任審理後、秉法律保障人民之至義、認眞審訊之結果、已於日前當庭終結、不日即可審判惟將來判其徒刑若干、刻尙不知云、

爲措債串演美人計

因揭載一報被控告

—經偵查結果予以却下處分

社會愈文明、人心愈陷詐、所謂道德禮義、亦胥淪於亡、欲求挽救而不可得、其矣今日處世之難也、如左列記事可見社會一之班矣、

原籍河北省人王學玉者、三十二歲、本爲市井無賴、竟胃然設藥肆於本埠、且敢懸壺以問世、事變前、以注射藥針、致人於死、曾一度畏罪逃亡、建國後、乃又潛回、設科發房於正陽七道街、自任經理、以手段圓滑、頗獲厚利、然品行之卑劣、則依然猶昔、西隣玉記皮箱工廠之某司賬、本一誠篤之商人、以隣佑之誼、漸漸相諗、王以某弱、乃以某種方法、借某數十元、事隔經年、迄未償還、惟司賬全家、仰事俯蓄、端賴其微末之月薪、長此拖延、當然力不能支、不得已、朝夕催索、王固顏厚三尺、了不爲意、但爲維持營業之体面計、又不得不急設法解決、於是乃與其現在同居之妾秘商、串演美人計、佈設就緖、乃笑 醫迎入、榻上已 橫擺綉枕、羅列煙具、妾則故作嬌慵、[illegible]、强某對臥、俾解岑絕、當即側身偃臥、方在金鐵旋轉、銀燈吐焰之際、王忽排闥入室、怒髮衝冠、謂某人而獸心、蓄意奸淫其妾、除大罵之外、繼以武力、且謂損毀名譽必須 賠償、事非法廳 解決不可、意在逼某自動將從前所欠之資、作爲賠償費、然某性鈍初尙不解王意、已而有第三者出爲調楚、並露王之初衷、某至此始悟中計、除將前欠數十元一筆勾消外、同時腰內僅存六元、亦忍痛獻上、一幕新劇於焉告終、此十一月五日事也、然而隔牆有耳、彼此互傳、風雨滿城、被本市 某報記 者探悉、是以有上項記事刊出、意在揭穿黑幕、糾正人心、不期王乃挾忿懷怨、以詐財及汚損名譽罪、控某二報於濱江地方檢察廳、本月七日、曾一度開廳偵訊、終以詐財無證、予以却下處分、惟汚辱名譽一案、則因『有聞必錄』與刑法抵觸、故論令双方私自和解、並以昨一十二日爲限、仍須 到廳報告、當日退廳后、經內海律師事務所鄒某從中調停、依出版法由兩報更正完事、一場風波

其因難較輕之方法爲度、凡良好之都市生活經營自治團體之配當金、具各各之支出多少、兼有痛 苦者、亦不得已 之處也、目稅制現在無論任 何國家、或地方、決難求得完全無缺、如能諒解此點、又須賴了解市政內容之委員各位、將此意義、傳達與一般市民、

茲將稅制整理後、與現在之歲入增減比較如左、

入概 算調定額與預算額之比

二、九七〇、三七圓 八四%

一、八五七、六四圓 八八%

三三、七二圓 增 四%

按術之進步、收入率可 增四 [illegible]

理補 壞之、爲希不遺漏 於日後、曾加充分之考慮、

二、新市稅體系與歲入概算

一、市稅體系

地方稅制度內、有按國稅附加捐者、有僅按特別稅者、姑不論其長短、此番地方稅法之規定、兩者併用、長短互補、以期確立健全之地方財政、本市以國稅附加捐徵收者、爲國之營業稅、附加捐、此外鑛稅及木捐之附加捐、規定如本市內有此木稅時、亦可徵收之、但現在 無類此者、國稅 附加捐、僅有營業稅附加捐一種、以下[illegible]系及歲入概算、更大[illegible]

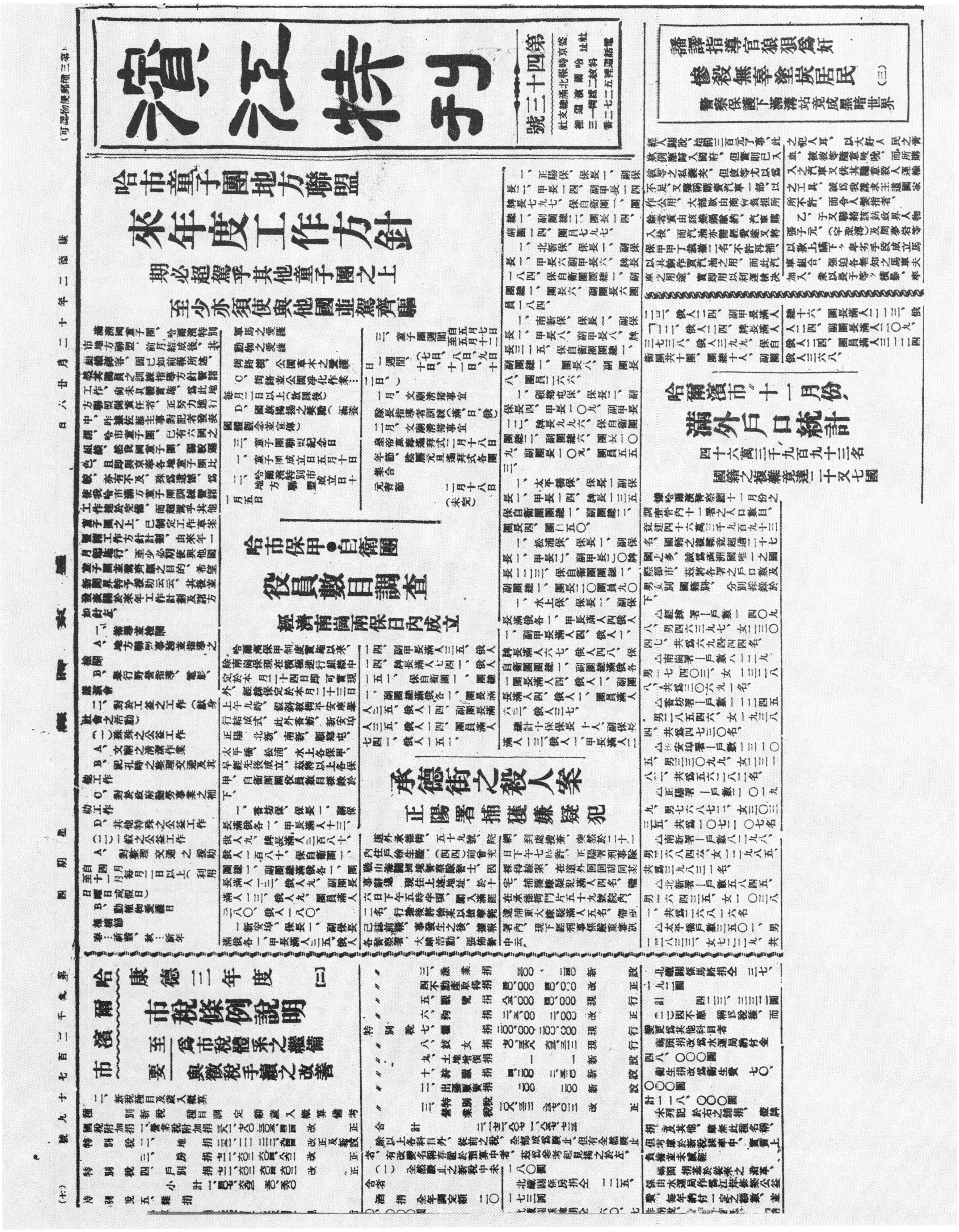

濱江特刊

第四十三號
盛京時報北滿總支社
社址　哈爾濱道裡斜紋二道街一三
電話道裡五二七二番

哈市童子團地方聯盟 來年度工作方針
期必超駕乎其他童子團之上 至少亦須使與他國並駕齊驅

滿洲國童子團、哈爾濱特別市地方聯盟、前月結成後、共組織陣容、因已如前報所述、然其團員之訓練指導方針暨諸工作、尚未具體實施、爲此地方聯盟側責任者、正努力進行中、昨據佐藤主事對記者發表謂、哈市童子團、已有六國之組織、然我國童子團、獨較遜色、且即與京奉各地童子團比較、亦有不及、殊爲遺憾、爲使我哈市滿方童子團訓練暨諸工作趨於完備、而超駕乎其他童子團之上、已制定工作草案暨諸工作方針計劃、由來年一月起施行、至少必期使與他國童子團並駕齊驅之目的、希望新聞界特予援助云云、其後並發表關於來年工作計劃及諸方針如左、

一、指導並檢閱
A、地方聯盟事務並指導之檢閱
B、舉行野營指導、電影、講演會
二、對於工益之工作（獻身社會之活動）
（一）殊殊之公益工作
A、文廟之清潔作業
B、祀孔時之整理交通及其他工作
C、對於政府勤勞事業之補助工作
D、其他特殊之公益工作
（二）一般之公益工作
A、對整理交通之援助
自四月至十一月每月二日以上（利用日曜日或假日）
B、動植物愛護日
植樹節
春…新緑、秋…新年
軍馬之愛護
動物之愛護
街路樹、公園草木之愛護
C、街路並公園淨化作業…每月二日以上（放課後）
D、國旗揭揚之獎勵（涵養國體觀念並宣傳）
三、童子團聯盟紀念日
一、童子團成立日五月十日
二、哈爾濱特別市地方聯盟成立日十一月五日
三、童子團週間自五月七日至五月十二日一週間、（七日、八日、九日、十日、十一日、十二日、）
一月、文廟清掃事宜
隊長指導者訓練（滿、日、俄）
二月、文廟清掃事宜
皇帝萬壽遙拜式二月十八日
年節、陰曆元旦遙拜式各團集合
元宵節　二月十八日
（未完）

哈市保甲●自衛團 役員數目調查
經濟南崗兩保日內成立

哈爾濱保甲制度實施以來、除南崗保現在積極進行組織中、定於本月二十四日即可實現外、經緯保定於本月二十三日上午九時、假斜紋街平安座舉行結成式、此外香坊、新安埠、正陽、北新、南新、顧鄉屯、太平橋、松浦、水上各保甲、早經先後成立、茲將以上各保甲、自衛團團役員數目探錄於下、

一、香坊保、保長一、副保長滿俄各一、甲長滿人十三、俄人九、牌長滿人三百八十、俄人一百八十、保自衛團一、團總一、副團總滿俄各一、團長滿人一三、俄人九、副團長滿人一三、俄人九、團員滿人三八〇、俄人一八〇、

一新安埠、保長一、副保長滿俄各一、甲長滿人三五、俄人一四、副甲長滿人三五、俄人一四、牌長滿人七四一、俄人一五一、保自衛團一、團總一、副團總滿俄各一、團長滿人三五、俄人一四、副團長滿人三五、俄人一四、團員滿人七四一、俄人一五一、

一、正陽保、保長一、副保長二、甲長一四、副甲長一四、牌長七九七、保自衛團一、團總一、副團總二、團長一四、副團一四、團員七九七、

一、北新保、保長一、副保長一、甲長六副甲長六、牌長一八四、保自衛團團總一、副團總一、團長六、副團長六團員一八四、

一、南新保、保長一、副保長一、甲長八、副甲長八、牌長三一五、保自衛團團總一、副團總一、團長八、副團長八、團員二六六、

一、顧鄉屯保、保長二、副保長四、甲長一〇九、副甲長一二、牌長九九六、保自衛團團總二、副團總六、團長一〇九、副團長一〇九、團員五五三、

一、太平橋保、保長一副保長一、甲長一四、牌長一三五保自衛團團總一、副團總二、團長四、團[illegible]五〇、

一、松浦保、保長一、副保長一、甲長二、副甲長二〇牌長一二三、保自衛團團總一、副團總一、團長二〇團員九〇

一、水上保、保長一、副保長滿俄各一、甲長滿人四俄人一、副甲長滿人四、俄人一、牌長滿人六七、俄人四八、保自衛團團總一、副團總滿俄各一團長滿人四、俄人一、副團長滿人四、俄人一、團員滿人六三、俄人三七、

總計十保保長十人、副保長滿人一三、俄人一、甲長滿人二二三、俄人二四、副甲長滿人一二二、俄人二四、牌長滿人三七三八、俄人三九九、保自衛團共十團、團總十人、副團總十六、團長滿人二一三、俄人二四、副團長滿人二〇九、俄人二四、團員滿人三一二四俄人三六八、

承德街之殺人案
正陽署捕獲嫌疑犯

道外承德街、五十九號、院內住戶徐生隆、（四四）前曾充職山海關國境警察隊警士、因事辭退、現住上述地址、於十六日下午五時半頃、闖入滿匪二名、行搶後將徐某以槍擊斃、已誌前報、事發生之後、據報各警察署、大肆活動、張佈警網、到處搜查、突然於二十一日下午七時許、正陽署刑事隊探得線索、在道外回回胡同某宅、捕獲嫌疑犯滿人四名、繼在承德街門片五十九號院內、逮捕重大嫌疑滿人五名、帶赴署內、現下經刑事係嚴重審訊中云、

哈爾濱市"十一月份" 滿外戶口統計
四十六萬三千九百九十三名 國籍之複雜竟達二十又七國

據哈爾濱警察廳十一月份之調查管內十一署之人口數目、竟達四十六萬三千九百九十三名、國籍之複雜竟超過二十七國之多、誠爲滿洲國唯一之國際都市、茲將各署之戶口數及男女別、國籍別、分別探錄於下、

△經緯署—戶數一四〇九八、男四六三九七、女二三〇四七、共爲六九四四四名、
△南崗署—戶數八一二九七、男四〇三、女一三二八、共爲三〇六九一名、
△香坊署—戶數一一二四五、男二八五四六、女一九三八四、共爲四七三〇名、
△新安埠署—戶數一三一〇五、男三三〇九九、女二三一八二、共爲五六二八二名、
△正陽署—戶數二〇一九、男七六八七二、女三〇三三五、共爲一〇七二〇七名
△南新署—戶數八二九八、男二六八四六、女一二九八五、共爲三九八三一名、
△北新署—戶數五八四五、男一六四三五、女一〇三八一、共爲二六八一六名
△太平橋戶數三五〇一、男一二八三三、女七二二九、共

市稅條例說明 【二】
哈爾濱市 康德三年度
至爲市稅體系之繼備 要與徵稅手續之改善

二、新稅種目及歲入概算

種別	新稅種目	調定額	歲入概算	備考
國稅附加捐	一、營業稅附加捐	[illegible]	[illegible]	改正
特別稅	二、地捐	[illegible]	[illegible]	改正及新設
〃	三、房捐	[illegible]	[illegible]	改正
特別稅	四、戶別捐	[illegible]	[illegible]	改正
小計		[illegible]	[illegible]	
特別稅	五、雜捐			
〃	三、漁業捐	[illegible]	[illegible]	新設
〃	四不動產取得捐	[illegible]	[illegible]	改正
〃	五、觀覽捐	[illegible]	[illegible]	現行
〃	六、狗捐	[illegible]	[illegible]	改正
〃	七、[illegible]捐	[illegible]	[illegible]	現行
〃	八、技女捐	[illegible]	[illegible]	現行
〃	九、土地增價捐	一	一	新設
〃	十、狩獵捐	[illegible]	[illegible]	新設
〃	二、出張販賣捐	[illegible]	[illegible]	新設
〃	三、特別營業稅	[illegible]	[illegible]	改正
合計		[illegible]		

除以上各科目外、從前之稅、全部成爲廢止、但有全然廢止者、有改變名稱存置於預算中者、茲爲參考起見揭之於左、

（一）全然廢止之新稅中未含者
酒捐　全年調定額　二一〇一八〇圓
北鐵關係房捐全　一二五、一七三圓
北鐵關係地捐全　[illegible]
北鐵關係馬路捐全　三七、一九二二圓
計　四二二三、三三二一圓

（二）因不應稱爲稅種、而變更爲其他科目者
碼頭捐改爲水運局納付金　四八、〇〇〇圓
衛生捐改爲衛生費　七〇、〇〇〇圓
計一一八、〇〇〇圓
未列記於右之舖捐、燈牌捐、及其他、雖無此種名稱、但考慮於新稅課率中、實質上負擔並未減輕
碼頭捐基於從來之沿革、係由水運局作爲江岸修築公益費、每年納付一定之額數、並

播譯指導官狼狽爲奸 慘殺無辜塗炭居民 （三）
警察保護下滿溝站竟成黑暗世界

經人關說、始罰三百元了事、此款例應歸入國府、但實則已入彼等之私囊矣、但彼等尤以爲不足、又擬稱購買汽車一部、以作公用、大部款由商會負担所餘者責由該燒鍋獻納、汽車購入後、而汽油亦需經費、遂又將保甲甲丁裁撤二名、不許再補、以其餉作買汽油之用、而此汽車之用途、實即用以利運槍決之犯人耳、以大好人民之膏血、被彼等隨意吸吮、而所購入之汽車又供其隨意殺人運輸之工具、誠爲我講求王道國家所不許、而令人髮指者、

乙、于又聯絡該站政界人物張子元、（辛聚濤）及周夢岩等以狼上瞞下、卑劣手段成立馬車組合、強迫各無知之馬車夫加入、兼以長于等、橫暴、率

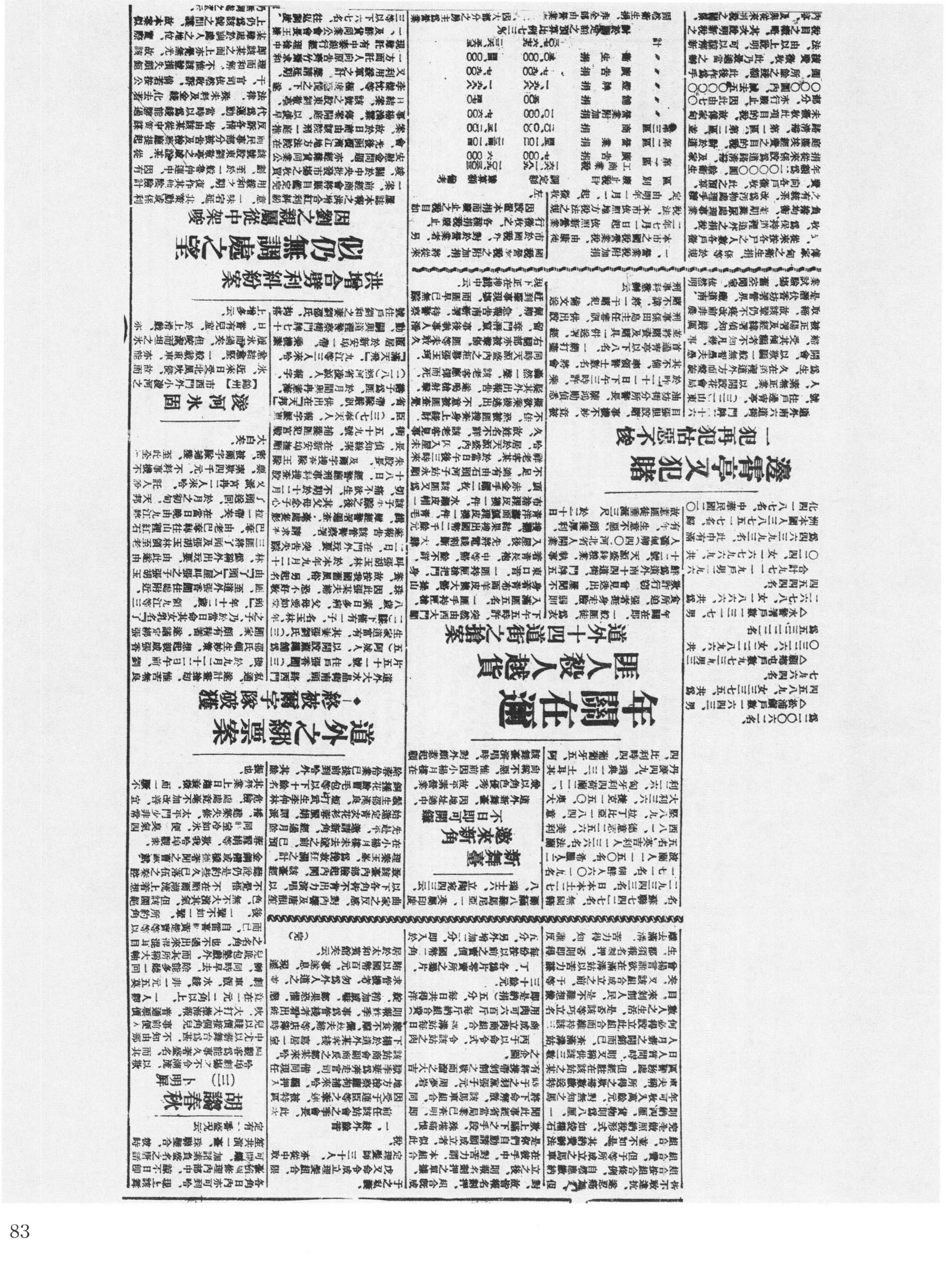

告不敢違抗、遂忍痛擁戴、但組合按組合條例、自然應繳納組合費、但于等所成立之馬車組合、並不如是、其納費辦法完全倣照納稅形式、如袋糧石則納洋四厘、貨物則爲八厘、一年可收入萬餘元、對無知之馬車夫輩、所得之欵擂數繳送特區警務處、但經駐在該站之某日人質問時、則又稱供該三數人月薪之開銷而已、奈滿溝站何必得設立此組合而維持該三數人之生活、是否該等巧立名目、來剝削人民、是不難想像矣、又該組合成立之前、于等會揚言誰欲在滿溝站以苦力謀生、都須報名剿押、否則即得離去滿溝、苦力得知、誰反對、故皆報名剿押、組合既成立之後、則報名剿押之單據、在彼手中、對苦力謂、本組合是你們自動請願成立者、似此欺上瞞下之手段、殊堪痛恨、聞此事經省當局業已查明、即將下命解散、該馬車組合、同時于之羽黨張子元、周參岩、有將携帶剝削之欵而溜之大吉之企圖、

丙于以命令式、令該站之肉商成立肉商組合、滿溝站每日用肉可六百斤、每斤納組合費(即是納捐)五分、每日共得洋三十餘元、

丁、各鴉片零賣所之鴉片、每份按以前之賣價、國幣一角五分、另外增加二分、即入於于之私囊、

戊又命令成立理髮組合、限定理髮師三十人、亦從中取稅、

一、枝外餘晉

前任該站會之季會長、此次因受于連臣等之牽連、被特區地方檢察廳拘捕來哈、羈押入獄季妻爲奔走官司、借同現任該站商會副商長之鄭某來哈、下榻於道外某客棧、寫居一室寢食不離、儼然夫婦、等店簿時則報姓季、事爲管棧者看出破綻、稍加威嚇、鄭果恐懼、懇求管機者、勿爲外人道之、並賄以國幣百元、事遂息、現遷居於太和賓館矣云、

(完)

爲二〇〇六二名、

△松浦鎮戶數一六四三、男四五八九、女三三七五、共爲七九六四名、

△顧鄉屯戶數九七三九男三〇三二六、女二二八九六、共爲五三二二二名

△水警署戶數一三一七、男二六七八、女一八六六、共爲四五四四名、

合計九七一一九戶男二九六〇二四、女一六七九六九、共爲四六三九九三名、此中有滿洲本國人三八七五一七名、歸化四一八七名、中華民國二〇名、蘇聯七四二七名、無國籍二九三四三名、日本本土二七一七一名、朝鮮人六〇一九名波蘭人一一五〇名、希臘人二二五名、英吉利人一三六名、法蘭西八一、德意志二五六、美利堅八九、拉丁比亞一八四、意大利三六、捷克一五〇、奧大利二六、匈牙利四荷蘭二一、丹麥四九、瑞典一三、土耳其四、比利時四、葡萄牙五、阿爾綳八羅馬尼亞一、英屬印度八、瑞士六、立陶宛四三云、

年關在邇

匪人殺人越貨

道外十四道街之搶案

年關在即、一般匪徒、爲衣食所迫、强者挺身走險、弱則欺詐行竊、曾見迭出、屢聞不鮮、爲道外南十四道街、門牌五十二號、天源盛錢糧業、執事人潘佩卿(四〇)河北省人開業有年、生意不惡、頗獲厚利、故惹匪徒垂涎三尺、於二十日下午五時許、突然由西大門闖入滿匪五名、一匪手持匣槍、身着青布面羊皮襖大氅、操山東口音、一匪持匣槍把門、身着青長袍、中等骼、餘不詳、入屋後、先將電綫割斷、大肆搜翻、結果搜出國幣二千餘元青洋縐面狐狸皮襖一件、青毛布捨狸皮襖一件、水獺皮帽一頂、赤金手鐲二枚、該匪又爲不足、適有由石頭河子站永順祥老客某、於當日午後三時來哈、居於天源盛內、尙入屋未久、故姓名不詳、該老客見事不佳、恐被匪搜奪身上錢財、擬欲乘機逃出、不意被匪查覺疑其外出報告、遂鳴槍射擊、轟然一聲、該老客應彈而死、同時天源盛內之柜夥張玉珂、右腿部亦被擊傷、匪等未敢久留、奪門潛竄、事後執事人潘佩卿、急報告南新署、待警察趕到肇事現場、而匪早已無踪現下正在搜緝中云、

新舞臺

邀來新角

不日即可開鑼

道外新舞臺、因地址適中、彙以角色優秀、故平素營業、尙稱不惡、惟前因小楊月樓在該舞臺演唱時、對外頗惹起顧曲家之反感、對內響及唐韻笙以下各角皆不肯出力演唱、以致該臺內部鬧起內鬨、該臺經理秦玉峯、爲挽救狂瀾之計、在小楊月樓未去遂之前、已預先赴平、邀請新角、經過月餘始邀定青衣花衫蓉麗娟、譚派鬚生邵漢良、短打武生李仲林銅錘花臉冒毛包等以下十餘名除蓉伶業已提前到哈外、其餘各角日內亦可到哈、現上該舞臺欲修理內部中、諒不日即可開鑼、加諸素負盛名之唐譜笙共演一臺、珠聯璧合、彼時定有一番盛況云

邊霄亭又犯賭

一犯再犯怙惡不悛

道外南六道街、門牌二十六號、住戶邊霄亭、(三二)山東人、素無正業、以開設花會局爲生、久在道裡道外方面盤旋開會、以欺騙一般無智愚夫愚婦、受其傾騙者不知凡幾、事被正陽署及經緯署偵知、嚴厲取締、故該犯仍不悛改前非、是潛伏香坊署管界、鐵道南、農業試驗場、舊空閒室、依然明目張膽設賭、事機不妙、竟被油坊街分所警長、陳鴻勛偵悉於昨二十一日下午三時許、乘其不備、率領警士數名、將會首邊霄亭以下八名、一網打盡並將賭資及賭具一併送署、經刑事係田島主任審訊、供出設賭不諱、將一干賭犯、備文送刑事科懲辦云

傳家甸之衛生捐、係等於規△、從來按各戶之人數各戶徵收、爲保持道裡道外之捐稅、負擔均衡、並期糞尿處理事業之有統系、改爲污物處理手續費、向各戶徵收、此之預算、年額爲二〇〇〇〇圓、餘衛生捐從來係設爲道路清掃、及家庭塵埃經費之目的稅、對於道路清掃、第一區、第二區、並未徵收此項目的稅、故傳家甸部分、亦行廢止、因此由七〇〇〇〇圓內、減去五〇〇〇〇圓、所餘之殘額、此後作爲手續費徵收、此乃最適當之辦法、由以上說明、可以諒解新稅目之概略、其次說明新稅之內容、及與從來捐稅之關係、

一、營業稅附加捐

本市之國稅營業稅、由康德二年七月一日起依照新營業稅法、本市依照地方稅法之規定、由明年一月一、起、徵收國稅營業稅之附加捐、將從來市於國稅外、對於營業者、另行徵收之、各種捐稅廢止、因設置本捐而廢止之稅目如左、

區別	廢止稅目	調定額	豫算額	備考
第一區	工商業稅	一六六、一八九	二〇九、三〇三	
	廣告捐	七、〇〇〇	六、〇〇〇	
第二區	營業捐	四五、一〇二	三三、一〇四	
第三區	商捐	三〇、〇〇〇	一五、二〇〇	
〃	營業附加捐	一〇、〇〇〇	七、六〇〇	
〃	舖捐	五〇〇	四〇〇	
〃	燈牌捐	一、九八八	一、九八八	
〃	廣告捐	七、九〇〇	七、九〇〇	
〃	衛生捐	五〇、〇〇〇	四〇、〇〇〇	
計		三〇七、六七九	二二六、五六五	

對於調定額之預算比例七三%

固然衛生捐、非全部由營業者、因大部分之房主爲營業

胡謅春秋

(三) 卜明屛

哈埠劇場之不合潮流、以撒路觀客爲能事久著盛名、而其中尤以新舞台爲甚、不知由那兒以賤價接個角兒、事前便大吹大打大撒海報、普通票價竟在一元一角以上、一人聽劇、車飯、水錢、非一元五莫辦、同時早去、除能多聽一回兒底包墊戲外、而其所稱大軸之名角、也不過出來混混耳目而已、自雷喜福黃楚寶等等以後、一輩不如一輩、所約角色、無不大演其氣、但該園絕不覺悟不在順潮流上着想聽說仍是約些久已落伍之秦腔金鋼鑽或穆德著開之曹蘇武、蓉麗娟等、欺我哈埠觀衆、

同時室冷如冰、便臭氣四播、建築失修、太平門少非常危險、處處竟毫不加改善、宜其營業上日趨衰微、而一蹶不振也、

道外之綁票案

◆一終被爾字隊破獲

道外大水晶街南頭、路西門片五十一號、住戶張香圃、(三五)阿城人、以開設燕纖舖爲生家道富有、其妻張劉氏、(三二)膝下僅有一子、名玉林、年八歲、素日多病、父母愛如掌珠、因此張某夫婦、恐不好養、故按我國舊風俗、另起名叫張胡玉林、於本年九月二十二日、在門外玩耍、突告失踪遂報告該管警察署、請求緝、雖經警署遍查、毫無蹤影該子失踪之後、其父母念子心切、痛不欲生、不期於十二月十八日、經警廳刑事科搜查股朱股長、及爾字搜查隊王隊長、偵知線索、在新安埠撫順街、五十九號、捕獲匪犯宮殿臣、(三七)奉天人、報字嚴東省、帶隊嚴訊、供出在「天邦」辮子爲匪、於月間與冉憲海、(二八)熱河省淩源人、報字、「滿天飛」、九江等三人來哈、匪居於新安埠一帶、乘機蠢動、關與道裡警察街門牌七十號住戶劉和之妻劉邵氏、拘搭私通、遂計議搶劫、惟苦無良機、於九月二十二日午前、劉邵氏頓生妙策、想起親戚張香圃家、頗有積蓄、遂議定綁張之子、乃於當日命其女乳名「了頭」、年十二歲、領九江等三匪、至道外張香圃住處附近、由「了頭」入屋叫張之子張胡玉林、僞稱外出玩耍、由此遂由三匪將了頭及張胡玉林領至老巴奪、由老巴奪轉往山裡紅石拉一帶矣、在當日晚由九江將了頭送回、於月之初旬、天邦又派宮冉二人來哈、託人涉票、索欵四千元、不料事機不密、被爾字隊捕獲、至此全案大白矣、

淩河冰固

【錦州】市西門外小淩河之冰、近來日受北風吹侵、故而愈結愈堅、一般載重車、亦能履冰而過矣、但皎潔而坦之冰日、嘗有兒童、於上滑戲、亦上增多云、

洪增合劈利糾紛案

似仍無調處之望

因劉之親屬從中架唆

屢誌本報之洪增合紅利糾紛一案、前經商會將賬目鑑定完竣、關於中央批發市場之收買安慰金問題、亦經雜貨同業公會、先後兩假濱江地方法院在案、故於日前由該院刑一庭推事楊煥霖、傳案開庭、以便早日結案、該號之股東劉敬亭、李傑忱等、極度恐慌之下、遂又利用緩軍之計、屢請延期、一方面託人向原告齊竹齋求和現雖託有中泰銀行經理徐中一、及鮮貨同業公會會長王捷三等以下六七名、往巡調處、意、一味宕延、其策動或係利用緩和之期、復作其他陰險計劃、至於一般魯仲連中、因有該號股東劉敬亭之戚誼某、從前民事部分被告及檢察廳提起反訴各情、皆由該某從中策謀代爲運動、當時以爲錢能勝過法律、殊未料及金錢化去若干、官司依然敗訴、倘若按公理而和解、不惟該號損失頗鉅即該某之面上亦覺無光、故該某雖處於調處人之地位、實際上仍爲該號之間諜、故本案似乃無調處之望云、

濱江特刊

第四十四號

盛京時報北滿總支社
社址 哈爾濱道裡 斜紋二道街一三
電話道裡五七二二番

關於洪增合劈利糾紛
訟案之遠因近果
股東依然調兵遣將設法應付
新任監理鬧了一鼻子灰

關於洪增合之訟案、其經過情形、已迭誌當時本報、事至今日、已成五日黃花、本應將其情形擱置不提、無如該號之股東、仍在積極活動、以致枝節橫生、觀其形勢、本案之前途、大有方興未艾之勢、新聞之使命既負社會與輿之責、又未便漠然視之、茲再將其遠因近果分段誌之如次、

洪增合訟案之遠因、由於該號並未立有紅賬、致引起股東方面之侵佔野心、而其侵佔思想、又確非爲齊竹齋個人設施其所以對齊發生訴訟在先者、蓋因齊某既爲該號之副理、統掌全部之大權、不但是對於賬目上明白、而對於以下各執事人等、亦有多方聯絡、故該號之股東爲拿魚拿頭之計、暫將各執事以利誘住之後、劈頭第一砲、就提出將齊竹齋之八厘身股取消、硬說是櫃上僱的勞金、如若齊某甘心忍受、該號事終予到庭、將該號股東之陰謀、合盤托出、至于該號之唯一信人正經理王善堂、也在半呑半吐之中、全部說出、致該號之股東、居於敗訴之地位、蓋該號之執事等之所以肯出而爲齊作証者、也有個人之理想在焉、因該號之股東明雖對於齊竹齋個人而發、暗含用意關於其他執事、亦不無莫大之影響、其最顯著者、有以下三種問題、

一該號三年賬期終結、除去厚成股二千七百七十七元、及西各股之安慰金、理宜按股均分、會同時出議之十家代理店、各家均皆照議開分、惟該號之股東、獨執一是、硬說是欵歸股東獨享、西股併無分劈之權、

三、該號原議以三千元爲一股、該號之股東共出資二萬一千元、照章應作七股、此次該號之股東、硬要將東股改變爲十個股云云、

以上之三種問題、經該號之股東、左削右剝、七折八扣、已所剩無幾、各執事亦實難容認、所以出爲作証者、意在使齊竹齋與之抵抗、倘如勝訴、各執事也可隨着佔點餘潤、此亦爲圓滑之良策、不啻當年曹操使禰衡順說黃祖、借刀殺人之計也、

該號股東劉徵亭、因不甘敗訴、曾爲亡羊補牢之計、又在檢察廳控告齊竹齋、蕭惠孚二人、有侵佔行爲、也別管事之有無、總而言之、金錢萬能、結果把齊蕭二人、寄押兩月有餘、始經地方法院訊明開釋、案雖仍未判決、諒該院亦難無故枉加人罪也、關於民事部分、經道外商會負責、將賬目鑑定後、業已函覆在案、刻未判決者、一因原審推事楊湊霖、調轉離職、一因該院抱定息事人之旨、望其尊自動說和、以免双方纏訟之累也、無如該號之股東、始終不悟、各方奔走、調兵遣將、以爲應付之計諺云『有理走遍天下、無理寸步難行』、該號雖然有錢、群皆不欲將良心借與該號喪盡、故皆不欲出首幫助、致各股東、計窘之下、聘一高實臣者、爲該號之監理、以爲高某法術無邊、定能挽狂瀾於既倒轉危爲安、詎高某入號後、全櫃執事皆不承認、紛紛辭職、高某見容氣不佳、居之非是去之難能、進退維谷之中、大有一籌莫展之勢、

若依現在之情形言之、高某可謂『近視眼吹火、鬧了一鼻子灰』、因高某本一無業之流氓、此次即遇着訴訟之機會、得任該號監理之差職、實也不得猝然棄職不就、眞要是拿出訟棍之本領、如二年前（因僞造同濟輪船之賬目、致被濟東鐵二廠告發、被判入獄、律師畏罪潛逃）、與東濟鐵工廠訴訟般的胡爲、又恐怕再嘗鐵窗之苦、弄的罪孽臨身、所以纔使出軟能磨硬之策、託人求和、惟該號股東要求和解之條件、頗費苦心、內中情形、軟中代硬、懸裡藏奸、言之殊令人不禁叫絕、據謂關於齊竹齋該號存留與否、須得一致承認云、股東方面照十個東股分劈紅利云云、若以上述情形言之、該號股東此次已然承認、按賬清合、併將批發市場一筆鉅欵、加入均分、似乎含有覺悟前非之意、關於齊竹齋部分、既認可格外出資兩千元爲之了案、則不能不認爲是極端讓步、惟仍未忘掉按十股分劈紅利、殊不知以何所據以易羊牛之算盤、打的眞靑、惟各執事能否認可、頗爲疑問、該號之訟案、究能完結歟？抑或風波再起、殃及池魚耶？刻尙難與逆料、

燈光稀少之處
行人須加小心
警察街東方又有路刼

因事外出
家中被竊

道裡炮隊街、門牌二十七號住戶鮮人、申中吉、（三〇）於四日下午八時許、因事赴水道街、辦事完畢返宅、發見門鎖被偷兒撑壞侵入、門戶大開、情知被竊急進屋檢點物件、始知竊去綠色毛織褥子一床、紅色棉被一床、毛毯一條綠色絨毯一條、共値損失國幣八十餘元、立至紗縵街分所報告、請査緝云、

松濱 花事漫談（二）

（瘦竹軒主）

素媚小喬則無聲無臭、尙在苟殘此外一般下焉者、或流爲土娼、或改業招待、愈趨愈下已均不堪言狀矣、

今日之薈芳里、已成大水災後之馬家船口、其凋蔽狀態、爲從來所未有、就各二等妓館言、開業者僅有德鳳下處、群仙書館、迎春院、懷春樓、四喜班、蓮香班、桃園書寓七家其中人物亦多屬幼稚雛妓、至三等則有碩果僅存之天寶桂寶並以外金樂福樂等四家、人物亦半老腐敗、遠不及桃花巷、穉禧街四等土娼耳、雖不能一筆抹煞、即今日北里中亦自有上乘者在、茲就已見所及、由桃園起、繞圈一周、而及德鳳

態秀而不妖、双眼秋波、尤足以傾倒衆生、友人張君極賞之每隨往訪、談笑自若、舉止亦極沉着、殊爲晚近花叢少有人物、友朋儕以其人容貌身段類似牟太太、多以劉大嫂子稱之姬固不以爲然、惟年則竟以此引爲榮幸、不加反對、多方爲之揄揚、亦趣聞也、

淑華、體華瑾主之生女、在該班中、居少掌班地位、同行姊妹、多近而恭維之、淑華已十九有紅名、爲郭律師所鍾愛郭固一老頭兒、然而遊興滿腔、報效不遺餘力、一日不見即耳抓腮、不知如何是好、惟伊人本非專寵、老頭不過爲阿堵物計、純爲伴偶之應合也、

春與德鳳龜奴細故齟齬、被逐出班、阿姊妹始改隸桃園、平兒殊靡之、一切均不足道、翠極瘦小、一如母耗子、舉動均不大方、雖還其長華嗶嘰一切卒因受多數莛者之排斥、生涯日下、近已無人光顧矣、

小紅原隸四喜、夏間因某故與明月香玉棠娼諸花相率出四喜、改隸桃園、其人貌娥麗風格甚佳、生涯亦稱上乘、但嗜竹城戲、每一與人對壘、即一切均不顧慮矣、性頗豪爽、每遇有不平事、輒大聲疾呼、不已、然平居間則溫存、實在毫無矜張之色、在今日北里中、頗有聲譽、

三妹不知其來自何處、但知爲南人、身瘦貌殊不揚、惟專善狐媚、亦能自號一時、蓋即所謂大水賊也、與義和公司經理楊大麻子交往甚暱、然妹兒非愛麻特愛其袁大腦袋耳、會聞有某煤礦理事長公子齊某、風流自許、富阿堵與楊爲友、一日於楊之招筵席間、與妹相遇、一見傾心、未待散席、齊暗挾妹於某旅館中、如此這般、舉行通電典禮、楊聞悉大怒、電責齊之不當、二人幾至演出醋戲、其後雖表面上齊不再犯、然偷合之事、時常有之楊再聞亦只裝聾裝瞎、佯作不知也、自是以後、楊爲恐阿人他屬、日必赴桃園一次、實行監視、詎齊某專惡作劇、一日偵得楊正在桃園、即密以電話告於楊妻、楊太太得訊、於一頓大罵之外、立即乘車直往桃園覓楊不得、乃向妹姑娘大興

不用拿出分文、即可令其淨身出戶、以爲殺一儆百之策、嘗言說、『人急逼反、狗急跳牆』想齊竹齋、得爲該號之副經理者、因其經濟在握、對於外城客人、素有聯絡、方能被其堅意邀請之、及至三年賬期、經慘淡經營之結果、始獲到十餘萬元之厚利、倘若一旦被該號無條件驅逐、不但齊某個人不能忍受、即其一般友人、亦未必坐視齊某甘受該號任意欺騙也、

齊因不服、在濱江地方法院提出告訴之後、該號倚抱勢力不敵之感想、併未放在心上、及至成案之後、法院認爲本案之是非曲直、當以齊竹齋之八厘身股是否確實爲先決之問題、但若證明此事、非該號之執事當庭作證、實不足爲强有力之証人耳、經法院下票傳集証人時、經該號之無名股東劉敬亭、多方阻止、不令出爲作証、結果併未發生效力、各執

荒賬外、淨賺紅利八萬零四百餘元、該號僅提出紅利四萬五千元、作爲開分之數、餘款均作厚成、歸股東獨享、

二、關於鮮貨代理權、以三萬二千元之代價、出讓於中央批發市場一節、此款原定爲東

所爭部分、賬目也不用細合、中央批發市場之安慰金、亦無論是否應勞、如若認可 完案時、多化個三千兩千的、稅算是東 家賞的、惟其中附帶條件、須得連同其餘執事之身股、一同完結、所有各執事、無論

飄黑峯、（一九）黑龍江人、現充鐵路機務處科員、於昨三日下午七時半許、因送朋友、行至道裡警察街東方、花園井口板障處、電燈稀少、異常黑暗、突然竄出滿匪二名、一匪大骼、操本地口音、身穿青棉袍、足登青皮鞋、頭戴青毡帽手持橹槍、一匪徒手、小骼長臉、身着青大氅、足登青皮鞋年約二十餘歲、將飄某攔住去路、以槍喊、嚇某未敢抵抗遂將狐狸皮青禮服呢面水獺領子大氅一襲搶去、兜內有國幣五十一元二角、共値國幣二百餘元、搶畢向東方逃完、被害人立至花園街分所報告、警察據報、立往追赶、亦無踪影、日滿警署、正在連絡 搜查中云、

宋允公家被匪光顧

道外天一街、門牌一八號、住戶宋允公、（三一）山東萊陽縣人、家道小康、於昨四日午前七時半許、突然闖入滿匪二名、進屋後、一匪年約三十餘歲、大骼長臉、身着青呢大氅、操當地口音、手持橹槍、一匪小骼圓臉、身着青布棉袍、手持鐵棍、遂向宋某喊嚇、將家人驅逐一室、不許聲張、嗣後翻箱倒柜、結果搜去國幣壹百元、搶畢逃走、匪逃後、事主至太平街分所報告、待警察趕到時、匪徒早已無踪、現下正在搜緝中云、

脚踏車不翼而飛

道裡高士街門牌二四號、院內、元橋電氣合資會社、工人高振東、（一九）山東人、於昨四日午前九時許、因事騎自行車外出、當即返還、將車放置門外、進屋立出、不意該車不翼而飛、遂尋多時、並無隻影、無奈立至該管分所報告、黑色新車東洋式、價値四十七元、請求偵緝云、

將現在諸花、（限於二等）、擇而詳述如次、

▲一挑園書寓爲淑華麗華之母所開、以善於經營、能買上乘姑娘、妓業極旺、衆妓約十數名、尚無甚頭關額之類、就中以雛妓明月爲最得人意、其人南產、年可十五許、初隸四塔瑾、濤館時代即有紅名、前者午報評花欄『玲瓏館主』之不堪回首話團樓、及『西西』之濤館總評文評捧之甚力、曾被選入濤館四大金剛之一、歌唱尤見長、每於公宴備筵、一歌輒傾人意、今春在四喜班時、經某大腹賈、以二百五十金爲之開洞後、遂稱紅倌、自是久欲一嘗其禁臠不而得者、相率而上、生涯遂益隆、聲譽遂亦愈盛矣、惟妮子本身短而肥、今於紅倌後、益顯出其肥胖、識者常以『肥料之勁頭大』與姬相謔、則於粉麗頓紅中、惟歪首一笑耳、

笑月、亦園中後起佳花、姿

麗華一雛妓耳、惟性柔軟、擅歌唱、尤能獨唱二進宮之花面鬚生、青衣三角、亦殊難能可貴、故深得一般延客之憐愛、小翠與小平、均爲前德鳳之名花小芬之妹、原隸德鳳、今

問罪之師、並以『殺千刀的如再不知趣必與爾對命』、妹唯唯不敢作聲、經再三哀求始去歸後楊亦不敢再去矣、

（未完）

床頭金盡妙想天開
虛報匪警期圖橫領
經一再審詢結果案情大白

濱北綫四方台福泉湧燒鍋、派有駐哈客人李漢源、年四十五歲、河北省昌黎縣人、及柜夥馬俊峰、二十七歲、濱江省綏化縣人、於十八日午後五時十分許、馬某赴道外南二道街、隆興泰福興莊領到國幣一千元、復[illegible]已誌各報、道外正陽署刑事系據報後、按其報告情節、進行詳細偵察、認爲內中有諸多可疑之點、刑事系小田主任、乃派司法巡官李再白、張北超二人、實施詳査、於十九日午前十時起、至午後三時、經過六[illegible]案情始告大白、[illegible]如次、

緣馬俊峯、乃一登徒子、終日秦樓楚館、花天酒地、如以徵末之月薪、焉能足其揮霍、日積月累、以致債台高築、無計應付、遂即妙想天開、出此下策、擬將此千元鉅欵、侵吞橫領、誣報匪警、當經警察所訊明、被劫之情形後、預先使之歸廣、報告執事李漢源、李亦無法、祇有徒喚奈何、惟竊視馬某之形色、並不慌忙、如同無事者然、不免疑竇叢生、値馬某外出之際、竟在馬某之[illegible]

據現在、無可隱瞞、始將情形告知李某、並將五百元國幣、被李沒收、李某見國幣到手、匪案業已報、出遂將此欵隱匿、並未宣佈、後經正陽署刑事系李張二巡官、赴天豐東調査時、李某報稱、馬俊峰並未歸來、現被押於正陽署內、後經李張二巡官百般解說、李以謂被搶者絕不致有事、乃令馬某隨同二巡官到署、至署之後、嚴加訊問、並由馬之衣兜內搜出已報被搶之懷表一只、女人照片一張、小田巡官在此懷表上、[illegible]大疑點、[illegible]嚴訊、百般支吾、僞稱此表乃係友人周鳳桂之物、（二十四歲昌黎縣人）周爲南四道街天盛興之柜夥云云、李巡官親往周某處對証、不料周某又未在柜、回署又問其昨夜宿於何處、該女人照片爲何如人、供稱昨夜宿於太古街乾德湧帽店、該照片乃其親屬、李巡官復又據供赴該號詳訊、詎該號所供與馬某所供相同、李巡官信疑參半之中、以利害相告、該號始吐露實情、馬某併未宿於該號、係其預先派人通知者、併稱途信現在該區論覺云云、李巡官[illegible]是周鳳桂、當即帶署嚴訊、馬某以見露出馬脚、勢難隱瞞、乃據實供明、因債臺高築、無法應付、而出此下策、並稱曾欠鴻陞厚國幣一百三十元、伊將五百元之國幣、存於該號、除一部分還賬外、餘作儲存、其餘之五百元、已交其執事李漢源收訖、昨天確宿於大成號鴉片零賣所、女招待劉玉樓處云云、該署刑事系、基於以上之供述、案情業已大白、因關係重大、乃將一干人犯、逕[illegible]文送刑事科、依法懲辦

哈爾濱市 康德三年度 市稅條例說明 【三】
至爲市稅體系之繼承
要與徵稅手續之改善

如上述對於調定額三〇萬餘元預算、計上額僅七三%强、此因現在之營業稅條例規則、均援用舊時代者、所謂營業稅僅有其名、實際乃偏重外形之人頭稅、規定一定之稅額、難按年年之營業狀況如何而增減、因無確定之根據、建國以來、與民權恢復常態、同時異議迭出、有滯納者、年年增加之可慮狀況、如仍舊放置、恐預算歲入上、發生極大缺陷、曾屢屢呈請政府整理、今番許可、全國一致徵收國稅營業稅五〇%以內之附加捐、然當此國稅驟然增加之時、市方如按照所限之五〇%課稅、則商民之擔負、又將加重、但能使不超過現在之營業稅、及對於營業賦課之稅額程度、於可能範圍內、更正區域別之不公平、擬減至是市財政不發生支障之最低課率、但因從來之捐稅率較高之關係、不能少於國稅額百分之四十四、

以新營業稅附加捐、以國稅營業稅額百分之四十五概算、明年度營業稅附加捐如左、

區別	國稅營業稅額	課率	調定額	概算%	歲入概算	備考
第一區			一六二、七二八	八〇%	一三〇、[illegible]	
第二區			五〇、六七〇	〃	四〇、[illegible]	
第三區			一六八、三八三	〃	一三四、[illegible]	
第四區	暫時免除					
計			三八一、七八〇		三〇五、[illegible]	

如分別各區與舊市營業稅及對於營業者賦課之稅額比較則如左

區別	舊稅目	調定額	新稅目	調定額	比較增減
第一區	舊商工業稅其他	一七三、一八九	營業附加捐	一六二、[illegible]	[illegible]
第二區	舊營業捐	四五、一〇二	〃	五〇、[illegible]	[illegible]
第三區	舊商捐衛生捐其他會社經濟捐助	一九〇、六八八	〃	一六八、[illegible]	[illegible]

一論經宇變（下）

濱江特刊
第四十五號
盛京時報北滿總支社
社址　哈爾濱道裡斜紋二道街一三
電話道裡五二七二番

哈鐵將分別招開貨物責任者大會

說明改訂運費之原則及辦法

開催日期及參加各站

爲說明鐵路總局改定之貨物運價及雜費規則等、由哈爾濱鐵路局特派員依既定日程、招集管內全線各站之貨物主任、貨物副站長、貨務事務責任者、於指定各站講說改訂運費之原則、並辦法、茲照錄其開催日期及參加站如左、

一月十三日、在哈爾濱鐵路俱樂部說明、參加者八站、哈爾站、三棵樹站、香坊站、道裡碼頭站、八站碼頭、三棵樹碼頭、自九時半開始、

一月十四日、在双城站舉行說明、參加者顧鄉屯站、沈家五崗站、五家站、双城站、拉林河站、

同右日期在康金井站舉行說明、參加者康金井站、石人城站、白奎堡站、興隆鎮站、萬發屯站、泥河站、

一月十五日、在達家溝舉行說明、參加者達家溝站、蔡家溝站、三岔河站、陶賴昭站、松花江站、老少溝站、

一月十五日、在綏化舉行說明、參加者綏化站、東邊井站、克音河站、張維屯站、四方台站、秦家站、

仝日在南牡丹江舉行說明、參加者山市站、一面坡站、高嶺子、至成高子中間各站、

仝日在藍門舉行、參加者自一間堡站至藍門中間各站、

仝日在宋家站舉行、參加者自宋家站至趙家白家等中間各站、

一月十七日、在北安站舉行參加者北安站、黑河碼頭、黑河站、孫吳站、

一月十八日、在呼蘭舉行、參加者呼蘭站、及自沈家站至新松浦馬船口中間各站、

一月四日、在對青山舉行、參加者廟台子對青山站、

一月十五日在滿溝站舉行、參加者姜家站、滿溝站、

一月十七日、在安達舉行、參加者郭爾羅斯站、宋站、安達等站云、

哈市之斗車賊店

初次來哈旅客須加注意

人烟稠密、五方雜處的哈爾濱、異鄉人初到此地、尤其是屯下的莊農哥們、乍生來到這繁華的都市、免不了有蠓頭轉向之感、於是乎一般不逞份子、每有利用初次來哈不知當地風情的旅客們的知識上的弱點、施展其巧妙的狡滑的有組織的欺騙手段、所以被欺騙的旅客們、甚至日有所聞、是此行爲、不亞於姦淫殘殺窮兇極惡之土匪、本報爲揭穿此中之秘密、特向各方偵查、披露報端、一方爲述明其欺騙之技倆、以期今後來哈之旅客不至再受其騙、一方爲揭穿其中之黑幕、予負有責任之警察當局一種線索、希速加以取締云、

▲斗車　斗車這種名詞、或許是哈爾濱獨有的名稱、就是單馬双輪之小馬車、每當火車進站的時候、多數的斗車、都擁擠在站臺的外面招攬乘客、因爲車資比較四輪馬車便宜、從南崗中央車站赴道外、每人不過國幣一角至二角、所以屯下的哥們、多半願意僱用此車、還許多趕斗車的當中、份子固屬不能整齊、其安分守己者固占多數、但以趕斗車爲名而實行欺騙者、據調查有以下著名之十數人、

王殿雲、馬青山、安國良、尤老四、二金、老沙、謝承元、石永發等人除與野雞客棧互相勾結狼狽爲奸之外、並乘機施行『對號碼』之騙術爰將『對號碼』之技倆試、略述之、

火車進站之前、斗車夫之同夥有喬裝老莊式之旅客者、背負行李、混雜於眞正旅客隊中、講偏車輛、此種情形、不但初到哈者不易識破、即久居市內者、亦難分清、於是眞正之屯下旅客、在不知不覺中、竟與此『引子』同乘一車、行經人烟稀少之處、車夫則問、喬裝旅客之同夥、由何方而來、或謂東山裡西部線、車夫又問所帶旅費皆爲何種錢鈔、答謂滿洲國國幣、車夫則僞裝漫不經意之神態告之曰、日前本埠某銀行被匪搶掠、丟失國幣若干、所失之國幣、均係未經使用之新鈔、號碼由若干號起至若干號、聞此種紙幣爲匪人携帶遠颺、(如係濱綏車則謂潛赴東山裡、故現在哈埠官方對於山裡來客、均須施以嚴重檢查、如若所帶之欵號碼在該銀行丟失數目之內、即認爲匪人、當即梟首示衆、日來迭次捉獲、甚爲可怕、待車夫一片謊言說罷喬裝之同夥、僞作驚懼之態、乃由腰中掏出備好之紙幣、交由車夫檢點、此錢號碼是否在被搶號碼之內、車夫接過詳細看過一遍、復遞給同夥、謂此欵尚無妨礙、於是同坐之屯下老莊、聽了車夫一片說詞、自然弄得莫明其糊塗、也只好來個『進鄉問俗的法子』老實的把自已所帶之路費如數掏出、懇求車夫代爲檢點、車夫初猶僞作不顧多管閒事、一味推託、經同夥之幫同懇求、車夫始將錢接到手中、一張一張、一字一字、詳細檢點、正在檢點之間、忽然猛一台頭、僞作驚駭之色、詐稱不好官項來了、旅客一聽不免大吃一驚、借此一楞的剎那工夫、車夫也來得眞快、順手將錢還與旅客、在此恐懼之下、客人當然不顧檢點、急急將欵收藏、待至客棧後、將錢掏出、大好國幣竟會變成報紙、此時斗車早已他去、呼天不應、呼地不靈、弄得流落他鄉、其殘忍實令人聞之髮指也、

賊店　賊店這種名稱、在古演戲小說中恒見之、那種賊店、大半是見了客人有錢、到在夜間、或用蒙汗藥酒將客人醉倒、或者將客人殺害將錢欵掠到已手、今日哈爾濱之賊店、雖無殺人劫財之事、但用巧妙騙術、欺騙旅客之錢欵、其行爲既同爲『見財起意』以不正當之方法取得人財、雖然其方法不同、而其行爲則一、此亦人類進化之表徵、故亦名之爲賊店、至於賊店之欺騙方法固千奇百怪、花樣翻新、就所調查大致通用者爲以下之一種凡屬賊店、皆與斗車聯絡、凡由車站拉來一客店資五角由客棧與斗車國幣四角、房飯費每日一元三角、須劈與斗車七角、由表面觀之客棧似無利可圖、大半利益均爲斗車所沾、但客棧依然得以存在者、其中當有奧妙之處、蓋其利益半在

松花事漫談(三)

(瘦竹軒主)

一年容易又是新年時節、百氣象爲之一新、之薈芳里諸妓館營業依然門庭冷落、氣息奄奄、呈極度萎靡之將死狀態、考其原因、莫不曰社會經濟不景氣之所致然、

査自大同二年以來、奕爲出現多數阿芙蓉館、大批烟妓(即烟館女招待)亦應運而生、多直達千數百名、一般鶯鶯燕燕厠身於阿芙蓉館中賣烟、競操附業、直至今日、爲勢益盛、而一般青年公子、走馬王孫、

凡受不良風俗之薰陶、一方爲時獨街延殘喘、爲經濟計、多捨北里、而改就烟館、於是妓業每況愈下、烟妓則大興一時、故昔日車水馬龍之圈兒里、及今竟淺至無人涉足矣、影響所及、又豈獨此妓館哉、當時薈芳諸窯奴鑑於受此打擊、不堪收拾會聯名呈請當局取締烟妓、或准妓館附帶售烟、以爲亡羊補牢之計、然其結局終遭駁斥、自是名花飄零、不嫁人即他圖、無何而遷徙殆盡、今也僅

三月建國紀念日、國旗揭揚奬勵、三月一日、文廟清潔事宜
祀孔時之整理交通及其他工作、三月十二日、
祀關岳時之補助工作、
整理交通之援助、
祈穀
四月室外訓練(各團)自本月開始團體訓練、
五月童子團週間自七日召開童子團遊行、各團集合國旗揭揚、
野營之召集、皇宮遙拜、勅語奉讀、
童子團競技會、訓話、高呼(高呼本團前途無量)
童子團聯盟本部成立日、五月十日、
植樹節
六月召開地方研究會、
地方聯盟事務之指導及檢閱
電影、講演、
七月各團講習會、
八月野營之指導各團指導、

顧客突變暴客・開槍擊傷事主

三十六棚之行搶未隨案

新安埠警察署、三十六棚分所管界、第一工程街、門牌七二號、永和福酒舖、執事人王志惠、(四二)山東登州府人、於昨十日下午八時許、忽來一滿人敲門、聲稱購買洋酒一瓶、該執事未敢將門開放、故將門上窗開啓、投出洋酒一瓶、因未先收酒錢、恐顧主騙酒潛逃、早加預防、所以將酒瓶尚且緊握一端、以待客人交付酒錢、不料該客突然出掏槍桿手槍一支、執事知係匪類、當即棄瓶向後、意欲躲避之際、匪立時向執事王某發射一槍、彈中臀部、當即應聲倒地、而匪行搶未遂、立時亦潛逃無踪、被害者立至該管分所報告、請求偵緝云、

去年十二月份

道外新開及荒閉商號

開市者僅三十有七家　荒閉者竟達百〇二家

哈爾濱市道外商會管內、去年十二月份新開商號共計三十七家、而荒閉之商號則爲一百〇二家之多、由此足見哈市商工業蕭條景象之一斑矣、茲將新開及倒閉之商號分別標錄於下、

▲新開者

商號	行業	地址	資本金
寅陞棧	小店	錢塘街	六〇〇
三合發	鋪	長春街	一〇〇〇
榮記	成衣	五道街	四〇〇
同盛德	銅鋪	太古街	二〇〇
福增祥	〃	〃	二〇〇
永和吉	綿織	〃	三〇〇〇
正興德	〃	〃	三〇〇
双發合	〃	〃	一十〇〇
興隆吉	綿織	太古街十六	三五〇〇
德泰昌	茶館	仁里街	九〇
東盛	條麫	正十二	二〇〇
永遠號	鐵爐	九道街	三〇〇
仁盛東	洋車	中九	五〇〇
振發福	洋鐵	永安街	八〇〇
集香村	小館	西順街	一〇〇
會豐居	小館	豐潤街	八〇〇
福成	修表	豐潤街	一五〇
德興爐	鐵爐	九道街	一〇〇
吉盛利	小舖	九柳街	四〇〇
義興金	畫舖	太平街	三〇〇
德隆長	仝	桃花巷	六〇〇
慶玉合	仝	仝	三〇〇
天順棧	客棧	仝	二〇〇
義興源	客棧	純化街	二〇〇
德陞	修表	西大街	一五〇〇
天發園	小館	西大街	五〇〇
公記福記	小館	二道街	一〇〇
双興利	茶館	保隣街	一五〇
泰記	燒餅	富錦街	一〇〇
世昌盛	小舖	九道街	三〇〇
日昨	貨棧轉運	純化街	一〇〇〇
惠豪興	香油	太原街	三〇〇
鴻遠	雞店	太古街	八〇
濱泰棧	客棧	景陽街	三〇〇

△荒閉者

商號	地址	行業	資本金
廣生永	三道街	小舖	二百元
異味香	仝	小館	二百元
德聚工廠	太古街	毡鞋	二百元
德興東	九道街	小舖	四百元
德慶永	七道街	仝	一百元
林記	南新街	毡子	二百元
雙興永	太昌街	棉紗	五百元
同茂盛	豐潤街	銅舖	二百元
裕生德	南十六	木舖	一百元
同順爐	太古街	紗爐	五十元
鮮味坊	十五	小館	一百元
雙合成	北十二	成衣	四十元
福香春	北小六	小館	五十元
魁盛東	五道街	小舖	四十元
王家館	長春街	小館	十五元
德盛居	仝	仝	五十元
裕豐德	五道街	五金	五百元
同泰昌福記	太古街	銀爐	八千元
慶記號	南大街	毡片	六十元
楊子豪	豐潤街	洗衣	一百元
東福棧	保定街	小店	一百元
任林生	富錦街	鞋舖	五十元
金記	六道街	洋鐵	一五〇元
廣發棧	大新街	小店	二百元
邁成號	豐潤街	銅舖	八十元
義和成	同發街	酒局	一千元
劉破亂	八道街	破亂	一百元
東陞棧	中十四	小店	六百元
四合號	太古街	皮舖	三百元
成隆泰	仝	仝	三百元
久記	仝	仝	二百元
瑞陞長	仝	仝	五百元
福順和	仝	仝	五百元
福增和	仝	仝	五百元
天福東	南大街	新衣	四八〇〇
寶聚興	正陽五	錢舖	四萬元
新華公司	南大街	西藥	二千元
怡昌號	正陽六	洋服	四百元
新京館	富錦街	小館	一百元
進陞棧	錢塘街	小店	八十元
雙合義	長春街	小舖	五十元
富蜂長	地豐街	仝	七十元
義生和	太古街	皮莊	六百元

……飯食中也、一面又與野鷄錢鋪句結、旅客有兌換錢鈔者、由客棧領至有約之錢鋪、以巧妙之手術、瞞同客人檢點、分明百元、一經點數、變成八十、此種法術或在算盤之下抹以槳下、一人僞作接地或用脚黏之、在未點之前、先將錢鈔放而去、客人雖滿身是口、亦無於櫃柜之上、以算盤壓之、最處分辯、只好甘吃其虧、客人上一張當印被黏算盤之下、或去後、由錢莊與客棧二一添作遂手點査之時、用指彈於地、五的分劈云、

哈市童子團地方聯盟
來年度工作方針
期必超駕乎其他童子團之上
至少亦須使與他國並駕齊驅

（續）

祀孔八月二十九日、九月中秋節、九月十二日、孔誕（文廟清潔事宜）九月二十四日、祀關岳、九月二十九日、十月軍馬慰安、十月十二日、十一月童子團成立日十一月五日、慰問滿日軍警、滿日童子團聯合、十二月年末、

指導研究會之目的、指導研究會者、以達到本聯盟規約第五條諸項之目的而設立、若欲養成優良童子團即得有健全的基礎、指導員資格能力之完全、實屬必要者也、倘童子祇依據暗誦誓詞規律標語等而爲童子團修養全部、確不能達到童子團教育最終之目的也、論者以學校教育即可完成、實不能滿足也、依據實際與實習之訓練、造成萬能之第二公民、乃我童子團之本意也、因此立於指導地位、有隊長資格之指導員、能了解童子團教育之全幅、指導員者必努力研究而有相當之體驗者也、指導研究會分爲各部、研究期於童子團教育先有充分之研究者也、

研究部之分擔列左、
（一）精神教育部、
（二）技能教育部、
（三）教練（遊戲、野營、體育、奉化、音樂）部、
（四）職業教育部、
（五）服裝改良部、
各部分之研究員、各持自己分擔與學校教育相併進行、以期努力提倡公民教育之實績、再各部分之要項、另行列舉、以期完成童子教育、（完）

索倫溫泉間鐵路
一部開始運輸
由索倫至南興安間

客歲以來、在積極建築中之索倫至溫泉間之鐵路、現由索倫至南興安一段、已經完成、由本月十日起開始辦理貨物旅客運輸、全線長一三〇、八公里、客票二等全線五元九角、三等三元九角五分、運費整車一噸、全線六元五角五分、零担貨物每百斤九角一分七厘、之站名、自索倫至南興安間經過之站名、索倫、白海、金銀溝、西口、綠水、五道溝、牛心台、光頂山、白狼、南興安、

劉飯舖西順街小館一二〇
源發長麥明街皮鋪三二〇〇
海盛軒二道街小館二百元
公泰號六道街小舖六十元
遠通達六道街成衣一百元
巨友酒社四道街酒館八十元
雙合成北十二成衣四十元
福林工廠太古街棉花三〇〇
雨宜書局北大六書舖五十元
元記太古街小舖二百元
餡餅粥五道街小館二十元
福泰仁義巷帽舖四百元
裕豐工廠太古街毡子一百元
瑞成祥正十四小舖六百元
永豐工廠南十四毡子一五〇
會輔局豐潤街小館三二〇
義發圓井小街全二百元

利生工廠北十七棉織三二〇
永和成同發街雜店一百元
和記南十四棉織二千元
增盛工廠中十一針織六百元
德元號正十四新衣二千元
周皮舖九道街皮舖三二〇
福興久仁義巷鞋舖三百元
永盛園五柳街小館四十元
義順興太原街小舖二百元
義興成七道豐全二百元
自成興四道街提包六百元
聚豐恒豐潤街全八十元
日升棧純化街車權一五〇
通發號桃花巷鞋舖三百元
聚發館正十五小館三十元
泰陀藥房正十七藥舖二百元
永盛館北三道街小館一百元

同發利全成衣一百元
永興一面街小粹子一百元
信泰棧昇平街小店一二〇
同源棧全小店五十元
天陞棧全全六十元
積成玉昇平街切面五十元
劉粥舖長春街粥舖一百元
順興棧大新街小店二百元
玉記地豐街成衣五十元
同發合地豐街小粹子一百元
義興隆全小舖八十元
慈雲堂全藥舖一二〇
宏興北十五線繩二十元
德記號春和巷小舖一五〇
春記一道街餃子一五〇
海北棧北大街小店一百元

度量衡施行期迫
陳科長來哈考査
考査結果成績非常良好
昨日在市公署招開會議

哈爾濱市定於二月一日實施新度量衡制、光陰迅速、轉瞬間、已廹於眉睫矣、新京權度局、爲考査哈爾濱計器公司之出品、是否適用、一方考査市民對新器認識之程度如何、特派檢証科長陳徵庸氏於日前來哈、連日以來考査之結果、成績良好、計器公司之出品、亦足全市之用、至於商民對於新計器之認識亦極深澈、昨十一日午前十時、由陳科長主催之下、在市署實業科招集道裡外及上號三商會開會、討論關於新度量衡制實施後之種種問題、當由顧石安君提出以下之數項問題討論、一、關於舊計器將如何處理？陳科長答稱、國內可以使用者、由計器公司收買之、其不能使用者須沒收之、一、關於指導宣傳經費補助問題？陳科長答稱、待本人回京後向中央當局接洽云、一、對於設立標塔經費問題？陳科長答稱、由權度局派給費項下補助之、（標塔之樣式即度量衡器之模形、設於通衢）關後談到焚燬舊計器之辦法、由二月一日施行新計器二個月以后、繼續分批焚燬、同時並要請各官憲監視之、至於當業金銀首飾業中藥業、因現在計器公司所製出之品皆爲大件、故要求新製造新器、關於本市之度量衡器販賣商爲數不多、迄今數月終未批示、或允或駁應早批示、關於此節、陳科長允待回京後代爲催詢負責辦理云、

丟失斗車
請求查緝

南崗鳳鳶街、門牌三五號、住戶馬月峯、（三二）山東掖縣人、以拴斗馬車爲業、於昨十日下午三時許、在馬家溝候坐、有一人顧斗馬車拉煤、當將煤送至大直街、進屋送煤約十分鐘許、立即外出、不見斗馬車、不知被何人竊去、舊車白馬、價値國幣百餘元、遍尋無着、遂至警所報告請求查緝云、

各縣嚴密佈年防

【安東】本埠省公署、以新年已過、舊年來臨、對舊年防範戒備、較新年更爲緊要、茲爲期各縣舊曆年關安全、特於本日通飭省下各縣、嚴密警設年防戒備、特別注意維持、同時各該地方長官、尤應在縣坐鎭、不准擅自私離、或藉詞外出、以防意外、而策安全云、

哈爾濱市
康德三年度
市稅條例說明【四】
至爲市稅體系之繼備
要與徵稅手續之改善

第一區考慮北鐵接收後之打擊、以負擔公正與體系整備爲主之方針、成九千餘圓之減稅、營業稅附加捐實施後、各戶負擔之增減如左、

濱江特刊
第四十六號
盛京時報北滿總支社
社址 哈爾濱道裡斜紋二道街一三一
電話道裡五二七二番

中央市場成立後 經濟重心竟轉移
中央批發市場營業依然不振 繁榮哈市即斯之謂歟？

市營中央批發市場、自以十五萬元之鉅資、將洪增合等十家鮮貨代理店之代理權買收後自以爲從此勢將一帆風順、大發其厥財矣、詎知事有出人意料以外者、此被買收之十家代理店、固遵命停止營業、然而市場之營業狀況依然不振、考其最大癥結、不外以下之幾種原因、

哈埠扼京濱、濱綏、濱洲、濱北、拉濱等各路以及松、黑烏三江之咽喉、素稱北滿之商業區、故凡北滿各地之出入貨物、必以哈埠爲分讓之總樞紐、各地客幫雲集、因此一般

之三五縣矣、誠爲哈爾濱之中央批發市場、果然名實相符矣

經濟重心所以轉移之原因—

！査北滿之經濟重心、所以突然轉移之原因、蓋自中央批發市場成立後、各地客人來哈購貨、必須仰市場之鼻息、客人賣貨、亦必須託市場轉賣、手續既然繁雜、而且官氣十足、買方將貨買妥、錢款時不容緩、賣方將貨賣出、逾日不能得錢、故買賣双方均感不便、乃改由買方之原住地直接函購或由附近之處購買、既省在哈倒車裝載之費用、又能比較迅速、在經濟方面、在時間方面兩所便宜、此原因之一也、

貨代理業、因客幫多有舊交、自然不肯捨近而求遠來哈購貨此原因之二也、

總觀哈市一城、貨類之銷售量、爲數亦屬不尠、中央批發市場、倘能儘量銷售、果不許他人染指、雖不能爲從前理想中之樂觀、亦可勉維殘局、但日商方面有水產以外數家、魚代理業、紀州以外十數家、菓代理業、每日大宗到貨、竭力傾銷、將中央批發市場之專權吸收殆盡、但領事裁判權之關係、只好仰天長嘆能奈誰何、總觀以上之情形、中央批發

如左、

連珠槍五支、子彈五粒、套筒槍二支、子彈二粒、三八年式槍二支、子彈二粒、洋砲一支、子彈一粒、一號橹德槍二支、子彈二粒、七星槍一支、子彈一粒、我方警士田貴春、右大腿部略受微傷云、

太歲頭上竟敢動土
警長家被窃

香坊警察馬家溝分所管界、馬家溝門牌一四二號、住戶日人竹內、(二八)現充香坊署警長、於昨十七日下午三時許、因事將門關鎖外出、待下午八時事畢返家、忽見門鎖被偷兒撬開侵入、驚惶之下、急進屋檢查所有物品、始知被窃去灰洋服一套、青呢男用大氅一件共計損失約國幣百元之譜、當即至馬家溝分所報告、請求査獲逃犯云、

胡謅春秋
醉雷公

關於洪增合之訟案前情已誌本報、其內幕之風波再起、果不出人逆料、因各執事紛紛辭賬股東方面亦難挽留、祇有責令經理王善堂、將賬目結淸楚、開單交出、以便開分、經結算之後、紅利及中央批發市場之安慰金、共計十一萬四千餘元中所差者、股東硬要將東股其按十個股開分、西股方面不但不能承認、而股東方面葛餘慶之八厘監理股既未親身到號又未派定代理、亦難認其得此空股、若此該號之東西股共僅十三個一厘也、

因與副理齊竹齋之訟案刻下尙未判決、預料股東方面亦難望勝訴、前者應時而生、趁隙而入之新監理高寶臣、因其入號一籌莫展、反惹起各執事之辭賬、此實股東方面最大之失望也、在股東方面、既不肯立即驅高出號而高某之算盤打的更淸、既然股東當時承認搬進來就得認爲開門揖盜、引狼入院也別管能不能作事、先落的一天兩飽一個倒、無論如何、比住小店強的多呢、雖然各執事有些不樂意、還能扯着耳朵給拖出去嗎、老高這一套委曲求全的主意、正所謂「瞎子拾柴火、顧住這塊城場地」啦、直把個股東李希榮、嘔的萬愁湧集更是如梗在喉、有語難言、愧恨當初、不該錯聽劉徹亭李傑忱二人之謀、以爲齊竹齋懦弱可欺、萬一將其驅逐、即可多得若于利益、殊不料及畫虎不成、反類犬、害人空落無義名闆的一事無成、白化去兩萬大洋、現下劉李二人、急急如喪家之犬、雖是東投西奔、究竟也不知誰能有翻天覆地之術能將還場敗訴的官司、挽回、兄各執事、現已提出嚴重條件請求開分、自知理曲、詞窮難以應付、該股東李希榮、躊思之餘、百無良謀、三十六計走爲上策、故於本月十六日、該李某溜之大吉、豁出一欄頭亂藏、任憑劉李二人擴掠、劉李二人、因事已作錯、中間雖一般魯仲連出爲調停、惟皆據理直言、所言條件、不能與股東格外利益、致事無成、人不前、亦祇有錯了就打錯上走、再以金錢之賄通、正服手段、近日竟利用一般浪人流氓、眞可謂飛禽走獸、全上臺了、硬逼着王善堂、將賬交出、否則即以法律或武力對待蓋因商號唯一信用、乃戳記耳焉能隨便交出、李劉二人、見正經理王某不受其恫嚇、實亦無法可使、現因春節在即、所應人家之賄欵、儻討甚急、王某即不將賬交出、自難主權領取錢欵、計窮之下、曾自刻圖章、向存欵家領國幣萬元、奈該存欵家皆有該號之圖章樣本而自行刻體之僞章、不發生效力、故未能領出、其前途之結果、頗堪注目云、

寡、生活頗感困難、其母張徐氏、以開設私烟舘於十七日下午六時許、突然闖入滿匪二名、進屋聲稱購買煙份、繼則由腰中掏出橹桿手槍、大肆威嚇、一方將張國平之母張徐氏、按於炕上、强索金錢、結果翻箱倒柜、亦無分文、搶去青布棉袍件一、搶畢奪門潛逃、一匪中等骼、長白臉、身着青布棉袍、頭戴黑色皮帽、年約四十餘歲、一匪小骼、身着青市布棉袍、頭戴黃色皮帽、紅白長臉尖下額、操本地口音、臨行時因恨未搜出錢財、向張徐氏發射一槍、擊中嘴唇、無性命危險、亦不幸中之幸矣、待事主報告分所、警察趕到現場時、而匪徒早已杳如黃鶴矣、現下各警署、正在搜查中云、

哈爾濱市 康德三年度 市稅條例說明 【六】
至要 —爲市稅體系之繼備 —與徵稅手續之改善

課稅標準土地許價額、依此多少有不符、現在情形之區域、但當此營業稅及房捐等直接稅、負擔有增減之時、如再動搖地捐、徒增不安之念、暫仍如舊、此外對於因土地價格之騰貴、土地所有者、或地上權者之不勞所得、當有價移轉時、賦課土地、增價捐保持與一般納稅義務者之均衡、

從來傳家甸、對於市街地、並無何種類於地捐之捐稅、與他區比較、此亦與營稅附加捐、共同不得已之處、僅將地價許價較道裡減抵等級、按照無都市施設低額許價、

哈爾濱都市計劃與我國將來之關係 【一】
哈爾濱特別市長　施履本

批發商尤其是鮮魚菓業、莫不利市三倍、哈市之商業既獲達、則當地之經濟自然圓滑、過去之哈爾濱所以能有今日之繁榮者、良有以也、

此次哈爾濱特別市公署爲繁榮市面、不惜鉅資、創立中央批發市場、以期將北滿之經濟樞紐一手掌握、殊未料及此一來竟將由來北滿經濟之總樞紐崩潰、而分散於四週各地矣、

査東南半壁各地所需要之鮮魚鮮果、向由哈埠購買、自中央批發市場成立后、皆轉向牡丹江購買、以故牡丹江之鮮貨代理業營業十分發達、

濱北線一帶之鮮貨、亦向由哈埠購買、自中央批發市場成立後、皆改由綏化、海倫購買矣、

濱州線一帶各地所需要之鮮貨、皆改由新京四平街沿四洮洮昂而去、惟松黑烏三江沿岸各地、待明年開江后、均將向佳木斯購買、因此哈爾濱之中央批發市場、只可消售於哈爾濱當地及阿什河呼蘭河等附近

前在哈經營鮮貨代理業之商人、因不許在哈直營斯業、遂陷於失業之苦境、不得不別謀出故路、紛向四外爲牡丹江、綏化、佳木斯等處、重新設之

市場之前途、固不容樂觀、但亦不足惜、所可惜者、即數年來北滿維一之經濟重心地哈爾濱竟遽然轉移他處、分散四方、謀哈市之發展即斯之謂歟、不禁放聲一哭云、

營業稅附加捐之本稅、由稅捐局查定徵收、則稅捐局與市各自辦理、然關此徵收問題目下民政部與財政部、正協議中、將來或由稅捐局、或市一方面徵收、比較便利、想早晚必取此種辦法、

二、地捐

地捐係將從來之房地估價捐中、有收益地段捐、無收益地段捐、地皮捐、晌捐等、加以整理、改爲一月、其內容大致如舊、對一般無甚影響、因本捐之設置、而整理之稅目如左、

第一區　有收益地段捐、調定額、六八、六一九圓、
無收益地段捐、、額、一、五六〇圓、
第二區　地皮損、調定額、四四、八一一圓、
第三區　晌捐、調定額、三四、六五〇圓、
計　一四九、六四〇圓、

本捐之內容、即市街地設定地捐、農耕地、設晌捐課稅標準、爲評價額、及而積課率如左、

地捐　有收益地段（建築物用地材料置場）評價額千分之五、
無收益地段（市內空地）評價額千分之二、五
耕地　一晌、七角七分、

評價額第一區係以大同元年度評定之地價、（現行）第二區係以民國二十年舊市政管理局評定之地價、第三區係以康德三年一月一日評定之地價、爲

（例如以正陽街比新城大街）地捐整理後之歲入調定額如左、（未完）

樺川城野指導官
勦匪之捷報
頓獲匪槍頗多

久在佳木、斯樺川、黑蟒通一帶盤踞之合流匪首、三合、占東洋等股匪、十名乃至三十名、在該處活動、無惡不作、曾一度討伐、該匪逃亡姜家屯、施家亮子方面、依然跳梁、樺川縣當局、城野指導官、計劃肅清匪蹟、經駐防橫道河子之馬隊孫隊長、以下三十名、駐防佳木斯、搜査隊王巡官、以下二十三名、城野指導官、任總指揮、滓元指導官、任副指揮、分馬步二隊、步隊乘自動車、於一月五日午前六時出發、行抵佳木斯東方、約距四十滿里與匪徒遭遇、當即開火、而匪徒頗强抵抗、遂將馬步隊散佈包圍形、匪勢不支、闖入民家業被我軍包圍、利用土牆、以輕機關槍掃射、我軍將房屋放火、匪見勢不佳、由後牆逃出潛逃、由後追擊、將二十餘名匪徒、全數擊斃、我方鹵獲品左、

因電車收入縮減
恢復車內電爐
交通局之亡羊補牢策

交通局所屬之電車、入冬以來竟遽將車內之電爐廢止、以致寒氣侵人形同冰室、近日以來、氣溫愈降、朔風凜凜、乘客因懼寒多改乘別種車輛、因此交通局電車股之收入、由二千二三百元一降至一千一二百元、所得竟不抵所失、輿論鼎沸、怨言載道、市營之交通事業、在原則上似不應一味徒知牟利、作此無味格外之扣索、交通局固未顧及市民之如何不滿、但因收入之縮減、不得不計量得失、作亡羊補牢之舉、由昨十七日起、將十五號至三十四號之電車內電爐生火、惟一號至十四號之車內火爐、因已經撤廢、不能再行按設、固依然冰涼云、

匪搶私烟館
槍傷張徐氏

道外保障街分所管界、保障街門牌四六號、住戶張國平、（二七）河北省燕縣人、現充三棵樹鐵路局夫役、因薪金最

我滿洲自建國迄今、閱時四載、現在斗柄回寅、已入五年、伏維我國家以完成王道樂土、爲立國精神之所寄、此王道樂土於何徵之、必也徵之於建設、第建設非可徒託空言、必須有事實之表見、事實首重條理、尤宜以計畫爲前趨、我哈爾濱之都市計畫、即是定計畫以實事實、由事實以光建設、此非意存炫耀、其步驟固宜如此也但欲實行此步驟、非官民一致、人各盡職不爲功、嘗謂曩昔舊政權時代、國事之所以敗壞、病在人不能盡其職、人不能盡其職、將何有於實蹟之徵驗、且所謂不能盡職者、匪徒不事其事而已、即舍己耘人、越俎代謀、亦毋莫非不盡職也、蓋盡一人之才力、以攻一事、則必有所成就、可操劵也、即不然亦日計不足、月計有餘、一日不成者、期以一年、一年不成者、期以十年、十年不成者、期以終身、雖下愚亦未有一無所樹立者、縱無大成、亦未有無小成者、及其舍己耘人、則已無所立而人亦蒙其惑、此皆不盡職之爲害也、我滿洲經此四年來之經營締造、一切嘉猷、靡不大備、而尤善者、厥爲全國統於一尊、分工各課、成績大計、操於廟謀、執行責之疆吏、事無鉅細、人無內外、使專心致志各就所司、卒勵奮發、以相有爲、凡才具閎遠者、固得優游展布、即才力稍遜者、亦無虞其竭蹶、向之奔走攢營、固成職德、即好高務遠、亦屬非分此種精神、驟視之似極尋常、盡人能道、不知我國政治於四年之短歲月中、得以奏此膚功者、即恃此精神爲之主宰也、今既有計畫樹立於其前、即有事實表現於其後、如立竿見影、不爽毫忽、今後政治、愈愈著、此層在本篇內、原屬冗辭、所以道及之者、所謂功之成不成於成之日、蓋必有所由肇、由盡職之因、以收實責之果、此滿洲國之所以興隆、非倖致亦非無自而然也、（未完）

松濱花事漫談（四）
（瘦竹軒主）

次如湘君素珍紫娟等、雖均庸庸但亦間有長處、故尙說得下去、其他爲三花之怪貌鼠眼、終日無客、香玉則以烟癖過深、日惟知謀騰雲駕霧之勾當、雖歌唱見長、亦無所用、回憶昔年在金寶清倌時代、嬌小聰慧、博得人愛、曾幾何時竟至倒皂至此、甚至不堪收拾狀態、甚憐亦復堪笑也、

群仙書寓爲花魔花雨山所開、二年前因債務關係、曾一度關門、嗣後始又勉强復業、院中妓女、約十三四輩、但皆屢屢、無一出色者、蓋自秋月病死、慧媚亦隨某老兒度半太太式生活后、院中即突呈冷落景象、今也雖麗元、銀屏等在尙得支持一時、然鄙陋之狀、亦殊難言、麗元小頭鼠眼、而身肥若猪、且年已老大、尙梳車輪式之双結、蓋討人厭不耐觀摩矣、雖頗有一部份人捧之甚力、然黃鼠狼玩夜貓亦正所謂『寡人之好』耳、聞有某金礦經理、姜某、於友人招宴席上、慕阿人爲營口王秧子遺物、竭誠報效、不遺餘力、酒樓舞場、朝夕相隨、夜度資一擲五百金、而毫無可惜、元兒見姜濶綽也如此、乃益施其狐媚手段以迷惑之、自是姜報效益力、日必歡合、而元姑娘、亦仗此矜持若狂焉、無何姜又識蓮香小銀子、驚其人之身無婀娜勝於麗元、多矣、遂捨東就西、改報效小銀子焉、從此麗元失却嬌容、日惟懊喪面孔暗自啜泣耳、

又麗元於數年前稱淸倌時、曾爲本埠巨紳王二虎（省三）之賞識、元慕王富有、恒留於下處私宿、如此者已二年、某日王在元家大排酒宴、與元之假父母等痛、飲市罷欲買車歸邸、詎早與匪人以千載良機、當時王方出門、即爲數輩匪人架之而去、經一月後、始經王家出資十萬贖王以歸、其後王聽從友人規勸、醒悟靑樓楚舘足以招禍、對元亦即日趨冷淡矣、元既遭此兩度打擊、生涯一落千丈、在同行姊妹間、亦復無從來自矯嬌人之狂態矣、

銀屏年已廿三四、小眼扁口而長直若牛首、体瘦細長形同電桿、據聞伊人爲土妓出身、十四五歲時、曾操巷子業、故凡皮簧大鼓諸調略略能之、尤擅八角鼓、而屏兒亦輒以此自豪、殘不知夜郎自大、其所善技藝尙還不及同班小香耳（已下牌去）故同班諸妓多不斷不與爲伍、而屏兒若有所恃、落落不與人合、日惟間出一二條而外、其業務之乾燥、亦至極點矣、同院明星一南妓也年可十九左右、初隸、鳳院、前年樓鳳荒閉始入群仙、其人雖體肥如豚、然呢喃活潑、善體人意、是以捧者屢屢、業務極爲發達、殆亦不讓與銀屏也、

（未完）

（出演新舞台之坤伶齊艷雲之戲裝）

戶口警士
克盡厥職

香坊警察署上號安寧街分所戶口警士王崇岳、奉天人、少年英俊、辦事認眞、對於調査戶口、尤特別注事、舊曆年在邇、恐不逞份子潛伏該管界匿藏、乘機蠢動、近來不眠不休無、分晝夜、將管界之戶口、調査十分淸楚、對於一般商民非常和藹、一般商民、無不感激云、

濱江特刊

第四十七號
盛京時報北滿總支社
社址 哈爾濱道裡斜紋二道街一三
電話道裡五二七二番

「一元復始」「萬象更新」 爆竹聲中除舊歲 梅花數點送春來

春節中哈市之花花絮絮

自去一月二十二日至同二十八日、凡六日間之舊歷春節、已於熱鬧中而過度矣、茲將春節中哈爾濱市之花花絮絮諸情景、簡略分述如左、

▲警戒哈爾濱警察廳、當年以舊歷年節、滿人均極注重、大事舖張、于鏡濤廳長、爲謀市內治安上之安全計、自二十三日、（即舊臘除夕之日）至同二十八日止、除分飭所屬各署街全體出動、晝夜加班警戒外、並招集各科股長各署長愷切曉諭、對於年關中警察之職務、特別注意、依不眠不休之精神、爲市民治安努力、故自始至終、得以於平安裡而度過矣、

▲一般一月二十四日爲春節、一般依向來俗例、住戶辦置過年商家辦理結算、自一月下旬以來、市內空氣、突爲一變、太古街、南頭道街一帶、年貨神紙、滿坑滿谷、鄉下人爲辦年、亦皆臨集是處、是以春節之前一日、該處一帶、行人踵趾相接、車馬均不得通過、尤以鮮貨局方面爲應付送禮買主、直至除夕之夜、十一時頃、尚在忙於賣貨中、其他乾菜店、肉舖等、殆亦如是、及至翌日春節之日、而市內光景又爲一變、商家飯店、家家關門、懸出春節休假之牌、市內街頭、貨床皆無、賣玩具者突爲大批出現、而面目一新之老少男女、萬人空巷、蓋皆大忙於拜年也、其他炸聲炮聲、與商家之鑼鼓聲、（是日商家均鑼鼓娛樂）處處皆表現過年景象、由正月初一日以至初二初三日、依然不減年的風光、至初四初五日已漸幻變、而於初五日止、一年一度之春節、遂亦於洋溢熱鬧中而過去矣、

▲娛樂各娛樂場、如戲院影院等、以舊歷年爲來財的唯一好機會、故戲院自正月初一日開台起、早晚均演拿手好戲、更爲應付新年、號招觀客、華樂特邀來名坤伶花艷雲、小金鋼鑽、新舞台亦新邀曹藝斌、齊艷雲、齊艷君、等登台献技、影院側、亦擇演佳片、大事宣傳、每日收入、均不下一千餘元、蓋商家份子、平日無娛樂機會、每值端陽、仲秋、春節均放假三日、乃至五日、一般年青櫃夥、及學徒者流、於此假期內、既不够打麻將、延招待之資格、於是一擲一夥、均向戲院影院進攻、故戲院影院、得以利市三倍、他若跳舞場、因濶老份子、忙於辦年、業務或反不若平日之盛也云云、

日人外出 家中被竊 損失百餘元

香坊署國課街分所管界、永和街門牌二十七號、住戶日人山口正敏、（三〇）於昨二十六日下午一時許外出、至五時半頃返宅、曾見門鎖被賊破壞侵入、竊去洋服一套及其他物件、待發覺時偷兒早已逃之無踪、損失約值國幣一百五十餘元、失主立至香坊署、請求偵緝云、

咄咄！烟妓中之怪物

曾爲女車掌被開除流爲招待 以女學生自居專貼白靠八爺 記廣德樓小賣所女招待佩秋

道外廣德樓阿片零賣所爲哈市著名劣紳女兆氏出資經營、前因某不法事件、曾一度被封停業、女兆愛錢若命、爲謀營業上之所招、置當局縮禁命令於不顧、私用女招待員不下十四五輩、就中有花名佩秋者、浪漫性成、放蕩不羈、據聞曾受初等小學教育、去年大汽車改歸市營、成立交通局、拓用女子車掌、秋以臉子乾淨、略能識字、更經某職員之拉攏、得入交通局、服女車掌售票職務、無何結識男司機某、二人打得火熱、每於下班後、即相率冶遊、凡影院旅館中、恒發現二人踪跡、無何事被交通當局查覺、更以佩秋浪費無度、舞弊賺錢、被事務監督查報上峰、遂被開除、初尚與男司機同居苟延、後男司機另有所戀、將其放棄、不得已遂打野食拉客混飯、去年入冬以來、以零下之十度氣候奇寒、街頭打食頗感痛苦、無何嘗又投入廣德樓改操女招待生活焉、入所二三日後、因其風頭尚健、日收頗豐、於是又舊症復發、特與某男招待（看燈的）如此這般日久眼高、又棄男招待專貼洋裝少年、及黑衣八爺、尤喜戀男學生、更曾結識中學教員張某、晚十一時頃、必換男子裝、偕張及法大學生數輩、買

裕昇合東夥 設局騙財案

各方面正在偵查中

道外延爽街裕昇合鮮貨局、爲本埠財閥馬某出資所開設、開業以來頗獲厚利、自中央批發市場成立後、遂成爲該市場之仲買商、去年一年中、拖欠中央批發市場四萬八千餘元、因市場方面催索欠款、時不容緩、裕昇合執事人韓芝誠突告失踪、中央批發市場不得已、只好將裕昇合查封、將一切舖墊家具拍賣、連同賬目共得萬元之數、尚欠三萬八千餘元、此種損失、中央市場方面、頗不甘心、並聞韓芝誠之走、一爲財東方面所授意、容心欺騙中央批發市場者、爲有計劃之騙局、因此中央批發市場對此、現在正在秘密調查中、將來能否牽及財東償此欠款爲一有興味之問題、

哈爾濱市 康德三年度 市稅條例說明【七】

至爲市稅體系之繼備 要與徵稅手續之改善

區別	種別	面積(平方米)	單價	評價格	調定額	歲入概算
第一區	有收益	一、八五六、三三六	七二九	一三、五三三、七五七	六八、六一九	五八、三三六
	無收益	五七、五〇二	九七四	五六〇、一五九	一、四〇〇	一、一九〇
第二區	有收益	四、五八六、六七七	二二	九、六九六、八六〇	四八、四八四	四一、二二一
	無收益	調查中				
第三區	有收益	三、八八〇、〇〇〇	六三三四	五三二、六〇〇	二三、六〇八	一〇四、二二七
	無收益	調查中				
響捐	〃				一〇、〇〇〇	八、〇〇〇
計		一〇、三八〇、五二五	四七一	四八、五〇二、三五六	二五二、一二一	二二二、九四四

備考 預算額調定額八五%計上

本市設定傅家甸地捐、全體預定、約增收六萬三千圓、

響捐 爲前濱江縣之重要財源、調定額三萬四千餘圓、實收入約達三萬餘圓、以鐵道用地、及都市計畫事業用地之收買等爲口實、滯納激增、明年度之調定推定爲一萬圓、其他江北之舊市政管理局管轄區域、及阿城縣合併區域、其內容正在調查中、

三、房捐

房捐爲本市稅中最大者、置重點於利益原則之地方稅、此乃當然之事、現地房捐之稅則、各區不同、負擔亦不公平、將此依照地方之規定、改爲以房租收入爲課稅標準之簡單房捐、因設置房捐、而須整理之現在稅目如左、

第一區 建築物稅 調定額二八三、三三二圓 預算額二〇四、九四六圓
馬路捐 〃 一〇、八七二圓 〃 五二、一四〇圓
第二區 房捐 〃 三二六、四七五圓 〃 六二、五九三圓
第三區 房捐 〃 二三三、八〇〇圓 〃 一五八、一〇六圓
第四區 無類似房捐者
計 六三三、三〇七圓 四七五、八〇九圓

房捐乃本稅中之大宗、此捐理、現在房租之（租價）調查、徵收成績如何、於市財政有重大影響、本市成立以來、漸次整一爲同一稅則之必要、故此次施行改正、

現在第一區之建築物、稅係由房租減去、房主必要經費平均四〇%之五倍爲課稅標準房租評價額、對此以百分之一稅率賦課、將此改爲對房租總額之課率、則大體平均爲百分之三、此外更賦課稅額百分之二十之馬路捐稅率、成爲房租百分之三六、此番賦課、地捐百分之二十、馬路捐既經廢止爲稅額、仍維持現狀、應賦課房租額、（或推定房租總額）百分之四、

第二區 係規定建築物、每平方米評價單價依此算出、各房屋之時價、以百分之一之稅率賦課、此亦大體約爲房租總額百分之四、

松濱花事漫談（五）

（瘦竹軒主）

又有小紅其人者，津沽籍，年事較長，爲院中最老人物，當十八九時，即隸羣仙書館，時伊人方登瀛之年，抹粉塗朱，風頭甚健，然香臭架，亦嚮時十足，自驕驕人，固一時之寵，足以自豪也，曾爲路局秦某，愛其嬌小玲瓏，心爲之傾，以是時酒際歌幾無虛日，並有金屋藏之之意，"不使劉郎把臂一擲"然已，詎果反遭白眼，秦某自憤，遂亦絕跡不再嫖妓矣，蓋紅有時癖，喜貼白，凡不當意者，汕頭金刀以裁成之，伊人亦不之顧，故花叢客愛其尾者，正不知凡幾也，今則人老珠黃，容顏俱變，異以深染阿芙蓉癖，滿臉烟灰，已無當年豐姿，枯局閒待桃園洞口，無人照顧，恒三五日不能開懷，直若羹子牙資面，已至於不可收拾而進入末路矣，

綺霞，月明，皆豐人，係一對姊妹花，初隸於豫華樓中，乙簍之狀，受同院諸妓排斥，始讓出走，故隸於羣仙書館，年可雙十，鬚首秀麗，在該院頗佔要位，藏以性情乖張，與人落落不相合，待客亦朝秦暮楚，視不受一般選客歡迎，故不得紅花矣，乃姊月明，雖較也，而性尤怪，受同姊不良習慣之薰陶，一味任性，不知迎張送李爲何事，客有譏其弱小者，加以指摘，彼則置若罔聞，客再進而勸告外，竟能拍案瞪目，與客吵架，姊妹曾同事一客，一日因事爭風醋發，姊妹遂勸武，幾演出流血慘劇，同院姑娘，均行爲笑柄，亦貽□耳，

其他小香紫珍等七八輩，均是魚腩蝦蟹，殊不足道，故略之，

迎春院一等妓館，爲女要人王筱嫻獨資所設，以其爲個中老手，善於經營業務之繁盛，不讓他處，但至近年以來，因院中諸妓，上乘者多他去，似已稍見衰落，然現有諸妓中亦有佳麗人物，不能一筆抹殺也，

蓉花，消人，年已廿有三四矣，然在群芳中，極有聲望，最初（六七年前）押叉玉班時，倘爲一清倌，豔嫺多姿，殊堪人意，無何爲某闊老以三百金代價，爲之開洞，遂歸紅信，未幾改隸得仙班，乃大紅，執該班諸花牛耳焉，花能舞擅談，慕場小調，雖不工之，大若拇場，工架，皆落落出於他妓之上，某局老姚，喜花之超特，報效甚力，真俗謂之"啃啃我我，工人打得火熱"也者，然爲日未久，以老姚携妓某赴新世界飯館，爲花所遇，醋性突發，應該姚興師問罪，竟姚之不能戀變招待，姚對之，初尚表示否認，後以花之叨叨不休，更受女招待某之妖氣驅力所催眠，業舊戀薪，遂與花決裂，而成立，歸朋友之新約，不再嫖妓，在花之一嫌芳心，藏益倘濃，以爲小意見，沒有什麼，曾挽友人數輩，爲之說項，懇求恢復舊好，乃不期不敢强留，拒絕，花自是亦即意打消，不再提起，然每於招待茶客時上，遇有論姚者，輒呢呢喃喃，訴共衷曲，共情頗若狂，一至如斯，亦足使人憐惜不置，此嫌釀於去秋季事也，迨至翌年春，得仙業務日衰，花爲前途計，遂出得仙班，改入於迎春院中，由樹旗幟，惟年來以妓院受烟捐等之影响，兼以地方經濟不振，妓館營業，均不發達，是因個人年事已長，號招力大爲減退，以致門庭冷落，棒客寥寥，蓋即所謂"花無能有幾日紅，花見已將人委棄的時期亦自然之所趨勢也，（未完）

東北籌芳里，大莛審子，佩欽因體胖，張嫈即呼以胖老弟，並在懷華樓招呼南妓蓮香，如此者達半月，無日不往，事爲教育當局注意，張恐打掉飯碗，亦即稍足不敢再往矣，其後佩欽又結識一張某，自稱爲路局職員，第一二次燒烟，僅給佩國幣五元，佩欽因以爲冤大頭來矣，故備貼人微，倍假倍至，不期事竟有出人意外者，一日張見欽手指明晃晃，戴有金戒，手鐲四枚，爲新有觀感訂婚，欽將四個鐲子暫借一用，二三日後完必爲送還，欽固不知有他，乃遂然脫下給張，距張係設騙局，一去之後半月未回，直至今日，始知被人誘騙，即會找黑衣八館，某代爲奔找，迄無下落，綜合四隻手鐲，損失約百廿餘元，又佩欽待人朝秦暮楚，不論其爲馬車夫，一經高興，亦可同歸，興趣一過，即洋裝少年，亦視於崑崙山外，某日會至某機關找職員某，值某未在室，留字條一書約下午十二時赴其寓所大同公寓三十六號房間相會，然某固一君子，見條大怒，並會一度擬欲興師問罪，責其不該放肆，而祕向大官相譏，不自知恥，某君遂拂袖而去，貽貽！乃佩欽其人，亦誠一烟妓中之怪物矣，

太田洋服店 丟失大批皮張

損失千三百餘元

道裡地段街，門牌一〇二號，日人太田茂（四四）以開設洋服店爲業，生意頗稱不惡，故有相當積蓄，早被不逞份子所覬覦，於昨二十五日夜間，不知何時，在玻璃窗內所擺設之上等狐狸皮褥子，被賊將窗上之大玻璃割破，竊去黑狐狸皮代白針二張，茶色狐狸皮三張，水獺皮四張，共計約損失國幣一千三百餘元，二十六日午前六時許，執事人起床發見時，而賊早已潛逃無蹤，遂逕該管分所報告，以電話轉報刑事科，哈爾兩隊，大佈警網，嚴厲搜查，想此竊案，不久亦必破獲云，

舊年新正中 發生殺人越貨案

艾敬夫之妻被殺衣物被搶一空

警察當局偵緝逃犯中

正陽署管轄道外小六道街，大門牌八號，院內十二戶艾敬夫（二七）山東人，現充第四教導隊軍需，其妻王氏（二四）於昨二十五日午前十一時許，艾某因事外出，留妻在家，下午二時許，艾某事畢歸家，行抵院內，突見門戶關鎖，疑其妻上鄰家串門，故未進屋，立即轉身外出，因感覺寂寞，遂至平安電影院觀覽電影，迨電影看畢，途即回家，行抵門前，見門戶依然關鎖未開，艾某無奈，轉至同院房東張某處待妻歸來開門，時已下午六時許，房東家正在開飯，因同院相處素日感情濃厚，强留飲酒，艾亦未推辭，乃開懷暢飲，一時感有興趣，竟至留連忘返，至下午十一時頃，酒足飯飽之後，當然回家，但見門戶依然未開，情急之下，遂將門鎖擰壞，進屋之後，突見衣物柳條包等類，散亂滿地，艾見狀之下，忽大起驚慌，奔點一切物件，忽然發見其妻屍體，被人用繩縧死，手足使繩綁縛，棄於床下，頭東足西，面部伏地，屍之手腳堅硬，面色青紫，爲狀之慘，不忍目睹，被搶去之物件，計有純子皮襖一件，禮服呢馬褂一件，青藍嗶嘰洋服各一套，絨大氅一件，當即報告刑事科，搜查股朱股長據報後立派兩字隊王隊長，哈字隊隊長，率領偵探，赴到現場，搜緝犯人足跡，當時在現場檢出匪賊遺留英式槍彈一支，該槍號碼一六九六九號，子彈六粒，在外屋床下發見逆軍服一套，軍帽一頂，帽內有圖章印，"張紹周"字樣，始知被害之洋服大氅，土耳其式水獺帽，該賊犯定是換裝逃走，無疑有此等之線索，同刑事科哈爾兩隊長，立至教導隊，奔緝殺人越貨之張某，係在某團官充當差役早已潛逃無蹤，遺下之槍械亦係教導隊某營長之所有，被張犯竊去作此慘案，現下正在搜查逃犯中云，

一場火警

商埠東民裕街，門牌二十八號，住戶樂朝清（五四）河北省蘇縣人，素以開設小飯館爲業，於昨二十六日下午七時半頃，因爐炕不愼，發生火警，當即以電話通知消防隊，第一二消防隊先後赴到，竭力補救至十時許將火撲滅，一切家具完全燒燬，計燒失房屋兩間半，損失數目不詳，現下警署正在調查中云，

猪肉商組織 屠宰組合

道外猪肉商同業公會，爲謀屠宰統一，遂求向各關係機關接洽，擬組織猪肉商屠宰組合，同時並請求撤廢特別市屠宰第一分場合併於總場，其中藉此以作利權壟斷，聞各方面對之加以十二分之考慮，惟恐附於從前菜蔬組合，魚類組合等之糾紛，惹起全市民之反感，故將來能否批准，未可預料云，

哈爾濱都市計劃 與我國將來之關係

【三】 哈爾濱特別市長 施履本

今就哈爾濱之都市計畫言之，查哈爾濱之都市計畫，發軔於大同二年，哈爾濱特別市成立之後，即大同二年度推其所致力者，專在調查計畫等準備工作，迨次年康德元年始行著定的樣，成立預算，當即開始測量，及調查民地，以作收買之準備，及十二月設立都市建設局，爲全計畫之執行機關，同時將調查完竣之民地，着手收買，迨康德二年十月，土地之調查，殆已全部告成，而民地之收買，亦大體藏事，現正辦理國有地之指撥，諒不日亦有端緒，蓋土地爲建設之基礎，故不能不首先籌及之也，

哈埠所以有都市計畫之必要者，蓋全市現有人口，垂五十萬之衆，徵以過去三十年間，自然增加之經過，及集中都會之現象，再閱三十年，即都市方面，當能增至百萬，每人所占面積，以二百五十平方米計，則目下八十平方公里之都市區域，非增加三倍，共二百五十平方公里不足以從容存住，哈埠，以此華之發展，當能蔚爲世界著名之都會，若聽其自然發展，則成爲無秩序不健全之市街地，必受交通保安衛生經濟上之種種障礙，故此項計畫，實爲適合自然之要求，應運而生，對於頻繁之交通，爲謀安全便利計，特規定道路系統，鋪裝路面，整備交通機關，於重要道路，則寬其幅員，俾於將來之交通，不起障礙，爲保持居住之安寧，增進商業之便利，提高都市之能率，計將居住區域，商業區域，工業區域，臨江區域，官公用地等，適宜指定，爲維護市民之衛生健康計，特敷設上下水道，設置多數之公園苑圃，及綠色地帶，爲富麗都市之美觀計，則嚴定建築之規律，爲休養市民之精神體力計，則擬定娛樂機關之地點，爲發展市民之智力計，則設置必要之教育機關，此則本市計畫之綱領也，

惟都市之設施，範圍既極廣濶，頭緒又至紛歧，欲於一時之內，急則施行，不但需要莫大之經費，實際上亦爲不可能之事，故於樹立計畫之初，首宜權衡緩急，斟酌先後，本市因本此方針，第一期事業，規定出資一千三百餘萬圓，自大同二年度起，至康德四年度止，以五年繼續事業行之，茲請將過去期中所辦及計畫各事逐一簡畧言之，

一，土地之收買 奈本市及隣接區域，不特國防方面，即經濟方面，皆屬重要區域，本市一旦發展，國家對於土地之設施，自當增多，故本計畫辦理之前，先將市內及總場區域之國有地，及民有地，約一百六五十平方公里，實行收買，俾將來經濟上，技術上，施行都市計劃時，易於措手，但着手收買時，頗有反對運動，承日滿各機關之斡旋助力，及市當事者之闓誠勸說，始得各地主之諒解，而依次進行現除有一部分之特殊情形者外，大致已成立買收契約，照預定計畫辦理將竣矣，

一，上水道之敷設 本市市民所用之水，皆係水質不良之地下水，而下水道之設備，又屬簡陋異常，故於保健衛生言之，令人蹙額，亟宜設法改善，就給水言，考本市地勢，其高低之差，達二十米之鉅，故給水區域，不得不別爲高區與低區之二計，南崗馬家溝爲高區，道裡新安埠正陽河傅家甸爲低區，其水源地高區取之馬家溝，低區取之顧鄉屯，各鑿水井四口，以抽水機汲出地下，然後注入淨水池，分配全市，其最大給水量，爲八千立方米，以每人每日用水一百立（合○，一立方米）計算，可供一八萬人之用，此乃根據世界一般都市之用量，復推定用戶爲八萬人而設定之者也，又用戶之外，在街市之各要隘裝有消火栓，供消防之需，

一，下水道之築造 本市下水道與上水道，同屬毫無組織，於保健衛生良多遺憾，用是計議在全市低地部份，如道裡，新安埠，正陽河，傅家甸四處，分四排水區，每一流域，各設大幹線，所有汚水，雨水由合流式導入五個排水所，將其稀釋後，或直接或用抽水機放諸松花江之深底，凡下水管俱用混凝土管及鐵筋混凝土管至流量特巨之處則築鐵筋混凝土管之矩形渠，（未完）

第三區 從來爲月徵之房租額，百分之四，係房主與租戶各擔半數，此次整理之眉目，將從來之繁雜手續省略，按照地方稅法，房捐之課稅標準，爲房租收入，該課率爲房租收入百分之四，徵納期爲三月及十月兩期，納稅義務者爲房主，或管理人，由全市區房捐稅則統一考慮，負擔關係時，郊外房租低廉，房捐亦低，管理費之房屋，因有管理費，較普通房租高貴，收入多時，房捐亦高，房捐之性質，本爲收益稅，應由房租收入內扣除，必要經費，然必要經費之根據頗難不同，共各人之報告，亦多難信賴，算出收益額，且又徵收入，與該前之收入相等，則稅率必須增至百分之五以上，如根據少有錯誤，則錯誤隨之增大，故暫時以總房租爲課稅標準，與全滿各都市取同一之軌道，

雖欲將房捐率多少減輕以助成都市建設之意義，使不動產金融之活動較好，但如因此發生歲入不足，按照地方稅法之規定，向房主徵收房捐之外，且以房租收入爲課率標準，資力額，徵收戶別捐時，則反使一般市民，抱不安之念，市亦不堪其繁，現時本市之財政，無不賦課房主戶別捐，並減輕房捐之餘地，按以上之理由，

（未完）

洪增合勝利糾紛 有和平了結之望

涉訟經年之巨商洪增合勝利糾紛一案，經過情形迭誌本報，嗣以西服方面總經理王善堂以下多數執事相繼辭職，幾乎又惹起極大之波瀾，財東方面已屬煩惱力竭，化費不貲，內股方面亦抱息事寧人主義，故經各執事承保鑑代表孫某從中之斡旋調楚，大有化干戈爲玉帛之希望，倘無其他枝節發生，一二日內當可和平了結云，

濱江特刊
第四十八號
盛京時報北滿總支社
社址 哈爾濱道裡 斜紋二道街一三
電話道裡五二七二番

哈爾濱特別市公署主辦
募集軍警慰問袋
軍警將士犯冰雪冒酷寒忠勇可嘉
全國民衆爭先恐後竭力輸將

大同報前主辦之軍警慰問袋募集事、已行終了、茲哈爾濱特別市公署、爲貫澈慰問軍警之旨、決再單獨舉辦、日來經努力準備結果、一切已告就緒、即自一日起、至廿九日止、實行廣爲募集 同時市署爲進行圓滑、並請各法團及各新聞社、一致爲之努力後援、昨日該主辦責任者、特發表關於募集之趣旨等各要項如左、

一、勸募之趣旨

我國自建國以來、治安工作次第完成、用能王道德澤遐被民間、即向日認識不足之各國、亦爲我國之獨立不復再有閒言、査國內匪類、當大同元年八月之時、號稱之十有六萬、嗣經屢加清剿、始逐漸減少、爭先恐後之勢、本市事同一律用是訴諸閤市人士、希由滿日俄各重要機關、及全體市民、廣爲勸募、集腋成裘、俾示人民軍警互相一致之精神、而更贍崗工作非常之時局、是則此次勸募之本旨也、

二、主辦

哈爾濱特別市公署

三、後援

日本居留民會
日本商工會議所
濱江道外商會
關係俄僑事務局
滿洲國協和會濱江省事務局
哈市滿日俄各報館、

四、勸募期間、

自康德三年二月一日起
至康德三年二月廿九日止

五、慰問袋送達地點主辦機關及各後援機關至送交各報館者請代收々各報館將種類或錢數及姓名登載本報發表

六、慰問袋之內容

一、每袋以值五角上下爲準

二、裝盛物品之例示

紙烟、手套毛巾、襪子、乾果子類、落花生、信封、便箋、鉛筆、仁丹、畫片、香皂等、

至不能用袋裝盛者可用現金、

七、勸募範圍

似三萬元以上爲標準、向哈埠各機關及滿日俄全體市民勸募之、至向各機關之勸募、遵照民政部大臣訓令所定、民政部管轄官吏出資標準、由市公署直接募集之、

綏、現所計畫者、凡街市與新關地域、主要地點相連絡者、及甲新關地與乙新關地域或主要地點相連絡者、修築幹線、其因應幹線之築造而補助之者、則修築支線、俾導街市整齊有序之發展、

一、開鑿運河及工區之築造

本市規定以正陽河下流爲工業區域、擬在該處開鑿運河船塢、使與松花江連絡、同時即利用掘起之土、填墊低濕地方以作工廠用地、誘致工廠之開設、

一、公園運動場之設立在王兆屯附近、設立運動公園、以供春秋兩季運動會野遊會之需、有更在八站設立運動公園、藉充野球、足球、庭球等各種運動場及室內體操場、兒童遊園等、近代健身術之用、除以上各項外、若苗圃之栽培、街樹之種植、墓地之規定、糞溺處理場之設置等、因限於時間、他日當再詳述、茲欲於此機會再對諸君一言者、即哈爾濱之堤防工、事依市與國道局之協商、目下委託國道局繼續辦理、政府亦甚重視此事、除傅家甸堤防之危險部分已着手盛土外、尚擬有新築及改修之計畫、不數年間、將見水患可免、一般市民可安心從事業務矣、豈非可慶之事哉、又關於鐵路方面、鐵道當局、與市協調、依都市計畫之進行、而爲鐵道一部之移設及改修、市頗受其便宜、即如京濱線之改軌、已見施行、今後顧鄉屯方面當亦易於進展事業也 （未完）

松濱花事漫談
（六）　（瘦竹軒主）

浮萍姓賈氏眞名鐵貞、年念四歲、不知爲何許人、其人瘦而小、貌僅中姿、但善於妖裝修飾、風頭頗健、故在花叢柳巷中、佔有相當地位、至其身世也、或云距今五年前々前西門臉福祿壽飯館主人某、爲招徠顧客、藉提倡女子職業爲由 初創僱用女子招待員、更以考試方法、限制相當資格、爾濱道內外各飯館、亦競效福祿壽開始僱用招待、從此哈爾濱之女招待、日多一日、而大興一時、說者多謂浮萍即哈爾濱女招待之鼻祖、而福祿壽主人、亦即爲始作俑者也、萍之充招待也、初時極爲安分、待客亦懇摯實在、乃爲日未久、不良薰陶、任性胡爲、放蕩不羈[illegible]盆之事、時有所聞、既而因不堪支持、遂出走打野食以苟延過活、如此流浪者、殆不下一二年、康德元年、崇光日語學院、薛某於語學院內、設立崇光藝術團新劇部、招募演員、萍於此時、正與一景劍飛者姘度火熱、以爲出頭時機已到、即隨景某同投入該團新劇部、任女演員、曾一度於新舞台與玉一成、梁國選諸男士後哈市交際花、黃鳳鳳女士等、合演隱痛劇萍於劇中、飾一暗娼、爲趙二爺所賞識 表演雖不見精采、然一般即認爲極合娼兒之身分、其今日之流爲妓女、亦或演劇之先兆乎、無何、崇先藝術團以團員非[illegible]即[illegible]賴、穢聲臭事、屢見疊出、於各方面自然的排斥之下、關門撒荒、萍無策、仍打食混飯、旋以野食亦感困難、經人拉攏之下、於去年春投入新京樓鴉片零賣所、服烟招待之業務矣日出入於烟窟之中、爲人燒烟兼操副業、乃未及半載、又感不能支持、自是愈趨愈下、於去年秋季、使得迎春院押賬、國幣五百元、又辭去烟妓職務於迎春院實行下水、正式以其皮肉、面目而應客矣、懸牌以來、業務尚佳、平居頗傲調、恒落了事人不相合、客有訊其身世者、輒自言曾畢業於某女子中學校、抱負厥大 不意遇人不淑、全竟流落下途、實爲痛心云云、殊不知皆自作 自受耳。

（未完）

時至今日、所餘殘約二萬、是故深賴日本友軍、仗義聲援之力、而與之共立於第一線之我國將士、官警共豐功偉烈、亦有足多者、更自上年十月以降、至今繼續進行之秋季大討伐、軍警兩界、犯冰雪冒酷寒東西征討、於殘匪々廓掃、不惜英大之犧牲、獻身奮鬥、百折不回、三千萬國民、無不懷其忠勇、感激五中、職是之故、全國各地、對於各軍警、乘此時機、糾集慰問袋、藉以犒其辛勞、鼓其士氣者、幾有

哈爾濱都市計劃與我國將來之關係

【三】

哈爾濱特別市長　施履本

一、交通機關之收買—爲統制市內交通機關起見、除將電車歸屬市營外、同時復收買大汽車公會所辦之大汽車而改善之、現正積極籌畫購入新車、增設車庫事務所工場等、復將電車線及軌道木柱等加以更換修築、期謀交通之安定緩和、乘客之混雜、一面並隨都市計畫之進展、徐圖系統的分散人口於四郊、

一、道路之修築、爲增進本市街市之繁榮、並誘掖四郊之發展計、修築道路係屬萬不容

當時一般良家女子、不知就理應試者大有人在、萍爲謀生活之獨立、亦往應募後經考試結果、卒以萍姑娘、曾受充分的小學教育、識字較多、是以首先當選、旋即正式入舘、執行所謂女招待職務、同時福祿壽主人亦即於門口大書『本舘提倡女子職業開哈爾濱之創舉、任用女店員、應酬顧客、盡興乎來』等之字樣以號招、而一般走馬觀花者流、少見多怪、蜂擁而上、自是福祿壽飯舘營業遂得紅花、繁盛一時、未幾哈

老正陽河十三道街大汽車新路線

定於本月十日開通

道裡秋林間票價將酌減

市營大汽車股、因便利市民起見、計劃開通老正陽河至道裡中國十三道街新路線、業已規定完畢、定於二月二日埋設停留場鐘標、二月十日、正式開始運轉、一日四輛新車、輪送乘客、早七時發車、至下午七時收車、由道裡中國十三道街起點、經由斜文五道街、至安樂街、分爲一區、安樂街至老正陽河一區、共分二區、每區車資四分、而警察街至秋林間車資六分、將來有減輕車資變更五分之風傳云、

哈爾濱市　康德三年度市稅條例說明【八】

至—爲市稅體系之繼備要—與徵稅手續之改善

房捐課率爲房租總收入百分之四之歲入概算如左、

區別	房主戶數	房租收入（租價）	調定額	歲入概算	備考
第一區	一、四一七	八、九六七、三九六	三五八、六九五	三〇四、八九一	
第二區	六、八〇四	三、三八六、七二三	一三五、四六八	一一五、一四八	
第三區	二、七七五	五、四三五、九九九	一二七、四三九	一〇八、三二三	
計	一〇、九九六	一七、七九〇、一〇七	六二一、六〇二	五二八、三六二	

與現在房捐之調定額比較如左

現在			整理後			
稅目	賦課戶數	調定額	稅目	賦課戶數	調定額	增減
建築物稅馬路捐	一、〇三〇	三五四、〇九二	房捐	一、四一七	三五八、六九五	四、六〇三
房捐	三、四〇二	一二六、四七五	房捐	六、八〇四	一三五、四六八	八、九九三
房捐	二、七七五	一二三、八〇〇	房捐	二、七七五	一二七、四三九	三、六三九
計	七、二〇七	六〇四、三六七	計	一〇、九九六	六二一、六〇二	一七、二三五

調定額預定約一萬八千圓、此多因現今調査詳盡之自然增收、非稅率增加

四　戶別捐

本捐系基於康德二年七月一日、地方稅法草案而設定者、次無甚整理改正之點、暫行市稅條例上規定戶別捐、自康德三年一月一日起、對於營業者、亦實行賦課、此點依照地方稅法補則之規定、當此營業者負擔過重之際、暫行免除、僅此點改變、其他照舊、

本市於本捐前已發行『戶別捐的話』作爲說明之一助、然仍有一般誤解此、故於此處重復說明之、

戶別捐之賦課內容如左、

課稅標準資力額五〇〇圓以上（年收總額八三三圓以上）之左記者、於本市內居住三個月以上時（但暫時對於總收入一、一五二二圓即月收九六圓未滿者免除之）照舊）

（一）依俸給給料、或類此之收入而維持生活者、

（二）醫師、辯護士、產婆、及從事類此之專門職業者、

（三）以貸地貸屋爲營業者、（例如建物會社等）

（四）未受營業稅之賦課者、或免除之、（例如創立五年內製造工業代理所等）

於本市內有舖店而在市外營業者

以上之戶別捐規定中、對於一般房主房租收入、土地山林之收入金利紅利等、亦均賦課戶別捐、但因現在調查困難、並他種稅率較高、故暫時除前項四種外、免除賦課總收入內含有俸給、給料、房費、家族津貼、在勤津貼、賞與金等、（賞與金一項因調查關係暫不算入）、

本捐政府規定爲地方稅之根幹、然實際上因地方之種種情形、僅能定爲些少之收入、本市亦曾預想明年度以後之收入每年約可達一〇萬元、但鑑於本年度之實情規定、與現行稅率同樣負擔、指數［illegible］爲八分左右、稅額亦與上年度程度相當、

明年度之歲入概算如左

一般　七、〇〇〇戶　年額　八、六〇　調定額　六〇、二〇〇圓

免除營業稅者　一〇〇戶、　三〇、〇〇、　三、〇〇〇圓

計（各等負擔額數計七九萬點）　六三、二〇〇圓

歲入概算上記之八成　五〇、五六〇圓

以此比較、前年預算額一〇四、一八〇圓、減少五三、六二〇圓、因不能對營業者賦課戶別捐故也、

茲將本捐之各區別負擔概數示之、

區別	賦課戶數	賦課單價	調定額	歲入概算	備考
第一區	四、五〇〇	八九〇	四〇、〇五〇	三二、〇四〇	歲入概
第二區	二、一〇〇	八九〇	一八、六九〇	一四、九五二	算八調
第三區	五〇〇	八九〇	四、四五〇	三、五六〇	定額八
計	七、一〇〇	八九〇	六三、二一〇	五〇、五六〇	割計上

如右記本捐、現在年收入僅五萬圓、此捐乃稅中缺陷最少者、富於應合財政需要之伸縮性、將來以此爲市稅之根幹、漸次整理其房捐、地捐、營業稅、附加捐爲補充稅、以期負擔公平、

五　雜捐

雜捐雖於法律上看作一稅、然其內容則含有對於各種行爲、及物件之多種捐稅、今番政府許可、各地同樣設置者、爲左列六種、

一、車捐二、船捐三、漁業捐四、不動產取得捐五、屠宰捐六、觀覽捐、

除上列各種外、應合地方之情形、有設置雜捐之必要時、須呈請民政部及財政部大臣許可、本市之應呈請兩大臣許可之法定外、

雜捐如左列七種、

一、狗捐二、粮捐三、妓女捐四、土地增價捐五、狩獵捐六、出張販賣捐七、特別稅營業捐、

以下說明以上十三種目之內容、

（未完）

濱江特刊

第四十九號

盛京時報北滿總支社
社址 哈爾濱道裡斜紋二道街一三
電話道裡五二七二番

元宵節蕭條景象

秧歌稀少花火不若往年之盛
年節均皆渡過商家照常營業

哈市燈節中之素描

一年一度之元宵佳節、每屆舊正十三四日、市內空氣必顯然緊張、到處五光十色、懸燈結彩、花火連天、鑼鼓齊鳴、繁華街市、遊人如鯽、車馬不通、秧歌龍燈、接踵而至、爲一年中最熱鬧最快樂之時、然而本年之元宵節、較之往年、十分冷落、舊曆十三四日以迄僅有二三夥秧歌、遊行市內、迄至十五日晚、所謂最繁華之道外正陽街上、遊人雖然不少、較之往年亦不過一二分之一、商家之花火、竟不多見、此或係民業凋敝之表現歟、抑民風之轉移耶、總之本年元宵佳節之冷落、遠不及往年之熱鬧、一年一度之舊曆新年、及元宵佳節、相連並逝、於焉而渡過矣、各商家又照常整日營業、走向康德四年新正之途矣云、

交通局

電車股汽車股發生暗潮
省局不速謀解決之策
恐將來有漸擴大之虞

當後藤侍從武官傳達聖旨蒞哈之時、爲警備上之關係、經過之道路交通、一時斷絕、交通局所屬之電車、多停集於通道街一帶、住在馬家溝一帶之電車車掌司機等、因須趕往車站換班、爲時間之關係多乘大汽車赴車站、事爲大汽車股俄監督瞥見、遂報告田中科長、謂電車股車掌司機、乘機搗亂於秩序紊亂、乘客擁擠之時、爭坐大汽車、致化錢乘客擠下云、田中科長據報、遂通知屬於交通局之營業不無妨害云下、凡電車股職員無論車掌司機、者便服抑或穿制服、乘坐大汽車、須照例買票、此令頒佈後、電車車掌司機有不知者無每爲女車掌驅逐下車、於是電車股對大汽車股之『不客氣』十分憤慨、乃謀報服之策、凡大汽車股之車掌司機、乘坐電車時、須在後司機台站立、如遇乘客擁擠之時、須儘乘客乘坐、因此大汽車股與電車股之感情、甚至男車掌與女車掌中間之個人與個人之情感、漸趨惡化、鋒芒相對、各不相讓、故在電車或大汽車上遂時可以發見男女車掌爭執事件、此種暗潮雖云無關大体、然當局於此時如不速謀解決之策、惟恐將來有擴大之虞、甚或演出其他不幸事件亦未可知云、

日人何故洊中遭害

道裡外國六道街、京三株式會社、社員日人八及氏、(二九)於八日午前六時、在南崗滿洲里街工程司街拐角處、不知被何人用鐵器將其頭部擊破、血流滿地、昏迷不省人事、臥伏於地、被交通局大汽車司機俄人愛耳茶國夫瞥見、立至夾樹街分所報告、待警士赴到兇場時、該被害之日人略有微息、以敏捷手腕、遂送往市立醫院救急、對性命頗有危險、究竟爲財歟或仇歟、一般局外之人、無從逆料、據報日滿警署、大佈羅網、搜查兇犯中云、

丘八爺目無法紀

竟聚衆毆打倌長
倌太太亦被毆狼狽不堪
燈節中秧歌與燈倌衝突

當燈節前十四日晚間、本市上號駐防之砲兵團與上號自衛保護下之商民所辦之『燈倌』、在大街上發生衝突、情勢洶洶、幾乎演成全武行之短打武劇、嗣經砲兵團某連長出爲調楚、始化險爲夷、然仍不啻爲一幕喜劇也、其經過情形如下、每年燈節前后、積於習俗、市內官民均辦有與民同樂之龍燈秧歌、高蹺及所謂不倫不類之『燈倌』本年因事前均經當局之許可、故遠不及往年之多、昨據調查、市內道外總不下十餘夥之多、香坊警管界之東號、於十四日晚間、亦有兩夥、一爲駐防上號之砲兵一二兩連所辦之秧歌、及由商民所組織之『燈倌』、當晚間七時許、兩夥自街裡鳴鑼擊鼓東西對面而來、按照習俗、『燈倌』大於一切秧歌、秧歌見『燈倌時』自應讓道、詎砲兵團之秧歌、竟悍然不顧、目無『倌長』、經過一陣騷動之後、兩夥仍側行而過、表示各不相讓之義、『燈倌』羣忽發見一砲兵團兵士、因細故與保衛團口角、保衛團認爲擾亂秩序、聲言非帶隊懲處不可、諸兵聞言轉頭便來側開步跑躋入人堆中、認爲寡不敵衆、受此欺辱、高鳴警笛、聲何灰衣八爺蜂擁而至、將『燈倌』包圍、此時之保衛團、見灰衣八爺、人多勢衆、紛紛逃伏於人羣之中、只剩『燈倌』及『燈倌太太』高坐橋上、呆若木雞、灰衣八爺見敵既逃、餘怒未休、乃將高坐橋上之『燈倌』双双攔下台來、爭奪巨黨之掌、於是羣衆大譁、事爲某連長聞知、乃急遽臨現場、當場對衆八爺演說、舉辦秧歌與民同樂之職、始作罷休、『同說』燈倌一夫婦則不知於何時、早經溜之大吉逃亡無踪矣云、

樵夫險遭滅頂

遇救送出水來寃魂附體
姑妄言之姑妄聽之

日來道外十七道街一帶居民、街談巷議、發生一段寃魂附體、神鬼奇聞、若有若無、亦奇亦怪、就採聞及當事者所談、爰誌其梗概如次、

昨據十六七道街附近居民談稱、道外十七道街進德街五號院內住戶馬鳳山者、年四十五歲、河北昌黎縣趙格莊人、家有老父及妻女各一人、父年已七十有七、龍鍾老態、臥居家中、妻李氏年卅有七、生有一女名改子、年甫七齡、馬本一莊稼人、數年前曾操小本營業爲生、年來因受市面不景氣之影響、小本生意無法維持、遂改賣苦力、家徒四壁、一貧如洗、時值嚴冬、生活無着、不得已終日早去晚歸、渡江打柴、勉强過活、本月二日晨八時馬略進餐、即照例肩担渡江赴拉濱鐵橋邁東地點、行其打柴工作、當日尚有同院鄰興如者亦與馬同去打柴、迨午後四時打柴已畢、肩担原道而歸、詎於歸途中行經大橋東海軍兵營附近、一斜流前、因海軍兵營傾倒燒暖氣之水、冰上有一冰眼、馬行至該處、顧慮薄冰場陷、擬轉赴他途、但又見有爬犁行過之痕跡、自忖爬犁猶能渡過一人更不足慮、乃踏之而過(馬前鄰後)不期正中所慮、方行走間、馬一時失脚果即陷於冰窟中、慘遭滅頂之禍、無何馬復由冰窟中鑽出、爬出冰窟、逕自回家、滿身冰溜、凍得抖抖擻擻、進屋後、妻李氏當爲之更衣、燃火取暖、已而馬於用餐間、突然聲色遽變、放聲大哭、口歪眼直、一如死人、已而或又冷笑、變其常態謂家人曰『余陳姓、山東昌邑人也、去年七月七日偕同夥五人渡江、船至中流、慘遭滅頂之患、同夥五人中三人業已轉生、惟餘余與王小二者、終未抓着替身、未能脫生、仍作寃鬼、今日馬鳳山渡江經過冰眼王小二即欲捉爲替身、故即將其拉入冰穴、余因與王小二素稱知己、倘一旦王小二轉生、只留余一人難免岑寂之苦、故向其說項、幸蒙邀允、復將馬送上岸來、當時馬之家人聞言不禁驚惶詫異、乃跪地懇求並應廣焚紙錢、以謝不死之恩、陳仍假馬口謂、每年放河燈事

路警追匪受傷

匪雖逃脫警士之忠勇可風

哈爾濱警務段第二分所、警士劉志賓、(三〇)北平人、於七日下午七時四十分許、在北馬路鐵道處値崗之際、突沿鐵道線來一滿人、步履愴惶、舉動可疑、路警疑其行竊、當令其停止、欲上前盤詰、該滿人見事不佳、遂轉身向道外景陽街方面逃跑、路警見確係不良份子、豈能坐視、遂尾追至景陽街天增泉胡同、距離數十步、該匪由腰中掣出手槍向路警猛射不幸彈中右腿部應聲倒地、匪趁機潛逃無踪、事被緝順棧櫃夥趙廷生瞥見、立至該管純化街分所報告、待警察走到現場、將受傷之路警、送至鐵路醫院救治、據醫生云、無有姓命危險云、

松濱花事漫談 (七)

（瘦竹軒主）

小玉原隸懷春樓、初爲懷春樓主人甘露慕之養女、去年始芳身自由、改隸於迎春院、玉芳年可十八、京人而操南語、面殊健胸前双峯鼓起、富有曲線美、貌雖中姿、而膚白如玉、手軟如棉、足能使人傾倒、日人擅皮簧、兼能歌日本曲、日本人士、亦多有光顧者、事由頗旺、小銀子不知來自何方、亦不知其姓氏、去冬偶遊北里識之、其人貌頗秀麗、初懸牌對、尚能號招一時、無何以姘戲子關餽賽四盜、不堪言狀、往昔之花錢客、聞之均裹足、以致業務日下、刻已遣成無人光顧之狀態矣、

玉花、當地人、年在二十以外、出身於土窯子中、平日惡習殊多、性尤舛張之甚、近且染有芙蓉癖癮甚深、每有客至輒格外索錢、或竟私掏人之衣兜、遊逛諸君子、長其人之下賤狗屎、均不敢再往報効、故門庭極冷落、閱姬已擬出口子、轉赴海龍縣一帶、另謀生活、其前途之不堪遣就、即此可甚見矣、

愛蓮、爲該院中之新人物、在蕎芳與馨芳芳中、雖未大紅、以其身段姿色、均尙不惡、故賣笑生涯、頗能勉强支持、而不敢抗刀、據知其底蘊者談述、伊人本出身於土娼、談吐行動間、處之不離土妓氣派、每與客人週旋、態度甚鄙陋、殊談不到工架、場面、蓋姬於去年秋、尙於江北呼蘭縣某四等妓掛館牌混事、客冬始來哈、樹幟於迎春院也、先是伊人在呼蘭外、甚獲當地土著之報效捧場、車水馬龍、生涯極盛、凡有官方宴會、莫不招姬侑酒、在呼蘭小城市中、固大露其頭角也、無何、漸染惡習、遇事輒說一切、自顧二人矜持不能自己、因之一來二去、受一般廷客之冷淡、非特無人捧場、亦且無以立足矣、職是之故、始於去冬離哈、一度赴新京、遍覓棲所、未果乃又來哈、經某之拉攏、得使得迎春院女班長王筱蘭之押賬國幣數百元、在迎春院正式應客、仍名『愛蓮』掛牌之初、頗不乏報效者、嗣以個性特殊、及不脫土娼習、無復初入院對之盛矣、

菊秋、爲現代迎春院似妓中之舊人物、隸於近院、今已三四年矣、大同二年、與名妓紅玉、及羞花、玉花等、併盛一時、乃不及一載、紅玉以环境關係、仍歸還桃花巷四等妓館、今已將及一二年矣、閱紅於返回舊巢後雖身在四等妓館然一般廷客以其曾受…於情感、工樂場而出乎一般俗妓之上、子愛憐之、故捧場報效一如往昔、而伊人生涯之紅花、亦不減於當年、故二等四等、雖有一定的階級、高下之區別、鶏羣之鶴、依然超特、固不能同日而語也、

至於姬(指蘭秋)及羞花、玉花等輩、雖仍滯留未去、然今也羞花年齒漸長、玉花嗜好阿片、姬亦因嗜飲杯中物過甚、年來均容顏幻變、更受後起諸妓壯擬影響、事由漸劣、殆皆非當年時期矣、又姬有特性、專嚴武裝份子、去歲曾識武裝客某、蝶蝶纏綿交歡極蜜、每該客往訪、姬輒強制留宿且盤局均無料、皆由姬掛賬承應、

哈爾濱市 康德三年度 市稅條例說明 【九】

至爲市稅體系之繼備
要與徵稅手續之改善

（一） 車捐

車捐雖仍照現行率、然因車數之增加、較本年度調定額二二、七七七圓、約增一萬圓、即惟定爲二三七四四二圓、關於車捐之繳納期、加種種研究之結果、因送達徵收成績之向上、並一般手續之簡易化、與車牌之關係、改現在之年分四期繳納、爲年分二期繳納、(一月及七月)惟自家用汽車、於每年一月一次徵收、其他均與現行條例相同、

（二） 船捐

船捐於康德二年七月一日、由哈爾濱警察廳移收、原以爲依照從來之慣例、鐵路總局水運局所有官船、亦可與民船同

陸徵收、本捐近以交通監督部之意見、及政府與滿鐵之契約免除此種賦課、本欲以此爲江岸永久防水堤築造費、市債之財源、現縮成極少之小額、現在之船捐額、如與陸上之稅比較、其負擔極低、由擔稅能力觀查、有充分之負擔可能性、官船與民船之大部分、均由航業聯合局以同一之條件運用、更有以實力數分配收益之關係、如僅增加民船之捐稅、則民有船舶之狀況、更行惡化、稅額發生應較現行減輕之必要、

現在之船捐、以登簿噸數爲課稅標準、課稅由松花江運實情觀看、不爲公平、徵求專門家之意見、獨汽船以馬力數爲標準、其他風船拖船雖按登簿噸數、但稅率比前減輕、本年度初調定之預算五〇、三四〇圓、（含有官船部分三四、〇〇〇圓）由明年度起減爲一六、〇〇〇圓、

茲將明年度歲入概算示之、

種別	艘數	噸馬力數	課率	調定額	歲入概算	備考
汽船	七一	一五八一〇	每馬力五角	七、九五〇	七、九〇五	聯合局代徵
雷船	五〇	一、〇〇〇馬力		五〇〇	五〇〇	
風船拖船	二〇〇	六八、七一四噸	一〇噸以下六圓增一噸增一角	四、八七八	三、九〇二	
板船	一、五〇〇		每隻二圓	三、〇〇〇	二、四〇〇	
計	一、八二一			一六、二八三	一四、七〇七	

如上示、船捐反乎當初之期待、所得雖極少、然大船悉由航業聯合局收益、分配金中扣留計算、與調定額比較實收成績尚屬良好、

（三）漁業捐

對於漁業者、從來本市有漁網捐、一等一六圓二等一圓五角、三等二圓四角、四等一圓六角、國稅漁網稅大網三八圓五角、小網二三圓一角、此外更須負擔船捐、漁業者之收益、與負擔、比較負擔較高、以此次國稅廢止爲機會、使本市爲松花江漁業之根據地、將稅率減低、使從前爲避稅移居市外、參於賊匪之危險者、可移居市內安住撈漁、即改漁業捐爲以網數爲單位、

引網及建網	每網	年額	五圓
投網	〃	〃	二圓

對於以遊玩爲目的之有投網者、亦賦課之以保均衡而保護漁業者遊玩之釣魚、因本市之氣候及其他關係、免除此稅、

及收入均歸我管、故不要錢不過我家迄今猶不知余死、請代爲修書以告家人於願足矣、

經馬之家人應承後、馬亦即恢復常態矣、此事傳出後一般街談巷議、均引爲神語、記者爲明瞭眞相昨特赴道德五號、往訪馬鳳山家、馬家居該院東面、間半小屋、室中一無所有炕上之蓆已破其半、馬之老父及其妻均窮襤不堪、時馬鳳山亦在家中、身著青破棉袍、外繫布條腰帶、一望即知爲一老莊、見記者頗現驚惶之色、一面並言『先生請坐』、後記者當詢及打柴掉冰窟及鬼魂附體之事、馬則半吞半吐、表示否認後再探問時所謂以上之謠言掉入冰窟亦確有其事惟、僅一脚墜入、並未全身入冰窟、因柴担子架於冰時、當時恐墜入手扶柴担即一躍而出、不過未掉之前、曾覺左脚特別沈重、似有人拖拉、然同時全身發冷腦袋發昏、歸家後、因感冒風寒時冷時熱、不能自持、曾胡說數語、已不記憶、是否有鬼現一般多不知其就裡云云、依然半吞半吐、似又恐有意外、而欲告人者、記者當辭去、故此事依一般傳說及民之自述、著有若無、殊難判明、然再基於馬之不加絕對否認似又不能不信誠國際都市中鬧所未聞之一段奇聞云、

本報啓事

啓者本報北滿總支社所屬哈爾濱市總分銷處推銷員金鋆峰因事辭退嗣後在外無論發生任何事件與本報無涉 恐未週知 特此聲明

盛京時報北滿總支社啓

慣匪一名落網

一名占北一名順江

哈爾兩隊之功勳

久擾亂江北一帶著名匪首王鳳林、（二五）報字占北、阿城縣佟家店人、自事變後、曾在九江部下充當砲頭、嗣後因意見不諜、離九江投入人義帮爲匪、康德元年、在江北盤踞、竟被日滿軍討伐擊散、復入天龍帮當砲頭、在阿城附近掠奪、受日滿軍警重大打擊、解散黨羽、數日前潛伏來哈、擬欲重整旗鼓、乘機蠢動、並暗訪資產家、不意惡貫滿盈、事被刑事科哈字隊關隊長探知、乘其不備、尾隨其後、調查其行動、業已查實、於昨七日下午九時許、該匪正在道外太古六道街日昇鴉片小賣所八號室、噴雲吐霧之際、關隊長率領偵探員數名、乘其不備、將其逮捕、當由其腰中搜出撸牌手槍一支、號碼一二八四四四號、子彈二十一粒、當帶至刑事科經嚴重拷訊、供出爲匪不諱云、

【又】久在双勝帮爲匪之王寶玉、（二八）山東費原人、去年九月間、另投入海龍綹子爲匪報字順江、曾在阿什河黑囈子溝一帶盤踞、近來受日滿軍警之打擊潰散、於一月二十四日潛伏來哈、擬乘機再起、被刑事科爾字搜查隊吳樑趙立堂、李興亞、正在馬家溝出勤中、忽遇該匪前來、舉動頗有可疑、遂尾追其後覘其究竟、該匪轉道至鼎新屯、門牌二八號屋內、將其逮捕、帶至刑事科嚴加偵訊、供出爲匪不諱云、

一場小火

道裡斜文三道街、門牌八號、住戶鮮人金木、於昨七日午前十一時、因燒火墻不愼、發生火警、撲救無効、情急之下、以電話通知消防隊、第一二先后赶到現場、竭力撲滅、計燒房屋二間、及一切家具等項、共值損失國幣約五百餘元、房東曾在花旗銀行保有八萬三千元火險云、

司機被逼自殺

交通局大汽車股之不祥事件

市營大汽車股、司機楊鳳宵（二六）、山東掖縣人、於六日午前十一時許、担當第三路線由道裡警察街駕駛八五六號汽車、向曲線街開駛、車抵斜文街口電車軌道上、突有由警察街向車站開駛之三十號電車、司機劉星漢、因雙方躲避不及竟演成正面衝突、經過詳細情形、業誌本報、該司機自事故發生之後、非常驚慌、於昨七日午前八時許、曾受汽車股股長熊野雪之申斥、並令司機賠償損失等項、同時將楊開除、該楊某既被撤差、復令賠償損失、月薪寥寥一家數口、均賴此生活、當然素日毫無積蓄、感覺無錢賠償、苦惱萬分、竟萌短見、私自外出、在某零賣所購得鴉片數份、轉歸宿舍、乘人不備之際、將煙吞服、正在苦悶交加、氣息奄奄、面如土色、口吐白沫、昏迷不省人事之際適被同寮司機下班歸來發見、知必係被迫服毒、當時以電話通知市立醫院、叫來救急車一輛、送至市立醫院、施急手術灌救、吐出毒物黑汁若干、現下性命危篤云

來函照登

頃閱一月三十一日盛京時報濱江特刊專頁內載有咖啡舞妓：：怪事蹟一則富甚驚異遂自首至尾詳閱一遍得悉內叙種種如初充女車掌以品行浪漫被斥革職後入零賣所充女招待專戀白臉欺騙又從黑衣八爺改變男裝遨遊薈芳里等等驟悉之下實百思莫解亦不悉由何得來捏造事實汚辱名譽佩秋雖不識文亦焉能默視置之於不顧查人之遭遇與環境各人均自不同窮通富貴亦各迥異佩秋自幼生長貧寒之家雖承父母憐愛得入中學肄業乃將及中途資產即已化盡無力前攻欲謀枝棲逢茲時局遊人如鯽既無見憐之士又乏舉薦之人雖如登天攀月欲苟延殘喘以度歲月則衣食無着飢寒難忍追前思後無以爲生迫不得已遂於去歲秋末毛遂自薦乃入步雲樓爲一般癡君子燒煙藉得酬資以維生活自問於禮無虧並無結識公子戀愛白臉之事實其後又入廣德樓亦潔身自愛盡則到所燒煙夜間獨身歸宿不知有他佩秋自嘆命薄不敢怨天今閱報章有此事實擅加汚辱以一弱女身本擬緘口不言奈毀謗名譽關係將來者至大又不得不於報端聲明以闢其謬尚希投稿諸君嗣後對於人之名譽當加愛護勿妄加捏造實所至盼（王佩秋拜啓）

則無以計也、迨年終結帳、例凡客人欠帳、均須齊繳、綜合該武裝客一人積欠、已達二百餘元之鉅、龜奴當責令償還、姬既無法支撐、當覓客求償、詎客大怒、痛詆姬無義氣、並拒絕再往、聲明此斷絕關係姬怏怏返回、婉言要求展期龜奴堅不聽、結果卒逼姬賠償始罷、不期禍不單行、事爲養母偵悉、除賜以一番大罵之外、更施以極殘酷之拷責、姬之遭遇、誠大不幸、然亦禍由自取其何尤人哉、

素娟、原隸、榮陞書館、前年榮陞、因人肉生意不佳、入不敷出、宣告停辦、姬始改隸於迎春院者、以其老誠實在、頗有一部分人捧之甚力、故在該班中、頗佔中堅地位、其人年可十八九、身段秀麗、双瞳動人、惟肌膚不太皎白、更以不甚講修飾、殊爲欠缺耳、

香元、爲哈埠羣芳中之怪妓、性淫亂、放蕩無羈、原隸德鳳下處時以伊人、容貌佳下、乘彼時妓尚安分進取、故生涯頗紅、無何受大金玉、三花等劣妓之薰陶、任意胡爲、且習姘伶怪癖、醜聞重重、聲名遂大敗壞、先是、於三年前、姬在德鳳下處、時有客李某、爲本埠某律師之公子、李客一天然流氓、終日攀花折柳、不務正業、且有阿片癖、行爲亦極不端、誠如所謂『武大郎玩夜貓、什麼人玩什麼鳥、』識姬後、二人一見傾心、打得火熱、於白晝打茶圍演慾暴發時、秘密施行『偷』的工作、一日二人正在『大偷』中、適爲元緒某偵悉、大怒、不容其工事完竣、即一直闖入、卒被當場捉獲、且報龜頭、除痛詆『李殆下的什麼東西』外、並欲施以刑責、嗣經李及香之姑娘跪地求饒、將李驅逐始罷、自是鬧得風雨滿城、無人不曉、一時傳爲談柄、而李亦自知沒趣不敢再往矣、

康德元年春初德鳳主人以香姑娘淫蕩無度、爲防止全班姑娘受其傳染、遂將其逐放於是始改非於迎春院、另樹旗幟、迎春院班 金玉小蘭、知其如此、曾一度貢勸、然貼車夫常來適之事仍時有所開、去春李萬春所組之永春社全體出演華樂舞台時、姬又以與丑角小奎官相姘聞、初則相約洗澡、或開房間解決性欲、後竟打成怒塊、公開起來、賣笑所得、亦殆皆津貼意中人矣、奎官對姬初本非出乎眞愛、嗣爲金錢誘惑入其彀中、以後於如膠似漆不能離開、結果永春社出演期滿、返平時、香姑娘卒隨奎官以去、然去後未半載又有與他伶相姘之事、爲奎官知悉、乃被踊下堂、陷於窮途、不得已、諸方求貸、於二日前、至回哈埠、得王小蘭之諒解、仍在該院照常應客惟延者既不齒其行爲、問津者殊寥寥事由之冷落、已至於極矣、其他小鳳均屬斷之輩不足道也故略之、

濱江特刊

第四十九號
盛京時報北滿總支社
社址　哈爾濱道裡斜紋二道街一三
電話道裡五二七二番

勞苦功高之警察隊勦匪凱旋
與匪接戰數十次每戰必勝
東山裡由此可高枕無憂矣

久在山裡朱家溝、陳家大棚附近一帶、擾亂之大幫股匪、著名匪首、報字老先生、（即九江之弟）在該處踞居數月有餘、搶掠燒殺、無惡不作、人民不得聊生、駐防哈爾濱上號、遊動警察隊、徐隊長據報、率領部下六十餘名、携帶重機關槍九架、於康德二年十二月初旬、向該地出動討伐、行抵朱家溝處、即與老先生部下匪徒三百餘名遭遇、當即接戰、匪徒頑強抵抗、彼衆我寡、双方發生激戰、四小時、匪勢不支、始被遊擊擊散、匪衆屍十數具、馬二匹、鹵獲大小槍械十數支、子彈若干粒、又康德三年一月十五日、在五十四號里方面、又與合流匪一百餘名相遇、立時開火、經戰二小時許、將匪擊潰、遊警毫無損失、在該處與匪接戰、卅餘次匪徒聞風傷胆、潛伏森林、遂即尾追、業已肅清、將一切匪窟、完全焚燬、匪無藏身之所、故而潛散無踪、於昨十四日徐隊長、率領部下得勝凱旋云、

交通局電車股汽車股間暗潮愈惡化
双方對峙各不相讓
當局亟宜設法防止

交通局大汽車股與電車股之暗潮已見前報、因該當局始終以漠然視之、並未講求適當之解決方策、致暗潮有愈呈惡化之趨勢、前次斜文街三十號電車與五八六號大汽車衝突之事件、據當時交通局之証明、因電車沿一定之軌道開駛、本不能隨意由側面閃避大汽車、況當時尚警見電車駛來、急指揮大汽車停駛、但大汽車司機因與女車掌正在話語綿綿、並未顧及尚警之手式、而依然前進、致造成撞車之慘禍、准此責任當然全在大汽車司機、故電車股對電車司機劉星漢因無過失、並未處分、惟大汽車股、因司機楊風箐玩忽職務、除予以革職處分外、並令包賠四百元之損失、因此楊風箐被迫曾一度吞烟自殺、旋被同人發覺救活、大汽車股一般人不問撞車責任之所在、竟以全體之名義、公然以書面向電車股要求懲辦電車司機劉星漢、但電車股對於此種無理之要求一笑置之、以不理理之、大汽車股見電車股無何表示、爲講求有效之對策、於日昨在大汽車車庫召開臨時會議、嚴厲通飭各車掌、嗣後對於電車股之關係人員、無論何人、均須一律買票、如有敢以情面難却而不肯予票者、以舞弊論、但電車股對於大汽車股之職員坐車、亦一律限於在後司機台站立、因此双方之情感愈趨破裂換言之亦即交通局內部之暗潮日見惡化、望當局速設法以防止之云云、

小小舞弊打了飯碗

市營大汽車、第八綫路六〇六號、於日前下午三時、由上號向道外西門臉開駛中、車掌俄人『哈留斯多瓦』、蓄心舞弊於車抵道外西門臉、乘客下車時將收回一角二分一張之三區廢票六張、未爲扯楽、秘密裝入大氅兜內、意在由道外向上號開駛時、另、賣出、以飽私囊、監督乃適值事務王某、正在西門臉詰所、檢査車掌、發見該俄車掌、形色恰惶、不無可疑、遂施以嚴格檢査、結果卒於其大氅兜內、檢獲現金二角、廢票六張、遂帶至局汽車股報告熊哲股長、經証實後、已將其實行開除云、

新京樓設賭抽頭

道外承德街、新京樓獨片零賣所、爲鮮人頂名滿人開設者、樓上樓下房間皆污垢不堪、而所僱女招待、雖遂卅餘名、但無出色者、故營業極爲不振、該所執事人某、突奇想天開、近日以來、每晚於十二時後、竟公然設賭抽頭圖補救營業上之不足、聞每晚抽頭所得、不下百元、已遂營業上之不足而有餘矣、聞該所娼妓三十餘聲、辛苦終日、博得之纏頭金殆皆孤注一擲、空手而歸、近且有因負債累累者、已至不堪收拾之狀態矣、

盛源東櫃夥被捕
因有通匪之嫌疑

上號安埠街、源盛東糧棧櫃夥劉宗廉、（四五）濱縣狎子溝人、現充該號購買糧石之頭目、因有通匪之嫌疑、被南崗憲兵隊密探偵知、於十一日下午六時許、乘其不備、將其逮捕、帶至隊中、現下正在審訊中、是否事實、容訪其詳、

哈爾濱都市計劃與我國將來之關係
【四】

哈爾濱特別市長　施履本

以上所述、由直覺方面而論、自是哈埠市民首蒙其益、然其關係之重、則尚有更逾於此者、蓋哈爾濱一地、扼北滿經濟之中樞、踞歐亞交通之孔道、爲世人所共喻、既扼北滿經濟之中樞、故哈埠一切措施、於北滿全境有牽一髮而動全身之力、近而各省城鎭、遠而滿徼荒陬、哈埠之措施、善、則隨之俱興、哈埠之措施不善、則隨之俱廢、一方我國建國之初、舉世人士、咸懷猜忌旁觀之念、及經此四年間之努力奮鬪、治績爛然、遂一變其態度、擬視滿洲國經濟政治之情形、成立友好關係、互通商務者、大有人在、如前此德國經濟視察團之來滿、非僅走馬看花、而已毋奚非含有此種使命、進一步亦即列國承認之始基也、人之恒言、觀國者必於市、哈埠既爲歐亞交通之孔道爲我國門戶之區、其市政之良窳、凡來我國者首先觀察及之、誠知哈埠之都市計畫、在我原爲福利民生、不在向人眩耀、然洵能臻是燦爛、實壯國家之面目、與人以愉快欽佩之感想、姑不論是否有裨於對外通商、及列國承認與否、然而我國國家地位、借是提高、可斷言也、故言及都市計畫、與將來之關係、即一方我哈市居住之人民、均能安居樂業、享莫大之幸福、他方能與世界

松濱花事漫談
（八）

（瘦竹軒主）

懷春樓南人甘樂霖所經營、即從前之長霖班也、當民十四五年、長霖班妓業最稱繁茂、甘固所謂江湖老手、爲招徠顧客、會於班中設專用電話、一般登徒子輒故意惡作劇、以致是是非非、一日數十起、甘鑑於設置電話、非徒不能招徠顧客、竟且惹得不少麻煩、乃即撤消、其後金融日緊、爲年頭所感、皮肉業漸形下降、迨至滿洲建國之初、摘牌換匾、改稱爲『懷春樓』、同時並新由滬濱接來名妓怡情等數輩、用以號招、於不景氣中、營業始又得趨好轉、直至今日、尚依然繁盛一時、甘手腕之圓滑、當可想見、院中諸妓、雖見遜於當年、然鶯鶯燕燕不乏可記資料、玆就現有諸妓、一爲拉雜誌之、

湘雯本籍燕京、以久隸姑蘇班中、操南語頗能流利、民十七即於長霖班懸牌應客、時姬稚齒髫年、尚爲清倌、平居梳車輪式双髻、頗惹人愛、無何、憂積妓之薰陶、深染惡習、雖稱清倌、實則洞口早開如爛桃兒矣、會有道裡商會會計王明芝者、性放任、專能攀花折柳、旋識妓、報效甚力蓋二人一見對路、直如武大郎之玩夜貓、奇姑娘果奇遇也、王有阿片癖、撕染既久、湘姑娘自亦難脫出、至少每日早晚必騰雲數次、否則無以見客、未三月間、形消骨立、滿面皆烟容矣、翌年春、以王明芝拐欵萬元潛逃閙湘兒自是失其憑倚、終日由朝及晚、幾無一客光顧、搖尾乞憐、不堪言述、已至於所謂『走一步討人嫌、欲攏膠枝鬆又懶如餓狗在食堂前』之狀態、不得已持來者不拒主義、大開方便之門、好事者聞其如是、皆欲一試究竟、於半清不紅之中、生涯略見轉機、但若人此時尚堅以清倌自豪、乃爲日未久、竟至其腹漸大、蓋已懷孕、而湘兒亦自知愛、恐醜事傳出、貽人笑柄一日於午夜中、僞稱患病、即私奔某醫院、以手術將胎打墜當時已爲醫院裝入瓶中、採爲標本、高懸於玻璃窗內、在湘姑娘以爲神鬼莫測、無人知曉不料未及數日、早已滿城風雨蜚語四起、自是無以靦顏、於不須正式開苞、即變爲紅倌矣、數年以來、經過長霖班之一度改組、班中姑娘、不從良即他去、而湘兒仍在苟延殘守、其亦果無出路乎、

乃天下事殊難一筆抹煞、否極泰來、近卒獲得鐵河電報局洪局長之賞識、蝶蜂蟲、如膠若漆、而時酒報效、幾無虛日湘於此亦舊症復發、放任不能自已、每於花晨月夕、輒攜洪攜之赴小實所過其阿片之癮、日前曾有人於同春樓苓實見之、尚有爸鳳下處小春、亦隨洪之友人同往、呼鳳胡閙墜達別室、閙二姬於二小時間、直吸進烟泡六個、其量亦誠大也、

梅秋南人也、原隸於慶餘班芳名『鐵香』、張幟之初、即有紅名、旋因慶餘班停業、轉隸於

哈爾濱市

康德三年度 市稅條例說明〔十〕

至爲市稅體系之繼備 要與徵稅手續之改善

本市之此種捐稅、歲入極少、詳細數目、正調查中、尚難明瞭、明年度之調定額、概算約三〇〇圓、歲入概算推定爲二四〇圓、

（四）不動產取得捐

此捐於不動產取得時、徵收之、從來第一區向賣方或買方徵收登記價格百分之二、移轉費第二區、及第三區無類此之地方稅、但第一區第二區有地畝局之移轉費、第三區有國稅契稅徵收登記價格百分之三至六、此種稅將來當然全部轉讓爲地方稅、於未轉讓之前、本捐與國稅或國之手續料、重複負擔上、有相當之痛苦、

本捐不論爲不動產之承繼、或新取得或轉讓、均以登記價格（或時價）爲課稅標準、一般爲百分之二、新建築時賦課百分之一、

本捐則依從地方稅法之規定大致以第一區不動產移轉捐爲而主體、編成者歲入概算如左

第一區 歲入概算一〇、〇〇〇圓

第二區 〃 六、〇〇〇圓

從來之歲入實績

第三區 歲入概算 二四、〇〇〇圓 （濱江稅捐局契稅中不動產份一二〇萬圓此數之百分之二）

計 四〇、〇〇〇圓

本捐之前身、爲不動產移轉稅、從來成績良好、最近因地畝局、法院及本市未取連絡、漏稅甚多、此後俟政府之指令、三者協調進行、以期達成目的、

（五） 屠宰捐

此捐保將本市關於屠宰之諸手續費、依照屠宰場法改正者、豫定於國、稅牲畜捐及屠宰捐、改正或轉讓與地方時、開始徵收、暫不實施、現在本市關於牲畜屠宰之諸國稅較重與市之使用費、手續費合算、則如左表所示（但依、牲畜價格高低變更經費總額

畜名	市之使用費	使用費及保險費	其他檢疫	計	國稅 屠宰稅	附加稅	計	牲畜稅	附加稅	計	合計
大牛	3.00	0.25	0.40	3.65	0.77	0.038	0.808	3.00	0.15	3.15	7.608
中牛	2.00	0.20	0.30	2.50	0.77	0.038	0.808	2.00	0.10	2.10	5.408
小牛	2.00	0.10	0.20	1.30	0.39	0.019	0.409	1.00	0.05	1.05	2.759
豚	1.40	1.00	0.10	2.50	0.23	0.011	0.241	0.62	0.03	0.65	3.391
小豚	0.50	0.30	0.20	1.00	0.23	0.011	0.241	0.25	0.01	0.26	1.501
羊類	0.80	0.50	0.20	1.50	0.15	0.007	0.16	0.15	0.01	0.16	1.820
山羊類	0.50	0.05	0.20	0.75	0.15	0.007	0.16	0.05	0.01	0.06	0.97
馬（騾）	2.00	0.20	0.30	2.50	…	…	…	2.00	0.10	2.10	4.600

如上表對於之牛、本市之屠宰場使用費、國稅牲畜稅屠宰稅、總額達七圓六角 此外再除其他家畜交易之必要費用、農民所得之金額極少、政府方面對於牲畜稅之全國改正屠宰稅之轉讓地方、現正研究中、想最近必有指令、故依照地方稅法之規定、制定條例、作爲準備、於現在之諸稅、並屠宰場使用費之整理告成段落、以前暫不實施、本捐收入之限度、擬不依屠宰場法改正、而發生之市屠宰場使用費收入減少額之補填程度、

各文明國爭衡 躋進我國之國際地位、則哈埠都市建設之舉、其影響所及、詎非重巨、本市同人、責無旁貸、固當互竭綿薄、以策有成、尚望內外賢達、隨時匡助、俾得扶搖直上、日起有功、不僅同人所祈禱、抑亦國步前途莫大之幸也

日商睦商會主辦 慰問廣軌線路員軍隊

沿線放映慰安電影

本市日本商睦商會 由哈爾濱鐵路局後援下、主辦慰問綏芬河至安達間廣軌線路員及軍隊、並於沿線放映慰安電影、共日程如左、

二月十五日哈爾濱橫道河子間
十六日橫道河子穆稜間
十七日穆稜綏芬河間
廿一日綏芬河下城子間
廿五日下城子穆稜間
廿七日穆稜磨刀石間
廿八日磨刀石南牡丹江間
三月三日南牡丹江海林間
四日海林橫道河子間
七日橫道河子石頭河子間
八日石頭河子牙子利間
九日牙子利葦沙河間
十一日葦沙河一面坡間
十三日一面坡烏吉密河間
十四日烏吉密河帽爾山間
十五日帽爾山阿什河間
十七日阿什河哈爾濱間
十九日哈爾濱滿溝間
二十日滿溝安達間
二十二日由安達歸哈云

交通事故 兩車相撞

市營大汽車、二三一號、第四路線、司機俄人、於十五日下午二時、由道裡向道外駕駛、行抵北馬路拐角處、因操縱速度過快、突由西向東來一地列子馬車、雙方躲避不及、演成撞車慘劇、兩車均受頗大損失、幸車中乘客無多、無有傷害云、

曹藝斌叫座無力 金蓮花應聘出演

新舞台前途果將如何

道外新舞台、爲謀營業之發展、於舊正由津聘來曾在哈內某種緣際 鐵羽遠颺之後伶曹藝斌再度登台獻技以來、藝業依然如故、該台主人、更大爲吹噓、以正宗 文武老 生爲號召、彙以哈市人士、因其別哈數年、藝業必大爲猛晉、是以捧之者頗有人在、終於唱做仍不見長並戲碼均脫胎於高百歲者、如六國拜相、徐延昭……等、最初上座頗佳、後遂每況愈下、營業殆難維持、該台主人、有鑒於此、又重金由津、聘請十年前大紅之文武花衫金蓮花以補營業上之不足、成果如何、尚難判定、但金伶已成過渡伶人、縱或出演、亦恐與曹同出一轍云、

水道工程完成 水井即廢除

本年完成百分九十 今秋開始驗水工作

哈爾濱特別市之上水道裝設工事、業已一部完成、施行通水矣、昨據都市建設局責任者談、全工事在本年內可完成百分之九十、其餘百分之十、康德四年上半季、即可完成、本年秋季、對於原有之井開始驗水工作、對水質不良者、一律禁止食用、本市之水價、雖較新京大連等處稍高、但將來用戶增多、市債還清后、尚可核減、目下一般市民、對自來水多不徹底、故用者不如新京大連等處普遍、市方尚爲使水管普及、調劑用水過少者計、目下正籌備零售辦法、預料全工程於來年下半年即可完成、完成之後、對水井一律廢止、市民即可不再用不潔之水矣、

匪首富國落網

【黑龍江】頃據警察消息、克山縣警務局、品川指導官、偵得有匪首馬有海一名、報字富國、係濱江省望奎縣、水師營四井人、年三十二歲、向在呼蘭河一帶盤居搶掠、適在克山縣北興鎮分所管界、馮家園子六五號、徐勇方家潛伏、當於本月十日率警多名、秘往該徐家、即而安全獲得、當交克山縣署、依法懲辦云、

郝署長親捉匪首

【海龍】有匪首報字九變手者、曾在太平溝內充當炮頭、擾亂有年、殘忍酷苛、軍警雖力加剿討、終以該匪狡滑性成、此竄彼逃、值此氷雪天氣、大股胡匪難以行走、該匪竟化整爲零、隻身搶劫、月之十三日有農民董連山者、套大車由東豐向海龍搬家、行經四署管界太平河地方、被該匪搶去騾馬各一匹、向三河鎮方面逃去、董某遂向四署報告、適該署署長郝永厚、正在室內辦公、聞報之下、大爲震怒、督飭駐在所警團、向東追去、至二十餘里吉林省界、將該匪追及、該匪見勢不佳、開槍射擊、警團遂即還擊、無如該匪子彈充足、遂擊逐逃、斯時郝署長恐其再行免脫、遂隻身狂奔、不避彈險、與匪肉搏、相持二十餘分鐘、該匪終不及署長勇猛、其力漸怯、署長乘際發放一槍、該匪立即斃命 除將其首級割下、並鹵獲自來得槍一枝、子彈十餘粒、騾馬各一匹云、

防空協會招開 特殊防護團會議

討論防護團之編成事項 各機關關係者全出席

滿洲防空協會、哈爾濱支部、爲促進哈市防空設施、準備三月十日結成哈爾濱市聯合防護團、已由各機關開始分別組織等情、已如日前本報所載、頃聞防空支部、爲進行組織聯合防護團、於昨日（十七日）下午一時、在市公署市長室、召開特殊防護團聯合會議、各機關單獨組織之特殊防護團關係者、完全出席、協議關於聯合防護團之編成事項云、

懷春樓、始改稱梅秋、其人性溫存婉轉能如人意、惟因善愁、玉容消瘦、曾有調伊人有阿芙蓉癖、實則無稽之言、故意糟蹋耳、

翠翠與鈴鈴爲姊妹花、翠年較鈴爲長、以善狐媚、能招來色迷、班主頗重視之、翠貌雖不惡但不耐人觀瞭、且多病之身、骨削如柴、而双瞳極凹儼若一瘦鬼、鬧極性乖舛無工架、不懂混事過場、不論爲本客或客之朋友、或留宿或茶圍、來者均不使空回、旋事遍傳園城被鬧於巷、皆遠避之、不再親效、皮肉生涯、遂一落千丈矣、

鈴鈴娼妓也、樹立「淸倌人」之旗幟、初僅出入於阿姊室中、練習妓事、去冬始正式掛牌、以淸倌應客 其女年雖稚、爲初出茅廬者、但體貼入微、待人以誠、彙以人緣甚佳、故在群芳中、略有聲譽、爲阿姊翠翠所不及、娬媚小玲瓏、活潑天眞、平時不施脂粉、以本來面目見客、週旋於玉孫公子間其鶯語呢喃如小鳥之依人有流氓某、見妓垂涎、久欲一嘗禁臠、偷而不可得、曾一度涌牒、强勸眞個銷魂、妮子聞言、双頰頓紅、於嫣然一笑後、奪門逃出、不再入室、並訴之阿姊、求爲抗拒、蓋姬情竇已開、正含蕊待放、一經挑逗、神不自持其神密入微及 誠屬不可思議也、（未完）

東北大戲院許可 被警廳收回

因建築不合法恐再發生火警 執事人劉光甫拘押中

道外昇平二道街東北大戲院其建築之不合法、衛生方面之不講求、早爲一般人所公認、一旦發生火警、觀衆則無法逃避、輿論會一再指責、惟恐造成第二次之吉林電影院之慘禍也、何不幸而果言中矣、前晚於放映十五集火燒紅蓮寺觀衆滿座時、突然以發生火警聞、幸火勢較弱、致觀衆爭先恐後婦啼子叫狼狽擁出、得以倖免、但該院執事人劉光甫之岳父周某陷於火窟中、待掙扎得脫時、已頭焦額爛矣、急以救急車拉往市立醫院、無何即死、聞警廳保安科、鑒於該院建築之不合法、除將其營業許可收回外、並將該院執事人劉光甫拘押中、據一般人觀測、恐該院之壽命或將與周某同時宣告正寢矣云、

縣公署開追悼大會

【鳳城】鳳城警察第二中隊前在二區大亮子溝地方、與胡匪及閻生堂部下接仗、警斃胡匪三名、並奪回人票二名、該隊分隊長劉興漢、班長唐廣祿李國信、警士張恩普韓義信等五名、當場陣亡壯烈犧牲陣亡官警隨時抬至本城關帝廟忠魂祠、縣公署購棺、均各殮殯、於月之十三日開追悼大會、安東憲兵隊長安東縣公署、代表連山關大隊長、均來參加、致祭、本縣各機關首領、各法團各新聞記者、均蒞場追悼、頗極隆重、會畢、董縣長並向各家族善言安慰、一時將各遺族領至縣署、酌發恤金若干、以示體邺、而慰忠魂云、

考選師範生揭曉

【寬安】縣署奉令、招考選拔師範生五名、業經遵照要項擬列各條辦法、考試已畢、將各科分數評定完竣、（正取五名）一周福祥二徐尊謙三黃慶餘四周爾來五姚樹傑（備取三名）一邱成信二李國珠三關誠泉、今已正式榜示矣、

濱江特刊

第十五號

盛京時報北滿總支社
社址 哈爾濱道裡 斜紋二道街一三
電話道裡五二七二番

都市計劃躍進中
全市劃分十六區
草案已定待市政審議會通過施行
市公署當局對記者發表

哈爾濱特別市公署、自成立以來、市政進展一日千里、尤以施行都市計劃市政建設之躍進、更出一般意想之外、茲擬市公署當局、爲整飭都市建設上哈爾濱母市內區分經幹部協議之結果、擬將全市各區依都市計劃案重劃爲十六個區、其區名稱之草案業已制定、俟於日內召開市政審議會通過后即可正式決定施行其已制定十六區分之草案、市署當局昨日已發表如左、

哈爾濱特別市之母市、行政上雖分爲數區、但有境界線不明、或郊外地域之尚無稱呼者、今日都市計劃案行見完成當考慮其將來向郊外之發展、是根據計劃案制定明確之區分、不獨於行政上有所必要、即就各方面言之亦當務之急也、

因此關於其主案特斟酌現狀地理的關係及都市計劃擬分之爲左列之十六區

一、江東區

本區以松花江下游之工業地域、使之包含其附屬之住宅、並背后之綠色地帶、有以其位於阿什河之何口擬稱之爲阿什區者、但爲避與鄰接之阿城縣相混同、且以其位於松花江之東部故擬依前說稱之江東區、

一、三棵樹區

使之包含圍繞三棵樹站之鐵道用地、工業地、及其附屬之住宅、及商業地域、係以鐵道工場爲中心之地帶、以其附近爲三棵樹、故擬儘採其舊而稱爲三棵樹區、

一、濱江區

此係含傅家甸及八站之重要商業地域、對此地道外區域有擬稱之爲傅家甸者、但以字面上殊欠良好、查該市街會以濱江市稱且在最近有濱江驛之新設擬排前說而稱之爲濱江區、

一、埠道區

如將道裡及新安埠分之爲各自獨立之區、則面狹小、故擬將其合併稱之爲埠道區、以現在之道裡爲主要之商業地域、新安埠爲主要之住宅區域、對於本區有擬稱之爲道裡區、或埠頭區者、但前者字面稍欠妥當、後者中東鐵路建設當時雖會用之爲埠頭、但現在其效用已薄、且將來亦無使用之爲埠頭之計劃、故擬上說稱之爲埠道區方爲妥當、

一、正陽區

以接連現在新安埠西方之商業地域、松花江上流之工業地域、及其附屬之住宅、地域爲主體、包含綠色地帶之區域、擬依向來擬稱之爲正陽區、

一、南崗區

此係以居住地域爲主之現在南崗區域、查此區就現在之道裡傅家甸之言、正爲位其正南之方向地、故有斯稱、因其爲一般人週知之名、故擬儘採其舊稱、稱之爲南崗區、

一、馬家溝區

此係以居住地域爲主之現在馬家溝區域、以其亦係昔時傳來之名稱、故擬蹈防襲之稱之爲馬家溝區、

一、香坊區

係以現在之香坊區域爲主體、擬使之包含由該區北部直達東部之住宅地域、及拉濱線東之綠色地帶、其區域而附於中心市街地原稱之下稱之爲香坊區、

一、陽東區

使之包含以拉濱線孫家驛爲中心之住宅地域、軍方關係用地、及綠色地帶、而以濱綏線馬家溝爲境界、

本區有擬稱之爲孫家區者、但名稱較欠妥當、恰以其位置在計劃市街之東南方且鄰接朝陽區之東方、故擬稱爲陽東區、

一、金山區

係京濱線西側之地域、包含住宅地域、及綠色地帶、因區內之村宅爲金山堡、故擬稱之爲金山區、

一、朝陽區

係以由馬家溝河及都市計劃主要街路爲境界、以住宅地域爲主、包含綠色地帶、其區域因區內之村屯爲朝陽屯、故擬稱之爲朝陽區、

一、富山區

係以接朝陽區之西、由都市計劃主要街路及計劃鐵道本線、爲境界之住宅地域爲主、而包含綠色地帶之區域、因其區內之村屯爲富山屯、故擬稱之爲富山區、

一、太陽區

此係包含被松花江及濱洲線所劃之松浦區西方所接之住宅地及以娛樂施設爲主之地域及綠色地帶、

本區對前記江東區以其位於江北、有擬稱之爲江北區者、但後記松浦區亦位在江北、此名稱難謂適當、故因著名之太陽島擬稱之爲太陽區、

一、松浦區

本區以松花江及濱洲線所劃之住宅地域爲主、包含綠色地帶、因區內中心市街取名松浦、故擬稱此區爲松浦區云、

橫道口之隧道
解冰後興工
市公署已測量完了
繪圖交鐵路局備驗

國際都市交通樞紐之哈爾濱自滿洲建國以來、對都市計劃日新月異、交通之建設不遺餘力、目下唯一缺陷、即道裡道外間八站之橫道口火車之來去、與市內車馬之往還、適做正面之衝突、市營之大汽車、往還有一定之時刻、如遇火車越過時、及其他車馬行人、勢必停留一時熙熙攘攘、擁擠不堪、火車甫過、則率皆爭先恐後、不特爲交通時間上之阻礙、且夫於安全上亦予以極度之危險況有數年前之慘事可鑒鑑當籌北鐵時、曾一度商榷、修築地道、因種種原因終未底成、近聞市公署道路科、及鐵路局關係者、鑒於影響交通、雙方接洽妥協、由市公署方面、已於本九日測量完了、繪圖業交鐵路局備驗、或將於解冰時期着手建築云、

施市長招宴
日滿俄新聞界
今秋舉辦防空大演習

哈爾濱特別市公署、防空協會支部自上年年底着手防空事業、採購防空軍器、組織防護團、及防空獻金以來、成績斐然顯著、並預定於本年秋季、舉辦本市破天荒之防空大演習、以期完成哈市爲滿洲國政治上戰略上之要樞、使之有完善之防護、更聘定小野崎氏爲防空協會、並該署囑託、於月之廿一日下午六時招宴日滿俄新聞記者三十餘人於宴賓樓、來賓有特務機關、故送局等關係者、均由施市長並有淋漓之懇詞、略誌於下、今晚天氣炎烈蒙諸君子撥冗公冗、勞移玉趾、濟濟蒞止、會晤一堂曷勝燕謝、鄙人久欲與諸君子杯酒聯歡、恭聆讜論、乃自履任伊始、魚鹿不遑、致未能遂厥初衷、殊爲偶促今獲相與把握、何幸如之、本市行政、財政工務等各政務、承全市人士之諒解、鼎力贊襄、市政上因得享莫大之便利、尤於微稅事務、業脞艱難、不一而足承諸君子多所理解、加之聲援、卒能順利推行、難名感哉、今後乃盼盡力

濱松 花事漫談
（痩竹軒主）

（九）

懷春樓諸妓除上述、湘雯梅秋、翠翠、鈴鈴四妓外、尙有小紅等七八輩、皆以從未有一面緣、不得其詳、只得暫爲擱置、容後再爲補誌、至於四喜班、蓮香班、鶯鶯燕燕不乏佳麗、亦因不常涉足、無從着筆、不得已、亦惟有先就圈外華樂部之德鳳下處、漫爲談之如下、

德鳳下處爲李明九開設、歷史頗久、其房舍設備在他妓館之上、故不知者皆以爲頭等班子、實則八兩半斤與其他二等妓館劃同一之等號耳、班中所藏諸花枝、六七年前以名花巧玉負盛名、及巧玉隨某將軍從良去後、(已在吉林燒死於電影院中)、當推小芬、小桃、蓮玉等乃未三四年、小芬小桃蓮玉等、亦均大人先生諸閣老以巨擲之以去、以致鳳水殆盡、已無出色人物矣、就今日德鳳諸妓言之、雖淑媚其人者、尙能委曲號招一時然其人乖張之甚、殊爲識者所不齒每有談及其人事者、輒聞者莫不咋舌、姬津屬海峽人、所謂

日本馬政視察報告

哈爾濱賽馬場技佐 趙允捷

第一篇 日本馬政概要

第一章 近代馬政沿革

日本當藩政時代、各小國關於馬政、各自爲謀、不受統制明治維新以後、雖能統一馬政施設、釐訂馬政法令但因新政孔繁、國人對於馬政、尙未加以甚深之注意、故其成績、未能著、至明治三十八年、日俄戰爭之後、始感馬政有急加改良之必要、遂由臨時馬政調查會之審議、決定第一次馬政計畫以三十年爲期、其要旨爲更新馬之血液、發達馬之體軀、向上馬之能力、俾應軍事上經濟上之要求、現屆期滿、成績頗佳、由明年起、(昭和十一年)實施第二次計畫、此時正在籌畫之中、

第二章 馬產概況

第一節 總馬數及其增減

日本自實施第一次馬政計畫以來、質的方面、大見改良、量的方面、亦能增殖、明治三八年、總馬數爲一、三六〇、〇〇〇餘頭以後歷年增殖、延至大正二年、已達一、五八〇、〇〇〇餘頭、但因土地狹小、草原地不多之關係、自此年以後又復歷年減少、屆至大正九年、竟減至一四六〇〇〇〇餘頭、馬政當局、有見於此遂積極實施、飼養利用牧野等諸多獎勵、故至大正一二年、竟又增至一五九〇、〇〇〇餘頭、此爲日本馬數最多之時期、但終因利用方面不廣之關係、至昭和六年、又復減至一四七〇、〇〇〇餘頭、昭和八年之頭數、爲一、五〇〇、〇〇〇餘頭、

第二節 生產斃死屠殺及去勢統計

昭和八年生產數一一〇、〇〇〇餘頭、斃死數二八、〇〇〇餘頭、屠殺數九二〇〇〇餘頭、與七年比較、生產減額八〇〇〇餘頭、斃死增額一〇〇〇餘頭、屠殺增額一二〇〇〇餘頭、總馬數有遞減之勢、再昭和八年去勢馬數爲三五〇〇〇餘頭、至昭和九年之各項數目尙無統計、

第三節 國內移動情形

各地方因求供之關係、而發生移出移入之情勢、如北海道、青森岩手、秋田、福島、宮崎、鹿兒島、熊本等處、歷年均移出多數之馬、而大阪、福岡、愛知、……野、多……著

第三章 現行馬政系統

日本馬政、因須適應經濟上軍事之要求、除由馬政調查規劃審定一切外、其系統分隸於農林陸軍兩省、至宮內之牧場則係帝室財產、

第四章 馬政第一次計畫概要

明治三十八年、根據臨時馬制調查會之審議、決定馬政第一次計畫、其期限定爲三十年分第一二兩期概述如左、

第一節 第一期計畫概要

由明治三十九年大正十二年、共十八年間、爲第一期、除維持舊有約一、五〇〇、〇〇〇頭之馬數外、以更新血液改良馬質主眼、其主要施設如下、

一、設立種馬牧場三個所、種馬育成所一個所、及種馬所、(均牧場二種馬育成所十三)、

二、種牡馬一、五〇〇頭、(均數千分之一相當)購買以與民有牝馬交配、

三、更新全國馬匹血液、須達總馬數三分之一以上、

四、實施各種獎勵並督勵產馬組合等之業務、

第二節 第二期計畫概要

由大正十三年、至昭和十年共十二個年間、爲第二期、在第一期更新馬匹血液已達總馬數三分之二、此期除更新其殘餘三分之一血液外、以增殖馬量整理體型發展能力爲主眼、其主要施設如下、

一、種牡馬定爲六、〇〇〇頭、除國有一、五〇〇頭外、須增加民有四、五〇〇頭、使與蕃殖牝馬約三六〇、〇〇〇頭交配、而期馬量增加、

二、體型整理、以中等尺度爲標準、(因日本國民多中等體尺者、故對馬之體型亦定爲中等尺度、以期使役上之便利、)

三、種類及數目確立對種牡馬與用方針規定如下、

輕種(乘馬)一〇〇分之一〇至一五

中間種(輓馬)一〇〇分之七五至八五

重種(重輓馬)一〇〇分之五至一〇

四、補助道廳府縣種畜場助成各種馬事團體普及馬事知識、及實施諸種獎勵、

第五章 馬政第二次計畫之所聞

據農林省某技師談謂、第一次馬政計畫、屆至本年底即行滿期、所有原定計畫、多已作到、由明年(昭和十一年)起、實施第二次馬政計畫、該計畫內容、現由馬政調查會詳慎作製立案中、尙未經會議通過、但在農林省管轄之下、設立馬政局、由陸軍省馬政課職員加入六人、則爲已定之案、

第六章 馬政施設獎勵之分類及民間競爭向上之概况

日本馬政自實施第一次計畫以來、爲期不過三十年、而施

左袒右護難爲常群五
既欲納妾何擢獨子吼
車掌于芸芙被逐之經過

解氷后擬建修
聯貫市內外二馬路
具体案目下已作成
工務處正在測量中

交通事故
兩車相

三匪詐騙
逃出法網

既設賭抽頭
復見財變心
狼子心何太狠

航聯局移管消息
水運局並無此舉
新任水運局長對記者談

(可認物便郵種三第)

康德三年三月六日

盛京時報

濱江特刊

第五十一號

盛京時報北滿總支社

社址 哈爾濱道裡斜紋二道街一三

電話二七二五番

朱小姐幾聲「原諒」聲裡
交通局暗潮消弭
從此電車股汽車股言歸於好

歌台叢訊
曹藝斌容麗娟悄然再去
孟麗君白玉崑捲土重來
華樂新舞台各邀新角競爭激烈

北滿特產大豆各線存貨數量

日本馬政視察報告 〔三〕

哈爾濱畜產場技佐 趙允捷

慶祝建國紀念
施市長發表之感言

將錯就錯正式求婚
順水推舟結成秦晉
萬國道德會第三分會之醜聞

濱江花事漫談 （十）

瘦竹軒主

奉迎御頒團旗

昨已在車站莊嚴擧行

團旗十一旒飄蕩遊行市內

前日（三月一日）滿洲建國第四週年紀念日，皇帝陛下，於宮廷內，御親行第三次軍旗親授式，等情，已誌前報，茲哈市第四軍管區管下各部隊，此次拜授御賜團旗者，[illegible]共計十一個團，拜授之御賜團旗，共計十一旗，於一日在京拜授，當即預定日程，於昨日（二日）上午九時，捧旗由新京驛出發，下午三時四十分，安然駕臨哈爾濱站，當時四軍全部官佐，部隊，及其他各機關首領，並各學校生徒，均於站外列隊奉迎，是日市內商民，亦均懸掛國旗，以表敬意，旋即在車站構內，舉行迎旗式，畢式之後，[illegible]捧旗整隊，舉行遊行，四時十分頃，由車站出發，經霽虹橋，新城大街，道裡十二道街，石頭道街，南馬路，正陽街，而至道外十六道街，北新街，沿[illegible]折回矣，沿途一般商民，皆致敬禮，而軍旗十一旒，於春風飄蕩中，遊行市內，誠足以發揚御頒軍旗之威嚴也云。

小北屯發生一幕 殺人放火案

俄人老夫婦同時被慘殺

犯人戴發已被警察逮捕

[illegible]

庸醫殺人

[illegible]

哈爾濱市康德三年度市稅條例說明【十二】

要至一爲市稅體系之整備　與徵稅手續之改善

（六）觀覽捐　從來呼爲戲捐，電影捐，娛樂捐，遊藝捐等，對於興行或娛樂之觀客之捐稅，此次依照地方稅法改稱爲觀覽捐，[illegible]

（七）狗捐　從來本市第一區爲衛生，及狂犬病等之豫防關係，[illegible]

[illegible]

反將李杜部下 寶山匪落網

刑事科嚴審中

[illegible]

小評

道德云乎哉

醉雷公

[illegible]

哈郵局義務貯金數

[illegible]

龍沙戶口突破九萬

【黑龍江】龍沙市面，自滿洲國成立以來，日新月異，而戶口亦遂之日漸增加，茲據本年一月份調查，男女人口數目，已突破九萬之數，較前增加二萬，其國籍戶口人數，茲錄如次，

國籍	戶數	男數	女數
滿洲國	一六、九一二	五二、三〇七	三二、九一九
日本國	一、四一二	二、七五一	一、九一六
朝鮮	一七〇	三六五	二九八
俄國	七六	一九二	一五五
蘇聯	三	三	一
法國	二	二	一
美國	二	一	四
瑞士國	二	二	四
波蘭國	三	四	三
那威國	一	一	四

合計一萬八千五百八十三戶

男數五萬五千六百二十八人

女數三萬五千三百一十五人

總計九萬零九百四十三人。

濱江特刊

第五十二號
盛京時報北滿總支社
社址 哈爾濱道裡斜紋二道街一三
電話道裡五二七二番

哈市聯合防護團
舉行隆重結成式
結成宣誓及舉行示威遊行
呂民政部大臣等均有祝詞

防空主要行事之哈爾濱聯合防護團結成式、已於昨日（十日）午後二時於全市數十個分團及各特殊防護團萬餘人、一致出勤參加之下、在哈爾濱神社前莊嚴舉行、呂民政部大臣亦特來哈參加、茲將當日之盛況誌左、

是日午後二時各防護團均整裝分列式場內、同時於全市警報連續高鳴中、全體當合唱國歌、（舊俄國歌及滿洲國歌各二次）、旋即由哈市駐屯軍司令官、岩越中將、授與旗後國聯合防護團旗及一部特殊防護團旗、當由施聯合防護團長拜受、嗣並由施聯合防護團長、向各分團及各班授分團旗、已而即由岩越駐屯軍司令官、及鄰四軍司令官、分別致訓示之詞、（略）

肝衡現今世界之大勢、國運之隆昌、與國防之完善、相爲比例、而國防實以防空爲最大之要件、因此各國於都市之防空、勞心進思、訓練不怠、不亦宜哉、當此時期、我哈爾濱特別市民、以哈埠爲北滿中樞、互相疾呼、防空施設之必要、遂官民協力、五族一體、有聯合防護團之組織、本日得以舉行結成式、實堪欣快、

至關於本團之目的、及團員之覺悟、已詳示於哈爾濱特別市防護規約、凡關係官民者、應從本團之統制、覺悟我等乃五十萬市民之護符、須秉獻身融和之根本精神、以律平戰兩時之行動、俾得全此責任、切望勿或紊亂統制、亦勿越軌行動、馴致阻害防護之目的、破壞五族協和之精神、實爲厚幸、[illegible]宣誓、施聯合防護團長暨全體團員宣誓、謂

本日於茲完成哈爾濱特別市聯合防護團之組織、舉行結成式之際、我等全體司令官廳下之意旨、務期邁進向結團目的之達成、謹代表團員宣誓云云、同時哈爾濱鐵路局防護團長足立總務處長亦宣誓謂、

宣　誓

本日當此哈爾濱特別市聯合防護團結成式舉行之際、吾等一同善體聯合防護團長之鈞意、誓必獻身融和、以期克盡厥職、

茲代表特殊防護團爲宣誓、

康德三年三月十日

哈爾濱鐵路局防護團長

足立長三

宣誓終了後、當由各來賓致祝辭、並朗讀各地拍來之祝電、同時呂民政部大臣登壇致祝辭謂、

祝　辭

民政部大臣　呂榮寰

今日哈爾濱防護團舉行莊嚴之結成式、余獲躬預其盛、一傾意緒、聊表祝賀之忱、榮幸孰復是過、

現在滿洲國各種工作、已告完成、內治外政、皆蔚爲大觀、駸駸然在躍進途中、自強不息、此於滿日兩帝國國運之隆盛、不勝慶幸者也、惟輓近以來、曠觀四圍之情勢、頗呈險惡不穩之象、於我國前途、頗有不可樂觀者、在是誠爲國民者所當緊張戒懼之秋也、

哈埠方面、賴一般賢有司與全市人士殷鑒時局之嚴重、知非常之變不可預測、目來於防空問題研究調查不遺餘力、一旦有事之日、將如何防護、以維此重要都市者、準備壁畫、方興未艾因得膚功奏、實績燦然、茲者事機已熟、特於今日舉行壯嚴之防護團結成式、私衷快慰、曷可言宣、

居恒每謂哈埠係北滿之重鎮欲國策之實行、其主要機括、即繫於是、哈埠若瀕危殆全國不見隨之動搖、至此時也、關致釀成、不可收拾之局、亦在意計之中、是哈埠防護團之使命如何重要、國家之期望於諸賢者如何殷切、亦從可知矣、幸諸賢於防護都市之性質、與對之之責任、朗澈胸中、欣然參加、詳爲籌畫、此皆愛市愛國精神之表見也、可勝感佩、

夫其一領域之防空、斷非徒恃兵力所能奏萬全、固已勿庸置論、即一國之降替、亦非僅有害外力之侵襲所能左右、最要者厥爲團結鞏固之精神、和協五族相親相助、其在平日積訓練之功夫、遵官府之指示、俾樹市民之儀表、比遇非常災變、則以亢然不動、中正畸之精神、由團員協力一致、奮起應敵、縱以身殉而不惜、凡能奠哈埠於安堵者、盡其最善之努力、是所切盼、

現在全滿各都市、俱已有防護團之成立、所冀哈埠成績永列前茅、勿落人後、使垂範全國、羣皆奉爲圭臬、當有事之際、於哈埠之防衛、鉅細畢張、事無遺憾、防護團之前途、則健全完備、進展無窮、此又余之所祈禱者、用述蕪辭、以表祝賀、

其後、全體又合歌防護團歌一次、即由四軍司令官領同、全體高呼大日本帝國萬歲、次由岩越中將、領同全體高呼大滿洲帝國萬歲後、並由佐藤日本總領事、領同全體三呼哈爾濱特別市聯合防護團萬歲、儀式即告成矣、

儀式既如上述完成、全體當由式場整隊出發開始全市遊行示威、並於奏樂中、於駐屯軍司令部前、四軍司令部前、警察廳前、市省公署前、特務機關前、日本領事館前、後各分團各特殊防護團前、各三呼萬歲、四時頃、抵公園當於三呼萬歲中、而解散矣、

嚴禁女生燙髮擦粉
金井總務廳長之提議
整頓學風之壯舉

歐化的哈爾濱市、在滿洲國內各都市比較起來、她的繁華、她的偉大足可稱雄於儕輩、她繁華是因爲有一條世界最長的鐵路、而哈爾濱是這條鐵路的中心、那時華俄從業員每月擁有多量的磐布、購買力鼎盛、自然是造成繁華的要素、她的偉大、也是斯拉夫民族從西方帶來的、可是在哈爾濱居住人的、沒學成人家的偉大、却學了一身吃穿住行的侈靡的惡習、這習慣影響很大、而尤以女子的感受最靈、大家大概還記得吧、當年哈爾濱的五虎女將、南征杭州之時、在那末大的運動場上、她們衣服是被譽爲各省的女選手中頂時髦的、由此可見、哈爾濱的女學生、對於衣履的穿著、無論那一省也是望塵莫及的、至於紅唇、的粉的臉、燙的髮、高跟鞋、就現在說、這種學風、在哈爾濱市僅有的幾個女子中學裡、仍保存在着、新國成立、處處講究實際、對於社會風化的維持、不遺餘力、看奉天在早兩年、對於女學生的服飾已經改良了、進一層說、近年哈爾濱的烟妓充滿了街頭、因爲女學生衣飾、和這種人沒什麼大分別、往往發現遺人誤認的嫌疑、

關於這事、在前幾天、濱江省金井總務廳長、招宴市內各中學校長談話時、會經談到、當時金井廳長便提議使各校女學生無論冬夏、著一定之制服（外套可任意）並在可能的場合之下、禁止學生燙髮和擦粉這提議在當場博得各校長們從內心裡發出了轟然的掌聲、我想在不久的將來、哈爾濱的女學生、陣容必有煥然一新的莊嚴之偉跡、

哈爾濱歌台續聞
孟麗君白玉崑來哈終未實現
黃玉麟珠喉玉貌得一般歡迎

上期所載之新舞台出演中之曹藝斌、蓉麗娟去哈之消息、大約爲期不遠、至於孟麗君、白玉崑之再來、聞孟確於最近行將蒞哈、白則度德量力、不敢再獻其醜、恐將不能再臨哈市也、邇來該台主人、大吹法螺、極力宣傳、謂遣專人赴平邀聘四大名旦之一之名伶程硯秋、究屬眞僞、外人不明就裡惟該台自雪艷琴登台後、以扮像動人、嗓音清脆、尙博得一部分人之好評云、

□　□　□

華樂舞台之號稱中國十二大名伶黃玉麟、（綠牡丹）雖因時運不濟、曾在安東擯當行頭、究以藝業頗有根底、出演以來每一開鑼、觀衆必滿、珠喉玉貌、藝驚四座、至於強雲樵、聲似破鑼、及其他如趙鴻慶等輩、均係庸庸者流、不置識者一笑、好在黃伶尙能號召一時但喇雜口角之事、令人不勝其擾、蓋因該台主人、爲增多收入、避免票座起見、備一日人代爲支掌門面、於是頗意之聲、不絕於耳、如長此以往、不難與昔時進門買票失敗之舉同蹈一轍云、

施市長招宴保甲自衛團
出席者百三十餘人
施市長席間之致詞

哈爾濱特別市施市長爲鑒於保甲制度施行后、有助成都市一般行政之機成、並兼防護團團員之大部分、以自衛團員充之、爲聯歡起見、於昨一七日晚五時、以市長及聯合防護團團長資格、假座宴賓樓招宴警察廳于廳長以下各署長及保甲自衛團各關係者、當日應邀出席者百三十餘人、席間施市長致詞大體如下、

今天預備粗宴、奉屈高軒、在還春寒峭、公務冗繁的時候、辱蒙聯袂親臨、使鄙人得拜聆宏論、實深光榮之至、

此次由警察廳首倡之下、所施行之保甲制度、本公署對於此事、抱有莫大的關心和期待

松濱花事漫談

（十七）

（瘦竹軒主）

小紅、產自南滿、在該班中頗有紅名、芳年双十、貌絕佳善於修飾、且眼皮動人、體態亦修短合度、所謂「穠不露骨豐不餘肉」者妮子可當之、而其人性尤溫婉異常、待客誠篤、始終無怠意、故人亦樂而就之、據知其底蘊者談、姬善唱評戲、（即洛子）初曾搭班鬻歌嗣因某關係、於不得已環境的場合下、一二年前、始不鬻歌、於德厭下處、改換妓業、

日本馬政視察報告

【三】　哈爾濱賽馬場教係　趙允捷

[illegible]東京賽馬俱樂部、衛生、管理、及[illegible]六係、在[illegible]俱樂部、原設於東[illegible]、昭和八年[illegible]係、[illegible]係、出場[illegible]係、[illegible]、[illegible]四、〇〇〇、[illegible]之宏壯華麗[illegible]第一[illegible]左、

（一）業務組織　平時組織爲[illegible]、役員分會長、理事、常務理事、理事、監事、相談役及顧問職員、審評長一[illegible]之外、分庶務、會計、馬匹[illegible]

[illegible]分庶務係、會計[illegible]、[illegible]係、[illegible]、馬場下見所及[illegible]係、衛生係、交通兼構外清掃係、[illegible]班係、勝馬投票係、十種[illegible]

（二）馬道　外圍林馬場長爲[illegible]、[illegible]米、實爲三[illegible]米[illegible]

[illegible]降機等、於下檢查所之[illegible]騎手浴室、通各處之地道、均[illegible]

均生有極密之矮青草、該草具有彈性、雖經人馬之蹴蹈、仍能挺生、[illegible]

（三）[illegible]席分[illegible]

人、在開催時用女職員四五〇人、男職員一五〇人、一二號館購票者各有定處、勝馬票每[illegible]二十元、單複勝式併行、但[illegible]一張、[illegible]金[illegible]不許[illegible]十倍、

（五）廐舍　廐容馬六〇〇匹[illegible]

（六）騎手[illegible]

昭和一二年第六次優駿大競走我滿洲國尙未舉行此類競走、與普通競走不同之點在其保使駿馬當二歲時、即須登錄其旨[illegible]係刺激馬主之競爭心、而期馬政之向上、

（八）昭和九年各項賽時開催日數一六日、[illegible]

東京阪神等一等、俱樂部爲小、茲將九月二十二日競馬開催時所見略述於左

（一）在開催日由東京至福島的開火車、每日往復各一次、

（二）本日舉行競賽一一次、[illegible]

[illegible]能者頗多、故其賣笑生涯、遂得以揚鑿一時焉、（宮眞即小紅艶影）

小春、姓氏不詳、以言語中恒不離『嗎？』『嗎？』口吻、似為天津衛人、其人體態嬌小、面部生疙疸、殊乏窈窕秀麗風度、性乖張不與人同、亦不知溫和為何事、每有客紛、放肆無忌、時有因細事與客吵架鬧、一般遊客厭人品卑賤、捧者寥了、是以皮肉生涯極度冷落、恒三五日不開張、已造成門可羅雀之勢、聞氏子近且染阿芙蓉癖、每於花晨月夕、輒關客儀河電報局洪局長任洪厚菴者、與懐春樓妓湘雯等[illegible]、赴三道街同春樓等處所、假宿遺以過眞癮、日來囊橐羞澀、洪、幾無一日不往、前途之危、殆已不待言矣、

菊紅津人鏡中妾、以善於修飾、頗得一部人之贊許、生涯頗能勉強支持、但屬於平平、難登大雅之堂耳、

喜春、年可十七八、容貌絕怪、且不善應客、平均一日間尚不能招一盤客、誠所謂抗刀貨亦可憐蟲也、

蘭香聞為菊紅之妹、性嗜勤喜跳搭、不論有客與否、胡亂亂跳、神經若狂、以後時觸客怒、恒遭皮肉之苦、姬年尚稚、不但容貌與乃姊相若、即從刀亦與乃姊相等耳、讀者皆謂不怪為姊妹花、宜其同出一轍也、

靈娟、為該班新人物、係年初自奉天素蘭下處接來者姬貌頗艶美、身體亦苗條秀麗、舉止活潑、頗能惹得遊者憐愛懸牌雖未及二月然車水馬龍客出如鯽、在該班中頗佔相當地位艶譽名噪、香艶動聽、然其殊粗魯、實則無一艶處可指並且面色灰敗、現出一臉烟氣、故識者皆謂不如改稱烟客也、其他君妹、滿堂、晴雯諸人、均為剔莊貨、殊不值得一談耳、

（未完）

查該制度設置之目的、固然是在充作警察之補助機關、自動的維持治安、但在都市內因警察機關已經完備的關係、其目的自然是不單止治安關係、就鄙見所及、以為還有助成都市一般行政的機能、關於此點、我們由大同三年度民政部大臣所頒發的關於都市、保甲之指揮的訓令、已可以明白看出其趣旨、

縱觀我們哈市的行政組織、並無何等中間機關、僅止以道裡道外兩商會居留民會、供僑事務局等為連絡機關、如以此等機關而欲使市民眞能徹底了解市政之趣旨、或使市民的總意反映於市政之上、實在是件難事、故本公署此次既見該保甲組織之成立、希望即以此組織為市政施行上之中間助成機關、積極的向此組織高呼、市關於各種宣傳調查及輕微的凡政事務、務請協力、依上意下傳、下意上達的趣意、至本市各種施設、為增進市民之福利已着着大舉功績、對於此點、亦祈由市民之擧、以改善而強化之、以下擬利用此機會、以聯合防護團長的資格、聊盡一言、

此次為本市之防空計已結成防護團、防空獻金、亦順利進行、結成式已近在數日之內、其團員的大部分、以保甲自衛團員充之、於本月十日舉行結成式、實深感謝、今後關於團員之訓練、或防空演習等之際尚希與以種種援助、

市署特殊結成式

七日午前在道裡公園

參加人員計一千三百餘名

哈爾濱聯合防護團於十日在南崗神社前廣場舉行大結成式、哈爾濱特別市公署、以及各附屬機關、共同組織之市公署、工作、交通、衛生四特殊防護團、為準備參加十日之聯合防護團大結成式、已於七日於總員千三百名出動之下、在道裡公園舉行結成式、及示威預行、其當日經過情形於下、

全體分四個團、整列後、當由市公署特殊防護團佐藤正俊團長、代表各團長致訓示之詞、略謂、

今日為哈爾濱特殊防護團舉行結成式、本人以市長任為團長、故就今日結成式之機會、對各位略作數語、以為結成式之訓示、關於聯合防護團之結成自去年以來、承軍部及各方援助之下着着進行、近將以十日舉行結成式、夫哈市防護團之結成、係以各警察署保甲作為單位、於每署管界、該一個團、將各團總括一起、故稱為聯合防護團、聯合防護團長、為施市長、副團長為于警察廳長、除上述者外、並由市內各官公署、及其他團體、單組特殊防護團、蓋即與吾市署特殊團相同也、防護團為備於一旦有事、或發生戰變、盡其責任、以保護財產及重要建築物、即為吾等所負使命、至我市署之特殊防護團、對於一旦有事、或災變時、盡保護市的建築物為責任、將來哈市如一旦不幸、發生災變時、諸君即宜不惜個人之犧牲、保護市之建築物、以盡吾人之天職、市署為吾市之根據、過有事時、自不能使之遂入天災人禍、及敵人手中、然此言之雖易、行之實難是以須先由鍛鍊諸君之精神着手、今僅就特殊防護團外面而言之、其他為如護、防火等、如何[illegible]、[illegible]法、尚宜週審計劃、始能完成防護目的、希望諸位、一致努力將來於有事時、全部出動、以盡吾人天職、再今天天氣奇寒、諸君熱烈參加、此結成式、敵人殊表十二分謝意云云、佐藤氏訓示畢、當由市公署防護團本部主任焦桐氏計表全體團員、宣誓謂、敵人市公署特殊防護團本部主任焦桐、茲代表各團員宣誓、吾等對於特殊防護團長適才之訓示、於敬謹遵循之餘、決即一致團結、謹此宣誓、

宣誓既畢、當由佐藤團長、暨各團長率全體團隊、由式場起、以四人為一小排、繞公園內一週、作示威之預行、旋後轉回原地、由工作防護團長之佐藤工務處長、引導全體、三唱大滿洲帝國、及哈爾濱特別市公署特殊防護團萬歲、即行解散云云、

濱江省公署特殊防護團之陣容

前田警務廳長為團長

總人員千三百〇九人

本月十日為哈爾濱聯合防護團結成式之日、除特別市公署、交通局衛生工作四個特殊防護團、於七日已舉行結成式大演習外、其他各機關之特殊防護團、均在着着積極準備組成中、濱江省特殊防護團之組織業已完備、其內容組織於下、

濱江省特殊防護團團長前田警務廳長、副團長伊藤警務科長、張行政科長、聯合本部連絡員、坂田督察官、本部分庶務救護兩班、庶務班班長由滿井庶務股長担任、以下設班員九名、救護班班長由神戶衛生股長担任、以下設班員二十九名、

分團——本署分團團長手島總務科長、警護班班長片岡薄務官、田下置班員十九名、火防班班長窪田警正、以下班員十九名、

工大分團團長市橋學務科長、警護班班長後藤視學官、以下設班員十九名、防火班班長山崎事務官、以下班員十九名、

實業廳分團團長牧野農務科長、警護班班長林事務官、班員九名、防火班班長大道技佐以下班員四名、

警校分團團長坂田督察官、警護班班長盛岡效官、以下班員九名、防火班班長山村教官以下班員四名、

以下省立學校連絡員原學務股長、

一中分團長趙貫以下役員十七名、團員二百八十五名、

二中分團長孫少榮、以下役員二十一名、團員二百六十三名、

工業分團長王志勳、以下役員十一名、團員六十五名、

女一中分團長高鳳、以下役員十二名、團員一百十五名、

（女二中分團長張繼周、以下役員十一名團員五十四名、

初中分團長李鼎彝、以下役員十一名、團員五十六名、

博物館分團長鷗島一郎、以下役員十五名、團員五十五名

俄中分團長「苦力 巴挑夫司基」以下役員十一名、團員一百〇五名、

以上濱江省公署特殊防護團所屬各分團總人為一千三百〇九人、各學校分團內部分主任係、庶務係、經理係、連絡係、警報班、警護班、防火班防毒班、救護班、交通整理及避難所管理班等云、

各隊署送警入學

【彰武】本縣警務局長陳景啓、及各指導官、鑒於本縣各隊各署警士、腦筋陳舊、智識未開、為造就警材起見、開設訓練所、所內事宜、黃主任担負、職教各員均由該局長股長指導官等担任、抽調各隊署警士入所訓練以期刷新警政云、

工科改農林學校

【延吉】本垣省立工科中學於客歲後學期之始、即經醞改為農林學校、祇以未蒙文教部許可立案、致而延遲至今、春期開學、該校吳校長、復呈請教廳、要求改稱、以符名實、教廳據呈當即轉兼文教部、[illegible]附案已明令照准、將工科中學[illegible]農林學校

（六）勝馬投票所內執務人員約四百名、賣票員服裝由俱樂部製做、藍色者為送票員、淺藍色者為窗口賣票員、均由女人充任、

（七）審判係、檢查係、及投票係、其聯絡方法係用電力番號表示器、非常稀做、

（八）發馬時、須馬在發馬點[illegible]

津部貼馬價一一分之三、

（十一）負擔重量及增加距離、係用乙種標準、

（十二）昭和七年各項統計、開催日數一二日競走回數一三二回、入場人員二一五、六四一人入場料八、六〇六元、賣得金額二、四二二六、〇六〇元、實金額一四九〇八五元、

第三節　京都競馬俱樂部

[illegible]

（一）馬道　外圍本馬場長一八〇〇米、寬三〇米、其次為障礙馬場、再其次為練習馬場、再其次為深約四尺之水池、能養魚、風景亦佳、惟無變換方向之障礙設備、場內亦植有極密之矮青草、開明年擬延長馬道、且新建障礙馬場、其經費概定為六〇〇、〇〇〇元、

（二）治療所設備之完整、為全國第一[illegible]

[illegible]

（未完）

濱江特刊

第五十三號
盛京時報北滿總支社
社址 哈爾濱道裡斜紋二道街一三
電話道裡五二七二番

信濟銀行清理問題
最近將圓滿解決？
被傳喚偵查之兩經理已開釋
將赴滬向總行索欵清理外債
別特洛夫等被釋後對俄報記者之談話

爲偵查信濟銀行荒閉之內幕、當局前曾將該行經理人別特羅夫及奧西白夫看押、前已偵查完了、已於日前將該二人開釋、據別特羅夫及奧西白夫二人對俄報記者有如左之談話、當局之偵查已認爲我等無罪、開釋時刑事科長曾招去面談三時之久、主要者關於信濟銀行之進行清理、相信各存欵將來必有滿意之結果、談話當時、科長曾要求共同努力解決此問題、我等必遵照此意盡力進行、以期達到良好之結果、當決定我二人中之一人赴上海一行、且已決定由奧前往、向上海信濟總行索討債欵、及限期存欵、情因克力捷爾、現已離滬、故頗困難、但尚不無希望、且五萬元之限期存欵、有確鑿之根據、必予照數發還云、

濱江省今年度 農業更生策
已經全國農務會議決定
省實業廳河村技佐談

新京實業部當局、爲研究農業更生辦法、及農村發展計劃、於本月五六七三日間、在京召開全國農務會議、濱江省公署實業廳牧野農務科長、及河村技佐、當時携帶議案晋京出席、於會議閉幕後、日前二氏業已返哈、本報記者、爲明瞭農務會議經過情形、及濱江省本年度農業施設各種計劃、於昨日午后二時、訪實業廳河村技佐、據談『實業發展計劃、所有施設預算經費、業由實業部規定、然目下尚未撥發到省、將由實業部支配、至於此欵、全國農務會議、所討論與本省有關之主要議案、計有一、關於模範村施設計劃案、關於優良種籽分配案、三關於猪種配給案 四關於農務會事項、五關於帝政紀念綠化運動案六關於省立苗圃施設案、以上各項計劃、大體均經決定、不過經費未定多寡、實行時、須臨時請求之、關於模範村建設案、目下在全省已設有十三處、本年度再建三縣模範村、即安達密山、賓安是也、每縣第以六百元之助成金、仍行照以往模範村辦法、配給優良種及各種農具、模範村爲地方農業之領導、力求發展此外對其他縣將來或依地方情形、亦行斟酌成立模範村、故將來各縣農業之發展、定可期待、關於優良種籽數之分配、以繼續本年度之辦法、斟酌辦理、本年度預定春耕時期所發之種籽、均係去年秋季購買之優良籽種、計有大豆八百石、小麥一千一百石、本年度並將實行採種辦法、原定委託阿城、双城、海倫、望奎等五縣、代爲採種、嗣經此次農務會議決定、再增添七縣、共爲二十二縣、所選各縣之採種苗圃、每縣規定三十九垧良田、每垧補助經耕費五元、託爲植種、如果今新年成績良好、將來即將利用此種辦法、關於猪種之配布、仍利用本年度之辦法、在距省較近各縣於農村中分配猪種、將來以猪種爲模範、撥充省內各縣皆利用一律之猪種、關於農會之改組及設立、並內部之組織、均已詳細調查、臨時呈報實業、關於植樹運動、本年度與往年不同、以往植栽之樹、由樹種不良及方法不佳致所栽培之樹苗、均不良好、且多數枯槁、故本年度爲防止樹、木之枯槁、乃徹底研究栽培辦法、目下實業部定妥極優良之樹苗二百萬株十分配比例及植樹日期、尚未規定、現已合格省調查應栽培樹數若干、俟各縣報告到齊、濱江省植樹苗即可確定、關於省立苗圃、去年度在呼蘭縣、車站之西方購妥苗圃一處、計面計十垧、預定本年四月着手籌備、大約在四月末日、即可正式成立、

以上爲此次會議決定者、至詳細辦法、須待詳細規定後發表云、

本市製粉業
二月份生產量

本市製粉業數月來之生產數量、每月均見良好、益見振興、據調查二月份之生產量、仍有可觀、茲將各製粉工廠外業日數、及製造與銷售數量誌下、

雙合盛操業二十九日、製粉十一萬兩千三百十九袋、市操輪出量三萬八千四百五拾八袋、市內銷售額五萬九千一百九十九袋、日滿製粉公司操業二十六日、製粉十七萬九千九百七十一袋、市外輪出量六萬六千五百五十七袋、市內銷售十三萬三千二百六十九袋、義昌泰操業二十五天製粉七萬五千八百五十三袋、市外輪出量三萬一千零七十三袋、市內銷售量四萬零一百六十六袋、裕昌源分公司、操業二十六日、製粉七萬五千零六十九袋、市外輪出額五萬五千四百袋、市內銷售額三萬二千一百四十一袋、天興福廠操業二十五日、製粉十一萬六千零五十八袋、市外輪出量九萬六千二百八十九袋、市內售出額五千九百卅一袋、天興福四廠、操業二十五天、十三小時半、製粉八萬零四百廿袋、市外輪出量五萬九千七百十三袋、市內售出量一萬二千零五十四袋、成泰益操業二十日五小時、製粉三萬六千四百八十六袋、市外轉出五千八百七十五袋、市內銷售量一萬一千零一十六袋云、

濱松 花事漫談 (十一)
(瘦竹軒主)

蓮香班爲南人李某開設、班中事務悉操之於女掌班紅頭鬼子(綽號)之手、院中有妓女十數輩、殆皆爲南朝金粉、茲復就所知拉雜記述如左、

小銀子、最初隸已荒之雙鳳院、時姬年尚稚、樹清倌人之牌號、人以其姿首豔麗、不乏有捧場者故得與當時羣花一時之竹第美第諸、妓芳名並蓋一時、迨雙鳳院於水災後、停止營業即改隸蓮香班、仍樹清倌人之旗幟、乃未久、受同院積習湘君之薰染、惡習漸深、平日行爲亦漸任性妄爲、無復當年婉靜嬌小之活潑天眞矣、既而谷放蕩不能自已、藉出條子侑酒爲由、秘密與意中人、在班外苟合之事、時有所聞、無何、腹竟膨脹大起、蓋與某浪子私通數度、珠胎已暗結矣、旋於十月孕期已屆、卒產一胖小子、然不數月而即夭亡、自是滿城風雨青倌人私產野子之事、遍傳圈城、妮子之名遂大破裂、引爲一般風流話柄、然個妮子也則反洋洋自得、不以爲然、似尚引爲一身快事切、

今後對私立學校 應取積極政策
俾符建設途上官民協力之實
各縣私立學校及學生數

濱江省以下二十八縣旗中、一縣設有私立學校、共有學校三十二處、學級七十七級、學生數目男女合計二八八六名、此等學校、有天主堂設立者、有佛教會設立者、更有地方慈善機關設立者、至於以私人資格而設立者、爲數極少、且此等學校之歷史、皆極久遠、事變以後、幾無設立者、故政府對私立學校、今後應取積極政策、而予以奮勵、俾符建設途上官民協力之實、茲將十四個縣私立之學校、及學生數目、摘錄於下、

呼蘭一校學生五七七人、賓縣一校學生四〇人、雙城四校學生四三六人、五常一校學生三二七名、肇州四校學生三九四人、肇東二校學生二八人、安達二校學生二四二人、望奎一校學生四〇人、綏化三校學生二十一人、東興一校學生四六人巴彥二校學生一七二人、穆稜一校學生一四三人、綏楞一校學生三〇人云、

欲脫離終無藉詞 唆友人實行姦汚
一幕撲朔迷離之怪訟案

向有東方小巴黎名稱之哈爾濱特別市、千奇萬怪之事子、迭見層出、近來市內、又發生一件撲朔迷離之案、詐與奸淫案、茲將案情經過探誌於後、

曾經一度爲高貴生活之張治清、年三十六歲吉林省人近以生活無着、異想天開、竟印刷名片、僞冒英商辭茂水火保險公司總經理、藉資詐財、自施用此法後、一般愚蠢者流、受其害者、誠不知凡幾矣、於上月竟至友人范學玉(年五十歲前北滿被服廠廠長)家、聲言代爲荐事並云辭茂公司需顧問數名、如能交保證金二千五百元即可就職范子玉因其說得頗易半信半疑、但因老友之關係、遂留張暫住於家內、以待機籌欵、不料於此期間、某夜張竟私入范之二妾婁雲途(年二十四歲濱江人)室內、頻施引誘、並強行無理、逼脫下衣(但是否已被奸汚非局外人可知)婁雲途爲保全個人名譽、隱璧不肯外揚、至翌日、婁因受不白之冤、當向夫述說、不料范不但不聽、且深責雲途不應聲揚、同時范之女婿莫賓忱、(即前舊政權時代駐大使之八弟)從中挑撥謾罵、雲途無恥、並揚言即打死汝有兩萬元之官司即可完事、雲途處此悲境、亦只有向壁之嘆而已不料一波未平而一波又起、張治清見騙計不成、遂又易遷他家、於月之十二日午後四時、趨往道裡七道街魏楨家、亦爲言代魏荐事、但魏乃社會中之老手、老成練達、一見即知欺騙、但因朋友關係、惟有不墮其圈足矣、對其惡劣行爲不加干涉、不料翌日傍晚、張又往魏家、適偵魏因事外出、僅其妻王氏在家、張入屋後、即詢王氏錢備妥否、如保證金等齊備、明日即可上班、王氏不曉個中情形、只云無錢、此際適范子玉之二妾婁雲途至魏家串家、曾見張在屋

日本馬政視察報告
【四】
哈爾濱賽馬場技佐 趙允捷

(三)昭和九年各項統計 開催日數一六日、競走回數一七六回、入場人員一九六、五一三人、入場料一六四、七七一元、賣得金額一五、五三七、四二〇元、賞金額五一一、七二五元、

(四)其他 觀覽席厩舍勝馬投票所等、大致與東京競馬俱樂部同、惟據他人評論、東京競馬俱樂部官僚氣重、本俱樂部則完全營業化、故其成績較優、比亦競馬界最應注意之點、

第四節 阪神競馬俱樂部

本俱樂部因在大阪神戶之間故名、但又因在兵庫縣武庫郡鳴尾村、故又名鳴尾競馬俱樂部、因距大阪神戶兩地均不遠自動車可直達、且通廣電車、交通極爲便利、故其入場人員及賣得金額爲全國第一、

(一)馬道 外圍本馬場長一、八四五米、寬三二、七米、共次爲練習馬場、再次爲障礙馬場、亦均生有厩舍之設青東、

(二)觀覽席 爲四階、亦分一二兩號、館內部多係大理石築成、美麗異常、各部與東京競馬俱樂部略同、

(三)勝馬投票所 在觀覽席之下部後方、對勝票人之運動上、頗覺便利、當馬已入場未發之前、觀覽席上之人如欲購票、其到投票所之運動、甚爲便利、非如其他俱樂部於走下觀覽席之後、尚須再走較遠之距離、不但運動不便、且時間亦不容許、此爲較優之點、惟因限於觀覽席之建築投票所、較爲窄長、聯絡上稍較不便、

(四)電氣時計 在投票所與馬匹預選所之間、有一大電氣時計、係三面裝置、在任何方向均能得見、可使入場人正確時間、對購票上可免延緩遲誤之弊、

(五)優秀能力賞等 本場於各種競走、均規定標準速度、如超過此標準速度、即投與賞金五〇〇元、對騎手亦投與紀念品、此爲本場之獨有辦法、

(六)昭和九年各項統計 開催日數一六日、競走回數一六六回、入場人員二一九、一〇九人、入場料一九三、九五一元、賣得金額一七、五四四、八六〇元、賞金額五一七、〇二〇元、

第十六章 地方競馬

地方競馬場、共有百十七處、歸各地方畜産組合或聯合會統轄、競馬開催時、由道廳府縣派監督官並檢查監督其會計、爲達成與地方產馬有密接連繫之目的、於昭和八年、將競馬規則一部改正、對於馬強制登錄、開催日數與競走距離亦均延長、速步競走分爲遠步騎乘速步、競走距離、馳步由八〇〇米至三、四〇〇米、速步由八〇〇米至五、〇〇〇米、無障礙競走、至各種金額率退還金、爲勝馬票實得金額百分之七十二、地方官廳納付金爲其千分之十四、所在村稅金爲其千分之三、競馬場純得金爲其千分之二百六十三、

第一節 長岡競馬場

本場位於京都長岡地方、距京都不遠、且通火車及廣電交通稍便、在地方競馬場中、可稱一等者、競馬於京都府畜産組合聯合會、

(一)馬道 本馬場長一〇〇〇米、寬二一米、並無練習馬場及障礙馬場之設備、[illegible]

殊不知事傳出後、幾切花錢客中、未嘗其[illegible]、酸素突發、皆琵琶別抱、另求所歡、因而阿妮子之假牌淸倌賣笑生涯、遂致一落到底、陷於『抗刀的狀態』、此大同二年秋事常涉足平康諸君子當能知之、飛軒主飛短流長、有意對姬加以攻擊也、姬於私產後、桃源洞未經開鑿、即自然的改樹紅倌人招牌、隨意開始留客、惟姬終不失爲聰明女兒、反省生涯失敗之『然』及其『所以然』、潛心悛改、悉心待客、是以皮肉生涯、漸呈活況、年前大得道外某署長之賞識、過從頗密、曾憶妮子、因細故、曾與其領家某發生齟齬、赴南新署涉訟途中、某署長代妓不平、當與某科譯官某等、以三足之小電驢子、將姬接入某旅館、並向南新署當道者、爲之說項、妓乃無條件獲勝、曖妮子、雖一賣肉者、然能支配署長譯官共魔力亦云大矣、

紅第亦爲南妓、揚州人、年可十六七、貌殊美、皎潔如玉、婉靜嬌小、亦自玲瓏、而天性落落、平居絕寡言笑、惟每經挑逗輒凝眸一笑、嫣然遽去、頗足惹人憐愛也、姬最初於四五年前幼稚時代、隨阿母於桃園書寓、練習娘姨事務、旋漸長、依女大十八變之天然定例、惹人屬意、阿母亦認姬爲奇貨、故遂解除當姨娘的打算、於二年前、送入已荒之鴻春院、取名紅第、懸出淸倌人之牌號、而正式座客焉、[illegible]張出、一鳴驚人、報效捧場、[illegible]大有其人、以是芳名雀噪一時、乃未一年、鴻春院亦因不能支持、而實行關門、妮子遂改隸蓮香班、仍以淸倌座客、業務之盛不減往昔、惟自昨年秋經某大腹賈、以百餘金之代價、爲之開洞、後態度大變、致遺一般非議、以致生涯中落、幾一二日無光顧者、非無因也、

寶寶上海人昨年夏間、與同院淸倌人艷芳諸妓、由內地來哈、搭入蓮香班、下水座客、伊人貌中年、而體膚細膩如綿性誠實、溫婉善體人意、事由極佳、在該班中頗佔相當地位、（未完）

內、不由無名火起、但因一弱女子、又不能將張奈何、妻於此時、將王氏呼至外屋、將前次夜中被汚之情形、逐一陳述、不料竟被張某在屋內聽見、以致老羞成怒、闖出屋外、責妻以老拳、妻一懦弱女子、遭此暴毆、當即昏絕倒地、不醒人事矣、張睹狀知已肇禍、急忙竄逃、匿於太和賓館、妻被毆遍体鱗傷、嗣經魏夫婦送至附近醫院、尙無性命之虞、妻雲途屢遭張之汚辱、一再期圖自殺、但與范結婚之時、乃是魏楨代爲介紹、彼時范聲揚嫡妻、已經剃髮爲尼、絕不再來、不斯與妻結婚後、則大婆何嘗爲尼、但木已成舟、亦無可奈何、此次妻遭此不幸、當求介紹人爲之援助、負有媒人責任之魏楨、當亦不能坐視、於妻被毆後、即各處尋緝張治淸、並至小公園派出所報告、請求査緝、詎知寃家路窄、於昨十四日午前十一時、魏竟在道裡十二道街同發隆門前、將張遇見、魏當即婉言聲稱、妻已不欲與彼經官等語、張信以爲實、於是兩人遂携腕同至十一道街慶齊樓鴉片零賣所內吸烟、至此魏以有機可乘、除通知妻雲途外、並報告小公園派出所、未幾妻及警察皆趕到、當即將張逮捕、送往經緯警察署、將來如何判決、殊爲一般所注意云、

又關於此案、據個中消息、范之驅婿及張之欺詐、純爲事實、同時並有相當證據、惟張深夜入妻雲途臥室、及莫須[illegible]威嚇妻雲途等事、皆爲范子玉一人之主使、其原因因范擬與妻脫離、但終無藉詞、故出此下策云、

第二中學前 發生路刼案

被刼之姚某看押中

道外南馬路粹子廠、住戶姚吉田、（三三）現充南崗電業局工人、於六日下午十時許、步行歸家、行抵許公路第二中學校前空場處、突遇刼路匪徒二名、當時攔住去路、遂由腰內掏出手槍恫嚇、當將姚某拉至難民區西側橋下、以鐵絲捆綁摔倒地下、由腰中搜出國幣十三元、仍恨不足、復將所穿之衣服、完全剝去、搶畢向東逃走、姚某身上無衣、大呼救人、幸有通行過橋某君、聞聲奔前、將被綁之姚某解開立至許公路分所報告、據報之分所、因此案發生離奇、更乘姚某素日係是嗜賭之徒、故斷認爲此案發生、不無隱情、遂將姚某、備文送至經緯署羈押、一方正在各方面實地調査姚某之品行中、諒此案不久亦必水落石出云、

松江北岸 何來怪光

當局嚴重調査中

十二日夜於松花江對岸、自松浦鎭後方突發現强烈之探照光線、投向哈市、此怪光自八時亘數分鐘之投射即行閉熄、當時市內以爲或係松花江上船舶修理用之强烈燈光、惟據悉[illegible]某別莊住宅後方發出、[illegible]故當局對此頗爲緊張、當即派遣幹員嚴重開始調査、該處某國人之住宅矣、最近在滿蘇聯領事館閉鎖、及哈爾濱蘇聯人返同本國以及哈市內潛在蘇聯密探之跳梁行爲等項蘇聯之淺惡方面、對於滿洲國方面頗屬尖銳化之頻發刺激、對此怪光之疑惑、或係有何等策動之機關設置、以故當令所轄署即時從事嚴重調査結果如何至堪注目云云、

康德二年 發出許可

哈爾濱警察廳、於去歲康德二年度、全年中所發出之各種營業許可數目、現已統計完畢、並於昨日發表、哈爾濱市內之商業興替、由此表則可以窺知一般矣、共詳情如下、

轉運營業廿六件、代書業二件、錢莊廿二件、介紹業十二件、印刷業四十八件、鐵爐業七十二件、軍衣莊一件、染色業六十八件、漿洗業九十四件、卜相巫星業四一件、攤商四百十八件、旅店營業四百卅六件、硝皮業十九件、當舖爆十五件、古物商二件、烟火營竹販賣業十一件、以上各種四業許可者共爲二千二百七十七家云、

監察院整理地方行政 施行地方行政監察

在哈監察日程業已決定 哈市各機關準備歡迎中

溯自滿洲建國以還政府爲澈底瞭解、全國各地行政機關之施行、監察院特遣中村寧武岡二行政監察官、蒞哈監察、哈市各機關於日前接得此項通令後、俱在準備歡迎中、茲將其擔當日程擇錄於下

擔當者中村寧監察官

三月廿四日賓縣公署、廿五日同、廿六日司法公署同看守所、廿八日濱江稅捐局哈爾濱稅捐局廿九日休息、卅日濱江省公署總務廳、卅一日同、四月二日濱江省公署民政廳、三日同、四日濱江稅務監督署、七日同、八日哈爾濱稅關、

擔當者武岡監察官

三月二十四日阿城縣公署、廿五日同、廿六日司法公署同看守所、廿七日、廿八日哈爾濱郵政管理局、廿九日、卅日濱江省公署教育廳、卅一日濱江專賣署、哈爾濱航政局、四月一日濱江地方法院、地方檢察廳、二日特別區地方法院、地方檢察廳、三日濱江監獄、四日特別區高等檢察廳、五日哈爾濱榷運局、六日哈爾濱地畝管理局、七日哈爾濱木石稅同戒烟分所云、

討蝨運動 市署防疫股 正在籌備中

哈爾濱特別市公署、衞生科防疫股、爲預防發疹傷寒等傳染病、及珍愛各人生命起見、定於本月二十日起舉行討蝨運動、期籍捕滅傳染之媒介、至於討蝨捕蝨之辦法、係用熱開水洗衣、用陳醋及熱手巾蒙諸頭上、而殺髮中之蝨、至與其他討蝨運動之內容及諸般計劃、市署衞生科防疫股正在積極籌劃中、待全部決定後即行公表云、

俱樂部、於去歲同時受有同等之颱風、故觀覽席上之蓋、被風吹毀、尙未修復、收容力一〇、〇〇〇人、不分等次、

（三）勝馬票　每張一元得中時、先領退還證、後領退還金係兩層手續每日約賣二〇〇、〇〇〇元、

（四）開催日　辦及賞金、每季開催日數、四日每日舉行一二次競走、每日賞金約五、〇〇〇〇元、

（五）厩舍　有固定厩舍一〇棟、厩臨時厩舍一〇棟、收容馬二〇〇頭、

第十七章　獸疫調查所

[illegible]隸屬於農林省、位於東浜市龍野川區、總面積爲八、三三七坪、業務分三種、計第一部、調査事業、第二部、血淸製造事業、及獸疫預防講習事業、各種査室研究室製造室、設備屬完全、能自造血淸三十五種、每年發賣血淸價額約在三〇〇、〇〇〇元以上、於本年九月四日（即視察之日）實寄滿洲國炭疽血淸一〇〇、〇〇〇格蘭姆、現正研究製造能增進生殖能力之血淸、如能達到所期的、則獸類之增殖、當開一新紀元也、據該所技師告知[illegible]

痘病特多、頗希望滿洲國早日設立此種調查所蓋獸類之衞生防疫須國際間合作也、（未完）

哈爾濱市 康德三年度 市稅條例說明 【十二】

至爲市稅體系之繼備 要與徵稅手續之改善

（八）粮捐

粮捐係於康德二年七月一日、將從來本市徵收之四厘粮捐、五厘粮捐、由哈爾濱接收之粮捐、合併減輕、課率、制定現行粮捐、施行上雖曾有種種之難困蒙業者之多數同情、迄今成績尙屬良好、關於本捐地方稅法說明書中、已曾記載、乃許可暫行設置之捐稅、本市於可能內、亦擬由明年度起、廢止、惟當此酒捐二十萬圓、與北鐵市稅二〇萬圓合計特捐之替代財源之本捐歲入約二〇萬圓餘、佔今日市稅中之一成強之良好財源、如立即廢止、則直接稅之營業稅、房地捐更將增加無已矣、故暫時照舊存置其他捐稅整理告一段落爭、再行整理、

本年度[illegible]計算爲二二萬圓之半年分預算、豫想明年度直通一成、豫定[illegible]〇萬圓計算、貨物、必將增加收入、將被少[illegible]希大家究[illegible]市財政之立[illegible]徵止之事實、[illegible]不

濱江特刊
第五十四號
盛京時報北滿總支社
社址　哈爾濱道裡斜紋二道街一三一
電話道裡五七二二番

珠河縣王縣長張會長舞弊案
辯論終結將宣判
昔日堂上客今日階下囚
貪官汚吏盍當鑒諸

嘗去年四月間濱江稅務監督署某調查員、視察各縣抵珠河之時、該縣縣長王鳴山等商務會長張濟馨狼狽爲奸、假託餽附調查員禮金爲名、每屠商份、歛收國幣四元八角、統計約千餘元、盡入王張二人之私囊、此外又擅徵糧石捐與菸錢捐、按百分抽一之辦法、儼若國課一般、雖舊吉林省民政廳調查班、明令禁止、而該會長因有王縣長之護符、於新省改制後、仍敢勒收如故、其專橫覇權橫徵暴歛之情形、實令人聞之髮指、經本報一度將其魚肉地方之事實揭載后、遂引起各方之注意、結果果由主管之省公署、將王縣長及張商會長一併拘捕、審訊屬實、遂轉送特地法院、濱江省公署當道之果決英斷、由此一點觀之、殊不禁令人欽佩不置也、王張二犯自去年七月間、被捕入獄后、經幾度展轉、兩月以前始送歸道外濱江地方檢察廳、經大塚檢察官愼重偵察之結果、業將以上所具舞弊情形察實、於日前送歸審判、刑庭由韓推事承審、日昨開辯論庭、當時大塚檢察官親自蒞庭、當堂要求判處前任珠河縣長王鳴山六個月有期徒刑、一百罰金、前珠河商務會長張濟馨、判處三個月徒刑、定於廿八日正式宣判、將來果如何判決、容訪續誌云、

省署招開
預算方針會議
來年度預算分三個時期
各廳長科長均出席

濱江省公署、康德三年度縣預算、因奉中央令改革年度、自一月起至年末關係、因三年度之各縣預算、提出呈報過遲、以致省公署查定及中央批示、亦均因之過遲、故三年之預算、迄今中央尚未審定、經財務科長會議結果、依去年例、該署金井總務廳長、有鑒於此、於月之二十一日、招開康德四年度預算方針會議、除各廳長外、並有各廳科長一名、計出席者金井總務廳長、唐事務官、民政廳長李叔平、張行政科長、教育廳長、梁禹襄、石橋科長、千田警務廳長、伊籐科長、葆實業廳長、科長一名、由金井廳長提出關於來年度預算應提前着手並編制方法步驟之議案、當即議決、並特開科長連絡會議、討論來年度預算之三個時期、第一時期由各關係科長規定編制方針、第二時期訓令各縣提出、第三時期省公署查定呈報中央審定、並聞此次關於預算會議、除財務科長外、並有其他各廳之關係科長、連絡出席、以備有不熟練之處、並訓令縣方呈報時、至少二十份云、

哈市日鮮人
二八四〇四名

據日領事館所調查、哈市之住居日鮮人、由一月末至現在、日人增加二九二名、鮮人增加四一名、茲將各地點住居戶口人數披錄如左、

日本人	戶數	人口
埠頭區	三一七一	一三五六九
新安埠	二五七	一一八二
新市街	二二四〇	七五一四
馬家溝	二二四六	四二九二
上號	六一	二一六
顧鄉屯	一七	二五
傅家甸	四一四	一二一四
三棵樹	二一〇	三七六
太平橋	三	三
松浦	一一	一三
計	七五三〇	二八四〇四

鮮人	戶數	人口
埠頭區	二六八	一五〇四
新安埠	一八六	八二八
新市街	一〇二	三九七
馬家溝	四五	二六六
上號	四一	一六三
顧鄉屯	九九	五二一
傅家甸	六二六	二三八八
三棵樹	三七	一六四
太平橋	一二	五七
大夏哈	二三	九四
計	一四五七	六二八二

市署王屬官
赴日見學
期間爲一年

哈爾濱特別市、自施行教育統一以來、對於各小學校之設備、及教材等、力求整頓改善、近爲熟知日本之教育狀況、已決定派遣教育科屬官王恩惠氏赴日見習、期間爲一年、期滿歸任後、對哈市教育、定有一番新供獻、聞出發期預定在四月初旬、目下該氏正預備一切中云、

地檢廳附設之
法警訓練所開幕
陳廳長對學生有所訓示

濱江地方檢察廳陳廳長、鑒於一般司法警察、多對於學術上欠缺研究、故爲提高司法警察之知識、及養成清廉之品格、特於該廳附設司法警察訓練所、業經呈請司法部批准、於日前正式開學授課矣、茲將開學時陳廳長之訓話探錄於下、今天是司法警察訓練所開始工作之日、本廳長因負傷未愈、不得躬自對各司法警察講話、自己感覺得十分不滿意、因爲事實上之關係只得委託代表人將我要說的話、替我說出、你們雖然是已經在本廳担任司法警察職、但是對於職務上之標準限度、還有相當的距離、這種原因、是在本廳長官、沒給你們甚大的督飭、寔在說起來、你們的學識經驗與實行、大部份也有改進之必要、且司法警察責任之重大、在今文明國家、與我滿洲國之最近將來、全是你們所想像不到之繁重、在此法權收回聲中、你們如果不走訓練之一途、恐怕你們的位置、馬上就會發生問題、即或長官對於你們、將來尙寬一時姑恤、但對司法之進步、影響之大、莫可言喻、這是本訓練所所以不能不積極設立的、在本所未成立之先、一切準備、很費相當的力量、如書籍之選擇、教師之延請、完全依着本廳長在職務以外極力設法、還原是爲公務的進展、與你們的前途、能有今日、已非易事、然而還不過是事前的一種階段、從今天起、就賴你們各個努力了、現在本廳長對於你們、有下列三點希望、一注重課業、你們訓練期間、雖然是短短的三個月、可是在這三個月期間、日文你們可以得着相當門徑、別的課程、如果完全了然與熟記、那時你們就是本廳很建全的人員、所以你們每天上課要精會神、下課要用心熟讀、將來修業完了、我要考試的、如果結果太不良、擋不住要影響你們的進退、這一點你們要注意、二改換精神、以前因爲你們學識欠缺、應付職務、頗有不適當之處、嗣後我在灌輸你們學問之外、並在不定期限請㗈外有學問的人或我本人做各講演訓話、所以今後你們必要拿出另一副精神、來應付一切、不得絲毫草率服務、不得有任何出乎法規以外之行爲、然後本所之設立、可以說達到目的了、三、成爲模範司法警察、哈爾濱社會情形、繁雜之甚、爲全

鐵路局嚴厲整頓
行李包裹授受手續
昨已通飭各方注意

哈爾濱鐵路局、關於行李包裹之授受、雖經鐵路旅客及行李包裹運送辦理手續第一四〇條及第一百四十五條規定、應由本站當事人員與業務員相互間當面接洽、但並未遵照規定辦理、尤以混合列車、不時發現、由脚夫慢然授之情事、查如是辦理、不特難期貨物授受之正確、且爲發生事故之誘因、故嗣後關於授受一節在車站方面、應由當事人自行辦理、在事務員方面、嚴避車站當事人之外者之授受、該局現已以書面通知各關係方面注意、遵照辦理云、

哈爾濱特別市
婦女救濟所規則

第一條　本所隸屬於哈爾濱特別市社會事業聯合會、專司辦理救濟婦女事宜、

第二條　本所設置左列各職員、
管理員　一人
事務員　一人
教員　一人
書記　一人

第三條　管理員承社會事業聯合會正副會長及常務理事之命令、指揮管理及執行所內一切事務、並監督所屬人員、

第四條　事務員承管理員之命、辦理文書、會計庶務、調查、保管各事宜、

第五條　教員專司教育本所婦女事宜、

第六條　書記辦理收發繕寫登記事宜、

第七條　本所設置看守婦一人、厨役一人、雜役二人分任看守、烹飪、掃除、清潔各事宜、以選用入所婦女爲原則、但須酌給工資、

第八條　左列各款、婦女得逕行投所、經由本所隨時會向警署調查屬實、并呈經社會事業聯合會核准後、均應照章收留、
一、被人誘拐爲娼、或被強迫賣淫之婦女、
二、不願爲娼之妓女、
三、受領家虐待或被勒索重價、阻碍從良之妓女、
四、受主人凌虐之婢女、以及無家可歸乏人收留之婦女、
五、其他因案判決或經主管官廳查獲誘拐發交之婦女、

第九條　前條所列二、三兩欵、投所之妓女、無論該領家有無虐待誘拐及阻碍從良情事、其所需身價、均不給還、所有押賬借欵、概歸領家擔負、

第十條　凡投所之婦女、如有債務或其他關於民事之事務、須經法律解決者、得由法院函知本所、提送到案、惟於審訊完畢、或經判決後、仍應送交本所收容、以資救濟、

第十一條　凡投所之婦女、均須受相當教育、六個月以後、方准擇配出所、但有左列情形之一者、得由所變通辦理、
一、婦女在所三月、經法院判決無親屬認領、或妓優經法院裁判領鴇等延不到案、過三月期間官廳無法處理、或司法行政各官廳判決之婦女送所寄養、待家屬來領逾三個月不領者、均得由所呈明擇配以免久羈、
二、良家婦女、因一時氣憤投所、未逾一個月、由其父母或本夫來所具領、即該婦女情願出所者、本所得呈明社會事業聯合會、准予隨時免費給領之、
三、在所婦女、確係性質優良、品行端正者、由所查明屬實、准予縮短出所期限、但至少須在三個月以後、

第十二條　凡在所各婦女、應由管理人員、隨時考核其品學優劣、酌予獎懲、

第十三條　在所婦女、如有懷孕者、在其產期間、則轉送育嬰救產所、其所生子女、即由該所收養之、

第十四條　凡領取本所婦女作爲妻室者、須限於確有正當職業、殷實資產之滿洲國人、並取得其擬請領該所女之同意、然後開具姓名年歲籍貫、職業、住址、取具正當商號保條三份、經由管理員會同該管警署、派員詳爲調查、并核對舖保確屬實在、再由本所呈請社會事業聯合會、核准派員復查無異、再行監視發給證婚書、一證婚書四份、各貼男女像片一雙方會同簽押、嫁領人各執一份、其餘一份存所、一份轉送聯合會備案、社會事業聯合會、派員復查時如發見住址或職業不符、以及其他不實不盡情事、所會一切責任均應由具保之商號負擔、

第十五條　凡欲領取本所婦女者、須將應繳各費如期繳清、方准領娶、其繳費數目規定如左、
一、教育費分甲乙二等、甲等國幣六十元乙等國幣四十元、
二、膳費每月以八元、計算以六個月爲限、計國幣四十八元、

第十六條　凡所女年在十三歲以下、准予領作養女、應繳教育費膳費國幣八十元、所有具領手續、與第十三條相同、但不給證婚書、

第十七條　凡領出所女以[illegible]

松濱花事漫談
(十二)
(瘦竹軒主)

四喜班小喬、南方人、前金寶班主人徐盛魁之養女也、昔日在四喜班時、芳名雀噪客多如鯽、其人玉骨冰肌芳澤無加雕年過二十有三四而逸韻生風媚艷卓杷、平時不施胭脂、以本來面目見客、益顯超脫可人、有若清水芙蓉蓋其所以然者、妙地杷夫彫飾耳、姬幼從鴇歌者習歌唱、頗具根底、而一串珠喉、流轉如鸝音入耳、聞聲對影、眞令人消魂也、惟平居寡言且不善應酬、恆遭客人非議、是其疵耳、當地某司令官素喜遊平康里、與姬一見傾心、極效其力、曾有築金屋而藏之意、嗣以某遂中止、故直至今日、姬仍株守該班中、事業殊爲冷落、兼之其養父經營金寶班、荒閉後、所負外債、皆肩於姬之一身、以致伊人爲債所累、已至不能翻身狀態、殊一可憐

蟲也、(四喜班諸姑娘除小番外無一出色者、故略之、茲復就懷春樓未及者而談述之)

懷春樓之諸妓、除翠翠、鈴鈴、湘雯梅秋已如前期記述外、尙有鳳第共人者、蘇州人肌膚雖不甚皎潔頎身玉立、情致嬌憨、尤以其人性喜清幽、秀韻大成、雖在風塵、常深自秘匿逛者喜其爲人、多廣爲揄揚之、是以賣笑生涯、超於儕輩、友人老虎頭深曬之、每有宴會必招姬侑酒、而姬亦機警敏慧、善體人意、週旋應酬、毫無倦容、惟不善歌唱爲美中不足耳、

小紅爲懷春樓之新人物、居後屋、陳設非常明綽、爲該班中之最紅者、姬滬人、年可十八九、舉止風韻、有如閨閣中人、惟身體弱小、不能歌唱皮簧、較爲遜色也、

蓮香亦南人、原於漢口操業、於去年冬、始偕乃妹蘭香來哈、搭入懷春樓、應客、伊體健胖皮膚潔如白玉、明眸似水、髮鬟如雲、而風度高雅、無折腰鵬幽習氣、且能歌、凡蘇揚小調、靡不工之、尤以仿王人美歌「特別快」「漁光曲」諸歌、清脆自然惟妙惟肖、姬天性殊温婉、無青樓中人之劣態故騷客墨士、多樂而就之、老友沈君、詩人也、性豪邁、[illegible]一日相率逛懷春樓、[illegible]室歌「特別快」曲心爲之動、乃招來正式締結假夫婦約、而[illegible]宿焉、自是日必[illegible]、每至必令姬歌是曲、[illegible]半年來若一日能不羨煞邊人乎？

蘭香、爲蓮香之妹、高於乃姊、姿首翹麗、眉目軒爽、亦善南北曲、嬌喉一囀、飛鳥遏音、祗以初自南方來、不諳當地普通習俗、故當地人以多不適口味、爲其缺憾、某日偕友雙數人、遊懷春樓、忽聞另室有吵鬧聲、詢之始知、有北方人客某、以泥週旋失當、姬發生風波爲勢頗甚、嗣經余出爲排解、客始去、

春鳳、一雛妓也、爲蓮香之同姊妹、係客冬隨蓮香姊妹花[illegible]來者、小妮子前在滬江曾從師習唱、故皮簧歌曲莫不能之、[illegible]其人物也、天眞之態一若同班鈴鈴姑娘、但素跳躂、週旋於王孫公子間、不問客爲何如人、打鬧玩皮、不能自禁、客喜其活潑可愛故去不加厭惡亦尤物也、

(完)

滿之冠、種種罪惡、不可指數所以地方檢察廳、相當的責任都很重、而你們呢？若是把應盡職務、應付裕如、你們今後無論到何處服務、可以說全可以給他們作模範、現在我們就從今天起、上下開始努力、他日若能達到所期之目的、則本廳有厚望焉、

哈爾濱鐵路局

三月下旬之 貨物運用計劃

特產穀類存貨日減 濱綏濱洲雜貨增多

哈爾濱鐵路局關於三月下旬之貨物運用計、於昨對記者發表茲錄如下、特產穀類因前對於輸送增配、而其存貨、日見減少、前旬末、沿線存貨濱北線約四〇、〇〇〇噸、濱洲線及烏吉密河合計約五〇、〇〇〇餘噸、除此而外、業有一掃狀態、而本旬之出貨一般存貨較薄、因有高漲之觀察、因此少有不可期待、濱北綫大體三、〇〇〇噸內外、預想京濱線其他合計約五、〇〇〇噸之穩度、或更有減少、亦未可知、至於所續存之貨物、在前旬末之輸送力、業已一掃對新規出之貨物、加以迅速發送、以期本年度掉尾之特產輸送終了、向北鮮線方面發送之豆餅、因地方春期耕種、濱江發一日僅七五〇噸、濱綏線發之木材石料類、現雖貨甚多、然而因氣候上升新木貨略見起色、土木建築界亦將活躍、牙不力及橫道河子發之一般木材、葦沙河及其他發之局用枕木、以二層甸子爲中心者、一日能裝載一五〇車、又小嶺發石灰原石等、裝載能力漸增、一日有四五〇噸之輸送希望、是以穀類較盛減少、同時而建築材料之移動、有大見起色之勢、石炭馬船口發向濱北線方面之鶴崗炭、殘貨三千噸、穆稜炭發送亦較增加、局用合計一日約有八百噸、在濱洲線之小麥及其他雜穀之發送、尚能保持餘勢、北滿發送之大多數甘草、燕麥、作馬糧用者、哈市附近及濱綏綫裝出者止多、向各局方發送日有二十車之譜、在社線春物雜貨之輸入、一日達九十二車、因此哈爾濱發向濱綏濱洲兩綫之雜貨亦多、一日達三十餘車云、

僾、以及虐待或轉賣等情、一經查出、或經人告發、即將原領人送交法院依法懲辦、

第十八條 凡本所婦女、經正式具領後、如有遠近親屬、藉端滋擾、希圖敲詐、得由具領人報告本所、轉呈社會事業聯合會、函請法院依法懲辦、

第十九條 凡在所婦女、如有疾病、即由所委醫治、倘因病身故、即報告社會事業聯合會、轉報檢察廳、派員勘驗、如無親屬具領、即由本所掩埋、標誌以重人道、

第二十條 本規則如有未盡事宜、得隨時呈請社會事業聯合會修正之、

第二十一條 本規則於呈奉社會事業聯合會核准之日施行、

欺騙未遂 竟逮捕

鮮人崔成鎭(二〇)現住道外長春三道街、十八號、前曾充鐵路局工務段工人、素行不檢、當被開除、因賦閒無業竟奇想天開、僞造工務段長義之圖章、藉以欺騙、於日前往道外南勳、六道街滿人材木廠、高秀竹處、自稱鐵路局工務段員、有道木一千四百棵、廉價出賣、共索價一千六百元、高某並未疑其有詐信以爲實、當雙方訂立合同、未待蓋圖章時、高某恐被其欺騙、私之外出、以電話向鐵路局工務段詢問、該段據電內中殊多疑問、並謂出賣道木等事、高某故將與鮮人之立合同事告知、段方知鮮人施以欺騙、立派警務段警士數名、前往將鮮人逮捕、經審訊後、供出僞造圖書欺騙高某不諱、當即備文送交日領署羈押云、

戀野妓不顧老母 趙鴻勳禽獸不如

女子張素雲原下江老山頭人年甫十三、爲其胞兄小柱子姦汚、因臭聲四溢、原籍不容立足、乃携往新京、以五百元之押賬、將素雲鬻於長春頭道溝艷春院下水爲妓、命名富貴、體胖腰圓、頗具有健康美、涎客中有于躍天者亦老山頭三門于家人也、當充軍部副官、收入頗優、以同鄉之關係、對富貴報效極豐、每日紙醉金迷花天酒地、雖一擲千金、在所不惜、揮霍之情度可見一斑矣、未及二年、于在富貴身上報效不下一二萬元、已而于因化費無度、爲上峯查知、遂被撤職、[illegible]貴來哈、寓[illegible]無何所帶之[illegible]維持、富貴[illegible]一處、充當[illegible]歸、對于尙[illegible]坐吃山空[illegible]金供其揮霍[illegible]時有一面坡[illegible]權者、因在[illegible]纏累累蕭食[illegible]結織、初則[illegible]成入幕之賓[illegible]貴從中商洽[illegible]十元交于、開飯館而墮於廣德樓烟窟矣、此去年冬間事也、

富貴在廣德樓僅住七日、竟實行與顏姘度、賃居於道外南三道街豐順旅館、該旅館爲趙鴻勳(綽號趙三)之兒出資開設趙每日以東家之身份出入於該旅館、見富貴秀色可餐、竟垂涎三尺、迭施引誘之手腕、楊花水性之富貴果屬趙三掌中物矣、於是双双遷居於二道街[illegible]旅館、坐臥俱之、形影不離[illegible]趙已揮霍數千元、囊中[illegible]乃回阿城原籍取款、由[illegible]弟張維中者照顧富貴、[illegible]罹不顧倫、於趙回阿期[illegible]與張又發生肉體關係、[illegible]時、蓋猶閣在葫声裡未[illegible]被綻也、去年年末、趙[illegible]攜同長幼四子、赴趙寓[illegible]一番、結果婦啼子號、[illegible]家、觸趙之怒、將其髮[illegible]富貴惕長而去、迨其髮妻去後、復又遷回、昨一廿日晨八時許、趙之髮妻又到趙之寓處、忠言相勸、謂母病頗危、日將屬壽辰、各方親友正籌備爲母辦壽、請回家協助、藉盡人子之道、趙聆言、復大怒、謂吾無父無母、何曉曉不休、言間擬欲勸武、其妻見風頭不顧、竟唯唯退出、兩眶含淚悲不可抑、此種情況、令人見之酸鼻、語云犬有攊草恩、烏有返哺養、似趙三者可謂禽獸不如矣云、

東海樓 佩芝小史

兩度當太太 一旦入烟窟

李佩芝奉天開原縣人也、幼讀書、稍長就奉天某軍衣莊充當女工、貌頗不惡、爲經理郭某垂涎、久之勾搭成姦、嗣軍衣莊歇業、乃隨郭濟哈、因生活無着、經人介紹至道外九道街協茂軍衣莊作工、無何又與該經理人發生肉體關係、以六十元之代價與郭脫離關係、郭得欵離哈去海倫、佩芝方慶得人、期偕白頭、詎該經理染病回籍、拋佩芝一人、孤苦伶仃無以生活、不得已、乃墜入烟窟、現在道外東海樓鴉片零賣所充當招待云、

爆炸子葯庫之兩悍匪 被刑事科搜查股捕獲

並搜出槍兩支子彈十八粒

轟傳全滿之去歲馬家溝四軍子藥庫爆炸案、主角肇事後、即潛形滅跡、逍遙法外、責任之警察廳、及日滿各方會不遺餘力、各方緝捕、終無所獲、不期於本月廿日經刑事科搜查股第三班新任葛班長以下四名、在顧鄉屯捕獲兩名、同時並搜出匣槍兩支、子彈多粒、茲誌其經緯如次、

刑事科搜查股、以邇來市內搶劫案件、頻出不已、朱股長自率隊至郊外一帶搜查、不期於廿日午後六時頃、由第三班班長葛琴蓀以下四名、在顧鄉屯新亭街、門牌九十一號內捕獲慣匪兩名、並搜出匣槍兩支子彈十八粒、當即帶隊訊辦、

據供、阿子彬、年卅六歲、報字「占山」、事變前、即行爲匪、嗣因日滿軍討伐甚急、不得已、遂投降、經滿當局、編入第四軍管區中尉職、服務於馬家溝子葯庫內、於去歲三月[illegible]多黨案十餘人、匪於市內、乘機行搶、道外十六道街棧[illegible]大水晶街、承德街、馬家溝、比樂街等案件、皆爲伊等所爲、不料今竟落網、

據薛貫、供年廿三歲、報字「好義」、事變前、即跟隨阿爲匪、經四軍收降後、編爲兵士餘如前供、刑事科據供後、以其餘黨尚多、目下仍在嚴重偵緝中云、

哈爾濱市 康德三年度 市稅條例說明 【十三】

至爲市稅體系之繼備 要 與徵稅手續之改善

(九) 妓女捐

妓女捐社會政策上如可能時、願將此稅廢止、從來爲第三區之收入、確實財源、每年達六萬餘圓、與前項同有不能即時將此廢止之情形、課率及其他手續照舊、茲將明年度歲入概算示之、

		年稅額	
一等	九三五人	四八圓	四四、八八〇圓
二等	三五二人	〃三六圓	一二、六七二圓
三等	三四二人	〃二四圓	八、二〇八圓
四等	三八四人	〃一二圓	四、六〇八圓
計			七〇、三六八圓
歲入概算			六三、三三一圓

如以上全年調定額爲七萬圓餘、但按每年之例、因移動或疾病之歲入缺捐額、約有一成、故豫定按六三、三三一圓計算、現在對於滿俄妓女賦課本捐、日本及其他尙未賦課、此須俟領事裁判權課稅問題解決、現有其他公費負担之關係、惟有暫仍照舊、

(十) 土地增價捐

此次之整理地捐課稅標準如左、

第一區 大同元年度土地評定額(康德二年七月一日現行

第二區 民國二十年度 〃

(〃)

第三區 康德三年度 〃

(康德三年一月一日現在)

以上地價、各有舊時代之評價、或以此評價爲限度、而規定者、以此與現在之地價比較、多半較低、此次本應改正然爲避免稅則之一次急變、(一)將地捐之課稅標準不動、爲與其他市稅納稅義務者之負擔取均衡、想他種辦法即因都市施設之改良、或都市發展、地價騰貴、而有受利益之人、土地所有者、或類此之權利所有者、本市設土地增價捐、一方補墳現在地捐之低額、一方於不勞所得重課、市稅以增財政收入、由土地增價捐納付者方面觀之、將一〇〇圓之土地賣一、〇〇〇圓時、則總益金爲九〇〇圓、扣除改良費及利息等尙可有純益五〇〇圓、由此欵徵收五〇圓或六〇圓之市稅、此乃因本市發達、市使之得純益金、理論上當無異議、但實際上原價格之決定方法、異議迭出、有先進都市之例可查、

茲將本捐普通之情形述之、

日本馬政視察報告 【五】

哈爾濱賽馬場技佐 趙允捷

第十八章 陸軍獸醫學校

本校創始於明治二六年、雖只有三十餘年歷史、但設備及成績爲世之最有名者、業務分教育部研究部及病馬廠三種、教育部係長以陸軍獸醫專門知識、而尤注重裝蹄職教員、多爲陸軍省所屬各機關輔醫專門人才學生、由士兵至少佐、計分五種、均係各軍隊派遣者、研究部有各種細菌室、化學試驗室、標本室等十餘處、非常完備研究結果即報由陸軍省通令各軍隊照行、現對在滿洲國軍馬之獸醫極力研究中、據本校技師告知、謂滿洲國之燕麥其養分較日本國者爲優、而傳染性、血症及流產症甚少、蓋以氣候土、不質之同而獸醫亦因之稍不同也、

第十九章 軍馬補充部三本木支部、

本支部於明治一八年創立、於二九年始改今名、在七戶地方有一派出部、總面積約二〇〇〇〇町步、共有軍馬一、六五〇頭、軍馬幼駒、購買、在二歲三歲時由陸軍省派員辦理至四五歲時購買者甚少、育成至五歲時、即撥歸軍隊使用在育成期間、附與軍馬必須之[illegible]力施以智能之啓發、以期減少軍隊一年調教之困難、育成分舍飼及放牧二種、惟牧場內生有毒性蝶毛蟲甚多、爲患不小是亦美中不足也、

第二十章 馬事團體

第一節 帝國馬匹協會

本協會係社團法人性質、事務所設於東京市麴町區、以謀馬之改良發達、及利用增進、並馬事統一振興爲目的、計分五部、即生產部、競馬部、役馬部、衛生部、馬政部等實施關於馬之建議請願或應政府之諮問統轄、全國產馬畜產組合四三六處、聯合會四二處、爲馬政界最高權威之團體、

第二節 帝國競馬協會

本協會係社團法人性質、事務所設於東京市芝區、以謀競馬事業之統一進步、馬匹之改良增殖及馬事思想之普及爲目的、所有關於調教師騎手之養成、馬名血統之登錄、勝馬票及競馬施行執務上之統一改善等事項、均行辦理、而管之所有公認競馬十一處之統計事業及其他各國競馬事業之考察等均由本協會總其大成、而歷年編製各項統計書類甚夥、堪爲競馬界之最高團體、[illegible]

濱江特刊

第五十五號

盛京時報北滿總支社
社址 哈爾濱道裡斜紋二道街一三
電話道裡五二七二番

鐵路局爲防患未然 組成線路巡廻班

解氷期間出軌事故易於發生 一經發見必須立即修理完成 哈爾濱鐵路局訓示所屬

春風乍暖、道路濘泥、徒步行者、無不有行不得也哥哥之歎、而除鄰外之北滿鐵道界、因解冰化凍、道基覺軟於冬季、爲豫防因此發生之出軌事件、實爲目下焦思苦慮考求方策中、

加以京濱廣軌、始自去歲、因改造關係、對上述不幸事件、尤極注意、於是哈爾濱鐵路局、乃訓令所屬、嚴加注意、以下各點、

一、茲當解冰化凍、地基不良、致遲轉時頻生事故、必須嚴加注意、庶無遺憾、詳細辦法列次、

一、組成綫路巡廻班、時時驗視路綫、注意發現地基不良處所、以期防患於未然、如經發現不良處所、應立即修理、

一、對於地基狀況、併應注意發見、有崩壞之虞時、須立即通告關係當局、以資事前防範、同時對諸般亦在準備中、

一、徐行處所、設置信號所、而於萬一情形下、須依時取適切方法、同時路間對此等處所、應認爲最危險地帶、特加注意、而電話班尤須加意活動、

此外並向各分担事務關係者、指示詳細之注意事項、同時關此據田中鐵長聲稱

吾人從事鐵路界者、對各般事故防止之注意、在解冰期須較冬季爲甚、刻各現場職員、業已注意萬全、用保旅客平安、故目下一般人認嚴冬既過、春暖已來、心志俱感舒快、然吾輩從事鐵路人員、因上述關係、務須勞心費力、毫未感及春之已來、而尤感時須注意者、爲新地基較多之京濱綫、地盤弛軟、勢須防止事故發生、刻下準備者已具萬全、望市民一般深了苦心、旅途無慮也云云、

鮮匪落網

日憲兵隊殊勳

本月十六日午后八時許、道外東萊街四六號、鮮人吳榮澤(三三)家中曾遭二匪襲擊、自此事件發生以來、道外日本憲兵隊、即認眞搜查、以期早日破案、據探悉有酷似本案犯人二鮮人、投宿於濱江站前之濱江旅館、於是該隊立即由大竹軍曹以下隊員、於廿六日午前六時、馳抵該旅館、將上述鮮人捕獲、經審訊判明該二鮮人、共一名李正變、本籍朝鮮京畿道、高陽郡、現住所無定、年二十七歲、並無職業、共一名裴特、本籍朝鮮慶尙北道、青松郡、現住阿城縣小蔓河、並無職業、李匪係於昭和十年四月來滿、充哈爾濱洋灰會社工人、十月間辭退、赴阿城經營農業、十二月中旬來哈、宿於道外八站中馬路鮮人旅館、終日遊手好閑、囊中金漸漸告罄、乃由該旅館介紹之下、組成四人强盜團、由金某處得來手槍一支、子彈十粒、同時與上述裴某同謀前往阿城作案、途中曾路劫一滿人得國幣十三元、嗣於十五日返哈、與裴特及裴東等三人、往道外太古街行搶、後又曾在道理中國十五道街十二號市公署會計科職員徐德政處行搶、除此外對共他犯行及共共犯、正在嚴重審訊檢舉中云云、

育兒院整備計劃

張院長向市署之條陳

市政之設施、在排除社會之危害、增加人民之幸福、務使安居樂業、各得其所、設有老幼無力謀生者、必加撫恤、俾免顚沛流離、啼飢號寒之苦、故本市社會救濟事業、除設慈善救濟所以救濟殘老外、復有育兒院之設立、以保育貧苦無依之幼童、此雖屬市政之一端、亦係王道主義之表現、使全市孤兒、出水火之中、登衽席之上、以養以教、俾至成立、既免現在之流離、復養成將來獨立生活之能力、共有俾益於幼童之個人及社會、良匪鮮淺、是以年來從事於社會救濟事業、對於貧兒之教養、孤俾之撫育、極端提倡、不遺餘力、去秋市公署施行人事整理後、前管財科長張冠軍氏、被委爲育兒院院長、張氏自就任以來、對於育兒院之設施、積極整頓、最近並作有以下各項計劃、

一、關於貧兒入院、應行變通之辦法、査向例貧兒入院、多由閭人之介紹、而能自動入院及被本院亦檢收者、爲數至尠、以至時有向隅之感、殊失撫育之本旨、故擬改訂二種辦法、(甲)本埠住戶、是否貧苦無依、警察知之最稔、擬行函請警廳轉飭各警署所、一遇孤貧無依之兒童、可即遣送本院、以資救濟、(乙)於改善設備後、即行廣製標語、於通衢及人烟稠秘之地、而供市民週知、庶能自行投來、似覺事半功倍、

二、關於育滿出院之改良計劃、査定章每於童齡、達十五歲時、不論其入院後能力如何、概令出院、雖有已可謀生者、亦有不能自立者、一經離院、率皆張皇失措、其能傭工自活者、類多執僕婢之役、是以有用之公帑、而造成無用之人材、在兒童非特無幸福之可言、在本署亦失拖仁之本意、擬於嗣後、凡貧兒之入院、最低限度、亦須教育六年、不可固限年齡、致使一無所成、仍歸流落、除以上兩項外、並有以下設備及修繕添置等事項、

一、關於各室內外應行添修各處、(甲)浴室內無火墻之設、故備暑令適用、一及天寒、即須停止浴沐、以待來年、致隔七月之久、而不能入浴者、誠碍衛生、有害發育、擬應剋日添修、俾能按時沐浴、(乙)凡各教室之火墻、年久失修、多已傾圮、雖有燃燒、亦同虛設、故每受課時不勝其寒、致各兒童之手足多致凍傷、奚能聽講、是應早爲修復、俾便授課、再有其他各室、非門窗破壞、即墻壁傾斜、至於地板之塌陷、天棚之

何來惡臭氣味 原是屍體靡爛

日人男女二人何故同時殞

日人松井良雄、(假名)於廿七日午后、覓妥斜紋四道街九號五戶房、當即由房主飭令更夫等、代爲清理房舍、不意該室隣接室中、突出惡臭氣味、當即叩門、一詢究竟、久之無應、覺事有變、乃破扉而入、竟於室中發現男女屍体二具、業已靡爛、於是立即報告買賣街日本警察派出所、

派出所得訊、立派警察及醫官等馳抵現場加以訊查、據附近住戶聲稱、死者曾於廿五日夜由澡塘沐浴歸來、其後即未聞消息、想係該夜死亡、

至於死者姓名、男名井上林一、(二六歲)係愛知縣瀨戶生人、去年七月來哈、擬求枝棲、女名桶作二枝、(二五歲)係石川縣生人、現在本市日本咖啡館『孟得加路兒』充女招待職、伊與死者井上出本年初相識、至於因何死去、或用瓦斯中毒、或吞毒藥、刻尚未悉云云、

匪搶煎餅舖

損失三百餘元

正陽警察署新站街派出所管界雛民區六段第九七七戶煎餅舖、執事人、與妻潘氏(四二)共同操持營業省吃儉用、稍有積蓄、前數日有同鄉張兆民(三六)新由東山裡來住於程家、月之二十六日午后七時半許、程氏夫婦正與同鄉閒談天、突然闖入鮮匪一名滿匪四名、該鮮匪中等身材、身着西服口帶衛生口罩、手持匣槍、滿匪一名手持槍槍、共餘三匪則在門外把守門戶、大肆搜翻、結果在程妻潘氏褲腰內搶去國幣二百十五元、並由同鄉張兆民身上搶去國幣九十五元、搶畢呼喻一聲向南崗方面逃竄、待事主報告該管新站街派出所警察趕到時、匪徒早已查如黃鶴矣云、

櫃夥潛逃 拐去貨物

損失數十元

南崗廠、門牌二二四號、住戶皮得寶、(三五)濱江人、開設成衣局、有柜夥陳云年、(二五)河北省人、於二十六外出迄今未歸、覺事有變、當即查點貨物、計失去湖縐棉襖料一件、棉絨裡七尺、棉花二斤、印度綢二十一尺白麻綢十一尺灰斜文布二十一尺、夾湖縐褲襖數件、共損失數十元、至許公路分所報告、請求偵緝云、

煙樓瑣話

各零賣所女招待素描（一）

（花江容）

按鴉片日名阿片、別稱罌粟、又曰阿芙蓉、始自印度產生、有明之中葉、已流入中國、爾時某君曾嗜之不離、認爲一種補虛提神藥品、並定名曰福壽膏、至於用煙具吸煙、亦自傳入中國後、始由華人發明、備援舒適方法、煙斗等具、因以創出、有清之初、一般外人覬覦、已有藏此認爲貨物交易之一運來、尤以英人通商、首即以船由印度滿載斯物、由廣東各口輸來、自乾隆以降、迄阿片戰爭爲止、已流遍民間、上下皆嗜、爾時兩廣總督林則徐公、有鑑及此、乃痛愷陳詞、認此而不禁、則國無可練之兵、民盡病弱不振、朝野亦以此爲患、首肯共說、於是在廣州、乃拘英船沒收英商、並焚燬煙土、以致釀成中英阿片之戰、

既戰爭失利、益難禁絕、成於全國、無不嗜之若命、朝廷雖三令五申、已儼若具文、無可禁止矣、而共來源、亦不只僅初之印度大土、併國內產之雲土等及天津造土、亦登場矣、自是各地種烟者日多、滿洲地方、如東山裡及密山一帶、及松花江下游虎林、通河、等地、以土質適於種烟、當地土人、遂多改種斯物、產品甚良、無形中變爲種烟區域、即所謂東土是也、滿洲地方如上述既有虎林密山等產烟區域、一般吸食斯物者、自亦大有共人、滿洲建國後、政府當局、以阿片烟毒、甚於猛獸、烈於洪水、若不加以絕禁、叫貽害國民、殊非淺鮮、故採消極禁止方法、設立鴉片零賣所、俾癮者吸食證、限制青年男女、不准吸食、一方準備立戒烟醫院、專爲一般染者祓除、計劃於相當期間必期完全禁絕、固非以設零賣所官准公開也、

哈爾濱市從來即不鮮私設烟館、開燈營利、雖經當局嚴厲限制、未能澈清、尤以大同元年哈爾濱大水災前、彼時尚無零賣所一部鮮人、以不能種稻失業爲由、多在市內僻街小巷、開設私烟館、維持共目前生活、既而滿人份子、鑑於斯業利市三倍、亦多僱用鮮人頂名、營私烟館業、故不數月間、市內私烟館如春筍之突起、以千數百家計、而一般商人勞工、及一部官場中人、初爲游戲取樂、公餘之暇、多聯友好三五人赴烟館中作吸烟之消遣、嗣有某私烟館主人、爲招徠吸客計、秘密僱用一部另操暗娼業者、爲招待員、專司爲客燒烟事宜、營業獨盛、既而共他各私烟館、以受女招待之

剝落、猶其餘事、觀瞻所繫危險堪虞、均屬亟不緩待者、

二、關於體育器具之添置、查各兒童之體格、正値發育之期、設無相當之運動、難期未來之健康、故於體育一門、亟爲重要、奈以應需器具、均付闕如、故於購置一事急屬要務、

三、關於拆毀院墻之修復事項、查職院東北一帶之墻垣、自經建設局前於修築江堤時拆除、迄未修復、現僅堆積殘敗之磯爽蔡智充藩籬、于防衛一事、實覺疏忽、故應從速修築以免意外之虞、

四關於應行添築之甬道、查職院毗連江堤、地勢低窪遇有天雨、即行積水每當暑令、時多連雨、到處泥濘、汪洋尤甚、故各兒童、率皆赤足上課、不僅有礙觀瞻且亦易致病、擬於主要通行之處、添修磚石甬道、俾便往返而利交通、

五、關於水井應加添掘、職院原有舊井二眼、不敷應用、食水常感不足、如用防火災、尤不足恃、擬于院內空地、添掘一眼、以便飲用、而防火險

六、關於電鈴應行另購、以節經費、原有電鈴、自經大同元年水災浸淹後、使用不靈、對於燃電、尤不經濟、玆擬另購新表、以便應用、而資樽節、

以上六端、皆係急待設備、綜計所需經費、約需二千二百八十元之譜、現因財政支絀、齊辦雖不無困難、但爲前途改善計、實屬刻不容緩之事、故張院長已將以上各計劃、並請市當局、設法辦理云、

三角戀愛

惹起醋海波瀾

情敵狹路相逢動武

大汽車上一幕喜劇

滿俄混血兒之現交通局六八號女車拿阿拉者、玲瓏美麗、擅長交際、追逐者不乏其人、其艷聞亦廣播人口、而最近因一男一女、三角互戀、致醋海生波、映成趣劇、玆將錄其事實一享閱者、

緣阿拉自失職後、除公餘之暇、流連影園舞場與情人言歡外、而其中唯一暱友、係該局車庫擦油夫滿人某、其人正在青年、而具復佳、雖職緣徵卑、但以近水樓台、得與阿拉相處最密、感情最佳、一般以爲果同某中得締良緣、亦不失爲本市交通界佳話、

乃阿女士蕩性已成、艷難從一、而終竟又與本市前工業大學生孟某相戀、過從甚密、對原來之情人、自不能免於冷淡、在失意之男方、自不能無憾於中、在得意之孟某、當然是趾高氣揚、在此種醋海波瀾局勢中、自有其一觸即發之必然性、果於日前三方晤面、演出喜劇、即該擦油夫乘大汽車往道外公幹、適遇孟阿二人、亦相攜不離、同乘此車、情敵一見、怒火中燒、加以阿拉熱彼冷此、斡旋無方、於是首由該擦油某、以阿拉對乘客不親切相責難、而阿拉自知其眞意所在、羞惱交加、乃反唇相譏、竟大發雌威、以美人掌加諸擦油某面上、爲斯美人之貽、在以前二人交情親密時、尙得認之爲意的應酬、不過在此場合衆目之下、不能不怒、二人乃大動其武、同時在旁之情敵孟某、更助勢與威、洶洶氣勢、幸經同車 中魯仲連者 出爲調停、一場趣劇暫告一段落

不過在受辱者擦油夫心、終難甘服乃擬拼出犧牲、出名向交通局陳述事實、藉辨曲直、然因識者鑑及事態之無味、且阿拉素行之不良、無如所犧牲一切擴大事態之必要、詳陳利害、事爲未發、然究須視該阿女士之措置如何、及該孟某之覺悟如何、方免趣劇益演益烈也、

堂堂警察胆敢爲匪

惡貫滿盈被捕

刑事科第一班之特殊功勳

王文漢、（二六）扶餘縣人、曾充職南新署警士、素日品行惡劣、因發財心切、故勾結胡匪趙文彬、（三二）徐海、（三八）王文厚、（二六）四人協議之下、以檢查戶口爲名、乘機行搶、於三月初旬、王交漢身着制服、腰配匣槍、率領以上諸王徐三匪、至道外六道街、房產家紀品濤處、聲稱房戶王福忱、有某種嫌疑、特來檢查房東紀某、信以爲實、見其諸着制服、故亦未疑、遂由紀匯領導之下、將王福忱門戶叫開進屋後、以檢查爲名、大肆搜翻、結果搜出赤金手鐲一付、金鎦子一個金懷表一掛鋼兕手表二只、搜完將以上之物、裝入兜內立即潛逃、事主知其爲匪、當即報告該管分所及刑事科、刑事科搜查股、第一班長蒂警佐、據報後、率領偵探、不眠不休、嚴密搜查、結果於昨二十七日、午前七時、探得道外十六道街門牌六三號、院內二十戶、趙文斌、有行搶嫌疑、當率領偵探七名、前往檢查、由趙家搜出金鐲一付『益華字樣』、知係六道街被搶之物正擬綁縛趙文斌之際、王文漢警士、由外闖入見有刑事科人員在屋內神態倉慌、意欲向外逃走、早被探員看出破綻、當即拘捕無何又闖入一名、此匪即王文厚、偵探詢問其名時、大爲狼狽、遂指假名李文濤、係警像手藝等語、經加追詢、言語支吾、一同被縛、趙文斌之妻徐雪詩、一並逮捕、經葉警佐及偵探以下五名乘磨電車向刑事科帶送 在西門臉下電車時、趙匪乘不備時、向仁義巷逃跑、葉警佐見匪潛逃、當由後追赶、一方鳴槍七發、但未命中、至濱江時報門前、將其捕獲帶隊、經嚴重審訊之下供出爲匪合夥行搶不諱、合匪徐海、數日前因送趙匪之母上扶餘、於二十七日下午二時許來哈、亦至趙宅、被留守二名偵探逮捕、審訊結果、所搶之赤金手鐲三個、小孩金牌三個金表練一條、次日在道裡金店變賣國幣一百六十元 四人均分、又供出三月間曾搶濟延爽街陳姓家云云刑事科現下正在繼續拷訊中云、

影響頗甚、爲營業競爭計、不惜重資、多數僱用、每人每日工價由三元起碼、至四五六元不等、女招待收入既如此豐、如良家少女、爲金錢打算、亦多不惜犧牲色相、充任烟館招待者、自是烟館女招待、遂滿坑滿谷、盛興一時然、

迨政府頒布鴉片法、成立鴉片零賣所、並由專賣署統制下協同警察省局、開始取締私烟館、更以零賣所設備富麗、各私烟館女招待爲改隸零賣所私烟館之營業、從此遂亦日漸衰落矣、

（未完）

虎兒冠

不易戴也

邇來市署徵收捐務二科、爲獎勵市民納捐踴躍起見、曾定特殊獎勵方法、同時更命外勤職員總出勤、藉收效果、並爲觀瞻及易於鑑別關係、特爲該外勤製成新式制服、該項製服之帽徽、酷似交通局車務監督帽徽、

因之外勤人數衆多、中難免無三五無識之輩、即利用此帽徵當出外服務時、高擺車中、盼顧自豪、若車掌向前請求購票時、即出以高慢態度、聲稱乃市署職員、車掌見及氣勢及其帽徽、自不敢過於相詢、於是交通局爲秩序及營業着想、乃出下列辦法、

即於日前以交通局庶務科長名義、函市署各處科、內稱凡持用免費乘車証職員、上下車時務須明示車票、不應徒以口稱、係市署職員便可、享此免費特典云云、

日本馬政視察報告

【六】 哈爾濱賽馬場技佐 趙允捷

第三節 日本乘馬協會

本協會係社團法之性質、事務所設在東京市京橋區、以謀乘馬之利用增進及其改良發達並馬術之競進體育之向上及馬事知識之普及爲目的、所有關於乘馬團體之聯絡統一、並各種事業之助成獎勵等、以及建議請願或應政府之諮問等、均由本協會辦理、而學生馬術協會、亦由協會統轄、總計乘馬團體約四百餘處、會員約一五、〇〇〇餘人、亦可見乘馬興趣之普及也、

第四節日本國際馬術協會

本協會係財團法人性質、事務所設於東京市京橋區、與乘馬協會同居一處、以獎勵指導國際馬術競技及振作國民精神體育、並普及宣傳馬事知識爲目的、所有世界歐林比克大會馬術競技之參加、及訓練調教等、均由本協會辦理、據本協會某理事稱、遠東歐林比克大會時、無馬術競技之項目、蓋因只有日本一國能報告馬術競技故不能實行、甚望滿洲國對於馬術能早加訓練調教、以期遠東大會時、可對馬術競技項目列入、

第二篇 視察所感

第一章 馬政所感

第一節日本馬政之我見

余奉命赴日本視察馬政、於八月三十一日由新京出發、九月二十八日返抵新京、在此期間與日本朝野馬政專家往來周旋、口之所談者多爲馬政也、目之所觀者、亦多爲馬政也、於諸多專家熱心指導之下、得知馬政之概況已如第一篇所報告者、查日本馬政、自明治三九年實施第一次計畫以來、迄今不過三〇年、其施設之隆盛成績之優良、殊堪贊歎、現有總馬數約一、五〇〇、〇〇〇頭、幾盡爲血液更新、體軀發達之改良馬、其舊時代遺留之小馬、於北海道僻鄙之區、偶一得見、馬價之提高、較三〇年前、已增至十數倍、多則百倍不等、而馬之能力、亦大有進展、考其所以致此者、不外主政人員計畫週到、指導獎勵普遍、確實與朝野一心努力合作耳、惟因限於土地狹小、在經濟立場上、此後之馬數量、能維持一、五〇〇、〇〇〇頭已能足用、若再增殖、將有供過於求之勢、故日本馬政之第二次計畫、現雖尙未公布、亦可由第一次計畫之結果而思過半矣、

第二節 日本馬政家對滿洲國馬政之論評

滿洲國總馬數、現因治安關係、尙無詳確之統計、但預想或在三、〇〇〇、〇〇〇頭以上、海拉爾種馬場、又重場長、有馬群照片一紙、共撮一萬一千餘頭、日本馬政家見之、均爲驚奇不置、蓋日本草原地狹小、向無此種集中萬餘頭之馬群、而滿洲國馬之耐寒耐暑及飼養管理容易、各優點亦爲日本馬政家所稱道、現値滿洲國馬政實行四十五年之計畫、日本馬政家多謂將來必有優良之成績、甚或謂此時滿洲國由日本購買種馬、將來滿洲國馬政成功、日本或須由滿洲國購買種馬、蓋其羨慕滿洲國大陸平原水草豐富、馬之用途亦廣、於馬政之發展上有無限之希望也、

（未完）

匪徒大胆

刺傷事主

搶去二百餘元

新安埠署管界地包派出所、地德里門牌一九四號、住戶史元有、年卅四歲、河北省獻縣人、爲鐵路工人、於三月廿七日下午七時頃、闖進滿匪二名一匪大骼、身着青棉袍、頭戴青皮帽、年四十餘、口音不詳手持櫓杆手槍、一匪小骼、身着青短衣、光頭、手持尖刀、進屋威嚇、並用鐵絲將史元有綁縛、繼則大肆搜翻、結果搶去水獺皮帽一頂、金戒指三枚一重四錢者、兩重三錢者、此外並有國幣一百元、於匪臨行時、小骼匪人用刀將史元有右腿刺傷一處、方聯袂逃去、事後經其親戚張才代爲報所請爲查緝云、

林景新家

失馬兩匹

江北松浦署界、林家窩堡農人、林景新、年廿五歲、於三月廿五日午夜〇時卅分頃、在熟睡之際、聞院有馬嘶聲、即時外出察看、見有滿匪二名、將馬牽去、當時鳴槍二發、追出本屯西頭、追回白騸馬一匹、被搶去紅白善馬二匹、在黑夜間並未視出匪人之面貌、報署查緝云、

▲ ▲ ▲

哈爾濱市 康德二年度

市稅條例說明 【十四】

要至 爲市稅体係之繼備 與徵稅午續之改善

原價格（市之臺帳價格或有償移轉價格） 一、〇〇〇圓
改良費 二〇〇圓
共他經費 一〇〇圓
計 一、三〇〇圓
賣價 一、五〇〇圓
利益金 二〇〇圓
課率（如此情形時）百分之十
稅額 二〇圓
徵收義務者 買方
納稅義務者 賣方

・如上述本說、由得利益之賣方負擔、買方負徵收義務、買方多有賣出後持欵赴外國去向不明時、於亦價之先、由買方呈請市署、將稅額扣下、否則實際上多有不能徵收之時、且賣方多半資產狀況不良、將於此點特加注意、

本捐之課率、按條例之規定爲累進稅、此由 能力 原則觀查、乃當然之事、

本捐之歲入爲未知數、僅有科目、對將來抱很大期待、

（二一）狩獵捐

本市之有獵槍狩獵者、警察調查、有二六〇名獵、槍數二五〇支、對此考慮警察之取締與稅負擔能力、由明年度起、賦課狩獵捐本捐以槍爲單位、有兩支以上時按捐率高者、

・稅率 單發式 每支十圓
二連發式 每支十二圓
五連發式每支十五圓

歲入概算如左
三五〇名 每名十二圓
調定額四、二〇〇圓
・歲入概算 二、五二〇圓

本捐對於有領事裁判權國民、亦要求領事館、使其繳納、如能徵收時、歲入概算可達三、〇〇〇圓、

濱江特刊

第五十六號

盛京時報北滿總支社
社址　哈爾濱道裡　斜紋二道街一三
電話道裡五二七二番

航聯局改選問題
于高王三巨頭有意的把持
因各船東反對將引起糾紛

哈爾濱航業聯合局、原成立於三年之前、而該局滿人首腦部、如監事長經理監事等、依原來三年任期之規定、於四月一日已屆任滿之期依法於任期屆滿同時之四月一日、應即由各船東開會改選、迄至昨日已逾改選期六七日、尚未聞及該局改選　茲復據可靠方面傳出消息、原任滿方首腦部中監事長于喜亭、經理高文軒、及監事王丹甫等、以最高當局於純粹船東關係之滿人首腦部、改選事概不與聞、爲維持個人從來之勢力、與施行無上之權威、並繼續任意任用私人、坐享尸位素餐的巨額、及薪俸之慾望、經該三巨頭一度秘商之下、竟以一種宕延手段、故意把持、以圖沖任、是以雖逾改選之期、却始終無改選之準備、而多數船東、初期以爲改選手續未準備就緒、多尚默然視之、乃不期共後已判明該于喜亭、高文軒、王丹甫等、爲有計劃的把持、純出於自私之惡念、故全體船東莫不煩言嘖嘖、表示不滿、且最近數日以來、各船東以三人之把持、已成表面化、非常憤慨、並聞已分別表示提出嚴重之反對、主張、非即改選不可、惟該三人如爲權利所迷、尚不反省、刻正努力奔走運動中、又據側中消息、依各船東之反對三人把持惡念、勢必失敗、實行改選、更聞將來改選時、其第二屆最高幹部人選、當以船閥王馥卿「哈爾濱」「大黑河」兩船之東馬子元、並鵬翔船東徐程九等呼聲最高云、

偽造紙幣犯
潛伏來哈終於被捕

段晉階、(三九)吉林永吉縣人、素無正業、心地奸險、無惡不作、康德二年、曾在新京結識一友、任世有者、係一流氓、因生活逼迫、竟出下策、欲以日本銀行一元紙幣、二人合謀研究、挖補朝鮮銀行五元紙幣、因初所挖補、改造手術不良、恐被人窺破、在新京亦未敢行使、以一元金票、改造五元者、業有數百元、康德三年、將此偽造之金票、帶至吉林方面行使、以欺騙鄉愚受其害者、不計其數、近來消息突然暴露、爲防身邊危險、於三月初旬、潛伏來哈、現住道外北十一道街、門牌二〇號、擬大批改造偽幣、欺騙一般無智商農、於三月二十日、午前十時許、在上號安埠街、門牌二十號、廣德糧棧、購買大米十斤、當時依然持出偽造五元金票、事被糧棧櫃夥窺破、確實偽造、遂生妙計聲稱無有零錢、少待外出替換、遂將此偽票、持至安埠街分所報告、據報之蔣巡官、率領警察至、前往將其逮捕、備文送香坊署、經刑事珍田巡官、嚴重考詢、始供出偽造不諱、於昨四日轉送刑事科懲辦云、

自動車協會
募集標語

哈爾濱自動車協會、爲防止交通事故起見、懸賞招募防止交通事故標語、由四月四日、至四月二十二日止、投稿地址道裡外國二道街、自動車協會、茲將懸賞目錄誌之如下、

一等賞　十元
二等賞　五元
三等賞　二元

省公署招開
廳長會議
討論議案三大要項

濱江省公署、於本日正午召開廳長例會、出席者、金井總務廳長、梁教育廳長、李民政廳長、前由警務廳長、葆實業廳長、因病未出席外、並有各廳之首席科長金井總務廳長提出議案三項、

一、關於開催滿洲國協和會濱江省聯合協議會事項、最近由民政部總務司長致函於金井總務廳長、於四月十二三四三日、在哈開催協和會省聯會、民政部方因不克派員參加關係、故請省方派員出席、總務廳長以下各廳長均出席、總務廳長說明一般行政方針、其他各廳長說明各該管轄事務方針、

二、滿鐵、鐵道部、鐵路局及國際觀光局主辦之日本觀光團、總務廳長奉天民政部總務司令、滿方官吏願自動參加者、如果在事務無障碍可給公假許可、職員內在勤務滿三年以上成績優秀或公務上特別必要時、可在省公署預算內每人補助一百五十元、選派出張、已經省公署預選、各廳推薦候補者一名、由總務廳決定之、

三、關於改革文書處理規程之件、近來文書處理規程與實際處理間、或稱不便、前省署會以省公署與省長名義對外發表、然近實際簡易者以科長名義辦理、關於此點、可由文書科長、招集各廳直接處理文書人員會議、詳細討論、將來對輕易事項、各廳長均可發表證詢意見、再省長在湯岡休養最近省署派代表慰問、

金井廳長擬出之三項議案討論畢、旋由實業廳報告、一、關於分配優良子種及消毒、今年計有小麥三千石、大豆一八〇〇石、分配省內十七縣、對全體費用一萬七千元、現由實業廳派十七科員分到各縣按法辦理、二對優良種子爲預防虫害消毒、報告完了、於一時二十分散會云、

一面坡之一瞥
商工業之凋蔽已極
地方之治安頗安靜

一面坡地方、在濱綏線上、因經濟人口等種種關係、向來站於相當之重要地位、因四週環山、馬伊河繞廻坡廓、每於夏令、草綠如茵、河水滾滾、鳥聲穿樹、百花爭研、風景之佳、猶如畫圖焉、故羈者哈市之遊人雅士、每於炎夏多就此地以避暑、晚年以來、因地方多事、無復往者、今后地方漸[illegible]待、亦意中事也、溯自事變以前、坡街之繁榮、盛極一時、蓋以附近一帶地土肥沃、小麥大豆、出產頗豐、皆以坡街爲聚散中心、故經濟十分圓活、商業亦極端發達、當地有公和利火磨、及著名之一面坡啤酒製造廠、從前之營業均極活躍、惟近年以來、每況愈下、大有不堪支持[illegible]

當地經濟之沉滯、商業之凋蔽、較之往昔、何止天壤、事變前每日收入二千元以上之雜貨商、今日每日僅賣八九十元、其蕭條之情勢、即此一點可見一斑矣、

零賣所之一斑—坡街共有鴉片零賣所六家、每家每日收入不足二十元、每家官准女茶役一名、即哈埠所謂之烟妓女招待是也、多係老弱不堪之破爛貨、自無號招之能力、況三十歲以下之男子、絕對不發給吸烟照、三十歲以上之男子如無吸烟証一經警察查獲、即以違犯鴉片法論罪、故多礙足不前、尤以鮮人私烟館林立、具[illegible]食、烟好份大、故零賣所之營業十九不堪支持、

旅館營業之狀況—滿人所設之旅館僅十數家、極無一比較完備清潔者、因過路客人絕少當街又無閑人、所謂野妓流娼無敢棲息、故旅館營業凋蔽萬分、

日本料理店狀況—比較一般營業畸形發達者惟日本料理店、每屆酒綠燈紅夕陽西下各機關公餘之際、三三兩兩相偕前往、有酒有肴聊以遣寂、故營斯業者尚比較可觀、惟以電燈廠時常無電、頗掃遊人之幸、與料理店營業上不無多少之打擊、故日商對於當地之電燈廠莫不[illegible]之電者、亦不得已之事也、

總觀以上之情形、其唯一之原因、因以農村破產、經濟之動力破壞、購買力自然薄弱、欲恢復從前之活況、須以設法振興農村爲當務之急、

查集團部落法、固爲徹底清除匪患之根本策、當局對此不惜絕大之犧牲與損失、毅然決然實施、誠爲對症之良劑、惟此中不無多少之困難、但爲大體着想、當不能因噎而廢食、然倘能設法使其萬無一漏、豈徒農民之幸、亦國家之幸也、

自集團部落法之實施后、雷厲風行、未及匝月、散在溝裡之零星農戶、房屋一併被拆除[illegible]其中不無貧苦農民、經此一番遷調、無力再行築屋以居、其困苦之情、可以想見、省當局雖有鑒及此、曾向中央請求救濟、業蒙發下十萬數之鉅款、以向各縣一般貧苦農民分配、以爲築房屋之資、但能早日分配完了、則農民得早一日免去露宿之憂、實一般貧苦農民所焚香祝禱者也、

從前散在溝裡之農民、已經墾熟之荒地、經此番之遷調、必須棄熟荒而另行開墾、此亦農民直接受到之特殊困難、未聞當局對此亦曾顧慮周到、設法以期其萬全否、

聞猶有一般農民、自房屋被[illegible]

三河白俄事務支局
盛大舉行哥薩克祭典
團結努力爲都市俄僑所不及
最近由呼倫貝爾來哈某人談

[illegible]展、三月卅日在三河那拉木河地方、舉行盛大「哥薩克祭典」儀式、此種祭典有三河各屯共計約五百人、自正午起集合、由副支部長配安潤夫秘書波羅古眞、副總屯長當、西七克夫等指導舉行各種徒步敎練以後、行分列式、步武堂堂、井井有條、極爲偉觀、分列式終了后、再行克沙克馬術、乘御極爲巧妙、發揮克沙克之眞正面目、那拉木德在住之白系俄人及日滿人、不分老幼男女、皆往參觀此種盛大儀式、甚至萬人空巷、盛極一時、據一般老年俄人等皆稱不可仰、謂此種盛儀、爲自遷居三河以來、最初見到、回憶昔日克沙克最盛時代、不勝感激事務局之功績實大、是日晚事務局支部招待參加及本地要人、宴會雖極撲素、然和氣融融、均認爲可喜可賀、並誓將鞏固團結、力圖事務局之發展、三河民衆智識階級雖極少、但彼等能免確卒談、同胞間彼此不相爭鬥、默默努力自己之發展、此種情形尤其彼等之實行力、在都市所住之白俄應效仿之、三河白俄務局事支部發獎有功績人、除該日克薩克祭典指導者外、猶有支部長兼總屯長修綠金氏、該氏目下已與旗長同一待遇、同蒙古旗長等赴日視察旅行中、故是未能參加云、

蘇聯偵察機一架
越境偵察撮影
在綏芬河飛行場上空
我政府當局極爲憤慨

據昨日(四日)達到當地之情報云四月三日午后三時頃、突有蘇聯飛機一架、在綏芬河飛機場上空出現、高度約二百米突、經過該地警察隊監視所南方之四站、(古老得爾)及巴拉諾林府地方飛去、該飛機爲黃色之偵察機、似有攝影之情形、我政府等當局、極爲憤慨云、

哈爾濱慈善總會
募集經費辦法
社聯會會一度開會討論
擬定辦法三項大會通過

哈爾濱慈善總會、成立於大同元年水災方極之際、當時救濟災民何止千萬、歷年來施衣捨食、濟貧賑災、以著有相當之成績、久爲各方所贊許、現又設置宏慈小學校、教養孤兒二百餘名、於去冬設置施粥廠、日食貧民千數百名、所需各費、率由慈善會員分別向各方募集、目下正擬辦理者、有育嬰所、殘老院、貧民工廠、並有由各方協議歸併之乞丐收容

煙樓瑣話
各零賣所女招待素描
【二】　(花江容)

哈爾濱市內、各鴉片零賣所、最初之利用女招待也、以爲官方不加限制、故皆肆無忌憚、公開雇用、且竟於門首或市內要衝地帶張貼海報、大書『本零賣所、爲酬謝顧主之盛意起見、特重禮聘女子招待員多名、招待顧客、各界欲求最好消遣　盍興乎來云云、』尤其以道外北二道街著名刁紳開設之聚賢樓零賣所、門首之海報爲最奇最怪、而最特殊、蓋海報中橫列各招待員芳名、並分別冠以如「二九年華」「一体應輕溫」「應酬週到」「秀麗可人」等之字樣、簡直爲變相之人肉市場、不以阿片爲本位、而在賣女事、招待員幾與妓館無大差別、一般風月少年、好奇心盛、每於公餘之暇輒多出入各烟樓中、因是各零賣所、生涯繁興、而所謂平康里之妓館、受烟館招待員之影響、問津者稀、冷落已極、無何一般妓女、鑑於此種狀態、脫出妓樓、而轉籍烟樓者、亦大有其人、故妓館乃愈趨不振、各妓館主人、爲抵制女招

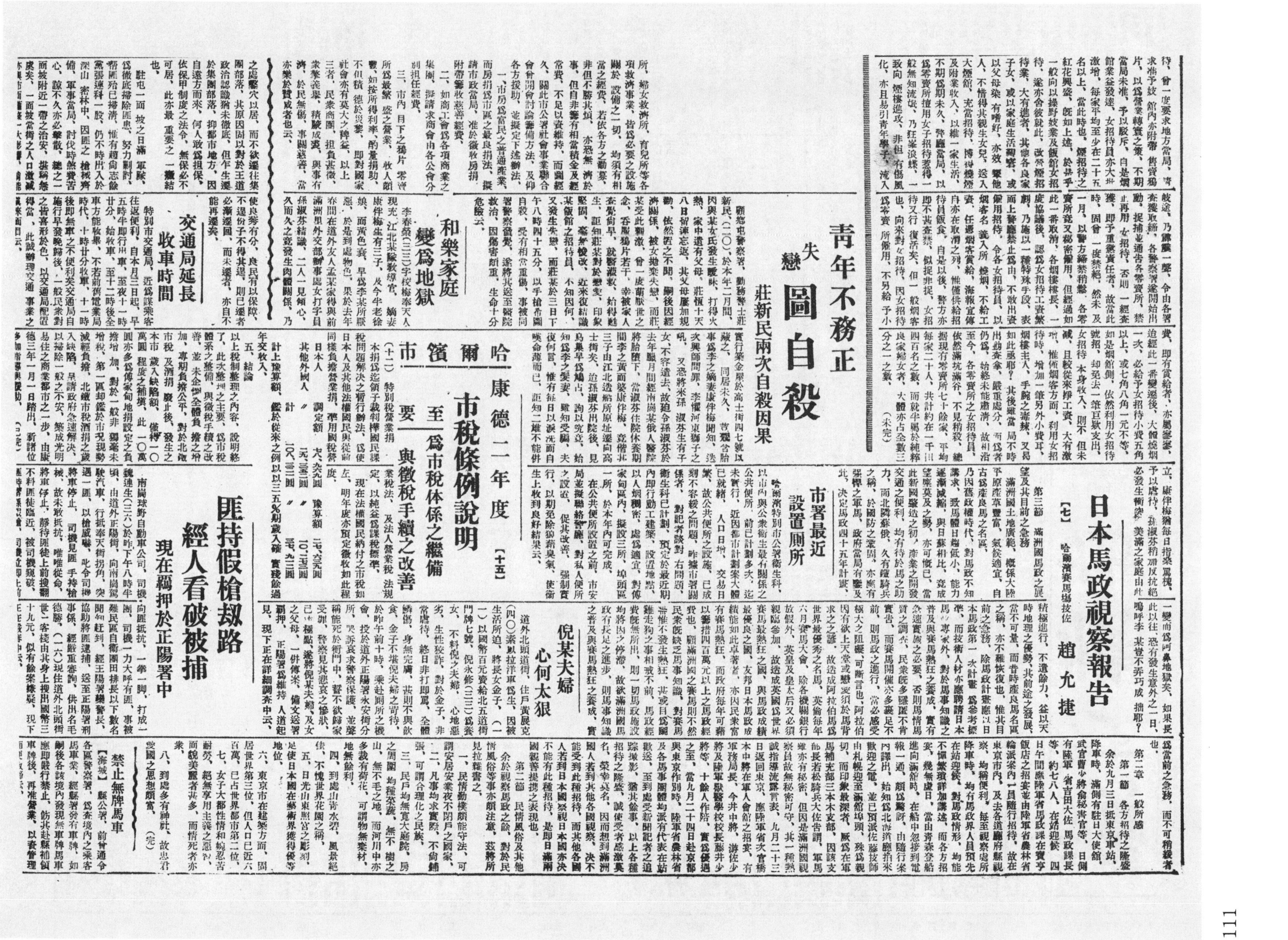

日本馬政視察報告

【七】 哈爾濱賽馬場技佐 趙允捷

青年不務正 失戀圖自殺

莊新民兩次自殺因果

市署最近設置厠所

哈爾濱市 康德二年度 市稅條例說明【十五】

(十二) 要 至爲市稅体係之繼備 與徵稅手續之改善

和樂家庭 變爲地獄

倪某夫婦 心何太狠

交通局延長 收車時間

匪持假槍刼路 經人看破被捕

現在羈押於正陽署中

禁止無牌馬車

(第三種郵便物認可)　康德三年四月十七日　盛京時報　星期五　第九千三百八十一號　(七)

濱江特刊

第五十七號
盛京時報北滿總支社
社址 哈爾濱道裡斜紋二道街一三
電話道裡五二七二番

江捐修江捐 本年度廢止徵收
貨運每噸減輕一元之負担
王道政治下仁政之表現

松花江、黑龍江、烏蘇里江等之北滿河川貨物運送、從來徵收之江捐、（舊碼頭捐修江捐）、每年航主之担負頗重、自本年一月以來、經當地交通部航政局、向政府當局直接交涉之結果、經國務院協議後、對該兩項稅捐、認爲徵收不合理、遂決定於本年開江後、實施免予徵收、共以前之江捐及修江捐徵收數、大致於下、單位國幣元、」

松花江
一級品　壹角二分
二級品　壹角二分
三級品　壹角一分
四級品　八分
黑龍江
國幣一級二角
同　二級四角
外貨一級四角
同　二級八角

以上 每年實收達六十萬巨額、此項廢止、貨物移動、每噸約減輕負担一元之譜、江運貨物、大宗爲大豆、三姓上流一車約減七角九分之担負云、

植田大將就任致辭 舉行傳達式
省市四軍江防艦隊各機關
同日分別莊嚴舉行

濱江省公署、十一日上午十時假總務廳樓上禮堂、舉行植田大將關東軍司令官就任致詞傳達式、參加者省公署五廳長以次委任官、均出席、滿文者由梁教育廳長代讀、日文者由金井務總廳長代讀、致詞完畢後、並有對日系官吏之訓詞、亦由金井總務廳長代讀、茲將滿文致詞、略誌於次、植田此次奉大命任職滿洲之地、得以和諸公促膝談心、實在愉快之至、滿洲建國之偉業、順利進展、日滿不可分的關係、愈加緊密、兩國人民、互相理解、亦漸漸深刻、這都是諸公對建國精神、澈底理解、以身作則恭捧圓滿的結果、本職深爲感激、表示謝意、然而我們決不能以現狀爲滿足、還應當更加努力、刷新充實、今後諸公、虛心率直、爲公爲私、開誠佈公、爲國事貢獻、是爲本職所最希望的、至於日本帝國、對滿洲國策、是尊重滿洲國的獨立、助成滿洲國健全的發達、道是確乎不動、始終一貫的目標、假設將來中央或現地當局無論有任何人事的更動、這種目標也沒有絲毫的變革、本職今後、根據日滿議定書的眞精神、爲圖國防的強化、爲治安的維持、而努力爲圖國富的增進、和民衆相親相愛、決心貫注全精神、爲新興滿洲國的健全發達和實現日滿一体一德一心的眞諦而邁進、將來希望協力賜教云、又訊特別市公署、警察廳、江防艦隊司令部、第四軍管區等各機關於是日午前十時同樣舉行云、

哈市製粉業、三月份生產量

哈爾濱市內製粉業、三月份各家之操業日數、出產量數、輸出市外額數、及市內銷售量數、調査如下、

▲雙合盛共操業三十一天、產粉一二二、六一二、輸出市外六〇、九〇五、市內銷售六九、二三一、

▲日滿製粉公司、共操業十八天、產粉一七二、一五〇、輸出市外、四五、三〇九、市內銷售一四九、八二二、

▲義昌泰共操業三十一天、產粉八七、二六〇、輸出市外四七、五七一、市內銷售五九、四一四、

▲裕昌源共操業二十六天、產粉六六、九九七、輸出市外四五、八一八、市內銷售四一、〇九〇、

▲天興福二廠共操業二十六天、產粉一二三、八四九、輸出市外一一二、七六二、市內銷售額一一、〇八七、

▲天興福四廠操業二十六天〇六小時半、產粉九六、一五七、輸出市外量八五、四二八、市內銷售額一一、二三九、

▲成泰益操業十二天、產粉二三、一〇四、輸出市外量九、〇一一、市內銷售額二〇、八〇九

市教育科指定 特別研究學校
分別研究各種科門

市公署教育科、爲期本市各小學各種學科進展與改善特、指定所屬市內十四個小學校爲特別研究學校、被指定之學校如下、

正陽南、十四街、建設、工程、撫順、南馬路、顧鄉屯、安康、馬家溝、太古、新正陽、正陽北、馬街、地靈以上、各校分別研究圖畫、日語、國語、音樂、算術、體育、修身、裁縫、商業等種種應有科門云、

哈市油坊 三月份生產數量
較二月份減產餅約十三萬弱
消費原料約一千八百萬強

因受遠距離運費低減實施後之影響、北滿經濟界樞紐之哈市油坊業、自上月初旬以來、營業狀況愈趨不振、尤以本月一日以降、以所需原料之大豆價格奔騰、處境益形困難、除元孚一家因債權之關係外、其餘之十三家殆將全部陷於休業狀態、據調査在三月中旬、本市油坊業十四家中、除和成祥一家整月停止作業外、共餘十三家工作日數、消費原料、及生產量調査誌下、

元孚—共操業三十一天、使用原料九十三萬八千一百公斤、製餅三萬一千八百枚、產油七萬五千〇六十八公斤、二月末存貨豆餅四千三百八十一枚、豆油二千二百六十六公斤、

同聚祥—共操業三十一天、使用原料二百二十萬〇九千五百一十四公斤、製餅七萬二千九百十四枚、產油十七萬八千〇三十八公斤、月末存貨、豆餅一千〇六十一枚、豆油六千〇五百九十六公斤、

義昌信—操業二十九天、使用原料一百二十萬〇九百三十公斤、製餅四萬〇一百三十枚、產油九萬二千一百一十六公斤、月末存貨、豆餅六百十三枚、豆油二萬八千三百〇四公斤、

和聚公—共操業三十一天、使用原料一百十一萬五千五百公斤、製餅三萬八千〇九十四枚、油九萬一千三百四十五公斤、月末存餅一萬〇八十七枚、油八萬九千六百七十三公斤、

同成和—共操業三十一天、使用原料一百十萬〇一千六百公斤、製餅三萬六千九百五十二枚、產油九萬七千一百二十公斤、月末存餅五千枚、油九千四百公斤、

恒祥東—共操業三十一天、使用原料一百十二萬〇三百二十九公斤、製餅三萬七千六百九十枚、產油十萬三千〇三公斤、月末存餅一萬〇四百〇五枚、油十二萬九千四百七十五公斤、

東和—共操業三十一天、使用原料九十五萬八千五百公斤、製餅三萬一千九百五十枚、產油八萬四千五百〇七公斤、月末存餅三千二百五十六枚、油三萬六千一百〇四公斤、

東興昌—共操業十天、使用原料二十九萬七千公斤、製餅一萬〇六十四枚、油二萬四千一百二十三公斤、月末存餅四千二百四十四枚、油三千三百九十四公斤、

協昌仁—共操業三十一天、使用原料三百二十三萬六千九百八十九公斤、製餅十萬〇八千六百二十四枚、產油二十六萬六千六百五十六公斤、月末存餅四萬四千六百枚、油一萬九千七百二十四公斤、

双興—共操業三十一天、使用原料一百二十五萬六千六百三十公斤、製餅四萬二千五百〇四枚、產油十萬〇四十九公斤五、月末存餅二千九百三十四枚、油五萬九千五百二十三公斤一、

東濟—共操業三十一天、使用原料三百七十四萬四千四百四十公斤、製餅十二萬六千四百八十枚、產油三十二萬〇九百八十公斤、月末存餅二萬八千九百四十枚、油三千一百二十公斤、

東裕—共操業二十七天、使用原料一百十七萬七千公斤、製餅三萬八千七百五十四枚、產油九萬四千五百公斤、月末存餅無、油六萬五千三百〇六公斤五、

華英公司—共操業二十七天、使用原料二千四百八十三噸、製餅二千〇五噸、產油二百五十六噸、月末存餅六百六十噸、油三百二十噸、

按以上之調査、除華英公司因使用噸數、共生產豆餅較二月份減少二百八十八噸不想外、而所餘之哈市油坊業、於三月份內、共消費原料爲一千八百三十八萬八千五百三十六公斤、製造豆餅共爲六十一萬五千九百五十六枚、與二月份之七十四萬五千八百三十三枚比較、則已減產十一萬九千八百七十七枚云、

道外商號 荒閉數目

處此世界經濟不振期中、本市道外一般商業、無不大受影響、以致連月來、各商號紛紛荒閉者、爲數甚多、茲就上三月中道外各商號荒閉者、已達五十三家之多、但就其資本額比較之、則相差懸殊、蓋新開者多爲數百元少資本營業者、

煙樓瑣話
各零賣所女招待素描【三】
（花江客）

關於私烟館、零賣所、及烟館女招待之產生與來歷、大致已如上述、茲復就實際情形、將所謂烟館女招待之生活、並各零賣所現有女招待員之出身人物、以及此輩依烟爲過生活者、日常與一般色狂流氓孽種之輩、發生之風流怨事、樓述如次、以供愛護本刊之讀者諸君、權作業餘酒後消遣之資云爾、

▲女招待生活

烟館女招待、共日常所服之職務、當然與酒館飯店招待不同、而其日常生活、亦自迥異、夫酒館飯店女招待也、於服務中、雖亦花枝招展、朱唇粉面、然尚須於摩登旗袍外面、罩以白色圍裙、及帶警廳發給之女備記章、以示爲領得官方許可者、否則不免或受當局檢查、每見有顧客來、並須依例讓座倒茶、或點烟、捧手巾把、而席間更須爲客侑酒、此呼彼應忙煞伊人、雖月間服務代價油同小費、可得五六十元、以至七八十元不等、然以色相辛苦所得、殊亦非易易也、復査酒館飯店女招待員、雖不乏濫亂份子、常有與客洗澡苟合事闖然大體多爲生計問題所害、以良家子女佔過半數、而烟館女招待則不然、平日出入於烟窟之中、與一般癮君子及醉翁之意不在酒之色魔份子相厮混、任意放肆、爲所欲爲、雖良家女兒之服是業者、天長日久、受一般老於此間者、不良薰陶及諸登徒子之惡劣引誘、共不同流合污而至於不堪收拾者、會幾稀也、且有進者、烟館女招待員、初則出於招待顧客爲客噴烟、或好奇玩票、因而成癮者、大體在全市所有烟招待

綠牡丹與華樂舞台
因掛幛一架惹起糾紛
出洋七百元始行了事

道外十六道街華樂大舞台、財主李慶宸與名伶綠牡丹、爲李金順之掛幛一架惹起紛爭、昨經該管南新警察署調解無效、復經中人調楚、始行平息、茲將其始末操錄於下、

緣李慶宸由天津邀聘名伶綠牡丹來哈時、因行期倉猝、致將台上懸掛大幛子之遺忘、未曾帶來、彼時該伶即欲遣人往取、而李歸心似箭、百般不允、並應到哈 向他伶爲之借用、

市立各小學校 學生數目調查
康德三年二月末現在

哈爾濱據市署教育科調査、該管各小學校、二月末至現在、所有之教員及學生數如下、由此亦足見哈市教育界之概況、

市立正陽南兩級小學校、初級男生六五五女生一八七計八四二高級男一七六女三計一七六合計一〇一八名、

太古南兩級小學校初級男生六三〇女生二四六計八七六高級男一二〇女二二計一四二、合計一〇一八名、

正陽北兩級小學校學生初級男生二三、女生五四計五六八高級女生一五七計五五七合計七二五名、

地靈兩級小學校初級男生三二三女生一二四計四四七高級男生六五女生六計七一合計五一八名、

北新初級小學校男生二一八女生一五八計三七六名、

大同初級小學校男生一九一女生七一計二六二名、

上號兩級小學校初級生一八八女生一三四計三二二、高級男生四五女生二九計七四合生三九六名、

大平橋初級小學校男生一〇八、女生三三、計一四一名、

薛家屯兩級小學校初級男生五二女生一七計六九高級男生一四女生一計一五合計八四名、

韓山屯兩級小學校 初級男生四一女生二六計六八高級男生二三女生四計二七合計一〇五名、

三姓屯初級小學校男生五五女生二一計七六名、

萬家屯初級小學校男生六六女生一四計八〇名、

小三姓初級小學校男生四六女生三二計七八名、

杜家屯初級小學校男生二七女生一三計四〇名、

程家崗初級小學校男生一九女生一〇計二九名、

宮家堡初級小學校男生三一女生五計三六名、

朝陽堡初級小學校男生一八女生一四、計三二名、

大楡樹初級小學校男生二九女生五合計三四名、

蔣華屯初級小學校男生四四女生九合計五三名、

大趙堡初級小學校男生二五女生一〇計三五名、

小趙堡初級小學校男生二八女生一三、計四一名、

蕭家保初級小學校男生二四女生一八合計四二名、

宋家甸初級小學校男生二一女生一一計三〇名、

川心甸初級小學校男生一七女生一四合計三一名、

後興溝初級小學校男生二〇女一三合計三五名、

前興溝初級學校男生三九女生三計四四名、

馬架溝初級小學校男生三二女生一四計四六名、

楊馬架初級小學校男生二八女生一三合計四一名、

張道屯初級小學校男生二二女生八計三〇名、

朝陽屯初級小學校男生三四女生一八計五二名、

新發屯初級小學校男生三四女生一八合計五二名、

大壩屯初級小學校男生四三女生一二合計五五名、

東二溝初級小學校男生二〇女生二一合計四一名、

總員一千餘名中、可估十分之八五以上、又依最近詳確之調查、烟館女招待、於營間為人燒烟之外、尚多操副業、更謀平日行動之方便、免却家庭或本夫之障碍、殆有十分之六以上、約七百人、稅居旅館、僅其他一部之初營斯業或身不身由之輩、尚居於家、據聞道外頭道街第一旅館、而為烟招待集棄之大本營、內中居住之烟妓凡在四五十名以上、其他若北四道街華昌旅社、二道街福昌旅社、及裡東亞、中央各旅館、及西門臉之東北、太和賓館等家居住者、亦有相當成數、其間燒烟、夜間留客、且因爭風撚酸、恒演出各種醋的糾紛、朋友同仁、因酸而決裂者有之、此張彼李、爭風而毆架者有之、甚至因此而至於動刀動棒發生意外者亦有之、總之醜聞奇事、不一而足、誠非筆墨一時能得盡情形容者、亦誠現社會之畸形現象、宜乎人之稱烟招待為烟妓也、

又據某熟諳烟樓情形者談、烟館當事者、以烟招待本即在禁締不許之列、但為營業計、遂用種種手法、或賄賣該管人員、加以袒護、每於官方提捕之前、先行秘密通知、而使招待藏匿、或於烟樓之內另設密室、以作招待員臨時來藏之所、一方並於門外專置哨夫一名、見官方來捉、或以大燈泡明滅暗示、或以電鈴聲響告急、不待官方進入、而一般鶯鶯燕燕之女招待員、早已先行藏匿、入於安全地帶、雖官方進入大事搜查、以不得其門終無所獲、此外一部烟樓、未設密室者、則當官方來捉、得到哨夫暗示之信知後、如同接到急救之女招待員、因時間所限、逃走無門、於不得已中、惟有不惜其綢緞旗袍、與夾油頭粉面、以致絲襪高鞋更不顧廣體污臭氣、一頭爬倒、滾入板舖之下、不敢聲息、以租藏避、待官方去後、始相率滾滾而出、乃日久為官方偵悉、於捉捕時、必携電棒手提、以作臨時探照之用、然而滾入舖下女招待員、為避電棒之探照、與手提之通擊、則於舖下滾東滾西、或滾於舖卜角處、屈身貼壁、以避棒提、結果卒能脫出一場火禍、其計之出此、固煞費苦心、而精神與嬌姿之無形的損失、亦自不小、余於廣德樓中、曾數度見之、並嘗謂余之赴廣德樓、無他興趣、惟觀招待將於被捉之時、向舖下滾的一幕、似尚較有意味、就如上之滾的一幕之情形而言、則某君所謂「滾出滾出有閎有快」者、殆亦此之謂歟？或某君謂余曰、「妙齡女郎、為吃飯而執是役、亦殊不易、君今如此奚落、實有摧殘人道等語、余聞言、不禁啞然大笑、蓋某君者、常出入烟樓、專能對烟招待、體貼報效、其所以左袒右護者、亦非無因也、

—未完—

及至到哈打砲、李即將前唱評戲李金順之舊韓一架借來懸掛、不二日李乃揚言、此韓意欲出售、希綠牡丹留下、而該伶以自己上海天津等處有韓子數架、去人去電均能寄來、重價嫌此舊韓何為、且該韓既小又窄、以自己身份而論、實難使用、當答以不用、並令其即時摘下、以免懸掛日久、發生變故也、但李滑之不理、近因該伶應新京新民戲院之聘、行期切廹、與該舞台算賬、李竟乘此機會、施以刁難手為、以圖阻止該伶之行、於是算賬結果、猶須由該伶找還國幣三百五十元、並將大韓子非賣與該伶核國幣五百元、共計國幣八百五十元、將欵立即繳清始能放行、該伶以一切賬目均已清算、零星川換僅不過幾十元、況此韓自已用之無地、且不值五百元（公許不過值二百餘元之數）、詐因此發生爭執、各不相讓、昨由李聘用某日律師在該管南新警察署將綠牡丹控告、經警署一度傳訊清結賬目、乃秉公處斷、令綠牡丹找還前欠國幣三十一元、韓子買否任其自便、不能強制、李見計不得售、乃擬具呈法院以圖纏訟、而誤牡丹之行期、嗣經新民大戲院之財主及該台李明久老板從中調處、令綠牡丹立一七百元之欠字分三期交清、三個月為限、以作大韓子之賣價、免於爭執、該伶以友誼相關、抱息事寧人主義、又衆自已以身賺錢糊口、急待登程、恐誤合同之約、於是勉強認可、於是李始將牡丹放行、首途晉京矣云、

省署招開廳長例會
提案及報告事項

濱江省公署、於十一日上午十一時、假總務廳樓上、召開廳長例會、出席者九廳長以次首席各科長、均行參加、茲將當日提案及報告事項錄左、

民政廳提案、第一項縣公欵前以存各該縣中央銀行、現奉中央訓令、改存各該縣之金融合作社、（為使各縣金融合作社內容充實起見）第二項、濱江省所屬各縣土地、地主不在者、暫行由縣管理、至於細則、須候中央指定之、

教育廳提案、第一項、文教部大臣阮振鐸氏、定於十四日來哈、當日訪問哈市日滿各機關、於十五十六十七三日、視察省立各學校、於十八日返京、至於詳細日程、教育廳正在編審中、第二項、關於國民講習會議日程之件、滿洲國歌定於十三、十四兩日午后一時、至卅分、假總務廳樓上開催講習會、講習者為師範學校之教員、日本國歌、定於二十一、二十二兩日、下午一時至卅分、假高工專門學校教室講習、講習者未定、在午間休息時、職員應厲行建國體操、辦法由總務廳臨時提案、

實業廳報告、關於綠化運動事項、已由實業部來省樹苗二十五萬株、除二十二萬四千株分配十九縣栽種外、所餘之二萬六千株、於本月廿日植樹節、由哈市教育機關及教育廳、在道外公園舉行栽種云、

曹家堡初級小學校男生一八女生一八合計三六名、呂油房初級小學校男生二三女生二五合計五八名、孫家堡初級小學校男生二八女生一〇合計三八名、減草領初級小學校男生三〇女生一五合計四五名、任家堡初級小學校男生二三女生一一合計三三名、白旗堡初級小學男生二九女生二〇合計四九名、馬船口初級小學校男生五九女生二三合計八四名、松浦初級小學校男生八三女生二四合計一〇七名、

以上合計初級小學校三五處兩級小學校七處學生共計六一六七名

馬街兩級小學校初級男生二九〇女生一六〇計四五〇高級男生八三女生三六計一一九合計五七一名、

公園兩級小學校初級男生一五一女生一〇八計二五九高級男生一〇女生一〇計三〇合計二八九名、

安廣兩級小學校初級男生一九七女生一一〇計三〇七、高級男生四五女生一〇計五五合計三六一名、

建設兩級小學校初級男生二〇六女生一三七計三四三高級男生七四女生四六計一二〇合計四六三名

馬家溝兩級小學校初級男生三八二女生二〇六計五八八、高級男生六二女生五九計一二一合計七〇九名、

番坊西兩級小學校初級男生一四七女生八九計二三六、高級男生四四女生二二計六六合計三〇二名、

顧鄉屯兩級小學校初級男生二三七女生九四計三三一、高級男生五〇女生一四計六四合計三九五名、

—未完—

松浦呼蘭間
電線被窃
當局對之十分注意

滿洲電電會社、昨日午前向呼蘭通電、突然發生障碍、當即派社員前往修理、因發現由松浦鎮至呼蘭間、七百五籽之銅電線、被賊割斷窃去、查其所窃之情形、賊人只少有五六名、似乎非同一般普通窃盜可比、乃含有擾亂治安之模樣、現下當局對於此案發生後、頗加注目、現下正在搜查中云、

協和省事務局招開之
省聯協議會開幕
十二日起在道裡商會開始會議
先一日開籌備會日程議案發表

滿洲國協和會、濱江省事務局、為達成宣德達情之旨、準備招開之本年度全省各分會聯合協議大會、已於十二日由各地分會代表、並中央代表、各界要人、數百名參集之下、在道裡商會樓上開幕矣、該省務局、為慎重起見、前一日、會於事務局內、開催籌備會議、準備一切、同時關於十二、十三、十四三日間之開會日程、及同議案、亦已正式發表如左、

第一日　四月十二日午前十時（日曜日）

一、齊集入場、

二、致開會辭、省事務局長、

三、御影開幕、全體行最敬禮、

四、合唱國歌、

五、回鑾訓民詔書恭讀、

六、執政訓詞恭讀、

七、理事長訓詞、

八、來賓祝詞、（順序不同敬稱從略）、

日本側

（一）伊東本部隊長、

（二）安藤特務機關長、

（三）佐藤總領事、

滿洲側

（一）閻濱江省長、

（二）施哈爾濱特別市長、

（三）郭第四軍管區司令部、

（四）尹江防艦隊司令官、

（五）于哈爾濱警察廳長、

九、祝詞祝電朗讀、

一〇、代表答詞、

十一、御影閉幕、

十二、午間休息（紀念撮影午餐）、

十三、代表點名、

十四、推薦議長、

十五、議長致詞、

十六、選任副議長、委任書記長及書記、

十七、選任提案整理委員會委員、

十八、代表宣誓文朗讀、

一九、濱江省事務局會務現況報告、丸川事務長、

二〇、演說協和會聯合協議會之意義、中央事務局次長、

二一、各關係機關施政宣示

（一）濱江省施政方針大綱、金井總務廳長、

（二）濱江省警務廳所轄事項、前田警務廳長、

（三）濱江省民政廳所轄事項、李民政廳長、

（四）濱江省教育廳所轄事項、梁教育廳長、

（五）濱江省實業廳所轄事項、葆實業廳長、

（六）濱江稅務監督署所轄事項、袁稅務監督署長、

（七）實業部森林事務所所轄事項、崎田森林事務所長、

二二、第一日閉會、

第二日　四月十三日午前九時（月曜日）

一、振鈴繼續開會、

二、提案整理委員會經過報告、整理委員長、

三、議事、

（一）審議中央事務局諮問事項、

（二）審議提出議案、

一、關於協和會自體事項、

二、關於行政事項、

三、關於治安事項、

四、關於財政事項、

五、關於產業事項、

四、第二日閉會

第三日　四月十四日午前九時（火曜日）

一、推鈴繼續開會、

二、議事、

一、關於林業事項、

二、關於治水事項、

三、關於金融事項、

四、關於教育事項、

五、關於社會事項、

六、關於交通事項、

七、關於通信事項、

三、選舉全國聯合協議會代表、

四、議事經過報告、議長、

五、發表感想、中央事務局派遣員、

六、頒發獎狀、

七、致閉會詞、議長、

八、三呼大滿洲帝國萬歲、

九、三呼大日本帝國萬歲、

一〇、三呼滿洲國協和會萬歲、

一一、閉幕、

電業施行
勸誘週間
預料成績必佳

電業局為促進業務向上計去年九月間、曾經一度施行勸誘週間、結果成績頗為良好、現據該局之調查、本埠未燃用電燈者、尚有三萬戶、為期盡量燃用計、由本月十日起迄至五月九日一個月期間、由營業科主體職員、於公餘之暇、儘力向一般市民勸誘、並規定優待辦法、

定額燈每盞裝設時只收五角工事費、不收材料費、平常每盞押欵三元、現收一元、故施行以來、成績良好、將來勸誘期滿、必有相當之效果云、

招待背夫
携女潛逃

閻有山（二九）阿什河人、於康德二年六月間、携其妻桂芳、（二四）來哈謀職、數月後、亦未成就、故而生活頗感困難、無奈命桂芳充當上號新香春飯館招待、一家數口、賴其日間收入度日、尚堪維持、詎知事與願違、桂芳生性風流、滛蕩非常、前曾在飯館中結識阿什河自衛團書記關某之飯客、二人一見傾心、如膠似漆、熱度達於沸點、誠有不可少離之勢、前數日、一對野鴛鴦、曾在道外第一旅館住居一星期、終未歸家、其夫恐其潛逃、當即前往、逼迫返家、詎知桂芳難捨關某、遂對其夫、當面拒絕、其夫聞言、大發雷霆、先由口角、繼則動武、桂芳一薄弱女子、當然有招架之功、無有還手之力、既被招伊夫暴毆、無奈始隨其夫一同歸家、於昨四日午前九時許、乘其夫外出之際、桂芳携其四歲幼女、潛逃無踪、待其夫返宅、突不見其妻、情知與奸夫相偕潛逃、各方遍尋無着、據香坊車站夫役認識桂芳、當日午前十時、在該市站購買一面坡車票三張、查此情形、向該方潛逃無疑、關某亦有拐帶重大嫌疑、現在閻某除呈報警署請求查緝外、並擬親自赴一面坡追尋云、

警局義務種痘

【錦西】本縣警務局、鑑及春暖、深恐天花作祟、若不及早防預、後患堪虞、故於日昨該局及速由警署人員、在第二校、與一般學生、義務施種、斯日、共種百餘名學生、由此看來、警當局之注重青年學子可見一般云、

濱江特刊

第五十八號

盛京時報北滿總支社
社址 哈爾濱道裡 [illegible]
電話道裡五二七二[illegible]番

濱江省管下各縣設四百集團部落

充實縣警察機構强化司法行政

結成總經費約達二百三十萬元

警務廳之治安工作計劃

濱江省管內各縣山岳地帶、蟠聚之匪人、從來依恃山山相接、林林密集、以此爲巢、屬爲天險、惟自我滿洲國成立以來、首即着手殲除宵小、以安衆民、因此日滿軍警之不眠不休之徹底的討伐、匪徒乃瀕於掃滅、治安益趨於堅固、不久將來、省內匪蹤、當歸烏有、人民安樂、爲期非遠、

濱江省警務廳、爲期掃匪工作之更趨徹底、乃見及與此同屬重要之治安肅正工作、尤須積極進行、於是首先顧及管內各縣警察機構之充實、及司法行政警察之强化、

爲實行上項工作之本年度新計劃、所需經費、計三百卅餘萬元、其籌辦法、先給成集團村落四百處、刻下正由治安維持會爲始、及各關係者進行準備中、

上述集團村落辦法、即將歷來散處山林僻隱地域之三三五五小村、聚集爲一、庶免勢力之分散、新謀村民工作之和睦、況晚年以來、散處村落、除受天災之患、復爲匪徒之擾、終歲年無所得、徒耗血汗、其境遇實屬悲慘堪憐、然由上項集團村落制實施、化零而爲整、而尤可捨危險區域、并選居豐穰土地、防匪力廣、因之而增大、耕種能力更由此而顯著、實良好之辦法、亦我滿農之福音也、至於詳細規定、茲誌如次、

每團村落約百戶、每戶平均人數約五人、耕地面積每戶約二三天地、即擬定之集團村落四百處、計爲四萬戶、人數計爲二十萬人、此集團村落之組村落邊境周圍、首以嚴密之鐵條網環繞之、并實行築堤掘渠、在防備上、必使萬全、雖一百二百匪衆來侵、亦毫不得逞、

至於各村落間之連絡、尤爲嚴密、除利用電話等文化設置外、如一有匪警、此村立即馳報彼村、瞬息之間、各村皆得聞警互援、或備無虞、一方村民、更可利用地利、以資防禦、俟各村落之鞏固、則匪衆無可迷奔、自能殲滅、同時對集團村落制之戶口、尤爲重視、即除本村外之來人、斷難任意出入、而通匪之事、自歸烏有、由上種種方法、則跳梁北滿殘匪、無所遁其兇焰、亦日趨於自滅、各方對其實現、極爲注重云、

省教育視察團

於十九日已首途東渡

預定下月十三日返哈

濱江省教育會當局、爲謀教育行政之向上、特組織濱江省教育視察團、赴友邦日本各大都市實地視察教育及一般設施狀況、以便觀摩、而資借鏡對於視察團團長一席、經詮衡結果、決定爲梁教育廳長、並推後藤視學官爲副團長、其外各縣教育局及中等學校長中選派之視察團員業經選定、原定於四月三日首途東渡、嗣以中央文教部、亦組織赴日教育視察團、爲聯絡一体同時出發、故將日程更正改爲明十九日由哈出發晉京、約同文教部視察團東渡赴日、茲將該團團員及視察日程採錄於左、

視察團員　團長教育廳長兼教育會長梁萬祺、副會長省教育廳視學官、後藤春吉、團員呼蘭縣教育局長蘇杞、巴彥縣教育局劉植、雙城縣教育局長紀良、阿城縣教育局長、濱江省立阿城縣師範學校長[illegible]、省立哈爾濱初級中學校長[illegible]、省立哈爾濱第一女子中學校長高風、省立哈爾濱[illegible]校長張鐵周、[illegible]總校校長姜庭[illegible]、[illegible]師範學校教員[illegible]、[illegible]濱師範學校教[illegible]、哈爾濱第二兩[illegible]榮選等、以上[illegible]教育界知名之[illegible]

觀察日程　[illegible]二十日八時四[illegible]十時船發、二[illegible]下關、宮島、[illegible]宮島發、同日[illegible]島、二十三日[illegible]同日經奥港返回廣島、二十四日〇時二分、再由廣島發、七時二十九分抵京都、二十五日京都發、二十六日到名古屋、二十七日名古屋發、同日達東京、二十八九兩日滯東京觀察一般教育狀況、三十日赴日光、五月一日分赴玉川、江島、鎌倉各地視察、二日上午仍視察東京市、午後東京發、三日九時九分抵山田、視察伊勢神宮及奈良等處、四日奈良發、同日抵大阪、五日六日觀察大阪一般概況、七日由大阪發抵神戶觀察、八日抵別府、九日別府發歷小倉下關、十日抵釜山、同日至朝鮮京城、觀察市內、十一日由京城發、就回國之途、十二日抵奉天、同日二十二時返回哈爾濱云、

一面坡

日洲兩軍努力討伐

不眠不休勞苦功高

東部線之治安漸趨平靖

記者爲欲明瞭東部線之治安情形、曾於上月杪赴一面坡、向當地駐軍作一度之訪問、經過情形爰誌於下、

記者於降車后、當即往訪鄰接於團邊部隊本部之混成第○○旅司令部、投刺於軍事教官黑岩中佐時、略事寒暄后、復由黑岩中佐向參謀長毛星耀中校介紹、得知該該長鄧雲章少將、當白村上條太郎氏一行遭難之際、曾與日本海軍防備隊協力、極着勇名之人物、其后屢建武勳、而進至今日旅長之要職、頗集部下之信望、迫擊砲連出勤於帽山方面剿討中、聞前數日爲掃蕩盤踞於三股流[illegible]科匪、而開始各部[illegible]、日滿軍繼續尖秋[illegible]無間斷承當此剿靖[illegible]於現地時、見將兵[illegible]頗有所感、據黑岩[illegible]「十八日由帽兒山村[illegible]騎兵一連向五常堡[illegible]多爲山岳與密林地[illegible]爬犂及馬而行、頗[illegible]五常堡后、即用汽[illegible]行非常之偵査、但[illegible]車行維艱、爲之顛[illegible]被擲於車箱之外[illegible]因位於司機側之[illegible]闕乃至於顛倒立於[illegible]殘酷事件、雖不畏[illegible]外、黑岩教官談至此、回憶當時之情景不禁失笑、正在此間談笑間、有副官推門而進、作戰鬥報告、

昨日老爺嶺附近村落、爲張連科匪之青年隊八十騎所襲擊、拉去人票二十名、馬卅匹、接得急報之原澤中尉、指揮珠河數之治安隊、今朝五時急赴現場、而其後之情形不明、正午頃隊據由同方歸來之農民稱、遠遠聽到槍聲有滑滑機關槍者、一瞬間黑岩教官頓現緊張之色立派騎兵○○團準備出動、如是午后三時、乍由珠河歸還之騎兵○○團復又撲登程長驅踏集雪而出勤應援焉、即襲食之暇亦搶之、其勞苦功高之情可想見矣、

一面坡一帶之山岳地帶、屬稍多匪之區、經駐屯日滿軍之努力無間斷之剿討、治安早趨於肅靖狀態、尤其當街、由去年八月以來從無一搶案發生、治安情形、極爲良好云、

阮大臣返京

行前對記者

談視察印象

文教部大臣阮振鐸氏於日前來哈、作地方教育之視察、逕日程、業誌本報茲已視察完了、定於十八日午前九時搭亞細亞號列車返京、記者爲明瞭其視察後之感想、特於十八日未出發前至北滿旅館訪問、阮大臣在百忙之餘、躬承延見、同時並見前往歡送之關係要人、金井總務廳長、于警察廳長、梁教育廳長以次石橋各科長等、會見後、阮大臣作以下之談話、連日視察各學校及各文化機關、精神極佳、各校日滿教職員從事、密切聯絡、絕無隔閡、在設備上、因經費關係、不正完備、學生身心稍欠

上水道工程

本年中埋設配水管六萬米

哈市居民不久將享受淨水

自去年開始之道裡區上水道埋設鐵管工程（一萬七千米）早已竣工、茲者市公署水道科、更擬於本年中埋設配水管約六萬米、

由十日以來、即雇用多數苦力、對下列地帶埋設配水等工作、迅速工作、

△記號係目下進行工程中

△新安埠　傅家甸
正陽河　南崗
馬家溝　▲透籠街
一面街　▲買賣街

同時豫定明年六月爲止、完成第一期年度、當完成十萬米之工程、

至於本年度之總工程費、豫算計算爲九十萬元、是則本年中爲期不久、我哈居民泰半得享受淸淨飮水矣云云、

濱江省教育概況【一】

濱江省管下各縣、自新省制實施以來、依教廳當局之努力整頓、諸般教育行政設施、均見有長足之進展、茲省署教育廳、最近已編纂濱江省教育概況一書、記載本年度教育方針、暨管下諸般教育設施情形、極爲詳盡、茲特披誌於後、以爲關心教育者一介紹焉、

第一章　教育方針

當我國肇造、以王道爲立國之大本、俾其國土成爲順天安民之樂土、本省教育方針、即謹遵循此宣言之大旨、以期建國精神之徹底、與國家觀念之培養爲大綱、當教育實施之際、鑑於本省特殊之情形、置於左記五項要點、以努力於具体的實現、

一、回鑾訓民詔書趣旨之徹底、

回鑾訓民詔書、明示我國國民教育之根本趣旨、以此詔示、務在依奉趣旨、徹底於子弟之教育、爲日常修學之第一方針、用謀建設民族協和之樂土、使明日滿一體不可分關係之眞意、並使服膺詔書趣旨、以涵養國民精神、用期邦家永遠之隆昌、發展而無已也、

二、重視道德教育、

所謂道德教育之重視者、即王道之信奉實踐也、在舊時代之教育所等閑視者、今一返其積弊、重視[illegible]性之陶冶、與道德之實踐、振興其勤勞自助之精神、並養成溫良恭謙之美德、內則以舉五族協和之實、外則以資敦睦邦交、俾發揮東洋道德之眞諦、

三、普及教育、

本省興學、比較爲日尙淺、以就學率不滿百分之十五之現狀、舉凡地勢交通、並由人口密度所示、學校分佈之狀態、詳盡調査、綜合學校及社會教育、講所有之方法、以謀教育之普及、俾民衆無失學之虞、而治安之確保認爲與教育之擴充極有密切之關係、舉老幼男女、建國之聖業、即治安之肅淸、應一致協力之事、亦應覺爲教育之一大使命、

四、實業教育之擴充、

開發產業、以富民衆、亦爲王道治世之不可或缺之要圖、故一掃從來教育上之誤謬見解、依重視實學、常使教育與實際生活、置於密切不可分之關係、學校指導職業之同時、並培養其質實剛健之風、他日起於社會以貢獻國家之生產、而作忠良國民修養之道場、

五、復興禮教、

建國宣言、「以言教育普及當禮教之是崇」如斯知禮教之事業可爲國家根本之精神、以禮教爲德教之本、當以文廟爲中心、以新時代之精神、努力於民心之指導教化、復興頹廢之孔子丁祭、力謀聖道之普及、表彰孝子節婦、篤厚一般民衆之風敎、德化圖寺廟之統制、排邪教以啓民心、調査古蹟名勝天然紀念物等、以講保存法以舉王道國家之實、

更期以上教育方針之實現徹底、爲謀教育振興計、而教育者之人格修養、與教育的熱意、實爲切要、應使教育者認識有教育重大意義、與神聖使命之自覺、所謂以教育報國之熱意、使從事日常教育之職際、努力指導督勵之、

第二章　學校教育

於本省治安之恢復、學齡兒童之增加並一般教育思想之向上、同時雖逐年必有初等學校、各種中等學校、實業學校及其他之各種學校等之增設、然尙不及事變前之收容力、故現在積極努力於擴充中、

惟關於學校之施設、經營及教育訓練之指導監督等、應以教育方針爲根本、應時代之趨勢、與時局之要求、當留意、教育之實際化、鄉土化與公民教育、實業教育、勞作教育、思想教育之徹底且教育事業教育之得人、尤爲必要之圖、當教員之人選以品性爲主眼、學

煙樓瑣話

各零賣所女招待素描【四】

（花江客）

烟館女招待因與8酒樓館營之女招待員、地位不同、生活各異、而單就一般烟館女招待言、依各人出身性格之不一、致所職事務雖一、以其日常之生活、與平日行爲之各自差異、觸乎不同、據調査各零賣所女招待員中因父母老邁無人奉養不得已操是業者有之、因丈夫失業、家計困難、流爲女招待以維目前生計者有之、因遇人不淑、致迫流入岐途者有之、更有一部知識階級之青年女子會受不良社會之薰陶、浪漫無忌

以歌[illegible]隊落充任煙館招待，更有三五女子，一如蘭太太打野雞為玩票，而入此窟，以任意交接異性，引為榮幸，總之五花八門，要均不可同日而語，又據聞此輩女人終日出入煙窟之中，為人燒煙，其每人每日收入七八元，五六元不一，然普通至少平均每日亦在四五元以上，綜合每月收入至少在百多十元以上，就數字言，女招待收入實不在官公署委任之下，然而為煙招待者除一部分人員為生活，且為金錢，能浪漫於積蓄外，其他大多部分操是業者則大體於一身華美的衣履之外，皆一無所蓄，甚至一日不入煙窟，飲食立成問題，蓋以此輩女子只知金錢來之者易，揮霍亦如流水，且有以終日辛勞所得，全數貼給其姓者，[illegible]揮霍念用，來一無策，殆亦不知金錢困難，即悻入悻出也，據某君談煙館招待多不宿於家三日，浪漫者，流日間在煙館熬落中五糊，博得三五元，即認為已足，於是就裝[illegible]服，偕愛人，出入於淡淡族館中解決慾望，或至舞場，或入影院任性揮霍，然此輩之所以如此者，則不外一般為色所迷，努力揮效之諸學種所養成也，

一般煙招待員以日常歡混於煙窟中，與嫖君子終日相伴，殆皆染有煙癮，蓋凡煙館招待，遇燒煙[illegible]小費，則諂從依客期博歡心，或噴煙，或與客對吸消遣作耍，久而久之，其不成癮者幾稀，故就最近之調査，市內各零賣所現有之煙招待，千數百名除一一[illegible]不吸食鴉片者外，煙癮已成者，約占全數三分之一，中癮者，亦占三分之一，左右其約數百名，一部以初入此道，表示堅決不吸，一部亦因為日未久，雖有時吸食要煙尚未成癮，總之充煙招待在六個月以後，大體非皆成癮，如是以言，現在一部未吸及一部尚未成癮者，於五六月之後，當亦將全為癮者，自不待言，

夫煙館女招待也，當其正不黃金時代日收豐厚之時，莫在矜持若狂，不知自己而被青年敗家子弟，尤甚專向伊等進攻，以致伊輩驕氣養成，任性放蕩為所欲為而一般煙客受彼紅花招待歎，傳之許騙者，日有所聞，嗟此輩女招待員以儲不之金錢，不知存蓄顧全將來生活，一味胡為揮霍一旦當局嚴禁止，杜絕收入之途而期籌可已染成，其不托鉢求人流為娼妓者幾稀也，尾行之又幾稀也，

[illegible]所歡，來智慈顧重，在衛生及体育上稍差，惟哈市學校，即國內各地之學校亦均如此，蓋因歷史之演進，傳統觀念尤深也，[illegible]舊發展，然就去年來哈時，印象較好，日昨會與業教育廳長，談到此項問題，哈市所見各地不同者，為協事之男女合校，將來均分校授課，或男設一女子師範，刻正在計劃中，於哈市教育家，以及關係者之參井總務廳長，及佐藤態游[illegible]助，歸入於應平之途，同時並端成表示，感謝云因時間勿促，即者途歸去，並赴車站歡送，則之意，以表謝云，

市立各小學校學生數目調査

康德二年一月末現在

西市場兩級小學校，初級男生一七一名，女生一三〇名計三〇一名，高級男生三九女生一五名合計三五五名，

新正陽兩級小學校，初級男生一七三名，女生一三七名計三一〇，高級男生七一名，女生三八名，合計四一九名，

撫順街兩級小學校，初級男生一五九名女生一五六名，計四一五名，高級男生八一名女生三一名，合計五二八名，

工程街兩級小學校，初級男生三四八名，女生二〇四名，計五五二名，高級男生九四名，女生四二名，合計六八八名，

安廣街兩級小學校，初級男生二二一名，女生一六六名，計三八七名，高級男生五三名，女生二八名合計四六八名，

安平初級小學校，男生一一四名，女生八三名，合計一九七名，

市立民和兩級小學校，初級男生一〇八名，女生四三名，計一五一名，高級男生五〇名，女生七名合計一八八名，

香坊東兩級小學校初級男生一二〇名，女生六七名，計一八七名，高級男生一八名，女生一〇名，合計一一五名，

十四街兩級小學校，初級男生四〇一名，女生三七八名，計七九名，高級男生一一四名，女生一三名，合計一〇三六名，

正陽兩級小學校，初級男生八三名，女生四九名計一三二名，高級男生六名女生三名，合計一四一名，

南馬路兩級小學校，初級男生三五三名，女生二六六名，計六一九名，高級男生一一四名，女生五三名，合計七八六名，

[illegible]初級小學校，男生一[illegible]七四名，女生一〇名，合計一九四名，

以上計初級小學校一處兩級小學校十七處，初男生四，一三五名，女生二，六〇三名，高級男生一〇一〇名，女生五五八，名合計八，三〇六名，

市立哈爾濱俄僑高級小學校，男生一四一名，女生一九〇名，合計五三一名，

小透籠街俄僑初級小學校，男生一一一名，女生一六〇名，合計四七一名，

砲隊街俄僑初級小學校，男生一九八名，女生一八四名，合計三八二名，

郵政街俄僑初級小學校，男生一一三名，女生一〇八名，合計二二一名，

通道街俄僑初級小學校，男生八名，女生八三名，合計一六三名，

新安埠俄僑初級小學校，男生七二名，女生七九名，合計一五一名，

香坊俄僑初級小學校，男生三七名，女生四三名，合計八[illegible]

新埠俄僑初級小學校，男生四五，女生三七名，合計八二名，

以上計俄僑初級小學校八處，高級小學校一處，初級男生三九五三名，女生三四七五名，高級男生一一五一名，女生八四八名，合計一〇，五二一名，

[illegible]名，計一三，九一三，高級男生一，七〇一名，女生一，〇七〇名計三，七七一名，合計一六，六九四名，（完）

救濟油業

實部及特產中央會決定救助

—即向鐵路當局交涉—

哈市油坊業，日益不振之情形，曾見前報，現在市內營業者，僅其存之四一廠，日產餅五千六百餘枚，尚時陷於頻死狀態，中旬后全體停業，將有不可免之趨勢，故救濟哈市油坊業之呼聲頗高，同時關於救濟運動，亦日見抬頭，滿洲國實業部及特產中央會，近日以來，關於本問題非常關心，決定救濟運動，十一日特產中央會，特派飯塚氏來哈，調査油坊實況，與搜集具體調査資料，據其方[illegible]報，特產中央會根據此種資料，作救濟具體辦法，大體原案已經擬妥，今十八日在大連特產中央理事會，將此案提出討論，於最近滿洲國當局與特產中央會，對滿鐵及鐵路總局，及其他關係方面，關於救濟哈市油坊問題，開始交涉，即對於交涉之方針，業經內定，滿洲國及特產中央會，對於哈市油坊業之救濟問題，已具體化，將來其效果及成行如何，實為哈市油坊業存廢之焦點，一般人多所注目云，

航聯船舶定期出航

近日以來，氣温漸昇，松江之冰，漸行溶解，濱北鐵橋以西，僅餘少數冰塊，故航聯局所屬之同華大同以及航務局之作業船一隻，於日昨已經出塢，預定由明日起，其他各船，亦陸續出塢，由廿一日起，向下江開駛，茲將其開駛日期摘錄於下，

二十一日慶豐開往江橋站

二十二日三江開往通河

二十三日西京開往方正

二十四日濱安開往三姓

二十五日永安開往佳木斯

二十六日綏城開往富錦

借鏡日本教育

市教育觀察團 定廿九日出發

當茲帝光明[illegible]友邦來滿觀察各團體，絡繹不絕，在國民親善上國家認識上諸多裨益，一方我滿各界，為取法先進起見，日[illegible]觀察觀光諸團體，亦日有增加，惟就[illegible]給一埠以言，除濱江省署觀察團等，市署之實業觀察團等外，哈市教育界組成之日本教育觀察團，亦大體決定，按照下列時日，赴日[illegible]察，

出發時日，本月之廿九日，觀察期間，三星期，觀察地點 日本各首[illegible]各文化都市，歸途並到朝鮮停留，觀察目的，在[illegible]察友邦國學教育情況，實際生活，教育設施，以及日本風光，引率者為市署教育科學股長，津島鼈一，通譯吉田氏，團員 計濱方小學校長教員六人，太古工程街兩校之金校長，香坊東高校長四市[illegible]校長，（女）馬家溝教員沈玉賢，及俄（女）十四街校教員孫某，及俄僑小透籠街校長與[illegible]街校長，全員計十名，費用每人[illegible]須準備五十元，以三百元，旅[illegible]川云，

力，体力諸凡優秀者選擇之，並隨時為各種講習會，研究會，教育觀察等，務努力使其資質之向上與教授訓練之研究，對於兒童學生，依施以國体觀念涵養及能實体育運動適切之指導，與獎勵以陶冶其心身之同時，使瞭解國民精神，關於設備在財政之可能範圍內，雖經考慮校地之擴充，校舍之增改建築及其他設投用，實習用器具機械等之充實，然關於此點尚多不完全，

第二節 教科目及教科用圖書

第一項 教科目

小學校之教科目，並按週教授時數，均遵照文教部所制定之『小學校教科規程』施行之，但關於每週教授時數，參照文教部之通令『關於小學校之教科規程實施上之注意事項』增加作業科一時間，至二時間，以圖充實實科教育，

關於中等學校之教科目，並每週教授時數，暫行規定如次表，（表從略）實施之，但其主眼點，與小學校同其為重實業科目也，

至關於實業學校之教科目，考慮學校之特質後，特規定如次，（表從略）

○農業學校

必須科目『修身，經學，國文，日本語，數學，自然，体育及關於農業科目』，加設科目『歷史，地理，法制及經濟，簿記，圖畫，手工及其他科目』，

○工業學校

必須科目『修身，經學，國文，日本語，數學，物化，體育及關於工業科目』，隨意科目『英語』

第二項 教科用圖書

教科書之良否，其與學生以影響至重且大，故關於採用遵照文教部所定者，並加以深甚之考慮，無論其為國定或審定之教科書，更就從來之習慣所使用者，加以調査，並以無國定或審定者，因而使用其他教科書時，對其內容，雖詳為審查，以期毫無遺漏，然尚有未臻完善之[illegible]，本年度奉到文教部第一二九號訓令，又轉令各校知照在案，（國定及審定教科書名）同時其欲使用國定或審定教科書以外者之措置，先分予以指導之，以期不發圖書之紕謬，

第三節 小學校教育

本省之小學校，由其經營主体分類之，雖有省立，縣立，區村立，私立等之別，但均分為初級，高級，其修業年限，前者為四年，後者為二年，

然就其組織設備觀之，雖有係一部宗教團体等所設立之私立學校，尚有相當完備，而區村立及私立之大部分，[illegible]且如設備等多不完全，

小學校之教員，在省立及鐵路沿線縣城所在地之縣立小學校，雖配置有相當優秀之合格者，但於鄉村縣立及區村立小學校等，其配置者之中，其未受師範教育者，為數甚夥，其待遇省立小學校教員平均（俸給）為七三圓，（日系在內）縣立小學校校前年度之調査，校長最高為五〇圓，最低一八圓，平均為二九圓，教員最高為四二圓，最低為一五圓，平均為二五圓也，

第六節 實業教育

實業學校亦有初級高級之分，其修業年限及入學資格，與中等學校同一者也，

本省立實業學校，因民國時代，體認實業教育之影響，其數甚少，於其設備內容諸點，亦無足觀者，如本省教育方針所示，謀實業教育之振興，以養成有用之人材，伴將來學校與實業界為密切之連絡，開發產業，彼此呼應，以期增進國民之福祉，本年度省將八立農城初級中學校，編為農業學校，於各縣亦擬逐漸使同此趨勢，此種學校之已改編者，余有數縣，且新設者亦有實現者也，

今後將益加考慮此點，應各地之情形，設立各種實業學校，並對於實業教員之配置，學科課程，並指導方針之檢討等，銳意以圖發達者也，

第七節 專門教育

本省專門學校，有省立哈爾濱法學院，及省立俄僑師範專科學校二處，

法學院校以關於法制及經濟之智識，為目的，分滿人部俄人部之二部滿人部，除一般為業間，餘均為夜校也，

俄僑師範專科學校，亦為夜間教授者，以養成擔當俄僑教育之任者為目的而設立，一九二五年開校之時，稱為私立哈爾濱師範大學，修業為四年是也，

第八節 俄僑（白俄）教育

第一項 概說

本省立俄僑教育，其於地域上極有重要性，除省立俄僑高級中學校外，鐵路沿線有多數私立學校之存在，

從來俄僑學校依其舊慣所存在者，中等學校其修業年限為七年在中等學校內設置修業三年之預備班，（與小學校同）修此預備班之卒業者，即可入中學第一年，現在仍按此規程辦理，舊北滿特別區立學校，反乎此初級小學校為四年，高級小學校為三年，而高級小學校僅存一校，其內容與以從來之中等學校之第一學年，至第四學年之課程，展後因教科書編纂及審定綜計，並學校聯合等之關，中等學校初級三年高級二年，（未完）

濱江特刊
第五十九號
盛京時報北滿支社
社址　哈爾濱道裡斜紋二道街一三
電話道裡五二七二番

爲强化全省教育行政 樹立三個年計畫

職員互授日滿語整備清潔衛生 各科職員須一致遵守上班時間

△省教育廳幹部會議決定

濱江省公署教育廳、爲謀教育行政之向上起見、於昨日（二十五日）下午四時、特在該廳會議室內、招開各科股聯席會議、協議各項重要事宜、當爲出席者、計有市橋學務科長蘇禮教科長張視學官、楊牛等教育股長、趙代理初等教育股長、原學務股長、馮社會教育股長、王禮俗股長、及其他各科股事務主任、關係人員等十數名、開會後、當由市橋學務科長主席、協議一切事宜、直至五時半始行散會、至其當日會議議決之各重要事項、及新計劃案、大政爲下列各項、

一、全國學務科長會議及省下各縣產業指導官會議、近將分別在首都及本省舉行、對於各科股應提議案、即開始由各科股分別準備、

一、爲促進廳舍之明朗化、今後各科職員須一致保守清潔、以求根本上之整備、又爲使事務進行之紀律化、各員今後須絕對的遵守上班時間、勿稍遲延、以致維俁公務、

一、謀一般事務進行上之順調、並免除日滿系職員從來之言語的隔閡、特組織語學會使廳內日滿系職員互學日滿語、由廳內日滿系職員中、拔選定人員、義務担任教師、並已決定每日由十二時至下午一時、爲教授時間、

一、以達成濱江省教育行政完想、議決樹立濱江省教育三年計劃、擬定於三個年內、將一切教育設施完成、

以上議決各案除前數項議決後、即實行外、關於教育三年計劃、當經推定張志銘視學官負責起草、刻下張視學官正在苦心起草中、三二日內、當可就緒發表云、

植田大將、飛齊齊哈爾

日滿要人皆往歡送

初度來哈滯留巡視之關東軍司令官兼駐滿全權大使植田大將、連日勤勞、業誌本報、茲已巡視終了、於今晨一廿五日八時、乘飛機飛往齊齊哈爾、作北方之巡視、於未行前、哈市日滿各要人、凡於來哈時出迎者、仍均往歡送、自石頭道街地段街、義州街、通道街、沿路密佈崗網、在飛機場前、並有各校學生、各團體及日滿軍隊之堵列歡送、植田大將於八時前、蒞臨飛機場、沿途均致敬、於歡送飛機隊及歡送者之熱烈歡送聲中、登機向北空飛去云、

爲防止不祥事件發生 路局令注意各點

鐵路當局、因鑑於本月廿三日日晚、由哈向滿洲里發之九八七次貨物列車、在郭爾羅斯宋站間、與被暴風吹走之空車相撞事件發生後、該局爲避免此種不幸事件發生起見、特通令各站、嗣後加以注意、原文如下、

查因車輛逸走釀成恐佈結果情事、已爲一般熟悉、勿待贅言、惟廣軌線者、因路線及車輛等各種欵件關係、其性質之危險、較諸他線爲特甚、故對於停留車輛、必應格外注意、施以防止轉動處置、加以注意、當此北滿特殊蒙古暴風肆虐之際、何時發生此種事故、殊難意料、在此憂慮狀態之中、詎意如運轉事故之不祥情事、又見發生、實令人不勝痛恨之至、茲爲期絕滅不祥事故起見、仰各員對於左開事項、妥加嚴守、應所爲要、

（一）當將二輛以上之車輛使向同一線內留置時、於可能範圍內、務將各該車輛、互相連絡、結其附有制動機之車輛、必將用手制動機充分拧緊、且因必要時、於其前後猶須講求防止轉動措置、

（二）對於未裝置制動機之車輛或雖有裝置而爲認有轉動之虞者、均應適當施以止車輛楔、

（三）、對於在坡度線上之車輛、手推調車、絕對禁止之、

（四）、遇暴風雨時、須特別認明停車輛確無轉動之虞、或監視之、

（五）、轉動車輛、應就路線及列車之運行狀態觀察、除能確係安全情形者外、切勿使其逸出構外、施行適當之措置、

（六）在調移車輛之際、遇有車輛發生轉動成逸去時、應以不致發生激撞之程度、速以機車注意連掛、而講求迅速之停車之法、

（七）萬一遇向構外逸走時、一應即通知隣接站講求停車處置、

（八）、隣接站接到前項通報時、如自站沒有避難線時、即導入該線內、不然時於可能範圍內、務須導入不妨碍辦理列車之線內、再講求停車措置、

（九）、無避難線之站、對於該線之轉轍器、必保持定位以向避難線方面開通爲定位云、

濱江省教育概況【二】

第二項　教科目及教科用圖書

一、教科目及每週教授時數

從來之教科目及其每週教授時數、係東省特別區教育局成立當時所制定、因多不合於現在之情勢、勢有改正之必要、茲已施行教科目之、並整理改正每週之配置時數、然驟欲脫其舊習慣、不無相當困難、故其根本之改造、須俟諸將來、現斟酌其民情、止於暫行之改正耳、

第九節　私塾教育

本省有一千餘處私塾、其收容之塾生、於前年度末、已達二萬二千名、私塾爲教育機關之最古者、且爲原始的存在者、從來授以經書以識字作文、並指導習字及簡單之計算、以今日國民教育之普及發達觀之、如仍以存其舊、殊有悖於我國教育根本方針之處、故本省鑒者、曾頒布『私塾規程』、示以指導方法、同時並期設備及內容之改善充實、但其後奉文教部所示、『私塾規程準則』、更嚴爲指導監督、以作教育普及助成機關、若著以舉其實績者也、

第十節　朝鮮人教育

本省居住之朝鮮人、其人口約五四、〇〇〇餘名、學齡兒童數雖達一一、四〇〇餘名、然按另表就學兒童數所示、其現狀尙不滿半數也、

而其教育機關、多爲各地之朝鮮人居留民會所設者、除有少數在滿洲國設立之學校就學者外、餘者悉使入此等學校、一方使以努力其智德之涵養、一方使明我國之建國精神、俾適應其環境者也、

然將來多數之朝鮮人、移住於我國、鑑於努力產業開發之事態、以左記之方針、予以指導監督、並授助現在研究中也、

一、仰體五族協和之建國精神、按日滿不可分之鐵則、以涵養日本帝國臣民之觀念、同時爲滿洲帝國之構成分子、施以得以活動之教育、

二、朝鮮人之多數、爲水田經營之農民、以養成其自力更生之意志、與勤勞愛好之精神、以謀其生活之安定、施以勤勞爲中心之教育、

第三章　社會教育

第一節　概况

當建國創業之際、因受匪賊之橫行、農村之疲弊、工商業之不振、以改教育事業未克普及、國民大半失學、對於國內文化及國民教養甚低之我國現狀、爲指導社會民衆、俾其均霑王道立國之恩澤、不得不使學校教育與社會教育兩相提携、期其發展、本省早見及此、如學校之增設、及改善教育內容、同時擴充民衆教育機關、統制文教團體、助長體育團體等、以謀培養民力、啓發民智、涵養國體觀念、指導善良思想、以冀形成健全之社會

第二節　民衆教育機關

第一項　民衆教育館

爲啓發一般民衆之智德、謀文化向上計、民衆教育館之設置、日見增加、以舉社會教育上之實績是也、

第二項　民衆學校

我國國民教育之施設、雖日見普及、然各種學校之收容力、仍未能盡量收容、欲完成國民教育、祗賴此等學校、教育於國家、百年大計之前途上、頗堪憂慮、且建國爲日尙淺、務使國民急速徹底了解建國眞義、有提高國民教養之必要、故本省將多數之失學者、使其各有就學之機會、力圖國民教育助成機關之設置、然一般民衆生活爲環境所迫、不能正式受四年或六年之長期教育者居多、故設置修業一年之民衆學校、與一般民衆受有教育之機會、校以日常必須之智識技能、同時陶冶訓練國民精神、努力適應社會生活、

第三項　語學教育

欲期民族融和、首宜學習言語、且建國以來、日滿兩國之關係、日益親密、實有一德一心、密切不離之關係、近來一般民衆之日本語熱、驟然增高、各地設置日語學校、日語傳習所、亦逐漸增加、凡此等語學之指導者、皆爲各縣公署職員及日係職員、以及居留日本人首當其衝、其成績殊有可觀、於日滿融和上、亦舉有顯著之効果也、

第四項　圖書館及其他諸施設

圖書館現已設置者、雖有十六縣、因其經營方法、非常幼稚、且因經費之關係、新圖書不得隨時購置、一般民衆缺乏讀書興趣書、故圖書館未能十

濱江省管內 宗教調查【一】

勢力龐大者以佛教爲最 道教儒教基督教等次之

據濱江省公署調查管內各地宗教之概況於下、

▲概况　本省內之舊有宗教、爲佛教、儒教、道教、回教、喇嘛教、在理教暨其他雜教外來者有基督教（新舊）希臘教及猶太教等、某中勢力之龐大、信徒之衆多、以佛教爲最、道教、基督教、回教、儒教次之、在理教、喇嘛教爲最稀、我國以信仰宗教自由關係、全省民衆根本受宗教浸透力之影響、虔誠信仰者爲數至微、以外各教派、尙有秘秘結社之宗教團體、散佈於都市鄉鎭者、亦在所多有、但如教派具有綜合統制傳播能力者極少、此乃外來宗教、以其督教之勢力爲獨大、散佈各處、建有教堂、宣講所、派來傳教士、努力布教、且往往附帶辦理社會文化或慈善事業、如設立學校、醫院、育嬰堂等、其所持目的與宗旨、大都爲國內主教僧所支配、并依據國內經濟、或政黨爲背景、而根據發展之人民、每因直接受其附屬、事業之裨益、漸次涵濡、而信仰者不尠、但究竟至誠皈依者殊鮮、拳匪庚子之亂、即其明証也、其他宗教、波及情境、亦不外以利害之關係、與夫時間環境之影響而定其趨向、此本省宗教之概况也、

（一）佛教‖佛教創始於印度其始祖爲釋迦牟尼、教旨以慈悲忍辱爲主、提倡平等主義、排斥階級制度、使人練心修行、脫免生死輪廻之苦、昇入極樂世界、信徒衆多、風靡全印度諸部、以及中國、日本、朝鮮等處、至其傳入滿洲徵諸古代文獻、約在二千年前、迨至遼金時代而益盛、淸康熙年間、實施統治外藩政策、而利用喇嘛教、一時盛行祀佛、光緒年間、興辦學校寺廟、半多充公、僧人四散、是爲佛教式微時期、民國初年、佛教再盛、一方由於在上者之提倡、一方由於一般學者傾心研究哲學而趨重佛學、因而各省區建有僧學校、僧教育會、並僧團聯合組織、如中華佛教會、大同普及佛教會等佛教、遂漸就復興之緒、滿洲建國信佛之風未衰、各地佛教會往往兼辦理一切慈善事業、信男願女、到處有之、

本省佛教寺廟、約有一百三十五處、教會團體百餘處、信徒一萬五千餘人、教派有眞言華嚴、淨土及禪門之臨濟各宗派內以禪宗最盛、淨土宗次之、華嚴、天台、眞言各宗又次之、康德二年四月間、友邦日本高僧金井兆慶一番類一行四名渡滿來哈、聯歡主持於哈

煙樓瑣話

各零賣所女招待素描【五】

（花江客）

一二年以來、官警方面、以烟館女招待、不徒有傷風化、亦且易引青年學生墮入岐途、對於取締女招待、固曾三令五申、隨時查罰、然又因種種原因、雖奔拿不迭、終以施行之不澈底、一如官面文章、上峯發令、即出動搜查、平時則視若無關重輕、置之度外、且有直接取締責任、暇時居然便衣盛裝、三三五五偕入阿芙蓉館一揚橫陳、向烟招待進攻起賦、或依恃所估地位威迫女招待無料同宵、一般女招待、則畏此等無上威權、不敢反對、只得委曲求全、相與撕混、而此輩既得無價便宜、依自然的演進、對彼女侍者、當然有所庇、故每於上峯發令捉獲女招待時、即先以電話通知、加以躲避、雖有時捕獲一二名、實行罰辦、亦未始不係敷衍表

松花江下游
舒樂鎭匪報
警察署長被殺 署員幸被拉致
當局計畫討伐

據當地某方面接到之情報、上月十五日、松花江下游湯原縣舒樂鎭、警察署、突有系統不明之匪團一百餘名襲來、除將該警察署長射殺外、並將該署官警二十餘名拉致逃走、

按湯原縣、自本年春以來、曾有數回遭受匪襲、尤以滿人官警犧牲最大、當局對之、非常重視、刻近準備努力痛剿該項匪團、必使肅淸云、

華樂舞台
角色空負盛名
票價又復過昂
打炮第一日引起觀衆誹議

沉寂已久之哈市劇壇、自華樂舞台於大連聘來號稱名伶之貫大元、徐碧雲一行數十人、於廿四日晚登台露演以來、似爲之一振、不過因角色空負盛名、以致聆歌者寥寥、加之所獻技之各伶、率因嗓音枯澀渺小、及扮像醜陋、殊欠大方、做作又復矯揉、復當此市面不景氣、經濟恐慌時代、以兩毛票底激增至一元五角五分故除一些達官顯宦尙可嘗試外、如稍有娛樂能力者、亦皆不能一睹、按戲劇一道、本爲藝術之重要表現、藝術則爲描寫社會現象之一種方式、關乎啓廸文化、開發民智及輔助教育上之不足至重、既不能使之大衆化、僅爲資產階級之專用娛樂、則背乎本來意義及效用、如不積極改善、不迎合多數觀衆心理長此以往、恐予前途莫大之影響、並於打炮第一日、因散戲過早、惹起觀衆不滿之誹議云、

爾濱極樂寺、日后之活動與佛敎之昌明殊堪注目也、

（二）道教＝道教以老子爲祖、創始於東漢張道陵、至晉時稱天師道、後途名之爲道教、以淸靜無爲爲敎旨、煉丹歸眞爲功夫、宗教龐雜、所謂三十六宗、七十二派是也、其寺廟稱之爲觀、宮、閣、院等不一、其傳教師呼之爲道士有情居、伙居之別、前者剃髮、後者蓄髮娶妻、多過醉生夢死之生活、對於世道人心、無甚補益、本省道教派別、散佈於各地者、有龍門、華山、金輝、淸靜、蓬萊、眞式、玄武等、其廟宇有娘娘廟、鬼王祠、龍王廟、城隍廟、無量觀等種種名稱、建於都市鄕鎭者均有之、全省廟宇、約二百七十餘處、道士達三千二百餘人、至教派之盛、以龍門爲最、但綜觀其佈教能力、次於佛教、

（三）儒教＝孔子集王道之大成爲儒教之宗祖、其學說由曾思孟及歷代各賢儒祖述之、其學說以仁義道德爲本、無純然的宗教彩色、後世歷代帝王無不尊崇之、加封尊號、建立祠宇、春秋致祭、至清代謚改孔子爲大成至聖先師、文廟之建、幾遍全國矣、其哲學思想深入人心、達二千餘年、民國成立、近年廢棄祀典、道德淪喪、社會紊亂、新國肇興、有鑑及此、本王道主義、爲建國之基礎、并由文教部竭力提倡、特重祀典、孔教遂復興於我新國家矣、

濱江省之文廟、於民國十五年計劃建修民十八年八月工竣、工程浩大、廟宇宏麗、建築費計哈洋七十三萬七千三百餘元、惟祭器、樂器暨一切應用器具、均付闕如、爲美中不足、此外各縣建有文廟者、計十五縣、其他各縣、尙待計劃建設中、（未完）

鮮匪强搶
孫金禮家

南崗西八午市、西南街、門牌八號、住戶孫金禮、向以賣水料爲生、於昨二十四日午前時許、正在酣睡之際、有一鮮人、年約二十餘歲、破窗而入、孫某由夢中驚醒、此時鮮人業經闖入、左手持刀、右手執槍、勢甚凶惡、口操日語以搶刀威嚇、孫某因不曉其日語、鮮匪遂轉變滿語、（拿一千元錢來）孫答無有錢、以鮮匪怒、若無有錢即將打死等語、孫遂告抽匣中有錢、鮮匪故由抽匣內搜出國幣七元、搶畢携之潛逃、事主於匪去後立至西八午市分所報告、請求偵緝云、

已卸任之軍官
通匪被捕
其他嫌疑犯亦被捕受審
道外憲兵分隊之殊勳

趙子良、（四三）阿城縣第四區人、現住哈爾濱上號、事變時、曾充吉林省警備第二旅九團步兵第一營第二連兵士、嗣後轉戰漸獲功績、大同元年十月間、升級步兵少佐、康德元年十一月升任第三營步兵連連長、由此轉任哈爾濱新市街第四教導隊補充第四連長、於本年三月間、因某種事件、被上峯查覺、將其免職、詎知趙某在職時、討匪將子彈藏匿、以圖虛報其數、將子彈實與胡匪頗獲厚利、于十四日有匪首安占山、報字西山、潛伏來哈、向趙某處購買匪藏之子彈五百發、每枚子彈、價洋一角五分共價七十五元、不意事機不密惡貫滿盈、被道外憲兵隊偵知將其一網打盡、供出通匪不諱尙有其他嫌疑、現下正在繼續審訊中云、

分發揮其機能、今後逐漸將其內容充實改善、同時對於未設立縣、促其設置、以資增進民智、開發文化、此外民衆教育諸施設內之通俗講演所、識字處、（問字處）、民間閱報處等、亦社會教育上最關重要者、概均附設於民衆教育館內、講演所者、以極通俗的講演、或講習謀道德智識之向上、識字處者、專努力促進民衆識字教育之普及、閱報處、備有各種新聞、以供閱覽、藉以提高一般社會常識、最簡易適切之施設也、

第五項　文教團體

一、文教團體　本省依滿洲帝國教育會成立之趣旨、康德元年十二月組織濱江省分會、教育廳內設有分會、本部各縣設置支會、以便統制官民、同心協力、本諸建國精神、努力教育之振興及助成教育一切之施設、

二、敎化團體

現在於本省內有萬國道德會、慈善會、勸善戒烟酒會等教化團體、此等團體以種種施設、努力一般民衆之教育教化及慈善救濟、故本廳亦講求連絡統制、以謀發揮其機能、

尤其童子團與滿洲帝國童子團本部、互相提携、組織帝國童子團、濱江省地方聯盟、本廳內置有本部、各縣設置支部、均受統制其指導方針、亦以達成涵養公民精神、養成國結心爲目的、須排除都會的娛樂的及有產階級之玩忽態度、團服團杖等物、不拘形式、專訓練使其發揮精神運動之特質、

三、體育團體

民衆體育機關中、設有體育場者、尙不甚多、然學校體育逐漸發達、一般體育思想、亦因而向上、以各地靑年團及民衆學校爲中心、計劃振興適切之體育運動、設置滿洲帝國體育聯盟各縣支部之懸案、亦漸促其實現、

第四節　禮俗教育

第一節　概　要

關於禮俗、如教育方針所載之孔教爲德教之本、本諸此等根本精神、復興文廟祭祀、以便國民精神、有所歸依、同時關於宗教調查指導、以淨化國民之精神生活、對於孝子節婦、廣爲調查表彰、以爲淨華輕佻者戒、調查保存古物、古跡、名勝、天然紀念物等、以資研究東洋文化養成國民思想、

第二節　文　廟

本省內除省立哈爾濱文廟之外、雖有十四處、然各縣文廟率皆荒廢、甚至有不堪舉行禮典者、故詳爲調查各地實況、欲爲重修、同時力謀復活春秋兩季之祀孔、丁祭近來、尊孔事業、日見擴充、再者、本省欲將孔夫子及諸聖賢之遺風行跡、令民衆敬仰、以救現代人心、藉正社會風教起見、本年春季祀孔時、印刷頒布文廟之由來、同時計劃制定尊孔週間、

第三節　宗　教

宗教於文化建設上、有重要之使命、影響民心者甚大、然我國向來各種宗教、雜然無章、故將省內各地傳布之宗教及入民信仰之程度、加以調查、施以連絡統制、同時喚起布教者、努力修養、可收救世濟世之效、

第四節　古物古跡名勝及天然紀念物

古物古跡名勝及天然紀念物爲人類進化、民族興亡、文化變遷等等考究上、最重要資料、不惟於學界有可參考之資料、於國民之思想養成上、亦有利益不少、於是根據幾日公布之規則、對於發拓保存、加以周到監督、及指導防備崩潰毀損、對於調查更行督勵進行、

第五節　孝子節婦之表彰

孝子節婦烈士義僕等之行蹟、爲國民道德之根幹、然下風不古、思想惡化、國民道德日趨頹廢、因鑑文教部對於德行顯著、堪爲社會模範者施以表彰、今後當更接續廣爲調查、以資發揚建國精神、

省內表彰節孝懿行人士一覽表康德二年十二月末現在

孝子	東興縣	李惠貞	（三四歲）
節婦	阿城縣	楊張氏	（六四歲）
〃	雙城縣	高白氏	（八〇歲）
〃	綏稜縣	蕭張氏	（五九歲）
〃	木蘭縣	薛喬氏	（六九歲）
〃	〃	王李氏	（五九歲）
〃	〃	孟黃氏	（六八歲）
〃	綏化縣	焦王氏	（八三歲）
〃	〃	王劉氏	（六七歲）
〃	珠河縣	姜林氏	（六七歲）
〃	呼蘭縣	李廣開	（七四歲）
懿行	〃	裴永元	（五二歲）

第六節　文物研究所

第一項　沿　革

本所、原名東省文物研究會、創自一九二二年、（即民國十一年）、爲一私人研究學術團體、創辦人係當時知名學者、以探討及發揚滿洲文化爲主旨、一九二二年、因襄助中東鐵路二十五週年紀念展覽會、始得該路之資助、及寄附該展覽會之一切陳列品、更撥給現用之房舍、該會因之益見發展、復以平日各科學部員所研究之成績、及由各處所搜集之資料、成立一規模宏大之博物館、依次更附設科學圖書館、農業試驗場、植物園及松花江生物研究所等、輔佐研究機關、斯時該會以漢文、俄文、英文等所出版之科學著述、達百餘種、研究員中、曾出席國際學術會議、故該會在國際學術界亦負勝名、比及一九二八年、（民國十八年）特區教育廳、以該會關係特區文化甚大、應歸教育廳管轄、遂呈准特區長官公署、於民國十八年二月接收、名爲東省特別區文物研究會、至民國二十年教育廳復以該會爲社會教育機關之一、又改名爲東省特別區文物研究所、及至大同二年七月一日、復又改名稱北滿特別區文物研究所、自接收以來雖經費有限、但學術研究工作、均在積極進行、每年從事各學部之考察、並添置博物館之陳列品、舉凡滿洲之歷史、人種、風俗、古物、農業物、工業品、以及自然界之動植礦物、盡搜羅而有之、若是滋本所博物館、則可一覽滿洲之全貌、本所自創辦以來、雖不過十餘年現已成北滿唯一之文物研究機關矣、（未完）

省署招開
廳長例會
總務廳提出都市計劃案

濱江省公署、於二十五日午前十一時、假總務廳樓上、招開廳長例會、出席者省公署各廳長、均行參加開會後、由總務廳提出議案、關於密山都市發表、計劃之件、理由爲近來自林密綫開通後、各地人民、日漸增加、因都市計劃、於地方發展頗關重要、至於林密綫之八處都市計劃案、全體面積、共一千萬坪、土地收買經費五萬元、該經費項、先由省方起債、將來之一切積金、一併均俟將收買之土地發後之賃地價償還、關於此項之一般會計、並不作特別會計此議案由縣方呈報到省、考核認爲許可、已由會議提出、呈請中央批示、總務廳文書科提出議案關於文書處理之方法、頗不一致、對事務進行、正感不便、今經會議決定、於星期一午後一時、召集各廳科日滿文書關係者各一名、開會討論、處理方法、然後到各廳科向一般同人解釋、以期從事就簡、進行順利云、此次因議案較少、至十二時即散會矣

面、以掩飾其醜也、今也哈爾濱警察廳副廳長吉村氏蒞任伊始、認爲烟館女招待、須行絕對取締、與廳長所抱心志、正相吻合、故前曾發令厲行取締、而各署遂照吉村氏之意旨、遂不時出動、嚴厲查獲、並爲謀眞個肅淸、不取從來罰欵主義、而採用羈押方針、以促女招待本人之自省、蓋向來各女招待、以每經不幸被捉、不過破費之五元之罰欵、即可照常入烟館、認爲不關痛癢、故捉者自捉、爲者仍爲、一二年來、不能捉捕肅淸者、亦未始不因於此、今吉村副廳長即不主張罰欵、每捉獲女招待、不許取保、亦不採罰欵教入主義、須先施行相當日數之寄押、以爲唯一警誡方針、然與烟館女招待之厄運又臨頭矣

烟招待之人物

烟館情形及女招待之來歷生活諸情、改篇如上述、茲復就探訪所得、各零賣所內見有之各著名女招待之人物、爲拉襍記述之、

道外六道街同春樓零賣所、原審烟待人物最多、交較多爲上乘者、故該零賣所之此拓力、亦函佔優勢、然近因該零賣所執事朱某辭出、轉入五道街醉仙閣零賣所、主持一切事務、將同春樓原審侍者、如蓮枝、桂香、素秋、小紅、等十數殄罷著流、皆拉攏轉籍、改隸醉仙閣、而一般追香逐臭份子、依彼强之轉籍、亦多改向醉仙進攻、以致同春樓中無甚佳麗人物、頗呈枯燥氣象、而道外北二道街之十洲烟霞零賣所、原本內設旋不良畜侍者數名、無一出色者、故從前殊談不到繁盛、乃最近突又新闢房屋數間、並將內部刷新各方搜集採用女招待五六名、刻突呈一時之盛、其他如道外三道街萬昌盛、西門臉長生樓道外南三道街大觀樓、道外九道街會賓樓、及道裡新城大街永安樓、中國十道聚美樓道外七道街寶源樓等等、皆爲利用多數女侍、繁興一時者、茲先就醉仙閣諸待者、誌述如次

蓮　枝

蓮枝不知姓氏亦不詳其身世、但知爲山東人、年可十八九齡、貌頗稱豐富具有健康美、在女侍者行中占有相當地位、初在道裡聚英樓燒烟、彼時尙梳大辮、且滿口威海口音、一見即知爲山東產物、出東幫大腹賈者流、捧者頗多、去年各轉入同春樓已剪髮、且爲一般同行者薰陶突尙時髦、奇裝捲髮與常招搖過市風頭了頗健在聚英樓時、前後已形成兩人、今被前同春樓執事朱某、拉攏又轉隸醉仙閣、捧者益衆輒稱爲烟招待之紅花人物矣、其人性放任、喜打鬧、言語行動、不知拘束、入多以一浪姑娘稱之[illegible]即有浪名、且最喜扮交武裝少年、每遇適意、毫不計較金錢、故儕情人於旅館中、無料夜度之事、時有所聞、又據知其底蘊者稱、阿妮子當未充招待[illegible]操皮肉生涯、其平日行動、尙未脫出土娼子姑娘之習氣也、（寫眞即蓮枝小影）

—未完—

濱江特刊

第六十號
盛京時報北滿總支社
社址 哈爾濱道裡 斜紋二道街一三一
電話道裡五二七二番

宣詔紀念 慶祝大會

哈市已熱烈舉行

日滿各機關學校數千人參加

關省長施市長先後發表謹話

五月二日爲皇帝陛下御訪日回鑾宣詔紀念日、本埠特別市公署、濱江省公署、第四軍管區及警察廳等各機關、於是日午前十時、齊集於道公園、舉行極隆重之宣詔紀念大會、友邦山岡本部隊長、安藤特務機關長、佐藤總領事、佐原哈爾濱鐵路局長、牛木居留民會長、及滿方各機關法團、各學校學生、同時參加、首由施市長恭讀詔書、繼由關濱江省長發表對宣詔紀念謹話、大意如下、

二聖聯歡、禮遇優隆、感情融洽、並備受朝野上下熱烈歡迎、歸潛瞻仰、歲同一家、此誠從古未有之曠典、東亞無上之光榮、所以回鑾之際、皇帝陛下、聖心悅豫、[illegible]有喜、對於友邦皇室、及[illegible]一切良好印象極深、非常[illegible]洽、情同膠漆、莫可言宜、遂於去年今日、

特頒訓民詔書、昭示全國、當時凡我臣民、同深感激、一致欽遵、轉瞬之間、已屆經年、所有日滿臣民互相親善、情形非常圓滿、預卜將來必當日加深厚、此誠堪幸慰者也、今日欣逢宣詔紀念之良辰、特此披瀝數言、此後仍望全國臣民、仰體聖意、對於友邦、永久親善、始終不渝、務當一心一德、以期共存共榮、此則私衷頌祝者也云云、

關省長謹話

『今日爲舉行慶祝去年皇帝陛下御訪日、回鑾宣示訓民詔書紀念週年之辰、凡我全國臣民、莫不歡欣鼓舞、以表示極端熱誠一致慶祝者也、

溯我滿洲國自建國以來、舉凡一切設施、誠無一時一地不在最親惠之友邦大日本帝國羈庇之下、如慈母之保嬰兒、如良師之爲幼弟、凡所謂哺乳之、抱負之、扶持之、保護之、啓誘之、領導之、誠屬無微不至、得於最近期間、日進月邁、令我滿洲成立新興國家、獨立於地球之上、世界各國、莫不嘖嘖讚美、爲東亞之光、然而飲水思源、能不有所感動於中乎、人非木石、自當攸然以思、其臟賑而不能自已矣、

康德元年三月、我皇帝陛下、深得友邦之援助、國基益固、於是上應天心、下順輿情、踐登大寶、國運日隆、而日滿國交、愈加親厚、使聘往來、絡繹於途、乃蒙我皇帝陛下、聖懷謙沖、宸衷獨斷、遂以萬乘之尊、不憚跋涉之遠、不避風濤之險、毅然以赴、於是去年四月、有御訪日之鑾舉、斯時也、我皇帝陛下、得與天皇陛下、握手相見、

施市長謹話

本日爲我滿洲國皇帝陛下訪日宣詔紀念之佳[illegible]、[illegible]在哈[illegible]滿洲國各[illegible]列席、而[illegible]得盛大舉行、[illegible]

古盛典、吾人最爲光榮、昨春我滿洲國皇帝陛下、本滿洲建國之大義、躬親訪日、蓋因康德元年皇上登極之御大典、秩父宮殿下、代表日本皇室、來滿慶祝、我皇上爲此赴日答禮、並因日本帝國、以善鄰關係、以始終一貫之熱誠、拂多大之犧牲、以支持援助我滿洲國王道理想國建設之聖業、對於日本皇室及全國民表示感謝之意、又洞察兩國、絕對不可分之關係、以躬作則、而垂日滿親善之範於臣民、故達到此目的、而回鑾

[illegible]感激者也、以上之關係、足以奠定兩國悠久之基礎、發揚東方道德之真義、爲我滿洲帝國萬世不變之大本、此種日滿兩國之不可分關係、非如世界各國之依利而合、依害而離之薄弱國際關係、實乃完全一心一德之合體、也此種合體、誠爲今日處此重大時期之急務、易曰、二人同心、其利斷金、周武有臣三千唯一心、卒滅率有億萬人[illegible]

[illegible]施市長謹話、終了后、繼由友邦來賓山岡本部隊長祝詞、安藤特務機關長祝詞、佐藤總領事祝詞、牛木居留民會長祝詞、最后由施市長領導三呼大滿洲帝國萬歲、大日本帝國萬歲、作樂由小學生合唱國歌、禮成、至正午十二時散會云、

道外各大商號

去年賣錢總額

道外商會調查報告

本埠道外各重要行業之大商號去歲一年中、賣錢總額數目可觀者、爲數甚多、茲據道外商會詳細調查如下

雜貨業選定十六家、賣錢總額一二七七二七九六元五毛六分、布業選定十二家、賣錢總額一一二〇六四九三元九角三分、雜貨代理業廿四家、賣錢總額四八七七二八元三角一分、京廣雜貨業選定三十二家、賣錢總額四四九一〇五〇元七角四分、糧米業選定三十七家、賣錢總額二九八〇八六元三角九分、紬緞業選定七家、賣錢總額二一五〇八〇元〇[illegible]六分、染坊業選定三十二家、賣錢總額一六四一七六二元六角三分、[illegible]選定十家、賣錢總額一二〇〇[illegible]分新衣業選定三十家、賣錢總額一八七三六四[illegible]業選定三十三家賣錢總額[illegible]業選定七十五家、賣錢總額一二五一二三[illegible]三六八六元九角一分、以下各業三百十三家去年一年中賣錢總額共計四四五二二[illegible]六元五角六分〇

名伶周嘯天

一二次來哈出演

藝業已復原

頗得一般好評

道外新舞台、自名伶曾藝斌[illegible]出走平津後、即陷於然[illegible]之狀態、因鑒於華樂舞台聘得名伶武元徐碧雲來哈出演、[illegible]營業上之爭衡、及挽救該台自身之頹勢、新自[illegible]、台約妥於三年前在該台曾鳴一時、頗得好評之名[illegible]生周嘯天來哈露演、按周嘯天爲已故名伶吳鐵菴之高足、宗譚派、前次在哈時、正爲倒嗓之際、有以韻味動聽、頗受觀人之讚美、後爲求深造、乃遠走平津滬漢各地、苦心磨琢、藝業爲晉、並聞嗓音業已復原、在各[illegible]

（爲真即周嘯天演倩東風送走一幕）

濱江省管內

宗教調查 【二】

勢力龐大者以佛教爲最 道教儒教基督教等次之

（四）回教—回教爲默罕穆德所創、西史稱爲伊斯蘭教、以可蘭經典崇信唯一之真神「阿拉」、其教旨與其他各教迥異、婚姻須顯著之特徵乃不食豚肉、以牛羊肉爲常食品、其聖地爲[illegible]加、其入中國約在唐時代、稱爲花剌子謨、宋稱[illegible]時回教甚盛、[illegible]元史稱爲回回國是也、其[illegible]到處、即趨人民信仰、否則殺之、國亡后復賴商力傳播其教、是以回教始終不衰也、至其傳入蘭東、據傳係清初用兵移民關外、迄今僅二百年耳、新疆、青海等處、迨平定後、本省清眞寺、伊斯蘭教會等、約有五十餘處、教徒一萬餘人、但多營下層商業、如屠[illegible]

（五）[illegible]天主教）秀[illegible]十六世紀[illegible]二派[illegible]

煙樓瑣話

各零賣所女招待素描 【六】

（花江客）

▲素秋

素秋、在現在烟招待中、極佔高的地位、常出入烟館之風月份子、鮮不知其人、妮子身材適中、貌殊美、肌膚尤皎潔如玉、加以崇向摩登、善於修[illegible]

頗大、小有紅名、嗣由某異性者拉攏出萬昌盛、另入六道街同春樓零賣所、風頭益甚、風狂子弟、趨之若鶩、伊週旋[illegible]雜之間、得意洋洋、幾有[illegible]不暇之勢、因之妮子之名遂[illegible]

[illegible]關意中人、已將與某坤伶訂婚、更以不知妮子爲何如人、不敢遽與苟合、只得拒其請、[illegible]妮子以所欲失望、終日鬱[illegible]、遂亦不常再涉足新舞[illegible]

莊者流、命其燒烟、則拒絕侍候、固不在乎燒烟小費也、更有愛伶奇僻、三天兩頭、必盛飾赴新舞台、獨座觀劇、蓋其意在勾吊某武生、圖一與共衾枕、過其奇癮、而引爲在伊當招待過程中的一頁幸事、乃不

弟、租居於道外[illegible]安詳歲月、固[illegible]乃同院有住戶[illegible]警官學校、以[illegible]得與相識、王[illegible]共人身材短小、[illegible]中之武大郎、[illegible]吃病、每與人[illegible]一語、殊談不[illegible]彼時之素秋也、[illegible]色[illegible]不住[illegible]、遂與王[illegible]寒、自是[illegible]倆口子[illegible]

之內二分教區、□□□□獨有基督青年會、由□□□□獨立各處設立萬聯、以辦理各項社會事業、以互相親睦、利用一般民衆宗教的彩色極爲稀薄、本省各處如禮拜堂、宣講所等之建立、約計六十餘處、教徒一萬七千餘人、附設學校、醫院育嬰堂等爲數亦屬不尠、其活動狀況、頗爲興盛、

（六）家裡教（在家裡）達摩清淨佛教會家裏教在中國長江沿岸暨中部一帶地方稱爲青幫、以忠孝佛仁義禮智信爲宗旨、以扶弱鋤強爲教綱、始移明代山東祖、陸祖專傳達摩之臨濟禪、至清初翁祖、錢祖、潘祖歸納而造成家裏教、康熙年間、奉潘祖爲本師、在杭州建家廟、以后漸次擴大其勢力、到處均有教徒、迨至滿洲建國、於康德元年四月間、由滿洲家裡以教同志會、改定教旨、修正信條、淘汰不良會員改家裏教爲達摩情濟佛教會、努力募集會員、傳播教旨、家裏教傳入本省、爲教甚稀、半多由於山東省之移民、或營妓樓業者信仰傳播者爲多、但亦有相當之潛勢力、

四 回教

回教、爲默罕穆德所創、西史稱爲伊斯蘭教、以可蘭經爲教典、崇信唯一之眞神「阿拉納」其教旨與其他各教迥異、尚武力、主排外、不與他教通婚姻、更顯著之特點、不食豕□動物之肉、以牛羊爲常食地、在「麥加」其入中國、約在隋唐時代、稱爲花門子讀、宋稱突厥、元時回教甚盛、有波斯諸地、元稱回回國者是也、其武力到處即迫人民信仰、該教否則殺之、回回國亡後、又賴教徒營商之力、傳播世界各地、始終不衰、至其傳入滿洲據傳係在清初、用兵新疆青海等處、迨平定後、移民關外、迄今二百年矣、濱江省內清眞伊斯蘭教會等、約有五十餘處、教徒一萬餘人、多經營商業、是教中人團結力甚强、每遇一事、皆能協力同心、爲他教所不及者、（未完）

無聊之鮮人 冒充醫師

到處騙弄愚人

已被日警補獲

鮮人崔元（三三）於三月間、由朝鮮來哈、住於道外承德街永厚旅館、以謀事未果、生活頗感困難、故奇想天開、在道裡八午市處、購得俄人古醫器具、自稱醫科專門、在道外一帶徘徊以與一般無知之人治病、及打藥針、騙取多額金錢、當局爲保護人民健康起見、極力檢查醫師許可而該僞醫被領警探搜查其醫學已暴露本形、不但該鮮人無醫師許可、並且毫無醫術、經領警嚴重審訊、始供出騙財不諱、現正在下繼續審問中云、

哈鐵樹立本月份 貨運計劃

特產貨運遲鈍中土建材料活況

豆餅因日本需期已過將益凋落

當此特產物貨運告一段落際中、土木建築界材料之運輸、乃登成活況、哈埠運輸處昨日發表、該局本月上旬之貨運計劃與預想如左、

特產穀物類以沿綫上市者、已告一段落、搬運期待頗屬薄弱、且院內及農民存貨、雖有一一〇、〇〇噸之數、然因賣方預料將來必有漲價希望、多持觀望狀態、故貨物之移動預料、仍必繼續前旬之遲鈍狀態、但因時值豎縣道春耕物品之顧關係、此地農戶之存貨極有變錢之必要、又一面本旬適遇降雨時期、爲顧慮搬出道路有惡化之虞、則出貨尚可期待、加以時屆解氷期間、待望已久之松花江下流地方之穀類自本旬開始航運、哈市各碼頭之上陸數量、定能逐成活況、此外發自下江到達當地、並通過貨物推算、約有三二〇、〇〇〇噸、當此鐵路沿綫貨物漸低之際、則本貨物與土木建築材料、甚稱爲今後輸送之二大財源矣、

小麥因受市行疲弱影響、其移動殊無甚期待、但麥粉一種、華北方面、因需自外國、計算不利、乃改向南滿方面採購、特將華北之商稅六減爲原額之四分之一、藉此好轉、小麥之移動、亦當有副目之盛況、

又發自濱江站之豆餅、因日本需作春耕肥料者、已告一段落、需質狀態、已轉薄弱、並因豆油行市不振、故豆餅發送數量料必益形凋落、一日當可有四〇〇噸之預想、

碎石沙利等之土建材料、因屆工程期間、其移動狀態、已步已躍躍境內、就中局工事用品、爲適應諸般工程、並計劃之進行關係、殊有急待運送者、

神子因市價不佳、已逾需要時期及其他情形、本旬之輸送、只有二道河子及北黑綫者而已、惟木材因土建界之活潑、料必趨進增加之一途、

煤斤在一般營業品、亦因已過需要期間、出貨當必寥寥、但局用煤之輸送、因有爲備今冬需要期之請求、對於此種輸送頗有力、期完善處理之預定、

他方面由鐵路方面運來者之工事材料品類繁合計一日平均□□□□□□□□

航業聯合局 爲防止江難

制定江面輪值規程

哈爾濱航業聯合局、對於本年哈爾濱港內、以及近處江面輪船輪值規程、業已規定如左、

第一條、茲爲預防船舶在哈爾濱港內、及近處江面臨時發生江難、或其他非常事故、每日配置輪船一隻、輪流值班、

第二條、輪值船經船舶課核准後、轉知行船係主任、指派在港船隻充任之、

第三條、凡已被流爲輪值之船隻、在輪值時間、應集合全体船員、準備齊整、無偷何時均得出動、

第四條、輪值船之停泊地址指定十四道街（航務局工廠下首）、

第五條、凡已被派出勤之輪值船、應即時披錨前往、以便救護、

第六條、凡一切工作、總以迅速爲主旨、並應詳加注意、不得疎忽、

第七條、工作完畢後、應即時開回原地址、即由船長向船舶課長、行船係主任、報告工作情形、

兒素主持、遂實行離異、各自西東矣、

素秋與主離婚後、即回其娘門、既而以數口之家、生活立成問題、乃居然招遙過市、操所謂野妓生活、以是老母小弟、得不挨餓、然秋兒雖供養老母、其平日對母甚苛、一不如己意、即漫然叫罵不迭、甚至怒憤拷打阿母、其對母如此、其人之品質可知矣、是以鄰其底蘊者多不齒其爲人、前年移居純化街美濃屏客棧時、曾有人目睹其打罵阿母、鬧後□□女招待員行一時、對妓生□□□□□□

生活、而入於烟館樓中、操烟招待業、直至今日、已將及二年矣、

按素秋本性何、小字玉潔、營招待業後、取名素秋、而一般以關素秋稱之、其關姓之由來、殊難臆測、或爲隨同親戚爲姓、掩飾眞名、亦未可知、

又近日以來、烟樓中已不恒發現伊之芳蹤、一說已與某少年因戀奸火熱、同居鬱處、決意烟樓生活、安心與愛人相伴度日、然倘有時出入烟樓中執務二三時、即披衣而去、故其果否已隨人從良、尚在不能□□□□——未完——

濱江省教育概況【三】

第二項 職員

所長（江濱省公署教育廳長兼任、）主事之外有總務主任、博物館主任、考查團主任、庶務主任、會計主任等、此外更有研究員、技術員、繙譯員、事務員等、十餘名、

第三項 事業

一、博物館

一、內容

（一）經濟學部、七千四百九十件、

（二）考古學部、一萬二千五百八十四件、

（三）人類學部、六千二百七十九件、

（四）自然學部地質系、四千八件、

（五）自然學部植物系、四千百七十五件、

（六）動物系、五千六百九十七件、

（七）其他尚未陳列者、五千七百三十九件、

二參觀者

本館參觀規程、分納費與免費二種、普通參觀者、須納費二角、兒童減半、學生機關團体及教育廳介紹者、均可免費參觀、納費參觀者、每月只有數十人、免費者平均月有六七百人、

二、考察團

本館每年組織考察團、分往各地出張、研究下列各項、

一考古學、關於調查各地古跡及採掘遺物事項、

二人種學、關於各地土人種族、服裝、生活狀態及文化事項、

三動植物學、關於調查研究北滿一帶之動物植物事項、

四地質學、關於各地土質、礦石、土壤等之採集調察及研究事項、（未完）

市署招開事務主任會議

提出議案頗多

哈爾濱特別市公署、爲促進全般事務進行之順調、與向上起見、於昨（日）下午一時起在市長室內、招開各處科局所、及其他附屬機關、事務主任會議、出席人員、約三十餘人、當日討議事項如左、一關於希望設現地購入之便事項、（以上教育科提出）二關於文書所蓋印章之統一事項、（管財科提出）一、統一印章之規格二、統一印章使用範圍之限制三、關於文書事項（庶務科提出）一希望考慮編譯上所有之希望、三所擬之原稿務希與公文程式相合、四關於翻譯後原文有訂正時之處置、五關於向各處科發送之訓令通知文件等項、六關於翻譯文件之發送事項、四關於主任者對文書認印之態度之改善、（庶務科提出）於三時頃始散會、至其以上各案經會議討論甚爲圓滿故大致業已通過並關於改善事項亦已議定

訪日視察團

昨已出發東渡

哈爾濱車站、與日本國際觀光局、聯合主辦之訪日觀光團、團員二十五名、業已募集就緒、該一行已決定由代表者柳答忠吉氏引導、於昨日（五月一日）下午十二時頃乘搭京濱綫夜車出發矣、今日轉奉、即日由奉出發、首途東渡、定本月二十三日、經由奉天返還哈爾濱云、

哈稅關屬下各關卡 廢止與新設

現已佈告開始事務

依哈爾濱稅關、在北滿管下之分關 監視所改廢、已經決定、對於廢止者限於四月卅日停止事務、新設置者、由五月一日開始事務、已由哈稅關第五號佈告、已向稅關事務所通知矣、同時將原來之新京分卡廢止、設置新京分關、並將密□由同江黑河各分關廢止、改爲分卡、至於目前在同江分關管□云、下之富錦分卡、在黑河分關屬下之璦琿分卡、密山分關小站分卡等、完全廢止、設置監視所、當壁鎮分卡、亦改監視所、統計哈爾濱稅關管下之分關分卡共七所、計滿洲里分關、綏芬河分關、新設置之新京分關、黑河分關、密山分卡、同江分卡、黑河分卡、當壁鎮監視所

濱江特刊

第六十一號
盛京時報北滿總支社
社址 哈爾濱道裡斜紋二道街一三
電話道裡五二七二番

領事裁判權 本年末可撤廢

日本人本年七月一日起實行課稅 法院編制法六月一日或七月一日決實施 馮大臣十二日來哈巡視十四日返還新京

據本埠某司法當局關於領事裁判權撤廢及法院編制法實施等重要問題談話於左、

關於領事裁判權撤廢之同時、滿鐵附屬地之交還問題經日滿兩政府當局折衝結果已有具體辦法、日本側以外務省爲中心、設立對滿領事裁判權撤廢委員會討論結果、於去年八月九日、日本政府根據尊重滿洲國獨立之精神助其健全發展、維護東亞和平之國策、決將允許我國國要求予以撤廢、惟於撤廢之前我國須有以下之五項準備條件、

一、司法制度之整備二、警察制度之整備、三、內國稅制度之整備、四、關於產業制度之整備、五、郵政制度及其他之整備以上記之五項整備條件爲撤廢領事裁判權之基礎、至於撤廢之期日、經日滿政府當局銓衡之結果、決定由本年七月一日起施行法權撤廢之第一步、凡在滿之日本人均須照章賦課國稅、預料領事裁判權於本年年末、定能實行撤廢、故我政府當局、爲準備領事裁判權之撤廢特由日本內地聘請日本法官三四十名、定於六月中旬即可來滿、分派於各地司法機關、準備司法制度之整備、

又關於確立司法機關、整備司法制度、政府當局以全國地方行政區域業已劃分、對於司法區域、當亦將施行劃分、此案按照法院編制法、已有具體之計劃、全國將劃分五大區域、濱江省與三江省爲一大區在哈爾濱設立高等法院及高等檢察廳、但法院編制法、經法制局制定後、業於本年一月四日正式頒布、本擬於本年三月一日實施、嗣因某項障碍、故在原定日期未能實現、迄今懸置據傳本年六月一日如仍不能施行時、則七月一日決將實現、彼時將現有之北滿特別區高等法院及高等檢察廳、當改爲哈爾濱高等法院高等檢察廳、特區地方法院及同級檢察廳、亦改爲哈爾濱地方法院地方檢察廳、至於道外濱江地方法院及同級檢察廳待法院編制法實施後即行取消、改爲分庭、至於人事方面、同時自然將有一大更調云、

又將來法院改編后、高等法院、高等檢察廳、地方法院及地方檢察廳並地方分庭等均須在一處辦公、且事務彼時亦將繁忙、現在之廳舍似將不敷佔用、故特擇安哈爾濱鐵路局南方之空場作爲法院廳舍建築用地、預定以一百二十萬元之經費分三年計劃將廳舍建設完成、其預算目下已呈請中央預料必能順利核准、定由康德四年起即行開始興工、

又關於舊北鐵時代積存之訴訟案件、目下未能解決者、在高等法院、共三百餘件、在地方法院有五百餘件、自客歲北鐵接收后、鐵路局之法律處、特派專員清理、準備將來起訴、目下涉訟訟人方面、對於存案、頗爲期待、希望法院方面早日解決、聞被委託之鐵路局目下將舊案大体、已經整完畢、而法院方面、以編制法行將實現、對於舊案急待解決、故法院亦曾催令鐵路局迅速清理北鐵時代之積案、而便早日解決擬開鐵路當局已準備於六月開始起訴云、

又一中央司法部馮大臣、鑒於領事裁判權行將撤廢、司法權限急待整頓、並地方司法制度亦待整理、爲巡視地方司法情形、以爲整頓之張本計、於本月五日、由新京飛赴清津、羅津、延吉、牡丹江佳木斯、富錦、依蘭等地視察、十二日午後三時半由依蘭乘飛機來哈、本市各方面首腦部、皆赴飛機場歡迎、大臣下榻於北滿旅館、隨行者有木村事務官及楊秘書官、十三日八時二十分、召集本埠司法機關、委任官以上之司法官吏、在高等法院訓話、然后視察高等法院高等檢察廳、地方法院及地方檢察廳、道裏外兩監獄、訪問省公署、市公署、特務機關、第〇〇國司令部、總領事館、憲兵隊、衛戍病院及哈爾濱警察廳、大臣定於十四日午前九時、乘亞細亞號列車返還新京云、

京濱線增開 臨時旅客列車

南行旅客非常便利 二期路軌改正爲止 由二十日起

哈爾濱鐵路局、最近鑒於旅客激增、對此緩和之方策、加以考慮研究、現已成案擬就將於二十日於京濱綫間增開一往復臨時旅客列車、至第二期路軌改正期時爲止、上行七時四十分第一六〇一次列車由新京發、十四時三十四分着哈、十四時五十六分由哈發、十五時〇四分着濱江驛、下行十五時二十七分第一六〇二次列車由濱江發、十五時三十五分到哈、十六時由哈發、二十二時四十分着新京、由濱江發之第一六〇二次列車、與來哈之濱洲綫第九〇四次列車、濱綏綫混合第九四七列車、拉濱綫第一〇二次列車、濱北綫第三〇三次列車、俱能連接、並與新京及奉天行之第三次列車相連接、故此由北滿往南滿行之旅客、乘豐間列車之京濱綫中間驛者、非常便利云、

濱江省管內宗教調查【三】

勢力龐大者以佛教爲最 道教儒教基督教等次之

五 基督教

基督敎、崇奉所謂上帝之子耶穌、以懺悔罪惡上昇天國爲敎旨、以新舊約爲經典、起源於古猶太、漸被全歐西元十一世紀分化、爲羅馬敎(即天主敎)、希臘敎 十六世紀羅馬敎、叉分新舊二派世稱舊派、[illegible]穌敎之傳入中國、約在唐太宗時代、當時呼之爲景敎、其後歷代漸盛、至其傳入滿洲、聽說頗多、據謂有淸盛世傳敎師南懷仁、曾扈從康熙皇帝東巡、信敎人民由少而多、一八三八年、天主敎師祿爾(法人)來滿一九〇七年蘇格蘭愛爾蘭[illegible]會、並劃分遼東遼西吉林三敎會區、未幾、又將三敎區分爲十六分敎區、濱江省之阿城、呼蘭、即屬於吉林區會內之二分敎區也、以外、又有基督敎青年會、由同會分離、獨立各處、設立其影、互相親睦、惟在利用一般民衆宗敎的意味、則極稀薄、

本省各處、如禮拜堂宣講所等之建立約計六十餘處、敎徒七千餘人、附設學校、醫院、育嬰堂、爲數亦屬不少、其活動狀況頗爲興盛、六家裡敎達摩淸淨佛敎會家裡敎、在中國長江沿岸暨中部一帶地方[illegible]信爲敎旨、以扶弱鋤姦爲敎綱、創始於明、由周祖、陸祖等、專傳達摩之臨濟禪、至淸翁錢祖、受其衣鉢、更發融合儒道敎旨、歸納爲一、造成家理敎義、康熙年間、東齋祖爲本祖、在杭州建築家廟、以後漸次擴大勢力、到處均有敎徒、迨至滿洲建國、於康德元年四月間、由滿洲家裡敎同志、改定敎旨、修正信條、淘汰不良會員、改家裡敎爲達摩淸淨佛敎會、努力募集會員、傳播敎旨、家裡敎傳入濱江省、爲數甚稀、半多由於山東省之移民、或營妓館業者、信潛勢力、七在裡敎在裡敎奉祀邱祖、年祖、自守八戒以後以安樂爲主眼、自持淸淨、歸納佛、道儒三敎、取佛敎之法、道敎之行儒敎之禮、以正心修克己復禮爲宗旨、其明瞭之系統不詳、或稱爲白蓮敎之一派、或謂明末楊萊如、向道士程楊旺學龍門派道學、由神示而創此敎、禮拜觀世音菩薩、但無有體系之敎典、敎義傳煙酒等八戒入會者一概謹遵勿違、其佈敎所、多半秘密結社散佈於之鄉村城鎭、頗得一般民衆信心、本省各處、均有在理公所之設立、統計約六十餘[illegible]人心、不無裨益也、(八)道院與世界紅卍會、道院與世界紅卍字會、均奉祀老祖、其關係乃異體同心、道院之信徒、一面爲紅卍字會之會員、從事社會慈善事業、實踐善行、其在滿洲之活動、亦有顯然之勢力道院於民國九年十二月、由山東省濱縣洪解空、劉福祿二人所創、根據老祖(道院之祖神)神慕之亂、結集名『太乙北適賦經之稱典』道場稱爲濟壇、後於民國十年二月間、准安縣人杜秉寅、在山東海南佈敎、將濟壇稱道院、敎徒遂漸次傳播各國、世界紅卍字會、亦可謂之

煙樓瑣話

各零賣所女招待素描【七】

(花江客)

▲纘頭

纘頭、道外三道街萬昌盛鴉片零賣所一烟妓之綽號也、按纘烟本來花名爲『霓纘』、以萬昌盛烟招待向例論頭、如『素元』稱之曰『元頭』、『玉枝』稱之曰『玉頭』『小桃』稱之曰『小頭』、故霓纘之名亦將霓字對掉、另於『纘』字下加一『頭』字而綽稱之曰『纘頭』、說者謂萬昌盛零賣所女招待之論頭、初曾含有作用、然究其所以、亦殊不知其何所出意也、

纘之操烟招待業、僅及年餘、然其風頭之健、名稱之大則超駕乎一般庸者之上、故

偽造藥品犯被警捕獲

於四月初旬以來、市內發現有不逞之徒、偽造日本流行藥品販賣、事被哈爾濱警察廳特務科探知、因事關人命、頗堪重視、故於連日活動之下、將偽造藥品之人犯二名捕獲、施以嚴訊、供認偽造藥品、企圖漁利不諱、茲特口供探錄於下、

王任生(二四)吉林省永吉縣人、現住道外十二道街十七號

一名劉豐峰(二一)九河北獻縣人現於道外南十二道街交通大院內三二號居住、其二人以前曾同在道外某大藥房、調合藥品、後以見事較易、乃起偽造藥品之惡念、遂辭卸職務、秘密偽造藥品、先以手術不佳、未致銷出、後遂仿照道裡某日本藥房商標製作、銷路頗廣、所造者、率爲六〇六及一般花柳病治療藥等、後見獲利頗厚、又至泰安鎮、克山、訥河、安達、齊齊哈爾、昂昂溪、一面坡等北滿各處以及新京奉天南滿各大都市、經特務科調查結果、偽造藥品五十萬包、現已批發出者爲十五萬包、價額約值八萬元、特務科自此大規模事件發生後、並聞與某藥房有連絡合謀偽造之情形、正在澈底調查中、並與衛生科協力、除對市內不正醫院、加以取締外、並與全滿各警察機關通電、囑將該項藥品沒收外、更通知市民、今後對藥品之購買、加以充分之注意云、

交通運輸愈發達 集中力愈形狹小

新線完成後哈市將受打擊 哈爾濱之前途堪慮

在舊政權時代、與滿鐵對立附設之鐵道、及滿洲建國後、因內地資源之開發、有計劃建設新鐵路之必要、大體現已就緒、由此新計劃設施後、頗予以向爲友邦日本重視之北滿貨物運輸系統上激起一大變化、於新線完成時、北滿各主要都市之輸出入貿易銷路及其影響亦隨之迴異、就哈爾濱論之、哈爾濱過去爲北滿經濟之中心地理上亦爲北滿交通上之樞紐、並爲北鐵諸政策有力之處所、自建國後、北鐵接收以還及新綫完成等諸因、北滿全體之交通運輸之突飛猛晉、自爲意中事、惟哈爾濱、如北滿全體之交通運輸等發達、而其集中力及根據地愈形狹小、故此哈爾濱俟新綫完成後、將罹遭相當之打擊、果於本年秋、圖們佳木斯間運車時、松花江沿岸輸出入之貿易品、百分之六十則將越哈運輸、再加以新綫四訥綫、新索綫、濱黑綫、佳們綫、呼牡綫、等完成後、哈市之集中力將有縮小三四分之一之勢、是以前途頗堪憂慮、滿洲應爲南滿北滿、現北滿將劃分爲東西北三滿洲、以佳木斯牡丹江爲中心者東滿洲、以大黑河爲中心者爲北滿洲、以齊齊哈爾爲中心者爲西滿洲、哈爾濱則僅以綏化方正周圍區域、爲集中根據地、按實例觀察、於事變前海拉爾齊齊哈爾輸出之貨物、率經由哈爾濱、而現經由四平街、故哈爾濱與齊齊哈爾以及上方之貿易、幾成殆盡狀態、今不久之將來、哈市之經濟出路、愈形狹窄、陷於極端恐慌之預想、予以商會一重大打擊自此消息傳出後擴一般關係及抱悲觀者談、於圖佳綫完成後、哈爾濱等中力、運輸地愈形狹小、自牡丹江以東、對日貿易直接經

在招待員圈中、頗負盛名、阿鯤子體高而肥、肌膚粗糙、殊無美人嫵媚姿態、祗以善妖裝具有狐媚術、每招遙過市、尚能引起人之注意、因之在萬昌盛執務未久、即能招得一般狂風浪蝶、趨之若鶩的向伊進攻、嬸頭之名、於是雀噪、而鯤子自是、亦自抬身架、儼將起來、除專擇所謂上流人物之西裝革履及諸長袍大腹之輩外、凡有下流階級之布衣份子招伊燒烟陪侍、十之八九、必遭拒絕、即偶一承其高興、肯予親臨燒烟時、亦矜持自大、不與客交一語、且在室少留即一去不來、直至客人披衣將走着燈人高呼『嬸頭!走客啦』之時、始步入室、勉强週旋數語、尚蓄非眞送客、乃要錢耳、其習氣之深、當可概見矣、

客有談及嬸之身世者、或曰『嬸姓劉氏』、年已二十有五六矣、七八年前、嫁於舊政權時代小軍官宋某、結婚後當隨宋移居於道外十七道街午報館後院樓上、不數月、宋出差離哈、迄未歸、嬸頭一人獨處既感寂寞單調之苦、且以阿夫遠走天涯音信杳然、日常生活立成難題、當時人多勸其尋夫、或歸娘門、庶乎衣食暫可維持、惟在嬸見、則以天性放任浪漫已極、而竟不此之圖、居然大開方便之門、任意交接男性朋友、換言之即不啻操暗娼式的野妓生涯、如斯者殆年餘、風雨滿城、幾至無人不曉矣、其後、宋某解差歸來、二人仍繼續苟延同居、爲日既久宋已知其事、但鑑於嬸之淫威、固不敢詰何也、嗣又邀約半戰、嬸以宋之在、熱客情人往來不便、視宋直成眼中之釘、結局竟不客氣的提出離婚要求、而與宋實行離異矣、二人離異後、宋只得另謀他途、而還走他鄉、至於嬸也、於是初離婚之二三月中、尚單人租房、交接一般流氓份子、終日相與撕混、過其迷夢生活、乃未及半載、遂無所依、途大窘、旣而由花界中人之拉攏、始由某樂戶手使得數百金之押賬、在七道街八午市土娼正式下水、入於人肉市場中、營賣笑之賤業、友人張某、体短而肥胖、人皆稱爲張小胖子、以曾在十七道街與嬸同院居住、得與相識、一日、張隨友人數輩、閒遊八午市、適爲嬸瞥見、躍身由小屋出、提張入內、强制拉鋪、一度消魂後始放張去、自是二人遂成肉交、過從甚密、至一日不見、必電召張往、此四年前事也、直至前年、伊尚在八午市仍操此業、無何、因開罪於丘八老爺、挨打被擾、日必數起、始知在彼不能安身、始毅然改行、脫出八午市人肉市場、投入黑窟、在萬昌盛執招待職務、以博得燒烟資藉以過活、初入斯窟、尙能安詳作去、及久以捧者多、收入厚、竟又開得意身驕臭、囂張不能自已、故凡出入烟窟者、莫不知嬸頭之名、」

(未完)

由北朝鮮、故特產物對歐輸出、亦由北鮮經齊齊哈爾輸出、哈爾濱即將陷於停頓狀態矣、然據樂觀者談、關於哈市繁榮、雖有如上阻碍、但哈市爲北滿經濟之中心、並與牡丹江有悠久歷史之貿易關係、雖有新綫完成並分爲四滿洲、在組織上不免有不完備者、一時恐不能遽然實現云、

在錦居留日鮮人概數

錦州錦州全市、在留日鮮居民四月中戶口概數經悉誌次、

日本人	戶數	一、四二五戶
	人口 男	二、八三二名
	人口 女	二、二七〇口
	合計	五、一〇二口
朝鮮人	戶數	九四戶
	人口 男	二四五名
	人口 女	二四五口
	合計	四九〇名口
統計	戶數	一、五一九戶
	人口 男	三、〇七七名
	人口 女	二、五一五口
	總人口	五、五九二名

較三月中、增口七十六名云

各縣旗警察署房舍 樹立三年計劃方案

濱江省公署設備趣旨 通令各縣旗遵照辦理

濱江省公署鑒於各縣旗警察署並拘留所房屋、諸多狹窄、於衛生上、殊不相宜、茲爲完成警察之設備起見、則樹立增築或改修三年計劃、於日昨由省署通令所屬各縣旗、依照以下趣旨、於預算可能範圍內、妥爲設施、並須按照另文標準參酌各該縣旗情形、樹立具體的三年計劃方案、於五月三十一日以前呈報到署、以備考核、茲將各縣旗警察署增築改修計劃誌之於後、

查各縣旗警察署、多以地方民房充之、毫無官廳之設備且狹窄不潔等、查警察官吏負有指導及保護人民之重責、破出身命之於警察第一線上、以斯種官廳辦理事務、則大損失其威嚴、滿洲建國迄今已達五載、治安已行確立、大帝國之基礎、亦愈鞏固法議之撤廢、已迫眉睫、警察之應行鞏固充實者實爲今之急務、故在內應涵養警察精神、改善行政警察、徹底教養訓練、在外應斷行增築或改修警察廳舍、以謀充實、於發揮警察精神之同時、並謀事務能率之增進、查各縣之行政、現在仍在困窘之狀態中、關於警察廳舍之增築改修一期難以解決、於警制刷新上誠爲遺憾、但亦決能盡可觀望之時機、故排除萬難、按下列要領、以三年計劃以完成之、三年計劃分第一二三次、

第一次則增築或改修各縣城區、並舊特區及都市之警察署、

第二次則增築或改修管轄日鮮人居住地域之警察署及考慮治安交通人口等有必要警察署、

第三次則增築或改修第一二次未曾增築或改修之警察署、

警察署之構造分甲乙丙三級

甲級 則爲城區並舊特區及人口三萬以上之都市警察署、計署長室一、警務保安衛生室一、特務室一、司法室一、審訊室一、當值室一、訓授室會議室道場一、便所共七室與一便所、

乙級 則爲第二次計劃之警察署、署長室一、警務保安衛生室一、特務室一、司法室當值室一、便所一共五室與一便所、

丙級 計署特務室一、警務保安衛生室一、司法室一、當值室一共四室與一便所、

其中應特須改修者、即向來於辦公室中按設床鋪、此後辦公室與床鋪應使分離、辦公室內絕對不許按設床鋪、各署均無辦公用桌子及椅子之設備、於增築或改修之同時、對署內勤務之警察官各設備桌椅各一張、

▲各縣旗拘留所增築改修之計劃

查各縣警察署之拘留所、其設備極爲狹窄、於衛生上殊不相宜、而法權之撤廢已迫於眉睫、對拘留所之增築或改修洵爲當前之急務、茲以下列之三年計劃以完成之、各縣旗公署所在地之警察及前特區警察署拘留所之增築改修、以日鮮人之國籍及警察之特殊情形分甲乙丙三級、

甲級保護室一 留置場四

乙級保護室一 留置場三

丙級保護室一 留置場二

城區警察署、原則上則以日鮮人口在三百以上者爲甲級、二百以下一百以上者爲乙級、百下者爲丙級、舊特區警察署因日鮮人戶口衆多、及交通上與其他警察上之特殊事情、則爲甲級、第二次計劃、原則上每一縣旗選擇管轄日鮮人居住區域及有特殊事情之警察署三四處、第三次計劃除第二次計劃以外之各警察署均屬於第三次內之辦理之云云、

哈市公署 東游感想

春之櫻花秋之紅葉 可成一幅天然名畫

行政處長

哈爾濱特別市公署爲期內部一切行政、教育之向上、特於三月末組織東渡訪日行政視察團、俾資有所借鏡、業誌本報、茲已視察終了於上月末返哈、參加者馬行政處長、於昨日上午十一時假該公署召開全体處科長會議席上除討論內部整理事外、並發表此次參加行政視察團東游感想、茲將其原文錄誌如左、

駿聲此次奉命赴日視察、往返計一個月間、於春光明媚、櫻花爛燦、及友邦官民熱烈歡迎中、得有良好之印象、在平時日滿友邦談話中、及閱新聞雜誌上、盛道日本之種種優點、究竟其好在何處、殊不敢下一斷語、語云、百聞不如一見、今茲得此機會、宿願克償、從此對於友邦具有深切之認識矣、此次視察經過、本來搜得相當材料、日後得暇、或有書面之報告、現以時間、謹就個人感想、略爲諸君言之、

一、文化相同之點甚多

日本對於有含歷史性之各種古蹟、有種種保存整理之方法、如奈良、京都、日光等處、古寺佛殿、其建築樣式、彩色、以及碑文、完全與中國不謀而合、可見文化自古相通、無怪稱爲同文同種、而目下日滿華殊有合作提携之必要也、

二、日本國民性之優點

一、忠君愛國敬神禮佛之美德

凡一國人民之立國、必須具有中心之信仰、而後始能維繫一般之人心、日本以皇室爲中心、奉天皇如神聖、故在東京、每晨男女老幼、赴宮城遙拜者、絡繹不絕、其他參拜神社古寺者、亦相望於途、即此亦可見其信仰之所在、其他關於愛國、試舉一例、即如火柴煙草之微、亦必用國貨、此即其愛國精神之表現、具此美德、自能補法律道德之不足、

二、富有堅苦卓絕之精神

●日本多山多水、土地狹小、無足諱言、然若在此以他國國民當之、恐無以自存、而日本以堅苦卓絕之精神、利用科學方法、研究肥料、改良種籽、卒能人定勝天、地無曠土、故能山林茂盛、農產豐收、農產附業、亦均斐然可觀、其他凡百事業、莫不以此種精神臨之、所以俱有驚人之成績、

三、自制守法之精神

凡各機關公務員之辦公、朝氣勃勃、奉公守法、自不待言、其他公私人員事務之接洽及宴會、無不確守時間、以號稱世界第二大都市之東京市、有各種車輛、四萬餘輛、其往來橫道也、並無交通警之指揮、僅憑電汽信號之支配、旁觀者代爲之危然、事故之發生、殊不多見其他東京最繁盛之區域、首推銀座、如喫茶店舞場以及各種娛樂場所、所在皆是、當其盛也、如火如荼驚天動地、但一到法定休息時間、莫不啞然無聲、適可而止、並其中無軍人與學生出入其間、再當吾人參觀各工廠時、其男女工人多至數千、均皆照常工作、旁若無人、並此次經過、各地所見者、上自紳官、下至伯役、莫不誠懇謙和彬彬有禮、猶有盛世禮讓之風也、

(未完)

新任賈廳長 舉行會面式

對所屬有所訓示

新任濱江省民政廳長賈文陵氏、於八日午后乘京濱車來哈、昨晨十時二十分該氏特往民政廳舉行會面式、各科均集於廳外歡迎入室后、召集全廳屬官及委任官等、於廳長室、由各科長介紹完畢、當即作於下之訓話、「鄙人原來在縣服務、按縣內與署內事務多有不同之處、省中一切事務尚有不甚明瞭處一切應興應革新事項、務希諸君仍按與李前廳長相處之忱予以援助、協力進行、李前廳長在哈、聲譽極隆、政績昭著、查滿洲建國以來、地方一切事務、多承友邦提携、結果治安得以確立、但治猶未完全步入軌道、故担負各縣政治責任者、惟民政廳較繁、以故民政廳人員、務須一致協力、使行政事務達成完整光明之地步、是所至盼」云、嗣即與各科長更事懇談畢、即返還東北旅館旅邸矣云、

設置花壇 慰藉旅客

哈鐵之設施

鐵路總局、爲慰藉旅客鐵路沿[illegible]之孤寂、歷年皆有於鐵路沿線各站設置花壇之設施、故哈爾濱鐵路局依原定規令復鑒及時屆設備期節於日前飭管下各站設置花壇、等級分甲乙丙三種、茲將分別設施之地帶[illegible]於左、

甲種、濱江、呼蘭、[illegible]、双城、哈爾濱、安達、阿城、一面坡、

乙種、三棵樹、綏化、海倫、北安、孫吳、黑河、拉林、陶賴昭、橫道河子、南牡丹江、穆稜、綏芬河、

丙種、其他各站

花壇設施之位置、以乘降場適當地方爲宜、由站長與工務段長協議辦理、其建築辦法、甲種者由產業處指導之、乙種由所在公務段與站長磋商辦理、丙種者由各該站方相當處理之、所需材料以廢物利用爲原則、花苗及種子等項、由產業處分發、建築費由[illegible]

陽之恩惠廣大無垠之意義、又卍字爲吉祥雲海、而象徵佛相、故作世界的宣傳、共會員信徒無種族國際之差、在滿洲支部、約有二百二十餘處、其實施事業爲、一、經貧民子弟學校二、協力地方移住之貧民而給與食糧、三、遇有天災饑饉之際、救助罹災民衆、募集義捐救濟之、四、發行會報、暫辦理其他一切慈善事業等、本教道德會暨世界紅卍字會、僅在哈爾濱警察縣、五常有之、其信徒多半上等社會人士、且富有資產者居多、傳教勢力則不見擴張、九、其他此外本省尚

茲就其顯著者分敍如下 一孔教會孔教會設在北平事變後由會子固(參議府參議)募集同志、與總會脫離關係、於哈爾濱設孔教會、以宣傳孔子之嘉言美行、爲人民之模範、在雙城海倫綏稜延壽珠河各縣、亦有孔教會之組織、會員三百餘人、萬國道德會、二道德會民國七年創始於山東濟南、當時被稱爲神童之江希張氏、九年移於青島、十七年改遷北平、但總會機構處、依然存置濟南、其後各處沒有分會、於民國十五年吉林省亦設有總分會、濱江省設支會、滿洲事變後、滿洲各

有王鳳儀者、幾受教於江神童、乃糾合同志、以道德之培養、教化民心爲目的、創立萬國道德會、大同二年、經文教部批准、在新京設總會、期擴張其事業於全國、迨至省制變遷、濱江省總分會、推呂大臣爲會長、其教旨守十八戒、三大禁、以普及教化、主辦慈善事業爲目的、供立儒道佛基督、回各教祖、並各科學哲學創始發明者、稱之爲七院、即禮教院、科哲學院、總院是也、本省總分會會員三百四十名、各縣分會約三十處、會員共二千餘名、頗散勢力、頗有發展之希

濱江省教育概況【四】

五經濟學、關於各地經濟狀況等、究之調查、及產 採集 統計事項、

對於以上五部研究之結果、製成本模型圖表、陳列於博物館內、或發表論文、然以經費關係、論文不能全部印刷、只擇其篇幅較短者、由雜誌發表、

三、植物園

一、場所及面積、本園在南崗花園街東首、連本研究所約有一軒、面積共有八千平方沙[illegible]

二、植物之種類及數目、本園除種植滿洲產之木、楓木、黃波羅木、胡桃、榆樹、野葡萄與李、色木等、外尚有下列各種果樹、上海櫻桃百二十五顆、海棠百二十顆、黑薔薇五百十三顆、桑類八棵美國李樹十棵李樹二十棵杏樹四十六棵、當地李樹六十六棵藤樹十種、野果樹百四十棵、野梨五十四棵、北京紫丁香一棵、俄[illegible]

濱江特刊

第六十二號

盛京時報北滿總支社
社址 哈爾濱道裡斜紋二道街一三
電話道裡五二七二番

哈爾濱慈善總會 開春季會員大會

各機關首腦均踴躍參加 修正章程並推選理監事

哈爾濱慈善總會於日昨十六日午后二時、假道裡商會樓上會議廳、招開春季會員大會除該會全體會員如時到會外、地方士紳及各機關首腦部、均踴躍參加、到會人數、達五十餘名、按照下列之開會秩序、如時開會、

一、振鈴開會、二、會長致開會辭、三、市長致訓詞、四、議決本會章程、五、推選理監事、六、聘請顧問、七、報告會務、八、會長致閉會辭、散會、會長張廷閣氏致開會詞、大意如下、

『本會日前招集大會一次、曾將會長副會長選定、並經推舉章程起草委員、將章程編製完竣、今日復行召集大會、承各位長官蒞臨、本會同人、應稟承意旨、先行議決章程、並推選理監事、以資會務之進行、俾本市慈善事業、由此日即行進展、此本會之幸、亦本市之幸也』云云、

待張會長致開會詞後、當由施市長有如下之訓詞發表、

『今天是哈爾濱慈善總會開催春季會員大會之期、會員到會者頗爲踴躍、而地方士紳、亦均聯袂蒞臨、至爲欣幸、按哈爾濱慈善總會最初稱爲濱江地方慈善會、會址在道外北十二道街、專司辦理放米、捨棺、施粥施衣等慈善事業、垂二十餘年、大同元年大水爲災、始遷移於道裡辦理水災急賑、全埠災民同被救濟、爰改稱爲哈爾濱慈善總會、在馬家溝設立收容所、並於會內附設宏慈義務學校、教養災童、計達二百餘人、迨至康德元年、辦理急賑結果計尚有殘留難民及水災善后復興委員會移交不堪遣散之難民二十餘名、去年吳會長子青逝世、推舉呂尊五君爲會長、維持會務頗爲盡力、近因改組已另定章程并改選會長、呂尊五刁子明等之副會長均係地方有名士紳、與篤志社會事業家、將來協同辦理會務、當更不遺餘力、前途進展、洵未可限量、至本日開會事項、最關重要者、爲審核章程、與選任常務理事及理監事務、惟慈善事業不專辦消極的收容等事應積極的辦理教養生活等問題、因一市一都會爲代表社會之一切狀況、故應先觀察下級之生活是否安定安定即可判明該地之政治是否良善、故慈善總會之使命最爲重大、盼望諸君盡力對於所定章程、詳爲審定、並按照規定各款慎選理監事及常務理事以所辦各項事業次第發展、會務亦蒸蒸日上、成一組織最完善事業、最發達之社會事業團體、是乃鄙人所深望者也、訓詞畢開始議決會章、(見另條)並推選常務理事如下、

張星三、唐紹臣、郭雲閣、放滿、劉作亭、丁喜亭、安華亭、馬希聖、報界、姜振卿、姜翼亭、王進之、

△常務監事

曹翰臣、許堯庭、姜賢亭、王丹實、劉獻忱、周文彬、報界、李岔亭、張福海、王㮾

△聘請顧問

特務機關長、渡邊少佐、憲兵隊長、關省長、郭司令官、尹司令官、島本直治、朱司令、施市長、于警察廳長、袁稅務監督署長、俞稅關長、巴監督、葆實業廳長、市署佐藤總務處長、金井省總務廳長、如光方丈、乘一方丈、關四軍區顧問、李道外商會長等、

以上推選聘請事務完了後、由刁子明代表張會長報告會務、繼由張廷閣會長致閉會詞即行散會云

警廳保安科 設置標識燈

假宴賓樓招開座談會 說明標識特長技能

哈爾濱警察廳保安科、鑒於市內交通事故頻發、爲鞏固今後之安全、頗有設置標識燈之必要、復鑒及內地大連均已採用、至於標識燈之式樣、刻正爲各營業者在收集中、並於昨(十五)日午后四時假宴賓樓招開座談會對於標識燈之特長技能加以說明、並交換意見、當日出席者有警察廳別府警佐村上巡官、此外並有營業商橫小營業科長、登喜和百貨店稻田專務以及各關係者、但當日僅作機械之說明及選定、並無具體方案、而警察當局爲促進標識燈之實現、同時使市民有交通道德之涵養、並使交通警與標識燈同時出動、對市民步行者加以有規則之取締、以期達成交通之安全云、

市署調查 雜貨商

哈爾濱特別市公署實業科爲明瞭市內之雜貨商之購買力及地址、特於日前開始調查、並擬就調查事項辦法如左、

一、關於購買事項購買地名及其購買總欵數之比例、

二、有無在本市各工廠購者、如有時、希望述明占購貨總欵數百分率、

三、在購貨地、有無駐在員、如有時、希述明地各人數及非經費支出程度云、

省教廳學務科開 協議準備會

準備全國學務科長協議會 擬就希望及質疑事項

中央訂於月之十八十九兩日、在京召集全國學務科長協議會、濱江省公署教育廳學務科於今(十六日)開催協議準備會、業將該會協議結果之希望及質疑事項擬就、茲錄於左、

甲希望事項

一、關於教員待遇改善並身份保障之件、

二、教員檢定制度、希從速制定、

三、希望從速規定教員採用標準、

四、希增加養成師範人員、並教員速成訓練之件、

五、關於省立學校任用人員、請將委任權付諸省長之件

六、希望配置廳管下各學校衛生官之件、(按正或按佐)

七、對於留學生入學試驗科目中、希省略英語之件、

八、國定教科書配給之件、

九、簡易學校教科書編纂之件、

十、思想工作滯貨之件、

十一、關於電影片作製配給方法之件、

十二、縣教育費由國庫補助之件、

十三、模範村中學校補助費關係之件、

十四、請從速制定管理全國寺廟縣會業規程之件、

乙質問事項、

一、朝鮮人教育關係事項、

二、私費留學生關係事項、

三、其他事項、

又訊、濱江省出席參加此次協議會者、爲市橋學務科長氏、定於明(十七日)晨九時搭亞細亞號列車赴京、關此次開會所討論之中心問題、爲確定滿洲國之學制、以徵求各科長之意見、按我國學校之學制、自建國後、仍因襲舊制、故此次之關於學制之改正會議、一般均極重視云、

水運局開闢 中心碼頭

哈爾濱水運局、鑒於哈市碼頭裝卸貨物較便利之區域、首推道外景陽街江岸之碼頭、故擬將該碼頭開闢爲全市之中心碼頭、並加以時代化之建築、

濱江省教育概況【五】

四、農業試驗場

本場在王兆屯、距本研究所約有三粁、現因缺少經費、不能自行經營、祇租與農人耕種、其收穫物則與本場對分、

五、圖書館

本圖書館之圖書雜誌、多由本所出版交換而來因無欵出版、故收入書籍、亦因而漸少、現在所存數目如左

一、三百七十二部(九百九十八冊)

報紙八種、畫報二種、每月閱覽人數約五百人、

二、洋文部、本部書籍多屬專門科學性質、爲本所研究員之參考書、未供民衆閱覽、現存書籍二千五百八十五冊、雜誌一萬二千二百五十冊、新報二種並有由一九〇三年起、每年報紙裝訂成冊、以資保存、但近年因經費無着、尚未裝訂、

六、松花江生物研究所、

因無經費現已停辦(完)

煙樓瑣話

各零賣所女招待素描【八】

(花江客)

▲纘頭

有王某者、執務於某機關、以收入頗丰、揮霍無度、且其人性殊好色、專向野妓招待進攻、某日隨友偶赴萬昌盛、得親纘頭、而纘固不失爲個中人材、由某客口中、深悉王之爲人、乃施其狐媚、向王大灌外國米湯、王以爲纘屬意於己、遂迷入彀、乃開始報效、閒會爲出一二百金、爲纘購置毛皮大衣一襲、並聞王曾與纘訂白頭之約、方準備金屋藏嬌、不意纘又結識另一男性、乃棄王、每遇王往報效、態度亦大改變、更有一日、王携纘赴道裡觀影、順便入永安樓零賣所吸烟、適有纘之另客、公和利小執事某、亦在永安樓、二人一見、歡躍異常、結局纘竟不取王之同意、而隨某小執事投某旅館街合夫矣、及王知其事、以爲個人竭誠投欵、今反落得如此下塲、亟恨纘之不够交情、乃發誓不再與之交往嗣日雖偶遇、亦不交言、殆已眞正斷絕矣、

既而纘以喜出頭之故、又結識某軍事機關譯李某、鰈鰈鶼鶼、如漆似膠、李亦大吹其牛、甘爲纘之護符、換言之即纘之纘桿、而纘亦竟恃李屏幃、矜驕益甚烟客被其辱者、不可勝計、據聞於上月某日、李正與纘在萬昌盛等吸烟室、假相親熱、突然正陽署員檢查烟館、及查至該室、李仍出以狂張態度、似乎不甘受人檢奔、並大罵不斷、指纘謂『這是我的太太』正陽署警爺、本早識其爲招待纘頭、知李必非好人、乃不客氣的左右開弓、餉以上下巨靈之掌、更對李訓示一番、始揚塲而去、李自是以一生威嚴、遂丟之於烟館、心殊悒悒、爲顏而計、後乃不再涉足該所、而纘頭之燒烟生涯、亦漸漸下降、幾成無人光顧之勢、而入於末路矣、

▲愛玉

愛玉、執務於道外十五道街萬福樓鴉片零賣所、爲招待中最新人物、操烟招待業、尚不及一閱月、然以善體人意、捧者殊多、故在萬福樓烟招待中、已占得首把交椅、而萬福樓零賣所仰仗伊人之號招、亦自不待言矣、愛玉、溫人、年十九、長身玉立、面目姣好、一言一動、皆別具風格、姬初本非此道中人、先是於三四年前被人騙弄誘拐、至北平、即搭入石頭胡同某二等妓館、操神女之業、大同二年本埠薈芳里慶餘班二等妓館新張、進平接搭住妓女、姬遂偕姊妹行數人來哈、搭入慶餘班、取芳名曰『英喬』、正式懸牌應客、友人劉君極寵之、往返頗密、而個妮子、週旋於一般狎客間婉轉自如、殊無乖張惡努習氣、故生涯頗盛、在薈芳里群芳中、自手估得相當地位、無何、慶餘班因市面金融奇緊、妓業極度衰落、無以支持、遂宣告休業、姬承懷春樓妓館主人甘霖之邀、移幟懷春樓改名『梅秋』仍操舊業、嗣因市面經濟益呈緊縮、妓業愈形不振、更以某種原因、負債累累、姬爲目前計、不得已毅然改途、乃於上月前、脫出懷春樓妓館於

大成號之玉蘭近影

哈爾濱慈善總會章程

第一章 總則

第一條 本會定名爲哈爾濱慈善總會、以救困扶危爲宗旨、

第二條 本會受地方直轄機關監督辦理各項慈善救濟事業、遇有獨力不能舉辦者、得與其他團體協力進行、并因事務之需要、得置動產及不動產、

第三條 本會地址、暫設於哈爾濱南馬路南和街五十九號、

第四條 本會刊用圖記一顆、文曰、哈爾濱慈善總會之章、以資信守、

第五條 本會以慈善集團辦理左列各事業、

一、設小學校、收容六歲至十三歲間之貧苦男女孤兒、或由婦孺救濟所撥入者、教以普通知識、與生活必需技能、

二、設工藝所、收容十三歲至二十五歲間之貧苦無業之男女、教以必要知識、及各項實用工藝、

三、設乞丐收容所、收容市內丐者、教以簡單工作、以免淪落、而維生活、

四、設施粥場、以救濟飢餓無業之貧民、

五、設婦孺救濟所、收容酷受虐待之娼優婢妾、或被誘拐與因案判決發交之婦女以及三歲至六歲之孤苦孺兒、分別教養之、

六、設掩埋隊、專掩埋暴露之枯骨死屍等、并施捨棺木、遇貧民無力購棺者、本會則施捨之、

七、設殘老院、收容無力自救、無人撫養之殘廢、六十歲以上之老年人、酌量教以簡單工藝、

八、設育嬰救產所、收育事苦無告、或被遺棄三歲以內之男女嬰兒、暨私生兒兒、女救助私產、以重人道、
九、設施賑救班、遇飢寒及非常災害時、由本會發起組設賑濟、或救護之、
十、設施醫藥所、遇時疫盛行時、由本會發起施診施藥、以資救濟貧苦病人、
右列各事業審量財力、斟酌緩急、次第舉辦、至所辦各貧業之規則及細則另定之、

第三章 會 員

第六條 本會會員分左列四種、
一、特別會員、月納會費二十元、或一次納全年會費二百元者、
二、贊助會員、月納會費十元、或一次納全年會費一百元者、此外以財力學術或財物贊助本會者、均爲贊助會員、
三、正會員、月納會費五元、或一次納全年會費五十元者、
四、普通會員、月納會費二元、或一次納全年會費二十元者、
第七條 凡成年男女、願充何種會員、經本會會員二人以上之介紹、填具志願書、即由本會發給會員證書及徽章、
第八條 前哈爾濱市慈善總會會員、依本章程規定、繼續繳納會費者、仍得爲本會會員、
第九條 凡會員依本會章程規定、均有建議議決及選舉當選之權、
第十條 會員具有左列情事者退會、
一、因不得已事故、自請退會、經本會決議許可者、
二、因違反本會章程、或敗壞本會名譽、經本會議決辭退者、
三、無故一年不納會費、又不助理會務者、
第十一條 本會各會員繼續納費至五年以上者、或依所贊助事實合於現行、褒揚條例者、得由本會呈由地方官署、轉請政府褒揚、

第四章 組 織

第十二條 本會內部組織如左、
一、名譽會長無定額、由本會全體公推之、
二、顧問無定額、由本會特聘之、
三、會長一人、代表本會時、并任爲議長、
四、副會長四人協理會務、會長缺席時、依次代理之、
五、理事無定額、由會員中選任之、出席於理事會、參與本會之主要協理、
六、常務理事十二人、由理事中選任之、負執行會務責任、出缺時再補選之、
七、監事十人、由會員中選任之、負監察本會責任、出缺時再補選之、
八、主任一人、由本會聘任之、承會長之命、掌理本會一切事業、給予相當待遇、
九、管理員、本會所辦各事業部分、得分設管理員承主任之命管理各該部分所辦事業、
十、雇員、因會務之需要、得用雇員若干人、承主任之命、辦理會務、
第十三條 會長副會長、任期二年、但得連任、
第十四條 理事、監事、任期均爲二年、於改選時、得連任、
補缺職員之任期、以前任所餘期間爲任期、
第十五條 理事會、監事會每月各開定期常會一次、遇必要時、得招開臨時會議、
第十六條 理監事聯席會議無定期、於必要時召集之、

第五章 經 費

第十七條 本會之經費、依左例各項集成之、
一、會員會費、（會員當年會費）、
二、資產收益、（基金利息產業收益及工藝所純利之收入）、
三、官署補助、（呈准官署年給補金）、
四、特別捐助、（慈善特別捐助）、
五、臨時募集、呈准臨時勸募、
第十八條 本會資產之管理、及預算決算、暨特別會計須經理事會監事會之審核、并報告於會員大會通過之、
第十九條 本會籌措基金辦法、由會員大會議決之、
第二十條 本會會計年度、以政府會計年度爲標準、一

第六章 會員大會

第二十一條 會員大會、每年春秋兩季舉行之、於大會定期十五日前通告各會員、
第二十二條 會員大會之任務如次、
一、選舉會長、副會長及理監事、
二、報告以往成績（報告書）及將來計畫、（計畫書）
三、通過上年度決算、及次年度預算書、
四、關於本會重要各事項、及其特交付論事項、
五、修訂本會各章則、

第七章 附 則

第二十三條 本會公告事項、指定哈爾濱重要日報登布之、
第二十四條 本章程經會員大會通過、呈經地方官署核准後、公告施行、

以便於裝卸貨物、更開設附近之馬路、已得各方之贊許建築費七千四百元、於本月二十日始正式動工云、

警廳衛生科
注意家畜防疫
農村經濟致被蠶食
國計民生均受影響

哈爾濱警察廳衛生科以我國社會經濟向以農業爲主體對與農業具有重大連帶關係、認爲有使之發達之必要、現今各地農村所有之各種家畜、多受流行獸傳染病之摧殘、死亡之數極多、而農民每年、所受之損失、達多數、如此狀疫態影響於農業者頗重、況獸之害、又非止於家畜、人類被其傳染、因而喪命者、亦不鮮見、我國國民、從來對於傳染病之流行、多迷信爲神懲、遂不設法預防、而聽天由命、對於死獸屍體、棄於河內、甚至竟有烹而食之者、因之喪生而不覺、此等乃衛生思想幼稚之結果、遂傳染病之原菌、傳播國內各處、一經感染即不知所止、所以家畜之多數犧牲、既如上述由於人民缺乏衛生常識所致、此種現狀、如果順延推移、農村經濟之基幹、逐年致被蠶食、國計民生、均受重大影響、之畜產界急力家畜之防疫、且爲國家一重大事項、故設法極力撲滅之但家畜防疫僅委諸一部分少數之專門技術者亦勢難偷他、必須官民一致協力、爲此該科會將獸疫及防疫之重要辦法、通知農民注意爲要云、

路局再令
注意防火

哈爾濱鐵路局鑒於管下各沿綫火警頻發、以致貨物及所有財產、均感受莫大之損害、於前曾通令一再通知沿綫各站、對於承運貨物或辦理貨物人員特別注意茲因局方誠恐日久疏懈、於日昨又發出通令、其大意如左、

關於貨物火警事宜、曾屢次發生、頗喚起注意、詎意於五月九日、在海倫站界內、由哈站開往北安鎭之有蓋貨車、第一號車發生火警、結果將所裝之貨物計三一五件及貨車自體全被焚毀、致受約達五千元之損失、誠屬遺憾、至其原因、刻正在調查中、惟就當時起火狀態推定、蓋因裝載貨物中有自行出火者之所致、而貨物通知書內載雖無堪爲起火之貨物或因貨物含有危險品類、以致自行起火亦未可知、故特再將擬就辦法飭通遵照辦理云、

爲防止列車事故
運行線路試驗列車
拉賓全線運行試驗完了
京濱濱洲各線陸續運行

哈爾濱鐵路局鑑於所屬各線時有發生列車脫線及互撞以及其他等之列車交通事故、考其原因始由於道軌、枕木、或路基不良之所致、殊爲鐵路運輸上之一大不便、爲謀澈底鞏固、線路永遠免除列車事故之發生計、特定於各綫運行『線路試驗列車』實施試驗各綫路、而加以根本的修繕、九十兩日以來已將拉濱沿線全部實行試驗完了、預定於十八日繼續於京濱綫運行試驗十五日則於濱洲線運行試驗共後再繼續試驗其他各線、據云、此種之線路試驗後、以科學試驗法而試驗之、該線路試驗列車備有震蕩器、運行於線路之上震蕩有巨響如枕木、道軌、及路基有損壞或其他不適宜處立時可以發現、故經此次徹底的試驗修繕之後則從來屢屢發生之列車事故、即可以永遠斷絕、而再無若何顧慮矣云、

萬福樓零賣所中、改操烟館招待之業、以維目前生活、亦殊一可憐蟲也、

▲玉蘭

玉蘭、年二十歲、當地產自有烟館以來、即操女招待業、亦烟招待中之老人物也、姬姊妹三人、均爲烟館招待員、其姊某已嫁人矣、其妹素艷、仍充女招待、但以行止不定、故現在某烟樓中未能採及也、又伊有嫂名列素貞、亦爲此道中人、姊妹姑嫂日收可十數元、故全家生活、頗豐裕、先是於三四年前、無零賣所時代、娘子（指玉蘭）即在道外同記商場對過、都一處大院內、某私烟館、充當烟招待、彼時尙梳長髮大辮、爲一天眞妙女子、嗣零賣所出現、私烟館多被取締、娘子乃改投醉仙閣零賣所、仍爲吸客燒烟、其後數度移轉曾歷住住同春樓、萬昌盛、大濱號等零賣所、幾不下七九家、今會又由同春樓轉入道外頭道街之大成號、迄中數月以來、現仍在該烟樓、人緣極佳、

——未完——

[illegible]樓之雙玉近影

衛生組合
歸公辦理
私人經營者
一律取締之

中央爲謀全國各省縣市衛生向上起見、會通飭各省管下市縣施行穢物大掃除、並對私人經營之衛生組合、一概不得設立、俱歸公共團體辦理、原有私人經營者、一律加以取締、日前民政部業已訓令濱江省警務廳、切實遵照辦理云、

小林·向後二烈士
盛大祭奠典禮
廿四日午前十一時隆重舉行
並有擊劍之術手術演藝奉納

哈市各機關聯絡定於本月廿四日午前十一時、在郊外王昭屯向已故小林向後二烈士舉行第一次盛大祭奠典禮、並有擊劍、劍術弓術、演藝奉納、小林向後二烈士之祭典次第如左、

烽火、次修祓、次獻饌、次齋主招魂、祝詞（一全敬禮）、委員長祭文、關東軍司令官祭文、駐哈日本總領事祭文、滿洲國側代表祭文、

委員長御串奉奠、關東軍日司令官代表御串奉奠、在哈日本總領事御串奉奠、在鄉軍人分會聯合會代表御串奉奠、滿洲國側代表御串奉奠、騎兵第十三聯隊代表御串奉奠、事跡發見功勞者御串奉奠、哈爾濱學院長御串奉奠、哈爾濱各中學校長御串奉奠各女學校長小學校長御串奉奠在哈東京人代表御串奉奠在哈千葉縣人代表御串奉奠、國防婦人令代表御串奉奠哈爾濱鐵路局代表御串奉奠、日本商工會議所代表御串奉奠、其他各機關代表御串奉奠、

齋主招魂詞、撤饌烽火、全敬禮退下、遂即終了云、

哈市公署 行政處長

東游感想（續）
春之櫻花秋之紅葉
可成一幅天然名畫

三、陸海空軍之無敵

日本陸海空軍、向具大無畏之精神、與無敵主義、陸軍之威力、人所共和、即其海空二軍、亦可謂突飛猛進、後來居上吾人僅觀其橫須賀軍港、如軍艦、陸海飛機以及海軍兵工廠、規模宏大令人驚嘆、其他與市佐世保雖未及觀可亦想見其威力、

四、社會事業之完善

各部市之職業紹介所、及各種救濟機關、所在多有、凡有一技之長、無不各得其所以、是國內失業者甚少、街上雖不見一警察、但未聞有一搶案、並街上無一乞丐、其社會事業之完全於此可見一斑、

五、普通教育方針之實際化

普通教育側重實際、課程多授以日常生活上必需之技能、尋常小學校、在男有印刷科、在女有打字科、卒業之後、如無力升學、即可在社會謀得相當之職業、絕無用非所學、學非所用之憾、並其教育普及、文盲甚少、全國人民之知識、雖未完全在一個水平線上、然亦無若大之參差、其強國也、殊非偶然、

六、工商業稱霸之油來

日本工商業之發達、已達極點其工廠各種之出品、深得一般購者之心理、非特物美價廉、而且爲一般人民日用生活上必需之品、其他如商人之道德、信用禮貌、均能盡滿人意、換言之、日本之工商業完全爲合理化、共能稱霸於世界商場也、絕非倖致、

（未完）

軍艦陸續
開往下江
治安可保無虞

沿江虎林饒河間、爲胡匪出沒之根據地、來往開航之船隻必定由此航線通過、航行頗感異常危險、江防艦隊爲保護江面安全計、擬決意掃淸該縣潛伏之匪徒、開江後、雖派出砲艇二隻、然江面寬闊惟恐不逞之徒、乘隙蠢動、擾亂治安、妨害航行、而江防艦隊司令部依預定之警備方策、已決派遣主力艦隊、進出於烏蘇里警備於昨十五日已通令在富錦三江口一帶警備中之定邊、養民親仁順天各艦、陸續開駛虎林饒河興凱湖等一帶分担警備而該治處、由此可保無虞云、

源隆漁業公司
實部嚴予批駁
因與漁業組合相抵觸

有王序書者、爲上江大賓、泰來之漁業霸權者、一向魚肉鄉里、近來竟又異想天開、竟呈請縣署、擬將大賚、泰來、扶餘、肇州、泰康、等五縣、將漁業共同販賣權、操諸己手、而定名爲源隆漁業有限公司、其呈請文內謂、凡吾縣捕獲之魚類、出在當地者、所餘均由該公司運至各大商埠販賣、由縣轉請中央後、實業部農務司認爲該王某利用漁業公司之美名、以獲得漁類收買爲目的勢近壟斷、且以行將實行之各縣漁業組合相抵觸、業已嚴予批駁、並以明令各縣佈告漁民、勿受其愚云、

電業防護團
舉行防毒講演
市衛生科野坦技正

哈爾濱電業局特殊防護團、爲灌輸一般團員之防護智識、特於月之十七日午前七時至十時、在哈爾濱神社、舉行救護防毒之講演、講師爲市公署衛生科野坦技正、參加者約五百名、除講演外並實代演習云、

濱江特刊

第六十三號

盛京時報北滿總支社
社址 哈爾濱道裡 斜紋二道街一三
電話道裡五二七二番

日資本家向北滿進出
製粉業黃金時期
慶祥泰被日滿租用將復業
永勝火磨日清擬出欵收買

既報當市火磨製麵業、愈趨活況、已入基本的工場能力擴張時代、同時日本製麵之資本家、進出北滿、亦與此相伴而活躍、

即三井支店、見及三菱資本進出於安達、韻興火磨、及新原貝東製粉、殊受刺激、爲對抗起見、首先着手於物色工場、最近曾將寗安之 增興 火磨、（每日產量一千三百四十袋）進行收買、同時並與日滿製粉提携、對本市之 慶泰祥 工場、（長期休業）進行租用、刻已與該工場之所有者之中央銀行、關始交涉、近將告一段落、首當着手修理工場內部、據聞租用該工場條件、期間一年、修理費由借出方面負担、每月租金一千四百元左右、關於該工場之經營、在技術部分全部由日滿製粉担承、原料及工錢及製品販賣、全部由三井哈市支店担當、

一方日滿製粉、對永勝工場亦進行收買、即前曾由對該工塲之債權（一百萬元）者、國際銀行、向日本方面某銀行進行賣出、經前次來哈之日清製粉勝田重紋、辦理私人間的收買、不過其時、因價值關係、未能妥協、但日清製粉、大有自方積極進行之勢、

由爲上之日側製粉之進出、北滿本市之製粉界、今后趨勢如何、殊値注目云云、

振興產業

實業廳技佐 盧元凱放送

濱江省公署實業廳、對於全省產業之振興與改良、早已樹立具體計劃、並在着手進行中、於日昨下午六時由實業廳技佐盧元凱在廣播電台、對全國民來送、關於產業振興之事項、玆將放送詞探錄於左、

今天藉五月份國民時間放送之機、敝人以濱江省實業廳農務股服務中所感及關於振興產業事項、謹向我國各位貢獻數語、

關於振興產業之事、國有國之計劃、人民亦有人民之研究今承滿洲國協和會濱江省事務局之委託、只得勉爲共難的說幾句話、然而我所說 者僅爲我服務中感及之國家與人民相互關係、對於振興產業上入門之途徑、若人民能按此途徑、我想產業不難振興、此途徑即爲剷除 不良因襲、謀 改良之法、欲謀改良之法、必須孜孜不倦的研究、使之產業能日新月異的振興起來、然而我想我國人民三千萬、在此三千萬人民中、農民約占十分之九、在此十分之九之農民中、能自動來研究產業振興者、恐不可多得、故不得不仰望由國家來指導、既須國家來指導必須有以下四個條件而後可、一信仰、二服從、三犧牲、四研究、因國家對人民、凡產業振興之道殆無日無時不在研究提倡、改良中、然而國家雖竭力提倡、而人民視若無睹、恐亦不能實現、所以希望須有信仰心、對於凡由國家所頒佈之改良方法均須信 之不疑、立能服 從實行、或有時因革舊從新關係、而造成金錢與物品之犧牲時、亦在所不惜、如此方能研究出適宜之法、若能感覺到研究之趣味時、凡由國家所頒佈所提倡之應興應革者、如令人民對於種子之選擇、人民即無不捨他比其重不足之種子、如令人民對於畜產應加改良、而人民即無不肯以多量之金錢購買優良之畜種、如令人民對於森林不得隨時濫代、而人人即無不知保護森林之重要性、若令人民對於採鑛應遵守國家所定之程序、而人民即不亂採私掘、以致國產私流於外國、再如何種土地何種肥料、適於何種產物、何種氣候、適於何種森林、何種地帶、適於何種的畜產、以及無病蟲時之預防、並已知有病虫之隔離、或撲殺等種種之事、均應盡力服從國家指導辦理、並自行研究辦理、如此產業尙有不振興者乎、

以上爲人民對於國家所指導之振興產業之事、能有信仰服從、方能達到產業振興之途徑、換言之、即爲人民能在國家所指導之振興產業之道路上走、即能一步一步使產業振 興起來、此外人民更應當無疑意的速將因襲觀念打破急急研究改良產業之法、以達振興產業之途爲是我想人民對此亦頗表同情的我人民既對國家指導表同情、國家對於人民當然刻不容緩積極來指導、今天即以我濱江省對於人民產業上指導事項盡敝人所知者來舉數項、

一、模範農村之設立、

在康德二年間於濱江省內設有模範村十三縣、每縣由政府補助經費六百元、於今年又增設三縣、預定向下每年增設、以期產業之進步、

二、優良種子之分配、

關本省重要產物之大豆及小麥品種、實有改良選擇之必要、所以於去年秋季、即由政府購買不少優良的大豆小麥種子、分配於海倫綏化等十二縣、以資研究、

三、種豚之分配、

本康德二年度、由濱江省分配種豚於各縣者兩次、今年春季、又由實業部從朝鮮購來種豚一百頭、分配於各縣之種畜者、似此可知對於改良種豚之成績、必大有可觀、

如以上等等對於產業上應改良的計劃不勝枚舉、亦即所謂無一不是引導人民振興產業之道者、但對於導人民之事亦望當局有以下四個辦法、一、指導二接濟、三強迫、四獎勵、因凡事在革舊從新之前、人民均不易服從、而且我滿洲民族、對於因襲的傳統觀念太深、今舉其一端、即以我北滿特產而論、對於出產之大豆、每感生產過剩、對於小麥即感不足、此雖因天年與產量之關係、但查大豆之播種地、約在三百萬陌、小麥之播種地、約在七十五萬陌、既然如此懸殊、極應變通辦理、將二者之播種地平均、此不僅小麥價格、或可藉保平衡、而大豆行市亦不至每演慘落、且間接之對於民食工業、以及輸出輸入、亦均有莫大之責任、再關於農民之種地率稱一夫百畝、試想以一人之能力、而耕耘百畝、豈不感到鞭長莫及、如此種種不知改良者、不一而足、更兼在舊政權時代、對產業之振興、從未聞及有提倡改良並加以指導者、且在該時代之農村農林以及鑛區、幾無時無地不有匪徒跳梁之徒、即以種地一事論、稍有資產之人民率 不敢身 臨現塲者、一切均由僱備者主持、工

馬拉蘇大會
哈市 日方選手開茶話會 滿方選手開預選會

本社及新京日日新聞社主辦之第二屆新京吉林間驛傳馬拉蘇大會、定於六月廿一日盛大舉行、哈爾濱市滿方選手、定於六月六日午后二時假道裡第一體育場舉行預選各情形、業見前日本報、日方選手、參加者尤爲踴躍、定於是日午后七時亦假座商品陳列館招集各選手開催茶話會、討論關於參加比賽時一切事宜云云、

乞丐八名 挖墻圖逃
被警覺後押於單間內
街頭之乞丐仍不見少

道外北十二道街、乞丐收容所、自將內部事務由哈爾濱特別市社會事業聯合會、移交哈爾濱慈善總會管理後、爲力謀改善計、曾得市公署及警察廳後助、於接辦後、不數旬間、即施行大捕乞丐、當時頗著成效、市內通衢小巷、幾無乞丐蹤跡、而乞丐收容所內、被收容之乞丐亦爲數驟多、曾達六百八十餘名、不期時僅月餘、街頭又有不少乞丐發現、尤以道裡十二道街、及道外北馬路兩人汽車站爲最多、茲據調查乞丐收容所、現在被收容者僅剩三百七十八名、其中殘老者五十名、壯年者百七十一名、有嗎啡癮者、六十二名、病者三十一名、殘弱者六十二名此外尚有婦女三名、係綏濱縣移來之難民、因無處住食、被乞丐收容所收容、除現收容三百七十八名、其餘多係在慈善會未接管前、被收容者、據聞現在被收容有嗎啡癮者六十一名中、其中八名竟與於日前（十日）下午二時、不悉何故（據說係被餓之故）、竟潛入該所東廂房第四號空房內、由床底下、將北山牆、暗中掘穿、內部洞口、直經約達半米、外部業已透明、及午後五時開飯之際、點名之後始發覺鐘成仁張玉山等八名失踪、當往各處尋找、遂於第四號空房內發見該八人、正在繼續工作中、該所管理人當時斷定、該等係擬合謀脫逃、遂將八人、拘留單間屋內、以示薄懲云、

煙樓瑣話
各零賣所女招待素描
（花江客）

【九】

怡 亭

現執女招待業於道裡新城大街永安樓鴉片零賣所、雪嬌花貌、体態玲瓏、舉止行動絕脫俗、週旋於一般老轄君子間、燕語鶯聲、一如小鳥依人、天賦亦溫婉異常、殊無乖張怪戾之態、所謂鍾靈毓秀、名貴清華者、伊人足能當之、在全哈五六十零賣所、約一千名上下之煙館女招待群中、堪稱第一流人物也、

伊人本姓楊氏、生父楊某、曾充特區某警察署長、故知其

浴佛節之由來

夏曆四月初八日（即本月廿八日）爲浴佛節日、本市由濱江省佛 教總會、滿洲 國天台宗、佛教居士林主辦、由本月二十六日至三十日在極樂寺、舉行浴佛節法會、並演戲劇等情、已如前條所載、惟關於舉辦浴佛節之由來、一般頗鮮知者、玆據個中人談浴佛節乃奉祝釋迦牟尼佛誕生紀念日也、釋迦佛乃爲印度加毘羅國淨飯王之子、係一太子、在距今二千九百六十三年前、即西曆紀元前一四六七年（亦即周昭王二十四年）四月初八日拂曉、釋迦佛之聖母摩耶夫人、於懷孕期中、遊無憂園中、偶舉手攀樹枝、即由右脇生下太子、蓋即爲釋迦佛誕生也、釋迦降生當時向四方各行七步、並一手指天、一手指地曰「三界惟我獨尊」以後即以此姿勢爲太子佛相 好光明、有三 十二特點、即一、身體金色、二、頂有肉髻、三、髮紺青、四、眉間白毛有光、頂部生光、六、目爲金精、七、上下相胸、八口四十齒、九、齒白齊平、十方頰、十一、舌廣長能覆面至耳髮際、十二、合滿掌、十三、獅子臂、十四、身廣方正、十五、長臂摩膝十六、手足指長、十七足跟滿、十八、額平正、十九、手能內外握二十合曼掌、二十一、手千輻輪理、二十二、足千輻輪理、二十三、陰馬藏、廿四、脚踝纖細、二十五、胸巢骨、二十六、毛右旋、二十七、一毛一孔、二十八、皮毛細軟、二十九、不受塵水、三十、胸有卍字、三十一、兩足下隙中、兩肩上頂中皆飽滿、字相分明、三十二梵音深遠、

當釋迦太子十七歲時、父王當爲娶妃名曰耶輸陀羅、而釋迦觀妃队、直如骷髏、殊覺人生無常、一日出遊四門、東西南三門、所遇皆老者病者死者等、及沙門、又覺人生老病死殊苦、即悟出家沙門、能破除一切、故至此乃決心出家、十九歲遂實出家、又於二十九歲時、臘月初八日、於菩提樹下觀見明星、因而開悟遂得成覺（卽成佛）焉、釋迦成佛後先說「華嚴」大乘法、雖阿羅漢、亦若聾若啞、不能聞不能問、次又說「阿含」等經十二年、再次說「方等」「般若」「法華」等經、最後說涅槃經、八十圓寂計共法說四十九年、諸經凡三百餘會、年闕後佛教曾塑立太子佛像、並於四月初八日釋迦佛誕生紀念日、舉行浴佛典禮用香湯沐浴太子佛像、每屆是日、舉行法會、同時僧衆披禮拜焉、

又哈爾濱極樂寺、卽將舉行之浴佛節法會詳細如左、

日期

由五月廿六日起、至五月三十日止、（即夏曆 四月六日至十日）

宗旨

一、奉祝釋迦牟尼佛降誕法會、

一、慶祝日滿親善、國利民福、普濟增進、

一、慶祝佛光普被、萬民蒙化、同歸良善、

一、奉經超度、日滿陣亡軍警將士

辦法

一、法要一全寺僧人禮佛誦

久在倫敦市場獨占之
滿洲大豆益趨崩潰
美國大豆價格與滿豆併行
各方對此深甚關心！

據最近倫敦正金致本地正金銀行電稱、滿洲國產大豆之輸往歐美之最近行情如次即在倫敦大豆市場、自三月末以來、其美國大豆價格與滿洲大豆行情併行、無何昂低、如斯久在倫敦市場獨占之滿洲大豆、其他位益趨崩毀、各方殊甚注目、蓋倫敦大豆市場、自三月至今、其美國大豆價格、曾與滿洲大豆同價十數次之多、此種現象、因不得爲恒久的現象、即因滿洲大豆當高價時、美國大豆即乘機以入、如就久遠情形觀來、則滿洲大豆仍足維持自不待言、不過美國大豆、自去年來、產量急增、一方在倫敦市場因品質較滿洲大豆優良、而價值則（滿豆七先令十五便士、美豆爲七先令六便士一麻袋除外）由此點可知、脅威滿豆不小、各方對此深甚關心云云、

外人在哈工業狀態
市署實業科基本調查
資金、產量、使用職工數

哈市工業狀態由市公署實業科進行基本調查所得俄人及其他外僑經營之工場、康德元年末、各工場資本金、生產量、使用職工數、大抵如左、

即本市上項工業家數、爲二百五十家、資本總額四百九十八萬二千四百〇八元、一年間生產量值一千一百三十三萬元、使用職工數二千七百人、自去年接收北鐵以來、上項數字之有多少變化、自不待言、茲將與前北鐵有直接關係者、除僅就其民間工場之現勢、列表如下、

	家數	資本	生產	職工數
裝製工場	[illegible]	[illegible]	[illegible]	[illegible]
自動車修理電汽業	[illegible]	[illegible]	[illegible]	[illegible]
洋灰工場	[illegible]	[illegible]	[illegible]	[illegible]
面包工場	[illegible]	[illegible]	[illegible]	[illegible]
製皮	[illegible]	[illegible]	[illegible]	[illegible]
鐵工場	[illegible]	[illegible]	[illegible]	[illegible]
手皮工	[illegible]	[illegible]	[illegible]	[illegible]
毛皮加工	[illegible]	[illegible]	[illegible]	[illegible]
男帽子	[illegible]	[illegible]	[illegible]	[illegible]
織物工場	[illegible]	[illegible]	[illegible]	[illegible]
婦人服工	[illegible]	[illegible]	[illegible]	[illegible]
男服工場	[illegible]	[illegible]	[illegible]	[illegible]
印刷工場	[illegible]	[illegible]	[illegible]	[illegible]
葡萄酒工	[illegible]	[illegible]	[illegible]	[illegible]
俄國酒工	[illegible]	[illegible]	[illegible]	[illegible]
咖啡工場	[illegible]	[illegible]	[illegible]	[illegible]
菓子工場	[illegible]	[illegible]	[illegible]	[illegible]
製袋品工	[illegible]	[illegible]	[illegible]	[illegible]
麵包工場	[illegible]	[illegible]	[illegible]	[illegible]
洋服工場	[illegible]	[illegible]	[illegible]	[illegible]
機械工場	[illegible]	[illegible]	[illegible]	[illegible]
木材及膠合板	[illegible]	[illegible]	[illegible]	[illegible]
烟草工場	[illegible]	[illegible]	[illegible]	[illegible]
紅茶工場	[illegible]	[illegible]	[illegible]	[illegible]
牛酪工場	[illegible]	[illegible]	[illegible]	[illegible]
點心工場	[illegible]	[illegible]	[illegible]	[illegible]
棉工場	[illegible]	[illegible]	[illegible]	[illegible]
製粉工場	[illegible]	[illegible]	[illegible]	[illegible]
合計	[illegible]	[illegible]	[illegible]	[illegible]

哈市公署
東游感想（續）
春之櫻花秋之紅葉
可成一幅天然名畫
行政處長

七、交通網之密布

日本國家之陸海空之大交通網無論矣、即其都市中之交通如汽車、電車、合乘自動車、高架鐵、地上鐵、地下鐵、無軌電車、扒山電車、無不舒適安全、凡由甲都市欲至乙都市、不必問鐘點、每隔五分鐘、或十分鐘、即開車一次、其秩序井然、時間準確實造成世界交通之新紀錄、至其市營之交通事業、在六大都市中、除京都而外、其他均有相當之赤字、可見其以便利市民爲主眼、並不以營業爲前提、殊不失爲交通之本旨、

八、風景之美麗

日本到處有山水、有樹木、有花草娜之春之櫻花、秋之紅葉、青翠之松、雅秀之竹、點綴其間、臨時隨地、可成一幅天然名畫、至其氣候溫和、則天得天獨厚、總之日本之風景、天然美、人工美、兼而有之、世界公園、當之無愧、

九、日滿協和之締結

目下日滿協和、重在民間、而尤重在精神、然何由而致此、必須彼此時常交換意見、而使彼此有深切之認識、此視察所以爲必要、派遣民間有力團體、尤爲必要、因爲滿洲地

警匪激戰
俄匪二名當場被捕
哈市警政良好成績

二十二日午前十一時、外國三道街、六十四號、提克沙士煤油公司、哈爾濱代理店、經理人陶爾斯之「秦立切民」四十五歲不在宅、僅女僕看門之時、突來俄匪二名、當時毫無所得、從行逃走、共一爲刑事科捕獲、共一逃走、時爲警官等圍捕、互相射擊、彈雨淋漓時當白晝、街頭混亂、終被該匪逃去、目下刑事科、經緯署顧鄉屯各署、正總動員、三面包圍、進行搜索中、至於詳情如左、

當二匪侵入該煤油經理宅時曾威脅女主人、速交出千元現款、女主人馬利亞答、以主人未在、二匪竟以守候主人歸來再論爲詞、態度強硬、穩坐客廳中之沙發上、並以槍把等擊打女僕頭部威脅、女僕乘機逃出戶外、大聲疾呼、二匪見事

向松井等射擊、幸未傷及、僅上衣受彈穿過、

槍聲響後、時當白晝、附近大亂、行人東奔西逃、不知何事、同時經緯署得訊、立派應援警官卅餘名出動、而新安埠警署、亦協同圍捕、

碍以該匪地理道熟、且身體敏捷、竟於包圍中打出一條血路、現脫逸走、潛形於顧鄉屯路、於是搜查警員署管內僻巷、立與顧鄉屯署連絡目下已作三層包圍線、該犯除非生双翼終當就捕、

同時經審訊已行就捕之瓦西亞扣夫、供稱同黨不〔……〕人、尚有同黨九餘名對、〔……〕樓巢穴、形成一匪團、〔……〕事科、立即向關係方面進行〔……〕奔、以期一網打盡云云、

各大商店
營業活況

自松江解冰、輪船開始活動後、道外各大百貨店、每日情況、愈見活躍、前星期日、道外同記商場、一日中賣款約五千元以上之好成績、較比去年同期、實增加十分之三、茲據濱外商會調查、最近有名之大百貨店、一日平均賣項數目如下、同記商場四千元、大羅新二千五百元、東和利二千五百元、益發合二千五百、同義慶二千元、源成東二千元、預想最近之將來、於各地商客全部到哈後、更必呈一番活況云、

買賣街工夫市
遷移

(第三種郵便物認可) 康德三年六月四日 盛京時報 星期四 第九千四百廿八號

濱江特刊

第六十四號
盛京時報北滿總支社
社址 哈爾濱道裡斜紋二道街一三
電話道裡五二七二番

謀開發北滿農業 施行大規模調查

二十年內由日本移民五百萬

農業界最高權威者出發調查

綏濱縣佔農業界重要地位

以關東軍滿洲國滿鐵各方之聯合見地、將實現開發北鐵農業並農事機械化爲基礎、決在二十年內由日本農業移民五百萬人、約一百萬家族、以北滿爲目的地區、方針刻已決定、正在進行準備中、更對於第一期移民之目的地、下游之綏濱縣施以澈底大規模之調查、調查班亦組織就緒、一行爲十三名、預定於三月內、實行工作、今日搭綏成輪船由哈出發、一行俱爲農業界最高權威者、茲將担當局部門及姓氏列左、

班長尾岐英雄氏、担當農業關係、佐藤信元氏担當開墾關係、長尾行介氏、担當工業關係、內野來助氏、担當主要製粉業關係、担當一般農業關係者爲尾岐英雄氏(班長兼)協助者細野某氏、山田武彥氏、担當土地改良關係者爲渡邊經三、坂田一雄、二氏、担當運轉關係者、爲谷倉初、庶縣關係爲本田正晴、意倉、初二氏、

調査目的地綏濱縣、距哈下游六百公哩、與松黑二江適成三角地帶、爲一大沃野、距今二十年前曾有美國人巴那氏、在該地經營一機械化之大農場、可知此地占農業重要位置、故今將成爲北滿移民及農產之適宜地帶、自本年度已由南滿方面移來滿民七千餘名矣

又據確實消息當局對第一期移民計劃、決將以五百萬人民、一百萬家族之日本移民云、

回鑾詔書紀念 精神發揚週間

省教廳懸賞募集標語

現已徵求就緒審完畢

回鑾訓民詔書紀念、精神發揚週間之懸賞標語、濱江省教育廳、曾奉中央文教部令及賞金一百元、現已徵求就緒、審查完畢、計收到標語一千四百五十八條、應徵者五百三十七名、取錄者、一等一名、二等二名、三等三名、四等十八名、一等賞金二十元、二等賞金十元、三等賞金五元、四等賞與日滿國旗並鉛筆等獎品、茲將錄取者芳名及前三名之標語摘錄於下、

一等一名獲得者爲海倫縣立女師教員李文貞女士、標語爲『日滿兩國之基礎、建於一心一德之上』二等兩名、一爲雙城道德會崇實女小關文琴女士、標語爲『認定日滿不可分離之關係、始能共存共榮』一爲綏化初級中學校李素林、標語爲『若將忠孝二字作到、即是新國家的好國民』三等三名、計哈爾濱景陽街住戶韓道成、標語爲『精神協和、是日滿兩國間的主要原素』海倫縣教育局馮尚德、標語爲『兩皇室所希念的是要我們一心一德』哈爾濱第一女中田桂華 標語爲『愛友邦即是愛本國』、四等十八名、僅錄其芳名及住址如下

望奎縣宣化街小學校焦萬青、哈爾濱第一兩級中學校李世昌、虎林縣公署樊省、哈爾濱初級中學校周惠民、海倫縣教育局馮尚德、哈爾濱學院孔憲堯、安達站東昇齋李芳園、哈爾濱第一女子中學校林覺、哈爾濱第一兩級中學校林世大、海倫女師李文貞、哈爾濱第二中學校鄂精忠、虎林縣公署樊省、海倫女師李文貞、綏化興農嶺小學校張立權、双城協和小學校高佐中、綏稜城區小學校張衡、安達初級中學校(未詳)、哈爾濱師範學校鄧永昌云、

江水冲上 男屍二具

松花江鐵橋西端、於二十九日下午四時許、突然被江水冲上、男屍兩具、一屍年約四十餘歲、身着短衣、一身穿洋服小衫、手足全無、腐爛不堪推定係死後約二十餘日、究係慘殺或自殺投江而死、無可憑証、水上署協同檢査廳、前往檢驗、將屍體置放江岸、迨今尚無認領屍者云、

春季慰安列車

濱洲北黑兩線慰安日程

滿鐵路當局爲慰勞各線鐵路從業員、已在京濱北各線開行、春季慰安列車等情、迭誌本報、近又追加施行濱洲及北濱兩線慰安列車、其慰安列車之編制、及巡迴慰安日程、擬哈鐵當局發表如左、

△濱洲線

發當車一、調理車一、食堂車一、映畫車一、二等車各一、三等車一、販賣車三、寢臺車一、有蓋貨車五、守車一、共爲十七輛、

二、巡迴慰安日程預定慰安列車、六月三日開到安達、六月四日上午六時四十分、由安達發、一時四十八分、九時廿八分、由宋站發、十時〇八分、郭爾羅斯到、停留二時十六分、十二時廿四分由郭爾羅斯發、十二時四十分滿溝到、在該站宿泊、

六月五日上午七時、由滿溝發、七時廿分薩家到、停留二時十八分、九時四十分薩家發、十時十分……五時廿分、廟台子發十五時五……

△北黑線

標準軌北黑線慰安列車、因前預定僅至北安爲止、今次鑑於北黑間新線有從事慰安之必要、特由鐵路總局再擬延長、六月一日至八日、分別由原列車編制、仍用原編成、

六月一日八時四十分 北安發、九時二十二分二井到、停留一時、十時二十二分由二井發、十一時二龍山停留二時〇二分、十三時〇二分二龍山發、十三時廿分訥謨爾發、停留二時廿分、十五時四十分訥謨爾發、十六時十五分、返北宿泊、

六月二日北安滯留、六月三日六時北安發、六時四十分南頭到、停留二時十分、七時五十分南頭發、八時卅六分……三時四十二分、龍門發、十四時廿六分小興安到、停留一時〇三分、十五時廿五分小興安發、十八時〇二分、孫吳到宿泊、

六月四日五時廿四分、孫吳發、七時十二分辰清到、十四時辰清發、十五時四十二分返回孫吳宿泊、

六月五日七時四十分 孫吳發、八時廿分淸溪到、停留一時卅六分、十一時〇四分淸溪……

建國紀念運動大會 施市長之訓詞

哈爾濱第五次建國紀念大運動中、大會會長施履本市長、對全體運動員、致訓示之詞如左、

歲月不居、時節如流、吾滿建國、迄至現在、不覺已經五易星霜、本市今日舉行建國紀念第五次哈爾濱市大運動會、即係表示今年已屆建國第五年、同時就是本市學子民衆作第五次建國紀念運動、敝人忝膺本會會長、爰將本市舉辦運動大會之意義、爲大家略述梗概、

回顧吾滿民衆、苦於軍閥虐政、垂廿年一旦事變、居然脫離藩籬、剷除强暴、並獲迎我英明之 理上、締造新邦、固由三千萬民衆精誠團結、一致決心之所致、然非賴友邦之仗義、盡力絕大援助、弗克成功、

迨建國伊始復蒙友邦、本恤鄰弔民之正義、毅然首先承認滿洲國、使我國在國際上取得完全獨立國之地位、自此官民一體、朝野同心、始得庶政修明、百廢俱舉、一切進展狀況、世界各國無不驚羨而折服、追想建國以前之專橫凌虐、較諸現在之安樂繁榮、奚啻天壤吾人飲水思源、能不感動、豈由我日滿不可分之密切關係、有以致此乎、

今日舉辦斯會、爲使一般民衆徹底明瞭、吾滿建國之精神及民族協和之眞諦、夫組成國家之份子、當然以民衆爲單位、一國之盛衰、固然在乎政治之良窳、而一般民衆體力之强弱、尤有切要之關係、現在以建國紀念舉辦運動大會、是使一般民衆、對於建國留有永久的印象、並用紀念方式來作提倡體育出發點、一方可以鍛鍊民衆體魄、扶植進取能力、一方更可堅定民衆意志、引起國家觀念、所謂一舉而數善備也、

假使全國民衆、人人咸有健强之體力、再能對於德智慧三育同時發達王道、自然光大民族、自然協和文化、自然昌明國際、自然親善滿洲樂土、自能早日實現東亞和平、自能永久維持、再進一步、世界大同、亦不難臻於理想境地、今日舉行運動大會意義在斯、吾人希望亦在斯、

本市爲國際都市、滿外雜處具有特殊情形、我國向來抱一民族協和宗旨、此次運動大會不分畛域、集合日滿俄三方選手、共同作親善的比賽、既可互相觀摩、又聯絡情感、眞乃絕好機會、今後本市官民、亟應一致、各族合一、共同邁進、俾國運日臻昌隆、本會長願與大家共同奮勉與努力、以期不負本市今日開會之趣旨、

極樂寺浴佛節 延長二日

連日遊人頗踴躍

哈爾濱極樂寺浴佛節於各於援助之下、於五月廿六日舉行矣、連日以來、善男信女、頂香拜佛者絡繹於途、大直街上、應接不暇、會場設置規模宏大、較往年尤盛、寺前小販縱橫、茶酒飯林、熙攘來往、摩肩接踵、遠望戲台高聳、橫書『佛日增輝』四字、兩旁爲遊人看台、率爲蘆席搭成、頗覺新穎、不可多睹、小賣應有應有、遊人恒大嚼特嚼似有一解小饞吻之勢此處並有木馬及耍大棚者小賣則以賣粽子者爲最多、價並極廉寺內較往年無甚奇異、惟甫進寺、即聞磬聲叮噹、不絕於耳每殿佛前均置一籙筐、以備於施香錢者投置之處、此外東西兩廊房設有男女賓待招室、附有佈施施捨處、可隨意佈施、並在大殿前之佈告板上宣佈、每日收入不下千餘元、在寺東之靈堂內設有講演法會、講演俱爲佛教界名士、來聽者亦頗踴躍、所惜者、幾日陰雨、交通不便、不但遊人多被阻隔即小販亦影響頗大、濱江省佛教總會極樂寺浴佛節籌辦委員會有鑒及此、特請示繼續延長二日、至六月一日止、仍然演戲、講演辦理一切佛事、至於應用經費概由該會担、所有會場內一應地皮租賃車輛資助一律免收以慰群情而郵商艱云、

鐵路學院 紀念展覽會

本月卅日爲哈爾濱鐵路學院開院一週年紀念日、該學院爲紀念起見、定於本月卅及卅一日兩日間、舉行該校施設及成績等之紀念展會、展覽時間卅日之第一日展覽、自正午起、至下午五時止、卅一日展覽之第二日、自上午九時起、至下午五時止、展覽地址有二、第一展覽會場在南崗鐵路局南側該校內、第二會展覽場、(技術部)則在木工街一三四號、是日本埠一般學生及各機關前往參觀者頗不乏人、一時頗稱熱鬧云、

煙樓瑣話

各零賣所女招待素描

(花江客)

【十】

翠玉

翠玉、一名洗凡、現執女招待業於道外西門臉昇陽樓鴉片零賣所、體態細長、玉立婷婷、風度頗佳、惟以有阿芙蓉癖、以致客顏消瘦、一見即知已有煙癖、殊[illegible]中之不足也、伊固非此道中人、墮落此道中、尚不及三個月耳、據伊自稱、伊二十歲原籍唐山、居哈有年、迄今尚未嫁人、初在本埠特區第一女中攻讀、與朱八毛九等爲前後班同學、高中未畢業、即隨父穆旭九、赴北平另就學北平市河北省之第一女師、入學未年、因故又行來哈、後即

建國紀念 第五屆全哈運動大會

日滿各機關贈品頗多

各顯身手非常熱烈

全國一致舉行之建國紀念第五回哈爾濱大運動會、頻年歷於七月一日舉行、因觀衆台觀測、斯日天氣勢將轉惡、故訂於六月卅一日提前舉行據此體育聯盟哈爾濱地方事務局、對此會召開籌備會、茲已籌備就緒、於是日上午八時舉行茲將重要役及大會程序錄下、

▲大會役員 大會中各重要役員如左、

名譽總裁、張國務總理、

未入學校、經乃父安人北鐵張恕監事長、現充吉林鐵路局長及稽核局劉局長等之紹介、遂入舊北鐵稽核局、任女打字員、月薪金貨布六十元、父穆旭九出身宮門、歷任舊北鐵路警譯、花旗銀行保險部主任、魯濱縣長、札蘭諾爾煤礦經理、鶴崗煤礦董事長、並其他等要職、並有兄某現仍充札蘭諾爾礦務主任、前年春季、乃父突然病故、遂隨母租居哈埠、無何、忽產一子、現已五月、（既云迄未嫁人、今竟生了兒子、其爲私生子、殆無疑也）嗣因生活費無着、於生子之不數日、適由鶴崗鶴礦公司、領得恤金三千元、乃不期爲匪人垂涎、於去年臘月間、在新京旅館寓所、竟遭匪搶、將領得之數千元恤金、完全搶去、彼時爲生子之第七日之產月期中、遭匪之惡感嚇、遂病、既而因病吸食鴉片、無何癮已成、更以母亦有烟癖、母女消耗甚鉅、而經濟來源已無、不得已於今年二月間、乃在大濱號烟樓、充當女招待、爲人燒烟、日博得小費三五元、以維母女日常生活、未久遷入景陽樓仍爲人燒烟、刻下雖爲烟館招待、但殊非久欲爲此道中人、蓋一方待機他圖、一方則爲候差事也云云、觀其態度、度其言語、所謂父任各要職、爲宦門小姐出身、或不有大差、然以吐言嚼字言之、僅知胡鬧亂言、一似中學生出身氣派、或有人問以北平女師位於何處、及同學中皆何人、校長何名、伊皆不能答一詞、故其所謂曾在女一中及北平女師入學者、殆爲吹牛耳又伊人性殊放蕩、有客某於談吐間、聞及伊自述一身遭遇、心殊憐憫、而不以一般焦頭爛額之女招待同目視之、頗有欲一拯救使脫出水火之意、伊數日以來、受一般販類招待之薰習、惡習已深、過去之遭遇、亦已忘之於九霄雲外矣、故自唯任性放蕩恒觀烟客觀影洗澡、且此中烟癮與日俱進、每日燒烟所得、除母女二人吸烟費外、吃飯費、旅館費、間亦恒有無措之時、惟伊人之前途不亦危殆哉？（未完）

會長、施特別市長、副會長、佐藤特別市總務處長、顧問、山岡駐哈部隊長、安藤特務機關長、佐藤總領事、田中憲兵隊長、牛木日本居留民會長、佐原鐵路局長、郭第四軍管區司令官、闞濱江省長、于哈爾濱警察廳長、張自治委員會委員長、穆道裡商會長、李道外商會長、巴甫俄僑民代理事務局長、總務部長、馬駿聲、庶務委員長、邊樹藩、庶務委員、津島勝一、中村健、吳之伯、吉田良一、王恩惠、高元信、高君偉、賞品委員、吉田良一、邊耀新、吳天起、程序委員、有泉丈夫、佐藤哲、會計委員長、舟田清一郎、會計委員、寺井利惠、樋口兼太郎、矢野榮、石川茂治郎、福元末春、衛生委員長、植村秀一、衛生委員、松岡杏太郎、井川道雄、金寶東、看護婦二名、接待委員長、郭濬文、接待委員、山下源之助、井口安爾、栗清榮、設備委員長、藤島哲三郎、設備委員、池田巍、岡部國夫、渡邊逸三、田坂積、有泉丈夫、運動部長、沼田每矢雄、進行委員長、市橋映二、進行委員、後藤春吉、津島勝一、入江敏郎、佐藤哲、馬場孝義、宮井撰、金國鋒、安飛諸建諸夫、評判委員長、尾形要、出發委員、倉稿敏夫、于濟瀚、決勝委員、島田耕夫、熊谷裕治、川上修市、杉本精乘、計時委員、佐佐木四郎、矢野榮、松田紀孝、湊謙三、監察委員、本田大、有泉丈夫、萬代秀三郎、于濟瀚、器具委員、劉殿勳、宣告委員、吉田良一、程沛謝、高君偉、記錄委員、高元信、徐成平、音樂指揮委員、劉性誠、宣傳部長、丸川順助、宣傳委員、村上正雄、加藤連一、野田倭一、張立法、宋餘忠、警備部長、薄井友治、場內警備委員長、場外警備委員長、

▲大會式次 建國紀念第五次哈爾濱大運動會程序如下（康德二年五月三十一日午前八時半開會）

一、入場、
二、國旗揭揚、奏樂國歌合唱、
三、總裁訓詞、（馬理事長代讀）、
四、開會辭、（會長）、
五、運動會會歌合唱、
六、建國體操、
七、運動開始、

一、團體（滿、中）
二、小學校二〇〇米接力、（男、女）

小學校二〇〇米接力予選、

男子

A組 育兒院、劉大海、朱光武、高啓敏、凌光海、徐大海、姚光旗、光裕小學校、何士林、張奎俊、宋世生、項仕斌、閻景財、姜鴻遠、理教會小學校、劉希昌、劉百容、關仕傑、許萬海、劉振鑾、郭世忠、建設小學校、姚德祥、楊鴻吉、劉連生、樂景章、邊文舉、王運富、公濟小學校、耿成有、李剛、李生民、宮潤生、慈惠小學校、趙鐵英、沈玉德、姜金生、楊嗣儀、馬街小學校、印廷萊、徐春葵、王文堂、劉承禧、

B組 北新小學校、賈永志、林崇明、張文漢、李廣友、國棟、賈松年、地藏小學校、佟貴山、楊德玉、吳景元、王鴻順、鄭印才、郭福順、西市場小學校、張宗升、杜居仙、何鐵山、曹洪文、香坊東、潘廷秀、趙世海、阿學良、瓦西力、王錦華、何紀厚、安康小學校、張洪林、張忠臣、王元利、張松林、撫順街小學校、袁樹林、張國樑、安殿武、郎茂林、工程街小學校、王國富、張志忠、張樹勛、敬錫成、李殿曉、馮明忠、

D組 安廣小學校、高彬昇、呂世德、李芳春、沈徹、唐俊賢、王鈞鵬、馬家溝小學校 侯福林、孫德貴、左福祥、王岐山、張玉槐、劉清蓮、南馬路小學校、楊名、邸奎、劉汝義、郭永良、田常慶、顧鄉屯小學校、池平奎、曹景春、李建國、杜長貴、劉德才、張連成、安屯小學校、黃作振、李玉堂、孫世芳、王家斌、莊龍周、王忠萬、增商小學校、劉忠漢、張漢朝、李宗德、劉珂、姚石玉、王樹林、正陽南小學校、李振興、王萬昌、張慶延、韓得中、楊俊廷、李常仁、

C組 正陽小學校、王佩舒、趙公啓、李川城、周青山、王健仁、蔣萬發、十四街小學校、徐維璟、徐敬書、程義芳、王金堯、李驄芝、孫延光、新正陽小學校、高慶立、鄭傳香、張德平、李書田、趙斯文、王振權、大同小學校、李勤、張玉長、許萬山、魏春海、徐連祥、宋國藩、三育小學校、劉永全、王立平、沈福全、田福恒、太古小學校、王濟文、邢振亞、趙忠良、李永存、呂遇春、金萬覺、桃山小學校

E組 附屬小學校、楊恩寅、包樹業、王其、王古貴、王蔭芳、馬維垣、香坊西小學校、朱志宏、年景堯、趙玉昆、鮑德元、孟慶柯、岩崎辰雄、上號小學校、王誠名、喬玉棟、劉樹濤、王誠哲、張九思、李春久、民和小學校、懶士新、張信才、楊國恩、隋守孝、第一實業學校、比滅吉那、俄洛謝維次、布魯也維次、魯辻維次、新安埠小學校、拉法也夫、巴苦林恩、夫甲辻夫、少勤大道夫、格拉得泥克、蘇多夫、花園小學校

F組 小透籠街小學校、拉依舍夫、施特列列次、蘇伯金恩、梅次、吳特金、炮隊街初級小學校、各札恩切夫、依士多民恩、合瓦恩、蘇士保夫、奧呢恩、奧比勤金、俄僑高級小學校、古什恩、拉坡沙辻入、列烏特、古加辻入、拉司保保夫、拉克拉舍夫、通道街小學校、必必各夫、也勤金恩、別之魯辻夫、保魯別夫 也勤各夫、各勤麻、多諸夫、懶漢屯小學校、切勤內舍夫、克暱什恩、俄洛伯也夫、各次別勒司甚、伯麻支金恩、普通學校

女子

A組 新安埠小學校、格對史呢辻瓦、也勤史那、札拉也瓦、淑各比喀牙、古什那、沙夬古諾瓦、太古小學校、侯素貞、李桂貞、李素芬、秦淑賢、楊惠清、金英淑、俄僑高級小學校、哥力牙此基那、毛三乜力那、司特列各浩瓦、諜夫達謝特基諸瓦、保此諸克別特力克、第一實業學校、道不老和道夫、任錦國、烏力次、恩吉司特魯司基、古布次呢恩、姚三育小學校、高敬貞、王秀蘭、劉芳蘭、李淑蘭、安廣小學校 韓淑貞、白曼芳、于秀娟、陶桂蘭、陳桂英、民和小學校、張素蘭、佟秀蘭、潘雅琴、朱香崇、

B組 撫順街小學、回福珍、王玉珠、袁啓英、于英華、樊王蘭、王玉鳳、理教會小學校、孔祥蘭、趙蔭揚、尉桂貞、馮慧芳、炮隊街小學校、租吉瓦、胡吉恩、沙特洛瓦、扎以諜米那、各札切瓦、各力勾洛蘇洛大同小學校、張玉蘭、張淑艷、蕭佩貞、申秀蘭、張淑潔、郭維貞、馬家溝小學校、王淑貞、賈雲香、彭世傑、費金鴻、鄭永年、于鵬貞、安康小學校、劉玉霞、王淑清、王淑勤、陳新、邵翠英、侃王環、杜日禮、畢可金、張乃貞、印廷芝、

C組 光裕小學校、高桂琴、孫秀傑、馬鳳雲、高桂蘭、傅桂貞、許慧忱、上號小學校、于桂濟、蔡淑琴、侯越英、孫端範、李秀蘭、李秀雲、小透籠街小學校、少西克、三恩提維此、維古重那、謝錦諸瓦、切列米西瓦、新正陽小學校、陳桂芳、閻鳳英、郭樹琪、楊桂鳳、張鳳蘭、朱秀蘭、南馬路小學校、張作仁、高長珍、尚桂芳、溫證美、劉淑貞、（未完）

四軍當局感謝

軍警慰問袋

決定發給代表者感謝狀

請道裡外兩商會開名單

第四軍管區司令部、以去冬本埠各界所募集之軍警慰問袋、該司令部當局、鑒於市民輸將之踴躍、非常感謝、因開該司令部、爲表示感謝起見、決定向本埠各募集代表人、發給感謝狀、共計七十張、藉表感謝之意、爲此該部、於昨特派遣神毛金雄部副、赴道裡外兩商會、除達明以上之謝意外、並請求兩商會開具代表人名單、以便填發感謝之狀云云、

一日之間

大會八起

際茲風和日暖、群芳爭艷之天氣、本埠各方面、假星期例暇之機會紛紛舉辦、各種高尚消遣會、今卅一日一日間、計有以下之、多數大會舉催、

一、第五次建國運動大會、由滿洲國體育聯盟哈爾濱事務局主催、在馬家溝日本小學校舉行、
二、浴佛節法會、由濱江省佛教總會、天台宗、及佛教居士林主催、在南崗極樂寺舉行、
三、釣魚大會、由哈爾濱釣魚研究會主催、在廟台子舉行、
四、哈爾濱呼蘭間遊覽列車、由哈爾濱鐵路主催、在呼蘭舉行、
五、春季賽馬大會、由哈爾濱國立賽馬場主催、在王兆屯國立賽馬場舉行、
六、電業支店職員家族慰安大會、
七、哈爾濱警察廳職員野遊會、
八、哈爾濱鐵路學院展覽會云、

花國拾零、

記美玉老六

（落落）

不涉足花叢久矣、不談花事者亦久矣、良以近年以來、社會經濟之不景氣、妓業極度蕭條、彼秦樓中人、佳麗上者、不歸之沙吒利、亦被攫之於大腹賈、甚或轉入他地摘牌另謀、幾至遷徙殆盡、其尚存留者、亦不過殘山賸水而已、不意月前於厚德福某公招宴席上、得見被招諸妓中、有名美玉姑娘者、週旋於筵席間執壺侑酒、表情、在在使人注目、而表示滿意、至此始信不堪回首之哈爾濱薈芳里中、仍有超特姑娘在焉、

按美玉年可雙十、滬濱人、

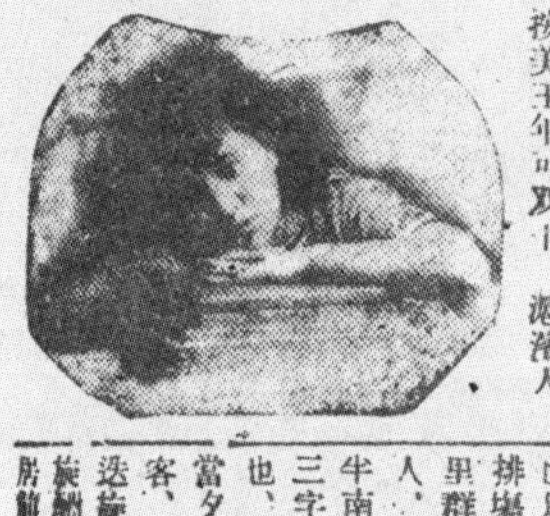

以在姊妹行中、排列第六、故人以美玉老六稱之、姬貌絕佳、善修飾、捲髮如雲、不啻天人、而瘠不露骨豐不於肉、已足恰合美的條件、至於工架排場、尤較超絕、在現代薈芳里群芳中、殊堪當得第一流人、余詢其所隸、姬嫣然一笑、半南半北之語、答以『懷春樓』三字、遂逝去、飄飄然而生風也、友人密司脫匚早爲顛倒、當夕席散、囑余往訪、姬出見客、嗔笑似表示歡迎之意、不逡旋即讓入、伊之本室、而週旋綢繆、極近殷玲瓏之至、伊房飾花麗、第一名張 美月之[illegible]由不啻一巨家客廳、再詢以姬之來歷、始知前在北平韓前門外百順胡同、大柵欄青吟班二等妓館、今年春、始離北平、轉道來哈、懸牌數日、即識密司脫匚等語、言際仍仰笑不止、余初不解其意、嗣經同座某君道破、始知姬有妹名『乳子』、現仍在平青吟班中、密司脫匚前遊北平時、與所謂金子者曾有一度消魂之緣、今也天各一方、離期再聚、某日或於談話中、得悉姬爲金姊、爲亡羊補牢計、乃力向阿姊進攻、無怪彼倆表情出乎常態、殊足

年十六歲、明目皓齒、姿態秀麗、而胸前乳峰高聳、富具迷人的曲線美、現亦樹幟懷春樓、賣笑生涯、亦稱不惡、近爲某機關郭大顧問所賞識、花前花下、報效甚力、據郭背自稱『余之傾心於鳳者、乳也』、且乳之動人、可以見矣、

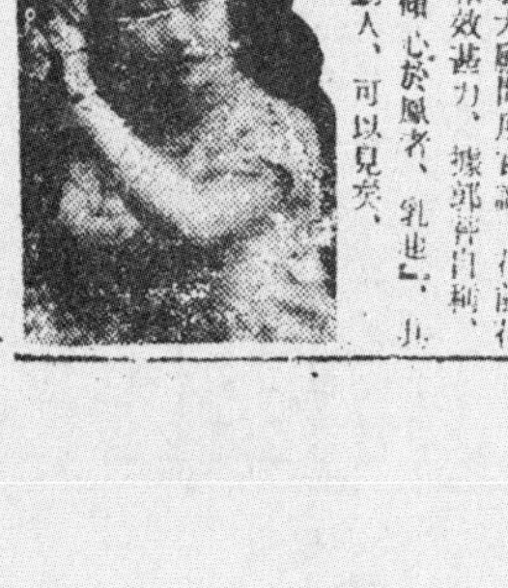

釣魚大會

路局特開臨時列車

哈爾濱日本釣魚研究會、以天氣漸趨溫暖、正宜釣魚、爲此由該會主辦之下、於今一卅一日、在江北廟台子江岸、開催釣魚大會、參加之人員、計百廿名、由該會崎島氏引導、乘車赴廟台子、哈爾濱鐵路局、爲伏待一行、特爲開往復臨時列車、其時間爲是日午前三時由哈爾濱站出發、三時半到廟台子、釣魚大會閉幕后、定於午后三時廿分發、於三時五十分歸還哈爾濱云、

泊、

六月六日六時孫吳發、六時四十五分額爾刋、停留二時廿十六分、九時廿分額爾發、十時三十五分、璦琿到、停留二時十分、一二時三十五分璦琿發、十三時〇五分、黃金子到、停留二時、十五時〇五分由黃金子發、十五時五十八分黑河到、六月七日黑河滯在、六月八日七時四十六分黑河發、十九時十六分返抵北安云云、

濱江特刊

第六十五號
社址 哈爾濱道裡一面街二號 盛京時報北滿總支社 電話二七二五

日滿兩國民熱烈歡迎中 領權撤廢慶祝會

日滿兩國大體之法的基礎確立 由遠東和平而達成世界和平之象徵 撤廢條約十日在新京簽字

紀念大祝宴

民間遊行事

紀念式祝典

蘇境武市 藥子庫爆發

黑烟瀰漫火光沖天 原因恐爲反蘇份子所爲

新京吉林 第一屆馬拉讓大會 哈市預選情形

長途健將于萬昌名不虛傳 忽布麥酒會社熱心援助

共計二十二人，預選結果：

于萬昌　王德
李星白　楊萬里
李長峰　李仁鑑
劉永長　俞作禮
張鴻飛　賈蓉朋

以上十名當選，于萬昌第一名，時間成績爲二十八分四十六秒，以外有備補二名，以俟舉行前，再度比賽一次，以便臨時分配，當日叢忽布麥酒株式會社……

一圖

二圖

三圖

（圖：（一）預選第一名于萬昌之英姿（二）滿人選手（三）日人選手）

預選出發之前情形

煙樓瑣話 各零賣所女招待素描【十二】

（花江客）

設置三縣聯合 治安肅正辦事所

設於木蘭縣管界之大賚 掌理建設三縣防備部落

濱江省 日滿人關係 農事輔導委員會

委員長爲特務機關渡邊少佐 省令各縣旗遵令照辦

云、自此命令發布後、各零賣所當事者知今次再犯、必不能容、故發令當日、五十餘家零賣所內、已不復見有一名華裝麗服的烟妓、再出入於烟樓之中、甚於同日正陽署、爲厲行鴉片吸食証、全署出動檢察管內各零賣所、雖因烟招待已絕跡、未曾捕獲一名、但於此一夜中捕獲無吸食証之吸客、達百餘名、次日又續捕獲三四百名、總計二三日中、捕獲約達一千名上下、均寄押於正陽署內、除少數機關職員、及判明確係良民者、陸續釋放一部外連日依然在檢索搜捕之中、經與數日之搜查逮捕、非特千餘名之烟館女招待、已無一名、致營大不鏈、再進出鴉片零賣所、即向來滿坑滿谷一般常出入零賣所之老少吸烟客以畏警察之捉拿羈押而致打了飯碗殆亦百分之九十五以上之數不致一再出入於鴉片零賣所、故取締二三年未能澈底肅清之烟館女招待、公項依警察廳之斷然的一舉、已足算爲眞正取締矣烟館女招待如上述、既已絕跡烟館、一般對於該一千數百名烟妓之生[illegible]問題、頗公有顧等等一新的出路之意、惟又關數日以來、從來以燒烟過活並担其全家生活、或供給無能老人過其安適烟癮之烟招待、以向來揮霍無度毫無所蓄、一旦不入烟館燒烟、即有一日無飯、或一旦全家挨餓、換言云即一日伊等老人即不能過癮既經澈底取締、立刻已即陷入難境、爲亡羊補牢、目前飯碗問題、老人過癮問題計、決計另謀出路、向警廳請領妓女執照、轉入八午市、桃花巷、老豆腐坊、福街等各土娼、正式下水、而操土娼營業者有內各酒樓飯店、由大烟招待而改爲酒飯招待者、亦有之、更或因不捨烟窟生活、不慣於其他職務者、收拾行李捲、遄然離哈、轉赴双城、阿城、牡丹江、呼蘭、綏化等地、仍投入外城鴉片零賣所照舊操其烟妓事務者亦有之、甚或因年老貌醜、不能他去、不改入土娼、不入酒飯店、亦不轉赴外縣、每於夕陽西下之後、徘徊於街頭鬧市、飛眉弄眼、拉客野合而操野妓的生活者、亦有之、總之、山南海北、各找活路、在最近期中、若無若何變化、而在吸烟室中與意中客人、假香倚翠、卿卿我我矣、

結論—綜合以上各情形、烟館女招待、既已從此絕跡、從來高朋滿座之烟客、因畏捉捕百分之九十五以上、不敢再入烟館中、而熱鬧繁盛之鴉片零賣所今後亦不啻成爲『冷宮』、陷於未有之冷落狀態、如此則余之烟樓瑣話一文、自亦無話可說、不能不從此擱筆、而暫時的『壽終正寢』、以待將來或其他的機會、到來時、再爲繼續踏起也、

（已完）

科長、

委員會掌理關於建設防備部落、警備道路、及警備電話事項、及相連絡上述事項等重要計劃統制事項、

四、辦事所置左記各職員

屬官或警佐　一名

巡官四名（內日系三名）

警長　六名

警士　一五〇名

通譯　二名

屬官（或警佐）充任辦事所長、所長承委員會之指揮監督率其他職員執行辦事所之事務云云、

如是我聞

（醉雷公）

說來倒也奇怪入夏以來、國際觀光團接踵而來甚至日不下十數批、正當此時、所謂國際都市哈爾濱最繁華的正陽街上竟平添了不少乞丐、每有成群結夥、譯於國際觀光團之前后左右、嘵嘵不休之事實似此現像、在吾人恒居慣見、固不足爲奇、但在外人生到此地、冷眼觀之、未免有些稀奇古怪同時對我哈市之體面上、亦有多大妨礙、社會事業家及責任當局、亦會顧及此點否？

△△△

因建修上下水道道外北五道街一帶、斷絕交通、已半月於前、一般市民、交通上精神上之損失、姑置不論、即沿街兩側商家之損失、爲數亦殊不尠矣、據一般工程家言、爲能分段埋設、不但事半而功倍、且交通上以及沿街兩側之商家驗不至受此重大損失、不知責任者以爲此會有考慮之必要否？

△△△

據一般謠傳、道路科因與交通局爲難、而固意遲破壞之街道於不修、以防害交通局大汽車之運轉、此實吾固認爲無稽之談、況同轄於市署之下、安能竊起齟齬、但就事實上觀之、除石頭道街因有特殊之關係外、其他道路、上下水道埋設後、雖凹凸不平、亦未嘗有人過問、極東寺及香坊間道路之失修、六十一台、不數小時、竟損壞十六七台、其損壞之原因固非一端、然道路之失修亦爲造成此種現象之重要原因也、由此以觀、爲其謂道路科與交通局爲難、勿寧謂與吾市民爲難也、

哈爾濱放送局 召開放送協會

說明放送之意義

哈爾濱放送局、鑒於廣播放送不僅爲電信之發展、對於軍事政治教育文化均有重大之關係、於昨六日正午十二時、假日滿俱樂部召開放送協會、並招請哈市日滿各機關要人、出席者安藤駐哈總領事、丸川協和會該江省事務長、建部電信局長、村田放送局長分別說明放送之意義、並對來賓交換意見、討論進行辦法云、

的、

二、輔導機關之構成

一、省輔導委員會、設於哈爾濱、縣分會、設置於必要各縣、

二、省縣委員會、各以委員長一名、及委員若干名構成、而其委員長及委員、以日滿兩國關係(特務機關、日本總領事館、憲兵隊省公署、縣公署協和會等職員充之、

三、省委員會、爲綜合的輔導其縣分會分會即於各地方之實情妥善處之、持於紛爭上須圖現地解決之方針、

三、輔導要綱

一、凡農事水利事業者、須使呈由省縣公署得其認可、然省公署在將該項呈請擬採出不認可或認可之處分之際、宜考慮諸般之事情、認爲必要時、得預先協議於輔導委員會、以爲後來有萬一之紛爭或陳情時之預備、

二、對於土地貸借契約、以當事者間之自由契約爲原則、但於可能範圍內、由輔導委員會斡旋之、如或執其單一民族的偏見、有防碍契約成立等事、輔導委員會爲之啓發誘導、

三、對於工事施行、由日滿人關係各機關取十分連絡、留意於其工事施行、特爲灌漑事業有無利害之及於第三者須善爲指導監督、免生紛爭、

四、因工事施行損害及於第三者時關於其補償、在當事者之間有協議不調之時、宜諮詢於輔導委員會、以其定爲基準、由各所管官憲調停之、

五、由縣分會認爲適當之保甲因地方的公共費用及賦役、在日本人側亦須努力指導、使其擔負、

六、日本人個戶及租地人、與滿人地主成立契約時、利害之衝突亦不罕見、際此時、宜極力事務的解決、努力斷然解除此等民族的對立觀念云云、

建國紀念 第五屆全哈運動大會（續）

日滿各機關贈品頗多 各顯身手非常熱烈

西市場小學校、董潔芝、鄒敏霖、夏玉蘭、邢淑雲、趙素筠、潘桂花、許至賢、劉金芝、傅蘭香、馬熙鑽、D組 慈惠小學校、王鎮蘭、趙淑貞、周淑貞、馬俊華、香坊西小學校、曹芳芝、王德容、范素貞、年景範、曹婉香、韓慶齡、公園小學校、陳秀芝、曲蓉之、段清純、周喜蘭、通道街小學校、別洛諾各瓦、蘇勒果瓦、雅洛瓦、捷恩果維亥、切諾果、克少伯果瓦、十四街小學校、鄭玉馥、高葶零、朱秀文、李云仙、何淑明、劉月香、顧鄉屯小學校、孫聰慧、孫素梅、武鳳英、李淑賢、蔣玉清、王振英、地盤小學校、李肅如、支筱萃、郭佩蘭、邵光坤、張國萃、孫玉芝、E組 附屬小學校、程淑芳、單玉珍、卞秀貞、羅清漪、孟春昌、劉博蘭、傅濱屯小學校、各之別勒司喀牙、粗吉那、巴也諾瓦、各札恩切瓦、虽于諾切瓦、舍悅次、安平小學校、陳廣清、李翠蘭、孫淑珍、張玉珍、王蘭英、李春榮、正陽小學校、陳朵林、王素霞、杜桂榮、孫桂珍、周美英、劉嫺鵬、北新小學校、王文蕤、齊湘雲、郭賢傑、傅桂芝、張玉芝、劉淑賢、建設小學校、王淑坤、庫靜貞、孫芝蘭、田井井、郭蓉芝、韓秀蓉、李慧娟、靳淑仁、李太平、胡馨連、魏文芳、張桂貞、

一、團體（日、小）

二、團體（俄、女）

三、團體（日、中）

四、女學校四〇〇米接力（決勝）

女學校四〇〇米接力決勝

第一實業學校、洛依吉那、吉特林司喀牙、竹巴列瓦、各力次喀牙、奇洽洛瓦、奧司毛洛悅次、第一女子中學校、陳麗芳、王秀華、于維琪、王秀珠、李桂蘭、王志賢、第二女子中學校、程秀雲、姜葆如、韓克勤、郭瑞華、盛云、玉珍、馬憲法、師範學校、高桂芳、張星如、宮寬如、崔木蘭、宮斌如、單錦榮、

七、團體（俄、小）

八、團體（滿、女）

九、武術（協和會）

十、小學校二〇〇米接力（決、賽）

十一、團體（俄、中）

十二、團體（滿、小）

十三、中學校八〇〇米接力（決、勝）

中學校八〇〇米接力決勝

第一實業學校、依也夫列夫司切巴諾夫、拉多漫恩、依瓦諾夫、各洛保夫、工業學校、徐洪武、張祥仁、王建經、孫鴻業、李百順、李相金、初級中學校、鄭健、任家駒、杜少牧、宮邵永、劉東興、胡實、第一中學校、李英、邵勳、劉文閣、孟繁英、魏湑善、張鴻飛、[illegible]文、鈞、王賓生、王大明、程憲鈞、全蘑儒、第二中學校、富志民、徐文達、姜大之、徐福增、

十四、團體（日、女）

十五、一般團體八〇〇米接力（決、勝）

一般團體八〇〇米接力決勝

鐵路局組、益田茂、平川博行、花田一彥、太田猛夫、宮伊島滿男、浦野裕　地盤教員組、李建翰、王[illegible]成、羅光久、徐冠英、常緒純　體育場組、朱家福、朱繼武、于清濱、韓孝章、于清濤、周家慶、日本體育協會組、菅井撰、佐藤勤介、藤島博、中村重雄、熊谷裕、市公署組、安井正夫、[illegible]郎、有泉丈夫、末春、萬代秀三郎、田畑長[illegible]、第一實業同窗會組、[illegible]夫、保司特泥泣夫、切勒比[illegible]依也夫列夫、

十六、來賓競走

七七、職員競走

七、賞品授與（馬理事長）

八、國旗降下

九、建國頌歌合唱

十、閉會辭（馬理事長）

十一、萬歲三唱

此外並有哈市日滿要人各機關熱心體育者、俱贈有獎品、茲將所贈獎品品名、獎與者之台銜摘錄於下、

獎品銀盃一座、贈與者[illegible]爾濱特別市長、獎與者男子中等一等、獎品銀盃一座、贈與者[illegible]江省長、獎與者一般一等、獎品銀盃一座、贈與者于第[illegible]軍管區司令官、獎與者男子中等二等、獎品銀盃一座、贈與者哈爾濱鐵路局、獎與者男子小學[illegible]一等、獎品銀盃一座贈與者[illegible]會、獎與者男子小學部二等、獎品銀盃一座贈與者[illegible]長、獎與者女子中等一等、獎品銀盃一座、贈與者[illegible]事務局、獎與者女小學一等、獎品銀盾一座、贈與者哈[illegible]濱警察廳、獎與者女子中等[illegible]二等、獎品銀盾一座、贈與者道[illegible]商會、獎與者武術表演一等、獎品銀盾一座、贈與者航業公會、獎與者一般三等、獎品銀盾一座、贈與者自治委員長、獎與者、女子中等三等、獎品銀盾一座、贈與者朱[illegible]江地區司令官、獎與者女小學二等、獎品、銀盾一座、贈與者[illegible]央銀行、獎與者男中等三等、獎品銀盾一座、贈與者哈[illegible]濱稅捐局長、獎與者一般[illegible]等、獎品銀盾一座、贈與者袁濱江稅務監督署長、獎與者男中等三等、獎品銀盾一座、贈與者濱江時報、獎與者女子中等三等、獎品信封其他二種、贈與者哈爾濱特別區高等法院、

（未完）

省令各縣旗注意 農作物收獲調製

謀商品化價值之向上 須隨時指導以資宣傳

濱江省當局爲謀農產物之本質向上並促農民之注意、改良籽種及改善耕種法、前由關係各機關、試驗研究並加以實施之結果、其成績雖逐漸進步然鑒於欲圖大豆蘇子小麥等品種之優良及農產物之商品的價值向上、其收穫及調製（打場）之適否、實持有重大之關聯性、惟一般農民、仍泥於守舊性之習慣、對於前記之各項改善工作、毫無注意、因之賣者方面於加工製作之際、仍須費大多之手續、以致特產物價格爲之跌落、而農民仍未能自悟、究之其無形中所受之損失、亦蓋有莫大焉、故關於前記之改善方策、目下關係各機關、正在努力考究、以期直接增進農家之收入、濱江省公署、業於日昨飭所屬各縣旗、着即利用治安工作或保甲長會議以及其他召集農民之際、特飭一般農民對於農作物之收穫調治事項、詳加注意、以謀生產物商品化價值之向上、並須隨時宣傳指導以資提倡云云、

蘇飛行將校 圖逃未果

羨我王道樂土

蘇境武市北方波其卡來敷地方、有蘇飛行將校四名、因不欲屈服於赤權之下擬登王道樂土、故四人志同道合、欲逃來滿、於五月九日彼等均與妻子作別、內有一婦不欲與其夫遠離、致將消息洩露、被官憲知曉、當即被捕、遂未得償云、

濱江特刊

第六十六號
盛京時報北滿總支社
社址　哈爾濱道裡斜紋二道街一三
電話道裡五二七二番

國防婦女會哈支部 二次籌備委員會 決於下月廿五日舉行發會式 十九日在市署再開籌備會議

滿洲帝國國防婦女會哈爾濱支部、由當地各顯貴夫人熱心籌措及各機關援助之下、於昨（十三日）午后二時假道裡商會樓上會議廳、召開第二次籌備委員大會、出席考籌備委員長郭軍管區司令官夫人、副委員長關濱江省長夫人、施哈爾濱特別市長夫人、朱地區司令官夫人、尹江防艦隊司令官夫人、于哈爾濱警察廳長夫人、委員李軍管區參謀夫人、尚少將夫人、關教導隊長夫人、吳地區參謀長夫人、何憲兵隊長夫人、蔡軍醫學校長夫人、李軍需處長夫人、田村參謀處長夫人、嚴江防艦隊參謀長夫人、趙補充隊長夫人、載定遠艦長夫人、江軍醫中校夫人、前田濱江省警務廳長夫人、梁教育廳長夫人、孫實業廳長夫人、賈民政廳長夫人、張行政科長夫人、傅工商科長夫人、郭土地科長夫人、馬市警行政處長夫人、高財務處長夫人、植持衛生科長夫人、焦人事科長夫人、邊教育科長夫人、吉村警察廳副廳長夫人、川手特務科長夫人、荒井刑事科長夫人、薄井警務科長夫人、楚保安科長夫人、張衛生科長夫人、崔哈爾濱鐵路局副局長夫人、楊總務副處長夫人、竇警務處長夫人、張產業處長夫人王梅先夫人、丸川協和會事務長夫人等八十餘名、由郭司令官夫人致開會辭、再行檢討支部役員名簿、及審議支部及分會規程、（規程見另條）、規定會式應參加分會、規定繳納會費分配支部分會額數、規定發會式舉行日期、地址及辦法、規定發會式當日各委員係員、關於發會式程序及來賓祝詞事項、經討論結果關於發會式當日事務分擔表決如下、

設備系、庶務系（市公署）
進行系、記錄系（協和會）
接待系（鐵路局）
連絡系（省公署）
衛生系（軍管區）
準備系（警察廳）

預定會員人數省公署方面二五〇人、市公署六〇〇人、以外有少女三〇〇人、協和會一五〇人、江防艦隊八〇人、第四軍管區三〇〇人、鐵路局二七〇人、哈爾濱警察廳二〇〇人、地區司令部及權運局等五〇人、關於支部暨分會發會式之日期及程序、討論結果如下、

日期　六月二十五日午前十時、
會場　道裡公園、
一、開會、
二、揭揚國旗、（奏樂合唱國歌）、
三、向國旗行最敬禮、
四、回鑾訓民詔書恭讀、
五、組織起意書朗讀、
六、開會詞、
七、籌備經過報告、
八、支部旗頒發、
九、分會旗頒發、
十、上司訓辭、
一一、來賓祝辭、
一二、祝電朗讀、
一三、支部長答辭
一四、國旗降下、
一五、閉會辭、
一六、大日本帝國萬歲、滿洲帝國萬歲、國防婦女會萬歲、

以上各議案經討論完畢、於午後四時許散會、並定於本月十九日午后一時、在市公署再度召開籌備會、討論關於下月廿五日舉行議會式時之一切應行事宜云、

滿洲帝國國防婦女會 哈爾濱支部規程

第一章　總則

第一條　本支部稱爲滿洲帝國國防婦女會哈爾濱支部

第二條　本支部辦公處暫設於

第三條　本支部以謀調濟連絡各分會而期進行滿洲帝國國防婦女會本部之宗旨爲目的

第二章　組織

第四條　本支部以哈埠各分會組織之、分會名暨分會規程另定之

第五條　本支部置左開役員　支部長一名、副支部長若干名、理事長一名、專任理事若干名、理事若干名、

第六條　本支部得置名譽顧問、顧問專任顧問暨評議員、各若干名

第七條　支部長代表本支部統括會務

副支部長輔佐支部長支部長遇有事故時副支部長一名代理

第八條　理事長承支部長命掌理支部常務理事長遇有事故時專任理事一名代理之

第九條　專任理事輔佐理事長擔任實行會務

第十條　支部長暨副支部長於總會推舉之

第十一條　理事長依理事會之推薦由支部長任命之

第十二條　理事暨評議員於每分會推舉由支部長任命之

第十三條　專任理事於理事中互選之

第十四條　名譽顧問顧問專任顧問依理事會之推薦由支部長推舉之

第十五條　役員任期爲一年但得連任

第三章　會議

第十六條　支部定左開會議　一、總會二、理事會三、評議員會

第十七條　總會由支部長每年召開一次、議長以支部長充之、但遇必要時得召開臨時總會、

第十八條　總會應會議左開事項一、本部諮詢事項二、支部重要事項三、分會提案事項

第十九條　理事會由理事長每年召開二次議長以理事長充之、但遇必要時召開臨時理事會

第二十條　理事應討議左開事項一、關於提出總會事項二、關於支部事業計劃進行事項、三其他關於支部重要事項、

第廿一條　理事會非有理事三分之一以上出席不得開會

第廿二條　理事會之會議以出席者三分之二以上而議決之

第廿三條　評議員會遇有必要時由支部長召開之

第廿四條　評議員會須受理總會理事會之決議事項暨其他重要事項之諮詢

第廿五條　評議員會置幹事若干名處理評議員會之事務

第廿六條　評議員會幹事由評議員中互選之

第廿七條　評議員會議長依支部長之指選由幹事充之

第廿八條　評議員會非有議員三分之一以上出席不得開會

第廿九條　評議員會會議以出席有議決權者過半數而議決之但可否同數時由議長決定之

第四章　經費

第三十條　本支部經費以每分會常年收入二分之一暨一般捐款補助其他雜收入充之

第卅一條　本支部按照滿洲國政府之會計年爲支部會計年度

第卅二條　本支部會計事務處理規程另定之

附則

本規程未載事項概準據滿洲帝國國防婦女會章則實施之

蘇聯果將何爲？ 强化東部國境防備 東寧對岸建築砲壘 興凱湖增加警備艦

據富地某方消息、蘇聯軍事當局在東部國境防備强化、東部各主要地區、紛紛組織地方國防後援會及國防飛行協會、國境警察隊及國境警備隊亦在國境大量增加、即由三月下旬起將尼考里司苦駐屯之戈比烏爾三分之一向興凱湖方面移動、在東寧東方建築六十餘所炮壘、派遣炮兵司令四名、駐在該地、並用電裝置有强力之電線防護網、將交通網擴大、自古絡迭綱至少非阿爾賽斯基地方建設交通路、並自尼闊里司苦派遣工兵二百名、於五月二十日在少非阿爾賽斯基東方五百米之地方建修營房、由六月上旬、着手測量、興凱湖增加防備軍艦、於本年解氷後、即由伯力輸送二隻、同時又由海參崴將軍艦三隻、解體由火車運至興凱湖、於月之上旬已經裝好云、

民教實三廳 定期遷移 道勝銀行舊址

濱江省公署之教育民政實業三廳、因廳舍關係、致散東此西、廳址星散、省當局鑒此不特於法規不合、即於公務聯絡

日本歐林匹克遠征選手 在哈表演 於細雨淋漓中熱烈舉行 博得全場觀衆掌聲雷動

日本歐林匹克遠征選手水陸競技及各種球隊一行百餘人、於今一十三日午前六時來哈、並於本日午后四時至六時在道裡市立第一體育場作競技表演、宿於亞細亞旅館、定於翌日午前八時離哈、當日於細雨淋漓中、熱烈表演、前往參觀者四百餘人、結果非常圓滿、博得掌聲雷動云、

濱江省管下 各校共通缺點 後藤視學官視察所得

濱江省公署教育廳後藤視學官本學年自新學期開始以來、關於省縣學校詳細視察之結果、認爲最顯之共通性缺點、約有數端、特誌之于次、以爲省縣各學校之參考而作今後改善向上之資、

一、建國精神充實度之不足

查我國國民之大多數于前清及其以前時代、以國外爲傲之民、漠然從之、自繫自衛、不追顧及、迨至中華民國爲軍閥私慾之搾取呻吟、其壓制之下者、殆不知所謂「國家之恩惠」爲何物、對官力認爲一恐怖之威壓者、易敬之而陰遠之、今者于此建設空前未有之王道國家、以國民之安寧幸福爲唯一無上之目的、現在雖着着經營設施、然認識仍有不足、對于近代國家觀念、仍未能徹底、故建國精神之注入國家觀念之養成、實爲目下學校教育當務之急、關于此點文教部既高唱之、省署方面每遇機會亦必努力、以促各校之反省、然就各校之現狀觀之、雖微見有局部少許之努力痕跡、但學校全體以至教授訓育之全般、其建國精神並未現有渙發之狀態、洵爲遺憾、例如于去年二月間、國家之省立學校校長會議、雖指示「關於徹底回鑾訓民詔書趣旨之具體的方策」亘廿餘條、並爲學校應行實施事項、然大部分未見諸實行、又如關於御影及詔書之奉護國旗揭揚之設備等、多有不當之處、再關於一心一德密切不可分之關係上、所有友邦日本之國情、應行介紹之材料、其設備亦未見若何之致慮、總之、是皆建國精神充實度不足之證也、至若枝葉末節、可漸漸改善、惟關於國家教育根本之點、姑無論其有如何理由、亦絕不容其遷延於置、蓋根本如不充實其教育、即不當魂死也、要之以上缺點、自校長以至教員、其本身認識不足、表面雖似知之、而其內心、亦缺乏確切之信念、故不得不謂爲熱意之不足、是所切望於各位反省者也、

二、敎授上之缺陷、

次就各校實際教授上觀察結果、

上亦頗感不便故於去年即有購買大規模之房舍之動向、以期公務能率之集中、茲聞已將龍讓已久出賣之道勝銀行舊址、由中央方面購得、轉知省方接收、省方奉到此項命令後定於後二十五日遷移、民政廳於午十一時遷移二階實業廳於午後遷移三階云

五月份 道外商號 新設及荒閉

道外商會所調查

據道外商務會調查康德三年五月份一月間、新開設及荒閉之商號及資本金探錄如左、

商號	行業	資本金
元和分銷處	雜貨	二千元
良友售品部	仝	二千元
金一商店	仝	二百元
公源盛	仝	五百元
東合當新記	代當	一萬元
永祥工廠	棉織	一百五十元
福豐工廠	仝	一百元
利興工廠	仝	一百元
新興隆	仝	五十元
永遠工廠	針織	二百元
義和永	仝	一百五十元
同源盛	仝	五十元
福源泉	小舖	一百二十元
泰來公	仝	一百元
豪發祥	仝	一百五十元
天德成	仝	一百元
同發成	仝	三百元
永祥東	仝	二百元
義盛昌	仝	一百五十元
萬豐泰	仝	五百元
碧華春	仝	二百五十元
濱五旅館	旅店	四百元
鴻盛客棧	仝	五百元
三盛棧	仝	一百元
萬泰棧	仝	二百元
洪順和	飯店	一百元
北平小飯店	仝	三百元
西域館	仝	三十元
登瀛閣	仝	六百五十元
義增館	仝	一百元
五合園	仝	一百元
振興粥舖		一百五十元
陶園春	仝	二百元
振裕和	皮舖	一百元
李皮舖	仝	二百元
成順興	仝	二百五十元
明和永公記	仝	三百元
元升長	仝	四百元
裕東	仝	五十元
萬祥公	顏料	五百元
天惠東	糖莊	三百元
豪美祥	鮮貨	三百元
萬發福東記	仝	五百元
福興東	仝	一百五十元
鴻發永	仝	五百元
福興隆	估衣	三百元
當五表店	表店	一百五十元
會發東	印刷	二百元
同泰印刷局	仝	一千元
壽記印刷所	仝	五十元
華光酒社	酒業	三百元
鼎興泰	仝	三百五十元
酒泉居	仝	一百八十元
聯友酒店	仝	五百元
同昌隆	染業	五百元
北滿網染工廠	仝	六十元
德興東	被廠	二百元
裕升東	運輸	一千五百元
永新號	成衣	七十元
鴻發合	枕頭	五百元
鳴玉工廠	成衣	三百元
鴻源興	理髮	一百六十元
慶發東	仝	一百元
復順成	鷄店	二百元
魁發德	仝	二百元
永成利	馬車爐	三百元
志成爐	鐵爐	三百元
大興扇舖	扇舖	三百元
春茂長	仝	四百元
東西合	鋼鐵廠	一百五十元
益興工廠	彈花	二百元
裕仁針	襪針	二百元
三合祥	缸店	四百元

荒閉商號

商號	行業	資本金
茂盛祥	雜貨	一千二百元
北原分銷部	仝	一千二百元
東昇恒	粮米	六百元
瑞興隆	小舖	二百五十元
同興源	仝	五十元
振昌和	仝	三百二十元
源盛和	仝	一百元
益慶隆	仝	一百元
義順厚	仝	五十元
福興源	仝	二百元
增盛祥	仝	一百元
福和東	棉織	八十元
同泰合	仝	六百元
慶和工廠	仝	四百元
源記工廠	仝	六百元
佳良襪莊	針織	五十元
璃爾祥	[illegible]	八百元
永源盛	軍衣	四千八百元
梧桐工廠	建築	一千六百元
萬合福	鮮貨	三千二百元
永亘厚	仝	五百元
福聚號	估衣	三百元
金明客棧	旅店	一百元
三義棧	仝	八十元
同泰棧	仝	五十元
同樂天	飯店	六十元
東海軒	仝	一百元
濱波製革廠	製革	三千二百元
三盛合	仝	一百五十元
大手昶	染成	三百二十元
[illegible]隆久德記	鐵器	一百元
井興久	鐵爐	五十元
恒昌馬車廠	馬車廠	二百五十元
[illegible]盛泰	鷄店	六十元
福盛永	粹廠	二百元
永亘興	磨坊	六百元
三義合	香粉工廠	二百元
東興祥	紙花店	二百元

法權撤廢後 日人課稅問題

總務廳處長會議閉幕後

佐藤代總務處長傳達會議情形

關於友邦日本撤廢在滿治外法權一部協定、業於十日下午三時由張外交部大臣與植田全權大使間、舉行歷史的簽字、而關於該協定之日本人民在滿洲居住之課稅條約想定辦法、亦將於七月一日起正式實施、中央當局爲徹底該一部治法撤廢之趣旨、及關於日本人實施課稅之件、曾於日前（十二日）在京召開全國各省市總務廳處長會議、哈爾濱特別市公署以總務處長佐藤正俊氏業已奉命榮轉日本內地香川縣知事離哈回國、在後任總務處長未到任前、關於總務處長職務、即由工務處長佐藤俊久氏代拆代行故佐藤俊久氏爲出席此會議、日前特携同捐務關係之栅田捐務科長、赴京參加會議、茲者總務廳處長會議、業於十二日午後閉幕、而佐藤代理市總務處長、業已昨晨歸來、爲傳達此次會議意旨、特於昨日上午十時在市長室召集市署及附屬機關、各處科長全體開重要會議、傳達此次總務廳處長會議中央對於各省市指示之要旨、至十一時半頃、始行散會、至關於中央指示之、七月一日起治法撤底條約實施後、日本人對於市稅課稅之辦法、同樣全部担負、但對於營業捐、附加捐、房捐、戶別捐、依漸進之原則、適用減輕稅率、即一三年度四年度担任各該地方官憲所定稅率之四分之一、二五年度六年度則漸進的担負所定率之四分之二、由七年度起担負所定全額、但法之房捐、則三年度爲三分之一、四年度爲三分之二、至於五年度以次、尚未確定云。

濱江省管下各縣 四年度預算概要

歲入八三〇、八九八元 歲出八八一、五八四元

總計六、九九六、一九六元

濱江省公署鑑於過去康德二年度及三年度之縣預算、因編纂時間問題、每於中央批回時間過遲、實阻碍各縣一切行政之進行、故爲提前編造預算、俾便早期得予批回計、遂由五月起、實行縣預算之假編造、共預算編造法、共分三個時間、第一時間由省署制定編造標準、第二個時間爲各縣編造時間、第三個時間爲省署査定時間、以上三個時間、共分爲三個月、即由五月起至八月止斯時民政部即可訓令四年度預算編造法、惟因預先將預算已假定編造完竣、乃以民政部預算編造法畧加改革、即可呈報中央、如此辦法、康德四年度新預算之批回當然可以提前矣、茲負責預算之民政廳財務科、經過月餘之時間、業將康德四年度歲入歲出預算編造概要製成、乃於前日訓令各縣依照省署所製成之預算法實施編造預算、茲將康德四年度各縣預算概要探誌如下、（以下歲入歲出單位元）、

呼蘭三六五、二〇〇、賓縣三四〇、一三四、阿城二二九、六四四、五常二〇九、九九五、双城五六〇、九六二、肇州二〇八九八三肇東二六四九四四、蘭西二五六、八六、安達一八四二八九、青岡二三七、二五〇、望奎一九七、九一一、海倫四五六、七六三、綏棱一一三、五四一、綏化五六六、一八二、慶城一五五、一六七鐵驪八二、八三、東興九四、七八六、巴彥三五三、四四〇木蘭一三六、八七九、延壽二〇四、三〇八珠河二三三、八一三、葦河一三五、六九五、寧安三七六、三五五、穆稜二〇五、七三六東寧二一四、四六六、密山二三八、九三六、虎林一〇二、九三六計六、七二七、〇九一、郭爾羅斯後旗二六九、一〇五、總計歲入歲出六九九六、一九六元、

以上二十七縣一旗歲入經常部六、一三五、二九八、臨時部八三〇、八九八、計六、九九六一九六、歲出經常部六、一一四、六一二、臨時部八八一、五八四、合計六、九九六一九六、

歲入經常部基本財產收入一四四、五二三、學校基本財產收入五〇、七四一、使用費、八一、五七三、手數料六二、三三五、國稅徵收交付金五四、四九五、（未完）

足球聯賽 路局亦參加

定於十四日比賽

哈爾濱足球協會主催之本市足球聯賽、哈爾濱鐵路局亦參加甲組比賽、定於十四日午前十時、在高等工業學校足球場比賽、出場之選手已決定、茲將名銜列左、

劉德海、強禍麟、孫廷文、李新民、靳蘭亭、程升陽、白樹禮、西爾初耶夫、御禮、程廣如、劉長濟、聶景林、馬熙崇云、

一、對於學生維繫力之不足、

理想的教授、即在且長時間內、須十分維繫學生使其注意力集中、課業無暇思及他事、且不使其倦怠、教者與學者、精神融而爲一、俾課業自然融化、始可稱之爲「活的」教授也、

教師對於學生之維繫力如何不問、其担任何種課程、均爲教授上之生命、一見之下、便可察知、至教師之實力如何、教授之技術如何、固有一定標準也、

大祇教師無力、或有力而無氣、或由誤解自由主義、與夫偏重個性之立場、不顧學生之心境如何、僅按自己之預定者口述之、認爲已足、毫無維繫能力如此任意於任、一言以蔽之、皆三民主義教育縱容學生之弊、尚深存而未失故也、

如以上所述、自非視學生爲木偶、令其枯坐之意也而使其自發的活動、固不待言、但所謂自發的活動者非使學生、各自隨意行動之意也、必也、在教師之全統制下、[illegible]活潑的、自發之活動而已、

二、講義式教授之弊、

教育者、非僅智識之注入、須以德知情義的圓滿發展爲目的、然從來之教育、〇重智育其最顯見者、即講義式教授是也、茲觀察各教員之授業中、除一二三優秀者外、其他全部、大抵如此、其講義學生能否理解、是否注意、與夫能否引起興味等等、毫不顧及自方述說時間一、一經終了、即爲畢事、此純爲卸却義務之思想、是爲教授上最大之弊病也、

建國紀念 第五屆全哈運動大會（續）

日滿各機關贈品頗多

各顯身手非常熱烈

獎品、書籍二部、贈與者哈一隊司令部、爾濱公報、

獎品優勝旗一面贈與者協和會濱江省事務局、獎與者男子小學部一等副獎、

獎金二十元、贈與者駐哈日本總領事館、

獎金二十元、贈與者電業株式會社、

[illegible]

獎品四種、贈與者外交部北滿特派員公署、

獎品、錦標一面、包頭布五十條、贈與者康德體育商店、獎與者女子小學部一等副獎、

獎品文具八種、贈與者同肥商場、大羅新百貨商店、

獎品鉛筆一千袋、贈與者滿[illegible]（未完）

濱江特刊

第六十七號

盛京時報北滿總支社
社址 哈爾濱道裡斜紋二道街一三
電話道裡五二七二番

法權撤廢後

外人課稅問題

濱江稅署招開稅捐局局長會議

整備征稅機構實施新租稅制度

袁署長致開會之詞

濱江稅務監督署因治外法權撤廢之故、為研究對外人課稅各問題、所招開之各稅捐局正副局長會議、於昨十九日午前九時二十分假南崗日滿俱樂部正式開催矣、出席之各稅局長除賓縣同江兩稅局正副局長因事未能來哈參加外、其餘該署所屬之哈爾濱、賓江、双城、阿城一面坡富錦等二十六稅捐局、正副局長及新京財政部古山屬官出席會議、當開會之前、本埠省公署市公署等各有關係機關、亦皆派代表參加、迨以上各人員到齊後、袁署長則率領各科股長步入會場就位後旋即振鈴開會、首由袁署長致開會詞遂報告該署連年以來對稅收之詳細情形如左、

本日於治外法權一部撤廢日滿條約締結之後開催此紀念之稅捐局長會議、本人藉此、機會得於諸君會於一堂、誠不勝欣悅之至、回憶過去四年間、因諸君為整備征稅機構、實施新租稅制度、加以特別之努力、漸為社會所認識、而能有顯著改善之成績、始得到治外法權一部之撤廢實施以酬此功績、本署長與諸君瞻念以往能不勝慶賀之至、現就管內徵收觀之、在建國以前之稅收為四百八十餘萬元、本年度之稅收預想征收千五百萬元、因此則有日新月異之好轉、雖因治安恢復及農產物價格昂貴等之好影響但大半仍為諸君奮勉努力之所賜也、更有因此奮勉途中而為國犧牲者亦不在少數、想念及此、又覺萬感交加、對此祇有甚深之感謝、且國家前途正在建設邁進之時、吾儕担負國家財政一部收入責任、諸君應自覺職責之重大、務希好自督率屬下勵精努力是為切望、再就因治外法權撤廢而行使之課稅權略為言之、日本帝國於滿洲建國後率先承認獨立、旋復毅然脫退國際聯盟、甘賭國運以臨之成我肇基之大業、一面並於國防治安、財政及產業經濟並其他種種方面、無不盡力支援、促其整備確立、緊密聯絡提携始終一貫以助成我國健全之發展、凡此種種早為諸君所深知、無待贅述、似此絕大之好意、洵為我帝國朝野所感激不盡者、是故服務於稅務人員、自本署長始以至諸官上下、務各奮勉、協力一致、以期課稅權之行使、俾無遺憾、以酬報其眞實之好意、且為圖謀日滿兩國民之融洽發展、俾使日本國之此番好意、得有眞實之發意、各人應當遵從條約及所關聯協定之精神、期無違背、自不待言、此外對於將來稅務行政之刷新改善、更應特別著重、努力進行、俾使日本帝國不致因承認課稅權後、絲有絲毫之不安、此則望諸君所負之最重大責任、不容稍事含忽、對於此點特望諸君留意者、聊述如左、

一、使稅局全体職員十分理解課稅權承認之旨趣、二、使稅務官吏對日本人之納稅者持以誠懇親切之態度、務使其了解一切、依法納稅無稍顧慮、三、依照條約協定對於日人之課稅、暫由日系職員担當、所有職員之配置、及其他一切事宜、務期均無遺漏、四、對日人營業課稅標準之決定、務依照本署另行指示之方針、諮詢參酌日本民部方面之意見、五、為使滿系稅務職員將來亦可從事於日本人之課稅、毫無防碍起見、對於已實施中之語學講習之充實、及其他之指導訓練、務應要擬適當之計劃、而實行之、要之日本帝國承認之課稅法則、乃為滿帝國之健全發展、以期五族協和之建國理想得以實現、帝國對此好意、感激莫可言喻、國民全體咸宜就此覺悟思有以酬報之道、而我稅務機關、任此實施重責、尤應奮勉首功、不忝厥職、諸君應知日本人課稅施行之良否、關係何等重要、實為今後即將處理之治外法權撤廢問題、如何解決之試金石、深望督飭所屬職員協力一致、以達成所期之目的、再對於整備稅務機構、並稅務官吏素質及待遇之向上、本中央之意旨極力改善、改良普通局員之待遇一項、已於三月一日告竣、委任官任用試驗、合格者及整備障容之人事異動、業於本月八日發表、對改善待遇先應努力者、不外倒於舊政權時代官吏之弊習、俾執行公正明朗之稅務行政為前提希望諸君善體斯意、對於督率所屬、加以十二分之注意、精神之主觀方面、或實際方面均應造成一般官吏之模範、併局員素質之向上、尤望努力為之、最後望諸君了解此次會議之重點、為日本人承認課稅及實施條約之一切問題、並應充分了解本署之注意事項、對於實施上之任何意見、應披瀝胸襟、方不負本會議開催之意義也云云、袁署長訓示完竣後、旋即正式討論預定之各事項、於午前會議者第一為局長對職員之指導訓練上所採之方法、及將來之方針如何、甲、日語講習會施之狀況、乙、稅法研究之狀況、丙、常識涵養之狀況、第二、康德三年分營業稅調查決定所行施設改善事項如何、甲、對本年決定人民對納稅之民意如何、乙、對本年決定人民有無異議申請之狀況、以下即為諸詢事項、討論完畢後、即行休會午餐、下午一時起復繼續討論協議事項、迄至下午五時許、方始畢會、其餘之對外人納稅事項、則繼續於十九日開會討論、而中央財政部當局對此問題、決定臨時派稅務司長原田氏來哈參加云、

暴雨傾盆

冰雹降落農作物受損害

雨量一坪約九升九合

於本日下午三時半頃、天氣遽變、濃雲彌漫、一時狂風暴雨、勢若傾盆、約一時間方稍息雷聲霹靂、為本年來所未有據地方觀象台測驗哈爾濱地方觀象台測驗、本日雨量為一坪之地一斗之九成九、刹那街通成流溝渠為溢市內交通事故頻發、同時並降冰雹大若指頂附近農作物受有相當之打擊、

有發電廠警察街間之二十二號電車、由發電廠開往警察街、行至軍官街下坡時、因軌道凸凹不平加之雨水流入、於下坡時車輪不能循軌為之脫出、當時車身橫過、以致上下行之電車、悉數為之杜絕、一時來客紛集、怨聲載道、交通局聞訊、急派工人出動、營救結果、於五時半許、方始恢復交通、同時並有警察街馬家溝間之乘客大汽車、駛至斜紋街拐角時、車之機械、因被水浸蝕、發生障碍、不能運轉、即通知交通局汽車股、當派救援汽車、將該車拖回修理、經此次暴雨後、其他發生障碍者、不可勝計不過僅錄其微末云、

因戀姦逼死髮妻案

男主角保釋

官廳對此應注意偵查

交通局自動車股車夫系職員檀廣善、因與該局九號女車掌張秀蘭、戀姦情熱、逼死髮妻一案、經過情形、曾見各報、社會一般人士、對此亦特別注意、惟檀雖經一度被捕、無何竟自保釋、現已照常服務、因此一般從來對檀人格注意之焦點、一變而為官方而引起極大之疑惑與興趣矣、

為改正一部市稅條例

自治委員會開會

更正預算一、六四三、三七三

增加預算五一、三八五元

哈爾濱特別市稅條例、業自康德三年度市稅起、開始適用原該條例之厘訂、意在該市舊有之四市三縣封建稅制、從根本上加以廢令統制、俾財政有劃期的整理起見、雖於市稅制度之理想距離尚遠、而徵以上半年之實績、稅官民一致戮力同心、於預期之目的、頗能順利達成本市財政能有莫大之躍進、將來前途、又獲鞏固之基礎、誠可慶幸之事也、惟此自我國與日本締結條約將治外法權從此收回伊始、昔日處特殊地位之外國僑民、一面賦予本國人同樣之權利、一面亦即負担相當義務、繇之市稅條例亟宜改正一部、同時該條例之條文、經上半年實施之經過、其中一部份、亦覺有加以增刪改正之少要、此外又因今茲撤廢治外法權之舉、中央會有通令、飭將雜捐設法整理在案、茲查妓女捐一項、律以社會政策、將來應行廢止、因擬設置遊興捐為代、藉以彌補財源、一項、奉中央命令全國一律減輕、因擬設置電燈電熱消費捐、俾減收之數、得彌縫其一部、藉謀市稅制度、臻於全班而市民負担、得以公平、他方並期本市歲入有確實之把握、以上種種原因、

故特為制定哈爾濱特別市市稅條例中一部改正條例、市自治委員會、於日昨七日午前十時半假道裡商會樓上會議廳、召開第十四次自治委員大會、市方出席者、計施市長、佐藤工務處長兼代總務處長、馬民政處長、高財務處長、千葉庶務科長、邊教育科長、郭社會科長、劉秘書科長、朱會計科長、那屬官、井口屬官、邊徵收科長、許管財科長、丹田主計科長等二十餘人、市自治委員方面除王丹實因事缺席外郎、辻光、馬斯潤夫丹尼伊利、基斯力寸夫拉吉米爾、樂馬丁杏利司、于衡湘、楊貫三劉敏先、姜汝華、劉尊三、關鴻翼、李鳳標、徐廷九、李明遠、呂泰、穆文煥、張廷閣等首由施市長報告開會理由、繼由委員長張廷閣氏為議長、開始討論以下之各議案、直至十后一時始行終了、結果全場一致通過、茲將該會所提出討論之議案標錄於下、

哈爾濱特別市市稅條例中一部改正條例、

一、第三十三條內、『七、狗捐』改為『八、狗捐』而於其前添加『七、遊興捐』共目『八』號以下至『十一號』之順序遞次下推『十一、特別營業捐』刪去而加『十三、電燈電熱消費捐』

一第三十六條內『營業用之乘車』(辛)號之次加『小號手曳載貨車、每輛二圓』、

一『第八節、第六十一條』改為『第九節第六十二條以下至第十二節、第八十五條止、適用各節條之名稱、均順次下推、

計開

第八節遊興捐、

第六十一條、遊興捐以纏頭為標準、向支付之者、按每次遊樂賦課征收之、不問其名義若何、係指藝妓賣藝纏頭、人等之狎玩行樂費及唱妓之薦枕費類而言、

第六十二條遊興捐之賦課率如左、

一、狎日本藝妓日本酌婦、(朝鮮妓女除外)、一二等滿妓之場合為纏頭之百分之五、

二、狎其他之妓合為纏頭百

蓋檀前爲電業局電車車掌時、即與同局司機張明九善、故其家屬亦過從甚密、因此檀與張妻龐氏竟發生曖昧情事、迨交通局成立後、檀隨被調日勤車股服務、張女亦爲自動車股之女車掌、其時檀與張女間、以外間側面之推測、實尚無何種之關係、蓋張女時尚黃髮蓬蓬貌本不揚、又不尚修飾、嗣張女因受社會惡風之薰陶、亦漸趨時髦、燙髮粉面、前后判若兩人、檀本色中惡鬼、目所操之職務、每日與女車掌等耳鬢撕磨、機會多有、隨不免得隴望蜀、加之張妻在旁贊助、張女自屬檀某囊中之物矣、

據傳檀妻自殺前夜檀爲稱值宿、不克回家、檀妻不之疑、待翌晨、檀妻赴張家索取頭梳不期而遇檀酣睡於張家、檀被驚醒後、見其妻突出如其來、不由老羞成怒、在龐氏慫恿之下、檀竟鞫其妻以老拳、此即檀妻自殺之因子也、

依以上之傳聞、倘果屬事實則檀之爲人、固爲人所不齒、但在法律上、似亦有應得之罪名、豈能輕輕解放、而遺人以口實哉、希望負有責任之當局對此加以縝密之查考、俾便水落石出云、

航聯改選

會惹起極大關勤引起社會一般人士特別注意之哈爾濱航業聯合局之改選問題、於昨廿日午后一時在各關係方面臨場監視之下、在該局東院俱樂部開催第十八次船東全體大會、同時依第一案提議照章改選船東會副議長監事長及理事監事經理等重要役員、其選舉權之分配方法、係以船東之資本爲標準、每萬元作爲一權、共計百四十權、換言之亦即船東之資本共計一百四十萬元也、是日到會人數共五十九人、其選舉之役員、按新總章程第二一條、第一七條及第十條之規定、除船東會議長、及理事三名、監事二名、總經理及經理一名、由交通部大臣指定外、其餘於船東會由商方船東選出之、故昨日所改選者、爲商方船東應得名數也、應選各員名額及職名如左、

船東會副議長一名

監事長 一名

理事 四名

監事 三名

經理 二名

殺父之仇奪妻之恨

按贓圖陷害弄巧反成拙

撲朔迷離之通匪案大白

漁人胡守榮現年三十四歲、山東東阿縣人也、當民國十年時、隻身來哈住正陽河、經友人尹某之撮合、聘得趙某女素蘭爲室、時素蘭年方二十七、固一情竇乍開之少女也、婚後越二年、素蘭已十六、因之性之需要與年俱增、乘胡外出捕魚之便、竟與比隣韓永第構搭成姦久之事爲胡父元春發覺、對素蘭時加監視、致一双野鴛鴦不得自由聚合、於是胡父遂成奸夫淫婦眼中之釘焉、

因双方戀姦情熱、爲拔除眼中之釘計、不得不謀殺害胡父之策、乃以尋子爲名、將胡父元春騙至正陽火鋸工廠後方江岸、韓以牛耳利刃、刺傷元春左臉、元春既年老氣弱、自無抵抗之能力、被刺傷後、即時昏絕、經韓將元春之屍體、投入大江冰窟中、迨守榮回家後、其妻以種種言詞、將此事輕輕瞞過、此大同元年十一月間事也、

後又閱半月、韓某狼子心狠又擬設策以謀殺守榮、期與素蘭後以白首偕老、惟素蘭以守榮對彼向未限制、似無殺害之必要、因此殺機漸弭迨至翌年（大同二年）三月間、韓某果將素蘭拐向馬家溝花園街老胡家稍住數日、經太平橋登船去木蘭、自以爲此種秘密、神不知鬼不覺、詎料蹤家路窄、抵木蘭後、適爲守榮之表弟王廣仁瞥見、告知宋某、宋得訊衛衛前往、時韓某自知事發、乃自藏匿、於是宋遂將素蘭領回、因夫婦感情已經破裂、業恢復之可能、遂以百二十元之代價轉讓於水道街一一八號住戶盛某、由此宋與素蘭乃正式脫離夫婦之關係焉、

本年三月間、韓突由木蘭回哈、仍在正陽河一帶操打漁生涯、不期爲胡所遇、誠所謂仇人見面、分外眼明、胡擬控諸法庭、奈無確鑿之証據何、於是求教於其房東任某、任固一土痞者流、今險遇人、自稱爲某機關之秘探投意安某、爲此還殺、不共戴天之仇、自可報服、於是宋乃照方泡製、以期雪恨、

一日宋突馳往刑事科報稱、漁人韓永第、串通胡匪、接濟子彈、刑事科業班長據報、遂派探員許錫昌等數人、由宋守榮領導之下、至韓永第船上、在後艙內、果然搜出三八式子彈二十五粒、因此將韓逮捕、經一度審詢後、業班長認爲其中似有枝節、於是由側面縝密偵查之結果、乃將宋之前妻素蘭傳案、一經考詢、始將以前之情形合盤托出、至此宋亦無隱藏之可能、遂據實供認、子彈係由任某處得來、暗放於韓某舟中希圖陷害以雪殺父奪妻之仇、刑事科據供、復將冒充某機關秘探之任某逮捕、一經審訊眞像大白、一場殺人姦拐按贓之複雜案件乃至水落石出、似刑事科判案之神明迅速殊堪令人欽佩云云、

拉濱路沿線 水害嚴重

損壞路基橋樑數十處

五常以南電信仍未通

哈爾濱鐵路局發表拉濱線之水害、現仍極度嚴重、五常工務段長、於十六日出發視察五常以南水害實況、僅進於水曲柳四家房、至昨日十九日夕刻視察完了、始行歸還五常、因五常以南電信電話完全不通、當經哈鐵中繼將水害實況報告吉林鐵路局、請求應急處、其相告之水害狀況如左、

一、水曲柳四家房間一七五二公里一九八米附近、築堤之右側延長約一〇米、深六米、寬五米、完全流失、

又同站間一七二公里、一九〇米附近築堤延長、約十米、深五米、寬五米、全行流失、

又同站間自一七一公里六〇〇米至八六〇米間、築堤流失、高約三米線路亦續陷落、（十九日四時頃水深約二米軌上水深約一米、

又同站間自一七一公里六一〇米至七六〇米間、道床流失、右側之路盤亦流失達半數、線路之右側仍有約十米、

又同站間一七一公里五六〇米附近道床流失、

二、平安曲柳間、一五七公里一〇六九米呼蘭河橋樑第六格橋欄向河上傾斜約四十米、而橋台拉法側部分右側、延長約四十米寬五米、深十二米亦行流失、

又同站間自一五六公里、五三〇米至五七〇米間、左側半部築堤崩壞深達二十五米、

又同站間自一五六公里三七〇米、至四五〇米間築堤流失、（十九日十六時頃、水深二米、軌條連續陷落、軌上面水深約一米）、

三、山河屯平安間自一五四公里、二二〇米至三一〇米間、路盤流失深二米、

又同站間自一五之公里、三〇〇米至九四〇米間、道床流失、築堤右半部流失、

四、杜家山河屯間、一三五公里二七米拉林河橋樑新站側橋台裡堤流失二五米、左側十五米流失一半深計十二尺、

又該橋梁新站側橋台之兩壁、均流失橋台向上傾斜約十度、又第八號橋脚向川上傾斜十度、橋欄傾斜仍存在橋脚上、

又該橋向哈爾濱側之橋台裡左側崩與一半、延長十五米、深約十米、

又同站間自一三四公里、四九〇米至五〇米間、路盤流失、深三米半、

又同站間三四公里、七〇〇米至四七〇米間、道床與路盤均已流失、僅線路略蹟、而右側十米亦流動、

又同站間一三三公里、八七〇米、至八九〇米間、築堤流失深約五米、

五、五常杜家間、一一七五公里一〇〇米、至七二〇米間、道床流失、線路左側連續流動約十米、

五常工務段管內、對於路盤道床之流失崩壞、正在應急工事中、對於橋脚及橋台等之傾斜破壞、工務段長昨十九日夜始歸五常、且因南方不通電信電話、故由哈爾濱中、繼報告於吉鐵當局、請求應急處置局務求列車早日開通云、

疏濬江道

經費廿七萬餘元

交通部路政司、爲發展水運計、在三年度預算中航路之維持費爲九十四萬三千八百三十一元、計哈爾濱二十七萬四千四百廿一元、營口六十四萬一千七百零七元、安東二萬六千七百〇三元、哈爾濱航政局、對於松花江由齊齊哈爾扶餘起、經黑龍江河流間之烏蘇里江深嘎甲及黑龍江至黑河漠河古拉林等沿岸五千公里之航路標識、因水路變化從事變更位置後補修工作今年度之新事業、爲着手整備漠河吉拉林間江橋齊齊哈爾間、扶餘吉林間等標識、再三姓蘇素稱爲松花江水運之繳結、決將用浚渫船二隻、疏濬之、將由今冬用一個月之時間、調查水深及地質等、一俟此實地調查完備、然後再從事建設導流築堤等之水制工作云、

第六十三條、遊興捐以由納稅義務人之手、直接收受爲者爲征收義務人、

第六十四條、前條之征收義務人、須照市長之規定置備、課稅上必要之帳簿、記載各該事項、

第六十五條、徵收義務人、須照市長之規定、將課稅標準額稅額及其他必要事項具報、並將稅款送交市署、

一、第十三節、第八十六條第八十七條、第八十八條、第八十九條、刪去之改正之、第九十條之次添加左開之條文、

計開

第十四節、電燈電熱消費捐

第九十一條、電燈電熱消費捐以電燈或電熱之使用費爲標準、向消費之者賦課之、

第九十二條、電燈電熱消費

電燈 百分之二、

電熱 百分之四、

第九十三條、電燈電熱消費捐於征收確定電燈電熱費之當時、賦課征收之、

第九十四條、前條之征收義務人、須照市長之規定將課稅標準額稅、及其他必要事項、具報並收所征收款送交市署、

一、第九十條、改爲第九十七、其第九十一條、以下順次下推、

附則

本條例自康德三年七月一日起施行但遊興捐部份限於康德三年度之押滿妓及俄妓者、不適用之

此外並有市稅條例改正之件、歲入增減、

種目道路占用料、當初預算九六、〇〇〇、更正預算二

種目、營業稅附加捐、當初預算三〇五、四二四、更正預算三一六、九一七、增一一、四九三、

種目、房捐、當初預算六〇四、八六二、更正預算五八九四三〇、減一五、四四二、

種目、戶別捐、當初預算五〇五六〇、更正預算四三、六六〇、減六、九〇〇、

種目、特別營業捐當初預算三七、九一二、更正預算一八、九五六、減一八、九五六、

種目、遊興捐、更正預算三〇、〇〇〇、增三〇、〇〇〇、

種目、電燈電熱消費、更正預算二三五六八、增二三、五六八、

計當初預算一、〇九四、七八五、

更正預算一、六四三、三七三、

濱江省管下各縣

四年度預算概要（續）

歲入八八三〇、八九八元

歲出八八一、五八四元

總計六、九九六、一九六元

納付金一〇、四五八、歲計一預算金五、二七一罰款及過怠金收入二八、八三四、售賣星紙收入五三六、不用品賣却五、四七三、雜收入八、四二〇〇、國稅附加捐四三二、一二、地捐三、二五九、八一九房捐一二七、二六五戶別捐九〇、六一五捐、雜一八〇一、八七一、總計六、一六五、二九八、

歲出經常部視察費一四、二〇〇、俸給四八五、一〇三、雜給三八六、六八五、旅費一四八七〇〇、需用費三五四、二八〇、雜費六〇、二〇〇、修繕費二八、六八八、機密費四八八〇〇綏河寧安東寧三縣雜給八、〇六一、旅費三五〇、需用費一三、〇〇四、雜費二七、一九七修繕費一五〇、機密費一、八〇〇、計五四、七七九）視察費二、六二〇三八八、討伐費九二、四〇三、修繕費一五、三二〇、機密費三一、二二〇、道路橋樑費二、三八〇、中學校費九六、〇〇〇、實業學校費三九三五〇、農民學校費三乙、五〇〇小學校費一、二一九、六〇〇、學校事務費一六、七五〇民衆教育費、四〇三一〇、救濟施計一五、五〇〇、傳染病預防費四、一二八、病院費九、二三二、衛生諸費八、二七六、印刷所費諸費一、一五〇、需用費六〇〇、修繕費三

濱江特刊

第六十八號
盛京時報北滿總支社
社址 哈爾濱道裡 斜紋二道街一三
電話道裡五二七二番

領事裁判權撤廢期中 司法機構大整備
吉林濱江地方法院將廢止 今後之司法界將煥然一新

撤廢治外法權之一部、業經滿日當局實行簽字而爲確實圓滑實施、在我滿洲國、尤應充分準備、萬無遺漏、庶免負友邦提携之至意、而此中首應加以整備者厥爲警務及司法機關、同之我當局、對其內容之充實、機構之改革、正在努力中、同時本埠司法機關尤即待改革、茲據各方消息、由七月一日起當作一根本大改革、

蓋在哈司法機關之最高者爲高等法院、其下爲北滿特區法院、北滿特區檢察廳、濱江地方法院、濱江地方檢察廳、上項四機關、若以辦理人事方面現來、則北滿特區法院、及檢察廳、則以對俄僑爲主、濱江法院、及檢察廳、則以對滿人爲主、但在一國之內、以對人爲目標、爲對俄對滿而區分法院、實屬罕有在建國當初之過渡時、襲蹈舊北鐵而演成以現象也、

刻下我國既成立建全之獨立國家、加以治外法權撤廢上更之以人種△區分而別立法院、實爲不合理之極、於是當局在一大英斷之下、決然作根本的改革、

即七月一日起、繼實施新機構、茲論滿外人等、同視一體、即將特區之院法檢察廳、改稱哈爾濱地方法院及檢察廳、同時原道外之濱江地方法院及檢察廳、則廢止、合併於哈爾濱地方法院及檢察廳內、同時在地方法院及檢察廳之下、別置一哈爾濱區法院、及檢察廳、事務方面、以輕罪重罪爲分別、而不以人種爲分別、

再者由警察廳方面提出之公文格式用紙、迄無一定形式、茲亦假此機會、使之劃一、至於原高等檢察廳、依然存在、居於地方檢察廳之上、負監督之責云云、

蘇聯鐵路局從業員 因感蘇聯政治不良逃脫來滿
由滿洲里站逃來蘇聯人自述

昨日突有蘇聯鐵路從業員「密特力阿利　吉舍夫那國夫」全警察廳陳訴、據云彼生於拉路比牙多憂地方、以務農業、當歐戰時被徵爲補充兵到波蘭國境參加戰事、因受凍傷、發還莫斯科、入軍醫院、殆傷愈後返還原籍、時革命起時家中所有家畜盡被沒收、生活頗感困難、彼有內兄在貝加爾南方斯魯丈憂地方、乃往投奔、初去時充該站汲水夫、後發充搬閘夫、迨一九三四年遂蘇任後貝加爾鐵路滿洲里站、仍充搬閘夫、自歐戰返籍後、從未出國門、迨至滿洲里」後、見滿洲之蓬勃氣象、感本國待遇不良、遂發動反蘇之意向、本年五月上旬有三日人及滿人二名、至彼等宿舍彼等以爲該房舍爲滿洲國所有、或爲北鐵所有、故未加攔阻、迨日滿人去後、事爲上司苦力知、及國境警察四名鬪悉、一再斥責、一日當彼值班時、其站長西夜啊曉夫與彼閑談之際、彼會洩露對現當局不滿之口吻、後該站長以事報告上峯、因此其上司對彼之態度愈行惡化、六月八日晚、彼至俱樂部、突有一素不交談之人近前與彼談話、彼見其人之兜內藏有小刀一柄、頗生恐懼之心、急離開該人而他往、又有該站員『互連期伴』者、約彼至飯館、彼恐受其害、故於當晚逃身逃走、由八日起步行至扎蘭諾爾站、沿路乞討、在扎蘭諾爾見有貨物列車、乃登車來哈、當彼逃走時、因其女在大烏里附近敖落利牙諾矣地方求學、因一人頗感寂寞、故其妻於六月一日赴敖落利牙諾矣其女處、故彼獨人離蘇、彼之逃脫來滿、完全因蘇聯政治不良、羨慕滿洲國之王道樂土、始有此舉、又據聞蘇聯方面、要求將該人引渡回國、但因該人自稱因不滿蘇聯之政治而逃脫來滿、請求保護、則我方似應加以考慮云、

食物缺乏 民心不穩

最近蘇境保赤格列俄地爲蘇聯官憲收買地方物充軍用、故當地之面包頗感缺乏、當地民心頗呈不穩之狀態云、

省署注意防範 家畜傳染病
預防及遏止獸疫之蔓延 救濟農村飼養家畜損害

濱江省公署、鑒於各地流行[illegible]、頗爲猖獗之種、被瘟斃者極多、農家及所有者、俱受鉅大之多數、以致我國之農業及畜產受此意外之脅害、頗影響發達、爲講求預防及遏止獸疫之蔓延、以積極拯救農家及飼養家畜之損害、而安民生、進而爲謀本國農畜產之向上、茲特規定各項辦法如左、

家畜傳染病辦理條項

一、本辦理法內所指家畜者、指牛綿羊、山羊、及豚而言、稱爲家畜傳染病者、指炭疽牛疫、牛肺疫、口蹄疫、羊痘、豚霍亂、豚疫而言、在家畜傳染病之預防上迂有必要時、關於前項以外之家畜、或傳染病以外之傳染病等、均依本條項辦理之、

二、縣長或市長、於管內發生家畜傳染病時、應將其情形急速報告於省市長、恐共有蔓延情況、並須於管界內出示佈告、仍須通知於鄰接各縣長、最近與有關於之機關、在其終息時亦同、如有家畜傳染病發生之疑問時、並應從速呈報省長或市長爲管界之家畜傳染病預防、認爲有應用診液或注射液(免疫血清)或預防液時、須造其計劃書呈報省長請求之、

四、縣長或市長受到省長命令、爲對該管內家畜實施應用診斷液或用注射液免疫血清預防液時、應即計劃其施行區域及日程、並其他之必要事項、並通知於該區域之家畜飼養者或管理者、

五、縣長或市長於管內發生家畜傳染病時、應派關係職員或警察官吏指揮罹病之家畜飼養者及管理者、遵行左記事項、

一、健康家畜須與罹病家畜或有罹病之疑之家畜、及被病畜污染處施行嚴密之隔離、

二、既罹傳染病之家畜、或有傳染病之疑之家畜、不准賣却或移動、

三、罹傳染病或有傳染病之疑之家畜、尸體及被害病毒污染、或有污染之疑之物品等、須燒却埋却、或施行嚴厲之消毒、

四、前項之尸體或有物品之燒却、不可接近人家及飲料水河流或道路等地方及底濕處施行、

五、尸體或物品埋却之土坑、路、體或物品投入後、尚得有距地面一米以上之餘地、並於尸體或物品上、施以相當之石灰或消毒藥水後、再以土填之、

六、於前項埋却之地方應以標示以不得發掘之字樣、

七、傳染病發生地、或有發生之疑之家畜所在地、應用藥劑施行嚴密的消毒、且於定期間內、禁止人畜之出入、以免病毒傳播之危險云、

濱江省管內各縣 穀物移出總額
濱江稅務監督署調查

濱江稅務監督署、調查濱江省管內十五縣、去年穀物移出總額、約三千二百三十七萬二千四百五十八元、居中之豆類爲千八百七萬五千百二十二元、油類三十一萬三千九百八十七元、其他穀物二千百九十八萬三千二百三十九元、以上述情況、豆類最大宗、茲誌各縣移出額於後、(單位元)

双城	七、七四二、四七八
阿城	二、六九二、五五〇
珠河	一、六三二、五〇五
寧安	三、九七一、一七三
呼蘭	四、四四三、四五二
賓縣	二、六八八、三四四
延壽	一、四四四、九九三
穆稜	九四三、〇〇一
密山	一、〇八二、九九七
東寧	二〇一、四〇六
蘭西	[illegible]九〇、二八、一八
巴彥	二、七八七、一八〇
木蘭	一、七八七、五八〇
虎林	九〇、八八六
東興	三七三、四二七
計	三二、三七二、四五八

均一縣當二百十五萬八千百六十四元、至省當局調查十五縣之人口總數約二百四十萬人、一縣平均約十六萬人、一縣之人當平均收入僅十四元、觀察事實北滿農民更生大可期待云、

何物店主 竟敢強霸人妻
法院起訴且看如何判處 可憐鄉愚有理不能分訴

呼蘭縣石人城鎮、有農人谷寶貴者、妻谷劉氏、滿婦也、子鐵蛋、爲一傭夫、其媳谷張氏、頗效其婆母、一家遂成紊亂之家庭也、谷劉氏與該鎮鄰人施成德及施成田弟兄皆有染、而谷寶貴雖知其隱、但以一鄉愚、無能制止、乃施成德與谷劉氏爲得逞、藉計來哈、企圖双宿双飛、於月前來哈、經同鄉李子榮介紹道外十五道街興濱棧內、該棧主人傅某、曾在署充差、退職後、即在上記地點開設官司店、專以包攬訴訟、並自稱與各機關俱有連絡、遂無惡不做、以欺騙鄉愚、及販賣人口爲能事、以致其棧中寓者、幾無正人、施成德與谷劉氏住該棧後、店主見其腰裡頗富、即慫恿其在該棧後院開設私烟館、未幾即被抄、施某懼罪、輒以國幣二百圓付與店主委其代辦、施得以消遙法外、施成德與谷劉氏見事與願違、並虧損甚多、與店主協議、擬將谷劉氏之子媳谷張氏二十二歲變賣以補損失、施某遂返石人城鎮至谷家、詭言谷劉氏罹疾危篤、招其媳去哈侍奉、谷張氏不疑、遂携來、綰於[illegible]護買主、奈以無其家主之手押碍難得售、無何又使人返里、詭言與谷寶貴、謂汝媳在哈有不穩之勢、汝須速來、谷寶貴當即來哈、於到店時、店主傅某即先以汝媳不良勿寧賣出等語加以恫嚇、谷某當以此行爲不當、不允其請、並向其媳婉言解說、勸其返里、傅某見計不得售、乃唆使其媳爲誣谷寶貴販賣人口、訴諸於法院、並允爲作証、同時傅某更異想天開、又唆使谷張氏連同施成德谷劉氏與谷寶貴合謀、俾得獨亨共利、其在暗中、向施成德等謂此事關係重要、尤恐將前開私烟館案件牽連一起、須速逃匿等之恫嚇語、施及谷等見情不疑、遂相携逃去、又將谷寶貴遂出店外、並揚言不許其再來及領媳之事、如來時定協同官府速捕、並須償還施成德谷劉氏及彼個人之店賬五十餘元云云、谷寶貴自是遂不敢再越雷池一步矣、於是一切罪名俱委之與施成德及谷劉氏、並能獨享共利、自做好人誠爲一舉數得也、傅將其媳谷張氏留在棧中、由傅某主持一切、夜則儼然同宿、谷張氏被其霸佔姦污、谷張氏雖不情心所願、及對谷寶貴有所奢望、俱敢怒而不敢言、現法院雖曾數度審訊、因谷張氏及證人傅某所云俱係子虛、當局不得要領、而谷寶貴爲一鄉愚、有理難道隻字、刻下正在審查中將來如何判理頗堪惹人注目云、

本年四月以降 氣溫降雨比較
觀象台測量記錄

本年四月末五月初、當時之氣候頗寒、五月上旬、至六月上旬、又行降雨、以此情況、對本年農作物影響如何、各方面頗極注目、據觀象台測量記錄、依四月中旬以降、六月上旬之溫氣降雨量、與去年比較如左、(單位攝氏耗)

平均氣溫

旬別	本年	去年	平年
四月上	二、九	三、一	二、四
四月中	五、九	三、二	五、八
四月下	六、七	六、四	八、八
五月上	一二、八	八、九	一一、九
五月中	一二、八	一三、一	一三、七
五月下	一四、二	一三、三	一五、九
六月上	一六、五	一六、二	一六、一

降雨量

	本年	去年	平年
	〇、五	〇、〇	六、一
	五、四	二、〇	五、四
	一二、二	一三、五	九、三
	二、三	二、二	三、六

按以上測量之氣溫谷穀暖降雨多、對於本年之農作物似無若何影響、故豫想本年收獲成績定然絕佳云、

煙樓招待之出路 (記者)

女招待、一個新興的婦女職業的女招待、崛起了短短的幾年來、在婦女生活線上、[illegible]然確立了不可動[illegible]天比一天的發[illegible]一個奇蹟、但[illegible]未上軌道的現[illegible]種奇形的發展、與社會加[illegible]

業的都市、誰能說她沒有一個更繁榮的將來呢?一部份是她們被生活鞭策脅迫得沒有更[illegible]仿佛是[illegible]女職業[illegible]確是一[illegible]正面給[illegible]

她們生活的一些反映而已、一部份還中間是具有必要的條件、一些事業失意的和在[illegible]苦中要恣情歡樂的人們、都想從女人們身上找尋些色情的刺[illegible]外

但是准許公開的僱傭的、但烟樓的女招待是爲官家所不許的、從前警察當局也雖然捕過幾次、在她們認爲不是甚麼大不了的事、因收入很豐、所以設比酒館飯店來得無窮也就風起雲湧的增多、雖然是這樣的如雨後春筍般長起來、澎湃了好幾年她們都很安逸的過着溫柔鄉生活、從[illegible]

她們的甜蜜美滿的夢她們的厄運來了她們的末路到了、當她們聽見取締她們的龜耗時、她們是驚駭了、戰慄了、他們的路不上正當生活、生[illegible]途上登時生出無限愁棘、使她們未能再平[illegible]安的過下去了、只好另謀生路、可是在這場之下、是後有再比這種生活再安適的、也就是沒有能比這種舒的生活能足以溫飽的、[illegible]

從、普感覺到悲苦和嘆紅顏薄命、中迫於生活條件、不得不各求生路淪落風塵中的人、已[illegible]鞋底吻過了大地、還是[illegible]她們的肉體與靈魂、[illegible]能着[illegible]的、是由[illegible]取締的而走頭無路轉向[illegible]部份、其餘的有[illegible]

北滿電信網計劃 入於整時期
新設勃利等五電信局 現有電報局五十四局

北滿電信網計劃依去年基礎工作、已入於整備時期、茲悉電電哈爾濱管理局之年度電話事業計劃發表如左、
一、電信局新設五局勃利、慶城、老城基肇源六城子、
二、電報事務辦理所開始七局、安達縣、海北鎮、興際鎮、[illegible]田、沙蘭鎮、對青山、朱站、
三、通話所設置五個所、賓州、小綏芬河、永豐鎮、[illegible]、八面通、
四、日文電報事務所開始四局、方正、通河、呼蘭、虎林、
即現在之電報局五十四局、內有日文電報辦理局二十九局至勃利縣已於前十六日開局其次將繼續開設云、

經緯署捕獲 慣窃一名

經緯署齋藤刑事主任、松井刑事指揮之下、捕獲新京哈爾濱間之專盜窃日本人之盜賊一名、其事實之發覺、因最近連日發現、滿人一名、年廿八九歲、時時持日本人計用物品、往道外當舖質當、[illegible]路及來路、殊爲可疑、於是特別加以注意、終於廿六日午后六時、在新安埠三道街八七號逮捕、胡述管者一名、經審訊結果、判明彼於前三年間、即常同其兄胡精一、專於新京或哈爾濱日本人商店中、從事窃盜、洋服測量器、照像機等、新京贓品則銷之於哈埠、哈埠贓品則銷之於新京、綜計前後作案不下五六十回、被害金額已達數萬圓之多、據胡述管所供、當即派員於廿七日午前一時往其兄胡精一處計、當塲捕獲、帶署嚴訊中云、

撲朔迷離之 慘殺案 石少尉妻 險遭不測

馬家溝淨街四八號地窨住戶石操、年三十四歲、現充第四軍管區少尉翻譯、妻崔氏、年方双十、日前石服務外出、午後四時許有四軍上等守衛兵魏景泰者至石家、僞稱石欲買槍子彈、着其前來取槍、崔氏不疑、當將槍[illegible]交魏、但[illegible]神色愴惶持槍不去、[illegible]知必有變、乃乘魏不防之[illegible]際將槍一把奪回、魏此時[illegible]遽變、先將[illegible]放下、又[illegible]門、崔見狀不佳、擬奪門而逃魏由腰中抽出刺刀、照崔氏胸前猛力刺來、崔之臂部受傷、大呼有匪、比鄰聞聲趕到、魏乘機潛逃、迨報告該管分所警察趕到寺、兇手早已逃無蹤影矣云、

關口司長朝陽視察

【錦州】中央蒙政部、總務司長關口保氏、於二十八日午後〇時列車來錦、驛前錦州旅館宿泊、二十九日午前七時列車去朝陽縣、土默特右翼旗王府視察一切云、

日商成昌堂 柜夥自刎 自殺原因不明

道外昇平街、門牌四五號、日商成昌堂藥舖、執事人岩橋吉有、於二十七日午前九時、至該管分所報稱、有柜夥滿人王錫九、(四二)山東黃縣人、不知因何、於午前八時許、以剃頭刀自殺、將脖脛刺傷一處、血流如注、床上之行李、被血模糊、傷勢甚重、橫臥於地、不省人事、分所據報、立即至肇事現塲、一方電知正陽署、當派員前往檢驗、尚有奄奄氣息、故電知市立醫院、叫來救急車、送至醫院應急手術治療中、因血流過多、生命頗危險、關於自殺原因不明、責任當局、着手調查中、

警士何故輕生 浴新池澡塘 一幕自殺案

道外昇平街、浴新池澡塘、於昨二十六日、下午二時許、忽來一洗澡客人、身着警察制服、腰佩武裝、當時脫衣入池洗畢臥床而睡、至六時半頃、依然未動、該澡塘看座蕭殿盛疑其未動、恐發意外事故、遂上前連呼數聲、該警亦未之理、看座加意査視、見其面如土色、口吐白沫、氣息奄奄知係服毒無疑、驚惶之下、奔告經理張某、張因負有責任、當即至昇平街警察所報告、警長據報、旋即趕到現塲、由其制服究內、檢查其寸眼、始知爲南崗署勤務警士周東林、立以小汽車送至市立醫院灌救、因時間過久、生命十分危篤、至於服毒原因、無所捺詢、據一般推測、爲失戀所致歟、抑有別情耶、現下警方正在極力調查中云、

拉濱路 一部復舊 牡丹江海浪間 廿五日已開通

拉濱路水害處所、一部業已復舊旅客列車、在拉法四家房間、哈爾濱杜家間、均爲拆回運轉中、旅客及行李包裹之辦理、發往杜家四家房間並經由該區間者、仍在停止辦理中、圖佳線不通之牡丹江海浪間、業由二十五日二十二時三十分開通矣云、

[illegible]縮的、烟樓、還去操她們的舊業、除了這些好像有依賴的生活方針的她們、還有一些以旅館作根據地、而廣招徠賣淫的利器、於是旅館的營業也因之日趨興隆、可是這些落在風塵中的她們、雖然走遍了天涯地角、沉淪在這黑暗社會裡弱女子、只有出賣肉體與靈魂啊！娟娟女兒、踐踏在生活腳下、蒙蔽了理智、去作迎新送舊的人漂泊流浪、[illegible]

蘇境鐵路 列車連翻三次 旅客多數死傷 越獄囚犯所爲

據聞蘇聯黑龍江鐵路管內、於本月中、列車顛覆事件連接發生三次、其中一次爲旅客列車、旅客多數傷、其餘二次、均爲軍用列車、發生地點在赤塔列俄及斯可[illegible]據[illegible]

拍花賊猖獗 「根帶」失踪 有子 應注意

哈埠近來[illegible]失踪事件、頻頻發出、市民、感覺異常不安、失踪時間之遠速、據[illegible]市內潛伏之拍花賊、有相當組織、暗地活躍、於昨又發生小孩丟失事[illegible]過情形、採錄如左、[illegible]警管界、新發屯住[illegible]南白張氏、僅有一子、年四歲、乳名根帶、白之夫婦、視其如掌上明珠、不意於昨二十六日午前十一時許因屋內炊飲炎熱、其母將子抱於院內納涼、白張氏仍回屋中工作、不過半小時之間、外出不見伊子根帶蹤影、遍尋無着其夫婦疼子心切、幾不欲生遂至分所泣訴請求代爲査緝云、

濱江省管下各縣、四年度預算概要（續）

歲入八八三〇、八九八元
歲出八八一、五八四元
總計六、九九六、一九六元

屠宰塲費諸給四〇、八〇六、需用費一一三〇六、修繕費一、五五〇、試驗塲費諸費二二、六〇〇、需用費一七、五五〇、修繕費二、〇三〇、電話局費諸給五一、〇〇〇需用費二〇、五〇〇、諸費三、〇五〇、修繕費七八、五六〇公園管理費五、九七〇、給與金四八、地方改良表彰及獎勵費三二〇、勸業諸費七、七〇三、史蹟名勝天然紀念保存費、二六〇、財產造成費、財[illegible]二四〇、諸稅及負担[illegible]取扱費、滯納處分一[illegible]納稅獎勵費一[illegible]六、〇〇[illegible]費六、九〇〇、預備費[illegible]五五〇、以上總計[illegible]九九六一九六元云云、

三、科學的教授[illegible]上述講義式教授於左記各科爲者、即[illegible]驗實測與利用機器[illegible]科、若物理化學等[illegible]機器率爲[illegible]手觸之[illegible]議養、[illegible]爲對象之學科、全無自然觀察採制標本掛圖剝製之利用、尤其以實習爲主之農工商等、實業科目亦徒爲紙上空談、共適於實習計劃、並實施未之覩也、如斯之現狀、欲達文教部所示、科學教育之振興、殊難實現、希各位從速猛省爲要、

四、勞作教育之不實行、於我國之教育、非如漢人種傳統的觀念、「治者」之養成、而在養成模範的勤勞國民也、故勞作教育極端重要、自建國以來、所屢經明示者、然即現狀觀之、勞作之察施、頗不完全、殆全部未見實行、亦非過言、諸君動輒謂經費設備之不足、然經費設備之必要、固不待論、試一考其有無、較現在爲佳之手段乎、但於現狀之下、實施可能者、[illegible]不尠也、關於具體的方法視察之際、業經例示、[illegible]任[illegible]研究[illegible]機也、故非僅担任[illegible]之一二人已也、應全[illegible]一致爭先以身作則、實[illegible]要、

五、對於各科教授之重[illegible]認識不足、教育之目的、在養成完[illegible]滿洲國民、此大目的既確[illegible]任何學科方面、皆[illegible]於此[illegible]且方法上、由某科目之特[illegible]應有某特別[illegible]之點、未明[illegible]認識之教員頗[illegible]例如教授地理學校所在[illegible]—濱江省—本國應最詳[illegible]的關係、較諸地方及外國[illegible]略其輪廓即已[illegible]之外國、如日本、中國[illegible]與瑞典丹麥地方取同一之處理之、其態度之誤[illegible]瞭也、在歷史方面、亦同[illegible]於現代者、應詳細追溯以[illegible]代大略可也、且於外國史[illegible]理亦然）應當[illegible]與我國[illegible]給、又如[illegible]立脚於[illegible]生活上之具體的問題、其[illegible]科學、亦同此情形也、

六、[illegible]科[illegible]之[illegible]科之[illegible]物也、既非法典[illegible]非聖經、唯教員應以自[illegible]力、自己之見[illegible]者非也、然於教科書未能[illegible]而解釋之、即爲[illegible]用驅使之若[illegible]領悟、而使用教科者所在[illegible]希望、對於其態度及如何[illegible]之實力養成、如以反省[illegible]

—未完—

縣公佈稅法條例

【錦州】關於縣稅稅法、經省公署編行、呈經中央民部、審定施行、省署接奉命令後、[illegible]發各縣、令照遵行、茲該項[illegible]之條例、業由省署發於各[illegible]縣公署、於接到該[illegible]後、即於月之二十七日公佈、俾衆週知云、

各甲徵收開辦費

【錦州】錦州警察廳管下、各甲公所、先後奉到保公所、轉廳令、飭將各甲管內、商民戶規定爲五等二十五級、以便按生活程度、攤派花銷、各甲所奉令後、即已編排呈報、茲各甲公所已開辦多月、關於商民所納之開辦費、及保甲辦公費等、急應徵收、故而各甲近日以來、遣派員吏、按戶徵收聞收入成績頗良好云

日羊視察團行程

【錦州】友邦拓務省及錦羊協會、組織之棉羊視察團、田五一郎一行四名、已於日前抵冀東政府、由二十五日起由通州至遵化、二十六日、二十七日、抵豐潤至山海關、二十八日由榆關至唐山、各該地視察棉羊牧畜狀況云、

松田警廳長 視察歸來

【錦州】錦州省警務廳、松田廳長、本月二十五日、出發義縣、朝陽兩縣警務視察、已誌前報、茲該廳長一行、於義縣、朝陽兩縣、已視察終了、始於月之二十八日、午後九時三十分、携同柏葉督察官、北原特務科長歸錦矣云、

市當局召 區長會

【大連】大連市於七月[illegible]、召開[illegible]懇談會於市役所內、臨席[illegible]五十八名、代理者五十八名、計共百十六名、討論事項[illegible]區長門標新設、清掃日並[illegible]圖演習之連絡、區[illegible]查、以及關於選舉有權者[illegible]查等云、

傷害犯送檢察局

【大連】二十七日朝、[illegible]淺間町山谷下之毆死人命[illegible]大連水上署、逮捕劉滿二[illegible]後、連日審查其行兇之動[illegible]據供劉滿二犯、皆係[illegible]犯、[illegible]滿不[illegible]、近來失却職業[illegible]手好閑、當日午前三時之[illegible]潛身監[illegible]二人之行蹤、[illegible]崔單人在該山下之[illegible]歸人相[illegible]、分外眼紅、[illegible]於鐵軌之上、拳打足踢、[illegible]崔於死地云云、判明後、[illegible]傷害致死罪、送劉[illegible]於檢察[illegible]

頒發警察慰問袋

【西安】西安縣公署[illegible]天省公署警務廳命令、[illegible]察慰問袋、對於全縣[illegible]以慰問等因、縣當局[illegible]發後、[illegible]

濱江特刊

第六十九號
盛京時報北滿總支社
社址 哈爾濱道裡 斜紋二道街一三
電話道裡五二七二番

松花江水勢激漲 松浦鎮岌岌可危
市署向中央請求築堤費五百萬元
松浦保甲市署派工日夜補修江堤
梅津河港科長談防水計劃

因松花江上游拉林河及第二松花江流域多雨關係，河川氾濫，乃影響松花江水勢激增，哈市江南雖云一時可保無虞，但對岸松浦已陷於岌岌可危之狀態，自上月廿六日迄至本月四日松江之水位增漲情形如下、

二十六日	增二八公分
二十七日	增一五公分
二十八日	增一五公分
二十九日	增一一公分
三十日	增○八公分
七月一日	增○八公分
二日	增○五公分
三日	增○五公分
四日	增○三公分

依上表足以証明、上月廿六日爲增漲最多之一日、其後增漲情形漸趨平緩、但大同元年水災時最高紀錄爲一三四、九○、康德元年水災時最高紀錄爲一三三、六二、現在紀錄爲一二一、六四、昨據都市建設局河港科梅津科長對記者談稱、松江上游之拉林河及第二松花江水勢已漸低落、故預料松花江之水位或不止再增、由此如無大雨且必日漸低減、拉林河及第二松花江增水、雖能直接影響松花江之水位激增、但以該二河流狹窄、迨流入松江可漫散、故無可慮、所最恐懼者、乃興安嶺或齊齊哈爾一帶嫩江流域之增水、則松花江必不得瀉、水位自將暴漲、但據最近之情報、嫩江流域雨水微薄、故預料本年松花江或不至成災、即使嫩江流域今後增水、松花江亦須下月始能增漲、現在爲我國夏雨盛行之期、即興安嶺一帶無雨、但預料哈市附近及第二松花江拉林河等流域亦必有相當之雨水、但無大雨終不至成災也、目下江北松浦鎮之水位、已距堤一米五、高出平地、雖云不能漲過江堤、但由地下亦能侵入、故目下松浦警察署長、飭令管內各保甲、日夜加緊、努力補修江堤、同時市公署方面、每日派工人八十名積極修補、對於技術上材料上儘量供給、此種補修工事、固屬頭痛醫頭、脚痛醫脚之治標辦法、倘欲一勞永逸、樹立百年大計、則必須講求治本辦法、依市方之計劃、欲使萬無一失、必將大江南北兩岸江堤根本建修、但需欵五百萬元、因此大宗欵項、市方自力礙難舉辦、故前曾向中央方面請示、中央對此、在原則上業經同意、計畫移案、市方業已作成一部、中央方面對此大宗欵項、一次支出、亦感困苦、故市方現正向中央請求暫發一部、現在正在接洽中云、最後據梅津科長談、本年如無大雨、江水自不能激漲、倘有大雨時、江水激漲、江北則不敢担保、現在之情况、惟有祈諸天神、勿降豪雨、此外則無法以防止之矣云云、

九月中旬在新京 招開日滿實業協會總會
日內地財閥二百名來滿視察
關係日滿經濟前途重大

網羅日滿有力實業家數百名、關係日滿經濟進展極重且大之日滿實業協會、定於九月中旬在新京招開第四次總會、蓋該協會之總會、向於日本東京招開之、此次在新京招開尙爲創舉、會長鄉誠之助男、副會長結成豐太郎氏等、日本內地財界有力者約二百名、將大舉渡滿、乘機向全滿各地作經濟視察、此當爲日本內地財界對滿認識上最好之機會、故各方對一行之渡滿頗爲注目云、又訊、已定於九月中旬在新京招開之日滿實業協會第四次總會、於開會之前 新京日滿實業協會支部、向全國各地商工會議所、總商會通知準備提出議案、以便屆期討論、哈爾市道外商會、於接到通知後、會一度招集所屬各公會、討論提案、結果有以下之二項提出、(一)批發商提出關於稅率輕減之件、蓋批發商販賣之物品、於貨物購入時即行完納關稅、但在市內同業間相互販賣之時、似不應再行納稅、(二)木材商提出關於木材倉庫之件、蓋自大同元年以來、凡到着哈市之木材、須在十道街指定之地點裝卸、但該地之全面積五分之四、爲木材倉庫所佔有、凡裝卸於該地者除五分之一地址外、須向木材倉庫繳納相當之倉庫金、木業同業者、對此頗感不便、懇請設法是正之云云、

日商松浦洋行主催 網球比賽大會
假鐵路倶樂部球場比賽
各團體機關等均行參加

本城日商松浦洋行、爲提倡體育起見、特主辦全哈軟式網球比賽大會、並佳哈爾濱日日新聞社、加以援助、其聲勢極爲威烈、時間定於本月五日午前八時三十分、在鐵路倶樂部網球場起始開賽、參加者、達五十四組之多、比賽勝負則以選拔式定勝負之標準、同時爲籌備一切、業於三日午後於松浦洋行樓上、由哈日日新聞社員、及哈爾濱鐵路局員水運局□電電郵政各代表等、合開籌備會決定用抽籤方法決定、各組比賽如次、同時並決定凡不參加入場式者、則認其爲棄權、一方出塲選手、必須於午前八時三十分、參加入場式云、

戲院營業的起伏
華樂之營業還能夠維持
新舞台情形又陷於下風

哈爾濱唯有的兩戲院—華樂舞台和新舞台—在這經濟不景氣的時代下、營業都是苟延殘喘的掙扎着、他們自身比較起來、也是偶然的你盛我衰、各有短長、在這起伏不定的情勢下、無形中造成了對抗的形式、華樂舞台、在名伶徐碧雲和貫大元才一出演的時候、營業好像海水起了潮似的、最後因爲京朝的惡習太深不能合乎一般觀衆的口味、並殃受了新舞台同時邀來的鬚生周嘯天的對抗、一時觀衆競看新角、不顧實際好壞、所以影響得每况愈下、雖三番兩次的落價、不聽者仍然不聽、漸漸的以致於不可收拾、結果無聲無臭的離開了哈爾濱、去應新京新明大戲院之邀、聽說在新京獻技的時候票價竟高漲至兩元、差不多逺在哈爾濱一倍以上、並博得京中朝野之歡迎、而紅極一時、大概是地勢和運氣的好與不好吧！

華樂舞台現在又開鑼了、台柱是從大連轉邀來的從前曾享盛名一時的武生李蘭亭的高足童伶武生梁慧超、還有童伶鬚生鄒華良、台裡還有離哈不久的沒落鬚生傷云、標花衫花艷云和花臉趙鳴慶等、從梁慧超登台以來、因爲年青藝顯造詣很深、身手也很利落、丰度又瀟洒、頗得觀衆的歡迎、可惜好花無幾、徒喚奈何呢！不過因爲耗費很經、營業還很能夠維持、

新舞台呢、在現在情形是又陷於下風了、一群俗不可耐的藝員們、是應當給觀衆換換口味、前些日子已經若人去內地邀清著名外江紅淨鬚生林樹森和鬚生白家麟先後來哈、現在已過滬台、不久就將到哈、目下的維持、已和奉天共益舞台商洽妥切、此方以周嘯天、彼方以馬最良做交換條件、整

三家零賣所竟敢 依然私用女招待
特用一人守門防範警官
以電燈電鈴等暗號告急
烟舘女招待有復活之望？

哈爾濱警察廳對於各鴉片零賣所之女招待及無証吸食煙者、曾一度徹底嚴厲實行取締、成績異常良好、而步墮落青年子弟於岐途、頗爲一般市民所共認、感激德政有力不宜、惟市內各小零賣所受此重創之下、幾乎頹落不堪支持之狀態、其中之小賣所遵守警廳規律者爲數當不在少、而有一部份故意漠視警章者、亦不乏人、道外南二道街東洋樓鴉片小賣所九道街口之會賓樓小賣所及頭道街大成號等、依然藏匿女招待數名、供客燒煙、並且預防警方捕獲計、特備一人站立門首窺視警察官吏之行蹤、或以口號電燈電鈴等以告急等暗號、招待如聞得以上之暗號時、立即藏匿於特備之秘室、外另加鎖以蔽警方之耳目、並使吸烟之客爲極熟者女招待方可給其燒煙、生疎之客概加以謝絕、所以此三家小賣所煙客大患擁擠、以致於即警廳實行取締招待及無吸煙證者、每日之收入亦未曾稍減、此三家之經理誠可謂妄法狡猾之老手、如長此以往、其他各小賣所不難效法、將來煙舘之女招待大有復活之希望之勢云、

哈鐵擬築游泳池

邇來我滿各都市對衛生保健之增進力謀進行、不遺餘力、同時各都市日滿人間、對水上運動亦極興奮、而本埠素乃五十萬居民誇耀之北滿大都市、自亦不能瞠乎人後、現有松花江水利關係、故除江上設技外、對水上運動、尤極注重惟祗利用松花江天然游泳、因水質不潔、殊多不便、一般渴望能有代表的游泳池之建設、茲者、前由哈爾濱鐵路局職員中創議、在本市建築一大游泳池、其實現亦非在遠、刻正着着計劃進行中、至於費用、則由全部鐵路人員中籌出、共計劃繼以工程費約三萬元、建築一縱百米、橫五十米左右之池、位置在路局附近選適當場所云云、

本年開江後 運輸狀況
比較去年約增六成

本年開江以來、因江水增漲、航運頗爲順利、輸送貨物中、以江豆爲大宗、開江以降至六月末、據航業聯合局之調查、航運狀况大體如下、(單位噸)

	本年	去年
輸入	二五九、五五三	一五五、〇〇三
輸出	三一、七五一	一六、一〇二
計	二九一、三〇四	一七一、一〇五

輸出入合計爲二十九萬噸、與去年十七萬噸比較約增百分之六、輸入約增加十萬噸、輸出

約增加一萬六千噸、故本年之航運界運送狀況比較去年同期頗見起色、其唯一原因、不外去年度開江後江水銷洩、行航困難、本年則江水增漲、配航狀態極爲順調、其中輸送貨物主要者大體如下表（單位噸）

大豆	一三五、二九四
小麥	一〇二、一八一
雜穀	一八、三四一
木材	五、五一三
枕木	一六
薪材	七二三
石材	九、五八〇
煤炭	四六、四九七
雜貨	六、一三七

當佳線開通後 航運受影響

松黑二江貨物全額比較

自北黑東滿寧佳線路、火車開通以來、致松黑烏三江航運之客貨船受相當影響、據關係方面調查及考究、最近三年間、關於松黑兩江所輸出入貨物金額比較如下、

一、輸出貨物（單位 千元）

松花江

一九三三年	二五、四六一
一九三四年	二九、四五二
一九三五年	三九、〇二五

黑龍江

一九三三年	五一二
一九三四年	一、六二七
一九三五年	二、二九〇

二、輸入貨物（單位—千元）

松花江

一九三三年	五、八一七
一九三四年	四、九一四
一九三五年	九、四〇七

黑龍江

一九三三年	三一九
一九三四年	一、五一二
一九三五年	一、一一五

輸出貨物以松花江流域呈有漸增狀態、依一三五年度約三千九百萬元、一九三四年度約二千九百五十萬元、較比相當增加、黑龍江流域一九三四年比一九三三年度增加二倍、一九三五年比一九三四年增加約二百三十萬元、又輸入貨物依松花江流域三五年度九百四十萬元　比三四年減退、因原因沿岸受匪擾害、關係云、

募兵班 昨已出發

四軍當局爲養成模範軍人人才起見、決定在哈爾濱以次附近各縣、募兵九百名、實施軍事教育訓練、前已在市公署由施市長指導之下、招集全哈各關係機關、並各保甲長、開催募兵會議等事、已如前報、茲經根據募兵會議之決議案、積極籌備結果四軍當局、已組織三個募兵班、由昨日起、已分別由哈出發、分赴各縣、實行募兵、茲將該三班班長以下班員、並各班募兵區域、分誌於左、

△第一班

班長—李蓮仲（第四教導隊上校團長）班員（軍醫少校藤卷新藏、軍需中尉長谷川勝以外看護軍士二名、助手兵四名、其募兵區域、計爲呼蘭、綏化、海倫、望奎等四縣、

△第二班

班長—濱江地區司令部附上校趙學善、班員計有軍需上尉玉中啓一、軍醫上尉高剛以外看護軍士二名、助手兵四名、其募兵區域計爲蘭西、青岡肇州肇東、等四縣、

△第三班

班長—第四軍管區司令部附上校滿豐[illegible]、班員計有軍需中尉藤崎光夫、軍醫上尉白天助以外看護軍士二名、助手兵四名、其募兵區域計爲双城巴彥兩縣及哈爾濱市云、

當局嚴厲禁止 買賣青苗

派員赴各縣調查 以免糧價之暴騰

頻年北滿一帶農民向來於大豆時播完了、青苗在地、在此青黃不接時期、一般農民經濟頗爲恐慌、率將青苗質與糧棧及地主、自滿洲建國以來、資任當局、爲維持糧價、以防奸商不顧人道、暴騰糧價、從中漁利、以致貧民感受生活壓迫、故曾三令五甲禁止大豆青苗在地買賣事件、於去年夏朝、奸商與農民陽奉陰違私自買賣者、仍不乏人、屢經當局查拿並將雙方嚴重取締及懲罰、自本年度、當局恐有此等漠視法律之輩、依然活躍、前曾通令各縣公署調查、是有否販賣青苗事件、近來據某當局確報巴彥、濱綏兩縣、發現有各糧棧派人在該兩縣收買青苗者、責任當局據報當派員數名前往調查眞像、如果倘有故意違抗法令者決必嚴懲辦不貸云、

除草時節 農業勞働者缺乏 秋收將受影響

工價平均增加十分之五 各方對之引起極端注目

際茲農忙除草時期、北滿各地之勞働者極感缺乏、近據特產界觀察者歸哈報告調查結果、各鐵路沿線之農業勞働者因不足應用、工價暴騰、比較去年同期之工價增漲十分之七、最低者亦增加十分之三以上、平均增加十分之五、故農業勞働者自以奇貨可居、但農戶對僱傭時實感到十分之困難、各方對此頗爲注目、據視察者之實地調查、各鐵路沿線之臨時傭工一日工價圖佳以密爾沿線地方、最高一元八角、最低一圓三角、下江佳木斯地方最高一元七角、最低一元二角、濱北線素稱北滿穀倉之綏化地方、最高一元四角、最低一元許、其他各鐵路沿線地方、濱北線各地乃大同小異、據去年度濱江省調查、巴彥最高工資日不過一元二角、最低猶有六角者、平均爲八角、以此比較、平均增加十分之五、因農業勞働工資之暴騰結果、農戶對於僱傭苦力頗爲[illegible]心、故出賣青苗者、迭見不鮮、同時因無力僱傭工人除草、對於農作物之生長上、發生諸多障碍、將來秋收時自必受相當之影響、故各方面對此頗引起極端之注目云、

演唱、聽說姚色無濃的孟麗君、已有四個多月暗結珠胎、本日將停演、應奉天之邀、是否赴奉出演、外人實無從捉模、其餘如雪又琴[illegible]林[illegible]波瀾貨、仍然殘留、暫[illegible]爲號召、再繼之以[illegible]、白家麟先後交替、面目一新之新舞台、不既免除觀衆之日久生厭、縱然業也、有所依恃、與其對抗之華樂[illegible]台固不能與之較一時之長短了啊、

之万法、漠然視之、不取有效之行動云、

方正南方發現股匪

被警隊擊退

二十八日午前六時、方正縣小羅勒密南二下滿里、李船客屯、突被着滿洲國警察之僞裝匪賊六七十名、襲來、每人右腕縛以赤色布腕章、上書反滿抗日第六團字樣、並傳播不穩言詞、除脅迫屯民外、並實行在該村據點、嗣於同日午後八時、經石手森林警察隊長以下五十名、急突前來攻擊、與該匪衆交戰四時間、敵匪潰滅、同時遺屍體五具、馬一匹、並逮捕滯匪一名、討伐軍側、則毫無損害云、

籌設市政電話

【嫩江】本邑自我滿洲建國以來、市面發達、百廢俱興、商賈如雲、亦至極點、並兼訥嫩鐵路建築、日漸繁榮、爲縣城官商各界、尚缺市政電話、辦理有事務、殊屬困難、本街電報局長紀根堉、有見及此、爲市面靈通消息計、特籌備市政電話機五十餘號、各界贊許、刻已組織就緒、該局長繪具街市全圖、呈報電電會社、諒不日派員勘查云、

一日之間 寒暑各異

【嫩江】本邑自入夏以來天氣較旱、田地禾苗、殊呈枯槁、正値鄉農憂盼之際、不料本月下旬、迄至現在、朝暮變寒如秋、午熱炎熱逼人、一日間氣候各異、實爲本縣空前之罕有、天時如此不正、殊恐人民難免罹災云

中等學校暑假卒業生

共爲四百三十名

濱江省立中等學校、本年暑期之卒業學生共七個學校數名爲四百三十名、茲將學名及學生人數探錄如左、

双城省立師範	七四名
哈爾濱第一中學	六九名
哈爾濱女子中學	六〇名
哈爾濱初等中學	四二名
綏化省立初等中學	卅一名
哈爾濱俄僑中學	四二名
哈爾濱法學院	八五名

長山屯赤痢流行

【延吉】縣屬長山屯方面、近日因天時之變幻、時暖時寒以致發現赤痢及天然痘流行、患者頗衆、該地醫生大有山陰道上、接應不暇之勢、縣警務局長崔玉珽氏、聞悉該地赤痢之猖行、二日急派西崎指導官協同醫士、趨赴現場、經一日之診撿、間共治赤痢十四名、天然痘五名云、

教騎團演習射擊

【黑龍江】本埠第三教導隊、對於學術科之教育、不惟精益求精、而且力求適選、其自成立以來、所造就出之軍官軍士人材、爲數甚鉅、不可勝計、成績卓著、遐邇譽聞、茲頃聞共騎兵第三團、雖當此炎熱天氣、仍嚴加教練、孳孳不息、復三日在西大營北方一帶、演習突炮射擊、精神煥發、軍容嚴肅、觀者無不贊佩、直由午后八時演至九時、方爲整隊歸營云、

移民視察團 今日首途

魯北滿開發荒地重大使命之日本拓務省、向密山第五次移民視察團、一行十二名、於四日午前七時五十分、搭乘濱綏線列車、當時有高等學校學生及其他關係者、多數赴站歡送中云、

調查菸草生育

【鳳城】本縣各區村之播種黃菸之農戶、爲數極多、且播種之期遠在十年以前、故當秋成之際農村經濟、賴此調濟頗不鮮據、去年經當局聯合日滿鮮各菸戶、改組菸草耕作組合、凡種菸者均須連帶保証而入組合、由組合按期頒發個補金以菸作爲抵押、値此夏日伏初之時、正菸苗插植之初、而各菸戶對於菸苗之植法如何關乎菸之生育、組合有見及此、特由七月二日起至十日止、組織四班調查人員分赴各區村菸地內實地調查菸苗之生育茲已通告各菸戶知照云、

小兒多患 水痘症

自近暑[illegible]以來、北滿一帶、尤霪雨淋漓不止、氣壓轉低、其以寒熱驟變不均、氣候朝夕適異、以致上月間人多患痢疾、遂因飲食所致、然氣候亦頗有關、近來勢稍漸趨好轉、惟又殃及小兒、十九皆罹水痘、又復蔓延傳染、其勢似難遏止、又因家長看護欠週、延醫不愼、有小病釀成大疾、據日下一般觀測、小兒死亡率突漸增加、責任當局對斯、似無具體

南新保垢物箱

有力牌竟拒絕設置 各方對之煩言嘖嘖

南新保甲團屬下各牌類、皆設置大型之垢物箱、因之該管方面、日漸趨於整飭、不意該管內竟有數牌、強不設置此項垢物箱、即管內大德公司所有房產、約估十數牌、中央銀行約佔四牌、彼等以機關財產爲口實、竟不設置、然一般居民多生非難之聲、況上述官有財產之各牌住戶類、多中上流居民、茲當清潔事業彼等頗不予以贊助、則將來事務進行、殊稱不便云云、

區法院啓用新印

【鳳城】我國治外法權一部分撤廢、已於七月一日實施、而司法組織法亦於同日施行、本邑安東地方法院鳳城分庭、定爲鳳城區法院、檢察分廳定爲鳳城區檢察廳、並由司法部各頒新印一顆、故本市該法院檢察廳等、分別於七月一日啓用、除分函各界知照外、並佈告全縣民衆週知云、

濱江特刊
第七十號
社址 盛京時報北滿總支社 哈爾濱道裡斜紋二道街 電話二二七五

我當局猛烈活動之結果
蘇聯密探終落網
蘇聯空唱和平高調口是心非
我當局對之極度激昂

日滿軍警當局、探得遂來蘇聯密探十數名、潛入滿洲國領土、窺探軍情、暗中進行秘密擾滿工作、當局據報後、當即開始猛烈活動、以期一網打盡、結果竟捕獲爲蘇聯作假之滿人密探五名、經過誌下、

六月二十六日、在北黑綫列車中、經鈴木押車長、撫查乘客之際、突然發現行跡可疑之滿人二名、立即加以嚴重審訊、結果判明該二人係帶有秘密指令之蘇聯密探、以上二人、一名王萬福、（即李明）三十七歲、一名萬福雲、四十八歲、變裝販賣青菜商人、以數日滿官憲搜查、暗中遊行擾亂工作、捕獲後、更洲嚴訊、與其有關之同黨、更判明在哈亦有變裝爲薪炭商水菓販賣商等、與共負同一任務、當局本此供稱、立即大呈緊張、當向哈市某處搜索結果、捕獲三滿人、一名王法立三八歲、一名劉連有、四〇歲、一名周信延、三八歲、共中王某係赤軍大學卒業後、更在哈府普通大學卒業後、立成光銳門士、嗣由蘇聯政府領得多數軍資、由去年三月起、受主要使命、秘密中蒐集在滿日本軍隊及攪亂滿洲工作、由此可見蘇聯口頭上所唱平和高調、由上項事實觀來足証其不信行爲、實使人髮指、我日滿當局、極度激昂云云、

阿城縣發現
珍奇石人像
七百五十年前金朝遺物
考古學上珍貴物品

北滿文物研究所副島主任、考古學者、「候歐走夫」等一行、爲發現北滿古物、特於十日午前七時五十分、由哈列車赴阿城縣之大亞溝、於大亞溝站東北五公里之石人山、發現珍奇之石人像、經過如次、濱綏沿綫阿城一帶、前有沃野平原、後有峻嶺爲屏、演胥迄金歷爲……所、在大亞溝東北五公里小山、現爲北滿石材製業公司所有之石山、通稱爲石人山、即於此山發現一武士石像、雖歷經風雨、終未蝕滅、該像從八……

齊藤部隊 討匪報捷

據當濱綏沿線山林地帶肅清工作重任之山岡本部隊之齊藤部隊、於三日午後一時三十分……

虎林線 一部復舊

如是我聞
（醉雷公）

為闡揚郵政事業精神
舉行郵政紀念日
慰藉殉職職員之英靈
肅正郵政從業員心氣

四五兩月份 油坊生產

哈爾濱市財閥
孫汝元劣行錄
＝奸通·謀財·奪產＝

歌樓舞榭

（爾縛生）

本市民衆娛樂機關、因地處北滿重鎭、甚爲繁興、其中有按正軌而行者、固非烏有、然有悖王道政治影響民衆道德者、亦不一而足、亦先就滿洲國舊劇說起、

本市之歷史較久之舊劇場所厥爲新舞台、按新藝合、與已焚燬之大舞台及現存之華樂舞台、前後成立、在歷史上不爲不久、但以地勢取勝、歷來在營業上尚稱不惡、乃延二三年來、執事者、悖於措設、營業日趨不振、彼不自省、其措置有失人意、反而益趨益弄其欺騙常技、

去年約角時、即以低廉色銀約請、不知名藝員到哈時、則百方吹噓欺我觀處、如劉漢臣、高百歲、小桃月樓等、幾無一不出上述、結果歸更日趨就下、如約老伶工貴俊卿、下而至於在黃鱔蕃吹喇叭之田月樓、已過時代之金蓮花、不祗此也、並以就近履約在哈失敗之雪又零、穢德久聞之蓉麗娟小寶義孟麗君輩、無非以低價走近道欺觀衆而已、

不過該台、雖對觀衆向持欺騙態度、但對藝員之惡行爲、則頗爲帮忙、如小寶義與蓉麗娟之一段姻緣、荀和於該舞台、三年後、復由此結婚、劉漢臣之與孟麗君之滿城風雨、近如李仲林之與雪又零之暗中苟且、亦無不者、該台成就、所以在觀衆方面、雖然不滿、[illegible]該台以能成全荀且、故一般品格下等伶人、無不樂就也、於是由舞台一變爲荀合介紹所也、

就其已往者、姑置不論者外、僅就現有藝員及戲劇而論、現該台出演伶人、爲周嘯天、孟麗君、李仲林、雪又零輩中、除周嘯夫會一度來哈飲譽而返外、如孟麗君、雪又零、亦無非穢德四聞、或失敗出走之輩、各人除不願揭彼個人私德外、實就藝術上言亦殊有批評必要、（未完）

二、奉讀訓民詔書、三、大臣訓示、（爲地方管理局長及郵局長）、四、表彰模範職員、」三、郵政紀念日放送、」日期七月二十六日、」四、郵便現業競技會、」日期七月二十六日、」五、郵政接收座談會、」日期七月二十七日、」六、職員運動競技會、」日期八月八九兩日、及其他各郵局、

郵政事業

一、舉行郵政事業周知及優待週間、自七月十九日起一週間、

二、郵政紀念日使用戳、自七月二十六日起三日間、

三、郵政無事故週間、自七月二十七日起一週間云、」

大成號群英樓 營業權將取消？

正陽署向衛生料申請

街大成號窯賣所及桃花巷群英樓、因挽救營業之頹勢、竟視禁令如具文、擅自私用女招待事爲該管警察當局聞知、於八日經正陽署保安系、在大成號鴉片窯賣所捕得女招待六名、（內二名逃走）群英樓捕得三名、同時將該窯賣所之經理人帶署、並向警廳衛生料申請、取消以上兩窯賣所之營業權以敬貪玩、而免效尤、將來警廳能否准予所請、殊屬有趣味之一問題云、」

中央市場營業狀況

五萬三千三百餘元

哈爾濱特別市中央批發市場、六月下旬經售貨物統計五萬三千三百三十三元一角四分、內青果類三萬九千二百九十九元五角四、魚類一萬四千二十三元六角、一月以來累計、青果類百一萬三千二百六十三元五角二、魚類經賣二十二萬一千三百九十一元四角六、合計百二十三萬四千六百五十四元九角八分云、

六月中「鹽」之銷售量

二萬九千餘擔

哈爾濱榷運局、於六月間經售鹽額、粒鹽二萬七千二百五十五擔、精鹽一千二百四十九擔紙袋精鹽三十三擔、合計二萬九千一百三十七擔、總金額三萬三百二元八角五厘、比較上月稍見低減、但以去年同期比較、月約增一萬擔、足徵需要者漸次增加、當地銷售十分之六、松花江下游銷售十分之四云、

濱江省農事試驗場 技術改善方策

各縣技士會議議決

濱江省管下各縣、所設之農業試驗場、共十五處、因設備既不完善、人員又不充分故成績極劣、頗有澈底整頓及統制之必要故日前於克山縣舉行各縣技士會議、以期改善茲將改善方法如左、

一、各縣農業試驗場爲普及優良種子規定種圃耕作、面積一縣平均約十天地、至所收獲之優良種子、配布與農民、

二、綏化、肇東、巴彥、青岡等縣及克山、哈爾濱之國立農業試驗場取一密接連絡云、

八千元之巨、林春官父子人極愚懸、聞後信爲真實承認賣渡價債、奈孫又強制要求代理全權、林家父子以大照既在伊手如不允許、無可出賣、遂亦認可如此乃與買主韓兆團訂立買賣預約、豈料孫又非強迫賣與其妾張氏不可、因而在法律綫上、枝節橫生、釀成纏訟局面但無論是非曲直孫汝元皆操勝券反之林家父子屢屢敗北、迄去年十一月間而林鑑堂又被制裁誣告罪、刑期爲八個月、乃父太憤竟向前吉林高法抗告、嗣將林鑑堂趕解吉林、現聞已無條件開釋、相形之下、孫汝元之代理律師歸庚辛以居中帮同行賄受賄、遂以穢鉞爲由、潛回天津原籍、本案將來演至如何地步局外人固難臆度、但觀右誌林春官向各方呼籲全約、則不利於孫汝元當不一而足、」

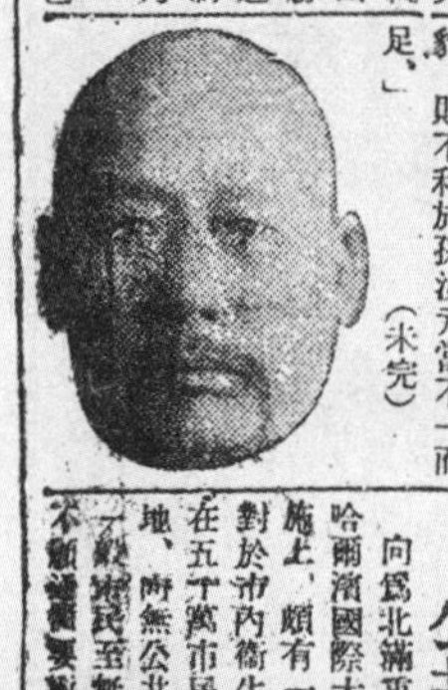

（未完）

鐵道事故

去年萬三千餘件

鐵路總局管內由去年四月至本年三月一個年間、鐵道事故發生之統計總數一萬三千五百九十三件、其中大部發生於廣軌路線、主要原因、蓋以接收後最初之冬季、適値近年以來稀有之酷寒、同時列車運轉之次數激增、從業員不敷應用、技術上有所缺欠、運轉材料不良等基本原因致防不勝防、哈爾濱鐵路局認爲最大之恥辱、故今後毅然決然努力防止事故之發生、現正積極講求整備方策中、預料今後列車事故必至日見減少、一般頗爲期待云、

以包工爲名 到處施行欺騙技倆

不良日人被領警逮捕

在哈日本領事館警察署當局、對邇來市內不正行爲之土木建築之包工業、極力加以糾正彈壓、茲者探悉某工務所、有投標之官廳用品不正橫領及改竄帳簿等行爲、因乃進行各方調查、不料如斯簡單、竟發現意波外瀾、更形多方的展開、乃此事未見結果時、竟又發生類同事件、即發現包修正陽河日本人妓業工程之工務、所有詐、欺行爲、當經領事館警署進行調査、十日午后、領事館警署司法係古木西口兩刑事、赴道裡外國三道街七十四號、包工業日商朝濱工務所、將責任人朝日孫市即、（朝日良太郎）四十七歲（愛知縣名古屋生）逮捕、明朝日於本年二月來哈、與哈市之廣瀨徹次郎等共同領得日本領事館許可包工修正陽河妓館工程於是自造窯氣、自稱包修十萬元之大工程、首向馬家溝日滿號購買三千元工料、並未付資、又向一面御料理店、亦弄同樣謊詞、連日揮霍豪遊無度、而竟一文不名、實際所稱正陽河工程、並未十分着手、僅簡單地基尚未告成、此外並據該人自供、屢於各地發生同樣不法行爲、並曾經梨樹鎭日本憲兵隊逮捕拘留六十餘日、刻爲發表其餘罪、正向日本內地照會審詢中云、」

特產物交易改善委員會

在日滿俱樂部開催

特產中央會主催之特產物交易改善委員會、於昨日十一日午後一時假日滿俱樂部開催、出席者井上委員長、河合中央會理事及其他各委員約二十五名外、哈爾濱側參加者計有佐賀島田氏等、其提出之議案、一、關於糧棧之機能金融等交易現況之件、二、關於交易價格等對策之件、會議結果頗爲圓滿、將來對特產物交易改善上殊多貢獻云、

市內急待公共厠所

向爲北滿重鎭、交通樞紐之哈爾濱國際大都市、在一切設施上、頗有一日千里之勢、惟對於市內衛生則不甚講求、按在五十萬市民東西各國雜處之地、而無公共厠所之設施、故一般市民至無可如何之時、輒不顧衛生要衝之街頭、任意便溺、狼藉不堪、如至夏季尤烈、加以炎日蒸發、臭氣難聞、無不掩鼻而過、尤以近日霪雨頻降、低窪積水、與穢水合流、不啻爲穢水窖坑、臭味四溢、影響市民衛生頗爲重大、近日任當局如不取有效之澈底辦、病疫橫流、正如火上潑油、責市民將陷於窒滯情況云、」

戀姦情熱 拐欵潛逃

警當局追緝中

王鳳喜年二十歲、現服務於市署顧鄉屯道路工事場事務所、因戀姦道裡某飯館招待花庭（一九）情熱、於月之七日午後乘該所行內主任不防之際、將櫃內公款二百八十餘元竊取當晚偕同戀人花庭及其家族七名向新京方面逃去、刑事科及顧鄉屯警察署現正派員追緝中、諒難逃出法網云、

楊繼楷榮陞龍沙

於十三日赴任

因準備領事裁判權之全部撤廢、中央當道於七月一日斷然施行司法機構之大整備、原北滿特區地方法院長楊繼楷氏、榮陞齊齊哈爾高等法院長、現在正在忙於辦理交代手續中、定於十三日午前八時廿分、由哈首途赴龍沙接任、哈爾濱關係各機關、正在準備歡送中云、

市署編纂哈市案內

久稱東洋有數國際都市之哈爾濱市、屢來各國參觀珍客、茲者市公署有鑒及此、特由總務股進行編製大哈爾濱市案內、用資將本地實情、介紹觀光業客、此項案內、刻正在編製之中、校正完畢、當在本月廿日前后發行、內容計百廿頁、內有像片數十枚、對以哈市代表名所之鏡聯台充之、擬先行印刷千部、免費分配各縣市、及商工會議所云云、

協會發告綠林書

【吉林】協和會以協和爲宗旨、希望民族大家同心協力、來享受王道國家之樂域、現在磐石縣協和會爲本民族協和精神及宣撫之旨、轉向磐石縣境內之胡匪、發出勸告書、將胡匪之不當及良心之不容許國家之匪人、同胞之害等等、詳細勸告、希望其覺悟注意要言、（一）胡匪歸順、便是再生、（二）一誤不可再誤、再誤則國家不能容、（三）歸順是作家庭的幸福、去作安樂的生活、（四）說群的出路、第一是淸算過去爲王道滿洲國發展努力不可、將以上之意思即刷大宗傳單、分頒散各鄉、以期普及云、

森林事務所改稱林務署

【吉林】中央實業部、爲對於所屬森林管理機關統轄便利計、將各地森林事務所、改爲林務署、吉林森林事務所奉令改爲林務署、該署於十日起遵照改稱、任石戶谷勘氏、爲吉林林務署署長、該署除呈報中央實業部備案外、並函知日滿各機關知照、

安田警廳長蒞錦

【錦州】濱江省公署、安田警務廳長、携同片岡事務官一行、於十三日午後一時三十二分列車蒞錦、由市內滿日各機關友好多數蒞站、歡迎之下、即赴省公署訪問、當夜宿泊於山旅社云、

警察廳認眞注射

【佳木斯】佳木斯警察廳、於時疫流行、計劃防制一節、早誌本報、茲於六七兩日實行注射預防、並指定以下十項商工業者注射、（一）旅館營業者、（二）妓館營業者、（三）飯館營業者、（四）鴉片營業者、（五）馬車夫、（六）理髮舖、（七）女招待、（八）氷糕營業者、（九）賣肉營業者、（十）各種下等營業者、

濱江遊擊隊擊退股匪

【哈爾濱】濱江〇〇遊擊隊七月十日午後一時、在濱縣第五區頭道溝附近、與匪首才化民之約八十名匪團交戰、對此擊散、使向東北方潰走、敵匪之遺棄死體十三、負傷多數、我方損害戰死兵一、負傷軍官一、兵四名云、

警訓第四期開學

【[illegible]】警察官訓練所、募集[illegible]新生、已錄定五十名、[illegible]於月之十四日開[illegible]、是日上午十一時、在城內[illegible]、舉行開學典禮、致詞[illegible]、繼於開學授課云、」

濱江特刊
第八十一號
盛京時報北滿總支社
社址 哈爾濱道裡 斜紋二道街一三一
電話道裡五二七二番

本年北滿各沿線 農產物發育不良

以濱北線爲最將有減收之慮

愛護村之農作情況調查

邇來雨水過繁、北滿各地之新穀能否良好收穫、殊値懸念、一部已有傳說小麥減收等情、茲據哈爾濱鐵路局產業科農務股調查、七月一日現在愛護村之農作情況如次、

一、氣象

本年二月一日以降、六月三十日止、百五十一日間、平均氣溫爲二〇度、與前年之二八度相比爲一、五度低溫、但分爲前半期後半期、觀來、其前半期因氣溫上昇、土壤水分不足之結果、高層地帶、並濱北綫之南半部、濱洲綫等之麥類、及一般雜糧之發芽生育、頗蒙阻害、後半期即五月中旬以後、降雨日數爲四十八日、較去年雨間多十九日、較每年多七日、因此低溫多濕、以故除草類外、其他農產生育狀態、皆呈遲延、

二、耕作概況

甲、濱北綫地方

本地方本期耕作、其南半部即綏化以南、在春季解冰後播種期發芽期、因土壤水分相當不足、遂發芽生育遲延、然本期中後半期、突然多雨、結果氣溫低下、農產生育影響不佳、今後除盼氣溫上昇、則後期之收穫、豫想殊難期待茲將大豆小麥之生育狀態、列表如次、

地方別	大豆 莖長(厘) 本年	去年	小麥 莖長(糎) 本年	去年
呼蘭	九、四	一五、二	四八、三	四四、〇
綏化	一〇、六	一三、四	五八、〇	六五、五
海倫	一三、六	一一、七	七三、二	七二、八
北安	一四、〇	—	六〇、〇	—
龍鎭	一七、〇	一三、〇	三五、〇	六一、四

乙、拉濱綫地方

氣象較例年低下、致播種期及發芽期遲延、大体與濱北綫地方、無大差異、

牛家 一二、三 一八、五 五一
拉林 一四、二 一八、四 〇一
五常 一一二 一七 七七、一

丙、京濱綫地方

各農產類發芽、尙稱良好、拔草工作、第一次在六月中旬、第二次日下正實施之中、今后若氣象無何異變、則農產收護、當與往年無何差異、茲將其生育狀態列下、

双城堡 二四 二[illegible]
三岔河 二三 一 [illegible]
陶賴昭 一四、五 一

丁、濱綏綫地方

發芽當時因風強土燥、加以雨量不足、生育遲延、五月下旬以降、低溫多濕、致農產受相當影響、總因天氣爲祟、較往年收獲大有不及、

一面坡 一一、七二一、九一
阿什河 一三、三一六、六一

戊、濱洲綫地方

發芽生育兩併不佳、產物恐難追隨例年、然今後天氣轉佳、或有成分活況云云、

實廳派員調查 種籽消毒狀況

並蒐集農作物破害標本

濱江省公署實業廳、頃奉實業部第一九三號訓令、飭查省屬各縣、今春實施種子消毒(冷水溫湯浸、佛爾碼林消毒)之實績、該廳特派調查班分別向各縣出發開始調查、並令知各派往關係人員屆時參加於調查班巡迴實地踏時一切務須妥爲協助辦理、茲將其調查要領探錄於下、

一、調查縣及調查員之編成並日程、

班別	縣名	調查日期	調查員
一	海倫	七月七日	伴雇員
	綏化	十一日	
	望奎	十五日	
二	阿城	七月七日	星各囑託
	双城	十一日	
	蘭西	十五日	
三	慶城	七月七日	譚屬官
	呼蘭	十一日	春田雇員
	巴彥	十五日	
四	青岡	七月七日	張技士
	肇東	十一日	原田雇員
	肇州	十五日	

除前開調查員外、由各該縣公署、各派調查員一名參加、該縣之調查屆時調查日期及調查員或略有變更

◆調查項目

一、消毒日期及數量(小麥粟、高粱各作物別)

二、消毒種籽之成育狀況調查(各圃場別)

甲、播種期、播種量、乙、發芽之良否、丙、生育之良否、丁、管理之良否、戊、播種後生育期間中之氣象狀態、本項調查俾供小麥多收獲共進會之參考關於小麥委託採種圃須特別精密調查、

三、消毒種籽圃場之病害發生狀況調查、一米距離中之黑穗病株數與未消毒圃場之比較調查、

四、消毒實施、方法之詳細(小麥、高粱、粟)與其適否之考究、

甲、消毒實施上之單位、各農家別或各部落別之良否、乙、考究消毒機具及設備等、

五、縣公署並一般農民對於[illegible]想、

八、調查期限每縣不得超過三月、但遇不得已情形不在此限、

七、因調查期限關係不能全般的調查時、即以小麥委託採種圃爲主傾注全力調查、

三、所屬經費一、縣公署職員之旅費月收在百元以上者、每日支給五元、百元未滿者、參元、二、警備費、警備員每人一日支給五角、每一調查班之警備員每日不得超過十人、三、縣公署職員請求經費時、須經由該省公署、

四調查之報告、各調查員於調查終了後十日以內、速同所定之調查項目、並加具各自意見、向本部農務司長報告、

五、注意事項、被害作物之標本、應藉此機會盡力蒐集於省公署及各該縣公署保管俾資參考云云、

會計審核報告書 省令須按期呈報

以明逐月收支狀況 而期政務連絡迅速

濱江省公署、鑒於所屬各縣之定期會計審核報告書、及收支現計報告書、原爲明瞭逐月收支狀況、並期政務連絡迅速、醫求財政運用無有遺憾爲目的、但各縣往往遲遂遲延、雖三令五申、亦多置之不理、故於日前又嚴令各縣長對於本年度已逾五閱月之久、逐月遺報者雖屬不少、由一月份而迄未遺報者、亦復有之、長此遲延、不獨有碍政務連絡、而影響財政對策亦匪淺鮮、對於辦理國庫補助費及行政借款手續亦有重大妨碍、且七八九月、係青黃不接收入支絀之期、如無行政借款或國章補助、則政務無可維持、勢不待言、該署設有相當對策、倘無前項報告、則無從查核辦理、似此關係重要、倘再玩忽不理、不獨有違中央政府之功令、且將影響其他各縣分之財務並核縣當局辦理財務行政之能力不無疑義、嗣後如無正當事由而有遲延時、務須事前呈報以淸責任之所在、如不呈報、而擅再遲延者、對於該縣應撥之國庫補助及行政借款一概扣留並對於責任者亦絕不寬許、該縣長對於該職務擔當者、務須嚴行監督指導、

俾期毫無遺憾、藉收盡善盡美之效、再查康德二年度決算及本年度預算執行狀況、往往不經認可擅自添設機關或增員增薪、追加更正預算、如此處務獨斷、實與我國統制地方財務制度方針不合、對於法規殊有違背、倘永不顧理、勢必陷於財政紊亂狀態茲規定自本年度

該台仰爲台柱之雪艾琴、李仰林、周嘯天三人、雪艾琴原名蓉素娟、業鬚生、後見坤伶之面首佳者、仍以青衣花衫爲是、於是改習青衣花衫、未一年而稍有所成、然調中之依存鬚生腔調、及作派、無甚無變、實不敢令人恭維也、且外面現來、似頗束身自愛、實則小妮子春情已屆發動期、其便宜近水樓台之琴師絃手、已早傳入口、因此其父曾將某琴師趕走、不過一園春色絕難關住、轉向同行武生李仲林進攻、驟來兩者打得火熱、外面雖色裝孝乎、實際正作、則頗爲講求也、風聞其父有見及此、亦甚堅持、有約求條件、促成美事之勢、同時該台自命不凡之院子打旗出身之後台老板秦玉崟、亦時摻雜其中、並時借雪伶散步、其意何在、外人莫悉、周嘯天、爲與鐵菴高材、第一次來哈、周嗓子正在倒倉、邇來尙以荒伶目之未甚得意而時、走魯省煙台一帶、嗓音轉佳、聲譽鵲起、然在平津、彼則僅二三路角色耳、且曾一度淪落北平、寓小樓婿劉

盛暑炎威之下 友軍勦匪功績

匪徒聞名喪胆望影而逃

友軍山岡部隊本部管下各皇軍部隊、當茲盛暑炎威之下、東勦西蕩討伐匪賊幾無暇日、最近討伐狀況大體如下、

△岡田部隊、於八日午前五時四十分頃、在五常縣城東方約十五基羅草廟北方約五基羅附近、發現匪首不明之股匪約六十餘名、交戰約四十分鐘、匪勢不支、遂向西北方潰走、是役也、敵人遺棄屍体四具、燒却房屋二五間、鹵獲馬二匹、

△佐渡部隊於八日午前六時三十分、在五常縣城東方約十六

哈爾濱市財閥 孫汝元劣行錄(二)

——奸通・謀財・奪產——

具呈人林春宮、率子林希放、(即林鑑堂)林希曾、孫林大占、林小占、林三、呈爲孫汝元謀財奪產、懇請平反、以救奎家生命事、窃春宮有子三人、長子希放字鑑堂、次子希敏字仲文、三子希曾、同居共度、並未晳產、仲文生時、在哈埠作事、姘一遊娼楊氏、春官在原籍山東、與之娶妻王氏、仲文曾充萬國農具公司華經理、以其名義購置哈爾濱南崗花園街房地一所、仲文死後、孫汝元因與楊氏宿有姦情之故、欲利此機會、謀奪財產然以楊氏係一姘婦、且有正妻王氏之故、不能主張權利、遂由楊氏勾引王氏、一幷與之通奸、蓋孫汝元素以姦通寡婦謀人財產、因此致富、現已積得逆產一二百萬元、此哈埠盡人所知之事、類如姦通其同宗之孫寡婦得女三人、均留爲側室、而奪其財產、其女孫淑生原係第二女子初中學校生、哭訴於姜校長、呈報教育廳、轉咨公安局、懲辦有案、又如其胞兄孫汝奎死後、欺其嫂寡侄幼、竟將其財產謀去、致其侄孫天祐、無有衣食、其嫂死後無錢安葬、彼均置之不理、彼對於同胞兄弟、及親親一木之孀手、尙下如此毒手、何況春官家屬、孫汝元遂教唆楊氏王氏、在濱江法院討長子希放三子希曾、爭南崗房產、訴訟結果、無理之訴、終遭駁斥、孫汝元一計未逞、又教唆楊氏王氏、將次子仲文所遺衣服器具、及他人所存各物等、約值洋五六千元、盡行盜存其家中、春官委長子希放、具訴楊氏等、請求返還、已得勝訴判決、孫汝元又與楊氏將謀捏報搶案、謂楊氏等所存衣物、悉被搶去、然孫汝元學中之物、分毫未動、斯亦奇也、以致案雖勝訴、迄未追回原物、又王氏衣物手飾、約值洋千餘元、亦存於孫汝元家、其後王氏因與孫汝元姦通受孕、人工墮胎、因此受傷、患病身死、臨死之前、深悔受楊氏勾引之害、王氏死後、其衣物手飾、盡歸孫汝元所有、孫汝元貪心未足、又由楊氏之手、將南崗房地大照騙去、謂仲文生前、曾以此房照押借多金、時而謂房照存於遲裡毛姓、時而謂在遲寵堂手、迄無確地、亦未見出學據、不詳數目多寡、春官父子兄弟、均皆戇直、以爲只要確有仲文抵押字據、變產還伊可也、加之仲文死後、喪葬所欠各債、亦須極於變產償還、故不敢與之訴訟索此房照、蓋恐

增減稅率或新設稅目及手數料使用料、案附金等科目之情事時、不論理由如何、使該支出官或歲入調定官取回或發還、並嚴重處分、再查以前各縣呈請增設警察分所或學校、並增加增薪等情對於所需經費、以何項財源充當、均未敘明、且然各縣現追加更正預算手續、而單獨呈請擬辦事業、類此辦法、不獨有欠妥協、且恐致事務上之煩瑣、並執行事業上、當必發現種種障礙、故嗣後如擬請辦新事業時、須併履行預算手續、以符法令云云、該省署業已分別令發所屬各縣遵照辦理矣云、

歌台舞榭 (二)

（爾縛生）

硯芳家、依人衣食、時討白眼、不得志綦甚、該當二次來哈、漸漲得意、然能戲無多、且所歌純以尾聲高吹取勝，頗味暗調、供乏聽頭、聲雖高而氣不沛、有時竟極刺耳、作派亦各劇一律、不善體劇中人身份絕不能人劇合一、終使人見出周嘯天、正在作戲、其不善爲劇中人 諒識者必有同感也，而能戲僅探母、打登州、打漁殺家、數齣而已、其果能有則無能力否翻拭目侍之、李仲林初來哈時、本應二路武生因其起打花鎗、一時哈埠觀衆、珠獎勵有加、善能投機之新舞台、有見及此、乃以之號召、而所費無多、以二路再充四牌角、自足得計、然該伶所扮爲撒手鐧之起打、摔扑、使人漸煩、且自以爲是、漸露跡高揚、對演劇以敷衍爲上、於是地位一落千丈、其自覺傘子之林冲、夜奔、武松、已失號召、且有華樂勁敵之梁慧超、藝玩既純、且博、李伶實難與頭顱矣、該台之約田月樵、更使人可笑、按田伶本係當縣對台鼓樂手、善吹喇叭、嗣走江湖、露演野台、自充角色、在魯地之不重實藝、彼之土音、白口、竟一時興起、新舞台初約來哈時、以該伶新臉爲尙欺我觀衆、竟置之大軸、演甘露寺、一劇扮三角、喬玄、魯肅、張飛、無一不能、降而小丑、亦敢一試、其不純可見、而其老臉不羞、誠可 笑可鄙也、

該台近日組製之濟公傳由一至五、據聞係孟麗君 傍角之閻子芳排演、不知此劇、頭二十餘年、在滬上已爲夏月珊、月潤弟兄之拿手也、

新舞 台演來、徒見 場子過繁、歌白幾稱無有、且以李仲林飾濟公、尤覺可笑、時像濟公、有時竟像孫悟空、未見滑稽警世、只見討厭於人、且於劇中、硬將周嘯天等拉入、既無彼對工歌唱、又無作工、使人啼 笑皆非、直將名伶 嘗苦矣、

而我哈觀衆、已有見及此、故該台雖大吹大打、且於門口高供濟公畫佛、用資號召、但觀衆則日減一日、雖落價求帮（求商家代賣客票）已一蹶不振良以該 台措置、無一不自行其異、徒以欺騙見長、終難持久、是其營業計、只應出價請約 好角演作劇、自足 維持矣、徒恃欺騙、我哈非無識者自當群起逐之耳、

慣匪振海落網

作案重重惡慣滿盈

道外憲兵隊之功勳

道外日本憲兵隊、探悉市內某處、藏有在市內多年兇惡之盜犯潛在、當十六日經阪本特務曹長指揮之隊員一行、於四時赴道外景陽街十二號四海棧經大格鬥之後、將潛伏該棧之盜魁馬明臣（報字振海 年三十歲）捕獲、同 時沒收手槍德槍各一支、子彈四十二粒、經嚴訊結果、供稱、本年三月三日四日左右、與共犯古山天生共他一名、同謀、來市內作案五六日約在亞洲影院門前合議、同六日午后六時、竟侵入該影院前某賭場、由一名門前望風其他三人侵入室內、發彈五六響、戶主驚懼、任彼等搜求、當由賭客 五六人取現 款數百元、其他皮大氅、手鐲等綜計不下千四百元、作案後、即將所得衣服等當於新城大街祥發當、及西門臉德興長、三月十一日、在道裡斜紋三道街、朝鮮人某私煙館內、擬行搶奪、因事主大呼、未果逃逸、嗣又在路上掠奪行人多次、此外更有殺人嫌疑、該匪係山東人、十五年來哈、首在鐵路局等處工作、嗣與道外南頭道街方正棧之匪人古山生等諗熟、於是合污共流、一同作案、據該匪供、尙有共匪潛 伏市內某地、不久即當就捕云云、

燃料消耗

煤約四十五萬噸

木材約二十萬噸

北滿一帶、因工業興起、致燃料一項、成爲相當問題、最近據調查、去年四月以降、本年三月末止、一年中、哈爾濱管內、煤炭之消耗、計煤約四十五萬噸、木材（薪材）約二十萬噸、合計約六十五萬噸、與一九二八年相較、煤之消耗量增百分之二二、薪材則減百分之四一、

由此可知、本市燃料消耗、由薪材轉而爲煤炭等、其主因不外煤價低、薪木價高而已、茲將煤之消費量、消費價格、需要別、列表如次、

（單位＝千噸＝千元）

消費者	消費量	薪材量
鐵道用	一七五	二、六二五
家庭用	一四〇	二、一〇〇
電業用	五〇	七五〇
一般工業用	九〇	一、三五〇
製粉	二五	三七五
洋灰	一六	二四〇
油坊	一五	二二五
製糖	九	一三五
窯業	九	一三五
酒精	四	六〇
其他	一二	一八〇
總計	四五五	六、八二五

衛生思想 普及宣傳會

警廳衛生科主催

哈爾濱警察廳、衛生科主辦之衛生思想普及宣傳會、前日業在平安電影院舉行、情形業誌本報、於昨又在國泰電影院盛大舉行、惟是日聽講者、限於南新北新兩署及管內各保甲牌長等約千名、於八時頃開會首先放映漫畫數卷、映演畢即由警廳大久技佐、致開會詞、旋又由市署衛生科李防疫股長講演「衛生與清潔」、講演終了後、繼續放映電影、第一卷爲「傷寒預防」分二卷「蒼蠅的害」第三卷「我家的衛生」全部映演畢、仍繼續由警廳王技佐講演「傳染病與蒼蠅之關係」又由張技士講演「夏季消化器病（赤痢）腸窒扶斯、發疹窒扶斯、講演畢、又放映漫畫影片數卷、至下午一時頃、始行散會云、

又訊今日（十九日）在道裡公園舉行聽講者、限於市署警廳及其他官署職員云、

訓練軍犬

在鐵路供樂部舉行

支部長閻濱江省長

滿洲國軍用犬協會、哈爾濱支部、爲普及軍用犬思想、並警備舉行軍犬訓練、於前日（十七 日）下午三時半頃、特在哈鐵供樂部由支部長閻省長、副支部長 佐原局長等、發會之下、開催幹部會議、開會後、首先討論關於宣傳軍用犬等事項、並經議決預定於八月二日（逢雨則改在九日）舉行第一次軍用犬遊行 擬定於斯日在道裡公園集合出發遊行、經中央大街、軍官街等地、過霽虹橋義州街至南崗建設街小學校、運動場內、實施軍用犬訓練、屆時希一般市民、任便參觀、以資普及軍用犬之思想云、

又據當局談、軍用犬計分三種、一、賽巴道種（即狼犬）二、道伯爾曼種、三、愛亞得爾種云、

哈郵局管下

貯金滙兌成績良好

哈爾濱郵政向管下之貯金額及因滙水辦理次數增多、故多入金額、故稱良好、本年度上半期、歲入七十六萬七千六百五十六元、較去年之六 十五萬、約增二成、茲將每月入金別列次、

月別	本年	前年
一月	一三八、三五四（元）	一二〇、四〇〇（元）
二月	一一七、〇六六	八四、九四四
三月	一三五、八五八	一三五、九三三
四月	一三一、五五〇	一一七、五三三
五月	一三一、〇四四	一三一、一〇三
六月	一三三、六〇四	九四、一三三
計	七六七、六五六	六五九、一三三

即每月皆增一成至三成由此可見係郵政成績整備、殊得一般民衆信賴也、

女生被騙 異地落溷

【秦皇島】北街住戶趙鳳岐者、年五十一歲、妻李氏、年三十九歲、女筱雯、年十八歲、灤縣中學畢業、頗近摩登、男友如雲、及伏假亦不在家一日、今春其父接到筱雯來信、內云是與王善亭在天津行結婚大禮矣、闔家聞之大怒、並不去一人、由其自便、自此女士亦未來音、不料七月十九日接到筱雯來信、云被善亭所騙、現在浦口後街燕樂院操神女生意、受苦已極、業明白家教、而今追愧無極、請念父女之情、携洋二百來浦贖身、不然第恐不能見面、以鳳岐仍然不理、而李氏母女情深、見信即病、晝迷不省、糊言亂語、險狀危急、鳳岐不得已允於去接、即於七月二十二日買車去浦矣、以後如何、容訪再誌、

基羅七道 崗南方約一基羅附近、與匪首不明之股匪約五十餘名相遇、交戰約 四十分之久、將匪擊退、落荒向西北方而逃、敵遺棄屍体五具、奪還肉票五名、鹵獲洋砲一支、小鎗一支、子彈六五粒、

△山田部隊協同滿洲國軍警、追討趙尙志匪團出動中、於八日黎明在鐵驪縣橫頭山屯東南方約十八基羅附近與趙尙志匪約二百名相遇、經奮勇攻擊之結果、匪人乃向南方潰竄、敵人之損害不詳云、

遷延日時、有誤出 賣日期故也、初已將此房産、以二萬一千元賣與韓兆圃、已立豫約、因孫汝元不肯交出大照之故、未能賣妥、其後一再磋商、非春官父子兄弟將此賣房一事、完全 委伊代理、不肯出見大照、然遷延日久、房已落價、原買主韓兆圃、不肯出照原價接買、春官等不得已也、又減價三千元、以一萬八千元、說妥賣與韓兆圃、遂由孫汝元自已擬妥委任代理狀稿、春官父子兄弟、以及楊氏、均皆列名（楊氏之名係孫汝元要求）以此賣房一事、完全委彼代理、並代清償各債、有無餘欵、不得有絲毫異言、蓋仲文私章、在楊氏手中、彼得任 意捏造欠據、扣留房産故也、在第四公證所公證委任之後、始與韓兆圃書立買賣豫約、限五個月期限、將一切手續辦妥、與買主成立正式賣約、在此期內、買主不買、所交二千元定金、歸賣主沒收、或逾期、或賣主不賣、返還定金之外、並賠償買主違約金二千元、其後一切轉讓手續、均已辦妥、特區地畝處之准 許轉讓批示、亦已發給、買賣雙方、已在第四公證所書妥正式賣約、又因遲麗堂之妻遲任淑同、訴希放之債、曾經濱江法院扣押此房、但原被告雙方、曾在執行處聲明、准許自行出賣、直接付還遲麗堂妻之債、執行處有案可查、遂與遲麗堂商妥、還彼本洋二千元之外、再加利息洋一千三百元先由買 主韓兆圃、與遲麗堂書立哈洋三千三百元存條、買賣契約成立之後、直由買主交付遲麗堂、諸事完備之後、因買主韓兆圃代理人張禮庭、不允私將買價交付孫汝元、必由公證所過交有所證明之故、孫汝元恐由公證所過交、不得私扣僞造債欵之故、遂又反悔不肯書立 賣約、以致雙方買賣、在第四公 證所守 候三四天、往返十數次、未能成立賣約、希放數向孫汝元催促、彼皆藉故不面、後由其謀主遲麗堂、傳來消息、謂孫汝元之妻、欲買此房、故孫汝元不肯與韓兆圃成立契約云云、據此是孫汝元之圖謀此産之野心、已吐露無餘、希放當答以特區房地、與他處房地不同、買賣轉讓、須先經地畝處核准、不得私行自由買賣、此房地之約賣與孫汝元之妻、又向地畝處請准批示、方能辦理、不獨耽延時日、且須多耗費用、仍懇其與韓兆圃書立賣約、（未完）

縣考傭員已榜示

【海城】縣公署、當於二十三日上午十時、假縣立女子小學校內特召集縣境各村公所傭員等、（現職者）舉行考試、刻已發表榜示、優秀者升充助理員會計員、落試者仍充傭員、聞約於三五日內、即可由縣加委、分派任地云、

(第三種郵便物認可)　康德三年七月卅一日　盛京時報　星期五　第九千四百八十四號　(七)

濱江特刊

第八十二號
盛京時報北滿總支社
社址 哈爾濱道裡 斜紋二道街一三
電話道裡五二七二番

協和會五週紀念
廿五日在道裡商會嚴肅舉行
日滿各要人出席並均有祝詞

今—廿五日爲滿洲帝國協和會成立五週年紀念、濱江省地方事務局遵照中央事務局之命、於是日午後一時假座道裡商會、開備嚴肅之紀念式典、出席者除當地各分會代表外、來賓方面有施市長閻濱江省長佐藤總領事、郭司令官、金井總務廳長、賈民政廳長、尹司令官(代表)等五十餘人、屆時宣告開會、御影開幕、(全體起立、奏樂(滿洲國歌)、齊向御影行最敬禮(三鞠躬)詔書捧讀(施市長) 執政訓詞、(閻省長讀) 會長訓詞由閻省長代表如下、

「本日於茲恭逢滿洲國 協和會創立第五週年之盛典、我等實不勝慶幸之至、溯我協和會於滿洲帝國有特殊性、可以考者、與建國同時創立以來、依會員諸位不斷之努力、國運隨之而隆昌、現今各實俱備、於滿洲帝國得以確立地位、爲唯一之國民指導之團体、更於本年樹立擴大强化之方針、另換名稱、改爲滿洲帝國協和會、訂定新綱領、整備新機構、尤以多年之懸案、友邦日本之治外法權一部之撤廢爲契機、以在滿日本人爲首、苟要參加建國之大業者、不問其民族如何、又不問某爲官爲民、以積極的使其一致團結爲目的、曩者曾設置新京特別工作委員會、當此之工作未出數月、即將爲全國中心之新京占全滿洲帝國國民之指導地位之官廳及特殊社會等之日滿兩國人成爲一体、官吏等人及會社員等於未拓之區域亦均新爲組織、得見分會陸續結成、本日與本記念日、同時更得舉行此等分會統合一體之首都之成立紀念盛典、本會長實欣快之處也、

想滿洲帝國協和會、今已去舊套更始一新、於國民生活之實體上即行成爲舉國一致之實踐的組織以遂行飛躍發展、當此劃期的時運、希諸位更要團結鞏固、以一系不亂之血統的協力、而爲國民的核心、指導力、以發揚協和精神之眞義、是所切望不已者也、今當可以稱爲我會第二誕生的歷史的紀念日之盛典、聊陳蕪辭、以爲訓詞、滿洲帝國協和會會長張景惠、讀畢由王理事致紀念式典致詞、畢讀、

今日爲滿洲帝國協和會成立五週年紀念日譬如一人之生辰焉、每屆一歲、輒舉行紀念、其義在紀念共生活過程中之日漸發展、協和會誕生五年、其事務日見發達會員日見增多、在此五年中有如此之好成績、實堪慶祝與紀念之價值、故今日舉行紀念其意義亦即此耳云云」、繼由來賓佐藤總領事及閻省長、施市長、金井總務廳長、賈民政廳長、郭司令官、尹司令官等分別致祝詞畢、御影閉幕、作樂(日滿交歡歌)、撮影後舉行座談會、至此式典乃告閉幕云云、

國際樂團
在公園演奏

哈爾濱鐵路局與哈市各機關、爲聯絡主催、慰問軍警特舉行全滿各地巡迴演奏音樂、茲邀有國際管弦樂團、於明—廿六日午後八時、在道裡公園舉行公開演奏、並使一般市民同享耳福、該樂團爲大連管弦聯合演奏之最高權威之伏秀樂團、在森信雄氏指揮下之二十四名、所奏皆爲日本名曲、共爲一項目、其中最悠美者占多數、正在綠葉蔭深、盛暑之夕故爲市民一大福音、頗爲期待云、

哈爾濱鐵路局組織
第三回產業視察團
團員及日程現已編製就緒

哈爾濱鐵路局爲養成各愛護村民充分之產業智識、前曾組織愛護村民產業視察團、今此更爲求徹底普及、決即組織三回產業視察團、分赴各地視察、關於實施目的、團員及日程等現已編製就緒、業發表如左、

=目的=

由鐵路愛護村民中、選擇熱心愛路者、適任於地方產業文化指導者、及優秀之愛路少年隊員並爲地方產業文化之中心人物等、而編成該產業視察團、分赴滿洲國各大都市及農事試驗場等處視察、以期普及愛路思想、而使之努力於地方產業之開發、

=團員=

觀察團共組二班、每班之編製如左、

第一班、三十八名俱爲沿綫愛護村民、計窯門二名、海倫二名、雙城五名、北安二名、哈爾濱三名、孫吳二名、安達二名、一面坡五名、三棵樹五名、橫道河子三名、綏化五名、綏芬河二名、此外並連同引率者(一般指導)一名(路局警務員)產業指導員(路局產業處員)及其他等共四十三名、

第二班共五十名、俱爲各綫愛護村民、計窯門三名、海倫二名、雙城六名、北安三名、哈爾濱四名、孫吳三名、安達三名、一面坡六名、三棵樹六名、橫道河子四名、綏化六名、綏芬河三名、連同如上之引率者、產業指導者等、共五十六名、

=要領=

觀察及訪問重要處所各班選定如下、

第一班、一哈爾濱香坊農事育成場、飛行隊、志士碑、鐵路局、松花江、衛戍病院、桃山學校、二、新京忠靈塔、軍司令部、國都建設局、其他主要處所、宮內府等、三、公主嶺農事試驗場、農業學校、

第二班、一哈爾濱與第一班全、二、綏化向家種畜場、三、克山農事試驗場、此外預定於各見學處所、將其說明之、並當日見學終了後、再將旅行經路、見學處所、其他關於顯著之事項、作綜合的說明、使之深切認識、並聽取團員之感想等、於全行程終了後、今將所感提出、

=日程=

第一班於八月十一日夜車、由哈出發、十二日晨到新京、同日赴公主嶺、觀察後、返京十二日夜車、新京發、十四日歸哈、觀察哈爾濱然後解散、

第二班於八月十一日由北安出發、赴克山、觀察後返北安、十二日赴向家、海倫、十三日赴綏化、即日由綏來哈、觀察後解散云、

剝削苦力腰纏累累
工人莫不怨言嘖嘖

自滿洲建國以來、着着建設以土木建築業大爲活躍、復有以包工爲名、暗則大施其欺騙技倆、既蒙哄官憲下復吞融工人、雖經在哈日本領事館檢舉不少、而消遙法外、並享其福者尙多、則一般苦工人之困苦難言、而不能一傾沉寃、茲悉有白玉山者、河北武清人在事變前即操包工業、與一陳某合夥設一玉記工廠、幾年所得漁利、但爲結交舊政權時代之官署、及事變後、建國伊始在草創時期、自有顧及不過之處、白某遂經一商人金樹東者介紹、得識一以商人立身之某省長、而轉爲介紹包妥建築熱河省之兵營、蓋該兵營、在事變前舊政權當局即擬築建、故一切設計材料圖樣皆緒購置就及事變後、我當局仍擬建築、然不知一切俱購置就緒、既經某省長介紹後、遂以十三萬餘元價額而包妥、因一切俱先包妥貼、未幾即竣成、乃十三萬餘元之國幣垂手而得形同欺騙政府亦可謂財運亨通矣、即如此、外人當無須過問彼白某亦應循規蹈矩、勿作非非之想不期其奇想天開、是凡爲其工做之工人之工資、俱爲其吞蝕復以某官憲某要人恫嚇、使工人服其勢力、不敢向其討要工資、工人皆不學無術受其恫嚇故皆不敢稍加以辭色、然困苦之狀、無以復加、白某得錢後

蘇聯積極擴充
極東艦隊
潛水艇廿艘運往海參崴

據當地得到之情報=蘇聯最近對於極東之艦隊、又積極擴充、自六月中旬以來、將已製好之潛水艇八艘及艤裝中之潛水艇十二艘(皆爲五百噸)盡行解體、經由西伯利亞鐵路、運送海參崴之太平洋本部、現在海參崴古羅西伯夫地方駐屯有第一艦隊、保西也道地方駐有分艦隊約二個艦隊、原敖爾佑及蘇常斯基及敖哈斯基敖斯道爾三處約駐屯有一個艦隊云、

濱洲線工事改良中
貨物經由辦理方法
東昂昂溪站即將廢止

關於濱洲綫工事之改良、據最近各報所載、目下即將開始作業、茲哈爾濱鐵路局於工事改良期中及期間前後、改良工事之施行、與貨物辦理之方法、並對改良工程施行前之哈爾濱站及八區站廣軌錢到着、貨物之辦理、除依從前規定外、頃爲謀分統任計、特又規定辦法如左、

=對於工程以前到貨之處理=

甲、關於濱洲綫哈站發(含經由者)直通貨、

一、於康德三年七月十九日以前承運之貨物、雖與哈爾濱站及八區站界內之改良工程完[illegible]

二、自康德三年七月二十日至同年七月二十四日之期間、凡征取以(香坊馬家溝卸)、特約而承運之貨物截止、康德三年七月二十八日卸貨、可能者應於原到站辦理交貨、

不能依照前項之貨物、須受運輸處貨物科之配車股之指示、

乙、關於滿洲綫各站發(經由者在內)之貨物、

家畜傳染病
預防辦法
省署令各縣旗遵照

濱江省當局鑒於管內各地屢屢流行猖獗各種之家畜傳染病殃多數家畜、農家及其他飼養家畜者、蒙受鉅大之損害、而我國之農業及畜產因其不斷的脅威、阻害發達、故講求預防制遏獸疫之方法、以拯救農家及其他飼養家畜者所蒙之損害、而安民生、進而謀本國農畜產之向上、實爲當務之急、茲制定後列各條項、令飭各縣旗長勵行、茲將辦理條項探錄於左、

一、本條項稱爲家畜者指牛綿羊、山羊、及豚而言、稱爲家畜傳染病者、指炭疽、牛疫牛肺疫、口蹄疫、羊痘、豚霍亂、豚疫而言、在家畜傳染病預防上、遇有必要時、關於前項以外之家畜或傳染病以外之傳染性病 等均依本 條項辦理之、

二、 縣長或市長於 管內發生家畜傳染病時、將其情形應急速報告於省長、恐其有蔓延情況、並須於管內出示布告、仍須通報於隣接各縣長、及最近與有關係之機關、在其終熄時亦同、各有傳染病發生之縣時、亦應急速呈報省長、

三、 縣長或市長爲管界內之家畜、施行傳染病預防、認爲有應用診斷液或注射免疫血清或預防液時、須造具計劃書呈報省長請求之、

四、 縣長或市長受到省長命令、爲對該管內家畜實施應用診斷液、或注射免液血清預防液時、應即計劃其施行區域及日程、並其他之必要事項、並通知於該區域之家畜飼養者或管理者、

五、 縣長或市長於管內有接近家畜傳染病時、應派關係[illegible]

防空演習準備會議 在偕行社開催

郵便物到達日數

道德商會長穆文煥逝世 享年五十六歲

既毆小販又誣路人 李某挑釁無賴之尤

放送局前無名男屍 領警嚴重調查

正陽署映衛生電影 一般住民隨意觀覽

恩生產科 熱心公益

四軍選拔看護兵士

小麥豐收可期待

內局長注重日語

警察與關係方面 正在研究辦法中 將徹底取締不法旅館

濱江特刊

第七十三號

盛京時報北滿總支社

社址　哈爾濱道裡　斜紋二道街一三

電話道裡五二七二番

本年全滿農作物第一回收獲豫想

哈鐵北滿經濟調查所發表

本年度全滿農作物第一回收獲預想、經產業調査局縝密調査之結果、業於日昨一一日非公式發表、茲將其預想收獲量及播種面積等採錄於下、

耕種面積＝南滿地方以奉天以南地方、開原地方、新京地方、安奉、奉山線、奉吉線、平齊線、京圖線間島等地方包括八十三縣旗、北滿爲京濱線、拉賓線、哈爾濱、濱綏線、松花江下游、濱北線、濱洲線、齊北線及其他地方、共包括七十二縣一市十一旗、南滿本年耕種面積普通作物一二、九五二、二〇五、工藝作物及園圃作物八七四、二一一、合計爲一三、八二六、四一六、北滿普通作物五、五四六、〇五九、工藝作物及園圃作物四一一、五九〇、合計爲五、九五七、六四九、

主要農產物預想收獲量＝南滿大豆播種面積爲三六七四、六六七陌、收獲可能面積三、四二八、三二二、收獲量四二九九、七三六噸、北滿播種額一、六二七、三二三、收獲可能面積一六一一、三二四、收獲量二〇〇六、二三六噸、

△其他豆類＝南滿播種面積三六八、八〇二（陌）收獲可能面積三六五、九六三、收獲量三五七、七九五噸、北滿播種面積、一〇四、二二七、收獲可能面積一〇三、三七〇、收獲量九八、二六四、

高粱＝南滿播種面積二、九五八、〇〇七、收獲可能面積二、九二三、三三三、收獲量四、三四九、三〇九、北滿播種面積七〇三、九七六、收獲可能面積六九五、八一三、收獲量九四三、九二九、

粟＝南滿　播種面積二一五五九、七二四、收獲可能面積二五三九、七七二、收獲額三、二七七、一八〇、北滿播種面積一、一五九、〇〇七、收獲可能面積一、一五八、八八〇、收獲額一、六五二、一八一、

玉蜀黍＝南滿播種面積一、二八六、八〇九、收獲可能面積一、二七九、三三三、收獲額二、〇八一、八六九、北滿播種面積四七六、八七八、收獲可能面積四七一、八三七、收獲額七三九、一六九噸、

小麥＝南滿播種面積一、〇八〇、二五九、收獲可能面積一、〇七〇、六八一、收獲額九八二、一〇六噸、北滿播種面積九七九、三五九、收獲可能面積九七四、五七五、收獲額八九八、六七一、

水稻＝南滿　播種面積　一六九、四四四九、收獲可能面積一六七、三九一、收獲額四〇一、七〇一噸、北滿播種面積四五、七二三、收獲可能面積四四、九八二、收獲額八六、三〇二、

陸稻＝南滿　播種面　積一一五、七四四、收獲可能面積一一二、九六六、收獲額一五一、五〇七、北滿播種面積二二、四九四、收獲可能面積二二、二五三、收獲額二一九、八八二、

其他雜穀＝南滿播種面積、九三九、〇四四、收獲可能面積九二四、二五七、收獲額一、〇九二、六四五、北滿播種面積四一八、〇一二、收獲可能面積四一三、〇、六、收獲額五五三、六四一、

麻子＝南滿播種面積七一、八四七、收獲可能面積七一、七二七、收獲額五一、一七一、北滿耕種面積四九、六〇三、收獲可能面積四九、五二〇、收獲額三五、二五五、

蘇子＝南滿播種面積一七、七一七、收獲可能面積一七〇、五〇七、收獲額一三三、七三六噸、北滿播種面積一四五四九七、收獲可能面積一四五、四一六、收獲額一二五、三一四噸、

醫專學生慘遭滅頂

江浴者可儆諸

醫專學生魏喜桂、年二十二歲、富錦人、現住於南崗鐵嶺街、門牌五號、於一日午前十一時半許、因感覺天氣炎熱、故偕同學友數名、赴江北太陽島附近浴場、洗澡避暑、當即脫衣跳入水中、正在興高采烈之際、一時不愼、步入急流深處、遂遭滅頂之禍、雖被同學發見、而水深流急、亦皆束手無策、僅大呼救命、事被水上署救援隊聞聲趕至、打撈多時、待將屍體撈出、早已氣絕、屍體先停放江岸、待其家人前來認領云、

乞丐收容所釋舊納新

昨日釋放四十一名

今後並將陸續釋放

哈爾濱慈善總會附設之乞丐收容所、前收容之乞丐、共計三百廿八名、業將嗜好完全忌絕、恢復原有之健康、爲去舊納新、特於昨一一日午前、在關係各機關出席監視之下、檢選四十一名、由慈善總會每人發給國幣五角並將原着之單衣一併送予、准予出所、或回籍或投奔親友、此外並有四十餘名、擬赴下江佳木斯富錦三姓等處謀生者、由該所向市署社會科交涉轉向航業聯合局折衝、准予發給免票載赴下江、諒不日即可成行、更有一部年力富强、不願出所、且出所後因無投奔、雖欲作一良民、但苦於各方不能容納、難免仍將失業流爲乞丐、該所爲期澈底救濟計、限於經費關係、擬於可能範圍內、在該所附設一簡易工廠、以便收容一部乞丐在廠工作、出品以低價出售各方面、以補充經費之不足、其法至良且善誠一擧而兩得者也、關此種計劃、於最近之將來、即可實現、又一該所因原有之乞丐大部釋放、同時街頭之乞丐、又復滿坑滿谷、與觀瞻上殊爲不當、故擬開始收容、今後　街市之乞丐、或將減少云、

四軍軍官候補生入隊後精神訓話

四軍司令官郭中將口演記錄

第四軍管區、爲造就陸軍中堅人才、及養成優秀軍人、前曾由本市以次各縣、以考試方法招募第五期軍官軍需候補生六十餘名、現已在第四教導隊、開始訓練、敎育附設軍官候補生連、實施軍事教育中、俟於三月畢業、即正式選送入奉天中央陸軍訓練處一年卒業後、即予以少尉軍官分赴各部隊見學、然後即由軍政部選拔官費送入日本留學、卒業後回國、則即派入各部隊內服務、茲郭司令官以該軍官候補生等、對於國家前途維繫密切、而國家倚仗於該生者實深、故於日前特赴候補生連、對該新招入候補生等、作入隊後之精神訓話、大意如下、諸生入隊後、聽取教導隊長及軍事教官報告、知爾諸生自入隊以來、生活狀態良好、身體尤爲健康精神亦異常旺盛、今日得見諸生壯容、果然是實、本司令官無任欣慰、玆特訓話如左、

一、宗旨之抱定

諸生早爲良民、現在身爲軍人、以身許國、對於身體不能自由行動、因爲諸生自考候補生之原動力及決心、即是對國家有深刻之認識、方將自身許於國家、爲國效力、並非爲圖錢的、乃是爲國家犧牲、並不是爲私利的、諸生本乎斯旨、向新軍人途次上邁進、

二、新舊軍之不同

軍人是國家爪牙、責在禦侮、舊政權時代、軍人爲私人之爪牙、責在私鬥、而滿洲國軍人是　皇帝陛下軍隊、軍人爲國家的公器、私人不許動用、換言之、軍人爲維新王道之利器、

哈濱爾特別市概況【一】

第一　位置

哈爾濱位於北滿盆地沃壤之中央、松花江橫臨其間、北有濱北線、西有濱洲線、東有濱綏線、南有京濱兩線、由此分岐、全國實北滿唯一水陸交通之要衝也、其緯度與日本北端、遙相呼應、於東經爲一二六度四〇分、北緯爲四五度五〇分、南距新京二四〇公里、大連九四〇公里、西距滿洲里九三五公里、東距蘇俄之海參崴七九四公里、

第二　沿革

哈爾濱之歷史、發韌於西歷一八九八年、舊俄帝政時代之建設中東鐵路、輒以此間爲俄路遠東政策根據地、自是厥後扶搖直上、於三十八年之間、而有今日之繁盛、

本市之行政權、根據一八九六年『中俄建築東清鐵路條約』、由俄國掌握、而以中東鐵路公司代行之、雖經中國屢起爭次、俱無效果、自一九一七年俄國革命以還、中國勢力漸次伸展、遂於一九二〇年、設立東省特區、又於一九二四年、締結中俄奉俄兩協定、將鐵路附屬地之行政權、次第收回、行政權始歸中國以迄滿洲事變、

哈爾濱之自治制、濫觴於一九〇七年、中東鐵路所頒之哈爾濱市制規則、嘗於次年一九〇八年、成立第一次董事會、乃因中國反將英美列强、以與其僑民利害及貿易有密切關係踵起抗議、未能如期完成、逮一九一四年、英俄協定成立英國承認參預市政、嗣後各國相繼效尤、始漸臻於完全自治、

初本市除哈爾濱特別市市政管理局外、並有東省特別區市政管理局、吉林省之濱江市政籌備處、黑龍江省之松浦市政局等四機關互相並時各行政、自滿洲國立後、遂於大同二年七月一日、施行特別市制成立現在之哈爾濱特別市、除上述之四局處外、擧濱江縣、阿城縣之三十一屯、並呼蘭縣之十屯、悉合而爲一、面積約九三〇平方公里規模之大、全國所未有也、

第三　人口及氣候

一、人口

本市之人口、據康德元年十二月一日之調查五〇〇、五二六名口、玆將內容列左、

總人口、

男女別	五〇〇、五二六人、
男	三二六、九〇六人、
女	一七三、六二〇人、

人種別

滿人	四二六、六四八人、
日本內地人	二五、五五一人
朝鮮人	五、四二〇人、
蘇聯人	二〇、八二四人、
白俄人	三四、一六九人、
其他外國人	三、九一四人、

上述人口居住市內者、約四四二、七四五名、共核以街市面積五十平方公里、（全市面積約一千方公里）、每人約占居住面積、一百十三平方公尺、惟於去年三月接收北鐵、蘇聯人相率歸國、減去半數、約一萬一千人、而日本內地人則漸次增加、致有左開之異狀、

與日本皇道相同、日滿不可分離的關係、即在此也、日本國皇道、與滿洲國王道、無大區別、但使命之不同、諸生須澈底了解、

三、思想之注意

諸生均為優秀青年、如注水然、染於蒼則蒼、染於黃則黃、思想單純、則容易沾染不良思想、諸生主要、當知滿洲建國之本義、明乎王道之宗旨、無論甚麼思想、亦易沾染的、吾想諸生課業很忙、對於世界之現狀、的新聞或雜誌無暇讀閱、可知日本帝國、自滿洲建國以後、毅然脫出國聯、很光榮的獨立、與日本國最同情的、即是滿洲國、在東洋受友邦提携之下、造成獨立國家、但是要想以滿洲國少人數軍隊、担任國防、決不可能的、就得利賴友邦軍隊之駐在、是為公例、現在吾們受友邦的援助、就應誠心誠意、抱着互助精神、一德一心的去努力、以備將來共赴難關、如此在思想方面、必為純潔思想、自思想純正以後、方可求得滿洲國人材、對於國家有深刻之認識、及充分理解後、再可談到教育、他如教程典範令、指示要領之所在、如諸兵之本色、及特性、務求的確明瞭、以後方可遂漸向上、據聞諸生求學、非常熱心、本司令官、實為同意、諸生須知萬事不可消極、永遠要竭誠努力奮鬥、實現真正之尚武精神、在滿洲國軍事學、非常幼稚、以東洋總論起來、首推友邦、軍學最為徹底、所以對於一般計畫方針、與諸般演習實施(印刷講義)等、諸生須細心研究、以達積極的地步、將來入中央陸軍訓練處後、一步一步的各有階梯、務須自動的努力去研究、不得被動地位、如登山必自卑行遠必自邇、由淺入深、由簡入繁、以期徐徐的達到優良地步、是為至要、

四、德行之注意

因地不同、哈市地處繁華、諸生務求儉實、古云人務外者、其心必虛、萬不可為虛榮所牽、患、務祛除空虛輕浮之心理、勵免虛榮外務之不正行為、力求實際、博得軍人應具備之技能、以發彼而光大之、各人均抱如斯意志去作、是所切望、

藉司法會議歸來之便
繼開院長會議
協議一般司法事宜

全國司法區域劃分、實施新組織法、並法院改組後、司法部令次招開之第四次全國司法會議、業於日前閉幕矣、哈市出席之提高等法院長、川口次長、王高等檢察廳長、丸次次長、哈爾濱地方法院院、泉芳政次長、王地方檢察廳長、大竹次長等、以次哈爾濱高等法院管下之依蘭、海倫、綏化、呼蘭等、各地方法院長及檢察廳長及同區法檢長等均於今八月一日由京返哈、

又哈爾濱高等法院、以新法實施院區劃分新法院組織後、認為對於管下各級法院、今後之司法、事務之進行上、實有協調整飭之必要、為此藉此次司法會議閉幕後、各管下院長返哈之便、決定於後日(三日)在哈爾濱高等法院、由程高等法院長招集管下哈爾濱、依蘭、海倫、綏化、呼蘭各地方法院及各區法院長及依蘭高等分院長等、假藉招開現地之院長會議、以協議一般司法事宜、以協議一般司法事宜以俾互相懇談、而資協調云、

秦玉峰怒打王亞魯
諸名伶甘為魯仲連
新舞台停演前一幕武劇

繼事爾出之道外新舞台、近來因角色不齊、上座甚薄、於日前招聘芳思技女十數輩、參加演唱打桌戲後、已暫行停演矣、惟於停演之前一日夜、正演唱五本濟公活佛中、該台坤伶王亞魯、因不受該台一品大座鎮秦玉峯大老板之挑弄、致觸大老板之怒、竟將王加非刑毒打、王遍身負傷八處、勢頗嚴重、刻正在下處療養中、其經過原由大體如此、王亞魯者、蓋緣七八年前大紅一時之著名坤伶文武老生王少魯死後、其母一身孤無聊賴、當由梨園界諸人發起、為之演唱義務戲、另買一女、取名亞魯、而繼少魯之後、以奉養王母者也、亞魯習青衣花衫、年雖已愈双十、但以姿色秀麗、扮演劇中人、頗能體貼、故雖向來担當中路角色、然在該班諸神子角色中、佔相當地位、至於該台大座鎮秦玉峯者、乃起身娶出身、其後一朝得志、得充新舞台天字第一號大老板、凡該台內外事務、莫不操諸秦一人之手、且秦甚暴戾、同台伶人、莫不受其壓迫、畏秦如虎、故其勢益張而其氣燄之烈、殆不啻舊趨權時代之小軍閥也、

先是坤伶王亞魯、以患傷寒症、甫愈、於新舞台停演之前一日、遍身孱弱疲懶、擬暫請假一日、以資休養、當央其養母、向秦大老板要求、臨時請假、秦固拒不允、嗣經王母再四懇求、並經同台伶人說情、秦亦因王當日本場戲碼、無多大重要性、乃以不快之顏色、給假半日、(即早場戲)當晚、王不敢再為續假、故於晚場之五本濟公活佛、只得掙扎登場、乃於王扮裝時、秦即以怒顏厲色指罵王曰『天生賤骨頭病得快』好得也快王畏其惡、雖心中不快、但當面固不敢誰何、故置若罔聞、旋扭向另一角裡、適同台小率英總問『怎麼回事?你說我聽聽!』王當答謂『大老板罵人、敢怎麼的、但只可不理他罷了』、詎為秦所聞、當又奔王而來、厲目而言、『我早知道你要告假的、因為孫先生昨晚說你怎麼了、今天還能乘機告個假麼、實防那兒有整個去裝蒜』王當謂『本來有病支持不住、那能裝呢?』此時無何王下場、即該歸下處、適奪又琴在側、見王汗流浹背、恐其感冒、當拉王入自已扮裝室內、囑以稍息相以談天、並以一小扇予王消汗、

王奪二伶、相談中、又奪約王暑假赴道裡避暑、王亞魯本一直性人、謂奪云『我們班子不比別處、不用說避暑、隨這樣厲害、請上半天假還得挨頓損罵呢』、奪伶則謂『你不知道麼、我們班子明天起就要停演的』、此時秦玉峰突又大踏步進入奪室、王見秦入、乃起身欲出、不悉秦究居何意、乃竟笑顏愧色、一手扯王衣襟、而向王曰『喂快去吧、你那小寶貝在等着你呢、』王向呼以秦大叔、今突如此輕薄、知其居心不良、即謂『什麼動手動脚的』說時秦又以手持小扇、輕敲王臂一下、並謂『動手動脚不樂意嗎、你裝什麼、』王見言語態度不正經、厲聲謂『你們家的才裝呢、門誰』、此時秦已有怒色、同時謂『你也不是鵪鶉、我們你嗎、』王亦還口『你是損鳥兒嗎、』(按即梟鳥)秦見王不讓步、老羞成怒、不容分說、竟連蹦帶打、拳脚交加、雖同台十數人拉架說情、也不休止、卒由奪室將王拖至台階之下、此時王已呻吟倒地、不能動轉、秦始住手、其後同台人見王如此、當即抬至附近慈濟醫院診治、結果經醫診斷後、已驗明被害人王亞魯臀部負傷一處、腿部負傷六處、並髮毛一撮被害扯掉、傷寒症未愈復發、雖無性命危險、但情勢亦甚嚴重、刻下被害人王亞魯、正在下處療養中、雖王母不欲多事、而在被害人王亞魯、則以如此受荼毒狠暴打、極不甘心、聞日內將延律師訴之法庭要求法律上公判、但目下該台諸伶、竭力從中調楚、將來如何解決、容訪再誌云、

哈鐵舉行
運動選手推戴式

為參加本月二十二三兩日在奉天鐵路總局主催之各鐵路局對抗運動大會、哈爾濱鐵路局、定於三日在該局門前、舉行盛大之選手推戴式、由全局局員一齊參加、閉球類及田徑賽各部門、共推選選手約六百餘名、為近年來哈市未曾有之壯舉云、

萬國道德會
講詞概要 (一)

社會愈文明、人心愈險惡、物質愈發達、人心愈佚蕩、此定然之理也、因為什麼說這個話呢、社會文明、人民皆往極高處去想像、智者得意、愚者失敗、物質文明、人民皆向奢華途上邁進、若不着道德來維繫、將來流落到何年何月可能止呢、不觀前數十年來、閉的家不安、國不寧、人民閉的無有歸宿了、智者得意、而未必持久、愚者失敗、而後亦可得時、看起來這就是不明道、所以山東江希張、素稱神童、欲挽回狂瀾、救人民出水火而登袵席、所以提倡創設萬國道德會、於各省縣鎮、王老善人、名樹桐、字鳳岐、熱河朝陽人、又步於後塵、費了二十餘年之精力、千辛萬苦、在我滿洲國、現下纔見一線曙光、因什麼說這個呢、現下全滿不下四百餘處、會員已到十萬餘名之多、也算可觀、依善人的話、還不算滿足、他的志將全滿化為道德國、以一國而排遊萬國、普遍濟德作大同先導、人民始乃隨顧、若這樣看、人民可急望道上走吧、就拿濱江省總分會來說、就有五十七處分會、每分會附有若干的分社、每會每社、皆非常發展、聽講的人、每天有一百二百人不等、不論風雨也隔不住、就是這樣的誠確、每逢大講演家來時、常有擁擠不堪之勢、要問講的什麼呢、凡有道德會皆講的是論理、性理、五行性諸道理、靡有玄妙奇異說、是吾門人日用之間、見人接物、應對進退、節文之禮而已、雖覺淺鮮、而吾們社會的人、往往皆行不到的多、因為什麼、就是不知道的真義意、把天地賜予那一點真靈性、好相是沉淪到天涯海角之間一般、祖宗之血統、父母給我最寶貴最珍愛的身體、不知存養、若相達官貴人、及明哲之人、往往知道保貴他的七尺、愚者就不同了、每天戀於酒色者有之、迷於嫖賭者有之、散於娛樂場、繁華都市者亦有之、種種不勝枚舉、將有用身子、銷磨於無用之地、豈不惜哉、

第一章 第二篇

各道德會皆受王老善人的真傳、非是指關黏竅、有他教混合、乃二千四百七十八年前、魯國孔夫子的心法、道德會是傳孔夫子之衣鉢、採各教之精華、會萃一爐、而鎔冶之難取精華不被所染孔夫子他那時候、也是為人心浮雜、各路諸侯失政、乃週遊各國、當時也是不知是道、行至近古、儒道大興、始知崇拜、大凡創道、在起初時皆得受誹謗、就拿道德會來說、在頭幾年、也受誹謗不少、皆不知是好、現今的人全知道德二字、是勸人學好的、所以各省的人向道非常活躍、

市署提倡
優良籽種
在糖廠及朝陽堡播種
發育之成績非常優秀

哈爾濱特別市公署實業科、為改良籽種、於本年春間會在江北松浦糖廠配種優良大豆種籽一垧、在朝陽堡播種小麥優良籽種四垧、日前由實業科李屬官協同同科久我氏赴江北松浦糖廠視察大豆禾苗、發育十分旺盛、成績頗為優良、比較一般大豆禾苗繁盛、復於三十日前往朝陽堡視察小麥、雖略有黑穗、但無妨害、麥粒麥穗均比一般較大二分之一、一般耕種農民對此非常滿意、預料小麥每垧可收獲四石、大豆每垧可收獲六石、為漸次增加栽種面積待秋收後、由市署以市價收買、準備明年分發與一般農會會員、以期擴大種植云云、

康德元年十二月一日　一五、五五一人、
康德二年十一月底、　二七、一七一人、
增加　一一、六二〇人、

二、氣候

哈爾濱之氣候、夏則酷熱、冬則酷寒、所謂大陸的氣候也、夏季夜間氣溫低下、頗覺爽適、冬季雖時有降至零下四十度者、然因三寒四暖之循環、又因空氣乾燥、朔風靜定、寒威大為緩和、絕不感寒暑表所示之凜冽、

夏季日出、在午前三時、日沒在午後八時、日射時間極長、再加氣溫高熱、稻瓜等物成育之速、出於意外、雨量每年平均五百八十公厘、全國每年平均五百公厘、與日本每年平均八百公厘、較計少二百二十公厘、

第四　哈爾濱特別市之機構

本特別市為法人性質、受國家直接之監督、掌管域內一般之執行、以市長為執行機關、市長自治委員會為決議機關、其行政(警察行政除外)、總攬全市行政事務、代表特別市、其下如另表所載、計有四處、二局、一分處、二十五科四十三附屬機關、警察行政、由哈爾濱警察廳掌之直轄於民政部、

本市公署現有職員數如左、(康德三年二月底)

一、滿人　二、六八五、
一、日人　四五三、
一、俄人　四六七、
合計　三、六〇五、

本市主要部分之特別市、自治機關如上文沿革所載、因自始即施行自治制、凡行政之施行、悉經參與其組織、係由民選、以迄本特別市成立、未常紛更、本特別市成立後、基於特別市制、由官選委員二十一人、組成自治委員會、關於市政重要事項、由其審議決定、任期為二年、其第一屆委員、係於康德二年十二月二日當選、任者為第三屆、由第一節改選而來、大多數均屬連任、以國籍別計有滿人十三、日人三、美國人及波蘭人各一、其議決事項、特別市制有明文規定、凡市政條例規則之制定、改廢預算及決算市稅等之賦課、市債財產之管理處分等、皆屬之、

此外尚有評稅委員會、及市政審議委員會、為市政運用上之諮詢機關、評稅委員會者、關於稅制之改革、及各種稅課標準額之評定等、所以答市長之諮詢、籍期進行之圓滿、(未完)

濱江特刊

第七十四號

盛京時報北滿總支社
社址 哈爾濱道裡斜紋二道街一三
電話道裡五二七二番

哈爾濱特別市概況【二】

市政審議委員會、則由本署科長中任命、委員組織而成、關於市政例規類之制定改廢、及一般市政之企畫刷新等、重要事項、應答市長之垂問者也、

第五 哈爾濱特別市行政綱領

一、敎育行政、
二、實業行政、
三、社會事業設施、
四、保健衛生設施、
五、交通機關概要、
六、稅制改革之概要、
七、治水事業、
八、財政、

一、敎育行政、

本特別市成立之初、敎育行政、僅管轄濱江縣松浦鎭、並阿城、呼蘭兩縣之一部所屬、其設備不良之四十二小學校、其帝俄時代成立、而具有近代設備之三十校、因種種關係、屬之北滿特別區公署、且須由本市、每年補助經費二十五萬元、於敎育統制、遺憾孰甚、經屢向中央呈商、遂於康德二年七月一日、將以上三十校移歸本市管轄、從此命令、系統既歸單純敎育行政、亦臻合

省教育廳 普及農村教育

開發農村產業家庭合理化 發揚固有美俗將實施講話

其要項已編製就緒

濱江省敎育廳、爲普及省下農村社會之敎育、如農村公民敎育、開發農村產業、農村家庭合理化、發揚農村固有之美俗、農村敎育、與社會敎育等特將實施講話、其要項已編製就緒、茲特披露於下、

一、農村社會之精神敎育、
一、遵奉聖旨、
二、謹詔聖旨之普及與徹底、」
二、建國精神、
一、復興孔敎、
二、恢復東洋道德、」
三、民族協和、」
三、發成宗敎心、」
四、鞏固農民精神、
一、研究鄉土特質、
二、發成農村生活之信念、
三、關心子弟敎育、
二、農村之公民敎育、
一、理解建國精神、
二、組織各種團體及組合精神、
三、訓練了共生活、」
四、維持治安、
五、識字運動、」
六、納稅、
三、開發農村產業、
一、農業經營合理化、
一、獎勵副業（調査地方材料）、
二、農業組織之改良、
三、研究利用勞力（冬季婦女）、
四、獎勵增收、
五、肥料、種苗、農具、等之改良及自給、
六、協同的經營、（種苗孵卵、農產製造）、
二、消費合理化、
一、謀自給自足、
二、預莫生活及現金支出、
三、協同購買、
四、排除冗費、
四、農村家庭生活合理化、」
一、改善衣食住、
一、家庭制度現代化、」
二、排除二重生活、」
三、改良服式、
四、研究調及獎勵營養食、
五、衛生設施、便所、井、簡易浴場、
二、保健衛生
一、涵養衛生思想、」
二、取締庸醫、
三、產婆講習、
四、對傳染病之注意、」
五、公衆衛生、
五、發揚農村固有美俗、」
一、改善農村行事、」
二、改善社交禮儀、」
三、改善農村娛樂、」
四、打破迷信、」
五、改善婚喪、」
六、改除惡習、」
七、禁烟禁賭、」
六、農村學校與社會敎育、
一、敎員將入農村、（學校開放）、
一、農村調査、」
二、勵行勞作、
三、爲農村中心人物、」
四、指導農村中堅份子、」
五、設置模範農園、」
二、實施方法、」
一、宣傳、
甲、直接宣傳 口頭宣傳、組織講習會講演會及座談會、文書宣傳、頒佈小冊、張貼標語、
乙、間接宣傳－電影、演劇、學藝會、音樂會、展覽會、品評會表彰、
二、實行、
聯合各種團體、組織社會敎育委員會、設置實行委員會、制定村是、制定鄉約、實地指導、相互參觀云、」

松濱歌台近訊

新舞台新角到齊

華樂營業勉支持

幾經頓援、而致停鑼之道外新舞台、自孟開君周嘯天李仲林等負責組織夾言後、旋因私戳、賬目、角色等諸問題、勢必停鑼、內部既複雜繁瑣、索倒不堪、對外則表示假機養精蓄銳、暫時避暑、待新邀名伶一到、當更爲濱樂火熾、以故一再遲延、迄至今、始開邀到幾度來哈之老伶馬德成、馬武成昆仲、並海派文武老生白家麟、定於今日八日晚打炮、戲碼爲馬德成昆仲之金木落馬湖、白家麟之哭秦庭、按馬德成爲二十年前走紅運之黃派武生、彼後尚頗可觀、然今馬尙漸長、未免不有人老殊黃之感、白家麟爲後起之秀、按藝尙可、惟染外江惡習、即以打炮第一日之碼、已可想見、哭秦庭一劇、爲名伶高慶奎之拿手好戲、向以獨得首創爲號云、雖平津各市皆有一席之地然人皆以外江派視之、聞白伶爲高伶之高足、能得高伶之秘本及眞傳、亦稱不惡、但以研究戲劇者澈底言之、實爲方家所不取焉、

又尙能與新舞台略爭長短、向因營業起伏、而不能一評優劣之華樂舞台、自董伶梁慧超獻技以來、因藝術驚人、頗得好評、終因褂子及其他角色既能過分、惟有花好無綠葉扶之嘆、茲鑒於新舞台新角搭哈、即特登台、營業必受影響、故與幾度從良下水之評戲坤伶愛蓮茹商妥、在該台搭班演唱、故在觀衆聽京戲方酣、登時變做評戲、忽京忽評、令人不敢動聽、加之參雜有斋不倫、故人皆賜以「雜拌舞台」之譽、近聞該台已在羅致新角、聞爲曾一度來哈現在上海大紅之名坤伶蘇蘭芳及其他等云、

少婦潛逃

顧鄉屯、富山屯、住戶劉春芳、吉林人、務農爲業、僱足糊口、其妻劉劉氏、年廿八歲貌備中姿、而風情頗佳、素抱門羅多夫主義、不安於室、終日招蜂引蝶、招引一般登徒子之流、逐香聞臭、於昨七日午前八時、乘家人不備、席捲背夫潛逃、其夫晚間歸家、不見伊蹤、情知有異、當即檢點一切東西、始知被捲手鐲一個、重品錢、遂至該管分所報告、請求查緝云、

工人何太無理 偸瓜尙敢蠻橫

市公署道路科、工人一百五十餘名在顧鄉屯附近、築修馬路、於七日午後六時許、有工人八十餘名、潛伏岩石街一帶、偸竊瓜果菜蔬等物、當被園主看見、上前拒止、不料該工人、蠻不講理、暴橫異當、致惹起双方激烈衝突、寡衆不敵、將園主打傷六名、傷勢頗重、遂報告自衞團、該自衞團據報、團員十餘名、携帶武器急前往彈壓、該工人見自衞團武裝而來、亦不示弱、各工人操起工作鐵鍬、呼喝上前、正於抵抗對峙中、顧鄉屯署派木總務主任開訊、召集警士數十名、立即向該地點、將工人一幷捕獲、帶署拘押、一方將双方受重傷者十數名、送至附近醫院救治云、

國有土地出賣總額

奉中央財政部命、開始出賣國有土地之地畝管理局、在進行整理測量所有土地聲中、同時並即逐漸正式出賣各國有土地、自四月迄今以來、該局計已經賣却之土地、共計十三件、面積五十六萬四千三百十八平方米、賣款額約達十一萬六千六百三十三元、而所賣出之地域計道外二件、面積爲三千零八十八平方米、賣錢額爲三千六百十九元、馬家溝五件、面積爲四萬三千一百十二平方米、賣錢額收入六萬七千三百元、香坊二件、面積二十一萬五千五百九十九平方米、賣錢額收入四萬零四百五十九元、沙曼屯四

雖經幾度彈壓 反蘇運動愈熾

蘇聯當局仍在繼續彈壓中

蘇聯國境地帶、及鐵路沿線之反蘇運動、雖經幾次彈壓、然反蘇運動依然强大、目下蘇聯當局仍在狂奔繼續彈壓中、据於七月十九日、在海蘭泡一齊舉行檢舉結果、將原阿木耳第一師長前任考路耗滋第三師長之「嚴奴夫力也夫」中將除開共產黨籍、退伍編入預備役、再將海蘭泡蘇維埃會計科長「伊滋馬伊夯夫」追放邊遠地方、又於七月廿三日據海蘭泡領事館員所目睹、在海蘭泡市內有革貝烏携帶槍械護送囚犯約三十名云、

蝸牛

家庭良好附業

哈爾濱中和街小森動物園、現經致得世界無上之珍美滋養品可食用蝸牛（又名陸鮑）、因其肉質含有維他命多種、滋養之豐富、爲其他動物、無與倫比、且以其價値極昂、故一般人罕能得到、率以配成滋養藥品用之、即在市上所售者、亦頗不少、且爲醫學界所贊許、又頗風行於西洋各國、故該動物園爲期其能力普及、且使爲我滿洲國人民所利用、故藥介紹、並調飪方法如次、蝸牛爲爬蟲類之動物也、獨有一種食用蝸牛、向爲西洋各國人士所愛用珍美滋養品、尤以法國巴黎爲最流行、每日消費二十餘萬只、又爲醫學界、可爲病楊用之醫藥奏效之經驗、實爲一般人所共許者也、該種蝸牛、價値頗昂、即罐頭每筒亦須國幣五至五圓、故一般要買上少見、而生肉亦不易得、

此外猶有一種白條種之陸鮑、體重約十六錢左右、爲食用中最優者、體爲赤色、鄉村農家、或小或大、可供家庭食用、無上滋養之品也、其飼養法復極簡單、生產力亦頗迅速、

▲療用之價値

該種蝸牛、不僅爲食品珍美、滋養豐富、且爲醫學界所認用、日本醫學界之權威京都醫科大學之舟岡博士、以陸鮑採集炮製之「爾透叩悠恩」爲肺癆之特效注射藥、已風行一時、爲一般人士所公認、腎臟病之權威者醫學博士田村利雄、亦以陸鮑製造之「古古利今」能治愈二十餘年頑固之腎病、復能療治頑固之痔瘡、中國歷來即利用其爲療痔之妙藥、其他如糖尿病、癩瘋及小兒之强壯劑等等亦皆特之良多、因蝸牛體質含有多量之「猻麥猫」、服之能使人精力增進、身體强健、年老者食倍、並可延年益壽、

▲珍美調飪法

陸鮑烹飪、在法國爲最風行、各處均設專門大菜館、專以烹飪陸鮑以招顧客、巴黎市外、並有陸鮑旅館、各國旅行者、皆欲一宿該館、飽嘗陸鮑風味、爲歸國後之佳話、目下日本上流社會家庭中、亦飼有蝸牛爲日用、及待客之珠品各地互效風行、吾滿洲國人士不久亦將效法、飯店菜館皆將普及烹飪之法、其烹飪法大體與海產鮑魚略同、約二兩左右之陸鮑、先移入淸潔之箱內、使之絕食一二日、將糞便脫盡、後於螺口部撒布少量之酢或鹽、再用鹽揉之、全部粘液分除後、用水淸洗、則與一般海產物同樣烹飪之、但藥用時可在可能範圍內、勿去粘液、因效力減少故也、

▲白條種之飼養法

經期後、庭隅朽木之間、嘗見有蝸殼蠕蠕者、多謂爲害蟲、然食用白條種之蝸牛、則與此殊有天壤之別、初見時與海螺相似、然其肥大之狀、頗爲驚奇、普通食用之蝸牛、其最大者、不過五六錢重而此白條種食用蝸牛、自十錢至十五六錢、在動物學上之名爲「阿卜奇那、福利卡」其原產爲中央西非利加洲、入滿洲之密林中發見、最近移入日本、其新奇佳美者、即所謂食用白條種陸鮑是也、

▲白條種之八大特長

一、體質淸潔、普通室內皆可飼養、
二、性馴服、無聲擾、
三、性耐飢、三五日不食、亦不死、
四、由滿地輸送、絕對安全、
五、假眠狀態、可貯藏五六月之久、
六、繁殖力强、一對雌雄、每年可產兩千只以上、
七、飼養品、以廢物利用、即可隨意置於不用之木箱內便父、

件、面積二千五百二十三平方米、賣錢額收入五千二百五十五元、平均每一平方米價格約合國幣七角一分、此次出賣之土地惟香坊馬家溝兩處賣出者係最多、良因該區域最宜建築住宅、以故市民多樂於購買、但綜合希望購買者、日滿人雖各居其半、惟依情形之推測將來日人購買者必加踴躍云、

理、因即力加整理[illegible]擴興、迄至目前、市立小學校之情形有如左表

○哈爾濱特別市立各小學校學級校長教員及學生人數表、

（表從略）

現在哈爾濱市內滿洲國中等學校八處、小學十八處、由濱江省署管轄至關於私立學校、則俄人、德人、猶太人、波蘭人、滿人等成立之小學校十七校、由本市監督、其中學校實業學校、專門學校等中等學校十八處向來由北滿特別區公署擔當、嗣康德二年十二月二十五日北滿特別區撤消、亦即移歸本監督矣、自經本市接辦伊始、當將經營系統、加以統制、同時企圖充實其內容、各小學校收納學額之數、較前計可增加、約一千人以上、然猶嫌收容之能力、尚不充分、故曾出資三十五萬元、建築具有近代設備之小學校一處、現正在興工之中也、茲將康德三年度教育費預算列左、

康德三年度、教育費	五三〇、五五七
康德二年度、	四九一、〇三五
計增、	三三九、五二二

二、興業行政、

本市扼北滿經濟之中心、實業之開發、指導、實爲重要行政之一、故在行政處設有實業科、擔當其事、由該科與道裡道外及上號三商會、保持密切聯絡、以統制之、重視哈市商品之輸移出入情形、尤注意於特產物、大豆、麥類、豆粕等之提濕、並採算方法之確立、一方更詳細調查工廠、計查明現有各種工廠一、三七二家、（大工廠九七家、小工廠一、二七五家）總生產額爲四七、〇八五〇四三圓四角一分、原斯種調查、爲向來所未有、誠將來重要之資料也、又爲救濟農村、有實行春耕貸款、與備布良種之舉、可自爲康德二年度之大事業者、[illegible]央批發市場之設立、而以批發市場之設、所關尤鉅、從來哈爾濱之主要食糧品、不論爲船來、爲土產、概由輸入商生產者、與各行棧間自由交易、了無公定之價格、凡生產者、及消費之市民、一在彼輩中間商人之壟斷漁利、無可告愬、本市軫念民生、以設立中央批發市場、統制交易、實爲當務之急、經與各業主折衝、卒承日滿各商、贊成加入康德元年十一月廿七日、奉實業部大臣指令、准其開設、迄十二月十七日、哈爾濱批發股份公司、遂宣告成立、至該市場之制度、則爲公私合辦、專營商業之批發股份公司制、其資本金計國幣七〇萬元、合一萬四千股、市公署占八、四四股、[illegible]二八千元、（現金出資）[illegible]占五五六〇股、合二七萬八千元、（現物出資）自康德二年一月廿日開市、以迄今日成績之佳、頗在預期之上。

三、社會事業設施、

哈爾濱特別市之社會設施、當俄國董事會時代、規模業已粗具、哈埠之有該事業、乃承其舊貫也、

自本市成立以來、處處益謀力改善、始有今日之狀況、現在社會之設施有左列各機關、

市立育兒院收容滿俄人孤兒

市立慈善救濟所、滿俄人老者、

市立工藝養成所、滿人壯年失業者授以技藝、

除上述外尚有市營水上救護隊、從事救助、夏期松花江淹溺之人、消防第一、第二、第三、三分隊、專以消防火災、直有水龍計二十七具、

又爲紀念登極大典、在南崗及馬家溝、建有市營住宅、良因市內居民、日見激增、而住宅供不應求、房租暴漲、所以緩和而抑制之也、查該住宅戶數一六〇、總面積一七三八、七平方公尺、

（未完）

今冬燃料勢必缺乏
一般關心者特別注意

當開江之初、關於貨物之輸入輸出量、比較去年度呈未曾有之繁盛、大有日見激增之趨勢、故北滿松黑烏三江之航業前途頗抱樂觀、直至六月末、貨物運輸狀況、依然增加、迨至七月上旬以降、關於江豆江麥向哈市輸入告一段落、惟木材煤炭之輸入不見抬頭、而中旬以來、船隻減少、故前開江時推定之預想量、漸至不能實現、今後之推移、尤堪惹人注目、至於木材、煤炭、穀物、雜貨等主要貨物之既移出及預想量、大體如左、（單位噸）

	輸出額	預想額
大豆	一四八、〇〇〇	一一〇、〇〇〇
小麥	五三、〇〇〇	一五〇、〇〇〇
煤炭	一〇五、〇〇〇	一四〇、〇〇〇
木材	四五、〇〇〇	一三、〇〇〇
薪	一六、〇〇〇	三、四〇〇
石材	一〇、〇〇〇	一〇、〇〇〇
雜貨	三五〇、〇〇〇	[illegible]

右表中之大豆小麥、正當新穀上場時期、將來能否如預想相符殊難預料、其他貨物除石材以外、以目下之情形而觀之、恐不能如願以償、但輸入方面煤炭僅二十萬噸、木材三萬噸、薪二萬噸以哈市之消費額預計、今冬之燃料必陷於供不應求之狀態、一般關心者、亟不特別注意云、

王道講演
在民會舉行

特別市公署主催夏季王道講演會、七八兩日、在道裡民會講堂、每日午后六時至八時半歡迎市民隨意聽講茲將講師、題目、探錄如下、七日、講演滿洲文化史、『講師京城大學教授、稻葉博士』、八日皇道之本義、『講師』九洲大學教授、鹿子木博士云、

友邦人士
努力開發北滿
投資二千五百万元
事業會社四十七社
爭相投資

事變以來、友邦人士、對於北滿經濟之開發、不遺餘力、貿易關係之商事會社之進出、及新興企業如日本麥酒會社及洋灰公司等、最近更將計劃開設機器工業、據某方面調查、自大同元年度以降至康德三年、四月現在、友邦人士投資北滿諸會社四十七社、資本總額二千四百六十二萬元、茲將其投資會社之營業種類、資本金額探錄於下、（單位千元）

營業別	社數	資本額	繳納額
交易所信託	二	一、〇〇〇	[illegible]
商事	三	二、三四七	[illegible]
釀造工業	四	三、〇八〇	[illegible]
食料品工業	三	四、〇〇〇	四、〇〇〇
製材工業	二	[illegible]	[illegible]
土地建物入	八	一、一八〇	[illegible]
鑛業	一	一〇〇	[illegible]
運輸業	二	一四〇	[illegible]
雜業	三	[illegible]	[illegible]
窯業	一	[illegible]	[illegible]
合計	四七	二四、六二〇	[illegible]

慈善總會
附設之乞丐收容所
添設編物工廠
使乞丐得機練習工藝
俾身體與技能各受益

哈爾濱慈善總會附設之乞丐收容所、前收容之乞丐、嗜好早經戒絕、除一部於本月一日在關係各方面監視之下釋放外、其無處投奔者、仍留養於該所、爲期澈底救濟計、現已計劃妥當、決於最近在該所添設林襪編物簡易工廠、使乞丐得機練習工藝、俾身體與技能、各受其益、所收利息、半數濟助乞丐者作他日謀生之基礎、開辦費二百六十元、預備費一百四十元、共爲四百元、購買器具一百五十二元、購置原料（即林襪）費四十八元、工資六十元、僱用技師二名、選拔健康乞丐四十名、分甲乙兩組教授之、教師在教授期中兩個月內可編裝棉花襪百廿個、學生初學之半月、當然無出品、然半月之後、即可成功、在一個半月之期內、可編三百個、每個賣價二角、共得價四百廿元、六個月可得利三百十二元、提出百分之卅作爲獎金與乞丐、如此辦理、乞丐既可[illegible]

萬國道德會
講詞概要（二）

請問先生你千萬不可發大話來期人、孔夫子已去二千四百餘年、就未有來提倡、我聽王善人、他是個莊稼、能有只大能力、我不信、你要不信、我說說你聽、好不好、

先生你今天不忙嗎、這個道理、不是三言兩語、就能說完的、要說大綱目、僅十二個字、您想多嗎、不多可一時說不完、先分門新研究研究、一是性理、二是倫理、三是道理、四是物理、這性理乃是吾們人的來蹤、性心身是也有來蹤就有去路、去路是什麼、就是『志意心身四字』人本天地陰陽五行所生五常亦健順玄牝中、又有『木火土金水五行』、又有『仁義禮智信五常』、玄牝者是眞立宰也眞奈妙有道德會有個定名曰『三界』『四級』『五行』是也、這就是『性理』、倫理呢、是『君臣父子夫婦、兄弟朋友』、一是也、內中包含調大、有閨女道、有媳婦道、老爹子老太太道、婆媳道、嫡庶道、繼母道、妯娌道、奴婢道種種各道有七十多樣、今日先研究綱領、詳細簡明、每天定在報上聲明、內中可有奧妙的理論、吾們人往往有知道、行不到、吾們道德會教我國民族全知道一生處人處事之法則、應對進退的眞軌道、免去痛苦、省他們誤走岐途、

第一章　三講

上次論的是倫理綱目、今天再把五行性研究研究、人居社會之中、天天講用五行、人總不知、不是有一句古語嗎、人在世界上離道則不能活而人不知有道、相那魚吧、天天在水中、離水則不能活、而不知水這就是知識簡單、不若街頭巷口那搖卦的、合批八字算命的、漢醫學家、都全用五行、他那五行僅片面的、不能普及於社會、及家庭、或個人、王善人所發明的、與前代諸大儒尤不同、因爲他們僅僅保自身康健而已、甚至於自己子孫都不傳、每當奇怪論之、善人研究這五行、非生理學、亦是生理學、非哲學、亦是哲學、拿上古約的五行、合今世而用、發明種種欵式、皆與吾們人生大有裨益、您看吧、有個人的有家庭的、有世界社會的、有商家、有法關的、大家都聽看吧、別說你們大家未聽着、就是活一百餘歲的老者、敢說他不知道、

王善人他始終不敢說能、他說同大家學的、也說述而不作、吾想他們、同是捏一樣病不敢應聲、春秋[illegible]五經等書、明明是他著的、他始終說述不作、吾想他能一點意不見參加嗎、未必吧、善人研究此說、已三十餘年、游遍半天下、也是不稱爲法、吾想一人根據一人、王善人定是參透道機、得孔夫子之心法、孔夫子定根拒、文武周公、文武當然從唐堯虞舜傳來的呢、據吾想他們、不敢自滿爲法、豈不誤了社會嗎、爲何不闡明人間大家知道知道呢、吾若太狗謹了、太不大方了你們不說、我可不不客氣啦、我替一一老說說、給大家來聽、得啦、你說誰聽、哈哈、眞小看人、吾無非現身說法、其實還是是書上說人的、亦就是王人而、善無非借我手使使而已矣、

（未完）

八、成長迅速、半米粒大小之陸鮑、僅一年便成長十錢內外之大者、

▲白條種之飼養法

陸鮑爲兩性動物、須雌雄交尾後、互相受精、每次產卵百個至四百個不等如飼養得法、每年可產兩千個以上、以木箱之大小、斟酌盛之、自然繁殖、尤以白條種之最旺盛、繁殖期爲六月及秦熱時期、若溫度適宜、冬季亦可產卵、如用其傳種、務必選擇良種爲要、

▲飼育箱之製造法

飼育箱如不爲觀瞻、無論何種均可、但爲多數產卵、肥育生殖計、仍應以製造合理木箱爲盼、大體其高以九寸、寬以一尺長以一尺七八寸左右之木箱爲最適宜、此木箱之正面中央須裂一由上方開閉約四平方寸之小門、鑲以玻璃或細鐵網、箱底鋪以沙土、或以[illegible]皆可、兩個月即須換一次、以[illegible]爲最相當、受胎能率亦大、及溫濕箱內步產卵種陸鮑十四個成長者五六錢重之一百個、十錢重之五十個、以資肥育、

▲食餌供給法

食餌之供給、以絲瓜、菜葉黃瓜、西瓜皮、菁菜、土豆、等爲最好、其他麥子、豆腐渣大麥糖、殘飯稀粥等亦可、總以所產本地所出之物、採其喜食者飼之、

陸鮑性喜晝眠、日暮始行活動、彼時即以殘理器置食物以飼再以其他需用之石灰盾如貝殼末等、當置於皿內、使之食[illegible]其肥力、

[illegible]產卵及小陸鮑之發[illegible]法

陸鮑產卵時、大於六月時、交尾受精後、則潛伏[illegible]中、每至兩三日、此即[illegible]時之象徵、後即由該箱中移其別箱、以備產卵、將有卵之箱底、每日用水噴霧一次、使沙土濕潤、此卵約三星期許、卵即化爲銀色、可愛之小陸鮑、即由土中匍匐而出、此時宜飼與青菜、及兩三日中、與母鮑同樣之餌即可、經十日後、較孵化時大一倍、則其二三百個飼育之、漸大其數減少、

▲各眠期之處置法

白條種由秋季中葉、（九月下旬）漸漸絕食、以氣溫降低之故、如斯由其自身排出、結液、製成薄膜、將自身封閉其中以期各眠及此時須將此箱用水洗淨、將冬眠之陸鮑埋置[illegible]中、（如裝鵝卵）、至明年春季四月下旬、暖氣和暢時、再移入飼育箱中、自然活動復始矣、

◆　◆　◆

理科教員講習會
省公署教育廳主辦

濱江省公署教育廳、編暑期職會招開之管下各縣理科教員講習會、已改定於今日起舉行同時關於開會程序、及地址已變更如左、第一日（今日）午前九時、至十二時、爲『實驗上之注意』、後即舉行午餐、下午一時至八時、仍爲『化學實驗』、後由教廳方面引導全體講習教員、參觀第一中學、第二日、午前九時至十二時、爲『物理實驗』、正午進食、一時至八時、仍爲『物理實驗』、繼則開全體懇談會、又令東改爲許公路兩級中學校、講師則爲兩級中學物理教員[illegible]第三日、午前九時至十二時、爲『化學實驗』、正午進食、下云、

省令取銷煙館招待

自我滿洲建國以還、爲寓禁於征、而開禁煙政策、設立專賣署、直接監督各鴉片零賣所等項、業爲社會所共見、惟各地鴉片零賣之零賣人、經營既久、[illegible]鴉片天開、將零賣所娛樂[illegible]、更添設女招待以色爲餌、或暗營副業、而廣招徠、其藏汚納穢、不一而足、不特與政府設立之鴉片征業、根本矛盾、且尤易引誘血氣方剛之有爲青年誤入歧途、[illegible]江省公署爲此、特轉民政部、命令於管轄各縣旗、令飭嚴厲取締、茲將其所令探錄於左、（上略）關於鴉片零賣所、出入成爲娛樂場化應嚴行禁止一節、雖經迭令在案、然最近於零賣所據聞、似有類似之事實、查鴉片零賣所係對於癮者、令其澈底、供給官土、以資救濟之目的、而戒除吸食鴉片外、其除娛樂設備、如有女招待之出入、應予嚴重禁止、勿令一般人、誤解爲娛樂場所、望即澈底取締爲要、（中略）又濱江省署令各縣取締私煙館之原文如下、（上略）查私煙館、不僅對於鴉片政策上、有莫大之障碍、且擾亂風紀、影響國民建康、爲害實深、關於其取締上厲清方法、雖曾三令五申、務遵在案、然多數未能澈底施行、故隨處均有私煙館之存在、決不能淡視不理、實有增長惡風之傾向、誠爲遺憾、爲根絕其禍源計、皆以易文通令、取締鴉片零賣所之女招待、然以警察威令之不行、及法規施行之不徹底、以致均養成習慣、若非前晚忽不變從事清除則其害誠有傾覆整個鴉片政策之虞、思之實堪痛心各縣行政當局、于厲行取締女招待之清除、應對於私煙館、並廣[illegible]籌並顧妥爲取締、用求澈底肅淸、以期鴉片政策之萬全爲要云云、

濱江特刊

第七十五號
盛京時報北滿總支社
社址　哈爾濱道裡斜紋二道街一三
電話道裡五二七二番

警察權歸市問題
市警幾成對立形勢
市政執行頗多障礙
市署某有力者之談片

哈爾濱特別市制實施以來、迄今已四年餘、行政施設上、突飛猛晉、於去歲忽自新京傳來消息、謂特別市制將廢止、易爲普通市、隸屬於濱江省管轄以下、一時市民神經莫本極度尖銳後漸沉於消滅、邇來特別市制之繼續說、又後漸次有力化、以至日本內地之東京大阪等、各特殊都市、實施特別市制之政策、已漸抬頭、今日之哈爾濱之特別市制、亦與普通市上意見、適成逆流、最近哈爾濱特別市當局、將更進一步、擬移管警察權、輿論亦頗澎湃、關於該項問題、據市方某有力者談稱、大意如左、

特別市制實施以來、四年於玆、一切行政建樹上、俱遲遲無何成績、不明眞像者、咸以爲責任者玩忽職責、無實際上、因市之一切行政、須持有強制而有力之警察權之援助、而後可、故市當局久有移轄警察權之計劃、而免除行政上之諸多障礙、然以各機關及市民之立場不同、在此場合之下、皆認爲不當、市公署直轄於民政部、警察廳亦同樣直轄於民政部、不特不能同舟共濟、幾成對立形勢、例如市公署創設之中央批發市場、竟有公然在場外交易、違反市政本來使命、行爲之商號、然市當局無可奈何、其次汚物處理假持有警察權、如有違反者、可直接處置不使之任意所爲及消遙法外、再爲驚人之路屍已發現三日至四日者、尙未處置、然市方在衛生警察權未移轄前、處置較爲困難、以上諸因、市公署在事務上、如不與警察廳諸聯絡、關於市政之執行、頗多障礙、如期大哈爾濱市之前途發展、市公署之移管衛生警察權、爲目前當務之急云、

濱江省管內
貿易調查
總額四千四百四十一萬餘圓
建國後第一次調查

濱江省實業廳調查、康德二年一月以降至六月末、省下二十七縣一旗、各縣旗之棉花、石油、食鹽、化粧品等、一切雜貨及大豆、小麥、麻子、其他各穀類等之輸出入總額如次、

輸入一千七百四十八萬五千元、輸出二千六百九十三萬四千元、其中以雙城輸入之三百九十萬元爲最多者、綏化輸出之六百八十萬元爲最多者、輸出入合計額最多者爲海倫、爲六百六十萬元、占省下各縣旗第一位、

此次貿易調查、爲濱江省下輸出入現勢之一端、未免有幾分缺點、實業廳正在實施繼續正確調查中、

各縣輸出入總額(單位千元)

呼蘭、輸入一二〇、輸出四〇
賓縣、輸入一九〇、輸出八七〇、
阿城、輸入三九〇、輸出九五〇、
五常、輸入四八〇、輸出二、八〇〇、
雙城、輸入三、九〇〇、輸出二、二〇〇、
肇州、輸入四三〇、輸出一一〇、
肇東、輸入三、四五〇、輸出八〇、
蘭西、輸入三七〇、輸出二四〇、
安達、輸入一一〇、輸出六〇
青岡輸入二〇〇輸出一七〇〇
望奎輸入一九〇輸出四五〇〇
海倫輸入二五〇〇輸出四一〇〇
綏稜輸入八〇輸出二一〇
綏化輸入八一〇輸出六八〇〇
慶城輸入八〇輸出二一〇
鐵驪　—　—
東興輸入三〇輸出一七〇
巴彥輸入四五〇輸出二六〇〇
木蘭輸入七三〇輸出七九〇
延壽輸入二六〇輸出三五〇
珠河輸入二〇〇〇輸出二六〇
葦河　—　—
寧安輸入二〇〇輸出四三〇
穆稜輸入三五〇輸出五三六〇
東寧輸入一七五輸出二〇
密山輸入二六〇輸出四四〇
虎林輸入四四五輸出九
郭後旗輸入六一輸出一五〇
合計輸入一七四八五
輸出二六九三四云、

但見新人笑不聞舊人哭
王硯青夫死再嫁夫
張趾祥妻在又娶妻

黑山縣白某、舊北鐵時曾任路警段長、職優俸厚、不數載、腰纏纍纍、遂成富家翁矣、惟年逾知命、膝前猶虛、每引爲終身憾事、欲納寵、與妻王氏商、妻固弗允、白以不孝有三爲詞、堅欲納之、妻計窘、思以對策、妻有胞妹小字硯青、時已念一歲婀娜多姿、風流勝乃姊、尙待字閨中、本利權不外溢之主義、告白、白固久畜此意、聞之大歡喜、夫婦陰議謀之之策、乃接硯青於其第、阿姊乘隙外出、白擬姦汚之、硯青情殷雖閉、然以梨花海棠自不甘從、白强之王乃大呼、白懼王乘機奔告警所、警念白爲現職段長勢焰高張、願爲調處、乃函乃岳來哈、允與熱地廿晌樓房一所現款一千元、此外更須與硯青永好不許稍離左右、最末一項條項、因與乃姊之利權上相衝突、乃姊當曾提出嚴重抗議、結果取以折衷辦法、每人一月、事遂平息此事變前二年之事也、

綠硯青姿首勝於阿姊、且年貌俱麗、白自爲之顚倒、於是久之應自然之趨勢髮妻竟自失敗乃陷於苦境焉、故由此一母所生之同胞姊妹一變而爲不共戴天之仇讎矣、蕭墻之爭幾無寧日、前年、白突病逝、硯青

道外公園
門雖設而常關
不讓人們遊玩

荒凉已久之道外公園、曾聞市公署已預備經費、加以整理栽培、然迄今未見有人從事工作、園內除蕪草之自由暢茂外、徒覺空暇荒蕪而已、但該園雖處在極東邊陲、而面積廣濶、空氣淸新、値茲夏令、即無花鳥可賞、亦可供人閑散消遣、詎料園門終日鎖閉、內中住有老白代式之男女數名、淸閑自在、談笑言歡、儼然彼當私有之產業也、昔觀每當夕陽西下時分、公餘得暇之人們、三三五五、溜躂東行、蓋以該公園爲其意中的目鎖地也、而結果俱被嚮以閉門之羹、於是乎乘興而去、鬧一個敗興而返噫公園耶私園歟公園云乎哉？

哈爾濱特別市概況【三】

四、保健衛生設施、

屬於保健衛生上之設施、而可列爲康德二年中之新規事業者、爲家畜交易市場之開設、及汚物處理作業之統制、是前者、係於康德二年二月、在本市東郊撥地約二十五萬平方公尺、投資二十萬元、實行設立、其規模之宏、在東洋無出其右、自開始以來、業務亦稱順利、茲將康德二年二月十九日開設以迄十二月家畜交易之數、列表如左、

種別	牛	馬	騾	驢	豚	綿羊	山羊	計
頭數	三三、六二	四、三四五	三四七	三三	三三、〇七一	一八、八六一	三三	九九、八三一
金額	一、三五五、〇五八	一七九、三六七	一五、一三二	五、六六七	一、四〇三、四九九	一五七、八三五	[illegible]	[illegible]

後者、乃合併市內、各私設之汚物處理機關、組織而成、幾經籌備、於康德二年十二月統一、始告成立、查哈爾濱市內、每日約有糞二四〇〇桶、屎尿一六五立方公尺、汚水三〇〇立方公尺、皆由具有近代的組織、及設備之大汚物處分場處理之、

衆以指導市民衛生、及改善生活而教代之之爲目的、有衛生指導隊之設、實行各戶之[illegible]病調查、[illegible]之衛生故送並檢察兒童學生之身體等、又有衛生撲滅隊、分散急東隊、消毒隊、屍體收容隊、有醫學講習會、教授醫學智識、有衛生展覽會、陳列衛生圖籍、諸如此類、不一而足、皆有相當成績、更以妓女檢黴制度、於日俄人行之已久、滿妓則未、因自康德二年度起、亦施行及之、而醫院之設施、則有赤貧者、可得免費之市立第一醫院[illegible]滿洲國最稱美備之精神病[illegible]或僅收實費之市[illegible]診療所、計有三處、其設備[illegible]研究詳、頗爲市民所信仰、其市立兩醫院及三診療所之入院、通院患者、康德二年度延

醫院名	入院
第一醫院	三五、二一六九
第二醫院	二六、六三四
埠頭區診療所	—
新安埠診療所	—
傅家甸診療所	一、八二一

註　第二醫院僅有精神科(僅無精神科)、第一醫院各科皆備、

五、交通機關之概要

從來哈爾濱市內之電車、及大汽車、前者由電業局、後者由大汽車公會分別經營、平日

頼與掌合奏

一支交響曲

大腹賈色性狂甜言求愛
美女郎心情冷動手打人

時候是在昨天的傍晚酷虐的太陽爲避免人們的沮咒、避到西山背後了、在歡迎風涼的聲中、人們都泰半離開蒸籠的屋子、而來在十字街頭、門首、排除胸中積熱、

一個漂亮時髦的妙齡女郎、大概也是因爲上面所說的理由吧、她携領着一個五六歲的孩童、從 道外南十七道 街往北行、婀娜的步子、柔柳的腰兒、飄動着、呈現着流活的曲線、 一面口內哼着 流行的曲兒、粉臉兒浮着媚嬈的微笑這樣才吸動了一個大腹賈、犯了色情狂、他！大腹賈！移動飛快的腳步、追上這女郎妹妹！往那兒去呀？我請妳看電影好吧？妳 在那里住？嫖 亮的妹妹、像是陳燕燕——小鳥兒說着說着靠近了、他情不自禁去扭她一下、『國泰電 影院好、看着去、我請妳上樓座、以後我願意交妳這位朋友呢』！

出乎人家意外的這女郎、態度在如此炎夏裡、心情還是那麼冷、巴巴的落在人家頰上幾條紅印兒、更噴了些香液在人家臉上、大腹賈知道要失敗、忍着羞、含着辱離開了現場、那無情的女郎、這時也憤憤然走去了、

後來聽說這位大賈還是某酒廠的副經理呢！

乃同姊扶櫬回籍山原籍、青以性風流不堪此獨居寂寞、且年事漸長、『性』之要求日甚、遂典當首飾價值六千餘元、携之來哈、寓十六道街自邸、意在物色終身伴侶也、

先是該樓房無人經管乃因委託昭和勤業株式會社經理、該社有社員張趾祥者、年三十三歲、營口人、以業務上之關係、時與覘 青談、無 何、竟至發生曖昧情事、詎知好事多魔、事爲乃妻在原籍知、[illegible]幼女、匆匆奔哈、詰張問罪、張迫妻歸、妻不從、計窮、乃變硬爲軟、長跪涕零、言婆覘青可適爲富家翁、妻憐其愚、許、乃於上星期日携其幼女含淚別去、仍歸故里、於是張乃爲所欲爲、大撒其貼、廣爲舖張、於昨一九日在道裡宴賓樓飯店舉行盛大之結婚喜筵一切均按照正式結婚之儀式舉辦、情形非常隆重云、

通緝匪徒
警廳努力搜查

哈爾濱警察廳、接東寧警務局公函、有李士倫者、年二十歲、於本年三月間、曾在東寧[illegible]某滿人財產家強盜殺人越貨後兇手、被縣警務局捉獲拘留、不意七月二十七日下午六時許、乘看守不備、破獄逃逸無踪、該局招集全署員出動、張佈警網、到處搜索、亦未捉獲、據現在之線索、似有潛伏哈市之模樣、故通知哈警廳通緝多哈警廳據報、立轉知管轄各警署、取一致聯絡、在小店伙房以及各客棧、幾乎不眠不休、澈底檢査、此犯果匿伏哈市、決難脫出法網云、

三角戀姦

旅館中一幕喜劇

溫柔鄉變爲是非地
假戰場遽成眞場戰

女子劉少蘭、自言爲現任下江某縣長之愛寵、前月溯江來哈、轉道去新京省親、途中乘天泰輪船、竟與二副孫某及大副王某先後發生肉體關係、當時孫王二人、各得便宜、隱瞞不肯告人彼此固猶不知爲一眼邊襟也、迨劉由新京返哈後寓道外某旅館、適天泰輪船亦返哈、劉分別暗告孫王、至旅館相聚、適孫先至、正在前方告急、戰事緊張之一剎那間、王大副推門而入、見此情景、不禁酸氣沖天、質孫曰『刀雖快朋友之靴腰豈可刎乎』、孫聞以先佔爲詞、而爭執之、王怒乃變以老拳、孫當不示弱、起而應戰、於是溫柔鄉頃刻間一變而爲是非地、假戰場遽成眞戰場矣、結果王力猛而孫懦弱、大吃其苦、經店夥拉勸、始行住手、然孫某已鼻青眼烏、狼狽不堪矣、劉在此左袒右護之立場、見孫受辱、情不自禁、乃於大庭廣衆之下、與孫相抱而大哭、王恐事態擴大、乃潛去、孫由此留 連於劉處 須臾不離

機器墾荒
成績良好

哈鐵產業處農務股、於七月一日、在龍鎭以機械開墾荒地結果收獲良好、機械一架、開墾四十日、可墾荒地一百町步最初預想 本年度 開墾三百町步、足爲移民之占用、由九月增加機械二架、至九月末、預想之三百町步之生荒、即可開墾完成、待來年春季、小麥播種仍以機械耕作、似此北滿荒地、今後之開發、頗多期待、同時北滿農產物之增收亦意中事耳云、

本年末航
預定期日

據航業聯合局發表、本年自解氷開航以來、沿岸治安、漸趨肅清、商業頗見起色、故航業收入成績、較往年爲好、時在秋季、轉瞬冬至、結氷時期即將降臨、故該局預定配備最終之客貨輪船、開航日期錄之如下、

	客船	貨船
漠河	九月十八日	九月七日
虎林	仝二十五日	仝二十五日
黑河	仝二十八日	仝二十七日
江橋	——	十月十日
大賚及扶餘	——	仝十六日
富錦	十月二十二日	仝十九日
佳木斯	仝二十三日	仝二十日
三姓	二十四日	仝二十四日
方正	二十六日	二十五日
通河	二十八日	仝二十六

査封江時期、預定出航之月、氣溫若有暖和變化、至必有多少變更模樣云、

國際倉庫運輸狀況

哈市國際倉庫、七月份出入之貨物、數量、品名誌錄如下

(單位噸)

品名	入	出
大米	一	八
籾	二二	九四
高粱	一	四一
其他穀物	四六	四五
砂糖	三八	二〇三
其他食料品	三七	三二
紙類	七二	五九
綿系布	九〇二	六六二
棉花	八	八
麻袋麻絲	八八	七四
燃料	三四	一七
膠皮靴	一七	五七
其他	一三九	二八三
計	一、九九三	一、五八三

較前月入庫約一千三百噸、出庫約一千五百噸、出庫漸次增加云、

改良羊種

濱江省公署、爲謀改良羊種起見、査管內肇州、安達兩處、爲開發牧羊場適宜之處、故擬購入緬羊五百五十隻、配佈肇州安達農村飼養、實業部派員一名來哈、濱江省實業廳派員一名、於十四日向滿洲里方面出發、着手購買、擬八月末將緬羊運送來哈、分配蕃殖之、日滿兩國需要羊毛將來之發展、頗有期待云、

反蘇運動
益呈激化

據當地某方消息、一九三六年(本年)五月中旬起、蘇聯國內各地反蘇運動益呈激烈化、至六月下旬蘇聯政府以各地反政府運動、情勢愈形擴大、極度狼狽、感十分之威脅、而反蘇運動中心人物之組成、大致皆屬於勞動者及被監禁褫失選舉權者、以及赤軍逃亡兵士、至該反蘇運動主要工作、目的爲妨害蘇聯軍事輸送、炸燬鐵路、並撲滅共產黨內優秀分子現在各 地反蘇運 動最強者、計爲『也魯也古』『前來母好歐』『吉馬』等處、該等地自六月一日起至七月七日止、約卅八日間、軍用火 車、軍用 貨物列車、惹起事故、計共十六次、而其中有七項之破壞、已完全成功、其事實即五個列車顚覆二個列車係用爆炸機械破壞、該爆炸器內裝有時計、事先運動者、於車站內、假充鐵路工人或站員、將爆炸物秘密搬運入列車內、預計列車出發後、之相當時間、及地點、即行爆然爆發、其第一次之爆炸『前來母好歐車站附近、第二次爆炸在『吉馬』車站、吉馬站以東十一公里地點、所在之列車、殆已完全被炸粉碎、以上二次之爆炸事件、鐵路亦多被炸燬以致一週以上、鐵路交通隔阻列車不能通行、鐵道當局、乃於另外安 設迂廻 綫、暫時運行、一方鑑於反蘇運動情勢之危急、爲警備起見、鐵道及政府當局、特派遣第十二狙擊師之一團、以圖彈壓、

又二反蘇運動第二區域、在『梨甲』車站、及『伯脫洛夫司基早歐塗』『報達』車站等處之間、該地區間、自六月五日起至七月十日止、及政府派有七次、裝置顚覆列車之設備、計有三次完全成 功、即 能中一次、因地雷之爆炸、列車完全顚覆、列車中計有四[illegible]爲運飛[illegible]彈、[illegible]之炸藥、亦均完[illegible]爆發、反蘇運動之第三區域、爲『烏魯利噴』車站、[illegible]路後某[illegible]之間、該區域自六月五日起至七月十日之間、共有六次列車顚覆之事件發生、就中破壞成功者、共有六次、

友軍勦匪
捷報頻傳

磯谷部隊之桑原部隊、於十四日午前五時頃、在巴彥縣張家崗附近、與趙尙志系匪團二百餘名遭遇、激戰二時半、結果匪勢不支向東北方潰走、斯役也、匪遺棄屍體二十三具、擊斃馬九匹掙獲手槍五二支、子彈二七一粒、又手槍三支、子彈三十一粒、友軍一等兵石川廣夫氏(岐阜縣安八群南平、村草道島二四六〇出身)名譽戰死、同一等兵大西吉藏氏負重傷云、

萬國道德會
講詞概要 (三)

濱江省道德總分會、

講詞概要一章 第四篇

在上章前天不說道嗎、那三界性 心身嗎、今天詳 細研研究、給大家聽聽、正要努力發揮時候、我會王主任傻峰上堂講了、點半多鐘、把我我一肚子話、他替我洩漏了、請大家多原諒、等我我明天再說吧對不起要看王先生那樣槽啦、本體有甚樣、相前年極樂寺來一個和尚胖的很相大肚子彌勒佛一樣態度、每天笑哈哈的、不知那一時不見了、我們王主也每天笑哈哈的、就相那個和尚脫胎似的要不那些聽衆、怎十分表示歡迎的樣子每逢上堂他一講、聽衆皆提起精神來、穩性、我[illegible]、講的[illegible]好、理由透明、隨王善人二十餘年學道、再有一位吳忠信、佩蘭女士、眞女中巾幗、道理高尙、每到出席講演、朗朗數千言、一氣貫通、不激不烈、態雅沉着、意氣悠揚、眞不可多得之良材也、今已被道裡分社聘去、本會又由京請來、三位女士、一門玉屏、一張蓮枝、一鄭世傑、乃新京有名之講演家、善能講病、來有月餘講好的病已有二十餘起、我會自開創以來、好者有數百起、最出奇的、是鐵局局長張恕先生之女公子張瑞華、病有三年之久的勞病、經會中人去三四次、將數年醫生不敢醫的病、已經要死的人講好了就從這一個病好、本市有名的人、全都讚美的了不得、就大放光明、有煩惱家庭得和樂的太多、患多年疾病者、一講就好、這不是神景嗎、這可不是欺人、先說不要錢、不要禮品、不用酬、請放心吧、若怎說、一㕣病都能講嗎、不是、凡關心疑病、煩惱病、因果病、德性病生靈病、氣鬱病、或邪病、急氣等病、要有患者請來試試心誠就靈、若是風火暑 濕燥寒等病、積累年深日久 結成實症、那可未有把握、凡有醫不可治的、來本會講講好、因爲講好不少、纔敢說呢、敝會本提倡家庭教育之職責、爲人羣謀幸福、所以極力宣傳、以普及市人云云、

第一章 第五篇

你說王主講三界、怎講的、他說性心身是也人秉天地人三界所生、天賜予以性、地賦以命曰心、父母生身、所謂三界者此也、待我一層一層的詳細說說『性分三品、心分三品、身分三品』三三見九之數、合而爲一成一體、[illegible]曰、大哉乾元、易哉坤巽之象形也若怎看人的 心身性命能不資 貴嗎、『性的三品、一曰天性、 二曰秉性、 三曰習性』、

(未完)

人數如左表、

通 院 合計

三四、九一九 七〇 一八八

三三五 二[illegible] 九六九

一二、二七九 二七九

三、〇九二 〇九二

五〇、九一六 七

惟利是圖、毫無[illegible]、市民既感不便、即於發展[illegible]交通前途、亦多妨碍、因將電車自康德元年十二月、大汽車自康德二年一月、皆歸本市先後接辦、並加統制、自是以來、行旅稱便、營業亦逐漸發展

電車方面、據上年十二月底之調査、其營業線終之延長、計有車線六九公里、複線一二、一二公里、駛行系統三、駛行車數三十二輛、最近又定購新車七輛、以利乘客、茲將營業[illegible]形列左、

乘客數 一六、二二一、四八四人

收入 七七六、五八一元

每日平均

乘客 四四、四三六人

收入 二、一一三元

市營大汽車、當上年十二月底、時計有營業線路、延長五五、〇五公里、駛行車數七四輛、駛行系統十線、嗣經逐漸擴充、康德三年三月底、時有營業 線路延長五九、八〇公里、駛行系統十一線、茲將營業情形列左、

乘客數 一二、三四六、[illegible]七八人

收入 六八一、五五八元

每日平均

乘客數 三三、八二六人

收入 一、九一〇元

(未完)

產業調查
積極活動

哈爾濱鐵路局產業處、爲謀北滿產業開發、特組織產業調査班、以北滿鐵道沿線、及松花江沿岸、濱北綫、北黑綫各地之農業林業、商業三部爲中心、以九月中旬爲期、積極搜集資料、以便作成有統系之刊物云、

掏兜盜犯
一網打盡

道裡經緯署[illegible]、於昨十四日、偵知市內潛伏掏兜賊數名、擬欲乘機活動爲該署將一干人犯、一網打盡、茲將姓名錄如下、新安埠、北安街于振江、(三九)遲連恭、(三六)河北省人、道外大水晶門牌一三號王俊、(二六)姜子海、二四)陶金章、(三六)李志[illegible]、以上六名、現下正在審訊中云

濱江特刊

第七十六號

盛京時報北滿總支社
社址 哈爾濱道裡斜紋二道街一三一
道裡電話五二七二番

濱江省管下各縣 地方稅成績良好
各縣治安漸趨確立
總額二百九十六萬八百餘元

濱江省管下各縣地方稅徵收成績、頗爲良好、本年度自一月以降、至五月末、稅收總額、達二百九十六萬八百九十五元、至於康德二年度、六月至十二月末、稅收額爲二百四十五萬九千元、兩相比較、增收五十萬二千元、估總額二成、足証各縣之財政、漸趨確立、其徵收稅別、表列於下、

（單位＝元）

稅目	收入額
地捐	一、五七七、二五七
房捐	一一一、五三七
營業附加	一二九八、六六二
車捐	七四、一七三
糧捐	九三二、〇四四
其他	一六七、二二三
合計	二、九六〇、八九五

康德二年度之地捐約六十八萬三千元、房捐約二萬元、營業捐約二十六萬九千元、車捐約卅一萬二千元、糧捐約百二十萬元、其他約十五萬四千元、與本年度上半期比較則房捐營業捐車捐及糧捐減少、蓋以稅制改正、及廢止重複課稅之結果、但地捐以治安恢復徵稅地域擴大、同時前北滿特別區歸併、一方因徵稅之方針變更合理化、一般之納稅觀念漸次普及、故徵收成績增加、因此明年度之預算編成、重要資料提供、頗堪注目云、

防空見學演習
九月十三日在顧鄉屯舉行
參加人數五萬人

今秋之防空大演習、爲期迫於眉睫、哈爾濱防空支部及關係各機關、目下正在積極準備一切手續中、昨（廿二日）山岡本部隊派員十人地方側派員二十名、躬至顧鄉屯附近一帶勘查地勢、擬在顧鄉屯西方一千五百米之機器窰設置統部、並於附近設置無線電台四五架、現已向電業公司交涉沿顧鄉屯通市內大馬路架設電桿、裝設電線、同時向都市建設局道路科交涉、將通顧鄉屯之汽車路補修、以便十三日見學演習時、參加人員利用大汽車運送、斯日預定參加人數爲五萬人、除利用自動車運送一部外、同時並用輪船火車運送、由午前十時起至午後二時半止、演習項目大體如下、一、爆彈投下、在顧鄉屯西方距機器窰一千米廣原、由各樣飛機三架齊向目標投下爆彈、將目標爆炸之、二、對地攻擊、以木板目標設於距機器窰西北五百米池中、飛機六架在低空以機關槍掃射河中木板目標、三、空中戰鬥、四、高射砲射擊晚間演習探照燈照射一切準備萬全、以備九一七、八、九三日間正式大演云

大直街東端 馬路重修
九月末竣工

南崗大直街至俄人墳塋地處之馬路失修、特由市公署道路科、有鑑於此、以一萬二千元之經費、由六月實行動工築修、馬路中間、建設花園、並栽培樹木、由兩邊分左側通行、該道均以石塊砌鋪、擬訂於九月末竣工云、

取締街頭代書
既碍觀瞻復妨交通

一般失業之文人、多設肆於街頭巷尾、代書函件、當局認爲既碍都市之觀瞻、復與交通以不便、況謄告文件、往往出自彼輩之手、警察當局考慮之結果、決將以斷乎手段一律取締之、正陽署管內調查結果、約有八十餘名、二十二日午前、在大新街一帶、突然檢舉三十餘名、由此街頭之代書業、形將一掃、同時恐與下級社會之文盲以不便、凡年力富强者、須另謀他途、但年老殘弱者、須經官廳正式許可、仍繼續營業、但以不妨害交通爲原則、故今後街頭之代書業者、將歸消滅云、

警報與燈火管制
防空常識 第一警報
警報分爲空襲警報及防護警報

空襲警報

空襲警報是爲報敵機來襲之警報也而在夜裏當命令空襲管制之實行、

一、敵機空襲之危險丟失乃當命令解除空襲警報在此情形當解除空襲管制而復歸警戒管制之狀態、

一、空襲管制及其解除司令發令之、

防護警報

（火災警報瓦斯警報）

一、防護警報是爲通報火災之發生或受瓦斯攻擊之警報也而分之爲「火災警報」及「瓦斯警報」命防護之實行、

一、關於火災警報準用平常之定規、

一、在瓦斯警報須用「電氣警音機」大鼓、板、空罐、有毒地域是以旗子、燈火等標示之、

第二燈火管制

一、燈火管制分警戒管制及空襲管制、

一、警戒管制係爲使敵航空機發見要地困難管制都市象光及上空暴露之火光、其實施及解除應依據防衛司令官之一般命令、

一、空襲管制爲不與敵航空機之續行目標且使精密爆擊困難起見對外部秘匿全部火光者由空襲警報發令起至解除止實施之

一、實行燈火管制是管理燈火、火焰其他發光體之人應當負責

注意

一、燈火管制者更對於敵機之來襲秘匿燈火、火焰其他

三棵樹太古街 道路翻修
九月中旬即可竣工
一般市民莫不稱便

道外太古街一帶、爲滿商糧棧集聚之處、每屆秋收後、四鄉農產向該處以大車運送糧石、絡繹不絕、惟三棵樹至道外太古街之道路、每逢降雨、道路泥濘、不堪行走、如遇微風、塵土飛揚、不獨有碍都市之觀瞻、且與市民之衛生上亦有重大防碍、市公署道路科有鑒如此、由本年六月間、以工費六千元、實行動工、着手築修、完全以塊石頭鋪設、九月初旬即可竣工、太古街之商家無不稱贊均喜形於色云、

關於國軍之現況及將來
四軍參謀長李少將放送詞

今天借這很貴重的時間、以「關於國軍之現況及將來」爲題、能得這放送的機會、眞是敝人最光榮的事、回顧我滿洲帝國、建國已經四年、幸賴盟邦日本國絕大的協助、我國內的治安、日見肅正、國運也是逐日的發展、這眞是我們同慶的事情、這一方面是依賴盟邦國的援助、同時又是我國民均能理解建國的意義、爲國家均特別的盡力、尤其是我滿洲國軍隊、依賴盟邦軍的協力指導、對於國內治安、也是特別的努力、關於這點深信諸君已經有充分的認識了、我想諸君都能知道的、舊軍閥時代的民衆和軍隊完全勢如兩立、軍隊爲强權者的私兵、與盜賊胡匪並無許多差異其所作所爲都是橫爭暴斂、苛苦人民而已、對於民間並未謀絲毫的福利、反成爲國家社會有害的毒蟲、在那期間中、一般的流言、只可以「好人不當兵」的一句話來形容他們的行爲了、

然而建國已經四年、我國新軍、自產生以後經過再三的改善、現在剛剛達到不愧爲國家軍隊的編制裝備的地步、可是西歐各國見我滿洲帝國的發展有這樣的迅速、統稱爲世界最驚異的事情、按理說來以很短的日期能造成這樣良好的國軍也確實值得是爲世界所驚異的一件事情不待敝人說明、諸君早已知道的、我國軍隊爲 皇帝下親自統率的軍隊、就是一兵一卒也都遵從、陛下的命令去行動、換句話說、現在的軍人、就是皇帝陛下的手足一樣、去實行軍務、軍隊不但是 陛下手足、而且還是國家的公器、概是國家的公器、就是國民的軍隊、所以決不像以前的那種個人的私兵、

敝人這次同郭軍管區司令官到管轄部隊內的山江地區、就是松花江、下游各部隊、檢閱回來了、諸君也是已經知道的這個地帶、是我滿洲國內惟一的交通不便的一個偏僻地方、並且無有何等文化之施設、加以有多數匪賊盤距其內、並且隔着一道黑龍江、就是蘇聯國界、他不斷的虎視我國的國境乘隙前來犯邊的、實在是最好起是非的地方、所以這個地帶人口物產等、也是稀少、生活的狀態、也是很低的、建國的當時拿破竹之勢、將這個地方的匪擊散、後來就在這個地方、常駐的吉林剿匪軍、就是現在的三江地區司令官的麾下部隊、駐屯這個地帶、擔任維護人民的安全與福祉、和治安秩序、以及國防的責任、這些部隊、是一個屢戰屢勝的善戰部隊、但是因種種的問題、對於軍事的設施、還有不充分的地方、而且自建國以來未曾受過檢閱的所以司令官以下、當出發的時候、並無何等期待、預料僅出形式上的整頓便是良好的成績、就以這個理想出發去了、但是到了現地、完全與材料想的相反、實在是有很整齊的威容、就是閱兵分列式、或演習、也是很可觀的還有將校以下的全員、服務的狀態、也是非常的緊張、而且精神也很莊嚴、敝人拿檢閱官的資格、向各將校或兵卒詢問各種事項、應答的非常的流暢譬如向兵卒問、「你是誰的軍隊」很精神的答應道「是皇帝陛下的軍隊」像這樣一次還未

哈爾濱特別市概況【四】

六、改革稅制之概要

哈爾濱特別市成立之初、依哈爾濱特別市行差負別暫、濟區域之規定、設有差別、負擔區域七處、厥後壹是就範該項差別制度之解除、並複雜稅種稅率之整理、自是急務之尤、用於康德二年七月一日、先行接收哈爾濱警察廳徵收之各種捐稅、其中除得改爲市稅仍行徵收者外、其餘全部廢止、於始有暫行而市稅條例之制定、既而八月二十四日、中央公布地方稅法、本署根據該稅法、復準市民負擔範圍、秉不增稅、不偏時之原則、加以慎重考慮、悉心規畫、又釐訂哈爾濱特別市市稅條例九十四條、現在該條例業由第十一次自治委員會議決、奉民政部核准、於康德三年一月一日開始施行、經此整理被廢止之規則、都二十二種、五負擔區域七、亦可謂本市重大之變更者矣、此外不含於新稅中之稅種、尚有下列數種、

酒捐　全年核定額二〇〇、〇〇〇圓・

拍賣動產捐　全數核定額一八〇圓、

北鐵附係房捐　全年核定額一二五、一七三圓・

北鐵關係地捐　六〇、〇〇〇圓、

北鐵關係馬路捐　三七、一九二圓、

合　計　四二二、五四五圓

至經此次稅制整理後、就今昔歲入之增減、加以比較、有如左列、

整理前　二、四九二、八五二元、二、〇七〇、三三七元　八四%

整理後　二、一七二、八〇七元、一、八五七、六四三元　八八%

租差減　三二〇、〇四五元減、二一二、六九四元增　四%

以上面照全體觀察、則市民負担卻減輕三二萬元、照歲入概算觀察收入率雖增四%、除此項歲入缺陷由國庫補助外、因徵稅技術之進步、並有次述之財政方針、盾於其後、健全之財政當仍能完全維持之焉、

之火光之謂

二、隱蔽者即對外部完全隱蔽火光之謂

三、限制者即減燈滅燭或以準此手段減少光量之謂

四、遮蔽者即直接對燈器加以覆蓋或以準此方法使由上空發見困難起見對特定方向以外之光遮蔽之謂

五、警戒管制間(演習間)禁火、野火、篝火、狼烟、警報用以外之花火之使用禁止之

六、空襲管制如由外部能發見火光之狀態時裝火、火柴自來火照像用火光類之使用及喫烟禁止之

七、凡屬必要以外之燈火、消燈

八、凡火光不漏於外部之燈火無管制之必要

九、警戒管制若長期間之實施之應於事前完成施設一般之營業照常辦之

十、燈火管制間應注意火災事故

十一、燈火管制間應注意免事故

十二、防護警報火災警報及瓦斯警報另規定之

弱女背井離鄉 中途險遭不測

路警孫偵探慷慨救助

陳桂貞、奉天遼陽人、年方十七姿首娟麗、固一時毫女郎也、伊兄寶田、經商當鋪、開設公源恒雜貨店、於前年春、携眷遷哈、桂貞當隨其兄嫂北上焉、故里遺有母娥、年逾花甲、以骨肉關係、雖音書頻傳、但關山遙隔、兩地相思、每以一晤爲快、本年五月間、適有族伯由富旋里桂貞乃邀得兄同意、偕同南歸、娥[illegible]相見、兩情依依、敷敘遙思、但傾吐、其樂融融以至忘返、乃兄迭次函催、早日北上、但乃娥終以青春弱女、孑然一身、千里迢迢旅可投、爲無伴侶恐多不便、桂貞固自賦聰明、雖云路途遙遠但舟車轆轆未嘗視爲畏途也、於是竟惑娥母之意而於月之念一日搭車北上焉、迨車抵新京換車時一旦不慎、竟將車票遺失、乃重新購票、於昨廿二日來哈矣、川資僅足抵富詎料事出意外、迨抵哈後、已囊中空空一文莫鳴矣、況人地兩生擧目無親、何處可呼將伯、桂貞此時陷於進退維谷之苦境、乃自徘徊車站一無所之、無何有一青年男子、西其服、革其履、固一翩翩佳公子也、暗中窺覬良久、但桂貞固未之知也、青年趨前與談詢以故、桂貞以實告之、青年故作惋惜態、並慨允資助、桂貞此時走頭無路、自當喜出望外、感激涕零、青年約赴其第桂貞隨往行間車爲路務段偵探孫擧撿瞥見、以其情形曖昧、態度不審、疑係拐逃、乃走前盤詰、青年色遽變、轉身逃去、孫追之不獲、近問桂貞、知其經過、幸免墮入虎口、於是孫除助川資國幣三元外、復偕桂貞至航聯局、蒙該局之慨諾、准予發給免票一張、於當日搭乘綏成輪下航去富錦矣云、

甜瓜遍市 疫癘可畏

本年夏季、因雨水連綿、氣候炎熱、北滿之瓜菓收獲特別良好、往年牛角錢一個之呼蘭名產香水甜瓜、本年僅賣國幣二分、每晨道外瓜市滿坑滿谷堆集如山、爭相兜賣、大有供過於求之概、市內街頭巷尾觸目盡是瓜販、一般下級社會苦力等、恒以瓜當飯、果腹充饑、據一般醫理學家言、甜瓜用之過量、且食者多不去皮、最易發生傳染性之疾病、故市民對此應特別留意云、

日人意欲何爲

深夜覬覦四軍棚內 逮捕審詢態度曖昧

二十日午夜十一時頃、南崗第四軍管區司令部突有日人一名越欄而過、覬覦柵欄之內容、爲衛兵巡邏瞥見、當即報告日系值班員將其逮捕、認爲深夜擅入警戒森嚴之司令部內、殊屬可疑、經慎重審詢之結果、據供名森藤仁三郎、年二十八歲、北海道茅野郡森町人、身着西服、搜查身旁、發見多數當票、態度非常曖昧、認爲有竊盜嫌疑、迨至翌日經日本總領事館將其引渡、目下領警司法係正在嚴重審詢中云、

親自拜見過陛下尊顏的、僻地駐屯士兵、竟然能教育到這個地步、眞是令人欽佩的、或又另問一人『你爲甚麼當兵』這時那兵雖未能立即回答、但稍一停、則毫無遲疑的答道『爲保護國家討伐匪賊、使人民安居樂業』若是從前舊軍時代的軍人則必答爲賺錢當兵吧、假使就是形式上的話、也眞令人感觸到實在[illegible]念的及有國軍意識[illegible]又聞一個軍士『最近你最歡喜的事情是甚麼』他對這個質問就答道『是未得到國民誠的慰慰問袋以前、看見日本軍、得着很多的慰問品、眞是羨慕極了、這次頭一回得着慰問品時的歡喜、眞是難以忘掉的、可惜我不識字、但想託一個識字的朋友寫一封謝信、把他發出去』上次收到國民諸君贈與的慰問袋、士兵們何等的銘感在心裡頭、使人不能知到他們現在才覺悟到、我們是國家的軍隊、國民的軍隊、我們的背後、有三千萬國民的後援、駐屯在交通不便的地帶、且每天要出勤討伐、過於勞苦的士兵、得到一個慰問袋、有多們感激、更在多的們安慰、這都是諸君的想像以外的事情、敝人很希望對於這絕好的企劃、今後連續的施行、還是最盼望的、但在很多數的士兵之中、有心神不定、或不明大義、被匪賊的宣傳誘惑、而逃亡的也有、然而這些小醜、當日滿軍猛烈討伐實施以前、而匪早就四散、瀕漸的覺悟着自己的不明白、不正當、將來必定前來歸順的、敝人又聽說四月十六日、依蘭縣城、被共匪襲擊的時候、僅以十數名的兵死守彈藥庫、抵抗約二百名的匪賊、終也未肯降服、雖然死傷屢見、仍是死守、到最後也未會稍懈、像這樣的忠勇士兵、實在非以當爲職業、還全是由優秀的國民中選出來充當軍人、竭盡忠心赤膽、置死生於度外、來報效國家、所以才能作出這樣不怕死不投降、盡忠報的國無上精神事件、如是方感覺到以當兵爲職業者、是不對的、而以國民義務心來從軍者、還不是正大光明的作爲麼、像以前第四教導隊、即是哈爾濱的教導隊、來了兩名青年、他們的志願、是一定要當兵的、所以與教導隊的責任軍官面會、他們說自己的鄉里先輩、現下在教導隊服務、常說現在的國軍、生活良好、所以才由路途遙遠的賓北綫的山裡、前來當兵、父親母親也都很贊成、無論如何、許可入隊、才是自己的希望、聽說他們已受過中等教育、是很有爲的青年、幸而經身體檢查也合格了雖不是入隊的期間但亦默認兩君的志望、許可他們入隊、現在成爲優秀士兵很壯健的享受兵營的生活、他們所有的熱望、就是將來成爲一良好軍官罷了、

(未完)

興安嶺探勝記

札蘭屯巴林兩避暑地 風光綺麗實幽邃勝境

在哈爾濱齊齊哈爾兩鐵路局應援之下、哈市日滿俄新聞社聯會主催之第一屆興安嶺探勝團、已於十五日午後八時、搭臨時遊覽列車由哈出發、十七日午前七時十五分巡返抵哈矣、此屆興安嶺探勝團員、日滿俄計百六十餘名、分札蘭屯及巴林行之兩組、蓋此兩組所遊覽處、均係興安嶺麓下絕佳之避暑地也、茲將探勝經過情形略誌於左、

自十五日夜八時團員由哈同車出發、雖有國際種族之別、然殷期喜悅之情、極表及時行樂之心也、車行未幾、臨窗遙眺市內、燈光一片、頗爲都市之特徵、於翌晨八時、抵札蘭屯、凡欲往札蘭屯遊覽者、爲半數自此下車、再沿雅魯河北進、穿興安嶺山峽、於九時三十分即抵巴林矣、

巴林地勢較札蘭屯爲高、四週圍以興安嶺諸山、挾雅魯河之清流、環山帶水、實幽邃之勝境也、於該地避暑者、計三百八十餘人、終日憩於白樺楡蔭之下、或遠眺青山綠水、或垂釣雅魯河畔、攀山狩獵、以消盛夏爲助探勝者之興趣、特[illegible]

[illegible]雅、樹木蔥蘢、風光極爲綺麗、名遠聞於其他各國都市、誠北滿惟一之消暑地也、[illegible]有之施設或風景、大有爲日本化之風味而又面目一新矣云、

冒充刑事 驅土而逃

白養恒、前會由富錦私運煙土三百餘兩來哈寓景陽街明遠棧意欲販賣獲利、不期於二十日午後九時許、有一身着警察制服制帽之堂堂警官、進屋後向白威嚇、自稱經緯署刑事、繼則將白所藏之三百兩煙土、悉數搜出、持之而去、臨行時並囑曰、你若要煙土、明日午前至經緯署去取、語畢攜之外出、白見其情形可疑、由後尾隨觀其究竟、警官知白某不甘心、捨此大批煙土急遽向南崗方面逃逸、白某恐追趕不利、至分所報告分所、當即轉知廳署、現下正在極力搜查犯人中云、

濱江特刊

第七十七號

盛京時報北滿總支社

社址 哈爾濱道裡斜紋二道街一二

道裡電話五二七二番

貧民福音

市署擬設當舖

減輕利息以蘇民生 一般市民莫不期待

本市爲北滿唯一商工都市、經濟雖呈活況、實則個民階級、幾達二十萬之多、甚至云當濟爲生、殊値注意援助、于是市署社會科、乃計劃成立市立當舖之計劃、即於明年計劃、起市債十萬元、于西八年市或道裡地段街各設一處、以三萬元充建築費、以七萬元充資本、於全下半年度再於道外設立一處、市民無論日滿俄、皆極期待歡迎、據查本市日滿俄當舖、共二百五十餘家、資本計九十萬元、每年當件數九十三萬弱、錢數三百十三萬弱、而利息奇重、儼同吸血、一度質當、幾難贖回、此次市立當舖、以免除此弊爲着眼、利息減輕、蘇我民生、同時在原當業、亦當因此有所反省云、

當局澈底取締

學校不穩書籍

搜查結果發見頗多

警察當局、據訊近來、本市各中小學校、似有用華南發行底科書等情、當與濱江省教育廳連絡、檢査全市中小學校所用之教科書、結果發現不少不合國情未經許可之教科書、關係當局、甚爲注意、除當場將此等書籍沒收外、並對該項書籍使用、或所有者、極密中進行調査、

關於上項書籍來源、據事後調査、多由上海商務印書館或廣東南京方面所印刷、其中不祇有含之民主義者、內多不合我王道國情乃灌輸兒童、殊屬非是、

在所發見之學校當局、對此事雖加辯解、然如斯不合國情之書籍、如斯不合教材之書籍、殊有取締注意之必要、殊難默許、因對責任者研究相當處罰中、以外市內私塾等、亦似有此類書籍、警察當局、近將對全市此項事件、加一大注意取締云云、

匪徒襲擊天理村

經警備隊擊潰

當地日領館警署得報、阿城縣界之日本移民部落天理村、於數日前、有匪賊蠢事實、目下警戒中云云、於二十五日該匪團八十餘名、竟行包圍該村襲擊、經該村警備隊應戰中、領館警署當局對此、甚爲注意、立即與濱江省及各警察機關連絡、於二十六日判明經過如次、

即二十一日有匪八十餘名蠢動、天理村民、即嚴加戒備、迄二十五日該匪等竟包圍該村、警備員總動員應戰、幸更得濱習中某部隊相援、終將匪擊退、該村民似無被害云、

駕駛如飛 撞傷工人

水運局司機彩殊惠、(二七)於二十九日午前九時半頃、駕駛載重大汽車、由南崗向道外江沿水運局事務所運搬貨物、因該司機駕駛速度迅速、行抵南崗下坎、有市公署道路科李某、在該處正築修道路之際、躲避不及、被撞於車下頭破血流、模糊不堪、受有重傷、當命即送入市立醫院救治、生命危篤云、

日本移民計劃

明年爲積極化第一年

共八千戶濱江省四千餘戶

友邦日本爲刷新庶政、認對滿移民國策之積極進行、爲重要國策之一途、經檢討[illegible]定、擬由次年起、爲積極化之第一年、擬移民一萬戶、刻下各關係機關、正急行準備中、

據聞此一萬戶之中、七千戶爲拓務省移民、其他三千戶、爲自由移民、至於移民區域、大槪如次、

(單位一戶)

滿拓既得地、拓務省移民一、二〇〇、自由移民八〇〇、濱江省、拓務省移民二、一〇〇、自由移民二、〇〇〇、三江省拓務省移民一、八〇〇、自由移民六〇〇、龍江省、拓務省移民一、五〇〇、吉林省、拓務省移民五五〇自由移民五〇、黑河省、拓務省移民五〇〇、

據可知來年度移民區域以北滿爲主佔百分之八十以濱江黑河三江龍江吉林北滿五省爲着眼點共在濱江省戶數除滿拓既得土地容三千三百戶、再加以自由移民千戶共四千餘戶佔全移民半數弱、

關於移民土地等問題業由濱[江省]……

警廳努力整理

市內交通

登喜和捐贈信號機一架

南崗及道裡將分別增設

哈爾濱警察廳、爲謀市內交通安全、使市民注意、曾一度宣傳、由七月中在道裡地段街拐角處按設信號塔晝日以紅藍牌爲標準、夜間紅綠電燈、來往車馬及步行者、均照察標通行、結果成績良好、各十字路口、複雜區、有按設必要、警察當局、正在研究中、突有透籠街日商登喜和百貨店、贈送警廳電氣自動機一架、價格千餘元、對交通整理上頗稱適用、聞該機不久即可按設地段街現在之信號塔處、舊有之信號機、擬按設同發隆前十字道中待防空演習完畢、由十一月一日實行、按設信號地址、南崗秋林洋行之橫道口、及道裡田地街地段街交叉口、今後交通安全頗保云、

祥泰工廠 將吃官司

三姓製材廠、前在哈向欒康侯購得石灰七千二百甫、當時言明每千二百甫國幣三百五十元、共核二千一百元、錢欵分兩次繳納、六月廿日交付一千二百元、餘九百元待灰到時立即交付、詎双方食言、買方三姓製材廠覓得祥泰工廠保結、倘至期三姓製材廠如有失言情事、當由承保人負責償還其損失以及貨欵全部、詎料至期原買主匿跡不見、但灰已購妥、

本市犯罪數因暑中較少、茲漸秋涼當益增多、於是關係當局擬加取締警察廳因於廿七日、對全市作臨時檢査、而警察廳長、茲同時出馬、萬期無遺、

在經緯署管界、於廿七日午後七時、分組警官數隊、對交通整理、及各鴉片小賣所、加以檢査、結果發現現行犯無許可之於約二一名、汽車違反二名、風紀紊亂三名、密賣淫四名、及其他年鴉片吸食証之煙客多名、

此次檢査極爲詳盡、除廳長出馬外、刑事等科長、茲皆親臨、張警網於全市、總計達卅五件之多、其中正陽署界、因事前對管內嚴加注意、以犯罪減少、爲目的、故僅爲一件云

哈爾濱特別市概況 【五】

七、治水事業之概要

本市因松花江累年氾濫、屢蒙莫大之損害、爲防止淹計、曾投巨額之公帑、尤以大同元年(一九三二年)、夏季洪水之役、大部市街俱沒水中、其所蒙經濟上之損害、僅市內一方面推定、約及一億元、

詎意康德元年(一九三四年)夏、季又遭此難、幸亟籌防水費六十萬元、施以應急之處置、南岸始免水患、然而市民危擬震駭者互數月之久、公私交困、莫此爲甚、

本市鑒於歷次災患俱足威脅本市[illegible]、樹立根本治水方策、實爲當務之急、然關於治水之調査機關、既不充實、而事業之施行、必需莫大之經欵、財源之籌措、殊不易言正、躊躇間、適國道局議以二百七十萬圓、完成松花江治水計畫、當經本署與商定、由本市負擔該經費三分之一、並於當年度、舉債三十萬圓、自康德二年五月底、着手動工、哈埠之有保障、從此樹之始基矣、嗣後國道局、於康德三年度、編列預算五十萬元、施行江岸改良工程、本市康德二年七月十五日、又將工程全部委託該局代辦、願自委託之後、因吟鐵故、江岸工程未能如期進行、遲延多日、待至今春解冰、始行急切興辦、一旦報竣、市民當可高枕無憂矣、

軌道 軌道設於道路之中央、除專用軌道以外、悉施以相當之舖裝、又沿國有鐵路線環繞街市開駛、輸送力甚大之電車、以作市內高速度之交通機關、自郊外至都市中心、及重要商業區域、則設置高架或地下鐵道、在必要時、併駛路面電車及大汽車、

四、地域計畫

商業地域 現在之傅家甸、道裡、八站久已成爲商業區域、將來當益繁盛、自是適於商業地之用、推道裡江干住宅頗多、故同時並設住宅地域、於此共顧鄉屯站東南之高燥地帶、將來擬設中央停車場、故其附近定爲商業地域、此外南崗、馬家溝等住宅地域內、則設置路線的商業地帶、

住宅區域 住宅區域、應以閑靜高燥、且在街市風位之上部爲佳、故大部份擬設在現有街市之西南、及南方一部、則設於東部及北部高燥地帶、

工業區域 本市因南風及西南風較多、故選東北方之阿什河、與松花江會流地點附近、爲特殊工業及重工業區域、並以顧鄉屯以西之江岸爲普通工業區域、

遊園地 査松花江之北岸、太陽島十字島(船塢)等鐵路之西方一帶、枕藉松江、碧水環繞、爲天然害夢之鄉、將來擬因勢承流、闢爲廣大遊園、以利市民、

五、綠地計畫

該計畫、除於郊外爲必設外、其在市內、亦設置葱籠之綠地、以娛市民、而養保健、兼增都市之美觀、其最大者、爲沿馬家溝河兩岸、就此一帶、及其接續地方、設置植物園、動物園、博覽會場、及綜合大運動場等、

市內公園、預定占地面積約三十平方公里、爲適宜配置大公園、動物園、小公園之用于其間、設普通公園、運動場、

江省實業廳農務科作相當準備
[illegible]期明年初其先發隊數
百名先行來滿全年末全都移來
云云、

大檢查之結果
經緯署犯罪較多

裝於袋內、迄今二閱月、石灰被風侵蝕、已經起化學作用、殆成廢物、爾賓士變康侯所蒙損失竟不下兩千五百餘元、承保人祥泰工廠、知事無理、有會兩度、倩人調楚、願爲包償損失、其後竟不知因何、態度遽然强硬、賓主變康侯迫不得已、現已準備具呈法院控告祥泰鐵工廠、要求賠償損失云、

定期檢察車體

【安東】本埠附屬地各警署、對於管內各種營業用車輛、每年曾分數期檢察車體、以期堅固、現在秋令已屆檢驗之期、當經擬定、九月十五日開始、對各種車輛、一體檢查云、

萬國道德會 講詞概要【四】

天性者先天如來佛之性也、圓圓陀光亮亮、與天地合德、與日月合明與萬物同體、不生不滅、不垢不淨、不增不減、視之無形、聽之無聲、至大至剛、充塞天地、無處不到、無處不入、用手招之、而不來自來用手推之、不去自去、由此說來是無爲、是有爲、有爲即是無爲無爲即是有爲、總歸無爲之氣得有爲之物來吸收、有爲之物得無爲之氣來灌溉、洋洋乎一團太和元氣、浩然充塞於天地之間、沛然莫之能禦也、睟然見於面、盎於背、施於四肢行於週身、所以天地以氣化陰陽陰陽化一氣清輕上升爲陽曰天、重濁下降爲陰曰地五行滋健順其間而生焉、在天成象、在地成形、形象變幻中含一道妙有『道經曰玄牝玄牝者眞主宰也』、儒與道合一、還可謂一點虛靈、自然良貞、大覺如來之眞性也、五常仁義禮智信、亦健順於其間、孟子曰天性是善的、原來就有五常之德含蘊其中、亦就有良知良能也、漸漸流露於外、隨之斡旋、凡古人大聖大儒、未有不守之體、行孝行悌、保存天性的、這就是人的來踪、凡有正面、就有反面、有五常、就有五賊、五賊者、秉性也、

第一章 第六篇

▲秉 性

秉性者 爲後天之性也、『爲氣秉所拘物慾所蔽』秉承父精母血遺傳不同及變化、加以山川水脈之分別、天時氣候之多更、社會潮流之趨向、而有個人不同的秉性『前生的習性是今生的秉性、今生的習性是來生的秉性』、化秉性要在運轉五行下手、以明禮制恨、以信實制怨、以大義制惱、以智慧制煩、以仁德制怒、恨怨惱怒煩爲性中之病、爲秉性之毒根是辯氣的驅使、如叫五毒制消、思慮雜念自滅、五毒一消、五德既正、返還天性、克己復禮、天下皈仁焉、每日克已之功時時在心、久而久之、可能達到目的地、諺云山河容易改秉性最難移、我看最好移、頭幾年往往有人常說、致匪人綁去在匪窠住上幾月、在那時候將秉性完全忘了、戀熊奇不奇怪、就把從小時候、父母慣的秉性、一次完全剷除、連根也靡有了、有個小皮氣、就是晚間安息時候、睡熟時、就好打嘰歎、稍代咬牙說夢話、你看這病能行嗎、不行吧、總得到時候、他就知改了、你看好移不好移、我笑世人不肯下工夫、要不下工夫、將數年前積儲的老家底、一次一次的、將那渣滓淘汰淘汰、一點清清朗朗的虛靈本性、漸漸就放一線曙光、多用五常之善德來滋養、便進陽去陰、超凡入聖、自能恢復性兒之眞面目、

關於國軍之現況及將來
四軍參謀長李少將放送詞（續）

還有敝人在三江地區檢閱中、當住一家客棧、有時問客棧的主人道『最近的軍隊怎麼樣』主人笑面答道『從前的軍隊和匪賊一樣買東西、是完全不給錢、但是最近的軍隊、非常的客氣金錢也確實的給、所以能安必的去作買賣、實在是非常良好的軍隊了、』關於這個、同時所感想到的就是二年前『即是大同二年十月』敝人當時是團長的職務、被選爲第一回日本見學武官團內的一員、很榮幸的東渡、見學日本各地、均受莫大的歡迎、彼時洽是、大日本天皇陛下、統裁之下、舉行『北陸平野』的特別大演習、得着能够拜觀的光榮、所以將那時的感想、向諸君說一說精華所以東西兩軍攻防戰的壯觀、眞不是能以口所可述說出來的也不是物質文明下的壯觀、那裡戰鬥精神的旺盛、氣勢的振作、確不是以筆墨所能形容出來的、當時心神特別被感動的有兩種、

第一就是過去日本的人們、一口同音、誰都要說的、皇室和國民的關係日本的、天皇陛下 就是現在的活着的神、日本國民全部均奉天皇陛下爲中心、成爲作一個家族、無論何時何地、均以天皇陛下、爲紙上之[illegible]、就陛下如視國家一樣、[illegible]的日本的兵士、在戰場上、如遇不幸、名譽戰死的時候、必定面東絕叫『天皇陛下萬歲』但是從前舊軍的士兵、負彈亡的時候、則呼『唉呀沒有法子』日本的士兵、和從前的舊軍士兵就有如是的差別

當大演習時、天皇陛下、所通過的道路、不論附近商人、或百姓、一切的男女老幼、均在路旁奉迎、陛下、伏在地上、行最敬禮、還不是形式的虔心、伏拜活神、（未完）

交通局何忽畧
道裡外路線

市營交通局自動車股、由日昨起、凡預備車掌、均分配於秋林、馬家溝及曲線街之三條路線、於是每一車內共計車掌二人、但同發陸至道外北馬路之一線、向爲乘客擁擠、收入最多之一路線、仍爲一人賣票、往往有遺漏賣票之情形、而交通局對此反漠然視之、不加絲毫之注意、反向乘客稀少之路線着眼、其用意殊令人百思而不得其一解云、

鏡技場、自然公園、兒童公園、孤街園等、至郊外則除設數處公園外並設平原公園、又公園孤街道所栽樹株、端賴苗圃養成之故、預定以五十萬平方公尺、爲苗圃面積、

六、上水道計畫、

本市地勢高處與低處相差約二十公尺、故全市分爲高低之兩域、給水亦分高區給水區域、及低區給水區域之二、各由數處之配水地、分別供給、水源在將來人口增加後、地下水若能敷用、則用地下水、否則預定再由松花江補充、茲述其計畫之概要如左、

水源 從來本埠鑿井、凡僅深二三十公尺者、水質惡劣、故上水道之用水、取自地下五六十公尺之砂利層中、水甘質清、良適飲用、將來人口增殖地下水如不敷用、則求之松花江中、

淨水法 在用地下水時、僅以鹽素滅菌法淨化水質、將來使用江水、則用沈澱及二重濾過之法迨冬季江水純潔之時預定獨用鹽素滅菌法、

配水法 分高區及低區之二、每一配水區域、各設淨水池、以容量特大之抽水機、從事直接式給水、

給水設備 以計畫給水爲原則凡平民之未特設共用拴者則用驟券給水制度、

七、下水計畫

本市之下水道向來僅道南崗及傅家甸之一部有之、雖曾屢次計劃、使全市概行遍設卒因種種情事、遲延至今、此次之所計畫者、爲將現有街市及郊外新築都市、施濟於一區、完全設置共工程之大要如左、

排水系統 凡新安埠道裡傅家甸及南崗大直街以北之雨水直接放注於松花江、當松花江水位高漲時以抽水機排除之、其正陽河以西地方者、則注入正陽河、其南崗南半部與以西地方及馬家溝以南者、導入馬家河、至王家店、洛道屯、三裸樹方面者、則導入阿什河、

下水排除方法 主體在用合流法局部則併用分流法以分別排除之、

八、水陸連絡之設備

凡新正陽河傅家甸下流三棵樹及阿什河下流之船塢及岸壁施以完[illegible]之水陸連絡設備、使成北滿之中樞商港航路及船塢之水量常保持相當之深度、俾一千噸至二千噸之船隻、得安然定泊乘降之旅客迅速上下、復於貨物之裝卸施以經濟的設備陸上則建築天棚倉庫以期收存貨物、圓滿處理、更設置臨港線、使與後方地帶輸送鐵道近郊之處、與碼頭並行建築、又相當寬廣之道路、使之通運容線、在工業地域內、則開鑿運河、以便小船之出入、此外並在商業之場所、建設露天堆積[illegible]

以崭新設施、不無困難、故預定漸次施行改良之、

九、近郊地計畫

大都市之近郊、乃使市民遠離市塵之喧囂、吸取新鮮之空氣、浴日光、而養清遊之風光、故宜具有土地特有之風光、本市都市計畫、預定在郊外設立大公園數處、其中有極目千里之平原公園、及樹木叢茂之自然公園、並特設『高爾夫』球場二處、以娛市民、

義地、則於顧鄉屯之西方、阿城附近、拉濱線之東方、共設三處、面積各五十萬平方奇、此項墓地、注意廓清其陰慘之氣、並關美觀之步道、植多數之樹木、一切加以適宜之設施、俾觀之如公園然、

（未完）

稅吏陞沉
稅務監督署發表

哈爾濱稅務監督署、前奉中央命令、人事大異動、於昨二十九日午前十一時、正式發表茲將調轉任務地址姓名探錄如左、

稅務監督署屬官小作守藏、調任財政部屬官、財政部屬官多田覺治、調任濱江稅務監督署屬官、財政部原田武雄、調任濱江稅務監督署勤務、富錦稅捐局千葉之也、轉任懷德縣稅捐局勤務、吉林稅務監督署屬官兼財政部屬官加藤正直、調任濱江稅務監督署勤務、吉林稅務監督署田實巖、轉任一面坡稅捐局、奉天稅務監督署田村宏、轉任富錦稅捐局、濱江稅務監督屬官趙恩新、調轉呼蘭稅捐局、濱江稅務監督署馬雲林轉任寧安稅捐局、濱江稅務監督署楊增煜、調任哈爾濱稅捐局、稅務監督署關志濟、調任阿城稅捐局稅佐、濱江稅捐局褚玉林、調任濱江稅務監督署屬官、濱江稅捐局郭恩波、調任監督署勤務、寧安稅捐局潘承惠、調任濱江稅務監督署屬官、劉耀先、調任濱江稅捐局 王鵠志、周鴻宸、稅務監督署勤務云、

嚴禁場外交易
冒名商可以休矣

關於中央批發市場場外之延爽街日人鮮貨商等被取締後、社會間深甚注目、而爲徹底實行取締場外交易起見、因於廿八日朝、當局作强制的禁止交易、該商等乃閉店或不敢交易、一時不正交易風消火滅、等於休業、同時警署員十二名、向正陽街各商通告、禁止與上述商人交易、嚴重取締、如斯下正交易、當呈全滅、

一方據調查、中央批發市場之仲買人、所許可之滿商卅六名、表面向市場交易、實則亦與場外鮮貨商連絡因於廿七日、令此等商人、到署嚴加申斥、爾後如再發生同樣事實、絕不寬貸、一方當繼續整理、務期一掃云、

警官六名
分別深造

哈爾濱警察廳、由管轄十一個警察署中、選拔優秀之巡官六名、送入中央警察學院及日本內務省警官訓練所各、部三名、正陽署巡官王桂林、經緯署巡官郭英臨、新安埠署巡官劉賀年、此三名入中央警察學院以八個月養成、至於赴日本內務省警官訓練所者、計香坊署巡官吳作民、南新署巡官張克正、警廳巡官黃顯聲三名、於三十一日晚一同搭列車赴京、赴日留學者在京試驗合格後至日本警官訓練所預科半年本科半年、訓練期滿回國任務云、

木商呌苦
下江今冬 採伐數量

據下江來客談、今冬下江各林區管內、對於採伐標準數量依中央之統計、分配如下、通河森林署管內、由哈爾濱滿人集團負責採伐四十萬石、由[illegible]務所負責採伐八萬石、由一般共計十二萬石、方正共採伐七萬石、三姓由阜民公司負責採伐七萬石云、

又目下松江下游產木區域之木料、價格比較哈市稍[illegible]每寸圓徑[illegible]一元八角、圓木每寸一元七角五分每寸運哈、加[illegible]六角、但運哈後[illegible]

濱江特刊

第七十八號
盛京時報北滿總支社
社址　哈爾濱道裡 斜紋二道街一二
道裡電話五二七二番

哈爾濱都市計劃
第一期計劃實施情形
今後步入第二期計劃

哈爾濱市爲滿洲國最大之都市、又爲北滿政治經濟軍事之中樞、人口增加特別顯著、本市之盛衰、與國家經濟之消長、有莫大影響、然本市市街、除俄國建設之道裡及南崗一部外、於都市計劃殊不統一、尤其傅家甸及新安埠兩處、一任其自由發展、向呈畸形狀態、於經濟、保安、衛生上、形成不調和之現像、阻害將來之發展、莫此爲甚、因之市當局有都市計劃事業之舉辦、對於既存之市街加以改造、郊外之發展、樹立計劃、以自大同二年至康德四年之五年爲第一期事業、其總經費爲一千六百八萬四千元、就中一千三百三十萬五千六百元、取諸公債、現正劍履交及、積極進展時也、

此項都市計劃、預定於三十年後、人口增至百萬爲目標、故市區地域、擴張至二五〇平方公里、較現在之八十平方公里約大三倍、以郊外爲發展之區、市區既張所有交通保安經濟防衛等問題、亦即加以合理化的設施、俾創造近代理的大都市、至第二期之計劃、當徵第一期之經過、而定適宜之步驟、茲將第一期計劃之概要述之如左、

（一）交通計劃方面、全國有各鐵路、設一大規模操車場及中央停車場、以資連絡各線並建設環狀線、供市內高速度交通之用、兼以運輸力強大之電車、繞行全市、其由郊外至都市中心及重要商業地域、暫時備駛大汽車、於必要時、當敷設路面電車、將來更擬建設高架或地下鐵道、以利交通、道路則每隔五百公尺至一千公尺、設置寬三十公尺至五十公尺之放射環狀道路、以作幹線、其間更配以寬一五公尺至三十公尺者、爲補助道路、以謀道路網之充實、又期水陸連絡之便利、預定加以種種適宜之設施焉、

（二）市內設立商業、居住、工業、臨江之四大區域、此外各綠地、公園、運動場、遊園健等保地 方面之娛樂 慰安等設備、亦有種種計劃、

（三）上下水道之完成、於保健最屬必需、在都市計劃中亦占重要部分、現在工程雖未報竣、而市內一部分上水道、業已開始給水、下水道亦經利用、

（四）於都市近郊、有數處地方、預定設定大公園、高爾夫球場及墓地云云、

酒館招待之厄運
繼烟樓招待之後
酒館協議一致解僱

松花江畔、一片燎原、荒僻寒北之哈爾濱、經幾十年來之開拓、如雨後春筍似的蓬勃成長起來、因此地向無土著居民、素稱過地是黃金之東北、所以內地經商者、群以跑關東爲立業之發源地、尤以入口過剩、生活疲憊之山東人爲多、內以黃掖縣者爲最多、是以繁華之哈爾濱、不啻爲山東之殖民地、以是大腹商賈到處皆是、成家立業者、不可勝計、同時並間接影響到社會上、種種不同之現象、

「南甜北辣」南北口味適異、而山東人除喜食葱蒜、並酷嗜杯中物、白乾、黃老酒、皆爲所愛飲者、故一般營商者、皆應運而生、自事變後、因時代之趨使、女招待頗爲盛行、酒館爲發展營業計、率爭先恐後、風起雲湧、群起僱傭、以致每逢酒綠燈紅之際、情與方殷、猜拳搿戰之聲、達於戶外、極盡得意忘形之能事、同在一市之中、兩種不同之境遇、在道裡之酒館、以山東人較多、歷史亦較之悠久、特爲迎合顧客之心理、遂爭相羅致山東土著、小脚大辮子之女招待、甚至月薪竟達至百五六十元之昂、一時具有以上條件之婦女、皆引爲奇貨可居、如小母狗及小脚素蘭等、皆享名一時、

在道外之酒館、以「山東」較少、開設率爲後起、又加以所僱之女待招、皆爲十四五之少女、及二三流之婦女、月薪復不甚多、以致遠不如道裡之興盛、

花難長好、月難長圓、盛極必衰、否極泰來、年年風行之煙樓招待、與之相繼頹、爭妍鬥艷、各較所長、終於屈服於一榻橫陳、短笛豎吹之下、不如並頭双臥來得痛快、因之爲勢稍減、爲日一長、飲酒者、多爲之裹足、即前往照顧者、皆醉翁之意不在酒、悉爲逐香聞臭者流、既不能多賣酒肴、復將有限之單間佔爲應得、遂致營業大損、每月收入、僅足女招待之月薪、執事咸叫苦不迭、相繼倒閉者踵相接、顧主既爲女招待而來、女招待當不能解僱、如苟延歲月所得適爲女招待、酒館無利可圖、復因女招待與顧客間、時以醋海波瀾之桃色糾紛見聞、累及執事者頻出、如道裡醉翁亭之女招待因與兩顧主之間、發生醋意、兩顧主互相陷害、結果波及執事等等、故執事皆不勝其煩、最後乃毅然決然解除女招待、然以自家解僱、而彼家尚不解僱、自家之營業必受影響、切身頗多不利、煞費苦心後、始有酒館同業聯絡協議、一致解僱女招待、而尤以道裡方面爲最力、道裡尚有一部聊堪維持者、不肯斷然解僱、故目下尚在折衝中、其成行如何、頗爲關心社會現象者所注目、如果成爲事實、則此一批畸形發展之婦女職業、尚不能使她們一得温飽、知命安居、其前途之黯淡、即可知矣、同時影響到社會之不良害莫大焉、

搭住於岡樓桃園書寓之妓女小翠、爲龜奴閻老四之養女、年才登瀛、姿首頗佳、爲一般走馬章台者所樂捧、因之聲名鵲起、頗極一時之紅、凡大人先生之宴會席上、莫不見閻妮子倩影歌喉、收入之豐自將於一般妓女也、同時閻老四亦每以此自豪、認爲有此一株錢樹子、後半世之生活可保無虞矣、詎翠兒年乃漸長、知識大開、每感身世之飄零、前途茫茫、何處是歸宿之地、環境其齷齪、地獄層層、幾時始能超脫、故平素於交接客人時、即留心物色意中伴侶、以圖從來終身之依、前有某少年、粉白其面、髮光可以鑑人、西服革履、固一翩翩佳公子焉、作北里之遊、乃與小翠相識、一見之下、彼此傾心、大有恨相見太晚之概、於是該少年連日捧場、情感愈切、打得火熱、甚至有須臾不可離之勢、初時龜奴閻老四固以爲小翠之手段果然高明、卒能將此黃秧子圈住、豈知錢樹子即將因此而搖動矣、

先是小翠與同班妓女亦即掌主之女小寶寵麗華齊、彼此引爲知己、每有事輒互相參考、麗華曾受相當教育、小翠恒以麗華爲謀、此次小翠既與該少年秘定白首之約、一切自不諱麗華、同時麗華對小翠此種主張亦表示贊同、日前由麗華代小翠秘書一函約該少年潛逃、詎知好事多魔、此函竟爲龜奴所得、一幕秘密全然揭穿、正此閻老四始恍然大悟、盛怒之

施市長告市民書
關於九一八之防空大演習

本市定於九月十七十八十九三日、在哈爾濱地區防衛司令官統監之下、舉行第三次防空演習、查此次演習之目的、在訓練關係各機關團體、及一般市民、於一朝有事、敵機空襲之時、咸有整齊敏活、而又適切之活動、以防戰禍於未然、或止我機之擴大、故一般市民之協心戮力、實爲達成本演習目的之根本、凡我市民務須勉盡全力、參加合作、近日巷間

關於國軍之現況及將來（續）
四軍參謀長李少將放送詞

天皇陛下、對於他們、更親自與他們個各會識、由此可見其上下之間精神如一體、像慈母愛赤子一樣、當是敵人親眼看見的、而且同時打動心機、把腦袋不由的就低下來、因爲羨慕企望的觀念過深的緣故、不覺就自然的落下淚來了、感覺已不如人的慚愧、還有一個是大演習的士兵和一般國民的關係、就是民衆對大演習的印象也是很佳、因爲大演習、而不眠不休的兵士們、國民全部也是拿着不眠不休的精神、來慰勞他們特別的就是女子、有國防婦人會、愛國婦人會、或村中的處女會、來歡迎士兵、並且準備茶水、或宿營間的雜用、以及士兵應洗的一切物件、均由女子的手來整頓、眞是從心裡來慰勞的、

這絕不是爲金錢、及爲滿足名譽心理等而爲的、任什麼也不爲、就是愛國熱誠的激動、從心裡意來作此事、並不是不願意作而強迫來作的、敵人看見這等情形、纔想到日本果然是世界第一的國家、確實的感想到日本的強盛、日本正義、絕不像西洋似的、女子的應洗物品、男子來作、如果拿這個來比、眞是天壤之別、敵人看見這士兵和國民的關係密切、就打動了心機、我們滿洲國也非得要早一日達到這個程度、是不行的、此後我國在康德元年也有初次的大演習了、繼續去年秋季、在新京郊外舉行第二回特別大演習於
皇帝陛下統裁之下、很壯烈的南北軍對戰起來了、一般民衆對於軍隊的關心、也是一年比一年良好、這眞慶幸不已的、

我們將來的國軍、以士兵爲職業「即是傭兵」那是不行的、須要有國家思想、及要有義務心旺盛的良家青年、諸君中志願挺身從軍、保護國家、非到這個地步、那是絕對不行的、我國將來也得像日本一樣的、實行徵兵制、既是國家的男兒、當須受過二年或三年的軍隊教育、一旦遇國家有非常事情發生的時候、就挺身在第一線上、去奮鬪、這樣的理想、實在是必要的、

從今以後的軍隊 爲治國報效於萬一、所以才當二年三年的兵、並不是充兵就是打仗、而且從今後的軍隊、就是一個國民學校、按照軍隊的生活、實行有規律的生活養成人格、或解隊以後、作地方百姓也會能稱爲優秀有用的人材、並且也是養成人材的一個國民學校、以前曾看見報紙登載某縣的當局在實行調查壯丁的時候、一部分愚昧人、大事宣傳、『啊…和蘇聯的打仗開始了、家中的孩子、這回如被選去當兵、必定得死的呀』等等的流言、萬不可聽、戰爭這種事情、不是輕輕可以起來的、又假設戰爭起來的時候、這種戰爭、並非僅軍隊的戰爭、祖國如果侵進國境的時機、也不能分出士兵、與平民和男女

爭對、並關係極關團體之演習者、盡屬謠言、並非氣相、亟應澈底嚴禁、免惑聽聞、仰全體市民恪遵、當該官憲及防護團之指導、一致活動、以謀本市防空、臻於萬全、其主要者、尤爲燈火管制、在敵機夜間空襲之際、將燈火遮蔽、或立時熄滅、使由上空、難於發見本市、無從爆擊、須知此事、最關重要、市民中如有少數人稍涉怠忽、或處理不善、難免立時爲敵機所算、其他全體市民雖眞誠實襄、亦成泡影、燦爛街市、化爲坵墟、此節前經頒有燈火管制實施要遵其規定、施以完全之警備精盡責務、又查本市除日滿俄市民之外、尚有多數外國人民僑居於此、言語習慣、各不相同、各市民尤須互相諒解、以免因此惹起紛爭、致遊攪擾、統希表現五族協和之精神、全体盡心努力、使統制能策萬全、一經參加、猶若置身疆埸莫能撼動、磨厲以須切實試練、有厚望焉、其有造作流言、於本演習相關之治安、圖謀擾亂者、不特有違參加協力之本義、更爲妨害演習之行爲、定當嚴加懲處、不稍寬貸云云、

小翠圖逃未果

事機不密爲龜奴查覺

可憐有情人難成眷屬

……下、將小翠毒打一頓、身體嬌小、弱不勝衣具有林黛玉美之小翠、經此一番嚴辱、竟至臥床不起、絕食抵抗、閣老四終不失爲個中老手、在此情形下、乃復轉怒爲歡、向小翠甘言蜜語、大灌其如漿糊之濃米湯、小翠終是女兒家、經閣老四再四哀求、計無所出、只得忍氣吞聲、仍作牛馬、但迄今終未至班中見客、惟有酒出條而已、閣老四恐其藉出條子之……

終日冶遊揮金似土

原來是一著名慣竊

高密探獨具慧

朱魁武、年二十七歲、現住於道外天一街二十六號、素無職業、終日冶遊、揮金如土、儼然如濶少爺焉、故被正陽警察署高密探注目、由一二月前、會尾隨其後、監視其一切之行動、朱固不知、始終視其舉動不審、有重大可疑、於昨四日午后四時、在朱之屋內、將其逮捕、至署略加拷訊、判明係一大竊盜、供出如下之竊案不諱、

一、七月十七日、在道裡高士街二五號、俄人社員那拉斯金思十利苦伊(三〇)處、竊得洋服三套、價格約百五十元、同隣家貿易商人沙拉巴克夫(七二)處、竊去洋服大氅價格約四百元、八月二十七日午前三時、在偏臉子西顧街十八號住戶札米闊夫(五二)宅、竊去懷表一只、大氅一件、約二百三十元、及其在他處尚竊盜數次、查其住屋擺飾華美、結果由其家搜出當票七十餘張、有當三十元二十元之當票不等、被害之總額約六千餘元、警署對此、認爲尚有餘罪、現下正在繼續嚴重審詢中云、

哈市新設企業

事變以來投資總額

一億一千萬元以上

哈市爲滿洲國內有數之經濟都市、擁有鞏固之地盤、推原其故、實以扼水陸交通之要衝、且當北滿肥沃之尾閭、全境交易悉滙於此、工商業隨之勃興、有以致之也、

據關係方面之調查、北滿貿易輸出年約一億五六千萬元、輸入稱是、總額三億元、輸入品之大宗爲雜貨類、輸出品之主物則爲大豆、而其中八成胥由哈市吞吐、由此觀之、亦可知哈爾濱在北滿貿易上之地位矣、

哈市工業界之代表、端推油坊、火磨及釀造三者、油坊自北鐵接收以來、因於種種原因、極爲不振、火磨近來至爲發達、其製品遠銷南滿、釀造界之酒精製造業、其所產向作燃料之需、惟歷來自由競爭、任意開設、自經大同公司堀起、始得所統制、現在北滿已保持穩固之地位、啤酒之製造、原在俄人之手、今已由日本之起而代之、總計事變以來、哈市新設之企業、資本總額在一億一千萬元以上、其投資實額達二千萬元、每年生產額在一千二百萬元左右、玆調查如左

日滿製粉株式會社 二〇〇萬元

大同酒精株式會社 一六七萬元、

大滿洲忽布麥酒會社 二五〇萬元、

北滿製糖會社 二〇〇萬元

哈爾濱洋灰公司 二五〇萬元

日滿亞麻紡織公司 三〇〇萬元、

哈爾濱交易所 二〇〇萬元

中央批發市場 七〇萬元、

油漆製造工場 (計劃中)

哈爾濱煤油批發公司 二〇萬元、

滿洲顏料支店 一五〇萬元、

哈爾濱窯業公司 二〇〇萬元、

大華公司 一〇萬元、

葡萄酒釀造會社 二五萬元

哈爾濱啤酒釀造會社 二〇萬元、

哈爾濱麥酒會社、(計劃中)

哈爾濱製材工場 二〇萬元、

製材工場金融界亦與一般經濟界同力求在北滿一帶、擴張地盤、其貸出額康德二年度每月平均國幣三一、四七萬元、日金一九、一六萬元、

觀哈市之經濟勢力及國際的情形、因滿洲事變及北滿接收蘇聯勢力業已衰退、日本勢力日漸增加、其他各國商務受此餘波、亦皆一蹶不振、將事業縮小者、比比然焉云、

哈爾濱特別市概況【七】

十、現有街市之更正計畫、市內現有之街市、以傅家甸街道、極爲不整、缺乏主要交通路、土地大部屬於私有、而新安埠、沙曼屯、馬家溝、舊哈爾濱等處之土地、則大部屬於國有、此等地域、現定計畫除將建築主幹道路、及鐵路軌道、所必要之土地、實行收買、房屋及其他障礙之建築物予以拆移外、同時並籌變更其區域、而補修其街路、

十一、都市計畫第一期事業概要

大哈爾濱都市計畫、第一期事業、計自大同二年度起、至康德四年度止、爲五年繼續事業、今年則第四也、在此期中所辦重要事業會有收買土地築造上下水道、修治道路等、茲舉其概要列左、

一、收買土地

考本市及接壤區域、在國防上、經濟上、皆占重要地位、本市一經發展、今後國家對於土地之設施、自益繁雜、土地之利用、隨之增進、且必因利關係、地價日見昂貴、乃事有所固然者、市當局用是有將市內、及毗連區域土地約二百五十平方公里、實行收買之舉、俾將來經濟上、技術上、既利都市計畫之實施、一面並謀財政之鞏固、當於康德元年五月、將全域地籍、加以測量、康德二年一月開始收買、預定本年二月杪辦理完竣焉、茲舉上年十二月底之成績如左、

種別	貫測面積	件數
已核定等級者	三四、六七八晌〇四六一	九三
已收到地照者	三一、九九三晌九四二四五	四、二六七
已買收完竣者	一六、五八四晌九〇七四	一、一五〇

至收買之民地、以其悉係耕地、仍由原業主優先租種、其締結租種契約狀態如左

屯數	契約面積	租種人數
二五	三、九七一晌七九	三六一

防空演習

空襲警報

九一八防空大演習之前夜、防空協會哈爾濱支部、及聯合防護團各分團、積極籌備、大體具已妥切、在演習期前實施種種宣傳辦法、並見舉、預行……

防空有深刻印象、及知防空之意義、已連日屢志本報、茲仍爲各項演習經過之情形及關於演習時之空襲警報傳達命令、特錄誌如下、

一、燈火管制研究、九月四日午後八時、在道外同記大羅新門前、以該二大百貨店爲模範家屋、俟實施燈火管制時、研究電燈遮蔽方法、當演習之際觀衆異常擁擠途幾爲之塞成績亦特別良好、

哈爾濱防空演習統監部、於昨(四日)發表、關於防空演習燈火管制及警報傳達、預行演習之計劃、

一、目的=預行燈火管制及警報傳達、不特加以點檢及修正、同時施以調查、而得多數資料、

一、日時=預行演習、自九月十一日開始、至十二日晨爲止、

一、在燈火管制區域內之一般住民、不另發令、自十一日午後四時漸入警戒狀態九月十二日晨解除、

一、預行演習期間、空襲警報之發令及解除期間、業已規定如式、

一、發令午後四時、解除午後五時、二、發令午後七時、解除午後八時、三、發令午後九時、解除午後九時三十分四發令午後十時、解除午後十一時、

一、自防衛司令部、發出空襲警報之命令、

二、由審查委員、每次乘飛機、由天空檢查之、

三、特於石頭道街及地段街之角爲滿洲防空設施之確立天空、詳細點檢研究之云

萬國道德會講詞概要【五】

習性

習性者生長之習染性也、由身心感觸到世法、漸漸成了習慣、不是先天生來的、可說是半陰半陽的、一半從天性、一半從秉性、從天性是上達若子也、從秉性是小人下達之人也、所以從小時候是天性、漸漸之長大就隨他家大人一點一點薰染就成習慣性了、那就是家庭的關係、拿一個例子來說、孔子家兒不知怒、曾子家兒不知罵、他兩家的庭訓、就這樣不同、還豈不是家中大人指教有錯吧、那孔子家兒他在家庭性合習性、曾子家兒能不能有怒色、所以曾家的德性、比孔家準小一點、勿非是研究而已、若相現代來說、相曾家的家訓也未有、要怎看教育小孩太可難拉、比做他初學話說時候、大人教他說好話他也說、教他說不好的他也說、就在大人身上領導的得法、要得法他那天性終不會改的、始終是良善的、要教他不好的話他漸漸練成習性、由習性而轉於乘性了、那就是後天之惡劣性也、(未完)

老幼的區別、又如敵國侵佔時、當軍人的戰死、而其他一般民衆那有殘留的道理、所以家中有優秀的青年、爲父母者、應當快送兒子、到國民學校受軍隊的教育、享受兵營的生活、作良好的國民、將來一日有非常事情的時候、可以國民全部、來保守國[illegible]去作才行、

總而言之、現在的國軍、是很進步的、這一種國民學校、國民教育、是給我們預備的、在滿洲國生存、乘這國家發達之際、我們應當挺身充當軍人、受國民教育的軍隊生活、拋棄以前的愚笨思想、變成優良的國民、能報效國家的良民、才行呢、良兵即是良民、因爲這個、所以第一須先理解現在的國軍才是、你如不知道國軍的現況、像謾罵國軍這樣的人、絕不能說他是良好的國民、罵軍隊、就是漫罵國家一樣、希望今後、於國軍、要有正確的認識、實爲緊要的、至關於國軍的現況、及將來的發展、敝人所感想到一切不過述說大概、已告一段落、在很長的時間、有煩諸君的靜聽、是十二分的感謝、敝人的講演、現在已經完了、再見、再見、

(完)

密月新婦私奔

經緯警察署管界、地段街門牌三八號、住戶劉廣臣、(三〇)現無職業、於數月前、經友人介紹、聘娶程某之女程素禎爲妻、八月二十二日結婚、素禎過門後、因夫婦年齡相差、故素禎時露不滿態度、同牀生異夢、至九月二日午前十一時許、素禎乘其夫外出之際、過門僅作新婦十日、乃至席捲而逃、待其夫歸宅、見鳳去樓空、淒涼萬分、立至經緯署報告、請求查緝、據一般推測、素禎背後、或有戀愛情夫、嗾使相偕逃竄、亦未可知云、

騎車追逐女郎

車倒人翻衣碎皮破

可爲荒唐子之殷鑑

道外北二道街某顏料商趙某者、年廿許、時著西裝、蓄長髮、垂眉際、以摹仿女性美爲榮、行時每忸怩作態、常見其撕混於婦女隊中、其對於追逐女性之技術、已爲其後天之本能矣、昨之傍晚、日光西沉、涼風送爽、此時街頭之遊人極較平時爲多、適有妙齡女郎二人、携手偕行、言笑自若、時趙某方由門間走出、瞥見之下、二美已離去甚遠、遙見後身、玉立亭亭、不禁色性大狂、大有交臂失之顚不甘心之概、既於情急之下、計上心頭、遂將比鄰車行門前擱置之自行車一架取而乘之、如飛追去、卒將美人追上、維當繞行緩駛之一剎那間、趙某目斜神馳、魂魄顚倒、身不自主、驀然一聲翻下車來、摔得衣破皮傷、鼻青眼腫、昏臥半晌、精神始漸恢復、快快然起而歸去、一般路人見之者、莫不唾罵其敗類云、

濱江特刊

第七十九號

盛京時報北滿總支社
社址 哈爾濱道外 桃花巷西口
電話道裡六八四七番

國有鐵路運轉時間改正

哈爾濱關係各綫 主要站發着時間

十月一日國有鐵路運轉時間改正、哈爾濱關係各綫、旅客列車主要站、發着時刻、規定如左、

一、京濱綫刻下五往復、又追加一往復、在此六往復之中、亞細亞及急行有三往復、普通一往復、大連哈爾濱間、直通運轉、時間較以前縮短、四時間、

二、濱洲綫、哈爾濱發國際列車、及混合列車、從來爲午後開駛、坐位極爲混雜、爲免除此種弊竇、同時從安達站發復哈爾濱、爲便利旅客、改[illegible]爾油車運轉、

三、濱北綫、哈爾濱與黑河間直通列車、夜間運轉者、向無綫台、今後特行增佳、同時沿綫運轉時間短縮、一方因旅客幅輳、爲便利緩和、特在哈爾濱呼蘭間、配佈增開輕油車、

四、濱綏綫、爲便利旅客輸送計、一面披發哈爾濱之混合列車增發、着哈列車、適與各綫相啣接、同時運送時間短縮、客量緩和、故一般旅客頗爲期待、

京濱綫上行、特急亞細亞號、哈爾濱發九時、新京着十三時、奉天着十六時四十分、大連着二十一時三十分、二十號列車、哈爾濱發九時四十五分、新京着十五時二十分、奉天到二十二時二十五分、大連着七時二十五分、急行十六號列車、哈爾濱發十六時三十分、新京着二十二時、急行十八號列車、哈爾濱發十八時十分、新京着二十二時五十分、奉天着七時二十分、大連着十三時三十分、六〇四次列車、哈爾濱發二十二時三十分、新京着六時十分、

下行急行十七號、大連發十六時五十分、奉天到二十二時五十分、新京着六時、哈爾濱着十時四十二分、十五號急行列車、大連發二十時、奉天着二時十八分、新京着七時十分、哈爾濱着十二時、六〇一次列車、哈爾濱着十四時〇三分、十九次列車、大連發二十一時、奉天着六時五十分、新京着十四時、哈爾濱着、一九時五十分、特急亞細亞號、大連發九時、奉天着三時四十二分、新京着十七時二十分、哈爾濱着二十一時、六〇三次列車、哈爾濱着六時十八分、

濱洲綫上行

滿洲里輕油七二二次車、哈爾濱着八時五十分、七〇二次列車、滿洲里十四時三十分、昂昂溪着八時二十二分、安達站着十一時三十五分、哈爾濱着十五時〇五分混合七四二次列車、滿洲里發、安達着十六時四十三分、哈爾濱着廿一時十五分、

下行、哈爾濱發混合七四一次列車、七時十分、安達着十一時〇七分、昂昂溪着十五時四十二分、七〇一次列車、哈爾濱發十四時二十五分、安達着十七時卅一分、昂昂溪着廿時四十三分、滿洲里着十六時〇五分、輕油七二一次車、哈爾濱發十六時二十分安達着十九時〇八分、

濱北綫下行、

第三〇三次列車、哈爾濱發八時四十分、綏化着十二時〇

旅店公會改選

林呂當選會長

哈爾濱市旅店同業公會、昨十二日午后一時、假道外商會樓上會議廳、招集全體會員、開催改選大會、到會者共計百五十餘人、首由前任會長華昌旅社經理林紹先致開會詞、並闡明旅店公會現依十七種特殊營業規定、業由市公署轄於哈爾濱警察廳、爲革除從前種種不便之點、選舉方法略有變更、將全市旅店分爲三系即旅館系簡易旅館系及公寓系、凡資本三百元以上者有被選權、三百元以下者、有選舉權、而無被選舉權、旅館系公舉董事七人、簡易旅館公舉董事七人、公寓公舉董事一人、共爲十五人、再由董事中復選正副會長各一人、於警廳及新聞界監視之下、開始投票之結果、當選董事如下、

旅館系

華昌旅社	六一
天泰棧	一五
中華棧	一一
義順棧	五
天泰旅館	五
四海棧	四
豐順旅館	三

候補董事 新世界、日昇旅館

簡易旅館

新豐棧	三〇
濱陞棧	二〇
萬合店	一三
黎明棧	一二
玉發棧	卆
惠有棧	七
振興棧	六

候補董事 福來棧、中和棧二家、

公寓系董事

大同公寓 九四

以上董事十五名選出後、另由董事中複選正副會長各一人、結果、

華昌旅社林紹先正會長

新豐棧呂宗周副會長

道裡藥鋪街發生慘殺案

遍體斧傷腦漿崩裂

十一日晚燈火管制之夜、道裡經緯署管內東藥鋪街一〇七號板障外、經高士街警察派出所警士于春田巡邏發見滿人男屍一具、遍體斧傷、腦漿崩裂、爲狀極慘、當即報告警所、由經緯署刑事科、及檢察廳臨場檢驗、死者年約三十許、頭南足北、上身着紅色毛衣、外套藍色小褂、下身着藍布褲、足穿膠皮鞋、左太陽穴受斧傷一處、腦漿流出、嘴下受斧傷一處嘴唇劈成四瓣、頸部斧傷三處、前胸一處、後背有血印傷一處、屍傍置有斧子一柄、柄已兩折、板障上血跡淋漓、似未死前之一剎那、曾與兇手掙扎、最後爲兇手所殺害者、因無人認領屍首、故不知死者姓名、刑事科及經緯署、在附近一帶住戶大事檢索、結果終無綫索、現在正極積搜查在逃之兇犯中云、

哈市之輪廓

哈爾濱之市街、乃爲俄人模仿俄都莫斯科而建造、可謂帝俄侵略滿洲之紀念物、故其景象類似歐羅巴洲、而其建築物、更無如美國式之輕快感、如斯象徵國民性的俄國式之建築物、非常適合塞北之曠野、然若步入傅家甸時、則風味適乎不同、富有東洋色彩、樓廈櫛比、輝煌矚目、其繁盛景況、實是令人驚嘆不置也、哈爾濱其稱爲國際都市者、因具有東西異樣光彩風俗習慣、各滿洲國街與滿鐵附屬地所可比擬、故來遊哈爾濱者、不可僅觀道裡而不觀察道外也、

哈爾濱分有如左十三區、

傅家甸、八站區、埠頭區、正陽河區、沙曼屯區、南崗區新安埠區、馬家溝區、香坊區、太平橋區、顧鄉屯區、水鄉區、松浦鎭區、上述十三區、中、街市具有雛形、建築堪稱完善者僅南崗、埠頭、及傅家甸、新安埠、馬家溝及香坊六區、

新市街、俄人則呼爲「諸嚴古斐塔」地基高燥、街路井然、樹木叢生、空氣鮮明、而俄人又模斯科、建造俄國西式樓房、故富有歐風、本區主要之官公署有哈爾濱車站、日本總領事館、其他各國總領事館、哈爾濱稅關、濱江省公署、哈爾濱省公署、哈爾濱警察廳、高等法院、高等檢察廳、郵政管理局、放送局、日本特務機關、日本憲兵隊本部、哈爾濱水運局、第四軍管區司令部、哈爾濱鐵路局等、他如觀光遊覽地則有哈爾濱神社、博物館、中央寺院、極樂寺、文廟及外人墓地等、

當一九一七年俄國大革命時、俄國內政變更、政權歸於赤黨、而失勢之帝俄臣民逃亡來此者、爲數頗多、遂選此地建築市街焉、馬家溝又名「皇帝村」現在日滿國人、亦多雜居其間、因馬家溝地連郊外、故有田園都市風味、各院圍以木柵、中庭雜植花草、雞鳴犬吠牛叫馬嘶、既無城市囂擾之患、而有鄉村優閑之勝、誠如帝俄時代之和平村墟也、築有飛行場、哈爾濱學院、日本花園小學校、日本高等女學校志士碑、忠靈塔、小林、向後兩勇士之碑及國立賽馬場等、

△埠頭區—滿人恒以道裡呼爲哈爾濱日俄人之商業中心地帶、該地最繁華之中央大街、昔爲中國人建築者、故俄人呼之爲「基達伊斯克牙」乃中國大街之意也、歐洲風味、特別豐富、尤以俄人經營之商舖居多、稱爲國際都市、名符其實誠無愧色也、他如石頭道街、地段街買賣街等、則爲友邦日人密集地帶、日人之各種經濟機關、悉集於此、該地有市公署、中央銀行、並有日本居留民會公會堂、滿鐵圖書館、朝鮮銀行、正金銀行、滿洲銀行國際運輸會社、桃山尋常高等小學校、赤十字病院、埠頭區公園及蘇非斯基寺院等、北臨

哈爾濱特別市概況【八】

又關於毗連現有街市之國有地、呈請政府、撥充都市計畫用地一案、業經市當局呈由財政部成立協定、最近即將正式指撥、其協定概要如左、

種別　名稱及數目

請領區域　八站、馬家溝、香坊、王兆屯、沙曼屯、懶漢屯、莫斯科兵營、顧鄉屯、正陽河、江北、

請領面積　有償　一〇、二三〇、三五五、四二一平方公尺

無償　一四、一一九、一六二、九六平方公尺

請領價格　二、〇〇〇、〇〇〇元於十二年內不均等償還

註　無償地爲都市計畫上之公用、公共用地、有償地爲其他之土地、

二、上水道之建設

哈爾濱之水道、當舊北鐵時代、計設有四處、以抽水機供給北鐵職員、機關車庫、消防隊及各運動俱樂部之用、但水量少、而取價頗高、故普通市民、莫能利用、仍自行鑿井汲取、水質甚不良好、本市前此企畫設置水道、經檢查水質結果、決定將水源地、設在顧鄉屯、任家窩棚、馬家溝三處、現已完成、一部開始給水、刻正積極進行、待至康德四年上半期、全哈人民、當可普蒙淨水之惠矣、

其上水道工程實績表如左、（康德三年一月底）

工程名稱	場所	設計額	工程
挖鑿上水道水源井	顧鄉屯 西馬家溝 王兆屯	[illegible]	100%
上水道低區水源地築造着水井及喞筒井	顧鄉屯	[illegible]	100
上水道淨水場淨水池築造工程	南崗	[illegible]	100
試設消火	道裡公園	[illegible]	100
敷設上水道低區送水管工程	自顧鄉屯至南崗	[illegible]	100
有崗一部、道裡一部、敷設低區配水鐵管	自南崗淨水場至道裡斜紋街	[illegible]	[illegible]
敷設配水鐵管	道裏一部	[illegible]	[illegible]
低區淨水場喞筒及其他	南崗	[illegible]	100
築造同水源地喞筒及（喞筒）之井房	顧鄉屯	[illegible]	100
調查都市計劃工業地域水質之鑿井工程		[illegible]	100
敷設哈爾濱政府代用官舍給水鐵管	馬家溝	[illegible]	100

（未完）

七分、北安鎮着十七時廿一分、輕油第三二三次車、哈爾濱發十一時廿五分、混合第二四一次列車、哈爾濱發十四時廿分、綏化着十九時廿七分、第三〇一次列車、哈爾濱發二十一時四十分、綏化着三時〇九分北安鎮着八時五十八分黑河着二十時、

上行、

第三〇二次列車、黑河發七時、北安鎮着十七時三十分、綏化着十時十分、哈爾濱着六時〇八分、混合第三四二次列車、黑河發、綏化着七時十分、哈爾濱着十二時、輕油三二四次列車、黑河發、哈爾濱着十三時三十六分、第三〇四次列車、黑河發、綏化着十二時〇九分、哈爾濱着十五時三十五分云、

哈市一年內 犯罪統計

哈爾濱警察廳刑事科、由康德二年八月至本年九月、僅一年間、統計犯罪件數、誌錄如左、

	去年	本年
匪犯	三一〇	六七
强盜	二七	一三五
竊盜	一二〇二	一一〇九
賭博	三四四	二三六
傷害	三〇一	一〇八
家庭防害	一六〇	五二
阿片犯	七七八	六二五

嬌妻逃之夭夭 本夫情急自殺 痴情漢偏遇薄情女？

盧金德年廿七歲、北平人、現住道外十六道街七十三號、在海軍司令部充差、堂上有白髮老母、並有胞弟一人、均依盧一人收入維持一家生活、二年前邀媒娶同鄉何姓女爲室何年二十二歲、風流異常、來哈後、因盧充差時常外出不歸、何氏不堪寂寞、竟別有所戀、乃於二個月前、遂告失蹤、盧於何氏出走後、日夜焦慮、思念難忘、甚至忘食廢寢、各處覓尋、嗣聞何氏似逃向新京、盧於日前還赴新京、雖竭力尋覓、終無下落、不得已復又回哈、思念情切、殊不知何氏、遠走高飛、何嘗念及本夫之苦衷也、盧情急之下、竟於日昨一十二日午前十一時、私購鴉片若干吞服、嗣被其弟發覺、急招救急車、送往國立醫院救濟、據醫生言、吞服鴉片過多、且發覺時較晚、恐不易灌救、生命殊爲危險云、

三大惡習 吐痰·鼻涕·小便 哈警衛生科極力矯正

中央民政部衛生司、於八月中會招開全國衛生大會、當時席上共同表決之吐痰、鼻涕、小便三大惡習矯正事項案、哈爾濱警察廳衛生科、現正在積極籌備一切、惟對於此種惡習矯正之辦法、衛生科大久技佐、於昨十二日午前十一時招集各報記者、發表三大惡習矯正之意見如下、

三大惡習、惟滿人不注重衛生隨處吐痰、小便、擤鼻涕、然此種惡習對於市結核、及其他疾病之傳染性至爲猛烈、爲謀一般市民身體健康計、關於惡習不得不立加矯正、然矯正

即係豫防、而豫防之意義至爲重大、使國民健康向上、不能輕忽視之、不但在全國衛生會議席上所共認、即在其他各方面皆應注意防範之必要、故此次民政部衛生司當局、對此問題已着手積極激底矯正、其實績已獲相當之結果、但此問題之施行是否能受到預定目的、係得依賴國民自動注意、於此則身體衛生行政之各人員、得如何使其達到優良結果、則實有應當加以考慮其重大責任、鄙人來哈三年、此期中對衛生行政上最感覺遺憾者、即爲滿人之衛生思想、過於缺欠、就下、考哈爾濱市、係前帝俄經營、此所建設北滿唯一之大都市、對於衛生施設上、亦爲北滿其他都市所不及、其衛生設施之內容、雖未能十分完實、然較其他各都市則有顯著之進步、祗以滿方人民對衛生思想向未脫其舊殼、雖處此衛生施設之下、仍未能稍加痛改者、實莫明其妙、然欲想衛生思想向上、非激底努力不爲功、鄙人對衛生思想普及重大之意義、必使以民衆爲主体、務期使民衆自動積極工作、此爲最適宜之辦法、故此次對惡習矯正、乃時先招集各保長徵詢其意見、胥認此種惡習立有矯正必要、並自動請本廳代製矯正牌、一萬三千個、以便將來懸於市民各廚所中、以及各街要巷、俾通市民注意、現已代呈民政部衛生司、以待批准即可施行、惟鄙人對此辦法、預想將來必能得到圓滿結果云、

兩商會嚴禁 商家減價贈彩 無意識競賣有亂秩序

近年以來、素稱商業戰場之哈爾濱市、商業上競爭之方法、花樣翻新、甚至愈演愈奇、各雜貨商每屆春秋兩季或在門前高搭彩坊遍貼標語、或吹打遊行、減價贈彩、種種辦法、不一而足、客歲道裡外兩商會、對此曾一度開會討論、認爲此等競賣行爲有亂秩序、由兩商會同意之下、令各屬商店取一致之行動、決然取締上述之無意識之減價行爲、時屆秋令、正貨物暢銷之際、惟恐各商仍舊施行故技、以干禁約、道裡商會所屬各雜貨商、前曾向該會請求繼續成案辦理、絕對不減價賣貨、並協議不准在市房內貼減價標語、在門外樹減價招牌、或在報紙上宣傳大減價及其他一切關於減價之行爲、道裡商會准雜貨商等之所請、同時並函請道外商會、轉知所屬各商取一致行動、道外商會准函後、除轉知各商外、並函復道裡商會遵照辦理矣云、

樓頂摔下 胳膊跌傷

昨晚全市實施燈火管制時、南崗西八雜市甲自衛團員源生東綿子廠櫃夥吳金漢、當十一時最後空襲警報發令時、爲監視一般住戶閉燈、登附近之三層樓上、視察完畢欲下樓時、因黑暗異常、一時不愼、跌於樓下、急呼救急車拉往市立醫院救濟、將右肘跌傷、當時昏迷不省人事、據醫生言、尚無性命危險、調養一星期後、即可出院云云、

萬國道德會 講詞概要【六】

大概在兒童的時候、他那話言不安、俗云小孩子說實話、孩提之時本道心、尚未失其天性之誠也 長大了他心的知識漸漸就開了、言語漸漸也會說謊了、話本出於無誠 不不覺就說出來了、他要說不好的話、大人不去叫改過來、他又爲對呢、您想話要謊一分、他的性靈、也就遮蓋一層、天性就少一分、適來適去、他還能好嗎、請問大家對不對、到心上那方面、我就妄了一分、妄來妄去、那誠的分量可就少了、妄的分量漸漸也就充滿、先天一點元性、慢慢的丟來丟去就磨有了、就流落後天了、再忠告一句話、你那裡丟了那裏找、要從言語丟的仍從言語上返回、以先的眞誠、性下出言句句要誠實、實來實去、要千日去妄、則先天之眞面目就現露出來了、何愁不改呢、

大凡吾們人都有個少壯老吧、少年說父母、驕生慣養、到壯年已栽培成人、或在家庭、或入社會、請問大家、可若什麼性應酬社會、再拿習性秉性能行嗎不行吧、拿一個例子說、要找一個政界、那政界、規矩非常嚴肅、到時就上班、辦事要敏捷、言語要簡爽、舉動要穩重、上下要和睦、雖機關有不同、大致不能錯的、要像在家那樣、好恨人、好惱人、好怒人、好怨人、好煩人、若好多言不止、多言傷人、傷人則傷緣、緣盡則事必敗、好意懈不改、多意誤時、誤時則誤事、誤事則受申斥、好虛謊不重、不重則傷雅、便辟佞之友近矣、損則嗜好生、曼曼吃喝嫖賭吸等之病、油然而生好奸滑不正、奸滑則不和、上必惡、下必訴、日久衆厭、廣播同人、發詞記之要當心、獻慇懃、失絡脈、多費金、遺言語、出張欲、勸諸君、記在心一、大家要注意、可怕不、要說投入工商、尤難萬分、勞苦你先受不了、再加上習秉二性、能好維持嗎、太傲慢不行、太柔弱不行、總得和乎中纔好、往往有種人、他得了機會時候、就忘先前、當時就起秉性、就失常態嗎、我就是那樣、我未有事的時候、也離有秉性、合習性、那是因爲什麼呢、我閑時候、細細一想、那是窮時候缺錢、缺錢就磨有氣力、氣力微、秉性自然就消滅了、習性也漸漸退避三舍了、自從前年、經朋友介紹一個小事、每月得薪水六七十元、若論我的能力也算極高代價、我還不知足、信意的就把嗜好染在身上、每日吃飯也講究、因公館現在內地、所以未立火、每日必得往幽雅小館、就是怎樣美味、也是不香、於是乎、就辯不開南北與東西、拿走道來說、心肺也膩起來了、要看鄉下老百姓、非常煩、街上討飯的、我也嫌他喊叫、（未完）

蓋由松阿里轉訛而來、昔滿洲土人呼此江爲松阿里烏拉、即天河之意、漢人則亦因之而稱松花江矣、哈爾濱其有今日之發展者、實因臨此蜿蜒二千餘里之松花江使其然也、恰如英國倫敦之有泰晤斯河、日本東京之有隅田川也、

△傅家甸—隣接埠頭區、純由滿洲人士建築者、上海之文化、經由南滿、直輸此地、佔有本市人口三分之一、由頭道街直貫二十道街、而達於江堤之正陽大街、車水馬龍、人烟稠密、繁榮有超越道裡中央大街之勢、該區之北側、即爲松花江之南岸、有碼頭在焉、下海諸地交通貿易之樞紐、傅家甸原爲濱江市之故地、四十年前、僅有漁家三五、及過往之客商、有傅春芳其人者、設店於此、因以名其地焉、當時之傅家甸、僅自頭道街至十六道街、自十六道街以東、則名之曰四家子、后改稱新市街、光緒年間、有何同知者、掌該地行政時、因店子之意狹小、故將店字改爲甸字、從此而名之曰傅家甸矣、迨民國時代、濱江市成立以來、合併四家子而統稱傅家甸也該地有江防艦隊司令部、航業聯合局、哈爾濱交易所等機關、

▲八站—該地乃爲工業地

及其他各大工廠林立、並引入鐵路若干、其狀如網、現又計畫於該地之空場、建設綜合運動場、正進行工事中、

△新安埠—俄人呼之爲□那哈夷夫卡、滿人則稱偏臉子、東部鄰接埠頭區、該地爲因俄國革命被逐來哈之白俄所建築、概係白俄貧民階級之居住地也、視爲哈爾濱之萬魔窟、而今人亦淨化不復有以前之痕跡矣、

△香坊區—一般居民皆呼之爲舊哈爾濱、爲俄人最初建設之市街地、距新市街約四公里、自中央寺院有一直線之大道相通達、預定將來爲工場用地、其發展無可限量云、

交通事業 發展情形

哈爾濱市內之交通事業、自大汽車及電車、由康德元年末及二年一月先後接收歸爲市營以來、據本年五月一日之調查、電車部份、其營業部份之延長、計有單線〇粁六九、複線一二粁一二、車三三輛、每日平均駛行者三十輛、駛行系統有三、大汽車部份計營業路線延長五九粁八〇、有汽車七二輛、每日平均駛行者五五輛、駛行系統有十一線、除觀光季節、開駛遊覽大汽車外、並在舉行賽馬之日、開駛臨時大汽車、以謀交通之便利、同時市方之收入、頗稱一部之依（未完）

協和會成立本部

【西豐】縣長黃黎維氏、爲奉協和總會指令、略謂滿洲帝國建國、已屆四載矣、經日本友邦助成、王道國家人民、得以安居樂土、協和會、成立本縣支部、縣長爲部長、高橋署長爲部副、街市支部、夏總務科長任支部長、何街長任部副、教育支部馮校長充部長、朱校長充部副、當即遵照協和章程提倡王道國家精神、開發人民常識云、

濱江特刊

第十八號

社址 哈爾濱道外桃花巷西口
盛京時報北滿總支社
電話道裡六八四七番

北滿家畜調查
總計五百四十八萬五千三百餘頭
哈爾濱商工會議所最近發表

日滿兩國、爲對緬羊毛報復對策、滿洲國積極改良緬羊種、及增殖基礎、兩國相加研究調查、日本商工會議所、爲明瞭北滿家畜狀況起見、特組織北滿家畜視察團、企圖增產家畜、並對於牧畜產業者、指導援助、努力工作、據該所康德二年度調查、最近發表、濱江省管內各縣旗之家畜、僅五百萬頭、北滿各省家畜頭數、牛、馬、驢、騾、羊、山羊、豚、等總計五百四十八萬五千三百三十七頭、茲將各種別標錄如左、

濱江省管內各縣現在全畜類

總計種類別如下、

牛　三六一、七六九頭
馬　一、〇一〇、八四二頭
驢　一一〇、五七三頭
騾　七三、三九二頭
羊山羊　一六七、六〇六頭
豚　一、七六一、一五五頭

豬占三分之二、馬次之、羊山羊合計僅十六萬七千六百頭、將各省家畜頭數、誌錄如左（單位頭）

濱江省	六五、二八八
龍江省	七〇、六四五
興安東省	六、四五〇
興安北省	一四五、九四六
哈爾濱市	三、七七七
三江省	六七、六九二
黑河省	一、九七三
合計	三六一、七六九

馬

濱江省	四一七、四六五
龍江省	三一六、四〇九
興安東省	七、二七一
興安北省	一三二、八九九
哈爾濱市	八、二六五
三江省	二、四一二
黑河省	六、一二一
合計	一、〇一〇、八四二

驢

濱江省	五四、三六四
龍江省	四〇、三〇九
興安東省	五〇〇
興安北省	——
哈爾濱市	五七七
三江省	一四、八二一
黑河省	二
合計	一一〇、五七三

騾

濱江省	二一、九九九
龍江省	四八、二七三
興安東省	六六一
興安北省	八、〇九五
哈爾濱市	……五〇四
三江省	一、九五九
黑河省	……三六
合計	七三、三九二

羊山羊

濱江省	三二、三二九
龍江省	四七、四八一
興安東省	三九四
興安北省	八三、九九二
哈爾濱市	七七八
三江省	二、五二六
黑河省	一〇六
合計	一六七、六〇六

豚

濱江省	九〇八、四三四
龍江省	四四六、四九二
興安東省	一〇、九二九
興安北省	……
哈爾濱市	一二、〇〇三
三江省	三八一、二七四
黑河省	二、〇二三
合計	一、七六一、一五五

防空演習之末日
舉行分列講評式
山岡中將英風凜凜
各防護團精神奕奕

哈爾濱防空演習統監部定於防空綜合大演習十七日起三日間之末日、舉行閱兵分列及講評式、已於十九日午前十時半舉行矣、茲將其經過情形、略誌於下、

▲閱兵分列

於午前九時半以前、各團聯絡係、皆到中央寺院集合、受聯合防護團主事之指示、決定各團整列之位置、於十時頃、各參加團體俱先後入整列場所、自中央寺院至飛行場之道路上、約二千米之間、縱列如織、均按擬定整列法整列、向中央寺院右側之第一線分列團體、以四列橫隊整列、左側分列諸團體、四列橫隊整列、續入團體、皆在右側分列團體後方、一般市民、在左右兩側步道上、均於午前十時以前參集終了、以後於統監部附近即不得通行、十時許、張國務總理大臣以次呂民政部大臣、李交通部大臣、丁實業部大臣、孫財政部大臣、阮文教部大臣、于軍政部大臣代表、及哈市日滿各首要佐藤駐哈日本總領事、閻濱江省長、山口海軍防備隊長、以及軍部關係諸機關、均蒞場參加、列於閱兵台之北方左側、新聞者列於右側、復北則爲滿洲國側軍樂隊、施聯合防護團長、于副聯合防護團長佐藤副聯合防護團長、小野崎聯合防護團主事、位於分列之諸團體之前引導、於整列終了後一時極爲肅靜、十時半頃、馬聲得得、騎隊數列自中央寺院向整列場所徐徐馳來、前爲引導將校、次即爲防空大演習統監閱兵之山岡中將、後俱爲侍從將校有安藤特務機關長及安藤少將、山口本部隊長俱英姿凜凜、至整列現場時、參列各團體及哈市各首要均致敬、沿分列場所北下檢閱、於檢閱終了後、歸閱兵台檢閱各團體分列隊形移動、隊形爲分團旗、團體附之右翼、班長位於第一伍之右翼、班旗位置班之左側、保甲自衛團團總位於第一伍之右翼、其左側置團旗、由軍樂隊及聯合防護團正副團長及主事之引導、向中央寺院前進、步伐整然、氣宇軒昂、其整列之順序、依次爲道裡地區分團、總練、新安埠、顧鄉屯、水上、道外地區分團（正陽、南新、北新、松浦、）南崗地區分團（南崗、香坊、太平、）、保甲自衛團代表、均列於各分團之後、日本哈爾濱學院、日本中學校、青年學校、日本女學校、日本小學校、日本少年團、滿洲國童子團、哈爾濱市公署交通局、衛生工作班、電電、電業、航政、航業、國際運輸、濱江省公署、郵政、稅關、稅務監督署、專賣署、中央銀行、聖烏拉英米爾、登喜和、松浦洋行、日滿製粉廠、大同酒精公司、鐵路局、及分列之諸學校團體及各婦人團體、不參加分列、隨時解散、於十一時二十分終了、

▲講評

於閱兵分列舉行終了後、於十一時三十分於哈爾濱神社內舉行關於此次防空大演習之成績對各方之講評、參加者、限於演習參加陸軍側將校、同相當官員、演習參加地方側、統監職員、演習計劃委員、防護團（包含特殊團）副團長以上、但聯合本部係長、分團特殊團班長等、當時國務總理大臣此次六大臣亦蒞席參加、於十二時由防空演習統監山岡中將對此次演習成績之講評、

在哈爾濱實施之綜合大演習、以此次爲嚆矢、然其準備與實施方法、在繁激之治安肅正諸工作以外、警務、產業、交通、教育等諸般事項上、雖有幾多之困難、但依關係諸機關團体等之積極的努力、竟收獲預期以上之成果者、實爲哈爾濱地區、尤其是爲全滿洲國、以統監之資格、殊深滿足之處、以下略述若干之所見、以供爲國土防衛上將來之參考資料、

△防空司令部

防空司令部、在參謀長直接統制之下、一般團体發揮其不眠不休最大之能率、現已認爲已全防衛中樞機關之重責矣、

△地上防空隊

一、地上防空隊長之戰鬥指揮、極其適切、成績殊佳、

二、高射砲隊及高射機關槍隊之射擊、既甚猛且適機宜、對敵軍飛行機、與以莫大之損害、頗與哈爾濱空襲之目的、與以挫折、

三、照空隊之戰鬥準備及其實施、概均適切、未逾時機、捉獲敵機、使高射砲、機關槍隊及防空飛行隊、發揮萬無遺憾之戰鬥力、對達成防空之目的、貢獻殊大、成績良好、

△警備隊

哈爾濱警備隊之服務、概尙良好、

協和會舉辦
中小學生雄辯大會

滿洲帝國協和會哈爾濱特別市本部、以九一五承認紀念日爲機、特定於本月廿日午前八時、假道裡第一中學校、舉行都市中小學生雄辯大會、茲將是日舉行秩序探錄於下、

一、齊集入場、
一、合唱國歌、
一、向御影行最敬禮、
一、致開會辭、
一、來賓致辭、
一、審判長宣佈評判宗旨、
一、中學部學生講演、
一、小學部學生講演、
一、核分發表成績、
一、頒獎、
一、中學部一等獎代表答謝、
一、小學部一等獎代表答謝、
一、致閉會辭、
一、攝影、
一、茶話會、
一、散會、

哈爾濱特別市概況【九】

敷設低區淨水場內鐵管二	南崗低區淨水場	[illegible]	100
建築監督員休憩所	顧鄉屯南崗大直街、道裡地段街	[illegible]	100
設備上水道鐵管試驗場	傅家甸鐵管試驗場	[illegible]	100
敷設道裡一部配水鐵管	道裡一部	[illegible]	[illegible]
敷設新安埠　同　上	新安埠一帶	[illegible]	[illegible]
設低區水源地鐵管	顧鄉屯	[illegible]	[illegible]
敷設傅家甸一部配水鐵管	傅家甸	[illegible]	[illegible]
裝置送水主管制水辦及排氣辦並排泥辦等	自顧鄉屯至南崗	[illegible]	100
裝置配水管制水辦消火及築造排氣辦室	道裏一部	[illegible]	100
配水本管制水辦及消火等	南崗淨水場	[illegible]	100
建築鉛管試驗場及鉛管倉庫	傅家甸鐵管試驗場	[illegible]	100
設備試驗場電力電燈	同上	[illegible]	100
裝置水源地淨水所假唧筒並設置淨水場配管	顧鄉屯南崗	[illegible]	100
清掃南崗低區淨水場內淨水池及其他水洗	南崗	[illegible]	100
清掃地低水源地唧筒並着水井水洗及其他	顧鄉屯	[illegible]	100

△防空飛行隊、在其夜之則、以少數之兵力、而對優勢之敵機、並將其擊滅、其勇敢機敏之活動、已認爲尚可達成防護哈爾濱市之目的、

△防空通信隊、非僅係臨時混合編成、且訓練之餘裕甚少、但依隊長以下之熱誠努力、其成績既屬可觀、且已認爲達成演習之目的、然其情報受信機之操作、更有熟練之必要、

△憲兵隊

哈爾濱憲兵隊之活動尚可、

△關東倉庫

關東倉庫哈爾濱支庫之夜間配給實施、尚稱良好、

△衛戍病院

關於哈爾濱衛戍病院之救護、其動作尚可、

△統監部

一、統監部部員、雖當務極其繁激、且互長期保持連繫、爲本演習之計劃及實施、而盡瘁、對複雜多彩本演習之遂行、稍無遺憾、殊堪欣幸、統監部飛行隊及乙國飛行隊、對統監之意圖、使參加團體之活躍、更進一層有意義的活動、尚稱良好、

二、統監部通信隊之活動、概稱良好、

三、情況現示班之行動、概稱適當、

四、警報及燈火管制監視班之行動尚可、

△滿軍部隊

滿洲國在哈各部隊之防空準備施設日、訓練及其實行尚佳、

△海軍部隊

在哈海軍部隊之防空施設及其準備及實施均稱適當、

△防空監視隊（通信關係事項除外）

防空監視隊之服務、一般均極熱心、對於敵機之發見及報告動作、均甚敏速、成績良好、然鑑於戰時之實情、得以自警團員等、地方住民隨時編成監視隊、授以計劃訓練、尚望研究、

△通信關係

防空通信之設施、及其實施、概皆良好、尤其是對於關係參加會社團體等之熱誠努力、殊値推賞、將來除望益加完備防空通信施設外、對由平時施設轉移戰時施設、使之最爲迅速、尚望留意、

△燈火管制及警報傳達

一、燈火管制一般之狀尹、概稱良好、參加演習諸團體之幹部或關係業務主任者、親在夜間上空觀察、而加以研究、實値賞讚、但對於街路殘置燈之配置、及屋內燈之處理方法、尚有研究之必要、

二、警報之傳達、迅速尚可、尤其是此次以電燃電滅、完成傳達任務、鑑於滿洲房屋之特質、在防空上貢獻頗大、

三、爲監視燈火管制之狀態、滿洲航空會社、進而參加本演習、努力達成其目的、行動尚可、

對於防護

防護團

△聯合本部

一、演習之準備及實施、概均良好、尤其是關於防護團員之服務、指導尚佳但關於一般之充斯教育、尚望向上、

二、此次之指導統制、概稱良好、但關消防業務之統轄、對通信系統之確立、尚望研究、

△一般分團

各分團之幹部以下、志氣旺盛、始終熱心服務、其成績概皆良好、然其將來、且長期之服務要領、並防護之實務、就中關於在災害時之幹部指揮要領尚望更進一層之向上練磨、

△特殊防護團

各團均在鞏固團結之下、咸以熱誠、從事本演習、其成績概均優秀、一旦有事之際、雖有空襲、各皆從事各種積極的業務、鑑於其使命、更望一般之熟練、

△衛生防護團

一、衛生防護團實施之救護所業務、皆整然適切、尤其是日滿俄人之有形無形之協同、動作尚可、

二、家畜救護班之防護施設配置、其服務成績良好、

△各學校

學校中之避難演習實施要領、概均良好、對於青少年、關於將來防空及徹底、尚望更進一層之努力、

△對於一般警務

日滿警務機關各防護團等不惜莫大之努力、夙因本演習、關於各種警務事項、已爲偵密周到之計劃、在本演習實施中、爲圓滑之活動、未使發生事故而終了、雖任何人、亦感激其大功云、

冒名六商相彫 一律保釋

具結永不再抵觸市場法 六商營業今後不易恢復

因違反批發市場法與場外取締法相抵觸前經正陽警察署逮捕之冒名六商滿人柜彫、經正陽署縝密偵查嚴重審詢之結果、終予眞像大白、遂於日昨將羈押中之全部冒名商滿人柜彫、一律保釋、並附由各人具有永遠不許再營鮮貨代理業、以免與市場法相抵觸、由此該六家冒名商之滿人柜彫雖然釋放、然而其營業之前途悉由此將壽終正寢、無復活之希望矣云、

以哈市演習爲模範

普及全國防空思想

國務總理大臣對記者談

來哈參加綜合防空大演習之張國務總理大臣、昨在北滿旅館旅邸、接見本報記者、發表對於此次哈爾濱舉行之綜防空大演習、感想談話、大體記述於下、『此次哈市綜合防空大演習、成績非常良好、將來全滿各地、可以哈市演習爲模範、以期全滿民衆對於防空思想漸次普及、蓋我國國民、因教育之缺乏、猶多對於防空思想未能徹底了解、以現在世界國際風雲之緊張而言、任何國民均應有防空之知識、以鞏固自衛力、俾且國家有事、軍隊開赴前方、一般民衆及公務員、均各奮起努力防衛全市之生命財產、蓋一旦有事、軍隊既開赴前方、後防之防護有賴於防護團者良多、奮防護團之旨趣、乃防患於未然、事前未雨而綢繆有備無患者也一般公務員及市民、雖非現役軍人、亦應官民一致努力、達成所期之目的、試觀友邦日本之國民皆有國家之觀念、且人人均有相當之知識及受軍事之訓練、平日爲好國民、戰時爲干城、其國家之所以强盛、良有以也、回憶舊政權時代、民政分歧、政府之對民衆從未加以訓練、以故百姓與政府不相融洽、觀此次哈市之防空演習其成績之良好、各機關之特殊防護團以及各分團、同心協力、官民一体、融洽一致曾無絲毫之隔閡、尤以訓練之純熟、秩序之非然、實堪欣幸』云云、談至此已至閱兵分列時、爲前往參加、乃興辭而出云、

配水管越石頭道街鐵道	道裏石頭道街	三、八六六	〇四三	100
向低地送水場引入卷揚筒動力引入線	顧鄉屯	五六八	八四	100
低區送水管越鐵道	南崗大直街	九、九三二	六九九	100
設置橫斷田地街鐵道上水道配水鐵管	道裏田地街	四三三	八〇	100
配水主管越霽虹橋下鐵道	自南崗東站街至道裏軍官街	七、五〇一	九一	100
設備淨水場動力線	南崗	四、九八四	一〇	一〇
設備低區水源地動力線	顧鄉屯	三三、〇三三	九一	100
給水工程一件	道裏	三、四九七	四四	100

上水道工程之情形、既如上所述、自該工程次第進行、道裏之大部及傅家甸之一部、即預定通水、以資樹立給水計畫、因自十月一日至十二月二十日、定爲特典報名期間、在此期內、除免除報名費外、其公路地下部分之工費、由本市負擔、並於兩個月內、免收給水費、以利普及計、自開始報名以迄截止之日、共報名者如左、

滿人 二二二〇件

日人 一七三件

俄人 六二四件

共計 一、〇一七件

經此過程之後、當於十二月三十一日、對於十一戶、試行給水、成績頗好、

滿洲國道德會 講詞概要【七】

最有一個可笑的事、合大家說說、有一天正下班、朋友邀我上酒社小食、正雄糾糾的往前走、對面來一位老年人、說那不是誰嗎、吾並未拿正眼看、吾就拿出咱住那個機關來唬他、這老頭大家猜說什麼、他說小什麼、你眞不認二大命老鄉親啦、你忘記前廿五年、那個時候啦、嘿僞盡天良嘍、你時下做官了、不認人啦、你趕快把飯給我吐出來、愈鬧人愈多、我看瞧有辦法、一拐彎我就影了、內中細幕可不能揭破、要說出來、太丟人了、大家用問、明白人一聽就了然、若相愚者、就恐不明白、不明白你先糊塗只吧、不說又要說、我生倒眉坐關、爲官討飯、有若干起皆叫我、秉性招來的、習性引來的、請問你因什麼又要上酒館呢、這不是找麻煩嗎、把廿年前丟醜的事遇上了、這都是好吃喝的好處、若說傷天害理的事多啦、就不用講道啦、其實這也是道、吾想這也是因爲我、眼前有點仗勢、也可說有好收入了、就忘姓什麼、胆子是什麼、就是秉性、亦是習性、有錢能助胆子、有錢能生習性、可了不得、自作三字詞以戒之云、『秉不生、習自滅、去塵垢、去習存自然兌』、磨光刮垢、眞天性見矣、性由天生、孟子曰、性善、荀子曰、性惡、告子曰、爲善惡混合、三賢各執一說、王善人發明、三品之理、擴而充之、一貫而分淸、使人去不良的習性、化去秉賦的惡性、而得返還性本善的天性、眞旨道明、眞佛日見、撥雲見日、現出潔白、無染天性、

第一章 第九篇

心分三品 一曰良心 二曰爭心 三曰貪心

心總論

學之大莫大於性命、性命存於道心、所以說地賦以命曰心（心地）心中收納一切思欲妄想、合過去求來、雜亂污穢等等閒事、一盡俱全、好相雜貨舖一樣、那大地也不論好不好、潔淨污垢、皆一味的容納、這可謂心地吧、心僅方寸、焉能比地、要說起比地還大、細說起來比一粒沙塵還小、要研究起來、說大可大、說小可小、小則方寸、不容沙塵、大則無極、包羅萬有、非悟道者不解、所以大學之道、在明明德、明德者、道心也、有志求道的除了明道心、別無玄妙良方、要明道心之法、除了去私妄忿欲、別無玄妙、所以聖賢示以懲忿、窒欲、閑邪、克己、寡慾、這就是大學上格物也、物者人心之私、便去致他、致知有私碍之、先致人心之知也、不但不明道心、而返害其道心也、

良心 第十篇

良心是良知良能的心、有陰陽之分、爲陽而能學道理、問天理、知已過、纔是非爲良善、正大光明之心也、大概人心未發覺一先、皆是良心、發動一後、就不知流落於何處了、比語的話、有益於我、有害於他人的事、吾不加省察、就去作、那裡定有傷天害理的惡作劇、那時吾亦同良心商議、商議、亦得同貪心商議、商議、究竟良心勝過貪心、那可謂上達君子也、假設貪心勝過良心、就算昧了良心吧、那就算下達的小人吧、聖人有話、從其大體爲大體、從其小體爲小體、顧爲君子是大體、顧爲小人是小體、人爲萬物之靈、爲什麼作小人、不爲君子、人亦是人、吾亦是人、爲何作小人、不作君子呈定爲君子、請問學君子使什麼法子、能達到良好結果、願指明途、先生你要問君子怎當、慢慢告訴你幾樣聽聽、都是什麼呢、求己、知人、改過、立功、親賢、樂道、保身、達時、愼思、有恆、這就是學君子的要領、內中詳細容後露布、們吾道德會講了數十年、就未有來問君子怎當、看起來、道風大開、眞有一日千里之勢、內後就接連不斷的、來問道、大有山陰道上、應接不暇之概、要相我鄉、就不一樣了、全是爭貪人多、都把那良心壓在底下了、每天應酬社會、盡用、爭貪、思慾、妄想、惡劣、强覇的心、一點道心、良心、公正心、惻隱心、慈愛心、菩薩心都無有、你看看這樣鄉黨能算仁里嗎、自從王老善人倡道以來、那些老百姓、把那若干年前老人遺傳的腦筋、都換過來了、這也是天降吉祥、大道宏通、人民之福、普也你說陰而是怎樣形容、就是以上說的、吾鄉老百姓、都使爭心來用事、已達到極點啦、甚至於連命都不要了、俗語說的好、要錢不要命、若不要命的人、豈不是到陰朝地府去了呢、

（未完）

道德會改正會名

滿洲國道德會

本市萬國道德會、濱江省總分會、頃奉新京總會令、改稱會名、經總會幹部董事臨時會議決、將原有萬國道德會、改爲滿洲國道德總會、分四級制、省爲總分會、縣爲分會、鎮鄉爲支會、並將一切章則、另加修訂、業已呈請主管官署、核准在案、聞總會已函知全國各會、茲定於九月廿一日、爲改名日期、至期一體遵行、以本市道德會、改爲濱江省道德總分會、其他各省類推之、該會業已通知該管各縣鎮鄉分支各會、遵照改稱、查此次道德會、改更名稱、修正章則、因舊有章程、不合我國現代法則、爲求合於法治制度計、是以此番加以修正、以昭核實云、

（第三種郵便物認可）　康德三年十月二日　盛京時報　星期五　第九千五百四十五號　（七）

濱江特刊

第八十二號

盛京時報北滿總支社
社址 哈爾濱道外桃花巷西口
道裡電話六八四七番

反蘇運動表面化
秋收僅爲百分之四十五
成立販賣農作物事業會

據蘇聯境內墨爾州（阿木耳）地方來人談、該地之蘇聯各國營農場之農作物、已屆收穫時期、然因該農場之指導者、皆對蘇聯國情不滿、對公務均故意遲延、並發揮其個人之權能、於播種時、農場所備之汽車火犂、均不肯利用、故秋收之所獲、僅爲全面百分之四十五、並將私售於商人、不交納於國家、蓋該農場之所得、一部得交納於國家、一部售於市場、不得私自售於商人、已有明文規定、惟各該指導者、並不遵守國家法令、除任意買賣外、同時成立販賣農物事業會、討論販賣辦法、參加者共二百二十家、到會者九十餘名、蘇聯人民對國情之不滿、由此可見、

縣立中學教員
二次檢定試驗
省教廳令飭各縣旗

濱江省公署教育廳前奉文教部訓令、並轉飭所屬呼蘭、青岡等各縣旗、關於施行第二次縣立中等學校教員檢定試驗畧謂、爲期教員素質向上、而資學校內容充實、關於縣立中等學校教員檢定、業於客歲施行、茲再就其餘學科施行第二次檢定試驗令各縣旗長遵照施行方法辦理、分別遵期填報、茲將檢定試驗方法探錄於下、

一、教員檢定係檢定受驗者之性行思想學力及身體檢查等項、

二、應受檢定者爲縣立各中等學校教員（農業學校及農藝訓練所教員在內）現教授第三項所定學科目中之一或二科目以上者、

三、施行檢定之學科目如左、國文、經學、教育、體育、圖畫、日本語、

四、對於受驗者除檢定前項之學科目外、均一律施行、（建國精神之試驗、）

五、學力檢定、及身體檢查日期規定如左、康德三年十月廿七日起、至二十九日止（受驗者須於十月二十五二十六兩日內逕赴濱江省公署教育廳報到）

六、受驗地點、濱江省立哈爾濱第一中學校（校址哈爾濱道裡水道街）

七、受驗者現教授第三項揭示之二學科目以上時、至少須受驗其一科目、但欲受驗二學科目以上者聽之、

八、縣長須將應受驗者報告書（附發受驗者報告書式）（從略）限於康德三年九月二十日以前報署不得遲延致誤、

九、學力檢定及身體檢查之內容標準及方法、由文教部委託教員檢定委員會製作、經大臣認可後決定之、

十、縣長應將受檢定教員之思想、性行、經歷等項詳細調查記載於履歷書人物考查表內、限於康德三年十月十日以前報署二份、不得延誤、

十一、學力檢定之結果、成績優良者、由文教部大臣發給優良證書、

十二、對於應受檢定者、奉令後、如無正當理由擅自不受檢定時、得免其職務、

十三、對於因受檢定由任地赴試驗地點之旅費、由文教部酌量補助之、」

大老賈胆大妄爲
賣枕頭兼賣廢票
事發被捕飽嘗鐵窗風味
吳剪票員聞風遠走高飛

有大老賈者前曾在南滿鐵路客車中販賣安眠氣枕、迨北鐵接收、京濱線改軌、連濱直通亞細亞號列車后、賈即被調在連濱線列車上仍賣其氣枕、賈稍譜日語、每對人大吹其法螺、謂彼與剪票員素有聯絡、有客乘車、概不買票、時有無恥之徒、希圖減省路費、即買通賈某私帶乘車、實行以來、私帶無票乘客、不下二百餘人、賈某意外之收入、爲數亦殊不尠矣詎風聲傳播、遠近皆聞、事爲哈鐵警務處所聞、暗派密探、縝密偵查、果於上月七日午前九時、在哈爾濱車站開往大連之亞細亞號列車中查獲賈所携帶之無票乘客二名、遂得賈某及無票之乘客帶至哈爾濱警務段、搜查賈某身上時、搜出哈爾濱大連間之廢票二張、追究廢票之來源、據稱係哈爾濱剪票員吳某所與、警務段據供、派人前往逮捕吳某時、詎吳聞賈案犯、知必連累本身、竟自潛逃、目下賈某羈押於警務段、正在嚴重審訊中、將來如何處罰、一般頗爲注目云云、

屋蓋坍陷
死傷工人三名

南新署管界武神廟後、進德街門牌二號、住戶齊玉田、於數日前、僱得工人十數名、建築房屋、於二十五日午後三時許、工人正在屋內工作之際、不意房蓋忽然坍陷、將工人崔壽堂、當時砸死、李和芝、高景雲二名亦受重傷、不省人事、立即送至市立醫院救濟、生命危篤云、

二中舉行
運動大會

濱江省立第二兩級中學校、因本市本年之秋季運動會停止、除哈市少數選手參加建國運動會外、直無運動發揮之所、鑒於秋風颯颯、大好時光、正宜舉行戶外運動之期、毅然於

市內發現女妖
出入巨商之門
良家婦女被誘墜落者頗多

本年夏、道裡花園時發見一女妖、西其服、革其履、描眉點唇、塗粉抹脂、以其面紋推測、年齡約可四十有奇、但其裝束之入時、實摩天下之大登焉、

有知之者謂彼女妖乃道外某澡塘主人兼房產家田某之愛寵也、謂爲女妖、勿寧謂爲禍水也、

伊雖徐娘半老、然其淫佚過人、誠所謂如虎之年信不誣也、每遇白面男子輒狎與爲歡、雖終夜而不厭、但彼所愛者、極以其貌不揚、年過長、多不欲就之、彼則以金錢賄賂、青年每貪錢而假與溫存、似彼婦者誠一返俗例而嫖男娼者也、據曾接近彼婦者稱、嫖資年需二千金、其嫖男娼之揮霍、爲數亦不尠矣、

近月一來、時見此女妖出入於道外南大街某雜貨店、並挾行三五成群、多係廿以下之閨秀、擁開某雜貨店、往有客人頗多、利用女妖、廣攬良家婦女、投客人之所好、以期得其歡心、彼商店老闆之手腕可稱微妙、然良家婦女及青年客人、因此而沉醉於女色、以至墮落者大可悲也、謂爲禍水誰曰不然、

該商店執事藤某、與女妖頗善恒對柜中人言、吾之交女妖也、爲其能多攬少女、誘惑客人、不啻有功柜務、故每日捧牌抽紅、通宵達旦、燕語鶯聲、夜無虛夕、似是商店、其雜貨店歟、抑娼寮歟、望維持風化之責任當局、其注意及之、

痴情郎偏遇薄倖女
趙筱培天生賤骨頭

坤伶趙筱培、數年前曾在東山裡一帶江湖中撕混、厥以年齒漸增、又發梨園界日見頹廢、同時煙館之招待業盛極一時、相形之下、遂成反比例之局面、筱培自忖與其粉墨登場、拼將一副橫陳、收入較之作藝強多多矣、於是乃就牡丹江某鴉片零賣所改行燒烟焉、

筱培所屬風騷中人、經驗宏富、對於各人姿勢、當然[illegible]盡其狐媚之能事、況以先聲奪人、號招力之大、固遠非一般招待所可比擬、因之捧之者頗多、筱培於焉乃至大紅而大紫、山陰道上大有應接不暇概矣、

客有柳某其人者、哈埠之某巨商執事也、因事去牡丹江、於飯餘酒後、偕同三五知己作烟樓之遊、乃與筱培邂逅相識、一見之下、互相傾慕、大有恨相見太晚之慨、初時、筱培[illegible]應酬手腕、以圖要弄柳某者、詎柳竟土木人心實、遂然引爲知己、竟鍾情於彼、以至墮入彀中、流連忘返、日夜撕混於烟樓、紙醉金迷、揮霍無度、至此筱培復不得不更進一步之溫存纏綿、無何竟暗訂白首之約、期諧永好、嗣柳以柜務繁忙促其返哈、於是筱培乃隨之來哈、卜居道外南十八道街三十一號院內、此本年春王正月間之事也、居無何柳以春有高堂、久乏定省、且迭函催歸、不得已乃與筱培灑淚暫別、旋里省親、以二閱月爲期、臨行[illegible]培擲百金以作此兩月中之生活費、汽笛一聲、車輪轔轔、於一路保重聲中柳某乃辭筱培而南歸矣、

柳旋里後、懷念筱培、無時或忘、身雖在家而心實在哈、也、故僅留匝月、即擬返哈、其母念子心切、一旦相見、固不肯放其即歸、懇切挽留、豈知柳在北國更有代爺公主、頗行時之一幕、不嘗楊延輝回宮交令共情景、恰相吻合也、

迨柳返哈後、自當遄投十八道街自宅、詎料甫一下車、則見双扉緊閉、門已上鎖、急詢[illegible]矣、柳啓扉覘之、蛛絲滿結、室徒四壁、相形之下不勝慨嘆、自忖筱培定係私自潛逃無疑矣、

筱培因屬一水性楊花流亞、先以柳某之眞誠實意對之迷戀、又兼廣有阿堵、使筱培動心乃隨之來哈、倘能安心度日、終身有所依歸、未嘗不是幸福、詎筱培天生賤骨、流浪成性、俗云『狗到天邊總是吃屎』筱培於柳去后、即與一登徒子相諗、因礙右之耳目頗衆、恐久而久之、爲鄰人窺破、[illegible]

哈爾濱特別市概況 【十】

三、下水道之建築、

本市之無下水道、並與上水道如出一轍、於保健衛生、遺憾孰甚、爲改良計、爰將現在街市之低窪部分、分爲正陽河、新安埠、道裡、傅家甸之四區、每一流域、各設大幹線、將污水雨水用合流式導入排水場、然後或直接或以 抽水機放之松花江、其一月底時之工程狀況如左、進行極爲順利、

下水道工程實績表（康德三年一月底）

工程名	稱場所	設計額	工程
掘鑿正陽河排水所及築堤工程	正陽河	一〇、三三三、三六八	七〇%
建築正陽河排水所抽水機室工程	〃	四、九四〇、〇〇	九九
築造傅家甸十八道街排水所工程	十八道街	四一、六九五、六〇	一〇〇
築造傅家甸十八道街水池周圍鐵絲網工程	十八道街	三四〇、〇〇	一〇〇
吐口江岸之培面工程	〃	一五二、〇〇	一〇〇
添造傅家甸十八道街排水所	〃	三、七六八、五〇	九九
〃 抽水機室新築工程	〃	五、三二〇、〇〇	九九
〃 五道街放水路布設工程	五道街	九、四三九、四八	一〇〇
〃 培固工程	〃	一五二、〇〇	一〇〇
井街排水場水池掘鑿工程	井街	九、四九三、七〇	一〇〇
橫斷鐵道之下水道幹線築造工程	一面街	九、五四九、二〇	一〇〇
〃 支給管連搬工程	〃	一、四四〇、〇〇	一〇〇
井街排水區幹線一部築造工程	〃	三、一三〇、〇〇	五
「洋灰」倉庫新築工程	濱江驛前	四、三六〇、〇〇	一〇〇

二十八日上午七時半開始、在該校運動場盛大舉行本校秋季運動會、會場雖小、設置頗爲周密、在孫校長兼會長運籌之下、數百健兒踴躍與會精神奕奕、熱烈舉行矣、來賓出席者、孫教育廳長、石橋學務科長、楊中等教育股長、張視學官及關係機關首要均蒞場觀光、於開會後、國旗揭揚、唱國歌、由孫會長致開會詞、運動員宣誓後、即開始運動、按此次比賽方法、爲年級對抗、分爲成人青年兩組、及個人總分、團體總分、個人項目、每項得總分第一二三名者、均有獎品、團體則僅獎優勝隊、學校方面獲得錦標、以各級對抗之千米接力優勝者得之、至於該校運動會之職員、悉係教職員及學生分別担任之云、

哈郵局管內新設四局

溯我滿洲建國以還、僅僅五年、凡百庶政、莫不積 極確立、尤以交通機關、更爲切要、按我國向爲地大物博、荒僻未墾者、比比皆是、况邊陲之地、交通阻隔、即書信之往來、亦感困難、且於消息之聯絡、幾多障碍中央對此力求普及、哈爾濱郵政管理局管內最近新設郵局四處、以補事務聯絡不足、計東興、蘭源、佛山、陽河等、定於十月十日、正式開始業務、人事問題、哈局除內定者外、餘者正在審核中、日內可發表、

又訊、哈爾濱管理局新在市東南方之飛行場處、設郵政分室一處業於十月一日開始辦公

又訊、哈市 北岸之松 浦郵局、向爲臨時設置者因處於松花江下游之港口、在夏季及水運暢旺期中、事務較爲繁瑣然至秋涼以至於冬季結氷期、幾乎等於虛設、故於九月卅日業已停止辦公云、

哈鐵局員轉任牡丹江

哈爾濱鐵路局、人員移轉牡丹江鐵路新局滿人五十名、日人八十名、於二十六日午前八時二十分、搭乘濱洲綫列車離哈、首途前往、哈鐵方面、路員全體到站歡送、轉勤於牡丹江新路局之局員一行、並錦州縣共二 百餘名、由牡丹江足立副局長率領之下、計哈鐵人員日人八十名、滿人五十名、錦縣日人二十四名、滿方一百名、總數三百三十四名云、

矯正三大惡習
製牌懸掛各處希望市民遵守

哈爾濱警察廳衛生科、對於吐痰小便擤鼻涕之三大惡習、矯正各情、已誌前報、曾由各保長向警廳請求、製造惡習矯正鐵牌、以便分配各住戶厠所、及街頭懸掛、此次矯正之鐵牌、已在道裏新利號鐵工廠定製完畢、共計一萬二千四百十個、於最近期內、即可分配各保長、以保長再分派管轄住戶、實行懸掛、希望市民遵守牌示規章云、

滿洲國道德會講詞概要 【八】

第一章　第十一篇

爭食混合論

爭貪心乃是私心、遣心裏容納甚廣、有識神、魂魄、在心中是重要份子、是四肢百骸主爲陰陽交關處、身的主人翁、私心者乃陰面也、陰面是貪嗔癡慢疑、與憂思悲恐驚、機謀巧計、勞勞不休、使那方寸中相火燒一斑、火熾上炎則爲苦矣、大凡用私心的人、那心定然是貪、苦處就多了、若求不得、是貪之苦、愛別離、是慾之苦、怨憎會、是惡之苦、五陰盛、是色 受想行識等 等之苦、生老病死、是一生四季少衰疾亡之苦也、等等之苦、就多了、皆心中生的私 念之苦也、若能把爭心詳細解破、也得十天半月的、就說這八樣苦也足能說幾天、先說條目、後必細則、

識　神

出於心、 生於世、 流於週身、通於氣血、晦則聚內、明於散外、飛潛動植、皆賴衛護之、有知覺性是識神、醫學必常研究、鍼灸大成論過未行針以先、得用手點點、西醫注射以先也靠藥棉花楂楂、往往不出危險、這就是驅逐人神之謂也、人神者、識神也、

識神之正論、乃眼耳鼻舌身意、六賊也、又曰六根六門、名雖 異而理同、「色聲香味觸法、是六塵也、人本天 地而生、必有天地之象形、故曰在天成象、在地成形、天本眞空、眞空之中、本無色身、無領受、無思想、無造化、無識別、此五蘊皆空也、眞空者、內有 眞妙有也、淸氣上 升曰天、大哉乾元也、化濁氣下降而生陰、故曰在地成形也 人本五行而生、所以人爲萬物之靈、五官百骸完整、所以說六根者、時被六塵所染、你看眼有色塵、耳有聲塵、鼻有香塵、舌有味塵、身有觸塵、意有法塵、天是眞空含妙有、人有眞神鑑虛實、於見有眼識、聞有耳識、嗅有鼻識、嘗有舌識、染有身識、思有意識、故曰六識、六根、六塵、六識合而爲一、爲十八界也、要怎說眼識色而生私心、不應貪而貪之、豈不 染上塵垢嗎、每日 思慾之、每夜寤寐之、從這裏能生出、多少悲歡離合、多少喜怒哀樂、奇奇怪怪的結構、花樣翻新的曲折、小則敗財、大則亡身、怎看可有止境嗎、其餘那五樣、請諸位先生類推吧、大概是一樣的、

第一章　十二篇

魂　魄

要說魂魄來、又生出好多支節、咱就簡單說吧、魂魄是無影無形之潔淨品、兩儀也、精氣神、三寶也、四象乃龍虎雀玄是也、五行金木水火 土是也、他是一氣貫通的、先不說他那三樣、先說魂魄、眼不視而魂在肝鼻不嗅而魄在肺、魂在肝肝屬木、魄在肺肺屬金、經清者魄從魂升、重濁者魂從魄降、故聖人以魂運魄、衆人以魄攝魂、魂寓寓目、魄夜舍肝、寓目能見、舍肝能夢、夢多者魄制魂、覺多者魂勝魄、蓋因魄有精、因精有魂、因魄有神、因神有心、因心有意、因意生魄、五者運行不已、天生萬物皆有性、性出於心、心未萌動之時、萬籟俱寂、無心則無意、無意則無魄、無魄則不受生、而輪廻永息矣

肝通 大黑眼珠、肺通 白眼珠、所以魂魄、有輔佐精氣神之功用、所以魂借神力、神借魂威、魂威則魄盛、魄盛則精充、精充則氣壯、氣壯則四象莊嚴、全體靈活、魂附魄、叫人全身知覺運動、得其安然而氣爽、養精養神、不爲物雜謂之淸、反神復氣、安而不動謂之靜、制念以定志、靜身以安神、保氣以存精、思慮兼忌、冥想內觀、則心神四象並一、身神並一則近眞矣、魄離魂、四象散、三寶散、人之全體知覺運動則爲屍矣、就怎說、魂魄於人身有怎大的補益、可忽乎哉、

哈社聯會資助難民

奉天本溪縣、於本年夏季會發生水災、爲害頗烈、會有被害難民 七十九名、昨 二十四日、由新京來哈、擬欲投奔下江佳木斯、勃利、訥河望奎、及東部線牡丹江等處謀生、惟路資困乏、昨會向哈爾濱社會事業聯合會請求補助路資、該聯合會當局、因憐憫此等良民、慘遭不幸之災、當即慷慨應諾 補助款項、業已備妥、決定日內、將該難民等、遣送赴上述各地云、

居、

却說柳某見筱培不告而去、快快 返相、又是氣憤又 是想念、氣憤筱培不應忘恩負義、不告而別、想念前情歷歷如在目前、花前月下、並肩挽手、海誓山盟、兩心相照、以爲筱培之他徙或有不得已之苦衷、未必能毅然變盡天良也、

一日日落西山、月上柳梢、正當初秋之黃昏時候、柳於萬無聊賴中、獨自閑步街頭、突於人群 遙見筱培之父跟 踪而來、柳此時悲喜交集、上前迎頭攔住、老翁台頭看時、見柳[illegible]略事寒暄、柳便問其向何所、翁導告之、遂頭前代路够奔正陽十八道街而來、

至時 門戶緊閉、翁上 前扣門、並隔門相告柳某歸來矣、柳此時立於門前、但聞室內有男女喁喁聲、繼之則聲 息渺然、但門終不開、柳在門外竚立良久、初固疑慮、猶不解其中之奧妙、已而恍然大悟、乃反身 外出、未幾始聞筱 培呼聲、柳某乃徐徐而返、

蓋自柳去後筱培所結識之少年、日夜在筱培處、寢食共之、儼然夫婦焉、當乃父引柳[illegible]巫山之會、正在風雲緊急之際突聞 扣門聲急、並知柳 郞來歸、眞乃揣興非小、也是受驚非小也、

迨柳進屋後、筱培當此雨過天霽之餘精神頹萎、又兼秘密完全暴露自忖愧對柳郞、羞羞慚慚螓首低垂、滿面愧色、緘口無言、柳當此情景之下、雖然醋火中燒、亦無可如何、只好長嘆一聲、罵道賤骨頭從今勿相見也甩袖而去、自此筱培亦無顏再見柳郞乃於翌日仍回牡丹江、聞現又在某零賣所、恢復共舊業、爲人燒烟之外、[illegible]

脫獄犯人在哈逮捕

濱江省阿城縣警務局、於去年逮捕之竊盜犯閻普義者、年二十歲、經審訊確係竊盜、眞贓實犯、當判徒刑八個月、尙於將期滿之前一月、竟脫獄逃走、該當局搜查總動員偵緝逃犯、並同時向各地發上通緝令、哈爾濱警察廳刑事科、接得後注意巡査、不期於廿日上午於道外北五道街鮮人烟館、將該竊盜脫獄逃走犯捕獲、經嚴重審査、始供認無 諱、自脫獄後、即來哈市潛伏、近因生活無着、惟有重拾舊業、不幸被捕、甫脫獄幾時又入囹圄云云、刑事科據供、當通報阿城縣監獄、脫獄竊盜犯已復捕得、希來哈引渡云、

北新警署捕匪一名

北新署、於二十五日下午三時、突接得密報、在道外北十八道街門牌七號、潛伏慣匪一名、該署據報、立即出動、遂將其住宅包圍、大肆搜查、結果捕獲匪人一名、帶至署內、經刑事係嚴重審訊、始供出爲匪不諱、茲將其口供採錄如左李貴臣、 年三十七歲、山東人、於去年十月間、曾在巴彥縣下一帶蟠踞、搶劫多起、後會投奔於雙全匪團中、率部下十數名、專以綁架人票、計共得領贖金四千餘元、不堪日滿軍隊討伐、乃化裝潛入市內匿藏、不幸被捕云、

看燈的誤認債客

【烟筒山】 小洞天鴉片零賣所、看燈照客之紀姓者、年近不或精神恍乎、於前數日、有某機關之兵紀姓者、 賒欠烟份七個、日久不償、看燈無力措負、於昨看燈煩人、詢問第二連有紀老總、欠烟錢等語、該代信人誤聽靳某、遂向靳中士代達此信、惟該中士素無烟酒之癖、得聞之下、爲名譽悠關、大發雷挺、親赴小洞天理論、加以耳光、經衆勸解始行無事、未料此事傳聞於該連中尉連附張文雅耳中、素秉保衛商民、注重軍人名譽爲懷、親赴小洞天、訪査此事、確係雙方誤會所致、當以良言相慰、由斯觀之、該連官兵可謂保國衛民之敎育軍隊矣云、

赤十字社新樓落成

哈爾濱日本赤十字社、因社址狹窄不敷佔用、本年春季、在道裡地段路東、建築新社、現下業已全部竣工、定於十月三日、午前十時、舉行新社落成典禮、爲盛大舉行起見、並決定函請日本赤十字社德川總裁來哈參加盛典、德川氏擬於十月二日到哈、十月三日參加典禮後、當日下午一時半、出席在道裡公園舉行哈爾濱赤十字社會員總會、各會員散會後、下午六時在鐵路俱樂部舉行[illegible]

日小學開体育會

【遼源】 本邑日本小學校、於月 之廿七日、舉行體育大會、於午前八時開始、至午後四時止、是日天淸氣和、所有各校參加者、人數甚衆、觀者尤爲衆多、所有一般運動員、莫不精神抖擻、觀者鼓掌、交相稱譽云、

秋雨無缺蔬菜鮮

【西安】 西安縣境今秋雨水甚多、與禾稼無甚大害、而與各種蔬菜均得灌溉之利、近來附郭各農民將、白菜、地豆、蘿蔔、倭瓜、各種蔬菜皆城售賣、[illegible]鮮美異常亦較 穫之利益

濱江特刊

第八十一號
盛京時報北滿總支社
社址　哈爾濱道外桃花巷西口
電話道裡六八四七番

市衛生科 銳意整備衛生設施
建設近代都會
明年臨時經常費二百萬元
新設葬齋場。火葬場墓地

依將來之治外法權將全部撤廢、預想日本友邦人民、居留者愈多、爲適於友邦人民之所需、及向近代都會邁進、哈爾濱市公署衛生科、會於明年度預算、提出新案、對於衛生機關銳意施設、並向各方面調查研究中、

關於明年預算額、本年度臨時經常費共百二十餘萬、連同附屬機關共二百萬日下正在編製中、此次關於治外法權、將來全部之撤廢、友邦居民之葬齋場、火葬場墓地、及傳染病院等之新建設、實有絕對施設之必要、故預算額將隨之而改正、

六十五萬坪之墓地、以八百萬元之建設費、建築葬齋場及火葬場、至於傳染病院、雖因有市立病院、奈因病室狹窄、及設備規模較小、對於友邦居民之治療及生命上之保障、似有欠缺、應有獨立規模宏大之病院建造云、

此外自本夏以來、因居民較多、對於住室漸感恐慌、且無適當者、決議提出預算約三十五萬元之建築費、建設居民住室、設計悉爲近代之建築、設備亦極完備、除以上之新施設並擬將市內之其他附屬機關施以衛生之改善及興革、如市立病院、精神病院、市內各診療

標者於一爐、當時部下三千、聲勢浩大、彈藥亦頗充實、與日本友軍衝突、大同元年春任命爲反滿抗日軍二十一支隊第四團第五營長、在李海青統制之下者、有東北救國軍、紅

槍會、黃槍會、自大刀會匪加入後、實數約七千餘、於同年八月二十八日襲擊安達站、最慘無人道者、即爲慘殺滿鐵社員協和會安達辦事處員渡邊光男君、在慘殺同時、後方由日本友軍之掃蕩、擊斃四十名、負傷者六十名、敗潰者無數、匪徒脫退者續出、因對該迷信會匪團、失却信仰、宗教之戒律信條抱絕大之疑惑、因大刀會匪、紅槍會之宗教匪團、其信條、謂如吃符念訣、可刀槍不入之荒唐無稽之信條、結果死傷無算、且對部下皆極端凶暴、遂益不服衆、不信任之心、亦愈覺誤、後加日本友軍

之勇猛掃蕩、潰散無幾、最近僅餘二百數十名之殘部匪團、糾合於附近部落流離、於逮捕大刀會匪首李玉堂同時、探知附近居民家中有其絡連餘黨在潛伏中、遂施行檢舉、結果於李匪處之鄰農家、將潛伏之匪賊長喜、本名張慶山、(三二)云、

吉林長春縣人大同元年滿洲事變後、因所有財產俱被兵匪掠奪、遂無正業、同年十月無法、即隨匪首東山之部下、在李海青之指揮下高唱反滿抗日、在龍口縣克山縣一帶竄越、强搶俘擄並射殺等惡行

不久亦難逃法網云、

日本赤十字社
社員總會盛況
晚間在鐵路俱樂部聚餐

日本赤十字社、自民國五年九月間、在哈組織委員會開始辦公以來、經歷任各總領事之專心致志、及各方面多數之援

晚九時許始行散云、

丹麥領事業已歸任

駐哈丹麥國領事館姚根深領

道外路燈問題
中途又行擱淺
電業局何必節外生枝
商務會已屬委曲求全

道外正陽街、按設路燈問題、經道外道路科傳家向事務所、迭次斡旋、與哈爾濱電業支店交涉妥協圓滿解決、並擬定於康德四年一月一日正式實行開燈等情、屢誌本報、而道外商會李會長、於昨二日向哈爾濱電業支店要求舉行訂立合同時、該支店方面、突生枝節、又臨時提出兩項條件、一、如道外商會同意後、方能簽訂非同、二、道外正安街路燈燈料委員會須加入道外商會會長之名銜、以便負完全責任、三、該燈料委員會組織成立後、須得正式向該支店提出呈文、李會長對此兩項問題、當時表示、正陽街按設之路燈、並合完全爲商家、當無加入商會名銜之必要、而所謂燈料委員會之組織、通知後更無再另呈

一匹於昨日午後正在集合、擬行搶西門臉朝鮮人私煙館、未待出發、即行被捕、眞乃天網恢恢疎而不漏、開劉韓以外尚有匪徒三名、各持手槍外出作案、現猶未歸、刑事科現派偵騎四出、各處杜獲、諒該匪等

毛子坟東
有匪劫路
行人須加小心

二日午後六時半頃、有太平橋住民劉海來、劉長泰二人、由道外歸途中、行經南崗俄國坟東側、突由溝內跳出匪徒二名、劉等見勢不佳、撒腿便跑、匪等在後急追、劉等急急如喪家之犬、匪追之不及、乃行返回、二劉不見匪影、始奔赴南崗署太平橋派出所報告、該所警長據報立即率領警士數名、向肇事場所追緝詎行至中途遇有吳鴻德(六一)曾赴老巴奪烟草公司領其女小鳳、行至俄國坟東側遇二匪將去路攔住、並將小鳳綑縛、抛入溝內、由吳身上搜去國幣十三元搶畢逕向極東寺方面逃竄、警察據報乃向極東寺方面急追、良久終無所獲、始行歸所云、

滿洲國道德會
講詞概要
【九】

第一章　十三篇
止貪說

○世界之上、無競爭則無進化、無公私則無賢愚所以有競爭則有勝敗、有公私則有强弱、勝者强、敗者弱、强弱中開闢了無限的進化、這强的恃

○守住眞心存乎道理、最要誠實、除妄想去爭貪、返同良心、發動善念。上天加護、扶危濟困、福祿綏之、談道義以化愚頑、講因果而覺愚昧、一人如此、人人如此、推致家庭則一家平安、達於一國、則國

○身得修、人身不修、就相一堆小樹一樣、不加修理之功、豈不成荊棘杞樗之輩了、必得加以修理之、纔可成功、假設松栢被棘荊繞圍、不得展放他的志向、打算敵制他們、必得劃除荊棘、刈云茅草、省受他們欺壓、再把那附近的土活動起來、然後把他長的那灘、直理起來、再用水灌溉滋潤他、久而久之、高拔可參天也、

○大凡人也得是這樣去作、要能一切雜念滌除、不正的行爲化遣、修身不難了、要每日居處恭、執事敬與人忠、遵三樣、若能加細研究可能進步、這三樣是徹上徹下之說、我們要修身的人、得守住每日不可間斷、其法何在、不可太急迫、當栽培深厚涵泳於心中、然後自然就可覺悟、你要猛烈急進去求之、只是私心、就能傷元精、終難成道、若求得有參考法、要不得法、就想恭而無禮則勞、敬而無禮則葸、忠而無禮則怨、總而言之得合乎中道、合乎中道最難、假設喜怒哀樂、在未發時、固當勉强裁制他你不去裁制他、(未完)

罌粟栽培
區域漸減

自我滿洲建國以還、對於罌粟之栽培中央方面、嚴厲澈底取締、爲期漸次杜絕、以防浸毒於國民、現在中央准許濱江、三江、興安西、熱河等四

新建設之葬齋場火葬場等、設計將在香坊、拉濱、濱綏兩綫之交點、西方一籽地、建造云、

所、墓地、衛生指導隊、清理作業所、家畜市場等十七場所

萬惡之大刀會匪首
日沒途窮被捕
≈爲滿洲除一大害≈
道裡憲兵分遣隊之功勳

反滿抗日軍之總大將、怪匪團大刀會匪之創立匪首、北滿橫行一時巨魁、李玉堂、(五二)爲哈市道裡日本憲兵分遣隊員逮捕、晚秋風吹落葉、匪團日暮途窮、終因大刀會匪之奇怪迷信疑團敗露、匪徒潰散、而至被捕、並知已故滿鐵社員協和會安達辦事處員渡邊充男氏、被其部下張本人慘殺、其今被捕、正爲滿洲除一大害也、茲將其被捕經緯及供認、採錄於下、

於本月一日午前五時頃拂曉、細雨習習中、道裡憲兵隊笠井伍長、池田本橋兩上等兵、栗原通譯等四名、秘密出動、至肇源縣小撈洲上陸、得水上警察署精銳六名、同地警察派出所員之應援、至肇州縣第區、將一農家包圍、正於酒興方酣中、將大刀會匪李玉堂逮捕、李身高六尺、體幹豐偉、爲濱江省双城縣人、於事變後、在反滿抗日親王李海靑部下、擴大改組、糾合以反滿抗日爲目

助、致博愛之思想日漸普及於北滿各地、曾於民國十一年十月一日、在平山社長蒞席之下、在哈舉行第一次社員總會、當時社員總額計二千五百餘名、曾有內外人士多數參加、舉行盛大之會、迄今廿數年光陰、哈市之一般人士、對於赤十字社之認識漸逐清楚、社員之總額、竟達一萬二千九百九十九名之多、今次於中川副社長蒞席之下、於昨一三日午後二時在道裡公園舉行第二次社員總會、參加除日滿各機關長官外、全體社員熱烈參加、人數達二千餘人、依預定之次序舉行莊重嚴肅之式典、至三時半始行散會、於是日晚六時、並在鐵路俱樂部招宴各機關長官及社員、首由佐藤總領事致詞、嗣由哈爾濱日本商工會議所加藤會頭致答詞、施特別市長領呼三唱大日本帝國赤十字社萬歲、最後由中川副社長對社員致謝詞、杯酒言歡、直至

事、前因某項要務返國、所有職務由副領事于國棟代理、該氏現因公務完竣、於月之一日業已返哈、函知各機關、依然照常任務云、

請之必要、以此之故、雙方對於簽訂合同、未能實行、現下市署道路科傳家甸事務所王事務所長、已向哈電業支店方面竭力疏通奔走中云、

慣匪二名落網
刑事科搜查班之功績

顧鄉屯及打牛房子等處、近月以來、迭次發生路刼案、哈爾濱警察廳刑事科搜查股第一班長葉警佐、對此十分注意、督飭班員縝密偵查、以不眠不休之精、終予偵知匪徒之線索、於昨一二日午後十一時、由葉警佐率領警長王家訓、王鴻瑞、及班員蘇諸瑾、許福昌、黃夢麟、等七名、在道外大水晶街福玉棧、將慣匪劉振魁(二九)韓來春(二九)二名、當時在劉匪身上搜出蛇牌橹槍一支子彈五粒、在韓匪身上搜去狗牌橹槍一支、子彈五粒、立即帶隊、略加審詢、即行供認爲匪不諱、茲將其供述簡略採錄於下、匪首劉振魁年二十九歲、青岡縣人、報字少字、自大同元年六月在青岡縣爲匪、強搶財物綁架人票、自本年三月間來哈、潛伏市內、與匪徒韓來春結夥、韓與劉同庚、原籍山東禹城縣人、由此劉韓二匪、合夥行劫、於本年九月廿日二人各持橹槍、在太平橋管內打牛房子附近強搶沙申春馬二匹、又於本月一日、由劉匪親自率領韓匪以外匪徒五名、在顧鄉屯署管界強搶馬

強而廢時(子曰使民以時)放蕩而多做、要怎說、必由強而轉弱不遠也、這敗者、知敗必立大志、學越王臥薪嘗胆、而復仇、久之由弱轉強不難矣、要怎看、這貪有何益呢、然而爭貪也不算不對、總得有藏止纔好、大凡人生天地間、無爭競心、那算什麼人呢、都可就相我勝有能力的廢人了、大概能貪的得當、就拿會中有一位同道的、要論他那功、眞日夜不休的學、他那貪道的心太重、把眼睛都閙紅了、半個多月還未好、您瞧、他奔道奔的太急、豈不太過度嗎、不說有一句俗話嗎『緊了崩、慢了鬆、不緊不慢纔成功』、我可有個法子、他準不信、因爲什麼、因咱同堂上課、同師學道、我還武藝全在他心裏、所以我的法子纔不信、他準說、你有法子能告訴我、你還不上那找老師呢呀、要照我說、誰能把爭貪止住、除有一個人、勿非有輕有重也就是了、

必強、家安國強、社會無人爭食、則必謐寧、大同世界實現矣、建國精神備焉、漸漸的纔能化成王道國家呢德

身分品有三、一曰眞身、二曰假身、三罪身、

〇身總說

省、除不得已種植者、計濱江省虎林縣一、〇二〇、〇〇〇畝、三江省富錦、同江、撫遠、饒河、寶清五縣五〇、〇〇〇畝、興安西省克什克騰旗五〇、〇〇〇畝、熱河十二縣七〇〇、〇〇〇畝云、

骨肉得以重圓
謝善人積德可嘉

吳殿文、安東省桓仁縣人、現無職業、家景寒微、因在安謀生未就、故數日前、携帶家眷來哈、意欲赴下江一帶謀生、詎知天有不測風雲、人有旦夕禍福、來哈後即患病臥床不起、經請多數醫士治愈、所帶路資化罄、囊空如洗、百思無策、與其妻商議、將共三子連柱(六歲)以國幣二十五元賣於顧鄉屯鄉里街門牌二十號住戶張鳳岐爲養子、張於一日下午四時許、携買子連柱歸途中、該子因離別其父母、嚎啕大哭、事被顧鄉屯署警士曹夢昌聞知、疑張某拐帶幼兒、遂將其帶署、加以詢問、吐出上述情形、當有顧鄉屯紳士謝有財、爲人好義疏財、即發測忍之心、不忍吳殿文父子分離、發起向各住戶募捐、共計募得現款四十一元、除交付張鳳岐二十五元外、尙餘十六元、當由謝有財及警士張百山、將連柱及錢一併送交其父吳殿文、吳某骨肉分後重圓、感激涕零已於昨三日下午一時、携眷搭船赴下江謀生、如謝君之行善、令人欽佩云、

哈爾濱特別市概況【十一】

道路之新設與改良

此節對於原有之市街、僅將重要幹線之街路、加以改良、其新市街之街、則努力於新設、現正進行之中、其道路工程之實績如左、(康德二年十二月)

工程名稱	場所	設計幅員	延長	工程	
築造新正陽河地內幹線第一號車道	新正陽河	四五米	一、三三〇米	八〇	八〇%
築造第三號一部車道	沙曼屯	四〇	三九〇	[illegible]	一〇〇
築造新正陽河地內幹線第七號車道一部	新正陽河	三五	一、〇〇〇	[illegible]	[illegible]
築造幹線第一一號一部車道		二五 三五	四五二 三九〇	三五 二〇	[illegible]
築造幹線第一五號一 [illegible]	[illegible]	[illegible]	一、一〇〇	[illegible]	一〇〇
築造塔牢場線(幹線第一七號)一部車道	三樹	三	一、七七〇	[illegible]	一〇〇
築造幹線第一七號一部車道	〃	〃	〃		[illegible]
新正陽河第一區畫街路	新正陽河				一〇〇
〃第二區畫街路	〃				一〇〇
撫順街民安街車道一部鋪裝混凝土	撫順街民安街				一〇〇
修理新正陽河第二區畫	新正陽河				一〇〇
架設幹線第一七號橋梁	三樹	八			一〇〇
架設幹線第一八號橋梁	〃	四			五〇
新設顧鄉屯、新安埠材料場鐵柵	顧鄉屯新安埠				一〇〇
新正陽河排水工程					一〇〇

此外尙有八線、其工程比例占五%至三〇%、現正在進行之中、

五、河川之修改及運河之開鑿、

正陽河上流爲將來之工業地域、故擬加以改修、同時考慮各種工場之船運情形、開鑿運河、及船塢以利貨物之運輸、

六、公園及苗圃墓地、

爲謀市民之慰安保健計、在八站及志士碑附近、建築近代式之公園、又爲綠化都市而撙節經費起見、特設苗圃、培植幼苗、此外、現在本市墓地略嫌狹小、收葬無多、且將來人口彭漲、埋葬之數、自必隨之增加、爲圖所以緩和計、特在本市南方舊哈爾濱附近、設置廣大之墓地、並爲糞尿處分場之設施、

七、年度預算及事業成績表 [illegible] 如左、(表略)

此外與都市計畫事業並行、而兼有補充之性質者、尙有交通事業之經營、市營住宅之建設、中央批發市場及家畜交易市場之創辦等不一而足、故數年之後、行見哈爾濱一躍而爲世界近代都市、巍巍然卓立於北滿、可斷言也、

第七　結論

要之、本市行政自滿洲國成立於大同二年七月一日、與首都新京同時指定爲特別市以來、爲時雖短、卒賴官民協力、協圖功、政治大見改革 [illegible] 盛、就具體言、自都市計畫及建築江堤之兩大事業爲始、若開設家畜交易中央批發兩市場、設置交通局、建築市營住宅、及接收市內各小學校以及市營污物處理事業等、凡當前應行舉辦之重要政務、殆皆逐漸解決、卓具規模、及今列諸近代都市之林、已可爲無愧色、加之自去年三月接收北鐵後、未及數月、即有流線型之亞細亞號列車開始駛行、交通稱便、哈爾濱大連間九百餘公里之遙、十三小時有半、即可到達而是年九月八日、(未完)

航聯總理
立川繼任

哈爾濱航業聯合局、總經理高畑誠一、近因已屆退職年齡、故無再留任之必要、鐵路總局、現已決定派遣總局課附立川氏接充、立川氏奉命後、於最近期內、即可來哈接任、正式視事云、

△　△　△

濱江特刊

第八十二號

盛京時報北滿總支社
社址 哈爾濱道外桃花巷西口
道裡電話六八四七番

裝飾國際都市風光
闢太陽島歡樂境
週圍一千萬平方米之平原
鑿闢運河建設各種娛樂場

都市建設局、爲使江北、成爲北滿之唯一歡樂境、今夏以來、即在種種研究之中、其第一之理想、即將太陽島北方極樂村前、伸成直線、遠向東方、成爲橢圓形、直至將近濱洲線鐵橋之松花江支流止、周圍一千萬平方米之平原、鑿闢縱橫一大運河、以該運河爲中心、將日、滿、俄各國跳舞場、妓館、飯館、戲園等娛樂機關、悉數階集於該地境內、且使之成爲水都、以裝飾枯寂之味國際都市之風光、此項計劃、實可稱爲廣大華麗、佐藤建設局長以下、均正熱心、研究具體化中、倘該計劃實現之時、橫現在之太陽島、十家島等別墅地帶、概皆失其繁華、並可以此島、防禦哈埠之水災、完全將哈爾濱、由水魔中救出、係一石二鳥之方案、至其實施期、都市建設局、正在鳩首協議之中、以俟具体案製成、方能決定、目前佐藤建設局長以次山崎都計、藤島建築各科長、會數次調查現地、決於明年度中撥出此項豫算、斯以最近之將來、江北之一大草原、將出現北滿唯一之一大歡樂地云、

日本賣藥會社
招待藥業觀光
全滿二十餘都市藥業卅餘名
使兩國有力實業家遙相握手

日本賣藥株式會社、向在大阪、東京之代表的藥業者四十數商贊助後援之下、計劃招待滿洲國之代表的藥業者觀光日本、素在籌備準備之中、茲卜於秋雨之旅行季節、決定招待全滿廿餘都市代表的藥業者卅餘名加以主辦者八名日人同業者、已於本月五日、自奉天出發、經由朝鮮、就東渡之途、一行已於七日行抵大阪、往返豫定廿日間、在大阪東京、視察大製藥工廠以次各種重要產業、並探訪奈良、京都、日光、熱海等之風光、十一日出席新大阪飯店、十六日出席東京會館主辦之一行歡迎晚餐會、兩都藥業者總出動、與友邦滿洲國同業者、爲一夕之交歡、一行之食宿、均由主辦者供給、時正觀光日本之好時節、且兩國有力之實業家、遙相握手、其意義實深且大、在國民外交之兩國親善上、殊有莫大之成果、各方面頗深期待、茲錄一行之芳名如下、

大連市平和街 康忠全
大連市西崗街 康從周
貔子窩東街 王國楷
瓦房店蓬萊街 康忠良
營口縣大水晶宮街 潘雅全
全 沈榮青
全 王榮軒
營口縣永生街 焦岩芝
遼陽城內西街 孫佑之
奉天小西關路北 陳聖訓
奉天中華街路北 張沛然
奉天鼓樓西街 馬希智
千金寨大街 滕子雲
撫順縣老縣署街 閻文修
鐵嶺西門裡大街 姜佐周
開原縣小孫台後街 李西園
新京四馬路 趙子鈞
新京五馬路 秦慶芝
吉林糧米街 欒嘉蔚
哈爾濱道外五道街 孫桂辰
全 頭道街 王潤堂
全 四道街 聶志遠
全 八道街 周子新
全 張子梁
濱江省海倫縣北街 劉麟閣
三江省佳木斯 楊富久
全 王鎮漢
全 富錦 王以鎮
龍江省南大街 孫棟沈
洮南興隆街 侯靜山
熱河承德縣通濟橋胡同 曹誌
安東道
全 赤峰西橫街 焦世民
四平街中央通 關野榮次郎
奉天城內小西關大垣 震
新京大馬路 安達 好
哈爾濱道外八道街 籾井留吉
齊齊哈爾坤照街 城石三作
哈爾濱八站南馬路 榊原透
奉天加茂街 曾根義一
大連市蓬萊町 天樹垣

調查官民林野
與產業民生關係重大
實部製定三個年計劃

滿洲國實業部、爲振興林業、對薪炭備林、防風林、防砂林等之造成、牧野之整備等、於產業上及國民生活上、關係至爲重要、且爲謀國土之保全、治水及水源之涵養等、關於林野政策之樹立、刻不容緩、然以我國之林野、其官民有之區別多不明瞭、於政策之樹立及實施上、殊多障礙、因此實業部特製定林野官民有地調查計畫、擬於本年度着手調查各省縣之官民有林野、並分令各縣與實業部調查機關協力進行、以期調查上萬無遺漏、茲將林野官民有地調查計畫採錄於下、

第一 目的

調查林野之國有公有私有之關係及林野管理使用收益併林野物產之採取關係等以資區別林野之爲官有民有、並以確立國有林野經營及公私有林野之行政、

第二 調查

一、關係法規、及辦理條例之蒐集、
二、林野所有者之調查、
三、林野使用收益之關係及林野物產採取習慣之調查、
四、關於林野之納稅、並其他土地負担之調查、
五、關於林野清丈、及自報升科之調查、
六、關於浮多地之調查、
七、關於林野與土住民之經濟的關係之調查、
八、關於林野內墾情形之調查

第三 調查之整理

一、林野調查簿及附屬圖之整理、

第四 計劃

二、確立官民有之方針、
先就主要國有林野所在地方、以三個年計劃 定下 列年度計劃、

康德三年度、
一、關係資料之蒐集、
二、實地踏查、
三、林野調查簿及附圖之整理、

康德四年度
一、關係資料之整理、
二、實地踏查、
三、林野調查簿及附圖之整理、

康德五年度
一、實地踏查、
二、林野調查簿及附圖之整理、
三、處理方針之確定、

在三棵樹設立工場
製人造羊毛
年產一億鎊內外
當局正在考慮中

因禁止一億八千萬圓之濠毛輸入、北滿決定設立緬羊飼育場、然以供給原料毛、頗需相當之時日、故研究以人造羊毛、而代用之、其人造羊毛材料、主要爲木材、且木材尤爲北滿之重產業、當局由原料國策上着想、決定統制強化、藉以提倡滿洲之重工業、近經協議結果、以哈爾濱爲中心背後地出產之針葉樹爲材料、在三棵樹設立生產工場、每年約可出產人造羊毛一億鎊內外之原料、當局固正在考慮中、但其成行頗堪注目云、

行使僞幣
事發逃走

八日午後九時許、中國十六道街九號 行商日人依風任莊（一一六）、正在新城大街滿大書局門前、出售懷中電燈中、忽有卅二三歲之滿人男子、以五圓紙幣、購買電棒一個、該日人商人方將紙幣接去、判明該紙幣係僞造者、雖擬質詰紙幣之來源、但該行使僞幣之怪漢、知被看破馬腳、棄幣逃之夭夭、該商人乃將所遺之僞幣、送交經緯署云、

哈爾濱特別市概況【十二】

八、財政

本市成立後、不過二年有半之間、庶政之應改革者、已着着鼎新、一切懸案、計至康德二年底、殆均解決、以言財政、自地方稅法之公布、而課稅權驟見擴張、自營造物之完善改善、而使用費須此漸增、又自管理方法之合理化、及整修家屋之收回、而將來收入可遙瞻前途、殆覺光芒萬丈、顧歲入大宗之捐稅、因改革制度、適在過渡之期、又因北鐵之接收、及酒稅法之實施、致喪失恒久、財源四十餘萬圓之鉅、無已、先由國庫補助維持現況、在此情勢之下、若其濫以積極方針、編製預算、興辦新規事業、不獨有放漫之譏、且易導財政於危殆之局、不免……算之編成、除既設事業有完成保全之必要、不可或缺者外、對於一切歲出、在可能範圍內、努力整理、節儉所有新規事業、均行中止、專以課稅緊縮之實效、對於稅制之改革、則尊重舊制、採用原規以避市民負擔之激變、而符公平適正之初衷、且賦課率、皆止於地方稅法之制限內、凡所以防止稅源之枯乾者尤特別留意焉、要之本年度預算歲出剔無冗……皆調和歲計使臻於圓滑起見也、

一、都市計畫之輪廓、

本市爲滿洲國最大之都市、位於北滿政治經濟軍事之中樞地點、人口之增加、特別顯著、故市政之盛衰、實影響於國家經濟之消長然詳察本市街市、除前由俄國建設之道裏及南崗一部外、其傅家甸偏臉子、正陽河、馬家溝等處、既絕無都市計畫之可言、且因一任其自然發達、致形成畸形之……俱不適宜、阻害將來之發展、莫此爲甚、然則改造現有之街市計畫、郊外之擴展、當前之重要問題蓋未有更逾於此者也、惟該計畫所需經費、因特別市制施行伊始、籌欵之用途浩繁、騰挪無着、故第一期計畫事業費一千五百萬圓、取之舉債、始行着手、

本市此項都市計畫、求其擘端、實以人口問題爲之根幹、蓋觀察本市過去人口之增加

錯中錯張冠李戴 巧中巧飛鳳還巢

▲張藤同戀一女

張恒久者魯之濮陽人也、現住道外昇平二道街、東興爵大院內、以跑糧業經紀爲生、有女大鳳、年屆二九、體態嫋娜、姿首頗佳、與同院某山貨行櫃夥張小黑者、發生關係、但以家庭監視頗嚴、不克隨心所欲、只好於『月上柳梢頭、人約黃昏後』父母俱睡熟、偷『似此密秘初固無人發覺、乃張有諍友藤某者、在該院某日本御料理充當大司爸、每於公餘之暇、輒與張聚首談天、張無意中將與鳳之密秘告知藤某、詎藤某亦早屬意於鳳矣、今見張捷足先登、表面固仍保持朋友之面目、但暗中竭力進攻、蓋不肯讓張專美於前獨享其樂也、無何、鳳果爲藤所染、此時張藤間雖站在絕不相容之對立立場、但表面並無絲毫嫌隙耳、居未幾、藤突失業、經濟漸感支絀、鳳之愛藤猶若金錢、日與藤漸趨疎遠矣、而獨鍾張小黑一人焉、

▲張冠李戴双飛

鳳與張之情感愈演愈濃、以家庭之限制、終不得自由結合、每引爲憾事、熟議再三、惟有一走了之、於是張小黑與大鳳乃決心私逃、以圖同偕白首、永爲夫婦、張密與藤商出走之策、藤猶僞爲劃策、張固不知大鳳與藤曾經一度發生關係也、約定十七日晚大鳳之父母睡熟後、相偕逃走、藤情願助其事之成功、張小黑認藤眞乃知己感謝不盡、殊不知藤某別具野心、正欲乘此而施其陰謀手段也、是夜晚藤命張在後門相待、藤賃小汽車一乘伺於前門、大鳳跟蹤走出、藤即擁之上車、鳳不見小黑、心中頗疑、藤告鳳謂張現佇候於道裏特着迎接也、鳳以爲此等事惟彼二人間第三者自無從得知、藤既來接、必張所遣、竟不疑隨往、遂赴道裡某日本旅館、

▲鳳飛殃及魚池

却說張小黑立於後門靜候多時、終不見大鳳踪影、更不見藤某前來、滿腹愁思、一團疑慮、直至夜深始快快而返、翌日晨起、張恒久夫婦見鳳失踪、不禁大吃一驚、乃四出覓尋、終無下落、於是呈報警署代爲査緝、並舉發同院嫌疑犯多名、警署依張之告發、竟將張某之房前房後房左房右一般鄰佑逮捕十數名、所謂鳳之情人張小黑者亦被捉往官裡矣、經一再審訊總無線索、正在繼密偵査間、不期天外飛來一報、使此案乃至水落石出眞像大白

▲大鳳乘機逃出

大鳳爲藤騙至道裡後、藤乃以實相告、並求恢復舊好、鳳孑然一身、在此情景下、自無反抗之能力、只得僞與歡樂、藤以爲鳳無異心、翌日獨自返回道外、至張恒久鄰家紀某處探聽消息、適爲張恒久所遇、報告分所、復將藤紀一併逮捕、迨藤離開旅館赴道外後、鳳獨坐寓所、回憶小黑待之之厚、原擬與張同逃、詎料中途生變、爲藤所騙、恨藤之奸險、憐張之無辜、乃自不告而別、投往尋張之友人處求代覓張、詎此時張已被捕、張之友人見鳳投來、喜出望外、眞乃『送鵝投火、自來尋死』令[illegible]待、假作寬張、乃投警[illegible]將鳳捕獲、送交警署、於是一場風流多角私逃案始告一段落云、

吏官雖然作要脅 臠肉豈可當門包

道裡新城大街華俄號後院住戶邱祥德、山東掖縣人、今春攜眷來哈、謀事未成、以生活所迫、不得已命其妻蕭氏操招待業於中國十道街隆海居、蕭氏既獻身於酒肆、日與一般狂蜂浪蝶相撕混、所謂貞操早已蹂躪無餘矣惟龜奴邱祥德猶徉作不知、甘戴其綠頭巾也、蓋蕭氏早出晚歸、恒深夜叩門該院更夫馬藤棠視爲有機可乘、乃故意刁難、以爲要脅條件、蕭氏窺知其意、自以爲銀錢倘可交人況此區區一片臠肉乎、於是與更夫遂發生肉體關係、以此作爲門禮、由茲出入大門一往無阻、日前邱某由外歸來、見門戶鎖閉、乃返身詣更夫、欲取鑰匙開門、詎至更夫室時、恰值蕭氏與更夫正在興雲作雨、邱某一見、不由怒髮沖冠、大興問罪之師、三人喚成一團、惹得醜聲四聞、滿城風雨、人多引爲話柄云、

滿洲國道德會 講詞概要 【十】

第一章 第十五篇

○若急看應當勞苦則去勞苦、應當勤作則勤作、這纔算得煆煉之法呢、昔晉有陶侃者、爲刺史時、備瓦四十枚、衆疑之、不知何用、他公餘之暇、每天晨起、必將瓦搬於庭外、晚必移於庭內、衆問其故、對曰吾今爲刺史、終日無勤勞、恐荒吾身、所以以瓦以吾勞耳、吾想汝等公餘也得研究點什麼始好、願同人當惜光陰呀、吾嘗聽說大禹惜寸陰、吾們當惜分陰、汝等當戒焉、衆聞皆驚後政聲遠振、大家想、相他身爲刺史、都能這樣的修理身仔、想我們人民能不努力向道嗎、勸世人不可空度時光、古語云、『少壯不努力 老大徒傷悲』、

▲眞身

○昔年羊角哀捨命全交是爲朋友捨身、王祥冬日臥冰求魚、是爲母捨身、岳鵬舉爲國盡忠、是爲民捨身、若相這三子、爲古今所希有可說是眞身子、怎說呢、他人作不到的、他爲常人所難爲的而爲之、作普通人所不能作的而作之、是我人類所罕有留名千古爲後世模範、要相他三位賢人、我不知道你們、我已仰望他合學他多年了、

▲假身

○漢毛延壽忍辱求生、華歆好樂廢課、吳三桂違命尋妾、相他三人可算假身子、一毛延壽貪生外邦、害王昭君像遺恨於中原、一華歆自幼險惡、與管寗同讀、一日有樂聲過其門、遂廢讀往觀、寗遂割席分坐、同學皆惡之、後爲曹瞞任用之、就把他那好心眼拿出來了、也留一個名、可是不大好聽、吳三桂爲姿陳圓圓一段艷史、弄的不忠不孝不仁不義、自己闆的身敗名裂、爲後世人民之憤恨、要看這三人豈不是假身子者乎、

▲罪身

○夏桀殷紂周幽、這三王是之罪身、桀乃不孝不悌之皇帝、拿人民作兒戲、百姓隨他受的塗炭不少、殷紂更無道破腹挖心、碎骨驗髓、古來有怎樣慘酷的帝王、要相那周幽更拿江山當玩物、爲一笑傾亡天下、後元戎來侵、那些百姓跟他受了多少苦處、使那一班的帝王、也非是他個人造的、也因他信佞臣之讒言也、驕奢有四海之天下、一時丟去、只圖歡樂失去社稷、豈不惜哉、

○秦檜乃奸詐之徒、把岳夫子一家害的甚是可嘆、可也是要不這樣那有好歹之分、看看秦檜留的罵名、廣播現今、就拿西湖精忠墓前、那個紀念也甚可笑、把他鑄成鐵人同他妻子王氏、跪在墓前、學生頭十年前同友人一度參觀、那些遊人、把秦檜那臀溝、都用足踢白了、王氏那乳房、教遊人都摸白了、天下那有這報應、那岳夫子也不能成一個聖人、也不能那樣崇拜他、那岳夫子不僅能忠、還能大孝、大孝是孝天下怎這樣說呢、他那時要信幕下的人、認作金牌是假、當時就起爭端、定動干戈、那百姓們、能不受塗炭嗎、他因爲情愛百姓、纔不肯分爭、就忍受下去、所以直到如今那些百姓都一口同音的、要崇拜他、要祭奠他、你看秦檜合岡畾誰拜他、誰祭他、要談岡畾的歷史、更不是爲人羣謀幸福的人、那是明朝最近的事、人人皆知、就說他最後的結果、纔覺可笑、拿金碗討飯、都磨有給的、你相他罪有多大呢、

第一章 第十七篇

○在頭幾天已把性心身、說了個大概、也不管合理不合理、對不對大家心我就大胆說起來了、亂七八糟的、鬧個不休、眞令高人咋舌、碩士齒冷、請大文人及諸老前輩原諒、大家一高手、我就過去了、希望不必怪我、因爲我還小呢、若是小孩子、他是什麼也不懂、無非是信口雌黃、夢着什嗎說什嗎、那有規矩、求大家不論怎樣、還得原諒、原諒什麼、就是那飯碗子問題、說代價提不到、就說找吃飯這個年頭都難、大家還能不可憐嗎、您想、人生天地間、不能志養生民、僅以筆墨供人玩賞、有何不可、雖然無怎樣補益、亦可開愚盲、省他[illegible]途、振聾啞使他們、昂首[illegible]嘆、吾想雖無大人氣概、也可供一知半解的、我那些親哥哥來聽、哥哥們擱在心中、一天思付一天、久之亦可覺悟、假設那明公鉅老、也未必樣樣全通、小子拿一個例子來說、昔孔夫子週遊列國時候、有一天正行至楚國邊境、有一小童以瓦石堆積、戲於當途、子路命他散開、我們過去、童子不理、仍就自自然然的、就相有趣味似的、忙的了不得、沒法子、孔老夫子就下車上前問曰、汝子作何戲、這工夫就不少時候了、童子貪玩還不理、孔子進前用手拍其背、童隨起對曰、先生你誤我作工當何如、孔夫子說、你本隨便玩耍、何誤之有、你急搬去我們過去、好赶道、要日落西山、就到不了陳國啦、你想這童子是那一位、就姓項名橐、那個小孩、

拐款潛逃 終予被捕

對於道裡地段街大信號櫃夥

山部昌泉(一七)拐帶鉅款潛逃、領事館警察署司法係、向與滿鮮各地警察署、互取連絡、通緝之中、詎於本月六日、竟有在鄉里日本佐世保被捕之電報到來、而該拐帶犯人、年僅十七、於七月初旬、以長崎縣滿洲實習生之資格而來哈者、抵哈之後、即被前記之大信號僱傭、任事既稱熱心、堪可稱爲模範之小櫃夥、執事等亦頗歡愛、忽於客月廿八日午後、承主人之命、前往正隆銀行領取存款兩千零一圓一角、一時見財起意、拐帶鉅款、逃之夭夭、飄然一身、逃歸故里、金圓逍遙法外不意終落法網云、

省署追加 新規預算

濱江省公署、關於康德四年新規增加、及減少要求、大致業已決定、於本月之九日、特向中央呈請批示、茲將其新規增加之數同誌之如下、

新設民政廳拓務科七、○四二元、鄉村制度指導費用、二三八七元、警廳定費增加費一二、八九一元、濱江省公署、設牡丹江辦事處費八一、二九七、省署定員三八、四○○、犯罪搜査費四、一二八元、警校武道用具配付、中央地方警察學校費、三、○五○元、公醫配置費、二八、○○○元地方道路費、三五○、六二○元、土木臨時建築費四八四、七六元、土木事業補助費、四九、七六○元云、

堂名地照 申報本名

依從來之習慣凡人民承領或買賣荒熟土地執照、多以堂名塡列不塡氏名、對於催徵賦捐及將來實施審定地籍、均感不便、因此濱江省公署昨令各縣旗長曉諭各戶、乘完納賦捐之便、持同原照、並取當地甲長證明書自行陳報、由縣於該戶照內及土地台賬分別改註本名、俾易考查、每屆月終表報省署備査、現各縣奉到此項命令後、當即開始辦理矣云、

安樂村長瀆職

【昌圖】風俗澆漓、人心貪詐、法愈嚴而弊愈巧、所謂積弊已久、剷除殊難、茲就各區村政方面觀察、亦可見一斑矣、上月底有第九區安樂村村民劉永海、同其姪劉百東、來縣寓住昌圖公寓、聲稱安樂村李村長貪婪瀆職、目無法紀、僅以今歲計算、該村長即吞擄公款三千餘元、並且狐假虎威、欺壓鄉民、擬在縣署具狀呈控等情、此事是否屬實、外人不得而知、但劉永海叔姪甫抵縣城、該村長即託出中人追踪而至婉詞謝罪、懇求息事、無奈劉永海頗有毅力、堅不允許、該村長畏罪情急、迫不得已、又託出鄉屯中、較有聲望之劉二爺紀老先生、李先生等、偕同來縣、向劉永海叔姪力懇、謂無論要求若何條件、李村長無不認可、且能包賠損失若干、現正在說和之中、結果如何、尚未探悉

都市建設 近代都市面孔 將現市民之前

計劃完成百分之八十 節節進展

事變後、滿洲各都市之顯著發展、較之舊東北政權時代之滿洲、幾有天地之別、尤其是北滿政治、經濟、軍事、文化中心之哈爾濱、進展之程度、實可誇爲滿洲國之一、如道裏南崗之一部、較之俄國政權時代之都市計劃、比較亦有異色、現已成爲整備之都市美、其他道外、新安埠等、無論保安、經濟、衛生各方面、將來均有驚異的發展、故哈爾濱特別市公署之都市建設計劃、「六注重改造既存市街、以期發展郊外也、其第一期都市建設計劃事業四年度五年間繼續事業、事業費爲一千四百十六萬六千圓(公債一百九十七萬九千七百圓不在內)至明年末、第一期五年計劃告終、即移入第二期計劃、斯以第一期計劃事業、節節依所豫定者而進展、其五年事業費豫算一千六百八萬四千圓、業已支出七百卅七萬九千三百五十六圓、所餘不過三百十二萬八千一百廿五圓、雖比較已越定額、但全都市計劃已完成百分之八十、近代都市之面孔、將於不遠之將來、即

年後、照現在約九十萬人預計、當能達一百萬人、故該計畫、係以三十年後人口增至百萬、爲之基礎、同時並考慮本市之特異性;每人占地按二百五十平方公尺計算、現在之街市地域、約八十平方公里、必須擴張三倍、計二百五十平方公里、始足以容納、一面則乘此擴張之時、將交通、保安、衛生、經濟、防衛等、均予以最合理化的設施、俾實現理想[illegible]

（第三種郵便物認可）　康德三年十月廿三日　盛京

濱江特刊

第八十三號

盛京時報北滿總支社

社址　哈爾濱道外桃花巷西口

道裡電話六八四七番

在滿日本臣民土地權利取得手續

中央訓令哈市各機關

由本年七月一日實施

中央爲訓令濱江省、哈爾濱市、稅務監督署及地畝管理局、關於康德三年七月一日實施之『關於滿洲內日本國臣民居住及滿洲國課稅等之滿洲國日本國間條約、』第一條載有日本國臣民於滿洲國領域內、應享有關於土地之一切權利、又同條約?附屬協定、載有我國政府、爲將日本國臣民所有之商租權、按其內容變更爲土地所有權、其他關於土地之權利、應速爲必要之處置等語、職是自康德三年七月一日以後、日本國臣民即可取得土地所有權?地上權、永佃權、地役權、典權等、關於土地之一切權利、尤其對於商租權等土地上特殊之權利、既無認爲實質的必要、即不准重新設定商租權惟關於康德三年六月卅日以前、已經設定之商租權、在按照依據前記附屬協定第一條、行將劃定之、關於商租權之整理法令、無更土地所有權、其他之權利、以前作爲商租權、實行買賣、贈與、交換等處分或施行登記、發給執照等行爲、以故對於日本國臣民之關於土地權利之取得手續、除依一般規定外、應依左列各項辦理、飭省市、稅署、地畝局遵照、茲將辦理事項列左、

一、關於日本國臣民所有之土地所有權、執照之發給、應令於申請書、添具戶籍權、法人登記簿之繕本或抄本、其他證明爲日本國臣民之公文書、

二、關於商租權、遇有執照發給之申請時、應調查該商租權、是否於康德三年六月三十日以前、所設定紙、就同日以前設定者、發給執照云、

徐子何往　遍尋無着

道裡外國七道街、一〇三號、徐景成、以開洋服店爲業、其長子永康、年十五歲、曾在第一中學肄業、於十三日午前十時半、外出迄今三四日未歸、初時家中疑其赴同學家串門、見其三二日亦未歸家、遂遍處尋找、亦無踪影、或被匪人綁去、亦未可知、其父於昨向經緯署報告、呈求搜查、現下該署派員、正在各方搜查中云、

特產界之紛糾

因小麥規格之漲價問題

製粉、糧棧、油房三者鼎立

在新糧上市之同時、哈爾濱之特產界、遂呈活況、斯以製粉、糧棧、油坊之三者、竟立於鬪爭之地位、蓋者因定期小麥規格騰漲、惹起問題、其後屢次紛糾、頗與哈埠特產界、投一大暗影……

問題爲交易所小麥標準規格十二月限一百廿三礮尼、製粉則要求漲爲一百廿五礮尼、而糧棧則因新麥之品質粗劣、主張其一百廿二礮尼最爲妥當、其製粉方面所以要望漲爲一百廿五礮尼者、因倘較一百廿礮尼以下之不合格品爲賤、爲圖[illegible]製粉業者自體之利益、始出如斯不道德已極之策戰也、故此次所以掀起此種問題者、乃因斷然排斥製粉側之要望、以爲事件之發端、但倘漲爲一百廿五礮尼時、製粉側雖結不賣同盟、亦必向自己之主張邁粉側並無幾分犧牲之嫌也、以俟年度以降、考慮業界各般之事情、對於是否減價、將由本改善委員會、決定行止云云、

車撞幼女　逃之夭夭

馬家溝國課街、三二號、住戶日人村里春雞、其長女三歲、於一七日午后五時令、在門前玩耍、不意由東向西疾馳俄人駕駛之馬車、當將女孩撞於車下、而頭部受有相當重傷、俄人見惹出事故、加鞭打馬、逃之夭夭、待受傷之小孩母親發見、而馬車早已無影、遂將其女送至附近醫院救治、一方報告領署搜查犯人、據有發見撞人棄走之馬車番號七二〇三號、現下連絡滿方警察當局、搜查中、想不久亦必被捕云、

三十六棚火警

一家六口葬身火窟

焦頭爛額目不忍睹

新安埠署管界三十六棚第二編、工廠街八十七號富文正家於今一十七日晨發生火警、一家六　突覺室內炎熱、墻壁炙人、急敲富門、良久無人應聲、時右隣謝如林亦聞聲起

火之原因、自難偵查、但以火力觀查、似無將人全部焚斃之勢、蓋僅裡外室之木床被焚、甚至室內之陳設桌橙以及墻壁均未焚燬、但富之岳母張婚、和衣而臥、兩手均已燒去、頭部被燒不能辨認、富某及其妻女幼子、均被焚少頭缺足、臥於床下、據檢察廳之檢驗、認爲所燃之戞斯燈放出毒氣、將一家燻斃、然後火起而燃燒者、蓋牌長郭福進屋後、室內之戞斯燈、猶在燃着、並未熄滅、謂爲戞斯中毒、自有不疑之理、但其火之起因究自何來殊有研究之價值、如謂爲戞斯燈出火、則戞斯燈必然爆炸、或有出火之形態、以戞斯燈之依然明亮並無異狀發見、當非戞斯燈所致者明矣、

ム一般之推測

自此慘案發生後、轟動全市、前往現場觀看者絡繹於途、據附近一帶之住民推測、或係夜間燃炭火取暖、全家爲炭烟窒斃、纔之炭火將床引着、全家昏迷死去、不能動轉任火之焚燒、始造成此一幕慘劇、此說似比較稍近理論、但究竟是否如此、目下尚無相當之憑証、自難推測確切、

濱江省管內　私塾取締規程

第一條　創辦私塾者應將左列事項開明同縣旗公署呈請核准

一、目的

二、名稱及位置、

三、塾生定額、

四、教科目及教授用書籍名

五、維持方法、

六、創辦者及教師姓名履歷

七、開設年月日、

八、按季節授業之季節、

八、徵收學費數目

擬變更前記事項時應具明事由得縣旗公署之許可、

第二條　在私塾教授小學校、教科目之一部分、時應採用、文教部編纂之教科書

第三條　私塾名稱不得用學校等字樣

私塾應將門牌揭示於容易發現處、

第四條　私塾停辦時、由創辦者向縣旗長迅速備呈案、

第五條　有左列情形時、得取消私塾設立、撤換教師或其他必要處置、

一、違反法令規定時

二、妨碍公安或認爲教育上有害時、

三、無正當理由而未繼續授課三月以上時、

第六條　有左列情形者不得創辦私塾或充當教師、

一、被處於禁錮以上之刑罰

名及學生數、（男女別）列表於翌月三十日以前、向縣旗長報告之、

第九條　縣旗長應於每年六月末日、及十二月末日、分兩個期間、將左列事項、分別列表、於再次月末日以前、向省長報告之、

一、私塾數目

二、塾師數目

三、塾師姓名（男女別）

四、學生數（男女別）

附則

本規程自公佈之日起施行

在本規程施行以前成立之各私塾、於本規程施行後、限三個月內、應按第一條之事項、向縣旗長呈請核准、

前項期間滿了時仍不按前項手續辦理者認爲停辦、

交易所　利益分配

握北滿特產界消長起伏權之特產交易樞紐之哈爾濱交易所、第二十九期決算、在理事會協議下、本期之利益金處分案、決定如左、

一、當期利益金　一七二、一八四元

一、前期繰越金　一六、九七〇元

利益金處分

一、法定積立金　一七、三〇〇

一、特別積立金　五〇、三〇〇

一、不動產及什器償却　五、〇〇〇

一、役員及所員基金・

進、態度極其強硬、與糧棧側各不相讓、更加以油坊側、當日前決定每麻袋一、二二八基洛格蘭姆時、固與製粉之步調相合、惟此次之製粉側、乘麥價奸調之餘波、爲圖擴大自己之利益、竟又支持橫暴之糧棧側之主張、故問題益趨紛糾、製粉、糧棧、油坊之對立、極度惡化、苟如常此放置、或將擴大至製粉側之糧棧不賓同盟、亦未可知、對此、據立於第三者位置之某消息通談稱、此種問題、頗費難解、雖不能多談、然由現在移出之小麥品質觀之、糧棧之主張、想爲正當、製粉側乘現下之好況、企圖自己之利益增大者、固屬當然之事、但如糧棧側所語者、製粉側不僅提唱將小麥瀝爲一百廿五蘘尼則已、並擬使爲實質的品質、蓋此均爲規格問題、製

口一併葬身於火窟中、惟狀之慘、目不忍睹、爲近年來哈市未有之慘禍、茲將經過情形、據記者赴現場調查之結果、爰誌於下

△死者之身世

富文正、年三十二歲、原籍山東德平縣人、前充洮昂路搬道夫、兩閱月前調哈、仍操搬道夫職務、家中有妻劉氏年二十五歲、長女喜子年八歲、次女小春年四歲、子根喜年僅二歲、此外猶有岳母張氏年五十八歲、六口之家、惟依富某一人生產、富在鐵路、每日日薪五角、一家生活勉強維持、幸所住之房係屬官房、裡外兩間、另外有一厨房、其岳母在外間鑫鋪搭一板鋪、富及妻女等皆在西裡間寢息、

△火災之慘酷

今一十七日黎明八時四十分頃、比鄰八十九號住戶牌長郭

床、幫同郭福將門撬開、見室內爲黑烟充滿、富某及其岳母之臥室火焰熊熊、謝如林急取水缸之水、將火撲滅、則富某一家六口、均被燒斃命、頭焦額爛、惟狀之慘、不忍足睹、待消防隊聞信趕到時、火已撲滅、

△起火之原因

因一家六口同遭不測、其起

另外一說‖起火之原因、既無證証、實難臆斷撲朔迷離、其說不一又有傳稱死者係生前被人仇殺、事後縱火焚燒以圖滅跡者、此說與官方偵查之結果固不相符頗近荒唐、但以未火燒之狀況僅將一家大小六口燒斃、壁桌椅均未焚燬而言之、只少有一部份之可信理由、亦足爲研究本案之一資料耳云云、

麩皮之新販路 大批運往歐洲

因本年度世界飼料不足、歐洲方面向日本內地購買麩子、自七月頃以來、滿洲麩子、亦呈相當之活況、九月以來、經三菱運歐之滿洲麩約三千四百餘噸、目下積極收買千五百噸擬裝船運歐、此爲滿洲麩皮輸歐之新販路、引起各方之異常注目、其運歐之麩皮、一部出售於英國、當地麩價之飛騰、打破本年來最高之紀錄、以目下之生產量推測、將來之麩價仍有繼續上漲之趨勢云、

理髮組合辦理規則 省令各縣遵照施行

濱江省下各縣旗、對於各該縣旗之理髮營業、感及於人民衛生及保健上、有莫大之影響、爲謀其衛生之向上及統制之具體、曾有轉請濱江省公署予以備案者、惟於理髮營業取締規則、將來應專案制定公佈施行、在未公布該規則以前、須按照左開各項辦理報省、已飭各縣旗即便遵照實行、茲將各項辦理規則、錄誌於左、

一、如有擬組織縣聯合組合者時、須令其規定、該組合規約報請省長核准、

二、關於組合規約、須令規定左開事項、

一、名稱、區域、及事務所之地址、

二、目的及事業、

三、關於役員之種類、員數、職務權限選任、被免、及任期等規定、

四、關於總會及其他會議之規定、

五、關於賦課征收經費之規定、

六、關於庶務及會計之規定、

七、關於變更組合規約之規定、

八、關於入會及退會、並退會者、既繳組合經費之處理方法之規定、

三、注意事項、

組織此種組合、不獨對於各營業者、招來業務發展、及增加親睦、並於衛生思想之向進及普及、亦裨益匪淺、然往往因有偏重形式、妄費經費、使各營業者負担冗費、縣長應加意取締、以免發生斯種情形爲要云、

者、

二、性行不良者、

三、依據前條已被取消創辦私塾資格者、

第七條私塾直接由縣旗長監督之間接由省長監督之、

第八條私塾設立者、應於每年六月末日、及十二月末日、分兩個期間、將當時塾師姓

二〇、〇〇〇

一、役員賞與金　一六、五〇〇

一、股票分得（普通）　四八、〇〇〇

一、同（特別）　一二、〇〇〇

一、後期綫越金　二〇、三五五

滿洲國道德會 講詞概要【十二】

第一章　第十八篇

你猜他說什麼、他說城爲大車之大、孔子說城大而車小、童子說、要這樣說、我這城焉能避你的車呢、就怎的你一言他一語的、就麻煩了、孔子問他什麼他就說什麼、一點思索的不加、就應答如流、問來問去、這童子就問起孔老夫子來了、大家想、孔夫子本是趕路往陳國去、又兼到處皆未得展其大志、就有十二分不滿意、那有工夫合小孩子談閑話呢、孔夫子向來是明聽的、素抱安老懷幼大同心理、又看這小孩非常聰敏、他就起愛惠之心、也就隨便對答幾句、時間就不少了、子路看天已要黑了、他就來火性了、在旁邊參加幾句、大家想子路說什麼、他本是魯悍之人、出言那能加思索、開口就說這小孩子眞麻煩你說說眼前的來幾句得啦、眞討厭、孔子也覺心忙、就照子路的說啦、談談眼前我們好走、童子說、就怎說、請問仲尼老先生你眼眉毛有多少根、孔子就默默不能答、心中暗暗思想、走了許多國、見了許多帝王、就聽有相他這樣聰明、焦燥間說得啦、得啦、你可稱吾師也、這無非是野史、無憑可考就拿蒙經上說、也不是這樣說、無非加一段閒話、留給諸位茶餘酒後作以消遣耳、小子亦不敢杜撰『三字經曰昔仲尼、師項橐』要怎看、吾們小孩子們、不可自欺、急快的大聲吶喊起來、把我滿洲國三千萬民衆之中、除明公巨卿、碩士文人外、也叫我們同類那些愚盲、也教他靜靜眼睛、開開耳光、我說我親大哥們別再大厚眼皮就相睜不開似的啦、

哈爾濱特別市概況【十三】

准當計畫之初、其地域之重點、究置於現在之舊街市、抑求之於創設之新街市、曾煞費權量、嗣以兩者互有短長、經反復比較衆慮、經費以向郊外發展、最爲得策、至此大計於焉確定、然此決非將現有街市廢棄之意、特凡必要之諸種設施、如道路、上下水道、衛生設備及其他工程、先施行於新街市、然後及於舊街市、或與舊街市並行、勿使偏廢、一使新舊相携、使都市繁榮而已、

事業之執行年次、第一期爲三年、至第二期以後、當觀察第一期之發展實況、再定適宜之計畫、以下請就其體的計畫、約略述之、

二、新都市之建設、

試舉現在本市之狀況、之地形、及其他各種天然物之狀態、而測將來人口達於百萬時、都市之發展情形、其必然膨脹之地域、當如左列、

（一）沿松花江上下流之地域

（二）現在本市西方及南方之地域、（預料此地當爲將來之最發展者）

（三）東抵阿什河之地域、

以上所述各新發展地域、以後增加之人口、當可達六十萬之衆、同時並當別爲左列之四地域、

（一）商業地域（沿松花江上下流發展）、

（二）工業地域（主在松花江上流其餘一部則在下流地方）

（三）住宅區域（沿東南西三部發展）、

（四）臨江地域、（松花江岸）

三、交通計畫、

（一）鐵路、

本市都市計畫上、集中本市之鐵路、大別之其系統有二、即一係京濱線及拉濱線之南部、二線是爲南部幹線、一係其他鐵路、是爲地方線、或可目之爲特別幹線、其南部二線、使滙合之統於一操車場、由此引出、一線經拉濱線連絡各地方線、其他一線、作爲旅客列車線、該旅客列車線、一面引入未來之都市中心地、於此設置中央車站、更延長之、以貫通上下各街市而連接、現在拉濱線之道岔、一面用爲市內高速度交通機關、以上二線、皆爲圍繞街市外廓之環狀線、亦以構成本市交通機關者、至其他通達江岸碼頭、及工業地之鐵路線、則由二線之適當地點、另築岔道、以分岐之云云、

（二）街路

街路網、街路中之幹線街路、因期交通簡便、每隔約五百公尺至一千公尺之間、配置放射線狀之道路、復於各幹線之間、配置適當之補助線、街劃線、其寬度幹線自三十公尺至六十公尺、補助線自十五公尺至三十公尺、區劃路線、自十五公尺至八公尺、凡寬在十五公尺以上之街道、皆將步車道、區別幹線街道、除設汽車道、與緩行車馬道外、更視其區劃之如何、設載重馬車之通過道路、

鋪裝、街市之汽車道主、以瀝青質、馬車道主以石塊、步道則以混凝土平板瀝青滲透磚塊、或瀝青質、分別鋪裝之、

街路樹、凡十五公尺以上之街路、其步道與車道之間、每隔五公尺至七公尺栽植街道樹、於適當之路線、且設中央綠色地帶、植以適宜樹株、主要道路之交叉點、則更設廣場、使其綠化、以飾都市之美觀、（完）

濱江特刊

第八十五號
盛京時報北滿總支社
社址 哈爾濱道外 桃花巷西口
電話六八四七番

木材銷售稅 明春或可豁免

因採伐時已向林務署納稅 中央當局現正愼密考慮中

滿洲國對於森林之採伐、設存林務署、專司其事、凡採伐之木材、於採伐時即向林務署繳納捐稅、但轉運銷售時、須再向稅捐局納稅、似此辦法、不啻二重稅、故木商之捐稅担負、比較重大、哈爾濱日滿木商聯合會、爲減輕負担、前曾洪向中央各當道呼籲、請求將銷售稅予以豁免、現聞中央方面對此亦頗注意、現在正在愼重考慮中、預料明年春季或可實行豁免、一般對此頗爲注目云云、

呼蘭糖廠 明年復業

年產十万擔

休業中之呼蘭製糖工廠、本年二月間、經滿洲國政府買收、現正積極修理一切機器、修理費約六十萬元、預定明年四月復活、在該工廠之附近、種植甜菜園圃約四千町步、明年度預定生產十萬擔、該工廠更於哈市近郊擬再設附屬工廠、現在正在採擇地址中、將以三棵樹爲適宜云、

何物王子令！ 敢強姦養女

無恥雅茹助紂爲虐 責任當局極應取締

女、榮年纔十三歲、當買時詐稱爲養女、王某年前患精神病逝世、家道赤貧、王遺下妻女子四人、女即小榮、二女年幼一年八歲、一年七歲、無以糊口、王妻受雅茹詭言之愚弄、信其買作養女不疑、當交五十元、下欠七十元、容期還納、遂將小榮領至大同旅館、託人向土娼介紹、意欲勞賬、再補還買榮之身價、而榮因體態嬌小、故未押妥、嗣雅茹與奸夫王某商議之結果、出以毒辣手段、於二十日午前二時許、乘一般店客睡熟之後以霸王上弓強硬手段強姦小榮、榮本係身體弱小、豈能容年壯力強之獸慾蹂躪、不免疼苦加以抵抗、致惹起由傍監視之雅茹怒髮沖冠、恐榮聲張、以布塞其口、以木梓將榮毆打、雅茹以手按住榮之雙手、不使其抵抗、王得此援助之下、用力進攻、嫩小之桃源洞口、終予被其三千毛兵攻破、血流不止、事

獸慾縱動、焉能許其所請、雅茹以木棒將榮毆打、仍以布塞口、王某正攻之間、竟被十四號室與其隣室崔東王副官聞有掙扎之聲音、由板縫私自窺視、見如此殘殺一幕慘無人道之活劇、而一般之店客、均怒顏豎目、向雅茹及王某責罵、雅茹大言不慚、自稱結識某機關首領、決不懼怕、有好者以事告榮之母、其母聞知其女遭此不測、一怒之下、因神經受刺激過甚、乃至瘋狂、終日在道外一帶、東奔西馳、時哭時笑、其狀殊爲可憐、我滿洲國王道樂土、豈能容此慘暴之狗男女安然存在、不知負責之正陽署、有所聞否、希負維持人道者、嚴加取締、以防發生意外云、

牡丹江 大豆集存量 突破五千五百車

某權威者所調查

據最近某權威者調查、牡丹江新路線開通以來、東部線受相當之影響、現下大豆上市之時間、推測牡丹江集存大豆、能突破五千五百車、如此多量大豆集貨、頗惹注目、（單位

者、雖不附設計圖面、亦屬可行、茲將其規定之施設區域分別探錄於下、

一、傅家甸街路線之一部施設者

承德街、南和街、南平街、

街、崇儉街、仁禮街、興業街、孝純街、南新街、太昌街、南五道街、東萊街、北六道街、進德街、向賢街、北九道街、昇平街、浴海湧胡同、

全線施設者

純化街、延爽街、元寶巷、五柳街、小水晶街、長發街、草市街、大同街、地鹽街、禮化街、英節胡同、天一街、黎明街、宣化街、太萊街、德勝街、平原街、維新街、南六道街、北八道街、南八道街、中六道街、北小六道街、中小六道街、南小六道街、中七道街、北七道街、同發街、仁義巷、中九道街、南九道街、北十道街、中十道街、南十道街、北十一道街、南十一道街、北中南十二道街、南北十三道街、新市巷、染房胡同、新興街、慶興街、榮華胡同、信託胡同、魚市胡同、北二道街、南二道街、太東街、西十四道街、吳興街、長興街、巨興街、太興街、寶興街南北三道街、南北四道街、南七道街、

二、新安埠區街路線之一部者

安順街、安寧街、安達街、安埠街、安祥街、

全線施設者

安定街、安德街、安靜街、安良街、安吉街、安民街、安平街、安化街、安心街、

三、正陽河區街路之一部者

安陽街、新國街、大道街、民安街、康德路、通達街、共樂街、全線施設者通達東一條街、通達東二條街、共樂西一條街、共樂西二條街、安陽南頭道街、新國北二道街北頭道街、康陽街、大同南二道街、安[illegible]陽街

市實業科 調查商況

以爲改良之張本

外云、

市公署實業科、爲謀發展哈市內商工業者、於去年十一月、曾擧行市內工商業實態調查、結果對於農產物加工改善、獲得成績良好、繼續進行設立試驗場之計劃、本年由十一月一日起、至十二月末、豫定兩個月期間、實行滿日之商業實態調查、實施調查之題目、大體如左、

一、商業機關名地址、
一、營業開始年月日、
一、營業國籍者、
一、資本金及流動的資本額、
一、營業組織、
一、一個年賣上數目及經費、
一、輸出入之商品名、
一、營業狀態、
一、使用人數、
一、其他、

調查結果、商品輸出入之系統、販賣地方狀況、以期將來對於發展對策、加以改革、各方對之頗多期待云云」

[illegible]的、住幾天他說、能寫詩歌小說、一切之文藝等事、我命他寫個稿看看、從此連寫幾個、也不見怎好、雖說不好、他是個小孩子、自我去一次外縣、今已二十多天了、回來一看、他把性心身三界說完了、說的有許多不是話、太對不起大家、假使小孩子惹事、家裏大人能不管嗎、我定要責罰他、對不過、對不過咳、

○咳、道非常難研究、文人尚深遠、平人語多腐、難合社會人的心理、文人不求深開口自然就高、大家又聽不懂、社會人是平常人多、要開善風、還得說白話、纔能把理由達透、聽在心中、然後纔可明道、那平常人亦能改爲文人、還可能大道宏開、化愚頑使彼向上、不致墜落下流、就拿我們小孩說的、可是白話、吾覺廳有甚味、但是明白的多、語言雖有滑稽而不傷雅、吾希望大家、不要拿當小說看、這全篇俱都是道、假使要一味談道、覺着乾燥無味、惹人鬱悶生厭煩心、所以取道中眞淺意、編爲語體、合時人口胳、較比文言强的多、民衆懂的多、我會本普及世人起見、不尚高深論調、不是自己强名爲

行、替他置業、[illegible]是文人世[illegible]下楊稱贊、因爲什麼、原來是個小孩子、他就能把聖人的心法、研究了一個多月、還未找着頭尾、這些天僅研究的是綱目、要說這道、好相茫茫黃海渺渺無涯、不變方物、數千萬里不見其岸、又相雲龍抱珠、出沒於水光雲影之間、時隱時現、時續時斷、視其首而不見其尾、風雲際會間、眞令人莫可思憶、道其猶龍乎、是活潑潑天眞、無窮無盡、大家不信、請聽後章、二十一篇、一點一點都洩露於外、給聽衆也開開胸襟、暫以陶情、雖無八貢獻、亦可爲茶餘酒後作消暑耳、

第二章 第二十一篇

○志意心身、曰四級、又曰四季、又曰四界、

○四級者、是學道之階梯、分爲四步、可升可降、令學道之人省悟、這四級是四個梯橙、相立標桿一樣、使學道人、認淸道路、看着你往那條路上走、咳、又恐怕你走錯了這纔着四個界限警告你、別墜落苦海地獄去呀、

要志意兩界的人、就不用說啦、要心身兩界的人可快登彼岸、往極樂世界去吧、這四級是什麼呢、就是佛國天堂苦海地獄、拿這個法子來限制 恐學道人半途中輟、所以致志通佛國、意達天堂、心連苦海、身墜地獄之謂也、往往學道的人、殊覺困難、這纔想個最捷便的法子、來維繫、（未完）

交通局 雜聞兩則

一、市營交通局大汽車股俄國通譯高士金、日前檢查車掌時、在一三五號車掌皮包內檢出國幣四角五分、高士金將欵携走、私入己囊、並未呈報、經一三五車掌向該股有司者告

雙合盛 皮革廠復活

年產八十万元

慘無人道之王雅茹、年二十七歲、爲人奸詐已極、前曾充道外南頭道街東洋樓鴉片零賣所女招待、其妹雲香（一九）亦充招待之職、一家數口、均賴此二人博得纏頭以維持生活、於本年六月間、警察當局澈底取締小賣所招待後、雅茹即浮閒無業、昔在東洋樓燒煙時、曾結識一煙客王子全者、年二十八歲、山東人、自結識以來、打得火熱、如膠似漆、誠有不可稍離之勢、王固一商人、如此荒蕩、遂被當號開除、乃與雅茹姘度、住於南頭道街大同旅館三階樓上十五號室、以雅茹燒私煙及賣淫供王某度生、雅茹由此、將其父母兄弟數口皆拋棄九宵之外、幸其妹雲香、戀得某商號大腹賈、相與甚密、無何雲香珠胎暗結已向大腹便便、乃於七月間產生一娃、故更得大腹賈寵愛、一家耗費、依賴大腹賈一人供給、惟雅茹年事漸長、姿容漸衰、王某因依其生活、自不嫌姿態如何、惟恐花老月殘、無人問津頗覺恐慌、遂懷意不良、欲食鷄食、曾託人於半月前、在顧鄉屯瓦盆窰以一百二十元國幣、買得王玉堂之長女小榮、爲養被鄰室十四號聞知、召集一般店客、齊向雅茹非難、王某及雅茹知事敗露、啞言無聲、息鼓掩旗、翌日榮不能行動、更惹衆人注目、莫不痛詆其非、不料於二十三日午前二時許、雅茹手持木棒、在旁督戰、王某二次加攻、小榮疼痛難忍、遂跪於床上、向王求情、詎王正

青果銷售激增

造成市場成立後　未曾有之新紀錄

哈爾濱中央批發市場、九月份之青果賣項、因有中秋節之關係、及人口增多、青果頗呈一時活況、突破五十一萬五千六百二十五元、造成市場開設以來、未曾有之新記錄茲將出荷別數量及金額誌錄如下『單位元』

地名	個數	金額
南滿洲	五九、一三八	三六八、八四八
北支	七、八七四	九五、九二三
朝鮮	一、二二一	四、二二七
日本	四、三九七	二六、八一六
台灣	七八四	五、九九七
煙台	一、〇二五	一三、八一四
計	七四、四三九	五一五、六二五

三十甚雞噸車）

牡丹江以西	一、〇〇〇
牡丹江以東	二〇〇
牡丹江近郊	二〇〇
寧安東京城	六〇〇
牡丹江—林口沿綫	七〇〇
林密沿綫	九〇〇
勒利	八〇〇
湖南營	六〇〇
佳木斯	一、五〇〇
計	六、五〇〇

右各地出產新豆總計約六千五百車云、

公設下水道　希望利用

哈爾濱特別市公署、爲使市民在左記區域築造之公設下水道、連結而築私設下水道起見、除按照下水道使用費徵收規則、並下水道接續規則徵費外、在康德三年九月一日以後、十月卅一日以前、請呈裝設

太原街、豐潤街、大新街綫、陽北頭道街、河洲街、河潤塘街、長春街、富錦街、北街、

滿洲國道德會　講詞概要【十二】

第一章　十九篇

不相前二十年的時候、你看現在滿洲國、王道實行、無一處不爲民着想、靡有一時不貽合人心的、簡直說吧、面面俱到、無微不至、就拿積倉來說、各省勻已分設齊備、以預荒旱水災之秋、恐民臨那時有向隅之憂、又設民衆教育館識字社、使失學的增長知識、政府又恐不完美、又設立社會事業慈善聯合會、聯合各慈善團體、以促進化、最可佩服的、專爲貧民着急、設立乞丐收容所、每值深冬大善家、捨衣施粥、種種維持、又恐貧人寂寞、教我們道德會、每到星期六星期日、去講兩句鍾、開開他們心、可去煩惱、少生疾病、處處不教貧民受屈、你們不看、滿洲國各省縣鎮、各慈善團體林立、都是爲什麽、不是爲那三千萬民衆嗎、教衆民度那安樂的日子、不致受苦惱、大家千萬不好忘了、國家的好處、及衆慈善家好處、衆位聽我這話、是不是實在的話、要不抱本守分能行嗎、趁早望開想吧、過那安靜的桃源樂土、小子也不好不住口的說、也得讓別位說說、話說多了也有散、不知那一方面不歡迎、還得求指導、小子深爲感謝、

第　章　二十篇

敝人姓朱名萬選、吉林省農安縣人、在會中充數敎副會長、因最近還幾[illegible]縣分會、[illegible]調查、[illegible]會、瞎說、也不[illegible]因爲什麽、咱會章程、向來全是義務、職員呢、但是捨身渡世、都盡心竭力的作、所以不是調查昨天從呼蘭返會、看各課井然有序、從前天經張會長、介紹一個大小孩、說在文牘裏、給主任們倒水擡棹桨麼

發、將高士金申斥一番、作爲能論、似高士金者、立於檢查車掌監督之地位、而敢將公款擅入己囊、經告發後、而不予以嚴重處分、僅申斥一番而已、亦云便宜多多矣、交通局對所屬向抱嚴格主義、何此次對高士金獨厚、實令人莫明其糊塗云、

二、

據交通局之統計大汽車股九月份之收入、較前反減、究其原因、固非只一端、然其配車之不合理、已屬不容諱言之事實、該當局宜如何自勉以圖收入之日增、詎該股竟捨本而求末、緣木而求魚、每於公餘之暇、令司機者學習畫圖、殊不知其用意安在、故日前有十數名司機聯名辭職、嗣經某從中勸諭、始行中止云云、

道外二十道街江沿休業中之双合盛皮革工場、係前民國十年開辦、資本金八十萬圓、當大同元年江水氾濫洪水爲災、該工廠曾受極大之損失、於是遂宣告休業、近聽全滿之需要、由八月初旬以來、開始修理機械、九月間乃又復活、現在製皮機械大小百台、需我工人約百餘名、製造牛皮、羊皮以及馬皮等、年中生產額約八十萬元程度、今後之活動、各方頗爲注目云、

許校長請款修校

【西豐】縣立德賢村、高級小學校長許恩溥、自經黃縣長調任該校、竭力整頓、請款重修一切、教室破壞不堪、學生減少、該校長僱工修整、刷新一切、校院教室體育場等、均已修完云、

上下水道須早竣工　一般商民之切望

都市建設局、道路科、今春以來、在道外築修之上下水道工程、延至現下、僅有十分之六完竣、開自動工以來、各商[illegible]之損失頗大、莫不叫哭、前曾迭向商務會請求、促其早日完竣、以挽營業、其中損失最鉅者、厥爲道外北五道街、十四道街、十六道街、查其損失原因、不外挖掘之土、皆堆積步道兩側、並禁止交通、以致一般購貨者、多裹足不前、故商號相繼荒閉、其未荒者亦屬勉強支持狀態、現道外一帶、大部告竣、商戶莫不額手稱慶、十四道街及十六道街朝鮮之包工工作、數月以來、毫無進步、查其原因、僱傭之苦力、多不開支、以致時惹起與苦力頭發生爭端、故苦力皆不欲前往工作、始將工程緩延、諒年前亦難完竣、希負責之當局、加以監視、早使工程完畢、恢復商業、以免續出、關閉云、

影院一幕喜劇

富小姐一馬雙跨　大美人皮肉吃苦

富壽傑、爲道外太古街得元恒財東經理之次女也、年方登瀛、姿首頗佳、因家大業大、驟馬成群、裝束講究、烙髮高跟鞋、金鐲金手鐲、極盡其豪華之能事、不知者莫不以誰家姨太太目之、前余升總務廳長在哈時、目擊女生之奢華、曾令各校加意矯正、詎富風流性成、學校當局雖迭告而不滅、結果釁以開除處分、自此壽傑有若斷線風箏、海闊天空、任意放蕩、日以在道裡某英文補習學校讀英文爲名、實則與一般男學混子小流氓撕混、初有謝署長之子、與富相諗、兩情頗恰、心心相印、富既豪華、謝亦紈袴、相對揮霍、日出入於影院舞場、謝爲投其所好、曾贈以二百四十元之攝影機、一日相偕赴太陽島沐浴、一時不慎、將攝影機墜入江心、富痛惜淚下、謝笑慰之、復以百元購一機贈之、其揮霍之情形、可見一斑矣、富本欲依謝爲終身之伴侶、奈謝已有婦、嗣謝父轉勸、隨之他徙、富由此陷於失戀之苦境、眉鎖春山桃花減色、居則茫然如有所思、出則悵然似有所失、爲消遣起見、時至運動場上、其意固在物色情人也、適有男學混子者、皆以大美人呼之、喜運動、好修飾、壽傑一見傾心、乃百般設法『瓦池』、終予到手由此花前月夕、中央大街之上、時有二人之芳蹤、相戀之熱亦不下於謝少爺也、詎富水性楊花、思新而忘故、於大美人之外、復戀一許某、許係一有槍階級、酷性頗大、日前偕富在美國觀影、適大美人亦在隔壁包箱、開富語調、以電棒照看、觸許之怒、在昏天黑地之電影院中、於大美人不加提防之下、沒頭沒腦饗之以『必溜利大歲』大美人急起抵抗、兩相撕打、扭成一團、富小姐豎於一旁、呆若木鷄、一聲不發、滿臉的難爲其情、甚至哭了出來、後經魯仲連從中調楚、大美人未待看完、竟憤憤而去云、

濱江特刊

第八十六號
盛京時報北滿總支社
社址 哈爾濱道外桃花巷西口
電話道裡六八四七番

食鹽將歸專賣說
濱江龍江三江專賣署長內定？
中央財實兩部現正具休計劃中

我國食鹽、向由權運局一手經營、附中央當局、爲改良經營方法、實施專賣制度、擬將食鹽改爲專賣、各省分設專賣署、以司其事、由中央財實兩部直轄、現在正在具體計劃中、不久即可實現、外傳濱江龍江三江三署長之人選、似已內定、爲李道尹、于八爺、紀五爺云、

天剛落網
唐縣長險遭不測

珠河縣唐縣長、於二十三日午前十時頃、偕同移民實地調査團一行至管內大青川附近實地調査中、有農人裝束之滿人一名、尾之而行、擧動不審、當即上前將該壯漢逮捕、帶回經隨行之警務局員看出馬脚、審詢、據供係盤踞五常珠河兩縣率領股匪百餘名之匪首天剛、探知唐縣長及調査團一行赴該地調査、特化裝農人裝束、暗藏手鎗擬乘機行刺、終以惡貫滿盈、未果被捕、現正由警務局嚴重審詢中云云、

大老賈手眼通天
楊寶貴氣憤身死
各方對之引起深甚注意
楊之屍体現正剖解化驗

因在連濱車上出賣廢票之大老賈、曾經哈鐵警務處保安科特務楊寶貴等査覺逮捕、將人贜一併解送一案、經過情形、曾見前報、其後以大老賈果然手眼通天、未幾安然出獄、一日賈與楊在道外太陽旅館邂逅相遇、賈乃指桑罵槐、將楊寶貴大罵不止、楊以爲公務而受辱、忍氣在心、憤懣難當、乃聯名請示於路警當局、於是賈乃二次被捕、正望依法懲辦以儆刁玩、詎料無何仍被開釋、因此楊氣憤塡胸、一病不起、於月之二十六日逝於市立醫院、於是頗引起各方之注意、日滿官憲迭往調査、楊之死因、究竟是否因氣憤而死、認爲有詳細研究之價値、故隔昨經市立醫院、將楊之屍體剖解化驗、閱待一星期后始能化驗完了、故昨一卅日經楊之友人方面、具備棺木、將楊掩埋、一面靜待有司者之公平處理、將來如何結果、一般頗爲注目云、

鮮人行竊
請警協緝

道裡地段街四九號、日商松芳洋行、柜夥朝鮮人、邊照赫、年二十一歲、於三十日下午三時許、乘執事外出、侵入室內、將錢箱撬開、竊去現金五百十三元、待經理歸宅發見、室內物件散亂、知有變動當即檢點物件、始發覺現欵不翼而飛、遂急尋找柜夥、不見蹤影、知被其所竊、立至領警署報告、請求偵緝逃犯、領警立即張佈陣網、遍處搜査終未所獲云、

電話費改正案
明春實現
電電當局銳意準備中

電電所屬之哈爾濱電話局、自將市內電話接收統一以來、對於市內配線之充實改善、不遺餘力、惟電話費之改正案、電電當局依一般用戶之希望、目下積極準備改正具体議案中、對現行等級制將加以改革、究取回數制抑地域別電話費徵收方法、現由該局派員進行調査中、據聞將來爲謀用戶便利計、擬將現行之每年二季收費制、改爲按月收費制、預料電話費之改正、最晚明春即可實現云、

五柳街之火
是否縱火

道外五柳街商戶東和號、專門製造紙袋、經理王永昌、於昨三十一日午前八時、室內突然發生火警、風助火威、勢頗猛烈、延燒左右隣近仁和利及苦力宿舍、燃燒十三戶、附近一帶、陷於大混亂、第一二兩消防隊、先後赶到、竭力撲救、結果十時半始將火救熄、聞此次損失貨物及房屋、約七八十元、王永昌在瑞典保險公司保有火險三千元、正陽署將火首逮捕拘留、疑其有放火行爲、究竟是否放火現下正在嚴密調査中云、

站前廣場
加意整理

自北鐵接收以來、哈爾濱車站之乘降客人、激急增加、每日不下四五萬人、站前之廣場、每値列車發着時間、車水馬龍、行人擁擠、極感狹窄、六月以來、當局特將車道人道分開、交通上比較井然、爲期今後交通上之萬全起見、實施徹底的改善策、重新建築出入口及小包裹收發處、同時並將站前之廣場加以改善、以建國紀念碑爲中心、所有車輛全部左側、並指定洋車馬車停留場、電車停留所亦改在車站街與現停留所之拐角處、預定十一月中旬即可全部竣工、今後車站前之交通、將見安全整備矣云、

「積德累人終有報
詩書從此有傳人」
孿生子女傳爲佳話

哈爾濱航業聯合局、船舶課修船係主任王又吾之子某君、體弱多病、雖結褵數載、旣未弄璋亦未弄瓦、某日夫婦相偕赴新江泉沐浴、經春風一度後、竟結珠胎而公子固猶未知也、居無何、公子因病逝世、擧家悲痛、料理喪事、越數月婦腹漸大、經潮不見、始知懷孕、結果於本年舊四月七日竟安然孿生男女公子各一人、於是擧家於悲痛之餘、繼之以喜悅、慶幸之懷從可知矣、當湯餅之會、哈市達官耆老、多往慶祝、並由知名之士發起爲之徵文、航聯局總務課長范國才君特爲撰七言詩兩首、錄下、

宴開湯餅集嘉賓、四世徵祥喜氣新、積德累人終有報、詩書從此有傳人、

槐蔭重重護玉葩、蘭蘭毓秀出君家、偏來香穗爭双美、也與同苞齊放芽、

（上圖）右（男）永祜、左（女）永年、

宋警長
何太野蠻

太平橋署劉署長前晚査勤

丘八爺電招援軍
虎兒冠溜之乎也
同記獨一處一幕趣劇

當鴉片零賣所女招待鼎盛時期、每人每日之收入、不下十數元、累計之、每月平均二三百元、其收入之豐、雖委任官不如也、但其揮霍之無度、恒超過收入、故自經官方嚴勵取締后、立陷於失業狀態、其能稍有積蓄、維持生活者、殆無幾人、故一經失業、立感恐慌、各中等飯館及一般黃酒館、莫不利用機會、以抵價僱用女堂役、每家三五不等、甚有十數人者、尤以道外西大街同記獨一處、將市內比較著名之招待、若享名一時之同春樓招待貴榮、大成號鈴弟、鳳雲等、女招待中之錚錚者、網羅殆盡、爭艶鬥勝、花技召展、雖非桃花江、亦是美人窠、故一般登徒之子、趨之若鶩、固皆抱醉翁之意、不在吃飯而在獵艶也、因此醜聞艶事、不時發生、醋海波瀾、在所難免、

昨一卅日、日落黃昏時候、正該飯館顧客紛集之際、單間早經人滿、顧客仍然紛至沓來、在門外竚候一小時而不得入者不下三數起、最後騰出一席之地、理應先就久候者依次讓入、詎有一胖一瘦形同影星韓蘭根、劉繼群之二人趕到、逕自不讓而入、來了個「後來者居上」、堂役婉言攔阻、勸其退避、二人虎兒冠高戴、給他個「王小宰猪滿不聽哼」、時有上士軍人一名、亦在該處竚候良久、未待入室、竟爲彼二人「捷足先登」、弄得「鵲巢鳩占」、那能不火、因此指桑罵槐、混罵一陣、入室二人、知係罵彼、挺身而出、向丘八爺大興問罪之師、誰知這位丘八爺、槪不聽虎、告訴二人小安勿燥、一面操起電話、不知向那裡打了個電話、招集同夥前來應援、類似劉繼群韓蘭根之二人、見勢頭不佳、有道是、「好漢不吃眼前虧」、「三十六着走爲上着」、一告訴堂倌將所點之菜、留異日來吃、因生氣不能用飯、恐與衛生保健上有碍、說完、竟自「溜之乎也」、迨丘八爺赶到時、二人早去多時、一場風波、至此告一段落云、

漸見好轉
哈市開張碾七家

特產大豆價格、頹見低落、頹萎一時哈爾濱之油坊業、現已開碾七家、沿綫三家、共十家、略見活況、日產豆餅約萬枚之譜、玆將各家產量採錄如下(單位=枚)

哈市	
協爲仁	一、二〇〇
發昌信	八四〇
東興昌	九一二
東和	九〇〇
双興	一、二〇四
沿綫	
阿什河一家	五一〇
巴彥一家	五五〇
一面坡一家	二〇〇
計	九、二五三

高等法院將設 北鐵事件處理庭

北鐵接收後、對舊北鐵職員之退金問題、地方法院及高等法院所受理之訴訟案件、總計六百餘件、對此案件之處理、頗有重大性、滿鐵當局有鑒於此、曾向我國司法當道請求在高等法院內附設北鐵事件處理庭、其審判官則採用日人、聞司法部當局已經首肯、各關係方面對此、頗多期待云、

時、見署內宋警長滿勤、待宋回署後、劉署長以其擅離職守、加以申斥期其改過自新、詎宋銜恨而出、操起手槍返身復至署長室、未容分說、對準劉署長開槍幸槍梭於倉悴間並未頂上、故射而未響、時警士數名、一擁上前、將宋之手架住、但此時槍梭已經入槽宋見一槍未中、乃連發二槍、幸宋臂爲衆警士所牽制、不容照準、彈射地下、由劉署長之足旁穿過、幸未命中、於是由衆士將宋之手槍奪下、即時看押、翌晨送交刑事科、現在正在嚴重審詢中、將來如何判處一般頗爲注目云、

郵政業務 積極改善

滿洲國國內郵政、規則改正、以期郵局員對於新規則知識貫澈、哈爾濱郵政管理局、由十一月一日實行開催關於貯金法規開始講習會、講師伊藤業務處長、担任主任中村股長、及新京交通部法規主任援助哈爾濱郵政管理局、管轄之齊齊哈爾、北安鎭、牡丹江、以哈爾濱爲中心、召集所出講習待來年春季新規實施云、

滿洲國道德會 講詞概要 【十三】

○大凡不論百工交易、就說初步、皆有法則、纔有規矩不能成方圓、假設拿小時上學讀書、總得從一冊起、然後纔能念二、三、四、冊得從初步起頭、一點一點的就能領悟、雖到圓滿地步、初學寫字、先描紅描綠、照影、背摹、臨仿描紅綠時、知撇捺點鈎起運之法、然後纔能入奧入微、維妙維肖、你大家看什麼都有階級、不僅學道吧、要是研究字學、小子不敢說罷、也要有心得、若聽待後日、有工夫再研究、閒說閑話、先把志意心身四字詳細講講、孔夫子有話、立志、誠意、正心、修身、遵

……棄景、外不動搖、是謂志立、不論是非一味和讒、是謂意得、分別是非論人優劣、是謂心情、與小人爭理、與愚人爭氣、是謂身作、所以纔拿這四綴作指南針、指大迷途也、如舟行大海中不辨方位、捨指南針拿什麼作準繩、凡事皆得有法、所以說無法不渡、無道不化、

第二章 第二十二篇

○無道不化、天地間兩兩對照、循環不已、願登佛國天堂的人可由此梯而上升、願墜苦海地獄的人、你就隨梯而降吧、所以王老善人、不忍坐視、纔把這界限分的清濟楚、明明白白的、請大家自己選擇、願出苦得樂不難、請到敝會聽聽管保你心曠神怡、古聯語云『有書眞富貴、無事小神仙』誰不知道、那用你說、咳、你要不信世界上的人、不知道的多、拿幾位古人來說、三國有周公瑾用心過甚、怎見得呢、孔明是幫他同破曹、而公瑾屢屢要陷害他、他愈要用心害之、那孔明就用智來要他、怎看他用智呢、吾記得孔明有一句話、是什麼話呢、就是『身入虎口安如泰山』大家想想、要不拿智謀來對答那能行嗎、不行吧、足把小周郎三氣而亡巴邱、看看使心身兩界的

○唐狄仁傑志意堅備、就武后(則天)屢欲娘家兄弟武三思篡唐、總被仁傑用志直諫、把武后一片私心就打消了、吾想他那言語、定要委婉有理、吾記武后常讚美他說、狄愛卿眞社稷之臣也、若無充分理由、大概不能讚美吧、與他同朝一位大臣、爲那事把頭都碰破了、碰的鮮血淋漓、那武后終不理他『姑矣姓名』您瞧、一個不冤、這不是愚諫嗎、一個用志意、一個用心身、您瞧、用志意高不高、把武后說的心服口服、那用心身的、心也用碎了、身子也苦極了、若看現今的人、盡用後天私欲心、盡拿身子作打算、一切嗜好都要嘗嘗這兩界的人多的很、可是我那隨處這個樣、哈市可不是這樣、大家看、是志意好、是心身好、要用志意是上達君子

道就是四綴之比較法、再請看四季吧、四季說完、再研究四界、

第二章 第二十三篇

○四季者天地四時也、運行之序也、有春夏之分、與意心身之節候也、有週天四季、與週年四季國運四季、家道四季、人生四季之差別、

○何謂週天四季呢、善人常研究、盤古三皇立世之初、本爲游牧民族、天地人一體同春、度那自然無說的生活、每天快樂逍遙、據然相佛國景境用志當入者、是佛民世界、人佛無分、自辰放氏以上、俱是佛國氣象、

○週天屬道運春季時也、五常治世堯舜爲君、爲意界當人極樂無憂無愁、是天命世界人神不分

○德仁之運週天屬夏季也、迄周文王時爲殷紂禁囚七載、容歸、都把志意完全失去了、盡使心思、把先天八卦變爲後八卦、這是他用心之處、使心作事、謀算一生、七情六慾苦海造成、所以忍食其子伯夷考肉餅而出獄、爲使心一端、後武吉逃獄、渭釣姜公子牙出世先天爲後天所破、文王夜夢飛熊、因嘆後天使心之主師出來後武王伐紂爰公封神、而天堂地獄兩分、陰陽隔界、爲人民爭鬪世界三分離矣、

○義禮之運秋季時也、延至戰國時、競奇鬪巧、爭貪謀算、而智運開始也、若夫漢唐宋爲秋之末也、由此而降、以迄晚近、晚近者、即冬季是也則率皆以身用事、氣乘當令、蕩蕩時少戚戚日多、鷄鳴而起孳孳爲利、所以履霜而堅冰至也、故栽者培之、傾者覆之、是爲循環世界、此謂智運極冬季盡、而春將回矣此週天忘意心身、春夏秋冬之四季也然冬至陽生、剝極始後、一元復始萬象回春、過此一小混沌則人人重道、各各成德、以志當人、立萬國大同道德世界、又皈還春季矣、但志界不留身界人不變就換、可知天機之公道乎、週天週年國運三項已混合講說一遍、家道人生二項呢、接連次第續錄、

因農會辦理不當 今後農村歸市直轄
來年度以十五万元預算 建設農村主要計劃

市公署實業科、因管下之農村農事指導並獎勵計劃、從來歸爲農務會負責辦理、結果毫無成績、且對於農民有種種不適當辦法、市署有鑑於此、擬由市方直接掌握、距哈近縣之道路聯絡伴已連繫完成、以來年度以十五萬元豫算、施設主要計劃如下、

一、設臨採種圃、
二、設置種畜場、
三、設置農業事務所、
四、開設中堅青年養成學校

云、

海宴號船員將穴居度冬
救援隊由漠河出發 治安方面可保無虞

因被流冰阻隔遭難停泊於西北國境黑龍江上流新發屯之海宴號、航聯局方面、對於救援手段、竭力講求、但該地住戶、僅有二家、現在該地海宴號船員四十名及船員關係四十六名、共計八十六名、除一部殘留船上者外、一部分住於民家據聞一月後、該地之氣溫將降至零下四十度、如在船中度此嚴冬、頗感困難、惟有掘地爲穴、聊以取暖、故目下航聯局特派救援、擬馬三十二匹、滿載防寒器具及穿穴用具等價值二千餘元、卅日由漠河出發、預定十一月五日到達現場、至於食糧、尚可由當地收買、警備方面、由國境警察監視隊每週二次赴該處一帶巡查、治安上可保無虞云云、

南新署 防犯會議

南新警察署、署長關榮林氏、鑒於冬期迫切、恐不逞份子、爲衣食所迫、挺身走險、潛入界內、乘機擾亂治安、爲謀商民安全計、不時督勵各分所、對於戶口、淸楚調查、擬於十一月一日、在華樂舞台、招集保甲團牌長以上幹部約三百人以上開催保甲團防犯會議、以期杜絕胡匪侵入云、

取締私塾
市警兩當局之決意 目下正派員調查中

市教育科及警察廳、自建國以來、對於兒童教育加以深甚之注意、對於共產主義、三民主義、及鼓吹國民黨思想之一類不良教材書籍、「經發見即予沒收、更對於市內出售之不良書籍、嚴重監視、近年以來堪告肅淸、今爲更進一步、對市內之私塾學校、擬加以澈底整頓、査哈市除市立小學三十三校外、私塾學校、遍地充斥、既得當局之許可、則高張牌匾、大事吹噓、考其內容對原許可之規定絲毫不符、全市私塾總數不下百校、教材之幼稚、教員資格之卑陋、教室之狹窄、無一合乎學校之規定、且學費按月徵收、由書籍費內搾取餘利、當局有鑑於此、現正嚴重考査、抱絕大決心、擬將不良之私塾、徹底掃滅、以重教育云云、

江原後任 星野繼之

榮轉市公署總務處長之江原哈爾濱副稅關長之後任、由大連海關旅順分關長星野金之助陞任、業已決定、於二十六日政府發令任命、該氏不久即可來哈視事云、

擊匪凱旋辦追悼

【慶城】本邑管界頭道崗、北接山林、時有胡匪出沒無常、城區警察署郭中隊長、討伐指揮有方、雖匪綜未得逞、地方治安、因以保全、距於本月二十二日、又有匪首平心等、率領夥匪三十餘名、竄入頭道崗一帶搶掠、郭中隊長及警士聞報後、即率警團四十名、前往討伐、行至頭道崗南河沿姚忠祥套子地方、激戰一小時、該中隊長身先士卒、勇往直前、警團個個用命、不避槍林彈雨結果擊斃匪人一名、活捉匪人一名、得獲大小槍兩支、救回人票一名、匪賊負傷者約七八名、殘匪驚魂喪胆、乃往山裡逃去、我方巡官張萬榮、警士崔得勝等二名、追擊胡匪、勇往過猛、以致負傷身死、其勇敢狀況、可想見矣、本縣長參事官、指導官等、接到捷報、極端嘉許、擬於三十日內追悼以昭激勸、誠可謂慶城縣之干城也云、

老媼來哈尋子 下車錢包被掏
何物綹賊勿乃太恨！

阿城大王家屯孀婦王劉氏、年四十八歲、膝下僅有一子、名王德福、十八歲、不務正業、時被其母申斥、於本年二月間、由家負氣私自逃出、迄今亦無下落、其母念子心切、因憂慮成疾廢寢忘食、近日突聞其子流落哈市、其母故湊備五十一元路資、來哈尋子、於昨三十一日下午二時許、降火車後、步入車站、因人多擁擠、不知何時竟被掏兜賊照顧、王固猶未知、遂由車站叫一洋車聲稱赴道外、講妥車資二角、車抵道外頭道街、下車擬掏錢付予車資、始發覺錢包不翼而飛、據老媼云、在車站人多擁擠時、有一滿人、年約三十餘歲、向老媼右肩部猛力撞碰、待老媼意欲向其質問、該男子早已逃避無踪、當時並未注意腰中錢包想被其人所掏無疑、車夫見老媼形狀可憐、一時惻忍之心發動、自忍倒霉、未索車資、向南而去、該老媼因尋子未着、並將錢包丟失、悲憤交加、放聲大哭、其狀甚慘、經多人勸解、老媼雖不啼泣、仍在道外北馬路左右徘徊云、

專賣署調査簿記

【朝陽鎭】奉天專賣總署、爲整頓各縣零賣所簿記起見、乃於月之二十八日、派廣賴科長來鎭、調査市內各零賣所簿記、該科長現將各家、一律査完、今早八時許、乘汽車赴輝南去云、

調査農作物收穫

【台安】縣農會現以秋收登場、各種農產物、收穫多寡、急待調査、以資考核、是以該會指導員、現已下鄉、逐村調査、

又訊、本縣爲准種洋麻之區現已收成良好、其麻籽成分亦佳、該會已通知各種戶、將麻籽預備妥好、不日官方派員檢收云、

濱江特刊

第八十七號

盛京時報北滿總支社

社址 哈爾濱道外桃花巷西口

道裡電話六八四七番

滿洲帝國協和會
開省本部座談會
召集日滿有力代表者及各會員
十一日午後一時在道裡商會舉行

協和會濱江省本部、爲使會旨貫徹、於是發起團結在哈日滿各機關代表及市內有力代表者、及本會會員、俾得事務圓滑、同時並爲聽取各方關於該會之意見、乃定於十一日午后一時起、在道裡商會議室召開會議、至於議案及出席人員如次、

關東軍司令部武藤大佐、大使館員令中央本部中野指導部長、在哈日滿機關各代表、市內各有力者、省市双方部長、及本部人員以及支部人員等、所討論議案及會序列下

抵不外借重於鮮貨一部、由代理店賒入、而以現欵賣出、其拖欠代理店之賤碼有多至一兩萬元者、點心舖則每以此欵作爲流動金、購買米麵油鹽用作製造點心之原料、故萬元之資本可作五萬元之事業也、自此次中央批發市場成立後、實行禁止場外交易以來、所有鮮貨代理店一律取銷、向市場購買鮮貨、則須現欵、周轉不靈、其經濟狀況、自不若從前之圓滑矣、故目下一般點心舖、莫不大叫其苦、據個中人云、待至本年年末、恐有須荒閉十數家之多云云、

矯正市民惡習
警廳製矯正牌數萬
各保分發市民懸掛

之四十、滿方二十、俄方四十爲停車標準數、先由日滿俄業者結成組合、於車站設小汽車賣票處、以免爭攬、有碍秩序、所定車資力求低減、使乘客感覺滿足、所定路綫及車資爲、

南崗八站馬家溝、極樂寺道外頭道街……八角、

日本人墓地 道外十道街、飛行場、一圓二角、

道外十二道街、志士碑賽馬場、香坊一圓六角、

香坊東號顧鄉屯二圓、

香坊停車場、濱綏綫以南三棵樹二圓四角、

赴市病院
汽車免費
上午八時至午後一時

市當局對衛生行政極力講求、頗有進展、茲以天氣轉寒、患病累增、對市立病院之發揮能力上、期以全璧、乃定由五日起實施街裡與市立病院間之免費大汽車開駛、其所通[illegible]其發車、[illegible]費到病院、如斯設施、市民極爲欣慶云、

天順棧賭局被捉

叢世江與翟財二人、合資在道外景陽街、開設天順客棧、近來日夜招集賭徒不絕其門、[illegible]、賭耍麻雀、並招娼妓賣淫、滿屋橫飛、於昨六日下午十一時、被經緯署刑事係偵知、以迅雷不及掩耳手段、將諸賭徒一網打盡、並搜出賭資及賭具、一并帶至署中、用此等目無警法之輩、決定加以嚴懲不貸云、

日本西本願寺
開催宗教講習會
表示團結並破除邪教

自日本大本教被暴露其教旨內容以來、市內各宗教即有團結一致並闡明教旨之籌備、首由本市日方西本願寺爲始、擬召集各方宗教寺廟代表住持、於十一日起召開宗教講習、一方表示團結並破除邪教、担任講師者、爲大連宗教代表川瀨慧達西氏、已於三日來哈云、

婦孺救濟所
實施工讀教育狀況
現有婦孺共廿三名

哈爾濱特別市公署所屬之婦孺救濟所、自改組以來、對於該所內力加整頓、其中收容之婦女十九名、男嬰二名、女嬰二名、共二十三名、該所爲謀婦女知識之向上、特使婦女讀書及各種手工等教練、以婦女必要之知識、與技能爲標準、上月中之教育工作狀況如左、

行兩餐烹飪、

乙、滿漢班每班二人、按日輪流執行掃除拂拭之役云、

市職業校
來年開校
定修業期爲二個年

特別市公署教育科、鑒於本埠缺欠實業學校之設置、經迭次計劃討論之結果、呈遞於文教部、蒙其大體諒解、由來年一月開校、第一回招生百名已決定、校址在道外三道街使用增商兩級小學校一部分、教科內容、男子木工科、女子打字科、裁縫科、修業年限二年、預定職員滿人四名日人三名云、

理髮所應備消毒器
防範傳染病
經緯署昨告理髮業者

經緯警察署、衛生係係長張春亭氏、爲謀市民健康、排除傳染病發生資源起見、於昨六日下午三時許、將管轄之五十九家之理髮業執事人、招集署中、對滿俄理髮業所使用之刀剪等類、均無消毒器具之裝設、最易引起皮膚傳染病、防其未然、應行清潔事項外、並限令滿俄理髮業者須一律置消毒器具云、

滿洲國道德會
講詞概要 〔十四〕

賤富貴顚倒循環之理也這就是家道四季之理也

第二章 第二十五篇、

〇人之一生有少壯衰老、四個時候、是人之四季也、自出母胎呱的一聲、在襁褓間飢不知食、寒不知衣、乳哺之懷抱之、稍長知語言行動之能、必教正言端導游戲各樣姿勢、知識漸漸增加、再命入學讀書、在二十歲以內、受父母培養、無憂無慮、可如春日之草、欣欣向榮、總日和樂、恰氣融融、這不是春季嗎、〇由二十至四十歲以內、或在家、或入社會、一無掛碍、安心學事、家有父兄、操理事務、在外安心作事、這時可謂半陰半陽之說也、家境好的、一切生活不用你操心、若是環境不佳的、可得費些心思、得顧前顧後、爲一生作打算、不可忽畧、得存父母養老計、教育子女計、種種預備、這就是一半在父母運裡、一半在自立、所以說半陰半陽也、可說是夏季也、

（未完）

滿鐵用度品
購入問題

滿鐵用度品之購入問題、自

一、開會辭（結城本部長）、
二、中央本部長致詞、（中野指導部長、）
三、軍司令官指示「滿洲帝國協和會根本精神」（武藤大佐）
四、懇談
五、閉會詞（結城省本部長）

點心舖大叫其苦

道外之點心舖、統計不下三數十家、其資本金額多不過三萬元、甚至有數百元數千元者不等、然其金融流轉之方法大

保甲團員室內 安容匪人烤火

結果竟被團員捕獲

太平橋警察署、大有坊保甲團員、於六日下午七時半、在室內辦公時、忽有不識之一人、由外闖入、至室內火爐前取暖、當時團員因不識其人、遂向其質問、該人知事不佳抽身向外逃跑、團員疑其竊賊、尾追至屋外、不料門外尙有其同黨二人守候、見保甲團員外出、即時開槍、向團員猛射、幸彈未中、團員知係匪賊、立即以槍還擊、匪勢不支、分散而逃、團員奮不顧身、勇往追赶、結果竟將進屋取暖之一人逮捕、由其腰中搜出子彈一粒、現下羈押於太平橋署、經嚴重審問、該人緘口不言、現正繼續訊問中云

兄弟亂倫叔嫂通姦

張國樑可謂衣冠禽獸

有高二小姐者、一浪漫女郎也、其父爲舊政權時代一小官僚、以向非爲多端、穢行劣跡指不勝屈、又以跋扈權橫一時、人皆側目、惟膝下猶虛、僅生三女、尤以二女爲最得寵、愛若掌上明珠、因人爭以二小姐稱號焉、於二九于歸張家、其翁張翰臣、年五十餘歲、在某銀行供職多年、頗有積蓄、所生二子、長子國選、次名國樑、年均弱冠、二小姐即爲長媳、自結縭後、伉儷感情頗篤、未幾、浪漫成性之二小姐、殊有彩鳳配烏鴉之憾、蓋因國選弟兄、年雖額頭然以其弟國樑才華面孔過人、與乃兄較之、大有霄壤之別、相形之下、二三時現左右、似有無限親暱、適國樑因一時豪興正濃、猜拳行令、飲酒過量、乃酩酊大醉、由其嫂扶之歸家、侍之極殷、越日、因管致疾、勢甚劇、其嫂乃煎湯服藥、備極體貼、國樑輾轉牀第、心頗感激、時覺不安、其嫂以家人應盡慰之、並吐傾慕之語、後進挑逗游詞、國樑至是心豁然悟之、一網情絲亦相屬焉、此二年前之事也、

小姐頗不自甘、心時惑之、苦無機緣、其弟國樑、固一豐度翩翩之美男子也、時攻讀於某中學、雖正在求學時期、然以追逐女性爲能事、終日撕混於脂粉隊中、雖其嫂冶蕩艷麗、風騷過人、仍以倫常羈絆禮教束縛、未敢輕於嘗試、猶不知其嫂在鍾情也、詎料天假良緣、似有意助紂爲虐、一日、其夫婦與弟全出席於某友人宴會席上、叔嫂自是家人尙不知、咸以賢婦稱道、叔嫂雖花晨月夕、常相厮守、時約巫山之會、屢作天台之戲、家人亦率不致疑、未幾、被國選覺察、憤恚已極、雖然妻弟亂倫、敗壞門庭、終以家醜不可外揚、徒喚奈何、遂由悒鬱憂悶而致疾、其妻弟猶不徹悟、一如常日、無何、病勢益劇、神經已失常態、時哭時笑、恒對人嚎叫不已、繼之聲淚俱下、逾旬餘、死不瞑目、抱恨終身而卒、於家人備極哀悼之時、亦正爲其叔嫂置身於溫柔鄉中、度其甜蜜生活之時也、攜手攬腕、出入於娛樂場中、嘻笑欣歡、如新婚之夫婦焉、自家人將喪事料理完畢後、二人終不過問、亦絕口不談婚嫁、家人坐視、鄰里側目、知其底蘊者、亦莫不嗤之以鼻、嗟呼、衣冠禽獸、敗壞倫常、淫爲亂行、莫此爲甚云、

哈爾濱警察廳衛生科、爲矯正一般市民隨處吐痰小便擇鼻涕三大惡習、特由哈市各保長之再三請求、警廳製定鐵形惡習矯正牌數萬個、屢載前報、該鐵牌由各保分發與各牌甲、一律在各住戶院中、及廁所懸掛、而經綠保、對此種惡習、爲引起市民非常注意起見、特又印刷傳單多數、近日中即可分發與各住戶、其傳單原文如左、

試看哈埠各外國國民、對自己的衛生合公共的衛生、非常認眞、但我們每日在街上常看見、仍有任意便溺吐痰擇鼻涕這種惡行爲的人、現在我滿洲建國已將六載矣、進步的迅速、凡事的改良、亦稱完備、可是這種不講衛生的惡癖舊習毫無改變、如在公共會場任意牽鼻涕、吐痰在各街巷任意便溺不但於公共衛生有碍、就是對於自己亦有失去品格、並且容易傳染病菌而發生傳染病、由此言之、對於他自己合公共的衛生均有害而無益矣、本保及經綠警察署旣爲人民之儀表爲注重公共衛生計、乃作成矯正惡習之紅鐵牌免費裝訂於各戶院內易見之處、以便喚起民衆注意衛生之心得、保持個人衛生及擁護公共之衛生、如此保持健康爲家爲國益莫大焉、望我同胞共勉諸、自負本旨幸甚云、

哈爾濱站前 汽車組合

設立賣票處規定車價

哈爾濱車站前停留載客小汽車問題、久爲社會注目之的、茲經各方斡旋、日滿俄各汽車業者、取共同賣票制度、即東站前小汽車以日方百分

過之路線如下、
一、馬家溝代用官舍起、協和街、秋林大直街、到市立病院、其二由道裡警察街起、中央大街十二道街、地段街、車站前、警察廳到病院、運轉時間、除星期及假日外、每日上午八時起、午后一時半止、在所定路線內、遇有市民欲乘車

保甲自衛團 合併組織

於事務發揮能力上裨益非淺

專門家向當局之建議

九月十七十八十九三日間、本市之防空演習、成績甚爲優良、其後更經專門家檢討結果、認爲在本市併存之防護團及保甲自衛團兩大組織、有合併爲一之必要、如斯在事務發揮能力上、裨益非淺、所持理由有二、

其一就保甲自衛團言、爲行政警察之輔助機關、於非常時、負地上警備之責、但於防護團中之警備班、茲係團體責任、是則保甲自衛團及防護團警備班、同一功能、同時如防火班消毒班等、皆是防護保甲中之兩班組織合爲一元、將保甲改編保衛、則發揮功能上尤覺有力、

其二爲經費問題　即保甲自衛團有固定經費、事務殊爲方便、但防護團方面、則經費全在各方籌措、其性質又十分重大、如斯則併保甲於防護尤屬得計云云、

一、每日由午前九時至十一時、婦女學習國文、算術書信、簿記及家事常識、
二、每日下午一時至八時工作、關於縫刺綴繡編物織花烹飪等手工、
三、婦女于課習書算術手工外、分班輪流執行左列工作、
甲、烹飪班二人按日輪流執

第二章　第二十四篇

○貧富無長、貴賤可移、古人云貧到極點思富、富到極點而謀貧、貴到高位返賤、賤到極點定貴、此定然之理也、要怎樣說、恐有不解、吾可詳細言之、大凡貧窮人、毅力性大、每日拿勤勞工苦不爲事、省儉度日、處處當心、不敢浪費、倘能積儲稍裕、謹愼守法不致放縱、久之私用不窘、全家和睦、父母安之、盡孝行悌、以養親心、又可教育子女、樂我妻孥、父母之心也得安慰矣、他那日子一天一天的、就能抬起頭了、那個富不難達到目的地吧、要到富時、希望大家加點小心、別忘當年苦、務求把子孫領在道上、皆因不明道、把子孫慣的不理正事、終日花天酒地、嗜好染身、志向全消則多生不良之事、爲我人民能不愼乎、你要不愼、以失足窮的現象也臨到頭上了、貴到極點必賤　賤到極點定貴、此人人皆可明白的、假設秦樓楚館之妓女、是極下賤的、一朝跳出火坑、可爲尊嚴一位太太、也就是貴重的了、鎖之金屋、終日求樂　這也是人生最快樂之事、快樂只管快樂、可不好把正事誤了、若信意縱歡、久而久之、那太陽可不常在你家紅、一旦夕陽在山、就恐不如先前、要再墜落下流、連老恐爺也怕、拉扯下去、那時環境你再看、這生活問題可怎過再覓金錢勢利上那麼、種種不同之點來比較、就多啦、這人一生由富貴到貧賤、最相貴變夢一斑、倏忽高樓飲高酒、突然火房作伙夫、一時使奴喚婢還嫌不隨意、一時變爲乞丐、討來冷飯不嫌臭、看看這是貧

鮮貨業之今昔

北滿各地分設代理店

哈爾濱一埠、因位居北滿經濟中心、且拖拉濱、京濱、濱北、濱綏、濱洲各鐵路之樞紐、控松花江貨物吞吐之咽喉、爲北滿特產物之聚散地、因以上之關係、故襲昔松花江畔之一魚村、不四十年、蓬蓬勃勃、一日千里、延至今日竟巍然壯觀、遂成北方之上海、南方之聖彼得堡、東方之巴黎　西方之東京焉、人口突破五十萬、國籍超過十八種、商工雲集、經濟圓活、號稱滿洲全國唯一之國際都市者良有以也、依哈爾濱市都市之計劃三十年後、人口超過百萬、觀其第一期五年計劃之成績、及第二期五年計劃之胚胎、積極進行、殊堪期待、惟以週圍之情勢觀之、因鐵路網之完成、交通之便利從來之情勢自然隨之一轉、各地均可由出產地直接購買貨物、則不須由哈市批散、因此以向稱爲商業中心之哈爾濱、除故爲工業都市外、必無發展之可能、此爲當然之趨勢、謂予不信請舉一例以證之、從來沿江及東西兩線各地、所需之乾鮮雜貨、皆須由哈爾濱購買、以故中國內地、日本內地以及南滿各地之客商均彙集於此、而北滿各地之貿主亦須向此地販運、現在東部之牡丹江已設有鮮雜貨代理店三家、濱北線之綏化、設有四家、海倫三家、滿溝一家、佳木斯、待圖佳線通車後、亦將有多數代理店之成立、故哈爾濱特別市市營中央批發市場、近日以來雖云場外交易已全部肅清、但其銷售數量、比較從前一般代理店之總銷售量、相差何止數十倍、究其原因、蓋理聚散地因鐵路之直通、隨之轉移、由此以觀、北部鮮貨市走批發業、自然亦致雜貨之後、受同一影響、毫無容疑矣云云、

滿鐵在大連設用度部、取大連集中主義以來、則各地業者、受制非淺各業者已有三千萬元之減收、同時奉天商工會議所、已有促鐵路當局覺悟之意向、

同時我哈商工業者、以前持靜觀態度、但如斯實施、則本埠及齊齊哈爾一帶各商品購入、蒙害匪淺、於是決定與其他各地同業者、共同聯合一致、向鐵路當局交涉、如斯之營業死活重大問題、其進展如何、頗爲各方注目云、

濱江特刊

第八十八號

盛京時報北滿總支社

社址　哈爾濱道外桃花巷西口

道裡電話六八四七番

當司賬、妻劉云亭、年廿五歲、亦係山東掖縣人、於本月十三日早七時許、劉某自家中外出、留其妻子云亭一人在家、及至下午三時許返家時、見門已上鎖、劉某等候多時、雲亭亦未歸來、劉某乃將門鎖撑壞、然後進屋、結果在桌上發見有白紙一張、當即取過看視、上寫『劉君靑鑒、今日一別、永不回還、請你盡力而辦』、等語、劉某看完、大驚失色、知其妻業已潛逃、乃赶緊至各處尋找、結果終無下落、不得已乃於翌日十四日上午十時許、至管界電車街警所報請查找、據謂其妻年廿三歲中等骼、身着紫呢棉大氅、青褲子青花緞鞋云、

濱江省下十四縣明年預算額統計

要求額約一五五五萬元

濱江省公署、對於康德四年度之豫算現已大體編成、採用康德三年度之文化確立主義、對來年度之民衆工作爲唯一主眼、此外實業設施及產業助長等項本年度預算中已見相當的增額一切經決定由國庫補助、茲將管下十四縣預算額分配如左、(單位千元)

縣名	預算額數	國庫補助數
五常	三一六	三九
安達	二〇六	一一二
綏稜	一五八	七二
慶城	一三五	六一
鐵驪	一四六	一一七
東興	一二八	九〇
木蘭	一九八	九〇
延壽	三二八	五八
珠河	三五八	一三八
葦河	一五一	九三
寧安	四九九	八二
穆稜	二九一	一五七
東寧	三七八	二四〇
虎林	一七六	一一一
共計	三、五六九	一、五五〇

本年都市計劃工程告一段落

將於明年全部完成

哈爾濱特別市公署、因已至結冰期、關於都市之五年計

〇元、

下水道築造費五三五、〇〇

公共施設費三〇、〇〇〇元、

都市計劃調查費一五、〇〇〇元、

公債費一、〇四七、〇五〇元、

預備費二九、五八四元、

總計二、四七八、三〇〇元云、

日成號被匪光顧

損失十數元

南崗莫斯科兵營、門牌廿一號、日成號小雜貨舖、於本月十三日下午三時半頃、正在開門賣貨之際、突由外面闖入滿匪二名、一匪大骼、年約卅餘歲、麻面、身着洋服青呢棉大氅、頭戴青毡帽、手持八音手槍、一匪中等骼、年約廿七八歲、身著青布棉袍、光頭、手持波里寧手槍、進屋後、即向全櫃櫃夥等威嚇、不許聲張、

柳條包女屍案依照像片搜查

關於道外錢塘街發現柳條包內之女屍案一節、警察當局對此曾大張搜查陣網、經縝密搜查以來、至今依然不見綫索、今爲更進一步之辦法、以期迅速破案起見、特將該女屍面貌攝照像片數萬張、以備按照像片依戶口調查、警廳特召集全市保甲排長會議、決定依照像片努力搜查、聞已將此項照片、分與各保排長就近與各住戶調查並搜索云、

哈社聯會催繳會費

積欠千餘元

哈爾濱特別市社會事業聯合會、康德元二年度會費多有未繳納者、積欠一千餘元、致社會事業之進行上、殊多妨害、故日昨除向一般欠納會費之贊助會員及正會員團体及個人分別發出公函催繳外、並派員按戶査收、以利會務云云、

助夫縱慾强奸養女

惡貫滿盈被捕拘押

石雅茹、年二十七歲、貌雖中姿、而性頗風流、心地險詐、『綽號潑婦』、曾充當道外南頭道街東洋樓鴉片小賣所之女招待、其妹雲香、(一九)亦充招待之職業、一家十數口、均賴其博得纒頭、維持生活、詎知事如願違、於六月間、警察當局實行取締女招待後、以致雅茹姊妹賦閒於家中、雲香

茹將榮領回之後、於十月二十日深夜、雅茹命人面獸心之王子令强奸、王得許可、毫不客氣、竟使覇王硬上弓手段、實行奸污、榮不堪其疼苦、跪牀哀求、以觸監視督戰之雅茹怒火冲冠、以棍棒交加、打得遍身鱗傷、並以布塞其口、防其發聲等情、業誌前報、故將榮之桃源洞口攻破、血流不止、竟被店客發覺、惹起共憤、向雅茹質問、豈知雅茹反說以錢買得女子、可隨自便、後經好事者調楚、始告閉幕、於二十三日夜中、雅茹復令王加以强奸手段、正在爭扎之際、被十四號室擧東王副官聞知、視其慘無人道、加以干涉、雅茹自稱結識某機關首領、一般店客威其勢力、未敢將其如何、雅茹自知理缺、風聲日高、復將小榮送至擧東縣、押於萃金堂妓館、事被擧東警務局指導官偵知底蘊、爲維持人道、將雅茹逮捕拘押、大快人心、可謂天網恢恢疏而不漏云、

慈善機關分區施粥

下月一日開始

特別市公署社會事業聯合會、鑒於天氣突然酷寒、被衣食所迫者大有人在、該會招集社會事業團體、於十二日種種協議結果、本年十二月一日至市分四區設立施粥場、至來年四月爲期、共放粥五個月、按去年每日救食人員三千名、以五個月計算、五十萬人、茲將施粥機關區域採錄如左、

正陽街以南至香坊、劃歸世界慈善聯合總會、

三棵樹太平橋正陽街以南劃歸慈善總會、

顧鄉屯、劃歸慈善會、

道裡新安埠南崗劃歸紅卍字會、

語云『衣食足[illegible]』、建國精神完全透到、奔北滿居民以豬肉佔食物大部份、如何能使市民得食美而廉之豬肉、公會左面確負有重大之責任、市方之行政方針、凡與市民謀福利之事業、竭力援助、希望諸位、努力爲之、』云云、嗣由該會赤木顧問答謝詞畧謂、『今日蒙各位於嚴寒天氣百忙中降臨敝會、參加落成典禮、敝人代表全体會員向各位致謝、查敝會創立當時肉商謹二十八家、敝人率領赴市署調見[illegible]村博士、接洽組織公會、當蒙諒解、同願創立三年以來、經過情形、頗稱順利、皆當局指導援助之力也、此次建築新屋、多蒙市警兩當局之援助、始告成功、當此擧行落成典禮之時向各位深表謝意、刻間蒙市署工原總務處長之指導、敝會同人、自當[illegible]旨、努力奉行、期使市民得食廉而且美之豬肉、以符所望云、』聞畢全体撮影、禮成聚餐、席間賓主言歡、直至午後四時許始盡歡而散云云、

市立小學校國語綴法

教職員成立委員會

哈爾濱特別市教育科、對於管下市立各小學校之國語綴法、曾由各小學校責任教員成立委員會、關於綴法實質方面、大致擬定如下、

一、關於建國精神之類、

一、關於詔書旨趣者、二、關於王道主義者、三、關於民之各大紀念日者、

關於社會活動之類、

一、關於國防智識普及者、二、關於祀典者、三、關於各種會體者、四、關於社會上一切偶發事項有促進學生認識之必要者、

關於兒童生活環境之類、

一、關於學校方面者、二、關於家庭方面、三、關於自然界方面者、四、關於兒童自身方面者等項云、

滿洲國道德會講詞概要

(十五)

○四十至六十歲以內、這是最危險時期、家境好的得祖宗庇蔭、或有立志堅固足成大業有之、或有僥倖升官榮耀者有之、還仗着前根培厚、若是稍是物的精神嗎、要取萬物的精神、纔成一個燦爛的天地、聚千萬人的精神、纔成一個勝强的國、今我滿洲以三千萬民族的精神建設新國、若這樣說滿洲

劃、本年中之工事、大致告一段落、將於明年度、即可全部完成、茲將全部工程費、大致策劃、擬定如下、
都市建設費一五〇、九七一元、
上水道佈施費二五三、五〇〇元、
道路新設改良費三五四、一九五元、
河川改修及建河費六三、〇〇〇元、

哈爾濱海參消費
輸入統計
年達三十餘萬元

據關係者調查、哈爾濱每年輸入之海參、約十五萬斤、價值約三十六萬元之巨額、查其輸入之系統、爲安東浦鹽、茲將其價格誌錄如下、

安東日本品『以滿斤計算』

大	三元	二元八角
中	二元四角	二元二角
小	一元七角	一元五角

浦鹽品

大	二元五角	二元三角
中	二元	一元八角
小	一元五角	一元三角

臥於地下、然後開始搜翻、結果計搶去國幣五元、洋襪子一打半、損失約值國幣十餘元、搶畢即行呼嘯逃去云

中孚旅館 賭局被抄

道外景陽街路西、中孚旅館、執事人關魯宣、年五十三歲、阿城人、最近因營業不佳、竟而設賭抽頭、茲於本月十三日下午十一時五十分頃、會同賭徒四名、正在賭耍麻雀牌之際、事被管界經緯警察署査覺、當由警務系沈巡官、帶同警士多名、前往捕獲、當將賭東關魯宣、及賭徒關伯琴、王福臣等四名一併逮捕、同時並搜出賭具賭資等証物、然後帶署嚴重懲處云、

髮妻潛逃 乃夫報警查找

道裡中國十五道街、門牌九號、院內十五號、住戶劉某、年四十三歲、山東掖縣人、在道裡中國十三道街巴蜀飯店充

昔日燒煙時、曾結識一煙客爲道裡某大藥房財東兼經理李某、年約三十餘歲、打得火熱、如膠似漆、不久雲香珠胎暗結、大腹便便、於七月中忽産一娃、頗得李之歡心、愈加寵愛、一家之生活、由李一人供給、而雅茹年已漸長、自恨容貌衰弱、近竟奇想天開、以百二十元買得顧鄉屯瓦盆窰住戶王玉堂之長女小榮、年十三歲、僞稱作爲養女、玉因年前患精神病逝世、遺下妻子女四人、無以爲生、信雅茹買作養女、故不生疑、當交國幣二十元、下欠百元、容期償還、而將女買妥後、領至大同旅館二階十五號室內、與雅茹姘夫王子令者三人合居、王因無業、被生活所迫、當與雅茹議論妥協、將小榮送至土娼劈賬、不意小榮體態嬌小、僅十三歲、因係處女關係、即被拒絕、雅

猪肉商同業公會 工人宿舍落成式
市總務處長等均出席

哈爾濱猪肉商同業公會、因從前屠宰場租賃之工人宿舍、原係一俄人俱樂部改修、因陋就簡、用作宿舍殊多不當、即於工人之保健上、亦有極大之妨害、該會有鑑及此、於本年春季即向市當局接洽、重新建築工人宿舍、以重衛生、而狀觀瞻、當蒙市當局之諒解、特在屠宰場之附近撥予地號、今秋開始動工、於昨—十四日將內外部完全竣工、在各機關要人蒞會下舉行新屋落成典禮、當日出席者市署江原總務處長植村衛生科長、蓬南崗署長等及各新聞社記者、肉商會關係者共計百餘人、午後一時許振鈴開會、來賓及全體會員入席、升旗向御影行最敬禮三鞠躬、王會長報告建築經過情形略謂、『本會承市警兩當局之熱烈援助、得有今日新屋之落成、對兩當局之厚意、謹代表全体會員致深甚之謝意、今後自應本本會之使命、承各長官之意趣、努力進行、以符所望於萬一、』云云、繼由市署江原總務處長致祝詞略謂、『査衣食住爲人生之三大要素、滿洲建國注重王道、欲期王道精神之實現、須先注意於以上之三要素、使人人皆得安居樂業、衣食住三問題解決、

次點一無資產、二無技能、這是可怕的、好相秋深草木、金風颯起、嚴霜酷寒、相那三霄娘娘、那把金蛟剪一班、灑洒的被那利器剪落了、料我這裏有根的人、一點積儲靡有、再靡有好接續、不相秋天那草木嗎、

○六十至八十歲、是義老傷悲之時期、爲高德重的、齒隆功厚的、尚可說有歡樂的氣象、若相 我姑舅二伯父 他老、活的眞造罪、簡說吧、他年青時候太不務正、纔給他點罪嘗嘗、時常聽說還起辯氣、你不看看什麼時候了、冬氣閉塞、則當蓋藏、推之凡事 而必順時、此是天道也、就拿動物也得入蟄、昆虫也知眠眠入竅、已經到冬天萬物歸根、人不知修養再造罪不冤嗎、快往土裡去了、再不知有悔、那可莫法救了、我勸世人別學他老、還是人生四季、說的甚亂、是否合當、望求大家諒察云爾、

國的精神是什麼呢、我滿洲國精神就是王道、王道就是天理所謂事事要循天理而行、進一步說、也就是人道、所以說王道不外乎人情也、照此說來、王道的意思就是施行政治處處不要違背天理、人情是淺近的

建國精神
（道德會濱江總分會）

天地人以及萬物、皆具有一種固有 整個的精神、天有日月的光照耀着、星斗之衆排列着、雲霞的燦爛着、風雷的變幻着、一片蔚藍之色、爛然成錦繡的天空、還不是天的精神嗎、地有山川的佈置、草木的繁茂、城郭的點綴、道區的設施、一片大好山河、斐然成縱橫的阡陌、還不是地之精神嗎、人有耳目 的羅列、唇齒的構造、（未完）

景星樓 捕一招待

道裡經緯警察署、警務系巡官沈澤民以下警士數名、於本月十三日晚八時半頃、至管界景陽街 景星樓鴉片 小賣所檢査、結果見該小賣所有女招待一名、自屋內向外逃竄、當即將其逮捕、經帶署審訊後、據該女招待供謂妻張氏名艷芳年廿九歲當地人現住景陽街東北旅館、從前曾在景星樓小賣充當招待、適才係與男客前[illegible]並非充當招待、友人[illegible]

歐風美雨害人非淺 周桂蘭果墜入阿鼻

自歐風美雨、戀愛自由的美妙思想、漸漸侵入固執的東方、一些自冠頭銜、恬稱新思想的人物、莫不響過行雲、究因智識的欠缺、誤解者不一而足、乃有貽害終身、不了之殘局、以至於不可收拾、

女子周桂蘭、爲濟南望族、可稱金粉世家、及長 其父殤亡、家道乃至中落、其母遂携其來哈、桂蘭誤解自由 醉心時尚、時哈市招待之風正熾、生活優遇、群爭相逢迎、桂蘭自低身價、願趨就招待之生活、其母頗不贊同、奈不能左右桂蘭之意志、任其自爲、遂就淫靡之生活焉、

初就道外南三道街飯館天和玉、勝任愉快、精神異常煥發、終日爲所欲爲任擇青年老翁相狎爲歡、會與有申某者翩翩少年、熱度彌高、戀之彌堅、頗有相偕白首之願、其母時以不應以一時之狂戀、而遺恨終身、未幾、申某性素蕩倖玩弄厭煩時、則棄之如敝屣、桂蘭仍不徹悟、其母見如長此以往、恐將不可收拾遂相携之赴下江佳木斯、謀生財之道、不期又與某軍隊長楊某、發生熱戀、有非郎不嫁之概、其母則以有階級、尚爲玩弄女性、待年老色衰、亦恐有不了之殘局、力加勸導、桂蘭見其母如斯壓迫、意志不得自由、於忿恨之餘、竟用菜刀將左手中指切斷、以表心已決絕並脅迫其母、其母見此出此行動、即不敢加以約束、任其放蕩、乃後、其母感及[illegible]後半世生活、將無所恃、遂下最後決心、拋棄母女之情、强將其携之來哈、以八百元之身價、鬻入娼門、桂蘭向淫靡成性亦頗樂就、終至落溷、在道外實淫窩度其送舊迎新之生活、飽嘗鮮味野肉、因其性行冶蕩、一般鹹肉主顧、多欲就之、生意尚 頗稱不惡、誤解自由 醉心時尚、至此告一段落、然以桂蘭言之、以淫靡冶蕩、終至落溷、一時固以尙覺得意、後[illegible]不及之日、有以待也云、

哈市飛六出 松花江流冰

日昨降雪、至十三日午前八時左右、本埠之松花江已滿江銀雪潔然一色、江面業已流冰、傅家甸 江畔一帶、參觀甚衆、本年之冬已[illegible]本年開始流冰、較去歲遲一日云

濱江特刊

第八十九號
盛京時報北滿總支社
社址　哈爾濱道外桃花巷西口
電話道裡六八四七番

滿俄商業消長
滿商賣錢數約增二成　俄商百貨店反減七成
哈爾濱市　事變前後

據日本商工會議所調查、最近市內滿俄有名百貨店之營業狀況、滿商去年度之賣項、約增加二成、但俄商方面比較事變以前之賣項、約減少七成、即秋林洋行等比較偉大之商店、亦減賣一成以上、事變當年秋林、丁抹亞細亞、國際商社等八大雜貨店、一年中平均賣錢額總計約七百五十萬元、嗣因去年度北鐵接收後、情勢爲之一轉、乃漸爲縮減、延至本年度平均約減賣四成、四百五十萬元之程度、其根本原因、不外事變後經濟情勢隨之變化、鐵路沿線之貿易及蒙古貿易之激減、爲主要之原因、此外更因日本商品之氾濫、銀行信用、範圍之縮少、亦受相當之影響、故預測其將來之前途極爲悲觀、然滿側商店、自一九三三年因農產物之暴落、農村之購買力極端薄弱、賣項亦受絕大之打擊、迨至本年度、遽呈活況、如同記、大羅新、東和利公和利等十家著名商店、本年度之賣錢額大約六百萬元事變前每年平均五百二、三十萬元、兩相比較約增三成強預想將來日商之激急進出、滿商側或能稍受影響亦未可知云云、

以事變爲分水嶺
北滿商品輸入比較
治安確立農民購買力恢復　今後之輸入勢必日漸增加

商品急切需要、

三、北滿各地之土木建築業、非常發達、各種之輸入商品需要激增、

四、新鐵路線之開通、北鐵之接收、輸入商品之運費大多低減而合理化、商品之進出北滿、比較事變前頗爲利便、現鐵道沿線新闢多數之都邑、輸入商品之需要亦因之增加、現在輸入北滿之商品中百分之九十爲日本商品、今後日本農民之移民進展、滿洲產業開發五年計劃之實施等等、對於輸入商品之增加、自屬意中之事、一般頗爲期待云云、

正陽保長
果誰當選　一般頗爲注目

道外正陽保、自成立以來、已滿一年、成績非常良好、前數日舉行一週紀念、商務會會長李明遠氏、兼任保長、因年邁體衰、不堪兼任、故乘保甲團改選機會、堅持辭意、於前數

部、爲徹底研究此趣旨、特定於廿三日（神嘗祭）午後六時、假座商工會議所、四階講堂、由市公署衛生科長植村博士及哈爾濱鐵路局千田局員出席下、開催生活改善講演映畫大會、市內一般友邦住居人士、多數參加、一時頗呈熱鬧云云、

十九日現在大豆上市量

北滿沿綫一帶、因近來天氣驟寒、道路封凍、故一般運送糧車、絡繹不絕、特產之大豆頗呈活況、據某關係者、十九日調查、北滿全部上市之大豆、大體約七千基羅噸、與前旬末四千基羅噸比較增加二倍、惟京濱濱北兩沿綫、各主要車站、双城堡一日糧車不下

輛、綏化約四百五十輛、海倫約三百輛、一時糧車頗稱活躍、而松花江不過三五日之中、結冰完固後、糧車亦必有一番盛況、本月末至下月上旬、實是糧車上市佳期、今後各沿綫決有相當激增期待、茲對十九日至現在大豆上市各線路誌錄如下（單位＝輛）

濱北綫	一、八五〇
京濱綫	一、一〇〇
濱綏綫	八〇〇
濱洲綫	四五〇
濱北綫	八〇〇
拉濱綫	七〇〇
圖佳綫	六五〇
林密綫	五五〇
計	六、九〇〇

之滿人、以海魚爲嗜好品、而之海魚、不足消耗云、

全滿農產物
本年第二次調查
省令各縣迅速詳細呈報

滿洲國實業部向與滿洲鐵道株式會社協同辦理全國農產物收獲量預測調查、其間曾經許多變遷、賴各關係機關協力之所致、現已漸入正軌、前於本月一日繼續施行本年第二次調查、惟各縣多未遵期呈報、以致有碍統計、殊感不便、此項調查、一失時機、則失其價值、此次集計預定於十一月中旬、濱江省公署、前奉到實業部之訓令、合亟轉飭所屬各縣旗長、按照調查表所載注意事項、迅速詳細調查呈報、並調查班員到縣時之保護及其他協助等、妥爲辦理云云、

製粉業黃金時代
各工廠年產統計
比較往年增產二倍以上

昨特產年度（一九三五年十月至三六年九月末）哈爾濱市內各製粉工廠、麪粉生產量、據北滿經濟調查所之調查年產

慶泰祥	一九、七〇〇	一
益發	三六、九三三	一
福安	一六五、一三三	一五五、〇〇〇
計	二一〇、〇〇七、一四一	六、六六六、一〇三

十月中旬、各科始將四年度豫算概算書提交總務處矣、四年度各科請求豫算額、一般會計一千三百二十七萬九千元、特別會計四百五十萬二千元、合計一千七百二十三萬一千元、本年度豫算總額一千百六十一萬三千六百七十七元、比較相差約五百七十一萬元、而概算審劃減之問題、十五日主計科第一次審查終了、十九日第二次審查、人事、會計、捐務、徵收、管財、庶務、二十日繼續社會科、實業科、道外分處、二十一日衛生、工務處、營繕、河港、道路各科審查終了後、遂將豫算書作成、即移交自治委員會、檢定於十二月中即能認可、總豫算額一千四百萬元、本年度豫算總額約增加二百萬元云、

市場賣項
打破新紀錄

自場外鮮果鮮魚營業經嚴厲取締後、而中央批發市場、每月平均賣上額六十萬元、乃至七十萬元、惟十月份該市場鮮果賣出額、突破七十三萬元、呈市場創設以來、未曾有之新紀錄、但鮮魚僅不過六萬元、

十月中郵票賣出額
十四萬二百八十五元
比較上月約增加二成

哈爾濱郵政管理局管內、十月中郵票賣出金額達十四萬二百八十五元、與前年同期之十二萬二千九百八十四元、及九月中之十二萬九百三十九元對比、約增加二成之成績、其所以增加之主要原因、不外以下之二端、

（一）管內郵局之增設、

（二）十月中之小包裹數目增多、此外人口之增加、一般公衆間之通信數漸增、亦爲主要之原因云、

松江結冰

近日以來、天氣驟然酷寒、連日雪花紛紛、松花江現已完全結冰、素以舢板度生活者、業已停止航運、惟江南北之來往行人、頗感交通不便、所以行人近來、皆由鐵橋上通過、不但與交通妨碍、並且諸多危險、諒本月末、即可履冰通行、交通上亦可便利云、

滿洲農民之須知
家畜篇【一】
開發愛護村的產業　增進愛護村的福利

茫茫滿蒙、望無天涯、藏無窮之資源、富豐天之土地、所謂天賦寶庫、誠不虛也、然國民經濟、以農爲本、其家畜與農業有不可分離之關係、牧畜法秘守農民牧畜、依然未脫源始之幼稚、百年如一日、毫無改良之進步、尤缺適當之保護、不僅家畜之產量碍難增加、其素質粗暴之輿論、亦所難免、因此滿洲國爲開發畜產使頭數之增加、種類之改良、刻下認爲急務、勿庸嘖嘖相述也、然而各種家畜傳染病流行猖獗、畜產發達上受莫大之響影、因之農家經濟、自然亦有相當之損失、尤其炭疽、鼻疽、及其他特殊傳染病等、爲人畜所共懼隨處發現、頗感苦惱、以此種現狀豫防、制遏實非一日所可忽略、因之各關係處所、以慎重態度、期徹底之防止、鑑於滿洲國畜產界現下之狀況、及將來之振興、尤爲我日人不惜之輔助注意保護之適當指導之實者、日滿協力以期畜產界之改良向上者也、

第一章　緬羊之性改良

緬羊是非常馴順、膽小對於

北滿之商品輸入量、當一九二九年之年額二億三千萬圓最高之紀錄、其後漸次退減、迨至一九三二年、適逢滿洲事變、水災匪禍相繼並至、致農村破產、購買力受頗大之打擊、因之輸入商品量呈未曾有之大減退、一九二九年度之輸入額僅八千萬元、約最盛時三分之一、其後因各地之治安漸趨確立、農村亦逐次恢復、去年以來、遂見增加、約事變當時三倍以上、年額約突破二億圓、即哈市一域、事變當時商品輸入額一千萬元、經由日本側銀行滙兌貨款現已突破三千萬元、事變當時約六千萬元、現在達一億二三千萬元、至於其他經由平齊線圖佳線等年額亦超過二億元、哈市之商業已恢復事變前之活況、據專門觀察、北滿商品輸入之激增原因大體不外以下之數點、

一、北滿之農村、去年以來急速恢復、治安漸趨鞏固、水災減少、農民之購買力增大、

二、北滿之友邦人士接踵而來、且在滿皇軍之增强、輸入

住居北滿日人
生活改善座談會
二十三日已盛大舉行

住居北滿之友邦人士、年中之罹病率及死亡率中、厥以肺結核患者、居大多數、此於住在北滿之友邦人士之保健衛生上、成一重大問題、於今後日人在北滿之發展上、亦不無影響、特務機關、日本總領事館、哈爾濱鐵路局各機關、有鑑及此、特聯合主催關於生活改善座談會、研究居住北滿氣候環境之日人對於生活之改善方法、國防婦人會、哈爾濱支

日、業已通知管界之住戶、二十一日由民戶選舉排長、二十五日由排長中選舉甲長、二十七日由甲長之中正式選舉保長、而李保長雖經關係方面加以挽留、因商務會中之事務繁雜、仍肆意堅決、將來果誰當選、一般頗爲注目云、

額約一千萬七千袋、與前年特產年度約六百八十七萬七千袋比較約增產百分之四七、與一九三三年、四百九十八萬袋比較、但增產二倍以上、哈市製粉業黃金時代之躍進、大有一日千里之概、最大工廠之天興福年產約二百四十萬袋、日滿製粉公司、約二百三十萬袋、双合盛約百五十九萬袋、永勝火磨約百十萬袋、各工廠平均約八十三萬三千九百二十袋、前年與昨年特產年度對比、各工廠別、大体如次表（單位＝袋）

工場	場數	昨年	前年
天興福	三	三、三九八、一四五	一、七六五、四一八
日滿	三	二、〇四〇、〇三二	一、五九一、六七九
双合盛	二	一、五八八、一六六	一、二九七、八六〇
永勝	一	一、〇九六、八二一	五五〇、〇〇〇
義昌泰	一	一、〇三九、九四七	八〇四、二四七
裕昌源	一	八六六、六七七	五三三、八七七
成泰益	一	一四九、五一四	二六九、〇三三

市明年度
預算總額
增加二百万元

特別市公署、都市建設方針、以康德四年度豫算、於本年八月十八日前、工務處長代理總務處長佐藤名義、令各科提出編成豫算案件、因內中防空演習關係、中途中止、遲至

忠興福火磨開業
日產三千七百萬袋
品質優良博得好評

因哈爾濱製粉業步入黃金時代、故三井系之三泰棧糧棧、買收忠興福製粉工廠、向製粉界努力進出、頗惹起各方面之深甚注意、該工廠自買收以來、積極施行改善設備工事、現已整備完成、自十九日開始操業、舉本格的生產全能力、日產三千七百萬袋、經三井獨家販賣、其出品頗爲良好、博得一般之好評云云、

普及民衆教育
省教廳樹立三年計劃

濱江省教育廳調查、管下各縣就學率僅百分之一五、鑑於一般民衆之教育程度幼稚、之有積極普及民衆教育、撲滅文盲之必要、由本年六月起、實施民衆教化三年計劃、自康德三年度起迄至康德五年度完了、本年度計劃施行如下、小學校、實業實習所之增設、學校教育之普及、日本語之普及、公民訓練、農村生活之改善、青少年團之訓練、映畫、電線電等之宣傳宣撫等、本年度實施以來、成績卓著、明年度得按既定之方策更進一步的努为施行、以期民衆教育之漸次普及、文盲得以早日徹底撲滅云云、

外面的抵抗力薄弱好同類群居、情意頗厚、還有很顯著的特性、一羊領導、衆皆跟隨、并有從祖先傳來喜好乾燥高處地方、和旁的畜牲比較、喜歡喝清水夏季時期、綠蔭濃厚、清水長流的地方牠們是非常喜歡的、對於不忍識的人、非常膽小、如果能好好的親切飼養牠們、也是很馴順信仰、發揮原來的本能、若是對於牠們很粗暴的、可就得不着什麼趣味也得不着什麼利益了、飼養綿羊、務必要親切、羊圈槽子等等、務必要清潔還有給水給食的時候、更應注意疾病、妊娠分娩等、蒙古原來種、慣於氣候風土强健特長、但未知以何等改良、牧羊的方法也、毫不講求因爲這麼樣、所以毛質不好產量也、少有這種的缺點、原來養羊以吃肉剝皮爲目的、可是現在的蒙古羊、因爲改良進步、需要剪毛時期、到了公主嶺農事驗場、從大正三年以來、把蒙古羊的毛質、改良和毛量的增加、試驗研究結果、達到美利諾種目的、就是把蒙古原來種、和美利諾雜種交配、改良毛質、毛量、及仔羊數的增加、是很容易的、其所得的利益、及肉質、肉量、是很大的、這個種類在滿洲氣候風土上、可算作很適當的種了、

（未完）

滿洲國道德會
講詞概要（十七）

即國家經濟人民生活由此均可以富裕、要這樣看、民族的精神國家的精神、纔成爲一體、既有這樣美好光榮的精神、不是偶然的、全賴友邦仗義援助、期與各民族保此樂境、共存共榮、順天應人、不論日滿漢蒙回藏俄鮮民族、急求提携、修睦聯歡、各無隔閡、互相親善、共同諒解、凡各民族果能深明此意、打破疑念、呼籲起來、一致向前邁進、乘王道的慈航、唱禮讓之歌詞、就是萬邦之民、也能襁負其子携老牽幼、皆奔向我這樂國樂土而來、協和各民族、以鞏固新國家之基礎、尙禮尙讓、重仁重義、就是縱加十倍民族有何不可呢、也能使他們無苦無憂、得其自由、王道主義、原來就是福民的、所以使民無苦無憂、得其自由、這王道就是平天下的法子、孟子說、以德服人者王、王不在大、湯以七十里、文王以百里、這四句是解釋王道的眞髓、至眞且實、王道與霸道、不能相混合的、孟子又說、以力服人者霸、霸道不能常久的、因霸道是以力服人、以力服人者非心服也、王道呢、是以道德來施行仁愛、不是仗特强力來欺人的、所以人心又欣悅又拜服、人心服了、天下平了、王道就成功了、今我滿洲國、地域有數千萬方里之廣闊、人民有三千萬之繁盛、使民族一德一心、盡量開發、則文明步武下讓歐美、而富源亦冠絕東亞、既然有這大肥美膏腴的土地、再能羣策羣力、和衷共濟的去保守這永久和平的基礎、則民族幸甚、滿洲國幸甚、

第二章　第二十六篇

四界　志界之功能

○志誠感佛、昔獨漢關公少年重義、身偉白顏、好解不平事、弑州官私逃、半途有追兵至、正行間前獻古剎、遂藏身其間、兵至天已晚、亦慧廟內、闇有人聲、急探搜中、正殿火光滿院、衆皆驚失序、火光激烈間把關雲長的臉變爲朱紅之面目、衆畏退散、這就是志感誠佛之謂也、

○他既爲一方民出害、佛是愛民的、爲能袖手、所以纔拿一個幻術來解圍各無損傷、關雲長遂走瀟關、展其大志、後遇知友劉備張飛一時風起、破黃巾就露頭角、被曹賊識透英雄、後屯土山立約入曹營、封漢壽亭侯、這就是大志不屈、使志能貴之謂也、

○及至遂清又封護國協天大帝時常有忠臣孝子傑夫貞婦有難、必暗中保佑、每逢天旱祈雨、必降甘霖、這就是志與佛一體之謂也、

○昔禹王治水千苦萬辛、經歷八年三過其門而不入、今天下能有幾人乎、其志不謂不堅、不謂長、這是志要長之謂也、

○使志爲主、其人巍巍不動、口雖不言而志向專一、立定不移、心能包羅一切不私不貪要能立志純粹精美登聖不難也、

（未完）

(可認物便郵爲認准日三十月…)　康德三年十二月二日　盛京時報　星期三　第九千六百零四號　(七)

濱江特刊

第九十號
盛京時報北滿總支社
社址 哈爾濱道外 桃花巷西口
電話六八四七番

治安確保 農村恢復

滿商遞呈活狀

十商上半期賣出額增百分七
下半期之賣項豫料必益增加

邇來治安漸趨確立、農村業約一萬四千元增加、故道外之經濟恢復、特產價格昂貴、農村百貨店比較爲活況、最近之金融圓滑、因之農民購買力增大、哈市滿商呈近年來未曾有之活況、最近據某機關之調查、天豐湧、同記、大羅新、東和利、公和利、同發隆、恒順昌、福豐號、同義慶等十六商店、本年上半期中之賣出總額、約達五百八十七萬六千元、與去年同期約五百四十六萬九千元對比、實額約增加四十萬七千元約百分之七、奚將各商店賣出額表列如次、(單位＝千元)

店別	本年上半期	去年上半期
天豐湧	一、五〇五	一、四三六
同記	八四九	七六九
大羅新	五八四	五一六
東發合	八九〇	七四二
東和利	九一二	八九八
公和利	二四五	二五八
同豐隆	二〇七	二四六
恒順昌	二五一	二三一
福豐號	二五九	二二八
同義慶	一七五	一四八
合計	五、八七六	五、四六九

依上表以觀、比較去年賣出額反見減少者、僅道裡公和利、同發隆二家、至於道外之八家、最高約十五萬元、最低約一萬四千元增加、故道外之百貨店比較爲活況、最近之賣項比較、本年上半期復激增二成三成、預料本年下半期、或可突破七百萬元、以上十家大商店賣項月別表列於下(單位＝元)

月別	本年	去年
一月	九六七、六六九	一、〇〇〇、九六二
二月	九一九、一三三	六二六、七一八
三月	一、〇三九、九九九	一、〇〇〇、一四一
四月	一、一三五、三七一	九六八、三六七
五月	九二一、四六八	四四四、四九三
六月	八八二、七三二	八九三、一八九

新舞台華樂

競爭益烈

奚嘯伯大紅特紅
華樂急謀應付策

自李萬春去後哈市之梨園頗形沉寂、華樂僅以樂慧超九齡童等一般少年劇團敷衍、雖無財發、但可維持現狀、惟新舞台只靠要弄裡子、竟無台柱、故其營業陷於一蹶不振之狀態、該台老板秦玉峯、爲挽救頹勢、前赴天津邀請曾與梅蘭芳合演享名一時之譚派正宗奚嘯伯來哈、抵埠後適値名伶言菊朋應電之邀在華獻技、迫言去後、新舞台緊接開鑼奚嘯伯第一日捉放自公堂起至行路止、始終一貫、字正腔圓、博得滿堂之掌聲不少、次日之空城計、自坐帳起至斬稷止、唱……

路燈建設費

須急速繳納

昨在商會再開會

道外商務會李會長、爲謀道外商業繁榮、及交通便利起見、曾一度向電業公司交涉、裝設道外正陽街及頭道南北大街路燈、電業公司、乘機修下水道之機會、業將路燈裝設完畢、惟一般商業與房產家、有多數仍未繳納建設費者、商會李會長、因負重大責任、故於二十二日、一度召集未納費用者、開討論會議、依無若何効果、二十八日、復召集路燈委員、開催納建設委員會、當日下午三時、由李會長講演路燈之意義、出席者房產家三十餘名、至下午五時散會云、

蘇聯憲法

不顧民權

蘇聯近年以來、對於國權積張、人民之福利、向不提倡、最近開對於該國憲法、現行憲法之發行、一九二三年七月二日、由中央執行委員會確認爲蘇聯邦根本憲法、與一九二…維埃大會決定爲憲法而發佈、以後一九三一年、第六次蘇維埃大會、有所改正、憲法中有宣言、及條約二篇構成、其第二篇之條約、全篇十一章、分七十二條、各章之內容、分別……

第一章　蘇聯邦最高機關所管事項
第二章　各聯邦共和國駐在國籍
第三章　蘇聯邦維埃大會、
第四章　蘇聯邦中央執行委員會、
第五章　蘇聯邦幹部資金、
第六章　蘇維埃人民委員會
第七章　蘇聯邦最高法院、
第八章　蘇聯邦人民委員部
第九章　合同國家政治部、
第十章　聯邦各共和國……

防犯日成績良好

官民聯絡異常嚴密
跳梁小醜不得其逞

時値冬季、酷寒侵襲、爲衣食所迫者、大有人在、強者挺身走險、弱者非偷即摸、况懷圖謀不軌之徒、市外亦無處身之樹禾、潛伏市內、乘機活躍、負有治安責任之警察當局、有鑑於此、故令所屬之十二警察署管轄之各保甲團、協同官民一致聯絡、舉行防犯週間、於二十五日實行以來、內中組織搜查隊若干、並有便衣隊配佈市內大小旅店及娛樂場各處所、加以明偵暗訪、當收頗大効果、開此次防犯、官民取一致之行動、聯絡異常嚴密、况道裡外各商店門窗戶外、宜掛長大布條、防犯匪賊侵入字樣、頗易引起市民注目、以使匪賊喪胆遠避、不致匿藏市內……

市行政處下

設地方科？

辦理農村行政

哈爾濱特別市……

食飯團後

腹痛如絞

醫生說是中毒

防火週間
市警共同舉行 學生遊行宣傳

施政方針、但對於預算及其他關係事項、在極秘密裡積極計劃、並似有向中央當局進行實現具體運動中云云、

市衛生科 究昇格否？

且看中央意旨如何

現在行政處管轄下之市公署衛生科、爲都市衛 生行政上事務增大、有脫離行政處獨立、昇格爲處之運動、據推測當以新會計年度前爲最后的實現運動之階段、現在衛生科之所轄事務、除經營市立醫院外、猶有污物處理事業、屠宰場、家畜交易市場之經營等、年豫算約達百三十萬元、與市預算總額對比、約四分之一、但以市署職員全部八百名對比亦約四分之一、以此兩點觀之、衛生科之昇格爲處、實有必要之性質、故衛生科當局現向中央部繼續運動中、但側聞中央方面對於地方行政之積極的擴張方針、擬改爲漸進的健實方針、故時於衛生科之昇格問題、明年度能否實現、誠屬疑問云云、

軍警慰問袋 各方踴躍捐贈
國婦支部非常忙迫 預料成績大有可觀

爲慰問滿洲國軍警、由國防婦女會發起募集之軍警慰問袋、以國防婦女會支部爲中心、由全市八個分會全體會員之總出動、分向各機關法團勸募、較預意料以外之好成績、各方面對於軍警在此冰天雪地、不顧勞苦、勦討匪徒、維持治安、非常表示同情、莫不爭先恐後、紛解義囊、爭相輸將、故迎日以來、向國防婦女會支部追加慰問袋之各分會、紛至沓來市民對於軍警情感之融洽、由此足見一斑、是日國防婦女會支部連日來之工作非常忙迫、預料其成績大有可觀云、

旅蘇華人談 蘇聯現狀
踏入滿境另一天地

據曾在美國某大學畢業後赴歐美旅行經蘇聯由滿洲里來哈之某華人談述當在莫斯科目擊之種種情形誌之於下、

『余至莫斯科車站時、所帶之護照即由該處官憲收去保管、有誘導者二人、將余帶至專爲外人旅行者設備之旅館、該旅館之待遇頗爲良好、派有便衣官憲四五人、個人出門視察時、暗中尾隨、嚴重監視、至旅館之同時、必須購買十五天之住宿券、但居住十二天時、不知因何即將所餘之三天失效、必須起行、餘費亦不找還、在莫斯科之市外、有最大之烟捲公司、在蘇聯自稱、此公司爲世界最大之公司、其品銷售荷蘭及其他各國、共機械爲法國製造、觀其內容、不至有其宣傳之宏大、工廠從業員之待遇、其所着衣服審查、亦不甚良好、莫斯科至滿洲里之列車、旅客甚少、車中亦不甚良好、設備毫無、侍候亦不甚週到、燈光暗淡、暖氣不通、而車中之警戒兵嚴重警戒、此次之旅行、甚不快活、沿途車站、常見有多數之警戒兵、附近之村落、亦很凋弊、歐美之國民、對於日華之交涉亦無任何關心、其各國之商業門埠之陳設、往有發見滿洲國之出產、由此可見由認識滿洲國之可能性、由義國起程時、即有友人告知蘇聯與滿洲國不甚親切、可繞路而行但由滿洲里至滿洲國時、種種之事項、與蘇聯適成反比例、至此心身方明朗化矣云云、』

濟政策、蘇聯放棄社會主義、逐轉資本主義、如是內外多端之時、制定憲法、如上述從頭至尾、蘇謀國權之鞏固、不足爲差引、但實際上、雖然實行經濟政策、與逆轉資本主義、然不過政權維持上之變法、其腹中所藏之主義、決不是因此有何等之變化、其宗旨在憲法上、有此高壓政策、亦如邁進蘇聯政權確立、上述十一章條約、除政權安定國權伸張外、關於國利民福及人民之權利事

對於蘇聯政權共產黨、謀其繼續存在、如何苦心、可想而知、上述之現行憲法、在國家含有非常之精神而制定、同時各條章、多係識形者、並不整齊、亦無成份之檢討推打、列寧一九二四年一月二十一日死去、過去十天、在三十一日發佈憲法、想像此不過列寧之試案、應其急死、遂作爲遺案、總而言之、現行憲法、係當時之情事而使然、不但對人民生命財產安全、不能保障、確以恐怖壓嚇爲原則爲對像、乃事

各路沿線 特產積存量
大豆超過七千噸以上
北滿經濟調查所調查

北滿各鐵路沿線之穀類存貨、有與氣溫之低降、成反比例之漸增形勢、本月中旬益趨本格化、大豆一日超過七千噸、據北滿經濟調查所調查、自十一月廿日至現在、北滿全線積存量大豆八萬四千四百五十三噸、小麥十九萬二千六百八千噸、以上合計三十五萬六千九百四十三噸、與去年同期十四萬九千八百九十一噸對比、增加二倍以上、茲將各線別大豆小麥積存量誌下、

管區	大豆	小麥
哈管區	五、三一三	一三四、一七〇
濱北線	二七、三〇六	一六、〇〇五
松江流域	一〇、二八九	二一、七六五
京濱線	六、五四〇	一、五九〇
拉賓線	三、五七五	六〇七五
濱綏線	八、一三六	三、四四七
林虎線	一、八八〇	一二〇
圖佳線	六、八二四	二、八六四
濱洲線	六、〇〇七	三三、七一九
齊北線	八、五三九	一九、一四四
合計	八四、四五三	一九二、六〇八
去年同	一八、四三五	八四、七〇七

滿洲農民之須知
家畜篇 【二】
開發愛護村的產業 增進愛護村的福利

第二章 飼養管理

第一節、羊圈 滿洲國的滿洲式羊圈、僅僅是不致牠們冷着、非常的狹窄、空氣和日光都是很好、羊圈的修造、第一要選擇能以排水的地方、方向是要朝南、南北留窗戶、務必是要冬季溫暖、夏季涼爽、羊圈裏邊要乾燥、要能得日光、這是很重要的、至於排濕透、氣風、透空氣、得日光還些條件、對於緬羊健康、衛生上、是很有關係的、要是有些濕氣、不僅空氣不好緬羊在這很黑暗的圈裏、蕃殖率也不能好、當然也不能建康就要生各種病了、

第二節 喂料

（甲）把喂料直接放在地上、給牠們吃、羊把喂料一定要踏混的、那很是不經濟的、所以要設備草架、加和喂槽等、草架和喂槽的樣式很多現舉一二作個參攷、（一）移動式的草架（二）掛在墻壁的架、（三）濃厚喂料用的喂槽（乙）滿洲普通家畜的喂料、就是穀草豆楷子、野地乾草、包米稈等、濃厚的喂料、高粱高粱糠、豆餅、包米等、公主嶺農事試驗場、創立以來、是喂苜蓿草、可算是緬羊粗喂料中養分最豐富的、并且又是緬羊最愛吃的粗喂料、朝晚兩回、添倒草架來喂、緬喂料、在槽子裏倚角、設置一個小槽子、時常的給牠們一點鹽吃、因爲這個所以要給牠們些水喝的、

第三節 放牧

放牧是採食一種旦的、可是緬羊所不可缺少的、放牧的時候要注意事項、就是吃了一冬乾草、突然放在青草地裏吃了很飽、是很容易得鼓脹病、所以在前十幾天、要放到青草、參乾草的地方、漸漸再放到完全青草地方、再者滿洲地方、樹蔭很少、炎熱太陽是要躲避、午前放牧到十點鐘、正午後由三點起、并且放牧前後、要多給牠們水喝、

（未完）

滿洲國道德會 講詞概要 〔十八〕

○治化使志、中古堯舜文武周公、使志以治天下、而民不怨、因何不怨呢、而德教加於百姓刑於四海一人有慶兆民賴之、何怨之有、

○志不正、有所憂患、後漢陳宮志不正、有識無胆、識透曹操爲國除奸、而後爲何又悔殺呂不仁、非汝不仁也、欲圖大志、須養銳氣、待後乘機再起、有始有終、不令彼驚、徐徐退之、方稱大器、乃計出此豈非志之不正也、

第二章 二十七篇

志能屈能伸、昔韓信壯年、具有尚武精神、身常佩劍、一天有屠夫者、看他身孱弱、力卒微薄、身佩古劍、魯夫心覺不服、乃叱之曰、汝子從速由我胯下鑽過、放汝過去、不然要汝命、信遂樂哈哈的、就鑽過去了而無慚色、從容自得的、忍受下去、後來事漢高祖、官至三齊王胸懷大志的人、得相宰相那樣肚子、那纔算充分的志向呢、欲爲大丈夫的、宜忍一分小忿、能養十分大志、志向要堅固到底、百折不撓那纔是大丈夫呢、我有一位朱寫蘭譜大哥、他也有一個雄把志向、懸人斥辱、他不生氣、今已小六十歲的人、還是苟延殘喘的活、還可怎造就、

○志在四方張騫立功異域住匈奴十餘年、爭服三十六國、官封中郎將志在封侯、非常人眞有非常事、我們平常人、誰能行得到呢、

○班超家貧而爲官府傭書、久勞苦、輒投筆嘆曰、大丈夫無他志略、安能久事筆硯間乎、竇固領命、擊匈奴、超爲假司馬、以官吏三十六員、奉命討匈奴、匈奴五十餘國、皆歸服之、聲威大振不敢侵犯、滯匈奴三十一年、足成大志、還豈不志在四方嗎、官至定遠侯、

○若說這志字的形容就多啦、無非舉出幾個例子來研究、還得望大家原諒、求大家明天早點來、我在講意字之功能、也得着幾個古人比較、以証明志意心身四界、爲人一生的用途、又可說爲吾人類的指南針、所以纔請衆位明天來對不過、對不過、明天見、

第二章 第二十八篇

四界意界之功能

○意能包涵一切、商末有伯夷叔齊、兄弟讓國、隱居首陽、終日和樂、以養泰和、後武王伐紂不食周粟、守意不渝、以爲命中該然、雖采薇而食、以樂爲主、然外雖樂、而內有主意、絕不隨流趨下、後死首陽、今稱賢人、看今世忙忙碌碌、爲一點小事、就爭鬬起來、就離有大義包涵、若相他二人乃是孤竹君之子、以一國之大事、都不着在心、何況小忿呢、

（未完）

大同酒精公司 重役多數變更
本莊、山田同時退職

大同酒精公司、於昨（廿八日開催股東總會、對於重役改選問題、有如下之變更、現常務取締役員社長本莊庸三氏及現常務取締役支配人山田小一氏決定退職、同時廢止副社長制、前常務取締役二名長木村卓郎氏昇爲常務取締役兼支配人、查木村氏爲東拓所派、此次重役之更動、結果使東拓對該公司之支配權強化、至於專務取締役社長徐鵬志氏、仍然繼任、但大同酒精公司之薪俸占六分、經此次變更

交易所 將築新舍
八站南馬路

道外北三道街之哈爾濱交易所、因地處偏僻、與道裡方面聯絡頗感不便、故擬在道外之中心八站一帶物色空地、建築所址、以期適中、現以八站南馬路約五千平方米（一五三〇坪）爲適當、經昨廿七日理事會裁可轉向中央財政部申請許可、將來商業繁華之八站、首先建築近代新式之交易所不日

濱江特刊

第九十一號
盛京時報北滿總支社
社址　哈爾濱道外桃花巷西口
道裡電話六八四七番

哈製粉業之活躍
日產五萬五百袋
廣信升日內即將開始作業
今後生產能力將愈見增加

哈市製粉界、雖然內部仍有各種難題、然生產實行依然活躍、最近市內操業工廠達十三家之多、全部操業狀態、日產約五萬五百袋、對理想中之五萬袋果然超過、茲將各工廠之日產能力探錄如下、

（單位＝袋）

工場名	日產額
双合盛	五、一〇〇
天興福二廠	四、〇〇〇
天興福四廠	三、〇〇〇
同顧鄉屯二廠	四、三〇〇
同舊哈二廠	五、五〇〇
日滿一廠	四、〇〇〇
日滿二廠	三、〇〇〇
同舊永勝	五、五〇〇
同舊慶泰祥	二、七〇〇
三泰	三、七〇〇
成泰益	二、六〇〇
義昌泰	四、八〇〇
裕昌源	二、三〇〇
合計	五〇、五〇〇

至於八站舊廣信升工場、現被日濟買收、目下正在積極修理內部中、一二日內、即可開始作業、預定日產額約二千四百袋、故今後市內、麵粉之日產量有超過五萬五千袋之趨勢、但現在各家之積存量僅二十五萬袋內外故今後仍須積極操作、一方因與哈市麵粉立於競爭立場之新京製粉業、最近五工廠之日產額合計一萬六千六百袋、與哈市日產額比較、僅百分之二三、茲表列於下、

（單位＝袋）

工廠名	日產額
日東	五、〇〇〇
天興福	三、六〇〇
益發合	三、四〇〇
福順厚	二、四〇〇
裕昌源	二、二〇〇

合計　六、六〇〇

裕慶德
有將出兌談
津田爲此來哈？

道外二十道街裕慶德毛織工廠、其設備之完善、出品之優良、冠於全國一般毛織工廠、職工達百六十名、紡織機四十架、紡毛機四架、更有毛布軍用呢機十數架、年產十五萬疋、近聞該工廠有出讓之傳說、同時鐘紡社社長津田信吾氏、此次遽然蒞哈、關係向該工廠接洽買收問題、將來能否實現殊爲一般所注目云、

哈市印刷業
沒落時期
官方與民爭利
印刷組合請願

自北鐵接收後、哈鐵印刷廠緊接開業、同時市立工藝養成所之印刷科、亦積極營業、哈爾濱監獄開始印刷、因此自鐵路局以至各官廳等之大宗印刷均落於以上三印刷所之手、故哈市印刷業比較事變前之營業狀況、一落千丈、因激烈競爭之結果、印刷界之沒落時代出現、上月廿日、日本印刷組合（加盟十一家）招開總會、對哈鐵印刷廠以下三工場、請求停業、向市內各關係機關陳情、其內容大體如次

一、北鐵接收前、一般印刷業者、預想今後對於印刷物之需要、勢必激增、故均予以相當之準備、以至擴張、詎料北鐵接收後、相繼哈鐵印刷所即行開業、因與一般印刷業之預想相背謬、而哈鐵印刷場之設備費及其他等、所費頗鉅、其出品按市價未嘗便宜、但民間印刷業受此影響以至一蹶不振、爲請求憐恤民困、有停止印刷所利用民間印刷業者之必要、

二、市立工藝養成所印刷科之積極的營業化、陷一般印刷業者於苦境、亦有請求廢止之必要云、

大豆混保
成績良好
哈鐵十一月份

哈爾濱鐵路局管內、十一月中混保大豆成績、非常良好、經北鮮船着手買收、普通大豆、全線五千噸、而現下大車上市、日見增多、該局總寄託數二千九百三十四車、前月爲九百五十八車、一躍激增三倍、去年同期比數、大見增加、合格率特等一車二等一千三百九車、三等四百九十四車四等一百十車、總寄託百分占九十四、去年同期百分占去六十八、比較百分二十六之高率、茲將各線別合格及不合格數量列左、（單位車）

	合格	不合格
濱北線	九九八	一〇〇
拉濱線	二三	—
濱洲線	一一八	四九
濱綏線	四七	四
京濱線	一、四五八	二二
其他線	一〇六	九
合計	二、七五〇	一八四
前年同期	一、二二七	五七一

市農會又一醜聞
堂堂會長合謀詐欺
被害人將控諸有司

負多數農民及當局絕大期待之市農會、當前任女兆担任會長島英三担任顧問時、弄得風雨滿城、笑話迭出、嗣女兆引咎辭職、島英三相繼逃去、會長之頭銜、應自然之趨勢、乃落於辛夢西之名下、自辛榮膺會長後劈頭先將數萬圃民以每年三千元之代價、出售與菜蔬種售組合、當時一般圃民、對辛頗爲憤慨、其後菜蔬種售組合受各方面之反對、終予失敗、對辛亦即無人提及、距本年七月間、辛以堂堂農會會長資格、竟敢公然施行合謀騙財之情況、造成一大騙局、嗣經被害人發覺、控諸有司、茲將其顛末探錄於左、

有念氏昆仲者市井無賴也、歷任農會文牘等要職、前與女兆等表裡作祟魚肉農民、嗣辛膺會長、因其奸險過人、頗依重之、於是狼狽爲奸、爲虎添翼、農會內設有販賣購買斡旋所、所長一職由辛兼任、所下分部、部長由念擇之、

有張文讓者、大腹賈也、人頗忠實、崇信佛學、辛等乃設

魯人賀學堯、年念六歲、爲本埠巨商某火磨經理賀三爺之令郎大公子也、肄業於北平某大學、兩月前來哈、因乃父廣有造孽之錢、供彼揮霍、日與一般流氓地痞、出入於秦樓楚館、揮金似土、極盡奢華之能事、

月前偶至群仙書館、與搭住妓女紅霞邂逅相逢、霞年纔二八、即瞞客曾私生男孩、艷事遍傳之淸倌紅霞是也、賀見霞容貌姿態、且通文解字、頗爲憐愛、霞見彼揮霍無度、紙醉金迷、亦自得爲與周旋、賀本紈袴子弟、見紅霞墮其彀中、乃以金錢炫耀之、以利慾引誘之、連宿八夜、知識猶未健全之紅霞、竟忍心拋棄生身父母於不顧、決然與賀私逃焉、

紅霞津產也、父田某、壯年經商迭遭失敗既老無以維生、不得已使生女操神女業、博得纏頭、用維一家八口之生活、詎料紅霞受賀之嗾使、私自潛逃、陷彼等老弱於苦境、其母既因思女情切、復以前途茫茫、曾迭次自殺、均爲人救活、其情殊令人可憐、

先是賀與紅霞商議妥協、並取得賀父同意、由賀偕母同送回魯省、故於上月廿四日午後二時許、賀在泰華樓相候、呼紅霞侍酒、霞母固不疑、使自去、久不歸、意必他往、迨午夜不見返、心懸懸焉、乃趨泰華樓詢問、據云叫條者實賀學堯、但所寫名字確係吳笑軒、午後四時已同賀姊夫楊煥章及茶役李某招小汽車赴站矣、紅霞之母聆此、頗爲焦燥、知必

滿洲國道德會
講詞概要
【十九】

○司馬懿意大、諸葛武侯贈他巾幗、以羞司馬、而司馬忍受之而不怒、你大家看、這氣度有多大、爲我普通人作不到的吧、

唐眞觀兄建成弟元吉屢欲謀害世民、世民終不爭論、一日建元二人同煬帝遺妃飲酒側宮世民信步廊下聽樓上飲酒喧嘩、問宮女曰、何人作樂、宮[illegible]進、乃止、遂以帚掛宮門戒之、大家想這眞觀可稱大意包涵吧、

昔范中立、溫厚有大度、人呼之曰范寬、一日有事外出、晨早起、命婢作羹飲之、頭更衣畢、婢進羹慌忙失愼、將主人衣被羹沾汚婢跪請罪、寬正色大笑、命速起非汝過也、請問還可稱大肚吧、[illegible]子全書』天天嬉嬉笑、認人唾罵而不怒、日日無憂、食菜根而不知苦、蓬首垢面、赤足破衣、時出衡山上方寺、寺中僧人皆不知其年歲、南岳時衡陽府張公『失其名』、夜夢上方寺有高人多才、因訪之轎行半途、逢一破衫童子嬉於道傍、時繞轎前時迭轎後衆不解、然時間至寺門外、衆僧恭迎入禪堂、方丈引張公參觀各殿畢、稍憩、張公請問曰、貴剎能文者幾人願指迷津、方丈對曰、茅菴無高人、僅有一童子、出沒無常、時來時走、終日縱肆不羈、昔日有童、有人請教則[illegible]出言有應時、衆奇之、公問其年、方丈對曰、小僧二十歲入寺今已九十矣、聽師父說、自祖師爺在世時、他就是童子、此外不知有高人也、欲見此人不在寺內、無趣乃返舊途、

又遇童子迎轎前、看赤足垢面、顚狂有致、口中自言自語的、高聲朗誦、側耳聽之非歌非詞、僅記數句曰『笑世人爭利又爭名、誤了好修行、到不如揭除金紫拋去情、那時候再看行不行、何必貪戀在官行』、歌畢哈哈大笑而去、張公乃悟、欲下轎請教、已杳無踪影至寺連訪數次不見、恨棄職寒[illegible]燈光、啓門出視、不數武乃二童子研推敲事、愈行愈近、見一童乃上方寺途中相遇、那個童子一樣、大悅、遂攀藤而上及近長揖下拜曰、久訪二位高人、今幸相見、二童起立、叙畢、就坐暢談不計時日、山花開遍滿山矣、若問二童子之來歷、皆呼爲寒山子拾得子、這就是意誠感神之謂也、

第二十九篇

○意好日並普照一切、夏季也、夏長萬物、不擇善惡、普照衆生不分老幼貧賤、無偏無妒、好生好施、動物賴之以活潑、任其自由、植物賴之以滋[illegible]

法以欺騙之、僞稱業與市署接洽安協、在斡旋所內附設肥料購買販賣部、將全市市民之糞便、納之一處、以高價售與農民用作肥料、利益頗多、惟開辦費須國幣四千元、張信以爲眞、出資創辦、延客運動、化費千元、及今仍未開辦、嚮向市方探詢、早爲他人包妥、然辛等仍然搪拖、張知受騙、並有辛等出立之字貝、因向辛等要求返還錢欵、辛等不允、現張業已聘請律師、以鬻謀詐欺罪控於檢廳、將來如何處理、一般頗爲注目云云」

甚矣哉錢之作孽

妓女戀熱客起異心奔走他鄉
老父不作美半途中拆散姻緣

有變、乃急回報告南新署、請求奔緝、距若石沉海底、杳無聲息、近日忽傳紅霞已入婦女救濟所矣、其母聞訊之下不勝嘆恨、日以眼淚洗面、數日來未進飲食、氣息奄奄、陷於朝夕不保之形勢、

據傳紅霞應招至泰華樓乃賀已名、而寫與笑軒者、乃嫁禍事前按排妥當之計畫、故不寫與人之妙策也、實於紅霞未行前先去、以避耳目、追賀去後未幾、由賀之姊丈楊煥章及某茶役李某偕同紅霞乘小汽車送至車站、時賀與其父母早候於車內、追汽笛一響、一同南下矣、終以賀父黏糊有餘、自忖携同弱女出國、途中倘被盤查一露馬脚、殊多不便、故行至新京與其子國幣五十圓、着送回哈、如此遣般、不愁紅霞之不歸我有、賀學堯謹遵父命、當即同紅霞一併返哈、隱匿二日、乃按照乃父授意之計劃、將紅霞送往婦女救濟所以期三月期滿後、由所領出、則名正言順、其計劃之周密、實令人欽佩、然其行爲之卑鄙、亦實令人切齒云、

本年航聯局 成績良好

貨物八十二萬噸 乘客二十二萬人

本年度航業聯合局之貨物及乘客輸送、成績良好、究其原因、不外北滿之三大河川各沿岸地方之荒地積極開發、又兼水量豐富、行船順利、故造成未曾有之活況、自本年四月開始以來、二百日間之營業狀態預想貨物運輸八十二萬噸、乘客二十二萬人、與前年度比貨物激增百分之十五、乘客激增百分之十八、玆將詳表、爰錄於下

一、貨物輸入量（單位噸）	
穀類	三六二、五〇八
石炭	二〇〇、二一一
木材	六〇、六三一
石材	五二、九〇〇
薪	一一、八七九
其他計	六九〇、五三〇
二、貨物輸出量	
雜貨	七三、二三二
特殊輸送	二三、四七〇
合計	九六、七〇三
三、中間輸送	三三、〇〇〇
總合計	八二〇、二二二
四、乘客	
乘船	一三九、三五八
下船	八四、一二三
合計	二二三、五七一

慶城農村一瞥

侯技士視察歸來談

實業部爲提倡農村振興計劃、全國樹立五十八處指定農村、實業部謀改善農村指導、農村農業振興、曾派遣農政計技士候佐祥、調查農村實情、曾在濱江省慶城縣功園子村、實地調查、所得於五日來哈有如左之談話、

一、概況、距慶城北方八里地點、功園子村、所在交通便利、東南有劉壯屯、西北前坡子屯東郭祿屯之圍繞、北呼芝河支流、住居稍稍高原、

二、戶數及人口、戶數三十五戶、人口男一百三十五人、女一五六人、合計二九一人、均以農業度生、

三、中心人物、『王會五』年四十、民國二十年、曾充海倫縣公署財務局徵收主任、大同元年、任海倫縣財務局長、大同二年辭官、歸鄉營農業、人格高潔、村民信賴頗厚、推舉村長、對於農業、有相當經驗、氏所有地約一、〇〇〇天地、自耕種一二〇天地、其餘八八〇天地、租與他人耕種、『王茂齡』年四十二歲、現下當村副村長、幼時在家操農業生活、性頗溫柔、

四、振興組織況、當村本年七月三十一日、王功園子村組織青年會、目下會員由十五歲以上、至三十五歲青年會員約十數名、指導員株川氏、每日教受日語、青年會員率先在村內從事公益事業、待來年度作共同試作場、會員豫定耕作農作物 而本年度青年會所作共益事業、及在村之週圍、補修防禦戰壕、本年七月卅一日、村民一致組織消防會、每晚派員三名代夜警職務、巡視村內期保安全、

五、共同事業、目下共同施設、大車一輛、及改良農具若干、以備公共利用、本年又在友邦定購多架農具、又購得優良猪種三頭、在村長處飼養管理、無料配給隣村牝豚交尾、以期努力改良猪種、

六衛生施設、村內設立共同便所一處、查共原來、北滿農家所有之便所、極不淸潔、故作此模範便所爲榜樣、以改善農村內淸潔便所方針、使一般徹底認識衛生、當村分爲春秋兩季、實行淸潔檢查、

七、土木、村民自動補修道路、以圖交通便利、村週圍壕壩、由村民發起自掘、工事浩大、該村北端位居低區、每年之農作物、曾被水害損失頗大、本年度由林川氏之指導、築修排水溝、使水向呼蘭河支流引流、故本年不但未受水害、且小麥得有意料以外之增收、來年計劃正式加工築修排水溝、現已決定、

八副業村 內設有燒瓦窰一處、待來年夏季、農民消閑時、舉全村內農民一致製造磚瓦至冬季農民消散時、加以燒成、以供給慶城建築之需用、得此大批之欵、農民收入亦隨之相當增加、共他副業伐木、燒炭等事、目下正在計劃中、

九、指定農村振興運動之效果、該村中心人物者、王會五、王茂齡、頗得村民信仰、絕對尊敬、村民向來吸阿片煙及嗜賭如命之不良份子、不勝其數、自由指定農村設置後、不良份子、亦趨正軌、況該村人民、不懷個人主義、村民現在、漸次互相扶助、共同精神、並秉指導員林川氏、每晚召集村民、協議各種振興運動、研究村內繁榮、教授青年學生日語圖謀日滿徹底親善、

佳木斯將設商工會議所

我滿洲建國、僅五年間、國基鞏固、治安確立、雖有一小部分偏僻崎嶇處、尚未完全恢復、而日滿軍警、現竭力進行肅淸工作中、雖有擾亂治安之股匪匪徒、亦成袋中之鼠、惟本年度鄉村豐收、購買日增、友邦商工會議所、爲謀商業發展計、曾於各大小都市、伸張勢力、近鑒於佳木斯爲新開闢之都市、並古下江一帶交通之中心、故於該處有按設商工會議所之必要、經迭次討論、現已妥協、以待來年、即可正式設立云、

賊運不佳 當場被捕

北新警察署、十八道街分所管界、十七道街太平胡同、門牌一號、院內住戶王丕顯、普爾店人、於五日下午二時、將被褥掛在院內繩上正曬之際、被小偷乘隙侵入、將花被竊取向十六道街當舖逃去、不意賊運不佳、惡貫滿盈、小偷向外潛逃之際、被當院更夫發見、遂由後追趕、至當舖中、小偷正在揚揚得意、爭論價碼質當時、更夫未容分說、將其捉住、小偷知事不佳、百般掙扎意欲逃跑、忽由東來一巡邏警士、向其詢問理由、更夫述訴以上之事實、警士將小偷送署懲辦、大快人心云、

滿洲農民之須知

家畜篇

開發愛護村的產業 增進愛護村的福利

【三】

滿洲農家每戶除養大牲畜牛馬騾驢外、利用農家閑時、幷養小牲畜猪等、而且把這牲畜的排泄物爲唯一的肥料、以便作爲土糞、現在農家所飼養的、即所謂原來猪種、習慣滿洲的冷熱蕃殖力很好、雖給以不好喂料、然而發育很好、有這種難得的特性、也是因爲風土氣候多年習慣的關係、滿洲農家養猪法、夏季每天令牧童在草地去放、秋冬的時候、就在人家附近放喂以利用牠的採食性、還以外給一點糠穀等、中等人家及大財主、是要養牠猪使之生產、利用農產物開燒鍋、豆腐房、粉房米房粉子房、糧棧、肉舖等各種副產物、作大規模喂養肥猪、生產家和養肥猪家是不能分開的、可是現下滿洲農家所飼養的猪種是決對莫有很大利的、滿洲的猪分爲大中小三種、普通的缺點、身體較扁、肉也不好、不用的地方太多、像那部四肢腹部等處、共最不好的地方由背部到臀部長的太狹小、幷皮厚骨頭太粗、好肉很少、大種和中等的重量在二百五十斤以上、長成必得一年半二年方能屠宰、小種成的早一年後就可以殺、體重不過一百斤到一百二三十斤、現下滿洲的猪是要加以改良的、巴庫夏種成的早、產後僅僅十個月至一年即可屠宰、牠的頭部四肢腹部等不用的很少、身體豐肥體格又寬、皮薄骨細、重量一樣的巴庫夏種和原來種比較好肉多、幷實際的體重巴庫夏種比原來種差的很多、原來種的長處僅僅蕃殖力强大、一胎所生的仔猪數目比巴庫夏種多的很多、喂的食物和管理上、粗率以些也都行的、可是現下的原來種加入了巴庫夏種的血液、長的肉也好了、體格也大了、身體也寬、頭部四肢腹部不用的部分也少了、且能早成、一年內就可以能屠宰、同時蕃殖力的大、體格的强壯是不失滿洲猪的特長、按滿鐵農事試驗場試驗的成績、一回的雜種、生後一年就可以屠宰、牠的蕃殖力還未受巴庫夏種的影響是很興旺的、二回雜種的體格是很好、差不多和巴庫夏種不兩樣、留這巴庫夏種血液的兩回、雜種作以後雜種的蕃殖、

第二章 滿洲的猪種及巴庫夏種、

第一節 滿洲原來種

滿洲原來種適合氣候風土、農家飼養的很多、因爲很强壯產量又多、然而原來種大中小等、牠的肥大和牠的肉都是很[illegible]

市明年預算

主計科查定完了

十日提出自治會決議

哈爾濱特別市公署、關於康德四年度新豫算、三日業由主計科查定裁決完了、擬於十日招集自治委員會、提出議案、

一般會計、五百八十六萬八千七百六十二元、共內歲入經上部三百九十六萬五千四百四十九元、臨時部歲入百九十萬三千三百十三元、歲出經上部三百二十八萬二百二十七元、臨時部歲出二百五十八萬八千[illegible]費、特別會計百四十七萬八千三百元、

水道事業費特別會計七十五萬三千百一元、

交通事業費特別會計百八十四萬九千八百十七元、

中央批發市場費特別會計十三萬二千二百三十四元、

工藝養成所費特別會計十四萬一千八十元、

總額一千百二十二萬三千二百九十四元、但一般會計本年[illegible]

青、志上青雲、潛物顯之以躍淵、認意游泳、天有好生之德、本是善的、如人敬老慈幼居仁、由義之意也、吾們道德會、本大同主義、不獨親其親、不獨子其子鰥寡孤獨皆能有養、還不是相日普照一切嗎、

○意界 人助人、昔司馬德操、是意之人也、知豫州能立大業、馬跳潭溪、至南障逢隱一段故事、備巧遇司馬、司馬遂荐伏龍鳳雛、得一可安天下而不推已、隱居不仕、可稱高人、意在助人、不求祿位、還不是又可爲賢、人也、還是意下再說也難取好、無非拉雜記之、作爲參考、使學道的諸君好能領悟、假使你意誠樂和不斷、平下心去、使意就富、你信不信、你要一天、心存十個忍、就不能傷財、不傷財、就不能惹氣、不傷財能致富、不惹氣能保身、保住身子、不爲非作歹、不奢侈、不苛嗇、不妄貪、不作盜賊、每天抱本守禮、還不合神仙一體嗎、意正、亦無恐懼心、對不對、不對也說啦、請諸位也得拿大義來原諒、

（未完）

（可認物便郵種三第） 康德三年十二月十六日 盛京時報 星期三 第九千六百十八號 （七）

濱江特刊

第九十二號

盛京時報北滿總支社 社址 哈爾濱道外 桃花巷四道街口 電話六八四七番

農村購買力恢復 烟酒等銷路激增

惟食鹽銷路近反見減少

物價飛騰 人民叫苦

烟館女招待 絕難復活

一般人勿作非非之想

汽車夫案猶未破 馬車夫又被慘殺

凡當車夫者可不慎諸

講演關於華北問題 柏田忠一教授

前赤十字病院 改爲小學校

滿洲國道德會 講詞概要 【十二】

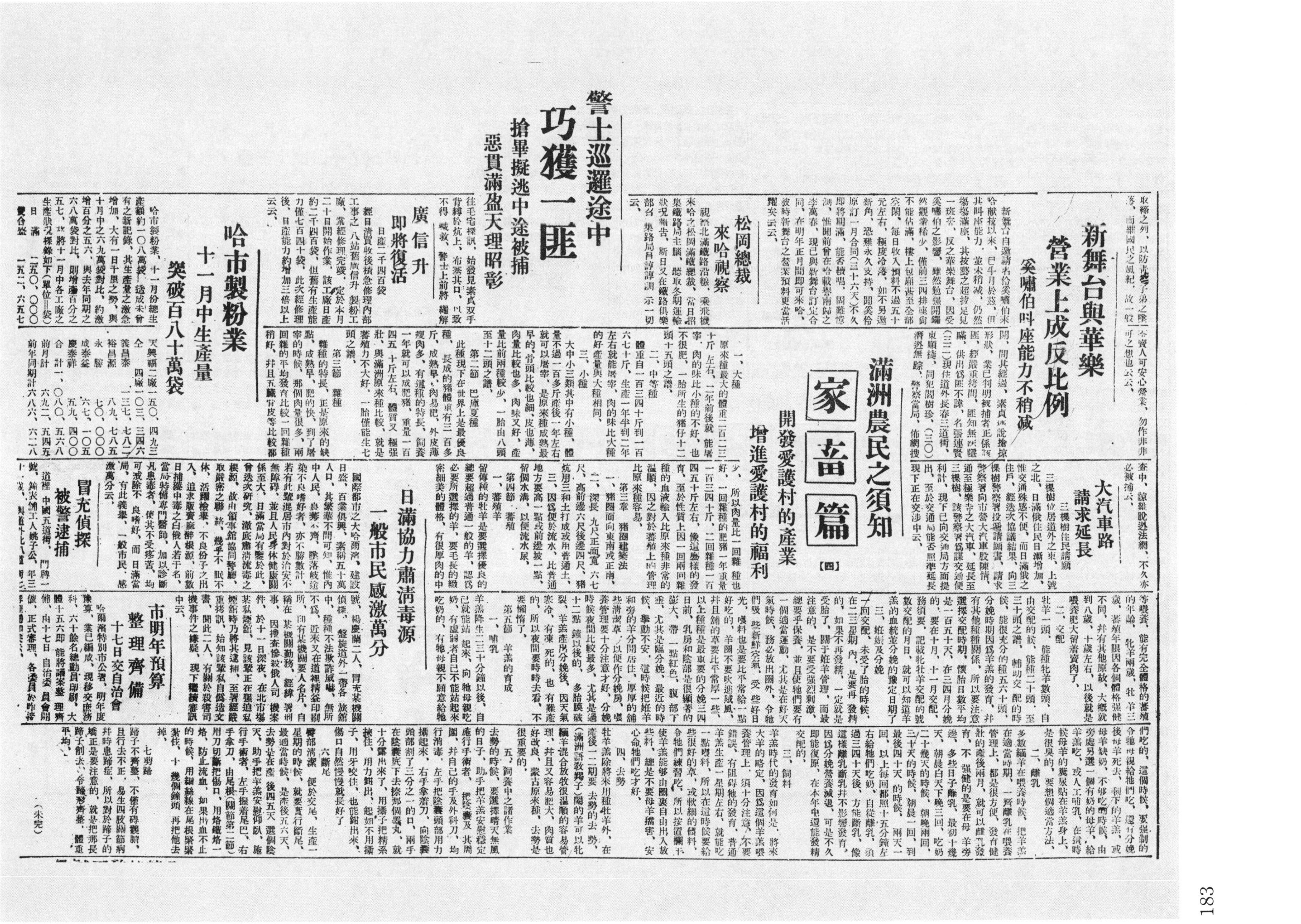

新舞台與華樂 營業上成反比例

奚嘯伯叫座能力不稍減

大汽車路 請求延長

滿洲農民之須知

家畜篇 〔四〕

開發愛護村的產業 增進愛護村的福利

松岡總裁 來哈視察

警士巡邏途中 巧獲一匪

搶畢擬逃中途被捕 惡貫滿盈天理昭彰

廣信升 即將復活

日滿協力肅清毒源

一般市民感激萬分

哈市製粉業 十一月中生產量

突破百八十萬袋

冒充偵探 被警逮捕

市明年預算 整理齊備

十七日交自治會

（未完）

濱江特刊

第九十三號

盛京時報北滿總支社

社址 哈爾濱道外 桃花巷西口

道裡電話六八四七番

濱江省實業廳 孫廳長視察歸來談 牡丹江都市建設突飛猛進 東部各縣之治安非常良好

濱江省公署實業廳長孫柏芳氏、日前爲參加二道河子森林鐵道開幕式、曾親赴牡丹江、寧安、仙人洞珠河等處視察、隔昨返哈、記者特於昨（十九日）午前十二時頃往訪據孫廳長發表、此行之印象如下、

二道河子之森林鐵道由本年四月間經大倉組包妥開始動工現經完竣、業於本月十四日舉行盛大之開幕式典、中央方面丁大臣及實業部鈴木司長、交通部代表等多數要人參加、該路全線共有大橋三架、工程浩大、沿路材木豐富、於地方產業之開發、予以莫大之便利、本人於出席鐵道開幕式之便、視察牡丹江等地、查牡丹江之都市建設、完成後、將爲東部一大都市、以現在突飛猛進之建設情形觀之、五年即可成功、東門、以便出入、每村或五十戶至二百戶、人烟稀少之縣份、或有感覺集團村落成立後、對於耕種之地畝、感覺距離太遠感覺不便、今後自必力除此弊、然人烟稠密之縣份、並無此種痛苦、蓋欲施行街村制、不以集團村落着手則不爲功也、珠河縣非但農產頗多、即附業亦將有極大之希望、如蜂蜜、皮張、藥材等、將有驚人之發展云云、談至此時已過午、記者乃辭出云云、

運哈木材 較去年減少

北滿各地、產木材之區域、均於冬明大批採伐、待開江後、始能向哈市輸送、茲經關係調查所得、本年五月至十一月末止、在此期間、運到哈市者、爲六萬五千二百七十九噸、去年度爲八萬三千二百七十六噸、減少約一萬七千餘噸、茲將各種木料數量誌錄如下、

方木二萬五千六百一十噸、元木二萬二千三百四十五噸、火柴七千九百八十七噸、梓子五千九百十九噸、木板七百五十五噸、木扁二千一百五十一噸、枕木四百八十八噸、電柱二十二噸、總計六萬五千二百七十九噸云

大興公司經營之 當舖營業狀況 貸出六十三万七千餘元 贖出一百二十一万餘元

奎三家當出九千三百七十四元、贖出四萬六千零四十八元、伊蘭三家當出二萬二千三百八十二元、贖出四萬零四百三十元、拜泉二家當出一萬二千七百三十八元、贖出五萬三千八百二十元、西集廠、二家當出六千零七十七元、贖出一萬四千零四十六元、慶城二家當出一萬一千九百八十四元、贖出二萬二千零六十三元、訥河一家當出一萬二千三百五十九元、贖出九千二百六十三元、安達一家當出五千九百九十二元、贖出二萬三千零六十二元、黑河一家當出一萬四千六百十八元、贖出二萬零一百四十元、十月份一百二十七家、當出七十二萬一千七百八十六元、贖出一百二十七萬四千一百八十四元、

汽車撞樹 乘客受傷

交通局一五五八號乘客大汽車、司機于長祿、於十九日午前十一時許、由顧鄉屯向道外西門臉駕駛大汽車、通過撫順街鐵道、向北疾馳中、有一滿人、於道路中間拾糞、司機恐撞傷拾糞人、急遽躲避、因道上氷雪光滑、一時運轉不靈、竟撞於路側樹木上、致將大汽

年末獎金 警市先後發放

哈爾濱警察廳、于廳長、於昨十九日午前十時、招集管轄各署長、集合於二階樓上會議室、發放年末獎金、惟平素對勤務認眞及服務之眞精神精勤者、並發給獎勵狀一份、以資鼓勵、聞此次發放之獎金、最多者爲二十五成、最低者十成、

【又訊】特別市公署方面之年末獎金、訂於月之二十一日發放、委任官由市長室發放、僱員傭員以及各致職員、由主計科發給云、

鉅商東發合 販賣私土

哈爾濱道外東發和百貨店、兼茶葉莊、堂堂之著名商號、竟敢貪利忘譽、實爲人所不齒、前數日該號不知由何處私運來大批私煙土、意欲販賣、而事機不密、被專賣署蔣緝私官緝知、於十八日乘其不備之際、率領緝私員數名、至該號後屋內、搜出私煙土一百零二兩、該號發現私運煙土、一般人無不驚嘆、堂堂著名之商號、不但失却信用、漠視法律竟惹出公衆之仇視云、

滿洲農民之須知 家畜篇 開發愛護村的產業 增進愛護村的福利 【五】

八、剪毛

剪毛是按照綿羊的種類、土地氣候的不同、所以一年中有一回的有兩回的、剪毛時期春季在換毛以前、秋季在嚴冬兩個月以前、美利諾種綿羊毛短、在春季一回、（溫暖地方由四月下旬到五月上旬寒冷地方由五月中下旬到六月上旬）蒙古原來種、春季換毛後夏季還能長很長、像這樣種類、春季換毛前及秋季（按前記時期）剪兩次、還有美利諾種與蒙古原來種交配所產的一回雜種、及兩回以上的雜種其毛質與一回雜種相同者、按照蒙古原來種春

第四章 蕃殖

一、傳種豬、

蕃殖選擇良好豬種爲先決問題、對於傳種豬的喂料放牧是要注意、務使鍛鍊筋骨四肢、强壯氣質、使牠將來完備、傳種牡豬、小年齡的隔一日或三日種一回、一期種牝豬十頭左右、壯年的、一日兩回、一期內能種三十頭左右、牝豬產後五六個月就能發情但這時交配不好、產一年以後交配才好、五六歲以上的牝豬、對于蕃殖上就不好了、發情大概連續三天、過兩個星期、三個星期後再發情、交配在發情第二天行一次、以後要再不發情就是受胎了、

懷胎日數、原來種一一三日、雜種一一四日、巴庫夏種一二五日、受胎後因爲胎豬發育的關係、前幾天吃的很多、所以給喂料要注意的、

二、交配時期

豬一年能使兩回分娩、按據養育時期的關係、所以南滿北滿是要斟酌的、

春季交配、自四月下旬至六月中旬、秋季交配自十一月上旬至二月上旬、交配時期、因爲懷胎豬仔的關係對於牝豬的榮養要好、尤其秋季天寒風冽、對於豬圈的溫暖要加準備、

三、姙豬的飼養管理、

姙娠的豬、要給以適當喂料、適當運種、安穩的圈、這是最重要的、胎豬產生的間隔、由五分到十分鐘左右、分娩須得兩個鐘頭到五個鐘頭前後、最後胎盤出來、就是全部完了、分娩後母豬在三四月內、很喜歡吃穀物類、所以最好要給些麩子、糠、青草、和溫水等、

四、小豬的飼養

豬仔因爲發育一樣、等全部產生後、同時到母豬旁邊哺乳、但是在冬天寒冷的時候、豬仔軟弱者、被母豬壓死的、凍死的所以要和母豬離開放木在籠裏舖上草、以適當時期使牠們哺乳、

五、豬仔的飼養、

豬仔產生二三星期後、就能尋食物在豬圈裏作些小洞、使牠們可以隨便的跑出來跑進去、不要使母豬妨害豬仔攝取食物、同是一胎所生、發育都要一樣、勿使大小不齊、豬仔比大豬能多滿礙、所以食後一定要給牠們水渴、尤其注意的斷乳後要多給牠們水渴、分娩後三四天、要特別注意、母豬的舉動和健康的狀態、母豬身體要發生了障碍、牠的乳就要秘塞、是不要使豬仔有餓死有發育不良的狀態纔好、

六、離乳

發育的良否、在於離乳、普通離乳在產後五十天到六十天爲適當時期、

七、飼料

喂料雜類爲大麥小麥高粱包米豆類等、菜類爲土豆地瓜蔬菜白蘿蔔等、牧草爲苜蓿與和蘭國的蓮華紫雲、均含有多量的鑛物質、至於貯藏乾草以備冬季喂、這以外給豆餅糠麩子也是很好的、

八、原來種與改良種

原來種粗喂料也可以能吃、改良種要多給些濃厚喂料發育才可能快、如果多給粗喂料是不好再有原來種僅在豬圈裏給些濃厚喂料不去放牧也是不能健康的、

第五章 豬仔的育成

第一節去勢法

不限於牝牡豬要是去勢性質溫順、管理容易、長的肉多、肉味又好、并且經濟上也有很大的利益、原來種要不去勢不論牝牡均不能肥、而且肉有一種惡味所以絕對要去勢的、牝豬的去勢在離乳前後、牡豬生後三四十天左右、施行手術也很容易并且傷口好的也快、還有廢傳種豬的去勢是要選擇春天最好、牡豬的去勢先要用石鹼洗陰囊及肛門附近、再用五十倍石炭酸溶液來消毒、然後左手用力把睾丸擠起來、皮膚十分的張開了、拿刀向睾丸中

部各地之治安、頗稱良好、今後將努力開發地方之產業、根據實業部之五年計劃推進、信必達到理想中之目的、

寧安方面、集團村落之成績頗爲良好、政治明朗、土地較事變時耕種一倍以上、農村之經濟因價高昂、頗見鬆動、珠河與寧安相等、去歲尚爲匪區、但今年治安確立、匪徒絕跡、鐵道業早完成、但開發產業、農民需要多數之資金、此亦爲建設期中所必經之階段也、又敍該縣尚無金融合作社之創設、故農村經濟上頗感困難、對於集團村落、各縣辦之初固不能稍無痛苦、但放積極進行、惟此百年大計、創長眼光、向後着想、集團村落成立後治安自可入於正軌、故友軍方面對此熱烈援助、務使集團村落之早日完成、俾農民均登衽席、享受王道樂土之皇恩、由火車上可以瀏覽、各集團村落之建築、非常整備、四週均建有堅實之圍墻、尚有二

奉天大興公司、哈爾濱分公司、在北滿經營之當舖、十一月份極成活況、據哈爾濱分公司調查、於十一月份內、貸出者爲六十三萬七千三百五十元、贖出者爲一百二十一萬二千五百九十四元、

茲將各地之家數及當入贖出之金額、探錄如下、

哈爾濱四十八家、當出二十九萬三千六百七十四元、贖出四十七萬三千一百九十九元、齊齊哈爾十七家、當出五萬五千七百四十二元、贖出七萬二千二百二十八元、寧安十三家、當出一萬六千一百九十七元、贖出六萬三千一百六十六元、綏化八家當出三萬四千四百二十一元、贖出十二萬二千七百三十四元、阿城六家當出二萬一千二百十二元、贖出五萬七千四百八十六元、佳木斯六家、當出二萬九千二百二十二元、贖出四萬九千三百十一元、海倫四家當出二萬四千八百四十三元、贖出七萬九千三百七十八元、呼蘭四家當出二萬四千六百四十五元、贖出六萬四千四百元、巴彥四家當出二萬一千三百五十四元、贖出四萬一千零二十四元、富錦四家當出二萬一千四百九十九元、贖出三萬三千零六元、望

柳條包女屍案
李某嫌疑重大

於上月三日、道外錢塘街發生柳條包中有被慘殺女屍事件、自此事發生後、一時頗爲轟動、警察當局極爲緊張、搜查兇犯、迄今近四旬、消息仍然沉沒、據一般推測、兇犯似已離哈遠颺、逍遙法外、詎料刑事科正在嚴密偵查中、於十五日偵知兇犯潛伏線索、結果在道外南三道街李完石者、年二十八歲、現無職業、前曾在私娼贖出張某之女爲妻、由十一月夫婦感情破裂、繼則分居、此後即不見張女之踪跡、李某似有有謀殺嫌疑、警察當局於得到此項綫索、即大張警備網、搜查張女之踪跡、結果並未搜出有失踪張姓女子、頗成疑問、故李某尚在刑事科羈押、仍繼續嚴厲調查中云、

車玻璃撞碎、刺傷車內乘客王谷順一名、王年約三十餘歲、頭部受有重傷、血流模糊、昏倒車內、不省人事、急將受傷之乘客、送至市立醫院、應急手術治療、諒無生命之虞云、

秋兩回剪毛、其毛、質之纖維與美利諾種相同者、照美利諾種春季剪一回毛、

九、藥浴

爲驅除外部之寄生蟲及皮膚病、每年把群羊藥浴一次、普通時期在剪毛後一個月內、

四、夏季爲透風按置窗戶、冬季爲防寒旁邊上面掛上簾子、又爲防止賊風把周圍小孔用萬草高粱稈等都遮上、務使圈內溫暖、

五、在前面用欄竿圍上作一個適當的運動地方、

六、豬炕上的草冬季要多給些、夏季要少、草要受濕了不但不溫暖、而且又加上冷了、這是豬最煩惡的、所以要注意時時給牠們換草、

七、豬在夏季苦惱熱天、所以豬圈旁邊（東北方面、）一定要栽樹給豬背蔭、

哈市肉類銷售額
七月至十一屠宰牲畜統計

號稱五十萬人之哈爾濱市、日常所需者、數字當爲驚人、即對於食料品肉類、亦出乎意料以外、極爲驚人、茲經關係方面調查、由七月至十一月屠宰之牲畜、披錄如左、

七月屠宰牛九百九十六頭、豬四千四百四十四口、其他一千九百九十二口、八月屠宰牛一千一百四十九頭、豬四千七百十四口、其他一千九百四十九口、九月屠宰牛一千七百四十八頭、豬六千五百七十六口、其他二千一百五十口、十月屠宰牛一千六百八十四頭、豬四千六百八十八口、其他二千四百二十五口、十一月屠宰牛一千八百五十六頭、豬四千二百六十七口、其他三千五百八十五口、計肉量總數爲六百八十三萬七千零一斤按五十萬人口計算平均每人每月食肉三斤左右云、

洪發永
夜間被竊

道外北七道街、門牌三十二號、洪發永執事人王洪貴、年三十四歲、河北撫寧縣人、於十八日午前三時許、柜夥正在睡鄉中、被宵小乘機將門撬開、竊去國幣百餘元、青絲春棉被一床、價値八元、紫織貢呢棉被一床、水獺皮帽一頂、毛藍布衫一件、灰布棉襖一件、水晶石眼鏡一付、至午前七時發覺時、即至七道街分所報告、請求偵緝盜犯云、

日人外出
家中失火

道裡馬街、門牌九十四號、住戶日人關井氏、於月之十八日下午七時、因生火爐子不愼、發生火警、彼時適關井因事外出、迨火勢猛烈、黑煙通宵、始被院內更夫發見、急報告於當管之分所、警察以電話轉知消防隊、救火車趕到時、盡力撲滅、燒失房屋二間、損失數目不詳、警察當局、正在調查中云、

央縫合線切開、薄膜破裂、壓出睪丸由內部取出、精系要拔出來、總轉幾回把精系切下或園挫切鉄切斷也行、

第二節管理

豬圈太小是不衛生的、現下養豬是要講衛生的、可是這個講求是很經濟的、就是要講求清潔法、健康法、把這個事情要十分的注意的、

第三節豬圈

豬圈裏務必使之能流出贓水、射入日光豬炕上的草要時時的去換、尿糞要拾得潔淨、并且春秋兩回把豬圈及牠們運動之處施行大消毒、消毒藥用綠化第二汞及石炭酸水等、夏季的豬對於熱天非常苦腦、所以豬圈無論如何要使之透風且時時的給牠們涼水喝、若是太熱的天氣、把豬身上倒些涼水或在牠們運動地方樹底下給牠們做個遮日光的東西這是很重要的、

中國農家在夏季的時候、是把放在很髒的水坑裏去打泥但是改良種要設備些清水浴槽才好、

第四節放牧

午前由朝晨到八九點鐘午後由四點半起放牧、放回來後即時要給些涼水喝、稍稍休息然後再喂食最好、（未完）

滿洲國道德會
講詞概要 （三）

第一章 第三十一篇

○心誠感人、楚使人聘孔子、孔子將往、陳蔡丈夫謀曰、孔子用於楚則陳蔡危矣、於是相與發徒圍孔子於野、不得行絕糧、從者病不能興、孔子講誦絃歌不衰、於是使子貢至楚、昭王興師迎孔子、然後得免若怎看孔子之心如大海、巍巍不驚一點懼色無有、還講絃歌、樂天然之樂、那時陳蔡之兵、聞絃歌之音、也就不敢動手了、把那些兵、亦感化大半、大家想、孔子既被圍就受驚不小、又到陳逢上這個不順適的事、衆門人、皆無喜色、孔子曰君子固窮、吾們應分受的、有何苦處、我看到好、要能享受這個大難、我們纔算肖子完人呢、不要悶、我給講絃歌、你們聽、從這高聲大呼、就把陳兵嚇的、也無意合他們起待了、看起來、這孔子之心誠到這樣、眞能感人啊、

○李二曲事母至孝家貧無力欲爨、終日閉門讀書、一日鄰人問曰、汝終日讀書、隱居不仕、不求利祿、能教窮一號子嗎、不知你是甚計劃、二曲對他就說啦、我讀書是明禮知作、事親務本、不是爲祿位問題、古語云「豈爲功名始讀書」貧有何醜呢、鄰翁曉曰、先生賢人也、遂贈金數貫却不受、鄉人稱頌、後母故無力發喪、鄉人聞之、遂積榮資爲之含殮、此也是心誠感人之事實

第一章 第三十二篇

○宋李唐字晞古、時出太華終南諸山、遨遊勝地、羈畫爲業、一日偶行山麓、兩岸林木叢茂、藤竹深邃、泉聲松濤聽聽在耳、一片清涼靜境、正是文人尋詩處也、遂覺坐、思詩間、偶頭、由叢林中、闖出一漢、高聲曰、快將財物留下放你過去、不濡廢你命、成不畏懼、乃徐言曰、余本寒士一寶無的有何財物、僅青氈一片、毛筆幾枝耳、誰不知窮李的、賊曰你叫李什麼、我李唐也、言未已、賊擲刀請罪、您無這賊是誰就是宋朝有名畫師蕭照也、他落草罪也有原因、因家有老母不能遠求生、又兼天旱三載、民不聊生、弱內强食、我不搶他、他就害你、彼方居民、一時大壞、互相搶奪、依爲常事、而蕭照亦是不得已而爲、幸遇晞古先生、返心自問、誓不下流、棄力易筆、從晞古學畫二十餘年、後成大名、此一段小史、也是心誠感人之事實也、

○拿一個法國來說、一個法國中定有一位首領、這首領每日經心盡力、躬行實踐、賞罰分明、那下邊的職員、也能循矩導規、聲應氣和、的不遺餘力的進行做、下感上以仁、上感下以義、這絕對不會壞的、亦可感覺到無苦無怨、那個景況、拿這個推致到一個人、一個國、一個家、一個世界、這能不好嗎、

（未完）

（第三種郵便物認可）　康德四年一月十三日　盛京時報　星期三　第九千六百四十一號　（七）

濱江特刊

第九十四號
盛京時報北滿總支社
社址　哈爾濱道外桃花巷西口
電話六八四七番

爲謀市民上健康 將建築傳染病院

經費國幣二十萬元 市衛生科一大貢獻

北滿唯一之大都市哈爾濱、人口突破五十萬、各種設施、莫不齊備、惟從來關於患傳染病者、缺欠傳染病院、收容於共同病院內、不但不能徹底捕滅傳染病菌、且更有蔓播性質、爲市民保健上、有相當影響、市公署衛生科、吉村科長、有鑑於此、曾一度晉京、向中央陳情、蒙中央批准、以二十萬經費、待本年四月解氷期、動工建築傳染病院、地址市立醫院附近選擇中、開此項經費、由國庫補助十萬元、餘十萬元、由市債負担、由衛生科直接建設、現正着手準備中、預定於十月初旬竣工、據關係方面統計、市內患傳染病者、一年間約十萬二千人、一日平均最少限度約二百八十人、準備病牀三百五十個、其中設備公私病床約百五十台、據南滿調查傳染病根源、實由北滿起因、待此病院設備實現後、可以防止傳染病之傳播、係哈爾濱一大貢獻云、

一幕合謀詐欺案

既懼獅子吼何必有外遇 田子玉險遭拐帶之嫌疑

田子玉、年四十歲、現充平安輪船大副、住道外八道街二十六號、數月前、在船中與一浪慢女子林氏者、邂逅相遇、女爲舊軍閥林某之下堂妾也、年念六歲、剪髮天足、體態綽約、頗屬時髦、田一見之下、頗爲惜憐、女下堂後、正無歸宿、見田收入既豐、揮霍無度、亦頗屬意、於是兩心相印、海誓山盟、密訂白首之約、隨田左右、往返於沿江一帶、居恒以大副太太自居、對於同夥、作威作福、每不失太太之官價、致惹一般同夥之不滿、嘖有煩言、但依人籬下、無敢直然反抗者、

田家有嫡妻、性如烈火、人多以母夜叉呼之、對田時作河東獅子之吼、田懼之若虎、同夥中有好事者、忌林氏對人之苛薄、每思設法以報復之、乃以事告田嫡妻、妻聞信、醋火中燒、逕自登船、適值田與林氏正在大副室內、相偎相抱、情話綿綿之際、田妻一步闖進、向二人大發雌威、田畏其妻、素具恐懼之心、大有談虎色變之概、今見突如其來、嚇得抖成一團、而林氏終是初生牛犢、猶不示弱、當即上前對抗、於是短兵相接、打成一團、同夥中雖有知者、亦袖手以觀、喝彩助興、二人相打十數回合、未分勝負、最後由船上打於江中、幸江水尚淺、爲水上警務段救出、但林氏之腿部已受有重傷、送往醫院醫治、嗣由田密與林氏醫藥費百元、由此乃正式脫離關係、此二閱月前之事也、

林氏傷癒出院後、仍是一身飄泊、無所依從、與一魯人男子王大鵬相識、王旣無恒業、復無恒產、度日之資、端賴林氏之些須積蓄、未幾化罄、王乃失蹤、林氏復與一鄰龍九姘度、鄰乃一市井無賴、與林氏夥度後、知林氏前曾一度與田大副發生關係、瞯田外出、乃密與林商、欲合謀以敲詐之、林因前此曾爲田妻所辱、雖欲設策以陷害之、但終無良策、聞鄰之言、恰中心願、於是暫時隱藏、僞稱私奔、鄰乃向該管警所報告、林氏逃走、並帶去衣物錢款四百餘元、並指控田子玉有拐走之嫌、於是警所乃詣田家、適田因事赴上號未歸、警以事告諸妻、其妻聞訊、將信將疑、正値潮水澎湃之期、經此驚憤、竟患血崩、勢頗危篤、急遣人至上號將田尋回、經警方一再偵訊之結果、一幕合謀詐欺案、始得水落石出、幸未造成冤獄云云、

中央批發市場 客歲交易額

場外出締法實施後日見增加 總交易額三百七十七万餘元

哈爾濱特別市中央批發市場、自場外取締法實施以來、場外之批發絕跡、因之該市場之營業特別繁盛、十二月中之交易額青果四十六萬二百九十九元、魚類八萬二千六百七十五元、計五十二萬七千六百七十五元、比較十一月份之交易額增加四十二萬元、約增二成五分、去年一年中總交易額爲三百七十七萬九千八百九十二元、與去年度之預算四百萬元比較、約減少五分、但康德二年度總交易額約二百二萬五千元、兩相對比、約增加九成、蓋即場外取締未能實施有以致之也、預料今後入口日漸增加、將來交易額亦必隨之增高、對於市價之公定、供給之圓滑、一般市民、自蒙利用、其前途固有無限之希望、茲將去年度交易額及月別表列於次（單位＝千元）

月別	青果	魚類
一月	三一四	二六
二月	二一〇	三二
三月	一六五	三六
四月	一〇五	四三
五月	九九	四五
六月	一二一	三九
七月	七五	三〇
八月	八八	三四
九月	五一六	四四
十月	七三九	六〇
十一月	三五九	五五
十二月	四六〇	八一
合計	三、二五一	五二九
總合計	三、七八〇	

貯金信託會社 將改商業銀行

資本金增至百萬元 五月決算後將實現

當治外法權之全部的撤廢以前、滿洲國制定之銀行法業經發表、近以興業銀行營業開始爲契機、哈爾濱貯金信託株式會社由來之業務性質上、當然有改組爲純然銀行之必要、該會社之當局者、正在研究具體計劃中、仄聞現在之資本金爲二十萬元、將一躍而增加資本爲百萬元、改稱爲哈爾濱商業銀行、待五月大決算後將內容充實、業務上之範圍亦將擴大云云、

爲備春日遊興 設寢台車

哈鐵旅客科、擬於四月解氷期間、對向市外鐵道沿線之遊覽地、特設置寢台車、以便遊覽團体及鐵戶捕魚採花等遊客利用、可以寢台車爲宿室、遊覽乘車費、宿膳費之價格減低、現下該科積極宣傳遊覽地之興趣、遊覽地址爲呼蘭、濱綏線王泉、（二層甸子）該項寢台車、四五月即能實現、至期遊客、必能有一番盛況云、

北滿各地 去年十二月末

農產物積存量 七十六万五千四百餘噸

據北滿經濟調查所發表、北滿各地農產物、十二月末、積存數量、大豆三十二萬七千五百六十九噸、小麥二十七萬五千四百六十四噸、豆餅五千二百九十四噸、豆油一千四百五十四噸、麵粉一萬二千百四十四噸、高粱三萬二千六百四噸、粟三千三百七十一噸、包米二萬五千七十三噸、蘇子三萬四千五百四十四噸、小麻子五千九百四十八噸、其他雜穀五千九百四十八噸、總合計七十六萬五千四百八十八噸、前旬末約七十四萬噸、前年同期末約四十萬噸、漸次增加、前旬積存大豆約三十二萬三千噸、小麥約二十五萬三千噸、因輸送不圓滑、嗣後因休日中仍以輸送及配車增加、現下積存漸漸減少、茲將各線積存數量誌錄如左、『單位＝噸』

線名	大豆	小麥
哈管區	[illegible]	[illegible]
濱北線	[illegible]	[illegible]
松花江	[illegible]	[illegible]
京濱線	[illegible]	[illegible]
拉濱線	[illegible]	[illegible]
濱綏線	[illegible]	[illegible]
林虎線	[illegible]	[illegible]
圖佳線	[illegible]	[illegible]
濱州線	一九、三〇八	二六、八〇七
齊北線	五二、五八五	三二、四八八
計	三二七、五六九	二五七、四六四

松花江上 船艦增加

松花江爲北滿交通上之一大動脈、據水上當局調查、當市管內松花江船舶、較昨年增加四百隻以上、茲將官有及民有種類標錄於左、

種類	官有	民有	計
輪船	四四	七二	一一六
拖船	六五	六七	一三二
帆船	二〇	七七	九七
小汽船	六〇	三七	九七
搖船		八二	八二
對船		六一	六一
漁船		一三六	一三六
舢板	三〇一	七一一	一〇四一
爬犁		二三四	二三四

去年比較帆船增加二十六、小汽船三〇、搖船二九、漁船四十四、總計增加四百三十隻云、

鮮女逃哈 結果尋獲

安東朝鮮民會長金古山氏、次女金君姬、年十七歲、爲安東高等女學校二年生、於二日午后三時課畢歸家、繼則外出未返、突告失踪、其父即報告警察當局、請求搜查、安東警察當局據報、照會全滿各警察機關、配佈搜查陣網、於七日午后二時、領警署員發見該女潛伏哈爾濱道裡沙漫街四十一號、李松竹家匿藏、領警通知其家長、來哈引渡云、

劣紳架詞唆訟 爲人飽以老拳

三年前已經荒閉之廣和成商店、財東間互相詆毀、涉訟數載、嗣以各自筋疲力盡、始告平息、詎一波乍平、一波又起、緣財東中有曲某者山東黃縣人也、生有三子、長鳳琦、次玉山、三鳳蘭、鳳琦、鳳蘭均在原籍、惟玉山在哈、旣係紈袴子弟、終日無所恃事、吃喝嫖賭無所不爲、乃父惟恐將家產蕩盡、有凍餒之虞、當將家產平分清楚、並立有分單爲憑、曾將哈市道外江沿房地一所、作爲老夫婦養老之用、倘無彼

滿洲國道德會 講詞概要（三）

第一章　第三十三篇

○使心能貧、五鄉李樹棣兄弟三人、二弟樹楨、三弟樹桐、家道殷實、因大事紛折戶而居之、後年深日遠、長兄二兄、心機靈敏、把應分的家業、銷耗過半、還就斗使心、把那產業打算的剩不多少、還時候還是不悔、總是想法暗算、日夜陰謀、謀不勝謀、外邊想不出法子來了、又想到自已親兄弟身上、細想那有可靠事實、還可怎樣下手呢、有一天可想出法子來了、什麼呢、田地上、那地是四十一條壠爲一垧、在分家時候還一條壠分爲兩股一股是他的一股是三弟的、不用問三弟準是過的好、還一天就去了、說分的不對、各拿分書一看、各執一詞、誰想他早已改好、就爭論起來、各不向下、就經官了、打了三年官司家業各損傷匪淺、後來有個合事老纔完了、那老頭給留首詩、

兄弟相爭卻爲何
耕田佔過幾犂多
商君昔日開阡陌
今日商君還在麽

後來他的日子、屢見凋零這不是使心之過處嗎、要說就多了、就拿秦始皇來說、他已把六國都吞併了、又要修城、求不死、[illegible]心、看看他甚結果、再王莽也不知足、已把國老得到手、就滿構賊的了、恨不足還要作天下、他也不看看自己那德性、關的罵名千古、若說曹操、秦檜、李林甫、魏忠賢諸人、爲私慾弄圖利作弊、上欺天子、中害同班、下殘百姓、生遭衆怨、死隨鬼囚、遺冤不寬、使心有何好處、快快往寬闊地想

二人之名義、他人不得擅自轉讓、無何乃父逝世、玉山在哈揮霍日甚、入不抵出、意將其父母養老之房產出讓、適有姚某者、哈市著名劣紳也、有樓房與曲產比隣、姚早已垂涎三尺、欲設法以謀之、乘此良機、則詭計百出、玉山果受其牢籠、未幾事爲乃母所知、[illegible]日久發生枝節、乃派其弟偕同長子鳳瑞三子鳳蘭來哈、欲將房產出讓、以免玉山生覬覦之心、而絕一般熱心者之慾念、因屬名正言順、詎姚某一見通盤計策、將成畫餅、乃架唆玉山出首爭執、玉山本屬紈綺者流、以爲姚某泰山可依、乃逕向法院提出告訴、姚某則尤爲奔走、信必操諸左劵、於是涉端惹起、各不相讓、現在猶在進行中、將來鹿死誰手、明眼人自能懔度、但從中架唆者確爲姚某、鳳瑞鳳蘭皆知其事、日昨適鳳蘭赴大和平遇姚亦在彼、正所謂『仇人見面分外眼紅』、鳳蘭當以大義質詢、姚某不宜從中架唆、致手足興訟、骨肉不親、姚猶偽作好人、欲加翻駁、當被鳳蘭變以巨靈之掌、將堂堂劣紳、打得抱頭鼠竄、一般知者、莫不傳爲話柄、誠所謂自作自受者云云、

經濟壓迫日人自殺

近來哈市受經濟壓迫自殺者、層見迭出、道裡外連演三四起自殺之慘劇、不意八日午前三時、又有一日人服毒自殺、茲將其自殺經過情形、爰誌於後、

南崗官吏消費組合事務員、堀川吉夫、年二十七歲、籍貫和歌山縣那賀郡荒川村人、於八日午前三時、在自室服毒、當苦悶交加之際、被友人發見、急送入濱田醫院、應急手術灌救、奈因服毒過量、時間遲久、毒性業已發散、救治無效、延至午前九時、竟名登鬼錄矣、據其友人談、堀川十五歲時、曾在大阪大丸商店充當[illegible]、越八年間之生活、嗣後辭職經商、迭遭失敗、結果來滿、十一月二十五日、在道裡登喜和百貨店、充當店員、未幾由百貨店辭退、十二月五日、經友人介紹、任南崗官吏消費組合事務員、而家中遺有父母、度日困難、時來信索錢、但堀川手中當然毫無積蓄、以故終日憂慮、始萌短見云、

是誰無理取鬧

擲磚砸碎玻璃

日人住戶咸感不安

日滿警察偵查犯人

新安埠署管界、北安街附近一帶、日人住戶、每至夜八時至九時中間、常被人以磚瓦石塊、向玻璃窗投擊、被害者共二十餘家、附近住民、非常恐怖、感覺不安、八日晚北安街六十號、堀三郎正與妻子聚談中、不知被何人由窗投磚瓦三塊、將玻璃擊得粉碎、家人驚惶失措、幸無傷害、急至領事館報告、請求逮捕犯人、領警至現場時、犯人早已逃匿無踪、據當局推測、或對於日人有惡感、附近之滿人所爲歟、或是蘇聯人之所爲歟、現下領署與滿警連絡鋭意調查中云、

滿洲農民之須知

家畜篇 【六】

開發愛護村的產業

增進愛護村的福利

第六章 發生傳染病時之注意、

附近村莊有發生傳染病的時候、即時把交通斷絕、來的人畜不要到猪旁邊、并禁止在路途放牧置之圈內、但是要人畜不到的地方去放牧、自己還要注意檢查猪的狀態、稍微有點變象即時隔群、至於病猪要請獸醫來診查、受醫生之指揮把死猪消毒後深深埋在地裏邊或完全焚燒、

第七章 養肥猪的時期、

養肥猪的時候是要十分考慮的、早春初秋是最容易肥的、多猪對於冷熱感覺是很快的、夏天氣是不喜歡吃食、所以不好肥并且市面的需要供給又不能不加以算計、大體如左時期養肥猪最好、

春仔 一二三月所產生發育良好的、九月、十月、

春仔 產生晚的并發育中等的、十一月、十二月、

秋仔 產生早的發育良好的、三月、四月、五月、

秋仔 產生晚的發育不好的、八月、九月、

第三篇 家畜的疾病

滿蒙地方家畜、是各種傳染病的巢穴、時常各處發生家畜傳染病、可是滿蒙人對於這傳染病、說是天災、沒有法子、僅僅驚怕、但毫不講求豫防制遏的方法、因之每年因獸疫而受莫大的損害、對於獸疫的猖獗已極、也不能施以何等的方法、就是對於家畜不能實行改良、

第一章 獸疫傳染到人身

一、牛結核

說起一般結核、都要向人身肺結核不僅限於人類尤其動物像乳牛結核病更多、以滿洲的乳牛與日本比較結核是很多、實際有七八成得結核病的、人的結核菌可以傳到於人、尤其小孩等時有腸結核病、牛的結核不能僅說是動物的疾病、於公衆衛生也是重要問題、因此牛乳必要煮一次再喝可謂安全、肺核初期、看不出有病狀態、漸漸病勢見重、飲食減退元氣衰弱、體溫也變了常態、時時發熱、隨之呼吸困難、還有乳房結核、因乳房有結核、乳途祕塞、由此點說起來、這個疾病是公衆衛生上所最駭怕的、此病到了臨床診斷、可以說就困難了診斷藥用結核菌注射檢液、在初期的時候診斷是很容易的、結核的治療法是有種種研究、但還未有確實的方法、現下用結核菌注射檢液、早期診斷、牛發病的時候即時注射病源可以絕根、還是最有効果的結核豫防法、

二、炭疽一名脾脫疽、

炭疽是在滿蒙常有的傳染病、馬騾驢牛羊猪常常得這種病、傳染到人身上也是要的、原來還少、尤其最危險的由邊寨地方到來畜產物、其中獸皮獸骨獸毛等的輸入、此等混雜獸骨、大半都是由於野地的死屍拾得來的骨頭、往年無有炭疽傳染歐美各國還是用滿洲猪毛作原料、日本做的刷子一時禁止輸入當業者同時非常驚慌、然後我國對於毛骨作業加以研究、并因骨粉使用現露炭疽傳染人畜、世人均爲驚駭發現在我國當局對於此等獸骨獸毛一定要消毒才允許內地輸入、此病原因由於炭疽桿菌、其芽胞抵抗極強、攝氏百廿度以上的高壓蒸氣始能蒸死、埋在土中絕對不死有被傳染者埋在土中永遠存在、可爲發病的原因、所以稱滿洲爲炭疽的染毒地、炭疽的病狀、不僅因爲動物種類的不同、同種的家畜所傳染的地方病毒的強弱也不一樣、然而各種炭疽的特徵偶然發病立即死亡、『平均一二日』全身發生障碍并發生很高熱度、粘膜出血、按孔出血(口鼻肚門)血尿流出、其他皮膚體腸病腦病呼吸困難、處處均現出一種病狀、豫防法及治療法、第一防法最緊要的把死屍完全燒燬、如果事實上不能燒的時候可以離人家、公道牧場、遠以點地方掘六尺深以上的坑埋起來、然後在把牲畜圈及用的槽子并所用的器具等要嚴重的消毒、因爲此種病的病源炭疽菌抵抗力是極大、含有芽胞、不徹底的消毒是不可能的、因爲有繼續再發的危險、所以炭疽血清并豫防液的注射是一定要辦的、

三鼻疽、

鼻疽可以說是滿蒙的特性病、到什麼地方馬都有這樣病、是我們駐滿軍馬一個大強敵、軍馬歸還內地的時候、以『馬來因』點眼反應以外血清學的診斷法併用之、在滿洲一年兩回舉行檢疫、該檢疫法關東州內及滿鐵附屬地馬車的馬也由齊齊哈爾牧場運來中國的軍馬二百四十頭、對於這些馬加以檢疫、結果一百三十頭有眞正鼻疽病的還有這次的事變我陸軍購買的滿蒙所產的馬、檢疫結果得此種病者、有百分之二十之多、鼻疽病、如此蔓延、不僅限於馬、有時也可傳染到人的身上、但牛雞鴨類并其他的冷血動物是不受傳染的、又有羊猪等實在難以傳染的、廣大的滿洲不知病名而死的很多可是患鼻疽病的實在是很少、以現下醫學的進步、對於炭疽病以血清注射即可治療、人如果被眞正這種疾病傳染不加以治療確屬危險只可坐以待斃的病狀、馬得看這病的時候鼻中粘膜漸少、現出傷痕潰爛、由鼻孔流出像膿樣的鼻液、皮膚紅腫破裂流膿、這膿中含有無數的鼻疽菌、最爲危險、又有顆凹處時時淋巴腺高腫尤如鷄卵、還有看不出何樣的變化、浸入內部肝肺五臟中的時候、尤其最令人恐懼的、由外面觀察非常碩壯、可是已經得着鼻疽病了、像這樣的馬鼻疽菌是含在體中、按馬體抵抗力的大小分爲慢性與急性因爲病體溫與常食量不進、元氣衰弱、漸次枯瘦、然後由鼻中流膿皮膚破爛、人被傳染的時候、急性的潛伏期最多四五日兩星期至四星期內即死、傳染後身體發熱、背肩疼痛體上全身生些紅色斑點水泡漸漸化膿破爛、『馬來因』爲本病檢查上唯一的診斷藥、以點眼法診定此病在鼻疽初期即時『用馬來因』診斷或血清學的診斷法當時即可殺滅病原亦可絕根、此外無有其他方法、

漢醫法

由本年三月一日起實施

濱江省公署、頃奉勅令第一百六十七號、關於漢醫法、實施條例、業經公布、轉飭所屬各縣旗遵照施行、茲將其漢醫法條文、探錄於下、

第一條 欲爲漢醫者、須實地學習漢醫術五年以上、且經漢醫考試及格、受主管大臣之認可、關於漢醫考試之事項、由主管大臣定之、

第二條 醫師法第二條、至第十一條之規定、關於漢醫準用之、

第三條 未受醫師或漢醫之認許以漢醫術診療爲業者、處六月以下之有期徒刑、或五百元以下之罰金、

第四條 被命停止醫業之漢醫、在其期間內從事醫業時、處三百元以下之罰金、

第五條 違反依第二條之規定、關於漢醫準用之醫師法第六條至第九條之規定者、或用阻障依該法第十條規定之衛生官吏之查閲者處二百元以下之罰金、

附 則

本法自康德四年三月一日施行、本法施行之際、現受官之認許以漢醫術診療爲業者、視爲依本法已受漢醫之認許者、

本市日商

演成激戰

年末總賣

約五十万元

客歲年末、本市日商登喜和丸商、松浦各百貨店、成立道裏商店聯合、新市街各日商成立聯盟、以期吸收顧客、於舊曆十日後、演成激烈之前哨戰、迄二十日頃、陷於混戰狀態、於歲末賣出期間、各店之賣項、推定大體如左、（單位＝萬元）

登喜和	二〇
道裏商店聯合	一五
丸商	七
新市街聯盟	四
松浦	三

日本商店之年末總賣項約五十萬元程度云、

濱江特刊

第九十五號
盛京時報北滿總支社
社址　哈爾濱道裡　桃花巷西口
電話道裡六八四七番

日農移民計劃
濱江省以濱北線爲中心指定六處
現正進行土地取得手續中

本年度之大批日農移民計劃、原定一萬戶之標準、嗣以預算之削減關係、遂決定六千戶、其分配地域、依日本拓務省之規定、大體爲集團移民五千戶、自由移民一千戶、共計六千戶、集團移民之地域分配大體如次、

省別	移民戶數
濱江省	二、五〇〇
三江省	二、一〇〇
龍江省	四〇〇

惟自由移民之分配區域及戶數、尚未有最後之決定、但大體濱江省、三江省各配布三百戶之模樣、至於移民地大體業經決定、目下正在準備進行土地取得中、仄聞濱江省內、以濱北線爲中心、指定六處、三江省內、則似以佳木斯附近爲中心、指定五處云云

不足五十萬之銀行
有將整理說
滿側小銀行紛紛倍股

滿洲國政府之一國一銀行主義之金融政策實施後、日本側之朝鮮銀行之紙幣同時廢止發行、並將正隆滿洲銀行實行合併、加以整理、至此已告一段落、惟道裡外之滿洲側小銀行、實達二十餘家之多、對於市民金融之統制上、實感種種之不便、據傳政府當局、爲澈底整理計、將依此次日本銀行之統一爲契機、凡滿人側、小銀行主銀行之資本金不足五十萬元者、將加以合併整理、據調查現在營業中之滿側銀行主要者表列於下、恒豪銀行、福順德銀行、中泰銀行、天和銀行、瑞祥銀行、福泰銀行、天玉銀行、房產銀行、功成銀行、協和銀行、奉天商工銀行、奉天商業銀行、益通銀行、益發銀行晋昌銀行等云云、

不逞鮮人
來哈被捕

住址不定之鮮人柳東文、年三十一歲、去年末、曾在千葉縣開設旅館、以旅館名義、借貸日鮮人鉅項數千元、嗣後潛伏天津、加入〇黨、有不穩行動嫌疑、數日前來哈、住於道裡田地街某旅館、不意事機不密、被總領警署探知、於十一日將其逮捕、現下拘留審訊中云、

草房兩間付之一炬

道外難民區、住戶任金嶺、年四十六歲、以拉洋車爲生、昨十五日午後五時許、室內電線突然走火、將天棚烤着、發生火警、當經報告附近警所、轉電消防署、因當日風大、火勢頗烈、頃刻之間、已將兩間草房化爲灰燼、計焚燬屋內衣物等約八十元云、

準備警署改組
開始改築廳舍
經緯正陽南崗將擴充

哈爾濱警察廳擬將現有之十一個警察署、合併爲三個總署、統轄全市二十五個分署、將來機能擴大、對治外法權撤底廢後、以期應付裕如、惟感覺各署改組後、三個總署原有廳舍均極狹小、恐不敷應用、警廳對此、有逐漸改築各總署廳舍之議案、茲悉經緯警察署預定今春解冰後、以八萬元之經費、改築舊廳舍、在改築期間、該署將遷至斜紋街原警察廳練習場內辦公、此外正陽南崗兩總署增築之工事、最近亦將正式提出云、

駭人聽聞之
大竊盜案
損失國幣萬三千餘圓
警察機關正努力搜查

年關迫切、米面價格暴騰、一般貧民叫苦不絕、强者挺身走險、弱者非偷即摸、警察當局有鑒於此、會不眠不休、加意警備、强盜案件、依然迭出不窮、突於昨十六日、道外發生驚人聽聞之大竊盜案、被害者丟失一萬數千元、茲將其經過情形、探錄於下、正陽警察署、純化街分所管界、染坊胡同、門牌三十八號、德興花店、執事人韓廣亭、年三十六歲、於十六日午前七時許、使役張紹公(二〇)起牀時、發見門戶大開、知必有變、急報告執事人、韓某據報、驚惶失措、急檢點金庫、始發覺鐵櫃丟失、查該鐵櫃內有黑河省瑞生金店副經理祝鳳閣投宿時、存有金塊三十六兩

哈市特產積存數量
大豆三三九九車
小麥三三五九〇車

哈爾濱交易所調查、自一月十五日至現在、哈爾濱市內之大豆小麥積存量、大體如左(單位＝三〇噸車)

一、大豆

商號	數量
永盛東	六〇
同聚祥	五〇
協昌仁	四五
義昌信	四〇
東和	三五
天豐東	三五
天豐玉	三五
双興	二五
東興昌	二五
義增信	二五
其他計	三九九
前年同期計	六七〇

二、小麥

商號	數量
三泰棧	九〇〇
益發合	四五〇
天豐東	四〇〇
義昌泰	三〇〇
天興福	二〇〇
双合盛	一五〇

滿洲國道德會
講詞概要
【三】

第一章　第三十四篇

〇使心多累、魏楊修、義氣光明、文詞兼美、性好高顯、作事不謹細、言不省、行不密、一生心靈口快、爲北魏出類之高才也、操甚愛之、又多惡憎、操有不解之事、令修解之、所以操愛他才能、就拿絕妙好詞來說操本不解、自揚修解後、他也用大言來欺衆說、正合我意一句、眞令高人塞笑、碩士咋舌要不數楊修口快說出、就而今也難明白呀、所最煩惡的是什麼、就是那鷄筋、鷄筋、而今的人往往常說食之無味棄之可惜、這兩句話、曹操恐怕外人識破、洩漏軍情、而修識破內中情況、即命秘密整理輕重等事、正值操出散步、觀軍務忙碌非常、乃問衆人曰、何事、衆答之退軍、又問何人命令、衆答云、楊大夫也、由此就種下憎惡之因、所以曹操屢屢加他小心、後來不敢信用他了、這也是操之奸雄至極之處、這不是不儘愼嗎、大凡吾們人、也不好仗勢心靈機巧、不要命的往前看、也得回頭瞧瞧、倘有不愼那受累的時候不遠了、

〇使心爲主屬秋季、秋季者、萬物凋零、衰敗之時也、如草木經嚴霜以打、則葉全都頹靡不振、把精神全都減去、人亦同草木不兩樣、要過青春一點一點、也就衰弱了、這人能有多少精氣神、每天總使、不叫他休息、也是使勁、費盡心血自然就被乏了、勞心過度、損傷先天元神、那可無法救了、請大家換省點心吧、千萬莫用那秋草一般的枯槁了、若焦枯就沉淪於苦海之中了、

第二章　第四十六篇

五行性之偏

〇邵子說人受天地之土氣生的、土備金木水火氣這就是、那太和元氣、剛大流行、浩無邊際呀、所以說人爲萬物之靈、五行備焉、天下凡地球面積上各物、各有所偏、羽蟲是受天地之火氣生的、毛蟲是受天地木氣生的、鱗蟲是受天地之水氣生的、甲蟲是受天地之金氣生的、毛羽鱗甲諸蟲、皆是得五行之氣、惟人則是受天地之中氣生的、中氣者五行完備也、餘皆有所偏耳、

〇人爲最靈、最靈之中還有智愚不一的呢、這也有研究、皆本天地陰陽二氣、五相交換也、又在富貴貧窮之不同也、又在男女歡樂憂愁之交感寒溫景境之差別、所以有智有愚分折、中庸曰『道也者不可須臾離也』可離非道也一日夜三十須臾一須臾三刻三分也、我說一轉瞬間也不可離、況三刻之久呢人身之內二氣主持之、人身之外亦二氣培養之、二氣可離、豈能生嗎、故曰、可離非道也、天地上聖、教人培養、以眞陰眞陽之氣、貫通宇宙、循環不止、自盤古數千萬年以來、皆以先天之氣生人、從盤古後是人生人、相傳不息、所謂大道生生不息之事實、所說盤古人有創道性、毅力足、智慧大道氣充滿、後失人生人之時、漸漸生出爭貪思慾忘想、都把先天道氣污染遮

三錢一、價格約四千二百元、同店客趙香閣、存約七千元、內中有金城銀行兌換紙券六百元、尹秀峰存國幣三百元、仇文卿存一百五十元、倫在春一千元、姚志遠百元、劉古發一百元、計一萬三千四百五十元、查其被盜之情形、似知該客棧住有金店商人、正陽署及刑事科、現下對於此案、特別注目、內中情節頗為複雜、客棧實有重大嫌疑、否則亦必知底蘊、正在極力活動調查中云、

匪徒刀傷事主
王素禎生命尚無危險

警察當局、鑒於臘鼓頻敲、舊曆年關在邇、為防範不逞之徒、乘機行搶起見、互相聯絡警備、以防萬一、詎料不良份子、仍敢施展搶掠手段、一般市民、感覺戰慄、於十五日又發生强盜殺人案件、茲將被搶經過情形、探誌如左、

南崗大有坊街門牌四十一號、住戶王常明、（三十歲）現充當屠宰場工人、於十五日下午八時、闖入滿匪二名、手持菜刀、進屋後向王之妻素禎年二十歲、左肩及左腕、猛刺數刀、幸未中要害、當即應聲倒地、不省人事、匪乘機搶去赤金手鐲三個、女大氅一件、搶畢、逃走、十時許其夫工畢歸家、見其妻身臥血泊中血跡模糊、當即送至附近醫院救治、現據醫師診斷、無有生命危險、一方報告該管分所、犯人身著青色滿服長衣、各方緊密聯絡搜查逃犯中云、

永盛東	一四〇
三井	一一〇
裕昌源	一〇五
合計	三、五九〇
前年同期計	一、五五九

依上表可知大豆之積存量僅三九九車、與前年同期之六七〇車對比、約減少半數、然而小麥之積存量約三五九車、與年度之積存一、五五九車比較、約增加一倍、此一點頗堪注意云云、

中央市場
營業狀況

哈爾濱中央批發市場、去年自一月以降至十二月間一個年間之總交易額青果三百二十五萬七百三十元二角一分、鮮魚五十二萬九千一百六十一元五角九分、合計三百七十七萬九千八百九十一元八角、與前年度之交易額二百十二萬七千八十三元九角七分對比、則去年度激百分之七十七、蓋以去年夏季以來、對於場外交易實行取締、市場之交易始入於本格化、預料待淡水魚上市後、交易額數將愈見增大矣云、

因日濠通商好轉
麵粉落價
倘舊正原料缺乏
價格仍難免再漲

因受世界物價騰貴之影響、且兼供不應求之關係、國內之小麥、價格突飛猛漲、同時哈市之麵粉亦暴騰至每袋國幣四圓六角、造成大戰以後未曾有最高記錄、旋臘以來、以日濠通商之好轉為契機麵粉及小麥之價格、漸見被落、昨日以來、每袋麵粉已落至四元五角、哈市之製粉廠之日產能力、五萬六千袋、預料到本月末滯留之貨物可達八十萬袋惹起各方面之注目、麵粉堆積之原因、蓋不外日濠通商之結果有以致之也濠洲麵粉、正欲乘機以侵入滿洲及日本等處、但北滿粉之銷路、端賴南滿一帶為唯一出路、可占全生產量十分之六、惟自本年來、因濠洲粉侵入暢銷、致北滿之麵粉、又陷於走頭無路之苦境、徒恃北滿一帶之所需、故預測今後麵粉之價格恐將一落再落、或有每況愈下之一日亦未可知、但舊曆明正時、倘因製粉原料之小麥缺乏時亦恐有再度激增之勢云云、

哈市油坊產量
十二月來稍見起色

哈爾濱市之油坊業、自入十二月份以來、稍見活況、至十二月中旬之總生產量約製餅四二二、九六四枚、與前月對比約增加一三八、九一五枚、但與前年同期約七二九、七五九枚比較、約減產二一六、七九五枚、茲據調查十二月中之油坊別及生產量表列於下、（單位＝枚）

華英	九三、五〇〇
同豐祥	七〇、六六七
協昌仁	五六、五一二
双興	四〇、六二八
同成和	三四、七四〇
恆祥東	三一、九七二
義昌信	三一、〇〇〇
和豐公	三一、〇〇〇
東興昌	二七、九二八
東和	二七、九〇〇
合計	四二二、九六四
前月計	二八四、〇四九
前年同期計	七三九、七五九

民部召開兩大會議
二屆全國省長會議
及總務廳處長會議

中央民政部、為推行各省市本年行政計劃、特定於本月廿三四兩日、招開第二回全國省長會議、並規定新京哈爾濱兩特別市長參加、於省長會議終了後之廿五六兩日、招開第三回全國總務廳長會議、有興安南北兩省參與官、及兩特別市總務處長參加、以上兩會議時間、規定每日由上午十時至下午五時、共論題之中心大致如左、

一、關於地方費之設定、
二、土木機構之改革、
三、街村制度育成、
四、不良地方治安工作、
五、充實義倉、
六、日本內地大量移民、

對此應特別市及關濱江省長以下出席各大員現以大會期近極力進行準備以便屆期出席云

舊曆年關在邇
滿商營業活況
呈建國以來未有之景氣

舊曆年關迫於眉睫、滿人方面莫不準備年貨、尤其因本年農村經濟鬆活、購買力激增、故道裏外之滿人百貨店、莫不利市三倍、呈建國以來未有之活況、茲據調查、各大百貨店之日賣狀況、爰誌於如下、

	最低	最高
同記	五千五百元	八千元
大羅新	三千元	四千元
益發合	二千元	三千元
東發合	二千元	三千元
同義慶	二千元	三千元
東和利	三千元	四千元
同發隆	一千元	二千五百元
頤豐號	二千元	三千元
公和利	二千元	三千元
洮盛隆	一千元	二千元
恒順昌	一千元	一千五百元
增順昌	二千元	三千元
同義東	二千元	三千元

云、

木舖被搶
損失七百餘元

南新署管界、太古街門牌二〇四號、造馬車木舖、執事人李春喜、四十二歲、山東人、生意頗稱不惡、積有相當積蓄、為不逞份子所覬覦、於十五日下午六時、突然闖入滿人三名、聲稱定造馬車、執事人見主顧來臨、自然慇懃招待、詎三人各由懷中掣出手槍、將柜伙驅逐一室、並嚇令不准聲張、繼則翻箱倒柜、搜出國幣七百七十九元、搶畢呼嘯逸去、執事乃至南新署報告、該署刑事係長以下、全員出動、張佈警網、大肆搜查、結果因報告時間略晚、而匪徒早已逸竄無蹤、匪一人大髂、身著洋服大氅、三十餘歲、其餘二名小髂、身着滿服、三十餘歲、頭戴貂皮帽、刑事科現下密佈法網、全員活動、向旅店小館娛樂場等處、積極搜查逃匪中云、

烟草銷路
日漸增加

因治安之恢復、同時販路亦日見擴大、農村之經濟圓滑、各地之煙草需要有日漸增加之傾向、哈爾濱市內前年度之生產量為三十二億四千七百二萬五千三百支、與康德元年度之生產量約二十九億八千七百七十萬支對比、約增產一成、其原因即農村恢活需要激增之所致、前年度之農產物價格高昂、故本年烟草之需要有相當之增加、濱江稅務監督署管下前年度烟草稅收額約三百七萬元、與康德元年度約三百萬元對比、約增收二分、生產品中、以下級品增加之數量驚人云、

哈郵管內
貯金成績

哈爾濱郵政管理局管內十二月中之郵便貯金成績受四十一萬六千八百七十一元、支出二十七萬六千八百二十八元、現存額十四萬四十三元、十一月中受約二十七萬元、支出約二十三萬元、現存額約四萬元、兩相對比、現存額約三倍半、原因蓋日人日漸增加、並滿人對於儲蓄思想亦漸趨普及有以致之也云云、

蔽住了、還就生出賢愚參差不齊了、還賢者日不離道、承祖宗之血統、輩輩是賢、要一離道、愈偏愈遠、由一本而萬殊、這裡邊當然智愚就不齊了、

第四十七篇

○日為陽曰明、夜為陰曰晦、一日十二時、子丑寅卯辰巳午未申酉戌亥是也、夜過子時而陽生日過午時而陰生、說這作什麼呢、前節不是說陰陽二氣嗎、男女交媾之時、慾火一動、男女心中不能不起一派真誠之心、男之真陽、女之真陰、這二氣遂精血入胞胎之正中、藏於玄牡之中、為我們一身之主宰、仗母氣血呼吸之氣、運用於中漸漸而化生、還是人皆知何必說明、說真就拿取樂是的、我也是父母所生、不能拿道來耍戲、因為這是有關人道的至理、纔說上幾句、別拿當取樂看若能照過子時後到丑時之間那時屬陽生小孩也能靈敏、

○先天真性、來虛無中者、即父母一誠之靈氣也、中庸曰天命之謂性、率性之謂道、性是二氣所成、還仗二氣維持、所以非道何能表率其性呢、待九個月純陽之數足、全體備俱、而降生一團和和元氣、無識無知、順帝之則、端然一尊佛體、漸長漸生知識、情竇一開、日目引誘于外、貪欲播弄於內、七情六慾、湊趣而成、則真性昏迷、逐波逐浪、日漸消耗、還不可怕嗎、

滿洲農民之須知
家畜篇
開發愛護村的產業
增進愛護村的福利

【七】

四、口蹄疫一名流行性鵝口瘡、口蹄疫主要為牛的傳染病、綿羊山羊猪也能受傳染、小孩吃病牛的牛乳、口內能發炎、此病滿蒙偏僻地方是不斷的發生、并鐵道沿線也發現這種病竟至範圍擴大、區域遠播在十數年前由滿洲侵入朝鮮、養牛界受了莫大的打擊病狀、傳染此病大體是二三日發現、先發熱、發熱後口內粘膜等帶血、唇舌鼻端乳房處起水泡、大小不同、然後破裂、赤色潰爛、但以治就好、尤其口內變化的前後蹄部即有變化、此病經過時期很短所以不用治療、豫防法、以豫防依注射、其時間如色疫之短促是其缺點、

五、狂犬病

狂犬病是身體生了濾過性黴為急性接觸性傳染病、其特徵意識障礙神經興奮全身麻痺、時有死亡、此病人和其他的動物受狂犬咬即被傳染、病狀、犬如果令狂犬咬着潛伏期經過之星期到六星期內就發現最初吃切的草和木片等的特別東西、舉動異常眼睛陰險、可是突然發狂的也有、這樣的最為危險、遇着東西遇着東西總要咬是咬的、先是神經興奮然後身體麻痺、腰背軟弱下顎不能活動、眼睛向前不久即要死亡、人及其他動物得了此病、也是同樣的狀態、如果得了狂病、像這樣的狀態一定是要致命的、現下醫學亦無有根本的救濟、豫防接種、被咬傷後要施行早期豫防注射、勿令發生、可要遲慢就完全不能治了、除死之外、無有辦法、而最要緊的、是未咬以前把狂犬根本斷滅、就是豫防射是根本的辦法、對于養犬的實行豫防接種、并同時撲殺野犬、現下鐵道沿線急力豫防接種、但僅限于鐵路沿線狹小範圍、然野犬自由橫行附屬地內、以限止狂犬之不發生、是要民衆覺悟不僅限于鐵路沿線那廣大偏僻地方、也是要希望徹底實行狂犬豫防的接種、（未完）

哈市麵粉
昨年南下總數
計四九四〇五一五

哈爾濱為國內製粉業之中心自去年下半期以來稱為製粉界黃金時代、除供給當地消費外、並進出南滿各主要都市、已達相當之數量、計昨年一年中、本市麵粉經新京南下者、為四百九十四萬〇五百五十袋、經拉濱線及平齊線南下者、為五十萬袋、總計約五百五十萬袋、每月平均約四十五萬五千袋、同時間推定總出產額約一千二百萬袋、茲將麵粉每日南下之數量、列表如下、（單位袋）

月別	數量
一月	二三二、九五〇
二月	二五〇、七一五
三月	四〇五、四〇五
四月	四〇五、四〇五
五月	四七二、二九〇
六月	三一八、〇四五
七月	二三三、四一五
八月	四六六、八三〇
九月	五二四、一六〇
十月	六二一、二〇〇
十一月	四八五、九四〇
十二月	五二四、一六〇
合計	四、九四〇五一五

國立醫院
正式閉鎖

在舊政權時代、哈爾濱百斯篤猖獗時甚為捕滅蔓延計、曾在濱江站北方衛生技術廠內、設立濱江醫院、專為收留患者自建國以來、改組為國立病院民政部衛生司最近鑒於哈市各市立病院整備擴張、該病院無存在必要、由本年一月一日實行閉鎖、十三日午后六時、在日滿俱樂部由哈衛生機關代表二十餘名出席、舉行解散式云、

濱江特刊

第九十六號
盛京時報北滿總支社
社址 哈爾濱道外桃花巷西口
道裡電話六八四七番

醫師法施行同時 着手取締庸醫
滿人庸醫被檢舉者二十七名
庸醫由此可以休矣

哈市之庸醫、充斥遍地、恒有目不識丁者、竟亦公然懸壺問世、致庸醫殺人之案件、叢出不窮、草菅人命、莫此爲甚、在漢醫法及西醫法公佈之同時、哈爾濱警察廳衛生科、爲徹底整頓、以保人民生命安全、而免魚目混珠起見、實行調查市內各醫院、及一般漢醫、其設備完善醫理純熟者、寥若晨星、而不學無術、濫竽充數、或自稱醫學博士、或僞造醫專証書者、大有人在、當依醫師法令、被檢舉之庸醫數達二十七名之多、現經調查哈市西醫漢醫之總數滿人醫生四百〇九名、（內西醫百二十一名、漢醫二百八十八名）日本人醫生七十六名、白俄人醫生四十九名、蘇聯人醫生十二名、德國人醫生八名、土耳其人醫

與全市民總數比較、除漢醫之療法幼稚不足依賴外、每醫生一名、須治療保護市民在三千一百四十三名之數、况醫院之設備完善者無幾、實有缺乏之感、故良醫人材之養成、實爲當務之急、當局爲實施醫師法、擬設法積極造就醫學人材、據統計每年全市之死亡率、約六千名左右、實屬驚人、倘醫學人材漸多、其死亡率或可漸見減少云云、

舊曆年關在邇 滿商營業繁榮
比較前年賣項增加二三成

臘鼓頻敲舊曆年關迫於眉睫、凡滿人莫不準備度年物品、因此滿人之商店遂呈活況、據調查所得、商品中如砂糖棉織物、雜貨等之賣項、與前年度對比、實增加二三成之多、各洋行之存貨、殆如數批出、即滿人之批發商之庫存貨物、亦

實施以來、搖動立基强化、勞動者頗抱不滿之意、農民對於蘇聯之政權、多抱不滿、而本年度又因農產物欠收關係、對於勞動者之給與、尤爲低廉、因此農民對政府之不滿、愈見增大、一般住民在生活上、不能得精神上之裕如、即求生活之安定及向上、當以獲得一切食物爲標準、此爲緊急之問題、現在正在進行研究應用何等手段、始能獲得食品、故蘇維埃政權、由表面觀之、固不敢確定爲如何、但內裡確包藏多數民衆之不滿、在黑河對岸之海蘭泡『比俄奈路斯克亞』街之教堂、每至禮拜之時、謹有少數人前往禮拜、如官公吏及黨員至教堂禮拜、即予以免職除名處分、無教堂附近之住民家中、仍存有聖像者頗多、地方農民幾無不保存者、爲蘇聯地方犯罪最多者、即竊盜社會主義財產罪、幾每日必檢舉多數、並受以嚴重之處分、其中被槍斃者、亦有相當之數目、盜竊社會主義財產罪、每日必檢舉多起、受嚴重之處分、其中被槍斃者、亦有相當數目、所謂盜竊社會主義財產罪者、即因食物及輕工業品之缺乏、蘇勞動工人、由工廠中私自將商品或燃料竊回家中、或有農民將集團農場收穫偷至家中、此即因物資缺乏生活困難之所致、實爲不得已而犯罪者、該當局者、雖全力檢舉、然其結果、犯罪者不但未見減少、反呈激增之勢、蓋民衆莫不自忖與其如此生活困難、因物質缺乏而靜待餓死、則毋寧一齊被槍殺、倘稱痛快也云云、

六月	二九、	一三八
七月	一三、	二四三
八月	一九、	一七五
九月	二三、	二八六
十月	五三、	三一二
十一月	一〇、	二二九
十二月	一七、	一一四
合計	二九七、	二七六
康德二年度計	二九四、	六三六

刑事科努力 搜查兇犯

本月十五日晚、市外任家窩堡、水源地、見務室內、鮮人三名張玉崑、二十三歲、叢建志、年二十四歲、及其兄叢建三、二十八歲、發生慘殺事件、已誌前報、自該案發生後、刑事科及各警察署、極力搜查犯人行蹤中、嫌疑同水源地勤務水野某、當被刑事科逮捕審詢、將其移渡領警、經領警加意調查水野之行動、該[illegible]請假歸國、握有相當証據、正在由國歸來途中間、故將其釋放、查被害者之叢父母駐於東河溝部落、係前科殺人犯、二十二日刑事科、據有力之情報、配佈搜查陣網搜查中、並大嫌疑二名、似潛伏市內馬家溝道裡外等、處刑事科現下在躡搜緝中云、

金定珠家 發生竊案

道外向陽街四十三號、住戶金定珠、年五十歲、於二十三日午前起牀時、發見門戶大開、急檢點物件、始知被賊竊去洋服三套、大氅一件、襯衣等物價格約三百餘元、當即報告該管分所、請求查緝云、

省教育廳
原學務股長拐欵案
問題擴大
檢查賬簿陸續出見弊端
徹底究查恐將牽連前任

濱江省教育廳學務股長原謙一擅動公欵、恐事態暴露先期逃避一案、情形曾見本報、自此消息傳出後、各方對之非常注意、教育廳對於原某前經手之一切賬簿及其他縝密調查、最初認爲被原携走公欵二千元之數、其后經調查結果、竟陸續發見、爲數已達五千元、現該廳爲乘此機會、將廳內加以徹底之刷新、將歷年來之賬簿、再加以詳細之檢查、當特

聘、本年度陸續來滿、着手開發、各方面對之非常期待、惟於開發前途一大障碍之滿洲奇病中之小人病、與移民團一大恐懼、蓋五十年前帝俄時代、亦曾一度向綏稜縣地方移民三千名、因鑑於當地之小人病危險、未幾全部調還他處、致移民之計劃完全失敗、現因醫學倡明、對此奇病、誓必設法驅除、以圖移民計劃之成功、查濱江省管內患小人病者總數達一千九百十一名之多、身高不足四尺以鐵驪縣境內發生爲最多、故此次濱江省公署衛生科箭頭博士、爲徹底講救對策計、除設立診療所外、並以一千四百元之經費、在奇病中心地之鐵驪縣內挖掘土井、以便檢驗水質、認爲該處之水質內含有多量鐵分、故食之日久、手足關節、即行隆起、人之身量亦不能高長云、

滿洲農民之須知
家畜篇
開發愛護村的產業
增進愛護村的福利

【八】

六强直症多破傷風

破傷風是破傷風菌及其毒素乃急性的傳染病、因爲神經系的中毒全身或一兩處抽筋、發現意識障礙、人畜均有被傳染的可是直接被傳染的很少、多半因爲創傷由於土和塵埃侵入病菌而發生此病、在滿洲地方此病菌、芽胞、土壤、染毒是很少的、

第二章　其他主要獸疫

一、牛疫及牛百斯篤

畜產經濟上受莫大的損失、畜產家是時常不斷的傳染病、在滿蒙地方這病是常有、廣大區域縱橫流行、從來關東州內及滿鐵附屬地內像日人經營的搾牛乳場這個病時時的侵入、有時牛都遭全死這樣悲慘的事、病狀、牛疫是牛所獨有的急性熱性的傳染病、原因係有濾過性病毒、不傳染人身、此病的傳染、直接接觸也是有的、然而病牛的糞尿唾液鼻汁乳汁等含有病毒、是很危險、尤其是最易傳播病毒的、是病牛所經過道散步糞尿其中含有毒物、此病受傳染後以直到發病時、謂爲潛伏平均六七天、最初發熱、食慾不振、元氣衰弱、倦怠疲勞、寒冷戰慄、并稍帶咳眼流淚、然此病的特徵是口內粘膜的變化、就是得了病症、口內粘膜上發生潰爛、爛斑生一種臭味、治療法、現在對于牛疫、僅用免疫血清的醫藥、大概都是無効、豫防法、血清及豫防液的注射是很有効力的牛疫的發生在牛圈裏用千倍的昇汞水生石灰水及氯水等施行消毒爲必要之事、尤其是牛疫流行的時候、人畜嚴禁出入於田園、這爲防疫上最緊要的事、

濱州車脫軌
交通杜絕 秩序大亂

二十二日正午十二時五分、由濱州線第一七〇一次列車、由

生二名、波蘭人醫生三名、意大利人醫生二名、合計九百七十七名、按日本內地、每醫生一人平均須治療保護市民千三百人、現在哈市之醫生數目、

未曾有激減、此誠農村之經濟圓滑、購買力恢復增大之影響所致、頗有注目之價值、舊曆年關各商之賬碼收進、亦頗良好、一般滿商、莫不利市三倍云、

蘇聯最近經濟及生活情形

人民咸有生不如死之感

竊盜社會主義財產犯多

蘇聯國內自發票制度廢止後、各種物資、週轉稍爲豐富、但價值比較從前確爲昂貴、除一部份薪俸優厚、及少數家族之人、其經濟生活比較向上外、但一般平民之生活反被壓迫、在蘇聯邦國內、惟『格別烏』最爲優待、所用之被服皆由公家發給、此外如遇事件、每辦理一件、有一定之賞與、其次則爲警署之職員、亦由公家發給被服、但其待遇、頗爲苛刻、下級勞動工人之給與、尤爲微薄、尤其自『斯達哈諾夫』運動

宗教概說

濱江省教育廳禮教科長　蘇正冕

一、宗教之義意

欲研究某種之科學、必首先明其界說、不然於名詞尙未辨清、則於事實易生誤解、惟其定義、每難以隻詞單句、作圓滿確切之說明、茲謹以比較之方法、略爲申述之、所謂宗教者、乃以創造者之意旨、訂爲信條、製成戒律且大都假託一神、使之崇拜、堅其信仰、與所謂教育之教育者、正復相同、其目的皆係使人趨於正軌而已、猶昔歐西各國、教堂即是學校、僧侶皆爲教師、即我友邦日本在明治維新以前、神社之立遍於全國、僧侶譯述經典於國內、學術上有多大之貢獻、且僧侶之地位、較一般平民爲高、迨至科學昌明、宗教與教育、乃截然劃分、但其起始、宗教與教育、固一而二二而一者也、至二者之區別、教育重科學、宗教重經典、教育重實驗、宗教重空談、教育重現在、宗教重未來、教育重身體、宗教重靈魂、教育對於智育德育體育並重、宗教則偏重精神之修養、由此以觀、宗教之特點、即在能利用人民之迷信、以便於籠絡羈縻、使之就我範圍、耶穌、老子、釋迦牟尼、謨罕默德、皆以宗教家見稱、而孔子則反不列其內者、以其所重者人事、未嘗以神道設教也、雖亦時言天命、不過偶然及之、並應另作別解、非如宗教家所云天使天會者比、論語記孔子之言行、則曰子不語怪力亂神、明乎此則宗教之性質爲如何、亦可奐曉然矣、

二、宗教之起源

遠在、初民時代太古之民、渾渾噩噩、無識無知、對於自然界之現象、每驚爲神怪、風何以能撼樹、水何以能浮木、以爲其中必有神力存焉、於是敬畏之心以起、而崇拜之念亦因之而生、此拜火拜物教之由來也、當時人民之信仰宗教、完全由於自動、不必加以勸導也、且其所信者爲多神教、而非一神教、其後年代漸遠、醇風寖微、民俗澆漓、人心險詐、於是有先覺聖人起、別創爲宗教以範圍之、如釋加諸婆羅門之專制也、於是有衆生平等超度解脫之說興、老子睹衆生之營營擾擾也、於是有清靜無爲延年沖舉之說興、基督睹人心之陷溺嗜欲也、於是有修身律己祓除罪惡之說興、惟喇嘛教、回教、以宗教而含有政治作用、然大旨亦不外教人爲善、雖其發源不同、主義不同、而其歸一也、噢咻浸潤、因勢利導、消惡未萌、較諸政治尤易爲功、冥冥中可以挽頹風而厚薄俗、爲國者於此神明而運用之、則於國家之教化上豈曰小補之哉、

三、宗教之效用

治國之道、以維繫人心爲最要、其所以維繫人心之具有三、曰宗教、曰道德、曰法律、宗教者所以濟法律之窮、而補其不足者也、[illegible]之以政、齊之以刑、民免而無恥、道之以德、齊之以禮、有恥且格、此可見法律之力尙不足恃也、蓋以法律森嚴、固能使人生畏懼之心、而不敢犯然亦有存僥幸之心、而希圖漏網者、故條文雖密、而犯者仍多、亦足徵其能力有限、絕不足以繩盡世人、惟遵守道德、信仰宗教者則不然、今茲所論者爲宗教、姑拋卻道德而專論宗教、某一宗教下之信徒、何以犯險危身、而勵行其道、何以刀鋸鼎鑊在前、而不改其節、蓋有所信仰者在也、茲就信仰二字而申言之、信仰者乃前進之吸引力、無異於萬鈞之推挽也、人存渴不飲盜泉之水、飢不食嗟來之食者、彼非不知飢渴之難堪、而何以竟不肯爲、蓋以爲之之苦、更有甚於此者、其所以能如於者則由於信仰力使之然也、若問其所信仰者爲何事、則吾有以解之曰、信廉恥、信道義、信眞理也、彼可榮可辱徒知直從無所信仰者、則不如是也、由是以觀、由信仰所生之力量、其偉大爲何如、宗教之效用、即所以使人堅其信仰者也、且夫人不可無遵守、亦不可無希望、無遵守則放僻邪侈、無所不爲、無希望則如槁木死灰、坐以待斃、宗教者即所以使人有所遵守、有所希望者也、平凡之人、則遵守信條、希望天國、非常之人、則遵守教義信仰主義、其所遵守與信仰雖不同、而其趨於爲善則一也(未完)

鹽 去年度銷售量約二一九七千擔

哈爾濱專賣署管內成績

哈爾濱專賣署鹽務科(前榷運局)去年對於食鹽賣出總數約二十九萬七千擔、與前年度比較增加二千六百四十擔、其中十月份、一月中銷售量達五三、三二二擔、造成驚人之數字、蓋十月正當特產上市之期、農村均各準備各季之鹹菜、三月份亦爲鹹菜之期、銷售量達三九八九四擔本年度推運局廢除實施專賣制度後、其銷售量益堪注目、茲將去年中每月銷售量、表列於下、

月別	數量(擔=百斤)
一月	一八、一六六
二月	三三、五二九
三月	三九、八九四
四月	一九、二五五
五月	二〇、九三五

區時代教育會之費用約二萬元、教育廳管下各學校教職員所組織之互助會之會費等、其用途頗爲曖昧、經此番詳細檢查之後、倘有錯誤之處、即從前之責任者、亦恐將嚴予追究、故從前之一般責任者、現雖退職、聞此消息、大抱恐慌、惟恐弊端一經查出、則難免縲絏之苦云云、

爲研究小人病根源 開始化驗水質

以期剷除移民之敵

省署衛生科之壯舉

濱江省管內之土地、素稱肥沃、年來日滿軍警努力討伐之結果、匪患殆已肅清、負有開發滿洲重大使命之滿洲移民

去年一年中 各火磨生產比較

天興福佔全市百分之二二

日滿佔第二產二四〇万袋

哈爾濱市內製粉工廠、去年度之生產量、頗稱良好、年產總額約達一千一百萬袋、誠爲稀有之增產、各工廠別之年產額、大體如次表所列、其中產量最多者厥爲天興福四工廠、生產約二百七十六萬袋與前年度之百九十七萬袋對比、約增加百分之四〇、佔全市製粉工廠生產額百分之二二、茲將各火磨去年一年中之生產量、分別表列於下(單位=袋)

天興福	二、七五六、九六四
日滿	二、四〇一、六一九
双合盛	一、六三一、三一〇
義昌泰	一、一六一、一三四
裕昌源	九六八、二四九
永勝	九一二、四九一
成泰益	五二一、四九一
慶泰祥	三九七、七一九
益發	三一八、九一三
福安	四八、九〇二
合計	一一、〇一八、六七〇

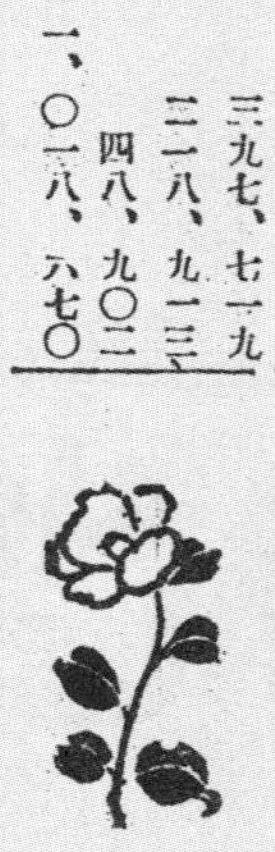

哈爾濱車站發之歐亞聯絡旅客列車、同日下午六時二十分、車抵煙筒屯昂昂溪中間、(哈爾濱起點二百四十九基羅地點)、正向前進行中、因軌道不良、後部連結之三等車一輛、食堂車一輛、突然一大音響、轟然一聲、脫出軌道、幸未顚覆、急報昂昂溪及安達兩站操縱救援列車、急遽馳赴現場、局員徹宵復舊工作、結果二十三日午前七時四十分、復舊開通、一時濱洲路於往復列車交通杜絕、秩序大亂、二十二日下午三時二十五分、由哈爾濱向滿洲里發七〇一次國際列車、遲誤八小時云、

（第三種郵便物認可）

濱江特刊

第九十七號

皇恩浩蕩澤及犯徒 卡斯配案已判決

被告等依赦令均予免訴

關於卡斯配事件一案，前北滿特別區法院會判死刑四名，有期徒刑二名，關經高等法院控訴，於廿九日午後四時半，在高法院第一號涉外大法庭，於山口審判長，原野、上尾兩審判官陪席下審理結果，被告全部免訴，茲將其判決文及山口審判長之談話誌之於下。

▲判決

被告均免訴 事實及理由

荒唐青年

竊去主人衣物潛逃 逃至五常竟被捕獲

道裡外國六道街門牌九六一一號，古物商執事人木村亘夫，柜夥錫卿倩夫，年二十八歲，素日專以務花用柳，揮金如土，以致入不敷出，日久債台高築，無奈債逼，時被債主逼迫，遂於昨日忽起不良之意，將執事之衣服類值價格五百餘元，拐帶向五常方面逃竄，執事人發覺，當即報告領事館，請求代為查緝，據領事館發佈通緝，照會於五常領署，當將犯人在林口逮捕，三二日中即可引渡來哈云。

日人發賣狗肉

被警察逮捕問罪

運在關年 傳頻警匪

山口家被搶

損失國幣二百餘元 日滿警察竭力搜查

日妓逃之夭夭

後藤果是拐帶乎

去年下半期 日滿營業

總額約二十四萬元

哈市各製粉廠客歲之營業狀況，異常活躍，日滿製粉公司去年下半期（自六月至十一月末）淨得純利，總額約達二十四萬元之多，與去年上半年之十五萬元對比，約可激增九萬元，以該公司營業之發展誠不愧稱為製粉資金時代也云云。

宗教概說（續）

濱江省教育廳禮教科長 蘇正冕

四、宗道對於世道人心之關係及我省對宗教應須之態度

……國、卡斯配之汽車、將他二名之婦人、各送各宅、最後向斜皮羅夫人宅入口停止之際、被告先遠力、速由該汽車左側入運轉台、捉運轉手個原力雞爲赤之腕、向同人以所持手槍對之威嚇、向轉運台右側力推抑壓其反抗、奪汽車之把手、隨……被告札依赤也夫、開坐席左側之窗關入車內、向坐席之世迷園、卡斯配及斜皮羅夫人、以手槍對之威嚇、抑制其反抗後、使擔當路上看守任務之被告考迷赤沙連克、同乘該汽車、被告先遠力自行汽轉操縱、到埠頭區高士衛、將世迷園、卡斯配移……被告札依赤也夫、爲監視同乘右二台汽車、卡……相前後同到同市南崗花園街北鐵植物園附近、使世迷園、卡斯配降車、由被告札依赤也夫、及被告考迷赤沙連克兩名由同所護送至濱江省阿城縣所在阿什河畔幽閉監視之、

茲被告麻魯鐵依納夫諾、被告先遠力之所託、同月二十五日向待機中之奔達羅求克及也夫依木、供給大槍三棵、子彈及食糧等、使赴右幽地、翌二十六日、被告札依赤也夫、關於使世迷園、卡斯配寫的交付贖款願書、卡斯配投遞之被告先遠力之向遙西夫、卡斯配投遞之救出款願書、與被告先遠力協議之後、交付遙西夫、卡斯配之際、添付同被告等金錢要求之文書、同日自己作成向遙西夫、卡斯配投遞之要求世迷園、卡斯配之身價金三十萬元之文書、交付被告先遠力伺人、於翌二十七日許同世迷園、卡斯配向其父投遞之前記款願書、一併使當時依被告麻魯鐵依納夫之勸誘、加入一團之昆斯擔金、個羅西克傳達與遙西夫、卡斯配、對同人雖強要該身價金、但同人不肯容易將該金錢交付、故嗣後至同年九月下旬之間前揭被告等將右幽閉場所、或轉移至北鐵東部線阿什河站附近、或轉移至同線二層甸子站北方、一方移動、一方依同前方法前後數回、與前同樣對遙西夫卡斯。配強要身價金、仍然被同人拒絕遷延中被告考迷赤沙連克終陷於極倦怠狀態、於同年九月二十六日申右被告等一團脫退之被告麻魯鐵依納夫及被告先遠力、遂於同年十月九日被官憲逮捕、

然被告恭力其然克、及被告札依赤也等、與個羅西克相謀其後依然一方將、世迷園、卡斯配還於北鐵東部線招蟒站附近之山幽閉監視、一方個羅西克對遙西夫、卡斯配與前同樣強要身價金數回、但亦未能獲得、故其間屢次將要求金額減額、翌十一月五日、已減爲金七萬五千元、同月十一日起、至同月二十三日之間、對遙西夫、卡斯配要求釋放世迷園、卡斯配前支付金五萬元、釋放後支付金二萬五千元、同人對依交付金五萬元、先解放世迷園卡斯配之要求、固不護步、……已、協議之後、決定將世迷園卡斯配解放、然後繼被金錢之要求、同日午後二時過許、因右遙西卡夫斯配頑强態度激憤之個羅西克、與被告等毫無何等連絡諒解、擅自突然以所手持手槍、將世迷園、卡斯配射殺、因而被告等本件據人勒贖之計畫、終於空矣、

第二、被告別子路共克於同年九月三十日、受被告札依赤也夫之僞計、被誘至北鐵東部線二層甸子站附近、於同所由同被告託爲世迷園、卡斯配幽閉監視之援助、而承諾嗣後於前記世迷園、卡斯配幽閉場所等從事於同被告等炊事等之雜役、故依使同被告等前犯行之容易爲幫助者、

擬法律被告麻魯鐵依納夫被告札依赤也夫、及被告考迷赤沙連克之判示、所爲各該當刑法第三百七十一條第一項、及第四十二條被告別子路共克之判示所爲、該當同法第三百七十一條第一項、及第四十四條第一項、被告等右犯罪均係康德元年三月一日前之所犯依康德元年勅令第七號（大赦令）第一條、已被大赦、故依刑事訴訟法第三百十七條第一款、第二百前十三條第三款、對被告等、應各宣告免訴之判決、

基此判決如主文

康德四年一月二十九日

哈爾濱高等法院第一刑事庭甲

審判長審判官 山口氏治

審判官 原野是男

審判官 下尾 榮

哈爾濱牡丹江間 增加旅客列車

決定二月一日實現

年來北滿地方治安逐漸恢復、產財開拓日見發展、兼以土地肥沃、人口稀少、謀生方面、比較南滿各地優越殊多、所以自上年以來、奉省人民移往北滿者、日見增加、截至現在、依然有增無減、此項農民尤以移住新興都市之牡丹江附近者爲多、因是哈爾濱至牡丹江客車、每日行人頗爲擁擠、哈爾濱鐵路局、有鑒及此、乃計劃哈牡段每日增發旅客列車一列、以便輸送此項農民、曾經預定本月二十八日起實行運轉、嗣以種種原因、未能實現、茲悉該局爲貫澈此項計劃起見、故決定改由二月一日開始運轉云、

哈市去年度 土木建築統計

土建會哈支部調查

萬九千元、約全額百分之三九、民間工事建築額約四百六十五萬元、約佔總額一成八分、本年之工事預想數約一千一百萬元之程度、但因軍需品工業之旺盛關係、凡百物品莫不騰貴、故本年度哈市土建事業進行上、不無相當之障碍、故預想本年之成績、不出一千萬元內外之數目、茲將去年各企業者及工事額分別表列於下、

		件數	金額(元)
鐵路局	土木	一三四	一、八〇四、八一三
	建築	二四二	八一七、一六二
市公署	土木	六六	一、六五四、一六二
	建築	四〇	五四一、四五三
國道局	土木	一七	九一五、五六〇
	建築	一	五一、〇〇〇
日官廳	土木	一	五一、〇〇〇
	建築	一五	二〇一、四一五
滿官廳	土木	二	一三一、九三一
	建築	三六	三七一、三八〇
民間		四〇	二四、六四六、三一五
合計	土木	二四〇	四、四三九、五二五
	建築	七三六	六、五八一、六〇一
總計		一、二〇六	一一、〇四一、一二四
前年			一六、七二〇、九一五

日本中學生 訪問教導隊

對滿軍認識更進一層

哈爾濱日本中學校學生三百餘名、於廿七日十一時頃、由該校森田教授領導之下、訪問王兆屯第四教導隊、首由關教導隊長於該校集會所向訪問之學生致詞、吉岡中校亦有『日滿不可分關係及滿洲國軍』之有益講演、其後向各營內見學、正午共用午餐、午后一時、步兵團舉行勇猛果敢之小機關鎗連合戰鬥教練、追擊砲實彈射擊、及騎兵之勇壯機敏乘馬教練、日本中學生經此番見學後、對於國軍訓練之純熟、及新兵器之利用、不勝驚嘆、對於滿軍之認識更進一層、直至午后四時頃、仍由森田教授領導下、滿足歸校矣云云、

山口審判長談啓

『審判官係從良心之命以解釋適用最正當之法律爲其決定任務之法律的忠實之徒』

本件係對蘇聯反革命主義者之白系俄人等、爲籌備其革命運動資金、拉致當哈爾濱市在住一富豪之息世迷園、卡斯配對其父遙西夫、卡斯配强要多額身價金之案件、發生當時、歐洲方面亦受多少之衝動、其有多少之影響、或許國際的判決於種種意義、本法院當此際欲求一般諸民十分認識、本日判決之意旨、同時明瞭理解審判官之正當使命、

就本件北滿特別區地方法院以盜匪案件、將六名被告等中之四名、處死刑、他二名處無期徒刑、當高等法院長以法律之適用不無疑義之理由認有更審判之必要、依暫行懲治盜匪法第六條第二項、命提審本法院、依同法施行法第四條第一項、更爲審判者、

而對前審將案件認爲盜匪、本院如本日宣判之判決、認爲所謂據人勒贖、此犯罪實係應處我現行刑法第三百七十一條第一項規定無期徒刑、或七年以上有期徒期之重罪、斯犯罪縱令如本件被告等所言、由對共祖國舊帝政俄國、不得已之愛國至情之所舉、然限無特別情事、反於以王道樂土之建設、五族協和之確立、爲目標之我滿洲國之建國精神、天人皆不赦之大罪、不待贅言、行爲之動機目的、與其爲遂行之手段、不應全然切離單獨判斷、換言之、動機目的絕不得將其爲遂行所採之手段、全爲正當化、共手段至少觸犯國法之場合、其動機目的、設有以犯罪之情狀、於處刑程度上、多少爲考慮反映、惟其手段之行爲、自體斷不得爲無罪、何况其被害者之國籍人種之別等、當然與犯罪之成否、毫無關係、本件被告等、本來當然照刑法第三百七十一條第一項等嚴重處罰、

然康德元年三月一日、由我滿洲國

皇帝陛下、與民更始之極感激之御念煥發大赦命、（勅令第九號大赦令）同日前所犯之罪、除一定之罪外、悉爲大赦、（同令第一條）而就被告等所幸顧者、被告等本件犯行如既述該、當刑法第三百七十一條第一項、又係康德元年三月一日前之行爲、實得受右優渥之大赦恩典之犯罪也、（同條）因而本院依刑事訴訟法、第三百十七條第一款、第二百四十三條第三款、對被告等爲如本日宣判之判決、

今更顧應明瞭者、即本高等法院斷非以被告等之行爲是、……圖法本、應處以嚴罰、惟依大赦令、所赦不過從同令之命、使被告等受

皇帝陛下優渥之御鴻恩而已、我等以此際此判決爲機『審判官係從良心之命、以解釋適用最正常之法律、爲其決定的任務之法律的忠實之使徒』之一諺、願一般諸氏爲明確認識、

如上所論、對被告等之所望者、自己等深感銘、本件行爲爲紊亂我滿洲國治安之重大犯罪、並且日對我

皇帝陛下宏大無邊之御恩寵捧深甚之感謝之念、萬勿再如本件之謬舉深愼之云云、

增植馬鈴薯

濱江省之創舉

濱江省公署實業廳、對於產業之開發、不遺餘力、向對大豆、小麥之增產計劃、勇往邁進、同時爲期農業經營方法多角化、決定栽培馬鈴薯、由去年以來、對於管內之地質即曾着手、加以縝密之考查、結果管內各縣族之地質對於栽培馬鈴薯、極爲適宜、今春以來積極籌劃、一面向日本內地物色種籽、據調查北海道所產之馬鈴薯、最適宜於北滿之地質、現由該產地訂購種籽三千棵、預定三月前即可寄哈、以便向所屬各縣分發、以資繁殖云云、

滿洲農民之須知

家畜篇 【九】

開發愛護村的產業 增進愛護村的福利

二、牛肺疫及牛之傳染性肋膜肺炎、

牛肺疫是牛疫第二個恐慌病、爲牛所固有的一種傳染病、近代東亞產牛界的一個大問題、此病蒙古偏僻地方是常有的、在滿洲一帶時時的傳染、滿蒙牛往日本輸出上是給一個大障害的病、病狀、患此病者先發熱後疲乏、食慾上嘔乳量減少、漸漸咳嗽乾燥、病勢再加重時、呼吸困難營養衰弱、即時死之、慢性經過的時候、有時發熱咳嗽喘氣現出恢復狀態、還并非是眞好了不過是一時停止、過些日子還有再發的可能性、因爲是有十分的病毒、此病的治療補體結合試驗是爲有効、現下治療、豫防法還未有適當方法、除早期發見病牛撲滅外無有良方、

三、羊痘

此病在滿洲蒙古蔓延很廣、死之率并不甚多、得了此病主要爲羊毛生產上受了很大的影響、給一個莫大的損害、還種羊痘流行、牧羊界時時受莫大打擊、其尤是像美利諾種的改良種抵抗力非常薄弱、對于撲滅一節、滿蒙羊的改良事業上不能不加以最大的考慮、此病與人的痘瘡一樣、其定形爲發疹水疱膿疱等病狀、體溫上昇、呼吸迅速、粘模出血、眼鼻流粘液、食慾元氣非常衰弱、甚至絕氣、毛少地方生出圓形赤斑而最多的地方就是口的周圍、腿的裏面、乳房下邊、尾巴裏面、腹部等處、治療法、無有適當方法、豫防法有効的是豫防接種、

四、豚痘

滿洲的養豬出天花的尙少按最近所發現的昔小豬、多半由傳染而死、或發育上生出障碍的很多決對的是要注意的、

五、豬的虎列拉

豬的虎列拉在滿洲各處是不斷的發生流行、因爲還麼樣養豬家年年是受了豫想不到的莫大損害、在滿洲養豬的對于豬的虎列拉防禦上、是不能準備的、此病的死之率在百分九十……注射、多數得以全愈可謂一大關普、此病病原是濾過性病毒、傘着顯微鏡也看不見、是有很劇烈的傳播力微小的生物體、病狀、潛伏期四五天、最長二三星期、一二三日前體溫上升、（四十一四十二度）急性的熱度繼續上升以直到了死亡慢性的突然熱度上升還有時溫度漸至還原、最初食慾減退、元氣沈悶、結模炎發作、由眼中流出膿樣粘液、初大便秘結、後即下痢、到最後糞中往往帶血流出、如病狀再加重時後身麻痺、到最後不能起立、此病侵入主要處爲肺與腸、所以成了一種肺炎腸炎的合并症、療法、此病以藥治療完全無効、以免疫血清注射非常有効、尤其在病初的時候以血清治療確有驚人之奇効、血清注射後四五日熱度還原、食慾元氣亦復原了、豫方法、豬的虎列拉免疫血清是豫防上最著名的、然而免疫血清豫防期間短促是其缺點、所以要長期的[illegible]作豬的虎列拉豫防注射[illegible]必要的、此病的豫防除[illegible]求衛生外施行以定期豫防注射、惟豬的虎列拉如有一頭先發生病毒即能散布全牧場作很猛烈的傳染、豬的虎列拉病症、表現種種狀態、在最初得病的時候、診斷不出來虎烈拉病、多半都是先肺炎、或大便秘結、然後才發現這病、因爲這病是很難斷定的、所以豬得了病即時隔離觀察、是最要緊的、把那先得病的豬隔離[illegible]病毒即不能散布、再施以血清注射、若這麼樣防豫是很容易收効果的、一旦毒廣病播就是有効的血清也、是很難治的、幷且要用很多的血清、還有一種很好的豫防注射液有六個月豫防的効力、

六、豬疫并豬敗血症、

豬疫可是不像豬的虎烈拉[illegible]猛烈蔓延、是一種單發的傾[illegible]然而此病多由於小豬發生、[illegible]與豬的虎烈拉同時併發、[illegible]的經過先發熱在四十度以上[illegible]然後食慾不進呼吸上喘[illegible]倦、耳旁腹側生斑點、或[illegible]咽喉炎一天前後即死、此[illegible]多數是肺肌炎的病徵、[illegible]及豫防、治療法并無適[illegible]法、不過把病豬隔離、豬[illegible]毒、將死豬及糞燒燬、或[illegible]染外無有他策、然而[illegible]小豬以豬疫豫防液注射[illegible]有効力的、（未完）

縣署招領自轉車

【安東】縣公署、茲據[illegible]呈送遺失自轉車[illegible]輛、請爲招領、該署當即[illegible]週知、限三十日以內、失[illegible]保領取、倘逾期即行拍賣[illegible]

列車三輛脫軌 濱洲列車遲悞

連日因北滿氣候嚴寒、各線路基多被凍裂、鐵軌傾斜、以致列車屢禍事故頻出、哈鐵濱北線三棵樹驛、於前二十九日午後二時五十分爲有旅客車三輛、擬送入車庫作業、在運轉之間、忽然脫軌、致庫內由哈出發滿洲里之七〇一次旅[illegible]車、未能出庫、遲延二小[illegible]久、至同日四時許、始將[illegible]之車輛修理復舊、該列車[illegible]出庫、直至五時三十分、[illegible]哈爾濱出發往滿洲里云、

濱江特刊

第九十八號

盛京時報北滿總支社
社址　哈爾濱道外桃花巷西口
電話六八四七番

康德四年
濱江省管下各縣之預算
總額約八百八十七萬元
較前年約減百五十萬元

濱江省管下各縣、康德四年度之預算、決定按新省地方費法施行、除郭爾羅斯後旗外之二十七縣、本年度之預算總額、歲入經常部約五百五十二萬五千元、臨時部約三百三十四萬五千元、合計約八百八十七萬元、與前年度之歲入經常部約減四十五萬元、臨時部約減三十三萬九千元、合計約減少百四十九萬九千元、歲出經常部約增七十三萬七千萬元、臨時部約減二百二十三萬六千元、合計約減百四十九萬九千元、對於經常部之增加及臨時部之縮減、頗有注目之價值、蓋依地方費法之實施、財源收縮、經費節約之所致也、縣中

安達	二〇、〇〇五	一三五、四二九
青岡	二〇〇、二三三	一三五、五九三
望奎	一九五、九三六	三五三、八八八
海倫	四三三、六〇八	二五五、八九八
綏稜	七〇、五七九	八四、一九七
綏化	三九二、八七一	二四五、三一四
慶城	一二九、六九五	八六、四六〇
鐵驪	一二、〇九六	一一七、四六〇
東興	三六、一八一	七七、三五三
巴彥	三六九、四八八	一七六、三六六
木蘭	九二、〇二八	八三、四九九
延壽	一八九、九七五	一一八、〇五〇
珠河	九二、六八四	二〇二、三一九
葦河	三二四、六五二	一一七、〇〇一
寧安	三五八、七九四	一三一、二六二
穆稜	九七、九七	一三〇、八六五
東寧	一三三、二五二	一九七、〇二一
密山	二九四、七四〇	八二、三三四
虎林	五七、〇二八	一〇七、〇〇一
合計	五、五二五、〇一八	三、三四五、一〇〇

(二)歲出之部

縣名	經常部	臨時部
呼蘭	三六三、二三九	一四九、五六三
賓縣	三一八、三八四	九七、八三二
阿城	二五五、三七二	四八、八〇二
五常	二三八、九九九	七二、七七七
双城	五〇三、〇六五	一八三、五七八
肇州	二三四、八三一	八一、〇二〇
肇東	三〇一、三二九	三五、六八八
蘭西	二三二、三六三	五八、三〇〇
安達	一八四、三二八	二〇、七〇七
青岡	二三六、三八六	八六、四六〇
望奎	二〇一、二六六	四八、七五八
海倫	四〇九、六八九	二七八、八一七
綏稜	一二三、二六八	二一、三〇八
綏化	三九一、四二五	一四五、七六〇
慶城	一八五、三五四	三〇、八〇一
鐵驪	一二六、一二八	一三、三〇二
東興	一〇四、三五〇	九、〇〇四
巴彥	三五七、六六三	七八、九六三
木蘭	一五〇、九二六	二四、五九一
延壽	二三三、六三二	七四、三三三
珠河	二四四、三二三	四六、七八一
葦河	一三六、九一八	二四、七三五
寧安	三六四、〇一〇	一〇六、〇四六
穆稜	二三四、八四〇	三四、〇三三
東寧	二六四、一二一	四六、一五三
密山	三〇一、八六五	七五、二〇九
虎林	一五五、三九九	一八、六七四

各費細目內容

岩入＝國省之補助增大

岩出＝產業關係費增大

各費細目別之內容、各縣合計額大体如次表所示、

(一)歲入之部

經常部稅收入約五百七萬二千元、稅外收入約四十五萬三千元、與前年度比較稅收入約減少百十七萬四千元稅外收入約增加一萬四千元、合計約減少百十六萬元、估全數百分之一六、臨時部繰越金約九十萬二千元、勸業費補助約三十六萬千元、其他補助約百九十七萬五千元、雜收入約十萬三千元、省及國庫補助額合計約二百三十四萬元、臨時部歲入全計百分之七〇、茲表列於下（單位＝元）

	四年度	三年度	差額
(一)經常部			
稅外收入	四五二、六七三	四三八、六〇〇	一四、〇七三
稅收入	五、〇七二、三四五	六、二四五、八二七	一、一七三、四八二
計	五、五二五、〇一八	六、六八四、四二七	一、一五九、四〇九
(二)臨時部			
繰越金	九〇二、六八二	一、七四二、二七二	八四〇、五九〇
勸業費	三六四、八〇〇	二四、六五七	三四〇、一四三
其他補助	一、九七七、三一〇	一、四三五、八三〇	五四一、四八〇
其他	一〇三、三〇八	四八一、三九五	三七八、〇八七
計	三、三四五、一〇〇	三、六八四、一五四	三三九、〇五四

二歲出之部

經常部公費約百六十三萬八千元、營業費約三百一萬一千元、教育費約百三十五萬三千元、勸業費約二十九萬五十元、其他約五十二萬七千元、臨時部土木費約七十五萬八千元、公債費約三十六萬八千元、勸業費約三十八萬三千元、其他約四十九萬八千元、經常部臨時

大胆匪徒
竟敢公然强搶
路人不平尾追捉獲

厘、比較康德元年一月末之標準價格平均騰貴七分八厘、零賣物調查品目計五十七種、比較前月騰貴者十二種、低落者十四種、保持原價者三十一種、平均漲價一厘、比較康德元年一月末之標準價格騰貴四厘、茲將其種類別及騰高低落率表列於下、

批發物

一、穀類及蔬菜類	一〇三、三	一一一、九
二、調味料嗜好料	一〇四、三	九一、四
三、肉類及魚類	九二、七	一二六、一
四、雜食料品	九九、九	九二、一
五、衣服料品	一〇〇、七	一一二、〇
七、燃料	九九、七	八七、七
八、雜品	一〇三、一	一〇五、七
平均	一〇二、一	一〇七、八

零售物

一、穀類及蔬菜類	九九、四	九三、一
二、調味料嗜好料	一九六、四	一二四、一
三、肉類及魚類	九六、五	九五、八
四、雜食料品	一〇一、三	一一三、三
五、衣服料品、		
六、燃料	九六、四	一〇七、五
七、雜品	九六、四	一〇七、五
平均	一〇〇、〇	一〇〇、五
	一〇〇、一	一〇〇、四

以双城之六十八萬六千元爲最高、以東興之約十一萬四千元爲最低、平均約三十二萬七千元之數、前年度最高縣綏化約九十四萬六千元、最低之虎林約十一萬七千元、平均約三十八萬四千元、兩相對比、約減少百分之一四、茲將各縣別表列於下(單位=元)

(一)歲入之部

縣名	經常部	臨時部
呼蘭	三三、[illegible]六	一九〇、〇一六
賓縣	[illegible]二、[illegible]九八	一三、六〇六
阿城	二四七、二八八	[illegible]六、八八五
五常	三五、二一三	九一、六六四
双城	[illegible]九、六〇三	(一二六、〇四〇)
肇州	二〇五、九六七	一〇九、八六六
肇東	二六一、一七一	九四、八[illegible]六
蘭西	二〇五、八七一	八四、七七〇

何物惡徒

深夜投石何爲

警察當局誓破此案

近來市內、迭次發生、夜靜乘人酣睡之際、以磚瓦向門窗玻璃投擊、被害者日人不勝其數、而警察當局、對此等惡戲兇犯、竭力偵緝、終未捉獲、但發生地以偏臉子、道裡、南崗爲最多、據關係方面推測、係竊盜犯所爲、意欲闖入室內行竊、恐被人捕獲、故先以磚瓦石塊投擊玻璃探試、若室中有人、必外出査覡、若投擊玻璃無人査覡、斷定屋內無人、即可闖入行竊、如行竊推測、最合乎情理、於昨十二日、南崗花園街一一號、住戶高森貞藏氏家、午后八時許、窗戶玻璃突被擊碎投入紅磚塊兩枚、同時奉天街市營住宅、後藤某、亦被同樣磚塊、擊碎玻璃、驚惶之下、急外出査覡、未見犯人踪跡、又一方推測、恐乞丐不良份子、每乘主人不在家、以婦人愚弱可欺、乞討時有半強廹脇索金品、曾被拒絕、怨恨在心、取此報復手段、亦未可知、一般市民、經此項威嚇、均感覺憂慮之色、現下日滿警察當局、十分振怒、誓必破獲案件爲止、以不眠不休、夜靜於暗處藏身、偵査兇犯云、

採木成績良好

突破預定數目

哈爾濱林務署管內本年度採伐之成績突破預定之數目、茲將本年度預定伐木量表列於后(單位=石、薪材=古徬)、

林區別	用材	枕木	計
牙不力	一四〇、〇〇〇	二五〇、〇〇〇	三九〇、〇〇〇
一面坡南方大青山威虎嶺	六〇、〇〇〇	七〇、〇〇〇	一三〇、〇〇〇
石頭河子	三五、〇〇〇	三五、〇〇〇	七〇、〇〇〇
合計	二三五、〇〇〇	二五五、〇〇〇	五九〇、〇〇〇

對於牙不力林區因在官方統制指揮下、故其成績頗爲良好、迄至一月末、已經突破預定數量四十萬石、一方集團採伐地區域一面坡南方大青山威虎嶺附近之採伐、由東泰洋行、及一面坡採伐組合負責、約於舊正月間、即可全部完了、向來該地區對於輸送搬運[illegible]區內、已修妥森林鐵路、故對從來輸送上之難題、可以無礙矣、至於石頭河子林區、由哈鐵林業所採伐、舊曆正月間似亦可完竣、該區域因臨近路線搬運上不成問題、又兼本年天假以適宜氣候、降以適量之雪、預料在三月末即可全部完了云云、

部依產業開發五年計劃之實施激急增加、對此一點頗堪注目云云、

巨匪落網

道外南新警察署、於一月二十九日、曾在太平橋署管內捕獲慣匪一名、經審理結果、供述如下、段殿祥年二十四歲、康德三年三月間充當賓縣警察隊警士、因私通胡匪、將警察隊長及副隊長一併鎗殺、將鎗械携走、投入德好幫爲匪、因匪胆過人、且殺人放火兇惡段異常、故被擢升爲副頭目、前後綁架肉票不下二十餘名、得欵數萬餘元、近因日滿軍警勦討甚力、無處容身、乃潛伏來哈、詎料惡貫滿盈爲南新署探知捕獲云云、

調查特產

實收數量

大豆是否減收可以判明爲調査特產物實收量北滿經濟調査所出廻班、定於二月十六日出發實地調査、預定以一個月爲期、經此番調査後、大豆是否減收、自可明瞭、故一般對此頗爲注目云云、

物價節節昂騰

日本商工會議所調査

據哈爾濱日本商工會議所調査、市內自一月末至現在、貨物七十七種、比較上月價目增漲者達二十九種、低落者達二十三種、未漲亦未落者二十四種、漲價者平均貴二分一

日人窮極挺身走險

八日午後二時許、道外昇平三道街三二號、住戶陳靜秋、(二二)偕同趙玉橋、(一八)赴田地街中央銀行領得國幣二百六十元、行經新城大街北透籠街拐角處、道傍立一日人、乘陳不備、猛然一脚、將陳踢倒、上前將欵搶去、逕向市場方面逃奔、當時行人如鯽適爲南市場六五號東合興柜夥劉元執瞥見、當即尾追、該日人見追兵趕到、遂由腰間拔出尖刀迎敵、劉因赤手空拳、未敢冒然應戰、急赴經緯署水道街派出所報告、警長李其然帶同警士數名追捕、經格鬥後、終將犯人捕獲送交經緯署經審詢、據供名山田幸一、年三十歲、係廣島縣吳市中通町二丁目八番地人、二十日來哈、住居道外無定所、近因旅費化罄前奉天浪速通頻行時購得尖刀一柄、以便防身之用、當日午後二時赴中銀見二人攜欵步行故擬行搶、不幸被獲云云、

滿洲農民之須知

家畜篇

開發愛護村的產業

增進愛護村的福利

【十】

七、猪丹毒、

比猪的虎烈拉和猪疫損害最大的就是丹毒、少數人也有傳染的、病狀、丹毒分爲急性慢性兩種、普通所見的是蕁麻熱的病狀就是皮膚生此扁平的斑疹、豫防法、把有病和未有病的猪隔離開、猪圈消毒猪糞燒了、還有新買的猪不要會原來的猪一個圈、暫時於在旁的圈裏要看一看、發病的圈及其附近是要緊急豫防接種這是最好的方法

八、家禽虎烈拉

家禽虎烈拉是禽類最恐懼的家性傳染病、雞鴨鵝鳩孔雀等、外又有玩鳥野鳥也都能傳染着、所以有的時候養鶏的人全有都死的、此病在滿洲各處午行、死的鶏很多、可是在最初死的鶏要早診斷是否家禽虎烈拉家禽虎烈拉的特徵潛伏期很短、流行及經過是很劇烈、并且同時發生猛烈的腸炎及下痢、至於鶏的白斯篤經過很長先搖頭廻脖鼻口唾液可是下痢的很少、豫防及治療、此病發生後急速把病鶏和未病的、鶏隔離開把未有病的鶏、用家禽「虎列拉」血清豫防注射(未完)

濱江特刊

第九十九號

盛京時報北滿總支社

社址 哈爾濱道外 桃花巷西口

電話道裡六八四七番

冬期輸出界之寵兒
北滿之名產雉鷄
因英皇加冕典禮需要激增
市內輸出商不惜交價爭買

雉鷄爲北滿之特產物之一、二十年前引起外商之注目、每年約七十萬隻之出口、輸向歐西各國、一躍而成冬期輸送界之一大出口貨、當本年輸出期內、各輸出商紛紛向沿線各地爭先恐後購買、情形頗爲繁忙、爲北滿運輸界、放一異彩、北滿之各產雉鷄、經水陸兼程、運往歐西、作碧眼黃髮兒之食料、當舉著下咽時、憶及北滿雉鷄群飛於銀色雪地之大自然中之情景、頗有深遠之興味、當一九二六年間、哈市各英商、受輸出成功之刺激、至一九二八年、輸出商增至五家、每年中輸出約三百萬隻因至歐洲銷售風行、故輸出量與年俱增、或經由西伯利亞陸

本年五月間、在英國倫敦舉行之英皇加冕典禮、預料英國之消費量、比較例年勢將增加、然北滿之雉鷄生產以去冬之嚴寒及去歲之多雨、減收三分之一、大有供不應求之勢、故以哈爾濱之市價比較、往年九角之優良雉鷄漲至一元七角左右、預料五月加冕時之市價將更見暴漲云云、

正陽署設檢問班

正陽警察署、謀警備強化、直發生不祥案件、對於犯人搜查敏捷起見、特設立檢問班及遊動檢問班、一旦發生事件、決不使犯人脫逃、緊急搜查、施行方法、現已決定、該緊急搜查法共十九條、其中十八條之區別、分爲第一種、第二種、第三種、第一種如殺人強盜及放盜火災等、第二種其他交通違犯衛生、第三種微細之犯罪云、

公益和運輸店
聚賭被捕

二時頃、正在賭興方酣、熱鬧之際、正陽署多數警士、以迅雷不及掩耳之敏捷手段、將該號包圍、一時人聲嘈雜、秩序大亂、奪門而逃者、計四五十人、當場捉獲者、計韓樹聲以下十七人、搜去賭資國幣六千餘元、將賭徒及一般賭徒、連同賭資賭具、一併帶署、現在嚴押審理中、將來如何罰辦、一般頗爲注目云云、

以七十五萬元資金
改良小麥等籽種
同時擴充各地農試場

產業開發五個年計劃第一年之本年度、實業部對於農畜增產、分別進行、對於具體計劃、現正着着研究中、惟與哈爾濱有直接關係之農事試驗場之擴張及充實案、決將實行、以圖發揮其全能力、同時在北滿所謂穀倉地帶之克山、佳木斯等處之農事試驗場、亦將加以擴充、對於農政方面、將以農業組合結成爲主眼、對於

醜態百出、不顧羞恥、希責任當局、加以取締以維風化云、

都市計劃
座談會

哈爾濱都市建設局、以解氷期迫、故於二月二十日下午三時、在南崗日滿俱樂部、開催都市計劃座談會、當日參加出席各關係代表者、約二十餘名一般對於都市建設計劃、各有意見陳述、市當局今後關於都市建設、必更有一番特別發展云、

逃至台灣
終難脫網

新安埠安國街、門牌九十五號、岩田喜助之友人浦田干夫、年四十九歲、賦閒其家、於一月三十一日下午十一時、乘家人外出之際、竊取岩田之現款百五十元、潛逃無踪、待岩田歸宅發覺、始知被其拐逃、當即至領事館報告、請求搜查、據報之領事館、向全國中發出通緝令後、於十六日在台灣被台北南警察署員將其逮捕、現已通知哈市日領署云、

關於此案、有重大嫌疑現下正在嚴重審詢中云、

滿鐵第三次
慰問班蒞哈

【哈爾濱】滿鐵本社、爲慰問北滿各地日本軍及從事員、派遣之慰問使第三班郡山理事及多田地方課長一行、二十四日、乘亞細亞號來哈、豫定二十五日赴昂昂溪齊齊哈爾方面二十六日赴綏芬河、更於三月四日、前往拉濱線五常方面各地慰問云、

安全地帶
竟不安全
市營大汽車
在道裡肇禍

市營乘客大汽車、六四六號、司機張繼維、年三十二歲於昨十九日午前七時、由道外向上號駕駛、車抵道裏地段街、交通信號塔安全地帶鐵欄杆拐角時、因躲避通行中之洋車、不料操縱速度、迅速、一時掣止不靈、致將安全地帶左邊放置待雇客之洋車夫李澤長、年四十三歲、及洋車一併被撞道旁、同時將鐵欄杆與鐵練撞折、洋車被撞得落花流水、洋車夫頭部受有重傷、血跡模糊、不省人事、當時車掌與司機、見肇禍、驚惶之下、措手無策、適被崗警瞥見、急赶至肇事現場、將受重傷之洋車夫、以小汽車送至市立醫院應急手術救治、水道街分所備文將肇禍司機送署懲辦云、

妓女嫖客
烟館消魂
警察不作美
捉到官裡去

蓄芳里三等妓館福樂堂、搭住妓女鳳喜、現年十八歲、有客孫某、彼此頗爲要好、雖欲夜渡、復無資金、二人密議之下、於昨晚十時頃、以吸食鴉片爲名、偕赴附近蓄芳樓鴉片零賣所、假一塌橫陳、噴雲吐霧之機、實行消魂、事不湊巧、偏爲南新署檢查烟館所遇、一雙狗男女、羞愧難當、跪地求饒、鐵面無私之警察不容分說、連同蓄芳樓之經理某一併帶署聽候罰辦矣云云、

國防婦女會
第一回總會
廿日盛大舉行

滿洲帝國國防婦女會、哈爾濱支部、第一回總會、於昨日廿日午前十時至午後五時、在南崗大直街鐵路俱樂部莊重舉行矣、蒞席者除國防婦女會所屬各分會會員一律出席外、並有各機關主腦亦踴躍參加、茲將開會秩序錄下、

一、開會致詞、二、皇居遙拜、三、向國旗敬禮、四、合唱國歌、五、朗讀宣言、六、表彰狀授與、七、會務會計報告、八、代讀本部之祝詞、九、來賓致詞、十、講演、十一、向國旗敬禮、十二、三唱萬歲、十三、閉會致詞、十四、餘興、十五、解散云云、

滿洲農民之須知
家畜篇
【十一】
開發愛護村的產業
增進愛護村的福利

然後在把病鷄用血清注射治療這是最好方法、至於緊要的豫防法把未有病的鷄隔離、死的鷄及排泄物焚燒埋藏、鷄架及一切的用品完全消毒、還有由此病流行買來鷄、應和原來家中鷄隔離開、最少要隔離一星期以上、再者此病流行的時候鷄不許外人來往到鷄架旁邊

九、百斯篤、

這病潛伏期間二三日到了一星

按戶抽丁、編組修道、省費收功、殊爲得計、而各保甲牌長公德之心、亦可欽仰、當經該廳、請准省署警務廳、擇其修路有功者、均頒給褒獎狀、以資鼓勵、頃於月之十五日發訖云、

已作到營業名標

【西安】西安縣公署警務局保安股、股長王鑑璞將該股應

路、抑經由大連水路分別輸送、

北滿一帶雉鷄產生地、厥以濱綏線地帶爲最多、狩獵方法、大體利用網羅、雉鷄之多寡、以氣候關係時有增減、蓋夏期、正當雉鷄護育及繁殖時期、如雨量過多、足以影響其生育、翌年之雉鷄自必減少、多輸出商每於雉鷄上市之際、派員分赴各地向獵戶直接購買、本市輸出商全爲英商如礤巴魯進商店、卡多若商店、表苦思商店、卡勞錄我路大商店、不羅道苦也苦斯保魯魯道鄉牙苦母巴呢出口公司、等五家、

搜出賭資六千餘元
捕獲賭徒十有七名

舊曆入正以來滿人多以賭博爲消遣之工具、不獨傷財廢神、且賭爲盜源、古有明訓、故警察當局、嚴厲禁止、雖然三令五申、緣相延成習每至舊曆正月呼盧喚雉者到處皆是、更有不逞之徒每假此以爲牟利良機、聚賭抽頭、一夜可得三四百元、一二百元者不等、故警察當局對此、亦深加注意、道外北四道街公益和轉運公司、數日以來、即招集多數賭徒、賭要牌九、呼么喝六、聲達戶外、賭徒出入、絡繹不絕、聲勢所播、遠近皆聞、爲正陽警察署奪知、乃於日昨廿日晚十云、

保稅會議
市署招集關係方面開催

保稅倉庫設立以來、對於倉庫側之方針、尚有多數未能澈底明瞭者、故利用者亦未能達到理想之成績、市公署、爲使一般人徹底明瞭此旨起見、於昨日午前十時、在該署新會議廳、招集市內各關係方面開催保稅會議、當日出席者、計有稅關、哈爾濱站、日本商工會議所、國際運輸會社、輸入組合、市公署商工科、及其他滿人輸入商店二十餘家、研究種種具体問題、市方方述保稅倉庫設立宗旨、乃爲商家之便利而設、希望充份利用云云、

私烟舘變成野妓窩
責任當局盍取締之

女子李雲香、年十九歲、濱江人、現住於道外西門臉、大同公寓九十八號、素性浪漫、引誘一般流氓追逐其後、污言穢語、不堪入耳、傷害風化、莫此爲甚、康德三年、曾充當道外南三道街大觀樓鴉片零賣所女招待、後經警廳澈底取締、雲香即閒於家中、並染有阿芙蓉之癖、生活日漸困難、由此終日潛入各私煙舘、以燒煙賣淫度生、所得無幾、僅足糊口、近來突然結識道外純化街、同樂花店院內、鮮人老崔之私舘看燈老白、可謂市井流氓份子、窮極生瘋、奇想天開、合謀之下、雲香自稱某機關秘書之姨太太、經老白介紹煙客及宿客、得利均分、不料雲香藉此果然紅極一時、大有應接不暇之概由此老崔私煙舘一躍而變爲妓舘、現下一般聞香捧臭者、擁擠非常崔某私煙舘一日收入不下二三十元、雲香感激老白之介紹得到豐優之收入、故由白某遂意躊躇、

編輯餘墨
（醉雷公）

自安東滿洲舞台空前慘案發生以來、全國官民受刺極大之衝動、換言之、亦即予以極切實之教訓、回憶事變前吉林永吉影院之慘案發生當時、各地之公共娛樂場之主管當局曾一度緊張、將於各娛樂場之建築及設備上、稍加注目、詎日久生懈、劇園雖有一二太平門之設置、但雖設而常鎖、不過用以搪塞官方耳目而已、一旦遇事、形同虛設、而官方對此、亦不過問、至於建築方面之不合法、更無人理會、雖報紙有時以先知先覺之立場指摘之、官方視若耳旁之風、摟束認爲故意與其爲難、殊不知多數人之生命繫於此途、試觀哈市之戲園、除華樂之建築比較完善外、其他各戲園、莫不因陋就簡、偷工減料、不但遇火不救即上座擁擠、最易傾塌、責任當局、如不以安東滿洲舞台爲前車之鑑、哈市亦難保必無同樣慘事之續出、總之、安東慘案、死者固不能復活矣、然此八百餘人之犧牲、如各地尤甚哈市之管理娛樂場之責任當局、能以此爲儆惕、使市內建築不良之公共娛樂場、迫其完築、其設備不完善者、使之改善、俾今後絕對不能發生與安東同樣之慘禍、其八百餘人犧牲之代價、亦謂爲有功與後人矣云、

具体案近將決定、本年度將以七十五萬元之預算、購入日本小麥、水稻、大麥、亞麻等原種、經由濱江省當局向管內各縣分佈、以期農業增產計劃之早日實現、對於此種詳細具体案之作成、各方面頗爲期待云

紙烟銷路增加
較前年增五百餘万箱

因特產物價格之暴騰、農村之經濟、遂呈圓滑、購買力亦因之增大、哈市烟草製造、去年度因農村需要增加、銷售量有意外之好成績、自去年一月以至年末之十二月底、製造量爲五千 四百八十五萬七千餘箱、稅額二百六十三萬七千三百三十八元、前年同期之製造量爲四千九百八十四萬餘箱、稅額二百四十八萬四千九百餘元、兩相對比、約增加稅額一成、數量與稅額比較、出品多而稅額少、蓋出品中多屬下級烟、亦即農村所需要之下等烟較多之故耳云云、

韓人烟舘被搶
朴某受鎗傷頗重

香坊警察署管界、草料街、門牌五十九號、住戶鮮人朴瀛州、年五十歲、以開設私煙舘爲生、素日稍有積蓄、致惹匪人注目、於昨十九日下午八時許、忽然闖入年約三十歲上下之滿匪二名、進屋聲稱吸煙、朴某因顧主來臨、亦未他疑、正在招待之際、一匪突由腰中掣出手槍、一匪搜查朴之腰中、朴因不捨腰中十餘元之國幣、遂大呼有匪、致觸匪怒、轟然一槍、子彈由肩背串通、朴某應聲倒地、鮮血淋漓、二匪乘機、大肆搜[illegible]、[illegible]一斤及煙份等共約損失八十元之譜、待匪逃走後、始報告香坊署、一方叫來救急車、將朴送至市立醫院治療、該署急遽總出動、佈陣緝捕、亦無所獲、於二十日午前、將中國七道

期就發現、勁物得了這病精神不振、食慾不進、元氣喪失、或好睡眠、兩腿癱瘓、行步艱難、此病的傳播烈、死亡率很高、對於養鷄的是受了莫大的損害、豫防法、對於此病還未有適當的血清及豫防藥的治療、因之用一種消極的對策把死鷄焚燒、鷄架消毒、以斷絕禍根、至於新買的鷄更要十分注意的、（完）

消火栓竟凍裂
石頭道街以南成澤國
急遽修理後翌晨恢復

日昨午后六時、道裡日人密集地之田地街、買賣街角之消火栓、因天氣嚴寒關係被凍破裂、水瀉如注、頃刻間附近一帶之街道、變成汪洋澤國矣、同時石頭道街以南之地段街、買賣街、田地街透籠街一帶之住戶約三千五百家立感水荒、甚至因食水斷絕、食飯成爲問題、市署上水道科、得到此項消息後、急遽派遣工人赴現場積極修理、翌晨始行恢復、市署上水道科、以月來上水道鐵管屢次發生此等不幸事故、頗爲焦慮、究其原因、不外包工者建修時在去年冬期、於嚴寒天氣中、工事方面未免有不備之處、故待春暖之後、解氷之時、傾塌之處難免發現、故水道科對此不良之處、理宜徹底修補、以免市民之煩言嘖嘖云、

梨料附近
天然痘捕滅

濱江省管內梨樹鎭、附近一帶、於本月七日以來、忽發現天然痘、蔓延迅速、濱江省公署衛生科、箭頭博士、爲謀澈底捕滅天然痘之傳染、急遽赴現地調查、協同縣當局衛生係員、督勵防疫、實行種痘、周圍被種者達五千餘名、結果天然痘現下業已捕滅、箭頭博士、公畢於前日歸哈云、

褒獎修路有功者

【佳木斯】本市老城街道、除中央大街、差強人意外、餘皆凸凹不平、灣曲失度、每屆陰雨、幾成澤國、交通苦之、警察廳有鑒及此、前於客秋間責令市內[illegible]

行取締之營業如、飯館理髮、社各種賣肉、妓館等營業、一律規定營業名標、係鐵質燒磁、釘於門首、一望而知其種營業此、種營業名標、聞已作到、不日即行發放云、

森山參事官抵任

【延吉】新任延吉縣森山參事官、擬定今十九日午後、乘京圖車蒞延抵任、各關係者接到該氏抵任之訊、均擬屆時齊站迎迓、

又訊本縣參事官笠原喜佐武氏、自奉到轉任奉天梨樹縣參事官之命令、即將移交手續整理完竣、擬定廿一日就履新之途云、

搶刼犯次第被擒

【延吉】馮廣福日前被匪搶刼後、彼即呈報警憲、警廳據報、即派員驗查被搶情況、由秋元警務科長、率同搜查股緝密緝查結果、昨十八日在平陽甲捕獲崔郭二匪、經嚴重審訊之下、二匪供認搶刼馮宅不諱、並供同夥李某現潛伏新興村集團部落、秋元科長聞訊、當乘載重汽車、至匪潛伏地、將李某捕務、並逮捕同謀犯一名、據匪供稱所搶之贓款、由其同謀犯携之潛逃、警廳現派兵藤巡官協搜查股密緝餘匪中、

別宮廳長往新京

【安東】安東省公署別宮總務廳長、爲協商火災善後措置、乘二十一日正午發〃光〃赴新京、

濱江特刊

第一百號

盛京時報北滿總支社
社址 哈爾濱道外桃花巷西口
電話道裡八四六四七番

與農村經濟有關之 當舖之營業況狀
九月以降當者少贖者增多
大興公司哈爾濱支店調查

自新穀上市以來、特產物之價格騰貴、故農村之金融好轉、北滿沿線各地之當舖、自九月以降、贖出者激增、當入者日見減少、是証各地之經濟狀況、日見好轉、迨至十二月以來、因値舊曆年關之關係、贖出者稍見減少、茲據哈爾濱大興公司支店調查、所屬當舖總數達一二八家、總貸出額約六四七、〇一〇元、總贖出額約八九〇、一二九元、比較前月、貸出約增加六、四八二元、贖出約減少二一八、〇五九元、以上所述、蓋爲季節關係、茲將各地當舖家數及貸出贖出金額大体表列於次、（單位日元）

	家數	貸出	贖出
哈爾濱	四七	二九二、一四六	三八〇、四五一
齊齊哈爾	一七	九三、六三七	一二六、一三〇
寧安	一三	三三、九〇一	二八、七四五
綏化	八	六四、二六五	六七、〇八一
佳木斯	六	三〇、九三三	四〇、八六二
阿城	六	二九、〇六九	三五、一六〇
海倫	四	二五、七七〇	四五、九五五
呼蘭	四	三二、八七六	四二、七四七
巴彥	四	一九、三三七	三〇、九六〇
望奎	三	一一、六三九	一六、八三三
依蘭	三	二〇、七三三	三六、八四九
富錦	三	二三、九〇一	二九、四四八
拜泉	二	一七、一三六	二三、五五三
西集廠	二	七、〇九七	一〇、〇二〇
慶城	二	八、九〇四	一六、四六四
一面坡	一	一五、九四八	一、三六四
訥河	二	四、七七〇	五、三六八
安達	一	七、四五二	八、四〇二
黑河	一	一一、七七〇	一一、四七四
計	一二八	六四七、〇一〇	八九〇、一二九
前月計	一二九	六四〇、五二八	一、一〇八、一八八

馬家溝 一場火警
損失千數百元

香坊警察署、盧家街分所管內、馬家溝公治街門牌十一號德昌永雜貨舖、經理鄧昌俊、年四十二歲、山東掖縣人、經商有年、積有相當積蓄、雜貨齊備、不料於二十七日午前二時許、突然由電線走火、燃及房屋、並雜貨等物、當時雖竭力補救、因風助火勢、轉瞬燎原、繼則以電話通知第一二各消防署、待救火車赶到、已燃燒過半、經消防署員奮勇撲救結果至午前六時六時、始將火撲滅、燒失平房三間、及一切雜貨等、共損失國幣一千四百餘元、幸無傷害生命、聞該號在美國花旗保有火險一千二百元云

去年北滿紙類
銷售額約二百萬元
比較前年約增加二成五分

北滿一帶因文化程度之向上、人口增加關係、紙類之需要、亦與日俱增、去年度賣出額約二百萬元、前年度約百五十五萬元、兩相比較、約增加二成五分、其中以印刷用紙銷路爲最多、約佔全部份之三成、次爲包裝用紙二成五分、雜用紙二成五分、和紙二成、

七〇噸、前年同期入庫一、五七八噸、出庫一、四二四噸、比較約入庫增加三三〇噸、出庫約減少三〇〇噸、棉絲布約一、二五六噸之入庫、呈未曾有之激增、一月份之入庫數及各品別、表列於下、

品名	入庫	出庫
白米	一一	—
精米	一八五	—
其他雜穀	一	二
砂糖	四一	五
食料品	五	一六
紙類	二四	四〇
棉絲類	一、二五六	七三二
麻袋及麻絲	一四〇	七五
其他合計	一、九〇一、	七

去年秋季以來、特產物交通網整備之結果、由產生地直接運輸遂見發達、因此哈市國際運輸之入庫立受影響、遂呈減少、一方因農村購買力增加、故棉絲布類達二五六噸、佔入庫品中之最優位云云、

張德進喜新厭故 金淑元遇人不淑
積蓄騙去竟別戀他人
圓頭發覺乃要求離異

道外承德街、吉興東洋臘臓子莊、經理張德進、年四十二歲、掖縣人、生性荒蕩、專以尋花問柳爲能事、去年六月間結識道外北三道街、萬昌盛鴉片零賣所之女招待金淑元、綽號圓頭、最出風頭、曾紅極一時、並有四五千元積蓄、因此惹得張某垂涎三尺、以假慇懃之面具、進攻不息、結果由去年九月、達到姘居目的、由此双宿双飛、各私煙館、時發現其二人踪跡、不料張某日久生厭、近來又結識著名野妓胡秀蓮、前在廣德樓充當招待之小喜子、三人出入各私煙館、形影不離、詎知事不湊巧、被金淑元窺破、大發雌威、並向張某强索充招待時期之積蓄、以便脫離關係、張某將金所積蓄之欵項、早已揮霍無幾、自知理缺、無法償還、張現下託友人從中調解、今後決改前非、依然要求夥度、但金態度十分强硬、至于將來能否和平解決、容訪再誌云、

日滿	二八〇
双合盛	二〇〇
天興福四廠	二〇〇
同 二廠	一七〇
永盛東	一〇〇
其他計	三、一九三
前旬計	四、二二五

愛路思想向上 襲車案漸減少
八木段長視察歸來談

水上警務段、八木段長、爲調查哈爾濱富錦間自動路線上之匪賊狀態、以使樹立有效之根本對策起見、前曾單人獨己向松江下游而行、躬親調查、現已終了、業於二十三日返哈、對於此次視察結果、談話於下、對於路局長途大汽車之迭次爲匪所襲、乘客間有被匪人綁架者、警務段對此、非常憂慮、努力講究根本之對策、但本年之匪患雖多、然比較往年尚稱減少、蓋一方因警務段員之一齊努力警備、一方亦依賴下游沿江之居民能一致協力護路、其愛路心、日見向上有以致之也云云、

千葉君勇哉！
受傷瀕死追匪不止
匪雖一時脫網足令胆寒

二十六日午前〇時三十分頃、道外大新五道街日用洋雜貨商店日人千葉榮治（二七）家、突有滿匪二名闖入、手持板斧、向千葉之後頭部連砍三斧、深及骨髓、千葉當即昏倒、臥於血泊之中、二匪進屋、大肆搜索、無何千葉復又甦醒、出匪人之不備、期欲逮捕、匪徒胆怯、未敢應敵、乃分頭奪門而逃、千葉氏竟不顧一切、捨生忘死、雖血流如注、亦在所不顧、尾隨二匪之後、竭力追趕、行經富錦頭道

方各不相讓、實有一觸即發之勢、一般觀熱鬧者、人山人海、幸經好事者從中出而調解、一場風波始告平息、究竟孰是孰非、議論紛紛、噫若度量衡制度普遍實施、豈有此項醜聞云、

北黑電社拐欵案
全案俱已判明

道裡買賣街北黑電氣會社、櫃夥佐藤鐵三郎、由去年末曾拐帶公欵一萬二千元、潛逃無蹤、待責任者發覺後、急報領警、請求搜查犯人、領警當即向各地發出通緝會、迄今消息仍然沉沒、而北黑電氣會社亦以五百元懸賞逮捕犯人、於本月二十二日突由奉天註名國納山松者、年二十九歲、向北黑電氣會社哈爾濱支店近藤昇三郎寄來一函內稱如能使電寄來一百五十元、便告知佐藤之匿所云、該會社經理人見此怪信、立即報告警察、一方通知奉天警察署搜查發信之人、一方派司法係濱田部長、前往緝查、結果將國納在日本旅館逮捕、解送來哈、經嚴重追詢、供拐帶之佐藤現匿於名古屋方面判明、而國納竟意在窃盜詐欺、前科四犯、暴露昨年七月由東京市ヶ谷刑務所出獄後、流落滿洲曾在某地電氣支店勤務、被開除後、以來以沿線主要都市、無所不爲、現下正在繼續追審中云、

都市建設局
將建新舍

哈爾濱都市建設局、自去年以來、即已着手建設新陽區（舊正陽河顧鄉屯）爲理想的住宅地及文化街市、積極建修道路及上下水道工事、該處之發達頗堪期待、現因都市建設局之廳舍狹窄、不敷佔用、將在該處建築新廳舍、以便遷入、業經自治會開會、將原案通過、本年六月頃、即將開工建修云云、

救濟安東罹災難民
哈市捐欵八百元
各機關當仁不讓

十三日夜安東城內滿洲舞台發生未曾有之大火災、葬身火窟之觀衆七百三十餘名、其他罹災者六百餘名、對於死者之幽魂、及生者之悲痛、仁人之士、莫不表示同情之感、中央恩賜財團普濟會頒賜國幣之千元、經新京社會事業聯合會已交付安東省公署分發被災各家庭、以爲慰問、哈爾濱特別市社會事業聯合會當仁不讓、急起募集慰問金、大體規定於下、道裡商會二百元、道外商會二百元、紅卍字會二百元、慈善總會、三十元、社會事業聯合會五十元、道德會濱江省總分會、二十元云云、

消費量哈爾濱市內約佔九成、市內滿人需要者約佔六成、學校諸官廳及哈市之日人需要用約佔三成、其餘皆銷售於沿線及農村方面、由此足證農村生活程度之低下、因去年年末物價暴漲之影響、一月末比去年末印刷用紙二成、包裝用紙五成、就中和紙因原料不足關係、比前年十一月末暴騰十一倍之程度、去年迄至現在、尚勉强保持原價未動、以環繞之情勢觀測、將來仍不免有騰漲之趨勢云云、

自行車被誰偷去

南崗阿什河街、門牌三號、日人雜貨商執事人荒木義範、年二十六歲、於二十七日下午八時、發覺後院內放置自行車一輛、不知何時被賊侵入竊去、價值國幣三十餘元、立至該管警察分所請求搜查犯人云、

國際運輸倉庫
出入貨物調查
棉絲布呈未曾有之激增

哈爾濱市國際運輸倉庫、一月中之入庫貨物、達一九一〇噸、出庫一、一一七噸、前月入庫、一、七九九噸、出庫一六四〇噸、兩相比較、入庫約增加一一〇噸、出庫約增加四

一月下旬
特產積存量
大興公司哈支店調查

據大興公司哈爾濱支店調查、自二月二十日至現在、哈爾濱市內大豆、小麥積存量、大豆約五九五車、與前旬比較約增加八十六車、小麥約三、一九三車、與前旬對比、約減少一、〇三二車、玆將各家積存量列下、（單位—三十噸）

一、大豆

義昌信	七五
上號	六〇
車店	五〇
同茂昶	四五
永盛東	四五
三泰棧	四〇
顧鄉屯	四〇
義增信	三五
協昌仁	三五
其他計	五九五
前旬計	四九九

二、小麥

三泰棧	一、〇〇〇
益發合	三八〇
天豐東	三四〇

後、竭力追趕、行經富錦頭道街、匪人見追至身旁、掄斧照定千葉氏砍來、千葉氏奮力掙扎、斧砍身上、幸未成傷、匪人乘隙轉入大觀園內而逃、千葉氏當即急赴道外日本警察派出所報告、日領警得報、立即與滿警連絡、張佈非常警網、嚴密搜查、結果捕獲嫌疑犯一名楊殿仁(四三)因言語支離、當即帶署、嚴加偵詢、查千葉氏當傷重瀕死之際、仍能勇敢追捕匪徒、其果敢英武、實令匪人膽寒、亦實令人欽佩云云、

協和會宣撫四鄉

【佳木斯】滿洲國協和會、三江省本部事務長古田末二氏、對於協和使命、宣德達情之責任、席不暇煖、以進行之、雖在寒風凜冽之時、毫不挫折、於新春休假、燈節歡慶之時、乃派部員劉少松、赴鶴岡礦廠、宣講王道精神、甫歸之後、尚未過燈節、又派劉部員與萬部員興家、赴湯原縣四鄉宣撫、概湯原一帶、匪氛不靖、人心不純、如施以王道樂土、安居樂業之訓練、必能收功云、

建國五週年紀念感言
哈爾濱警察廳長　于鏡濤

吾人當生辰那一天、因何必須要慶祝、只爲人自出生起始、身體之發育、一年比一年健强、知識之增長、一年比一年完全、以及學業事功、莫不與年歲而俱進、所以誕生的日子、是永遠不能忘的、一個新國家的成立、亦是如此、滿洲建國、經過五載帝制實施、已閱三年、所有一切建設、均樹立完好堅固之基礎、考查成績、一年有一年之進步、一歲有一歲之成功、以言軍備、則編制陸海軍隊、裁汰老弱、訓練有方、各處匪患、次第肅清、更提倡防空、實地演習、預防空襲之患、俾人民皆有禦敵之知識、以言財政、則開發產業、以闢利源、國庫盈餘、度支充裕、以言吏治、則澄淸司法、禁絕風潮、以言民政、則整頓警察、編練保甲、地方治安、已經確立、以言交通、則完成鐵路網之計畫、廣設電信電話、以便利行旅、而靈通消息、以言教育、則推廣學校、力謀普及、以言實業、則豁除苛稅、體恤商工、貸款春耕以紓農困、舉凡士農工商、皆得各安生業、居此王道樂土、莫不感恩戴德、歌頌昇平、然建設偉大之功業、尚在逐漸進行方興未艾、正宜向前努力、回想去年四月、德國首先與我國成立通商協定、最近意國復有正式承認我國之趨向、足見我國之發展、大有蒸蒸日上之勢再去年七月、蒙友邦日本帝國已實行撤廢治外法權一部、並於本年內實行其全部撤廢、及滿鐵附屬地行政權之移讓、以完成獨立國家之面目、益增光榮、使日滿兩國人民、在滿洲國內、同其權利義務、休戚利害得以平均、因之兩國人民、精神更形協和、感情益加親密同心合力共任國防、連絡外交、於政治經濟一切事務、設定永遠不可分之關係使吾東亞民族、立於世界競爭場中、能以發揚精彩、可見前途之希望極其遠大、吾人之幸福、有加無已、故每年逢此良辰、應同想過去之成功、並努力將來之進取、永作勝利之紀念、

買主小販間發生爭執
因度量衡關係

哈爾濱市新度量衡制度之實施以來、一般小販、依然多使用舊秤、因秤小不關係、與買主間時常發生爭執、於昨二十六日、下午四時許、有一賣白菜小販、担菜沿街叫賣、至道外十四道街、勸業商場大門前、有一年約三十餘歲之滿婦購得白菜十斤、見小販仍使舊式秤、向其質問、是否足斤、小販慨然答應、敢保十六兩、該婦將白菜携至家中、亦以自己所有之舊式秤稱之、計十斤菜相差一斤二三兩餘、買菜之婦人、不覺大怒、遂外出、對小販口出不遜、對菜人聲明小販容心欺騙、而小販堅不承認、同時並言該婦人專使大秤、婦人聞言、更覺火上澆油、擦掌磨掌、意欲動武、變

土木局鋪墊馬路

【佳木斯】樺川縣土木局、以負都市計劃之專責、對於市內新舊道路之修築、不遺餘力、玆鑒時交雨水、南風吹襲、冰凍道路、漸次融化、尤以中央大街爲甚、交通苦之、且在燈節遊人如織之時、殊爲憾事、當於廿一日起、以大汽車、載大量沙石、一方由警察廳傳諭保甲、通知兩旁商戶、各出工人、鋪墊門前馬路、限三日完工、以利交通云、

圖佳線添設郵局

【佳木斯】三江省內、轄縣十四、以開化落伍、郵務一項因欠發達、年來隨人口增加、又友邦數次移民、郵務之擴充實爲當務之急、哈爾濱郵政總局、近鑒圖佳鐵路、已開始營業、沿線之赤豐鎮、灘南營、又爲日民屯墾之區、前有之代辦所、對於郵匯包裹、皆不能受理、殊有不便、決自三月一日起、改爲三等郵局、以副日滿人士之渴望云、

建設樺湯間
長途電話

【佳木斯】湯原一縣、地居山林、胡匪充斥、民不得安、固經友、我軍警不時痛勦、與協和會之忠誠宣撫、惟地調人稀、防禦力弱、仍有醜類擾亂之閒、當局爲周密防止計、故由靈敏消息着手、頃開樺川湯原兩縣署、爲切實聯絡、暫借電電會社、橫江高線、北岸由竹簾起點、南接大來岡警察署線杆、再通至樺川縣署四鄉長途電話機、此後兩地雖隔百里如有警報、消息靈通、救兵一二小時可達云、

嚴防時疫天花

【安東】省公署玆以節屆春令、寒暖無常、正爲天然痘及時疫流行之時、爲防患未然起見民衆健康、特通飭各縣當局應嚴加注意、並設法豫防、以免發生不幸、而保民衆健康云

濱江特刊

第一百一號

盛京時報北滿總支社

社址　哈爾濱道外 桃花巷西口

道裡電話六八四七番

爲確立新村制度 成立村制指委會

濱江省關係職員爲中心各方代表構成

今後之活動頗堪注目

濱江省公署爲確立新鄉村制度、前曾組織指導委員會、該委員會、以濱江省內關係職員爲中心、及特務機關、第四軍管區、哈爾濱鐵路局、北滿經濟調查所、中央銀行、協和會等之代表者而構成、以爲新鄉村制度實施之最高指導管理機關、關於日常之實務、由幹事會管理、對村制確立指導大綱由省長指導監督之下(一)村區劃之調整指導、(二)村制確立指導員並村務員之養成指導、(三)農村實態調查之指導、(四)農村經濟之調查研究(五)管下各縣巡廻指導等事項、鄉村制之內容係與舊保甲機構對比制制之組成、該委員會之運

幹事塚原經理科長、楊文書科長、瀧行政科長大塚財務科長、郭土地科長、高野土木科長、谷口警務科長、若林司法科長、上間特務科長王衛生科長、吳保安科長、齋藤督察官、田中學務科長、蘇禮教科長牧野農務科長、傳三商科長、箭頭技佐、常務幹事、中澤總務科長、大塚財務科長、谷口警務科長、若林司法科長、牧野農務科長、有澤事務官、佐藤事務官、長尾事務官、劉事務官、登事務官、王事務官、大伴事務官井澤技佐河村技佐、後藤視學官、深澤屬官、吉原屬官、月建技士等云云、

濱江省管內 家畜調査

農耕馬增加十一萬匹

▲家畜別

牛	八〇、三四三頭
馬	五五三、八六四頭
騾	六三、一七八頭
驢	二七、五四一頭
豚	一〇六八、二二八頭
山羊	四、四八五頭
緬羊	三〇、〇〇五頭
合計	一、五三六、三八七頭

▲各年別

康德元年末	一、七七七、〇四二頭
同　二年末	一、六七一、三五七頭
同　三年末	一、八二七、六四四頭

此外雞數爲百五十三萬六千三百八十七隻、去年度約減少二十萬隻、

康德元年	一、六二九、八〇〇
康德二年	一、七三三、一五〇
康德三年	一、五三六、三八七

省署召開 警務會議

濱江省公署、擬於本月十六日至十八日三日間、在該署會議室、招集管內各縣之警務機關代表者、警務局長及首席警務指導官會議、現正積極製作議案中、二十九三十兩日間、

郭禮年家 爲匪光顧

近日以來、市內搶盜案件、不時發生、警察當局、幾乎不眠不休、活躍警備、匪人胆大包天、依然敢乘機蠢動、於昨馬家溝中和街、又發生一匪闖入室內、手持木棒威嚇、茲將其經過情形探錄如下、

香坊署 管界、馬家溝中和街、門牌五七號、住戶郭禮年(三〇)黑龍江省人、現充濱江省公署屬官、數日前、奉上峯命令、赴延壽縣等處出張、尚未返歸、遺妻董桂芝、年二十三歲、于昨五日午前二時許、正在酣睡之際、忽聞門外有人叩門聲急、桂芝疑其夫出張公畢返宅、急起身披衣下床開門、未待將門開啓時、匪徒業將門板踏破而入、面部塗抹黑色、狀頗驚人、桂芝見狀、驚恐萬分、見其手中持一木棒知非善類、因屋內窄狹、亦無處躲藏、匪將桂芝捉住、以木棒向其恐嚇、桂芝無奈、由腰中掏出國幣十五元、交與匪人、該匪亦可謂知足、得欵即時向外逃走、桂芝被嚇、[illegible]多時始至分所報告被搶云、

實業銀行將出現

哈爾濱貯金信託會社、以滿洲國領事裁判權之撤廢爲契機、擬將原來之機構加以改革、同時增加資本、設立新銀行、數月以來即在具體計劃中、昨日午後二時、該社曾召開股東總會、關於現在之貯金信託會社之增資改組、愼重討論、結果決議由現重役及股東武田思造氏等七名選爲新銀行創立委員、該委員等負責請求新銀行之許可、及定欵之作成並其他諸般之準備事宜、新銀行之名稱爲滿洲國籍股份有限公司哈爾濱實業銀行、資本現在之二十萬元收入四分之一(五十萬元)新股票每股五十元、由一般公募、在哈中之一般日本中小商工業者、由來受金融之逼迫、今後或可稍見緩和、故各方面對之頗爲期待云云、

迄至二月末日發送量約二千八百二十五車、(七萬六百二十五噸)各主要站積存量約五百五十車、(一萬三千七百五十噸)總交易預想量約三分之二運輸出口(單位=二十五噸一車)

地名	輸出額	積存欵
克山	六五五	八〇
安達	七五〇	二五〇
滿溝	一八〇	五〇
泰安	八二〇	一〇〇
海倫	一七〇	三〇
小蒿子	二五〇	一〇
其他……		三〇
合計	二、八二五	五五〇

陸軍紀念日 哈市盛大舉行

防護團擧行閱團分列式

日昨十日爲陸軍紀念日之佳節、事前軍部及各方面對於種種之紀念行事、準備週詳、尤以去年結成以來基礎着着鞏固之哈爾濱防護團、分團及特殊防護團總員約五千名、當日總動員、擧行莊重嚴肅之結成

增、二月末現在各輸入商之交易數量如次表所列、總計約八萬七千噸、本年度之收穫預想量約十二萬五千噸內外、尚未賣出者約三萬八千噸內外、現在市價、安達每布特一元九角程度、爲最高價、十月以降迄

松花江治水問題 具体業已經作成

地質調查二月間完竣

總經費五千五百萬元

蜿蜒數千里之松花江、予交通、產業及經濟各方面、以多大之利便、哈爾濱都市之所以繁興、多利賴焉、諺云『水可載舟亦可覆舟』有利便亦復有害、每當夏季、松江一旦氾濫沿江居民損害頗大、就中尤以大同元年之水災、總損失額達二億八千萬元之多、康德元年度之水災總損害額亦達一億七千五百萬元、故由此以觀、松江之治水問題、實爲滿洲建國以來最重要之國策、政府當局及各關係方面、莫不研究具體防水辦法中、此次土木局之新設、對於松花江之治水問題擬成具體計畫案、各方對之頗爲注意該縣體案之計劃、擬在松花江沿岸、築造水閘八處、當夏季雨量最多之際將水閘閉鎖、以江水之氾濫、迨冬期將水閘開放、放出適當之水量、現在正在愼重考究中、至於八個水閘之建築地點、現已派專門技師赴沿江各地開調查、預計本年三月上旬、即可調查完畢、預定總預算爲六千五百萬元、定爲五個年之繼續事業、該治水計畫完成之時、曩昔之水災大慘劇可以永遠不再發生、北滿之居民、莫不期其計劃之早日實現云云、

新江泉總動員 大鬧迎春院

剃頭匠逛窰子被壺兵毆打

黑衣八爺出頭始找回面子

用及將來之活動、各方面頗期待云、

入委員長關省長、副委員長結城總務廳長、委員澁谷警務廳長、梁教育廳長、孫實業廳長、貴民政廳長、井田協和會濱江省本部事務長、顧問安藤哈爾濱特務機關長、鄂哈爾濱鐵路局副局長、關第四年管區顧問、鈴木中央銀行哈爾濱支行總經理、小川北滿經濟調查所長、幹事長中澤總務科長、

濱江省公署實業廳自本年一月以來、施行管內各縣之旗家畜調查、最近漸見完成、據該調查牛、馬、騾、驢、豚、山羊、緬羊等七種類、總數爲百八十二萬七千六百四十四頭、比較去年之百六十七萬一千餘頭、增加十五萬六千二百餘頭、其中增加最多者厥爲馬匹、增加十一萬頭、當此農耕馬不足之今日、有此好現象、實爲一般所注目、其他如牛增加八千頭、騾增加七千頭、驢增加三千頭、山羊增加二萬九千隻、緬羊增加二千餘隻、際茲畜產開發實施之今日、將三年來畜產數比較列之於下、

預定召開管內各縣縣長會議、業已通知各縣準備提出議案、該署本年度各種施政事業計劃方針、既經確立今後即將見諸實行矣云云、

市內批發商
去年總賣額
＝九千二百萬元＝

據市公署商工科調查、去年一個年間、哈爾濱市內之日本商店、共計四百四十二店之輸入總額達八千八百八十七萬二千二百二十三元之鉅額、因滿人側之繁盛、批發商頗爲得利、共販賣總額加以前年之存貨共達九千一百八十五萬九千一百六十六元、收買額約三百二十萬元、市內販賣總額、約占百分之八十五、地方占百分之十五、哈市號稱五十萬市民、其經濟力之强盛、頗惹一般之注意云云、

廚夫偸食黏糕
被噎當即斃命

天地之大、無奇不有、私竊食物者、被噎死實屬罕聞、道裡竟發現一廚夫竊食日本黏糕被噎斃命、玆將其經過情形、探錄如下、道裡中國十二道街門牌四七號、日商前田石器店廚夫呂鳳岐者、年四十五歲、奉天營口人、於昨五日下午一時、在廚房竊食黏糕、恐被人瞥見、當時狼吞虎嚥、未得嚼碎、將黏糕堵塞咽喉、一時不能下腹、又不能吐出、故被黏糕噎死、待執事人發覺、早已氣絕多時、身臥廚房地上、雙目瞪睜如牛、執事人不知因何、廚夫突然而死、當即報告分所、一方招請區川百院勘驗、始知生前確無病災、由其咽喉發見黏糕、尚且堵塞、故知被黏糕噎死、通知死者之長女呂桂珍、認屍領埋云、

一周年紀念、由蓮沼本部隊統監、施閱將統率、于副團長指揮之下、舉行盛大之閱團分列式之同時、並舉行防火大演習、際玆春風煦煦之天氣中、頗呈一時之壯觀、

▲閱團式＝午後二時在道裡石頭道街地段街拐角處整列完畢、二時二十分、於樂聲悠揚裡受統監之檢閱、

▲分列式＝當閱團式終了後立即向地段街、田地街以南、舉行分列式、樂聲悠揚、步伐井然、沿石頭道街、轉向道裡公園沿途作示威之遊行後而解散矣云云

蘇子交易狀況
日本需要激增
銷路尚稱旺盛

本年度之蘇子交易、因美國之蘇子油消費稅實施關係、一般推想、自必疲萎、幸軍需工業之興隆、日本內地之需要激

貧女遽成富太太
茶役變爲入幕賓
一對下賤貨全都不要臉
遺產之害！少妻之害！

田向前原福厚長之財東經理也、造福厚長荒閉後、創辦山林公司、大發厥財、積資不下三十餘萬元、在道外十六道街及升平街各置樓房一所、不幸髮妻故去、遺有二女、長名玉梅、次名玉蘭、均未成年、田因中饋乏人主持、乃經友介紹安達站尹某之女爲續絃、此前民國十四年間事也、尹氏原籍樂亭人、後隨乃父遷居安達、乃父在糧廠充當把頭、尹氏每日在糧廠揀豆爲生、一黃毛丫頭、一旦成爲富家翁之太太、亦云幸矣、于歸後、夫婦間情感尚稱融洽、逾年生一子、無何、田染病不起、遺尹氏偕前妻之二遺女度日、住昇平三道街之自宅、有賈某者、隨田十五年之茶役也、田故後、仍服務於其家、賈亦樂亭籍、與尹氏有鄉梓關係、且以其隨田有年、尹氏每加以青眼、詎知久而久之、一雙鰥夫寡女、竟發生曖昧情事、初則陳倉暗渡、繼竟棧道明修、延至今日不知者儼然認爲正式夫婦矣、田某生前之衣冠、均爲賈某所承受、凡田宅一事一物、均須出決於賈、田之故舊知之者莫不切齒、

前房之遺女年齒漸長、人事皆知、尹氏每視若眼中之釘、故不加選擇、草草遣嫁、長適某澡塘財東賈某之子爲室、過門後尚稱不惡、次女玉蘭、適佟某爲室、過門後、因玉蘭受過中等教育、頭腦新穎、而佟某係舊式家庭、每恨遇人不淑、平生不幸、且幼時每爲尹氏所虐待、體本怯弱、於是過門後未逾月、竟憂慮成疾、一病不起焉、長女玉梅知其繼母之行爲、輕不歸省、於是尹氏與賈某竟無忌憚而明舖明蓋矣云、

至三月末買收量大體如下表、（單位＝二十五噸）三泰棧九百車、日滿六百車、三井三百五十車、三菱三百二十車、佐賀三百車、須藤二百七十車、高岡一百車、福田二百五十車、福昭二百車、其他二百車、合計三千三百九十車、

一月份哈市製粉量
約百十六万袋
因適值舊正出產減少

哈市製粉界、一月份出產百五十五萬袋、樹立新記錄、頗惹起各方面之注目、但二月中正值舊曆正月之閒月、銷售量減少、玆將各工廠之生產量、輸出量、及市內販賣量表列於下、

工廠別	生產量	輸出量	市內販賣
日滿	三八〇、〇〇〇	三四〇、〇〇〇	二三〇、〇〇〇
天興福	一七四、〇九二	一四三、〇〇七	二四、三七九
同支廠	九一、七二五	七〇、〇六三	｜｜｜
双合盛	一一四、五二二	四九、五二三	四九、六六八
義昌泰	一〇〇、二七八	四六、五五九	二八、〇五四
天興福四廠	七三、二七三	七二、四五〇	一一、三八七
同支廠	五三、一〇一	九二、三四五	一、一二五
成泰益	四九、六五八	一三、六〇八	二、一九五
三泰棧	六〇、〇〇〇	｜｜｜	｜｜｜
裕昌原	六四、九三五	三五、四九〇	一三、五八〇
合計	一、一六一、五八四	八六三、〇四五	三六〇、三八八

因成泰益工廠正在修理中、故中止工作、同時其他各工廠亦因庫內積存之貨物過剩、故預想二月份之出產量不過百二三十萬袋之譜云云、

電電買收
双城電話局

電電會社哈爾濱管理局、依本社之既定方針、對於管內之私營電話局之收買及合併努力進行中、頃聞双城之私營電話局、以一萬五千元之代價、收買妥協矣、數日前營業課之書記代理局長、電話係比田事務員及本社會計課渡邊事務員等赴双城、折衝一切手續、諒正式接收之期已迫於目前矣、其名稱仍以双城電話分局呼之、局長一席、聞由該局局員韓玉璋氏代理、似經內定矣云、

道外新江泉理髮匠董某南方人、現年二十六七歲、生得面如粉團、頗稱漂緻、每於公餘之暇、時作北里之遊、下賤妓女、每以其面孔姣好、多欲近之、原蓮香班現已從良之妓女雪痕、曾與要好、以六十元之代價、爲董製西服一襲、當時鬧得滿城風雨、盡人皆知、走馬章台者、每以此引爲話柄、嗣雪痕從良、董某陷於失戀之苦境、日前偕同夥三數人、至圈兒裡迎春院、呼小玉上盤、當時小玉見其西服革履、氣宇軒昂、固不知其爲誰家濶公子也、當與周旋、董以爲小玉或爲雪痕者流、乃要求夜渡、頻行時交夜渡資國幣五元、表示堅決之意、俾小玉勿留他客也、迨董等去後、龜兵中有識董者以事告小玉、玉計窘、已經收受定金五元、如何拒絕、經研究至再、最後有元緒願奮勇、來時則以武力解決、未幾董果至、正上樓間、與元緒正打照面、未容分說、三拳兩脚、將董某打得鼻青眼腫、跌下樓來、一時蝦兵蟹將、紛至沓來、可憐董某衆寡不敵、甘受欺辱、抱頭鼠竄、逕回澡塘、以事遍告同事、於是惹起該塘全體之大怒、當即全員出動、不下四五十名、由董某率領之下、打到迎春院、該院之蝦兵蟹將聞訊、知事態擴大、各自溜之乎也、迨董某等趕到、將妓館包圍、遍尋元緒、並無踪影、只得悻罵一頓、憤憤而去、翌日有某翻譯者、出爲調停、未果、適有黑衣八爺至該塘沐浴、因主顧關係、頗爲熟識、董以事相告、並求設法找面子、黑衣八爺聞聽此言、頗抱不平、以爲妓館欺人太甚、約定晚夜大鬧迎春院、以爲董某找面、斯晚果至該院、偕同董某將元緒尋獲、飽以老拳、一個個蝦兵蟹將莫不嚇得屁滾尿流、元緒長跪於董某之前、苦苦求救、嗣經某二爺出爲調處、一場風波、始告結束云云、

濱江特刊

第一二〇號
盛京時報北滿總支社
社址　哈爾濱道外　桃花巷西口
道裡電話六八四七番

本年度航運預想
減收一百万元以不工避免
貨物積散地之哈市將轉佳木斯

濱當去歲開江之同時、依關係當局之善處、將北滿之大河川之江捐、水道捐、全部撤銷、使航運界立呈明朗化、一方依日滿軍警、不眠不休之討伐、使治安較以確立、特產物之價格昂騰、農村之經濟漸次恢復、因此航運界亦收到良好之影響、故航業聯合局、當開江之初、乘客、貨物等[illegible]呈未曾有之[illegible]、總收入達四百五十萬圓之多、造成[illegible]有之新記錄、但本年度、因[illegible]航業聯局本年度之收入[illegible]可[illegible]之事實、[illegible]注意[illegible]以貨物集散地中心之哈爾濱、不免將[illegible]、而佳木斯[illegible]國年[illegible]、北滿各河川之[illegible]、貨物及乘客、大豆約九十萬噸、將中將減少百分之六〇、至於度減少、一万乘客數目亦將減少、故運費既又低減、故難免有百萬元之減收、似屬無疑之推測云、

慈善總會　理監會議

哈爾濱慈善總會、於十四日上午十一時、假道裡商會、招開康德四年度第一次理監聯席會議、各關係機關法團代表多數出席、首由會長報告康德三年度會務狀況、經討論關於本年度事業進行計劃案、及本年度經費籌集暨收支概算、此外關於該會事務之整理及籌建電影戲院收益提串該會事業經費以西洋服皮鞋兩工廠合同希議追認等案、均有所討論云云、

田地街與八站間
縱斷大路
六月中動工九月間竣工
數年來之懸案今始解決

道裡外通行馬路、係石頭道道線路通過問題、發生難關、自南馬路之一途、每當濱洲線列車橫過時、所有車馬行人、均須停留、靜待列車去後、始能放行、對於時間上甚不經濟、對於秩序上亦頗混雜、尤其是危險萬分、市公署道路科、有鑒於此、去年以來、迄至現在、關於此問題、正與哈爾濱鐵路局間、進行種種協議研究中、頃聞兩者之間之意見漸趨一致、待本年解冰後、即將在該處鐵道線上架設鐵橋、市民多年以來感覺危險不便之道裡外通行大路、不久即將圓滿解決矣、架橋工程、鐵路局改良科之手、六月中旬即行動工建修、預定九月上旬即可竣工、工程費約七萬元、由哈爾濱特別市公署及哈爾濱鐵路局兩者間各負担半額之三萬五千元、橋樑長四十八米、橋脚兩個、鐵橋之下開闢四十米之道行人道路、道路中間為車道、兩側為行人[illegible]路之上矣云云、[illegible]今年秋間市民即可通[illegible]

二月份　家畜交易狀況
頭數：五千三百二十六頭
金額：二十七萬九千餘元

市立家畜交易市場、二月中之家畜交易額、總頭數五千三百二十六頭、金額二十七萬九千八百八十八元四角、比較前月、稍見減少、但與前年二月對比、增加五萬二千餘元、蓋因為[illegible]之[illegible]、利用市場交易者增加之故也、茲將各種畜類別探錄於下、

[illegible]

力不足之狀態比較、稍見緩和、但一般農戶受去年之教訓、本年度難免不抱恐懼之心、必作未雨綢繆之舉、結果工價自必比較前年度稍見騰貴云、

田中理事昨日來哈
日蒙協會理事田中満次郎

農事育成場
新設兩種畜場

哈爾濱鐵路局農務科、自改稱哈爾濱農事育成場以來、其組織設備上、大加擴充、並設置綜化、自家兩種畜場、向畜產事業本格的邁進、蓋畜產事業、古滿洲國產業開發五個年計劃中最主要之部門、本年度對於事業範圍既加擴張、家畜之繁殖、比較例年增加一倍、計羊三千隻、豚二百口、向沿鐵路線之各愛護村配布、此外如牛、鷄之繁殖育成、尤特別注意、家畜疾病之預防等、亦嚴厲施行云云、

北滿產米　與年俱增

事變以來、日本人、人口激增、滿洲國之米穀需要、亦因之增加、自康德元年以來、朝鮮米之輸入、逐年增加、去年因滿洲國內之產米激增、朝鮮米之輸入頓見減少、一兩年後、恐將有過剩狀態、即事變以來、來滿之鮮農在各地經營水田者日多、產米收獲量、年年三成左右之增產、前年之收獲量、突破百五十萬石、按照近數年來增產之情形推測、開發之進展、農事之改良、一二年後、不但可以自給自足、且有過剩之望、惟現在土產大米、品質風味、不及鮮之佳、故上層消費酒造米、依然使用鮮米云云、

航業聯合局
召開本年第一次
理監事會議
討論運費改訂事項
及人事整理各問題

縫紉公會　定期改選

波蘭橫走之哈爾濱特別市縫紉同業公會、前任會長陳澤亭、原擬以此為剝削同業之工具、詎成立後、惹起同業多數之反對、彼此間鋒芒相對、遂至鬧成興訟、笑話叢生、因之會務無形中只好停頓、近鑒於四週空氣之惡劣、不得已甘願拭目以待可矣、[illegible]之方針、是否仍按前任陳某之作法、殊有注目之價值、吾人無從臆度、但其將來會務進行選會長、將來究竟鹿死誰手固召集全体會員大會、並舉行更午十二時、假道外商會樓上、以名利兼收、聞定於二十日上莫不四出奔走、以期當選、可心家、或作會長發財之迷夢者長一職立成逐鹿之目、一般熱掩旗息鼓、退避三舍、於是會

道外十二道街
發生慘殺案
六十餘老翁飲彈當時身亡
原因不明當局正在嚴查中

道外南十二道街、住戶傅國恩、年六十四歲、呼蘭人、為已故房產家傅紹五之令尊、素日患有瘋火症不料突於昨十日下午五時卅分頃、有滿人三名、前往租房、當由傅國恩出外接洽、結果因索取房錢、以致引起租房人之怒、當由一夫略身着棉袍者、由腰中掣出八音手槍、向傅面部射去、但聽砰然一聲、槍彈正中傅之腦部、應聲倒地、即時死去、當被其堂侄傅景堂瞥見、方欲呼喊、則該人又向傅景堂射擊一槍、傅景堂因見該人舉槍乃行迴避、結果槍聲響處、傅景堂之後頸部、亦被槍彈射穿、雖非致命之傷、但傅景堂因負傷亦即昏迷倒地、該兇犯等三人、乃乘機出門、向西逃走、同時該管內保甲排長劉郁文、聞得槍聲、急忙跑至現場看視、則兇犯早已逃去無蹤矣、

為不可避免之事實、預想今秋之生產能力、必大見激增、預想日產可達十三萬袋、年產三千萬袋、國內總銷費額、分十之八為自給、而北滿製粉現在之能力、如次表所示、工廠共計六十八家、日產九萬八千袋、萬四千八百袋、副產物之麩子生產量、一日一

北滿一般製粉現勢（單位袋）

地區	工場數	日產
哈爾濱	二〇	五四、六三〇
濱北線	一三	一一、四〇〇
齊北線	六	二、八八〇
濱洲線	五	六、二八〇
濱綏線	七	六、〇九〇
松江流域	一二	一三、七〇〇
黑河愛琿	四	一、〇六〇

未來因□□改其他關係、□□保持去年之輸入量七萬五千噸、□□□□製□可□成之減少、□於市間輸送及木材等、將極

鑑及此、去年以來、即議由許公路英國街縱斷八站之綜合公園前直通道神之一大幹線道路、近因八站與田地街間之鐵

市內道路網 整備計劃

預算工程費三十万元

市公署工務處道路科、鑑於解冰期迫、積極準備市內道路網整備實施計劃、除多年成爲懸案之田地街與八站間之鐵橋工事(見另條)外、道外方面之五道街、十六道街、長春街、北新街、太古街、延爽街、均將加以改築、顧鄉屯香坊間之已設線路亦加以改修、並行場至香坊車站間、新闢馬車通行道路、郊外赴阿城、双城、呼蘭各縣通行放射線六條改修、均預定於本年夏或本年秋間先後完成、工程費大體爲三十萬元云云、

救濟哈市油坊策

減低豆油之運費

改正豆餅之運則

滿洲國產業開發五個年計劃實施之同時、在滿之各種工業、本年度已示不倍的發展時期、製粉業因時局之時代、預想必更見活況、惟與製粉業駢立與產業開發上有絕大關係之最大農產物加工工業之油坊業、近年以來、日漸衰落、哈市油坊業現在開爐者僅不過六家、日產豆餅萬枚以下、營業狀況極度不振、前途不容樂觀、各方面近來對於救濟油業瀰引起注目及關心、市公署及各關係機關、對於油坊業之復興策、目下正在積極研究中、特產中央會、爲根本救濟油業起見、特設滿洲製油工業振興委員會、已於十二日在大連召開第一回委員會議審情會見前報、查大連油坊雖云不振、但日產仍有六萬枚左右、而哈市日產僅一萬枚以下、兩相比較、益見哈市油業之衰微苦況矣、至於其主要原因、大体不外以下之二端、哈市油房所需原料之運費、向依遠距離之運費待遇、始克與大連油坊相爭衡、自運費改正后不合採算、此其主要原因之一、

大連油坊之出品、可以直接運向日本內地及台灣、華南一帶、但哈市油房之出品、除利用特定運費運向北鮮外、其輸出台灣必須經由大連、輸出華南、則必須經過營口、加以北滿及南滿遠距離之運費、自不可能、僅可輸出北鮮之一途、況日本內地、年來因受硫安之壓迫、銷路不振、故哈市油坊自然陷於衰落狀態、此其主要原因之二、依以上之二大主要原因、故哈市油坊業比較大連油坊特別不振、如欲復興哈市油坊業、必須將以上之二大原因改正、以爲救濟哈市油坊業之核心、希望當局者對此加以注意云、

本年農村勞工 比較去年增加

去年度因農村之勞工及苦力不足關係、勞工之工價暴騰、當時產業開發途上與北滿之農業一大障碍、本年度春耕期迫、各方面對此頗爲注意、綜合各方面之觀測、大體如次、

去年以來由南滿及華北方面、經由各鐵道、向北滿移住之農業勞働者、去年一年間、約有二十萬人、本年入春以來、一二兩月中、經由京濱線過哈爾濱站向三江省方面移住之滿人勞働者、幾達一萬之衆、入三月以來、尤見激增、每日多至八百名至一千名、加以經由圖佳線、拉濱線、平齊□線、三月末東北滿之勞働者最少亦須過五萬人、迨春耕期之四月末、只少可有十四五萬人北上之期待、以濱北線及其他各地、去年春耕當時農業勞働

食鹽銷售量

較前年減六成五

哈爾濱專賣署管內、二月中之食鹽銷售量爲二一、八七二袋、金額爲二八八、三八三元、比較前年同期之三六、〇二八袋、約減售六成五分、蓋一月一日、專賣制度實施後、鹽價大減、一般以爲乘機積存、以圖取利、故一月份銷售激增、而二月份銷售反減、此其重要原因也、茲將各地銷售量表列於下、(單位袋)

地別	數量
哈爾濱	一一、四三五
五常	一、五二〇
雙城	一、五一五
豐樂鎮	二一九
滿溝	一、二〇〇
安達	一、八六五
海倫	一、八七〇
綏化	一、九一八
一面坡	三三〇
計	二一、八七二
前年同期	三六、〇二八

哈爾濱航業聯合局、於昨十三日下午三時、在該局會議室召開本年度第一次理監事聯席會議、出席者、有理事長□東、會議長周培炳、(哈爾濱鐵路局長)常務理事兼總經理立川巖介、監事長于喜亭、常務監事中川四郎、及各理事監事經理等共計廿餘名、其討論議案之主要者、大体如左、

一、運費改訂關係事項、

一、新編以佳木斯爲中心運費率、

二、遠距離的減運費、

三、貨物等次改訂、

二、人事整關係事項、

一、人事權之範圍、

二、分科規程改定、

此外並有哈爾濱航政局、請求補助船員養成所所舍建築經費、及其他小範圍之新規事項、均由口頭討論、並無議案、至於議決案之內容、因係草案、尚未經船東大會之認可、故而暫時不能發表云、

劉□□見已發生人命、乃急至管界崇儉街警察所報告、警所據報後、除派人嚴緝在逃之兇犯外、並電知南崗警察署、該警察廳刑事科、派員前往檢驗、結果判明兇犯並未拾去財物、依實際情形觀察、兇犯並非因租房口角而槍殺者、又非行搶者、故前爲確認係因仇所致、抑有其他原因、至於究竟是否、如此抑有其他原因、聞警察方面、正嚴重調查中云、

日滿製粉 股票募妥

日滿製粉公司之資本金、由二百萬元、一躍而增至一千萬元、消息曾屢載本報、其中之新股由日本內地及滿洲公募、應募總數二十七萬股、股票價格比原價漲出七元八角、至日前一十日已經全部募妥、定於二十日徵收第一次股本、日本內地資本之進出滿洲、由此日滿經濟將益趨密接、頗堪惹人注目云、

三三〇

双城扶餘　二一、七二〇二六〇

合計　六八、九八、五八〇一四、八六〇

經濟調查所 調查方針

對於北滿經濟界實際調查上、有絕大功績之北滿經濟調查所、自創設以來、二年於茲、關於本年度之調查事業計劃、正在立案中、因滿鐵產業部之事業計劃尚未決定之關係、故該調查方針、迄未得到最後之確定、但據傳最近該所協議之調查計劃、大體有下列之三項根本方針、以爲本年度之基本調查、

(一)爲順應滿洲國之產業開發五個年計劃實施之新情勢、與各機關有連帶關係之各種基礎調查並基本的立案、

(二)適應於北滿鐵道經濟化之緊急的有關之各種基礎的調查並立案、

(三)依大量農業移民政策之本格化有連關之各種基礎調查並指導要綱之確立、

至於具體的調查項目及實施要綱、目下正與滿鐵產業部作最後的折衝中、諒不久即可確定、該所之調查方針、大抵以農業方面特別注重、其總經費比較前年度、增加十萬元之數、大體似爲五十萬元左右云云、

北滿製粉之現勢

新舊資本家將演激烈商戰

日產能力可達十三万袋

北滿生產工業之一之製粉業、以哈爾濱爲中心、今依產業開發五個年計劃、將再呈黃金時代之繁盛、去年以來、日本大製粉會社之資本流之入新京、奉天、四平街、齊齊哈爾、牡丹江各都市之新設工廠、陸續發生、新舊資本商戰之激化、

濱江特刊

第一〇三號

盛京時報北滿總支社

社址　哈爾濱道外桃花巷西口

道裡電話六八四七番

東部五縣 以牡丹江爲中心 將另設新省說
省當局與中央間折衝中 本年六月間似可具体化

濱江省管內東部之寧安、穆稜、密山、東寧、虎林等五縣、有以牡丹江爲中心、脫離濱江省、另設新省之說、傳濱江省當局與中央方面、現於極秘密裡進行協議中、其具体化時期、似於六月間即可實現、如果此說成爲事實、則關係哈爾濱之政治、經濟各方面、自必受到莫大之影響、故對此問題、一般特別注目云、

警務廳管下殉職英魂 合同慰靈祭
在西本願寺大舉行

□討伐匪賊肅清管小而犧牲之濱江省警務廳管下之滿日俄各殉職警官三百二十二名、合同慰靈祭、於十九日午前十

校全体職員學生、滿日俄各殉職警官之遺族等共計不下數百人、由滿日俄各國僧道三十餘名、按照秩序壯嚴舉行慰靈祭

大同旅館 依然有賭

北新警察署、謀確保管界之安全、防窃盜乘機蠢動擾亂治安、以賭爲盜之媒古有明訓、故先着手掃清賭博以絕盜源、近日以來緝捕賭窟及賭徒活躍之區域、以期掃滅設賭抽頭擾亂治安之罪、不時活躍、輪流搜査、聞嗜賭癖者及賭徒、聞風遠避、現下一般賭徒、多聚於道外南頭道街大同旅館樓下、每至夜深、即開始賭耍牌九、一日抽頭不下數十元、前數日因賭發生衝突、幸大和旅館差役張慶善及曹仁海、未作槍下之鬼、雖腰中錢財被搶、

俄人少年 行窃被捕

市內窃盜犯、神出鬼沒、不時伸張魔手、被害者不勝其數、警察當局、雖嚴加防範而窃賊依然蠢動不休、於昨十九日、發現俄人少年行窃、惡貫滿盈被捕、茲將其經過情形、採錄如下、

南崗龍江街、一〇號日商大林組、司機平林松爽、年三十二歲、於十九日午后八時、駕駛載重大汽車、載有照像機器一架、價値三十餘元、包袱內有茶碗二十個、當將車停放古直街朝日食堂門前、進屋吃飯、迨外出時發見車中之物品、不翼而飛、立即報告領警請求搜査、不意事有湊巧、平林之友人大城、現充寺町□務所汽車司機、當日午后十時、在道裡北市場附近、正在遊玩中、詎知寃家路窄、見俄人少年、持有平林丟失之物件、正與鮮人屋內搬運中、立報領警、據報之領警、急遽赴現場將窃盜俄人逮捕、至署經拷訊、供出伊允□、年十八歲、行窃不諱、所窃之贓匿藏於道裡北市場七道街八號鮮人崔永七處、窃取物品、減價賣與同街二九號孫文光、小販手中、領警將一干犯人逮捕後、轉交於刑事科拘留中云、

年三十四歲、受有重傷、經繰署現下調査双方肇禍原因中云、

金庫制度 即將實施

市公署採用金庫制度、曾與中銀行迭次協議、最近双方意見一致、由四月一日實行設備金庫三處、市公署、交通局、道外分事務所、由中銀行派員在各處保管現金、市公署會計一切費用使用、小匯兌、向各銀行支出、關於今後現金保管危險、由此可以無虞矣云、

陳會長視查工商

【朝陽鎭】本鎭商務會長兼街長陳鴻璋氏、近因奉省實業廳長爲發展我國工商業計、令全省商務會長、組成視察團、東渡考査友邦工商文化、以爲藉鏡、發揮我國、該陳會長於二十日早七時、奉令出發、首赴新京、俟二十三日參加該團、擬於二十五日全團東遊、陳會長東遊考査友邦各種文化、將來歸國、對於本鎭之工商、必有一番新精神云、

李成權家 發生搶案

南崗警察署、車站街分所管界、月牙街門牌四號、住戶鮮人李成權、年二十七歲、現無職業、於昨五日下午十時許、突然闖入滿匪三名、一匪徒手、二匪手持機槍、進屋後掣出手槍威嚇、同時同居之滿人、用麻繩綁縛、將欲抵抗、致惹匪怒、以槍把將滿鮮二人頭部各打傷一處、當即昏迷不省人事、匪徒乘機、翻箱倒篋、搜出國幣六元、銀洋三元、懷表一只、白羊皮襖一件、男用青呢大氅一件、女用大氅一件、烟膏四兩、共計損失約八十餘元、搶畢逃走、待被害人蘇省時、始至當管分所報告、請求査緝云、

舉行隆重祀孔禮

【延吉】今廿一日、恭値春丁祭孔佳辰我王道國家、各地官民、崇揚聖道、均一致隆重舉行祀典、本埠各機關學校、皆於午前十時、恭詣東郊文廟大成殿、舉行釋典、當由金井省長主獻、王司令、袁教育廳長等陪獻、敬行跪拜禮、迨十一時、隆重祭祀之儀式告成云

雛鷄減收 因雨雪過多之故
預料將比年減少

北滿名產之雛鷄、每年暢銷於日本及遠達英京倫敦、爲北滿冬令之一大輸出、前年度之總輸出量、約六萬三千九百九十七元、但去年度、據本市正金銀行之調査、因雨雪過多之關係、致濱綏、北黑、拉濱、濱洲各鐵路沿線之捕獲減少、故價格暴騰、前年每隻價七八角、而去年竟二躍而漲至一元、致出口不振、今後北滿漸漸開發、雛鷄無棲息之地、預料必將年年減少云、

飛行協會哈支部 舉行籌備協議會
二十五日在市署舉行

濱飛行協會役員名簿、三、哈爾濱飛行協會預算案、四、其他參考印刷物等云、

黃酒公會 請求合併

哈爾濱市當舊權時期、有道裡外之別、道裡爲特別區、直屬奉天、而道外爲濱江縣、則直轄於吉林、故雖互相接連、然各自爲政、一切機關法團、莫不相對獨立、迨滿洲建國大哈爾濱市統一成立後、凡從前之獨立機關及各種法團、先後合併、除道裡外兩會、因公會法尚未公布以前、仍依舊存在外、其餘各公會、亦多合併、惟黃酒公會、猶未合併、現感覺多方不便、經兩公會負任者折衝之結果、漸趨接近、計兩公會會員共合三十六家、昨由道裡公會侯雲鵬、道外戰登先以外代表二名、赴市公署商工

破獲大批私土 價値一萬餘元

領警當局、爲保持市民身體健康計、曾對於販賣麻醉葯品者、及甘充賣葯爲業、其實販賣違禁葯品者、不顧人道之者、並非已有、因當局搜査風聲吃緊、恐暴露消息、故於十七日午后四時送在白某處僱其保存、一日保管手術費一元、

時、在官街西本願寺、盛大舉行奠式場飾以多數之花環、參加者有蓮沼本部隊中川參謀長、海軍防備司令部副長、憲兵隊長代理丸高等檢察官、地方檢察廳檢察官、哈爾濱警察廳傅井警務科長、赤司領警署長、第四軍管區郭司令官、日本國防婦人會、滿洲國國防婦女會、白系俄人事務局長代理、龍江省警務廳長、三江省警務廳長代理、主催者側瀧谷警務廳長、谷口警務科長等、及警務廳全体職員、警察學一、奉請、二、追悼之詞、三、頌經、四、焚香、五、致詞、六、解散、於此嚴肅之慰靈祭中、凡參列者愈感本身職之重大、今後應奮發精神、爲國犧牲、直至午前十一時半始行散會云、

小受損失、生命未發生危險、亦不幸中之大幸矣、不意禍不單行、於昨十八日、又因賭發生鬥毆、茶壺茶碗、滿屋橫飛、一時賭場變爲戰場、負責任當局、若不早加取締、恐發生意外不幸事故云、

滿洲飛行協會哈爾濱支部、定於二十五日午後二時、在市公署四階會議室、由滿洲防空協會哈爾濱支部役員中支部常務理事、常任幹事以上參集下、召開滿洲飛行協會哈爾濱支部籌備協議會、對於該協議會進行計畫、探錄於下、

議題＝一、支部役員決定、二、支部長副支部長常務理事幹事之委囑、三、哈爾濱支部飛行協會規約案之檢討、四、哈爾濱支部飛行協會預算案檢討及認定、五第一回會員募集方法及實行之件、六、寄附會費募集方法及實行之件、七、宣傳方法及實行之件、八、支部事務所之位置決定之件、九、教官及事務所連絡法之件、十、支部發會式之件、一、四月二十九日天長節午後一時、二、在馬家溝飛行場、三、飛機飛翔、四、其他式次另定之、十一、頒布書類、一、滿洲飛行協會、二、哈爾

科呈請許可、從來無相當總制之黃酒業、今後兩公會合併後、其內容必煥然一新、陣容整備、對於同業界必加以合理之統制、各方對此頗爲期待云、

罪、領警當局、幾乎不眠不休、不時加以檢舉、以期澈底掃清、嚴重防止毒品流入市內、詎於昨十八日午前四時許、突然探得道外長春頭道街平慶胡同、門牌五一號、鮮人白崇億、年二十九歲、藉開設魚床爲名、家中私藏鴉片一千五百餘兩、時價約一萬餘元、巧妙已極、隱匿床下、被領警搜出、將物品沒收、並將白某帶署、追究鴉片之來源、白知事已暴露、無法隱瞞、故據實供出、鴉片係道裡一面街東興旅館五十四號魚床鮮人崔興奎、領警據供、立即出動逮捕崔某、不料崔某聞風早已遁逃無蹤、現下正在嚴重緝捕中云、

來函照登

盛京時報大主筆先生鑒頃閱二十六日　貴報濱江特刊欄內載鮮人烟館被搶敝人對於此案有重大嫌疑於二十日被逮押等情披閱之下不勝惶駭原於本月十九日晨將及九時（時敝人已上班）家中只餘內子及小妹二人即有不相識之男子二名闖入屋內掏出手槍逼索財物同時並用蔴繩將內子及小妹綑綁置於床上用被蒙蓋當搶去現欵三百餘元並手鐲手錶等物待匪人逃走後內子等方出報警署並電知敝人立即趕回家中檢查被搶財物如上所述並到經緯警察署報告一切於當日晚七時餘即由警察署同家以上等各情均在警察署有案可查　貴報所載各節想係　貴報訪員傳聞之誤名譽攸關未丁緘默用特函請更正以昭核實　諸頌　籤安　敝人哈爾濱鐵路局白雲興謹啓

哈爾濱市管內
菜蔬生產量
市農政科之基礎調查

哈爾濱特別市公署農政科、爲增殖管內菜蔬之產量、並圖改良園藝起見、前曾作一度之基礎調查、對於管內去年度農耕面積及菜蔬之生產量、及哈市之需要量、調查頗爲詳盡、最近業已編纂就緒、計哈市管內生產之菜蔬、有蘿蔔、馬鈴薯、葱等二十二種、栽培面積、三千九百四十垧、生產量約一千二百二十五萬八千一百斤、附近各縣運入量三百萬斤、由日本及南滿其他各地運哈量約四百八十六萬八千五百五十四斤、共計一億二千八百十二萬六千六百五十四斤、亦即爲本市之總需要量、金額約七百三十四萬一百二十七元、按照哈市人口數之比例、每年每人須食菜二百五六十斤、農政科本年度將增設菜園、生產量預料自必增加、將來附近各縣之運哈菜蔬、恐將絕跡矣云云、

工業視察團
來哈視察

向滿洲各主要地對於工業方面視察中之日本商工省工業視察團一行、於昨（二十）日午後二時許抵哈、定於今（廿一）日及二十二日兩日間、視察市內各油坊、製粉、染色、烟草製造工場等、一行計商工省堀監督課長、鍵本技師、吉田事務官等以外二名、由滿洲國實業部津田工務科長等三名同行、作爲鄉導云、

協助會
舉行解散式

在軍部監督之下、擔當在哈一萬朝鮮人之指導重任、增進福祉協和機關之協助會、自滿洲國協和會哈爾濱分會成立以前、已失去其必要性、於昨（二十）日午前十一時在南崗日滿俱樂部、於各關係方面列席之下、舉行解散式、對於該協助會從前一切事務、由鮮人分會繼承辦理云云、

交通事故防止聲中
又一幕流血慘劇

哈爾濱警察廳保安科、爲保持市民生命財產安全計、曾於交通事故防止聲中、謀喚醒市民澈底履行交通道德並規則嚴厲取締司機限制駕駛速度、以期造成交通安全、曾造次研究、不遺餘力、詎知一般汽車司機、雖限制駕駛速度、而奉公守法實行者、固不乏人、其中一部份、玩忽公令、亦大有人在、以致交通道德、未入正軌、關於交通事故、頻頻迭出、流血之慘劇、幾無寧日、可謂哈爾濱交通地獄、使市民不寒則慄、於昨十九日午後十時、道裡田地街二九號青葉汽車行所有二〇二九汽車、司機橋本、駕車向道外疾駛中、車抵買賣街拐角、前方有一洋車、因操縱速度迅速、躲避不及、演成衝突、車夫王希龍、

市教育科
爲融和民族精神
擬設聯合教育會
定於二十五日召開幹事會

哈爾濱特別市教育科、爲謀滿日俄各教育機關之聯絡緊密、融合民族之精神、使各校互相連絡、共同開催學藝會、音樂會、體育會等、並調查研究諸般事業計、擬創設哈爾濱聯合教育會、由市內滿日俄各關係機關選任委員、定於四月二十五日、召開幹事會、對於理事及其他之重要役員之選任、最近即將具体化、現在教育科正積極籌備中云、

俄監督栽贜暴露
惹起滿人之反感
市署人事科對此益加注意

我滿洲國肇造之初、即以泯去種族之爭爲標榜、五載於茲、我三千萬之民衆、莫不遵此聖言、以邁進民族協和之大同的新國家之建設、乃不圖今日之哈爾濱市、仍有潛伏甚深之民族間抗爭之思想、此種思想、當道不察、認爲一局部小問題、彷以倘不即時激水以撲激、非蔓延之勢、恐不止哈爾濱一市而已、茲記其事之經緯於次、

哈爾濱市所轄之交通局大汽車、向來僱用滿俄女車掌、以當售票之責、實行以來、相安無事、乃最近有一俄人車務監督、名刀馬切腹（又名蕭伯）者仍以其西洋人的自由自私之觀念、竟在交通局挑撥滿俄之爭鬪、種種行爲、筆難盡述、且該人之行爲不正、除吃私之外、復給滿人車掌栽贜、事爲該當局者所聞、次日刀馬切腹、大形狼狽、當一面向局內高級官員强詞解釋、一面於午間宴請該局之日人監督等數名、百般獻媚、席間有俄人高士金某、任翻譯之職、日監督喝得東倒西歪、迷迷糊糊、爲其甘言所惑、並未加以彈劾、現在汽車股幾因該俄人之攪亂、分成滿俄兩派、互相凝視、前途如何、誠堪憂慮、其經過事件之顛末爰誌於下、

十六日午后五時三十分頃、交通局第八線路六一三號大汽車、第十號車掌于雲然、正在執務中、該俄監督、突由新街登車、檢查車掌之錢包、彼明知滿人車掌日常如履薄冰、不敢舞弊、先以五角國幣、暗持手中、向車掌衣袋一伸、立即抽出、立即聲言厲色、誣爲車掌舞弊、詎車中人多眼雜、此種技倆不且爲車掌瞥見、且爲乘客中第四軍管區一軍官看破、車掌因氣憤憤膺、莫可如何、而軍官在旁實忍無可忍、當即聲言願爲作証、車掌同、居後當以事告、一般滿人司機車掌、大爲不平、向該當局者証明、終以刀馬[illegible]之恩、結果以朦上瞞之絕妙手腕將十號車掌解職、詎於廿日下午、又有滿人兩名、至交通局情願爲証、至於該局究竟如何處理、現尙不知、惟委市公署人事科、對此事已加銳敏之注意云云、

向省屬各縣旗
派遣農村指導員
由實業廳向各縣旗分配

中央實業部、爲實施產業五年計劃、對濱江省管內各縣旗、決派農村指導員、早在銳意準備中、現由實業部分派技術員七十五名、責成省實業廳向所屬各縣旗分配、最近即將分配完畢分別赴任、內定各種技員如次、

一、一般農作技術員三十三名
一、小麥原種圃技術員九名、
一、小麥技術員、十三名、
一、豆蘇技術員五名、
一、大麥及其他若干名、

濱江特刊

第一〇四號

濱江省產業開發五年計劃案內容

振興畜產增產穀物爲主體 設農事組合增進農民福利

滿洲國產業開發五個年計畫實施第一年、濱江省當局對於初年度計劃、積極準備、樹立中、第一回馬事共進會及優良小麥籽種分配等計劃、待解冰融即行着手實施、至於本年度之開發事業計畫之全貌、厥以農產部門爲主體、關於小麥耕種面積增加六十五萬垧、此外並設之農事組合、分配優良籽種、貸與耕作資金、增加專任技術員、農事試驗場之改正及增設、畜產部門、對於基本設施、注全力以增殖之、依馬事共進會及他種方法、使綿羊、

一、小麥＝呼蘭、賓縣、阿城、五常、双城、蘭西、海倫、望奎、綏化、巴彥、延壽、[illegible]等十七縣、二、燕麥＝肇州、肇東、蘭西、安達、青岡等五縣、三、甜菜＝阿城、呼蘭、双城、巴彥、綏化、哈市等六縣、四、亞麻＝海倫、蘭西、呼蘭、双城、珠河、賓安等六縣、五、魯山飛行場用地選定之[illegible]試作、

△小麥增產＝對於小麥增加耕種面積、將配布優良籽種、貸與農具、必要時尚可貸與耕種資金、(現向中央方面接洽中)

民族交驩大會

假神武天皇祭佳節舉行

協和會市本部主辦

哈市情形不同

新商工會議所法令

或將有特殊之規定歟

藤堂高宣在哈逝世

多情女子負心漢

高子範人心大變

張雅茹母女被棄之詳末

哈市一月份煤炭銷售狀況

總數約六五二四五噸

與前月比較約減一半

哈爾濱市日滿商事支店、二[illegible]月份之煤炭銷售額計[illegible]

事共進會、選定種馬約三百

四、由馬政局及地方補助之下實行交配獎勵（現在進行中）

豚…、新設哈爾濱省立種畜塲、

二、在省屬十二縣內、分配改良豚種約二百四十口、本年育成後、明年即可向一般農民普遍配佈、

六家畜防疫…本年度關於炭疽牛羊瘟等防疫經費、將由中央負擔、惟對於豚疫等須由地方經費籌措之、當局樹立三年計劃、將於全縣配佈多數專任技術員、本年度暫先配佈九縣、

其他	四、一六八
合計	二八、一六〇
	一五、二四三
	六五、二四五

市商工科擬組設

商工發展委員會

爲哈爾濱產業界之指針

本月輸送約不足百噸、與前年同期比較、實際減少一萬二千噸、鐵道用煤約減少七、八七六噸、家庭用煤約減少六、…六三噸、…營用煤約減少…、…六七五噸、由此將逐月減少、油坊約減少一、七八八噸、茲將二月中銷路用途長列於下、（單位千噸）

用途別	二月
製粉	一、三九四

青年訓練所

陶冶我國青年之身心

養成國家中堅之人材

以陶冶滿洲國、青年之身心、養成國家之中堅人材、著爲目的、由軍政部、民政部、蒙政部共同發表之全國青年軍事教練、以協和會爲中心、本年四五月頃、將見諸實施、濱江省本部包括哈爾濱市、双城、青崗、海倫、綏化、密山等一市五縣、分別設立青年訓練、所、就中哈爾濱特別市青年訓練所、協和會市本部現正積極進行一切準備中與各方面聯絡協議之結果定於本年五月二日、舉行盛大之成立式典、所址經慎選擇之結果、決定設於道裡砲隊街戰術學校內、現距正式成立之期僅一個月市本部對於各種宣傳方策決定五種宣傳標語、在市內衝要地點貼布並在市內撒布各種之傳單屆時舉行設立式典時、定有一番盛況云、

二十日至現在

哈市特產存量

據大興公司所調査

三月二十日至現在、哈爾濱市內大豆、小麥之積存量、據大興公司之調査如次、（單位噸車）

一、大豆	
義昌信	一〇〇
天豐東	一〇五
東店	五〇
德聚棧	四四
上號	二五
永盛東	三〇
東興昌	二五
顧鄉屯	二五
同茂昶	二五
其他計	五二一
二、小麥	
三泰棧	八〇〇
益發號	四〇〇
双合盛	三〇〇
義昌泰	二一〇
日滿	一八〇
天興福二廠	一五〇
天興福四廠	一二〇
成泰益	一二〇
其他計	二、六二二

大胆匪徒

白晝行搶

北新警察署管界、長春三道街、門牌二十七號、住戶趙玉滿、年四十七歲、奉天人、現充玉記轉運公司經理、於二十七日午前十一時半許、趙妻楊氏、外出購物、歸宅開門之際、突然由後方追來一滿人、當即隨楊氏進屋、由腰中掣出手槍、向楊氏威嚇、令其禁止聲張、結果搶去赤金子鐲一付、赤金手鐲一枚、金鎦子一付、又將對面屋劉陳氏銀手鐲一付、金鎦子一付一同搶去、搶畢潛逃、趙楊氏急至分所報告、該匪年約三十餘歲、身着灰色棉袍、頭戴灰色禮帽、中等身體、瘦長臉、操本地口音、損失共四百餘元、據報之刑事科、及各警察署、互相連絡、張佈警網、大施搜査、光天化日之下、匪徒竟敢公然行搶、可謂胆大包天云、

觀光協會

發會式典

三十日舉行

兩月以來設立計劃中之哈爾濱觀光協會、經關係各方面之贊同、內部一切手緒業早準備妥善、於三十日午前十時、在南崗車站街大和旅館、舉行盛大之發會式、市長江原總務處長、道裡外兩商會長、哈爾濱鐵路局、國際觀光局等關係各機關、均行出席、如時開會、由哈爾濱觀光協會設立委員長江原綱一氏、報告設立經過、會長致詞、會長對協會役員依囑、推荐協會顧問、嗣由來賓致祝辭、繼續宴會、濟濟一堂、杯盤交錯、頗極一時之盛云、

煙酒去年生產量

酒類約二十四萬石

煙草約三十五億支

因農產物昂騰關係、農村之經濟回活、農民之購力同時恢復、北滿各地農民之酒類烟草需要量、有漸次增加之傾向、因此哈市及各地酒類烟草製造、遂呈繁盛、濱江稅務監督署管內、去年度酒類製造量約二十四萬石稅額約二百二十萬元、烟草製造量三十五億萬支、稅額約一百三十萬元、與前年度對比、酒類製造量、約增加五成、滿人農村需要最多者爲燒酒一大宗、佔總數量之大半、約二十萬石、較之前年、約激增六成、農村之繁盛、由此可見一斑、至於烟草之製造量比較前年約增加一成強、稅額約增收五分、以製造額與稅收額兩相對比、稅收額增加較低、其原因蓋以高級及中級品減少、而下等烟倍加、故徵稅額增加較少也云云、

不良行爲

徹底取締

邇來各地不時發見不良之日人、對於滿洲建國精神未能十分徹底了解、恒無理欺壓滿人、或有素質不良之繙譯密探等、藉事生非、以蒙上瞞下之手段、欺騙搾取、民衆每以勢力懸殊、甘受損殘、而莫敢反抗、當局近査知此情、十分痛恨、希望民衆偶遇此等不良之徒、可直接向當地駐在之友木部隊告發、或以書面具實呈報特務機關、自必予以嚴重査究以圖建國精神之發揚、而懲刁頑無忌云云、

李廣有被誰搶殺

香坊警察署、安埠街分所管界安埠街東升胡同、六十八號、住戶李廣有、年五十三歲、錦州人、作由行職業、於二十六日、赴大房身屯辦事、行抵距屯西方、不知被何人以槍枪慘殺、子彈由後腦海射入、由左眼串出、身臥血泊中、狀極悽慘、事被自衛團員張資成路過瞥見、急至黃家店派出所報告、該所據報以電話通知刑事科、及法院、派員前往檢驗云、

外人製菓業

入末落時期

當北鉄接收前、哈市外人製菓業頗稱繁盛、年産達三百萬元、其販路頗廣、除推銷南滿各地外、猶可遠銷日本內地、其後因受日本製品之漸漸壓迫又兼北鉄接收後、外國居留之僑民、多相繼反國、故外人之製菓業漸趨衰退、去年哈市十一工廠之生產額、不足百萬元、較之從者大形減少、市內消費估十分之八、輸出僅佔十分之二云云、

慈善總會

理監會議

哈爾濱慈善總會、日前假座道裡商會招開康德四年度第一次理監聯席會議、關於本年度進行事務、討論結果、因時間關係、提出之議案中、尚有多數未能討論者、不得不暫告休會、該會爲急速通過以便早日進行計、特定於廿八日午前十時、仍假道裡商會樓上會議室招開臨時理監聯席會議、以便繼行討論前次未曾討論之各提案云、

汽車換號牌

哈爾濱警察廳、向來規定汽車車輛番號、懸掛於汽車前部一旦發生事故、最易辨認、不料一般汽車多不屬行、輛有一部份守規懸掛車輛番號者、內云、

交通取締及事故調査多有不便經協議結果、業已製成新式車輛番號牌、每枚三元、凡舊式番號須一律更換新番號牌云、

移民指導班

八日蒞哈

負有開發北滿重大使命之第六次移民先遣隊指導班六十名、在東京一個月之訓練期間終了、預定四月初由日本內地出發、經由京濱線四月八日午後一時發列車到着哈爾濱、一行蒞哈後、入國民高等學校受最後之教育後、即分向佳木斯、密山、虎林等林密圖佳沿線等地、實行其移民團指導員工作云云、

哈爾濱站

發着貨物

哈爾濱各站、二月中發送到着之貨物總數、發送五萬四百九十九噸、到着十二萬四千七百〇八噸、與前年同期對比、發送量爲二萬九千二百〇四噸、約激增百分之五十七、到着量爲一萬九千七百六十噸、約減少百分之十五、預料今後解冰時期到着量必見增加云

綏和昇學艱難

增設中等學校

市當局與各校共運動

【大連】年來昇學生徒漸增而市內各中等學校、每年皆有不勝收容之患、如是相沿下去求學者伴同人口之繁增、及市勢之發展、有增無減、而學校之收容量、却仍舊無擴張、累年推延、恐失學者愈多、如本年度、全市希望昇學者、千百餘名、而得以就學者、不過七百名、其餘之四百餘名、皆名落孫山、既不得以昇學、又無職業之可就、因故徒增失業之國民耳、二十六日之市會席間、大連市小學校保護者聯合幹事代表、井田透三氏、提出中級學校學級增加之請求、由若月副議長、報告入學之苦狀同業討論關於求學難之緩和問題、結果本年度爲時已遲、決於十三年度、增設州廳立之中學校一處、目下與各學校連絡之下、實行中學校增設之運動請求州廳認可云、

說明、三、選舉開始、四、選舉函公開、五、選舉票揭曉、六、順次採點、七、當選者氏名揭出、八、當選者承認、九官長訓辭、十、閉會之辭、至共選舉之結果由正會員中、選出理事十四名其氏名列下、畢國樹吳足三田化南孫殿臣盧春圃張元祿王心純宮行義翰雲卿劉敬之徐乘運呂鏡海劉徹甫韓子瞻、監事三名係原殿臣張松五王梅五、再由理事十四名中互選會長、結果如下會長王心純副會長畢國樹、均連任大體俱可承認、但畢副會長時下因病在大連醫院治療中、故該會王會計員日前去大連、探詢該會長之意見、然畢氏向來熱心公益、不辭勞怨、爲市面計、必不能固辭不就云、

商務會開

選舉會

【普蘭店】本埠商務會正副會長、及理事監事等屆本月十六日、俱已滿三年之任期及時既開、全體總會決定日前念三日、開催選舉大會已誌日昨本報矣、及至定期於午前十時援例開會、當時出席之監督官署方面、有民政署長代理秋吉地方係主任、警察署長代理宮地囑託林高等視察、宋高等視察園通巡査、各報記者至於正會員參列者、共計一百三名（原數百十九名）、既是法定之人數矣、屆時振鈴開會其次序如下一、開會之辭、二、選舉細則

警廳喚市民防火

【安東】本埠警察廳、茲以節屆春令、風高物燥、正火事易於發生之時、對此亟應早日預防、以免發生回祿之禍、因是特擬舉行防火宣傳、沿街游行、散放傳單、俾喚醒一般民衆、注重火事、對此刻正籌劃之中、預計下月初、當可實施宣傳云、

警局定期大掃除

【錦州】錦縣警務局、爲謀管內公衆衛生、每年於春秋兩季、舉行清潔大掃除、茲値氣暖冰融、陽河大地、又屆春季掃除之期、是以該局令知各該管警察署、轉令各分所、定於四月一日起、施行大掃除、期間爲半月間之實施、據聞本年春季除掃、斷行嚴格施行云、

207

濱江特刊

第一〇五號

盛京時報北滿總支社
社址　哈爾濱道外桃花巷西口
電話道裡六八四七番

警廳爲防止交通事故 實施交通訓練期間
訓令各署交通保安兩股取締 並告市民注意訓練事項

哈爾濱警察廳、鑑於都市交通頻繁複雜化之情勢、謀防止事故未然計、訓令各署保安交通兩股激勵嚴重取締、使一般民衆交通道德涵養、以期交通安全、對交通訓練實行期間、由四月一日至十月三十一日爲第一期、由十一月一日至三月卅一日第二期、每月十五日訓練、但星期過節提前一日實行、每至訓練期日、除內外交通勤務者、總動員外、並組織遊動取締員、使左側通行、以及汽車速度、駐車場以外停車者、乘客馬車夜間無有燈火、嚴重監視、在道路中放置物件、對於自行車放置地點、希望一般市民注意交通訓練事項如左、

(一)一般通行者要理解交通指揮信號、若見停止進行信號、決不準突破停止線、然後注意來往車輛再通過之、(二)乘自行車者、決不準在道路上併行、注意左右轉之信號、以免發生衝突、橫越軌道、加以注意、(三)車馬進行中、決保守道中間線、不準妨害往復之車輛、(四)乘客大汽車須在指定停留場停車、(五)禁止兒童在街路上遊戲、(六)聽放送及他樂器宣傳等、不準妨碍交通云、

哈市創舉 民族交驩大會 舉行之盛況
滿日俄鮮民衆踴躍參加 民族協和精神十分表現

滿洲帝國協和會哈爾濱特別市本部、於三月神武天皇祭佳節、午後三時起、在斜紋街工廠俱樂部舉辦之民族交驩大會、爲哈市之首創、籌備情形曾見本報前期特刊、茲將是日舉行時之盛況、爰誌於下、

事前已經賣出入場券二千五百枚、場內之整理上、無入場券者、絕對禁止入場、網羅市內滿日鮮俄各民族之著名演藝家、各自表演拿手好戲、市內各小學校之學生甚至遠在顧鄉屯之朝鮮移民團之農民亦均前來參加、所令人欽佩不置者爲所有之出演者皆願盡義務而不受報酬、始構成斯日之五族協和演藝大會日滿兩國歌、朝鮮國歌、朝鮮童謠及滿洲音樂獨奏、各民族獨得之佳劇相繼表演、觀衆莫不喜笑顏開、秩序井然、鴉雀無聲、但聞樂聲悠揚、歌音裊裊、此外更有滿人師範學校學生表演新劇、日移民團歡迎之一幕、用日語表演、使滿日之情感愈呈融和、滿日不可分之關係愈覺深刻、使全體觀衆感激非常、此種盛舉在哈爾濱文化之向上、及五族融和之意味、頗有意義、一般希望不時開催云云、

中銀哈支行 副理易人

滿洲中央銀行、哈爾濱分行、松本總經理、前奉新京總行之命、調轉總行庶務課副課長之職、該氏於接到任命後、即準備赴京就任、開其分行遺缺、則調前任圖們分行經理富田規矩治氏、不日即將來哈就職云、

失業之後繼以失戀 青年服毒自殺
三十片安眠藥以了殘生 男女招待一幕戀愛悲劇

道外一面街、聯友酒莊、酒保趙常興、年二十七歲、山東人、因近水樓台先得月、素與該社女招待張友蘭者結不解緣、卿卿我我、大有難捨難離之勢、不料事被該酒社主人查知、認爲於營業名譽兩有關係、立將趙某革退、趙被裁後、一時無處安身、移居於道外昇平街惠友客棧、每日生活、極感困難、而女招待張友蘭、對伊亦不如以往之親近、趙某失業之後繼之失戀、精神頗受打擊、在此兩層壓廹之下、大有心灰意冷生不如死之慨、乃於三日下午出外購買安眠藥片三十枚、回店用水吞下、靜臥榻上、以待死神之來臨、經過一小時後、始被同居客人發覺、馳告該店執事人、轉報該管派出所當由該所開來救急車、拉送市立醫院救治、所幸發覺尚早、經過一度手續之後、精神亦見好轉、據大夫云、尚無性命之危險云、

擲酒瓶未中要害 想逃脫反吃菜刀
耀庭旅館中一幕武劇

道外同發街耀庭旅館、差役崔恩順、年三十八歲、於昨二日下午五時、與道裡斜紋街千代家食堂廚役李樹成(二十五歲)因細故在旅館內發生口角、繼則動武、崔某手持空酒瓶、向李某頭部猛擊、幸李躲避迅速、未致傷害、李某由此操起日本式菜刀、崔見事不妙、向外逃跑、結果被李追上、以菜刀照其後背猛刺數刀、當即昏倒、身臥血泊中、李見釀禍將欲遁逃、事被耀庭館執事日人瞥見、將其捉住、送至附近分所懲辦、一方將受傷之崔某、送附近醫院應急手術救治、據醫師云、生命雖無危險但傷勢頗重、噫光天化日之下、因細故竟敢操刀行兇、可謂慘惡極云、

街名改稱計劃
具体案現已作成 至晚今秋可實現

哈爾濱市內街市名稱、全部新變更計劃、市公署當局銳意具体案之作製現已告終、目下市公署將市內全部區分爲十六區、大体如左之名稱、
一、埠頭區及新安埠包含爲埠頭區、
一、道外一帶及八區改爲濱江區、
一、馬家溝一帶改爲滿家區、
一、香坊署管內爲香坊區、
一、松浦署管內、分爲二區、松浦區、太陽嶋一帶太陽區

哈爾濱觀光協會 創立趣意書

溯自滿洲建國以來遊覽滿洲各都市之觀光旅客爲數年增加尤以哈爾濱原爲北滿之國際都市不獨日本內地盛傳其名歐美諸國亦靡不艷稱之故其政治經濟及文化之重要性造滿洲國成立後更形增大凡欲來遊滿洲國者率以先睹哈爾濱爲快但從前對於來哈觀光之旅客並無若何領導及周旋之統制機關遺憾殊多因此遂有哈爾濱觀光協會之設立改善整備觀光各種之設施而努力於發揚固有之文化、制度、專設、名所古蹟並誘致外來之旅客使市民養成愛市心貢獻市面之繁榮完成如斯之國際的社會的重大使命茲規定會則募集會員深望市民襄成斯舉實爲切盼

哈爾濱觀光協會會則

第一章　總　則

第一條　本會稱哈爾濱觀光協會

第二條　本會以謀促進關於哈爾濱特別市及其他附近觀光事業諸種設施之發達及誘觀光旅客爲目的

第三條　本會爲達成前條之目的執行左開事業

一、觀光設施之充實改善
二、觀光資源之宣傳介紹
三、觀光旅客之誘致宣傳
四、觀光旅客之鄉導接待
五、土產品及其他產物之創造改善
六、觀光觀念之普及勸獎
七、與內外觀光機關聯絡提携
八、關於其他本會之目的達成上必要之事項

第二章　會　員

第四條　本會由有觀光關係各種機關團體並關係業者及其他贊同本會之趣旨者而組織之

第五條　欲加入本會者提出規定之加入報名書須得理事會之承認

第六條　本會會員分左列四種

一、名譽會員關於本會事業特有功勞經理事會推薦者
二、特別會員負擔會費每年六十元以上者
三、正會員負擔會費每年三十元以上者
四、普通會員負擔費每年拾圓以上者

第三章　職　員

第七條　本會置左開職員

會　長　一名
副會長　四名
理　事　若干名
監　事　若干名

第八條　會長以哈爾濱特別市長充之
副會長以哈爾濱特別市公署總務處長日本商工會議所會頭道裏商會會長及道外商會會長充之

第九條　職員之任期爲二年理事及監事由會長選定之但不防連任

第十條　會長代表本會總理會務
副會長輔佐會長會長有事故時由哈爾濱特別市公署總務處長之副會長代理之會長及其代理者有事故時由他副會長合議決定其代理者
理事議決本會重要事務
監事監查本會之會計

第十一條　本會由理事之互選得置常務理事

第十二條　本會由理事會之推薦得置顧問

第十三條　本會職員爲名譽職但在必要之場合得支給津貼

第十四條　本會爲處理事務得置有俸職員

第四章　會　議

第十五條　本會之會議分會員總會及理事會二種

第十六條　總會分定時總會臨時總會二種
定時總會每年舉行一回臨時總會理事會認爲有必要時由會長招集之

第十七條　理事會有必要時由會長臨時招集之

第十八條　會長得將經理事會議決及承認事項報告總會並承認

第十九條　理事會應附議之事項如左
一、本會收支預算及事業計畫

……區、金山區、中央區、新陽區、富山區、朝陽區、東陽區、太平區、如上之一六區、爲預先街名改稱之準備、如埠頭區日人密集地帶、南崗及道外部分待赴日本視察中之市公署江原總務處長歸任時、五月末最後案改稱決定、至晚今秋可決定施行、但新市街車站街阿什河街街路改爲東一條通西三條通云、

悍匪落網

王玉林報字佔中山
現在刑事科詢問中

哈爾濱警察廳刑事科、搜査股第二班班長闞德興、同第一班附王家訓兩氏、近來對於市內搜索匪犯、屢建殊勳、日前忽接某方報告、謂有巨匪王玉林、報字『佔中山』、現年二十九歲、日前由外城潛來哈埠、企圖不規、該班長等得報後、乃各處搜索、未能獲其踪跡、經相當之苦心研究、加以不眠不休之精神、努力偵訊之結果所謂『有志者事竟成』卒於三日下午一時二十分、探得線索、由兩氏偕同探員數人、經過一晝夜之伺守、卒將上述悍匪捕獲、帶隊歸案、對其犯罪之行爲、目下正在嚴重鞠訊中、

施行接客業者 健康診斷

正陽署自五日起 共兩週間之檢驗

道外正陽警察署衛生系、根據保健市民見地、提倡衛生起見、對於管內接客業者必須接時檢驗、故擬自五日起至十七日止、共兩週間施行接客業者健康診斷、第(一日)爲女性、以全管內酒飯館女招待共計二百十二人、第(二日)六日至七日、爲一面街派出所管內、接客業者六百三十六名、八日定興街派出所、一百〇五名、七道街派出所二百零二名、九日錢塘街派出所四百四十七名、(十日)昇平街派出所二百六十五名、十一日九道街派出所九十五名、十二日永安街派出所一百三十二名、十三日南勳街派出所三百八十二名、十四、十五、兩日、純化街派出所七百二十五名、十六日太平街派出所三百五十七名、十七日保定街派出所六十四名、保障街派出所五十名、新市街派出所十五名、承德街派出所一百四十二名、濱江驛派出所三十八名、以上總計男子三千六百五十五名、女子二百十二名、共計三千八百六十七名云、

二、本會收支決算及事業成績
三、其他重要事項
第二十條 議事以出席者過半數決之可否同數時由議長決之
第五章 會計
第二十一條 本會之經費以左開收入充之
一、會費
二、補助金及捐助金
三、雜收入
第二十二條 繳納本會之會費蓋不退還
第二十三條 本會之會計年度由一月一日始至十二月三十一日止
第六章 附則
第二十四條 本會會則之變更得由總會決議
第二十五條 本會之事務所置哈爾濱特別市公署內

哈爾濱觀光協會事業要綱

第一項 觀光設施之充實改善
一、遊覽路線之選定
二、名勝地之設定及設施之充實改善
三、觀光主要地點之標識設備
四、觀光道路之開發促進
五、各種慰樂場所之改善助成
六、觀光地工作物之美化
七、神社、寺院、佛閣、碑廟之保全及整備
八、聖蹟、史蹟、傳說等之保全及標示
九、名樹、森林、動物、植物及其他天然紀念物之保存開發
十、關於其他觀光設施之充實改善
第二項 觀光資源之宣傳介紹
一、各種『小冊子』之刊製
二、畫片、寫眞帖、觀光地圖之編製發賣
三、關於觀光地映畫之製作
四、觀光地介紹映畫會之舉辦
五、關於觀光地之資料及物產向各地博覽會展覽會展覽出品
六、民衆藝術之介紹
七、觀光地固有習俗之介紹並保存
八、旅館料理店及其他各種慰樂場所之宣傳介紹
九、土產品特有產物等之宣傳介紹
十、關於其他觀光資源之介紹宣傳事項
第三項 觀光客之誘致宣傳
一、關於觀光地宣傳畫之內外發送
二、哈爾濱觀光會館之設立
三、觀光旅館之開設或促進助成之
四、觀光地租賃別莊之開設或促進助成之
五、大數樂場之設立或促進助成之
六、定期各種會之舉辦及宣傳
七、觀光地季節休養場之開設
八、觀光地內運輸機關之整備改善
九、觀光交通費之減低及統制
十〇、關於觀光路線印刷物之編製
十一、關於其他觀光客之誘致宣傳事項
第四項 觀光客之鄉導接待
一、旅館設備及其經營方法之改善助成
二、對於觀光地鄉導者乘務員旅館使用人等接待上之訓練
三、鄉導費款之統制
四、關於觀光地鄉導說明文之編製
五、關於其他觀光客之鄉導接待事項
第五項 土產品及其他產物之創造改善
一、觀光地土產品創造之指導及助成其發達
二、土產品創造展覽會之舉行
三、觀光地特有物產之振興助成並宣傳
四、物產陳列所之開設及其促進助成
五、關於其他土產品及其他物之創造改善事項
第六項 觀光觀念之普及勸獎
一、關於觀光研究會講演會等之舉行、
二、關於觀光以無線電話出版物等宣傳
三、關於觀光映畫會之舉行
四、觀光宣傳畫標語之募集
五、關於觀光歌曲之創作募集
六、關於觀光勸獎畫片或火柴之製造發送
七、觀光團體之募集
八、觀光鄉導所之設立
九、關於其他觀光觀念之普及勸獎事項
第七條 與內外觀光機關聯絡提携
一、與市內觀光事業機關聯絡提携
二、與滿洲國各都市觀光事業機關聯絡提携
三、與日本觀光事業機關聯絡提携
四、促進滿洲國聯合觀光協會之成立

市商工科計劃 發展地方產業

根據哈市繁榮爲主体 獎勵諸般工業之復興

北滿苍大農產中心之哈爾濱、自北鐵接收以來、對於生產工業都市竭力發展、市署商工科最近鑑於由北鐵接收後凡百經濟狀態之從來特殊條件一大轉換、對於本問題之將來對策、現正銳意研究中、近最對於大綱之解決點、漸告具體、迨呈經中央當局之批准後、即將實行階段之邁進、由來哈爾濱發展之重點、關於應如何指導善處工業界爲根本之方針、一方以產業國策爲重點、一方根據哈爾濱繁榮策爲主體、依此二原則、對於既設諸工業獎勵、將努力施行、此外對於北滿農產物唯一背後力之生產場輕加工業方面、爲製油製粉等大工業將注全力以發達指導之、爲將來根本之方針、將來對於哈市商工業必有極大之貢獻、各方對此頗多期待云云、

浪漫車掌 醋海生波

交通局大汽車股僱員、與女車掌姘情熱、因醋海生波演成醜聞、滿城風雨、玆將醋海生波經過情形、探錄如下、五十八號女車掌英哲、年十九歲、素性浪漫、引誘一般狂蜂浪蝶、追逐其後、污言淫語、不堪入耳、傷風敗俗、莫此爲甚、於數月前、曾與大汽車股僱員李公民、年二十餘歲、粗通日語、傲慢異常、與英哲因曖昧發生肉體關係、初則陳倉暗渡、繼則棧道明修、双宿双飛、熱度增高、花陰月下時見其二人足跡、現在於道外桃花巷賃屋姘度不料該女車掌抱多夫主義、另有外遇、由此對李某漸次疏情、英哲於昨二日下午八時許、在西門臉正與情人私語綿綿、相携南行之際、不料冤家路窄、被李某瞥見、不由醋火中燒、大發雷霆、二情敵先由口角繼則動武、拳脚翻飛、各不相讓、惟淫女子驚惶失色、戰戰慄慄、向双方情敵哀泣、要求停戰、並經好事從中調解、一場風流、武劇始告閉幕云、

空房灰中 發現男屍

呼蘭縣城內北大街、四海花店、房東張東世、於去月二十六日在大同街三二三四之空房院內掃除灰燼、發現慘殺鮮人男屍一具、年四十餘歲、驚惶之下、立報告警務局、因治外法權關係、當即移告領警署、由小川警察急遞現場檢驗結果報告、屍體腦下有三寸深傷及火腿部受傷兩處、多量血痕、確係生前被人慘殺無疑、當時將房東及關係方面多名傳署、經嚴重審詢、供出此空屋由昨年末搬入鮮人高成民家族三名居住、至三月六日不知因何、高與鮮人安天植(年三十八歲)邊換、安某在該室開設私煙館及販賣違禁藥品事實、推測屍體經過二十餘日、安某殺人嫌疑重大、故被領警留置、現下正在調查中、安某頑強否認殺人、目下正調查被害者姓名中云、

稅署十二日 開講習會

哈爾濱稅務監督署、爲使徹底改革徵稅制度、並求稅務官吏素質之向上、特定於四月十二日起、至十七日止、亘六日間、召集管內各稅局經理事務担當者、在稅署會議室、開催稅局經理事務講習會云、

北滿糖業之展望

供不應求輸入品占百分九十 本年甜菜栽培倍於往年

滿洲國政府爲保護國內產業計、對於輸入品豎立關稅壁壘、因此北滿之製糖業得到此種優越地位、一方積極的躍進收買呼蘭糖場、一方舊有之北滿製糖亦漸呈活況、故由此以觀、北滿糖業界之前途正洋洋爲無可限量也、惟一面輸入北滿之糖、依然不稍見衰落、蓋北滿之總需要額達三十萬擔之多、輸入之糖達百分之九十、而當地出產者僅百分之十耳、不徒無向外發展之可能、即距自給自足之程度、尚遼遼無期耳、然當滿洲事變最初開始作業之哈市北滿製糖會社之製造量、一期出[illegible]擠、最近生產額漸增加至百分之七十、作業成績、漸次好轉、近年來之生產狀況、表錄於左、

一九三三年 [illegible]布特
一九三四年 [illegible]布特
一九三五年 二三二、六三三布特

北滿之製糖業、因政府之竭力的保護、生產量遲遲推演其主要原因、一因原料甜菜之不足、當栽培時、須用技術人材、且天候支配均有關係、政府與[illegible]料則可增加一倍、今後對於甜菜栽培注全力以獎勵之爲方針云云、

葉松十萬株

分發各縣各學校 於植樹節日栽培

全滿綠化運動、以實業部爲中心、四月二十日爲植樹節、爲期切迫、全國開催植樹紀念式、本年度由實業部發給濱江省農務科、哈市及省內各縣各學校苗十萬株、分配市公署五千株、滿人側學校三千五百株、日人側學校五千株、軍政部病院一千五百株、國民高等學校一千株、天理村二千株、省下十九縣八萬一千株、以樹植節當日期限實行栽培、哈市植樹節紀念式、由省市公署協和會主催盛大舉行、目下式場時間及其他着手準備中云、

出外辦事 丟失大氅

道裡中國十三道街門牌二十一號、住戶藏保民、年二十四歲、奉天省蓋平人、哈爾濱法學院學生、於昨二日下午五時許、因事外出、待至九時半頃歸宅、發見門鎖被人撬開、知必失盜、急進屋檢點物件、始知窃去洋絨大氅黑水獺皮領價值一百八十餘元、立至附近分所報告、請求查緝犯人云、

哈市交易所 各糧棧交易額

天豐東佔首位 純益金約八十万元

哈爾濱交易所第三期營業特產上場交易數總計約一一七六車其手數料約四二一九圓比較往年收得異常之成績經紀之方面以天豐棧營業爲最好佔全滿商之位其交易數合計爲一五五車義豐祥佔二位一二五四以下爲義增信、永成東等豐東糧棧獲純利約八十萬他純利十萬元亦有相當多數之模樣茲將各商交易車數誌下、(單位車)

糧棧名	大豆	小麥	合計
天豐東	九、六三〇	五、八九四	一五、六九九
義豐祥	九、二七六	三、二六九	一二、五四五
義增信	八、六二〇	三、七〇一	一二、三二一
源順永	七、八六八	三、〇三五	一〇、九〇三
天增長	七、六二一	二、四六四	一〇、〇八五
義盛德	六、二六九	二、八八〇	九、一四九
益發合	三、六七二	五、二九八	八、九七〇
吉平泰	五、一六四	一、四二六	六、五九〇

濱江特刊
第一〇六號
盛京時報北滿總支社
社址　哈爾濱道外桃花巷西口
道裡電話六八四七番

濱江省明年度起實施
識字運動五年計劃
每年開辦民衆學校八百處
本年度起開始基本之調査

我國之文化、素稱落後、惟比年以來、因政府之努力倡導、比較事變以前、頗呈長足進展之勢、教育當局、爲促進識字運動普及、使全國人民盡皆識字、年來進行種種之調査、以爲將來施行之張本、濱江省敎育廳、特擬定識字運動五個年計劃、由康德五年度起實行、每年在全省管內開辦民衆學校八百處、預期五個年計劃完成後、全省人民無不識字者矣、玆將其計劃大要、探錄於下、

甲、民衆學校、

一、現在概況(康德三年度)

一、全省人力數約四、二七七、三一七

二、已就學者數約〇、二七

一、每年開辦民衆學校數、全省八〇〇校、

二、全年學級數、於學校及文化機關保甲輪轉附設之每校招收春秋各一級每級五個月修業終了年爲二級八〇〇校共一、六〇〇級、

三、全年受教育者數、每校一級爲五〇人年一六〇〇級共八〇〇、〇〇〇人、

四、每年遞增受教育者數、康德五年度、八〇〇、〇〇〇

〃六年度一、六〇〇、〇〇〇

〃七年度二、四〇〇、〇〇〇

〃八年度三、二〇〇、〇〇〇

〃九年度四、〇〇〇、〇〇〇

三、運用

一、設置　全省每年八〇〇校於二八縣(旗)分立、

一、人口最多縣、約九縣每縣附立四〇校共三六〇校、

二、人口次多縣、約八縣每縣附立三〇校共二四〇校、

三、人口最低縣、約十縣每縣附立二〇校共二〇〇校、

以上全省每年共八〇〇校、

二地址、

一、首於城鎭及集團村落適當處附立之(人口密度地方)

二、地勢荒僻或少設立機會地方酌設特別方法救濟之

四、民衆學校種別、

一、夜校、

二、半日校、

三、間日校、

四、日曜日學校、

五、寒暑假補習學校、

註、以夜校爲原則其餘應斟酌敎學兩方面機會施行之、

五、勸學方法、

一、宣傳(利用壁畫影片講演等)

二、警察協助誘導(於戶口調査時行之)

三、不妨害工作(雇傭工人不行强迫須特別酌定其時間總以不妨害工作爲上)、

六、經費、

一、一級單價、五〇元(敎員津貼十五元紙筆文具費二五元其他一〇元)

二、全級經費全年一六〇〇級以每級五〇元計共八〇、〇〇

七、本年度基本調査(另表)

乙、識字處、

一、設置、

一、於各學校文化機關其他團體均隨地附設之(村公所娛樂場公園商店寺院等處應酌爲適當委託設置及其他利用、

二、隨主體經營爲永久的設置、

三、簡易設備、

二、實施、

一、盡量於康德五、六、七、八、九共五個年度中逐漸整備以完成識字網之使命、

二、與民衆學校同時雙軌並進、

三、由縣自行籌畫辦理、

火警之中之慘劇
俄人乳牛三頭葬身火窟
滿人週歲小兒被烟薰斃

水上警察署、管內平民船塢、平權街十二號門牌、住戶俄人夫吉果夫、於九日午後六

爲生、於九日午下二時、因炊

電電積極普及
放送事業
社員總動員努力勸誘
截至二月末聽戶數目

電電會社自新京二重放送實施以來、爲普及放送事業起見特將電電型受信機廉價出售、今以本年度爲放送事務積極策之第一步、由三月十五日起、至四月十四日一個月期間、以獲得全滿六千五百聽取者爲目標、電電社員總動員努力勸誘一般民衆之聽取、哈市電電管理局、放送局、電報局、電話局、各關係機關總動員、販賣受信機、勸誘聽取者、及取締私自聽取者使其正式聽取、哈爾濱管理局管內截至二月末之地方別及聽取者數目、探錄於下、

(聽取者五名以上之地方)

地方別	聽取者數
哈爾濱	三、一四五
牡丹江	二四四
佳木斯	九七
依蘭	六七
海倫	六一
一面坡	二三
五常	一九
綏芬河	一五
安達站	一四
牙不力	一四
滿溝	一一
拉林	六
其他	七四
計	三、九六〇

將於天長節舉行之
飛協支部成立式典
同時舉行航空少年團結成式

定於四月二十九日天長佳節舉行結成式典之飛行協會哈爾濱支部、現正積極準備一切事務中、關於會員及基金之募集等已有具體之辦法、預定於二十五日午後一時、利用飛機向全市撒佈宣傳單五萬枚、自二十七日至二十九日間、在各影

一、正準會員代表宣誓、一、祝詞朗讀、一、會長二、蓮沼部隊長、三、安藤特務機關長、四、第四軍管區郭司令官、五、佐藤駐哈總領事、六、白俄事務局長、七、祝電披露、八、三呼萬歲、九、散會、

植樹典禮
廿日假文廟盛大舉行
施市長閻省長等致詞

帝政紀念事業之一之全國一年一度之植樹節綠化運動、已迫於眉睫矣、於市省兩公署主辦下、定於月之二十日午前十時、假南崗文廟盛大隆重舉行植樹式典、玆將其次序探錄於下、

一、振鈴、二、奏樂揭揚國旗、三、向國旗敬禮、四、主催者施特別市長、閻濱江省長佐藤協和會市本部長等致詞、五、合唱國歌、六、植樹、

預備楡樹三百棵、由主催者以下各方來賓之手栽植之、實業部於是日發給本市各機關法團樹苗五千棵、以圖本市綠化運動之普及、並由市公署、赤十字社、滿日俄少年團員約七百餘名、在地段街以三百株之樹苗沿街栽植、將來該處一帶入夏之後、可立成一綠蔭地帶矣云、

盡、松花江發現大勢流水、江水連日滔滔增漲、支流阿什河崩潰危機頻頻、住民恐慌不安、一旦氾濫、慘害殊重、市公署據報後、關係者總動員急遽赴現場、僱傭大批苦力、日夜督勵堤防工作、由八日夜不眠不休動工築修以來、大見効果、現下一般住民、由憂而轉欣色、市署爲根本堤防崩潰起見、仍繼續補强工作、以期防範安全、不使住民慘懼遷徙、故築防土堤高如水面數尺云、

旅店公會
幹部會議

哈爾濱特別旅店同業公會、於本月十日下午一時、假道外商會樓上會議室、召開幹部會、除該會各重要役員出席外、並有市公署、警察廳、正陽警各機關派員監視之下開會、由該會正會長林紹先、副會長呂宗周、報告康德三年度預決算並今後旅店業應行改革之事項及其他事宜、於午後三時畢會矣、

警廳召開
署長會議
二十七八兩日舉行

以撤廢治外法權爲目標、哈爾濱警察廳、定於本月二十七、二十八兩日間、召集屬下各警察署長連席會議、檢討以

七、三一七占百分之二〇强（勢
不能受教育者含內）
三、未就學者數約四、〇〇〇、〇〇〇占百分之八〇弱、
四、全省保甲數五、一二三
五、全省學校及文化機關數約一、〇〇〇、
二、實施　康德五、六、七、八、九共五個年度實行之

時、突由由牛棚羊草中發生火警、當經發覺、報告警所、由自衛團與消防隊協力撲救、經過一小時後、方始救滅、結果燒燬牛棚一間、乳牛三頭竟未逃出、葬身火窟之中、損失約達五百餘元、

又二道外南勳街、門牌二十二號、住戶程大茂、以拉洋車事失愼、由烟囪中竄出火苗、因係草房、火勢易燃、頃刻即成燎原之勢、經人報告附近派出所、轉電第二消防隊、前來施救、經各隊員努力灌救、少頃始將火勢撲滅、所謂人忙無知、程家突遭火警、大家一時手忙脚亂、竟將一歲之幼兒忘着抱出、及火熄後、方才想起、進屋看視、則小兒已被烟氣薰斃矣、

〇〇元、
三、預備費五〇〇〇元、
註　民衆校經費不分編入各縣豫算完全由省總辦規定列爲特別計、

綏化	四五
富錦	四三
双城	三一
阿城	二八
梨樹鎭	二三

濱江省公署設置種苗圃

一在寧安一在密山

濱江省公署、爲謀農業發展、採取優良種子、計劃擬於本年度實行設置採種圃兩處、一在寧安縣西南方、約一、五〇〇籽之面積、約四十畝、一在密山、在新密驛西南方、約一、〇〇〇籽面積爲一百畝、此外尙有候補地新密山約五十畝土地、採取大批優良種子、分配各縣農民、以期種子改良、發展農業、增收計劃云、

警察司法講習會

哈爾濱警察廳、頃奉民政部警務司訓令、由五月一日起、至五月末止、一個月間、在新京招集全國警察司法者、開催講習會、開爲講習司法制度、哈警廳管轄各司法者、現下準備至期前往參加講習會云、

爲刷新地方教育省署設定教育區

謀村校與民衆教化之統制振興

俾收化民成俗之實效

濱江省公署、爲刷新地方教育俾收化民成俗之實效起見、特斟酌各地實際情形、力謀農村學校與民衆教化之統制振興製成教育區設定、令飭所屬各縣旗長詳參旨趣認眞施行、並將原有之學區即予廢止、務在喚起教育關係人員協助精神勇往精進、以完成此重要使命、茲將該教育區設定之意義、探錄於下、

一、教育區之意義＝教育區爲謀學校教育與民衆教化之振興及統制而設定劃分之區域、

二、設定要領＝一、教育區以保或聯合保之區域一致爲原則、二、教育區內之學校數以十校上下爲原則、三、教育區爲縣教育分會構成之一單位、四、教育區爲謀區內學校教職員並社會教育關係職員相互修養研究懇親連絡等之一單位、五、教育區爲協力國家重要政策中建國精神普及治安工作、協和會運動、村制確立、產業開發等之一單位、

三、中心小學校＝一各教育區置中心小學校一處、二、中心小學校區一內其他小學校之設備所需經費教職員數等並不格外增益、但對教職員之人選須加以特別考慮、三、中心小學校應特對左記事項爲區內學校之模範、

A一般教授及訓練B、以學校爲中心之村教化（卒業生指導在內）C、農事及農家副業之實習及研究、D、鄉土研究並鄉土教材之整備、

四、中心小學校每學期至少須舉辦左記區內聯合事業一回

A、各科教授研究會（區內教職員聯絡懇親會在內）B、兒童學藝會及展覽會、C農產物及副業　生產品展　覽會、（學農聯合）D、冬夏休業中之日語講習會、E、學生及教職員運動會、F、其他、

四、教化委員＝一、教育區置教化委員、二、教化委員實行區內教化指導並對各學校爲中心之村　教化、尤應特　別協力、三、由各委員組織區內教化委員會、（事務所原則上置於中心小學校內）

△村教化之具体工作＝一、建國精神尤要在詔書旨趣之徹底、二、因學農聯合於學校內設置農村生活改善及農事研究會、三、靑少年婦女之指導及共團體之結成發展、四、設問字處及問　事處或書信代　書處等、五、勸誘祝祭日之參與式典參加學校運動會及學藝會展覽會等、六、設置敬老會、公樂會、拒毒會、禁賭會等、七舉辦識字、珠算、度量衡等之講習會、八、舉辦女子家事裁縫手藝、家庭副業等講習會、九、孝子節婦之表彰、十、其他云云、

三好巡長等之「局葬式盛況」

滿鐵特授與功績金一封

本月一二日哈同線路局大汽車、行經樺川縣腰林子（新城鎭西方四十滿里）地方附近、遭遇匪襲、哈爾濱水上警務段員巡長三好重一、（二八）巡警于殿（三二）劉照燃（三五）奮勇殺賊、不顧性命、不幸殉職、當時情形、曾見前報、哈爾濱鐵路當局、爲追悼殉職之三英靈、特與局葬、由周培炳局長爲葬儀委員長、業於十二日午後二時、在哈爾濱鐵路俱樂部、於哈爾濱鐵路局警務處關係者、哈鐵全局員、以及本市各關係機關首腦多數參列下、盛大舉行局葬式、滿鐵當局、爲慰悼英靈、特於九日發予功績賞金一封、以資表彰云云、

院映演『大空之脅威』影片、以募集大會之基金、當二十九日午後一時、在哈爾濱馬家溝飛行場舉行盛大之發會式、其會式順序、業經製成、於發會式之同時、並舉行航空少年團結成式、待儀式完成後、並舉行種種飛行技術之演習、同時分發遊覽飛行搭乘劵五十名、可乘機於哈爾濱近郊天空飛翔、茲將是日發會式順序表探錄於下、

一、來賓役員會員着席、
一、開會報告（司會小野崎理事）
一、向日滿兩國旗敬禮、
一、日滿俄國歌合唱、
一、支部副支部長任命、
一、施支部長、
一、江原副支部長致詞、
一、航空少年團代表致詞、

佛教訪日團

一行三十七名首途東渡

出席全日佛教靑年大會

爲參加五月一日在日本名古屋招開之第七回全日本佛教靑年大會、哈爾濱極樂寺滿人和尙三十七名、組成訪日團、於九日午前十時四十五分由哈首途赴日、當時佛教信徒不下三百餘名、均各手持日滿國旗、赴站歡送、一時站台內頗呈熱鬧、『佛光普照』之旗幟下三十七名訪日和尙、各着黑色僧衣、頗爲壯觀、一行預定向京都、大阪、奈良、名古屋、東京等處遊歷、須時一月、由極樂寺日本人僧侶一番瀨順氏爲嚮導、一行之主要目的、爲向日本各地之佛寺參拜見學、同時對日本人披瀝滿洲人之佛教的信念、際玆在哈白系俄人之『反宗教排擊同盟』運動激昂之期、亦將派遣代表者前往參加日本佛教靑年大會、將來在該大會席上、主張滿日俄宗教之提携、一般對此頗爲期待云云、

阿什河工作緊張

連日天氣日暖、冰雪融化殆

十一署爲中心之警察機構、並警察官吏素質之教養與訓練各項問題、其成果頗值期待云、

三月下旬混保成績

寄託三、八五七車

合格三、五四八車

哈爾濱鐵路局管內、混保寄託成績、年初以來、頗爲不振、本月檢查總數爲三、八五七車、合格者計特等三車、一等六五八車、二等一〇五九車、三等一、四九〇車、四等三三八車、合計三五四八車、合格率九六『巴蔡都』與前旬二、六七八車比、合格增加二、五五八車、與前年同期比總數二、四〇二車、合格者激增五、九八六車、成績頗稱良好、茲將各線別、合格車數表列於下、

線名	特一二等	三四等	合格計	合格率
濱北	八四一	一、四七一	二、三一三	九六
拉濱	四	六	一〇	一〇〇
濱洲	五五	八九	一四四	九二
濱綏	—	—	—	—
京濱	八三五	一、二三一	二、〇六六	九五
其他	五	一九	二四	一〇〇
合計	一、七三〇	二、八〇六	三、五四八	九六

本旬末主要站馬車輸送及價目調查列下（單位＝錢）

站別	車數	價目
呼蘭	三〇	五、六七
沈家	一〇	五、七四
康金井	四〇	五、七一
興隆鎭	三五	五、六九
綏化	五〇	五、七〇
四方台	三〇	五、六六
克音河	二〇	五、六四
海倫	三五	五、六六
北安	一五	五、六〇
拉林	三〇	五、八二
滿溝	五〇	五、九五
安達	三〇	五、八五
双城堡	二〇	六、一四
三岔河	六〇	六、二五
陶賴昭	八〇	六、二〇
窰門	五〇	六、三一

濱江特刊

第一〇七號

盛京時報北滿總支社

社址　哈爾濱道外桃花巷西口

電話道裡六八四七番

集官民濟濟一堂 招開防犯座談會

期市民對於防犯思想更進一層之澈底

刑事科對於開會之細目正積極準備中

治外法權撤廢問題不久即將實現、負有維持治安重任之警察機關、爲期民衆之警察化、盡全力以指導之、以掃除市內橫行之不良之徒、期使民衆對於防犯思想更進一層之澈底、擬招集市內各界開催『防犯座談會』以期民衆對於官憲之認識深刻、目下刑事科關於開會之細目、正在積極準備中、大體於本月下旬即可招開、參加者、除各署管內之各保甲、自衛團幹部、銀行、公司學校等其他外、凡料理店、飯館、妓館、當舖、估衣舖、澡塘、鴉片零賣所等、均須參加至於各署管內出席人數、尙未決定、屆時官民濟濟於一堂、各自發揮個人之意見、使民衆與警察打成一片、今後犯罪事件預期必將減少、一般對其成果、頗多期待云云、

鄉村學校 建築設備標準

省署令各縣參照辦理

濱江省當局、爲謀鄉村學校建築及設備適合衞生起見、特擬定鄉村學校建築設

有四米以上、5、教室、一普通教室長九米、寬八米、容納人數四十至五十人、係依學校

面積、普通教室一倍半之程度6、講堂、除有不得已情形外必須設置、教室須舖地板、以利用左記各項、A於冬季之朝禮、及其他之式典（村民亦須參加）B雨天及冬季體操場、C、無特別教室時以此代用之（代用屋內作業場及鄉土研究室爲宜）D、村民借用（保甲集會、青年教育、民衆工作、講演、新劇、電影、及其他若展覽會、學藝會、品評會等）但須對於學生一人二平方米以上、B、教職員室、A、原本不設校長室、B兼用教授準備室、C、不準兼用宿値室、（不設土坑）D、傭人室內含燒水場E、宿値室須注意衞生、F、厠所須分別男女、大便所數男五〇人一個、女子二〇人一個

一建築A、教室須具南北窗、若能設置走廊時、須選擇北廊、南側須設置廂房、北窗因保溫之關係、稍小亦可、但南窗以大窗爲宜、擬室之東及西側、普通爲外壁、及與別個教室之間壁、若能置窗時、須限制窗之面積、C中廊於衞生上不宜必須以片廊爲要、D廂房長〇、七五米、因設置南北之窗、頗能適宜通風、採光亦爲緊要事項、尤爲不可忽略者二、採光、側窗有効面積、爲教室四分之一乃至五分之一、但越過走廊之採光景減少二分之一乃至三分之一窗戶須用玻璃、若玻璃碍難購備、可以紙暫代、用時須以朝鮮紙塗以定油爲宜三、換氣、務須於室內之上下按置換氣窗、以備補助隨時換氣及通風之用、四、煖房、當然以氣管爲佳、然而於鄉村中此種設備、殊近於夢想按現在狀況、可爲想得如下之四種、別拉大、（俄國式爐子）、火墻子、洋爐、磚砌爐之四種是也、不過以上幾種、互有利弊在燃料及經費之關係上、殊難一概論定、茲列舉如次、可爲參考之點、其各地關於燃料衞生危險防止及其他諸事項加以考慮之後應相機決定其取捨

（別拉大）設置材料昂貴而且需要特殊技術再因用費及木梓子故不能普遍適用、（火墻子）其燃料雖可用木梓及秫稭等、然僅限於墻壁溫煖、而教室全體殊難普遍、以上兩種、防火的處少、在衞生上及教室不生障碍、是乃其優點、但設備費及燃料費頗貴、此又係其缺點、頗適於財政充裕地方、（洋爐）其溫煖迅速、且夏期可以撤去此爲其長處、然其易冷却、同時危險性較大、且又爲教室之障碍、燃料以煤爲主、如使用洋爐時選價格昂貴者、圓形較高者、燃料可用煤木及芝蔴稭草等燃料、較爲相當、（磚砌爐）設置費既廉、而且燃料高粮稭穀草皆能適用、在鄉村之中、到處可以廉價易購之物、但對於衞生上烟塵既多且得不斷的燃燒殊屬麻煩其爲教室之障碍與洋爐等同耳、假如設置之於磚砌爐之上、可利用舊煤油筒以倒置其上底上嵌以烟筒對於保溫上最爲有効、

下水道工程

本年完成十一處

工程費約八萬元

全市內之下水道工程、預定本年度全部完成工程費約七八十萬元、一正陽河排水區第一分水區準幹線築造、經編井組包安、工程費七四、一五〇元、二、正陽河排水區第二分水區準幹線之築造、亦經編井組包安、工程費爲一六九〇〇元、三、正陽河排水區行水幹線附近一帶之工程、現在計劃中、四、傅家甸排水區第一分水區林線布設工事、（自景陽街至七道街）、爲鹿島組包安、工程費三九、八〇〇元、五、傅家甸線排水區第二分水區林布工設事、（自七道街至十五道街）尙未決定、六、傅家甸排水區第三分水區林線布設工事（自十五道街）以西全部由編井組包安、工程費爲二七、一六〇元、七、一面街之開渠覆蓋事程、爲黑子工務處包安、工程費爲五、九六八元、八、八站幹線分流管渠造築工程、尙未決定、九、井街排水區石頭道街下水準幹線築造工程尙未定、十、正陽河排水所導水渠築造工程、尙未決定、十一、傅家甸十二道街排水所築造工程、由編井高梨組包安、工程費爲二七、一六〇元、以上之十一處、預定於本年內完全竣工、

市內特產積存量

大豆＝七四四車

小麥＝一、九二二車

據哈爾濱交易所調査、截至四月十五日、市內積存之大豆小麥量、計大豆約七四四車、小麥約一九二二車、與去年比

天興厰　八〇

天豐東　七五

大來裕　七〇

裕昌源　六〇

毒死守夜犬 竊去馬匹

近來哈爾濱市郊附近、竊盜馬賊、不時發現、被其害者、不知凡幾、昨十六日韓家窪子屯、又發盜馬、將狗以毒葯毒死、茲將其經過情形、探錄如下、

香坊署管界韓家窪子屯、農戶李文舉、四十一歲、家道小康、於十日深夜闖入盜馬賊、恐犬狂咬、被人發覺、以饅頭中暗下毒葯、棄給犬食、將犬毒死後、將後院所畜之騾馬各一匹竊去、李某翌晨起床時、發見家犬鼻口流血、慘死多時、當時知必有異、又發現附毒之饅首、見門戶大開、不見院中馬匹、知係被盜、急報告香坊署請求搜査云、

印花稅法 座談會

哈爾濱稅捐局、日本商工會議所、道裡外兩商會爲鑑於改正印花稅法一般市民對之尙未

旅行中、尙未返哈、ㄋ將…外、患嚂蝌蝌之日人四名逮捕、關於密運槍械有相當計劃速絡、現下正在嚴加追詢中、不日即可大白云、

郵局新設 分局三處

哈爾濱郵政管理局、謀發展郵政事務、使市民郵遞物件便利起見、曾擬添設郵政局三處、一在中央大街、二在鐵路局內、三在三棵樹、現下正在準備中、不日即可實現、

神社桑木奉献

【錦州】滿鐵錦縣支店、爲點綴錦州神社、綠化特色、於日昨桑古木五本奉献、當於植樹節、栽植、壯觀神社風景、增進綠化神社、更促起一般敬仰觀念云、

新度量衡 剋期實施

【遼中】本邑新度量衡專賣經理艾玉秀、係專門學校畢業、經驗宏富歷練淵深、作事認眞、毫無因循之弊、早已迭誌本報、自去歲奉令發售新度量衡以來、頗具熱心、提倡實施、以期早日實現新度量衡畫一之制、無如本邑地居奉省之西陲、文化開通較晚、積習頗難自進鏟除、開辦一載有餘、新度量衡器具、銷售頗鉅、永未達普遍實施之望、縣長關公海峰、主守斯邦、已歷數載、凡百政策、無不竭急督促進行以完成捷足先登、模範縣之程

備標準、令飭各縣參照辦理、茲將該項標準探錄於下、

一、校地一、位置A、須避免低地、濕地、其他於衛生上有防害之地、B、勿設於池沼及河川及斷崖之沿岸、C、須避免不完全之埋沒地及地盤軟弱之地、D、於附近能有農業實習地之與、（實習地於可能範圍內接近校舍）二、面積、須有校舍建坪五倍以上之地、三形狀、須用長方形式、正方形之土地、二、運動場一、面積對學生一人須有九平方米以上、二、舖裝、平坦及無障害物生存之地、（若能以石灰舖地、最為適當）三、樹木、週圍及適宜之地區須植樹木（美觀、防水、防砂、休息利用夏期林中學校、）三、校舍、1位置、圖解說明（圖從略）2、方向、術行須東西向、3、形狀、（圖從略）4、高、一層須衛生上研究之結果、算出之標準、B教室數、須與學級相當數、二、特別教室、A於經濟上可能範圍內、須設置一室（共用於理科手工、唱歌、圖畫、家事、裁縫、鄉土研究等）B

小便所數男子二〇人一個、敎職員用一個、A、位置須考慮與曬土場便於連絡之處、B、便於掃除之處、C於可能範圍內、須設屋內便所、四、工事上之注意事項、一

車務段食堂倉庫被盜案現已破獲

犯人李捷三當場被捕

南崗建設街、車務段食堂、及倉庫、物品被盜數回、責任當局、雖極力搜查、終未捕獲、現下管理倉庫責任者、嚴加監視、於十七日午前四時深夜中突聞有人行竊聲音、更夫藏身於暗處、窺視舉動、未幾竊賊盜出大批砂糖、牛油、香油、雞卵、大米等、乘其不備、被更夫將其捉住、送至南崗署、經審訊、供出行竊不諱、現充哈爾濱驛食堂夫役、住於道外二天一街、門牌二十五號、李捷三、年二十七歲、經竊盜數回總額約七八百元、哈鐵消費組合、前後被盜數次、現下嚴加審詢中云、

大豆約增加一五五車、小麥約增加七二八車、茲將各糧商積存數探錄於下（單位＝三十噸）

一、大豆	
永盛東	一一〇
同茂昶	九七
天豐東	九三
天豐玉	七五
協昌仁	七一
双興	四四
義增信	四〇
三泰棧	三二
東和	三〇
其他計	七四四
去年同期計	五八九
二、小麥	
三泰棧	四八〇
日滿	二六五
義昌泰	一六〇
双合盛	一五〇
天興福	一二〇
三井	一〇〇
成泰益	五〇
其他計	一、九二二
去年同期計	二、六五〇

待來年度則進行南崗方面之改良工程云云、

日滿商紛起呼籲 建修八站橫道口

謀發展都市之繁榮 掃除向來交通慘禍

道裡與八站間、鐵路橫道口、素稱都市交通複雜之區域、交通事故、不時發生、每於通過火車時間、禁止往復車馬通行、道裡附近有力之日商、連日奔走、向各關係當局、請願並連絡道裡外兩商會、協同向市公署鐵路局兩方呼籲、築修八站橫道口早輸、謀發展都市之繁華、以便掃除交通慘禍、市鐵兩當局、因工費頗鉅、正在研究考慮中、但田地街之鐵道橫道口、現決以工費八萬元、由市公署鐵路局雙方負担、妥協、擬定五月初旬、開始動工、十月竣工、開該路開通後、由道外至偏臉子、正陽區貫通直線、一掃向來之交通不便云、

能澈底了解、為期普及起見、日前曾在道裡□會招開滿人側座談會、結果收到極大之效果、日本人側、定於二十日午後一時假日本商工會議所大會議室盛大舉行、是日有財政部藤塚事務官出席、關於印花稅法施行說明、並應答一般之質疑、參加人數頗為踴躍云云、

續、近以新度量衡實施、進化不速、通飭所屬各區村首領、俾早日貢獻一致竭力督促進行、倘敢陽奉陰違奉行不力者、定處各該首腦者以玩忽功令之咎、政令一出、咸皆竭力奉行、新度量衡器具銷路頗廣、指日可期實施、闔邑商農、均宜遵令爭先購用、以完成早日實施之策、而免步人後塵遭功令之處分、縣長關公、言出法隨、決不姑寬、勿謂言之不預也、其各凜遵云

領警破獲賣槍械犯

領警當局、近來突然探知道外某街日人嗎啡窟、企圖販賣槍械、領警當局、以不眠不休之精神、加意偵訪、判明道裡外國頭道街四十三號、大盛公司、日人林親時、年四十五歲、係販賣槍械之首魁、急遽赴其家宅搜查、結果搜出手槍九支、被領警沒收、現下林某云、

開治維幹部會議

【延吉】間島治安維持會、茲為促進本省治安萬全起見、擬定本月廿二日召集治維全體幹部委員會議、討論本年度全省治安辦法、現已函知各地幹部委員、屆時出席云、

為戀愛橫領公款 被發見身敗名裂

郵局貯金係職王某之惡德

南崗北京街、門牌四十二號、住戶王兆璞、年二十五歲、現充南崗郵政管理局貯金係職員、素性荒謬、去年七八月間在道外十七道街圈裡、群仙書館、結識妓女奇香、年十八歲自結識以來、王某揮霍無度、月入菲微、入不敷出、昨冬又在傅家溝河溝街、結識某女校女生李秀蘭、年十九歲、双方熱度頗高、因與女生購買大變、受金錢壓迫、致將寡母所積蓄之欵項、被其盜之已空、仍感金錢不足敷用、竟奇想天開、以職位為奇貨、將貯金之公欵、私用五百餘元、事被責任者查知、通知警署、將其逮捕、由其家中搜查出該局貯金用紙若干、始判明其為有計劃的盜竊貯金、現下嚴加拷詢中云、

慈善總會

假道裡商會招開 理監聯席會議

審核理監聯席會議規則 徵取吳穆兩會長之傳略

哈爾濱慈善總會、為討論該會一切進行事務、於十八日上午十一時、假座濱江商會、招開本年度第二次理監聯席會議、屆時自張會長以下各理監人事均各出席、首由慈善會處長任報告去年冬季施粥場狀況及本年一二三等月份經費收支計、計各大善士共捐欵三千六百〇八元六角八分、演戲籌欵共計國幣七千六百九十九元五角、食粥人數及消費欵數計三個月男女共計二一五六、五七七人、消費欵數七、七〇七二六、收入合計一〇、四二一六八、支出合計九、〇三一二二一、按照收支兩數相較、尚餘國幣一、三九〇四七元、悉數撥入慈善總會捐欵簿內、其後繼續討論哈爾濱慈善總會理監會議規則、

一、本會理監聯席會議（後簡稱理監會議）每月一次、由會長定期招集之、但遇必要時、得開臨時會議、

二、理監會議、由會長主席、副會長列席、會長有事故時、由副會長依次代理主席、主任列席、陳述意見、

三、理監會議、非有過半人數之出席、不得開會、

四、議案以出席者之多數同意決定可否、同數時則取決於主席、

五、主席宣告開會後、報告事件畢、按照議程、逐案提出討論、一案議決後、再提次案、但以出席者多數之同意得變更議程或併案討論、（議程由會長訂之、）

六、討論案件時、一人發言未終、他人不得同時發言、如有爭議發言、先後由主席指定之、但發言不得涉及議題之外

七、議案討論終結、主席即宣告表決之方法、（起立舉手或投票）由主席定之、

八、如議案關係重要、或案情複雜、非一時遽能表決者、得由主席指定二人以上之審查委員審查之審查結果、再提出會議決之、

九、如有臨時動議、須俟提案議完後、提出討論、但須有二人以上之附議、

十、會議紀錄、由會整理印刷、分配並登報公佈之、

十一、本規則理監各別會議通用之、

十二、本規則自議決之日實行、如有未盡事宜、得隨時決議修正之、

經大會通過後、繼續討論慈善總會、組織系統表及職員分配表、主任戚鏡奇、秘書姜學詩、總務股戚鏡奇、姜學詩兼任、徐少庭、會計股姜恩溥鄭書麟、庶務股王崇山、鄭書麟、嗣復討論慈善總會職員辦事規則、並提議擬徵取故前吳會長、及故前穆副會長遺像傳略、以留紀念一案經理監全休通過、第五項提案為孤兒教養所暫行簡章案、查本會原設有宏慈小學校、及隸屬社聯會之惠寥小學校、均係教養孤苦無依之孤兒、宗旨相同、業經協議歸併、茲依第一次理監會之決議改為孤兒教養所收容、（一）無父母並無親屬可依者、（二）有父無母或有母無父貧不能教養並無親屬可依者、（三）其他有收養之必要者之孤兒為限、之、擬具暫行簡章是否有當請公決、經大會審查結果稍加修正後通過、始行散會云、

濱江特刊

第一〇八號

盛京時報北滿總支社
社址　哈爾濱道外桃花巷西口
道裡電話六八四七番

爲徹底實施防護事業
將開防護講習會
日期定自五月六日起繼續三日間
講師由防空協會本部派遣

防空協會哈爾濱支部、定於五月六、七、八三日間、於防空協會本部及政部支援之下、招開防護講習大會、以期防護團事業之滲底、講師由防空協會本部派遣、並由其他防護團直接指導者各官署分團及特殊防護團避選講習員、對於都市防護、家庭防護、及其他一般之防護要領、聽講者以一般市民爲中心、並有特定部隊種、日本軍關係各部隊、陸軍病院、特務機關、憲兵隊、海軍防備隊、鐵道線區司令部、偕行社等四十餘名、滿軍關係第四軍管區、濱江地區司令部、江防艦隊司令部、陸軍病院、第四憲兵隊、造船所、各警察分團等一百六十餘名、此外一方省市兩公署、中小學等各機關防護團、特定希望聽講者約九百名、一律參加、合計一千一百名、之大講習會、至於講習課目及講師等現正準備選定中、會場及其他一般事務、現在積極籌劃中云云、

油坊業每況愈下
希望當局從速設法救濟
現在產餅日僅六千餘枚

生產量分別列下、

工場名	日產餅	油
東和油坊	九〇〇	二、七〇〇
和聚公	一、〇〇〇	三、〇二五
恒祥東	八〇〇	二、四〇〇
双興油坊	一、一〇〇	三、三六〇
義昌信	八四〇	二、五〇〇
東興昌	九一二	二、七〇〇
同成和	八四〇	二、四〇〇

以上七工場現在猶在慘淡經營中、已呈茍延殘喘之局勢、希望當局者亟設法以拯救之云云、

油坊業之衰微不振、已如上述、現在繼續操業中九工場之豆餅製產量、合計爲二十五萬八千八百〇七枚（華英之散餅一、九六三布特在內）與去年

督機關及油坊業者之積極的打開策、現正具體計劃中、茲將各油坊別豆餅生產量、探錄於下、

（單位＝枚）

東和	二七、四五〇
同成和	二六、〇四〇
義昌信	二八、一一〇
同聚祥	五五、四一九
東興昌	二二、〇三四
双興	三三、六五六
和聚公	二一、〇〇〇
恒祥東	二八、六四八
協昌仁	一六、四五〇
合計	六一八、九八七

二妓服毒
自殺原因不明

濱外承德街、門牌二三七號土娼之下宿鴇兒王張氏、年四十五歲、大連人、現有妓女五名、在艷春里三十六號開設土娼爲生、五妓中一名孫蓮生年華双十、山東掖縣人、並養女張蓮花、二十歲、於昨二十三日晚、未歸下宿安寢、鴇兒係爲二妓女係有住客之故、不料翌晨午前六時、至土娼處、忽見二妓女昏迷不省人事、口吐白沫、知必係企圖服毒自殺、立時報告分所、叫來救車、送至市立醫院、應急手術救治、孫蓮生延至午前十一時香消玉殞、張蓮生現下生命危篤中、關於服毒原因、目下不明、警察當局、正在調查中云、

狂犬注射之同時
正陽署大捕野犬

時屆陽春、瘋犬病症流行之時、市署衛生科獸醫股、爲預防管內之狂犬病、見、由二十起、對於飼犬實施預防注射、直至下月十四日始行截止、正陽警察署鑑於市內飼犬固可遵期前往注射、而一般野犬、則無人顧及、與市民之衛生上、頗爲危險、故與市衛生科獸醫股聯絡、由二十六日起、捕捉管內之一般野犬、去年五月間、曾在市內捕獲野犬六百頭、最近據調查、殆達二千頭之多、此次決將徹底捕捉、以免狂犬發現、貽及市民云云、

建修橫道口旱橋問題
最後之猛烈運動
市內四商工團体分謁市路當局

爲圖謀街市之繁榮、避免交通事故之發生、請求市當局及哈鐵、修築道裡唯一之交通路橫道口之旱橋、日本商工會議所及道裡外兩商會、連同白俄商工會議所、四法團、近月以來、竭力運動、昨向市當局及李明遠會長、道裡商會唐紹臣會長、及白俄商工會議所長等日滿俄四人、代表全市民携帶請願書、謁見市當局作詳細之懇談、因市署都市建設局長佐藤俊久氏公出由都市計劃科長山崎氏代見三氏對於修築之裡外之交通、必須長時間之杜絕、一般市民蒙受極大之損害與不便、此次應全市民之期待、要求在該地鐵道下修築旱橋、與哈市之繁榮及交通之安全上、兩有裨益、實爲當前之急務、亦爲哈爾濱之商業地域完成之先決條件、足使哈市之

中旬混保成績
寄託一六八車
合格一四三車

哈鐵管內混保寄託大豆、自前旬以來、因入於農耕時期、立呈不振、迨至本旬以來春雨頻降、馬車運輸愈見減少、本旬檢查總數僅一六九車、其中合格者計特等無、一等二二車、二等六〇車、三等五七車、四等五車、合計一四三車、合格率百分之八十五、上旬之總數爲四〇五車、合格三八三車、去年同期總數二九一車、合格二四三車、大見低減、茲將各線別合格數目表列於下（單位＝車）

線名	特一二等合格	三四等合格	合計	合格率
濱北線	五九	五四	一一三	八二
拉濱線	一一		一一	一〇〇
濱洲線	三	二	五	一〇〇
濱綏線				
京濱線	一六	二	一八	九五
其他	二	四	六	一〇〇
松江流域				
合計	八一	六二	一四三	八五

列車中分娩
送入鐵路醫院

二十二日午後十一時由新京發哈爾濱行之第六〇三次列車、於二十三日午前五時由双城站出發之時、突聞車中有嬰兒啼泣之聲、旅客頗爲希奇、警乘員急赴車內調查、見一妙齡少婦、剪髮天足、於車中分娩、生一女孩、待抵哈爾濱站時、由路警護送入鐵路醫院、母子頗爲健康、據調查該少婦

妻逃報警
請求查緝

道外北六道街、三五號、住戶滿人尹廣禮、年二十九歲、其妻日本人花塚子、年二十八歲、尹某五年前、曾在大連開設洋服店、失敗後於昨年春季携其妻子來哈謀生、其妻在道裏某咖啡館充當招待、生有一女、年僅三歲、名桂辰、不意其妻於二十日潛逃無踪、遍尋無着、無奈於二十三日下午二時、至道外領警所報告、請求查緝云、

不與車資
縱犬傷人

南崗木介街、門牌三十二號住戶福川數馬、年十九歲、現充鐵路局職員、於昨二十三日午前、在道裡一面街、僱妥洋車夫王占奎、赴道外大水晶街四二號、車抵福川住宅門前、當時下車、未給車資、即進屋內、車夫待候多時、不見乘客外出、無奈車夫叩門索討車資致觸福川之怒、福川開放門戶之際、由屋內竄出狼式犬一隻、將王咬倒、兩腿受有傷痕數處、鮮血淋漓、車夫因索車資未果、尚被其犬咬傷多處、午後三時、至道外領警報告、請求責罰福川、領警據此、目下嚴重調查中云、

油坊、製粉爲北滿二大農產工業、過去時之盛況、在哈爾濱經濟界據有特異性質、嗣以北鐵接收爲契機、鐵道政策遽呈變化、尤以日本內地改用肥田粉之關係、自一九三〇年以降、油坊界之營業、大有每況愈下、延至今日、甚至有陷於一蹶不振之狀態、又兼客冬以來原料大豆、價格暴騰、哈市油坊界愈呈不堪支持之勢、因此北滿最大之東濟油坊、竟告荒閉、其後又有元孚油坊、同聚祥、及協昌仁油坊等有力工場、二月以來、先後繼東濟油坊之後相繼停工、因此致使哈爾濱特產界及各經濟界、金融界俄然受到一大衝動、於是救濟哈市油坊界之呼聲、高入雲霄、首向市公署商工科提出『油坊特定運費之設定』及『資金之流用』等重要項目、然目下各油坊因資金之困渴、及原料大豆之漲價、採算愈呈惡化、生產額日見縮減、大有陷於全滅之狀態、特產中央會有鑑於此、驟然躍起、組成全滿油坊工業振興會、待委員選出後、積極的研究救濟方策、其動向頗惹起各方面之深甚注意、大興公司哈爾濱分行、對於現在哈爾濱油坊界之現勢、詳細調査之結果、現在滿人油坊共計十一工場於一晝夜間最大製造能力、豆餅三萬一千五百二十八枚、截至四月廿日之調査、現在開火中之七工場、日產僅六千四百十二枚、豆油一萬九千一百二十五公斤、共慘淡狀況、足見一般、茲將各家

同期之六十一萬五千九百五十六枚對比 約減低五分之二、前途之悲觀、實不堪設想、監

哈鐵當局、分別請求並提出陳情書、於二十三日午後二時、日本側由中西理事、道外商會

必要詳細陳述、並手交陳情書、嗣於午後三時再面會哈鐵郡副局長、據郡副局長談謂哈鐵以大哈爾濱市之發展爲見地不惜以全幅之刀支持之待與市當局妥協後、當遞向總局請示、以期其實現、代表側則力陳修築之必要、並以道裡及八站道外間唯一之交通道路所有之行人車馬、往來頻繁、預料哈市之發展、一日千里、將來人車之往來、將愈呈繁雜、爲意中之事、然橫道口如不加以改築、每値列車通過之際、道

面目一新、希望當局對此詳加考慮云云、直至午後四時半始行告別云云、

爲吉林人、名榮春、現年二十五歲、擬赴佳木斯途中分娩云云、

鳥越事件

各方拼命搜查兇犯

鳥越事件、自屍體發見以來、經過五日、日滿警察機關拼命搜查兇犯、但現場經數次之檢查結果、發見軍用手套遺棄於現場、各機關據此手套、信必能洗出犯人之手紋、故解消許多搜查之愁容、詎知刑事科將此手套、經顯微鏡詳細檢查、仍毫無端緒、故目下將手套在某研究所分析、用化學方法檢查、推測犯人殺害鳥越、決非在現場殺害、係由他處殺害、將屍體遺棄該場無疑、但殺害之兇場、亦決非相離甚遠兇遺屍之現場附近、約五米無有建築物件影避、刑事科現下正向現場左右附近處開始搜查、犯人滅抹指紋之巧妙、果有科學之研究歟云、

濱江龍江三江省

將添設拓政科

下月初旬即可公佈官制

中央民政部自拓政司成立以來、爲期向北滿一帶大批移民、開發北滿起見、對於有直接關係之濱江、龍江、三江之北滿三省公署民政廳下、擬新設拓政科、該項提案、業由民政部呈遞參議府、迨通過後、預料下月即可公布拓政科之官制、而着手設置矣、將來對於北滿之開拓、及產業之增殖上有莫大之便利、一般對之頗多期待云云、

『鐵公鷄』接演『南北合』

新舞台某坤伶之戲中戲

原妓女出身數年前下海、舊正以來出演於道外新舞台之某坤伶、能戲頗多、凡生末淨旦丑、無一不通、惟通而不精、初來哈時、適值新舞台缺乏台柱、竟以濫竽充數、其時正當正月之放假期間、復以其面目姣好、扮相頗佳、一般下級觀衆、頗爲歡迎、每日上座尚稱不惡、嗣以正月屆滿、一般有閑階級對之當不滿意、該[illegible]觀客之心理、特由奉[illegible]邢威明來哈、於是該坤伶之大軸、不得不双手捧讓與威明、一變而成底包式之角色矣、該伶之出身既屬妓女、而其行爲始終未嘗稍改、其浪漫淫奢之情形、與前出演該台之孟老四比較、實有過之而無不及、每於下場之後、逐香聞臭之徒猶若三伏之蠅、狂蜂浪蝶之輩一似二八月之犬、慫慂体貼、醜態百出、卑息奴顏、廉恥喪盡、其中有某甲者、以重利盤剝放印子爲生、恃其多金、且善溫存、致得該坤伶之青睞、由相識而熱戀而成入幕之賓、延至今日、已成不可開交之情形、故每於公餘之暇、二人輒乘四輪電馳騁於埠頭區、跳舞歌餐、亟盡其揮霍之能事、紙醉金迷、大展其豪華之技倆、一介坤伶、果墜其彀中、對一般逐臭之徒、甩於九霄雲外、獨與某甲、朝夕相聚、早有山盟海誓之約、其祖父亦屬個中老手、知事有變、惟恐錢樹子一旦傾倒、則立感生活之壓迫、乃懇切勸導、不令與某甲過從太密、而該伶正在迷戀之時、對此逆耳之勸告、當不同意、立即提出反抗、乃祖父亦據理爭論、因此双方竟由激烈之口頭爭執、而演成交手武劇、相拉相拽、一路來到該管警署、因時至午夜之後、當被警署斥出、此本二十二日夜間一時之事也、

祖父與孫女間既發生偌大衝突、迨至翌晨、一般友好、當然不能袖手旁觀、嗣有魯仲連出頭爲之調停、誤爲兩造之情感既已破裂、即一時再爲恢復終不能持久、莫若就此機會、辦一個『水落而石出』索性由乃祖出立脫離之字據、但該伶須爲乃祖演唱二年、收入悉歸乃父、作爲養育之資、而二年之後、所有行頭、均歸該伶所有由此該伶之行動、得以自由、乃祖自不得妄加干涉矣、因此一場『鐵公鷄』之後接演一幕『南北合』祖女爭執始告結束、預料該坤伶與某甲今後之熱戀或將更無忌憚而愈見於露矣、

丸商樓上

出售船票

航業聯合局、爲謀輸送乘船客購置船票便利起見、一掃乘客購票擁擠、特在道裡地段街丸商百貨店樓上、租賃房屋一所、專辦理售賣一二等船票、因現下乘客踴躍、擬於二十五日正式開始發賣、但三等船票仍在道外十二道街碼頭售賣云、

截至二十日

特產積存量

大豆—共計四百〇九車

小麥—一千八百八十一車

哈爾濱市內截至四月二十日、特產積存量如次表所列（單位三十噸一車）

一、大豆	
義增信	三〇
天豐玉	二五
天豐東	四〇
大來裕	三五
同聚祥	三〇
其他合計	四〇九
二、小麥	
益發	三〇〇
三泰	四五〇
雙合盛	一八〇
義昌泰	一七〇
天興福	二四〇
其他合計	一八八一

滿日商店

納稅比較

自解冰以來、哈市之經濟遍呈活況、同時日商方面、由石頭道街、地段街、買賣街全商店大聯合、舉行春季大賤賣、半年以來在冬眠期中之不振情況、完全打開、展開激烈之商業戰、哈市商工會議所鑑於市內之商工業者之營業稅課稅方面、於經濟界之動向、頗有係、據調査去年度納稅之比較、日本商方面共計一千一百十六家、共納稅三萬六千九百五十八元、平均每戶當納三十二元五角、滿商方面、共計納稅一百〇七萬八千五百六十元、平均每家納稅九十四元、與前年比較約增加二成內外云云、

萬綠橋前

發生路劫

行人須要小心

道外二十道街住戶趙豐良、年二十五歲、現以賣豆腐爲生、於昨二十三日下午七時、由河東賣豆腐返哈、行抵三棵樹附近、萬綠橋處、突然遇一路劫匪徒、手持匪槍、攔住去路、以槍威嚇、趙未敢抵抗、由匪隨意、搜查結果、搜出國幣六元、鷄蛋四十七個、搶畢匪向河東逃走、被害之趙某、當即至三棵樹警察官派出所報告、請求查緝、據報之分所、以電話通知當管太平橋署及刑事科、各警察當局、急派員至現場搜查、但匪徒早已杳如黃鶴矣云、

再募教員三十名

【鳳城】董縣長與參事官宮澤氏、前爲刷新教育登用賢材起見、曾於月之四日用考試方法、募集小學教員二十名、現考取各員業經分別委用、但又鑒於時下匪患行將肅清、地方治安可期穩固、而農村復興正在工作、實施之際、則四鄉小學校自應增加校數添設學級、以實現王道政治普及教育之趣旨、惟小學教員仍有不敷於用之虞、是以訂於月之三十日續募小學教員三十名、仍本以前章則施行、地址仍在縣前街女子兩級小學校內舉行、故市內與四鄉有志於小學教員之鴻儒碩士紛紛呈報應考云、

濱江特刊

第一〇九〇號
盛京時報北滿總支社
社址 哈爾濱道外桃花巷西口
道裡電話六八四七番

為事務連絡便利 謀統一滿日假期

治外法權撤廢前之運動 以圖滿日一德一心互相協調

治外法權、將全部的撤廢之中、滿日各機關根據不可分之關係、對於撤權之統一、精神之進行準備中、惟以滿日各官廳以至各銀行公司法團等年中之放假日期、向無連絡、各自為政、於事務之進行上、頗感不便、關於滿洲國之假日、滿洲國側各機關法團一律休假、而日本國之假期、則單由日本側休假、為謀事務聯絡上便利起見、理宜取以折衷之辦法、對於金融交易及各方面、頗多便利、故近日來對於此種運動、滿日一般有志者、亟起提倡、查日本側之休假日期為正月、新年宴會、紀元節、陸軍紀念日、春季皇靈祭、神武天皇祭、天長節、海軍紀念日、招魂祭、哈爾濱神社秋季大祭、秋季皇靈祭、神嘗祭、明治節、新嘗祭、大正天皇祭、及年末休日、然滿洲國側之休假期為舊曆年末、舊五五日、元宵節、萬壽節、建國紀念、祀孔、祀關岳、皇帝訪日紀念日、端午節、仲秋節、事變紀念、孔子聖誕節、合計每年中之休假日四十日之多、再加每年五十二個星期日、每年中休假九十二日之多、佔一年十二個月中、三個月、茲將哈市滿日各代表機關一年中之休假日比較如下、

哈爾濱鐵路局全休二十三日、國際運輸株式會社全休二十日、半休四日、東拓支店全休二十五日、中央銀行全休二十日、興業銀行全休二十八日、滿商事會社全休二十八日、半休九日、電電會社全休二十一日、半休二日、電業局全休二十三日、半休二日、三井物產全休二十九日、大興公司全休二十日、日本商事館全休二十日、半休六日。

按以上之情形觀之、既無相當之統制、非但於商工業者及金融界、大不便、即於滿日兩民族間一德一心之相互協調上、亦有莫大之障礙、尤其治外法權撤廢後、於各官廳公司各商工業者之諸事上、以多大之障害、故滿日兩國間之休假日期之連絡統制、實為當前之急務、故各方面對於此種運動、希望其早日實現、而得以統制、實於官民雙方兩有利益云。

航運運費再檢討

特產界單獨運動 惹起各方面注目

哈爾濱航業聯合局改定運費以來、予哈市經濟界一大衝動、各輸出商及江岸貿易商、特產界莫不齊聲反對、前日本商工會議所召開之航業運費改正懇談會時、經航聯當局之說明、結果仍以哈爾濱為中心、運費如何改訂、對以佳木斯為中心、運費之改訂、將注全力、以期其改正、現在哈爾濱經濟界團結一致、對於運費之改訂、組成運費再檢討委員會、一方關於江豆之運輸關係、哈市特產界之生死關頭、以慎重態度注視事態之推移、以特產組合為中心、行單獨之運動、對於運費之改訂、先行撤底之檢討、結成檢討委員會、據特產關係某有力者談稱、此次航聯運費制度改訂後、三姓下游之江豆、將經佳木斯由圖佳線向北鮮直接輸出、哈市之糧棧油坊將難以全滅之運命、此外於哈市交易所定期市場、有種種之關係、頗堪憂慮云云、對於積極運動運費再檢討設置特產組合委員會運動、各方面對其動向惹起極度之注目云、

我國馬政計畫之現況

馬匹是開發產業、便利交通、及鞏固國防的主要利器、這是世界各國所公認的、尤其是以農業立國的我滿洲國、地大物博、交通阻塞、所謂荒蕪之地未盡闢、山澤之利未盡出、在經濟立場上、馬的需要、極為重大、北鄰蘇俄、既係與王道政治不相容的共產國家、又擁有世界稱名的多量克薩克騎兵、則我國國防之鞏固、實為當前急務、而不可稍緩、馬匹在軍事上為活動自如之兵器、占有極重要位置、彼蘇俄既挾其騎兵以叟我、則我國亦當用騎兵以相抗、故在國防立場上、馬的需要、亦極為重大、一般人均知國防產業交通三大端、是立國的要政、殊不知若無馬匹為之助力、則此三要政均不能成功、茲再詳言之、當歐洲大戰時動員兵數與馬數之比例、為三與一之比、即兵三名、須有馬一匹、當時同盟軍方面、有馬約一千萬匹、聯合軍方面、有馬約四千五百萬匹、但聯合軍方面、仍感馬不足用、又在濠州地方、花了十數億圓之巨金、買馬數百萬匹、加以補充、可見當時馬在軍事上所占的重要位置了、當民國十四年郭松齡倒戈之役、郭軍進至新民縣、與張作霖軍隔巨流河相持、奉天城已汲汲可危、張作霖已作逃亡大連之準備、而一般人士亦多謂郭松齡定能成功、並當時奉天軍隊之精華、均在郭松齡之掌握、本可不戰而定、孰知吳俊陞率江省騎兵一旅繞至巨流河後方白旗堡一帶、用迅雷不及掩耳之襲擊、將郭軍截為兩段、郭即束手被擒、論者多謂郭松齡在錦州停兵三日、不直搗奉天、致江省騎兵得以赴援、是其失策、而張作霖未遭失敗、是屬天不滅曹、殊不知郭松齡軍因缺少騎兵、等於軍中無耳目一樣、所以不敢輕進、而張作霖軍之所以迅速奏功、是賴騎兵之力、再我滿洲國建國之初、馬占山叛變、盤踞興安嶺一帶、歷時六七個月、始克剷除、這是什麼原因呢、並以興安嶺一帶、樹木參天、山谷林立、所有飛機唐克車、均不能用、在此地形之下、惟有騎兵、可以制勝、但彼時我滿洲國、既缺乏強悍騎兵、而友軍騎兵又未到著、致馬占山得以多延殘喘、由以上各次戰事之經驗、我們可知長槍大砲飛機唐克車以及毒瓦斯、有時因天候地勢之不便、失其效用、惟有騎兵、無論在任何天候地勢之下、均能活動自如、所以近代各國、一方面在積極製造毒瓦斯、而他一方面又在積極訓練騎兵、可見馬匹在軍事上所占之重要性了、至於開發產業、更屬非馬不能成功、即以我滿洲國論、農林鑛產之富、甲於全世界、但開發之力、百分之九十以上、須用馬之能力、即如本年吉林濱江等省、均感缺馬、致東寧等縣春耕陷於無辦法、他日地方治定確立、荒地均須開墾、林鑛均須開採、則需要於馬之能力者、當必倍增、至交通運輸方面、雖有火車輪船之便、但對無火車輪船的地方、就得依賴馬之能力、況火車輪船運輸貨物、必須先用馬力、將貨物集中車站或碼頭、然後始能裝車或裝船、況若無馬力預先為之運

一日之間 兩起竊案

道裡中國六道街、四五號、住戶俄人多利列大、年三十歲、於昨三十日午前十一時、因事外出、未幾歸來、發現窗戶被人啟開、知必被盜、急進屋內檢查物件、見室內東西狼藉、始知被竊去羊皮大氅一件、青呢棉大衣一件、馬蹄表一架、共損失約四五十元、當即報告附近派出所、請求查緝。

【又訊】顧鄉屯警察署管界、平房司東二道街、門牌五號、住戶尤滿方家、於昨三十日深夜、夫婦酣睡之際、不知何時、被賊將門撥開、闖入屋內、竊去青線呢棉袍一件、敘紋女棉襖一件、及其他物件若干、待翌晨起床時、見門戶大開、室內物件散亂、始知被竊、立至分所報告、請求查找云、

仇長富家被搶 損失約七百餘元

香坊警察署、安埠街派出所管界、自安街門牌六七六號、住戶仇長富、年五十五歲、濱江人、以開糧業為生、家道豐富、竟被匪徒覬覦、突於二十九日下午十一時許、由後院將門撬開、闖入三匪、一匪小槍、手持匣槍、一徒手、進屋後、即將其家當日來之女客鄧劉氏捉住、拳打腳踢、強索金屬物品、又將侯姑關南氏、以鐵絲綁縛、以香火燒烤胳膊、嗣乃翻箱倒篋、搜去國幣三百九十元、耗絨皮大氅一件、狐狸皮襖一件、黃花毛氊一床、白粉花毛氈一床、羔羊皮襖一件、共損失約七百四十餘元、搶畢呼嘯而逃、事主當即報告分所、待警察趕到現場時、而匪徒早已杳如黃鶴矣、現下依然搜查中云、

為便利市民納稅 市署實施金庫制度

市署以外新設五處

哈爾濱特別市公署會計科、為謀市民納稅便利起見、特首先實施市金庫制度、為全國各大都市之創舉、經向中央銀行及各關係方面折衝結果、業於五月一日起開始施行、蓋向來納稅須向市署一處繳納、地址狹窄、納稅人擁擠不堪、頗為不便、此次共設五處、無論水道科金之繳納及其他稅款、可向新設地址繳納、以免擁擠之苦、茲將各新設金庫列左、

滿洲中央銀行哈爾濱分行（道裡田地街）滿洲中央銀行道外支行（道外正陽南四街）滿洲中央銀行、市公署派出所、（道裡自治會街）、滿洲中央銀行交通局派出所、（南崗義州街、）滿洲中央銀行道外事務所派出所（道外正陽十六道街）

青年學生 何故自殺

孀婦之命可謂苦矣

道裡馬街、門牌三九號、住戶孀婦李張氏、年四十五歲、安徽通嶺縣人、其子李全祥、年十七歲、在道裡一中讀書、於二十八日下午十一時許、由學校歸家、面色怕惶、其母覩狀、情知有異、當時經數度質問、詎知其子、無一言答復、情急之下、急搜查其腰中、發見殘餘大煙半份、始判明服毒企圖自殺、故立時送至南崗孔氏醫院灌救、卒因時間過晚、延至二十九日午前四時、嗚呼哀哉、究竟因何服毒、警察當局現下調查中云、

不懂醫理 豈可多言

鮮女死後張某倒霉

二十九日午前九時、道外承德街一〇五號、鮮人申世經之三女申壽貞、年十一歲、因病呻吟中、事被其家前僱之使役張某瞥見、該女病態可憐、遂由腰中掏出注射藥水、令其家人照胸前部注射、立能止痛、言畢張某他往、其家人果照告訴方法注射、該女竟延至午前十一時死亡、家人見狀大驚、疑張某並非曉解醫術、其女必因注射而死、當即報告領警、瀨尾巡查、協同有賀醫院原沼醫師、急至現場、驗重檢屍結果、始判明急性嗎啡中毒而死、一方將外行醫師張某傳案調查中云、

大膽匪徒白晝行搶
警察趕到當場捕獲

道外小五道街某商號櫃夥田忠祿(二八)於二十九日午前十時、由中央銀行道外支行領得國幣一千五百元、同櫃夥與執事人李※發之手、正在査點間、突然由外闖進三十五六歲之滿人男子一名、手持手槍、向執事人威嚇、將欵如數搶去、奪門而逃、李某急尾其後、大呼捉匪、適値太平甲自衛團長鄭子欽(二八)路過共處、聞有匪警立鳴警笛、附近警聞聲、趕來二名、連保甲團員三人、將匪趕上、經大格門之後、卒將匪人就縛、押送正陽警察署、經審詢後、據供陳埨順、現年三十六歲、住所無定、於二十九日早七時由新京來哈、見田某在中央銀行領取大宗現欵、乃尾隨其後、乘其執事等不備之際、闖入室內以玩具僞槍威嚇、行搶不諱、似此大胆匪徒竟敢於白晝公然行搶、此次惡貫滿盈當場被捕、是否尚有其他罪犯、正陽署現正繼續審問中云、

宇增榮之長子
德元被人慘害
何物杜某勿乃太狠

道裡中國頭道街六號、東昌公司經理宇增榮之長子德元、現年七歲、於二十七日下午五時許、在門前騎三輪自行車玩耍、突告失踪、疑被誘拐一案、業誌前報、自該案發生、經緯署積極搜査中、不意二十八日下午五時四十分、在八區運動場體育館西方下水溝內、發現七八歲之幼童屍體、經緯署據報、俄然緊張、除由增子司法主任、伊藤刑事外、刑事科則松義識股長以下、急遽赴現場檢驗結果、判明確係行方不明之德元之屍體倒臥水溝中、右額及耳部有堅硬土石擊傷青腫、顏面泥濘不堪、推定慘害時間爲二十八日午前一時許、但慘殺德元嫌疑重大之犯人、當日德元在門前玩耍之際、有東昌公司日前被辭僱之馬車夫杜來風、年二十九歲、將德元引領向頭道街南拐角走去、事被鄰近親睹、由此德元突告失踪、警察署視杜犯有相當關係、極秘裡調査杜某動向、二十八日夜急襲杜之住宅、而杜早已逃匿無踪、推測犯人二十八日午前零時前後、將德元帶領至八區運動場水溝處擊斃、推於水溝之中、故顏面泥濘不堪、經緯署二十七日即調査指名犯人杜之居所、道外五柳街十三號、嚴重搜査、東昌公司經理、家世富豪、由去年六月間、曾幾次接收威嚇信件、綁架德元慘殺等語、强索國幣六百元、査威嚇信係用俄語、當時緯警搜査犯人亦未落網、據經理談稱、杜某亦係俄語、關於威嚇案件、仍係杜某之模様、現下正在搜査杜某中云、

特產積存量
四月下旬
大豆＝六七六車
小麥＝一・五三七車

據哈爾濱交易所調査截至四月三十日哈爾濱市大豆、小麥積存量大體如左、大豆約六七六車、小麥約一、五三七車、與去年同期大豆約二四八車、小麥約三、〇四四車、兩相比較大豆約激增二倍半、然小麥反減少半數、玆將各糧棧所積存之數量、分別採錄於下(單位三十噸車)

一、大豆

永盛東	一一〇
大豐東	九五
大豐玉	七五
協昌仁	七〇
二泰棧	六〇
同茂昶	四〇
義增信	四〇
義昌信	三〇
共他計	六七六
去年同期計	二四八

二、小麥

日滿	三〇〇
雙合盛	二四〇
三泰棧	二〇〇
益發合	一九〇
天興福	一二〇
義昌泰	一一〇
天興廠	八〇
大來裕	六〇
成泰義	六〇
共他計	一、五三七
去年同期計	三、〇四四

農業委員來哈
石黑氏一行廿人

爲出席滿洲農業政策審議委員會第一回會議、更生協會理事石黑忠篤氏一行二十名、於昨日午後十時半亞細亞號列車由京來哈、今一日明日間、出席濱江省公署座談會、對於北滿農業之開發、必有高深之指示、一般對之頗爲期待云、

輸器材、則火車輪船鐵路碼頭等、自身根本即不能造成、所以馬匹在產業交通方面之重要性、尤爲廣大各國馬產家多謂馬是人類恩物、意即馬匹與國計民生有密切關係、若人類無馬之助力、則絕無今日之物質文明、敝人想這話是很對的、那麽、諸位對於馬政之重要性、是不會否認的吧、

我滿洲國自古雖爲產馬之名區、但因舊政權時代、保變用數千年前之原始生產法、對於合理的改良工作不知利用、致馬之體形日趨低小、能力逐漸減縮、而每年死於疫病者、又不知凡幾、若不急加注意、數十年後、將更不堪設想、國計民生、均將受其危害、我政府當局有鑒於此、爲應國防產業交通之要求、積極樹立馬政計畫、於大同二年、在軍政部管轄之下設立馬政局、以主管其事、並成立馬政委員會、由各部高等官或學識經驗者爲委員以爲軍政部大臣之諮詢機關、經多次會議、決定第一次計畫以四十五年爲期、玆擇其計畫中之改良、養馬、調査、防疫家畜交易市場、馬產組合、及獎勵宣傳、各項之概要、與現況略爲報告、

一、改良 改良方針、對國產馬飼養管理容易各美質加以保持、並使其能力向上、體高牡馬以一、五〇米牝馬以一、四五米爲標準、期待大多數小格馬、以便於役使、對於乘輓馬以國內現有之大型優良乘輓馬爲基礎、圖漸次增加、第一次四十五年計畫又分爲第一二三期由大同二年至康德二十四年共二十五年、爲第一期、種牡馬須整備八千匹、即民有五千匹、國有三千匹、以期血液更新之馬可達一百數十萬匹、由康德二十五年至四十四年、共二十年、爲第二期、連同前期血液更新之馬、須達數百萬匹、種牡馬係採用阿拉伯種、及小型安姑路歐爾曼種、其體高須在一、四五米至一、五〇米之間者現時以由日本國選購爲主如屬內民間有牝等合格馬、除選爲種牡馬外、並給獎勵、至於設施方面、計有種馬育成牧場一個、以資育成候補種牡馬之幼駒、預定每年入場之幼駒、約百八十頭、此場現時尚未成立、並將全國分爲十五個馬政區、設立種馬場十五個、以資養成國有種牡馬、現時設置者、有洮南海拉爾兩種馬場本年秋季擬設置哈爾濱及通遼兩種馬場、以陽歷年增加、種馬場之任務、除以改良蕃殖爲其主要任務外、對於該管轄區域內之衛生防疫調査及統計等事項亦須發辦、

洮南種馬場是十年計畫、至康德十年完成、繫養種牡馬定數爲二百匹現有四十五匹、管轄區域爲龍江省洮南洮安安廣鎭東突泉瞻榆開通各縣、興安南省之內新河以北、興安東省喜札嘎爾旗、及軍政部大臣特指定之區域、海拉爾種馬場現有種牡馬三十四將來須按地方情形、再決定繫養匹數、管轄區域爲興安北省興安東省布特哈旗、及軍政部大臣特指定之區域、哈爾濱種馬場、定五年計畫、至康德七年完成、繫養種牡馬數爲百匹管轄區域爲哈爾濱特別市、濱江全省、及軍政部大臣特指定之區域、通遼種馬場與哈爾濱種馬場略同、惟管轄區域爲興安南省之內新河以南、及興安西省、並軍政部大臣特指定之區域、蕃殖牝馬之資格、須滿四歲以上、體高須在一、二四米至一、四五米之間者、以在來種或雜種爲主、至含『撤拉布來豆』血量百分之二十五以上之馬、不與交配、康德二年交配之成績、計洮南種馬場交配數爲七百七十三匹、海拉爾種馬場爲五百四十九匹、計共一千三百二十二匹、預計本年度交配、當在四千匹以上、交配期間、每年由四月至七月、因各地氣候不同、稍有差異普通情形、種牡馬一匹每年可與牝馬六十匹交配此係半人工交配、至完全人工交配、每日即能與牝馬六十頭交配、

二、賽馬 賽馬施行地規定爲奉天哈爾濱新京營口吉林齊齊哈爾錦州等七處、而奉天哈爾濱兩處爲國立者、已於大同二年秋季成立、其他五處爲社團法人者、新京賽馬俱樂部亦於大同二年秋季成立、其他四處現在呈請立案詳愼審核中、至地方賽馬、暫不許可、因賽馬與改良方針、須嚴密一致、故決定競賽施行條件、爲馬場長度須在二千米以上、並有百米以下半徑弧形部分、及三百米以上之直線平坦賽跑路、與三十分之一以上之斜坡二處以上、並須設備方向變換及障礙物之賽跑路、至競賽種類、分跳跑障礙及繫駕三種、四歲以下八歲以上之馬、均不許出賽、因四歲以下之馬、若使之出賽、等於虐待、八歲以上之馬、若仍使之競賽、則與蕃殖有礙、但現因賽馬場初立、參加競賽之馬不多之關係、對於八歲以上之限制、暫緩實行、其他牝馬體高超過一、五〇米、牝馬體高超過一、四五米之馬、以及含撤拉不來豆血量百分之二十五以上之馬、均不許出賽、(哈爾濱國立賽馬場之繫駕馬暫不受此限制)是即因與改良方針、須嚴密一致之關係、

三、調査、欲馬政計畫之遂行、對於國內馬產現況、須急速調査詳確、以便適當處理、調査分三種、一爲臨時調査、二爲一般調査、三爲特別調査査現已實行者、爲馬質馬數之調査、是屬於臨時調査範圍以上各

(未完)

船中發見無名男屍
原是嗎啡中毒

航業聯合局所屬之天泰輪船、於三十日下午九時半頃、由佳木斯航抵哈市碼頭時、由三等船倉內、突然發見一滿人乘客無名之死屍一具、身着青布棉袍、類係商人、急報告水上警察署勘驗之結果、判明嗎啡中毒致死無疑、但姓名籍貫不詳、現下警方正在調査中、一方令輪船將屍體埋葬、以防潰爛云、

江水續漲
因上游積雪溶解

松花江之水位、自開江以來、連日增漲、玆將連日水位採錄於下、

二十八日	一三二米一七
二十九日	一三二米三三
三十日	一三二米三八

接上記之情形觀之、日見增漲、每年解冰之後、江水多半瘦淺、航行不便、惟本年殊與往年不同、呈稀有之水位、蓋以上游去冬多雪、此時溶化、故江水增漲也云、

本年江豆品質
化驗成績良好

松花江江豆本年度之品質如何、爲一般人所急待明瞭、二十五日通河運哈九車、伊漢通運哈十車、經化驗結果、成績良好、不實粒及泥付粒之混入綜合的品質混保二等乃至三等之程度、與去年之三、四等比較、成績頗佳、玆將本年江豆經化驗之結果成績分列於下

百粒重量 一八瓦二二、四瓦

一、伊漢通

完全粒	八六、七	九〇、八
損傷粒	八、七	四、八
不實粒	一、五	二、三
青豆	〇、四	〇、八
茶豆	一、二	〇、六
黑豆	一、一	〇、四
夾雜物	〇、四	〇、三
水分	一三、四	一一、二
百粒重量	二二瓦	二三瓦

二、通河

完全粒	八九、六	八九、六
損傷粒	三、九	四、三
不實粒	三、七	二、五
青豆	一、〇	一、二
茶豆	一、〇	一、八
黑豆	一	一
夾雜物	〇、八	〇、八
水分	一三、一	一三、〇

日婦自殺
幸又救活

道裡外國六道街、六八號、住戶日人南村次夫、其妻吉野、年二十四歲、於二十九日午前三時、企圖自殺、吞服毒藥品若干、正在苦悶交加之際、被同居之弟發見、立時將其送至有賀醫院灌救、幸發覺時間尚早、雖無生命之危險、然目下尚未脫離危險時期、據領警調査結果、由去年五月與其夫來哈、其夫因事歸國、將其遺留在哈、現已妊娠七個月餘、不堪寂寞、故企圖自殺未遂、其中情形似頗複雜云、

安川總裁
來哈視察

東洋拓殖會社新總裁安川雄之助男、爲視察滿洲、於二日午後一時、乘京濱車來哈、翌日一三日午後六時、出席鐵路俱樂部、哈市各機關代表招待盛大披露宴云、

濱江特刊

第一一〇號

盛京時報北滿總支社
社址　哈爾濱道外　桃花巷西口
道裡電話六八四七番

涉之結果、已得到市當局之諒解、尤於可能範圍內在短期中使共市民之希望而早日實現因此在建築期中道裡外之交通必至杜絕、殊爲問題、故不得不暫於田地街通過八站花園處新闢一路、以爲臨時補充道路故於八站橫道口旱橋未動工之前、必須先將此補充道路着手興工、以俟補充路修築完竣後、即刻將南馬路之通道道裡一段杜絕、以便興修、而免危險開該補充道路最近即將着手動工興修矣云云、

苦力及商人、日漸增多、迄至五月五日、據航業聯合局統計、乘船客數、爲二萬一千九百二十七名、連日出航船舶、均患人滿、獲得意料以外之好成績、航聯合局謀乘客便利、爲掃除向來之擁擠起見、將定期船增加、近因感得人之故、道外各旅館、無不利市數倍云、

開江以來、各方面對於沿江特產物尤其江豆之輸送狀況、爲特別注意、自四月二十四日開江之日迄至四月三十日之一週間、據松黑運輸公司調查、江豆輸送數量如下、

（單位＝噸）

一、江豆

商號	輸送數	發送地
永盛東	四九七、九五二	通河
天豐玉	一六九、八三四	方正
義增信	一八三、〇〇〇	方正
隆盛益	一〇〇、六五〇	方正
實隆峻	八二、九〇一	三姓
合計	一、〇三四三三七	

二、小麥

商號	輸送數	發送地
永盛東	五四、四二五	河通

不堪回首之製粉界
前途仍不容樂觀
每袋賠損一角至一角五分
久之恐有全部休業之慮

哈爾濱市之製粉業、因受新京粉及日本內地粉之壓迫、最近陷於一蹶不振之狀態、已屢誌本報、因向南滿之販路完全杜絕關係、爲謀甦生之策、故竭力運動鐵路運費之低減、各方面共成行、頗不注目、然自四月末以來、原料小麥之價格竟又暴騰、致每麵粉一袋由四元一角一躍而爲四元三角、激增二角、因此向南滿之輸出、尤感困難、以致截至四月末哈市各工廠麵粉積存量達一百一十萬袋之多、此外各麵莊積存亦在十萬袋之譜、合計約有一百二十萬袋之積貨、更以原料小麥價格之暴漲、各製粉工廠之採算上極度惡化、每袋竟有一角至一角五分之虧賠、於是休業

合　計　一九、六〇〇

又訊＝如報哈市製粉業、四月末以來、因原料爲漲、銷售不振、前途陷於悲觀、現在僅存之六工廠、日產僅一千九百六十袋、其蕭條景像足見一斑、其後因土建工事已屆活動之期、麵粉之需要漸呈增加、採算亦見好轉、前經休業之工廠、亦有再行開業者、截至四月末操業工廠大体如左、共計十一工廠、日產四萬二千袋、茲將各家日產量分誌如下（單位＝袋）

工廠名	日產量
双合盛	七、五〇〇
天興福二廠	七、二〇〇
同四廠	四、〇〇〇
義昌泰	四、〇〇〇
日滿第二工廠	四、〇〇〇
日滿八站工廠	三、五〇〇
日滿第三廠	三、〇〇〇
廣信製粉廠	三、〇〇〇
裕昌源	二、八〇〇
福康火磨	一、六五〇
成泰益	一、五〇〇
計	四二、一五〇

省令各縣旗商會
停止徵收修路費
人民謳歌王道政治之恩惠

各持類似手槍、進屋後即以槍向劉氏威嚇、禁止聲張、繼則翻箱倒篋、結果搶去金鐲子一付、赤金手鐲一枚、翠金鐲一枚、搶畢呼哨一聲、奪門逃走劉氏見匪走後、至該管分所報告、待警察赶到肇事現場而匪早已杳如黃鶴矣、分所一方電知正陽署、及刑事科、經臨時召集警員總出勤、佈置警網、搜査之結果、因時間過晚、亦無捕獲、目下依然嚴重搜緝中云、

大日本報國會之演藝慰問隊蒞哈
分別慰問在哈友軍各部隊
十一日夜作一般公開表演

爲慰安負有維持北滿治安及國防重責、勞苦功高之友軍將士、大日本報國會之演藝慰問隊山本武弘、村上修平氏等代表一行十名、日前蒞哈、一行素稱東都第一流之浪曲、人材濟濟、由二月初旬即由日本內地出發、經由京城、平壤、大連、旅順、開原、四平街、分別慰問所在各地之友軍各部隊、來哈後於六七兩日分向市橋部隊、濱地部隊、千葉部隊戶澤部隊、加藤部隊表演慰問之演藝、八日復向大衆、伊藤、櫛淵、見城等各部隊慰問、九十兩日慰問海軍部隊衞戍病院、十一日午後六時、假鐵路俱樂部、作一般公開之表演、聞該一行、於哈市各部隊慰問終了後、擬先後赴滿洲里及綏芬河東西兩國境實行慰問駐在友軍各部隊云云、

販賣韭菜
歸途遇匪
衣履被掠一空

閻學增、年三十七歲、孫樹和、年三十五歲、同爲山東肥縣人、素日以賣韭菜爲生、近鑑於市內韭菜銷售旺盛、故二人議論妥協、合夥出資、至双城堡收買韭菜二綑條包、以期運哈、企圖漁利、不意事如願違、二人於七日下午八時、乘火車至顧鄉屯站降下後、因欲搬運僱車、故留孫樹和看守物件、令閻學增赴街裡僱馬車、行抵顧鄉屯北方旱橋處、距車站里許、忽遇劫路匪徒二名、一匪大駱黃長臉徒手、一匪小駱、手持擼槍、將閻某攔住去路、以槍威嚇、結果由其腰中、搜出國幣六元三角、匪仍嫌不足、繼則將閻身着花達呢袷襖、士林布大衫禮服呢鞋、均行搶去、二匪向東逃走、被害人立至顧鄉屯警署報告、待警察赴到肇事現場時、匪徒早已杳如黃鶴矣、刻下仍在嚴重搜査中云、

實業銀行
七月一日正式營業

以滿洲國政府銀行法頒佈爲契機、哈爾濱市府金信託株式會社決將從來之株式會社依法改爲哈爾濱實業銀行、資本金五十萬元、暫收半額、關於一切改組手續已經準備完善、前向政府呈請許可、已蒙中央照准、決於七月一日正式營業、已向新舊股東六十三名分別函知定期召開創立總會、今後該銀行之發展、頗堪期待云云、

一家六口
同時殺害
綏化縣之慘劇

哈爾濱警察廳、八日據綏化縣警務局通緝報告謂、綏化縣大萬湖、住戶王繼武、以農爲業、於六日午后九時半頃、不知因何、突然操起菜刀、將其妻子共六名慘殺、其家傭人一名、亦受重傷、兇犯逃走無踪據一般推測、係患精神病、亦未可知、現下各警署、正努力搜査中云、

曲線街一帶
大汽車路失修
市民非難之聲甚囂塵上
希望市署哈鐵急速修築

南崗西八雜市一帶住戶往返市內唯一依賴之大汽車路曲線街、向即失修、近日以來、愈呈不堪、沿途凹凸、車行若簸、懷孕婦女、甚至改乘他車、不敢輕試、一般市民納、因此無人負責、任其自然、以至有今日之現狀、一般對此內情漸次大白、惟哈鐵側究將如何處之、將自行修築耶抑與市當局協商共同修築歟、一般對之頗爲期待云云、

江豆輸送量

一、〇三四、三三七噸

是誰失馬
速去認領

徐高田、年五十九歲、山東掖縣人、現充北市場更夫、於八日午前十一時半許、發見門前不知由何處跑來白騸馬一匹、因恐該馬係爲匪人竊盜、當將白馬送至道裡水道街分所報告、以期失馬主人來認云、

之工廠俄然縮出、其結果迄至三月中旬市內操業工廠十六家、日產六萬袋、及至四月初旬以來、產量漸次減少、而延至四月末日產僅餘一萬九千袋之區區數量矣、據一般經濟界有力者觀測、如當局不速予設法挽救、久之恐哈市製粉業有同歸於盡之憂慮、回憶去年度被誇爲黃金時代之哈市製粉業、曾幾何時、今竟一落千丈、過去之盛況今成曇花夢境矣、大有不堪回首之慨云、據四月末某方調查市內各製粉廠之日產量如下、

工廠名	日產量
裕昌源	三、〇〇〇
天興福	三、〇〇〇
忠興福	二、二〇〇
日滿第二廠	四、〇〇〇
同(永勝第一廠)	三、七〇〇
同第二廠	三、七〇〇

濱江省公署爲減輕人民負担、對於諸般稅收、竭力豁減、近査各縣旗之商會、向來除對各商舖徵收商會會費外、以修築道路或溝渠爲目的、對於營業用馬車或農用大車、有徵收道路修路費並其他類似名義之賦課金（每月一元二角之譜）、實屬不尠、現在自各縣旗稅條例實施以來、關於營業用馬車、並農用大車、徵收所定車捐、惟以担稅力弱小之馬車所有者、倘商會再行徵收一定之賦課金、非特負担過重、且對於徵稅上影響甚大、經該省當局愼重考慮之結果、對於各縣旗商會向來徵收之道路修路費、一律豁免、已令知各縣旗轉飭所屬各商會即日停止徵收、一般車戶及農民、莫不謳歌滿洲國王道政治之恩惠云云

省署製定

保甲青年團訓練要領

鍛練全体青年之心身及陶冶情操
養成愛鄉奉仕觀念强化協和精神

濱江省公署爲使新村制實施圓滿奏效、擴大强化協和會所辦青年訓練之趣旨、同時爲對全青年層鍛練心身陶冶情操及養成愛鄉奉仕之觀念、以爲修養實踐機關起見、特製定保甲青年團訓練要領、分發各縣旗長遵照辦理、玆將其訓練要領節要誌下、

一、組織、一、團員、保甲內居住[illegible]上二十歲未滿[illegible]以農民□練所出身者爲幹部、受協和會所辦之青年訓練者爲中堅、其他爲一般團員、但本年度暫以保長（團總）甲長（團長）自衛團長（訓練主任）保甲學校長及教員（教育主任）爲幹部、逐漸如上述改組之、改組後、之舊幹部、以顧問資格必須接續協力指導之、幹部顧問之青齡不加限制、B團員隣居相近者各十人上下、爲一組、由組[illegible]青年團、由甲青年團結成保青年團、○組選組長、甲青年團選團長、（正副）保青年團選團總（正副）組長由團長、團長由團總、團總由縣青年團聯合會□（縣長）任命之、D青年團將選顧問、顧問由團總及團長委囑之、二、訓練、1、以精神訓練質實剛健、愛鄉奉仕、連帶相助爲目標、2、學科、A村制之意義並運用、B、協和會之精神並其組織運用、C識字（尤注重生活必需之尺牘）C、簡易算術、E農業改良、家庭副業、（註）甲學科非指講義而言、須注重實習與体驗、乙、使用教本另定之、但暫時不用教本（不妨使用民衆學校識字課本或其他）3、教練將來由團員組織義務自衛團、4、宣傳、爲表現建國精神、（協和會精神）、村側意義計、令其自作自演國劇、鼓書、秧歌活劇等不但對一般村民藉以宣傳且可慰安團員陶冶情操、5、期間、農繁期時每週一回、每回各二時間許、農閑期時、每週二回、

三、實施時之注意事項、注青年團組織之目的、已如前所述、設實施創辦伊始、即欲强化組織、反易招青年頭厭之念、故其先須留意左開各點考慮、俾其共自動參加願受訓練之方策、逐漸引導達到所期目的、A爲團員者個人亦可享利相當利益、例如學習文字、算盤、實習副業、於生活上之利益、或對成績優秀者、發給優良証、因團長保証其人遇有僱用待遇等事可受優先的提拔、B因電影、國劇、鼓書、秧歌話劇等之觀覽、自演可爲娛樂慰安之機關、C組織時對各家庭使其十分澈底趣旨令其家長及屆主了解之後再行參加、D因集會之機會訓練之時間頻繁過度、而易妨害其生計、須特加注意、E團服暫且不用、對團員不收任何費用、訓練之實施、雖以甲青年團爲中心時後由組擧行之、或由保青年團總合的實施之（保青年團之聯合訓練月一回或隔月一回爲適度）3爲愛鄉奉仕村生活改善村教化等工作計、青年團必須共同實施事項、按地方狀況、每月初由團長具體的制定之、例如道路之修造、警備、禁烟、禁賭運動、就學獎勵、納稅督促、戶口調查、思想宣傳、日語學習、等各事項之補助及主催、4青年團之訓練及事業以不需經費爲原則、A不徵收經費、B幹部、指導者爲義務職、C事業實施時遇有必需經費時、其經費由共同勞作之所得副業製品之販賣收入充之云云、

大胆匪徒

白晝行搶

近日以來、市內之强盜案件又屢次發現、而警察機關、雖竭力防範、仍有大胆匪徒、竟敢於光天白日之下、公然乘機行搶、可謂胆大包天、玆將七日午前七時道外發生之搶案經過情形、探錄如下、

道外延爽街、門牌四十號、住戶謝桂山、山東福山縣人、現充中央批發市場董事、素有相當積蓄、致惹匪徒垂涎、於昨七日午前七時、謝某因事外出、家只有某妻劉氏一人看守門戶、不意突然闖入滿匪二名

八站旱橋

即將興工

先修田地街道路

滿日俄全市民强硬主張八站橫道口修築旱橋問題、經道裡外兩商會日本商工會議所及白系俄人商工會議所等各方面一致向市署及哈鐵兩當局正式交

非難之聲、甚囂塵上、不知者多以咎在市署、責無旁貸、殊不知該處一帶素在市署管轄以外、實屬哈鐵用地、曩者年由路局支與道路費三十萬元、以爲修理之費、嗣經哈鐵藉以自行修理、然此大宗費用停止交

距離運費延期一年

油房運動收到實效

因原料大豆價格暴漲、運費昂貴等種種關係、將陷於全部休業大危機之哈市油坊業、認爲挽回頹勢最重要之對策厥爲原料大豆之運費低減問題、故前曾一度以油坊公會名義、向鐵路局陳情、對於從來施行中之產地哈市間特定運費之待遇予以延期、側聞經鐵路總局考慮之結果、對於呼蘭至北安間、對靑山至安達間各站運哈之油坊原料大豆減低四成制度原限於四月三十日廢止、今由本年五月一日起、至明年四月三十日、再延期一年有效、關此事已通知哈鐵並命轉知各關係方面、遵照辦理矣云云、

店東幼女

被人拐逃

道外吳興路、萬興錢、林于氏年二十五歲、呼蘭縣人、於八日午前十時、赴錢塘街分所報告、其云之女人張國吉、年二十五歲、奉天鐵嶺人於昨下午一時、將伊之三歲女孩、名金如、聲稱携出購買食物、詎知一去不返、迄今杳無隻影顯係被其誘拐潛逃無疑、請求查緝拐犯、分所據報、立電知正陽署、及刑事科現下積極活躍搜查中云、

船客下航

開江以來

二萬餘人

松花江解氷、由四月二十日開航以來、向下江一帶謀生之

治外法權撤廢聲中

募集日系警官

濱江省定五月十九日考試

考試地址在地方警察學校

治外法權之撤廢問題、已迫於眉睫、滿洲國側以民政部警務司爲中心、對於各省公署警務廳之內容、積極整備、更爲充實其內容起見、將斷行增加日系之警官、即此次全國共新採用日系警官警士約二百名、濱江省公署警務廳的估四五十名、定於五月十九二十兩日、在新京、哈爾濱、奉天、圖們安東、朝鮮等各地分別試驗、哈爾濱則在是日午前九時在道裡軍官街哈爾濱地方警察學校實施、

受驗資格者、年齡須在二十二歲以上、二十七歲以下、曾受軍事訓練及學校訓練身体强健者、試驗科目爲一算術、（四則分數）二作文三、地理（日本、東洋）四、歷史、（日本、東洋）五、常識（筆記）以上五科目、志願者須提出一、警士志願書、二、履歷書、三、照片（最近免冠二寸）四、戶籍謄本、五、父母之同意書六、市長、村長之身份証明書、待遇、被錄用後充任滿洲國日系警官初給月俸七十五元、其他詳細事項可向濱江省警務廳警務科規劃股詢問云云、

防犯週間

十日起亘一週間

市民防犯意識必愈深刻

哈爾濱警察廳、前曾二度擧行防犯週間、結果收到良好之成績、爲促進民間警察力之强化、官民携手一致防犯起見、定由五月十日起至十六日一週間、再度擧行防犯週間、事前曾先行募集防犯標語、截至五月二日已經終了、應募者頗爲踴躍、目下由警察廳長以下各科長進行愼重之審查中、俟當選標語決定之同時、即行印刷傳單、除向各家分配外、並於指定之通衢要路廣爲貼布、以期市民對於防犯之意識更加澈底覺悟、於市街各處遍貼防犯字樣、官民一致協力之趣旨、偏目皆是、視之於目、聞之於耳、自然記之於心、於是防犯之意識必愈深刻云云、

濱江特刊

第一一一號
盛京時報北滿總支社
社址 哈爾濱道外 桃花巷西口
道裡電話六八四七番

哈爾濱特別市 有將改普通市說

因特殊性失掉爲圖事務之圓滑

據一般傳說實現不可避免

滿洲國國務行政機構今次將斷行劃期的大改革之同時、多年成爲重大懸案之哈爾濱警察廳歸屬濱江省公署管轄一案、據關係方面傳出消息、似將由七月一日起或可實現、查現在哈爾濱市內中央直屬機關、哈爾濱特別市公署、濱江省公署、哈爾濱警察廳、關此次機構大改革、擬除將警察廳改屬濱江省公署隸屬外、哈爾濱特別 市亦將變 爲普通市、由濱江省公署直接管轄、於是中央直屬機關僅餘濱江省公署之一機關、回憶大同元年七月一日、哈爾濱特別市誕生以來、五年於玆、位於北滿之心臟、素有全國唯一國際大都市之稱、擁有五十萬之人口、都市建設、突飛猛進、日新月頗有關係、況改歸省署直轄、遇有重要問題、仍須轉請中央方面之認可、其結果造成二重監督機關、手續上不免較比現在尤爲煩雜云云、依以上兩種說法、各自有理、但哈爾濱之特殊性、因四週農村之開發、滿洲國行政之充實、交通網之發展、由客觀形勢之變化、改爲普通市之說恐成、不可免之事實云云、又訊日前江原市總務處長之晉京、據外傳係向中央方面說明所謂哈爾濱之特殊性、以期特別市制之續存、經最後之交涉結果、中央方面非公式漏消息、對於出改 革問題、似已決定、最近或將愈呈具體化云、又訊＝特別市之改爲普通市說甚囂塵上之同時、對於市署首腦部人事之異動、一般人頗爲關心、 倘果實現時、建國以來、勞苦功高之施市長、果將充任外務局長之職乎、抑中央方面另有其他拔擢耶、江原總務處長、簡任二等之位階、爲調往他市仍充總務長、頗無適任之所、即奉天市之總務處長、猶係薦任二等五級、江原處長果將陞任何處、固無從臆度、總之僞改革成爲事實、則市署首腦部之異自不待言云云、

濱江省

決以廿六萬預算 開設原種圃

各縣支出預算大體決定

巴彥	同	九、三三〇
木蘭	同	一一、〇一一
延壽	同	一一、八六一
寗安	大麥	一〇、三一八
密山	小麥	一八、三四〇
同	大麥	一〇、三二二
同	水稻	一〇、三二二
虎林	小麥	一三、七六〇
海倫	水稻	一三、八〇三

供佛燒香 發生火警

人畜死傷 損失萬元

道裡北市場、一七號、二階住戶孀婦 李張氏、年 三十六歲、於十五日午前二時許、因供佛燒香、不愼發生火警、同院住居五十餘名、一時秩序混亂、經消防隊聞訊趕到、竭力撲救、四時半始將火撲滅、因起火情急、向外逃往、墜落樓梯者、摔傷數名、燒死家犬兩隻、燒失房屋若干間、損失一萬餘元云、

眞耶僞耶

俄生報告 被綁經過

刑事科愼重偵查

疑竇叢生

道裡哈爾濱監獄收容中之强盜殺人未經判決之二俄犯、於月一日午前三時越獄潛逃一案四日在 新安埠捕 獲一名、潛逃一名、迄今仍未落網、現下刑事科以及各警察署、聯絡之下、幾乎不眠不休、嚴密搜索中、突於昨十三日深夜、在道裡斜紋街口附近、又發生俄人學生被滿俄匪團綁架事件、據十四日早、 新安埠安 吉街五九四號、俄人『泥哈尹魯』年五十三歲以電話向刑事科報告、略謂、『克歐魯吉』(年十九歲)現在南崗俄人專門學校四年生於十三日下午十時才五分、在大同街通行中、忽遇滿俄匪團各一名、以木棒猛擊其頭部後拉至汽車上、將其耳目遮蔽、汽車上似有匪徒五六名、將車開駛、風馳電掣、但方向不明形勢如地窖中、將其匿藏、翌日午前、聞匪團談論、將票綁錯、匪聲言將彼放回、若報告警察、後必有不利、種種威嚇仍將其耳目嚴重遮蔽、送出地窖、故由虎口逃生、安然脫險歸家、據學生猜疑、地址在三十六棚第一工程街一帶、刑事科松村隊長以下、總員出動、急赴現場、實地調查、亦無何等頭緒、一方將被害學生傳案審詢、認有虛報態度、查該被害學生、身體並無被綁繩印、及擊傷之處、現下仍嚴重追詢學生是否狂言云、

軍犬協會 支部總會

十四日盛大舉行

滿洲軍 用犬協會 哈爾濱支部、於昨十四日午後六時、假鐵路俱樂部於關係者多數出席下、召開支部總會、由支部長致詞並報告事業之經過及會計後、通過如左之事項、

六月六日於軍部後援之下、在花園小學校召開軍 犬共進會、並開優秀犬及參考品展覽會、及關於軍犬之電影會、對於軍犬之必要性、擴大宣傳、道共進會終了之翌日十七日全市之軍犬沿街遊行、並在南崗海拉爾街空地、設置軍犬訓練場、由本月末即開始訓練、關於訓練要項及諸般設備、現已開始積極進行工事中、

大會終了後、一同入席、舉行盛大之宴會、直至午後十時頃始盡歡而散云云、

市建築科長易人

【哈爾濱】 市公署工務處建築科長藤島哲之郎氏、榮轉國務院營繕處需品局企畫科長、其遺缺已由營繕處需品局技佐八崎高儀氏提升、同時八崎氏由技佐升爲技正薦任三等、十四日已交替完了云、

道外路倒何多

市內平均每日二人

據哈爾濱警 察廳刑事 科調查、去年中哈 爾濱市 病死路倒、總計八百四十九名、一日平均病死三人惟四五月間占最多數然道外較道裡爲數更夥、

在道裡田地街商會舉行、去年第一次 舉行時、參加 者三百名、本年日人參加者計二百五十名、滿人三十八名、俄人十三名、與去年之數目 相差無幾、滿俄人參加者仍然少數、蓋對於審査之意義 終未能了解、日人家族制度 之躍進情形、十足表現云云、

我國馬政計劃之現況 (續)

除由馬政 局派遣專 員辦理外、並由軍政部民政部共同訓令地方機關協力援助、

四、防疫、爲除去國防產業交通之不安、對於馬之衛生防疫實爲緊要事項、現我國馬疫如鼻疽炭疽等、甚形猖獗、預防接種、實爲必要、據調查所得、康德元年死於炭疽之馬、約在四千七百餘匹、康德二年約在二千三百餘匹、其他無法調查之數、恐尚遠駕上記數字、對於國 防產業 交通各方面、均感甚大之不安、馬政局有鑒於此、特設臨時移動防疫部計康德元年炭疽預防接種注射馬數、爲四萬五千餘匹、康

畜產增殖聲中 家畜交易激減

與去年同期比約減七萬元

哈爾濱家畜交易市場四月份交易額、牛六百四十八頭、馬六百五十七匹、騾二十九頭、驢八十一頭、豬四千一百十八口、綿羊一千〇〇五隻、山羊三隻、合計 六千五 百四十一頭、總金額二十七萬五千八百〇九元、與上月之七千五百四十一頭、金額三十七萬六千五百九十六元對比、減少十二萬元、約佔全數一成八分、如與去年四月對比、則減少七萬元程度、當此北 滿畜產 增殖聲中、哈市家畜市場之交易額突行減少、一般對此現像頗抱悲觀云云、

異、此次果改爲普通市時、則施市長、江原總務處長以下幹部級之大異動、恐不可避免云云、

又訊據傳哈爾濱特別市之『特別市制』改爲普通市問題、似廹於目前、據傳中央方面二三年前對於哈爾濱特別市之改爲普通市論爲有力、其最重點理論如下、

當舊政權時代哈爾濱劃爲特別區、滿洲建國後特別市之意味、稍見變更、因北鐵關係及在留外人關係、成爲北滿開發之中心地、嗣後交通網之發展、對於從前經濟的特殊性失掉、北鐵接收特殊性喪失殆盡、如仍以特別市制、則事務頗爲繁雜、每遇些須細事、亦須向新京中央方面請示、如改爲普通市、則濱江省成爲直接監督機關、中央成爲間接監督機關、關于一切事務、由當地直接請示進行辦理、比較圓滑多矣　但又據一方反對論者、則謂哈市擁有五十萬之市民、倘一旦改爲普通市、則於發展

爲改良增產各種農產物濱江省當局擬於本年度、對管內二十一縣設置小麥大麥、水稻原種圃一事、已誌本報、關於實行預算案、最近已蒙中央方面之許可、決定如下、

支出預算總額爲二十五萬七千四百七十六元、新營費十二萬四千四百四十九元、其中廳舍建築費三萬千五二百十元、其他設施費三萬四千九百八十三元、其餘之十三萬三千二十七元、充作人事及經營費用、支出費十四萬四千九百七十九元、由國庫補助十一萬二千四百九十七元、各縣別支出預算額大体如次（單位＝元）

縣名	種類	支出預算
呼蘭	小麥	二、三三〇
賓縣	同	一〇、二七九
阿城	同	一〇、二〇七
五常	同	一一、五一八
双城	同	一三、三三〇
肇州	同	一一、三三〇
肇東	同	九、三三〇
蘭西	同	一一、三三〇
青岡	同	一〇、二四二
望奎	同	一四、五三一
海倫	同	一一、九三〇
綏稜	同	一〇、八六一
綏化	同	一二、三三〇
慶城	同	一〇、八六一

滿鐵醫院

國分院長榮轉

哈爾濱滿鐵病院院長國分信雄氏、榮轉撫順滿鐵病院院長、業於十六日晨乘亞細亞列車南下、就赴任之途、國分氏當滿鐵病院在買賣街時即任院長、住哈約七年之久、對於市民頗多貢獻、此次榮轉多爲依依、故頻行各關係方面多數赴站歡送、情形頗爲熱鬧云云、

灤谷警務廳長視察歸來談

治安狀態將愈確立

濱江省灤谷警務廳長、日前十一日躬赴管內木蘭、東興、巴彥、呼蘭等各縣視察、業於十四日視察完畢歸任、據談此次視察之情形大體如左、木蘭縣之治安狀態、依未確立、當此次視察時、依有匪徒出沒、東興、巴彥兩縣之治安、比較從前大見進步、木蘭縣東北關大肚川附近一帶、仍有匪徒蹯踞、肥沃之山谷間、尚有密種罌粟者、蓋匪徒多以罌粟爲唯一之財源、今年度決以全力澈底施行取締私種罌粟之方針、大肚川方面之匪徒不難肅淸、沿河一帶之警備本年以來由各縣互相連絡、採伐柳樹、使匪徒無容身之地、集團部落相繼成功、治安狀態必日見確立云云、

爲實施產業計劃佈成產業指導陣

依農業開發五個年計劃、各縣原種圃開設之同時、對於農業技術員增員配置、爲農產之改良增產之直接指導担當者、中央當道及各省積極募集此項專門人材中、濱江省共募得四十八名、迨不久正式任命後、即行向所屬各縣旗分配、聞此次向各縣旗配佈之技術員大体分爲兩種、一、爲農業技術員担當各項耕種指導事宜、二、原種圃技術員、担當各種原種圃指導事宜、玆將各縣分配數分別誌之於下、

（一）小麥技術員　呼西縣以外　十三縣

（二）亞麻技術員　海倫縣以外　七縣

（三）燕麥技術員　安達縣以外　五縣

（四）甜菜技術員　阿城縣　一縣

（五）小麥原種圃技術員　賓縣等　十七縣

（六）大麥原種圃技術員　密山縣等　二縣

（七）水稻原種圃技術員　海倫縣等　二縣

（八）　雙城縣　一縣

以上各項耕種技術員共計二十六名、各原種圃技二十二名、省當及其他方面協同組合指導員採用數十名、分配各縣、加以前年分配各縣之產業指導員每縣達三名至五名、當此農業五個年計劃實施之同時、各縣之產業指導力激急強化、各方面對其活動、頗爲期待、惟側聞此次所募集之指導員、多係日本內地之普通農業學校卒業之青年、因北滿產業情形、與日本內地迥乎不同、故一般認爲技術員有再加以訓練必要云

油坊業愈衰微

四月間生產量調查

哈市油坊業之一再衰落情形、屢見本報、四月中哈市操業僅八工場、生產額豆餅二十萬九千九百枚、豆油五十九萬二千八百公斤、依然不振、玆將各工廠別生產量分誌於下、

工場名	豆餅（枚）	豆油（斤）
同聚祥	三五、二〇〇	二〇九、四二〇
和聚公	一〇、〇四二	一四、一四〇
双興義	三一、七八〇	一〇〇、〇八四
義昌信	二五、二〇〇	七九、九九九
恒祥東	三三、九三三	四四、一三〇
東和	二七、〇〇〇	八四、八九九
東興	一三、九二五	七七、六二四
同和成	二三、〇六五	六九、五九四
合計	二〇九、九九八	五九二、八二四

孫壽山家發生竊案

損失二百餘元

道外昇平街九號、慈渡醫社長孫壽山家、於昨十四日晚間因事外出、門鎖被偷兒破壞、竊去水獺皮帽一頂、水獺皮領猞猁棉大氅一件、國幣一百餘元、共損失約二百四十餘元、待歸宅發覺、門戶大開、情知被竊、急進屋檢點物件、始知竊去上述之物件、立赴昇平街分所報告、請求搜查犯人云云、

濱江省人事小異動

今後將有繼續異動說

依滿洲國行政機構之改革、全滿各行政官廳之人事多有異動、濱江省谷口警務廳長榮轉興安北省警務廳長後、相繼又有如左之人事異動、

民政廳佐藤事務官榮轉民政部、其遺缺由吉林省公署吉成事務官繼任、

農務科河村技佐、榮轉熱河省、其遺缺由安東省公署山田技佐繼任、

農務科林事務官、轉任滿拓會社、其遺缺由朱事務官補充、

密山縣岩島參事官轉任三江省、其遺缺由吉林懷德縣石恒參事官調任、

以上事務官級五名之異動、業經發表、但今後據一般觀測似有繼續異動之形勢云云、

野妓厄運

經緯署大捕野妓　紛紛飛道外避難

經緯警察署、爲謀市民健康、防止梅毒傳染、及風紀關係、故於十三日午後九時起、舉行總動員、檢擧各旅館之野妓、共捕獲二十餘名、現下仍繼續搜查中、聞道裡之野妓、爲防身落法網計、均臨時向道外各旅館避難、聞此次所捕獲之野妓、決加嚴重處罰云、

松江運費研究會最近即將開會

各方面對之頗爲注目

對於航業聯合局改定運費問題、引起哈市一般商工業者之反對、要求再加改定之聲浪、日益熾烈、江運運費之是正如何、成爲哈市經濟界盛衰之分岐點、最近市內油坊、火磨及各特殊工業等之全体衰退、與江運運費問題有極大之影響、特產江豆之輸入素佔哈市經濟界之大宗、此次系統之變動、北滿經濟心臟部之哈爾濱立陷於危機、希望以哈市爲中心之運費再加改定、如火之燎原、各經濟部門齊集日本商工會議所、對於各方之要望、不克默視、故對於運費之再改定運動、積極進行、決定設置『松花江運費研究委員會』網羅哈市經濟界有力者而組成最近將開之第一次委員會、各方面對之非常注目云云、

乳兒審查會

日人參加者多

市公署主辦之第二回乳兒審查會、定於十六日午後一時、

德二年爲十萬八千餘匹、馬政局擬於康德十四年內對防疫設置完畢、即在各種馬場、設防疫科從事管轄區域內防疫事業、俟各防疫科設置完備、臨時移動防疫部即行廢止、各軍司令部獸醫處、由軍政部訓令、對民有馬之防疫、亦須協力辦理、並預定康德四年在新京設立馬疫研究處、以備研究各種疫病根本治療法、及特種血清診斷液等之製造、其他民間如能發見特效治病法特給獎勵、惟因我國向來缺乏獸醫人材、故對關東軍臨時病馬廠及奉天獸疫研究所、委託養成技術人材、第一期委託生十人、前已畢業、第二期委託生七人、須於康德四年八月畢業、將來防疫事業即以此項委託生爲根幹、

五、家畜市場及馬產組合、因爲馬之大多數、均爲民有、欲馬政計畫之遂行、須由民間入手、所以馬政局特規定家畜交易市場法規及馬產組合法規使全國漸次設立、以期馬匹交易公正圓滑、並馬產方針確定防疫普遍等、而達成官民之上下一心之完美辦法、

六、獎勵及宣傳、欲民間注意馬政、須先實行各種獎勵及宣傳、所以馬政局特規定馬作生產、育成、飼料牧野、衛生利用等獎勵、以及乘馬團体合獎勵等、對於馬事知識之普及、已與文教部聯絡一在各種教科書中編載宣傳、此外並實行馬事週間、以及映畫與發刊小冊子等等宣傳、

總之、我國馬政計畫、是很偉大、以上所談、不過是其概要與現況、深望國內賢達、洞易馬政之重勵性共相援助、以期早日完成、馬政前途幸甚云云、（完）

濱江特刊

第一二二號
盛京時報北滿總支社
社址 哈爾濱道外桃花巷西口
道裡電話六八四七番

全滿麵粉需要總額 預想減二成五分
南滿製粉界同樣不振

自去年八月十六日緊急貿易統制法實施以來、國內之製粉業立見興盛、全滿合計八十家製粉工廠、哈市一隅日產能力達六萬袋、全滿合計日產達十五萬袋之多、造成製粉界之黃金時代、預料原料小麥必不足食用、故價格突然踏漲、結果中流以上之市民、多以大米、高粱、包米等果腹、詎知以現在之情形觀之、實需量漸減而麵粉之積存量日增、哈市約滯貨達百五十萬袋、奉天約七十萬袋、新京約九十萬袋、其他合計全滿約積存三百五十萬袋、因之小麥粉之銷路減退、雖當此建築興工之時、而販路依然不振、預想需要量、全滿約減二成五分云云、

久、其妻隨時整裝亦隨外出、其夫情急之下、立派數人外出、遍尋無着、無奈即至一面街分所報告、請求查緝云、

小兒險作輪下之鬼

二十一日下午二時半許、一百三十八號專用小汽車、司機日人、由道裡向道外駕駛、車抵南馬路拐角處、因速度過快、當時有一滿人兒童、年約十餘歲、橫過道口時、司機一時停止不能、雙方躲避不及、致將幼童撞倒於車下、幸未作輪下之鬼、而幼童被撞得頭破血出、不省人事、崗警瞥見、立即趕到肇事現場、將受傷之

致將小兒撞倒、面部、胸部、切受重傷、當由該小汽車拉往市立醫院醫治、據醫生言須時三週間、始能痊癒、該被撞之小兒、係白家窩棚七號、張氏之長子、名喚張文蔚、現年十一歲、日前偕同其母來哈住南拌廠王丹春（三七）家、因鄉間小兒、未受訓教、在此交通頻繁之大路上、不自小心、致遭撞傷、殊爲可憐云云、

日銀理事山內氏蒞哈
連日視察各方

日本銀行理事山內靜吾氏、於視察滿洲及華北、偕同隨員二人、於二十一日午後一時着哈、下榻大和旅館、逮日向市內各方面視察、在哈日本側銀行團、爲表示歡迎之意、特召開歡迎大會、於二十三日視察完畢、於多數歡送中離哈矣云云、

太平橋慘殺案 兇犯二名就捕
原來是一夥强盜所爲
刑事科搜查股之殊勳

十五日午後八時頃由極樂寺赴太平橋路上、發見之慘殺男屍一案、曾見當時本報、自此案發生後、刑事科當局頗爲震怒、立派偵騎四出、加意搜查、經過四日夜之不眠不休之努力結果、果將五人組犯人中之二名逮捕、該二犯由去年秋以來、即與哈市郊外各地之匪團聯絡、潛入市內各處、殺人掠奪、無惡不作、此次被慘殺之王明廉知彼等之行爲、惟恐一旦走漏消息、事跡敗露、乃於十五日夜引王行至太平橋附近之菜園內、人跡稀少之處、於不防中、以手槍將王擊斃、以免後患、經刑事科之偵查、知五人組中一名方明齋（三九）住道外南十四道街、一名趙達喜（三〇）住道外北三道街新豐棧、當將二人一併逮捕、其餘在逃之三匪、諒亦難逃法網、據被捕之二犯供述、自本年正月以降、在市內作案不下十數件之多、對於在逃三犯、刑事科目下不眠不休努力搜查中云云、

三月末	一七、〇〇〇
四月末	一八、六〇〇
五月	一九、五〇〇

俄童失踪 求警搜查

香坊警察署管界、平治街住戶俄人『各畢杜諾夫』之子『吉大利』、年十三歲、於二十日午前、赴道裡砲隊街、俄人學校讀書、迄今未歸、其父母恐發生意外事故、遂至學校詢問、據教員所謂、該生此幾日壹未登校、當即四出派人找尋、現下仍無消息、故至蘆家街警察派出所請求搜查、現下警察當局、防出誘拐兒童之輩侵入、曾極力搜查、雖有不良份子、已早聞風遠避、不敢逗遛市內徘徊云、

國防婦女會双城分會
舉行結成式

國防婦女會双城縣分會、已募集會員六百名之多、於二十二日午後一時、在該縣城內盛大舉行分會結成式、哈爾濱支部李理事長及野山主事親往出席、授與分會旗幟、將來其他各縣、必隨双城之後、相繼結成、而統歸屬於哈爾濱支部之統制下、其前途之遠、責任之重、一般對之莫不期待云云、

頗感困難、自十二月以來、與鐵類同樣逐月昂騰、模造紙一五成、牛皮紙約十成、洋紙約五成、查其紙價暴漲之原因、因原料樹皮不足、並受樺太官廳取樹皮之數量加以限制、由此紙類大漲、茲將各紙價格、探錄如下、『單位元』模造牛皮紙一捆洋紙一捲

	模造紙	牛皮紙	洋紙
十二月末	〇、一〇	〇、一七	一七、〇〇
一月末	〇、一九	〇、二五	二六、〇〇
二月末	〇、二〇	〇、二六	二七、五〇
三月末	〇、二二	〇、二八	二八、〇〇
月末	〇、二四	〇、三〇	二九、五〇
五月	〇、二五	〇、三二	二九、八

正陽街上雙管齊下
交通殊爲危險

道外正陽大街、素稱繁華之區、並占交通重要地點、故異常複雜、近來都市建設局、築修下水道及電話管理局將電話線改裝入地下線、一時双管齊下、以致將正陽街挖掘、堆積泥土、到處皆是、現下通行道路、十分窄狹、而來往車馬、倘一不愼、駕駛速度亂暴、最易惹出交通慘事、現下正陽署有鑒及此、爲防止交通事故計、增加崗警、整理交通、以期交通安全云、

無線電聽取者激增
自十二月至本年四月末
聽戶激增二千一百餘戶

電電會社之反送事業、自去夏以來擴大宣傳之結果、無線電聽取者、日見增加、哈爾濱管理局管內、截至去年十二月末、聽戶達三千六百八十二戶、迨至本年一月達三千七百八十戶、二月達三千九百六十七戶、三月四千四百四十八戶、大有月收入計五千六百三十六元、茲將各地聽戶分別探錄於下、

	日人	滿人	外人	合計
哈爾濱	一、八七六	六二五	四一九	二、八二三
牡丹江	一八一	一六六	二	三四九
佳木斯	四七	三八	三	八八
其他計	二、二四三	九二六	四一七	三、六二六

△截至本年四月末

江北所在之奉天火磨工廠、爲益發糧棧所買收、自去年十二月廿以來、即請市公署轉向實業部請求許中、業經實業部批准、聞該工廠擬遷往正陽河之新工業區、重新建築規模宏大之工廠、

聞該工廠之收買價格及遷移費約三十萬元、新工廠之生產能力日產二千五百袋、當此製粉業極度不振之今日、一旦開業、其前途之營業狀況、一般頗爲關心云云、

少婦潛逃　報警查緝

竊揹大新奎一、年二十四歲、安東縣人、數日前攜其妻劉案子、(年十六歲)來哈謀生、曾託多友人數介紹職業、近今仍歸泡影、其妻、素性風流、因嫌其夫無職無錢、生活困難、因慮榮心盛、久思潛逃、於昨二十一日午前十時、其夫攜其至道外吳興路、吳興客棧、找伊親戚、不意伊親正值外出未遇、新某故將其妻、暫留在客棧待候、新某當即外出尋覓其親戚之際、劉案子乘此機會、潛逃無踪、下午二時半許、新某將其親戚找回客棧時、突不見其妻蹤跡、遂質問店東、據店東謂、新某外出未

幼童、遂至附近醫院救治、並將司機帶至分所、備文轉交經緯署以待懲辦云、

【又訊】航政局自用小汽車、司機郭恩樹、於二十一日午前十時半頃、駕駛經許公路西行中、突有滿人幼童一名、由路旁飛出、一時躲避不及、

麵粉銷路漸佳　但價格將有暴落之勢

哈市麵粉因受新京方面麵粉之壓廹、致將南滿一帶之販路杜絕等情、迭見本報、近日以來、哈市麵粉之銷路、突見活動、據個中人談稱、五月份輸出南滿之數量、約達六十萬袋、近以端陽節迫於眉睫、更兼土木建築業正當活動期間、麵粉之實需量漸呈台頭、預料麵粉之銷路、必日漸活動、因此各製粉業者之愁眉、略爲展開、但近來因原料小麥之略落、麵粉之價格、自然隨之落價、原積存之麵粉、因原價頗高、經此跌落、各火磨無形中受到極大之損失、自不待言、以最近原料小麥價格之暴落情形觀之、預料麵粉之價格十日前後、恐有打開四元之關門、一降而爲三元七八角之程度、今後雖然銷路稍見活動、然價格必日漸低落、一般對之頗爲注目云云、

五金價格暴漲　與去年比增至五成至十成

哈市鐵類價格、自去年年末以來、累月暴漲、與去年年末對比、鐵筋洋釘之價格增十成、鐵板價格增加五成之多、四五月以來、稍見平隱、茲將去年十二月末以來、鐵類價格暴漲情形、探錄於下(單位〃元)

一、鐵筋三分(噸)

十二月末	一三〇、〇〇
一月末	一六二、〇〇
二月末	一七九、〇〇
三月末	一八五、〇〇
四月末	二一八、〇〇
五月	二三〇、〇〇

二、五十格蘭母鐵係(一捲)

十二月末	八、五〇
一月末	一一、四〇
二月末	一三、一〇
三月末	一四、三〇
四月末	一六、〇〇
五月	一六、〇〇

三、鐵板三〇號(枚)

十二月末	〇、八〇
一月末	一、一〇
二月末	一、一六
三月末	一、二〇
四月末	一、二四
五月	一、二八

四、一英寸洋釘(一箱)

十二末	九、三〇
一月末	一四、八〇
二月末	一六、〇〇

協和會市本部　建國體操週間　各分會選派代表三人參加

滿洲帝國協和會哈爾濱特別市本部、爲圖以身作則、而期建國體操之普及起見、舉行本年度第一次之建國體操週間、定由二十四日起、迄至六月六日止、每日由午前十一時、至正午一小時內、由各分會派遣代表三名參加、至道裡水道街第一中學校院內實行操練、講師特聘市教育科體育部佐藤主事担任云云、

與日俱增之概、尤其截至四月末竟達五千七百七十一戶之多、與去年對比、實增加六成、其中滿人於此四個月間、竟增加約三成、頗堪注目、蓋自二重放送實施之同時、電之爲徹底普及起見、減價出售無線電機、滿人購買者頗多、今後該局管內之加入者必更增多、況以牡丹江放送局、定於六月一日開始放送、截至四月末聽取者達五千七百七十一戶、內有免費聽取者二百三十五戶、每

	日人	滿人	外人	合計
哈爾濱	三、一六八	七五九	三九四	四、三二一
牡丹江	四三二	五四	一〇	四九六
佳木斯	一四三	五八	七	二〇八
其他計	三、九九九	一、二〇七	五六五	五、七七一

偽幣頻頻發見　商民人等須加注意

近月以來、迭次發見、偽造貨幣、流通市內、當局對之十分注目、無論偽造者、抑行使者一經查獲、必加以嚴重處分、詎近日來、復又相繼發生數起、玆分別探錄於下、

一、中馬路十一號住戶李劉氏、(二十六)於十八日午後四時頃、至道外六道街振濟源買鞋、出五元之紙幣二枚、內有偽幣一枚、當爲該店執事發見立即報告警察、將李劉氏帶署審問結果、判明該偽幣並非李劉氏行使、爲該店店員王志雲、預先持於手中、當李劉氏交錢之時王以頂龍換鳳之微妙手段、將偽幣換出、誣李劉氏行使偽幣、李劉氏當然不能承認、與之爭執、始報告警署、目下警署對此頗爲重視、正在縝密調查其中詳情中云、

二、老正陽河木材會社、於十七日午後四時半、收入之貨物運費中、發見偽造日本五角銀貨幣一枚、現在詳細調查行使者中云、

三、花園街岩田文男、於十六日午後六時、在丸商百貨店購買物品時、發見偽造滿洲國一角白銅貨幣一枚云、

哈市之怪現像　初來哈者須要小心

哈爾濱是個五方雜聚的地方、人口之多、冠於全國、其中份子之複雜、良莠不齊、自屬難免、那末犯罪的行爲、也是千奇百怪、眞是花樣翻新、令人莫測、不用說從外城乍來的『老莊』們容易上他們的圈套、就是老於哈爾濱的人們、有時一不留心、也會墜入彀中、現就記者所知者、爰錄於下、以爲初到哈者、前車之鑑、免受其騙也可、

●野鷄店‖說外地方有幾家著名的野鷄客棧、專門利用夥子、車上站接客、外城初來的旅客、被他們死拖硬拉的攬上車去、你就算失了自由權、他便把你一直的拉的野鷄客棧來、因爲他們拉去一客、由客棧給他們國幣五角、等到歸終『羊毛還從羊身上出』客人一人吃苦、往往把預備到下江去的川資、這一弄會化盡而流落於街頭、這是多樣可憐的事情呢、像這種賊店、責任當局固在嚴密查拿他們、但是有時施展技倆、欺騙鄉愚、旣到發覺、悔之不及、莫妙旅客們自己多加些小心纔好、

●掭包的‖這種把戲也許不只是哈爾濱一處有、在各大都市地方都會有的、從沒聽說過的、往往會受他的騙、曾記得有一年、哈爾濱某商店新京支店的經理人、携帶着若干的現款回哈交賬、從新京上車的時候、早被賊人看上了眼、也買張車票登上車、整整和這某經理坐到一個車廂裏、一見面的時候、故作相識的樣子、問這經理往那裏去、說起來同是到哈爾濱、這經理見那人、衣冠楚楚、像貌堂堂、也並不是下流之類、並且舉止大方、揮霍無度、用意打開皮包取欵請物、某經理窺視包內現欵不下數千元、自不疑惑、以爲自己之欵猶不及彼之多、決不至有什麼變故、一心一意的願交他個朋友、兩人愈談愈親近、一路上吃飯等項都是那人化費、某經理實在覺着這人萍水相逢如同朋友、感激不盡、及至到哈、天色將晚、正當初夏天氣、僱用汽車、因講價衝突、兩人一氣、商議走回道裡、行至中途、見一洋車上、掉下一包、與某經理同行那人、上前拾起、打開一看、內有現欵千餘百元、那人笑向某經理道、這是該然我們的財氣、領向無人之處、以便分肥、某經理那知是計、也就跟同那人走到僻靜所在、正在要分劈的當兒、忽然由那邊慌慌張張走來一人、問道時纔我在路上丟失一包、君等會否見着、這時那人早把拾來錢包、暗交某經理、立刻聲色俱厲的答道我們未會見着、那丟包的人道、分明是你們拾得、容心刁賴、於是兩人口角起來、那人向某經理道你在此小候、我與你打官司去、兩人扯扯拉拉、一路而去、待彼等去後、某經理打開包看時、不但拾來的錢包內裏一包廢紙、連自己的錢包內、也不知何時、也變成廢紙一包、至此纔知受騙、可是明白也就晚了、自認倒霉而已、像這樣的圈套、會讓你意想不到、那裡容你防備、總之人是不可圖小利的、因爲圖小利是吃大虧的第一步、

●掏兜賊‖在這國際都市裏、每到一個人跡滙聚的所在、會看見『小心小綹』的字樣、這是多末不體面、多末丟臉的一件事、在我們這眼睛看慣了的人、還不認爲是怎樣的一回事、可是我想乍由別的地方來的人看到這種現像也許會感到一種特別的趣味的、可是這也是應時所需、而不得不警告於大衆的一種不得已的設備、你若是略一疎乎、就會鬧出錯來、總是出門的時候、要時刻的小心謹愼、是不吃虧的、

國民共樂社　陳內社長逝世　患腦溢血故於吉林

哈爾濱國民共樂社社長陳內眞策男君、日前因事赴吉林、不意於旅次中、突患腦溢血症、於昨一廿一日夜逝世、享年四十有八歲、哈市一般知友聞訊、莫不哀悼云、

紙價暴漲　原料不足所致

哈爾濱近來、紙類價格、日漸暴漲、一般需用各種紙者、

市商工科準備招開　經濟懇談會　網羅哈市經濟界有力者加入

哈爾濱特別市公署商工科、鑑於哈爾濱市爲北滿經濟之中心、具有特殊重要性、基於此次產業統制法之規定、爲將來北滿開發工作之進展計、網羅哈爾濱經濟界之有力者、擬定期招開經濟懇談會、現在正在積極準備一切手續中、諒不久之將來即可見諸實現、各方面對之頗多期待云云、

（七）　第九千七百七十四號　星期三　盛京時報　康德四年六月二日　（第三種郵便物認可）

濱江特刊

第一一三號
社址　盛京時報北滿總支社　哈爾濱道外桃花巷西口　道裡電話六八四七番

哈市近郊將新設省立農民訓練所

收容人員三百名訓練期間二個年

街村建設工作進行中之前鋒

濱江省所屬各縣對於街村建設工作、目下積極進行中、爲養成將來街村之中堅指導人材、擬在哈爾濱市近郊建設一大規模之省立農民訓練所、最晚預定本年秋季即可實現、目下正在積極製作具體議案中、該省立農民訓練所、規模宏大、由所屬各縣共選拔優秀青年三百名、入所訓練、共分六十戶、每戶分担耕作地五垧、肄業期間爲二個年、凡關於農業經營技術、農家之經營、各種組合之經營及其他街村之運營等一切必要之基本訓練、充份學習、對於建國精神、精神的訓練、以養成王道國家之理想農民爲目的、實現之日、不啻爲一理想的街村之縮圖、各方面對其實現頗爲期待云云、

江豆運哈量

圖佳線開通毫無影響

開江以來六萬五千噸

當松花江解冰以前一般推測因受圖佳線開通之影響、沿江大豆之出口、必爲圖佳線所吸收、致運哈之數量勢將激急減少、一般頗抱杞人之憂、詎知事實與理想相反、四月中旬以來、江豆之運哈量、竟突破六萬噸之多、呈意外之盛況、延至最近輸送量仍不見減少、各方面對之頗爲注目、截至五月二十八日、江豆之運哈數量約五六〇二七噸、與去年同期約七一三八六噸對比、僅減一成蓋所以有一成之減少者其原因不外近來松江下游一帶雨水頗多、又兼金融狀態日見好轉、糧價近來稍見低落、不忍出手況下江之匪患未能徹底肅清、致江豆之輸送有相當之緩慢云

胡某因何服毒自殺

道外昇平街、門牌二一六號、住戶胡子元、年二十歲、湖北廣濟縣人、現以理髮手藝爲生、不知因何事故、忽萌厭世之念、於昨二十八日下午九時、私自外出、購得大煙數份吞服、待至翌晨、經人發見、早已氣絕多時、當至昇平街分所報告、警察赶到現場、檢驗結果、確係服毒身死、正陽署現下對於服毒之原因、詳細調查中云云、

修理電線觸電摔死

陳玉、年四十歲、山東文縣人、現充電業局內線係工人、住於莫斯科義和街、門牌二十四號、於昨二十八日午後八時許、在砲隊街二十三號電線杆上修理燈線、一時不慎、致手觸於最高電力線上、當即由杆上隊落地下、腦漿摔裂鮮血流如注立即斃逝、不省人事、經某日人路過發見、遂僱一小汽車、將傷之陳某、送至道裡有賀醫院、應急手術救治、不料因受傷過重、將抵醫院、未待實行手術、業已因傷致死矣、聞陳某家貧如洗、遺下妻子數名、無以生活、而電業局方面、必加以厚恤、慰安其遺族云云、

炕洞串火延燒比隣

損失達千餘元

道外南十道街、門牌二八號汝榮賓、年四十三歲、山東人素日開設破爛床子爲生、於二十九日午前四時、不知因何、由炕串火、致發生火警、柜夥正在酣睡之際、被煙驚醒、火已燎原、幸發覺尚早、均已逃出火窟、立即報告附近分所、以電話轉知各消防隊、經救火車先后赶到現場、竭力撲救結果、至午前七時許、始將火救滅、延燒隣右三四家、共燒燬草房七間、家具器物、損失約千餘元云、

生計所倉庫被焚

損失万餘元

南崗喉嚨台前鐵道總局哈爾濱生計所商品倉庫、於昨二十八日午后十時四十分頃、突然由內部起火、當即通知各消防組、赶到現場、竭力撲救之結果、於十二點十二分始行撲滅、損失數目達一萬餘元、起火原因不明現在調查中云云、

大阪羅紗商貨樣展覽會

假商工會議所舉行

大阪羅紗商同業組合一行、於視察華北途中、曾在朝鮮南滿各地先後舉行貨樣展覽會、業於圓滿中終了矣、於昨夜來哈、定於今二十九日午後一時、至午後五時、假道裡哈爾濱日本商工會議所、三階會議室、舉行貨樣展覽會、並於今日午後六時、召集市內知名之士、開催招待懇親會云云、

哈市日人激增

每月增加七百七十餘名

領警調查人口突破四万

以滿洲事變及北鐵接收爲楔機、北滿之心臟地哈爾濱市、友邦人士之戶口、與日俱增、據領警署調查、截至四月末留哈日本內地人口總數達三萬四千數百名、朝鮮人五千六百名、合計突破四萬餘人、一個月間增加七百六十八名、一個年間增加九千餘名、茲將在哈日人戶口分佈之狀態分別探錄於下、

日本內地人

區別	戶口	男	女	合計
道裡	四〇三二	九、三三四	七、二三六	一六、五七〇
新安埠	三〇六	八〇三	五七二	一、三七五
南崗	二六〇	五、一四一	三、六八二	八、九二三
馬家溝	一、四五五	二、七〇九	二、二〇六	四、九一五
上號				

受青年訓練後的感想

青年訓練所生徒　姜忠義

今天是我們青年訓練所對外放送的日子、學生就是受訓練的生徒、所以藉着這個廣播的機會、隨便發表一點感想、同時也算把我受訓練的經歷、報告給我們凡有的青年們、作一個參考、

回想我個人在二十天以前、那時還沒有到青年訓練所裡來、雖然對於我們滿洲國國家抱着很大希望、但是終歸缺乏意識的見解、對於國家正確觀念更是不很清楚、例如我們作工的人、一向是埋首在工廠裡、工廠以外的事務、很少給我們知道的、以爲國家富強、自然會提高我們的待遇、然而國家怎樣的作下去、纔能達到富強、拿我個人來講、絲毫也不曉得、所以以前對於國家的希望是非常朧統模糊的、等到我們受到訓練的時候、雖說是短短二十天、却給我們增進了很多的學識、現在我們漸漸也會體得青年對於國家所負的使命了、我們使命是什麼呢？因爲以前以爲國民是依賴國家的、現在纔知道是錯誤了、絕對錯誤了、要國家達到強的地位、必須要有良好的國民，好國民的養成、尤非由我們青年做起不可、我們想到我們擁有三千萬民衆的滿洲國、至少有一千萬是青年、這一千萬青年的裏面固然受着中等教育的也不在少數、但是多數還沒得到相當教育和訓練、在一般的青年們是無時不在渴望着國家給一個訓練的機會來準備作公民的基礎，可喜可望的、協和會使在這個時候來興辦青年訓練所、一掃我們青年求知的苦悶還是多麼可慶賀的一件事啊、我們受到這種精神的訓練、眞是覺得愉快極了、在我們二十天的受訓期間、可以說沒有一天不在愉快中一天到晚全是過着精神訓練的生活、我們掉一定的時間休息外、這樣的生活給我們受訓練的青年們增加了很大的魄力、我們有了高尙的國民魄力、準備發揚國家民族協和萬邦的元素、那時還不是我們王道國家的光榮嗎？換句話說、還不是我們國民的光榮嗎？從來我們滿洲、由於舊政權時代的積弱、一切的政治和教育、簡直是黑暗中而又黑暗、養成了滿洲人的病症與羸弱、直到我們滿洲建國以後、那才算是黎明時期、國民的生活才會一步一步的走上了安居樂業的軌道、幾年的光陰、我們國家的國運、是由奠定而昌隆了、同時國家也知道未來的國運、是繫在我們一千萬個青年國民身上、於是乎才苦口婆心的來訓練我們我們一方面感到我們對於國家的責任重要、他方面更加認識

檢油質	三	太平橋	三二九	三棵樹	七三九	道外	一八
	三三		四九六		一、〇四五		三九
	一		三三六		四九二		二八
	三三		六三二		一、五三七		五七

新安埠	南崗	道裡	馬家溝	朝鮮人	與上月比較增加
戶口	一四四	一七九	三四四		
人口	一〇八二	一八六二	一〇九八六	六九九	

合計	大斑哈	太平橋	三棵樹	道外	顧鄉屯
與上月比增加	一、五三八	三二二	二五一	二〇七	九七
	六、五二九	一、三二	一五四	二、三六八	四五九
	六九				

將在八站體育館內
建設室內游泳池
難波千種體協兩理事來哈磋商
設備完善之體育館即將實現

由滿鐵及滿洲國兩方共同出資百五十萬元、新設之財團法人滿洲體育保健協會決在全國七大都市新設體育館、哈市體育館約三萬元等情、曾見各報、協會本部難波、千種兩理事、於二十六日來哈、向市關係各當局、關於該協會實施之事業計劃、作種種之協議、結果決在滿洲哈爾濱特別市公署內設置滿洲體育保健協會哈爾濱支部、並以二十萬之預算、在八站體育館內設備游泳池、兒童遊戲場、男女更衣室、引導場等、然一不備衛生設施如何運多般、實爲市民保健名實相符之體育館、室內之游泳池當冬期時可作溜冰場、以爲競技之用、兒童遊戲室、每屆冬期、施以充分之日光浴、並預定設備器具、現由市內之設計中、預料本年秋必能建設工程可以施行、明年冬期內可早實現、各方面早在期望中之室內游泳池、不久可以實現矣、一般愛好游泳者、聞此消息、對此完成十分期莫不喜形於色云、

女既樂從 何必作梗
趙某太不知趣

道外北十七道街太平胡同一號、住戶趙玉民之三女、前乘一赴內面胡同某寺廟會之機會、與一同院住戶楊金城相偕遁逃、非父因遍尋無着、報請搜查、乃父日前來本報所說、闡經知其下落、即前訪之結果、知爲楊某所誘、無論如何……

……遂出帶消、仍將彼女剝奪國幣一百元、令出嫁時之身價、……不遂女子回家後與其父母意見不和、時起風波、女新防身邊危險爲詞、現離與某未婚之倘父業已實行同居、現聞女之父不服、將來如何結局、殊難逆料云、

下車之後 包伏丟失
價值二千餘元

日婦齋藤靜子、年二十歲、係木蘭縣警務局某指導官之婦人、於前數日、因事來哈、於昨二十九日午前九時許由馬家溝乘電車赴道裡、在中央大街電車站下車後、忽然發現所持一之袍伏丟失、內包有信件一封、存款支票一枚、共值約二千餘元、國幣二十張、野戰郵局時、不知在何處紛失、待發覺時、驚惶之下、面如土色、後帶團一國、急至水道街警察署報告、請求查緝、如此將失落、日婦、特此大批現款、竟將失物、未免馬虎已極云、

六月初旬 定期船開發情形

松花江開江以來、上下流域之乘客及貨物、日漸激增、現下道外十二道街碼頭、各種船隻、停泊林立、航業聯合局、爲輸送乘客及貨物便利計、將六月初旬出航之船隻、業已準備確定茲將六月初旬由哈爾濱出航之船隻日期及船名探錄如下、

一日	全	全	二日	全	三日	全	四日	全	五日	全
紀暨	南京	天泰	江安	海星	同昌	成遠	濟安	天安	哈爾濱	泰安
客	全	全	客貨	客	全	全	全	全	全	全
富錦	黑河	佳木斯	大賚扶餘	富錦	虎林	佳木斯	富錦	佳木斯	富錦	佳木斯

全	全	五日	全	全	六日	全	全	七日	全	全
杭洲	亞洲	富江	北京	慶瑞	德元	元順	綏成	遐江	天泰	濰渚
客貨	全	全	客貨	全	全	客貨	客	全	全	全
三姓	富錦	佳木斯	富錦	富錦	佳木斯	大賚扶餘	富錦	虎林	佳木斯	富錦

八日	全	全	全	九日	全	全	十日	全	全
寧城	成遠	瓜鱗	紀暨	天安	海星	泰安	永泰		
全	全	客貨	客	全	全	全	全		
黑河	佳木斯	三姓	富錦	佳木斯	富錦	佳木斯	富錦		

內市濱爾哈
特產積存量
大豆一一、九八八車
小麥一一、八三五車
—大興公司哈支店調查—

據大興公司哈爾濱支店調查、截至五月二十日哈爾濱市內大豆小麥之積存量、大豆約一一、九八八車、小麥約一一、八三五車、茲將各糧棧積存數量分別列下、（單位＝三十噸車）

一、大豆

永盛東	三一〇
天豐東	二五〇
義泰合信	一八〇
同發湧	一八〇
協和仁	一七〇
實際棧	一五〇
源順永	一三〇
三泰棧	一二〇
其他計	一、九八八

二、小麥

三泰棧	五〇〇
義發合	四〇〇
双合盛	一〇〇〇
遠昌泰	一〇〇〇
日滿	七〇〇
成泰盛	七〇〇
天豐東	六〇〇
寶隆號	六〇〇
永盛東	五〇〇
天興福二廠	五〇〇
同四廠	四〇〇
天豐東	四五
大米豆	四五
其他計	一、八三五

皮黃的源流考

皮黃戲的來源是極不純粹的、雖然一般人知道現在皮黃即是從前徽班所唱的腔調、但後來便不純粹了、徽班一到了京師和它種腔調接觸、便開始吸取它腔之長、第一便是二簧班的兼習京腔、此外還有學……的秦腔、又云『工崑劇』、偶作秦聲、非其所好、……』又添慶條云、『架閣寄東諸劇、聲情勸艷、秦聲、亦娑娑多風、……演唱又云、『雙秀……是崑腔劇、節奏俱工、』由此可見徽班當時的伶人沒有不兼唱崑腔的、這樣便可以證明皮黃戲在那時已經不是純粹徽班所唱的腔調了、徽班之所以能在當初有這樣的勢力、就是因爲它能兼收並蓄、揚州畫舫錄上說、自徽班入京、蜀班的秦腔與崑腔如宜慶、萃慶、集慶等都退沒無聞、由此可見、徽班當初在京師的勢力、如果我們把當時徽班所演的戲給分析一下、我們便可以知道皮黃的源流是多麼不純粹了、

『水滸』『斷橋』二齣屬崑弋腔——是曲、

『架閣』『醉妃』二齣屬吹腔——是曲、

『拷紅』『佳期』『寄柬』三齣屬南西廂——是曲、

『漁舟』屬漁家樂——是曲、

『琴挑』屬玉簪記——是曲、

『寄子』屬浣紗記——是曲、

『殺惜』屬水滸記——是曲、

還有許多戲是屬於他種腔調的、如

『打缸』『別妻』『鬧店』『打花鼓』『戲鳳』、以上五齣在綴白裘中例入梆子腔卿本中、又如『背娃入府』、『挑簾裁衣』、『賣胭脂』、『香山』、『時興』、『擋谷隆』、『殺四門』、以上七齣、爲秦腔戲、其餘如『烤火』、『小妹好上墳』、『賣餑餑』三齣、在皮黃還沒有流行於北平時就有了、可見是二黃以外的腔調、可是徽班當初便將以上諸劇上演、那麼皮黃戲無論是腔調或劇本之不純粹由此可見了、我說皮黃戲之所以能有今天、就因爲它能兼收並蓄、否則也早就衰沒落下去的了！

要齊家治家、必須首從自身做起、我們不要辜負了國家訓練我們的苦心、國家爲的是要養成國民的素質向上、要提高國民的資格、要我們東方道德國民的特徵充分的表現在我們帝國領域以外、以至於全世界上、憑着我們這麼許多的滿洲國青年、要做到一個道德世界、還怕是一件難的事情嗎？不過我們既是要做出了好的榜樣、也就是要做到模範的國民榜樣、給世界上瞧瞧、第一步要拼出了愛國的觀念、第二要有忍苦耐勞的精神、先哲有所謂『捐軀救國』的格言、便是一個很恰當的介說、有了捐軀犧牲要營、自然不辜負了國家造就我們的意旨、我們受訓練以後、仍舊是給國家社會服務的、至於要抱着什麼樣的態度去給國家社會服務呢？這幾不多在訓練期間裡各位師長已經給我們很正確的指示了、同時我相信我們也絕不是沒有這淺的受了這二十天的訓練、至少我們是對於國家有了正確的認識、不像從前那樣對於國家的全然茫然、或給這同精神的訓練和陶冶、已經給我們不少的青年變化了許多的觀念了、我們知道國家是我們應該絕對愛護的、我們更知道奉公守法是我們唯一的處世法則、是我們國民唯一的良好習性、最後我忠告全國的青年、要一齊來愛青年訓練罷、

關於公民科的感想

青年訓練所生徒 郭毅

學生是滿洲帝國協和會哈爾濱青年訓練所生徒、今天把我們入所以來公民科方面的感想向大家申述一下回想我們在商的同學在二十天以前有的在商店服務、有的在家中閒居、對於普通知識都不知道、所以公民科的『國家觀念』『市制』『勞動法』『協和精神』等等、更是談不到的也不過就像孔子說的『飽食終日無所用心』罷了、現在我們雖然受到了短促的二十天訓練、知道了、明白了、明白了青年的責任特別重大、子曰『了公民科非常需要、』居、不是以爲士』就是『士而懷居、不足以爲士』、告訴青年們不應當貪圖安逸、便不夠作一個青年的資格、譬如我們講解『國家觀念』、所以現在知道愛國是人人必具的意志、聽到『協和精神』知道日本語、和鮮語、以前是蒙道國的、都是滿洲國內的各民族、……能協和、必定實地履行、纔能達到皇帝陛下所宣示『一德一心』的深意、其他『警察法』『市制』『衛生』給我們維持治安的要領、給我們人民應有的常識、孔子說『吾嘗終日不食、終夜不寢、以思、無益、不如學也』、這是一點不錯的、以上是我學過的一點新的領、將來還要學『商工』『產業』等等、所得到的知識、當然更多、拿我個人來說、用自赤誠的表白、以前就不知道青年還於國家有何關係、也不過作工爲生活而已、像我這樣想的、恐怕不止千萬、所以我希望凡都要準備期望、得到訓練的諸位青年、至於普通能說日本話、和知道自治、以前是拉雜的呼聲、使可稱判的、就是滿洲的協和了、

第一期青年訓練所生徒的感想

哈爾濱特別市青年訓練所生徒 何崇芳

青年人當有忠勇的決心、更須有勇往邁進的精神、打算發展的表現好像的一個青年、非有良好的國民所的訓練不可、本來我國的不一致、我想是爲了一般的青年欲學、不得其所、或是因環境的關係、好像無力去求這樣的學識、就是爲這個第一期的、青年而設立的訓練所、不清楚的、也許還會有的、要求我們在訓練的期間、我的朋友、一星期的看起來、對於青年訓練所的經過、說起回想以前、後悔的了不得、由我的經驗、化情形、並且知道我們應該服務、是不上前線、回憶、他說我是休假回轉、我在一切規律、今天是現在服役、一點也要去的、那不能我們也一……來訓練所一……不快快的醒悟、就和我的朋友一樣了、將來悔之晚矣、以上就是我入所後的簡單感想、

……的、因爲生在身心的訓練上是最要緊的、青年所以做了一個人、一般的人所說的一段笑話、給大家、在我們這樣向我們準備人的時候、當時我想友邦可恐怖、把我們心靈實在是最重要的一段笑話、現在我們的時候、青年敵、事實……所以……

受學科陶冶以外、更有許多道德教練、論起教練科、來頗有些興趣、午前午後出軍隊爬隱的時候指導者教練的、懇切的教導指示、雖然有些疲乏、可是身心增了一段學識、確實有益身心、有益民衆的學識、就我個人的感想、這種學識能增進健康、又可普及有規律的精神、凡在任何國家、社會、無論某種事業、都需要有健全的精神、纔能達到健全發展的目的、所以這有規律的訓練、是我們青年陶冶身心最要緊的一件事、設如全國青年都受到了這種學問的培潤時、那將來因滿洲國的合社、自然的就業因起來了、當然國勢更能增強了、這樣說起來、希望第二期所入的青年們趕緊準備入所吧、我們未卒業的青年同學、自然還是應當竭力奮勉、以期於最短的兩月期中、達成國府之熱望、（完結）

游民習藝所改組

【西豐】縣游民習藝所、所長陳錫銓氏、茲奉縣令改組、名爲濟貧堂、堂長仍爲陳氏、主事爲鈴木次郎氏、其他各部均做奉天同善堂之辦法、規定兒童實收、女一概收容、彼女爲娼妓、亦准投入、堂址設大西關附、司令部院、此並甚廣闊、房屋權修百餘間、木瓦房間均有、此爲濟貧院云、

衛生車開始使用

【安東】本埠縣公署、對衛生設施、積極整理、不遺餘力、並設衛生股專負指導衛生事宜、茲爲清除街市田之糞便糞土、特製造衛生車十五輛、業已完竣、於本日起開始使用、該車以大型轎車改造、一車二人、輓以便利異常、分配於各街市中、以便清除糞便糞土、此後街市衛生、將必大見起色云、

令商民注意門戶

【安東】附屬地警察署、以境內時常發生竊盜案件、經警日努力檢舉、但一般住戶對於門戶、仍不甚注意、故竊盜事件時常發作、因是該警署特通飭派出所轉知一般商民、特別注意云、

錢包不翼而飛

【安東】本埠最近以來、竊盜案件時有發現、二十七日下午七時許、適有大東溝劉姓農夫、在七道溝平安里一帶閒走、其腰中錢包、被小偷竊去、計共國幣三元八角、該農發覺後百尋無着、惟悔而去云、

地下溝疏通完竣

【安東】縣公署、鑒於雨水之期將屆、爲期排水流暢、對全市各地下水溝、一律開始疏通、連日以來、經施工者一番之努力、市內所有地下之水溝業已完全疏通完竣、於地下溝內細用乃土甚多、往往遇水流中、經此疏通後、已無阻礙、當可無阻礙云、

濱江特刊

第一一四號

盛京時報北滿總支社
社址　哈爾濱道外桃花巷西口
道裡電話六八四七番

興安嶺之深山中
又發見一大鐵鑛
經昭和製鋼所鑑定含有鐵質%六十
惟因交通不便立即開發困難

當此鐵之原不足之今日、前於濱江省管內之穆稜寗安境內發見一大鐵鑛、頗引起各方面之注意等情、曾見本報、茲又在興安嶺山中、發見一大鐵鑛、埋藏豐富、品質優良、素稱天富之滿洲、誠不誣也、茲將發見之經過情形、探錄於下、

前有某建設局之吉田某氏（假名）於去年年末、赴白城子南興安嶺之山中、在巣倫附近密林中、發見一大鐵鑛脈、當時非常驚喜、經精密調查之結果、附近一帶之山中、埋藏鐵鑛非常豐富、當將鑛石之一部、極秘密裡携帶回哈、報告濱江省公署結城總務廳長、於是將該鑛石、送交鞍山昭和製鋼所分析化驗、分析結果、鑛石內確含有百分之六十鐵之成份、但因鐵鑛之所在地、在深山密林之中、交通頗爲不便、如一旦開採、輸送上、殊感困難、必須相當之經費、故現在重行精密之調查、將來如何開掘、各方面頗爲期待云云、

七、四、九一四日人及外人、
六一、〇九二　一、〇二〇
去年度六八、四二〇　九四七
△濱江稅捐局
滿人側
八六九、八四一五、七九二
去年度
七一九、〇〇三六、六〇五
日本人及外人
八百八十六元及人數之一萬二千六百十三人對比、稅額約增加二成、人數約減少一成、前項稅額之增加、滿人側占大部份、蓋受去年度特產豐收價極昂貴之影響有以致之云云、

日不過五六角、生活頗感恐慌、況且若個人所費僞幣及僞銀貨係個人由薪金內賠償、交通局收納股鑒於每日收入僞銀貨不下二三元之多、現下報告警察當局、請求偵查行使及僞造犯人云、

鐵路材料場
發生火警

京濱線王崗保線區材料放置場、於昨三日午后二時半

警、經修道之苦力竭力撲滅、共燒失材料及枕木約五十餘棵、價格約三百餘元、查發火之原因、係通過之火車、由煤煙帶出之火星、落於木材上、故發生此次之火警、幸發見尚早、未能燎原云

呼蘭河口
發見男屍

六月四日午前九時許、於松花江呼蘭河口處、發現滿人屍体一具、水上警察署救護班、據報急遽赴現場、加以勘驗、結果判明、死者名婁茂華、年三十三歲、面部被火燒腫、上身着白布小衫、下着藍市褲子、足登青膠皮鞋、推測係在被燬之海晏號當時落水被溺死無疑、故屍体被水漂流該處、但籍貫不詳、因防潰爛、先將屍体掩埋云、

列車機車相衝
女生九名負傷
女二中阿城旅行出發時不幸事件

哈爾濱第二女中女生一百八十名、於昨四日午前七時半、由武藤教師率領之下、赴阿城旅行、至哈車站、學生即紛紛上一九四一號列車三輛、詎知該列車尚未掛連機關車、未幾由車庫開來機關車一輛、機關手上野武夫、因開駛速度如飛、機關車抵女生乘之列車附近、不料停止無術、轟然一聲、竟演成正面衝突、將車內之女生撞輕重傷者九名、全治療須得一週間、當演成衝突時、車中喊泣聲音、慘不忍聞、經關係方面急將受傷之女生、均送至鐵路醫院、應急手術救治云、

科、經總動員佈置陣網搜查結果、終未所獲、該匪年約二十餘歲、頭戴青禮帽、着衛生兜、現下嚴重搜查中云、

李某不法
被捕入獄

五常縣山城子住戶鮮人李豪大、年三十八歲、因詐欺橫領罪、現被白城子領警逮捕羈押云、

查李之一切行爲、經領警調查結果、判明李某於四月十二日、在其友人金道淵處（經營農場、現住龍江洮南縣城內昇平里）被李某以妙術手段騙去現款五百元、李某由去年曾在雙城堡縣農場充當普通學校教員、因私用公款數十元、後被當局査出、將其免職處分、似有餘罪、現下正在嚴重審訊中云、

死亡率之比較
哈市佔世界第一位
哈市每年死亡万五百餘人

據哈爾濱特別市公署衛生科調查比較、世界各主要都市之人口死亡率、哈爾濱造成最紀錄、佔全世界各大都市之第一位、以每年一千人爲比例、各都市之死亡人數、分列於下、

哈爾濱	二一、一名、
東京	一六、六名、
紐約	一〇、二名、
倫敦	一一、一名、
伯林	一二、二名、
羅馬	一二、二名、
巴黎	一二、八名、
維納	一二、九名、
馬得里	一五、二名、

查哈爾濱市之人口突破五十萬、每年死亡數達一萬〇五百五十名云云、

堂、進屋吃飯、將自行車放置門外、待飯畢外出、不見車影、丟失之車號碼六三〇一號、東洋車架、價格四十元、又道裡中央市場某商號柜夥劉永成、騎自行車至道裡地段街、將車放置門外、進屋未幾、外出不見車輛、急至分所

白俄更夫
因何自縊

新安埠安國街分所、昨四日午後九時、據俄人房產家『葛瓦斯』至分所報告、同院房戶蘇聯人馬車夫『城立根斜拉烏拉』（年四十九歲）不知因何在房內縊死、經新安埠署派員臨場檢驗結果、判明確實縊死無疑、身体並無傷害、故令掩埋云、

上海輪船
發生故障
金泰號急往營救

航業聯合局據報、於二日午後六時、由黑龍江奇克特附近航行中航聯局所屬之客貨船上海號、忽然機關發生障碍、一時陷於航行不能狀態、黑河營業所據報、急派金泰號船前往現場救援、將乘客及貨物均向金泰號搬運以該船代替航行云

濱江稅署管內 本年營業稅額

約三百五十万元較去年增二成

濱江稅務監督署、爲期康德四年度管內之營業稅課稅之公平圓滑起見、令各地稅捐局愼重査定中、茲據調査、該署管內共計三十七處稅捐局、本年度賦課總額及賦課人員、滿人側三十九萬三千三百五十九元人員三萬七千六百〇六人、日本人及外人十二

四、八四三　一四二

去年度

四、八九六　一四七

合計

一、四五八、〇四五　一一、二四三

一、二四四、八八六　一二、六一三

依上表所示、哈爾濱市本年度營業稅額百四十八萬五千〇四十五元、人數一萬一千二百四十三人、與去年之百二十四萬四千七千四百三十二元、人數三千七百三十二人、合計三百五十二萬七百九十一元、人數四萬一千三百三十八人、與去年度之約二百八十八萬元對比、約增加二成二分、茲將哈爾濱、濱江兩稅捐局課稅情形、分別列下、

△哈爾濱稅捐局(單位〃元)

賦課額　人數

滿人側　五四四九、二六九四、

一八九　去年度　四五二、五六、

僞幣何多

交通局日收二三元

市內自發現僞幣以來、日滿警憲當局、聯絡之下、嚴密搜査行使及僞造犯人、不意近日以來、發現日本五角銀貨及一角銀貨百元十元五元之僞幣、一日平均發現數元之多、査其行使發現最多之區域、以交通局大汽車爲最多、因女車掌愚弱可欺、兩車掌所得薪水、一

因受三特殊印刷所之壓迫

滿日印刷業者將協力排擊

哈爾濱印刷同業組合醞釀中

哈爾濱市內之印刷業、當事變以前、日人經營之印刷所僅二三家、最近增至十六家之多、日滿人職工數達六百餘名、滿人經營之印刷所百二十餘家、職工約二千餘人、共營業狀況、從前尚堪維持、嗣以市公署、省公署及附屬各機關之大宗印刷品、皆由市立工藝養成所承印、而法院警察廳、檢察廳等各警務機關之印刷品則皆委由監獄印刷所承印、至於哈爾濱鐵路局關係各機關之印刷用品、則由哈鐵印刷所承印、以上之三大印刷所竭力與市內一般印刷業者競爭、致市內一般印刷業者大起恐慌近因紙價暴騰之關係、市內之一般印刷業者更無競爭之能力、故一般資本薄弱之小印刷所、非常困難、哈爾濱印刷同業組合爲極救市內二千六百餘名之印刷職工及其家族、擬與滿側印刷商連合一致、向上記三大印刷工廠作組止競爭之運動、各方面對此、頗爲注目云云、

各縣日系警官夫人

授以產科知識

不但個人方便且可救濟人民

七月上旬開始講習

濱江省警務廳鑑於管內各地方之衛生思想未能普及、衛生機關之設備缺如、每遇生產疾病等事故發生、因無醫療機關之設備、人民感覺非常困難、經警務廳當局從中斡旋之結果凡管內各縣旗日系警官之夫人以救世濟民爲宗旨、受產科短期講習、不但個人方便、尙可爲一般民衆助產、誠一舉而兩得之美事、經警務廳當局之提倡後、各縣旗之日系警察官吏之夫人、多數同情、現開報告講習者計有巴彥警務局寺門巡官夫人(三二)同吉木巡長夫人(二六)双城縣警務局平塚警長夫人(二五)等二十餘名、加以警務廳職員之夫人共計三十名之多、將委囑市立醫院、講習產科六個月、諒最遲七月上旬必可開始、目下衛生科正在積極準備中云云、

觀劇歸來 被匪搶劫

掠去赤金鐲一付 損失約三百餘元

道外北三道街門牌二十八號、住戶齊李氏、年三十一歲、依蘭縣人、家道小康、於昨四日晚間、在新舞台觀劇、所帶赤金手鐲一付、致被不逞份子注目、將散戲回家、行抵院內、不意由後追來一滿人暴漢、上前將齊李氏提住、以八音手槍向其威嚇、結果搶去所帶之赤金手鐲一付、重七錢、價格約三百元搶畢向北逃走、被害婦人、尾追其後、大喊有匪、奈因夜深、行路人稀、故匪徒逃走無踪、急至分所報

一日之內 丟失兩車

市內近來、丟失自行車案件、頻頻造出、雖經警察當局破獲數起、奈現下窃盜自行車賊依然乘機跳樑於昨(四日)一日間又發生自行車被盜兩起、茲將經過探錄如下、

道裡科紋街、二六號、藤井稔久、係汽車公司執事人、於昨(四日)午前十時許、派杠夥車成英、出外辦事、車某騎自行車至中國十六道街、永安食

深夜車行郊外

與警發生誤會

警察與司機兩疑是匪

汲家店前夜一場虛驚

汲家店、位居於上號北方二滿里許、係一偏僻所在、道路崎嶇、故對於交通、頗稱不便人煙稀少、時有小醜跳樑、近來經軍警澈底討伐、警備嚴厲、治安恢復、於昨三日晚間、哈爾濱汽車行司機、駕駛汽車、赴汲家店處、當時因天黑關係、與該地分所警察及自衛團員發生誤會、經警察開槍向汽車射擊共約二十餘發、幸未射中、茲將雙方發生誤會原因及經過探錄如下、

道裡斜紋街、哈爾濱汽車行、司機日人藤原純郎、年二十六歲、於三日午後九時十分許、有滿蒙開拓哈爾濱訓練員末田正義、(年三十歲)在一面街料理館、僱車回市外之訓練所、汽車抵汲家店附近處、異常黑暗、不意有汲家店分所警察及自衛團員、正在設卡警備檢査時、忽發現一汽車馳來、該處係偏僻地區、平素雖盡日亦無汽車通行、何況夜深之時、疑必係匪徒及逃犯、當時上前攔住汽車去路、欲加以檢査、司機及乘客聞前方吵雜聲音、知彼處素稱有匪徒之區域、疑爲遇匪不但未將車停止立向後方開足馬力逃跑、警察令汽車停止檢査、不但不停止、且開足馬力向後逃跑、更疑爲汽車中有匪、當時警察携同自衛團員、由後緊追、一方用槍射擊、司機聞槍聲亂鳴、乃以特別速度開駛、孰知汽車速度如飛、被警團尾追、正在千均一髮之際、車至十字路處、後部左輪膠皮帶突然爆破、聲如巨雷、故車不能動轉將車停止、司機與客正降車意欲換帶時、警團亦追至近前、又鳴數槍、司機與乘客疑匪追來、故將汽車遺棄道上、爭先恐後、徒步潛逃、距車一里半許、潛伏叢草中、被嚇面如土色、至翌晨午前六時、至汲家店分所報告遇匪刦車等情、行抵分所前、見汽車亦在分所前放置、經司機報告結果、雙方始知發生誤會、雖當夜彈落如雨、而未命中、誠不幸中之大幸也云云、

逃來我國之四蘇聯人

遊覽市內感想

每見物美價廉非常驚異

眼中所見如同作夢一般

最近由蘇聯逃來滿洲國之蘇聯四名、到哈後遊覽街市之感想如下、

一行先至道裡北市場、再轉向石頭道街『那結知達商店』經過啦嘛台至南崗秋林百貨店、及道裡登喜和、丸商百貨店、與西切普闊夫飯館等處、當到北市場時各購得洋服褲一襲布鞋一双、因價格低廉、頗爲驚異、見該處新舊衣服頗多出售之新長皮鞋、以價格比較、蘇聯約貴二十五倍、又在石頭道街那結知達商店購買黑布襯衫一件、行經啦嘛台時、問彼有無新禱之意、彼等笑答曰並無祈禱之意思、蓋在蘇聯在廟內拜神爲人所耻笑之事、到秋林百貨店時、見商品甚夥、因無錢購買、徒生羨目之感、到登喜和百貨店時、見陳列之商品頗多、見並無一人白取、頗爲驚異、見食料品部之水池內、有活魚數尾、彼等亦頗感覺高興、至丸商百貨店時見有陳列之金魚、則問是否海魚告曰金魚、彼謂此魚類似黃金、見很小型之鐘錶、價値三百餘元、頗爲驚奇、到奧西切普闊夫飯館喝日本啤酒時、彼等謂日本啤酒、較諸蘇聯出品、力量偉大、蘇聯之較大百貨店、莫斯科一域僅有六家、據彼等談稱、如回歸蘇聯後、追憶現在之生活、不啻如夢一般云、

哈鐵夏季 防疫辦法

哈爾濱鉄路局福祉課衛生股、爲預防夏季疫病發生、特製成夏季防疫注意書、頒發各戶、自六月上旬起、至八月末止、按照防疫書所規定之辦法施行、茲將該項防疫注意事項探錄於下、

一、不潔處所之消毒、對於住宅院內不潔之住所、遣令防疫從事員撒佈消毒藥及殺蛆滅蠅劑、

二、蔬菜之消毒＝一對於各家庭蔬菜消毒、遣令防疫從事員向各戶免費辦法、蔬菜消毒藥、希各家庭厲行消毒、〉勿事疏懈、二消費組合及生計所販賣之蔬菜、於各該所消毒之後、實行售出、

三、頒發預防藥片、對局員及其家族、免費頒發、赤痢、窒扶斯等、傳染病預防藥片、由福祉課衛生股領出藥品云云

中舞台等 將行改修

警署通知劇園

正陽署保安係、鑒於道外各舞台、不但建築不良、設備不完善、並且係年久朽爛、竟有坍塌危險、而新舞台由民國九年開設、迄今從未加以修繕、該係爲保全觀客之生命起見、故按照康德三年一月四日改正營業取締規則、命新舞台及中舞台速予改造、以防危險、而保觀客之安全、諒該兩戲院不久將加改造矣云云、

濱江特刊

第一一五一號

盛京時報北滿總支社

社址 哈爾濱道外桃花巷西口

電話道裡六八四七番

者、地方官民團體代表、焚香山岡村部隊長起始、以下各部隊長先後焚香、安藤部隊長、篠原部隊長、櫛淵部隊長、佐伯部隊長、儀我部隊長、松山部隊長、稻部隊長、川崎部隊長、吉部隊長、關部隊長、石田部隊長、青木部隊長、下枝部隊長、富錦特務機關長、其他部隊長、日本陸軍代表、(特務機關、)日本海軍代表、(防備隊)日本官民代表(總領事)在鄉軍人會代表(聯合分會長、)國防婦人會代表(支部長、(滿洲國軍部代表(第四軍管區司令官)滿洲國官民代表(省長)國防婦女會代表(支部長、委員長)一般焚香云云、

滿日俄三商會 勢將合併一體

組織總商會設於現道裡商會 道外商會現已準備合併手續 一般推測十月間或可實現

建國以來五年於茲、凡政治、經濟、文化等百庶政、莫不治著整備、日見發展、即北滿資源之開發、亦頗活躍、對於強化日滿一體之經濟機構、今後愈呈必要、故對當局專將於七月一日發表之新商會法、各方面頗爲期待、

惟哈爾濱市經濟界之環境、與國內各地頗有不同之處、蓋自東清鐵路完成後亘三十年來、經濟界半爲外人資本所佔據、迨自北滿接收後之今日仍有相當之特殊勢力存在、即數萬之白俄經濟的勢力、仍占哈市經濟界重要之部份、國內其他商埠、單由日滿兩商會合併爲一體而已、頗稱簡單、而哈市確具有特殊複雜性焉、故對新商會法之頒佈、各方面頗爲注目云、

而政府當局似將於治外法權廢止之同時而實施新商會法、故道外商會現對於各備員之整理、財產之處分等、積極準備解散手續中、將來合滿日俄及道外商會爲一體、爲必然之趨勢、故依一般之推測、其合併之期日、諒在十頃、總商會或將設於現在道裡商會、對其今後之推移各方面極端重視云云

五月份 特產發送量 與上月比稍見減少

五月份哈爾濱鐵路局管內之穀類發送量比較上月稍見低減、蓋因特產之輸送告一段落、茲將各線路發送數量、分別採錄於下(單位=噸)

麥粉	一四、九九四
二、濱洲線	
混保大豆	二四〇
普通大豆	二一五
包米	一、五四〇
粟	三、〇五九
小麥	四、二九六
其他穀類	二、七二〇
豆餅	六六
麥粉	七三一
三、濱北線	
混保大豆	一、火八〇
普通大豆	四、三一八
小麥	二、四七五
其他穀類	三五〇
麥粉	一、二〇三
四、濱綏線	
混保大豆	一、二二〇
普通大豆	二、五九五
粟	一三五
米	三〇〇
其他穀類	六一〇
豆油	一一四
豆餅	一、五九
麥粉	七、三九六

非常減少、蓋因檢査方法、逐日強化云、

櫃夥失踪 請警查找

道裡中國七道街、三四號、復增盛雜貨商、執事人孫延令、山東昌邑縣人、其櫃夥王林秀、年二十五歲、亦係昌邑人於九月午前九時、向執事人聲稱外出索討自己舊債、不意迄今未歸、當時遍尋無着、恐發生意外、故於十二日至小公園所分、請求查找云、

分所、請求查緝、又道裡地段街、門牌十號、住戶魏天壽、年二十七歲、大連人、現充職於鐵路工廠、於十一日夜深酣睡時、不知何時、侵入小偷、竊去紅緞棉被一床、黑皮鞋一双、綠色毛衣一件、袂襖一件條格棉被一床、同居之趙文慶丟失嗶嘰制服一套、黃色洋服一套、共損失約百餘元、待午前八時許起床時、見門戶大開始知被賊侵入、至水道街分所報告、請求查緝云、

市道路科員 向商號叩節 因有强索行爲被捕

市公署道路科、科員李相武、年二十三歲、現住於道外長春三道街忠興旅館中、因乘端午節之機會、印刷大批名片、於十一日午前、在道外太古街一帶滿商家、藉詞叩節、强索金錢、正在該處徘徊中、被正陽警察署密探偵知、將其逮捕、至署嚴加追詢、始供出僅二時叩節十餘元、因有强索之關係、故警廳將加嚴重處分云、

市制紀念 七月一日 花火大會

市署現正極積準備 觀光局募集觀光團

七月一日爲哈爾濱特別市制實施第五週年紀念日、市當局爲慶祝起見、每屆斯日必盛大舉行花火大會、松花江上、金花滿天五光十色頗稱一時之盛、本年之紀念日、爲期已迫於目前、市署方面早在積極準備一切設施中、國際觀光局乘此良機開始募集南滿如大連、奉天、旅順、撫順、吉林等各都市哈爾濱觀光團員、計旅大方面約二十名、撫順二十五名、奉天、新京各五十名、至於牡丹江佳木斯等以及沿線各都市各小站均將分別募集、預料是日松花江岸、萬頭攢動、半天空中、花火滿天、必有一番盛況云云、

鮮人竊取託運物件

圖佳線三岔河站、局宅居住該站貨物係鮮人李寅培、年二十歲、於三日午后三時十分、由圖們發第三一六號列車的該站輸送之貴重品包裹五個、其中物品有高齒號一個價格約一千三百元、仁記洋行一個、價格一千元、合計二千三百元、被李某竊去、復僞造委託輸送之領收証、待該列車發車後、知事久後必被暴露、李某與前被開除局站之鮮人許東根、(年二十歲係李ノ友人)一同潛逃無踪、該站於事件發覺後極度狼狽、推測二鮮人係有共謀之嫌、似潛伏哈市、現向哈爾濱警察當局通知、請求搜查犯人中云、

訪滿天台答禮團蒞哈 佛教會舉行歡迎會

十五日午後在極樂寺

大日本國天台宗訪滿答禮參觀團團長東京淺草寺貫主大森大僧正、副團長武藤權僧正、宗務廳代表教學部長山村法師等一行、二十四人、於六月十五日午后一時、由新京來哈、濱江省佛教總會爲歡迎起見、之儀式、採錄於下、」

一、一般着席

二、入　場

三、拈　香

四、禮佛三拜

五、致歡迎詞

1、佛教總會代表、2、極

拐欵潛逃 未幾被捕

英靈十四體 合同告別式

岡村部隊主催在西本願寺舉行

軍民法團代表多數參列

友軍岡村部隊、當此青紗帳起、爲維持北滿之治安、夜以繼日、努力討伐殘餘匪徒、或追✕伏潛草原之匪團、或襲取山寨匪賊之巢窟、與匪賊以徹底之打擊、其豐功偉績、頗堪稱道、而不幸名譽戰死英靈、亦於滿洲建國史上放出極大之光彩、於十二日午後四時、在西本願寺、在各方面多數參列下、對友軍將士戰歿者遺骨、嚴肅舉行合同告別式、佐伯部隊一體、依我部隊一體、柳瀨部隊二體、松山部隊一體、柏部隊一休、石田部隊二體、川崎部隊二體、杏部隊一體、關部隊一體、陸軍病院二體、合計十四體、更有山田部隊下遺骨五休、是日午後八時四分到哈一同舉行告別式、茲將當日典式秩序探錄於下、一、着席、二、奉請、三、讀經、四、焚香、五、委員長致詞、六、解散、參列者各部隊領袖、隨行

一、京濱線

混保大豆	一四、四六〇
普通大豆	一三、五九〇
高粱	八二八
包米	一三〇
小麥	三、七二八
米	五〇一
其他穀類	五一七
豆油	三、九九八

京濱列車中

發見天然痘患者

乘客抵京均加消毒

十日午前九時四十五分、由哈爾濱向新京發之旅客列車、經五家子向双城堡進行中、乘務員在最前部三等客車中、發見一滿人在車箱以白手絹遮蔽面部、仰臥就寢中、該乘務員詳細查視、見其面手部露出相當紅斑點、當時疑患天然痘、待列車抵双城堡時、報告車站、令該乘客下車、加以診斷、結果確係患天然痘無疑、發患天然痘之乘客、係道外十四道街劉興漢、意赴綏中、列車抵新京時、全部乘客均加以消毒云、

哈專賣署管內

密運烟土犯統計

開江以來被檢舉四九名

當地警察當局、由去年以來、對於鴉片癮者、會加以統計、其中白俄青年、尚有多數患者、各關係機關、謀澈底排滅、不法密賣鴉片者起見、以松花江開江爲目標、自開江以來、專賣署對於管轄之區域、努力檢舉、結果被當局檢出違反鴉片法而私自密運之各地烟犯數目、探錄如下、

哈爾濱	二十名
綏化	二名
海倫	十二名
巴彥	五名
呼蘭	三名
五常	一名
雙城堡	一名
濱縣	一名
合計	四十九名

現下私運烟犯比較建國當時

特組織歡迎會、聯合男女信徒、於是日在南崗極樂寺大雄寶殿前舉行歡迎禮、實行聯歡、並函知各關係方面屆時親臨極樂寺如儀參加、茲將當日歡迎式

樂寺代表、3、居士林代表

六、答詞、

七、紀念品贈呈

八、撮影

九、退場

警察當局

嚴勵取締野妓

野妓命運由此休矣

鴉片零賣所之女招待、自經警察當局嚴勵取締后、數千失業之烟妓、因生活所迫、除一部正式下水爲娼者外、更有一部改爲酒館飯館之堂役者、至於懶惰成性、自甘墮落之一下賤女子、則或假旅館澡塘以爲棲止之所、秘密賣淫、或於月落黑昏之後、徘徊於江干街頭、操野妓生涯、故每當夜靜之後、行經景陽街一帶、恒見三五成群、往返徘徊、遇有顧主、則公然爭講夜度之資、穢言汚語、醜態百出、傷風敗俗、莫此爲甚、警察當局爲維持風化計、擬加以徹底之取締、想盛行一時之野妓、由此即將滅跡矣云、

航聯局

遊船大會

二十日舉行

哈爾濱航業聯合局、爲慰安一般家族起見、每屆夏令、必舉行遊覽船、招待各關係方面以及各機關、本年援例舉辦、日期定爲本月二十日、午前十時、由中央大街碼頭登船、向下游行駛、午後三時歸哈、所乘之船爲哈爾濱號及慶瀾號云、

飛燕汽艇

進水式典

十二日在江北舉行

航業聯合局、以六千元鉅資、建造會社專用汽艇一隻、工程現已告竣、該艇美麗雅觀、於十二日午前十時二十分、在對岸造艦所舉行進水式、參加舉行者、立川總經理、富田船舶課長、服部總務科副科長、黑田庶務主任等列席、盛大舉行進水式、該船命名爲飛燕號云、

道裡外國二道街、四十號、北滿製藥店、執事人山崎鹿吉處之收欵員、王武田、年三十七歲、十日前突失踪、現已判明拐欵二百餘元潛逃、遂報告經緯署查緝、於十一日午前九時、在田地街三號其女李某家匿藏、將其逮捕、至著略加盤詢、供出二百元之欵項被其消耗、現下正在嚴重追審中云、

搶去財物後

又回來乃被擒

【遼陽】昨日五道街王宅、係西海興掌柜、早約五時許、徒來持八音手槍怪匪一名、大勢搜索、搶去國幣十二圓、銀鐲一付、即行逃去、王宅立刻報告警署、差班長開訊、率馬警驅至現場、該匪搶畢竟迷道路、又返王宅門首、家人云及搶錢就是此人、遂上前盤查、該匪見來路不對、舉步就跑、丙馬警追至六道街、將匪拿獲、據稱係本城郝家胡衕住戶、王其姓、而治山其名、收得八音手槍及子彈五粒、至其家又搜出馬牌八音槍一支、子彈粒[illegible]

兩起竊案

道裡中國四道街、門牌二號、院內二五戶、住戶甘沛芝、年三十五歲、江蘇省人、於昨十一日午前十一時許、因事外出至午后六時、事畢返宅時忽見門鎖被人破壞、情知被盜、急進屋檢點物件、發現東西滿地散亂、檢查結果、始知被盜之物品、古桐色袷袍一件、灰色大氅一件、駝絨袷袍一件、洋服褲子一件、共損失[illegible]

姑妄言之

山東省掖縣城南

王某與狐結婚

村長不信毆打招禍

據山東來人談一幕神話

姑妄聽之

當此科學昌明之今日、鬼狐之說、已爲人所不道、或有言及、每引爲迷信、故吾人每涉獵聊齋、恆認爲文人想造、諷世之作、頃據齊東來客談、魯之掖邑、近發生一人狐結婚案、轟傳遐邇、言之鑿鑿、煞有介事、爰錄其顛末、以供鬼狐學者之參考焉、

掖縣城南珍珠村、王某、現年弱冠、生彿三歲父見背、依持十指維持生活、因無力攻讀、命將木匠藝、既藝成、無[illegible]中、日以打柴拾糞爲生、家室之寒微可以想見、惟王之爲人少年老誠、忠厚過人、事母極孝、上月某日、天將黎明、[illegible]姝豔、各守鉅裹、坐於路旁、見王至、笑謂王曰、儂等行太乏、可否勞駕代馱包裹、至當重酬、王慨諾、當即棄糞筐馱包裹、隨二姝前行、未里許、至一古墓、王畏懼不敢再進、蓋村人皆知古墓有洞、時有鬼狐出沒、女問以故、王當以實告之、女笑曰、請勿懼、鬼狐何傷人耶、王不得已乃奮勇隨行、果至洞口、二女邀入、王更懼、自忖所遇決非生人、心中忐忑不安、欲棄包而竄、詎女回身牽王腕、強命入洞、王雖竭力掙扎而不得脫、自忖諒難生還矣、哭謂女曰、吾死固不足惜、惟堂上遺有老母、無人奉養耳、女聞言不禁啞然失笑曰、傻子何懼之有、殊不知爾我前世有夫婦之緣、請入室詳議之、時王身不由自主、乃甍棟彫樑、偉然壯觀、既登堂入室、又見琳瑯滿目、陳設不凡、爲有生以來見所未見、富麗堂皇、有若宮室、呼奴喚婢、極盡豪華、婢女皆衣錦衣、窈窕可人、獻茶畢、三五婢女擁一老嫗出、見王優禮相加、謂王曰、小女與君前世有緣、今欲還爲東床、乞勿見卻、言間授以二百金、命携回作妝奩之資、擇吉迎娶、但娶時勿邀來、可繞道而行、一切勿爲外人道也、王遂命辭出、回頭時、依然野草漫漫、老樹參天、一無屋宇、如夢初醒、但手中二百金依在、喜出望外、歸以告母、其母亦信疑參半、於是乃擇定吉期、前往迎娶、鼓樂喧天、頗稱熱鬧、村人多爲之驚異、嗣知娶狐女、認爲王患瘋症、村長因其踐踏敵、並將王某毆傷、王乘輿而去、負傷而歸、正呻吟床第、女子忽然而來、王正欲以實相告、女憤然曰、吾已儘知、勿勞贅述、言時由懷中取葯一包、命王吞服、王從之、無何病傷豁然痊癒、女頻去時、告王曰、妝奩之資二千元、將由村長處取之、言畢而去、詎村長自將王某毆打後、精神恍惚、哭笑無常、裸體、遇人非禮、家人亦皆瘋狂、飯彿作熱、啓而視之、滿釜穢物、知係狐仙所爲、不得已倩人向王求情、允出資二千元、以爲喜儀、王乃允諾、自此村長家亦不復作祟、於是重整旗鼓、大搭彩棚、於六月四日舉行大規模之結婚式典、並邀請鄰里、前往參加、風聲所傳、遐邇咸聞、凡掖邑城南鄉亘數十[illegible]紛紛前往參觀、誠有車水馬龍、山陰道上之概、結婚當日觀者如堵、但見新婦面如桃花、目若秋水、身如楊柳、唇似櫻桃、如同西子再世、嫦娥臨凡、觀者莫不嘖嘖稱羡、婚禮成後、三日入廚、調羹作湯、味極佳美事姑之孝、不亞乃夫、鄰人皆奇而敬之、里有巫婆某、言女爲蛇精、爲女偵悉、馳赴巫家、飽以老拳、並將巫婆懸於樑顛、三日後始釋放、自此巫婆已失其效驗、女以家貧、王復株守、無以爲生、聲言善治諸般病症、村人有患不治病者、往求醫、女以手撫之、予以藥餌、食之即癒、於是聲譽遠揚、目下前往求醫者、絡繹於途、門限爲穿、大有應接不暇之概、而王某之家勢、亦崢嶸日上、衣食[illegible]

濱江特刊
第一一六號
盛京時報北滿總支社
社址 哈爾濱道外 桃花巷西口
道裡電話六八四七番

因小麥價格高昂
麵粉需要量激減
推定本年需要量約在二千五百万袋
整備配給網實爲當務之急

滿洲國重要產業統制法頒布後、對於躍進途上之產業、將完全統制、對其前途之飛躍、頗堪期待、查統制產業中、製粉業之興衰爲一重大問題、本年度之消費量如何、關係明年度之政策施行上、頗有關連一般莫不注目而本年度全國面粉之需要量、入正後據一般人預想、滿洲國內大體在三千萬袋之譜、關東州三、四百萬袋、最近據某方面調查、因去年以來小麥及面粉之價格昂騰、一般需要層、多改用包米、粟等物、推定本年需要量約在二千五百萬袋以內、不免有大量激減之傾向、其激減之原因除上述之理由外、配給網之不圓滑亦有極大之影響、當此政府對小麥大增產以期製粉自給自足之大國策施行之今日、反招來此等結果、各方面頗爲憂慮、故對於製品配給網之整備、實爲當務之急云云、

八十元國幣、不翼而飛、驚愕之下、急電知其夫王某、雖念其族弟之情、但事關竊盜、法律難容、故報告當管分所及刑事科、請求偵緝、指名犯人王學仁、年二十五歲、中等身材圓臉、身着灰色軍制服、綠色風衣、黃色便帽、諒不久必被捕獲云、

江水增漲 航運活躍

松花江前月中、因雨水稀少三姓方面淺灘幾乎暴露、故大型船隻、碍難航行、以致向下江運輸之各種貨物、停滯於道外十二道街碼頭、堆積如山、航業聯合局、感覺松花江水瘦航行困難、頗爲憂慮、不意近日以來、霪雨連綿、各河川水勢驟增、松花江水、亦隨之增漲、現下航聯局向下江運送貨物、頗稱活躍云云、

郵便車突然脫軌

十八日午前九時三十分哈爾濱車站內、鐵道改良工事後、初發九〇一次旅客列車、將發車正在運行中、不意拖後部結連郵便車一輛、轟然脫軌、幸人畜無有傷害、遲延七時間、待至十二時半始恢復云、

市內不潔地區
各市場附近佔大多數
保甲團指揮厲行殺蛆

市公署衛生科、爲謀市街之衛生完善、造成名實相符之明朗國際都市起見、自去年結冰時即派遣職員數名調查市內之汚穢處所、以便加以整理、調查之結果應加整理之場於下、

△經緯署管內南北市場北側附近一帶、南北市場東方附近一帶、北市場十道街東部附近一帶、北七道街中間附近一帶警察街及小公園附近一帶、

△南崗署管內 西市場東方附近一帶、西市場西部附近一帶、秋林八午市附近一帶、

△正陽署管內 北五道街北七道街中間一帶、大新五道街市場一帶、一面街附近一帶、六道街八午市附近一帶、

△南新署管內 太古十六道街南市場一帶、六道街菜市附近一帶、

△北新署管內 北十六道街附近一帶調查之結果、因家庭密接、極不衛生、市署與警廳協議之結果、爲期撲滅黴菌媒介之蒼蠅計、購買『蠅之敵』液數十貫、預定六月下旬於各保甲指導下、澈底殺蠅、並由保甲督促市民厲行殺蛆工作云云、

日人人口激增
比四月末又增一百五十一名
據領警署調查約三萬五千名

大學學生 視察北滿
下月末到哈

日本至誠會主催日本全國大學專門學校生三百六十名、第五回滿洲派遣學生研究會一行、定於七月十五日由東京出發、就渡滿之途、七月三十一日午後〇時四十分涖哈、視察市內一般、八月一日 滿洲里班、黑河班、綏芬河班分三班向沿線各地出發、研究國境之實情及移民之情形云云

濱綏線改良工事
十九日全線終了
哈市牡丹江車十八日運行

濱綏線改良工事、由十六日起、鐵路總局、哈鐵、牡鐵管下各現場機關、一齊總動員開始工作、爲期工事萬全計、十七日該線運行列車、全部停止全現場員非常緊張裡、全線五百四十[illegible]基羅之歷史的改良工事、修築結果、收到預期以上之良好成績、十八日哈爾濱、牡丹江間之列車開始照常運轉如下、

哈市一面坡間、哈爾濱發午後五時二十一分第九四三次列車、及哈市着十二時四十第九四二次列車、

牡丹江綏芬河間之工事、十八日全部完了、十九日照常運轉、因改良工事關係、濱綏線列車停止一日、待第一次乘客列車開通時、站內旅客、蜂擁而至、頗爲擁擠、哈爾發午前九時三十分之三九〇一次旅客

經緯署 交通週間
收到良好成果

經緯警察署、鑑於近來、交通事故頻頻發生、爲講求防止計、研究種種具體方策、於十八日午前九時至十一時、午後一時至三時每日二次、對市內各交通交叉口、增加人員、以便防止交通事故之發生、而資指導訓練市民對於交通道德之普及、特組成交通訓練班、配佈管內一齊施行、結果頗收良好之成效云、

組成、哈市在北滿軍事上、政治經濟上、均佔重要地位、此次改組後、市聯合防護團省總聯合防 護團之飛躍防護天空、頗堪期待云云、

成衣舖拒夥 拐欵潛逃

道裡中國六道街、德和祥成衣舖、執事人林福森、年二十八歲、山東掖縣人、柜夥姜萬興、年三十歲、安東大谷山子人、於十六日下午八時許、聲稱有事外出、迄今未返、執事人恐發生意外、各處偏尋無着知係潛逃無疑、當時檢查一切物品、始知被其拐去公欵七十餘元、於十九日午前十時、至花園街分所報告、請求查緝犯人身高五尺、平髮、圓臉身着毛布大衫、下着鵝絨褲子足登青皮鞋、警察當局、現下正在搜查中云、

第二回妓女檢黴

【龍江】本埠妓女檢黴、初爲廣濟醫院兼辦、旋由市署策謀妓女之健康確立、俾免傳染計、遂設專醫行檢、開此實施以來、成績甚爲良好、玆據本月第二回之妓女檢黴、發表如下、二等妓館三戶、妓女三一名、受檢者二九名、未到二名健康者二〇名、罹病者七名、淋病慢性二名、三等妓館五戶妓女六九、受檢者六六名、未到三名、健康者四五名、月經者八名、淋病慢性一三名、四等妓館四五戶、妓女三八四名

去年今年製粉業之比較

一二兩月輸出量增加五倍　四月以後生產量激急減落

如報、仝滿面粉需要量之激減、仝滿製粉工廠或改爲短期操業、或斷然停業者、相繼發生、雖然生產量減少、然一方存貨依然激增、致工製粉業不得忍痛落價、但以仝國趨勢以觀、哈市製粉界因採算條件之惡化、生產量漸次減少、一月份生產量約百五十五萬袋、二月份約百萬袋、迨至四月份、一降而減至八十八萬袋、茲將詳細情形表列於下、

月別	本年產量	去年產量
一月	一、五四〇、三九四	七五一、二七一
二月	一、二三一、六八四	七五七、九一五
三月	一、一三〇、三一〇	八〇一、三九〇
四月	八八七、七六二	九二三、一一四
五月	八九一、七六一	八〇四、八二四

至於輸出量一二兩月與去年同期比較激增五倍、約突破一百萬袋、而三四月份忽又降落一半、五十萬袋至四十萬袋上下、茲將每月輸出數量與去年同期比較於下、

月別	本年輸出	去年輸出
一月	一、〇一七、二九八	二〇六、一四五
二月	七〇九、〇五六	二六八、一七七
三月	五三三、九六七	四三三、五九五
四月	四六二、四六八	四一〇、四一〇
五月	六〇八、〇五〇	五八二、四二三

由上表以觀、足見南滿各製粉工廠之日見增產、北滿製粉業、漸受其壓迫、與去年以來累進之數字、完全成反比例云、

五月份哈市製粉量

與上月比較稍見增加

據某方面調查、哈市製粉業、五月份之生產量總數約達八十九萬一千七百六十袋、輸出總額六十萬八千袋、與上月比較、稍見增加、但營業依然不振、下旬以降、原料小麥之價格、稍見低落、且南滿方面因北滿價格之低落頗受影響、故哈市各工廠之生產量稍見增加、存貨現有百二十萬袋左右、比較上月約減少十萬袋、茲將各工廠之生產量及輸出量、分別採錄於下、（單位＝袋）

工廠	生產量	輸出量
双合盛	三五、八六九	七七、八〇七
裕昌源	四六、四〇一	六四、一五五
天興福第四廠	八八、四四三	八四、一六〇
〃支廠	三一、八一七	三九、六四三
〃二廠	一三九、四一三	七六、六三九
成泰益	二六、〇九七	三三、六九九
三泰棧	一六、八三五	七〇、二三九
義昌泰	七四、八六七	四三、三四〇
日滿	一五〇、〇〇〇	一〇〇、〇〇〇
合計	八九一、七六一	六〇八、〇五〇

族弟不德　竊取族兄

道外大新街、門牌四號、住戶王學德、年二十五歲、大連人、現充警察廳刑事科通譯、於昨十八日午前十時許、其族弟王學仁赴其家串門、乘家人不備之際、將立櫃私開、竊去現款國幣八十元逃走、王妻由外回家時、見立櫃門開、突不見串門之族弟、情知必有變故、遂時檢驗櫃中物品、詎知

以滿洲事變及北鐵接收爲契機、哈市友邦人士之激增、非常踴躍、當事變當時僅三千七百人、經過六年後之今日、竟突破四萬、截至五月末、據日本總領事館警察署調查戶口之結果、每月平均增加五百名、戶口數達九千六百五十八戶、人口達三萬四千五百四十三名、內男一萬九千七百八十一名、女一萬四千七百六十二名、其中或有未能調查週至者預想實數或可突破四萬人以上茲得各區域分列於下、

區域	戶口	人口
道裡	四〇九八	一六六七五
新安埠	三一五	一四一七
南崗	一七〇三	九〇七四
馬家溝	一四八〇	五〇二七
上號	八一	一一四〇
顧鄉屯	一八	五七
道外	六五七	一三七
三顆樹	二八六	一六四
太平橋	三	三
松浦鎮	一七	二六
合計	九六五八	三四五四三

比較四月末、增加二百五十一名、內計道裡一百〇五名、新安埠二十二名、馬家溝一百二十名、南崗百五十名、上號六名、太平橋十三名、惟道外反減少百五十八名、茲將朝鮮人居留數採錄於下、

區域	戶口	人口
道裡	三六九	一七一四
新安埠	二四四	一〇八九
南崗	八八	三〇七
馬家溝	四九	一八二
上號	四七	一六七
顧鄉屯	九九	四五九
道外	六三三	一三八四
三顆樹	三一	一三八
太平橋	一一	五一
大燮哈	三一	一二一

合計戶口數一千五百八十戶、人口六千六百十二名（男子三千四百五十九名、女子三千一百五十四名）比較上月增加五十三名云云、

繼道外商會之後　道裡側亦不後人

飛行協會特別會員加入者踴躍　張會長以下二十二名加入

飛行協會哈爾濱支部、十七日獲得道外商會特別會員四十三名、同時交納會費一千二百九十元、特別會員之報名加入者、頗形踴躍、十八日又有道裡商會張會長五百元、及二十一名各三十元共計一千〇三十元之特別會員加入、最近滿人間、對於航空思想之普及可見一斑云、

哈爾濱牡丹江間、哈爾濱發第九〇一次旅客列車、同着午後八時五分第九〇二次列車、列車、由十二輛編成、滿載旅客、汽笛一聲、就改良工事完成初次運轉途矣云云

哈市及廿三縣打成一片

將結成總聯合防護團　防空演習前陣容一新

依滿洲國地方行政機構之改革、哈爾濱特別市制、將於七月一日實行廢止、改爲普通市隸屬於濱江省公署、與地方行政機構有連帶關係之防護團之組織、當然亦必有所變更、十七八兩日間、省署及防護團關係者、在市公署會議室、行種種之協議、得到在後之成案、十九日向防衛地區司令部提出如左之成案、對於組織內容及其他請求指示、側聞該案似將新組織濱江省總聯合防護團、而哈爾濱市防護團及現在組織中之省屬二十三縣聯合防護團、包含在內、由省長任爲省總聯合防護團長、統轄市、縣全省防護團、副團長以下新防護團之主腦部、依新官制以省次長及其他省關係之幹部分任之防護團之主體、以哈爾濱爲重點、具體組織諒一二日內即可決定、下月下旬全滿一齊舉行之防空大演習、爲期已迫於眉睫、於防空演習前、必速予

受檢者三七四名、未到一〇名、健康者二五二名、月經者五〇名、淋病慢性五六名、軟性下疳三名、硬性下疳一三名、以上共妓女四八四名、受檢者四六九名、未到一五名、健康者三二七名、月經者六五名、有病者八七名云、

公濟支當已開市

【大民屯】本鎮於去歲間、開設當舖者二家、月利均係六分、六個月爲滿、故當號者、尚屬寥寥、現有奉天大興股份有限公司、在本鎮開設公濟支當、月利二分五厘、十八個月爲滿、該號在大街西頭路北、前將房間門面、建修完竣、業於前日開市、現在當號者、甚行擁擠、當此青黃不接之際、躍此當商、地方金融、亦能活

有、與

布街村會議規則

【梨樹】縣當局前爲街村政務進行完善及機構充實起見、爰經擬定街村區屯長會議規則凡十四條、提經日前第九次縣務會議、表決通過、已於本月十五日公布實行矣、閱縣署並印製規則、同日通令各街村長等遵照辦理云、

第七次農業移民過哈赴目的地

一行一百四十名

拓務省之第七次滿洲農業移民先遣隊之第一班一百四十名、負開發北滿之重大使命、拉濱線於二十日十一時十二分抵哈、即日十一時四十分發濟北線列車、踴躍向克音河背後

五月滿商開業倒閉狀況

開業七四家資本七七千元　倒閉六十一家一〇〇千元　大資本商店倒閉二家

據道裡外兩商會調查、五月份滿商開店閉店狀態如下、月份開店七十四家、資本金總十一家、資本金總額、一〇〇、一八〇元、與上月之開店閉店數比較、閉店資本金額增加成、本月閉店資本金比較約激減三成、義新昌糧業資本金二萬元、福源當資本金四萬六千元、及其他大資本之著名商店相繼倒閉、道外道裏比較、道外閉店者四五家、資本金總額一六七一五元、閉店二十八家資本金總額九〇四六〇元道裡閉店二十五家、資本金總額六〇、三六〇元、開店三十三家

將閉店家數及資本金額、各種營業別、分別採錄於下

一、開業

營業別	家數	資本金
米麵雜貨	一	一、〇〇〇
油漆顏料	一	五〇〇
薪材代理	一	三〇、〇〇〇
飯館	一〇	一、一七五
煙酒雜貨	九	一、九八〇
滿西成衣	九	二、三二〇
棉織	一	一、〇〇〇
綢布雜貨	四	二八、〇七〇
拌廠	一	四〇〇
鐵工廠	二	四〇〇
木廠	一	一〇〇
其他合計	七四	七七、〇七五
上月計	一二九	八五、一七〇

二、閉店

營業別	家數	資本金
糧業	一	三〇、〇〇〇
當舖	一	四六、〇〇〇
油漆顏料	一	一七、二〇〇
飯館	四	一、〇五〇
烟酒雜貨	七	一、一四〇
滿西成衣	七	一、三三〇
旅店	二	二、二〇〇
綢布雜貨	二	二、五一五
拌廠	三	一、〇四〇
鐵工廠	一	三、三二〇
木廠	一	八〇〇
其他合計	六一	一〇〇、一八〇

濱江特刊

第一一七號
盛京時報北滿總支社
社址　哈爾濱道外　桃花巷西口
道裡電話六八四七番

農事組合實現後 交易所將受威脅

哈爾濱特產界俄然一大衝動 哈市交易所召開緊急會議

以滿洲國產業五個年計劃為契機、為期經濟計劃之強化、將加以統制、於是現在之自由經濟的農業機構、不免將有一大轉變、迨農事組合之具體的出現後、對全滿交易所之存在將受脅威、哈爾濱市交易所之存在理由喪失、與哈市特產界俄然一大衝動、各方面對於交易所將來之態度如何、極度注目、一方交易所當局及監督當局究執如何態度、固為外人所不悉、惟聞為講求緊急對策、曾召開重要會議、結果派由島田理事急遽晉京、向政府當局折衝云、

運輸業大恐慌 分向各方呼籲

松黑公司取銷代理店引起反響 要求航聯局直接撥船運貨

松黑運輸公司此次斷然將所屬十二家運輸代理店、一併廢止、此十二家代理店之職員達六百餘人、遂然陷於失業之悲境、因而迭向當地水運局、協和會市公署及航政局等各機關呼籲請求航業聯合局撥給船隻指定碼頭、以便裝運貨物、而免營業倒閉、生活無着、因之惹起一大波瀾、引起一般社會人士之關心、茲將運輸同業公會、向各機關呼籲原文探錄於下、

△關於運輸營業事業滅絕、擬由航業聯合局直接裝船運送貨物、以維營業、而免同業生計斷絕、請求飭知該局照辦、以維營業之件、

呈為呈請水上運輸事業滅絕、同業等擬脫離松黑公司、由航聯局直接裝船運送貨物、以維營業、而免坐以待斃、仰乞照准、飭令該局照辦事、竊查敝會水上運送營業、自松黑兩江開航以來、即為開辦運送營業二十年來、可稱有長久之歷史、於大同二年、松黑公司發起成立、約求敝會水上運輸同業加入、議定同業等代理收受滿方託運各貨、該公司專收日方託運各貨、敝會同業等、雖不滿意、但有此種口頭議定、同業等尚可勉強營業、維持生活、由此敝會同業向來直接交航業聯合局運送營業、一變而為松黑公司之代理店、雖則不能照敝會同業直接裝貨營業自由、然亦可支持、營業不致倒閉、於本年六月、該松黑公司、照去年每噸加價費國幣一元、致惹起三江省一帶商會之反對、派來代表、與松黑公司交涉、減去到着、而該公司允許直接收受三江省等處滿方託運各貨、實該松黑公司直接收運各貨、實與該公司成立與敝會同業議定該公司專收日方貨物、代理店專收滿方貨物大有違背、代理店代理費用與直接交松黑公司運費不同、各託運者當然不能交代理店運送、敝會同業無貨運送、營業被消極侵奪、毫無疑問、敝會同業等無貨承攬、則同業等十餘家之商號、必至歇業、所有人員亦必坐以待斃、其情何慘、其苦何如、敝同業會等、為松黑公司之代理店、既無事可作、自應由航聯局裝船、獨立營業、以維十餘家之運送營業、而免數百人生活無着、且敝會同業、自有營業以來、對於運送力謀便利、運費力求低廉、實行直接由航聯局裝船運送之後、定能以敏捷之手續、便利一般託運者、敝會同業等營業、既無損於託運者、且免歇業、以救數百人之生活、國家又無特許松黑公司獨一營業航運之法規、該聯合局又何能允許松黑公司壟斷航運營業、尤其在我滿洲王道國家、更不能有此畸形營業壟斷、而置一般運送者生活於不顧、敝會同業等、垂危在即生路毫無、除分呈外、理合呈請鈞恩開額外、本維護商工之德誼、憐同業數百人生活之無着、准予飭令航聯局、撥給船隻、俾得直接裝貨、以維營業而免失業、實感大德矣、謹呈

商人衛生思想普及 自請鑑定賣品

全市飲料品檢查收效頗大

全國各地警察當局、為注重夏季衛生、對於不良飲料品、加以澈底的檢查、新京方面檢查之結果、發見大批不良飲料、引起哈市警察當局之注意、由二十一日起、各警察廳對於全管內之飲料販賣商嚴厲檢查之結果、亦曾檢出不良飲料頗多、迄至目下、檢查工作似告一段落、今後仍擬隨時取締、以維公共衛生、據查此次檢查之結果、不良員撤布地域、當以道外為最多、被沒收之啤酒汽水不下千數百瓶、道裡、新安埠、南崗方面總計數百瓶、基於警察方面之取締、各商家對於衛生思想、亦漸普及、連日以來、民間商店側、多有自動請求警察署代為化驗其品質是否純潔者、如光武洋行、係專門經理各種飲料品之商店、日前曾向販賣區域之各管轄署、送到各種飲料品數打、請求鑑定、誠為夏季衛生取締聲中之良好現像云、

航聯局去年度收支決算通過

總收入六・四三五・四五六・二〇 總支出三・八二六・五一一・四二

因圖佳線開通、松花江運輸貨物之一部、必被鐵路所奪、預想將來航業聯合局之運費收入、必見減少、前於二十三日航聯理事會席上通過之該局康德三年度之收支決算如次、總收入六百四十三萬九千餘元、純益金二百七十萬元、茲將收支狀態探錄於下、

△收支之部(單位＝元)

一、總收入金　六、四三五、四五六、二〇
一、總支出金　三、八二六、五一一、四二
一、利益金　二、六〇三、九四四、七八
一、去年剩餘　九一、一九六、九八
合計　二、七〇〇、一四一、七六

△利益金分配

一、積立金　一、三〇〇、〇〇〇、〇〇
一、船主分配　一、三七〇、三七九、七七

正陽署厲取締交通行

道外一域、因人煙稠密街道狹窄交通事故、最易發生正陽警察署、保安係、為防止交通事故發生起見、傾注全力、設法維持、由二十六日午後七時起迄至午後十一時、由交通尚警注意取締、凡遇有違反交通規則者、嚴重處罰、以期交通事故今後之減跡云云

航聯局新設施 在佳木斯設水上旅舘

定期船添設無線電機

哈爾濱航業聯合局、近以日本內地及南滿方面向下江視察團體、接踵而來、而佳木斯一隅所有旅舘、非常狹窄、五十人以上之團體客則不能收容、致赴下江視察者頗感不便、為便利旅客起見、經該局幹部協議之結果、擬利用假期將慶林輪船加以改造、碇泊於佳木斯碼頭、以為水上旅舘、可容三百五十人、對於房子食費均甚便宜、又於牡丹江放送局新設之同時、哈爾濱、富錦間之定期急行航船八隻、哈爾濱、佳木斯間之定期航船六隻、共計十隻、每隻添設六級無線電收音機一架、以慰旅客途中之寂寞無聊云云、

自治會反對 廢除特市制

時至今日未免晚矣

市自治委員會、於二十五日之第十八次委員會席上、對於特別市制之降格改為普通市問題、認為有不可之見解、決作

日滿亞麻 新廠竣工

滿日亞麻公司為順應產業開發五個年計劃、對第一年度之增產計劃、已積極着手進行、同時在青岡、珠河、海倫等三地新設第二工廠、現在均各竣工、加以原有之九工廠、共計十二工廠、將來以該十二工廠為中心、對農民締結栽培契約、而便就地製作云、

孤兒養成所 暫行簡章

第三次理監會通過

哈爾濱慈善總會於二十七日召開之理監聯席會議席上、會提出孤兒養成所暫行簡章一案、經討論結果、[illegible]通過、

[illegible]慈善總會專司收容窮苦無依之孤兒教養事宜

第二條　本所設左列職員

(一)管理員一人

(二)事務員一人(該所事務[illegible]辦理)

(三)教員若干人

第三條　管理員承慈善總會之指揮管理並執行所內一切事務

第四條　事務員承管理員之命令辦理文書會計庶務保管事項

第五條　教員依課程之分配擔任教授訓育及管理監護事項

第六條　本所收容左列八歲以上十二歲以下窮苦無依之孤兒(或簡稱孤兒)

(一)無父母並無親屬可依者

(二)[illegible]無父或有父無母[illegible]不能教養者

(三)遺棄或流落無家可歸者

(四)其他有收容之必要者

第七條　前條所列窮苦無依之孤兒依左列手續經慈善總會調查合格者收容之

(一)警察機關函送者

(二)地方法團函送者

(三)當市紳商以個人名義函送並證明合於前條資格者

第八條　孤兒入所後教以國民道德基礎及普通必要之知識技能並實習相當之作業(教程規則另訂之)

第九條　孤兒入所後衣食及所育用具由所備給之

第十條　孤兒教養以四年為期期滿送入工廠學習工藝在慈善總會工廠未成立以前則為介紹各工廠習藝或其他之職業如有直係親屬願領回者須取具保證並捐助十元以上之善款

第十一條　孤兒在教育期內如有願領孤兒作養子者須備具左列條件(一)取得孤兒之同意共有近親屬者並徵求其親屬同意

(二)承領人須有相當職業或

復活特別市制之猛烈運動、決議案二項、
一、哈爾濱特別市之實質的現狀絕對不見低下、
一、要該特別市制於最近之將來復活、
但據識者觀測、中央方面、……制之改革、已經成……通市官制即將公佈、……即將斷然改革、而自……前竟遽若罔聞、今……已迫眉睫、該委員會始……運動、表示反對、一般識者付之一笑云云、

乞丐收容所 編制工作班

恐莘居飽食游惰成性 擬加以訓練從事工作

哈爾濱慈善總會、鑑於該會所辦之乞丐收容所所收容之健壯部人數較多、然於戒除嗜好恢復健康後、仍復群居飽食、無所用心、若不加以訓練、從事工作、在彼等游惰成性、不免流而忘返、在該會衣食資給亦覺費而不惠、茲依本年度事業計劃、實行訓練工作、擬定暫行辦法五章十八條、於二十七日理監聯席會上提出、經全体通過、按章施行、茲將該項暫行辦法探錄於下、

一、編制

一、先由健壯部選擇知識体力較優者施以特別訓練、派充各班正副班長、

二、工作班每班定爲十人、（班長在外）並由前條特別訓練者派正副班長各一人、其班次稱爲『工作第一班』『第二班』餘類推、

三、工作之服裝、由所備給、並佩帶袖標、袖標式樣另定之、

四、工作班應用工具、由所置備、

五、工作班編成後、即從事訓練、並由所造具工作班編制冊、載明班次、姓名、年齡、籍貫、入所年月日、指印、（冊式另定之）右冊應繕同式兩份報會存轉、

二、訓練

六、班長訓練期限十日、但得延長至二十日、期滿後仍須隨時施以特別訓練、

七、工作班訓練期限一個月、但得延至兩個月、

八、工作班訓練時間每日六小時至八小時、

九、訓練之事項如左、

（一）體操以健其身（建國操每日一回早晚行之）

（二）唱歌以宣其氣（國歌及勞作歌、每日兩回、上下工作時行之

（三）訓話以增其識、（人生必要常識每日至少一回）

（四）工作勞其力（土木勞作每日四小時至六小時）訓練工事、總會及所屬各所四周附近道路溝渠之修理、及其他街道有修治之必要者、由總會庶務股查勘指定之

十、工作訓練期滿即實行從事工作、

三、工作

十一、工作班訓練期滿、即由會函知當地公私團体機關、如有勞作工事、請通知該所派遣工作班前往工作、工資從廉、

十二、工作班訓練期滿後、除前條規定外、並由會或所設法招請工作、或介紹與各工程組等採用、

四、待遇

十三、工作班工作時期、定爲三個月、期滿得出所自謀生業

十四、工作班應特定宿舍、不與其他號舍參雜、

十五、工作班工作暨日食特加一餐（每日三餐）

十六、工作班工作所入工資、由所存記、每月総清算、即由所得工資範圍內、提給獎金、（提獎辦法另定之）

五、附則

十七、本辦法如有未盡事宜、得隨時修訂之、

十八、本辦法自本會議決發佈之日實行、並報社聯會備案、

小兒屍体 用火焚燒

諒係國人惡習

顧鄉屯車站警務段員、於廿六日下午一時許、發現被焚燒之滿人兒童屍體一具、當即電知顧鄉屯警察署、經該署派員急往現場檢驗結果、死者被燒焦頭爛額、左臂類似被野犬咬去、其附近遺有柴草灰一堆、爲狀極慘、令人不忍目睹、據一般推測、決非生前被焚、係死後被火燒、乃滿人之迷信風俗、但時值……、……異常、蒼蠅聚集臭氣沖鼻、不但妨礙衛生、即與疫病傳染、亦有莫大關係、該署現下極力調查焚屍者、一旦查出、必嚴重懲辦、以保公共衛生、而除惡習云、

四消防隊合併問題 近將實現

七月一日機構改革同時實現說 兩主管當局進行交涉

哈爾濱市內之消防隊道裡外兩消防隊向歸市屬、第一二兩消防隊則歷警察廳管轄、爲統一命令計、數年以來即有合併之意、但以種種關係、一時實現不可能、今次因警察廳之改歸省公署管轄、同時特別市改爲普通市、於是消防隊之統一問題、最近將實現、蓋以市警兩機關各屬消防隊二處、一旦發生火警、對於命令及統系上、不免發生齟齬、故對於合併統制問題、經市警兩當局迭次折衝、關於預算及其他關係、詳加討論、結果近已入於正式交涉之步驟、側聞將來合併後、因消防隊與警察廳政上、有不可分之關係、合併之後改隸於省警務廳統轄、至於從前市方所担任之補助金、是否仍照舊支給、尚屬疑問、據一般推測七月一日地方行政機構改革之同時消防隊之合併統制問題、或可實現云云、

慈善總會 理監會議

哈爾濱慈善總會、於二十七日午前十時假道裡商會、召開第三次理監聯席會議、出席者除各理監事外、各關係機關多數出席、茲將是日會議提出之重要議案、節錄於下、

（甲）報告進行概況

一、建築電影戲院籌建委員會報告進行概況及提議借款辦法案

一、建築費經核實估計約需國幣捌萬元

一、建築工料（電燈院場換氣暖汽院牆人行便道門斗與房檔欄座椅除外）已以七萬元標定包工人拉包包爾特承修

一、電影戲院地基已呈請市署無料長期借用、或無償讓與

一、前項地基上原有破舊建築物、已定價二百八十元、賣與本會拆除、

一、電影戲院已與朱安東預定租約、租金依左列數額、

（1）電影戲院每年總收入在國幣十五萬元以上、不滿二十萬元時、提……分之十五爲租金

（2）依前條規定之方法計算租金、如第一年不足一萬三千六百元時、應以一萬三千六百元爲租金、自第二年起、如一年不足一萬三千元時、每年應以一萬三千元爲租金、但每年總收入不足七萬元時、租戶得與房主商酌、減少租金但其減少額不得超過十分之二、

（3）每年總收入在國幣十五萬元以上、其增加之數滿五萬元以上時、除十五萬部分依第一款計算外、其增加之數另提出百分之二十爲租金、

（4）每年總收入在十五萬元以上其增加之數滿十萬元以上時除十五萬元部分依第一款計算外其增加之數另提出百分之二十五爲租金

（乙）決議借款辦法

一、電影戲院建築費八萬元依原議以築成之電影戲院全部建築物抵押加以會長理監會員之聯名保證向中央銀行借款

一、在電影戲院未築成以前仍以會長理監會員之聯名保證另向其他銀行短期信用借款以資應付建築工料各費俟建築完成後依前條由中央銀行抵押借歸還茲將應待討論解決事項如左

（一）銀行 （二）借額 （三）息率 （四）期限 （五）保証

一、本會事業及經濟現況應籌補救維持辦法案

（甲）事業概況 查本會所辦各項救濟事業、依本年度計畫以限於經費、故不『圖量』的擴充、惟從事『質』的整理、如安慈、惠黎兩小學合併、改爲孤兒教養所、以符名實、乞丐收容所、組織工作班、以資訓練、其餘亦在斟酌情形、切實計畫中、總期款不虛靡、效克實收、實事求是、一免敷衍遷就之弊、惟因各處協助之款、多有停滯、影響於事業之整理進行、未免感覺困難、此應急籌維持辦法者也、

（乙）經濟概況 查本會經費上年度結算、舊債殘額三千一百元、本年度截至五月末日積虧五千三百元、（詳見各月分計算報告、）合計舊債積虧共八千六百元、而本年度預算確定之收入、亦多停滯、茲將截至五月末日以前已收未收各款情形、分別列左、

一、官署補助

市公署年助四〇〇〇〇元已收二〇〇〇〇元、分春秋兩季具領

二、團體協助

道裡商會年助六〇〇〇〇元已收二五〇〇〇元按月具領

道外商會年助〇九、〇〇〇元已收三、七五〇元按月具領

鴉片聯合會年助三、〇〇〇元、已收七五〇元（原月助五百元、已減至二五〇元、但至五月末日僅領三個月、尚有二個月未發）

飯店公會年助六、〇〇〇元已收五〇〇元（僅領五百元餘已停滯）

肉商公會年助一、〇八〇元（依惠黎小學經費原額預算、並未支付）

三、會員會費

會員會費年納四、三四〇元已收二、四三〇元

四、事業收入

婦孺救濟所預算一二〇〇元已收七五六元（撥配出所女之教養費）

按照右列情況、至本年五月末日、統計舊債積虧國幣八千六百元、繼此以後、每月當二千元之譜、而建築物之修繕、被服之添置、以及冬季燃料之消耗、尚未計及、若不急籌補救之法、不惟事業無從進展、抑且現狀亦難維持、究應如何設法補救、請依下欵公決之、

（丙）籌擬經費補救辦法

（一）現在停滯之協助費、向各處交涉、請仍照原額補撥

（二）廣募會員成特別捐欵

（三）其他

介紹會員案

竊以欲圖慈善事業之發展、端賴慈善團體之擴充、既集思以廣益、亦衆擎而易舉、本會現有會員不過五十餘名、想好善樂施地方不乏其人、泛化散爲整、當局已有成議、其有……未周、不免向隅之遺憾、會長副會長及理監事、……會員、多多益善、並……

二、……自接……介紹……

三、各……將所介紹之……每月……告於理監聯席例會、（……）即由會登會員名簿、

四、本會開會員大會時、即通知新會員與會、並將新會員名單提出、報告大會、

產業確能擔任教養費者

（三）取具當市兩家商保（有戶口證明或當市之保證者）

（四）捐助三十元以上之善款

第十二條 本所辦事及孤兒管教各項規則另訂之

第十三條 本所經費依豫算由慈善總會支給之

第十四條 本簡章如有未盡事宜得隨時修正之

第十五條 本簡章呈經社會事業聯合會核准之日施行

俄人失踪 請警查找

道裡藥舖街、八十號、院內二十一戶、俄人『阿列風次』、年三十七歲、現在南崗鳳翔街某公館、投英語、於二十五日午前七時外出、迄今未返、其妻『涉列 衣司吉』年三十七歲、經遍尋無着、始知確係失踪、無奈於昨二十七日午前、至經緯署請求查找、失踪者之特徵、右目失明、身高五尺、瘦臉、凹眼睛、身着白小掛、灰色短褲、深黄色高腰袜子、黑色皮鞋云、

赴街購物 家中失盜

顧鄉屯警察署、鄉里街派出所管界、鄉正街門牌十號、住戶李富山之妻李趙氏、年二十五歲、於昨二十六日午前十時許、赴街買物、待至下午一時歸家時、發見門鎖被人撬開、情知被賊光顧、急至屋內檢查一切物件、見屋內物品狼藉滿地、發現皮箱被賊破壞、竊去青棉衣服三件、毛布大衫一件及其他物件若干、損失頗鉅、立至當管分所報告、請爲查緝云、

老嫗搶奪 小兒手鐲

道外一帶、近來搶奪兒童手鐲之賊人、不時發現、查竊賊搶奪兒童手鐲之方法、係以燒餅及糖豆引誘無知兒童、至無人處、實行搶奪、一日間、竟發生數起、發生最多區域、以地靈街爲最多、該賊係一年約三十餘歲之婦人於昨二十六日午前十時許道外地靈街魁英樓零賣所之東隣兩大院中、住戶張、劉、王三家之兒童、均年約六七歲、在門外玩耍、忽由東來一滿婦、年約三十許、覷來往人稀時、將三兒童手腕所帶之銀鐲先後奪去、向西潛逃待兒童哭泣歸家告知其母外出查視、賊婦早已逃逸無踪立即報告七道街分所請求查緝云、

田苗苦旱

【盤山】國以民爲本、民以食爲本、盤山自禾苗出土以後雖均剷完、惟五六月間、永未降雨、大地闔逾一例苦旱、據農人云、現在大小麥無望、收成其他禾苗、亦就枯槁、兩星期內如無透雨則麥禾俱無矣、

濱江特刊

第一一八號

盛京時報北滿總支社

社址　哈爾濱道外桃花巷西口

道裡電話六八四七番

產業開發聲中

哈市將設農具公司

資本金五十萬元工場用地物色中

從來之不便可以一掃

滿洲建國以來、日本之農業移民、經幾多之艱難、試驗期已過、入於實行時期、經滿拓擬定之大規模之農業移民計畫、積極進行、同時農具之需要、亦當然因之增加、故哈爾濱農具販賣店日漸增加、多以日本內地工廠之出品貨樣、陳列室內凡有購買者須向本工廠定購、並無現貨、且遇有農具機械破損之時、則不能修理、必須運回原製造工廠再爲修理、農民感覺非常之不便、且購買之時、亦須相當時日、始克運到、殊爲不當、茲當產業開發五個年計劃實施之際、北滿經濟界中心地之哈爾濱、對於農具機械之配給公司及相當大規模之修理工場、有即刻設

【又訊】依滿洲國農業經營國策、從來之原始代耕種方法、漸次改爲近代的大農式經營、因之大農機器之需要、頓見抬頭、日本內地農機具界因受最近由德國購入農機十架之刺戟、前者大日本機器輸出組合幹部曾親來滿洲實行視察、當時曾對各地在滿農機器業者、關於輸出條件、作種種之折衝、兩者間之意見、未能一致、現地農機具經營者及大連、新京、奉天等其他各地域、以擁護共同利便爲目的、將結成團體、關於日本輸出組合之對滿輸出問題對處方針之變遷如何、頗有關係、復與滿鐵、滿拓緊密連絡、擬設立大規模之製作所、致與日本農機具輸出品一大衝動、滿洲各地業者、今後對日本業者之動向極度注目云云、

日滿實業協會

滿洲支部理事會閉幕

中央及各地代表多數參加

滿洲實業協會滿洲支部理事會、七月二日午前十時在哈爾濱日本商工會議所四階會議室秘密、農務司長五十子理事官似會詳細說明當局之意態、當日出席者主要氏名採錄於下、

以下者、增加二成五、百元以上百五十元以下者增加二成、百五十元以上二百元者增加一成五、二百元以上者增加一成、已於月之二日正式發表施行矣云云、

截至六月末

市內特產積存量

大豆一、九九〇車

小麥一、一〇五車

據哈爾濱交易所調查、截至六月三十日哈市特產積存量、大豆一千九百九十車、小麥一千一百〇五車、茲將其詳細情形採錄於下、

	大豆	小麥
協昌仁	一〇〇	—
雙合盛	—	一四〇
義昌泰	一四	一二〇
德巨	六〇	—
同茂昶	一三五	八
寶隆峻	一五〇	五〇
天豐東	四二〇	四五
日滿		二四〇
益發合	六〇	五〇
天豐玉	一二〇	七
大來裕	一〇〇	五〇
永盛東	二八〇	二〇〇
三泰棧	一三〇	九〇
隆盛益	八〇	二〇〇
義增信	二三〇	一〇〇
其他合計	一九九〇	一一〇五

省教廳將召開

縣旗教育局長會議

新學制實施之前提

濱江省教育廳爲準備明年一月一日施行之劃期的滿洲國新學制、討論關於教育區之設置等對策起見、定於月之十二日午前九時在省公署會議室召集管下各縣旗教育局長會議、對於教學刷新等事宜、積極的進行、即該新學制之內容、係將各縣旗之初級小學校改稱國民學校、或國學會國民私塾、高級小學校改爲國民優級學校、今次之會議、即新學制實施之前提、對於各方之教育程度、學校、人口、學童數、產業狀態等諸種調查有所指示、至於教育區之學校適用問題、必加以研究今次之會議、關係於省內學校教學刷新有極大之關係故各方面對之頗爲期待云云、

工人不足

擬用白俄

土建協會之創舉

每年解冰期後、北滿各地各種土木建築工事、異常活躍、惟本年度鐵筋及其他諸般材料、價格暴騰、關於建築、感覺不振、並兼本年度入滿之苦力、受南京政府官憲之拒絕入滿、以致各建築業者、因苦力供給不足、頗感恐慌、現經關係機關協議結果、現下調查散在市內俄人失業青年、約三千名中、堪充勞働者約二千餘人、爲期救濟此等大批失業者、擬採用補足建築苦力、誠爲一舉兩得之事云云、

鍋竊去、商女在街與小販正爭論價錢之時、鮮人因事外出瞥見、不由怒髮衝冠未容分說、將商女捉住、暴打不休、一時觀者如堵、其中有好事者、出首調解、故未將女竊送所懲辦亦云便宜云、

少年俄犯

設計脫逃

警署現正搜查中

南崗警察署、拘留年僅十六歲之竊盜嫌疑俄人少年犯一名、逮捕後拘留以待審詢、不意忽發生急病、該署爲防止傳染起見、曾於昨二日下午一時許、由拘留場將俄人少年犯提出、當命警士護送至南崗市立醫院診斷、詎知行抵中途、乘護送警察不防之際、向某大院內潛逃、待警察尾追至大院時、突不見犯人踪影、警察因職務關係驚愕之下、急以電話報告本署、警署據報大爲狼狽、向各署聯絡搜查結果、仍未捉獲、查此俄少年托病潛逃、係有計謀、大胆懸少年潛伏場所、現下正在嚴重搜索中云、

道理商會

善後問題

滿洲國工商法、預定七月中可以公布、似於治外法權撤廢之同時實施、基於中央當局之指令、哈市道外商會關於職員之進退、及財產之處分等、近月以來即在着着準備中、至於道裡商會方面、對於職員之善

兩機關

同時更名

哈爾濱航政局依中央政府職制之改革、現將航政局名稱、由七月一日起改爲哈爾濱航務局同時局內之職制、亦稍加變更云、又、外交部特派員公署依此次中央機構之改革、外交部改爲外務局、故哈爾濱外交部特派員公署、改稱爲外務局駐哈爾濱特派員公署矣云云、

盜、損害約一千三百六十餘元、其中業被檢舉約百餘件、檢舉二犯十餘名、發見金品金額約二百五十二元、刑事科極力檢舉犯人、一方喚起市民努力防止、現下自行車被盜及門戶被賊人破壞者、究其原因、一般市民、夏季納凉外出、唯一不完全方法、一般竊賊竟利用此機、不時跳樑、以致損害頗大希望一般市民、細心注意、杜絕竊賊慾望云、

日人外出

家中被竊

損失五百餘元

南崗建築街三一號、住戶阿久根秀、年卅五歲、於二日午前十一時、因事外出、不意被賊人乘機將門戶破壞侵入、竊去夏服一件、冬服一套、棉大氅一件、手表座鐘等物、阿久事畢歸家、見門大開、情知被竊、急進屋檢點一切物件、始知損失上述、共計損失約五百餘元、立至領警報告、請求代查據推測犯人係附近某兒童、

入滿勞動者數目

【安東】渡滿之內外人數、隨滿洲國之發展同一遞增、本年五月中經由安奉線渡滿之內外人勞働者、數目列左、

農業四一五、林業三、鑛業者三、土木業六四、建築業三七一、製造業六一五、交通業一五二、商業一二四、其他三六人、合計二千六十二、一月以降累計六千二百十八名云、

立之必要、大阪某有力會社、擬出資五十萬元在哈市設立工廠目下對於建設工廠之用地、正在物色中、日本農業移民、日增月異、將來農具機械之需要、將益見增加、故對於該工廠之出現、各方面頗爲期待云云

舉行、當日出席者、除全滿理事外、產業部農務司長五十子理事官、特產中央會專務理事松島鑑氏等均各列席、對一般會計並專務報告後、繼續討論關於農事協同組合問題、經實業協會向滿洲當局提出種種之質疑、並交換意見、內容嚴守

滿洲國產業部農務司長五十子理事官、松島特產中央會常務理事、島田哈爾濱交易所理事長、入江電業副社長、石崎新京商工會議所會頭、加藤奉天商工會議所理事、加藤哈爾濱商工會議所會頭等其他十數名云云、

江水忽漲忽落

三姓淺灘減至三尺七寸

松花江之水位、比較例年、約高出一米强、增水之說、一時甚囂塵上、神經過敏者、不免連想大同元年之水患、恐再度惠臨、當四月十七日解冰當時之一〇四米之水位、其後頓一個月間至五月中旬、竟成至一二八米弱、比較例年反見低減、三姓淺灘僅餘三尺七寸之水位、有型船舶航行完全杜絕、航聯當局極爲憂慮、迨至六月中旬頃、一躍而增至四尺二寸、大型船舶、始得順利航行、航聯愁眉乍行展開、距六月下旬以來、復減至三尺七寸、今後水位之增減、頗爲一般所注目云、

移民先遣隊過哈赴目的地

濱北線海倫縣背後地、拓務省第六次移民先遣隊、一行四十五名、於昨來哈、搭二日午后十一時四十分發之列車、一行踴躍向移民指定地點出發云

航聯局職員增薪

因物價騰貴關係、哈爾濱航業聯合局、對所屬日系職員全部、決行增薪、凡月俸在百元

比翼飛來轉戀他人　醋海生波眞情敗露

三日午前十時、道外定興街路上、忽有滿人青年男女、突然發生激烈衝突、各不相讓之際、被正陽署巡邏警士發見、趨前詢問、結果始知該男女爲發生戀愛、潛逃來哈、女因又有別戀、男因醋海生波、加以干涉、故發生一場武劇、此案因關係姦拐桃色案件、被警察逮捕、將一双姦逃男女送署懲辦、茲將案情經過採錄如下、男主角王殿臣、年三十五歲、安東縣人、女主角匡桂珍、年十八歲、數月前在安東結識繼則發生肉体關係、因戀奸情熱、双方暗訂白首之約、女方向其父母要求、願與王某結婚、不意其父母偏不作美、竟加以拒絕、男女不得已乃相偕潛逃於二月前來哈、在道外定興街門牌十七號居住、意欲達到美滿夫妻目的、孰知好事多魔、女子素性蕩荒、水性楊花、近來又結識南崗某學校學生青年俊俏、双方构搭成姦、熱度增高如膠似漆、女子竟將王某拋棄不顧、由此每見王某、稱呼老頭、故王某發生酸味、以致時常爭嘛、警署現下將男女羈押以待嚴重懲辦云、

列車旅館將實現

玉泉・阿城・亞溝等處新設

哈爾濱鐵路局、擬利用舊北鐵時代之旅客車、作爲各遊覽地之列車旅館、前向鐵路總局及其他各關係機關折衝之結果、近將開始設置、新設處所、先在濱綏線之玉泉、阿城、亞溝三處、以爲試驗、使用車爲一二等客車、將車輪取下、內外部塗以合理美觀之色調、置於站之站台內、費用低廉、[illegible]來開辦之後、預料一般遊覽或狩獵者、必多樂利用云云、

濱江省

新舊省長交接式

於三日午前已莊嚴舉行　施省長閻省長均有致詞

由哈爾濱特別市長榮轉濱江省長之施履本氏、及由濱江省長榮轉吉林省長之閻傳紱氏之交接式、業於昨——三日午前十時半、在濱江省公署二階會議室莊嚴舉行矣、當時省屬各機關多數參列、由新舊省長先後致新任及離任之辭、茲將其致詞採錄於下、

新任之辭

『前任閻省長閣下、此次榮轉吉林、鄙人繼其後任、就濱江省長之榮職、誠爲本職之最光榮者也、本省對於凡有之困難情事、得以打破克明、恢復治安、開發產業、振興教育、所以入飛躍之發展階段者、皆賴前閻省長閣下以下各官之努力及適切之施設、並各位之協力所至誠衷心表示敬意、在此飛躍之期、以淺率非才之敝人、負此省長之重責、萬望各位、懇以對前省長之厚誼、協力鞭韃、互相提携、達成聖業、而向前邁進、以完成所負之使命、茲聊申愚懷爲新任之辭』

離任之辭

『此次拜命吉林省長、與朋[illegible]數載之諸君、即將離別、回顧本省自新設以來、余在任二載有餘、在此期間、對於治安之恢復、產業之開發、民生之振興、均益呈顯著、尤以本年度開始之產業五年計畫、爲北滿心臟部之本省、各般工作施設、非常躍進、能如是者、不外諸位指導協力之所賜也、余至今日、幸無大過、得能愉快遂行職務、無任感謝之至、

本年爲我國建國五週年、即將踏入實質根本的建設時期、由中央而至地方施行行政機構之機能大改革、與產業五年計畫同時具增人力資力之總動員、此外如治外法權之全面撤廢、民衆厚生工作之進展等、其建設發展之貌、可稱國礎益堅、日滿不可分關係、益益緊密、誠堪同慶者也、

然側觀我國躍進之跡、因建國爲日尚淺、如對於精神方面之國家觀念養成、民族協和之徹底實踐等、均待今後努力之處甚多、更如最近國際關係、不論東西兩洋、均在益加緊迫之秋、其中尤以蘇聯之蠢動、中華民國之抗日滿工作、益行激化、料難樂觀、想諸位諒必洞察、不待贅述、揆此兩國之國民拼命奪取政權爲獨裁、而骨肉互相殘食、其不陷於塗炭苦痛者幾希矣、因是我國對於治安、產業、教育、業已早日立案、編成國礎、益行鞏化、以王道而使該兩國之迷夢醒悟、圖謀東亞之安定復興、基撒日滿一德一心之本義、排除萬難、捨去私意、而爲聖業邁進、茲略述所懷、對在任中諸位之厚誼、特表感謝、以爲離別之辭』、

后問題亦在進行中、惟聞道裡商會、並無財產、且虧欠市某銀行三萬數千元之債務、至於職員之退職金等更無着落、該商會之建築物及土地一切、均爲市公署所有、故對於其將來之善後辦法、各方面頗爲注目云云、

竊鍋女賊當場被獲

【哈爾濱】道外地靈九道街路南大院內、住戶商姓老嫗、年五十餘歲、生有一女、年三十餘歲、尚待字閨中、母女皆患嗎啡嗜好、家貧如洗、不意商媼近又染病臥床、因無資就醫、復被生活壓迫、母女無奈、終日對面相泣、詎知商女忽妙想天開、竟在附近一帶、專竊兒童手鐲、被鄰右捕獲數次、因念鄰右關係、未肯深究、孰知於昨三日下午三時許、乘同院鮮人申某不備之際、將其鐵

築谷警正榮轉承德

濱江省警務廳特設搜查本部主任築谷警正、此次依地方行政人事之大移動、榮轉爲熱河省承警察廳警務科長、近將離哈、築谷氏蒞任特設搜查本部主任以來、對於管內各地之治安肅正工作、十分活躍、樹立極多之功績、此次離哈、咸抱惜別之盛云云、

由安東榮轉之四氏赴任

【安東】由安東榮轉之新濱江省警務廳長植本鎭夫氏、五日晨七時五十分、哈爾濱警務廳長白銘鎭、吉林警察廳警務科長秋山太助、交通部航路司水運科長島崎庸一三氏、於五日午后先後由安乘車赴任矣、

縣署發年度賞金

【新民】本縣陳縣長、及與出參事官、當茲半年終了之時按照各科局職員平素服務之成績、詳加審核、規定等別數目於本月二日、將本年度上期賞與、分別發放、平均每人、約得本俸三成云、

市民注意防範竊盜

經緯警察署、六月份管內發生竊盜統計、金錢及物品被竊

新奇騙術

以磚塊充當烟土　安井被騙國幣拾元

道裡電車行、門牌二十八號住戶安井敏雄、年二十七歲、現充市公署職員、於昨二日下午六時許、忽來一友人倉木、手持白布包一個、進屋後二人相談未久、倉木自稱白布內有大煙土、價格約百五十元、現已賣與道外新世界樓上六十三號室滿人、索價二百三十元、惟暫時有十元之急用、遂向安井暫借國幣十元、待將煙土送至道外、將錢領出、即行返還安井信以爲眞、遂借與國幣十元、安井向來未見煙土是何樣物品、向倉木要求解包查視、倉木恐詐術暴露、當謦稱煙土係最臭之物品、此味撲鼻即令人欲嘔、安井聞此、亦不欲查視、但安井亦願同去道外送煙土、倉木覩狀、再無法推辭、故慷然應諾、二人乘車同至道外新世界、待進屋後、倉木令安井將煙土送至樓上六十三號經詢問結果、並無買煙土人在、當即下樓找倉木亦不見踪影、遂將白布包解開查看時、見內中有磚塊一個、始知被倉木巧騙、憤怒之下、急至領事館報告、請求查緝、領事館中報、現下派員極力搜查犯人據云、

濱江特刊

第一一九一號
盛京時報北滿總支社
社址 哈爾濱道外桃花巷西口
道裡電話六八四七番

鶴崗煤輸入不振
預料本年度恐仍不足用
推測結氷時僅二十萬噸

鶴崗煤炭之品質不但良好立而且價格低廉、故該煤炭之銷售量壓倒西安、扎蘭諾爾等其他各種煤炭之銷路而佔最優地位、哈爾濱市內每年需要量約二十八萬噸左右、故對於該炭供給之圓滑、當爲一般消費者所要望、去年度鶴立崗炭之需供狀態、已見本報、哈爾濱市內之輸入數量、因搬運不圓滑及匪患等關係、僅輸入二十萬噸、因此約八萬噸之供給不足故消費者側大感恐慌、日滿商事哈爾濱支店鑑於去年度之情形、本年度之輸入量、以三十萬噸爲目標、自開江以來、積極運送、但迄至最近、輸入數量無多、據一般推測、迨至結冰前、預定之三十萬噸、恐僅能運入二十萬噸耳、對其成行頗堪憂慮、至於原因、不外以下數種、

一、煤礦出煤之成績頗爲良好、惟因船隻不足應用、輸送不能圓滑、

二、從來以佳木斯、三姓爲中心、下江方面之煤炭需要量每年約七、八萬噸、最近因人口增加、地方繁榮等諸種關係需要量激急增加、一躍而至二十萬噸之數

三、因江水之消瘦、船舶之載量低減、

四、因苦力之不足、致陸地之作業緩延、以上種種原因推測、本年度鶴立崗煤之供給量恐與去年同樣之不足、故一般人頗爲注目云、

一、發表　七月二十四日於各滿文新聞發表、

一、懸賞一等一名　十五元
　　二等二名　十　元
　　三等三名　五　元

一、投稿處哈爾濱市外國六道街二號、協和會哈爾濱市本部民族協和會話懸賞募集係、

俄人江浴 慘遭滅頂

俄人『各絡夫』年十九歲、現充市公署道路科職員、於昨九日午前八時許、在道外北十八道街松花江沿沐浴、一時不愼、誤墜深水中、遭滅頂之慘禍、事被同在附近沐浴中之滿人發見、當即報告水上救護隊、該救護班據報、急遽赴肇事現場、實行打撈多時、將被害之俄人救出、業已氣息奄奄、當被送至附近醫院、加以手術救治、現下依然昏迷不省人事、生命危險云、

將於八站、香坊 新設糧穀市場
去年度馬車運送約十三萬噸
今後之推移頗堪注意

小麥　八、九九三
其他合計　三六、〇〇三
△八站大豆　一〇、七五〇
小麥　四、〇六〇
其他合計　一五、九八〇
△太古街大豆　二〇、二九〇
小麥　七、七一〇
其他合計　四二、七三〇
△顧鄉屯大豆　一一、二六〇
小麥　三、九一〇
其他合計　三一、六八七
△總合計大豆　六七、七四〇
小麥　二四、六七三
其他合計　一二六、四〇〇

今後倘糧穀市場設置後、航運及馬車搬運量勢必激增、當地糧棧將出以何種態度、殊爲各方面所深甚注目者云云、

体育保健哈支部 役員推定
組成體育館建委會
委員規程均經選成

滿洲體育保健協會哈爾濱支部、於日前曾一度召開創立籌備大會、當時情形、曾見本報、對於支部役員人選、除支部長及副支部長經當時推定外、對於其他役員、經愼重推選之結果現已決定、茲將其役員分担氏名探錄於下、

一、顧問＝岡村部隊長、安藤部隊長、松永防衛隊司令、佐藤總領事、于第四軍管區司令官、施濱江省長、周鐵路局長、牛木居留民會長、程高等法院長、王高等檢察廳長、

二、支部長＝韋哈爾濱市長

三、副支部長＝江原哈爾濱市副市長、

四、理事＝渡邊特務機關長氏、西澤第四軍管區顧問部少佐、田中濱江省學務科長、

常務＝入江鐵路局福祉科副科長阪田協和會事務長、佐佐木體育聯盟理事、朽木市公署官房總務科長、植村衛生科長、湯教育科長、柳田捐務科長、

五、監事＝松本主計科長、張會計科長、

六、評議員＝白警察廳長、郝鐵路局副局長、結城濱江省次長、兪哈爾濱稅關長、孫濱江稅務監督署長、陳地方檢察廳長、査地方法院長、鐵林中銀支店長、岐部郵政管理局長趙哈爾濱專賣署長、王濱江省總務科長、三澤哈爾濱學院長、鈴木高等工業學校長、國分滿鐵醫院長西山赤十字病院長、中野哈爾濱陸軍病院長、桑尾興業銀行支店長、大山三井物產支店長、番川東拓支店長、河村正金銀行支店長、松村三菱支店長、松村國際運輸支店長、八田日滿商事會社支店長、奥戶鐵路局建築科長、建部電電會社哈爾濱管理局長、大磯電業會社支店長、島田交易所長、立川航業聯合局總經理、于航業公會長、張航業局長、矢崎建築科長、鈴木土木科長、山崎都市計劃科長、加藤商工會議所會頭、李道外商會長、張道裏商會長、白系俄人事務局長、相馬濱江省土木廳長等、

該支部定於本月下旬、舉行成立大會、現在正在積極籌備一切創立手續中、並組成體育館建築委員會、及規程、至於體育館館址、現在物色中、茲將體育館建築委員氏名探錄於下、

江原哈爾濱市副市長、入江鐵路局福祉副科長、朽木市公署官房總務科長、奥戶鐵路局建築科長矢崎建築科長等五氏担任云、

一、映寫機一架、希望配佈、關於宣事利器之中電影機爲最優、但是命令規定與穆稜縣本部共同一架、而交通不便之處亦無使用、惟來年東寧縣本部專用電影機配佈之考慮中、

巴彥縣本部

一、事務長會議之際、故工作遂行困難、各縣本部共同事項討論、對於解決方法考究、

二、協和報希望復活編輯法及配佈法之確立、希望協和報之復活、三、工作用之缺重汽車一輛及其他維持費用希望發給各縣本部、縣本部工作中重要所使用汽車、對於時間合理化、能率、認爲必要、四、縣本部所需煤炭、及木薪、與省本部共同購入時希望中央本部斡旋價廉、

安達縣本部

一、滿系希望解釋日語之件現在當縣本部職員、希望派遣日人一名滿系日語自可解釋

二、縣本部預算査定之希望縣本部預算査定、對現地實情特別考慮、日系一、滿系、

一、縣本部雇員薪水希望、

三、薪炭缺補助希望、但北滿實情希望考慮、

延壽縣本部

一、分會常務員之設置維持

二、來年度縣聯開催件、

三、青訓設置之件、

五常縣本部

民族協和

實話懸賞募集

期建國精神及協和運動徹底

協和會市本部之創立

滿洲帝國協和會哈爾濱市本部、擬假七月二十五日協和會創立五週年紀念佳辰、爲期建國精神及協和運動徹底起見、特設『協和週間』並廣由各分會會員一般市民、懸賞募集關於『民族協和』實現各方面有所盡力之實話、選擇優良作品、披露報端、俾資世人借鏡以資獎勵、後援在哈爾濱各滿文新聞社、懸賞募集簡章如下、

一、題目　民族協和實話

一、內容　宜用極平易之滿文、語体使人人易於明瞭又篇幅以原稿紙五、六張爲適宜、

一、截止七月二十日

一、姓名住址須詳細記載、

一、原稿概不退還、

日經濟記者團蒞哈

商議所召開座談會

各關係機關多數列席

東京經濟記者俱樂部一行九名、爲視察朝鮮、滿洲國及華北等各主要都市經濟事情、已於十二日蒞哈、哈市日本商工會議所、爲表示歡迎、於是日午後二時、在該所會議室、由哈爾特務機關、市公署、鐵路局、各銀行、輸出業者、及各工業關係者、在哈各新聞社、及其他關係者出席之下、召開經濟座談會云、

新穀上市時

濱江省管下之糧穀市場迄至現在成績頗爲良好、今後對於各縣之新設、正在積極準備中、此次依地方行政機構之改革、哈爾濱市改隸於濱江省下、擬在哈市設置糧穀市場、現在編製具體議案中、市公署農政科、似以九月間新穀上市期爲標準、先期使其實現、新設地爲香坊、八站二處、迨實現之時、哈市特產界必有一大變革、一般對之頗爲注目、自去年四月至本年三月各處搬送數量如左、

△香坊　大豆　二五、四七〇

北滿之製粉界

將演激烈販賣戰

從來麵粉販路將有變更

哈爾濱市製粉界、因受政府之國內製粉自給自足政策之影響、致將從來獨占之地位失却、復以新京粉之進出、致北滿粉之南下、受到一大重壓、故北滿粉之南下量、日趨減少、而預想新穀上市之九月、奉天、四平街、牡丹江等各處之工場將一齊開始工作、彼時全國之麵粉販賣將俄然展開激烈戰鬥、同時麵粉之販路亦必因之有一大變革、各方面對此頗爲注目、現在關於製粉販賣、並無何等之統制及協定、全然自由競爭、故三井、三菱各有力商店演成激烈之販賣戰、關於哈爾濱粉之南下、三井、三菱、福昌、光武四家、以擁有日滿、廣信升之三菱稍爲優超約占南下量之四成、其次則爲三井、光武、福昌等、而三井系之日本製粉、及三菱系之日清製粉之進出滿洲、今後國內之販賣戰線完全兩分、兩者之商戰、安全以滿洲爲背景、預想必有相當之激烈、新工廠之操業開始後之形勢、各方面極度注目云云、

滿洲體育保健協會

哈支部之規程

財團法人滿洲體育保健協會哈爾濱支部之役員推定、已誌另條、對於該支部之規程、現已製成、茲探錄於下、

第一章　總則

第一條　財團法人滿洲體育保健協會依定欵第三條第二項在哈爾濱設支部

第二條　本支部稱財團法人滿洲體育保健會哈爾濱支部本支部置事務所於哈爾濱市公署內

第三條　本支部在哈爾濱經營體育館並辦理其他爲達成本協會定欵第一條所載之目的上必要之事項

第二章　役員

第四條　本支部置左列役員

顧問　若干人

支部長　一人

副支部長　一人

常務理事　二人

理事　若干人

監事　二人

評議員　若干人

第五條　以哈爾濱市長充支部長以哈爾濱副市長充副支部長

第六條　顧問經理事會之決議由支部長推薦之

第七條　理事監事並評議員由支部長委囑之

常務理事由理事互選之

第八條　理事監事並評議員之任期爲二年但得連任

依補缺而就任者共任期爲前任者殘任期間

役員雖任期屆滿後在後任者未就任前仍行其職務

第九條　顧問關於支部事業遂行上重要之事項應支部長之諮詢及陳述意見

第十條　支部長代表支部統轄一切事務

副支部長輔佐支部長支部長有事故時代行其職務常務理事輔佐支部長掌理支部之常務理事[illegible]或理事會議決屬於其權限之事項

第十一條　監事監査支部之會計及業務之執行

第十二條　評議員關於支部之事業應支部長之諮詢

第十三條　支部之役員爲名譽職

第三章　理事會及評議員會

第十四條　理事會由支部長隨時召集之

理事會以支部長副支部長及理事構成之

第十五條　應交理事會會議之事項如左

一、諸種規程之制定

二、事業計畫並業務報告

三、預算及決算

四、應歸本財團負擔之契約

五、其他重要之事項

第十六條　理事會非經全員二分之一以上出席時不得召開之

第十七條　評議員會每年一回由支部長召集之

但支部長認有必要時得臨時召集之

第十八條　支部長按照必要情形得不按前條規程免召評議員會以文書向各評議員諮詢

第十九條　應向評議員會諮詢之事項如左

一、事業之計劃及實行

二、其他重要事項

第二十條　支部長爲理事會及評議員會之議長

理事會之議決及評議員會之答申除第二十四條之情形外統以出席人員過半數取決之可否同數時取決於議長

第四章　會則

第二十一條　支部之經費以由事業所生之收入補助金捐欵及其他之收入充之

第二十二條　供支部事業遂行之財產由支部長管理之

第二十三條　支部之會計年度每年始於一月一日終於十二月三十一日

第五章　支部規程之變更

第二十四條　本規程非得理事全體四分之三以上之同意及經協會理事會之承認不得變更

附則

本規程自康德四年七月一日實施

協會縣本部會議之

重要議案

東寧等縣提出議案

設立五縣聯合防共委會

協和會濱江省本部招開之縣本長會議、已於五日起在南崗日滿俱樂部舉行、今廿十日爲最後之一日、關連日來各縣本部所提出之議案、僉見各報、玆將最後提出議案中之最主要者、再行探錄於下、

東寧縣本部

一、提案

牡丹江五縣聯合防共委員會設立案、

查綏寧地區、牡丹江支部管內五縣、係接連蘇聯之國境、現下時局緊張之期、希嚴密注意、防過共產、伸張魔手、故與政府側協力、謀根本剷除、使共滅絕之辦法、各縣事務長、在牡丹江召集論議討會此項、以期施行、

二、希望

充實縣本部廳舍、使新建築早着手實行、

依仄聞東寧縣公署、向北河岸移轉之說、由此而各機關亦必逐次向該地遷移、對於縣本部業務遂行堅固、有必與各機關取以連絡之必要、其北河岸將來都市計劃誠必實行、故事前對於縣本部廳舍之建設、仰加意審議、

一關於語學院之補助金支出方法希望之件、

語學院之經營、現在頗覺困難、若不早謀對策、將來必踏於不能開校之悲境、況且語學院至來年實業及語學研究院之改革、希望經營補助、請求必定之事、需要額預算如左、

日系講師及指導員一名六十元、滿系講師二名六十元、辦公費及雜費計月額百五十元、年額千八百元、

提案及希望事項

一、縣長及參事官其他政府地方駐在各機關長以及省等中央會議之際、協和會之方針指示、認識協和會精神及最高之熱烈、（國策會社其他公共團體幹部對於同樣）

一、縣本部委員分會長等、關於任免得依中央本部再發出之命令之希望

一、救濟窮民用鐵路運輸時希望實行減低運費、

一、省公署及各廳出版物資料、希望配佈、

一、全聯縣事務長希望換臨出席、

一、保甲聯合會組織之機能和協和會組織之機能、希望關聯明確、

一、縣本部職員之增員（本縣定員一名）有可能狀態、本年度追加豫算、希望採用雇員

一、各縣本部希望全部電影機備付云、

一場小火

新安埠安街、門牌七十二號住戶李徐氏、於十日午前十時因生火炊飯、不愼發生火警、風助火威、火勢猛烈、當即報告附近分所、以電話通知各消防署、經消防隊救火車赶到現場竭力撲救始熄損失在調查中、

離婚後之少婦

突爾投江自殺

被水上署員奮勇救上

【安東】安東水上警察署警備船乘組、警士胡永元、於十日午后零時四十分許、在江沿巡邏中、突於稅關棧橋附近發現一妙齡婦女、於江水滿潮時投江自殺、該警士當即挺身跳入水中、將該婦女救出、得慶甦生、經調査結果、該婦爲附屬地市場內元順祥陳子元之長女、現年廿一歲、於去歲五月許、嫁四道橋楊家客棧楊治國爲妻、惟楊某乃一貪花浪子、新婚未久、即行摒棄、遂正式離異、自脫離後、該婦乃即歸寧、自此之後、日處愁城、憂容寡歡、毫無人生樂趣、因苦惱之難堪、乃萌此下策、以了煩惱、經當局訓導後、乃由其父領去云云、

濱江特刊

第一二〇號
盛京時報北滿總支社
社址 哈爾濱道外 桃花巷西口
道裡電話六八四七番

協和會召開 官民懇談會
融和官民之情感 剷除中間之隔閡

協和會市本部鑑於市內各機關如市公署、警察廳、稅務監督署、郵政局等與市民間處處發生直接關係、爲融和官民情感、剷除中間隔閡起見、特舉行官民懇談會、由日本居留民會、道裡外兩商會、白系俄人事務局、及商工會議所等、分別通知所屬各會員、多數出席盡量發言、官民間作無隔意之意見交換、爲準備一切手續、特於日昨十七日在協和會市本部、召開各分會幹事會議、列席者計有市公署分會、警察廳分會、稅務監督署分會、郵政管理局分會等二十餘人、討論結果、本月二十二日、自午後七時起、至午後九時、在日本商工會議所及道裡外兩商會、白俄事務局等處分別舉行、將

路局所屬哈同線長途乘客汽車、在富錦縣第三區東太林子東方三十米突地點、突被多數匪賊襲擊、一般乘客、幾感驚惶、幸富錦縣駐屯騎兵○○團○○連、騎兵上等兵楊清海氏、勇猛果敢、協助警乘員援助戰鬥、故由重圍脫出、如此果敢勇猛行爲、鐵路局及當時遭難之乘客、十分感激、故由哈爾濱鐵路局關局長、發給感謝狀及金一封、以資勉勵云

云、

協和會召開 縣本部會議

滿洲帝國協和會、哈爾濱市本部、鑒於協和會創立紀念日爲期切迫、該部謀盛大舉行協和週間、以期完全萬勿遺憾計、故於二十日午前十一時召集縣本部滿系委員、開備討論協和週間舉行之案件、現已通知各縣本部委員云

上旬末特產積存量
大豆約一一三·二三五噸 小麥約六〇·七九一噸

據北滿經濟調査所調查、截至七月上旬末、各鐵路沿線穀物積存量、計大豆一一三、二三五噸、小麥六〇、七九二噸、豆餅七二三噸、豆油七五九噸、麵粉一九、七四七噸、高粱一〇四、〇七八噸、粟一〇、一〇五噸、包米九、一六〇噸、蘇子、二、八〇〇噸、小麻子一六〇噸、其他雜穀一九、〇九二噸、總合計二五二、〇九六噸、與去年同期之二二五、七七三噸對比、約增加三六、三二三噸、佔全部一成五分、與上旬之二九六、二四二噸對比約減少一成七多、茲將各線別大豆、小麥之積存數量採錄於下、（單位噸）、

線名	大豆	小麥
哈爾濱	七九、四九〇	三六、一〇〇
松花江流域	一三、一二四	九、九三二
京濱線	五、三八〇	九四〇
拉濱線	二七〇	—
濱綏線	三、二四一	一、三七〇
虎林線		六〇
圖佳線	四、四八〇	二、六六五
濱洲線	二、二九〇	二、六七〇
齊北線	五、八七〇	一、二四五
合計	一一三、二三五	六〇、七九二
去年同期	八〇、三三六	七五、二七五

依上表所示大豆之積存量與去年同期比較、實激增四十六成、與上旬比約減少二萬五千噸、至於小麥與去年同期比約減十五成、與上旬比則減少二成餘云、

國婦支部美舉 各方均受感動

國防婦女會哈爾濱支部、爲慰問華北及滿蘇國境第一線之提出五百元、慰問活躍於華北之日軍將兵、十六日午後二時

教廳編製 防空三字經

哈爾濱市聯合防護團、爲普及宣傳防空之思想、以期引起全市民對於防空思想之徹底起見、特由教育廳編成防空三字經、印成傳單分佈市內、詞淺義深、一般人皆可瞭然、爰將該防空三字經原文錄下、滿洲國、愛和平、興禮教、施仁政、有幾國、偏專橫、在世界、要稱雄、擴軍備、廣募兵、待時機、起戰爭、造飛機、騰天空、過龍江、往南攻、到陣地、炸彈扔、屋倒塌、變火城、屍橫飛、血肉腥、山河動、鬼神驚

十秘、因爛爛、把命送、催淚彈、目難睜、窒息彈、難逃生、撒病菌、把命傾、飛機來、不留情、慘酷狀、難說明、要安全、來防空、防護團、先編成、七月底、就實行、這目的、在救命、搗亂者、罪不輕、造謠言、不可聽、有命令、須服從、協力作、才成功、火管制、要閉燈、屋裡光、別透縫、有警報、快傳令、消防班、總出動、負傷者、不必驚、救護班、擔架擎、避難所、先指定、婦女們、要記清、毒瓦斯、隨風行、上頭風、較安寧、慘酷狀、難說明、能合群、則占勝、我同胞、其猛醒、別當着、耳傍風、雖演習、如眞同、編輯者教育廳

哈市管內 農作物育成 狀態良好
小麥決不至發生虫災

全國商議會 九月在哈召開

滿洲商工會議所、本年度定期聯合會議、預定於九月頃、於哈爾濱商工會議所會議室開催、右會集全滿十一個大都市之商工會議所代表、以鳩首研究、關於新工商法實施前之改選方針及關係之議案云、

圖佳全通 運費遞減

【三江】圖佳鐵路（全線五八四粁）、於一月十五日開始假營業、茲于七月十日、開始正式全通典禮、交通部李大臣、關東軍方面、與滿鐵國鐵各方面、咸來參加典禮、今後旣入正式營業、所有運賃亦須按合理章程實施、昨日公佈林口佳木斯間、日常生活必需品、第四級貨品、零運價格每噸前收卅五元三角、今則減收卅三元

來對於官民間辦事之順利有極大之貢獻、一般頗爲期待云、

路局感謝國軍勇敢

致感謝狀及金一封

於一月二十四日、哈爾濱鐵

日滿軍警、由協和會后援之下、於十三日午後七時、假道外新舞告舉行日滿軍警慰問袋資金募集演劇大會、結果募得資金一千餘元、收到豫想以上之良好成績、十五日午後一時、在協和會於各分會代表列席之下、協議演劇所得資金之處分方法、結果決定由該欵中由國防婦女會代表及協和會野山主事、同至哈爾濱特務機關、訪問渡邊少佐、請求將該項慰問金轉交華北駐屯軍司令官、並呈上感謝文一通、至於其餘之五百元、充當慰問袋、自下由國防婦女會努力募集慰問袋中、各方面對於國防婦女會此次之美舉、莫不感激云、

哈爾濱市公署管內之農作物植培成績、於最初播種時、因雨水稀少、故頗縣念、其育成狀態、自本月初旬以來、農政科作管內第一回農作物育成狀態調查、雖尚未能將正確的發表、但綜合觀測、近來雨水適宜及天候良好、其育成將可突破原來之希望成績、就中尤以配佈之優良小麥種子、因事前實行消毒、決不至於發現歷年所常患之虫災云、

二角、相差二元一角、包車前爲廿三元二角、今則減爲廿一元、特產運貨每噸前爲九元六角、今則減爲八元六角、迨十月一日、滿鮮鐵道運貨一元仝時、使鐵運貨猶能低下云、

市立各小學校教員、學生數目

市教育科最近調查

哈爾濱市立小學校、爲數突破七十餘校、據六月末至現在教育科調查、各小學校學級、教員、及學生數目、玆分別標錄如下、

校名	校長教員數 男女計	初級學生 男女計	高級數 男女計
市立正陽南初級小學校	九二三三	七七八二七八〇兲	
太古小學校	一四五一九	五兲六二七七三	
正陽北小學校	三二一四	一三五〇八三六三	
地靈小學校	七九	三〇八二三五四三三	
北新兩級小學校	一九七二六	三三〇二四一兲六一	三九七二八七兲八四
上號兩級小學校	九四一三	六五一八二四六七	五三三九八二
馬街初級小學校	七四二	二五〇一六八四一八	一六四三〇
公園兩級小學校	一三四兲六	一三三一一九二三〇	二兲八二〇四四七二
安新兩級小學校	六三九	一七五一〇九六四	四五二四六九
建設兩級小學校	七四二一	三三〇一五三三六三	五七三六八九五
馬家溝兩級小學校	八七一五	三兲三八七五四九	七〇六〇一三〇
香坊兩級小學校	六三八	一三兲九八二三四	五三三三八五
顧鄉屯兩級小學校	九九	一三四九三三二七	四四二三兲七
西市場兩級小學校	四四八	一一八九〇三〇八	三五一八三三
新正陽兩級小學校	一〇五一五	一三三二三三兲五	一二四四三一五七
撫順街兩級小學校	一一三一四	一六九一一三八〇	六三三兲九九
安康街兩級小學校	九四一三	三三〇一六三三八二	四三三五兲三
一程街初級小學校	五八一三	三兲六一八八五四	
安平初級小學校	三三五	一三八九〇二二八	
民和街初級小學校	三五	一三〇四七一七七	
香坊東初級小學校	九八一七	三七二三〇四六七六	
新城初級小學校	三兲	一六八八〇二四八	
正陽初級小學校	二三三	八六四五一三一	
南馬路兩級小學校	八二〇八	兲八六六七六七三	一二九三三一七三
鼎新屯初級小學校	五五	一八八一七二〇五	
太平橋初級小學校	一三	一九二四四三六	
王兆屯初級小學校	二	三〇一四四四	
薛家屯兩級小學校	三三	五三一八七一	二二三三
三姓屯初級小學校	二	五三三〇七二	
龔山屯兩級小學校		五二二七七八二〇	三
萬家窩堡初級小學校	三	五八二七八五	
小三姓初級小學校	三	五〇二五七五	
杜家屯初級小學校	二	三三二五四八	
程家崗　〃	二	三〇二三四一	
宮家堡　〃	二	六五六四一	
朝陽堂　〃	二	二四一三三七	
大榆林　〃	二	二兲五三一	
蔣華屯　〃	二	四六一〇兲	
大趙堡　〃	二	二四八三三	
小趙堡　〃	二	四〇二七五七	
肖家窩堡　〃	二	二九一三四二	
失家甸　〃	二	二三五二七	
朱心甸　〃	二	二七一三六八	
後興溝　〃	二	一六一四三〇	
前興溝　〃	二	三九一三五一	
馬架溝　〃	二	二七一四一	
哈達屯　〃	二	三三一二四五	
楊馬架　〃	二	二九一一四〇	
張道屯　〃	二	二三一四三七	
臨陽屯　〃	二	三〇三〇六	
新發屯　〃	二	三六三三六〇	
大場屯　〃	二	三八一三五三一	
東二溝　〃	二	二三一九四〇	
曹家堡　〃	二	一五一九三四	
呂油坊　〃	二	二八三三五〇	
孫家堡　〃	二	二五一三三三八	
城草嶺　〃	二	三五一二四七	
任家堡　〃	二	三三一五四七	
白旗堡　〃	二	三四二六六〇	
馬船口　〃	三	七〇二七九七	
松浦鎮　〃	三	五六一五七一	
培商初級小學校	四一五	一六九一六一九五	
教育科在勤	一〇一〇		
計　初級小學校 兩級小學校	四七 一五	三三七一八三五三七八〇三	四五五九三六三一四〇〇　七七二三一七一
市立哈爾濱俄僑高級小學校	一三七一九	二九九三〇七六〇六	
透籠溝俄僑初級小學校	五二〇一五	一九三九六三一八八	
隊砲街　〃	六一〇一六	一七〇一五三五三三五	
郵政街　〃	四五九	八八八七一七五	
通道街　〃	三五	五八六〇一一八	
新安埠俄僑初級　〃	二三四	三三七四一三七	
香坊　〃	一三	一三三九五一	
爛泥屯　〃	二三五	四七五〇九七	
船場教　〃	一三	一四三三五七	
教育科在勤	二		
計　俄僑初級 高級小學校	一八	三三四二七七	六五四六八四一三三八二九九三〇七六〇六
總計　初級 高級小學校	五五 一六	二七三二六四四三二	八四五六五二四一三六九九一六九九一〇七八　九七七七
前月末統計	二七六一六三四九	八六三五五三六七二三九九二七三五二一〇二八二六	
比較前月末增加		四三七	一六九二三四二九三二六二三三四九

濱江特刊

第一二一號

盛京時報北滿總支社
社址 哈爾濱道外桃花巷西口
道裡電話六八四七番

哈林務署管內 本年度採伐量 預定約三十五萬石 九月上旬即可入山矣

哈爾濱林務署管內森林採伐成績、因着手以來為時甚暫、前年始施行官行集團採伐、嗣以治安及其他關係之好轉、官行及集團採伐、均收到預想以上之成績、該署為期伐木事業更進一步之圓滑及萬全起見、實施營造林計劃、本年度管內之採伐地域及採伐數量即將決定、迄今數月於茲、對於各林區地形、立木及其他林地調查、治安關係、輸送路等、前曾施行慎重之調查、關於採伐數量及地域大體決定、待省治安維持會森林採伐會議時關於內中之詳細部門、當可決定、該會議由省治安維持會及警察廳側出席、關於伐木運材等其他作業方法、工資及警備方法等會議終了後、對於入山諸設準備、至遲九月上旬即採伐成績、必能飛躍、茲將規定之採伐數量及地域分別採錄於左、

△官行砍伐

一、葦河縣牙不力東亮珠河流域

面積　三、二〇〇〇

採伐預定數量（單位—石）

紅松	五九、〇〇〇
白松	六、五〇〇
雜木	五二、七五〇
椴木	一六、四一三
計	一一四、六六三（六五、六五〇了）

二、葦河縣冲河流域

面積　五、四一〇

採伐預定數量（單位—石）

紅松	七一、五二三
白松	二六、〇九五
雜木	一〇、一九一
計	一〇七、八〇九

△集團採伐

〇、葦河縣石頭河子寧安縣二道河子流域

面積　四、四〇〇

採伐預定數量（單位＝石）

紅松	八八、〇〇〇
白松	三二、〇〇〇
唐松	一〇、〇〇〇
計	一三〇、〇〇一

以上官行砍伐二地區、面積八千六百二十、採伐預定數量二十二萬二千四百七十二石、集團採伐一地區四千四百陷、計面積達一萬三千二十陷、數量為三十五萬二千四百七十二石、與去年比、約減少三成、輸送路、屬於牡丹江管內者二道河子、海林河上游、屬於五榮管內包含冲河流域、冲河流域及二道海林河上游、從未開採、蓄積量約二百數十萬石、以蓄材之豐富、預想該地區之採伐數量、必能突破預定之數

司法界頓忙碌 遵赦令處理犯人 出席書記官會議人員已定

哈爾濱司法機關、曾於七月十五日、奉滿洲帝國皇帝陛下詔書、特別恩赦、哈爾濱地方法院及高等法院、以及各檢察廳、對犯人處理非常忙碌、各機關現因暑假皆辦公半日、惟法院檢察廳、不但無暑假之休息、辦公時間反延至每日下午五六時始行下班、此次恩赦犯人、新京司法部、於本月二十六七日兩日、招集全滿司法首席書記官會議哈爾濱司法界出席者、為哈爾濱高等法院戶次首席書記官、地方法院山渠書記官、高等檢察廳森定、地方檢察廳倉池、開此次會議、將

滿日亞麻公司 在哈設大工場

五年內全國設立六十工場

佔全世界第四位

體育消息

全國運動會、哈爾濱市代表籃球隊、鐵路局側之隊員五名因公務繁忙之故、業已通告不能參加、已由市體育聯盟另為組織、選出云、又定於本星期一日（二十六日）起、省聯哈鐵南日等隊、在第一中學校籃球場、舉行聯賽、以資練習云、

將於沈家王崗 設廣大牧場

以圖哈市獸肉自給自足

鐘紡與市署折衝堪期待

哈爾濱市內家畜交易額、每年約十萬頭、金額達四百五十萬元、大部為一般需要之獸肉、家畜類百分之八十以上、係由海拉爾、洮南或山海關等遠方運哈、以現在之情形、哈爾濱市畜產之自給自足為絕對不可能、故獸肉之供給、頗感困難、市公署為緩和供給不足、擬在近郊設置牧場、對於適當之經營資本家、現在正在物色中、最近鐘紡工場、與市署間折衝之結果、待八月上旬乃至中旬頃、鐘紡農務關係代表者來哈作最後之決定、惟鐘紡之牧場設立經營、殆已確定、該牧之計劃、擬設於京濱線沈家王崗附近、以三千五百町步之幅員以哈市獸肉自給自足為目的、對於家畜品種加以改良資本金最低限度須在百五十萬元、鐘紡前曾在新京附

各關係方面列席下、愼重審查記名之投票方法決定如下、

△日本側順位

一等	松浦本店
二等	三宅商會
三等	滿洲電業哈爾濱支店
四等	天賜堂
五等	丸商百貨店
六等	和登商行
七等	岩間商會
八等	登喜和百貨店
九等	森洋行
十等	前田時計店
十一等	日昌堂
十二等	前田時計支店
十三等	櫻井眼鏡店
十四等	夏川小間物店
十五等	南鄉洋服店

△滿商道裡側

一等	福豐號
二等	同茂東
三等	協茂長
四等	公和利

可入山、比較例年入山時期、當可提前二月蓋從來因入山期晚之關係、致採伐事業欠於圓滑、由此以觀、預想本年度之

滿日亞麻紡織股份有限公司創立以來、四年於茲、其業績日見繁興、回憶當創立初年、亞麻之耕種面積僅二千垧程度、迨至翌年、即達八千垧、於是農民對於亞麻之認識普及、及至第三年達一萬二千垧、而本年則一躍而增至二萬五百垧之耕種面積、査北海道方面經三十餘年之久、費盡苦心、始達到二萬垧之程度、而滿日亞麻公司僅以三四年之短時間、造成今日之成績、殊屬出於意想之外、該公司爲期日漸發展計、特樹立五個年計劃、現在全國共計設有十二個工場、擬於此五個年間、共設立六十工場、占世界第四位、並於哈爾濱設立一大工場、現在着手運動借入重工業地帶之土地中云云、

討論恩赦事項、而叛徒盜匪在獄已判定者、能灑新改過之人或誓復正業、絕對依照恩赦令特赦、或減刑或暫用釋放恩典、對其自新自立不究以往云、

近、以三百萬元之雄資、設置種羊場一處、成績頗爲良好、將此計劃實現之後、誠爲哈爾濱市民之一大福音、故一般莫不期待其早日實現云云、

失明已經五年 經治果然復明

石博士醫術驚人慈善可風

哈爾濱警察廳衛生科、前曾對市內散在之盲人、加以調査、關於救濟方法正在研究中、調査結果、全市盲人數達百九十九名、此等失明者、將以何種方法可以使其復明、警察當局正在聊無辦法中、恰有道裡中國二道街明明眼科醫院長石増榮博士向警廳請求、甘願免費爲此一般盲人治療、衛生科對石博士之博愛行爲頗爲感激、乃由百九十九名盲人中、選擇四人、每日赴明明眼科醫院、受免費之治療、市經一閱月之久、四人中之一名鄭全者、年四十九歲、原籍濱江省阿城縣三棵樹高樹街五號、經石博士之妙手而得復明矣、鄭全失明已經五年、今一旦復明、當然喜出望外特於日前赴警察廳衛生科致謝、至於其餘三名現在仍在繼續醫治中、據云不久亦將完全復明云云、

如何配備都市防護

在飛行機未有出現以前、吾滿洲都市鄉村以及富豪等個人中、曾有組織官憲以外之自衛團、以作非常災變時對抗匪襲之手段、與官憲協力各維治安寧秩序、此事實足可證明舊政權時代行政機關如何之無力腐敗、然而今日一旦在有事時、尤其想到受空襲擊時、只以軍隊官憲之力、決不能顧及全般、對空襲、守護都市及住民起有幫助軍隊官憲之自衛團存在之必要、即爲防護團、尤其對於戰時如將軍隊戰力消殺於一方頗爲不利、即由銃後國民之義務上觀之、爲都市消極的防護、以官民協力完備其防護責任、爲當然的歸結、最近全滿主要各都結成之防護團、以防空及防止非常災禍之目的、援助從之警察官憲、或補其缺、並由獨立之地位於都市各地區在努力講求防止災禍之方策、此事一面也是應對現下非常時局之緊急事業、所謂防護一事、是對空襲之消極防空施設、即在新設或改造都市及建築物之構造、適於防空之要求、以及設備避難所改舖道路之形狀寬度、多設公園地以使避難、交通整理配電線之系流以使容易實施燈火管制、其他水道、瓦斯通信線動力線等皆處理適於防空、一方組織防護團保甲團等以強化警察力、又設法極力減輕空襲之禍害等、澈觀全滿主要都市之現狀、於今由都市建設局等所設之部分多有採上述防空的要求、然在原來之大部分殆無何等改善之狀態、凡施都市防空設施、因需莫大經費之關係故難於急速實現然就防空缺陷上言之、是國防上最憂之問題、對於應急必要之設施務期急速整備之、其他積極防空方面、各地皆以非常踴躍協同努力之關係、關於各地常備之防空兵器、亦逐次實現之景況、但以現下滿洲都市之經濟狀態、非但不能達成充分之目的、即對於最小限度之設備、也須絕大之努力、於斯吾等在積極消極兩防空設施不完全之全滿主要都市之防護、應以何方法達其目的一項須先要解決之問題、於此對於形成消極的都市防護主體之警備隊、警備團、警察官憲、防護團保甲團、消防隊等之重要性逐次述之、如上列之警備隊及警備團、乃係担任軍部任務暫且不提、茲以警察官憲以下之團體、應依如何之要領以當都市之防備換言之、即以此等人的要素、作都市防護之配備應採取如何之形式、略述管見、却說防護配備之原則、即如左列各項一、都市防護配備項得持一貫之組織系統、且各部須有獨立機能以爲細胞組織体爲要、所謂一貫組織系統、是指警察官憲爲中心之保安警備、因爲警察常時担任此種之事務、故各機關關於防護亦要與其步調合一、於地區、分團地區、更於分團內之各小地區、以警署、分署、分派所等爲中心作成防護組織爲宜、並且防護之最小單位在於各戶、故於各戶對於自家之防護法、務須盡力預備、以結成近鄰相助之小團結、於各警察分駐所之管轄區、當作分團內之一地區、此地區須充實內容能實行獨立防護爲要、

（未完）

店頭裝飾競技會 審査順位決定

一等榮冠爲大羅新等獲得

哈爾濱日本商工會議所、道裡外兩商會、露西亞商工會議所等四機關共同主催之下、以防空思想普及宣傳爲目標、哈爾濱第一回店頭裝飾競技大會、滿商側參加者共十八家、日本側十五家、俄商側七家、於日前二十日一齊開幕、二十一日及二十二日兩日間、由統監部幕僚長以上市長、日本總領事、日本警察署長、哈爾濱警察廳及主催之四商會代表等十五名之審査委員、每日亘數小時之時間、經嚴密巡視後以其有直感、防空思想宣傳價值、照明、構圖等爲重點、於二十三日午前十時、在道裡商會樓上、召開審査委員會、於

五等　同發隆
六等　洪盛隆
七等　恒順昌
八等　同盛泰
九等　同益洋行
十等　瑞麟祥
十一等　德興東

△滿商道外側
一等　大羅新
二等　同記商場
三等　東和利
四等　東發合
五等　永來盛
六等　益發合
七等　同義慶

△俄商側
一等　秋林道裡支店
二等　秋林南崗本店
三等　隨諾夫商會
四等　最西爲八羅羅
五等　秋林馬家溝支店
六等　堆七里挪商會
七等　馬露斯商會

濱江特刊

第一二二號

盛京時報北滿總支社

社址 哈爾濱道外桃花巷西口

道裡電話六八四七番

航運運費問題

哈市日本商工會議所 將開始積極運動

鑑於沿江各地輿論鼎沸 請求航聯是正航運運費

北滿一帶、自新設鐵道先後開通后、予松黑兩江船運運費一大影響、哈爾濱航業聯合局、爲謀對抗、曾將全面的運費加以改正、經過情形、已迭誌本報、惟航運運費制度向依北滿諸種條件以哈爾濱爲中心、今次之改正、乃以一部轉移於佳木斯爲中心主義、因此與哈市經濟界俄然一大衝動、各方面對於航運頗爲關心、故曾在日本商工會議所內、設置航運運費研究會、前此該會議所調查課曾一度躬赴下游一帶及佳木斯實地調查、結果以哈爾濱始沿江各地莫不對此高率之運費一致表示不滿、輿論鼎沸、希望航聯當局從速是正、於是哈爾濱商工會議所、受各方面之要望、決將開始積極的運動云云、

哈市各種工業 國籍別及工場數

職工人數達一萬六千餘人

哈爾濱市之商工界、除日本一千六百二十二人、其他三十五工場十五家職工二千三百〇三名、染色工廠中國二十八家、職工三百三十七人、金屬精錬及鑄物業日本職工一百四十五人滿洲國三家職工四十五人、中國二十一家、職工二百八十一人合計二十五家職工三百七十一人、金屬製品業滿洲國九家、職工一百四十三名中國六十一家、職工五百七十五人、其他一家、職工五人、合計七十一家、職工七百二十三人、機械器具製造業日本三家、職工七十八人、滿洲國十一家、職工一百二十六人、中國三十六家職工三百八十五人、其他國四家、職工四人、合計五十四家、職工六百三十三人、造船業日本一家、職工二百四十人玻璃製造業日本一家、職工三五家、職工七十七人、中國三十四家、職工九百〇九人、合計四家、職工一千一百十六人工業藥品及塗料日本二家、職工二百二十一人、其他國一家職工八人、合計工廠三家職工二百二十九人、石鹼及蠟燭業滿洲國一家、職工五人、中國九家、職工七十七人、合計十家、職工八十二人、製油業滿洲國二家、中國十五家、職工八百六十二人、其他國一家職工二百五十二人、合計十八家、職工千一百四十四人、製革業滿洲國四家、職工三十七人、中國十六家職工二百五十一人、其他國一家職工一百八十人、合計二十一家、職工四百六十八人、酒類釀造業、日本四家職工、一百〇五人、滿洲國三家、職工三十四人、中國四家、職工百零七人、其他國五家、職工四十六人、合計十六家、職工二百九十二人、醬油業中國八家、職工九十二人、淸涼飲料水日本一家、職工二十七人、中國四家、職工二十三人、合計五家、職工五千人、製粉業日本一家、職工二百四十人、滿洲國六家、職工二百十七人、中國六家、職工三十五人、合計三〇家、職工一百三十五人、精米業、日人四家、職工三十八人、滿洲國三家、職工十人、中國十六家、職工八十人、合計十五家職工二百二十五人、製材業日本一家職工四十人、滿洲國四家、職工八十人、中國十家、職工一百〇五人、合計十五家職工二百二十五人、家具製作業日本二家、職工七十人、滿洲國六家、職工六十人、中國六十人中國三十三家、職工二百六十二名、合計四十一家、職工三百九十三人、印刷業日本四家、職工一百二十人、中國二十九家、職工五百三十六人、其他國六家、職工一〇四人、合計三十九家、職工七十六人、皮革加工業滿商一六家職工三百五十六人、中國三十一家、職工二五〇、合計四十七家、職工六百〇六人、裁縫業日本十家、職工百十二人、滿洲國二十五家、職工五百人中國百二十六家、職工千四百人、其他國三家、職工三十四人、合計二百家、職工二千〇四十六人、其他業滿洲國三十七家、職工四百十一人、中國百四十家、職工千二百二十人其他國一家職工六人、合計百七十八家、職工千六百三十七人、以上合計、日本工場三百八十一家、職工千六百二十二人、滿洲國工場一百五十四家職工三千二百五十七人、中國工場七百九十八家、職工一萬〇三百八十二人、其他國工場三十五家、職工八百二十四人總合計工場數一千〇二十五

二十一日	三六八	五四九
二十二日	五五四	二二八
二十三日	一四六	三一五
二十四日	三一九	一七四
二十六日	三〇〇	二七〇
二十七日	一八三	二七三
二十八日	一二四	一八二
二十九日	二八三	一六二
三十日	一八〇	六〇

閱團及分列式 嚴肅舉行

閱團及分列式、並其他關係事項之指示如下、

一、八月三日（如天候及其他關係而演習推移順調於八月二日舉行）午前十時起、舉行閱團式及分列式、依此各防護團及軍樂隊、應於午前九時四十分以前、集於斜紋街右側、（即中央大街南端）其整列順序及團體之區分如左、

二、閱團及分列式諸團之總指揮由植木警務廳長担任之、

三、各防護團長（市聯合本部總指揮並準此者在內）於閱團開始以前、應將當日出場人員、用筆記通報於市聯合本部團長、市聯合團長、應於午前九時四十分以前、立於聯合本部之右翼、集合及其他關係事項、受小野崎主事之指示辦理之、

四、由經緯分團中選出標兵二名、聽候小野崎主事之指示

五、關於閱團事項如左、

1、統監臨場時、由總指揮官發出『立正』之號令後、向統監報告出場人員（此際軍樂隊開始奏樂）

5、隊部爲八列之横隊、團旗團長（分團長、特殊團長、及聯合本部指揮者準此）隊列之順序、並班列於班旗之右、班長於最前線整列、

6、於閱團終了時、各團（其他者準此）逐次分列隊形、（八列側面縱隊）移置分列之位置、

7、由統監指示分列開始後自先頭部隊開始、逐次分列、此際應特別注意各團之距離爲要、

六、關於分列式、

1、各防護團長於到着統監左方第一標兵位置時、發出向右看之號令、行抛刀禮、於其部隊後尾過第二標兵之位置時再發出向前看之號令、

2、其他帶刀者（指揮棒佩用者）行肩刀部隊之敬禮方法與閱團式時同、

3、帶刀或佩用指揮棒者、於發出『向右看』之號令時、行舉手禮、

4、隊形爲八列側面縱隊、團旗及團長（以下者準此）於部隊之中央前二步、（團長立於團旗之左方）之位置班旗後於班之前列右端班長立於其左側

七、關於其他事項、

1、分列式之際、總聯合團長、副團長及市聯合團長、及副團長、徒步立於統監之左右

2、分列行進時、總指揮官佑於總聯本部之中央前六步、如過第二標兵之位置時、即立於統監之右後方位置、軍樂隊於第二標兵位置過時、直徇道路之左側即行近方向之左側、統監對面之地點位置、與各該

關係之特殊工場外、其他各工場、因地理上及燃料、運費等關係、比較舊北鐵時代、莫不有日見衰落之傾向、若油房等之大規模工場、現在甚至不堪支持、至於其他中小工業、則可想而知矣、現在應以何種方法而救濟不振狀態之工業、誠有積極着手研究之必要、頃據關係方面調查之結果、市內之工廠數及業種別以及職工人數營業者之國籍別列表於下、用資參照、而爲研究振興方策之一助、計華人經營者數達七百九十八工廠、職工數一萬三百八十二人爲最多、滿洲國人經營者共計百五十四工廠、職工數三千二百五十七工廠、日本人經營三十八工場、職工數一

工場、職工數八百二十四人、合計一千二十五工場、職工數一萬六千八十五人、以上之調查數目、係根據關東局、產業調查處、經濟調查所康德二年之滿洲工場調查之情形嗣經日本商工會議所最近復加調查、探錄於下、

▲在哈工場數及業種別

滿洲國紡織工場八家、職工數一百四十五人、中國四十二中職工八百二十六人、合計五十工場、職工五百七十一人、毛織工場　滿洲國一家職工一百五十二人莫大小工場日本一家職工十九人、滿洲國八家、職工七百六十九人、中國八十二家、職工一千四百七十八人、其他國四家職工二十七名、

十五人、中國三家、職工二十八人、合計四家、職工一百五十三人、煉瓦製造業、日本一家、職工一百五十人、滿洲國工一百三十八人、合計十三家職工五百九十五人、製菓業日本一家、職工九十人、滿洲國二家、職工六十人、中國八家家、職工總數一萬六千〇八十五人云、

糧食市場非常閑散
平抑物價所收效果

自華北事變以來、當局惟恐一般奸商利徒、乘機漁利、提高物價、擾害金融、故主管官廳曾對糧業經紀人警告、市當局復召集全哈有力者開催物價調節懇談會當經決議當此時局決不容無理高抬物價、於是一時頗爲澎漲之糧食交易市場之合計交易數量、頓見下落、糧價亦漸穩定、近日以來、愈呈沈寂如三十日大豆妥一百八十車、而小麥僅妥六十車、茲將七月一日至三十日、交易所每日之大豆、小麥妥付量比較列左、

（單位＝車）

	大豆	小麥
一日	二八二	三九七
二日	三九〇	四二七
三日	二六五	三三八
五日	一四一	一八〇
六日	三三三	一八一
七日	二〇〇	一六二
八日	二四三	一一三
九日	三七九	二二七
十日	三四三	一三六
十二日	二九〇	二五一
十三日	五四四	三五一
十四日	七三九	六七〇
十五日	一、〇五四	一、〇八八
十六日	五〇九	六一二
十七日	二八三	四二一
十九日	四五六	三九二

2、統監閱團開始時、總聯合團長、同副團長及市聯合團長、同副團長、及總指揮官、以次小野崎主事等、乘馬隨行但流監若乘汽車時、上述諸人員亦乘汽車隨行、

3各防護團長（總聯合防護團本部及市聯合本部及其他準此者在內）在距統監八步之地點時、應發『向右看』之號令、然後持刀或持杖時行持刀禮、並吹奏喇叭、其他帶刀或佩用指揮杖者『肩刀』於列內排行者頭向右方四十五度方向行目送禮、佩刀或指揮杖者、於指揮人發『向右看』令時、行擧手禮、其列內者亦準此敬禮、

4於統監部隊之左翼通過時發『向前看』之號令時、全員之分團之分列協力奏樂、爾後之總聯合本部之指揮、由總聯合本部指揮者行、

八、分列式終了後、於道裡公園施行講評、

九、其他之細部事項、應受小野崎 主事指示、

‖注意‖

1分列式終了後、各團參列講評、由高級指揮官之指揮、其道裡、南崗、新安埠方面者經由地段街停車場附近、道外方面者、經由石頭道街、八站等處解散、

2、參列講評者、由指揮者指定適宜之地點、其次級者、於歸還後集合單獨講評場所、

（圖略）　（未完）

敵機比翼而來
均爲我方射退
全國防空演習之第一日

七月三十一日爲全滿一齊防空大演習之第一日、於午前九時三十分、機種不明、在賓縣上空、向西南通過、九時三十八分、敵機爆擊機五架、由賓縣向哈方前進、九時四十五分阿城西方、有敵方偵察機五架高二千米、向哈前進、九時五十六分、敵機五架、在香坊向哈東南前進、九時五十八分、一面坡敵機爆擊機五架、高一千五百米、向西南通過、十時五常發見敵方爆炸機五架、高二千米、九時五十五分、阿城上空、機種不明、高一千五百米、向西南通過、十時十分、五常上空敵機五架、高二千米向東北通過、十時十六分、五常上空、敵機擊機五架、高四千米、向東北通過、十時三十分、鐵嶺上空、發見敵機爆炸機五架、高一千五百米、保持通過、十時三十八分、爆炸機三十架、由哈北方進行中、十時四十分、我方在公務局屋頂向敵方飛來之飛機三十架、施行射擊、發彈十五發、十一時十七分、東興縣上空、有敵爆炸機十二架、高一千二百米、向東南通過、十一時三十一分巴彥上空、發見敵爆炸機高三千米、向東北方通過、△統監部情報第五號、巴彥上空、發見敵爆炸十二架、編隊向西南進行中、（機彥至哈爾濱約十七公里）、對飛來巴爆擊機、哈爾濱防空飛行隊、全力出勤十一時四十五分、阿城縣鼎新立屯上空發見爆炸機十架、高二千米、向西北方進口、十一時三十六架、、蘭西川上空、發見爆擊機十架高三千米、向南方通過、零時十分、哈南方九十公里、對空山上空、敵戰鬪機五架、高二千米、向北方通過、十二時二十四分、五常西北上空、敵戰鬪機五架、高一千五百米通過、十二時十七七分、哈南方八家鎭上空、有敵機五架、高一千五百米、向南方通過、十二時三十二分、五常上空、機種不明五架、高一千五百米、向東前進、十二時三十四分、五常上空、敵機偵察機五架、高一千五百米哈西方二十米、地點上空、敵向西南方通過、十二時四十分戰鬪機十五架、高一千五百米向東南方 通過、十二時四十九分、哈南方三十公里、張發屯上空、戰鬪機十五架、高一千五百米、南方前進中、十二時四十六分、哈西方二十米地點、發見戰鬪機十五架高一千五百米、向西南方通過、十二時四十六分、樂安鎭上空、戰鬪機二十架、高二千米、向西南方通過、一時四分、駛東上空、偵察機十八架、高度不明向東方通過、一時十分、雙城堡監屯地方上空、機種不明、五架、高三千米、向西方進行中、一時十五分、茶棚東北二千粁、機種不明四架、高五百米、向東北方通過、一時十五分、豐樂鎭北方、二十公里、機種不明、五架、高二千米、向北方通過、一時十四分、綏化上空、機種不明、五架、高二千米、向北通過、一時十九分、欒洲上空、機種不明、十八架、高度不定、向東通過、一時二十三分、海北鎭上空、有機種不明五架、高度二千米向北方通過、一時二十五分、鷄家燒鍋上空、有戰鬥機五架高一千五百米、向北通過、一時二十五分、高家句子上空、有爆炸機五架、高五百米、向東北通過、四時十六分、肇、源上空、有戰鬪機十八架、高一千米、向北方通過、一時三十五分、海丰鎭上空、機種不明五架、高五百米向西通過、一時二十九分、濱江站上空、戰鬪機十八架、高三千米、向西方通過、一時四十八分、張台屯上空、戰鬪機十五架、高二千米、向南方通過、一四時十五分、孔家窩堡上空、機種不明三架、高二千米、向西方通過、二時〇五分、蟠龍溝上空、有爆炸機二十五架、高五百米、向北方通過、一時五十分、孔家窩堡上空、機種不明三架、高二千米向東通過、一時五十分、三棵樹上空、機種不明三架、高一千五百米、向東方通過、一時五十八分、許家窩堡上空、有戰鬪機五架、高一千五百米向西北通過云、

高法院長
程崇氏逝世

哈爾濱高等法院長程崇氏、一閱月前、肺病犯發、迭經治療、醫藥罔效、卒至不起、於三十一日午前三時頃、溘然逝世、各方友好聞訊之下、不勝悼惜云云、

記者協會召開
臨時總會
致電慰問華北友軍

哈爾濱市記者協會、爲慰問華北友軍、於一日午前十時假特務機關召開臨時會員大會、經全體一致通過、決向駐在華北之友軍發出獎勵慰問電、並擬擧辦大規模之遊藝會、募集慰問金、現在正在積極進行準備各種手續中云、

濱江特刊
第一二三號
盛京時報北滿總支社
社址 哈爾濱道外 桃花巷西口
道裡電話六八四七番

警察官夫人

【又訊】香坊署衛生係、亦曾發現管界不良飲料水多數、故於五日午前十時許、該署全員出動、檢查結果、沒收大批飲料水、現下討論取締辦法中云

產婆講習開始
十二月廿五日卒業

濱江省公署爲使管內之衛生思想普及計、對於關係衛生之諸般設備、限於經費可能範圍內、極力設施、鑑於各縣對於產婆缺乏、婦女生育時、多感困苦、故擬將各縣警察官之家族加以講習、使有收生之知識及經驗、歸還該縣發給許可、誠一舉兩得之美舉、於本月七日起、開始講習、至十二月二十五日約半年間卒業、待執務時不但可以提高人民衛生思想之向上、且可使官民間因此而得以親密融和、六日在濱江省公署舉行開講式、對於將來之成果、各方面非常期待云云、

以滿溝爲中心結成、四縣一旗政務連絡會
各參事官協力一致發揮機能
爲一綜合的連絡指導機關

爲期地方行政上緊密連絡計、濱江省管內濱洲線以滿溝爲中心、縣情相似之四縣一旗、素有穀地帶之美稱、現擬打成一片、結成政務連絡會、以爲地方開發之根源、醞釀多日、近將實現、爲全國首創、故對於其成果、各方面非常期待、四縣一旗即濱江省西部地區之肇東、肇州、蘭西、青岡四縣、及郭爾羅斯後旗、以上之四縣一旗、所以稱爲穀倉地帶者、蓋以治安上、交通上均稱良好、土地肥沃、以肇東、滿溝爲各縣旗之農產物產集地之中心、此次政務連絡會之結成、爲各縣參事官協力一致發揮西部四縣一旗之一元的機能之根幹、事務所待目下新築中、之滿溝肇東縣公署完成後、附設於該公署內、該政務連絡會、爲西部四縣一旗之綜合的連絡指導之自治機關、對產業五年計劃、治安關係等、凡諸般縣治之機能、力圖增進、每月第一日曜日各參事官會一次、同時省當局關係者亦請出席、該縣旗等之政治、今後必有一番飛躍、頗堪期待、惟聞該連絡會議結成之同時、將於滿溝地方設置四縣一旗之發產統制倉庫、以便對於地方特產、加以合理的集合保存、西部四縣一旗將來之發展、誠不可限量云云、

則減少三成、一方小麥與去年同期對比、約減少二十二成、與上旬比則約減少四成云云、

寧黑線	二、三三〇	五〇〇
計	七、一〇六	三五、〇三〇
去年同期	六、二六八	二八、九九九
上旬	四四、九六一	四一、九三二

依上表可見、大豆與去年同期比較激增、而與上旬對比、

云云、

商業振興會舉行發會式

以日本商工會議所爲中心、哈市日商之中小商業者、爲謀輸入方面打開策而結成輸入振興會、於昨——六日午後二時、假商工會議所會議室舉行發會式、決定名稱爲哈爾濱商業振興會、其他事項、經詳細討議後、於午後四時始行散會云云、

農事合作社業務講習會
三省之關係者齊集哈市
講師爲梅原、松元兩技師

我國中央產業、經濟兩部本年擬在全國新設農事合作社七十三縣、爲養成穀物檢查員、由本月八日起至十二日止、五

阿城、双城、賓縣、呼蘭、巴彥、肇東、肇州、蘭西、安達、望奎、慶城、海倫等十二縣、每縣理事一名、穀物檢查

麵粉市況不振
各製粉廠相繼休業

前以華北事變、爲製機、麵粉價格曾一時暴漲、迨政府之暴利取締令公佈後、予斯業界一大刺戟、加以日本內地小麥及麵粉之價格暴落之關係、當地市況立受影響、以致銷路一蹶不振、一面因受新京粉之壓迫、南下粉完全不可能、結果大宗批發顧客絕跡、於是市價亦因之漸趨軟化、故三等標準麵粉、每袋價格、低落一角左右、因此市內各工場休業者續出、茲據某方面調查、現在苟延殘喘之繼續作業者、僅餘七家、推測日產僅不過三萬五千袋左右、茲將各製粉工廠別及日產量列左、

日滿製粉	三、五〇〇
同松花江	四、〇〇〇
義昌泰	三、五〇〇
雙合盛	八、三〇〇
成泰益	三、七〇〇

啤酒八百餘瓶、對於各業主、曾嚴加取締、詎近來又發現不良飲料水多數、現下正研究對

重要工業申請許可
共計四十四家

遵照本年五月十日實施之重要產業統制法、凡下列之各種重要工業、均須經市署商工科轉向中央產業部申請許可、市商工科曾迭向各關係業者通告依法請求、截至現在、有以下各重要工業向市公署請求轉向中央申請自動車製造機一毛織業一綿織業八製粉業十一麥酒製造業三製糖業一烟草製造業三油房業十六、計四四家云、

苦力群起動武
朴某等皮肉吃苦
結果一干人犯捉到官裡

道外承德街五十九號、高麗組鮮人朴盤石、（三二）於六日晨在道外中十四道街一百三十八號苦力頭房慶福（三三）處、募集苦力四十一名、至北十四道街江沿修築江壩、當時言明每人一日工價七角五分、由早起開始工作、迨至午後二時許、有苦力數名、向朴某要求貸與飯費、以便午餐、而朴某因一日之工作尚未結束、不能預爲支付、斷然拒絕、致惹起

自縊無疑、令其家人、備棺掩埋、一方正在調査溢死之原因云、

牌匾落下少婦受傷

道外長春五道街、門牌十號、住戶魏劉氏、年三十五歲、於昨六日下午十時半頃、因天氣酷熱、外出納涼、行抵道外景陽街、平安電影院門前時、不

七月下旬末 特產積存量

較上旬減二一九・四〇八噸

據北滿經濟調查所調查、截至七月下旬末、各鐵路沿線特產積存量如下、

大豆七一、一〇六噸、豆餅一、一三六噸、豆油六四四噸、小麥三五、〇六〇噸、麥粉一七、〇二四噸、高粱一一、二八噸、粟一〇、〇三五噸、包米五、〇八〇噸、總計一八〇、五六八噸、與去年同期之二五七、一一八噸對比、約增加二三、四五〇噸、與上旬之二〇九、九七六噸對比、約減少二九、四〇八噸、茲將大豆及小麥各線積存數量、列表於下、(單位＝噸)

線別	大豆	小麥
哈爾濱管區	三、七四〇	二三、六四五
濱北線	五、五三〇	二、六八〇
松花江流域	一〇、〇五四	四、〇二五
京濱線	二、九七〇	一、三二〇
拉濱線	一、六六二	一
濱綏線	九、五三〇	一、〇八〇
虎林線	一一	六〇
圖佳線	四、〇三〇	一、八二〇
濱洲線	一、三四〇	六四〇

鮮人持鎗威嚇 搶去國幣六元

警察出動終于捕獲

道外北市場、同樂棧、投宿滿人楊義、年十七歲、於六日下午八時許、協同友人三名、在該棧附近抽籤之際、忽來一人、年約二十餘歲、自稱某機關者大肆威嚇、不準賭博、並由腰中掏出手槍、威嚇結果、槍去國幣約六元逃走、被害之楊某、當即至七道街分所報告、據報之分所、向警察署及司法科通知各署員一齊出動搜查、未久將匪徒捕捉、經嚴重審詢供出如下、道裡買賣街四十號、住戶鮮人李殿鴻、年二十歲、搜出手槍一支、現下正在審詢中云、

日間、假濱江省會議室、召集濱江、三江、牡丹江、江省之關係職員及縣技士等約五十名、開催農事合作社業務講習會、講師招聘日本產業組合及日本農林省梅原、松元兩技師担任、講習課目一、合作社之組織及其運營、二、合作社之事業、三、合作社之簿記等、各省縣當局者、對於合作社基礎的知識修得後、以期將來運營時不至發生支障、濱江省管內員日滿各一名、合計三十六名、預定本月十日、即分別就赴任之途云云、

天興福第二	二、五〇〇
同第四	九、五〇〇
合計	三五、〇〇〇

綜合演習

似定九月中旬舉行

前於七月三十一日迄至八月二日舉行之全國防空大演習之最後一日、原定在八站運動場舉行哈爾濱地方綜合大演習、共後延期實行、哈爾濱市各防護團及特殊防護團以平素之訓練、自信於實行綜合大演習之日將自信萬無遺憾、發揮防空之實力、故莫不希望早日實行、市聯合防護團本部目下對於綜合防護演習諸般設備、正在詳細考究中、似預定於九月十八日之滿洲事變第六週年紀念日前後舉行云云、

兩警察署

嚴查不良飲料

正陽警察署衛生係、爲保市民健康計、曾於六月間、實行檢查管界內所有販賣飲料水商店、不料竟沒收不良飲料水及

哈爾濱市記者協會緊要啓事

敬啓者査本會主催之慰問華北友軍遊藝大會、原定於今八日在華樂舞台舉行、嗣因時間倉悴、諸般事務、未能趕辦完備、不得已而延期舉行、待籌備終了後、定期舉辦之前、必在各報隨時通知、特此聲明並希各方面見諒是荷、

哈爾濱市記者協會謹啓

苦力全體之不滿、各持棍棒、遞赴承德街朴某處、先將窗戶之玻璃砸壞、一擁而入、朴某見來勢兇兇、欲逃不得、堵於室內、除將朴某及傭人毆打外並將家中器具、悉數打毀、領警派出所聞訊之下、急赴現場將苦力頭房某逮捕、現在嚴重審詢中、朴某被毆眼青口腫、胳部手部受傷十數處、使用人之臉部、腕、背等處亦受有多數之撲打傷、將來對於肇禍之苦力等如何處置、容訪再誌云云、

孫玉梅自縊

香坊警察署、油坊街分所管界、怡直街門牌五〇號、住戶孫玉梅、年五十三歲、山東鄆城縣人、以賣小工爲業、不知因何、突萌短見、於六日深夜、私自外出、在後院縊死、於七日午前六時許、同院住戶王化祿者外出小便時發見、當即報告其家、急赶至現場待救下時、早已氣絕、乃報告香坊警察署、前往檢查結果、確係

料門區忽然坍落、正打於魏劉氏頭部、當時昏倒、不省人事頭破血出、受有相當重傷、當被崗警瞥見、赶至現場、將受傷之婦人、以小汽車送至首善醫院、應急手術治療、因平安影院過失傷人、一切醫藥費用悉數由平安影院自認包賠云、

馬車驚逸 車夫重傷

道外南馬路、門牌一百五十號、住戶楊維傑、年三十歲、以赶地列馬車爲生、於七日午前十時許、駕車赴濱江站送麵粉、行抵警察廳後方下坎處、駕車之馬、突然驚逸、駕車狂奔、車夫一時、制止無術、以致車翻、當將車夫、壓於車下頭破血出、受有重傷、而駕車之馬、亦受有重傷、車夫因受傷過重、陷於不省人事、幸被通行人瞥見、始將其救出、一方通知其家、將受傷之車夫、送至醫院救治云、

炎天盛暑之下 友軍捷報頻傳

＝匪徒已漸潰滅 所餘甕中之物＝

自此次華北事變以來、在北滿一帶從事剿匪工作中之友軍岡村部隊、不獨並未蒙受任何影響、且各將士依然以極旺盛之精神、任北滿一帶治安肅正之責、於最近經猛烈果敢討伐之結果、管內之匪賊、已逐漸潰滅、所殘餘之少數匪徒、已成甕中之鱉、陷於山窮水盡之苦境、紛紛遁入人煙稀少之森林地帶、飲食缺乏、毒蟲侵襲、友軍爲期一鼓蕩平、努力追剿、茲將最近討伐之成績、採錄於下、

一、酒井部隊之鎌田隊、於八月五日午前十一時二十分、在賓縣東南方約十米、陳子溝附近、遇東北抗日第三軍第二師保連匪團、約四十名、被友軍急襲、交戰半小時許、而匪勢不支、潰走匪賊受如左之損害

遺棄屍体　三

鹵獲品小槍　一、同子彈六十粒手槍　一、子彈六粒

日軍無有損害、

二佐伯部隊和田隊之一部於二十八日朝、在通河縣濃河鎮西方九米、孫家店附近、與王四海匪十數名交戰後、匪徒不支潰走、匪徒之損害

遺棄屍体　三具

負傷者似有多數

日軍損害步兵二等兵鈴木正二(福島縣若松市行人町二〇)右腕骨貫折受槍傷、

三、佐伯部隊之松浦隊長所率集成部隊、於八月五日、在方正縣王八脖子西方、約十四米、腰營子附近地點、與匪首仁義、串山紅之合流匪團百餘名遭遇、交戰後、將匪擊散逃走、匪賊受極大損害、

遺棄屍體　一三具

鹵獲品小槍三、手槍三、子彈二百粒、匪團軍旗一、及其他粮秣衣服等、

日軍損害、戰死長井隊二等兵鈴木要人、(福島縣相馬郡上眞野村杉迮字菅田人)同一等兵菊地助七(同縣耶麻郡岩月村大字宮津)戰傷者同二等兵矢吹源吉、(同縣石川郡須釜村)左胳膊受貫通傷、同一等兵高木文吉、(同縣伊達郡福田村大字羽田、)胸部貫通傷、輕傷者二等兵鳳翰登、胳膊受貫通云、

更夫觸電 當即斃命

正陽警察署管界、正陽五道街益發和綢緞莊執事人注國章、年四十歲、河北省人、於七日午前十時、至正陽署報告、聲稱共櫃上之更夫徐永年五十歲河北樂亭縣人、於六日下午十二後半頃、在四階樓上監視工人修理電線、一時不愼、誤觸電線、被電燒死、正陽署現下調査中云、

濱江特刊

第一二四號

盛京時報北滿總支社
社址 哈爾濱道外桃花巷西口
道裡電話六八四七番

記者協會主催

慰問華北友軍遊藝大會盛況

收到預想以上之好成績

施省長李參謀長均有演講

哈爾濱市記者協會、爲醵金慰問華北友軍、於昨十四日、假座華樂舞台、舉行遊藝大會、早場由午前十一時開演、除由哈市各名票表演名劇外、並有女中及馬家溝小學校、帳山或衛學社等、表演歌舞及武術、均非常精彩、故市民爭相購票、情形頗爲踴躍、早場至午後六時閉幕時、而晚場之觀衆已早竚候門前矣、故早場閉幕未幾緊接又開晚場、觀衆如潮水擁來、爲從來遊藝會所未有之盛況、幸賴此新校之童子軍及南新署之警察當局竭力維持、得使秩序不稍紊亂、於午後十時頃、施濱江省長、白警察廳長李第四軍管區參謀長等先後蒞場、女中學生歌舞閉幕後、由施省長對觀衆作關於時局長篇演說、繼由李參謀長演講、觀衆莫不注目凝神、側耳細聽、對時局之認識、使市民有一大覺悟、其後繼續表演藝劇、因戲碼過大、又兼中間臨時頒王賓亭藝員表演拿手好戲花子拾金、故延至夜二時法門寺尚未收場、因時間太晚不得已法門寺未待大審却行閉幕、至於鐵公鷄等劇則未克演唱、實爲遺憾云云、

【又訊】哈爾濱市記者協會鑒於中國軍隊之暴戾、而惹華北事變之勃發、興辦慰問華北友軍遊藝大會、已於昨（十四日）午前十一時起舉行、入場觀衆、異常熱烈、參加表演之票友、學生、武術社、大賣力氣、以致觀衆、掌聲如雷以極低廉票價、得聆此次盛會大爲心滿意足、收到預想以上之良好成績云、

女子中學六百四十八名、女子師範九十一名、南崗保二百五十名、香坊保一千八十四名、顧鄉屯保七百五十名、以上計三十三團體、

第二班道裡、參加者青訓六十名、市公署八百名、日滿製粉一百名、電業三百名、興業銀行二十名、朝鮮人會五十名、道裡商會三百名、日本民會二百名、夫阿 西斯 特二百名、省立中學八十名、高商二十名、合同中學八十名、高級小學三百五十名、猶太協會四十名、省兩級中學七百五十二名、師範學校一百二十七名、

一千名、水上保五十名、以上計二十一團體、

第三道外、參加者兩級中學六百九十一名、專賣署一百名、航務局五十名、航業聯合局五十名、計器公司一百名、道外商會七百名、同敎分會一百名、士紳分會五十名、正陽保二千二百名、南新保一千名北新保五百名、太平橋保二百二十名、松浦保一百五十名、以上計團體總計一、二、三、三班、共爲六十七團體云、

【又訊】定於本日（十五日）午前舉行之時局國民大會、除省立各男女中學校男女學生參加外、市立小學校參加之學生數目及遊行方向如下、

參加道外方面遊行者、計有北新學校學生九四三名、南馬路學校學生九四三名、正陽南校學生一〇五五名、太古校七七三名、正陽北校六三三名、地靈校四三四名、培商一九五名、職業學校一一七名、參加道裡方面遊行計有公園學校學生七二二名、安廣學校學生四名、撫順學校三七五名、馬街學校四一八名、工程學校五四四名、安平學校二一八名、民和一七七名、正陽學校一三一名、新城學校六七六名、參加南崗遊行 有建設學 校四五八市場學校二六一名、此外俄僑高級學生六〇六名、小透籠校學生三八八名、砲隊街學校學生三二五名、安埠學校一二七名云、

如何配備都市防護（續）

但決此小區域上、應留意的事項、即於本區內、一旦在防火其他救護之必要時、以本區域內之防護團員首先不足援助自家避難、反求援於外區防護團時、即無防護區之意義、故區分小區域時、須不可過小爲要、

一、以分駐所爲中心之分團內小地區之內容、有備左項之必要、

一、須有包含多數之防護團各班員

二、須有緊急集合場、或有爲一時避難處之稍濶空地、

三、須有臨時救護所、

四、須有防火防毒器材置場

五、須有地區內警報傳達機關及能眺望地區內全般之監視高處、

六、對於夜間阻止匪賊或暴徒侵入、須有隨時暫且閉塞與外接連 主要交通 路之預備、

總而言之、此分團內小區域之理想、是以本區域與分駐所勤務員等協力一致、雖不能期待外者之援助時、雖遭空襲慘禍、暴徒擾亂、亦能克服不至動搖區之防護爲要、

非一致、而在防護地區之編成多有與行政區域一致者、然而所謂防空之活動、是由警察官憲指導之下行動、決不可任意行動、因本管內之警察素日與管下市民相識、最適於防護之運用、故現狀雖有不適於分團之編成、須與警察官憲適宜協定、以設法圓滑其運用可也云云、

閱團及分列式嚴肅舉行（續）

閱團式及分列式順序、軍樂隊總聯合本部來賓及役員、市聯合本部、及來賓及役員、指導官、市聯合本部、經緯新安埠、顧鄉屯、水上、正陽、南新、北新、松浦、南崗香坊、太平、各分團工作、防護團衛生防護團、省署、市署交通局、鐵路局、航聯局、稅關、稅務、郵政、地畝局、專賣署、航務局、哈監獄、博物館、電電、電業、中央銀行、興業銀行、國際運輸、松黑運輸、航空會社、哈爾濱學院、日本中學校、日本高等女學校

爲防止牲畜炭疽病實廳派員注射

肇東等縣派員協助

濱江省實業廳、爲預防止管內阿城双城兩縣牲畜炭疽病發生起見、定由本日（十五日）起、至十九日亘五日間、派員射云云、

市署整備工廠地

市公署爲謀市衛生之整備、

國民大會之盛況

閉幕後分班沿街遊行

參加人數不下十萬人

關於時局國民大會、協和會省本部、已籌備就緒、於本日午前九時、在八站體育場舉行、參加團體三班、第一班南崗三十三團體、計警察廳、鐵路局、濱江省警察學校、稅署、稅關、郵政、高等法院、高檢廳、地畝局、電電社、林務署、國際運輸、土木建設局事務局、中學第一實科中學、市立高級中學、第二班道理方面廿一團體、計青訓、市署、日滿製粉、電業公司、中銀、日民會、興銀、鮮人會、道理商會、省立中學等、白俄事務局、中學師範、經緯保、新安保、水上保、第三班道外、十三團體、初中、專賣署航務、航業、計器、道外商會、協和會、回教會、士紳會正陽保、南新、太平橋、松浦洋行等、列隊舉行、

【又訊】參加於今日時局國民大會之人員、除一般市民隨意參列不計其數外、他如各機關各學校各保甲等凡六十七團體、約兩萬人、其各團體別及參加人數詳細如左、

第一班南崗參加者、警察方面二百名、濱江省四百名警察學校廿名、稅務署二百卅名、稅關一百四十名、郵政一百五十名、高等法院五十名、高等檢察廳五十名、地畝局五十名、電電會社一百名、林務署七名、國際運輸一百名、土木建設局五十名、烏拉甚米爾一百二十名、銃兵同盟一百六十名、極東軍事同盟八十名、卡雜川苦二百名、事務局中學八十名、第一實科中學五十名、阿雷川夫斯克牙中學五十名、山苦沙克夫斯卡牙中學三十名、市立高級中學二百名、青年同盟一百名、普西金中學二十名透利斯爾中學二十名、高等工業三百名、省立工業九十四名、醫專二百三十名、省立

道德會的三大綱領

濱江省道德總分會理事長李恩源在哈放送局講演詞

社會愈文明、人心越險詐、物質愈進化、人心越佚蕩、這是一定的道理、皆因什麼這樣的說呢?因爲社會文明了、一般的人民、就都要往那極高的地方去着想、這就是受世風的引誘、有材能的、有計謀的、施用他那僞詐的手段、而佔上峯、處於得意的地步、至於愚笨樸直的人們、人人都說這是一個腐朽的廢人、因爲他不會機謀巧詐、不合於潮流勢必就得失敗於現代的社會上了、吾至聖先師孔老夫子曾說過『不有祝鮀之佞、而有宋朝之美難乎免於今之世矣』、這幾句話與現在的時代能說不吻合嗎!

其次對于物質的文明而一般的人又都驅向物質方而去了、崇尚物質的競爭、不知崇尚道德禮義的競爭漸漸的就走到奢華虛榮的途境上、所以才說人要是到富貴的境遇、就積流到『驕奢』兩個字上、然後由驕奢方面就流到『淫慾』兩個字上由淫慾使流到貧賤的地步貧賤就要變爲盜賊了、數十年來、鬧的家不安、社會不寧簡直說一般的人、都是每天埋頭、在憂戚苦惱的中間裡、又加上父子的中間、失掉了慈孝夫婦的中間失掉了和順、兄弟的中間、失掉了友恭、朋友的中間、失掉了信用、請問人生的幸福、從任何方面還能談得到呢、倘要再不以道德兩個字來治其本、則人民的福利、就說不上到什麼時候才能實現呢?

現在很可以爲人民慶賀的就是應着這個需要道德的時候眞就有道德會的產生了、在道德會的創設之後、就有朝陽王鳳儀先生(就是現在一般人稱之以善人之名的滿洲國道德總會德育部長)由於篤誠至孝方面明道、這才不辭勞苦的、推行道德工作、各處巡遊費了二十餘年的精神、拿現在來說、在我們滿洲國內、眞算是放了曙光了、由於形式、方面的證明、以全滿洲國來說、道德會的分支會、已竟達到四百七十餘處了、就是吾們濱江省內境內、分支會、也有六十一處之多了蒙

國府認爲社會教化機關又蒙各元首及各長官不遺餘力的提協、以至各界人士的援助、才能使會務發展的這樣快、道德會發展這樣的快、究竟內容合綱領是什麼呢、諒大家定有不澈底的地方、現在是要借着網個放送的機會、來向大家談一談、道德會的綱領合目的、

但是敝人學識方面、非常的簡陋、對于詞句不圓滿的地方合語言錯謬的地方、預先是要請、大家特別加一原諒的、

按道德會章程施行細則第四條的規定分爲三項

1、宣揚建國精神

2、奉戴訓民詔書

3、篤行教化事業

以這三項爲吾們道德會的三大綱領、作事業的標準、爲進行的目的光第一項來說、回想在我們滿洲國還沒有建設的以前、我三千萬的同胞們、受苛政的虐待、兵匪的擾害、簡直是居在水深火熱的中間裡人人都不得片刻的安樂、四民的痛苦、眞到極點了、加何還能談到幸福兩個字上呢? 又加薄仁愛、棄道德、都把聖賢之教道諸腦後、實在是又使令人爲之痛恨的、兩千年前的亞聖孟夫子曾說『仁人之安宅也、義人正路也曠安宅而弗居、捨正路而弗由哀哉』這是說吾們人類、不能居仁由義、任意作了些非道德的事一步一步的走到罟擭陷井的中間裡眞是令人哀痛的很哪、現在蒙日本友邦的援助、而成立我滿洲帝國、在建國宣言上、曾將建國精神的綱領示衆云『竊維國本於道道本於天、新國家建設之旨、一以順天安民爲主』又云『實行王道主義』由於這方面可見吾們滿洲國建國的精神、是王道主義了、王道就是三王五帝保民的大道、是主持爲人民謀幸福的、所以又說『順天安民』使一切的民族熙熙皞皞如登春台這才是王道主義的實現呢?

對于王道的眞義、兩千年前的孔老夫子以及諸位聖賢先哲闡揚的最爲明顯、論語上說、『節用而愛人使民以時』又說博施於民而能濟衆』大學上說民之所好好之民之所惡惡之』孟夫子說『得其民斯得天下矣、得其心斯得民矣』又說『親親而仁民仁民而愛物』書經上說『民爲邦本本固邦寧』這許多的話豈不都是興旺天下的大道嗎?其主體不外乎爲人民作着想、設法解除人民的苦惱、而希望增加人民的福利、因爲舊政權時代、一般人、視道德、(未完)

赴該兩縣實施炭疽病預防注射、因恐該廳之人員不敷支配特請肇東、青岡、綏化、五常、海倫等關係人員、協助辦理、計肇東趙寶貴、青岡橫山重行、五常菊地學、海倫瀨戶口網總及名中盛男等員、於昨日到哈、到哈後午前九時許、在實業廳開會、討論注射之辦法、定於今日(十五日)午前即分頭出發、向各縣實施預防注

及郊外地之發展起見、以市內散在之火磨及大小工廠、一旦移轉、頗感困難、市公署研究結果、決定分爲重工業及輕工業地帶二種、以促其移轉之實現、並爲防止煤煙之危險、而且整備市衛生之美觀、促市內各火磨及工廠之移轉、認爲完成都市計劃絕對必要、同時利用現在放之共十區爲工業地帶而將市內散漫之大小工廠强制移轉云、

韓大臣來哈

出席講演會

中央經濟部韓大臣、與國務院堀內弘報處長、以協和會中央本部委員資格、預定於昨日(十四日)午後十時半搭京濱線亞細亞號列車着哈、下榻於道裡那道路旅館、今日(十五日)午后七時、出席講演會、對於時局情形而講演、至於滿系人員之講演會、原擬於道裡商會舉行、嗣以會場狹小、容人無多、故於本日午后七時、改在道裡水道街省立兩級中學禮堂舉行云、

三、分團地區之防護配備

要約之、分團地區內之防護機關配置要領、是在完備配置對於分團地區域內所有之住民物件、能由空襲災禍中救出、並且勿使惹起紊亂騷擾等之問題上、

而且在其配備時、勿失各自防護重點、換言之按分團地區言之、其地域範圍廣大、不可以普遍同一程度、無缺無漏之防護配置、

對於要點要警護物件之防護須採傾注主力主義之配置、以期無遺憾於其實行之配備爲要於大都市有數個分團地區合成爲地區防護團地區、又數個地區防護團地區合成爲聯合防護團地區、即包括全都市之地域然在都市防護之要領、以固結各分團地區爲主旨、其外不過僅關於統制上的問題、故不多贅

最後欲添一蛇足之談、即爲都市之警察區域與行政區域決

桃山小學校、花園小學校、普通學校、青年學校、高等工業白俄事務局立中學校、聖烏拉基米爾中學校、利亞諾實業中學校、魯斯甚道木俄僑高級小學校、馬利亞開山職業中學校白俄商業中學校、阿古薩高夫斯基中學校、普什金中學校、石頭街青年團、日本少年團、童子團、白俄少年團、義勇消防隊、國防婦人會國防婦女會登喜和、松浦商店、近藤洋行丸商貨店、福昌公司、同發隆日滿製粉、大同酒精、滿洲工業、恒祥東、裕慶德洋灰公司天興福第二廠、協昌仁、華英公司、池田製菓店、大連鐵工廠等、又訊據聯合防護團發表關於本次之大演習如天候順調無風雨時予定於二日即行完了然後舉行閱兵式、同時將地址改爲南崗通道街去年演習之場所、閱兵式場所、講評亦改在神社內舉行云、

濱江特刊

第一二五號
盛京時報北滿總支社
社址 哈爾濱道外 桃花巷西口
道裡電話六八四七番

秋林洋行

日·滿·德·英共同投資
改組股份公司
資本金額達四百四十萬元
東京神戶均擬設置支店

鉅商秋林洋行、爲促進業務之繁榮起見、擬改爲股份公司、並由日、滿、德、英等人共同出資、資本金達四百四十萬元、現在之股東爲上海、香港銀行哈爾濱支店長斯季氏、秋林洋行總經理人係德人西由太理嘍氏、該行高木顧問及滿洲側財界有力者參加、今後由日、滿、德、英協力求資金之增加計畫、該洋行此次改組爲股份公司首先將在日本之支店強化、現在在神戶及東京各設立支店、決將滿洲國之生產品、直接輸向日本、將於十月間即可具体化、對於通商之促進上有極重大之協助、各方面頗爲期待、西由太理嘍氏總經理於十三日赴新京、關於股份公司改組向政府正式登錄、後並偕同該公司高木顧問及滿洲側重役向奉天全滿 各地支店 視察業務云云、

哈爾濱啤酒公司
擬在新京設立工廠
預定年產十萬箱

樂山莊旅館、嗣復於上月二十九日轉道赴大連、當山本氏離哈後、由海拉爾以電報滙來國幣二百元、交與該旅館爲原籍樺太大泊村之村上高三郎（二三領）下、並於前十一日向中央銀行領出、於是日午後十一時半乘京濱線列車向南滿方面逃走、適山本氏在連公務完畢歸哈途中、在新京與村上相遇、但猶不知其已拐欵潛逃待歸哈後始行發覺、立向領警當局報告請求追緝云、

顧鄉屯管內
發見股匪
當局立起嚴戒

哈市郊外、近以高粱繁茂、匪徒乘機出沒、警戒當局極度

及生產家畜利用上作有利之企圖、更進一層、加以具体的說明、則爲排除威脅畜產業最巨之獸疫、對需用甚多之良質之優良種加 以改良換 暨與增殖外、更須於買賣之際、減輕其負担之經費、開拓交易及領欵迅速而確實之途徑、使其利用圓滑且合法、故樹立市場經營方針、當以上述爲主點、至若市場經營方針、如何、因該地方是否係家畜之大消費地或生產地而自異、査本省家畜之需給狀態、大消費地爲哈爾濱、如該縣爲生產地此已於統計上記載甚明、欲於經營維持上使之容易而且有利、必須於一方面將[illegible]家畜改良增產、一方面對於大消費地（主指哈爾濱）企圖增加供給等、是爲急務、故欲設立家畜市場、宜預先將前記各事 項努力供備、方爲合法、雖尤往往缺欠其所要意旨而徒急於設立、 此特須告戒者、然而機關之使命爲前記之助長發展促進地方畜產、而當省決非徒以消極的方針而進行生產者及需要者之福利增進、故若以設立本市場誤認爲一個地方團體之歲入財源機關、不惟徒重農民之負擔、及阻害地方畜產之發展亦與市場本來之目的不符、更有使其易陷於難於維持經營之虞、徵諸日本市場歷史之明證極爲重大、然仍欲達成前記家畜市場之目的與使命、則須與所謂政府之積極的施行防疫及充實畜產獎勵之施設事項相與併行、俟以普及農民之畜產智識使之向上、並以改良發達地方上之畜產爲目的、組合及其他團体機關、成立後方能於家畜之經濟的生產者、其方針乃係將來隨各種獸疫產獎勵設施擴充之、與家畜改良增殖之進展、俟農民對於畜產之理解 向上及 縣財政之確立、乃逐漸認可之、但於將來設立之家畜市場、須與哈爾濱既設之市場保持密接之連絡之方法、於省當局已有草案、仰受其指示、然而本年年度家畜交易市場許可之範圍、以縣財政狀況確實之交易之可能地及對於防疫等事加以檢討認爲適當者爲限、因此擬行設立家畜市場者、須依據左記要項提出申請、以憑核准云、

警網密佈之下
匪徒胆敢肆逞
通道街又發生強搶案

時值高粮樹木昌茂時期、一般跳樑小醜、利用此瀌蔽爲契機、不時乘機潛入哈市近郊蠢動、日前曾發生匪案數起、詎於十四日、上號安埠街鞠姓家、因鄰接郊外之故、當夜被二十餘匪徒侵入、擊斃事主、傷死三名、架走一名、自該慘

香坊署及司法科外、立即率領警士、急遽趕赴現場、而匪早已杳如黃鶴矣、一匪大骼、年約四十餘歲、身着青短衣、河間口音、持匣槍、長臉、一匪三十許、身着青短衣、中等身材、黑臉、山東口音、似有猾片嗜好、一匪中等骼、三十

中村商店竊案
終被領警破獲
日、鮮、俄四人所爲

道裡地段街、中村商店、於七月中旬夜深、賊人侵入倉庫、竊出大批化粧物品、損失價格約一千數百餘元、自該竊案事件發生後、領警刑事係員俄然緊張不眠不休、大肆活躍徹底搜査犯人、迄今月餘、犯人依然未捕獲、刑事係員、誓破此案、搜査結果、於本月十八日、卒將有力嫌疑犯逮捕、原籍大阪市西區東山町、現住所不定、井上辯三郎、年二十三歲、北安街三十八號、鮮人李德秀、年四十七歲、工廠街九十八號、鮮人丁大應、三人嫌疑重大、嚳署經嚴重追審、情知難瞞、始供出如左、住所不定俄人『雖老吉牙、四名合謀行竊不諱、井上原在中村商店充當店員、後被開除、度放浪生活、並染有嗎啡癖、曾於六月十日在工廠街九八號私煙館相遇日前識之鮮俄人、私議行竊、而俄人專有配鑰匙之特長、四人密議妥協、以井上爲引導、將中村倉庫之鑰配開侵入、竊去大批物品、以廉價賣與柳町某妓館及道賣街某日人商店中所得之鉅欵分肥、均作嗎啡之消耗、將國際竊盜團一網打盡、現下正在繼續審訊中云、

家畜市場

交易狀態仍不振
交易頭數僅九千十五頭
交易金額三十五萬餘元
九月以後當必好轉

市立家畜市場七月份家 畜交 易額、九千十五頭、總金額三十五萬九百七十三元、交易狀況易數量自必漸增、茲將各種家畜交易數分別採錄於下、

	頭數	金額
牛	一、一四一	一三〇、三四一

哈爾濱麥酒會社、資本金六十萬元、於本年二月間斷行增資之結果、一躍而增至二百萬元(收入半額)同時買收舊忽布麥酒合香坊、八站、一面坡三工場之生產能力達二十五萬箱之多、遂握北滿啤酒界之牛耳、最近鑑於新京方面之需要激急增加、現在奉天諸工廠之生產能力約四萬箱、其銷路多傾向華北及關東州兩市場、故新京方面供給上、不甚圓滑、哈爾濱麥酒會社企圖進出新京之販路、擬在新京郊外新設啤酒工場、現在向關係各方面進行交涉中、預定生產量年約十萬箱程度、倘果實現之日、國內麥酒工場之分野歷然判分、奉天諸工場傾銷南滿、關東州、華北一帶、而哈爾濱之工場則以北滿、東滿爲唯一獨佔之販路矣云云、

日人拐款潛逃 報告領警追緝

海拉爾北三道街政龍街電氣工業所員山本龍之助㐅三七於七月中旬因事來哈、賃居南崗

緊張、於十七日午後六時頃、顧鄉屯保甲團員劉惠臣在管界平房店附近通行中、發見匪徒約三十名、正在移動中、立即報告顧鄉屯署、該署得到急報後、立刻對全署員下非常召集令、各甲長、自衛團長等連絡之下、急遽出動、目下對附近一帶嚴重警戒中云、

統制家畜交易價格 企圖家畜助長發展 省當局令各縣旗設立市場

濱江省當局爲統制家畜交易之價格與防疫企圖地方畜產之助長與發達以期其生產者及需要者之福利增進、茲令所屬各縣旗長、開設家畜交易市場、茲將其設立趣旨、探錄於下、

設立家畜市場其目的、則在於統制家 畜交易之價格與防疫、換言之該目的無非企圖地方畜產之助長與發達、以期其

劇發生後、滿日警憲當局、協同連絡之下、不眠不休、佈置陣網、詳加搜查、詎知匪胆包天、於昨二十日下午十二時許、香坊署通道街派出所管界通道街門牌二十八號、住戶李桂馨、年二十九歲、河北省保府人、家道小康、當日晚忽闖入滿匪四名、一匪把門、三匪進屋、各持槍械、以槍威嚇、禁令聲張、以麻繩將全家人綁縛、翻箱倒篋、結果搜出國幣壹百五十元、搶畢以洋釘將門釘住、以防被縛之人外出報告、安然逃去、事主因被縛堅緊、不得動轉、待匪逃走後、始敢喊呼救命、聲達戶外、鄰人聞聲、赶到肇事現場、將被縛一家人一一解開、立至分所報告、警長據報、除一方電知

餘歲、山東口音、黃面大眼睛、另一匪把門、面貌不詳、均持有手槍、現下警憲機關、澈底活躍、於市內旅店、煙館、娛樂場、嚴厲緝查中云、

指紋事務移交 警廳司法科辦理 省側指紋人員調科任用

哈爾濱警察廳自隸屬於濱江省以來兩司法科、爲謀國際都市治安之確保、對於犯罪搜查迅速計、曾迭加研究、該兩科爲統一指紋計劃、決定將省指紋辦理之事務、移轉現警察廳司法科內、省側指紋人員、日系一名、滿系七名、計八名、內滿系七名中之三名、實施一定期間、指紋事務講習、以期深造、但指紋係事務繁忙時、由刑事係人員暫時替代、希圖同科人事充實、各種機能之强化、而省下二十二縣一旗指紋普及、亦漸次澈底、今後對於犯人像片、手紋、特徵、將指紋用紙擴大、以備貼佈照片、今後國際都市犯罪可以一掃矣云、

依然不振、其原因不外夏季需要減退、又兼因輸入減少致肉價昂騰且菜蔬需要增加、預想九月以降、正值中秋佳節、交

馬	四〇四	二四、六四九
騾	一五	四九五
驢	二六	四五二
豚	四、五三三	一五、一六七
綿羊	二、九五五	三三、八六二
山羊	一	八
合計	九、〇一五	三三〇、九一三

家畜注射 成績良好

例年八月中旬、牲畜流行病猖獗、一般市民、多需用肉類爲食料品、偶一不愼、殃及致市民身体健康、哈警廳及市署有鑒及此、謀市民之健康、以期澈底捕滅炭疽病發現計、以兩當局衛生科爲中心、於八月十六日起、約一月間、開始家畜病預防注射、各注射班、設於重要道口、堵截來往乘客馬車之馬匹及他列車之牛馬驢騾均加以注射、自警市兩當局、家畜預防注射廣告撒出後、一般家畜主、自動前往注射者、大有人在、由此觀查、一般家畜飼主、對於家畜注射漸次了解、此次開始注射以來、成績頗佳云、

設賭抽頭 被警補獲

道裡警察街廣源盛製粉廠院內住戶趙會林、現無職業、因生活所迫、於十八日夜召集一般賭徒、在其家賭博、以圖漁利、爲小公園派出所聞悉、當即派遣刑事隊前往、將一干賭犯一網打盡、共捕獲賭徒十

道德會的三大綱領(續)

濱江省道德總分會理事長 李恩源 在哈市放送詞

爲腐談歸於對人民的福利不但沒有增加、簡直的減減到無形的地步了自吾滿洲建國以後執政宣言上、第一句話便是『人類必重道德』『皇王有道家家樂』、的一句話眞是千古不易的定論所以對于、

減輕賦稅以蘇民困、剿靖匪患以維民生、

開發實業以厚資源、普及教育以開民智、

便利交通振興地方、敦睦邦交永享和平、

這些事項眞是極積的進行、拿順天安民這一項工作來說勢必得使令一切民族的精神與國家的精神、合成一個、方可收效、要打算民族的精神、與國家的精神合一、勢必又得令一般人民、以及鄉間的婦人孺子愚夫愚婦都澈底明瞭建國精神、才能達到目的呢、因爲道德會担負宣揚建國精神的工作是以偏立於各省縣的鄉村鎭市輔助協和會的工作、來努力宣揚建國精神、隨之把道德仁愛四個字的精神、貫入在市民的腦海之中、可以從根本方理眞義、知道仁是吾們的安宅終身持行仁愛就可以得到了平安義禮是吾們的正路、終身不作非禮合那不當行的事、就可以永久立於平坦的路上、然後無論那一行的人、各人守住各面的本分、本着道德兩個字去作反一句話說、也就是本乎天人良心止住爭食的念頭免去劫奪不行爲、眞就是達到國歌上說的『重仁義尙禮讓身修家齊』的地步、不 吾們滿洲國、國基求固、一定還能爲共他國家作一個模範、凡屬我滿洲國國民務必要各趕快的、把我們數千年前的舊道德撿起來、作維繫身心的準繩、別再作尙空談的人了、眞得要躬行實踐、去了精神、去了抑人揚己種族之見的惡習慣、則堯天舜日可復現於當時、而人民的福祉、也就無窮無盡了、對于道德會頭一步的綱領、範圍是特別的廣、絕不是在這最短時間內、可能發揮至盡的、今天因爲時間的關係僅說至此、再談

濱江省道德總分會理事長李恩源放送稿

關于道德會的三大綱領(續前)

道德會是爲人類謀幸福的機關、並担負着領導人民走入光明路的責任、所以對于應盡的工作方面、沒有不積極進行的、對于工作的大綱、除敝人上次與諸位談的、宣揚建國精神而外、第二步也就是領導人談一談、

諸位你們是否都希望得到人生的幸福吾敢說斷的替諸位回答底 就是希望得着人生幸福的但是吾們已竟得着一些幸福是否還希望吾們幸福的程份增高?如果是 希望增高吾們的福利、但是必需要誠心奉獻、今上皇帝回鑾訓民詔書才能達到吾們的希望呢!現在自從我滿洲國建設以來、在天地之內眞是增添了一個樂園、我三千萬民衆的幸福、眞是逐漸的進步、但是對于去掉我們苦惱、使吾們的幸福進步、可是自已的能力、抑或是仰賴他人的援助呢、對于這個疑問、吾相信力的援助、才得去掉了吾們倒懸之苦、增加吾們的幸福、但是諸位的惱海中、果然是這樣的印象、再能用擴充的工夫則諸位的幸福更是不可限量的了

大多數的人、都是以怨天尤人爲主、他不能找人家的好處、感人的恩、所以道德會的王善人、才諄諄的勸告於人說『你們要打算當一個好 人得享人生的幸福趕快的別怨人別拖屈、對于一切的人、要感恩、找好處、至於對待吾們、有大恩德的人、吾們更要把他的好處永久的存於腦海之中而特別感恩的、這才算不失爲人的道

請諸位用一點觀奮的工夫、

[illegible]時

濱江特刊

第一二六號
盛京時報北滿總支社
社址　哈爾濱道外桃花巷西口
道裡電話六八四七番

[illegible]拔奔匪首老山[illegible]來哈濱伏於魁發棧、化裝賣瓜、企圖探案市內匪勢、與匪首連絡、當客歲曾在榆樹縣綁架農民一名、勒索代價一千二百三十元、馬分得國幣廿六元云、[illegible]綁架通行中之農民一名、勒贖代價千五百元、馬分得國幣三十四元、此外踪有種種惡行、現在司法科正在嚴重審訊中

治外法權撤廢前

警察司法陣容一新

犯人二重審理廢止

搜查班各配置日系警長一名

司法事務由此尤見完璧

掌管全哈爾濱警察署司法事務之司法科、近鑑於治外法權全面的撤廢爲期瀕迫、爲企圖司法事務之完璧、增進其能率、特將前搜查股之第一二三班、各配置日系警長一名、由二十七日起已經實施矣、一方從來各警察署逮捕犯人、經該管署審理後、將審理書類及犯人一併送交司法科再度審理、經司法科再審後始轉送檢察廳、最近鑑於各警察署對於司法事務業着向上、經該管署既經審理、則無再經司法科審理之必要、爲期手續簡捷、增進司務之能率、除盜匪事件以外之犯人、不必經送司法科、由各署直接送交檢察廳、以免時日之延遲云云、

全滿商議聯合會

議案一部提出

希望各地提案早日提出

第三十回全滿日本商議聯合會、預定九月下旬在哈召開、哈市商工會議所、待九月四日火災保險料率低減要請之件、

電線窃盗

一網打盡

二十日深夜、南崗署警士、在夾樹街巡邏時、忽然發見有四五名少年、各持大捆電線、步履慌惶、警士睹狀、知非善類、叱令少年停止、正欲上前盤詰、不料賊人胆虛、將電線拋棄、四散潛逃、警士情知彼等窃盜無疑、當即尾追、結果捕獲一名、帶署審訊、供出結國行窃不諱、住所不定、滿人邦、年十六歲、係弟兄二人、住所不定滿人金邦、年十七歲、小長子、年十四歲、五人行窃常習犯、該班據供、於道裡同發隆前小公園將犯人一網打盡、現下拘留中、惟將鮮人二名、於二十六日、移送領警署、現經領署嚴重審問、供出於本月初旬、曾在南崗附近一帶、窃取最高電壓線、均賣於道外、查最高電壓線、特別危險、故知此少年團、有電氣技術之經驗、所以割電線時、未發生危險云、

五常山家屯

新設電信局

電電哈爾濱管理局、爲期擴充整備管內之通信事業、本年入春以來、即積極着手買收長營電信電話、及在各地分別新設、成績大有日增月移之勢、聞最近以五常縣既爲農產物之集散地、頗爲重視、故特在該縣所屬之山家屯新設電報通話局一處、定於九月一日開始辦理業務、當此特產物上市時期新設電報電話局、與該地之特產商及農民以極大之方便、莫

市公署警察廳共同舉辦之

秋季大掃除

方法時間均已決定

希望市民加意清掃

哈爾濱市公署與警察廳兩衛生科、共同舉辦之全市內秋季清潔大掃除、由前日兩衛生科協議結果、施行日、地及域、已經決定、由九月十一日起、至二十八日止、約三週間、不日既將以佈告通知市民、以期市民事前實行清潔大掃除、茲將清潔方法、探誌如下、

◆清潔方法◆

一、雨天下施行清潔法、

二、住室及庫房等之家具及其他能移動之物件、最好移至室外、不妨害交通之地點、將房屋內外及家具等、加以掃拭、

三、鋪墊、被褥、衣類等、在日光下加以長時間之曝晒、

四、水道堵閘、水井、日常食用品庫房、廚房、浴室、煙筒、地窖、地下室塵芥箱、塵芥堆、髒水溝、溷圊等處、及其附近尤須嚴加掃除、

五、前項所列各處、如有破壞部分、須加修理、

六、房室及庫房等處、於掃除後、最好通以空氣、晒以日

七、住宅內潮濕處所、設法鋪撒沙土、煤炭、炭灰等物、使之乾燥、

八、戲園及其他遊戲場、工場、旅店、商號、飯館、酒店理髮店、寄宿店、花店、小客店、小伙房等、乃公衆常行出入之所、或易使汚穢之所、尤須特別注意、嚴密掃除、再有居住者（如無居住者由所有者或管理者）須清掃人行道路及其空地之草類、

九、此次施行大清潔所集之塵埃及其他汚物、應照平日辦法、圖集各戶塵芥箱或適當位置、絕對不準散棄便道之上、

十、此次實施大清潔期內、該管警察署及市公署衛生科、各派官吏、赴各住宅、各民戶等處、對於清潔方法施行檢查監督、凡認爲保持清潔上必要之事項、得以命令指示或查察之、

上開各條、不但爲衛生之根本、防過疾病、增進健康之初步、其貢獻於本市美觀者、尤爲重大、允宜各自率先勵行、其有違犯之者、得予以相當處罰云、

茲將各警察署實行掃除日期探錄如下、

◆掃除日期◆

九月十一日掃除日期起、至十六日經緯署管界、十二日新城大街路西、中央大街、砲隊街路東江沿街、警察街、商舖街、中國頭二三四五六七八九十道街、藥舖街、商市街、面包街、馬街、大安街以上各街十三日砲隊街路西、高士街、經緯八、二一、九一號以西商務藥

全滿土建請負額

八、七五一萬元

土建協會調查

據滿洲土建協會調查＝七月末本年度全滿土建工事請負額四千五百十二件、金八千七百五十一萬六千二百十五元、其

建築　二五　二四九

△滿鐵關係（昭和製鋼所含內）

土木　九四　八二〇、八六八

建築　一、二九一　九、九五七

之議員會決議後、再作本格的準備、會期大体似定於九月二十三、四、五日之三日間、現在各地商工會議所之提案、僅吉林、本溪湖、鞍山之三處已經提出希望其他各地、早日提出、茲將以上三處已經提出之議案採錄於下、

△吉林商工會議所

一、關於重要產業統制法運用上徵求斯業者之意見之件、

一、公文書希望使用日文格式之件、

△鞍山商工會議所

一、關於滿洲興業銀行各支店支配人融資權限擴張要請之件、

△本溪湖實業協會

青訓召開委員會

報告二期狀況　審議生徒募集

道裡砲隊街市協和會青年訓練所因於學術科目以外、並有名流之科外講演、故第一期學生收到非常之好成績、茲對第二期招募之五十名訓練生、亦於課外聘請名人講演、故於廿七日午前十時、特聘請白哈爾濱警察廳長作時局之講演、並於三十一日午后一時在市公署會議室、舉行市青年訓練所委員會、報告第二期訓練實施之狀況、及關於第二期生徒募集之件、關於康德五年度之訓練之件、加以審議云云、

巽向恩、年十七歲、判明行竊後、備文於二十五日送至司法科、經第二班再度追審、又供出同黨有鮮人二名、現住難民區、禹敬林、年十八歲、禹敬云云、

匪徒化裝賣瓜　探聽市內情勢

司法科慧眼識破捕獲

慣匪馬寅軒（三一）報字天龍、日前由五常方面竄來哈市、潛伏於道外北頭道街魁發棧、化裝賣瓜、以圖探索市內之情勢、與匪首連絡、圖謀不軌、事爲司法科搜查股第三班探知、於廿七日午前一時、以迅雷不及掩耳之敏捷手段、將魁發棧包圍、適匪徒馬寅軒正在酣睡之中、將其逮捕、帶科審理之結果、據供如下、前曾在五常一帶落草爲匪、

不感激、至於前收買業經完成之木蘭、望奎、通河、三處民營電話公司、定於九月一日實行接收、由電電會社直接經營云云、

中土木工事一千二百七十件、二千八百二萬一千九十三元、建築工事三千二百四十三件、五千九百四十九萬五千一百二十二元、與去年同期比、件數減少二千六百五十件、金額減少四百二十七萬、五千餘元、查本年度特殊工事中漏報者、似有相當數目、金額與去年同期比較、大体相同、土木工事因新線建設之增加、比去年激增八百七十餘萬元、茲將企業者別詳誌於左

△特殊工事

	件	千元
土木	一三	一、〇二六
建築	六四	一一、七三七
計	七七	一二、七五三

△關東局

土木	—	—
計	二、三三九	三〇、八二六

△滿洲國關係（中央銀行在內）

土木	一八六	四、三五六
建築	三六八	八、七一二
計	五五四	一三、〇七八

△一般民間

土木	一二三	一、七八〇
建築	一、四九四	二八、八二八
計	一、六一七	三〇、六〇八

△合計

土木	一、二七〇	二八、〇二二
建築	三、二四二	五九、四九五
計	四、五一二	八七、五一六

鋪、商市、面包、馬、大安饅漫端自治會、供養胡同、自四道至十二道街、自中國十道街、至十四道街、以上各街、十四日新城大街路西、中國十四、十五、十六道街、自一道街至四道街至四道街、北安街、工廠街、路南軍官、警校胡同、工廠胡同以上、十五日石頭道街、南買賣街、南地段街、南新城大街路東、以上各街、十六日北新城大街路東、北街、北地段街、北買賣街北各一面街、森林街、公園街、東警察街、井街、地文街、巡船胡同、以上各街、新安埠署自九月十一日至十六日全管界、（未完）

道德會的三大綱領（續）

濱江省道德總分會理事長　李恩源　在哈市放送詞

其對于各項事業進步的迅速、人民幸福增加的程份、眞是有在人預想不到的地方、例如

幣制統一經濟穩固　胡匪肅清治安確立

普及教育而人民智識的增高

建修道路而交通方面的便利

開發產業富裕人民生計　改善司法保障人民權利

接濟春耕以期振興農業　建設義倉以防人民災患

這都是爲人民着想、謀人民福利的地方、對于吾們得享上述的善政之福、溯本追源、請問那一樣不是由於日本友邦援助而得實現促、吾三千萬同胞們受友邦這樣的德澤、眞是應當如何的銘感、由於這方面看來、日滿兩國、有共存共榮的必要、而更有不可分的關係了、

今上皇帝陛下、當在躬訪日本皇室回鑾之後、曾頒佈詔書以訓民並述及吾、今上皇帝陛下蒙、日本皇室、以及臣民、懇切相待、熱誠的迎送、並觀其民心的尊君親上、如天如地、至於文臣武將方面、亦都能忠勇奉公、誠意的爲國爲民、眞底確是可以爲其他國的臣民、作模型的、但是日本的臣民、能達到這優上的地步、是由於什麼方面的效力呢？復加以觀查就是政本以仁愛爲主、教本以忠孝爲主的收獲、

按忠孝仁愛這四個字、是不是我國故有的舊禮教、舊道德呢？不過是我　把這四個字、拋棄而不實行了、此次吾、今上皇帝陛下、回鑾後訓民詔書的本旨、就是教吾國的臣民一致的與友邦一德一心、以至誠之心相結合、互相依賴、而永久的不變更、再竭力的推行忠孝之教、仁愛之政、而發揚東方道德的眞義、奠定兩國永久之基礎、以新大局和平了、則人類的福祉、必可至矣、

現在吾　道德會、主要的工作、就是在竭力發揚東方道德眞義的時期、並把吾們已經遺失的、忠孝仁愛這四個字、招呼大家趕快的撿起來、拿這四個字、作吾們進行的南針、則一步一步的定然能歸到、光明的途境上去、王老善人、在這二千幾年、奔走的中間、曾諄諄的告述衆人說『你們不是要當一個好人、還要當一個模範人嗎、不是還要求點安樂的幸福嗎、吾告述你們六個字的要訣、能本着去實行、准能達到你們心中希求的目標、是什麼字呢、第一是『盡職』第二是『盡倫』第三是『盡性』怎麼說這六個字、有這大的效果呢、諸位或者以爲是欺人之談吧！不對底確是有一種眞理的、並且這六個字的義意恰恰當當的、與日本友邦的政本教本及今上皇帝訓民詔書上的義旨相吻合、對於相吻合的地方、因爲時間短促的關係、要作一個簡單的解釋、

舉凡社會上的人類、不外乎士農工商官的五大行、無論處在那一界上的人、都是應當竭盡其力的去執行職務、職責能盡圓滿了、則雙方各獲利益、並且盡一分義務、必能享受一分權利、各人盡各人的職守、去掉了另外的貪求、在各人的義務內、取受應有的權利、這樣作去、是不是就去掉了爭端呢、社會上去了爭端、則一切的民族、一定可以享受和平幸福的、這是說享盡職兩個字的幸福、盡職也就是忠、所以說『持之以忠則盡職』其次無論任何人、沒有出乎五倫以外的、對于倫常方面的道、朋友中間能立住信用、兄弟中間能友愛恭敬、夫婦方面本乎綱正柔和、而處之以和順、中庸上曾說、『妻子好和如鼓瑟琴、兄弟既翕合樂且耽、宜爾室家樂爾妻孥、父母其順矣乎』這盡倫、是不是盡孝呢？所以說『持之以孝則盡倫』、要能把倫常盡圓滿了、人和樂的福、孟夫子說『國之本在家』果能人人身修家齊、社會也就安寧了、共人民由此得享社會安寧的福、是不是由于盡倫兩個字得來呢、

然而人類之多、其稟賦的性質當然是、又不相同了、人的性質不同、就難免有不能互相和睦親善的現象、而失掉仁愛的本旨果然充盡性的本能、以仁義禮智信五常之德應事、無論是任何樣的人、要認識、他的性質、施行仁者無不愛的道、如此推行則無論家庭社會、都能互相親愛、以收和平之效、就是對于吾們有惡感的人、拿道來說、吾們還要去愛他何況日本友邦對于吾們有這樣盛大的恩德、更應當如何的感激呢、所以在永久銘感的中間、是要與友邦一德一心、共同發揚東方道德眞義的、由此則大局和平、人類得享幸福、還是不是由於盡性、持行仁愛上得來呢、對于王善人發揮盡職、盡倫盡性六個字合、今上皇帝訓民詔書的旨趣、以及互相吻合的意義、詳義是特別的廣、今天僅大概的說到這、

然後對于道德會的三大綱領、除了前述的、宣揚建國精神、奉戴訓民詔書以外、其次也就是篤行教化事業了、對于篤行教化事業、主要的大綱、不外乎以道教化人民、以期改善家庭社會、而收移風易俗之效、因爲社會上的人、處一個地位、就有一個應行的道、其細目、及各項道的分類侯有機會、再合諸位談、關於道德會的三大綱領、現在僅述大概、如此其未盡圓滿的地方、還請諸位原諒、（完）

濱江特刊

第一二七號

盛京時報北滿總支社
社址 哈爾濱道外桃花巷西口
道裡電話六八四七番

工業研究會重要提案
全哈工業紳士協定
無統制之苦力今後將見曙光
具體案現製作中日內將實現

與南滿奉天遙遙相對之北滿哈爾濱、素稱爲國內二大工業地、在北滿經濟界從來佔重要地位之農產工業之製粉油坊工業之盛況、執全國之牛耳、儼然成爲哈市經濟形態之原動力、滿洲事變以來、北滿產業開發之積極方針、愈促哈市工業界之躍進、諸般工場之設置、日見增加、截至本年七月末哈市各種工場數達一千〇六十二家之多、職工人數達一萬六千一百餘名、最近以華北事變爲契機、各工場頗感苦力之不敷應用、各工塲間爭相僱用、常此以往毫無統制、殊爲工業界之重大問題、尤其土木建築界苦力之足、各方面對之頗爲憂慮、前於 月一日於哈爾濱市工業研究會席上、提出全哈工業紳士協定之締結緊急動議、現正積極製作具體議案中、各方面對此頗爲注意、

查九月一日之工業研究會例會、假大和旅館開催、哈市工業界若辻、佐藤、高津、兒玉、八田氏等十八名列席、作種種重要議論之結果、由工業研究會與市公署、商工會議所等聯絡、作成全哈工業紳士協定、對於苦力工資之協定等具體案着手作成、諒於近日內即可實現、對其結果、各方面予以深甚之注目云云、

本年甜菜收穫預想
總數約達三百萬布特
砂糖生產將超過去年

學校清潔
衛生基礎
市通知各校

哈爾濱市公署及警察廳兩衛生科、協力主辦、本年秋季清潔大掃除、定於本月十一日起、分區實施等情、已誌前報、茲市公署教育科、於昨特通知市立各小學校、在大掃除期間、務須特別注重學生衛生、屆時並由各校徹底說明清潔之趣旨、俾作將來普及衛生思想之基礎云、

幼女橫渡電車道
左足竟被軋斷
大人照拂不週故罹此禍
大新街上一幕交通慘劇

自本市當局實施交通取締規則以來、而交通事故頗呈減少、近來幾無事故之發生、不料於三日下午六時、在道外大新九道街有一滿人幼女、被磨電車軋去左足、肇事後、將被見該幼樹有氣息、惟左足已被軋傷、急電召市立救急車、送往市立醫院救治、據醫生云、生命雖無危險、但足部已被軋爛、恐有殘廢之虞、肇事電車爲交通局三號磨電車、車掌孫

駛來某號電車、當錯車之際、突由路北橫濟鐵軌小孩一名、因該處無站、驟然打住不得、及至將車停止後、小孩已經被軋、因其大人照拂不週、實非本人之過云云、該所當將一切經過訊明、轉報正陽警察署仰爲法辦云、

滿洲國農產物
輸出檢查法
有於本月十五日發布說
施行期日其說不一

關於滿洲國重要農產物輸出檢查、經全滿特產業者及關係當局間、作種種之折衝、以期檢查法之制定萬無遺憾、經過情形、曾迭誌本報、頃據某方面後到消息、中央方面關於本問題已制成具体案、經十四日最高機關之審議諮詢後、翌十五日或可發布、只可該檢查法、因化學的成分分析之其他實施上技術的頗感困難、故有將豆油除外、不予檢查之說、至於該法施行日期、最初預定十月一日、但依一般業者間之希望及一部專門家之意、或將改於來年一月一日實施之說爲有力云、

防疫檢驗工作、該江順輪船、係由九月一日、在大賚出發、三日下午七時、到達哈市、於來哈之途中、經過馬克圖、肇東、達戶以及長春嶺等處、船長予春揚、以下船員二十二人、以及扶餘、大賚、馬克圖、肇東、達戶、長春嶺各地

計八十八人、均加以預防注射、並將貨物、行李、船倉等完全消毒、使病菌斷絕云、

協和會召開
幹事長會議

滿洲帝國協和會哈爾濱市本部、定於六日下午二時、在該部會議室、開催幹事長會議、所討論之事項計

一、各分會工作狀況報告、

二、友邦日本承認我滿洲國五

哈爾濱碼頭
船客乘降數
乘客達十一萬餘人
降客四萬八千餘人

松花江例年稀有本年度豐富之水量、故航運界頗呈活況、八月中由哈市乘客一萬九千九十三名、比較去年同期、增加八千一百五十二名、本年開江以來、乘船客累計十一萬二千四百四十四名、比昨年度增加三千六百四十四名、而八月中由哈降船客一萬三千八百六十三名、比昨年度減少一千九百

市教育科
整理私塾
現已開始調查
不合格者取締

市公署教育科、爲適應將來新學制之實施、而對於市內管下之私塾及補習學社、擬實行加以整理、故定於下星期一日（即六日）起、由姜視學等、分別嚴格調查、經調查後、對於私立學校設備不合格者、及經營困難者、即實行予以取締、其合格者則將改爲國民學校或國民義塾等之名稱、對補習學社、經調查認爲合格者甚少、故預測將來必有相當取締數目云、

路局九十九萬元、本年度減至八十三萬元、市公署十八萬元、減至十一萬元、茲將各企業者別摽錄於下、

業者	土木建金
鐵路局	一六一、〇六〇、九〇
市公署	七〇五、五二〇、六五
省公署	四五、六九〇、〇〇
日本官廳	五六、八〇〇、〇〇
營繕所	一一六、五四六、〇〇
民間	七九三、三五〇、〇〇
合計	一、三三一、七七七、六一

慰問友軍
遊藝大會
現已開始售票

滿洲帝國教育會、哈爾濱分會主催之慰問華北友軍學生遊藝大會、定於本月十二日上午九時起、至午後四時止、分別在道外北十七道街北新、學校內、及道裡之十六棚工廠俱樂部舉行、其預定表演項目等、已誌前報、茲悉該遊藝會、印製入場劵六千枚、每枚定價二角、昨已悉數分配各學校代售、但兒童購買、則爲半價、故預計可得欵約一千元左右云

大廹副市長
到哈蒞新

新任哈爾濱市副市長大廹泰男氏、於昨日下午四時零五分、已偕前往迎接之市公署官房總務科長深澤事務官、由海拉爾舊任地乘列車來哈、當時市公署各處科長、均至哈爾濱車站歡迎、大廹市長下車即入貴賓室、略事休息後、備乘用汽車赴忠靈塔、哈爾濱神社參拜、然後下榻於南崗大和旅館、今（五日）因係星期日、故決定六日午前十時、至市公署於會室召集委任官以上職員、作新任訓話、當日午后一時起、即分別拜訪日滿各機關云、

5如我們願意得着一種創造能力與正直精神的品性。不
3要使危懼的情操和責任的思想。得適宜的演進。
表出這種特性。一些無興味的學科。反復的練習。能養成
濱江省　河縣長

度

古産業開發五個年計副中重要部門之一之甜菜耕種問題本年耕種成績異常良好、甚於確固北滿當地糖之地盤、北滿製糖會社本年度耕種面積約五千七百七十五天地、與去年度之四千四百天地比較激增一千三百餘天地、依當局者甚於增產計劃、指導獎勵之結果、農民對於農耕知識日見向上、罹虫災水害者僅百七十五天地（去年四百天地）情形非常順利、除淨耕種面積約五千六百天地、以現在之情形推測、每天地預想收穫甜菜五百五十布特、共爲三萬布特、於是砂糖生產預想比較去年實能增加六成七分餘、（十萬搭）之多、玆將各種糖之生產量分別探誌於下（單位—千擔）

双目糖	三三
冰糖及角糖	二二
精糖	四五

上表所列、双目糖及冰糖角糖之製造量、業經確定、惟精糖之生產量須以收穫量爲標準、上下差約三萬乃至三萬五千俵之數、與去年度比約增加一萬五千俵云云、

体育週間擴大舉行

全滿之体育實施週間、由本月十五日至二十一日、本市將由体育聯盟哈爾濱地方事務局主催之下、擴大舉行、準備開催關於体育大會宣傳事項、利用映畫會講演會云、

害者送往醫院救治、一方將司機者傳至附近警所訊問、玆將肇事經過之詳細情形探誌如后、

滿人李治文、原籍河北省撫寧縣人、來哈多年、以營商爲生、妻某氏、有幼女『扣住』年六歲、昨三日下午六時許、由其母領赴街上玩耍、歸途經大新街橫渡電車鐵軌時、扣住先行、其母在後跟隨、不意由西駛東電車一輛、奔馳而過、扣住於電車過後、即向南走去、此際又有西行之三號電車駛來、因錯車之際、未能看見、扣住行至切近、躲閃不及、當被電車撞倒軌上、車輪經其左足軋過、司機見已肇禍、乃急遽停車、奔赴附近警察派出所報告、該所當派至現場察視、

踏藉、年二十五歲、司機鄭錫候、年二十九歲、山東東平縣人、據該司機自稱、本人於肇事後、即至附近警所報告、原因本號電車由十六道街開往車

江順輪船蒞哈加以嚴厲消毒

乘客船員均予注射

自松花江上游太賚地方發生百斯篤以來、爲防禦侵入哈爾濱市、市公署與哈爾濱警察廳衛生科、以及各關係機關、嚴密聯絡、張佈緊急之防疫陣之同時、對於本月一日由扶餘、大賚順航來哈之江順輪船、於昨三日下午七時、到達哈市、當由本市防疫工作之警察廳衛生科、松原衛生科附董防疫股長、郭技士、市衛生科防疫股長李東國等、並協同清毒班、當至停泊上游十字島方面之江順輪船、實行嚴格之

週年紀念之件、
三、九月十六日國都建設紀念之件、
四、九一八事變紀念之件云、

五十七名、自開江以來降船客累計四萬八千九百三十七名、與昨年度對比、減少一千三百五十一名、但由哈爾濱乘船客增加、由哈爾濱降船客減少、本年開江以來、迄至八月末、松花江 爾濱港上下客突破二十一萬一千三百八十一名云、

上月哈市工程統計

哈爾濱市八月份工事量共計百二十二萬餘元、與去年同期比較、大体相同、本年度民間工事約佔八十餘元、與去年之四十萬元比較、約增加四十萬元、但鐵路局、市公署方面別比較去年度激減、查去年度鐵

市衛生清理科機能行將擴大

實施塵芥定期蒐集

明年度市清理計劃

市公署衛生科、鑑於市內人口日漸增加、爲使國際都市之美裝明朗化、對於秋冬兩季市內之塵芥及汚水之清除、作種種之研究、現在施行之請求或定期塵芥蒐集法、爲期街之清掃徹底、明年度擬將市之清理事業費約增加二成、四十五萬元之程度、現在大汽車共爲三十六台、馬車百二十輛、人夫四百名、事務員百名、馬二百五十匹待明年度按照新預算計劃、自當增加人員、仿照日本內地各大都會之辦法、將全市分爲數區、依定期蒐集法實整施、清掃手續費按戶徵收、每年冬季路上之塵芥汚水等今後可以一掃、都市之俤 容得以備、共感行頗堪期待云云、

市公署警察廳共同舉辦之秋季大掃除（續）

方法時間均已決定

希望市民加意清掃

十五日地德里地包街、撫順街、安心街、地節街、安化街安平街以上各街、沙漫屯派出所、慍漢屯派出所管內、十六日安寧、安靜、安良、安埠、安民、安順、安國、安康、安定、安隆、安廣（安範、安豐以上街、及老正陽河派出所、新正陽河派出所、十七日安康、安定、安陽、安道、安順、安隆第一工程街、十二道街、三十六棚內各胡同以上各街、水上警察署、自九月十一日起至十六日、十三日背江子派出所管內、十六日平民船塢派出所管內及極樂村、九站派出所管內、南崗署自九月十七日起、至二十一日二十日阿什河、吉林、龍江、奉天、鐵嶺遼陽、海拉爾、三姓、遼源、寧江胡同、義州街、箭射、醫院北京、瀋陽、交通車站、海關、月牙、春申、馬花園街、郵政街、國民、河溝、建築、福泰胡同、滿洲里、松花江、大直、長官公署街、銀行廟各街二十一日西市場、一二三四五六七八九道街、治安胡同、崇貫胡同、西平、西安、南市、場、西豐、仕紳、河溝、教化、海城、公司、螺景、工程師、貨棧、木芥、窰門、春遠胡同、中學胡同、鐵路、四平、西市場、十道街、以上各街、二十二日慈善、教化、鐵工、木工、瓦、磚、曲線街、夾樹、司令、郵政、小司令、護路軍、法院街、一望、鳳翥中海胡同、上方營房、同江、興隆胡同、春明各街、香坊警察署自九月十七日至二十二日二十陸軍、六順街、五敘、四史、三輔、司徒、草料、步兵衛生軍政、輜重、軍隊、工兵菜市、奇香菜園、野營、遠香花香、新鄉、新街、道南里、衛隊軍需吉香遠南、操場、大安、文政、文治、王兆屯、安福、延順、增福菜香各街、二十一日通天、新安、永靖胡同、農案、南市益興胡 、安寧、致和吉祥、永升、姜家店、油坊、儀文、軍井、福昌、增福、巴安、宜義、增祥怡和怡元、通道、比樂、致堂、文昌、春部、運部、文林、文景文豐、文化、文瑞、以上各街二十二日文緻、文中、文明、文德、文藻、文成、文政、文國、國課、小戊、士課、國慶方元、元和、南陽、巴陵、潔淨、協和、永和、黑山、分部蘆家、建新、新豐、永安、宜威吏沿鼎新屯、雜民街、平安平順以上各街、二十三日至二十九日正陽警察署二十六日正陽頭道街、純化、景陽、桃花南二道街、南勳、正陽、南三道街、仁義巷 新市巷、染房胡同、承德、南和、南平、南康、五柳、延爽許、公路、英國、南馬路、仁海胡同、太平太古、小五道街維新、小水晶天乙、元寶、黎明以上各街、二十三日南三、四、五、六、七、道街丰潤、南十、十一、十二、九、八、七、道街、太平、永安、大同、警市、東順西順、一面、中五道街、中小六道街、中六、七、八、道街中九、十道街、丰潤以上、二十八正陽北三道街、大新、平康臨江、定興、大新、魚市、錢興、新興、長春頭道街、回回胡同、同發、北三四五道街清眞寺胡同、小錢鋪街、張包舖胡同裕海勇胡同以上各街、二十九日地靈北七道街富錦頭二道街、錢塘三四道街、正陽十二道街中十一道街、三十日太來大保定古宣化、大水晶、租界、太原、平原、德勝、郎環、東來、兩六七道街、霍家胡同、長發、保障、西南陽巷小南陽巷二十七日正陽十三十四十五十六十七十八道街南新晷尚樸十八道街崇儉十八道街二十八日正陽十八道街路東十九、二十、十六道街路東、仁里十七道街路南、興業十九道街、考純十九道街、南十七道街、二十九日南新十四道街進德十四道街、向賢十四道街太古十五、十六、十七道街、太康街、三十日新市街公益街富華街、振江街、鐵道街、大方里以上各街、北新警察署二十三日至二十八日二十七日北十八道街、中興街、禮化街、二十八日集良街錢塘街、德裕胡同、平安巷、東新街、二十九日東市街、大新路、長春街、二十七日南河街、天合街、吉星街、維新街、二十八日鄉里街新亭街、民利街、通道街、東河溝、華興街、二十九日華岩街、華明街、西河溝、太平橋警察署自九月二十五日起、至二十八日二十五日、太平橋全部、二十八日三棵樹全部署管內全部云、（完）

× × × ×

濱江特刊

第一二八一號

盛京時報北滿總支社
社址 哈爾濱道外桃花巷西口
道裡電話六八四七番

一日滿精誠協和維持東亞和平
一東亞光明端在友邦之承
九一五即是慶祝國慈鑾
子
感謝友邦之承認即在實現一
德一心

警廳為安定人心
決取締流言蜚語
揑造黑白者一經查獲嚴重處罰
添設放送塔以便報道正確消息

自日華事變以來、哈市民衆本日滿共同防衛之旨、紛紛蹶起、慨解義囊、慰問前方將士情形之熱烈、迭誌本報、足証國人對於時局之認識莫不徹底、詎有小數不逞份子竟敢故意揑造黑白、作種無義識之逆宣傳、流言蜚語、擾惑聽聞、雖與事實相反久而自明、但一般知識簡單之市民或有受其蒙昧、於治安保持及人心安定上不無妨害、哈爾濱警察當局有鑒及此、對於各種流言蜚語決將追究斷然加以徹底之取締、警廳督勵管內各署及各派出所與各機關協力凡故意發放流言擾惑聽聞者、一經查出即為逮捕予以嚴重之處罰、警務機關現與電電方面協力之下、將市內現有之四座放送塔再選擇適中地點添為中座、以便將正確之報道隨時指導、而免一般無知市民為流言蜚語所擾惑云、

以便傳知各商家知照云、

市公署管內
明年小麥耕種面積
增加千五百陌
模範的農事合作社將組成
優良籽種分配法仍照舊

承認紀念
標語彙誌

滿洲帝國協和會哈爾濱市協本部、為慶祝三大紀念期廹連日以來、着手準備慶祝行事九一五友邦承認我滿洲國紀念九一六國都建設紀念、九一八事變紀念、茲將三大紀念慶祝標語探誌如下、

王道樂土之完成都是友邦之厚賜

承認滿洲國實現日滿一體之精神即是東亞和平之保障

滿洲國王道樂園因友邦之承認而完成、

以日滿協和之精神保東亞永久之和平、

日滿共同防衛一致協力、

日滿共謀東亞永久之和平、

治廢實現前
警察管下各派出所
將設專用警備電話
警察實力將充份發揮
對其實現各方頗期待

治外法權之全部撤廢、為期已廹於眉睫、警察當局為發揮其實機能、現在準備種種之設施中、聞將以警察廳為中心、對管內十四警察署以至各派出所設置專用警備電話、查現在哈爾濱全市共計十一個警察署、九十餘處派出所之間專用電話與公衆電話約三分之二程度、每遇緊急事件勃發時彼此連絡上頗欠圓滑、成為多年之懸案、此時將見其實現、將來對於以往之不便可以一掃而充分發揮其警察之機能、頗堪期待云、

十四噸對比、約增加二倍、經由大連出口者達一千車約一萬八千噸、共計六萬三千餘噸、由此足見北滿麩之輸出旺盛矣、至於神戶方面之價格昨一日間各種麩漲價四角至五角之多、今後實施輸出檢査後、北滿麩之輸出必將日見增多、茲

八月份
麩之鎖售額
原麩一万九千餘袋
精麩僅一千〇三袋

傳染病患者
‖市衛生科統計‖

據哈爾濱市公署衛生科統計、八月份傳染病發生數及患者數、分別採錄如下、赤痢患者六十名、死者五名、傷寒患者七名、死者二名、類似傷寒患者一名、斑疹傷寒者八名、死者二名、猩紅熱患者十九名、死者一名、白喉患者一名、右各項患者共計九十六名、死者十名、內中日人患者六十四名、死七名、滿人患者十九名死三名三俄人患者十三名云、

將月份經由北鮮輸出額採錄於下(單位一八噸車)

	本年	去年
一月	四六三	六八
二月	五五八	八二
三月	三三八	一四二
四月	三二四	一八七
五月	二七八	二四七
六月	一二五	一二六
七月	一七一	一二五
八月	二八九	一二六
合計	二五四六	九〇三

產業振興
懇談會

北滿產業關係現地機關懇談會、哈爾濱、齊齊哈爾、吉林牡丹江各鐵路局產業處關係者約四十名、於十日午前九時集合於哈鐵俱樂部十二會議室盛大舉行、對於各局管內關係產業振興方策、交換種種之意見至正午始行散會云、

松黑公司
股東會

松黑運輸公司、於前八日午後三時、召開臨時股東總會、當時討論事項如左、
一、關於監事津村精太郎氏辭職、對於補任人選之件、
一、關於董事增加一名之人選問題、
經審議之結果公推常德福氏為董事、田宮善三氏被選為監事、經全場一致通過、於午後四時半始行散會云、

農事試驗場
努力市民生活向上
教民釀造醬油方法

各報‖京濱線沈家王崗顧鄉屯鄰接站開設國立哈爾濱農事試驗場問題、其後經責任方面正積極準備進行中、原擬於本年度以十八萬元之經費着手建築沈家王崗之廳舍、嗣以建築材料之暴漲關係、因預算關係、須改於明年度動工完成、待建築完成後、將現在香坊之試驗場及南崗啦嘛台之博物館內之農藝化學科全部遷移於新設之農事試驗場內、以便與產業關係、各機關緊密連絡以為農業開發之源泉、向日本移民之大量入殖計劃之遂行邁進、對於北滿農業之開發及住民之生活向上將予以極大之貢獻、頗增期待者也、

查京濱線沈家王崗之農事試驗場幅員約三百五十町步、現以一部栽培甜菜及其他穀物、成績非常良好、對於農村自用之醬油大醬之釀造普及之基礎研究收到靑常良好之成果、頗引起一般人民之深甚注目、向來輸出之大豆、小麥之中含有夾雜物頗多、每年空耗之費運可達數百萬元之多、經檢討之結果、於滿洲特產中央會援助之下、以含有夾雜物之大豆、小麥按照日本之釀造法釀成醬

河之十二縣均分別派遣講師、於醬油釀造方法詳為講習、農事試驗場因教農民利用廢物釀造醬油成功、實與農民之生活上一大貢獻、同時該試驗場亦增大其自信力、擬更進一步跳出象牙之塔之範圍、進行研究害蟲之預防及剷除方法、故注力於害虫之調查、對害虫之生態調查、以為將來研究之基礎、一方對於菜蔬園藝方面亦努力研究協助方法、務期市民之生活得以日臻豐裕故各方對此深為期待云、

懸賞募集
時局國歌

中央民生部及弘報處、以當此日華事變發生非常時局之際、為促起中國之覺悟、並喚起滿洲國人對時局之注意、以謀實現其協和之精神、確立東亞永久的和平、由關東軍新聞班關東軍為顧問、並由協和會電電會社、滿鐵本社弘報協會等有力機關後援之下、於滿洲國全國及關東州內懸賞募集『時局國歌』、哈市者由協和會哈爾濱市本部辦理、昨日由市公署分會已發表時局國歌募集趣旨及其大意、並募集懸賞方

哈爾濱市公署行政科、對於管內農村行政之發展計劃、着着樹立實施中、所收到之效果頗爲宏大、關於明年度設立農事組合一案、依中央政府之方針、爲使農產物之品質增產及充實購買方面之內容、對模範的農事合作社之設立、現在制作具體議案中、更就中央政府獎勵小麥增產計劃、基於產業開發五個年計劃案、康德五年度管內耕種面積增加一千五百陌、與於籽種仍按照本年度之辦法、對各農村分配優良籽種、待得到中央方面之補助金後、即將開始收買優良籽種、以便明年度向各農村分發云、

自動車零件 賣行不振

去年賣出三十萬元

本年預料僅二萬元

基於產業之開發道路網之整備、近年以來北滿方面自動車之進出日見增加、同時自動車諸部分品、等之銷路亦累年激增、去年一年間約達三十萬元之多、但本年度入正以來截至現在、除正一月間稍見活潑外、嗣因部分品之原價暴漲關係、各販賣店之賣出均甚稀少、情形十分不振、預想本年度之全賣出額在二萬元以下、呈極度不振之狀態云云、

未領許可 不准賣鹽

哈爾濱專賣署、自本年三月實行食鹽專賣制度以來、現下市內發給食鹽專賣許可者二百餘家、但由今後無有許可、販賣食鹽、決定禁止、由十月一日派辦私員赴市內各處調查、發見無許可營業者、罰十元以上百元以下之罰金、現下無許可所存之食鹽、由十月一日以前、須一律賣淸、爲謀市外偏僻之處便利計、若欲經營鹽業者、希望早日請求許可、專賣署現將此旨轉知道裡外兩商會

國基鞏固勿忘友邦承認所賜賴日本之指導纔達到幸福的王道樂土

蒙友邦之承認始完成我國的國際人格

日滿共謀東亞永久和平

日滿共同防衛一致協力

九一五承認紀念日也是國基鞏固的紀念日

慶祝九一五還得感謝友邦承認之厚意

依蘭縣內 捕匪十名

三江省依蘭縣第二區宏克利南方地區蟠踞中之匪徒約二百餘名、最近派遣多數便衣隊潛入市內、擬謀不軌、爲警察署探知、與〇〇隊協力之下、於五日午前二時實行大檢索、結果逮捕便衣隊十名、現正在嚴重審詢及戒備中云、

麩子輸出激增

截至八月輸出達六萬三千餘噸

預測今後輸出將益增加

【哈爾濱】因滿洲國內麥粉製產之激增、日本麥粉製產之減退、上海麩之輸入日加以限制等種種原因、致北滿麩之輸出日見增加、雖當此夏枯時期、依然暢銷、爲罕有之情勢、經國際運輸辦理自本年一月以降迄至八月末經由北鮮向日本輸送之北滿麩輸出額總數達二千五百四十六車、計四萬五千八百二十六噸、與去年同期之九百〇三車計一萬六千二百五

據哈濱專賣署統計、管內八月份食鹽之鎖售額如下、原鹽一、九五四一袋、精鹽一、〇〇三袋、與上月比較相見增加、預想特產物本格的上市期到來、必愈呈活況、茲將各專賣別原、精鹽銷售額分別探錄於下、（單位＝袋）

專賣局	原鹽	精鹽
哈爾濱	八、九七九	九二四
五常	一、四七二	三
雙城	一、七六〇	二
豐樂鎮	五八八	—
滿溝	一、四三三	四
安達	六五〇	三
海倫	一、〇六〇	三
綏化	一、五二〇	五
一面坡	一、〇五四	五九
木蘭	三三〇	—
合計	一九、五四一	一、〇〇三

近郊小麥 品質優良

均在百廿七囊泥

哈爾濱市附近農村之新小麥、現已上市、因本年度自小麥播種以來氣候適宜故其品質頗爲良好、顧鄉屯方面之出品均在百二十七囊把左右、大豆現已入於落葉時期、預想不久亦將上市、其他雜穀亦將相繼登場、總之以全部近、農村之農作物比較往昔皆爲豐收云云

油、大醬、用以消費於農村、爲普及其釀造方法、會舉行講習會、於是廢物得以利用、同時農民亦可食得味美之醬油大醬、頗得到一般之贊許、去年度施行者僅濱江省所屬之一部十三縣、本年度更擬進一步擴大其範圍、如龍江、吉林、黑

秋林洋行再增資

網羅滿洲國側財界有力者加入 企圖積極的進出日本內地

如報＝哈爾濱秋林洋行爲圖統制全般之業務促進繁榮、前由日滿德英各國人士合同出資、資本金增至四百四萬元等、各情形、曾誌前報、聞今後更擬求日滿德英之資本協力斷行一大增資、現在正在計劃中、以現在股東之上海香港銀行哈爾濱支行總經理人司基不多、秋林洋行總經理西由太里羅氏及該行顧問高木氏爲中心、預定募集滿洲國側財界有力者參加、以爲該洋行今次改組爲股份公司後第一步之充實計劃、且爲企圖積極的進出日本內地、擬在東京及神戶分別設置支店及實施一大擴張計劃、以樹立報本之方針、決定對滿洲之生產品向日本內地大宗進出、擬傳本年十月中旬、此種計劃即可表面化、一面對於促進德國通商、亦頗努力、故今後對秋林洋行之活躍、各方面頗爲注意云云、

戒煙成績

據哈爾濱市立戒煙所統計、本年八月份、市內麻醉藥品及鴉片患者數及戒除數、情形如左、

一、麻葯入院者四十七名、治癒退院者三十三名、留院繼續治療者十四名、

二、阿片入院者三十二名、治癒退院者二十三名、未癒繼

法如左、募集大意今次華北事變、純因華軍之挑戰行爲、致引起友軍之膺懲、苟非友軍之勁旅、東亞之和平必起發生問題也、北方蘇聯、屯兵國境、時時伸其魔手、散佈共赤化之毒汁、期圖我國之破壞、凡我國之安寧、端賴友軍之援助、即當毅然興起、謀兩國之徹底親善及民族之眞正協和、是爲至要、其濁誣傷壞之民、未語此、則編製國民歌、以吟詠之、使其由娛樂之中、需明時局之大勢、以發揚其協和之精神此時局國民歌募集之大意也

（募集辦法）募集規定如下

一、用語日、滿、鮮、蒙、俄何語均可、

二、截止日期九月十五日、

三、原稿發送地、民生部社會司社會科

四、募集範圍、滿洲國及關東州

五、發表及發表日期、

一、期日九月三十日、

二、方法全國宣傳利用無線電新聞雜誌、發表當選佳作、其按作曲或印製唱本配佈各方面、並行放送或製成唱片擴大宣傳、

賞金

一等五篇各一百元（日、滿、鮮、蒙、俄）對以上應募集之審查、由時局國民歌審查委員會審查選定、審查員已推定爲東軍、關東局、民生部、總會關務廳、協和會、滿鐵、電電社及其他有力者、以日、滿、

慰問友軍游藝大會

如期在道裡外分別舉行

邊教育科長有懇切致詞

哈爾濱市教育會主辦之慰問友軍遊大會藝、自今十二日午前九時起、分別在道裡三十六棚及道外北十七道街北新小學[illegible]定爲普通二蹦躍、當開幕之前由邊教育科長、有如左之致詞此次哈爾濱市教育分會舉辦學生游藝大會、蒙諸位蹦躍光臨、不勝愉快之至、當茲開會之始、特將一言、本會開催之目的共分兩種、

一、爲使一般學生及民衆澈底了解日華事變的眞象與認識時局之重要性、以促進精神一致之團結、查華北地區中國正規軍、不得擅自侵入、此由梅津協定、双方認可、乃舉世所共知者、乃華方不顧信義、忽視協定、竟對我友軍施諸暴戾之行爲、不法之射擊、我友軍平計、隱忍自重、不顧訴諸干戈、故屢行警告、促彼自覺、不料華軍不知反省、自爲得計暴害行爲、頻發不已、友軍已始出以膺懲之手段、故此次事變之責任在華方、乃爲有目共覩、無可諱言者、以知識膚淺素乏訓練之華軍、當我神威赫赫之勇敢素著之友軍、確爲以卵擊石、勝負之數、不卜可知故友軍僅以少數之精銳、於極掃除、此實爲各國所驚服不置者、我滿洲國民、應澈底此情以沈着不惑之態度、信賴友軍以全体一致之團結、支援友軍此實爲處此非常時期、民衆所應注意之事項及應有的態度、

二、募集慰問金以慰勞前方之友軍、本諸日滿一德一心之關係、我兩國應攻守一致禍福共之、此次友軍爲擁護正義、保持和平、不憚艱苦、弔民伐罪、我民衆等除精神一致團結藉資慰勞、以略表感激之微意並壯赫赫之軍威、各地民衆、咸悉此旨、故自動贈呈慰問獻金者、風起雲湧、是誠日滿一德一心之表現、當仁不讓、遂有此游藝大會之倡辦、諸位觀衆、應明此旨、幸勿徒以悅耳陶情之普通娛樂視之、[illegible]所切盼、當茲開會之初、略贅數言用作開會之詞、但以時間關係各演員練習未久、恐難博得觀家滿意、尙祈見諒是幸、現在

濱江特刊
第一二九號
盛京時報北滿總支社
社址　哈爾濱道外桃花巷西口
道裡電話六八四七番

哈市青訓第二期學生畢業式盛況
省市長等均有剴切訓示

協和會哈爾濱市青年訓練所、第二期學生、於昨十四日午前十一時、在砲隊街該所內舉行隆重卒業式、當時出席者計哈爾濱市章市長以次大迫副市長、第四軍管區司令官代表、協和會省本部長代表、青年訓練所長、哈爾濱警察廳長代表等二十餘名、茲將開會情形誌之如左、

一、式典順序、職員生徒着席、來賓着席、式辭、向日滿國旗行最敬禮、日滿國歌合唱、詔書捧讀、勅語捧讀、修業證書授與、省本部長賞授與所長、顧問哈爾濱地區警備司令官、第四軍管區顧問、濱江地區顧問、市本部長、省本部長、及其他來賓等致詞、生徒答詞、日滿國旗敬禮、閉會、

二、舉行情形、首由協和會省本部代表高橋總務科長、致開會詞後、即依前述順序行禮如儀、後授與証書、省本部長

下之時局、須有正確之認識、勿惑於謠言蜚語、堅確個人之意志、善導地方之思潮、薰陶後進青年、努力於王道文化之樹立、以期爲街村之中堅而副國家之期待是爲至望』、二、章市長訓詞＝今值本市青年訓練所舉行第二期學生修業典禮、各方來賓、齊臨參加、濟濟一堂、儀式嚴肅、鄙人躬與其盛、曷勝欣愉、謹就所見、對諸生略致數言、本市青年訓練所成立以來、第一期學生、又於今年夏季修業終了、現屆第二期學生修業之期、雖在此短短過程之三個月期、爲日似屬無多、但賴監督及主辦官員之奉勤指導、辦理者之忠實訓誨、諸生之勉勵進修、學業成績、斐然可觀、鄙人於欣喜之餘、不勝欽佩者也諸生既修業期滿、行將服務於社會、茲就所希望於諸生者、略述如下、

一、須澈底了解建國精神也

練初期生畢業生、一切言行舉動、可爲後來者之模範、諸生在此數月短期間、竟能得到良好之成績、殊堪嘉尚、將來在北滿政治、交通、經濟、軍事重鎮之哈埠區域以內、服務之時、深望按以上列二點、努力邁進、完成使命、以符師長訓海之期望、並增加本市青年訓練所之光榮、有厚望焉、

三、馬所長訓示、『今日爲本所第二期學生卒業之時、就諸生成績而論、雖未能十分圓滿、然以最短之時間、學極多之科目、殊屬難能可貴、其原因固由於各教師之循循善誘、要亦諸生之孜孜不已之所致也、欣慰之餘、不

[illegible]、須知專[illegible]無窮、學無止境、仍須溫故知新、聞一知十、況當此時局非常之秋、尤須具非常之精神、定以任重致遠、克服艱難、此外詔書及勅語之根本精神以及平日師長之所訓示者、亦須書紳銘座、實踐躬行、先覺覺後、己立立人、發揚獻身報國之精神、完成青年固有之使命、諸生勉之、予日望之、』

三、學生答詞『光陰荏苒、日月如梭、轉瞬之間、已屆學生等卒業之期、迴想入所以來、蒙各講師教官之懇切指導、對青年之責任、人格之陶冶、身心之鍛錬、方有相當之認識、學生等聆受請誨之餘、致不奮發努力、以求不負所長之期待之熱心、而教誨之厚意、今日又荷省本部長、顧問賜一訓示、曷勝光榮之至、學生等愛戴銘訓、倖奉無違、向青年中堅措導上邁進、敬致答辭如上、』

青訓使命重大

哈爾濱市青年訓練所、自本年五月間創設以來、迄今已逾四個月矣、第一期生徒七十五名、業已卒業、而第二期生徒四十五名、卒業期廹、現在正準備第三期生徒募集中、自該所成立、招收生徒、順練結果、頗獲相當効果、關於第三期生徒募集、青年訓練所職員馬空冀、於昨十二日下午六時半有如左之放送詞、

鄙人就是方纔放送局介紹的馬空冀、今天藉着放送的機會來向諸位談談、『關於第三期生徒募集』回想青年訓練所從

人瞭解這種情形、在第一期的時候、有馬車組合王副組合長的弟弟和高等法院章書記官的少爺等等志願入所、由這一點看來、一般人對青訓的理解、無疑的較比增高了、至於青大訓的意義、究竟若何、家或仍有不甚澈底之處、青年訓練是陶冶青年身心、育成健全國民爲目的、以對外關係言之、青年層之自覺奮起、實爲刻不容後之情勢以國內情形言之、國民精神統一、以求農村振興、地方發展、亦非青年自發的積極活動不爲功、國家對青年層有如是之大期待、所以

受課程、鄙人再略爲申述所謂教練科、就是一般說的軍事教練、提到軍事教練、多數人認爲是苦惱事情、其實不然、因爲教練足以增強体力、並可取得軍事知識、現在每天兩小時教練鐘點、拿在所生徒作比較剛入所的時候、有的感覺太長、現在全体均感覺鐘點不足、沒受到軍事訓練的、不知道軍事教練如何、受過軍事訓練的、纔知道實在很有趣味的、而況軍事知識、是國民必需知道的事情、友邦個個都負兵役、我們不能照樣作到連這種知識也

[illegible]有莫大關係、產業是我國的工商業發展狀況、和對工商業必有的知識、衛生於人民健康有關、包含公共衛生、個人衛生等等、市制是市民必應具有的普通常識、日語爲日滿親善表示之先聲、以上都是認爲青年必須有的學問、所以訓練所由各機關、敦聘專門人材、對生徒講授、除了公民科教練以外、便是內務生活、所謂內務教育就是日常起居都要規律團體化、以即事即物爲重點、薰陶漸染使其養成青年中堅指導分子課外賦予相當運動時間、並常有各處見學機會、可以說是最有興味的事、實在沒有什麼可迴避的必要、不但不應當迴避更應當踴躍前來爲是、訓練的意義、所內情形、既然諸位已經明瞭、鄙人再將入學手續和在所待遇、向諸位談談、入學手續是特別簡單、只要志願者到該管保事務所報名即可、資格限於小學卒業以上、年齡以十八九歲者爲適當、最緊要爲身体健全、夙無嗜好者、因爲已經說過受訓練後得能够爲社會指導分子、所以必須素質優良方可、在各保事務所報名的原因、是對於一般青年方便、使各處的青年都有得到受訓練的機會、至於在所待遇、所有食宿書籍均由訓練所免費供給、服裝也暫時貸與、經濟困難者、是不成問題的、如果在商店工廠服務的人志願來受訓練、並可由訓練所向店主商量、仍然支給薪金、這是在所期間的待遇、至於卒業後、有職業的人、可以照舊回去服務、沒有職業的人、訓練所按其修學程度、並可代爲介紹職業、提到這一點、有很多人發生誤解、

筆誌之、期與國人共勉焉云、

三江省特別工作班出發

【三江】三江省公署于省長、以軍民二職之重任、組織肅正治安工作班、第一期由七月一日、分組分途出發宣撫、收效顯著、前者已有數組工作竣事、陸續回省者、並在省署數度開催座談會、彼時交換意見、同時又組織特別工作班、期定二個月出發宣撫工作範限於沿江六縣、每組由日滿官

十三日、由哈爾濱登輪、分赴富錦、湯原、依蘭、方正等縣出發宣撫云、

警廳考優良警士

【三江】佳木斯警察廳廳長最有昌、依本省肅正治安之工作爲強化市內警備、前者宣示招募警士已誌前報、頃間於九月一日在該廳會議室開考、到有青年廿餘人、僅取錄九名爲曹翊翔、張鳳德、曲繼倫、吳耀辛、劉海濤、張永盛、佟廷煥、范茂苓、米芳田等、均係有爲之青年、品學兼優、久爲我國之中堅份子云、

北滿各鐵路沿線穀物積存量數
北滿經濟調查所調查

據北滿經濟調查所調查、截至九月上旬末、北滿各鐵路沿線主要地穀物積存量、

大豆	一七、七一四噸
豆餅	一、五一〇噸
豆油	五三八噸
小麥	五六、〇〇五噸
麵粉	一二、四七八噸
高粱	三、五二三噸
粟	七、七一三噸
包米	一、九二九噸
小麻子	三〇五噸
其他	七、一九〇噸

與上旬之一二五、〇三九噸比、激減一萬七千噸、與去年同期比、激減四萬一千餘噸、小麥總數五萬六千餘噸、舊麥哈市管區之一半五百三十噸殆成過度時期、今後將爲新小麥上市時期、茲將大豆及小麥積存量、分別臚錄於下、

（單位＝噸）

線別	大豆	小麥
哈爾濱管區	一〇、六六〇	一一、三八五
濱北線	二七〇	一四、七七三
松花江流域	一、六〇〇	〇二、六五四
京濱線	五一〇	二、二二〇
拉濱線	六四	一、一五〇
濱綏線	八六〇	二、二九三
虎林線	三〇	六〇
圖佳線	二、三一〇	二、四五〇
濱州線	六〇〇	九、九九〇
齊北線 齊克線	八一〇	一一、三八五
合計	一七、七一四	五六、〇〇五
去年同期	一、二一二	九三、三二四

對優秀生徒賞授與、嗣後即由各關係機關參列者致詞、訓示如下、一、第四年管區于司令官訓示＝『茲當學行青年訓練所第三期學生卒業式之佳辰、本職得參列盛典、實深欣快、諸君極螢雪之功、修武技之術、今當學成歸里、須知地方治安之確立、以及地方之淨化之大責、均在諸君双肩之上、且吾人所期待於諸君者、亦正非小、此次支那事變之勃發、吾日滿兩國、以膺懲暴戾之支那軍閥、而絕對排擊共黨為目的、期日滿華三國之共存共榮、確立東亞和平、藉謀人類之福祉是也、故深知諸君對目吾國頓友邦日本仗義、並基於三千萬民之總意、建設新邦、以造成王道樂土為宗旨、民族協和為精神、諸生應確實理解此意、努力邁進、俾成建國目的、共享王道樂土幸福、此所望於諸生者一也、一、須本其所學、實力奉行也、諸生將來服務社會、為國家基礎份子、使命至為重大、應本所受致於師長者、努力奉行、如宣傳王道、指導農民、維持地方之秩序、促進民族之協和、諸大端、自應切實辦理以盡厥職、此所望於諸生者二也、總之、諸生為本市青年訓

五月二日成立到現在、已經四個多月了、在這四個月期間內第一期的七十五名、是已經卒業了、第二期的四十五名、在最近中就卒業、現在正準備第三期生徒募集、記得古語有這樣話『往者來事之師也、』這句話的意思、就是拿過去的事情作比較、便可以給未來的事情作個師法、所以鄙人先將以往的經驗向諸位談談、在最初成立青年訓練所的時候、一般人誤會青年訓練便是募兵、所以裹足不前、不敢來受訓練、因為恐怕受了訓練就要當兵的、當兵是舊習慣認為最不幸的事情、因而存着恐懼心理、豈不知現在都是『好人當兵』、對於這種認識、一部份人不大清楚、所以很影響青年訓練、結果卒業的生徒、完全照舊回去服務、所以這個疑團、現在不用解釋、已經瓦解了、再就是知名家的子弟、以為受訓練是特別艱苦的事情、有財產的人和有身分的人、愛惜他的子弟、就不願意他的子弟受苦挨累、在子弟的自身、也是拿享樂安閒為目的、不想作稍微勞碌的事、這種情形、雖未必全體盡然但是總數不居少數豈不知受訓練是鍛鍊個人身心、陶冶修身品格、假如父兄是眞正愛他的子弟、不是溺愛的話、那一定應當叫他子弟受訓練時、每個人眞正對自己有相當期待、也應當着急來受訓練的、因為第一期反映的結果、已經有、[illegible]

對青年的傾向如何、實關國家興亡之重、而況我國已涉入第二建設時期、青年之熱烈努力更為緊急必要青訓實施既國家內外情勢有痛切之關聯、所以必須官民一體協力、相扶相結然後方能弄成中堅之指導人物而構成國家有力分子、青年訓練既然像以上所說的那樣重要、現代青年又那可不受青年訓練呢、大家知道了青年訓練的意義、進而所內情形、和所

沒有、那實在是最抱歉的事情至於公民利裡邊、有協和精神國家觀念、警察法、產業、衛生、市制、日語等等、協和精神裡面包含建國之意義和建國精神之徹底、協和運動之理解等一切要素、我們王道樂土下的國民、不知道這些分內當知的事情、未免抱歉、國家觀念講的是國家的組織和國家的一切情形、也是人民必須知道的事情、警察法、是關於警察方

以為到訓練所受訓練、可以求到職業、所以要來受訓練、這便錯誤了、因為訓練所是把優秀分子造成青年中堅層、訓練所雖然可以給介紹職業、但是不希望以找事而來受訓練的那種青年、青年訓練既然像鄙人所說的那樣重要、請凡有的青年們都快來受訓吧拉雜的話、就誤大家很寶貴的光陰、實在抱歉得很、再會、

國都建設紀念日
省署隆重舉行
式典後舉行敘勳傳達式

濱江省當局、前奉中央之命、對於昨（十六日之國都建設紀念日、盛大舉行、以期象徵滿洲國邁進之隆盛、於是日午前十時、在省公署裡庭、省署官員全部集合、式典如儀終了後、對於左記舉國之功勞者、舉行敘勳傳達式、

警務廳理事官　劉澤湊
敘勳四位
官房理事官　楊綏欽
敘勳六位
官房理事官大塚議三郎
敘勳六位
民政廳屬官佐久間武光
敘勳七位
官房事務官　大伴二郎
敘勳八位
官房屬官　石原光雄
敘勳八位
民政廳屬官　吳蓮馨
敘勳八位

查濱江省管內浴敘勳之光榮者計勳四位五名、勳五位一五名、勳六位九四名、勳七位二一名、勳八位四四九名總計五八四名之多云云、

承認紀念作文募集
當選者已發表
優等當選秦世英等二名

此次九一五友邦日本承認我國五週年紀念行事之市立各小學校學生作文募集、已經哈爾濱市公署教育科審查完了、昨日發表、各中選學生如左、

一、優等哈爾濱市鼎新屯小學初四級姚東明、撫順街學生高二級秦世英等二名、

二、一等哈爾濱師範附小初四級田玉珍、同高二級劉博爾、安廣小學高二級謝志卿、公園小學校高一級孫玉琴、南馬路小學校高一級李向天、正陽南小學校初四級劉晉和、工程街小學校初四級史文瀾、安廣小學校初三級傅驗成、正陽南小學校初三級趙志通等九名、

三、二等哈爾濱師範附小初四級包樹闕、同高三級生王玉蘭、正陽小學校高一級唐殿閣以下至九等共選一百零四名、茲將優等哈爾濱師範附屬小學高一年張若男之作文誌錄如下、

吾滿洲由建國迄今、已五週年矣、其主義則為王道政治、其精神則為民族協和、吾滿洲受友邦日本承認以來、努力邁進、一日千里、而友邦對吾滿洲之援助提携、異常熱烈、故我國民、方得安居樂業、永享王道政治之幸福、比之建國前共相去為何如耶、然而今之熙熙皞皞、如登春台、同享此新樂土之生活者、果孰之力而至此乎、嗚呼、此皆友邦日本援助提携之効果也、因而日新月異、百業振興、國基益固、國勢益隆、其突飛猛進之速、足以震驚世界、光耀人寰、今之各國、亦將次第承認吾國矣、是皆友邦日本仗義盡力之所致也、今後吾滿洲國民、應如何同心感激、與友邦一德一心、以達成永久不可觀之大業、共存共榮、保我東亞永久之和平、發揚我東方道德之眞諦、以促進人類之福祉也、茲當承認五

哈市日本人口
八月末達四萬人

滿洲事變當時、哈爾濱居住之日本人、僅三千七百餘名、由北鐵接收及事變以來、哈市日本人、漸次增加、據哈領警調查截至八月份、幾達四萬人戶口一萬二十七戶、人口三萬六千八十四名、（男二萬六百七十九名、）女一萬五千四百五名、茲將各區別戶口人口分誌如左、

區	戶數	人口
道裡	四一九七	一七〇九、
新安埠	三五六	一五一一
南崗	二七九三	九四一八
馬家溝	一六三二	五五五五
上號	一二九	三一二
顧鄉屯	二〇	七〇
道外	五八六	一四〇四
三棵樹	二九四	六八五
太平橋	三	三
松浦鎮	一七	二八

但朝鮮人向沿綫方面移動、開拓農場者頗多、故昔日散在各區漸次減少如左、

區	戶數	人口
道裡	四〇六	一七五六
新安埠	二五四	一一二七
南崗	一〇九	一二八一
馬家溝	五六	二一〇
上號	五一	一八〇
顧鄉屯	一一八	四三〇
道外	六〇九	二三三三
三棵樹	三五	一四八
太平橋	一三	四八
大哈[illegible]	三一	一二一

合計戶口一千六百八十二戶、人口六千六百三十三名、內男三千四百九十五名、女三千一百三十四名云云、

主催民族交歡大會

【海倫】協和會海倫縣本部事務長池田俊夫、對於協和工作、確以不眠不休之精力、以謀協和精神騰達鞏固、本月十五日、為友邦日本承認滿洲國週年紀念日、我海倫縣本部、利用此良辰吉日、開催民族交歡大會、使我滿洲帝國五大民族、精神上日益鞏固、貫徹一德一心之眞髓、會場仍在興海大戲院、極為寬大宏敞、自上午九時起、大會儀式舉行後、繼則為省立男女中學生、日滿鮮各小學生、依次表演新劇、前後歷八小時、劇目極多、各俱精彩、全城各機關法團以及民衆等參加者、幾以萬計、人山人海、動地驚天、每演至劇中之精彩處、興致勃發、鼓掌之聲、有如雷鳴、誠不負交歡[illegible]云云、

濱江特刊
第一三十號
盛京時報北滿總支社
社址　哈爾濱道外桃花巷西口
電話道裡六八四七番

爲拯救麻藥患者 戒烟所即將擴充

經費五萬元收容三百人 已得中央同意十月一日動工

當治外法權全部的撤廢之前、爲肅清不正者計、擬將市內之麻藥密賣者及麻藥中毒者、使之如數歸農、顧鄉屯郊外、以五萬元之預算建築家屋以便收容、而資救濟、結城次長、前曾一度躬赴新京向中央當道說明此旨、嗣中央方面因恐先例一開、難免有其他各都市援例請求、則限於預算關係、殊難准許、故此種計劃、化爲泡影、但市內之麻藥中毒者、有日見增多之勢、如不速設法之遏止之、不知將伊於胡底、當局頗爲憂慮、故改變辦法、決將哈爾濱道外濱江站前衛生技術廠內之市立戒煙所擴而大之、期於短期間內、將市內之一般麻藥中毒者一掃、植村市衛生科長數日前晉京關於此種計劃向中央方面說明請求認可、聞已得中央之同意、最近即將着手動工改造中毒者收容所、開始大規模之戒烟事業

査現在戒煙所收容人員僅六十餘名、待擴張之後、一次可以收容之百名以上、市當局鑑於市內一般青年及少年中毒者頗多、爲極救起見對之特別注意、斟酌情形、准予免費治療

據植村衛生科長歸來後、對往訪記者談稱、此次晉京爲戒煙所問題、將向中央方面接洽、滿洲國政府關於麻藥法、藥劑師法、看護婦並產婆規則等、一二日內、即將正式頒布云云、

農事試驗場改稱 勸農試驗場

井水檢驗結果

水質預想以上之不良

爲謀哈市五十萬市民保健衛生之向上計、市當局、警察廳及其他衛生關係各機關共同連絡之下、對於全市各住戶上水道之敷設、擬強制的促其實現、對於具體案目下正在研究中、在此項計劃未施行之先、曾由衛生技術場哈爾濱分廠、對市內飯店、旅館等公衆集合場所之水質一律施行檢査、現在業經檢査終了、

市各戶上水道裝設時不容緩、現正協議進行之辦法中云云、

酒後喪身 可不慎諸

十六日午後七時頃、拉賓線向濱江站通中之列車、行至八站難民區四段四八一號附近時、忽有滿人男子一名、投入車下、鐵輪過處、血肉橫飛、正陽警察署接得急報後、立即派員赴現場檢驗、該死者手持燒酒瓶、頭部已爲車輪軋爛、不克辨認、爲狀極慘、年齡約在四十餘歲、姓氏不詳云、

滑翔機競技大會 舉行之盛況

基於航空愛國之精神、依團体的精神訓練半年以來習之演

結果、爲普及航空思想及發達技術尚上、於昨十九日午後一時、在馬家溝飛行場滿洲航空會社附近、由滿洲飛行協會哈爾濱支部正、暨會員參加之下、舉行盛大之滑翔機競技大會、是日適值中秋佳節、市內各機關法團以及商工業者一律休假、故往觀人數非常踴躍、大有絡繹不絕之勢、於小野崎常務理事司會之下、按下列順序舉行儀式、一、役員、競技者整列、一、日滿國旗揭揚、（國歌合唱）支部長開會宣言、一、競技者代表（日）宣誓、一、審判長言明關於競技注意事項、一、開始競技、一、授與賞品、一、對支部代表選手壯行之辭、一、國旗降下（日滿俄人會員代表）、一、紀念撮影、一、解散、計當日役員審判長一名、審判員四名、計時記錄係二名、器材係三名、照像係一名、庶務係二名場內係由支部員及航空少年團担任云云、

本年木材出產成績良好

據林務署統計

依各地林務署預定、本年度木材產出情況、因各地山岳地帶之治安狀況良好、及適逢未曾有之良好天氣迄至降雪期日、因由山中向外搬出之環境轉好、故木材產出量定能特別增加、據統計自本年一月至六月之上半期、全滿林產量計舊營業部管內二十四處、林務署及舊蒙政部九處、林務署合計伐採用材一九〇〇六四一石、薪材一三七七五七七石、木炭二五八六六七八石、茲將其區別舊實蒙兩部所管區出材數如左、

種別	舊實業部	舊蒙政部
一般用材	一〇九七五六九	[illegible]三二四
特殊用材	六二四九七〇	一七六七七八
薪材	一三二八二四四	九三三三
木炭	一三一三四五二	二七三五五六、

百五十名、第二日筆試合格者九十名、內中有被取十名、此次考取之警士、年齡平均在二十歲左右、並就中由多數初級中學卒業者、故斷定成績優良

一定於二十七日正式發表、十月一日入警察學校訓練三個月云、

滬江輪船下遊遇匪

幸無損害脫險

十五日午前十一時哈爾濱發虎林行之定期船滬江號、於十六日午前十一時三十五分頃、行經通河及濘通間百四十六立標附近時、發見江岸有日章旗幟、警乘長認爲可疑、當即注視其動作、果係匪徒企圖以此卑怯手段、作不法之行動、不料爲精明之警乘長慧眼識破、乃命船加緊開駛、匪徒見計不得售、乃以輕機關槍向該船射擊、一時船內大譁、幸有警乘長以下沈着警戒、終予無何等損害而脫出危險、治安當局得到此種消息後、頗爲震怒、對今後往來通該處之船舶將加嚴重警戒、以保旅客之安全云云

航運界

人事小異動

中川水運處長勇退 立川航聯總理繼任

哈爾濱鐵路局水運處長中川四郎氏、前以身體失和向鐵路總局請求給假休養、頃聞總局方面似將中川氏調轉總局勤務、准許中川氏赴日本內地靜養、至於其後任人選、似已內定由現哈爾濱航業聯合局總經理立川嚴介氏榮轉、同航聯局總經理一職、則由該局野本謙治氏昇任、至於野本經理之後任、以總局中川工務主任之呼聲爲最高、但目下似尚未決定云云、

要時黑煙濛濛、急電和市內各消防署、經十數輛救火車趕到現場、極力撲救、結果待至四時許、始將火撲滅、僅燒燬汽車一輛損失幸而輕微、經警察當局調査起火原因、係因工人修理車時、電燈撞觸着賓進港、以致發生火警云、

幼童路上嬉戲 慘作輪下之鬼

爲父母者應有戒心

司法科嚴查客桟賭局

連日捕獲數起

市內之一般所謂簡易旅館、其專依營業之收入者固屬有人、然以開設客桟爲名、實際以設賭抽頭者、亦大有人在、警察廳司法科因鑑於賭爲盜之源、爲徹底取締計近月以來、對於道外一帶之旅館、客桟時加檢查、以期賭風肅清、確保地方安寧、於十五日午前十時二十分、在大新九道街三二號仁和棧、捕獲賭徒石玉江（二三）以外十五名、後於十七日午前九時十分、在道外錢塘街萬聚棧捕獲尹楨鈞（二五）等賭徒五名、當將賭具賭資等一併帶科、經嚴訊辦、聞今後將對於賭擡、旅館、客桟、嚴厲檢查、以期賭徒之蕩清云、

經緯署召開保甲長會

經緯警察署、爲明瞭正工作之圓滑、使其萬無遺憾起見、特擬於二十日午前十時、在道裡中國七道街、巴拉斯電影院內、召集各管內保甲排長、開催會議、因此次會議所討論之一切事項、關於實施調査戶口之件、並關於起入國証者、須有保甲排長証明之件、濟査鴉片吸食証及檢査麻醉性毒品、實行交通安全之四項云、

擴充整備案同時決定
爲地方農民指導機關

依產業開發五個年計劃、爲振興國內之農業計、從來國內農事畜產、山林之各種試驗場、一律改稱勸農試驗場、以資擴張而便整備哈爾濱國立農事試驗場順應以上之擴充整備計劃、早在進行種種準備中、經昨十七日在新京召開之全國農試驗場長會議席上議決、改爲勸農試驗場、對於擴充整備案亦經決定、至於其擴充整備具体方法大体如左、

一、關係農民生活上產業上所不可分之農事、畜產、山林水產等種種使成綜合之大試驗場

二、於必要時試驗場可設置於行政機關所在地、試驗場爲一地方農民指導之中心機關、研究地方之特殊事情、並附設農事訓練所農事道場等云云、

司法科捕獲
匪徒三名

警察廳司法科自正陽署逮捕兇匪二名後、繼續激勵搜查股員、努力搜查餘党、於十四日午後十時、在八站難民區淸眞寺胡同二十一號、將潛伏之匪徒李耀奎(三三)及偏臉子安平街十一號荊春(四□)及張榮(四〇)當匪徒在睡夢中、乘其不備經大格門之後、將其一併[illegible]係踞踞下江一帶巨匪天元之部下、八月十三日香坊區管內安民街之雜貨舖被搶事主當時擊斃一名、重傷二名、綁走人票一名、或係彼等一流匪徒所爲、故司法科對此正嚴重審訊中云云、

結果經檢查之井數六百四十六件之多、其位置多隣近廁所、致其水質之中含有多數沈澱物成分、頗屬不潔、堪稱優良之飲水、六百四十六件中僅七件、其餘六百三十九件、全部爲不良水、已經判明、各機關於井水之不良、雖預想可知、然未經實地檢查以前、猶不知如斯之甚、經檢驗結果、各方不禁大驚、故關於全

電業哈支店
新築營業所
明春解冰後即動工

滿洲電業哈爾濱支店、因業務之日漸擴大、從業員亦日漸增加、現在新城大街薔阜合昶營業所頗感狹窄、不敷佔用、數月來即在物色適當空地、擬重新建築、頃聞地段街工廠街拐角比苦他亞利旅館之土地及建築物、爲電業支店所收買、土地約一千五百坪、買收價格爲十萬四千元、待明年解冰後、即將開工建修電業支店營業所、現在正在進行準備一切設計及其他建設準備中、聞以五十萬元之預算、建築四層乃至五層之鉅廈、待明年秋間、與正金、大北新報社、哈爾濱日日新聞社、電業支店之偉大建築同時落成、則地段街一帶[illegible]一所、預爲壯觀云、

指定馬車
駐車場所

曩者市內之載客自動車、任意停留毫無規律、於都市之交通觀瞻均有妨害、嗣經警廳指定地點、規定標識、不准任意停留、從前之種種弊端爲之一掃、惟乘客馬車、尙未規定、每停留於人行便道、不講交通道德、市民煩言嘖嘖、對於馬車之駐車場指定標識、曾與馬車組合方面作種種之考慮、結果決先由道裡一帶着手、於指定駐車場所設置駐車標識、不得任意停留、以妨交通、經緯署管內樹立八十七處標識駐車場、今後將普遍全市、各署管內一律施行云云、

學生雄辯大會
於盛況裡圓滿終了

滿洲帝國協和會、哈爾濱市本部、以友邦日本承認滿洲國五週年紀念日爲契機、期使一般學生徹底了解友邦承認之及九一八事變之意識、以學生先覺情神、應於全國民之覺悟起見、故由市本部主催、哈爾濱都市學生雄辯大會、於昨十八日下午一時、在道裡兩級中學校禮堂內、全市各中小學校每校參加學生二名、並有協和會本部員參加多名、及大會判裁委員長之賈教育廳長以次、委員田中學務科長、王禮教科長、後藤視學官、古田中學股長、師範學校張校長、趙兩級中學校長、大町初中學校校長出席之下、隆重舉行、國歌合唱、向御影行最敬禮、旋由協和會致開會詞、繼由來賓致辞、次由評判長發表宣判宗旨、遂開始講演、先爲中學部、後爲小學部、其講演題目、計分爲兩種如左、一、爲九一五日本承認紀念、二、爲九一八滿洲事變紀念關係、凡講演學生、精神雄壯、並有充分之理論、一時場內掌聲灌耳、至三時終了、遂由評判長頒賞學生代表致答辞云、

中秋佳節
警戒嚴備

哈爾濱警察廳長白銘鎭氏、及何秘書官、前赴新京、參加國都建設紀念式典完畢、於昨十七日、乘亞細亞號列車返哈、値此中秋佳節、爲維持市內之治安計、當通知各警署、施行警戒、以防不逞份子、乘機蠢動、現下各警察署、各組織數班、開始搜查云、

考取警察
成績優良

哈爾濱警察廳、招募滿人警士、業於十六十七兩日、試驗終了、此次投考者、突破五百餘名、其第一日入場應試者、三百七十名、口試合格者、一

自動車庫
發生火警

十七日下午三時半許、道裡警察街交通局大汽車、庫有滿俄工人數名、正在修理車時、突然一大普响、同時發生火警、工人驚惶之下、各自爭先恐後、向外逃脫、當時火勢猛烈

警察當局、爲謀防止交通事故、不時宣傳、期市民徹底了解、交通道德意義、並對一般司機、限制操縱速度、企圖交通安全、不料市民仍有一部分始終不明車道步道之區別、時有兒童於車道中遊戲、司機不遵守操縱規則、故仍不時發生交通事故、於昨香坊署管界、又發生一幕交通慘劇、茲將其經過情形、探誌如下、香坊陸軍街、門牌十六號、住戶劉洪君之長子、名文深、年八歲、於昨十七日下午二時許、在門前車道上遊戲時、正有國立種馬廠專用小汽車、司機趙克謙駕駛該小汽車、風馳電掣、一時停止乏術、竟將幼童撞於車下、車輪由頭部軋過、頭顱分成兩半、鮮血淋漓、當即斃命、慘不忍覩、該幼童之父母聞信奔至現場、抱其子屍、痛哭幾不欲生、責任當局、急臨肇事現場、檢驗完畢、令其備棺掩埋、一方將司機帶署懲辦、希一般爲父母者、勿使兒童遊於車道中云、

結核患者療養所
本月中即將動工建修
經費卅萬明年秋竣工

滿鐵創業三十週年紀念行事之一、樹立在全國五大都市建設結核病患者療養所計劃、關於合爾濱建設候補地、經由哈鐵附社科向市公署、折衝之結果、以郊外薛家屯附近(忠靈塔南方約四粁)之市有地三萬平方米、免費捐與、總工費三十萬元、基礎工事最近即將着手、預定最遲在明年八、九月末即可竣工、九月上旬開所、收容北滿之蒼白呼吸器病患者、該所可以收容患者五十名、凡赤貧患者、准予免費治療、滿鐵社員及一般市民均可入院、現在北滿之結核病患者療養院、僅富拉爾一處、特聘有肺病專家日置博士爲患者治療、今後哈爾濱療養所開設後、以哈爾濱爲中心、凡北滿一帶之患者可以收容治療、其成果頗堪期待、聞開所後之第一任所長、爲原奉天保健所長赤沼苓芳博士、博士最近即將來哈、向哈鐵當局接洽籌備事務云云、

公衆電話
十月增設六處

哈爾濱市內之公衆電話計哈爾濱站、石頭道街、一面街、馬家溝黑河街、濱江站賓店等五處、每月利用次數平均一千次內外、約五十餘元、最近因日人之增加、通話次數竟激急增漲、乃達一千八百餘次、電電管理局、依各方面增設之要望、決於下列地點最遲於十月中開設六處計、哈爾濱站、哈爾濱站站臺、地段街透籠街角、中央大街面包街角、安國街派出所前南崗義州街秋林洋行前等六處云、

開豐路清掃週間

【開原】開豐鐵路公司當局對于淸潔衛生、極端注重、茲爲防止疫癘注意衛生起見、特定于九月廿一日至廿七日爲實施淸掃整理而保健康云、

濱江特刊

第一三一號
盛京時報北滿總支社
社址　哈爾濱道外　桃花巷西口
道裡電話六八四七番

建築原料缺乏 價格因之暴漲

石子每立方米價七元左右

本年度北滿一帶尤其哈爾濱市內、土木建築界之一切材料、無不昂騰、並原料不足及勞力不足、致土木建築界陷於非常之苦境、前經滿洲國河川法之制定實施、徵收採取賦課金、限制採取等、因之石子碎

軍艦掃匪

與匪殲滅之打擊 奏凱而還

防備艦所屬之廣慶、白梅、小櫻三軍艦、在樋口廣慶艦長指揮之下、於目前由哈爾濱出發向木蘭三姓間担任警備、昨十四日起錨歸港、十五日午後二時廣慶、小櫻兩艦行經沙河子附近、發見江岸有匪賊百數十名蟠踞中、當即加以砲擊、同時陸戰隊登陸、勇猛攻擊、與匪賊以殲滅之打擊、匪勢不支落荒潰散、斯役也、匪遺棄屍体十二具、死馬十二匹、活馬七匹、鹵獲輕機關鎗及其他小鎗彈藥等頗多云云、

四軍區討匪成績

斃匪百四十六名

在友邦軍協助之下、日以繼夜、勇猛果敢、努力勦匪之國軍、經活躍之結果、致各地之治安得以確保、八月份第四軍管區國軍、匪賊討伐戰鬥次數達三十七回、匪徒數目達三千六百三十三名、內擊斃賊百四十六名、然國軍之損害僅名譽戰死三名、負傷七名云、

成約之十五萬袋、須乘原料漲價或日本粉外及粉輸出華北減退之機會而退出、否則哈市麵粉之輸出華北希望頗爲淡薄云云、

省警務廳人事異動

濱江省警務廳對於管內各日系警官之定期異動及各縣首席警務指導官異動如下、巡官刀根安治郎、警長牛島政美、勤呼蘭縣、巡官水野椽兵轉綏化縣、巡官井上久、警[illegible]利雄轉巴彥縣、巡官近藤四郎轉木蘭縣、警士近藤茂吉轉綏稜縣、巡官荒木榮轉海倫縣、巡官增子合朝壽、轉[illegible]森林警察隊、巡官田島[illegible]轉[illegible]縣、巡官平塚功、巡長高生近轉哈爾濱警[illegible]勤務、首席指導官警佐松戶寬轉任五常縣、警佐山口勘次任珠河縣、首席指導官、警佐藤田眞逸任木蘭縣首席指導官、警佐江夏利雄任安達縣首席指導官、警佐佐藤[illegible]轉肇東縣警務局、警佐山田四郎任肇東縣首席指導官、屬官徐慶璜任警務廳衛生科防疫股長、警佐安東茂美任肇東縣首席警務指導官、屬官內堀雅刀任警務廳衛生科醫務股勤務、警佐園部雄男任警務廳警務股勤務、警佐城後正男任警察室勤務云、

大賚扶餘百斯篤病

九月中旬以來可保小康

警廳防役股調查之結果

八月初旬以來、松花江上游大賚、扶餘兩縣附近部落、突然發生百斯篤病、情勢一時頗爲緊張、據推測該兩縣附近之各部落、稍一蔓延、則必總於全滅、故各關係方面對此頗爲憂慮、哈爾濱市因順流而下、關係上亦頗重要、故哈爾濱警察廳、市公署衛生科與其他各機關取以緊密之連絡、佈置水洩不通之嚴厲防疫陣、警察廳防疫股爲視察現地之發生狀陸續患染者、總之各地自九月中旬以來、保持小康狀態、病勢並未十分猖獗、哈爾濱市、因防疫陣佈置嚴密、病菌之侵入頗爲不易、故由此以觀、我哈市市民可以高枕無憂矣云、

老翁軋成三截

電車在車站肇禍

近來市內交通流血慘劇、頻出不窮、警察當局、雖嚴制操縱速度、奈一般司機、遵守規章者故不乏人、而玩忽守職者亦大有人在、於昨二十五日、電車又發生一幕慘劇、茲將其經過探錄如下、

南崗北京街門牌三十六號、住戶閻慶和、年七十一歲、於昨二十五日午前十二時許、携其五歲幼孫、至道外購物、歸鄉中乘五號電車回南崗、因該電車至車站、仍返回道外、故在車站換車、正在候馬家溝電車時、領其孫子並携帶一包裹、包裹忽然墜於鐵道軌上、該閻老翁正擬拾包時、竟被其先乘之五號電車由道岔子返回、將閻老翁撞於車下、橫臥道軌上、電車輪由其腰部及兩足部軋過、當時血肉橫飛、立即斃命、爲狀之慘目不忍覩、幸將其孫推出軌外、僅受輕傷、據發生事故之原因、該電車抵車站時、因司機章換西、降車小便、由車掌孟廣濤暫代親行、双方正在交換親行時、在安全地帶、將老翁軋斃、車掌既無司機經驗惹出此等不祥事故云、

封江之期迫於眉前

長途汽車準備運行

哈同線開通例年在十二月中旬

本年自開江以來航運界呈非常之活況、日來秋雨連綿、氣溫漸降、曾幾何時、封江之期又復迫於目前矣、同時代替船舶運輸之長途自動車亦將開始活動矣、哈爾濱鐵路局運輸處自動車科、對於同江哈爾濱間六百四十六基羅之長距離冰道路線之運行、現已着手準備中、頗爲忙碌、查哈同線之呼蘭、巴彥間之區間運行、本年夏季鐵路運行之成績頗爲良好、待結冰後、經由木蘭、通河等各重要城鎮、漸次延長、哈同線之開通、例年均在十二月十五日前後、因本年五月間、曾新開設由三岔河至五常間之新自動車線路關係、擴車頗多、故特於封江後、車輛預料必不足使用、爲此客貨運輸萬全、特向總局方面請求補給云、

不正業者之當頭棒喝

一日檢舉三百餘名

全滿領事館警察署、基於駐滿全權大使植田大將聲明、並治外法權全面撤廢之期迫於目睫、對全滿不良日鮮人、實行一大掃蕩工作、近日以來、銳意準備、突於昨二十五日拂曉、各地一齊、對不良分子及不正業者、第一次着手開始大檢舉、滿洲國警察側、與日本警察當局一齊行動、實行檢舉、對哈爾濱國際都市之性質上、日滿官憲一絲不紊、聯絡之下午前中被檢舉者約計三百餘名、由此日滿警察署得繼續對全市不良分子及不正業者徹底檢舉云、

擧區域爲道裡、偏臉子、迄至午前十一時許、檢擧鮮人三十名、日人十二名云、

【又訊】哈爾濱警察廳、與兵隊、領事館取密接聯絡下、於二十五日午前、由警保安科長、高桂警正及久目彤司法科長等指揮、向第一線出動、由警廳應援隊百餘名、管下十一個警察署、警員六百六十六名、警官隊、共七百六十六名、大檢舉陣網密佈、命令一下、各部署管內之日滿鮮俄阿片密賣者及密輸及其他不良分子、由午前五時起、一齊檢舉、至九時檢舉終了、

石磚瓦等價格暴漲、當六七月間每立方米石子價僅五元五角、而現在市價、竟一躍爲七元、暴漲達三成之程度、加以諸般之情勢、貨車操縱不良、運費昂貴等、原料之缺乏、成必然之局面、哈市現在砂及他之市價大体如左（單位—元）

砂	一立方米	三、五〇
石子	同	七、〇〇
碎石	同	五、〇〇
瓦（大）	一千個	一四、五〇
同（小）	同	一〇、五〇

北滿麵粉
輸出華北絕望
華北麵粉市場爲日獨佔

前於七月末、向華北輸出麵粉達十五萬袋之多、因事變之擴大關係、預想華北方面之需要自必愈見抬頭、滿洲麵粉之大批輸出爲華北、當意中之事、故哈市製粉界、頓呈活況、其後因運費高昂及輸出稅等種種關係、致北滿粉之輸出華北、成爲幻想、在華北市場日本麵粉與滿洲麵粉每袋相差七角至一元之鉅額、故華北市場完全爲日本麵粉所獲得、前

斑、曾一度派員親赴大賚、扶餘兩縣附近之現場視察、於二十三日、已將詳細情形調查終了、平安歸哈、據所調查之結果、大賚、扶餘兩縣附近前發生百斯篤以來、大賚縣附近之各部落陸路、水路鐵路等交通均經杜絕、該縣附近前地局子屯九月中患染百斯篤死亡者二十七名、十四日以後、尚未發生、好來寶屯九月中旬、患百斯篤病死亡者共二十八名、現在患者四名、十五日以降仍有

以顧鄉屯爲中心
已開始發掘古物
對其成果頗堪期待
考古家遠藤博士亦參加發掘

大陸科學院

當一九三一年及一九三三年、經日本學者及當地舊文物研究所在顧鄉屯附近一帶發掘多數之古物若水牛骨、毛象骨等、據考古學家推、均係二萬年前第四世紀時代之古物、彼時該處一帶家有人居住未可知、大陸科學院爲徹底發掘、以資研究計、特組成顧鄉屯考古調查班、班長由[illegible]諸家夫充任以外並有助手二名及僱用苦力約七十餘名、於今十五日起二十五日至三十日爲期、以顧鄉屯爲發掘中心地、在何家溝一帶實行發掘矣、將來發掘結果頗堪期待、一般人皆以極感興趣之目光而注視之云云、又訊＝現任文教部囑託之新京考古專家遠藤博士、對於此次大陸科學院顧鄉屯考古調查頗感興趣、定於十月一日來哈參加發掘云云、

【又訊】對於此次肅清工作、哈爾濱總領事館警察署、赤司署長以下、全署員武裝齊備、於二十五日午前四時集合、不顧風雨、由赤司署長訓示檢舉目的、希各署員注意、勿使遺漏、遂分爲十數班、由赤司署長總指揮、聯絡民警警部、道裏新安埠山田警部、南崗馬家溝小島警部、道外由司法警部共分五部隊、乘數輛貨物自動車、午前四時半、冒風雨分區出動、第一次掃淸工作範圍禁製品及（賣藥及其他）密賣日鮮人業者、麻藥中毒者、流氓無賴漢、由山田警部指揮警官隊檢結果不正業者及不良分子、滿人男一百六十六名、女十三名俄人十名、日本人五名、鮮人二十五名、合計一百八十九名內中日鮮人全部被領警拘留、滿俄人由各管警察署留拘、以得嚴重審詢、經肅署由渡邊保安主任代理張署長爲指揮一班警官隊、江沿許公路、[illegible]道口、地段街、電車街、新城大街、霞曼街、商務街、小公園高士街等各派出所分爲數班、午前冒雨大肆檢舉、以疾風不及掩耳手段、捕獲阿片密賣、賭博密淫各常習犯人五十七名、內有日人二名、鮮人三名現一併拘留中云、

對於中國事變
時局之視察
濱江省長　施履本

濱江省長施履本氏對於中國事變時局之觀察有如下之發表、自此次事變發生以來、時局的情勢、演成許多變化、頗不易簡單說明、茲就各方面觀察之點、述之於下、

一、就中國方面觀察之、中國之對日交涉、始而採取一面交涉一面抵抗主義此係蔣氏希圖強化自己之政權、以欺騙天下人之耳目耳、既而僞言統一、藉排日抗日爲號召莫斯科號卒使一般人民、莫斯科共黨、而共產黨則從此伸其魔手、欲以赤化中國、乃至發生蘆溝橋之事變、迫至事變發生日本則[illegible]希望現地解決、乃南京政府及二十九軍、一再背信、輕侮少數友軍、蔑視協定、輕啓釁端以爲衆能克寡、希圖洩其仇日之念、孰知兵貴精不貴多、將在謀不在勇、一經接觸、未出旬日、而號稱十四萬之第二十九軍、幾乎全數殲滅、南京政府、復派遣中央軍隊、前來應援、乃更節節敗退、平綏大同失守平漢涿州陷落、津浦滄州不支、濟南動搖上海方面以中央全部精銳、二十萬衆、死守月餘、而吳淞砲台失守、市政府亦被佔據、再如南京、南昌、廣東、福建、浙江等處的空軍根據地、陸續被炸、觀察以上失敗情形、僅逾兩月、即到如此地步、如再不反省求和、共被打擊殲滅、更不知伊於胡底矣、

至於失敗原因、雖甚複雜、撮其概要不外國民黨實行聯共抗日、煽惑民衆、表面負擔救國招牌、藉以維持自己政權、最近又見日本始終以和平爲方針、遂生過信自己武力充實、妄念、以爲日本不足懼、焉得而不敗也、

二就日本方面觀察之、友邦日本、係始終維持東亞之和平、希望日滿華三國提携以加實行大亞細亞民族協和主義、故華北事變發生之始、即採取不擴大方針、以期迅速解決、乃國民政府、始終不知反省、只更明目張膽、聯共排日、友邦不得已、乃興正義之師、卒至事變展開、而成日華之全面衝突、但自事變以來友邦純是理懲暴戾中國軍隊及減滅共產黨徒、毫無侵佔領土野心、[illegible]經對於世界各國、鄭重聲明、試看友軍攻克各城鎮、對於人民、極力安撫、或供給其糧食或寄附其金錢、一切行政、尤由地方治安維持會執掌、可知友邦絕不以中華之善良民衆爲敵也、且其紀律嚴明、秋毫不犯之結果、所到之地、所有商民婦孺、無不簞食歡迎、感恩戴德者、雖古之湯武之師、不是過焉、蓋共產主義、毒辣險狠、違反人道、以破壞和平爲能事、以殘殺屠戮爲主義、世人畏如洪水猛獸、眞人類之所同恨列國之所不容、一旦得逞、民族無噍類矣、此友邦興師討滅正所以救中華民衆使之出水火而登衽席也、

三、就滿洲方面觀察之、吾滿與中國土地、毗連接壤、雞犬相聞、赤餘東吹、首先受害、幸賴友邦、本共同防衛之旨、仗義興師、大張撻伐、爲正義而奮鬥、冒炎天暑汗、跋山峻嶺、毫無畏懼、忠勇直前、此我國人絕對信賴、竭力支援者也、務要各奉其事、各安其業、努力於自己的職責、培養國家的實力、勿聽信謠言、勿惑於蜚語、以作友軍的切實之後盾、並仰體訪日詔書上所說的日滿臣民、一德一心的宗旨、奮起精神、互信互助、共以完成亞洲永久的和平且如我皇帝陛下恭致友邦天皇陛下之親電所謂、親睦三千萬民衆、支援友邦等聖意、凡我臣民、均當敬謹遵奉、一致努力、故我滿洲國人民、對於在第一線之友邦有自動的獻納慰問金者、有敢赴前線服務供職者有願作種種之支援始終不渝者、此皆日滿不可分之關係所發生自然之勢、亦即與友邦共同維持東亞和平之主旨也、

四、就外國方面觀察之、本年八月二十[illegible]日蘇支不可侵條約締結以來、在中國方面以爲藉此可以威嚇日本、並欺騙中華民衆、中國勢力可以增長、其實此次條約之裏面、蘇聯係欲使中國爲東洋之西班牙化、對於中國共產黨之監視南京政府、如有反對容共或與日本講和者、則出而阻止之、此其陰謀殊爲不可掩之事實也、中國爲其束縛而又不加省察、欲乞憐於歐美、豈知此次歐美各國、對於中國事變、爲避免左右袒之嫌、皆作壁上觀、又加地中海力而危機四伏、一觸即發、列強自顧不暇、未遑他顧、中國方面、執迷不悟、知己力之不支、遂盼望他國參加援助救濟目前、孰知非我族類、若無權益利害關係、決不肯冒然參加、被人利用、所以此計終成泡影、於是又復提訴於國聯、不啻望梅止渴、畫餅充饑、長縮乞憐、益形醜著、而況友邦爲承認我國、脫退國聯、於茲五載、關於政治問題日本已無與協力之必要、又蔣介石夫人宋美齡、曾藉無線電放送石謂列國何不積極干涉、而外國報紙則謂我等爲擁護自己權益計、不希望戰事擴大、則誠有之如謂對於中國應表示親善、加以援助、則對於與日本之親善、豈不漠視耶近則美國復有輸出武器之令、而日美關係、益見緊密、可見中國以夷制夷之政策、既已失敗、而希圖外國之干涉或調處、亦爲不可能之事也、況共產黨主義、係先排日本後排歐美、希圖世界革命者、歐美其何能同情於彼哉、

五、綜合的觀察之、綜以上情形觀之、國際共產黨、係欲赤化中國、而南京政府、已入其彀中、絲毫不能自由、乃聽其操縱主張聯共排日、冀得維持自己之政權、豈知此項政策係鑄成千古大錯、必使中華民衆陷於萬劫不復之地位、友邦日本、[illegible]、大興[illegible]師、係爲維持東亞和平而戰、爲掃除共產黨而戰、爲增進東亞人類幸福而戰、爲實行大亞細亞民族協和而戰、對於中國領土無絲毫野心、對於中華民衆、無絲毫敵意、故所向皆勝所謂仁者無敵也、但中國如及早覺悟、翻然改悔、排斥共黨、實行日、滿、華三國提携亡羊補牢、尚未爲晚、乃計不出此、而反主張長期抗日、改組陣容、是無異作繭自縛、必遭滅亡而後已、觀共軍用機之要機關之崩潰等、在軍事上已破壞、軍器之缺乏、及軍事重無長期戰爭之能力、又加食糧之不足、經濟之恐慌、人心動搖已達極點、乃猶倡言長期抗日、豈非迷夢未醒耶、今爲中國計、宜自[illegible]與日本直接交涉、確立新政權、實行日、滿、華眞正提携共同立於排共戰線之下則能確立東亞之和平、增進人類之幸福、[illegible]

濱江特刊

第一三二號

盛京時報北滿總支社
社址 哈爾濱道外桃花巷西口
電話道裡六八四七番

華北大戰捷 市民慶祝大會

二日午前十時盛大舉行 參加市民數達五萬餘人

華北大戰勝、哈爾濱市五十萬市民慶祝大會、事前經協和會及關係各機關協議之下、業經備準就緒、一切形情會誌前報、於昨一二日午前九時四十分、各參加機關人員陸續列隊到場、計事務局中學八十人、警察廳五十人、鐵路學院四百人、鐵路局一千五百人濱江省二十人、稅務監督署二百三十人、稅關一百二十人、專賣署一百人、郵政局一百人、高等法院五十人、高等檢察廳五十人、地畝管理局三十人、電電會社一百人、哈爾濱中學校四百五十人、哈爾濱女學校五百四十人、婦人會及婦女會一百人、鈴兵同盟一百二十人、極東軍事同盟一百六十人、第一實業科學五十人、俄僑中學八十人、市立高級中學合局五十人、計器公司三十人道外商會七百人、回教分會一百人、正陽保一百人、南新保一百人、北新保百人、太平橋保一百人、松浦保一百人及一般市民之踴躍參加者合計約五萬餘人、均各在指定之地點整然排列、於午前十時宣告開會由協和會市本部長大迫副市長致開會之辭後 即由童子團行國旗揭揚禮、同時高唱日滿國歌軍樂隊伴奏、並向日滿國旗行最敬禮、韋市長致詞（文見另條）、對日華事變犧牲者默禱一分間、對日滿兩軍感謝電決議電文如下、

對皇軍感謝電文

『滿自東亞和平聖戰勃發以來、盟邦日本軍稜威卓越光輝赫赫於華北平原成功其世界史的作戰用兵轉瞬即使華北敵軍根據地保定、滄州陷落、而確立明朗華北之基礎、我等哈爾濱五十萬民衆、相會於此、茲當開催華北大戰捷慶祝大會、唯有感激 連日痛烈 之戰勝而已、爰以感謝日本軍將兵諸位之辛勞、並誓基於日滿一德一心之大義、益形精誠團結、完成槍後之任務、用副盟邦宏大之信義、特此敬表感謝慶祝之意、謹呈近衛內閣總理大臣閣下、杉山陸軍大臣閣下、米內海軍大臣閣下、寺內北支派遣軍最高指揮官閣下、植田關東軍司令官閣下、日比野駐滿海軍部司令官閣下、哈爾濱市華北大戰捷慶祝大會』

對滿軍感謝電文

『茲爲慶祝華北戰捷、我等哈爾濱五十萬市民、特開大會以資慶祝、查此次之東洋和平聖戰自勃發以來、盟邦日軍、屢在華北原野、樹立武勳、其夙爲容共巢穴之中國保定、滄州相繼攻克、華北明朗之礎於茲確立、不勝感謝慶賀之至我滿洲國軍、本諸日滿一德一心共同防衛之大義、協力日軍其不分晝夜活躍於第一線之奮戰、辛勞殊足使人感激、我等對此除深表謝忱外、願誓盡槍後職責、以期將士無後顧之憂也、謹呈張國務總理大臣閣下于治安部大臣閣下哈爾濱市華北大戰捷慶祝大會』

於以上兩決議電文畢、由岡田部隊長代表皇軍、于司令官代表趙四軍參謀長代表國軍致答詞、茲將于司令官之答詞採錄於下、

謝詞

『茲當華北 大戰勝慶 祝大會、對於皇軍賜親 切感謝之文、誠不勝光榮之至、原夫今次事變、友邦日本、爲維東亞和平、膺懲軍閥背信、進師中成華北明朗化之建設、實現日滿華北之提携、一德一心之精神、應隨友軍義舉、確保國內治安、以副國民之期待、本職謹披瀝國軍全體堅確之抱負、用表深甚之謝意、第四軍管區司令官于琛澂』、 嗣由鶴見日本總領事領導三呼大滿洲帝國萬歲、施濱江省長領導三呼大日本帝國萬歲、繼於樂聲伴奏、日滿國歌合唱中國旗降下、大會宣告閉幕、而緊接由所有參加者列隊、向規定之路線遊行

・遊行順序

第一班南崗方面式場（出口許公路方面）許公路、山街、第四軍管區司令部（萬歲三唱）義州街、憲兵隊、特務機關（萬歲三唱）大直街（○○部隊前萬歲三唱）鐵路局解散

第二班道裡方面石頭道街地段街工廠街、斜紋街、中央大街、中國二道街、公園解散、

第三班道外方面南馬路、許公路、景陽街、正陽大街、新世界至電車終點解散、

總指揮官白警察廳長、副指[illegible]（南崗）齋藤特務科長、總聯絡員中村、武重、趙、若野、第二班（道裡）張衛生科長、總聯絡員田森、高橋、金、加藤、第三班（道外）富樫警正、總聯絡員高橋、宋卓、梶高

然、參加者均各面帶洋洋喜色、慶祝之意完全表現於眉宇之間、雖遊行出發時稍降冰雹、然步伐整齊、並未稍亂、市民對於華北之大捷歡喜慶祝之熱烈可見一斑矣云云、

日滿僧侶三名 毅然從軍

親赴華北實行宣揚工作

自華北事變以來、對於不法暴戾中國軍膺懲之皇軍戰勝捷報、如雪片飛來、我全滿民衆、依日滿共存共榮、日滿一德一心不可分離宗旨、對於膺懲暴戾中國軍之日本皇軍、莫不甚表同情、毅然奮起、作友

教育、耑學滿文滿語、九年十月來滿、入極樂寺、一方留學、一方連絡佛教宣傳工作、

（一）爲日僧片岡岡昭君、現年二十八歲、於昭和六年三月、由日本天台宗中學畢業

去年十月以降 全國豆餅生產量

本年度油房之不振可見一斑

自去年十月以來至本年八月末之十個月間、全滿（除營口外）、豆餅之產量千六百六十九萬三千九百六十三枚、與前年之千八百四萬六千八百三十枚比較、激減一百四十五萬二千八百七十枚、本年度油房界之不振由此可見一斑矣、但以八月中之生產量與去年同期比較本年爲二十六萬一千五百五十枚、去年爲十一萬二千一百七十八枚、則本年約增加五倍半之鉅額、蓋因日華貿易之全面的閉鎖、致中國之豆餅不克向日本市場銷售、有以致之、茲將各產地別生產量探錄於下、

	本年八月	十月以降計
大連	一九五、〇〇〇	一三、三〇一、〇〇〇
營口	—	—
安東	一三五、四八五	九八六、六八六
哈爾濱	二九一、〇五五	二、九九一、四〇五
清津	—	四四四、一〇〇
合計	二六一、五五〇	一六、六九三、九六三

	前年八月	十月以降計
大連	一一、〇〇〇	三、八八九、五〇〇
營口	—	—
安東	五六、八九〇	一、五六八、一九五
哈爾濱	四四、二八八	一二、五八九、一三五
清津	—	—
合計	一一二、一七八	一八、〇四六、八三〇

已經降雪結冰等情、會見前報、而松花江上亦繼黑龍江之後、寒風凜凜、不久將來、亦將結冰矣、航業聯合局現正準備終航事務、眼見蜿蜒四千九百基羅之北滿大動脈、直至來年春開江時靜寂冬眠之期到來、繼上游下游各地船舶運輸應運而生之要爲大汽車、今年之[illegible]方法與前不同、爲使其運營能率之向上、將去冬以哈市爲中心之主義廢棄、以哈富間之各重要地如佳木斯、三姓、木蘭作爲與哈爾濱同樣之地點、將從來哈富間之直接通行線路予以一大變更、自哈爾濱發之大汽車、至木蘭時如有赴三姓之旅客、則改乘由木蘭發三姓行之汽車、由三姓而佳木斯、而富錦、今年新車頗多、與一般乘客以非常之便利、今年之各區間定期就業日期、三十日水上警務段有如下之發表、△哈爾濱三姓間十二月十五日開始、△三姓佳木斯間十二月十六日開始、△佳木斯富錦間十二月一日開始、△富錦同江間十二月一日開始、△通河方正間十二月十六日開始云云、

需要激增貨物減少 煤炭恐有飢饉之虞

對需給圓滑希望早講對策

以哈爾濱爲中心、北滿市場煤炭之需要、以北鐵接收爲契機、日人人口之增加、電力、諸工業之飛躍、其他滿俄人方面利用之增加、近年以來煤炭之需要量乃激急增漲 昔者每年之消費量達七十萬噸、嗣以治安及交通等種種關係、出炭輸送不足、致需供不能圓滑、對於市民必需燃料品之煤炭需供之圓滑化、爲一般人所急切要望、北滿唯一之煤炭供給社會日滿商事哈爾濱支店、鑑於以上之事態、由去年十月創設以來、即向配給圓滑之一途邁進、現在天氣日漸寒冷、嚴多所注目、查哈市主要煤炭厥爲鶴立崗煤、本年入哈數量約以二十萬噸爲目標、故開江以來對於輸送之萬全、及出炭之量數 頗爲注意、但嗣以苦力之缺乏 迄九月末至現在、僅運哈十五、六萬噸之程度、預想輸送可能期僅餘二旬餘、結果能否達到預定之二十萬噸之數量、頗有疑問、倘不能如數運哈時、須以西安煤代替、然自日華事變以來運輸亦不圓滑、到貨激減、至於奶子山及札蘭諾爾煤雖出產豐富、亦因運輸不圓滑關係、陷於完全杜絕狀態、據一般推測、待至明年二

二百人、青年同盟一百人高等工業三百人、醫專學校二百三十八人、省立女子中學校六百四十八人、女子師範九十一人、南崗保一百人、香坊保一百人顧鄉屯保一百人南崗小學校、省立中學一百人、高商二十人、外務局哈爾濱特派員公署三十五人、市公署八百人、日滿製粉公司五十人、電業局二百人、日本民會二十人、國際運輸公司五十人、朝鮮人分會二十人、普通學校三十人、道裡商會三百人婦女會等三百人、合同中學八十人、高級小學三百五十人、白俄事務局、省立兩級中學校七百五十人、高級小學一千七百人、經緯保二千五百人、新安埠保一千人、水上保五十人、第四軍管區音樂隊、兩級中學六百九十一人、航務局五十人、航業聯

華北大戰捷
慶祝大會致詞
主辦者代表哈爾濱市長

今日華北大戰捷慶祝大會、鄙人恭爲主辦之人、謹申一言、以爲致辭、盟邦日本、此次出師、乃原於國民政府及軍閥、多年來以抗日爲國是、親蘇容共爲政策、暴厲姿睢、達於極點、故有以殲滅之藉促彼等之反省、而拯中國四億哀吟無辜之同胞於塗炭之中、用奠東亞永久和平之局、此外並無他意、實屬崇高無上之行動、不待復贅、現在聖軍於暴政之膺懲、不啻風行草偃、華北原野、威稜赫奕彼滄州、保定俱爲華北敵軍之本陣、號稱難下亦於九月二十四日攻陷城頭之上、日旗招展、復乘華軍總退卻之機、兼程前進、節節踵追、義師之豐功、偉烈、有加無已、在世界戰略史上、可謂無不震驚、同時我滿洲國軍、以日滿共同防衛之立場、亦在國境戰線、同張撻伐、而華北民衆、於保定滄州之陷落、繼踵軍旅、手揮日旗、自動組織治安維持會者、所至踵起、冀燕雲山、日臻明朗王道慈光、漸拯華北民衆於水深火熱、此後脫離國民政府、澈悟東亞永遠之和平、放棄容共抗日之政策、而示日、滿、華提携之誠意、則澈底膺懲之聖戰猶未已也、今日之華北戰捷慶祝大會、意義深遠、此時我儕於華北及上海戰線、一意盡忠報國、勇敢義烈、泣鬼神而揚我武之日軍、當念其勞苦功高、氣求聲應、須知在中國原野所流之聖血、決非漫無意義、有始鮮終者、而値此今日、曩者九月十八日、皇上有詔書之頒布、尤當仰體聖旨、『沉着冷靜、各奮職事協和親睦、衆志成城』勿爲空言所惑、勿稍搖動心旌、庶以堅後方藩屏之守禦、而應盟邦宏大之信義願共勉旃云、

哈市顏料需要量
一年額百五十萬元　陰丹士林佔大部一

哈爾濱市內顏料之需給數量、因經售者之大部並非滿商、故對正確之調査、頗感困難、交易金額大約在百五十萬元左右、其中獨以德國出品之陰丹士林銷路爲最廣、約佔百萬元、堪稱壓倒一切、至於日本品佔哈市全需要量之四成內外、顏料之需要者、以道外滿人側之染坊爲最多、概係向顏料經售商直接購買者、哈爾濱顏料之需要量、自建國以來、逐年減少、據商工會議所之調査、其最大原因、蓋受日本染色綿絲布流入之壓廹、哈市織布工業之潰滅、爲染色工廠之衰退之基本原因、由此以觀哈市之顏料界如將來無大規模之織布工場出現、其需要量之增加、殆絕少希望云、

軍恰後赤誠支援、並熱烈自動捐募慰問品及獻金、此足表現日滿共同防衛之見地現象、茲者南崗極樂寺佛教天台宗講師日滿僧侶三名、鑒及時局重大、欲安定時局之計、特向日滿軍部、呈請毅然從軍、現得日滿軍部之同情、日內由哈爾濱出發、向華北第一線實行宣揚佛法、並連絡日滿華各方面有力者從軍宣撫工作、茲將該三僧侶出身及今次從事之經過情形探錄如下之

(一)僧人繁瀨順誑君、現年三十歲、前於昭和九年三月、在日本大正大學專門部畢業後、受滿洲國留學生之後、即行渡滿亦入極樂寺從事宣撫佛法、本年七月赴一面披、仍以宣揚佛教努力不已、並極力啓發滿人思想、

(三)爲極樂寺佛教講師滿籍旗人梧眞正明君現年三十二歲呼蘭人、前於民國十六年、畢業於呼蘭縣立模範高級小學校、從民國十九年四月入哈極樂寺佛教語中學、大同二年畢業、被選爲留日學生、旋即赴日入學山中、本年三月畢業返國、仍在極樂寺從事宣揚佛法、上述三君鑒及現在時局重大、毅然從軍、親赴華北宣傳佛教及連絡宣揚工作、誠令人欽佩云

路局召開
站長會議

哈爾濱鐵路局、由昨一日午前九時、亘二日間、在局內招集管下主要站區長會議、當時由副局長、郡副局長、高澤總務處長及各處長、科長出席之下、嚴肅舉行、即此次開催之主要站區長會議、係對於非常時局之處置、局員之覺悟其工務之方針、以期運輸警務各科事務圓滑並對本年之新計劃、當面之專門諸問題、加以協議云、

哈林務署發見
胡桃適宜植培地
最近即將講求造林具体策
崎田林務署長談發見經過

胡桃樹爲軍工藝用材之一種其需要數量、近年以來累年激增、因此胡桃樹材料之價格、年來亦隨之增漲、一方唯一之供給地老嶺、龍爪溝佛倫山脈南方一帶之森林資源之現狀、當舊政權時代、任意採伐、致將胡桃樹木、採伐殆盡、各方面對此頗爲憂慮、關係當局爲撫育造林計劃、企圖該計劃遂行之決定條件、對滿洲胡桃樹最適宜栽培地之調査研究、無費苦心、終經哈爾濱林務署發見、各方面對之頗爲注視、經發見后、該署現正講求造林具体策中、發見之地點在龍爪溝山脈發源地西去亮珠河流域東經一二九度五〇分北緯四五度五分爲中心、在濱綏線亮珠河部落東方上流五粁地點、方圓一一粁之平坦地、對於此事、據崎田林務署長談稱、蓋造林學上關於造林樹木之適宜地、爲先決條件、造林計劃之成功與否、關係至重、此次胡桃之適宜地既經發見、待詳細調査之結果即將着手造林之具體計劃、曩者本署管內年產胡桃約達三千五百石程度、然其後各地同樣年年減少、本年入春以來由各林區實行調査、今日果然發見、殊堪慶幸云、

迫於目前、而哈爾濱市場煤炭之積存量果爲若干、誠爲一般一月頃、哈市之煤炭恐有飢饉處一般對此頗爲憂慮云云、

警廳人事異動

哈爾濱警察廳、鑒於治外法權全部撤廢期廹、謀準備治安陣容鞏固、依地方行政機構改革、基於北新警察署、南新署水上、松浦各署合併廢止、期對於人事之刷新、經警察當局考慮結果、對於人事又有一批大異動、於昨有如下之發表、

警務科警長劉興漢調經緯署
特務科警長楊呈瑞調南新署
特務科警長王世元調南新署
外事科警長高尙宸調經緯署
仝　仝　黃福臻調南新署
仝　仝　夏冲元調新安埠署
仝　仝　鄒龍韜調新安埠署
保安科警長翟振鐸調新安埠署
仝　仝　蕭芳儀調南新署
衛生科警長張逢邦調經緯署
仝　仝　韓書田調正陽署
司法科警長孫錦帆調正陽署
仝　仝　張英俊調南新署
仝　仝　王洪飛調顧鄉屯署

南新署警長張興武調特務科、松浦警察署警長李繼東調特務科、南新署警長張樹馨調外事科水上署警長張連中調衛生科北新署警長劉俊臣調衛生科松浦署警長葛寶鐸調衛生科北新署警長明先喆調司法科、松浦署警長葛明忠調司法科、經緯署警長李銘閣調太平橋署、北新署警長尙子裕調司法科、水上署警長佟化全調衛生科、新安埠署警士張俊遠調警務科、松浦署警士楊春羽調保安科、水上署警士苗恩沛調衛生科、經緯署警士一文寶調太平橋署經緯署警士安德義調顧鄉屯署、太平橋署警士李雲文調司法科、太平橋署警士李文辟調外事科、此外南崗署等署南北新署等警士移動總計二十五名云、

募兵映畫會
舉行盛況

第四軍管區、此次募集新兵爲使一般了解募兵之趣旨、特於昨(一日)下午七時、在道外新舞台、舉行募兵映畫會、出席參加者有協和會員、正陽警察署趙署長、以下各保甲長、排長及市民、參加者共二千餘名、非常踴躍、當由第四軍管區趙參謀長講演募兵之意義云

青訓所行入所式

【安東】青年訓練所、第三期生、(三八名)之入所式、已於二十八日午前十時、在該所院內舉行、出席者有張司令官大澤特務機關長、別宮協和會本部長大槻事務長、工藤指導官、安東縣長、以下各部科局長、行盛大之入所式、會中爲宮縣長等訓詞、最后爲學生代表宣誓、十一時終了閉式云、

長途汽車
定期開駛

黑龍江上游因氣溫下降日前

濱江特刊

第一三三號

盛京時報北滿總支社
社址 哈爾濱道外 桃花巷西口
通話電話六八四七番

長途汽車運行同時 裝甲警備車出動

跳梁小醜自得望影而逃不得肆逞

水上警務段保護客貨之計劃

哈同線之長途大汽車一個月後、即將開始運行矣、水上警務段、爲期本年之運行萬無遺憾計、決定先期開駛警備車、目下正在積極準備中、自動車線路之調查、本体業經終了、從來哈同線匪賊出沒無常、時圖襲劫、被害甚鉅、因鑑於此種情形、前年以來即苦心研究對策、水上警務段與哈鐵自動車科協議之結果、爲避免匪襲特在哈同線配佈裝甲警備自動車若干輛、待長途汽車運行時充分發揮共保護能力、

裝甲警備車一縱列一輛乃至二輛、一遭遇匪襲之時、可向裝甲車內避難、裝甲車之外部完全以鋼鐵造成、可避槍彈、並備有機關鎗、如匪賊襲擊時可以立即應戰、因此預想本年度江道之長途旅行必可安全、匪徒自必望影而竄、不敢肆逞矣云云、

由牡丹江出發午後八時五分着列車來哈、是日午後十一時四十分發列車赴克音河、視察該處一帶移民狀態、二十五日午後四時三十五分着列車返哈、在哈逗留一夜後翌日午後五時十分發列車南下云云、

國軍勦匪功績

今後匪徒已入於末路

與氣溫之日漸低降成正比例之北滿匪徒、青紗障幕已去、共壽命自然隨之而終了、國軍爲確保治安、奮發共不眠不休日、在三江省五道崗、與約三百名之匪戰鬥約一小時、斃匪十名、我軍戰死兵一名云云、

省署召開指導官會議

議題大体決定

濱江省警務廳、定於本月十七日午前九時、在該署官房會議室、召開管內各縣首席警務指導官會議、茲將其議題採錄於下、

一、關於時局對策之件、

一、關於法權全部撤廢準備之件、

各農村連絡、將此等廢物利用爲農作物之肥料、乃一舉兩得之美事、各方對此頗爲贊同、關於此項提案正在製作具體議案中、農政科管內近郊之各農村肥料需要量、據農政科之調查耕地五萬八千四百九十七垧需要土糞肥料量將達百二十萬四千九百四十噸、內計

	施肥面積	土糞數量
大豆	一九、五三四	三一〇、六八〇
高粱	一四、五三九	二九〇、七八〇
粟	一八、四一八	三六八、九六〇
包米	四、一二三	六一、八四五
粳子	九七八	一九、五二〇
穀子	八七七	一三、一五五
合計	五八、四九七	一、二四四、八四〇

查近郊各農村從來多不施用肥料、久之土壤難免有惡化之虞、以現在農村之狀態而論、實無購入近郊肥料之可能、如能將市內之壓芥汚物作爲肥料、爲最適當而合於農村經濟狀況之唯一理想美舉、聞市署爲圖製造乾糞擬在香坊郊外以三萬坪之廣場經費約二萬元、修理一大晒糞場、最近即將着手施行云云、

煤烟防委會

結成式典

哈爾濱日滿關係各機關爲保持市街明朗化及市民身體健康之見地、經責任當局協議結果組織煤煙防止委員會以期排除煤煙、確保清潔化、擬定於本月十九日下午二時、在市公署四階樓上會議室、舉行煤煙防止委員會、結成會式煤煙防止委員會會長由叢市長担任委員長由大迫副市長担任、聞該會設置於市公署內云、

傳染病患者

九月份共計六十四名

市公署衛生科所統計

據哈爾濱市公署衛生科統計、九月份市內發生之各種傳染病患者、計患赤痢二十名、死亡一名、患腸窒扶斯者十一名、死亡一名、患發疹傷寒十一名、患猩紅熱十七名、死亡一名、共他四名、共計患者六十四名、由本年春季迄至九月份累計發生傳染病患者共七百四十九名、內中死亡者六十三名、按傳染病性發生最多者、惟發傷寒疹二百三十四名、死亡三十名、赤痢二一百二十四名、死亡十三名云、

麟保委員會

巡廻施療班

施療日期區域等已定

由十一日起、至二十二日止、亘十二日間、分別在市教育科所屬市內各校放映衛生電影、每日由午後六時起、茲將其日程誌錄如左、

十月十一日新城校、十二日公園校、十三日正陽南校、十四日北新校、十五日南馬路校、十八日安康校、十九日新正陽校、二十日建設校、二十二日西市場校、

哈鐵主催

農具展覽

哈爾濱鐵路局產業處、定於二十五、六兩日、在軍官街哈鐵倉庫構內、開催農具展覽會目下由哈鐵、省公署、市公署、市內農器販賣業者開協議中、以農業爲中心、北滿產業開發事業計劃、着着實行時期、舉行此種展覽會、頗有達大之意義云云、

紅卍字會

十週紀念

昨隆重舉行

十月九日爲世界紅卍會濱江總分會成立十週年紀念日、該會爲表示紀念特於是日午前十二時於該總分會大禮堂舉行極隆重之參拜典禮、除全体會員一律參例外、各外縣分會亦有多數代表者出席、參加人數不下百餘人、式典極爲嚴肅云云、

赤司令警署長

有將任經緯署長說

治外法權之全部撤廢僅餘一月餘之時期、領事館警察署赤司署以下各幹部轉入滿洲國官廳後、果將担任何種要職、誠爲在哈之友邦人士所深甚注意、據一般觀測、赤司署長或將榮轉警務廳、乘此次省側人事之大異動就任警務科長或保安科長亦未可知、但一方就任經緯署長之說亦頗有力、蓋經緯署管內待治發實施後、友邦人民絕多、比較現在之數目何止卅倍、赤司署長對於友邦人民有極深之理解就任該署最爲適宜、聞現在一部日人有擬向警務廳當局請願、希望赤司署長任經緯署長說、聞上原警部似將入司法科、小島警部入警察廳、此外其他幹部將來轉入何處猶無所聞云、

件數大體如左、

	建築	土木	合計
鐵路局	一七六	一八六	三六二
市公署	二三	六二	八五
交通部	—	三七	三七
滿官廳	三九	二三	六二
合計	二三八	二九八	五三六

建築金額（單位萬元）

	建築	土木	合計
鐵路局	一〇九	七六	一八五
市公署	二五	七六	一〇一
交通部	—	一四一	一四一
滿官廳	六六	二四	九〇
合計	二〇〇	三一七	五一七

此外民間建築工事金額約達三百萬元、九月間之包修額約八十五萬元、本年九月末總計七百九十餘萬元、與例年比較、大体無甚差異云云、

之偉大精神、乘匪徒屏障已失之時機、勇猛討伐、樹立赫赫功勳、茲將最近討伐之功績探錄於下、

一、第〇團於九月三十日在賓縣管內之蜜克圖東方大礄子與道德股匪戰鬥約三十分鐘、匪勢不支向東南方潰走、當場斃匪十餘名、鹵獲子彈三十二粒

二、治安隊於九月三十日、在木蘭娘娘廟西南方與一抹臉匪戰鬥約二小時、匪勢不支、向西南方逃走、此役斃匪八名、傷匪多數、我軍戰死兵一名、

三、第〇團部隊、於九月二十三日在方正西南劉家店與占山好戰鬥約三十分、匪勢不支、向西北方逃走、此役斃匪六名、傷匪多數、鹵獲大小槍二支、

四、第〇團部隊於九月三十日在東興南方方家屯、與張師長匪戰鬥約二小時、匪不支、向西南方逃走、此役斃匪八名、捕匪一名、鹵獲大鎗一支、我軍傷兵一名、

五、第〇團部隊、於九月二十四日在三江省五道崗地方、與匪戰鬥約二小時間、斃匪十六名、傷匪二十名、斃匪馬二十四匹、鹵獲大鎗三支、小鎗五支、子彈一百八十粒、馬一匹、我軍僅傷兵一名、

六、第〇團部隊、於九月二十二日、在方正杜明增屯、與竄山紅匪戰鬥約數小時、斃匪六名、傷匪十餘名、鹵獲大小鎗三支、子彈五十餘粒、我軍安全、

七、第〇團討伐隊、於十月四

長野縣移民視察團

定於廿六日南下

長野縣滿洲移民地視察團一行二十二名定於本月二十一日

一、關於警備計劃之件、
一、關於庶務規程制定之件、
一、關於分股規程制定之件、
一、關於教育規程制定之件、
一、關於產業五個年計劃等事項云云、■

利用塵芥汚物作爲肥料

將在香坊郊外設場晒糞　一舉兩得即將實行

頃據哈爾濱市公署衛生科淸理股調查、市內塵芥處理數量、每日大體約二百五十噸、每個月累計則爲七千五百噸、每年則爲九萬噸、加以糞尿共計不下十五萬噸、從來之處分方法、係由市署淸潔股理、將塵芥集於一定之場所適當處分之、現在有人提倡對於市內之塵芥汚物等、如能與農政科管內之

南崗小賣市場

市署制定使用須知

哈爾濱市公署商工科、爲南崗附近一帶住民購買青菜食料品等、便利起見、故由本年夏季、特在南崗建設街新建築小賣市場一處、現已完全竣工、均已租出、茲將該市場使用規則探錄如下、

哈爾濱市公設小賣市場使用須知、

一、使用者除依哈爾濱市公設小賣市場使用條例所定者外、須遵守以下各項、

二、市場內不得販賣未經本署承認之物品、

三、售品價格須經市場管理人指定或承認、並就各物品逐一明白標示之、

四、使用者在場內所雇用之夥友、須預將姓名、年齡報經市長承認、其有變動時亦同、

五、使用者於自己所雇夥友、在市場內之行爲、須負其責任、

六、使用者對待顧客、當須親切叮嚀、不可稍有粗暴、非禮舉動、

七、使用者於衛生、火燭、宜時常注意、

八、使用者及夥友、當在市場內時須保持清潔、不可御厭惡之服裝、

九、凡有染性疾患或疑似之者、勿令從事店務、

十、欄櫃內外並門前等處、須勤加灑掃保持淸潔、

十一、塵芥及其他無用之物須棄於規定場所、努力常將舖墊收整整然、

十二、空車空箱貨物等、須置之規定場所、於關息時持歸之、

十三、不問間接直接、凡足以妨害他人營業之行爲或在通路上站立及放置物品等足妨他人通行者均所不許、

十四、搬入各貨之運搬等、如用轅貨馬車或載重汽車時、須特別注意、

十五、市場管理人如於物品或賬簿有所檢查或詢問不得拒絕、

十六、商品如因被盜風害氷災等所受損害、本署不負其責、故商品之管理須各商自行設法、

十七、不經許可不得停止售貨閉歇營業、

十八、店舖[illegible]撤廢時、須於三日以內將貨品等物搬出、恢復原狀退還之、

十九、如有左列情事得停止或禁止其販賣或將取消該店之使用許可、

一、售賣品質粗惡或已腐敗之貨物時、

二、售賣之貨物其數量價格等有詐僞時、

三、有妨害市場信用之行爲時、

四、三日以上不作營業時、

五、違反本須知及不遵市場管理人之指示時、

(附則)使用者應依互選或推薦辦法、選定適宜之正副代表各一人呈請市長承認云云、

哈爾濱市鄰保委員會、鑑於市內貧民患病無資治療、爲憫恤貧民計、特組織鄰保事業巡廻施療班、茲將施療日期、區域場所探錄如下、南崗十月十八、十九、十一月三日、四日、十九日、二十日、十二月六日、七日、二十二日、二十三日、場所西市場小學校、由午前九時至午後三時、顧鄉屯十月二十日、二十一日、十一月五日、六日、二十二日、二十三日、十二月八日、九日、二十四日、二十五日、場所顧鄉屯小學校、北新十月二十二日、二十三日、十一月八日、九日、二十四日、二十五日、十二月十日、十一日、二十七日二十八日、場所北新小學校、太平橋十月二十五日、二十六日、十一月十日、十一日、二十六日、二十七日、十二月十三日十四日場所太平橋學校、松浦十月二十七日、二十八日、十一月十二日、十三日、二十九日、三十日、十二月十五日、十六日、場所財務分處松浦分所、水上十月二十九日、三十日、十一月十五日、十六日、十二月一日、二日、十七日、十八日、場所馬船口小學校、香坊十一月一日、二日、十七日、十八日、十二月三日、四日、二十日、二十一日場所慈善救濟所、時間由午前至午后三時、統一、茲將附註例左、

1上列日期業將星期日除外、但臨時放假日醫療亦停止、

2上列診療處所之外、正陽、南新兩鄰保區患者、可到傅家甸診療所治療、道裡區患者可到埠頭區診療所治療、新安埠區可到新安埠診療所治療、日期不限、

3請求治療者須以鄰保委員發給之免費診療劵爲憑云、

各校放映衛生電影

由二十日起

哈爾濱市公署衛生科、爲期學生增長衛生智識起見、特定

哈市本年工事費額

約八百萬元

結冰時期已迫於眉睫、今年度之土木、建築業截至本月末大體告一段落、查由本年一月至九月末哈爾濱市土木建築工費、計民間側達七百九十餘萬元、其中主要企業者別及包工

指紋效用宏大

南崗之大竊案三日後破案

南崗署管內住戶雜貨店孟繼續家、於六日午前六時頃、曾發生一幕竊案、丟失現欵約一千五百餘元、當時情形、曾見本報所載、自該案發生後、警察廳司法科頗爲重視、當將犯人之指紋採取歸科、與既成之指紋原紙一一對照、結果發見一同樣之指紋、當即派遣搜查員於八日午後二時頃、在中國十一道街泰豐居將孟濟勤(三九)逮捕、審詢之結果、供行竊不諱、茲將其所供簡錄於下、

孟濟勤現充泰豐居酒館櫃夥、前曾在被害者孟繼續家充當傭人、故對於孟宅情形、頗爲熟習、故於六日午前六時四十分頃、乘孟宅家人均在熟睡之中、侵入室內將現欵千五百元竊取逃走云、

同和自動車設修理工場

同和自動車公司哈爾濱支店、由今春以來在八站公園北側新道路左近廣大之空地、開始建修支店事務所及汽車修理工場中、大体十月間即可竣工、同時該支店亦即遷入辦公、該公司擬在哈爾濱市以全滿設置修理工場三處、規模均甚宏大、哈市修理工場俟新樓落成時即行開業云、

嚴厲取締放印錢

【遼陽】縣治安當局、爲撤底治安工作、對於放印子錢殊有害於窘迫的居民、現正調查取締中、倘有逾格利息者、定行懲罰不貸、查放印錢的內幕亦極複雜、有什麼十元錢本、每天打三角、以四十天爲滿、還有十元作本每天打利、以五十五天爲滿的、諸如此類、指難枚舉、想今後將被舉利徒取締、實爲窮民之福音云、

工作班於悅鎮宣講

【三江】三江省民生廳文教科、主催以教化爲正治安、改組之教育工作班、於湯原、依蘭、方正、已宣撫講演完竣、頃于月之五日、向悅來鎮出發、班長麟文教科長、次有李縣長、胡屬官、國井兩中校長、鄭永中校長、並隨員等十五人、於六日抵鎮、在女子學校、招集教育界人員及農商代表、保甲要人、澈底講演、使之了解王道教育精神、忠君愛國、須由童年作起、末報告現日華戰爭實況云、

舉行詔書奉戴式

【遼陽】縣署奉到 皇帝陛下時局詔書、特於本月十一日午前九時、召集縣屬各機關、全部職員二百餘人、在縣署內庭集合、敬謹嚴肅舉行詔書奉戴式、縣長參事官、對於詔書旨趣時局關係、日滿協和精神、均有極詳盡之發揮與訓示、當時各職員、如都敬聆聖意云、

濱江特刊

第一三二四號

盛京時報北滿總支社
社址　哈爾濱道外桃花巷西口
道裡電話六八四七番

前昨兩年度特產年度

製粉界之消長

去年度得到預想以上之盛況

製產量一三、二二九、二七〇袋

哈爾濱製粉業、自去年下半期以來、因受四週環境良好之恩惠、得向南滿各地儘量的傾銷、本年一、二、三月間、每月之生產量竟突破百萬袋程度、一時被稱為製粉界之黃金時代、於是各休業火磨亦相繼復業、一面日本資本之進出亦頗踴躍、頗呈一時之隆盛景相、其後漸以南滿一帶麵粉消費之激減、又兼新京粉向南滿之籠相進出等種種原因、致哈市製粉界之環境漸趨惡化、自三月末以後、尤有每況愈下之概、其中最不振時期、哈市各工廠之積存麵粉數量突破一百二十萬袋之多、造成未曾有之不景氣現相、其衰退步調堪與油房業相同、一般對此、莫不加以深甚之注意、詎自五月中旬以降以至六月間、情形稍見迴轉、更以華北事變為契機南滿方面向華北輸出之麵粉、急轉直下、最近華北方面之貨需尤見旺盛、各工廠不約而同一齊發揮其全能積極作業、生產數量遂呈激增、

今年及去年（自三年十月至四年九月）之特產年度、在哈製粉業日滿、双合盛、成泰益、義昌泰裕昌源、三泰棧、廣信、天興福第二、第四等十家火磨之製產量、輸出量、當地消費量等探錄於下、

製產量一三、二二九、二七〇袋、輸出量八、五六三、九四八袋、當地消費量四、一二七、三八三袋、去年同期之製產量為九、五五九、七三〇袋輸出量為七、二四五、三二一袋、當地消費量為三、四一〇八〇袋、兩相對比、本年度之製產量約增加三、五六三、九六八袋、約佔全數三成七分強、輸出量及當地消費量、均較去年度約激增二成餘、茲將去年特產年度及前年特產年度製粉量及月別分別探錄於下（單位＝袋）

月別	去年度	前年度
十月	九四〇、九〇七	七三八、〇三一
十一月	九八〇、七六一	六六六、六三八
十二月	一、四三九、九〇七	一、三三九、五九四
一月	一、五五〇、三五四	七五六、二七一
二月	一、二一一、六八四	七七七、九一五
三月	一、一〇〇、三三〇	八〇一、三〇九
四月	八八九、七三二	九三三、一一五
五月	八九一、七六二	八〇四、八三〇
六月	九二五、三三三	七九五、六六五
七月	九六八、三五九	七三四、〇六一
八月	九〇一、四〇四	八三五、八三五
九月	一、四四八、七八二	一、〇四一、二〇七
合計	一三、二二九、二七〇	九、五五九、七三〇

月產量約一、〇九四、一〇五袋、作業工廠數平均十家、每家當平均年產量約百三十二萬袋、如按上表之月別推移狀況觀之、九月份之生產量較之八月份、竟增加約五十萬袋、惟去年之特產年度已如前述、自十二月即入於活躍之一途、一月份最高量竟突破百五十五萬袋、至二三月份、尚能保持和平狀態、自四月以後漸次減退以至事變勃發、七月份又突破九萬袋、製粉業二年來之消長可以瞭然矣云云、

警察官派出所 廢合改稱問題

警察廳當局慎重考慮中

為期治外法權撤廢後對於市內之保安、司法、行政運用圓滑計、警察廳特將管下之四署廢合同時關於人事方面亦大加刷新、為充實內部之機構計、對全管下各署員加以大量人事異動、今後對於散在各處之警察派出所百餘處之位置變更及名稱之合理的改稱即將準備施行、現在警察廳管內各警察署所屬派出所數、計道裡二十五個、道外二十九個、南崗、馬家溝二十八個、及其他合計為一百〇一個、此等派出所之位置、多屬建國以前之舊址、在北鐵接收以前應種種複雜情勢而設者、以現在情勢之推移、殊感有派出所之位置有不均衡之憾、例如警察前竟設有吉林街派出所、殊無必要、茲首將松花江警察署管內之海倫街警察官派出所、十六日起改稱松浦鎮警察官派出所並遷至松浦鎮、馬家船口湯源街一號、此外一、二派出所之位置及名稱亦將相繼變更云云、

建設健康都市 充實衛生機構

將設立哈市衛生試驗所

為期療藥患之於紀市內所有之鴉片零賣所、由明年一月一日起、決歸市公署衛生科接收、改為公營、同時並設立市立衛生試驗所、為市民之保健衛生健康增進一大運動、依照友邦日本內閣之一重要機關保健省之新設、頗為指頭、關於設立哈爾濱衛生試驗所樹立三個年之繼續計劃明年度為實施之第一期經費為五萬八千八百八十五元、第二年度康德六年經費為三萬八千八百八十元、最終之第三年度即為康德七年、經費為一萬元、合計十萬二千四百六十五元之鉅額遂設經費、將現在道外之衛生技術廠哈爾濱支廠之總舍實行改築、哈爾濱市素為各國人種雜居之處、疾病之原因亦頗複雜、今後依衛生機關之強化、將對結核並傳染病、瓦斯中毒等病因、加以根本之研究、勿使以上之疾病絕滅、造成健康之哈爾濱、對於一切獸毛皮類之輸出以前、須施以防疫手續、使素稱病魔都市之哈爾濱、變健康之大都市、對其成行、頗堪注目云云、

以地段街為中心 演習市街戰

青年學校實施訓練

哈爾濱青年學校、當本年秋季定期查閱之際、適值此非常時局、為使青年學子對於北滿第一線之重大責任之自覺、以期鍛鍊精神、修得技術、作猛烈之訓練、當查閱時故得到非常良好之成績、以明十七日神嘗祭之日為期、自午前七時至九時之間、以地段街為中心、互買賣街一面街方面、實行演習市街戰、以吉國指導員為總指揮、堤、前田兩指導員以下百五十名之學生總出動、展開壯烈之市街戰、情形頗為熱烈緊張云、

妓女小桃被刺 兇手當場自殺

薈芳里發生慘殺案

道外北五道街、門牌十五號佳戶王玉慶、年四十六歲、山東人、以刷油為業素、性荒蕩、曾於七月間在道外十七道街薈芳里、四等妓館、結識前在艷春里處妓女小桃、（年十九歲江蘇人）自結識以來、不時前往投宿、於十五日夜、王復前往投宿尋歡、午前五時許、不知因何事故、王某懷恨在心、乘小桃正在酣睡之際、以尖刀猛照小桃胸部連刺九刀、小桃由夢疼醒、狂呼救命、鮮血淋漓、當即昏倒、身臥血泊中、鴉兒與茶壺由夢驚醒、聞有救命聲、急起床赶至小桃室外、見門緊閉、用力敲門、內無應聲、王某行兇後、知事被人查覺、逾難逃逸、復持尖刀、將自己胸部猛力刺傷二刀、當亦因傷倒地、鴉兒情急、將門撬開、見妓客橫臥、鮮血模糊、急報告警所、以電話叫來救急車、送至市立醫院、應急手術治療、據醫師云、妓女雖受重傷、生命似無危險、王某傷勢較妓女尚輕、至其慘殺原因不明、警察當局正在調查中云、

協和會實施 時局有效工作

市本部總動員實施指導

滿洲帝國協和會哈爾濱市本部、鑑於現下非常時局、日趨重大、為使各分會強化鞏固之基礎、關於時局工作、實施事項如下、

市本部實施事項、以各分會積極活動、由市本部總動員實施指導、為使今後諸工作之圓滑、故各分會開催懇談會、

分會實施事項、

（一）精神活動工作各分會以鞏固並國精神為基礎、定於每月一日定為愛國日、各分會一齊對於左記事項實行、

一、國旗揭揚（日滿兩國旗）

二、國歌合唱（日滿兩國歌）

三、回鑾訓民詔書奉讀（分會長）

四、分會宣誓朗讀（分會長）

五、分會員宣言朗讀（常務員）

六、建國體操

七、訓話及講話（分會長為講師）關於時局訓話精神之講話

八、愛國行進

愛國標語、愛國行進歌高唱、隊伍整然、以忠靈塔及神社等為適宜目標、選定行進、對於執務及其他無有實行困難時、希各分會務要實行、

九、學校青年訓練所、童子團等、對於以上所實行事項、

十、對於愛國行進到齊地實行運動奉祝、

（二）勞力奉祝運動、

分會員率先建設公共的方面如左記勞力運動事祝、

一、各分會規定每星期一回忠靈塔、神社、廟、公園等清掃、

二、在郊外適當地方實行馬糧刈取獻納於軍部、

三愛國獻納運動、

各分會員際非常時局、無論間接與直接、一致貢獻、充實國防金、且對出征兵士、以現金及物品獻納慰問、

（一）國防獻金、

一、由各分會費中提出一成、每月末獻納、

二、半月或一個月、各分會會員所賣之舊報紙之現金獻金

（二）慰問袋、

分會員每入一袋慰問袋贈與出征兵士、

四、健全生活運動

分會員之日常生活健全、且合理的有如左容易之實施、

七十七件、殘老保護者五件、三、其他職業相談二十一件、一般人事相談三十五件、以上統計申請件數一四九件、調査件數四十七件、被訪問者四十一件云云、

隣委力謀 患者便利

哈爾濱市隣保委員會、前次招開委員會時、除研究改善將來事務處理各方面案件外、並爲市民特＊治療患病者便利起見、將從來治療患者之方式改善、即對於各區病患者住民距施療場所遙遠者、可就近至隣區之施療場所就醫、臨時由各區委員於發給之施療券內指定場所之下、塡寫就近之施療地點、以隣區之施療日期往診、對於各區患者收到治療券後、即前往診療無須再往調査或核准、對患重病者在市署下班後或放假日、因診療醫生或辦公人員均已休息、在可能範圍、仍須次日辦理、但於不可延緩期間之病患者、由隣保委員以電話四六三二一號通知救急車、或由就近醫生設法應急診治、更擬明年另與各醫院行立合同、以診療券通用、則預想之便利、當非現下可比也、本年度內隣保事業之初創、只得由隣保委員協力權變辦理、對於住宅治療仍由社會科囑託醫官辦理云云、

隣保委會 九月成績

哈爾濱市鄰保委員會、九月中處理各項事務成績統計如左
一、貸物方面已貸者五件、未貸者五件、合計十件、

市內特產積存量

大豆一四、小麥一四二四車

據哈爾濱交易所調査、截至本月十五日、哈爾濱市內大豆及小麥之積存量計、大豆十四車、小麥一千四百二十四車、與去年同期對比、大豆減少一百二十四車、小麥減少一千五百二十四車、現貨呈非常之缺乏、茲將各糧棧家所存之數量分別探錄於下、（單位＝車）

一、大豆

同聚祥	四
双興	二
同成和	二
同茂昶	二
天豐東	一
天豐玉	一
日新昌	二
合計	一四

二、小麥

協昌仁	一八
德聚	二五
寶隆峻	一〇〇
天豐東	一〇〇
益發合	二〇
大來裕	四〇
天豐玉	一五
永茂東	四〇
三泰棧	一七〇
隆昇益	二〇
義增信	一一〇
双合盛	二五〇
謙昌泰	一九五
天興福	一二〇
天興廠	五〇
裕昌源	三〇
成泰益	四〇
三井	三〇〇
日滿	五〇
合計	一、四二四

馬家溝新築 小賣市場

哈爾濱市公署商工科、爲南崗一帶居民購買蔬菜及食料品便利起見、特於本年夏季在南崗建設標準小賣市場一處、業已竣工、現已開業、成績頗佳、更擬於馬家溝方面住民購買之不便情形、爲起見、最近在馬家溝歡樂街附開始動工建築小賣市場、將來經營方式與南崗取一致云云、

（一）消費節約、
一、廢止宴會、
二、車馬錢及煙草節約、
三、其他、
（二）貯蓄獎勵、
對於消費節約關聯適當方法、以貯蓄之、以備他日必得再用、
五、銃後强化運動、
關於應召之軍人職業及其家族、以日本一德一心、勿使遺憾保護之、以日本側機關相呼應之發揮、各會員以職務關係、遂運動實行之、

氣溫激急下降 終航迫於眉睫

下江客船陸續歸哈

十四日以來氣溫激急下降、當日午後遂達〇下七度之本年度最初之最低氣溫、黑龍江、烏蘇里江方面之氣溫、當更降落、黑河上游附近、開始流冰、黑河、漠河間於定期客船上海七號、於日午后八時由黑河歸航、於十一日到富錦、今日午前十一時滿載而歸、在十二道街碼頭停泊、至於富錦、虎林間之定期客船三江號、亦於十六日歸哈入港、於是富錦、虎林、黑河富錦間之船船至此完全終航、各河線之歸航船迄至三十一日航務局所屬之船舶將一律集結於哈、於冬營生活、

爲電業募股 懇談會

兩商會概允協力應募 韓大臣對往訪記者談

爲滿洲電業之增資、希望哈市滿人之協力而來哈之韓經濟部大臣、富田興業銀行總裁及丁電業社長等、於昨十五日午後三時半、假大和旅館大客廳召集本市各機關首腦部及各關係機關開催座談會、出席者計有施濱江省長、韋哈爾濱市長等十五名、民間側滿日兩商會會長以外五十餘名、首由韓經濟部大臣陳述政府對此次電業之增資、除興業銀行自動担任者外、所餘三十萬股、須向滿人側公募之意、嗣由丁電業社長說明該會社之內容、一般會社對於政權時代之惡政誤解、必須一掃、日滿一体、官民一致、今次電業增資希望民衆能協力應募、最後由富田總裁、對於電業股加以說明、則開始懇談、兩商會以出席者對於電業此次增資之主旨、皆經了解、允爲積極的協力、共襄此舉而後、於六時頃宣告散會云云、

尊重自由 決不强制

爲電業增資向一般市民公募而來哈之韓經濟部大臣、對往訪之記者有如左之談話、凡滿洲國之特殊事業當然應由官民一致協力出資經營、然我國國民多受舊政權時代之所謂惡質會社之欺騙、每與言集股、則存恐懼之心、對於現在之特殊會社認識欠缺、蓋政府當道做照友邦之政策、凡關係特殊事業之經營、則由官民協力出資、此次滿洲電業之擴張增資七千萬元、共中五十萬股決由興業銀行担任、其餘之三十萬股、將由一般民間公募、際茲戰時體制下、伴同友邦日本市場之統制强化、欲期產業開發資金之現地調辦實現之第一步、須遂行官民一致協力事業、政府鑑於以上問題之重要性、更期國民經濟力之好轉、以滿洲電氣事業之將來、電業會社之有望性、故對於電業股決不强制的施行、甚於國民之自由意志、希望一般市民自動應募、對於北滿電氣事業之將來因時間關係不容詳細說明、但就該股製造工業之電力化推想、則將來之發展自無可限量、再關於貿易統制、濫免管理之强化、暴利取締法之公佈實施等、希望國民各自自覺、以達成其主旨云云、

孝子節婦以及 社會懿行者

哈市共十五名

哈爾濱市公署教育科、前會……孝子節婦及社……呈報中央民生……表彰、業經中……節孝及社會懿行者共七百餘名、經中央詮衡、准予表彰者孝子、孝女九十四名、節婦三百十六名、烈婦烈女六名、義士、義僕二名、懿行者二十五名、共計爲四四三名、現中央正趕製賞品中、一俟製作完了後、即將由中央通令各省市、定期舉行傳達式、分發賞品云云、
……周馬氏、趙劉氏等五名、……臣、鄭恭、孔……傅宗謂等五名
（又）全國各省請求表彰者、

九月份 原鹽銷售量

比較去年同期增加七成 據哈爾濱專賣署所統計

哈爾濱專賣署管內、九月份之食鹽銷售量、據該署統計共爲三四八五三袋、與去年度同期、之二〇九八八袋、比較、實增加一三八六五袋、約佔全數之七成、共增售原因蓋以專賣製度實施后、使鹽價統一、在偏僻地方分設分局、又兼去年以來農村之金融好轉、有以致之、茲將各地分局銷售之原數量、分別列表於下、

（單位＝袋）

局名	九月	去年同期
哈爾濱	二、三二七	二、〇五五
五常	二、三五五	一、三四三
双城	二、五六五	一、三六七
豐樂鎭	一、三三八	六四二
滿溝	四、二六七	一、六四九
安達	二、四二五	八二〇
海倫	二、六九五	二、六七八
綏化	四、七四〇	一、六七一
木蘭	四九〇	—
一面坡	一、六七一	一、一二六
呼蘭	一、五九〇	—
合計	三四、八五三	二〇、九八八

大迫副市長 急遽返里

大迫副市長、頃接其夫人母堂病重之電報、於十六日午前十時乘飛行機偕同夫人向故鄉佐賀縣出發、預定一週間後回哈云、

兵隊學生 合同演習

濱江省立哈爾濱師範學校、爲使學生對於軍隊生活之嚴正、由十四日在第四教導隊內實行與兵士同樣之軍隊生活、今一十六日午後一時在八站運動場、舉行兵隊學生合同演習、並壯烈舉行閱兵分列式云、

新都市撤高壙低

【三江】樺川縣土木局、成立三載、計劃都市、實施建設工程浩大、需款巨萬、若工商官舍之地位、與街道橋洞之修築、已有顯著之實績、荒涼之寨塞、已成爲繁華近代之都市矣、然該局土木建設之責任、仍在方興未艾、近查新市之內、水坑河溝、與舊日磚窰窪坑、錯雜其中、觀瞻衛生、與土木建設、諸多不利、當於夏季不惜巨資、招僱數千工人、鋪設輕便鐵道、將高丘山坡之土撤除、再以之塡平一切低窪之處、雖工程浩大、終達精衛塡海之功、可知現今官廳爲公之毅力云、

永井班長勉勵職員

【三江】滿洲帝國協和會新京中央本部、前因肅正三江省之治安、以永井正氏、於東邊道、肅正治安、頗著功勳、當委爲三江省肅正治安工作班長、於七月抵省、奔馳各縣、指導宣撫工作、收效很大、三月定期、已盡全功、返省之後、閱催治安座談會、對滿系職員、加以勉勵、並致訓詞、如協和會爲時局對策之一部、開始訓練滿系職員之案件、以昨日無事首尾完了、而諸般工作、幷忙碌所致、未能盡得充分之指導、頗屬遺憾、雖然亘四日各講師之指導、定能使諸君納得有效之成果、確信無疑矣、凡在工作、只訓詞及講師等不足拖欵、而俾得進行方針之要領者、則以此爲契機、我協和會員、自覺本質、可得如何進行工作爲目標、牢記腦海、而各歸任所、活躍邁進、是所盼望者也、

李縣長由京回任

【盤山】李縣長因盤山災區廣泛、災民衆多、原非一縣之力所能救濟、屢次開會、所議救賑糧、立粥鍋、併接濟春耕非有大宗賑欵、萬難舉辦、不得已、於前數日赴新京、代數萬災黎請命、昨已公畢回縣並聞在新京詳陳全縣被災之慘狀、頗蒙各要人之援助、尤以經濟部韓大臣、應許格外出力此後定有大宗賑欵撥發、若李縣長者、可謂災民福星云、

澈底檢舉不正業

【遼陽】縣警務局奉令、檢舉一般不正業、取締麻醉葯海洛因販賣者、昨由各警署檢舉奔拿送局、約有五十餘名、並開特務責任者本此工作、恐其不能肅清、仍擬施行第二次第免次之檢舉、對於麻醉治療或戒烟所施行、再如放印字錢及其他不正業者、務期澈底肅清、而造成王道樂國、永慶昇平云、

各署總務 主任會議

定廿日召開

爲準備下月植木警務廳長之初次巡閱、期萬無遺憾計、哈爾濱警察廳定於二十日召集管內十一個警察署總務主任開催事務打合會議云云、

警士盤獲竊犯送署

【營口】二官警察署界道署警察官吏派出所、警士沙萬有勤務之際、在老爺廟邊東當鋪內、典當之人、所當衣物、頗有可疑、遂即向前盤詰、該徒見

濱江特刊

第一三五號

盛京時報北滿總支社
社址 哈爾濱道外桃花巷西口
道裡電話六八四七番

決在各愛護村設置
農事實行合作社
哈鐵管內共計四百九十二社
最近即將召開設立委員會議

追隨我國農事合作社運動之步調、鐵路總局對於管下二千餘鐵路愛護村、決定在各縣合作社之下級組織愛護村農事實行合作社、由各鐵路局協力着着準備進行中、哈爾濱鐵路局、濱江省公署及各縣當局、爲期共且體化、現詳加研究中、哈鐵管內之拉濱、濱北濱綏、濱洲、京濱之五沿線各愛護村一律設置農事實行合作社、包利濱江、吉林、黑河之省管界、數目達四百九十二社之多、各愛護村民約五千二百戶、人口約二萬之多、哈爾濱鐵路局當局、近擬招集各關係者開催設立委員會議、作最後之決定、以期早日着手設立、此種實行合作社之設立、實於愛護村有莫大之利益、故對其前途、頗堪期待、鐵路局預定在管內各自動車路綫及水運路綫等愛護村、亦相繼設立農事實行合作社、亦在着着準備中云云、

市農政科舉辦
農產物品評會
同時並舉行講習會

郵政總局預定之加入人數年約二萬人、哈爾濱郵政管理局管內自十月一日至二十日辦理件數達一、五一一件、保險金額二九四、〇五〇元一角、收入保險費一、六八九元六角、成績頗稱良好、新京、奉天等各都市之加入者多爲日本人、然哈市滿人加入者一、〇二一件而日本人加入者僅四四三件、滿人佔絕對多數、以職業別觀之、官吏七五六件、占過半數云云、

統計講習會
警務廳召開

濱江省公署警務廳、爲期所管各縣警務局事務統計向上、定於二十八日亘三日間、午前十時、在濱江省公署警務廳召集各縣旗滿系警察官統計關係者各一名開催統計講習會云云

市新大豆品質等、詳情探誌如下、

濱北綫綏化院內十月五日初登市新大豆約五頓、每六十公斤十元七角三分、（比去年）度初登市大豆高〇三三元已行交易、其品質概況如左、

一、品質以該站所寄試驗材料爲中立稍圓形、淡赤色之黃色、大豆臍逞淡褐色籽粒帶有光澤、色豆混入極少、籽粒整齊、但損傷粒及不時粒稍多、綜合品質爲混保之中位二等程燥程度完全粒百分之八十四、四、損傷粒一二、四、不食粒二、一、色豆等、四、加雜物〇、七、百粒重量十八瓦、水分一一、三、

京濱綫松花江院內十月八日有由船運到之初登市新大豆約五噸、每六十公斤按四元九角七分、已行交易、比去年度高四角七分、其品質概要如左、

一、該站所寄來之試驗材料、過於球之橢圓形小粒爲原來種、帶有光澤、色豆損傷粒多不食粒混入減少、籽粒整齊、豆臍呈黑色及濃黑色者頗多、綜合品質爲混保一等品質下位程度、二、理學分析結果及乾燥程度、完全粒八〇、六、損傷粒八、五、不食粒〇、五、色豆一、〇、加雜物〇、一、百粒重量一六瓦、水分一一、五云云、

時局物價對策委員會
二十一日在市公署結成

依時局之重大爲調節物價我政府實施暴利取締令以來、各方面對此莫不重視、哈爾濱以市公署爲中心、對於具體策向在積極研究中、昨二十一日午前十時、應市當局之招請市內日滿俄關係方民代表者三十餘名、齊集於市公署四樓會議室、召開會議、經過二小時之久、慎重協議之結果、以市公署之原案爲基礎、其中之一部略加修正、決定結成哈爾濱時局物價對策委員會、該委員會對於目下之時局謀市民生活之安定、保持物價之平衡、並調

同 道外商會	李明遠
同哈爾濱貿易公司	歐巴林
同中銀支店	鐵林昶
同興銀支店	桑尾勝審
同交易所	島田千代治
同輸入組合	久未吉次
同特產組合	佐賀常次郎
同工業研究會	中澤正治
同哈爾濱日日新聞	大河原厚仁
同大北新報	山本久治
同北滿經調	門馬堅一
同市公署	屆村伍次郎
同市公署	馬駿聲
同市公署	朽木忠雄
同市公署	足立義之助
同中央市場	田中粂太郎

衛生科昇格問題
治外法權撤廢前之急務

關於市公署衛生科之昇格問題、前經洪載本報、蓋鑑於國際都市之哈爾濱、四方雜處、致衛生行政及設施頗爲複雜、爲衛生的文化設施之完備頗具有必要性、按現在市機構中之衛生科、對於事務遂行之圓滑頗感困難、故會迭次運動、使衛生科之改爲衛生處、促其早日實現、但中央當局、及今猶未決定、蓋市當局於康德三年三月三十一日會一度向民政部大臣申請、將衛生科昇格爲處、延至同年十一月九日會再度申請、時至今日、中央方面仍在慎重考慮中、未蒙批准、預想追治外法權全部撤廢後、衛生科之業務必較之現在繁忙、自不待言、更將來對於酷寒地帶都市市民之保健增進、福利向上等有急速改善或新設之必要、現在之衛生科誠不過爲行政處中之一科、將來衛生科之昇格、勿論在文化都市之體面上及市民之體位上均認爲

國婦慰問使
定期來哈

滿洲帝國婦女會、今爲慰問各地病傷兵起見、派遣慰問使分別赴各地慰問、德步將夫人（即全滿國防婦女會）副會長定於二十八日下午三時半搭乘京濱綫列車來哈、二十九日分別慰問在哈日、滿陸軍病院及海軍病院云云、

第四軍管區組織
時局宣傳班
大北新報記者參加講演
於廿二日赴東部各地

第四軍管區司令部鑑於現在之非常時局、爲使一般民衆對於時局認識徹底計、特組成時局宣傳班、分向各地派遣、舉行座談會講演會電影會、軍樂會等、班長由騎兵上尉篠田參謀長擔任、講演者劉步兵上尉及大北新北社記者、軍樂郭軍樂少尉以下十名、已於二十二日赴葦沙河、石頭河子、亞布洛尼、一面坡、珠河、延吉帽兒山等各地巡迴舉辦、預定三十日歸哈云云、

之同時、關現在警務廳之機構、似將有一部之改革、現在係警務、保安、特務、司法、衛生等共計五科、此外並特設搜查一部係合司法及特務科之各一部而組成者、辦理關於思想關係及匪賊關係等案件、直轄於警務廳長之下、聞改革之後、似擬將特搜部廢止、在上記五科之外、新設警備科、並將司法科之名稱廢止、改稱刑事科、警備科辦理特搜部從來辦理之事務、如匪賊關係及警備關係、警衛、防空各關係事項、刑事科辦理現在司法科之一切事務、關於司法警務並經濟關係事務、關於特搜部之思想關係事項、仍歸特務科辦理、以上之機構一部改革問題、實施之期尚未決定、似待

普通市新官制頒布後
都建交通兩局同時解消說
自治委員會解消後設市議會

順應產業開發五個年計劃之實施、市公署農政科自今年春季以來、對管內之農業爲圖其改良進展、整備農村各種設施農畜產品之改良增殖、勉勵農耕者技術之向上、配佈優良籽種、實行對農業者指導等、頗爲注意、本年度之收穫預想大豆約七萬八千石、小麥三萬七千餘石、高粱一萬一千餘石其他穀物、蔬菜等因以上之獎勵政策之效果、比較去年莫不大量增產、品質亦頗向上、市農政科對於以上之好結果、爲向一般公開、並期品質及農耕者之技術更進一步之向上計、定於下月十日、在沈家王崗農民道場、舉辦一大規模之農產物品評會及講習會云云、

國一齊實施之郵政生命保險、各地均得到預想以上之好成績

郵政保險 成績良好

以增進庶民階級之福利、安定生活爲目標、自十月一日全

本年新豆 品質優良

據哈鐵產業處調查、本年度特產新大豆、在各沿綫已於上月上市、茲就近日各綫之初登

查審議物價等諸問題、講求機宜之措置爲其任務、以市長爲委員長、副市長爲副委員長、其次並置有委員約三十名、此並聘請各方面之名望家爲顧問、委員長鑑於物價有暴漲暴落之情形時、隨時召開委員會、以便處置物資之需給及物價之調節、茲將當日委囑之委員三十一名探錄於下、

委員長	市公署	韋煥章
副委員長	同	大廹幸男
委員	濱江省	大塚讓二郎
同	同	傅連珍
同	同	劉澤漢
同	警察廳	張昭英
同	鐵路局	小川一郎
同	同	小池文雄
同	總領事館	長岡半六
同	國際運輸支店	田宮美三
同	商工公議所	加藤明
同	道裡商會	張廷閣

哈爾濱市降爲普市以來、迄今已四閱月矣、雖云名稱變更、然實際上關於機構方面並無何等之差異、若自治委員會、都市建設局、交通局等之設施依然存在、與從前之特別市仍保有同樣之狀態、側聞中央方面以十二月一日爲期頒發普通市官制、安東牡丹江等各都市實施新市政、目下盛傳哈爾濱市自治委員會之解消同時、市議會即將誕生、都建、交通兩局之解消、恐爲不疑之事實矣、

哈爾濱市當降格爲普通市以前、中央方面頗費苦心、愼重考慮、以哈爾濱市有特殊之情形之論調頗爲抬頭、據一般推測哈市之組織或可持續其固有之形態亦未可知、詎普通市之新官制、傳將於十二月一日頒發並一說除首都新京外、全國各都市一律須按照新普通市官制施行、誇爲有特殊性之哈爾濱市、將不許其單獨存在、自治委員會及都建交通兩局相傳已內定於十二月間即將解消云

本市自治委員會解消之同時市議會誕生、同爲市諮問機關、自無何輕重、惟合計擁有達千三、四百名從業員之都建、交通兩局將有無如何之更動、誠爲市公署之一大問題、各方面對此頗爲注目云、

據市公署首腦者間觀測追都市建設局及交通局解消後、將都市建設局編入工務處內、至於交通局則擬照南滿各都市之例、新設交通科以便監督、現在似在考慮中以上各種說法、不過依據一般之推測、但究竟將如何改革、殊難逆料云、

濱江省警務廳 機構一部變更

新設置警備一科 司法科仍改刑事科

【哈爾濱】濱江省警務廳當局、鑑於治外法權撤廢之期迫於目前、現正積極準備一切手續中、頗爲忙碌、當治廢實施中央方面指令到來後、或於法權全部撤廢之同時施行、亦未可知、此次之改革、大體將以前之五科增加一科改爲六科、關於防空、警衛、警備等關係事項、皆由新設之警備負責辦理、俾滿洲國之警察機關充實、頗堪期待云云、

公濟當開市

【虹螺峴】人煙稠密、商號林立、惟當業以前僅有日商兩家、均月利八分、三個月爲滿、人民莫敢向前、日前新新大興股份有限公司、有鑒及此、特在本鎮東街設立公濟支當一處、已於本年舊歷九月初二日正式開市、月利三分五厘、商民往當者不絕、擁擠異常、一般人之揣測、貨號上架、年前不止十萬元之多、本鎮金融活動、有利頗焉、

濱江特刊

第一三六號

盛京時報北滿總支社
社址 哈爾濱道外桃花巷西口
道裡電話六八四七番

哈爾濱洋灰公司 在牡丹江設工場

新工場有年產十萬噸能力 哈工場之生產能力亦增加

當事變以後在哈市三棵樹重工業地區設立之哈爾濱洋灰股份有限公司、資本金爲五百萬元、誇爲北滿唯一之洋灰公司、因北滿一帶基於特殊的經濟的建設工程諸般事業發展、洋灰之需要亦呈激急之增加、本年度之銷售量約達六萬五千噸之鉅額、預想將來恐有供不應求之概、故擬在新興都市牡丹江設置洋灰工場、現在正在計劃中、待得到中央政府之許可後、即將着手興工、新設之牡丹江洋灰工場生產能力約在十萬噸上下、待操業開始之期、牡丹江附近一帶之需要、專以新工場之出品充之、至於三棵樹工場現在之生產能力約七萬三千噸、明年度決定增加至十萬噸云云、

因農村購買力增大 滿商營業繁盛

各百貨店賣項較去年激增

去年以來因治安之恢復、特產之好況、致農村之購買力增大、哈市滿商側之營業大有激急進展之勢、故自本年以來、

同記	九二四	八四九
大羅新	六〇八	五八四
福豐號	二七九	二五九
恒順昌	二八二	二五一

東發等家、賣項均見激增、道裡方面因日人居多、受日商百貨店之競爭影響、故增加較少、最近因農村經濟圓滑關係、營業狀況、更呈活況、預想本年下半期之總賣出額必可超過七百萬元之程度云云、

市場、與市民以充份之滿足云云、

因受虐待 請求離異

宋連雲、年二十七歲、濱江省人、現住於上號南瓦盆窰門牌二號、於二年前、經媒人撮合、聘安榆樹縣時玉蘭（一七）爲妻、過門後夫婦感情尚稱不惡、惟其婆母及小姑視如眼中之釘、不時打罵、玉蘭因念其

不意其婆母見其夫婦感情尚堅固、特從中挑撥事非、捏造兒媳有外遇、嗾使其子虐待其媳、不料其子未加細察、信以爲實、對其媳突變虐待態度、打罵日厲、舉趾行動、監視嚴緊甚至赴廁所時間、亦加監火被其婆[illegible]尼[illegible]亦不如昔、至此再無可忍、故於數日前、向哈爾濱地方法院調解廳控訴、受家庭虐待、請求離異、經調解廳從中調查、亦未成立、故時玉蘭根據虐待理由、正式起訴云云、

哈市管下農村 生活狀況

負債原因多爲婚喪

哈爾濱市公署農政科、對於管內各農村之生活狀態、前經調查終了、現在正在積極整理中、平房店、朝陽屯兩部落現已整理完竣、其負債額之內容、除生活費外大部分婚喪祭費、查平房店一域、總戶口數爲一〇六戶、負債者達二十五戶、借入金額三、五九三元、按戶數平均、每戶在一四三元二分、負債之用途、生活費一五、藥費二、買馬費二、喪費二、結婚費二、耕地買入費一、工費一、借入金之利率區區、月僅二分乃至六分程度、朝陽屯之戶口總數一百四十四戶、內中負債者十九戶、借入金額四千四百七十五元、按戶平均、每戶應攤二三五元五角、借入金之用途、生活費一五、食料用五、勞金二、結婚費二、工費二、買馬費二、地租二、地租及買馬費一、工費及生活費一云云、

植木廳長 巡視警廳

濱江省公署植木警務廳長、鑑於治外法權全面撤廢期迫、以期警察事務進行發展、並明瞭所屬各警察署服務之狀況起見、由昨二十八日午前十時、携同隨員數名、首先巡閱哈爾濱警察廳、由警察廳白廳長以下首腦多數出迎、先至廳長室、略事少息、即由白廳長領導各科長及各股長接見、報告

治外法權撤廢後 召開司法講習會

由十一月九日起亘四日間

治外法權之全部撤廢、爲期已迫於目前、濱江省警務廳、爲圖一般司法行政之圓滑、擬召集哈爾濱警察廳管下各警察署滿系司法巡官及各縣旗之司法股長、區域警察署司法主任等、於下月九日起迄至十二日亘四日間、在哈爾濱地方警察學校開催司法事務講習會、待該會閉幕後、凡聽講者歸任後、可對所得向其所屬轉達、以期澈底云云、

改革及人事上整理等各問題云云、

農機具懇談會

於意義重大裡宣告閉會

哈爾濱鐵路局產業處及濱江省實業廳共同主辦之農機具懇談會、於廿六日午後七時、假南崗鐵路俱樂部第一會議室盛大舉行矣、出席者計有哈鐵側

穀機等均有種種之意見提出、作詳細之研究、其後由模範愛護村長陳述參觀展覽會後之感想後、並由佐藤哈鐵農務科長致閉會之詞、於十時半頃始告

裝路燈

年末即可竣工

道外正陽頭道街至十六道街、自去年冬季裝設路燈以來、不但街市明朗化、而各商業亦非常發展、道裡新城大街、素稱濱商繁華之區域、維缺欠路燈之建設、爲圖商業發展、街市明朗化計、故由電業局從中斡旋得到各商家之同意以三萬經費、建設路燈、該經費由各商家及電業局各担負一萬五千元、由本月初旬、業已開始動工、聞該工事至來月中旬、即能竣工、開燈時期約在年末前後、此次之路燈柱、完全以洋灰裝設、較道外鐵柱路燈觀瞻、相差甚遠云云、

電影演員 投考者多

共計一二三名

滿洲映畫協會、在哈爾濱召募男女電影演員、截止二十八日午後五時止、計報名者共二百三十三名、內女子三十四名、預料當收意外之好成績、定於卅日午前九時在道裡協和會樓上會議室舉行考試以便選優秀者、並聞新京映畫協會喜多計劃科長、與甽谷映劃股長、爲監視考試演員、定於廿八日午前十時由新京乘亞細亞號列車來哈云云、

日系官舍建築將竣

【扶餘】縣公署高橋經理官對於經濟事項、甚是熟練、關於本縣日系官舍建築、不但堅固、而且經濟、實非他人所能及也、建築工竣後、即將該項

滿商之間業者數目亦見增加、一方對於經營方法亦加改善、竭力吸收日本人之顧客、呈異常躍進之狀況、本年度上半期、滿商百貨店代表十家、賣出額大體如次表、共計約六百四十二萬八千元、與去年上半期之五百八十七萬六千元對比、約增加五十五萬二千元、告全數之一成、茲將各家賣項分別採錄於下(單位=千元)

店別	本年上半期	去年上半期
天豐湧	一、六五四	一、五〇五
東和利	一、〇四六	九一一
東發合	九七五	八九〇
公和利	二五六	二四五
同發隆	二一〇	二〇七
同義發	一九四	一七五
合計	六、四二八	五、八七六

査道外之天豐湧、東和利、

所管之事務後、又至各科股巡閱一週、即告終了、又於午後一時巡閱第一、第二兩消防署、此次巡閱所得之成績、頗爲良好云云、

南崗小賣市場
十一月一日開業

哈爾濱市公署以七萬元之經費、在南崗建築之小賣市場、預定十一月一日正式開場、場內食料雜貨店六家、菜蔬店二家、菓子店三家、生花店一家、鮮魚店六家、果實店四家、肉類販賣店四家、共計二十六家、所有貨物販賣均按市署規定之價格、特別低廉、斤量亦較正確、可稱爲哈市之模範

大迫副市長
昨日歸任

哈爾濱市公署副市長大迫幸男氏、前因私事返國、現已將私事辦理完畢、於昨二十七日晚十時半乘亞細亞號列車歸哈、據傳此次歸途中在新京逗遛數日、關於哈爾濱市公署人事與補助金及新機構等問題、向中央方面有所懇談、於昨二十八日登廳視事、午前十一時許召集全署日系關係各科長、開臨時會議、據外側推測、此次會議所討論事件、當爲機構

小川產業處長、佐藤農務科長產業處各科主任、濱江省側實業廳山田技佐、農業團體中央會側岸川新京支部長、自警村代表十六名、愛護村長代表九名、濱江省屬十九縣參事官及產業指導員等二十名、此外天理村、滿蒙開拓訓練所代表、及農機具經理業者約五十名等、共計百五十餘名、屆時開會、首由岸川中央會新京支部長致開會之辭、由宮本哈爾濱鐵路局農務科員司會、開始懇談、馮場天理村長及滿蒙訓練所代表等對於除草機及播種機、脫

散會云云、

水運至此閉幕
最終航之慶瀾號已出航

連日以來、秋雨瀟瀟、北風蕭蕭、結氷之期、已迫於眉睫矣、黑龍江及烏蘇里江流域、就航中之船舶、已陸續歸哈、準備度其冬眠之生活、松花江流域現因氣溫之日降、航運路線、亦漸縮短、改爲區間航運、本年度自四月間開始航運以來之水運事業、至此即將閉幕矣、二十八日午後二時、在十二道街解纜向通河運行之慶瀾輪船、則爲區間運行之最終船矣、該船預定於三十一日歸哈、本年度比較例年尚稱溫暖但鑑於去年海晏號之遭難經過、本年特別提前一週間終航、以免爲流冰所阻、而遭不測云云、

官舍列入縣產、按月納和云、

慰問華北皇軍
經過情形及感謝
濱江省代表郭濬文氏

前於八月三十日派赴華北慰問皇軍之濱江省代表協和會濱江省本部委員郭濬文氏、於十五日已完其重大任務而返哈、茲將其慰問經過情形及其感想採錄於下、

甲、經過情形

八月三十日由哈爾濱出發赴新京八月卅一日滿洲國協和會于本部長、對於華北皇軍慰問使一行十三人親致訓詞嗣後並作左記之行動、一、關東軍司令部新聞班接洽、二、堀內弘報處長接洽、三、宮內府奉伺天機、四、謁見國務總理張大臣、五、新京神社參拜

是日午後二時、由新京倍受官民全體之歡送、其南滿各代表五人則由奉天站登車、該省協和會省本部長、市本部暨各分會會員、以及各機關代表等、亦均於車站熱烈歡送、發車後、嗣由各代表在車中介紹、

午後十時抵大連、由千葉主事、(協和會大連事務所)蒞場歡迎、各新聞記者、相繼撮影當即投宿於大和旅館、

九月一日各代表會議當經決議如左

一、推定奉天代表王允卿擔任團長、二、香月司令官慰問品、三、製定名簿、四、行動連合一氣、

行動、午後四時登長平丸、五時出發、千葉主事暨泰東日報滿洲日日新聞、各派代表歡送並贈報章、是日海風甚大、天降微雨、各代表在船中默坐、幷有時默禱沿途之順利、

九月二日、天氣快晴、午後一時抵唐沽、各代表聯袂登陸、當即慰問車站司令部長長谷川中佐、以次復慰問駐屯隊隊長籌井大尉、據云『事變發生之時、(七月二十七日)此地有保安隊一大隊、日軍一中隊與華軍三十八師一旅衝突、在大沽方面、日本海軍、努力共同攻擊、至三十日即肅清敵軍當通州保安隊變亂之際、而唐沽保安隊竟能不受其影響者、良以該隊長爲滿洲國籍、其部下軍士、亦多係滿籍、故對於戰鬪、特別奮勇、香月司令官對此頗爲嘉許、當蒙賞賜金錢及獎狀、以資鼓勵』等語、此表現日滿一體不可分之關係、及一德一心之眞精神也全團返回車站、即接洽赴天津之火車、因客車無一定時間、當經長谷川中佐慨允、假軍用車之便、於午後三時上車、五時四十分抵津、由司令部宣傳部野口氏之指導、滯寓利順德旅館、

九月三日、慰問駐屯軍、首至宣傳部會見川口部長、經團長致詞畢、川口中佐謂(辱蒙貴團長稱種慰問、感謝不盡、我日本軍隊、爲安定東亞並保持世界和平計、出而膺懲暴戾南京政府、以期東亞之明朗化因此七月七日之蘆溝橋事件發生、實與六年前滿洲事變大致相同、但日本軍之態度、隱忍自重、無如華軍始終不悟、二十九軍及南京政府自身、忽視日軍抱不擴大之誠意、以致事態擴大、日軍不得已、乃將南京政府國民黨及藍衣社一切打倒之、自華北戰起、我軍連戰皆捷、而上海方面、亦屢獲勝利、今如王團長所謂、努力達成使命、諸位由極遠的地方來慰問、心內十分感謝、並請將與日軍會□兼華北情況、向滿洲轉達、並日軍實際之狀況、亦希轉達、現在兩軍戰線、爲津浦線陳官屯、及唐官屯之間、平漢線爲良鄉及竇店之間、良鄉之西、石門子一帶、亦爲日軍勢力之下平綏線張家口一帶、有關東軍及滿軍之勢力』云嗣又訪問司令部橋本中將參謀長、後至偕行社謁香月司令官、由王團長致慰問詞、並呈感謝狀及慰問品、香月司令官以藹然可親之態度、致詞謂『日本對於此次事變、抱定不擴大主義、日本軍與日滿華三國有同種一致之關係、然因南京政府之暴戾行爲、故出而膺懲之、對於一般民衆、不但不取敵對行爲、反而親切待遇之、以期日滿華三國之明朗化、現在南京之中央軍、已侵入華北、故當徹底膺懲並以正義凌之、預料必可早日肅清』云云、旋蒙司令官賜午餐、下午由山東大尉及大川大尉引導之下、參觀戰蹟之南開大學、市政府天津總站等各地炸燬狀況、

又謁德□好敏空軍司令官、於海王寺、並赴法租界滿鐵俱樂部會晤各國新聞記者、

五時三十分由山東大尉引導赴天津治安維持會、謁高委員長、當蒙委員長接見、並謂『滿洲國民原是中國民、以歷史關係言之、本無隔閡、不過自滿洲國成立以來、官府與官府之間、發生一種障碍、甚爲遺憾、與我民衆毫無關係、鄙人向受滿洲國皇帝陛下恩澤、無時或忘、此次事變、經民衆之總意、公推鄙人爲治安維持會委員長、係暫時維持津市一切之安寧、鄙人想南京政□此次舉動、完全是□子義□之行爲、自己並不度德量力、致招來重大的禍災、實屬自從已極但日本向抱事件不擴大主旨、所以一再隱忍、無如南京政府始終不悟、日軍迫不得已、始出以膺懲之決心、現在平津一帶中國軍隊、全被殲滅、已漸入於明朗化、此地民衆、向慕滿洲國王道樂土、故此間成立新政權或可較速也、向來中國官吏、積弊太深、人民對之非常痛恨、此次經日本軍、剷除一切惡勢力、華北之明朗化、可立而待也、日滿華民族提携定可實現』云云、

九月四日上午六時半、至天津西站登軍用車、由山口少佐引導至獨流鎮、訪問小竹部隊本擬赴靜海慰問前方司令官、因前方司令部已向前挪移、又因天氣陰雨、時間較晚、故中途乘裝甲車及軍用車返回天津下午六時、赴豐澤園應川口部長之招待宴、　(未完)

濱江特刊
第一三七號
盛京時報北滿總支社
社址 哈爾濱道外桃花巷西口
電話道裡六八四七番

法權撤廢祝賀式

於六日在市公署隆重舉行

來月一日舉行國民慶祝會

治外法權之全部撤廢、最近即將實施、濱江省公署及哈爾濱市公署兩當局、爲表示慶祝、於二日午後二時、在省署由協和會市本部及市內各關係方面出席之下、開催準備紀念會議之結果、已於今六日午前十時、假市公署四階大會議室、於日滿官民參列之下、按照下列之次序、嚴肅舉行紀念式典、

一、向日滿兩國旗行最敬禮、
一、合唱日滿兩國歌、
一、奉讀回鑾訓民詔書、
一、省長訓示、
一、日滿軍官民代表祝詞、
一、三呼日滿兩帝國萬歲、

【又訊】友邦日本政府在滿之治外法權、定於今日(五日)在新京我張國務總理大臣、日本駐滿植田全權大使兩代表蒞席之下隆重舉行治外法權撤廢之歷史的締約調印式、爲我國

訓令、於今日午前十時起、分別舉行並聞該部尙擬於十二月一日實施撤廢之日、再使全國各地再度一致舉行國民慶祝大會及講演會以期民衆對此治外法權撤廢意義、以及滿鐵附屬地行政權之調整、乃至委讓之眞精神深切明瞭、爲此並特擬定宣傳要綱如次、

治法撤廢精神—一爲建國精神之民族協和之具體的表現也、我國本以五族協和、爲建國精神、但某一民族爲與其他民族受不同之待遇時、則民族團結及鞏化、必因之而發生障碍、治外法權即其一、撤廢治外法權、即民族協和之具現也、二日本脫退國際聯盟、詔書及日滿議定書中所明示之日本帝國、對於滿洲國策、其根本方針『在使滿洲與日本帝國有不可分之關係、爲獨立國家、以其健全發展、以確保東亞之安定、顯揚大義於宇內』故撤廢限制國家主權之治外法權、乃促其獨立健全之發展、此與日本國策、固爲一致、

三、日滿一德一心之鞏固化 撤廢治外法權、可使我國成立以來而設定之一體不可分之關係、更形鞏固化亦一德一心之具現也、蓋享有多年之既得特權、自行放棄、以除去日滿一體不可分關係上之障碍、對達成滿洲國之大業予以優義的援助也、

四、使在滿日本人、名實皆爲我國之構成份子、在我國建國宣言中雖會宣言、化滿日本民族爲我國構成之一要素、然與其他民族、在權利義務上、不爲平等、負擔、動則持有外國人之意識、此次因治外法權之撤廢、可除去此弊、使名實具爲我國之構成份子、

五、爲我國健全發展之左證、友邦日本按大乘的見地、然而自行實施撤廢治外法權、在我國自建國以來、因友邦援助及我國上下一致之努力、治安政治、經濟、文化各方面、均有躍進的發達、其結果亦足使早日撤廢也、六、第三國治外法權之享受、但從來我國常與以治外法權的待遇、趁日本撤廢之機、同時廢止之、藉期我國統治法權之圓滑進行、

國民應有覺悟」、查撤廢治外法權、乃我建國以來劃期的事實也、因此我獨立國之地位、亦愈形鞏固、夫中華民國高喊撤廢治外法權既多年矣、

年即撤廢、此爲我國發展上應由衷心慶祝之事也、然則凡我國民對撤廢治外法權之眞精神、務須徹底理解、且須發揚建國精神而爲道義國家及法治國家之忠良國民、藉期不背友邦日本之負託、

二、喚起在滿日本民族、須有爲日本臣民同時亦爲滿洲國人民之自覺理解、日本對滿國策之根本方針、按建國精神、而爲五族之中堅份子、進而尊重我國之國憲、守國法、以促進我國之發達也、此又爲忠於母國日本、則所以盡忠於滿洲國之道也、

三、現下時局重大、友邦日本爲確立東亞永遠和平、而出正義之師、我與友邦向爲一体不可分關係、在共同防衛之立場上、此正應與盟邦協力、以邁進興亞盛業之秋也、以此次撤廢治外法權爲機、更應鞏固

治外法權意義—凡享有治外法權之國人、在我國內不服我之裁判權、又如產業、警察、課稅及其他法令、均不得適用之、而其身體、財產一切得免去我國之强制的措置、從來日本國所享有之治外法權、乃按照日滿議定書第一項、即日本在中國所享有之治外法權、其在滿洲國領土內者、繼續承認之、而其內容則由明治二十九年按日華間各條約所規定者、遡來所使此項特權前後不下四十年、又如滿鐵附屬地之行政權、乃在滿鐵路線七百哩總面積百平方哩之地域內、有絕對的性質者、查此項行政權、原來屬於俄國、自日俄戰爭結果、按日俄講和條約第六條、由俄國政府讓於日本政府、更於明治三十八年末、依北京條約、受友邦政府確認後、亦三十年來、日本享有之權利也、

在前項地域中之行政區內、如土木、衛生、教育等之地方行政、日本政府委任於滿鐵、至警察及其他行政、則由關東局掌管之、然而友邦日本帝國、自我國成立後、對滿國策之根本方針、於康德二年八月九日閣議上、決定施行撤廢治外法權及斷行滿鐵附屬地行政權之調整、乃至委讓、昨康德三年六月十五日、締結『在滿洲國日本臣民之居住及關於滿洲國課稅等、日滿間之條約』後、凡日本國人、於租稅法規及主要產業法規、均得適用之、今次更行領事裁判權及警察權等全面的撤廢、同時附屬地行政權亦見移讓矣、在短時日間、如有斯劃期的事業成就、是有友邦日本帝國之大乘的好意、此亦日滿關係機關予以甚大努力所致、此誠爲國民之至應感激者也云云、

制定日系警官禁行事項

日系之警官將面目一新

警政推行圓滑亦可實現

治外法權之全面的撤廢、即行正式實施、而日滿兩國間、亦於五日舉行正式的調印矣、自上月廿八日以來、至四日間、檢閱哈爾濱警察廳暨管下外之香坊署遞呈辦事、事實上頗感許多不便、故擬於最近期內將一部俄僑事務、移管於就近之南新署辦理、因而香坊署之俄籍警察官、亦調轉於南崗

衆之模範表則、決不許其稍有疏忽、本人有鑑及此、爲使日系警官純潔完整不稍染有污點、以達成完全的範模警察官、對彼等之平日行爲、尤爲特別注意、今特擬定日系警察官禁止行爲之事項、已頒佈全管下通飭一體遵行、禁止事項如左、

一、禁止有麻雀類賽馬射倖之賭博行爲、
一禁止鴉片及其他麻醉品嗜好
一、禁止納妾、
一、禁止着用官服、出入或遊興、咖啡館、跳舞場及妓館等公衆娛樂場所、

三千萬民衆衷心感激且極期待於成行者、滿洲帝國協和會中央本部爲紀念此劃期條約之結成、特令行全國各地一致於今十六日舉行紀念典禮、哈市各官廳及各學校、依中央本部之

楊繼楷氏登廳視事

哈爾濱高等法院院長程崇氏、本年夏季因病逝世、院長一席、迄今虛懸、因治外法權撤廢關係、院長一席、頗爲重要、經國務院愼重詮衡結果、調轉齊齊哈爾濱高等法院院長楊繼楷氏繼任哈高等法院院長、於昨日蒞哈、於三日午前十時登廳視事、同時並對於司法職員加以諄諄訓示、預定日內分別訪問日滿各關係機關云云、

零賣所公營後 嚴禁青年出入

市署植村衛生科長對記者談

我滿洲帝國政府、自建國以來、爲謀一般人民身体健康計、對於鴉片徹底捕滅、故曾設鴉片零賣所、爲期肅滅既成癮者、不意一般人誤認爲許可吸煙、無知男女、以零賣爲消遣娛樂場所吸煙取樂設立零賣所不但未能減少癮者、反而增加、政府有鑑及此、爲根本絕減計、不遺餘力、進行研究、故對於麻醉藥品極力取締、並於各方不惜鉅資、設立戒煙所、現已完備、倘零賣所依然存在繼續私營、爲利是圖、決難減輕癮者、故政府決將各市縣零賣所接收公營、不爲利圖對於吸煙証及不成年者、加以限制、自信必收相當効力、市衛生科自設立鴉片股以來、對於市內散在七十七家之零賣所、着手調查、現已告一段落、而對於接收各零賣所具體案件、均已準備完善、接收期日、于十二月卅一日以前、即能接收完畢、記者爲明瞭戒煙所之設備及衛生科陞處之說醞釀日久、於昨三日午前十一時許、特往訪市衛生科植村衛生科長、有如左之問答、

（問）衛生科提陞衛生處一事、何日即可實現、

（答）對於衛生科升處之事、雖向中央迭次請求、但政府方面正在考慮中、迄今尚未接到正式批準、能否實現、頗成疑問、倘能得照準升處而現在之獸醫股、即能升科、現不敢確定、

（問）零賣所歸市營後、對於戒煙所設備有何計劃未有、

（答）戒煙所設備當然有相當計劃、因鴉片零賣所歸爲公營目的、政府爲期徹底捕滅麻醉葯品及鴉片癮者故而收爲公營、同時並擬欲收容大批癮者予其戒除、對於戒煙加以擴充、預定來年度戒煙所擴充、經費六萬元乃至七萬元收容人數約爲三百人、本年度經費僅一萬五千元、收容人數約六十人、因房舍窄狹、收容人數太少、故預定來年度以鉅額經費極力擴充戒煙所、予一般患癮者、加以不受痛苦即可將癮戒除、自信前往自行治療者必爲踴躍、況且零賣所歸公營後、對於吸煙証限制嚴厲、一般青年男女自由出入煙館吸煙娛樂、由此一掃、不難日漸減少云云、

各署隊終了之植木濱江省警務廳長、對往訪記者、有如左之重要談話、自七日以來、政府以次地方各機關、實施機構改革以來、各派幹部人事、曾有相當之異動、警察方面殆亦同樣、蓋以詮衡其人材適材適所、加以本格的强化者也、關於法權撤廢之準備、大體亦告妥當、由全面的視察、其成績最良者、當爲經緯署與香坊署、而太平橋、顧鄉屯、南新、松花等四署、廳舍皆係民間房屋、殊使人有不快之感查哈爾濱南北滿中心之國際都市、此關係警政之運行、影響頗大、擬於來年新建各署廳舍、此外市內各派出所、亦多係借用民房辦公非特嫌於窄狹、亦且有碍壯觀、要皆應早爲整備者也、市外之香坊署、以多係辦理俄僑事務、即如居留証明以及各種調查報告、在俄人方面特住市署、同時爲期治安之維持與一切之急務的進行上、實有於警廳內組織騎警隊之必要、其數至少、須三四十以上、雖預算第一回支出增加、然由於警政推行之必要上、務必使其編成於編成後、一旦郊外發現胡匪或鄉間道路不良、自動車難於急行、則利用騎警隊、立時即可殲滅匪類、再市內工場愈多勞動工人亦愈增加、如有成群聚衆鬧事鬪毆者、以騎警隊維持秩序、亦最爲適宜、接收市屬消防隊、乃以火警關係治安者甚大、必須由警察統制處理、運用上功能圓滑、實乃爲必要的、現在第一第二兩消防署、已有良好訓練、惟消防關係之機械的用具、多陳腐破舊不堪利用、亦均徐行整備、加以澈底的更新、再本省警務廳、至於指導全省人民之地位、尤其日系警官、言行一切、足爲民

一、禁止營商、

一、禁止向管內之營業者借房或借款、

一、關於行獵制定事項、

以上各項之禁止、乃以使日系警察官一體自戒自新、將來普及實施後、則日系警官面目一新、而一般警察自亦知有所戒、警政推行之圓滑向上、亦即可以由此而實現矣、

佳木斯稅務出張所舉行落成禮

哈爾濱稅務監督署、佳木斯出張所、因感廳舍窄狹、辦公不足敷用、故於數月以來、即行開始着手建築、工程現已告竣、擬定於六日舉行落成典禮、爲赴佳參加典禮之哈爾濱稅務監督署稻次氏、已於昨三日搭乘列車前往、預定典禮完畢始能返哈云云、

慰問華北皇軍經過情形及感謝

濱江省代表郭濬文氏（續）

九月五日、由尾川大尉市橋翻譯引導之下出發、六時十分至北平、

九月六日上午八時、乘車經廣安門、蘆溝橋、至長辛店、視察戰蹟並慰問川岸兵團長、又至宣撫班訪問村上班長、

九月七日八時、赴南苑、十時慰問儀我少將、並參觀南苑戰蹟、儀我少將說明突軍之威力及爆炸南苑之經過、十時三十分訪問駐平日大使館、由漢口日領事代見、十二時至武官室訪問今井武官、適值因公赴津、由齋藤少佐代見、

九月八日上午十時訪問松井特務機關長晚間赴東興樓參加松井機關長招待宴、十時三十分訪問北平治安維持會、當蒙江朝宗委員長致詞、謂『鄙人在野二十餘年、專辦慈善事業、並擔任類似之治安維持會已有三次之多、今承民衆要求出而辦理安定地方事務、在鄙人主意、首以安定民生爲主、其次則穩定金融、與調濟民食、以及其他關係地方安全種種事件、前幾天四郊會有土匪搶劫等事發生、因此鄙人親向日方要求、酌發警察槍枝若干、業經慨蒙照准、並蒙友邦極力協助、刻下稍見太平、鄙人歷受清朝皇恩、且華北民衆、厭惡中國黨政已極、此次藉日本軍剷除黨政的機會、民力可以復蘇、並希望於最近期內、新政權成立、且希華北民衆、與滿洲國民衆、合而爲一、用以達到華北明朗化之宿望、此次蒙王委員贈與滿洲國一切政治上有系統的材料書類甚多、希望此項有益書類今後源源賜下、以作敝會行政上之參考、而尤有依望者、即河北各地向賴平綏線產糧輸入、今次事變發生、一時誠恐來源斷絕、民食異常堪虞希望滿洲國內食糧、准予購入爲好』等語江委員長之對滿洲認識清楚、亦可概見矣、

卜間赴豐國、參加高委員長之招宴、

九月九日上午八時四十分、由平登車返津、彼時今井武官平岡部長、均至站歡送、

九月十日、上午七時、由天津赴唐山、十二時到着、午後三時訪問儀我機關長移時訪問池代理政務長官、池長官致詞謂『此次通州事件、實爲意想不到之事、惹通州保安隊、原係于學忠部下收降者、素來非常安分、且守紀律、詎知此次受共產黨之蠱動、而陡起變亂並殘害僑胞、極盡慘無人道之行爲、言之令人痛恨、然而亦是吾等不注意之所致、實在抱憾之至、

冀東所轄二十二縣、除通州一處受變兵之蹂躪外、其他各處、異常安穩、冀東人口、共計七百萬、歲入亦在七百萬元之譜、均用在警衛教育、建設行政各方面』云云、

四時三十分、訪問守備隊長、晚七時、赴池長官之招待宴、

九月十一日正午十二時、由唐山上車、歸奉、翌晨六時抵奉天、午後二時四十五分登車六時十分到新京、

九月十三日上午九時、赴協和會中央本部、再去國務院參加全聯會議、十一時三十分、謁見總理大臣、及于本部長堀內弘報處長、關東軍宣傳部長報告視察經過、

九月十四日、宮內府奉伺天機

九月十五日、由京搭車返哈

乙、感想

此次代表等赴平津一帶慰問皇軍、所得之感想、概括言之、計有左列三項、

一、華北皇軍之實力

友邦皇軍素質之良好、團結之堅固、將士之勇敢、武官技術之精妙、軍備之充實、種種優點、不但爲、我般人民所素悉亦且世界所公認、惟其實力如何、未經目擊、難保不無猜疑之處、此次鄙人、以民衆代表資格赴平津一帶慰問皇軍、所到之處、倍承皇軍將士懇切相待、一切靄然可親之態度、實令人感佩無已、其在後方待機之各部隊、尤持沉着穩靜態度、即在前方作戰者、亦幾與不作戰事相彷彿、此種情形、實爲其他各國軍隊之所能及、所謂運籌幃幄之中、決勝千里之外者、皇軍諸將士、可以當之而無愧矣、至對於各戰區內民衆、其擾亂分子、固在不赦之例、但對於一般良民、則莫不加以愛護、是以大軍到處、鷄犬不驚、秋毫無犯、（未完）

濱江特刊

第一三八號
盛京時報北滿總支社
社址　哈爾濱道外
桃花巷西口
電話六八四七番

道外[illegible]、夜不歸宿
故致其夫李延緒帶著、加以審
訊、以期探尋線索、同時搜查
本部及經緯署、開始嚴密之搜
查、諒本案不久即可水落石出
云云、
【又訊】中國十四道街李郭
氏被慘殺事件發生後、該管之

[illegible]署及司法科協力之下努力
搜查兇犯、據[illegible]觀察、强盜
殺人之說恐不可靠、因姦慘殺
之說頗爲有力、據鄰人咸稱李
郭氏雖爲六十四歲之老媪、而
每夜恒有青年之歡笑聲、或者
姦殺亦未可知、故目下責任
當局依然努力偵查中云云、

東北來者、其趣旨雖有不同、
盖來時即擬永久居住、不欲返
還、每年一屆此刻、南下列車
均爲苦力裝束者、十分擁擠、
然今年則不然、車站苦力裝束
旅之客不能多見、成爲例年來
稀有之景象、查山東苦力之所
以不欲返歸故里者、其主要
原因當因一年辛苦、血汗易來
之金錢、一旦返歸故里、當此
事變之秋、華軍之慘暴無理行
同匪徒、必爲之刼掠、則一年
辛苦付於東流、而回顧我滿洲
國境內、安居樂業、且因中國
用、工價高昂、既得安居且得
工作、故不欲返國、因此數達
二十萬之苦力在我北滿一帶度
其冬蟄生活、以哈爾濱以次齊
齊哈爾、北安、牡丹江、黑河
等沿線各地農村各都市之滿人
商店、必呈活況云云、

業頗呈衰頹、截至九日市內十
四工場之日產額約六萬三千四
百袋、茲將各工場之生產量探
錄於下、（單位　袋）

日滿五工場	一七、〇〇〇
天興福四工場	二二、三〇〇
双合盛	九、〇〇〇
義昌泰	五、〇〇〇
成泰益	五、〇〇〇
廣信	五、五〇〇
福康	一、六〇〇
合計	六三、四〇〇

頭部及手部均受有致命重傷、
已氣絕多時、附近一帶之牆壁
血跡淋漓、爲狀至慘、王某大
驚、立即報告經緯署、高野司
法係長接報後、偕同司法科解
股長、藤井搜查主任、內之浦
鑑識股長等其他係員等急赴肇
事現場檢視、檢查結果　判定
行兇時間係九日午前十時頃發
生者、距發見之時間、已經過
十二、三小時之久、由衣物散
亂之情形推測、兇手或爲搶
掠、因李　反抗以致被害、被
害者李媪之夫李延緒（六四）在

十月份
屠宰家畜數
共計七千四百九十九頭

據哈爾濱市公署衛生科獸醫
股統計、十月份市內第一二屠
宰場屠宰家畜數目、總場屠宰
猪二千三百零一頭、牛一千四
百零一頭、羊二千四百八十五
頭馬三十二頭、驢十三頭、騾
五頭、計六千二百三十五頭、
分場屠宰猪一千二百　五十五
頭、牛九頭、共爲一千二百六
十四頭、總計七千四百九十九
頭云云、

十月之內
市內傳染病人數
市衛生科統計

據哈爾濱市公署衛生科累
計、康德四年度　由一月至十
月、市內所發生傳染病人數及
各種傳染病患者及死亡數發表
如左、
赤痢患者二百三十二名內中
死亡十三名、傷寒患者一百三
十三名、類似傷寒患者七名死
亡四名、猩紅熱患者一百六十
八名內中死亡六名、白喉患者
十八名、死亡三名、流行性腦
脊髓膜炎患者三名、死亡二
名、總計患者八百二十四名、
其中死亡者六十八名云云、

看護法講習會
赤十字社主催

爲普及婦人看護知識用作槍
後有力支援計、日本赤十字社
哈爾濱病院於該社哈爾濱支部
後援之下、由十三日起至二十
五日在該病院之三階開催看護
學並實地指導之講習會、講師
由該病院醫師担當、每日午後
一時起至三時止云云、

各製粉場日產量

哈市製粉界因銷路不振、營

十月份
哈市油房生產量
較去年同期約增三成

因中國豆餅之對日輸出杜絕
等原因、日本內地市場對滿洲
豆餅之需要依然旺盛、呈二三
年來稀有之盛況、十月份哈市
油房生產量、操業僅十數日約
一〇八、三二四枚、市內販賣
八、二〇一枚、輸出八六、六
八〇枚、與上月生產一七七、
二二〇枚比較約減少四成、與
去年同期之生產約八萬五千枚

且被捕、可謂天網恢恢疎而不
漏、現在司法科仍在繼續審訊
中云云、

樂不思歸

市之機構不欲急變
大廹副市長對本報記者談

哈爾濱特別市公署、於本年
七月一日政府機構大改革之同
時、降格爲普通市、移管於濱
江省公署下、而內部機構改
革、迄今仍未實現、更衆衛生
科向中央方面要求壁處、人事
異動亦醞釀日久、尚無正式發

才適意、既無何等打算況、日
荐任官由中央方面議定委任、
本非個人計劃（副市長自稱）、
而對以下職員更動、暫時更談
不到、茲因鄙人到任日期尚
淺、故對於各職員之技能、尚
認不清、惟濱江省公署及熱河

松花江開始流氷
黑龍江踏水氷可以渡江矣

黑龍江一帶於上月二十七日
開始最初之流氷、延至本月九
日夕刻氷塊漸漸停流、迄至十
日早乃完全結氷、待一週間後
即可由氷上渡江矣、松花江上
游江橋附近於三日亦會流氷去

火週間舉辦事項、會議次序大
致如左、
一、開會詞
二、實施日期討論
三、主催後援討論
四、預算討論
五、宣傳方法討論
內分爲三項
一、各項標語式樣及分配方法
二、各項廣告式樣及委囑揭揚方法
三、消防救火車遊行區間及路綫、
六、臨時動議
七、閉會云云、

日以來該地之冰厚約五糎、十一日晨結冰、江橋下游開始流冰、按例年情形、江橋下游流冰後一週間哈爾濱附近即可開始流冰、諒今—十一日晚或明朝即將流冰矣云云、

防火週間討論會議

時屆秋末冬初、天氣日漸嚴寒、一般需用火爐取暖者、日漸增加、故對於煙筒構造不良、最易發生火警、哈爾濱市公署、有鑑及此、喚起市民對於火事嚴加防範計、定於本月二十二日起、舉行防火週間、爲與各機關取以聯絡、舉行宣傳、期無遺憾起見、於明十一日下午二時、在市公署四階會議室、召集哈爾濱警察廳、日本警察署、火災保險協會、防護團、市教育科、省教育廳等機關、開催會議、討論關係防

麵粉價格之比較
較去年一月增漲五成

哈爾濱麵粉價格去年三月間每袋價爲三元五角(三等粉一袋)爲最低、其後累月增漲、至本年十月末達四元八角三分之最高價、以去年一月末之三元二角五分爲準備、漲至四成九分至五成之程度、滿俄人方面之生活立受威脅、同時大米之價格亦得因之而增漲、頗堪注目、茲將各月之麵粉價格分錄於下(單位圓)

	去年	本年
一月	三、二五	四、三〇
二月	三、二〇	四、二〇
三月	三、一五	四、三〇
四月	三、二〇	四、二五
五月	三、一〇	三、九〇
六月	三、二〇	四、一〇
七月	三、四〇	四、三五
八月	三、四〇	四、三五
九月	三、八三	四、五五
十月	三、八〇	四、八三
十一月	三、八〇	
十二月	四、五〇	

老嫗因何慘遭殺害

道裡中國十四道街二八號院內二四號住戶李郭氏、年六十四歲、不知被何人慘殺、經更夫發見、報告警署、現在偵騎四出、偵査兇手中、茲將發見之經過探錄於下、十日午前十一時上記地址之更夫王某行經李郭氏住室之外、發見異常之臭氣、王某當將李氏之門推開、見室內什物零亂、李媼之

對比、約增加三成、茲將各工場別生產量及市內販賣輸出數量等分別採錄於下(單位片枚)

油房別	生產量	市內販賣	輸出
恒祥東	三、一六三	七、七五三	五、四〇〇
東興昌	五、八〇四	一二五	二、二〇〇
同豐祥	四、〇八一	—	一三、一〇〇
東和	七、一四〇	一七五	五、五〇〇
義昌信	一〇、九一〇	一、九九	九、九〇〇
双興	一七、三二九	四三三	二、二〇
同和成	二〇、九六八	—	一七、三六〇
和聚公	—	二三	—
合計	一〇八、三四八	二〇一、八六六	六八〇

司法科捕獲慣匪

司法科搜査股、於十日午後八時頃、在道外南十八道街二八號捕獲匪賊嫌疑一名、經審詢之結果、名孔繁榮、年二十五歲、於十月下旬曾在松花江下流某匪首處爲匪、曾綁票數名、刼掠燒殺作惡多端、今一

山東苦力
今冬各地營業
必呈空前活況

一年一度春來冬歸之苦力群、本年因華北事變並兼農村發展等原因、例年於結冰之後如十月十一日初旬、必相率南歸本年凡山居住於北滿樂土者爲數頗多、由華北及南滿北上者、呈未曾有之活況、據哈爾濱站調査本年自四月迄至九月末最盛時期之六個月間經由該站北來之苦力實突破七萬餘人、比較去年激增三成以上、與經由他線北來合計之、總數超過二十萬人、茲將各月人數採錄於下、

四月	一四二八二
五月	二五三四五
六月	八八九〇
七月	一三二五二
八月	八一一〇
九月	七五八五
合計	七七四六四

表、記者爲明瞭眞像起見、特於昨十一日午前十二時、往訪大迫副市長、有如左之談話、『關於人事異動說與需要處轉勤而外、現下有幾責任者亦適省現下感覺人材缺少、需用人材時、亦必由本市供給、不但勁力於國家及於各個人、將來亦有無可限量之希望、至此記者發問、聽說道外財務處撤消說、何日實現、答、對於財務處除消尙未決定、而市稅移轉尙未辦定、在個人思想不撤消很好、關於康德五年度預算、於本月中審定後發表、問、衛生科醫處問題何日實現、答、關於此問題在前有計劃不能否認、再是都市建設局除消交通局變成將來對一切組織正在研究中、按普通市制來說、不準設局、而不過哈爾濱係舊有之設置、將來有何等變更、亦未可知、但由鄙個人感想、對於改革一切事情、不願急速辦理、而不願急速辦理之原因、恐一切事務與想像不佳、個人想像對於人事異動及機構改革、一切事件不願急辦』云云、

治法撤廢之無線電講座
網羅市內權威者講演

哈爾濱放送局爲記念治外法權之撤廢期使一般認識徹底、聘請在哈各機關之代表者由十三日起開始『治外法權撤廢講座』放送時刻由午後六時二十分、至五十五分、講座預定表探錄於左、

△十三日治外法權撤廢之意義、(在哈日本總領事)

△十六日治外法權撤廢後之警務(濱江省警務廳長)

△十八日治外法權撤廢後之裁判(哈爾濱高等檢察廳次長)

△二十日治外法權撤廢後之納稅(濱江稅務監督署副署長)

△二十五日治外法權撤廢後之日本居留民(哈爾濱日本居留民會長)

△二十七日治外法權撤廢後之教育(濱江省教育廳學務科長)

△三十日(俄語題未定講演者欽斯教授)

慰問華北皇軍經過情形及感謝(續)
濱江省代表郭濬文氏

香月司令官對於華北民衆所發之布告、載有『奉行大日本帝國之使命、夙欲確保東亞之和平、增進中華民衆之福祉、以資實現『[illegible]兩國唇齒相依共享福慶之宏願』於此數語之中、可以詳知友邦皇軍、此次出動完全爲東亞之和平、而膺懲暴戾之南京政府、與殲滅人類公敵之共產黨及藍衣社而已、至對於中國民衆、不但無敵對行爲、且必拯救於水火之中而同登於衽席之上、此次參觀各地戰跡、如天津南開大學、市政府天津總站、東站、以及公安局等各地方、査其所以必欲炸燬者、實因其非係赤化策動之根據地、即係中國軍隊潛藏之場所、此次經空炸及爆擊、殆均破燬、但附近各地商民及住所、並未波及、幷且天津市內各敵軍、不過數小時、即被皇軍完全解決矣、友軍用兵之神速、可見一般、再參觀南苑戰跡、經儀我少將談、該地係華二十九軍之根據地、約有二個師團在內潛居、爲消滅敵患、故施行爆炸、不過僅擲一百基羅炸彈數枚、即將全苑兵舍炸燬無餘、華軍死傷達一千四百餘人之多、並有一處炸彈、擲在兩房之中間土地上竟將兩房震燬、且震斃學生軍三四百人、其武器之精、空軍威力之偉大、可以想見、故能無堅不摧、無敵不殲、未及旬日、即將平津相繼攻克、而華北一帶亦次第安定、其軍威之雄壯、實力之優厚、不僅可以談耀於東亞、幷可煊赫於全世界、惟最堪同情者、華北出征之皇軍、於酷暑之際、實施膺懲工作、出沒於槍林彈雨之中、戰爭於驕陽烈日之下、此種堅忍耐茂之精神、實屬卓越、尋常津浦沿線、適逢水患、作戰區域盡成泥海之中、奮勇進攻、其作戰之困難尤屬非言可喩、總之前線皇軍將士、既如是辛勞、我滿洲國後方民衆尤應一致深切信賴、作槍後之支援、故我滿洲國民、於此次派遣代表慰問之餘、似應更進一步、予以物質及精神的援助、以達成日滿一德一心之精神、而作皇軍之慰勞、並應勿信流言蜚語、使前方將士、無後顧之憂、俾完成東亞之明朗化、是鄙人所期望者也、

二、華北民衆之積慕

華北民衆羨慕滿洲國王道善政、已非一朝一夕、故此次友邦皇軍、向平津出動之際、一般民衆、莫不簞食壺漿、以迎王師、共懽欣鼓舞、積慕景仰之熱忱、殊非筆墨所能形容者、現在華北民衆、所竭誠期望者、咸願迅速成立新政權、希其早日實現、同建東方樂國、俾得一致享受滿洲國同樣之恩澤、是誠馨香禱祝者、惟是津浦沿線、適患重大水災、是華北民衆、既逢戰禍、復遇水害、顚沛流離、厥狀至慘、目下雖經該地官紳協力救護、但恐災區廣汎、杯水車薪、或有未能普及之處、香月司令官曾云、對於華北民衆、不但無敵對行爲、幷須加以愛護、故以軍用糧食、散放災區、藉資一時的救濟、其愛護華北民衆之熱忱、即此可見、宜乎民衆一致愛戴、感激無既也、我滿洲國、與平津冀東壤地相連、對於華北災胞、應本諸同舟共濟之誼、從事救濟、況滿洲建國精神、首重民族協和、故就民族協和而論、於華北一帶民衆、更應相互提攜、視同骨肉、爭先救護、俾華北民生得以安定、而協和精神藉以實現、是尤爲鄙人所深切企望者也、

三、平津一帶之治安

此次華北事變、友邦皇軍、於忍無可忍之餘、始對華軍施以澈底的膺懲、但對於一般商民、毫無敵對行爲、例如天津方面、從皇軍之空襲、建築物之被炸燬者、不過前述數處而已、(南開大學、市政府及南苑兵舍等、)是項建築物、大都係屬共產党之根據地、或華軍之潛藏所、至於附近商民房舍、均未波及、毫無損害、故於皇軍戰勝之後、民衆之一時遷徙者、則又相率返還故土、而各街市之商店、亦已照常營業、關於治安問題、經北平天津兩治安維持會、分別擔任維持、並賴友邦方面慨予援助、因是宵小相率斂跡、地方秩序、藉以恢復、此外、並設有宣撫班、擔任宣撫事宜、幷實施救護工作、故現在平津一帶地方治安、可稱確保、幷已肅正矣、預料不久、即可實現新政權、施行王道政治、俾華北民衆、共休仁風、是則鄙人於慰問之餘、感想所及、至爲欣慰者也、　以上

康德四年九月　日

華北皇軍慰問使濱江省代表

協和會濱江省本部委員

郭濬文謹述

濱江特刊

第一三九號

盛京時報北滿總支社 社址 哈爾濱道外桃花巷西口 道裡電話六八四七番

市署之人事異動 機構改革後實現

中央之意決不欲令一般失業

韋市長對記者談市政之近況

關於哈爾濱市公署之機構改革問題及人事異動、傳說不一、一般關心市政者、頗爲注目、記者爲明瞭眞象、於昨十八日、特往訪韋市長、當蒙延見、有如左之談話、

（問）關於市公署機構改革、外方傳說不一、究竟何日實行？

（答）關於機構問題、此非市署自能裁制總得由中央方面指示、大殖副市長亦赴新京與責任當局接洽、能否有何等結果尚未可知、待副市長返哈後、大概亦許能有相當辦法、

（問）對於都市建設局及交通局取消說、是否是實？

（答）對於此等問題、尚未接到中央命令、或許將來能有此

表？

（答）現下正在審査中、按新事業或舊規劃緩急不同、大概預算亦與去年差不多少、按個人欲擴張市面繁華、當然欲請求數多、不過中央對於全國市制均有決定規限、

（問）市稅移於稅務監督署何日實行？

（答）關於市稅移轉之事、亦未受中央指示、不敢斷定、中央方面定有相當計劃、

（問）來年一月一日新學制實施、市長對於教育經驗宏富、有何準備否？

（答）新學制實行之事、不久必召開校長會議、謀教育之向上、當然有番整頓、現由教育科積極準備計劃中、

爲分會長、定製徽章十萬枚、向一般滿人出售、努力宣揚館後強化之意識、凡賣出徽章之盈餘、悉數作爲第一次之恤兵獻金、此爲□人間最初之鎗後運動、各方面頗爲感激、對其將來之活躍頗堪期待云

萬盛祥 遭匪搶掠 損失二百餘元

道外十七道街門牌二十六號、萬盛祥切麵舖、執事人張清臣、於十七日下午八時許、至分所報告謂、於當晚七時二十分許、忽然闖入滿匪四名、一大酪、身着青布棉袍、戴青毡帽、操山東口音、持自來得嚇不準聲張、結果翻箱倒篋、搜出國幣二百二十餘元、搶畢向外逃逸、不知去向、警察據報、一方以電話通知各署後、立即協同警士數名、赶到現場時、匪早已無踪、各警署當即密佈警網、徹底搜査、同時並於各街口設卡檢査行人、因時間過晚關係、終未捕獲、現下依然搜査緊張中云云、

大胆狂徒 果敢放火

農民一年中之血汗、始將農作物割完搬運場園中堆積、不意放火魔横行時、一把火付之一炬、各地此種情形、每年發生頗多、濱江省警務廳、爲謀徹底肅清此等不良份子、横行慘禍、故於前日已通知各縣旗警務局、對於放火慘惡徒輩、一體嚴緝、免農民受無形中之慘害、各縣當局正在派員偵緝羅中、不意海倫縣祥崖警察署管界、萬發屯部落、住戶農民徐仁、年四十四歲、將小麥均割完、與其他農作均堆積於場園中、不意於十四日午前、不知被何人放火焚盡、損失一萬餘元、査其放火原因、偶一貸借不遇、或細故結怨、即以放火報復、現下祥崖警察署、鑒於此放火案件、頗爲重視、嚴厲調査、據調査所得資料、同縣海興鎭西街路北、農民邱發、（年四十八歲）素與徐某不睦、現下潛逃無踪、似有放火重大嫌疑、當局正在搜査中、並兼被害人指名放火犯、亦係邱某、所以不疑云云、

裝甲車 行將出動

自本年四月解冰以來在國境河川烏、黑兩江及松花江流域出動警備奮勇討伐樹立赫赫武勳之海軍江防艦隊旗艦「定邊」以下〇〇隻 因冬之降臨、全河川先後結冰、隨即改用裝甲自動車出動、當此冰天雪地對於陸戰隊員猛烈訓練、迨江冰堅固後、裝甲自動車〇輛、堂堂出動、對於沿江各地之治安加以徹底之準備、俾宵小不得肆逞云云、

歸、潘某即在屋內等候許久、其友依然未返、不料潘某乘友未在室內、即起盜心、將其友人之包金手鐲一付、意爲赤金竊入懷中、詎爲該棧執事人早已嚴加訪備、在暗處監視、潘將手鐲務後、即欲外走、被執事人攔住、由其腰中將物品掏去、送至大新九道街分所、警所備文、一併送署、以待徵辦云云、

社聯領到 補助費

中中社會事業聯合會每年度對於各地方社會事業團體、爲獎勵起見、發給社會事業助成補助費、本年度發給哈爾濱社會事業聯合會助成補助費共計一千三百元、此類正在準備分配中撥給白俄社會事業團體一千元、其餘三百元、撥給乞丐收容所、該聯合會、定於日內在市署四階樓上會議室開催補助金交付式、並對於分配細目加以討論云云、

哈市本年上半期 國人當商業績 較去年貸出增贖出減

本年上半年哈市滿人當商之營業成績、據關係方面調査、大體如下、貸出總額二、五二八、三四〇元、贖出一、六九八、七八一元、與去年同期比較、貸出增加、贖出者減少、蓋因本年度北滿農村政府春耕茲將每月營業狀況分別採錄於下、（單位＝圓）

	貸出額	贖出額	殘額
一月	三三七、一〇一	三〇七、五九七	一、七二九、四七二
二月	三四二、五〇一	二六九、八七一	一、七四八、六〇八
三月	四五六、六五二	二七一、四五九	一、八五七、九一七
四月	四八六、六五三	三〇三、三二〇	一、九七七、〇三四

肺結核病早期發見 秘密方法介紹

市公署技佐 李東園

吾人之體內、一經肺結核菌侵入、倘體格健康、當然打倒使之不得其逞、如身體衰弱、則結核菌隊、乘勢攻擊、不遺餘力、結局發見種種症狀如次

一、結核菌侵入吾人體內時、如身體軟弱、則該菌跳躍活動、盛行繁殖、初則食慾不振、易覺疲勞朝夕微度發燒、且因抵抗力弱、易感風寒、漸

五十歲以上者、每年要健康一察一次、在二十五歲以下者每年要健康診察兩次、診察法之主要條件即檢痰、愛克斯光透視、或照像及肺部之一般周密之診察是也、

三、吾人普通家庭均須備有體溫計、一星期至少要量體溫一日、（朝晚兩次）如常溫在三十六度五、而朝晚在三十六度七或八時要警戒、

項辦法、亦未可知、

(問)對於人事異動何日實現？

(答)人事異動暫時談不到、得照機構狀況、用人數多少、始能決定、況且想中央方面但能占用、決不欲令一般失業、

(問)康德五年度預算何日發

(問)聞交通□將來改交通會社、由官民合辦有此事否？

(答)關於官民合辦交通會社問題、大連、奉天方面固屬如此、惟哈爾濱方面尚未聞有官民合辦消息、談至此已午后一時、記者乃辭去云、

鎗後團体結成準備會
定製徽章售欵作爲恤兵獻金

自中國事變勃發以來、我國民衆基於共同防止之旨、抱日滿一德一心不可分之關係、對於友邦前方將士之勞苦功高、莫不感激欽佩、齊起作鎗後之支援、近經道外泰華西藥商經理孫輯宸氏等數名有志發起、於十六日午後四時、假道裡商會、召集滿人各保長、實業家、有力者、各新聞社等約四十名、擧行鎗後團體結成準備會、由孫輯宸氏担任臨時會長、有如左之致詞、

自日華事變勃發以來、忠烈之日本皇軍、爲保持東洋永遠之和平、極救中國民衆出水火而登袵席、在華北、華南等第一線奮勇殺敵、勞苦功高、凡我等在哈之滿洲國國民、基於日滿不可分之關係、對於日本皇軍宜竭誠支援並衷心感謝、實行日滿一德一心之精神、以此趣旨大聲疾呼使一般滿洲國民大衆結成鎗後強化之團體云云、

孫氏講演時博得全場之同情大聲雷動、嗣則選擧實行委員八名如左、

道裡商會唐會長、道外商會李會長、靳保長、孫經理、黃經理、楊文忠氏、呂宗閣氏、楊貫三氏等八名、

一事務所設置於道裡商會、除擧辦恤兵獻金運動及皇軍慰問等事務外、對於日華事變之意義及皇軍戰捷之狀況等使滿人得以普及徹底、十七日復在商會集合開委員會、協議製作會員徽章頒布方法結果以各保長一致、

檢、一匪小槍、持八普手槍、除二匪徒手、進屋後以檢威嚇、將柜夥等驅逐一室、並恫

貸款、農民金融之逼迫並□人小麥業者增加、致入質額增加、哈市滿人當商共計十家、

五月　四七七、○四四二八七、四七五二一、一二三一、七九二
六月　四二八、三八九二五九、○五九二、二四○、二九四
合計二、五二八、三四○一、六九八、七八一一、六七六、一一七
去年同期二、六七、三八一一九七八、四八八六、八七二、四三四

利息收入額與去年比較激減、蓋以自去年六月一日起實行減輕利息關係、茲將利息收入額記錄於下、(單位＝圓)

	本年上半期	去年同期
一月	三四、二二一	五八、七二三
二月	三八、一○二	三三、○七四
三月	三八、三七一	四五、二七六
四月	三五、○七一	四六、五九五
五月	三六、四九九	四一、五九一
六月	四八、一五一	三五、一六三
合計	二三○、四一六	二六○、四二二

江豆運哈激減
小麥較去年亦減少

截至本月十三日松花江之船運宣告終航、自開江以來江豆運哈數量、計舊豆十六萬一千三百○九噸、新豆二萬五千七百七十九噸、合計十八萬七千○八十八噸、與去年之十九萬五百八十三噸比較、頗見減少、江麥計舊麥四萬七千一百六十九噸、新麥五萬五千七百十七噸、合計十萬二千八百七○六噸、與去年之十四萬八千一百十八噸比較、激減四萬五千二百四十一噸、査其減少之原因、並非因圖佳線之開通所致、蓋沿江各地之收穫量較去年減少之故、又兼搬運力之不足以及配船之不圓滑、均爲減之最大原因云云、

畢業學生
分別採用

濱江省立哈爾濱兩級中學校、依當局之推薦、高中部卒業生十數名、前已由哈爾濱郵政管理局先後任用、派在本市及各縣郵局服務、任爲正式郵政局員、聞今次高中卒業生中優秀者十六名、已經該校推薦於新京地籍整理局、不久即可發表正式採用云、

訪友不遇
怨生盜心
執事看破
送警懲辦

道裡外國四道街、門牌二十八號、住戶潘文德、年二十六歲、山東平原縣人、素以剛油爲業、於昨十七日、因事赴道外大新九道街永發棧、訪其朋友王樹方、其時適王某外出未

假面具英青年
眞像完全敗露
如何奸詐難逃當局慧眼

負有親日家之令名、被譽爲英國第一流青年著述家之英國籍猶太人『澤拉爾德耶爾基』、曾以『無偏見之日本』爲題、執筆大書正義日本眞摯之姿、該氏於日前由南滿方面來哈、下榻於馬迭爾飯店、曾與鶴見日本總領事等外交界要人作種種懇談、並預定十七日赴佳木斯視察移民團、更曾以中國事變及日英時局爲中心發表長篇之談話、然經日滿官憲銳眼觀察之結果、已看破其所謂親日家純係捏造虛言、實爲彼乃一國際的間諜、而爲持有熾烈排日思想之怪人物、於二二六事件時、受間諜之嫌疑、曾爲東京丸之內警署將其檢擧、拘留約十日後、由警視廳當局實行追放國外之處分、現在彼之陰謀已完全暴露、彼曾大言大語謂『余係英國第一流新聞』及濠洲各新聞之寄稿者、並自命爲親日家、然關於英國及濠洲新聞名稱不能擧示其一、伊自本月初旬以來、即以以上之假面具、蔽隱來滿、造訪滿□本社、揮動其辯論、使滿洲幹部認爲彼之爲親日家青年著述家、並介紹其至沿線各地、乃於十二日十時半來哈、投宿於時潤綽之馬迭爾旅館、當其在南滿方面爲各新聞社信賴其辯論及美滿之假名義、一律揮入該人之像片及該人之談話、表揚其對日之認識、及抵哈以後、在哈日滿官憲、見諸各新聞紙上大行讚揚其詭辯的言論及豪語、更預定會見植田軍司令官及星野總務長官、遂對其抱有疑念、暗行探察其行爲、並經調査其素性結果、始明瞭其所謂爲親日派之著述家者、全屬謊言、更巧說日滿官憲銳眼、從事蒐集排日反滿之宣傳材料、以達其間諜之目的、實屬胆大包天者、如是乃將其假面具之奇怪素性大爲暴露無遺矣云、

次體力削瘦、皮膚蒼白、以上之症狀、係已被結核菌侵襲、務須急聘良醫、診察檢痰、或以愛克斯光線透視、倘醫師認爲結核病之潛伏期或初期結核病時、要火速延醫治療、確有痊癒之希望、萬勿稍忽、

二、吾人之家族或同居者之中、如有以結核病死亡者、在

四、體重、吾人平日之體重、務須要知道、每一月必須一次、如體重漸減亦須警戒、

五、按以上所述、倘能照辦不待病重早期發見、早期治療、縱經結核菌之侵襲、可以早日撲滅、絕無傷亡之患、望吾哈市民勵行是幸、

江原次長
由哈轉牡

前任哈爾濱副市長於八月間榮轉間島省次長之江原綱一氏、因赴牡丹江辦理要務途過哈埠、於十日蒞哈、當日往訪大迫副市長等作長時間之懇談、下榻於名古屋旅館滯留一夜、於今十一日晨轉向牡丹江矣云云、

交通安全週間
十八日起盛大舉行

爲撲滅市內之交通慘禍、由哈爾濱警察廳、市公署、自動車協會等主催之交通安全週間、於昨十八日起自今日施行、是日午後一時由片岡自動車協會會長爲隊長、以自動車十數輛、於正午在警察廳前自動車檢査場集合、於午後一時出發、在市內巡行、經過路線義州街、馬家溝、車站街、大直街、工程街、松花江街、霽虹橋、經緯街、中央大街、新城大街、工廠街、地段街、石頭道街、買賣街、在道裡遊行約二小時之久、在遊行自動車上、滿直日滿俄文字之宣傳標語、使全市市民對於交通道德觀念徹底化、自動車、大汽車、洋車、載馬車夫等、均須遵照規定之速度、以免交通事故之發生云、

又訊＝經緯警察署、鑑於天氣日趨酷寒、交通事故勢將增加、應警察廳、領警、市公署及自動車協會等主催之交通安全週間、同時實行全市交通取締、宣傳防止交通事故、對於中央大街通行之馬車、洋車、自動車等指使其緩行、於橫斷以外之通行、一律禁止、並在各重要街口、高懸佈告、以期交通事故之減少、交通道德之普及云云、

官吏共濟法會議
市署派員晉京參加

哈爾濱市公署官房總務科深澤事務官、與人事科屬官王逸農氏、爲參加國務院於十九日起至二十二日亘四日間召開官吏共濟法會議、定於十八日午前搭京濱列車晉京云云、

司法科捉獲
窃盜團
首魁二名同時落網

道外一城近月以來窃盜案件迭次發生、警察廳司法科、頗爲震怒、連日以來努力搜査之結果、於十日午前十時頃在道外小六道街悅來軒之門前、逮捕嫌疑犯二名、帶回科內詢之結果、供述一名王清秀年二十歲、住所不定、一名王守訓年二十五歲、王守訓於前年因窃盜犯曾被某警察署檢擧在某監獄服役出所後、因無業在市內遊手好閑、與王清秀議聯絡窃盜數名、組成窃盜團、專事以窃盜爲生、曾在道外各處行窃不諱、前於六日在南四道街九號金記雜貨店高照南(四三)宅將門戶挖穿、盜去衣物多件及現款百七十四元、並在他處盜窃貴重品及現款千元、現在仍在繼續嚴詢中云云、

濱江特刊

第一四〇號

盛京時報北滿總支社
社址　哈爾濱道外桃花巷西口
道裡電話六八四七番

賈民政廳長自立陣頭
宣撫班開始活躍
警務廳亦組織宣撫隊十二班
向各縣旗施行宣撫工作

濱江省撫宣小委員會、當此農閑之際基於秋季治安肅正工作、結成宣撫班、以匪賊跳梁及殘存地帶爲中心、援助日滿軍警之討伐及各縣之諸般工作、互相連絡、施行匪民分離工作、並對於此非常時局發揚國民之精神、努力進行宣撫工作、

一、反共思想之普及滅匪涵養愛國觀念、

二、對於時局應正確認識、養成日滿如一之觀念、

查該宣撫班共分爲三班、第一班長爲民政廳長親自担任、第二班長爲行政科長担任、第三班長爲文書科長担任、宣撫員之配置計第一班爲賓縣、延壽兩縣、期間爲十日間、第二班木蘭、巴彥、呼蘭、東興等四縣、期間爲十五日間、第三班爲滙倫、綏楞、慶城、鐵驪等四縣、期間爲十五日間、各自施行積極的工作、一方警務廳當局以同樣趣旨爲目的、組織宣撫隊十二班、向全省管內各縣旗實行宣撫工作、第三班宣撫小委員會之第一班、第四班與第二班、第七班第八班與第三班合併、共同行動、迄至十二月中間終了後、並參加各縣協和會主催之宣撫講演會、電影會、並在各縣旗衛要街市遍貼排共傳單標語、更施行免費治療等、對其成果、各方面頗爲期待云云、

郵政生命保險
成績良好

一日至現在之生命保險成績、共件數及保險費以及保險金額等如左、

件數爲四千零三十二件、

保險費四千五百五十六元七角、

農產品評會
審查出品

市公署農政科、爲謀管內農作物之改進、以期品質向上起見、特於本月二十五日午後一時起、在市內沈家王崗農民道場、開催第一回農產物評品會、出品項目、有大豆高粱粟子旱稻小麥等出品、點數全部出品共計一千二百餘種、經各審察委員技士審查之結果、計上等品一二〇點、二等品五〇點、三等品一〇〇點、發給各種農具並共他賞品以示鼓勵云、

火災防止聲中
祝融竟敢肆逞
清香閣肉舖付之一炬

北滿唯一國際大都市之哈爾濱、年來發生火警件數頗多、生命財產、損失巨額、令人不寒而慄、市警兩當局、爲謀防止於未然、曾於二十二日起至廿七日、擧行防火週間、盛大審、詎知於二十五日下午一時、又發生數次、茲將二十五日道外火警摘錄如左、道外北二道街張包舖胡同、清香閣醬肉舖、執事人王和元、山東掖縣人、開設醬肉舖數年、頗有積

自衛團長通匪
爲香坊署特搜班檢擧

香坊署特搜班、於前十四日在双城縣管內荷家窩堡第七區檢擧通匪嫌疑者現充該區自衛團總之豪農陳子風一名、正在審理中、忽得密報有匪徒朱臣陸元中二名潛入管內、堀總務主任担任總指揮之下、於十七日及十九日將二匪先後逮捕、經審詢之結果、供述爲匪不諱、茲將其供述事實摘錄於左、

一、陳子風（五〇）以自衛團總之勢力橫行覇道、當康德二年五月間收回鎗器之際、陳某私自隱留小鎗二支子彈六十粒迨至翌年一月以五十元及四十元之代價賣與双城縣魏家堡匪徒劉發及該縣水子山王品三、該陳某利用自衛團總之名義爲護符、實則暗與匪賊私通、

二、朱臣（四五）顧鄉屯生人向在太平橋、廟台子溝以帶爲匪報字梅山好於大同元年率領部下匪徒二十名投天成好部下爲匪、以阿什河沿岸一帶爲中心、施行燒殺搶掠之行爲云、

三、陸忠元（四三）阿城縣廟台陸家屯人、投入擁有匪徒百二十名之匪首楊邑部下、充當參謀、現因天寒地冷、青紗障倒、無處藏身、乃潛入市內、詎知惡貫滿盈、即被逮捕云、香坊警察署特搜班、對於匪徒之情報、極爲詳確現在密佈警網以待檢擧、於是今冬市內之治安可以無虞矣云云、

麵粉價格暴騰
小麥較去年漲價二元

因華北方面之麵粉需要激增關係、哈市之製粉業又呈活況、小麥雖然陸續上市、然價格依然高昂、二十五日開行遼卯八元四角八分、其後大價漲至八元六角八分、本月中旬以來之價格、比較同期高出一元五六角以至二十元之程度、茲將各月之價格比較如下

	本年最高價	去年最高價
十一月限	八、二五	六、五六
十二月	八、五三	六、六〇
一月	八、五一	六、六八
二月	八、五一	六、六〇

國軍最近
討匪成績

當茲冰天雪地寒風刺骨之下國軍各部隊奮勇討匪、大有再接再厲之精神、使匪徒心寒胆戰、樹立不滅武勳、頃據第四軍管區司令部發表最近管下各部隊之討匪狀況如左、

一、敎導步兵第〇團部隊、於本月二十二日正午、在依蘭永發屯西南方馬鹿溝附近、與匪首某團長以下四十名交戰約三十分鐘、將匪向西大拉子溝及土城子方面擊退、此役斃匪首某團長以下三名、傷匪多數死馬一匹、鹵獲大小鎗二支彈藥九十粒馬一匹、其他物品甚多、我方並無損害、

二、步兵第〇團、於本月十七日午後九時、在饒河大別拉坑、與天君匪約六十名交戰約三十分鐘、將匪擊退、此役奪還人票十八名、我方並無損害云云、

農機協會
進出計劃

依日滿兩當局及各關係方面之協力、前於哈爾濱商品陳列館一度擧行農機具展覽會、並設立日本農機具協會於其處、其後該協會幹部開作種種之協議、對滿之進出詳加考究、爲使滿洲業者向日本內地業者今後直接交易、以期由日本農機具會與滿洲業界共同協力達到普及之目的云云、

日領事館慰勞宴

【佳木斯】日本帝國總領事館警察署、近鑒日本治外法權之撤廢、決於十二月一日實行並南滿附屬地之行政權、亦於是一日全部移交滿洲國政府、爲期已迫眉睫、前於十一月十日、擧行在佳警署廢廳式、頃開該署署長與日本領事、會商之下、爲慰問全部警察官、及本人會、朝鮮民會、對於警察之援助、並滿方警察官民與日之關係情感、與當地商農名流等於廿一日設宴於東樂天飯店、大開慰勞宴、賓主約五十餘人盛極一時云、

滿人加入者將達三千人
關格股長對記者之談話

哈爾濱郵政管理局、自本年十月一日設立生命保險以來、加入保險者、頗為踴躍、成績甚為優良、記者為明瞭近來保險狀況於、昨二十五日特往訪該局生命保險股長、關格之輔氏、對記者有發表如左談話、

由十月一日創設生命保險處、現在收到十分六七之効果實出意料以外之好成績、以加入保險者之人數觀之、從前不過各機關官吏人員加入居多、機則道外方面之商人加入生命保險者為數甚夥、現在突破四千餘件、想不久即可達一萬件、可以見出一般市民對於生命保險之意義完全明瞭、毫無誤會、並自本年十二月一日、在各地方將完全成立生命保險事業、以期達到眞正之使命、如能與東京之生命保險成績相等時、則為鄙人所深愉快、尤其哈爾濱為我滿洲國惟一國際大都市、對於生命保險事件、更應踴躍、向前競爭、與東洋及其他都市比較、不至落伍、况且生命保險、為世界各國極為注目之事也、我國以生命保險制度更為當前要務、所以現在極力普及推行、哈爾濱、各省市立中等學校之講師、本為知識份子、所以對於生命保險事業、均極贊成、最近各講師自動加入者、頗為踴躍、並於各講師努力勸導之下、各學生之家長亦將有加入者、由十月保險金額七十三萬七千四百八十九元、滿人加入者為二千七百人、約占全體六格七分云云、

街村制度實施前
行政事務講習會
於廿五日起在省署舉行

街村制度將於十二月一日起實施、濱江省當局於二十五日起至二十七日三日間召集各縣旗內務局長、財務科長、財務職員等約五十名、在省官房會議室、舉行省行政事務講習會、二十五日午前九時開會之情形、探錄於下

一、開會之辭(張行政科長)
二　施省長訓示
三、賈民政廳長訓示
四、講習
五、閉會之辭(張行政科長)

該講習會之內容乃以新施行之街制、村制、街村稅制等為中心、此外對於義倉、拓政事項、稅務、一般土地課稅、台帳調製等事項、地籍整理實施準備事項及其他等、當此新行政機構改革之際、省當局對於新行政機構體勢之整備亦頗惹人注目云云、

宣傳、以期喚起一般市民注意防火、不料正在防火週間、而火警依然頻傳、繼裕慶德毛織工場大火警之後、近日以來、

許、正在煮醬肉時、因煙筒串火、延燒屋上堆積茅草、以致發生火警、當時因風頗大、風助火威、霎時間黑煙濛濛火勢猛烈、各消防署聞訊趕到現場竭力撲救結果始將火救熄、共燒失房蓋四間、損失數目不明、警察當局正在調查中云云、

金融合作社
積極準備中

哈爾濱都市金融合作社設立計劃、已見前報、石井振二氏經新京經濟部任命為哈爾濱支店長後、即時着手準備、預定會員數、日滿俄合計大体可達三千人之程度、當此市內缺乏庶民金融機關之際、該金融合作社一旦成立、各方面頗為期待、與市公署商工科在可能範圍內、必以便民為方針、發揮其本來宗旨云云、

法國財團有力者
組織對滿事業公司
計劃經營全滿各地大和旅館
今後企業界亦必有一番活躍

滿洲建國以來、法蘭西資本家、鑒於滿洲之躍進氣象、頗為關心、資本進出、遠在數年以前、最近法國財團側有力者成立一大財團、向滿鐵提示、將組織對滿事業公司、先以資金四百萬元、計劃經營全滿各地大和旅館、買收大連大廣場星之浦、奉天、新京、哈爾濱所在之五處大和旅館、並湯崗子溫泉、對岸牝閣、均包括在內、除哈爾濱現在之大和旅館外、並有萬國寢台公司、在南崗松花江街直營之、蘭德旅館一律買收之計劃、更擬將新京之亞庫德旅館、改為大規模法國式旅館、刻下駐滿代表畢內哥氏於本月底經由西伯利亞鐵道由本國歸來、協議內部進行辦法、預定明春三月正式投資云、

前記對滿事業公司、以先經營全滿各地大和旅館為起端、今後各方面企業界之進出、將有一番活躍、頗感一大興味之投資事業云、

治廢實施之日
慶祝大會

協和會及省市兩公署協力之下、定於十二月一日治外法權撤廢之同時舉行盛大之慶祝會、努力使民族協和之意識徹底、連日來以上各主催機關積極籌中、大体情形、曾迭見本報、是日慶祝諸般行事大致規定如下、

全市各戶一律懸掛國旗、在石頭道街十字路口、南崗、秋林前、道外正陽街口等衝要街市內、高搭彩牌、在南崗神社前參拜終了後、於午後零時全市日滿俄小學生一萬七千人總動員舉行小學生慶祝音樂大會在崗在亞細亞電影院、道裡假工廠俱樂部、道外假平安電影院等共分三處同時舉行、午後五時並舉行民族交驩大會、(場所未定)並假道外華樂舞台開慶祝大會一般市民一律免費入場屆時定有一番盛況云云、

濱江特刊

第一四二號

盛京時報北滿總支社
社址 哈爾濱道外 桃花巷西口
電話道裡六八四七番

日產量、自月初以來因受好材料之關係、激急增加、月間總數達三三四口、比較去年同期之二四六口約增加八八口、茲將油房別及日產數量分別採錄於下(單位片)

東和	一、八〇〇
同成和	二、三八四
義昌信	一、六〇〇
東興昌	一、八六〇
和聚公	一、五〇〇
同聚祥	二、三九一
元孚	一、二〇〇
双興	二、五二〇
恒祥東	二、五六六
協昌仁	二、四〇〇
合計	二〇、二二一

航聯招開船東會議

哈爾濱航業聯合局、因適逢冬季停航、故於前日召開理監會議、當時所討論急行船改造及冬季休船等問題、一切草案業已順序通過、故定於三日下午一時、在航業聯合局樓下、召集各船東會議、會議事項如左、

一、急行船改造

一、冬季休船問題

一、船員養成所修築房舍補助金八千九百十元云云、

十月份火警統計

據哈爾濱警察廳統計、本年十月份市內發生之火警件數、共為二十一次、如南新警察署管界四件、香坊警察署三件、經緯署八件、太平橋署管界二件、南崗署管界二件、正陽署管界二件、發生火警者共二十一戶、被延燒者七戶、共為二十八戶、財物損失約三萬八千五百七十八元、燒死無名乞丐二名、發生火災原因約分為九種、計火柴一件、香火一件、發火三件、燒炕三件、爐火一件、漏電七件、竈火一件、煙筒三件、燭火一件、發生火災者損失三萬四千三百二十八元、被延燒者損失四千二百五十元以上二十八戶保有火險者僅十戶、未保火險者十八戶云云、

十一月份屠宰家畜九五七七頭

據哈爾濱市公署衛生科獸醫股統計、市內屠宰總場及第一分場、十一月份屠宰之家畜數目於左、

總場屠宰豬二五三五口、幼豬三口、牛一四六三頭、中牛一六頭、小牛九九頭、大羊三五六二隻、小羊一六隻、馬三九匹、騾[illegible]四匹、驢十一匹、合計七七三九頭、

第一分場 豬一八四三口、牛四頭、合計一八三八頭、總計九五七七頭云云、

南京陷落慶祝會

舉市若狂高蹺龍燈提燈會

協和會市本部着手準備

為確保東亞永久和平出師膺懲中國暴戾軍閥之友邦皇軍、征旗所指、到處披靡、朝拔一城、夕陷一陣、曾幾何時南京之陷落又在旦夕間矣、協和會市本部靜待南京陷落皇軍堂堂入城之凱歌傳來時、即時召開市民慶祝大會、於八日午前十時頃、特召集常務員緊急會議、以便準備諸般慶祝行事、協議之結果、決定一、南京陷落時全市鳴放汽笛、向市民通報、翌日正午官民無論家居抑行於市內、一齊為戰歿之將士之英靈默禱、午後一時市內全體小學生持旗遊行、午後六時協和會各分會、各種團體以外各保甲、俄人各團體等約三萬人、南崗、道裡方面者、赴南崗神社前、道外方面者集合於濱江公園、舉行嚴肅之慶祝式典、祝辭、對戰歿者之英靈默禱、決議感謝文、三呼日滿兩

第二會場(濱江公園)式辭之後、由自警察廳長之祝辭、默禱決議感謝文之後、由民政廳長領導三呼萬歲、開始市民提燈遊行大會、遊行順序如左、

△第一班(哈爾濱公園)車站街領事館前醫院街憲兵隊、特務機關、大直街岡村部隊、岡田部隊、篠原部隊、

△第二班(哈爾濱神社)大直街、海軍防備隊、陸軍病院、渡邊部隊、見城部隊、

△第三班(哈爾濱神社)商埠[illegible]市場前、義州街第四軍管區前、軍官街、地段街、石頭道街、中央大街、警察街、

△第四班(濱江公園)正陽街憲兵分隊、許公路初級中學校云云、

鐵路名稱一律改革

鐵道總局基於治外法權撤廢、滿鐵附屬地行政權移讓之同時、茲對於鐵路機關名稱加以改革、人事亦有所異動、並使從業員精誠團結、以謀鐵道經營之圓滑、以達福國利民之目的、於昨(二日)哈爾濱鐵路局已奉到總局命令、對於機構名稱之改革及人事異動、正在討論中、三二日內決定後、即能正式發表茲將其改革事項採錄如左、

前鐵路局現改為鐵道局、前課現改為係、前鐵路監理所現改為鐵道監理所、哈爾濱鐵路學院現改為哈爾濱鐵道學院、哈爾濱鐵路醫院改為哈爾濱鐵道醫院、哈爾濱營業所改為哈爾濱務所、自動車營業所改為自動車區、碼頭營業所及埠頭改為埠頭、並將運輸處改為營業課、機務處改為輸送課、北安鐵路醫院改為北安醫院、黑河鐵路醫院改為黑河醫院云、

都市金融合作社

開設立準備委員會

為期打開中小商工業者之金融梗塞情形、擬在新京、奉天、哈爾濱市三處分別設立都市金融合作社等情、曾誌本報、依中央之命令設立準備委員、關係各機關即時進行各種準備、哈爾濱市以商工科為主體、編成經營組織方針、於隔昨召開第一次設立準備委員會、並經設會席上、對於尚未決定之諸般問題、由官民双方無隔意的互相討論、決定出資金額每人十元、第一回收入二元、

設立準備委員長	章市長
副委員長	大迫副市長
委員	加藤明
同	張廷閣
同	李明遠
同	石井振二

稱哈爾濱之中樞繁華地帶之道裡、現在居住各國民族不下五十餘個國籍、自王道滿洲國建國以來、人口激增、日本人增加尤為踴躍、截至十一月末、日人人口數達一萬二千六十三名、男女別、男子為六千九百六十一名、女子為五千百二名、男子比女子多一千八百五十九名、總戶數為二千七百三十二戶、茲將戶數職業別分誌如下、住宅戶數為一千九百十二戶、商店為七百二十五戶、其他僅九十五戶、日本人在哈總戶數一萬四千三百三十二戶、總人口為六萬四千三百三十九人云云、

市大汽車又肇禍

通化省縣兩署人事異動

【通化】本埠省縣兩公署、今臨治廢充實、內容人事亦隨之而易動、茲探得改革情形、列誌於左、

一、通化省公署

官房地方科長山代千代藏榮陞國務院內務局企劃科事務官、民生廳文教科長于晴軒陞弘報處宣傳科長、全視學官辛田武雄陞官房地方科長、警務廳衛生科長苗建發陞撫松縣縣長、

二、通化縣公署

自成立以來、各方熱心援助成績極為良好、但入會會員對於會費之繳納者頗多、其未繳者尤佔最大多數、該會以年關在邇諸待結束、故函各會員務于十二月廿日以前、將會費繳送至會、以資結束云、

哈地方科長交換

【開魯】興安西省公署、地方科長、哈豐阿、[illegible]後、蒙族傑才、學識[illegible]高、自西省設治迄今、為政四載有餘、對於政務治安頗有顯著之功績、地方商民、更深感

十一月份

麵粉製產減少

滯貨突破百萬

市內販賣量較上月激減

帝國萬歲後、開始遊行市內、舉行盛大之提燈大會、日滿國旗飄揚、燈籠照耀如晝、當此康德四年之年末、爲國際都市之哈爾濱市放一異彩、提燈除由協和會定製一萬盞外、其他各分會以及料理店等各自製作多數提燈、自動車協會以汽車裝飾遊行市內、以爲點綴、高蹺、龍燈、獅子、旱船等一齊出動、全市充滿慶祝之氣氛、

【又訊】地段街光亞商會蛟島達郎氏、爲慶祝皇軍戰勝祝賀大會、特贈予花火四十發、以備南京陷落之日燃放、當日日本人各商店各家庭、每戶一人參加提燈遊行大會、沿途市民、遇遊行隊之通過時必隨同齊呼萬歲云云、

【又訊】協和會哈爾濱市本部主催之南京陷落慶祝大會之設施計劃、已如前條所載、至八日午發表市內共分爲南崗（哈爾濱神社）道裡（道裡公園）道外（濱江公園）之處集合、南崗班由廟街至特移機關、憲兵隊、義州街第四軍管區轉道車站前經過日本總領事館、入大直街岡村部隊、岡田部隊、篠原部隊、通過三呼萬歲、

道裡班則由新城大街轉入中國七道街、至中央大街、由中國十二道街石頭道街、轉向地段街、至軍官街、

道外班由正陽街至許公路達初級中學校、沿途經過重要各機關、三呼萬歲、慶祝行列至此宣告終了、至於午後六時之市民慶祝大會第一會場（南崗哈爾濱神社）由韋市長朗讀式辭後、舉行嚴肅莊重之獻禱、

哈爾濱製粉工場、十一月份製產量、因原料小麥之價格昂騰、且沿線買付小麥交貨遲延、又兼製粉之賣行不振、以致生產量頓減、十一月份製產量僅一、四七二、九六六袋、較上月約減產一成八分餘、輸出額爲三十八萬四千袋、市內販賣額約八萬七千袋、茲將十一月份哈市製粉工場之生產、販賣、輸出量分別採錄於下、（單位＝袋）

工場別	生產量	輸出量	市內販賣量
天興福第二	二六七、二六四	一四六、四〇四	一〇、〇〇四
同第二支	二二九、三一六	一一四、五八一	三七七
同第四	一〇四、一三八	六〇、〇六〇	五、一八七
裕昌源	七四、五五	二〇、四七五	二五、三七九
義昌泰	一三〇、八六一	五五、二二五	二七〇七六
三泰棧	七八、三七一	四二、六四三	—
成泰益	七二、四九七	六六、七四〇	一二、八七〇
双合盛	一四五、八一六	一〇八、九〇〇	六四、八五四
日滿	三三七、〇〇〇	一九〇、〇〇〇	一〇四、〇〇〇
福康	三三、一五〇	四、四四五	一〇、三〇八
合計	一、四七二、九六六	八〇九、四七三	二六〇、〇五五
前月計	一、七七五、三三九	一、一九三、五一〇	三四七、二八九

【又訊】哈市製粉工場十一月份之製產量已如前表、然自十一月末至現在、各工場之滯貨因銷路不振關係、依然激急增加、合計約達一、〇三一、五〇〇袋之多、茲將各工場滯貨數採錄於下（單位＝袋）

工場別	數量
日滿	二三〇、〇〇〇
天興福第二	二〇七、〇〇〇
同第四	五九、〇〇〇
双合盛	一〇五、〇〇〇
裕昌源	五〇、〇〇〇
義昌泰	七四、〇〇〇
成泰益	六七、〇〇〇
三泰棧	三七、五〇〇
福康	五五、〇〇〇
廣信	四五、〇〇〇
合計	一、〇三一、五〇〇

十一月份豆餅產量

哈爾濱市油房十一月份豆餅

右準備委員設立之同時改選社長、理事一名、民間側及其他監事三名、評議員七名云云、

日人戶口激急增加

據經濟警察署由十月末調查管內居住戶數現已完了、惟素

接收鴉片零賣所基礎工作已終了
省衛生科員總出動

依中央之命令定於一月一日實施收歸公營之鴉片零賣所、濱江省公署衛生科於上月下旬科員總動員向各縣旗出張積極的準備事務、於十一日大體終了、今次之出張對於公營之主旨使其徹底、努力督勵現地機關、以期鴉片零賣所接收之萬全、各衛生科員之分担工作地採錄於下、

大原技佐（海倫、綏化、望奎等各縣）

佐藤技佐（珠河、延壽、葦河、五常、双城各縣）

內堀屬官（賓縣、阿城、肇東、肇州、郭後旗、安達各縣）

徐屬官（鐵驪、慶城、綏稜各縣）

白石警尉（木蘭、東興、巴彥、呼蘭、蘭西青崗等各縣）

烟膏製造場
預定廿三四日正式開辦
已採用包烟女工四十名

哈爾濱市七十七家鴉片零賣所、決定於來年一月一日爲公營經營、現下市公署衛生科鴉片股、對於接收問題、晝夜兼行準備、以期接收使無遺憾、……詳、關於接收先行之問題、謀防止各零賣所舊有人員失業、前數日曾通知一般人員、若願欲繼續就職於零賣所、均須親赴道外治療所檢查身体、現已……之人員、共約八百餘名、歸官營時、每零所配佈人員、約十名左右、其薪水雜役十五元上下、看燈由二十元至二十五元、零賣所經理約五十元之譜、火食均由自備、烟槍及烟燈、於昨九日、由各零賣所送往專賣署實行檢查、按照一、二、三等吸具等級發給官價、不久即可檢查完畢、煙膏製造工場設備、於道裡斜紋一道街、市公署清理股舊址、現下正在積極……定二十三四日正式開始製造煙膏、現召募包煙份女工四十名、前往應募之女子二百餘名、經鴉片股甄別後、採用四十名、每日工資四角五至五角、將煙膏工場開始即入場工作、並採用日系女監督員一名、以備監督女工工作、鴉片收爲向各零賣所每日配送煙份敏捷、計劃購買大汽車一輛、以便向道外各煙館配送煙份及收欵、不久之將來於道外設置出張所

市大汽車又肇禍

交通局六〇四號乘客大汽車司機于松林、於昨八日下午一時許、由道裡石頭街向道外二十道街駕駛、車至道外正陽三道街口時、正在進行中、不意有一年約二十許之男子、騎自行車由三道街胡同裡向外急行中、因双方躲避不及、將騎自行車者撞於大汽車下、當時頭破血出、不省人事、傷勢頗重、幸車輪未軋要害、並將自行車撞得粉碎、交通警瞥見、赶至現場、將受傷者送至附近醫院、應急手術治療、據醫師診察、雖無生命危險、而傷勢頗重、須一月間治療始能全癒云云、

崎署長轉入通化縣城廟警察署長警全署警長士一併編入該署警務局長現改警務科長、由柳河縣警務局長兼長崑轉陞、內務局長現改內務科長、由通化省公署屬官吳增喜陞充、財務局長改財務科長、由通化省公署屬官朱家語陞充、城廟警察署前王署長陞快大茂子署長、該署朱前署長升熱水河子警察署長、該署邸前署長升六道溝警察署長、該署長以前係由巡官代理、現已分別到差任事云、

社聯會催繳會費

【開原】社會事業聯合會、

長途旅客減少 短途反見增加
哈爾濱車站收入之比較

據哈爾濱鐵路局之統計本月內哈爾濱站之收入、比較十一月中旬以來乘車人員除一、二日增加外、大勢減少、手小荷物收入、每日百元至四百元之程度之增收、蓋以事變關係長途之旅客頓見減少、但以四鄉景氣而短途旅客反見激增、茲將本年及去年同期之狀況列表於下（右本年、左去年同月同日）

十二月	旅客收入	乘車人員	降車人員
一日	一一、三〇六元	二、五七三	二、四八四
	一二、九四四	二、三三二	二、〇八一
二日	一〇、六七三	二、四二三	二、五七五
	一四、九七二	二、五三四	二、一八七
三日	一一、一一〇	二、四三四	二、二七九
	一二、一〇五	二、三一五	一、八八七
四日	一三、四九七	二、七〇六	二、一九〇
	一三、五八四	二、四六〇	二、二八〇
五日	一二、一六三	二、六四四	二、七一四
	一四、七四七	二、四九八	二、七九一

戚、今奉國務院令、轉任撫安局秘書官之職、於月之四日首途、歡送者頗衆云、

熱烈歡迎曹縣長

【西豐】縣長曹肇元氏、於月之十一日午時抵任、當經官紳學商各法團首領數百名、至車站熱烈歡迎、蒙曹縣長與衆寒暄後、乘汽車抵署、城內商戶各戶均懸旗慶祝、學生列隊迎接、想曹縣長此次治豐、必能爲民造福云、

大慶祝南京陷落

【開原】本縣市民、靜候南京陷落之快報傳來、爲燦爛之戰史慶祝、終於十一時汽笛連鳴、歡聲四起、日滿國旗、飄揚于各戶門前、昂揚慶祝之氣象、充溢全縣、更於午後四時集合各團體與市民、及各校學生、齊集忠靈塔前、參拜默禱、表示感謝護國英靈之意義、一瞬間、歡喜與感激之怒濤、極爲旺盛云、

遲韓氏被奸夫拐走

【旅順】營城子會管內雙台溝、住戶遲成美之妻韓氏、年二十七歲、於陰曆十月十七日午前八時聲稱歸寧、臨行攜帶衣包二個、領二女一子乘自動車、行至許家窩下車時、將衣包寄於張德明家、以後到娘家三澗堡會、韓氏家住一宿、翌日午前十時帶領子女三人至許家窩將衣包取出、韓氏同奸夫張華國、年二十七歲、大名府人、逃之夭夭、事後遲某省悟知妻韓氏、同傭工人奸夫張華國五人逃走、現在遲某在警察

濱江特刊

第一四一號

京時報北滿總支社
址　哈爾濱道外桃花巷四口
社電話六八四七番

本年十月 貨物消售統計

共爲國幣九百三十万元 除日本外德國佔第一位

哈商工會議所調查

據哈爾濱市商工會議調査、本年度十月間貨物消售統計、共爲國幣九百三十萬元、除日本及中國主權占有地外、按十月間進口貨、以德國貨首占第一位、計值二百七十萬元、次爲美國貨爲二百五十萬元、英國進口貨二百萬元、意大利及波蘭各十五萬元、法國三十一萬元、荷蘭十六萬元、捷克十五萬元、比利時十萬元、瑞士八萬元、丹麥五萬元、瑞典一萬五千元、希臘一萬元、所有進口貨物主要品爲五金物、價額佔爲國幣一百七十三萬元、機器品爲一百七十九萬元、其他化學物及葯品、化裝品等進口輸入值一百八十九萬元、紙張三萬三千元、煙草一萬九千元、洋酒飲料六十萬元、玻璃洋磁品爲二十九萬元、其他貨物爲二百七十七萬七千元云云

濱江省警務廳 一幅陞官圖

濱江省警務廳於一日發表管內各地之警士警長昇格爲警尉補者探錄於下、

呼蘭縣廳原性次以下二十縣七十二名、哈爾濱警察廳山本芳雄以下二十二名云云、

特務科警佐友常猶吉陞任衛生科長、

經緯署警佐張北超陞任保安科交通股長、

保安科警佐森山進風紀股長退職、

外事科警佐石川武雄、轉勤特務科、

新安埠署警佐長濱國吉陞任緯署總務主任、

顧鄉屯署警佐山內由三、陞任松花署總務主任兼兵事主任、

松花署警佐熊本淺男陞任新安埠署總務主任兼兵事主任、

經緯署警尉渡邊利顯轉勤外事科、外事科、

警尉平山猛陞任顧鄉屯署總務主任兼兵事主任、

新署南警尉土屋彌八轉勤外事科、

務科兵事係專務、

警務科警尉任武數馬任經緯署兵事係專務、

正陽署警尉岡崎務任南崗署兵事係專務、

警務科警尉氣地政太郎任香坊署兵事係專務、

警務科警尉補內田忠一、正陽署勤務兼任兵事係專務、

新安埠署長佳本勇吉任警務……

松花署警長胡桃博夫任警務科兵事係專務、

警察廳警佐久佐賀清轉任珠……

珠河縣警佐山下勘治調任南新署總務主任云云、

豆餅交易活況

日產數量達二萬枚

因中國豆餅之向日輸出杜絕後、哈爾濱市之豆餅交易亦呈近年來稀有之活況、時因北鮮船隻不足、惟裝載十二月份貨已無隙地之狀態、因此哈市油坊自十一月初以來、亦漸趨增產之一途、十九日日產豆餅一萬枚、二十六日增至一萬九千一百二十三枚、不久之將來即可達到二萬枚、日內協昌仁山號工場即可開始動工作業、茲將油房別及日產量錄下、（單位枚）

義昌信	一、六〇〇
双興	二、五二〇
東興昌	一、八一二
東和	一、八〇〇
恒祥東	一、九一六
同聚祥	二、三九一
和聚公	一、五〇〇
同成和	二、三八四
元爭	一、三〇〇
協昌仁	一、八〇〇
合計	一九、一二三云云

濱江省成立 學校組合事務所

管轄管內日本小學校

治外法權撤廢後、在留日本人子弟教育、依閣議通過一日公佈之法令、設立在滿學校組合、濱江省於是日在該署官房內開設濱江省日本學校組合事務所、牌匾即日懸出、開始統轄省內日本小學校十校事務、該組合之組合長爲結城省次長、受大使館之依託而就任者、以下設有主事一人、書記三名、雇員三名、其他共計九名、主事由哈爾濱鐵路局福祉

倫、一面坡、安達等各小學校共計十校云云

自治會解散式

二日在市署嚴肅舉行 韋市長有剴切之演說

哈爾濱市自治委員會、自成立以來、頗著功績、茲因哈爾濱置諸議會代替、關於市政事項乃希望在哈各位紳士、代表市

校長會議 壯重舉行

哈爾濱市公署教育科、基於昨一二日午前九時、在道裡商會樓上會議室壯重舉行、當日在各校長出席之下、臨時有各種提議及希望事項提出、教育科方面有如左之指示事項及注意事項、新學制實施後之教育方針等

一、對學校之指示事項

1、關於新學制實施之要綱、

……於

……國歌之件、

4、學校應與學生家庭聯絡之件、

5、組織各學科研究會之件、

6、教員及學生對於敎授必需之標本儀器實施製作之件、

7、發表研究論文之件、

8、教職員應徹底建國體操之件、

俄童行窃養母 被捕繫諸囹圄

新安埠民康街、住戶白系俄人女子、（尼克萊）、年三十二歲、在十二年前、曾與滿人李某者結婚、過門之後、生有二子、長子名瓦謝、年十二歲、次子名捨再幾、年七歲、其夫李某、久在俄境謀生於民國十九年在俄國地方被赤黨搶殺、尼克萊母子僅得脫逃、携二子由海參崴逃至哈埠、爲人傭工、以資苟延生活、不料於本年春季、尼克萊忽然患病、臥床不起、其長子瓦謝、雖在年劫、然而對於世情人事、極爲明瞭、當時鑑於母病弟弱、生計堪虞、遂即開始盜窃行爲、以新安埠及道裡一帶、乘機行窃、每日將窃取物品、廉價售於破爛市商民、每日得錢三角五角不等、對其母則聲稱係拾煤所得者、乃母不疑有他、頗嘉其行、天長日久事機不秘、

境貧寒、而且未受教育、致釀此種犯罪行爲未免令人有爲孝犯罪之感云、

賀年郵便 決定廢止

在此非常時局之下、全國人民、均須作國民精神動員、友邦人民鑑於目今之情勢、本年決定廢止一切虛禮、而賀年郵便、已經由政府通令廢止矣、滿日兩國、有不可分之關係、亦將追隨友邦廢止賀年郵便之決議、哈爾濱郵政管理局、往年對於賀年郵件、會撥大宗特別辦理、以表示除舊更新之意、頃聞當局絕對廢止此項虛禮、爲處非常時局國民應有之態度、關於此項消息、昨據郵政管理局林業務處長、發表談話如左、本局辦理賀年郵便、均係特別辦理、每年此時

△警長昇格爲警尉補者
呼蘭縣木村茂志以下三名
賓縣太田眞治以下四名
阿城縣高丸由雄以下六名
五常縣平澤勝見以下六名
双城縣幸彌三吉以下五名
肇東縣島田滿以下三名
蘭西縣高野喜一以下二名、
安達縣土屋登
望奎縣大數武雄以下二名
海倫縣小椰獎以下四名
綏棱縣宮崎榮以下七名
慶城縣內倉未光以下二名
鐵驪縣信國廣吉以下三名
巴彥縣井上喜內以下三名
木蘭縣永井信弘以下五名
延壽縣竹下時善
珠河縣船生定次以下四名
葦河縣市川一夫以下八名
肇州縣笠原春一以下二名
郭後旗三上久四郎
綏化縣後藤正治
哈爾濱警察廳內田忠一以下三十二名、
△警士升格爲警長者

哈警廳 人事異動

哈爾濱警察廳於此次治外法權之撤廢、領警署員轉入之同時、對於管內委任官及委任官待遇之官吏、加以異動、於一日發表如次、

花署、

松花署警尉梨本時司轉勤特務科、

松花署警尉杉田九郎轉勤特務科、

衛生科警佐徐貴廉由衛生股長、轉任防疫股長、

香坊署警尉後藤三郎、任警科學事股之安藤麥三郎氏就任、內定該科福富雅次氏任爲主席書記、日下對於一切事務忙於準備中、查該學校組合事務所所轄之學校、市內計桃山花園、及最近即將動工興修之第三公學校等三處、此外又有双城、五常、綏化、阿城、海

經緯署之新陣容

新廳舍預定十日舉行落成式

治外法權撤廢後、哈爾濱市內最重要之警察署厥爲經緯署矣、故此次該署於治廢實施之同時、人事上亦加以異動、署長一席決定爲日系充任後、其陣容頓呈强固、於昨一日午後三時移讓之同時、由山川新署長、小野警尉以下轉勤之日系九名警察官、訪問經緯署、於署長室由吉田總務係長以下日系署員會同、辦理一切事務終了、查其新陣容如左、

署長　山川警正（領警）
總務主任　長濱警佐（新安埠）
警務係長　吉廣警尉（署員）
人事相談　小野警尉（領警）
司法係長　高野警尉（署員）
保安係長　緒方警尉（領警）
特務係長　李警尉補（同）
兵事係　小川警尉補（署員）

前任代署理長張北超氏、調轉本廳保安科交通股長、渡邊警尉亦轉勤外事科、轉入之八木、五味警尉補辦理司法事務林警尉補管理兵事、於是經緯署之面目爲之一新、愈見完實至於新廳舍、經阿川組之手前在積極趕修中、現已告竣、預定於本月十日頃舉行落成式、即行遷入新廳舍內辦理云云、

濱特別市降格爲普通市、市政機構既經改革、故自治委員會名目不合、亦有改正之必要、所以應中央廢止訓令同時設置諮議會、於昨二日下午一時、在市公署四階會議室舉行盛大解消式、日滿假各委員蒞臨之下、市方韋市長、大迫副市長以及各處各科長均皆出席、首由韋市長致詞後、向各委員發給奬狀及贈紀念品如座鐘等、下午三時許始行散會、茲將市長致辭誌之如後、

今天爲舉行市自治委員會解散式、諸君在繁忙之中皆親臨參加、實在感謝、茲因上月三四日期中央接中央方面命令、定於十一月卅日止、解散市自治委員會、同時另設諮議會、查現在無論各大都市均無自治委員會之設置、況且本特別市降爲普通市、更無存在必要、回想過去數年哈爾濱市突飛猛進之發達、皆在各委員之功勞也、現在雖然自治會除消而設民與市署取一致嚴密連絡、不但一市如此、而現下全國已均一齊努力向建設邁進也、至此委員李鳳標代表各委員答辭云云、

北滿移民踴躍

去年冬季達一万人

南滿各地向北滿一帶移住者、大有與日俱增之概、據最近之調查、由寧門及大虎山之移民團二十名、於一日午前七時十八分着列車來哈、乘同日九時三十分發列車轉向海倫出發、安東發移民團一行三十名、湯山城發移民團二十八名亦於一日午後八時四十分車蒞哈、乘二日午前九時三十分發列車轉向牡丹江、該列車並有由高麗門發移民團八十二名、該車車內大半皆爲團體旅客、情形非常混雜、據當局者調查去年冬季、向北滿之移民數約一萬人之多、而今年冬季、預想必較去年尤爲增加、足証北滿各地之治安已漸趨確立、爲良好之景象云云、

於日前在新安埠某姓家盜取衣服數件、正在逃走之際、不幸竟被警務段員所瞥見、將其逮捕、經嚴加訊問之後、瓦謝方始供出行竊之經過、探知其家

均已大肆宣傳、但本年因時局關係、中央當局決定廢止、從前每當年末、局員均係徹夜工作、忙碌不堪、今年竟能省却此項手續、惟有感覺年末氣象薄弱清淡寂寞而已云云、

國境民衆獻金慰軍

【延吉】國境東興鎭及西土門子地方農商民衆有力者、鑒于友軍膺懲暴華、倍嘗辛勞、本諸槍後熱誠、曾群起支援、共集金八百餘元、已於日昨由陳村長獻與東興鎭駐防之憲兵隊轉呈前方將士以資慰問云、

市署人事 一部發表

哈爾濱市公署、機構之改革迄至十二月一日、雖未正式發表、然人事異動方面、一部份業已決定、現向所設之市省縣方面移動者、於十二月一日正式發表、茲將此次由市公署轉出及榮轉地址探錄於左、

都市建設局總務科長鈴木健次郎、榮轉牡丹江市、農牧科事務官尾形要、榮轉鐵驪縣參事官、主計科屬官寺井利惠、榮轉牡丹江省事務官、

社會科事務官王亞良、榮轉間島省琿春縣長、衛生科技佐李東國、榮轉奉天省鐵嶺市保健衛生科長云云、

濱江特刊

第一四三號
盛京時報北滿總支社
社址　哈爾濱道外　桃花巷西口
電話道裡六八四七番

都市衛生　燃料節約

煤烟防止委員會主催 煤烟防止講演會

森井燃料士應邀出席講演　十八日在商工會議所舉行

於兩閱前由滿日各關係官廳會社團體之有志者發起、以都市衛生及燃料節約爲目的而結成煤烟防止委員會、日滿商事東京支店燃料士森井已作氏曾在東京、大阪、北九州等工場地帶提倡運動、力言煤烟與人體之毒害、煤烟防止及燃料之節約等頗收相當之成績、此次應市公署之邀請、定於十七日午前十時至丸商地下室、午後一時至哈爾濱站機關庫暖房室、由森井燃料士實地指導、十八日午後一時假商工會議所大會議室舉行講演會及座談會的、所以各位要特別注意到時前往聽講、是所希望不置的云云、

「家庭燃料與主婦之心得」

壯志凌雲 映協處女作 將着手拍攝

積極準備出品中之滿洲映畫協會、關於男女演員早已網羅齊全、正在銳意傳習中、聞第一部處女作影片、已經選定爲「壯志凌雲」最近即將着手拍攝、該片係治安部委託製作之軍事宣傳片、對於劇中之技術及演員之相當、業已分配妥當、大體如次、
導演　平井
助導　矢厚、王文濤
化粧　曹敏
攝影　大森
演員　(男)索維良、王鄭培、劉恩甲、王福春、(女)林靈、鄙曉君、王影眞、張敏等云云、

長途汽車 區間決定

爲圖自動車營業綫網之擴大、哈爾濱鐵道局、由十五日起開始辦理哈爾濱、同江間之旅客運輸營業、預定各區間隔日運轉、玆將運行區間探錄於下、
哈爾濱—木蘭間、木蘭—三姓間、三姓—佳木斯、間佳木斯—富錦間、富錦—同江間、富錦—寶清間云、

2、厲葯嗜好者一般之取締
三、衛生關係者
1、不許在室內外街路等處吐痰及鼻涕、
2、吐痰鼻涕須利用手紙或痰壺、
3、痰壺普及設置運動、
4、不准在廁所外街路墻根墻角等處、隨便便溺云云、

國婦募集 恤兵献金

國防婦女會哈爾濱市支部主催協和會市本部及第四軍管區司令部後援之下、舉辦之年末恤兵献金募集義務戲、定於本月十七、十八、十九之三日午後六時起、在道外華樂舞台舉行、即各商號之戲票、由商會按照營業等級分派完畢、各房產家購買者亦甚踴躍云云、

市主計科 召開會議

哈爾濱市公署主計科、爲期將來對於事務處理徹底圓滑計、於昨十六日午前十時、在市署樓上會議室召集該科及關係各科日系職員、開審計法研究會議、對於審計事務及處理方法、作詳細之討論、於十二時頃、方始散會云云、

國軍討匪 樹立殊勳

國軍步兵第〇〇團兩個排、於月之十三日午後九時頃、在方正縣南大門西南八基羅之山林中、與匪首呂紹才、李主任、穿山紅等所率之合流匪徒約七十餘名交戰、經國軍之勇猛攻擊、匪勢不支、當即潰散逃走、匪遺棄屍體十二具、我軍並無損害云云、

幼兒無知吞食鴉片 父母醒來悔之晚矣

黑籍君子可不戒乎

道外五道街門牌三十九號住戶陳有生、夫妻均患阿芙蓉癖、生有一子、年甫一歲、父母視如掌上珍珠、不料於昨十五日夜十一時許、因夫婦對榻吸煙、一時將癮過足、夫婦對臥酣睡、其子爬至煙盤、將燒好放置盤上煙泡一個、吞食過半、當即昏迷不省人事、其父母忽然驚醒、視其子面色愴惶陷於頻死狀態、當即査視燒好煙泡所剩無幾、始判明吞食大煙無疑、立即電知救急車、拉

長前次晋京與中央方面幾度接洽、但迄至現在仍未正式發表、一般關心市政者、頗爲注目、於昨十五日晚大迫副市長搭京濱綫列車晋京、是否爲市署機構改革問題晋京與中央接洽尚未可知、待大迫市長返哈時或可對於市署機構改革及人事異動能正式發表亦未可知云云、

王崗附近 獸疫猖獗

哈鐵急往調査

京濱線王崗愛護區內馬架子滿愛護村最近獸疫流行、牛馬羅病后、三四日內即行死亡、村民對此頗爲恐慌、哈鐵產業課得到此種情報後、立即派員前往該村詳細調査以謀應急之防止方策云、

協和會召開之役員講習會

韋市長等要人均有訓示

衆指導、並希望諸位一致抱着我是分會之聖人的態度、努力從事協和工作、現以時間持短、餘不煩述、謹此數語、用作訓示、韋市長訓示完畢、依講習時間、首由四軍張參謀講述、今次事變之眞像、繼爲白警察廳長講述愛國思想及排共、至午十二時休息、由午后一時起繼續講述、產業五年計劃及農村合作社、街村制、繼由高橋科長講演時局對處工作、迨至五時散會云、

第四軍區 討伐效果

十一月份第四軍管區管下各部隊討伐之效果如左、

戰鬥回數	七一
斃匪	二一一
捕擄匪	一五
斃匪首	三
鹵獲小銃手銃	六八
鹵獲馬匹	九九
國軍之損害	
戰死	七
戰傷	一五

佈告免徵地稅地捐

【當口】市公署前奉奉天省公署及奉天稅務監督署訓令、關於康德三年以前地稅地捐延滯金之件、依據政府滯納整理要綱、凡康德三年以前地稅地捐、其情形苟非故意滯延、正王道恤民之意、皆免徵其滯金(即不加罰)至於已經繳納者、無論其爲何種情形、概不發還云、

國婦會鶴見支部長發表談話

當此煤烟防止、燃料節約盛傳聲中、大日本帝國國防婦人會哈爾濱支部部長鶴見英子有『家庭燃料與主婦之心得』之重要談話發表如次

『燃料是國防、產業上最重要的要素、現在不待贅言的了、尤其是像北滿的被半年間的嚴寒所封鎖的地方、實在較比衣食住中、那一個都重要的生活必需品了、因爲從我們日常体驗中所得來的、才能斷定還樣說、

但是對於這樣重要的燃料、稍不加意、任從老媽和僕役、主婦置之度外的時候、非常時燃料、則失去非常時的價值、所以我們作主婦的、總要時時刻刻、都有一種戒心才是、

據眞正燃燒士的研究說、從來老媽和僕役所燃燒的煤和主婦一手燃燒的燃料、其中消費量、約能有三成的差異、假設一個月燒一基洛噸煤的家庭、一個月省出五元錢、這是主婦稍一經心、就能節省出來的、所以說燃料在非常時國防上、益有重要性、我們作主婦的、更不得不爲槍後的守衛者、同時我們應從這個見地、首先來改善家庭、是我很希望的地方、

照以上所說的、基於重要的使命、我等國防婦人會、得其他有力機關的後援、在哈爾濱煤烟防止委員會主辦之下、定本月十七、十八兩日間、舉行『非常時燃料之節約與煤烟防止』講演和電影會、所以我們國防婦人中、當然不少家庭主婦、總要不剩一人、儘量出席、更是我所希望不盡的、當天不僅還免費公映新的事變新聞電影、並且對於各家庭之爨房、若有不明瞭、想要質問的、都由專門家、一一爲我們作懇切的說明、尤其十八日的講演會、更以家庭主婦爲主位

市內四民失業人數
四民之中惟工人失業者最多
哈爾濱市公署社會科所調查

據哈爾濱市公署社會科最近調查、市內各區域仕、農、工、商四民失業人數及其家族共計兩萬四千二百八十四名之多、共中以工人爲最多、數達三千五百二十四名、茲將各區域別分誌於下△道裡區仕人九七、家族七〇農人三九、家族三六、工人二八〇、家族一〇九、商人二六七、家族二六四四民共數六八三、家族共數四七

△南崗區仕人三二、家族三九、農人三三、家族四七、工人四七、家族六三、商人二二、家族四二、四民共數一三二、家族共數一九一、△香坊區士人三四、家族九〇、農人一九二、家三七八、工人三二二、家族二六六、商人一二〇家族二六七、四民共數六六八、家族共數一、〇〇一、

一七、農人二七四、家族二九八、工人三五八、家族四二二、商人二六六、家族二二一、四民共數八一四、家族共數一、〇五八、△正陽區仕人一七一、家族六九九、農人三一八、家族一二四六、工人一、九二九、家族五、六〇二、商人一、三五三、家族四、〇〇二、四民共數三、八七一、家族共數一

△南新區士人四三、家族一一三、農人二五八、家族二八四、工人二一七、家族三三〇商人一二八、家族二二六、四民共數五四六、家族共數九五三、△北新區士人四二、家族四五農人七一、家族六三、工人一八三、家族一三一、商人一二七、家族一〇二、四民共數四二三、家族共數三四一、△太平橋區士人無農人四九、家族二〇、工人六、家族二二、商人三、家族一〇、四民共數五八、家族共數二三三、△水上區仕人五四、家稅二九、農人九、家族一七、工人七六、家族五三、商人四、家族二、四民共數一四三、家族[illegible]

△松浦區仕人三、家族一〇、農人四二、家族七四、工人三九、家族八七、商人一八、家族三四、四民共數一〇三、家族共數二〇五、△顧鄉屯區仕人一七、家族六〇、農人一二三、家族二七五、工人一二七、家族七八、商人二七、家族二六、四民共數二九三、家族共數四三九、△總計仕人六六八、家族一、二七二、農人一、三〇七、家族二、九一九、工人三、五二四、家族七、一六三、商人二、二三五、家族五、一九六四民共計七、七三四、家族共計一六、五五〇六云、

依以上所示失業人數最多之區域爲正陽區、新安埠區次之、[illegible]

惡癖矯正宣傳日
努力普及衛生思想
徹底養成衛生觀念

經緯警察署、爲謀市民之保健衛生並矯其惡癖起見、努力普及市民之衛生思想、徹底養成衛生觀念、特定於月之二十一日、在本管界內、舉行盛大之惡癖矯正宣傳日、由警察官及保甲團員等編成惡癖矯正宣傳隊、在各主要街路作遊行宣傳、同時更由各警察保甲等、向各商民等逐戶指導及解說、此外並於是日上午九時起、假巴拉斯電影院、舉行矯正惡癖衛生電影講演會、茲將其惡癖矯正實施要點探錄於下、

一、鴉片吸食關係者

1、不合法定吸食年齡者不准吸食

2、無吸食証者不准吸食

3、不准赴私烟館吸烟

4、徹底取締私烟館

5、鴉片癮者極力促其戒除

二、嗎啡嗜好關係者

1、對於嗎啡、海洛英及其他麻藥等嚴厲取締販賣、

周局長因公赴奉

哈爾濱鐵道局周局長、基於十二月一日、鐵道總局之機構改革後、關於人事現已異動完了、一切事務業已就緒、爲使哈爾濱鐵道局今後之事務圓滑計、特於十七日乘亞細亞號列車赴奉天總局、討論進行事務、預定於十九日返哈云云、

送南崗市立醫院時、未待醫治早已氣絕多時、夫婦因痛子心切、幾不欲生、希一般吸食鴉片者注意云、

大迫副市長昨日晉京

哈爾濱市公署之機構改革及人事移動問題、雖經大迫副市

衛生技術分廠明年歸市直轄
改爲市立衛生試驗所

向歸中央直轄之道外衛生技術廠哈爾濱分廠、原爲舊東北防疫署之化身定由明年一月一日起由市公署接收改由市署管理、更爲市立衛生試驗所、迨經市署接辦后、删除對於細菌、化學及一般之試驗外、關於酒、煙草、飲食料品、化粧品等之商品販出之際、均須經過該衛生試驗所之嚴重試驗、始准輸出云云、

協和會哈爾濱市本部、[illegible]非常時局之重大、爲期協和工作之澈底、故於十六日召集管下阿城、呼蘭分會員二十名及本市二十名共四十名、開催役員講習會、消息已誌前報、已於昨日午前九時起、亘三日間、在道裡砲隊街青年訓練所講堂正式開會、當日除各分會員四十名外、協和會市本部事務長高橋總務科長以次部員數名、均行參加、講師方面有第四軍管區張參謀、白警察廳長、哈爾濱市公署韋市長亦均蒞會、首由高橋總務科長致開會詞、次爲韋市長訓示、大意如下、

按協和會之根本工作、全在分會之活動如何、即在乎會員工作熱心不熱心、現在參加講習諸君、皆爲分會役員、故最希望各位對於協和會不可稍存觀望、務必熱心去作、更不可自暴自棄、要自尊自重、對於國家章程、或頒佈之命令、皆可隨時隨地研究、以作將來民

市諸議會廿日招開

市公署諸議會定員廿名之內、日本人五名已經內定、大迫副市長於十四日夜晉京、預定於十七日即可歸哈、迨大迫副市長歸任後一切內容即可決定、關係明年度預算問題之第一次諸議會、聞決定於二十日開會、以便討論云、

協和會省本部召開縣本部事務長會議
確立明年度之運動方針

協和會濱江省本部定於二十一日起亘四日間、召開省內各縣本部事務長會議、二十一日青年訓練所指導員並日系軍官出席之下、舉行青訓會議、二十四日假省公署會議室、召[illegible]

將從來之形勢的事務報告廢棄、鑑於時局之重大性對於本年度之協和會運動之報告反省、省內之重要問題、詳加討論、以圖確立來年度之運動方針云云、

馬家溝發生搶案

香坊警察署管界東馬家溝永安街、滿人雜貨商楊恩厚處、於昨十五日下午六時許、忽闖入三匪、各持槍械、進屋後以槍向櫃夥威嚇、並令禁止聲張、結果將當日所賣之一百三十餘元悉數搶去、搶畢三匪逃遁、執事人至該管分所報告、待警察趕到現場、匪徒早逃逸無踪、雖經警察大肆搜查、因時間關係、終未所獲云、

市教育科檢定私塾教員

【哈爾濱】哈爾濱市公署教育科、基於來年度一月一日新學制實施、以期新學制實行同時使教職員教育向上、於昨十七日午前十時、在道外北新學校內、召集市內私塾教員、開始檢定、受檢私塾教員[illegible]名、出席者邊教育科長外及其他關係方面滿場監視、當日檢驗科目爲口試、國文算術云云

縣署實行改組

【遼源】縣公署遵照中央頒發新官制改組、縣長以上設四科科下分股、計共十二股、茲已改組就緒、縣長高振武、副縣長以參事官早川太三郎氏任之、所有四科計庶務行政警務財務等四科、庶務科長以副參事官蜂谷貞雄氏暫代、下分庶務文書經理三股、庶務股長蜂谷貞雄、文書股長高福祥、經理股長傅樓中、行政科長高鳳翰係本溪縣內務局長此次新官制經省署調充之、行政科內分街村實業土地土木教育等五股、街村股長周肇岐、實業股長日系技士石打毅幸代理、土地股長袁承哲、土木股長張紹庚、教育股長劉紫書、警務科長以局長尚爾元之、下仍爲四股警務股長以指導官前川格一任之、保安股長陳禹山、司法股長林潤卿、特務股長堤藤三氏、財務科長以省署屬官周邑豐調充之、下分征收理財二股、征收股長孫滌塵、理財股長王福祺、前內務局長劉志恒經省署調充濟原縣代理[illegible]

(第三種郵便物認可)　康德四年十二月三十日　盛京時

濱江特刊

一四三號
時報北滿總支社
哈爾濱道外
桃花巷西口
電話六八四七番

警察廳即將設置綜合人事相談係

内中分爲日滿俄各部份　各方面希望其早日實現

自治外權撤廢後、領警之人士相談係因之廢止、經緯警察署特設置相談一係、以便解決管內之住民一般事故、而市內其他區域內依然缺如、頗爲不便、哈爾濱警察廳有鑑於此、最近擬在警察廳內設置綜合的人事相談係、分爲日、滿、俄之各部份、現在着着計劃中、仄聞人事相談之範圍與前領警所辦理者大致相同、凡家庭間之紛爭、不交租金等一般社會間之悲喜劇、皆可解決、與一般市民以極大之便利、各方面希望其早日實現云、

僞幣迭次發見

警察當局努力搜查

日前國防婦女會在道外華樂舞台舉行募集華北友邦皇軍恤兵獻金義務戲時、戲票收入欵項中發見僞造五角銀貨幣一枚、當時報告該管之南新警察署、又南崗大直街翁庵於十六日集金之中發見僞造五角銀幣

道裡中國十四道街兩級小學校五年級生任某(一二)上學途中行經中國十三道街與濱樓附近四十四號門前、發見一蒲包內一初生未幾之嬰兒、當即向該管之經緯警察署報告、經緯之高野司法主任、八木刑事、司法科係官等得到報告後、立即出動赴現場檢查屍體、結果判明該嬰兒係生后經過一、二日之男孩、推測捨棄經過數十分間、究係日本嬰兒、抑係滿人嬰兒、判斷頗爲困難、當局在該處附近一帶開始活躍之搜查云云、

洋車夫拾金不昧

洋車夫張樹利年三十五歲、於二十二日午后二時頃、在道裡買登喜和百貨店前待客中、在雪地中發見百元國幣二枚、當拾得送至經緯警察署、以便招領、似此車夫能拾金不昧、誠爲晚近社會中不可多得之忠誠者各方面對之莫不讚賞云、

道外草市街門牌四號德發東製麵工廠、忽然發生火警、因時在夜間、人多入睡、待發覺時、火勢已經燎原、延及比鄰乃急報消防機關、該管正陽署等急遽馳赴現場、極力撲救、直至八時半頃將附近十二戶一併焚燬始行熄滅、被焚各戶、當此寒風凜凜之天氣、徘徊街頭、無家可歸、令人一見酸鼻、德發東之鄰居王爾海(四九)當起火時未能發覺、仍在酣睡中、致葬身火窟中、驟馬

土建協會組織皇軍慰問團

星村支部長定期出發

滿洲土建協會自滿洲事變以來因受皇軍之維護斯業者得以充份發展、頗爲感謝、特組織皇軍慰問團四班、計上海、南京、天津、北京、綏遠等直華中、華南、華北凡皇軍奮鬥之地派遣慰問使、二十日向關東軍獻納慰問金五千元、同時向華北派遣軍、上海派遣軍、第三艦隊等各獻納五千元、哈爾濱支部長星村伍次郎氏亦行參加、預定廿八日由大連出發就慰問之途云

牛	二、〇一四	二一三、八九六、〇〇
馬	四七六	四三、二六三、〇〇
騾	二六	一、五〇一、〇〇
驢	六〇	一、八五四、〇〇
豚	四、四四四	一六三、〇三二、五〇
緬羊	三、九一二	四八、〇三七、五〇
山羊	二〇	一一八、二〇
合計	一〇、九五二	四七一、七〇二、二〇
上月計	八、五九九	三九一、七七四、九〇

明年擬設立勞工協會

市社會科調查勞工數目

伴同全滿的資源開始調查、哈爾濱市公署社會科、對於市內之勞働亦着手調查、二十三日午后二時、在市公署會議室、召集各警察署、保長等開催打合會、現在之調查須有專門的技術、限於自由勞働者、市內約四、五千人之多、實數調查之結果、以待一旦緩急之際、可知哈爾濱市之勞働力爲如何、故對此頗爲重視、而中

傳染病院落成典禮

文化國際都市之哈爾濱關係五十萬市民之保健衛生設施、各方面切望其早日實現、市當局爲應市民之要望、由今年五月間、在南崗山街之高層地帶、以工費二十三萬餘元之鉅資、建修市立傳染病院一處、現在業已竣工、特於二十三日

漏電之處易生火警

市民亟宜注意

查最近市內所發生火災、多數係由電線漏電所致、關係當局、努力預防、警務廳鑑於火事關係重大、希一般民衆加以注意、以期防止、曾發表如左事項、喚起市民徹底注意、

一、一旦電線發生障碍時、急速通知電氣會社令其修理、

二、偷電線包險盒銅絲燒斷發生火警、

三、認爲室內電線應改修時決不可緩、急速更換再使用之

四、斷然不可私接屋外電線盜電使用、一時設備不完全時亦易發生火災、而此種不道德決爲、絕對禁止、

五、配線部分認爲不適當時急速將開閉器遮斷、通知電氣會社、加以修理、以上五項、希市民徹底注意云云、

分科規程日內發表

哈爾濱市公署之機構改革分科規定之改正案、爲哈爾濱五十萬市民所最關心且極度期待之問題、理宜於十二月一日即當公布、嗣以治外法權之撤廢

一日特派遣富永人事股長晉京督促中央方面之早日裁決、預料在今明日或可正式發表、據仄聞其內容大體如左、

從來隸屬於行政處之商工科農政科、因此次產業處之新設自當改隸於產業處、至於衛生科則依然保持舊有狀態、都市建設局合併於工務處、而人事之異動、實際上僅極小之範圍、都市建設局側計劃科長山崎桂一氏、與目下華北待機中之佐藤元工務處長之關係上長期旅行之名目華北旅行外、科長級之異動都市建設總務科與工務處庶務科合併、吉田庶務科長兼任新組織之庶務科長以外其他何職、徵收科合併與總務科、現在之柳田總務科長將來充任何職、尙無所聞云云、

爆竹製造中火藥突爆發

執事櫃夥三名受重傷　顧鄉屯深夜中之慘劇

顧鄉屯東河灣街一九號爆竹製造業福盛永、執事譚尙義、現年二十二歲、使用人三名、於二十二日午後十一時頃、正在製造爆竹工作中、爆藥突然爆發、一大音響、凡墻壁、門窗一齊起火、附近一帶黑烟燎繞、一時大形混亂、執事人譚尙義受有瀕死之重傷、使用人趙連竹(一五)及劉東(一八)均負重傷云、

充實教育募集教員

【懷德】本縣自建國以來、教育非常發展、較前增加二十餘校、來年度教育當局、更欲擴充教育規模、於今日(二十二

一枚、當時亦即報告警署、當局對此頗爲注目、詎南新警察署於十八日捕獲違反交通規則之洋車夫一名、由腰中搜出一角、五角之僞造貨幣各一枚、於是當局之神經愈受刺激、認爲僞造貨幣之迭次發見、必有僞造行使團潛入市內、因此全警察機關一齊總動員、努力搜査僞造犯人及行使犯人、諒不日必有水落石出之一日矣云云、

十三道街 何來嬰屍

二十三日午前九時十二分頃

濱江省公署 新年拜賀典禮
宣揚國民槍後精神 祈禱皇軍武運久長

濱江省公署爲舉行拜賀典禮、定於康德五年元旦午前十時在會議室於施省長以下全體職員僱員以上列席之下、依左記式次舉行拜賀典禮、因時局關係劈頭先祈願皇軍之武運久長、宣揚槍後之國民精神作興、克服非常時之至情、

一、御容奉拜、二、詔書奉讀、三、國歌合唱、四、省長年頭之辭、五、禮成、六解散、七、祝宴、

祝融肆虐 火警頻出

二十三日午前五時四十分、

央方面以明春爲期、擬設立半官半民之財團法人勞工協會、對於自由勞働者、支給勞働票、與勞働力供給需要上非常便益云云、

午前十一時召待關係者及日滿官民百五十名、舉行盛大之落成式、並有中央民生部大臣代理張保健司長來哈臨席、情形頗爲隆重云云、

十一月份家畜交易額 較上月增加七萬三千元

十一月份市立家畜交易市場之交易額達一萬〇九百五十二頭、金額達四十七萬一千七百〇二元二角、與前月之八千五百九十九頭、金額三十九萬一千七百七十四元比較、增加七萬三千元、今後正値舊曆正月前後、十二、一、二月之三個月內爲每年之最多需要時期、其交易額自必相當之增加、玆將畜別交易額分誌於下

（單位＝元）

鮮人母女三人 一併葬身火窟
香坊郊外火警演成慘劇 起火原因不明現調査中

香坊野營街門牌十號住戶鮮人金庭領、(三九)家於二十二日午後零時三十分頃突然發生火災、爲鄰人滿人某所發見、當即報告香坊警察署及消防署、待消防車趕到時火勢業已燎原、至一時二十分頃已焚燒完了、據調査金妻順金(三二)長女金玉(一一)次女桂蘭(一〇)母女三名均葬身於火窟之中、經掘救結果、將屍体發見、已經頭焦額爛矣、爲狀之慘不忍卒睹、司法科藤井搜査主任、內之浦鑑識股長等其他系官及香坊署係官急赴肇事現場、經檢驗結果、認爲起火之原因頗有研究之必要、或係縱火亦未可知、故目下嚴密偵査中云、

日）在公主嶺及本城舊典史署女子中學校舉行小學教員考試、本城應募者約五十餘人、試驗科目國文、算術、物理、化學、建國精神、教育人物檢查、身體檢查等、至於考試之結果如何、容訪再誌、

修理已毀官廳

【海城】縣公署、日前因失愼致拆毀房瓦三間、天棚亦同時破壞、致行政財務兩科、遷於縣會議廳辦公、惟于茲新機構、實施之際、會廳不能久佔、故令工人數名、將毀壞之紅瓦灰棚等、迅速補苴、以便早日遷回原處、刻正在冒凍工做之中、據內部消息、於本歲一月元旦、定能修竣云、

康德五年度 市歲入歲出預算說明

歲入經常部

一、第一欵　使用費及手續費

一、三六〇、七〇一圓

比上年度增七六、〇五七圓

査此項依交通機關之整備、有北鮮魚肉之運到、並受俄人撤退等等之影響、屠場收入之減少、此外依財政之情形、家畜交易市場出張所建設案之擱置、與隨獸醫院之移轉致收入減額、然基於道路窺理之撤底、隨之道路占用費之增收、基於市立醫院之擴充其收入同時俱進、並依背後地家畜之積極的誘引、家畜交易市場收入之見增、基於衛生試驗所之設置、有手續費之收入及基於學校兒童之增加學費之增收、除此以外更因既設營造物能本所期合理運營認爲增收極有把握、因此兩者相抵成前記之增額

二、第二欵　交付金(提成)

一六〇、〇八四四圓

比上年度增一五四九八四圓

右項徵諸既往之實績、預想國稅徵收交付金原有減收、然因官吏辦公費可交付一五五、三三四圓、所以成前記之增額、

三、第四欵　滚入金

三三五、三四七圓

右係預定由屬於各特別會計之官吏俸給內扣除辦公費交付金之充當額者、

四、第五欵　雜收入

六〇七、三四八圓

比上年度減一二三、八九五圓

査此項內隨墓地火葬場等之新設、證紙收入有所增加、並基於乾糞場之新設等關係、清理事業產物賣價能確定增收、依此情形於產物賣價原得增收、然徵諸實績、以公園售花收入及公園出租費之減收等爲主因、致出租費之減收、並稅外收入之免減兩者相抵、成前記之減額、

五、第六欵　市捐

二、一〇九、一〇四圓

比上年度增二三一、三〇七圓

此項隨地方稅法之改正、致電燈、電熱、消費捐之減收、附加捐不能徵收及徵諸實績、並因車輛歸屬之是正、致車捐減收、以此等主要原因、雜捐收入坐是見減、然隨營業稅附加捐並戶別捐隨治外法權之撤廢、對日本人並日本法人適用特定稅率、故本年度可見增額及基於課稅標準額之增加、營業稅附加捐可確實增收、又基於地籍整理之結果、地捐增收、並因課賦課方法之合理化、預料房捐可增收相抵後得如上之增收、

歲入臨時部

一、第一欵國費補助金

四八六、三三六圓

比上年度減九四、七八四圓

右雖新編列衛生試驗所補助金之補助、然上年編列之傳染醫院建設費補助金已無必要、並隨治外法權之撤廢、行政費補助金本年度減少、除此之外、因將精神醫院費補助金減額、編列相抵後、成前記之減少、

一、第二欵　寄附金(捐款)

比上年度減一七、〇〇〇圓

右係因預料無如上年度之特殊捐助故、

一、第三欵　負擔金

比上年度增三七、四六七圓

右係隨道路工事之增加、除步道修理工事受益者負擔金增加之外、於交通事業費認爲負擔道路修築費之一部爲妥當、遂列入其負擔額及除預定因護岸工事而有受益者之負擔金外、又依松浦鎭之調査預定有基本財產特別會計之負擔故、

一、第六欵　補給金

三七二、〇[illegible]六圓

右係預定對市立醫院之增額設管由煙、並事業特別會計對於醫療機關之補給金也、

一、第七欵　滚存金

一四〇、〇〇〇圓

右係擬挪用上年度建築未了之小學校建築費者、

一、第八欵　報償金

二二二、八〇一圓

比上年度減一三、二五八圓

右係基於報償契約之變更、哈爾濱洋灰股份有限公司之年賦額減少、並鐵路線補修費賦金亦減故、

一、第九欵　滾入金

一五、九六三圓

比上年度增四、九六三圓、

査此項內中央批發市場費滾入金雖減少、然因水質試驗各種費用方面由水道事業特別會計有新滾入者相抵後、成如上之增額

一、第一〇欵　基本財產支消金

四六五、〇〇〇圓

右係本年度避免一切舉債之關係、將小學校及獸醫院之建築費、並道路築造費、農事合作社貸欵等各種資金、由基本財產特別會計借入者、

歲出經常部

一、第一欵　會議費

五、六四五圓

比上年度減一〇五圓此係由於極力期物件費之節約故、

一、第二欵　市公署費

六三一、四三七圓

比上年度減三九三、四八六圓、此係由於官吏俸給並賞與由國費支出所以扣除之、再因可期旅費並物件費之節減所致也、

一、第三欵　統計費

一七、九四三圓

比上年度增七、二一四圓、此係擬遂行諸種統計之整備以資市政之運營故、

一、第四欵　道路費

三八一、四九〇圓

比上年度增六〇、七八五圓、此項內需用費方面雖因合理的運營可期相當之節減、然因爲便益市民計增設街燈、所以建設費並維持費均增加、並因施行工事增量工事費增加及因擬行道路清掃之徹底、其所要常用人夫給額增加等是其主因、

一、第五欵　公園費

四四、二九八圓

比上年度增六五七〇圓、此係由於本年度新加王兆屯公園管理費故、

一、第六欵　河港費

二八、[illegible]三五圓

比上年度增二七二四圓、此係由基於維持河港之工事費之增高故、

一、第七欵　敎育費

六三〇、七六九圓

比上年度增一一、八五一圓、此項因極力勸勉日常用品之節減、全體經費雖減少、然因職業學校收容學生數之增加、並各小學校就學兒童之增加及低學制之改革、而內容之刷新等將其費用增加綱入所致也、

（未完）

濱江特刊

第一四四號

盛京時報北滿總支社
社址 哈爾濱道外 桃花巷西口
道裡電話六八四七番

街村制運用如何 關係國家之發展

協和會員應負指導助成之責

中央本部令知各地協和會員

查此次街村制之實施乃我滿洲建國史上劃期事業之一、其將來運用如何、關係國家前途之發展、至重且大、協和會中央本部有鑑於此、特令行管下各省市本部 轉知各縣 協和分會、對該制度之實施、務須予以指導、以助其成、同時並附以各種指示事項、用作參考、濱江省本部、業已奉到此項命令、故定於日內轉令各分會遵照辦理、玆將其指示事項探錄於下、

一、促進街村事業

街村制之實施、本爲企圖街村公共事業之發展、而協和運動之本質、在宜德達情之使命下、與國家社會關係、至爲密切、故爲協和會員者、對於地方公共事業、當負指導助成之責、宜由側面預以援助、俾期此爲協和運動之最重要者、爲分會員者、應當自發的活動、更當基諸民意上達之協和會使命、於街村施政上、銳意指導、使其向上邁進、

三、關於街村人事

街村長並街村吏員之任免、應當與縣公署取緊密之聯絡、可考查平素熱心於會務之適當人員、以選任之、有優秀街村長及吏員街村之行政自易得到十全的發揮、同時此街村制前途、當亦因之向上、日趨發展

四、街村費及賦課

街村稅制、宜基於各該地方之實況以實施之主要必考查民衆之担負及其實生活狀況使合理化以促成街村財政之確定、

五、對農事合作社

對於農事合作社及其他公共機關之運營、分會宜加以指導

項、學校教育、社會教育、視察体育、青年團、少年團等關係事項、△社會科學管事項、社會事業、罹災救助、社會事業團体之指導監督、禮敎、消防等關係事項、

△戒煙科學管事項、管煙所阿片及痲藥之購買、配給、製膏所、戒煙所並癮者之診療事項、衛生科學管事項、保健、衛生、防疫、醫事、葯事、醫療救療及設施葬祭義地、火葬設施管理、並糞尿屎等諸物清理掃除、家畜衛生防疫施設、食肉牛乳 衛生檢查 設施等事項、

三、實業處△農政科學管事項、農業、畜產、水產、林產並農業地區指導助成及農事合作社開墾等事項、△商工科學管事項、商工礦業及共團體之監督、產業統計、金融、資源調查、市營市場投資會社、度量衡器之管理、並電氣瓦斯、

四、財務處△稅務科學管事項、稅制、市稅賦課征收、一般收入征收、國稅賦課征收、地籍土地、執照發給、滯納處分、收入征紙調製納稅組合市稅關係証明、並納稅滯征交附等事項、△主計科學管事項、預算編成配付、先出預算執行承認、支出命令市債、歲計金運用、投資金會計審查、等事項、△管財科學管事項、都市計劃事業關係、市有財產管理並與分基本 財產之造 成及運用、

五、工務處△監督科學管事項、工事、經理、請負契約、物品購入、出納保管現金並價証券之出納保管、都市計劃事業用地之買收及其管理處分、公用及公共設施之收用管理事項、△都市計劃科學管事項、都市計劃立案之決定或取締、都市計劃事業之計劃、土地區劃整理、公用地之決定、建築線之指定等事項、△土木科學管事項、道路橋樑設施管理及工事、河川河港市內運河並管理及工事、公園廣場之管理之工事埋築及宅地造成等關係事項、△水道科學管事項、上下水道管理及其工事、私設上下水道之審查取締及料金之征收事項、△建築科學管事項、市有建築物之營繕建築許可取締指導上助成等事項、

商工會成立延期

新會址以丸商樓上爲有力

誕生之期預料今春三四月

基於中 央新頒布之 商工會法、一地設置一個商工會之方針、哈市合計日滿俄共爲四商會、自應 依法 改組、合併爲一、原有之商會辦理結束、須於春節后始能着手、故新商工會之實 現日期、亦必延 緩時日、預料於三月杪四月初旬或

革之內容、各處科自然改組、故連日以來各處科頗忙於遷移事務室加以設備、新機構下新任各處科長、由六日起分別就

年末年始警戒解除

收到意外之好成績

哈爾濱警察廳、於新年期中曾實施年末年始大警戒、以防不逞之徒有所蠢動、結果收到良好成績、按照預定日期、截至昨一六日即告終了、自今一七日實行解除、當此警戒期中市內除發生小火警一次、小搶案一次外、較之往年同期實爲安全、足証本市之治安益告穩固矣云云、

價詳定價格、分爲三部分、

一、煙器、

二、室內建築物、

三、枕頭及褥墊、

在接收前七十七家零賣所內中永安樓關閉、僅煙具被市署買收、現有零賣所七十六家、自一月一日七十六家零賣所由市公署正式經營、平均總收入每日一千九百餘元、各零賣所賣項最多者爲一百九十餘元、市公署由一月六日起至十日止發給買收各零賣所欵項云云、

新任開原警務局長

蓬世隆氏來哈

前哈爾濱正陽警察署署長蓬世隆氏、榮轉奉天省警務廳事務官後、因作事認眞、經驗宏富、頗得上峯嘉許、近又榮轉

公共事業得到眞正之發展、二、街村民意暢達眞正民意、是施政之反映、同時更要十分考慮街村關係及自覺精神、予以協力、俾助成眞正自治社會建設之實現云、

市機構改革後
各處科分掌事務
市政進行將益趨圓滑

哈爾濱市公署、此次機構改革後、關於各處科之分掌事務亦有相當之變化、茲將其經改正後之各處科分掌事務探誌如左、

一、官房△庶務科掌管事項、御容及詔書謄本事項及機密、儀式、涉外、人事、給與共濟、監察諸議會諸行事、聯絡、防範、廳內取締、值日電話、自動車並其他處科掌管外之事項等、△文書科掌管事項、文書收發、編纂、保管、審查、送達、市公報、佈告、翻譯、淨書、法規、分科處務規程、企劃統計資料、情報、訴訟、官署印及官印之保管事項、△會計科掌管事項、收支決算、物品購入、修理、貸借、土地建物、租賃、現金及有價証券之出納保管、物品之出納保管、市金庫契約等保管事項

二、民生處△教育科掌管事

一、告爾濱市商會、已於關係各方面着手計畫改組中、各種準備情形、已誌前報、頃聞將來合併後、新商工會之組織、將設置六課或六科、分担各種會務、常年經費仄開爲十五萬元、至於新商工會地址、目下各方面之意見殊不一致、依日本商工會議所側、則主張仍在該會原址、道裡商會方面則主張在該會原址、然道外商會方面、則以八站爲本市之中心地、倘在該處另覓新址、則較爲適當、因此各方面據理方爭、竟至相持不下、故目下新商工會地址問題、乃成爲懸案矣、但就多數之意見、似以目日本商工會議所之主張爲有力、於是則新商工會將設於道裡地段街丸商百貨店樓上前日本商工會議所舊址、殆無異議、惟現以新年乍度舊正在

可誕生云云、

植村處長
訓示所屬

哈爾濱市公署之機構改革及人事異動、業已發表、間此次人事異動並無被辭退或退職者、新幹部之人事、事務官以下一部加以調動、依新機構改新職、植村衛生科長現陞民生處長兼衛生科長、於六日午前十時、特召集民生處管下教育、社會、衛生、戒煙各科科長以下全員、並民生處附屬各機關職員、作就任初次之訓話、大意謂今後希各員努力向前發展市民福祉等云云、

開原縣警務局長、因藉新年假期、數日前特來哈市訪問舊友、下榻於道外新世界、連日向各方訪問、甚爲忙碌、警廳及正陽署舊同人、爲聯歡起見、於昨五日下午、特在道外厚德福飯店舉行招待宴云、

六日起至十日止
發給零賣所代價
零賣所收歸公營後之狀況

鴉片實施斷禁政策頒佈以來、各市縣舊有私營之雅片零賣所、先後均已收爲公營、哈爾濱市內私營七十七家之雅片零賣所、業於一月一日由市公署接收、正式歸爲公營、開此次接收總經費共十二萬四千餘元、接收前特組織雅片接收委員會、由專賣署調查各零賣所煙具及器具、嗣後經委員估會

俄人遇害
原因不明

正陽河森林街門牌十九號住戶俄人「列位瓦西利」年約二十餘歲、職業不詳、係最近由大連來哈者、於日昨午前在赴河源街途中、忽被人暗殺、負傷倒地、兇手逃脫、幸其後有某外人路過其處發見、當即急電告救急車、將該俄人送至市立醫院、惟因頭部負有重傷、生命頗爲危篤、至於被害之內情究竟爲何外方尚未探知云云、

康德五年度
市歲入歲出預算說明（二）

一、第八款　社會事業費　七四、三九〇圓
比上年度減五、五七四圓、査本年度雖爲救濟失業者新設職業介紹所而其費用、然因物件費之徹底的節約相抵後有前記之減少、

一、第九款　小賣市場費　九、二六四圓
比上年度增三、四三三圓、此係因南崗小賣市場之落成、本年度需全年之經費所致也、

一、第一〇款　救療施設費　四九、二六七圓
比上年度增七、五九三圓、此爲擬謀救療各種施設之充實、並新行僻陬市街地住民巡回診療增加經費故

一、第一一款　醫院費　三八八、七六四圓
他比上年度增四五、六六八圓、其主因係由於市立醫院之增設致經費增加故、

一、第一二款　傳染醫院費　七四、七三九圓
比上年度增六二、一六五圓、係由於傳染醫院之設備可期充實與將本年度全年之預算列入故、

一、第一三款　傳染病預防費　一二、七七三圓
比上年度增五、〇七九圓此因基於治外法權之撤廢對於日本人之□□加以考慮新設猩紅熱預防費、所以列入其費用故

一、第一四款　衛生試驗所費　三三、一一五圓
因向來民生部直轄經營之衛生技術廠、由本市接收特別列入經營上所需之經費、

一、第一五款　淸理事業費　三八四、九六八圓
比上年度減六二、六九九圓、査此項內於本年度因設置乾糞場以期排泄物之利用並上年度落成之公共便所維持費、雖見增高、然上年度一類之順延費用本年度已無預定、又極力謀事業運營之合理化、以勗冗費之節減相抵後、因有上列之減額、

一、第一六款　墓地火葬場費　一六、四三七圓
比上年度增六、八一二圓、其主因係因上年度預行計畫中之墓地並火係葬已施設完全、本年度需全年之經費場再隨免費墓地之增設、經費之增加故、

一、第一七款　衛生諸費　三三、四五六圓二六、四八六圓
比上年度減一九四三圓、此係由於上年度施行之衛生展覽會已不施行故、

一、第一八款　屠場費　八四、三〇一圓
比上年度增三七八圓、此項由物件費及其他因極力期費之節約、然依屠場法之適用、須爲人員之整備相抵後成爲前列之增額、

一、第一九款　獸醫院費
比上年度減六一〇圓此係由於期冗費之節減故、

一、第二〇款　獸疫預防費　一三、八四九圓
比上年度增一一、四三〇圓此係由於適應畜產獎勵之國策且基於省長之指令期家畜防疫陣之充實故、

一、第二一款　家畜交易市場費　六二、六三四圓
比上年度增六、三八一圓此項內物件費固期相當之節減然依專用側線之完成維持費有所需要並營造物維持費之增高相抵後因有以上之增額、

一、第二二款　商工業費　一三三、一八圓
比上年度增三、〇六八圓乃以商工業爲本市躍進之要素此款所以嚮指導獎勵徹底者也、

濱江特刊

第一四五號

社址　盛京時報北滿總支社　哈爾濱道外　桃花巷西口　電話道裡六八四七番

亞麻之增產計畫

耕種面積預定二萬二千垧

去年度收到預想以上成績

滿洲亞麻增產計畫、佔農業開發計畫中之一重要部門、以農民之作物轉換的見地、製麻工業之基礎確立的見地、今後之亞麻增產計畫之成否、頗有惹人注目之價值、當產業開發五個年計畫之第一年度經過、滿洲亞麻栽培之昨年度之成績由春季實施、本年度之實施計畫、已見前報、因關係產業開發計畫中之重要部門、故政府方面予以積極的支援、與會社側滿日亞麻公司協力之下、引起農民栽種亞麻之注意、一方關係機關基於實地調査、耕種技術之向上、專門指導員之派遣、及配佈優良種子、播種期之適切除草作業之向上等、除一部地方因降雨之不適量、微受損害外、以全体論之、頗爲良好、年中交易數量約達四千萬斤、按收穫預想量估共大半前年度之交易總量爲三千萬斤

工場別	本年面積	去年面積	增加
呼蘭	一、九三三	一、二三四	六九九
双城	一、六〇〇	一、二八九	三一一
蘭西	一、三七〇	三七〇	一、〇〇〇
海倫	三、九六二	二、九六二	一、〇〇〇
綏化	二二〇	四二	一七八
慶城	六〇〇	—	六〇〇
延壽	七〇〇	三六六	三三四
珠河	一、四〇〇	八七二	五二八
葦河	一〇〇	三〇	七〇
共計	二、八四五	七、三四五	四、五〇〇

鐵道警護隊將舉行

愛路大會

同時舉行懇談會追悼會

北滿鐵道沿線分別開催

哈爾濱鐵道局產業課擬以各地鐵路警護隊爲中心、召開愛護村大會、日滿軍警及滿洲國各機關、愛路關係役員並愛護村長全員一律出席、對於過去一個年間關於愛路運動經過並效果之檢討、及將來對於工作要領等詳加協議、對於鐵路愛者均追悼之、共追悼之會場即設於大人會、式場之附近、由鐵道警護隊長致弔辭、並請僧道爲亡者誦經超度、由其遺族及席者一同焚香、現在哈鐵局管內之鐵道警護隊除水上警護隊外十一處之多、指揮監督下愛護村約九百餘村云云、

住戶劉福、家道小康、曾於十一日下午七時許突然闖入滿匪三名、以槍威嚇、結果搶去二百餘元、已誌前報、自該案發生後、香坊署因匪竟敢突破警戒線、頗爲震怒、司法係指揮便衣警官隊、不分晝夜、佈警網、滴水不漏、大肆搜査、結果潛伏某處之趙長勝、（年四十四歲）認有重大嫌疑、卒將其逮捕、至署經嚴重審訊、該匪情卻機密暴露、難以隱瞞、故供出結黨行搶不諱、同夥二匪、相偕已逃歸阿城縣、司法係據供、即多數便衣警官隊、不避酷寒、搭乘列車至阿城、於十二日夕刻、將阿城西方十二滿里廟藍祺村之某民宅團團包圍、破扉而入、經大格鬥後、舉將落網之三名胡匪及窩主一名、一網打盡、當晚將匪帶回、查自該匪案發生後、二十小時、竟被司法係破護、手腕之敏捷辦案之迅速、實令人欽佩、茲將三匪姓名探錄於下

趙成山（三二）佟開山（三六）及同宿中之徒匪趙成林（二八）云云、

[illegible]隣保委員會救濟機關、所經過辦理救濟事業、成績頗爲優良、茲將五月起至十二月末止八個月間所辦理救濟事業件數及生業資金貸出額數分別探錄如下、

一、生業資金貸出狀況

五月份貸出一百二十元、六月份貸出爲二百三十元、七月份一百七十元、收回爲三十元、八月份四百四十五元、收回八十二元、九月份貸出一百〇十元、收回六十元、十月份貸出二百六十元、收回九十七元、十一月份貸出三百六十元、收回三百二十元、十二月份貸出一百三十元、收回六十元、共計貸出爲二千三百二十五元、收回八百四十九元、殘餘者一千四百七十六元、以上共貸與人數爲一百零七人、內中滿人三十七名、俄人爲六名、鮮人六十四名、按照生業資金基金之原額共爲六千元、截止十二月末日除貸出殘額尚存四千五百二十四元、由本年一月份起仍繼續辦理貸付事業、

二、一般救濟事業十二件、施葯九十七份、兒童被保護一件、職業相談爲二十件、人事相談三十二件、六月份醫療事業二十四件、施葯二百三十三件、殘老保護一件、死亡救濟三件、職業相談二十件、一般人事相談四十件、共計三百二十九件、七月份醫療事業八件施葯一百十二件、兒童保護三件、死亡救濟二件、職業相談十一件、一般人事相談十七件合計一百五十八件、八月份醫療事業七件、施藥八十三件、兒童保護一件、殘老保護四件、死亡救濟一件、職業相談十一件、共計二百零七件、九月份醫療事業一件、施藥七十七件、殘老保護五件、職業相談二十一件、一般人事相談三十五件、共計一百四十四件、十月份醫療事業二百十二件、施藥四十四件、殘老保護二件、死亡救濟一件、職業相談二十八件、一般人事相談五十件、共計三百四十五件、十一月份醫療事業一百十一件、施藥八十件、兒童保護二件、職業相談三件、一般人事相談二十件、共計二百二十八件十二月份醫療事業四十四件、施藥八十件、兒童保護四件、職業相談二十二件、一般人事相談十九件、共計一百七十三件、統計一千七百五十三件云云、

大猪三六二二十頭、[illegible]三頭、大牛一三四二五頭、中牛五七二頭、小牛一三七二頭、大羊二七二五六頭、小羊三八八頭、馬三〇二頭、騾五四頭、驢二一八頭、合計七九八五七頭、

△分場

大猪一九七四六頭、小猪五九頭、大牛四六頭中牛二頭、小牛七頭、合計一九八六〇頭云云、

農村備林設置計劃

廿日召開全國營林署長會議

爲期補給農民之薪炭改良掠奪的營農法、滿洲國農村備林之設置整備、中央當局早在計劃中、以林野局爲主體之下、與農畜產政策相呼應、大造林計畫之一部、本年度起約三個年之計劃、全國一齊實施整備、預算一百三十萬元、管下營林署、各省、縣當局及地方農村民等一齊總動員、今春實施、當地哈爾濱營林署、對於農村備林預定地、由去年末以來即着手調査、迄至本月十六日業經調査完了、十七日林野局召開調査報告會、對於預算等問題協議終了、定於二十日頃、召集各省縣農林科長開備全國營林署長會議、似將對於當地營林署現存沈家玉崗苗圃大加擴張配置指導技術員云、

麥粉之生產微增

輸出及市內販賣稍呈活躍

市諮議會

新陣容

哈爾濱市由特別市降格爲普通市後、自治委員會亦隨之而改爲諮議會、關於諮議會之定員、由舊臘以來市公署側即向中央方面申請中、鑒於哈爾濱之特殊性決定定員爲二十名、已蒙中央方面之許可、至於諮議員之人選、市長當然有權詮衡、市方特委囑民意上達機關之協和會推薦、經協和詮衡之結果、並得到市當局之同意、十二日決定如左二十名當選、現正進行正規之手續中、

日本人（六名）
牛木寬三郎　加藤明
古澤幸吉（新）　辻
岡崎虎雄（新）　朴蒸夏（新）

滿人（十二名）
張廷閣　姜汝華　李明遠
李鳳標　劉敏先　唐乃晔
楊貫三　于衡湘　呂尊五
徐廷九　王丹實　劉尊三

白系俄人（二名）
巴克舌也夫一　卡爾捷夫

合計　二十名

兩相對比、約增收一千萬斤、就中品質之向上、實收到預期以上之好成績、至於今年之第二年度、計畫栽種面積約一萬一千八百四十五天地、較去年度約增加四千五百天地、佔全部十分之六強、本年度之品質向上、勿論耕種、生產等均更進一層之改良、耕種面積既增加六成、而收穫量約增加一倍約達八千萬斤、並增設模範耕種圃、設置委託採種圃、增派亞麻技術員、貸予肥料補助金一方響應以上之增產計畫、在蘭西、慶城、延壽等三地新設亞麻工場、由去年年末即着手動工、此外原料生產之需要狀態、滿日亞麻公司增設富山工場、新設奉天工場、供給今春操業之帝國製麻會社、更因此次事變勃發以來、中國麻之對日輸出杜絕、故日本製麻會社之滿洲亞麻需要之必然的抬頭等、於是帶有軍需工業的色彩的滿洲亞麻之將來、頗惹人注目、茲將本年度亞麻耕種之面積採錄於下、

護功勞者加以表彰、為故去之愛護村長開追悼會、定於二十二日盛大舉行、三棵樹鐵道警護隊管下之拉林愛護村及北安鐵道警護隊管下之北安愛護村大會、舉行日期順次、迄至下月二十日頃終了、二十五日呼蘭及安達、二十七日綏化、下月十日哈爾濱一帶各愛護村、其開會秩序大體規定於下

開會之辭（鐵道警護隊長）
致詞（鐵道監理所長）
訓辭（地區委員長縣長）
表彰（表彰者代表答辭）
協議（愛護村長之指示事項及意見希望等）
閉會辭（開催之站長）
追悼懇談會

依以上之順序舉行、被表彰者為鐵路愛護功勞者、表彰規定基於前年九月一日以後迄至康德四年末凡連絡回數最多及愛路思想普及工作上平素熱心努力之篤行者均予以表彰、追悼各地鐵道警護隊管下之愛護村中在前記期間內愛護村長在職中因匪禍而致死亡者或病歿

康德五年度市歲入歲出預算說明（3）

一、第二三款農業獎勵費　四九四九九圓
比上年度增一七、八八六圓
此在將已辦之農業設施籌擴張整備並開始辦理畜產之指導獎勵也、
一、第二四款警備費　一一〇一七八圓
比上年度增一三、九八七圓
此因鑑於現下時勢緊迫本市之自衛不容或忽此款所以籌防護團之整備充實者也、
一、第二五款辦理公款費　二〇、二八三圓
比上年度增三、六四二圓此項內徵諸實績徵收義務人之交付金（提成金）雖已減少然因須將本年度市金庫事務處理費全年額數編列兩兩相抵因有上開之增額、
一、第二六款負擔金　六〇八、三〇一圓
此係本年度本署對於警察廳費之分擔金並基於職員共濟法之實施就委任待遇及囑託以下之職員給額編列百分之二之故、
一、第二七款雜支出　一八〇、二九四圓
比上年度減四四、七一六圓
此因本年度之共用物品購買帳擬不列入歲計以運營以故無需資金又觀光設施因移管觀光協會故將其除去兼之本年度內預料無須巨額之過年度支出其數隨之減少結果爰有此減額、
一、第二八款預備費　六〇、〇〇〇圓
比上年度減二〇、〇〇〇圓
此在上年度因物價驟見騰貴、將來不容逆料故曾有所增額本年度已無需乎此故、
歲出臨時部
一、第一款營繕費　七五一、九四一圓
本費目中之主要者如左
一、公園營繕費　三三一、〇〇〇圓
此因道裡公園擬新設音樂堂以娛市民並將各公園美化充實上所需之經費編列故、
二、小學校營繕費　三二六、四六三圓
此除新蓋小學校校舍外並充學校建造物之改良費之需
三、市立醫院營繕費　二〇五、〇二〇圓
此因現在市立醫院利用醫者增多收容能力殊告不足又該醫院係俄國時代所建其設施頗不完備致不經濟之點無甚多亟應改良如此所盈之第三病棟擬充治愈鴉片癮者之用、

破案迅速
香坊署之功勳

香坊警察署管界東號仁福街

隣保委會成績優良
八個月間辦理事務

為防止一般貧民失業起見、

哈市等七縣新設農事合作社
濱江省管內一市廿縣一旗

濱江省當局、對於管內十五縣農事合作社之事務擴充計畫、着着實施中、為期農村經濟機構之新形体充分活躍、實業廳自舊臘以來對於合作社候補地在慎重選定中、結果以哈爾濱市、木蘭、延壽、綏稜、東興、珠河五縣及郭爾羅斯後旗等七處決定設立農事合作社、於是濱江省管內共計設立之農事合作社一市二十縣及一旗、實現一縣一社主義、茲將新設地農耕地面積及農家戶數採錄於下、

▲農耕地面積

	大豆	小麥	高粱	其他	合計
木蘭縣	一五、〇八七	三、〇三九	三、一七六	一四、九三二	三六、九三三
延壽縣	二三、六八三	二、三六六	五、一九六	三〇、八六八	六二、一三二
郭後旗	一五、八五七	五、一九四	二、九三四	五七、六〇八	一〇〇、六九三
哈爾濱	一四、三九七	七、七八六	一〇、七一五	三三、七六二	五五、五六四
綏稜縣	二、六四一	一四、〇八八	一、一六八	二六、三三七	六三、一三四
東興縣	二、六三〇	八二八	八五六	八、四六二	一三、七七二
珠河縣	八、四七〇	四〇一	五三四	七、八二三	一七、二八七

因受原料小麥價格昂騰之影響、沿線買付之小麥輸送遲延、哈市製粉業—既報—由十一月以來即有日漸減產之概、十二月份之生產量如次表所列、較前月約增產五萬袋、輸出量約百萬袋、稍見活躍、現市內販賣量較之前月約增加二萬餘袋、茲將各製粉工場別製產量、輸出量、市內販賣量採錄於下、（單位＝袋）

工場別	生產量	輸出量	市內販賣量
日滿	三四〇、〇〇〇	一九一、〇〇〇	一〇四、五〇〇
双合盛	二五六、九〇〇	一二三、〇〇〇	六五、〇〇〇
天福興	九二、四五八	一三三、七七〇	六、二七九
同第二場	二六六、六四七	一七七、九〇八	一九、一五二
同支場	一三一、二七一	六九、三二二	—
裕昌源	九〇、〇八二	四七、七七五	三一、六二二
福康	三三、四八四	一五、四五五	九、三〇〇
義昌泰	一二三、七七五	一二、九一八	三〇、九三二
三泰棧	八四、二四六	九三、四〇四	—
成泰益	一〇五、九四七	三七、四〇九	一三、七一九
合計	一五二三、八一〇	一、〇〇〇、五六一	二八〇、五〇四
上月計	一、四七二、九六六	八〇九、四七三	二六〇、〇五五

員、法定人數困難、將來能否設立、尚屬疑問云、

依此前自治委員會之自治委員中關鴻翼等六人去職、剛崎古澤朴、三氏新選、於是日人六名、滿人十二名、白系俄人二名、此外其他外人除外、此較從前自治委員會頗不相同之點云云、

家畜屠宰數
市獸醫股統計

據哈爾濱市公署獸醫股統計、康德四年度一月至十二月、屠宰總場及分場所宰各種家畜頭數如下、
△總場

濱江省阿片癮者十八萬人
當局苦心調查之後
實行十年根絕計劃

由本年一月一日起、亘全滿各地一齊實行禁烟政策、鴉片零賣所收歸公營以期鴉片根本絕滅、濱江省公署、為實行鴉片國策十個年計劃之礎基、將全省人民吸食鴉片狀況、曾加以縝密調查、目下已見完成、除哈爾濱外、管內二十三縣一旗、全人口共計四百四十八萬一千六百三十二名、內中吸食鴉片者、為十七萬七千六百五十九名、數字至堪驚人、此項吸食者、多持有吸食証、此外在私烟館或在自家私吸者、約在有吸食証者二倍至三倍以上、統計約占全管內人口百分之二十五、更將各零賣所消耗鴉片數量如左、

舊零賣所　二六〇
新管烟所　二五一
生鴉片　三、三九三六二一〇兩
烟膏　二二〇二九八〇兩
金額　一八四二〇一五、三二圓

此種龐大數字、當局決以每月百三十萬元為主限之公賣、而為漸減的主義、依十年之計劃、至康德十四年公賣即可完全廢止、鴉片之流毒、可期絕滅、而達當局銳意根絕之決心云、

毒殺生女
將送法案

道外東原街門牌十五號、院內十九號、住戶曲旭東、現充職於航業聯合局某輪船大副、因有外遇、竟於本月六日被其妻范氏查覺、夫妻間曾發生激烈衝突、醋火中燒、氣憤之下、乘其夫外出之際、與其八歲幼女母女企圖自殺、同吞服鴉片多量、當被其夫由外歸來瞥見、遂送至十六道街福安醫療所救治、范氏雖告蘇甦、其幼女業已毒散身死、經過詳情、曾誌前報、該案發生時、因范氏神精恍惚、未能究辦、現已恢復健康、因為唆使殺人罪、南新署於昨傳喚看押、不久即可送於地方法院、依法懲辦云云、

羅津將設立特產取引所
設立運動已表面化

東北滿一帶所產之大豆、年來由北鮮出口、逐見旺盛、輸出港之羅津、特產物之集散、日見繁忙、因此羅津之大豆、豆餅、買入賣出之事件、為數至夥、當地實有設立特產取引所之必要、日前羅津府當局、並當地有力者之間、對此曾有協議、在京城總督府開始陳情運動、因之此項設立運動、漸趨表面化、而總督府當局、對於羅津港之建築、認為尚未完成、而滿鐵與滿洲國當局、對特產物之運輸、完全以大連港為中心、須視羅津之程度而定云、

又羅津取引所之組織會員、完全依總督府取引所行政方針為第一義、對於設立、有力會

濱江特刊
第一四六號
盛京時報北滿總支社
社址 哈爾濱道外桃花巷西口
道裡電話六八四七番

爲普及協和精神 將結成宗教聯盟

協和運動之新展開運動

我政府當局對於國內四千萬民衆之宗教指導最爲慎重認爲國家的重大問題、尤其擁有三十餘國籍之民族之哈爾濱市、對於各宗教之統制指導感極大之不便、一方預想時局之情勢日趨多端、國民之精神總動員爲當前急務、市社會科擬將各宗教團體幹部網羅一致作宗教聯盟結成運動、協和會市本部立於指導之立場、兩者間提攜之下、最近即將實現、即以協和會之方針、對處現下之時局、以全宗教團體之非常時動員完成爲目標、對於宗教之教義加以協和精神之培養、蓋凡各宗教莫不持自體的極端排他的性質、宗教聯盟之成立完全期待宗教之融合、的存在、各幹部對於滿洲建國精神之普及及協和運動之徹底、市內約二千名之回回教徒早即成立市本部分會、每週金曜日之集會時、即以協和會之教義說教對於時局之認識收到相當之成果、滿人之宗教佛教、儒教、紅萬字會、道德會、基督教會、家理會、青幇等多數宗教團體、白系俄人、外國籍人之全宗教、最近調查準備完了、次第各代表者齊集於一堂、開催座談會、以便結成一大宗教聯盟、各團體對於具體的實行問題、將協和精神加入教義之中、利用無線電及電影養成教徒對於時局認識、國家的經濟觀念、實現之日、頗有多大之興味云云、

之起草及其他於會議上認爲必要時、議長得小委員會以付託之、

十七、委員會委員之定數及選任隨時由議長定之、

十八、委員會置委員長掌委員會之開閉並迫行、委員長就委員會委員中由議長指定之、

十九、委員會之審查既竣、委員長須將其顚末報告會議、

二十、委員會爲秘密會、但限於經委員長認爲有必要者得準會員旁聽、

二十一、關於委員會之會議不另作會議錄、

二十二、會議時會員無議長許可不得離席、

二十三、會員中如有違反市制規則或本規則者議長依會議之決定得停止其三日以內之出席云云、

交通局之財產

評價額約四百萬程度

哈爾濱市公署機構改革之同時、決定將交通局改爲株式會社、入春以來積極進行準備中、最近即將組織發起人會、對於會社之定款等諸般手續開始辦理、奔新會社之資本金當以現交通局之財產究竟評價若干爲當面之先決問題、蓋現在之交通局當康德元年由市方接收電業局電車時、予以一百六

召集各科長舉行例期聯絡會議、但雖號稱例期、惟所討論者頗關乎重要、各科之提案均已於昨提出交省長官房、以待會議討論云云、

養豚組合結成

高實業處長爲組合長

哈爾濱市內肉類之需要量與年俱增、去年哈市需要量計牛

要、因畜產加工所最近即將開業關係、需要量自將更見增大、爲增產需給之圓滑化、市當局及其他關係機關愼重研究增產之具体案、結果認爲當地具有最可能必要性養豚之增殖改良策之第一步、將在哈養豚家打成一片、結成哈爾濱養豚組合、進行諸般之準備中、已得養豚家之讚意、經各關係機關之協力、組合員網羅不下一千餘戶、以至結成哈爾濱養豚組台、在團體的組織之下、施行合理的養豚經營、對於增殖、資金之改良、增進斯業者之福利、以期使需給之圓滑化、一面提倡滿洲畜產開發之政策、茲將組合長及事務等分別採錄如下、

△組合事務所　哈爾濱市家畜交易市場

△組合長　市實業處長高恩濤

副組合長　哈爾濱畜產加工所長谷山隆男其他役員尚未決定

△第一年度

組合員數　一、〇〇〇戶

改良豚飼養數　九〇〇戶

同種牝飼育頭數　一、八〇〇頭

同肥育飼生產數　一、八〇〇頭

△組合事業

一、種豚配付及貸付

二、養豚飼料及養豚必要物品之共同購入

三、生產物之處分斡旋

四、預防疫病並技術上之指導、

五、開催講習講話並品評會

六、關於養豚之調查研究事項、

七、關於養豚附帶事業之經

明瞭鴉片零賣所歸爲公營之意義、定於二十六日在南崗無線電台放送、茲將其放送大義採錄如下、

我國鴉片政策、已由漸禁方針、改爲斷禁方策、以促進國民健康之向上、關於鴉片諸法令、均已公佈、本市協和會、以此次阿片零賣所改歸公營、爲使一般人民徹底明瞭、今後政府所收阿片政策、特約請哈爾濱專賣署長趙伯俊、於本月二十六日在電台放送（以接收阿片零賣所與國民保健運動感想爲題）講詞精警、譬解透澈洵爲鴉片患者之苦海南針、届期務希靜聆偉論云、

耕馬十匹 慘死輪下

大連十八日午前十時發亞細亞號列車、是日午后十時十分行經京濱線照陽、王崗間正在急進中、突有放牧中耕馬十餘匹、行於鐵道上、機關手發見後、立即鳴笛、而馬不知躲避竟皆死於鐵輪之下、車即停駛檢查死馬十匹、在現場停車十六分、迨至哈爾濱車站遲誤二十七分云、

工業調查懇談會

市實業處召開

哈爾濱市公署實業處長高恩濤氏、爲期助長哈爾濱市之商工業前途躍進發展計、關於重要工業生產狀態現已分別着手實行調查、關於調查手續有討論之必要、特於二十五日下午

市諮議會舉行成立式

張廷閣氏被任爲諮議長

諮議會會規則草案

哈爾濱市諮議委員會、於昨二十日下午二時在市公署樓上會議室舉行成立式典、除被選各諮議委員均行參加外、市方市長以下各處科長亦均出席、成立式典完了後、即指派張廷閣氏爲議長、並向各諮議會員提出哈爾濱市諮議會會規則草案、令各會員詳細考慮、如認爲該草案有不適意之意見時、擬定於月末另召開之第一次諮議會時提出之、以便酌量更改、草案內容如左、

一、哈爾濱市諮議會會議除另有規定者外依本規則辦理、

二、諮議會員須於開會時刻前蒞塲報到、

三、會員席次於每次聘任時依抽籤定之、其由補缺所聘任之會員襲前任者之席次、

四、諮問事項之審議順序由議長定之、

五、會議之開閉並進行由議長爲之、

六、會員中有欲發言者須經議長許可爲之、其依市制施行規則第五條發言者亦同、

七、發言不得涉及審議事項之外、但關係會議之進行者不在此限、

八、議長未宣告開會前及已宣告會議中止或閉會後、無論何人不得發言、

九、議長於審議事項認爲意見已盡欲爲表決時、須宣告之、宣告表決後無論何人於共事項不得發言、

十、關於諮問事項認爲無意見時、議長得宣告認爲全體無異議、

十一、關於諮問事項已將意見決定時、議長須以文書答覆市長、

十二、凡動意非有二人以上之贊成不得付之會議、

十三、凡建議須經會員二人以上之贊成備具理由以書面提交議長、但事屬簡易名得以口頭陳述之、

十四、會議錄須記載下列事項、一年月日及開會閉會時刻、二出席會員及缺席會員之姓名、三議長報告之要領、四交附會議之議案件名及會員對之意見、五其他經議長認爲必要之事項、

十五、會議錄須由議長及議長指定之會員二人署名蓋印、

十六、諮問事項之審查文件

十萬元之代價、其後又陸續購買新車及機械等物、並取換軌道等化費約百萬元、又載客大汽車、當時以五十萬元之代價由大汽車公會接收後、又購買新車追加五十萬元、以此概算全部約在三百六十萬元之數、如以其他土地建築物及現在物價之騰貴等參酌須評價在四百萬元、新會社之資本金當然須以以上之評價財產爲標準而決定之、哈爾濱之交通事業、已達飽和之點、會社之前途頗爲有望、將來電車、大汽車之配車增加、軌道擴充等必須增資時、必將開始公募股欵云云、

濱江省之機構人事

春節前改革

濱江省公署、鑑於春節爲期切迫、對於日前實行機構改革及人事異動問題、期於春節前辦完、以待春節放假之時、一切名實均照新機構運行、故決定於二十一日下午二時由官房

哈市畜產加工所

四月間即可開始工作

本年加工牛豚二萬餘頭

哈爾濱畜產加工所之設置、以滿洲畜產事業之發展振興爲目的、去年七月間、以總經費五十五萬元、在三棵樹建設工廠並準備購買各種機械中、去年年末一部機械已經購到、大體本年春三月全部機械可以購備完了、四月間即可裝成滿洲最初之本格的畜產加工品之製產、第一年度本年之生產數量豚約一萬五千頭、牛六千頭、預定製作各種罐頭、該所出現後、爲北滿畜產界劃一新紀元各方面對此頗爲關心、去年七月約亘五個月間之時日赴歐美各國視察畜產事業上月歸滿之新任畜產加工所所長谷山隆男氏、關於加工所設置問題、對記者有如左之談話、

此次畜產加工所之設置、爲期國內之畜產事業發展、助成畜產品之加工、販賣、輸出所謂消費方向、發展助長也、但其中亦不無困難之點、蓋畜產加工品消費使用、僅僅有四五十年之歷史、日本與滿洲之消費、生產、配給貯藏之適合、最爲困難、就中加工品之販賣宣傳方面、爲使今後一般家庭間普及、亦屬重大問題、如歐美諸國之畜產加工品之宣傳費佔生產費之八成、以期畜產事業之振興、此點希望滿鐵不惜犧牲、普及宣傳、以圖達成目的、

當地同業者間更勿須存恐懼之心、蓋畜產加工所之設立並不注重當地之販路、而在向外發展、如華南、華北、以及印度歐美、持與當地業者間協力之方針、因此當地業者間對於加工所之設立自應表示歡意也、至於一般家庭間萬於畜產加工品之使用牛肉類之市價自將低廉而且味美、蓋今後將有大規模之生產出現也云云、

哈市商工公會

省署直接監督

濱江省公署、對於管下各縣新商工公會設立問題、日前曾召集各縣商會長及責任者討論結果、選定十六個縣設立商工公會、於十七、八兩日各縣商會長縣技士來省開會之時、即由田傳商工科長告知各代表限於本月底將所有指定設立商工公會之縣份、組織完了時即時報省、至于其餘七縣指定設立商工公會或歸街村辦理商事務、至於哈爾濱市商工公會由道裡外兩商會合併由省直接監督云云、

約二萬頭、羊二萬二千頭、豚六萬五千頭、其中豚之需要量較之生產量相差半額、以致肉價昂騰、爲必然之現象也、各種肉類之價格較之去年約暴騰一成乃至二成、畜肉今後之需

營

因此對於增殖改良利用生產品之共同販賣、物品之共同購入等並對於養豚購入資金可以貸與、各方面對其將來均抱絕大之期待云云、

一時半、在市公署四階樓上會議室內、召開定期重要工業生產狀態調查懇談會云、

青訓學行

卒業生會座談

哈爾濱市青年訓練所、自去年創設以來、卒業學生業已過第三期生矣、該所鑑於前卒業學生、有結成青年團之必要、故現下積極進行中、恐一時不能實現、於結成之前、如無相當之聯絡、殊於訓練意見見爲遺憾、以此之故、該所從事辦理、乃決定先組織哈爾濱市青訓卒業生同窗會、以資保持緊密聯絡、而在發會式前爲研究一切進行並說明本年度訓練方針、定自本月二十二日起亘四日間、分別召集各保甲長及各期卒業生、於各該保事務所、舉行座談會云、

雙發福付之一炬

損失四千餘元

香坊警察署管界草料街門牌三一號、雙發福雜貨商、執事人趙金成、經商有年、生意頗稱不惡、不意於昨十九日下午四時、一時不慎、突然發生火警、因風助火威、霎時間黑煙迷漫、勢不可遏、幸消防署聞訊、救火車急遽赴現場、猛力撲救結果、卒於下午七時許將火熄滅、倉庫一切物品被焚燬無餘、共損失四千五百餘元、多年競競業業之積蓄、一旦化爲灰塵、現下警察當局對於此次火警原因積極調查中云云、

趙署長

定期放送

哈爾濱專賣署趙署長、應協和會市本部之邀請對於民營各專賣所收爲公營後、爲使一般

濱江特刊

第一四七號

盛京時報北滿總支社
社址　哈爾濱道外桃花巷西口
道裡電話六八四七番

一月中旬 北滿穀物積存量
比較去年激增二十万噸
據北滿經濟調查所調查

據北滿經濟調查所調查、截至一月中旬末沿線各地之穀物積存量大豆約五四一、四四八噸、小麥約一四七、五二七噸、豆餅約二九、八一九噸、豆油約五二二噸、麥粉約三五、一六七噸、高粱約三四、七二〇噸、粟約一〇、三八〇噸、包米約五二、七五八噸、小麻子約六、二七五噸、其他雜穀約五〇、九〇〇噸、總計約九二六、五〇六噸、與去年同期比增加二〇四、六七四噸、與前旬比增加一萬五千噸、大豆、小麥之線別積存量、大豆比較上旬末激增三萬噸、較比去年同期激增二十二萬噸、小麥比較去年約減少一半、而比較上旬則減少一成、茲將各線別之積存數量分誌於下（單位＝噸）

線別	大豆	小麥
哈爾濱	二六、一三〇	二六、六三〇
濱北線	一二三、六三〇	三三、四一〇
沿江	八二、四一〇	三一、一〇三
京濱線	四四、六二九	六〇
濱綏線	二九、四四四	九二〇
虎林線	四四、七二〇	五一〇
圖佳線	五〇、一六五	四、四二〇
濱洲線	五八、九七〇	二五、三〇〇
拉北及齊北線	五七、三二〇	三五、四八五
合計	五四一、四四八	一四七、五二七
去年同期	三三五、七一〇	二四一、七七三
上旬末	五〇九、四三三	一六五、五六〇

碧眼獵師四名 捕獲猛虎四隻

分、始行釋放、而市公署戒煙科仍恐有不良之輩、再度發現、對於男女吸煙、禁止一席、以免傷害風化、爲使各管煙所一体遵守規律起見、特於昨二十七日於各零賣所內均有揭示、茲將原文擇錄如下、

揭　示

爲揭示事、查鴉片零賣所時代、對於女招待一節、向有禁令、尤其對於男女分室之規定、亦屢經申告、而近來自歸市署接收後、仍有不法份子、仍然攜女同室、此等行爲、既違禁令、又碍風化、殊爲情理難容、深望今後務必男女分室、以重法令、而維風化、倘有故意違犯者、定予相當處分、勿謂言之不豫、切切此示、

哈爾濱市公署民生處戒煙科長

南新署 捕獲慣匪

外六名、在道外北二道街太陽旅社捕獲張德成（二三）反變太惠（二四）並主犯穆之情婦白素芳（二四）三名、經審詢之結果、供認爲匪不諱、穆春山報字文明、前在匪首九站部下爲匪、十月二十三日曾在阿城縣城裡老爺廟侵入某滿人宅、搶去現款百九十五元、十一月乃潛伏來哈、在道外一帶迭次行搶、前後亘十一次、此次被南新署捕獲、可謂天網恢恢疏而不漏、今后哈市之治安愈呈鞏固、市民可以高枕無憂矣云、

哈市區制之實施 三月間或可實現
原案之大綱大體決定

市公署爲慎重研究哈爾濱市區制之實施問題、曾召集各關係機關舉行區制實施準備委員懇談會、其後與警察廳協議之結果、其原案大要如左、

一、全市十區、區之地域大體以現在之警察署管轄地域爲基本　馬家溝一帶（香坊南崗兩警署管內）日本人密集地

一、區之下設置甲牌、今後不免有若干之廢合、區域變更、

一、警察廳以一區一警察署之方針、管轄及名稱與區同一以便統制、

一、整理現在十一防護團、順應區制將防護團充分改編、

一、自衛團漸次減員、將來警察充實、至市民之警察意識

一、即康德四年度第一期事業以五萬元建設公園式之墓地是也、現在完成四萬一千七百平方米突（七十萬坪）三十米突、十二米突、六米突、四米突之大道路、在墓地之內縱橫設置、在道路之兩側栽植樹木迨本年陽春之四月、楊樹一齊萌芽、雖云墓地不啻公園也、

鴉片癮者三萬五千人
市當局講求徹底的撲滅策
斷行擴充市立戒烟所

市內七十七家鴉片零賣所自經市署接收以來、將從來之癮者漸減主義一變而爲急進的斷禁主義、樹立十年計畫、將全市鴉片患者絕滅、今後吸食鴉片者須年逾二十一歲以上者始發給吸食証、現在預想市內之癮者數達三萬五千人、如按中毒者之多僅以十年期間而期其絕滅、恐有相當之困難、因此市衛生科、擬以鴉片公營之收益竭力擴充現有之市立戒烟所、對於癮者之救療及其他醫療施設等均加改善、現在之戒烟所僅有收容八十九名之能力、現預算以六萬二千餘元之鉅費爲擴充費、新築樓房增設百五十病床、可以收容患者二百五十名、一般人對於戒烟所之擴充及其將來成果頗爲期待云云、

市立各校 改變名稱

哈爾濱市公署教育科、基於新學制之實行、對於所屬各國民學校及民衆教育館附設之民衆學校、於本年度決定改稱爲正陽南校、太古校、北新校、南馬路校、宋埠校、換順校、正陽北校、新[illegible]校、建設校、馬家溝校、道裡民衆教育館等十一校、每校招生一班、隨國民學校開學日期同時開校、肆業期間按從前一年制改爲半年制、現在各校已經開始辦理招生手續中云、

犧牲愛犬八隻換來猛虎四頭
母虎擊斃虎子三隻生擒

北滿深山密林中每有猛虎在焉、俄人勇士四人、於十三日間冒險入山、遇猛虎一群、經格鬥一週間卒將母虎射殺、生捕虎子三頭、茲將經過情形據『苦雷迭爾』君所談誌錄於下、

白系俄人『苦雷迭爾』現住道裡斜紋六道街現年四十六歲、與友人『加苦林』(五〇)於十二月十日携帶獵槍赴丹江省穆稜縣偕同該處獵友白系俄人『拿扎林哥』及『郝白夫』騎獵馬三匹、引獵犬八隻去穆稜東南方六十五基羅『亞麻綢扎』地方獵場共初去也惟期獵取野猪麅獐等物但空耗一日之光陰而一無所獲、頗爲悲觀、十二月十二日正在歸途中、忽聞吼聲如雷、在密林中發見猛虎一隻、當即開鎗、恰中虎首、應聲倒地、急趨前查視、見虎之屍體附近遍遺虎子之足跡、知該處必有虎穴、乃遣獵犬在附近一帶探查並調以穽井以期活捕、迨至十五日、十六日、十七日之三日間、果捕得虎子三頭、然獵犬因尋獲虎子經大格鬥之結果、獵犬八隻先后殉職、頗堪惋惜乃飽載母虎及三隻生虎子而歸焉、／

彼等此行、除獲得死虎一隻生虎子三隻外、並射殺野猪一隻、熊一頭、死虎以國幣千元售與某藥店、生虎子三隻現置於籠中、於斜紋街『苦雷迭爾』處寄養、大如獵犬、目光如電、據『苦雷迭爾』言價值五六將來或將售與彼處、以爲陳列之用云云、

零賣所
男女分室
市戒烟科特出揭示

所有私營之各鴉片零賣所、自一月一日收爲公營後、內中有不良零煙所、不明瞭鴉片歸爲公營之目的、竟敢私自僱用女招待以圖另引吸客增加賣項、獲得優良成績、並且由招待身上能出相當利益、如東海樓曾一時花枝招展、吸客擁擠、不料竟被不作美之警察署將女招待逮捕、同時將該管運所經理捉到官裡、加以嚴重處

怪汽車案
撲朔迷離終難判明
各方推測其說不一

既報『二十二日晚九時半馬家溝街發生之怪自動車案、自該案發生後警察當局對之十分注意、由司法科指揮下、除在現場一帶開始嚴密調查外、對於怪自動車之行方努力搜查、嗣於二十四日晨在道裡砲隊街某俄人家發見東窗之玻璃上有鉛彈痕跡之小汽車一輛、當將司機俄人逮捕、經審認、並驗知所謂窗上子彈之痕跡乃係以紙烟所燒者、至此疑惑殆告解消、一方面據現地之調查、通道街之警戒線第一回之爆音係汽車後部排氣管之音響、並非鎗聲、據一般推察係排氣管發生故障致發生音響、至於息燈或係司機爲節省電費、以致引起警戒者之錯覺、亦未可知云云、

南新警察署鑑於道外一帶近來迭次發生强盜事件、嚴勵督飭搜查班員、銳意檢擧犯人、於十一日午後七時半頃、在道外南十六道街合發飯店附近捕獲嫌疑犯穆春山(二三)一名、嗣經該署司法系警士李德賓以

帶特設滿家區一區、一、區稱即如太平橋爲太平區、顧鄉屯稱爲顧鄉區、松花署管內稱爲松浦區、經緯署管內稱爲埠頭區、大體如此類推、但尊重從來之地名以便市民之易解、

發達之時廢止、設置不警察之補助機關於以上之大綱、三日間或地、市警兩當局對於區之手現地踏查云云、

平時戰時兼備
建設防空塔
防護團一舉兩得之美舉

哈爾濱防護團及滿洲防空協會哈爾濱支部、爲擴大强化從來之防護組織、實施區制並於各區設置本部、以備哈市一旦有事之際、救濟災害、人的配置之不安得以解消、至於物的設備由防護團本部及其他各關係機關研究中、關於一都市防空之設置完成後、對於物的防空之不安亦可一掃矣、目下以防護團本部爲中心、進行具體的研究中、市內各所之消火栓如市內之樞要街角廣場、病院、公共建物、公園、橋梁、停車場、鋪道、等處建設丸型之廣告塔、內部貯藏防火防毒必要之砂、酒粉等、於警報不統制都市的分布、以防都市災害之未然、又外部戰爭政府之公示、司令部之告示、或戰時及事變時之特殊貼示、募集國債、運動獻金、募集慰問品、揭示槍後之赤誠强化、平時貼示市之告示板用、或利用黏貼商工業之廣告徵收國防費納金、既可防空又可美化都市、誠一舉兩得之妙案、現在市內既沒有觀光協會之廣告塔及協和會用之揭示牌、關係預算問題等尚須相當之時日始能實現、都市防空塔之建設、以人口五百爲一

市民墓地一部完成

市公署衛生科、由去年解氷時即在馬政局種馬場南方約七百米突(中央寺院基點十一基羅)之地點、以二百五十萬平方米突之龐大地域建造近代的公園式之墓地、其后經積極之建築結果、完成總工事六分之

誠爲哈市市民郊外無上之散步地、市衛生科關於新設墓地使用條例業經決定、目下向中央方面請求裁可中、待中央方面批准後、即可根據該項使用條例使用、此外對於以三萬五千六十五元之鉅費在建設中之火葬場、最近亦將完成、聞其使用料金規定大人十元、小人六元、火葬場內特設有死者之遺族控室、更爲葬儀參列者之便宜計、特設自動車留置場、按大哈爾濱都市計畫之預想將來分設日滿俄鮮人之區域云云、

安鳳蘭嫌貧私逃
再嫁後依然如故

安鳳蘭、年十七歲、賓縣人、於十五歲時、憑媒嫁於姜某之子爲妻、過門後、姜家本係貧寒、時感糊口困難、因此鳳蘭常懷不滿、頻言嘖嘖、意欲與其脫離、奈乏藉口之詞、只得終日愁悶長嘆而已、不料不怕無好事就怕無好人、鳳蘭對戶而居之郭氏悍媼、係久慣販賣人口以圖漁利爲生、早已深知鳳蘭一切隱情、即暗地施展誘騙毒辣手段、慫使鳳蘭背夫潛逃、允爲暗中幫忙、並對鳳蘭僞稱其子女均在哈爾濱作事、月間收入頗豐、其子現年僅二十餘歲、倘能作吾兒婦、不但豐衣美食、並大觀哈爾濱都市風光之美麗、若到哈爾濱後、必代製金首飾及何等好衣服、鳳蘭本係鄉中無識之村婦焉能不受這等奸術、豈怕其不墜落圈套、鳳蘭聞悍媼以上之疑、遂於去年四月私行逃出、由郭氏暗送至長途汽車站、爲之購得哈爾濱車票、同時告以其子女在哈之居址、該媼仍回家裝好人、豈不知鳳蘭之潛逃乃被其所使也、迨鳳蘭到哈後即照郭氏所告、至道外北九道街胡同四十五號、將郭氏之子郭純祿找着、由此實行同居、儼然夫婦、未幾郭氏亦赴來哈看、同居一處、未久即將鳳蘭親破、方被郭氏所騙、然因人地兩生、未敢遽然發作、惟有乘機會再設方策而已蓋郭純祿實係一苦工人、月間所賺僅不過數元、且年近四十、實非夫婦、誰知郭現已被革除事、典當已空、故與其妹同居一室、其妹丈估衣手藝、亦係貧困生活、郭因無事對鳳蘭日漸虐待、鳳蘭不堪虐待故於二十六日乘家人不備之際、私逃於

濱江特刊

第一四八號

盛京時報北滿總支社

社址　哈爾濱道外　桃花巷西口

道裡電話六八四七番

滿洲國防婦人會

四月三日在神社舉行結成式

鶴見夫人支部長于夫人副之

關於非常時槍後婦人團體之一元化創設滿洲國防婦人會一案、經關東軍及其他關係機關慎重審議后、於八日午後一時在新京關東軍參謀部會議室、於軍司令部、大使館、關東局、總務廳、協和會、治安部民生部及大日本國防婦人會、滿洲帝國國防婦女會等之各關係機關代表者十七名會合協議之結果、決議在滿洲將愛國婦人團體打成一片、結成滿洲國防婦人會、定於四月之舉行發會式、向日本帝國擧國之理想及滿洲國五族協和之理想邁進、將來滿洲國國防婦人會之誕生對於槍後婦人愛國運動之活潑頗堪期待、因此哈爾濱市大日本國防婦人會支部及滿洲國國防婦女會支部亦將溶化爲一結成滿洲國防婦人會支部、誠爲治外法權撤廢後在日滿親交上放一異彩、以日本婦人之大乘的融和及滿洲婦人之飛躍的協和、今後之北滿國防線之上必收良好之成果自不待言、結成式定於神武天皇祭之佳日四月五日、在哈爾濱神社盛大舉行、當日由兩者側之各會員參列同時舉行歷史的解散式、現在之日本國防婦人會支部、係由昭和十年七八日創設、當時之分會共爲十七處、會員二千二百四十七名、其後三棵樹鐵道、電電等分會相繼結成共爲二十分會、擁有會員四千二百二十二名、支部之活動、自去年中國事變勃發以來、除送迎及慰問皇軍部隊外、對於慰靈祭及其他槍後之義擧努力倡辦、幾無寧日、一方滿洲國國防婦女會之支部、自康德三年六月二十五日創立以來、當時爲八處分會會員共計千六百名、更有省、市之女學校高級學校學生之少女會員一千四百名、自事變以來與日本婦人側互相提携慰問滿人軍夫、街頭獻金募集、並派遣理事三梅先女史赴華北慰問、槍後之活動頗爲有力、今後兩者將合併爲一、雖然其將來之組織尚未能確定大體以協和會市本部之准會員、努力參加協和運動爲其第二義、支部之事務所今猶未定、日本婦人會側之意欲設置於總領事館內、但將來究竟設於何處現在猶未敢逆料云、

【又訊】新創設之滿洲國防婦人會、哈爾濱支部初任支部長一席、以日本國防婦人會、鶴見支部長就任滿洲國國防婦

本諸協和精神　努力向前邁進

新任韋濱江省長對記者談

十三日主催中國事變從軍將校之實戰講演會等、以期喚起在哈社員及友邦人士之緊張云、

警察廳鄉軍分會、十一日午前九時赴哈爾濱神社參拜向東方遙拜、國歌合唱之後、荻由原副廳長、齋藤分會長致訓詞於萬歲三唱聲中乃告解散云、日本人各學校於十一日午前十時舉行紀元節遙拜式並作國民精神强調之講演、日本中學校於式典終了後、赴哈爾濱神社及忠靈塔參拜、由校長作關於時局之講話、哈爾濱學院並舉行紀念武道大會、此外在鄉軍人會各分會、國防婦人會各團體等各自相應戰時下之建國紀念日、在北滿各地竭力宣揚皇道之精神、協和會哈爾濱市本部、當此盟邦日本之歷史的建國祭、由全市民一致奉祝、主辦國民精神總動員週間、除與友邦側各機關之前記行事協力外、十一日作爲國民奉祝日、各戶門前高懸國旗、促進日滿一體之建國精神、各分會於午前十時之奉祝時間一齊舉行嚴肅之奉祝式、午後七時在商工會議所樓上會議室、由協和會日本人會、日本商工會議所、在鄉軍人分會、日本國防婦人會、滿洲國防婦女會等各機關共同主催之下開催『紀元節奉祝市民之夕』首先作時局之講演、日本軍部隊、省公署各方面關於國民精神作興講話、次則由日本女學校之音樂教師作愛國行進歌、最後映演電影、凡滿人軍夫之凱旋實寫、國防映畫等、最後由會衆一同合唱愛國行進歌、於日本帝國萬歲三呼聲中宣告散會云云、

失學兒童激增　市署將何以處

兒童家長請求增設學校　市諮議會即將提出討論

哈爾濱市公署教育科、本諸新學制之實施、期教育向上、日前會對於私塾教授四十餘名經嚴重試驗結果、而合格者僅五六名、其外皆不準設立、關於失學兒童、驟然增加、市校向感人滿之患、但失學兒童無處收容、故近來失學兒童家長均向諸議會議員陳情請求設法收容就學兒童、以免廢學、聞各議員、待市方最近召集各諮議會時、將提出討論云云、

麵粉價格暴騰

責任當局應速謀對策

近來麵粉之價格暴漲不已、造成三十年來未有之新紀錄預想今後當局如不亟設法以遏止之認有繼續昂騰之虞、茲將哈市八日各種麵粉之價格分別採錄於下、

三鷄牌	五元二角五分
三羊牌	五元三角
綠三星牌	五元一角五分

而其比較前數日竟暴漲一角、中尤以三羊牌一躍而增漲二角較去年十二月以降麵粉之價格

福康火磨	五四、六七六袋
廣信火磨	七〇、〇〇〇袋
計	一、〇六〇、五七六袋

依上表觀之依然積存量在百萬袋之數、但市價暴騰不已、其原因頗有研究之價值、希望責任當局速設法以維持之云云、

警廳將接收　市消防隊

哈爾濱市公署所屬第一、二三消防隊、其中二處係舊白俄時代設立、業已三十餘年、而第三消防隊、係去年七月由市署接收道外商會所成立之商務消防會、均樹立相當之光榮及功績、哈爾濱警察廳、爲期消防隊之統一救火陣容之充實、故對於市方消防、自去年七月曾宣佈接收、因種種關係、延

肇興輪船公司　向日海軍獻金

【營口】肇興輪船公司總經

已故去濱江省長施履本氏之後任、經中央方面詮衡結果、經十日之閣議決定、以現在哈爾濱市長韋煥章氏榮陞濱江省長、關於市長遺缺、由中央民生部社會司長馮廣民氏繼任、中央現在已頒布該二氏分別就任之命令、

哈爾濱市市長韋煥章氏榮陞濱江省長消息傳出後、各方面頗爲注意、記者於十日午前十一時許、特赴市公署往訪韋新省長、叩詢將來就任後施政方針及感想、於繁忙中當蒙延見、當時對記者有如下之談話、適才在國通電上看到本人被任爲濱江省長之新聞一節、但市署與本人並未得到中央正式公令以及內命、此消息實出本人意料以外也、所以現在對於所謂蒞任後之施政方針及感想、根本上既無從談及、如果將來如成事實時、亦自有本諸協和精神與日滿一德一心之眞義努力向前邁進、回憶本人自去歲就任哈爾濱市長、迄今僅僅七個半月之短時間、對於市民方面並無任何福利貢獻、茲値康德五年度之伊始、正擬以全副精神從事於哈爾濱市政事務、以副一般市民之期待、與中央之本意、料今次竟有此項消息傳出、如果實現時、在此一籌莫展之情形下、對全市民深表遺憾、好在將來果眞實現時、雖與哈爾濱市脫離直接關係、而實際仍在哈爾濱市內服務、與哈爾濱市有間接關係、[illegible]

任民生部社會司長、學識優越經驗與常識尤爲豐富、不特對於哈爾濱市有特新備獻、即對現有之施設亦必有相當之改良云云、

友邦紀元佳節

哈市各機關奉祝行事

【哈爾濱】自南京陷落後、蔣政權同時消滅、日本帝國政府闡明共鞏固不動之方針、日滿一體之『東洋和平再建設』之目的終予達成、然以國際狀況猶未脫險惡之地域、亞細亞之時局益呈重大性當茲友邦建國二千五百九十八年之紀元節良辰、日本內外地捲起舉國的國民精神作興運動、以期鈴後國民之强化、我哈爾濱市依日滿一體不可分之精神、友邦各種團體立於北滿第一線與日本內地相呼應、舉行盛大之建國紀念日、茲將各團體是日舉行事項分別探錄於下、

日本人會＝一日午前十時在哈爾濱神社前廣場對新興之友邦政府之誕生及神武天皇之建國大精神執行奉戴式典、午後假民會公會堂主催建國精神强調之行事、關於計畫事前由責任者規定妥協矣、

滿鐵社員會哈爾濱聯合會、踏襲日本內地之國民精神强調週間之步調、由十一日起一週[illegible]全會員設置以下之各款、[illegible]

費、一、遵守民族協和及其他皇道精神、於本週間除以舊新聞紙充作國防獻金外、十一日午前九時半在局前集合、列隊進行至哈爾濱神社參拜、揭揚日章旗、社旗、社員會旗舉行宣誓式、式典終了後、由代表者巡廻慰問傷病軍人、並慰問殉職社員所遺家族及公傷社員

女會于支部長就任副支部說爲有力、主事一席則由日本婦人會之小池氏担任云云、

× × ×

如左、

三鷄牌漲五角、綠三星牌漲四角五分、三羊牌漲五角、實達一成以上、茲將去年十二月以後各種麵粉之市價探錄於下(單位袋＝元)

	三星牌	綠三星	三羊
十二月一日	四、八五	四、八〇	四、八〇
一月十日	四、七三	四、七〇	四、七〇
一月二十日	四、九五	四、九五	四、九五
二月七日	五、一五	五、〇五	五、〇五
二月八日	五、二五	五、一五	五、三〇

一月下旬末市內各工廠製粉積存量如左、

日滿	三一八、二一七袋
天興福(一)	三〇〇、〇〇〇袋
天興福(三)	二〇〇、〇〇七袋
双合盛	六二、〇〇〇袋
裕昌源	四五、〇〇〇袋
義昌泰	四八、六〇八袋
三泰棧	四五、〇〇〇袋

衛生當局決定

衛生實施項目

以期市民保健衛生思想向上

哈爾濱市公署衛生科及哈爾濱警察廳衛生科爲期市民之保健衛生思想向上、兩衛生當局關於本年度之衛生實施項目協議之結果決定於下、

△一月＝報導機關、巡廻指導、與相談所一併設置、獎勵戶外運動、檢査暖房裝置、花柳病預防宣傳、又獸務關係依[illegible]

齊取締、

△二月＝檢査暖房裝置、早期受診獎勵之畜犬取締、牛乳取締工作、改良裝蹄之指導普及工作、

△三月＝檢査暖房裝置、舉行健康相談週間沙眼病預防宣傳、巡廻指導、設置相談所街頭行進、

△四月[illegible]

防工作、春季種痘、傷寒預防錠配布、狂犬病預防、接種工作、

△五月＝第三回乳兒審查會春之衛生 指導春季 淸潔法施行、豚病預防接種工作、

△六月＝上水道飲用獎勵衛生宣傳電影會、沙眼病預防宣傳、夏季防疫、便所保淸獎勵牛乳之夏季一齊取締、家畜傳染病預防工作、密殺密賣並乳肉加工品調查、

△七月＝衛生宣傳映畫會、飲食物及淸冷飲料一齊取締、排烟拒毒宣傳週間、夏季衛生[illegible]

△八月＝衛生宣傳映畫會、夏季防疫虎列拉、百斯篤之防疫、

△九月＝衛生宣傳映畫會、花柳病預防宣傳、秋季種痘、施行秋季淸潔、炭疽預防接種工作、家畜密殺密賣乳肉加工品調查、

△十月＝衛生宣傳映畫會、第三回結核預防週間冬季衛生指導宣傳、 瓦斯中毒 預防宣傳、煖房裝置檢查、健康相談週間、百斯篤預防、

△十一月＝煖房裝置檢查、乳牛結核檢查、

△十二月＝煖房裝置檢查、[illegible]

理李子初氏、茲以於此次事變該公司所有船舶頗受日本帝國海軍之庇護、該氏爲表感謝之忱、特向日本海軍附呈恤兵金三千元、至此項獻金、已於前日呈交營口憲兵隊、祈爲轉呈海軍當局云、

至今日尚未實行、該廳爲積極解決此懸案、、最近由濱江省公署向市方協議接收手續中、消防車十五輛、人員九十餘名均移管於警廳、但一切接收經費、現下正在討論中、聞最近期間即可正式接交云云、

岡村部隊

合同慰靈祭

十二日在西本願寺舉行

爲確保北滿之治安於酷零下三十餘度之朔風凜凜中追擊曠野之殘匪、不幸名譽戰死之當地岡村部隊麾下飯島部隊以下各部隊之陣歿將兵十八勇士合同慰靈祭、在哈爾濱駐屯地司令官主催之下、於十二日午後三時在軍官街西本願寺、以遺骨所屬部隊長始日滿軍部、官民多數參列之下盛大執行、同十二日二十時五分着哈之松井部隊以下三十三體之遺骨於十三日午前十時四十五分由哈爾濱站發列車、一路凱旋母國云云、

濱江特刊
第一四九號
盛京時報北滿總支社
社址 哈爾濱道外 桃花巷四口
道外電話六八四七番

以全國主要都市為中心 調查國民所得實相

哈爾濱市定於三月即着手調查

關係者打合會席上議決之事項

中央經濟部當茲滿洲國國民經濟之飛躍的發展過程、對於國民所得額及內容構成並現在經濟力之分布狀態等加以詳確之調查、資以樹立今後經濟及財政計畫、全國之主要都市以新京、奉天、哈爾濱為中心、凡關於農業、水產、漁業、商業、交通業、公務及自由業、國際投資及事業利得差額等概括一切、凡國民所得之實相一律在被調查之列、哈爾濱市於十六日午後一時半頃、在濱江稅務監署、由經濟部資料科長以下總務監督署、稅關、稅捐局、商工會議所、濱江省公署、市公署、道裡外兩商會等各關係機關代表出席之下、開催第一回打合會、對於調查之具體的方法、作種種之協議、結果決由本年三月開始調查、迄至本年年末一律調查完畢、茲將其調查地大體探錄於左、

△調查地

一、農業所得
遼陽、公主嶺、承德、赤峰、寧安、勃利、樺川、綏化、拜泉、

一、特殊作物栽培所得
新民（甜菜、棉花）熊岳城（果樹）鳳城（柞蠶、烟草）吉林（煙草）

一、畜產所得
開魯、洮南、王爺廟、海拉爾、

一、林產所得
敦化、延吉、愛琿、黑河、

一、水產所得
甲、淡水魚
哈爾濱、新開口、東崗子、蒙古圖、扶餘、大賚 肇縣
乙、海水魚
營口、三界溝、熊岳城、花園口、莊河、大孤山、

一、交通業所得
新京、奉天、哈爾濱、安東、錦州、牡丹江、齊齊哈爾、佳不斯、

一、工業所得
新京、哈爾濱、北安、奉天、本溪湖、安東、赤峰、錦州、營口、牡丹江、吉林、龍井村、通化、通遼、齊齊哈爾

一、商業所得
新京、吉林、牡丹江、佳木斯、哈爾濱、齊齊哈爾、海拉爾、奉天、營口、安東、錦縣、承德、大連、通遼、

市公署少壯吏員 十六名昇委任官

大迫副市長對記者談

哈爾濱市公署對於署內各處局之俊材 日系少壯 吏員十六名、向中央申請昇格、前經一月十五日及二月十五日兩度請求者全部認可、於十八日通知濱江省轉飭市公署知照、昇格之同時轉勤外縣者三名、茲將昇格為屬官之職名探錄於左、△交通局中田篤美、△同田中松藤、△工務處管理科赤津丹市、△稅務科島田武、（轉勤望

十一名、滿系九名、合計百二十六名、今年之昇格者合計百四十二名、日系屬官三十七名據大迫副市長對往訪記者談、此次少壯吏員之昇任委任官也、以平素之人材、學歷、經歷及平日執務之成績等為標準、認為適當者加以拔擢、前向中央方面請示之結果、幸蒙批准、今後對於少壯吏員、如果俊材自必力為拔擢云云、

年二十二歲、於十七日下午八時許、因與其夫不知因何事故先由口角而後動武、不意該婦氣憤之下、私購大煙數份、吞服企圖自殺、幸經家人發覺尚早、當即報告分所、以電話叫來救急車、送至市立醫院救治將溶化之毒質完全吐出、似無生命危險、

【又訊】香坊警察署管界安埠街、一五七號住戶李曉豐、於昨十七日下午四時、不知何故竊服鴉片數份、吞服未久、面色愴慘、嘔吐不休、未幾陷於昏迷不省、經憐人發見、立報告安埠街分所、電知救急車將其送至市立醫院灌救、因毒漫散、生命危險云云、

畜馬改良之先聲 改良裝蹄講習會

三月間在哈爾濱舉行

產業部畜產局、自建國以來、即設置國立種馬場、努力指導普及優良馬匹、今回滿洲國內產馬改良具體的實行第一步、在全滿一齊舉行改良裝蹄之講習、北滿地帶指定在哈爾濱舉行、三月上旬約一個月間、由新京畜產局派遣講師來哈、哈市之優秀經驗者亦參加講習、以蹄鐵業 者之免許制 度為前提、對於 畜馬改良上 十分注目、滿馬之蹄鐵極不講究、多為蹄鐵業者鍛冶之副業、故其價格頗為低 廉、但馬蹄 受害頗大、原有十年之勞働力者、不勤之狀 態、故蹄鐵技 術之向上、誠為 馬匹向 上之先決條件、哈爾濱警察廳衛生科、預定於本年 三月講習會 開催之同時、調查市內百三十餘家之蹄鐵業者、以國費授以技術、對於今次之講習趣旨、努力使其徹底云云、

小麥市價跌落

物價對策委員會 定於廿一日開會

暴騰不已終予突破十元造成哈爾濱市場開闢以來之最高價之當地小麥市況、因此追隨原料小麥之漲價麵粉亦漲至未曾有之五元五角、一般市民對此莫不關心、於是物價對策委員會定於二十一日在市公署招開臨時議會以期抑制、因此昨十七日之小麥市況、因受連來飛躍暴騰之影響、開行時依然強調、其後漸見低落、由一二分乃至一角七分之下落、迨至後場愈趨跌落、結果三月期最高價為十元〇六分、小價九元九角九分、較十六日之十元三角五分、實落三角六分云、

花盛開之機會、募集滿洲人士團體藉此觀光日本各大都市之文化風光、並有名之古跡等、關於出發期間定在四月上旬、往返需用二十四日間、凡有志應募者、可於四月上旬以前於哈爾濱車站或國際觀光局報名團費金額每人一百八十元云云

韋省長初登廳

午後分訪市內各機關

新任濱江省長韋煥章氏、於十八日午前九時半受省公署荐任官以上全体官員列隊於門外迎候、由結城次長與各廳長等引導、至省長室、於各廳長、庶務科長、省秘書官等參列之下、辦理接交手續、於十時半頃乃至樓上會議室舉行就任式後、全体職員齊向省長致敬禮後、省長致就任之詞、結城次長致歡迎之詞、而全体職員又向省長行最敬禮、即行解散、其後各廳長科長等、均紛至省長室謁見、由結城次長一一為之介紹、更由下午一時起、分途拜訪市內各關係機關作新任之致詞云云、

大迫副市長將 躬親視察汽車線路

以為將來改修之張本

補修完整、以期交通之安全然後再舖修其他之道路、本年度大迫副市長及市之主腦部對於道路之舖修似頗關心、如通道街之石疊式道路即將着手興工矣、開解冰時大迫副市長將躬親出馬、乘坐市營大汽車赴各線路親自實地檢查、以為將來改修之張本云、

募兵宣傳

收獲效果頗大

哈爾濱第四軍管區司令部、前組織第四回募兵宣傳班、舉行種種映畫、講演會盛大活躍中、更為普及募兵之趣旨計、對於市內各警察署管內各牌長及役員並其他一般有力者總動員、以期宣傳之徹底、南崗警察署管內於十八日午前十時在義州街劇場舉行映畫講演會、在定刻十時以前先開映電影、關於各兵科之訓練狀況講習之實軍、以期一般人對於軍隊生活認識徹底、於彩聲高喝中宣告閉幕、嗣由坂原南崗署長致

二月上旬 沿線穀物積存量

大豆較去年增加廿三万三千噸 小麥較去年反減少十三万餘噸

據北滿經濟調查所調查、截至二月上旬末北滿主要地之穀物積存量、大豆五一四、三四一噸、小麥九六、二〇六噸、豆餅三六、三四一噸、豆油一、〇四四噸、麥粉二九、三四二噸、高粱四四、〇八〇噸、粟一二、六二〇噸、包米五二、〇七九噸、蘇子二六、二九一噸、小麻子五、五四一噸、其他六〇、一二五噸、合計八七、八〇一一噸、較去年同期之六二六、二四一噸、增加二十五萬一千七百七十噸、茲將大豆及小麥之線別積存數量分別誌之於左、

線別	大豆	小麥
哈爾濱管區	[illegible]	[illegible]
濱北線	八五、〇一〇	一一、〇三〇
松花江流域	一〇五、六五五	一六、三五六
京濱線	三三、一五〇	三六〇
拉濱線	二七、三九六	三〇
濱綏線	一六、三七〇	四六〇
虎林線	四三、八一〇	一、〇六五
圖佳線	六七、八九〇	七、四九〇
濱洲線	三三、六六五	七、〇三〇
齊北線	三五、一〇五	一七、九三五
合計	五一四、三四一	九六、二〇六
去年同期	二八〇、五七七	二二六、二三四

按上表觀之、大豆比去年較同期增加二十三萬三千噸、然而小麥則較之去年同期反減少十二萬噸、故現在大豆及小麥之市價頗堪注目云云、

定期蒞新 馮新市長

繼韋市長之後任新任哈爾濱市長馮廣民氏、定於二十一日來哈蒞任、現在哈爾濱市公署爲舉行歡迎新市長起見、經討論結果、故定於十九日特派市署秘書官劉鐘祺氏搭亞細亞號列車晉京迎接、新市長預定二十一日下午三時三分列車來哈、現在日滿各關係機關正在準備至站歡迎中云云、

【又訊】哈爾濱市公署委任官以上之官吏、簡任官日系二名(大廹副市長、近藤工務處長)滿系二名(馮市長、馬財務處長)理事官日系六名、滿系四名、技正日系二名、事務官日系五名一滿系十一名、技佐日系一名、屬官日系二十一名、滿系五十二名、技士日系

奎縣)△前田金作(轉勤蘭西縣)以上係一月十五日請求各昇格爲委任三等、△商工科松本操、△同宇佐美伍樓、△官房庶務科平井勇△財務處主計科高谷幸吉、△工務處管理科前田逸平、△社會科工藤成四、△工務處建築科岡部國夫、△同渡邊逸三、△工務處土木科舟橋一重、△喜多養藏(轉勤安達縣)以上係二月十五日請示各昇爲委任三等云、

雖然離任精神猶在

韋市長離任前之致詞

哈爾濱市長韋煥章氏、此次榮任濱江省長、於昨十八日午前十時赴濱江省公署就擔任式後、於十一時半復在市公署四階會議室召集委任官以上之全體職員、致離任之詞、大意如下、

「今日係鄙人就任濱江省長而在市署最後一日、僅向諸位略致幾語、以作離任之詞、回憶鄙人自去歲七月間到任以來、迄今將近七個半月之中間、捫心自問、對於哈爾濱市並未辦到何樣有利於市民之事務、究其原因一、爲蒞任未久所致、而一切事務均感生疏、二、爲鄙人對於市政事務根本無相當之經驗、有此兩種原因、所以未能辦事、鄙人自己很感爲缺欠之至、好在副市長及各處長、對於市政施設均有宏富經驗、並能努力舉行、所以關於去年最重要之市制改正及治外法權撤廢實施等、均得處理非常圓滿、鄙人不才坐享其名、惟有對諸位表示特別感謝之意、本年度正想與諸君上下協力盡力辦理一切市政時、不料竟有今次之轉任、由鄙人之衷心實不願與哈爾濱市相離、但以政府命令關係乃於由今日起實行就任濱江省長、幸後任馮市長才學高尚、經驗宏富、對於哈爾濱市可信將來定能有一番刷新整理、而邁於發展途上、同時濱江省公署亦在哈爾濱市內、對於公務上亦可彼此聯絡、彼此相見之日很多、鄙人雖然離任哈爾濱市、而精神上仍然未離、今後更不客氣希望諸位繼續指導與援助、繼由大迫副市長之答詞大意略謂、

施前省長因病逝世、當時鄙同人等即念及從前市長升任省長者、曾有兩個舊例、故對市長之陞任省長、已具有十二分之期待、現在果然陞任省長、合諸同人等之希望期待、按濱江省爲滿洲國最大之省、亦可謂全滿屈手一指、實非與市長閣下之高才不能勝任者、按本市自市長閣下到任後、中間有種種事務、均已安然度過、鄙同人以及全市民所深表感謝也、同時鄙同人等朝夕受市長閣下以高尚之人格及知識誘導於明朗途上、故今次實有依依惜別之意、幸而將來仍在哈爾濱市、相見有期、無論於公於私請仍照從前作同樣之指導爲幸云云、

訪日視察團

四月上旬啓程

爲謀日滿一德一心、民族協和、互相親熱、造成日滿不可分離之精神起見、哈爾濱車站及國際觀光局兩者特決定趁櫻

自殺者兩起、

新安埠警察署管界、新正陽

討論造林計劃 培養技術人材

林野局會議歸來之長崎署長對記者談

參加新京林野局會議之哈爾濱營林署長崎田善七氏、於昨十七日歸來、記者爲明瞭此次林野局會議內容、特往訪、該署長發表如下之談話、

林野局爲重視全國林業之發展、故實施造林五年計劃、以期待圓滑、必須賴有專門技術之人材、徹底指導、故此次林野局會議、最主要目的、爲討論造林計劃積極施行、並爲養成優良之技術人材、由全國各營林署拔選人材、派遣友邦日本實習、並關開發國有林有不充分了解之事項、隨意提出討論、並關農村備林亦必須指導村民積極栽植、並應增設苗圃等問題云云、

一元復始、大地回春、解冰之期又將降臨矣、街路之交通又將陷於泥濘不堪之狀態矣、交通局大汽車線路當解冰時期、因惡劣道路之影響、市民每呼之爲『流産汽車』、『殺人汽車』、何以故、蓋當去年解冰時、曾有某日人婦女、身懷六甲、由馬家溝乘交通局之大汽車行經文部街處、因道路凹凸不堪、車行其處顛簸頗遽、以致懷孕之日本婦人當即流産、故名之爲流産大汽車也、何謂殺人大汽車、蓋顧鄉屯或香坊曲線行之惡道路恒因乘客過多、有立於車後之踏脚板者顛因車、簸過甚、以致跌於車面致殺身者故名之爲殺人汽車亦有所由也、

交通局每當解冰時期、凡顧鄉屯線之乘客大汽車車弓、每月恒毀損三四輛、如遇雨天、竟多至七輛之多、此種車弓日本製價格每個五十元、每日平均須損失二百五十元之鉅額、加以其他路線汽車大之障碍等損失日不下七、八百元之多、爲交通局今年增加車之輛數、爲防止破損、保護市民之健康及觀光都市之見地似對大汽車線路向市工務處請求補修中、諒市當局在可能範圍內必應其所請對於市內各汽車線路大加改修、市民之要先將市內之道路

開會辭、以後即開始講演會、全體起立、由軍管區軍樂隊演奏日滿兩國國歌合唱、繼由第四軍管區侯上校、馬財政科長、張警務廳屬官、王濱江省協和會部員等順次登壇、作關於壽兵之種種講演、至午後二時許於盛會中宣告散會云云、

已故施省長 舉行告別式

十九日在極樂寺 各機關一律參加

前月因病逝世之濱江省長施履本氏、自噩耗傳出、各方頗爲痛惜、倏忽月餘、該氏定於本月之十九日正午在南崗極樂寺舉行告別式、哈爾濱市公署官房庶務科、爲便利市署職員全體參加前往追悼起見、故於當日午前十一時起至十二時止、由市署前至極樂寺特備用數輛大汽車、專資接送前往祭悼者用、同時並於極樂寺內預備午餐、預測當日各機關法團前往參加追悼者必爲踴躍、祭式亦必異常隆盛云云、

【又訊】故去濱江省長施履本氏、定於十九日正午在南崗極樂寺舉行盛大告別式、由治喪委員會以各部主任爲中心、連日以來在極樂寺佈置一切、而關於弔詞順序大致決定如左、

一、國務總理大臣　宗秘書官
二、駐屯地司令官　岡村部隊隊長
三、駐滿海軍部司令官　海軍駐在武官
四、在哈海軍部隊代表　海軍防備隊司令
五、滿洲國陸軍代表　第四軍管區司令官
六、滿洲國海軍代表　江防艦隊司令官
七、日本赤十字社社長　在哈支部事務長
八、總務長官　崔秘書官
九、內務局長官　內務局庶務科長
一〇、外務局長官　李外務局參事官
一一、在哈日本官民代表　總領事
一二、在哈滿洲官民代表　哈爾濱市市長
一三、地籍整理局代表　局長
一四、濱江省公署職員代表　濱江省省長
一五、管下各縣旗官民代表　雙城縣長云云、

濱江特刊

一五〇號

濱江時報北滿總支社
哈爾濱道外
桃花巷西口
電話六八四七番

哈市煤炭陷於饑饉

當局亟宜設法維持

各種煤炭現已消費殆盡

恐煤價將絕高多抱悲觀

建國以還、依電力諸工業之飛躍的進展、及人口之增加、適與哈爾濱市之煤的消費量成爲正比例、竟至一年需要八十萬噸之巨額、由於輸送上之不圓滑、去年冬季本市即有缺乏之虞、大需要家頗抱不安、延至現在、遂入於煤飢饉之情勢中矣、蓋本市所需之煤、主要以鶴岡爲大宗、而鶴岡煤遠在下江、因運費之便宜、從來利用開江期中之輪船輸送、去年原預定由四月至十月間可以運到三十萬噸、不意下江沿岸之需要量亦急激的增加、益以船舶之不敷配佈、結果用盡全力僅運到二十萬噸、遂致距開江期尚屬遙遠之本月中旬、鶴岡原煤即全部告罄、至於家庭用之奶子山、扎賚諾爾、西安等處之煤、由鐵路運輸來哈者、近頃亦已消費無餘、現在僅賴日商在滿倉庫中保存之塊煤以延續餘命、商民需要家深恐煤絕價高、多抱悲觀、未知當局對此一般物價騰貴之今日、能否設法早日使燃料充分堆積、保持平穩之原價云、

本月上旬末北滿各鐵路沿綫主要地方之糧石積存量、爲八十七萬八千零十一噸、與去年同期之六十二萬六千二百二十一噸比較、增加二十五萬一千七百九十噸、其品種別如次

大豆	五一四、三四一
豆餅	三六、三四一
豆油	一、〇四四
小麥	九六、二〇六
麪粉	二九、三四二
高粱	四四、〇八〇
粟	一二、六二〇
玉蜀黍	五二、〇七九
蘇子	二六、二九一
小麻	五、五四二
其他	六〇、一二五
合計	八七八、〇一一

如按各路綫分別積存量如次

濱北線	一〇五、九一五
[illegible]	[illegible]
濱綏綫	三〇、八四八
虎林綫	五三、七一五
合計	八七八、〇一一

發現眞性馬炭疽

市獸醫股立佈防疫陣

施行消毒外厲行警戒

將兩俄僑學校合併

改稱爲北滿學院

內部分設商業工業二部門

三月上旬即可開學

民生部教育司、對於俄系青年之專門教育機關、力謀一元的統合計、特以居住民最多之哈爾濱現地之實情爲主、以着手計劃進行、將著名的聖烏拉濟密爾專門學校與俄僑學院合土木建築科等二部門、）以充實俄人專門教育之內容、強化共組織、其主體以俄人爲中心之財團法人、其代表者、爲梅利節大僧正教會（巴吉西耶夫）（事務局）清水三三（俄僑學院）三岔河、呼蘭、綏化、海倫、北安等沿綫主要地方、分爲十處、開催觀光日本介紹展覽會、並放映日本各都市風景名勝商工業都市近況之電影云、

濱江省公署招開

副縣旗長會議

濱江省公署爲遂行產業五年計劃及省政的全面刷新、並期徹底認識地方行政上重要政策之方針、定於三月二日午後二時起、在省公署會議室召集全省副縣旗長開催會議、由韋新省長、結城省次長以次各廳長科長等主腦部出席之下、作重要協議、對於主要議題、業經預定如次、

一、街村制之實施
二、縣旗及街村之基本財產之造成
三、阿片公營利益金之支途問題
四、保甲（街村）與農事合作社之經濟關係
五、農商產業開發計劃
六、關於農事合作社聯合會事項
七、造林問題
十、關於暫行農業移民之處理問題
十一、移民地與農事合作社問題

新任省市長

分訪各機關

榮轉濱江省長之前哈爾濱市長韋煥章氏、與新任哈爾濱市長馮廣民氏相前後、自廿四日起亙二日間、分乘汽車、同秘書隨從拜訪、市內日滿兩方軍警行政各機關及地方團體新聞社等各方面、作新任之致禮云

爲對抗長期抗戰

結成在滿預後備役將校團

岩田分會長爲哈爾濱將校團會長

三月上旬在神社前舉行結成式典

在哈日本之預備役將校、爲對抗國民政府之長期抗日戰力謀槍前槍後之强化、乃以在鄉軍人哈爾濱聯合分會爲中心、網羅在哈預後備役之將校、在公會堂談話室開催將校委員會、結果決定結成在滿預後備役將校團、哈爾濱將校團以岩田聯合分會長爲會長、其役員決定如次、

委員　工兵大佐　小澤豐吉
同　騎兵中佐　上原猛雄
仝　砲兵中佐　伊達壽一郎
仝　步兵中佐　高木　繁
仝　山田英二
仝　主計中尉　寺本豐次
仝　步兵少尉　野口初雄
敎育常務委員　輜重輿中佐　長房利雄
仝　軍醫中佐　田村一郎
仝　步兵大尉　廣瀨征貴
人事庶務委員　航空兵中尉　中村繁介
常務委員　步兵少尉　森池　作
仝　工兵中尉　奧口大藏
仝　憲兵少尉　山峯孫一
經理常務委員　主計少尉　多田　勇

該團之結成式、預定於三月上旬在哈爾濱神社前盛大舉行、且有安達方面之將校來哈參加云、

全蔵集中辦公、實感不敷佔用、遂決定就原址增建廳舍、以擴容量、更關現在各商會屬下之各同業公會、向因經費不足、或其他原因半多因陋就簡、或附設於商會之內、或別置於商號之中、散在各處、勢若散沙、於召集會議、傳達命令、以至於執行事務上、均極感不便、玆爲執務圓滑、力謀團結計、擬商工公會成立後、將擬各該同業公會、全部附設於商會之內、故增築廳舍、更加需要、大体改組新商工公會之申請、得到中央之認可後、役員初次會議時、即將本問題議決、但在增築工事尚未完成之先、各同業公會暫仍保守舊狀、固不待言、即滿商工公會之職員、亦須各在原址分散辦公、非俟工事完成仍不能合併執務、至於新會体之組織、大概爲正會長一人、副會長三人以內、理事十人以內、其中分設統制、指導及調停仲裁等三部、置主事一人、及書記事務員等各若干云、

又日本商工會議所側、以該會成立以來、已有十七年歷之史、一旦解消、頗有永久紀念之價值、近擬開催常務議員會議、計劃舉行該會職員役員之亡故者慰靈祭、並表彰有功勞者、同時對於歷來盡力協贊會務之發展之軍部以次各團体、作表明謝意之行事、刻間正在準備進行之中、至於滿側道裏外及上號等三商會、亦各有三十年上下之悠大歷史、對於此等行事、似亦應有所表現云、

一二小時即足致命之駭人的炭疽病、本年度市內初次發生予家畜業者一非常的恐慌、此次之馬炭疽在哈爾濱尙爲初見、故市公署衛生科獸醫股刻正蒐集貴重資料、詳細研究中、發生者爲莫斯科兵營側民康街十八號家畜業印度人『瓦來抗』家所畜之馬一匹、前日午前八時頃卒發異之嘶聲、倒地不起、未至午刻、即行死去當經急報市衛生科、由獸醫股太田檢疫官、率領助手數名、急臨現場、採取細菌、作細密檢查及血清診斷、判明爲疑似炭疽其後乃行培養及動物試驗、至昨日午後、由於發見炭疽菌遂確實認定爲眞性炭疽病、系員立即緊張、除焚燬現場之死馬外、並將其餘之馬一匹及牛七頭、予以隔離、禁止其販賣牛乳、施行種種消毒方法、厲行警戒、其傳染之系統、似在濱洲綫之安達方面、對於根絕傳染經路與撲滅蔓延上、施行嚴密的預防云、

北滿沿線
糧石積存量

據北滿經濟調查所之調査、

併、施設綜合的新特別教育、改稱爲北滿學校、由三月上旬開學、教育司已於廿四日發表其內容大體如次、

北滿學院適設立準備事務所於道裏商務街之俄僑學院內、分設商業及工業（電氣機械科等三氏、修業年限商業部爲三年、工業部爲四年、以滿水三三氏爲院長、由聖烏校俄僑學院及哈爾濱工大現職員中並其他適任者中銓衡爲敎職員、現在聖烏校及俄僑學院求學中之學生、如願改入本院時、可以免試入學、依現在之學年、儘量收容、該學院現在準備事務所中、業以廿八日截止之期限募集新學年之學生、學費每月爲六元、（但工業部）須另納實習費學校之維持費除學費外、則仰賴民生部之補助云、

觀光團體紛至沓來
觀光協會蒐集本市名勝照片
四月初開催觀光照片展覽會

本市觀光協會、自去年成立以來、即積極的樹立日本人訪滿觀光之計劃、其後因華北事變、擴而至於中國事變、遂致該計劃一時的無形擱淺、迨至最近來滿觀光者、因已入於觀光季節、依聖戰進展之現勢、遂見激急的增加、近頃接到來哈觀光之通知、幾如雪片之飛來、就中經由大阪滿鮮案內所者爲三十個團體、經由門司滿鮮案內所者竟達五十團體、由三四日後起即陸續渡滿、觀光協會爲準備一切、刻正與各關係機關商洽中、一方爲積極的誘致觀光客計、特蒐集本市之名勝風景照片八十處、向南滿各都市散播、預定自四月初起、亘二十日間開催觀光照片巡迴展覽會云云、

放映電影
介紹日本

哈爾濱鐵道局、國際觀光局及大阪商船會社、爲謀引起北滿方面之滿人往日本觀光之興味、俾介紹日本之眞面目、而使增加認識計、擬於三月初旬起、在哈爾濱、阿城、五常、

公會附設商會內
建築工事未完成前
各公會仍保持舊態

依治外法權之撤廢爲助長全滿商工業之健全發展與謀團結之福利爲主旨而制定之新商工會法案、經中央公佈實施同時、全國各省市縣旗三百餘商會之廢合改組、亦已陸續進行、就中居於國際都市首位之哈爾濱、以佔以滿經濟中心之樞要、其合併改組尤爲不容稍緩之要圖、於是在市公署商工科指導之下、滿側道裏道外、上號三商會及日側日本商工會議所、屢在市署會議室開催會議、結果上邦日滿四商會、決定於三月末日廢止、合併一處、改稱爲哈爾濱商工公會、即於四月一日以道裡田地街所在之道裡商會原址爲事務所、而開始新商工公會之執務、已

因小麥之缺乏
火磨相繼停業
製粉業今後之成行頗堪重視

自小麥暴漲以來、麵粉賣行旺盛、且節節提高、本市製粉業、初認爲已至黃金時代、乃不顧一切的使之大量生産、至於現在賣行雖依然未減、然元宵節後、各沿綫之運哈小麥、即陸續激減、加以市內積存量已極微少、遂致買收原料大感困難、迨至最近、竟有無物可買之勢、各製粉工廠、此際唯有靜待南滿方面日本面粉之輸入與實行之減低、乃一齊小量製造、就中廣信、福康、成泰益支廠等三家、因環境惡劣、不得不暫時中止製造、目下業已停業、現在僅餘七工廠繼續製造中、然情勢倘無轉變時、則不久之將來、即陷於無料可製之停業窮途、今後之成行如何、頗値重視云、

預防牛口蹄疫

【西安】西安縣公署奉奉天省公署令、大致因與興安南省通遼縣、發生牛的口蹄疫、爲愼重家畜起見、仰即預防以杜傳染等因、縣當局奉令後、通飭各村長曉諭人民、對於口蹄疫、預爲防備云、

社會教化功績者（一）
市社會科詳細調查所得

三月一日建國紀念日之同時全國一律舉行之孝子、節婦、義僕、善行者表彰式消息曾見前日本報、關於哈爾濱之被表彰者之詳細情形、據市社會科之調査分別探錄於下、

道外地壟十道街、門牌二十七九號、黑樹臣、年九十歲、家族子二名、媳一名、孫五名、孫媳二名、孫女一名、曾孫女三名、

略　歷　黑樹臣係回族人河北省天津、幼年來滿居哈已八十載、置產數處、乃以滿洲爲家焉、光緒年間、曾任吉林陸軍管帶、後以回族人來滿者日多、遂辭官來哈、專辦回族一切公益事業、故回族人頗信仰之、氏對於回族公益事業、提倡不遺餘力、於民國二年、爲救濟哈市回族失學子弟起見、乃集金創立回族光裕小學校、又因經費不足、氏又親謁濱江道尹及縣長、請准由回民牛羊販賣屠宰業、抽出百分之一、作爲學校經常費用、該校始能維持永久、民國十五年、哈市回族日增、氏因之創立回族俱進會、俾回民團体日趨鞏固、自滿洲建國乃又創設回教協進總會、以便統率全体回民一致擁護新國家、藉以促進王道之眞正樂土、早日實現、今氏已年屆九十高齡、而其愛護國家之心及從事公益之擧、一如往日、所謂國光人瑞者、氏足以當之矣、

康德元年三月一日

御登極大典、參列敬老會、受賜敬老紀念章、

△鄭恭年、八十二歲、奉天省懷德縣人、現住所哈爾濱市道外東原街中和胡同十三號、家族子二名、媳一名、孫五名、孫媳二名、孫女三名、曾孫二名、曾孫女二名、

略　歷

鄭恭字連陞、奉天省懷德縣人、幼年家道寒微、讀書未成後竟改營商業、頗擅計然之術不數載、事業愈見起色、嗣後來哈、經營木商業及典當商業資產之豐、盈利之厚、堪稱商業巨擘、氏慷慨好施、每遇公益善擧、則必盡量捐助、而尤孝友忠篤、對人接物、咸以至誠、有求之者、無不慷慨應允卒致供不應求、所有商鋪、皆因之而被累荒閉矣、今僅以數椽茅屋、維持生計、氏雖遭遇如此、而亦毫無怨怒色、且常語人曰『余雖一貧如洗、向不尋人索舊賬也』、其慷慨好施由此更可見矣、氏係商人出身但頗知孝友忠篤之義、而對於社會公益、尤樂捐助、於光緒三十三年、曾將自有房地一所施給濱江勸學所、作爲宣講堂之用、當時值價約一萬元、宣統元年、施給濱江縣自治會地基一段、故氏一生營商之所得、至晚年已所存無幾、然未嘗有怨色、孔子曰貧而無怨、氏可謂其人矣、

康德元年三月一日

御登極大典參列敬老會、受賜敬老紀念章、

△孔慶璽、年八十二歲、錦州省興城縣人、現住所哈爾濱市道外中五道街、門牌二十七號、大成堂院內、

家族子四名、媳四名、女一名孫十名、孫女十四名、曾孫五名、

略　歷

孔慶璽、錦州省興城縣人也、幼讀詩書、兼習醫術、壯年頗有儒名、而醫術亦愈精進鄉里獲其益者甚夥、三十五歲任曲阜縣五品執事官、幷監修泗水書院及督理黃河工程、四十五歲來哈就醫、曾自開設藥店、氏生平以節儉治事、故漸有積蓄、現以年老已不應接外事矣、氏於光緒二十七年來哈行醫、因岐黃之術甚精、就診者每日盈門、而氏尤慷慨好義以救人爲己任、凡患者來醫、雖深夜不倦、遇有貧困者不但醫藥免費、幷親自慰問、一時無不感其救世活人之德、積功好義之行也、

康德元年三月一日

御登極大典參列敬老會受賜敬老紀念章、

△趙治平、年八十二歲、濱江省阿城縣人、現住所哈爾濱市道外正陽北八道街、門牌五號、家族子三、孫五、媳三、孫媳三、孫女三、曾孫女三、

略　歷

趙治華濱江省阿城縣人也、幼而好學、因家庭經濟困窘、終於棄學而務農、壯年因父老病、即親理家務、同時並佐助鄉長辦理一鄉事務、共熱心公益勞怨不辭也、嗣後復兼營業故而家道小康、至六十歲、因漸衰弱、遂棄農商而閒居矣、光緒十五年及二十一年二年間阿城受水災甚鉅、年景欠荒、

濱江特刊

第一五一號

盛京時報北滿總支社
社址　哈爾濱道外桃花巷西口
道裡電話六八四七番

航業聯合局

去年度營業狀況

輸送船客數達七十一万人
輸送貨物四万三千百七十噸

據哈爾濱航業聯合局總務課調查係所調查、康德四年度（即去年度）該局經理之航客輸送人數達七十一萬二千八百八十一人、與前年度比較約增加一成、比較四年前航業聯合局結成之當時、實增加二十一成八分、以哈爾濱爲中心、乘降之船客因受國境特殊地帶法之實施及南京政府之山東苦力出關之禁止令並中國事變之種種影響、比較前年約減少三分弱即六千二百十一人但中國間各地相互間則增加七萬八千八百四十八人就中厥以佳木斯爲中心往復佳木斯達江口間之船客達九萬四千七百八十五人、較比前年度約增加二十成、此外關於貨物輸送之數量約達八十萬三千九十噸、自五月下旬以至九月間、因江水消瘦、搬運力之不足等關係、適值關佳線之開始營業、預想較輸送數量之多實出人意想以外、實達十九萬五千七百六十三噸、與前年比較實增加四成之多、輸入哈爾濱者依然占優勢、約占全部之九成五、輸向佳木斯者約占五成、即九千九百八十七噸也、

△小麥＝因受去年製粉界空前好況之刺戟、又兼當地消費量之激增及輸送期間適值天氣不良等種種原因、致一年之間輸送量僅九萬五千四百九十一噸、比較前年度、約減少三成六分云、

△煤炭＝當輸送最盛期間、適值江水減少、因受積載量之限制又兼苦力減少等種種影響、且顧慮沿江各地陷於燃料缺乏之苦境故盡力輸送、以待水量之自然的增加、結果輸送量達二十八萬七千一百八十一噸、造成過去四個年間最高之紀錄云云、

冬眠半載之松花江　近將解冰

過去五年解冰期比較

近旬以來氣温上升、積雪漸見溶化、據觀象臺推測、預想本年四月頃大江可以解冰、比較例年確爲温暖、較之往年流冰之期式可提前四五日、於是多眠半載之松花江又將見其浩浩蕩蕩波瀾翻舞之偉姿矣云云、

二十八日	冰點以上	二、二
一日	同	一、四
二日	零下	三、四

哈鐵召開　特委會議

既報哈爾濱鐵道局主催之荷主懇談會、於一日午後四時假大和旅館於佐原營業局長、周哈爾濱鐵道局長及貨物配車關係者、荷主側佐賀組合長等三十餘名出席之下、盛大舉行、是日對於沿江流域國營檢查之實施並豆餅混保檢查之廠子緣實施及其他等作種種之懇談、午後六時宣告散會、繼續於日昨一二日午後一時、假鐵道俱樂部、於總局側代表約五名、及三井、三菱、日清三委員等出席之下、召開特別委員會、各作無隔闔之意見開陳、至午後五時半許、於有意義中宣告閉會矣云云、

高粱餘量　約五万四千噸

據北滿經濟調查所調查截二月一日、北滿之高粱積存數量約五萬二千噸、既經出售額約

還減、茲將各路線五十車以上之積存者分別採錄於下、（單位＝三十噸車）

	既出售量	積存量	出售餘力
哈爾濱	三八〇	二七八	五〇
濱北線	一八一	一〇五	一〇一
松花江流域	一六二	一四九	三九
外線	七五	六	二〇
京濱線	七九二	六八三	四八〇
拉濱線	二五	一五	六
濱洲線	九六二	三二四	四五一
濱綏線	四〇	四〇	一五
齊北線	—	—	—
虎林線	五	三	—
合計	二•六七	一•七四八	一•八三

天興福(二)	二三、〇〇〇
天興福(四)	五〇、八五三
双合盛	二六、二九六
裕昌源	六〇、〇〇〇
義昌泰	六〇、三八二
成泰益	一一〇、二〇九
三泰棧	七四、九三五

市衛生科組織　巡迴診療班

四郊農民蒙受恩惠

哈爾濱市衛生事業因伴同市立及私設各醫療機關逐年之發達、市民保健設施漸見完備、惟市郊外地之農村一帶自舊東北政權時代一任其荒廢、未見進展、與逢惡疫流行之際仍未蒙受近代醫術之恩惠、市衛生科有鑑於此、擬於本年度對於郊外各農村實施積極的醫療方針、本年度以一萬元之預算、組織巡迴醫療班二班、在班長井之川衛生指導隊長指揮之下各班聘請醫師、助手各一名、最近即將開始巡迴、藥品僅收低廉之實費、第一班担任第一診療區、第二班担任第二診療區、茲將其診療區採錄於下、

△第一診療區＝半拉城子、萬子窩棚、節家屯、沈家王崗哈達屯、

△第二診療區＝平房店、宗家屯、汲家屯廟台子、極樂村等處云云、

次丟失、職員間大有防不勝防之概、前市公署內設有大衣保管處、近已改修廢除、故無論職員及來賓須各自看管、稍有不愼、即行丟失、官方庶務科爲掃除此種盜難恐怖狀態、促起各職員更進一層之注意、於二日晨特對各科發給『小心小偷』之警告、每於囊食時及退廳時以及因其他事故離席外出整理保管、尤其對於各自之大衣及所持物品加以充分之注意云云、

鐵路病院　看護養成所

召募新生

爲期看護之萬全仿照南滿之例哈爾濱鐵路病院、特附設看生人數二千名、應募資格、須有高等小學卒業之程度、年齡在十五歲以上二十五歲以下之女子、養成年限爲三個年、卒業後須在鐵路醫院服義務勤務二個年、凡有志者可於本月十二日以前向哈爾濱鐵道局總務課人事係報名、考試日期定於三月十八、十九之兩日間、時間每日午前九時起、地址在哈爾濱鐵道俱樂部云云、

滿鐵在平房建設　結核病療養所

工費廿五万元最近將興工

滿鐵於去年年末即擬在拉濱線平房站建設北滿唯一之結核病療養所、現在對於諸般工程及材料業均準備完了、待解氷後以二十五萬元之鉅資動工建修、大體預定在本年十月間即可竣工、可同時收容五十人、至於關於治療機具等一切設備均爲近代化學之精粹、堪誇爲北滿唯一之結核病療養所、誠爲北滿結核病患者之一大福音云云、

比前年之輸送量有相當之減少結果竟減少四萬三千一百六十六噸、(五成)玆將共主要品別輸送狀況探錄於下、

△大豆＝新穀上市之際＝適開江之期、

地方法院新設 調停委員制

初代委員已經聘任

爲期法律上之手續簡單圓滿計、哈爾濱地方法院新設調停委員制度、以圖民衆之便益、一般對此頗爲期待、關於此制期的新制度之初代委員之任命、日人三十名、鮮人十七名(內双城五)名滿人四十名、俄人三十八名、合計爲一百十七名、玆將日人委員之氏名列下 小此木九三、寺澤佳吉、廣瀨楠市、遠藤金六、落木幸一郎、久木田儀治、安濟喜藏、管野兵左ヱ門、宇佐美清次郎、加藤賢宜、川路吉藏、麻田加壽步、石川治郎一、加繼米吉、中村繼三助、平野良平、永田政人、山本久治、伊藤政治、木戶苗吉、石橋徹一、長野峰樂、大河內正直、大塚富男、瀨戶修一郎、引野登貳、下吹越榮吉、村澤新作云云

兩起自殺案 一刎頸一墜樓

背子航務街二五號住戶宮凱、現年五十八歲、不知因何事故、突於二日午後七時十分

較往年解冰期間提前、玆將最近一週間之氣溫誌之於下

二十四日	零下	六、二度
二十五日	同	五、四
二十六日	同	二、七
二十七日	同	二、六

以菜刀刎頸自殺、其後據調査、宮生前患有精神病、此次自殺或係精神病發作云云、

【又訊】道外景陽街悅來棧旅客陳學文、現年三十歲、於二日午後四時頃、自將自室三階之樓窗開放、飛身躍出、跌於石頭馬路上、腦漿崩裂、爲狀至慘、當即斃命、至於自殺之原因無從探悉云云、

社會教化功績者(二)

市社會科詳細調査所得

鄉民無食、氏先後曾將數年之積粮百餘石、救濟鄉里貧民、活人無算、並因自身失學之恨、凡鄉里貧困有志向學者、輒盡量資助之、其他如鄉里橋樑道路之修補、一生無不樂爲之、至今鄉里尤稱道不置云、

△傅宗渭、年七十三歲、現住哈爾濱市東馬家溝黑山街九號、家族妻牟氏、子二、孫一媳二、女四、孫女三、

略歷

▲去年度

二月二十四日	零下	一、二
二十三日	同	五、七
二十六日	同	八、八
二十七日	同	一、〇
二十八日	冰點以上	一、五
一日	同	三、二
二日	零下	三、四

▲例年

二十四日	零下	七、〇
二十五日	同	六、九
二十六日	同	七、三
二十七日	同	六、三
二十八日	同	五、五
一日	同	五、九
二日	冰點以上	五、三

▲過去五個年間之解冰期

一九三三年——四月十六日
一九三四年——同 十六日
一九三五年——同 十日
一九三六年——同 十九日
一九三七年——同 十八日、

按照例年之解冰期推算、本年度預想在四月十四五日頃必見流冰、據觀象台觀測、本年度

傅宗渭字巨川、原籍山東福山縣人、幼年家貧、讀書不成、壯歲來滿營商、遂以滿洲爲家焉、先曾任本市廣信公司經理、頗擅計然之術、不數載、家業成就、遂稱商界巨擘、然天性溫良、和煦、孝友忠直、每行一事、不離潔矩之道、晚年好道、視功名富貴如浮雲、惟專從事地方公益及社會慈善事業、嘗身任艱鉅、勞怨不辭現雖耄耋之年、仍能努力善行

八萬三千噸、今後出售餘力預想額約百分之四十、出售餘力最多之地方厥爲京濱線約積存四百八十車(一、四四〇噸)其次則爲濱洲線約四百五十一

產業開發之先鋒 觀象陣大動員

北滿各地增設九處觀測所

當玆產業開發五個年計畫之第二期與畜產農產上有側面的援助之觀象臺、爲期對於天氣預報之萬全計、本年度將以三十萬元之預算以北滿爲中心、佈置天氣側量之完璧陣、全國增設二十八處觀象台、北滿增設地方觀測所九處、出張所一處、通信所一處合計爲十一處、大体新設個所如下(觀測所)

札蘭屯、嫩江、開魯、錦州

不倦、以營商致富、雖置有相當財產、終視之淡如也、及年屆五十、則專從地方公益及社會慈善事業、曾於大同前十七年、創辦旅哈山東同鄉會、建築會址、需欵十數萬元、一人支持艱鉅、並附設義地一處、兼施捨棺木、又設施診所及惠民兩級小學校等、蓋純爲貧困者謀幸福也、又於大同前七年創辦濱江紅卍字分會、旋以規模未臻完備、乃於大同前一年發起、由會員中募欵建築秦家崗紅卍字會址、計需欵十八萬餘元、卒抵於成、所辦慈善事業、計有施診所一處、(內

市公署 盜難迭出

哈爾濱市公署內最近關於書類、大警、帽子、烟草等物迭

遼山關、通化、虎林、饒河上庫里、此外更在老爺嶺設置出張所、通河設置通信所一處、待解冰後即行着手分設、預定十月頃即可完成開始測量、凡北滿之各觀測所、皆由哈爾濱地方觀象台連絡統轄之、全國之觀測所共計三十九處、今後對於天氣之觀測將更呈準確矣、一般對此頗爲期待云云、

分西醫漢醫兩部)因利局一處(低利貸欵)施粥廠一處、(救濟貧民)義地一處、(常捨施棺木)(及掩埋隊、賑濟隊各一隊、又曾創設婦女紅卍字分會及慈惠兩級小學校、現均附設於紅卍字會內、將來發展殊未可限量、依上述所辦各種事業、要皆能造福地方、施惠貧民、裨益社會、誠非淺鮮、

▲程李氏、年七十七歲、哈爾濱市外小楡樹林人、現住哈爾濱市後興隆溝屯、家族子一、孫二、媳二孫媳二、

略歷

氏係濱江省哈爾濱市外小楡樹林屯人、李玳之女、年十九歲、適程珏爲妻、二十八歲夫病沒、時子天喜、甫八歲、家景寒微、生活艱窘、養親教子、悉惟氏爲是賴、雖晝夜勞瘁、而安之若素焉、氏方二十八歲夫病沒、幾痛不欲生、旋以双親在堂、稚子在褓、上養下育、誰任其責、氏乃矢志守節、毅然代夫事親、則敬順無違、教子則寬嚴兼施、其後家漸替、子又就讀未成、乃以女紅藉資佐束修、嘗夙夜勤瘁、毫無倦容、家道方賴以稍裕、迄今守節幾近五十年、兒孫各能自立、鄉里咸稱其節孝焉、

哈爾濱市內 滿人自由勞働者

二千三百九十二名

基於政府頒布之資源調査法、哈爾濱市公署社會科調査至一月末哈市之自由勞働者數目、計滿人自由勞働者男子二千三百十九名、女子十七名、其他國籍者男子二十八名、女子八名、合計爲男子二千三百四十七名、女子二十五名、總計二千三百九十二名云、

戒烟運動

濱江省衛生科基於中央麻藥斷禁十個年政策、對於管內麻藥之徹底取締煞費苦心、較滿人吸烟者之戒除尤爲急務之日本人麻藥絕滅、經省衛生科之調査、管內日鮮人患有麻藥癮者不下一萬人、即哈爾濱市內一隅患者之多亦可達三千人、其餘潛在各縣及市內者實可突破二萬人、在立於新興滿洲國之指導地位之日本人、竟與滿洲國人同樣患染麻藥癮、實與日滿一德一心之精神相違反、爲期撲滅日本人癮者、有急速作成具体案着手取締之必要、市內日本人癮者中多爲女子及藝妓等、至於男子則多爲無職業者及農村居住者土木包工者等、現在警察當局與關係各方面連絡一致、實行調査、將積極的開始戒烟運動云云、

小麥價騰 麵粉減少

截至二月二十日、哈爾濱市內十家火磨之麵粉積存數量達八十三萬二千六百七十六袋、較上旬末之積存量九十九萬二千三百〇七袋約減少十六萬袋之數、因原料缺乏、致小麥之價格昂騰、各工廠現在積存之小麥僅一萬七千九百三十七噸玆將各火磨現存之麵粉及原料小麥之數量分別採錄於下、

△麵粉(單位＝袋)	
日滿製粉	三三〇、〇〇〇
福康火磨	四九、〇〇〇
廣信火磨	五八、〇〇〇
合計	八三二、六七六
△小麥(單位＝噸)	
日滿製粉、	一〇、〇〇〇
天興福(二)	一、二三〇
天興福(四)	—
双合盛	六八二
裕昌源	三〇〇
義昌泰	九二五
成泰益	九六〇
三泰棧	七二〇
福康火磨	三六〇
廣信火磨	二、七六〇
合計	一七、九三七

濱江特刊

第一五二號

盛京時報北滿總支社

社址　哈爾濱道外桃花巷四口

道裡電話六八四七番

航業聯合局

地帶制·噸·基羅制併用

貨物運費大改正

力謀旅客便利改修各船客室

改修費共計二十八万五千元

於北滿文化發達、產業開發等有最密切關係之哈爾濱航業聯合局、對於客貨之經理上不斷的繼續努力、以圖改善、本年陽春四月之開江期又廹於眉睫、該局對於貨物運費之大改正及各船之客室大改造、使之面目一新、目下正在積極準備進行中、頗爲忙碌、關於改正貨物運費問題、目下正與鐵道總局折衝中、待得到鐵道總局之內諾後、再次第向交通部、關東軍等方面請求諒解、最後召開監事會、作最後之決定、至於新運費表之發表、大體本月之下旬、查現行之貨物運費乃地帶制度、自哈爾濱至三姓每噸應付運費幾何有一定之規定、我滿洲國現已全部採用度量衡法、而航業聯合局竟依然墨守舊態、頗不相當、故關此次之運費算定方法、將加以改正、將從來之地帶制按照鐵道運費之同樣噸基羅制、但松花江流域曲折淺灘之處多有、如按噸、基羅制算 定運費頗爲不便彼時推測松花江沿岸各碼頭由生產地積存至碼頭其運費頗昂、爲使其萬無遺憾將施行地帶制及噸、基羅制並用之辦法、關於邊疆地帶以開發之見地將運費特予低減、以上之意見、諒最近即可得到鐵路總局之內諾、依今回之運費之改正該聯合局本年之收入勢必減少至於各船舶之運行速力從前每月五同之航行、今後改爲六七船加回均改造、如便所、浴室洗面所等均油漆華麗、灑掃清潔、並較之從前寬而且廣、至於一等客 室二等客室 亦均擴大、各室內均有氣眼、暖氣、電燈、及臺布、床單、枕頭等尤其對於三等客更爲優待、在三等客室增設行李棚及昇降用之階段、吸烟用之灰皿等對於客室之改裝美化該聯合局共出二十八萬五千元之鉅資云云、

飛行會員

定期訓練

滿洲飛行協會哈爾濱支部本年度飛行講習會員應募者百八十餘名、定於今十一日午前八時在陸軍病院檢驗體格、本年度鑑於應募者十分踴躍、將較預定人員增加百名、經身体檢驗後、定於十五日在馬家溝飛行場開始訓練云云、

賠了夫人又折兵

姜淑芬受騙之經過

濱外南頭道街大同旅館三階樓上居住之野妓姜淑芬、年十七歲、姿容秀麗、裝束時髦、於昨七日下午十一時、在街賣笑之際、忽來一青年男子、年約三十餘歲、衣冠楚楚、見淑

不欲生、似淑芬者可謂賠上夫人又折兵、實是可憐亦復可笑云云、

商工會議所解散後

工業研究會之歸趨

據某識者之意見

哈爾濱工業研究會、向以日本商工會議所爲主体、召開例會、對於都市計畫之再檢討、哈市工業條件之改善等問題、交換種種意見、以圖哈市工業之進展、貢獻頗大、此次日本商工會議所即將解散、加入新商工公會、對於工業研究會之處置問題、各方面意見紛紜、莫衷一是、但據識者 間之意見、將來或與商工公會完全分離、自行獨立、並將以前純日本人會員之制度開放、網羅在哈之滿人工業關係者加入、該會之性質 完全爲一種研 究機關、對於行政上無權施行云云

元之工程費之範圍內、提出一部建築日本人社員社宅百戶、滿人社宅三百八十戶、對於哈爾濱 住在之社員 以莫大之便宜、至於哈鐵管內之北黑、濱北沿線之日本人社員住宅、亦頗困難、如黑河方面之滿人家庭、數家住於一室、於衛生上頗不講究、哈鐵福祉係對此極爲注意、加以縝密之考慮、本年哈爾濱市內之日本人社宅一切建築事業費、全歸爲偏僻地方社員社宅新築費、

查新築社宅 百戶之中 黑河十二、孫吳 十二、北安十二、綏 化十二、三 棵樹二十八、此外其他各主要站各二、三戶不等、滿人社員社宅之三百八十戶中、即三棵樹一站即佔百戶、沿線各主要站十戶、五戶者不等、因此偏僻地住在之社員對於住居問題、稍見緩和、亦爲一般社員所極端期待云、

哈鐵職員

体育計畫

哈爾濱鐵道局福祉科於解冰前爲謀局員之保健及体育向上樹立種種具体議案、開本年之新計畫、除在管下沿線各主要站外即中間之小站亦將均各設立戶外遊 戲場、如 拉濱、濱北、北黑、濱洲、濱綏等各小站一律新設運動場、目下正在積極的準備中云云、

漢醫學研究會

創立一週紀念

哈爾濱漢 醫學研 究會、自康德四 年三月八日 正式成立以來、迄至本年度三月八日、適滿一 週年、因此該會爲舉行紀念起見、 特於昨 日午前十二時、 在道裡 商會樓上會議室、召集會員漢醫共三百零五名、開創第一次全體會員總會、並藉以研究將來之會務、當開會時首由會長高仲山致開會之詞、其後報告一年中經過情況、報告終了、開始討論各項提 議案件、 主 要者共爲八件、 探錄如下、

一、關於刊行局方散膏酒標準配佈之件、

八、參加傳染 病預防宣傳之件、

至午后二時許大體討論完了即行散會矣云云、

市署新築

傳染病院

哈爾濱市公署、對於爲期衛生思想之徹底普及、並衛生保健事業整備、曾於年度不惜數十萬之鉅資 增築傳染病院、市方仍恐不足一般病者需用、由本年度以四十萬充工費增築市立病院、預來年竣竣工、於是市立病院之病室擴張、實爲一般病者一大福音云云、

高某可風

見義勇爲

今之古人

曲香山、年三十餘歲、山東人、現無職業、數月前來哈謀事未就、因被生活逼廹、曾向友人借得資本二元、復將自己棉衣脫下典當二元、共湊本四元、購買刷皮靴器具一套、欲以刷皮鞋維持生活、詎於昨九日午前十時、不知被何人將其刷皮鞋器具悉數盜去、待曲某發覺時、竊賊業已逃逸無踪、曲某因求 生無路、幾痛 不欲生、正欲自尋短見、幸被高福棠瞥見、趨前 救下、解 勸多時、復贈與國幣一元、以維持目前之 生活、似高某 見義勇爲、救濟一命、頗令人欽佩云云、

協和會市本部

專任事務長將決定

交通會社成立後車費果將漲價？

二月份收入電車增汽車減

哈爾濱市交通局二月份之乘客收入計電車五萬七千六百八十元、自動車六萬七千四百九十七元、去年同期電車收入五萬三千八百二十八元、自動車收入六萬八千七百七十一元、兩相對比、電車增加三千八百餘元、自動車反減少一千二百餘元、蓋因車輛時常發生故障致運轉能率低下有以致之也、市民對於自動車之增加、實爲要望云云、

（又訊）交通局改組爲交通會社問題、最近對於財産之評價已經調査完了、待發起人將定款作成即進行交涉、預定於四月一日新交通會社即可實現矣、在新會社設立之同時、諒對於實際的事業狀態上必加以相當之改革、前由市營時依市特別會計約二百萬元之預算仍無餘利、今後欲使其充份發展、對於路線之擴張、新車之購入、從業員待遇之改善等頗費考慮、就新會社成立之機會對於從來所持之姑息營業方針大加刷新、以圖漸次緩和是正、當前最重要之問題、即爲乘車費之改正、市方前曾數度考慮擬行加價、現在電車以哈爾濱車站前爲中心分爲二區制、一區四分二區八分分二種自動車全市共分爲四區、一區四分、在此區間併施行割引制譬如跨二區、三區之距離則收費六分、八分之低廉車費、最高車費爲一角六分、當賽馬期間、限由道裡至賽馬場電車、大汽車之車費比較南滿諸都市殊爲低廉、依現在各種物價之騰貴、將來電車及自動車之車費恐於新會社成立後、將有多少之增漲亦未可知、至於對於電車從業員二百五十人、自動車從業員三百人之待遇改善問題、久在要求之中、將來新會社成立後對於此種要望想亦必使其實現、惟將來車費之增加與否、實與市民之生活上有密切之關係、一般對此亦頗注意云云、

芬停足東張西望、情知決非良家女子、當即上前議論夜度之資、淑芬覩其衣帽整齊、青年俊俏、必係有錢公子、一時不察眞僞、故對該男娟表慇懃、遂將宿價講妥四元、立將該男引領上述之旅館住下、待雲雨散、淑芬感覺身体疲乏、一覺睡去、不料該青年至午前四時許、見淑芬猶在酣睡、毫無知覺、盜心遂起、由淑芬手上將所配之赤金手鐲四枚、均與盜去、逃逸無踪、待至八日午前八時頃、淑芬睡醒、睜眼一看、不見昨夜召留之住客、而赤金手鐲四枚、價格約百元、亦不翼而飛、驚惶惱怒之下、又恨又氣、不但宿價當夜未交手鐲被竊、痛恨交加、立即外出、各處查尋、仍無隻影、憤

在鄉將校團結成式

定於十四日嚴肅舉行

以强化銃後之團結、促進民族協和爲目標、網羅在哈之在鄉將校結成在鄉將校團消息已見本報、經推舉岩田氏爲聯合分會長、結成在滿第一之在鄉將校會、現在役員已任命終了定於十四日召開委員會、作成具體議案後、大體似在哈爾濱神社前廣場舉行嚴肅之結成式、待該將校團結成之時、關於北滿第一線之護衛、更見一層之强固、一般對此頗爲期待云云、

省內新設青訓七處

協和會濱江省本部、基於、年訓練擴充方針、除哈爾濱双城、海倫、綏化、青崗一市四縣以外、今次新設立七縣青年訓練所、如延壽、五常、慶城、綏稜、通河、方正、木蘭、巴彥關於新設之七處青訓所之教師、由第四軍管區配屬滯任軍官分別担任訓練、目下即分別赴任云云、

省署定期舉行考試汽車司機

濱江省公署、定於來月中旬、舉行全省汽車司機試驗、關於試驗地址、本市在警察廳前空場、各縣目下尚未決定、大体以三五縣集中於中心某縣、實行考試、無論某縣、凡有志願應試者、預於本月十五日以前在各該縣市警務局或警察廳報名、玆擬警務廳某責任者談稱、查此次全省汽車司機定期試驗、在本署方面因種種關係上、認爲報名者愈多愈好、但此項考試、每年只舉行一次、報名雖多、而仍感於不足用、故本市除此次考試之外、於必要時仍當臨時考試之、查西洋諸國、其汽車發達者、平均市民五人即有汽車一輛、司機技術差不多人人都能操縱、我滿洲國之汽車、近數年以來、雖亦日漸增加、而司機技術者特少、大抵平均每輛汽車、只有司機一名、今後隨汽車量之增進、對於司機者之需用量、亦當逐漸增加、故在最近之將來、中央制定汽車司機法時、對於汽車技術裡習學校亦必有相當之改善與施設云云、

哈鐵本年新建社員住宅

建築工費百九十万元

滿鐵及鐵道總局康德五年度對於六鐵道總局社員住宅建築工程費約五百萬元、就中哈爾濱鐵道局之工程費計一百九十萬元、查該局在哈住居之社員現在因社宅狹窄不克收容而在市內散住之日本社員約一千餘名、因此對於社宅之建築問題、誠爲當前之急務、但因工程費預算上之關係、恐最近將不能實現、故當局對於社員之住居向煞費苦心、縝密研討之結果由本年度前記一百九十萬

哈市防護委員會

定四月一日在市署嚴肅舉行發會式

哈爾濱之天空造成一大防護完壁陣

我政府當局鑑於我國四圍之實情、關於國家防衛及準備訓練並實施規約法會之制定爲當務之急、定於四月一日滿洲國防衛法制定之同時基於防衛法之實施、處於北滿第一線之哈爾濱市方面、於準應戰時事變及其他非常時災害等之際、爲期哈市防護之圓滑實施爲目的依哈爾濱防衛司令官之意旨實施哈爾濱防護規約、定於十四日午后二時在市公署四階會議室於軍並各關係官廳及其他出席之下、嚴肅舉行哈爾濱防護委員會發會式及防護規約案之最後的決議、今後於軍之指導援助之下、官民自行計畫實施對於哈爾濱之天空、建築一大防空完壁陣、對其結果、頗堪期待云云、

【又訊】此次實施之哈爾濱防護規約、已見前條當敵之空襲時對於燈火管制、警護、防火、交通整理、避難所管理工作、防毒救護配給等諸般工作之訓練準備實施、在軍指導援助之下、官民一體實施、實現之時哈爾濱市防護委員會、哈爾濱市聯合防護團、哈爾濱市特殊防護團有如下之新制定、

哈爾濱防護委員會

以防護之準備及實施協調、助長防護團之發達强化爲目的、委員會設於市公署、置委員、顧問、會長、副會長、幹事等、顧問爲防衛司令官、駐屯地司令官、第四軍管區司令官、特務機關長、江防艦隊司令官、哈爾濱總領事、濱江省長、會長爲哈爾濱市長、副會長爲副市長、委員軍部側有陸軍病院、長駐屯地司令部參謀及其他主要部、地方側有在鄉軍人分會長、省次長、警務廳長、各官廳處科長、領事、各會長、各局長等、

哈爾濱聯合防護團

以戰事事變及其他非常災害之際力圖統制援助各關係官公署俾都市無何損害而保市民之安全爲設置之目的、

哈爾濱特殊防護團

以期圖防護準備之完壁、一旦有事之際發揮其固有之機能毫無遺憾爲設置之目的云云、

二、設立巡迴漢醫圖書館之件、
三、設立施療所之件、
四、整理漢醫之件、
五、獎勵漢醫學徒之件、
六、舉行實際研究之件、
七、請立漢醫專門學校之件、

協和會哈爾濱市本部事務長一職、向由中村省本部事務長兼任、年來依諸般事務之遂行、均在飛躍的發展中、該本部內部之事務頗爲繁重、實有不克兼顧之虞、實有任命專任事務長之必要、以便將省、市掌管之事務劃分淸楚、而資能率增進、以期諸般工作、遂行上得到積極之效果、對於該事務長一職、前經中央本部方面選次審核、終未任命、該市本部爲期早日實現計、近特向中央本部申請、似已得中央本部之同意、目下正在愼重選擇人材中、預想專任哈爾濱市本部事務長、不久即可着任矣云云、

開始調查省內工廠

基於濱江省之資源調查、對於各縣旗市之工廠調查、定由本月中旬一齊開始實施、以油房及各工廠之主要事業企業形態、資本系統三部門爲中心、縝密調查、省公署於實施調查之前、特於七日召集全調查員在哈爾濱五日間開催工廠調查講習會、於產業產門講師指導之下、開始實地調查訓練、凡各工廠主務於四月末前將調查表塡好送交各該管調查責任者、調查之結果、在戰時体制下實爲重要之資料、一般對此頗爲重視云云、

滿洲麩子大量輸出日本

去年輸出量較前激增

自去年一月八日日本滙兌管理令實施後又於七月有中國事變之勃發、日本市場之中國麩完全杜絕、於是滿洲麩乃確立飛躍的地位、據特產中央會調查、去年度日本內地麩之輸入量達十六萬二千二百四十三噸、金額一千六十五萬二千元、與前年度之十六萬二千一百三十二噸々數量大致相同、但金額卻增加一百九十二萬八千元、滿洲麩九萬一千六百八十七噸、占總額中百分之五十六、比較前年度約激增二倍三分、造成驚異之數字、預想其前途洋洋正未可限量也、茲將去年度日本內地及產地別輸入量採錄於左、（單位＝噸）

滿洲八	九一、六八七
關東州	九、二一三
中國	六一、三四三
合計	一六二、二四三

昭和十年以降之三個年間之產地別及輸入量如左（單位＝千元）

	滿洲關東州		中國		合計	
十年	七、六二三	三九九	一二七、九二一	七、〇八八	一三五、五四四	七、四八七
十一年	四、一七〇	二、三四八	一一七、九六二	六、三七六	一二二、一三二	八、七二四
十二年	一〇〇、九〇〇	六、六一四	六一、三四三	四、〇三八	一六二、二四三	一〇、六五二

依上表足証滿洲麩完全將中國麩之地位占據、惟滿洲麩之包裝時因麻袋之不良、往往缺斤、且品質稍爲缺欠、當交貨時時起糾紛、故各輸入商恒不欲販賣、近因交易條件之協定、已見改善、於是滿洲麩將來之前途實茫茫不可量也云、

濱江特刊

第一五三號

盛京時報北滿總支社

社址　哈爾濱道外桃花巷西口

道裡電話六八四七番

省署整備弘報陣

養成優秀弘報技術人材

下月在極樂寺施行教育

濱江省對於管下各縣之弘報要員爲指示康德五年度之宣傳宣撫方針、具體的工作方法、曾召集各縣弘報處要員來省、亘四日間開催指導講習會、對於從來之官僚的形式主義排除、以大衆本位爲工作之方針、因此工作之方法不啻一大改革、進而企劃養成弘報技術員經十六之警備懇談會席上之贊同、即將進行具體的計畫、即從來各縣之弘報要員多爲縣署之股長階級以上者担任之、向持官吏形式、對於民衆缺少透浸力、必須施行施藥、診療、講演等種種行事、有宣教師之精神、使省內民衆對於我滿洲建國之精神得已徹底、欲達成以上之目的、其第一步必須養成立於第一線之技術員、調査股定於四月上旬召集各縣旗弘報係員在哈爾濱市南崗極樂寺亘五日乃至一週間、實行鍛鍊精神、並對於施療方法、宣傳技術等熟練習、本講習與從來之形式的不同、注重實地指導、待弘報技術員養成後、其各回該管縣旗實行宣傳、對於建國精神之宣揚、移民思想之宣撫、赤化思想之防止等有極大之效果、頗堪期待云、

哈鐵之使命重大

新年度產業課事業方針確立

定於四月一日起實行

哈鐵產業課以四月一日新事業年度爲期迫於目睫基於總局事業方針、爲期鐵道經濟化爲

一、殖産係(副業)

目標―以期農村之自力更生及局員之生活安定計、奬勵各

四、調査事項

副業實態、山貨、水産之讎査、

二、殖業係(商工)

目標＝以輸送資源培養爲主要目的、爲促進開發北滿之物資計、對於鐵道運營上之必需資料、實行各般之調査研究、關於北鐵接收附帶之事業管理經營之改善合理化、進行調査研究、樹立將來之恒久策、

主要業務―一、助成事項

特產物品位改善奬勵、穀物精撰機分配、鑛物發見奬勵、工業地區設備援助、小規模加工業助成、北滿土產品販賣斡旋、觀光會領土產品部開設援助、巡廻土產品展覽會開催援助、愛護團物資共同購入及其生產販賣之斡旋、實行合作社事業援助、綏化合作會援助、灘會助成、慰安船援助、與商工業機關連絡、

二、附帶事業

1治水製造所經營管理

2畜産加工所製品之販賣斡旋、並未加工品之利用、

3林業所細木加工並利用

三、調査事項、、

1哈市業條件、

2哈市工業地帶、

3.鐵道材料之石材需給狀况之地位、

4、運費各線輸送之採算、

5、松花江船運費、

6、業者對運費之希望、

7、運費與哈市主要工業之關係、

8、重要物產輸送狀况、

9、糧石市場特產上市關係、

10、伴同糧石市場完備糧棧之地位、

11縣合作社之設施與鐵道設施之關係、

12、管內主要都市之現勢

13、松花江經濟之實情、

14、移民團經濟之實情、

15、豚毛、毛皮、羊毛、木炭、

16、金融物價重要商品之生產量調査月報、管內鐵道輸送月報云云、

東興義之搶案破獲

司法科之王警尉補殊勳

自前二月二十一日午後五時道外太古九道街馬車工製工廠東興義被搶後、該管南新警察署及司法科協力之下、苦心搜査匪之蹤跡、司法科搜査股第二班王家訓警尉補之一隊、以北市場一帶爲中心、於日前密行中發見擧動不審之滿人一名、當即上前盤査、匪人胆虛欲先發制人、乃持槍欲射、早爲王警尉補所見、當即擧槍相向、經探員上前大格鬥之後將匪捕獲、審詢之結果、據供一名林雨田年三十七歲、住道外

今年度政府預定對於甜菜栽種面積較去年增加、特於十七日午後一時召集前顧鄉屯、太平橋、松浦、等方面農村地區之保甲長六十名、說明政府之意、及甜菜需要之大、對於農村栽種利益頗大、須盡力向一般農民解說、使其自動栽種甜菜、後此作長時間之懇談後、歡然而散、今將對於此等事故難免發生、而保甲既已解散新區制尚未實施、困難殊緊、故各方面對於新區制之實施莫不希望其早日實現云云、

哈市各製粉工廠最近之生產能力

日產八萬九千一百袋

最近因原料小麥之價格暴騰、麵粉亦因之漲價、對於各製粉工廠之現况、爲一般人所關心、頃據某方面調査、截至三月一日哈爾濱市內製粉工廠之一晝夜生產麵粉能力總計八萬九千一百袋、比較去年同期之七萬一千五百六十袋約增加一萬七千五百四十袋、茲列表於下、（單位＝袋）

工廠名	麵粉生產能力
日滿製粉哈爾濱第一	三、八〇〇
同　第二	四、六〇〇
同　第三	三、二〇〇
同　第四	三、二〇〇
同松花江第一	四、〇〇〇
同　第二	九、二〇〇
同　第三	四、〇〇〇
同　第四	三、二〇〇
双合盛	九、五〇〇
天興福顧鄉屯第二廠	九、五〇〇
同　第二支廠	四、〇〇〇
同　第四廠	四、〇〇〇
同　第四支廠	四、四〇〇
裕昌源	三、八〇〇
成泰益	三、六〇〇
廣信	三、二〇〇
三泰棧	三、六〇〇
福康	一、八〇〇
義昌泰	六、五〇〇
總計	一九、八〇〇

哈市雜糧積存數量

據哈爾濱交易所調査截至三月十五日、哈爾濱市內之豆餅、小米、高粱等積存數量計豆餅五百二十四車、小米一百五十四車、高粱一百〇九車、茲將各糧棧家積存數分別誌之於下（單位＝車）

△豆餅

協昌仁	一六〇
同聚祥	六〇
義昌信	三五
元孚	三〇
和聚公	五五
双興	三〇
恒祥東	九三
東和	七
同成和	三六
合計	五二四

△小米、高粱

	小米	高粱
德聚	一五	
天豐東	二六	二三
天豐玉	一〇	八
大來裕	一	一五
永盛東	四〇	七
聚盛益	四〇	一三
義增信	二二	四三
合計	一五四	一〇九

自衛團員指揮交通

二名被軋於車下

【哈爾濱】道外南新警察署於日昨—十五日舉行交通警訓練時、所有交通崗警及自衛團員、一併出動在各交通要衝指揮來往車馬、正陽十四道街担當指揮責任之自衛團員于占泉現年三十歲、係十一道街(新海軒堂役)及耿華居(慶和祥木廠櫃夥)二人正在指揮中、忽有第二消防署之救火水車、如雲馳電掣駛來、一時躲避不及、致將于占泉及耿華居撞倒車下、經附近崗警瞥見、馳赴現場、呼來救急車、送往市立醫院救治、于占泉將頭部撞傷、尚無生命危險、而耿華居因首當其衝、倒於車下、車輪由身上軋過、爲勢頗重、生命危篤、將來能否治愈、未敢逆料云、

繼洪盛隆之後

匪徒胆大包天

協茂長又被搶

當局十分震怒嚴重搜査中

道裏繁華街搶案頻頻發生

新城大街洪盛隆百貨店、於十五夕刻被匪光顧搶去國幣一百八十八元之搶案發生後、當局對之十分震怒、在此繁中心

署急電知各方搜査、依無下落、據推測該匪即日前強搶洪盛隆之匪、現在正在繼續搜査中、想不久必被捕獲云云、

目的、對於本年度事業方針並計畫之立案漸見完了、四月一日即可實行其內容大体如次、

△方針

鑑於哈鐵所管之鐵道有國防及產業上之重大使命、爲圖其強化、與關係各機關之連絡協力之下以期達成以下之方針、

一、輸送資源之培養並調查、研究、立案及實施、

二、鐵道愛護工作及增進產業上之福利、

三、鐵道保護林之造成及調查、研究、立案及實施、

四、樹立及實施鐵道用資材之恒久的自給策、

五、與關係機關協力開發產業、

六、附帶事業之合理的經營

△要綱

一、鐵道經濟化之根幹爲圖輸送資源之培養及物資流通之合理化、施行調查、研究、立案及實施、

二、欲使愛護工作之強化、須對於愛護區域之產業改善助長、並獎勵指導其副業、

三、爲圖鐵道輸送之圓滑保護路線及其他施設物、須造成鐵道保護林、實行調查研究、立案及實施、

四、爲圖鐵道資材之自給自足、必須研究調查並產業施設、

五、爲圖達成促進產業之開發、須與滿洲國側及關係機關協力、

六、爲圖北鐵接收關係附帶事業之合理的經營、須施行有效適切附帶事業之研究調查、[illegible]

種之副業、對於將來友邦人士大量移民之時、生活安定之重要之素之副業問題、供給種種資料、

主要業務—一、農村副業

醬油釀造養鷄高粱稭製造、毛織、澱粉製造・木材加工高粱佃田、

小葡萄採取、養蜂、藥草採取菌類採取等獎勵、

二、移民副業

醬油釀造、第[illegible]造、織物製造、山葡萄移植、蒲蓆製造木材加工、養蜂、蔬菜貯藏、養魚、紡毛藥草採取等獎勵之

三、局員副業

蔬菜栽培、養豚、養蜂、養兎等、

大六道街二三號、其存友人三名、現在某方面潛伏、前東四義車工廠之搶案係彼等所爲、司法科據供對於其他二犯正在嚴重搜查中云云、

新區制 遲遲難產

哈爾濱市之區制實施問題、因種種關係、須延期至五月始能實現、但市農政科對於優良籽種之分配、向由各保甲長負責辦理、現在保甲制既已解散、而新區制尚未實現、正值春暖播種之期、對於籽種之分配無人負責、頗感因難、又兼

繼滿德通商協定之後 將締結滿意通商協定 滿洲大豆之輸歐頗堪期待

以意大利承認我滿洲國爲契機、兩國間之友好關係及貿易關係上更呈一層緊密化、兩國政府間對於滿意兩國通商協定之實現、正在進行審議中、據確實方面消息最近即可發表、該協定大體取現在施行中之滿德通商協定之一式樣、惟實現之時期及期間、尚無所聞、大約設定三千萬元之程度以滿洲國國內農產物與意大利之機械(以重工業用機械爲主)互相交換、此種消息傳出後、最近哈市各輸出商鑑於該項通商協定即將成立、頗爲期待其早日實現、現在經三井、三菱之手向意大利輸出之大豆締約十萬噸、待協定發表之後可達二十萬噸、今後滿洲大豆之輸出意大利頗堪期待云云

匪徒竟敢行搶、當即派遣偵騎四出、嚴密搜查、詎知於十六日午後八時三十分、中國十二道街三七號協茂長百貨店又以被搶聞、各方對此抱恐懼之心、茲將其被搶之經過探錄於下、

協茂長百貨店、執事人孫希貴(六〇)於上記時日突然闖入強盜一名、手持手槍進屋後直奔賬棹、將當日賣入之現欵國幣六十四元搶去、急遽逃去、出門向新城大街方面而竄、該店店員李某(一八)見匪人出門立即尾隨其後、匪見有人追蹤而來、當將所着之茶色滿服上衣脫下棄之而逃、李某追之不見、乃報告該管經偉署、經緯

市公署教育科 一年中之行事

哈爾濱市公署教育科、自新學制實施後、對於所屬各學校及文化機關、極謀發展、該科規定一年中行事摘錄如下、

△一月一、審核各校各文化機關應行修繕處所及備品之聲請、二提出康德四年度各項經費支付請求書、三續訂新年度各校各文化機關房租契約書五十一份、四配給各校文化機關賬簿、五舉行經理事務講習會、六通知各校文化機關康德五年度新預算額、七康德五年度上半期燃料費調查及要求、八、調製薪俸委託證書及職教員現員現給人名簿製作、九調製新聞紙、汲水、房租、電燈交通費、保險料各表、一新學制實施之準備、二時局教育之實施、(每月施行)三公私立學校學舍義塾廢合改編之計劃、四、新安迫新築校舍之實施、五、學校學舍改名之擬定、六私立校內容整理計劃、七、增校增級及教員增額之實施、八學校內容充實之計劃、九、各學校及文化機關概況之彙編、一、學辦新年民衆同樂大會、二、改訂民衆講習所暫行章程三、籌設民衆講習所、四、編製四年度各項統計、一、文化機關之視察、二、教案之審核三、編製教案應注意事項之提出四、學辦公開教授及研究會之計劃、五、其他視察事務、

△二月製作一月儲人工作月報(每月)製作整理編纂舊年度文書案卷、製作文書處理狀況報告表、(每月製作)各校各文化機關提出修繕處所及備品之視查、編製本年中修繕場所次序表、依次修繕各學校及文化機關之棹機子其他備品、整理各補助團體康德四年度決算書製作新接收南崗國民伕級學校追加預算、準備三縣樹國民學校開校、康德四年度各項經費支出決算、整理編纂舊年度文書案卷、學校學舍義塾廢合改編及改名之實施、教職員進退之經計及履歷之整理、與校學舍義塾應備表冊之規定、課程表之審核、員役名冊之調製、就學者兒童數之調查、救濟失學兒童計劃案作成、中央師道訓練生之選派、教職員役昇給之核定、學辦建國紀念日慶祝會之設施私立義立案事宜塾、

△三月繼續修繕各校各文化機關之棹機及其他備品等、調查本年度上半期各校文化機關需要電燈電力數量、調查各校文化機關消耗品印刷品其他物品本年度上半期需用數量、作成物品補助簿、圖書調查及要求、建國紀念日慶祝會之實施學區制分、地方師道訓練生之派選、各校收支營用之審核、各校平面圖及各室配置狀況之彙編、日本教育視察團派遣之計劃、教職員体格之檢查、各校塾及文化機關概況之彙編、各校課程進展表之審核、私立校立案事宜、學辦建國六週年及皇帝御極四週年講演會、招收民衆日語講座學生十八級、指定各校學生參加春丁祀孔觀禮、宣傳種痘、道裡外區學校之視查、其他視查事務、學務報告、各校學生創造材料補助費之申請及作品之蒐集(以後每月繼續施行、)教職員昇給之實施、教職員學之統計、

四月、一、修繕各校及文化機關內外各部之破壞處、二、修繕狀況之視查、三、調查各校文化機關備品圖書台賬、一訪日宣詔紀念、慶祝會舉辦之籌備、二、私立校經費及收支豫算之審核、三、日本教育視查團派遣之實施、四、各學區失學兒童數之調查、五、轉退學書式樣之規定、六、學生家長職業籍貫統計表之調製、七、由康德元年起四年止畢業出路生之統計、八、各校課程進展之審核、九、綠化節之籌備及實施、

五月、一、各校及文化機關之防雨修繕、二、各校文化機關內外部定期重大修繕開始、三、繼續調查各校文化機關備品圖書台、四、各校文化機關會計事務檢查、一訪日宣詔紀念慶祝會之舉辦、二、員役服務成績之考查、三、請假者之給計、四、賞與金配給之審查、五、學生身體檢查、六、學辦日滿華兒童交驩會之計劃七、各校旅行辦法之擬定、八家庭訪問及家長退談會之辦法之擬定、九、課程進展之審查一、學辦訪日宣詔記念講演會(巡迴映畫講演)二、學辦讀書週間三、調查市內文有四、學辦第一次巡迴文庫一、鄉村學校舍學之視查、二、其他視查事務、三、學報務告、

▲六月一、各校文化機關防雨修繕之繼續施工、二、本年度下學期消耗品等請求、三修繕狀況之視查、審〇下期各校及文化機關修繕處所及備品之聲請、一本市留學生之調查、二、學辦暑期講習會之計劃)與教育會合辦)三、簡易疾病治療法講習會開催之計劃、四轉退學者之統計、五、課程進展之審核、一、學辦第二次巡迴文庫二、學辦時局認識巡迴講演會(巡迴映畫講演)三、辦理民衆講習所及日語講座休業事宜、四、籌備暑期民衆補習班及下期民衆講習所日語講座事宜、一、私立校塾之視查、二、其他視查事務、三、學務總報告、

(未完)

哈爾濱警察廳 檢查警官健康
管下二千警官一一檢查

哈爾濱警察廳爲使廳員之素質向上、鑑於人有健全之身體始能有健全之精神、期促進廳員之保健思想、對於虛弱之警察官掃除由十七日起亘二週間、對於管下二千餘名之全警察官實行健康檢查、檢查醫爲衞生科前川 技佐以次該科醫 務員總動員、施行檢查、此種檢查爲此滿警察界之創舉、其結果頗堪期待云、

濱江特刊
第一五四號
盛京時報北滿總支社
社址 哈爾濱道外桃花巷西口
電話道裡六八四七番

在郭爾羅斯後旗將建設曹達工廠

採取該處一帶天然曹達加工製造

工廠建設費共計五百萬元

最近滿日兩國各種化學工業原料之需品激急增加、就中尤以工業上必需品之鹽曹達大有供不應求之勢、當局鑑於此種情形、對於原有產地之增產及未開發地帶之開發籌銳意研究中、據最近達到當地之確實情報、住居東京之今泉某氏、鑑於以上之情勢、最近擬在濱江省管內郭爾羅斯後旗建設一大曹達製造公司、採取該地一帶之天然曹達、加工製造、一般人對於北滿曹達工廠之實現、非常關心、據調查以郭爾羅斯後旗爲中心、附近一帶埋藏之天然曹達、爲數頗夥、關於開發調查、現已終了、工廠之建設費大約須款五百萬元、似於本年內工廠之建設或可完成云云、

調查市內工業

商議、商會最近開始

日本商工會議所及滿洲國側道裡外兩商會、因受我政府之委囑、最近着手調查市內各種工業、調查件數五人以上者共

敗、向江北方面潰走、是役也、敵遺棄屍體二十一具、我方之損害戰死兵二名、負重傷騎兵上尉比賀摘光（胸部貫通）騎兵上尉張東書（胸部貫通）以下七名云云、

結城次長視察東部

濱江省公署結城次長、爲巡視管下各縣地方政情狀況及慰問軍警起見、特於昨二十四日晨偕同祕書王事務官搭乘列車赴東部線作爲入春初度視察、預定視察之日程探錄如下、

二十四日赴阿城縣巡視及慰問、二十五日由阿城赴珠河、二十六日由珠河赴延壽、二十七日折返珠河、二十八日由珠河至一面坡、二十九日由一面坡搭乘列車當晚八時返哈云、

市署新設區政股

哈爾濱市之區制實施準備在積極的進行中、關於自衛團經費問題、現與警察廳方面折衝中、市公署側以爲實施之期迫於眉睫、今後執掌全般區政事務須有專員負責、故於市署庶務科內新設區政股、以便統制所屬市署一部吏員及各區之職員、股長一職即由庶務科田事務官担任云云、

歡迎意大利視善使節團結成歡迎委員會

各機關代表者協議之結果

友邦意大利拿西斯黨親善使節團一行二十二名定於二十一日視察北滿國際都市之哈爾濱、消息曾見前日本報所載、哈市爲歡迎一行、連日以來積極的準備中、頗爲忙碌、廿四日午前十時、在市公署、由鐵道局協和會、領事館、外交部、省公署、警察廳、市公署等關係各機關各代表者參集之下、召開第一打回合會、協議之結果、結成歡迎委員會、推馮市長爲委員長、待該親善使節團一行抵哈後、舉行空前未有之滿意交歡大會云、

自衛團之再組織

市署與警察廳意見對立

區制實施前之難決問題

遲遲難產哈市區制實施問題、經關係各機關召開綜合之協議會後、對於大綱乃告決定、此外關於保甲之解散及自衛團之再組織等問題、開市公署側及警察廳間之意見頗不一致、蓋自衛團向從於警察廳長之權限下、其經費由市民徵收保甲費充之、但市區制法令實施

一、開會之辭
二、國旗敬禮（日滿兩國旗）
三、國歌合唱（日滿兩國歌）
四、發會經過報告
五、支部長名譽支部長推戴
六、分會旗授與
七、來賓祝詞、祝電、
八、支部長名譽支部長致辭
九、宣言、
十、萬歲三唱（大日本帝國萬歲、滿洲帝國萬歲、滿洲國防婦人會哈爾濱支部萬歲）
十一、閉會之辭
十二、閉會

省署派員視察弘報

濱江省公署、爲謀管下各縣旗弘報聯絡敏捷、弘報陣容之強化、曾於二月中旬召集全省弘報要員開催講習會、當時情況已誌報端、自該講習會終了後、即在各縣旗分別實行弘報員訓練、將近二月餘矣、現在大體業已訓練終了、濱江省公署爲明瞭訓練實施後之狀況起見、預定視察弘報宣傳施行之情形、進行弘報機構完備聯絡連用計、特組成弘報事務視察指導班、定於最近期內派遣五個班分別赴各縣旗實行徹底指導、預定於五月末日以前視察完了、茲將各班担負之區域探錄如下、

第一班屬官一名、僱員一名由本月二十八日出發、担當區域、海倫、綏棱綏化、慶城、鐵驪、望奎等六縣、期間預定二週間、

第二班僱員一名、出發日期未定、担當區域、呼蘭、巴彥東興、木蘭等四縣、預定期間爲八日、

第三班事務官一名、出發日期未定、担當區域安達、青岡蘭西、肇東、肇州、郭爾羅斯後旗等五縣、期間爲十日、

第四班人員及出發日期未定、担當區域爲阿城、葦河、珠河、延壽等四縣、期間爲八日、

第五班人員及出發日期未定、担當區域爲賓縣、五常、双城等三縣、預定期日爲六日間云云、

省教育科放送新學制之趣旨

濱江省公署民生廳高等教育科、於新學制實施之同時、所屬各中小學校、依新學制加以改組、並對於各中小學校學生分別詳細解釋新學制之趣旨、教育之重要與新學制教育之方針、以期教職員及學生等徹底明瞭個人之使命、及應負之責任、以便向發展途上邁進、此外爲使哈爾濱全市民及學生之家長及教育關係者亦徹底明瞭以上之宗旨、特於昨二十三日晚在無線電放送、以期教育之普及、使市民了解新學制實行之原則云云、

關岳合祀

祈願國威宣揚

月之二十七日爲關岳合祀之祭日、當茲非常時局下、特定於是日在顧鄉屯關岳廟舉行隆重嚴肅之祭典、由第四軍管區司令部之軍樂隊爲先頭、參拜行軍外各官廳及一般法團代表者亦一律參加、同時舉行國威宣揚祈願式云云、

本年植樹禮場選定

【哈爾濱】四月二十日爲植樹節、哈爾濱市公園股現正積極準備中、本年由協和會市本部主催之下、各機關總動員大量植樹、場所第一回康德二年度苗圃、第二回傅家甸公園、第三回選定文廟、今年預定在新陽區公園盛大舉行植樹典禮、栽植楡樹、楊樹、柳樹等、三四百株云云、

計百十一件、五人以下者共計三十件、總共百四十一件、共分爲十部門、茲將其業種別調查項目採錄於左、
一、紡織工業、
二、金屬工業、
三、機械器具工業、
四、窯業、
五、化學工業、
六、食料品工業、
七、電氣工業、
八、瓦斯工業、
九、製材工業、
十、雜工業

赫騎兵團 殲滅曹匪

赫騎兵團於三月十七日在蘭北縣延興嶺附近探知有蟠居之抗日第三軍曹團長以下百五十名之有力匪團、於是日午前八時半開始攻擊、匪徒依據闊壁頑強抵抗、因此激戰十二小時之久、卒於午後九時將匪徒擊

搶案迭出不窮 東發合茶莊又被搶
警察當局嚴重搜查中

前於十五日午後八時頃道新城大街洪 盛隆百貨 店曾被匪搶去國幣百八十八元、其後道裡中國十二道街協茂長百貨店於翌日午後八時又闖進匪徒一名搶去國幣六十四元、於是當局十分震怒、嚴飭所屬詳爲搜查、詎知匪徒胆大包天、竟毫無忌憚、乃於十七日午後八時頃又將道外南勳街源成東百貨店搶掠、當時搶去國幣八十一元、迨二十日午後八時二十分又在道裡新城大街派出所之附近強搶福豐號百貨店、搶去國幣十七元三角、於是之搶案相繼發生、幾無寧日、且匪徒皆係一人、形狀類同、出 沒無常、使五十萬市民非常不安、警察當連以日來不眠不休、努力搜查中、於昨日—二十三日午後八時五分道外協頭道街六十號東發合茶莊（執事人高天福年二七歲）又有年約三十歲身高五 尺之匪徒一名 執槍闖入、至金庫前搶去國幣一百三十八元、向電車道方面逃去、正陽署接得急報後與司法科連絡、張佈搜查陣網、在道外一帶嚴重搜查犯人中云云、

後、自衛團員則須由市長任命之、而其指導訓練則仍歸警察廳擔任之、其費用由市公署方面負擔之、實質上自衛團之運用則在警察廳長、人員二千八百名、須增至三千一百名、經費三萬元須增至五萬元、向市公署側要求然市公署預定照原來之經費數目加以相當之縮減故兩方面之意見大相背謬、亦爲區制實施中之一重要問題云云、

國防婦會 發會式

哈爾濱日本國防婦人會及滿洲國國防婦女會兩支部合併後之新滿洲國國防婦人會哈爾濱支部之發會式、定於下月三日午前十時在哈爾濱神社前盛大舉行、對於是日發會式之順序業已規畫完成、大體如左、

滿洲武道會哈支部 近將舉行發會式
馮市長被推爲哈支部長
發會式同時舉行演武大會

以宣揚日 本武士道 精神爲目的、近將在哈爾濱市設置滿洲帝國武道會支部、對於結成準備之情形、會見各報、市教育科爲聽取柔劍、弓道各部門專家之意見於二十三日午後二時假市公署會議室召開第一回設置委員會、劍友會淸水教士今村大道館主、山野邊日本人會代理理事、久見瀨司法科庶務股長、以爾濱鐵道局城戶寺氏、柔道會日本中學之中本、剛崎兩教師、山崎市都市計畫科長、弓道會島田定三郎、哈爾濱鐵道局之寶珠山彌高氏等約四十名出席、首先檢討支部之規程、及關於詮衡役員等問題、互相協議、結果決定推馮市長爲支部長、大迫副市長及荻原警察廳副廳長爲副支部長最近將舉行盛大之發會式、同時由武道修練者總動員、舉行演武大會、屆時必有一番之盛況云云、

【又訊】關於武道會哈爾濱支部之設置問題、網羅各專門家組成準 備委員會 研究之結果、發會式之日期、決定於五月一日（日曜）場所在八站宣德體育館或哈鐵俱樂部、同時舉行柔劍、弓道各部門之演武大會云云、

市政週年紀念日 表彰大批吏員

【齊齊哈爾】爲獎勵一般市政公務員熱心服務及勞苦加勤爲此市公署特於四月一日市政週年紀念日、之佳晨、舉行大批表彰、凡服務在四年以上、著有勤勞之功績者、共計約有二十五名、均爲賜給表彰狀、茲誌姓名如左、庶務股長、吉永藤藏、土木股長藤田忠務、衛生股長、黑田麗官、蕭藹萱事務員、劉世傑、任啓光、何硒斌、邢志廣、萬象新、陳慶堯、馬雨田、張著義、孫世驥宋鴻洲、

事務傭人、賈芝田、王得民趙永平、焦尙文、李景財、薛秉寬、陳榮、楊玉林、郭蘭亭牛君順、白玉崑、

松岡總裁赴京

【大連】松岡總裁廿七日午后九時大連驛發列車赴新京數日滯留就北滿方面視察之途云

市公署教育科 一年中之行事

△七月一、各校文化機關內外部重大修繕之計劃、二、各校文化機關室內刷新工事開始三、舉行經理事務講習會、四本年度上半期教育費決算、一暑期講習會之舉辦、二、地方師道訓練生之選派、三、簡易疾病治療講習會之開催、四各[illegible]賞部賬簿之審核、五、學[illegible]之計劃、六、應用[illegible]之規定及準備、七、設立暑期民衆補習班、二、舉辦夏令衛生講演會、（巡廻映畫講演）三、舉辦識字運動、四舉辦民衆協和講演會、一、文化機關之視查、二、審核教案三、各校經營及教管上應行改進事項意見書之作成、四、共他視查事項、

△八月一、各校文化機關綽概及其他備品之整理、二、[illegible]令知各[illegible]送康德[illegible]冊之配給、二、課程表之審核三、員役簿之調製、四、員役履歷之整理、五、員役昇給之審核、六、舉辦承認紀念慶祝會之計劃、七、南滿教育視察團派遣之計劃、八、舉行體育週間行事之計劃、九、建國精神作興週間舉辦之計劃、一、招收民衆學生十級、二、舉辦生活改善講演會（巡廻映畫講演）三招生日語講座學生十八級、四、九一五、九、一八紀念講演會之計劃、五、各校藍球競技開催之籌辦、

△九月一、各校文化機關內外各[illegible]寒設置修繕之勘查、三、本年度下半年度燃料費調查及要求四、整理各校文化機關康德六年度要求預算、五、編製康德六年度教育費總預算、六、修繕狀況之視查、一、承認紀念慶祝會之舉辦、二、南滿教育視查團之派選、三舉行體育週間、四、來年就學適齡兒童數之統計、五增校增級之計劃、六、教員增額之計劃、七、課程進展之審核、八、排共講演會開催之計劃、一舉辦體育週間講演會、（巡廻映畫講演）二舉辦各校藍球比賽[illegible]二、舉辦九一五、九一八、承[illegible]次巡廻文庫、六秋丁祀孔講演會及各校學生參加觀禮之計劃一、道外南崗區學校之視察、二其他視察事務、三、學務報告、

△十月一、各校文化機關防寒設置修繕、二、申請民生部康德六年度教育補助金、三提出康德六年度教育費預算書、四調查各文化機關本年度下半期電燈電力用量、一、來年度需用教科書數目之調查、五、例報資料之蒐集、三、鄉校農場設備之計劃、四、排共講演會之開催、五、課程進度之審[illegible]祀孔觀禮）、一、道裡新安埠區學校之視查、二、其他視查事務、三、各校及文化機關之員役服務、

△十一月一、各校文化機關防寒設置修繕工事繼續、二、檢查各校文化機關會計事務、一、教職員服務勤惰成績之審核、二、請假者之統計、三、賞與金配給之審核、四、校長會議開催之計劃、五、成績展覽開催之計劃、六、新築校舍用地之籌劃、七、例報資料之蒐集、八畢業証書之印製、九畢業生照像之計劃、十、課程進度之[illegible]週間之實施、三、舉辦預防煤煙火災講演會、四、設立婦女裁縫針黹講習會、五、舉辦民衆講習所成績廻覽、一、鄉村學校學舍之視查、二、其他視查事務、三、學務報告、

△十二月一、修繕狀況視查二、年中修繕 統計作成、三各校文化機關來年度修繕計劃提出、四、調查各校文化機關會計事務、五、調查來年度需用物品數量、六、編製康德五年度教育費決算、七、來年印刷物半年度必要品之要求、八文書案卷整理編纂、九、來年度各機關文[illegible]選派、二、課程進展之審核、三、成績展覽會之開催、四、卒業生之統計及升學志願書類之調查、五、例報資料之蒐集六、學生轉退學之統計、七、校長會議之開催、八、教職員資格學力之考核、九、入學志願書之印發、十、六年度行事預定之作成、一、舉辦治外法權撤廢講演會、二、辦理民衆講所及日語講座休業事宜、三編印民衆教育年刊、四、編製康德六年度年中行事計劃、一私立校塾之視查、二、其他視查事務、三、學務總報告、四[illegible]須定表云

濱江特刊

第一五五五號
盛京時報北滿總支社
社址　哈爾濱道外桃花巷西口
電話道裡六八四七番

本年度都市計畫
對既設事業加以整備擴張
近藤工務處長對記者談話

解冰之期廹於眉睫、大同二年特別市成立以來繼續中之哈爾濱市都市計劃並一般土木事業、正在準備興工中、當茲都市計畫開始以來第五年度、對於必要工作土地買收事務既經略事終了、本年度入於實質的建設期或既設事業之擴張整備時期矣、市工務處爲期其完備、更將第一期計畫事業延期至康德八年、中間之事業費總額預定二八二一萬元（中工事費一九七〇萬元）去年度既占用其中之一三四〇萬元、今年中着手之事業預算費爲四百六十萬元、按此預算各種事業別及去年既設費對照於左、

	本年度	既設部
△土地買收	六萬元	三二〇萬元
△上水道敷設	五二萬元	一三〇萬元
△下水道敷設	五二萬元	一二〇萬元
△道路新設改良	九五萬元	二一〇萬元
△河川改修工廠地域造成	六八萬元	一三三萬元
△公共施設	一六萬元	三五萬元
△濱南市街建設	一四萬元	—

此外本年度一般會計土木費一百四十萬元中、主要事業費如左、

△道路修繕清掃	二七萬元
△街燈新設	八萬元
△道路改修	八二萬元

從來一般市民之家庭將糞尿污水利用地下吸收、惡風所行爲日既久、於市民之衛生上頗堪憂慮、故市方今後應努力下水道之敷設其主要之幹線既經完成、今後注意縱橫之支流、當雨期松花江之水位高漲、對於市內之積水洩向江內必須擇地建築排水場數處、又馬家溝河沿線改良下水道之新設工事更在該處造成糞尿污水處分場云、

氷俄然緊張、準備開江出航中云云、

濱江稅署
副署長易人

濱江稅務監督署稻次義一副署長、此次依中央之命榮轉中央經濟部權度局檢定所、日前將事務業已交待竣事、於三十一日午前發亞細亞號列車、在多數同僚歡送中就赴任之途矣、至於遺缺由早借太郎氏充任早借副署長已於三十日到任視事云、

並歷訪市內各機關新任之拜訪

滿商開店
依然增加

據商會調查三月中道外滿商開閉店狀況、計開店者四十四家、資本金二萬四千三百二十元、閉店者十七家、資本金一萬一千四百元、於是開店之資本金額實超過閉店者之二倍半茲將其詳情誌之於左

△開店

千元以上	七家	一四、〇〇〇元
千元以下	三七家	一〇、三二〇元
計	四四家	二四、三二〇元

△閉店

千元以上	一家	四、〇〇〇元
千元以下	一六家	七、四〇〇元
計	一七家	一一、四〇〇元

哈市保稅倉庫
綿織物仍占首位
二月經由地別輸送數量

哈爾濱保稅倉庫二月份之保稅運送貨物數量、經由大連者一、一二四、八噸爲最多其次則爲安東、圖們及其他新京輸送之分約〇、六噸、總計一、六八五、五噸、至於品目別依然以綿織物爲最多、約五百噸次爲陶磁器類約二百餘噸、茲將二月份品目並經由地別保稅運送貨物數量探錄於左（單位＝噸）

品目別	大連經由	安東經由	圖們經由	其他合計
線絲	一〇、八	二三、一	—	三三、九
綿織物	一三六、五	二四一、七	一一七、八	四九六、一
綿製品	五六、七	一一、九	二、七	七一、三
絹絲布	一六、三	一五、九	〇、三	三二、八
毛織物	二八、一	三、五	—	三一、六
砂糖	—	二九、九	—	二九、九
食料品	三〇、三	一六、二	二、〇	四八、七
酒類	三五、三	—	—	三五、三
陶磁器類	一九七、四	二〇、二	—	二一七、六
紙類	一一八、〇	〇、二	七、四	一二五、六
鐵及鋼製品	一三六、九	一、〇	〇、一	一三八、〇
機械類	一八、二	一〇、七	—	二八、九
藥品類	四六、〇	五、四	〇、一	五一、五
其他合計	一、三四、八	四二九、〇	一三、一	一、六八五、五

擬休業之十一油房
日產量愈增
第一日生產一萬四千枚

因貨車之不足致豆餅之滯貨堆積如山、復以檢査停止等問題之惡條件相圍繞、爲掃除滯貨故哈市油房界決將休業一個月之消息已見前日本報、前油房公會、哈爾濱鐵道局等各關係機關緊急協議會決定、鐵道局力求配車之萬全、國際方面亦開

別探錄於下（單位枚）

油房別	日產量
双興	一、七三〇
義昌信	二、四八〇
元孚	六八〇
東興昌	一、八〇〇
東和	九三〇
同聚祥	一、二〇〇
同成和	一、四六〇

四喜妓館
放賭被捕

道外南特署中興街派出所警尉補王繼章、於昨三十一日下午二時、率領警士蔡喜先、朱海濤三人、正在巡邏中、行至薈芳里八號四喜班妓館門前聞有賭博聲達於戶外、當即闖入而一般賭徒正在天天地地賭興

・風城產之原料煙葉占大半數、製品以東亞烟草公司之製品爲主體、在北滿市場消費之煙草、以在哈煙草工場啓東、秋林、南豐、裕豐、泰華、豐福盛等之製品、約占總消費量百分之九十、茲將自一九二五年至一九三七年之十三年間哈市到着及發送數量列表於左（單位＝噸）

年別	到着數	發送數
一九二五	六、四一〇	三、三七六
二六	六、三五六	三、六六四
二七	五、四九〇	三、二五一
二八	六、二三二	三、五九八
二九	七、九一三	五、二六六
三〇	六、六三九	三、九七七
三一	三、九四九	二、三三三
三二	四、二三一	一、九一七
三三	四、九九八	三、〇六五
三四	六、六二一	三、一四九
三五	三、八三六	三、五五二
三六	九、三三九	四、六八三
三七	〇、九五五	五、五〇〇

選派警官
晉京受訓

濱江省公署警務廳、於治外法權撤廢後、對於警察官吏素質極謀向上、以期警察陣容之刷新、日前特選拔成績優良者送入新京警察學校受訓、茲因前月入學之第一期業已訓練完畢歸來、今又選拔管下警察廳及各警察署之薦任官吏二十名入新京講習、已於昨卅一日午前十時搭京濱綫列車赴新京云云、

司機無許可証
竟爾軋斃幼童

△河川維持　二萬四千元
△公園施設　四萬五千元

就前述各種事業之本年度着手之方針、據近藤工務處長談稱、

△道路關係

最近農公園地帶各種設施相繼實現、沈家王崗與本市市內將興修一連結大路、該路將以臭油舖裝、成爲市內唯一之平坦大道、此外對其他工廠敷地之造成新設若干道路、使之四通八達、至於既成市街地對於步道、車道、路面之改修工事必努力使之完成、更對於郊外道路如通阿城、双城、賓縣之國道線路、並三棵樹市街地及香坊連絡道路之改修、又西馬家溝、新陽區之既設道路之整備等以及成爲懸案之石頭道南馬路接連處横貫濱洲線鐵道横道口之旱橋建設、務須均使之實現、

△河川關係

統制阿什河下流方面之氾流、防止松花江及阿什河之氾濫以期確保該河下流之工場地帶、在上流方面掘以船塢在其附近建築堤防造成工場地域、將從來哈爾濱市內無水陸連絡便利之工場之缺陷解消、

△上水關係

對於水源地並淨水場等基本設施既已完成、今後對於給水管之延長、以市民衛生之立場努力普及水道、從來之既設建築物設置有自家用之井戶、又滿洲國人對於水之節約性富强、故對於水道之增設、實感相當之困難、本事業必須逐年在可能的範圍內努力使其擴充

日本商工省擬設 哈市斡旋所

斡旋所之成行頗堪注目

日本商工省輸出組合中央會對於日本商品之進出大陸積極的施行中、已於天津設置輸出組合天津斡旋所、努力斡旋介紹日本商品輸出之等事務、最近在北滿亦將設置同樣之斡旋所、現在正在愼重考究中、頃聞定決在北滿經濟之中心地哈爾濱設置並派遣駐在員來哈、名稱似定爲輸出組合中央會哈爾濱斡旋所、在商品陳列館內作爲假事務所、開始事務、輸出組合之向滿洲進出以此爲嚆矢、蓋日本政府對華北開發傾注全力、於移民事業以外、對於北滿恐不及顧及、以此商工省特對北滿加以注意設立組合以資進出、對於新設斡旋所之活躍將來如何、必脫却舊有各縣貿易斡旋所之舊套而大事活躍對其成行頗堪注目云云、

本年開江 提前二週

三十年以來稀有本年度之温暖、據各方面預想松花江之解氷能較例年早一週間、於二十六日午前三時許、吉林松花江已開始本格的流氷、按例年四月十三、四日始能開始流氷、而本年度開江完全較例年開江早二週間、吉林之松花江開始流氷後、約一週間、哈爾濱之松花江即能開始流氷、哈爾濱之松花江四月八、九日開始流氷、既較例年早一週間、現下水運業鑑於吉林方面開始流

釀造醬油 講習會

特産中央會、國立農事試驗所共同主催之利用屑豆、屑屑釀造醬油講習會、由二十七日起至三十日之四日間、在双城縣盛大舉行矣、會由縣公署産業關係者、農事合作社員及其他街、保設員、鐵道愛護村代表等多數出席收到極大之效果而圓滿終了、三十日午後三時該講習會召開懇談會、作無隔意之意見交換、直自六時以後始行散會云云、

始積極檢查、於是油房界頗感便利、各油房乃繼續操業、截至二十七日、哈市油房生産量一萬四千餘枚、今後有更增加之勢、玆將各油房之日産量分

和聚公	一、〇六〇
恒祥東	九三〇
義興源	一、〇三〇
德順福	九〇〇
合計	一四、二〇〇

方濃之際、忽見警察進屋、戰慄一團、被警察將賭徒綁縛、並將賭資及賭具帶至分所後、備文將一干賭徒送罰懲辦、以儆效尤云、

開發工作進展 烟草輸入量激增

因人口增加

比較北鐵接收前到着量增加三倍半 向農村發送量達六成之多

北滿市場以哈爾濱爲中心煙草類之需要因人口之增加、伴隨邊遠地方之開發大有累年增加之傾向、就中前年來特産豐收、農村農民之購買力旺盛、更加移民事業之進展益呈活躍爲農村金融之恢復及開發諸工作之進展之左證、故煙草消費量之增大及酒類之加增、頗値注目者也、玆將近十數年來哈爾濱市場到着之煙草原料並製品、發送製品數量探錄於下、查北鐵接收前至一九三四年到着發送、每年均有鉅大差額、接收之後比較接收之前到着量約減少一半、其後因交通網之漸次整調、治安狀態亦漸見好轉、産業經濟界之恢復進展等種種關係、累年激增、迄至一九三六年、到着量約達三倍、發送量約占三成、迨至一九三七年到着量增至三倍半、發送量伴同需要數量之激增、又兼交通網之完成、對偏僻地方輸送簡易化等原因、於是激急增加以至五千五百噸、約增加六成、到着數中製造原料約占百分之八十五、製品百分之十五強、煙草原料海外物品殆以大連港入口者爲最多、此外以國

村女拾得黃金 引起愚民貪心

阿城鴨溝屯之趣聞

據阿城陳日範來哈談稱、阿城縣鴨溝屯住戶陳海峯者、務農爲業、家道赤貧、一家數口、均賴陳某一人生活、陳有一女名小丫、年十七歲、雖未奉父母、孝順異常、於本月二十日遵奉父母之命、約同村幼女十餘名、赴田地中挖青菜、將菜挖畢、將欲歸家時、忽見前方距有五六丈遠、由地中冒小丫見狀、頗爲疑慮、當時亦未對他女言語、自己奔冒煙處以査究竟、不料待奔至該處、見有香一枝、插在地中、燃着尙餘二三寸、正在燃燒中、陳女更爲疑惑、在此地中挖菜已有三四小時、並無見有人來燒香、即有人燒香、此處亦非廟宇、更亦不能燒單棵香、思至此處、即用挖菜鐵鏟子照香根挖掘、忽然露出明光耀目約尺餘長寬約五分類似黃銅、依然之回家、告知父母、由其父以剪子鉸除寸餘、持至當舖質當、以作試驗、不意在當舖質當四十餘元、始知確爲金物、一家數口歡樂異常、遂將餘者持之來哈、賣於某金店、價値二百七十餘元、詎知自此消息傳出後、該村財迷者、疑該田地埋沒金物不在少數、老幼年壯均持鐵器至該處挖掘、甚之將地挖遍、亦無發見何物、不料地主見平坦田地、被一般財迷豈知各財迷欲發外財、意志堅固、雖經地主阻止、尙有夜間乘地主安眠時、持燈照耀、三五成群、仍私至該地實施挖掘經詳細探詢、一般財迷挖掘之原因、日前自陳女得金後、有某好事者發出謠言、該田地尙有一金盆、不時發現、若有福得之、價値數十萬元、以致一般財迷、信以爲實、故三五成群、晝夜有前往挖掘、噫財迷之愚、可憐亦復可笑云云、

哈爾濱警察廳、對於市內向來發生交通事故及流血之慘劇特別重視、爲期確保市民之安全、對於各汽車行之司機曾三令五申、嚴守交通規章、無司機証者、更在嚴禁駕駛規例、不料一般司機者、嚴守規章者固有人在、而不守規律者亦不乏人、惟無有免許証者、竟敢操車運轉、軋斃兒童、可惡已極、視人命如兒戲、始發生此種慘劇、而責任當局、決難寬容、玆將昨日之交通慘劇經過情形探錄如下、

莫斯克兵營安民街門牌二十七號、住戶由顯臣之子由鳳岐年七歲、於昨三十日下午六時許、在街上玩耍之際、突由左方駕駛如飛奔往前來載重大汽車一輛、因該汽車上未有鳴笛故由鳳岐發覺時車已臨近、躲避不及、將其撞倒於車下、車輪由頭部軋過、當時鮮血淋漓立即斃命、司機見肇禍、立即停車、鳳岐之父母聞兒被軋、急由屋內赶出、抱其兒屍痛哭幾不欲生、狀極悽慘、令人覩之酸鼻、該管之分所聞訊赶赴現場、檢查之結果、判明汽車司機者李連亭、並無免許証書、且該汽車之車體亦不完備、尚無警笛之裝設、故而肇此慘禍、司機被司法科拘留、以待審詢云、

哈鐵管內 國營檢查狀況

三月中旬哈鐵管內大豆國營檢查狀況、因馬車輸送減少、輸送不圓滑、價格低落等種種原因、然仍比較的頗稱順調、旬間檢查總數一、八五一車（內合格者一、六五九車）與去年同期檢查數一、九八九車（內合格者一、五三三車）對比增加二六二車、一方混保大豆爲左表所列總檢查數爲一、七二七車、去年同期一、五八八車兩相比較增加一三九車、合格品一等三五二車、二等五一〇車、三等四四四車、四等三三二車合計一六三八車、占全體百分之九十五、頗爲良好、玆將合格及不合格車數列表於下

	合格	不合格
濱北線	八〇三	三五
拉濱線	三〇〇	一〇
八區	—	—
濱洲線	一二〇	二八
京濱線	三二三	八
濱綏線	九二	八
合計	一、六三八	八九
去年同期	一、五三三	五六

濱江特刊
第一五六號
盛京時報北滿總支社
社址 哈爾濱道外桃花巷西口
經理電話六八四七番

訪日宣詔記念日

排除從來形勢的紀念式典
協和會市本部積極準備中

哈爾濱市當此四月間、以十五日起之綠化週間爲起始、植樹節並天長節式典、以及意大利拿西斯黨親善使節歡迎市民大會、德國承認我滿洲國時六國國交確立親善大會等市民總動員之慶祝行事接踵而來、不一而足、迨至五月、劈頭即爲全國一致舉行之國家的祝日二日訪日宣詔記念日當此事變之下更有一層深刻之意義、協和會市本部、基於中央之訓令最近開始準備、是日爲東亞盟主大日本帝國與新興滿洲國結成永遠之親善我滿洲國皇帝陛下之御訪日並回鑾訓民詔書發佈之紀念日、日滿一德一心之建國精神發揚之日、然本年度當此曠古之事變下之際、各民族之協力決意鞏固日滿共同防衛之決意、故紀念行事排除從來之形式的行事、以青年層爲中心參加第二期建設工作目的之下各官廳、各學校、各協和會分會等於式典之外、決行選擇各種戶外運動行事、如民族合同運動會、野外音樂會、團體行進等、又中央方面於是日除日滿交驩放送以外、由張總理大臣、星野長官向全國放送訓辭紀念日前後各地分別舉行躍進滿洲國展覽會、巡廻訪日電影會、屆時定有一番之盛況云云、

當局決將繼續掃蕩市內乞丐

有嗜好者爲之戒除

由哈爾濱市社會事業聯合會與市內各警察連絡之下、由昨—六日起開始捉捕市內之乞丐等情曾見昨日本報所載、茲悉道外正陽署管內捉捕者爲數量多、共計一百九十八名、一併送往乞丐收容所收容、內計滿人男一百八十二名、女三名俄人男十名、女一名、滿人小孩男二名、當局爲期使市內之乞丐絕跡計、將繼續掃蕩、對於染有鴉片或其他麻藥嗜好者一律送往戒煙所爲之戒除、予以更新自立之途云云、

哈警廳人事異動

哈爾濱警察廳、爲謀警察陣容之强化、基於今次依哈爾濱新區制之實行、對於屬下各警察署管轄之區域、亦將隨之變更等情、已誌前報、該廳爲謀今后之警政圓滑遂行、自本月一日起、會實行人事整理、現已正式發表、茲將被整理人數探錄如下、

△警佐顧鄉屯署 劉永江
新安埠署 程志
正陽署 劉澤民
第一消防署 杜布羅爲
以上共計五名
△警尉警務科 于忠海
特務科 郭玉璽
保安科 錢海義
司法科 邢務本
經濟署 王桂林
才之偉
杜力舌夫
外事科 魯士達闊維赤
南崗署 薛□
李錫成
卜里志紐克
宋獻祥
香坊署 楊金鏞
蔣瑞麟
新安埠署 趙鳳海
趙錫芝
馬司洛夫
正陽署 李文濤
劉潤
白濬洲
南新署 金顯廷
李序珂
顧鄉屯署 李向東
溫希誠
松花署 索備撓夫
許煥彬
楊福芝
太平橋署 史化顯
警長特務科 林富新
司法科 孟昭元
經緯署 張壽山
羅景峰
巴力申
南崗署 胡慶謨
閻紹儀
香坊署 唐榮椿
臧國端
新安埠署 田成武
吳寶山
正陽署 王允恭
計永禎
張連福
以上共計二十九名
△警尉補經緯署 李文庚
松花署 太史錦
以上共計二名

期王道教育之徹底沒收不穩書籍

新學制實施後白俄教育愈整備

在哈白系俄人子弟之教育、依我滿洲國政府之新學制實施、基礎乃至確立、面目煥然一新、舊有之企業化貴族教育之惡弊至此一掃、以五族協和之目標蒙受王道教育之恩惠、教育當局以新學制之實施爲契機、企圖對於白系俄人諸學校加以一大刷新、首先對於教科書之全面改的編、注以全力、從前各學校採用之東洋地圖教科書、發見誤謬之處頗多、即時命令禁止使用、另採用新教科書、此外關於蘇聯方面冒瀆滿洲國之建國精神、以破壞白系俄人之思想爲目的以不穩之書籍散在於就學兒童生徒之間、調査之結果、判明爲事實命學校當事者對此嚴加監視、並發出沒收之嚴格命令、爲期王道教育之徹底普及萬全、使白系俄人之教育向整備充實之途上邁進云云、

地整哈支局整理道外

地籍整理局哈爾濱支局、爲整理道外一帶地區、現在開始現地測量工作、爲謀屆時測量工作之圓滑計、特將道外一帶分爲十區域、同時由每區中委囑地主總代表一人、以期於工作之際、得有相當之指導、以便工作、對此地主總代表、該局現下正進行物色委囑中云云、

東江壩外之慘殺案

肉商傅長發途中遇害

道外純化街二號住戶傅長發年四十一歲、以賣肉爲生、於六日午後九時頃由太平橋歸途中行經濱江公園堤防排水所前不知被何人慘殺、翌日—七日午前七時、其妻岳氏（三七）因其夫夜間未歸、前往迎尋、行至該處、發見其夫所擔之担、見零亂不堪、尋至溝內、見其夫血跡模糊、臥於地上、已經氣絕多時、岳氏見狀之下大吃一驚、立即馳報該管之南警察署、中間司法主任及其他係官與司法科連絡久見瀨股長、內之浦鑑識股長、藤井搜査主任金井警尉補等急遽赴現場、檢視結果、左頭部兩處、後頭部一處深達頭蓋骨重傷各一處、左後方頭部三寸長之刀傷將頸動脈切斷、以至致命、左手親指人差指之中間均有刀傷、足証當時曾竭力抵抗、推定死後已愈十小時始行發見、頭部之傷蓋係以秤墜所擊、於打死後持款逃去、該處一帶晝間行人往來不絕、惟日沒之後則無人通行、此種行兇、必屬有計畫的犯知傳彼時必路經其處、故在此相候而慘殺者、當局依此正在搜査犯人中云云、

去年特產交易額較前期減一成五

哈市交易所之成績統計

哈爾濱交易所第三十二期營業年度之營業成績、曾見前報、至於特產交易額及糧棧、油坊製粉各特產商別分別列表於下計交易量大豆一三六、七三〇車、小麥四九、二一四車、豆餅三、六一六車、總合計一八九、五七〇車、與上期之大豆一三七、五〇六車、小麥七八二七〇車、豆餅一二〇車、計二一五、八九六車對比、則大豆稍見減少、小麥約減少一半惟豆餅則有顯著之增加、總計約減少一成五分、至於各業者別天豐東一八、四五五車、依然占第一位、二位爲前期三位之日新昌一四七〇七車、三位爲永盛東一〇、七五九車、四位義增信、五位三泰棧爲七七七九車、至於日本商以須藤占第十五位、交易量較之前期約減少半數其次爲佐賀商店三四五六車、此外三菱、三井、覃岡等順減、比較前期大半低減、茲將各交易人別大豆、小麥、豆餅、之交易量列表於次

（單位＝輌車）

	大豆	小麥	豆餅	合計
協昌仁	七六七	一、三三六	四七六	一、三七九
双合盛	—	八六〇	—	八六〇
同聚祥	一、六一〇	二四八	二〇七	二、〇六五
義昌信	五五	—	一一六	一七一
元孚	二、〇二五	二三三	一九	二、二六七
義昌泰	—	七三二	—	七三二
東和	二八五	九九	一二四	五〇八
天興福	—	一、〇二三	—	一、〇二三
德聚	二、四九四	一、〇五七	—	三、五五一
義豐祥	五、三二九	一、〇九七	—	六、四二六
和聚公	二、八一五	三六一	四八	三、二二四
同大	—	四九	—	四九
双興	一〇五	—	一六四	二六九
同茂昶	二、五六七	六八二	—	三、二四九
寶隆峻	二、七七〇	一、〇七六	—	三、八四六
天丰東	二、五二四	四、八八九	四二	一八、四五五
東興蔚	二、〇一一	三九〇	—	二、四〇一

太平橋署　劉吉森
　　　　　郭澤浩
松花署　王德泰
以上共計十八名
△警士外事科　一名
司法科　九名
經緯署　十七名
南新署　十一名
香坊署　十一名
新安埠署　十一名云、

正陽署　十……名
顧郷屯　八名
太平橋署　十二名
松花署　十名
第一消防省　一名
第二消防署　一名

以上共計一百十八名、請願辭職者十二名、爲恐被整理者實業對於生活發生困難、特規定體恤辦法、對於請願赴外省警署謀事者、盡量予以推薦云

軍犬協會支部
普及軍犬計畫

滿洲國軍用犬協會爲普及軍用犬達成一戶一犬主義之目的、最近將設置軍犬訓練士養成所及軍犬研究試驗所、以期確立種犬制度、積極强化指導各地支部、哈爾濱市於普及宣傳運動日施行之前、於五日夜召開本年度第一次之支部總會、協議對策之結果、今後擬定一家一犬之主義、以圖鞏固北滿鎗後之第一線、凡軍隊使用之軍犬、警察犬、鐵道警護犬其他一般產業界使用總稱爲監視犬由民間育成繁殖、由協會統制管理、一旦有事之際、如召集在鄉軍人之辦法、一齊徵集買收、並擬於八月間在遼陽建築忠犬魂碑、哈爾濱市支部、現正開始募集建築基金、今后凡殉職之功犬、皆於該碑祭祀云云、

正陽署破獲 丟包騙案

哈爾濱徐桂芳、年二十九歲、扶餘縣人、以農業爲生、日前赴雙東縣賣地所得之地價五百七十元、於三月十四携欵返回原籍、路過哈市、投宿於道外正陽頭道街鴻順棧內、十五日由該棧赴大羅新購買物品、行至北頭道街、路遇丟包騙術、徐某所携之欵悉數被騙、不料徐某被騙後、當時亦未敢聲張、由此不知去向、正陽警察署聞詢後、令飭搜查隊長關德興氏、督率搜查隊員、積極搜查、以期破獲、確保一般旅客安全、關隊長督率隊員四出搜查、結果卒於十七日午前八時許、正張佈警網搜查時、在南頭道街將久慣丟包犯逮捕、至署審詢、供出係騙徐某之首犯傅德、艾福臣、當由傅德家起獲贓欸一……元、王振元身邊搜出七元、並丟包証物一個、內裝國幣二元以共搜得國幣三百五十元、現將六人組之騙案一網打盡、送往法院懲辦中、茲將各犯人……錄如下、

首犯傅德、(四七)双城人、住十六道街八號艾福臣(五八)綏中人、住南十四道街三十五號、陳永發(五二)新京人、住太古街三十五號、婁成一(四一)綏中人、住南十五道街永濱棧、張岐山(三三)双城人、住地靈街吉祥棧、王振元(四〇)濱江人、住南八站十七號云云、

正陽署 大捕野妓

正陽警察署保安係、爲維持管內之風化起見、於昨日特派警員數名、與所屬各派出所警……淫之婦女及野妓……捕……致各旅館匿藏之野妓、被捕者大尚入在、茲將檢查規則如下一、無一定職業寄寓旅店內者、二、無許可爲接待稼業者三、以秘密賣淫爲常習及容疑者、四、爲秘密賣淫媒合者均一律取締、結果兩小時間共檢舉野妓嚴季先以下■六名現下拘留以待懲辦之云、

商工視察團 報名者踴躍

哈爾濱市公署商工科、爲謀日滿商業之發展、日滿親善精神之向上計、故由該科主催募集市內各大商號責任者赴友邦日本各大都市第三次商業視察團、已誌前報、自開始募集以來、市內各大商號報名者頗呈踴躍、一行十餘名、視察日期預定爲四週間、四月二十日前云、

……名加入視察之商號……除升益股份公司、恒順公、萬增盛、永來盛、海北天、晉益商店、濱一商店、增順昌、洪盛隆、以上各商號各一名云

商工講習會 開懇談會

濱江省公署、因政府新商工法之頒佈、各市縣舊有商會實行改組、以期商法統一、故於日前召開之商工講習會、於昨二十一日講習完了、凡對於參加講習者一律指定爲候補之常務理事、俟將來確定後、即便正式任命、而該署爲慰勞計、特於昨卅一日下午六時在道裡晏賓樓飯店、召開歡宴懇談會凡參加講習者、均一致出席云、

國人有志者蹶起
爲飛協支部募欸
張廷閣等八日在新世界開發起會

際茲非常時局之下、沿征空國防之線、以養成鎗後之飛行機操縱士及一般航空知識之普及爲目的、於去年四月曾成立飛行協會哈爾濱支部、担任北滿第一線日滿廣義的國防之重大責任、今春以來復開始擴充航空機乘員、召集日、滿、俄講習新會員一百〇八名、開始訓練、同時本部方面對於訓練用之器具材料、必須增加、當此後局緊迫化之時、徒以該本部之手難能達到所期之目的、於是滿人財界有志者、不欲袖手旁觀、乃奮然蹶起、由支部特別會員張廷閣、李明遠、唐紹臣等在哈經濟界有力者二十名之諸氏組成發起人會、定於今一八日午後七時假座道外新世界舉行發會式、同時協議具體議案、擬新設格納庫二所、並購買其他應用諸般用具若干及模型飛行機材料、航空知識普及宣傳工作用之映寫機等須欸一萬元、樹立募集計畫、着手運動、最近由支部特別會員及商工公會後援之下、將舉行遊藝大會云云、

奧田副縣長莅任

【鳳城】鳳城副縣長宮澤次郎氏、轉勤海倫縣、各情已誌前報、繼任副縣長奧田貞夫氏、於月之四日由奉莅鳳、縣公署事先聞知、通知各機關、各學校首領、於晚五時齊集車站歡迎、奧田副縣長下車後、向各首領及該署科股職員、一一寒暄、即乘汽車抵縣署、次日即行任事云、

省教育會組織 訪日視察團

滿洲帝國教育會濱江省分會、基於新學制實行、爲謀日滿文化之溝通、對於日本之文化教育有所借鏡起見、該分會組織視察團、預定於五月初旬出發、視察日期後定爲三週間、至於其一切籌備計劃事項、現下該分會正積極設計中云云、

消防隊 移管問題

哈爾濱市公署社會科所屬第一、二、三、消防隊移管於哈爾濱警察廳問題、日前經双方協議結果、預定四月一日實行移管、嗣後因接交手續尚未完備、故行延期、待双方手續完備後、必舉行接交式典云云、

哈鐵慰安電影班
定由本月二十日出發

省衛生科 令種牛痘

濱江省公署衛生科、爲預防天花發生、特於日前令飭各市縣旗民衆、一律種痘、各市縣旗奉令後、現下對於管下民衆種痘工作積極準備中、不日即可開始、不但絕滅天花發生、與個人身体健康亦有相當之利益云云、

國婦鐵警分會 作成大量慰問袋
最近即將發送在華皇軍

國防婦人會哈鐵第七分會鐵道警護隊分會、感念在中國之友邦皇軍、猛勇作戰、前曾迭次發送慰問袋、今次乘日滿國防婦人會合併之機會、又作成慰問袋八百枚、最近即將向在華之日本友邦皇軍發送、所有會員等近日以來正積極的製作中、頗爲忙碌云云、

恒祥東	一、一三四	一七〇	一〇八	一、四一二
東興昌	九五	一二	七六	一八三
天增長	二、一〇四	一、三二四	—	三、四二八
益發合	二、四一〇	一、五三九	—	四、九四九
大興廠	—	二四二	—	二四一
裕昌源	一三六	七四九	—	八八五
成泰益	八六七	一、一三九	一	二、〇〇六
同成和	二、四〇九	二〇五	五九	二、六七三
志成號	一、三三三	三八二	—	一、七一五
天丰玉	四、六九九	一、五二八	一九五	六、四二二
大來裕	二、七一二	九一三	五五	三、六八〇
永盛東	八、四四六	三、〇七七	—	二、五二三
恒聚棧	一、七四六	一、二〇六	—	二、八五二
和成祥	二、一〇〇	一〇八	—	二、二〇八
吉豐泰	五、四〇九	七八五	—	六、二九四
三泰棧	四、八八九	二、五五四	三六	七、七七九
源順永	三、三五六	三八四	—	四、九七三
隆陞益	四、四四四	一、八四五	—	六、二八九
福興恒	—	三三九	—	一三三九
義盛德	四、四六六	六四〇	三〇	五、三六一
三井	一、一六九	八八二	四二九	二、四八〇
三菱	五八〇	二、〇〇四	四〇	二、六二四
日清	二九六	二二一	一三五	七五二
佐賀	一三四	一、五五〇	五九五	三、四五六
成發東	四八三	—	—	四八三
寶隆洋行	五三四	—	—	五三四
泰記	五、八〇二	一、六三〇	—	七、四三二
義增信	八、六一四	二、五六八	—	一一、一九二
仁成永	五、九五〇	九九九	—	六、九四九
日新昌	一、九〇九	二、七九八	—	一四、七〇七
須藤	三、〇四三	一、三二五	四二八	四、七九六
高岡	一、九〇五	四一九	一四四	二、四六八
福康	五五三	八三	—	四三八
日滿	—	八三九	—	八三九
恒泰福	二、九八六	七八六	—	三、七七二
鴻升源	九九二	三九三	—	一、三八五
合計	[illegible]、七三〇	四、二一四	三、六二六	六九、五七〇
計前期	[illegible]、五〇六	八、二七〇	一二〇	一五、八九六

濱江特刊

第一五七號

盛京時報北滿總支社
社址　哈爾濱道外桃花巷四道口
道裡電話六八四七番

北滿開發之先鋒 省下移民之全貌

招墾地整備工作着着進行中

濱江省公署地政科、對於康德五年度招墾地整備計畫、樹立移民政策、對北滿開發積極的開始活動、據推測濱江省管下日本移民用地之總面積約二百四十萬垧、其中山林、河川濕地等之不可耕地包含頗多、可墾而尚未墾之土地約百二十萬垧、迄至本年三月綏稜、海倫、鐵驪、慶城、双城、五常、葦河、珠河、延壽、賓縣、阿城、青岡等各縣之招墾地實施整備約八十萬垧、已經整備終了、繼續於五年度對肇東、巴彥、木蘭、東興、呼蘭、蘭西、安達、青岡、望奎、肇州、郭爾羅斯後旗等十縣一旗着手整備、目下正在準備進行中、預定共總面積約達六十萬垧、對於肇東、巴彥、木蘭、東興等四縣、二月初旬着手準備整理目下進行準備中、至於其餘蘭

移入戶數　六〇戶
現在戶數　七九戶
現在人員　三八五名

2鐵路自警村
綏化、安達、双城堡之三處三十三戶、耕種面積五六〇町步

3鐵驪縣桃山地區
移入戶數　一〇〇戶

河東農村(鮮農)珠河縣第一區
面積二三五四町步
現在戶數　六八三戶(三〇〇八名)

4綏化安全農村(鮮農)
綏化縣双河鎭、面積一五〇〇町步、現在戶數四七八戶

石頭河子移民輔導所(鮮農)肇河縣石頭河子地區、儒下氣老站移入戶數二五〇戶、(將來預定增加三〇〇戶)

青少年移入期日五年四月、名稱鐵驪開拓訓練所(桃山地區)
移入人員　五千名

滿蒙開拓訓練所、哈爾濱郊外阿什河、面積五百町步、本年移管於滿拓、團長移民團、指導員、先遣隊員及青少年移民團等之實地訓練、四月頃開始實行云云、

森林採伐預定數 約四十萬石

哈管區尚在調查中

道街慈光電影院內、能容三千餘人所演項目爲音樂、唱歌、雜樂、大鼓、魔術、歌舞、活劇、相聲、舊劇、彩排、映畫等、早晚分爲兩場、屆時希望市民踴躍隨意前往參加不取分文云云、

協和會考試 青年輔導員

協和會濱江省本部、爲强化管下各青年訓練所起見、特於十五日午前九時、在該會議室對管下五常、木蘭、海倫、綏化、巴彥、哈爾濱等七個青訓輔導員、實行學識試驗、考試科目午前爲一般學科、午後爲一般口試、試驗完畢、經審查之後、對於成績優良者、則選爲部員或其他職員、以示注重人材云云、

退職警士 代荐樺川

哈爾濱警察廳、因日前對於人事之整理、爲免被整理警員失業起見、乘三江省樺川縣此次在哈招考警士一百名、故將該廳屬下日前退職之警士代爲推薦、三二日內即前往樺川縣服務、仍按其原在哈爾濱署所担當之事務、免試任用、警廳如此優待、一般警士大感其德云云、

在濱黑省境發見 廣大可耕地

安達調查隊實地踏查結果

建國以來伴同治安之確立各地莫不猖躍的步入、開發之正軌、北滿地方濱江省安達縣黑龍江省之林甸縣境一帶、幅員廣漠、民國時代人跡未到、任憑野獸之棲息、殊屬可惜、安達縣有鑑於此、對於省境無人地帶派員前往實地踏查、歷時約一週間得到極多之有趣味之資料、一行高柳守備隊長、海老澤副縣長以下鐵道局產業處

行樂節、各方面之旅客與日俱增、認爲改善旅客待遇、以及各種設施之完備、實爲當前之急務、由局方指導之下、使全員自覺認淸旅客待遇向上之觀念、故定於本月二十四日至三十日亘七日間、舉行旅客待遇向上週間、屆期希一般局員嚴守勵行云云、

派遣技術人員 開始農村備林

地方農村備林會議決定

滿洲國造林第一期三十個年計畫、由本年度起即開始實施、前經進行種種準備、大体業已完竣、關於濱江省地方農村備林會議隔昨十一日由林野局毛利監理科長、省牧野農務科長、崎田營業署長及其他各縣副縣長、產業指導官、營林署關係者等多數出席下、在省公署會議室嚴肅舉行、由農村備林之權威者毛利監理科長、關於造林事業中央當局之意圖、詳細說明、其後由各關係者間、作愼重之協議、陳述種種之意見、對於當初向各縣派遣專任造林技士問題、因種種關係實不可能、因時期迫近、在人事問題尚未解決之前只好停頓施行、經再四討論之結果、由哈爾濱營林署派遣技術員赴双城、阿城、肇州、蘭西、青岡等五縣、與該縣公署協力之下作劃期的農村備林事業之先鋒隊云云、

副縣長蒞任視事

【樺甸】本縣前任副縣長宮本喜造氏、因勞過度、已登仙界、遺誌本報、遺缺極峯以楡樹縣副縣長平岡修治接充、已於本月十二日蒞樺視事、聞該氏歷充副縣長參事官等要職、峯姿俊爽、氣宇軒昂、心懷君國志在蒼生、下車後即到各機關各學校巡視一週、將來爲吾樺邑、除害造福、不僅宮本副縣長一人已也、

宗教分會祈禱會

【西安】滿洲帝國協和會西安縣宗教分會長劉祥閣、副會長雷鳳元、因祈禱年景豐收、預祝世界和平、並爲拔爲國捐軀諸英靈、在該分會特設金剛道場、於月十三日起至十七日止、爲全縣境三十餘人之幸福經該分會內之僧道尼以及修養團體之善男信女、誦金剛經三十卷、該分會除呈報官府外、並函知各界人士蒞會、以期化博濟普施云、

新商工公會發會式 最近即將舉行

參事人選現正詮衡中

哈爾濱商工公會自四月一日業已誕生矣、正會長張廷閣以次副會長、常務理事、理事等、重要役員、前已選定、同時爲與會長、常務理事、理事等幹部役員共同舉行任命式、依此則新商工公會之發會式、於旬內當可正式舉行、此外正在詮衡中之五十名參事、據聞除就中十名由關係官方選出外、其餘四十名將選商界之有力者充任云、治城省次長爲副委員長、急於選定中、大体一週間內當可見諸決定、最遲到廿日左右即可於機構已決定爲四處、七科、期公會事務遂行上之順調、關十股、現下正積極進行整理一切事務中、而爲一般人注目之五十名參事的詮衡、現下亦由監督官廳組織參事詮衡委員以、會章省長詮爲衡委員長、

濱江省之新方針

警官之待過改善費增額

設訓練所樹立三年計畫

西、呼蘭、安達、青岡、望奎等五縣預定五月中旬開始整備、肇州、郭爾羅斯後旗則定於八月初旬開始整備事務、此外關於省內之集團移民、自由移民及青少年移民之移入現況如左、

一、日本人集團移民

一、第三次農業集團移民瑞穗開拓組合(綏稜縣)

遷入戶數	二九五戶
現在戶數	一九一戶
現在人員	六九四八
面積	六九四八

二、第六次黑馬列四國移民團(綏稜縣)

遷入戶數	六十戶
遷入人數	二六三名

三、第六次海倫縣移入移民團(海倫縣前三井子)

移入戶數	一六一戶
本隊移入期日	四月上旬

二、第七次移民

地區名	移入預定戶數	府縣
元寶鎮	二〇〇	大分
朝陽川	三〇〇	中部諸縣
太平川	三〇〇	東北
小山子	二〇〇	九州諸縣
三個頂子	二〇〇	廣島
十三戶	二〇〇	香川
東黑馬劉	二〇〇	四國三縣
安拜	二〇〇	宮城
拉林	三〇〇	同
三股流	二〇〇	山形
大道河子	三〇〇	同
大青川	二〇〇	茨城
周家營	二〇〇	埼玉
中和鎮	三〇〇	長野

三、自由移民

1大理村移民(阿城縣第三區)

面積 [illegible]四二町步

滿洲木材界最近需要極度增加、關係方面對此頗為重視、關於本年度森林採伐各方面要求增加採伐數量、前經全國木材商聯合組合、對政府提出增伐請願之陳情書、對於本年度之採伐數量、極端期待、哈爾濱營林署管內本年度採伐預定數量正在現地調查中、尚未終了、據側聞確數大體如次、官行採伐一地約二十五萬石、集團採伐二地約十五萬石、合計四地四十萬石、與去年對比尚見減少、以現在需給之不均衡之現況下、或將增產亦未可知、茲將本年度採伐預定地及其數量採錄於下、

△牙不力林區夏河子河流域(現行官伐延長事業)採伐預想數量約十萬石

△沖河流域(現行官伐延長事業)預想量約十萬石、

△密山河上流地域(現行哈鐵林區附近)預想量約八萬石

△葦沙河附近預想量約七萬石

與夫口角 服毒自殺

道外北十五道街玉華客棧、執事吳喜元、年三十五歲、山東蓬萊縣人、近因市面蕭條、收入僅可維持生活、而吳某近又染有鴉片嗜好、生活漸感困難、以致其妻王氏、(年三十歲)對彼頗為不滿、因此夫婦間不時發生口角、詎知於昨十三日下午一時許、吳某由外購來煙份數枚、強迫其妻燒煙、當即拒絕、致惹其夫之怒、演起武劇、各不相讓、而王氏當然非其對手、不免被打得落花流水、王氏一時氣憤之下、乘其夫外出、在某煙館購得大煙七份、並買切糕半斤、白糖一兩、將大煙悉數捲入切糕內吃下、未幾毒性發散、倒臥炕上、昏迷不省人事、面如土色、口吐白沫、適其夫由外歸家、觀狀大吃一驚、當即詳細查視、發見紙煙七份、始判明服毒、立將其妻送至十六道街福安醫院灌救、結果將毒汁完全吐出、幸發覺尚早、生命似無危險云、

放送局舉辦 招待大會

哈爾濱放送局、鑑於市內聽戶日增加、為酬謝一般聽戶起見、經該局協議結果、決定下月初旬舉行放送實演滿人招待大會、其場所已擇於道外北六

員、縣拓務股長、滿拓社員等十數名、以移民適地、土地豐饒、可耕地有無、棲息動物之種類等為調查之目的、乃滿載食糧野營器具等一路出發、向目的地而去、

該處近年來無人跡到過、前民國時代(約二十年前)有多數居住者之遺留蹤跡比較可能耕地推測約達三萬天地、其中多有濕地、黑魚泡附近每當夏令、水深三尺、附近遍生蘆葦、並有類似地窖之居室、以蘆葦所造乃暫時居住或為匪賊匿藏之所、一行復在薩爾圖方面發見沿濱洲線廣大可耕地、為此行最大之收獲、該處一帶各種飛禽野獸頗多、每發見三四百隻之大集團、誠為最好之狩獵場云云、

哈鐵舉行 旅客週間

哈爾濱鐵道局、鑑於時局旅

綠化運動及保健清掃 雙管齊下 同時舉行

哈爾濱市公署主催之非常時保健清掃週間、由今之十四日起亘一週間盛大舉行、同時協和會市本部之綠化週間亦於是日起開始運動、無線電放送、衛生講演、電影會、街頭宣傳、標語傳單配佈、開設免費健康相談所、促起市民對於室內外及道路之清掃、務各自動的積極的實行、而便保持健康、茲將其週間中實施要項採錄於下

無線電放送

十四日午後六時二十五分、井之川衛生指導隊長、十六日午後六時四十分、賈連元院長

十七日午後六時二十五分俄備醫師會員、

新聞紙上講話發表

西山赤十字病院、三輪市情理股長、

街頭宣傳

十四日及二十日午前十時由市公署前發救急車、乘用車各一輛、在市內遊行、在車上滿貼標語、由工藝養成所工徒管樂隊作樂沿街遊行、

宣傳標語配佈

日滿俄之保健及清掃標語貼佈各街衢以三萬枚發給各學校、以便貼於各家庭、

免費健康相談所

市內各官公私立醫院診療所於本週間內、每日由午後二時至四時間免費開設健康相談、

衛生講話映畫會

十八日午後七時在丸商百貨店四階樓上由井之川衛生指導隊長講演、題目為春季之衛生清掃、正山醫大教授講演題目為發疹傷寒之預防、十五日午後七時在舊道外商會、由賈連元院長講演、

【又訊】哈爾濱營林署、基於我國造林二十年計畫初年度事業之遂行第一步二十一日植樹節之當日、對濱江省內各縣下之綠化運動注全力以提倡之與各地協和會本部及縣民、薪炭組合、國防婦人會等連絡之下、屆時總動員、實行指導栽植苗木、宣傳愛國綠化運動之趣旨、除分發各種宣傳標語外選擇各種樹苗分發各縣、屆時栽植、計双城縣五千八百株、阿城縣一千株、珠河縣二千六百五十株、一面坡六千四百株帽兒山一千株、葦河縣三千一百五十株、合計二萬九千株、預定於是日一齊栽植、同時於哈市郊外綿地羊改良場、滿蒙開拓訓練所、農民道場等處配備一萬株、努力宣傳趣旨之普及又與農村備林計畫之併行舉州、蘭西、青岡各縣下分佈一萬株、以期促進綠化運動之澈底普及云云、

【又訊】關於全滿綠化運動協和會哈爾濱市本部之會員約一百四十名、已如期自昨十四日起亘一週間、開始實行、當日午后一時、攜帶樹苗一千八百五十株、在八區運動場實行植樹工作云云、

濱江省康德五年度預算額為一、二六七萬餘元、與去年度大畧相同、其中地方費編成要點、順應非常時局、對於諸般設施之急速整備充實、安定民心、使國民之生活向上並生產力之發達增進、抱如左之方針、

一、治安及警察關係

1、警察官吏之待遇改善及關於教養、增加經費、擴張地方警察學校、樹立省屬現職警察官吏之訓練三個年計畫、設置附設地方訓練所、

2、順應非常時局及三江省特別肅正工作整備其体制、企圖諸設施之急速實現、特於省境方面警備施設及遊擊隊之活用無稍遺憾、特計畫增加管內警備電話之全面的整備改善費

二、教育及社會教化費

1、關於新學制之實施、於本年度努力整備基礎的設施、計畫對於舊縣立學校之內容充實改善、2、關於養成地方中堅層之人材、經費及保健衛生尤其關於鴉片斷禁、特以地方經費之統合以圖促進其助長、

三、產業、對於產業五個年計畫、第二年度事業之遂行及民力涵養必要基本設施之整備最要者如原種圃、採種圃之增設以農事合作社之活動促進地方生產力之增加、編入農民生活安定必要之經費

四、地方財政之調整國民生活之向上、並民力涵養之必要經費極力設法支出、更對於年末之懸案下級官公吏之待遇改善經費編入預算以內、就中一般行政費極力節減、以期地方財政之可及的合理化云云、

狂犬藥殺成績良好

【錦州】錦州警察廳、為杜絕狂犬傷人、曾於月之上旬、全市實施狂犬捕殺、結果成績至為良好、統計百二十六隻野犬、均為藥殺云、

中央批發市場 三月份交易額 三十六萬八千四百餘元

中央批發市場三月份交易額青果類二十八萬八千九百元、魚類七萬九千五百元、合計三十六萬八千四百餘元、比較上月激增三萬四千八百餘元、蓋三月下旬頃因魚類之場外交易防遏強化、魚類之價格亦同時激急增加有以致之也、茲將各種魚青果別分列於下

(單位＝元)

△魚類	
鹽水魚	七一、九八七、五四
鹽干魚	七、一六三、八五
淡水魚	三、三六三、五八
合計	七九、五一四、九七
△青果類	
生果	二〇六、七八三、〇四
蔬菜	四〇、六二四、二五
乾果	四一、六四二、二〇
合計	二八八、九七二、二三

訪日行政視察團 本省派楊縣長參加

【延吉】我國政府由優秀之地方行政官吏組織訪日行政視察團、視察盟邦日本內地並朝鮮之一般行政、教育、產業、經濟等、定本月二十五日由京出發、五月二十七日歸京、亘一個月間視察日鮮、右視察團間島省派和龍縣長楊嗣馨氏參加云、

濱江特刊

第一五八號
盛京時報北滿總支社
社址　哈爾濱道外桃花巷西口
道外電話六八四七番

南木廠遷移問題
因徵收地皮捐自願拆除房屋
新馬路即將入於本格鋪設期

市公署工務處、前在都市計畫中爲完成都市道路之新建設之目的、已在道裡田地街至新陽區方面建築之現代化之大同路大街、並爲將此大同路貫道外直達濱江站更在田地街東頭之濱洲線鐵路下新築隧道以資完成、而由鐵道東南拌廠至濱江站間劃定大馬路線、因是該署工務處前已通令該新計劃之大馬路線內之南拌廠各木商及各住戶、限期將該線內所在之房屋一併拆除、而資實施新馬路之本格鋪設工事、但迄至現在該線內所在之各房屋、尚無一處之拆除者、市公署方面爲期早日完成新大馬路之計此劃、對該處所在之房屋通令限於來月十五日以前斷行一齊拆除、對於各木商所放置之大批木料、亦須同時遷移、並規定如有推延不拆除房屋及不遷移木料者、則按房屋所佔之面積每一方米徵收地皮捐貳角木料每一方米徵收一角、如是凡一院落之房地捐額、至少須一二百元以上程度、連同木料捐須在數百元之數、各木商則經協議後、除將該線內所在之房屋即行開始拆除外、對所放置之木料因期之所迫、苦於運搬之不易、亦能求市公署稍爲緩期、以資陸續遷往他處云、

行騙術事發入獄
學放鷹者應以此爲鑑

成工廠院內穢水窖中、發現匣槍兩支、於昨十九日道裏外國五道街下水道中、又發見手槍一支、警察當局頗爲注目、現下積極偵查中、茲將其經過情形探錄如下、

工人陳元珍、於十九日午前十時、正在外國五道街清除下水道陰溝工作中、突由溝洞中撈出自來得手槍一支、當即報告經緯警察署、經警察官蒞場檢視、該手槍號碼爲一〇五二號、槍筒甚新、並未生銹、惟零件及機鈕槍柄已不完合、認爲當係最近有人密置此處者、除將槍置放署中外、一方開始緝查此槍之來源云云、

杭州輪坐礁
江水消瘦航運困難

松花江本年度開江較往年提前約兩週間、航聯合局所屬船隻積、極分配出航、然本年度自開江後、水量奇瘦、以致大型船隻、來往航行頗感困難、所以對於客貨運送、甚不圓滑、不意日前十七日、由道外十二道街碼頭出帆之航業聯合局之杭州輪船、於十九日下午二時許、行至三姓附近淺灘、船底突被石礁撞破、全船

一、對於各地方用適應各該地方實情之方法、（傳單標語或講演）宣傳以期一般人民徹底瞭解、而資盡力奉行、

二、應努力關於罌粟密栽培之偵察、

三、密種罌粟一經發覺、即芟除之、但在密林地帶之地方及官憲威力所不及之地域、於開花時期、集中警察力、努力芟除之、使其絕跡、再於此時得求軍之掩護、

△其他

一、對於罌粟取締所需要之經費、每年度由各省關係機關協議後、決定其担當額而供給之、

二、各省與關係機關協議後、爲實施本要領而順應現地之實情、作必要之企劃、

三、各省應遵照本要領、將計劃及實施報告於各部、

正治安、

△要領

地方警務機關實施左列計劃、當實施時與專賣官署及日滿軍警取締密切聯絡、

新舞台動工改修
中舞台計畫重築

自前安東滿洲大戲院遭祝融駕臨罹難者幾達千人、以是各地警察當局引以爲鑑、對於各娛塲所之建築問題、頗爲注意、茲者本市警廳當局、鑑於中舞台及新舞台之建築不適於用、故指令重加修築、已於今正之一月許可屆滿後照舞台而入於本格之計劃修築中、聞新舞台現已着手改造、除將後台化裝室一部重新修理外、並設過道及多數太平門、惟中舞台因全部殆均壞毀不堪、無法修理、故指令全部從新建築、而須將大門出入口設於臨街、以防出入不便、該台現正在計劃籌後之建築中云、

云云、

自行車
不翼而飛

李喜春、年十八歲、現在道裡櫻商會充當櫃夥、於昨二十日下午七時許、乘自行車赴道裡斜紋二道街『班古拉多夫』院內修理電熨斗、將車放置門外入室未數分鐘、即行外出、則所乘之自行車不翼而飛、查該車號碼爲二六八九號、並附有櫻商牌、東洋車架、當時經遍尋無着、立至經緯署報告、請求查緝云云、

春季第一次賽馬、
念三日舉行

家畜市場
將大改革

當茲非常時局體制下我當局對於生產消費之兩方面努力整備、康德二年二月經市公署設置之家畜市場、迄今已滿四

史趙氏、年二十六歲、双城縣人、先夫張萬淸、於數年前因病故去、伊以生活逼廹、依父母之命、改嫁於史大成爲妻、史本係一市井流氓、無惡不作、視趙氏青年貌美、遂與其內弟趙玉林計議、以趙氏爲誘餌、施行所謂『放鷹』騙術、適有農民闞玉川者、年六十餘歲、尙無妻室、史即令其內弟張萬淸、向闞說項、僞稱其姊擬欲改嫁、倘不嫌棄、願結秦晉之好、惟恐闞某生疑、更由其族兄張世賢出而爲証、闞本一戇愚、不察眞僞、故略經磋商即以國幣二百元納聘、於去年舊正實行迎娶、趙氏等本係設計行騙、過門後自不能與闞一心 度日時常藉回母家爲口實、返史大成家聚會、闞玉林固不知也迄至同年秋、因生活困難、出賣田地、得欵四百三十元、藏於抽屜內、被趙氏乘機竊去潛逃、始悟個人往日墜入彀中、自趙氏逃走後、暗地偵査、亦無結果、乃向縣司法當局將趙氏等一干人犯控告、結果被當局逮捕、判處趙氏一年零兩個月徒刑、其弟張萬淸判處六個月徒刑、詎趙氏等不服原判、於前日來哈、竟向哈爾濱區法院提起上訴云云、

穢水窖內 手鎗何多

日前會在道外十六道街衆與

侵水、幸裝載客貨無多、未蒙多大損害、現下正在進行救助作業中、哈爾濱航業聯合局接到該船遇難電報後、頗爲驚愕、據聞坐礁遇難處、水深僅有三尺、對於大船航行上、一大障碍、航業責任者、極謀對策中、倘於近日再不降雨時、航運事業更受莫大影響云云、

對罌粟之秘種者 決斷然取締

中央制定取締要綱 分令各縣遵照施行

濱江省公署、頃將中央明令依據政府政局之鴉片十年斷禁政策、關於罌粟之秘密栽種者、決定斷然取締、業已制定罌粟密栽培取締要綱、除分令各縣、一致實施遵照外、並與各關係機關協力迅速樹立計劃、以期徹底施行取締之策、而免遺漏、其取締罌粟密栽培之要綱如左、

△方針

鑒於罌粟栽培與鴉片斷禁政策之遂行及治安維持上有重大障礙、故於各省警務機關統制之下、對密種罌粟徹底的取締、以期確立鴉片制度、而確

爲引起賽馬者之興趣 第一着賞金爲一千元

値此春光明媚惠風和暢正當遊郊賞景之期、哈爾濱國立賽馬場、有鑒及此、爲助長一般市民之賽馬熱起見、對於本年之春季第一次賽馬、早在進行計劃中、玆經籌備就緒、決自本月廿三日開始競賽、時間由每日午前十一時三十分起、玥始售賣勝馬票及搖彩票、玆將其競賽日程誌左、

第一日—四月廿三日(星期六)

第二日—四月廿四日(星期日)

第三日—四月廿九日(星期五即天長節)

第四日—四月卅日(星期六)

第五日—五月一日(星期日)

第六日—五月七日(星期六)

第七日—五月八日(星期日)

以上之競賽日程中、以四月廿四日之第二日賽馬之同時施行新外馬特別大競賽當局爲引起一般賽馬者之興趣、特規定第一着賞金爲一千元、並於五月八日之第七日競賽同時、施行各種優勝競賽又當局爲便利一般市民之代步計、特與市交通局聯絡安協每在競賽之日均配有大汽車數輛直通賽馬場云、

江水奇瘦 船運變更

松花江自開江以來、江水奇瘦、以致大型輪船航行發生障碍、所以對於客貨運送受有相當影響、航聯局方面會研究種種對策、現已決定自二十一日至二十六日止臨時運行二等船

二十一日午前十一時啓錨天安

二十二日　北海

二十三日　天泰

二十四日　新京

二十五日　威遠

二十六日　海星

由瓦宏至三姓、實行輪送、由三姓去下流之乘客、在三姓再換乘往佳木斯富錦間之輪船

年、組合員二十一名、出資二萬五千元組成之市場組合、於三月間已經解散、最近即將創立總會、根據過去之經驗、對於市場之經營將加以根本的改革、以期 貫徹市場本來 之使命、本市家畜市場之動向、實於全國各地均有連帶的關係、故各方面對此頗爲注意、

小汽車 撞傷少婦

一〇二四號營業小汽車、司機高永河、於昨二十一日下午二時許、駕駛小汽車、由砲隊街向警察街正在急行中、忽遇一滿婦年約二十餘歲、於路上徘徊中、司機將欲躲避、不意因駕駛速度如飛、一時不能停止、當時撞於電柱上、並將婦人撞有重傷、而小汽車前部粉碎、適有崗警瞥見、趕到現場立將被害婦人送市立醫院救治因內部受有重傷、恐生命危險、將肇事司機備文送至經緯警察署、以待懲辦云云、

樹有淨化空氣功能 官民協力造林運動

植樹節省市當局均有祝詞

廿一日植樹節當日哈爾濱市公署及協和會市本部、依中央之綠化運動、爲期喚起民衆植樹思想向上、並愛林觀念徹底特由市署及協和會市本部兩者主催之下、於午前十時在新陽區舉行盛大植樹典禮、主催側市署大迫副市長以下各處科長全體署員與協和會市本部各部員、來賓方面濱江省孫實業廳長、賈民政廳長、白哈爾濱警察廳長、張商工公會長及其他日滿各機關首領多數參集之下頗呈盛況、振鈴齊集後、依式揭揚國旗、同時全體行敬禮、繼由大迫副市長代表馮市長致如左之開會辭、

『當今市公署 與協和會市本部主催之第四回植樹節式典舉行之日、辱蒙各位踴躍參列、而主催者實衷心感激、査樹木爲國家社會構成之重要、無論在治水上、保安上、產業上以及國民生活上、皆不可缺少、按年來時勢之進展、並伴同國都之異常發達膨脹、市民逐日夜陷於噪音雜亂及煤煙屑包圍中、在此自然的非衛生之生活對國民思想上特別予以惡影響、而樹木有同化之作用、能將污穢之空氣、予以淨化、同時對於市民之保健衛生上、亦有極大貢獻、尤對於都市美化涵養健全之國民思想、誠有不可磨滅之功、我滿洲帝國建國以來、國內樹木缺少、甚爲遺憾、爲此由實業部方面提倡由當時之民政部、軍政部、文教部及協和會等後援之下、並舉辦全國綠化運動、獎勵植樹、並普及愛林思想、以此爲國民保健衛生並國防上必要地方銳意促其綠化之徹底、而哈爾濱市亦體此主旨、於每年之今日爲期舉行植樹節普及綠化愛林思想、本次爲第四回、由於各位之協力、成績異常良好、甚爲感激、然雖得完成其主旨、尙祈今後更進一步之努力、以期達成所望之目的、謹以數語作爲致詞』、 繼由來賓孫實業廳長代表韋省長祝詞如左、

『今日爲本省 市舉行植樹典禮之辰、鄙人得與各位同仁群集惠風和暢氣爽之郊外、參加式典、欣快非常、植樹典禮之舉行、是爲促進現地方官民對於植樹之勃興、以及提醒一般民衆造林之動機、並養成愛林之趣旨與收獲之利益、如欲達到全國綠化運動理想境地、非由官方首先提倡、認眞實施不爲功、是以中央當局多方策畫制成植樹淺說、乘植樹節廣爲散布宣傳、同時又頒布綠化運動週間、限定官廳每年中須植樹若干株數並議定自今年開始實施三十年造林計畫、且對於植樹典禮特別注重實際、隆重舉行總期植樹知識之普及、全國綠化運動之成功、吾儕自應秉承中央趣旨、腳踏實地努力奉行附和當局發起帝制綠化運動普及之至意簡單所見、聊作祝詞』、於此禮成繼開始紀念種樹、直至十一時半散會云云、

濱江特刊

第一五九號

盛京時報北滿總支社
社址 哈爾濱道外 桃花巷西口
道裡電話六八四七番

市内充滿歡迎氣象

意大利親善使節團蒞哈

哈爾濱市五十萬市民熱烈企詩中之意大利親善使節團、於包羅共侯爵引率之下、一行正使節十八名及隨員六名、於二十八日午後七時十五分、在哈市滿日各機關首腦部及各法團代表至站歡迎下、樂音悠揚裡安然抵哈矣、

是日也天氣清明、春風徐來七時以前各機關首腦如韋省長結城次長以次各廳長、大迫副市長以下各處科長、孫濱江稅務監督署長、俞稅關長、哈爾濱商工公會張會長、李副會長日本側鶴見總領事、軍部各代

對我國發展欽佩不置
下車後對記者團發表談話

李維葉茨塔伯爵對記者談話
操流利之日語滿面春風
因無團長許可故不發表

陛下統制之下、一切國政抵於完成、且以各民族之道德的連絡、實為三千五百萬民衆精誠團結强有力之國家、此外實業之發達、治安之鞏固、尤使人欽佩不置、有甚深之良好印象、故足徵貴國之前途遠大、將來之發展實不可限量者也、敝團此次來訪貴國、於歷受貴國各方面之熱烈歡迎中、更蒙貴國新聞界各位有誠意的表示、敝國實不勝感激之至、敝人代表敝團尚望各位將敝團之一切所懷與所冒者、向貴國當局及貴國民衆一一表示而傳達之、是為敝團所希望者、敝團今次由貴國首都新京出發來哈起、以至到着哈爾濱沿途歷受熱烈歡迎、心衷尤為感激之至今特代表敝團、向貴國各方面表示甚深之謝意、云云、於談話終了後、各記者爭相攝影後向維其閣下以日滿語對記者團曰『謝謝！』而入於 休憩室矣云、

忽由院內走出鮮人朴能勳等三人、竟而猾虎吃食、當將鄒某飽嘗以巨靈之掌、結果鄒某以孤掌難鳴、而且頭部又被毆傷當即扭同鮮人及該妓前往經濟緯署請求依法懲辦云、

意使團滯留期內
哈警廳嚴重警備

為歡迎意大利親善使節一行來哈、全市日滿意三國旗飄揚於各街頭、哈爾濱警察廳、因使節團滯哈中、為防止事故發生、於二十八日早朝、督勵管下各警察署、全體總動員、配佈於各重要個所、實行嚴重警備中云云、

電車事故

二十八日下午三時、交通局第三十一號電車司機米賢樓、由馬家溝向道裡警察街行駛、車抵火車站、正向道裡進行中、忽有一日人因跑上電車、當被摔於車下、頭部及手足部受有多處重傷、鮮血淋漓、昏迷不省人事、一時交通杜絕、秩序混亂、事被崗警聞詢赶到現場、除將受傷人送附近醫院救治外、並將司機車掌帶所云云、

日系警務科長
會議經過情形

濱江省公署召開之第一次屬下縣旗警務科長會議第三日之日系警務科長懇談會、於昨一廿八日早九時起、繼續在省公署官房開催、當時參加者與前日之日系懇談會相同、但省公署方面除植木警務廳長及神子警務科長外、並有官房地方經理等出席與會、當全體入席後、首由植木警務廳長及神子警務科長提出各種轉示事項、

會濱江省本部長結城清太郎氏發辭）

十七、滿洲帝國協和會萬歲

一一般唱和（意大利特派使節褒列爾利閣下發辭）

十八、意大利國特派使節並御一行萬歲（滿洲帝國協和會哈爾濱市本部長大迫幸男氏發聲）—奏樂

十九、登壇者一同退出、

二十、一般退場、

二十一、大會閉幕、

預定於歡迎大會終了後、繼續舉行歡迎飛行、於參列者三呼萬歲中、一行登機迴旋於哈爾濱上空云云、

（又訊）由哈爾濱市主催之夜遊宴會、定於二十九日下午八時至九時半在哈鐵俱樂部內開催、意大利使節團歡迎宴會、凡在哈日滿名流有資格者約九十六名、均被邀參加、同宴會席上、由市長致詞（日滿德或英語）然後使節代表謝辭（德或英日滿語）當日參列宴會者均着用燕尾服並勳章 印綬佩用、於宴會終了、稍事休息、繼續夜遊大會、隨行 接伴委員、意大利 使節團一行之來哈、我政府及日本側派遣之隨行接伴委員氏名如左、

一、日本側接伴員、

外務省側、小川書記官、寺岡事務官、系川屬官、阿南屬官、陸軍省側、林中佐、海軍省側馬渡少佐、

一、滿洲國接伴員

夏參事官、松村理事官、丁官房庶務科長、袁理事官、馬

表、協和會分會代表、滿洲國防婦人會代表等百餘人、齊集站台內、迨自鳴鐘至七時十五分、國賓專車交叉滿意兩國旗蜿蜒而至、一時樂聲悠揚、使節團一行身着青色服裝、相次降車、其時樂聲、歡呼聲雜成一片、頗極一時之盛、一行於接伴員及歡迎者隨伴中入貴賓室、由市長、協和會代表、省長、總領事等分別謁見後、列隊赴大和旅館、途中協和會各分會、國防婦人會、防護團、各學校學生、各機關等堵列歡迎之市民、不下二萬人、均各手執日、滿、意三國國旗、高呼萬歲、包羅共團長立於先頭精神矍鑠、體態雄偉、高舉右手、對堵列歡迎之市民一一還禮、行抵電車站前時、歡迎牌樓之彩燈豁然明朗、樂聲吹奏中入於大和旅館、時七時四十分也、七時五十分頃、在大和旅館二階接待室、由侯爵團長包羅共氏接見滿日俄新聞記者團、以意大利語發表以下之談話、

『敝團此次 以使節之資格來訪貴國、已有數日、久希望與各位一談、今日由新京來哈、得與各位會見、殊覺非常榮幸敝國此來印象、前在新京時已向在京記者團發表、綜合一般情形、實已得到最好印象、茲再與諸位一談之、

今次之來訪貴國、甚於各方面之認識與實情、綜合的印象而言、貴滿洲國機構一般及建設之猛晉皆已有驚人的發展現象、尤其全國朝野在貴國皇帝

親善使節團一行內有團員畢托洛、李維薬次塔伯爵、因與友邦日本有奇異之因緣、據說伯爵為日人木戶之後裔、其夫人克拉拉女士亦屬日本人的子孫伯爵此次往訪日本時、恒以流利之日語向往訪者相談、故博得令譽、彼能操十三國之語言、尤對日語為嫻熟、當彼於三十年前即能言之、此次訪問日本時、彼以流暢之日語談話頗為一般人所驚嘆不置、在大和旅館於包羅共團長發表談話後、記者在休息室得以徵求托洛、李維薬茨塔博士的意見機會、當向前詢問、博士用流利之日語曰、『倘無包羅共團長之許可、任何談話亦不得發表如明此情、吾再與君談之、諒君必不以此為惡意也』開口便給記者來了個當頭棒喝、

『那末請您署個名字吧』

一面說着拿出信紙來、

『哈哈署名嗎? 那末就署名吧、』

談笑裏提起筆來寫去、

『黑別田稗太郎』

當記者辭退的時候、他舉起右手、一面笑着一面說『再見再見』

嫖妓未果 頭破血流

鄒辭順、現年二十七歲、住新安埠、安康街門片十八號、為鐵路之工廠工人、綢纜不羈性好漁色、每於工餘之暇、輒作北里之遊、以資消遣、昨二十八日午後七時、由道外台陞販來、行抵道裡外國四道街、素有野妓市場之稱之路南黑暗處、當邂逅一野妓向其眉目傳情、鄒某於一見之下、心性勃動、不可遏止、當即趨前與之調笑、並講代價、結果講妥宿金五角、當於該野妓引率之下前往就近某院落密室、孰意鄒某於甫進門之際、見室內非常黑暗、當即趦趄不前、意欲中止、但該妓執意不肯放鬆鄒某於一見之下、大為不滿、當與之辯論、不料該妓態度非常強硬、並不示弱正在嘈雜之際、

於轉示事項說明完了後、而入於午餐、下午由一時起、地方經理科長 等先後提出轉示事項、自二時起、在同會會議室、開始本格之懇談、由植木廳長以次各科長等質疑應答、至五時許散會、至此警務科長之會議遂告圓滿而閉幕云、

意大利使節團抵哈後
歡迎大會之盛況
協和會主催在八區公園舉行
大會終了後並舉行歡迎飛行

為歡迎意大利防共盟邦法西斯蒂黨親善使節團鮑爾迪團長以下二十四名、表示甚深歡迎之熱意、定於二十九日天長節之佳日午后零時半、至一時半、由協和會哈爾濱市本部主催、在八站公園廣場內舉行盛大歡迎大會、屆時使節團一行及我國政府隨行接伴委員、協和會省、市本部全體、並各分會、在鄉軍人會、防護團、國防婦人會、各學校學生等、均一致參加歡迎大會、其時當日大會次序業經如下、

一、一般參列者整列(奏樂)
二、來賓着席
三、登壇者着席(使節團一行入場時一般高舉手旗歡呼歡迎)
四、滿洲帝國國歌吹奏、一同合唱、
五、意大利國特派使節歡迎之辭、(滿洲帝國協和會濱江省本部長結城清太郎、意大利語翻譯)
六、意大利國歌吹奏、
七、意大利國特派使節答辭(登壇者應時齊舉手旗歡呼)
八、省長致詞、
九、日本總領事致詞、
十、意大利領事致詞、
十一、駐哈德國領事致詞、
十二、協和會行進曲奏樂、
十三、法西斯蒂黨歌奏樂、
十四、滿洲帝國皇帝陛下萬歲、一般唱和(特派使節團長侯爵鮑爾廸閣下發聲)
十五、意大利國皇帝陛下並莫索里尼首相閣下萬歲、一般唱和(濱江省長煥章氏發聲)
十六、意大利法西斯蒂黨萬歲、一般唱和(滿洲帝國協和

事務官、王秘書、武藤協和會宣傳部長、 一、滿鐵側 早川富之助、望月龍、 一、補助員 山本茂之、內藤稔、朝山進、高本彌三郎、清水朝藏、井上云云、

大迫副市長 天長節祝詞

光明自普天之上溢來、草木生意普遍大地、當茲新綠薰風清爽季節之際、恭維奉祝天長之佳節、年年歡慶之意、更新歲歲感激之情愈烈、

欣逢盟邦日本帝國聖上陛下第三十七回之御誕辰、玉體愈御健、國基益日固、誠為皇國無窮之一大幸事也、

維我盟邦 日本帝 國建國以來、於茲三千五百九十八年、垂萬 世之皇統、同天 地以無窮、年豐民樂、聖澤恩光、溢於四表、而常一度之雄發烈烈雷霆之威、王師百萬之衆遮蔽全華之山野、皇軍所至、戰無不勝、攻無不取、是皆陛下御稜威武所致也、

然而洗兵振旅之期、尚未可計、拜察陛下宵衣旰食、夙夜研精、不勝恐懼之至、亦正吾等自勵自戒、以期從速使東洋和平上安聖慮而酬聖恩之秋也、

茲與五十萬市民、對日本舉其絕大之好誼支援表明滿腔之感謝、敬祈國威之發展同時恭逢此天長佳節之際傾至傾與赤[illegible]

濱江特刊

第一六〇號

濱江時報北滿總支社
社址　哈爾濱道外桃花巷四口
電話八六四七番

昨年度木材產量 實量五四五萬石

木炭七二万擔薪材四七万指 比較康德三年度均見增加

據某權威方面調査、康德四年度滿洲國之木材生產實數量、勿論官行製品、集團採伐、自由採伐於當年中實際引渡完了者計、

一般用材	三、七九〇、二八〇石	薪材	四七〇、九九〇指
特殊用材	一、六六二、八四〇石		
合計	五、四五三、一二〇石		
木炭	七二四、五五三擔		

四年度之生產數量與三年度對比用材大約增加百五十萬石、木炭增加十九萬一千擔、薪材增加十一萬二千指、茲將其詳細列表比較於左、

種別	四年度	三年度	增減(十)	率
用材(石)	五、四五三、一二〇	三、九六八、二二九	一、四八四、八九一	〇、三七四
木炭(擔)	七二四、五五三	五三三、七〇七	一九〇、八四六	〇、三四五
薪材(指)	四七〇、九九〇	三五八、五六三	一一二、四二七	〇、三一四

用材用中計分爲二種曰一般、曰特殊二者比較三年度加增率參看下表、但前年度之統計中舊蒙政部所管之興安省下之海拉爾外三營林署之一般及特殊用材未能詳査、茲就舊實業部管內者比較如下、

種別	四年度	三年度	增減	率
一般(石)	三、六一五、三〇四	二、七四七、二二〇	八六八、〇八四	〇、三一六
特殊(石)	九八一、一三九	八四八、一七五	一三二、九四四	〇、一五七

濱江省檢定 中等教師

濱江省公署、依新學制之施行、爲研教育向上、對於教職員加以嚴格之檢定、該署對管內中等教育教師檢定試驗、現下正在積極準備中、試驗之期日定於七月中旬、據聞此次舉行中等教育教師檢定試驗時、凡不在職之民間志願者、亦可報名受驗、取得中等教育教師之資格、發給中等教育教師免

區制實施問題 來月一日或可實現 市署某有力者談稱

醞釀已久迄未實現之哈爾濱市制分十區制問題、昨五日據市公署方面某有力者談稱、關於本市區制問題、現在正積極準備中、將以最近期舉行第二次市諮議會爲楔機、提出決議、然後將決議案交於濱江省長裁決、轉呈中央當局經過審查認可後、方能正式實現、大約實行之期、須在來月一日、至於區制人選、現在委託協和會代爲物色中、以俟推薦完了、再經市署之愼重詮衡後、即可決定云云、

之子爲童養媳、后與李某發生關係、於康德三年四月間被李某拐押於前述溫杏里二十六號賣與和盛爲妓、因不堪買家虐待、於前月逃往救濟所、懇爲收

酣睡之際、遂入廁所、越牆逃走、臨逃時身着花布長衫、青褲、青呢鞋、剪髮天足小腳、郭葛氏、年二十六歲、清宛縣人、係洋車夫郭崇周之妻、於本年二月由家逃走、迄至三月一日由其夫將其尋獲、送於救濟所內、雖經入解勸數次亦堅不歸家、於昨五日晨起時將救濟所大門私開逃走、據云與洋車夫李玉香通奸、想爲李某將共拐走亦未可知、現下警察當局正在搜查中云云、

鍘草不愼 手指鍘掉

香坊警察署管界草料街門牌六十六號、住戶韓寶春、年四十九歲、濱江省人、現以販賣馬草爲生、於昨四日下午六時許、在家鍘馬草、一時不愼、竟將左手伸入鍘刀內、故將手指四枚均已鍘掉、當時痛昏倒地、不省人事、鮮血淋漓、爲狀極慘、家人見狀大驚、立即叫來救急車、送至市立醫院、聽候手術治療中云云、

對日鮮人不正業者 決將徹底的檢擧

我政府當局爲圖撲滅亡國病鴉片中毒、特樹立鴉片斷禁十年計畫、着手實施以來、取締當局基於以上之國策、加以徹底的取締、對於日鮮人之鴉片密賣者由警察廳司法科以下督勵各署員對於市內不正業者一齊進行檢索、近來檢擧數名、均係前經日本領事館檢擧數次者、當局對於此等不正業者今後爲嚴厲懲戒計、決將施以體刑處分或命令退去云云、

省署整理社會事業 將設縣營社會館 努力改善民生思想善導 盡量發揮精神教化之實

濱江省公署社會科、鑑於管內各縣之社會救護並教化團體公立私立毫無統制、且農村之社會事業對於物質的救濟、精神的敎化、收效極薄、爲對應時局有將一設較小之社會事業團體計合統制之必要、以發揮其宣傳教化之實效、將設置各縣旗「縣旗民會館」目下計畫中據側聞該縣旗營社會館館長一席由縣旗長担任、以外置主事及職員若干名、將來民衆教育館、講習所、體學圖書館、救

廳日本移民招墾地整備起見、茲於今日（五月四日）開催第一回招墾地整備委員會議、前於四月中旬、通知全縣廿個保保長、及關係商農團体、並日鮮方面人士、會著假於江北字會是日到有代表約四十人、縣方出席者、正副縣長、科局長等所討議者、分爲四項、（1）關於招墾地整備之件、（2）關於現住民之宣撫工作之件、（3）、其他協議事項、（4）開催懇談會、並交換意見云、

佩刀落處血光四濺 老翁純德被砍負重傷 侯某眞乃虎兒冠者也

至於樹種別、依然以針葉松爲最多、占總量百分之九二、二爲三、四九三、七三三石、幾占全數之大半、其餘爲濶葉松計二九六、五四七石、占總數百分之七八、再次爲紅松、針葉松及濶葉松共爲百分之五六、六、白松百分之二、六此二者殆占其大部矣、其生產地別及一般用材計牡丹江六十八萬三千石、敦化四十三萬八千石、安東四十一萬一千石、吉林三十三萬七千石、以次爲哈爾濱、黑河、勃利等處、特殊用材之生產地以興安省管內爲最多、計海拉爾二十九萬四千石、博克圖二十九萬二千石、哈爾濱十八萬石、五常七萬六千石、茲將全國營林署別及一般、特殊用材之生產量列表於下

（單位＝石）

營林署	四年度	三年度
敦化	四八六、七〇六	一六三、五八四
吉林	四七四、二三三	三八八、六四五
延吉	五八、四三五	二四〇、七八七
北安鎭	二九、一三六	五八、五四二
五常	三五七、三三一	五六、三二七
安東	四一一、一四五	六三九、一三六
通化	一五、九九七	一九、三六五
朝陽鎭	一三三、七七七	六八、八一六
撫松	一三、九六〇	四、二〇九
安圖	—	三〇六
穆稜	一五八、二一八	六二、二三三
牡丹江	七〇〇、九〇八	二八九、九一〇
依蘭	六五、三三四	一〇、三八八
通河	一三三、二八四	九二、三三七
湯源	一二八、六七六	二六、〇四一
綏化	一一八、四五八	一四、八八〇
海倫	二九、九〇〇	一七、八二八
嫩江	六九、二七四	六三、四三七
黑河	二七三、二七五	八三、四一八
琿春	六六、八四九	二二、三三七
勃利	二三一、五九九	一三、五五一
哈爾濱	四一九、四九六	四四一、四〇七
樺甸	一一五、四九〇	七四、〇〇五
方正	六五、二四四	三一、五四八
小計	四、五九六、五二三	三、五九五、四九五
阿爾山	一三七、七九七	五九、六八〇
海拉爾	三二九、七二一	一七五、六七三
博克圖	三八六、一七九	一二五、六七六
三河	二、九〇〇	一一、七〇五
圖場	—	—
小計	八五六、五九七	三七二、七三四
合計	五、四五三、一二〇	三、九六八、二二九

濱江省公署設置
魔藥斷禁促進委員會
全省四萬癮者十年計畫撲滅
佈成水洩不通之魔藥撲滅陣

濱江省禁務廳基於中央之鴉片斷禁十年計畫、爲期實踐之徹底計與各機關取以密接之連絡、對於癮者登錄嚴重取締、一方獎勵癮者之入戒烟所、於烟癮戒除後予以生業及其他種種之指導、進行魔藥撲滅之具體的準備、並網羅各機關向一般大衆大聲疾呼以期徹底普及魔藥斷禁之思想、助成實現之促進、最近將於省內設置魔藥斷禁促進委員會、目下由省署衛生科進行準備設立手續中、該委員會以協和會、專賣署、放送局、鐵道局、市公署、法院、郵政局、電電會社、電業局、各新聞社等諸代表者直各部門、以及各官廳各會社之代表者以組成、定於月之十六日在省公署招開創設委員會、待該委員會成立之後、以該委員會爲主體、對於魔藥斷禁之宣傳及實現、分成各部門、全體總動員積極的進行、待省委員會之設立後、市委員會以及各縣旗委員會亦相繼結成、於是魔藥之斷禁政策促進一元化、於省委員會指導統制之下、市縣旗委員會向一般大衆開始活潑之活動、佈成水洩不通之魔藥撲滅陣容、該委員會結成後之活動、各方面對之非常期待云云、

救濟所
二女潛逃

哈爾濱慈善總會所屬之婦孺救濟所、自前收容之自願投所戀爲救濟之婦女馬双紅及郭葛氏、竟私自由該所潛逃、於昨五日慈善會向各警察機關爲通緝、茲將潛逃經過採錄如下、馬双紅年十七歲、濱江省賓縣人、係道外溫香里之妓女、七歲時曾由父母之命令適高姓

施部、教化部、注全力於改善民生、施療施藥、思想善導、以上之計畫、當前次副縣長會議時曾經提出指示、各縣旗現已共同進行調查準備中、從來認爲無關緊要之社會事業、自民生廳設立社會科以後、此爲省方對於社會事業改善之第一聲、其將來之成果如何、一般頗爲注目云云、

樺川開催招懇會議

【三江】樺川縣公署爲、實

省公署擬招開
第二次縣旗長會議
通知所屬各縣旗準備提案

濱江省公署、爲謀管下各縣旗、市行政徹底發展、並與各縣、旗、市方面事務連絡之緊密圓滑、已於上月下旬曾召開全省第一次副縣長、旗參事官、副市長會議、並縣技士、經理官、警務科長會議等、茲該署現又定於本月末召開全省第二次縣旗長會議、現已經分別通知各縣旗市長準備屆時提議案件、同時更由省署官房及各廳科分列準備注意及指示事項、此外更將前者副縣長會議時之一切指示注意等事項之原案譯成滿文、同時並加入新規則資料、以便屆時向各縣、市旗長說明、而促進一般政務之遂行云云、

范純德、年五十八歲、現無職業、住於道裡新城大街北頭、生有二女、長女名玉蘭、年十八歲、次女名玉琴、十六歲、頗有姿色、范某因受生活壓迫、遂將其二女託友介紹於某酒館充當招待、不意玉蘭自當招待後、因受不良環境之薰陶、日趨浪漫、毫無忌憚、每日除於酒館工作外、則與一般登徒子弟、混於一處、一般流氓、追逐其後者大有人在、以致鬧得滿城風雨、而玉蘭最近又結識一侯某、相處異常親密、不料於四日下午十時許、范某携伊二女赴某舞場遊玩、於十一時半歸返酒館之際、侯某亦行前來意欲歡叙、忽見玉蘭之父悶悶不樂、似有厭煩之情勢、而侯某一時怒發、不由開口漫罵、范某對此亦自不甘、遂與發生爭執、此時侯某見范氣勢兇兇、愈爲憤怒、即解下腰中佩刀、猛向范某頭部砍去、范一時躲避不及、竟被砍傷、鮮血淋漓、立即暈倒地下、不省人事、侯於肇事後、大爲恐怖、意欲逃走、附近警察官派出所聞訊赶到、將伊逮捕、同時並電召救急車前來、將被害之范純德送入市立醫院、施行救治至于生命有無危險、尚不得知、惟肇事之侯某當被帶至經緯警察署拘押、以待嚴重懲辦云云、

語學檢定
正準備中
民間有志者可報名受驗

我政府定於本年七月間實施之語學檢定試驗、哈爾濱市現已決定由濱江省公署民生廳高等國民教育科辦理、現下該署正進行準備一切並選定地址以查語學檢定試驗、受驗者向由滿洲國官吏爲標準、如非滿洲國官吏則不能受以上之檢定試驗、惟本年度除滿洲國官吏以外、一般民間有志願者、亦可報名受驗、如合格時、亦可受同樣之優遇云云、

市社會科
召開討論會

【哈爾濱】哈爾濱市公署社會科、爲謀今後一般行政圓滑計、定於七日午前十時在協和會招開討論會、以該科職員爲中心、此外哈爾濱警察廳濱江省公署均派員出席參加云云、

警察廳人事異動

【延吉】警察廳人事異動、已經明令發表者、計保安科鈴木警尉、調轉琿春縣東興鎭、警務科政警尉、調轉兩江口辦事處、行德警尉、調轉琿春縣警務科、石橋警尉調轉汪清縣警務科云、

截至四月末
麵粉等積存
哈市交易所詳確調查

據哈爾濱交易所調査、截至四月三十日哈市麵粉及麩之積存數量計麵粉八八三、〇〇〇袋、麩一三三、九〇〇袋、茲將各火磨家積存量分别採錄於下

（單位＝袋）

	麵粉	麩
双合盛	一〇五、〇〇〇	三五、〇〇〇
義昌泰	六五、〇〇〇	一三、〇〇〇
天興福	一八〇、〇〇〇	四五、〇〇〇
同支廠	四〇、〇〇〇	一、〇〇〇
裕昌源	五五、〇〇〇	二、五〇〇
成泰益	一四〇、〇〇〇	四、〇〇〇
福康	三三、〇〇〇	一、一〇〇
日滿	三五、〇〇〇	三五、〇〇〇
合計	八八三、〇〇〇	一三三、九〇〇

又據交易所調査截至四月三十日豆餅、小米、紅粮之積存數量如次

（單位＝車）

▲豆餅

協昌仁	四〇
同泰祥	三五
元字	一〇
和泰公	二四
双興	一六
恒祥東	四三
東興昌	一五
同成和	三二
東和	七
計	二二二

▲小米、紅粮

	小米	紅糧
天豐東	四一	二三
益發合	五	—
天豐玉	一六	九
大來裕	六	二〇
永盛東	四〇	九
隆昇益	四〇	三三
義增信	三五	四八
自新昌	五	七
計	一八八	一一九

濱江特刊
第一六一號
盛京時報北滿總支社
社址 哈爾濱道外 桃花巷西口
道外電話六八四七番

航聯局傳將廢止 設江運統制機關

新會社七、八月頃或可實現 經營之方法現在尚未確定

伴途滿洲國産業五個年計畫、基於北滿産業積極的開發、對於北滿河川交通之重要性釀成再加檢討之氣運、將現存之組合制度之航業聯合局廢止、另設强有力之北滿水運統制機關、自此種傳說傳出後、哈爾濱因立於現地之性質上、果然關係方面捲起一大反響、據側聞該新機關之組織並內容計畫、資金定爲二千萬元、日滿洲國及滿鐵並個人船主之民間側出資組成、滿洲國及滿鐵方面各出資七百五十萬元、個人船主以現物出資負担五百萬元、至於經營方面以使國內交通一元化爲方針、擬委任滿鐵經營、對此似尚有相當之議論未能確定、此外對於鐵道及官有船舶並其他碼頭、造船等之附帶事業、衡中據一般觀測對於委託鐵道側經營一說、依過去之實績或不能新由新設機關之獨立經營亦未可知、但此種折衝必須相當之時日、決非短時間內可以決定者、蓋據一般推測此新制會社之具體的表面化大體須統至本年七八月頃、現在哈市航聯之新局舍建設問題無形中止、倘以上之消息屬實時、迨新會社之實現後、當必建築大規模之局舍、於道外七道街碼頭之正面空地、據一部關係者稱爲有力之候補建築用地、基於五個年計畫之遂行、今日當然有再加檢討必要之問題如左

一、船舶運費之改善、船體增大、

一、開發興安嶺之木材原料、預想將來在佳木斯附近之設置

加整備、現在計大連、奉天、新京、哈爾濱之四局、皆改稱爲中央放送局、此外如牡丹江安東、承德、延吉、佳木斯、齊齊哈爾等各局共爲十局、以上各局中、惟大連、新京兩局實施滿日之二重放送、今年度以降、將繼續新設小電波、放送局、全國放送網日見伸張、今後對於滿人聽取者傾注全力以開拓之、至於各地之二重放送預定不久必可實現、哈爾濱放送局乘此良機招待滿人聽取者、以引起滿人對於聽取無線電之興趣、亦爲放送之重大使命遂行上不可缺之條件、高舉聽取普及之狼火、該會於是日午後一時及六時舉行二次、夜間七時五十分以後之節目爲新京第二放送中繼放送云云、

第二次市諮議會 一切議案圓滿通過

哈爾濱市諮議委員會、第二次會議、已於昨十二日下午二時在市公署四階會議室舉行、當時出席者、除市署方面馮市長及大迫副市長以次各處、科長外、諸議委員有五名因事未出席、其餘十五名均已出席、共約四十餘名、首由大迫副市長說明此次會議事項後、柳田科長報告康德五年度稅務增減情

濱市都市計劃事業費特別會歲入歲出追加預算之件、

第五號關於改正哈爾濱市稅條例之件、

第六號關於制定哈爾濱市區條例之件、

第七號關於制定哈爾濱市有給吏員給與條例之件、

第八號關於制定哈爾濱市電車乘車費條例中一部改正條例之件、

第九號關於制定哈爾濱市載客大汽車搭乘費條例中一部改正條例之件、

第十號關於基本財產議與之件、

第十一號關於制定哈爾濱市日本人後援殊資金蓄積條例之件、

報第三號關於報告哈爾濱市消防隊移管之件云云、

延壽青訓 視察所得

黃事務官談

滿洲帝國協和會濱江省本部管下延壽縣分會所屬之延壽縣靑年訓練所、自本年春季成立開所以來、第一期訓練生已經開始訓練中、協和會省本部爲明瞭該所設備及訓練之成績、並予徹底以指導計、特於日前經該本部與第四軍管區濱江省地區警備司令部濱江省公署等方面取以嚴密連絡之下、由省本部望月事務員、地區警備司令部侯上校以次一名、濱江省公署黃事務官、前往該所巡閱、於十一日晚已巡閱完了、連袂歸哈、記者爲明瞭訓練所狀況、特往訪省公署黃事務官、叩詢巡閱經過、有如左之談話、

此次赴延壽縣巡閱靑年訓練所所得之成績極爲良好、查該所第一期訓練生共計三十一名、其訓練之課目完全以王道建國精神、協和精神、時局眞象、並以軍事訓練爲中心、各訓練走之精神特別充分、諸講師亦特別熱心努力訓論、當巡閱之際、首由該所部所長報告一般所務、然後實行書類檢閱、教練課目檢閱一般巡視、公民科一般試問、厚生法、產業、衛生、地理、歷史、時局、日常生活、民族協和思想動向等、就中對於一般公民問答、成績爲最好、於巡閱之當時、適逢該訓練生訓練期滿舉行畢業式、延壽縣長與該所長等、如謀獎勵該等訓練生起見、決定將畢業之全体訓練生三十一名、一律派往該縣各保甲所服務、各訓練生對此均極爲歡喜云云、

濱江省實業廳 樹立主要家畜防疫計劃

在各縣定期舉行預防注射

濱江省公署實業廳、當此農畜產業開發獎勵畜產繁殖發展之際、爲預防牛、馬、羊、發生炭疽等傳染病、特樹立主要家畜防疫計畫、自本月十五日起、至七月九日止亘五十五日間、在屬下各主要各縣旗、實行馬、牛、羊炭疽病預防注射、更定自六月十五日起、至七月末止、在哈爾濱市及屬下各縣旗實施馬鼻疽病預防注射、茲將其實施日期及預定注射頭數分別誌之於左、

△馬、牛、羊炭疽病預防注射

一、海倫縣自月二十五日起至六月八日止、預定注射馬三千匹、

一、綏化縣自五月十五日起至六月八日止、預定注射馬三千匹、

一、巴彥縣自五月十五日起至六月十三日止、預定注射馬二千匹、

一、呼蘭縣自五月十五日起至、六月八日止預定注射馬一千五百匹、

一、肇東縣自五月十五日起至六月八日止、預定注射馬了千八百匹、

一、安達縣自六月十五日起至七月九日止 預定注射馬、牛、羊共一千五百隻、

一、青岡縣自五月二十三日起至六月十六日止、預定注射馬、牛、羊共一千五百隻、

一、綏稜縣自五月十九日起至六月十二日止、預定注射馬八百匹、

至於其餘各縣則定於本年秋季繼續舉行預防注射、

馬鼻疽病預防注射

一、哈爾濱市自六月十五日起至三十日止、預定注射馬一萬二千二百五十匹（至於各縣之注射日期及預定注射匹數目下尚未決定）

江沿公園近將竣工 一切設備頗爲完善

哈市五十萬民所急切待望之夏季納涼地江岸公園、經市署投以七萬元之資金、由四月初旬即在中央大街北端迄至砲隊街江沿一帶、幅圓約五百米之廣場建修近代化之江沿公園、經積極建修之結果、預定六月初旬即可竣工、待七月一日市

商號之大司釜史某暗修棧道、勾搭成姦、經春風一(?)度後遂暗結珠胎、其母李氏雖知亦不過問、僅其父蒙在鼓裡、迨大腹之腹日漸便便有加、即將演『喜臨門』爲恐洩露秘密、乃與該院更夫計議匿藏辦法、乃將大腹送往顧鄉屯更夫之岳母

則委託新會社獨立新機關之運營、開目下由中央方面與滿鐵側及新會社設立關係側行進折

『巴罕普』工廠建造運材用之船舶云、

况及本年度歲入歲出預算追加改正、茲將第二次諸議會會序誌左、

一、宣告開會（議長）
二、致開會辭（市長）
三、指定署名會員（議長）
四報告委員附記事項（委員長）
五、決定會議發傍聽規則
六、抽籤決定議席
七、決定諸問案審議之
八、審議
九、致閉會辭
十、宣告閉會

討論議案目錄採錄如下、

第二號關於康德五年度哈爾濱市歲入歲出追加更正預算之件、

第三號關於康德五年度哈爾濱市基本財產特別會計追加預算之件、

第四號關於康德五年度哈爾

無線電聽取者
招待大會
十四日在慈光影院舉行
十萬突破紀念日之盛况

哈爾濱中央放送局於本月十四日、在道外慈光電影院舉行全國聽取者突破十萬紀念滿人聽取者招待大會、查滿洲之放送統一經營、自大同三年由電電會社先後接收大連、奉天、哈爾濱之各放送局後、復又在新京建設新京放送局、於是全國之放送局歸於電電掌握之中、經過四年數個月之時間、對於放送設施力加擴充、放送之內容、亦漸充實、自前年以來、以普及受音機爲目的、由電電直接出售受音機、繼又完成滿語專用放送設備、於新京實施所謂二重放送、使放送界呈躍進發表之趨勢、於是截至本月五日、全國之聽取者、竟突破十萬之衆、雖然日本內地聽取者達三百餘萬、其他各國之普及率亦各有可觀、相距遙遠、然於此短期內能打破種種困難情形、而造成此等成績者亦爲難得之事實、當茲聽取者數目恰達十萬之數、爲使放送界成爲劃期的飛躍發展之一新紀元、電電會社方面、應國家[illegible]機之機能更將充分發揮、以期在此非常時局下而使國策遂行萬全之協力、至於其機構之改革一層、蓋將從來本社營業部之放送課獨立、新設放送部、由理事前田直造氏担任部長一席、以便指揮全國之放送事務、其部下並設置放送、事業、普及之三課、於是放送之陣容大

麵粉生產量激減
四月份生產二十四萬一千餘袋
比較前月減少四成

哈爾濱製粉工廠共計十處、四月份麵粉之製產量共計二十四萬一千餘袋、與上月之三十九萬九千餘袋對比約減少十五萬八千袋、佔全數之四成、蓋自二月以來、因原料小麥缺乏目下交易人組合委員會、對於本月份對交成爲問題之二百九十車到卯小麥正在銳意協議辦法中、預料今後各製粉工廠自必日見減產、茲將各工廠生產量及販賣額分別列表於下

（單位袋）

製粉廠	生產量	市內販賣	輸出量
福康	——	五、八九七	六、三〇〇
三泰棧	——	一〇二	一四、五七〇
天興福第二	二二八、六一〇	四、七九六	四三、七六二
同第四	六、一九一	一三、四四八	二、一八四
双合盛	——	五二、七八七	六〇、九六八
裕昌源	一九、二三〇	二六、三〇九	一一、〇二〇
義昌泰	五〇、五〇六	二五、七五四	六、二八三
成泰益	二七、二六〇	一九、二三五	二一、七一〇
廣信	七〇、〇〇〇	四〇、〇〇〇	三〇、〇〇〇
日滿	四〇、〇〇〇	三五、〇〇〇	一三、〇〇〇
合計	二四一、二四八	二三三、三二八	二六一、七九七

制紀念日煙火大會之時、可以招集多數之市民在該處納凉一面觀看烟火、誠爲一大快事、據市公園股對此設計、誇爲東京隅田公園之第二、內中凡樹木花壇設備頗爲完華云云、

春風一度
珠胎暗結

魯人遲某現住道裡砲隊街四十一號、數年前由原籍携眷來哈、因經商有法、頗獲厚利、故其家中可稱小康、惟年逾半百、猶無子嗣、其妻李氏生女三人、長女十九、乳名大嫚、纔足着髮、固一美女也、雖年將双十、猶待字閨中、因日受社會不良風氣之薰陶、小姑獨處、遂起懷春之思、春色滿園大有關不住之概、乃與某家、曾明生男或女皆其岳母撫養、蓋其岳母亦係缺乏子嗣也、比及分娩果舉一男、嗣大嫚母女以留與外人撫終非得計、乃復以百元之代價售與他人當允給更夫岳母國幣二十元、以爲酬謝之資、以求保守秘密、詎知李氏母女將小兒轉售後、對於允給更夫岳母之酬金二十元迄未償付、意欲食言自肥、因此致觸更夫岳母之怒、不時往遲家吵鬧、追索酬金、遂將一幕醜劇暴露無遺、弄得滿城風雨、附近鄰左無不知云、

諸議會初次會合

【開原】開原街公所、於月之六日、召集區長會議、其主要事項、爲區長總代之選定、當時以牛島義雄氏、最孚衆望、乃決定選該氏爲區長總代云、

竊盜案件激增
由去年一月至今年二月
共計發生八百九十四件

數年以前哈爾濱之殺人、强盜案件發生次數爲全滿之冠、現在治安漸趨確立、伴同警察力之日漸充實、故此等强力之犯罪案件亦漸次減少、但因人口之日見增加、而窃盜案件竟較前反激增、頃據司法科鑑識股所統計由康德四年一月至今年二月之十四個月間、恭於管下九個警察署管內發生之窃盜犯罪調査中告密、犯罪場所、被害金品、犯罪手段方法、被害者人種別調査、統計製作中之貴重統計表如左、

△犯罪場所

現住家屋

澡塘　三
官（公）宿舍　一一
住宅　四五〇
小資商店　四〇
官（公）舍　三
會社銀行社宅　一六
食堂　六
旅館　一二
醫院　九
照像館　一
郵政局　五
百貨店　一
私娼館　一
飲食店　二
俱樂部　一
妓館　五

△非住家屋

車庫　四
工場　一七
寺院　四
窑室　四
學校　四
停車場　三
事務所　六
倉庫　一六
公館　川
家畜舍　四三
影院　四
公司　二
銀行　二

△被害金品

衣類　一六九
現金　五三
外套　六五
靴　五
汽油　三七
食料　八
貴金屬　八
家具　九
時計　一四
木材　八
家畜類　一一
三輪車　三
人力車　二二
毛布　五
電話機　二
留聲機　六
縫紉機　二
自働車　一
電線　二五
銅鐵類　二六
自動車　一八三
照像機　五
載重車　三
蒲團　一四

△犯罪手段方法

使用配鎖鑰匙　二四
乘監視不備侵入　四一
越牆而入　四
乘未關門侵入　一〇二
乘鎖門外出　七
僞裝電燈檢查員　一
裝顧客　五
以鐵錐撬開門　一
破壞鎖　一三七
裝患病　三
將門戶破壞　一
將玻璃打破　三三
裝浴客　二
由掛衣架外窃去　一〇
板壁破壞　八
挖窟窿　一
乘家人不備　五三
破板門戶　二
撬開窗　七
開門侵入　八
撬開門　一
破紗窗　一
乘逃　一八七
裝問道撬窗　二
裝客投宿　四

△在住宅犯行手段

乘家無人　一二一
居室　四八
就寢中侵入　一五八

△在住宅被害場所

室內　四五二件
廊下　九件
大門　十件
院內　一〇六件

△被害者種別

日本內地人　二五八件
滿人　四九七件
俄人　一〇九件
鮮人　二七件
其他　三件
合計八百九十四件云云、

之意義、將來以精明強幹實行一指導一般人民有厚望焉云云、

濱江特刊

第一六二號

盛京時報北滿總支社
社址　哈爾濱道外桃花巷西口
電話六八四七番

雖不一致、但工作均係一樣、鄙人在高等法院時、常見到本院調往公事、即知同人等作事成績甚佳、而前任之査院長、係司法界老手經驗宏富、作事認眞對於同人等之感情融洽一体、尙祈諸位以對待査院長者輔導鄙人、對於公事務要一体努力、認眞奉功、以盡個人職責、是爲至盼、詞畢繼赴市內日濺各關係機關作新任拜訪云云、

市公署將增設自來水販賣所

不良之水井自然將廢除

工務處岸喜氏對記者談

哈爾濱市公署、爲確保一般市民身體之健康會不惜鉅大之經費、建設上水道、迄今大部份早已告成、但一般市民、因缺乏衛生知識、故對於自來水道認識不清、以致利用者甚少因此市公署衛生科於去年冬季特施行院內井水檢查、結果十之八九水質不良、尤以道外院內之井戶水中多含有阿婀尼亞及大量之礦質、市民長期飲用於保健衛生上實有莫大障碍、市署本擬嚴行取締、嗣以飲斯項水者多係中級市民、頗感困難、爲體恤計、致取締之計劃遂未能實行、記者昨十九日特往訪市公署工務處岸喜次代理管理科長、曾詢以今後對水井之取締持如何方針、據該氏談稱如左、

本市投以鉅大之經費裝設上水道、一般市民因多不知利用頗覺遺憾、雖會實施勸誘、但申請者仍不踴躍、一般市民如果有不明瞭處、來本處詢問、則必詳爲解釋、此固不勝希望者、對於井水之檢查、因顧及市民經濟關係、故未能嚴行取締、經檢查結果、所有井水多水質不良、依衛生之見地、尙希市民自動利用自來水爲是、發用、隨時汲取、同時更在一代般水爐小舖裝設水管、使其燒賣、如此市民汲取既感便利且較之僱人担水尙能低廉、而從來之井水不取締或可自動廢除云云、

警廳招開署長會議

哈爾濱警察廳、因濱江省公署警務廳於上月末召開警務科長會議所議決事項、向所屬各警察署傳達本年度警政實施方針及討論本埠警政應興應革事項、以謀將來警察行政圓滑起見、特定於十三日午前十時、於該廳會議室召集管下九個警察署長及消防署長開會、屆時除由白警察廳長及萩原副廳長訓示一切外、協議事項分爲兩部一部爲指示事項、一部希望事項、所有各署提議已由該廳警務科整理完備云云、

殺劉純九兇犯法院已宣判

【哈爾濱】曾轟動全市驚人聽聞之道外小六道街十六號院內十五戶擺攤床小販劉純九、於去年十月十八日深夜十二時頃被竊賊犯人劉德生、劉子壽張九財、焦鳳山等四人合謀行竊、轉爲慘殺一案、先用磚頭擊傷、然后以腰帶勒斃、當時情形已誌本報嗣經正陽警察署將兇犯悉數逮捕、轉送哈爾濱檢察廳、轉交同級法院、經該院數度審理之結果、審明兇犯劉德生、於行兇之前在道外長春三道街某嗎啡館內合謀行竊劉純九、遂於去歲十月十八日午后十時侵入被害者之住室、迄至十二時許劉純九歸家、並未點燈、先將紙煙等物品送於裡屋、即將關門上床、未幾兇犯等以其已睡熟、乃撬開門進入裡屋行竊、不料被劉純九發覺、於黑暗中下床、將劉子壽抱住、互相撕打、劉德生見同夥遭擒、暗中拾起磚頭兩塊、將劉純九頭部擊傷、昏倒地上、又恐其不死、報告當局難脫法網、本着一作二不休主意、就用狠毒手段、復以張九財所繫之白布腰帶纏於劉純九之脖項、劉德生、劉子壽二人各持一端、將其勒斃、嗣后劉德生取得被害者衣兜內國幣二元四角、青棉袍棉襪各一件、並布鞋一双、劉子壽取得青棉襖一件及捲煙等物、張九財取得煙捲及果品等物、焦鳳山取得青黃色狗皮褥子一床、然后出門而逃、法院審訊、按其應得之罪、於昨宣判兇犯劉德生、劉子壽均處無期徒刑、張九財處有期徒刑十三年、焦鳳山處有期徒刑十年云云、

國有地收歸市有七月一日將接收

土地收入充作共公設施

佐藤工務處長對記者談

哈爾濱市公署工務處、因經費不足、感覺都市計劃完備施設不無妨碍，日前曾向中央呈請要求將哈爾濱地畝管理局管內本市國有土地全部移讓市方以便對收入充作公共設旋之費用、經迭次折衝結果、現已蒙中央批准、決定於七月一日正式調印、由市公署接收、爲此問題、記者於昨十九日特往訪市署工務處近藤處長、詢問斯項土地歸市方接收後經營方針據該氏有如左之談話、

依都市計劃事業之遂行、市街之發展對於道路、水道、公園等公共設施將益行擴充、惟每年投以鉅大之經費、就目前市方財力實有所不逮、現在市方經費、殆完全籌籌於市捐、大部用於土木建設方面・不但約、多不合理、價格尙不劃一倘三十年後或四十年後、舊契約期滿、從新換訂新契約、而使之一致、相信年可收入二百萬元、將來之市街等公共施設費完全以此項收入充之、預料連同從來市有之土地收入、可有數倍增加・經費既已充實、以之盡量從事本市建築設施、而本市之發展、實不可限量、然後再將全市之商工業及民宅劃成巨域、加以統制、即可實現所期待之整個大哈爾濱市矣以此種辦法、來謀都市之發展最爲合理、此在東洋西洋各國可謂爲華美國際唯一之大都市云云、

高等法院整備陣容

哈爾濱高等法院、茲因自治外法權撤廢以來、諸般司法事務愈見繁忙、爲期達到司法之使命、司法陣容實有強化必要日前承司法部張大臣來哈視察指導、予該院裨益良多、依司法部之規定、於六月一日將該院院庭部實施改組、至于人事方面亦重新配置云云、

馮市長視察青訓

哈爾濱市長馮廣民氏、爲明瞭青年訓練所情況、特於昨十九日午前十一時、赴青年訓對所作初度視察、該所師生爲材

四月份煤炭消費量

共約六二、八七四噸

較去年同期增四成

哈爾濱市及近郊地帶四月份煤炭之消費量約六二、八七四噸、與去年同期比較、實激增二三、二七七噸、約佔全量之

六二、八七四　一三三、二七七

消售炭種別

鶴立崗　一〇、五九八　七、六六〇

警察署管區變更預定六月一日實行

伴遂哈爾濱市區制之實施、警察廳管下九個警察署管轄區域地圖之變更、市公署之新區制地域大体決定、於十二日已奉到省警務廳由五月一日起實施之許可命令、本月內實行交接事務、特於六月一日實施變

經營商業失敗、因點金乏術、終未能再起、無奈日前令其歸國、彼一人飄流哈市、度寂寞之生活、並感覺年邁前途茫茫、企圖急死、故於十日十一日兩度服毒、皆被人發覺救濟、幸免於難、不料今夥死意

三江省公署松田次長、爲促彼等之發展、特於月之十六日、假市內大禪寺、開催湯原縣移民團座談會、中央拓政委員會派富永委員參加、各區民團、各派代表一人參加、計東海區代表大橋指導員、東北區代表

增加市民負担、且支配亦覺偏枯、蓋市街愈繁華、而土地價格愈增漲、本市全部土地、一部係爲國有、玆爲利用斯項土地之收入、以充本市公共設施事業之經費、在四年前、即有申請移讓之動議、嗣於本年復向中央申請、始得照准、即將於七月一日正式調印、關於此項國有土地、除傅家甸及鐵道附屬地並軍用地外、全部共計約四千七百九十一萬平方米、係有代價買收、按地畝管理局估價爲一千八百萬元、經市方與之交涉結果、定價爲五百十萬元、分二十年無息償還、每年交付二十七萬五千元、此項土地之收入、按現在之情形估計、年達五十七萬元、由市方接收後出租、除償還代價、每年可有三十餘萬元之利益、二十年後代價完全付清、則此五十七萬元之收入、亦完全歸於市方、更以從前因襲舊政權時代之制度租借斯項土地者之契

四成、共原因蓋以件隨一般需要及發電及其他諸製造工業之進展以致增加、鐵道用炭約七千餘噸、家庭用二千噸、發電用二千噸、共他製糖、洋灰等製造業需要量莫增加、惟油坊及製粉業因不時停業關係反見激減、玆將各種用途分別誌之於下、

（單位——噸）

用途別	四月	去年同期比△減
製粉	八一五	△一、二一九
油房	一、二七九	八一九
發電	六、九六二	二、〇一六
製糖	六〇〇	六〇〇
洋灰	一二〇	一二〇
鐵道	二五、五一八	七、三四八
家庭	九、〇四五	二、二一四
其他合計		

西安煤	一六、四六七	△一、八二二
撫順煤	二七、三五三	一五、一四三
奶子山煤	四、九四九	△一、〇九〇
其他合計	六二、八七四	二三、二七七

李院長到任蒞新

哈爾濱地方法院、李院長、日前奉中央命令榮轉後、繼其後任者經中央愼重詮衡結果、已任命哈爾濱高等法院檢察官李蔭森氏繼任、李氏奉命後、已於昨十九至哈爾濱地方法院履新、曾於正午十二時招集該院全體職員、致新任訓示、大意謂鄙人於舊軍閥時代、即在特區高等法院任職數年之久、於康德二年始轉任高等法院檢察官之職、迄今轉瞬二年餘、此次轉任本院、所有同人性體

北滿各移民團畜產改良狀況

北滿經濟調查所最近調查

對於家畜品種之改良及防疫爲畜產增殖五個年計劃中之部門、關係日本移民國策之達成上、亦爲重要之事業、故友邦拓務省基於管下既設移民團以此爲見地、施設種畜場努力獎勵畜產之增殖、頃據北滿經濟[illegible]民團之畜產改良增殖之諸般設施及種畜數目如左、

△第一次彌榮村移民團

一、種畜場施設

種畜用地　三〇〇町步

建物宿舍　一〇四坪

加工場　一二四坪

溫室羊毛加工場

一、種畜頭數

馬二、牛三、羊二〇〇、豚一二

△第二次千振鄉移民團

一、牧羊場施設

建物　二、五〇〇坪

放牧地　三、〇〇〇町步

一、種畜頭數

種馬五、牛二、乳牛四、豚一七、鷄一七、緬羊一六三六

△第三次瑞穗村移民團

一、種畜場施設

[illegible]

放牧地　五〇〇町步

穀耕地　二〇〇同

採草地　一〇〇同

羊舍　六〇坪

豚舍　六〇坪

牛舍　四〇同

種馬厩舍　三五同

種牡緬羊舍　三五同

乾草小舍　八〇同

場員宿舍　三五同

一、種畜頭數

馬四、牛二、羊四、豚二五

△第四次城子河移民團

一、種畜場施設

一、種畜頭數

馬一五〇、役牛一四〇、乳牛八、緬羊五五一、山羊一〇、豚三〇〇、鷄二〇〇

△第四次哈達河移民團

一、種畜場設施

用地　三町步

放牧地　二〇〇同

乳牛舍　三五坪五

緬羊舍　九六坪

場員宿舍　三八同

倉庫　一四坪

一、種畜頭數

乳牛一六、種馬三、羊三〇[illegible]

市長表示歡迎起見、事前在同所門前排列整齊歡迎、市長於應接室略事休息、即由該所教授引導視察、當時對於青年訓練生精神講演、以期使一般生徒明瞭政府企圖造就青年人材

北滿製糖會社增資百万元

擴張工場以圖增產

近將招開股東總會決定

北滿製糖株式會社前於四月三十日因第五期營業決算終了、近將招開股東總會、開此期利益金約三十萬元、不振之狀態漸漸脫却、與滿洲國甜菜增產計劃並駕齊驅、大有一日千里之勢、開該會社以本期之好成績對應政府之甜菜增產政策之實施、鑑於滿洲製糖之增產計劃等之現狀、今次特以現資本二百萬元（全額拂入）增資三百萬元、擴張工場、以圖增加產量、似於此次股東總會將此項議案提出矣、至於出資方法以及增產計劃等、須待股東總會終了後即可明瞭矣、總之該會社此次之大量增資、對共前途之發展誠期待云云、

在市方因强制困難、擬增設自來水販賣所、予無力裝設自來水管者之便利、現本市共有自來水販賣所十處、將來擬在市民居住之區域、擬增設五倍、共有五十處、市民可以最小之

更管轄區域、至於其變更地域計劃案大体如左、

一、飛行場以北之馬家溝區（現香坊署管內）南崗署、

二、八區（舊經緯署管內）改歸正陽署、馬家溝以南濱綏線與京濱線中間（舊太平橋、顧鄉屯兩署管內）編入香坊署管轄、

依警察署之管轄區域變更同時各派出所亦多發生變化、日本人居住地域三警察署所屬派出所如左、

△經緯署（十二派出所）高士街、商務街、電車街、小公園新城大街、水道街、羊草市、（地段街七號）、地段街、橫道口、霞曼街、中央大街、砲隊街之各派出所、

△南崗署　共計二十個派出所）新發屯（大直街）郵政街、吉林街、西大橋、（車站街）車站（車站前）花園街、木介街、西八雜市（大直街）夾樹街、通道街、教堂街、文化街、王兆屯、潔淨街、國課街、盧家街鼎新屯、文明街各派出所、

△新安埠署（共計十三個派出所）撫順街、地包（撫順街）安吉街、安和街、安國街、安廣街、工部街、三十六棚（第一工程街）莫斯科兵營（民安街）新正陽河（河陽街）正陽河（河濟街）懶漢屯（木蘭街）沙曼屯等派出云云、

生活壓迫日人自殺

道裡外國六道街、門牌六十五號、住戶日人今野初藏、年[illegible]

竪決、於十一日午后三時許、乘人不備、又行服毒、正在苦悶交加中、又被隣人發見、急送入市立醫院、應急手術治療、終因發見較晚、遂嗚呼哀哉云、

移民團開座談會

【三江】三江省下之湯原縣爲本省十四縣中之第二移民盛地、自客春三月、分配耕地、僅一年間、入植之移民、已達六次、自移入後、治安方面、日見肅正、將來開發、更能與勃利第一移民區、同臻美境、

佐藤團長、茨木村代表鈴木指導員、靜岡縣代表得能團長、福島村代表佐藤團長、所會談之項、一、爲水田之增殖、二、爲牛馬豬羊之繁殖企業、三、爲農耕進展之辦法、四、爲衛生方面之改善云、

宣詔紀日慶祝會

【瞻榆】本縣地處蒙邊、民戶覺稀、當宣詔紀念良辰、先謀籌備之方針、繼行實施之事項、極力宣傳、俾民衆了然徹底、復於縣公署門前廣場舉行隆重慶祝式典云、

爲統制沿江煤炭配給設松花江賣炭公司

以佳木斯、三姓、富錦爲中心、松花江下游一帶之煤炭配給、向無統制、以致需給双方頗不圓滑、惹起多種問題、爲期是正此種弊端有急速設置販賣機關之必要、亦屬該處一帶居民所急切待望者、一方伴遂開發工作之累年進展、煤炭之需要量亦與日俱增、以沿江一帶必要燃料供給之見地、煤炭配給之圓滑方策、誠爲目下當務之急、掌握全國煤炭販賣會社大權之日滿商事、鑑於此種事態、除哈爾濱市外、爲圖對於松花江沿岸需要煤炭之配給統制計、以資本金五萬元、設置松花江賣炭公司、於今二十日開始營業、沿江一帶煤炭之配給、以從來種種之關係上委託國際運輸會社地方出張所販賣、但該會社乃以運輸爲主、業不免發生種種困難、與消費者方面頗有諸多之不便、更以上述之現像煤炭需要之增大日見深刻化、此次經設置右販賣會社後、關於新設會社由日滿商事直接經營、代表社員永原岩雄（前鶴立崗煤礦長）八田喜三郎（現日滿商事哈爾濱支店長）之兩氏就任、本店設於佳木斯、富錦、三姓、於其他各主要地方分別設置出張所或代理店、除哈爾濱市外、松花江沿岸年間消費量約二十餘萬噸、其販賣之區域頗爲廣擴、該新設之松江賣炭公司、依日滿商事之販賣政策、對消費者百分之百發揮、營業權之主体屬於日滿商事、以便利消費者爲主旨、力避營利主義、此次新公司之設置對於其主旨不啻爲日滿商事販賣政策之試金

濱江特刊
第一六三號
盛京時報北滿總支社
社址　哈爾濱道外桃花巷西口
電話六八四七番

匪徒十四名潛哈 正陽署一網打盡
匪等開江時來哈變裝苦力
正陽署樹立罕有功勳

道外正陽警察署司法係近據密報道外北七道街碼頭高岡號苦力宿舍內有由巴彥東興縣方面潛逃來哈變裝苦力之匪徒多名、於二十六日午後十時頃、由矢口司法主任、關捜查隊長等以下二十餘名隊員密赴上記宿舍、嚴密包圍、攻其不備、捜査隊員如狼似虎一齊闖入室內、匪徒等知事機敗露、當即對警察死力抵抗、於是演成激烈之肉彈戰、結果、終予逮捕嫌疑犯三十八名、帶回署內經徹宵審訊之結果三十八名中、有以下十四名供認爲匪不諱、茲將其姓名誌之於下、李景春(三一)王紀芝(三七)高樹忱(四三)王振興(三六)張子山(二七)李松林(三〇)馬貴(五五)張景玉(三四)左榮奎(三九)景殿榮(三八)徐登雲(五六)劉福華(三七)宋有勳(三五)

以上之李景春乃係匪首、爲目下蟠居於巴彥縣匪首德好之部下、本年開江之時、奉得德好之命、變裝苦力、帶同匪徒等潛伏來哈、夜間休息時、則對其他苦力勸誘加入匪夥、該署詢明後、除將其他無關係之二十四名立即釋放外、對此匪徒等仍在繼續審詢中云云、

商工業够會員資格者、共爲六千五百六十家、按徵收會費之方法計算之、年納會費最多者爲双合盛製粉會社、可達二千六百元、其他年納二千元以上者數家云云、

昇平街私烟窟一網打盡

哈爾濱警察廳爲謀一市般民安居樂業起見對於不良份子、及不正業者、雷厲風行、大肆捜查、於日昨二十六日下午九時半頃、正陽署昇平街分所警長胡殿武、率領同所警士數名、執行捜查勤務中、在管界內連破獲私煙舘數家、茲誌之如下、

道外昇平街門牌三十五號院內住戶金臨氏、年四十七歲、双城縣人、於當日午後九時半正在屋內吸食私鴉片時、被胡警長偵知、遂將其逮捕、煙槍煙灰等証據品一併送署、又在道外北四道街十四號韓張氏屋內、搜出私煙具一套、煙份五枚、於十時半又查至昇平街良玉旅社時、探知住客張錫九、(三十五歲)正與其姘婦在屋內吸鴉片之際、當將其逮捕、並由其家中搜出私煙具一套、煙份數枚、十一時又至正陽四道街二十號院獨一處後身住戶鮮人金桂修家中、適屋內開燈供客、經搜查後、計搜出私煙份四十五個、同時將一干人犯帶歸所內、經審詢後備文送署拘留、以待懲辦云云、

時髦少婦何故淹斃

哈爾濱市公署所屬江上救護隊、江北救護隊瞭望台上勤務隊員、於日昨午前發見在砲隊街江邊附近漂浮屍體一具、當爲打撈上岸、經檢視之下、乃係一女子屍体、身長約五尺許身着舞衣、足穿過膝長袜及高跟皮鞋、以其身上胖脹腐爛狀態推測、似已淹斃多日、決非新死者也、其致死原因、自殺歟抑被害歟、現下警察當局正在偵密調査中云

截至五月中旬末沿線穀物積存量

據北滿經濟調査所調査截至五月中旬末沿線主要地之穀物積存數量計大豆約二七四、二八〇噸、小麥約三一、四七五

濱洲線　一一、〇八二　四〇五
齊北及寧墨線　一八、四一〇　一、二九〇
合計

科、嚴重追詢、烟之由來、楊某自知難瞞、乃供出由道外鐵塘街錦陽樓管煙所王某手中購取、嗣經該科調査結果、楊與

天然痘患者日人居多
道裡新世界又發生一名
植村處長談天然痘原理

最近市內威如猛虎之天痘、又復發生、頗予各方面一大衝動、於二十四日正午道裡外國二道街新世界旅舘四階居住旅客鐵道局職員細見繁、突然全身發熱、經醫師診斷結果、判明確患天然痘、當即報告接近市公署及哈爾濱警察廳防疫股、立即派員急遽赴現場、除斷絕交通外、將該旅舘投宿客均加以臨時種痘、禁止外出、一方將患者送哈鐵醫院隔離治療、而本年二月以降哈爾濱市之天然痘發生數爲十一名、其中日人七名、內中鐵道局員四名、鐵道局五千餘名局員、爲防止傳底種痘、關於種痘關係、植村市民生處長有如左之談話、日本內地天然痘菌較滿洲方面爲稀弱、所以傳染性微、故爲人一生種兩次痘即可保一生無有天然痘傳染之虞、而滿洲方面天然痘菌非常濃厚、因此日本人在滿洲方面居住總得二年間種一次痘、始可保全決不能

農調講習圓滿閉會

濱江省公署實業廳、爲期農產開發之徹底起見、特樹立農業耕種面積基本調査計劃、自六月一日起始、全省一致舉行實施調查、爲期調査事務圓滑特於昨廿七日午前十時在省署官房會議室召集各縣農業調査指導者四十餘名、開催基本調査講習會、從事講習於下午五時許方始講習完了云云、

次長司長之來去

【三江】三江省公署次長鈴田芳助氏、前因陳述要公、伴同稿田拓政科長晋京、近已公畢、於月之廿五日、搭圖佳列車返省、於廿六日登廳視事、又同署實業廳農林科渡邊事務官、前以中央招開產業會議、內中專注在營林之經營、當奉派於廿五日、由圖佳列車晋京、又本省招開移民拓殖委員

等派出所管界、屆期並保各甲牌長、協同掃除、各商民如不徹底、定予相當之責罰云、

春季忠靈塔大祭

【遼陽】市公署以五月三十日午前十時半、爲春季忠靈塔大祭、並事變陣歿者、在白塔神社舉行、由副市長稻葉賢一祭典委員長執行、並函請各界屆時參加、共襄盛舉、茲將祭典秩序分列於左、

(一)祭主以下參入、午前十時二十五分奏樂、
(二)招魂詞奏樂、起立一同敬禮、
(三)神饌供奉奏樂、
(四)齋主忠魂文奏、起立一同敬禮、
(五)祭主忠魂文朗讀、
(六)祭電朗讀、
(七)玉串奏獻、以下代表者、祭主遺族、陸軍病院長、軍犬育成所長、楊市長、實縣長、王警察廳長、在鄉軍人分會長、殘櫻會議長、各區長來賓代表、學校代表、佛教團代表、國防婦人會代表、
(八)神饌撤去奏樂、
(九)送魂詞讀、同上起立敬禮
(十)齋主祭儀畢致謝、一同退下、

千振舉行紀念與招魂祭

【三江】圖佳鐵路勃利驛之南千振鄉、(原爲湖南營)爲友邦移民首先入殖之地、亦爲三

野狼又出現於田地街
突破武裝警察官之戒備網

連日以來南崗曲線街附近一帶迭次發見野狼、市民莫不恐慌異常、甚至夜間不敢外出、小學生不敢就學、成爲哈市治安上一大問題、各警察署對此亦十分注意、互相連絡、南崗署並組成狩狼班、嚴厲戒備以免發生意外、詎知二十六日午後八時二十分頃、經某日人發見在田地街陸橋附近又有一茶褐色野狼徘徊於該處、該管經緯署接得急報後、當即電知舊羊草市、橫道口、小公園、許公路等各派出所一齊出動、武裝戒備、追尋狼跡、大肆搜查、遙見該野狼向八區運動場方面逃去、楊警尉補、當即鳴鎗一發、惜未命中、追至今—廿七日朝橫道口派出所警察及自衛團員等五十餘名、各持棍棒鎗械、以八區運動場爲中心、以及小公園方面、舊羊草市方面一齊搜查、終無所獲、據老於哈爾濱者談稱、因本年開江較往年早二週間、野狼未能過江、留於江南、故無處安身、乃潛入市內、各處橫行、一說在顧鄉屯郊外有一大狼穴云云、

商工公會 徵收會費

哈爾濱商工公會、因對於會員徵收會費手續、業已規定完了、徵收方法、亦經決定、即將於六月二十日起開始徵收本年度第一期會費、按照規定、凡年納國稅二十元以上者、方够加入該會爲會員資格、茲悉經審核結果、全市日、滿、俄

噸、豆餅約三、〇九二噸、豆油約一二〇七噸、麵粉約一〇七九八噸、高粱約二五、一一九噸、粟約一九、一四五噸、包米約一七、六三〇噸、蘇子約一二、九四九噸、小麻子約四一六〇噸、其他約三三、九七〇噸、總計四二四八二五噸、與去年同期之四三二、二三五噸、對比約增加二、五九〇噸、茲將大豆、小麥之線別及積存數量探錄於下計大豆約增加三成、小麥則依然減少三分之一

(單位＝噸)

線別	大豆	小麥
哈爾濱管區	三四、二九〇	九、〇五五
濱北線	一二八、六二〇	七五〇
松花江流域	一四六、(九二八	一九、七〇五
京濱線	一六、一七〇	三〇
拉濱線	一、一四〇	—
濱綏線	三、九三〇	三〇
虎林線	八、一九〇	三〇
圖佳線	五、五二〇	一八〇

二七四、二八〇　三二、四七五

去年同期

一九二六、四四七

一二三〇、六二九

蔓賣烟份 被市逮捕

楊興山、年三十五歲、河北撫寧縣人、現住於道外北十六道街、門牌五十號、曾充當電工、因染有鴉片嗜好被革、遂致失業、生活感受恐慌、竟奇想天開、專販賣管煙所之煙份、企圖漁利維生、關於販賣之方策、係依市內數十餘處之管煙所收買煙份、向各旅館出售、在各管煙所收買、每份二角七分、轉賣每份四角或四角半、到處爭售、於二十七日午前八時、楊某行至昇平街扣角處、當被市署戒煙科密探偵知、將其捉住、由其衣兜內搜出煤份七十餘枚、以事關違犯鴉片條例、遂將其帶至戒煙

王某某有嫌隙、因楊向王某購煙數次、被其拒絕、故此誣告以解宿怨、奉戒煙科詳細調查、分明無有王某關係、將嚴重處分以儆效尤云云、

市署普及自來水
在市內設置賣水樓百二一處

哈爾濱市公署水道科、爲對於一般市民衛生保健上極謀徹底、因此對於市內三千戶所用之井水曾於去年委衛生技術廠一度檢查之結果、該井水約百分之八十全皆不適飲用、不但衛菌虫頗多、而雜湊物質十分濃厚、希望一般市民、對於上水道設立意義認識徹底、乃現在利用上水道者與日俱增、現下使用上水道之戶數比較去年增加數倍、已有三千二百餘戶此雖已收良好成績、按市內五十萬人口計算、但究其實際終不普及、以中央大街而論、乃市之中心地、路之兩側、約四百餘家、而使用上水道者不過二十五家、此後炎威高張夏季已屆、於防疫上極感苦惱、是以水道科最近與哈爾濱警察廳及關係方面召開座談會、經座談結果、於六七月間積極努力舉行給水之普及宣傳、在此期間、對於旅館、咖啡館、電影院、戲院、飯館、跳舞場等、凡共衆出入場所、務必一律按設水道、並由昨年自七月市內曾有九家之請求許可以水票賣水制度、今擬於市內設置此等水票賣水處二百處、期使一般市民無論在於何處、皆可得到使用上水道之便利、一方並將全市之井水一齊禁止使用、對於俄人方面現由俄人房主組合開一懇談會、務使俄人方面對之亦須明瞭、而求普及、並規定在此六七月之間有請求按設水道者特將宅地內之工事費減低一成、並與按月交費之便利且頭一個月使用之水不收水費更將全數之請求者各與以抽籤票、一等百元、二等五十元、三等三十元云云、

發生天然痘、惟天然痘菌終難發見、亦非由口傳染、因接觸天然痘患者之場所、由空氣激烈傳染、實令人可懼、希望市民嚴加注意防範是幸云云、

會議、中央拓政司森重司長、與滿洲拓殖會社中村部長、同來出席、現已閉幕、於廿六日離佳、赴千振屯、勃利等地、視查移民狀況云、

江省移民區最繁榮之地、五月廿七日爲該移民村入殖五週年之紀念日、光陰迅速、瞬歷五載、在此五載、已樹相當建設成績、該移民等、爲昭鄭重、以示不忘、定於廿七日、舉行紀念大會、次日廿八日、爲移民區內之名譽殉職者、實行招魂祭、本市友我軍警當局三江省公署、商工會各派代表、及市公署張市長、均於廿六日、搭圖佳早車、前往慶祝及弔祭云、

弘報要員愼重 資格之檢選

【三江】三江省公署官房庶務科長宗敏雄、令各縣開催弘報講習、講述弘報講演文稿、言簡意賅、頗得贊賞、其中宣傳之要點、分爲三條、已誌昨報茲又注重弘報要員資格之檢選、一、須有殉教者的誠意及宗教篤信家之堅强信念、如無爲民衆之眞心、則難得對方之信賴、二、對於一切須有深切洞察力、民衆作如何想像、此地有如何風氣及習俗、必須有充分洞察力、三、有指導力者雖有信念洞察力、但無指導能力、或居於人上、而不能領導大衆者、不能謂爲全能之弘報要員、雖然年少、但爲一村中之人物、其言語爲村民所服從如此人物、方爲名實無虧之弘報要員也、四、須體德建國精神者、爲弘報要員、須了解滿洲國必賴日本始能成立、能充分理解日滿一德一心不可分之則、五、對國勢及世界情勢、大體明瞭之、爲自日華事變現英國對中國態度如何、蘇聯現狀如何、以及歐洲大勢、均須

雙城堪稱模範縣
視察歸來之韋省長對記者談

濱江省長韋煥章氏、自蒞任以來、對於各管下地方行政頗爲重視、因此對於管轄各縣不時出巡、於二十六日又赴双城縣視察、已搭當日晚車返哈、記者爲明瞭此行視察狀況、特往訪氏對往訪記者作如下之談話、

『此次赴双城縣係以視察該縣之一般政情及農民合作社運營之[illegible]之情況

双城后、首至縣公署、聽取該縣吳縣長及中島副縣長報告政情、然后在該縣署大會議廳對全署職員訓話、於訓話完了后、乃至各科視察內務、對於各公務員之服務精神及事務之處理、均極稱良好、可謂濱江全省之代表縣、此外一般公務員對於時局之眞象、亦皆徹底認識、故對縣長、副縣長以次各公務員均嘉予以獎勵、在縣署

作社視察、該社除設有糧石交易市場外、並有其他種種設施較其他各縣農事合作社頗爲完善、惟以夏期關係、一般農民前往交易及辦事者極少、故目下該社亦正忙於整頓內容中、於農事合作社視察完了后、繼赴青年訓練所視察、按青年訓練所之訓練生六十餘名、向來係由各村抽選、平均每村每次抽選二三名不等、該青年訓練

某一村或二村作單位、即每期之訓練生之十餘名、完全由某一村或二村抽選、使該村之青年同時受到相當之訓練、而成爲整個優秀農村、於此村訓練完了后、再訓練彼村、按此種制度、爲双城縣最初實行、其成績亦最良好、一般農民對於青訓之意義、已經徹底明瞭、故青訓之實效、亦可完全顯現、出青年訓練所后、視察省立女子實業學校、按該校校長席尚在缺欠、同時副校長已引導一部學生赴關東州一帶視察、校內僅有一部教職員及殘留之學生、故於視察上未能徹底、僅對該校教職員及學生

民優級學校視察、按該校爲双城縣之模範學校、共有學生六百餘名、各學生之精神極爲煥發、各教職員之教授上亦極得法、故其成績特別良好、就中以該校全體學生所表演之建國體操、爲特別良好、齊整異常可爲全縣及全省之模範、對於童子團上之訓練亦爲良好、該校教職員之熱心教育、實堪嘉勉、於育才學校視察完了后、轉至同文學校視察、査該校在事變前原爲莫德惠所創辦、於事變后實行改組、每月由第四軍管區司令官于深澂氏給予補助金五百元、其一般成績亦極良好、繼乃視察農業學校、該學生對於耕作實習上、均能熱

極精細、實爲滿洲國産業開發五年計劃上之基本教育、惟校舍已經坍塌不堪、將來宜當設法補助修理或建設、最后視察市內十般、該縣之古跡有魁星樓一座、迄今已建設五十餘年保存上尚頗完整、惟應急速加以修理、以免其坍塌、此外無何特別事跡、總之該縣全縣共有五十餘萬人口、對於治安上極爲安謐、按該縣在前清時代屬於移民地帶、故對各農村之距離舒密、頗爲適宜、就中以從前該縣之第九區略感偏僻、今依縣區劃之改正、已將該區劃歸珠河縣、故該縣現在無一不適當者、又韋省長定於來月初如無任何必要事務時、將赴

春季清潔大掃除

【三江】佳木斯警察廳保安科、鑒於春去夏來、正是炎暑爲確保公共衛生、急應預爲注意、特定於五月底、實施春季清潔大掃除、以期徹底淨化、茲將日期地域誌下、一、五月三十日卅一日二日間、察施場所、西門中央兩派出所管界、二、六月一日二日兩日間、實施場所、南門東北門派出所管界、三、六月三日四日兩日間實施場所東門東門外派出所管界、四、六月六日七日兩日間

濱江特刊

第一六四號

盛京時報北滿總支社

社址 哈爾濱道外 桃花巷西口

連絡電話六八四七番

因受圖佳線影響 江運客貨果激減

河豆沿圖佳線輸往朝鮮三港 哈爾濱市之特產商頗受打擊

本年松花江自解氷以來因江水奇瘦致大型船隻之航行陷於不可能、邇來幸水勢漸漲素稱松花江航行上唯一之難關三姓淺灘之水量亦日見增漲、水運當局之愁眉亦因之頓然展開、惟自前年度 圖佳線 開通之當時、航聯方面即慮及營業有被吸引之影響、詎知此種理想迄至今日果不幸而成爲事實矣、據統計旅客 較比昨年 減少半數、而貨 物則三、四分之程度、茲將客貨別比較去年度採錄於下、（表係開江以來至五月二十七日累計數）

一旅客

	本年度	去年度
出船	二六六七〇	五四七八四
入船	一四〇七二	一四四〇九
計	四〇七四二	六九一九三

二、貨物（單位噸）

	本年度	去年度
石炭	—	—
木材	二八一	一三五
鮮貨	四六七	—
雜貨及其他	一五八六〇	一四一九一
合計	一五八六〇	一四三二六

客減少二萬八千四百九十一五名

入船

	本年度	去年度
大豆	—	六四八九五
小麥	—	一八六八
雜穀	四一四六二	四六八八
石炭	二一四四	一七六四
木材	五四三	一〇九八
鮮貨	—	—
雜貨	三七三〇	一三四八
合計	六二六六八	一〇八五六四

按上表統計雜貨減少四萬五千八百九十六噸此中最堪令人注意者即下江一帶之大豆、小麥特產物、與哈爾濱市場以極重且大之影響、蓋從來三江省方面之 特產物大豆稱之 爲河豆、一概運哈再轉向日本內地或歐西各國輸出、故哈爾濱一域成爲特產大豆之集散地、矣於是專門經營河豆之特產番頗有相當家數、而其經濟勢力亦頗不小、自圖佳線開通後尤其本年此等河豆皆沿圖佳線奔朝鮮三港直接出口焉、於是向來在哈爾濱交易所占有重要位臨之河豆交易上自然日見縮少矣云云、

哈鐵組成演藝班

派赴鐵道沿線愛獲村宣傳 使村民認識更新團結强化

哈爾濱鐵道局當時此趨非常局下、鑑於鐵道使命之加重、爲圖沿線愛護團民之認識更新團結結強化、對於鐵道愛護之觀念更進一步之滲透、特定由

顧鄉屯警察署細見盛美、商工公會中西理事等三十餘名、出席之下、首由足立科長致開會詞後、由新京權度檢定所加藤技佐說明新度量衡之意義及檢

種類除在地上按置不能勤者均得受檢查、

一、議題

一、檢查期日

二、檢查區域、

項、特定於六日在該署官房會開催協議會、以便討論改革

議室召集各廳科庶務之担當者一項云云、

野狼被射殺

深夜出現新城大街電業局前 王存榮警尉補之殊勳

自上月中旬以來顧鄉屯及曲線街等處迭次發見野狼、屢傷人畜、各警察署互相連絡、嚴密戒備組成捕狼班、誓必將潛於市內之野狼捕獲不爲止、詎於前二十七日突然突破武裝警官之戒備網 而發見於 八區一帶、消息傳來後、市民莫不慌恐、其後又復沉靜、市民稍爲安心、詎知於本月一日深夜突然於道裡所謂都市中心地之新城大街發見野狼一隻、經緯署得到急報後、立即派員趕赴現場、尾追之下鳴槍射擊、終將其射殺矣、茲將其經過情形探錄於下、

二日午前十二時頃忽有一日人形色愴慌、跑入新城大街派出所、報稱現在電業局附近有野狼一隻、請速往狩捕、該派出所之王警尉補得訊之下、立即協同部下三名各執手槍在該報告之日人指示下急赴現場但見附近一帶因夜深人靜、寂寞不物乃在附近開始搜索、結果突然在中國十四道街北方新城大街電 業局大門 附近發見狼跡、王警尉補等乃將手槍安全裝備妥當三人取包圍之體勢一聲令下、一齊襲擊、詎知該狼聞槍聲隆隆、急懼之下、擬逃出羅網、乃向王警尉補一躍撲來、此時王 警尉補 乃忽然一聲、命中狼 之前足、狼雖受傷、依然蠻橫、勢愈兇險、王尉尉補等此時距狼約十步遠、一齊開槍射擊、該狼乃身受數創不能支持即臥於血泊中矣、王警尉補當即報告該管經緯警察署、並將狼 屍送至 署內保管、查該狼高三尺七、八寸、身長五尺五寸、茶黃色、牙齒尖利、令人生懼、蓋前南崗署所捕之野犬謂爲野狼乃一時誤會也、經俄人鑑定結果、死者確爲前見之野狼無疑、從此哈市民衆對於野狼之恐懼可以一掃矣云云、

朝鮮物產即賣會

今日開始

朝鮮總督府殖產局長穗積眞六郎及外務部長松澤龍雄兩氏、日前來哈、於日本總領事館並商工公會后援之下、定於六月四日至六日三日間在登喜和百貨店並輸入組合開朝鮮物產宣傳即賣會、並朝鮮產業文化展覽會、以期振興滿鮮之交易云云、

出船	本年度	去年度
大豆	——	——
小麥	——	——
其他穀物	一九四五	——旅

七月二十六日起至八月二十八日止之三十四日間、在拉濱、濱綏兩線以滿人演藝員八名組成宣傳演藝班、向沿線各地巡迴派遣云云、

市署商工科招開度量衡集合檢查懇談會

各關係機關均派員出席

哈爾濱市公署商工科足立科長、鑑於度量衡限制猶預期間即將屆滿、仍恐度量衡未能徹底普及于一般商民認識微薄、曾經屢次宣傳、爲謀將來一般商民對度量衡認識深徹、故於六月三日下午一時、在市署四階樓上會議室召集各關係機關開催哈市內度量衡器集合檢查懇談會、當日出席者哈爾濱警察廳警尉補小澤五郎、新京權度檢查局阿部技士、加藤技佐、哈爾濱檢定分所長、計器公司阿南店長及內藤績、商工公會程儒堂、俄方『豆不勞原豆夫』經緯警察署濤水孝夫、警廳保安科松島警正、同警佐須田、省署實業廳大道技佐、

查意義、

一、普及新度量衡使用之認識、

二、使一般商民不躊躇者樂將從檢查、

三、檢查濟蓋印、嗣未蓋印者即可証明未受檢查、檢查期間七月一日至七月末日止、檢查場所各警察署、商工公會或各小學校、希一般商民至檢查期將度量衡送到臨近檢查場所受檢查、以証明新度量衡更換完了、

三、檢查器物之種類

四、檢查期日使無遺漏

五、不合格品之處分方法

六、舊器之處分方法

七、日本器物如何取扱以上等云云、

于上將允任籃球協會支部長

定期舉行紀念籃球聯賽

滿洲體育聯盟籃球協會哈爾濱支部、日前成立當時、已誌前報、惟除幹事長王德成等先行推定外、其他如最重要之支部長及以下幹部殆均尚未推定、茲經各籃球團體有力者從中周旋、敦請愛好籃球提倡運動之第四軍管區司令官于琛澂上將任籃球協會哈爾濱支部長、現已得于上將同意、因而據支部方面人稱、依于司令官之允任支部長、籃球協會哈爾濱支部得氏之扶持、亦必有意外之發展、擬於十日前后在新哈爾濱旅館、舉行支部發會式、一方于支部長爲奪閱各籃球隊之陣容與成績、更擬定於本月十八日開催支部長就任紀念籃球聯賽、七月中旬並由各隊中選出哈爾濱代表隊以便遇

各警署陣勢充實犯罪事件漸減

州內犯罪及檢舉比率

【大連】各種犯罪事件激增之大連市內自事變勃發以來因銃後市民緊張、及當局日夜活動、竟呈意外減少、本年除岩代町錦戶商會三人慘殺事件外、別無大事件發生、今據州內各警署管內、去年中發生並檢舉成績、統計如下、

旅順署管內發生四六六件、檢舉三八一件（比率百分之八二）

大連署管內發生五四五四件、檢舉三七一五件（比率百分六七）

小崗子署管內發生二三七九件、檢舉一七一〇件（比率百分七一）

沙河口署管內發生一九三六件、檢舉一五四七（比率百分八〇）

水上署管內發生八〇二件檢舉

金州署管內發生二〇三三件檢舉一二三二件（比率百分一一〇）

普蘭店署管內發生二九二件檢舉二七五件（比率百分九四）

貔子窩署管內發生二〇三件、檢舉二九一件（比率分百分一三〇）

觀各署管內平均發生件數一四六七件、檢舉比率合計百分七五、即一〇九六件、比之昭和十一年度、發生件數雖增加、而檢舉比率卻減少、就中竊盜事件頗多、而犯人亦滿華人居多、他如殺人、强盜、傷害等事件、亦以滿華人居多、惟詐欺、恐喝、橫領等智能犯、以內地人爲多、今後州廳新設刑事課、並各警察署充實陣勢、治安整備犯罪件數、當必逐年減少、檢舉成績、更能容前良好、實現明朗化街市、

省協分會開協議會

濱江省公署爲謀協和會省公署分會强化、討論分會改組事

奸商自斷查必嚴處組自衛團維持治安

馮市長對記者縱橫談

哈爾濱市交通局改組交通株式會社問題、醞釀迄今、尚未見諸實行、同時關於市區制劃分後處理問題亦未實現故記者爲明瞭以上諸問題起見、於昨三日午前十時、特往訪馮市長、當蒙延見、依記者探詢有如下之談話、

關於交通局之改組爲交通會社問題已醞釀成爲事實、並且對於諸般準備事項均已大體就緒、故最後爲審議讓渡及評價辦法、定於本月十日召第三次市諸議會、以便表決、並擬同時組織一評價委員會、從速評價事宜、而期早日解決施行也、

關於市區制之實施事宜、經本署積極進行之結果、亦已準備妥當、目下正向中央申請認可中、一俟指令到來、即可正式實行、至實施期日雖難想象、但已不過七月間耳、

此外馮市長對於市民生活、及市鄉治安、尤爲關心、因此特進行對策以告記者、俾使市民得以安心、

一、關於市民生活方面、因受近來物價暴騰影響、市民生活多受威脅、然而關係各當局、對此已早顧慮、並且無時不在詳細研究中、尤其對於故意居奇之奸商、更特別注意、

選、以儆効尤、

二、關於市鄉治安方面、因保甲已經撤消、對於市鄉治安之保護、同時失去輔助之人、故本署及各關係機關爲此之計、決定再起組織自衛團、以代替以前之保甲事務、惟一切進行辦法目下尚在積極辦理中、於不久之將來即可見諸實施云云、

三訓練所射擊大會

哈爾濱市青年訓練所主催該所以及哈爾濱市協和會本部並哈爾濱地方師道訓練所等三團體、於今一四日午後一時在文廟街日本陸軍第一射擊場開催射擊大會、茲將其會序探錄於下、

一、開會之辭、

一、國歌合唱、

一、射擊實施要領之說明、

一、射擊實施、

一、成績發表並賞狀賞品授與、

一、致詞、

一、分列、

一、萬歲三呼、

一、閉會之辭、

濱江特刊

第一六五號

盛京時報北滿總支社
社址　哈爾濱道外　桃花巷西口
電話道裡六八四七番

哈市設農業大學組織設立委員會
以百萬元鉅資作設立經費

濱江省實業廳基於產業開發五個年計劃、認爲有設置農業教育機關之必要、前經慎重研究之結果大體決定設置哈爾濱農業大學、關於預算校舍及其他之設立準備等一般問題、經市公署方面迭次懇談之結果意見已趨一致、最近向中央方面關於設置農業大學案即將提出請求認可、現在擬先組織設立準備委員會、倘中央方面對此種提議不同意時、則將設立市立大學、惟當本年一月學制改時正因此問題關係重大、故未能實現、據市當局談稱、擬設立之農業大學校以百萬元之鉅資創設、對此一般莫不深甚期待云、

哈市重要商品價格與日俱增

哈市重要商品場自上月公定價格決定後、除小麥粉之價格未能變動外、各種日需物品莫不與日俱增、與市民之經濟上以極大衝動、其中尤以輸出入商品之綿絲布及大豆之價格暴漲尤甚、月內凡綿絲、棉布、麥粉、麻袋、大豆、小麥、砂糖、等七品之市況以五月末之價格與四月末比較砂糖漲價最低猶一成三分、次如綿絲三成綿絲布五成至八成、二成麻袋六分、大豆三成六分、無不暴漲、僅僅經時一閱月而物價之暴漲以至歐洲大戰時以上之程度、茲將各種商品別各旬物價分別誌之於下(單位元)－綿絲布一疋、麵粉袋、麻袋百條、砂糖一袋、大豆小麥百斤

省署招開縣長會議

濱江省公署、爲明瞭管下各縣旗市一般行政狀況、並對各縣旗市有所指示、特定於二十一日二十二日兩日間、在省公署官房會議室、召開全縣旗市長會議、至二十一切議案、現由該省各廳科準備就緒、現已通知各縣旗市準備提案、以便提出屆時參加會議云云、

十五分許、正在院中玩耍之際忽然跌倒、經其母發見之時、見格拉尼週身突變紫色、四肢曲縮、氣息奄奄、不省人事、不知是患何種疾病、驚恐之下急報告當管車站街警察官吏派出所、電召救急車前往救治、結果判明爲疑似百斯篤病、除經醫師注射臨時救急葯針、並將其屋中消毒、所出所已將該房屋封鎖嚴禁近日內在屋住宿以免傳染云云、

省長次長先後會議

我政府自去年實施全國機構大改革以來、全國各省行政逐漸發展、政府爲明瞭全國各省擬定於本月十三、四、五之三日間、在中央政府召開全國本長會議茲聞中央方面復定於省月二十七、八、九之三日間、於中央召開全國省次長會議、業已通知各省準備提案屆時參加會議、以便討論、而濱江省次長現下積極進行準備各種報告資料及提議案件、屆期前往參加議會云云、

貴院議員一行蒞哈

友邦貴族院議員以川村鐵太郎伯爵爲團長北滿皇軍慰問團於十四日來哈、一行除川村團長外、有男爵有地藤三郎、子爵保科正昭、同孫井彌八、男爵前田勇、同園田武彥等五議員、貴院事務官高山保一、同幄池高郎兩氏一併爲九名、十四日午後八時二十五分着濱綏線列車來哈、下榻於大和旅館十六日赴北安轉黑河歸途至齊齊哈爾、海拉爾轉道新京而歸國云云、

三月份豆餅生產量二十三萬二千五百餘枚
比較上月減產百分之四四

據油房公會調查五月份哈市油房十三工塲(除華英外)豆餅產量計二十三萬二千五百六十枚、比較上月之十八萬一千七百九枚約減少百分之四十四、販賣量、輸出量、市內販賣量共計二十五萬五千三百三十五枚、與上月之四十八萬六千五百三十四枚對比、一躍激減二騰、採算不利、下旬頃各油房將半休業、預想其生產數量將益減少、茲將五月份各油房別生產及販賣量分別探錄於下

(單位－枚)

油房別	生產量	輸出及販賣量
東興昌	—	八、〇〇〇
双興	一六、一三八	一七、五二八
協昌仁	四一、〇四四	四八、二六六
恒祥東	八、六六三	九、九五九
同聚祥	三七、四一二	三九、六〇〇
元．孚	[illegible]	二五、四〇〇
双合盛	一九、九四〇	一一、八五〇
協昌仁二	[illegible]	一五、五一四
合計	[illegible]	[illegible]
前月計	[illegible]	[illegible]
協英	[illegible]	[illegible]

大豆混保檢查數
比較去年同期減少九一二車

哈爾濱鐵道局管內五月份貨大豆檢查總數一、一七二車(內合格一、一六四車)去年同期一、二七二車(內合格一、二四一車)混保受入數一、一四四車、去年同期一、二四一車、兩相比較減少九十二車、馬車運送因受上旬以來大豆價格之強調刺激依然活況、主要站運送輛數計呼蘭六〇、綏化二九〇、北安六〇、双城堡一〇〇、康金二井〇〇、四方台一六〇、拉林四〇、三岔河二六〇、興隆鎮二六〇、海倫三五〇、滿溝四三、窰門六五、茲將各鐵道線別混保檢查數目分別探錄於下、

(單位＝車)

	合格	不合格
濱北線	六〇一	三五
拉濱線	五二一	一
八區	四一	—
濱洲線	八三三	四
濱綏線	六三二	二
京濱線	二〇四	八
合計	一、一四四	五〇
去年同期	一、二四一	三一

一等 一七〇　二等 五五七
三等 二七二　四等 一四四
計 一、一四四

此外月末豆餅檢查數計一七九車、較去年同期增加六十三輛云云、

全國各學校、協和會員一齊向皇軍赤誠献納牧草馬糧、並希望今後永久施行、如報北滿國防之前衛地哈爾濱市與中央方面呼應、開始大規模之栽培工作、定於十日午後一時協會和市本部召開常務委員會、研究具體的實施計畫案、大體以王兆屯忠靈塔境外一町縣之地域爲栽培地、市內一萬四千名之協和會員總動員約分爲五班、各自盡分一定之担當區域栽培之、似此給後之勞動奉仕其意義深刻、預定明年時市內各學校以及各官廳將一律仿行擴大此種運動云云、

第二次慰安列車
十日午前由三顆樹出發

哈爾濱鐵道局爲慰問濱北、北黑兩線沿線鐵道從業員並愛護村民企圖福祉增進、決定派遣本年度第二次慰安列車、待諸般之準備終了後十日午前十時五十分預定由三棵樹站出發、該慰問列車凡日用雜貨物品以次生活必需品滿載車中、並携帶映畫班、演藝班、在沿線各站除廉價出售商品外、並演唱戲劇提倡文化、預定本月十九日歸哈云云、

俄人兒童多患天然痘
俄僑學校臨時休校

本年二月間突然發生滿人天然痘、迄至五月遂蔓延至四本

恐慌、南崗俄僑國民學校學生住南崗長官公署街包爾阿諾陶夫(女七歲)南崗大直街二八號劉愛依可陶夫(男七歲)馬家溝宣智街二八號牙庫拋夫斯羅他島(男十一歲)等四名經市衛生科將以上之罹病者應急處置、並將學校全校舍一律消毒、附近一部交通遮斷、九日對全校三百五十名全兒童施行健康診斷、結果令命臨時休校云云、

國軍一月討伐殊勳

【三江】三江地區警備司令部、負責肅正本省邊陲之治安自本年春二月起、實施搜索殘匪工作、風前之燭日就滅亡矣

	上旬末	中旬末	下旬末	上月末
▲綿絲				
双雁三〇番	四二〇、〇〇	四七五、〇〇	五四〇、〇〇	四一五、〇〇
遂塔二〇番	三六〇、〇〇	四一〇、〇〇	四九五、〇〇	三六五、〇〇
▲鄉布				
粗布遂塔	一三、一〇	一四、一〇	一九、〇〇	一三、八五
粗布大安	一七、五〇	一八、五〇	二五、五〇	一七、五〇
細布軍人	一七、二五	一九、〇五	二六、五〇	一六、七〇
細布月裡	一三、七〇	一六、七〇	二四、五〇	一二、二五
細綾顏	八、七〇	九、六〇	一五、五〇	八、四〇
大尺巾	四、三五	五、一〇	七、三〇	四、四〇
▲麥粉				
綠三星	五、四五	五、四五	五、四五	四、九五
紅三羊	五、三〇	五、三〇	五、三〇	五、二〇
▲麻袋				
現物鐵筋	四八、五〇	四九、〇〇	五七、五〇	四五、五〇
靑筋	三六、五〇	六〇、五〇	六八、〇〇	三四、〇〇
▲糖				
J印	一九、七〇	三〇、三〇	三三、七〇	一九、〇〇
N印	二〇、二〇	二九、七〇	三三、三〇	一八、七〇
▲大豆				
定期近物	五、二四	五、七五	六、三五	五、〇八
小麥	—	—	—	—

濱北各縣治安良好
韋省長視察歸來談

如報濱江省長韋煥章氏、爲明瞭管下濱北線各縣如慶城、綏化、綏棱、克晉河等縣行政情況、特於日前偕同德田秘書王事務官視察、現因視察完了業於七日下午四時五十分搭濱北線列車返哈、記者爲明瞭省長此次視察感想並治安形狀、於九日午前十時特往訪、當由王事務官轉達視察所得情形及感想談話如下、

此次赴濱北各縣視察、爲蒞任后第三次、而濱江省地大物博、因有歷史及文化關係、各地情形不同此次視察、於四日下午到達綏棱縣、該縣因設治較晚、於以人口不多、治安狀況亦欠良好、對於一切建設文化均未發展、業經友我兩軍警、澈底討伐殘匪、並得日本之武裝移民團之鼎力協助、現在治安方面、始漸轉好、並向產業開發及召縣人民之發展途上邁進、因該縣之人材不濟、故於政務上之整頓上、稍有不振之點、當時曾召集全縣署職員訓話、並解釋官吏對時局應有的覺悟、然后視察農作社及移民團、現在移民團已經組織完了、雖在初步、因一般團員均有相當經驗與能力故各種設計、均屬近代化、各靑年團員均能努力執行各種工作、共一貫之精神、實堪欽佩、當日晚出席縣公署主催之歡宴會、席間聽取縣長之縣政一般報告、並彼此研討一般應行興革事宜五日早乘汽車赴慶城縣、至縣署后、首先聽取該縣縣長政情報告、並對一般縣職員訓話、然后參拜該縣殉職日滿將士之墓城內地並視察、諸般行政之設施、因該縣設施較早、各種文化及建設均極良好、靑年訓練所、農事合作社等均已設備齊整、目下正在着着進展中、惟農事合作社附設之糧谷交易市場、存屬試辦、故一切設施尙屬草草、按該縣各部人材之精幹、並兼綏化、慶城間之鐵道已經開通、故其將來之發展殊堪期待、六日乘假營業中之火車、赴綏化縣、正午到着目的地、首至縣署聽取各職員之申告並縣長之政情報告、繼則向各職員訓話、並視察各科之內務、各職員之服務精神均好下午訪問日滿軍隊、並視察城內各行政機關、對於省立實業女子學校一切設備、均不完善今后當特別注意整頓之、惟該縣之靑年訓練所因該所主事辦理有方將來甚可期待、至于其他各機關、大體均極良好、當日晚出席縣公署召開之座談會聽取該縣之一般希望事項、七日早九時起視察城內各中小學校、及縣立病院、苗圃、公園農事合作社、種馬場等一般均極良好、惟有農事合作社規模宏大可稱北滿之模範於午後一時半遂搭濱北線列車返哈云、

發生類似百斯篤病

南崗長官公署街門牌三十七號、鐵路官房院內、住戶俄人沙尼西亞、年三十一歲、現充哈爾濱鐵道局工務段職員其妻瓦夏丁肖生有一女格拉尼、年十三歲、於昨九日午十二時二

十三萬一千一百九十九枚約佔全部百分之四十八、蓋値夏佔減產之期、最近大豆之價格暴

和聚公	九、六〇	一五、四八
同成和	一五、五〇	一四、七五
義昌信	—	一三

警廳查惡德商人
嚴施暴利取締令
奸商利徒可以休矣

邇來市內凡百日用物品之價格、莫不暴漲、如鐵材、綿絲、綿布以及小麥、麵粉等甚至漲至二成至三成以上之程度、因此凡依薪俸生活之公務員、莫不齊聲叫苦、哈爾濱警察廳依省署之訓令、爲徹底取締暴利者、對市內之奸商利徒、嚴加取締、甚於本年四月治安部、經濟部、產業部等頒護之訓令監視市內各商店之營業狀態、鑑於最近物價之日益暴騰、特與市商工科以及關係各機關密接連絡、對於市內居奇暴利之徒惡德商人、無論個人經營以至商店、一經查獲、必予嚴重處分、現在通令各警察署進行調査云云、

協和會提倡
勞働奉仕

協和會以養成國民銃後奉仕之觀念爲目日、確保飼料資源開始提倡全國栽培牧草、今秋

人間、市公署及警察廳嚴佈必死之防疫陣、詎知邇來比天然痘病魔突然潛入白系俄人間、茲將其經過情形探錄於下八日俄人學產四名發見眞正天然痘患者四名、以致引赴全市一大

靑訓第四期生
舉行修業式

滿洲帝國協和會哈爾濱市本部所屬靑年訓練所之第四期訓練生徒、現已屆卒業期日、同時並由第四軍管區候上校檢閱、於昨九日午前九時起、在該所舉行檢閱並修業式、在侯査閱官以次隨員數名同蒞所之下、實行査閱、首先於事務室內査閱書類、繼巡視所內外並公民科之査閱等、於十一時完了、改於斜紋三蹬街之廣場、由全體生徒整列之下、再予教練之査閱、至十二時壯肅完畢始解散云云、

【又訊】哈爾濱靑年訓練所第四期生徒修業期滿、定於十二日午前十時在該所依左列順序舉行修業式、

一、職員生徒着席
二、來賓着席
三、式辭
四、日滿國旗行禮
五、日滿國歌合唱
六、詔書奉讀
七、修業證書授與
八、市長賞授與
九、所長訓示
十、馮顧問訓示
十一、白顧問訓示
十二、濱江地區警備司令訓示
十三、軍顧問訓示
十四、市本部長訓示
十五、省本部長訓示
十六、來賓祝詞
十七、生徒答辭
十八、靑年歌合唱
十九、向日滿國旗敬禮
二十、閉會
二十一、記念撮影

頃據該部報導班公表、四月十五日至五月十五日一個月期間各部國軍討伐功績如下、計討伐四十五回、討匪三千八百八十名、殺匪二百廿八名、活捕匪六名、燒山寨十六所、鹵匪馬八十六頭、得步槍五十九支手槍卅八支、彈藥一千六百廿七粒、得匪馬廿八頭、洋砲七支、救下人票二名、我方戰死官兵十名、戰死官馬五十頭、負傷士兵十九名云、

建築新廳舍
舉行地鎭祭

【法庫】本縣新建縣署廳舍及衛生醫院家畜交易市場、於六月十日下午一時、由縣長躬率一般僚屬、在新縣署建築地址、（省立法庫國民高等學校院內河東）舉行地鎭祭、閉祭畢即行動工建築、至九月間竣工云、

盛京時報 大同報 緊要啟事

啓者近聞有馬薌谷者迭次冒充本報北滿總支社記者在外任情招擾恐一般不查眞僞受其欺蒙用特聲明本社並無其人以後無論發生任何事件本報决不負責特此聲明

盛京時報 大同報 北滿總支社啓

濱江特刊

第一六七號

盛京時報北滿總支社
社址 哈爾濱道外桃花巷西口
連絡電話六八四七番

往認領遂日前公告失戶遠往前

警察廳司法科破獲
大批誘拐婦女團
被害婦女天津北京方面居多數

自日華事變以來、如華北、津、北京、各地避難流落失之少年婦女不勝數計、一般道之誘拐犯、藉機仲張魔手花言巧語愚玩年少婦女、而知之年少婦女易墮陷其魔手、因此誘拐團蠢機大肆活躍利忘却人道、由天津北京方拐來之少年婦女、以賣與北奉天新京哈爾濱各大都市窰、被其害者大有人在、有一某專門誘拐無知良民青年婦、賣與各大都市之窰娼中、圖厚利、日前拐帶犯孟某、與埠道外江沿土娼窰頭余湖海密聯絡、今年春季孟某拐來女二名一年十八歲小紅、一五歲之幼女、以七百元身價少女賣與余某、小紅由此、小者因年幼關係、不能、故留於余家贍養、待其知余湖海與拐犯孟某有重大聯絡嫌疑、當即前往逮捕時、而余某事前得知消息、遂將所買的二少女、均送於道外北十八道街余之族兄余宴海處匿藏、以防官家答辦、事又湊巧、果爲司法當局探知、當將二少女及匿藏主余宴海、一併帶科拘留、而余湖海仍逍遙法外、查余宴海、日前亦係開設窰娼、因有積蓄、擁有大批房產 富而不仁、司法當局、近日以來破獲拐帶犯數名之多、除將被害之婦女救出火坑外、有家者令其歸家 無家可歸者、正在設法考慮救濟中、此次破獲大批誘拐團、大快人心至于將來究竟、容訪再誌云云、

馬迭爾天棚塌落
打傷觀劇俄婦
年久失修勢頗危險

道裡中央大街馬迭爾電影院於十四日下午十時天降大雨時該院三階樓上歌舞團、正在排演歌舞劇之際、觀客擁擠、天

名 住於道外富錦頭道街滿洲棧內、於當日在北五道街千葉洋行門前、設攤出賣贓物時、人贓一併被檢舉 當時並將贓物醬油桶十個一併代署審訊、據供贓物爲其由竊犯手中購來 至于竊犯 無從査糾、關於所竊物件爲何人所失者 頗爲疑

哈市商工公會通知
各會員至期繳會費

哈爾濱商工公會自日前正式改組以來、一切業務逐日向發展途上邁進、該會爲期一般商工業者明瞭加入該會爲會員之資格及本年激納會費之方法、於昨十六日特發出如左通知、

依照去歲十二月一日公佈即日施行之商工會法、及同級施行規則、由本年四月一日前道裡外上號三商會及前日本商工會議所合併爲一、重新組織爲哈爾濱商工公會事務所設於田地街六九號、爲謀哈爾濱市、經濟之發展及在哈商工業者各會員等之便利計、一切俱在着着準備中、此已爲諸位所週知者也、査本公會會員之資格依據定款之規定如左、

一、帝國人民或依帝國法令設立之會社由經濟部大臣認可之會社等

二、於本商工公會之地區內(濱江省哈爾濱市)設有本店支店及其他之營業場者

三、以自己爲名義行使爲商之行爲之營業者於本商工公會之地區內一年間激納營業稅或法人營業稅二十元以上者(但日本人側之營業稅固有暫定的減免例、即康德三四年爲四分之一、康德五、六年爲二分之一、故將其減免額除外、認其所納之營業稅爲全額計算之本公會之賦課金、亦按此全額標準規定云、

四、以會社之資本或財產爲目的之出資如係爲五萬元以上者、雖未具有前項第三款之關於納稅條件時亦爲本公會之會員、如該當以上四項載有之條件者、法律上當然成爲本商工

之査定率爲營業稅之一成、對於會社爲其出資額之萬分之二前於本公會之參事會業已決定在案、並已在各新聞紙上公表由五月二十七日至六月九日之十四日間、遵照法規於本會事務所內將會員名簿陳列以供各會員之縱覽迄今縱覽期間業已終了、由縱覽期間之後、終日起計算經過二十日至本月二十九日已爲本會之會員名簿確定之日、由本月二十九日以後會費賦課之通知當爲奉上、尙希於應激納期間內激納到會、是所切盼者也、關於商工會之使命及事業茲無再申述之必要、至于商工公會之主旨尙希諒解同圖本商工公會事業之完成、深盼台端早日將應納之會費繳納爲禱、再者本商工公會會費之繳納、法律上乃承認爲强制者、對於怠繳會費者、業已規定須依照怠繳地方稅之同一手續處分辦理、關於此點、當祈充分予以諒解、所是至要、再者本年度會費由四月始共爲九個月、茲定第一期之徵收爲七月、第二期爲十月、其他如有疑問之點、請向本會庶務科及經理科隨時質問、敝會決予以充分之說明云云、

商工設指導調停部
委員俱已分別聘妥
日滿俄委員共五十三名

哈爾濱商工公會、爲謀會員間遇有不明瞭事項、予以指導及會員間發生糾紛使以調停起見、經協議結果現特設置指導委員部及調停仲裁委員部、但共委員人選一部係由會員間富有經驗衛、一部係聘由各機關關係人員担任、計指導部委員爲鐵林當、多賀恩廣、光武時晴、張式如、初煥章、劉景周、徐程九、毛老男夫等二十六名、調停仲裁部委員爲剛崎虎雄、島田千代治、佐賀常尋尼勝常、姜監亭、劉作亭、徐廷九是立劉遂三陶洛考夫等二十七名云云、

討債衝突踢傷
孕婦生命危險

【哈爾濱】劉玉書年二十九歲、以苦力爲生、現住於顧鄉

買彩票者出入不絕、當時發財心動、遂進屋購彩票一元、遂

人、亦再操神女生涯、孟某鉅款後、復飛奔華北仍作誘至意、不料事機不密、竟被[illegible]服司法科當局偵知、該科爲持人道計、連日以來、派遣[illegible]騎、四出搜查誘拐團、因此探

棚突然崩塌將觀客俄人婦被塌下石灰塊打傷頭部及面部受傷數處、立急送於附近醫院醫治、似無有危險、據關係調查該院天棚崩下原因係因漏雨年久失修、乃始崩塌云、

哈市警察當局
嚴重取締暴利奸商
安定市民生活以維難民

近數月來、市內諸般物價因被奸商壟斷將各種物價高抬、以致一般市民受生活壓迫無不叫苦、哈爾濱警察廳有鑑及此爲維持市民生活安定計、依暴利取締規則、由警廳與各警察署聯絡總出動之下、對不暴利奸商、實施調查、一旦查出奸商有壟斷及故意高抬物價之行爲、亦必按暴利取締之嚴重處罰、現經經緯警察署正陽署新安埠署昨在管內調查結果、竟發現惡德奸商故意壟斷高抬物價、數十家以便從中企圖厚利不顧一般市民生活叫苦、警察當局對此奸商、決定加以嚴重懲辦、由此市民生活漸次安定云、

電話線被竊
頃在搜查中

十五日下午八時三棵樹站約三基羅之電話線不知被何人竊去、事被三棵樹鐵道警護隊員發見、當時報告、查最近拉濱濱北線電話線頻頻被人竊取、以致電話時發生故障、因此擾亂交通、莫此爲甚、當局正在嚴重搜查犯人中云云、

正陽署檢擧
窩藏賍物犯

正陽警察署於日昨爲肅清市內竊盜犯起見、在五道街會捕獲慣於窩藏賍物犯李國士者一

金少山吳素秋一行
十七日來哈
拜訪各關係方面後十九日出演

醞釀已久、遲遲其來、由東方文化協會邀妥、來哈獻技之松竹社全劇團、名淨金少山、名坤旦吳素秋、以次超等藝員百餘名一行、業於本月十五日自北京首途、刻正在途次中、決於十七日上午十一時四十二分來哈、一行於來哈稍事休息及拜訪各關係方面後、決於本月十九日開始獻技、按現代京劇淨角金伶之藝術、已獨覇劇壇、頗博各界好評、其嗓音之宏亮、工架之純熟、實有其他名淨所不可比擬者、其拿手佳作、如牧虎關、打龍袍、御菓園、刺王遼、鍘美案、草橋關遇皇后、霸王別姬、連環套、盜李七長亭、青風寨、表演工架無一不精、至於吳素秋、則具有梅程尙荀四大名旦之長才身段窈窕艷麗、唱工珠圓玉潤其拿手佳劇、如梅派鳳還巢、程派賺文娟、尙派玉堂春、荀派十三妹、均超出其他坤伶頭地預料出演後、必能大飽觀衆耳福云、

報區屯確立狀況

【海城】縣公署、前曾通飭縣境各街村公所、爲關於街村內區屯制確立狀況、詳確調查、迅速具報、以憑彙轉、不得稍有延悞云、

屯華平街門牌五十二號、日前借得同夥于德林現款二三角、日久未償、故於昨往劉處討索、劉因無錢償還、遂發生口角、繼則由口角而動武、拱逢對手、脚拳橫飛、劉之妻劉孫氏年十七恐發生意外、當即上前勸架、而于某誤認伊妻助夫打架、即以飛脚踢中劉妻小腹、劉妻已懷孕五月、茲即哎呀一聲、應聲倒地、不省人事、當時口小便出血過多、二人正打得激烈、見已肇禍、始行停戰、急報告分所電知救急車、拉至市立醫院救治、傷勢頗重至于有否生命危險、不得而知云云、

王翁購彩恨命薄
轉賣他人中頭獎

【哈爾濱】道裡中國十二道街路北福泰樓飯館執事人王某年六十許於上月中旬、因事赴道外行經正陽四道街見寶昌源

即返回道裡、自思年老豈有得彩之命、所買之彩票特別換悔、莫如兌與他人、以免損失一元國幣也、在梨市裕和昌門前、遂乘買鮮之便、與該號柜夥商議彩票出兌、但並無答言者、適有該號青年柜夥梁某在側、王乃強將彩票塞入伊之衣兜內、令其留下、梁某堅不允許、該號司賬因王係常年主顧、如强拒絕、與面上無光、當時向梁懇惡勸梁購買、並謂汝年青運旺、將來必得頭彩語畢、既在賬房取出國幣一元代梁付王而去、及至本月十四日第五十一回福民獎券開彩時、梁某前往對彩、見頭彩號碼爲二七七四二號、與自己所持者相符、遂眉笑眼開、並將得彩源委告知親友、無不稱賀、此事已傳入王之耳中懊悔不及、自恨命薄云云、

哈爾濱素描

棲息滄江、渾忘歲序、鎮日兀坐閒曹、百無聊賴之至、居此樂土、迭易星霜、王道恩澤、浹髓淪肌、如向陽之小草發芽露而滋潤、春風廣被、欣欣向榮、悠悠浸假、自亦不知置身爲葛天氏之民歟、無懷氏之民歟、此我滿洲三千萬民衆、額首嵩呼、咸深忭賀者也、夫哈爾濱素有冠甲全國都市之榮冠外人輒以東方莫斯科及小巴黎呼之、居諸久者、始信良非虛譽、第以市街之整齊及崇廈之櫛比、喬皇都麗、連亙不絕、此實堪誇耀者、吾人試乍入此間、目迷五色、觸處皆是、無一不含有偉大之壯觀、蘊蓄文明都市之時代彩色、殊似山陰道上、大有應接不暇之勢、矧我滿洲建國之後、風雲際會、王道蕩蕩、充溢樂土、而國際都市之哈埠、益復煥然一新、邁進於康莊大道、正如旭日東昇方興未艾、長江大河、一瀉千里也、其犖犖大端如建設方面風動雲湧俱有驚人之進展較之曩昔不啻霄壤之別矣、尤本諸建國之理想、日滿不可分離之緊密關係、得友邦之竭誠援助之下、社會之諸般事業、突飛猛晉、使外人邁臨此地者、無不駭怪捲舌、爲之贊歎不已者、而交通方面、輪軌輻輳、四通八達、無往不便、故哈埠實稱滿外雜處、商賈雲集、而社會上之複雜、亦殊光怪陸離、各盡其五花八門之妙、權就管窺、述之如次、

一、輪軌綜錯、交通之繁興自北鐵讓渡成功、本諸鐵道一元化經營主旨、拉濱呼海兩線均由新築江橋、直達市內南崗總站、幷以北滿幹線、由哈市起點、分達濱綏濱洲兩路、朝發夕至、日可千里、至水路方面、松花江傍於埠頭、直一衣帶水耳、由此使航、以迄沿江各地、每屆江融開航之際、旅客往來蝟集、貨物推積如山、其繁盛狀況、概可想見、近以空運之助長、其便捷安適、殊出吾人意料之外、此哈市以交通之便利、致繁榮躍進爲北滿之樞機、抑以建國後之新氣象洵非舊時代所夢想及之、

二、街市之建築及商業之繁榮、吾人第一蹤入哈市、映於眼簾者、即爲石鋪之馬路、其整固堅實、爲其他都市所罕見雨後長街無泥濘則無塵沙撲面道內中央大街多係俄人經營之商店在巍崇樓排次櫛瑣率多西式每屆傍晚此街之上碧眼黃髮之西方仕女往來梭巡三三兩兩絡繹不絕耳聞目覩充盈歐氣吾人身履其地、幾忘其置身何所耶、所謂東方莫斯科及小巴黎之由來、殆以此也、外此可與相媲美並駕齊驅者、即爲地段街友邦所經營之商店、較前者有過之無不及、毫無遜色焉、其最大之商店、爲『丸商』『登喜和』兩百貨商店、店屋高聳龐大、應有設備、無不羅至、尤使吾人引爲滿意稱快者、雖些許之顧買、應接無不盡其禮儀、非復如滿俄之一般商人、因顧主之頻煩、時現其高傲不愉之色、此乃友商得其樂買之道、亦無愧文明國民之偉大襟度也此點甚望我國大小商工、力加仿引、取人所長、補我所短、吐吾之故、納彼之新、須知商人之抱和靄態度、懇切嗶、正爲應有之本分、非徒顧主之歡愉、正所以廣招徠之意也、滿洲建國、萬象昭蘇一切恰如雨後春筍、待其勃發苟不一掃舊日之陋因、難期效、所謂種惡因以積惡果、未來之榮利、不問收穫、但問耕耘、願國人三思之、除此哈市自建國後、日滿雙方經營諸般企業、隨處有加無已、筆難罄書、其蓬勃直上、大有一日千里之勢也、

× × ×
× × × ×

濱江特刊

第一六八號
盛京時報北滿總支社
社址 哈爾濱道外 桃花巷西口
連絡電話六八四七番

為期鮮人教育發展 必先造就優秀教師

決定來月舉行鮮人教師講習會

濱江省公署教育廳基於治外法權撤廢、並依新學制實行以為來以民族協和教育為中心、來謀民族教育共同徹底發展計、對於哈爾濱市所屬及各縣朝鮮人學校亦積極加以整頓中，茲為造優秀之朝鮮人教育教師起見、特定於七月四日至九日亘六日間、在道裡水道街、濱江省立師道學校、召開全省朝鮮學校教職員夏期講習會凡哈爾濱市及管下各縣朝鮮人學校、均須參加講習、統計約二十餘名、講師為哈爾濱師道學校日系教員及哈市金剛國民學校教員担任、至于講習之科目、則為教育、國語、算術、農業、圖畫、音樂、體操等共為七種將來對於教育之發展日趨正軌云云、

農事調查注意各種事項

市署諭令通知各調查員

哈爾濱市公署農政科為期今次農業基本調查實施之圓滑、鑒於有使各調查員先行了解本調查之重要性及關於調查與集計方法的必要、因此特擬就調查注意事項如左、使之依照辦理

積然後再向分別作物面、積則兩者間之差異自易明、瞭而所得之數亦近之正確

四、在大豆地內間種包米或於地邊周圍植青麻時須聽取其作物之比例

五、調查完了後須彙集各牌

良種亦完全記於美國種欄內

八面積完全以舊制度量衡之晌畝記之

市虎肇禍 撞傷俄女

俄女月西蒂年十六歲、現住於南崗郵政街十六號、於昨二十三日午前九時許由家赴學校、路經喇嘛台前、向台內神像祈禱之際、突由身后馳來九七一號營業小汽車一輛、双方一時躲避不及、被車將該女左腿撞折、當時昏倒、不省人事、適有交通警察瞥見、急奔至肇事現場、立將被害之少女送至馬家溝俄人醫院救治外、茲將司機俄人拔烏新年四十二歲、備文一併送南崗署處罰云云、

票、採取次數制度、因此對於車票格式、亦規定更換新式者、查共新式票、係分日期時間、換車降車地點、完全以剪印區別之、最多者每票必須剪七剪子、關於共手續極為複雜、該局為謀將來實行同時售票熟悉起見、特由二十二日起始、召集乘務員實行剪票技術講習、每日講習期間、分為早晚兩班、早午前十時至十一時、晚自下午一時至二時、以訓練熟悉為終止云云、

哈市商工公會 決定廿七日召開

商業繁榮懇談會

自哈爾濱商工公會成立以來、對於本市各種商業極謀發展、該公會為更進一步研究發展計、故定於二十七日下午三時在該會樓上會議室召集各關係機關及各大商店家代表者、開催哈爾濱市繁榮懇談會、各機關首領及商家屆期出席者、市公署側馮市長、大迫副市長足丘商工科長省公署側孫實業廳長大道技佐工業研究會側、近藤、今井、岩崎、相馬、矢崎五氏、百貨店側、登喜和、丸商、松浦、同記、同發棠、福豐號、公和利、恒順昌、大羅新、東和利、東發合、同義慶、益發合、秋林等十四店代表者公會參事飯島氏以下四十六名、理事中西氏以下六名、會社商店側三井、三菱、日清、佐賀、大倉、福昌六代表、特殊會社側如電電、電業、航空、殖拓、哈鐵、中銀、興銀七代表共約八十餘名出席、所討論經濟、文化、觀光及其他等各種云云、

天網恢恢 疏而不漏

因為奸情發生慘案 兇手當場被捕 被害者生命危篤

料寃家路窄、於二十二日下午八時許操知王在小六道街設膏藥攤床、當即前往行刺、此時王因天黑正擬收拾攤床回家、情敵見面分外眼紅未容分說楊即操刀向王之胸中猛刺、茲聞哎呀一聲應聲倒地、尖刀正刺中右脇要害、深約數寸、鮮血四溢、傷勢頗重、氣息奄奄待斃、楊某見仇亦報、畏罪拋刀潛逃、正逃走保定街處、路逢保定街分所王警長巡邏、見其身染血跡、依然兇氣勃勃、步履惝惶、遂將共逮捕、帶所審問、始知方才殺人、一方派人至肇事現場將被害人送附近醫救治、因受傷頗重、生命危篤、一方備文將兇犯一併送至正陽署拘押、以待懲辦云云、

城街實施區町制

【開原】開原城街近來新街制第十四條、將全街劃為四區、業以街總字第二七八號之二公佈共各區之名稱如次

文廟區、以鐘樓為中心東至東門東街路南、南至南門南街路東

石塔區、以鐘樓為中心西至西門即西街路南、南至南門即南街路西及南關

扶餘區、以鐘樓為中心西即西門即西街路北、北至北門即北街路西

△市公署實施事項

一、調査員講習召集各區調査員實行調査講習、

二、調査指導、本調査與第一次農物收穫量、予想調査同一期日、由農政科編成指導班行調査上之指導、

三、集計市農政科根據既存資料與農地利用狀況表對照檢討而集計之、又各分區所調査之度量衡均應以舊器填記、然後由農政科換算新度量衡、

△分區方面實施事項

一、戶別調査依規之調査表『A表』之實施及其集計、

一、農地利用狀況之調査依『B表』

三、照戶口名簿施行人口調査依『B表』

四、報告戶口調査表冊由分區保存一冊並將其抄本送交市署農地調査表由分區保存一部並抄本送交市署

△調査表記載要領

一、應使農方詳細了解本調査之目的、勿令抱有疑懼之念、例如爲恐與納稅等有關聯故作虛僞等情勿令發生爲要

二、因本調査係爲聽取調査故應特別注意勿令填列事項發生錯誤

三、先將住所姓名依次填列次即詳細向其耕種總面積、然後再聽取其作物別耕種面積、例如……先令其報告各作物別面積時、則其報告之面積合計有時超過其眞正耕種之總面積以上若是不加審査而集計之則所得之數頗不確實、因各分區對其管內各人之耕種總面積大體明瞭、倘先向其耕種總面之調査表檢點號碼審査共有無遺漏之農戶然後再訂製成冊而集計之、

六、關於自耕田耕之事事須就本年度耕種面積記載之

七、葉菸除美國種以外之改

田中科長晉京

參加教育科長會議

中央民生部教育司自新學制實施後、爲明瞭全國之各省縣市教育設施狀況、如期將來之改善設施計劃特定於二十三四日二日間在新京召開全國國民高等教育科長會議、濱江省民生廳田中國民高等教育科長、故於昨二十二日搭南下列車晉京參加會議、玆聞關於濱江省教育改善之諸議案件、攜帶頗多、以便提出討論云云、

範有方云云、

新電車票

格式規足

如報哈爾濱市交通局改組交通會社問題、決定七月一日正式成立、同時對於電車大汽車

警廳擬接收

遊覽船許可權

【哈爾濱】松花江遊覽船舶許可權限向來歸於航務局掌握哈爾濱警察廳對於船舶取締感覺特別困難該廳爲期對於一切遊覽船取締徹底計、故現下正與航務局方面折衝、欲將遊覽船許可權移管警廳、双方正在進行交涉中、不久即可實現云云、

市署防止天花

舉行臨時種痘

哈爾濱警察廳與市公署兩衞生科於年春季、爲確保市民身体健康、防止天然花發生起見會盛大舉行種痘、不料將種痘期日完後、市內突然發生天花兩衞生當局有鑑及此、爲期徹底防遏天花漫延、因此復於五月一日起至六月二十三日止、與各醫院連絡一致舉行臨時種痘、即臨時種痘期間、竟獲到意外優良成績、不但無人遺漏施種亦甚徹底、現已屆中止期間、而傳染之天花早已肅滅無餘、所以一般市民對於天花業已安心納賀、可信賴任當局防

酒綠燈紅熱鬧異常

嚴令取締今昔不同

哈爾濱酒館業取締後之現狀

哈爾濱酒居林立、高張旗幟、全市達百七十餘家、多係黃掖兩縣人所經營、盛極一時、幾爲各界人士唯一消遣之地、每屆夕陽傍晚、萬家燈火、沿街小巷、猜拳行令之嘈雜、幷笙歌燕語之婉轉、直達戶外街衢、而各酒居門前、圍臨協立之人、[illegible]、儼成鬧市矣、推其原因、所謂有酒無花不算春、而操此業者、亦極盡其利用之巧妙、廣樹艶幟、暗藏無邊春色、以爲招徠之道、按此類酒居、內容極其簡單、其他都市、幷不多覯、除設極簡略之棹椅外、大宗則以黃酒老酒兩項、僅有少許普通酒酌、不過花生香腸之類而已、顧主倘欲別添飯菜、須另爲外購、但其能號召營業異常發達者、殆因各酒館內、多闢單室、女給多至十餘人、少則四五人不等、酒綠燈紅之下、一般問津之徒、誠醉翁之意不在酒、淺斟低酌、甜言密語、始而未嘗不卿卿我我、大談其情、久之則男女間秘密分開、燕食遊集之地、一變而爲猥褻穢行之所、醜聲四溢不堪入耳、酒色所使、醋風醋雨、甚至大演其全武行、花樣翻新、實盡五花八門之妙、影響社會風俗、殊非[illegible]有鑑及此、遂通飭各署、管內所有酒店、內部門簾間壁一律撤去、以杜惡俗、而維風化、自經通令之後、各酒店居營業立即蕭條、大有門前冷落車馬稀之概、無可如何之中、各酒居內、竟異想天開、臨時變通、遮以屏風、以爲掩蔽、俾各行方便、結果營業幷未因之起色、誠亦趣聞、故各業主無不叫苦不迭、現聞同業間、正鳩首會議、擬推舉代表、呈請恢復營業原狀、瀝陳虧累情形、能否邀准、殊未可知云、

素稱東方第二小巴黎之大哈爾濱、人煙稠密、市面逐日繁榮、以致市民良莠不齊、因醋海波瀾千奇百怪之姦情慘殺案件、愈演愈多、於昨道外保定街因吃醋又發生一個姦殺案件、鮮血淋漓、爲狀頗慘、令人不忍目覩、兇犯肇事後、畏罪潛逃、幸經警察當局偵騎四出法網嚴佈、結果兇犯終被逮捕、誠所謂天網恢恢疎而不漏、玆將慘殺經過情形探錄如下、

兇犯楊文財年四十一歲河北省人、現住於南馬路頭道街門牌一號、來哈數年、以趕地列子車爲生、略有積蓄、於數年前即與江沿慶安里之土娼妓女劉月紅者年二十八歲結有不解之緣、後因熱度打得沸點、日前楊某以國幣二百五十元、與其贖身、而楊某雖達到贖身目的、因收入甚微、兇月紅尚有芙蓉之癖、以致生活終難維持、雖然與其贖身、始終亦未出土娼、不過稍得自由而已、雖與楊某姘度、仍操神女生涯、月紅於本年三月間結識一嫖客王子貞年三十三歲、王係賣膏葯爲生、自結識後過往甚爲嚴密、感情益深、如膠似漆、誠有寸步難離之勢、而月紅本係水性楊花之下賤人、遂對楊某漸次發露冷淡態度、時加以白眼、月紅近月以來夜不歸宿、後經楊調査結果、始判明月紅與賣膏葯老王纏綿一團、不覺醋火中燒、殺機由此而生、楊於月前即暗購買尖刀一把終日藏於袖中、蓄意刺殺情敵王某、不期終未遇獲、詎

結城次長明日晉京

參加省次長會議

濱江省公署爲準備本月二十七八九之三日間、在新京召開全國省次長會議時之提議案件、特於昨二十三日下午一時在省長官房會議室召開籌備會議、結城次長以下關係各廳科長均已出席、對於省次長會議應提出之議案、曾作爲詳細討論、結城次長預定二十五日晚搭京濱綫列車晉京參加會議、

線河區、以鐘樓爲中心東至東門即東街路北、北至北門至北街路東、

公濟當忙碌

【新民】大興公司營業所公濟當、自減利二分以來、當號者日漸增多、大有應接不暇之勢、計該總接當、共爲四處、每日收號最多時、至二千五百件、貸款額約一萬五千餘元、如此減利接濟、地方金融流通、則我縣農村振興、頗可期待云、

濱江特刊

一六九號

市制實施慶祝式昨在道裡盛大舉行

參加者約計四千餘人

哈爾濱市新區制實施市公署爲慶祝新區制實施式典、於七月一日午前十時在道裡公園隆重舉行、以馮市長爲中心以次全体職員及十個區的全体役員並各機關日滿來賓、約四千餘人、熱烈異常、當振鈴開會之後、即由音樂隊吹奏日滿國歌、揭揚日滿兩國旗、然後由馮市長向十區役員授與任命狀、當由各區代表爲接收完了、馮市長致開會詞如左、

今日爲我哈爾濱市創立五週年紀念日、並擇於是日舉行本市新區制實施式典、際此良辰、蒙日滿各機關長官及各位多數出席、爲此式典增輝、同人等殊覺無上之光榮、不勝感謝、我國運之進展尤爲欣慰之至、溯我國自建國以來、萬般庶政、各均有驚異之大進步、民族協和日漸徹底、造成王道樂土、此於東洋之和平、並於世各方面絕大之協力、今日受有區制之施行、此誠本市發達史上所當特等大書之重要政事何勝額手、

但古人有言有治人無治法、法之與人、常相輔而行、雖有治法、而如何運用在乎其人、不得其人縱有良法、亦絕對難期善效、査此次選定之各區長、區長牌長、無 不學德兼備洽爲市民、所最仰望之人、深信治人之效、已操左券、引瞻前途何幸如之、所冀從事區政之各職員、振作精神、善用區制、藉以應付目下之非常時局、而副哈爾濱五十萬市民之期待、跂予望之、聊述數語、以爲致辭云云、繼爲來賓之田村部隊長代讀總領事、韋省長、並張商工公會長等先後致祝賀之辭、其次則由區長代表徐會海發表宣誓、

宣誓完畢、全体攝影紀念、同時由市公署向參加者贈送區制實施紀念品之記事小冊各一本、以示紀念之意、遂於十一時許宣告閉會、始行散會、

市公署對於十區役員人選、已於七月一日市區 之實施同時、正式發表、但以全体役員自區長以至牌長總計四千餘人、茲將十區長氏名採錄如下、

一、埠頭區長　徐會海
二、新正陽區長　靳泰亨
三、南滿區長　呂　泰
四、馬家區長　楊貫三
五、東傅家區長　刁蔭棠
六、西傅家區長　蕭學三
七、顧鄉區長　程國均
八、振香坊區長　周尚芳
九、太平區長　陸振強
十、松浦區長　楊輔群云云、

◇　◇

交通會社正式改組成立

高社長等重役致勗勵之詞

同時發表人事及組織系統

哈爾濱市交通局係直隸於市公署管轄原由舊電業局割分一部專司市內大汽車、及電車營

多如是方不負本社優遇之旨於爾崎常務董事致詞之後復由市州支配人均一致登廳任事於上

一、總務課＝庶務、經理、調度、教習等四系、

一、企劃課＝技術、計劃、

一、[illegible]

一、仝　副課長中[illegible]

一、仝　課[illegible]系長[illegible]

一、仝　課　營業系長李靜[illegible]

一、仝　副系長岡留直一

一、仝　課[illegible]系長光[illegible]元

一、仝　課[illegible]系長[illegible]

三部

一、[illegible]

一、仝　課[illegible]系長[illegible]

一、仝　副系長村瀨三郎

在以上發表者外對於前交通局原田庶務科長磯谷工務股長酒本庶務股長由市公署調回本署服務外其餘一律轉勤交通會社、並無一名被汰者云云

被處徒刑郵局員

在執刑中查出餘罪

郵政局又向法院追訴

哈爾濱郵政管理局、道裏中央大街郵局從業員、李錫宸年二十五歲河北省人、現住於道外北七道街門牌三號、因去年冬季在勤務中私折郵錢信件、盜取滙票、事被上峯發覺、當將其除職外、送交哈爾濱地方法院依法判決有期徒刑一年、今正在執行刑期中、不料復據郵局査覺、彼在執務時期、又有竊取滙票事件兩起、一係於去年十月二十二日將道外承德街住戶李宗善發往朝鮮之第一七三號掛號信拆開、盜去國幣五十元之小滙兌證書三張、一係同年十一月將本市滿洲國官吏消費組合由滿洲興業銀行哈爾濱支店向奉天發之五三六號掛號信拆開、盜去國幣一千元之滙兌證一枚、並先后假藉名義、僞造印鑑、將款冒領、郵局以其斯種行爲、情有難容、乃又向法院申情究辦云云、

何來無名男屍一具

体無完膚

知係銀針秀士

哈爾濱爲東亞國際都市、人口居全國第二位、市民對於衛生素常極不注意、雖經當局三令五申、諄諄誥誡、竟有陽奉陰違、置若罔聞者、茲於本市道外北市場大觀園門前、在三十日早突發現無名滿人男屍一具、年約三十許、蓬頭垢面衣履破損不堪、審視體無完膚週身潰爛、涔涔流淌濃水、係生前嗎啡中毒之銀針秀客暴屍街道之上、臭氣難聞、而最堪怪異者、往來行人、圍觀不去、愈積愈多、倘此時暑蒸人、時疫最易發生、稍一防範疏虞、易罹疾病、該無名屍体、恐已死去多時、既無人認領、似未便任棄市街道上、既不觀瞻、且有碍市民衛生健康、望有地方之責者、及早措置、設方掩埋、以重人道云、

界人類福祉之增進、所同深慶幸者、至于我哈爾濱市自創立以來、亦再接再厲健全發展、自始既忝於大都市之標模是有今日之繁盛、此因由於本市擅地利之形勝、得天獨厚、要亦各位市民、悴厲奮發、力爭上流之精神、有以馴致之也、然本市既有此意激之發達行政事務、亦隨之日趨施複雜、加以本市係屬國際的大都市、民族衆多、東西雜處、欲市政淪洽民間、臻於上統、必須於市政機關之外、設立細胞組織、庶能有濟正籌商間適、上年十二月我滿洲國有改正市制之舉、本市因乘此機緣、復審行政上之大勢、綯民意之所歸、彙承業關於該社擬行改組刷新陣容强化交通機構等經揭載各報茲於一日正式成立爲哈爾濱交通株式會社接收前交通局時代之所有業務當日高社長剛崎常務董事市川支配人以次交通會社之新委職員爲交通事業之技術人材更兼前交通局之諸職員均有相當經驗故本人雖爲門外漢亦無問題矣今後希望大家同心協力一致向前邁進交通會社之前途、當可發展並其他種種之勉勵之詞於高社長致詞後、繼由剛崎常務董事致詞大意均爲客氣謙遜並勉勵之詞最後謂本社將來對於職員提高待遇則支出方面亦自然增多故希望諸位特別努力對於收入方面亦使增午十時頃全體日滿系職員均齊集於該社之大會議室首由高社長致會社成立之訓示之詞並對所屬各員加以勗勉大意略謂本人雖任爲交通會社社長之重職但本人對於交通事業係一門外漢好在剛崎常務董事爲交通事業專門家負責辦理本社全般業務此外尚有市川支配人村山總務課長今福企劃課長以次諸位均致詞大意從爲勉勵之語（彼略）市川支配人致詞完了各歸辦公室同時將該會社之組織人事發表如左、

哈爾濱交通會社組織

一、社長、常務董事、董事監察役、支配人等重役員以次設左列四課十四系、乘客務致等三系、

一、電車課＝庶務、營業、車輛、線路等四系、

一、自動車課＝庶務、營業車輛等三系

交通會社人事除重役員已如前報所錄外課長及系長等決定如左、

一、總務課長村山哲男、

一、仝課庶務系長宮崎淸人

一、仝課經理系長高橋元數

一、仝課調度系長小林薰

一、仝課教習系長張勃

一、仝副系長羽深修

一、企劃課長今福猪太郎

一、仝課技術系長寺本直次郎

一、仝計劃系長伊藤貞治

司法當局破獲私造煙土窟穴

私土沒收犯人拘留

哈爾濱警察廳司法科基於政府鴉片斷禁政策、爲期徹底肅淸市內滿鮮人鴉片密賣不正業者、故於二十九日下午十時在道外一帶私煙窟、嚴加搜查結果、在承德街一〇八號鮮人經營平壤旅館內破獲多量鴉片密造之犯人趙根金年三十八歲金田換年四十一歲二鮮人同時被捕、並搜出大批私造煙土、一併帶科審訊結果供出如下、

鮮人趙根金由去年在公主嶺經營旅館事業、因生意不佳當即失敗、於前月二十日移轉來哈投宿上述平壤旅館中、因發財心切、故質妥平壤旅館倉庫遂開始私造煙土、迄至現在已造約二萬元私土、不料事機不密竟被逮捕、經司法科將僞造鴉片器具及僞造土沒收外犯人現下拘留中、以待懲辦云云、

哈爾濱描素

前草哈爾濱素描一文、關於哈市繁榮情形、建國後躍進狀況、及建設方面之驚人進步、諸犖犖大端、已略述梗概、惟本市人口達五十餘萬衆之譜、爲我滿洲首要國際都市、居北滿衝抳之屏藩、當歐亞往來之孔道、輪軌輻輳、交通極便、各國觀光視察團體、絡繹不絕、似此人煙稠密之場合、社會畸形複雜之色彩、千端萬緒、倉卒難罄、因前文意有未盡、故賡續之、或爲關心社會者之所樂聞乎、一、市內之建設一般及今昔之比較觀、以文明都市之哈爾濱、道內、外、之衛生建設、相去不可以道里計矣、道內故多外人雜居、如新市街一帶、官衙學校及各國領事館均在於此、市政規模、仍沿習舊俄時代之建設、更因建國後、力求改善、其發展進步、日新月異、建築物之整齊規律化、略述前文、茲不復贅、而路旁廣植樹木、各外人宅第內、亦多奇花異草、樹木交陰、於空氣之調和、養生之裨注、其益殊匪淺鮮、論者每謂此係好奢習尚、爲資產階級獨享之優越生活、實則大謬不然、惜國人生活落伍、未及深察耳、如道內、南崗、馬家溝等處、每當盛夏、晚風送爽、信步漫遊、但覺空氣淸新、花香馥郁、豁人胸襟、適然別有天壤、較之道外不得同日而語矣、[illegible]外（舊稱傅家甸）原屬吉林濱江縣管轄、正陽街爲首要繁榮之區、正陽頭道街、以迄二十道街、均爲滿商雲集之地、街衢狹隘、參差錯落、若大市街、從前幷無上下水道之設備、每値溽暑、陰雨連綿、溝澮盈溢、街路泥濘裹足難行、及晴日炎曝、蒸氣升騰、衆之住民半多下級勞工、既缺乏公衆道德之觀感、又不悉衛生講求之重要、任意汚穢、狼藉不堪、如一履其地、則令人欲嘔、掩鼻疾避矣、此固爲人民知識低陋、爲不諱之事實、然舊時之司其政者、尸位素餐、蓋未追顧及人民之福利耳、故哈市道內外之相隔、咫尺天涯、相去懸殊、實判若雲泥、霄壤之差、簡言之、一係文明國民寄居之明朗都市、一係下等民族、納汚藏垢之所在、適成其反比例[illegible]想後、[illegible]國家建、僅六易星霜、凡百施政、以人民福利爲趣旨之王道政治、拯吾民於水深火熱之中、登諸衽席康莊之途、故能熙熙皞皞、此實非妄自炫耀誇大者也、試就哈市而言、自我國家新猷丕始、泯道內外之畛域、凡百施爲、着着邁進、即視爲全市重要問題、向付闕如之上下水道工事、頃已告竣、圓滿解決矣、至沿街路旁、未經設置電燈之處、亦均次第安裝、雖深夜黑暝、亦明如白晝、可稱不夜之城、各重要街衢、分別添設公用電號、任市民之利用、取費低廉、莫不稱便、而數十萬市民視爲飲食重要問題之自來水工事、舊政權時代、幾經醞釀、卒致因噎廢食、誠屬遺憾、實爲國際都市之一大缺點也、今玆毅然卒底於成、其於市民衛生保健、裨注良多、便利之處、亦殊匪淺鮮、不可不謂之一大福音也、嚮昔以偌大之哈埠、滿外雜處、人口居全國第二位、於一般市民遊憩之地、寥若晨星、道內外僅公園兩處、及馬家溝鐵路苗圃一處而已、其地址非處偏隅、即相距窵遠、而內容設備、亦極簡略、較之各大都市之名園勝跡、弗如遠甚、大有遜色焉、即以友邦日本東京各大名園而論、其範圍之浩大、舉凡應有設備、俱臻美善、雜花異卉、山禽海獸、珍奇玩賞之物、無不畢致、而園內設計、架橋流水、築山砌石、曲盡藝術之美且宛如天然一幅畫圖、吾人試踐履其地、心曠神怡、久處市塵繁囂之中、頓覺別有洞天、懷及上國風光、不禁嚮往神馳[illegible]國人曾至其地者、[illegible]有此感耶、哈市當局、有鑒於此、[illegible]廳、新闢園地、於八區中適之所、鳩工興建、已逾兩稔、將次工事告竣、足爲市民唯一遊賞佳所、古人云藏焉、休焉、息焉、遊焉、抑亦不容恝忽、以是社會人士、無不延企待之本市名所、外此素有八景之稱詩人騷客、不乏觀詠之作、及比年來海水浴狂、國人仕女、亦爭趨若鶩、於是松花江太陽島上、每値炎夏、揮汗如雨之際、舟楫往來如梭、載渡仕女趁浴之忙、衆以碧眼黃髮、西方青年、及閨中少艾、亦麕集島上、大顯其身手、風頭十足曲線健美、相形見拙、吾人自慚形穢耳、適値炎帝肆威、火傘高張之下、太陽島上盛極一時、花花絮絮、[illegible]無二之樂[illegible]所、容俟續[illegible]紹介焉、

（未完）

濱江特刊

第一七一號

盛京時報北滿總支社
社址 哈爾濱道外 桃花巷四口
遞信電話六八四七番

暴利取締等於兒戲 奸商漠視標準價格

‖打鷄不成反折一把米 祈責任當局宜速善處‖

在此物價之昂騰聲浪裡、被奸商所操縱之麥粉關係民食、當局為維持良民之安寧、免除壟斷居奇之弊、對於面粉、紙烟及日常用品等物、新規定標準價格、飭令各商遵令售賣、此法至為良善、惟自標準價格規定後本市各奸商仍陰奉陽違不按明令實行、同時為達其壟斷之發財目的計、均不約而同將所存各貨秘密藏著、而不售上、各小賣商因自己所領貨物既不够賣、而零售又多受損失、故均整批賣與收買者矣、因是內市烟商、貨架俱成虛設、吸者多感向隅之嘆、據知其內幕者談稱、此亦心懷壟斷之奸商所弄之手段也、如常此以往、偌大之哈市物價前途、恐抱悲觀而無法維持也、同時市民之生計又何堪設想也、但大多數之奸商利徒卻私囊飽滿矣、速日以來、街論紛議、比比皆是、而對於『平抑物價之舉』市民多有懷疑者、以為在此光天化日之王道樂土下、對於暴利取締已見實行、如何容此猾奸商肆虐於市民也、如不定標準價格情形既難安定、而又不能實行、反使市民之担負加重、似此矛盾現象、當局焉能不深知其中之弊竇、究竟何在、實令市民深疑而不解者也、新京方面、所取政策、誠較本市優良多多、不但貨物均照標準價格出售、而且各商又不隱藏存貨、澈底清查、指定所賣地點、僅麵粉一項、即搜出四萬袋之多、由此即可見貨物之不缺乏也、我哈市當局、如有澈底關心民瘼之決意、亦可仿而行之、預想所收成績、比新京尚能良好、原因本市存儲之大批面粉各商號、較新京尤為廣汎也、如再因循下去、無異是掩耳盜鈴、則各奸商益將肆無忌憚矣、而當局之威信、亦必因之而掃地矣、更何怪市民之嘖有煩言哉、吾人拭目以待之懲戒奸商善處良民之好辦法諒來或有實行之日乎、亦未可預知之事也云、

山內警佐長男失跡

迷途歟？抑被惡魔誘拐歟？頃正在聯絡警署各方查找中

最近市內兒童失踪者又漸增多、以及一般市民頗為戰慄、據推測亦必是誘拐惡魔所為、因此警察責任當局俄然緊張嚴加搜查、不料大胆誘拐惡魔、太歲頭上竟敢動土、馬家溝山內警佐長男突告失踪可謂誘拐惡魔大胆包天、茲將經過情形探錄如下、

馬家溝國慶街門牌濱江省公署警務廳山內警佐之長男茂君年九歲於十二日下午三時頃在門前遊玩中、僅一二十分鐘工夫、突然踪影不見、經家人發覺頗為驚慌、立即派員四出搜查、結果終無蹤影、無奈報告南崗警察署請求代為搜查、仍無消息查近來南崗方面日本人兒童頻頻行跡不明、無不十分戰慄、據一般推測亦必係誘拐團者暗中活躍、故警察當局極力進行着手搜查中、希望一般有兒童之家長者加以注意、以免誘拐仲張魔手云云、

街電業社宅）得賞金十元查以上當選之第一等者、係以交通會社之交字組成中間有×字即表示汽車之機輪並代表俄文之哈字、同時×字之曲形、並可表示電流、其意義極為深遠、將交通會社已決定利用此章、將於最近期內、即將前交通局之哈字社章取消、而用該新社章云云、

烟販被捕

孫振清者、現年廿歲、山東人、專以秘密運輸鴉片為業、於前由富錦携帶千餘兩（約一百餘斤）之大批鴉片來哈、起身未久、即被松花警察署偵知前日（十二日）乘船到哈後、即往於道外北四道街某粮棧、於斯由松花署之葉警佐茂垣警尉補翻譯王鳳均、携同多名便衣勸出勤之下、前往搜查結果、由其臥室內搜出烟土數百兩、遂帶署內、由葉警佐審訊之下、供出由原地臨行時、帶十兩烟土、本意來哈出售、不意在中途即將烟賣出大半、所剩無几來哈後再行出售、不想被捕、該署以孫某竟敢私帶大數鴉片來哈密賣、實屬目無法紀、決從重懲罰云

國防婦人會主催 滿人軍夫慰勞會

隨同皇軍在第一線活躍樹立赫赫武勳、日前凱旋之滿人軍夫四百五十名、協和會哈爾濱市本部與國防婦人會主催第二回慰勞會、二十一日下午一時在第四軍管區舉行、對於凱旋軍夫賞給名譽紀念彰感謝狀、紀念品慰勞金傳達式、以便獎勵云云、

商雖詭計萬端、亦無地施其技倆矣、至於紙烟、本係一種消耗品、自非食粮可比、而外必需之物品、當此非常時局之下殉處物價昂貴聲中、只應完全戒除、所餘之金錢獻納國防、既有益於心身、復有助於國家借可盡槍後赤誠之美舉、奸商雖操縱物價、其奈我何哉、

砍殺岳父母案 經法院判處死刑

馬家溝建新街、門牌二十號、住戶張江及其髮妻大波洛夫沃力果、與其女婿李永先因債務關係、發生爭執、李永先懷恨在心、曾於本年四月中旬竟手持尖刀、乘其夫婦不備之際、闖入室內、將張江夫妻二人以尖刀殺死、該案經哈爾濱地方法院屢次審訊結果、現已判明李永先係預謀殺人、因此法院於昨三十日午前又開庭、略事審訊後、即正式宣判、依法將李永先處以死刑、倘被告不服、限於十日內準其上訴哈爾濱高等法院至于李永先是否上訴暫不可知矣云云、

招集街村司計人員 來縣講習

【安達】本縣街村制、早已實行、街村公所、已於今春先後成立、所有街村職員、係以考取制度、採用之、全無舊時薦託之弊、頃者、街村股長、高佐臣氏、鑒於村政雖已確立、為謀事務向上計、請准縣長、於昨招集各村司計、來縣講習關於會計簿記管理手續、由縣署主辦會計人、擔任講師、預定一星期散會、聞該街村股長人極精明、學品兼優、熱心公務、將來對於街村政治、必有一番新氣云、

於求買者各顧客、復造出各種貨物缺乏之流言蜚語、以便民心動搖、而達其所期之目的、俾使市民爭相購買、而借擬大發厥財、在購買方面、必須委託熟識可靠工人、暗地向商號通融當以極高之代價、方可購買到手、否則不至有徒喚奈何之概、家家均謂無貨、無論如何亦難購得物品也、開此私相授受之黑貿易法、較前尤爲獲利有商出『標準價格』一倍以上者、如是則平抑物價之舉、反而爲奸商造出不少良好機會矣、近日以來三號面粉竟無形中漲至一元八角之多、無孰識担保者、尚無購買資格、由此觀之、可知本市之面粉並外缺乏也、只是奸商從中作祟而已、至於紙烟之情形、尤爲奇特、公司方面雖各未漲價、但卻不多發貨物、同時市內小販因此而高擡價格出售、到處收買者共成包價值、恆比零賣提高一籌以

奸商利徒

自本市物價昂騰以來、其中蒸蒸日上而暴漲者、實爲小麥麥粉及紙烟也、共昂騰之原因、係以原料缺乏及奸商壟斷所致、此人之所共知者、固不待贅言、以麥粉而論、據調査本年春市內所存之貨騰尚可足半年之需求、最低限度、亦可維持至新麥登市、不料自標準價格實施後、麥粉突告缺乏、迄至今日、竟成有錢無處買貨之現象、而且愈演愈劇、買面粉者、須運動人情、或略遞門包從事賄賂、否則無論到火磨、或者面莊、憑君有錢、亦難得購買到手、究竟因行協和精神宣揚週間、實施民族協和、標語揭揚、民意暢達懇談會、武道大會、相撲大會、協和商工祭、馬拉蘇大會、民族演藝等等之行事、俾使協和精神徹底發揚於外、以舉民族協和之實、而完全所謂眞正宣德達情上之重大的協和使命云

各商潛用地列車 秘向外縣輸麵粉

好在新麥行將登場 市民何不暫用粗粮

民不能徹底明瞭、即負有維持民食當局、亦恐不知其詳也、蓋按以前之調査、在新麥登市前、並無缺乏之虞、故當局基於維持民食之見地、毅然而平抑之、竟有大鬧麥粉荒之現象者、其原因之仍不外各奸商從中作祟所致、據聞因責任當局取締暴利、彼奸商等因見在市內無利可獲、竟改藏蓄形跡、而有私以地列車偷向外縣輸送者之事實、緣外縣之面粉、多有未實行標準價格、倘由本市運往仍可獲得厚利、因此致本市之面粉、太告缺乏、此種玄虛、吾人既未親目所親、自不敢英斷、但考其實際、的確亦不無理由也、當此粉荒期間、……改用粗粮、取消極辦法、以抵制之、粗粮價格、雖爲昂貴、但較諸麥粉則便宜多多、但市民能完全一致食用粗粮、則奸

近日大雨連綿 鐵道多被冲

昂昂溪以北客貨暫停辦理 工事復舊後即可開始運行

近來因陰雨連綿全滿各地鐵道及自動車路線、蒙受豪雨水害、十二日將被水害處工事復舊、不料濱洲線成吉思汗碾子山(哈爾濱起點三五九粁地點)忽被十三日下午四時及當夜之豪雨、路盤被水流失、由齊齊哈爾鐵道局工務區員總動員急往現地派遣、努力復舊作業中、而豪雨依然傾盆、迄至十四日正午工事尚無復舊、以約十三日正午由滿洲里向哈爾濱發七未恢復、故將該列車變更七〇一列車札蘭屯返回滿洲里、又十三日午前十時四十分向滿洲里發之七〇一列車『即國際連絡列車』在昂昂溪臨時停留、因此現地乘客徒步連絡、所以十四日朝西部線運轉時間混亂、哈爾濱車站赴濱洲線乘客亦大見混亂、由哈爾濱至昂昂溪以北之客貨停止辦理、以待將被水害處工事復舊、始行辦理云云、

協會省本部 舉開省聯合

協和會濱江省本部定於二十八日至三十一日亘四日間、在商工四階樓上會議室主催濱江省聯合協議會、現在按各分會重要議案頗多、所以對於議案整理、頗爲忙碌、以便屆時協議云云、

哈鐵警護隊捕獲 窃盜數目

自入夏以來、而一般不逞之窃賊跳樑激增、據哈爾濱鐵道警護隊統計六月中之犯罪共爲五十八件、平均一日約二件弱、害額三千一百二十五元二角八分、內中被害日本人十二名、滿人三十五名、外共他一名、茲將各犯罪別誌錄如左、……被害額三千百四元九角八……詳、

△詐欺三件被害五元三角、

△橫領一件四十五元

△贓物買賣十七件、被害額不詳、

△其他阿片法痲藥法違犯各一件云云、

協和創立紀念日

市本部於日前開會 所議行事業已決定

協和會哈爾濱市本部、因本年二十五日爲協和會創立六週年紀念日、爲期已迫眉睫、爲積極籌備諸般慶祝行事、特於本月十四日午後一時、於該部會議室召開屬下各分會常務員會議、席間當基於日前所擬定之行事草案、當席通過後、進行研究、結果當如計劃草案、決於紀念當日之廿五日午前九時、在南崗哈爾濱神社、召集各分會會員一致參加之下、舉行盛大的紀念式典、並會員表奬式、翌日廿六日午後四時、更於西本願寺舉行殉職會員慰靈祭、爲向殉職英靈表示弔意、此外並援例於紀念日前之廿日起至廿六日止一週間內、先期……

交通會社 新社章發表 當選者數名

哈爾濱交通株式會社、日前懸賞募集新交通會社社章、一般應募者踴躍頗爲踴、現已屆截止期間、於昨一日經該社審查結果、現正式發表如左、

△一等當選者董雲先(住新安埠安定街五十九號)得賞金五十元、

△二等當選者村野實(交通局經理股僱員)得賞金二十元、

△三等當選者木村米壽(住新陽區旅園町)得賞金十元、又中山三郎(住址不詳)得賞金十元、又田川千支子(住郵政

電工觸電致死 原因不愼所致

道外南七道街、門牌五十七號、電源社電工、董文維年二十五歲、河北省人、於十三日下午三時許、在南崗郵政街、門牌十號門前電柱上、修理電線之際、一時不愼、致觸最高電壓線、頭部及面部、當時被電火燒得、焦頭爛額、墜落地下、腦漿迸裂、立即慘亡、爲狀極慘、不忍目覩、經同寅發見、急報南崗警察署、經司法主任濱田滋場勘驗結果、確被電火燒傷摔死、故令其家人、前往領屍掩埋云云、

桃色慘劇

夫忿疑妻不貞 竟用手槍擊斃 事後被捕瑯璫下獄

=奸情出人命可鑑諸=

本市區法院、於日昨(七日)受理一本夫槍殺愛妻之案件一起、一時間哄遍全市、均謂事太殘忍實有碍我王道國家之仁風也茲將事之緣起探誌於下、双城農人中、有孫儉者(三一)係祖君於双城白旗後烟屯溝屯、娶妻張氏、夫妻於婚後尙稱不惡、唯張氏雖係鄉村婦女、但性頗風流、居恒不安於室、故其種種洗聞穢事、竟被其夫偵悉、以是夫妻情感遂現裂痕、久之其夫竟仇視其妻遂於羞忿之餘、忽動殺機、誓必將愛妻置之死地而後已然張氏之罪狀究無太過之處、故殺人之機亦只有窺之而已偏事有湊巧、於去歲九月間孫之幼子名連辭者偶因細故與同院孫俊之之子名双田者發生毆鬥情事、嗣後双方之家長亦因互護己子之故加入戰團孩子大人竟致打成一團、於拳脚交加之中、更互相謾罵、而双方之婦女亦形加入大罵不休且互攻各人之短處、以解私忿、當塲孫俊之之妻孫柴氏竟出口謂孫儉之妻在家如何荄淡如何偷情如何浪的滿村均知等等、孫家聞言之下、以事出有因竟羞忿不能反唇相向矣同時適有同院其他住戶爲之解勸一塲風波方始平息不料一波未平一波又起、當打仗謾罵之際孫柴氏所罵之言詢悉被其聞悉所謂正刺其短處也、當日夜間孫儉百憂均集以爲娶婦如斯、眞所謂丟盡面皮且思自身剛強半世不料結果竟博得一頂綠頭巾戴遂愈思愈憤於怒火燃之下殺心大動俗云奸情出人命洵不謬也孫於次日午後一時頃、設計借得保甲手槍一支、於返家窺其妻不備之時竟砰然一聲其妻竟應聲倒斃、而行兇之孫儉亦被官捉去、故一幕慘劇至此告終矣微聞法院方面對此案已定於日內即可開審云云、

爲期哈市人口增加 實施植樹運動

以現在之三十萬平方米 擬定擴張爲八十萬平方米

哈爾濱市公署、預定於三十年後哈爾濱市、增加百萬人口爲目標、決定本年秋時、以郊外農民地之農民、總動員下、在全市都市計劃地域、實施綠……企圖樹苗育成、決定極力擴張沙蔓屯之苗圃、現在苗圃三十五萬平方米、擬定擴張爲八十萬平方米、約栽植百 萬棵樹苗、而北滿之綠化賓源一手掌……

協和飛機獻納式 省參加代表選定

【錦州】滿洲帝國協和會、主催各省募集飛行機協和號經各方幫助現已完全募集成功定於廿一日、在新京南飛行場、舉行協和飛行機獻納式錦州省動功代表決定派女兒河分會、劉君民格、前往參加、預十九日出發云、

濱江特刊

第一七三一號

盛京時報北滿總支社
總址　哈爾濱道外桃花巷西口
通極電話六八四七番

白俄結成「王政同盟」
發表成立宣言
以建立帝國鄉土滅除共黨爲主旨

以白俄事務局爲中心全市白俄寺院僧人大聯合、於主腦人謝普諸夫主持之下創立之白俄王政大同盟、以建立帝俄鄉土滅除共產爲宗旨、前(廿六日)盟主謝普諸夫假市內俄人報紙、發表王政同盟成立之宣言、同時並舉行宴會招待日滿各機關首腦、首由謝普諸夫致詞後、繼則爲日本總領事鶴見致辭謂、余極爲幸喜、能以參加此次之王政同盟、寺院聯合之成立之慶祝式、余認爲於聯合全白俄人民下、實爲强固之團結也、此後白俄與日人更相接近、於撲滅人類公類之共產黨主義下、王政同盟之前途、無可限量等語、最後白事局長吉斯將軍、以致辭大約謂、能更鞏固白俄人民統一、與共產競爭以恢復帝俄國家、僅此致辭、敬祝白俄僧人萬歲云云、

爲期燈火管制圓滿達成
召開防空監視隊長講習

濱江省公署防衛本部、基於滿洲國防衛法之實施、並今次舉行之防空訓練燈火管制、爲圖訓練實施之澈底起見、特於前日(廿八日)上午八時、在濱江省公署官房會議室、舉開防空隊長『哨』講習會、除本市警察廳及各署關係者外、則爲全濱江省各縣旗之警務科長、以

販賣價格統制改良、而期增進福利計、特在哈爾濱市設置彈棉組合、一切均已進行準備完了、業於前(廿八日)下午一時在哈爾濱商工公會大會議室、舉行成立式典、同時並選舉正副理事長、理事、監事等級員自即日起在商工公會內設組合事務所、辦理左列各種事務、

一、棉花原料共同購入、
二、販賣價格條件及方法協定、
三、彈棉技術及其組織法指導研究調查、
四、事業資金通融斡旋云、

二、藤田(日)四一米八三
三、背吉(哈)
托魯賓選手爲哈爾濱軍吐萬丈之氣、獲得優勝榮冠、

▲標槍
一、鈴木(日)五一米五六
二、加爾諾夫(哈)五十米七五

▲百米接力
一、日本隊四十四秒二
二、哈爾濱隊四十七秒六

比日在第一回國際歐林比克大會、出場壓倒五十餘國選手亦現勢於會場、不過立在体育迷之席內、孫選手二十九日午後四時在八區体育場、實行指導哈爾濱体育受好象後、即離哈矣、日本選手一行已於廿八日、搭亞細亞離哈云、

市警檢便
發現窒扶斯

時值夏季天氣酷熱時期、適是各種傳染災疫、正在流行期中、爲防患於未然計、哈爾濱警察廳與市公署兩衛生科俄然躍起、對防疫陣容極謀整備、由兩衛生當局連絡之下、連日以來對於市內之接客業者之從業員、如各飯館理髮處旅館等使用人不問國籍於最近日內在道外國立醫院實施檢便不料於二十七日檢便發現窒扶斯傳染病菌、除將患傳染病三名送在市立醫院傳染病室內加以隔離外、並將發現傳染病之饅倌所居之飯館亦被經緯警察署令其暫時停止營業、以免病菌傳染客人、茲將被令營業停止飯館誌錄如下、

道裡中國十四道十號鴻昇樓飯館之饅倌二名同十四道街永盛樓飯館饅倌一名共三名、當時檢便發現窒扶斯病菌、爲防其蔓延、故將患病三名饅倌除送市立醫院傳染病室加以隔離外、同時並以上二處飯館臨時停止營業、但其(停止)期間未定云云

老婦失察擇婿非人
追尋未得在哈相遇
曲某暴打岳母被警逮捕送署

道外大保定街、住戶呂王氏三十五歲、河間人、數年前與前夫由原籍來哈、其夫因病逝世、只剩下母女三人相依爲命、在其夫生前時、積金頗多、對其生活方面頗感安適、轉瞬之間、二女俱以成人、於前年時、已將長女聘出、次女玉蘭年(一七、)則高不成底不就、結果受人之愚弄、即將小女玉蘭許與曲德瑞(二三)爲室在本年三月十七日舉行結婚曲某與其母周氏遂老羞成怒、每日對玉蘭毒打、全身鱗傷、玉蘭無奈、遂私自與其母呂王氏來信、大致謂其女玉蘭正在水深火熱之中、生死關頭、在七日之內不來則今生死不能再見等語、令人聞之酸鼻、其母呂王氏在未見信之時、即聞其女有被逼爲娼之說、伊亦半信半疑、而玉蘭來信後、判定屬實、及隻身前往、詎曲某知其岳母前來問罪、遂同其母及其

(滿洲國際新記錄)

二、朝倉(日)六米七六
三、加維留克(哈)
全選手最初造成之七米二六好記錄而獲優勝、

▲三千米
一、小林(日)九分十秒
二、鄉野(日)九分二十四秒、
三、吳(哈)

▲撐竿跳
在柏林歐林比克大會出場獲得撐竿跳世界第二位之江選手在昇到四米高時被以極美靈樣子跳過、使觀衆大爲驚異、當

次或警務股長等、共約六十餘人、以濱江省署公官房及警務廳關係各科股長爲講師、及同日本各軍部代表者、講習至正午十二時許、方行散會云、

馬某川資輸罄 路旁自縊身死

南崗郵政街高等檢察廳汽車司機吳興義、年二十三歲、濱江省人、於前日(廿七日)午後十時三十分許、由廳歸家、路經建設小學校體育場之際、發現道傍樹立縊死屍體一具、於驚愕之下、當即以電話報告該管之西大橋派出所協同南崗署司法系前往檢驗、結果、該屍生前係一滿人男子推測年齡約在四十餘、光頭圓臉、上身着白色小褂、下身着青色布褲、青鞋、業判爲自縊身死、追解下時、發見懷中有遺書一件、內敘自縊原因如左、

馬名才四十四歲、奉天遼陽人、數日前由原籍來哈、諸事未成、當投宿於道外北三道街義順棧內、於日昨經人介紹、在北二道街滙豐旅館賭錢、不意將所帶之若干資金輸去罄盡、衣宿維艱、遂生自殺之念、云云、司法系已將此死者之遺書、及其致死之經過、一併存卷後、乃召紅萬字會樞車將屍体拉走掩埋云、

棉業成立組合、廿八已開始辦公

哈爾濱市及濱江省各縣之彈

日滿俄競技會盛況

前廿七日在八區体育場舉行

由滿洲帝國陸上競技協會、主辦之日滿交驩陸上競技大會、二十七日於八區埠頭舉行、欲觀哈爾濱未會有之豪華競技觀衆、陸續來臨、於寬廣之看台上、在開會前即有滿員之大盛況、至定刻四時、揭日滿兩國軍旗、堂堂舉行入場式、由馮市長致以『爲日滿親善與國民體位向上應發揮體育』之辭後、即由田中(日本)普吉(哈爾濱)兩主將握手、展開堂堂之競技於當日之記錄如左、

▲千五百米
一、宮城(日)四分十五秒八
二、鄉野(日)四分十六秒
三、金光(哈)

▲跳高
一、和賀(日)一米八〇
二、原(日)四米七五
三、大室(日)一米七五、

▲百米
一、湯淺(日)一一秒
二、向井(日)一一秒二
三、張(哈)

▲鐵球
一、托魯賓(哈)一三米四五
(滿洲國際新記錄)
二、藤田(日)一二米八二、
三、普吉

在擲鐵球之決勝戰時、哈爾濱托魯賓選手作最初得意投擲壓倒日本軍造一三米四五之好記錄、獲得意外優勝榮冠、

▲跳遠
一、金(日)七米三六

彼一越四米二十時、逐表示堂堂世界選手紀錄、觀衆無不鼓掌喝采、

▲四百米
一、戶田(日)五一秒八
二、親澤(日)五三秒、
三、葛廸耶利哥夫(哈)

▲鐵餅
一、托魯賓(哈)四四米三八

意人基培氏之義舉 贈書三百餘種

市公署對氏頗爲感謝

駐哈之意大利人基培魯索夫、瀾別特絡氏、對於今次日意滿親善協議之成立、表示十分慶幸、茲該氏爲向全哈市五十萬市民介紹意大利之一切、前日(廿八日)特以關於意大利國內之一切情事約三百餘部、贈呈哈爾濱市公署、市公署致受所贈之書籍後、除置於市立之圖書館內、俾一般市民逐時閱覽外、一方並致函該氏、深甚表示謝意云、

禮、過三日後、曲某攜玉蘭回原籍綏化、被其夫及婆母周氏逼令爲娼、玉蘭始恍然大悟、而知曲某非良善人家、被某人所騙、但生米已成熟飯、無挽回之策、只可認命而已、原曲某尚有姊妹二人、均在該處充當妓女、曲見玉蘭不允爲妓、遂令其姊妹勸誘、均被蘭責、妻玉蘭棄家赴太平溝、惟恐官憲之盤詰、以假借賣鮮貨爲生『呂王氏至綏時、探聽其婿赴太平溝、呂王氏則亦尾追前往、呂王氏在街頭尋找其女時、又被其婿曲某瞥見、於是曲某又全家來哈在道外北新街其舅父家居住、呂王氏尋女不見、只得回哈、而事有湊巧、曲某等下車未久、竟被玉蘭之胞姊瞥見、擬將其妹領回、曲周氏不允、伊即回家將其母攙出、同至曲家、曲某因恐有他變故遂禁止玉蘭歸家、因之双方發生爭執、曲某於氣怒之下、爲先發制人計將其岳母打得落花流水、並將玉蘭其大姊打得一目失明、正在難分難解之時、適有北新街派出所警士瞥見將該等人犯帶回所內經審訊之後、始知曲某有逼良爲娼之行、爲其母亦助紂爲虐遂送交南新署懲辦云、

協和省聯會第一日

呂大臣 蔡長官 均有懇切訓示

參加者計達百餘人

如報協和會濱江省本部此次主催之協和會省聯合協議會於二十八日午前九時在道裡地段街商工四階樓上會議室隆重開會、當日出席參加者除結城省本部長中村事務長以次各職員並管下各地代表外、呂產業部局長官、以及哈市日滿各關係機關首腦、均皆出席參加大會總計人數約一百餘名當開會之時首由中村事務長致開會之詞大意謂今日開催省聯合協議會之際、蒙諸位冒酷暑前來參加敝人甚爲感謝、然對今次之會以期收得良好効果、是所至盼云云致辭完畢、

全体肅立對戰歿勇士舉一分間之默禱、然后再行開會之禮首先由全体參加者向日滿國旗行最敬禮、國歌合唱、其次先后由顧問賈委員分別捧同[illegible]訓[illegible]由中央本部長致訓示之詞、惟因中央本部長因事未能出席、臨時中止、遂請呂大臣及蔡外務局長官先后致訓示之辭分別探誌如左、

呂產業部大臣訓示

今日乘省聯合協議會開會機會、得與諸位聚會一營、殊覺榮快、現在簡單向諸位略談幾句、查滿洲建國以來、現已六星霜矣、在此過程之中、我國向以五族協和精神作國家政治目標、直向王道政策邁進、而大家更能持續不斷的努力、應貫徹王道政治、有今日之飛躍發展、敝人深爲欽佩、而自今[illegible]福國利民途上去邁進、以完成建國大理想、實現五族協和之眞諦、惟宜德達情、及五族協和云者、已爲吾人所耳熟、但吾人於耳熟之餘、益當把握眞正信念、抱着最大熱忱、努力向前、今當開催省聯合協議會之際、更望諸位開誠佈公、作無隔閡之協議、以期收得良好成績、達成省聯協議會之使命也、再處今非常時局、且值實施產業五年計劃之際、尚望諸位特別努力對於生活方面、尤當提倡節約、是所至盼、以上敷語、作爲致詞嗣後蔡外務局長官亦有壯嚴懇切訓示完了、[illegible]云云、

濱江特刊

第一七四號
盛京時報北滿總支社
社址 哈爾濱道外
桃花巷四口
道裡電話六八四七番

今後絕對嚴厲斷禁
無証吸食處七年徒刑
省署箭頭技正對記者談

自我滿洲國實施鴉片斷禁政策以來全滿洲國內各地突然蹶起雷厲風行、前濱江省禁地方烟促進委員會成立後、對於阿片之斷禁政策、絕對徹底實行、毫不容緩、爲期收到斷禁實效、故當即對於一般癮者登錄、已自七月卅一日止登錄完了、關於阿片斷禁方策今後取締之態度、並絕對厲行取締之辦法、據濱江省公署警務廳衛生科箭頭技正對記者有如左之談話今次我滿洲國政府、爲謀徹底斷禁鴉片、特經樹立阿片斷禁十年計劃、並頒佈阿片斷禁方策、其第一步已經實行者、即爲鴉片零賣公營辦法所以得之純益者、極力擴充戒

策實施之順利計、基於中央禁煙促進委員會之規定、絕於最近期內、在哈爾濱市及全省各縣旗設置縣市旗禁煙促進委員會、從事辦理各種禁煙事務、而期禁煙成績之向上、早期達成斷禁之目的云云

德政愛人

猶太收容所缺乏麵粉

署市飭益發合供給

當此麵粉缺乏之聲中、一般皆感有錢無麵、地方當局、如報已在設法救濟、以除此種麵

茲、經市社會科調查屬實、認爲實有救助之必要、故經斟酌

則、切實辦理此外爲謀禁煙救救助貧民之旨、設法供給面粉之結果、已飭由益發合每日供給面粉一袋、以資暫時支持云、

市署重申前令
促癮者速戒除
限期申報否則免其官職

本諸阿片之十年斷禁政策之遂行、哈爾濱市依然照國務院頒布之訓令、嚴格督飭各官公吏員、凡以往之素有鴉片麻葯癮者、刻期戒除、否則斷必革職後、敏速善處、二、吸食使用鴉片麻藥者務於八月七日以前申報戒烟科長·三、在前預定之期間內、不申報而吸食使用阿片麻藥者、

厲行、則各官公署之吸食阿片麻藥者、顧慮地位、各存戒心、於最短期間內公務員癮策可、以順調達到圓滿期待矣云、

爲謀防空知識徹底
將舉行防空展覽會

先令姘妻充當招待
再接再厲竟逼爲娼
小紅忍無可忍狀請脫離

楊小紅年二十五歲、延壽縣人、現在道外正陽南二道街永和發、母女相依如命、於康德四年有警長張文發者(二八歲)居住長春街二十九號、胡同內三十一號、因見小紅秀麗可愛、即時常出入其家、明爲串門實則另有作用、後竟將小紅之母誘至朝鮮私烟館中 百般苦求要求與小紅訂婚、並許該老娼生死葬之願、養小紅之母女二人來日生活方長、對此問題、心中時常引以爲憂、聞言之下、正中所懷、但因其表面言語是否可靠不足爲憑、於是双方決定先試行姘度、如其能履行一切條件時、再爲結婚否則作罷、詎姘度未及一月張即被上案撤差、張此時不能維持生活、故即迫小紅外出充當招待、以救目前之急、小紅以老母衣食爲重、雖然表示不肯、乃勢有所不能、當即在道外某飯館中充當招待、月入完全供給家用、不意張某於去歲八月中外出數月無信、迄至年關將近、方始歸來、反强令其母女二人一併赴三江省經營娼業、小紅當招待已足丟人現眼孱弱之軀何堪 再受狂風暴 雨之蹂躪、當即表示反對、小紅之母又適在病期二人再爭吵、張文發遂又行遷居在外、將所有揮霍殆盡、即又歸家向 小紅索欵、否則毒打交加小紅被逼無奈、故於日前狀請法院、請求脫離云云、

商工公會
昨開職員會

哈爾濱商工公會、於昨日(三日)下午三時、會在該會會議室開催職員會、討論事項、計一、公會諸規定制定之件、二、關於公會不動產處理之件報告事項爲一、關於賦課金之件、二、關於借欵之件、於午後四時頃散會云、

擺船不慎
墜江溺死

道裡外國二道街門牌十號、住戶滿人郝洪才者(二十五歲)以擺小船爲業、於三日午前十一時十分、擺船行至江中、一時不慎突然墜入江中、經人發見、即時報告水上救護隊打撈於午後三時頃、離該地約百米之下流而將溺死屍体撈出、因時間過久、救治罔効、遂致死去云、

烟機關、及其設施改善設備充實、結果成績極爲良好、至於此次實施之阿片癮者登錄辦法、將來旣可逐步將旣癮者漸次減少、並可絕對免除新癮者之發生、故此次之未者登錄所辦理之手續、極爲週密、凡有癮者一律從其登錄、惟有因故外出者、在登錄截止期以後之五六日內返哈者、因有特殊情形、考其情形實在時、尚可準予登錄、但逾期太久、在八月下旬則一概不準再行登錄矣、同時在八月一日以後對於未登錄者之吸食、今後絕對嚴厲禁止、政府爲實施之徹底計、特經規定罰則即未登錄者如有吸食情事時、對於吸食者與供給吸食者(即管煙所長)處以同等之罪七年徒刑、七千元之罰金、現在已經通知各警察機關對於上述之未登錄而吸食者、作徹底之監督取締、並依照以上之罰

縣事務長會議

四日圓滿閉幕

協和會濱江省本部、招集管下之各縣開催事務長會議、會場假設於道裡地段街國際旅館內、於二日午前九時開始舉行以來、參加之會員所提出討論之事項、均已圓滿通過、於四日爲最後之一日仍自午前九時起開會、繼續討論各種事務、於午後五時、始宣告閉幕云、

際茲非常時局之下、爲謀國民增進防空知識、及防空思想之普及、曾於全國首要都市先後舉行防空演習、我哈爾濱市防衛當局已於七月卅一日起至八月二日止已曾實施盛大舉行防空燈火管制訓練、現已圓滿閉幕、收到意料以外之良好成績、因此今後更爲進一層、使國民對於防空之徹底了解、一旦有事確保我哈市天空無虞、故乃計劃於本月中旬于本市開催防空展覽會、屆時一般國民皆可藉資而增進防空之徹底認識、除本市決定舉行防空展覽會外、而新京於日前業已舉行完畢、在大連亦預定九月上旬作同樣舉行、由此可知我國對於防空頗爲重視云云、

粉恐慌、茲者本市猶太人斜拉非毛夬司佰民衆舘收容所、(免費食堂)責任者、依月耳司克教堂大主教也比司涮卜吉米特力氏、因該所自七月一日以來共計收容貧民一百零三名、關於此百餘人之日常食用、每日皆由該所免費供給、此外尚有所外貧民五六十名、按日往該所就食、因而每日需用面粉須在四十袋之數當此面粉時期、一時大感無麪可用、殊爲貧民之飲食問題之一大關鍵、是以該會前特呈請市社會科、請本

共所在之職、但迄至現今而報名者仍寥寥無幾、當局有鑑於斯、以故重申前令、再接再厲、嚴厲淳諭、促各癮者速爲戒除、然一方亦有人謂各官公署職員之向有癮者、碍於地位之飯碗問題、率多暗行自配烟藥、或者就醫自行私打藥針、自下暗地戒除、多不敢公然報名、茲者哈爾濱市公署當局有鑑及此、爲貫撤此種政策、使各癮者職員剋期斷禁起見、特於前日(四日)又以副市長之各名義、向各處科及附屬各機關、發出如下之命令

査關於官公署職員關於痲葯癮者斷禁之件、七月十一日政府公報、業有國務院訓令第八九號通飭在案、本署職員之中、吸食阿片痲葯者、諒已仰体本令趣旨、有所善處、仍恐未能普遍、希將訓令主旨、貫撤於部下職員、[illegible]嚴重敏速之斷禁方策、並對於左開、各點特別留意、以期萬無遺憾也、

一、吸食使用阿片痲藥者、須將七月十一日政府公報、所載國務院第八九號、關於官公職員、關於斷禁阿片痲藥詳

盜政府之方針、斷乎免共官職、

盂蘭盆會行事

佛教總會業已規定就緒

本市之中央普濟佛教總會、鑑於古曆七月十五日已迫眉睫、爲援例年所舉行之超拔三代宗祖、濟渡九幽十類孤魂、並追悼日滿軍警爲國捐軀之各英靈、決於本月七日起亘七日間、舉辦盂蘭盆會期間行事擇要記左

信徒集會、凡善男信女各界來賓、必於十二日齊集該會念佛誦經、共作功德、

設壇誦經、不論國籍宗族、有欲超度自己亡故親屬者、隨意出資供養三寶、以結善緣、並將亡人姓名設位於佛堂、俾念經超度、

陸燈河燈、自十四日十五日至十六日、於道裡外、放送陸河神燈、水陸幽魂、藉此光明同昇極樂早出苦海、

放送慈航、該會對於慈航一座、上供佛菩薩法像、於圓滿日放送江中、以表佛恩、接引慈航普渡之意、使各幽魂得濟水陸同登云、

區長與牌長衝突

事後區長找算他

【通化】某區長因宿於本管某暗娼家、適有牌長朱某前往攪工、致惹區長之怒、聲言該戶不能攤工、大加申斥、牌長不、反服辱祖向、次日區長即行使職權撤銷伊之牌長、致相衝突、報告於該管當局、傳訊後、經魯仲連出爲排解、在東江春與双方見面、作爲了事、詎意該區長懷恨不釋、於日昨復行抽其爲保甲團員、該朱某雖有子而另度、伊已年逾不惑殊無服團員之義務、相爭口角之間、適遇警官、帶所訊辦、該區長如此假公濟私、殊屬有忝厥職云、

省署昨開

預算關係會議

濱江省公署爲討論該署康德五年度預算支出之方針、並康德六年度預算作成之一般、對於前、三日上午十時、在官房會議室召開協議會、由各責任關係者出席、作撤底之協商云

高粮米漲價

【新民】本縣連年災害、今歲又被水災、一般粮商、高唱物質缺乏、因之粮價不穩、已誌本報、查近日以來高粮米又行漲價、計每斗八角六分、現漲至九角、小米一元一、現賣一元一角五、視此粮價迭漲、則人民生活、將不堪設想矣云

省署土木廳召開

護岸工事會議

討論今後護岸工事進行方針

濱江省土木廳爲防範松花江氾濫、連年以來對於哈爾濱、江堤積極着手修築、現在大体建設完成外、其餘護岸工事尚未着手、因此定於本月十一日在濱江省長官房會議室中、召集各關係機關首要者開催松花江護岸工事會議、討論今後對於松花江岸保護工作行、進方針、其成行如何頗値注目云云

濱江特刊

第一七五號

哈爾濱道外
桃花巷四口
連絡電話六八四七番

防疫工作益益緊張！
省署組織防疫委員會
禁止華北一帶鮮菓魚菜等輸入
在各鐵道主要處所設置防疫所

自奉天市虎列拉發生後有向北滿急遽侵襲狀態、濱江省公署鑑於虎列拉傳染病、已經侵入本省管內防疫線双城縣矣、可信虎疫傳染之迅速、殆將向北滿蔓延狀勢、茲爲徹底努力防疫計、決定實行組織濱江省虎列拉防疫委員會、在全省組成防疫網、而又於本格防疫工作云、又甚於虎列拉傳染病之益益猖獗、除由濱江省公署組成防疫委員會外、並由哈爾濱警察廳與市公署兩衛生科、聯絡之下、在哈市實施種種防疫工作外、一方對於天津北平等地之容易傳播虎菌鮮菓鮮魚菜等貨物業已禁止輸入此外關於旅客方面如報、決定在各鐵道沿線重要處所、設置防疫隔離所、並設置檢疫班茲以双城縣於十一日突然發生類似虎疫患者、認爲防疫工作更有緊急必要、故在檢疫班未設置以前、人旅客列車上旅客及乘務員、倘有發生虎列拉傳染病者或類似之病者、由列車長負責、以電話通知就近各主要站、鐵道警護隊分駐所、再臨時召集當地醫師、實施檢疫工作、以免遺憾云云、

所實施、

二次防空訓練
預定九月中旬整備完成
省署防衛本部會議決定

警廳檢查不合格車体

爲保持國際都市哈爾濱市街之美觀、誓必掃清向來散在市內破爛不堪之乘客馬車及人力車、因此由警務廳哈爾濱警察廳督勵之下、於十日午前四時起實施洋車馬車車體檢查、所以在警察廳前空場堆集洋車馬車開始嚴重檢查、聞市內散在馬車洋車共約萬餘輛、預定月末檢查終了、對於檢查不合格車體除令共廢止使用外並令修繕、否則決定嚴禁使用、不但交通事故日此減少、對於一般乘客安全亦必有相當效果、而與國際都市面目尤煥然一新云云、

護岸工事計劃
十一日在省署官房會議室開催
出席者結城次長以下多名

哈爾濱市松花江堤、自大同二年以二百三十五萬圓鉅工費開工建築以來、現在僅餘八站及道外十二道街碼頭之江堤在最近之期內即將第一期工程完了、於該工程完了後、再繼建設八站一帶江堤、預定本年冬季全部完了、濱江省公署土木廳爲討論第三期護岸工事計劃故於十一日午前九時在省署官房會議室開催松花江江堤第二期工程會議當日出席省公署結城次長相馬土木廳長太田河川科長以次田邊部隊江防艦隊新京交通部航務司井澤技佐鐵道總局水運科長、哈鐵局工務課大迫副市長、富田航業聯合局船舶科長航務局造船所長等十數名出席之下即開始討論第二期工事計劃以工費百十萬圓預定三個年竣工云云、

八、患者之收容（一）對疑者收容、於市內戒烟所施隔離、同時由市衛生試予以細菌之檢案、眞性虎疫發見時急送收容所收容之

九、游泳禁止（一）於必要時於對松花江游泳禁止、

十、所要材料整備、（一）努力整備防疫所要材料、以期防疫無稍遺憾云、

爲使小麥脫粒迅速
舉行動力講習會
自十三日起亘二日間

濱江省公署實業廳對於本年度之新小麥、已經成熟收割完矣、最近又入脫粒期、而該廳爲謀新麥脫粒之迅速起見、並對於品質精選準確敏速計、而提倡利用脫粒機、定於十三日十四日止亘日二間、於官房會議室、而召集小麥主要產地呼蘭、双城等九縣農產業技術人員、並農事合作社員、舉行小麥動力講習會、講解以上之各動機械動力之性能、及其使用方法、並品質、精選時應注意各項、以便將來對於農村、小麥處置、有所指導云、

開庭審理
仍無結果
温某否認傷害人命

濱江省公署、鑑於國際風雲低迷、以目下適當茲非常時局之下、對於防空之準備與訓練必須實行徹底、始備無虞、如防護我哈市天空完璧、亦必須向一般市民灌輸防空知識、因此日前曾有官民一致連絡舉行燈火管制訓練、雖當時獲有相當良好現象、然仍恐市民有不徹底了解、故開始組織家庭防護群之結成、俾資訓練市民皆知防空之趣旨、期於燈火管制知識之普及、及施設之完備、以免一朝有事、一燈露火全市遭殃、故省防衛部計劃、自八月十日以後、實施第二次防衛訓練、大体以八月爲基本準備期間、因此爲研究具体第二次訓練實施之方策、乃於十日午前九時、在省官房會議室、由防衛本部主催之下、召集各關係科長及關係方面、開催防衛第二次訓練協議會、至下午一時散會、共協議結果大体如下

一、燈火管制指導（區長署長）訓練者防衛部於八月下旬實施

二、特殊防衛本部（場別及防衛集團）及家庭管制、施設之完成、定在八月中旬及九月上旬期間、

三、模範燈火管制家屋、商店會社、工場、及指定之家庭並移動摸擬家屋之家屋宣傳、爲八月中旬

四、目下全省繼續進行辦理中之一部管制訓練、（玻璃管燈廣告燈看報燈及裝飾燈）類繼續進行、因九月上旬、乃後實施警戒管制訓練、

五、亘於九月中各家庭防衛群群長、及分區組合長、實施於各家庭燈火管制設施之點檢由警察官及警視員蒞場、無論如何、不使違反、促進施設之完備、於九月中旬、亘一週間施行警戒管制、並就業狀況之點檢、及不時之空襲、對長期戰、屆時準備之完成、又對於燈火管制之實施、各家庭之施設準備、於警察廳主管下、由市協和會援助、對於常識上之促進營業方面、可以自覺的消滅、以達到屆時之圓滿、至于義勇奉公隊及家庭防衛群之結成案、區長及警察署十五日、提呈組織大綱、（含有小規模之會社官廳並商店）而大會社大官廳之防衛結成三者意見、省及軍本部經過申請、已一致認可云云、

防疫注射日期

市署業已決定

＝自十二日起實施＝

市公署衛生科爲預防虎列拉流入本市、而該科積極實施預防工作、對於市民虎列拉預防注射、決自於十二日起至二十五日止、於此期間、而該科編成兩個注射班、每班醫生兩名、警官一名、助手一名、分別如左記日時場所、實施免費注射、希望一般市民踴躍前往注射云

▲道外方面、第一期十二日至十五日、第二期十九日至二十二日、分於道外正陽署、及勞工協會兩地實施

▲道裡方面、第一期十二日至十五日、第二期十九日至二十二日分於道裡經緯署、及公會堂兩地實施、

▲新安埠方面、第一期十九日、第二期二十三日於新埠診療所實施、

▲顧鄉屯方面第一期十八日第二期二十五日於顧鄉屯署實施、

▲南崗署方面第一期十六日至十七日、第二期二十三日至二十四日、於郵政街俄僑學校實施、

▲太平橋方面、第一期十八日、第二期二十五日於太平橋署內實施、

▲松浦方面、第一期十八日、第二期二十五日、於松浦署實施、

▲香坊方面、第一期十八日、第二期二十五日、於香坊派出所實施、

鴉片癮者登錄

正陽署管內共一萬六千餘名

爲使阿片禁斷趨入正軌、故實施厭藥癮者登錄、限期至七月卅一日截止登錄期間、現在業已完了、阿片癮者占爲哈爾濱全市最多者莫過如正陽警察署管界、據請求登錄者爲一萬六千七百七十二名、較全市登錄者亦超過約半數以上、日鮮之鴉片癮者强制登錄者三名、而患嗎啡癮者强制登錄六名、査正陽署管界癮者占爲最多數之原因、究竟該管界管煙所三十九家、全市阿片管煙所總數爲七十六家、其管界之管煙所亦超過市半數以上、以致阿片癮者占爲多數毫無疑意云云、

市公署警察廳鐵道局

印製虎列拉預防書

利用無線電新聞等施行宣傳

哈爾濱市公署、警察廳、及鐵道局之機關、爲徹底豫防虎列拉、茲特豫定左記防疫方針由即日起、開始下記之實施、

一、宣傳事項（1）印製虎列拉防預注意書約十萬本、向一般市民配布、（2）利用無線電並新聞等、實行虎列拉的預防宣傳講演使市民之衛生智識之向上由市公署警察廳担當之

二、檢病的戶口調査小市內一、檢病戶口調査、一市公署警察廳担當之

三、預防注射1豫防注射範圍先以職業指定或地區別實施（2）對於醫事關係者、努力預防注射、由市公署警察担當、

四、飲食營業取締（1）對不衛生之飲食業嚴重取締尤其對於不潔之瓜菓販賣、特別留意取締（2）實施撲蠅工作、此由市公署警察廳担當之

五、生魚輸入禁止（1）對於外來生魚、嚴爲監視與禁止（2）對外來生魚此由警察署、市公署、鐵道局担當之

六、野菜消毒、對於一般野菜爲施消毒、此由市公署警察廳担當之

七、列車檢疫（1）於哈爾濱鐵道局管內之列車實施檢疫（2）列車內如一旦發生見容疑者之場合時、實施隔離置此由鐵道局市署警察廳担當之

電車司機溫毓才、前於七月二日午後〇時十分、駕駛第一六號磨電車自道裡向馬家溝對行中行至馬家溝教堂街地點忽有一斗車由側面馳來、當時適至拐角、電車南行斗車亦南開双方躲避不及斗車夫某遂被軋於電車輪下未幾死去、後經警察將溫某逮捕、因傷害人命、當即解送地方檢察廳加以偵查之後又行移送同級法院法院軋此案、於十一日開庭審理、而溫對傷害人命犯罪部分、極端否認以致無何結果尚待其後繼續審理云、

正陽警察署檢查

各飲食店業者

發現不良飲食物頗多

正陽警察署衛生保、鑑於南滿一帶虎疫猖獗、勢有大肆蔓延之態度、爲謀市民身体健康之確保、近日以來對於管內各飲食店嚴加檢查、於九日午前九時在管內開始檢査結果、在桃花巷某鮮貨店發現大興碑酒數十瓶內有沈澱混濁物、實有妨碍衛生、復在同發街某汽流工場又發現二十餘瓶汽水腐販、同時又在附近四五家飲食店內檢出不良葡萄酒十餘瓶、除將以上不良物品加以沒收外、並對於不顧公共衛生惡德執事人亦必嚴重處罰云云、

結成防疫委員會

【延吉】圖們街公所鑑于當此國內外時疫猖獗之時、預防之道、不可不愼、尤以本街居于東部國門地位、對之尤不可不愼、爰經呈請當局許可、組成非常時疫委員會、當選圖們街長石橋正平爲委員長、警察署長宮本福松爲副委員長、李丙崎等爲委員云、

菓園成績良好

【三十里堡】本埠附近營果樹園者、爲數頗多、故本驛前發送鮮果商共計十五六家、前幾日頭等大水蜜桃開價十一二三元二等者價在六七元之邊、頭等祝光平菓開價八元五角乃至九元二等者、乃至四五元之譜、惟近幾日以來、各種鮮果忽而大落價、頭等大水蜜桃八九元二等者二三元、頭等祝光平菓四元五角、乃至五元、二等者在二元之邊、故各營果樹園者皆大叫苦云、」

濱江特刊

第一七六號

盛京時報北滿總支社
總址 哈爾濱道外 桃花巷四口
電話六八四七番

第二次模範防衛訓練
市署組成義勇奉公隊
分成多班作敵投下燒夷彈訓練
由各打字員組成看護婦隊救護

預定於十九日起始、舉行第二次模範防衛訓練、已誌前報、茲為準備參加者、特於十八日下午一時、在哈爾濱市公署會議室結成義勇奉公隊特殊分隊會員約百七十餘名出席結成後由市公署義勇奉公隊特殊分隊長、柿崎事務官統制之下、分全員為警報班、避難班、警備班、防毒班、消火班、救護班、配給班、想定於警戒管制之下、敵方投下燒夷彈、瓦斯彈、開始踴躍訓練、一方由打字各女職員全員組成看護婦隊、出勤救護、並於各所配佈防火砂、防火水、防毒衣、防毒面具、出動舉行完璧訓練云、又為組成市公署特殊分隊及義勇奉公隊、於十八日午前十時半、由官房庶務科在科長室召集市署內職員開協議會、以研究組成奉公隊特殊隊事宜云云、

腐爛食品
嚴禁販賣

本埠衛生當局、對於南滿線奉天一帶虎列拉之發生甚為恐懼、為防其流入本埠、已大設備防疫之陣網、而同又時加防疫工作、惟值此夏末秋初氣候變遷之際、稍一不慎、即容易傳染、因此哈爾濱衛生科方面、為防疫之周密起見、使完備無慮、現復通令屬下各衛生係一致動員、對於管內各飲食店、及床攤一律施行檢查、倘發現賣不良肉類、及腐爛食品、與瓜菓等、則嚴行禁止、同時並告一般之住戶、絕對不許食用、如經通知以後、而發現販賣者、一經查出、定於重懲不貸云、

自前十九日起
各防衛羣分別實施
期市民對防衛事項澈底

防衛本部鑑於前次舉行第一次燈火管制未能達到十分圓滿目的、故乘此次結成協和義勇奉公隊及家庭防衛群為期使燈火管制之實行圓滿並防衛法知識之徹底普及、施設完璧、濱江省防衛本部特定自八月下旬起舉行第二次防衛訓練演習、計劃由市公署防衛部及哈爾濱警察廳防衛部於市內左記十四個場所由此次結成義勇奉公隊及家庭防衛群各個出勤、即自八月十九日起至二十二日止每日約一時半時間舉行第二次模範防衛訓練、以市民對防火防毒、避難、救護等項徹底普及、茲將各個所計劃如左、

△八月十九日

市公署防毒、防火避難、救護參加者義勇奉公隊特殊分隊

桃山小學校避難救護、參加者家庭防護群、

丸商避難防火參加者義勇奉公隊特殊分隊、國際運輸同前

中央銀行防火、防毒救護、參加者義勇奉公隊持殊分隊、

△八月二十日

女子國民高等學校、避難救護、常識、參加者家庭防護群

北新國民學校同優級學校、同上、

同發隆防火、避難、救護、參加者義勇奉公隊持殊分隊、

日滿製數警備、防火、避難、參加者同前、

哈爾濱麥酒工廠(香坊)演習警備防火、避難、救護、參加者同前、

△八月二十二日

名古屋旅館演習防火、避難參加者家庭防衛群及義勇奉公隊、

平安座同前、

日本高等女學校同前、參加者家庭防護群、

鐵道病院演習防毒、避難、救護、參加者義勇奉公隊及特殊分隊等云云、

阿片斷禁協議會
參加者前已晉京
省署警務廳箭頭技正以下多名

滿洲國政府自鴉片斷禁政策實施以來、全國各縣旗市、互相連絡、對於一般癮者由本年二月開始登錄迄至七月卅一日已竟登錄截止完了、中央民生部有鑑及此為謀阿片斷禁方策實施之徹底使阿片斷禁趨入正軌、特定於十九日在新京國務院總務廳召開阿片斷禁方策協議會、濱江省公署警務廳衛生科箭頭技正振館煙政股長、並哈爾濱市公署植村民生處長兼衛生科長、哈爾濱警察廳前川技佐、均於十八日午前十時乘亞細亞號列車晉京參加、至于該會所討論之議案、主要者為鴉片斷禁方策遂行之一般、戒煙所普及設置問題、並官公署職員禁煙縣醫院設置關係事項此外更有防疫等問題云云、

開防疫會議

【開原】自奉天發生虎列拉後、人心惶惶、各都市皆佈防疫陣、開原街公所、開原警察署、為防患未然計、於八月十六日、開催防疫會議、自午后一時起始、對於防疫事項計劃進行云、

為使市民澈底防疫
市警雙方印發宣傳單
由各派出所向市民配佈

慘

醋歟？仇歟？

正在熟睡被人砍暈 傷勢極重生命危險

本夫行方不明有重大嫌疑

道外一面街、回回胡同十二號院內居住滿人、石佩言者（四十）奉天開原人、無職業、專依其妻石吳氏（三三）以賣淫爲生、故石某每日遊手好閑、終無事事、其妻在每日留客之際、則石某即存於鄰右小店、以期方便、不料石吳氏於最近交結工人李憲章者、二人甚爲投緣、而李某於石吳氏處繼續住七宿、石某甚表示不滿、因夫妻間白晝發生口角、李某仍照前來、不意於前十七日午後六時許、李某起床外出、石吳氏並未閉門、又行睡下迄至七時許、不知何人手持劈柴之鐵斧、進屋後、而照石吳氏之頭部、連砍六七斧、石吳氏於睡夢中、被砍得暈迷過去、而兇手擬已爲死、遂棄斧而逃去、至八時許、石吳氏始得甦生、於疼痛難忍之下、呼不成聲、即被鄰人發見、即時報告房東、以人命關天、即時轉報一面街派出所、及正陽警察署、及司法科等、到場檢驗時、而石氏已失去知覺、即訊問其本夫時、已不知之去向、該署即認其本夫之行方不明、嫌疑特別重大、而在石吳氏處連住七宿之李憲章者、於慘殺發生之後、即鬼鬼祟祟、在回回胡同徘徊不去、亦認稍有嫌疑、遂即將其逮捕、致被慘殺之石吳氏、因傷特重、以電知救急車抬往市立醫院、而經醫生檢查後、在其頭部之太陽兩處連砍二斧、而在耳後及後腦海砍傷三四斧、傷勢特重、並衆動大腦、有時石吳氏胡言亂語、精神失常、對於生命極有危險、而正陽署方面、關於此殺人之兇犯、究屬何人所爲、正在嚴重調査中云、

哈爾濱市自入類共敵虎疫襲侵南滿奉天市後、我哈市自此消息傳來、無不愕然曜起嚴加防範、以杜絕虎疫侵入、除濱江省公署與官民一致結成防疫委員會外、哈鐵與市警當局亦有相當連絡嚴加防範、對於吸收旅客之哈爾濱車站內、因恐旅客傳播虎疫、故設置旅客預防注射班、對於往來旅客嚴加檢驗虎疫並預防注射以免虎疫侵入、現在市警兩衛生科爲喚起一般市民對虎疫防範徹底計、印刷大批防疫宣傳單、由各派出所向管內住民配佈促其注意防疫事項、茲將防疫宣傳單誌錄如下、

△虎列拉預防注意書

夏季以來華中華北方面虎疫（虎列拉）續發最近南滿方面亦有發生者並漸有北上之勢、吾哈市民務要熟悉左列各項預防方法以免此種惡疫侵入本市爲要、

△虎疫預防法

（一）絕對不可飲生水及食生物如萬不得已而食野菜果物時照以下之方法隨選其一消毒並再用開水或水道水清洗後用之可也、

（甲）在好味醋中浸三點以上

（乙）浸入三千倍之鹽酸中約十分鐘以上、

（丙）浸入開水中三分鐘以上

（丁）以綠化 十匁溶化啤酒瓶一瓶以其五分之一稀釋成四斗樽而於其中浸三十分鐘、

（戊）以『哈洛氏』錠綠醇消毒

（二）要捕滅蒼蠅因爲他是傳染媒介

（三）水道及井泉須注意清潔下水道及便所要常消毒尤於河水之使用最宜戒愼、

（四）所存食器等務以開水燙後清洗要尤其是公衆用食器每回必須煮沸消毒、

（五）勿暴飲暴食以保全腸胃

（六）睡眠不足精神過勞與感冒等均爲易於感染虎疫之誘因皆須注意、

（七）要受預防注射

此外倘發見疑似虎疫樣患者時要急速報告市公署衛生科電話二二六八或該管之就近警察署是時不可接近患者最可怕的是患者排泄物要以藥消毒、水（百分之五石炭酸水）

△免費虎疫預防注射

凡本市內主要診療機關皆行虎疫預防注射、希一般市民前往注射凡曾受注射者給以匯受注射証明書云云、

哈爾濱素描（一）

（季痕舟）

在現社會的階段裡、到處醞釀着提高女權和女子職業的聲浪、簡直的是無日不在囂張擴上、充斥人的耳鼓、在這擁有五十萬市民素負有北方小巴黎的哈爾濱、當然對於這女子職業也在極力擁護提倡着、不讓任何一個都市專美於前、而自甘暴棄於後、所以在我國肇造不久以後、當商業大汽車收歸市營之際、交通局即取採用女子車掌之例、藉資提倡女子職業、迄至現在已有四年之歷史突、繼此以後、各機關亦相率僱傭女打字員、到現在康德五年的今日女子職業在這偌大的哈爾濱、可以說是滿坑滿谷了、但是在形勢上看來、像似沒有甚麼區別、可是在另一方面說起、的確對於他們這般女子職業在覬覦着、或者抱着一種摧殘野心的人、比比皆是、而且在每次他們所造出來的粉色新聞裡已覺屢見不尠、是勿庸諱言的了、在這裡所描寫的、並不是[illegible]及正當職業婦女、而不過借以作個甄別、以咨美惡懸殊罷了、

縫活婦是女子職業的一種變像職業、同時也就是下級社會無知識的婦女們的一種生計、哈爾濱的縫活婦溷集的地方、道裡道外可分爲二、道裡以新城大街中國八道街口爲最多、道外則以大新街五六道街爲最多、此外如南勳二道街以及純化街等處、亦多有溷集、她們每天提着一個包袱、裡面裹着些針黹用具、三三五五、絡繹於途、或坐於馬路兩旁、或立於牆根之下、談談笑笑、她們的生意地點、並沒有一定的地址、今天看着[illegible]在道裡[illegible]的錢多了、那麼她也許到第二天不在道裡、而去道裡的、總之到處是替人家縫綻補破、做了一般窮光蛋老伯帶的『千人妻』、這種婦女生活、在滿洲國的各個都市裡雖然都有、可是相信沒有像哈爾濱這樣的多如過江之鯽、哈爾濱雖然是個負有小巴黎之稱的繁華都市、然而[illegible]的確也不少數、假使我們若是走到了江沿一帶的市場裏、或者在錢塘街一左一右着眼看去、那麼馬上也會知道這不是虛僞的、同時而可相信這是眞實的一個寫照了、俗諺有一句話說得好、『有老婆[illegible]、衣服破了無人補』、這句話雖然是近於俗陋、然而對於事實上的寫照的確是太露骨了、所以縫活婦就根據他們這『曠老婆苦』的老苦力們的心理、應運而生了、專來的這一般衣破無人補的人們來彌補缺陷、她們拏着一根鋼針來作吃飯的利器仗着十個老天賜與的手指來給人們東縫西補、破衣爛衫污褲臭袜飽嘗千里土之惡氣、竟日奔馳、歷終世路風霜、雖然她們所得極微但她們藉此還可以裕餘、自若數口之家可以無饑無寒、雖不能說是高枕無憂、但是也可苟延殘喘了、

濱江特刊

第一七七號

盛京時報北滿總支社

社址 哈爾濱道裡 斜紋二道街一三

電話道裡五二七二番

開發荒地增殖農產 舉債大致由政府担保

省公署明年度縣旗事業計畫

濱江省公署、對於明年度之縣旗計劃、業已作成、一方並請求中央認可、而後集債舉辦、開於二荒地及未耕地之開發並農地造成等六百萬元之舉債案、中央方面已於八月卅一日通過在案、濱江省方面、爲與中央聯絡起見並討論計、於前結城省次長、岩尾拓政科長、近藤經理科長、牧野農林科長等已晉京、辦理舉債手續、及協議其他等事項、關於六百萬舉債之担保、大致由政府担保、向中央銀行告貸、而後再由省當局貸與屬下各縣以十二個年租賦償還、以至辦法實行後、廿萬天地荒地及未耕地之開發、將來擴充至五十萬天地、以廿萬天地引用小作制、每年收入二百四十萬、十年後二千萬元財產、可預期增至一億元、而此土地作爲街村基本財產、設定永久小作權、關於以至計劃實施後、我濱江省將爲全滿之模範省矣、此外卅一日招集之副縣長會議、省當局對既定計劃加以指示云、

會行政上聯絡緊密計、於前由省市兩公署、協和會、勞工協會、社會事業聯合局、商工公會、鐵道局等、共同主辦厚生會、聞該會定於前廿六日午後鐵道俱樂部、開催第一次懇談會、於會議席上討論非常時局下及槍後支援國民之重大事項云、

康德毛織工廠 建築工事告竣

新購新式機械數架頃已運哈

賣野藥者手探桃源 好事未諧被踢

翌日復來歪嘴大怒飽賞耳光

自從上月卅一日、烟片吸食登錄者截止、同時所發出無証吸食者、一經査出、即處以七年以下之有期徒刑、或一千元以下之罰金、命令傳出後、霹靂一聲、一般取觀望態度及無証而蠅營狗苟吸食者、皆相率斂跡、不再涉足於各管烟所矣所收之成績極爲良好、在現在今日之所出入於管烟所者、恐爲一般嗜好蓁重之癮君子、在

昻然而入、致將該婦由夢中驚醒、於氣憤之下、即以蠢太之右腿伸出來一喜鵲登枝、將李某蹬出數武、李某自知理屈、亦未敢聲張、即携包怏怏而去比及今日廿五日下午二時餘、李某又來該所兜攬主顧、該所夫役見其又來、當向其聲明、今後不許再來、並言明昨日所作何事、(蓋前與李某去後、該婦即向其該所夫役聲明此事

也、不料該李某不但不以爲辱反而嬉皮笑臉、眉飛色舞、向夫役聲稱該與(歪嘴)係多年老友、昨日偶爾開玩笑亦未嘗不可云云、正在說話之間、該婦(歪嘴)由三號烟室奔出、照定李某臉上來了五支雪茄香烟、李某見風頭不順、轉身即向樓下奔去、該婦氣又未消、當即追上前去、又來了一個與昨天同樣的喜鵲登枝、因係在樓梯上、又衆該樓梯係洋灰製成者亮而且滑、李某一時站立不穩、竟而應聲轆轆滾了樓梯、此時一般癮君子、皆爭先恐後、探頭豎腦、向前觀望、一時人山人海熙熙一堂、大有車水馬龍山陰道上之概、後經人之排解、始行了事云云、

訥河本年水害 損失三百萬元

【訥河】本縣於今年夏秋之交、因水害而歉收之農作物數目、據一般經驗家之估測、以小麥受害奇重、大豆次之、據査以奎東屯、海城窩堡、徐家園子、黃家窩堡一帶爲奇重、被災地約八仟垧、內小麥佔六仟垧、大豆地佔二仟垧、可云顆粒不收、完全泡入水中、至於九井子迤東被害地約四仟五百垧、內小麥佔三仟五百垧、大豆佔八百垧、其他二百垧、至於龍河鎭管內沿訥謨爾河北岸、以迄於大伯力科一帶被水地約七仟八百垧、內小麥地佔六仟七百垧、大豆地佔八百垧其他三百垧、以上尚有二成之收穫、不至根絕、至如老萊河沿岸河東屯、東河南屯、西河南屯、以及縣城附近一帶、一片汪洋、至今浸入水中約計二仟垧、內計小麥仟六百垧、大豆四百垧、其他如訥北藺家窩堡一帶、管內沿嫩江流域、因荒地甚多、開墾者少、僅約九百垧之被災地、合計全縣被災地約兩萬三仟二百垧、總損失約在三百萬元之譜云、

於二十二日下午五時許、又被王某誘入室內、喞喞喁喁正談在高興時、而劉某由外拉車歸返、將抵院內、見小所子在王之屋內與王談笑、不由醋火中燒、怒髮沖冠、立至王之門前大罵而特罵、詎知情敵見面分外眼紅、各不相讓互相謾罵、幸經魯中連者從中調解、一幕醋劇始告平息、劉某歸宅後反復思索恐情人被奪故頓生殺機、待至當夜午前四時許乘王某酣睡之際、劉手持菜刀闖入王之臥室、手揮菜刀向王顏頭部猛砍八刀、王身臥血泊中、淋漓血跡橫飛、兇手畏罪潛逃、待至午前八時許經隣人發覺立即報告該管之派出所、警察據報電知經隣署及司法科赶到現勘驗結果、除將受重傷之王某送到附近醫院應急手術治療外、警察當局警網密張嚴探兇手行踪、卒將兇手逮捕、而警察當局破案神速令人欽佩云云、

本年春季發生火警被焚燬之道外二十道街康德毛織工場、全部機器及房屋等俱當局燒失無餘、損失不下數百萬元之鉅額、已誌前報、自訪工場被焚燬後當郡開始建築工場現下工程告竣、日前定購各種新式機械數架業已運抵來哈所以正在積極裝置中、不日即可完成、該場由興安省札羅木得購買羊毛十八噸已於二十四日運列哈市、該場開始工作期限亦不能遠矣云、

青年訓練所
明年增設已決定

滿洲帝國協和會濱江省本部、前接到中央本部訓令、關於明年康德六年度之管下各縣青年訓練所增設問題、審議結果、頃已決定為肇州、呼蘭、肇東及珠河、阿城東興等六縣、各增設新訓練所一處云、

無力養妻寄友家
變良心欲賣為娼

▲被妻偵知投入婦孺救濟所

程某者失其名、現年廿八歲、係河北省人、數年前來哈、在某機關充差、經人之介紹、以哈洋一百元、聘安鄉下女子張永勤(年十九)為妻、自結褵後、夫妻感情頗為相得、無如程某每月收入極微、又衆多年之積蓄於結婚時俱已用罄、並以現下物價暴騰及其他諸問題、生活方面益感困疲、程某於不得已之下、乃將共妻

共妻鑑於『朋友能供一飢不能供百飽』之原則下、以故屢促程某另租屋別居、詎該程某不但不允妻之所請、由斯反每月不供其妻之生活費 張氏無奈遂求親友在道外十九道街門牌六號租房一小間、以縫洋襪子所得之工資、自維生活、程某見其妻自己租房居住、頗為不滿、每於回家之時、非打即罵、詎於最近程某益異想天開、與其母趙氏商議、有意將其妻賣與娼門、致事機不密、被妻偵悉、張氏為救自身計、於前廿五日午前七時許、乘其夫不備之際、逃入道外北十二道街婦孺救濟所、請求收容、該所據述後、暫為收容云云、

哈爾濱厚生會
前日開懇談會

哈爾濱市關係各方、為求社

哈爾濱素描
(續) (季痕舟)

常常在道道外五街市場裡看些苦力們、滿臉泥土、站在她們的面前 讓她們給 縫補破綻、那麼他們(苦力)為甚麼不脫下來呢？這當然是有他們(苦力)不脫下來的苦處了、因為他們(苦力)沒有像一般上中下階級的人們那樣講究、所以他只穿了一條褲子、而裡面沒有襯着褲叉呢！因此我們更會聯想到古劇裡的這麼一個消稽

裡斜紋街、滿洲大戲院演了這麼一齣、一個縫活婦蹲着、在替一個苦力縫補褲襠的破綻不知因為甚麼被縫活婦給刺了一針、那苦力立時跳躍起來、一味痛、喊但是她為甚麼用針刺他呢？大概裡邊還有點些須的出入吧？真是一件耐人尋味而又令人發噱的事、以上的一段、雖然是舞台上的假事、但我相信這樣的真事也不知有多少

苦力縫 活婦充斥的 哈爾濱呢？她們 的起源多發現 在一般下級社會匯集地帶、和南崗難民區等等的角落裏、朝出夜皈多天受寒風吹襲、夏天受太陽和暴雨的晒淋、把自己生下的小寶寶擱於不顧、為着生活而去在纖針線上去爭扎、的確是足以令人欽佩而又可憐了、但是她們的職業却是像我們想像這樣的簡單的、而且在她們每個人的『沒帶針帶了三元』錢的口頭禪裏也足以暴露了她們的秘密了、同時也可証實她們是

却也不能一概而論、(好人不在此例)但是的確以縫活為名而暗中兼營其他副業的居多數還有一些投機的縫活婦、每逢由下江回來的船弄碼頭的時候、她們便在岸上盤旋着、期待着漁郎問津、她們在這裡是以水手們為對象、而且中間還有一般較老的縫活婦、因為年事高了、問津無人、所以她也捉着一種投機的買賣、從中『拉線』、(即代雙方介紹)以資博得些許油水、較比縫活所得亦有二三倍、以上之收入、已

着水手們偷偷摸摸的避到船倉裡(水手們自住的屋子)、作些秘密的勾當、所以便有頭一次一元第二次八角的荒唐蠻語都出來、因此遺毒社會、影響市民健康、前二年警察當局曾一度雷厲風行捕獲這類的人、一以為時稍久、即易生疏忽、又給與了她們活動的好機會了、(記者贅言)按都市萬惡、魑魅魍魎、眞是無奇不有、但是以上所說的、却也不能責備她們、一言以蔽之、實為環境之使然、不得不走這條『××』路 (完)

此雷厲風行之緊張聲中、管烟所之桃色新聞已遂之而減少矣、茲於今日(廿日)在道外南大街路東洋樓化身之四十三號管烟所、又發生一段荒唐突梯之桃色新聞、茲將其始末誌之於左以饗讀者、滿人男子李某姓佚其名、本地人年卅餘、以賣野藥為生、於本月廿四日下午一時餘、李某又攜手提皮包(藥匣)赴第四十三號管烟所兜攬主顧、不料在其方上二階之時、即曾見該所二號烟室內有一婦人、彼於詳視之下方知為小喜子之姐姐(名歪嘴)、前曾充當該所女招待、李某一時心血來潮、不避男女同室之嫌大步邁入、此時歪嘴正在一榻橫陳睡眼朦朧飄飄欲仙之際、亦未奋覺有人入室、李某見歪嘴已入夢鄉、以為機會難再、當即以手向該婦之褲兜內插去

一洋車夫爭戀少女
造成殺人慘案
兇手畏罪潛逃頃已被捕

國際都市之大哈爾濱、人煙稠密、無奇不有、年來市內因姦情發生慘殺事件、迭出不鮮、故不足奇 惟最近道裡有兩個人面獸心之洋車夫誘姦年僅十一歲之幼女發生醋海波瀾、彼此嫉妬在心、惹出一幕慘殺、自該慘殺案件發生後、造成滿城風雨、交頭接耳、街談巷議、均以此為談話資料、聞者莫不怒髮冲冠、兇手見肇禍畏罪意欲潛逃未果、即被破案迅速之慧眼警察官吏逮捕、茲將其慘殺動機經過情形誌錄如左、道裡透籠街十六號院內三戶

洋車夫劉珍河年二十六歲禽獸不如、性嗜漁色、見其同院住戶苦力李庭玉長女、乳名小所子、年十一歲、嬌小玲瓏、姿色秀麗、即起獸心、受慾火衝動、極思染指、不時以果餌引誘、小所子因年幼無知、故墜落其魔手圈套、是否被其蹂躪尚難逆料、由此後小所子不時出入劉室、事被一洋車王廣泰者、(年二十八歲)曾見幾次、王極認為劉某與小所子有曖昧情形、王由此亦不時果餌引誘小所子、不料小所子貪圖食物亦未拒絕、每日出入王劉室中、

棉布膠皮雜貨獲利
吉新設如雨後春筍

【吉林】本年一月以來貨物飛騰、直有不可制止之勢、若非官府取締得法、不准銀行業押貸後、物價始告平穩、棉布批發商、膠皮鞋批發、下雜貨店糖紙等、均獲意想不到之巨利、多者三四十萬元、少者十餘萬元、五六萬元不等、於是各資本家觀之眼熱、一二個月以來、市內膠皮鞋代理店新張者吉林膠皮公司、日滿膠皮公司、寶順隆膠皮公司、尚儀街永成茂膠皮公司、舊有百貨店亦多增添棉布棉花、批發部、門首高懸棉布批發招牌、怡和恒、義順成、怡合隆、瑞聚興等批發棉花、義和祥等家、下雜貨店三和順、聚興泰、德成福等家、亦增設批發、各批發商新開 及舊有、並多為合名會社、對於捐稅尚節省、人員少設、種種便利、資本家完全注意批發商云、

濱江特刊
第一七八號
新京時報北滿總支社
社址 哈爾濱道裡 斜紋二道街一三
電話道裡五二七二二番

殆遍亦無踪跡、無奈即至警護隊報告請求代爲査找、推測似說能否失而復得、尚不得知矣云云、

小麥粉對策協議會
各地派遣代表參加
三日在省公署會議室開催

中央政府爲謀小麥及麥粉調劑配給並將來製粉之規格問題、爲期處理圓滑起見、特定於九月三日午前十時在濱江省公署 官房會議室召開小麥及小 麥粉對策協議會、屆時預定參加者除國務院總務廳及經濟部並產業部外、並有濱江省公署、牡江省公署、龍江省公署、三江省公署、奉天省公署、新京特別市等關係各方面亦均有派遣代表來哈參加、以便徹底協議、定於本會議開催完了後、並定於四日午前十時在哈市道裡商工公會召開同樣之協議會、查此次全滿重要都市參加麥粉協議會頗值一般注目云云、

防空設備檢查
合格者貼証証明
違犯者予以處分

省市防衛兩當局、爲謀我哈市防衛陣容完備、以期使無遺憾計、除日前特編成義勇奉公隊特殊分隊家庭防護群連日演

設備之檢査、預定至九日檢査終了、但特命者不在此限、至于檢査方法、即由警察防衛部分組檢査班、實施各家屋防空

掛白布墨書之交通安全週間標語、散發各項傳單、於各種車輛上亦掛小型標語等、擴大宣傳、以使喚起一般市民之注意、而免發生交通不幸事故云、

白晝被匪光顧
損失八千餘元

道裡外國四道街、門牌一〇八號院內七戶、住戶孀婦吳張

推測此匪必知被害者家中情形云云、

乘客錢包
不翼而飛

道裡中國五道街、住戶宗景仁、年四十五歲、前因事去牡、於三十日午前由牡丹江搭乘九〇一次二等寢台列車返哈、該列車將入哈爾濱車站時、正準備物件降車、不料發現頭上所

痛惜鉅欵與匪格鬪
所長身負重傷
綁去所員一名匪逃無踪

阿城縣永增源警察署管界、金家崗、永增源戒煙所長張惠長、年四十二歲於三十日午前十一時許、偕同所員一名、携帶公欵一千二百元向阿城送交公欵、當時搭乘馬車前往、詎知行抵中途忽遇有胡匪二名、各手持槍械、上前攔住張之去路、以槍威赫、擬欲搶奪、張知其非爲善類、張某徒手與匪抵抗情知非匪敵手、然倘鉅欵被奪、豈不可惜、思想至此、奮不顧身手無寸鐵、即上前奮勇加以抵抗、致觸匪怒、故匪當時開槍砰然一聲命中、張體負有重傷、應聲倒地、匪將鉅欵奪去、又爲不足、臨潛逃時、並將所員綁走、待永增源警察署聞訊後立即張佈警網、嚴重搜査兇匪、現下被綁之所員依然踪跡不明、警察當局對此匪案頗爲震怒、俄然搜査緊張中云、

肉體供給復感不足
要求結婚被拒
鮑某懷恨在心竟至酒社尋隙

女招待劉麗君、現年十九歲山東黄縣人、住道裡砲隊街一百零三號、幼年喪父、與其母相依爲命、因在故里爲生活所迫、故於二年前來哈 業執壺役、輾轉於道裡道外各酒社、以每月所得而維生活、迄至今日乃改隸於道裡七道街滙源居酒社、有道裡中國十四道街某印書局刻字工人鮑精一者、現年卅一歲、山東掖縣人、不時前往捧場、將月間所賺工資悉數報效、麗君見其心誠可交、亦極力對鮑某表示好感、於斯二人結下不解之緣、不意人心叵測、除麗 君供其肉体 享受外、鮑某復得寸進尺、向麗君一意追求、適麗君之母因事於上月廿五日返回山東故里、家中只遺麗君一人住宿、鮑某此時以爲機會難得、以故每於夜間輒至麗君家中尋歡、雖麗君極力拒絕、但鮑某並不稍有所意統、久之麗君不堪其擾、而逐客之令又不見功效、於斯乃邀其鄰居某老媼共宿、與之作伴、藉阻鮑某前往、共用意固不言而喻矣、不意鮑某衣冠禽獸、色迷心竅、仍照例前往尋歡、同時並要求與麗君結婚、麗君不從、致觸鮑某之怒、懷恨在心、於昨晚間、鮑某乘麗君正在酒社招待顧客中、竟至匯源居 向麗君尋隙、該社執事人以其妨害營業、責其無禮取鬧、因而發生衝突、結果因鮑某人單勢孤大受其苦、終至抱頭鼠竄而去云、

×××

習外、前已由警察防衛本部分別通知全市一般商民家屋之防空設備截止八月末已均一齊準備完了、故由九月一日起由警察防衛本部開始實施燈火管制設備之實地檢點、對於設備合格者即在共房門上黏貼（燈火管制 實施檢查濟）之証單對於故意遷延未有相當設備者、則予以嚴重處分云云、

交通安全週間 二日起實施

哈爾濱警察廳爲謀市內交通事故減少計、乃援往舊例、毎於春秋二季、各舉行交通安全週間一次、今秋預定舉行之安全週間、自明(二日)起開始實施、至八日止、並與各關係機關及交通會社、自動車協會、馬車組合等各方面、取一致聯絡、在週間內警廳及所屬各警署、派員在市內各街要衝指導對不正當通行之車馬行人實施取締、並一方派員檢查車體、凡不堅固及損坏之車輛、一概禁止共營業、並在各大街道橫

氏、年五十歲、家道富有、於一日午前八時許、忽闖入胡匪二名、手持槍機、進屋後以槍威嚇、令禁聲張、結果、由柜內搜出現欵七千三百元、共外有在銀行存欵 五百元 通帳一本、 共計損失約八千元、搶畢、呼哨逃走、一匪年三十許、身着協和服、一匪青布衣、年約二十五六歲、待匪逃走後、即至經緯署報告、經高野司法主任及司法科搜查股等係員、赶到現場時、匪徒早已杳如黃鶴矣、現下正在嚴佈警網搜查匪犯中、查此匪警光天化日之下、公然橫行、可謂匪胆包天據

省署計劃設立官公吏戒烟所 使各官公吏癮者速予戒除 已通令屬下各地實行

濱江省公署爲伴同政府鴉片斷禁政策、以期使鴉片斷禁實施徹底、並對於各官公署職員警察官素有鴉片癮者爲以身作則使其鴉片癮早日戒除、現下更不容緩、正在積極進行辦理有效戒除中、除日前已通知管下各縣市旗及關係機關、對於職員有鴉片癮者急速實行戒除外已迭誌前報、現下省方又通飭各縣旗市之鴉片癮者戒除醫療機關、對於官公吏之鴉片癮者戒除、特別予以便利及優待外、茲擬於最短期內、使全省各縣市旗公署職員素有鴉片癮者完成有效之戒除、除已通知各該主管機關辦理癮者報名外、並計劃在哈爾濱市及屬下全省各縣市旗、設置官公吏臨時戒煙所、以便收容官公吏癮者實行戒除云云、

移民團長會議

各方參加者計達百五十餘人 關於指示事項及說明

濱江省公署主辦之全省移民團長會議、籌備多日、一切始經就緒、於前一日上午八時、在省署官房會議室舉行矣參加者移民團長方面、有第三次第六次第七次綏楞、海倫、珠河、延壽、葦河等縣、十七個移民團長、及滿蒙開拓哈爾濱訓練所長、青年義勇隊鐵驪縣訓練所長、以及自由移民阿城縣、天理村長、葦河、肇東鐵驪自由移民組合長、此外更有雙城、綏化、安達、阿城等縣鐵路自警村長等、中央方面有關東軍片倉中佐、拓殖委員會稻垣 事務局長、前川 事務官、拓務省官林事務官、內務局村田事務官、治安部平野屬官、民生部 平野保健 體育科長、成田事務官、交通部西田技士、農業部農務司福井技佐農林司大倉、綏化農林署長崎田、哈爾濱農林署長、拓政司都監理科長、金丸事務官、協和會中央本部坂田指導科長、滿拓枯陘建設部長、加藤土木科長、滿鐵足立之調查役、本市方面有田邊部隊、哈爾濱特務機關、哈爾濱憲兵隊、哈爾濱日本領事館、第四軍管區司令部、第六軍管區司令部、哈爾濱郵政管理局、哈爾濱鐵道局、濱江稅務監督署、協和會省本部、濱江 省日本 學校組合、哈爾濱滿 拓事務 所等代表、各省方面有錦州省森田次長、龍江省中山拓政科長、通化縣副縣長、三次省福田拓政科長、吉林省堤事務官、青木技士、各縣市方面、有哈爾濱市公署邊農政科長、並全省二十二縣副縣長、郭爾羅斯後旗參事官、濱江省公署方面有結城省次長、贊民生廳長、相馬土木廳長、大塚庶務科長、神子警務科長、岩尾拓政科長、以及金署 各廳日滿系 各科長等、總計約一百五十餘人、全體入席後、首由岩尾拓政科長致開 會詞、 並說明 開會之趣旨、繼則全體向國旗敬禮、然後由結城省次長代理省長致訓示之詞、片倉中佐代表關東軍參謀長及滿拓委員會長致訓示之詞、都甲拓政司監理科長、代表產業部大臣致訓示之詞、於結城省次長致詞完了後、並有各機關來賓等致祝詞、於各來賓祝詞完了後、進午餐、自下午一時起、即開始指示事項說明、並民生部保健司提出事項、濱江稅務監督提出事項、及濱江省日本學校組合提出事項、此後爲第三次及第六次移民團長及自由移民團自警村長移民地現狀報告、並希望事項開陳、於下午五時許散會、於本月二日之第二日自上午九時起、預定會議事爲一、第一七次移民團長移民地現狀報告、及希望事項開陳、二、第七次移民團建設關係事項、三、午餐、四、希望事項回答、五、協議懇談事項、此外更於明三日繼續開催(即第三日)爲協和會懇談並閉會式、茲將其指示事項誌之於左、

▲官房關係事項

一、街村制施行1街村之設置 2街村規則制定關係事項、3街村吏員關係事項、4街村權關係事項、5街村之下部組織關係事項、6街村民意暢達關係事項、7街村吏員之給料額旅費及其支給方法、8移民地街村制施行關係事項、

二、地方稅關係事項

▲警務廳關係指定事項

一、兵事及戶籍事務關係事項

二治安警備聯絡協調關係事項

三移民團用槍械彈葯關係事項

四、警察官融和關係事項、

五、傳染病預防關係事項、

六、耐寒準備關係事項、

七、飲料水關係事項、

▲實業廳關係指市事項

一、農畜產開發關係事項、

二、農事合作社關係事項、

三、農業事務之辦理關係事項

▲土木廳關係指示事項

一、道路維持修繕關係之件、

二、土木工事執行關係之係、

三、河川佔用並生產物採取關係之件、

▲民生部保健司提出事項

一、移民地公醫職務範圍關係

二、移民地診療所建物維持關係之件、

三、衛生指導關係之件、

四、傳染病報告關係之件、

五、防疫資料備付關係之件、

六、移民地公醫施療關係之件

▲濱江省日本學校組合提出指示事項

爲移民地小學實施關係事項

▲濱江稅務監督署提出指示事項

爲國稅關係之件、

濱江特刊

第一七九號
盛京時報北滿總支社
社址 哈爾濱道裡斜紋二道街一三
電話道裡五二七二番

九一五紀念日慶祝行事草案
協和會市本部之計劃

協和會哈爾濱市本部、爲慶祝本月十五日友邦承認我國紀念日、侍定於紀念當日、令管下各分會一致舉辦講演會及座談會、同時由各分會派遣婦女代表、由國防婦人會聯絡之下、共同慰問在哈日滿傷病兵、此外並由十一日起至十七日亙一週間期內、於市內各大商店及各會社門前、或主要街路、張貼慶祝九、一五字樣之宣傳標語、藉資喚起一般市民之注意、永遠紀念不忘、玆將該會計劃草案內容誌之於左、

▲行事方針

一、指摘共產主義及三民主義之誤謬、並努力日滿一體及東亞復興眞義澈底、

二、德、意、西、蔭諸國之正式承認我國、我國之國際地位、得以向上之事實、乃皆由於友邦日本之率先承認所致、國民必當銘感、

三、依支那事變之現況推移、及張鼓峯事件之眞像、今後益當與友邦日本同心協力善處此非常時局、

▲紀念行事

一、分會行事、各分會於紀念當日、各自舉行講演會及座談會、各分會長或各分會員、務基於左記方針詳細講述紀念銘感之意、

二、慰問日滿傷病兵、各分會派遣婦女代表二名、然後與國防婦人會聯絡、共同慰問日滿傷病兵、同時並須携帶慰問品以贈呈云、

三、街頭裝飾由各分會製成標語若干種、共分爲日滿兩國文、由十一日至十七日之間在市內各大商店及各大會社、或重要街路張貼之、使一般市民注意深切認識九、一五紀念之義意云、

「警戒」「空襲」警報傳達訓練
十日起實施希市民注意

警察廳防衛當局爲謀防衛之設備完璧起見、對於一般家屋之防空設備及其他必要之施設、早在積急整備實施訓練及檢查外、更以防空之請施設中之警報傳達爲最重要、假如當空襲時、自須先以警報機或各工場之汽笛報告、市民聞得之後、當即一齊準備防衛、一面更鑒於警報之傳達、如在夏日、一般門戶時常開放之際、當局、昨日發表於左、

▲警戒警報傳達訓練

自十日上午十時實施訓練屆時在防衛當局指導之下、以警報機及由軍指定之一般工場會社之汽笛、舉凡二分鐘連續吹鳴一次、計共鳴十次、向全市發出警戒的警報、實施傳達訓練、

▲空襲警報傳達訓練

當警戒警報傳達訓練終了後、由正午十二時起實施、即如前記仍以各工場及警報機、凡隔三秒鐘連續吹鳴六秒、若鳴十次、一齊向全市發出空襲的警報、實施傳達訓練、

▲市民注意要點

以上之警報傳達訓練、乃以促起全市民之眞確的認識、而期傳達警報之敏速爲目標者、故一般市民屆時均宜一体加以注意、傾耳靜聽、完全聽得警報之聲者固無論、倘有未能聽取者、應立將未聽到之理由、具實報告於就近之警察派出所、至於郊外之住民、屆時聽到與否、及聽取之實況如何使亦應由代表者報告於該管之警察署、以便研究適當對策、警共萬無遺憾、而期今後傳達之一元化之澈底、惟當日實施警報傳達訓練時、除指定者外、一般類似警報之聲響、一概禁止其隨便吹鳴云、

期改良哈市工商業
將採用友邦學生
決於明年度起實行

哈爾濱市公署、爲謀哈爾濱之商工業發展計、決定以友邦日本各大商工業之經營方針、努力改良哈爾濱市工商業、故於十日當局在道裡商工公會會議室、召集全市各大商工業者之執事人、於康德六年度起將請示政府、對於由日本帝國商工學校卒業之學生將行大量派來哈市、到各大商工店中任職、以期迅速收得改良效果云、

八角次官將來哈
各方準備歡迎中

現下在東部滿蘇國境視察途中之八角拓務政務次官一行、待千振彌榮移民視察完畢預定十三日下午八時二十五分搭乘列車由牡丹江來哈、與在哈重要機關懇談、並赴香坊訓練所巡視、現在各日滿關係機關首要準備屆時赴車站歡迎云、

組織麵粉聯合社

傳達警報固較容易、倘入於冬季、各住戶門窗嚴閉之時、則警報之傳達是否敏速與澈底、未免有所疑問、即應加以研究與試驗、茲該當局爲期傳達敏速與澈底計、特定於本月十日共先後兩次、且哈爾濱全市之範圍、實施第一回警報傳達訓練、與空襲警報傳達之訓練、關於訓練方法以及時間、防衛

提出土地買收費 政府諒解成立

大塚科長向政府請求之結果

以北滿移民國策、並產業五個年開發計劃遂行上劃期的事業、濱江省當局對於荒地開墾農地造成計劃、傾注全力益愈着手積極進行、而政府當局爲助成此項計劃以資金六百萬元之中、提出土地買收費三百五十萬元、經大塚庶務長七日晉京向中央政府請求業蒙諒解成立、於近日即能決定實施管內農地造成、其造成地域第一回着如濱縣、阿城、五常、青崗海倫、綏稜、東興、安達、肇州、肇河、珠河、延壽、木蘭等各縣十三個處所、總面積竟達三萬五千餘垧造成地區、開始土地買收、林木採伐、家屋建築、待入殖選定完了、預定來年春五月由內地向現地勝躍移入云云、

一日間兩起自殺

近世自殺之風、突然熾烈、即云、不云戀愛失敗而自殺、即云貧病交加而自殺、此等慘劇出於國際都市之中、固不爲怪、然亦足見吾人之意志薄弱也、即以哈市而論發生自殺之事、『亦屬層出不盡之事』、但於昨一日之中竟有兩起自殺者、此尤爲可慘而又爲可憐也、茲將兩起自殺者畧誌於左、

一、爲友邦人士名神田已之助、(三四)大阪人、居於哈市道裡外國七道街太年旅館內、前生於失業後一家數口爲生活之壓迫下、竟忿而出此、目下其屍身已移於市立醫院內、刻正施行解剖中、以期明瞭死者確係自殺與否云、

一爲滿人李劉氏(二七)奉天人、住道外南十道街門片三十二號院內、因患病太久、輾轉床褥醫藥及食用等費、均需其夫李某一人供給、且其夫李某本非富有、且所作又係小本經營、每日醫藥等費時感不足、夫妻二人終日所用、處於極困苦之中、故其妻以其病既不能治愈再行影響於其全家之生活之不安、竟決然演成自殺慘劇、幸服毒較淺、經救治後、已無生命之虞、雖然此風一長、勸者效尤、故筆者對此希望吾人雖屬於極不良之境遇中、能以此爲殷鑑、則前途雖然黑暗、想以毅力打而破之、亦不難另闢新的生活線也、

司機人才缺乏 交通會社再行續招中

在此國際都市中之哈爾濱市對於各種人材向未感受缺乏之事、凡市內各文武機關每一招考、則前往應試者即人山人海大有人滿之患、惟今次交通會社之招募司機則竟大謬不然、原該會社以最近鑒於大汽車司機之不敷應用、特於上月廿六日招考司機若干名、截至本月七日止、報名者數僅五、六名及至昨日舉行試驗之時、到場應試者僅三人耳、該社自動車課以人數太少、祇有全數採用但以法定額相差太多、遂於即日起更行繼續募集中、此則誠爲哈市之未見現象同時亦可見人材之缺乏也、

意義重大之戰捷大會

所獲成績極爲優良

自哈爾濱市新聞界主催之張鼓峯戰捷紀念展覽大會、開會以來至昨九日閉幕止、在此三日之中、所獲之成績極爲優良、委因哈市一隅、地近邊陲、一般市民亦莫不關心國境、故連日來前往參觀之市民、人山人海、會場內極形擁擠、及睹見友邦皇軍所得之戰利品、亦莫不讚嘆皇軍威勇無敵也、此會之開不但足以堅固吾人槍後支援之熱忱、且可振起滿日互助進一步之精神、其意義之重大、非僅看看熱鬧而已云、

以製粉業者之出產量定大小股份

紅利決無偏枯即不開磨亦可分劈

當此政府對於麵粉不足進行調劑之期中、哈市之製粉業者與省署方面亦行一再協議、前爲遂行之圓滑計、特將設立小麥麵粉統制組合、以使全市之製粉業者聯成一體、並仿哈爾濱航業聯合會之組織辦法成立、一哈爾濱市製粉聯合社、按各製粉業者之出產量以定大小股份、同時更考查各當業者之火磨生產能力狀況、及麵粉銷路等等、以資規定小麵之配給量、以期將來市面上需要之狀況、能以緩和爲主、一掃現在麵粉之不足情勢、且當業者對於分劈紅利時、亦無偏枯之患、即火磨雖不開工亦可得到紅利分劈、故此辦法倘若實現、實實爲商民之一大福音也云、

增設放送塔

期普及時局認識

協和會哈爾濱市本部爲謀一般市民對於時局澈底認識之普及、故由市本部與電電業兩會社協議結果、決在市內增設放送塔五處、此計劃案已於八日向市長提出請求許可不久即能實施建築、聞其增設地址哈爾濱車站前、馬家溝公園內、道外大北新報社附近、道外北市場內、道外南市場內五處云云、

救濟院添印刷部

【海城】本城救濟院、主任趙庚南、對於內部之營業、極力擴張、其已經設立者、如織襪、制米、豆腐各科、刻間又購到印刷機兩臺、專與官署、及各商家、印刷各種簿冊、及單據云、

省署計畫配給各縣 新銳農業用俱

促進農產之開發

濱江省公署實業廳、前於招集農業機器實演講習會時、曾提議在明年度決向全省各縣配給最新銳之農業機械用俱、以期促進各縣農村之科學化、並於我國產業開發五年計畫亦期其有尖端之躍進、故此省署方面、於計畫決定施行之下、業已一再向中央產業部呈請、聞於近日、已蒙中央之裁可、且已定於明年春實行矣、據云其配給之新銳農俱、爲精選機、乾燥機等、共計三百五十台、所需經費約在三萬五千元之譜目下在正計畫各地之配給率及一般之施行手續中云、查我北滿各處、雖稱地大物博、然農村之耕種及收穫方法均牢守古法、對於科學農俱均不知採用近代之新銳用俱、致產出量大減、此雖係農民智識之淺陋、要亦在於不知採用新俱之所致也、茲者省方此舉此不特一般農民直受其惠即國庫之增收亦受賜多多也將來北滿各處農業之開發當可指日而待也云云、

濱江特刊

第一八一號

盛京時報北滿總支社
社址 哈爾濱道外 桃花巷十二號
電話道裡三三〇三番

戒烟診療所省署決定
管下建設十六處
總工費八十七萬圓

濱江省公署基於政府鴉片麻藥斷禁政策、爲期使癮者趨入漸減正軌、故將管下各縣旗市癮者實施登錄已達十六萬餘名、省當局爲謀十個年間將癮者完全解除、每年約收容二萬人、所以對於戒煙所有設施必要、不但哈爾濱市戒煙所設備不完全、而各縣旗尚無戒煙所之設備、並兼癮者十人之八患有疾病、若將癮者斷禁、必先完全病院設備、因此省當局於各縣旗新建設戒煙診療所極謀實現、本年度鴉片斷禁第一年決定建設如左、十六處之戒煙所、

縣旗	新經費（單位圓）
呼蘭	七〇、〇〇〇
阿城	一六七、六三七
五常	三四、二四五
双城（整定的）	六、〇〇〇
肇州	五四、〇〇〇
肇東	八二、〇〇〇
蘭西	五七、二〇九
安達	五〇、〇〇〇
青岡	四九、〇〇〇
賓縣（暫定的）	五、五九三
鐵驪	八八、四六五
東興	三〇、七〇〇
巴彥	五〇、〇〇〇
木蘭	三〇、〇〇〇

以上十個戒煙所總工費八十七萬餘圓、預定於來年度再增築他縣、戒煙所普及完備、而戒煙問題逐見明朗化云云、

性病對策座談會
二十七日開催
討論性病撲滅方針

爲謀一般市民體格健全發展、對於性病積極設法驅逐、哈爾濱市內各機關專門醫師聯絡之下、由協和會及衛生普及會本部後援之下、躍起性病撲滅運動、故定於二十七日下午一後在協和會會議室召集市內各關係者開催性病對策座談會以便協議性病撲滅云云、

本年冬石炭及木柈

因工業發展及人口激增所以需用石炭逐年增加、家庭鐵道

業已搬運來哈者、不下二十二萬數千噸、至十月末結氷期前預定尚能搬運二十五萬噸、其中優良者二、三萬噸、竟亦突破例年稀有的記錄、對於鶴立崗石炭需用不足懸念、現已解消、一方對於西安炭、火石嶺奶子山炭等、以及穆稜炭最近極積進出搬運、本年年度冬季、一般需用石炭可抱樂觀、本年八月中需用石炭量、總量爲八八、三五五噸、比較約增加三成六分、石炭種別、依

延古總數約半數以上、與前年同期增加約一成、次爲西安撫順等炭

炭種別　八月　前年同期比增減（△）
鶴立〇炭　四一、二六七
四、三二四
西安炭　一五、二八五　△
一、三三五
二一七
小石嶺炭　五、一四七　二
五〇七
撫順炭　一八、六四四　一
七、八〇四
奶子山炭　五、二七二　△
一、〇九七
其他合計　八八、三五五
二、四五一二三云云、

協會募集舊衣
救濟熱河災民

滿洲帝國協和會濱江省本部、頃據協和會熱河省本部來函報告、謂於本年六月中旬熱河一帶發生稀有水災及匪害、實達一萬二千餘名之遭難民衆、際此深秋天氣逐日寒冷、現在缺衣乏食之難民嗷嗷待哺、慘聲到處不絕入耳、令人聞之酸鼻不忍坐視、故經熱河復興委員會發起募集食粮、該災民雖有食粮救濟、而衣服亦發生問題、故拜託貴部代爲募集舊衣、以便救濟災民、因此該本部見函後極表同情、決定向一般市民募集舊衣屆時應募者必爲踴躍云、

滑翔機飛行競技大會
前二十五日盛大舉行
並臨時增發大汽車以利往觀

滿洲飛行協會哈爾濱市本部主催下之滑翔機競技大會、已日九月廿四日上午八時起、在馬家溝航空會社附近、在本部役員及同全體練生參集之下並各來賓熱烈之聲浪裡、盛大舉行矣、當時除滑翔競技之外、航空會社方面、更使其最新銳之旅客機（國光）及（他伊風榮長）等三機、出場展覽、以供一般參加者之參觀云、

道途赴新京、與新京市籃球代表隊比賽、迄十月中旬及十月下旬、則向奉天吉林大連等各地遠征云、

滿德通商協定
內容說明會
廿五日下午開催

中央經濟部爲期一般商民徹底明瞭此次滿德通商新協定之一切內容、以便於滿德交易之進展計、特定於二十四日下午一時派員來哈、在道裡商工公會會議室召開滿德通商協定內容說明會、凡哈爾濱市商工公會以及各同業公會大批發商店等均可出席參加、以便聽取該協定之內容、而利營商云云、

預想需用數量
與前年比較激增約二成

滿洲國自建國以來、人口逐日激增工業極爲發展、故需用石炭及木桦亦隨之增加、北滿冬季生活必需品之石炭木桦爲大宗、常時需用者頗重視、爲現在冬期又迫目睫、所以需用者及配給双方面均多大關心、以哈爾濱爲中心北滿市場本年冬季『自十月至翌年三月』預想需用石炭大體如左數量

△本年冬季石炭需用量

哈爾濱市内
工業用炭　三〇萬瓲
家庭用炭　二〇萬瓲
哈鐵沿線
雜工業用炭　二〇萬瓲
家庭共他　一四萬瓲
鐵道用炭　三五萬瓲
合計　一二〇萬瓲

共他特殊需用石炭大體達於一二〇萬瓲、與前年比較激增約二成、向來搬出力、配給需用者可稱圓滑、石炭配給會社側鑑於石炭消費量占最高之鶴立崗炭、故傾注全力向哈市搬運、現在因江水豐富、配船甚爲圓滑、所以石炭搬運成績良好、

家庭防衛教育講演會
廿五日在鐵道俱樂部開催
不論男女均各免費隨意往聽

爲謀哈爾濱市防衛陣及哈爾濱市家庭防衛羣之萃　因週密計、由大日本帝國在鄉軍人會哈爾濱分會主催之下、已於廿五日下午六時起至十時半止、在哈爾濱南崗鐵道俱樂部第一劇場召開家庭防衛教育講演會舉凡在哈日本人家庭防衛担當者、不拘男女、均各免費隨意前往聽講、玆將共講題誌之於左、

一、滿洲國防衛法令、
二、防衛關係一般事項、

此外並映演『防空日本』之日本防空電影、至於各項講師、由田邊部隊門脇中佐、石戸少佐二氏担任云

又＝該會爲便利一般參加來賓及市民往觀者起見、特於事前與交通會社聯合、由早八時起、在道裡十二道街、日本國際觀光局前、及地段街、秋林飛行場等地增發臨時大汽車多輛、以便市民往觀者之利用云、

六百萬元起債額
近將移交省公署

濱江省公署實業廳、爲伴同產業五個年　開發農地　造成計劃、已蒙政府諒解而農地造成六百萬元起債事業、近藤經理科長晋京起債額六百萬元中第一年度分三百五十萬元、近將移交省方、省當局因第一年度營農費分配、故定於十月五日召集縣旗庶務股長並拓務股長開催磋商會議、

第一年度（即由今秋至來秋收獲期）之分三百五十萬元中以二百萬元造成農地二十二萬天地之買收、殘餘之百五十萬元預定分配貸與賓縣外十一縣、待拓政股長庶務股長會議具體細部始能決定云云、

鐵道局員廢止虛禮
開始節約動運
由日常生活交際費上着手

際此非常時局之下、一般市民對於献金慰問、或勤儉貯蓄皆能澈底覺悟、而愛國思想浸透一般市民之心理、槍後援助之赤誠、畢露無遺、擁有一萬八千餘名從業員之哈爾濱鐵道局、適應社員聯合會主體、亘全般生活勤儉運動開始、玆將共各項節約運動誌之於左、

△打破以往弊風、如結婚宴務求共合理化、招待範圍限於近親、場所家庭及俱樂部、葬儀式通夜酒全廢止、個人贈花呈圈及中秋節年末贈答品、亦行廢止、

△飲食以榮養爲本位、勿求共過於珍錯、

△服裝之簡易化、社員着用會服、夏季領帶廢止、一律着用半截庫子、不可着美麗服裝

△物資節約　及便服　冬服節約、紙類節約務須利用國產品

△宴會之簡易化、忘年會新年會全行廢止、轉勤者利用茶菓作爲送別宴、懇談會亦如此

△生活之合理化、節約酒性貯金奬勵、買收愛國公債、廢品利用、以上各部門　合理生活、槍後國民之充分覺悟、新生活開始運動云云、

哈爾濱市煤煙防止調査委員會、預定於十月一日開始亘一個月間舉行冬季第一回調査、此次調査市內煤煙量、關於火爐煤氣等各種、燃料設備進行研究對策云、

全滿籃球遠征隊
赴京吉比賽

自與哈爾濱籃球協會脫離關係以後、獲得哈鐵籃球選手權之全滿籃球遠征隊、已於前（二十三日）午後十一時半、由哈

去年度德國商品
輸入數統計
以金物類爲最多

於十月一日實施滿德通商協定、預和滿德間物資交流更加一番活潑、在哈爾濱市內昨年度一個年德國商品輸入哈市俄人商店側四十三家、約四百二萬圓日本人側五家、約五萬圓、合計四百七萬圓內外、因爲替管理强化之關係上、略有幾分低調、日本商品相繼占爲伏位、俄人側輸入之德國商品如左、

物別	價格
毛織物	三六、八五九、一二二圓
絹織物	一、六七八、一四圓
機械器具	二四、三九、八二圓
金物類	一、〇〇一、五九、七六圓
藥品類	六七九、六一二、七二圓
顏料	七三、〇八、九四圓
洋紙	四六、九九九、四二圓
玻璃及製品	二、三三、三〇圓
樂器	三、二八一、四四圓
化粧品	二一、七九六、四〇圓
照像機及附屬品	三三、三六九、〇二圓
玩具	九、二七一、七〇圓
其他	一、一三〇、六九二、四七圓
合計	四、〇二五、五九、七五圓

金物類百萬元、顏料七十三萬元、藥品六十八萬圓、照像機五附屬品二十三萬元、此三種物品占總額數過半以上、而日本物品、似無代替性質、自滿德通商協定實施後、德國商品之輸入更能逐漸增加云云、

被害鮮農聯名
向協和會陳情
要求救濟顧鄉屯水害難民

入秋以來霪雨連綿以致被水災淹沒之農作物爲數頗夥、顧鄉屯居住朝鮮人農家七十九戶人口三百九十七名、所耕種水田二百三十一天地、預想收獲四千二百六十四石、九萬二千九百餘元、不料被水災淹二百二十七天地、悉數荒廢潰滅、因此鮮農均流落失散、時值深秋天氣逐漸寒冷、故被害鮮農聯名向協和會朝鮮人分會轉向馮市長大迫協和會市本部長提出陳情書要求救濟顧鄉屯水害難民、現下正在研究救濟對策中云云、

左推事涖嫩視察

【嫩江】本邑前任縣長左魁章氏、現奉高等法院命令、任爲訥河區法院推事、日昨來嫩、視察所屬嫩江司法分所、一切事務、此番重遊舊地、一般舊誼、均往拜訪云、

濱江特刊

第一八二號

盛京時報北滿總支社
社址　哈爾濱道外　桃花巷十二號
電話道裡三三〇三番

關於康德六年度鴉片斷禁方策

禁烟促進委員會討議結果

濱江省公署基於政府當局鴉片十年斷禁政策、自本年度一月一日、將管下各縣旗市鴉片零賣所收歸公營後、對於鴉片癮者、均行登錄、該署爲發揮禁煙效能、特組織濱江省地方禁煙促進委員會、以便統制强化、自該會成立以來、積極邁進禁煙步驟、除將癮者完全登錄嚴禁防遏新癮發生外、並對各縣旗市戒煙治療所急行設備現經濱江省地方禁煙促進委員會開會討論結果、關於康德六年度鴉片斷禁方策要綱根據此方針邁進禁煙使命誌錄如下、

甲實施要領、

滿）及未經發錄而吸食者、一律取嚴重調査、並依法遞罰、對已成癮者、强制收容於戒煙所內、另外對於密種者、决依法嚴懲之、以期斷絕、

3、對已登錄之癮者、如確係赤貧、無資力自費戒煙困難者、得由戒煙所中、免費予以戒除之、

4、戒煙所內、爲防止再癮者之發生、在戒煙期間內、投以精神講話、於治愈後、介紹於社會事團業體中服務、

丙密栽罌粟、並私土私煙館之取締、對已經登錄癮者外、一般所吸食、絕對禁止、故密栽罌粟、或私土橫行想爲必然微增、從而對於取締上、亦必期共强化、充實增加役員、企其徹底撲滅、另外對於密栽作者、用飛行機偵察、飛行較歷年增加之預定、

丁、舉行視察講習及研究會依初年度事業之遂行狀況、將來對於各關係方面、派遣視察員、以期借鏡、另外對於管下阿片斷禁方策、實施狀況、加以監察、隨時編成調査班、派遣赴各縣旗調査、更以市縣旗禁煙關係者、智識技能誘導之必要上、隨時主辦講習會云、

價格之標準、則平日須考査地方之特殊情形、以期民生向上之適進、更進於國防上、產業上、或社會之正義上、必須努力研究、將各種專賣品、爲期事業刷新進展、更有與諸君可告者、近來關於專賣官吏、有獨善之弊、種種議論紛紛、我國本來以王道主義立國、官民須得一体精神勇往邁進使無隔閡樹立東洋永久之和平、况且我專賣事業於民衆生活上有密接關係、官吏一舉一動於民衆利害休戚者、更爲深重、故爲官吏者自當覺悟、負有指導國民之任務、對一般民衆必須保

加以愼重檢討、致詞完了後繼續開討導各種事項云云、」

青年邀友酒社沽酒

女侍歸來大怒

酒家胡張桂英年十八歲、原籍山東黃縣人、現住道裡東警察街、大門牌卅三號院內卅五戶、自幼遂其父母僑居哈埠、父爲商人、每月所得除供給家用之外、手中尚裕餘自若、詎意天有不測風雲、人有旦夕禍福、於三年前春間、其父因患病不起、結果終至與世長辭、當斯時也、桂英年已及笄矣、肄業於道裡某小學校、因經濟杜絕來源、不得已而輟學矣、每日與其老母以針黹所得之資糊口、苟延殘喘、無如桂英生性浪漫、又兼受新潮流之薰染、對於輭紅十丈之哈爾濱摩登派極力崇拜、每日趁其母外出之際、桂英輒乘隙外出、與一般無領子弟打情罵俏、久而久之、結識一某姓青年、二人相見恨晚、打得一團火熱、但苦於無機可乘、二人不得成其美事、亦祇徒喚奈何而已、詎意一日其母因赴道外某同鄉處探聽故里信息、桂英以爲機會難再、當即馳至其情人處、將某姓青年邀至家中、二人閉門閑談、由於情投意洽之下、二人不禁發生如此逾般之醜劇、因其窗臨院中甬道、又兼二人在開無遮大會之當時亦失檢點、竟未將窗帘放下、以斯院中來性間之秘密、而顯覺倒鳳之變樣亦遂之而翻新矣、正在圍觀如堵之際、其母適由外歸來、由窗隙視狀之下、不禁怒火中燒、當馳至屋內、大揮拳脚、一對野鴛鴦被驚而散、男見狀不佳、竟一絲不掛抱頭鼠竄、隱匿於該院迤東之小梓子屋中、桂英被其母將某處踢得鮮血淋淋、身上亦被打得遍体鱗傷、後經人之挑解始行了事、此過去前三月間桂英未充招待之事也、自此事發生後其母對於桂英之行動亦不過問矣、桂英由斯對其老母亦自覺慚愧、於本年五月間取得其母同意之下、乃實行犧牲色相、隸屬於道裡中國十三道街路南集一居酒社、充當女招待矣、於前晚八時正在燈紅酒綠之時、有酒客三四輩、踉蹌而入該酒社、呼酒喚菜、羅列滿桌、正在大吃大喝之際、適桂英同酒客某由巴拉斯觀影皈來、於揭帘入內相覩之下、桂英不禁大怒、當即破口大罵、並聲言『你這睹良心的東西、[illegible]親把那個地方都踢破[illegible]在不理我們了、眞特也[illegible]心了』桂英於破口大罵之餘、仍有不盡之憤慨、一般酒客不知就理、咸皆探頭觀聽、莫衰一

防過新癮者、並宣傳斷禁政策、以總動員凡有機關、以期其普及、徹底促國民禁煙運動防過新癮者發生、並根絕吸煙者其宣傳方式、大致爲一、宜傳重點、使一切對禁煙政策之徹底、並先對警察官吏軍人、特殊會社行率先的禁煙、對青少年層徹底宣傳鴉片之毒害、使有所警惕、促其起自發的避免、及已發癮者自發的禁絕、

2、宣傳方法、由官署佈告、宣傳畫、映畫、標語、或開催座談會、懇談會、無線電放送並利用新聞雜誌等宣傳之、

乙關於戒煙事業

1、對於戒煙所未完成各縣旗、應基於省方之方針、一律於康德六年、設置完了、以便癮者入所戒禁、

2、未成年者(即十七歲未)

哈專賣署召集管下 開催局長會議

關係各機關均派代表出席

哈爾濱專賣署爲謀與管內各局聯絡專賣事務整備强化、以期專賣事業發展、故於二十九日午前九時、在專賣署樓上會議室、召集管下各局長開催會議、當時各局長全體參加外、哈市關係機關亦均派有代表出席、當全體入席後即按照儀式舉行、首由署長趙伯俊氏致開會詞大意如左、

今日所召開哈爾濱專賣署管內局長會議、蒙各位於百忙中均行出席、鄙人實在感謝、故乘此機略表所懷、實所欣快者、自政府當局實施專賣制度以來已經過六星霜矣、與各專賣事業驚異發展、諸位責任亦愈加重大、自本年八月間、各緝私官員實施轉出、各局職員均告不足分配、幸各局長熱心奉公、赤誠努力、考其成績皆有可觀、然於現在甚於長期戰時體制、經濟物資、需給之調節價格之統制應負之任務甚多又因專賣品之增加、實爲一般人民所期待、鑑於專賣品機構擴大、而其使命愈加重大、關於各專賣品、圓滑配給、並維持親切明朗態度、希望十分善爲指導之、以上略叙所懷、諸位在會議席上熱心披瀝意見、

往行人咸停足眺望、議論紛紜斯時一對傢特兒在屋內不但未自知、反而愈來愈甚、公開兩

是、後經知其底蘊者談稱、適才被桂英所駡之酒客即某姓青年也云云、

前二日秋丁祀孔 本市隆重舉行

並開講演大會市民隨便往聽

濱江省公署、爲舉行十月二日秋丁祀孔典禮、經連日籌備結果、早已大體就緒、已於二日午前七時半起、在文廟舉行祭祀典禮、以示景仰、市公署及協和會双方爲宣揚先師計、規定左記時間及場所於當日開催講演大會、凡協和會員及一般官民皆可隨意前往聽講、

一、道裡教育館午前十時至十二時講演者市公署宋成賓、

一、道外教育館午前十時至十二時講演同館長李植權、

一、濱江道德分會午前後七時至九時講演者道德會理事長李恩源

一、黎明街道裡分會午后七時至九時講演者協和會哈爾濱市本部員王若虛、

一、中國四道街道德分會午後七時至九時講演者中央銀行理事玉富春、

關於講演趣旨、同爲聖道之偉大先師之學說及哲聖賢之嘉言懿行云云、

慘！不甘戴綠頭巾 殺妻後自縊死

投函各報謗述苦衷

前廿九日午後六時頃、香坊致和街六百七十九號院內、突發生一殺人自殺之案件、關傳社會、本此責任之香坊警察署司法系、於得悉之下、立即馳現場、調查結果、判明兇犯洪仕權、因其妻不貞、招蜂引蝶、洪某不甘戴此綠頭巾、故憤而造成此殺人而後自殺之慘案、洪某於前晤之當時、先將[illegible]與吾胞姊張及張貢禹同居一院吾妻與張貢禹發生同)(通)姦、經本院(憐)鄰滿)史二家的介紹著、俗曰『皮條匠』、被吾親確吾當時預(欲)到法院請求離婚因被一般人的勸解、亦因妻胎孕(孕)並未離婚、我父親與我次姊在偏臉子找妥房子、遂即將家搬至偏臉子后住之後有吾次姊見姚錫九之妻將吾妻介紹與我父親[illegible](通)姦、被我[illegible]

以後我特別的注意、他們到是到我家來何幹、以後他們又到我家來、被我偷耳聽見他們說話、方知他們父女又將我妻許給姚錫九、我立即進屋、他他臉都紅了、我並未說甚麼、以後有一日我妻一定要到吾次姊家去串門、我且禁止不許他去我一看他一定要去、我向他說你要去咱二人一同去、不然你就不必去、他說我不同你去我自已去、我聽他說這話、我怒(怒)氣出衝(沖)我就和他打起仗起、他並不受、以後他可就去了、我遂(隨)後也去啦、正遇姚錫久在家、我走至外間屋、我就偷瞅看着、我妻和姚錫九說說笑笑、特別的[illegible]

他們準能自消自滅、以後他們不但未自消自滅、還弄些毒葯要害我、被吾妻將藥放在飯裡給我吃下去了、我吃完飯之後我只覺着纏頭週身筋骨遮(折)磨難過我一想大概是被吾妻給我弄毒藥啦以後我加十分的小心、亦因當時有一貴人、對我說、我方知此藥乃是百天慢性毒藥、得天天弄、以後我細心的調查方知此藥乃是姚錫九的主張、叫我妻給我弄、被我知道、我又和他們打仗以後有我叔父與幫忙、被他們知道啦化姚錫九錢、又將我叔父買住我一看眼前無進(近)人啦、我就又將家搬至上號安齊街派出所管界致和街六七九號院內[illegible]

他去、他就和我口角相爭、他就一口咬住我說我將他逼良爲娼、他說我一定要托人給你在報紙上登記、等我產生兩月之後、我絕(決定到刑事科去告你、將你送無期徒刑罪、我一聽此事不好、吾妻不說良心話啦、要想斜咬我一口、倒咬一口、將我送無期徒刑)、他好嫁姚錫九、我一看我妻與姚錫九還仍喬未斷、他們用毒藥暗害我、被我知道啦、未害死我又想倒咬我一口、在明處害我此計策乃是姚錫九的計劃、我一看吾妻實在是不能灰心了將心給姚錫九啦、我就到道裡將我岳母接來、我岳母也和吾妻同心合意的說話、我一想他母女鬧(嫌窮愛富)、打算[illegible]

我將來的前途名譽方面、是大有關係的、再說青年人臉面最要緊、我即將岳母屈(驅)出立我自已暗想、我越想越生氣、眞是火上加油、使我前進無路後退無門、事到進退兩難、出於萬班(般)無耐(奈)、本想與姚某對摘(敵)而因勢力太薄(蕪)故將已妻打死、而後吾自殺、我家自搬上號致和街六七九衛宅院內五六日之內、吾妻又與衛家之子同(通)姦、被我親確、發生口角之後、吾妻又與本院(鄰)戶祖(府)后中、屋之商人某發生同(通)姦、吾次姊原配奉天遼陽西北（條二僧曹滸泉爲妻、被姚自康德四年惡覇、現在道裡斜紋三道街十二號洪社(信)印該信封上蓋有洪[illegible]

濱江特刊

第一八三號
盛京時報北滿總支社
社址 哈爾濱道外 桃花巷十二號
電話道裡三三〇三番

健全生活運動週間
八日起全國一致實施
實施要綱協和會製定公佈

協和會哈爾濱市本部、恭於中央本部命令主辦之下、與各管下分會聯絡一致、實施之富家强國並健全運動週間、已誌前報、經該部籌備結果、業已就緒、故決定於八日起亘一週間、依照前報規定行事、徹底實施、而該部局期爲喚起一般民衆注意計、故特定由九日下午一時、以該部統紫部員以下數名、並與市警聯絡兩方面各參加數組織、國旗揭揚之普及的自動車宣傳隊、由道裡石頭道街出發、於市內各處宣傳、計路經道裏買賣街中馬路、正陽街太古街承德街、許公路、南崗義洲街國課街教堂街、通道街、車站街、陸橋、軍管區撫順街新安埠、大同路、斜紋

一般務爲徹底俾收良好效果、

一、由郵政管理局實施保險貯蓄報國運動、

一、本運動於舉行週間行事之後、仍繼續實施、以期其普及他也云云、

糧石交易所
事務員攷試終了

哈爾濱農事合作社、爲謀哈市近郊農民冬季糧石交易便利並免除例年農民販賣糧石被各奸商糧棧苛刻、該社有鑒及此特於今次在哈市設置糧石交易市場、日前召考檢查員及事務員五十名、業經考試終了、關於應試合格、將行採用之檢查員十八名業已榜示、其合格者喜行於色云、

宣保安科長退職
劉東赫繼任

【延吉】間島省警務廳保安科長宣文諧氏、依願退職、其後任由安東警察廳衛生科長劉東赫警正繼任、該氏定擬于日內來省履新云、

新麥粉標準價格
省公署前已發表
二等粉哈市爲五元三角

少婦歸寧尋歡不返
丈夫去找不見
近將以虐待爲理由控告本夫

許祥鳳（假名）年五十餘、河北省人、在前北鐵時代以販賣洋草爲業、以故俄語純熟、所營生意極佳、手中略有積蓄且因老而無子、不免深以爲憂致斯之故、遂託友人爲之介紹以國幣三百三十元爲彩禮、娶珠河縣女子趙淑貞爲妻、淑貞現年二十歲、自結婚以來、即在道外南百一巷稅屋而居但以老夫伴同少婦眠、許某對於淑貞之性慾供給、似感不足、以斯恆經久不合、淑貞對之頗爲不滿、但生米已成熟飯、自可忍隱、而嘆命薄、同時並怨其父母及媒人、終日憂慮、而許某與淑貞之心則大相反、見趙氏嬌小玲瓏、秀麗可人、對之頗爲痛愛、每日笑逐顏開、亦即所謂落花有意、流水無情、淑貞恆乘其夫不在家之際、時藉端皈寧、以期尋歡取樂、久而久之、而被其夫許某查悉、但許某終以年邁氣衰、自知不能得到伊之歡心、故對趙淑貞之行爲祇取馬馬虎虎之態度、不聞不問、如此以來、淑貞更得寸進尺、時皈寧藉詞不返、其夫許某雖不時至岳家探訪、然趙氏總避而不見許某、其夫於忍無可忍之際、於前二日又至其岳家質問、並逼令其妻淑貞返家、因之致惹起口角、即與其內兄發生衝突、許某旋於氣憤之下、將淑貞扭住加以毆打、孰意淑貞受其胞兄之架唆遽而與許某提出離婚、理由則以許某虐待、並因其年老力衰實有愧其青春年少之良辰、聞不日將向法院控告云、

航聯局本年度
輸送貨物統計

負有烏蘇里黑龍江松花江三大航路使命之哈爾濱航業聯合局、自本年度開江以來迄至九月末、所受發貨物數量、發送者爲七一八八二噸、到着貨物爲四三七、四三八噸、合計五〇九、三二〇噸、與前年同期之五四二、四〇七噸比較、三三、〇七噸減小、茲將各種貨物數量分別誌之如下（單位噸

鮮貨　七五、九一八、
雜貨及他　一六、五八二、
合計　四七三、四三八、
前年同期四　六五、四〇八、

土藥徵收落地捐

【石家莊】石門市公署財政局、曾爲增加正當稅收、以裕國庫起見、呈准市署徵收土藥落地捐、計每百兩土藥、徵收

街中央大街新城大街田地街等、然後解散、其宣傳方法、散發各種標語、力促其市民精神作興、同時更使普及國旗揭揚云云、富家强國並健生活運動由十月八日起亘一週間與全國各地一齊實施、其各種行事如下、

一、實施要領及宣傳方法實施要領及宣傳方法、悉依照健全生活週勤運間實施要綱、

一、散發新聞型傳單使各會員熟覽上記實施趣旨、努力奉行、

一、本運動乃以產業五年計劃開發之建設基礎爲目的、使

濱江省公署實業廳、爲防止奸商高抬小麥粉價格、妨碍市民生活、日前曾對於一二三四各等麥粉均規定標準價格、然而麥粉政府當局之統制而一律改製新一二等粉矣、廢除向來三四五等號麪粉、對於標準價格、雖省公署已發令規定、凡在九月六日以前所生產舊號麥粉、三號之標準價格、仍爲每袋五元三角、但在新一二等粉之標準價格未行規定公佈以前、解消自由販賣之、各製粉廠均以爲機會不可錯過、擅將一等麥粉高抬爲每袋六元四角、二等每袋五元六角、突然價格暴漲、一般市民聞之莫不驚失、『眞不異冷水』澆頭懷抱冰一樣的恐惶、蓋査其新一等麥粉僅合於舊二三號之混合品質、其新二等粉不過如同舊四號品質耳、不料各製粉廠不査品質優劣、竟擅長一二等新粉之虛名、突高價出售、不顧一般民衆生活、眞不愧奸商居奇、結果卒起一般市民一大反感、希責任當局按暴利取締令規定之、茲濱江省當局頃據中央經濟部訓令、對於新二等粉在哈爾濱市區域之標準價格業已規定、發表如左、

新二等麥粉標準價格

一、一般最高價每袋五元三角、

一、製粉工場發售價每袋五元一角五分、至于一等面粉之標準價格、現下尚未正式決定、推測於最近期內即能決定正式發表、如是依標準價格二等粉每袋五元三角與製粉廠擅自規定之五元六角、工場發售價已相差四角五分云云、

酷愛時髦被夫責打
仰藥希圖自殺
被夫發覺送往醫院灌救得生

李耀峯、新京人、現年二十二歲、在本市南崗某機關充差、月入頗微、所幸家中人口不多、只夫妻二人度日、生活堪可維持、稅屋而居於道外新站街、李某早出晚歸、生活亦甚安適、其妻李朱氏、年廿歲、因受輭紅十丈之哈爾濱市之薰染、極力崇尚時髦、每於出門辦事時、雖自己無衣着用、然伊亦必向人貸用、以眩人目、似此惡習、早爲其夫李某見嫌、於前五日、因李某族弟結婚、請李朱氏代爲料理內務、李朱氏滿口應承、但苦於無衣服着用、殊爲美中不足之事、遂求其夫李某向隣人去借、李某當時怒滿腦膛、於氣火之下、將其妻責罵一頓、朱氏亦不示弱、因之夫婦二人惹起正面衝突、宛如夫婦二人夜間肉搏戰無異、朱氏於被乃夫毆打之後、羞憤之下、吞服鴉片兩份、希圖自殺、後經其夫發覺、送往附近醫院救治、據醫生施急手術後、據云生命已無危險云云、

省署教育廳召開
教育股長會議
◇自廿四日亘二日間舉行◇

濱江省公署教育廳、自政府新學制實施以來、對於省下教育事業、積極向發展途上邁進、爲謀教育徹底圓滑發展計、特定於本月二十四起、亘二日間、召集省下各縣市旗教育股長、開催懇談會、側聞懇談事項、大體關於教育發展各種事項云云、

日本婦人矯風會
開懇談會
招待林歌子女士

日本基督教婦人矯風會、哈爾濱支部、頃以同鄉會會頭林歌子女士來哈爲機、已於前八日正午十二時、假道裡商工大樓會議室、以林女士爲中心、並請各方來賓參加之下、開催懇談會、並午餐會云云、

▲發送

穀物	一四、一六一、
木材	三、一三三、
鮮貨	二、六九九、
雜貨及他	五一、八八九、
合計	七一、八八二、
前年同期	七六、九九九、

▲到着

穀物	一一七、五七九、
石炭	二三七、三五九、

排列整齊威嚴
各員精神煥發
防衛隊閱兵分列式盛況

本年度之第二次防衛大演習由九月廿七日起開始至十月六日演習已告終了、其經過演習成績極爲良好、惟預定舉行協和義勇奉公隊各特殊分隊及其他消防防衛全隊員聯合之綜合的閱兵分別式、並訓示講評、於七日午前十時在南關通道南上以及哈爾濱神社在境內盛大嚴肅舉行、

▲閱兵式情況

當日天氣淸和爽快、當十時頃協和義勇奉公隊各區隊各特殊防衛分隊各學校分隊、警察消防隊員哈市防衛部全員等均行參加閱兵分列式矣、由各該隊長指揮步武堂堂精神倍加到達式場、分列於通道街左側隊形整齊極爲壯觀、同時除各方面來賓及代表多數參加外、而家庭防衛群代表數百名在哈爾濱神社內亦整列右側步道見學未幾各部隊義勇奉公隊依總指揮官楡木警務廳長以下小澤義勇奉公隊長、小野崎董兩副隊長等乘馬指揮之下、全隊分列特別完整、而視閱官田邊防衛司令官與隨從官等一齊乘馬、並其他隨從官濱江省長代理結城次長、馮長市、大迫協和會市本部長等、乘汽車經大直街於諸隊肅然敬禮中、進入分列式場、沿通道道一路檢閱、嗣轉喇叭召閱兵官席開始視閱、而各隊由隊長統舉行導下闊步向南進行、各隊員勇氣勃勃、如檢閱完了後、受閱各隊進入神社境內之訓示講評式場、在道西側靜待訓示講評、並演習講評後始解散云云、

捐洋七元、業於九月起實行徵收、由財政局派員與統稅分局淸査科聯絡徵收捐款、成績極佳、頃者財政局、恐土藥商由外埠來土後匿不呈報、故意偸漏捐稅、特於昨日午後三時在財政局內、召集本市各土藥商店及零賣所等代表、開懇談會、到各土藥商六十餘人、由財政局代表說明土藥捐稅之意義、分設稽査多人、査禁極嚴、土藥到石後、即須呈報交款納捐、否則一經査出後、有相當處罰、各商均望注意云云

署長警尉補畢業

【嫩江】本邑縣公署務警科、前奉省令選送學員、送入齊齊哈爾地方警察學校、以資深造、當經選送與安署長、及科內潘警尉補二氏、赴省入學、現該員等、已屆畢業期滿、攷試完竣、乃於月之二日、由省搭車、連袂返縣、仍服務原職、想該員等、又受一番訓練必能學術優良、好自爲之、前途正未可量也、

場窩棚起火

【旅順】營城子會管內、黃龍尾村公住戶王明發家場園有三個幼女看場園、於前日午後二時許、在園內弄火失愼、故將王明發、長女小歡子年六歲被火燒死、餘者二幼女、見起火逃跑回家、故旅順警察署司法主任、同李巡補長、聞警報來、急乘自動車至現場檢驗、被燒幼女屍體、翌日掩埋云、

濱江特刊

第一八三號

盛京時報北滿總支社
社址 哈爾濱道外
桃花巷十二號
電話道裡三三〇三番

期收鴉片斷禁實效

省署組成敎化宣傳班

赴各縣實施鴉片敎化宣傳工作

十四日出發配佈傳單已擬定

濱江省公署基於滿洲國政府鴉片斷禁十年計劃、爲使癮者漸減、並防止無癮者私吸、對於禁煙政策、積極邁進、爲期喚起省下一般民衆徹底了解鴉片之爲害、希各癮者自動早日戒除計、特由民生廳組織鴉片斷禁敎化宣傳班、分赴各縣宣傳、期收禁煙實效、經籌備多日、現已就緒、決定派遣敎化宣傳班二班、每班九名、第二班長爲民生廳張社會科長、於十四日午前協同班員官房王事務官、警務廳保安科松島警正、衞生科箭頭技正、協和會本部員卓春峯、哈道德總分會

免費診療醫院貨物自動車、新設學校一事餘處）

一、（爲鴉片消費的錢平均每人一年担負五元五角、）

一、染上煙癮便成廢物、

一、去年我濱江省把這們多血汗金錢二千萬元、却無形毀滅在害人的鴉片身上這項鉅款用來建設樂土有多們好呢、

△鴉片斷禁敎化宣傳標語

一煙槍雖無彈擊斃無數英豪

一、燈火固星小、燒盡百萬家資、

一、除掉惡癖、可作新民、

一、禁煙拒毒云云

慘！柴斧砍死髮妻

復砍死其二歲幼子

兇手畏罪潛逃後妻又甦生

警署現正從事緝拿兇犯中

鴉片斷禁視察班

十四日下午來哈

滿洲國政府當局對於鴉片斷禁政策、着着進行、中央禁煙促進委員會對禁煙促進具体的運動特別活潑、該會爲調查各地方禁煙斷禁的普及、特派遣各地區視察班、而北滿班谷總務廳次長、雍參事官、正尚治安部事務官一行、於十四日下午零時四十五分搭乘列車來哈、降車後直赴濱江省長官房議室、召集委任官以上、並滿係官吏多數出席之下、由谷次長講演關於禁煙事項、下午三時繼續在省地方禁煙促進委員會開催座談會、一行日程如左

十四日在馬迭爾一泊、十五日午前九時在哈爾濱警察廳召縣委任官以上之滿係職員、由谷次長講演禁煙問題、同九時四十分在該廳召縣幹部、開座談會、十一時在市公署召縣委任官以上之滿係職員講演禁煙政策、同十一時四十分在該署召集幹部開座談會、下午二時視察戒煙所管煙所、煙膏製造所、十六日午前十時三十分搭乘列車赴齊齊哈爾云云、

協和義勇奉公隊

開隊長聯絡會議

【哈爾濱】哈爾濱市協和義勇奉公隊、自日前實施結成後爲期隊員對於奉公事務之强化

備、茲擬特幹獲、防毒、兩班由日八編成、並擬置日及俄係副隊長各一、

五、關於隊員非常召集、頗不十分敏速、今後應各特別注意、凡一小部份、亦須事前有所準備、力謀召集上之敏捷與整備、將一日總召集由各小部份而集合一起、似較爲易、不致紊亂、各隊切勿等閒視之、

六、對於隊員配給手帳爲使隊員連絡與活動上之便宜、今後將配給手帳上貼各員像片、

七、善行之報告且今後凡屬隊員、如有善行或任何功績、宜即報告本部、以便有所表彰、即有不善行爲者亦應同樣報告、

八、隊員服裝之整備、一隊員之服裝必須力求整備、如有困難時、可由各該區向有力紳士酌量募集之以上各項協議終了後、始散會云云、

大同學院視察班

在哈視察各方面

新京大同學院、生徒組織產業視察班、一行二十六名、在東北移民地視察完了、十四日午前七時、由牡丹江搭乘列車來哈、當一行下車後即在哈市內視察博物館、近藤林業日滿製粉場、哈爾濱啤酒公司等、在哈一宿後十五乘列車赴綏化

監事奏景河、民生廳社會科堀內屬官等、首途赴賓縣巴彥縣施行鴉片斷禁教化宣傳工作、茲將該宣傳班在各縣配佈之傳單原文及標語誌之如左、

▲鴉片斷禁教化宣傳單

一、煙館爲千層地獄鴉片是百年漫濤、

一、全縣人口要有二十萬、推算一年得這些錢『一百一十萬元』可惜爲了鴉片拿來興辦公益、大家利益均沾、（例如

道外保地街門牌六十七號院內住戶王學璞年四十三歲、山東掖縣人、數年前由原籍携其髮妻王呂氏、年三十二歲、來哈謀職、以販賣蔬菜爲生、並生有一子年二歲、一家三口度日、省吃減用、稍有積蓄、可爲一稱以快樂小家庭也、詎知飽暖生淫慾、王某由去年在道外染坊胡海東旅館、結識一名野妓王麗君、二人打得如膠似漆、大有不可稍離之勢、王即任意揮霍、置髑妻於不顧、不久將所積蓄之欵揮霍無餘、債台高築、麗君見王床頭金盡、時常加以白眼、感情破裂、王某情知無錢被逐、故自引退、王後因債主逼迫不堪、竟奇想天開、常誘勸其妻充當招待及打野妓、不料總因其妻係良家婦女『以招待賣淫爲辱父母遺體』屢次拒絕其夫不人道請求因此結成怨仇、殺機油然頓生故於前十三日午前一時許、乘共妻王呂氏及長男酣睡之際、王手操劈柴大斧、猛照其妻頭部連砍數斧、只聞哎哎一聲、其妻當即人事不省血跡淋漓、正在此時、其長子年忽驚醒、哇喞哇喞啼哭、兇手見其母已被砍死、只留一幼子無法扶養正在猶預進退不決之下、兇神轉又附體、一不作二不休、復操起兇器鐵斧照其子頭部連砍兩斧、血流如注、兇手疑其母子當即死亡、遂拋棄兇器、畏罪潛逃無蹤、至翌晨午前十時許雖母子被砍傷頗重、然已甦醒略有氣息、不過不能轉動、其隣婦見王家門戶關閉、立將門戶推開赴王家串門、發見王妻頭部血跡模糊、並床地血跡橫流、驚慌之下、急報牌長並報告正陽署、經該署關係急遽現場檢驗結果、被害母子頭部均受有重傷、除當時將受傷送至市立醫院、施急救治外、一方搜查兇手、現下各管署正在張佈警網嚴重搜查中云云、

市公署六年度預算
現正與各科折衝中

哈爾濱市公署、關於康德六年預算、現由主計科開始審查、而六年度預算之編造、係根據非常時關局係、故較康德五年度預算縮減一成五分乃至二成、查康德五年度預算爲七百三十萬元、六年度預算減縮爲五百七十萬元、故主計科現下與各科正在折衝協議中不久即支出正式決定云云、

由日購來交通整理機四架
已運來兩架分裝於街頭
十二日開始裝設廿五日即可竣工
實我哈市人民交通安全之福音

哈爾濱警察廳爲謀交通之安全、企圖交通事故減少以免輪下慘劇之發生、故對市內交通事故嚴加防範、因此首在經濟警察署管內地段街、裝設交通整理機、試驗結果、成績頗佳、所以在日本訂購交通整理機四架、現已運哈二架、由本月十二日即開始在道裡地段街、石頭道街交义點、裝設一架、在大同廣場裝設一架、預定二十五日竣工、其餘兩架俟運來哈時、即裝設於同發隆門前、並羊草市、待兩架交通整理機完全裝設完了後、而哈市內交通事故由此一掃、實我哈市一般市民一最大福音云云、

愛路青少年合同訓練
十五日起擧行、
前後亘三日間

哈爾濱鐵道局、及鐵道警護本隊、爲鐵道愛護徹底、故對於管內各路線愛路青少年團有訓練必要、爲期對於鐵道警備及從業員之補助、而統一强化鐵道警備力、特於十五日起亘三日間、在本市馬家溝第四軍管區教導隊宿舍、擧行愛路青少年合同訓練、凡管內之京濱線、哈爾濱双城、竈門、拉濱線之五常三棵樹、濱黑線之黑河北安、海倫、綏化、濱綏線帽兒山、濱州線安達等各主要站之愛路青少年團均一致參加計約三百餘名、由鐵道警護本隊担任訓練工作、並軍事訓練云云、

觀光協會主催
作品展覽會
十六日在登喜和擧行

觀光協會主催之哈爾濱觀光俱樂部、第十四回作品展覽會十六日在道裡登喜和百貨店四階樓上、開催展覽、亘三日間預想屆時前往觀覽者必爲踴躍云云、

故於十四日下午四時在市公署四階會議室召集、協和義勇奉公隊各區隊長副區隊長及他幹部等、開催第一回聯絡會議、當常協和會關係者、並各指導官多數出席、開會後、首由協和義勇奉公隊懇切訓示、開始協議諸項問題大致如下、

一、各區隊與本部方面、應時常有密切的聯絡、以達成隊務遂行之順調、曾有數區隊、迄未有一次與本部連絡、殊屬非是、希各區隊長特別注意、今後凡有關於隊的事務必當與本部連絡進行、實爲至要、

二、關於隊員選定狀況之意見從來各隊隊員、多有僱用苦力或工人充任者、殊誤解協和義勇奉公隊之本旨、查苦力工人仿子、常識不足、實無充任協和義勇奉公隊員之資格、務希各區隊長、加以注意、將此等隊員更以健全的隊員、則隊務之向上、可期而待也、

三、關於隊員之指導訓練、隊員之指導訓練、爲協和義勇奉公隊最主要的任務、今後務依教育計劃切實指導、努力訓練、以使隊員素質益趨向上、

四、區隊幹部之增員、在南崗區、埠頭區新陽區、馬家區日俄居民較多、故希增加日俄幹部、共同協力於隊務之整頓事故云、

黑河十三日夜間
降雪三寸厚

十三日下午、突然黑雲密佈天氣寒冷異常、當夜北風驟起繼則雷聲隆隆、電光閃閃、轉瞬大雨傾盆、而雨止遂結成冰二三分厚、此爲本年度初次結冰也、哈爾濱航業聯合局頃據黑河柳家屯上流航行中之上海丸電報謂、黑河上流柳家屯附近十三日午前四時四十五分氣溫低下非常寒冷、當時降雪三糎、黑河於十三日夕刻、氣溫急驟低下、當夜中降雪有三寸厚、係本年度初次降雪、成一片白銀世界云云、

市立獸醫院新屋落成
最近即將開始遷入

創立三十年歷史的道裡新城大街之市立獸醫院、因院址窄狹不敷應用故於今春以七萬圓之龐大工事費、在馬家溝大成街、建築新獸醫醫院一所、現已工程完竣、故於最近擬向新醫院遷移、聞該醫院科學的防疫設備、將來對於家畜之治療、亦必發揮期代科學醫療、一般家畜主近者頗爲期待云、

兩汽車互撞

十三日下午九時五十分、俄人共瓦克夫、年四十五歲、駕駛一〇八七號營業小汽車、由南崗秋林向道裡方面進行中、突然車抵軍官街警察學校前、與市公署三六號汽車司機俄人馬都利克、年三十五歲、發生正面衝突、兩方之汽車前部均撞得粉碎、損失頗鉅、幸未傷及其他行人、嗣後經當管經緯署調查結果、因馬都利克運轉手飲酒過量、運轉不靈、其瓦克夫無法躲避、故演成不辭交通事故云、

濱江特刊

第一八四號

盛京時報北滿總支社
社址 哈爾濱道外桃花巷十二號
電話道裡三三〇三番

省署公佈暴利取締令 嚴禁奸商高抬物價 令各商家貨物注明價格

濱江省公署基於非常時局之下、爲安定民衆生活、防止奸商居奇勇斷故於日前曾組織暴利取締委員會、倘有一般商之違犯暴利取締令、任意高抬物價、影響民衆生活、故最近規定引用暴利取締令第四條、對於各種貨物價格、飭令各商號一律公佈、列成價格表、使顧客觀之一目瞭然、以免發生私漲物價弊病、因此濱江省公署會發生取締佈告業由本月二十日實行公佈、由十一月一日、亘十日間、爲猶預期間、於此期間內、各商號爲使顧主明瞭物品價格、須於店頭表明之規定物品如左、米、燕麥、小麥及小麥粉、高粱包米粟酒類飼料、皮革、材料用紙、木牛及

政策、企圖使官公吏率先嚴禁以身作則、作爲一般民衆癮者之模範起見、日前特在南崗設置官公吏臨時戒煙所、原擬定於十月二十日舉行開所式、嗣因所內一部份尚未完備、故行延期至二十四日午前十時舉行正式開所式、關於第一期入所禁煙癮者、現已通知各縣於近日內亦必分別派遣來哈實行禁煙云云、

姚明武詐欺未遂 當場被捕拘留中

趙連貴年二十八歲河北省人現在同江以賣苦力爲生、素日因省吃儉用、少有積蓄、於最近欲歸故里省親、於前日由同江搭乘輪船途經哈市、於二十在道外北日午前十時許五道街下船後、行抵長春六道街、忽由尾追來一滿人、見趙鄉愚可

股統計本年度之牛馬炭疽病預防注射者、成績頗爲良好、茲將被注射之家畜數分別錄左、牛三千一百四頭、馬九千八百三十八匹、騾七百九十八匹驢一百九十四匹、爲共一萬三千九百三十四頭云云、

農物檢查所成立

【營口】市內遼河民船航業公會內前曾設有海城縣農事合作社營口農產物檢查所、派委駐在員島田盛房及魏振山二氏、現已成立、開始辦公、對於『遼中』『台安』盤山等地輸入之農產物、每日施行檢查每百石糧穀徵收手數料國幣兩元云、

初次見嚴霜

【旅順】管內市民居住、南海之角、最温帶地方、茲因今年閏月之關係、寒冷甚早、於陰曆八月二十七金風陡起、非常寒冷、天降嚴霜、河水結冰、寒氣浸人、近來市內商民、發現感冒之病者甚多云、

哈爾濱市立學校統計 滿側學校計十七處 俄僑學校計達九處

哈爾濱市公署教育科頃據統計哈爾濱市立各小學校、所有學級及男女學生數如下、滿側學校計十七處、共三百零大級、男女學生、一萬五千二百二十八名、內男生九千八百二十五名、女生五千四百零零三名、俄僑學校計九處、四十七級、女學 男生一千 六百一十名、內男生七百八十三名、女生八百二十七名、總計小學校八十處、三百五十六級、內男生一萬零六百〇八名、女六千二百三名又合恪中等教育資格之哈爾濱市立職業學校一處、內有木 工科二級、營業科 五級、計七級男女生一六九名、內中男生一百十一名、女生五十九名云云、

爲徹底防止傳染病 喚起市民注意

【三江】佳木斯警察廳保安科對於生命財產之安寧保護不眠不休、苦心爲之、關於衛生保健、時有消毒、注射、檢菌診斷等事、本年以傳染病之傷寒症、（腸窒扶斯）一時猖獗前曾與市公署、設立傳染病院對患者限其入院、隔離等等善政、惟秋後以降、市內之惡症如腸窒扶斯、及猩紅熱等、依然不衰、十月份之統計、又增加記錄、其死亡率、較日本內地、約多十倍、急應想以萬全之策、以期根本捕滅、經迭次會商、決定徹底加以防止、如發現患者、送院之後、對住屋封閉、且遮斷交通、以免病菌飛延、對繁華之中央大街、南崗大街、兩旁攤床小販、污穢部份、斷行全部取締、使之集於一定清潔地方、合理販賣、又以市民智識幼稚大部愚蒙、不知因病爲害、爲喚起全市市民、或市外居民之注意預防、於二十日起、每日由無線電放送局、廣播傳染病之來源、病勢情況及死亡之可怕等等切要事項、還望市民、勿以河漢視之云、

冀南各縣會議

【石家莊】石門方面消息、冀南道公署、現假邢台城內各縣知事聯合辦公處、召開各縣知事會議、出席者、笠井特務機關長、王季章道尹、佐藤顧問、眞木輔佐官、新民會

木炭、生鮮食料品、洋火、棉花棉布、金屬及建造材料、其他調味液體商品云云、

哈鐵局員 增薪一成

哈爾濱鐵道局鑑於時下各種物價逐日暴漲中、所屬之一般從業員日常生活、亦受相當脅威、因此生活提高、而各從業員薪金亦必得提高、故由幹部、研究補救辦法、並鑑於哈市各官廳、對於所屬職員一律加俸、而鐵道局經幹部日前開會討論結果、對屬下一萬八千餘名之從業員、自十一月一日起一律增薪一成、以資製助百貨暴騰中云、

省官吏戒煙所 廿四舉行開所式

濱江省公署爲早日完成禁煙

欵、向趙厲聲威嚇、自稱憲兵隊在此搜査、汝身是否帶的鴉片、趙信而不疑有他、遂出其搜査結果、並無煙土、當即搜出國幣三十元、立即橫眉竪目更威嚇爲何帶此鉅欵、定不係好人、有違法律、趙某聞聽違法、當時吓的哆哆索索、無言可答、無奈遂擬將錢送與該人哀求寬恕、不料該犨正欲持錢逃走、適有定興街分所警士趙金財巡邏由此經過、見其二人舉動可疑、立即上前盤詰、經趙某告知以上經過、始知詐欺份事、遂被逮捕帶所、審訊結果、供稱姚朋武現無職業住無定所、行詐不諱、似有餘罪仍一再追審云云、

市獸醫股 本年度注射 牛馬炭疽病

據哈爾濱市公署衛生科獸醫

濱江省公署調査 省下官吏癮者總數 計達一千〇八十餘名

濱江省公署地方禁烟促進委員會、基於政府當局鴉片麻藥十年斷禁計劃、故與政府呼應使官公吏率先斷禁以身作則、故於最近特在南崗設立官公吏臨時戒烟所、爲謀官公吏及特殊會社職員之阿片癮者、於本年十二月末日以前最短期間內使其完全斷禁起見、特經該會調査哈爾濱市及濱江省管下各縣廳之官公吏及特殊會社職員癮者之總數、以便分期使癮者入所禁烟、茲據調査結果、判明各縣市官公吏共有阿片癮者爲五百九十四名、特殊會社職員癮者爲一百八十二名、機關會社傭員、共計癮者三百零四名、統計爲一千零八十名、哈爾濱市官公吏癮者計一百五十名、傭員癮者一百四十八名統計爲三百零九名云云、

全滿鐵道從業員 舉行赤誠報國週間

哈鐵道局行事決定

全滿六大鐵道局十三萬餘名從業員、爲表示槍後支援熱誠故趁漢口陷落爲期切迫機會、特定於十一月一日起亘一週間全滿鐵道從業員十三萬餘名相呼應舉行赤誠報國週間、而哈爾濱鐵道局約一萬八千餘名之鐵道從業員於此週間內一切行事業已規定如下、

△敬神崇祖日、於出勤前全局員集合於哈鐵前、由局長副局長參加一齊皇居遙拜後、局長副局長訓示完了、一齊赴哈爾濱神社及忠靈塔參拜、聖境清掃、

△滅私奉公日 局長副局長之精神訓話、當夜在鐵路俱樂部開催時局認識座談會及講演會、

△感謝慰問日 全体局員於正午對戰歿將士殉職員之英靈默禱、婦人社員對傷病兵殉職社員之遺族訪問慰問

△資源愛護日 廢品蒐集不用品活用

△自肅自戒日 消費節約限制僅今一日禁現金買物禁煙酒、實行一飯一菜

△心身鍛練日 比日[illegible]外各地運努力心身鍛練云云、

谷次長來齊 視察禁煙狀況

【齊齊哈爾】新京總務廳谷次長、爲視察本省禁煙狀況、於日昨來齊、並定於月之二十日、假省公署會議室、招集市內有禁煙關係之滿系職員、舉行關於禁煙關係之重要訓話云、

濱江省與管下各縣 一齊舉行禁煙週間 由廿八日至來月三日

濱江省公署爲期禁煙早日完成、故於十月十四日起曾組織禁煙教化宣傳班、分別赴各縣徹底宣傳工作者喚起一般民衆了解政府當局鴉片斷禁趣旨、希癮者自動早趣禁煙正軌、因此特於本月二十八日起至十一月三日止、定爲禁煙週間、由省市縣協和會及禁煙促進委員會、一齊總出動、開始禁煙思想宣傳、一方嚴厲調査未登錄癮者、同時對於已登錄之癮者、更加以完全整理、[illegible]前凡登錄者之吸食証、必須一律貼佈癮者像片、同時爲發揮禁煙實效、決對私煙館及私之吸食者嚴加取締並嚴防新癮發生云云、

▲曾大批菊花

【安東】市公署現以所屬之鎮江及元寶山兩公園、生產之菊花、現正盛開之期、爲應一般愛好者起見、特於十八日開始在鎮江山下、將菊花出陳之下、令一般選擇期達愛好之宿望云、

四軍鵬飛少將逝世 廿四日在極樂寺內 盛大舉行葬儀式

於廿四日第四軍管區司令部海軍少將鵬飛氏、日前曾患病疾、雖經百般醫治、依然罔效、卒於十八日因病逝去、目[illegible]將逝世[illegible]出、各方[illegible]痛惜、定於廿四日午前十時在南崗極樂寺葬儀式、屆時第四軍管區司令官以下日滿各將官各哈市友好均行參加祭典云云、

安河內主事、道公署韓周二秘書、黃視察、吳何崔林各科長、及各縣聯絡員、各縣知事等五十餘人、主席韓秘書、紀錄何一元張少甫、宣布開會行禮後、由笠井機關長致訓、除指示綏靖地方諸要事外、並勗勉各知事、略謂、王道尹素有政聲、經驗宏富、諸位應按其就職時所發表之宗旨、一、治安之恢復、二、糾正人民思想三開誠布公、此三要點須切實遵行、幷希望各知事與聯絡員聯絡、共向復興冀南之明則上邁進、繼由王道尹致詞、略謂縣知事爲親民之官、與民衆發生直接關係、故地方諸般應興應革事宜、當以縣知事爲最明瞭、今日諸位會聚一堂、希望開布公誠、以平日所想到之一切計劃、儘量發揮、俾收集思廣益之成效、並希對討論之言詞須簡明、以資經濟時間等語旋由各縣知事分別報告各該縣縣政概況、十二時休息、午後二時繼續討論各項議案、道尹及顧問頗多指示之點、四時許會後、道尹並設筵欵待出席諸人以資聯歡云、

濱江特刊

第一八五號
盛京時報北滿總支社
社址 哈爾濱道外桃花巷十二號
電話道裡三三〇三番

漢口陷落慶祝大會 在南崗神社盛大舉行
市民騰歡之聲達於天空

勇猛無比聖戰、友邦日本皇軍、自開始攻擊漢口暴戾華軍以來、如破竹之勢、到處無敵、戰捷頻傳、皇軍果敢敵前登陸、完成武漢三鎭之包圍網、而抗日中心之武漢策源地、遂於二十七日下午五時三十分完全陷落、消息飛來、我大哈爾濱後、我哈一般市民騰歡之聲達於天空、本市各機關法團定於二十九日午前十時、在南崗神社舉行慶祝大會、在鄉軍人哈爾濱聯合分會於二十八日召集全體會員、舉行戰歿將士慰靈祭、並祈禱皇軍武運長久、是日下午一時全體赴哈爾濱神社參拜方遙拜、合唱國歌、聯合分會長訓示、指導部隊長訓示、議決宣言、對皇軍祝電朗讀、三呼萬歲、然後參拜忠靈塔、敬默一分鐘、再實施解散云云、

揭揚日滿國旗 舉行市內遊行

膺閣下、發祝電、向陸軍大臣板垣正四郞閣下、海軍大臣米內光政閣下、北支派遣軍司令官寺內壽閣下、中支派遣軍司令官畑俊六閣下、支那方面艦隊司令長官及川古志郞閣下、南支派遣軍司令官古莊幹郞閣下、以及滿洲國治安部大臣于芷山閣下、發感謝電、並向蒙疆聯合委員會、金井章二閣下、蒙古自治聯盟政府德王閣下、晉北自治政府夏恭閣下、察南自治政府于品卿閣下、中華民國臨時政府聯合委員會王克敏閣下、發激勵之電云云

日人北野家

行搶可謂匪胆大包天云、

發生鷄瘟 食之者應注意

哈爾濱市警兩衛生當局、爲防止家畜傳染病發生、日前曾對於市內及近郊所有之牛馬犬等家畜、迭次加以預防注射、結果、成績極爲良好、不料近來市內各戶所飼養之家禽、突然發生鷄瘟、爲勢激烈、一日平均死亡不下數百餘隻、奄瘟鷄情形、鷄患疾憂憂亂鳴、僅一二小時即死、因此一般飼鷄家主愼恐受損失、將飼養家禽均爭先廉價賣給各飯館、每隻鷄（四五斤）售賣價僅四五角、云云、所以現在市內各飯館及燒鷄者大發厥財、希一般嗜吃鷄者加以注意、免其發生不測、現在鷄瘟最爲極烈者莫過於香坊及道外十四道街至二十道街中間、云云、

近因天氣轉暖 終航期間延長

有負松花江烏蘇里江黑龍江三大航路使命之哈爾濱航業聯合局、日前鑑於松花江結氷爲期切迫、故曾實施規定各航路終航、向富錦航行本年度最末次航船、十月二十五日由哈爾濱出航、不料近日以來、天氣依然溫暖異常、尙無何等變化、又兼於松花江本年度水量稀有之豐富、結氷較往年爲晚、故航業聯合局認爲航行有延期必要、遂將日前規定終航均行延期、茲將終航延期誌錄如下、

一、開往佳木斯本月二十六七八日由哈爾濱發、往三姓之定期預定船、一律延長至佳木斯、此外三十一日由（哈爾濱）船航行、

二、航行富錦者二十七八九日繼續由濱綏星慶瀾等臨時船運行之、

三、開往三姓者二十九日三十日由威遠亞洲臨時船隻運行之、

佳木斯行來月一日終航

（又訊）航業聯合局鑑於現在江水稀有之增漲、近來天氣暖和、航行規定終航仍有再度延期必要、經協議結果、遂又將佳木斯終航、延期至十一月六日、查本年度終航延期至十一月六日、打破多年稀有最晚終航新記錄云云、

徹底普及度量衡

【延吉】街公所于昨午后一時假街會議室招關係各機關代表及有力市民會議、關於新度量衡事宜、決定至十一月二十日止、由街公所、商工公會共同主辦、及警察廳、縣公署協力中、一齊實施檢查、如各業有未備新度量衡者、即强制購用、預于明年一月一日起爲使用新度量衡訓練時期、三月一日起即本格使用云、

石炭消費節約週間

勇猛皇軍進攻武漢三鎭以來僅數日間、完全將抗日中心武漢據點、遂於廿七日下午日時半、卒將漢口完全陷落、同時戰捷消息飛來、哈市一般市民無不十分歡騰、爲慶祝漢口陷落並祈禱皇軍武運長久、協和會哈爾濱市本部特依中央本部指示左記、於二十九日午前十時在哈爾濱神社境內舉行慶祝市民大會、玆將一切慶祝行事誌錄如左、

甲、慶祝行事

一、慶祝時全市住戶市民、懸掛日滿國旗、

二、慶祝市民大會、並舉行市內遊行、該慶祝大會、命名爲（武漢戰勝慶祝哈爾濱市民大會）於是日午前十時、在南崗哈爾濱神社內舉行、其會次序大致如左、

1、司會者致會詞、市本部長
2、皇局遙拜
3、宮廷遙拜
4、對戰歿將士默禱一分間、
5、滿日兩國旗揭揚、並國歌合唱
6、對皇軍致謝辭、馮市長
7、軍部致詞
8、祝謝激勵電發表、市本部委員
9、大日本帝國萬歲三唱、由省長舉導
10、大滿洲帝國萬歲三唱、總領事率導、
11、解散、

乙、街市遊行於上述慶祝會後、即爲市民於街市中大遊行遊行路線＝自哈爾濱神社、慶祝會完了、即行出發、經過郵政街、海城街、大直街（在〇〇部隊前萬歲三唱）經由中央寺院醫院街（特務機關前萬歲三唱、然後經由郵政街（憲兵隊前萬歲三唱）後經義洲街、通過陸橋、軍官街、地段街石所道街、中央大街、中國三道街至道裡公園解散、

丙、慶祝飛行、於午前十時十分、以協和會本部所預製之慶祝標語、由飛機行抵空之飛行、向全市散佈之、當日午後一時、則用自動車及青樂隊、並由國防婦人會員之手、實施散佈、

丁、女學校及小學校生徒、於當日午後一時、開始街頭行進、至關於拍發祝謝電及激勵電、計爲向參謀總長閑院宮殿下、與軍令部長伏見宮殿下兩通、並向內閣總理大臣近衛文

建設水產試驗場
已得中央許可
場內並設水族館一處
將來之水產頗可期待

素稱北滿豐富水產之松花江、所產之各種魚類不下百餘種之多內中黃魚白魚聞名全滿、濱江省公署實業廳有鑑及此、爲倡導振興水產計劃、特以三十萬元經費預定明年度澥冰時、在江北松浦鎭附近建築規模宏大國立水產試驗場一所、但此項預算現已得到中央認可、然對於松花江中所產之魚類加以科學研究同時加以指導水產增產、並在水產試驗場內設置水族館、以便將松花江中之各種魚類盡量搜集畜養於水族館內、據現當局調查松花江中所產生之各種魚類不下一百數十餘種、待水族館建築完備後、預備增產至三百種之譜、將松花江所有之魚類完全陳列、以備各界來哈人士、公開參觀作以研究、查現在松花江中生產之魚、乃以鯉魚爲大宗也、將來水產之增產一般頗爲注目云云、

被匪光顧

馬家溝國課街八號、住戶北野胖氏、現充哈爾濱鐵道學院、於前二十六日下午二時許、其妻在家看門時、忽闖入一日人年約二十餘歲、自稱（我是海倫姓高橋）特來拜訪北野妻當時答稱本夫未在家、不料來拜訪之日人又稱對不起、借二十元錢與我、繼續持出手槍大肆威嚇、結果、北野妻此時情知係匪、亦未敢與之抵抗、遂由其任意翻箱倒柜、搶去國幣六十五元逃走、立即報告南崗警察署、司法係當時協同司法科、急馳現場、結果、匪早日杳如黃鶴矣、經各警察署總動員張佈警網、嚴重搜查匪徒中聞匪徒年約三十餘歲、容貌特別俊俏、光天化日之下、竟敢

煤烟濃度測定
由工業醫大學生担任

基於健全生活富家強國運動週間、物資節約廢物利用、爲期發生節約實效之哈爾濱煤烟防止委員會與協和會哈爾濱市本部共同舉辦之石炭消費節約週間、玆爲向各然燒煤炭最多各大工場商店等實施指導石炭消費節約、並測定煤 烟濃度計、特委託日滿商事木村技師、森田機關士、担當石炭燃燒方法指導、工業大學及醫科大學生担當煤烟濃度測定、玆將日程實施如下、

一、煤烟濃度測定

一、十一月三日工大第一班
測定道裡方面

一、十一月四日醫大第一班
測定南崗方面、

一、十一月五日工大第二班
測定馬家溝方面、

一、十一月六日醫大第二班
測定香坊方面

一、十一月七日工大第三班
測定八區方面

一、十一月六日醫大第三班
測定道外方面

一、燃燒方法實施指導

△第一日（二日）午前田邊部隊下午弘報會館、

△第二日（三日）午前哈爾濱驛下午哈鐵局本館

△第三日（四日）午前道外同記工場下午在同工場開懇談會

△第四日（五日）午前道裏宴賓樓下午南崗秋林洋行及大同酒精、

△第五日（六日）午前馬家溝貸官用舍下午道外新世界

△第六日（七日）午前哈爾濱市公署下午市立第一濤理作案所

△第七日（八日）午前道裡双合盛製粉廠、下午道裡登喜和百貨店云云、

第一期護岸工事竣工
省署舉行祝賀式
總工費爲二百三十五萬元

濱江省公署土木廳、爲防止松花江水患、確保一般市民安寧計、故由康德二年九月開始動工、以總工費二百三十五萬元、建築哈爾濱松花江第一期護岸、於本年十一月二十二日已告竣工、濱江省公署主辦盛大祝賀竣工式、已於本月二十九日午前十時、在道外北七道街江岸盛大舉行、玆將二百三十五萬元總工費使用數別誌錄如下、

一、基本工事江堤兼碼頭改良爲二千米、爲九十七萬五千四百三十五元、堤岸費八萬二千七百四十四元、陸閘四個十二萬三千一百七十四元、廢水門建設費、爲二萬六千三百二十八元、

二、器具機械費、十一萬三百七十九元、

三、收買地皮建築移轉費六十九萬二千一百三十元、

四、雜費二十二萬二千六百八十元、碼頭堤防、延長約六基羅、舊堤防三基羅、七百米防水面一千五百三十萬坪方米其主要區域爲傅家甸八區新安埠云云

濱江特刊

第一八六號

盛京時報北滿總支社

社址 哈爾濱道外桃花巷十二號

電話道裡三三〇三番

以滿鐵社宅為中心 開始安全防空設備

以免一旦有事而致心荒意亂

哈爾濱鐵道局、鑑於際此非常時局之下、為喚起全體局員對於長期抗戰應有之覺悟、關於防空訓練、不時加以演習、希一般局員對於防空有充分之認識、以免一旦遇事心荒意亂、現在哈鐵社員會、決定以滿鐵社宅為中心、開始安全防空設備、其一切主要辦法大致如左、

一、每戶須有防毒面具一個、以備遇事互相連絡及救護、

二、住宅避難壕、於住宅中心地、設立避難壕、遇有空襲時則全體齊集一處、哈爾濱利月街北鐵廣大地下室、開始收容、

三、家庭聯絡、強化家庭防護羣、由社宅街主婦、開始特別聯絡、及救護訓練、為期遇事收有實效云云、

道德總分會召集所屬 開催通常大會

宋會長致開會辭並報告會況

公署官房王事務官等皆出席、對於道德方面、均有相當的熱心的指導、頗極一時之盛、關於濱江省道德會的前途、經過此番大會的討論、並受地方官憲之提倡、前途實不可限量也云云、

又訊、濱江省道德總分會、原定開催通常大會三天後、又延期一天、於閉會之際、為十一月一日午后六時、首由該會理事長李恩源氏公佈議決各案、最後有楊等法院院長出席、對于各分會懇切的訓話、其意旨分為三段

一、希望各會徹底根據道德會的綱領宣揚建國精神、

二、希望各代表努力於調停詞訟之功作、

三、希望各代表對一般民衆竭力宣傳、禁止司法官吏納賄之事項、由此可見楊公之熱心道德忠心於社會國家矣云云、

設立警察會館

對警察家庭均有相當照料 使安心服務不致心地兩懸心

濱江省公署警務廳、鑑於北滿各交通不便、警察官吏服務之區域內中有多數不能攜帶眷屬、對遺棄之子弟之教育及家族發生病症時之療養、成為一重要問題、警務廳當局為求交通不便地域服務之警官使其得以安心服務、不致心地兩懸、對其子女教育及家庭疾病療養均有相當照料、擬設立互相扶助機關、將在爾哈濱市設立警察會館、由會館負責完成以上之各種任務、預定十萬元經費、於明年或能實現云云、

……死亡一名、……通察扶斯三名、……名、死亡六名云云、共患病民族別、日本人四十一

警察廳衛生科舉行 秋季診斷檢查

每日由下午一時起至四時止

哈爾濱警察廳衛生科、為謀一般市民身體健康衛生之確保計、故對於市內各警察署管界之理髮業者僕婦、跳舞場、女招待等、日滿俄三千五百七十四名接客業者、舉行秋季健康診斷檢查、每日由下午一時起至四時止、茲將其檢查地點採錄如下、

一、南崗警察署管內、十一月七日至九日、在郵政街省立女子高等國民學校內、

二、經緯警察署管內、由十一月八日至十六日在道裡健康

哈鐵自動車科 招收司機人員

哈爾濱鐵路局、邇來為謀擴大汽車路線起見、擬由哈鐵自動車科、計畫養成大量司機人材、本年中曾錄取日人七百名、更擬明年計畫增加路線一千粁、至於車輛、勢必增加、並準備再行增加司機人員、滿俄人八百名、現下自動車科、目下正着着準備中、俟將司機人員招收後、即送往鐵路學院、講習三個月後、擇其成績良好者、派遣各地服務云云、

設立結核預防會 開始撲滅菌工作

我滿洲國最大恥辱之北滿結核病症、較世界各國特別增加、政府當局為謀撲滅結核病疾發生、經種種研究結果最近在新京方面、設立滿洲結核預防會開始撲滅結核病種種工作、並擬設結核療養期、而哈爾濱市將設立支部、現下濱江省公署警務廳、與關係方面開始聯絡準備中、待哈市結核病支部成立後、對於結核患者最多之哈爾濱市、將來必有徹底撲滅再無發生之患矣云云、

濱江省道德總分會、爲期會務向上起見、曾定期招集所屬各分會重要職員、來省研究會務與革事宜、於上月三十一日、爲開會典禮之期、參加人數已超過八百餘人、首由該會宋會長致開會詞、並報告會務經過概況、其次有省長代表、賈民生廳長、及馮哈爾濱市長、白警察廳長、尹海軍司令官、馮第四軍管區中將部附、楊高等法院院長、高交通會社社長、民生廳張社會科長、省

近郊各警察署
配佈義勇奉公隊

時値秋末冬初、天氣逐漸寒冷、青紗早已刈倒、樹草已枯、以致匿藏青紗森林中之胡匪、現無藏身之處、逐趨窮途、哈爾濱警察廳有鑑及此、爲防止匪徒潛伏市內擾亂治安、爲求郊外地警備之安全、如郊外香坊太平橋顧鄉屯松花等四警察署管內之義勇奉公隊、配特選殊勤務、以防止匪人潛入、郊外地帶現由協和義勇奉公隊向以上四署各派出所開始配佈云

防火陣容益見鞏固
消防署改組
永井警務主任對本報記者談

哈爾濱市消防隊原有哈爾濱市公署消防隊、商務會消防隊警察廳消防隊、共有消防隊三處、哈爾濱警察廳爲謀消防陣容强化、救火敏捷起見、故於本年度春季先後將市營消防隊及商務會消防隊、完全收歸哈爾濱警察廳管轄、更名爲崗第一警察消防署、道外第二警察消防署、道裡第二警察消防署、同時道外第二消防署在昇平街設有消防分署、道裡第三消防在中央大街設有消防分署、極爲複雜、哈爾濱警察廳有鑑及此、爲謀所屬各消防隊更進一步之强化、救火迅速、消防陣容徹底之充實、呈請中央治安部、消防陣容加以改組、現已蒙治安部諒解、故哈爾濱警察廳管轄第一二三消防署將二三消防署取消、合併入第一消防署矣、改名爲哈爾濱市消防署、同時將道外第二消防署舊址、改稱爲道外消防派出所、廢止昇平街舊有消防分署、道裡第三消防署舊址改稱爲道裡消防派出所、中央大街舊有之消防分署廢止、原第三消防署長警佐俄人卜必羅夫、此次進級警正、榮陞哈爾濱市消防署長、哈爾濱警察廳鑑於國際都市逐漸發展人口激增、爲徹底捕滅火警、消防陣容鞏固、必須採用消防專門人材、加以指導、因此警廳當局特在日本東京聘請消防經驗豐富之人材永井四郎、（警佐充任、哈爾濱市消防警務主任、）對於消防事務加以指導、而永井氏在東京歷任消防十三四年之經驗、故該氏日前蒞哈後、對於消防積極着手整頓、將來哈市消防陣容强化、實是哈爾濱一般市民之幸福矣、記者爲明瞭消防專門人材永井氏對於消防改善計劃情形特於三日下午四時往訪永井氏私邸、當蒙延見、發表如左之談話、

鄙人（永井自稱）蒞哈市現已一月餘、早欲向各關係機關拜訪、因消防此次改組未幾、一切事務急待整理、故未能如願、甚覺抱歉、希望諸位加以原諒、鄙人在東京消防署就職迄今十三年餘、不過粗具經驗、蒙哈爾濱警察廳招聘、但是鄙人材菲學淺、實覺榮幸、對於哈市消防署此次新改組、關於整頓亦得須多日、決非三二日間可能完備、但是消防陣容强化救火敏捷、對於救火車輛最爲重要問題、必須使救火車輛完備、但哈爾濱市消防、雖然車輛業稱二十餘輛車輛皆係二十年前舊車、最易發生故障、倘若正在發生火警時間、救火車於半途中再發生故障、對此極感困難況且救火車非他車輛可比、救火車晚出一分鐘、雖時間短少、就不定規能發生多大損害矣、現下救火車帶有水管者、僅有五輛、尚不完備其餘裝水車更不能使用、對於代水袋救火車增加、盛水車就莫有必要、再現有救火及救火衣帽亦有更換必要、査現在救火帽及救火衣最易向裡面灌水、將來改換日本東京消防衣帽同樣、鄙人現在所擬改善一切事項、已向警察廳方面請求、惟對救火代袋車水增加問題、因經費關係恐一時不能實施、至此記者問現在滿洲國各大都市之消防隊最完備者是那個都市呢、最完全者大連市消防隊、不但車輛充實、並均帶水袋、救火電梯更爲完備、共救火車均設有令人驚怕警笛、特別響亮、每逢救火車出發一鳴警笛時、無論何等車輛均得停止、不準與救火車競爭、因救火事項緊要、總得救火車讓過後始能通過救火車速度最快、又兼救火爲急事、所以無論電車及其他各種車輛聞有救火警笛時必須早早停止、待救火車過去始準行駛、倘若妨害救火車通行時、警察當局嚴加取締、故對救火車無有妨害、再大連消防遇有火警時、電氣會社水道科均有相當聯絡因水道電燈與救火有連帶關係、故起火時必須一齊出動、惟哈爾濱市消防隊與水道科電氣會社、每逢遇有火警毫無聯絡、一旦水道發生障碍及電燈發生故障、對於救火亦感覺甚爲不便、現在依鄙人對於上述水道科電氣會社決定得聯絡一致、對救火車警笛已着手改爲大連救火車同樣警笛、聲音響亮、容易使一般人知道發生火警、而消防救火車出車時警笛一響無論電車大汽車及其他各種車輛、均得停止等候救火車通過始准駛行、現與警察廳方面正在協議取締中、再消防隊現在鐵甲司令車（即救急車）必須購買一輛、共救急車之使命、一旦有發生火警時、消防責任者乘救急車巡視火警現場、同時倘有受火傷者及消防員救火受傷時既可用救急車向醫院輸送迅速、於救急車內預定設置醫療藥品藥布等、若在救火現場受有輕傷時、即可就能自已治療、但今後哈爾濱市消防署雖然不能與東京方面消防比較同樣完備、亦必須彷造大連市消防署同樣改善、而本年擬舉辦消防宣傳、喚起一般市民明瞭消防之意義然現在初另改組特別忙碌故行延期至明年度十月間決定舉辦消防宣傳云云再希望一般市民對於現在消防署及道裡外之電話番號務必留意、倘發生火警時可用左列電話號碼爲要

南崗消防本署 ×電 二六一〇
道外消防派出所 ×× 九、二一二
道裡消防派出所 ×話 三三〇一

傳染病患者
數數及民族別

據哈爾濱市公署衛生科、調査市內十月份發生之各種傳染病患者、共爲七十四名、其中死亡者四名、腸窒扶斯三十五名、死亡四名、猩紅熱二十二名、死亡一名、赤痢十一名、

診療所內、三、正陽警察署管內、由十一月九日至十一日、在傅家甸健康診療所內、四、新安埠警察署管內、由十一月七日至九日、在新安埠健康診療所內、五、南新警察署管內、由十一月八日至九日、在十六道街福安醫院內云云、

本月中旬召開
全省副縣長會議

濱江省公署基於中央當局明年度全國各地實施街村制、爲討論省下明年度一月一日實施之街村制一切籌備事項起見、並農地造成以及其他一般縣政關係事項、特定於本月中旬召開全省副縣市長旗參事官會議、現在省公署官房地方科及其他關係各廳科、正積極準備各種議案以便屆時提出討論云云、

濱江特刊

第一八七號

社址　盛京時報北滿總支社　哈爾濱道外桃花巷十二號

電話道裡三三〇三番

適應新學制之實施 造就專門教師人才

師道學校明年度新生增額

濱江省公署民生廳基於政府新學制實施以來、對於省下各縣旗市之中初等教育積極向發展途上邁進、以實應新學制教育之發展、惟以管下各縣旗市之初等教育教師、不但缺乏、雖既有之者、內中亦有多不合格而非師道學校畢業者、爲造成專門初等學校教育教師人材計、對於省立哈爾濱師道學校、康德六年度新生招收額、決定增加至二百八十名、計本科第一學年男生一百六十名特修科第一學年一百二十名、教育之宗旨、以留意實踐躬行涵養鞏固之國民精神修得知識技能、鍛鍊身體、陶冶人格、養成堪任初等學校教師者爲目的、同時爲示獎勵計、特經規定左列之優待特典、

三年內須服從省公署指定任務、義務、

8、住宿在本校內有宿舍之設備、

9、納費兩個學年每人六十元（前學期繳三十元）其用途爲服裝費不足填補及圖書手工音樂科等之用具材料費、以及校友會費、（充作學藝部運動部武道部等費用）父兄會費、以及食費不足填補等、但如官方預算充實時、或再減少之、關於招收之辦法、由省對於所屬下全省各縣市旗之情形、規定額類、令飭各該縣旗市旗公署、按照下列之資格、遴選優秀、向省方推薦、並一般志願報名者、至于投考之資格手續及考試科目、亦已規定如左、

△投考資格、

及初級中學第三學年在學者、

3、特修科入學者必須國民優級學校卒業或有同等以上學力者、及優級第二學年在學者

4、本科生年齡在十八歲以下之未婚者、

△投考手續

一、投考學生須將本校所定的入學願書[illegible]定、於提定日期內、[illegible]市公署[illegible]名、手續完備者、發給受驗証始准應試、

二、最近六個月以內照的半身脫帽像片二寸者二枚、但內一張須貼有於入學願書、

三、報名日期、康德五年十一月三十日截止、

四、報名地點所管縣市旗公署、

五、考試日期自康德五年十二月五日起至七日止至三日間每日由午前九時至下午三時止

六、考試地點所管縣旗市公署或指定個所

△考試科目

一、學科一、本科爲國語（滿語及日語）數學（算代幾）史地自然（博物物化）

二、特修科爲國語（滿語及日語）算術常識（包含國民道德地理歷史、自然等）

三、身體檢查

四、口頭試問云云、

飢寒交加 悔過自新 匪徒相繼投降

王道慈光普照無微不至

近日以來、氣溫急轉低下、前日所降落近年稀有之大雪遮蔽山野、本年度夏季三江省實施討匪肅清工作、經我日滿軍警擊散之匪徒逃往山寨中匿藏

署當局請求投降匪徒激增、今多之特異現象頗堪注目、匪徒寥途情形大致如下、本年夏季以來、三江省之日滿軍警討肅清工作、所被我日滿軍警擊散

季天氣逐漸酷寒不堪、潛伏山寨中之匪徒受飢寒交加、又羨慕滿洲國王道樂土之教化、投降改過自新匪徒激增、而警備

之時使[illegible]、倘有不知[illegible]此者及、確保市民之安[illegible]困難、繼免不向都市內潛伏、乘機擾亂治安、哈爾濱警察廳、特殊勤務、郊外地區警備森嚴、杜絕匪徒潛伏市內、同時[illegible]云云、

爲謀免除適齡兒童失學

省市兩當局將擴充校舍

濱江省教育當局、及市公署教育科、自本年春季、各校開課以後、鑑於失學兒童爲數極多、對此曾經令由各校、分別調查、市內適於就學年齡之兒童數目、而強化增設學校之陣容、以使減少適齡兒童之失學、基於新學制實施、對於市內各校之擴設之謀擴充改善、現將轄於轄管下、濱俄小學校學生數目、以及累年別統計如下、○濱校教育累年統計

康德元年度、初級三十五處、兩級六處、國民初級、優級、高級、二十一級、兩級者四十五級、教職員、初級者、男女五十五名、兩級者五十名學生初級者、男女計二千二百十六名、兩級者一千九百五十五名、

康德二年度、初級者三十處、兩級二十四處、國民初級五十二級、兩級五十一級、優級、高級、六十一級、教職員、初級、男女五十二名、兩級、百八十九名、學生初級者、男女二千七百十七名、兩級九千一百十八名、康德三年度、初級四十三處、兩級十九處、國民初級、一百十九級、兩級、一百一十五級、優級、高級、五十二級、教職員、男女初級者、一百四十四名、兩級、二百六十三名、學生數、男女初級者、六千零一十一名、兩級者、七千四百九十三名、

康德四年度、初級、四十七處、兩級十五級、國民初級、一百四十五級、兩級八十九級、優級、高級、五十二級、教職員數、男女初級、一百七十三名、兩級、一百九十一名男女學生、初級者、六千六百五十八名、兩級者、四千五百八十四名、

康德五年度、職業校一處、國民學校二十八處、職業一處、職業校四級、國民學校十九級、國民初級、一百一十一級、教職員、職業校、男女八名、國民優級校、二十九名、國民校、男女共計二百六十九名、優級八十三名、職業校十名、學生數、職業校、男女共計百零九名、國民學校、一千一百六十九名、國民初級學校、二千六百二十七名、優級

優級十二處、男女教職員十九名、男女學生五百四十三名、康德四年度、初級八處、四十二級、男女教職員五十五名、兩學生一千一百四十四名、高級一處、十二級、教職員二十名、男女學生五百六十一名、康德五年度、國民學校人處、五十五級、教職員四十六名、男女學生一千一百十一名、優級一處、十二級、教職員十九名、男女學生計五百名、市公署教育科、對上述濱俄學校學生、詳細統計後、將計劃於康德六年度、實施擴充校舍、以期盡量收容學生、而徹底免除失學之顧慮云云、

煤煙作祟 薰死四人

松花警察署管內道徭街門牌四十一號協茂東雜貨店執事人、盛華山於十一日午前七時忽見同院八號住戶船夫黃金方年四十二歲房門關閉未開、頗爲懷疑、當即前往啓門查視結果、同居船夫、辛寶山四十二

1、宿膳費由官方補助每人每年七十二元
2、學費由推薦之縣旗市方面補助、每人每年一百廿元、
3、修學旅行費每人補助三十元、(特修)科乃至六十元(本科)、
4、學費免除、(其他各中等學校每月約二元)
5、畢業後之待遇
一、本科卒業生初任教師給月俸三十五元乃至四十五元、
二、特修科卒業生、初任教師給俸二十五元以上、
六、畢業後可得初等教育教驗或教導資格、
七、以上之學生於卒業後、

1、品行端正、思想健全身體强健者、
2、本科入學者必須初級中學卒業或同等以上之學力者、

銜然殘喘、飢寒交加、已臨窘途、而潛伏山中匪徒羡慕我滿洲國王道教化、益欲悔過自新者大有人在、故現向濱江省公之匪團、逃往[illegible]、綏稜、慶城、葦河、珠河等三江省隣接之濱江省內、因當局事先即行匪民分離工作、設立集團部落警備森嚴、匪徒更無機之可乘、以致潛伏於各山寨中匪藏匪徒受飢寒交加之摧殘瀕臨入死境、但我日滿軍警討伐追擊殘匪更爲緊張、因此匪徒自知再難掙扎、復羡慕我滿洲國王道教化、故潛伏各處匪徒十人或十五人最近請求投降者激增、最近[illegible]縣下採伐樹木中某日本人採伐夫某忽被匪人架去潛逃山寨中、經被綁架之日人說服六名胡匪請願投降改過自新、一劇美談、現在時値多

松花江已開始流冰
航聯電知各船返航

近日以來天氣驟然寒冷、自十一月八日降落近年稀有之大雪後、天氣更爲酷寒、迄至十一日正午本市之氣溫、已至零下七、六、而哈爾濱松花江由十一日午前即始本年度本格的流氷矣、據查本年度之松花江流氷、比較去年十一月八日開始流冰計晚僅三日間、據對於松花江每年封江之經驗觀測談、松江花封江當爲期切迫於本月二十日前後、即可封江、哈爾濱航業聯合局、因鑑於哈爾濱松花江開已始流氷、除現急速電知航行途中之客貨各輪船、急速返航哈市外、並令已經歸着之客貨船隻即時入冬營船塢、以便着手修理云云、

遂行產業開發國策
設立自動車工場
哈鐵道局頃已決定

鐵道總局爲謀交通便利、對於管下各鐵道局自動車線路積極飛躍的擴充、而交通普及極爲完備、惟鐵道總局所屬六鐵道局之自動車營 線路、最長者及車輛最多莫過於哈爾濱鐵道局矣、該局爲謀自動車營業發展除延長擴充路線外、擬在哈爾濱處設 備一大自動 車工廠、向來滿洲國內所需用之自動車、均由奉天同和自動車工場配給、然現在各鐵道局對於長途大汽車飛躍發展、極感覺該自動車工廠配給需用者應接不暇、故哈鐵有獨自設置自動車工場必要、經協議結果、新自動車工場設置決定、場所鐵道工場附近之鐵道用地建築新工場、待其工場落成後、裝置車體、破車修理、其他部份品製造、將來成立後、各方面多大期待、云云、

校、二千四百二十二名、職業校一百六十九名、
㊁俄校教育累年統計
康德二年度、初級二十八校、二十三級、教職員、男女計六十五名、學生數、男女計一千七百零六名、高級一處、

[illegible]及前往借宿之盛某長子并香年十五歲及次男十歲四名被煤烟薰斃多時本年入冬以來僅二旬間、業已發煤毒死突破十餘名矣、希望一般市民加以注意、免遭不測云云、

滿洲製粉聯合會
將開催臨時總會

滿洲製粉聯合會、爲協議今後各製粉工廠之生產量、及樹立製粉業運營方針起見、特定於本月廿一日及廿二兩日間、在哈爾濱商工公會開催第一回臨時總會、各地代表屆時均出席與會云云、

戒烟歌謠

害人的嗜好有多般、最毒的莫過鴉片烟、能使英雄爲下賤常教富貴變貧寒、害人生命過於酒色、敗人的財產甚於賭錢不加愼染成烟癮、一生的痛苦無岸無邊、我今篇作仙人指、點破迷途返本還原、勸同胞莫嫌耳俗、請注意、聽我把鴉片的來由利害談上一談、想當初此物並非中國產、皆因爲英國人 挈也晋貫才流入中原、那時節正在淸朝極盛時代、到而今算來不過二百年、進口的際安、然不久、誘人的魔力流毒無邊、彼時間科學不明不知化驗、愛將那害人的毒藥當仙丹到後來有一位林公則徐深知其害、守海口焚燒片招起狼烟、演成了國際交戰爭之禍、幾乎把大淸國鬧了個地覆天翻、皆因他不惱其本去禁令民衆、徒知道而奔其末來抵制邊關、難成想軍民人等好者日衆、到歸終四萬兆人口半數吸烟、因爲是吸食的當時使人精神立振又能夠醫治小病立刻便痊、普通的入癮的原因分爲兩種、不是因與威友消遣就是因爲病纏雖然是當時用過有好處、又誰知久而久之才把痛苦添、如若是到時候不用便把癮犯、犯癮的狀態實在不堪、也不管有人無人呵噓眼淚、更不論事忙事緩不能勤彈、總而言之煙癮不 不能做事、並且是腰酸軟害病的一般、單等到煙癮過足精神復振、不亞於立身雲霧的小神仙、眞果是靈丹妙藥一般樣能使人揚眉吐氣換笑顏、你看他在大庭廣衆之中高談闊論、氣概凌人志在沖天、還有一等吹牛大王大言不慚、口似懸河把自己的已往談大概是有駱駝不說牛蹄三蹄四、不是兩山抓過狼就是北丗挪過山、偏有那流俗之輩從傍拍馬、節外生枝枝外又把葉添、無知人聽着反生羡慕、高明人聽着笑而不言又誰知道功夫一大把烟癮重犯霎時間愁眉不展淚漣漣、這不過癮君子仝犯之病、我再把各行人吸鴉片的害處言一言、政界人因吸烟就擱公務、免不了因循案件累月經年、軍警界抽大烟勇氣頹敗、對於那防衞作戰武力難言、實業人抽大烟神昏志亂、持籌握算不周全、手藝人抽大烟身體懶惰、製造的器物不能美觀、莊農人抽大烟悞了耕種、收成的糧食不能十全、勞工人抽大烟損傷筋力、大頂的活計不能担、害病人吸鴉片救急頃刻、成癮後返到是病勢增添、不過是這些人尚有可原之處、不是因爲環境所迫就是因爲知識不全、惟可惜教育人材事業神聖、研究那衞生生理占人先、誰料他明知有害反要去用、倒比那普通之人抽的歡、他反說終日間心力並勞無可消遣、借着他陶情冶性甚解愁煩、日久天長成了癮、知識日減病日添、因此上疏懶性成敷衍授業、無形中悞了那莘莘學子的好青年、還有那富貴之人把鴉片用、擎他玩耍樂非凡、癮大癮小並不在意、仰仗着身家尊貴有金錢、終日裡一榻橫陳噴雲吐霧、甚致於晝夜時刻不稍閒、況且是[illegible]無事能媒介賭色、過足癮不是去逛道就是賭錢、只弄的飲食減少身體弱、懶而且懶出於自然、每逢有事倩人代辦、未從吃飯講究十錦三鮮、既不能做事又不能生利、既學會游蕩又學會化錢甚至於 溺愛不明縱妻寵妾把家中的老幼子女傳染的吸煙有時節至親近友苦口相勸、不但不覺悟反倒出惡言、到後來積重難返破了家產、典盡了物業賣盡了田園、家愈凋零煙癮大、只弄的衣食二字不圓全、到這時親戚朋友下眼看待、未從一見面心裡先犯難、開口先訴自己的苦況、不是說如何困苦就是說如何爲難、恐怕張嘴求借貸、再不然設法躲避一番即便有存心慈善的些微周濟、只無奈金銀有限苦海難塡、有多少弄到日暮途窮處、上不顧父母下不顧妻子兒男、甚至有借貸無門鬻妻賣子、或立[illegible]女爲娼去賺錢、只要他能得吸烟一切不顧、更不顧傍人恥笑甘當老元、遇見那果斷的婦人自動離異、遇見那節烈的婦人一死了寃、家破人離仍不覺、有了錢不顧吃飯、先顧吸大烟眞個是丟人現世全不管、有了大烟就算過年、到最後抽不起大烟打上嗎啡、終朝每日用針穿、毒氣攻心內毒發作、通身的皮膚不能完全、再加上身的衣服不能遮體、腹中的飢餓不得飯餐、到這時不知實已無味氣、反說是時運不濟尤人怨天强梁的流爲賊盜不顧天理、軟弱的流爲乞丐不顧羞顏、做盜賊免不了法犯當官、擒監坐獄受盡了刑罰命要黃泉、作乞丐無處存身、宿在露地、最怕多日和陰天、饑餓交加嚴寒又迫到頭不免把溝壑塡、有錢的吸煙不免如此、貧窮人吸大烟更不必談、這不過男子汗吸烟的收原結果、爲女子吸鴉片更是要[illegible]、生在那富貴之家失了閨訓、生在那貧寒之家墮落不堪有多少因吸烟失落貞節、他把那淸白二字扔在一邊、有多少因吸烟去把野雞打、他把那羞恥二字不以爲然、甚至於甘作娼妓迎門賣笑、他把那下賤二字不掛心間、等到那青春一去紅顏老、問津無人才作難到頭來難免終歸於盡、死後遺臭在人間、看起來無論男女與貧富吸上了大煙想好萬難、不但敗家且致命、既然壞品又喪廉、勸同胞快轉迷途登覺悟路、冀沉苦海身不翻、新國家見到了鴉片毒害、設法挽救以戒當先、深恐的流毒日深積由難反欲期淨盡才正本淸源、預禁於征十年計畫、釜底抽薪法令尙寬、設專賣爲的是數目規納、好施行禁令許減不添、立醫院爲的是療養癮者、好使那中毒的脫出苦海身體健全、勸同胞苦海無邊回頭是岸、如能猛醒就算英賢、老邁的能戒除定能延壽、少壯的能戒除前途無邊家敗的能戒除恢復產業、失勢的能戒除衣食不難、守家的能戒除老幼喜歡、在外的能戒除得返家園、趁東隅已逝、桑榆非晚、如能悟已往之不諫、尙冀來者之可追、若不然、傳聞一時身心暢快、免不了沉淪一世難把身翻、如能夠將精神振刷、和烟癮鏖戰、受苦惱至多不過二十天、以三週的折磨、換一生的幸福、旣不負國、又對得起先祖、奉勸世上癮君子快快横心忌大烟、況且是旣作男兒當立志、莫教他人白眼看便是旣女子亦應知悔、因爲是文明國家男女平權、同胞們果能遠離烟瘴、前途遠大天地寬、我今做一曲戒烟辭、同胞莫怪[illegible]昧不恭、望乞海涵、

濱江特刊

第一八八號

盛京時報北滿總支社
地址　哈爾濱道外桃花巷十二號
電話道裡三三〇三番

生徒練習商業 獲利益慰問軍警

濱江省立第三國民高等學校前於暑假期內、自七月一日至同月廿日止、以二十天之時光謀生徒實地練習商業事務、將全体生徒、分派於市內各商店從事店員職務、並於江沿馬頭開設飯賣店兩處、亦由生徒輪流自行經營、以上僅以短小之時間、結果而收得莫大之成績足見各生徒等之熱心服務、忍苦耐勞、其神之充分可嘉之至、當其實習終了後、各商店對於生徒實習期內、所獲之利益金、統計五十一元四毛二分各商於感佩之下、部贈與各日生徒收用、以表謝忱、該全昨校教諭、井上儀輔氏、伴同生徒碩啓元、宋恩吉兩君、訪謁哈爾濱日日新聞社、陳述假期生徒勞作經過、願將所得之汗血衛欵、奉呈國防獻金、以及慰問在滿軍警傷病者需用、聊表愛國熱忱、而盡槍後支援等語、共五十一元四角二分、計國防獻金二十五元、慰問在滿軍警傷病金二十六元四角二分以上義舉、令人可欽云、

各校忙設滑冰場

本市各校教育當局、鑑及天氣日漸寒冷、對於學生之冬季運動、乃一重要事項、目下各校積極計畫建設滑冰運動場、以資鍛練學生之身心、健全其體格、因此各校均在着手修理建設中、每日潑水工作、極爲緊張、近內日各校滑冰場、即可完成云、

擬在哈市近郊設置農場 以期完成產業之開發 市署農政科計劃實施中

濱江省公署當局、爲期農業五年計劃遂行圓滑、前由中央產業部、會計劃於康德六年度、亦計劃於哈埠近郊之顧鄉屯、上號等地方、設置農場、對小麥增殖極謀獎勵、以期完成產帶之匪賊、饑寒交迫、勢必有乘機變裝、向都市、街村躲身者、刻爲防止其侵入計、對於

麥粉批發商 市署業已批准

【又訊】根據小麥粉販賣許可制之頒佈實施、屢誌前報、哈爾濱市內滿系小麥粉批發商之資格、因此將上述之呈請批發許可之二十家、經備批準如下十一家、滿系八家、計爲德[illegible]魁、聚興永、三泰棧、双合義、裕昌源、分銷處、東記、東興義、安惠棧、日系三家、計爲三井、三菱、光武、除上而批發組合最近將由被批準十一家加入成立爲組合、現下正進行準備結成手續云云、

道德會招收講員

【嫩江】吾嫩道德分會、創立以來、已屆三載、對於社會公益道德、頗能竭力宣傳、而對於婦女家庭婦德職務倡導等事、不遺餘力、現因該會女子講員缺人、特由該會會長李壽田氏、照貼廣告、招收女生三十名、以便畢業後、担任女

創立日語研究夜校

【嫩江】滿洲立國、注重王道、日滿職員、一德一心、往往因言語不通、致誤辦事、諸多隔閡、縣方有鑒及此、乃於教育股、成立日語研究夜班、各科職員、入班學習日語、自每日午後六時半起、至八時半止、計二小時、共教師由實業股拔士、赤上氏担任、頗能專心教授云、

爲謀小麥粉配給圓滑 省署召開配給協議會 各縣旗市關係均行來哈參加

濱江省公署實業廳爲謀管下各縣市旗小麥粉配給之圓滑起見、經協議結果特定於十九日在濱江省公署官房會議室召集各縣旗市實業股長及麥粉配給關係者開催小麥粉配給協議會爲參加會議關係者均已來哈、審其會議所討論事項、即關於十二月份小麥粉配給關係事項及小麥粉訂貨辦法云云

愛路視查團員返縣

【嫩江】吾邑街公所街長白儀亭、縣署庶務科員、但顯德二氏、前曾奉令、參加省方主催全滿愛路視察團一節、早誌前報、現該二氏已經視察完了、業於昨日（十二日）返縣報告視查經過云、

面粉價暗漲不已 省署再定標準價

【吉林】因爲本年春夏季奸商之壟斷、面粉購買力向來准各面粉批發商以爲良機又至漸漸將價格提高、仍用暗售高爲於此暴利取締之際、決不准面粉價昂漲有碍民食、於是決定將本市面粉規定價格公布實行、十一月份工廠批發每袋價格特殊品六元四角二分、一般普通品五元三角二分、商家零售特殊品七元零五分、一般普通品五元五角五分、十二月份工廠批發每袋價格特殊品六元八角二分、一般普通品五元三角二分、商家零售每袋價格特殊品六元九角八分、一般品五元四角八分、

森田理事長歸京

【大連】參加古城少將葬儀而來連之弘報協會理事長森

以三千五百萬元資金、在北滿五十五處、設置機械農場、省公署當局、對此現在正着手調查、各縣之產物收獲量、而準備多設機械農場、並對農作物徹底强化增殖、此外市署農政科、為適應產業之開發、除於日內、開催農作物品評會、及獎勵農民外、並計劃於來年度基於產業部機械農場之設置、業之開發、目下關於機械農場之設置正與關係方面協議、堂行折衝中云、

植田警務司長 搭乘列車歸京

來哈巡視之中央治安部警務司長、植田閣下、在哈巡視已經完了、故已於十七日早九時、乘亞細亞列車返回新京、當離哈時結城省次長、植木警務廳長、荻原副廳長、四軍區將校、以及關係側、各機關首領、均到站歡送、此次植田司閣下、來哈巡視之結果、極為滿意、於暢然中而返京矣、

為徹底普及愛路思想 舉行巡迴愛路工作講演

哈鐵道當局正在進行準備中

哈鐵道當局、為普及愛路思想、該局產業課愛路系、並各鐵道警護隊愛路宣撫工作人員指導之下、將施行冬期、特別巡迴愛路工作講演、關於防共時局認識、鐵道防衛、產業開發、思想普及等運動實大、向幹下一般愛護團員、努力邁進中、茲誌其梗概如下、

時局之再認識

須以最近國際勢局、世界各國防衛赤化、結成防共堅陣、防備人民戰線之侵入、現在對立抗戰之激化强調、又使共徹底了解、今次日支事變之原因、以期根絕、將政權之容共抗日思想、為確立東洋永遠和平、着着發揮共成果、日滿支提協實為必要、並竭力說明、臨時政府、及維新政府之合同、將來之方針、喚起國民之生存幸福、以及北方攪亂國、暗躍等情、力向一般愛護國民說明、促彼等明了今日之時局、

防共思想徹底

對於防共思想之徹底、須以日德防共協定為發端、現在防共聯盟國、已達二十六個國、成為一團、提携驅逐赤色魔手、構成鐵壁防共陣容、而於世界之眼、之滿洲國、勿論地理的、民族的、最易施行地下的、潛行容共運動工作、故須以赤色恐怖可慘怕之情形、努力鼓吹之、而於愛護團員、須覺醒防共運動、撲滅流蜚言語等、力去闡明國民政府、採取容共政策、現在情況之非是、並以蘇聯之共產主義、國民所受之慘害、為有力之鼓吹、而使各愛護團員、共起反共運動、

鐵道防衛觀念

在施行愛路普及工作中、必以鐵道防衛觀念之徹底、說明鐵道之使命、並在國防上、經濟上之重要性、於現代之戰爭、對於破鐵道、以及資料之燃燒、為作戰上最受影響者、故凡愛護團員、為鐵道守護之責任者、不問平戰兩時、須依破壞鐵道之慘情、應力向愛護團員、說明鼓吹之可隨時隨地、防衛鐵道也、

愛護團之鞏化

於施行普及愛路工作中、對於哈鐵管下愛護團、組織之再鞏固化、以及對於愛護團長、及分團長、人選之檢討連絡、報告之研究、並指導方法等、均須特別檢討、確立今後之工作根本方針、因此故應再度實行調查人員、作製青年團、少年團、義勇奉公隊等之名稱、分班組成愛路班以遇必要時、於巡廻工作中、並於可能範圍內、亦應實施鐵道保衛之教育、

普及產業開發

滿洲帝國既係農業國、對於增產計畫、以及產業開發、思想之普及等、實為鐵道愛護團員目下第一急務也、須指導共向產業五個年計畫方針邁進、並於愛護村設立以來、鐵道總局、投以莫大資金、於產業開發工作、盡瘁之結果、獲見於數年間躍進的發達、已費除舊套、轉向新農業之經營强調增產關係、一家之收入及國家之豐富、力闡鐵道運營與自己有甚大之利影響為培養鐵道總局、於資源愛護以及家畜繁殖、副業獎勵、鄉土品之普及宣傳、所有之辦法特應力為說明、尤關愛路精神之普及與徹底諸鐵道之恩惠、有如何之利益、例如鐵道安全運行、乃於國家社會有重大影響、勿論事故發生之有無均有莫大損害因對愛路精神之普及力向愛護團員盡力鼓吹運動云

濱江商工公會 開催常務理事會

濱江省商工公會、鑑於行將開催全國、省商工公會、總會之期在邇、為準備、屆時提出各項議案、特於十八日、假濱江省公署官房會議室、召集全省、各市縣旗商工公會、常務理事、開催省市縣旗商工會、常務理事會議、討論一切云云、

防止匪患 檢查旅客

哈爾濱鐵道警上護隊、鑑於松花江將行結凍、潛伏山岳地鐵道通行人等、徹底加以防範、最近組成講習班、由各警護隊、派遣特務、司法等人員、開始指導、而求圓滑、勿生遺憾起見、此後除對於列車內乘客注意外、更對於沿線

十五家、日系五家、共為二十家、日前呈請哈爾濱市公署發給批發許可、並準備成立小麥粉批發組合中、後經市當局嚴重審核結果、按照一年販賣能達二十萬袋者方能足為批發商未有之不便、於吉林省當局公佈官定價格後、又運來三十火車面粉、始將一時面粉恐荒接濟度過、於新小麥發場後、官府因為定價多不適宜、於合理之下間准許面粉價格不動、不價方獲利、鄉村交通不便地方竟有每袋賣八元上者、僻處山十元亦有、當局有鑒及此、即

田久、滿洲新聞社長和田日出吉兩氏、十七日晚八時由連乘車返京矣、

航聯局召集局員 開催運輸規則講演

有案、[illegible]烏蘇里江黑龍江松花江三大航路使命之哈爾濱航業聯合局、現因各江中開始流氷、各航行船隻業已先後返航來哈入塢、準備度其半年冬眠生活矣、而本年度之航行輪船業已廢止航行、亦告本格結束

哈爾濱航業聯合局乘此閒散機會、為使一般殘留局員徹底了解航行法規規則起見、特於十五日起亘二週間在哈鐵俱樂部召集殘留冬勤職員講演運輸規則及旅客取扱方法、講師由山畸航聯貨物主任及藤井船舶係主任担任、當開會時首由三浦總務科長及賓野營業科長加以懇切訓示、為謀明年度開江時、一般局員明瞭運輸規則、對於客貨物處理敏捷及完備、以期達到航行使命圓滑目的云云、

為救濟白俄失業 設白俄副產組合

在俱樂部舉行結成式

哈爾濱鐵路局、為徹底民族協和、同舟共濟起見、為使沿線白俄、得以謀生、而免失業、當由鐵道局援助之下成立白俄副業組合、以濱洲線、哈爾濱煙筒山間之白俄為主、哈鐵產業課、對於以上、本年春季間曾有三年計劃、樹立副業根本案、提呈總局許可、刻求極有出現、更於十五日午後四時、假鐵道俱樂部、舉行 產業組合結成式、由宇佐美副局長、小川產業課長、以下同係者、出席參加、該組合計劃、三年間、預定經費、十五萬元、本年度、自十一月至十二月、兩個月間、為一萬五千元、明年度、及後年度、為十三萬五千元、該副業組合、以畜產為中心、其次即為蔬菜栽培、植林及捕魚等工作云、

嫩江已結冰

【齊齊哈爾】本月上旬大雪、深沒半腿、江水因之結氷、每日有大氷塊流動、月之九日午前、因氷塊過大、均停上流動加之近二三日嚴寒、故於日前已行封凍、最近可通行人、二三日間即可通車云、

日本移民地區 預定本年度買完

省當局派員赴各縣辦理手續

濱江省公署、基於中央之產業開發、日本移民二十年計畫(康德四年度起為期)、本省管內移民事業辦理之圓滑起見乃特經決定、自明年度起樹立濱江省日本移民五年計劃、伴隨該計劃、更制定移民事業行事計劃、近日來正在審議中、但在此五年計劃、實施以前之本年度、決定將濱江省管內、日本移民地定數、三百六十萬零一千零八十六、本部收買完了、山河道路、官荒在內、為收買此種移民地、濱江省拓政科、業已派員、分班前往各縣辦理收買手續中、務期於本年冬期全部收買完了云、

濱江特刊
第一九〇號
盛京時報北滿總支社
社址 哈爾濱道外 桃花巷十二號
電話道裡三三〇三番

治外法權撤廢一週紀念
警廳隆重擧行式典
白廳長對屬下各員剴切訓示

昨一日爲友邦日本撤廢在滿治外法權一週年紀念之佳辰、實爲建國史上最光榮之一頁、去年今日、轉瞬已逾一年矣、對於日本友邦毅然之義擧、我國臣民、均不勝感激之至、茲哈爾濱警察廳、爲紀念治外法權撤廢、乃於日昨午前九時半在同廳會議室、擧行紀念慶祝式、當時各警察署長及主任、並本廳職員參集之下擧行義式、首向國旗行最敬禮、嗣即由廳長白銘鎭氏、作如左之訓示、

今日爲日本友邦撤廢治外法權一週年紀念之佳辰、去年今天、爲最值得紀念之佳日、同時又爲在建國史上最光榮之一頁、在此一年中間、本着日本友邦撤廢治外法權之好意、向前努力作工、尙得大体之良好吾等對於友邦之好意、雖粉身碎骨、亦所當然、精神團結、努力猛進、毫未發生遺憾、此爲各位努力之所致也、本日又爲愛國日、每月擧行一次、爲此國民精神振興、一致團結、建設王道國家、對此人人稱慶、各個騰歡、此乃友邦日本之所賜也、然在此戰時体制下我等責任非常重大、須要特別努力、同時希對於時局、有充分之認識與覺悟、本廳長不勝期待之至、至十時半訓示完畢、遂於三呼大日本帝國、大滿洲帝國萬歲、之騰歡聲中隆重式典始散云、

以日本海軍歸國爲機
海軍江防艦隊將改編
于治安部大臣對本報記者談

哈爾濱市公署、哈爾濱鐵道警護隊部等各機關巡察、定於三日離哈赴三江省云云、

封鎖兩英學校
已待圓滿解決

關於封閉兩英中學校一節、業見前報、日前濱江省公署當局、基於中央之訓令、報請該二校之責任者、（英文中學校大英中學校）、向其通達閉鎖命令書、査本問題、從來曾經外務局、駐哈特派員、以英國領事館爲交涉對手、繼續作種種折衝、迄至最杜、與英國側官憲之間、已達圓滿諒解之境域、惟僅係手續上之命令書通達順序而已、且本問題與以前蘇聯系中學校之閉鎖處分、純然不同、對英國人、以營利的經營學校、要求其須受滿洲國政府之正式承認、同時於二校、求其以純教育外人子弟爲目的、而改變經營方針之情勢云、又我國政府、關於在哈英人、經營之二中學校閉鎖問題、決以好意態度、於學校閉鎖之後、對於在學、滿系及白系俄人生徒、（占在學生徒之大部）擬分別收容於所定之學校外、校舍即準備賣却、約定

苦海無邊回頭是岸
戒除癮者廿名出所

哈爾濱市公署、基於十年斷禁鴉片政策、除嚴勵督促市民徹底斷煙外、對於同署、亦施以自肅自戒方針、前曾將同署吸煙職員、一律送入道外、哈爾濱市立戒煙所、實行斷禁以來、迄已二月有餘、共計十餘名、在戒煙所內、完全將毒戒除、而恢復健康者二十餘名、當於日前、陸續分兩批出所、赴市署上班、其餘尚有十餘名、仍在該所、進行戒除中、國民禁煙戒毒、首由官公吏作起、頗收良好成績云、

街村制預算及課稅額
將向副縣長會議席上提出討論
解決後再行正式發表

濱江省公署鑑於省下之街村制設置爲期切迫、爲討論街村制實施之辦法、日前特開各科長聯絡會議、當時對於街村制預算、並課稅額、開始協議結果、關於課稅率額、大體與保甲費相同、而各縣分別規定街村經費、課稅率每人以一圓內外爲標準、即按照此數、編成預算、街營業稅共土地稅每晌約爲一元至兩元之數晌於以上聯絡會議之提案、將向副縣長會議席上提出討論、俟決後再行正式公表云云、

改革農事道場具體案
正進行究研中

決定後即可着手改革

哈爾濱市公署農政科爲造就農村中堅青年爲農業專門人材起見、曾在京濱線沈家王崗、設置農民道場、對於日前入農民

十一月二十日午前六時、由指揮官邢中校率領部隊、在富錦縣、寶淸縣境附近、與匪首第三軍系、陳紹賓部下、雙龍匪三十八名遭遇當即交戰、約五時間、除殘匪五名逃竄外、其餘三十三名、均被擊斃、此戰鬥、鹵獲步槍十一枝、手槍二枝、人馬奪還二名、至於我損害、除戰死一等兵一名外、其餘無損失、

司令官對於以上三戰役、認爲指揮適當、操得勝利、擊匪有功、特賞國幣三百六十元云、

除系、徐主任以下匪團約四十騎匪遭遇、匪之裝備、各持雜色槍械、交戰約一時間、將匪與以致命打擊、匪勢不支、遂向西南方逃走、此戰持、匪方之損害、斃匪十名、傷匪十餘名、斃匪馬十一匹、燒燬山寨七處、鹵獲步槍九枝、彈藥三百七十二發、手槍三枝、手槍彈藥二十發、手榴彈三發、彈包二個、追擊砲彈藥一盒、人票奪還一名、高粱五石、大豆二石、粟一石、馬一匹、衣服多數我方無損害、

三〇〇部隊之一部兵力、於

小麥粉販賣組合
擧行成立式典

駐哈友邦大日本帝國海軍防備隊、自滿洲事變同時即協同我滿洲國江防艦隊担任北滿烏松里三大江上治安之重大使命現在治安業已確立、樹立赫赫武勳、現因治安任務完了、受全市日滿官民歡送聲中、業於十二月一日歸國、故我滿洲國江防艦隊司令部、將有實施改編、爲明瞭其將來改編之辦法、特於二日往訪滯哈視察中之于治安部大臣、會向大臣叩詢上述問題、當蒙大臣對延見談話如下、

日本駐滿海軍司令部、以及駐哈日本海軍防備隊、自滿洲建國以來、迄今六七載、對於我滿洲國海軍之指導育成、並對陸軍剿匪上之種種援助、實爲我滿洲國政府以及陸海軍所感激不置者、今次突如凱旋歸國、在我滿洲國陸海軍方面言之、殊失去一大輔臂但以日本海軍歸國爲機、我滿洲國海軍江防艦隊司令部、亦將實行改編、至于改編之具體辦法、尚未確定、目下正與關東軍當局並海軍現地機關等方面商洽、中、查現在海軍之內部、極爲整備充實、並有日本海軍專門人材之海軍將官許多、一旦完全改編爲陸軍亦不相宜、故而究竟如何改編尚須加以相當之考慮、但依本人之意見、在將來改編時、惟有名稱變更、並官制改正而已、對於其他之一切或仍照舊、以便仍負北滿松烏里之江江防之重要使命、至于改編日期、依現在一般之情形觀之最早亦須在明年四月一日實施云云、

于大臣巡視各機關

中央治安部大臣于芷山氏、爲巡視三江及濱江兩省之治安狀況、並巡閱直屬軍警各關係機關、故於十二月一日下午零時四十五分搭乘京濱線列車蒞哈、在哈日滿關係者均至車站歡迎、投宿於道裏馬迭爾旅館、當日下赴第四軍管區司令部各機關巡視、於二日午前九半自寓邸時之馬迭爾旅館出發先赴故友三毛公館訪問後、訪問田邊部隊長、繼赴陸軍病院慰問傷病兵、嗣後視察被服廠一般狀況、於十一時、五十分赴濱江省警務廳巡閱、當由結城省次長植木官警務廳長、白哈爾濱警察廳長以及全體荐任官以上之全體警官、在廳外堵列恭迎、於大臣到着該廳後、首由結城省次長植木警務廳長白警察廳長等報告省政及一般狀況、於十二時三十分返還寓邸馬迭爾旅館午宴、下午自一時半起巡視第四憲兵隊、海軍江防艦隊司令部、定於三日午前搭乘飛機赴江省親三察、關於此次在哈視察之經過及感想於二日下午會對往訪記者所談如左、

本人現已迫近年末時期、年來北滿各地日滿軍警努力於治安維持工作、已有相當之好成績、茲爲視察北滿各地之治安現狀、慰問日滿軍警、並巡視直屬各機關之一般狀況、故有此次視察、連日在哈訪問關係各機關、並視察直屬之軍警各機關、見各該機關之日滿將官職員等、均極協和融洽、此亦實爲治安確保之現象、再本人對於哈市之一般觀念極深、故在時間之可能範圍內、批再赴

以充分之政治的善處、教職員之轉職、及其他、均予以特別之考慮、滿洲國政府之此等意向、既待英國官憲、並學校當局者之承認、故此問題已經圓滿解決矣、

職業學校卒業式
函請各機關參加
已就職者達七十餘名

哈爾濱市立職業學校第一期卒業生徒共爲九十五名、計商科學生三十名、木工科學生三十五名、裁縫科學生十五名、打字科學生十五名、現已屆卒業期中、故定於十二月十日舉行卒業式典、現已函知各機關屆時邀請參加、因第一期卒業生卒業期限切迫、爲使卒業生卒業後立即服職起見、特由該校分別向各機關介紹職業、查此次就職頗利成績非常良好、除哈爾濱市各機關及附近各縣盡量採用外、並遠者則新京海拉爾、望奎等地方各官廳會社工場亦均欲採用茲將就職採用部門、分別誌錄如下、

哈爾濱市公署採用五名、勞工協會五名、三井物產會社二名、興業銀行三名、國際運輸會社六名、松黑運輸會社四名、丸商百貨店十名、登喜和百貨店五名、造船所十五名、康德毛織工場七名、共待遇自三十五元起至六十元、薪俸頗爲優厚云云、

教育普及益爲撤底
街村制處設立小學
安達縣頃已設立十二個校矣

濱江省公署民生廳基於政府當局新學制實施以來、對於省下教育極謀發展、爲期地方農民子弟教育之普及、日前會計制以各縣公署爲中心、於各街村制處均設立小學校、現擬定於每街村制設置學校一處、惟對於尚未設立學校之街村處、須令其積極設立、以免失學之遺憾、而安達縣管內之街村制於本年度現 已設立學 校十二處、內分爲二百四十三級、其內部裝設極爲完善、對於各設立之學校校舍、定於本年內須一律建築完備、預定於明年春季、各校即開始正式授課、待全省管下各街村制學校設立完備時、而教育之普及益愈徹底發展、失學之農民子弟由此一掃云云、

道場之青年、係由各區推存計約四十名、對彼等入場之青年即施以精神及技術的教育、其道場內、有農園約八十晌土地關於其栽培之收入、可以供自給自足矣、市公署農政科現認爲農民道場、經過去辦理之成績極爲不良、故計劃於來年度決將農民道場加以根本改革、俾被收容入農民道場之中堅青年、得到農業學上之各種知識將來可以作爲一般農民之指導份子、關於各種改革一切具體案件、現正在進行研究中、待決定後即可着手改革云云、

四軍所屬部隊
討匪樹立武勳

【哈爾濱】第四軍管區管下各討伐隊、伴同酷寒天候、益發揚國軍威力、殲滅頑強匪賊、樹立赫赫武勳、頃據四軍司令部發表四管下〇〇討伐部隊、最近討伐之效果、誌之於左、

一、〇〇部隊之一部兵力、於十一月十八日午前三時三十分、由佐仁上尉指導官率領之下、在富錦縣新城鎭東南方、北陽屯地方、與匪首李景印部下、匪團約二十名激戰約三十分許、將匪全部殲滅、此戰鬥匪方損害、二十名匪團全數滅絕、鹵獲步槍十一枝彈藥三百發、手槍(一枝、我方並無損害

二、〇〇部隊之兵力、於十一月十九日午前十時二十分、由指揮官李中校率領部下〇〇名、在富錦縣下道口西四十滿里、二六二高地、與匪首第六

今後市內麥粉配給可以圓滑

【哈爾濱】爲謀小麥粉配給之圓滑、前曾成立小麥粉統制聯合會、並小麥粉配給組合、關於哈爾濱方面麥粉販賣業者、早已計劃成立小麥粉販賣組合中、茲聞成立一切手續業經準備完了、故特定於十二月六日午前十時在道裡地段街商工公會之會議室舉行組合成立式典、而加入組合者、爲日滿俄面粉零賣業者約一百三十餘家、待組合成立後、關於麥粉之配給當能更爲強化云云、

商工會舉行總會

【青岡】商工公會自改組成立以來、依當局之指導一切事業、莫不順調躍進前途發展、正未可量、茲以康德六年度事業計劃預算編成各要案、依該會定款第十二條之規定、須經參事總會之議決、故於昨日(十一月三十日)上午十時假協和會與業部舉行矣、提議各案經業檢討結果一致通過、圓滿閉會後、並在雙立居備有聯歡筵席、直至下午五時五十分始各盡歡而散、計出席者、會長王麗峯縣長、副縣長、張行政科長代理、久我實業股長、徐技士、協和會顧事務長、本會韓常務理事、各參事、各理事警察署趙署長、及全體職員、本社記者、

議決案件如左

一、顧問之選任應受經濟部大臣認可之件

二、預算討議之件

三、康德六年度經費賦課徵收方法之件

四、關於制限外賦課徵收方法之件

五、關於過怠金之賦課之件

六、關於呈請設立禎祥村商工公會分事務所之件

滿人理髮業組合
正準備成立中
於手續就緒後年末能實現

國際都市之大哈爾濱、現在各種同業者間、均有相當統制以及同業互相聯絡提携、惟散在市內約爲一百八十餘家之滿人經營理髮業者、向無統制、哈爾濱警察廳有鑑及此、爲使各理髮業之技術及感情親睦向上起見、並衛生思想徹底普及特由警廳斡旋之下、設立哈爾濱市滿人理髮店業者組合、關於一切設立之手續、正在進行籌備中、大體於本年末即能正式成立、查其組合設立內容、預定組合長一名、副組合長理事各若干名、依警察署管內分別、設置支部、每支部中、設有支部長、副支部長、會計、評議各若干名、組合長由警察廳長、認可就任、此外對於各店之集會並營業時間、將有確實之規定、對於從業員之定休日褒彰制度亦行確定、各理詳業者頗爲期待云云、

濱江特刊
第一九一號
盛京時報北滿總支社
社址 哈爾濱道外 地段街一號
電話道裡②三〇三三番

集團部落建設計劃
經省當局規定完了
每集團部落收容農民百廿戶

濱江省公署鑑於管下各縣旗、治安確立、移入農民激增、故對於省下集團部落須有繼續增加建設必要、爲謀集團部落之安寧、經省當局研究結果、關於集團部落之建設及農地警備計劃業已規定如左、

一、集團部落建設計劃

1、每集團部落收容農家一百二十戶、約三四百人爲限、

2、建設房屋三間、收容一戶爲二千棟

3、集團部落之週圍、除設置圍牆一百六十丈、砲台大門各四處外、於部落內、適當處所、鑿井四眼、一切工程均使包修由省方監督指導之

4、以上集團部落、共需經費

3、爲使入植地區間、維持[illegible]安而密切聯絡起見、實施在各集團部落、架設警備電話以資遇有匪警之聯絡云云、

警廳嚴查 奸商高抬物價

濱江省公署鑑於際此非常時局之下、爲維持民衆生活安寧計、對於奸商暴利嚴加取締、爲期徹底防止奸商高抬物價及舉辦等情、故會於十二月一日實施物價標準價格、而哈爾濱警察廳仍恐一般奸商陽奉陰違現正與市公署商工會等關係者組織特察隊、以便巡迴密察各商是否按照標準價格買賣倘發現任意將貨不依標準價格販賣者決加嚴重處分云云、

王監察官 十日離哈返京

於本月五日來哈之王監察官、日來哈後、即對日發預定開始檢查、業於昨日、已在濱江省公署監查察完了、並於昨日下午一時、在省公署官房會議室、召集各廳科監察事擔當者、開催懇談會、闡明此次來哈監察之成績、於下午四時許散會、定於今十日早車離哈返京云、

第五次諮議委員會議
九日下午在市署召開
全體委員以次市署各處科長均出席

協和義勇奉公隊 來年計劃增加隊員

哈爾濱市協和義勇奉公隊、爲謀隊務陣容之強化、經該隊計劃積極擴充增加隊員、對於新協和義勇奉公隊員、經從急結果業已準備完了、由來年即可正式入隊訓練、現下共有義勇奉公隊員爲三千三百名、於來年度預定計劃增加爲六千三百名、與現在數目比較、增加爲一倍云云、

各學校忙碌考試

【彰武】縣立國民優級學校、校長金汝濟、久在彰政、辦學十餘載、學品兼優、頗稱熟手、對於校內一切、力謀改善、教授有方、現屆年終高級生畢業、各級學生、成績優良該校長、關於各學年、年考、期考、晝夜奔忙、頗盡職責、可謂辦有功云、

義舉
餘款五千餘元 悉數捐助冬賑

哈爾濱火磨公會、刻依滿洲製粉聯合會之成立、而該公會之名義、當無存在之必要、前曾全體會員議決、即行辦理解消結束、關於公會剩餘之經費、處置問題、除爲結辦公職員退職金外、所餘者尚有五千餘元、將其盡數捐與哈爾濱善會、以助冬賑之資、斯種義舉頗令人可欽云、

警務科考取警士

【海城】縣公署警務科、爲預儲縣內的警材、以備將來採用計、特於月之十三日、在署內考試警士、共報名投考者、已達八十餘名、但錄取多寡、尚未可知云、

根據保甲費四基礎
街村稅大体業已決定
對於稅外一切賦課金根本取締

濱江省公署當局、爲求地方行政機構充實、明年一月一日、開始施行街村制、但關於街村稅、省署地方科、正在鋭意研究中、

一、地稅賦課將完全一律、農耕地以晌計、街基地以方丈計、此兩種、每晌地由一元乃至兩元之數、

二、營業稅各商店之賣上金額、乃至收入金額、

三、家屋稅賦課地域(大体

之發展、得有今日斷然成績、孫實廳長努力之所至也、茲新京內務局監督處長張書翰氏、榮轉郵政總局長後、其遺缺乃久懸未補、故於昨日發表、任孫稻芳氏爲監督處長、至於孫廳長之後任則爲營口市長尹永

廳長之感想、乃投刺謁見作簡單談話如左、

本人轉任內務局監督處長、雖未奉到中央正式命令、但大休已爲決定矣、而本人在任以來對於經過、可謂無何成績可言、不過無轉任何處、除按國家既定行政方針、向前進行外、即本(愚誠)二字辦理事務、故本人祗以愚誠報國、至於將來如何因 未到任、故不能預定、

忠靈塔現已竣工

【遼陽】西站忠靈塔、前經滿洲忠靈顯彰會、請准關東軍經理部、委託新築中、遼陽忠靈塔、於今春動工以來、現工竣已、本月八日、關東軍經理部、委派失野技師一行來遼檢査竣工、並境內附設建築禁遺物、如軍火忠魂碑、休憩宿記紀館、納骨堂、均甚壯觀、可稱南滿第一之壯美建造物也

約十八萬圓、
二、農地警備施設計劃、
1、爲維持入植地區之治安起見、對各集團部落之地區、各警察分駐所一處、
2、警長一名、警士三名、

奸商利徒以身試法 十餘家悉被警檢舉

高抬紙烟價格被罰三十元

濱江省當局、鑑及物價飛騰、即頒發暴利取締令、以期物價之均衡、以利民生、但雖經當局嚴格施行、然仍有投機者、故當局、又於日用物品、明定標準之公正價格、以資一般商家、照章販賣、而最近、又有一般商家、及小販等、對於紙烟、依然高價出售、故正陽署與南新署、於日昨開始偵察檢舉結果、南新署、檢舉有違反煙草公定價格者十數家、正陽署方面、亦檢舉數家、並對違反公定標準價格以外者之商家皆處以三十元以下之罰金、或三十日以下之拘留、如果今後再有不遵守明定標準價格、而販賣時、則更予以嚴格之處罰云、

如報哈爾濱市公署、爲討論明年度新預算等事項、於九日下午二時在市公署會議室召開第五次諸議委員會議、當時吟休諸議委員及馮市長以次各處科長、均行出席、首由馮市長致開會詞、大意如下、

九日召集第五次諸議會各位雖在繁忙並天氣寒冷的時候、而能多數出席、實深感謝、此次請貴會、請希各位贊成之諸問案、計爲康德六年度哈爾濱市歲入歲出預算案六件本年度追加更正預算案五件、及改正條例案二件、報告案二件、其他舉債案關係四件、至于關於各案內容、後由副市長及主管處科長詳細說明、請各位充分審議、予以贊成、是爲至禱、此外尚有緊急諸問事項、康德五年度哈爾濱市基本財產特別會計、歲入歲出追加預算案一件、一併提出請亦加以審議贊成才好、以上因甚簡單、諸作閉會之詞後即開始討論各議案至下午五時許始審議完了、仍照原案一致表決通過云、

大体根本方針、業已決定、將根據保甲費爲基礎、對於稅外一切賦課金、根本取締、國稅地方稅兩項、加以根本調整、使國民負担公正、稅之種目、計收益、土地、營業、家產、所得稅等、此外消費稅(房產)、指出產稅(糧捐)物稅(車捐)、交易稅、不動產取得捐等、關於賦課方法如下、

國稅、家屋稅、以賦課地爲國標準、

四、所得稅從來縣稅、戶別捐、以資產狀況、而作賦課標準、本稅未設定之縣份將以準之賦課爲主而設定之、

顧氏、昨日本報記者爲探詢孫

山東省官民視察團 十日午前抵哈

日滿各首要趨站歡迎

山東省視察團、視察我滿洲帝國、政治、經濟、產業、教育、民生、治安建設等現狀、適入我國之新中華民國臨時政府、山東省官民視察團團長、山東省公署財政廳長、唐仰杜氏、以下一行十八名、依預定日程、於今十日午前十二時四十分抵哈、本市日滿各機關軍政要人、以及其他各界首領、均一齊到站熱烈迎歡、於降車後、即向出迎各要人致寒暄之詞、而入貴賓室休憩云、

年末年始節約冗費 打破陋習廢止虛禮

濱江省警察當局、鑑及戰時体制下對於物資保全、消費節約、極謀普及以充實銃後支援、茲爲喚起繁華之哈爾濱市民、節約冗費、並打破以往之陋習、對於年末年始、所有之各種禮品之贈送、友誼間虛禮應號等、絕對提倡禁止、同時並嚴查各營業者、不許出售如斯之禮券、目下、新年在邇、警察當局、將徹底實行禁止云、

實業廳長榮任處長

【哈爾濱】濱江省實業廳長孫栢芳氏自就任以來、對於產業開發力謀進展、以期完成所負之重大使命、故省內產業

安達農地收買業已成立協定

濱江省公署爲適應產業開發五年計劃、對於省下農地造成正在積極進行中、因此在管下之安達縣農地造成用地、與地主間實施收買事項、業已成立協定、由濱江省公署特別會計買收資並營農費、第一次分配數目、爲九萬二千三百元、作爲收買費、業於六日貸出、而農地造成用地分配數目爲一萬晌、縣當局對於資金運用、將開發十萬晌云云、

飯商之營業發達

【海城】本城的飯館營業、因市況不景氣的影響、其二路飯商、率皆平凡無奇、惟新開幕之宏升樓、因屋宇寬敞、陳設華麗、其營項異常暢旺、開自開市以來、每日不下三百元、其次、則東方飯店、其樓房規模、及內部之裝飾、足可與宏升飯店抗衡、惟營項似讓彼一籌、吾邑有此兩大飯莊爲海城街生色不少云、

以中央本部長來哈爲機 舉行協和「青少年團」結成準備會議

各方面均參加 在協和會本部

滿洲帝國協和會濱江省本部、爲積極準備協和青少年團之結成、今以橋本中央本部長爲契機、乃於日昨午前十時、在濱江省長官房會議室、由田邊部隊長妹秦特務機關長、結城省次長、鐵道局長、四軍參謀長、朝鮮人學校組合、以及本市日滿各機關首領、並協和會本部各人員、鐵道愛護團隊員、各縣副縣長等百餘名參加之分妙舉行協和青少年團結成準備會議、進行討論事項完畢後、即由各關係長官致詞、茲錄如左、

孫廳長代讀章省長致詞、今本部主辦的、蒙關東及中央本部一個協和青少年團結成連絡會議

負國家的責任的青少年、得到指導和訓練的機會、實爲可慶可賀的一件事、在我們濱江省方面、從來就特別注意、無稍或意、如童子團和保甲、青年團等結成、及其訓育等、會加十二分的努力、但是因爲國情的轉移、及各團體的現狀、已成爲隔靴搔癢、因此藉這個時機、根據我國特殊情在協和會方面、與關東軍及關係各機關協議的結果、在其指導之下、結成協和青少年團、確信爲有重大的義意、惟此事具有相當困難之處、尤其關於其實施方法、在我們担任地方行政者、必須依據政府方針、和協和會方面要充分的協議、

國所期望的目的、必須同舟共濟、積極協力、以便達成此重大使命、是爲切盼、以上簡述所懷作爲開會我詞、

內務局長官御影池致詞此次協和青少年團已行結成、本日爲討論連繫開催會議、順應重大時局、國民總動員之需要、此及誠堪慶賀者也、古人有云一國國之消長、觀其國家青少年之志氣即可知矣、余謂志氣一事、須視其國內青少年層之組織與訓練如何、即可知矣在此意義上、此次結成之協和青少年團、對於其組織及其指導、根據滿洲國特殊事情而結成、爲緊急切要之事、誠可謂將來光輝國運之明證也、猶以與執行地方行政者、有如斯至國的常岡組織依青少年團指導訓練之青少年、爲他日優秀之協和會員、藉以構成國民之中堅層、爲縣市並街村、或其他行政團体機關之當局者、或爲住民中之中堅份子、其其完成指導工作時、想能頼其強化實力非淺也、由是觀之、吾等担當地土行政者、對於青少年團之結成作工、較其他人、必須盡烈之實踐者或協力者、此確信不已者也、因而內務局使各地方行政機關、對於本團結成及育成、使積極的協力援助、以完成官民一体之主場、藉期本團創設與理想之實現爲方針也、以上簡單略述所懷用作致詞

又於會議完了後於午後五時在大和旅館、舉行懇談會、直

召開青訓指導者協議會

協和會濱江省本部鑑於際此非常時局之下、爲期青訓練教養之徹底、故於九日午前十時在省本部會議室召集管下十二縣一市的青年訓練所之專任指導者舉行協議會、當時出席者有橋本中央本部長、以及恒吉任、岡田中央本部參事及參議府秘書局比比理事官及各縣市指導員等開始討論如左記各項

一、以本年度青年訓練所之一切活動情形爲參考研究明年度訓練的一切方針

二、關於青少年團結成的一

三、提出省本部對中央當局的要望事項、於各項事務協休完了後、並舉舉懇談會、大讓亦均爲研究會務進行之方式、及操作會員活動之精神云云、

濱江特刊
第一九二號

濱江省農地造成計劃 年次開發預定面積

自明年度起實施趨入本格的

濱江省公署本籍政府當局產業開發五年計劃、爲使省下農產增產遂行之圓滑、除實施養成農業專門人材及種籽加以改良外、對於省下農地造成計劃正在雷厲風行邁進中、該省當局預定自明年度起實施趨入本格的農地造成計劃、關於該項計劃□之年次別、預定開發的面積、並入植戶數大體如下、

一、年次別開發預定面積、查本省除日本內地人移民用地外、之可耕未墾地中、較爲易於開發之農地、雖可推定爲一百萬晌、而本開發計劃上、用爲其準之算定面積、即以將來於省內各縣街村組成後、用爲街村育成上之、經費合於一晌課以一圓之財源、能由經營本農地所收小作料充之、爲限度倡入資金第一年度二萬晌、第二年度四萬晌、第三年度二萬晌計、造成八萬晌、自第五年度因借入金之返還、至第十三年度每年一萬晌至十四年十五年則各預造成一萬五千晌、

二、年次別入植戶數　一戶之農地經營面積、因土地之肥瘠、地理的自然的關係固有增減、約以十晌爲基準、而其開發因二荒地、可耕未耕地頗多、故一年爲五晌、預定以兩個年度、開墾之、故入植戶數、即應於二個年計劃之初年度、將全戶數入植之、按以上計劃之入植總戶數、爲二萬戶、依借入金計劃之、當初三年入植爲八千戶其後預定每年入植一千戶或二千戶、再由本計劃之實施各種農作物生產量定有相當之增加、茲依康德元年度國立克山農事試驗場調查最確實之小農經營情態、於本計劃完成後、每年可增產十八萬噸、價格約值一千零五十四萬元、其累年總計生產量爲一千五百四十四噸、價格約可達於九千萬元之鉅、以上係屬康德元年穀價低落時之數字、較之現在價格平均爲一四倍、其累年平均價格可成爲一二倍、即按累年平均推定價格之完成年度、亦可達於一千二百六十五萬元、其累年約爲一億圓、決非架空的數字也、生產量亦因農產改良之日進月步、於完成年度收量、達於前述每晌收量之一五倍、既屬容易、其增

朝鮮校組合長會議

於十五六兩日舉行

參加者各首要六十餘人

濱江省公署民生廳、召開之全省之朝鮮人學校組合長學校長會議、已於前十五日上午九時三十分在省公署官房會議室

絡起見、藉資共同努力建設哈市之文化事業、及同發揚我王道國家之光輝、喚起世界各國人士對我國之認識、故預定假[illegible]

慣講戀愛流落異地

加入魔術團大施其誘惑手腕

墮胎後充招待頃已被人攫去

滿人女子張淑良、別名小貓、年十七歲、原籍奉天、父母喬居哈市、其父爲商人、數年前在本市某大百貨店充當店員、月入雖不甚豐、但除每日用度之外、尚能略事儲蓄、爲日既久、手中積數亦頗可觀、因而命淑良讀於道裡某小學校、所謂天有不測風雲、人有旦夕禍福、不幸於康德二年春間、該商店旋告歇業、當斯時也、淑良亦在某小學校卒業矣、其父因恐以有數之金錢難度無期之歲月、於同時更本諸宜未雨而綢繆之見地、於焉於本年春季全家返回故里奉天、淑良因被此輭紅十丈之北滿小巴黎哈市惡氣氛之薰染、囂尙摩登、慣講戀愛、堅不欲與其父母同返原籍、於鬼鬼祟祟之下乃以求學爲口實、置其父母於五里霧中而摸不着其土地堂也、因而准其所請、一雙老夫婦屏當返回故里、只遺淑良一人在哈、無何、淑良在校讀書時結識一靦顏不堪承教之女同學陳小姐、所謂三分像人、七分像鬼者、的確無以復加矣、因而淑良自其父母返里後、即寄居於女同學家中、每日與陳某招遙過市、大施其誘惑之能事、每於街頭巷尾邂逅青年男子之時、輒百般引誘、非達其

爲進一層施其魔術起見、於斯逸其虎朋狗友、友而夫也之無賴流氓數輩、從中斡旋、加入天華魔術團、以學魔術爲號召實而別有用意也、旋於吉般奔走之結果、卒請得該團主人之同意、於雙方訂妥條件之下而正式加入該魔術團矣、淑良加入後、喜從望外、每日於搬箱拉氈之餘、即與其好友陳某邀遊於道裡公園、或蕩舟於松江之上、久而久之結識無賴日多一日、每於偕情觀影之餘輒雙雙偕入旅館、或太陽島桑間濮上、形同禽獸、在本年七月一日花火大會之夕、一般人士率多往江干觀覽花火、藉消暑氣、淑良亦忝列於江干觀覽、於三言兩語之下、又與一青年濶少結識、二人談至情投意合之時、不禁獸慾大發、當而相偕入道裡商務旅館、二

[illegible]會對方又不得[illegible]之[illegible]在[illegible]交頸之時、淑良忽然[illegible]痛不置、於焉桃花江上泛起胭脂之潮、朱門口下竟遭杵臼之殃、斯時適値淑良紅潮方罷、白露初經、因而珠胎暗結、大腹便便、於月前竟私自購買藥物將胎兒打掉後、即與天華魔術團脫離、因感於經濟之困難不得已乃本諸一不作二不休、破罐子破摔之主義、實行侑酒生涯、改名爲微笑、庶其伴張陪李之執壺役矣、一般新交故雨鬪之爭相往捧、一時大紅大紫、微笑之名殆將傳遍斯業間矣、前數月淑良所屬之某酒社因賠累不堪、因而關門大吉、淑良不得已乃棄明投暗實行操其半明半暗之野妓生活、以肉体易金錢矣、如斯未久、及被某驕奢窮雲之濶少爺賞識、以某種條件而取得淑良之同意、二人共營同居生活矣、但所謂泰山易改秉性難易、淑良之艷跡最近又時現於嚴寒之街頭、其浪漫之氣未嘗稍改、人多呼之爲天生賤骨頭云、

小苗請得養母同意

頃已脫離舞業

每日深入簡出儼如大家閨秀

女子張曼華、二八芳齡、姿色娟好、嬌少玲瓏、體態輕盈、其原姓苗、故人多以小苗而呼之、所謂自古美人多薄命、渠自幼時即失怙恃、即在本市張

感情頗相融洽、不知者皆以爲共爲親姊妹、顧以小苗每懷身世飄零之感、且恆念及身爲舞女、目前雖豐衣足食、但始終具不甘任人摟抱之想、如常此

亦即本省既耕地面積四百二十萬晌、預想於三十年後、可達五百四十七萬晌、該時能爲擴充所需之街村費五十四萬圓、（一晌一圓）之街村有農地、每晌之純收入、估計爲十二圓則必要五百四十六萬晌、然新等目標面積之速成的造成、既需多數之資金、終不可能、故將當面之第一次開發計劃期間定爲十五年、使之造成較易開發之地區二十萬晌、然此等土地之收買、若逐次購入時、因有徒招地價昂騰之慮、故於初年度將其總面積開發計劃按年次別行之、起初之三年則以

開催、參加者有結城省次長、賈民生廳長及關係各廳科長、哈爾濱市、五常、珠河、阿城等縣朝鮮人學校組合長、以及中心學校長、來賓方面有特務機關、憲兵隊、並軍關係代表等、統計約六十餘人、首先舉行開會議式、然後討論各種議案、於當日下午四時許散會、於翌日十六日又繼續開催一日云、

馮市長預定招待新聞記者

哈爾濱市長馮廣民氏、以年末爲期、爲與新聞記者親密聯座道裡石頭道街宴賓樓飯店、舉行年末聯歡大會、廿三日招待日側記者、廿六日招待滿方及俄方記者云、

体育聯盟支部籌備化裝滑冰競技大會

日內即向各關係方面請求獎品

大滿洲帝國体育聯盟哈爾濱市支部、在前本市實施冬季保健運動週間之時 當局即計劃舉辦滑冰大會以期促進市民之体位向上及精神之振作、後因諸多云、原故、在當時專能如期實現、前十六日該支部各關係者於協議之結果、預定以新年爲期、決定舉行化裝滑冰競技大會、並於最近期內即向各關係方面請求獎品、藉資鼓勵各優秀者、以故最近各健兒皆在滑冰場 努力從事 練習中云、

加量亦可當然 期其增 加矣云、

★　★　★

所期之目的而後已、於焉足之所至無不閙事迭出、而風雨滿城矣、一般登徒子之流鮮無不知淑良其人矣、本年夏季淑良

某家爲養女、其養父爲人極爲忠厚、對於小苗視如己出、愛之亦如掌上之珠、但無何、其養父棄有柔常之辭、懾於閫威雖其養母時加鞭苦、但始終不敢稍加庇護、小苗處此景況之下、亦自有隱忍、自嘆命薄而已、最後終不爲其養母所容、乃於本年六月間、在道裡警察街新誕生之高爾夫球場充當記數員、爲時不久、因年幼無主宰、致被外物所利誘、而落於倫敦舞場伴舞矣、與其同行姊妹彩蘭、及以前曾在交通局充當女車掌之徐淑貞同居於道裡中國十三道街東亞旅館、三人以往、終非良善之策、以故每於夜深歸後、或無人之時、時自啜泣、暗彈情淚、欲脫離舞女生活、但其養母又不許可、小苗於數度計議之下、乃於日前毅然親自返家拜見養母、於痛哭之餘、即向其養母訴說苦衷、百般哀懇、隣右聞之莫不惘其可憐、因而請得其養母之同意、實行與摟抱生活脫離關係矣前數日已由其父母由東亞旅館將其衣物悉行搬回家中、以後小苗即深入簡出、每日除侍奉養父母之外、並操持家政、暇時輒捧卷就讀、恆終日不釋手、儼如大家閨秀無異云、

道德分會總動員

再度實施禁烟宣傳運動

日內起在省下各縣一致實施

濱江省公署民生廳、爲順應政府鴉片麻藥斷禁以來、對於省下禁煙工作正在徹底進行邁進中、爲喚起一般民衆癮者了解鴉片麻藥其毒劇烈、使癮者自肅自戒趨入禁煙正軌、曾於本年秋實施組織分班赴各縣實施禁煙教化宣傳工作、並召開禁煙講 演會等、屢收 相當效果、已送誌前報、該廳爲使鴉片麻藥斷禁更進一步之徹底計使既癮者斷減外 、嚴厲防遏新癮者發生、惟禁煙宣傳工作向除來均由各廳一方官面實施賴於禁烟宣傳工作、須由民間側教化團體有力者協力實施宣傳禁煙運動、以便促進民間徹底認識禁煙宣傳之趣旨、以達成禁煙圓滿目的、該廳有鑑及此、經再度考慮之結果、認爲其間教化團體中宣傳禁煙最爲有力、並能得到一般民衆深刻信仰者、故令濱江省道德總分會、在哈市 及濱江 全省各縣旗、共有道德分會不下七十餘處、特決定如左列之方針、委託該會總動員、實施協力工作鴉片麻藥斷禁教化宣傳工作、

一、教化工作、利用冬季之農民消閑時期、於年 內實行云、

二、本年年末之朔月即迫、故須積極在各縣旗市適當之支會內、開催講演會、由各會員向一般民衆講演禁煙之趣旨、

三、於上述禁煙教化工作實施之時可與各當地之地方官廳協和會等關係機關聯絡辦理、

四、工作所要經費、由省公署方面補助五百元、

▲宣傳計劃內容

濱江省道德總分會、基於上述之旨、已決實施總動員、協力實施鴉片麻藥斷禁教化宣傳工作、並已作成計劃書、經省公署民 生廳考核、亦認 爲適當、決自日內起始、在該總分會轄下哈爾濱市、道裡外馬家溝新字埠 等九個 分會、及賓縣呼蘭、阿城、五常、双城、肇州、肇東、蘭西、安達、青岡、海倫、綏化、綏稜、慶城、鐵驪、東興、巴彥、木蘭、延壽、珠河、葦河、郭爾羅斯後旗等六十一個分會統計全省七十個分會一致實施、玆將道德總分會實施鴉片斷禁教化宣傳計劃之內容採錄如左

實施鴉片斷禁工作的趣旨

根據政府樹立鴉片麻藥斷禁計劃、並着本會所担負教化事業之使命、實施全省道德會總動員的扶助國策、實施鴉片斷禁宣傳工作、以期一般民衆、均徹底了解鴉片之爲害、早由普及的斷禁、藉圖國力强化、以保東亞永久和平、

鴉片斷禁宣傳實施方法

由本會分函所屬各縣市旗鎭村分支會、一致依據左列各項、盡力實施、並全體職會員總動員努力於鴉片禁工作

1、組織講演團、實施遊行講演、由本會主催之下、組織遊行講演團、使本省分支會分別在各會所屬地、實施遊行講演、其講題特別注意於鴉片斷禁之一項、再以道德理論勸化之、確有收獲相當成效之希望

2、講演實施通俗講演、由全省各縣市旗分會之講演社、除根據本會宗旨講演外、均一致增加鴉片斷禁關係之講題、特別講演之、

3、講習班實施講習、各分支會均設有道德講習班、招收地方一般民衆講習、於講習之同時、增加鴉片斷禁之科目、特別講述之、

4、組設鴉片斷禁講習會、擬於明春按各會之財力、先由所屬各分會內、成立鴉片斷禁講習會、專收染有鴉片癮者、不特可以使其戒除且能變化其氣質、藉使性行向上、

5、健康相談所附施戒煙工作、關於各會附設之健康相談所、今後 均實行推 廣而强化之、並附帶實施戒煙工作、而致力於鴉片斷禁事項、

6、分支會職員及講演人員之訓練、本會常期設有中級道德講習班、及職員訓練班專事訓練各縣旗鎭村分支會之職員及講演人員、擬於此種班次內附加鴉片斷禁之 科目以收全總動員實踐鴉片斷禁之效、

7、印刷簡易宣傳品、印刷標語等之簡易宣傳品以廣宣傳

8、派員分赴各地考核勸勉赴各地攷核勸勉、本會已派有專員十餘名專事分赴各支會考核會務、擬再增加人員於到達各會之時除竭力宣傳外、並加以督催勸勉俾各會不懈的努力於鴉片斷禁之工作、

9、無線電廣播講演 向放送局接常出席於放送局、關於鴉片斷禁事項、作無線電的廣播講演、以上各項的爲本會之長期工作、以鴉片完全斷禁完了之日爲止爲目標、我濱江省下之鴉片斷禁更進一步之徹底云云、

濱江特刊
第一九三號
盛京時報北滿總支社
社址　哈爾濱道外地段街一號
電話道裡三三〇三番

盡量收容鴉片癮者
各縣旗將設戒烟所
省當局現在嚴重研究設置中

濱江省公署為實踐政府當局鴉片嚴禁禁政策以來、對於省下禁煙工作無不雷厲風行、除使既癮者漸減外、嚴防新癮者發生、為期禁煙圓滿之顯化、曾以衛生科為中心、與縣旗各市當局、休協議、樹立鴉片十年根本斷禁計劃、以期使鴉片癮者完全斷絕、査其癮者吸食之動機經調查結果多為因[illegible]者所吸食也、據調查癮者總數、為十三萬七千七百九十五名、內中因患疾病而吸食成癮者、為十萬七千四百[illegible]名、次為環境中有吸食鴉片被傳染者一萬一千七百九十五名、因為社會交際關係而吸食者、一萬零二百五十七名、其他原因而吸食者、七千二百四十名、關於患病吸食者、除非醫療機關設備之充實、令其戒除亦頗感困難、省當局為盡量收容癮者、決定於各縣旗分別設置戒煙所五十二處、現下正在嚴重研究設置中云云、

哈鐵計劃建築
歷史的博物館
設中央寺院前鐵路官舍

除種、實非盡述云云、

女實校舉行畢業典

【北滿】新立初中女校、自新學制施行、改為女子實業學校、蓋屬初中三年、滿、而實業一年修了、於昨舉行畢業式、致辭如儀、證書授與、將察量在勤惰、特別加給精勤狀、以示鼓勵云、

將在八區運動場
設大模規游泳池
一般有游泳癖者無不喜形悅色

滿洲帝國體育聯盟哈爾濱支部為謀民眾體格之健康、除進行研究各種運動外、對於水泳運動積極提倡中、因此擬於明年春計劃在八區體育場內建築規模宏大水泳池一處、關於其建設方式、大體分為三部、一為室內游泳池也、此池水量較比滿尺游泳水淺、專供給無有水泳技術者游泳、此外尚建設兒童游泳池、專供給一般兒童使用、並設有家庭游泳池、待以上各游泳池建築完畢時、不但民眾於此運動體格之向上、

酒社內一幕醜劇
進屋沽酒手不老實
商人大受其窘
怪叫之聲達於戶外
原來是唱了一齣探陰山

位於道外桃花巷與純化街拐角之同盛酒社、與文明獨一處恰恰相對、個裡所隸屬招待七八號、粉紅搖綠、鶯鶯燕燕、行文君者、年方花信、姿首亦尚不惡、對於酒客之曲意迎承尤無微不至、以斯一般醉翁之意不在酒者、每於華燈初至、趨而往捧者甚夥、人以類聚、致斯之故彼則大紅大紫而蜚聲於斯業間矣、前日有聞名沽酒於該社之某商人、年固而立、然性又好漁色、據云伊於今春因為把商博得些許益、以斯竟得在彼六歲、所謂貧入年富不知站者好、也不知臥者好、於一見文君之下、不禁魂飛神與、當下即將枯瘦如柴之手伸入文君之方寸地、作其探驪取物之能事、繼而又將一指插入陰山之窟、正在由幽境而直達幽處之時、文君忽失聲大喊、呼痛不置、老商人見事不佳、急將手拉回、詎意桃江上紅潮滿岸、褲兜內五指斑斕、某商人將手拉回後、突見右手血紅、伸縮不得、此時文君早避之於後院之廁所而自揩隱處去、適其他招待闖入為某商人倒酒、見其右手血紅、當問之何故竟將手染得血紅也、正在此時所謂稽超維谷、的確無一夜加、某商人大窘、羞無言以答、有頃而從容答曰、是我的鼻子破了、該招待亦未加意、竟揚常下樓而去、誰知文君將隱處擦畢由廁所返回、正在樓下洗手之際、二人正逢、文君當以某商人之探陰山之經過以及自已紅潮滿岸、等等詳為說明、一時物議紛紜、某商人聞之作臥不安、同時更礙於顏面故閉、立即將文君喚至屋什鈔一去、文君見其將去、同時更抱穿書飽黑主之主旨、當時其用好言撫勸、於為某商人之意未能成行、又復坐下痛飲、同時文君並由[illegible]中取出照片一枚相贈、一某商人於接收之下、竟為天人

哈爾濱鐵道局自接收北鐵以來、為達成旅客與貨物輸送之使命除積極擴張輸送事業外並進行蒐集北鐵成立四十年以來歷史上的參考品不下二千餘種已均保存陳列於鐵道局倉庫中該局為謀陳列以備來哈觀光之人士視覽、並誘致旅客計、該局擬設置北滿歷史的大博物館以便介紹北滿建設 來的歷史貴重參考品、惟其設置場所、似已決定為南崗中央寺院前之鐵路官舍、（前鐵路局、暨組合之舊址）與大陸學院併列、茲將其將來陳列於此博物館中之主要物品、採錄如下、以前在北鐵理事會會議室內所掛的和要掛在北鐵接收後最初由佐原局長室內、而經接收協議□□□像、以及歷代理事局長並兼東滿鐵路條約責任者而終檢決的許景澄、現在許公路有紀念碑的許公五尺紀念肖像、都是有很深的意味的偉跡和肖像、再有各種旗亦是歷史甚深的即是最初在哈爾濱站前掛的双頭鷲的帝政旗、以及一九一七年革命時所掛的五色旗及以後白色和赤色旗組合旗等、此將是表現舊俄□勢力的消長、更兼此均係有歷史的東西、共計二千

部負路天游泳池、其水量較深、凡□游泳技術者、皆可利用游泳、另一部設在室內、則亦是一般市民多大福音、自建設水泳酒息傳出後、而一般水泳輩者無不喜形悅色之云云、

如獲至寶、唯謹唯恭拔與腰中此前日之事也、詎意□商於廿三日晚間又趨同盛酒社沽飲、於進屋內、呼酒喚菜、羅列滿幾、且飲且談、文君因一時失檢冒犯了這個大腹賈、當時怒髮沖冠、立將文君之照片取出撕之粉碎、而後快快而去、且行且大罵小娼婦莫會□的不置而一方文君大罵老而不死是為賊、一場滑稽爽極劇至此告一段落云、

省署召開本年末縣旗預算會議

如報濱江省公署為討論康德六年度全省管下各縣旗一般預算並及其他問題、故於二十六日午前十時在省公署官房會議室、另集各縣旗經理股長開催本年末各縣旗預算會議、屆時結城省次長以次各廳科長並各科關係事務官、將一致預定出席參加、關於其開會之主要議題、大体為下列各項、

1、街村制之實施同努力地方行政之健全與地方建設

2、關於農地造成事業之完成

3、關於產業開發五個年計劃之協力遂行

4、以北滿產業之發展為中心、努力農村之振興、

5、即應移民國策、力圖開墾與指政部門之積極的飛躍、

此外關於地方行政預算之確立以及戰時体制下之 省政的健全遂行、皆在付議之例、故將來其成行、各方面頗為期待云、

將各鄉村國民學校改為市立學校

改編案將呈民生部核准

哈爾濱市公署教育科自本年新學制實施以來、對於所轄滿系小學校七十餘處、無不極謀劃、教育之改善、該科為對於所轄之滿系各小學校統制之徹底圖謀計、決定於康德六年度對所管之鄉村學校舍、施行改編合併、以期統制教有相當之效果、為討論改編各種問題、特於二十二日在市公署四階樓上會議室內、召集各鄉村學校舍長會議、當時出席者有張教育科長津島教育股長以次陳事務官姜視學韓視學等幹部外並有鄉村學校舍長全体參加、對於改編問題加以討論結果、除將各鄉村校舍改編問題呈請民生部當局核准外、將原哈爾濱市立各鄉村、國民學舍、完全改為哈爾濱市立國民學校、以便統制之強化云云、

蘿蔔內裝子彈遇警棄之而逃

哈爾濱警察廳當局鑑於年關在邇、為防止不逞份子侵入、乘機蠢動擾亂治安、故曾迭次舉行開始全体總動員、令班警備及檢舉此期確保市民之安寧、在此嚴重搜查聲中、於廿二日下午夜間適有正陽警察署便衣搜查員、在道外北五道街之大觀園內、正在搜查來往行人中、忽發現一年約三四十歲一滿人類似農夫、手持有新聞紙包一個步履慌恍、警員視其可疑、將欲上前盤詰、該滿人見事不佳、遂將紙包拋棄潛逃無蹤、因來往行人雜亂、未能逮捕、經警員將新聞紙包打開被查見內有大型紅蘿蔔中挖有一個窟窿、外附有蘿蔔皮蓋、內裝有小槍子彈三十六粒、始知棄包潛逃者係一匪人無疑、遂報告署中正在搜查中云云、

協和會市本部召集臨時市聯協會

【吉林】滿洲帝國協和會吉林市本部為求吉林市之設施發展、人民之生活安定、稅捐等之納繳問題、特於十二月十九二十等日召集臨時市聯合協議會、參加者各機關代表各法團之首腦、討論情形頗為順利其研究之重要問題、分列於下

（一）空閑房金繳納家屋稅問題

（二）請平抑燃料價格之問題（煤薪炭柴等）

（三）商租權等問題

（四）設立民衆簡易工廠以收容市內無職業之男女

（五）請營林署免征山林稅

（六）市署豁免衛生費

（七）請求允准農人或地主自家採伐

關於以上各項決議後、呈請關係主管機關核奪、而為吉林全市人民謀幸福云、

鐵路業務檢查

【彰武】錦州省鐵道局、派員數名、到各站視察、有担任文書、施療、運輸、衛生、警務、旅客、各部分、於昨早一次車、到大鄭綫、甘旗卡站、起先稽查站長事宜、該站長常金聲、久在路綫、經驗宏富、熟習路政、成績可佳、警護隊、駐甘分所穆所長、為人忠厚、對於路警、作事認眞、頗稱熟手、將來大鄭綫、甘旗卡站、必有一番整頓云、

興安憲兵隊舉行開廳式

【遼源】興安憲兵隊在本邑南大街建築廳舍現已工竣、茲於日昨月之廿三日午前十時舉行開廳式、事前經該隊長木嶋昇氏函知日滿各機關屆時參與以昭隆重、是日來賓到者五六十名、准時舉行所有儀式甚為隆重云、

濱江特刊

第一九四號

盛京時報北滿總支社
社址 哈爾濱道外 地段街一號
電話道裡三三〇三番

初等教育擴充計劃 自本年起逐步實施

濱江省公署基於中央新學制實施後對於省下教育積極發展、因此特實行擴充初等教育、至于濱江省管轄初等教育擴充計劃、經討論結果現已決定、對於初等教育擴充之經費、較去年度增加二十六萬餘圓、已列入康德六年度預算內、決定自今年期內、逐步實施、關於擴充計劃中、主要者爲初等教育教師待遇改善、及增加初等教育教師、以期學校學級之併增、茲將該計劃之內容分別探錄如下、

初等教育教師待遇改善

一、校長月俸四十元者增俸兩元爲四十二元

二、教員月俸三十元者增俸二元爲三十二元、

三、慰勞金百分之五、

四、津貼百分之二、

△初等教育教師增員

一、現在全省各縣旗初等學校長三百十二人、增加一百十九名、共計爲四百三十一名

二、現在全省各縣旗學校教員二千零九十五名、增加三百四十四名共計爲二千四百三十九名云云、

該鐵道局內左側、新設記者室一處、並設有電話、俾便聯絡之敏捷之云、

興農鎮民營電話 於來月實施買收

現正在進行辦理買收手續中

電電會社哈爾濱管理局、爲謀管內各地通信網統制圓滑、對於各縣鎮私營之電話局、決

一片、向局外一般者作忠實之報道、企使一般民衆對該局有深刻之認識、打破從民路之隔

賭徒被捕 頃已送交法院

哈爾濱警察廳司法科於去歲年末、爲防止事故發生、曾數度舉行大警戒、在此警戒期中、得到成績極爲良好、同時在道外惠豐棧及天德棧捕獲賭徒不下七十餘名、拘押科內、現經審訊完了、已將賭犯及賭具一併移送哈爾濱地方法院以便懲辦云云、

美子孃來連

【大連】聲樂家佐藤美子孃乘十日入港烏蘇里丸來連定來十三日在奉天十五日在新京十六日在大連三都市開獨唱會、

警察官表彰式 現正積極準備進行中

濱江省公署警務廳爲謀警察陣容之強化、必須使警察素質向上、因此對於優秀的警察官吏、並於警察勤務上之藉有功績者決定實施加以表彰、現經該廳對於全省各縣旗警察以及哈爾濱警察廳全市各警察署警察之成績、業經調查完了、特定於本月十六日在濱江省公署官房會議室、舉行濱江全省警察官表彰式、除對上述之優秀警察者並素有功績者實施授與

經分別通知、屆時一齊來哈出席、以便授與表彰藉資鼓勵云

司法科全部 遷移警廳內

哈爾濱警察廳鑑於司法科一科向來設置於道裡中央大街北頭之警察街角舊警察管理處之舊址、與警廳距離甚遠、對於事務之聯絡頗感不便、爲期事務聯絡處理之圓滑起見、經協議結果、特於六日將司法科全部實施遷移警察廳內、仍照常辦公云云、

道會視查團蒞臨 併招開通常大會

【泡子】本驛、於三年前設有錦州省道德總分會、所屬泡子支會一所、係經陳潤田賈偉鈞、浦心泉三會長所首創、在此數年過程中、屢選會長、現任會長者、張建湯氏、該氏品學端方、素重孝道、併有孝母之稱、是以遠近之人、盡知其爲孝子也、而副會長、黃向沉、遲靈堂兩氏、亦係名望素重者、故近年來、該會之興盛、全由此數人、熱心提倡有以致之也、今歲初級女學員、竟達到六十之多、屢有卒業升級者於昨五日、有省總分會、視查團一行數人蒞臨在該會所、開講演大會三日、該會假此、又招開年來通常大會、於斯日舉行典禮、先期函邀、本鎮各機關、商工農各界善人信士、參加聽講、到會者、二百餘人、按序舉行、首由警察長官訓示各來賓致祝詞畢、至下午四時撮影閉會、

以譚劇團來哈爲機 演賑災義務戲

同時並邀請本市各名票參加

定於本年內一律收買、歸該會社ノ手經營、同時對於經營之方法加以改善、以期予一般商民需用者便利、因此對綏稜縣所轄之興農鎮（克音河）民營電話、決定於來月一日實施買收、現下該局已通知該鎮電電通話所長在現地與該民營電話局進行辦理買收手續中、至于其他各地民營電話局亦積極進行準備買收中云云、

鐵道局新設記者室一處

哈爾濱鐵道局爲謀鐵道運輸事業之發展、爲期達成鐵道運輸完備之使命、擬將局內一切事項與哈市各新聞社聯絡行成閣計、故經哈鐵周局長與宇佐美副局長協議之結果、今後對於素日往訪該局之各新聞記者便利並防止事務之遺漏、特在

表彰獎狀外、並各賞與優美賞品之新式手表一只、關於一切表彰之事務、現下正在積極進行準備中、對於受表彰者、已

街村區劃名稱頃已分劃完了

三十二衛二百九十四個村

濱江省公署管下二十二縣一旗之街村制度、已由本月一日一齊實施矣、惟關於各街村之區劃名稱、現下經各該縣業已實施分劃完了、同時對於各街村名稱已行確定、前經濱江省公署審查結果、決按此次濱江省最初施行之街村制全省二十二縣一旗共計爲三十二個街、村制双城以下十一縣一旗、共計爲二百九十四個村、關於街村長之人選、現下正由各該縣旗市積極考慮遴選中、不久即可確定云云、

哈爾濱社會事業聯合會、鑑於時值酷寒期中、江北去秋時曾發生最大水災、被災害之難民嗷嗷待哺之慘狀、不堪目覩、該會爲救濟此項水災難民、已決定以譚劇團來哈出演之機會由社聯主催由各界有力之後援決定演唱義務戲二日間、茲聞昨經社聯方面、與譚劇團代表接洽、關於演唱義務戲事項、已得譚劇團同意、惟其演唱日期似在華樂舞台演唱後、始能在華家演唱義務戲、至於出演的角色、除譚劇團與華樂角色外並將 邀請哈市名票、濟濟一堂、實施合演大規模之賑災義務戲預想屆時前往觀覽者必爲踴躍云云、

大車險遭奇禍

【新民】縣城車站、東三滿里處、奉山線鐵路、原因防止柳河水患、築有鐵橋兩段、城外來往車馬、均須由該橋下經過、因去年水漲、該橋下大車路、被水沖毀、成一偏坡形下面又是石子舖成、崎嶇不平往來車馬、視如畏途、故今晨七時許、有七區來縣賣粮大車係一漆皮輪、行至該鐵橋下、因漆皮輪素有滑性、致被下面凸起石塊擋翻、將車跌至東面道旁水溝之內、幸該車夫、年青靈敏、由車上跳下、未致跌傷、僅將大車車轅挫折一枝、轅馬受有微傷亦不幸中之大幸

韻事何多

一幕滑稽趣劇

司機的犯重婚畏罪潛逃無踪

女車掌被責後也不知那去了

道裡警察街門牌廿三號院內住戶鄧得本、年廿六七歲、他原籍是濱江省阿城縣人、在數年前即遷居本市、他是一個手把生死簿、腳踏地獄門的汽車運轉手、現在充當交通株式會社的運轉手、這小夥子青年倜儻、風流自若、一天價和些個鶯鶯燕燕紛紅駭綠的姑娘（女車掌）在一起、天長日久、年輕的小夥子跟她們在一起那還有些個好勾當鬧嗎、於斯這小夥子就在巴斯隊中和五十四號女車掌陳秀英結識了、秀英本來也是一個很漂亮的姑娘、而且又是一個小姑獨處、見了這樣瀟洒的小夥子、小心眼兒裡貪有些躍躍欲試、結果終於他倆雙方在乾柴烈火之原則下、而發生了肉体關係、女則喊「本哥哥 恩恩愛愛」男則喊「英妹妹自在且逍遙」、這樣是經過許多的日子了、在前兩個月的時候、他倆竟一個背着糟糠、一個瞞二老高堂、竟秘密賃了一所屋子同居起來了過起他們的樂不思蜀的生活、近來爲謀名實相符計、於斯他們在上月底就訂妥了於本月一日實行結婚、這樣一來、男的飛帖打網、大肆張羅、一方在交通會社汽車股對一般的同寅說、他在一月一日宴會賓客、這是因爲怕人們笑話他、所以不說是結婚、女的因爲要作新娘子了、所以於事前也把『巴斯』一職辭却、從事準備作新娘子的一切和一切、如聲花膏咧、香水咧等等的化裝品、備辦不少、眞煞是那麼一回事似的、這個消息傳到了大婆的耳朶裡、那裡還能容得、於是不禁大發河東獅子之吼、於一籌莫展之下、乃浼律師具狀、將鄧得本這小夥子告到官裡去、於本月一日早晨鄧得本一早就從向來戀戀不捨的熱被窩裡爬了起來、告了一天的假、預備到十二時結婚、誰知道婚還沒有結成、一個惡耗傳到了這小夥子的耳朶裡、於是他便氣跑到交通會社去、說是他父親壽終了、宴會賓客的日子臨時變更、完了以後、腿倒可是很明白、因爲怕打重婚官司、所以就拏着三十六計、走爲上策來解決、以不了而了之、趕到衙門帶着弟兄去傳這小夥子的時候、早已竟渺無踪影了、於斯便到他的家中（大婦住處）傳他的父母、終久因爲不是這一對老夫婦所能解決的事、於斯把他們怎麼樣傳去的、又怎麼樣放回來、二老兩口子回來後一股氣跑到陳秀英（女方）的家裡去、眞是老鄉見老鄉兩眼淚汪汪、那個說怨他的兒子不好、那個說怨他的女兒不好、親家兩方相互自責起來了、同時秀英的母親又把坐在家中等候花車來娶的新娘子（秀英）喚了出來、說『你這個不要臉的浪東西、你也不打聽打聽人家鄧夥計有老婆沒有、就不要命的往上靠勁、甚麼同居咧、戀愛結婚哩、這一回看你和誰去結婚吧、鄧得本畏罪潛逃、少不得你還不犯上一個妨害家庭罪嗎？小浪精你可氣死我了老陳家的人算叫你這賤漢老婆丟盡了、我的媽呀、你可氣死我了』秀英的媽媽、連哭帶訴鄧家老兩口子看着沒有法子、也只好安慰他們不必上火、事已竟這樣了就任他們去滾吧、秀英在這個當兒趁着親家到親家談話之際、也溜之乎也了、她也畏罪兜脫、也不知是去找他的得本哥哥回來滾官司、也不知還是怕打官司而逃了、至今還沒有同來呢？

濱江特刊

第一九五號

盛京時報北滿總支社

社址 哈爾濱道外 地段街一號

電話道裡三三〇三番

農地造成協議會 定於二十日舉行

濱江省公署、爲開發省內之農產、對於本年度農地造成之一般進行事項、積極加以研究、特定於二十日在省公署官房會議室、開催農地造成協議會、茲將該會議之主要議案分別採錄如下

1本年度農地造成事業之順次預定、並事業資金中起債借入金分配額（各縣起債額）各月別費目別預定支出額決定等關係事項

2一般農地造成事業計劃農地造成關係物品購入、人役移入之斡旋、牲畜農具、購入斡旋、並其需要數目決定等關係事項

3關於農地造成各縣旗之希望事項云云

又、濱江省公署基於政府產業五年開發計劃、對於省內之農地造成計劃爲期農村發展並省內移民之便利以及確立農村之財政起見、特別定農地造成實施之同時、特別注重於該要點、而期農地造成計劃實施之圓滿云云

張佈防疫網 捕滅天然痘

十三日朝當地據情報稱、三江省依蘭縣城內現在約有三十名眞性天花之發生、同地各機關躍起之防疫奔走、目下正有蔓延狀態、爲勢猖獗、頗爲憂慮、據得情報之哈爾濱鐵道警護隊、對哈爾濱車站交通繁華嚴防病魔侵入哈市、爲防患未然計對於構內列車內積極消毒、張佈防疫陣網、以期早日捕滅天然痘之傳染病菌云云、

滿俄大窃盜團 窃犯多數落網

最近因各種鐵類價格、逐日暴騰、所以窃取鐵類份子又見橫行市內、以致電線被窃取者層見迭出、南崗警察署司法係爲掃清不逞份子計、連日派遣偵騎四出、偵查結果判明有二十餘名組成滿俄大窃盜團、業已落網數名、對於殘党、仍繼續搜查中、於九日將窃盜容疑實年十九歲之三名逮捕、（又當時據報告）馬家溝潔淨二八號無國籍俄人馬沙拉年二十歲正在窃人鐵板時當被逮捕、經調查結果、與上述各犯、均有相當聯絡、散在全市窃盜、所窃取贓物均賣給各古物商家、遂將馬家溝比樂街六十四號、古物商范福林、年二十歲

合發魁李臨瑞、大德堂楊子舟此外更有評議員六名均行選定於十三日下午二時在新世界飯店舉行成立大會參加者除該會全體役員外、來賓有自哈爾濱警察廳長省公署董衛生科長市公署植村民生處長關醫科大校長、日本陸軍病院特田大佐、新妻日本藥劑師會長、日本藥商井上組合長並各警察署長各新聞記者統計百餘名、全體入席後首由孫會長致開會之詞、繼由王副會長報告組織經過、然後白廳長致訓示之詞、來賓祝詞畢、在該會場舉行披露晏云、

小偷受懲了事

【新民】後小廟子、柴草市場、每於柴草車到之時、多數無賴之徒、即往來其間、以圖竊取、今早九時許、有賣勞材大車、正合主顧講價之時、車上衣包、被人竊去、幸立時發覺、小偷就擒、飽賞老拳、始行了事矣、

商工銀行無理取鬧 咄咄推翻前言

這是演義務戲那能白留包箱

哈爾濱市公署社會科、爲救濟去年秋季江北水災數百難民、會乘此次譚富英劇團來哈爲機、故舉辦賑災義務戲一事經前日之籌備會議結果、決定於本月廿一二亘二日間在道外十六道街華樂舞台演唱義務戲惟對於戲票分担問題、亦經當時出席之本市各機關銀行會社代表者或三百張或四百張、分別承諾、而商工銀行因係華樂舞台房東、依其代表者提議、以免收樓租賃關係、對於其應担戲票、特別減輕、乃定爲一百六十元、於是當經全場一致認可成立、不料其後該商工銀行不悉因何原由、對於上記欵項突然反復、忽於前日派遣一孫某者赴市公署社會科提出要求、其意對於担當之一百六十元票仍然承認、但對於免收樓房租賃一節竟行否認、且堅意要求每日非付與房租四十元不可、同時每日尚須給留包廂兩個、否則對所担當欵項似難認可、該科見其所提各節幾乎推翻全場議決案、決難准予所請故無結果、而現下市公署方面仍向該銀行雙方進行交涉中、至于結果能演到何樣尚不得知雖然有此波瀾、亦決不能影响或中止演唱義務戲、各方面頗爲注目云云、

一妻一妾尚感不足 引誘良家婦女通姦

事機不密被床頭獅子偵知 提出嚴重抗議 妻妾輪流監視

賈老板 一頁臭史

上之農村政策、國內滿農移民財政確立之要點、於農地造成

者住所不定、耿玉山年二十九歲、厚德全年二十五歲、張德同巴陵街九號李梅田年四十七歲、王兆珍三名故意購買贓物、均行逮捕、於十二日下午九時、將專門竊取自行車賊、楊繼雨年二十四歲、亦行捕獲、現下正在繼續搜查餘党中不久之滿俄竊盜團一網打盡云云、

哈鐵林業所改為林業課

課長仍為前林業所長

哈爾濱鐵道局管下之哈鐵林業所、自北鐵接收以來、經過四年間、担任北滿各密林採伐、鐵道枕木、供給全滿鐵道新設線之需用、遺留殊多功績現已宣告解消、今次解消原因、從來滿鐵持有長期林場權、業已返還滿洲國林野局、惟短期枕木採伐權、準備實施、同時解消林業所、哈鐵從新樹立林業課、然將新設部份縮小、繼續從事採伐枕木、尚初代之林業課長仍依現在之林業所長、磯部新氏就任、模樣而哈鐵最近昇課者、如自動車係積極擴充水運課等、凡北滿之特殊性完全包含擴大組織云云、

藥研會舉行成立

哈爾濱市藥商藥劑師研究會由哈爾濱警察廳監督指導之下業已組織就緒、參加者中西藥商二百五十餘家、滿人藥劑師十餘人、重要役員亦行選定、會長為泰華西藥商孫輯辰、副會長為協天西王潤堂、世一堂李子久、德慶義、白瑞呈三名、理事四名為正陽藥房王明遠、譙信齋世興

道外正陽北頭道街恒×公海味店、執事人賈殿英、年逾不惑、富而不仁、擁有一妻一妾、均染有甚深阿芙蓉癖、終日與妻妾一榻橫陳噴雲吐霧、天長日久、事機不密、竟被專賣署緝私員偵悉、吸食私煙、實有違犯專賣公法、故經數度取締後、賈某情知再在家私食恐難逃法網、遂在道外北二道街同發樓管煙所每日按次吸食、天長日久乃與王海山之妻金秋結識、時至該管煙所購買鴉片走份、金秋年二十三歲山東掖縣土產品小脚蓄髮、柳眉杏眼姿色秀麗、固一廿世紀之小脚美人也、賈某本係漁色之徒、自見金秋後、驚為天人、竟日神昏顛倒、愁思不解、賈某知同發樓看燈欒某素與金秋認識、即懇託看燈欒某與伊介紹金秋

不料金秋良家婦女雖係因丈夫患有半身不遂、家貧如洗、然因與人縫補破爛節儉度日亦可溫飽、遂飽賈某以閉門羹、賈見計不得逞、立改方針、以惡德金錢勢力運動看燈欒某、並引誘金秋、同時與看燈二人勸說金秋予人縫補破爛能得幾何伊情願幫助汝一家生活、金秋本係良家婦女、初受人家之慇勤招待並金錢之援助、結果終因婦女智識之簡單、乃墜其惡德圈套中、由此旅館澡塘不時見有賈某與金秋蹤跡、初則陳倉暗度、繼而棧道明修、感情漸次濃厚如膠似漆誠有寸步難離之勢、詎知金秋初時尚顧及其丈夫患有半身不遂、不能動轉、不時回家侍奉飲食、後因戀奸情熱、置半身不遂之丈夫於不顧、以斯金秋終日不回家

則其丈夫即終日挨餓、倘不敢過問、即或少加干涉時、金秋不但漫罵、更亦變本加厲、所以夫婦感情由此已趨入決裂狀態、金秋不時向其夫聲言離婚其夫亦得忍氣吞聲甘戴綠頭巾耳、倘若少向其妻金秋抵抗、立即就起離婚恐慌、一旦離婚時、王某不病死亦得餓死也、不意吉人天相果不是虛言、國與金秋正在熱度沸點、終因好事多魔、突被賈之床頭獅子河東知醋火中燒、一大發生獅吼、群向賈某提出嚴重抗議、結果賈某素有季常之癖、每逢外出時、由妻妾輪流尾追監視、因此與金秋幽會亦不過偷偷摸摸而已決不敢如從前之公開矣、王某亦少得溫飽、想必感謝賈之二母老虎之恩也、噫賈某竟有一妻一妾何必折散人妻云、

濱江站貨物倉庫後身發見柳條包裹一少女

血跡淋漓狀極慘年約六七

捕朔迷離當局現在正調查中

哈爾濱市曾於去年發現數次柳條包中裝有少年滿人慘殺女屍、據推測被慘殺後處置乏術、即裝入柳條包中乘人稀夜靜遺棄於路側、其中並有一少女屍體裝入柳條包中冒充貨物寄由濱江車站郵送沈家王崗、後因屍體潰爛臭味四溢始經發現、當時曾轟動全市其狀極慘、令人不寒而慄、警察當局一度儼然躍起明偵暗查、嚴佈警網、終因共犯巧妙遁案、不料胆大包天的殺人犯、仍敢行此慘無人道惡辣手段、將少女殺害後復裝入柳條包中、偽稱貨物送至濱江車站附近遺棄路側、實令人痛恨在心、茲將少女屍體發現經過情形採錄如下、十三日下午零時半頃、在道外新站街四六號（濱江車站貨物倉庫後身）通行人發現舊型柳條包一個、視之頗為稀奇、上前將柳條包蓋拆開、不看則可、這一看真非同小可、見有滿人少女屍體一具血跡淋漓狀頗悽慘、立即報告濱江車站、該站立時以電話報告正陽警察署、經該署責任者急遽現場檢查、結果、推定該屍體年齡六歲乃至七歲、死後經過時間不久、由口右耳部份向外流出鮮血查其情形係慘殺之嫌疑濃厚、而柳條包中遺有右足之膠皮鞋一隻、屍體由滿人花布大衫包裹以麻繩綑綁、柳條包上拴有貨簽沈家驛三太益殿等記入等樣、現在警察當局積極張佈警網嚴重搜查中云云、

死屍臉的金香姑娘

接客的一幕突梯劇

在道外十六道街的神女窩集地的圈兒裡、西門外的一條南北大街、坐西面東的連陞堂四等妓館、裡面搭住的妓女數十名所謂人各有各的特異、有粗腿大胳膊的、有長耳大腮的、有核桃其面而土豆其身的、以至於小其金蓮而碩大其屁股、總之是千奇百怪、無一不備、有一貨必有一主、這是千古定例、她們雖然都是聳顏那麼不堪承教、可是她們對待客人、較比二等或者三等的妓館是實在寡些、因之她們的事由的確也不錯、前幾天午後四時、有孫行者的後裔某同他的朋友到連陞堂去開心、一進門就是步步登高、在欵動兩條凍得麻木的腿往上走的時候、便看好了那龔樓梯口站的那位姑娘、於斯孫行者的後裔便同他的朋友走進了一個小屋子裡去、便把那位姑娘召喚到了屋裡、問過了花名之後、才知道這位美麗得像從棺材裡拖出來的姑娘叫金香、於斯便開了這位臉同死屍色的姑娘一個盤子、這一來不要緊孫行者的後裔可整個的叫豬八戒（金香）給迷住了、由一個盤子而兩個三個、以至於一天一回兩回的去捧這位金香姑娘、金香雖不是怨女、可是這位孫行者的後裔的確是一個曠夫、又哪裡勁得住這樣乾靠、便在一天下午六時餘、在金香那裡掛了一個條子、兩個人在未那個以前、雙方就有些面色脫然、但雖然是有些赧然而終嘵不掉隔枝不打鳥的古例於為一對模特兒便演起了肉搏戰、雲雨之後、金香已身疲力竭、一對模特兒正在面面相對之時、那無情的元緒公竟喊起沒有屋子之聲、於是一對五十分鐘的恩愛夫妻、勞燕分飛各自東西、一個歸後心思意念一個則送出門概不退換、而再結新歡云、

濱江特刊

第一九六號

盛京時報北滿總支社
社址　哈爾濱道外地段街一號
電話道裡三三〇三番

市立戒烟所五年度
戒烟成績極爲良好

哈爾濱市公署、基於政府當局鴉片痲葯斷禁十年計劃、對於哈爾濱市內禁煙工作、雷厲風行邁進中、共過去第一年度鴉片斷禁事業、竟收到成績意外良好、收有相當效果、茲經調查市立戒煙所、一年來入所治療之鴉片痲葯中毒者共爲一千一百七十八名、治愈出所者爲一千零五十七名、因事故出所者五十六名、以全市三萬餘癮者比較之、則第一年度中、業已戒除全數癮者之三十分之一矣、市當局爲謀斷禁徹底進展、決於本年度內擴充戒煙所之設備、而收容人數亦隨之擴充、預定一次收容爲二百五十名、比去年可增至百餘名、據統計去年度中前後入所之阿片痲藥癮者痲葯癮者男子二百六十七名、女子九十五名、共爲三百六十二名、阿片癮者男子六百九十八名、女子一百十八名、共爲八百十六名而治愈先後出所者計鴉片患者男子六百七十六名、女子九十四名、共爲七百七十名、痲葯患者男子二百十七名女子七十名、共爲二百八十七名云云、

體十五噸、吃水一米許、特該救護艇完成後、實沿江一帶住民莫大幸福云云、

慘殺
妻被擊斃夫命危險
二怪漢行兇後逃逸
爲財爲仇不明正嚴緝兇犯中

道裡電車街門牌三十號院內、往戶卞武莊、年三十五歲奉天省海城縣人、曾充當哈爾濱市公署主計科屬官伊妻李潤如年三十一歲、生有子女各戶外、經鄰佑聞聲趕到、爺娟發生兇殺慘劇、當即報告經緯警察署、及司法科、經責任者急遽馳現場檢查結果、見被害夫婦氣息奄奄、爲狀極慘遂將至十一時許亦行死去、而卞某現下生命仍時危險、警察當局俄然躍起、張惶靜網、搜查二兇手犯人中、至于兇殺動機爲財殺?抑或爲仇殺?刻尚不得

救濟白俄青年
成立俄人日語講座

國際都市之大哈爾濱、人口極爲繁雜、除滿洲國人而外、僑居哈市白系俄人爲數亦屬不尠、惟其中有職業者雖然不在少數、然無職賦閒者、亦復大有人在、哈爾濱市公署社會科有鑑及此、爲謀救濟白俄對策計、經研究結果、乃特發起成立俄人日語講座、附設道裡砲隊街國民優級學校、專以招收一般白系俄人、實施教授日語擬造成日語人材、以便將來向各機關會社分別推荐職業、藉資安定白系俄人生活因此經緯

國婦會省署分會發起
募集軍警慰問袋
以會員爲中心廿五日蒐齊

滿洲國防婦人會濱江省公署分會、鑒於時値嚴寒、朔風凜冽、而在氷天雪地活躍討匪之日滿軍警、不辭勞苦、達成國防之鞏固治安確立之重大使命、一般民衆得以安居樂業、享受快樂之幸福、此皆賴日滿軍警之功也、爲感謝衷心銘感加以酬謝、故決定向全分會役員募集慰問袋、以資慰問軍警、至于慰問之募集範圍、經濟部協議結果、擬定每人最低限度以六角爲限、現經該分會各理事評議員、一般會員、以素日節約之餘資、隨意購買慰問袋、袋上標記姓名、須於本月二十五日提交官房庶務科、收齊後、封交於哈爾濱支部云云、

在噴雲吐霧飄飄欲仙之際、二人不禁又燃起來一種獸慾之火於斯燈前燈後、槍左而至於槍右、烟舖吱吱直嚮、氣喘嗎嗎而鳴、遂將一潔白無疵之市營管烟所而作爲伊等秘密宣淫之陽台矣、更因伊等素日對於管烟所內一般役員、上至看燈頭子、下至把烟份的夥計都以悖入之金錢而買得地利人和、雖在堂乎其皇的『男女禁止同室

所、獨居一室、正在噴雲吐霧之際、忽聽隔壁嗎嗎有聲、於斯朱某乃起而昂頭窺覗、於一見之下、不禁醋火中燒、當將烟盤內所放之茶水一杯、高高舉起、砰然一聲、一杯熱茶水潑於正在交頸對鴛鴦身上、此時梁某正在密雲不雨之際、而淑貞却在筋疲力乏杳眠微閉、二人不約而同應聲而起、當即馳至朱某所佔據之屋內、大興問罪之師、梁朱正在一個雄糾糾一個氣昂昂各不相讓之際、淑貞見事不佳、趁一般癮士不注意竟而溜之乎也、朱某見淑貞他去、當即追上前去、意在與淑貞一論究竟也、後經魯仲連從中調楚、一場風流荒唐無稽之吃醋劇乃告平息然被甩之朱某仍懷恨在心終始著意報復將來演至如何地步殊難逆料云

提倡婚喪節約

滿洲帝國協和會基於際此非常時局之下、曾屢次提倡物資節約報國運動、而哈爾濱警察廳並及其他關係機關當局鑑於一般市民對於婚喪禮儀、由古以來、傳統的習慣均爲特別重視、不論家景貧富、皆傾注全

一名女年七歲子僅五歲、因卞某月薪收入頗豐、一家四口人度日可稱爲快樂小康家庭也、卞某於最近期中轉勤於濱江省公署、尚未正式出勤、不料天有不測風雲、人有旦夕禍福、於十九日午前九時許卞某夫婦尚未起床之際、忽有暴漢二名、前往叩門聲急、李潤如下床由大門上之小窗向外查視、見有素不認識之二名怪漢在外佇立、將欲轉身回走、意欲問其丈夫認識否、不料該二名怪漢見李潤如未予開門即轉身回走、於情急之下、遂以足將門踢開、闖入屋內、由腰中掣出手槍、未容分說、照李潤如小腹砰然一槍、彈由小腹射入、李潤如當即應聲倒地、血流如注、卞某聞有槍聲、急躍身下床、暴漢亦赶到面前、突然猛射一槍又將卞某打傷彈由大腹串入、身臥血泊中、昏迷不省人事、此時子女嚇得呆若木鷄二兇漢、見已肇禍畏、罪潛逃無踪、子女抱其父母痛哭聲達[illegible]伊夫婦送至市立醫院、[illegible]前知、至於將來如何、容訪再[illegible]救治、李潤如總因傷勢過重[illegible]云、

江上滿赤救護艇 已得到本部諒解

建造費爲三萬元醫藥器五萬

滿洲赤十字社濱江省支部、鑑於松花江沿江一帶偏僻之處醫療機關設施缺乏、而偏僻處居住民衆每逢患染病時、就醫治療極感困難、因此該支部、爲謀衛生之普及、擬在松花江內建設滿赤救護艇、此種計劃、現已得到本部諒解、其救護艇排水量爲十五噸、至部塗以白色、上繪有滿赤徽章、共分爲二層、上部設置診察室、治療室、病室、宛然爲一江上游動病院救急艇上計有醫師、調劑師、看護婦各一名、每年於開江時、轉赴交通不便之木蘭呼蘭等沿江河川等岸、舉行巡廻施療、實爲交通不便河川住民一大福音、並於各艦船上、設有無線電、如有急病發生時、接得急電後、急馳往應診、該救護艇建造費爲三萬元、醫藥器具費爲五萬元、船

備結果及講習生之募集等、業已辦理就緒、故於二十日下午二時在該校禮堂內、舉行成立式、由大迫副市長植村衛生處長邊社會科長並日滿機關代表並全體講習生等約二百餘名參加之下、舉行成立式典茲將開會次序誌錄如下

一、一同着席二、全體合唱日滿國歌三、肅禮式、四、植村衛生處長致開會詞五、大迫副市長致訓示之辭六、各機關代表致祝賀辭七、邊社會科長致閉會辭、遂時散會云云、

農地造成會議

前日在省署官房舉行

詳細說明施行要領

濱江省公署當局基於政府農地造成三年計劃、目本年度起、省下一齊實施、爲期產業開發五個年計劃之徹底發展、而濱江省公署因此爲對管下各旗縣所指示、於昨二十日午[illegible]、召集各縣旗農地造成關係者、縣庶務科股長及拓政關係者、約三十餘名、開催農地造成圓棹會議、當由省公署側關於農地造成施行要領加以詳細說明及一切指示云云、

老闆娘戀張愛李

管烟所大演醋劇

朱某被甩後蓄意報復

看燈的幸運竟得作入幕之賓

道外正陽街西頭路南、新新泉澡塘、經理李某、年六十餘北京人、二姨太太楊淑貞、半老徐娘、染有深甚之阿芙蓉癖爲人風流邈恆、居恆顧影自憐又兼正在如狼似虎之年、每感及李某對於性的供給之不足、於焉刀假藉在管烟所吸食阿芙蓉之機會、蠅營狗苟、打情罵俏、極盡其誘惑手腕之能事、久而久之終於在市立第五管烟所與一朱某者結識、朱某原籍山東掖邑、隨乃父寄居本市多年、現年廿四五、人雖不甚漂亮、但在楊淑貞之饑不擇食之條件下、尚可應付一二、二人[illegible]見之下、大有相見恨晚之勢、於焉卿卿我我、朝朝暮暮、形影不離、二人日必就吸於第五管烟所、短笛吹奏、一榻橫陳[illegible]吸烟」的大佈告之下、但亦絕對能够獨享這種男女同吸及同×的優遇、致斯之故、一般纏君子皆懾於伊等之與錢勢力下只赤徒嘆奈何而已、伊二人如此這般的醜勾當、殆亦傳遍於鄰近以及前後左右矣、惟楊淑貞[illegible]而不貞、風流天賦、日久生厭、近來對於朱某漸漸疎遠且暗背朱某又與第五管烟所梁國棟（看燈）發生曖昧、二人肉靈一致、熱度沸騰、不可稍遏、更因與梁某地利人和、雖公然宣淫、決無稍加干涉者以斯二人爲所欲爲、大洩獸性之慾、前數日朱某因公赴外縣、歸來即直赴第五管烟所、冀一幽會情人、不意天人相違、朱某大遭淑貞之白眼、飽嚐閉門羹而歸、朱某懷恨在心、於前天午後又就吸於第五管烟

体育振興會 廿七日舉行

濱江省立各學校、爲使各生徒體力向上、積極振興體育、故由各學校團體、結成濱江省立學校體育聯合會、運動團體以各校學生爲主體、現利用冬季休假期間、作成各種由各校體育關係者、同時並計劃於本月二十七日、舉行第一回體育振興會、本年體育行事現正進行計劃中云、

力、大事舖張、以資表示隆重、因此、當發生虧空者、對於生活頓受影響有奮此無味之消耗、何如加以節約以求經濟且可達成節約報國使命、故各關係當局、積極喚起一般市民始覺約、一掃自古舊惡習慣、決提倡婚喪節約運動並決定本諸婚喪節約實施、必由官吏作起的見地、先自各機關職員領導實施、然後漸次普及一般民衆、今後舉辦婚喪禮、須按照協和會中央本部規定節約辦理

劉檢察廳長履新

【通化】區檢察廳長李恩[illegible]、[illegible]任昌圖、新任廳長劉彥卿氏、現已到廳履新、劉廳長爲友留學專門法科歸來後、歷任法界要職、成績斐然、今掌通化司法、定有一番振作、頗可期待云、

達成貯金報國使命

協會成立貯金組合

擬定規約飭令各會員辦理

☆☆☆☆☆☆☆☆☆☆

協和會哈爾濱市本部、[illegible]、[illegible]故特擬定貯金規約、[illegible]富家强國運動之趣旨、爲達成貯金報國之使命、特於最近期[illegible]令飭各會員依照辦理、茲將規約誌如下

[illegible]、在該部內成立協和貯金組合[illegible]

1、該組合設役員三名、代[illegible]

2、凡該部職員及義勇奉公隊青訓所勤務職員、皆有貯金資格、

3、貯金額度每月以人一元

☆☆☆☆☆☆☆☆☆☆

濱江特刊

第一九七號

盛京時報北滿總支社
社址 哈爾濱道外地段街一號
電話道裡三三〇三番

召集各廳幹部人員
開省政懇談會
懇談日程已規定完了

濱江省公署、爲謀省政之圓滑、並重要計劃之實施徹底、以及諸懸案事項之決定、特規定本月末起召集各廳科長及各科關係幹部人員、在省官房會議室舉行省政懇談會、互相協議、玆將懇談日程標錄如下、

一月三十日午前十時半文書科關係事項下午二時會計科關係事項、

二月一日午前十時半營籍科關係事項下午二時土地科關係事項

二月二日午前十時半高等教育科關係事項下午二時國民教育科關係事項

二月三日午前十時半社會科關係事項下午二時保健科關係事項

二月四日午前十時半警備科關係事項下午二時特務科關係事項

二月八日午前十時半刑事科關係事項

二月九日午前十時救養警察科關係事項下午二時招墾及拓地科關係事項

二月十日午前十時半農林科關係事項下午二時半殖產科關係事項

二月十三日午前十時商工科關係事項下午二時監理科關係事項

二月十四日午前十時半道路關係事項下午二時河川科關係事項云云

新編多數教科書

務教育、實因從來各縣及鄉間之國民學校、並書通私塾所採用之教科書、尙多有係舊政府時代所審定者、對於國民初步教育之發揮上、殊有相當惡影響、故決依新學制之規定、除將以上各初等教育學舍或私塾之名稱、改爲講習所外、並已由當局新編適宜之新滿文國文教科書一萬五千部、算術教科書日語讀本五千部、待印製完了、即實施分配各縣云云、

打破消遣新紀錄之
高爾夫球場近將開幕
內部修理富麗堂皇無與倫比

打知本市消遣新紀錄、爲女子職業錄上放一異彩在客歲夏季誕生之道裡警察街小公園內借樂高爾夫球場、自開市以來、營業頗稱不惡、每日之收入亦頗可觀、惟因季節之轉換、氣候之關係、自入冬以來、在露天之球場內、因塞風之吹襲、故一般有球癖者率多裹足不前、因之該球場乃旋告停止營業、該場經理石某及副經理孫靜修等、有鑑及此爲彌補此缺陷計、故於停止營業之同時、即從事物色相當地址、結果於前數月即賃妥道理中國四道街路北、與中央大街拐角處之一百四十七號地下室、自鳩工建築內部以來迄今已三閱月矣、費欵頗鉅、內部修理富麗堂皇、無與倫比、現已全部告竣、計地球台球、以及高爾夫球三部、同時爲謀一般遊覽及打球者之便利起見、並附設小賣部、如烟酒茶水、及咖啡等、應有盡有、並設無線電一台、用以助興、前日招募女計敎員十五六名、溫柔和藹、招待週到、想屆時必予有斯癖者一莫大之感覺、該場爲符一般人之熱烈期待計、決於春節前提前、開幕、有斯癖者想必皆大歡喜云

賊星不旺被捕
乘人不備竊包
現正在拘押審訊中

趙厚國年四十三歲、奉天省人、現住於太平橋新市街、十二號院內四戶、雖以賣卜爲生、其實專行竊盜、近來以哈爾濱車站一二三等待合室爲竊盜根據地、待乘降車客混亂之機會、以巧妙手術竊取乘降客人物件、不料因賊星不旺、於二十六日下午五時許徘徊於三等待合室、視待車客人不備竊取包裹一個逃之夭夭、忽被警備路警瞥見、尾追其後、卒將其逮捕、帶隊審詢結果、供名氏如上、行竊不諱並過諸左、

本月十日赴車站送朋友、見謀炭倉庫開放竊取煤炭二十餘斤、於本月三日午前十時在道外二十道街正在賣卜中、見公園中有家鷄四隻當即追逐捕獲二隻拿回家中調食、十八日午前九時許、在道外北五道街停有載貨馬車一輛裝有多數衣服、遂乘車夫不備、又竊取衣服數件、於二十六日下午五時許在車站三等待合室竊取滿人乘客包裹不幸被捕、似有餘罪現下拘留繼續審詢中云云、

將分配於各縣

使平民適齡者免費入學

濱江省公署教育當局、基於政府新學制實施以來、對於教育積極發展、為期振興國民教育、決定由省指定國文教科書（滿文）、算術日語讀本等、多數的配布於省下各縣之縣立國民講習所、凡屬於無教育者一般平民中之適齡者、受可免費入學的初步之教育、一方更致力於國民義務教育之普及、期以六個月之期間、於各縣各地實施開校、實施國民義

檢舉市內不良份子

開始晝夜警戒工作

哈爾濱警察廳南崗警察署、坂原署長鑑於舊曆年關為期切廹、為防止强盜及宵小等不良份子潛伏市內乘機向動計、經該署幹部討論結果、決定於管內實施大檢舉及警戒、至于其警戒之計劃、自二十八日起由板原署長以下全體為員與各派出所聯絡之下、開始警戒工作、晝夜實行分班遊動檢舉、以期確保管內民衆之安全、云云

街頭巷尾卦攤充斥

都拿孔明來作標識

（季世舫）

生財有道全憑三寸不爛之舌

糊口得方借光幾部古人遺書

在這新興滿洲的國度裡、哈爾濱是北滿的小巴黎、不但是文化的中心地、而且還是一個商埠貿易的樞紐、這裡既然是一個繁華的都市、那麼五方雜處的人們當然 也不能 够少了的、所謂的形形色色、在這其中一天也不知演進了多少風流韻事、和幾多的悲歡離合的把戲、甚至於强姦慘殺、以及和一切人們所意想不到的地方、眞是五光十色、千奇百怪、無一不備、君不見夫以『白馬神』為口實而强姦少女、繼而誘拐來哈、被控而瑯鐺下獄之郭香九、以及强姦女看護而惹起糾紛之人畜戰鳴的×××醫院的一品小說長否、我們觀察以上種種、按情而度理、相信不難知道這畸形小巴黎的哈爾濱是怎樣在突飛猛晉的發展了、現在記者所要說的並不是以上那些個拉雜問題、而不過是拿着那些個話柄來作一個談話資料的開場白罷了、記者所要說的乃是在本市裡的一些個形形色色的星相家、那麼現在記者就開始說下去吧、也許是寫下去吧！

星相家在本市之多眞是多到極點了、他們賺錢之道的法術之繁眞也繁到喜馬拉亞山峯之極巔了、招致一般迷信者光臨的手段因之也靈活到極高峯、其實呢！世界上都是『無君子不養藝人』的江湖話、他們的家成業就全憑三寸不爛之舌在他們矇頭轉向從屯下跑到這繁華都市的哈爾濱來的時候、在他們自已的心地裡也許還不知道有這麼一般最容易來財的道道兒不過在這輭紅十丈的哈爾濱住的日子多了便應了那近朱者赤近墨者黑的古俗、於斯匪着心裡發急、便也索性製備上一套爻卦用 的器具、蝸營狗苟、在大街小巷中擺上一個卦攤、大喊其『無君子不養藝人』的江湖話、日復一日、月復一年的幹下去、也許會發一筆小財、而後再從街頭巷尾挪到一個極狹窄的角落裡、這樣一步一步的升了起來、也有居然而成了一個大腹賈的、挺背橫腰、走起道來也似乎有點那個了、 他們星相家 的大名、不過是借光在古人的幾部遺書上而已、相命爻卦這一類的勾當是從古人傳統下來的、也就像『有人的 地方就有 蒼蠅』一樣、所以有都市的地方也有了算命這類的先生們了、換此不過沒有甚麼值得來說的、記者既不是來捧臭腳、而且又不是居心來褒貶任何一個星相家、不過星相家之在哈爾濱、在任何的一個大街或者小巷裡、差不多都有他們的足跡、最近這而連各管烟所裡也有了他們的足跡、這是他們糊口有道、五花八門、令人見之目眩、宣傳得方、千奇百怪、使人讀後肉麻、假使我們些微注點意在報紙上的廣告欄裡去着眼的話、那麼馬上就會一個字一個字很清晰的跳你的眼簾裡、甚麼『要有疑難、快來問我』咧、甚麼『靈驗如神』啦、甚麼『小諸葛』啦、一切的引人入勝的宣傳、因為人們各個都有一種天賦與的好奇心、自已有了疑難的事、或者一個甚麼重要而猜不透的問題、再加上那種引人入勝的宣傳一吸引、那還有不鑽個的墮入他為迷信人們所佈的迷魂鎮中嗎！

我曾記得有這麼一回笑話、那是在客歲夏末秋初的當兒、是在道外北五道街路西的市營管烟所內、有屯下某姓父子二人、在屋內對燈吸食阿芙蓉、屯頭屯腦的當然是農村風味十足啦、不知怎的叫這位成天價在五里霧中喊『算命爻卦、看手相不要錢』的星相家上了眼、以為屯 下人好騙、於斯便掀簾而入、屯下人不明白這些勾當、所以也沒有把他攆出去、這時在裡邊吸阿芙蓉的老者、因為犯了癮、所以也沒有精神和他攀談、可是這位年輕的沒有累、於斯也 本着陰 天打孩子、閑着也是閑着的主義、便伸出手來遞給了這位先生、先生把手接到手裡之後、裝腔作勢、大比劃而特比劃、甚麼這條手紋不好啦、那條紋又不存財啦、說着說着竟出了這麼一句來、竟說那少年的爸爸是個『掏灰爬』、這方才過足癮躺在鋪上的老者、聽到這裡、不禁大發雷霆、蹩地躍起來了個一反一正就是兩掌、打的那星相曚頭轉向、跪地求饒、以後經了許多癮君子的解勸才算了事、

現在歷 史的演進、事雖有未成就的、可是理想必至、其實買賣好壞不在招牌、大姑娘醜俊不在父母、但是作這一行道的人居多數是拿孔明的牌子來作標識喲、

濱江特刊

第一九八號

盛京時報北滿總支社
社址 哈爾濱道外地段街一號
電話道裡三三〇三番

萬壽聖節

本市派代表晉京奉祝

本月六日在新京舉行之萬壽節慶祝式典、恭賀滿洲帝國皇帝陛下萬壽無疆、並國運隆昌、哈爾濱市公署方面爲參加恭賀萬壽節式典、決由大迫副市長及馬財務處長兩氏、五十萬巿代表、定於本月五日搭乘列車晉京、

【又訊】濱江省公署爲慶祝二月六日皇帝陛下萬壽佳節、早已準備完善、屆時敬謹舉行奉式典、恭賀萬壽無疆、及滿洲帝國國運隆昌、於二月六日萬壽節當日全署員一致參加協和主辦之奉祝式典外、省公署並單獨舉行、於當日午前十時、全體集合於省官房會議室敬謹舉行式典其次序規定如左、

一、全員入場 一、振鈴式典開始 一、開扉 一、御容奉拜 、國歌合唱 一、閉扉
一、三唱萬歲 一、解散云云、

四日假地區本部會議室

舉開第一次聯絡會議

現已通知各關係者屆時出席

協和會哈爾濱地區本部爲準備慶祝我滿洲帝國、皇帝陛下本月六日萬壽佳節及防共協定之締共大會及歡迎韋使節歸哈大會等事、特定於二月四日午

一、地區分會結成準備狀況
一、場別分會結成準備狀況
一、警民懇談會運用方法
一、各分會活動事項
一、其他云云、

開口、楊某以呆田玉蘭多時、終以良機不再之玉蘭、伸出纖纖玉情、在楊某臉上輕輕一掌說了一聲『姐夫我沒想到你會這樣笨』、楊某此時心中亦起

氣喘微微之際、有同院不作美的李孫氏至楊家串門、走至窗外聽裡邊有二人氣喘微微之聲、當由窗隙向裡窺視、則見姐夫小姨共床同寢、李孫氏於觀罷之下、乃未聲張而去、事後及至楊呂氏與子串門歸來之後、忽發見床上之褥單微有濃液所經之痕跡、當質問其夫、玉蘭此時心中有鬼心事、臉上立時紅漲起來、其姊當將玉蘭與楊某內中、曖昧窺破、除大罵楊某不是人之外、更大奚落玉蘭之不正行爲、接張迎李猶以爲不足、竟而弄到姐夫身上、玉蘭一時良心發現、悔不該如此唐突、爲一時之衝動竟冒昧而與姐夫拘搭成姦、無顏再生、當將所存之鴉片二份悉數吞下希圖自殺後被其姐發覺、施行人工救療法灌救後而得更生云

卜陳氏忽操刀自殺

隣人發覺送往醫院

終因傷勢頗重而香消玉殞

道外南馬路二道街門牌五號院內住戶卜陳氏、現氏廿七八歲、不悉因何竟於本月二日午前八時許、突萌自殺之念、以尖刀對準自己小腹用力猛刺、當時血流腸溢腹外、倒地不省人事、隣人聞卜陳氏之痛呼慘聲、趨前察視、於一見之下、不禁大爲驚駭、當即馳至承德街派出報告、並急電知市立救急車、將卜陳氏拉入市立醫院、從事應急手續救治、惟因卜陳氏之傷勢頗重、未及半時餘、卜陳氏當即殞命放市立醫院中、至於其自殺之原因目下尚不明瞭、惟據卜陳氏之隣居某言、卜陳氏係河北省人、自幼許配與卜某爲妻、結婚後夫婦雙方感情尚屬不惡、惟天有不測風雲人有旦夕禍福、於一年前其夫忽因病而暴卒、卜陳氏乃隻身來哈投居其兄嫂家、初時姑嫂之間、感情尚稍不惡、不料積之既久、姑嫂不悉因何竟而相互反目、卜陳氏於一怒之下、乃獨自一人移至上記地址、至於其中另外有無其他隱衷則外界人殊不得而知、以人命關天、當局現在正從事調査其自殺原因云、

畫棚子漸行熱鬧

【海城】現屆陰歷年關、僅及半月、而一般大過新年者、除於吃喝外、又欲大量買畫、滿屋張貼、以取吉慶、而示更新之意、現南北大街、路東路西特關市房之畫棚數家、及廟胡之南北兩牆、均重重疊疊掛有彩畫、尤以肥豬拱門、最是活財神來送咱家、各畫爲一般人所歡迎、現各畫棚人山人海、頗爲熱鬧云、

私宰肥豬十四口運哈

事機不密被警察勘破

咄咄！趙科長何竟以身試法

南崗警察署現正從事調查中

前十時假本部會議室召開本年度第一次常務員聯絡會議、現已分函通知各關係者屆派遣時常務員出張參加討論式列各項

一、萬壽佳節
一、紀元節
一、奉使節歡迎會
一、防共協定之排共大會
一、歲末同情週間
一、青少年團結成情況

山海棧聚賭騙財
前日晚被警逮捕

【哈爾濱】道外正陽十五道街山海棧、經理人吳青陽、自開業後時有聚賭行爲、恆以此手段欺騙無知住客、大發厥財、終因事機不密、前日被南新警察署偵知、於午後九時許遂將九名賭徒一併逮捕至署云

風流玉蘭背夫偷情
竟而偷到姐夫身上
被姐姐察出服毒自殺未遂

道外大保定街門牌六十三號院內、住有楊威如、現年三七河北獻縣人、以販賣破爛爲生妻楊呂氏、年三八歲、有妹呂玉蘭、年十七歲、於本年四月間、嫁夫曲某、于歸之後、即被其夫發覺已非處女、但木已成舟、只可勸玉蘭以後痛改前非而已、無如玉蘭風流天成、屢借歸寧爲口實、而在外與[illegible]未嫁時之情人幽會、於月一日早飯畢玉蘭又至其姐丈楊威如家串門、時値楊呂氏（玉蘭之姊）與子外出、只餘楊威如一人在家、姐夫小姨二人言來語去、眉飛色舞、玉蘭心中不禁燃起一種無名之火、立時計上心頭、乃詭言室內太冷、令其姐夫將門關嚴、楊某信以爲眞、當將門關掩、玉蘭一見大失所望、知其姐夫未能瞭解自已意思、當又說『能關上門就不能把門閂上嗎』、至此楊某始知其言中有話、立時又將門閂上、將姐夫小姨對坐炕沿玉蘭雖含情脈脈、但是始終未便一種要求、當將玉蘭之手扣手狂吻不已、姐夫小姨情來脚去演成一對、獅子滾 繡球 之形狀、但玉蘭終以慾火難過、雖與姐夫如此挑逗、但終未能一嚐禁臠也、心中不禁焦灼萬分趁機將楊某之腰帶扯開、楊某並未拒絕、只口中聲之說是『玉蘭你把姐夫怎樣？』玉蘭此時亦不顧得回答姐夫所問、只拏着楊某腰帶呆呆出神、意似有所思、楊某見玉蘭如痴如醉一把摔上前去又問一聲『玉蘭你怎樣？』正在呆想的玉蘭被楊某一問、猶如從夢中驚醒一樣、當不問青紅皂白、只說一聲『我要吃你的—』說時遲那時快、一對異峯突起的雞頭肉顫巍々呈在楊某眼中雖明知非禮、但相信世界上沒有不好腥的猫、情不自禁抱着玉蘭柳腰道德觀念在這一對赤裸裸一絲不掛的姐夫小姨活動之下而打破、人類羞恥、在他她們的鸞鳳交頸鴛鴦燕燕浪聲下而喪盡楊某何世修得來、竟得一箭雙鵰、呂氏前事未還竟而姊妹共侍一人、他們正在一峯度過、二峯未來、一對模特兒赤裸裸

當此舊歷年關爲期臨邇、一般市民需用各種肉類者逐日激增、以致市內近來牛羊豬肉價格突然暴騰、故一般投機份子乘機蠢動、不顧民衆衛生、不問是否豬瘟、竟由外縣購買肥豬私宰載運來哈、高價販賣企圖漁利、不料近數日中被慧眼警察當局破獲私販豬肉犯者一日竟有數起、查其中私宰犯者諸多毫無智識份子、不但不明法律、且按衛生上說、亦不知衛生是何物、故對此項私宰犯者尚有情可原、詎知身居科長階級竟敢公然不顧民衆衛生、圖利枉法、私宰大批肥豬十四口、被運來哈販賣、事機不密暴露、被馬家溝派出所蘇警官巡邏瞥見、上前盤詰言語支吾、當由車上草中搜出私宰肥豬十四口、遂將犯人帶至分所供出販賣不諱、據供該犯馬場趙科長双城縣人、家中飼養肥豬十數口、現因鄉中豬疫流行、恐遭死傷甘受損失、故乘舊歷年關在即、哈市豬肉缺乏、價格尤爲暴騰、（每斤五角五分）、企圖漁利忘了尚有紀律、既不顧自身高級官吏、故於日前將家中飼養肥豬十四口悉數私宰、裝在車中草內、搬運來哈、以便販賣、不料好事多魔、於日前下午八時許、車抵馬家溝派出所前、適有蘇警士正在巡邏之際、忽見車夫步履惶惶、舉動不審、慧眼警士情知有異、當即上前盤詰、賊人胆虛、言語支吾、故行搜翻結果由車上草中卒搜出私宰肥豬十四口、（每口二百餘斤）立即將車夫帶至分所審訊後、備文一併送交南崗警察署、拘留現正進行調查中、惟當時被警士查獲帶至分所同時、依趙科長意欲託人調和、不料其姨太太在側厲聲怒言曰、我們是科長階級、他們是一小小警察犯不上與他們疏通、纖則日能將大批豬肉喂狼不喂狗、故趙某計聽心從、噫既知科長身份高、何必爲區區餘利故意知法犯法、令人不解、一般對此案件頗爲注目云云、

地區協和分會
定二十日結成

哈爾濱市劃分區制問題自去年實施全市分爲十大區以來、對於區政事務積極發展、最近關於本市十地區的協和分會之結成問題、前哈爾濱市公署及協和會地區本部兩方面迭次召開區長會議結界、一切組織方法現均決定立案、正在着手準備中、對於各項籌備已見就緒、故預定本月二十日使十區域一齊舉行盛大的結成式典、以期使哈爾濱市協和運動擴大發展云云、

郵政辦生命保險

【賓甸】人之生命最爲重要、而生命保險利益亦最大、所以郵政局現在佈告是三月一日開始辦理郵政生命保險、此係國家辦理、信用當能昭著、實貴生命者、其速保險云、

新春將臨囂張聲中之
太古街上一瞥

猿舟

新年已過、瞬息之間新春又將臨、素負有滿洲小巴黎之稱的哈爾濱市、於無形中又添一番新的氣象、當我們在富於農村風味的太古街上一瞬的當兒、那股熙々攘攘的情形馬上在會呈現在你的眼簾裡、無疑的還是滿洲特有的風光、尤其是在這新興的滿洲的國度裏、較比往年當然是更要熱鬧一番了、鄰近本市的農村都是駕着三套四套的大馬車、滿載着些倒他們（農人）一年血汗的收穫、來到這裡換些代價、同時再購買一些農村一年一度新春所必用的東西、如神紙啦、布啦、肥皂啦、以及一切和一切、他們的臉上都呈着眉笑顏開的一張歡忻臉、雖然在漬零下三十四五度的嚴寒氣候下、但是好像他們還沒有體會到這嚴寒季節的賜予、身上穿 飽暖暖的衣服、腰間扎着一條半白不黑的灰色布帶、脚上登着一双他們理想的小靰鞡皮鞋、坐在車前的馬屁股後、神采奕奕、王道樂土下的國民、表現無遺、還有在車上載着幾個花不溜丟的鄉下大姑娘、兩頰凍胖的臉、凍得紅紅的、以及那三十來歲的老太婆、面黄肌瘦、一個營養不足的臉下的嘴裡、含着一支二尺來長的大桿烟袋、烟從嘴中和鼻孔間冒出纍繞在頭頂上、和寒氣抗衡、在他們的心地裡都是滿望着『滿載而歸』的念頭、小型雜貨店門前[illegible]飄飄搖搖的神紙幌子、有如天空的紙鳶似的、來來往往的人們、都是橫一包豎一捆的提携着、肉市裡充滿了一片喧囂嘈浪、你十斤我五斤的相互爭購這個說秤不夠數啦、那個說秤太少啦、把一個站在肉架旁邊刀不停住下的切着肉的肉鋪夥計、賦頌得勝法子只流水推舟說一聲、『秤保管你老回去試如果不夠的話回來再找你賬』的閒話、[illegible]些五光十色煉圖奪目的炸炮、鞭子的一端還燃一條很長的火繩、這是預備來了主顧好用它點着放給主顧看用的、夥計們的眉毛和鬍子上的都凝結着一層白霜孩子們擎着几個小花炮、平々的一個連着一個的放着、像徵着一年又要過去了

◇　◇　◇　◇

濱江特刊

第一一九九號
盛京時報北滿總支社
社址　哈爾濱道外地段街一號
電話道裡三三〇三番

紀元節 協會盛大慶祝

協和會哈爾濱市本部、爲慶祝本月十一日友邦大日本帝國紀元佳節之良辰、基於日滿一德一心不可分離之關係、連日以來與市內各協和分會開始準備的國民精神作興、會場一在道外北十七道街、北新國民優級學校、一在道裡地段街商工大樓四階、自下午五時起兩處均由各日滿機關首要講演日滿國民精神、然後放映電影、當時參加日滿民衆極爲踴躍、由此觀之日滿官民之協和漸次強化云云、

召開第一次磋商會 建設傷病兵娛樂室 如各方一致同意時即進行籌備

負北滿治安重大使命之駐哈友邦日本皇軍、爲謀北滿治安之確立、民衆得以安居樂業、對於各地深山密林跳梁匪徒、不避酷寒與勞苦經迭次討伐、所被擊滅匪徒不勝數計、樹立赫赫武勳、一般民衆得以安居樂業、無不感激皇軍之威力、其中不幸者即傷病兵、均收容入哈爾濱陸軍病院中、應急治療、而我哈市五十萬市民及關係機關爲感謝傷病兵爲我民衆造幸福剿匪所受病傷、故曾屢次由國防婦人會及協和會等關係機關、不時聚辦募集慰問

行籌備云云、

民食缺乏嗷嗷待哺

【鳳城】本邑事變以、各地胡匪蜂起、民不聊生、農村疲弊不堪言狀、幸經日滿軍警、連年討伐、地方治安、已告肅清當局復急極設法、振興農村、關懷民瘼、頗堪慶幸、惟去歲年景旱澇不均、五穀歉收、而二四五七八各區、因集團部落山地多半荒蕪、以故民食缺乏已達極點、入冬以來、每至各

當局亦必關懷設法救濟、以蘇民困、而顧民命云云、

佛教會改選會長

【遼陽】佛教會前爲保持廟產計、曾照法定規則、選舉會長及各職員、以便進行會務、並由該佛教會、於廟產項下出資設立學堂一處、名曰普化學校每年所收學生數班、所教課程養成優秀學生不少、此亦前前佛教援助學界之功也、惟該會長、現屆期滿改選之時、當於本月二日、函邀各界在普化學

繼任速選當即呈報各署備案云

洞悉民之生活力 調查農家經濟

【法庫】本縣諸般政治、

日期向上、尤關於人民之疾苦、茲爲洞悉人民之生活力起見、於二月間舉行農家經濟調查、實施人員、由實業股担當云、

虎口餘生 竹不列夫現在治療中

哈爾濱市住戶白俄竹不列夫及尼得國夫、二人交際極爲親密、素均有打獵之癖、故於數十日前、二人協議結果、即率領獵犬四隻、背負獵槍、赴濱綏線橫道河子山裡實施打獵、獲有禽獸多數、不料於九日午前十時許、二人將欲出山、行抵密林中間、彼二人未曾注意、正在談笑行走中、忽然由石崖間竄出一隻大如牛犢花毛金睛猛虎、乘二俄人不備之際竄躍前來、將尼得國夫撲倒在地、尼得國夫見事不佳、驚惶萬分、急由要中擊出手槍、對準虎之口中砰的射擊一槍、遂將虎牙打落一枚、猛虎受傷疼痛咆哮不止、虎恨恨口咬尼得國夫之後背部另一同伴俄人竹

加二人才逃出性命、此時尼得國夫乃忍疼走下山來、僱用工人數名、復上山將在虎屍體及竹不列夫用扛抬下山來、然後即搭乘火車歸哈、竹不列夫因傷勢過重、當由救急車送往市立醫院救治中、亦云不幸中之云云、

召開協議會

協和會哈爾濱地區本部、爲討論關於各學校方面之青少年團的結成事項、特於十日下午一時半頃、召集本市全市各小學校關係者約百餘名、在地區本部合議室召開協議會討論一切準備結成事項、至下午三時半許始行散會云云、

吉林省通告 蒙租局廢止

【吉林】省公署基於內務局長官之公函關於蒙租征收局廢止略謂昨年十月十七日旗長及舊蒙古王公等新京集會、因國運日倡庶政整備、蒙租征收局亦無存在之必要、由康德五年十二月末日廢止之、其征收地稅

及國稅、完全移於稅捐局長縣公署辦理等情、吉林省公署現爲使與蒙人有關係各縣公署、詳細蒙租撤廢後之稅務處理無憾計、特向長春農安德惠長嶺乾安九台各縣長、郭爾羅斯前旗長通告蒙租征收局正式廢止、並希轉務各關係機關一體知照云、

將設婦女戒烟所

【三江】佳木市公署、開廳一載以來、對於市政之建設、所得顯著成績、已爲遐邇咸聞、又爲中央政府之嘉慰、茲鑒康德六年度、阿片麻藥斷禁政策徹底遂行計、決就具體方策中向前邁進客多於接辦私營鴉片零賣所之初、原爲九處、迄今已至五處、以達斷禁人旨、於客夏設立戒烟所一處、收容戒烟者不下千名、本年復擴大收容、又以從來戒烟所、男女混收、未免有傷風紀之嫌、日前會議、擬設立婦女戒烟所、現本市婦人有癮者、據調查之後實有相當之多數、實予婦人癮者、造福非淺云、

圖財斃仇殺斃 馬車夫竟失踪

【嫩江】吾邑南門外於本月一日晚八時、有某甲（名未詳）在市內僱乘三十六號馬車、赴南門外某處、於次日早、在南門外發現停放馬車一輛、上有血跡、馬與車夫、俱無踪影、乘客某甲亦不知何氏、此案甚爲離奇、警署方面正在調查云、

品、藉以慰問傷病兵、以表示謝意、惟新京陸軍病院、由市民自動發起捐助現欵於陸軍病院中、建設娛樂室、以便傷病兵娛樂、內部設備完備、實能解消傷病兵一切憂悶、而我哈市陸軍病院中尚未有此項娛樂室之建設、頗引以爲遺憾、而市民有力者有鑑及此、亦正擬提議中、對於娛樂室建築經費約五萬元、內部分爲撞球、乒乓球、將棋碁種種餘興以免傷病兵終日無聊、大迫副市長預定十日在日滿俱樂部召開第一回磋商會、協議娛樂室設備於室內範圍、建築費約四萬五千元設備費約五千元共計約五萬元、待各方面一致同意即可進

村屯十室九空、茲據七區大雀松樹咀、八區、四區各處、來人稱、哀鴻遍野、嗷嗷待哺、貧困人民、既無金錢、又無處購買、將來如不設法賑濟、開春後、必有坐以餓斃之虞、諒

校講堂、開會選舉正副會及職員、結果選出龍泉寺僧人梁萍得三十三票爲正會長、龍鳳寺僧人安全得三十票爲副會長、此外並推舉藍秋巖、吕然、法容常和爲董事此次正副會係爲

警察廳召開
歲末司法會議

哈爾濱警察廳以舊歷年關在邇、爲期確保市內之安全已誌前報、茲自五日起已由司法科與管下各警察署全體警員一齊總出動、實施開始特別大警戒、茲因司法科當局以近來市內强盜慘殺案件迭出、爲謀徹底與適計、特於九日下午一時在警察廳樓上會議室內、召集各警察署司法主任、開催歲末司法會議、協議關於防犯事項及搜查逃犯、等至下午五時始散會云、

不列夫、見狀恐慌失措、遂出槍對準虎之頭部轟然射擊一槍不料子彈亦未過火、尼得國夫殺狀之下、遂被虎捕倒背咬背部不能動轉、即令竹不列夫取其身上所帶之槍再行射擊而竹不列夫正擬伸手取槍時、不慎詎料又被虎將右手咬住不鬆、終至被猛虎將右手咬斷、此時所率領之四隻獵犬、見主人被虎所傷、不能動轉、不約而同一齊向前與猛虎猛力抗抵戰爭、尼得國夫於九死一生中、乘犬虎爭鬥機會始得將手槍取出、對虎之頭部又行射擊一槍正中虎之腦部猛虎當即死去、但彼二人雖均受重傷、若獵犬四隻不參加向虎抗抵時、二人亦得死於虎口、幸所率四犬參

哈鐵愛路系樹立
愛路運動計劃行事

哈爾濱鐵道局愛路系、爲謀確保鐵路之安全並交通鞏固便利化、積極强化愛路運動計劃、故樹立本年度愛路運動工作、所規定預定行事如次、由二月二十一日至二十六日間舉行各警護隊管下愛路担任者、巡長及模範青少年愛路關係者實施訓練講習會二、四月二十九日起實施匪賊蠢動討匪工作三、五月九日十日兩日間、實施愛路担任者會議、二十四、五、六日亘三日間、實施愛路團員技術教育、四、七月十二一、二日間實施愛路團警備演習五、八月七日起至十三日中實施青少年團幹部教育、二十日至二十五日間、實施青少團員及愛護村巡閱工作、六、九月五、六、七、日三日間、實施青少年團綜合訓練十一日至二十三日間、施特別警備巡邏工作、並舉行愛路週間、七、十月十五日十三日間實施青少年團及愛護村查閱工作、八、會議、二十四日兩日間舉行愛路担任者講習會、九、十二月一日起至同月二十日間舉行愛路團員大會之諸般預定行事云云、

管烟所內一幕趣劇（聞所未聞）
入厠便溺桃源芳草凝結於便桶上
妙齡少女情急狂喊救命群往應援

我國政府當局、自樹立戒烟十年計劃之國策以來、迄今已着着收到良好之成績、惟美中不足者、厥爲一般無知識之下級社會市民、居恒以鴉片烟視爲醫療疾病唯一之恩物、以斯蠅營狗苟、雖在『無吸食証者絕不予點燈』之嚴令者、藉可得吸食之權利、雖然如斯、但一經被當局查出、則必大受其申斥、或者懲處、迄今斯風漸煞、日前道外北三道街路西萬昌盛小賣所替身之市營×號管烟所、有女吸食者一名、年紀廿餘、（名姑隱）身着青呢流線型皮外套、足登高跟套鞋柳眉杏眼、圓臉兩腮、朱其唇而粉其面、婀娜生姿、據外表之輪廓觀之、似不像黑籍中之芙蓉仙子也、於進屋後、即由腰中掣出吸食証、交與看燈者爲之取燈並登記、看燈者以其有吸烟証、當亦未敢過問、即與點燈並取烟二份、該女於看燈走出後即從事燒烟、有頃燒完將烟吸食約一個餘、於噴雲吐霧、飄飄欲仙之原則下、不覺東瀛來潮、乃揭蓋由屋中走出、意欲赴厠便溺、當經看燈者引導之下、該女乃赴厠排洩約五分鐘餘、忽由厠中傳出救命之聲、達於戶外、愈喊愈急勢將聲嘶力竭、斯時有某姓看燈由屋中携一桶髒水向髒水窖走去、適聞狂喊救命之聲、當將水桶棄於院中、急遽馳回屋中當衆言明、一般癮君子皆不禁爲之驚訝以爲又發生慘殺案件、由該所某糾合衆人多名、各持木棒立赴厠所應援、及至則聞該女子氣息微渺、聲音有鬼、衆人於聞聽之下、始不疑共有他、乃問其何如斯狂喊、而該女子則又緘口不言其中底蘊、只聲稱『行點好吧、快給我一把剪子救命吧』該所以爲伊女子在厠所自縊、恐發生意外、致受連累、當即破門而入、則見該女子褲子半脫、三角地帶角𦙶、頭直向下低垂、雙手亂抓、衆人見狀、乃一閧而散、斯時某姓一較老者乃取出剪子一把、代其將桃源洞口之芊芊芳草剪斷、因一時連羞帶急、終因老人手不把準於不經意之下、乃將桃花江決堤、該女子面色赧赧喊痛不置於是桃花江上紅潮滿頂、致將該老翁弄的雙手血染、形同助産士爲人收生無異、剪完之後該女子始得與便桶脫離、茲據老翁談稱、該管烟所之便所係一臨時小便所、中置一個油桶專備一般男子戀者而設、今次不意該女子忽然赴、因便桶高而該女子身裁又小、揆其原因、該女子是一半蹲半站之騎馬登山式便溺、不意便水由三角地帶流下、而殃及桃源洞口之芊芊芳草、因尿多排洩時間較長、又因當日天氣非常寒冷水遇寒而結冰、物乃之原理、而將×毛凝結於便桶邊上、該女於排洩畢、弔雙手提褲、竟在躍身而起、說時遲那時快、該女一起未得因痛而止、再起仍未能如願、結果愈來愈凝的堅固、而桃源洞口亦愈受創而愈加痛苦難當矣、該女子一時情急、以爲鬼怪作祟、調戲於她、又兼身着短袖旗袍、粉臂大露不耐寒風吹襲、一時擺脫之術、故而大喊救命而特喊云、

記者按　女子身清似水、體潔如玉、自古女子之身體上不忌避於父母、下不忌避於丈夫與子女、其餘者概不得令人輕易一親、否則以爲奇恥大辱、今者一廿一二歲之妙齡少婦？女子？爲吸飲鴉片、竟而如此不顧廉恥雖非故意、但假使不吸飲鴉片、永安於室、豈能有此不幸來臨歟？既被人親見神聖肉體、而且紅門又大受剪子之創、滿城風雨、於名譽亦不能不無莫大關係、假使該女子未婚猶有情可原、如果有丈夫可話、晚間被丈夫發覺、試問以何言對之、實恐難免其丈夫不疑其行爲之不正也、由此觀之、鴉片之爲害、實不異於猛獸蛇蝎也、雖云苦海無邊的胞一回頭即是岸、勸我女同但們、可以引此爲鑑、力勉之不日云云、

濱江特刊
第一九九號
盛京時報北滿總支社
社址　哈爾濱道外地段街一號
電話道裡三三〇三番

爲强化情報宣傳開弘報聯絡會議

省當局準備議案並通知關係參加

中、茲爲討論本年度之各種產業開發施設等關係事務、特定於三月六日午前十時在省公署省長官房會議室、召集各縣旗產業關係責任者開催產業關係協議會、現下該廳正在進行準備各項議案中、同時並分別通知各縣旗市產業關係者、屆時一律參加云云、

赤字會發欵賑濟

【阜新】卍字會會長李國功、行爲廉潔、性屬慈善、履過宦途浮沉、即退爲慈善事業自側身會中、見善勇爲、我縣災區泡子村、夏季水災甚重、田地盡成澤國、禾稼顆粒未收災民呼飢號寒、慘苦已達極點該會長痌瘝爲懷、具文呈請賑濟、由新京總會撥來國幣一千元、並派賑濟班人員二名、同李會長前往、協同該村鄉村長此一粒仁漿、得活全家生命、該災民等、皆感激該會暨會員等、再造之恩云、

開警察協和懇談會

【通遼】月之二十五日、午后一點、警務科中間警正、代理署長、函知日滿各紳商、在會議廳內、開第二次警察協和懇談會、蒞會者、華榮棟縣長、田口義男、副縣長、柴崎庶務科長、街長蕭慶齋、中島位、原田法院次長、戒堅上尉大石屬官、平柳警佐、郭稅捐局長、楊商工會長、其他學校銀行、富商、各團體、鈴木警局、隊木、滿系警官、及宋警尉、譯日語、互相研論、縣長副縣長、柴崎科長、請就第二懇談會、人民與官、凡地方興革、詳爲陳叙、使官民呼吸通化、屏除隔閡、警察對人民和藹、免其畏葸、凡如何障礙、在協和期間、請人民多爲陳叙決不申斥、盡滿人發表、異時達到滿日、澈底協和親善、並有六項改善、（一）狂犬捕殺（二）街道清潔、（三）署長兼任之解釋、（四）大車店之劃一、（五）度量衡限期一律六調解法、及認識普及、注重衛生、道街勤掃、洒水、須每屆念五日、陳情爲多益善云、

抽調團員實施建國操

【北鎭縣】街公所、令飭各區、轉飭各牌長、由月之二十四日起、每日抽調散在團員一名、集合街所、實施建國體操、一週間、以資鍛鍊民衆體育、而利將來云、

爲發展近郊農產增產正擬配給優良種籽

市農政科派員調查耕種數量

時値春季天氣逐日暖和、春耕轉瞬將臨、哈爾濱市公署農政科爲助成本市近郊農產增產起見、現正忙加準備配給一般農民優良麥種及大豆種、因此故於二十三日通知香坊太平橋顧鄉屯松花等各區區長分別招集農民開會研究配給麥豆種方法、同時該科並派員赴各地調查耕種數量、以便配給使無遺憾、茲聞本年度配給優良麥豆種較去年增加三分之一、而本年度預定配給大豆種六百噸、麥種二百三十噸、去年度配給豆種四百五十噸、小麥一百九十五噸、待市方調查農民需用麥豆種數量完了後、即可開始分配云云、

濱江省公署鑑於際此非常時局、爲期省內弘報事業陣容之強化情報宣傳迅速並圓滑起見、特定於本月二十七、八、亘二日間在濱江省公署官房會議室召集管下各縣旗弘報責任者、開催弘報聯絡會議、屆時本市預定參加者省公署側岩尾庶務科長加藤弘報股長、並哈爾濱警察廳協和會以及第四軍管區司令部等代表出席、茲將弘報聯絡會議議案檢誌如左、

一、情報宣傳事務極求圓滑

二、宣傳用具力行整備、

三、情報蒐集與編集的方法

四、關於第四軍管區選拔良兵的問題

五、於振興國軍的現今當注目檢後的支援、

六、各地方駐屯軍須與各縣旗有相當的聯絡、

七、強化一般民衆對國軍的認識與聯絡使軍民成親友化、

八、關於精軍處的各項事務

九、實地演習十六米厘以外

十、其他（各出席者自由發揮的之意見）云云、

省署定期舉行產業關係協會

現正準備各種議案

濱江省公署開拓廳爲伴同政府當局產業五年開發計劃、對於省下各種產業開發積極前進

孫警佐、調査災民數目、爲三百三十三戶、大人共八百零九口、小人八百四十一口、按照大人八角、小人四角、共放給洋九百八十三元六角、復續報四十六戶、計放共九十二元前後統共賑濟一千零七十五元六角、除總會撥發一千元外、下餘七十五元六角、盡歸該會各會員担負之、茲已賑放完竣返縣、値此歲荒飢饉之年、獲

猪肉實施剝皮

價格驟然暴漲

現正呈請警察廳許可中

哈爾濱市食肉同業組合、雖成立日期尙淺、對於內部之組織極爲完備、該組合爲謀一般市民身體之健康、對於食肉衛生問題特別注目、因此經詳細研究結果、決定於二月二十一日起始正式實施猪肉剝皮、現已呈請哈爾濱警察廳當局許可、惟按照以前猪肉未剝皮者每斤爲四角四分、今後實施剝皮則規定每斤猪肉爲五角五分、於無形中每斤猪肉又增價一角一分一般食肉者又受相當損失云云、

俄人家被賊光顧

損失約二千餘元

博役嫌疑濃厚現被逮捕看押

道裡中國三道街住戶俄人也利呢也夫開設金屬商店、於二十二日下午十時許不知被何人侵入竊去現金一千二百二十元金耳環一付（時價約四百元）及其他照像機一架合計約二千餘元、未幾經家人發見被竊當即報告經緯署、同署高野司法主任赴現場檢査結果、觀測情形並無由外部侵入形跡、推定犯人仍爲內部人員所爲無疑、遂與各署及司法科聯絡之下、急遽分別出動對於指名潛伏某方面該商店之博役滿人某年二十三歲、於二十三日午前六時逮捕調査中云云、

籌備慶祝建國大典

【通遼】 邑街公所長蕭、同總務科長、中島位、等同規劃大典、建國運動要綱、呈明縣長、於念五日、下午四點開會於警署內、謂此次奉治安部參謀司、咨興安軍管區、建國神、日德一德一心、聖旨奉載並民族一体、堅忍不拔精神、與時局對應、克服時艱使東亞鞏固、由二十七日、至三月三日、實施動員、各校各團体、義勇奉公隊、青少年團、訓練所、國防婦人會、凡邑官紳、均加入隆重籌備、利印章本、規劃時間、遊行方法、按序而行、使市民齊爲加入、紀念式典、屆期講演、分別班次、坐談映畫展覽各會、副縣長、田口指導下、及軍者區監督、屆時必十分隆重、使黎庶週知、建國精神云、

去年度全省內娼妓患花柳病症

統計一萬四千百廿三名

茲據濱江省公署衛生當局統計康德五年度管下二十二縣一市一旗娼妓檢黴統計、登錄娼妓數爲三萬三千二百七十九名內中患有花柳病者保菌者一萬四千一百二十三名（內黴毒一七五八名、淋病一〇、四八三名、軟性下疳八八二名）梅毒突破一成五之高率頗令人恐怖、然保菌娼婦傳播梅毒之迅速實令人想像以外、惟各地治安恢復生活安定者患花柳病者愈多、茲將各縣旗市登錄娼婦數及梅患毒數分別探錄如下

縣旗市名	娼妓登錄數	病毒保菌率
哈爾濱	一七、二九九	六、〇七七
呼蘭	八五二	一三、五七
阿城	一、一〇八	四三、七六
五常	八七四	八、一九
賓縣	三七二	一二、二八
珠河	九三九	六、四五
葦河	二一六	三、九九
延壽	二〇五	一九、五六
木蘭	一四五	一三、九六
東興	一九	八、三二
巴彥	四六五	五、二五
蘭四	一五一	二、三〇
安達	一、三三三	一三、六〇
青崗	三七〇	四七、〇六
肇東	一、一六三	四、二六
肇州	一九八	一一、四〇
綏化	二、四四五	三三、三〇
海倫	一、八六一	一〇、九六
望奎	六二六	一二、八三
慶城	三二八	九、一
綏稜	一九二	一〇、二七
鐵驪	七三五	一〇、〇三
郭後旗	一五九	四、二七

如月別惟五、六、七、八月之北滿春夏季患者最占高率、天氣寒冷逐漸減少、

	娼妓錄數	罹病率
一月	二、五七〇	一五、〇一
二月	一、五六四	一八、七二
三月	二、四七八	一四、七六
四月	二、四七一	一六、六八
五月	二、五五九	一九、七九
六月	二、四七八	一七、二〇
七月	二、四六六	一七、八〇
八月	二、七五〇	二一、一〇
九月	三、一三八	[illegible]三、八三
十月	三、一一七	一一、二一
十一月	三、二五六	一二、〇一
十二月	三、三[illegible]二	九、八〇

濱江特刊
第二〇一號
盛京時報北滿總支社
社址　哈爾濱道外地段街一號
電話道裡三三〇三番

警廳屬下之各警署
廢合問題近將實施
署長人選治安部發令後將可決定

素稱五十萬人口國際都市之大哈爾濱、現在治安業已鞏固、爲謀關乎警務事務處理敏捷之圓滑、曾醞釀日久之哈爾濱警察廳管下九個警察署之廢合問題、以致各方面對此頗爲注目、近經政府治安部當局考核允准、大體已有實施之可能、至于廢合之警察署域、計新安埠警察署廢止、歸併於道裡經緯警察署內、南新警察署廢止、歸併於正陽警察署內、太平橋警察署廢止、分別歸併於香坊正陽兩警察署內、則消防警察署除外、向來哈爾濱警察廳管下之九個警察署、經此次之廢合、只保留經緯松花、正陽、南崗、香坊、顧鄉屯、共六個警察署、至于關於合併後之新任署長以次各系系長人選、並現任高級警察官吏之調轉、以及六大警察署之機構、須俟政府治安部發令始能決定人事云云、

新度量衡之實施法康德五年度的猶預期間、迭誌前報、截至本年三月一日期限屆滿、依政府當局所規定、由三月一日起

計器販賣組合
舉行創立總會
參加組合員日滿俄一百十一家

瞭友邦日本各大都市之一切施設詳細狀況、爲期以資借鏡改進本市施設發展計、曾由哈爾濱市公署朽木庶務科長爲團長赴日本各大都市視察、而該協會則將來以該團視察歸來之所得視察資料爲中心、作爲本度事業工作方針、而預算編爲擬案特定於三月十一日下午三時在市公署四階樓上會議室內開催本年度第一回總會云、

迭次籌備結果、由馬西烏依夫斯基氏率領之下、已於三月三日午前由哈市搭乘列車、經由大連再乘船赴日在日本各大都市實施演奏云云、

招考優良男教師
分配於管下各校

哈爾濱市公署教育科基於政府當局新學制實施以來、對於管下各市公立國民學校與國民優級學校之教育極謀向上發

機莫不歡騰準備投考中云云、

市警兩當局
實施防空演習

哈爾濱市公署及警察廳兩防衛當局、基於際此非常時局、國際風雲低迷時期、爲期我哈市天空防衛如鐵壁之完備計劃、故定於三月十一日午前於哈爾濱市內、實施本年度最初的防空演習、屆時凡全市協和義勇奉公隊特殊分隊一齊參加防衛、演習救護防火避難、防毒等之各種工作云云、

協和會準備慶祝
日本陸軍紀念日
慶祝各種行事業已規定完備

三月十日爲友邦大日本帝國陸軍紀念日、協和會哈爾濱地區本部及關係機關、基於日滿共同防衛並一德一心不可分離之關係、鑑於際此非常時局、友邦皇軍爲謀社會之安寧東亞之和平、乃不眠不休於槍林彈雨之下、膺懲世界人類共敵之共產黨及各地殘暴的華軍、皇軍到處旗開得勝馬到成功、華南華北華中轉戰、百戰百勝、其經過之勞苦、實在不堪言喻、所以既逢此聖節、決定舉行擴大慶祝大會、爲協議該會準備慶祝事項、特定於三月七日午前十時頃在南崗鐵道俱樂部、由協和會哈爾濱地區本部主催之下、召集第四軍管區憲兵隊省公署市公署警察廳以及在哈日本關係機關首要者、開催日本陸軍紀念慶祝準備大會云云、

招募優良航空兵士
擴大宣傳以期收效
協會省本部已通函各界分會

滿洲帝國國軍爲謀防衛陣容之強化並治安之鞏固起見、積極擴張國軍防衛實力、協和會哈爾濱地區本部基於我滿洲國本年度募兵國策、前經第四軍管區聯絡之下曾盛大舉行募兵講演宣傳大會結果成績異常良

發現牛肺疫病

馬家溝宣義街門牌六號住戶俄人巴錯拉家中畜養乳牛六頭、以專牛乳爲生、不料於二月二十六日頃、其家中所飼之乳牛突然發生疾病、遲延至三

已正式實施新度量衡法、全國各地一齊普及使用新計器、將舊式度量衡 完全實施廢 止使用、而濱江省公署有鑑及此、為期新計器徹底普及起見、經協定新設置濱江省計器販賣組合、特定於四日下午二時在哈爾濱商工公會會議室開催組合創立總會、玆將其開會順序誌錄如下、

一、組合職員之選定

一、組合定款承認

一、組合經費之承認

關於加入組合員、計日商側五十六家滿商側三十二家、俄商側二十三家共計一百十一家云云、

柯木課長赴日視察

哈爾濱 市觀光協會、 成明

滿映男女明星來哈
舉行電影懇談會
並在大光明表演明星大會

滿洲映畫協會際此新春春光明媚時期、為喚起我滿洲國民衆、對於國產的映畫片認識向上、同時尚欲向一般影迷者賀正起見、故特由滿映舞台監督王文濤氏率領男明星王福春宋來、薛海樑及女明星孟虹、王麗君、季燕芬、鄭曉君 侯麗華、以學文等一行男女明星數名、於三月三日午前八時許、一般影迷歡迎裡搭乘京濱線列車來哈、在道裏大光明電影院中表演歌舞、而大北新報及午報社以滿映男女明星來哈之機會特於四日下午七時三十分許在道裏中央大街哈爾濱麥酒公司小賣部咖啡舖、舉行電影懇談會、 双方交換電影藝 術意見、當時出席者頗為踴躍、一般民衆對國產電影之認識可見一斑云云

音樂使節團
前日首途赴日

哈爾濱交響管絃樂團、派遣之日滿親善音樂使節團一行經

展、現因所有教職員不足分配、前經該科責任者協議結果、決定招考優良男教師、分配管下各校服務、擬於三月十一日起至十三日止、亘三日間開始報名、預定十四日正式試驗、對於中校畢業失業學生、逢此良好、今又為招募優良航空兵起見、正準備屆時擴大宣傳、以便應募者踴躍、協和會濱江省本部、特分函阿城呼蘭綏化海倫双城等縣關係當局、一致協力以期收得航空募集圓滿效果云云

為確保松花江水產
嚴厲禁江捕獲幼魚

濱江省公 署殖產科、 為開發松花江 中一切之 水產及魚族之增產 並協議中、 故擬創設國立水產 試驗場以 便完成松花江水 產開發之 使命、為企圖幼魚保護增產計劃、 並擬在郭爾羅斯後旗方面設置養魚圈十餘處、對於網捕之幼魚悉數放入養魚圈中飼養待幼魚長成後再行放入松花江中、一方嚴厲禁止捕獲幼魚、以期確保魚族增產、俟以上各種計劃完備後、容訪再誌云云、

月一日仍未全愈、為恐發生牛瘟傳染、當即報告市公署獸醫院、旋經其前往檢驗結果、判明其中一頭發生眞性牛肺疫病因恐其蔓延當即殺死、對其餘之五頭亦繼續檢查 亦均同樣發生肺疫所以均行宰殺處分、對於牛舍大加消毒、以期杜絕傳染、同時對附近養有乳牛加以注意、以保安全云

副縣長公畢返縣

【嫩江】 吾邑縣公署、副縣長伊藤搏氏、前日因公赴齊齊哈爾、（前誤報赴日視查）省公署面禀公務、刻因公事已畢、乃於昨日（二十三日）、晚車、返縣、到署視事云、

偕樂地球場訪問記

痕舟

如幕中擬於舊正開幕之道裡中國四道街偕樂地球場、其後關因內部工程尚未竣事、以故延期於舊 正月初八日 正式開幕、前日記者因事至道裡、乃信步入內略作訪問、於該場之女計數員引導之下、得以參觀各部、玆將訪 問所得、 誌之於左、以饗讀者諸君、

記者『你們這裡是不是以前在警察街小公園裡的那個偕樂高爾夫球場啊？』

岳英謙『對啦！因為在去年入冬的時候在露天地裡不相當、所以自從小公園停止營業以後、即租賃適宜地址、開工修築各部、本來預定於舊正月前開幕、以後因為有一部份尚未竣工、以所才延至舊正初八日開幕、』

記者『你們這裡共有多少計數員？』

岳英謙『十四個！』

記者『一共有幾部份啊？』、

岳英謙『在進門的東邊、那是台球 就是日本人 所說的『玉突』、靠門的西邊是地球、沖門正面的 那裡邊是 高爾夫球、再裡邊有小賣部、是耑門為一般球客便利而設的、如茶烟酒以及咖啡等等、零星食品！

記者『你們這裡的宗旨呢』

岳英謙『那還用說啦、宗旨當然是為提倡人們的娛樂向上而設置的啦、因為這種娛樂不像別的娛樂、一來對於身體上有很大的裨益、二來又不多化錢、換一句話說、當然也是為着賺錢的宗旨、因為社會上是這樣、也是實在不能够掩飾的事實、無論任何一種事、只要是能够佔着一個利字、人們才能願意去作它、可是一般人往往不去選擇它的實際、對於人是否有利益相關、只顧自己本身有益可圖即可這是一個錯誤的地方』、

記者『你們的待遇怎麼樣』

岳英謙：『待遇方面也不見得很豐富、可是也不很微薄、每月是由十五元起碼、至廿五元止、場子裡還供給一套外邊的衣服、吃住也都是場子裡』

記者『你先生對於女子職業有何感想？』

岳英謙『感想倒沒有甚麼、因為我是一個知 識很 淺薄的人、對於這點恕我不能答覆吧！』

記者『你先生太客氣了吧』

岳英謙『不！我向來是不會客氣的』

記者『那麼總括的來說 ！下、是怎樣感覺呢？』

岳英謙『感覺也沒有甚麼、尤其是我一個人、初和社會接觸的人、一 切我都 感覺很好、工作方面也不很勞苦、一切也都很有紀律化、我們這些女計數員 是由女監督 監督一切、假使女計數員有必要的事的時候、可以告假出去一趟、否則一概不准外去、因為是這樣、一個人在社會上、尤其是一個女人在社會上、沒有主宰的人是居多數、被外物的利誘往往最容易鑄成終身大錯、簡單的說一句吧、女監督就是為這些而專門設置一人監督一切的計數員、

記者（你先生今年多大歲數）

岳英謙（十九歲）

記者（家中的老人都在這邊住嗎）

岳英謙（都在這邊、我們是在馬家溝比樂街進談至此由外邊走進來一位計數員）

記者（這位貴姓啊）

（不敢當我姓魏我是魏鍾麟）

記者（你先生今年多大啦）

魏鍾麟今年十八歲以後請你先生多加關照吧、

記者（你先生太客氣了、你住在哪呢）

魏鍾麟（我 的家是在 新安埠住、現在是在場裡住、因為場子裡是這樣的規定的、凡是女計數員、都不許隨便回家去）

記者（你們二位的像片可以賜一張嗎！）

岳英謙（像片照的不大好：）岳計數員似乎有點難為情、

記者（那你太客氣了）

魏鍾麟（對不起因為我的像片都放在家裡一張也沒帶實在對不起你先生啊）

記者（那沒有甚麼）

岳英謙（這像片是以前照的太不好請你不要笑話啊）

記者（你太客氣了打擾對不起請多原諒吧）

岳英謙（你先生才太客氣）

魏鍾麟（以後得閒請來打球吧）談至此記者乃辭去（寫真即是岳英謙女士）

濱江特刊

第二〇二號

盛京時報北滿總支社

社址 哈爾濱道外地段街一號

電話道裡三五〇三番

民航收買問題已解決

四月一日舉成立式典

屬於奉天鐵道總局直轄

滿洲國政府當局、爲助成產業開發五年計劃遂行之圓滑、並北滿航運事業統制之强化故、將負有北滿松烏里三大航江之哈爾濱航業聯合局所屬民船悉數收買歸爲國有、委託滿鐵經營、關於民船買收問題、經中央數度派員來哈與各船東迭次交涉現已圓滿解決、屢誌前報、而奉天鐵道總局、現鑑於春風和暢開江期日切迫、故對於新水運機關的名稱及機構問題、已經決定爲北滿江運局、屬於奉天鐵道總局直轄、特定於四月一日舉行成立式典、並開始辦理航運業務、關於新航運的機構玆據九日正式發表如左、

一、江運局除局長外、置副局長一名、

二、正副局長以下置總務、運輸、船舶等三課、並各埠頭事務所、及船舶區、

三、總務課內設庶務、經理調度資料等四係、

四、運輸課內設旅客、貨物、配船、工事等四係、

五、船舶課內設航務、管船電氣等四係、至于人事方面、除幹部役員已經內定、而尚未正式發表外、其餘一般局員、大體均由前航業聯合局及哈鐵水運課並各航業各附屬機關移入、但仍未正式發表、關於接收事項、則完全由北滿水運組成接收委員會負責辦理接收、至于江運局對於旅客貨物輸送規則及運費率於最近期即將制定標準、不久即正式發表云云

由防衛司令官爲視閱官、濱江省長爲查閱官云云、

第二回都市會議

省署積極準備中

滿洲國民生部爲討論全國各省縣之都市計劃關係事項、特定於四月二十日二十一日二十二日亘三日間在奉天開催滿洲國第二回都市會議、濱江省公署、爲屆時參加該會議、現下正在積極準備濱江省都市候補地之設施計及其他各種議案件、以便參加時持至前往討論云云、

哈市白俄各學校

實施軍事訓練

省署與四軍聯絡妥協

濱江省公署開拓廳基於民族協和精神、並順應滿洲國之新教育方針、對於第四國民高等學校及白俄事務局立國民高等學校、並北滿學院等之白俄人學校、

四、教練課程每週間一小時或二小時、

五、教練時全校各級學生一齊參加云云、

哈爾濱觀光協會召開
六年度第一次總會
定於三月十一日在市署舉行

哈爾濱觀光協會、爲審議康德五年度的決算及康德六年度的預算案、並由朽木常任理事報告視察日本觀光、一切施設經過狀況等、故定於三月十一日下午一時在哈爾濱市公署四階樓上會議室開催康德六年度第一次總會、現已函知各關係者、希屆時全體出席云云、

第一次防衛演習
定十一日舉行

三月十一日爲哈爾濱市本年度第一次防衛訓練演習、哈爾濱市長馮廣民及警察廳長白銘鎭氏於九日特合衛佈告一般市民、於防衛訓練施行時、使市民一體主意、茲將內容擇要誌錄如下、

一、訓練日十一日時自午前七時至下午一時、

二、實施地域哈爾濱市、

三、訓練課目召集 午前○時○分訓練防衛下令即時召集市警兩防衛本部各隊并特殊防衛分隊員、及協和義勇奉公隊員、國防婦人會員等、警報傳達‖午前○時○分訓練警戒警報、以警笛傳達之警報傳達午前○時○分訓練空襲警報、以警笛或口頭傳達之、交通整理午前○時○分訓練空襲、於警報發令中、全市之交通停止避難者誘導及避難所管理於指定個所實施之、警報傳達午前○時○分訓練空襲警報、以警笛或口頭傳達之、防護‖午前○時○分訓練空襲警報解除、於指定個所實施警報傳達、十二時訓練警戒警報解除訓練完了、對於上記演習

中等學校、決定於最近期內起始實施軍事教練、現在已與第四軍管區司令部交涉妥協、決定由該部派遣教官担任教練、茲將實施辦法探錄如下、

一、軍事教官由第四軍管區司令部派遣、

二、教練口號完全使用日語、

三、於教練時間、由通譯詳解教練之要點、

地籍局招考職員

【昌圖】本縣地籍整理支局、近以職員、不符於用、乃實行考取辦法、其日期開在本月十二日、我縣農民修練所、卒業之學生、有願應試者甚多、經當原專任指導員請求協和會縣本部爲之推荐、已蒙後藤事務長首肯、令繕造履歷書及像片、以便轉荐該支局、將來誰被採用想考試後必能知曉云、

匪賊持鎗跳入
打傷經理强搶

【老達房】本鎭商號吉慶湧於月之十四日夜十句鐘、在房上進院、入步匪六七人、各持大小槍進室、即時掏出手槍、向該號櫃夥人等施行威嚇、不准聲張、全伏臥屋內、匪人將該號常經理、搜捕要錢、並將兩脇打傷、搶掠國幣四千餘元又至後屋將該執事人張星五頭部打傷、又翻箱倒篋、搶去皮衣大氅金手留等約値壹千餘元此時該號常經理乘匪人搜翻財物之際、當即潛行後院、亦無法逃出報告、竟被該匪驚覺、遂帶張星五逃逸、行至附近西三家子屯、將該張某放回、匪等遠遁、該號立即報告警所、警尉率警士數人尾追、已無踪跡矣、

黑河省募集警察

【北鎭】縣警務科、飭發各署所、張貼原省佈告、略謂、黑河省招考警察官吏、丙種委任官試補、年齡、三十歲以下、資格、高級小學卒業、及有同等學力者、考試科目、算術、常識、作文、口試、亦甚簡單有志之青年、曷乘機進取、幸勿自暴前途云、

稅所征收家屋稅

【北鎭】縣城稅捐分所、開始征收六年度、上半季、家屋稅、足徵、岳主任、辦事敏捷、認眞職守云、

天氣驟然溫暖異常
松江解氷期在即
江運局正準備停行中

入春以來、天氣驟然溫暖異常、據推測本年度松花江解氷期限必能早於往年、因此新產生之北滿江運局正忙準備待航中、惟本年度之松花江現出稀有水涸狀態、預想松花江氷解後、船舶航運恐陷於困難、所以負有航運業者、頗爲憂慮不安、茲將最近水位分別誌錄如下、

一日〃　一二七米零四生的

六日〃　一二七米零四生的

七日〃　一二七米十生的

八日〃　一二七米十一生的

九日〃　一二七米十一生的

與前年同期比較減低約十生的、推測松花江全面解氷大約在四月上旬云云、

濱江特刊
第二〇三號
盛京時報北滿總支社
社址 哈爾濱道外地段街一號
電話道裡三〇三三番

猛虎攔路劫舍 農民晝不敢出戶

【延吉】羅子溝管內東戶高明文結同作馬車二十一輛於日前赴石頭河子溝裡運搬木材不意白甕途中、遇見猛虎、被虎將大青騍馬後腿咬傷瀕斷、車夫怒而忘險、奮不顧身、持斧劈虎、該虎見人多車衆、躲於路傍、復又迎頭坐待車馬不敢前行、竟被阻止三四時之久後該虎始往他處車夫等遂急行歸回新屯子部落內報告警察分所、並說明不敢入山運木車行已停止、是以羅子溝警察署爲保護民生起見、特由三村警尉補以下四人並邀狩獵家多數人一同出動狩獵云、

又據十四日太平溝來信云、昨晚十二時突有猛虎跳越部落圍墻闖入屯內、大施其威、咬死住民傅萬屯之大馬一匹、劉化永大牛一頭、屯民大恐、無敢出視者、自猛虎爲害、村民均感不安、故當地警察官正擬獵狩中云、

募集一期青訓生

【東豐】協和會東豐縣本部、事務長司桂章、現奉省本部指示、開始募集第一期青年訓練所生、幷與於縣公署協議下、於各村募集兩名、再經嚴重之詮衡後、決定四十五名、於四月中旬、舉行入所式云、

爲期社員之身体健康 ・哈鐵舉行郊外長途競走 早朝体操四月一日起始

哈爾濱鐵道局之滿鐵社員會爲期鍛鍊全社員身體之健康、經計劃結果、督勵全部社員作獨特的運動、擬定於三月二十一日起始、由哈爾濱鐵道局內、陸上競技部之會員總動員之下、一方更由於社員會競技部外、募集一般有志者、作郊外長途競走、每日由午前四時半起、於哈爾濱鐵道局前集合、向王兆屯忠靈塔前之郊外處止行定期之長途競走、預定由鐵道局總務科長等主要幹部引率舉行、此外社員會之全體社員每日早朝体操、則定於四月一日起始、每日無間斷實施舉行以期達成鍛鍊體格之向上云云、

招攷教員正式發表 已分別赴任地就職

濱江省公署民生廳、爲謀管下各省立學校教育之發展、故對各省立學校教職員等、實施一部異動、各教職員奉命後、已分別赴任地履新、茲將此次

一、綏化國民高等學校教員段知經調任望奎農業學校教員、

一、木蘭農業學校教員吉萬鐘調任阿城高等國民學校教員

一、双城女子實業學校教員趙作林任木蘭農業學校教員、

一、哈爾濱第四國民高等學校教員魏子陽任哈爾濱第三高等國民學校教員云云

洋車不翼而飛

車夫劉萬山、於前下午六時餘、在道裡砲隊街於一日人乘客、赴道裡中央大街元綠舞場、及至日人即降車入室、並令洋車夫入室取錢、迨車夫入室將錢取出時、未及二分鐘、則洋車不翼而飛、各處尋找無着、洋車夫於情急之下、乃馳至小公園派出所具實報告、據云車牌爲四〇二號、係新安埠署發給、共損失約六餘元十云、

情竇乍開難禁蹂躪 拒絕好事夫加鞭笞

少婦禁不住狂風暴雨請離異

李劉氏現年十五歲、係阿城料甸子後鍋屯人、體態輕盈、秀麗可人、實爲一美麗村姑也、伊於十四歲時、即由父母作主、憑媒妁之言、許與隣村農人李百全爲妻、李某現年廿三歲、雙目失明、每日不能事生業、自娶得李劉氏後、心中不勝欣然、李某雖然雙目失明、但聽隣人稱贊其妻貌美、的確心中有些消受不住、以斯每日晚間大操其干戈、橫閉其肉搏肉、致將『愛花須得保障花』之古俗忘之於腦後、李劉氏本一年方十五之弱女子、尤其生在農村裡人、風化較比都市裡當然開化的較晚、一個情竇乍開的少女子、焉能禁得住這年輕力壯的盲夫一任意的摧

異動者探錄如下、
一、綏化國民高等學校教員武藤勇郎、調任哈爾濱第一國民高等學校教員、
一、巴彥國民高等學校教員藏永輝登、調任哈爾濱第三國民高等學校教員、
一、五常農業學校教員田島聰助、任双城國民高等學校教員、
一、綏化國民高等學校事務員石黑剛治、調任哈爾濱女子國民高等學校事務員、
一、哈爾濱第三國民高等學校教員陳兆第調任五常農業學校教員、
一、同校教員王綿任綏化女子實業學校教員、
一、同校教員吳景文任賓縣國民高等學校教員、
一、同校教員陳立則任双城國民高等學校教員、
一、哈爾濱女子國民高等學校教員孫文綮、任哈爾濱師道學校教員

於各校中增添壁畫
使學生受感應教育
市教育當局樹立新教育方針

爲收得王道政治下之最大教育效果、本市教育當局、爲完成國民精神總動員體制之使命計、樹立强而有力之新教育方針、以重視圖畫之感應教育、現正計畫於每個國民校內或國民優級校內及高等國民校中、增添富有興趣之壁畫、使學生每日與之接觸、日久體會畫中之意義、然後至相當時期再行變換、如此經過許久之後、由於圖畫中所給與生徒之感應、決能勝於書本上之刻版文字教育、至於壁畫的內容、預定種類如左、

一、王道的光輝、
二、王道和共產的兩種主義下的人民生活比較、
三、王道政治下的士農工商
四、非常時期國民應有的行動、
五、消費節約、量入爲出、
六、勤勞、忠勇、

除於上之六項外、尚有許多種種云、

大來公經理已掩埋
副理唐某已被釋放
係在死者身邊搜出毒品証明

慘遭橫禍、死因不明、究係自殺抑或被害一楊糊塗之道外正陽街路南六七道街中間、大來公百貨店、經理翟聲遠之頭斷腹破、血溢腸出之大慘殺案、因近日天氣較暖、恐日久腐臭、不能久停於家、於檢廳及正陽署雙方之許可下、乃於前十七日午前十二時、入殮殯葬、而關於負重大嫌疑被檢舉之唐洪久亦同時釋放、原因係由死者身邊搜出許多毒品、現雖未判明眞像、但已十之七八係自殺身死以、

殘、初則李劉氏尚忍痛委曲求全、以爲將來李某之性慾定能減退、不料理想事實與相左、心與願相背、李某性慾既未稍減、且更加亢進、對李氏之要求每夜減少性交次數、毫未加以容納、依然撤夜達旦、幾無虛夕、而李劉氏之一朶初放鮮蕊香花、亦逐日遂李某之性慾亢進而頹落矣、是故、李劉氏爲保全自己之身體起見、所以每晚輒力加拒絕、雖在李某痛加鞭笞之下、但李劉氏亦決不允許登巫山、以後因斯觸犯李某之怒、時加虐待李劉氏、李劉氏無奈、乃乘機逃回娘家、對其父劉廣恩詳述李某不人道之事、其父得悉內情、不禁髮指、乃逸人繕具呈狀、在哈爾濱地方法院將李某控告、同時並要求解除婚約、聞目下法院對此案件、於最近即將開始審理云云、

「潛伏市內」到處行搶之慣匪
首魁已被逮捕
警方現正從事搜查餘黨中

自舊正以來、即不時出沒於道裡外一帶屢次强搶各飯館之怪匪、刀傷事主、作案多起、以致各飯館業者無不大起驚慌戰慄、而警察當局、對此神出鬼沒之怪盜、極爲震怒、爲肅清不良份子確保治安計、特由[illegible]絡之下、樹立搜查陣容、經多方以不眠不休之努力、搜查結果、經於十五日午前零時半頃在道外富錦街經大格門之後、卒將迭次强搶飯館其中之首魁逮捕一名、現下鐵騎四出偵緝其餘黨中茲將共被捕之經過情[illegible]

於十四日深夜約十一時頃、在道外富錦頭道街門牌五十五號鴻秦祥飲食店內、發現前往飯客二名、當時叫水餃子數碗待其食畢時、已屆十二時許、此時該飯館中僱餘彼等二名、彼等假作掏錢付錢之勢、由腰[illegible]事人于長江威嚇、遂將當日售賣四五十元之現款搶奪逃走、于某於匪等逃走後、即時馳奔該管派出所報告、同時並電知正陽署及司法科、由福田司法主任協同警士多名出動之下、分別張佈警網、從事搜査、迄至十五日午前二時許、在道外富錦街及北新街交义點處、司法科刑事發現一名滿人男子舉動不審、步履愴惶、當時叱令停住、不料該男子見狀不佳遂向南方跑去、由刑事尾追之際該男當即轟然對刑事射擊一發幸未射中、至此亦判明爲匪徒無疑、即時對匪還擊、彈中匪徒右足、此時有錢賭街分所之[illegible]上前將匪逮捕、送至正陽署審訊結果、判明確係連日以來專門行搶各飯館犯人不諱、原籍錦州省人、名韓振明年二十九歲、現住所不定、無有職業、正陽署據供、現下正努力搜査其同犯中於右事件發生、將首魁捕獲後、依其所供稱之線索、追行搜査結果、卒以兩小時左右、將其同黨李貴亦行逮捕歸案、於十五日午前三時半許福田司法科主任細田司法係主任以下多名、在新安埠正陽河七道街三十七號匪藏匪李犯貴由韓匪指名供出逮捕、李年二十二歲、住所不定、並無職業、[illegible]云云、

濱江特刊

第二〇四號

盛京時報北滿總支社
地址　哈爾濱道外
地段街一號
電話道裡三三〇三番

六年度參事總會 商工會前日舉行
◆檢討本年度工作方針◆

哈爾濱商工公會、爲謀會務之發展、特於前廿二日午後二時頃、在該會大禮堂、舉行康德六年度參事總會、檢討本年度之工作方針、以及其他的諸般計畫案、茲將其內容大致誌之如下、

一、工業誘致及工業指導
二、設立同業組合及整備斡旋
三、開設商工獎勵館、
四、擴充商工相談部
五、強化商業講習會
六、派遣訪日視察團
七、派遣華北視察團
八、移動貨樣展覽會

▲調查關係

一、北滿經濟事情調查
（甲）東部地方之經濟調查
（乙）松花江岸地方經濟調查
（丙）西部地方經濟調查
（丁）北鮮港並咸南地方經濟調查
二、其他調查
（甲）工業條件調查
（乙）本市工業實能調查

▲刊物關係

三、其他關係

關於上記諸項計畫、經全體出席人員通過後、即時開始進行、而對於有改善之必要者、亦即行變更方針另謀對策云、

俄人側第一回 商工業講習會

哈爾濱商工公會、對於市內之各俄人商號之商業講習尚未舉行、因之該會特於前廿二日午後四時許、在該會大禮堂、正式舉行俄人側第一回商業講習會、發會式如左、

一、開會致辭
二、向國旗敬禮
三、加藤副會長訓示
四、來賓致辭
五、經過報告
六、講師介紹
七、注意事項說明
八、閉會云、

綏稜縣	五〇〇陌
東興縣	一、〇〇〇陌
慶城縣	八〇〇陌
鐵驪縣	五〇〇陌

巴彥縣	二〇〇陌
木蘭縣	二、五〇〇陌
延壽縣	二、五〇〇陌
珠河縣	二、五〇〇陌
葦河縣	一、〇〇〇陌
郭後旗	一、五〇〇陌
哈爾濱市	五〇〇陌

今後已無冷天 觀象台之觀測

茲據本市觀象台之測驗、日昨午前本市氣溫爲八度二至同午前十時頃乃昇到零下一度因有西南風之關係、以致一般民衆多疑爲溫度下降、其實在今後已無寒冷關係、以本年一月五日寒度打破零下三十二度八之紀錄與去年比較相差多多、而在昨年三月末的氣暖、已保持住零下十度六的最高紀錄、本年度、當然再無低於此界限了、至四月初大有升至零上之望云云、

第二次警民懇談會 舉行日期地址已決定

協和會哈爾濱地區本部、對於第二次警民懇談會、決依左記日時舉行、惟今次之懇談會範圍、僅限爲經緯署管內、是故亟希管內之一般市民多數出席、

風和暢、開江期日切迫、並新產生之北滿江運局正式成立之期亦迫至目前、關於該局一切的新機構現下正積極籌備中、爲向鐵道總局方面協議江運局

鐵道總局接收完了、業於前日返哈、關於舊航業聯合局之人事已於日前由民船買收現地委員會副委員長野本航聯總經理、召集航聯局全體職員、並航務公會等各附屬機關職員說明一律留用、並不淘汰、但須準時上班服務、不得如從前有不上班、或遲到早退者、如有不能受此勞苦、不欲繼續服務者、可以自動辭退、並可較平常時多得退職金、至于正式發表日期、仍須於本月末日、此局保存、分別在各該船服務、本年因民船已經收歸國有關係、各船員工則由各該船長僱用、轉向江運局保存、然後由江運局考核各該船員船工之一切、向各船互相調遷、現在已經調遣完了、並於二十三日正式發表、分別登船服務、準備一切開航事務云、至于尚未買收安協之十餘隻民船、該當局努力進行之結果於四月一日以前亦定能一律買收現双方正在接洽中云云、

非銀行及非金融機關 決取締收受存欵事項 商工公會前傳知各商號

哈爾濱商工公會、以哈爾濱市內所屬之會員各商號、對於非銀行以及其他金融機關、時有收受存欵等事項發生、茲該會特奉到中央經濟部命令、對此種營業特加以取締辦法、以故該會特印製傳單多份、飭令所屬各商號一體知照、茲將其原文誌之於下、

經濟部金銀第四五號函開、關於增進國民儲蓄一事、於現下之時局情勢極關緊要、是以政對與協和會互相協力、以國民運動之精神、極力獎勵其實行、多沿舊省、將金錢存入銀行及其他金融機關以外之法人商號者居多數、如將斯種存欵使其存入金融機關、順應開發產業之計劃、於國家之經濟上頗堪期待、反之、程行爲、因速反銀行法、依同法之第三十八條之規定、應受處罰、是以希貴商工公會、將此意旨對於關係者、加傳達後、如再有存存來銀行及未經受領受存欵之金融機關者、希其勿爲收受、希貴商工公會、關於此點詳加注意、妥爲考慮爲荷、相應函請查照辦理爲荷、等因奉此、合行傳仰各商號遵照辦理、是爲至要切切此傳云云、

教員考試已發表

【哈爾濱】哈爾濱市公署教育科爲發展管下各市立學校教育、故對於教員不足之學校積極補充、因此日前舉行教員考試、現已考試完畢、業於十六日發表、正取者計有褚秉恕梁澤民、吳世文、斐武麟、趙樹仁、韓光文、郝云淸等七名備取者計有李東、于淩、宋鳳翻、李榮、陳玉章等五名、上記正取者於二十一日午前至市公署教育科待命云云、

省管內本年度實施 大豆增產計劃

—面積爲二萬五千八百陌—

濱江省公署開拓廳基於政府及當局產業開發五年計劃遂行圓滑、對於省內之產業積極發展增產、當此非常時局爲期確保我國內之資源計、經愼重協議結果、決定於本年度在濱江省管內實施大豆增產計劃、以便助成產業之開發、全省增殖面積爲二萬五千八百陌、並連同從前所耕種的面積、統計爲八十三萬九千六百十一陌、茲將增產計劃要領及各縣別之增殖面積分別採錄如下、

▲大豆增產計劃要領

一、增產方針＝爲謀大豆部份的品質向上、並收獲量之增多、以及品質改良獎勵等事項之實施、

二、種子之交換＝爲期大豆品質之改良、增加收獲量計實施由種子配給協會交換優秀的大豆種子、

三、督勵員之設置、爲達成增產改良之目的、由各該縣農家選定督勵員、而委囑其對於一般農民作大豆之增產、實施督勵、而促進一般農民對於大豆增產計劃有自發的關心、

▲各縣之大豆增殖面積

呼蘭縣	一、五〇〇陌
賓縣	二、五〇〇陌
五常縣	二、五〇〇陌
双城縣	六〇〇陌
肇州縣	五〇〇陌
肇東縣	一、〇〇〇陌
蘭西縣	一、三〇〇陌
安達縣	一、〇〇〇陌
青岡縣	五〇〇陌
望奎縣	七〇〇陌
海倫縣	二〇〇陌

△日期＝三月廿五日午前十時爲俄系、午後一時爲滿系、午后七時爲日鮮系

△場所＝俄系本部會議室、（弘報會館三階）滿系道裡田地街商工公會一階會議室、而日鮮者同上記地址云、

航務局所屬職員 江運局一律任用

哈爾濱航業聯合局所屬民船、日前被政府當局實施買收後、改稱北滿江運局、時値春

縣本部長事務長會議 前日隆重舉行

協和會濱江省本部繼續開催管下各縣本部長並事長會議之後之各縣青訓指導員會議、於二十三日午前九時半起仍在哈爾濱市公署四階樓上會議室、由中央本部訓練科次澤部員出席參加之下、並管下呼蘭、阿城、双城、賓縣、五常、安達、青岡、肇州、肇東、蘭西、綏稜、綏化、海倫、延壽、慶城、珠河、葦河、鐵驪、東興、巴彥、郭爾羅斯後旗、木蘭、及哈爾濱市各青訓指導員並其他關係者參加總計得達五十餘名、莊嚴舉行首先討論關於青訓運營事項、繼由中央本部穴澤部員說明關於本年度之一般青訓新規事項、後由省公署地方科小林事務官說明六年度之青訓預算並其他聯絡事項、而同時對於青訓規定並內容改正等、當時彼此之間互有質疑應答、亘二小時之久業已圓滿解決、至正午遂行休息、下午一時起繼續再行懇談關於青少年團事項、對此除由各縣指導員分別報告其青少年團的結成概況外、關於本年訓練指導以及青少年團之各規程等、尙作愼重之研究最後更就各出席者的希望事項、互相懇談、於下午五時頃收得頗大效果始行圓滿閉幕了云云、

養成國民良好性格 俾使上下一心努力

協會置諸點爲指導根本精神

協和會濱江省本部、依諸建國精神爲訓育並養成國民良好性格、俾使上下一心、舉國一體的努力、振興國運、並國民之更生、以貫徹創國的使命爲目的、本年決繼續實施國民勤勞奉仕運動、置左記諸點爲指導根本精神、

一、滅私奉公精神—爲涵養基於建國精神努力涵養滅私奉公精神、

二、涵養協同精神—以國家觀及國民意識爲基調致力於規律的團体的活動、以期責任觀念與分担意識之昂揚、俾涵養協同精神强固鄉土社會之建設信念、

三、勤勞精神之涵養與實踐力之養成—須徹底把握勤勞之眞義、涵養勞動愛好精神及勤勞能力云、

農業技術員 職制發表

【哈爾濱】隨農畜產開發五個年計畫之樹立、以養成農業技術者爲目的之濱江省立農業技術員養成所、於本月末、養成所生之銓衡、已可終了、並已決定於四月上旬、於哈爾濱市立農民訓練所舊址、舉行開所典禮、然廿二日、已將職制發表如左、

所長（技佐）、教師四名、（技士內一名技佐）學監一名（屬官）助手八名（技士補）辦事員三名（雇員）講師若干名

教育會售教科書

【彰武】本縣於今歲、會奉民生部命令、康德六年度、所有各校、國定教科書、爲配給國語起見、統有新欠、滿洲國圖書會社、委託本縣、教育會代售賣、教科書代賣店、兒弟洋行、及和發書莊、業已向教育會、將舊教科書、引繼完竣云、

縣聯協議會開催

【開原】協和會開原縣本部爲謀宣德達情之實踐、定於四月廿四日、開催康德六年度縣聯合協議會、關於代表者、依省本部之指示、由縣本部之合議算出之、算出根基大概、平均農村二千戶中選一名、都市一千七百戶中選一名代表者之選定由各分會中選出一名云

舊北鐵殉職者慰靈祭 哈鐵依例舉行

管內各驛亦同樣舉行

哈爾濱鐵道局、依例舉行之舊北鐵殉職者英靈之慰靈祭、已於前（廿三日）午后三時舉行矣、茲舉行之當時、該局全體社員及滿鐵所屬一般在哈從事員、一致齊集同局門前廣場、各依社員旗幟排列整隊伍、由哈鐵周局長以及各課系長引率之下、赴南崗大直街中央寺院禮拜、默禱、以示慰靈、此外哈鐵管內各驛區、如京濱線之双城、窰門、陶賴昭等驛、與濱綏線之阿城、並濱洲線之安達等驛、均由該驛長率同以下從事員、於墓地亦同樣分列舉行云、」

濱江特刊

第二〇五號
京時報北滿總支社
哈爾濱道外
地段街一號
電話道裡三三〇三番

增加遊人興趣 市署裝飾公園

哈爾濱市公署、爲期澈底發展大哈爾濱市、以及傳播此偉大之國際都之榮譽起見、特計劃本年之春暖期中、開始所有市內之各公園之建築工作、尤共對於道裡公園之建築上以及松花江岸之中央大街北端、井街北端之數個處所、尤爲注意改建、工事費業於編入本年度預算中、以待開凍期來臨之期、即從事改建工作、因上誌各地、對於來哈之各地觀覽者頗爲重要、以故於國際都市的名譽上以及觀瞻上頗爲重而且大、今回市公署當局爲謀滿足一般遊人及觀覽客之希望、除增設最新式的公園長椅外、並大量的 培植優良的樹木 及花卉、其成行頗堪期待云、

道外新舞台戲院 雜役任意欺人

收票後復逼客重起票

票、執意該院雜役於張口結舌之下、當以蠻橫之態度相對、某公務員於聞聽之下、不禁勃然大怒、由於言來語去、致將雙方演成激烈戰、後經一般觀衆之解勸、始告終了、如新舞台者、可謂欺人太甚云、不悉該院之當道者有否所聞、如常此以往、深恐於該院之將來營業上、大受影響云、

縣聯會圓滿閉幕

【昌圖】本日（七日）爲縣聯合協議會第四日、亦即最末之日、因昨日滿場努力、迅速進行之結果、業將全部議案五七件、審議完了、故本日由議長發表 議案 審議結果如下 一、一任縣本部一八件、二、當場解決三一件、三、上程省聯二件四、保留三件、五、撤銷二件六、文書回答一件、以上計五七件、次由縣本部長投予各代表參加証、紀井奉天省本部指導科長所感發表、認爲此次會議良好、殊堪嘉許、嗣由縣本部長致謝詞、最後三呼萬歲、大日本帝國萬歲洪縣長領導、大滿洲帝國萬歲後藤事務長領導、滿洲帝國協和會萬歲楊委員玉領導、滿場隨同高唱後、於上午十一時十分乃圓滿告終而閉會矣、

各署併合後大檢舉 日滿不良者七名

於午後十一時完全終了帶署審問

於新安埠警察署廢止、併合於經緯警察署後、經緯署乃成

時未愼失足墜入江心之冰上、即時頭部摔裂、氣絕身亡、關

本市道外郵局 局長克盡厥職

局務日漸進步

政生命保險、重大使命之道外郵政局長孔憲剛氏、本此宗旨、督促全局日滿系員、開催三日間之講習會、以資深黯各員司對保險事務義意之了解、努力募集之勸誘、按職務關係分担於當之責任、故全局員司本此任務意旨、於公餘之下班後之時間、分赴街巷各商民處所接洽募集業務頗形活躍於市內足徵該局長之熱心公務云、

至大連之滿洲興銀支店、使學習銀行技術及日本語等、人員

因建築不良、被警廳勒令停演之道外北三道街新舞台、嗣後即從事重建築一切、於客歲冬間、殆將全部完竣、遂來小香水及金鋼鑽同時出演、因無叫座能力、成績極為不良、自入舊正以來、仍繼續其一蹶不振之娛樂營業、殆將陷入停演狀況、經後台之老板秦玉峯之一再糾合、始得繼續其殘喘營業、按其一蹶不振之原因、一因各藝員成績不良、二因其全院各雜役蠻橫不遜、時有與顧客發生衝突之事實發生、日前晚間十一時三十分頃、有某機關公務員率同其夫人及其妹同往觀劇、其時業已收票、該院收票員某、見某機關之公務員懦弱可欺、當即上前以不遜之言語激令其起票、某公務員以時已十一時三十分餘、再重起票未免太冤枉、當即問其時下是否收票、為何仍令再起全

哈爾濱市中文大警察署中最占重要地區中之警察行政機關、同署為期一掃管內之不潔份子、以期強化大哈爾濱市之心臟部分、特於廿七日夜七時、由該署司法系刑事全員、及各派出所內值勤以外之警士、編成檢索班、由須田司法主任指揮、亘管內全域、實施警察署廢合後第一回大檢索、結果檢得不良滿人六名、泥醉日人一名、合計七名、於午後十一時完全終了、帶署訊問云、

工人乘車不慎 墮江冰上身死

姓名及住所刻在調查中

廿十七日午後四時許、由濱綫安達站發哈之列車、而該列車行至松花江橋上、適有類似工人之乘客者走出車門外、遙觀松花江上新春景緻中、因一

於姓名住所尚在調查中深望一般之乘客加以注意云、

蒙銀向滿銀派 優秀從業員

【大連】蒙疆地區之民間金融機關察南晉北、蒙古聯盟之各實業銀行、已決將優秀之華人從業員、以為留學生、派計有察南實業銀行之盧維滋君(廿二)等五名　晉北實業銀行項守德君(十七)等六名、蒙古聯盟實業銀行之趙維興君(廿一)等五名合計十六名、已擬使此中之年少者、入大連工學堂大連商業學堂及其他學校、使最優秀者、更入高級學校云、

丈夫在外宿娼胡為 髮妻一怒吞毒自殺

被夫發覺後送院救治性命危險

郭田氏、現年廿九歲、與其本夫住於香坊陳安街門牌五號其本夫郭某、名不詳、為人性極放蕩不羈、久為一般人所不齒、時常出入於烟花柳巷、酒飯茶肆、致期之故、天長日久與道裡某酒社女招待某打得一團火熱、以故時夜不歸宿、郭田氏、正在如狼似虎之年齡、見本夫時常夜不返宿、未免有些空幃難守、大有東風不為吹愁去、春夜偏能惹恨長之勢、郭田氏、初則以良言苦苦相勸但終良藥苦口、郭某對其妻之良言規勸、始終置之不理、殆亦因色迷心竅所致、更變本加厲、恆有十數日夜不返宿、郭田則在家望眼欲穿、日久亦隨之而生酸素作用、不料郭某於前日回家之際、其妻即以此為口實、責其無行、由口角而致演成交手、大動武劇、幸經隣人赶到、為之從中調楚、乃郭田認為嫁夫如此、豈如無有、於傷心之餘、即頓生生不如死之念、即暗購鴉片數份、乘其夫不備之際、暗自以水飲下、迨夤夜中被其夫發覺時、業已奄奄一息不省人事矣其夫於情急之下當即電知救急車拉入市立醫院救治中性命頗為危險至於是否再度甦生須俟續報云、

本年教育整備計劃 學全力促其完成實現

於新學制實施後本省教育劃期飛躍

濱江省民生廳教育當局、謀教育行政之圓滑計、對於本年度、諸般之整備、以及教育人材之養成、而促各種定計畫之實現、茲將計畫諸般事項、分誌如左、

一、設置教育調查委員會、對於就學兒童數目、及從未曾受過教育者數目、施行徹底調查、同時並調查學校及民眾教育館等、及其他教育機關之現狀、而對街村民教育關心之程度等、以便查核、該調查委員會之委員長、而任命各縣長等担任之、

二、為求教育素質向上、實施內外留學制度、藉以養成中堅教育人材、

三、設備教員住宅、以謀事上連絡之便利、同時對於俸給待遇、加上適當之改善、約於教員改任官吏之同時、可能實現、

四、為期諸般設施充實、而關於學校中之各種資料、加以整備、

五、為求廣納學童、對於舊有校舍、不敷應用者、或增設或改造、同時選擇相當地點、亦可從新建築

濱江特刊

第二〇六號

盛京時報北滿總支社
社址　哈爾濱道外地段街一號
電話道裡三三〇三番

哈鐵 日滿俄從業員 實施語學教授

以求事務及聯絡後之圓滑

哈爾濱鐵道局、在去非常重大時局之下、爲圖北滿鐵道之運營完善起見、對於屬下之日滿俄從業員、均須徹底普及日滿俄三國語言、藉求事務進行及聯絡上之圓滑、而期達到既定之實行目標、語學普及事項根本方針、業於前決定、茲將其實施各要項、略誌於左、

一、本局各係長、現場所屬長、於各個所屬員、實行學習業務上應用之日滿俄語、開催學習講習會、選定簡易教育方法、而期易於徹底、

二、再由局方主催語學講習會、相互交換、

三　實施派遣教材巡迴講師

四語學必須分科會委員長、定時與隨時、亘二回實施實績調査云、

妓女無恥與友苟且 被客遇見大加斥責

▲薈芳里慶增堂一幕趣劇▼

道外十六道街薈芳里（俗呼爲圈裡）四等妓館慶增堂、搭住妓女金紅、年廿餘、原籍天之胡調裡、金紅大撒其迷湯灌子、致將商人楊某弄得糊迷三道、與楊某同行之友人、因一年青洒漂之小夥也、金紅既愛楊某之多金而又愛其友之漂洒念在心中左思右想之間、忽楊某有友人自桃園春寓消人來請楊某未辭其友逕而自往、斯時只遺金紅與楊某友人同坐一屋金紅於神經過敏無條件之下、乃與該青年來了一倍如此這般之醜勾當、楊某由外闖入、於一見之下、不禁大爲不滿、因有其友人在、故未發生任何對面衝突、此時金紅佯稱伊肚子上有一黑痣不知是吉兇之兆、故令老疙瘩看看云云金紅自知理曲、乃婉言向楊賠不是斯知楊某之友人趁其二人爭執之際急遽溜之乎也後經老鴇子之勸說楊某始付錢口喊倒霉不置而去云、

行、屆時派員前往參加、

二、內容及担當處所—担當處所、對該講習之內容及其他細部、加以決定、以當其指導印刷電信機保守者講習、以機械課爲中心、對於保守指導總選拔適任者、往往印刷製作由場之東京黑澤商店、派復以一個月爲期、使之修得關於按裝調整之根本知識、歸社後、遇有一般保守者講習時、充當講師、至於一搬保守者、講習科目、有電信基礎學、印刷電信機、一般理論、鍵盤鑽孔機、送信機、受信機附屬裝置、電源、工務規定、社業概要及工務關係一般等、此外之搬送技術講習科目、有電器通信概論電氣磁器學大意、電信電話傳送學大意、搬送電信機械、搬送電話機械、搬送撤定法、同線試驗事務、市外電話機械、線路電源裝置、工務規定、社業概要及總務關係一般等項、

▲受講者

一、擬定人員及資格—印刷電信機械保守者講習、哈爾濱管理局、對於保守指導者出席一人、對於一般保守者、出席二人、由現在從業員中、選拔

津衛、自山因家父早故、與其母相依爲命、因其母有深嗜之阿芙蓉癖、每日一榻橫陳、所費極爲不貲、致斯之故、天長日久、生活方面頓感困難、乃將金紅押入娼門、初時任天津某妓舘混事、因金紅年幼、對於奉迎嫖客頗不週到、故走馬章台之一般王孫公子哥、已竟與金紅接觸後、率多裹足不前以斯門前幾可落沒、事理頗不佳、其母爲進一步飽足自己深嗜阿芙蓉癖、於斯乃又將金紅轉賣於上誌妓舘、來哈後即操皮肉生涯、已五六年之久、惟因金紅、年事已長、又兼天賦與一副秀麗面孔、來哈未逾二載、事理頗呈起色、一般爲其所迷之走馬章台之王孫公子、亦頗有人在、日前有某商人楊某同其友人作北里之遊、信步至該妓舘、於一見金紅之下、頗爲神飛魂與、乃同其友上一盤子、於情色交加之打情駡俏

電電哈爾濱管理局
召開技術講習會
各項規定業已就續

滿洲電信電話哈爾濱管理、頃奉新京本社命令、爲謀管下業務日益發展起見、對於社員之技術、亦必促其日益向上、是以定期舉行技術關係各種講習會、茲將其所規定各項詳誌於下、

▲講習種別及目的

一、印刷電信機保守者講習

本講習、係對電信技術者、使習得印刷電信機之原理及其辦理必要之技術、及一般電信基礎、如搬送電信、寫眞電信之原理爲目的、本講習、以三個年計劃、繼續施行之、

二、搬送技術講習—本講習對該技術從事員教授、以電氣通信、特別以搬送技術之理論最近傳送技術之概要、及其附隨人各種機器裝置大要、並市外電話回線保守、而特以試驗事務重要性之再認識爲目的、

▲講習方法

一、期間及場所—印刷電信機保守者講習、分爲兩種、一爲保守指導者講習、四月間在東京舉行、二、爲一般保守者講習、自四月二十三日起、至五月二十二日止、在中央本社舉行、再有搬送技術講習、分爲兩回、第一回、由六月一日至七月三十一日、第二回、者八月一日至九月三十日、每次以兩個月期間、在中央本部舉

之至於搬送專術講習哈局出席二人、由現在搬送裝置保守黨事員中、自康德四年至 六年中等學校卒業職員中選定之、

在可能範圍內、以一局一人主義、應避免已受講習者於講習終了後、不僅自局、遇必要時對於隣局亦得指導、以受講事項、於決定受講者時、須事先對關係事項、加以準備與研究不能因受講而准派代員、

▲講習中之待遇

一、講習中之待遇—對於講習開催地在勤之受講者、不支給旅費及其他酌給川資云、

女國高旅行大連

【海城】本城女子國民高等學校長徐宗勳、爲使學生增長越歷起見、特訂本月十八日派第三 年級生 赴大連、作修學旅行、由教員蘇長庚及野口美春、率學生卅四名前往遊歷、來往一星期云、

社會剪影

女車掌素描

『巴斯小姐』這個名詞、只要住過都市的人、或者常坐都市裏大汽車的人、誰都知道這巴斯小姐是大汽車賣票員、也就是『車掌』在一般人關於巴斯小姐、所知道的也不過是『票』『噢來』『斯道不』『巴斯』這些、可是除掉這些、巴斯小姐的形形色色正多着呢、

巴斯小姐也像電影公司的演員一樣的經導演者指導之[illegible]只要你坐過三次車、聽吧、她們的調子、都是一個味兒、就是聲帶比覺粗些的、她的嗓子也勸得非常的清脆、

在炎熱的夏天、車剛停放停車場、你瞧吧、只要你留心停車場附近的小板房、（賣吃食的小舖、）馬上會熱鬧起來、累得滿臉飛紅、汗味滾滾的巴斯小姐、一脚踏進小板房便喊『來一棒汽水、快點、不顧意怎的、』總是現出這樣嬌嗔的姿態、而小板房的掌櫃的爲發財起見、趕忙哂笑着應酬、恐怕一時得罪了不光顧、

你要往停車場的露天長椅上光顧一眼、你可以看得見三五一排、滿不在乎的大嚼而特嚼糖菓咧巴一類的東西、

巴斯小姐 對同事 們不叫名姓、以個人編定的號數互相稱呼、

巴斯小姐又各個是影迷、夜間如沒有班、你聽吧、『三十五、四十六、去不、大光明新片子、巴拉斯彈性姑娘、』她們雖然一天忙個不了、累得要命、只要倒出工夫來、則艷裝革履、電影院走走、

巴斯小姐的起居飲食、太沒有秩序了、原因是她們職務的關係、她們多數不在家住、爲上班便利起見、便找知心投意的、三五合夥在局子附近租間小屋子住一起、門一鎖、各都上班、其中有一個如沒有班、你會聽到裡面有男女談笑歌唱的聲音、

巴斯小姐每天零化錢、平均計壹元以上、而她們每月所得的薪金至多二十七八元、似乎好像入不抵出、但生活上却感不到困難、只要想個法兒、胆子大些、喝汽水、吃零食、看電影是不成問題的、如一時漏包、馬上給一個逐客令、『開除』、

濱江特刊

第二〇七號

盛京時報北滿總支社

社址 哈爾濱道外地段街一號

電話道裡三三〇三番

準備新設之北安省將建設現代化廳舍

開設籌備處決定設於齊齊哈爾

我國政府當局爲適應產業開發之五個年之計畫、期地方行政日益的改善、決於濱江省管下之海倫或北安、新設北安省、牡丹江管下之密山、新設密山省、現正在着着準備一切中、此項消息、業經一再透誌本報、現新設之北安省、其省署之所在地、已決定爲北安、（即現在之龍鎮縣）現地正在準備之新北安省籌備處決設於齊齊哈爾、至於新北安省之人事大体一小部份由濱江省署轉出、其餘不足之額數悉由南滿各省選拔優秀者補充之、而新北安省之廳舍問題、不久即可在北安興工建築偉大的現代化新廳舍、茲更探訪所得之消息稱、其於北安省之新設、位於濱北沿線濱江省管下之縣、有將劃歸新設之北安省管下之說云、

陸軍病院獻金運動成績良好

自陸軍病院及士兵休憩所建設獻金運動開始以來、成績極爲良好、有如風起雲湧之活躍形勢、足徵國民對於槍後支援之撤底矣、茲據該建設委員會之統計截止前十三日、已達八日、又接到一批對陸軍娛樂室建築金而獻納者　茲以收到先後分列於左、

△王雁濱二百元△關東軍倉庫哈爾濱支庫職員一同五十元

三十元△藤井金千郎二百元△中澤正治一百五十元△丸永商店一百元△兼田商店一百元

協會召新聞界開催懇談會

協和會濱江省本部、爲期協和會之事務日益向上、圓滑推行宣德達情之工作澈底、特於本月十四日在南崗大和旅館、召集本市日滿各新聞社記者開催協和懇談會、相互討論今後之協和工作、期萬無遺憾、於當日午後五時三十分入座後、即入於懇談裡、賓主間誠暢談、對於今後工作方針及事務上裨益匪淺、懇談完了後即入於宴會中、直至六時餘始於盛大裡散會云、

實業股提倡綠化

【北鎮】縣公署、實業藤

有哈爾濱市馮市長、及本市各關係機關、以及綏化、双城、五常等縣代表者全體入場後、首向皇帝御影行最敬禮、嗣後由王教育處長致辭、于司令官致示之辭、皆藤主任顧問致訓之辭、最後行祝宴、同時並在同會舉行座談會後始散云、

教育敕語御賜下

【開原】創立十有五年、日見

育敕語謄本之御賜下、實開原全縣之光榮、堪作永久紀念者定於十八日正午十二時十八分御着開、當日除全市各戶揭揚國旗、以申奉祝外、更由關係者恭肅拜受云、

王希福夜行被害

【熊岳】城北廂黃旗村草房屯居民王希福者現年四十三歲務農爲業、性喜賭博、突於本年三月十三日夜間、於某處要錢歸來、被人擊斃、尸棄於廂白旗屯郭家塋小楊樹下、次日該屯人等瞥見其尸、當即報告蘆家屯警察署、派員檢驗、被害情形、頭部擊破一大窟窿、項後勒有小弋一條、確係生前被人擊斃、究竟爲財爲仇、兇犯尚未弋獲、官家正在調查緝捕中、將來如何、容訪再誌、

鄭警尉出張中安堡

【北鎮】縣警務科保安股鄭警尉維臣、同溝幫子專賣局長韓東海、又於月之十五日午前九時許出張城東中安堡迤帶實施鴉片斷禁及罌粟密作宣撫工作云、

於百方奔走之下經理職終未獲得

變像銀幕生活之道裡中國七道街、南北洽洽相對『鍍片之府』之巴馬兩大有聲電影院、外國通之高×章、年卅餘、爲一不學無術之虎而冠者也、敷因院東與經理方面於客歲冬間、因細故惹起糾紛、停演多日、滿映方面因受極大之損失、故曾一再通函平安電影院、令其從速開演、藉免滿映

萬八千五百元之鉅大的額數、是以該會爲討論上記之二種工事建設事、以及分配之新法、對於日前十五日午後一時、於田地街商工公會長室、並邀同會顧問田邊部隊長、秦特務機關長、家屋病院長、加藤憲兵隊長、谷口領事、宇佐美鐵道局長、以及委員大河屋厚仁、山本久治、古澤幸吉、寒河江堅吉、植村秀一等出席之下、開會協議云、

陸軍娛樂室獻金者
市署又接到大批

哈爾濱市公署於前日十四

△石井部隊喜多知五十元△雷巴透母現斯苦克爾三百元△有賀病院從業員一同三百元△矢澤部隊將校五十元△野崎部隊將校五十元△金澤軍人慰問團

爲勵行綠化起見、特於各街村通綫、設置植樹帶標語之標綱椿甚多、爲促人民徹底了解長提倡綠化、富國强民、衛生大種種利益云、

四軍區新兵入隊式
前日隆重舉行
參加者有各機關首要

第四軍管區司令部、前於上月所募集康德六年度新兵、業已訓練完了、特於前十四日上午十時舉行入隊式、當其舉行新兵入隊式之際、參加入隊式典者有該司令部于司令官、皆藤主任顧問、趙參謀長、並各處科長等、來賓方面

年前來哈、習得几句『也西』『滅都』的俄語和几句『兩塊肉給你媽吃』的以欲通而不通的英文、因其鑽營有術、有如水性之無微不入、故以毛遂自荐之三言兩語、將一黄髮碧眼之俄人活活催眠住、在該兩大影院充任外國通而兼職兩條腿活人之廣告宣傳員、大吹大擂、數年來猶如一日、每當有隻身女郎赴巴院觀影時、伊即乘機大肆進攻、極盡其慇懃之能事、如女方稍一不愼、不免即墮其圈套、大上其當、其關於此等卑陋行爲、不勝枚舉、茲者道外景陽街平安電影院、當局之受極大損失、伊於聞此消息之後、即百方奔走、託親求友、大鼓其三寸不爛之舌、冀得一經理之地位、藉謀其將來之飛黄騰達、但平安業於前十三日開演、而伊之經理職始終未能獲得、故近日以來、頗爲懊喪、見人輒嘆聲不止、叫苦連天、大喊其命運不濟云、

潘股長視察歸來

【北鎮】縣公署教育股長潘股長義剛、日前出張東南鄉巡滯視察學務、茲已公畢歸來云、

以新設北安省爲楔機
視察海倫縣政
韋省長歸來發表談話

以此次政府當居新設北安省爲楔機、特赴海倫縣視察之濱江省長韋煥章氏、及隨員一行、於前日晚車返哈、關於所視察一切之經過、及北安省新設之趨勢、曾於當日發表如左之談話、

余（省長自稱）此次視察海倫縣、係屬普通的管內視察、並慰問當地之日滿軍警、不過視察之動機、却是因最近將新設立北安省而起者、至於北安省之新設、完全係在中央當局計劃中、目下本省並未得到通知、所知者亦不過閱諸新聞紙之刊載而已、至於北安省署設立之地點、因北安爲濱北線之心中地點、同時並爲齊北線之終點、故於交通方 而特 別便利、由此觀之、將以設於北安爲最可棄、但省會雖然設於北安、而海倫位濱江北安之間、亦只當隨之益漸發展、至此次之海倫縣之視察經過、於當日下午三時許、即抵海倫、下車後首先參拜忠靈塔、神社、後赴日本軍守備隊、滿軍崔文部隊、及劉與部隊等處慰問、三晚間宿於海倫旅館、十日午前十時赴縣公署、聽取縣長副縣長及各科長之縣政一般狀況報告、並對股長以上之全署日滿系職員訓話、更赴協和會共本部視察、並訪問地方法院、中途並視察管烟所、滿室烟臭氣味、各癮者臉呈灰色、眼睛突出眶外、大有猙獰可怕之概、臥身烟窟之中、對於此種之慘苦情形、感深同情、對於鴉片斷禁方策、更應進一層之澈底實施、以喚醒各癮者之覺悟、及又視察國民優級學校、及省立共國民高等學校、並聽取同校校長之校狀況報告、並對學生訓話、最後視察農事合作社、粮石交易市場、參觀亞麻會社、當時在粮石交易市場、因非售粮時期故未能目視交易情形、曾聽取場長之運營的狀況報告、據云現在一般農民、對於粮石交易市場、亦有相當之良好的認識、並觀該場之運營方法、亦均相宜、各員亦極和靄、於視察完了後、時已至下午三時許矣、遂登車返哈、總之該縣之商工業、均極爲良好、堪爲模範其云云、

新造玄海丸
大連寄港

【大連】十八日正午向大連港入港之玄海丸（三八五〇噸島谷汽船所屬）、昨十三年十月十五日經岡山玉造船所着手工事本年二月十八日舉行進水式四月十一日就門司出帆處女航海之途、呈示日本造船技術之粹、所建造之優秀中型貨物船之本船、爲朝鮮總督府命令航路、朝鮮北海道大連線使用船向大連朝鮮內日本及樺太等迴航爲每月一回之定期船、當貨物輻輳之際、頗有相當主要之用途、其蘇業者間之期待、又同船十八日午后二時起、招待關係者多數、開盛大披露宴後立即裝載特產物共他約二千七百噸之上十九日出港向鎮南浦

濱江特刊

第二〇九〇號

盛京時報北滿總支社
社址 哈爾濱道外地段街一號
電話道裡三三〇三番

內、舉行馮前市長之離任及趙新市長之履新式、茲悉奉命榮轉北安省長之馮廣民氏、已於四月午前九時三十分搭亞細亞列車出發晉京就任參議並籌備所長之職云、

第一回區長會議 六日在市署舉行

○今後市內之區政事務益強化○

哈爾濱市公署區政股為謀市內區政事務之強化、故定決於五月六日午前九時半在市公署四階樓上會議室召開康德六年度第一回區長會議、市區政股因鑑於會議期限切迫、連日以來對於各種議案積極準備結果現已就緒、關於此次會議案容主要者分別探錄如下、

一、防空演習實施關係事項

二、槍後復援會結成關係事項、

三、鄰保委員制度運用改正關係事項、

四、區別青少年團結成關係事項、

五、協和會地域分會結成關係事項、

六、防水組合結成關係事項

七、春季大掃除實施關係事項、

八、商工關於其他事項、

除以上各議案準備研究外、並於六日正午由市長副市長以次各處科長並各區正副區長均參加外、假市公署門前舉行紀念攝影、當日下午一時起全體齊集於宴賓樓飯店、開催懇談會、現在業已分別通知各區長屆時參加會議云云、

警察廳計劃增添 消防大汽車三台

戶張廣南年三十歲山東人、以拉洋車為生、素日省吃儉用、始略有積蓄、於去年經友人介紹娶張某之女為妻、於結婚之後夫婦感情甚佳、不料張氏後受都市惡習薰染、專講戀愛及摩登、因其丈夫月間收入甚微、僅足生活而已、然能供其揮霍、因此各走極端、張氏每乘其夫外出工作之際、即依門賣俏、終日不安厥室、日久天長即與同院住戶拉洋車之胡成業者年三十三歲拘搭成奸、初則陳倉暗度繼則熱度日漸增高、情恐被張某睹破密秘由二人協議之下、於是於前日相偕潛逃、待抵香坊車站、將欲購買車票時、二人鬼鬼祟祟、舉止慌張、被該站鐵道警護隊員窺破、遂上前加以盤詰、二人更為驚慌、言語支離、經嚴重審訊後、胡供認拐帶不諱該隊因胡拐帶有夫婦罪難恐過、故轉送正陽署羈押云云、

行路俄婦被拖車中 拉至郊外輪流無理

因求婚事被拒惡徒出此劣行

馬家溝教堂街六十二號住戶俄人阿克力、年三十歲素日開小舖為業、其妻尼庫力那、年二十五歲、姿容秀麗、於四日午前九時許因事外出、將抵協和街拐角處、遂由身後駛來番

天天、俄婦立即至南崗警察署報告哭訴被污經過、警察當局因光天化日之下、惡徒竟敢公然搶劫行路婦女輪流無理極為慘惡、現在正張佈警網搜查犯人中云云、

取締暴利規定 市街房屋賃金

【阜新】阜新縣公署、鑒本市戶屋賃價、屢漸騰昂、長此以往、若不急謀設法調濟、殊有碍民生之安定、該縣長有鑒於斯、故詳細酌核戶屋賃金、佈告週知、為佈造事、查本縣近日以來、對於房賃價金、等等不齊、有逐漸騰昂之勢、若不急謀設法調濟、實有碍民生之安定、本縣長為維持人民生活之穩固起見、是以依照暴利取締法令第一條之趣旨、將本縣城內、及孫家灣、新邱等地、房賃價金、依合理化的、規定如左表所列價額、合享佈告、商民人等凜遵勿違、于咎切切此佈、

城內大小什字街新五五舊五〇
日本式磚造住宅新三五舊三〇
得加賃土造鋪店新四〇舊三五
金二分　土造住宅新二五舊二五
二、之一城內其他地址、城外
附近地址、
新四八、舊四五新三五舊三二
二七　二五　二三　三〇
三〇　二五　二二　二〇
二二　二〇　一八　一五
孫家灣街、　新邱街
新三二舊三〇　新三二舊三〇
二拾　一八　二〇　一八
二十　一八　二〇　一八
一八　一五　一八　一五

納半年年間之租金以月計算者一次須納一月之租金

一、租用廂房者得照正房每間年額少國幣四元、

一、共租用於店鋪及住宅以外用者其賃金得由兩方相宜規定之、

一、租戶非有特別不法事故或租金未超過一月以上或非房主自己佔用不得將前租戶驅逐或另租他人、

一、日人租用滿人房間而日人自行修理者其租金與契約得由兩方自行辦理之、

一、自康德四年十二月末日以前建築者為舊自康德五年一月以後為新、

一、租房之泥抹等修由租戶担負辦理其由房主辦理者須向租戶索取相當之料金、

黑井博士 病陷重態

【新京】於確立滿洲國保健行政繼續為莫大貢獻之保健司技正黑井忠一博士、因職務繁劇、碍及健康、以致於六日午後在日滿軍人會館出席開拓總局關於開拓事務之會議、於事畢歸寓之後、不意在其崇智路四一〇之自宅、突患腦溢血

警察廳計劃增添消防大汽車三台

哈爾濱警察廳統計客歲本市一個年間所發生之火警次數、共達二百十六次之多、其平均約隔一日間即能發生火警一次、而受此災害之損失、共計約三十四萬餘元之鉅額、當局有鑑及此、為謀防止火警之頻頻的發生計、除一面廣汎的對市民加以防火之普及的宣傳外、同時並謀積極的擴充消防能力、計劃增添消防大汽車、現下本市內所有之消防車數、共計消防本署及第一、第二、第三各派出所、共為七台、全部均為自哈爾濱市公署所移交者、且均經使用相當年數、假如一旦有事之際、殊感不敷應用、且對於活動上亦均有極大之不便、故當局計劃增添最新式消防車、以配佈於市內各消防機關、購入新車三台而後再漸次更謀增加運水用之水槽云車以逐次建樹堅固之消防陣容

青少年團大會

協和會濱江省本部乘管下各縣旗市所派遣青少年團赴新京參加五月二日宣詔及國民青少年團總動大會、現已返哈之機會、故於五月四日下午二時在八區運動場舉行濱江省管下各縣旗市青少年團大會、同時並舉行團隊旗樹立奉告祭式典、當日參加者計有省下各縣旗市青少年團代表、哈市青少年團義勇奉公隊、市青年訓練所青少年團開拓義勇軍等約一萬餘名參加之下盛大舉行矣云云、

潛逃未果

道外保定街門牌三十三號住

號不明小汽車一輛、忽然停止由車上跳出滿人怪漢二名、將俄婦拖於車上、一人按嚇俄婦禁止聲張、一人駕車向莫斯克兵營急馳中、俄婦意為遇匪被其綁架故未與其抵抗、迨車抵莫斯克兵營附近某一黑暗小屋、二怪漢下車將俄婦拖入屋內、二名怪漢均口操流通俄語向俄婦強求婚事、俄婦因亦有夫、當時拒絕其求婚要求、二色徒見求婚不成、怒髮沖冠、遂將俄婦在該小屋內輪流無理後、將俄婦棄於屋內登車逃之

優秀代用品展覽會成績極為良好

每日參觀者計達千數百人

在此非常時局下、為喚全哈市民對於廢物利用、特由滿洲國發明協會、特許發明局、省公署、市公署、哈爾濱鐵道局、商工公會等關係機關主催下、於二日起在本市道裡水道街哈爾濱會館內三階、開催優秀代用品展覽會、共陳列之化學工業原料、皮革、膠皮、金屬、纖維工業、及商工省磁器試驗所、並工藝指導所之參考品等、約達三千餘種、在此非常時局下、對於優秀之代用品、無料任一般市民入內參觀、自開行展覽以來、成績極為良好、每日參觀者計達千數百人以上至本月六日為止云、

警察職員表彰式在警校隆重舉行

濱江省警務廳、為鼓勵管下之警察職員素質向上、乃擬實施警察職員之表彰、茲經研究結果、已決定對於本省服務五年以上成績優秀之警察職員、各縣旗警務科、警察廳、及警務廳之警察職員八十餘人、特於前（二日）午前十時五十分、在濱江省地方警察學校內、隆重舉行警察職員表彰式典、由省處親手表彰、至於被表彰之各縣警察職員、則每縣旗派代表來省[illegible]云、

新舊兩市長舉行交接式

哈爾濱市公署、於本月三室
午前九點半、在該署會議日

一、本表所規定之賃金每間年額之表示且指每間長約六米寬約三米而言若面積過大過小者其賃金得伸縮之、

一、租金以年計算者一次須交

之症、而猝倒於地、雖以新京市立醫院長之山口満治博士為主治醫、努力從事治痛、但依然半身不隨、殊呈昏睡之狀態故陷於主態云、

為謀就學者之普及實施教育擴充

省公署當局之計畫

濱江省公署、鑒於國家健全發展、為實施基本教育、及為達成教育行政之向上、以及就學者之普及起見、乃實行教育施設擴充、茲將當局之計畫誌之於下、

一、就學者、就學兒童數、並無學文盲數之徹底調查、同時設置調染委員會、

二、學校私塾、民衆教育館、其他教育機關之現狀、並街村民教育程度之調查、全縣教育總動員、

三、教員素質之向上、

四、教員待遇之改善、

五、學校基本施設之充實、

六、校舍之增加改築及新築等、

七、民衆之向學心、及涵養工作、並就學之獎勵、

八、小學校之擴充、街村設置、一村一校主義徹底、私塾、（義塾）成人教育機關部落、集會所等之整備並設置、

九、學校基本之擴充、

十、滿溝及一面坡之新設學[illegible]、

十一、農業學校及實業學校之年限延長等、

齊市協和會市聯會舉行

【齊齊哈爾】康德六年度協和會齊齊哈爾市聯合協議會、亘五月八九十三日間、在省公署禮堂舉行、第一日八日午前九時於分會代表三十三名之外趙本部長王市本部長以下部本職員及關係機關代表百餘名出席之下、實施任命關係會議長及副議長設置各種委員會、報告本年度市聯決議事項處理經過、說明各機關施政方針、次以緊急動議決議對日滿兩軍致感謝電報、午後零時半暫休憩、午後朗讀宣誓文、關於議案整理報告等議會自體關係社會關係議案午後五時第一日終了云、

考取煙政服務員

【西安】西安縣煙政關係人員、因事缺額甚多、而需用亦不能稍緩、縣當局於日前考取此項人員計錄取者、管煙所主任鄭中洲、僱員傅育仁、司計韓國軒、傭人王永禎等十數人、經縣當局發給委任、均到各管煙所服務云、

哈爾濱鐵道局節約汽車用油

哈爾濱鐵道局、除此物價飛騰之時、各處消費、尤應節約、為期節約公用之小汽車之資進油計、乃將局長及副局長用之小汽車二台、及其他十三台小汽車、減少為八台、[illegible]課長用小汽車減少次數、現正由庶務股、向交通會社購買電車及大汽車車票中、如事務必要時、可領取電車及大汽車票使用云、

濱江特刊

第二一〇號

盛京時報北滿總支社
社址 哈爾濱道外地段街一號
電話道裡三三〇三番

本次防衛訓練
濱江省當局發表談話

濱江省防衛本部所主催之本年度第一回防衛訓練、由本市全部各機關總動員、自本月十六日起、至二十日前後共亙五日間實施之、對此訓練開始之先、省公署有如左之發表談談、

於前廿二日由防衛司令官之指示、由哈爾濱鐵道局、哈爾濱鐵道警護隊、協和會義勇奉公隊、航空會社、電電會社、電業會社、放送局、日滿俄各新聞以及各機關之協力、自本月十六日起至廿日止、實施濱江省下、本年度第一次防衛訓練實施、對此業於日前出佈告、右佈告爲與一般省民直接關係之警報、燈火管制、防護（消防、防毒避難救護、配給、工作、交通整理等科目）之三大項目、此外由軍方面所行之防衛、無論防空監視、信警通備、僞裝僞都市等、防衛上最重要之項目、右等之直接關係者、允宜聽取所指示各項、促其圓滑實施、是所望於省下民衆者也云、

分別舉行講演會
事務担當及會場決定

哈爾濱防衛本部、爲謀哈市天空防衛陣容之强化、並向一般民衆徹底灌輸防空知識起見、於決定於本月十六日起至二十

四、香坊署管內十三日於警察署講堂舉行
五、顧鄉屯署管內十四日於該署講堂舉行
六、松花署管內於十五日在該署講堂舉行

於上述各時間希各署管內居民踴躍參加聽講以求防空知識徹底普及云云、

冒充記者被警檢遇

道裡中國五道街湧濱居酒社自招待劉素雲王素雲相偕離開他去後、該酒社乃另換僱小花麗君、未幾、小花與麗君因叫座無力、自己頗不甘心、亦繼之搬開大腿姍姍就道、回家抱其私生子矣、於斯幾名台柱齊他去、該酒社以斯門可羅雀、於一籌莫展之下、乃正式關門下鎖而荒閉矣、又與道裡中國七道街同樂酒社合股、有道是死店活人鬧、近來竟大發其財、日昨於華燈初上之際、有青年酒客又至該酒社沽酒、進屋後呼酒喚菜、擺列滿座、大飲而特喝、酒過三巡、菜過五味、兩青年不知還是洗甚麼話好、一個從腰從掏出一本小日記帳、拏着一支鉛筆就往帳上胡劃拉、招待看着他這種神氣有點好笑、可是又沒有敢公然笑出聲來、其餘的一位青年、乃起立說我們是××報記者、今天一爲來喝酒、二爲採訪新聞、着着招待們跼促不安、他更神氣起來、斯時適有警察巡查至此上前盤問、二人看勢不對乃當即向警察訴出實情、據說一個是成衣匠一個是皮匠二人於飽受申斥後始快快而去云

結成哈爾濱銀行組合
順應國策而達成使命

在本市之各金融業者、爲圖本市之金融業健全的發展、而寄與經濟界之興隆、與近來北滿開發工作相呼應、伴隨本市商工各業之躍進、而金融業者所謂之使命重大性、愈益增加因有鑑於前述、故本市之金融業者、爲圖相互之緊密聯絡、基於業者協議之結果、準照本年一月一日公佈之銀行法規、特企圖設立哈爾濱銀行組合、向中央側申請許可中、已於上月廿六日、正式受到中央經濟部之認可、當於本月三日在本市南崗哈爾濱鐵道俱樂部舉行設立總會、同時舉行發會式云、

又訊關於銀行組合設立之機會、將集合組合員、一同順應國策、以達成其本照之使命而期其更進一步之努力、貢獻於開發產業中之北滿經濟界者茲將其組合內之職員名氏及加入者誌之於左、

△組合職員、組合長、中央銀行哈爾濱支店長田中廉平、副組合長興業銀行哈爾濱支店支配人田中鱗太郎、常務理事中泰銀行經理徐中一、益通商業銀行經理滕文華、協和銀行支配人瓦因西迭因、理事正金銀行哈爾濱支店支配人井村平次郎、東拓支店長金谷正治、實業銀行取締役（監察）新開卓可、福德銀行董事長梁子惠奉天商工銀行劉志啓

△組合加入各銀、天泰、天和、瑞祥、恆聚、猶太國民銀行、環城、奉天商工、益發、功成、興茂、晉昌、永盛等十七個銀行云、

◇ ◇ ◇

日止亘五日間、舉行本年度第一回防空訓練演習、而哈爾濱警察廳市公署與滿洲電電會社哈爾濱支社三當局聯絡之下、爲喚起五十萬市民對於防空加以注意、以期防空工作徹底普及、特行共同主辦防空講演大會、由十三日起分別舉行講演事務分担者與會場決定如左、

一、經緯署管內於十三日午前九時起至十一時半、在道裡巴拉斯電影院舉行講演內容計分三部、

一、防毒與救護講演者爲市公署側代表

二、防空演習由經緯署長担當講演

三、燈火管制由電電會社側代表講演

二、正陽署管內於十四日午前在中央舞台與華樂舞台兩個場所舉行講演題目同前記三項雖講演責任者另由正陽署擬定之

三、南崗署管內於十五日午前起始在南崗義州街亞細亞電影院舉行

二烈士三十六週年紀念 舉行大慰靈祭

參加者須一律着用協和服

哈爾濱市史跡名勝保存會茲逢正義殉國之二烈士遭難三十六週年紀念、爲宣揚二烈士之愛國精神起見、特於十二日午前十時二十分在王兆屯忠靈塔二烈士墓前舉行盛大慰靈祭、當時各關係機關各學校法國會社以及市民均派代表參加、茲將其次序探錄如下、

一、修祓二、招魂三、獻供四、祭主祝詞奏上五、祭主玉串奉奠六、撤饌七、送魂八、一同敬禮後退下

關於參列以上祭祀者一律着協和服但一般家庭代表者着用藍袍青掛亦可云云、

德記者歡迎宴

十五日在道裡斜紋街舉行

參加者會費每人定爲四元

如報德國記者滿洲視察團一行、預定於十四日來哈、哈市關係各機關爲表示與該國聯歡並歡迎計、由日德協會主催之下、特定於十五日下午五時三十分、在道裡斜紋街四道街、德國俱樂部舉行歡迎宴會、屆時一般市民亦可隨意參加、會費每人定爲四元、查此次德國記者團團長爲日德協會長海軍大將佛讀盧斯達氏、以次團員一行十名今次來哈視察、實與我國際都市之大哈爾濱市榮光不少、[illegible]云云、

嬰屍被於街上 警方現正調查

道外正陽六道街門牌三十八號、院內更夫於十一日下午七時赴厠所時忽在厠所中發現初生男孩嬰屍一具、當即報告當管分所、同時又不知被何人將嬰屍、拋棄地靈八道街附近、旋經哈爾濱地方檢察廳派員前往檢驗結果、判明該嬰孩確係生後被人掐死者、由此推測決定是私生子無疑、現下除將該嬰屍掩埋外現正調查遺棄屍体者以便嚴重懲辦云、

於初等教師官吏登用、待遇改善等重要事務、於日昨赴京、向對於政府側、行事務方面之打合、據云教師之增薪實施、自三月一日、官吏登用實行、預於七月一日、其晉京之時間大約四日即可返回云、

拿獲賭犯四名

【黑山】本城東關派出所長、警長李桂新氏老誠幹練服務勤勞、于本月十一日上午十時出勤巡邏、得悉管內石龍街高姓家有賭要情事、當至現場一併拿獲、計高青山等四名紙牌一塊、即行送署訊辦云、

山東愛護區來嶺 參觀農事試驗場

【公主嶺】中華民國維新政府自華北底定以來、所有政治日見明朗、而各省會亦均安堵如前、惟效法他山以資補己之短、故華北各省來滿參觀者接踵而至、茲者山東省爲觀光滿洲特派遣即墨縣南泉愛護區、爲滿洲視察團長攜帶團員二十餘名蒞滿、經由大連奉天各大都市當於日昨午後二時四十二分由奉來嶺參觀國立農事試驗場、旋即登車東上赴京云、

司法講習會 兩日舉行

哈爾濱地方檢察廳、爲謀司法警察之素質上並事務聯絡敏捷化、故於十一、十二日亘二日間、在道裡地方檢察廳會議室召集全哈各警察機關警尉以上之司法警察官開催司法講習會、由各檢察官担當講師、預想今後之司法事務處理更能進云云、

婁事務官晋京

【齊齊哈爾】龍公署民生廳文教科、[illegible]

勤勞奉仕隊編成準備會議 於十二日開催

"討論省本部一切辦法"

濱江省公署際此非常時局、爲促起一般民衆向興亞新秩序上建設邁進、積極鍛鍊一般開拓民之身心、以便養成堅忍耐勞、共守國土建設之精神、故施組設滿洲建設勤勞奉仕隊、濱江省實踐本部、實行辦理勤勞作業之輔導訓練、並企劃聯絡、編組輸送裝備宿營、醫療、警護等關係事項、茲爲討論本奉仕隊全省本部一切創設辦法、故於十二日午前十時在[illegible]隊編成準備會議、當時參加者除本市各機關外並有中央開拓總局亦派代表來哈參加並說明勤勞奉仕隊組成之方針茲將其開會次序錄之如左、

一、向國旗行最敬禮

二、開會之詞

三、省次長致詞

四、開拓總局代表方針說明

五、庶務科長說明省本部設立之要旨

六、勤勞奉仕關係事項協議

七、閉會之詞云云、

濱江特刊

第二一一號
盛京時報北滿總支社
社址　哈爾濱道裡地段街一號
電話道裡三三〇三番

防衛綜合訓練 成績極爲良好

二十日全部訓練終了

哈爾濱防衛訓練之第四日（十九日）、於入壯烈綜合訓練、於當日午前、即由本市全商民總動員、猛烈舉行、繼續發生空襲警報令、警報傳達、交通整理、避難管理、防毒、防火、救護諸工作、以及警備燈火管制等、作猛烈訓練、同時日本中學校、哈爾濱地方法院、哈爾濱監獄、同記商場、北新小學校、康德毛織工廠、國泰平安電影院、均作模範訓練、市內各特殊防衛分隊、及家庭防護群、均精神煥發、踴躍參加訓練、綜合每日成績極爲良好至廿日全部訓練完了云

市署年中賞與金 六月初旬可發表

仍本上薄下厚之原則

哈爾濱市公署例年之年中賞與金、均於六月初旬即由各部分長官、將各員之勤務狀況、查定終了、由所管之人事方

行搬出、其夫劉某爲成衣手藝、每日朝出夜歸、致斯之故、惹起該旅社之司賬某之勃勃熱心、每思意慾染指、但苦無機緣、會有該旅社浮居之旅客馬某、二人狼狽爲奸、暗中加以調逗、久之終因劉某之妻年幼缺乏成見、乃墮其二人之圈套中、居恆趁其夫劉某（成衣匠）外出作工之際、該旅社司賬即與劉姓少婦大會巫山、一案麼遍纏而再起、如斯經過一月有餘、二人打得火熱、爲該相偕白首計、不得已、二人乃暗中計議、意欲秘密潛逃、藉遂心願、不料事出意外、被該社旅客某聞知、當以其二人之秘密謀潛逃事以實相告劉某、無如劉某係一老誠忠厚人、且性素怯弱、雖聞其妻欲同人潛逃、但只有敢怒而不敢言、至其將來演至如何地步、殊堪注目云、

某會社、自客歲秋間改爲一律五分制乘車費以來、頗與市民一極大之便利、無欲終因車體爲數極少、頗有不敷支配之虞、以斯每逢星期日及例假日大有乘客堆積如山之患、青年者因不成問題、年老之一般市民、俱有乘車困難之感、尤以哈爾濱驛前之中心站爲最、原因道裡道外及馬家溝鐵道局各方面來之乘客、均須由此中心站改乘、以故每日站前熙熙攘攘、乘車俱抱爭先恐後之念、該當局有鑑及此、乃派電車案內（即指導）男女人員數名、每日輪流值日、指導乘客、以期杜絕發生交通慘禍、該當局之用心良苦、而法亦可謂至美矣、茲者該會社有電車案內、監督員盧盲學者、年卅餘、漆黑其臉、熊碩其體、雄糾糾而氣昂上、大有不可一世之概、於勤務時間內、恆對於乘客有蠻橫不遜之態度、且對外具來哈之一般鄉下人亦恆加以無理之漫罵、以故各乘客皆畏之如虎狼、怨聲載道、咸呼該會社用人不愼、但只有敢怒不敢言其奈盧某何、不悉該賢明之當局、對此蠻橫不遜之社員有以洞悉否殊令人莫明其糊塗云、

面、決定其賞與金額、以獎勵其勤勞、關於本年度之年中賞與金、其標準大概以文官考查參與爲第一着、次即按其服務勤勞狀況、仍本過去時之上薄下厚爲方針、使低級服務人員得優厚之賞與金爲原則、茲聞爲六月初、即發賞與金之同時、並對顧員昇格之委任爲官吏者、亦將一併發表、依此市署僞之低級顧員、得前述一重喜訊、同時傳來、莫不喜形於色、更加一層之力勉從公云、

哈鐵分科規程改正 本月下旬即可發表

滿鐵當局爲順應戰時情形、擴充北滿鐵道局機構、斷行擴大局長權限、同時對產業開發及對應國防線、確立國策、決定樹立根本方針、改正分科規程、及人事異動、頃正在慎重考究中、於最近之將來、即作製成案、待由重役會裁決後、於本月廿二三日即可發表、茲哈爾濱鐵道局關係之現在總務科、分爲人事課、設人事養成[illegible]住宅、福祉五係、庶務設庶務、文書、事故、資[illegible]統計、防衛六係、對營業課、自動車係、昇格爲自動車課、設營業技術二係、更增設電氣、設電務、電力、通信、信號四係、又產業計與前四係共爲五係、全面的斷行大改革、更對人事關係、決定基於人材登用主義、努力擢拔、以期適材適所、陳容整備、故宇佐美局長之領東苦心、頗爲各方面注意云、

司賬與店客 拘搭成姦

哈爾濱道外昇平四道街[illegible]良玉旅社、樓上住有一外[illegible]姘小婦某年二十餘、體態輕盈、豐緯姿約、固一青春貌美秀麗可餐之少婦也、於月前來哈、因租房困難、不得已乃暫住於該社、以候有相當房屋時、再

爲期鴉片斷禁徹底 樹立强化方針

本年度具体計劃案已決定

濱江省公署當局基於鴉片斷禁政策、實施以來、爲期鴉片斷禁徹底之圓滑、對於管下各縣旗衛生保健積極努力整備、同時關於偏僻交通不便地帶醫療機關之充實並傳染病隔離所防疫資材之强化方針、而本年度具體計劃案決定實施如左、

一、對於各縣旗立（戒煙）病院新設阿片癮者之治療及一般醫療機關於本年八月間完全施行、

二、双城及他二縣新設傳染病隔離所預算約三十萬元、

三、非常時防疫器具資材逐次整備、

四、本年八月對於各縣旗巡迴施療自動車實施整備、巡迴治療以近代醫術之恩惠賜與地方民衆、實是一般民衆最大福普云云、

電車案內蠻横不遜 怒聲載道咸呼負負

代本市五十餘萬市民步伐之

正在燈火管制實施中 汽艇發生障碍

高警尉補聞聲後駛舟應援 航行監視員數名得免於難

本年度第一次防衛訓練之第三日（十八日）下午九時三十分頃、正值燈火管制時、江運局爲防止於花江中所停泊船隻洩漏燈光、故派遣汽艇一隻在松花江上往來航行監視、不料該汽艇正駕駛至水上救護隊附近處、汽艇機械突然發生障碍因停止無術、即隨波浪漂流、實因松花江停泊船隻林立、又當燈火管制里暗異常、寸尺難辨、汽艇搭乘者數名、深恐自由漂流撞衝其他各船及發生意外危險、均起恐慌、正在千鈞一髮之際、搭乘者即大呼救命悲慘聲音達於江岸、時有松花署高野警尉補正在江沿巡邏之際、聞有呼救之慘聲、頗爲疑惑立即駕駛同署預備之警備汽艇赶至肇事現場遂將發生障碍汽艇搭乘數人救助外並將障碍汽艇亦行拖至江岸一行被救助者脫出危險、對於高野警尉補之勇敢機敏惜當頗爲感激云、

精神病逃去無歸

【五常】本縣東南隅民住楊兆林之妻某氏、年約三十餘歲過門十有餘年、身得精神病一旦犯病東走西逃、信口胡說、自三年前產生一男孩、至今病未犯、不料日昨不知因何深夜突然犯病、棄子逃跑、該夫天明醒來不見妻在、知是犯病、當即携同家族親友等、四處尋找、至今數日杳無音信、該病者存亡於否訪明再誌、

濱江特刊

第二一一號

盛京時報北滿總支社

社址　哈爾濱道裡地段街一號

電話道裡三三〇三三番

友邦（三十四回）海軍紀念日

前在神社隆重舉行

同時並舉行各種模擬演習行事

五月廿七日爲友邦日本帝國第三十四回海軍紀念日、本市關係各機關、迎此盛大紀念良辰、爲鞏固建設東亞新秩序近一步之決意起見、經本市各關係機關妥爲協議結果、由在鄉軍人聯合分會、市公署協和會共同主催之下、並由各機關後援之下、於廿七日午前八時在本市南崗哈爾濱神社內、隆重嚴肅舉行海軍紀念日紀念式典、市內各協和分會、國防婦人會、青年訓練所、及各中小學生、日滿一致參加、按預定序式次第舉行式典、玆將舉行式典誌之於下、

一、軍艦旗揭揚（總衛兵禮

八、祝詞、

九、軍歌『日本海海戰』合唱、

十、大日本帝國海軍三唱、（濱江省長）

於式典終了後、由午前九時起、參列大會之全員即整列、於軍樂先導之下、開始市內行進、由哈爾濱神社出發、經車站街、霽虹橋、至道裡地理街再經中央大街而至松花江岸、更於十時頃、分別編爲五個組、於松花江水面上舉行漕艇（划船）的大競賽、同時並以放送機向市民廣爲傳播、於十時廿分起、由現役海軍軍人及海軍分會員、以六隻小汽艇舉行艇隊陣形運動、於一時四十分起、以海軍分會員之江上軍、青年學校生徒等編成甲軍之上陸部隊、及援護部隊、並另以中學生及海軍分會員若干名、編成乙軍、於江岸郵船俱樂部與觀光亭附近舉行敵前上陸演習、當時於江上瀰漫烟幕並兩軍發（砲空）破及飛行機協力佔據江岸嚴肅的演習、同時並舉行模擬江上戰、此外並在市內各電影院鐵道俱樂部舉行講演及映畫、以及交通會社之電車上作種種之宣傳行事云、

神社春季大祭

前日嚴肅舉行

全市一致揭揚日滿兩國旗

兩省長過哈

新任東安省長御影池氏及北安省長馮廣民氏於赴任之途於二十四日下午來哈一宿後、即於二十五日午前九時御影池偕同隨員搭乘濱綏線列車出發馮北安省長及隨員一行、係搭乘

飯店組合前開會研討

顧客借用電話費問題

每次三分外來借用五分正請求中

哈爾濱市飯店組合、鑑於在此非常時局下、百物昂騰之中、一切食品較貴之際、爲節省開銷計、藉資維持營業狀況計、特於日前、由於組合長發起、招集各組合代表人員、共同參加之下 對於將來由六月一日起、實行之電話回數制問題、開催共同研究會、結果、決定爲飯店使用電話時、必須於事前交出電話三分、外來借用者爲五分、目下已由該組合繕呈、請求經緯署當局許可中云、

霽虹橋西側

改建兒童遊戲場

道裡霽虹橋西側路北、原爲哈爾濱鐵道局局員宿舍、而哈爾濱鐵道局爲謀國際都市觀瞻上之美麗化、故將該大批宿舍完全拆除、將該處地址實施改築兒童遊戲場、場內除施設各種關於兒童遊戲器具外、並建築各種名人銅像、以資啓發兒童之景仰心云云、

治水懇會

第二日繼續舉行

交通部航路司及濱江省共同主催之松花江治水懇談會第二日、於廿三日午前九時、在省署會議室、繼續開催、當時列

代表、以及技術關係之權威者、多數參加之下、繼續第一日未完各議題懇談云、

建築製冰會社

八月末可竣工

近藤林業公司執事人近藤繁司、基於五十萬市民需用人造冰之期望、故以四十萬元經費、於四月間開始動工在道外南馬路、以面積一千一百六十二平方米、建築製冰會社、預定於八月末竣工、待該製冰會社完成後、一般市民即可拋棄多年利用松花江之天然冰矣、對於一般食氷糕者亦可安心云

生命保險成績佳

【義縣】郵政局長雷鳴巽對於郵務之進展、不遺餘力、如局址之建設私用信箱之設備以及振替電滙之敏捷、一般商民莫不口碑載、現由五月一日起至六月一日止、爲郵局生命保險報國期間、該局長、每日率領全員出勤、按戶勸誘、成績斐然、商民之參加者、不久即可達到法定額數、該局長可謂辦事認眞、不愧厥職云、

警署按戶種痘

【懷德】值此春氣和煦、萬物發育之時、諸般疫癘、最易發生、然以痘疹爲尤烈、警

式、日本國歌奏樂）
二、皇居遙拜、
三、哈爾濱神社禮、
四、忠靈塔遙拜（默禱一分鐘）
五、「日本海海戰」、詔勅奉讀、
六、東鄉司令官聯合艦隊解散之詞朗讀（八木分會長）
七、致辭（市長）

五月廿五日爲哈爾濱神社春季大祭佳辰、哈爾濱神社氏之會、爲敬謹祭祀起見、特於當日午前八時起、舉行嚴肅之祭禮式典、當時各方面參加者、約計達數百名、頗呈盛況、而祭典之後、一般市民以及各法團學校之自由前往參拜者、尤爲熙往攘來、絡繹不絕於途、於當日午後一時更由相撲協會主催之下、於神社內舉行奉納相撲大會、一時觀者如堵、熱鬧非常、直至太陽西下始行完了、又當日本市各日滿機關、以及全市各戶一致揭揚日滿兩國旗、各機關並各學校均休假一日、用表敬謹祭祀之意云、

午前八時二十分之濱北線列車出發矣、當時本市日滿各關係機關首要者均赴站熱烈歡送云、

席者有原田交通部技正、相馬土木廳長、濱江、吉林、牡丹江、黑龍江、三江黑河各省土木關係者幹部、及哈市江運局

祭署見及於此、爲增進市民健康、防止痘疫之傳染、特派警士、携同官醫、按戶栽種牛痘、刻下正在施行云、

麥加利匯豐等三銀行
正式加入組合
本市金融陣容益强化

滿洲國政府當局爲謀經濟之確立並金融統制之强化、故全國各地銀行先後成立組合、而哈爾濱日滿數十家銀行結成一體成立銀行組合、同時邀請在哈歐美側麥加利匯豐等三銀行參加組合、不料竟被拒絕、一時頗引起外交之注目、結果後由歐美三銀行側完全理解滿洲國政府當局之眞意並避免無味之紛爭、故行參加協和態度、故向田中銀行組合長、示以申請參加組合之意、而組合側、依親善協和之趣旨、當爲希望其參加、該三歐美銀行支店長、於二十三日、往訪田中組合長申述正式加入、組合側將於最近期內、召集全體會員總會、決定正式承認其加入、哈爾濱銀行組合共爲三十行結成一體、將來金融陣容更漸强化云、

路線延長
市民稱便

哈爾濱警察廳保安科、爲期道外濱江公園、與道裡新城大街間大汽車通過之區域中之改正、及增配車輛、以謀道裡外交通安全起見、自四月以來、即與交通會社方面、作種種之折衝、結果大体決定、依照左例計劃而行、於六月一日起、施、即從來新城大街與濱江公園間通過正陽大街之第五線大汽車向僅兩輛、與市民交通上頗感不便、以後除將新城大街至北馬路間之第五線大汽車一部延長至九 六道街新世 界云

省公署秋吉警務廳長
乘機視察罌粟密種地
同時並散放傳單促殘匪投降

濱江省公署爲期屬下之全省鴉片斷禁工作之徹底、自立於陣頭之濱江省公署警務廳秋吉廳長、特搭乘飛機、於罌粟開花季節之最近、行一日千里之鳥瞰視察、同時散佈匪賊皈順傳單、以圖達成一舉兩得之功、已預定於五月廿六日偕同松戶警備股長、亘二日間坐飛機視察全省管內之罌粟密作狀況、以査知其栽植地方、期作有效而完璧的取締辦法、藉隨行政府當局鴉片斷禁之國策、一行於五月廿六日朝八時由哈爾濱飛行場離陸出發、至午後三點廿五分在綏化、慶城、鐵驪、海倫、綏稜各縣之上空俯瞰、廿七日更在東興、延壽、葦河方面、特別對於老爺嶺一帶、往復作詳密之視察、以嚴重監視鴉片密作者、更擬於將來之第二回第三回之收獲期間內、繼續與之述作同樣的凌空視察、此外更利用此機會、對於武勇皇軍之威勢下、而逐次傾向王道政治之匪徒、爲促其早日棄暗投明日特由前皈順之匪首署名的皈順生活記述、及促其早離迷途、共投王道樂土之勸告投降文十五萬張、於匪團蠢動地區中、預定大量散佈之云、

本年度第一次防衛訓練
成績極爲優秀
最近或將舉行優秀者表彰

關於過去之五月十六日起至同月廿四日之亘濱江省屬下之各市縣旗本年度第一次防衛訓練、由濱江省公署計劃科、視察各地之活躍及情報蒐[illegible]視隊、特別有顯著的向上之成績、而於極好之成果中終了、其中尤以屬車濱縣之監視隊對於敵機襲來通報之正確與迅速、爲最優秀實超乎一般之成[illegible]法、同時以資爲模範計、最近由濱江省公署方面、對此將向中央本部防衛司令官、擬申請將此等優秀者、請求予以表彰、茲將其誌之於左、[illegible]

地區外廓、各縣旗之防衛、應以防空監視與通信作爲第一要義、而省防衛本部、則爲防衛司令部之眼或耳之責任、故對於防空監視隊之訓練、特別重視其成果、而當五月本年度第一次防衛訓練演習、在十九廿兩日間、行綜合訓練之際、並未預告時間、而於本省內上空、飛翔假想之敵機、對此司監視所附近、監視所對敵機之發覺、或消息之通、既屬正確無訛、而尤敏捷迅速、殊可爲精神緊張徹底、與手續之[illegible]

本市砂糖組合
開結成協議會
由各關係者參加在商工會舉行

關於中央經濟部之砂糖輸入統制問題、曩日會由三菱、三井等國內主要業者之代表、作實施方法上種種之懇談、用以明示政府之意圖、由此結果、關於今回之統制、完全任於業者之自治、右業者側、先將國內主要都市、行地方別之組合結成、而後設置組合會新京、以當一年輸入之衡、藉圖地方配給之圓滑、至於地方組合、則行販賣價格之議定、擬當小賣業者之配給量數、與政府之低物價政策協力、關於上述事[illegible]五月廿三日午後三時起、在本市道裡田地街商工公會內、召集三菱、三井、滿洲製糖北滿製糖等、以及砂糖創造業者、並大量批發業者並會合省市關係方面列席之下、開催關於結成哈爾濱砂糖組合之協議會、行種種事務上之協議云、

整理街道利交通

【雙縣】警察署長[illegible]文斗、爲整理交衛道、以便交通、特於日前僱大車、運來大宗砂粒、由車站大馬路至城內各街[illegible]完善以利交通而免[illegible]云、

濱江特刊

第二一二號

盛京時報北滿總支社

社址　哈爾濱道裡地段街一號

電話三三〇三番

惡徒任某居心不良 美艷被騙下水爲娼

本夫歸還探明事實控於法院

女子霍美艷、原籍奉天鐵嶺縣人、現年廿七歲、數年前、即由媒人作伐、嫁與鄭榮五爲妻、過門後、生有子女三人、鄭榮五於二年前在道外南二道街開設大同旅館、收入頗豐、因不美經營斯業、突告閉業、又於去年春間、開設小飯館、亦未過數月、又告歇業、因此霍本夫生活、頓告困難、於不得已之下、美艷即出外充當女招待、博得金錢、用以維持家中生活、於去年秋間、鄭某即赴下江謀事、遺下霍鄭氏在道外十五道街與濱棧內居住、此時棧內住有任子某者、年卅五歲、前曾在奉天新開社作事、伊之心術殊爲不良、見美艷可欺、乃不斷與其子食品、用作引線、進攻不久、二人漸生感情、旋即不約而同、正式同居、詎意任某與其同居不久、即又假造謠言、云鄭某在下江已死去、並要求與美艷正式結婚、但伊又恐美艷之親友從中作梗、乃又假向美艷合謀、使其先入妓院爲娼、稍延時日後、二人假名從妓院中所領出者、即再行結婚、美艷信以爲眞、即允其說、由斯任某即將其押在十六道街三等妓館天寶堂爲娼押賬、爲二百五十元、除去爲美艷作衣服九十元外、所餘完全入任手中、任某由此認爲一生吃著可不成問題矣、不意鄭榮五於前五日來哈、判明有上記事實、不禁大怒、當即以圖利誘拐姦淫等罪名、將任某控於地方法院、依法治罪云、

在外留宿、思必有變故、事又洽巧竇友居方而討賬、始判明其拐款潛逃無踪、該執事人立即赴小公園分所報告、請求緝捕云云、

吉地法院長易人

【吉林】吉林地方法院院長姜金書氏調升新京地方法院院長、遺缺由安東地方法院長代陸毅氏接充、

吉林第三國民高等學校校長張壽昌氏調升民生部教育司督學官、

省公署民生廳將召開 社會敎化團體諮會議

研究進行對策善導民心促社會淨化

關於北滿各地之會社敎化事業團體、由政府機關努力之指導、逐次普及强化、濱江省公署民生廳、特定於六月九日午後一時起、召集全部敎化團體代表及各關係方面、在濱江省公署省長官房會議室內、舉行會議、省側出席者、預定有買民生廳長、淺川事務官、市公署側有社會科長等、民間團體側預定有滿洲國道德總分會、世界紅卍字會濱江省分會、哈會、中央普及佛敎會、及其他重要團體皆代表參加之下、以一、社會敎化事業、二、戒烟事業、三精神運動等項問題爲中心、行全面的社會敎化問題、對策之協議研究、以促進社會進化、圖民生安定、民心善導之實現、而從事實際之積極的活動、故對於會議之成果各方頗爲熱烈的企望云

第四日市聯協議會 於圓滿裡閉幕

各項議案逐一解答

協和會哈爾濱市聯合協議會、最後一日之第四日、仍繼續在道外北十七道街北滿國民優級校開催、除繼續前日議案日之製糖會社及鐵道局關係議案之件、對於銀行金融之對中小商人者、國際融資要望之件外、如假者之件、後更進行銀行關係者、官公吏俸給昔結者待遇改善關係事項等二件、及會社事業議案等、於當日午後全部終了、並行預定議案、審議經過報告、繼續選出省聯合協議會代表、並請中央本部派遣員發表所感、對出席於者各代表、分別授與參加證、後由今夫市長務長代理、述大會中所感及閉會辭、旋於當日午後四時頃終了而散會、此次互四日間之具有極大意義之哈爾濱市聯合協議會、逐於連日之熱意盛大開催中全部完了云、

金姓小孩被車撞死

前日午前十一時頃、在道裡工廠街、三十六號房附近、有通行中之北安街一號院內四戶金某之小兒金青玉、年七歲、於該街渡過權道、不料由經緯街方面突來一市公署、西機大汽車、司機李日升、一時躲避不及、遂將金青玉撞倒、頭部受傷極重、送入市立醫院後、未過一小時、經因傷勢太重、小兒遂即死去云、

春季清潔檢查 成績極爲良好

哈爾濱春季清潔大檢查、自五月初旬起始實施以來、因檢查人員不足之關係、特於預定之期間外、又行延長多日、故於五月末大体已告完竣、僅松花署管內一部、茲將其檢餘成績披露於下、

經緯署檢查二七〇四名、合格者三六四二、再檢查者六二正陽署檢查二七七八戶、合格者二七〇二、再檢查者七六、南崗署檢查一八二九戶、合格者一七八〇、再檢查者四九、顧鄉屯署檢查六五三、合格者六四九、再檢查者四、香坊署檢查一六五戶、合格者一六一

確保松浦鎭一帶居民 設置防水組合

本月五日舉行結成式

省警務廳組織宣傳班
實施鴉片麻藥斷禁工作
分別赴管下各縣實地宣傳

濱江省公署警務廳當局、以麻藥鴉片斷禁爲基調、以期管內之毒劑品之取締毫無遺憾計、使鴉片麻藥密賣及密輸根絕目的之實現、與現地側之作物相呼應、特實施密作斷絕之宣傳工作、決於民生廳社會科及專賣署等、取緊密之聯絡、以左記之日程於管下各縣之巡迴宣傳、俾促左記目的之達成、茲將其預定向各縣派遣之宣傳班出勤日程及目的地、分別誌之於下、

△自五月卅一日至六月七日、赴延壽、珠河兩縣第一班

△自五月卅一日至六月七日、赴木蘭、東興兩縣、第二班、

△自六月五日至六月十日、赴五常縣、第三班、

再檢查者四戶、計共檢查九一二戶、合格者八九三四、再檢查者一百九十五戶、總括其所檢查之成績極爲良好云、

良心遽變
挾欵潛逃

道裏新城七道街滙源局酒社外櫃李觀雲年二十二歲、山東人、爲人老誠儉樸、所以執事人對其甚爲垂青、李某於近日中受執事命令赴道外北四道街賢友居酒社討酒錢國幣二百元不料李某得此鉅欵良心遽變、拐欵潛逃、當當夜中李未返櫃該號人等因感到李某平素向不

爾濱理教會聯合總會、哈爾濱慈善會、宣講堂教會、世界大同佛教會濱江省支部、佛教總

警廳衛生科飭令各署
檢查各飲食店
以期確保市民健康

哈爾濱警察廳衛生科鑑於時值夏季天氣逐日炎熱、在此期中一般多欲飲食凉物藉此納凉、如稍不加注意即易發生各項病災、所以該科爲徹底掃除此項病魔計現已通知管下各警察署外於各管內飲食店及魚肉商等所出售之各種食料品加以嚴重檢查、嚴禁出售不良食品而各署奉到此命令後、現正開始對於管內各飲食店魚肉商等輪流徹底檢查期確保市民健康

哈爾濱市公署區政股工務處河港科、與松浦區聯絡之下、爲防止松花江北夏季水患、以期確保松浦鎮一帶民衆生命財產計、於數月前曾由市公署區政股及關係方面協議結果、決定於江北設置防水組合、對於松花江堤除由市公務處積極建築江堤外、一方由市署協力防水組合補修、以期達成江北民衆之安全、因此經江北民衆躍起籌備結果、決定於六月五日午前十時在江北馬家船口、舉行防水組合結成式典、因此市區政股於昨一日分別通知各關係機關邀請屆時出席參加云、

○　○　○

山東魁元閣包子舖
平民飯舖生意極佳
包子・小麪・油粉・是他們主要食品

記者路過

擁有五十餘萬市民、素有北滿小巴黎稱的哈爾濱市飯莊之多眞是不可以數計、稍大一點而且出名的如道外十六道街拐角的新世界、六道街的厚德福、北頭道街的泰華樓、以及道裡新城大街的新華樓、石頭道街的安賓樓十三道街的福泰樓、和一切記者在想像所憶不起來的許許多多的飯店、南方菜館有九三道街路北的廣珍園菜館等等、南菜館因爲記者沒有吃過幾次、對於它的好的價值、及惡劣的評判、記者不敢公然下斷語、在一般稍具有聲譽的大型飯館、當然早已竟有定評了、我們在這裡也不便多浪費筆墨、現在我們只把山東黃縣的魁元閣略微談一談、魁元閣是山東黃縣老鄉們獨創的、大型也能包辦酒席、小型的也滿可以宴會賓客或者三五知己遂便小酌、都是未嘗不可以的魁元閣在本市一般山東人的腦海中 進一步說、眞是婦孺皆知的、尤其是魁元閣發源地的山東黃縣哥兒們、退回去在康德元年及二三年之間突魁元閣在本市並沒有像現在這樣的充斥、自從康德三年以後、魁元閣在本市漸漸的增多了、到了現在、在差不離每一條街上都有魁元閣包子舖的區額字樣、這裡所賣的、大宗是包子和小麪包子的餡、是遂着季節而更換、肉是豬肉切成骰子塊、每個售價二分、個既大、而且又適合山東哥兒們的口胃小麪每碗售價五分、滷是大滷的、因爲麪粉價昂的關係每碗小麪雖然是沒有漲價、可是碗中的麪、的確比不上以前那樣大而實惠了、假如一個人走到上誌的小舖中、吃上五個包子、來上一個小麪、就可以解決肚子裡餓的問題、即便是飯量較比大一點的人、也滿不過化上兩毛五或者三毛四角的、至於他們售的稀粥、尤其令人沒明其所以然、稀粥裡邊帶菜而且有肉加鹹味、據說這名叫「油粉」、也就是山東人每逢過舊曆年所吃的隔年飯、因爲生意人揣門在金錢上設想、所以一般老板們便把油粉兩字搬到了這諸大的哈市來、也和黃縣包子並駕齊驅呈現到一般顧客們的面前、據最近調查所得、每家的賣項、平均每日約在一百餘元或二百元上下、這樣的一個小飯舖、居然每天竟有如斯之好賣項、這不能不讓人驚訝、不怪一般老板們爭相效顰、大開山東黃縣魁元閣包子舖！此外還有幾家魚目混珠影射的包子舖、在匾上寫上「奎元閣」的字樣、這不能不說是老板們的五花八門玲瓏心所揣測得到了魁元閣最近據說爲一般吃素的道學先生謀口福、又發明一種「素香腸」、這香腸是完全用豆腐皮所做成的、在觀瞻上雖然較比香腸稍粗一點、可是若去品它的味道、的確是和香腸的味道一點不差、記者以前同友人曾實地到過道外桃花巷魁元閣去吃過這所謂的「素香腸」、所以才知道文與名實相符、眞不愧爲「素香腸」、據他們的老板對記者談、發明這素香腸的首先是在道裡中國八道街路北的魁元閣、以後才漸漸的普遍到全市的各魁元閣、他們除了上述的几種主要食品以外、如煎炒烹等等都很完備、而且價錢也都很便宜、眞可謂 現代最經濟的小飯舖、尤其給一般跑腿子的山東哥兒們一極大的便利云、

濱江特刊

第二一三號

盛京時報北滿總支社
社址 哈爾濱道裡 地段街一號
電話三之三〇三番

住宅難當前問題

要望當局對建築材料

實施統制定標準價格

本市自入春以來、人口激增、一般市民住宅、咸感恐慌、故住宅困難問題、一時難以解決、其間有藉口修理房屋而驅逐住戶者有之、更有暗行提高房租者、雖經當局一再抑制、仍無効果、而陽奉陰違者亦大有人在、以致惹起市民極大之不安、茲者市警兩當局於前會對住宅難問題、曾加數度之研討、結果業已通過、由各法團會社等、自築住宅、而緩和市民之住宅、不料近日以來、因建築資料之不足、及價格之昂貴、在市側之住宅建築計劃上、頗有重大支障、同時對一般市民之希望住宅難解問題、更投一暗影、在此情形下、一般民衆、均要望當局、對建築材料有所統制、勿使惡性商人、提高價格、加以斷乎處分、以斯各生產部門、健全發展、對建築材料、制定標準價格、頗爲一般之所要望云云、

契約已滿不得自由

龜奴昧良虐待妓女

＝數度趁機姦污皆遭拒絕＝

道外七道街義村里門牌十四號、搭住妓女玉桂花者、年十

出自己之淫威下、於斯乃趁機意欲將桂花姦污、數度皆被拒

幾即行死於醫院中、詳情業誌前報、已於前七日午後一時餘、由市立醫院抬出送往義地掩埋矣、當由交通會社門前經過之時、該會社爲表示喪悼之意、除由市川支配人及高社長親身致祭外、其餘舉凡該會社之一般下班之司機及男女車掌等、約數十人、均執香親身認之送殯、儀式極爲隆重、即將來該會社並發給死者家族優厚之養恤金云、

賊運不佳竊米被捕

【哈爾濱】南崗警察署管界馬家溝國課街、門牌一百二十四號、住戶日人中川白米商店、於六月九日午前五時半許、正在酣睡之際、忽有二名滿人竊賊乘該商店櫃夥等睡鄉中、破門入室、盜出草包大米八包、該竊賊將米搬運至三街二十一號門牌附近、適有收費破爛商人梁正山、年二十五歲、宋正春年二十歲二人担筐來、發見二人運米鬼鬼祟祟、行色恰惶、情知非爲善類、該二破爛商人即赴義洲街分所報告、該警所警士武慶祥聞訊急經現場將二竊賊逮捕、帶至分所、經嚴重審訊供出行竊不諱、一名李景蘭年二十七歲、一名徐榮庭、現無職業、分所備文將二賊送署懲辦云云、

管烟所弊竇叢生

高價私賣走份大發厥財

哈爾濱警察廳與市公署兩衛生當局、爲伴同政府鴉片斷禁政策、爲期鴉片斷禁遂行之澈底起見、除對一般癮者實施吸食証之限制外、對於不正吸食者及私煙舘密賣等積極努力取締、成績良好、而一般未登錄癮者因不敢公然出入各管煙所、故欲吸煙極感困難、所以一般管煙所所長及看燈長等趁無吸食証癮者吸煙及購買煙份困難機會、大肆伸張魔手、將每日由發賣場領出一百份之走份煙、竟居奇、斷壟將所領出一百走份煙、僅公然賣出川四十份走份、以遮衆人眼目、將殘餘之五六十份走份除每份五六角之高價賣給無吸食証癮者外、並高價賣給煙販、從中漁利、茲聞道外大×號即某號管煙所所長馮×年三十許、關裡人將每日所由市公署領出一百份之走份煙、僅公然賣出三四十份外、其餘完全高價賣出、以致在該管煙所之吸客無不煩言嘖嘖、而各管煙所無不弊竇叢生、希當局加以取締、以免害鴉片之斷禁云云、

學校運動大會預聞

【洮南】本縣之各級學校以春季運動會臨邇故均積極籌備一切、以期屆時措置裕如、又訊聞施行日約在月之十二云

醴泉副縣長轉勤

【洮南】醴泉縣副縣長五十住貞一氏、因奉令調轉某處要職、是以於月之八日、乘該縣署自働車來洮轉赴就任之途、該縣職員來洮南歡送者多人、

三匪攔路行搶

損失二百餘元

陳克芳年二十一歲於七日下午十一時許由道外江沿向正陽街行、待抵北頭道街附近電燈稀少黑暗處、突然遇有手持棍棒怪匪三名、攔阻去路、三匪將陳某包圍以棍棒威嚇、「禁止聲張」陳某見勢不佳、寡不抵衆、亦未敢與匪抵抗結果三匪由陳某腰中搜出國幣二百餘元、搶畢三匪持欵向東潛逃、被害陳某當即赴正陽署報告該署立即張佈警網嚴重搜查中云

九歲、原籍阿什河人、自康德四年七月由阿什河隨其公婆來哈謀生、因其公婆有深甚之阿芙蓉癖、強逼桂花充當神女、藉博得金錢、以備其老夫婦二人作阿芙蓉吸食之資、桂花不允、老夫婦於計議之下、乃將桂花以四百五十元之押欵、押於上誌地點、在元緒公孔昭海（三七）保務人、淫幟下充當妓女、實行下水作接張迎李之皮肉生涯、當時訂立合同時、曾簽明以二年爲期、契滿任桂花自己去留、孔某不得稍加干涉、不料迄今二年合同已滿、桂花因不欲再作此接張迎李之皮肉生涯、乃向孔某提出聲明、意欲脫離此人間活地獄、不料孔某良心大變、同時以桂花看作搖錢樹、焉能任其脫離花拒絕、孔某不得已、乃佯稱桂花之合同係六年滿期、亦不到合同所訂之年限一半、桂花因係一鄉下女子、一字不識、尤爲無力與之爭扎、以斯每日叫苦連天、孔某近來且更進一步之虐待桂花、在此妓女契約改正之今日、孔某如此之行爲殊有違反當局之明令、至其將來演至如何地步、殊難逆料云、

慘死之王明孝 前七日已掩埋

於本月四日午前八時五十分脫軌顚覆之九十三號電車、而致慘死之交通會社夫役王明孝、當時即舁入市立醫院救療、未終因傷勢過重、無法挽救、未

時評

由電車顚覆談到各男女從業員

一木子

自前本月四日（星期日）電車脫軌顚覆事件發生後、一般市民對今後乘車之安全上、率多怵目驚心咋舌不置也、溯大哈爾濱市自我國建國前之民國十六年十月十日正式通行電車以來、脫軌顚覆連同此次之不幸事件共爲二次、此換第一次脫軌顚覆原因尚可藉口以辯其特、以其係在初創、軌道之鞏固與否、自屬難定、且司機之技術及技師對電車之裝置上、亦恐多有欠缺之處、此固不足道也、然以現在已有十三年顯著成績之本市電車運轉歷史之交通當局若在電車再度脫軌顚覆之不幸事件發生、寧屬令人聞之如「談虎變色」對今後乘車之安全上、益感憂慮矣、

在此次電車脫軌顚覆之當時、受不致命傷者亦有七八人之多、遭破腦之災之乘客群、當不計其數、而最可慘死而不能瞑目者、厥爲此次脫軌顚覆不幸事件而喪生之該社夫役矣夫交通當局既圖收入之增加、然對於市民之安全上亦須謀一萬善之策、決不能祗圖收入之增加、而不顧及市民之生命、將機械不完整多年不經使用之電車、遂而行駛於市內、此不異[illegible]猛虎於市內、而任其吞噬市民也、夫車之機械雖有超特之技術、而不得用、只可任車體之任奔、豈不殆哉——無怪市民多喪生於電車轂下也、諺曰家累千金、坐不垂堂、而賢交通會社當局明了、令竟以機械不適於用之破電車而駛於市內、對謀市民之安全與否、可以不言而喻矣、

夫在一月餘之短暫期間內、竟發生四次之交通慘禍、如道外五道街及最近廿餘日間之道外頭道街兩起電車撞人致死事件、雖事後均無哭主、然交通當局對此亦應有所戒心、決不可如此漠視市民之生命、至於四月十八關會當時之老嫗被擠致死事件、雖屬共擔車禍、假如車掌嚴守車門、豈有此慘劇發生歟？殆不怪市民煩言嘖嘖而怨聲載道也、雖往者不可諫、然來者又可追、甚希交通當局今後對於電車之機械是否適用及修理上、加以慎重之攷察、藉免其再發生此駭人所聞脫軌顚覆及吞噬市民之慘禍也、

溯自客歲本市電車乘車實施全線五分制以來、電車每日之收入驟增、而對於市民之經濟上、亦予以莫大之利益、詎如車輛無數太少、每日在中心乘換區之南崗車站前、候車乘客群、熙熙攘攘、爭先恐後、搶車如登龍門、否則有被遺下之虞、此實爲美中不足也、然青年男女、身强力壯、對於爭上搶下、固不發生困難、而所苦者、厥爲一般年事稍長者、以故交通當局有鑑及斯、乃於全線五分制實施不久之後、即派車務監督數人、每日輪流在車站指導一般乘客、藉進秩序、法至善也、而交通當局之煞費苦心亦可想見一斑矣、孤意事有出於人之料外者、竟時有電車案內與乘客發生爭執之事聞秀者固不乏其人而惡德之輩的確亦有一二〇須知人以類聚、對此擁有五十餘萬衆之偌大哈爾濱市、一般市民知識欠者、固屬難免、冠冕堂皇知識高尚之案內、何竟與一般知識缺欠者之市民爭執、放棄自己之指導地位、違反當局之本旨、殊令人千思莫解、胡爲乎其將伊於胡底？

至其時常發生之交通慘禍、揆其原因、實千頭萬緒、固非一言而可以徹之也、在交通會社當局、雖然一再諄諄誨各從業員、無如教者純教、而聽者只聽、言與行作相反、不以當局之苦心婆心爲意者、實不乏其人現在我們把一切且不論、只以過去之司機與女車掌在車行進中接吻一事而論、相信對屢次發生之交通慘禍不剖而自白矣、還並不是敝讀者虛構事實、居心攻訐也、想彼等與讀者既遠日無怨、而近日又無仇、與當局無利與本題者亦無多大益處、不過爲將來乘車安全上、不得不略加檢討也、

人非草木孰能無情、夫司機與車掌在事務上、雙方有極密切之關係、致斯之故、一般司機與女車掌發生昧情事者、實大有人在、因而在車箱內談情說愛之事、亦時常暴露醜態於乘客之面前進一步且雙方時有勸打脚之打情駡俏行爲、開車在行進之中、彼等如斯之胡鬧、其不發生交通慘禍者、實恐難矣、一方關於男女車掌亦時有與乘客發生蠻橫無理之爭執、出口不遜者、更不可以數計、揆諸以上種種、揣情忖理、恐蹤如觀火矣、甚希今後賢明之交通會社當局注意及之對於乘客、對於司機及男女車掌、以及破舊之電車、均須加

大汽車機械發生障碍 請更換不准硬逼駕駛

司機被打昏迷不省人事送院治療

私立公堂竟敢拒絕警官調查

哈爾濱交通株式會社、汽車股一一三號司機楊玉珠於前八日駕駛一〇四號大汽車在第四線勤務中、忽於午後三時半、該一〇四號車之機械忽然發生障碍、行進中制止不住、楊某深恐發生交通慘禍、尤其在最近之數日中之交通慘禍層出不窮、頗引以爲戒心、乃當即馳駛回請求該會社汽車股爲之更換車輛、斯時中島田代二車庫監督則堅不允其所請、同時並命楊某仍駕駛一〇四號運轉、楊某以爲車既發生障碍、豈能可再駕駛運轉、當即婉言又加請求該中島田代二人見楊某意态頗堅、心中頗爲不滿、當以冠冕堂皇之車庫監督身份担起、强硬命令楊某駕駛、楊某見所請不允、乃稍加辯駁、謂如不更換車輛、則可以自願退職、免發生事、而惹自身受懲、致惹二督之怒、當即將楊某按倒於車庫門外、大加拳脚、楊某以人單勢孤、反抗無力、只得任其暴打而已、不意該二人、得意進尺、以爲楊某自認不是、愈昏來愈甚、致將楊某打得當時倒在地、不省人事、該二人見已惹禍、當即將楊某抬至汽車股事務室樓上、斯時被八九號司機高某瞥見、以人命關天當即馳至公園派出所報告、分所於據報後、即派警官一名、至該會社汽車股彈壓、比及至門前時、該二人竟飽警官以閉門羹、警官於不得已之下始返回分所、亦未得其要領、該二人見警官已返分所、當即以小汽車將已被打昏過去之楊某送往市立醫院救治、至其性命有無危險、殊難逆料、一般對此事件皆爲不滿、機械既發生障碍只應更換、藉免發生意外不幸其不但不爲之更換車輛、反而將司機暴打得活去死來、拒絕警官現場調查、漠視法律、如此蠻行爲殊不知其胡爲伊於胡底云、

濱江特刊
第二一四號
盛京時報北滿總支社
社址　哈爾濱道裡地段街一號
電話三三〇三番

市支給移轉費三十萬
限八月末遷竣
木商代表與市方要請之結果

本市道外八區木材業者之木材置廠、於都市之計劃上有莫大之障碍、故市當局於去年度即命令該木材業者、遷移於新安埠、嗣因問題複雜、一時難解決、由市當局與各木材業者經過數個月長時期折衝結果、最近已見具体化、由八區木材工場同茂東執事孫辟侯氏及福義和執事蓋福致、二人各代表以下四十三家、共計三百數十名、認爲市公署自去年十二月廿一日起、至本年四月一日止、在此期內、命令向新安埠指定地區移轉、實有措手不及之處良多、當乃委託而包街八十五號辯護士內海原一郎氏、向市方呼籲、前將其請求緩期理由誌之於下、

一、期間短少、新移轉地區之工事頗爲困難、請求再延期一年、至康德七年七月四日爲限

地曠人稀對治安上亦恐有問題

三、木材業者均係開業多年、如一旦搬走、對於顧客均有不利、並要求遷移後、免稅二年、或三年、

以上提出各要求、經該辯護士奔走之結果、將由市署方面支出移轉費三十萬元、於本年八月末日、即可遷移完了云、

哈鐵體育會
學行講習會

哈爾濱鐵道局体育會、爲謀一般會員体格健康起見、以今次松花江畔之水上俱樂部移讓於哈鐵管下爲契機、對於水上体育決加積極擴充整備、特定於本月二十日起至八月末日之期間內、在水上俱樂部水上体育講師講習會之指導下、開催水上体聯講習科目、主要爲快速划船與水泳等項、凡會員中希望參加者、可即向哈爾濱鐵道局人事課福址係報名、同時須交納水上体育帽子代金五角云云、

阿芙蓉秘運者
本年完全絕跡

例年於開江之後、一般不逞份子、利用江船秘運鴉片、當局有鑑及此、乃自本年度開江以來、由水上警護隊及禁烟股兩當局聯絡之下、大張搜査網、經過一個月之後、並無一次違犯者、在去年同時期內、檢擧違犯者、共爲廿九件、沒收鴉片一千百五十三兩、至本年度減少原因、實不外同江及富錦一帶鴉片耕作禁止云、

北滿小麥本年收獲預想
將來必較前年爲優
濱江及龍江兩省約增五萬七千八百陌

茲據本市日滿製粉株式會社之可靠的調査、關於本年度北滿小麥收穫之預想、將來定必較前年爲優就中以濱江與黑龍江兩省、與去年度較比、則黑龍江約增加三萬零八百陌之模樣、而濱江省約增加兩萬七千

廣大之埠頭構內
殆被滯貨占領
埠頭當局將下斷乎處置

【大連】廣大之埠頭構內因濶大貨物之穩置不動、以致三十五於濶大貨物置場中二十五

近決有以斷乎處置、由月之十六日起、此項濶大貨物、即將陸續移向移井子方面、此即滯貨取締規則之初發動云、

改善滿人子弟教育、
州內堂長開會識

【大連】伴同滿洲國之躍進發展對州內滿人子弟教育、應有以改善與刷新之州內堂長會已於十二日午前九時、擧開於周水公學堂、當日出席者、有州廳國島視學、長田大連市學務課長、青柳同視學、佐佐木金州布川貔子窩各民政署視學、村井旅順高等公學校長、及其餘各公學堂長、由是日午前九時起、直至午后六時、方始散會、對左記各項、均有詳細討論、並意見之交換、

一、關於職員會組織之件
一、關於同人事件
一、關於長期休業之件
一、關東州公學堂歌及歌曲作成依賴之件（以上午前）
一、關於時局教育資材及其辦理之件
一、滿人兒童應自覺爲東亞新秩序建設之一員之具體的方案
一、關於學級並學校增設之件
一、關於高等科修業年限延長之件（以上午后）

二、新移轉地、地盤軟弱、如設置工廠、頗多費用、與松花江連絡上更爲不便至其鐵道費用較以上尤高出數倍、附近陌、如果將來天雨順調時、預想較去年約增加之譜、八月上旬新麥即可登市、麥粉問題、屆時或可暫時的緩和云、

督勵房產會社建築市民住宅

將來各地住民困難必能解決

我國政府當局、以最近來滿者益多、各地房舍多不敷市民之租用、殊爲憾事、故特對各地房產會社、積極督勵其再建房舍、加緊工作、決依本年度既定方針、在各地再建一萬一戶、約能收萬容四四千人、大體於十月頃、各地住宅難問題、必能解決、頗爲一般市民之熱烈期待云、

卍 卍 卍

個竟至使用不能之狀態、對此焦急萬狀之埠頭事務所當局會個昨年十一月四日、爲一掃當時之滯貨、乃制定取締規則、分別通知關係各方面、查該條文之勤發、原以本月十六日爲期然而時至今日、放置一個月以上之彌大貨物、重在一噸以上者千九百九十三件、總重量、竟爾達至五千六百九十五噸之尨大、其中最多者、殆無過於機械類、至於遲滯理由、

一、貨主不明、二、到達後輸入許可願提出者、三、書類不備者

但因此等滯貨、以致構內作業不能、殊屬非是、埠頭當局

地方警察學校舉新生入學式

濱江省警務廳、爲謀警察官素質之向上、及强化警務工作計、今次所招取之第二次並通科生徒、於前十六日、於各關係方面會首要列席之下、在地方警察學校舉行隆重的入學式典玆將當時舉行順序列下

一、着席
二、來賓入席
三、一同敬禮
四、向國旗行最敬禮
五、開會之辭、
六、東方遙拜
七、詔書奉讀
八、訓示
九、來賓祝詞
十、宣誓
十一、閉會之辭
十二、一同敬禮
十三、向國旗行最敬禮
十四、來賓退席
十五、退場

（閉會）

管煙所變成野妓窩設賭抽頭劣跡重重

煩言嘖嘖希當局取締焉

哈爾濱市警務衛生當局依據政府鴉片麻藥斷禁政策、對於市內私煙館密賣及不正吸食等弊、以迅雷不及掩耳手段努力取締、以致私烟館及密賣等漸趨滅跡之途矣、經過成績極爲良好、該市警務衛生當局爲謀鴉片斷禁更進一步之取締徹底、並青年鴉片癮者肅清起見、日前對於出入各管煙所之青年癮者逮捕不下四五百名、均送入市立戒烟所實施戒除、該當局對於鴉片斷禁之苦心由此可見一斑、不料取締以後雖青年癮者不敢公然出入各管煙所、然確給各管煙所造下舞弊機會、自日前當局實施逮捕青年癮者之後、而各管烟所弊竇叢生、惟道外豐潤六道街之四十三號管煙所、較其他管烟所惡跡、更爲劇烈、凡往該號吸煙之男煙客、無不被看燈長鍾某之脅索、野妓惟女煙客幾乎被其奸遍、稍而徵抗、即行辱罵或誣賴、扒煙灰等藉詞侮辱、究其勒索之原因、看燈長鍾某原係某客棧客拉子、素性嗜嫖賭如命、由本年正月開始賭博以來、屢賭屢敗、不下六七百元債台高築債主盈門、而鍾某受債出之逼迫除將其姘度伴老徐娘某太太『姑隱其命』手飾典當還債外尙欠四五百元、於二月前在該管煙所內召集賭徒賭耍三夜抽頭約四百餘元、始將債台肅清、不料自此至後又行結識野妓數名『即該煙所野妓煙客』終日食抽數元、不久債復見增長、無奈即行舞弊添補淫債、所以與把煙份之陶某『共八兄弟』狼狽爲奸、與道外富錦二道街門牌四十三號鞠老媼之私煙舘並該管煙所同院更夫賈義亭之私煙舘合謀之下、將官煙及份紙剝下供給私煙舘開燈供落、每份煙七八角之高價得利均分、而各私煙舘之煙灰仍返給管煙所以便向市署返還、一方與煙販魏長榮聯絡將吸份紙剝下向安達縣方面販賣、每份煙一元八角不等、將吸份煙高價賣出、缺乏煙灰、恐市署究問、故託上述之鞠老媼代購買煙灰五兩並徐三處煙灰一兩、以備添補、而徐某因時常與該管煙所代購煙灰、以致交往趨入濃厚、不料徐某前在該管煙所賒二拾個吸份煙、於六日下午二時許向徐某索要前欠之煙份錢、每份煙核價五角、致觸徐怒發生口角、徐即欲赴市署報告、有好事者從中調解、尙未演出意外、不料禍不單行、一波將平一波又起、道外七道街妓女小紅年十九歲、常至該管煙所吸煙、鍾某相見之後、即欲染指、垂涎如滴、結果終拘搭成奸、小紅因在妓舘自由、無人限制、故近日以來、不時在該管煙所住宿、與看燈長鍾某一對狗男女夜深淫聲達於戶外、一般看燈因夜不得安眠、均敢怒而不敢言、不料事機不密竟被鍾之姘度上述某太太發覺、醋火中燒、勢不可遏意欲與小紅拚命、小紅因畏其兇潑時加躲避、現在二母老虎一欲進攻一個退却、致始終未能演出鬭劇、但某太太依然氣憤兇兇、尙未少消矣云云、

濱江特刊
第二一五號
盛京時報北滿總支社
社址 哈爾濱道裡地段街一號
電話三三〇三番

省聯協議會大體就緒

星野長官屆期參加

已分別函知各縣本部長參加

協和會濱江省本部、鑑於七月三日起至七日止於道外北新國民優級學校所舉行之本年度第一次之濱江省聯合協議會爲期切迫、連日來對於各會提出議案積極整理、結果、大體就緒、屆時除全省及哈爾濱市各關係機關代表一致出席參加外現已分別函知各縣本部長役員等、希望來省參加、俾收宣德達情之實效、中央星野總務長官以及各部關係要人、亦預定聯袂蒞哈參加並藉機視察地方行政云云、

各大商店均聯名請求

恢復正陽街各車交通

營業上有莫大關聯如何尚難逆料

素稱滿人稠密商業最繁華街之道外正陽大街、遊人如過江之鯽、哈爾濱警察廳保安科爲防止發生交通事故、自六月一日實施人力車、馬車、斗車、通行禁止制度、自實施以來、迄今二十餘日、一般市民出入頗感不便、各大商店亦受有相影響、所以各大商家叫苦不迭現在占於正陽大街中心地大商店之同記商場及協天西藥商行益發合東和利、東和利等各大百貨店、聯名向當管警察當局提出陳情書、請求依然恢復人力車、馬車、斗車的照常交通至于警察當局、對此項聯名陳情、將來如何處置、不得而知矣、各商店對於請求之理由、大體從來滿人中流以上女仕、在道外每逢外出時、多數乘用人力車或馬車、對於購買物品亦極稱方便自由六月一日實施斗車馬車人力車在正陽大街禁止通行以來、則正陽大街上行人頗感不便、因此影響商工業之發展、詳查近日來各大商店所受到的影響平均每家每日少賣一千餘元故希當局再加考慮以促維持商業及市街繁華云、

市警兩衛生當局

利用放暑假期中 學行各種講習會

哈爾濱市公署教育科當局、鑑於管下各學校於來月一日放暑假期日切迫、於暑假期中爲鍛鍊各教職員身心起見、決定分別開催各種講習會、

一、由七月二日起至九日止亘一週間召集日系教師三十名於滿蒙開拓青少義勇隊哈爾濱訓練所開催短期講習會、使各教師與該隊員共同寢食、俾體驗事業、

二、由七月十一日起至廿日止、召集滿系男女教師九十四名於南崗優級國民學校開催商業講習會、

三、於七月廿二日起至廿八日之期間內在第二國民高等學校召集滿系教師七十名開催團體訓練講習會並實施合宿、藉以體驗、日夜規律及團體生活並再認識建國精神與現下國際情勢、

四、於七月廿一日至廿五日在南崗國民優級學校開催日語教授法講習會、參加者爲滿系教師廿名、藉以互相究研教授法之改善策等、

五、使全體教職員三百名總動員在八區運動場宣德體育館開催體操講習會、研究基本體操並各種競技與學校體操之全面的並及發展方策云云、

垃圾箱中發現人手 警察當局現搜查中 斷定爲女子左手無疑

正陽警察署管界道外大保定街門牌十四號院外、置有塵土箱一個、以備收集穢物、不料於二十三日下午七時許有附近住戶劉姓之子劉福永年僅九歲在穢物箱中尋覓什物、將塵土殆始已翻遍、忽然翻出一鐵質小匣、疑內必有貴重物品及錢款等、歡喜如狂、急揭蓋查視內裡並無所藏之際、竟發現「人手」一隻血跡糢糊劉兒見是人手吓得心驚胆寒幾乎昏倒、遂將所拾之鉄匣置地放聲大哭旋即歸家告知家長、因內中離奇、立報告大保定街警察官吏派出所、警官聞訊急遽現場搜查結果、判明此手係於一週間前所砍掉者、更斷定其必爲女子之左手無疑、同時責任者之正陽警察署司法係立即緊張、現特編成搜查班、嚴佈警網、從事搜索其眞像中、務將該離奇案破獲以期兇犯早日落網俾給地方之安寧云、

實施檢痰工作 確保市民健康杜絕傳染

當此初夏天氣酷熱、以致各種流行災疫最易發生、哈爾濱警察廳與市公署兩衛生科有鑑及此、爲防患於未然計、以期確保市民身體之健康、於本月二十二日起、亘兩週間在道外市立戒煙所、對於市內旅館飯館澡塘以及理髮業妓女等接客從業者、實施檢痰、以期捕滅流行病之傳染、前已分別通知一般接客業者、屆時派全體從業員前往受檢云云

黑山視察團來義

【義縣】月之二十八日、黑山縣教育視察團一行二十餘人、到義後、先到縣公署、轉到省立男女各中學、及縣街立各小學校、當日晚車他往云、

日語學試驗

【義縣】縣當局、爲日語強化計、乃於六月廿五日、在公會堂、舉行日語試驗、應試者、計達一百八十名之多、足見對於日語之熱烈猛進云、

交通會社現正準備 向各線配佈監督 澈底剷除司機車掌之不良者

負有國際都市五十萬市民交通事業重大使命之哈爾濱市交通會社、因電汽車輛不足、配佈運轉極不圓滑、以致各停留場候車乘客異常擁擠、年青力壯尚可爭先上車、然而老幼者雖候多時仍不得上車、所以一般乘客頗感不便故對交通會社當局、怨聲載道、不絕入耳、交通會社當局有鑑及此、爲使一般乘客滿足起見、除於本年度內預定購買大汽車九十輛、向各路線分配緩和乘客擁擠外對於乘客態度不遜的司機車掌之不良份子、決澈底剷除、以期使乘客滿足、因此、現正準備向各路[illegible]備監督、指導一般乘務員對於乘客親切

青年男子順水逐流 被人發見打撈上岸 姓名不詳搜出女像片一張

道外十八道街松花江站於二十三日下午二時許、忽然發現漂流青年男屍一具、經通行人發見後、當即報告水上救護隊、經隊員駕汽艇前往打撈上岸、檢驗結果、判明係墜江溺斃、年約三十許姓名不詳、上身着白布汗衫、下穿黃褲子、足登黑皮鞋、推測死後經過兩晝夜、由該屍體腰中搜出滿人青年女子像片一枚、姿容美麗據此青年女子像片觀察、因受失戀刺激、投江自殺亦未可知、然現無[illegible]主認屍、當局正在調查中云云、

濱江特刊
第三一六號
盛京時報北滿總支社
社址 哈爾濱道裡地段街一號
電話三三〇三三番

本年度第一次省聯會 提出關於幼兒愛護運動

協和會濱江省聯合協議會、本年度第一次會議經連日以來籌備結果、業已就緒、決定於七月三日起在道外十七道街北新小學校內隆重舉行、中央銀行哈爾濱分銀協和會分會鑑行國運之興衰在於國民精神振興與否有最大關係、所以乘此次濱江省聯合協議會時、向省聯提出關於幼兒愛護運動之議案如下、

一、所具理由 查幼小兒童實有負國家將來發展之使命、因此愛護兒童一事、不僅爲父兄義務、亦實爲國家應有之奉公也然一般商民往往不明愛護兒童之道者、對於家庭教育、漠不關心、一任其放蕩、甚至有加虐待者、種種子實、殊難漠視爲此提出本案、希對兒童愛護運動有以提倡焉、

二、擬定辦法 協和會應與各種敎化團体協力、喚起幼兒愛護運動云云、

正陽署檢擧高抬物價商 違犯暴利取締令十二家

決定嚴重依法懲辦肅清奸商份子

哈爾濱警察廳正陽警察署門脇特務主任、爲安定非常時市民生活起見、對於管下各商家物價極加注目、以期防止奸商高抬物價及居奇壟斷事件之發生、所以張布警網實施調査結果、最近探出管內一部奸商利徒漠視暴利取締法令、公然高抬物價、脅威市民生活、故召集署員發出全部檢擧命令、經一度詳細調査、乃判明道外北十二道街天順毛巾工外外十二家違犯四百二十圓之棉係『即棉線』公定價格、由五百七十元售致八百圓之高價、獲有一千餘圓之厚利、南十二道街福月二十五日以來政府當局所頒布之原棉絲統制法令、迄至現在約歷三個月期間裡祇與順隆一家獲得暴利十二萬八千七百餘元、正陽署對此違犯法令暴利奸商不顧國家多事之秋及民衆生活公然擾亂經濟決定依法嚴重懲辦、現正努力調査暴利份子以期安定民衆生活云云、

鳥羽洋行店員 盜出金屬數千圓

【大連】市老虎灘、一一〇番地前在市內、近江町鳥羽洋行充店員、張金、年一九歲素性不良、自前年秋季起、尋花問柳、同其糊朋狗友、遊興於烟花巷、其友中、有大連市光風台、一三二番地、德聚東號店員、前科三犯、黃仁漢、年二十七歲、亦一酒色徒、兩相結託、由該店倉庫中、盜出鐵條、並其他等物、一百五十本（時價約一萬三千圓）外有錫塊機械部分品等、盜出後、由黃仁漢、手中變賣、前被小崗署、調査中、於二十六日、午後五時許被大連署刑事檢擧云

財務分所一律廢止

【公主嶺】懷德縣財務科鑒於管內各村財務皆以確立、對於以往之財務分所 應即廢止、以節虛糜而利公務、當於日昨由縣長財務科長理財股長等、分往范家屯懷德城楊城子各財務分所監視接交並擧行廢廳式之典禮云、

十三家牛肉商 暗中高抬物價

滿映季燕芬來哈 一日在江岸拍外景

屆時一般影迷均可前往參觀

已被警察廳偵知逮捕

當此非常時局之下、各種物價日漸暴騰、一般奸商企圖漁利不顧民衆生活、居奇壟斷及提高物價之惡辣行爲不時發生、哈爾濱警察廳保安科有鑑及此、爲安定非常時期民衆生活、除與關係方面協力標準物價外並極力平抑各種物價、一方實施暴利之取締、一時物價頗告平穩、不料近來一般奸商乘物資缺乏、又行暗伸魔手提高物價之發生者、於端午節前會有數家面粉商不約而同將面粉高價私向外縣運出、後經警察當局偵知將奸商執事一度逮捕拘押懲辦、因此警察當局爲防範奸商再度暗行活躍、連日以來、派遣密探四出私行調查物價、故以昨二十八日又發道裡南市場牛肉商同盛和、玉發永、大聚盛、恒順東、義發盛、新成號、双聚德、利盛和、源盛福、東興恒、東聚成、義成和等十三家牛肉商、乘牛肉缺乏爲口號密議結果、漠視標準價格、私行提高牛肉價格出售、事機不密被警察廳保安科查出、當將上述十三家牛肉商執事人一併逮捕、按照暴利嚴重取締云云、

順工廠外十四家、由八百元售至一千零五十元之高價、獲有七千七百餘元之厚利、此外桃花巷藉名之大棉布人絹批發商順興隆外十一家、竟敢漠視三

滿洲映畫協會水江監督並宣傳課中島氏於昨三十日下午七時許搭乘京濱線列車偕同女演員季燕芬等以下五名來哈定於七月一日在江岸拍攝『烟鬼』影片外景、屆時本市一般影迷、均可乘機至江干一觀季小姐之廬山眞面也、季小姐實爲哈市增光不少、以故我哈市民無不翹首稱贊李小姐不置云、

邀請二李伶演義務戲
籌欵用作建築興亞塾
現正從事磋商一般頗爲注目

協和會青年訓練所、因在該所所造就之卒業生、均係市內各商號內中之堅份子、對於此項卒業生、爲謀時常聯絡圓滑起見、特擧定組織同窗會、但因未有相當地址、並市內各商號感到當局不惜鉅資訓練有爲青年、對於地方利益尤深、所以近來特擬李萬春與李少春二名伶在哈分別演唱之機會、有邀其演唱義務戲之動機、關於所收入之欵項以便作爲修築興亞塾之經費、此項義務戲尚在醞釀中、將來對其成果、各方面頗爲期待云云、

利用夏季休假期
擧行各種講習會
市署教育科已分別通知各參加者

哈爾濱市公署、敎育科、以暑期臨邇、管下各滿俄小學校之暑假休學預定於七月中旬、但於此一個月之休學期中各學校敎職員、應本勤勞奉仕之旨全體一致實行實地工作、以期敎育素質之向上、精神之煥發並體力之增强、對此市當局已決定於假期中、開催夏季講習會、玆將其計畫誌之於左、

一、滿蒙訓練所短期講習會、自七月三日起、開催、至九日止、假郊外滿蒙青少年義勇隊訓練所內、由全哈市日系敎員約二[illegible]名參加之下、每日自午五時起、至午後十時止、現地宿泊、近郊外訓練、藉以徹底發展滿蒙開拓之聖業、以減私奉公爲中心、對於滿洲國敎育更進一步之進展、講師聘請滿蒙訓練所長以外幹部多人担任之、

二、商業講習會、自七月十一日起、至廿日止、前後亘十日間、每日自午前八時起、至十二時止、假南崗國民優級學校內、由全市滿系敎員九十四名參加之下、由第二國民高等學校敎師金玉聲担當講師、對於新學制實施後之商業實務敎[illegible]向上重要性、並敎育實際之向上、施以徹底的講解、藉使敎職員對於商業常識之普及也、

三、夏季團体訓練講習會、自七月廿二日起、至廿八日止每日自午前八時起、至午後九時半止、假第二國民高等學校內、由全市各小學校滿系男敎員七十名參加之下、以市公署民生廳及以外數名任講師、對於團体訓練、施以講解、蓋共同宿泊團体精神之訓練、與建國精神之澈底、國勢實態之把握、幷新學制根本精神之認識强化等、有緊密之關係、故絕對於夏季實施團体訓練講習使全体敎員對團体精神生活之强化、並敎育者實力向上之圖也、

四、日語教授法講習會、自七月廿一日起、至廿五日止、前後共亘五日間、每日自午前八時起、至十二時止、由第三國民高等學校立石教諭任講師召集日 滿系教員 各廿名(共四十名)參加之下、假南崗國民優級學校對於日系教員及滿系教員滿日語担任者、實施日語教授法講解、俾對各日滿教員、對於教授效果、顯著之收獲也、

五、教育講習會、此教育講習會之開催、分二回講習之、第一回自七月三日起、至八日止、每日由午前八時至十二時自午後一時起至四時止、係二回自七月十日起、至十四日止、每日午後一時起至四時、假宣德休育場內、以上之夏季講習會開催計畫、市署教育科、於前已分別通知各參加者屆時出席矣云、

市內三春町發生火災

【大連】月之二十七日、午後八時許大連市三春町、石鹼製造業萬玉洋行、內蠟燭工場發生火災、同工場房屋、一棟八十四坪燃燒、同九時鎭熄、損失約有二萬餘圓、起火之原因、由厨房不愼發生云、

僞造假票到處行使

【大連】原籍山東省人、王鏡波年二十七歲、現住大連春春柳屯光福昌華工、苦力自四月末以來、模倣同公司發給之日賃票、僞造假票、到處行使、二十六日、被沙河口署發覺當日被尾崎刑事檢出云、

濱江特刊

第二一七號

盛京時報北滿總支社
社址 哈爾濱道裡地段街一號
電話三三〇三番

第一次省聯協議會於嚴肅中圓滿閉幕
各議案一一解答代表喜形於色

濱江省聯合協議會、本年度第一次會議、於七月三日起至七日止、連日以來由中央各部局關係者及各縣旗市四十四名代表、以及本市關係者出席之下、在道外北十七道街北新學校隆重舉行、於昨七日下午五時許爲最後一日在極隆重嚴肅中、乃告圓滿閉幕矣、當日午前八時起始、所有出席關係者更振刷精神、勢頗緊張、對於前日所殘餘之議案特別慎重一一解答、使各縣旗市四十四名代表皆特別滿意滿面笑顏、茲將主要議案回答後即開始閉會式、

一、對建國殉職英靈默禱
二、分科委員會委員選任
三、分科委員會之開催
四分科委員會經過報告審議
五、議案審議經過報告
六、諮問事項答申起草委員會經過報告並審議、
七、全聯代表候補者並補缺員選定、
八、議長致詞退席、
九、新議發表
十、參加証授與
十一、省本部長致詞
十二、滿洲帝國萬歲
十三、滿洲帝國協和會萬歲
十四、向國旗敬禮
十五、閉會致詞云、」

中國事變二週年舉行時局講演會

午前八時起於各該處盛大舉行紀念式典、同時追悼戰殁將士英靈、並祈願出征將士之武運長久、各國體學校市民等參拜忠靈塔哈爾濱神社外、一律懸掛國旗以資表示慶祝之意云、

寄信髮妻聲言自殺
妻歸來夫臥血泊中
果斯別泥克生命危篤

道裏地段街維克多利亞旅館住客白系俄人果斯別泥克、年二十二歲、現無職業、與其髮妻同居住該旅館中、其髮妻數日前遂歸橫道河子娘家、留伊一人在哈、不知因何事故、即於日前寄信伊妻、近來心序不寧、乏人生處世無生趣、決行自殺等慘句、其妻在娘家自接得丈夫欲自殺信後、不禁驚惶萬分、如高樓失足、坐臥不安恨不能立即插翅一時飛奔來哈當即整裝由橫道河子搭乘列車

七道街德國醫院應急救治、據醫師診察其左手腕脉已被刀切斷、傷勢頗重、生命危篤、將來雖能治愈亦成殘廢人矣、結果因何自殺不明、警察當局正進行調查中云云、

杜絕時疫發生

哈爾濱市警兩衛生當局、鑑

茲值此炎夏、天氣日漸炎熱、以致各種傳染病屆此易發生時期、[illegible]生起見、以[illegible]健康、故特行分別[illegible]機關及各大會社工廠、業經集團聚會消遣場所一致努力防疫工作、茲將防疫應注意事項摘錄如下、

1、對於飲食須燒沸後方可食用、對於蔬菜等亦當[illegible]以澈底之洗濯、
2、於衣物宜常常在太陽下晒、不可使之潮濕、
3、於各室中、每日至少須晒一次防疫藥水、
4、對於有礙衛生之廢物不可任意拋棄、
5、對於冰糕等涼物且少食用、
6、家庭飲食用具、每日須置於水中、煮沸一次
7、其他應注意之衛生事項

以上各項、全市五十萬市民兼皆注意、在此炎暑季節中、使我們哈爾濱市永無傳染病疫發生之危險云云、

師道訓練教員返縣

【[illegible]山】縣公署、教育當局、前爲造成教師人材、以期教育發展向上、曾派遣本縣各學校長教員等、赴省師道學校六月講習、現已期滿、日昨悉爲返縣、將來對本縣教育之發展、定有一番努力云、

召集全市体育教員
開催体育講習會

七月七日為中國事變二週年紀念日、滿[illegible]防共第一重要都市、為期喚起全市五十萬餘民衆對[illegible]後之自覺、特由在哈陸海軍兩當局、舉行時局講演會、以促進哈市民衆奮起、絕對支援、當時參加聽講者為數極夥、[illegible]工大樓、一時為所堵云、

全市懸旗慶祝
舉行紀念式典

七月七日為蘆溝橋中日事變發端二週年紀念日、在此二年期間、經友邦皇軍旗開勇敢攻擊戰無不勝攻無不取、可謂棋開得勝馬到成功、所得城池不勝數計、以致蔣共兩軍漸趨滅途苟延殘喘中、友邦日本皇[illegible]

向東亞新秩序建設邁進中、因此為祝賀意義紀念起見、由協和會哈爾濱市本部主催之下、省市兩公署協和會鄉政管理局及其他關係機關特於當日

八日午前十一時抵哈、將請入室、則見其丈夫身臥地下血泊中、猶如白紙不省人事其妻見狀大驚、立即報告當管警察派出所、然後將其送往道裡外國

一起交通事故
電車汽車三輪車相撞
三輪車大破交通杜絕半時餘

於最近以來、本市之交通事故、迭出不窮、其中更以哈爾濱驛前為最多、茲於前日午前十一時、半頃、有秋林百貨店乘用車、由南崗中央寺院開來向道裡行駛中、比及行至驛前之際、恰有由警察街開來之五一號電車、於雙方躲避不及之下、該乘用車即與並行中之警察乘用之三輪車相撞、電車亦受擦傷、三輪車前部大破、因之一時道裡外及馬家溝間交通、杜絕半小時餘、始恢復原狀云、

哈爾濱市公署教育科與體育聯盟哈爾濱事務局、基於政府當局所制定之體操教授要目業已公佈實施、為促起市內各公立學校體育教師一齊明瞭體操要目、而資向各該校普及實施起見、自本月三日以來、特召集全市各公立學校體育教員、在八區運動場內宣德體育館開催體操講習會、以體育聯盟係員為講師詳細講解新頒佈之體操教授要目、而該講習會已於七日正午十二時圓滿閉幕矣、當講習會最後一日會舉行講習會閉會式所以各學校校長均一致出席參加云云、

衛生取締[illegible]談會

正[illegible]署衛生係鑑於際此炎夏天氣異常炎熱期中、各種流行災疫極易發生、為期確保市民之健康、對於衛生特別注目、為防疫於未然計、特於日分前別召集管內各院更夫講習衛生關於廁所及塵土箱處理清潔辦法、該係深恐各院更夫對於衛生不能厲行、故於七日午前十時、召集管下二十六個警察官吏派出所所長等「除勤務者外」在該署禮堂內舉行衛生取締懇談會首由衛生係長劉瑞光氏致開會詞、然後全體起立以當日為中國事變二週年紀念日、先向宮廷遙拜、並默禱三分鐘、默祝出征將士武運長久繼即開始懇談云云、

橋本中央本部長對省聯會之訓示
宣德達情乃各代表之責任

橋本協和會中央本部長、於本月五日午後一時起、來哈對開校之白系俄人協和青少年團林間學校、對同校之協和少年團員、致激烈之詞、故於午後二時頃、返回江南、出席濱江省聯合協議會之第三日會議、向各代表致大意如左之訓詞、後於午後五時半頃、離開會場六日午前、九時半由哈出發返京、茲將訓示大要誌之於下、

際此濱江省聯開催之第二、三兩日間、得以親接諸代表、聞暢於席間協議之盛況、殊感欣幸、年年進展中之聯合協議會、以無分民族職業、純以道義的立場、渾然一體、進行議情上民意之協議、貢献於政府以為施政之參考、使此目的之達成、實為衷懷歡愉、而有鑑於諸代表等、今後[illegible]所期[illegible]項時述於左、

一、議案中之整理與回答、均為極完美、其中多足資政府施政之參考資料、而收獲想像以上之好成績、協議中亦頗有規律、逐次辯証研討、實令人欽佩、

二、代表集合各縣市旗代表四十四名、將其中三十名以上為官公吏、僅少數農業界、此或是[illegible]農忙期間、而農界無暇參與、[illegible]將來擔任代表者益少、是所望於省縣本部、今後注意、向下層之組織工作邁進強化的指導、

三、議場設備、雖有偏僻之感、但舍此而外、尚無此者之適當之所、內部設備顧及、頗稱週到、得以發揮圓滿的議事效能、對此點頗值好評、

四、議事會中、政府機關係答、承省次長源田閣下親臨、以真摯誠懇之精態、熱烈互長時間的解說、代表的疑問的質集關係資料、以作為參考、發揮協議會之真像、促進本屆協議會之美點、是誠堪深甚之感激者、

五、再進一步的檢討、因會期間短促、各代表又均係有職業的關係、故對於會議時間均[illegible]、乃[illegible]、至我國所期待具有之[illegible]、更非如各國間之協議、乃完全以道義的立場、進行達情部門工作、對於此旨、深希各代表更進一步体得、

六、議長之人選、及各議長之熱意、不辭勞瘁、實堪深甚之感謝、

七、協議會之目的、在乎將民衆体得之真正民意、由代表貢諸本會、使反應於政府間、而政府之答覆、亦經於代表傳達於民間、方能達成開催之目的、而作為一切建設之出發點最後當此物價昂貴之非常時局下、凡我國民、均應本諸國策、一致克服時艱、求民間生活之安定、眞有厚期於聯合協議會及諸代表者、至祈遠瞻點在本屆協議會中、已顯著之進展、殊堪欣幸不置者云

濱江特刊

第二一八號

盛京時報北滿支社

社址　哈爾濱道裡地段一街一號

電話三三〇三番

使民衆徹底歐門汗事件

協會編製宣傳書類

同時闡明日滿兩國決意

自本年五月以來、滿蘇國境暴戾蘇聯外蒙兵不法越境事件發生、我日滿兩當局隱忍自重、再三提出嚴重抗議、以期促其反省、不料慘暴蘇聯兵不但不能反省依然不時越境挑戰態度以致日滿兩國官民益度憤慨、依日滿共同防衛之職責、即行蹶起強化反共及防共陣容、日滿兩軍踴躍出動、卒將不法越境蘇聯將兵痛擊於國境外、始確保我國樂土、而蘇聯陸空軍之脆弱化業已暴露無餘、滿洲帝國協和會濱江省本部、頃据中央本部之指示爲將以上所述蘇聯軍不法越境、受大創傷後、又自行逶出我國境界之事實、向民衆宣揚、以喚起民衆、徹底了解日滿軍奮戰之經過、乃於現在編製（歐門汗事件的經過與國民之覺悟）等宣傳書類、其內容如左、

一、事件發生地『歐門汗』

二、歐門汗事件日記錄、

三、歐門汗事件與蘇聯的政治意圖、

四、參考資料

1滿洲帝國政府之聲明

2、蔡外務局長以無線電放送之『外蒙蘇聯軍的暴戾行爲』、

3、橋本協和會中央本部長之談話、以上所有記事及各政府之聲明、與長官之談話、對於歐門汗事件之始末情形、均有詳細之檢討、同時並闡明我滿洲帝國與友邦日本帝國之決意云云、

協和會市本部士紳分會

自動献納慰問金

由張代表送交請求轉呈

四年、以舊村改組之暫行法、將屆二載、諸般事務漸入新陣容、成績頗佳、玆奉縣公署頒發實施、新街村制及各種編織表等件、並轉發省頒街印一棵文曰（八道江街印）、街長小官印一棵、文曰（八道江街長之印）已於七月三日啓用新印至人事之定員、奉縣長辭令街

共組織內容分爲五系、即庶務系、財務系、行政系、勸業系、學務系、共事務之分掌、庶務系長以副街長兼任、事務員錢子元爲文牘僱員、孫鳳山爲收發僱員、楊景春爲軍警應酬財務系長、以司計兼任行政系長以事務員柿崎末吉任之勸業系長、以僱員邢學詩任之學務系長以僱員韓哲夫任之、此番街制之改組、井井有條、諸般有序●關於職員尤爲適宜、今後街政之躍展定可期待云、

搜出槍一支

現正審訊中

香坊警察署司法係、鑒於時値炎夏、近郊農作物、日漸繁茂、爲謀治安確保、防止不逞份子侵入乘機蠢動擾亂治安起見、近日以來以不眠不休派遣刑事於臨近各農村嚴加搜查、結果、於七月十二日下午三時許、司法係福田警尉協同宋繙譯張刑事等在管下崔家屯農戶劉福貴家搜出槍一支、遂將事主逮捕至署、現正審訊中云、

醫士公會長改選

【昌圖】玆爲該會長王利賓任職以來、已部五載有零、費盡苦心力謀刷新實不遺餘力、玆以該員年及花甲精力疲弱、不堪勞瘁是以呈請當局核准後於七月十三日正式舉行改選、由副縣長行政科長警務科長警察署長、城內各界來賓蒞場之下、加衆職會員百餘人一英參加行禮各儀、後即依法投票、結果以醫師周建岐當選爲正會長、陳久卿李曉岩爲副會長、

協和會哈爾濱市本部士紳分會、鑑於當此炎夏酷熱、於國境第一線活躍之日滿將士、爲護國衛民不眠不休的勞苦、將人類公敵暴戾不法越境之蘇聯外蒙擊退於國境外、恢復國境治安、日夜勞苦令人欽佩、爲慰問活躍第一線上之日滿將兵起見、特自動獻金慰問、以表示槍後支援之赤誠、茲將自動獻納慰問姓名分別誌錄如下、

張感忱　三百元
陳芳峰　二百元
滕治民　一百元
劉芳宸　一百元
陳敬賢　一百元
王寬亭　一百元
張和卿　一百元
呂啓明　二百元
白輔忱　一百元
姜運仿　一百元
王佐周　二百元
劉世臣　二百元
欒有堂　二百元
郭百川　二百元
遲華民　二百元

以上共計二千二百元由張感忱等代表送交協和會市本部、請求轉呈當局云云、

云、

街公所新改組

【八道江】街公所自康德

長仍爲原街長趙華五、重任原副街長宋擬聲、重任原書記、（担任會計）胡煥章升充司計也、但對該君等品學堪佳定有相當貢獻、將來前途發展必可期待也、

萃華金店誣賴顧客窃手鐲
孀婦無端受辱心頗不甘
歸後自殺被救萃華老板過於胡鬧

道外正陽北七道住戶殷姓孀婦、年約二十七八歲、生有子女各一名、年均幼稚、伊丈夫去年因病逝世、家道小康、生活富餘、該孀婦於十二日下午三時許、因赴道外南二道街萃華金店購買赤金手鐲、當有青年櫃夥一名由櫃中持出手鐲數枚、該婦正在揀選中、不料青年櫃夥忽然聲稱赤金手鐲丟失一枚、遂有櫃夥數名上前一口同音非令殷婦賠償不可、該婦認爲自已確實未偷手鐲又未離開一步、況揀選手鐲式樣時又有櫃夥數名在側監視、該婦因櫃夥故意訛賴、公然侮辱、認爲櫃夥破壞名譽、遂致双方各不相讓、發生衝突、適有警官聞訊赶到現場、即將殷婦身体頭髮口內及鞋襪完全檢查、亦無踪跡、殷婦因購買手鐲突遭人侮辱難當、向該金店責任者交涉、而該金店責任者見婦人身体搜查殆遍亦無發見手鐲踪跡、遂向婦人賠罪、殷婦見該金店無理誣賴行窃、於名譽有關係、堅持不肯、後經警官及好事從中解和、始行了解、詎知該婦歸家後、尋思無故受辱、慚愧難堪、即欲萌短見、幸經隣居發覺恐發生意外、百般勸解、殷婦仍依然不甘、噫萃華金店未免欺人太甚云云、

某醫療社草菅人命
李某無辜大受痛苦
欲鳴之於有司經人調說乃寢

賓縣賓安鎮義成東粮業經理李白清年四十四歲、端陽節前來哈購貨、住於道外北馬路太和濱旅館八十六號室、不料來哈未幾即行患病、於五月初四日晚病勢突然沉重、不省人事、遂經李某之友將其送至在道外景陽街大×醫療社診治、經該醫療社診察結果亦未診斷出何種病、當時經大夫注射一針紫藥針價格八元五角、至翌晨該社大夫又行經脉注射一針、不但病疾未能見效、並且被注射之右手腕毒性發散、腫得青紫不能稍動、迄今約三週間仍未稍愈、李某恐右手殘廢、遂請某醫療醫治、判明李某右手腕[illegible]內、該注射之藥水係數年前之藥水含有毒性現今不實用也、李某因憤該醫社草菅人命、即欲赴警署控告、幸經某醫社醫師從中調解、無奈自認倒霉、噫知藥水不實用仍予人注射果係何意耶云

警廳召集各關係側
舉行交通事故防止懇談會
秋吉警廳長以下多名出席

哈爾濱警察廳保安科、爲謀交通之安全、以期確保市民生命決定掃除交通事故、已誌前報、於十四日下午五時許在南崗新哈爾濱旅館五階會議室召集各關係側舉行交通事故防止懇談會、當時出席參加者、秋吉警務廳長、警察廳秋原副廳長、橫山保安科附特務機關大庭中佐、大道副市長憲兵隊長、交通會社支配人、各新聞社長以及關係者約五十餘名、迄至下午九點許始散會云云

爪哇女教員視察團
一行抵哈訪問各方

爲視察東亞日本社會事業及教育狀況而赴日本之爪哇海斯克爾女教員、滿日見學團一行、已於十三日下午九時半頃搭乘亞細亞號列車抵哈、於十四日訪問在哈各機關、然後出席與滿日俄教育關係者之交驩懇談會、最後視察哈爾濱市教育狀況、擬定於十五日由哈搭乘列車南下云云、

召集青訓指導者
開催協議研究會

協和會濱江省本部、爲討論本年度關於青年訓練各般注意事項、並研究改善對策、以期助成青年訓練之向上、定於本月十七、八兩日、召集管下各縣市青訓指導者第二次濱江江青訓指導者協議並研究會會云

濱江特刊

第二一九號

盛京時報北滿發支社
社址 哈爾濱道裡 地段街一號
電話三三〇三番

實施交通整理取締 以期不再發生慘劇

各街口配置警官檢查來往汽車

哈爾濱警察廳、近鑑於市內交通事故迭出不窮、因司機玩忽職務而發生交通慘劇者時有所聞、故警察方當局爲徹底肅清不良之司機者、及嚴防交通事故之再發生特於本月十九日起、由保安科監督之下、召集各署保安系

實施交通整理取締、於市口各街口、配佈警察官兩名、對於往來之大小汽車、實施檢查、遇如速度快者、即實施訓示取締、以期喚起各司機者之注意云、

哈爾濱學院生奉公作業 「協會」舉行 壯行大會

七月廿五日向黑河出發

滿洲帝國協和會哈爾濱市本部、爲喚起哈市、五十萬市民了解勤勞奉仕之眞正精神起見、特以七月二十五日哈爾濱學院學生向黑河出發奉公作業爲期、決定於當日下午八時半許、在哈爾濱南崗神社境內、舉行壯行大會、大會次序如左

一、開會之詞

百米以內者、倘經發見通行時決加嚴重處罰、希望一般注意限制通行時間云云、

開燈供客 被警逮捕

香坊延福街三七號、住戶曹趙氏、年三四歲、素無正業、居恆在管烟所賺得走份、携眅家中、開打供客、藉獲厚利、加以其有女年方二九、身段窈窕、亭亭王立、秀麗可人、更令一般醉翁之意不在酒者、趨之若鶩、於日昨一般醉翁不在酒者、正在吐雲吐霧之際、適被香坊署之臨時組織之檢索班、業王兩警尉補破獲、將一干人犯烟具及官烟份十五個、一併送交司法系辦理云、

法實施之際、由各該所轄之警察署、將成績優良者、呈請表彰、對此已決定表彰者、計有顧鄉屯謝有財、香坊賀景春、鞠殿九等三名、業已於前由市公署衛生科清理股、以市長之名義、分別授與表彰狀、並各予金一封、以表彰之、藉勉其將來對衛生清理上之努力云、

面粉町村配給改善

【吉林】市面粉配給由吉林商工公會、實行配給、所有之面不入批發店、直送入小賣店以領面証而取面、各小賣家

十斤中似有向隅之歎、希望[illegible]清鑑見、由商工公會、會呈請
月配給面粉全市人民一律平均額數爲公允、鄉村中被村中之屯長漁利出資少配給農民者亦有殊負國家厚人民之意云、

指定米穀組合商

【白城子】爲求於此非常時下、對管內米穀配給萬全圖縣公署、指定販賣商號、今已蒙縣公署認許、市內九家、七區東務營子一家外東屏鎮東各十一家共爲十二家、指定米穀組合販賣商、想我縣有此組合商今後對米穀之配給、定能圓滿業[illegible]云、

大窃盜團一併被捕

警廳司法科收得赫赫殊勳

起出贓品多數現正偵查共犯中

警察廳司法科當局、以近來市內時發生關於照像機械及設計機械數起窃盜事件、經詳加探察之結果、於本月十九日探得確証、遂於當日午後二時餘、由中川司法科長指揮之下存棄李藤本三警佐、以下刑事多名、一齊同往道外景陽街大同棧、將旅居中之張景旭、年三十一歲、及道外南小六道街居住之共犯蘇子均、年廿六歲、二人逮捕、並將該棧另室內堆積如山之贓品、完全檢出、計照像機九架、每架約值現價四百元、設計機器數個、以及當票數十張、僞造之滿實署發兌鴉片烟用十萬枚、及僞造印刷機械等多數物品、全部沒收、帶往司法科、開始嚴重之審訊、其中共犯尚係有顯多、目下正由司法科員繼續行各方面之搜查中云、

滯納地稅特別整理

【法庫】本縣爲期滯納之地捐地稅整理圓滑計、特向民衆詳細說明、茲訪得其說明如下、地稅是土地所担負的國稅

早納的人、多擔延滯金、已經額外損失不少了可是本年上季、本着既定方針一掃已往滯納、限定一個適當期間、科徵特別整理、在這期內、倘有不納、就要執行滯納處分、（查封財產拍賣）、但是有因循性的人、仍然還是觀望、等到官方派員施行查封的時候、

這纔手忙脚亂、不知所以、我們自已份內的事情、早就應當去辦、不必存着得便宜的那個思想、如要晚納的讓你倖工、

那麼早納的不是吃虧了麼、觀想官家、能作那樣不合理的事情不能、趕快拿定主義、去張羅錢、早納一天、早省一天利息歸終脫不過去、何必等人查封呢、所以向欠捐稅的人說一句要緊的話、（封上錢糧不怕官）、還幾個字、要牢記心中、於自已是有百利而絕無一弊的、

警科開保安講習

【北鎮】縣警務科長胡毓

二、日滿兩國旗揭揚合唱日滿國歌
三、向日滿旗行最敬禮
四、皇居遙拜
五、宮廷遙拜
六、中央實踐本部長訓詞
七、濱江省實踐本部長訓詞
八、歡送之詞
九、奉仕隊代表答詞
十、三呼奉仕隊萬歲
十一、解散云云

濱洲濱北兩線鐵橋

警廳限制通行時間

哈爾濱警察廳鑑於當此戰事体制爲謀防衛陣容之鞏固、對於濱洲濱北兩路線松花江鐵橋防衛尤爲重視、一般船舶通行加以限制、故於十九日以哈爾濱警察廳名義、向一般船業者公佈、大致謂此次依防衛之見地、每日由下午八時至翌晨午前五時濱洲濱北兩路線之松花江鐵橋上下流、禁止一般船舶在鐵橋下通行、或接近橋柱三

哈國立大學不甘人後

亦組織奉公隊

現正積極從事訓練中

當此非常時局之下爲努力躍起向新興滿洲建設途上邁進、數日前友邦大日本曾特派遣勤勞奉公渡滿勤勞作業、繼其後有新京國立法政大學等亦組織奉公隊、實施奉公作業、而哈爾濱國立大學有鑑及此、亦不甘落人之後、現在該大學學生七十名亦特組織奉公隊、現正積極從事訓練中、該一行奉公隊預定於七月二十五日下午十一時、由哈爾濱搭乘列車赴黑河省從事奉公作業云云

清潔實施成績優良

哈爾濱市公署前於春季清潔

業經無法可施、飲食店每日一二次配給由飲食店組合發給領面証、分配公平、飲食店亦大悅、茶食店每月由商會配之亦甚合理、市民今後每月一次、由各該管町會長配給、每人二三斤一二斤不等以每町會領者多少及町會長之要求額而定之（惟町會之分配上多有謂爲不公者）住戶與町會委員口角町會分配多寡似由町會一定之手續關於町會之面粉配給法將行改善、因爲同爲吉市之住戶、甲町會每人五斤、乙町會每人

地捐是土地所担負的縣稅、每年十月一日開徵、翌年二月末日滿限、視爲土地所有者、應盡之義務、早已習以爲常、熟料偏有一種敷衍成性的人、向不遵守定期、故意怠慢、比較

鑛氏、警務股長山丸淸氏、爲顧慮夏防鞏固起見、特擬於七月二十六日、至三十日間、召集關係責任者之幹部警察官滋場開催保安講席研究治安確保種種劃計云、

發現迫擊砲彈二發

現保存於警護隊中

日前（十八）午後三時頃、道裡新正陽河居住之無國籍人名烏拉索爲赤、現年四十九歲在馬家溝貨廠內、割除雜草作業中、突發現長約尺餘之迫擊砲舊砲彈二發、埋於河泥之中、業已生銹、該烏拉索爲赤、當即報告於鐵道警護隊、當即派員赴現場掘出、檢視該砲彈、似已經過長時間、在同地浸溢、受風雨之浸蝕、並因前數日之暴雨所致、而被雨所沖露出於地面者、該砲彈現保存於鐵道警護隊云、

第七回警民懇談會

本月暫停來日舉行

每月二十五日之定期警民懇談會、警民双方漸趨融洽、經過成績極爲良好、本月廿五日第七回定期警民懇談會、因協和會哈爾濱市本部方面因各種冗作事務繁忙、故決定暫時停止、擬於來月照常舉行云云

住宅困難緊急會議

所得結果極爲圓滑

自本年度北滿江運局誕生以來、經各方面不眠不休之努力、準備鑽研、致庶政畢舉、業務向上、惟對從業員之福祉、住宅問題、因配給之不周、因而惹起諸多不滿、究其原因、不外爲住宅缺乏、人員增多、故對住宅改善計劃、益趨於深刻化之途、故特於日昨午後、在運輸科長室內、集合幹部多名、對第一次住宅困難問題、開催緊急會議、結果殊爲圓滑云云

楊紫融過失殺人案

前日開庭審理

被告仍不承認過失殺人

會轟動全市駭人聽聞之道外桃花巷楊紫融醫院院長楊紫融於本年四月二十二日午前九時予滿婦劉司氏割剖腰部瘤子、不愼注射叩克音麻藥針過量、劉司氏當即慘死一案、本市一般市民對於此案極爲注目後被劉司氏家族、將楊紫融控告於[illegible]以加重過失致死罪、判其一年零兩個月之禁錮、楊不服原判、遂又上訴地方法院、於二十一日午前十時三十分、開庭公判審理、本市關心此案一般男女二十餘名皆前往傍聽、所以第一法庭旁聽室幾無虛席、患感人滿、審判官升坐、及被告楊紫融所聘辯護士石橋茂律師到庭後、法警將楊紫融帶到堂上、楊身着白小布衫灰色洋服褲子、足穿青布鞋、光頭、面色愴黃、在被帶公堂後、審判官即向其發問、楊紫融你多大歲數拉、答三十九歲、問你有何職業、答是醫師、問居甚麼地方、答在道外桃花巷口住、開設楊紫融醫院、檢察官起立陳述、本案事實、略謂楊紫融醫師向來對患病者加以治療、是其業務、但在本年四月二十二日又在與患病者治療期中、有劉司氏之腰部一大瘤、因爲之治割、先使用麻藥在割治部份之四圍注射叩克音過量、竟將劉司氏致死、但此藥在醫學上記載、此種藥品非常猛烈、若使用過量可致人於死地、但被告人不愼在劉司氏之腰瘤周圍注射一瓦之四分之三在局部周圍、共注射十六針、將劉司氏致於死地、此其加重過失致死之經過事實也云云、至此審判官又令楊紫融供述不服原判之理由、楊紫融即供述對於醫治劉司氏並未注射過量之叩克音此有數項可証、不能構成犯罪過失、而後則又供述、以往並無前科、由十五歲時即入學讀書、共讀書十五年、家中有四子三女、財產方面略可餬口、就道外十六道街有點不動產及桃花巷西口的楊紫融醫院、他本人前曾在上海醫專畢業、然後即返吉林家中於民國十五年即來哈開設醫院、本人醫院中由本人充當院長、並又請到數名醫師、但對劉司氏之病在四月二十二日午前九時、來本人院中醫治時、本人當判明是個危險的病、如不割治、則三四個月後必可致死、劉司氏即求爲割治、而來人則又叫他家中人等來作保証、然後才施用手術、來割治、在先即使用克音麻藥量數適當、並不能使之致死、但是而强劉司氏死去其家人告發、而本人之供述不但並不是注射十六針何能因此致死、本人對此藥量數、也很有經驗遺又不能造成犯罪事實云云然後石橋茂律師即起立代其辯護、略謂原先之檢定劉司氏致死並不可靠、今則可再爲使醫科大學再行檢定、至此審判官即令暫行退庭、對貴律師之請求容再討論決定云云

×　×　×

濱江特刊

第二一二〇號

盛京時報北滿支社

社址 哈爾濱道裡 地段街一號

電話三三〇三番

板垣陸相對協會省本部 電送感謝狀文

自滿蘇國境暴戾蘇聯外蒙軍、不法越境 歐門汗事件發生以來、不但全滿洲國民衆反蘇聲浪極達高潮、且濱江省下民衆之獻金運動、異常熱烈、足証愛國槍後支援之赤誠、友邦大日本帝國板垣陸相有鑑於此、特於七月二十九日對協和會濱江省本部電送感謝狀、詳文如左、

感謝狀

當此次事變之際、爲慰問出動軍隊等衆寄附恤兵金、誠不勝感謝、茲特表示深厚謝意、

昭和十三年七月

陸軍大臣

板垣征四郎

云云、

於各遊藝場所 講演非常時局

自滿蘇國境暴戾蘇聯外蒙軍不法越境歐門汗事件發生以來、我滿洲全國民衆突然蹶起一反共聲調已達沸點、爲喚起一般民衆對時局認識徹底槍後支援之强化、迭次開催時局講演大會、經過成績極爲良好、而哈爾濱市公署教育科、以當此非常時局、爲喚起一般下級民衆對於時局再度深刻之認識起底計、擬定於本月二十八日徹派員赴各茶社遊藝場下級民衆聚集場所講演云、

使市民澈底認識時局 擧行講演電影大會

協和會哈爾濱市本部長大廼奉男氏爲謀起喚在哈居留之日本國民、對於當此非常時局、徹底深刻的認識起見、特定於七月三十日下午一時許、在道裡中央大街馬迭爾電影院、擧行時局講演大會、及時局電影放映云云

良玉旅社形成盜窟 鄭某蠻不講理

店客見事不公出頭作証

道外昇平街良玉客棧經理、郭富文以近來客棧住客患感人滿頗爲忙碌不暇、日前特聘請艮視賊鄭萬發年三十二歲呼蘭縣、人甚忙、料理客棧事務、証知自鄭某入客棧後、一般住客不時丟物品、故被害店客屢向郭經理要求賠償、而郭某不但不負賠償責任、反以店客住……幸經好事調解經理承認包賠、竊盜之鄭某始脫出鐵窗之風味

防衛訓練成績良好者 當局予以表彰

被表彰者團體五家個人三名

一、哈爾濱交通株式會社防衛分隊員末秀雄

一、哈爾濱市協和義勇奉公隊新陽區隊渡邊豐等云云

便利往來旅客 建築大小便所

本市爲北滿國都市之重鎮、尤以哈爾濱驛爲重、每日來往之乘客、不計其數、而一般旅客最感不便者、厥爲構內廁所缺乏者也、因而各乘客多在站前各空場任意便溺、此不但於衛生上有關、且於都市之外觀

不起店詐賴等詞推卸賠償責任、以致惹起一般店客共憤自此以後、各店客均留心捕盜、以表明失盜反被怨枉、結果店客尹殿英者年三十七歲拜泉人務農爲業、數日因來哈辦事住在該客棧內、在道外頭道街大羅新百貨店以國幣四十九元購買毛毯一條、持歸客棧後即放在自行李底下、竟被郭經理親戚鄭萬發者發見、乘尹某外出之際、鄭將尹之毛毯盜取、當於道外七道街世隆當質當國幣二十元、當鄭某持毛毯外出之際、竟被同店店客發現、故未聲明、以觀察將來失主歸店查找毛毯時、該店經理尚用何手段處理、未幾失主由外返店發見毛毯不翼而飛、驚惶萬分、途聲明丟失毛毯請求郭經理幫助查尋、不但郭經理蠻不講理以、老莊可欺、仍多誣老莊訛賴化不起店錢、不但不包賠老莊丟失之毛毯、反謂破壞其客棧名譽、双方正在爭持中、發見鄭某盜毯之店客見事不公、公然出頭証明、郭經理無奈由鄭某腰搜出當票數枚、內有當毛毯當票外完全係該店店客所失之物品、均係此一人所盜、

日前本年度當第二次防衛訓練實施之際、對於團體及個人之成績特別優秀者、以資鼓勵起見、特由防衛司令官、予以表彰之團體及個人之氏名如左

團體

一、日滿製粉株式會社防衛分隊

一、哈爾濱警察廳監視隊本部通信班

一、滿洲中央銀行哈爾濱分行防衛分隊

一、哈爾濱高等女學校防衛分隊

一、哈爾濱平安座分隊

個人

一、哈爾濱高等法院檢察廳防衛分隊員阿福寧

上亦多不雅、故近經站方之計劃、建築新式廁所三個、小便所五個　女子便所三個云、

市警双方嚴重取締
腐爛飲食物品
杜絕時疫保健市民

哈爾濱市警廳衛生科當局鑒於邇來、天氣炎熱、火傘高張各種流行病最易發生之時期、一般販賣瓜菓及涼食物品到處便是、倘一般市民偶一不愼購貪圖便宜購食腐爛瓜菓及不潔之涼食物、輕則吐瀉、重則生命危險、關於售不潔之食物者與市民身體健康影響頗大、爲徹底一掃計、決定由市警双方聯絡之下加以嚴重取締、以期確保市民之健康云云、

第三國高勤勞奉公
交通整理成績良好

濱江省立哈爾濱第三國民高等學校當局、以逢此非常時局之下、爲養成學生奉公精神並檢後國民愛國運動之徹底起見、該學校於日前即與哈爾濱警察廳側聯絡、所有生徒輪流於各交通繁雜巷口、執行交通整理工作、連日以來經過成績特別良好、據警察主要關係者談談

關於現在青年學生、能有整理交通這種知識的原因、便是由於新國家教育的進步和教育的實際化、現在爲使警察官的素質向上、及待遇再改善起見、預定將來招考各國民高等學校卒業生、入警察官學校、投以警察專門學識後、即派爲中堅警察官吏云云

建築新小學校
救濟失學兒童

哈爾濱市公署教育科、鑑於本年度適齡入學兒童因各學校窄狹未能入學、以致失學兒童已達三千數百餘名、爲救濟失[illegible]結果、決定由明年度起以五年計劃、積極建設新學校外並實施擴充舊學校、以期完成教育之普及並失學兒童救濟之圓化、一般市民頗爲期待云云

菊花執壺於大香賓
大頭瘟生趨之若鶩

會演不少之羅曼斯、抱定拜金主義、視來者不拒、而去者不追之紅酒妓菊花者、雖姿色無甚過人處、無如其有上記各特長、心與手腕俱靈活非常、故曾一時操斯業者之牛耳、盛極一時、頗爲當時之大滿酒社經理某之推崇、認爲該酒社之台柱、其由來之名頭、實非突然者也、詎好花不常在、於幾經波蕩之餘、大滿酒告關門大吉之虞、菊花遂不得不將艷幟他樹、於轉入道裡同樂後、未幾同樂亦遭大滿之同樣厄運、菊花不得已、乃又輾轉於道裡十三街路南大香賓酒社、從事執壺賣笑之生涯、因之掩旗多日消聲斂跡、一般捧之者多不之知、故於昨日上班之第一日往捧者大有山陰道上車水馬龍途爲之所塞之勢云、

濱江特刊

第二二一號

盛京時報北滿支社
址 哈爾濱道裡地段街一號
電話三三〇三番

奉公隊成績極良好
省源田次長歸來談

於上月廿六日起、爲慰問滿溝、肇州及肇源方面之勤勞奉公隊、及視察作業實狀等、自哈出發之濱江省源田省次長、已於隔前日夜車歸來、關視察所得感想、略談如左記、

今次的視察、本來是以五常爲中心、以次其他各縣、尤其對於狄川村、熊本村、九川村、東北三縣、北陸三縣、廣島縣等移民團部落、如勤勞奉公隊及開拓團

作業的實況、詳加以視察、不料想所最令人難過的、就是該等團員、多數患染惡疫、現在五常縣之病院、已收容多名、雖然如斯、而各奉公隊員的精神、仍然振興、對於國道的修補、以及學校用地的修整等、成績均十分良好、並且所有隊員、尚能合宿、頗足實現日滿一德一心親善之協和精神云、

斷手案眞象大白
兇犯現押審訊中

素稱東方第二小巴黎國際都市之大哈爾濱、人煙稠密、市民良莠不齊、以致姦淫慘殺事件迭出不鮮、既報曾於六月二十五日道外保障街四十六號門前塵土箱中發現女人左手一隻一幕慘劇、當時曾轟動全市、一般民衆對此慘案頗爲驚奇、特別戰慄、當管正陽警察署及司法科關於此項離奇慘劇特別重視、爲明瞭內幕眞象以解群疑起見、張佈警網嚴重

法主任據報、遂率領全体搜査員以及司法科藤井及陳搜査股長等急赴現場檢査、判明頭骨尚遺留長髮係爲女屍無疑、其屍身着衣服肉体等均腐爛多日臭不堪聞也、惟其左手關節處有被繊然切斷傷痕、缺少手骨所以正陽署搜査員以此女屍與日前在保障街發現遺棄女人左手案件當有相當關係、於是該署俄然緊張派遣全休搜査員出動搜査結果、卒於八月一日下

後此名花有主
金紅脫離苦海

料事機不密、竟被林妻馬喜林發覺、於是醋火中燒不時與被害之馬劉氏、發生口角衝突、於去年秋季馬劉氏患肺病劇烈即臥床不起、雖屢醫治依無效果、遂邀請巫醫診治、誤聽信巫女之言、謂患肺病漸重醫治無效時、須將左手割斷、即能將病去掉、可保全生命、馬劉氏固本知識簡單、毫不疑慮信以爲眞、遂橫心忍耐痛苦、將左手慷慨切斷、即拋棄保障街

塵土箱鐵匣內、詎知自割斷左手以來病體不但不愈益加沉重、而林某素知馬劉氏手中有相當積蓄、林某見財起意殺機頓生、遂與其妻馬喜林私圖意欲殺害馬劉氏得其鉅欵、其妻聞言本來素日暗恨馬劉氏與丈夫通姦、如肉中刺眼中釘、毫不加思索喜笑眼開、恨不能立即將馬劉氏殺害、以解酸醋寃仇、即與丈夫 計議殺 害馬劉氏手續、於是在七月十三日午前七

劉氏、伊夫稱病用轎車一輛、將馬劉氏由孟家女工店拉至太平橋送地無人之處、將其擲棄、雖不殺害、病勢垂危、亦可致之於死地、及行至目的地不遠時、竟被馬劉氏發覺、即大呼喊救命、人不該死終有救、正在千鈞一髮之際、適有一義勇奉公隊員姓名不詳聞聲趕到、(果然義勇也)訊問經過情形後、逼令其夫婦將馬劉氏送回家、請醫治療、林某夫婦見事不能達到目的、當時大眼看小眼多時、無奈只得將馬劉氏拉回、林之夫婦見一計失敗、再思二計、不殺害決不干休方策、故於七月十七日下午九時許、林某與其妻又雇洋車將馬劉氏拉至濱江站擬至三棵樹無人處將其殺害、(由家起身時假稱求醫治病)不料行抵鐵道西側木橋傍因連日陰雨滿路泥濘、車夫堅不前往、所以兇手之林某以爲機會不再失、命車夫先歸、夫婦既用棉被將馬劉氏包裹如貨物、即將其拋棄於圈河水坑內、但恐被人發覺、遂用青草將屍體蓋上、以爲殺人不能犯案、審訊至此仍然拘押以待嚴懲、大快人心、當局破案之迅速、足証搜査隊員之精明云云、

開禁烟會議

濱江省公署當局爲伴同政府方面鴉片斷禁十年計劃、遂行之徹底、對於省下禁煙工作嚴勵進行、以期達成禁煙完備之使命、爲謀禁煙更一步之徹底計、故於八月三日下午一時在省公署官房會議室召開康德六年度禁煙資料整備會議當時各

搜査中、於八月一日午前七時許、又在太平橋墓地附近有滿人某由此通行突然發現潰爛屍休一具、立即報告正陽署由細田司法主任協同全体搜査隊員及警察廳司法科之搜査股等之搜査員、急赴現場檢驗、終將經過四十餘之見財殺人慘案破獲矣、茲將經過情形分別誌錄如下、

八月一日午前七時許、在太平橋義地附近突然發現被拋棄遺骸不甚判認屍体一具、當經滿人某由此通行發見、後立即報告當管轄之正陽署、細田司午七時許、正陽署搜査隊王警長偵知線索、於是翌晨由搜査隊隊長王家訓、協同王樹仁王志恒、王德昌等四偵探、根據偵案之線索努力搜査、果於道外北七道街十號孟家女工店、將殺人犯之林雨田年三十八歲龍江省人、及合謀殺人之林妻馬喜林、一併逮捕帶署、經細田司法主任及于翻譯嚴重鞫訊據兇犯林雨田供出、始判明被害者業已染病數年之馬劉氏年四十二歲、而馬劉氏三年前即在孟家女工店居住迄今、與兇犯林某早已發生通姦關係、不

本月一日與人正式同居

在本市道外圈裡紅極一時之四等妓館寶全堂、妓女王金紅年廿五歲、原籍安東、數年前因某種關係而下水操此業、因其生得姿色稍較好於一般妓女、且有深悉靈活之手腕、故一般前往問津者大有山陰道上應接不暇之勢、於上月七日不悉因何、金紅忽移其艷幟於群樂堂、當時金紅與本市某機關職員某打得火熱、而金紅大有「很不相逢未嫁時」之概、某亦竟日至金紅問遠寒問暖、故頗得金紅垂青、同時並訂白首之約、故於本日某日由某代金紅出金四百五十元、將其贖出、正式從良、經花界組合爲之轉呈市公署及正陽署兩當局頭已正式得到許可、故於前一日與群樂堂正式脫離關係、而與某共營同居生活、由此名花有主、不再作皮肉生涯矣、不悉與金紅素稔者、將作如何之感想云、

縣旗關係者皆一致出席參加、其會議事項、禁煙政策遂行並阿片會計事務懇談會等云云、

大水冲毀好田禾

【通江】河伯作虐、大水又行氾濫、將遂河兩岸之稻田大好禾稼、均行沖毀、勞農搶地呼天、莫可如何、並將早年淤出之地、又行頹作河身、如沙陀子南河沿、白蓮泡等處、頹地不若干、感遂河爲害、苦不堪言希望我國修濟遂河速爲施行爲至幸、

太陽島素描

萬臂聳動白沙映雪肌
青年男女綠蔭下談情

天氣一天一天的熱起來、擁有五十餘萬市民的滿洲國三大都市之一的大哈爾濱市、一般市民因爲被熱的侵襲、的是有些難當、所以都把這日勞碌的整個身体、橫陳在江北市民唯一避暑地的「太陽島」的白沙灘上、每當在午後二三時之後這被人們所稱道的世外桃源的太陽島上的遊人、尤其是倍多於午前了、這裡有紅男綠女、也有老老幼幼、綠色的水波反映着白色的沙灘和橫陳在沙灘上的青年男女、尤其是令人魂飛神往、官廳裡的公務員、因爲他她們現在都是半休、所以也都跑到這裡來作短暫的避暑、有的携着他心愛的密斯們也有携着她的密斯特、穿着一件浴衣、豐滿的乳頭、双峯對峙、雪白的肌肉呈現的一般遊人的眼簾裡、兩條富於營養質的大腿、陪襯着飽滿的臀部、總是一走一顫的那麼令人肉感而消魂、在水中沙中、和他她的情人打呀鬧呀的、有時還許攢進水中來一個新花樣不諳水性的先生小姐姐以及太太們、都在腰間乳部下端、套着一個「太平圈」、在水的較淺一點的地方作練習游泳的姿式、碧眼黃髮的俄國大妞、比我們滿洲國的大姑娘來得更痛快淋漓好多、把那突起的乳峯、只用一個乳罩罩着、下邊穿着一個小小褲衩、花色是那樣的翻新、從水中跑了出來、便躺在那來往遊人如鯽的白沙灘上、有作臥的姿式、也有作側伏的姿式的、總之那是千奇百怪、那是說不盡而道不完的些個一九三九年新式把戲、她們從白沙灘爬起來的時候、在地上的在白沙灘中可以看出來方才裡那拘人魂魄的乳峯所印下來的兩個沙窩較比這太陽島還要超過一籌的、那便是太陽島迤北的「極樂村」了、這裡沒有像太陽島那裡那麼多的遊人、雖然是較比太陽島遠一點、須要多走幾步、可是那極樂村的景緻、太也別緻得愛煞人了、碧草蓋遍了原野、枝頭上的小鳥像會善貼人意似的、總在枝頭上跳來跳去爲人一般在樹下陶醉在愛的漩渦的人們奏着快樂而甜蜜的曲子這是多麼令人盪興的一個好所在啊、世外桃源也許不會有這裡這樣的特奇的景吧、「我不會喝啤酒你不知道嗎？爲甚麼偏要來難爲我呢！」這是從濃綠的樹蔭下邊傳到記者的耳鼓裡的、緊接着便是一個青年男子的聲音、「那不成、非得 把這杯喝下不成、你要知道、這不是 毒藥呀、不然的話、最少也得叫我兩聲親愛的哥哥啊、啊」這是如何令人聽着肉麻而消魂的話呀、他她們是這樣陶醉在這大自然的美景中、綠草的叢中又跑出兩個青年男女來、這是又多麼神秘而耐人尋味的喲、有的在樹蔭下野餐、有的在談情兩少無猜的小孩子們、不嫌熱、也不顧及流汗、只爲着一個白蝴蝶、死命的追捕、他們的爸爸和媽媽說不定還許在綠草中尋找他的未來的小弟弟們呢？小汽船的過處、總是蕩着無數的波浪、正在游泳的男男女女、都不約而同的、把頭深深攢到水中、去避 波浪的襲來、啊夏的太陽島是這樣繁華而神秘呀、眞使一般流連的人們有些忘返了、太陽漸漸的吻近了西山、遊覽船停航的時也快到了、船上的人頗呈着擁擠的現象、更有的怕人多不便談情話的青年男女們、買個小舟板划着、在槳聲欸乃裡他她們返回江南岸去了、

濱江特刊

第二二二號

盛京時報北滿分支社
社址　哈爾濱道裡地段街一號
電話三三〇三番

哈市立衛生指導隊 促進市民預防沙眼

特編製沙眼預防注意事項傳單

哈爾濱市立衛生指導隊鑒於當此初秋正値各種傳染病發生時期爲喚起五十萬市民對於衛生徹底之注意、以謀傳染病預防陣容之充實、乃於日前特製作衛生注意事項宣傳單多數、向市內散放及各機關學校一般家庭配佈、今對於沙眼傳染病症、尤特別注意、乃又另行編製沙眼之預防方法、所當注意事項並說明沙眼症厲害之可怕、重者可雙目失明、輕者終日流淚患者痛苦異常、所以此症對於都市健康工作妨碍匪淺、希三十萬市民一致躍起、努力消滅沙眼傳染、實現過進都市健康工作、玆將沙眼預防方法分別誌錄如下、

沙眼未患前當注意之事項

使其特別的請潔爲要、2、對於使用之手巾、不可借用及出借爲要、3、對於沙眼患者使用的洗面具、以及其使用的日用物品、必須分別放置爲要、4、夜間所用的被褥、以及枕頭套等、必須時常更換或常洗濯之、5、對於飲食店劇場等所用之手巾、以及洗手盆、便所內手巾等、最不清潔、在可能範圍內不使用爲最相宜、尤其飲食店供給客人擦臉的手巾、最屬危險、無論如何不得使用、6、對於家庭中、如有發生沙眼症者時、同時對於自已眼精雖無其他病狀時、亦當隨時請醫求診、以防未然、7乳母以及其他雇用之人、或徒弟女工等雇用時、必須經醫診斷、有無傳染性之疾病、然後採用之

△沙眼患者發生時、當注意事項、

一、沙眼病、爲眼病中最難診治之病、苦僅數日間即希治愈、乃事實上不可能之事必須相當耐忍與熱心治療方面如家庭中有發生沙眼患者時、其家人等、必須共同爲懷、以期急速診療以免傳染他人、萬不可忽略略就醫之事、

三、本病患者自身之不注意有時其自身以爲痊愈、此爲病症緩和期間此時、仍當注意、其傳染性亦如從前、關於以上各項、希望市民多加注意云、

市教育科當局 爲喚起民衆認識時局

特組織時局講演班赴近郊講演

初時不知李某所懷之用意、以致双方來往亦漸次親密、未幾月間更夫郭海竟化費李某國幣千餘元、至此李某向郭海索議索要郭清貴保存在郭海處自己租得門市房房照、李某復交給郭海國幣八百元、令郭海持此欵項逃走、郭海被逼無奈、故敷衍含忽應諾、少待幾日決定將房照悉數交給李某、李某即雖信而不疑、仍不如早將房照得到手中始能按心、未幾日又向郭海再三催要房照、至此郭海見李逼迫甚急、情知無法再行推辭、郭海既將李某欲謀吞沒房產逼索房照動機、私行捎電告知郭清貴、催促其急速返返哈郭清貴在山西見電後星夜夜赶奔來哈、經郭海告知詳情郭清貴見李某居心叵測、按心不良、怒髮冲冠、非法律解決不可、李某知吞沒人家房產未成、消息洩露、情知郭清貴亦不能善罷干休、恐被人告發、即犯罪難逃、奔走請人調解、叩頭賠罪如搗蒜、至于結果與否和平解決容訪再誌云云、

城內房荒可除

【黑山】本縣每値夏期青紗在地之際、稍有宵小跳梁、四鄉一般小康之家、均紛紛搬往城內居住、以爲避免之策、故本城民房隨之大鬧房慌、多有留閑空房、待機出賃、以圖原價、本年自初夏由縣警務當局努力地方治安維持、致使宵斂跡、地方異常平靖、鄉民均得安謐、再無入城遷居之念、故本城之房慌、從此可告解除云

一、關於目性較弱者、易生沙眼之病、如確認發生時、可急速就醫以免貽誤、

二、身體之不潔以及睡眠不足、並目力過勞等項、宜避免之

三、對於不潔之手指、不可任意擦目、

四、對於塵垢較多之場所多煙之室內、必須避免之、必須選擇室內光明易通流空氣之處最爲合適、

五、對於酒及煙等物、在可能範圍內務必不用爲相宜、

△對於沙眼患者之眼脂、須特別之注意、因爲那是沙眼傳染的種之、

1、平素時、必須將手指甲

爲謀兒童體格健康

舉行陸上競技大會

廿六日午後在道裡體育場

哈爾濱市公署教育科及大北新報、午報三當局、爲謀兒童體格之健康、共同主辦之哈爾濱市學童陸上競技大會、經籌備結果現已均告就緒、頒定於八月二十六日下午一時起在道裡體育場盛大舉行、凡哈爾濱市公立國民學校及國民優級學校學生、均一致參加、關於競技項目、已規定如下、

一、徑賽

五十米（國民男女）六十米（國民優女）一百米（國民男）女二百米（國優男）四百米接力（國民男女）計分甲乙丙丁四組分別競賽四百米接力（國優男女）亦分男女二組、

二、田賽

民男女）跳遠（國民男女）擲鐵球（國優男女）三級跳遠（國優男女）參加比賽之各學校一律須於當日下午一時入場云

哈爾濱市公署教育科、際此非常時局、爲促進哈爾濱近郊一般農民對於時局澈底認識起見、由本月十九日起至二十六日止亘八日間、組織時局講演會班、同時攜帶映畫片、分別赴各近郊實施時局講演云云

籃球聯賽

選手權大會

爲參加全滿洲籃球聯賽預定於二十九三十亘二日間、每日下午、四時半起至八時止、在道裡體育場、舉行選手權大會、凡欲參加比賽籃球隊、可向市公署教育科內體聯館出報名用紙、共報名場所除體聯外至大北新報社均可、但於報名時、每一隊須交納報名費二元報名期間限於本月二十五日截止云云

欲吞沒人家房產

事機不密消息暴露

恐被房東控告請人調解中

道外正陽北五道街、同×慶佑衣莊、經理李×山、撫寧縣人、年三十四歲、爲人心地陰險異常、損人利事件、無惡不作、數年前、租得郭濟貴山西人、門市房屋數間、開設同×慶佑衣莊有年、生意頗稱不惡、所以又於附近開設分號三四處、房閥郭濟貴因之前回山西省親、將一切房照委託更夫郭海保存外、並代收房租、郭海爲人忠厚老誠、又係郭濟貴同、侄子、因此郭濟貴素日對郭海非常信認、所委託各種事項、毫無疑慮、不料李某人面獸心、見郭濟貴回山西、將房照委託郭海保存、即欲侵佔垂涎如滴、苦無機會可趁、經靈夜熟策結果、想出意欲吞沒人家房產詭計對更夫假選慇懃面具、不時以金錢運動更夫郭流並時常在各飯館招待更夫郭海

★★★★★

劉五子拐走小荷花

老父發覺控到警署

★★★★★

【五棵樹】茲有本鎮距十里許孀逵有住戶李恆年四十二歲業農家道小康有女名喚小荷花廿十九頗有姿未婚說與傭長工者劉五子十八歲發生戀愛關係非是一日、兩人海誓山盟不娶不嫁、熱度增加、如膠似漆、屢欲央人作伐恐父母不允二人約定於舊月二十三日晚十二句鐘逃去、經家人知覺奔找無蹤、並做工人劉五子也逃無蹤、其父李恆知其兩双逃、並查點櫃內存放大洋三百一十元、並有衣包一併拐去、夫發雷霆之怒、復找做工人劉五子担保劉德、保拐人叔父、現下已告發本鎮警察署、令將一干人等集究訊、結果如何、容訪再誌、

市召校長會議

示教育改善點

【鐵嶺】市公署教育股以本年下期開學伊始、關於市立各校本學期教育上、改善各點、有向各校長指示之必要、當於前日下午一時於市署、由×市長及平田副市長訓示教育股指示各項、一關於教授及教員、素質宜再向上之件、二學校設施完備及學級之件、三學校書類保管、職教値宿之件、四教授法改善、及其他各項云、

開發國策及確保資源

江軍局

組織大調查隊

來年解冰時沿江調查

北滿江運局、以當此非常時局之下、爲併同產業開發五年計劃、積極努力開發國策、以期確保槍後資源起見、對於松花江沿岸背後地之一般生產資源狀況、正在着手調查中、藉資各種生產、將來予以改善增產、開其後基於調查結果、其具體的開發計劃、即於來年解氷時、組織大調查隊、在沿江一帶、從事細密的調查、其關於江運之發展及北滿產業開發、實有重[illegible]

金融社員代表會議

【黑山】金融合作社、前爲台安分社獨立後、該社範圍縮小、並在社員代表選舉伊始定期召開代表會等情、業經先期通知各代表、屆時參加舉行故于是日到達者八十餘名、並各界首要參加之下、開始舉行如儀、關子社務進行事宜、提[illegible]

濱江特刊

第二三二號

盛京時報北滿證支社
社址 哈爾濱道裡 地段街一號
電話三三〇三番

濱江省管下被水災狀況
總面積約四萬晌
呼蘭河約佔一千百晌

濱江省公署管內本年度農作物被水雹虫害等災害、据省公署開拓廳當局與現地縣當局調査、迄至七月下旬所得的各地爲被害狀況、總被害面積約三八、八〇一晌地、其中被害最奇重者、則爲呼蘭河氾濫被水害地帶推定侵水面積一五、〇〇〇晌地、被害總額一二〇萬餘元、此外延壽縣地方受雹水害的面積約突破二萬餘晌、連調査後被害尚未報告地帶狀況綜合考察、預想被害總面積大概是四萬以上、損失約達於四百萬元以上、再水雹災害外小麥黑穗病發生地之慶城及夜盜虫害的双城兩地被害已達相當數目、各地別被害面積如左

(單位晌)

延壽雨害 一七、〇〇〇
同雹害 四、七九四
青岡雨害 四二八
慶城病害 一、四〇〇
雙城蟲害 二三四云云、

杜大夫藥到命除
田張無辜喪生
被害者將擧發杜某正託人疎通中
庸醫殺人層出不窮當局宜速取締

庸醫殺人 甚如刀槍水火猛獸、令人不寒而慄、曾轟動全

一日忽產生一女、田張氏不愼偶患感冒、因產後未幾、當然

絕前往醫治、又不肯捨此顧主、遂用花言巧語」說問病服藥比較前往診脈服藥勝强數倍、雖然診脈也得問病人得病原因、自稱治療婦女科如何拿手、關於貴夫人之感冒敢保一付湯藥即能痊愈、說得天花亂墜、田某信而不疑、即答曰病果然一付湯藥能治愈雖然多化幾元亦不足惜、而杜醫師聞田某多化錢皆不足惜、大煙灰的臉面滿臉都是笑容、就顧錢不顧命了、當時賣給田某湯藥一付、命田某持回煎服、而田某八月十二日下午二時將藥持回△中立即煎完、即令其妻田張氏服下未幾、週身發燒不堪、坐臥不安、始知服藥不洽、遂昏迷不省人事、口吐白沫、延至下午七時許嗚呼哀哉、其夫見狀不覺大驚、立即至大德堂向杜醫師質問、杜醫師見被害者已死、甚恐被害之夫告

及杜醫師見田某愚弱可欺、反悔賴前約賠償損失、誣賴田某利用偏方將妻治死並不承認田某在該藥舖購買湯藥、藉資推卸庸醫殺人名聲、以致田某不禁怒髮冲冠、誓決控告杜楊、而杜楊情知責任關係、現正奔走託人調解中、雖于能否圓滿解決容訪再誌云云、

匪賊警報傳來
自衛團員徃剿

【青岡】本縣近幾年來、因爲政治的修明、警察的努力特務的檢擧、雖未達到夜不閉戶、路不拾遺的美談程度、但是胡匪的行動、不但未見、尤其不聞、可云治安確保、四民樂業、不期今日(二十三日)縣屬極北興化村竟有電話報告匪警、無云綁去王姓父子二

人云云、縣當局得訊後、立派警團分乘汽車出動、前往剿捕茲據探詢、係以鄰縣竄入、現在該村北方、諒此跳梁小醜、難當精銳之兵、一鼓消滅、決在必期、希望市民勿作杞人之憂、各安樂土之業、同看捷報之旗、共唱凱旋之曲云、

第八屆運動大會
本市各選手七日晉京、

全滿洲國第八屆運動大會、決定於九月初八、九十、亘三日間、在新京國都隆重擧行、而哈爾濱市之參加選手、預定於九月七日赴新京、茲將各選

白俄事務局主辦
納特勞夫慰靈祭
廿七日在南崗神社擧行

白蘇聯外蒙軍不法越境、歐門汗事件勃發以來、日滿兩軍將士、本諸共同防衛之趣旨、不避酷熱、奮不顧身臨陣殺敵不幸中敵彈而殉職之特務機關軍屬白系俄人納特勞夫氏之慰靈祭、經哈爾濱市白系俄人事務局主辦之下、預定依左記白程不顧序嚴肅擧行、

一、納特勞夫遺骨於二十七日下午零時十分到着、全市官民協和會分會各青少年及團、均派代表於當日午前十一時五十分許、一致整列於哈爾濱站貴賓室前奉迎、

二、慰靈祭於下午一時在南崗神社內擧行、參列者須於下午一時齊集、

三、排共演說大會於慰靈祭終了後即開始排共演說大會云云、

二、防衛法施行人民要注意防護、三、警報非常招集特別注意、四、汽車警備道路修理、禁止大車通行、五、關於汽車路、汽車未通過時、不准膠皮輪馬車通行、六、關於發現匪情、即報官署、以免受害、七、橋樑沿溝修理、以重交通八、關於村屯有不法行爲、藉端茲事非造謠者、逮捕送懲、

第四軍區顧問
查閱青年團員

【青岡】在此國境風雲低迷之際、第一線的友我兩軍們終日在那烈日之下、彈雨之中死命的奮鬪、故居槍後的勇士均在極急煅練身心、熟習戰術爲使敵愾同仇、作我干城之選本縣青年訓練所即其一也、今(二十二日)日第四軍管區司令部主任顧問嘯命來青、在各機關各法團歡迎之下、暫息於俱樂部、擬於明日查閱青年訓練所及青少年團員的教練實施各項云、

該妓視其衣服襤褸、面貌不揚決不是下錢之客、心生不悅之意、即問閉盤或××、伊見該妓、面現不悅之色、心裡當然亦獲不滿之念、即以隨便答之、

整肅縣政
組縣政視查班

市之道外桃花巷口楊紫融醫院院長楊紫融於本年四月初旬加重過失致死滿婦劉司氏一案、醫師被於法院羈押尚未判決、自該慘案發生後、哈爾濱警察廳當局、爲確保市民身體健康、對於市內散在中西醫師嚴重調查、同時並捕有無許可行醫者數名、以期杜絕庸醫殺人事件發生、詎知一波未平一波復起、竟有道外正陽頭道路北濱醫藥舖大德堂經理楊友仁爲人驕傲不馴、姦詐極點、乘近年各種藥材缺乏爲契機、高價出售、以致大發厥財、該藥舖醫師杜季貞年五十餘歲、患有深刻阿芙蓉癖、雖醫術不精尚抱有遠不出診、貧不與醫主義、有田長久年三十一歲旅順人、現在江北造船所充當鐵匠、爲人忠厚老誠、其妻田張氏年二十七歲、懷孕數月、於八月十不能遠出就醫、故令其夫田長久赴江南即（哈爾濱）相距三四里、因聘醫醫治、田某即至大德堂聘請杜季貞醫師前往治療、不料該藥舖尚來遠不出診主義、豈能容易前往、雖然拒發、狼狽不堪、遂承認賠償損失、田某見杜醫師及經理楊某認罪叩頭如搗蒜、田思妻業已死去雖疼惜控告醫師庸醫殺人罪而死去髮妻亦難復活、故應其請求賠償不究、嗣後楊經理

以協和會爲主體 各機關援助之下

救濟被災者各對策已決定

本年七月間因豪雨連綿、以致松花江流域之呼蘭河與拉林沿岸一帶發生重大水災、一般農民蒙受奇重水災、有殊多不能維持生活、呼飢號寒者極爲悽慘、而協和會濱江省本部、對此非常關心、本諸宣德達情民族協和之精神、不肯坐視、乃最近特以各協和分會爲主體、並與省市及金融農事合作社等關係者聯絡之下、積極研究救濟對策、迄至現在業已決定、依左記各項救濟辦法、

一、吃粮對策、對各罹災農民決由各地義倉貸與米穀、

一、貸欵處置、由農事合作社、對各災民實施貸欵、（詳細辦法目下正在計劃中）此外金融合作社於可能範圍內、亦盡量之貸欵、如於不可能時、則申請經濟部設法辦理、

一、一般貸欵處置、對於一般貸欵決使其延返長還期、一方減少或免除其利息、

一、金融會貸欵處置、對於鮮人災民、決由金融會貸欵救濟之、期間亦便延長利息亦予減輕或免除之同時對於水濠及其他被破毀建築借與修繕費並滿拓管理地及開拓民管理地之小作料、予以免除之、再對馬粮放欵及種子配給均免除返還

一、勞働者之斡旋、對於罹災之勞働者決由勞工協會及農事合作社協力斡旋、之不可能時、或送交哈爾濱勞工協會辦理之云云、

學童陸上競技大會 二十六日舉行

市署大北新報午報三當局主辦

哈爾濱、市公署教育科及大北新報午報社、爲促進全市學童體格健康向上起見、由本年度起共同主辦第一回全市學童陸上競技大會、經協議準備結果、決定於二十六日下午一時在道裡市立體育場隆重舉行、（但遇雨時延期舉行）參加學校、滿俄共計五十餘校、選手計滿校八百六十餘名、俄校一百三十餘名、合計一千[illegible]名、全校生徒及一般參觀者諒能突破萬餘名、大會盛況空前稀有茲將大會次序及重要役員分別誌錄如下、

開會式

一選手及役員入場二日滿國旗揭揚（合唱日滿國歌）三、開會之詞會長張市署教育科長四、致詞名譽會長趙市長、五致詞會長山本社長（郭編輯局長代表）六、審判長之注意七、開始競技云云、

手氏名及扣當項目、分別誌如左、

△扎布利諾夫司基、百米四百米二百米、△劉文閣百米二百米、△闞鴻超八百米、一千五百米、△果尤利果夫八百米一千五百米、△徐子達、跳高跳遠△道盧濱鐵餅、鐵球、△大來路、標槍鐵餅、鐵球、△藤田義雄、鐵餅△藤田敬久標槍△田中榮馬拉蘇△吳貞錄馬拉蘇△長谷川友一、四百米△小川介助掌杆跳△利伯爾滿百米△卡爾包夫司基二百米△沙布利諾夫司基、劉文閣道芦濱利伯爾滿、卡爾包夫司基、四百米接力△沙布利諾夫司基、果尤利國夫、長谷川友一闞鴻超利伯爾滿卡爾包夫司基、一千六百米接力云云、

艷樂堂蕭條

【阜新】東市場內艷樂堂妓館於八月二十五日晚八時、有遊人于得水、年三十許、昔曾充差、現以才藝爲生、工作完畢心感悶倦、遂赴料理街爲消遣信步入艷樂堂妓女李少紡屋內、該妓乘機將帘放下索錢、該人本工作悶倦、藉遊爲消遣、無意間津、曷嘗帶欵、遂答無錢、該妓即口出不遜、寃損交加、伊稍加理論、乃該館主人張福齡、呼夥友前來毆打、當經好事者勸解、遂爲了事、故一般遊人、莫不謂該堂妓女勒索客人、夥友蠻橫、以致素有章台癖者、皆裹足不前、該堂生意近來蕭條、門前殊屬蕭條云、

第八次警民懇談會

【五棵樹】本鎮協和分會開第八次警民懇談會、於月之廿五日該會招集警察署長、各村長屯長、各界要領參加、假座學校教室、關於參加人數比較以前很在少數、對於協和會內容施行方針、人民以及責任者智識印象、仍然不化、每次屬期開會、應當踴躍前來參加爲對遺協和懇談會是人民交換意見傳達民情、喚起精神、一致官民化、嗣後望家鎮官民要一心一德、注重懇談會事項爲要、今日開警民懇談會、要綱於左、記、一、警察與人民相親相愛

擊死股匪三名

獲大小槍三支子彈一百發

當此青紗障起、各種匪藏匪徒又行趁機蠢動、二十四日下午一時許、呼蘭縣東南方忽然發現股匪出現、而哈爾濱警察廳據情報後、立即派遣司法科警佐以下十名、武裝整備、急赴呼蘭縣樂安鎮東南方東青山堡、付伐附近盤踞匪徒、以奮不身、勇敢痛烈抄襲結果、擊斃匪徒報字天驕之戰永國年二十八歲、報字仁義之孫萬倉年三十六歲、報字九先生楊甫麟年四十歲等三名、沒收一號匣槍一支、大槍一支、子彈一百發、並逮捕趙春高年二十三歲、張素子年四十九歲外一名高葵凱談、據審訊結果、匪徒供稱於本年八月五日在松花江北岸松浦鎮馬船口日滿製糖附近、搶奪道外長春四道街新安里院內劉雅軒年三十五歲未遂、繼於六日午前十一時半頃、在松浦鎮王八坑搶得呼蘭縣王國吉年三十歲現金六元五角、及金飾品、十一日下午一時、搶住於顧鄉屯二道溝王泡頭二十九歲現金五十元及金飾品、當局正追訊中云云、

【吉林】產業開發下之縣政向上、爲目前當務之急、吉林省公署爲實地調查全省各縣政治特以民生廳爲中心、組織縣政視查班、每組三員、共組五班、第一班永吉長春等縣、第二班敦化額穆等縣、第三班磐石樺甸等縣、第四班榆樹舒蘭等縣、第五班農安長嶺等縣、由八月二十四日二十五日由吉分途出發、以兩週爲檢查期間此番縣政檢查後、政務必有一番之革新云、

對各旱災地域 發給白菜種

【安東】省公署民生廳、管下各地、旱災已成、現在以雖天降足雨、然已遲晚、禾稼殆已枯萎、雖稍有收穫、亦無濟於事、茲爲應急之救濟計、以蔬菜、代植、爰特由東京櫻野農園、購至大批郵菜種子、如白菜、蘿蔔種子、前已配發各縣、縣公署於日昨已通知各村村公所、經速來縣領取、以便與村民配給播植云、

濱江特刊

第二二四號

盛京時報北滿支社

社址　哈爾濱道裡地段街一號

電話三三〇三番

全滿第二十六回醫學總會

於二日起盛大舉行

全滿第二十六回醫學總會、已於九月二日起在國立哈爾濱醫科大學禮堂內盛大開催、當時出席參加全滿各地醫學權威者及友邦日本內地醫學權威者親睦熊度雍擠一室、關於各專門醫學研究發表及特別講演、用資進為純粹近代醫學病源發見、及醫療對策、為全滿醫學界最大問題也、茲將講演題中、關於滿洲國衛生及開拓政策關係事項及担當者分別誌錄如下

△關於富拉爾基保養院、對於極寒期氣浴治療法、由富拉爾基保養院日置、米田、太田担當講演、

△關於滿洲南部之旅客列車、適應快感標準態度之研究、由滿鐵保健科長田中用上講演

△關於寒氣之適應力、由京都帝大正路教授講演、

△關於凍傷預防靴之保溫力研究、由滿醫大趙氏講演

△關於防寒被服材料之保溫力、經滿洲醫大、永田、川人講演、

△關於人造毛皮創製與防寒衣型由島部帝大戶田教授講演

△關於克山縣農村家屋之衛生學的調查、由滿大小松三浦兩氏講演、

△關於粉紅及口紅使用全滿滿人分布狀況、由哈醫大正山、松岡齋藤五十嵐、山口諸氏講演

△關於克山病、心臟之×光學的研究由滿大馬殿氏講演

△關於彌榮村移民地特種皮膚病疾患者、由滿大海井三村兩氏講演

△關於哈爾濱中學生、體力調查成績、由滿赤哈爾濱病院、隱明等講演

△哈爾濱傳染病對策、由哈爾濱市立病院、住田熊谷兩氏講演云云、

都市行政建設視察團

一行前日抵哈

一日午後乘列車南下晉京

新設之東安省、各種建設正在突飛猛進時期、為資借鏡以長補短作為建設參考之資料、該省官房石田進氏及外主要官吏二十六名特組織全滿各都市行政建設視察團、一行受本市

轉後赴南滿各大都市視察云云

舞女與藝妓等

人數統計

素稱為東方第二小巴黎擁有五十萬市民國際都市之大哈爾濱、人口激增商業日趨繁華、其尤娛樂場所較他都市極多、其中舞女藝妓、酌婦、酒妓據關係者統計約有四千三百餘名、佔為全哈市人口之八厘、計藝妓日人三百三十三名、滿人七十七名、娼妓日人一百二十四名、滿人一千十七名、鮮人三百九名、俄人九十六名、酒妓日人五百四十六名滿人四百三十四名、鮮人六名、俄人四十四名、飲食店之女招待日人一百十四名、滿人六百八十名、鮮人二十三名、俄人及其他三十六名、舞女日本人五十八名滿人五十一名、鮮人十一名、俄人八十九名、合計實數為四千二百九十五名云、

章省長視察

呼蘭行政狀況

濱江省長章煥章氏、為視察管下呼蘭縣一般行政狀況起見、特於九月一日偕同該署德田秘書官及井出警尉等搭乘列車赴呼蘭視察途中、預定三日午前視察完了返哈云云、

徹底一掃交通慘劇

交通株式會社亘一月間實施

精神自勵與節約自肅等週間

哈爾濱市交通株式會社、鑑於近來人口激增、交通事故之頻出、為謀交通之安全、徹底一掃交通慘劇起見、於九月一日之興亞日為期、亘一個月間、實施自肅自戒旬間、由九月一日起至十日、為精神自勵旬間、所有全體從業員、一律各自之勤務精勵、尤須注意自戒、促進業務及社運向上發展、自十一日至二十日、定為

云

棉花統制施行徹底

委勸導員開懇談會

【海城】縣農事合作社、為期棉花統制法、施行徹底、達成政府計劃、遂行圓滑、前經協議結果、對棉花栽培地方有力者、委託為棉花勸導員、副對國家農事合作社、對棉花事業、有以全力援助、委託者

鐵道局結成消節委會

實施要項已決定

際此戰事體制非常時局之下、各種物資價格昂騰時期、擁有沿綫二萬名從業員之哈爾濱鐵道局、爲促起全體從業員、自肅自戒、完成消費節約之使命、經研究結果、實施結成消費節約委員會、其實施各種要項、業已決定、當即通知各社員會各分會、俾資屆時嚴守、達到愛國之赤誠、茲將其消費節約運動實施目標誌錄如下、

刷新生活之道、

一、打破弊習、甲結婚（一）披露宴爲茶菓、（二）酬酢之範圍、僅限於極近親屬、（三）場所俱樂部、或在家庭、乙葬儀（一）廢止通夜飲酒（二）通夜食事、以飯盒等類程度、（三）廢止個人贈呈花環、丙慶弔之答禮廢止、丁中元年末年始贈答品絕對廢止、戊宴會（一）忘年會新年宴會之絕對廢止、（二）轉勤退職入營出征歡迎等、均以茶菓爲佳、（三）懇親會更要簡單、己娛樂之健全化、庚年賀狀至新年同禮廢止、

△使生活合理化大致爲

甲利用消費組合及生計所（一）買物時、必須在消費組合及生計所（二）勵行現金

乙預算生活實施（一）活用家計簿丙待客應用自製飯食丁愛食飯盒社員食堂

戊節酒節煙

己食以米食爲本位

庚獎勵家庭副業、服裝簡易化貯蓄獎勵、資源愛護、廢止奢侈品愛用國產品等節約運動云云、

秋丁祀孔

舉行協議會

秋丁祀孔籌備委員會爲準備祀孔事宜、將於本週間召集各關係開催協議會、以資討論本年度祀孔一切準備事項、茲聞省民生廳方面擬本年度擴大舉辦祀孔典禮、屆時省當局日滿系官吏全体參加云云、

關係者之歡迎於三十一日下午九時到哈、九月一日往訪市公署趙市長、並由市署關係者作爲案內、赴衛生科所屬機關作爲詳細視察、於一日下午十一時半搭乘南下列車赴新京、然

業務自勵旬間、雖然在室內機上勤務者、亦應特別與業務人員協力一致、使各種業務奉公精神之向上、自二十一日起至月末、爲節約自肅旬間、無論對於公私、必須一律嚴格節約

刻已發表、計六十四名、於月之二十六日、午前九時、在城內宏升樓地址、開催棉花勸導員第一回懇談會、茲將其當時會序列下、

一、全體入場、二、向國旗敬禮、三、國歌合唱、四、開會之辭、五、勸導員委任狀頒發、六、縣長訓話、七、副縣長訓話、八、省代表致辭、九、棉花會社代表致辭、一〇、農事合作社專務董事致辭、一一、懇親會攝影、（午餐會）一二、紀談、一三、閉會云云、

荷馬車組合主事

呑沒公欵萬元

事機不密被人發覺

南崗花園街五三一二號住戶加藤正好、年四十一歲、石川縣濃美郡人、曾充職於哈爾濱市荷馬車組合主事、以職位爲奇貨、則濫用職權、曾於去年六月至十月之短期間內、呑沒公欵一萬餘圓、以飽私囊、不料事機不密、竟被哈爾濱警察廳慧眼之司法科當局、偵知其横領公金之醜聞、爲期智能官公吏之犯罪斷乎掃清、故於八月二十日以來、將荷馬車組合關係者引繼之下、取嚴密調查結果同組合主事加藤正好一萬圓之公金横領事件全貌判明、現正追訊其餘罪中、可謂天網恢恢、疏而不漏云云、

期鴉片斷禁徹底

嚴重調查管烟所從業員

對癮者一律强制逆烟所無料戒除

哈爾濱市公署戒煙科基於政府當局鴉片麻藥斷禁國策、爲期鴉片斷禁遂行之徹底、連日以來對於市內禁煙工作努力進行、爲防止各管煙所被資事件發生起見、現正從事調查七十六家管煙所從業員癮者實數、以俟各管煙所所長調查完畢報到戒煙科後、對於各管煙所從業員癮者、決定一律送至市立戒煙所無料予制戒除、以便促進鴉片斷其斷禁之明朗化、同時哈爾濱警察廳煙務股爲謀鴉片麻藥斷禁遂行之迅速、對於目前發給臨時麻藥救療証、令麻藥癮者至指定麻藥販賣場所購買、不料一般不正麻藥癮者、除將救療証規定數量遂意塗抹、和改增加數量、除自用外、尚有頗多不良份子將麻藥私行高價出售行爲、實違犯當局漸減斷禁之宗旨、因此警廳煙務股爲糾弊之計、於八月二十九日起、以迅雷不及掩耳手段、將麻藥救療証規定量塗抹者均以沒收外、並將青年麻藥癮者捕獲五十餘名、均送市立戒煙所强制戒除云云、

開催警察武道納會

【開原】開原縣警察官、於八月廿七日在滿鐵道場、開催武道納會、其成績如左、・劍道、一等野本辰吉、二等大中久吉、三等柴田三藏、柔道、一等柴田三藏二等巫野忠義三等武智警長四等關田長人五等古家濟美

警廳考試運轉手

【齊齊哈爾】本市警察廳管署警務科保安科運輸實施之秋季運轉手考試、前夜至廿五日、報名者達一百四十名、特殊者廿二名、小型者三名、共計爲一百六十九、於廿五日、已於第一商高操場舉行術科考試、並於廿六在警廳教養室舉行學科試驗云、

商埠有□繁華

【屆山】本鎮與商埠街、因內部窄小、出入不便、該經房主乘加改建築、現已經建成功商店復舉、[illegible]

濱江特刊

第二二五號

戰利品展覽會
同時放映時局電影
每每前往觀衆非常踴躍

【哈爾濱】外蒙蘇聯軍不法越境諾門汗事件勃發、日滿兩軍爲確保國土及滿民趣旨、對於暴戾越境外蒙蘇聯軍會加徹底膺懲結果、並將其痛擊於國境外並擊墜飛機不勝數計、俘擄各種武器無算、而蘇聯軍弱無能、被日滿軍勇猛壓制、業已暴露蘇軍敗戰態度無餘、爲喚起我滿洲全國民衆明瞭日滿國境之戰勝計、業將所鹵獲蘇聯各種武器在濱洲線海倫等地舉行戰利品展覽大會、而大北新報哈爾濱日日新聞俄文時報由各關係機關後援之下、共同主辦戰利品展覽會、先後在松花江岸公園及商工公會盛大舉行連日來前往觀覽者不下數萬人、非常踴躍、足証哈市民衆對諾國境事件之關心、同時更放映時事新聞電影、第一日在南崗第二日在道裡、第三日在道外正陽國民學校舉行、每日前觀衆頗爲擁擠、成績特別良好、一般市民反共認識遂漸深刻化云

濱神社秋季大祭之佳辰、故該社氏子會爲依照往例舉行、於四日下午舉行前夜祭、於五日午前十時更盛大舉行本祭、屆時由關係者一致出席參加之下、嚴肅舉行本祭式典、茲將其次序分別誌錄如下、

一、修祓
二、社司御扉啓扉
三、祭員神饌供上
四、社司祝詞奏上社司玉串奏上拜禮祭員一同入席
六、參列者順次玉串奉奠
七、祭員神饌撤下
八、司御神扉閉扉
九、一同退出云云

華北水災奇重聲中
定縣來函呼籲
協會省本部發起醵金

【哈爾濱】友邦中華民國新民會定縣指導部及青年少年少……助籌款之後、更請撥下、實不禁爲定縣罹災衆生憂、翹企待……

爲謀市政明朗
拔擢強幹青年

【哈爾濱】哈爾濱市公署、爲謀都市建設發展及行政之圓滑、對於人事積極刷新、以期

女國等因日下華北水災之奇重關係爲匡救此數百萬被災難民會向各方連名呼籲已收得甚大效果、今次復本諸原來之主義更向我素稱王道仁政之滿洲國協和會濱江省本部來函呼救其內容極盡悽慘之致述一般災民嗷嗷待哺之慘狀已活躍紙上矣以是該會自接得該函之下已發起向各方募力籌金以資災民早日得救茲更將其原函照錄如下

敬啓者、定縣不幸、屢遭極凶、秧初出土、冰雹施虐、苗方茁芽、河伯爲災、濁浪排空、田園化爲泥沙洪水橫流、廬舍變成丘墟、野無青草、途有餓莩、蒼蒼蒸民、罹災而死者、到處都有、殘喘以生者、所以皆是、悲秋泣夏、業已奄奄一息、啼飢號寒、只有嗷嗷待哺、彼蒼者天、何遽忍此、蓋緣黨共禍國之孽根所伏、致遭天譴耳、伏維親仁善鄰、乃我友邦立國之本、濟貧週急、實係貴國與邦之源、仰祈仁人君子、大開善門、傾囊相助、俾罹災黎庶、得慶更生、定縣困阨、藉資解除、他日擊壤鼓腹咸歌大有、皆我友邦之賜也書到之日、即祈襄命之至、專啓敬懇、順頌夏安

以上即爲該函原文、實不忍足讀此文、望我邦人士决可當仁不讓以洸義舉也云云、

神社秋季大祭

各關係者參加舉行

【哈爾濱】九月五日爲哈爾

人事陣容之充實、因此對於老朽及不良嗜好之官吏斷行淘汰、以期完成行政之明朗化、現正調查中、對於不良嗜好、能率不佳者、並非常時局認識不足者、以自動的退職之形式斷然加以整理、同時對於精明强幹之青年人材拔擢登進

濱江省本部

開催縣事務長會議

自本月十五日起舉行

【哈爾濱】協和會濱江省本部爲謀各縣本部協和運動之徹底並會務處理之圓滑、特定於九月十五日起至十八日止亘四日間召集各縣本部事務長開催聯絡會議、茲將會議日程次序誌錄左之

△第一日

一、十五日午前九時開會

二、省本部長訓示

三、前次事務長會議以後的工作經過報告及批判與檢討

△第二日

前次事務長會議以後的工作經過再報告及批判與檢討

△第三日

一、繼續報告不批判與檢討前次會議後的經過情形

二、協議本年度後半期（九月以後）的工作方針

△第四日

一、省本部與各縣聯絡所要協議事項說明

二、協議各縣希望之提案事項

三、政府及其他關係機關的快談

四、閉會云云

建築完備防空壕

哈郵管理局特殊防護隊動工挖掘

【哈爾濱】當此非常時局、國際情形之急變、時局逐漸緊迫哈爾濱郵政管理局有鑑及此、爲謀防空陣容如鐵壁之鞏固、一朝有事使無遺憾計、該局對於特殊防護隊員積極普及防空知識外、並努力進行訓練、以期充實防空之設備、現由各防護隊在各郵局後完動工挖掘防空避難室田壕、並在屋內設備輭梯、以備萬一之需用、各防護隊員緊張工作毫無疲乏之色

濱江特刊

第二二五五號

盛京時報北滿總支社
社址 哈爾濱道裡地段街一號
電話三三〇三番

九·一八紀念日盛大舉行慶祝

各遊興場所停業一日以表紀念

九、一八滿洲事變、紀念日爲期明迫、協和會市本部爲謀盛大慶祝起見、連日來與市公署及軍當局關係等、將各種行事業已規定、協和會哈爾濱警察廳分會有鑑及此、爲喚起五十萬市民、徹底明瞭滿洲帝國建國意義、並友邦大日本帝國之義出討伐匪軍暨警、特決於九一八紀念當日、令各遊興場停止營業一日、以表示紀念云、

左記酌節方針、而實施之即決定印製石炭需要申請書、向各會社各家庭頒佈、使其記入最低限度之需要量、然後經由各區長與日滿商事之手將申請書送交關係機關、待經適當協議之後、予以圓滑配給之、惟對該項申請書、限於本月二十五日起向各區長提出、但不當申請者決不受理、故希需要者務以調意申請云云、

炭疽病預防

十九日起實施

哈爾濱市警兩衛生當局、鑑於家畜所患之炭疽病最易傳染人畜、其傳染之迅速實令人恐懼、因此爲喚起一般民衆防患於未然計、決定由本月十九日起至來月十日止、於此預防期間內、實施家畜炭疽病預防注射、關於實施日程及場所、現下正在協議中、不久即可決定發表云、

愛路少年團

舉行訓練大會

哈爾濱鐵道局爲謀鐵道防衛之完備、由哈鐵當局協同鐵道警護隊、由管下各愛護村選出之鐵道愛護團協和青少年團員三百名、於九月八日開始在哈市馬家溝滿國軍兵營操場內、舉行

哈爾濱郵政管理局行委任官採用考試

茲於新京郵政總局今次實施之甲乙種委任官採用考試規則之哈爾濱郵政管理局、現通飭各管下郵局凡三十歲以下之現職從業員、限於僱員均可報名投考、關於一切必要之文件、須於本月十日以前、提交管理局、關於考試之要領、茲誌錄如左、

一、應試資格

制、經濟大意、國語、數學、東洋史及世界地理、第二日經文常識及人物考查

B、乙種委任官第一日國語、數學、東洋史滿洲地理作文常識第二日人物考查

五、報名書類

有志應試者在報名之前、須繕具左記各項文件

1、應試願書
2、履歷書
3、健康診斷書
4、像片一張

六、及格者發表、學術考查及人物考查、並身體檢查結果、決定及格者、陳通知各個人並於郵政管理局報上發表云云、

綜合訓練大會、由部長宇佐美局長岩田本隊長及市內關係者一致參加之下、舉行愛路訓練大會云云。

現任郵政管理局或郵政局之傭員年齡不滿三十歲者

二、考試方法

學術考査、人物考査(以口試行之)及身體檢査、(以官醫院健康診斷書代之)

三、實施日期

及場所本月二十七日二十八日兩日間在哈爾濱郵政管理局、

四、考試日程及科目

A、甲種委任官第一日、法

印製石炭申請書
向會社家庭配佈

哈爾濱警察廳協和會商工會日滿商事等關係機關、鑑於北滿酷寒時期轉日又將來臨、爲謀冬季石炭燃料配給圓滑起見、經愼重協議結果、乃决定

正陽署進行組織經濟保安警察

正陽警察署、爲順應統制經濟之進展、以期確立强化經濟保安陣容、特於最近滿系警官異動之機會、於保安系內增加警官數名、設置經濟保安專務部、將向來在該署特務系之該項事務、完全移管、以專門掌管經濟保安之事項、此實應各方面之要望、成爲經濟陣容保安獨立之先鋒、至此經濟專務部、臨時由保安系廣江警尉補以外滿系多員、組織之、頃已着手進行中、同時並對管下各派出所發下指令、對管下大小約四千餘之各商店開始行査本統制品之配給狀況、及販賣系統、與公平交易之抑壓之基本事項、記載帖頃在作釁中、即將對之開始行澈底的調査云、

杜季貞庸醫殺人案
頃已圓滿解決
杜醫師甘願賠償一切損失費

曾與傳本市之道外正陽北頭道街大德堂藥舖醫師杜季貞一付湯藥致死少婦田張氏一案、已誌前報、自該慘劇發生後、醫師杜某恐被害丈夫田長久者控告、棄脫法網、遂向田某百般懇求並叩頭如搗蒜、承認賠償一切損失、而田某本係忠厚老誠、覩杜某叩頭懇求可憐、無奈應諾其賠償請求、不料事殺有變、杜某本係奸詐迭出之徒、後見田之爲人愚弱可欺、田雖屢次前往追索賠償金、而杜某初時敷衍搪塞、繼則堅不承認田張氏係彼藥死、並誣爲田張氏確被他人偏方致死、田某因妻自罹病迄至逝世僅一日間、確未用他人藥方、不免怒髮冲冠、決與杜醫師法律解決、即物色律師中、杜醫師見事不佳、遂又託人從中與田某調解、甘願賠償國幣三百元併購另姿外、被害少婦田張氏棺槨壽衣向旅順運靈一切費用等完全賠償、結果現在双方業已圓滿解決、數日前將被害少婦屍体業已運返旅順、至于將來被害少婦娘家能否加以干涉不得而知、嚧庸醫殺人之慘聞令人不寒而慄、希一般患疾者請醫診斷加以謹愼、以免發生不測云云、

過失殺人上訴案
已由高檢廳送交高法院

轟動一時之楊紫融醫師、因用藥過多、致將少婦劉司氏致死、以加重過失罪、被死者遺族控告於地方法院、曾經兩次不服宣判、經過一切之情形會已迭誌本報、當楊於第二審時、即聲稱上告、玆經探詢、關於斯案之一切案件、頃間已由地方檢察廳、整理完畢、轉高等檢察廳突、並聞業於前七日院正式由高等檢察廳送達於高等法目、至於何日公審、則尙未決定、爲下正由新聘之辯護士湯川律師代於充分準備一切辯論理由中云、

祀孔禮節畧有變更
三叩禮改爲一鞠躬
讀祝詞時行敬立之禮

濱江省公署民生廳、爲準備本月十七日秋丁祀孔式典起見、故於八日下午二時、在省會議室召開籌備會議、但依中央當局爲隨同新興國家之趨勢、對於此屆祀孔典禮、有應行改正部份、大體關於祀孔節均仍按照如前儀式、惟對從來之三拜典禮、今則改爲一鞠躬、從來之九叩典禮、今改爲三鞠躬、從來朗讀祝詞時、必須跪拜之禮、今則改爲於讀祝詞時行敬立之禮、從來所穿之滿洲國禮服、今則一律改爲協和服、協和禮帽並佩帶飾紐、紀勳章云云

農社考試僱員

【呂圖】本縣農事合作社以人事不敷於用、曾張貼廣告採用僱員二五名、聞報名者頗爲踴躍、於日昨(十日)假東城廟小學校教室、實行考試、計有九十餘名之多、但不悉應死誰手、約需三四日後、方得發表云、

濱江特刊

第二三六號

盛京時報北滿諸支社
社址 哈爾濱道裡地段街一號
電話三三〇三番

省下農地開發 成績極爲良好

濱江省公署開拓廳由康德五年以來伴同產業五個年開發計劃、對於農產部門積極開發、以期達成農地造成之制度、並滿鮮農開拓民之理想農村之建設、邇來農地造成計劃事業極爲順調進行、即第一年度開發事業狀況如雙城、巴彥蘭西肇東、呼蘭、綏化等六縣、除郭爾羅斯後旗十六縣外、造成用地三十四萬五千九百天地業已整備完了第二年度蘭西肇東綏化、郭爾羅斯後旗之五萬六百天地現已即可整備完了、右造成地區滿農三千七百十四戶、鮮農二百四十三戶入植、其開發面積入植戶一戶能得地十天地、第一年度五天地、第二年度五天地、預定二年開發完備計劃、更於本年度三千九百五十七戶入植、開發水田耕作面積千百〇七天地、農田二萬〇九百天地、計二萬二千〇七天地、農地造成成績良好云云

「史國公」酒中有老鼠 嗜之者多不飲

有碍市民衛生希當局注意

哈爾濱道外北十一道街前大北天小賣所替身之市立第六四號管煙所、看燈長趙某、年四十餘、於日前趁公餘之暇與友人至附近某小飯館食飯、因趙某素嗜杯中物、於進門之後、即叫來炒菜兩個、『史國公』

以注意、以保市民之衛生云、

戰科長榮轉雙城

【雙城】本縣自張前行政科長、榮陞鐵驪縣長後、科長一席、爲韓股長暫代現經省令以綏稜縣行政科長戰績成氏、榮轉雙城、業於九月二十三日

以往成績、有口皆碑、今次榮轉我雙行政科長、將來宏猷大展、造福桑梓、我雙之縣政、必一番有展進云、

畜產品會評誌盛

【蘇家屯】蘇家屯街公所根據我國產業五年計劃之方針、對於各種產業力謀素質向上、茲爲鼓勵畜產進步計、於十月九日、假商鎮前大廣場、舉行畜產品評大會、將街內居民所飼之家畜、齊集於此經街長以下各職員、及區長等、詳加評定之結果、計『馬』獲一等賞者張鳳禮、獲二等賞者、汪德海、獲三等賞者、張文祿孔學志、劉廷印等、計『猪』獲一等賞者鄭忠陽、獲二等賞者、鄭春圃、單玉璽、丁希賢獲三等賞者、程珮藩、單玉璽王金成等、依其等次、各發給銀盾一座、以資獎勵、其他未中賞者、亦各發給毛巾等物、以示優遇云、

調查文教化兩團体 省本部奉命進行

協和會哈爾濱市本部、頃奉中央本部之指示、爲徹底輔助各文化團體及教化團體之發展特定於七日開始調查各教化及文化團體、其調查要領分別誌錄如左、

一、市縣旗有本部或支部者

二、辦理社會教化慈善事業團體

三、文化團體

1、映畫演劇

四、其他可作參考之資料既刊行物之樣本及其他云云

慈善會設置 嬰兒救濟所

道外十八道街白萬字慈善會近鑑於街頭不時發生嬰兒屍體究其原因不外因其生活逼迫及私生子等、時常將嬰兒置之於死地、此種慘無人道事件、不

酒兩瓶、且飲且談、情趣橫生、一瓶飲完、又飲二瓶、詎意於第二瓶方將飲完之際、因傾注而發現 瓶中有一小死老鼠、被酒所浸已腐敗不堪、斯時趙某正同其友人飲得津津有味、且不住呼喊『史國公』酒太好、酒底太厚、於 發現之後、不禁心中有所疑惑、當即大吐而特吐、並將該小飯館經理召來、質問酒中何來老鼠、該館經理見『史國公』酒、並非已造、乃係由外購來者、即將斯意對趙某表明、趙某當即持酒瓶向外奔去、意在赴道外南十四道街『史國公』酒店質問、後經友人及『史國公』有來往各商號之解勸、趙某始作罷論、但是已將飲下之『史國公』酒全盤吐出矣、但趙某及其友人、幸未罹災、亦云不幸中之大幸云、甚希責任當加

慘！

鮮童行路不慎 被小汽車軋死

近來市內交通事故依然發生頻仍、於本月六日下午五時許、在道裡斜紋二道街萬國農機具公司門前、有一鮮人兒童年約十一二歲身着學生服、由北向南橫過車道時、忽被一營業小汽車撞倒軋斃、其狀極慘、茲將經過情形誌錄如左、

有一不知姓名之朝鮮人兒童着學生服、年約十一二歲、於六日下午五時許、由路北向路南通過車道時、不料有一小汽車一輛由東向西急馳中、因双方躲避不及、竟將該幼童撞於輪下、車輪由其身上軋過頭部軋得粉碎、腦漿迸裂、鮮血淋漓、幼童當即斃命、爲狀極慘、適被交通警士、發覺立即赶到現場、除將司機帶署審訊外、一方由被害之家長將屍体認領掩埋云云、

到雙履任、查戰科長、乃本縣七區人氏、係大學卒業、少年英俊、精明强幹、歷充保長省屬屬官、綏稜縣行政科長、

協和會組訪日視察團 哈地區本部派員參加

十八日在新京集合廿日首途赴日

滿洲帝國協和會、鑑於當此建設東亞新秩序途上邁進之際爲達成日滿華親善提携之鞏固而完成東亞永久和平之使命、以便促進民族協和之徹底、特組織訪日視察團、團長張立炎（中央本部實踐部員）副團長中山盛義（龍江省白城區區本部事務長）一行團員共爲二十九名、哈爾濱地區本部派遣卓春峰及王若廬二氏參加定於十八日搭乘南下列車晋京、各地代表在國都集合、自二十日午前八時許由新京出發就赴日之途云云、

2、音樂
3、美術（繪畫彫刻）
4、學術文藝出版者
5辦理文化啓蒙運動之團體

但違背人道尚且慘害若干可憐的小生命、該會本爲慈善爲懷救濟生命爲本、故決定在該會中設立一處嬰兒救濟所對於內部各種施設及人員殊爲完備、現在已向市公署社會事業聯合會方面請求許可中、實一般被嬰兒一大救星云云、

衛生車肇禍

【開原】本月五日午后四時、有滿載糞芥之衛生車、於北三街附近、匆匆前進、偶爾失愼竟將某人之手挽車轢壞、當即扭至北三街派出所經警察官之排解双方担負修繕費而了事云

暴風 沉沒小汽艇五隻 流失舢板四十餘

近來天氣驟然寒冷、一般市民多着棉衣、於六日午前八時起、突然西北風狂起、一時飛沙走石、塵土遮天、以致松花江波浪甚大、所有江沿繫留小汽艇及小舢板船等被暴風波浪冲襲、除沉沒江中外流失甚多迄至七日午前八時調査結果小汽艇沉沒五隻、其他小舢板船沉及被風吹漂丢失者不下四十餘隻、其餘沿江一帶亦有多數流失者、幸未傷害人畜云云

煙務股人事異動

【阜新】縣公署爲整頓煙務股、并求人事適當起見、遂將各管煙所主任 次第更易、公務便利、易收效果、第一管煙所主任原陰慈轉新邱管煙所主任、遺缺以馬振龍補充、第二管煙所主任郝永春轉泡子管煙所主任、遺缺以老河士管煙所主任孫士榮調轉、遺老河士缺以第一管煙所販賣杜忠升充第四管煙所主任靖汝恭轉孫家灣主任、遺缺以周殿賓補充第四管煙所會計陳瑞麟、第三管煙所主任泡子管煙所主任曹煥廷轉王府管煙所主任、鶩歡池管煙所尚主任與第二管煙所會計王蓬萊均免職、

寒霜初降 禾稼受害

近日以來、天氣較凉、秋霜忽降以致哈市四鄉除白菜之外收刈之禾稼、多受寒霜之未害因之欠收十分之三四、農民均有憂色云、

濱江特刊
第二二七號
盛京時報北滿總支社
社址 哈爾濱道裡地段街一號
電話三三〇三番

決澈底禁煙工作 省署擬定新方針

濱江省公署爲徹底隨行政府之斷禁鴉片之十個年計劃順應國策、實施斷禁工作、對於一切不正鴉片關係事項、防止工作積極進行中、已着着收得良好之成績、茲爲更進一層斷禁之徹底、特於日前規定實施各要項、頃已規定竣事、茲特將其規定之實施要項誌之於左、

一、未登錄癮者之再度登錄

二、禁止賣走份、對於偏僻地所在之癮者、實有莫大之影響、故關於禁止一項、以現在之場合、實無考慮之必要、據管下各縣之情報、誠無賣走份之必要、如其縣之所在地、將其積極的減少、或者以時期增減之、考核處理云、

三、管烟所長、日系烟務關係職員、應互相間異動、並鴉片之機構改革、中央目下已在考核中、故爲提議之趣旨、

四、取締軍人及官吏之吸烟事項、軍人之中、亦潛伏存相當鴉片吸食者、而彼等脅廹管烟所之從業員、强制購買吸食、持有販賣、從中取利益、因此時有不正當之事件發生、省當局將其理由通知軍管區司令官、以期取締辦理、對於官吏無戒烟希望者、實行整理方法之外、於所屬長官、以自肅自戒之方法指導、並於保健科分室、施行癮者治療之方針、對於有戒烟希望者、俾其勸誘入所治療、速爲戒除云云、

實行煤炭消費節約 規定冬季生活要綱

熱、並要時時換空氣換空氣、的時間、一回以五分鐘爲最適當、室內的溫度、晝間攝氏十六度—十八度夜間就寢時攝氏十度十三度、再要節省電氣的熱度罷

四、各戶要設備寒暑表對於新聞和無線電告示事項要注意罷、

五、不要怕冷要到戶外鍛鍊罷戶外運動、就是冬季防寒的基本防寒具、可不要忘了、全市五十萬民衆們對於前記五項希望大家一齊實踐云云、

哈市製醬業 成立組合

哈爾濱市製醬同業、爲成立組合、經多日準備結果、現已就緒、因此該製醬同業等、特於十四日午前十一時許、在道裡哈爾濱商工公會禮堂內、正式舉行組合發會式、當時各關係者多數出席參加云云、

戒烟豈可打麻藥針 惹起公憤勢甚汹湧

道外北四道街華英醫社、因其內部設施不完備不衛生關係、前往就療者寥如晨星、以致營業不堪支持、該社醫師趙英林者遂即奇想天開、乘市警兩當局對於鴉片麻藥斷禁取締緊急、一般不正癮者吸煙感覺困難之機會、遂即七天斷癮不受痛苦之大肆爲宣傳、一般癮者信而不疑、前往求其戒煙者因此一般癮者始知被其所騙、有被騙數千元數百元不等、於十三日下午四時許、有在該社戒煙之五豐王李佐卿、滌樵珊、崔署長、李振、某機關董太太、楊太太、滿溝三泰棧宮經理、均不滿趙某欺騙行爲、惹起共憤、向趙醫師質問、「曰』將我們等打成麻醉藥針癮如何辦法、趙視一般戒煙共怒

協和會哈爾濱市本部、因鑑於冬季將臨、一般需用煤炭採暖逐日激增、該會爲提倡國民冬季生活合理化及煤炭消費節約徹底計、曾迭次開催煤炭節約協議會、爲期煤炭節約實效特組織煤炭消費節約運動委員會、該委員會爲謀喚起全市民衆對於煤炭節約一致實施起見特編製冬季生活要綱五項、探錄如左、

一、燒煤的時間要縮短罷

始期十月十六日（於始期以前、絕對不燒、並希於可能範圍內、延長時期爲要）終期四月十日、（於終期後絕對不燒並希於可能範圍內早日止燒爲要、

二、要用經濟的方法燃燒煤炭

不完全的燃燒是不經濟的、尤可說是瓦斯中毒的原因、

三、要實施低溫生活罷

要把窗縫糊嚴、室內不要大

不下數十名、趙醫師與戒烟癮者注射伯地諾耳及巴比那耳等麻醉藥、詎知一般戒烟入院治療經過數月結果、雖將鴉片癮戒除、然而均變成麻醉針癮、不佳、雖百般安慰、然一般戒煙依然餘怒未息、聞双方將來必有一番激烈紛糾、將來如何、容訪再誌云云、

省署與日滿商事協商 輸入大量亞鉛

以備建築業用及製烟筒用

鐵材不足之聲浪鼎沸之今日、關於鐵製品之洋鐵、無論在建築業用及一般業者之使用、均有深甚不足用之感、濱江省公署、以在北滿地方、又兼嚴冬將臨之際、一般商民無暖氣管之裝設者、率多賴以燃煤爐取暖、對於[illegible]製造之煤爐用之烟囪、乃爲嚴冬時[illegible]或缺之家庭日用之重要品也、因有鑒及此、特與日滿商事會社方面協商、取以緊密之連聯、決定輸入省管下相當數量之亞鉛、以公平價格售賣與一般商民、藉供其所需要、其種類共分爲兩種、一爲建築業者用、一爲煤爐烟囪用者、關於煤爐烟囪所用者、共爲五萬六千枚、約二百一十噸左右、爲期配給之徹底的圓滑起見、藉一掃一般爲金錢迷心竅之惡德商人從中漁利、或將有傾向於一部分區域者、配給製成品之鐵烟囪模樣、至於建築用者之輸入量、預定爲四千二百枚之數目、在哈爾濱卸貨價格、烟囪用之鐵頁板、每枚售價預定爲一元四角二分之模樣、建築用之鐵頁板、每枚約一元五角左右、以之較之市內之鐵材同樣[illegible]交易[illegible]、約爲五分之一廉價、至於配給之地域、頃正由關係當局之省公署、[illegible]計劃之中、以[illegible]用相濟、[illegible]不足之弊病、況又際茲鐵材困難關頭、適爲惡德奸商漁利及壟斷之大好機會、不料今次遭此意外之大形損失、一般對當局之苦心擘劃、爲民謀福利之省公署、均翹首待望之至云、

鍛錬少年團身心 舉行合宿訓練

北新校於十四五兩日實行

哈爾濱市立道外正陽南國民學校校長金乃甲氏及全体教職員等、爲鍛錬該校少年團身之心、以期養成精鋭份子起見、特於十四日下午二時起至十五日午前八時止、舉行少年團合宿訓練、玆將其記練項目分誌如左、

一、建國精神之發揚詔書御趣旨之徹底、

二、勤勞奉公作業＝校舍內外之清理及分校運動場之補修

三、團体訓練之徹底、—不動姿勢之敬禮法、集合、解散、跑步、進行向左向右向後整[illegible]

四、分隊訓練、—中隊長教練、閱隊分列式、不擾勤務、炊事、清潔、—訓練敬禮、

五、訓練開始

一向團長敬禮（人員報告）

二、向國旗敬禮

三、詔書奉讀

四、團長副團長訓詞

五、訓練

査此訓練時間中、該校少年團、計分四個中隊、每個中隊又分爲兩個分隊、平均每分隊四十二三人、中隊長及分隊長全由該校教員担任、訓練時極爲緊張云云、

永吉縣村公所 明年建新所址

【吉林】永吉縣當局對於全縣之村公所地方行政之發展不遺餘力、現爲使各村公所爲地方之行政機關、壯觀瞻起見、康德七年度決定建設全縣三十個村的、村辦公所、經費業經全部編入康德七年度預算內（建築村公所新公舍費）每村由二萬元至三萬元、在七年度決定完成各村之新舍、全縣需建築費在六十萬元以上、一切用具亦全更新、村政之向上見可一般云云

濱江特刊

第二二八號

盛京時報北滿總支社

社址　哈爾濱道裡　地段街一號

電話三三〇三番

縣旗警務科長會議

本月在省長會議室舉行

在王兆屯舉行射擊大會

濱江省公署為謀各縣旗警察陣容強化刷新起見、特於本月廿五日在省長會議室召集管下各縣旗警務科股長會議、其主要議案、為傳達前在新京開催之警務廳長會議各項、中央之希望、指示各事項、並準據中央方針、圖省之新政策、下達之徹底、對各縣旗警務事項、具體的協議、促警察精神作興及經濟警察陣容樹立強化、茲將其會議日程分別誌錄如下、

第一日　午前九時開會受省長次長廳長之訓示、由軍部及關係者要人致詞、午間休息、下午一時起再開、關於各科之指示事項說明、

第二日　午前九時在王兆屯附近之市民射擊場舉行射擊大會、午前十時參與故牟田故李兩警尉之省葬並殉職慰靈祭（在西本願寺）下午一時會議讀開、（仍在官房會議室）協議縣旗側事項之懇談會、

第三日　午前九時開會、警務廳及縣旗警務事項協議云、

參加恭送榮轉日商工次官之前總務廳次長岸田氏、於本月二十二日午前九時半偕同松永秘書搭乘亞細亞號列車赴新京預定二十六日返哈云云、

新任警察廳副廳長 園田氏廿二日到任

哈爾濱警察廳副廳長秋原八十盛氏自辭官之後其所遺副廳長一席懸迄今日經中央方面銓衡之結果、決定由現任東安省密山縣副縣長園田莞爾氏接充副廳長職、該氏於拜命之後一切事務頓已交代完了、定於十月廿二日午前九時抵本市、警察廳於接到此項消息後、頃正準備赴站歡迎中云、

華北派遣日本軍司令部

募集宣撫要員

各有志者可速往報名

為期充實華北方面之宣撫工作、華北派遣日本軍司令部頃決定於華北及滿洲國各地募集另定之、一切火食由官方供給、至其詳細章程可參照各報十月廿二日廣告欄刊載云、

一掃交通事故

取締違犯交通規則者

哈爾濱警察廳保安科鑑於市內交通流血慘劇迭出不鮮、為期確保五十萬市民生命財產之安全、輪下慘禍徹底一掃促進交通之安全、使無遺憾計、故於十月十八日起由閻保安科長及申交通股長親身出馬、率同交通股全員以及各警察之交通取締責任者總出動之下、努力活躍徹底取締交通以防交通事故名

一、根本無免許證而冒充司機者駕駛汽車計張金一名

一、駕駛速度太快或追越前車者計瓦西力也夫等四名、

以上十五名完全違犯交通取締規則、經屢戒不改審訊後即移交司法科加重處罰以儆效尤云云、

優秀宣撫要員（即通譯）、俾便配置於各地、有志者可速往報名、茲將哈市報名及考試日期列左、

△報名日期—十月十八日以前

△試驗日期—十月廿八日

△報名手續—履歷書及身元保証書、最近照片、以及身體檢查証等書類、預備完備後、外書『宣撫班要員應募』字樣、向市公署宣撫班要員採用等提出之、

△待遇—合格者任命爲華北派遣軍宣撫班員、於決定採用後、依照本人作事之能力而決定薪水、每月由四十五元起碼須有中等學校卒業之証書者、及二等通譯之程度者、年齡由廿五歲、按七十五元爲標準、但對於特別優秀者、某薪水則

趙市長因公晉京

哈爾濱市長趙震氏、爲晉京

之發生、經數日間之交通取締結果、違犯交通規則者頗多、茲將違犯者分誌如左、

一、無就業免許而行駕駛營業小汽車者計李松「以下十

哈市漢醫學研究

十一月中旬舉行講習會

假座北新國民優級學校內

在哈市負滿人醫療使命之漢醫不下二百五十餘名、惟對於傳染病極不徹底雖有傳染病患者前往就診、仍然馬馬虎虎投藥而已、向不講究用何有效之防遏方法、對此種狀態、使市民身體保健防疫極有最大妨碍、哈爾濱市漢醫學研究會、爲打破向來舊習、灌輸傳染病防疫知識起見、預定於十一月中旬由市警兩衛生科援助之下、在道外北十七道街北新國民優級學校內、召集市內二百五十餘名漢醫開催講習會授以傳染病之判定方法、互十日間之講習、於此講習中、除以傳染病之常識外並簡易之衛生法規、解剖學、生理學等、至于講師則由市警兩衛生關係人員及各醫科專門家担當云云

實施區屯牌長訓練

期素質向上

【海城】縣當局、爲期街村制施行、區屯牌確立計、前飭各街村、爲實施區屯牌長訓練、遵照辦理、茲將其訓練規則、概要列下、

一、宗旨、

爲養成屯牌長素質向上、造成忠君愛民之心理、並授以行政之綱要、及實施之程序、而達成區屯牌長之使命爲宗旨、

二、應遵守規則、

（一）受訓練者、不可規避訓練、提出請求退職、

（二）受訓練者、務要養成規律嚴正之精神、

（三）受訓練者、務要具有品行端正之態度、

（四）在訓練中、不得有故意不到之行爲、

產業開發第四年度

計劃案已完成

濱江省公署開拓廳、爲作同產業五個年開發計劃、連年以來積極努力農地造成、以期完成產業開發之使命、故對於產業開發第四年度（即康德七年度）之諸般計劃、依時局現勢之要求、除增產獎勵外、茲將該四年度計劃完成案分誌如左

一、作物耕作分配的合理化

以增產地帶的自然條件爲基礎、分[illegible]北滿[illegible]的條件、以行增產品目別適地之、組織的檢討、藉求確定農業地區別的計劃、而圖增產作物耕作分配的合理化、

二、生產技術之浸透

俟農事試驗場及勸業模範場之勸業部門的整備擴充、即增置生產技術指導員、加以訓練、以謀技術指導的完璧、且動員篤農家、以將計畫之目的、浸透於農民、於右列之外、復以實驗外模範耕作圃等、示以模範、並舉行多收穫競作會品評會等以提高農民對增產的關心

三、優良種子的普及

對於優良種子的普及確立有系統的恆久施設並急速辦理優良種子的配給起見、宜講求應急的對策

四、地方更生施設的確定

從來北滿地方的地力肥厚、雖然是特殊、因而爲多年的掠奪農法、省內各縣、時時發生地力已消的農地、若只使如是恐將來對於維持地方力有甚大的障碍、所以確立了保全耕地的大綱、並爲具體的實現

五病虫害防除的徹底

鑑於欲圖增加單位面積的收容必須徹底防除病害虫的實狀對於各作物的驅除、預防並講習宣傳務求勵行、

六、其他、

對於啓蒙宣傳表彰視察模範地方特殊助長增産作物等事項加以考慮、再於右列各項之外作爲基本施設的占新設勸農模範場、擴充整備[illegible]營原種圃云云、

濱江特刊
第三二九號
盛京時報北滿總支社
社址　哈爾濱道裡地段街一號
電話[illegible]〇三番

建築不良樓房塌塌

工人被埋沒死傷七名

對於同樣建築當局決令拆除

於二十七日下午二時許、道裡北市場、同發隆後身山本年七月間實行施工新建築四階樓房一所尚未竣工、忽然傾塌一幕慘劇、將內部工作中的工人、慘埋其中數名、慘劇發生後、轟動全市民衆、無不驚惶失色肇禍後警察當局及市公署責任者、急遽現場斷壓秩序、並督工挖掘救濟埋沒工人、結果、於二十八日午前一時半許發現慘死之遲明錄、（年三十二歲）、林吉永、、（年二十歲）遲連興等屍體三具並掘出重傷者四名、均氣息奄奄、乃送至醫院救療、其現場慘狀、不忍目覩、經責任當局調査其樓房建築工程粗劣、磚墻僅一磚半厚、四階樓房房樑粗不過碗口、並利用朽爛不堪木屑、釘在上面作壁、似惡劣建築、始發生此不祥慘劇、連同其附近先後動工各所樓房、亦均利用倒塌之樓房同樣材料、並建築工程不良、當局爲防患於未然計、一律命其拆除、再行鞏固建築、以免再度發生不幸慘案、倒塌房閥三盛東皮革店經理王錫三年五十二歲山東掖縣人、見樓房倒塌後、死傷工人多名、與監工苗德田、畏罪潛逃無踪云、

術者說明投炭之方式、於說明完了後、即開始投炭預選競技、於下午四時許、預選競技完了、廿九日午前九時起、實施決勝競技云、

稅捐局副局長榮轉

【新民】稅捐局副局長、兼日本尋常高等小學校、後援會會長、田坂直通氏、歷職以來、備極精勤、偉績卓着、近以該君因奉上峰明令、實行提升哈爾濱監督局經理課長、於本日午后二時、啓程赴任、當由該局全員、及其他各界要人、擧行送別式、並有日鮮系各學生家族、餽贈臨別紀念贈品、頗爲隆重、一般參加致送各界官民、大有擁擠之概云云

朝鮮人實踐隊

擧行軍事教練

協和會哈爾濱朝鮮人分會、所屬青年實踐隊、第一回軍事教練、業已舉行完了、故於二十八日下午三時、在該會議室、擧行軍事教練終予式並於當日下午起、實施左記各種行事、

一、集合、

二、向皇居遙拜、

三、市內行進參拜哈爾濱神社、

四、教練演習、

定期檢査自動車

【齊齊哈爾】本市警廳保安科、刻下決定施行檢査市內所有自動車之輛數、以期徹底明瞭、是否與同科所發車牌之號數數目相等共檢査之日期由十一月六日開始、至同月十日止共五日間、檢査場所指定、在本市西門外大橋西方、第一國四高等學校操場預定每日檢査民十台云、

國境治安極鞏固

民衆均安居樂業

尹司令官視察歸來談

江上軍司令官尹祚乾氏、為視察虎林一帶烏蘇黑江江上軍對於國境河川防備之情形、曾於日前親赴現場、作詳細之查閱、業於廿五日歸來、關於國境之建設、並江上軍之國防情形、曾對記者作如左之談話、

本人此次前往虎林視察、往返計五日間、担當國境河川國防重任之江上軍現積極整備、已大有可觀、在烏黑、兩江南、與興凱湖西北至吉拉林、長亘數千里之國境河川上之國防治安、足可確保、況我滿洲國國境地帶之建設、已經全部成功、並有龙大之日滿軍隊、在沿國境要衛駐防、對於國防問題、確可自信、即國境地帶之居民民情方面、亦實有意想不到之安謐云、

投炭燃燒競技會 在道裡舉行

為節約煤炭消費量、本年度作最初之煤煙防止委員會、與哈爾濱汽罐協會共同主辦下、已於廿八日上午九時起、在道裡第一體育場舉行、參加者除參加投炭競技之日滿俄汽罐士、（燃燒士、）日滿俄人卅餘名外、有植村衛生處長、八田日滿商事支店長、奥村審查委員長、並各機關燃燒技術者、統計約百餘人、全體入場後、首由煤防止委員會代表致開會之詞、繼由植村衛生處長、（大會委員長）、致詞、說明本競技會舉開之旨、然後由奥村審查委員長說明競技上之注意事項、並由燃燒技

貢醫師醫術精明 求診者頗為擁擠
聖佛醫社予患者造福

醫師貢紹元年三十五歲阿城縣人、為人忠厚老誠、慈善為懷、醫術精明、經驗宏富、歷任各醫院醫師、並日前之游動警察總隊醫官、及俄人私立齒科教授等職、該醫師對於小兒科花柳科外科等疾、醫療技術極為專門、現為謀一般患者就療便利起見、特在道外桃花巷口楊紫融醫院舊址、開設聖佛醫社、自開始以來、前往就醫者、大有應接不暇之勢、茲有鐵道警護隊員劉某生有一女、年僅四歲、伶俐異常、其父母愛如掌上明珠、不料數月前突患病、日漸沉重、經中西醫師迭次治療、終未見效、經友人介紹、赴聖佛醫社求貢醫師治療、數日後、果豁然全愈、劉某夫婦感激活命之恩、到處宣傳貢大夫小兒科之專門、以致近來每日前往求醫者絡繹不絕云、

盡忠報國殉職
小野司機舉行局葬

哈爾濱自動車區運轉手、小野國三郎君、現年十八才、於諾孟罕事變勃發以後、即奉當局命令、赴戰場現地作業、詎料於十月十二日、竟有敵軍突襲前來、小野君不為所懼、仍然奮勇為公、結果終因敵方亂發槍砲、彈丸太密、小野君即中彈而死、當此不幸消息傳到哈爾濱鐵道局後、全體同人、莫不悲悼、為紀念小野君盡忠報國之精神、特於廿八日、在極樂寺舉行非常悲壯之局葬式、

◇◇◇◇◇◇◇

妻死無錢殯葬 遺女棄屍潛逃
房東報告警署請設法處理

◇◇◇◇◇◇◇

蔣連蘇年三十歲關裡人、數年前由原籍攜其妻蔣劉氏年廿七歲來哈、住於道外六道街曲家館後院、以成衣手藝為生、生有一女、年僅四歲、一家三口生活尚堪溫飽、不料後來蔣某染成鴉片嗜好、由此蔣某即好吃懶作、生活逐漸困難、又兼伊妻二三月前、突然患病、臥床不起、雖經請醫治療、依然藥石罔效、於廿八日午前六時頃、忽然病逝、蔣某見其妻業已病死、因無錢殯葬、遂將共四歲幼女及其妻屍體、遺棄室內、潛逃無踪、經鄰人發覺、報告房東、房東劉某見狀極為驚惶、遍尋蔣某無着、當即報告正陽署云、

擊碎玻璃損失頗鉅

道裡中央大街一百卅號、平田洋服店臨街之玻璃窗戶、於日前夜中、不悉何時、突然有人持手槍向內射擊、結果玻璃窗被子彈擊碎、該號執事人事後發覺、即報告警察、又道裡中央大街永成泰樓房臨街之玻璃窗戶、於日前夜中不知何人手持石塊、將其面積甚大之玻璃擊破一塊、損失可達千餘元後亦報告警察、警察方面、以此種不良之徒、殊屬可恨、乃嚴令所屬注意速捕法辦云、

作品展覽會

【旅順】新市街大白樓、工科學堂、繪畫同好會、於月間備第三回、生徒製作品、展覽大會、隨便入場參觀、

濱江特刊
第二三〇號
盛京時報北滿支社
社址　哈爾濱道裡地段街一號
電話三三〇三番

本年度上半期來往旅客總數
車站統計較上年同期激增二倍

當此產業五個年開發聲中、北滿振興突然躍進、本年度北滿來往旅客亦隨同驟然激增、據哈爾濱車站統計本年度上半期旅客比較前年同期旅客反映激增二倍半以上、茲將本年度上半期旅客及團體每月數量比較前年同期數量分別誌錄如左

△哈驛辦理視察團體數

	（本年）	（前年）
四月	一三七	一〇〇
五月	四二〇	一五四
六月	四三〇	二一四
七月	二三三	二一五
八月	四二二	一六〇
九月	七七七	二七六

（上半期六個月間比前年同期增加三倍以上）

一般乘降客比較前年同期

於客貨激增、感覺現在哈爾濱車站之窄狹不敷應用、爲求徹底對策、決定於明年春季、實施哈爾濱車站增築擴充云、

前次坍塌之樓房
判明係建築不良
警廳現正嚴緝在逃之包工者

關於道裡北市場新建築之四八午場破爛房屋折除三組該、階樓房一所工程尚未待完竣、即行坍塌嚴斃死傷工人七名之一幕空前稀有慘劇、已迭誌前報當該不祥慘事發生後、警察當局積極擇發遣禍包工及房閥其肇禍原因現已調査明瞭採錄如下

該建築倒塌樓房地皮、爲西他利克車尼拉少夫三個白系俄人所有惟於都市計畫實

俄人雖有地皮無力建築、經人由從中介紹之下、由盛東皮革店經理王錫三出資、建築四階樓房、許可三俄人無料白住、以五年爲期、詎包工苗德田爲人心地奸詐陰險、竟行偷工減料意欲從中發財、房閥王錫三因對建築係是門外漢、所以被苗之欺騙據警察當局專門工程師赴現場調査果已判明樓房坍塌主要原因有二、一爲磚質不堅、二爲建築未將磚用水浸透同時又逢近來天氣寒冷、以致泥灰粘貼力薄弱、所以發生不祥事件故也云云、

● ● ●

滿人記者日本視察團
大北新報譚次長參加

滿洲弘報協會所主催之加盟社滿人記者日本視察團、本市大北新報及午報社派遣編輯局次長譚錚鐵君參加、預定於五日午前搭乘列車晋京、六日午前九時在新京弘報協會集會、後即訪問關東軍報道班、及國務院弘報處、預定六日下午六時由新京出發、經由安東朝日赴日本、預定往復爲二十三餘日間云云、

	本年	年前
一六月	七一	一〇〇
五月	一五七	一〇四
六月	一三五	九九
七月	一四八	一一〇
八月	一五五	一一〇
九月	一五四	四〇二

（本年上半期六個月總計比較前年同期激增一倍半）

因由日本內地來滿視察團體及時局關係急驟激增哈爾濱鐵道局因鑑於旅客及貨物運輸激增為謀客貨輸送敏捷化、故乘此次運轉時間之改正、故將各路線列車均行增加車輛、該局甚

實施勤勞奉公作業
收得預期的好成績

為向興亞建設途上邁進中之友邦日本勤勞奉仕隊、由本年度實施分別渡滿負勤勞奉仕工作、以便作初度試驗參考之資料、以預備逐年實施、各關係者極為注目、而渡滿之勤勞奉仕隊、配佈濱江省下甲種奉仕隊十三個中隊、乙種奉仕隊三個中隊、共約二千名、從事農耕、土木、建築、林業各方面、實施勤勞奉仕工作、收得預期以上之好成績、濱江省實踐本部部長源田省次長、為謀於明年度勤勞奉仕工作運營之圓滑、故對於編成機構、輸送關係、奉仕隊配屬區劃、物資配給等關係綜合根本的再度檢討、連日以來、由濱江省實踐本部及各關係機關、開拓團之綜合的意見對於本年度實踐狀況、報告省實踐本部、經實踐本部將各意見書報告中央當局立案、以備明年度勤勞奉仕工作實踐強化、完成聖業建設之使命云云、

乘客輕狂車中調戲車掌
一五一號女車掌墜車畢命
咄！某職員其真人面獸心歟？

哈爾濱交通會社大汽車股所屬第八系統一六三六號乘客大汽車、運轉手朱凱、於三日下午七時四十分頃、由香坊向道外西門臉駕駛途中、車抵馬家溝大汽車停留場發車後、車中乘客擁擠不堪、幾無立錐餘地、時有一某機關乘客一名、因飲酒過量、酩酊大醉、在車中東倒西歪、忽然一五一號女車掌張淑文年十六歲、由言語發生口角衝突、致遭該乘客之怒、大汽車正在馳騁如飛之際、忽然女車掌由車門墜地、因汽車進行、速度甚快、將車掌摔死於非命、而兇犯見釀殺人之禍、畏罪意欲逃逸、未待大汽車停止、亦躍身跳於車下、同時亦受重傷、當時門齒掉落四［…］慘劇、將車停止、車中乘客一擁齊上、兇犯雖受重傷仍欲畏罪脫逃未果、將其逮捕、　茲將經過情形　探錄如下、

一六三六號乘客大汽車、於一月三日下午七時四十分許、由運轉手朱　凱駕駛於第　八系統、在香坊終點、向道外西門臉駕駛中、在香坊乘客既滿、內中有一某機關乘客　、年三十許、女車掌發出發車號令、大汽車將行開動、女車掌即行售票、　然而此乘客　因飲酒過量、酩酊大醉、即口出不遜、女車掌見其舉動不規、恐遭不測、亦未敢與其理論、依然忍氣吞聲、置若罔聞、亦未敢向［…］票、此乘客見車掌長綿、與見事不公入耳、一般乘客見此光景均敢怒不敢言、此時女車掌不堪其污辱置之不理躲於車上門傍、不料此暴戾乘客得寸進尺、乘車掌怒氣不息、趕上車掌面前強行要『克斯』（即接吻）女車掌見事不佳、左右躲避、詎知剎那間車門已開、一步失足乘客及車掌同時墜落車上、女車掌腦部摔於石上、被震動腦髓立即死於非命、該兇漢乘客、門齒亦摔落四枚、司機見釀禍始將車停止香坊署將兇漢逮捕拘留、車掌送市立醫院救治、因受有重傷當即死去、此慘劇發生後、全市民衆頗受一重大衝動云云、

市內公共便所太少
糞尿狼籍有碍衛生
希望當局速為設法以善處之

滿洲建國以來諸凡百政突飛猛進一日千里、即都邑計劃一帶、莫不積極進行、以期達成計劃之本旨、我哈市樓房之建築街道之修繕、莫不盡之美盡善、惟每至街頭巷尾則見糞尿狼藉、而『禁止溺便』標語漫遍各巷無不張貼、千奇百怪、不堪回觀、究其原因、實乏

素稱北滿商業之中心四通八達人煙稠密市街之精潔即都市之表面、便溺之事、而又人所難免、每行街中則感廁所之無着則街頭巷尾即成便溺處所如不設法杜絕、不但失市街觀瞻而又不合衛生、更違警章、早以便所之設置、實亦都邑計劃內一部之要務也、希當局尚對

濱江特刊

第二三一號

盛京時報北滿讀支社
社址　哈爾濱道裡地段街一號
電話三三〇三番

本市水道科利利用
松花江水建設水道
關於具体案正在近行計劃中

哈爾濱市公署水道科、鑑於一般市民利用上水道者逐日激增、現因王兆屯舊有之水源地水量不敷需用、爲謀向一般民衆配給水之圓滑起見會計劃利用松花江水、建設大水源地問題、已誌前報經計劃結果、由明年春勁工以五個年計劃、預定以經費約六百七十萬元、利用松花江水建設上水道事業、明年度工費預算、經主計當局決定爲一百七十萬圓、但其徵的工事現正積極進行計劃、二方劃利用阿什河之伏流水、於最近期中似着手試驗掘鑿一日之湧出水量針推測爲三四萬噸但松花江之當初計劃似有一部變更模樣云云。

療甦在經濟統制的各種消費之生活情形起見、時定於十一月十八日下午二時在道裡哈爾濱商工公會樓上會議室、舉行哈爾濱市協和參談會、屆時全市所有各協和分會、均派代表來關於各員會出席者應照左記各項推選之、

一、以滿人爲中心二、俸給五十元以下者一名、三、五十元以上至一百元者一名、四、百元以上至一百五十元者一名、五、一百五十元以上者一名、

關於各分會推選代表者、須於十一月十三日以前、向協和市本部報告云云、

新鴉片上市期中
對密輸者嚴重警戒
鴉片密輸經路變更極爲注目

現在新鴉片上市期中、一般密輸犯人又行跳梁、責任當局有鑑及此、爲順應鴉片麻藥斷禁國策遂行之徹底計、對於鴉片密輸、私煙館及不正吸食等數爲鮮人密輸犯由延吉圖們私運數最多、占百分之八十、因此調查白頭山麓密種鴉片相當出產、密輸方法亦極爲巧妙、現正各責任當局對於鴉片密運

爲謀煤炭配給圓滑
擧行煤炭配給協議會
於最近期內在協會市本部擧行

時値冬季、天氣日漸寒冷、一般市民需用煤取暖者逐日激增、以致往煤場購煤者極爲擁擠、甚有通且達宵在煤待候、協和會市本部及關係機關、爲謀煤炭向一般市民配給圓滑起見、曾不時努力從中斡旋之下、已於前月中、除整理煤炭小賣所外、並一度調查各機關法團學校及商民等需用煤數量、現已統計完了、爲掃除市民購煤困難煩言聲、將於近日內再度召集煤炭販賣者、再擧行煤炭配給協議會、計劃直接對的一般住戶情形實施配給、以免配給不圓滑問題發生云云、

勞工協會哈支部
開催勞動座會談

輩、斷乎嚴加取締、連日以來以不眠不休總動員之下、對於鴉片密輸經路之哈爾濱中心地帶、嚴張警網努力搜查、以期杜絕密輸份子潛入、査昨年北滿鴉片密種地帶爲間島省熱河省、富錦等三地區、現因北滿治安確立、鴉片密種之取締、因此極爲減少、現因間島省新産鴉片密種區域之白頭山麓、密種大量出産、現正上市期中、因當局對於密輸經路之松花江及濱綏線嚴厲防止結果、以致密輸犯大多由京圖線、吉奉線、經由奉天新京等地向北方密輸激增、所以被破獲之鴉片密輸犯、逐日增加、玆據哈爾濱鐵道警護隊十月份所檢擧之鴉片麻藥密輸者、不下百餘件、價額約四萬圓、就中大多經路變更特別注目、嚴重警戒中云云、

協和會市本部 定期開懇談會

協和會哈爾濱市本部、爲明勞工協會哈爾濱支部、自設立以來、對於日滿勞動者乃謀統制、以期勞動賃金合理化、企圖圓滑並勞動者生活安定及衛生向上以及勞動需要便利起見、日前特在道裡外設置三個勞動市場、抑制勞動賃金之昂騰、惟一般勞動間仍有多數不明瞭勞工協會成立之趣旨、因此有多數勞動者仍在道裡買賣街及道外五道街自由徘徊賣工、關係當局因此項勞動妨礙勞動之統制、以對於自由徘徊賣工之勞力、促起徹底認識勞工協會統制之主旨、故特於九日午前九時許、在道外富錦二道街勞動市場內、召集勞動工人開催座談會、由勞工協會滿人職員加以詳細說明勞工統制趣旨、査此座談會係全滿勞工協會第一回之試驗、當日座談會所質問事項爲宿泊場所、就勞希望個所、賃金應募地域、娛樂嗜好等、同時聽取勞動間彼等習性、生活狀況及就勞諸希望條件云云、

農事合作社設立總會 定期在市公署擧行
關於各種提出議案業已規定

哈爾濱農事合作社、設立總會問題經籌備結果、大體業已就緒、特定於本月十五日午前十時在市公署四階樓上會議室擧行協議會、至于協議事項規定如左、

一號議案　關於定款之制定

二號議案　關於康德六年度之事業計劃

三號議案　關於康德六年度對於一般合作社員之貸付金最高限度之決定、

四號議案　關於康德六年度借入金最高限度之決定

五號議案　關於董事監事之選擧云云、

連生三女遭丈夫不滿 少婦不堪虐待自殺
幸發覺尚早送醫治療生命危險

案籍東方第二小巴黎國際都市之大哈爾濱、人煙稠密、良莠不齊、以致千奇百怪醜態事件、層見迭出、不絕入耳、現有姚某家中貧寒、因其髮妻連生三女、姚某因無力養育、又兼各種物品價格之昂騰、對其髮妻不時虐待、並罵其妻不會生男、就會連三接四生女、其妻因生女無辜受罵、不堪丈夫二時許、夫婦又發生爭論怒不息、操起菜刀自行抹頸自殺未遂、當時被丈夫發覺、旋即送至附近醫院應急手術救療中、消息傳出後、一般市民頗爲驚駭、一時街頭巷尾議論紛紛、傳遍全市、予多女少男貧困者一大衝動、玆將經過情形分別採錄如下、

道外正陽北五道街門牌四十春記理髮舖爲生、數年前携其妻曾氏年二十二歲來哈、既住於上述地址曾氏自隨其夫來哈迄今、連產二女、不料我國舊風輕女重男之眼光下、而姚某亦當然不能例外了、詎知曾氏數月前又行懷孕、姚某盼子眼紅、可惜就不好使愛斯克光鏡將其妻腹內照一照、孰知曾氏於數日前已屆分娩時期、將產山火從頭上、怒由膽邊生、悶不耐煩、垂頭喪氣對某妻即加以白眼、曾氏見狀已覺臉上無光、自思現在才生三女就遭此樣冷淡、如果再生一女、豈不得把丈夫氣死、又因夫婦不時衝突以致夫婦感情日漸惡裂化思前想後、下次又不敢斷定確保生一男子、自感乏人意味、遂於八日午前十二時許、乘其夫外出之際奔至廚房操持菜刀照自己頸部猛刺數刀、血跡淋漓、身臥血泊中、不省人事、此時姚某對面屋住戶、初時聞有曾氏啼哭、繼則聞有倒嚳音及呻吟氣息聲音、急奔擧套視不覺大驚、始知曾氏自殺、一方通知其夫、一方電知救急車

濱江特刊
第二三二號
盛京時報北滿支社
社址 哈爾濱道裡地段街一號
電話四三四六番

明年度巴彥等七八縣
實施新街村制
葦河縣規定八年度實施

濱江省公署爲完備省下各街村制、故積極努力邁進街村設立之正軌、因此特樹立街村實施六個年計劃、於此六年之中分爲二期、第一期爲三年、第二期三年、預定在第一期完成之後、即開始第二期工作、關於第一期已於康德六年一月一日起、計八縣一旗二十六街二百零四村、正式實施新制度矣、而明年度（七年）準備實施新街村制者、計有巴彥、五常、木蘭、延壽、珠河、賓縣、東興等七縣、但葦河縣因有特殊情形、乃規定八年度再實施云云

杜絕煤烟作祟
研究王字型遮斷板
慫慂各旅館業一律使用

本市每年入冬以來、因天氣奇寒、一般市民均利用火爐及火牆取暖、偶而不慎煤煙、即易被煤煙熏斃、甚而一家數口同遭慘害、爲數頗夥、其狀極慘、而本年度近今入冬未久、亦有十數名同被煤煙慘殺、哈爾濱警察廳保安科、鑑於煤煙奪人命跳梁熾烈、積極樹立防正進行研究『王』字型遮斷板（即火爐火牆挿板）現對市內旅館業等慫慂完全使用、一方對於市民積極奬勵王字型遮斷板之使用、但王字型遮斷板面積比例或一定率的面積、之通風略、不論圓型角型、如能完全皆可、使毒瓦斯之放流室內溫度確保最爲適當云云、

哈爾濱鐵道局
明春在三棵樹建築社宅

哈爾濱鐵道局、爲緩和住宅困難、本年度曾計劃建築新社宅、頗惹各方面之注目、經其着手研究結果、現在業已決定除在北黑濱綏兩沿線建築新社宅外、預定明年度在哈爾濱市附近之三棵樹建築新社宅二百戶、並獨身寮二棟、於明年春解氷時開始動工、因在三棵樹方面建築社宅各種原因茲因哈爾濱市建築社宅地址困難、而三棵樹方面空地豐富、並且在勤社員社業乃至生活之合理化更於今春竣工之三棵樹局宅街之獨身寮、現工程完竣命名爲〃明倫寮〃容入百人定員同時建築二十四戶社宅於本月末工程全部完竣、待哈鐵新社宅工程全部完成後對於哈市住宅困難予以莫大補助云云

地方法院區法院
成立親和會

哈爾濱地方法院及哈爾濱區法院全體日滿俄職員間素質向上、並相互聯絡感情起見、特成立一親和會、以便促進日滿職員間互相親睦、並涵養德智育三項爲原則、已於十六日起正式舉行親和會成立式典云、

一二鮮人冒充刑事
到處搜查私烟館
南崗署檢舉拘留中

擴大防疫所
實施獸類清血

哈爾濱市公署衛生處、鑑於時局下家畜防疫之重要性、爲期接受北滿獸疫行政國家的大

患於未然對策、查其煤煙頻頻作祟之原因、多係因煙筒不良或火牆掃板不完全之所致也、該科爲謀確保市民之生命、現

捕滅腸窒扶斯

市署防疫科預防注射

爲期捕滅冬季腸窒扶斯傳染病發生之市公署防疫科、自十一月十六日起始對於市內一般接客業者實施第二回預防注射十六日在道外一面街注射七百三十名、柳町二百五十名、十七日在南崗新哈爾濱旅館南崗區日本人三百名、滿俄人注射一千名、更於十七八日、二十日三日間、在埠頭區診療所經緯署管內之日本料理店組合一千五百名、滿俄人二千名、分別實施預防注射云云、

防匪擾亂治安

江邊設臨時巡邏隊

哈爾濱警察廳、鑑於松花江現正封凍之際、不久氷上即能通行、惟恐不良份子潛伏市內趁機擾亂治安、更兼陽歷年關在邇、爲期防患於未然計、決定於來月初在松花江邊增設臨時巡邏隊、並計劃指定通行路線及通行規則、使通行者嚴守云、

發展地方行政

五常縣爲實驗縣

濱江省公署當局、爲謀 管下地方行政之徹底發展、年來對於地方行政積極努力進行研究、以便實現使無遺感該署特於十六日指定 五常縣爲最步之實驗縣、並將計劃對策、向理想途上邁進、以期達成北滿模範縣的目的、並且爲全滿縣政改善之先導云

日前曾發生僞稱刑事詐欺鴉片麻藥禁制品密賣者之二人組鮮人亦被南崗警察署逮捕、不料近來市內又復發生同樣手段恫嚇各私煙館二名鮮人、又被南崗署檢擧矣、經嚴重審訊結果、供出詐欺不諱氏名如左、現住北安街五號金煥鳴年三十三歲、新安埠二九九號住戶現無職業、金奎世年二十九歲、二人因生活逼迫、奇想天開、合謀之下、冒充刑事、潛伏市內、檢查私煙館、加以威嚇、從中强索現金、因事機不密、被南崗署偵知、於十五日下午十時頃、乘其不備、分別逮捕、現在拘留署中以待懲辦、

以預算七十五萬元

建築國優學校

哈爾濱市公署教育科、鑑於本年之市立國優學校志願入學兒童激增、因各學窄狹、以致失學兒童大有人在、該科爲謀教育徹底之普及、積極擴充各學外、定於明年度以預算七十五萬圓、在道外及南崗新建築國民優級學校二處、在道裡新建築白系俄人國民優級學校一處、共新設三校、以便緩和入學兒童、同時經常部預算本年度由三十萬圓增額至百萬圓、並各學校職員之增員、教育事業之擴充、以期促進初等教育積極進展、以免適齡入學兒童失學云云、

謀都市觀瞻美麗化

設五處馬糞處理所

年產馬糞總額約四万三千元

哈爾濱市公署、爲謀國際都市之明朗化、對於市街散亂馬糞處置問題、經迭次檢討、逐漸成行、於十五日召集各關係方面諸 議結果、 已博得好評矣、 預想不久之將來即 能實施、關於馬糞議案規定如左、

而哈爾濱市內駕車馬匹、約八千 一百匹、其中實 際動員數、約四千二百頭、年產馬糞量、約三萬五千六百立方米、擬定於市內新設五個馬糞處理所、而馬糞時價、馬糞一百五十斤、約價值六角計算、一年總額四萬三千元、此費用補助市費二萬元、其餘二萬三千元可以作爲肥料、並設五個馬糞處理所、 預備設備之 約二千元、待賣出馬糞費再補充之、但此次計劃各方面相當支援之濃色、不久即可變爲馬糞黃金時代云云、

事業、以明年度預算六十萬圓在爲家滿之市立家畜防疫所擴大增築、以便促進家畜防疫事業擴張、並實施獸疫血清類之製造、企圖北滿各地需要使無遺憾、同時與奉天之國立獸疫研究所共爲三大獸疫機關之而日整備、以致北滿家畜防疫陣容逐漸强化云云、

滙到大批鐵板

開會籌商配給

【蓋平】 天氣日寒設爐取暖、此爲向來沿習、故爐筒爲此時必需之品、今已大宗運到鐵板以備製作、日昨由縣厅實業股派員與商工會聯絡、籌議配給辦法、以期調整圓滑、並存其他銑鐵洋釘等、同時酌予配給、而一般殷殷待望之鐵商已聞風欣喜矣、

濱江特刊
第二三三號
盛京時報北滿支社
社址 哈爾濱道裡地段街一號
電話四三四六番

第三次都市問題會議
如期在哈舉行
出席各代表芳名一覽

醞釀已久之全滿第三次都市問題會議、已於前廿三四兩日午前九時在市公署會議室盛大舉行矣、當開會之時、首由司會者之本市市公署庶務科長致開會之辭、次爲大迫副市長就議長席之致辭、以及奉天市代提當之市的行政機構改善關係之表件附議及說明、繼而則爲新京特別市、鞍山市各代表提出各件、開誠布公毫無隔閡的交換意見、於午後一時休憩一小時、茲將各市派遣之各代表誌之於下、

△中央方面

△總務廳平島地方處參事官、門脇事務官、經濟部乃文目事務官、民生部水野事務官、司法部小泉哈爾濱高等法院次長、交通部沼田都市計劃司長、木村技佐、瀧川技佐、廳長、秋吉警務廳長、外五名△奉天省藤川計劃科事務官、外二名、△牡丹江省青木企劃科事務官、外一名△間島省新村企劃科事務官、

△各都市方面

△撫順市濱田庶務科長、外了名、△鞍山市藥師寺工務處長、外四名、△本溪湖市鮫島市長、△四平街市天野庶務科長、外二名、△佳木斯市渡邊庶務科長、外了名、△錦州市市長小海 工務科長、 名外二△吉林市瀧金 總務科長、外二名、△新京特別市植田財務處長、外四名、△鐵嶺市敷地庶務科長 △遼陽市安 內庶務科長、外二名、△牡丹江市草地市長、外一各 △安李市敷報庶務科長、外四名、△營口市蘭部工務科長、外一名、

逐於室外、適逢其妾實琴由外姍姍歸宅、見自己門前有一年四十餘歲婦人擁抱一女疼泣悲慘、認爲該母女係一討飯乞丐認爲可憐遂由腰中掏出國幣一角給予該母女、竟遭伊母女拒絕投敕、謂我們母女不是要飯的、因由山東來哈找丈夫、不料遭其拒絕並且逐出門外、實琴聞言之下、始知郝某在家已有髮妻、知被郝某所騙、不免如高樓失足、怒火沖冠、決與郝某脫離夫妾關係不可、幸經人從中調解、雖妻妾暫居一室實琴依然終日憤恨於心、由此實琴即與其小叔郝實書者發生奸情、初則陳倉暗度繼則棧道明修、郝某見伊愛妾與其弟通姦情熱、雖迭次規勸依然置若罔聞、郝見狀無奈、以致遷怒於髮妻長女身上、終日非打即罵、甚則不與飲食、郝秦氏與其長女不堪虐待、遂搬入西門臉裕長棧、迄今數月以來、欠積旅舘借台累累、被該棧經理人討索緊張、郝秦氏無法償還其丈夫又置之不理、所以該母女進退維谷、終日啼泣、現託出多人與其丈夫要求、如能肯拿出數百元除還旅舘錢外、母女以此殘餘錢項作爲路資、廿願返歸山東度其困苦生活、亦不願在哈受此虐待、豈知天不遂人願、事如願違、將調解畧有眉目、郝之胞弟郝實書者於數日前晚間、突告暴卒、實琴見其小叔已死、通姦路斷、又擬與郝某離婚、郝某視已迭受挫折、對其髮妻路費一節亦行停頓交付、將來其妻妾能否圓滿同居、不得而知、惟伊胞弟暴卒消息傳出、一般議論紛紛內幕有否隱情容訪再誌云、

莫某昧良僞造賬目
已被控於法院

小松屬官、內海航空科長、羽中田技佐、空務協會林部常務理事、

△各省方面、

濱江省源明次長、相馬士木

△奉天市出招庶務科長、外一名、齊齊哈爾市尾副市長、外一名、△旁聽者有海拉爾野村事務官、外一名等云、

夫在外眠花宿柳 妻找來他不收容

經人說合後他又虐待妻女

漢醫郝新三年四十六歲、山東昌邑縣人、於數年前由山東偕其胞弟郝寶普年三十五歲來哈、在道外北四道街開設同豐德葯舖爲業、自開始以來、兄弟二人同心協力經營葯商、生意頗稱發達、以致積有相當積蓄、不料新三飽暖生淫慾、不堪鰥居寂寞、不時尋花問柳後來結識永安里土娼妓女寶翠、而寶翠雖係小脚蓄髮、體態窈窕異常、二人一見傾心、大有恨相見之晚、自結識後、過往嚴密、卿卿我我熱度增高、誠有戀戀不捨之勢、因此郝某於四年前以四百元身價代替寶翠贖身、双方實施同居於該葯舖內、詎知好事多魔、郝之髮妻郝秦氏在山東聞其夫在哈納有小星、不免醋火中燒、更兼家中貧困度日艱難、自納小星後即置髮妻 長女於山東 不聞不問、所以郝秦氏偕其長女名妞年二十歲、不懼數千里車船困苦、來哈尋夫意欲興師問罪、孰知郝秦氏偕其長女於今春抵哈時、即由車站僱車直接尋至同豐德葯房、其夫視其髮妻找向前來、佚恐其妾知曉、大爲不滿、將其妻女暴打後、並驅

莫沛章現年卅餘本地人、在大興公司替身之滿洲房產會社服務、伊在二年前、在大興公司之時代、曾一度充外交員、專收租金、與道外正陽十五道街天有金經理胡雲章結識胡某年五十餘、爲人極爲老誠斯時天有金之營業頗佳、莫某見胡某老誠可欺、且又有野心覬覦天有金之營業、故即與胡磋商廿願出一千元國幣、加入天有金作爲一股、當即一口允諾及至客歲、大興公司結束、而改組爲滿洲房產株式會社之時、乃將天有金所佔用之房子全部出賣於現在松江春飯店、該飯店於買妥之後、即通知各和戶搬家、並包天有金之損失費九百元、作爲搬家之損失、詎意正在此時、天有金經理胡某罹起之疾病、莫某以有機可乘、當即以僞意允許胡某返里調養所遺一切事務、完全由莫某經管、一手辦理、當時胡某並未料及立時來裝就道、莫某一人在哈在天有金所有之一切舖墊完全出賣、明賣國幣壹百元、而莫某則僞注賬五十元、畫而三十元不等一方並將胡某之保人某九爺者請至、僞稱生意賠累不能再繼續作下去、胡經理淨存國幣五十三元七角、除去胡經理返里時所長支之五十元淨餘三元七角錢、令九爺代胡某蓋章領回、九爺不知就理、當時將錢領回、詎知於本年夏季胡某病癒來哈、九爺乃將所餘之三元七角國幣、如數交與胡某、胡某見此、心中頗爲不廿乃至莫某處與其當面清算並且莫不但堅不承認伊有昧心事件、胡某於無可如何之原則下乃其狀遞於地方法院、請求依法辦理、案件押至兩月餘、未能審理、莫某又託出中人、願私下和解、比時及賬目搬出對查之時、莫某共取出賬三本、除去不完 整者外、則就是不明、胡某以莫某証據確在、而其仍不承認、當即又以僞造賬目及侵佔二罪名爲理由、又將莫某告之於檢察廳、將來如何了結、尚難逆料云、

盟弟與盟嫂相戀姦 旅館之中大起醋戰

汪程氏小老虎之名其當之無愧

有汪濤麟者、(假名)年卅餘、原籍魯省黃縣住道裡外國八道街、汪某爲人素日勤儉耐勞、作博役生涯、數年來猶如一日、以故手中頗有積蓄、娶妻汪程氏、別名小老虎、其貌雖不揚、然而蕩性逾恆、常以打牌爲口實、時至外[illegible]邊[illegible]般流氓厮混、汪某有一盟弟劉老疙疸者、排行老五、青年貌美、時至汪某家中串門、汪程氏見之垂涎三尺、無欲苦無機會、因而奇想天開、以嫂子之地位、居恆對劉老疙疸、施一調逗手腕、久而久之、所謂沒有不吃腥的貓、劉老疙疸日久天長、果然墮於小老虎之轂中由此、劉老疙疸而作小老虎入幕之賓矣、劉老疙疸每日與小老虎、不是旅館、就是影院、卿卿我我、儼然夫妻、而汪某固未之知也、於日前劉老疙疸又在道裡外國七道街與安達來哈之女子王某結識、一人之精力有限、因而劉於小老虎之某項供給不足、小老虎之慾溝難填、心中頗恨劉老疙疸、乃日夜監視其行動、卒於本月某日在外國七道街新京旅館、將劉老疙疸找獲、當小老虎進屋之時適値劉老疙疸與王姓女子弄如如此這般之醜勾當之際、一見不禁醋火中燒、立出巨靈之掌、左右開弓、將劉等打得落花流水、抱頭鼠竄而去、而小老虎之氣猶未出盡、掉轉過來砲頭、又將王姓女子大打一陣王姓女子、見小老虎愈來愈凶竟而打起自己來心中可未免不廿、當即與之反抗、一對娘子立起肉搏戰、二人各不相讓、勢須打個你死我活的氣勢、方破口大罵、令人聞之肉麻、博役見景不佳、深恐此二人鬧出事來、當即出首爲之調楚、一場醋戰而乃告平息云

濱江特刊
第二三四號
盛京時報北滿總支社
社址　哈爾濱道裡地段街一號
電話四三四六番

濱江省公署開催 副縣市旗長會議
本月十八九兩日在會議室舉行

濱江省公署、爲謀管下各縣旗市行政趨入徹底發展、並討論現在應行的一切事項及康德七年度預算等各重要問題、特定於十二月十八、九、亘二日間在濱江省公署省長官房會議室召集管下各縣旗市副縣市長及旗參事官會議、該署除積極忙加準備各種議案外、現已分別通知各副縣市長及旗參事官、屆時携帶提議案來哈參加會議云云、

謀交通安全 實施車体檢查

哈爾濱警察廳爲謀交通之安全、於十二月一日起至七日止、與各警察署保安係協力之下、對於洋車體檢查、一旦現不良車體時、決定禁止使用、國期確保乘客之安全並防止交通事故云云、

市公署定期 召開諮議

哈爾濱市公署、爲討論康德七年度查定預算、並家屋稅營業稅及自由職業之增率以及教育擴充五個年計畫等重要議案、特定於本月十日在市公署四階樓上會議室召開本年度最後諮議會詳細協議各種議案、以明達成圓滑進展云

合作社聯合會議 舉行落成式典
各機關均派代表參加

濱江省農事合作社聯合會、由本年春時起、以工費二十萬元、在濱江省開拓廳後空場、建築合作社於一日午前十一時三十分許、在同館樓上大會議室舉行落成式典、當由聯合會長韋局長及管下二十二

電氣消費合理化座談會 在商工會舉行

滿洲電氣協會、基於當此非常時局、爲謀徹底實踐煤炭消費節約、本着考查電氣係爲煤精、依物資節約之趣旨特於全國各支部舉行電氣節約運動、因此哈爾濱電氣協會支部、特於十二月一日、在道裡商工會樓上會議室、開催電氣消費合理化座談會、會由電業哈市支店代理店長及電氣協會評議員、以次電氣關係等、來賓側有市公署梁實業處長警察廳消費合理化運動實施、並說明處置及實施辦法、繼則開始座談云云、

建築限制期間

【錦西】壺蘆島迤北、馬丈房一帶、今年春季、所放領之地號、經建設局規定、凡於康德六年度、凡領該地基者、隨意建築、不加限制、故一般商民、均爭先恐後、不分磚石、赶緊建築、惟於康德七年度建築者、必須繪圖呈閱或洋式房或二三層樓房、均須用紅磚以期一律云、

通知線麻價格

【開原】縣公署近准奉實農第二八七七號公函、關於健進消費外、更具協線麻收買價格之件、奉天省線麻統制要綱、第二項要領之三項、如左記實施及通知、縣公署當以開行實第九一三號之二謄寫原文令各街村長知照云、

郵政募集儲金

【彰武】彰武郵政局奉令辦理、報國儲蓄、一般人民、踴躍、向該局存款、信用卓著、該局長、趙熾森君、每日派專員、往農商住戶、暨各機關、極力募集外、並在重要地址、苦苦演說、儲蓄報國特大宣傳、該局郵便、業務甚多、足見該局、成績頗佳云、

監視侵犯禁獵區域 州廳施檢查狩獵者

【大連】寒冬已屆、正是狩獵之好時期、近來每逢星期與假日、狩獵者時時出動、州廳保安課、爲防止事故、自月之廿六日起對州內各禁獵區域狩獵場、派以便服警官、對各車站及郊外汽車發着場派以正裝警官、一齊實施狩獵者之檢查、檢查要項狩獵免狀及鳥銃所持許可書之有無、火藥讓受許可書之有無等、手續上檢查之外、並行禁獵區侵犯者之監視、至檢查成績、月末方可判明云云、

迫、年景歉收五成以上、無衣無食之貧民甚多、現在嚴冬已至、該縣爲救濟起見、特在縣城東關、設立粥鍋一處、業於上月二十五日開始施粥、刻下每日前往食粥者百餘人、如此辦法、可謂慈善機關、達成救濟事業之本旨云、

奸商冒領配給 烟筒加價轉售

【錦西】縣街某商、（名姑隱）專以包銷啓東貨烟爲業、該號財東某、雖派有經理又令乃弟監視、查乃弟係一少不更事之青年

及乘客馬車、實施定期車、聯合會館、現已竣工、故縣旗農事合作社董事長出席外、來賓側有源田省次長、相馬土木秋吉警務兩廳長以次關係各科長並有北安省開拓廳長代理丁農林科長、北增事務官、產業部協和會中央本部代表等臨席、全體入席後、首先向日滿國旗行最敬禮後由津久井綏化縣農事合作社專務董事致開會詞章聯合會長致詞、諸川主事經過報告、然後由源田省次長孫開拓廳長北安省農事合作社代表森山海拉爾專務董事等來賓之祝詞、即開祝晏云云

在哈滿系福德銀行
首先增資爲百萬圓
其他銀行合併增資氣運濃化

政府當局爲伴同產業開發五個年計畫、對於北邊振興計劃積極努力進展、因此國內所用資金企圖一部調整、曩曾制定銀行法以期保有國內銀行之發展、據該銀行法、由康德六年一月一日起、以三個年以內、從悉國內各銀行資本金百萬元以上增資、擁有不足百萬元資本金之各銀行、一律喪失銀行資格之規定、因受此項規定機刺激、國內普通銀行之整理合同之運一段厚濃、而道裡新城大街之滿系普通銀行之福德銀行、現在資本金共爲五十萬圓、亦首先增資百萬圓、極爲注目、以資本市普通銀行資本金五十萬圓者、爲六個銀行、三十萬圓資本金者爲三個銀行、十萬圓資本金者、爲一個銀行、平均每個銀行資本金僅不過爲三十六萬圓、其一般規模小銀行大部份係舊政權時代之錢莊或錢糧業等轉變、以致小金融及特產金融、仍占有相當勢力、不料後來、由中銀、興銀、及其他本資本雄厚近代的銀行之[illegible]行遂漸不振、趨趨衰落之途矣、更兼特產物由中央之統制、錢糧業事業更不堪支持矣、前紀福德銀行爲順應銀行法首先增百萬元、關於在哈其他普通銀行今後之動向極爲重視、今後滿俄系普通銀 行繼續整理合同實現、頗期待云云

出、新以滿俄系普通銀[illegible]

七年度協和日記本
頃已印製出版

協和會哈爾濱市本部、爲徹底向一般國民宣揚協和眞正精神起見、會於每年度訂製大批協和日記本、向一般國民廉價出售、以便促起協和之觀念、內容除全年日記之用紙外、並印有建國精神解說等、凡日滿兩國國民不可不備、關於康德七年度之協和日記本、現已印製出版、因此協和會哈爾濱市本部、現已通知各機關學校、法團會社等、有意購買協和日記本者、急速赴協和會哈爾濱市本部報名、共日記共分爲兩種、一爲懷中日記、一爲普通大型日記、每冊定價壹元、但一般市民如有意購買者、亦可至協和會市本部報名云云、

實踐消費節約
廢止新年虛禮

協和會哈爾濱市本部、以當此非常時局之下、又兼新歷年關爲期廹邇、爲喚起一般民衆廢除新年虛禮、一致實踐消費節約運動起見、以該市本部爲中心、與全市各機關法團學校會社以及一般市民協力實踐節約運動、決定廢除新年一切虛禮、以免無味之消及一般家庭互相贈答禮物等、此皆屬於虛禮之例所以當局希望所有官民一致實踐消費節約、厲行廢止虛禮、以盡槍後支援之赤[illegible]云云、

保安科長及道裡外各照明會長、省市協和會代表並大羅新同發隆各大百貨店參加之下、首由宋協和會省本部員致開會詞、繼由會評議員說明電氣節約

吉林郵局新獻
增加收受投遞次數

【吉林】郵政局長宮城清、現爲對於水郡之郵務向上計、現特行積極改善、茲將該局長口述改善方針、由十二月一日起實行事項列左、

（增加收受及投遞）水部之郵政每日投送二次、將受兩次、現爲便利官民及郵政事務之進行、增加將受與投遞爲三次、以便商其收受以前爲三專員、今後增爲四專員、每日將市內各信箱之信收取三次、投遞三次地區爲河南街大馬路、新開門外、鐵道局宅一帶、

（內部職員郵差轉勤）爲使職員對於業務執行圓滑起見、將所有之郵員內部實行大轉勤、恐郵差日久生弊、將四五十名郵差投信之道路一律新支配、並免一有假者投遞困難云

新郎出走趣劇

【海龍】本邑城內住戶趙某、家道殷實、有子年將雙十、其父母爲了向平之願、訂於古歷十月十九日、爲其子完婚、在喜明前新郎曾向伊祖父要求外套皮鞋、而趙某因値此經濟節約之時、遂未允所請、僅給服裝費二十元、該新郎因未遂所願、竟於十八日乘家人不備之際、自行出走、至十九日喜轎臨門、舊式婚禮、例須交拜天地、新郎無蹤、伊家在無可奈何中、用從權辦法、暫以公雞代理新郎之職務、不料是晚該新郎竟又歸來、而乃祖之主張經濟節約、固屬有當、但似乎過吝、然而新郎雖未交拜天地、對於洞房花燭夜之良辰美景、尚未錯過、如此可謂一幕喜事趣劇云

貧民福音
紅卍會施粥

【海龍】本邑紅卍會鑑於本年縣境、因水爭交

事均擅專、前日由商工公會、曾領洋爐烟筒三十七節、每節價五角、該號僅自用七八節、所餘統報一元五角轉售他人、似此奸商理應懲處以維市面云

圖書館現改名
爲民衆教育館

【洮南】縣立圖書館、茲改名民衆教育館、其館牌已改爲民衆教育館字樣、懸掛門首、至於內部組織[illegible]

濱江特刊
第二三四號
社址　哈爾濱道裡地段街一號　盛京時報北滿德支社
電話四三四六番

募兵宣傳電影講演會
成績極爲良好
聽者皆澈底募兵意義

既報協和會哈爾濱市本部、所主辦之募兵宣傳電影及講演大會、已於本月七日在道裡巴拉斯電影院正式舉行、當日午前九時起至十一時半頃、市民前往參觀聽講者非常踴躍、頗爲擁擠、但聽講者雖然人多極爲安靜、毫無雜聲、由此可知市民對於募兵意義當有深刻化之識認由協和會市本部王部員對於此次募兵之趣旨以及將來實施徵兵制度、作懇切之長時間講演畢、即開始映演各種影片、如新聞漫畫、並有趣味佳片極多、由七日起始輪流於各電影院及各區繼續舉行、希市民踴躍參加、免費入場、茲將國民應當服從當兵役趣旨誌錄如左、

集人而成家、集家而成國、可見國乃家之集也、家乃國之分也亦即國乃大家之家、即全國人民之總合家也、惟從前滿洲人民只知重愛其家、不知重愛其國、以致忽於保護其國、此乃大謬也、蓋個人之家庭、自已固當愛惜之而大家之家庭、(即國家)大家更應各盡其力、共同保護之、是以保護國家者、乃人民應盡之義務(充兵納稅乃國民應當盡之義務)因人民既享國家保護之權利、則人民即應當保護國家之義務理所顯明、不言可喻、其保護國家之道爲何即人民達到相當年齡爲國當兵是也云云

哈爾濱商科醫學院、第三學年學生一同、鑑於當此時局之重大化、爲表示槍後支援之熱誠、特節約每日的一切消費、積蓄四十五元、於六日由該校學生代表、將款送交第四軍管區司令部、作爲國防獻金、當局收到此項國防獻金、對該學生等表示特別的感謝、現正向中央治安部請求表彰方法中、以資獎勵學生等愛國之熱心云云

新兵身体檢查
十五日起實施

第四軍管區司令部、以康德七年度募兵法實施期日切迫、爲對於哈爾濱市各區志願者之預備身体檢查、決定由本月十五日起至二十日止、屆時由該軍區司令部派遣軍醫蒞場實施檢驗、現規定檢查場所如左、

一、太平區＝十五日於三棵樹校

二、[illegible]坊校

三、顧鄉區＝十六日在松浦校

四、西傅家區＝十七日在南馬路校

五、東傅家區＝十八日在北新校

六、馬家區＝十九日在馬家溝校

七、埠頭區＝二十日於新城校

八、新陽區＝二十日在安廣校云云

省視學察學校

【西安】奉天省公署視學官土方省三、於日昨因視察學校蒞西安縣、由縣當局錦縣公署教育科長盛文光引導至、省立國高實業女學、西安街公立各學校詳細視察後、在縣公署大禮堂召集以上各校教師校長等講演約兩小時土方省視學此番視察對於西安縣省縣街立各學校成績頗爲良好、當場即有一番贊許云、

[illegible]健强計、一再舉行各項球類競賽會、結果成績皆甚優良、今更擬舉行兵兵球賽會、日期刻尚未定、已通知各社員等、踴躍參加、先期報名云

[illegible]延二牌宋恩橋三牌朱春延四牌魏延颺五牌賈海珊六牌王連奎七牌張錫九八牌潘寶田九牌劉蘭池十牌吳筱堂十一牌丁林十二牌金升璧十三牌趙良玉十四牌才俊臣十五牌孫鑫森十六牌傅瑞亭十七牌劉振山十八牌李秀岩十九牌何恩起廿牌咸鎬昇廿一牌王遇豐廿二牌袁子香

長勝區陣容

【開原】開原街長勝區長王翰臣氏、爲充實陣容將管下牌長、加以整理、

交響管絃樂協會
舉行理事會

哈爾濱交響管絃樂協會、鑑於新歷年末爲期目睫、關於本年度的一切活躍、瞬將終結、因此該協會爲協議明年度一切的活躍事業計劃、並同時聽取各重要役員的意見、特定於本月十二日下午二時許、在道裡中央大街馬迭爾飯店特別室、開催理事會、該協會會長哈爾濱趙市長、現已分別函知各役員屆時出席、參加會議、茲將其會議各種議題、妥誌於左

一、會則之改訂

二、役員之整理

三、本年度事業報告

四、本年度至十一月末止決算之

五、新年度的預算、公演場練習場、事務所放送指揮者等事業、

六、其他云云、

均屬優良、頗受讚譽、足征該社全員、平素忠誠勤勞、之概矣、

商工公會舉開
二次農品評會

【新民】商工公會、爲努力改進工藝、農產、素質向上計、當於本日上午九時、舉開第二次工藝品、品評大會、會場在該會院內、凡縣內一切土產工藝等品、分類陳列、標定價格、光怪陸離、大有可觀、並有案內員、導引指示、秩序井然、參觀官民非常擁擠、一般觀衆咸謂各品精良、較諸以往、大有進展、想於六日閉會後、對品評結果、及獎賞品物、必均有優厚良績云云、

期物價平穩剷除奸商
經濟警察舉行講習會
由七日起亘十日間在本市舉行

當此非常時局、物資缺乏之際、一般奸商利徒趁機居奇壟斷、囤積惜賣、

法暴利嚴加取締等事項、依次詳細加以講習、以圖保安經濟警察取締陣容充

松尾局長調充安山郵局長所遺西安郵局長一額以連山關局長內村敬一郎調充

防止窃盜事件

對典衣者嚴行調查

當此隆冬天氣嚴寒、又兼年關將臨、正值金融吃緊之際、一般不良份子被生活逼迫難免不強者挺身走險、弱則即淮偷及換查其所窃物品不質典於當舖換取金錢、因此強窃物件多數流落當業手中、哈爾濱警察廳當局有鑑及所、希望官民一休協力防盜起見、特通知各弊察署向一般當舖及各古物商嚴加諾誡、對於來源不詳物品及典當舖形跡可疑之人、嚴加調查防範、以便協力警察官搜查犯罪及檢舉犯人容易事項以期促進治安之鞏固、根本防範犯罪之減少云云、

對生活各物品

行調查價格

際此重大時局之下、一般奸商爲利是圖、藉物資來源缺乏爲理由、對於各種生活必需品莫不價格暴漲、政府當局、爲確保民衆生活安定起見、曾對各種物品制定標準價格、爲徹底剷除奸商利徒暗伸魔手、日前又對於七十四種食料品、規定最高小賣價格、由全國各縣市鎮、頒佈命令以便促起全國一致實施、然遵守標準價格故不乏人而奸商利徒以不殺貧人不當原則下仍恐一時難易恢改發財心急、雖有經濟警察以不眠不休嚴重活躍監視及取締、依無仍有奸商存在、但民衆雖瞭然受其矜威、惟請用孔急、不得不忍痛購買、因此協和會哈爾濱市本部基於政府當局實踐民衆生活安定之趣旨、擬於最近期內、與哈市各協和分會取以嚴密聯絡之下、並順應市民之心意、對於各種日常生活必需品等、再度開始價格調查、以及各種物品昂騰原因、蒐集情形填報中央當局、俾爲參考資料、補益物價制定合理化、順應民衆生活安定心理云云、

學生佳行

獻金四十五元

哈爾濱醫科大學附設之

地區勞働統制協定

蒙民生部大臣許可

勞工協會哈爾濱支部、爲順應時局進展、產業開發五個年計劃遂行徹底計、故對於勞働統制益趨緊張、自本年二月勞働統制法實施以來、頗爲重視、因此哈市曾於本年六月間舉行第一回役員會後、繼屢次開催總會、於十月間締結哈爾濱市地區勞働統制協定、即從事呈請許可中、於十一月十日、已蒙民生部大臣正式許可、而勞工協會側依據協定之事項、從事指導監督、同時對於多數未加入之勞働者、迭次摘發、基於勞働統制法、違反統制協定者、或違犯第四條第二項及第六條之命令者處以五千圓以下罰金、適用罰則、決不寬容、最近正在徹底的調査中云云、

高抬物價等慘暴醜態事件迭出不鮮、以致民衆受此等弊矜威影響生活之安定、濱江省公署警務廳當局、有鑑及此、爲實踐安安民衆生活、極謀剷除奸商利徒、以期促進物價之平穩、積極發揮經濟警察取締素質向上、已於本月七日起亘十日間、召集管下各縣旗保安經濟警察官吏開催講習會、來哈參加講習經濟警察共爲四十八名、已於七日下午一時起講習第一日在濱江省立地方警察學校內正式開幕矣、當時出席者除各旗縣經濟警察外、濱江省公署側、有秩吉警務廳長以次各科股長、及其他關係者、均行蒞席、先舉行開會式典、即繼由關係首腦訓示後、開始本格的講習、講師由省保安科松原警佐以次工商保安各科長並其他幹部担任、對於物資配給統制諸法規、及關於配給機構之整備充實、奸商利徒不

實之強化、根本防範奸商暴利徒輩、伸張魔手妨碍民衆生活行爲云云

郵政局長轉勤

【西安】西安縣西安郵政局長松尾豬作氏、在安局已逾一載、辦理局中事務以及各儲蓄、生命保險等事、均卓著良好成績、近經郵政極案命令、將西安

云、

廢止年末虛禮

省署通知屬下各員

濱江省公署當局、基於此時局之重大化、力促官民一體自肅自戒、茲以當此新年將臨、極謀廢止虛禮贈答、以免無味之消費、特於八日以省次長源田松三氏之名義、通知官房各戶科長、轉飭所屬各機關職員關於年末年始虛禮贈答、絕使一律廢止、其令文如左還啓者、關於近來各種虛禮之廢止、於各方面曾經屢次提倡、相信各位、大致已充分留意矣、惟鑑於現下時局、更要進一層的自肅自戒、關於此等虛禮、凡爲官吏者、務需率先躬行作一般人民之師表、故於年末年始之際、對於贈品及各種宴會當互相戒免者、自不待言至于廻禮及賀年狀等、凡屬於航禮者、亦必力求廢止、對於右項趣旨、希會所屬職員徹底周知是荷云

法華宗妙法寺

嚴修釋迦道會

【開原】開原街民宅之法華宗妙法寺、自十二月一日起始、迄同月八日、嚴修釋迦牟尼佛之成道法要、佛教下之善男信女、參加者甚衆云

市場會社定期

開催役員總會

【開原】開原市場會社爲今期決算、於十二月三日、開催役員會定於月之廿三日、開催總會、其成績與前期相同云、

乒乓球競賽會

令各社員報名

【開原】開豐鐵道株式

永昌區新陣容

【開原】開原街永昌區長孟善之氏最近將其管下牌長整理下下、第一牌于韶亭二牌王輔臣三牌付子良四牌常大儒五牌邢國恩六牌劉純德七牌張春普八牌王振疆九牌左海盛十牌張述周十一牌趙謝青十三牌王鳳閣十三牌楊鳳十四牌陳書年十五牌高發十六牌于少卿十七牌孫珍十八牌范文華十九牌高成廿牌丁萬山廿一牌李著田廿二牌秦榮廿三牌蘭永年廿四牌王昌廿五牌石玉成廿六牌韓義德廿七牌王桂和廿八牌李起廿九牌杜橋柱卅牌蘭永德

街村吏員卒業

獎優秀生三名

【本溪縣】街村吏員訓練所、第一期生二十七名、於本年十月七日入所受二月間之講習、於本月六日滿期、當日在縣公署會議室內、各關係官員臨場出席、隆重舉行卒業式、此次卒業生中優秀生三名、一等爲馬家城村謝當州、二等爲田師夫村周煥章、三等爲富家樓村孟憲廷等三名、當局授與獎狀及獎品、以示鼓勵云、

協和徽章頒到

希望者可購領

【本溪縣】協和會本部於本月六日、由中央本部發到會員徽章若干枚、當函知管七各分會、領取會員徽章及門牌、一組僅收國幣三角、凡希望者、請向縣本部直接購領云、

開原司法事件

【開原】開原街因警政之修明、盜竊案件、向不多見、今歲以物價騰貴之影響、被飢寒所逼、而入於下流者較多、故犯罪事項、亦隨之而增加、據開原警察署所逮捕之竊盜案件統計、在十一月中者、計發生事件廿三件、而檢舉數則達廿七件之多云、

金融聯會來新

施行業務檢查

【新民】金融合作社向對存放貸欵、正確迅速成績優良、一般農民、咸稱便利、該社新京聯合總會、爲求業務進展、促進合作社之使命計、於前來新要員三名、實行業務檢査、亘三日間、於本月二日終了、結果內外各項、皆

開原新年行事

【開原】迎康德七年開原之新年行事、本月六日午后一時半、各機關代表、於公會堂協議如左一大祓式、卅一日六時一、除夜祭、仝十二時一、國旗揭揚式、元旦十時引續式典、一、拜賀式、元旦十一時一、互禮會、元旦十二

濱江特刊
第二三五號
盛京時報北滿德文社
社址　哈爾濱道裡地段街一號
電話四三四六番

徹底宣傳鴉片斷禁 舉行禁煙講演大會

濱江省道德總分會努力禁煙宣傳

道德會濱江省總分會、今受濱江省長之囑託、乘現農閒期間、爲徹底實施宣傳鴉片麻藥斷禁政策、以期達成道德會宣傳道德教化之趣旨、特於十二月十五日起至三十一日止、亘十六日間、於全省道德分會總動員之下、實施鴉片麻藥斷禁宣傳工作、以期使一般聽者自瀘自戒以使促進鴉片斷禁之徹底、茲將左記日期場所舉開鴉片麻藥斷禁教化宣傳講演會分別誌錄如下、

講演會日程

一、十五、六日兩二日間下午一時至四時在道外道德分會、

一、十七、八日下午一

一、廿九日（時間同上）在太平橋道德講演社

一、三十日三十一日（時間同上）在濱江省道德總分會、

講演題目

一、鴉片之害與國家社會之關係

一、鴉片之害、能使倫常乖舛妻子離散、

一、鴉片之害與家庭個人之關係、王道新國民、必須戒除鴉片之毒、

一、國家對於斷禁鴉片之政策

一、禁煙拒毒是全國人人的責任、

宣傳之標語

一、最有害於國民健康的就是鴉片和麻藥、

一、黑籍中苦海無邊早戒除回頭是岸、

一、戒除鴉片是健強身體的要素、

一、壞人格敗家產莫甚於鴉片麻藥、

一、嗜吸毒品是人生一切罪惡之源、

一、強國在乎強民、強在乎禁煙、

一、不能禁煙不能做新國家新國民云云、

體聯哈事務局召開理事會議

滿洲帝國體育聯盟哈爾濱事務局、爲討論明年度體育事業計劃及本年體育事業經過報告起見、特定於十二月二十二日下午二時許、在哈爾濱市公署四階樓上會議室、召開理事會議、其會議主要題目規定如左、

一、本年度事業報告、

一、關於明年度事業計劃、

一、關於明年度預算之件、

一、關於明年度役員之件

一、其他等各種事項云云、

大北新報社主催

時至四時在道外十六道街道德講演社、

一、十九二十日（時間同上）在道裡講演社、

一、二十一日廿二日（時間同上）在道外十六道街道德講演社、

一、廿三日廿四日（時間同上）在上號道德講演社、

一、廿五日廿六日（時間同上）在新站街道德講演社、

一、廿七日廿八日（時間同上）在顧鄉屯道德講演社、

一、鴉片不但不能治病而且使病症加重、

一、禁煙工作是普渡鴉片和麻藥癮者的慈航、

一、立於王道旗幟下的國民應決心戒除鴉片

一、吸鴉片如吞毒瓦斯打嗎啡即宣告死刑

一、禁煙的宣傳是增進國民健康的宣傳、

一鴉片不能治病、如同鴆毒不能止渴

一、不能禁煙使終身不能逃出苦海

一、國民吸食鴉片即是走上亡國滅種之途、

訪日實況講演會

由譚編輯次長講演往聽者擁擠

哈爾濱大北新報編輯局次長譚鐵錚君、會於上月初旬參加新京弘報協會所組織之全滿記者日本視察團、視察友邦日本各都市、因視察完畢、業於日前返哈、故於十二月十五日下午五時許、在道外十七道街北新國民優級學校禮堂內、舉行訪日實況講演電影會、一般市民前往聽講演者、特別擁擠、當開會時、首由該報編輯長郭趾祥氏致開會詞、繼則由譚編輯局次長講演、在日本視察所得經過印象、以及當此戰事体制下之日本國民安靜工作、毫無戰事思想之模樣、一般聽講者雅靜異常、講演完了後、即開始放映電影片、於下午九時許始散會云云

市發放賞金

哈爾濱市公署全体職員渴望日久之本年度年末賞金、已於十二月十五日午前十一時許、開發放、各職員授與年末賞與金後、莫不喜笑眼開云云、

海洛英注射寒腿毒斃

希望一般有疾者不可亂用偏方

道外南十四道街門牌四十七號住戶李萬發年三十六歲河北省人、向以在東山裡包工為業、因該處特別寒冷關係、李某既患寒腿病、因山裡交通阻隔醫療機關缺乏、日久腿疾漸重、所以李某日前由山裡返哈醫治腿疾、尙未待聘醫師醫治、該同院住戶王某者、聞知李某患寒腿症、乃往李某家中、投給李某醫治寒腿之偏方、所謂有病亂投醫、果應俗語也、李某視王某投給治病藥方表示非常感激、於是王某即令李某外出購買海洛英一包、用王某告訴之方[illegible]射畢、未幾、即覺天昏地轉、感覺週身不安、未及三時許、李某被毒攻心、當即死於非命、希望有疾病者矣不可遂意亂用藥方治療云、

為謀治安確保樹立防匪對策

省警務廳令管下一体協力防遏

濱江省公署警務廳刑事件、鑑於新歷年關切迫並當此嚴冬結冰時期、為防止郊外匪賊潛伏市內圖謀不軌起見、經研究結果、近特樹立近郊及管轄各縣謀農村等強化防過盜匪對策、現已分別通飭哈爾濱協力一体遵令防過匪賊、並將最近各管下所發生之家畜的強盜事件、迅速統計提出報告、以便從事搜索強盜、希各警務當局一致協力嚴防犯罪徹底檢舉犯人、以期獲得治安之鞏固、使無遺憾云云、

為免車掌擁擠

終點設售票處

一掌握全市交通使命之交通會社大汽股、近鑑於第八系統西門臉至香坊、第九系統桃花巷至顧鄉屯間、往復行駛之乘客大汽、因車少客多、非常擁擠不堪、因車站距離且近車掌擁擠車裏售票、來往擁擠、不但惹得一般乘客煩言嘖嘖、亦頗為不便、因此該股特於本月十六日起、在上述兩路線終點處、設置售票所、希望一般乘客先買票然後乘車、以免被車掌在車裏來往擁擠、而在中途乘車之乘客

濱江特刊
第二三七號
盛京時報北滿總支社
社址 哈爾濱道裡地段街一號
電話四三四六番

皇帝陛下萬壽佳節
省市高官晋京拜賀
屆時各官員並聯名恭呈賀表

二月六日爲滿洲帝國皇帝陛上萬壽佳節之良辰、而哈爾濱省市兩公署當局、屆時除由韋省長及大迫副市長藤原工務處長等連袂晋京向皇帝陛下拜賀聖壽外、並由源田濱江次長及秋吉警務廳長劉開拓廳長、相馬土木廳長以及馬市公署財務[illegible]長等連名向皇帝陛下恭呈賀表云云、

皇軍慰問袋
應募者踴躍
由國婦哈支部呈交關東軍

滿洲國防婦人會哈爾濱支部、爲慰問活躍第一線護國衛民不分晝夜討匪皇軍、故實施募集皇軍慰問袋以來、一般應募者特別踴躍、而各協和分會見義勇爲、更不肯讓人、一致踴起努力献納、迄至本月二十日即將各協和分會所十袋、

一、滿蒙開拓訓練所官舍婦人會二十二袋、

一、稅務監督署分會一百五十五袋、

一、滿洲計器株式會社分會二十袋、

一、交通會社分會十六袋、

一、高等法院分會十三袋、

一、濱江省分會七十六袋、

一、哈爾濱高等檢査廳分會高檢班十六袋、

一、哈爾濱鐵道局分會一百三十二袋、

一、日滿製粉分會一百十六袋以上合計七百十六袋云

濱江省公署當局
樹立農產增產計劃

濱江省公署當局、基於政府產業開發五年計劃遂行之徹底圓滑、積極努力樹立農畜產增產計劃、於本年度中、決使省下農產物特別增產、現正着手生產力之擴充適進增產對策、

一、技術指導之擴充與準備

濱江省署協和分會
現組織慶祝委員會

濱江省公署協和分會、爲準備慶祝友邦日本紀元二千六百年紀念式典起見、特組成濱江省公署慶祝委員會以資辦理慶祝各種事項以王參事官爲委員長、福地庶務科長爲副委員長、其次全署各科股長爲委員、韋省長及源田省次長爲顧問、劉開拓廳長秋吉警務廳長相馬土木廳長等爲參與、除由該委員會負責辦理二月六日之滿洲帝國皇帝陛下萬壽節外、並辦理日本紀元二千六百年慶祝式典、及二月十一日之日本紀元節、三月一日之滿洲建國節、四月二十九日之日本天長屆時省署全員一致參加、

三、一德一心展覽會、將友邦日本之歷史、地理風俗加工印刷模型五十餘種、由省公署各廳主辦開催展覽會、

四、二千六百年慶祝式典、於十一月十日在日本國舉行曠古的二千六百年奉祝大式典之際、省公署派員參加並參拜神社、見學文化設施農村等、

五、興亞都市大會、於東京市舉辦興亞都市大會之際濱江省屆時推選代表

滿鐵厚生分會
冬期慰安會舉行
屆時希社員家族免費參加

【哈爾濱】滿鐵厚生會哈爾濱分會爲慰安冬期之社員家族、得到神之安慰、特定於一月二十二日及二十三日亘二期、每日下午五時半頃起、在厚生會館大劇場即前鐵道俱樂部舉開社員家族慰安演藝大會、演藝者一行、由名曲家村浪太郎、率領外二十四名、演藝之項目有萬歲舞、珍藝、曲技、奇術等、入場費但收大人三角小人二角之會場整理費、希社員家族屆時踴躍前往參觀、預測屆時必有一番盛況云云、

擴增用地百畝
邁進苗圃强化

【黑山】爲謀充實苗木養成邁進苗圃事業徹底故經本縣產業當局、現對縣營芳山鎭、採種圃力謀事業進展計劃、而決在本年度再擴增用地百畝、努力于苗木栽植擴大以、以期邁進本縣綠化之普及、而完成造林計劃實現徹底強化云、

獻納之慰問袋整理完畢、現已送呈關東軍當局、請求其轉寄所屬各部隊以資表示慰問之意、其各協和分會所獻納慰問袋誌錄如左、

一、哈爾濱大同酒精株式會社分會三十五袋、

一、交通部哈爾濱航務局分會七十袋、

一、哈爾濱士紳[illegible]

滿人側路店商
不久將成組合

現向市警當局呈請許可中

散在哈爾濱全市數千名之滿人側露店商、向無組當統制、以致各步道所擺設之攤床比比皆是、不但妨碍交通、且與觀瞻極爲不雅、茲有趙宏斌者、係商業之老手、經驗宏富、爲人忠厚老誠、精明強幹、爲謀各攤床商之、發展並增進福利起見、曾與吳玉堂、張翰三、蕭印堂、宋雨庭、李雨田、沈維清、李維藩、張七學等七名發起實施組織攤床組合、除向各官廳呈請許可外、現正積極着手籌備中、一旦得到市警兩當局准許時、即立時舉行結成式、而現在各攤床志願加入者、特別踴躍、大有應接不暇之勢、茲將該露天商組合設立趣旨及規條探錄如左之

竊查哈爾濱市各街通衷向有露店商散在查該項商業均係小本商人終年辛苦不過謀蠅頭小利以之維持一家數口之生計此種苦情早在官廳洞鑒之中向蒙法外施恩准許使用路側經商維持生計實屬戢德載恩歿齒難忘也惟查該項露天商其散在範圍至廣且大向無互相之連絡對於官廳命令事項以故難期撤底明瞭時有違反道路使用之規則而妨害街市之美觀關於國際都市人民之體面上誠不無遺憾之點茲同業者爲求官廳統制之便利及斯業今後之發展起見組織露天商組合對於官廳之命令由合組代行傳達以期上情下達之撤底、而謀官民間互相之敏捷、藉可涵養人民道德協和之美風、此本組合之本旨也

▲哈爾濱市露天商組合簡章

第一條 本組合定名爲哈爾濱市露店商同業組合事務所設置於哈爾濱市道外南大街三一號臨時辦公

第二條 本組合以謀求同業者之發展及幸福而便於統制爲目的

第三條 本組合以左記露店商營業者組織之

一鞋床二雜貨三煙草床四鮮貨店五玩具床六其他

第四條 本組合所管區域以哈爾濱市管轄境界爲限

第五條大組合有代行各官署傳達命令及代理各營業者納稅等義務、

第六條 本組合爲謀業而之便利及發展起見具有代向官廳 請求許可 之義務、

第七條 第二條所屬之各露天商均有加入本組合之義務如有違反本組合之宗旨拒絕加入本組合者或有妨害本組合者得呈請官廳取締或停止其營業、

第八條 本組合置左記職員（一）組合長一人（二）副組合長一人（三）幹事四人（四）文牘一人（五）會計一人（六）外勤員四人（七）顧問一人

第九條 組合長及副組合長由幹事推選幹事由組合員選舉之其文牘會計外勤及顧問等得由組合長採用或聘任之、

第十第 組合長副組合長及幹事之任期均以一年爲限但不妨再選選任、

第十一條 本組合會議分爲定期總會臨時總會及幹事會三種定期總會每年末決算後開會臨時總會經組合長認爲有緊急必要發生之人臨時招集關有幹事會斟酌[illegible]形遇必要時得隨時開會、

第十二條 組合長代表本組合辦理組合事務及對外一切事務組合長補佐副組合長遇組合長有事故時得代行其職務、

第十三條 本組合之幹事居於諸議地位對於本組合規定之變更同業者之發展及其他一切事務有審議權、

第十四條 爲處理本組合一切事務之故得命令庶務會計外勤各係職員依照組合長之命令分担各係職務、

第十五條 本組合代表組合員辦理左記事項、

（一）關於本組合之改革及對於各營業者編制規定等事項、

二關於營業者之改善發展及增進同業者之利益幸福等事項、

三 關於同業者對外交涉事項、

四、關於傳達官廳所發之命令及各種告示事項、

五、關於組合之決算報告及組合會議決議錄之製作並其實等項事、

六、關於調查各組合之事項、

七、關於代行請求道路使用等手續事項、

八、關於其他對於同業者營業上一切事項

第十六條 組合會費依照左記區別由全體組合員分担之

一、甲等組合員有門面者屬之會費每月國幣三角

二 乙等組合員無門面者屬之會費每月國幣二角

第十七條 本組合之收支欵項均登記帳簿於每年度終了際編造決算報告總會公佈週知並呈請主管官署備案、

第十八條 組合會費如有盈餘得按無利或薄息貸與各組合員以助其營業之發展、

第十九條 本章程如有未盡事項得隨時由幹事會審議經總會表決訂正之、

第二十條 本章程自主管官署認可之日起實行之

二、作業合理化

三、生產技術之徹底

四、種子的配給

五、病蟲害蟲防止與撲滅

六、地方更生設施之徹底

七、勸農模範團之設立

八、採種圃等的充實

以上八項、於春耕開始之同時、即逐步實施云云

節、十一月三日之日本明治節等慶祝事項、茲將慶祝計劃探誌如左、

一、紀元節祝典、在省長官房大會議室嚴肅盛大舉行、

二、紀元節國民勤員大會、歷年在協和會主催之下、舉行國民勤員大會、本年度適値皇紀二千六百年、尤有特別慶祝之意、爲表明國民勤員之總意、

者前往參加、

六、興亞神宮大競技大會、於十月間在京明治神宮外苑開催之神宮大競技大會時省公署屆時派遣代表參加各種競技項目、此外並辦理各種慶祝宣傳事項、以及滿洲國事情介紹講演會、電影會等之開催日本紀念事業金之贊襄醵出等事項云云、

濱江特刊
第二三八號
京時報北滿總支社
址　哈爾濱道裡
地段街一號
電話四三四六番

人用木盤、限寬一尺八寸、同時並各編成號數、三、對於各人員、一律施以充分之健康診斷限於本月二十日以前呈報到署以資考察云云、

濱江省整備委員會召開專門委員會議

討論主要食料品配給改善對策

濱江省公署當局、爲安定民衆生活合理化、特於上年末結成濱江省整備委員會、專行討論金融、物價、米穀、衣料、各主要食料品、住宅等重要問題、雖僅開會討論兩次、已收得預料以上之好成績、而該會爲徹底協議關於主要食料品配給制度之改善故定於十七日下午二時、在省公署會議室召開專門委員會議、關於專門委員人選、已於本月二日所召開之一般委員會議席上、經愼重詮衡結果、除省公署及專賣署各官廳側以外、決定以田中中央銀行經理、加藤商工公會副會長、藤森糧穀支店長、三井大山支店長、三菱岩支店長等加入爲專門委員、於十七日召開之專門委員會議室上、討論主要食料品配給制度改善問題、對於今後配給亦採取適當對策、諸種問題、加以嚴密檢討、以期達成安定民衆生活爲目標、故其成行頗引起一般人之注目云云

爲防止天然痘蔓延

全省實施提前種痘

令人可畏的天花現在已在北鮮一帶發生熾烈、爲勢猖獗、患者已達九百餘名、其中死亡者爲數頗夥其後已蔓延我滿洲國佳木斯及哈爾濱市矣、現在發生天花患者亦繼不絕、屢繼前報、而防疫當局、爲防止蔓延、以期確保市民身體之健康起見、現正躍起緊急防疫工作、除對全市一般接客業者實施預防注射外、對於患者徹底消毒隔離治療、並且普及種痘、而濱江省公署保健科鑑於天花似有繼續蔓延情形、有認爲急速講求撲滅對策必要、經緊急協議結果、對於從來每年五月實行種痘定期的定例、今次決定提前於三月中、亘全省的一齊實施普及種痘、一方對於經費及實施辦法現向中央當局呈請中、俟到中央當局正式認可到來時、即時亘全省下實施免費種痘工作以期將人恐怖的天然痘早期撲滅免再度的蔓延妨礙民衆健康云、

促進從業員和靄

召各團經理諄誡

擁有五十萬市民國際都市之大哈爾濱、各種娛樂特於十五日正午由該署長袁保安係主任、召集市內

場所極為繁華、惟美中不足者、而各公共娛樂場所之從業員、因觀衆之擁擠、不但對於觀象毫無和靄之招待、並且惡語千奇百怪之醜現像、到處可見、正陽警察署保安係、有鑑及此為整理市內各公共場所之一般秩序、並一掃公共場所從業員對於觀衆之醜態及千奇百怪現像起見、各大舞台及電影院執事人嚴加誥誡、以便促進各園從業員對觀衆態度和靄並特別注意、防止竊盜故等其誥誡內容大致如左、

一、對從業員務求其態度和靄、並各園內所屬售票人員、一律着用法定制服、（衣服白色）附帶各員姓名、以資辨識、

二、各劇場售貨員、盛貨

哈警為安定民衆生活
召開經濟統制會議

哈爾濱警察廳經濟保安股、基於當此非常時局、為確保民衆生活安定起見決與濱江省公署、市公署協和會商工公會等關係機關聯絡之下、對於經濟統制工作遂行之徹底、以期掃除奸商利徒暴利行為、故定於本月二十日下午一時起、在道裡商工公會大會議室召集各機關會社等代表、檢討經濟統制後、對得俸給者生活上的影響云云●

商民槍後支援熱誠
商工會獻納兵器材料
於廿一日在四軍舉行獻納式

當此國際風雲之緊張、國家多事之際、一般商民為表示槍後支援之熱誠、確保國防之鞏固、而哈爾濱商工公會特向第四軍管區獻納兵器救護材料（約二十萬元）預定於本月二十一日下午一時半許、在第四軍管區體育館舉行兵器獻納式、屆時由邢司令官○○部隊長皆藤顧問、張商工會長等各關係要人一致出席參加、關於獻納式之次序現經規定如下、

一、全體集合

二、向國旗行最敬禮合唱國歌

三、獻納致詞（張商工會長）

四、治安部大臣謝詞（邢司令官代讀）

五、皆藤顧問祝詞

六、病院長謝詞患者代表謝詞

七、來賓祝詞

八、散式於獻納式完了後下午五時許、在道裡晏賓樓飯店招開懇談會、關於兵役法（徵兵法）等關係事項於懇談完了後閉晏云云、

為達成民族協和精神
哈鐵社起用俄人站長

哈爾濱市公署、基於民族協和精神、於本年春時初擬拔選優良白系俄人為社會科長、以期向民族協和目標途上邁進、促進民族真正協和精神、經過情形已誌前報、而哈爾濱鐵道局依據如斯趣旨、並謀鐵路交通事業徹底發展起見現正計劃、以哈爾濱驛以北各鐵路沿線各站站長、決定採用白系俄人為站長、關於採用方法、一方而經舊白系俄人從業員中揀選成績優良者昇任、另一方面、從新招考有鐵路事務經驗者、預想民族協和益愈親密化以云、

鮫島市長歸任

【本溪】市長鮫島光彥氏、於日前赴奉天新京兩地出張效已公務完畢、於本月十九日歸任視事、

協和事務長兼代

【西安】滿洲帝國協和會西安縣本部、事務長長峰俊一氏、前奉極峰令已轉勤於新京某特殊會社、所遺協和會西安縣本部事務長一席奉令、以協和會海龍縣本部事務長伊奈虎吉氏兼代、伊奈事務長前曾來西縣本部刻仍回海龍縣本部、西安本部事務辦理者為縣本部員周乃武經理云、

▲辦秧歌龍燈

【本溪】本月二十二日、為舊曆正月十五日元宵節、是日滿人各戶除懸燈結彩外、並舉辦秧歌、又名太平歌、龍燈高脚旱船等類、縣下各村屯、現正準備舉辦慶舞昇平世界云、

濱江特刊
第二三九號
盛京時報北滿總支社
社址 哈爾濱道裡地段街一號
電話四三四六番

副縣市長協議會
在省署隆重舉行
關係各科提出指示聯絡事項

濱江省公署當局、爲指示各縣旗本年度的省方施政方針並協議地方行政各重要問題起見、召開康德七年度第一回副市縣長旗參事官會議、已誌前報、於二十六日午前十時在省公署會議室隆重舉行矣、當日出席者除韋省長源田省次長 各廳科長 參事官外、並有十六縣一市一旗各副市縣長旗參事官、並有中央總務廳企劃處橫山參事官來哈參加、代表中央當局 指示一切、開會後、首由韋省長及源田省次長致訓辭、闡明今次召開協議會之意義、然後即由省側各關係科提出之指示及連絡事項、進行愼重

委員會之件（計劃科）
五、關於地政機構擴充之件（地政科）
六、關於省下康德七年度地籍整理實施區域之件（同）
七、關於事業人事預算之件（同）
八、關於市縣廣行政區劃之件（地方科）
九、關於市區制之確立之件（同）
十、關於康德七年度街村育成方針之件（同）
十一、關於地方職員訓練之件（同）
十二、關於康德七年度縣旗一般會計預算査定方針之件（同）
十三、關於開拓團法並開

子、歷一月之久、譚某因經濟所迫、即將其兩月未滿之子暗中出售、當被伊妻任氏知覺、隨時任氏婉言相告、煩人將孩兒贖下、復越一年、譚某將其婦子二人、質於北票妓館、歷一年之久、任氏見無可如何、遂上訴法院、二人脫離關係、當時三歲之幼兒被任氏用錢買下、已有相當證明文件、任氏即離北來阜、投入於海洲妓館區會美料理屋爲妓花名喜榮、本年斯幼兒六歲、先夫因在舊正賭博無資、隨同二軍入抵阜、威迫喜榮、滿欲將子抱回、該婦奮恨於心、隨報告附近警察廳、當由警察廳、司法警察官、詳細取調、因譚永清、係獨身無一定之處所、而徘徊各方、又有威迫之情形、遂被警察當局檢束、善後如何結果、尚未判明、可是爲男子者、在社會無論貧富、貴有職業、譚永清與妻離異、反被拘禁、正可引以爲[illegible]、

會議事項日程決定如下、

一、會議開催方針
1關於本年度省政方針之指示說明、及對地方行政上重要問題加以協議懇談、以期省與市縣旗保持緊密之連絡、

二、會議事項
2、政務報告、報告事項由省方指定通知之、對此縣方須預先作日滿兩文書類各十份提出之另行通知、再當日並要求各市縣旗長之口頭說明、
3、指示事項、官房及各戶所管事項、出於本會議認有必須、說明及指示之重要事項、
4、要望事項、市縣旗以口頭提出後、省方再以口頭回答之、但遂有重要事項、當時不能以口頭回答者、隨後以 文書通答之、
5、協議事項主以聽取市縣旗方面之意見而協議懇談之、

三、會議日程
第一日（即三月二十八日）午前訓示及指示事項午後指示事項政務報告
第二日（即二十九日）午前要望事項午後協議事項云云、

縣知事、茂木顧問、李秘書、劉科長、程科長、孫科長、彭所長、友軍西田隊長、柳內軍曹、及教員六十餘人、開會如儀、首由李秘書致開會詞、繼由李縣知事致訓詞、略謂陽信教育、向極發達、自經軍變、一落千丈、雖經籌措款項、設立學校、但仍不能恢復舊觀、不過是事業是進步的、是需要我們努力去做的、尤其我們當教員的、更負有特殊之使命、所以有重行加以訓練之必要、希望諸位、對於各項科目、盡心研討講習之後、庶能發揚教政之精神、而推進教育事業之進展云、

宣揚國軍威武精神
現組成將校宣傳班
將來對國軍法兵法作徹底宣傳

第四軍管區司令部、以當此重大時局之下、積極實施準備徵兵制度、爲宣揚國軍之威武並國軍法實

董某王志公、李春業等、或住七區或住九區、或住外縣柳河、輝經松本署長極力連絡、終被各區司法

濱江省公署
召開縣旗會議

如報濱江省公署、爲與各縣旗市事務聯絡之圓滑、並謀地方行政處理徹底之發展起見、故今次召開康德七年度第一次副市縣旗長會議、於本月二十六日起、已在省公署會議室盛大舉行矣、此外復定於三月二十八九兩日在省官房大會議室召開康德七

▲煤油到放領

【新台子】於月之二十四日、由專賣局、發到大宗煤油、爲配給圓滑起見、現已通知各戶、按人一斤、持飛領取、並由警

協議、茲將各科提出連絡及參考事項如左、

二、關於興農合作社之件（農林科）

二、關於大豆及其他主要糧穀價格增漲之件（同）

三、關於松花江治水計劃之件（河紳）、

四、關於市縣旗經濟統制拓地協同組合之件（招墾科）

十四、關於傳染病室建設之件（保健科）

十五、關於公醫之件（同）

十六、關於康德七年度第一回市縣旗長會議舉開之件（庶務科）云云、

協和會市本部

協和青少年團訓練事項

於本年度中各季節實施訓練

協和會哈爾濱市本部以當此非常時局之下、爲喚起所屬各協和青少年團體動員向建設東亞新秩序途上邁進起見、故對於所屬各協和青少年團決定於本年度中各季節努力訓練行事、以資發光輝深刻化之皇紀二千六百年動員訓練、茲將其所規定各項行事臚列左、

△三月參與青少年團結成紀念式典行分列式並各種訓練計劃之審議會、

△四月於天長節日舉行查閱式並分列式

△五月參加興亞國民動員大會及青少年團指定研究會、

△六月參與關指導者層之講習會

△七月舉行中堅團員（含指導者）之野外合宿訓練

[illegible]

△九月開催青少年團員指定研究會

△十月召開青少年團學藝大會

△十一月開催青少年團指定研究會

△十二月各青少年團訓練經過報告反省會等云云

施國民服役義務之精神起見、特於最近以該部各處將校組成宣傳班、由本田參謀處長担當班長以次各將校尉爲班員、專門負責國軍及國兵法之宣傳事務、此外爲謀宣傳事務實施之徹底起見、定於每星期三星期六日在該部召開宣傳會議一次、會於二十四日星期六日爲該班成立後之第一回定期宣傳會議、於當日午前十一時在該司令部會議室盛大舉行、出席者除本田參謀長外、有各處將校等不下二十餘名、關於宣傳事務作徹底研究、以便宣傳時作收頗大效果云云、

小學教員

講習會開講式

【陽信】陽信縣公署於百難之中、積極恢復各初級小學、並經迭次召集各校教員來署講習、以期增强推進教育事業之效率、茲更爲矯正各教員之思想而灌輸新民精神起見、特於二月十五日、召集全縣各現任教員六十餘人、[illegible]

警官破案神速

【瓦房店】吾縣治安滿洲建國以來、賴警察治理可稱平靖、近開鮮隆村戶孫盛陽家、於本年一月二十八日、被盜匪王春斌字金山、張文典、張德福等三人搶劫、並傷害孫盛陽之妻、雖未强劫若大財物、然稍一疎忽、不免蔓延全境、幸經瓦房店松本警察署長、督率僚屬黑川司法股長、司法幹尉宋維廷、顧崇堯、徐成樂、刑事劉德發、戚喜海、李明文、劉耀宗、高德全等、跟踪追拿、未逾三日、將上列[illegible]

刑事等、竭力搜拿無遺、當此時屆舊歷新正、神人忙碌之際、我警察當局、竟能於百忙之中、不遺餘力、將欲結黨强槍之首尾盜匪、及强盜殺人犯、悉數拿捕以維地方、可謂手腕靈活、心地公正、實力盡職者也、

威迫離婚婦

身遭縲絏之苦

【阜新】海州區會美料理屋、妓女喜榮、其先夫譚永清、係義縣人、素無正業專嗜賭博、其婦任氏十七歲結婚、越一年生一

年度第一回、市縣旗長會議茲將其開會協議方針及

察署、派員監視出售、以昭公允、而期圓滑云、

協和會市本部

購買大批布製國旗

協和會哈爾濱市本部、鑑於屢次所舉行的團體事項、一般參加者、所使用之手旗、（即日滿兩國旗）向用紙製、每當使用一次後、即遂手遺棄並損破、不但與物件利用上不經濟、且對國旗遂重上亦有莫大遺憾、當此非常時局、基於物資之節約、決定由市本部斡旋購買大批布製日滿兩國小型手旗來哈、價格低廉、以原價向各希望者之團體配佈、以備大會集合遊行歡迎送之所用、現正準備向各方面分配中、於三月一日之滿洲建國節即能出現街頭云云、

賓縣突然發見炭礦

打開煤炭飢饉問題

實爲附近各縣民衆一大福音

當此燃料必需品之煤炭缺乏不足分配聲中、一般市民已達最高潮之非難、忽於國際都市之大哈爾濱近郊賓縣下發現豐富良質煤炭礦脈矣、實爲我哈市五十萬市民莫大福音、其發現之原因、本年初在賓縣松花江岸紅石牙附近（巴彥縣港對岸）有滿人農夫某在該江中撈魚之際突然發現煤礦、當即報告賓縣當局、經該縣當局前往調查結果、於江岸南方地[illegible]松花江中、確發見[illegible]礦出品極爲優良、而賓縣金子副縣長日前來哈特與濱江省公署當局磋商開發手續中、當此礦產資源缺乏之際、濱江省下突然發現優良豐富之炭礦確貢献最大悅色、惟將來歸爲縣營採掘或爲省營採掘之意見、當局於二十二日已赴新京關係當局接洽中、但最淺水面下、內中埋藏煤炭有相當豐富模樣、推測於本年度內即能開始採

哈鐵當局

建殉職社員科

哈爾濱鐵道局爲弔慰殉職之英靈、曾於去年成立哈鐵殉職社紀念碑籌備委員會、曾向全休社員中募集紀念碑建築基金、關於紀念碑建設地址、經關係者協議結果、現已決定在南崗大直街哈鐵荷舍前廣場其建設經費、須算爲一萬三千元、預定於四月上旬實施動工建築、現正準備

濱江特刊

第三〇〇號

盛京時報北滿總支社
社址 哈爾濱道裡地段街一號
電話四三四六番

接收北鐵五週年紀念 盛大舉行慶祝式典

同日哈鐵並舉行殉職社員慰靈祭

本月二十三日爲哈爾濱鐵道局接收北鐵第五週年紀念日、該局爲擴大舉行慶祝式典協議結果、特製定慶祝各般行事如左、三月二十三日下午一時三十分、於南崗中央寺院邀請宇佐美哈爾濱鐵道局局長以下、殉職局員遺族一般社員、來賓及俄人關係者等參加之下、執行哈鐵殉職從業員慰靈祭、同日下午二時三十分、在俄大墓地烏克蘭寺院、執行濱北鐵從業員慰靈祭、更於下午八時在哈鐵倶樂部舉行歌劇電影大會、並表彰功勞者云云

【又訊】哈爾濱鐵道局除於接收北鐵紀念日之當日舉行上述各種行事外、並派遣社員赴哈鐵管下沿線安達站參加慰靈祭同時、更派遣局長代表赴双城堡、陶賴昭、阿城老少溝、德惠等有紀念碑地方參拜式典云云、

惡德奸商迭出不鮮

檢擧大批奸商利徒

警廳當局決定嚴重懲罰

哈爾濱警察廳保安科經濟保安股、以當此非常時

大藥房、志盛東、新發永、太古街源盛興、恒茂

更旨、對於物價取締會三令五申、惟一般奸商企圖暴利、不殺貧人不富之堅固惡德熱心毫無辭惕、實殊可惡極點、所以責任當局對於以上故意違犯奸商除拘留外實必嚴重處罰以儆效尤云云、

義州稅局擧行

納稅表彰式典

【義縣】義州稅捐局關鐵銲、到任以來、對於稅務、不遺餘力、以致獲得優良成績、而尤於國民納稅方面、特別重視、不時講詳、使商民徹底明瞭納稅義務、前於建國節日擧行納稅表彰、以期鼓勵、茲錄受獎芳名如次義州街長鄭魁武、東街巨升號經

（甲）、德縣、平原、恩縣、禹城、齊河、長淸、歷城、濟陽、商河、惠民、陽信、濱縣、蒲台靑城、齊東、鄒平、章邱、泰安、寧陽、曲阜、濟寧汶陽、鄒縣、滕縣、長山桓台、臨淄、淄川、益都、濰縣、高密、禱山、臨淸、河水等二十五縣、各縣全境爲聯銀區域、（乙）、夏津、高唐淸平

東平、汶上、嘉祥、鉅野、鄆縣、臨沂、費縣、新泰、高苑、博興、廣饒、壽光、昌邑、安邱、臨朐、萊蕪、聊城、陵縣、臨邑、德平、利津、牟平、博山等三十縣、各縣縣城、爲聯銀區域、自二十九年四月二十日起、絕對禁止舊通貨流通、在四月二十日以後、如有在各該縣境縣城以內、故意違犯者、即以擾亂金融論罪、依據舊通貨禁止流通、警察取締要領處罰

以前之[illegible]、縣知事、與當地軍方協力、積收買舊通貨、以收根絕之効、除分行外、合行檢發、（一）禁止舊通貨流通警察取締要領、（二）關於擾亂金融行爲取締辦法之罰則、（三）三月十一日以後舊起貨處理要領、（四）、整理山東襍鈔辦法、合訂本一份、令仰該縣、即便遵照辦理、佈告週知、併將辦理情形、隨時具報査考、此令、

哈鐵自動車課

新設五條路線

哈爾濱鉄道局自動車課爲應負北滿背後地產業之開發、並客貨搬運便利計、曾對於管下各自動車線路積極努力擴充、今次事業計劃及綏化海倫兩商工公會之移管、而北安省商工公會理事缺員補充等事之協議特定於三月十八日下午二時起、在省商工

氣候寒暖不定

雜疫流行注意

【開原】自舊歷年前後、知風拂拂、麗日融融、已有春到人間、寒銷桑谷之概、迨八日以降、春寒日增、或復寒如三冬、或煦暖如三春、着衣偶一不愼、則罹感冒、故刻下染雜災雜病者、大有人在、深望各家庭之加以注意云

商業登記

○商號新設

一、商號永興昌一、營業所小北河大街路東二〇〇號一、營業之種類特產穀物煤油、雜貨商品及附帶其他一切業務 一、商號使用人姓名住所杜甘侯遼中縣二區三台子村前街二〇八號杜賀棠遼中縣二區三台子村前街二一二號杜楨忱遼中縣二區三台子村前街二一〇八號杜紹轉遼中縣二區三台子村北街二九一號

○經理人選任一、經理人之姓名住所田子玉遼陽縣七區陽氣堡村北街五五號一、營業主之姓名住所杜甘侯遼中縣二區三台子村前街二一〇八號杜賀棠遼中縣二區三台子村前街二一二號杜楨忱遼中縣二區三台子村前街二〇八號杜紹轉遼中縣二區三台子村北街二九一號一、營業主之營業特產穀物、煤油、雜貨商品、及附帶其他一切業務、一、經理人使用之商號永興昌一、設置經理人之處小北河大街路東二〇號康德五年十一月廿九日登記 遼中區法院

○滿洲中央銀行支行移轉（支店）

一、康德五年十月十七日綏化縣城內東大街之支行移轉於左地支行綏化縣城內松木大街三五號

○厚記裕合名會社追加

一、因變請追加左記事項社員王琦同王蘊璞同王璉同王爵然同王惠然之各出資價格履行之部分全額履行

○德義厚合名會社追加

一、因變請追加左記事項 社員王琳同王琇同王煥然同王齡然同韓靜軒同李素容同李蔭堂同王浩然同王新然同韓彩田同韓景魁同韓占魁同韓采棠 之各出資價格履行之部分全額履行

○興業當合資會社追加

一、因變請追加左記事項無限社員粟宰同劉漢轉同張煥章同紹澤三同劉廣石同鄭輔忱之各出資價格履行之部分全額履行有限社員十七名之出資價格履行之部分全額履行

○滿洲輸入株式會社支店移轉（支店）

一、康德五年十月二十一日本溪湖永利町四番地之支店移轉於左地支店本溪湖石山町七十九番地康德五年十一月四日登記

○滿洲興業銀行支店設立（支店）

一、康德於五年十一月十日設立支店左地支店白城子街中央大路二十七番地四號康德五年十一月十五日登記

○日滿商事株式會社支店移轉（支店）

一、康德五年十一月七日哈爾濱道裡中國六道街二十五番地之支店移轉於左地支店哈爾濱山道裡水道街二十三號康德五年十一月十六日登記

○滿洲興業銀行支店設立（支店）

一、康德五年十一月十四日設立支店於左地支店通化街東昌區、護陽街門牌第三二七三號康德五年十一月

局、物價昂騰之際、爲安定一般民衆生活合理化、除規定標準物價外、曾迭次促起各商號一體遵守物價標準價格、爲徹底一掃陽奉陰違之惡德奸商高抬物價及壟斷等弊、發生起見、曾派遣多數經濟警察官嚴密檢擧各不法暴利奸商、日前經檢擧惡德奸商多名、除嚴重取締罰辦違犯外、仍努力檢擧工作中、不幸又發現不法奸惡暴利奸商遊夥、實令人憤惡已極、其被檢擧惡德商號、計有道裡大安街德裕厚、源濟湧、慶德號、恒豐達、協和東、新城大街著名大百貨店之同發隆、大和商店、大安街合興茂、面包街益聚成、中央大街新盛東、新城大街同和成、九道街德裕魁、永和利、道外南頭道街天發長、延爽街林茂祥、同順興、道外正陽五道街五洲藏莊、福聚成、正陽街西口、振興和、東盛福、道裡德興公、以上暴利取締違犯者計二十五家、警察當局爲安定民衆生活趣

理杜文英、和記油房經理劉世英、清河門文生永經理董福臣、稍戶營子景發福經理湯景伊、劉溫屯灝成湧經理張萃堂等六名云

根絕舊通貨 擴大聯銀區

【濟南】山東省公署現爲根絕各種舊通貨、擴大聯銀區域、特別規定辦法、通令各縣遵照、以期國幣流通圓滑、藉收金融活躍之實効、茲將該訓令探誌如左、爲訓令事、査關於根絕舊通貨、推行國幣、前經本署指定泰安、滕縣、鄒縣、滋陽、濟寧、濰縣、淄川、博山、益都、惠民、濱縣、商河、禹城、德縣、平原、濟陽、齊河、長清、歷城、章邱等二十縣、爲聯銀區域、舊通貨絕對禁止流通、（但山東省民生銀行、及平市官錢局、所發行之小額紙幣、准予按六折流通、至民國三十年五月三十一日爲止）、業於二十八年七月十四日、以財字第八七六號、令飭遵照辦理在案、近來舊幣日趨沒落、國幣流通益增圓滑、亟應擴大聯銀區域、以收宏效、茲經本署參酌各縣情形特爲指定、

（凄慘）

道外一幕交通慘劇 電車顚覆 乘客車掌受傷

責任當局進行調查翻車原因

掌握國際都市五十萬市民交通大權之哈爾濱交通會社、所屬電車及大汽車不下數百餘輛、專代替一般市民足步、亦可謂一般市民莫大福音、不[illegible]不遜之一般運轉手[illegible]對待乘客及獨駛[illegible]暴極點、以致交通事故頻出不鮮惹得全市民衆煩言嘖嘖、於本月二日下午又在道外發生電車顚覆一幕慘劇此次電車顚覆係哈爾市創設電車以來第三次者、[illegible]會社[illegible]覆不辭事故也、此次顚覆雖現場乘客無有慘死者、然亦有受傷多名、翻車同時全車乘客大聲怪呼痛喊血雖淋漓爭先恐後逃命共狀極慘令人不忍目[illegible]其顚覆原因不免幫[illegible]頭[illegible]經過情形臚誌如左、

於二日下午三時許、運轉手張忠操縱七十一號電車由道外十六道街向車站行、車行抵道外南道街橫道口處、轟然聲如巨雷電車突然顚覆、車底輪向東、南北式橫臥往復鐵道軌上、車上門窗玻璃完全粉碎、斯時乘客怪呼惡喊逃命慘聲酸鼻、而前部車掌曲雲閣年十六歲、頭部[illegible]重傷、[illegible]客亦有即送往市立醫院應急手術救治中、其後部車掌宋廣義及其他乘客雖未受着傷害、然亦飽受虛驚、至于電車顚覆原因、依據肇事的運轉手張忠所謂、因鐵軌上有一石頭將車顚翻、而經關係者赴現場檢驗軌道結果、並未發見石頭、若被石頭顚翻、鐵軌亦必有碎石痕跡因此一般推測係運轉手操縱速度太快所致、現正調査翻車原因云

又新設五條自動車路線於濱江省內、結成一大聯絡線、（其中珠河五常間尙未建築完成）其餘已均接聯完備、於三月一日建國節日開始五條新路線一同開始運行矣其五條路、

一、河城周家線三十公里、每日往復二次、

二、河城蜜克圖『賓線線二十八公里、每日往復二次、

三、珠河方正線一百一公里每日往復一次、

四、沈家東興線一百八公里每日往復一次、

五、綏化驛至城內線三公里每日自午前七時至下午八時止、一般乘客頗稱便利云、

公會會議室、舉行第四回總會云云、

於北鐵接收紀念日 放送慰靈祭的盛況

藉資喚起民衆強化

三月二十三日爲哈爾濱鐵道局接收舊北鉄第五週年紀念日、哈爾濱中央放送局、爲徹底喚起全滿一般民衆、對於北鉄接收事業之意義促起深刻之認識起見、以期強化防共與反共之眞正精神、特規定於當日、以二十分鐘時間、向各地放送接收紀念並慰靈祭盛況、此外更以三十分鐘時間、放送接收紀念談話云云、

省商工公會 開第四回總會

濱江省商工公會、爲討論康德七年度預算並一般

現在租房到期 房閥暗地活躍

【藍平】地方舊習租典房屋、均以二八月爲期（指舊曆）現下已到二月、租房者多已到期、業主即利用此時、大肆奮勤、竊個當局未加注意、即暗行暴漲、以填私慾、據聞每間多有增至加倍者、或十元八元故近街內房戶頗形恐荒、咸抱不安、望當體恤民艱加以制止、以遏房閥之暴利云、

納稅者表彰式

【北鎭】縣長王公藴珂、爲期國稅徵收強化起見、特將納稅義務人、成續卓著者之蕭露周、劉瑞秀林、金有起等四名、呈奉稅務監督署、署長給予表彰在案、茲於建國節三月一日、午後一時許、在縣長會議廳、召集該義務人等、暨各科股長、開催表彰式、如儀發給各該義務人表彰狀、旋由該縣長暨財務科長龍英華氏、分別訓話凡爲人民者、應具國家一體的思想、及熱誠方克達成國家一致強化之目的、不要存昔日、稗政時期之腦筋、不但不能獲得相當榮譽、尙有嚴厲之處分、何啻何從此不待智者、亦能立判云、

十八日登記

○撫順窯業株式會社變更

一、康德四年九月二十二日變更各株已繳之金額爲金二十二圓五角

○撫順窯業株式會社變更

一、康德五年十月二十九日變更各株已繳之金額爲金三十圓康德五年十一月二十一日登記

○滿洲興業銀行支店設立（支店）

一、康德五年十一月十八日設立支店於左地支店訥河街東大街第七一一號

○滿洲興業銀行支店設立（支店）

一、康德五年十一月二十一日設立支店於左地支店阜新街縣城區東大街康德五年十一月二十五日登記

○日滿商事株式會社變更（支店）

一、董事米澤靖康德五年十一月十五日其住所移轉於新京特別市東二條通五十五番地大和新館康德五年十一月二十九日登記　撫順區法院

○滿洲中央銀行支行移轉（支店）

一、入康德五年拾壹月貳拾日瓦房店街文欄橋西南貳排街公字貳壹號之支行移轉於左地支行復縣瓦房店街中和街參六番地一、康德五年拾壹月貳拾七日琿春縣琿春街中街之支行移轉於左地支行琿春縣琿春街鎮定區第四牌第貳四戶一、康德五年拾壹月貳拾七日勃利縣城中正街參號之支行移轉於左地支行勃利縣城內大同街九番地之壹康德五年拾貳月六日登記　西安區法院

○商號新設

一、商號天合湧一、營業所遂中縣城中大街路西第三九○號一、營業之種類特產穀物磁鐵器海鹽雜貨及附帶其他一切業務一、商號使用人姓名住所山玉珠遂中縣一區沙溝子村房身地屯第一三○一號

○經理人選任

一、經理人姓名住所晏作周遂中縣城中大街路西第三九○號一、營業主之姓名住所山玉珠遂中縣一區沙溝子村房身地屯第一三○一號一、營業主之營業特產穀物磁鐵器海鹽雜貨及附帶其他一切業務一、經理人使用之商號天合湧一、設置經理人之處遂中縣城中大街路西第三九○號康德五年十二月十日登記　遂中區法院

○滿洲中央銀行支行移轉（支店）

一、康德五年十一月二十日瓦房店街文欄橋西南二排街公字二一號之支行移轉於左地支行復縣瓦房店街中和街三六番地一、康德五年十一月二十七日琿春縣琿春街中街之支行移轉於左地支行琿春縣琿春街鎮定區第四排第二四戶一、康德五年十一月二十七日勃利縣城中正街三號之支行移轉於左地支行勃利縣城內大同街九番地之一康德五年十二月六日登記　寧白兼理司法縣公署

徵收之期、現已調查完竣、日昨招集各區長、對于區內民戶等級之權衡、逐戶檢討、詳加考查、以免遺漏、而期圓滑、經一日之久、始克終了、並開於二十日後、開諸議會再考行核云、

濱江特刊
第三〇一號
盛京時報北滿總支社
社址 哈爾濱道裡地段街一號
電話四三四六番

產業担當指導會議
在省公署隆重舉行
對於農畜產增產上有所指示

濱江省公署、爲順應政府當局產業開發五年計劃遂行徹底起見、故對於管下各縣旗市指示並協議康德七年度產業關係實施預算事業計劃、特定於三月十八日起丑三日間、在濱江省公署新廳舍會議室、召開康德七年度第一回產業担當者指導會議、當日出席者有韋省長源田次長以及各關係廳科股長等、縣旗各產業科長實業股長畜產股長均行參加、首由省長次長訓示、然後關於農林科關係事項加以指示及說明、開會第二日即『十九日』爲殖產及商工兩科關於事項指示說明、二十日、『第三日』則爲諸問事項應答、與各市縣旗側質問應答云云、

接收北鐵紀念
表彰五年在勤社員

於二十三日爲哈爾濱鐵道局接收北鐵五週年紀念之佳辰、該局爲謀屆時盛大慶祝起見、早已着手準備一切慶祝行事 已誌前

年二月二十日止、被發給勞働票者其數目頗多、爲綏和一切事務起見、猶預期間展進三個月、至于康德七年一月二十二日以

不下四五百名、預想猶預期間頗近、故受檢閱者必能逐日激增云云、

該協會支部受檢印勞働者緒、於二十四日午前十時起在南崗國立醫科大學禮堂內舉行、當日除議事外、並有各種娛樂演藝、屆時凡市公署全體職員及家族一律出席參加云

經濟懇談會
二十日舉行

哈爾濱警察廳、今回爲謀經濟取締工作之完璧、除全部經濟警察官總動員在市內開始異常周密的調查外、並欲喚起各種營業者自醒自覺、休得當此非常的時局以下商人的道德與經濟、取締工作之重要性、以及暴利者、犯罪的情形等、特定於明二十日午後一時假用地街商工公會議室、消費者代表舉行經濟取締懇談會、預想當能收得意外之良好效果云

現在物價暴漲
經濟保安取締

自物價飛漲之後、期間不下一年、政府爲維持民生之安定、曾三令五申的公佈暴利取締令、以圖商賈遵守公令、而行交易、而奸商陽奉陰違、所以現在市面上之各種貨物一齊漲價、全比去年冬天高出兩倍、以上負有取締重責之警廳保安科當局、雖然是派員努力檢舉、但是以人少事忙、大有壓下葫蘆瓢起來之感、檢舉這樣東西、而那樣物品乘機漲價所以現在警廳保安科經濟保安股爲徹底檢舉計、決對增加經濟警察、强化取締暴利之陣容、而從新努力檢舉以維民生云、

街所愼重稅收
會議審核參考

【當地】本邑街公所自去年實施門戶稅、已獲有良好成績、街長開鳴鈞氏、爲擴重人民之負担、而希徹底均衡、以免輿論繁言、本年度門戶稅已届

船員俸給統制
州內四月公布

【大連】物價構成重要要素中之運賃、傭船料、以及船員俸給等、爲順應現下之低物價政策、當然有加以何等措置之必要、日本內地 自昨秋十月十九日、基於國家總動員法第六條、已有船員俸給臨時措置令公布實施中、與此相作之關東州選籍船員、計一萬六千名、根據關東州國家總動員令、關於此項關東州船員俸給臨時措置法之制定、關東海務局久在重加審議中、即已經過關東局對滿事務局之手續、目下由企畫院方面、愼重檢討中、

右措置法在關東州之公布時期、約在四月一日前後、即可見諸實施、然鑑於海運性之重要、此舉於海員福利之增進及低物價政策實行上、誠一舉而兩得之辦法云、

空協支部設立問題
四月二十日舉行發會式
人事陣容已整備計劃進行中

報、該當局今次又決定於此最光榮之接收紀念史上、對於哈鐵所屬各沿線之一般鐵道從業員、凡在勤五年以上者皆一律加以表彰、同時酌斟酌情形賞與相當獎勵金云云、

勞工協會支部受檢印激增

滿洲勞工協會濱江省支部、依勞工統制法實行同時、為勞働需要供給之圓滑、對於勞工統制辦法積極進行、故於二月二十日起施實辦理第一年度勞働票檢印手續、至于二月二十日前應受檢印勞働者、由康德五年六月以降至六

後、應受檢印勞働者、雖已至下月二十日開始、但受檢印者、仍有猶預不前、故猶預期間延期一個月、自開始實施以來、因餘期無幾、故受檢閱者激增、每日在道外十五道街

慰安職員家族舉行春季總會

哈爾濱市公署、為慰安全體職員家族起見、定於三月二十四日舉行市公署協和分會總會、關於一切籌備上、業已就緒、

如報滿洲帝國空務協會哈爾濱支部、設立協議會問題、已於三月十四日在哈爾濱市公署四階樓上會議室隆重舉行、經嚴重協議結果、該支部設立具體案、業已決定、預定於四月二十日舉行發會式、關於支部人事陣容、支部長一名、副支部長二名、理事三名、監事二名、常任理事一名、支部長為趙市長、副支部長為大迫副市長、哈爾濱警察廳尸田國副廳長、理事則由正副支部長兼任、監事為市公署池田主計科長並交通部哈爾濱航空所長當任理事為市公署魁生計劃科長、關於其他一切事項、現正進行計劃中云、

日本神武天皇祭全市舉行慶祝式

主催之協和會市本部規定行事

四月三日為友邦大日本帝國神武天皇祭之佳辰、而協和會哈爾濱市本部、以迎友邦日本紀元二千六百年之神武天皇祭、為喚起滿洲國三千萬民衆、回憶神武天皇陛下御創業迄今二千六百年意義重大歷史紀念、以便促進我國民衆之精神、實現日滿一德一心不可分離之觀念、向東亞建設新秩序途上邁進、以資表示祝賀之誠意、茲將規定祝賀行事分誌如左

一、於四月三日當日、哈市各機關團体學校一律放假一日、以資紀念、

二、於當日全市各戶、一律揭揚日滿國旗、

三、於當日午前九時、各機關學校團体及全市民衆一律對該原神宮畝旁御陵舉行敬禮之遙拜式、

四、前紀行事終了後、由各該所屬長、向屬員作迎於神武天皇陛下之御史跡訓話、

五、關於交通機關之電車大汽車小汽車、馬車、人力車、及一般行路人於前記時刻、一律停車降下、在路旁準前記行敬謹之搖拜、

六、於各該團体學校機關等於式典舉行終了後一律赴神社參拜

七、關於其他有關該日之行事亦應於相互聯絡下嚴肅舉行云云、

為防止傷寒發生於全市預防工作

由市警兩衛生當局協力進行

當此春季天天氣漸漸和暖、各種傳染病症、又復發生時期、尤其發疹傷寒等症於每年春季發生極多、而哈爾濱市公署衛生當局、有鑑及此為期確保一般市民身体之健康、本年度決定徹底實施預防工作、向各貧民區域配佈藥材、以便殺虱減少傳染病源、實施期間經規定三月三十日起至四月二十七日止、亘四週間於全市一齊實行、至于實施之辦法、除印刷發疹傷寒預防注意書、向市內一般家庭及各教育機關配佈外、並由市與兩衛生隊聯合編成發疹傷寒預防工作班、攜帶殺虱藥品、在實施期間內、於全市實施預防工作實施日程探錄如下、

一、三月三十日至四月十日、實施區域、為道裡中國四五道街外國四道街、北安街西部、買賣街北部、透籠街東部

一、四月二日至五日實施區域、為道裡三十六棚一帶、巫湯河難民區安心街、安國街、

一、四月五日至八日、實施區域、為南崗西市場河溝街一帶新發屯等處、

一、四月九日至十六日實施區域為道外純化街、富錦街、北五五道街、北七道街長春街一帶、

一、四月十七日至二十三日實施區域為道外南市場、八年市難民區、北十二道街太古十八道街、

一、四月二十四日實施區域為三棵樹太平橋一帶

一、四月二十五日實施區域、為顧鄉屯一帶

一、四月二十六日實施地區、為江北馬船口松浦鎮一帶

一、四月二十七日為香坊一帶至于各地區實施之場所、以小店雜居戶、工人宿舍、貧戶商人宿舍、車戶、勞働宿舍□等為中心、此外為謀一般商民對此發疹傷寒預防之週密起見、特制定、發疹傷寒預防十訓如左、

一、本病之媒介為虱、虱蚤等須徹底驅除之

二、勿與不潔場所及本病發生場所接近

三、各興業場所及不潔飲食店之椅坐、座褥、馬車洋車電車汽車坐之車席等注意有虱蚤等遺留

四、時常入浴、保持身體清潔、

五、襯衣常洗換、

六、有風之際應帶口罩

七、感冒為萬病之基本應特別避免之、

八、應作戶外運動以鍛鍊身體、

九、身體稍有不爽應急速延醫診治、

上、如附近有傳染病患者應速向市公署防疫科或警察署報告云云、

濱江特刊

第三〇二號

盛京時報北滿總支社
社址 哈爾濱道裡地段街一號
電話四三四六番

農機械座談會 在哈鐵俱樂部舉行

各地農事試驗場均行參加

政府產業部當局、爲順應產業開發五年計劃遂行之徹底、對於農產之增產及種子消毒並農耕改良科學方法、實施機械農法、積極向全國普及、以期向新農場經營邁進、已誌前報、因此決定於二十二、三、亘二日間、在哈爾濱鐵道俱樂部厚生會館第二會議室舉開機械農場經營研究座談會、已如期開始舉行矣、當日出席者除主催側外、有開拓總局、漁拓、滿鐵、滿拓、鮮拓、滿洲農具協會、以次哈爾濱、克山、公主嶺、佳木斯等各農事試驗場代表權威者不下數十名第一日即二十二日進行左例協議、

一、機械農業之經營
一、拖拉機之使用
一、大農具之使用

繼續作懇切之協議、預相今後產業之開發亦必達到强化之進步云云、

防空實施演習

【南玫】本縣警官分駐所、警尉補分所長福東岩氏、品學兼優經驗宏富、對於人民尤爲和藹可親、自蒞任以來、對於地方應興應革之事不遺餘力、茲爲喚起一般民衆徹底防空思想起見、定於月之二十二日至二十三日、亘兩晝夜間爲實施防護預備演習期、警官隊員全體出動、指揮官爲分所長福東岩、警尉補 裴英陽村 長馮希陞、分担演習全般之責、對於隊員之活動、晝間交通之整理警報之傳達、夜間燈火管制警報發送担架救護、隊員非常招集務求迅速、該分所長深恐有遺漏之處、復親至街內外查視一週、而警官隊員等、而上行動均有一種緊張氣象、較比上次演習成績尤爲優良云、

接收北鐵五週紀念 盛大舉行紀念式典

赤魔被驅逐鐵道衝橫南北滿

三月二十三日爲哈爾濱鐵道局接收北鐵第五週年紀念日之佳辰、該鐵道局及關係當局、特行擴大宣揚接收的紀念意義、於當日下午一時起、在南崗中路從業員等參列之下、盛大舉行殉職者慰靈祭、下午二時半再於烏克蘭寺院境內舊俄人墓地、施行參拜故者之靈、然後於當晚八時許、更於哈爾濱鐵道俱樂部厚生館內由各機關代表出席之下、舉開紀念式典、繼放映電影、

【又訊】當日除在哈市舉行盛大的紀念行事外、並於哈鐵所屬沿線各車站、在殉職者墓碑所在地、由哈爾濱鐵道局代表及各該地鐵道關係者同時分別舉行慰靈祭式典云云、

爲安定民衆生活

甥舅發生口角 ・馮翁氣憤自殺未遂

司機發覺尚早脫出輪下慘禍

馮榮起年五十九歲、山東人、以賣苦工爲生、與其外甥同居於道外許公路、於二十三日午前九時頃、起床后、即與其甥因細故發生口角、馮翁氣憤之下、頓萌自殺之念、乃赴南馬路電車道傍、待候電車馳至、企圖躍身跳入電車輪下被軋死、以解甥舅爭執之餘恨、詎料候車未幾、果由南向北行駛電車一輛、馮翁見電車距離甚近、突然躍身仰臥於軌道上、幸電車運轉手發覺尚早、將車立即停止、馮翁始脫出輪下慘禍、經運轉手下車將老翁扶起、遂將馮翁送至警察官吏派出所訊問自殺原因、老翁據實吐露上述情形、后經警察官及交通會社車務監督之親切叮嚀安慰、該老翁雖然略覺反省、依然怏怏而去云云、

接向警察署及警察廳方面報告、立刻辦理不誤、但是有假公濟私而用陰險手段之行爲者、亦決加處罪不寬容云云、

哈鐵設滑翔機部 現正購買練習機

爲北滿都市之中心地、哈爾濱市自滿洲空務協會哈支部成立、各會社法團均行活躍如報、哈鐵亦成立滑翔部、於社員聯合會內頃悉哈鐵當局及電電會社哈支社、均在進行購買、自社所屬之滑翔練習機中、不日來哈、希社員踴躍參加、而組織滑翔練習班、以期空務知識之獲得云、

兵役制度實施 開始募兵檢查

【長白】本縣於三月十四日、由第八軍管區派來檢查官、富璿善上校以下十三名、與本縣警務關係人員、在縣公署會議室、施行體格檢查、結果、自願壯丁五十一名之中、僅

商業登記

一、經理人之姓名住所胡[illegible]光阜新縣城內東孝路
一、營業主之姓名住所合名會社天利木廠撫順市親仁馬路二丁目三十番地一、設置經理人之處阜新縣城內東孝路

○合名會社天利木廠變更
一、康德六年一月二十日社員劉盛德再出資國幣六萬圓同劉王桂芳國幣一萬五千圓同 劉志文國幣一萬五千圓將共各出資額及履行之部 分變更如左國幣八萬圓全部履行劉盛德國幣二萬圓全部 履行劉王桂芳國幣二萬圓全部履行劉志文
康德六年二月一日登記

○株式會社德義銀行變更
一、董事韓子峰同李裴尚榮於康德六年一月二十二日退任同日左記者就任董事 李國棟撫順市親仁馬路三丁目二番地王蘊璞撫順市西八條通五 十四番地韓靜軒撫順市千金大街四十四番地一、監查人王蘊璞康德六年一月二十二日退任同日左記 者就任監查人王琳撫順市糧棧街二十七、二十九、三十一番地一、康德六年一月二十二日左記者重任 監查人韓占魁撫順市糧棧二十七、二十九、三十一番地一、康德六年一月二十二日左記者重任董事王擴 清撫順市西二番町四十番地王子珍撫順市西八條通五十 六番地王佩璟撫順市西七條通五十四番地 李忠厚撫順市大馬路一丁目十六番地一康德六年一月二十二日左記者重任代表會社之董事代表會社之董事王潤田
康德六年二月四日登記

○滿洲輕金屬製造株式會社變更
一、監事齋藤靖彥於康德六年一月二十九日其住所移轉於新京特別市建國路四百二號

○合名會社設立
一、商號合名會社東湧泉一、本店撫順市大馬路二丁目三十九番地一、目的一、麥粉燒酒食料雜貨之販賣二、保險代理業三、附帶前各項之業務一、設立年月日康德六年二月八日一、代表社員之姓名瀨能祐吉一、社員之姓名住所出資之標的價格及履行之部分國幣二千圓全部履行瀨 能祐吉撫順市東三番町二十八番地國幣二千圓全部履 行黃耀堂撫順市大馬路二丁目三十九番地一、存立之時期由設立登記之日滿二十年
康德年六二月八日登記

○滿洲興業銀行支店廢止(支店)
一、康德六年一月三十一日安東市市 場通六丁目一番地之支店廢止之
康德六年二月九日登記

○滿洲輕金屬製造株式會社變更
一、康德六年一月三十日就 各株已繳納之株金額變更如左就各株已繳納之株金額 國幣二十五圓
康德六年二月十三日登記

一、機械農業之實績
二、機械農業之經濟
第二日二十三日議題如左

央寺院（即喇嘛台）前由哈鐵白係俄人幹部關係者、及一般來賓並一般鐵

第四軍司令部 開教育主任會議

第四軍管區司令部、基於國兵法、政府當局不久即將公佈、於明年度、即使實施、現正在極謀準備中、尤其對於新兵之入隊教練更爲重要、該部因此特定於三月二十八、九卅日亘三日間、在該部開催教育主任指導會議、凡各部隊教育主任及担當教育者均須一致出席參加、關於一切議案現下進行準備中、該司令部爲向一般民衆宣傳國兵法之眞義、使一般民衆徹底明瞭、以期國兵法頒佈實施時順利起見、特赴今次協和會縣市聯和協議會之機會、派遣軍官、分赴濱江省下各縣旗市參加聯合協議會於會議時舉行國兵法懇談會講解國兵法之內容、自三月二十九日起至四月卅日止亘一個月間云云、

取締不標明碼奸商 希市民發覺奸商暴利報告廳署

哈爾濱警察廳保安科經濟警察股、爲謀民衆生活安定起見、本據政府當局平抑物價取締暴利之方針、對於各種物品、完全實施明碼標示制度、以期徹底一掃奸商欺騙顧主之弊端、恢復公平交易之宗旨、詎料一般奸商企圖厚利、不殺貧人不富之惡德心理、依然陽奉陰違者大有人在、濟警廳保安科有鑑及此、故與管下各警察署保安系聯絡之下、不時努力活躍嚴加取締、有一部份商店、對於出售貨物、已標示明碼、但是仍有不標明碼商店亦不在少數、對於各種物品乘機逢意暴漲、故意妨碍民生、所以警察廳保安科長、發三令五申、促起不標示明碼各惡德奸商反省、實施標示物價明碼、甚恐奸商利徒不遵守明碼制度者、對於全市各商決對嚴重取締、結果又發現中下級小雜貨舖者、多數未標示明碼、經嚴重譴誡釋放、今後如果再度查覺不標示明碼者、決定嚴處罰不貸、並且深望一般市民如果發覺有商人暴利之行爲時、或未標示明碼者、可以直

土地整理事務 召開土地委員會

濱江省土地委員會、爲討論關於省內土地整理、關係事項並報告康德六年度土地整理之經過情形、特定於今廿三日上午十時起、在省長官房會議室、召開土地委員會議、又哈爾濱市土地委員會、亦定於今廿三日在市公署大會議室、召開同樣之土地委員會議云、

合格者十一名云、

實行防空演習

【昌圖】縣城於本月十六、十七兩日、實行防空演習、經警察官與自衛團努力之下、成績非常良好、一般市民對防空知識更有深一層之獲得云、

天網恢恢 疎而不漏

姦拐友妻又逼爲娼 傅某可謂人面獸心

據遣黑白害人不利已被人控告姚松濱年三十餘歲、爲人忠厚老誠、經商有年、稍有相當積蓄、因不堪獨居寂寞、曾於康德五年九月二十六日在道外北十二道街婦孺救濟所中、領出投所女子馬貞紅爲妻、自結婚後、夫婦感情頗濃、而姚某每日外出經商、則留其妻馬貞紅在家料理家務、頗能安分守己、二人生活亦頗充有一友人傅家俊者、年二十六歲、現住道外大新三道街門牌六號、係一花中魔鬼、人面獸心、見姚妻馬貞紅生得姿容秀麗可愛久欲染指、恨無良機、而傅某不堪慾衝動、每趁姚某經商之機會、則輒往友人姚某家中串門、乘無人時、藉端挑戲貞紅、但姚某雖知其友傅某與伊妻貞紅時常調笑、然而始終未意及能有姘情事故發生、所以對於貞紅與傅某尚未加以監視、仍以傅某爲良友、不料傅某與貞紅一嗣後由挑逗即發生肉體關係、二人自發生愛情以來、如膠似漆、熱度已達沸點、誠有寸步非離之勢、故一對狗男女暗中私議潛逃、企圖白首偕老、以度甜蜜生活、緣因貞紅年幼知識簡單、不祥查傅某之爲人、遂即應諾傅某一同潛逃、同時二人私行準備潛逃事項、即與傅某相偕向奉天潛逃同居、在奉天閑居數月謀事未就、因受生活脅威、奸夫淫婦又由奉天轉赴牡丹江、終因覓事困難、迭遭生活上壓廹、又兼傅某好吃懶作二人生活無法維持、於康德六年三月間、傅某懷意不良、逼廹貞紅在牡丹江松山酒社充當女招待、所得月薪以備二人生活費用、貞紅無計可奈、實施執篩佈酒女侍之職、初時貞紅在松山酒社一度大紅大紫、每月收入頗豐、傅某見貞紅來財頗易、不奈貞紅賺錢困難、時常在外嫖賭夜不歸宿、揮金似士、因之債台又復高築、又兼貞紅在松山酒社亦不如前大紅大紫來錢容易、傅某又行改變方針、於同年六月間又逼廹貞紅在牡丹江永春里喜春堂下水爲娼、貞紅爲娼未久、即被本夫姚某聞知、乃由哈赴牡、追尋傅某與貞紅、果在永春里發見貞紅爲娼、當將貞紅押赴新安街警察官吏派出所理論、貞紅終因無臉與夫返哈度日、乃在分所中甘願退還姚某一百二十元彩禮、自此貞紅即與本夫姚某正式脫離夫婦關係、同時双方均各持脫離字據、以備將來發生意外事、作爲証據、姚某與其妻脫離關係手續辦理完竣後、由牡返哈、於九月一日傅某又以國幣一百二十元、將貞紅轉押入吉慶里寶福和繁頭處爲妓、嗣後貞紅傅某數度壓廹、乃以國幣一百二十元給與傅某、並由新安街警察官吏派出所作証、與傅某正式脫離并更關系、與貞紅脫離姘度關係之後、因失去收入、即由牡丹江返哈、住於道外長春三道街、六號院內、傅某因失去搖錢樹心中頗爲不甘、乃計劃害人不利已之報復手段、捏造黃白、寫封黑信暗中寄與哈爾濱慈善總會、請該會所女馬貞紅、自被姚松濱由所領出之後、即在牡丹江下水爲娼云云、該會接到此項黑信后、本擬慈爲念、立即派員赴牡丹江詳細調查眞象、結果探出以往經過情形、該會頗爲震怒、聞於最近已經在哈爾濱法院將人面獸心之傅家俊正式控告、不日、即可開庭審理云、

○滿洲中央銀行支行移轉（支店）
一、康德六年二月六日延吉縣延吉街興隆西大街路北七九九號之支行移轉於左地 支行延吉縣延吉街大和區延字路
康德六年二月十四日登記

○合資會社設立
一、商號滿洲木材合資會社一、本店撫順市大馬路一丁目十七番地一、目的一、木材之販賣二、煉瓦類之製造販賣三附帶前各項之業務一、設立之年月日康德六年二月十七日一、代表社員之姓名丁照明廣田勇一、無限責任社員之姓名住所出資之標的價格及履行之部分國幣二萬圓全部履行丁照明撫順市第四胡同二丁目五十三番地國幣一萬圓全部履行廣田勇撫順市中央大街一番地一、有限責任社員之員數出資之總額及履行之部分國幣二萬圓全部履行二名一、存立時期由設立登記完了之日二十年

○株式會社設立
一、商號撫順人造黑鉛株式會社一、本店撫順市新楊町十七番地一、目的人造黑鉛及瀝清煤之製造販賣並附帶之事業一、設立之年月日康德六年二月十七日一、資本之總額國幣二十萬圓一、一株之金額國幣五十圓一、各株已繳之株金額國幣十二圓五角一、株式讓渡之限制本會社之株式除經會社之承諾不得讓渡一、公告之方法滿洲國政府公報揭載之一、董事之姓名住所板倉市二郎撫順市新楊町十七番地寺西圭之撫順市東三番町五十番地池田三三雄撫順市新楊町十七番地伊藤武則撫順市東十條通三十番地坂井繁撫順市中央大街十三番地一、代表會社之董事之姓名板倉市二郎一、監查人之姓名住所稻葉幸太郎撫順市東二條通六番地大島勇撫順市東三番町四十六番地一、存立之時期由會社設立登記之日滿二十年
康德六年二月十七日登記

○合資會社日滿テパート解散及清算人選任
一、因總社員之同意康德五年十月三十一日解散一、清算人之姓名住所武內康丸撫順市中央大街五十四番地
康德六年二月二十四日登記

○撫順不動產金融株式會社變更
一、康德六年二月十日左記者重任董事伊藤武則撫順市東十條通三十番地田中廣吉撫順市東三番町八番地寺西圭之撫順市東三番町五十番地中島右仲撫順市東四條通七十番地一、同日左記者就任代表會社之董事代表會社之董事伊藤武則一、同日公告之方法變更如左公告之方法本會社之公告於撫順市發行日刊撫順新報紙上揭載之
康德六年二月二十七日登記
撫順區法院

○滿洲中央銀行支行移轉（支店）
一、康德六年二月六日延吉縣延吉街興隆西大街路北七九九號之支行移轉於左地 支行延吉縣延吉街大和區延字路

濱江特刊

第三〇二號

盛京時報北滿總支社
社址　哈爾濱道裡地段街一號
電話四三四六番

爲公務處理圓滑 科下設股之規定

市公署將實施計畫分科股制

哈爾濱市公署、基於政府當局地政總局之新設、土地之機構改革、並中央禁煙施設之改正、會計劃結果、在該署財務處更新設地政科、並在衛生處新設禁煙科、由煙政股昇格、現已經政府當局正式認可、預定於四月一日便正式設立、此外爲謀哈市土地建築物調査測量及登錄事務處理敏捷、決將日前新設之財務處登錄官室、實施擴大組織、專爲辦理土地建築物調査測量製圖、並家屋課稅標準價格査定、征收登錄稅、印鑑整理對照土在標識設置管理、並各種園建事業登

各處科長、以及各科關係者、於全体入席後、首由張文書科長說明分股規程趣旨、對規程草案內容詳加檢討、茲將分股規程草案內容詳誌如左、」

△市長官

一、庶務科設庶務股、人事股兵事股厚生股（新設）區政股、

一、計劃科設庶務股、調査股、防衛股、

一、文書科設庶務股、文書股計劃股（新設）弘報股、廢出從前之收發編纂翻譯審査各股

一、會計科、設庶務股會計股用度股

△民生處

一、教育科、設學務股視學股社會教育科

一、社會科、設社股救恤股勞務股輔導股禮教股、

△衛生處

一、保健科設庶務股保健股體育股

一、防疫科設防疫設獸醫股

一、禁煙科（新設）、設禁煙股經理股

△實業處、

一、商工科、設監理股指導股調査股

一、農政科設農政股林務股畜產股

△財務處

一、主計科、設主計股、監察股決算股

一、稅務科、設庶務股課稅股管財股技術股

一、地政科（新設）、設事業股調製股管理股審査股

一、登錄官室、設調定股登錄股、

△土務處

一、庶務科、設庶務股經理股審査股材料股

一、都邑科、設庶務股都邑股公園股

一、土木科、設庶務股土木股工事股

一、水道科、設庶務股下水股給水股上水建設股機械股

一、建築科營繕股設備股、

村二年以上之住民年齡二十五歲以上之男子、具有智識經驗且負有德望者之地方紳士充任村長、

6、助理員司計、助理員司計、雖以由當村住民中選任爲合理、但鑒及人材在難得之實況、暫時之際、於村外選人材而登用之、並無不可、例如起用富有經驗秉性正直之退職官吏或吏員等是也、

7、吏員定員、基於省方訓令之街村吏員定員標準外、對於農業指導技術員等、亦需配置之、

8、村行政在育成經過的過程中云云、

哈爾濱市公署 獎勵家庭副業

哈爾濱市公署、鑑於當此非常時局之下、物價暴騰之際、爲謀一般市民生活之安定、積極獎勵副業、以便充實國家之養源、同時計劃獎勵家庭副業、如每個家庭、除男人做事外、爲主婦者、可以在家中從事一般副業、如養豬養羊、養鷄鴨等、均可獲得相當之利益、所以無有職業之家庭主婦、宜從事活躍各般副業、以便增進各家庭中之生產云云、」

老郭上當了

先反目後現媚 終至鴻飛冥冥

本市寬城子警察署管內、韓家屯長安街牌九號、住戶郭泉山、現年四十一歲、爲滿洲造酒工人、因爲孤身一人、每年所〇的勞金、約積存有五六百元之譜、凡儲有多金、必擇一終身伴侶、以解孤悶之苦、此爲人之恒情、郭泉山雖然一名工人、自吃自力、勞工神聖極稱時尚、況腰纏纍纍、對擇女婚配、亦不能

之愛情、由濃而薄、各懷心事、忽於本年二月初、老郭由櫃回家、逾過歸家之鐘點、郭王氏即生慢待心理、老郭是工人氣粗、一見就火上腦門、氣沖斗牛、開場第一句、她媽的、老郭賺錢養活你、是爲尋快樂、不是找氣生、郭王氏聞後、更是火上澆油、反唇相罵、頗不示弱、甚至動武、後經鄰人勸解和好如初、但是郭王氏自

餘事項、此外該署更鑑於各處科、向來並無分股制度、而各科爲圖一般事務處理之圓滑、有自設股或設系者、是以特別紊亂、於公務處理之圓滑上受有莫大影響、茲爲對公務處理圓滑之決定在科下設股、關於分股規程之草案、現已作成、於三月二十九日下午一時在該署四階樓上會議室、召開分股規程協議會、當時出席參加者、有大迫副市長以次

爲育成各縣旗街村
決定先設置模範村
濱江省當局設置模範村計畫指定

濱江省公署當局、爲謀管下各縣旗街村育成計劃之迅速發展起見、須有首先設置模範村之必要、其具體的計劃案、已於日前召開之街村會議席上已向各縣出席參加代表詳細指示、關於設置範模村之計劃案大體如左、

一、關於設置模範村計劃模範村指定、

1、各縣旗由現行村中、考慮其特殊事情、以適當之一個村、指定爲模範村

2、村之區域適當與否、影響於一村之行政財政及村之發展上極大當指定模範村時、應爲愼重之考慮、依國務院訓令之育成要綱、村之區域、雖以戶數約一千戶、耕地約四萬畝、並按其地勢經濟習慣與其他育成ㄅ村之資格時、而劃爲一村但本本管下則以戶數約二千戶耕地約八千晌爲基準而實施大街村主義、

3、之區劃耕地約以五百晌爲標準使區長處理事務與傳達法令、無不便之感、即所謂採用小區主義也、

4、樹立標界爲使村區劃明瞭起見於村區界限樹立簡單之標界上、

5、村長之人選、以當

例外、遂經媒人之紹介、與安□□氏女、於三年前結婚、□王氏今年二十八歲、正在青春、身體四尺多高極窈窕、黃面長臉、高鼻樑、大眼睛、夫婦良日、很是相安無事、可是老郭天天清早到櫃上營事、夜晚七八點才歸家、拋得郭王氏晝間獨守孤房夜間又得不到老郭之安慰未免有點心灰意冰、兩人夫婦發生口角後、明與老郭很要好、今天要錢買物品、隔天又要錢購衣料、老郭上當了、以爲郭王氏眞個和睦、遂不生疑、孰料先反目後現蝴乘老郭不備之際、郭王氏竟於三月二十九日午前十二時、席捲而逃、待老郭夜間由櫃回家、已鴻飛冥冥矣、乃報告寬城子警察署代爲尋查云、

主要糧穀實施統制
非經許可不準外運
市公署商工科正式發表

哈爾濱市公署商工科、基於政府當局特產統制命令同時、禁止主要糧穀外運、爲向各糧穀業者說明統制趣旨起見、特於三月二十九日午前十時三十分許、在道裡商工公會樓上會議室、召集各關係機關及一般糧穀業者會議討論、此次會議、關於主要糧穀特產大豆豆餅豆油、今後非經市公署當局許可、決定不準販賣、不準出口及向四處運搬、並不準加工製造、由三月二十三日起、正式實施、以六個月間爲有效期間云云、

火之用心

七年間火災統計
發生達一、八七二件
損害爲六、五九七、三七五圓

【哈爾濱】年來市內火警發生頻迭不鮮、人畜傷害及金額損失頗大、哈爾濱警察廳當局、有鑑及此、爲謀確保市民生命財產之安全、極謀設法防範中、希望一般市民對於火事嚴加注意、以期火災減少、頃據火災之統計、七年間市內火災發生竟達一、八七二件、燒毀者二九件、損害六、五九七、三七五圓、死亡者、七二名、負傷者、一四〇名、突破駭人聽聞之數目、尤以近來發生火災益愈增加、故開始躍起對於火災嚴加防範中、希全体市民『對火之用心』極嚴加徹底防備、以免遭受慘害、並對於火頭者決加嚴重處罰不貸云云、

友邦神武天皇祭
決擴大慶祝式典
省市兩公署規定慶祝行事

四月三日爲友邦日本帝國紀元二千六百年之神武天皇祭、我滿洲國追懷、神武天皇之御創業、並同憶我國之建國之精神、與日本之大理想、應以表示奉賛二千六百年□□□祝委員會、主辦下全國一致舉行、神武天皇祭式典、本市在紀元二千六百年、濱江省地方慶祝委員會、決定於是日、實施下列各行事、

一、四月三日之當日、各機關、會社、團體、學校全般的休假一日、

一、四月三日之當日、全市各機關會社商民等無遺漏的、一致懸掛日滿兩國旗、

一、四月三日之當日午前九時、各機關會社學校以至各團體家庭、一致嚴肅舉行彊原神宮畝傍、御陵遙拜式典、

一、在舉行遙拜式典之當時、應由各所屬長官訓話說明神武天皇之御事蹟

一、各交通機關之電車大汽車自動車、馬車人力車均於上述之時間、停車、乘車人須降車、對彊原神宮畝傍御陵遙拜、一般行路人亦須作同樣之遙拜、

一、各機關會社學校、於舉行式典終了後、須一致整列赴哈爾濱神社參拜

一、四月三日之當日凡市內之一切舉行、集合等行事均須一律停止、

哈爾濱市公署、基於上述之規定、決定於是日上午九時、在該署四樓樓上大會議室、行嚴肅之神武天皇式典、市長副市長、各處科以及僱員以上之全體職員、均一致參加於式典、終了後全體職員、在該署門前、集合整列隊伍赴哈爾濱神社參拜、於參拜完了後、解散關於式典之順序已經規定如左、

一、開式致詞

二、對日滿國旗行最敬禮、

三、彊原神宮畝傍御陵遙拜、

四、合唱日滿國歌、

五、神武天皇御事蹟講述（副市長）、

六、大日本帝國萬歲三唱（趙市長）

七、閉式、

濱江特刊
第三〇二號
社址 哈爾濱道裡地段街一號
盛京時報北滿總支社
電話四三四六番

駭人聽聞

經緯警察署當局
破獲鴉片大密輸團
犯人日滿鮮達一百十數名之多

哈爾濱警察廳當局

為順應鴉片十年斷禁計劃國策遂行之徹底、對於癮者除實施逐步減低食吸量外、一方嚴厲防止鴉片密輸犯私行密輸、因此與管下各警察署全體總動員以不休不眠作根本之搜査、結果經緯警察署於三月二十二日在哈爾濱火車站郵便包裹中、發現大批鴉片捉得鴉片密輸之確証、於五日午前三時半許、乘深夜酣睡之際、全署員組成七班、一齊分乘大汽車數輛急赴道外延吉藥房、我東商會外等五處、團團包圍將潛伏中之密輸犯人開始檢舉、計捕獲持兇器死力抵抗之男犯人二十二名女犯十一名一網打盡、同時搜出時價約一萬餘圓之生鴉片、犯人分為日滿鮮等所組織、首謀者早已逃逸無蹤、現正通緝逮捕中、査此次所破獲之密輸團、自前年以來、即以國際都市之大哈爾濱為根據地、遠與河北朝鮮採密切之巧妙聯絡、密輸生鴉片、及其他各種麻藥品等、年額交易不下一百萬圓以上、經審訊結果、對華北朝鮮某處散在通氣之犯人、亦行檢舉、而破獲此大批驚人密輸犯之功勳經緯署之兒島司法主任有如左之談話、

此次被檢舉之密輸團、其範圍不限於鴉片、此乃大規模有組織之密輸業者、故牽連所及、犯人當有百數十名之多、按搜詢之進展、或有意外之人物出現、亦未可知、密輸團之鴉片、當在百萬圓左右也、但最近到內以能全部捕獲、此密輸團之特色、有日滿鮮男女作共同組織之密輸、地域所及、遠達河北與朝鮮、其交易極為巧妙、係以科學方法行之、推測不久、即能將首謀者逮捕、其犯罪之全貌當不難水落石出矣云云、

為謀市民健康
實施保健週間

哈爾濱市前月（三月）中專染病發生數於日昨由哈爾濱市公署防疫科、統計如左、

△赤痢二名△腸窒扶斯三名死亡一名△把拉窒扶斯三名△痘瘡三名死亡一名△發疹傷寒二名死亡一名△猩紅熱九名死亡一名△窒扶至利亞二十名死亡三名△合計四十名死亡七名內日人二十三名滿人十八名其他三名云

又關於本市內法定傳染病發疹傷寒之春季定期預防工作已自昨起至本月廿七日以廿四日間實施之其施行之區域仍以最不潔之太平橋方面道北新街一帶及難民區古物市場等處並及於去年度曾經發生之重要地方用消毒及殺蟲兩工作併行用資徹底撲滅傳染病之發生至於一般的清潔工作則目前正由該署保健科方面計畫實施本市保健清潔掃除週間即利用陽春雪融之後各戶均將多年生活結束而將久經封閉之二層窗卸去之際實行清潔掃除並用具寢具等實施大消毒長時間太陽曝晒及提倡其他各項之戶外運動期導市民生活趨於健康之途云、

國兵法實施徹底宣傳
特設國民指導委員會
協和會省本部規定慶祝行事

協和會濱江省本部、基於滿洲國兵法將於本月十

慶祝行事、關於委員之人選及事務局員、大体已經

導事務局局長為協和會省本部事務長、副局長、為

一、撒佈傳單
一、無線電放送
一、新聞特輯版刊行
一、撒佈標語云云、

協和運動進展

歡送庶務科長榮轉誌盛

【東豐】縣庶務科長代理赤松十三郎、人極穩練、經驗宏富、自到東以來、二年有餘、對於人事之刷新、待遇之改善、防空募兵、弘報、宣傳、資源調査各項、計劃無不竭盡心力、加以整頓、以致本縣政治、日見起色、日前奉令、榮轉奉天省實業廳、消息傳來、官民大有依依惜別之概、限於功令、挽留無術、徒喚奈何、於上月二十七日、午後五時、在忝和興飯莊、開催歡送宴、席間由三原副縣長代表致歡送詞、詞意懇摯、溢於言表、籌觥交錯、賓主言歡、興盡而散、翌日十二時、齊集東站歡送、與會踴躍、頗為一時之盛云、

神武天皇祭
舉行遙拜式

【東豐】查四月三日、欣逢紀元二千六百年、盟邦神武天皇祭佳期、為祝創業及肇國之聖業、造成日滿一體之理想、奉讚起見、特於早九時、鳴汽笛在縣署院內、舉行嚴肅遙

市諸員任地本部委員

滿洲帝國協和會哈爾濱地區本部、為謀協和更進一步徹之普及、於四月四日下午六時許、在道裡晏賓樓飯店召請市諸議員全體議員舉行懇談會、協和會中央本部長橋本氏特行來哈參加、當時出席者、有協和地區會本部之幹部全體、並邀請大迫副市長以及商工公會日滿俄正副會長、首由橋本中央本部長說明建國後協和運動發展實況並懇請市諸議會全員任協和會哈濱地區本部委員、以協和運動進展上有直接關係、當由張廷閣諸議委員長、代表承諾、旋即在該飯店晏會賓主頗極一時之盛 於下午八時許始散會云云、

五日起當可正式公佈、為對國兵法徹底宣傳、以便促進將來實施之圓滑起見、決定組織國兵法實施之濱江省國民指導委員會、並在委員會下設立指導事務局、為討論委員會及事務局設立問題並一切計劃行事等、特於四日下午五時許在南崗新哈爾濱旅館內、召開國兵法實施濱江省國民指導委員會設立懇談會、討論一切紀念決定如左、

1、國兵法實施濱江省國民指導委員會、委員長為協和會省本部長韋煥章氏、委員則為源田省次長、對開拓廳長、秋吉警務廳長、皆藤第四軍管區主任顧問、閻參謀長、蒙兵士處長、平川協和會事務長、此外並有鐵道局、警護隊放送局、商公會代表、各新聞社長等、2、國兵法實施濱江省國民指篩地省官房庶務科長、此外並設主事一名、副主事一名、局員若干名則均為各機關新聞社關係者、關於國兵法實施紀念慶祝行事大體規定如左、一、各機關會社學校商民一致懸掛國旗、一、軍隊青年隊協和義勇奉公隊學生等在各街遊行、一、揭揚國兵法實施慶祝旗幟、

拜式、井山縣長副縣長、講演神武天皇之創業及肇國之聖業、極為明晰、官民無不欽感、云茲特將序錄後、一、全體肅立二、致開會詞三、日本帝國國旗揭揚四、滿洲帝國國旗揭揚五、向日滿國旗行最敬禮六、向日本畝傍御陵遙拜七、向帝宮遙拜八、縣長訓詞九、副縣長訓詞十、向日滿國旗行最敬禮十一、致閉會詞、

縣旗市長會議開幕

韋省長懇切致訓示

開會第一日之五日經過情形

本日開催本年度第同市縣旗長會議得親接各位之壯容、開陳本年度省政方針、披露所懷之一端、實本省長所最欣快者方今歐洲以德蘇英法之關係為中心、而起之第二次歐洲大戰、複雜奇怪之情勢、依然繼續、果於何時可見解決、殊難豫測、而東亞之情勢、於上月三十日、新中國中央政權、已經誕生此正新秩序建設途上、有歷史性之一步形、可謂對東亞前途、予以一大光明實不勝與各位衷心同慶之至、然而我等當面之時艱、初非容易而得克服者、建設新秩序之諸相愈為偉大、東亞諸民族一於之現狀、愈為徹底、而所遺之障碍亦ゞ愈加重大、為排除此種障碍、今後實更須多大努力、萬一不堪此種苦難致大業中途挫折、東亞之諸民族之運命、將永或不得安定突、故無論如何苦難、如何障碍我等必以不屈不撓之努力一致、以突破排吝暨各位對於所屬市縣旗之部下、及一般民衆、善後指導鞭策、明示此重大時局之意義、喚起克服時艱之覺悟、對政府之施策為獻身之努力不勝切盼之至、茲就上述情況下本年度濱江省政之重點擇述諸端以供各位施政之參考

第一、關於建國之徹底與國民精神之作興、此乃國家之基本條件、建國以來即經加以異常之努力收得效果、惟方今時局愈趨重大、內外日益多事、必須舉國家全力以對處之、此時尤應徹底建國精神期國民意氣激昂突破難局此點期待各位益加努力、

第二、治安關係、素由日滿軍以及各位不斷之努力治安愈好轉、現在即東部省境幾已不見匪影將至治安完成之地步此誠不勝感謝者也但觀其他地方每因稍一鬆弛治安即行逆轉故本省之週圍仍須相當之警戒對於潛在匪及通匪者之內偵考查檢舉等事更應徹底繼續以期萬無遺漏各位均知本年度省下警察官有相當數減員此乃本諸由量而轉入質之方針而施行者故後對於警察官之素質向上、致養訓練方面更應特加努力同時關於警察部機關之合理化亦應講求萬全之措置以期達成治安之確保、再關於康德六年四月一日即將施行之國兵略法述一言、本法係經官民各界竭盡智能慎重審議之結果、而決定者共內容僅為現役極為簡單適合於現狀者也洞信亦易得國民之理解、共目標在謀國軍之新刷新強化國防力之加速的充實、及國民中堅份子之練成、此為國家存立發展上之重大條件、影響於民生者、亦極為重大、直謀本法實施之圓滑、達成所期之目的、須為舉國一致之努力、尤其有待各位直接接觸民衆之地方官絕大之盡力希望、對於本法之實施、特別加十二分之努力、

第三、本省為我國最重要之畜產資源地、鑑於此種事業對於產業開發五個年計畫中農畜產部門、本省應負之責任、實為重大此為各位所深知者、關於現下物資之需給調節、尤其食料物資、此時對於農畜產之徹底增產、應盡凡有之方法求其實現、是故本省應負之責務、實愈加重大、所有既定之農地、造成計畫、開拓計畫等、均應迅速促其實現、以謀耕地面積之增大、更使新設之興農合作社及其他關係組織從事活躍、導生產農民之耕作日趨旺盛、謀單位面積生產量之增車、使技術的指導徹底、倡興有畜農業防止地力之耗減、凡此種種方途、均應極積講求者也畜產之改良增殖計畫、亦當如此至詳細事項、隨後由開拓廳充分指示、希望各位對於此問題之重要性及國家之要求深切認識傾注萬全之努力再就與本問題關聯之重略述一言者即松花江水系防水事業、本事業之完成、可期免除每年均所遭千數百萬圓之水害新關濱當面積之耕地對於民生上多所其益更足適應農產物之增產計畫目下計畫之立案已經完了正與中央折衝之中、決定實施之時仍待各位十二分之努力、

第四為謀現下物資問題之積極的解決已經展開生產力徹底的擴充運動、然而吾人更應先公益而後私益以增進社會全體福利之精神謀生活之合理化、及物資之節約庶可強化物兩面國民總動員之態勢對於現下吾等所遭經濟上之重壓與痛苦、應一致協力益加振奮向打開難局上勇往邁進此更為當前最緊要者由此見地、則地方投機之抑制及廣義的遊資吸收乃為絕對必要者關於此點政府正樹立充分之對策、各市縣旗對於管下各機關、尤其負任重要職責之興農合作社應嚴加督勵以期經濟取[illegible]之適正[illegible]

濱江特刊

第三〇三號

盛京時報北滿德支社
社址　哈爾濱道裡地段街一號
電話四三四六番

道外發生空前火警
燒毀樓房二百餘間
延燒近隣損失二百餘萬圓
水道無水　坐觀火勢

當此風高物燥之際、一般市民偶不愼於火事、最易發生無情火災慘害、重則傷害人畜生命輕者損失金額、年來國際都之哈爾濱所發生之火災、身罹火禍及損失金額爲數驚人、雖經警察當局、三令五申苦口警告市民『謹愼防火』、然一般市民依有馬耳東風仍不留意慘酷無情火災之可畏、一旦發生火警時、不是傷害人畜及罹大損失並連隣居都跟遭殃、於十二日午前四時許、道外北頭道街突然又發生空前稀有驚人駭聞之大火警、當時正値西南大風、火借風勢、風乘火威、愈燒火勢愈烈、濃煙四起、火光燭天、照得西傅家甸一帶、漫天紅火、經消防

近年以來未曾有之驚人駭聞之數目、幸僅燒傷害一人、茲經本報記者赴現場之探詢所得分誌如左、

於十二日午前四時許、正値西南狂風怒號中、道外北頭道街之峻發記羊肉館『同回飯館』突然發生火警、幸由該號櫃夥起夜小便發覺、即鳴鑼聲喊道嚷帶嚷通知各住戶商店、一般住戶商店男女婦孺等均由夢中酣睡驚醒、除有爭奔逃命外、尙有捨命不捨財者、向外搬搶物品、當時人喊馬嘶之慘聲令人酸鼻、然後由太和公雜貨店櫃夥王某急奔馳該管派出所報告、及電知消防署、經消防救火車赶到時因風勢狂號、火借威風風助火勢、在一刹那間、

種物品布類完全化爲灰燼、詎料雖然全市救火水車赶到然又不凑巧、而道裡外之自來水管滴水無有不過均望火嘆息而矣、於急難中、消防署長赶到現場指揮各救火水車遂至馬家溝方面取水撲救、請問道路遙遠誠如杯水車薪、不濟於事、火勢趁此機會轉向昇平街方面益興厚雜貨店及惠友棧、長春堂藥房、双興太運輸公司及哈爾濱印書局之存紙品倉庫猛烈延燒、又延及同益興倉庫太和公倉庫並舊址之電報局院內、以致燒失房倒樓歪於午前九時三十分頃、始將火救息、火後調查燒失樓房倉庫二百餘間

共計損失約二百萬圓之譜、當時火勢猛烈延燒之慘酷火場中、竟有苦笑不一之怪聲、北苦樂辭背不免亦有很富興味、而被害之各大雜貨批發店經理櫃夥等、見倉庫中所囤積各種雜貨布疋目睹火勢無法補救、痛嚎損失、有人望火勢焚燒各雜貨布疋批發倉庫之火勢猛烈之際笑容滿面、謂當此布疋缺乏、被各雜貨批發家囤積惜賣企圖價格暴漲販賣漁利、眞所謂之天火報應也等怪聲、由此可見囤積惜賣企圖暴利之徒雖蒙受不測水火之災害、尙遭人家痛恨、査今次大火聲蒙受頗大損失、無水可救、坐視火勢遂意延燒、責任當在市公署水道科毫無異議也、際此春風物燥之際、最易發火警、一旦發生火警無水潑救、火勢焉有不燒之理、一般對市水道科怨聲沸騰、鬧於此次發生火警原因係由羊肉館爐灶發火所致云云、

濱省地籍整理局
土地整理已規定
由康德五年度樹立繼續整理計劃

濱江省公署當局、爲順應產業開發五年計劃遂行之徹底、以期達成農產增產起見、除連年積極獎勵開墾外、對於管下各縣旗珠河街一面街、延壽縣、延壽街、五常縣、五常街、山河街、以上各街、實施詳密徹底測量、但其他地域、則應急調查、實

團、參加日本所主辦之東亞武道大會、而哈爾濱市所派遣人員、經協和會哈爾濱市本部選拔結果、決定爲許承林劉岷山二武術

隊聞訊趕到現場竭力撲救結果、延燒至午前九時半許、始行撲滅、燒燬樓房及倉庫二百餘間、損失價値約二百餘萬圓、實打破光將暖發記羊肉館全燒、火勢愈熾愈猛烈、殃及北隣同發興、益興厚兩家雜貨批發店、火光遮天、將該兩家倉庫所囤積貴重各

市從來複雜之土地、極端着手整理、因地主不在、不換地照等情、亦大有人在、雖經當局一再督勵更換地照、但一般省民、依然仍有多數漠視、故對於地籍整理方面、頗受障礙因此省當局雖受多大困難、依然仍逐年樹立地籍整理計劃、自康德五年起已開始哈爾濱市區之整理、康德六年度整理双城縣、現在大體業已整理終了、而双城縣尚在繼續施行中、關於本年度整理事業之區域已決定如左、双城縣、双城街、拉林街、呼蘭縣、呼蘭街樂安鎮東全鎮、阿城縣、双城街、賓縣、賓街、肇東縣、肇東街、滿溝街、宋站、蒸河縣、蒸河街、珠河縣、施細易測量云云、

國兵法公佈實施
盛大舉行慶祝會
慶祝式典次序規定完了

濱江省國民指導委員會事務局、爲慶祝國兵法實施公佈紀念式典行事、現規定於十五日午前十時在八區運動場內、舉行盛大慶祝式典如左、

一、全體入場

二、開會宣言

三、向日滿國旗行最敬禮

四、滿洲國歌合唱

五、皇居遙拜

六、勅語奉讀

七、對殉職英靈默禱

八、致詞（濱江省國民指導委員會委員長源田省次長）

九、來賓祝詞

十、三呼大日本滿洲兩帝國萬歲

十一、閉會

十二、市內遊行開始云、

武道訪日使節團
哈市選許劉二君

爲慶祝盟邦日本紀元二千六百年的光輝紀念滿洲國決定派遣武道訪日使節家、屆時出席參加、一行起程定於四月九日下午三時由新京出發東渡、五月十八日參加日本舉開東亞武道大會、預定於五月二十三日返還新京云云、

開江期日切迫
準備開航事項
北滿江運局舉行協議會

負北滿烏松黑三大航路使命之北滿江運局、鑑於松花江開江日期在即、爲準備開江開航的諸般事項、特於十二日下午一時許、在哈爾濱鐵道俱樂部會議室、召集航運關係者不下三四十名出席之下、舉行開航準備協議會、討論開航各般事項云云、

副縣長奉天出張中

【本溪】登張副縣長、爲糧穀及各種公務、目下赴奉天出張中、歸任之期尚未豫定云、

市虎肇禍
道外一幕交通慘劇
九歲幼童慘死輪下
被害父母痛子心切如精神病狂

屢見迭出交通慘劇之哈爾濱都市交通會社、其所屬電車及大汽車生之交通故事幾無寧日、一般市民對於交通會社當局怨聲載道、嘖有煩言、查交通會社交通事故最多莫過於大汽車、其發生事故之原因不外運轉手與汝車掌在發車進行中、喁喁綿綿情語大談不休、所以不注意前方有否運轉障碍物件、以致交通事故接二連四發生不絕、於十二日下午一時頃道外正陽十四道街口又發生大汽車軋斃年僅九歲幼童、當時腦漿迸裂即死、[illegible]像、偵交通會社依然漠視交通事故、對於運轉手及男女車掌等不嚴加訓練、而一般市民喪生於輪下者更不堪設想矣、茲將此次之交通慘劇經過情形採錄如下、

道外正陽十四道街門牌二十一號住所、陳子學者年三十五歲、山東掖縣人、於數年前由原籍攜其妻劉氏年三十二歲及其長子陳尚來哈、在某皮貨店充職、陳某爲人忠厚老誠、特別儉樸、每月所得薪金頗足一家溫飽、尚略有積蓄、其子陳尚年僅九歲、現在道外地靈九道街市立國民小學校攻讀、陳尚年雖幼稚、生性聰明過人、頗得師長及同學等之嘉獎、又知飾儉孝順父母、但其父母每日所給其零化錢、分文不化、積蓄瓶中、於十二日正午放學、由學回家午餐時、路過正陽十四道街口[illegible]家不遠、不料適有交通會社第七系統一六三九號乘客大汽車由運轉手王貴庭駕駛進行中、一剎那間、竟將可愛的幼童忽然軋於車輪之下、該車跑出多遠始知軋人停止查看時、可憐的九歲幼童腦漿迸裂當即慘死、其父母聞得噩耗後、急赴現場、因痛子心切、抱頭大哭、未幾啼笑皆非儼若精神病狂、一般圍繞者人山人海、無不悽慘莫不流淚酸鼻、正陽署聞訊趕到現場檢驗外、並將肇禍運轉手帶署拘禁審訊中、一方令死者之留屬[illegible]歸掩埋云、

濱江特刊
第三〇四號
盛京時報濱江總支社
社址 哈爾濱道裡地段街一號
電話四三四六番

奸商利徒又暗活躍 暴漲物價脅威民生

警廳與各署擬最近期開始檢擧

當此物資缺乏價格暴騰之際、一般奸商利徒、依然暗中活躍囤積及壟斷並私行高抬價格、企圖漁利、而哈爾濱警察廳保安科經濟股、本諸政府當局維持民衆生活安定趣旨、除對於奸商利徒等囤居奇壟斷囤積嚴重取締外、更爲防止奸商們乘機暴漲物價、所凡各種貨物完全標示明碼制度、以免其欺騙脅威民生、於明碼制實施後、固然頗收效果、查其實中不是者、雖有物價明碼之標示、但無有一定之公定價格、然一般奸商利用此機、對於各種物價依然暴漲提高明碼標示、即便有關係當局前往檢查時、見貨架上陳列之貨物

同發隆福豐號大百貨店之皮鞋部、於十日前小芝麻皮鞋每双三十元、現在竟漲至每双四十六七元、東洋小芝麻皮皮鞋每双二十二元、不到數日間、現竟漲至每双四十元、按以上各百貨店均係大名鼎鼎信用卓著人家、皆能遂意暴漲物價、況其餘各小商店豈能不鬼鬼祟祟漲價奈何、因此市面所售賣各種物品、比較與前二個月間所售賣物品價格現又暴漲三成以上有奇、尤其市內皮鞋舖之奸商大賊東西皮件缺乏聲中、僅在十餘日間、每双皮鞋竟暴漲十餘元之多、所以警察廳與各警察署有鑑及此、爲此底掃清暗中搗鬼的奸商們、決定於最近期內、斷乎嚴加檢擧以期確實安定民衆生活、一般市民莫不額首稱慶云云、

爲開發北邊產業 開勤勞準備協會

十九日在省官房會議室擧行

爲向東亞新秩序建設途上邁進之滿洲建設勤勞奉仕隊濱江省實踐本部、鑑於當此春耕在即、爲準備

一、致詞
二、指示事項
三、本年度事業概況說明

細研討作五月中旬勤勞隊員之入植準備（同時在會議席上、對於濱江省實踐本部之部員、案經決定奕

長評議員爲本市日滿各機關首領評議員以下並設幹事會幹事長爲拓墾科長以下幹事三名並設監紀二名斯項會議至午後四時乃圓滿閉幕云云、

松花江中流氷 二十日起開航

上下流域出船舶準備完了

半載多眠之松花江、以於四月十五日起正式開始本格的流、負北滿水路航運使命之北滿江運局、現正大肆活躍準備開航。於是除將各客貨船集結江岸外、更由副野本局長親立陣頭總指揮之下、準備第一次船舶初度出航、結果決定於關於本年度開江第一次航行上下流域者決定如左、

一、上流 出航 船珠山丸、爲開江初度第一次出航船、定於二十日午前十時、赴上流大賚扶餘自哈爾濱碼頭拔錨出航、

一、下流出航船、松江丸、瀾慶丸、於二十日下午二時、出航、至于客船慶瀾丸於二十日正午向下流通河出航、該船客貨業已滿載、其本年度第一次出航船預祝必能順利、

【又訊】江運局松本船舶課長、爲視察沿江一帶流氷狀況、定於二十一日搭乘旅客機赴佳木斯施行流氷狀況視察關於本年度

學校關德潤校長接充、當於十七日由市方派遣庶務科長與該氏、接洽已得慨允定於廿二日赴市公署履新、該氏卒業於現在南滿醫科大學校前身之南滿醫學堂後、作教室研究、在奉天四年旋東渡去日本在仙台更從事理首研究返國在奉天南滿醫科大學校充任助教授、民國十九年來哈時、現在之國立大學校尚屬初創未久、名爲哈爾濱醫科專門學校、任教務長、事變後受中央命並北滿鐵路理事會之委囑任該校校長、於康德五年、我國新學制頒布後、改組醫科專門學校爲國立大學校職任爲校長迄今氏現年四十三歲、原 籍奉天 海城人、爲篤志研究醫學之學者、記當者得到前記準確消息之後、即 經該 校造訪、詢及就任之抱負氏傾談如左、半生來埋首於醫理之研究、對於 行 政事務、不諱言之實爲外行、故就學理上與社會間實際上、應如何改良應付、實無成算好在市方對於主要之保健衛生行政當已早由前植村處長作通盤計劃、目前在余之心地、尚如一張白紙、唯今 後務 使國人、或具有衛生上必要之常識、用使普及、濟國民生活於健康之途、實爲夙寐所期、而與市民共勉者云、

省土木廳當局開 土木股長會議

各縣旗土木關係多數出席

【哈爾濱】濱江省公署土木廳當局、爲促進各縣旗土木事業躍進發展途上起見、特定於二十二日午前九時、在省公署官房會議室、召集管下各縣旗市土木股長會 議約於 各縣旗

事項、豫定於二十五日赴履新之途、

【又訊】濱江省管內阿城縣財務科長張義洪氏、因該縣庶務科長一席、空懸迄今、因各種關係庶務事項急待處理、不便久懸

大致均係商店自己所標示明碼、況且各商店自己標示明碼、能否公道不問可知、尤如各商店同樣貨物標示明碼亦不一致、由此更可完全是賣狗肉掛羊頭的手段了、如道外首屈一指的大羅新百貨店來說、所賣的洗臉胰子來說每塊五角、不到四五日工夫、每塊胰子就漲價半角、再

北邊產業開發之振興國策故於十九日午前九時、在省公署省長官房會議室舉行勤勞奉仕隊招考準備會議、當時出席參加者有草省長源田省次長以次各廳科長、及以上軍司令部第四軍司令部特務機關領事館協和會省市本部、約三十餘名出席之下、其開會次序如左、

四、本年度實施方針說明

五、質疑應答並希望事項、其協議事項、

一、勤勞仕奉特設農場班實施要綱、

二、占勤勞奉仕一般班（國境建設班）關係事項

三、勤勞奉仕特設班關係事項

四、開拓應援作業班關係事項

五、教員奉仕隊關係事項

六、朝鮮隊關係事項

七、女子青年隊派遣要領

八、配屬計劃表

九、開拓國境建設班輸送計畫案

十、勤勞奉仕隊衛生對策案

十一、獸醫技術隊要領案

十二、輸送業務要領案

十三、經理要領案、對於右述各種議案、經加詳計名譽省本部為省長省本部長為省次長副本部長為開拓廳長、協和會省事務長企畫班長為招墾科長編成班長為駐哈總領事館員一名、輸導班員為省長官房庶務科長、輸送班長為哈鐵營業課長、裝備班長滿拓哈爾濱事務所長、宿營班長為省長官房會計科長醫療班長為民生廳保健科長警護班長為警務廳警務科長、每班以下八名班員以在省本部並設置評議會、名譽會長為省長為省次長副會長為省開拓廳

南崗極樂寺

舉行浴佛節法會

舉行慰靈祭追悼日滿戰歿軍警

哈爾濱南崗極樂寺、鑑於本年度的浴佛節法會為期迫邇、屆時仍按照往年舊例隆重舉行、因此定於二十五日下午一時在該寺舉開籌備會議、現已函邀市內各關係者屆時參加云、

（又訊）該寺舉辦之冥陽兩利水陸普渡道場、自四月十五日起至二十九日止、亘十四日間、同期間之二十一日正午十二時、在該寺舉行慰靈大祭、追悼日滿戰歿軍警英靈、並由僧侶誦經云云、

何物乃爾

富而不仁惡德房閥

嗾使離婚又行遺棄

人面獸心之郭玉恒可謂色迷心竅

富而不仁惡德房閥之道外南四道街住戶郭玉恒者年三十餘歲、係漁色之徒娶、依其父積下遺產金錢勢力、專以引誘良家婦女為能事、被其物質之誘惑墜其慘無人道圈套者不知凡幾、於數年前結識其比隣女子孫茶芝者年二十三歲、姿容秀麗、天足燙髮裝束入時、曾受過學校教育、郭某即垂涎三尺、久嗜一嘗、因此不惜金錢物質引茶、結果功到自然成之俗語、發生關係、因通奸情熱如膠似漆、誠有不可分離之勢、不如好事多魔、偏不作美之孫茶芝母親、於五里霧中尚不知伊女業有外遇、見伊女年歲稍長、經媒妁之撮合、許給王某為妻、於去年春季舉行結婚、王現在道裡開設洋服店為生、芝茶過門後夫婦頗稍相睦、然與郭某通奸終未斷絕關係、郭某因不得獨占、遂對於孫茶芝母女報効更為慇懃、以便得到孫茶芝母女歡心、而孫茶芝母女見其揮霍如土、果對郭某好感言聽計從、郭某遂又乘機嗾使孫茶芝與其夫王某離婚、孫茶芝與其母協議結果始從郭某離婚計策、所以於去年秋季、時與其夫王某尋釁吵鬧、王某見其妻離婚意決不堪其擾亂無奈允許離婚請求、始行離婚、現與郭某姘度、詎料郭某日久生厭、現又見其更夫周恩惠之妻周湯氏年二十四歲、窈窕可愛、又行其常套引誘手段、豈知湯氏為得到郭家歡心及物質、發生通姦事項、周某雖心中不滿、惑其勢力及恐淘汰無奈自得甘戴綠頭巾矣、豈知事機不密、竟被奸婦孫茶芝發覺、因痛恨被郭某嗾使離婚現又遭遺棄、不免醋火中燒、曾數度企圖自殺之其母恐發生意外、現正嚴加防範中、噫郭某嗾使人家夫婦離婚又行遺棄、可謂人面獸心矣、至于將來演到何種情形容勘再誌云云、

醫科大學閻校長

榮陞市衛生處長

哈市衛生陣容益愈整備

哈爾濱市衛生處、自植村前處長離任後虛迄今中央當局以國際都市之衛生行政、極關重要緣於密詮衡之下、於日前照會哈市、將該席畀國立醫科大

松花江上之解氷、據北滿江運野本副局長談話如左、今年開江、因為三月中氣候溫暖、須必較早於往年開江、不料後來氣溫突然低下、竟反遲於往年開江二日、二十日第一船實施上下流域開始航行、關於流氷狀況、更急派松木船舶課長赴下江一帶、作實地之流氷狀況視察、現在各地關於開江電報、正在接續通遞中、本年開江之狀況、大體亦無異於往年、故客貨船之航行方針亦與往年無甚差異云云、

市土木事項加以徹底協議茲將協議事項分誌如左、一、河川法規運用關係之件二、縣旗土木工事費關係之件三、康德七年度道路愛護團結成準備關係之件、四、培植樹木關係之件、五道路愛護團作業指導關係之件、六、愛路功績者及防水功績者表彰關係之件、七、道路愛護團之分担路線關係之件、八防水組合結成關係之件、九、諸報告書提出之件、十、系其他一般事項云云、

濱省佟事務官

現榮轉總務廳

濱江省公署省長官房事務官佟忠厚氏、自歷任以來、對於一般省政無不刷新、以致省政飛躍發展、此次因政府當局選拔優秀人材担當人事的一切事務故業已發表、調任該氏為總務廳人事處人事科事務官、佟氏現正忙辦理交接

計、現經濱江省公署當局銓衡結果、決拔選張財務科長轉任庶務科長、至于遺缺財務科長一席、省方現正慎重選拔人材中、不久即可發表云云、

紙類飢饉

愈演愈烈

【安東】市內紙類之飢饉、近來愈是熾烈、不但死人用之燒紙缺貨即印刷紙及包物用報紙等同樣愈顯稀少、結果行情趨其高度頗令人驚異、各種紙類有三四成之增價其他燒紙及報紙亦見昂貴、賣予販賣者、又弄一牟利之機會云、

迎新送舊官

民歡宴一堂

【法庫】為歡迎地政科全體職員、農事合作社鈴木理事、李財務科長之履新、並恭送專賣局王率六局長之榮轉、於月之二十日、假長發飯店、開催迎送宴、主方為縣長及各科長股長、各機關長、各會社長、各學校長、新聞記者、地方士紳、官民七十餘人、歡宴一堂、協和一體、精神十足顯現、堪稱盛會云、

電報局長履新

【北鎮】縣電報電話局長張耀志氏、奉令轉勤桓仁縣、等情業誌前報、遺缺又由奉天管理局、委派劉殿俊氏接充、已於日前抵北鎮履新云、

濱江特刊
第三〇五號
盛京時報北滿總支社
社址　哈爾濱道裡
地段街一號
電話四三四六番

姦夫淫婦通姦
本夫發見暴打
姦夫呂子和見事不佳乘機潛逃

醜劇

道外中馬路、大興米廠後院、大米棉花工廠執事人呂子和年三十四歲、關裡人、素性荒蕩不羈、因該棉花工廠僱傭多數婦女整理棉花、內中有一李姓少婦、住於濱江站附近、裝束入時、姿容秀麗、致被呂某垂涎三尺、不時以金錢物質引誘、不料日久天長、果墮共呂某張佈姦淫圈、套中矣、因通得熱、毫無顧及、於各旅館中不時發現其二人足跡、近來當局檢舉旅館嚴厲關係、所以姦夫淫婦不敢赴各旅館幽會、因此不時在該棉花工廠倉庫中幽會、於數日前該一對狗男女又赴倉庫棉花堆後通姦之際、一時不愼即將棉花堆撞倒、將一對裸体男女壓於棉花堆下、幸被看倉庫工人某發覺、將共救出、所以醜聞四揚惹得滿城風雨、不料呂李通姦被棉花壓倒醜風傳於淫婦本夫之李耳中、頗爲不滿其妻執外行動、並禁止其妻往棉花工廠工作外、並嚴重監視其妻行動、詎知呂某於日前、乘李某外出之際、赴李家與該少婦正在卿卿我我之時、李某由外歸家發見、不免醋火沖冠、將其妻暴打、呂某見事不佳乘機潛逃、然于將來演到何種地步容訪再誌云云、

道外發生驚人大火
延燒商店住戶一二百餘家
損失數目頗鉅調查起火原因中

消防警察署及正陽警察署復趕到現場、搜救的搜救彈壓的彈壓、開始了救火工作、水源不足是最抱歉的消防署水車趕到之際、因爲消火栓內的水不充足的關係、所以風藉火勢、火藉風威、一剎那的工夫火勢已經燎原了、及到三時頃水才漸漸充足、當大火延燒到民宅的時候、各住戶的老婆孩子們呼喊的聲音不絕於耳、物品搬於街頭秩序大亂、幸經警察與義勇奉公隊努力彈壓、維持秩序、商民人等向外搬運東西者、在黑煙繚繞中來來往往、有如螞蟻一樣一時被褥什物堆滿街頭、狀極狼狽、

損失狀況由於消火栓中水源的不足、兼之風勢又大所以由南十六道街直往東北延燒下去至十九道街武聖廟前部、當局發生如此大火、在現場當將老王家豆腐房、執事人王樹棠逮捕無如王某堅不承認、火係從豆腐房發出來的、所以責任當局、頃正在嚴重調查眞像中、當大火將老王家豆腐房、及寶盛東火鋸工廠燃燒完了之後、火趁風勢即竄入鄰近民宅房上總計燒去商店住戶約達一百戶、除老王家豆腐房及寶盛東受重大損失之外、餘則爲市立第二淸理業所員、該所馬棚以及工人宿舍之全部、完全盡化爲灰燼、同時並燒死馬一匹、所幸事務室並未燒去、十八九道街的總源皮工廠所有一切亦掃數被火燒完了

火災當時　在火災發火的當時、哈爾濱警察廳片廳長及警察廳保安科閣科長、正陽警察署劉署長、均親至發火現場、指導一切、直至午前六時頃、火勢漸熄的時候始歸

派專員貸倉穀

【西安】西安縣當局以刻屆春耕正農播種之時其最要者厥爲食糧、前者請准省當局將義倉積穀貸與小佃農以資接濟民食、於月十三日起派縣署人員張景武、郭鳳舉、往二區遼河源各村偕同各村長貸放倉穀、每人五斗爲限云

皇軍遺骨着哈
官民多數奉迎

自從上月十二日、道外頭道街發生大火把些商店住民人等命燒得片瓦無存雞飛狗跳牆、不料於本月五日道裡新城東八道街、又發生了同樣的大火警、照理來說前後有了兩次的大大的教訓市民們、對於火事上早宜加意防範以免再發生不幸、詎意在這短暫的期間中、新城東八道街的火災的損失詳細數目還沒有調查完了的當兒、道裡砲隊街一百十五號院內信隆洋行倉庫於隔昨十日午後三時頃、又發生了很大的一起火警、詳情見另條在火勢尚未完全撲滅的時候、於昨十一日午前一時四十分頃、道外南十六道街門牌一號又發生了一起大火警、燒去商號與住戶約達二百家之多、茲將其詳情誌之於左、

起火原因道外南十六道街門牌一號院內、有老王家豆腐房北隔壁爲寶盛東火鍋工廠、於昨十一日午前一時四十分老王家豆腐房執事人王樹業、同院住戶徐某外出小便之際、忽然看見老王家豆腐房後身發出強烈的火苗、同時在寶盛東火鍋工廠的木架上也發出了火苗徐某見狀之下未及小便、即跑同家中報告寶盛東火鍋工廠及老王家豆腐房、該院住戶人等聞發生火警均由黑甜鄉中驚醒、爭相向外搬運東西當斯時南市場派出所已知該處發生火警、當即電知

十二日搭乘列車向祖國凱旋

負北滿第一線上治安工作之友邦皇軍、曾樹立幾多功勳、不幸戰病歿的皇軍遺骨、○○柱、已於本月十一日午前六時二十三分、午後二時十分、由濱綏濱北各線 分別到 達哈市、全市官民多數赴站奉迎、當夜於道裡商工公會置祭壇舉行壯 烈通夜 式典、除英靈遺族外、在哈所有日本皇軍各部隊長、特務機關長、海軍側、憲兵隊、總領事、以及省長趙市長、在鄉軍人會代表、國防婦人會代表、協和會代表、商工公會、各區代表、各 新聞 社等代表、一致焚香致祭、於十二日午前八時、通夜式完了預定十二日午前九時四十五分由全市官民赴站奉送裡、搭乘京濱線列車向祖國途中無言凱旋云云、

德軍攻擊比荷

駐哈德領發表談話

詳述德軍絕非侵害荷比領土野心

當此西 歐戰亂 激烈之際、交戰範圍益愈擴大聲中、現在德意志軍正進攻荷蘭、比利時、盧森堡三國、因今次德意志軍進軍比荷盧等三國渦中、而駐哈德國領事館賈林駁領事談話如左特於昨日對記者發表德國領事館當局之談話如左德國爲保持荷蘭、比利時 盧森堡三 國之中立、昨日（十日）曾由德國政府同 時發出 二次聲明、第一次聲明、係對荷蘭、比利時兩國、第二次聲明、係對盧森堡一國、關於第 一聲明之 內容如左、德國政府、事先已知英法兩國、擬將西歐、戰火擴大、例如英國破損挪威之中立、並宣傳謂德國擬進軍巴爾幹等情事、均非事實、乃爲轉變世人之目標、其實在目的、擬經比荷兩國直攻德重工業地羅爾區在從前德國曾承認荷比兩國之中立、在事實上、荷比兩國、亦確能保守中立詎知荷比兩國、竟違此背約、雖表面上保守中立而與事實不符、實則非守中立暗聯英法、據德政府內務部、於本年三月間所得之情報、並前衛總司令部所得之情報、迄至本月四日、已完全証明比荷兩國未能保守中立、確與英法有密切之連絡、茲據德國政府詳細考查有下列各點、一、荷蘭報紙對德之態度、自歐戰開始以來、始終取反戰之態度、二、比荷兩國政治家、主張與英法兩國提携、荷蘭政府高 級官吏與 參謀本部、多方設法援助英國秘密查之活動、三、荷蘭國軍部、對於該國之中立、根本反對、故荷比兩國祇在隣接德國之國境、充實軍備乃國防設施、四、德國政府曾對比國政府警告於守中立時對於英法國境亦應嚴 加防備、比 國政府、雖已口頭承認、但終未實現、五、英國飛機、時常侵入荷領上空、而荷政府、並未對英 提出抗議、表示默認之態度、對此英機非法飛越荷領上空事件、德政府已對荷政府通牒一百廿七次、而荷政府並無任何反響、始終認受、六、去年九月中、比荷兩國軍 當局、在 德比荷、法比國境、設立軍備但本年度關與英法合作關係、已將所有軍備完全移至與德 國毗連之 國境、七、在荷比兩國軍、至德國國境時、德國並無任何準備、以後始漸次派軍防備、八、德國政府已判明英法兩國、已早有擬經比荷兩國進軍攻擊德國之計劃現在已在準備進行中、英國軍官、曾在荷比兩國視察飛機場、並實行建設改良等計劃、此外並將在比國境所有障礙物完全撤除、以圖與德作戰之便利、英法兩國前鋒軍、亦在法比兩國、作進軍準備中德國政府基於上述各點之証明、確知比荷兩國、已非保守中立、其所行者均屬有利於英法兩國進軍者、即於英法荷比參謀本部會議時、亦以有利於英法進軍爲目的、據傳荷比兩國、因被英法所迫而出於不得 已者、此非 確實之理由而實欲使德陷於敗戰之地步、德國政府爲此次被英法兩國所迫、而爲成存亡之戰爭、絕對不能坐視此荷比兩國之反奸計而出以相 當之 對策、因此、乃下實行進軍荷比、以始終保持二國之中立、德軍絕非荷比人民之敵、德國對此進軍之辦法、實爲出不得已者、故其責任不在德國、而在英法比荷四國政府處理之不當、德國絕無占據兩國領土並侵害其主權之野心、云云、

（第三種郵便物認可）　　康德七年五月二十四日　　盛京時

濱江特刊

第三〇六號

盛京時報北滿總支社
社址　哈爾濱道裡地段街一號
電話四三四六番

韋省長榮陞外務長官
遺缺由于總監繼任
韋省長對本報記者發表談話

濱江省長韋煥章氏、自康德五年二月十日到任以來、政績斐然、口碑載道、迄至現在已二載於茲、作際今次大臣省長級人事異動、於十六日奉到中央榮轉外務局長官命令、後繼省長、則由首都警察總監于鏡濤氏轉任、昨十七日正午十二時、韋氏接見本報記者、發表談話如左、

本人自康德五年二月十日到任以來、頗蒙各方之指導與援助、得無隕越、不勝感謝之至、於十六日晚間、奉到中央命令、本人調轉外務局長官、以任艱責重、不勝惶恐之至、但今後惟有努力所司、以不負中央拔擢之厚意、在公私各方面、仍希各方指導援助、至於此次調任外務局長官赴任之期、頃正在與中央方面聯絡中云、

韋長官略歷

氏原籍奉天省遼陽縣、本年四十七歲、歷任奉天省教育科長、奉天省教育籌備處長、奉天省教育廳長、奉天省體育協會理事長、協和會奉天省事務局長、濱江省長、於康德五年七月四日、被命為訪歐經濟使節團團員、今次中央地方重要人事異動、特任為外務局長官云、

罹火災之貧民
市署救濟生活

近來市內發生驚人大火警數起、罹災市民大有人在、惟五月十日午前二時許、道外太古十六道街發生火警、延燒至二十道街焚燬數百間之空前大火警之慘案、罹災貧民不下百餘名、市公署社會科、為救濟罹災貧民起見、日前特派員調查、以便從事救濟、並將罹災後無地可住居之難民故臨時收容於武聖廟內、現經其調查其貧苦必須救濟者、共計為七十二名、其中女子二十五名、男子二十六名、男女孩童二十一名、自五月十七日起、已完全由市公署將其安置於武聖廟附近之劉家店內、每人每日發給食費三角、宿費一角、救濟費按彼等之生活能力、尚可勉強支持、所最困難者、則為住宅問題、現在市公署當局、已令彼等急速尋覓房屋、惟當此住宅缺乏時期、覓房極為困難、故彼等難民無不憂慮不堪云云、

聖域奉仕歸來

【公主嶺】協和會懷德縣本部、為參加新京南嶺之聖域宮廷府御造營勤勞奉仕、縣本部於奉令後當即抽選體力健壯而能了解奉仕意義之青年王修平等十名、前往參加、茲者於二十一日使命完了、當於本日（二十二）即整隊歸來、覆命於縣本部、並由該部舉行極鄭重之解散式典云、

市聯協議提案現經整理完備

各種議案共為四十四件

協和會哈爾濱市本部、為促進民衆生活之安定、並協和工作之徹底化、故定於六月三日至六日止、亘四日間、召開本年度哈爾濱市聯合協議會、為審理各分會所提出之議案、特行組成審理委員會、於日午下午二時許、在南崗由衛國防會館、召集各關係機關代表及協和會幹部等出席之下、對於各協和分會提出議案、加以詳細討論後、將七十餘件之提議案、整理結果、合併為四十四件、茲將各種提議案題目、分別誌錄如下

△協和會關係者六件、

一、關於聯合協議會刷新強化、（金剛分會日滿製粉）

二、各地區協和分會至急正式結成要望馬家溝區

三、協和會市本部總會新築要望（馬家溝區）

四、達情事項調停法制定（金剛）

五、上意下達徹底（大同酒精）

[illegible]

△行政關係十六件

一、家屋番號統一並門標明確化（郵政管理局日滿商事）

二、市立圖書館擴充（省公署）

三、郵政局設置要望（顧鄉區）

四、學校增設並整備（西傅家區）士紳、馬家溝區、郵局管理局、太平區松浦區、航務局各分會

五、在滿鮮系教育機關整備擴充（金剛）

六、營運用自動車費用距離數廢化（航務局）

七、公園接收並改修（東傅家區）（香坊區）

八、住宅難緩和要望（郵政管理局、新陽、大同酒精、士紳）

九、徹底實施鴉片麻藥斷禁政策（金剛）

十、留置場待遇改善（士紳）

十一、死亡埋葬證改善（新陽區）

十二、關於人材登用（金剛）

十三、[illegible]市民

十四、在華滿洲國民之國籍明定並保護（外務局）

十五、諸官調查統計資料統一（日滿製粉）

十六、義和同興兩磚窯之東西半拉城子土地奪取並一住民追放民家拆毀希圓滑處理要望（顧鄉區）

△經濟關係八件

一、主要糧穀配給圓滑要望（日滿製粉）

二、糙米價格關係之件（金剛）

三、生活必需品價格配給圓滑及配給機構合理化（士紳大同酒精顧鄉區埠頭區回教新陽顧鄉香坊馬家溝太平松浦各分會）

四、公定價格之適性化並實施澈底之件（滿洲計器大同酒精回教金剛新陽航務局各分會）

五、精米業者措置要望（金剛分會）

六、米穀管理法中一部延期實施（金剛分會）

農產物增產七望要（士紳）

八、勞働賃銀抑正之件（大同酒精）

一、燃料瓦斯供給之件（郵政管理局）

二、公設市場新設關係（專賣署）

三、機器井增設要望（士紳西傅家區）

四、公衆衛生思想普及（大同酒精士紳東傅家松浦西傅家香坊新陽回教鐵警）

五、綠化普及關係之件（東傅家區）

△交通關係六件

一、市內交通難緩和之件（省公署大同酒精士紳鐵警回教專賣署顧鄉區新陽區各分會）

二、鐵道關係各種改善（滿洲計器鐵警航務局郵政管理局西傅家區）

三、松花江水面之危險預防要望關係機關熱慮要望之件（鐵警分會）

四、增設公衆電話（大同酒精）

五、國道橋樑延修（顧鄉區）

六、道路增修關係事項（新陽區）

△其他關係之件

一、各種會合之統制（鐵警分會）

二、金融機關窗口事務敏捷處理要望（金融分會）

三、日本移民團之嚴量取締關係事項（士紳分會）

以上合計協和會六件行政十六件民生五件經濟八件交通六件其他三件共四

濱江特刊

第三〇七號

盛京時報北滿總支社
社址　哈爾濱道裡地段街一號
電話四三四六番

本年度量衡器整備集合檢查

檢查日程及場所規定完了

哈爾濱市公署、爲謀度量衡之整備劃一起見、特定於六月五日起至七月十二日止、亘五週間在全市實施康德七年度哈爾濱市度量衡器集合檢查、在此期間、凡商民所有之度量衡器、須一律提出檢查將舊器一律廢用、新制度量衡器、如有破損不準者、亦須一律修理、關於檢查之日期及場所已經決定同時並已由各區事務所通知全市商號按期提出檢查否則一律按法處辦茲將檢查之日期及場所誌左、

△六月五日、在松浦區事務所內檢查松浦全區管內者、

△六、七、三日間在道外南馬路裕昌源製粉廠、檢查承德街新站街保障街保定街東安街許公路各分區管內者、

△十一、十二、十三、十四、十五、之五日間、在正陽六道街三江圖書館檢查吳興街慶興街同發街昇平街北七道街永安街純化街江沿街南街勤太平稱各分區管內者、

◎十七、十八、十九、廿、廿一、之五日間在北十四道街成泰益製粉廠內檢查東原街北新街倚樸街進德街北十六道街仁里街太古街崇檢街南市場亘興街實興街武聖街各分區管內者、

◎廿二日在顧鄉屯窯地上坎慈善會內檢查顧鄉區全區內者、

◎廿四五六之三日間在新安埠安德街前商務會舊址檢查新陽區全區管內者

◎廿七八九之三日間、在南崗義州街南崗區事務所檢查南崗區全區管內者

◎七月一日二日三日之三日間在馬家溝國課術分區事務所檢查馬家溝全區管內者、

◎四、五、兩日在香坊道德會內檢查香坊區全區管內者

◎六日在三棵樹復興街太平區事務所內檢查太平區全區管內者、

◎八、九、十、十一十二之五日間在道裡商工公會檢查埠頭區全區管內者

天市等地、視察各地綠化衛生、市內外交通、神社資源館、忠靈塔、圖書館博物館、農事試驗場種馬場、社會事業、農事、產業、街村行政、及著名名勝地、如大連星個浦、奉天北陵等地、及主要事項不及備述、想我邑街村行政早着卓績、似此不遺餘力的導引、改善、將來更有蒸蒸日上、完成盡善盡美之概、當局苦衷誠堪景頌云云

加藤氏轉榮

【鎮東】本縣興農合作社書記、加藤氏、自任職以來、對於公務異常勤勞早蒙上峯嘉許、於昨乃奉令調氏爲新京興農還聯合會勤務、該員於奉命、即準備一切、聞氏定於五月三十日擬束裝前往、本日午後由本社同寅以及一般知好友人、假縣旗興國飯店、與該氏開盛大餞別宴會、以資措別云、

秫稭垛被焚

【閻通】縣五月廿八日午前十一時、東南街郭副街長院內、秫稭垛忽遭回祿火光沖天、幸畢警務科長聞訊督飭馬警察署長、統率警官全体及消防隊長玉東坡等、奮勇忘身、將火撲滅、並未殃燒房屋、誠哉諸長官素日訓練有方殊堪欽佩云、

四角桃色新聞

坤令戀愛武生
自謂便宜本行

某湅嫐少武行將來能否演成醋海武
東乘瀧坤伶劇、容訪再誌云云、
神魂顛倒出
濱道外中央

竊盜破案迅速

失照聲明

領名	坐落	四至 東	西	南	北至	等則	畝數	地照種類	原丈繩號
吳占鳳			道	孫占一	吳占祿		六八、七〇		五六二三
		支永	吳占祿	道	本姓	上則	二、七四		五六二四
		賀清廉	王江	吳鈞璧	道	城則	一三、三〇		五六二六
鐵春祿		李連玉	李連玉	道	道	次城	二五、〇〇		五七二七
		道		道		城則	五、九〇		五七三九
		吳占鳳	吳占鳳	李連玉	朱玉林	次城	四〇、〇〇		五七四〇
陳鴻恩		陳洪生	道	河	道		三〇、〇〇		五九三一
		陳景山	陳洪儒				五一、九七		五九三二
			陳洪山	楊春才	邢中林		三三、三五		五九三三
		陳景林		陳鴻恩	董洛大		二六、〇〇		五九三四
		陳洪儒	道	道	道		八、三三		五九三五
		陳洪山		陳洪儒			三五、〇〇		五九三六
		朱國玉	邢中林	公發成	楊連貴		二五、三四		五九三七
		徐英	陳洪山	徐連三	道		九六、九七		五九三八
		道	陳洪儒	道	陳洪山		六、六六		五九三九
	海洲窩堡	公發成	公發彦	公發成	馮連仲		一〇、八〇		八一八四
四合堂	太平街	陳洪儒			河		二七、六六		五九四一
張會元	袁家窩堡	王德	馮喜亭	牧養	閻福	城則	八、七二		五八四三
曲明		張萬祥	道	道	道	上則	三、七二		五八四四
		姜貴金	周作林	田金	張萬祥	次城	三三、六六		五八四五
		姜文祥	姜子陽	道	道		二三、〇〇		五八四六
		田金	姜貴銀	本姓	山		四六、六六		五八四七
		姜貴金	姜貴秀	王德	道	城則	二一、二二		五八四八
		高鈞	姜貴榮	道	王德	次城	一三、三三		五八四九
		張萬興	道	張萬祿	姜文祥		二五、三三		五八五〇
		齊振	姜文祥	姜文祥	鄒鳳鳴		四四、六六		五八五一
		張萬興		牧養	道	城則	六、四二		五八五二
			馮廣德	田洪學		次城	二四、〇〇		五八五三
		馮廣德	牧養	姜子陽			五三、〇〇		五八五四
		高鈞	田金	道			二一、三三		五八五五
		張萬鐘	吳占鳳	張萬興	高鈞		一九、〇八		五八五六
		楊萬祿	楊萬祥	彭萬里	道		五、四一		五八五七
		道	顧德	顧德			五、六七		五八五八
		張萬興	姜貴州	姜姓	李姓		二〇、〇〇		五八五九
姜貴金		姜貴英	姜貴銀	胡安邦	姜子陽		三五、六六		五八〇四
董福臣		張文	姜貴州	劉姓	胡姓		三三、三三		五五九七
姜文祥		姜姓	本主	高鈞	道		一〇〇、〇〇		五五八六
田綱	公河來	蔣純好	水塘	佟佐堂	蔣純好		二七、五〇		二六七六
		道			陳奎	城則	一三、〇〇		二六五八
孫廷永	七家子	馮希武	道	田綱	馮希武		四〇、六二		三六三五
孫廷舉		道		劉春發			四四、六八		三六四五
				馮希武	蕭鳳岐		三八、〇五		三六四七
蕭鳳儀		郝廷富	道	孫張氏	郝山		一八、〇〇		三五五四
		陸山	李起才	劉振江			五七、六二		三六六八
蕭鳳岐		郝山	郝廷富	張文才	道		一六、〇〇		三五六五
		溝	道	蕭鳳儀	馮希武		二四、八七		三五五五

青年訓練生舉行查閱式

協和會哈爾濱市青年訓練所第十期生徒、自入所訓練以來、成績特别優良、故於上月末在該所由協和會哈爾濱地區本部半田部長及中宮青少年科長以下各關係部員並第四軍管區將校、濱江省市兩公署以及各關係者多數出席參加之下、舉行査閱式、於正午始査閱終了云、

松花江畔老翁自殺 原因不明由官掩埋

【吉林】俗語稱每年江中之屈死鬼、必在開江之後、抓替生後好再生、這不過是一句風俗話而已、松花江畔、每年之投江自殺、或因江中浴者死的、每年上下游總有百名以上之數、如漲大水時、更不知若干、沿江之住民、對於小兒及行動、亦不可不時時防範、江水之殺身於昨日下午吉林市臨江門內官碼頭處下坎、有五十餘歲之老翁一名、徘徊江邊乘人不備投入水中、及船人看之、已與波浪爲伍、至二十餘分鐘後、將其撈上、已斃命矣、檢査其身無有財物、衣服破舊、測其自殺之原因、大概爲窮困所致、當由該警察派出所報告、派由衛生隊掩埋云、

職員訓練終了 赴關東州見學

【新民】對各街村職員訓練、已誌前報、茲以訓練終了、該行政科街村股長、爲促進街村行政、一致向上、而與友邦、並駕齊美計、經該科討論結果、於月之二十日、由街村股長、田幸安雄氏、率引全員、赴關東州各地、實行行政見學、善政良策足徵該科對諸般行政、努力改善之概、茲將見學一般組織、及行事誌下、（組織）團長、田幸安雄氏、（街村股長）副團長兼通譯吳金才氏、（行政科屬官）團員、崔士林等以下四六名、（見學行事）一、見學地點、金州、熊岳、大連、旅順、奉天市、二、期日、五月二十日、由新民出發、至二十五日歸着、（六日間）三、見學目的、爲視察關東州各地村政、産業、文化等事以資借鏡；同時以啓發街村職員素質之向上、而使我邑街村行政之完成、四見學事項、1街村行政制度、及其運用狀況、2産業、經濟之狀況、3農業、經濟、土地利用、及農家勤勞狀況、4、教育、衛生、社會施設、及文化交通狀況、5、見學日程由五月二十一日起、至五月二十五日止、依次由大連、旅順、金州熊岳、奉

經濟統制委會 組織分科處理

【本溪】市內經濟統制委員會、分爲物價物質委員會、及勞務委員會、物質委員會、第一分科會、糧穀、重要特産物、小麥粉蔴袋、第二分科會、纖維工業品、同原料、第三分科會、鐵鋼類、非鐵金屬輕金屬、石炭、洋灰、木材、第四分科會、毛皮、皮革、第五分科會、生活必需品、第六分科會、住宅、第七分科會、輸送、勞務委員會、第八分科會勞務云、

大舞台曾一度大紅大紫坤伶之李淑艷、於本年三月間即來哈在該舞台演技、迄今已有三個月間、因其嗓音宏亮、表情態度之活潑、頗得一般觀衆之好評惟其中不美者、因該伶淫蕩過度、抱人皆可夫之主義、近竟與同園武生高稚湧、周少樓、張海濤等武生發生熱度達到沸點的四角戀愛、以致不時惹起醋海波瀾、自醜聲傳出後、一傳十、十傳百、故惹得滿城風雨、因此觀衆多有裹足不前、而登徒子弟趨之若鶩、李坤伶實有應接不暇之勢、茲有道外六道街某澡塘少東郭×章、被李坤伶之迷惑神魂顚倒、如瘋神病狂、曾學毛遂自薦、甘願與李坤伶做各種行頭、李坤伶因其不堪纏綿當即拒絕與其交往、而李坤伶並謂便宜不過本行其意係不交接外行但郭某雖屢次遭其拒絕而進攻力依然倍加結果四角戀愛之

載警尉之殊勳

【本溪】市內湖春里區雲華書館、掌班鄭明玉宿舍、於日前夤夜被賊竊去協和服一套、皮鞋一双、金手錶五個、表五塊、眼鏡一架、現金四百七十餘元、事後發覺報告北山警察官吏派出所、該所主任警尉吳國棟氏、斷定竊散一定遠颺、決不能逗遛市內、當即以電話連絡縣外各警察署、首由連山關警察署獲着線索、賊佈警網跟踪追緝、結果犯人發現於橋頭地方、橋頭警察署司法主任、警尉臧金城氏爲辦要案之熟手、最有緝捕能力、當即以電話連絡南坟警官分所、用迅雷不及掩耳之手段、將竊賊捕獲送署、訊據該犯供稱、名喚應鴻莊、當年二十五歲、又名應毆双、及搜査身上、全部贓物未失、惟現金四百七十多元、只有百九十餘元、因該犯贓証俱在、當即具文送交本溪湖檢察廳法辦云

圖書員講習

【西安】西安縣立圖書館民衆教育館主任史文風、本西安縣公署令、往奉天滿系圖書館員講習會講習、所講習科目、爲社會教育、民衆教育、民衆問字問事等事項、史主任講習回縣、對於以上事項、李縣當局令積極改善進行云、

康平縣公署公告

馮希武　馬洪　王景春　李福同　李建雲　李福春　李福田　李福才　呂景福　李福　王魁　于春祥　于春旺　李廣福　楊萬祿　張玉金　魏振魁　郭寶　鄭鳳榮　鄭鳳池　鄭福廷　鄭鳳彩　玉　鄭連亭　鄭連廷　張學廣　朱永貴　李綱　邢殿魁　張振鐸　李成彬

田家窩堡　田家油房　柳官印子　田家油房　遼陽窩堡　齊相窩堡　劉煥窩堡　哈拉海甸子　蛤螞山　郭家坨子　長溝子　郭家坨子　孔家窩堡　興隆窪　王全窩堡

李德新　陸山　賈福海　王信林　道　楊遼興　劉鳳翔　李生　于春祥　楊萬祿　楊九成　李生　道　劉德金　劉鳳才　木主　袁殿清　張喜春　姜貴英　本主　王俊榮　韓義　謝振芳　韓義　張萬興　陳寬　李芳　郭萬珍　曹振海　李萬良　道　李財　張連鳳　李元貴　李茂祥　本名

海貴福　道　張道鳳　道　紀殿魁　趙有　劉振　于春旺　于春祥　王永昌　楊九成　張榮　王連生　張景榮　黃金玉　同聚堂　劉鳳閣　劉春山　田永貴　同聚堂　郭寶　王德有　鄭鳳鳴　李文隆　楊萬祿　李平　李洪芳　張洪賓　趙萬金　曹玉庫　道　張連俊　張振濟　藍信　李常山

道　馮希全　李會英　呂景福　道　玉景春　馮希武　道　李福田　馬洪　李懷晉　張起鐸　張道云　道　張文　本主　劉鳳翔　楊萬祿　楊九成　劉鳳翔　楊萬祿　楊九成　李鳳閣　趙文合　楊萬祿　道　張萬興　張儉　黃萬有　齊福　劉永貴　劉振　董萬有　趙田　道　鄭鳳鳴　鄭鳳榮　楊萬祿　陳寬　李芳　張文河　朱永貴　李福同　道　曲尚福　張振福　劉生　河

本姓　蕭鳳儀　李會英　呂景福　李建云　本主　馮希文　道　李福田　王景春　田永德　侯廣福　道　劉振江　楊子榮　劉鳳翔　本主　楊大成　楊九成　劉順合　張殿臣　劉景會　劉德金　劉家店　本主　王明耀　張喜春　鄭河　王俊貴　劉春山　鄭福廷　謝會芳　李文隆　鄭鳳閣　鄭廣學　李芳　陳榮　金隆　邵文殿　栗俊　張振福　道　本名　蒙界　周勝保

次城　城則　次城　上則　次城　上則　次城　城則　次城　城則　次城

孝字　梯字

右列遵照因貸借前東三省官銀號駐康平分號農商貸款作抵押品於事變時被該號人員帶走除呈請補發新照外特此登報聲明

康平縣公署公告

濱江特刊
第三〇八號
盛京時報北滿總支社
社址 哈爾濱道裡地段街一號
電話四三四六番

爲日滿軍團結鞏固
開懇親會盛大舉行

哈爾濱駐屯地司令部、基於日滿一德一心之眞正精神、在此時局重大性、爲促進日滿兩軍防衛陣容之鞏固並團結力之充實起見、特與第四軍管區司令部兩當局共同主辦之下、於六月二日下午一時許、在哈爾濱南崗滿鐵厚生會館內、舉行日滿軍將校懇親會、共開會次序如左、

一、一同入席

二、開會詞（委員長）

三、主辦者致詞（駐屯地司令官第四軍管區司令官）

四、來賓祝詞

五、懇親

1、武技

2、競技

3、宴會

六、日滿兩帝國軍萬歲三呼

七、閉會

大腹賈歛得不義財

當此非常時局下、物資缺乏之際以致生活必需品時感配給不足、而對于紙煙一項、除各代理商可照公定價購買壹小盒、然杯分之二、其餘者大都高價私售於小販、如此輾轉獲利則吸者不出高價不能購買到手、奸商之鬼域伎倆情實可惡、

挾妓狂嫖爭風喫醋
惹得穢聲四揚名譽掃地

春樓妓女名玲玲者、二人一見傾心、即結不解之緣、卿卿我我已非一日、該院有妓女名翠翠之者、見呂某囊有多金、揮霍無度、時對呂某眉目傳情、冀其對已垂青、呂某更係貪色之徒、得隴望蜀、近日又與翠翠双宿双飛、日昨又到翠翠處住宿、而玲玲醋火如焚奔至翠翠房中大吵不休双方勢將用武機聲四揚呂某一見不佳抱頭鼠竄矣日後如何容訪再誌

道外又發生大火警
十數家商戶全被焚
延燒六小時損失約達十數萬圓

自本年三月初旬迄至現在、市內所發生駭人聽聞之大火警接連不斷、已達次矣二十餘、一般市民無不戰慄、其迭次發生火警之原因、確因水源不足、撲救特別困難、以致造成驚人重大損失、不料於日前下午三時許、道外中七道街與順棧、突然發生火警、當時因風勢豪大、風消防隊竭方撲救、亦不濟於事、側聞損失數目已有十數萬元、至于起火原因當局正在調查中云云、

防衛展覽會
六月一日舉開

北滿防衛展覽會、定於六月一日起至五日止、在道裡登喜和百貨店四階樓上舉行、所展覽者、爲爆

面常縣長、預定六月八日赴任、當城官紳以及各機關之重要人士擇定本月七日假宏升樓及東方飯店設一聯合宴一以歡送常縣長一以歡迎張縣長加入人數約在二百餘名想屆時必有一番盛況云、

青草池塘處處蛙

【錦西】今春亢旱、到處村民、多有祈雨者、近來時雨已降、未及土乾昨日又降甘霖、縣街入夜但聞四外蛙鳴、震人耳鼓恆與火車聲相互應、可謂青草池塘處處蛙矣、

建國運動會
定十五日舉行

【通化】本垣協和會通化縣本部、爲發揚建國精神、慶祝友邦紀元二千六百年、特舉行建國運動大會、日前開催打合會、已誌本報、現經關係方面籌備就緒、會期定於六月十五日、在通日滿官民、皆贈送獎品、以鼓勵青年體育之向上、屆時定有一番盛況云、

遼漲河水三尺
帆船載貨暢行

【台安】境內之遼河、因春季無雨、河水甚淺、空船航行、尚有隔淺之處、若載貨重船、更不能行、多在河內停臥、等情已誌本報、茲因五月下旬、不但台境、接連降雨、想遼河上源一帶、亦必降有大

水車薪、供不夜求、時常紙煙缺乏無處購買、此外欲到小販之手購買則非高價不肯出售、甚至上等品有照公定價增加一倍者、其困難之情況可見一斑矣、究其漲價之主要原因實係一般奸商從中操縱、居奇壟斷、照公定價領到之煙、而吸者只能得到十祗有道外中馬路華豐煙草公司、總務課長、呂奎一者、見機可圖、從中壟斷、私存大量紙煙、有去年迄今、已獲利壹萬餘元、私囊既飽、則濫賭狂嫖、其財來之不義、則難免荒淫造孽、醜態百出、遺人話柄、日前呂某在道外十六道街圈裡、結識懷助火威火趁風勢、即延燒比隣、計有福順盛木舖、天然大菜館、同順合、和順棚舖、東興昌銅器舖、福盛德、天增東、順祥電料行、市立管煙所、廣和堂藥房、以及住戶等全被焚燬、燒失房屋不下一百數十間、延燒達六小時之久、因水道水量不足、雖擊慘禍等寫眞云云、

迎送新舊縣長

【海城】本縣縣長常守陳、奉令榮轉拜泉縣長遺缺由張國棟氏接充、一則已如前報、茲聞縣公署現得省方來電、新任張縣長、定於六月七日來海、

雨、是以該河水、日見增漲、立水已漲有三尺有餘河內臥高之船、皆得航行無阻、縣城商號、亦得移運來貨、故此次降雨、不但田苗暢茂、而河路運貨尤感便利、一般商農、咸額首稱慶云、

防止猪虎列拉發生

組成二班預防注射

由市警兩獸醫股興農社等處

哈爾濱市警兩獸醫股並興農合作社等當局、鑑於本年春初時、於哈爾濱市近郊各農村、曾一度發生猪虎列拉傳染病、其後漸次蔓延於香坊、太平橋、松浦顧等區內、查其猪虎列拉發生之原因、係飼養者之不注意、以致有多數猪之死亡耶、爲此徹底捕防其蔓延起見、對於所屬減疫人員編成市內、農村二班共分爲四班、對全市所飼之三萬三千餘口猪、實施預防注射、市內注射班、由六月十日起至二十六日止、農村班由五月二十八日起至七月十六日止亘五十日間實行猪虎列拉預防注射云云、

日滿華電報滙兌

六月一日開始辦理

市內指定爲景陽街香坊兩郵局

【哈爾濱】郵政管理局爲謀五十萬市民對于郵政滙兌之便利起見、預定於來月壹日起於左記郵局內增設國內及滿日華電滙及電報轉賬事務、計本市爲香坊景陽街兩郵局、濱江省內爲呼蘭、巴彥、賓州、安達、滿溝、帽兒山、珠河、延壽牙不力、葦河、等郵局、龍江省爲富拉爾基郵局、北安省爲龍門郵局云、

火柴配給良好

【青岡】街公所當局、爲物質配給圓滑、特通飭市內各區牌民戶持戶口簿、均一律赴代賣商、領取火柴一包、公價每包一角五分、商民聞訊、無不精神倍增、踴躍領購、尚無不滿遺憾云、

協和會地本部

規定六月中行事

協和會哈爾濱地區本部、爲促進協和工作之徹底、對於本年六月中各般行事經[illegible]協議之結果、決定事項採錄如左、

一日、興亞奉公日、勤勞奉公隊歡迎送、義勇奉公隊一般訓練、北滿防衛展覽會開始至七日、

二日、勤勞奉公隊迎送

四日、青訓生募集、埠頭區市聯合協議會開會、

五日、同前東傳家區、

六日、同前西傳家區奉公隊幹部教育、市聯合協議會閉會、

七日、防衛展覽會閉幕、組織訓友會、

八、舉辦體操音樂之夕、舉開勤勞奉仕派遣代表懇談會、

九日、興亞建國大運動會、勤勞奉公代表歡迎送、

十日、端午節、

十一日、哀悼日訓友會懇談會、

十二日、御遺骨御出發、奉公隊一般訓練、青訓生募集開始、至十四日止新陽區、

十三日、勤勞奉公派遣隊出發、顧鄉區募集青年訓練生、

十四日、香坊區募集青訓生、

十七日、奉公隊幹部教育、

十八日、青年團指導建設、委員會幹事協議會、勤勞奉公隊歡迎送、

廿日、奉公隊一般訓練、青訓生入所、

廿一日、勤勞奉公隊歡迎送、西傳家區地區青年團結成準備會編成、

廿二日、同前東傳家區

廿五日、奉公隊幹部敎育、青訓生入所式、

廿七日、協和會濱江省聯合協議會開會、（會期四日間）西傳家區地區青年團結成準備工作、

廿八日、同前東傳家區、

卅日、省聯和協議會閉幕、

濱江特刊

第三〇九號

盛京時報北滿總支社
社址　哈爾濱道裡地段街一號
電話四三四六番

爲使鐵路事業發展
實施徹底綜合監察
宇佐美局長發表監察成績談話

哈爾濱鐵道局長宇佐美氏爲謀發展道路事業、並鐵路事務處理之圓滑起見、會於本年三月七日起舉行管下各鐵路沿線綜合監査、迄至六月五日業已全部監査完了、而宇佐美局長、於五月二十八日偕同隨員門野總務科長、望月營業課長、樋谷輸送課長、片岡自動車課長、佐藤電氣課長、以及關係各系長等由哈出發、赴濱北綏神兩線實施監査、所監査結果成績均極良好、一行監査任務完了、已於六月五日搭乘列車返哈、當日下午一時許、招待在哈日滿記者團、於局長室發表談話如左、本年度之管內綜合監査、自三月七日起實行以來、至今五日止已全部監査完了、然在此期間、實際監査之時日共爲三十八日間、査此項被監査之各處所、共爲四十五處、對驛區、生計所、自警村、醫院、苗圃、均行各別擴密之監査、其所收之成果、均預期以上、實不勝欣慰之至、本年度監査之特徵爲一、局長躬至最微細部分、親自監査二、局長爲監査委員長、課長係長爲監査委員、對保線工區、電氣工區之徵末機關、亦行徹底的監査三、於主要驛、如哈爾濱、德惠、双城、三岔河、安達、五常、綏化、海倫、北安、孫吳、黑河河城等、均召開被監査各所屬從業者懇談會、由局長訓示關於局方施政方針、及指導精神、同時並徵求意見與希望、而此次之監査、對於鐵道五訓及施行目標之勵行主務者管理方針、及對外聯絡情形、施設利用狀態等均加以監査之例云

徹底一掃奸商暴利
召開經濟取締會議
今後經濟警察取締陣容更爲强化

際此非常時局之下、物資缺乏聲中、各穀物價飛漲暴騰、究其原因、不外被一般惡德奸商壟斷囤積私行高抬物價、企圖暴利以致一般民衆主要生活必需品頓受脅威、所以一般民衆莫不叫苦連天、濱江省公署當局、有鑑及此、本諸安定民衆生活之趣旨會與市警各縣旗、規定物價確實安定、特以濱江省警務廳哈爾濱警察廳爲中心、網羅各經濟關係者、設立經濟委員會、已於日前午前九時三十分許、在興農聯合會會議室、召開經濟取締委員會議、當時出席參加者、計有秋吉警廳務長、並保安科關係代表、以及全体委員等均一致出席、關於今後經濟取締事務、曾作徹底之協議於下午一時許、始散會、又定於七日下午一時許、在省長官房會議室、召開滿洲經濟取締地區會議凡各經濟取締關係者均一致出席參加、而今後經濟取締事項更爲强化奸商已觸末路云云、

惡德的奸商萬興隆
配給（市民）麵粉私囤

振興水產
設水族館

濱江省市兩公署、爲發展松花江中之水產事業、會謀設立松花江水族館、以便飼育松花江中各種幼魚、爲討論水族館設立問題、曩會與中央產業關係當局、數度詳細協商現爲更進一步早日促進水族館之設立、於日前由濱江省殖產科、哈爾濱市農政科與中央農務司水產科關係者作徹底之協議結果、現已向中央當局請求設立許可中、待中央當局認可後即可立時實現云云、

市聯閉幕
開始宴會

C—13

前購面粉市民被騙莫不叫罵

處此非常時局下、日常生活必需品、無不感覺缺乏、而對于平民唯一必需之食料、如高粱米、苞米麵等、尚可購到、不感困難、祗有大米白麵等、高貴之食料、則平時確有購買困難之感、近因端午節、已將屆臨、當局爲体恤一般市民無麵過節之苦心、特將大宗麵粉、配給與各代理、俾各商再零售于市民、按每人四滿斤分配、使市民各能購到麵粉、以度佳節、明無遺憾、詎料當局愛護民衆之熱忱、而民衆得到之恩惠者、不足十一、購買不着者、仍居多數、而一般代理奸商則得到大發其財之機會、因當局配給各商之麵粉、令其原數分放、並不許私售暴利、詎知仍有多數奸商陽奉陰違、只將領到之麵少數分放、以掩當局之耳目、其餘之多數、則私賣與小飯館及各商店、每袋售價拾五六元、若無友誼之關係、尚不肯售、奸商暴利之伎倆、可見一斑矣、

茲有道外豐潤五道街萬與隆雜貨商、亦係代理麵粉之配給者、日昨假該號門前聲言分放白麵、因此附近居民、均擁至門前領麵、而該號乃云須持有該號之麵票者、方可照票領麵、無票即無購麵之權力、民衆質問爲何不分麵票、該號云已早將票分完、民衆始知被其欺騙、多在門前糾纏不去、更有叫罵不休者、詎知該號已早將麵票暗分與親友及關係者其餘則高價私售以圖厚利而已、似該奸商希當局應加以取締焉、

張國選熱戀女招待被素梅騙出嫁妝費

双方交涉決裂發生激烈衝突

張國選年四十六歲、吉林省永吉縣人、於數年前來哈、經營商業、當此物價暴騰之機會、頗獲厚利、所以飽暖生淫慾、不堪獨居生活寂寞、不時赴道外三道街桃園酒社飲酒、因此結識該社招待素梅、双方一見傾心、大有恨相見太晚之概、經幾度春風後熱度已達沸點矣、如膠似漆實有寸步難離之勢、不料素梅本係水性楊花的淫蕩貨、又抱金錢主義、見張某揮金如土、毫不疼惜遂僞稱非張不嫁、將張某以米湯灌的糊裡糊塗、眉開眼笑、歡欣非常、以爲素梅眞實的垂青自己、遂由友人撮合結果、双方完全同意、言明先交付妝嫁費用二百元、張某當即將欵悉數交付素梅、以待擇日舉行結婚、豈知素梅現在又與某商號柜業實有結不解緣、欲甩張某、故爨稱對於婚嫁張某其母不滿並特別反對、而張某見素梅突然變心、不免醋火中燒、無名大火三千丈、乃於六月五日下午九時許、赴桃園酒社、找素梅索取前交付之二百元妝嫁費、孰知素梅竟置之不理、致惹張怒、將素梅毆打不休幸經人解勸始告平息、但現在双方仍然進行交涉中至于將來如何解決容訪再誌云云、

品公定價格、並增設經濟警察、專門取締奸商暴利份子、深恐惡德奸商陽奉陰違、倘實行明碼價格標示制度、雖對於物價無微不至之取締、惟一般奸商貪圖厚利不顧民衆生活安定與否、一味暗伸魔手居奇壟斷囤積惜賣等弊不時發生、當局爲謀更進一步對於奸商徹底之取締、物

市聯協議會、已於六日正式開幕矣、爲使各出席代表互相親睦起見、特於六日下午七時許、在道裡宴賓樓飯店、招開歡宴會、當時出席者、計有于省長原田次長、趙市長、平田協和會地區本部長以及會議全體代表等均一致出席、席間賓主聯歡、於九時許始散宴云云、

對於街村職員縣訓自肅自戒

【公主嶺】懷德縣當局、鑑於街村爲下級行政機關、與民接觸最近、凡省縣政令、與夫中央各部企劃施行、莫不賴乎街村爲之執行處理、其事務繁重、自不待言、而各街村職員、尤應自戒、以期任重致遠、故縣當局一再訓令、諄諄誥誡、茲錄原文如次、爲令遵事、查街村爲國家最下級行政區劃、一切政治爲國家政治之基礎、街村長以及幹部職員、均爲普及國政之中堅人物、且爲人民之領導者、宜如何自肅自戒矢勤矢愼、以完成街村之使命、乃近查各街村長以下職員、往往擅離職守、且對值日值宿尤多忽視、以致遇有緊急事務之連絡、而竟無負責人員受理、甚或直接監督之長官、遇事尚漠然視之、置而不顧、似此疏忽職責、蔑視官規殊堪痛恨、長此以往、不但有背街村自治之精神、即所謂街村育成亦成畫餅、茲爲謀街村政治向上計、今後街村長助理司計等、因公出差或歸任、須由電話與縣方聯絡、事務員以下人員出差出勤、以及值日值宿、凡有事務、須由各該街村長嚴重監督、以期事務之圓滿進展而達成街村自治之使命、倘再仍蹈前轍、玩忽公務、一經查出定行從嚴議處、決不寬貸、合亟令仰各街村長遵照爲要切切此令、

石油小麥粉

【北鎭】縣當局以時屆端陽節、關人民生活必需品配給問題、殆難濟緩、茲於日內、飭令該組合長等分別石油小麥面實施配給、等情辦理在案、查石油每戶爲兩盒半、小麥粉每戶每人爲一觔六兩云、

濱江特刊

第四〇〇號

盛京時報北滿總支社
社址　哈爾濱道裡地段街一號
電話四三四六番

防止猪虎列拉蔓延 市警舉行預防注射

其注射日程及場所規定完了

本市近郊各農村地帶猪虎列拉發生者又行猖獗、且有蔓延之勢、哈爾濱市警兩衛生當局、有鑑及此、爲防止猪疫蔓延起見、經計劃結果決定實施猪虎列拉預防注射、先已由各所管警察當局分別通知飼猪業主、屆時赴規定注射地點、受預防注射、茲將其注射方法及日程誌錄如左、一、此次預防注射施行地域內、本市之市街及顧鄉屯、松浦鎭、香坊、太平區等各農村地域

二、本預防注射、巡廻於飼養之畜舍實施之、猪隻之所有者、或其管理人、於注射實施期間內、須將猪隻繫留於畜舍內、或其附近、

△日程

一、馬家區、自六月十一日起至二十七日止亘十五日間、預定注射隻數、一〇六〇隻、

二、南崗區、自六月二十五日至二十七日亘三日間一四四隻

三、新陽區自六月十一日至二十七日亘十三日間七七八隻

四、埠頭區自六月十一日至十二日一一〇隻

五、香坊區自六月十九日至二十七日八日間猪四八九隻

六、顧鄉屯自六月十一日至十九日八日間五九四隻

七、松浦區自六月廿日至二十七日七日間五六七隻、以上計四〇八六隻預定接種注射云云

及出席省聯關係者云云、

濱江省公署 開統計講習

濱江省公署當局、爲謀各縣旗市國勢調查與統制事務處理之圓滑起見、經協議結果、決定於六月二十四日起至二十九日止、亘七日間、在省公署省長官房會議室、召集管下各縣旗市關係者、舉行國勢調查與統計講習會、現已分別通知各縣旗市屆時派遣人員來哈參加聽講云、

家族慰安會

【開原】滿洲軍人後援會開原辦事處、自茲國兵法施行之現在、訂於六月十五日午後一時、假城街公會堂開催、軍隊遺家族慰安大會、由協和會縣本部、及滿洲軍人後援會辦事處職員等一同、粉墨登台、熱烈表演、關於國兵法及軍援之事業、以慰安軍人遺家族各位之精神云、

妓女非眞愛龜頭 緣何偏偏常討厭 風流慘案再調查

本市久壽街、暗妓宴龜頭、醋海生波、於上月末、演出持斧兇殺風流慘案一節、當時發生、街首巷尾議論紛紜、傳說不一、傷妓昏迷不語、揆厥原因、無從澈底、茲越時久、小[illegible]去則更無味、陵素作用、早已醱成、專待沽酒而試伐之、未料上月底、小紅宥客、高亦造訪、鋪蓋歧歧、哼哈不已、爰高某勢不自禁、醋海生波、忘却[illegible]事、豈乃用情之地、

表示愛國之赤誠

舉行獻金遊藝會

哈爾濱鐵道局、爲表示槍後支援之赤誠化、定於六月二十九日下午七時起在哈鐵俱樂部舉行國防獻金遊藝大會、定於本月二十五日開始售票、其票價共分爲八角、五角、三角二角等、將來對於一切收入、全部作爲國防獻金用於演唱劇目已決定、共分一齣爲千茂如之天官賜福、其第二齣爲全體票友合演之全部三國志、第三齣爲楊彬如馬鑑徐彤劉斐筌許砥臣之四四五花洞帶捉妖云云、

協和會省本部 開事務長會議

關於協議事項及日程規定完了

協和會濱江省本部、爲討論本年度的協和工作方針、並省聯合協議會實施要領及其他事務狀況報告起見、特定於六月十七、八日、亘二日間、召集管下各市縣旗本部事務長開本年度第二次會議、其會議日程及協議事項已規定如左

△第一日

六月十七日午前九時開會、

一、向日滿國旗行敬禮、
二、對殉職英靈默禱、
三、省本部致詞、
四、省本部事務長致詞
五、省本部現況報告、
六、市縣旗本部現況報告、
七、省次長致詞、
八、省次長協議應談、
九、向日滿國旗行敬禮、
十、省次長招宴、

△第二日

六月十八日午前九時開會

一、向日滿國旗敬禮
二、康德七年度省聯合協會實施要領協議會
三、議長副議長內導
四、指導科長對會議狀況報告
五、懇談
1、聯合協議會關係
2、重點耕成實施後運用關係
3、各科聯絡事項
4、其他會務運動全般關係事項、
六、省本部副長致詞
七、向日滿國旗敬禮
八、閉會之詞

協和會濱江省本部以七月八日召開省聯合協議會爲期切迫、爲準備各種協案及一般事項起見、特定於六月十九日二十日午前九時在南崗大和旅館舉行議案整理預備委員會屆時出席者有各縣旗市本部事務長

哈爾濱鐵道局 開驛區長會議

哈爾濱鐵道局、爲謀管內各主要驛事務處理之圓滑起見、特定於六月二十八、九兩日、在厚生會館召開主要驛區長會議、屆時預定出席參加者、爲局內各正副係長以上者、及管內各主要驛區長、電信電話主任、鐵道教習所長等、其開會次序如左

第一日二十八日午前十時開會、

一、開會之詞
二、默禱
三、鐵道之訓及實施目標朗讀
四、局長訓示
五、來賓致詞
六、表彰及諸問事項
七、民族協和實現具體方策
八、能力增進具體方策

第二日二十九日

一、爲懇談事項及運輸關係
二、自動車關係事項
三、工務關係事項
四、電氣關係事項

紅院中、精神恢復、因往一再詢查、據說先後顛末落不外乎一『醋』字、故援筆誌之、以充一般好事者、茶餘酒後之參考、小紅者、張姓女也、芳年二九歲、河北省人、風流成性、幼小偸香、嫁夫之後、難得慾爲、嫌夫殊甚、異夢同床、未久之間、互相離異、自由鮮花、任蜂採折攀者、昔時之情哥也、桑濶濮上、花前月下、甘願拜倒石榴裙下者、不知幾許人矣、詎知花開花落、曾有幾時、狂風摧殘、暴雨復加、幾分姿色、逐水東流、敗柳殘花、鮑魚之市、其後人皆遠避、甚奈何風騷不減之半老徐娘、奪王不瞎、覓孫不見、忿恨之餘、於數年前買韓來這降陸後、暫居旅社、繼則浮住親寓、豈知無緣迎面不相逢、有緣千里來相會、洽有高滿雲者年三十六歲當街流氓也、專以誘花騙柳爲能事、鼠竊狗偸爲生活、因爲小紅相識、久而久之、肉体關係、已成家常便飯、該妓終月收乏術、糊口無資、當與小紅介紹、住於大連市久壽街十五番地、特食水飯之高鳳有處、倚門賣俏操神女生涯、然高某每遇無客時、輙往伴宿、爲所慾爲、甘作歡蓋龜、常此以往、日久生厭、小紅白眼頻加、視如眼中釘、肉中刺、華裝艶履、時換新郎、所謂老套菜、早已生厭、多日舊交、雞肋可惜、迫不獲已、敷衍從事、高某自此、明悉棄之如敝屣、待客去後、闖入屋內、猶端尋味、口角之餘、繼持快斧、照定小紅頭部砍去連砍數次、鮮血如注、該暗妓怪聲嚎叫、隣人聞聲趕迎現場、見持斧行兇、無敢進入、當有人急報西崗街警所、此際高某知事非法、畏罪之餘、返斧自殺、故該處附近因呼殺人鬨亂之者、人山人海、途爲之塞、待警署派刑事警員等到來、驗經一過、判明確係被砍不疑、故後警負傷小紅、送於宏濟醫院、延醫調治、一方將高附往警署、拘押審訊、傷妓住院因負傷出血過多、數日之間、昏迷不省、李近日以來、精神略爲恢復不日即可痊癒、警署待審明後、轉解地方法院按律懲辦云、

校長盡厥職

【郭家店】驛南街國民學校、校長呂純儉氏、人頗老成辦事認眞、接辦該校將及二載、對於校務矢勤矢愼、以故該校大有日進年頭之勢、若學生精神訓練之澈底、勞作之實施課業之適進、體育之發展諸般事務莫不盡美盡善、若該校長者、誠可謂克盡厥職云、

鞦韆脚力會

【寬甸】本縣各機關法團、於本月九十日亘二日間、舉行脚力鞦韆大會茲以慶祝友邦日本紀元二千六百年紀念之盛典、共舉行大會式典之次第、均如儀順序舉行典禮云、

(第三種郵便物認可)　康德七年六月廿六日　盛京時報

濱江特刊

第四〇一號

盛京時報北滿總支社
社址 哈爾濱道裡地段街一號
電話四三四六番

……曩曾在哈爾濱市任職、於高等法院次長、四年五個半月之久、嗣後奉中央命令轉任牡丹江高等法院院長在任一個年、又奉命來哈任哈爾濱副市長、回億半生來、供職二十年來司法界、對於行政事務實在是門外漢尤其在初到任、實無感想之可言、唯在前年份供職於本市、對市內情形略知一二、將來對於市行政之推進只有本諸可能範圍內、盡力做去、不對市政之抱負、擬於今後研究細功檢討並與旁博集以詳細其概況、如今因不甚詳悉、故不敢談、預定於二十一日午前九時正式登廳午前九時十分、與前任大迫副市長舉行事務交接後、召集縣全體職員於會議室內、作初任之訓示後、訪省公署及在哈各機關、二十二日赴市內各機關作初任之訪問

又大迫前副市長、定於二十二日午前九時半搭乘由哈出發之亞細亞號列車赴京履新云云

防衛訓練第三日

二十日舉行綜合訓練

於當夜實施燈火管制

二十一日午前舉行綜合閱兵式

本年度第一次全濱江省地域防衛訓練、已於六月十八日起實施總動員的防衛訓練、於二十日午前八時三十分由濱江省防衛司令部發出防衛命令實施開始綜合防衛訓練、所以各機關法團學校以及其他各團體一致總出動從事防毒防火防彈救護等訓練、當夜實施燈火管制訓練、全市黑暗異常、寸尺難辨、約一小時間即行解除、全市才恢復平常狀態、二十一日爲此次全濱江省地域防衛訓練最後一日、其各種訓練情況比較前三日間之防衛訓練更爲特別的重要

令部發出空襲警報、同時使令燈火管制、假擬定有敵機空襲哈爾濱市狀態一時全市民衆於非常時期各防衛團體一齊開始活躍防毒、防火、防彈等工作約一時間、敵機飛去後、空襲警報始行解除、於二十一日午前十時許、舉行綜合閱兵式、然後全般的防衛訓練即告閉幕云云、

想假定有敵機來襲

投下持久性毒瓦斯

行路市民發覺腥臭味報告處理

濱江省防衛本部當局其於此次全濱江省地域實施之防衛訓練、故於二十日午前十一時五十分發表、於二十一日徒有想定敵機來襲、哈爾濱市爲對該敵機投下之持久性瓦斯、實施防毒之徹底起見、凡一般市民、在各街路通行時如發見有腥臭氣味、即爲[illegible]部、以便實施消毒防毒等工作云云、

防衛要人搭機

查閱縣旗防空

濱江省防衛本部及防衛司令部、爲徹底查閱今回全省下各縣旗防衛防空監視狀況、特於二十日下午三十分起、由[illegible]防衛司令官、于濱江省長源田省次長永吸計劃科長、趙市長副市長[illegible]作[illegible]哈爾濱鐵道局長等、搭乘飛行機赴省下各縣旗上空查閱防衛設形於下午三時半查閱完了始行返飛哈市、各縣旗此次之防衛狀況大體均爲良好成績云云、

太子河小學校

開複式研究會

【本溪】太子河小學校擬定本月二十八日、在該校禮堂開催、全滿鮮係小學校教師、複式研究會、當日各縣參加者十三校、大使館教務部、原日事務官今里視學、兩氏來溪出席參加云、

茲將其訓練各項訪誌如左二十一日午前、天尚未明期間、由濱江省防衛司

毒瓦斯投下之地、應用電話（二二六八）或其他方法報告哈爾濱市衛生隊本

省聯協議會期迫
市縣旗移議案頗夥

協和會濱江省本部、爲徹底實踐協和工作起見、會與管下各縣旗市聯合舉行聯合協議會現已完了、現正忙準備舉行省聯合協議會、關於市縣旗目前所開之聯合協議會議案、所移交省聯之協議案、計第一部爲建國精神之宣揚（協和關係思想教育保健社會等）第二部爲民族協和之實現、（民族習慣、制度及法規）第三部爲國民生活之向上、（農林水土招極及鑛之金融商事勞働等影響於國民生活最關重要之產業經濟關係問題、）第四部爲國民動員不完成（動員、流安、通信及交通等）以上各項議案、總計一百四十八件之多云云、

山口副市長蒞哈
各要人熱烈歡迎
對日滿俄記者團發表就任談話

新任哈爾濱市副市長山口民治氏、已於二十日午前八時四十六分、搭乘濱綏線列車由牡丹江來哈履新矣、當時哈市各日滿機關首要者多數赴車站歡迎、計有趙市長大迫前副市長以及各處科長並其他關係者、當於列車到站後、首由市公署行政處務科長引導降車與市公署幹部出迎者握手寒暄後即入貴賓室少息與各機關出迎者相見、遂乘汽車赴神社忠靈塔參拜、午前九時半許返還南崗新哈爾濱旅館、會見在哈日滿俄記者團發表如左談話

調停委員來縣

【錦西】自協和會開辦法院巡迴調停所、於二十日開始調停、日有數起、現在外鎮調停委員、先後紛紛來縣、列席調停、即星期日、亦照常辦公云、

爲表示槍後赤誠
獻金舉國防演劇

哈爾濱鐵道局、滿洲國劇研究部、爲表示槍後支援之赤誠、特籌國防獻金、特定六月二十九日下午七時許、在滿鐵厚生會館內、由全體票友參加出演、拿手國劇、舉行國防獻金滿劇公演大會、於本月二十五日起開始售票、其票價分爲特等八角、一等五角、二等三角、三等二角、所演之劇目現已規定完了、預測屆時必有一番之熱況云云、

第二日之防衛訓練
情形緊張如眞戰時
本報記者參加視察各般訓練

全濱江省地域本年度第一次防衛訓練、已於十八日開始嚴肅舉行矣、十九日爲第二日防衛訓練、當濱江省防衛司令部發出防衛命令同時、全市防衛團體特別開始總動員防衛情形頗爲緊張、如眞正戰時體制無異、情態逼眞、而濱江省公署弘報股、特組成視察班、召集全哈市日滿俄各新聞社記者及寫眞班等參加於十五日下午一時許、全市記者集合於弘報股待機中、於一時半許由弘報股林賀股長引導之下、搭乘專備大汽車由省署門前出發、首先赴市近郊瀨漢屯哈爾濱日本中學校、視察該校舉行之各種防衛訓練、由該校全體的學生組成防衛班、消毒班救護等班在該中校南部空場展開壯烈的防衛大演習由濱江省源田省次長蒞場奮闘之下、各種演習情況極爲眞正戰時狀態、當命令發下之時、各學生持有槍機均一齊開始射擊、前後進退敏捷、宛如勇敢與敵人展開必死的戰鬪、在空場中部備有機關槍一架由軍部之協助、槍聲震耳如實、並在該校設有持槍守衛陣地者、各守衛均面戴防毒面具、精神勇猛無比、嚴防敵人行動、在防毒訓練當時假定之敵機撒下毒瓦斯彈、一時烏煙冲霄遍地立即撒放洋灰、被毒瓦斯倒者、立時由救護班招入該校西部所設立的避難所、從事救治區在地上用石灰而劃成白線、分爲安全地帶不危險地帶、各種演習均指逼眞、成績特別良好、至下午二時許始行演習完了、一行在該校視察完了、又由林賀弘報股長之引率下、乘汽車赴道裡石頭道街名古屋旅館門前所舉行之防毒訓練、當敵人撒下毒瓦斯彈時、由防毒班發見後、立即全員出動、從事消毒工作、由警察官協和義勇奉公隊協力之下、一時車馬行人等均行停止、行人均用双手擦眼睛中瓦斯彈之毒素一行等在石頭道街稍事休息又赴道裡地段街、滿洲中央銀行哈爾濱分行、視察防火訓練、在該行天棚中用木板架成一個模擬家屋、高約三四尺、上覆枯草、命令一下、即由一人用火燃着、立於屋頂之防火班、見天井中發生火警立即高呼失火防火、聞信後全体總動員、竭力救火、由二階樓窗伸出防火帶一個由一階樓伸出二個防火水帶噴出水有數丈之高情勢緊張、由該處視察完畢、又搭乘汽車赴馬家溝花園小學校、由源田省次長奮闘避難訓練次又赴馬家溝永和街大同酒精株式會社視察該會社所舉行的防火及防毒訓練並由該會社責任者之指導參觀該工場各部規模浩大、在日出産量很多堪稱北滿模範大工場四時許視察完了云

濱江特刊
第四〇號
盛京時報北滿總支社
社址 哈爾濱道裡地段街一號
電話四三四六番

惡疫蔓延

類似青菜含有病菌
市警對於青菜消毒
青菜小販攤床私售不消毒青菜

自六月中旬惡疫發生以來、為勢猖獗、太有不可遏止之情形、市警衛生當局、為期根本徹底捕滅傳染病菌、確保市民身体之健康起見、曾與各防疫當局努力進行防疫工作、經防疫關係研究 病菌之來源、則判明類似青菜所產地、在不潔之溜水池洗滌含有病菌、因此市警當局為謀防疫工作再進一步之徹底計、與各警署及派出所聯絡之下、對於市內蔬菜市場及青菜小販等加以嚴格的消毒後、發給其售毒証明始準其遂意販賣、否則決加以取締、不料一般青菜小販及青菜攤床、不了解防疫消毒之趣旨、多有不消毒青菜避徹官家眼目私行售賣鬧其不消毒原因有二、一則恐怕青菜含有病菌被官家查出沒收二則免卸消毒之麻煩並其自云就誤販賣時間、故私行售賣、仍有多數買主查此無知之青菜小販及青菜攤床、不但不能協力當局防疫消毒工作、並有相當妨碍防疫消毒工作、茲有道外十六道街大舞台舊址等處附近各青菜攤床對於不消毒青菜多數放置後院倉庫中、非素識人不肯出售、尚有一部青菜小販乘青菜消毒缺乏之際、對於不消毒青菜私行售賣、價格任意暴騰、同時青菜小販逆宣傳消毒後青菜惡味不堪食用、一般無知民衆不察眞僞、信而不疑、竟倍多數私行購買不消毒青菜、以致青菜小販獲利數到處 任 意虛 購事實、希防疫當局 加以澈 底取締、以免其妨碍青菜消毒工作使防疫陣之完璧云、

膠皮鞋奸商暴利

物價之昊舉、對於奸商暴利壟斷居奇囤積、嚴加取締、不料本市各獸肉商、雖有公定價格依然藉詞漲價、又為不足、於本月八日又由食肉組合翻組合長劉餘慶、召集各肉舖會議對於牛豬羊肉每斤擬漲價一角、現經會合表決、業向責任當局呈請中、當局能否准其漲價不得而知矣

癮者車內昏倒

【安東】五日午前一時、交通會社乘客自動車、（四〇九三）正直達到大道溝終點時、有類似乞食之老人、年約六十歲左右、臨時竟昏倒於車內乃急將車加以相當的速度並經警察官之協助、至終點下車時、此老者已恢復常態、據交通會社人云、該人乃阿片吸食者 因天熱以致云、

為防止惡疫蔓延
開第三回防疫會議
日前在市公署會議室舉行

自流行惡疫病發生後、蔓延激烈、患者逐日增加、以致各病院均患人滿無處收容、故增設數處臨時病院、市警兩當局、為謀確保市民之健康、防止惡疫之蔓延、曾與防疫當局協力防疫工作同時樹立鐵壁之防疫陣容外、並研究傳染病菌之來源、以便講求根本捕滅的辦法、因由行政科韓屬官、與其接洽、並商訂調查日程表、並由韓屬官、負領導之責依序參觀、計十一日午前九時、到興農合作社、中央銀行、街公所、午前十時、往師道學校、國民高等學校、師道訓練所、午前十一時、往女子國民高等學校、午後二時、赴四台村、十二十三十四十五

被警查出暴利之行爲

◇……共押收膠皮鞋兩汽車……◇

哈爾濱市內膠皮鞋小賣商二百餘家、近乘膠皮鞋之缺乏、由膠皮鞋組合配給、公定價格每双一元五角、不料各小賣商見機會可乘、均不按照公定價格出售、每双膠皮鞋以三元之高價私行出售、共暴利事機不密竟被警察廳保安科經濟警察股偵知、於前日下午以迅雷不及掩耳手段由經濟警察官總出動之下、分爲道裡道外兩班實施一齊大檢舉結果檢舉道外二十家、道裡七家、押收膠皮鞋兩大汽車、高奏凱歌、又道外升平街同本膠皮鞋商店暴利最甚、私行售賣之膠皮鞋兩千一百四十餘双、得暴利不下兩千餘元、當局仍在調查中云云、

高價私售麵粉 被警偵知逮捕

馬家溝潔淨街東興成雜貨商經理王維忠者、由本年三月間迄至六月末日止、前後在專賣署領到配給市民麵粉五十餘袋、將麵粉領到後、即不向市民發放、竟私行高價出售、按照當局公定價格、普通麵粉六元三角二分一袋、伊竟敢私賣十二元餘一袋、共賣五十餘袋、一等麵粉八元三角二分一袋、私售每袋十七元五角、共賣十四袋、被南崗署偵知、將其逮捕、以待嚴重處罰云云、

青菜小販持僞証 販賣青菜被逮捕

道裡三十六棚工發胡同住戶陳順年三十八歲山東人、素以販賣青菜爲生、適逢防疫當局研究青菜類似含有毒菌、故經消毒後再准其販賣、對於一般青菜販均指定消毒場所消毒後始能販賣、不料陳順者不了解當局防疫工作趣旨並不顧疫病危險、不但私售不消毒青菜、並且持一個僞造消毒証明、以遮蔽當局之檢舉、詎知陳某於前日正在揚揚得意販賣青菜之際、忽被防疫當局查出、乃將其逮捕嚴重處罰云云、

確保市民之安全 取締不良建築物

市內不良建築物及年久失修的房屋在所多有、勢將陷入倒塌之虞、甚爲危險時秋雨連綿時期、一旦倒塌難免發生傷害人畜之慘劇、正陽警察署保安係有鑑及此、爲防患於未然計、且到確保市民生命財產之安全、對於管界旅館客棧小店等四百餘家營凡有不良的建築物及將陷入坍塌勢將危險的房屋、一律令其拆除從新的建築、否則斷乎不准其營業、以免其倒塌傷害人畜之發生、經調查結果、管內查出四十餘家建築不良及年久失修、一旦逢陰雨連綿期中、勢必有坍塌之患、故令其即速拆除、再行建築、始準其營

此特於九日下午一時在市公署四階樓上會議室舉行第三回防疫協議會、討論防疫各種方針、以便喚起全市民之注意、

【又訊】據防疫科之調查所得、自六月發生腸窒扶斯以來迄至本月七日止、發生腸窒扶斯患者數目、日本人計六百十三十名、滿人四十七名白俄人二十一名、共計六百八一名、至於死亡治愈者兩相比較、則爲對半數目、今後希望一般市民對於日常食物品加以注意、以便協力防疫當局對於防疫進行之便利云云、

獸肉組合 呈請增加

牛羊豬肉每斤漲價一角當此物資缺乏價格騰騰之際、一般被生活逼迫者莫不叫苦連天、責任當局爲

調查經濟實態 法大在海日程

【海城】新京法政大學生、一行六名、於月之十一日蒞海、下車之後、即到縣公署、而謁當局、懇談此次來海之任務、爲調查貴縣的經濟實態、當

在該縣經濟實態調查、（指定屯百戶左右、十六十七十八十九日、往牛庄街見學、計街公所、警察署、各學校、及其他、廿日、至廿六日、七日間、在大房村、經濟實態調查（指定村百戶左右）至廿一任務終了、海城歸着云、

魯書記官到任

【清原】清原區檢察廳、新任書記官爲魯世啓氏、曾誌本報、該氏於昨十日蒞清、到廳視事、聞久歷法界、經驗宏富、學識優秀、清原區檢察廳之庶政必有一番整頓云、

市公署實施 餓鬼供養執行

【本溪】市公署村田市長、擬定本月十六日、午後八時、在忠魂碑前市民運動場、實施餓鬼供養執行、希望各機關、各團體會社、及市民多數參加云、

張云珍不願當招待 被父責罵服毒自殺

幸發覺尚早無有生命危險

道外十七道街門牌三十六號住戶張寅堂年三十六歲天津人、現無正當職業、生活極爲困難、張某故命其長女張云珍年十八歲充當酒館招待、以便得到的薪金充家中生活費用、不意張女終始不肯作此招待下賤、故拒絕其要求、

不休、因之張女一時心窄頓萌厭世之會、乘家人不備之際、於十二日下午六時許吞服藥水多數、企圖自殺、正在苦悶交加時、被其父發覺立即請來醫師灌救、結果因發覺尚早、幸無生命危險云云、

濱江特刊
四〇三號
……報北滿支社
哈爾濱道裡
地段街一號
電話四三四六番

槍後支援益愈熱誠
慰問袋獻納者踴躍
國防婦哈支部舉行慰問袋獻納式

冑此酷熱不眠不休在北滿第一線上從事討匪工作之日滿將兵樹立赫赫功勳、國防婦人會哈爾濱支部、爲表示槍後支援之赤誠、於六月中旬起與各分會聯絡之下、開始募集慰問袋以來迄今月餘、一般獻納者頗爲踴躍、現已收到者不下五千餘個、於十七日下午一時許、在國防會館舉行獻納式、茲將各分會寄贈之慰問袋數量分別誌錄如下、

△白俄事務局分會一千二百個 △中央大街分會三百六十一個 △水道街工廠街分會三百二十一個 △斜紋街分會二百個 △馬家溝分會一百七十個 △買賣街分會一百六十八個 △花園街分會一百六十二個 △義州街分會奉天街分會百四十六個 △長官公署街分會九十三個 △郵政街分會八十個 △省公署分會六十八個 △傅家甸分會六十一個 △大直街分會五十八個 其他個人獻納者四個、商業學校二十七個云云、

國本奠定詔書着哈
官民赴站熱烈歡迎

皇帝陛下御訪日受友邦日本官民熱烈歡迎、現已回鑾安抵國都矣、濱江省長于鏡濤氏、於十四日搭乘南下列車晉京十五在京恭聆宮中御行事後、於十八日下午零時四十五分少時休息、即乘專用汽車安抵省公署矣、事前省公署全体職員均在門前恭迎、嗣後詔書供奉於會議室內云、

於二十二日在省署嚴肅舉行詔書奉讀式

【又訊】特定於七月二十二日午前十一時、在省公署會議室由全体職員一齊參加之下、嚴肅舉行詔書奉讀式典、其次序規定如左、

一、全體入場
一、詔書奉讀（省長滿文次長日文）
一、國歌合唱（日滿國歌）
一、御閉扉
一、訓詞（省長次長）
一、萬歲三唱（滿洲帝國萬歲日本帝國萬歲）
一、敬禮
一、退場云云、

街村股屬官街長
連翩出張視察

【北鎮】縣公署行政科、於日前街村股伊藤屬官、偕同張街長、出張錦州阜新義縣等都邑、視察街村政務之改進事項、藉資借鏡、而利街村政策進行云

欣逢伏降甘霖
預卜今秋豐收

【西豐】縣行政兼教育科長張家治氏、令實業股科員、往四鄉調查禾苗茂盛、又逢月之十六日伏雨一場、正逢民願、應俗言初伏降雨、預卜今秋豐收之兆云

文化區長逐鹿

【鳳城】鳳城街文化區區長鄂紹禹、因事辭職、已蒙照准、遺缺關係重要碍難久懸、街公所當局、現正物色妥人、茲聞伊銘三

星期日　第一萬零八百六十七號　（五）

△一面街分會三百二十一個、
△電電分會三百二十六個
△地段街分會三百六個
△鐵道分會三百個
△金剛分會三百三個
△石頭道街三百二個

捧頒發之國本奠定詔書返哈、當時濱江省公署科長以上之全体職員及哈市各機關要人均一致赴車站歡迎、當時車站頓呈警戒緊張之狀況、由車站至省公署間亦作嚴勵之警備、謹捧詔書降車後、至貴賓室

大北新報社主辦
訪日本自行車隊

當此聖戰東亞新秩序建設期中、適逢盟邦日本帝國紀元二千六百年紀念盛典之際、哈爾濱大北新報社爲慶祝此光輝歷史的紀念起見、特主辦之哈爾濱市訪日自轉車隊、於十九日下午四時五十五分搭乘由哈出發列車南下、就赴日之壯途、隊長由山本大北報社長擔當、而由本社長雖日前率領全滿學童使節團已訪日交驩期中、然該訪日自行車隊到達日本後、再行集合、與各大都市作交驩之競賽、茲將一行訪日隊員氏名探錄如下

隊長山本大北報社長、

總務林正三

主計金光秀王

監督駒末根公記鄭榮廷

記者松緊大北報事業部長

選手吾妻雄次郎遲紹江陳之鉞、張進良、王福祥、張鴻倫、河米啓、山德爾希則繞保夫云云、

普及海軍知識運動
募集影片機購買金
希望愛國愛軍志士踴躍獻納

在哈日本海軍武官府主催由中央海軍武官府後援之下、基於海軍之趣旨、故於日前結成哈爾濱海軍分會、以便强化海軍知識之徹底普及、特計劃製作軍事電影片、以便公開放映、以期喚起全市民衆對於日滿海軍之認識向上但該軍事照影機購買金、須得一萬餘元、而海軍分會當局、希望愛國愛軍之全市民衆、踴躍獻納、以期官民協力、達成所期的目的、如有獻納基金者、則送各海軍關係官廳均可云云、

喚起愛農耕種精神
種蕎麥奉公作業

協和會濱江省本部、鑒於當此時局重大性、爲期農產物之增產起見對於哈市附近各空地決定開墾植種蕎麥、以便使糧穀之增產、並喚起全市民敬愛農耕的精神、特定於七月二十三日午前八時半起至十一時半止、由協和會全體會員及義勇奉公隊以及各學校全體學生總動員之之在馬家溝市公署所有空地開始奉公作業云云、

學生拾金不昧

【鳳城】鳳凰城驛貨物取扱所、職員王振海之三子、名鳳儀現年十一歲在本城興鳳街國民學校在學、月之十一日午後三時同其學友宋文寶二人、散步遊玩、行至車站大和町福岡洋行門前、大馬路上拾得國幣七拾六元、當即稟告其父王振海、隨時送交鳳凰城警察署、收存招領、若王家父子拾金不昧道德遂行、洵屬可風、王道國家、政治教育、竟有如此之顯現耶、

救溪岩張柏木宋子鴻四人最有希望、將來塵死難手容後續誌、

甯科長參加
地籍座談會

【北鎮】縣公署庶務科長甯韜武氏於日前出張西燒鍋屯村、參加地政科地籍調査、分班座談會、茲已公畢歸來云、

各級學校實施
郊外勤勞奉仕

【北鎮】縣省立國高崇一國高、省立女子實業以次各國優國民各校、爲注重國典、而利實習精神起見、特於七月十五日起所有各該校男女生、由教師率領、持掀荷鋤、一律前往西郊勸農場、鋤地刈草實施勤勞奉仕、各男女生、均是精神勃勃、頗具農人工作之興致云、

利用暑假期
開教育講習會

【齊齊哈爾】本市公署行政科教育股、爲謀教育之發展、教師之素質向上、預定以月之廿一日起至卅日止、招集市內現職教員百四十名、假永安校址開教職員講習大會、此次講習計三班、第一班日語教師及日語三等以上者總計四〇名、第二班日語四等度以上總計五〇名、第三班日語初度總計五〇名、至於講習科目、有國民道德、體操作業、男子班、施以體操及教練、女子班體操及遊戲、講師則由和良茂、館山良助、坂田健、中島勝次、馬正裕、李兆田、郝桂榮等七名担當云、

爲防雜疫流行
實施清潔檢查

【青岡】本縣、警察當局、爲防恐雜疫蔓行、於月十日、實施夏季清潔檢查、並按戶指示衛生要項蠅類種種捕滅方法、及夏季清潔大掃、以期商民注意夏季衛生、而免雜疫流行云、

姜屬官履新

【大賚】縣公署行政科保健股屬官姜民生氏、榮轉第二管煙所主任、業誌前報、刻已交代完畢、於日昨去任地云、

（第三種郵便物認可）　康德七年七月三十日

濱江特刊

第四〇四號

訪日學童使節返哈

官民多數赴站歡迎

張科長對訪日學童致懇切慰勞詞

爲盛大慶祝友邦日本帝國紀元二千六百年紀念式典、而由盛京時報大北新報大同報遼西晨報等報社共同主辦之滿洲帝國優良學童訪日使節團、日前曾由本大北報社長爲團長引導之下、歷訪友邦日本各八都市、並與日本兒童作親善之交驩、約三星期間、現已完成訪日使命、一行訪日學童業已返還國都、而哈爾濱市參加者等乘二十五日下午八時分列車到哈、當時由大北新報社郭編輯局長譚次長率編輯局全體職員赴站歡迎、並有濱江省公署民生廳高等教育科張科長（代表民生廳長）南崗國民學校長以及多數學生均赴站熱烈歡迎、在第一月台降車後、首由張科長對訪日學童使節團、致懇切之勗勉慰勞之詞後由郭大北報編輯局長致詞如左

諸優良學童代表全滿第一國民跋涉山川往訪友邦日本、慶祝二千六百年曠世盛典、樹日滿兩國兒童永遠親善、對諸君之辛勞謹代大北報社全體致深甚之感謝等旨後、旋由優良學童王以霞徐常新致答詞於出迎者三呼萬歲後解散云云、

事長、於昨發到濱皮鞋二千六百双、於二十六日、

市校体育講習

本月末間舉開

【新京】体育聯盟新京特別市事務局爲徹底普及各學校體育教師並各學校中心指導者之體育振興、以資發揚健全體育之精神、而報國家、特主辦新京特別市校教師體育講習會、預定七月二十二日起六日間、在大經路國民學校講堂舉行、屆時參加聽講者、均爲市各公私立中小校之教師、分男女兩部講習、第一部（男子）係國民、國優、中等教員、第二部（女子）係國民、國優、中等教員云、

在協和會館內、實行國語公允妥切、人人歡迎、望發揚滿語課、國語方云

哈市邊商工科長

榮轉隆化縣縣長

哈爾濱市公署商工科長邊樹芳氏、頃奉中央命令榮轉熱河省隆化縣縣長、其後任聞已決定由中央經濟部事務官積滿雄氏繼任、邊氏之略歷、現年四十一歲、自大同元年市公署籌備時代、即任第二辦事處第三科長職、其後歷任稅收科社會科、於本

池舉行開場式、屆時新京特別市公署關屋副市長、率同體聯新京特別市事務局、各部部長等、及市內滿日有志漸道前往參加盛典者約百餘人、追鐘指二時、由體聯新事務局游泳部担當者一聲號令、則全員肅立而舉行開場式、首先揭揚滿日兩國旗、禮向

奸商義昌泰火磨

私囤積大宗貨物

惡貫

滿盈

被經濟警察檢擧飭其逮捕

市內惡德奸商利徒、以雄厚資本對於一般生活必需品之壟斷囤積、莫不伸張魔手、不顧市民生活、企圖大發暴財、雖經濟警察當局一再努力檢擧、然而一般惡德奸商依然肆行無忌、實屬令人髮指、而經濟警察當局、為期徹底暴利囤積萬惡滔天的奸商計、嚴加監視及檢擧、結果經濟保安股警長鬱興華君、日前以敏捷手腕、將八站中馬路義昌泰火磨大檢擧、同時搜出大宗囤積貨物、計有棉花五千餘斤、人造絲布七十餘匹、綿布二百八十疋、染皮子電池三百盒、毛巾一十箱、方格棉布二箱、青靛油七十箱、御花青一百五十箱、以上各貨均密藏於倉庫中、現正追究中云云

年春時、始轉任商工科長、為市公署科階級占最優秀之人材、而逐氏此次之榮轉、一般友好無不懸欣不置云云、

省開拓廳農林科開實業股長會議

濱江省公署開拓廳農林科為順應產業開發增產計劃起見、故積極討論康德八年度的產業開發計劃並增產方針、以及物資配給等問題、特於二十六日午前九時、在濱江省興農合作社聯合會大會議室召集管轄各縣旗實業股長會議、至下午六時許始行圓滿閉幕云、

會發源配鞋

【通江】如本埠會發源、在先係會發爐、因李沛滋兄弟年青有為、不出數年、商業擴大、獲利倍蓰、現又為膠皮鞋組合理

大同公園游泳場昨日舉行開場式

【新京】當茲交夏之際正是伏傘高張之時為國都市民唯一之消暑納涼、又保健康身体之興趣者、厥為游泳是也、所以國都新京市事務局、為應一般市民之需要、特由今春起將大同公園游泳池、跳躍台以及其他各般設施、業已修理完畢、已於今（七日）午後二時、在大同公園游泳宮城、帝宮遙拜、在修祓式後、由關屋理事長致詞畢、而各參加人員實行模範演技、接各員游泳之技術、一一表演、洵屬熱烈盛大之至、直至六時散會云、

又訊大同公園游泳池、業於七日舉行開行盛大之開場式、為公諸同好並限制入場、維持場內秩序起見、每日規定開場時間、午前十時至十二時、午後一時三十分至三時三十分為止、逾則決行禁止入場游泳、關於入場費每人二角云

●●●

為謀省下教育振興開第二回教育總會

對於宣言綱領使徹底努力實現

振興帝國教育會濱江省分會自伴同教學制實行以來、對於教育極謀振興、以期完成教育振興發展之使命、為討論教育發展問題、特於二十六日午前八時許、在道裡水道街第二國民高等學校禮堂內、召開第二回教育總會、當時出席參加者、計有濱江省公署民生廳各科長以次職員、暨省外市公署教育關係者二名、並各市縣旗視學及教職員一百八十名、計不下三百餘擁擠一堂、全體入室後、首先舉行開會式典後、乃推舉正副議長、結果推舉劉師道訓練所長為議長、副議長為崇田濱照、其宣言之決議如左、

擁護乎允文允武我滿洲帝國皇帝陛下令國再堅訪日滿日程平安經濟日滿同心一德之關係、滿洲國實踐、並須擁護奠定國本之詔書、貫徹垂示、不勝恐擁護發達、我等教育責任者貫徹親下之時局關努發揮、以達教育報國之誠、尤以日滿親睦之契機完成興亞聖業於無窮也、茲決議左記綱領五條努力徹底以期實現、

一、發揚建國精神之本義貫徹惟神道德之真義、以圖日滿之挟翼及忠良國民之養成、

二、體育力之增強、以涵養質實剛健之士氣、同時圖謀知能之啓發、以指導利用厚生之道、

三、須更新……長努建設之覺悟、以徹底覺醒、堅忍不拔自肅自戒及責任感、

四、協力經濟國策對于消費節約、物資活用、資源之愛護貯蓄勵行等宜舉先躬行、以期徹底、

五、擴充勤勞作教育勤勞奉仕之訓練、涵養奉公犧牲之精神、益使國民集團訓練之強化速成、體為協下午則議事項、為講演報告、並張國民教育科長報告東亞大會之經過關為協議事項如左、

一、關於初等教師俸給以及家族津貼實現之件

（二）、關於教育會會費徵收徵月據實之件

（三）、關於學生服裝給……市之社會……動之件、

四、關於學生授業料可予免除之件、

五、大學其他二級學校入學試驗制度改善之件、

六、男子國高畢業之件

七、師道學校卒業者兵役免除之件、

八、關於教員宿舍新設之件

九、學校專科必要設備費活用申請許可之件

十、關於提倡家庭工業之件

十一、縣教育會經費由省方設法補助之件

十二、關於組織華北朝鮮旅滿日本內地教育視察團要望之件

十三、全國球術聯盟、各市希望團體參加之件、

一致、至下午五時許方始散會云

濱江特刊

第四〇五號

盛京時報北滿總支社
社址　哈爾濱道裡地段街一號
電話四三四六番

房租審查委員會將於近期即結成

關於委員人選現已經決定

(房)(戶)(福)(音)

當此非常時局之下、爲確保市民生活之安定、除日前實施物價公定外、對於房租問題亦積極實施統制辦法、以免悪德房閥藉詞驅逐房戶及暴漲房租、因此連日以來、準備結成房租審查委員會、經籌備結果大體業已就緒、關於委員人選事項、現由各方而推荐委囑、業經決定、將於最近期內即可結成、右委員會、當臨時房租統制法實施之下、担任公定房租之決定、待實施後、公定房租之改訂各項之調查、審議事項、玆將該委員會之委員氏名探錄如下

委員長由哈爾濱市長趙震担任委員由山口副市長濱江省公署足立商工科長長徐會海、土源副稅捐局長、棚木關房產支店長、俄僑事務局長兼家主組合理事長基斯里金、加藤副商工公會會頭、不動產信託當務取締役松田順二、哈爾濱鐵道局福祉系長黑澤忠夫、市公署實業處長井口忠彥、市公署孫處長市民生處長郭俊文等十六名、幹事石尾市庶務科長市社會科長古里諾夫斯基等二名云云、

爲宣傳國兵法內容

在各區舉行電影會

哈爾濱市公署當局、爲向一般市民徹底普及國兵法實施內容起見、除已舉行各種宣傳外、並特定於八月中、在各區內舉行如左記之宣傳、該宣傳影片現已規定如國境之花、國法無私、壯志燈天、均係滿洲映畫協會所製品、玆兩日、在安廣學校舉行、三、南崗區於八月九十兩日在女子國民高等學校四、東傅家區於八月十二十三兩日在道外北新校五、馬家區十四十五兩日在明星影院、六、西傅家區十九二十兩日在基督教、七、太平區二十一廿二兩日在太平事務所、八、香坊區二十三、四兩日在上號國民校、九、顧鄉區二十六、七兩日在顧鄉國民學校、十、松浦區二十八日在馬船口國民學校、二十九日在太陽島云云、

丈夫染成不良嗜好

伊妻要求脫離關係

双城愛鄉區福履胡同門[illegible]軒爲妻、王某以農爲業、無寧日、因此王淑蘭於八月一日忽由双城來哈、向哈爾濱地方法院正式提出請求離婚、據王淑蘭所供理由如左、

在康德六年二月間、即與王玉軒正式結婚、過門後、双方感情非常和睦、但與其同居不久、即發現王玉軒之一切眞象完全與訂婚時所說不符、蓋在訂婚時王曾言家中有良田數十晌、田園甚多、非但家道富有、且能終身享受富貴榮華、所以才訂妥親事、不料在結婚後、始發覺王玉軒不但寸土無有、且居住之數間草房已行賣出、雖然至此、由命而安、詎知王某近又染成不良嗜好、任意揮霍、每逢無錢過煙癮、即非打即罵逼妲淑蘭要錢、因無錢供給過癮、不但拳脚交加外、並將家具拍賣一空、以及王淑蘭所有衣服亦不時盜出變賣、所以家中柴米皆無、無奈始與其脫離夫妻關係云云、

討論土木事項

開土木懇談會

滿洲土木建築協會爲討論濱江省內及哈爾濱市本年下半季的土木工事關係事項、特定於三日下午三時許在南崗滿洲里街土木建築協會會議室、召開土木工事懇談會、現已準備

警察總園田副總長、哈爾濱區法院二笠監督審判官、市諮議會員李明遠、牛田協和會市本部長、埠頭區

將各區實施日程分誌如下
一、埠頭區於八月五六兩日在道裡大光明電影院
二、濱陽區於八月七八

就緒、業已分別函知省市公署及關係者邀請屆時出席參加云云

△　△　△

牌十號住戶少婦王淑蘭年廿歲、於康德六年一月間、由媒人介紹嫁與双城七署仁家村廂白頭屯王玉

自結婚後、夫婦感情頗濃不料後來因何、不時發生衝突、感情漸趨惡裂化、以致夫婦間口角爭持、幾

國民振興演藝大會
在中央大舞台舉行
于省本部長講演青少年團運動體制

七月二十五日爲協和會創立第八週年紀念日、除由協和會哈爾濱地區本部會盛大舉行各種慶祝行事外、積極宣揚協和精神之眞諦並實踐青少年團運動、故於七月卅一日下午五時許、在道外中央大舞台舉行國民振興演藝大會、特爲宣傳青少年團結成運動、當時參加者極爲踴躍、當開會時、由北新協和少年團合唱二千六百年奉祝歌、後由于省本部長講演、繼由北新優級學生歌舞、俄系女生舞蹈、同時並表演舊劇及武術、博得一般觀衆者鼓掌如雷尤其武術技藝更爲精妙、更使觀衆者之贊許、及至午前一時許、始行圓滿閉幕、成績極佳、玆將于省本部長之講演詞特誌如左

鄙人就是方才介紹的協和會濱江省本部長、于鏡濤、今天藉着這個機會得以對多數的聽衆各位、說幾句話、實在覺着非常的光榮和愉快、此次協和會哈爾濱地區本部、爲的是慶祝協和會創立紀念、舉辦這個國民振興演藝大會、招請平素對於協和工作幫忙的盡力的各位會衆一堂、一方面預備各種演藝、對各位略表酬謝的意思、可是主要的還是要藉這個機會、希望大家更進一層深刻的認識和覺悟我們所負的使命、來一致團結去邁進去、我們滿洲國協和會創立以來、已經有了八年、乃是本着建國精神來實踐王道政治理想的組織、會的使命工作的目標、在五條綱領裏、表示的非明常白、第一就是建國精神的發揚第二、民族協和的實現、第三國民生活的向上、第四、宣德達情的澈底、第五國民的動員完成、總而言之協和會就是要努力使國策的遂行和民生的安定、併行不背的向前進行、以求國家一天比一天的繁榮幸福、創立以來、已有八年、其間由全體會員和會務職員、一致的努力、大體基礎工作、得到了順利的進展、但是因爲國家是新興的國家、協和會亦是新創設的組織、所以許多的困難和許多的摩擦、原來是難免的、達到現在的狀況、雖然說不能盡美盡善、可是基礎的工作、已經得到了整備、今後只要本着以往的經驗、向前努力協和工作的思想、一定可以完全實現的、看一看現在世界的情勢、實在是一天比一天的緊迫重大、我們滿洲帝國是要隨同盟邦日本帝國、來努力建設東亞的新秩序、所以對外必須積極的完成堅固的國防體制、對內必須力求國民生活的安定、這些工作、一方面由政府機關努力進行、一方面要由協和會積極的活躍、以促其實現、協和會是本着宣德達情的精神、來克服一切艱難、來實現我國的理想、所以今後的工作可以說更加緊要、依賴各位協力援助的地方更多、希望各位比日前還要加倍的熱心盡力才好、方才說過的協和會綱領裏有國民動員的完成一項、這種工作的基礎、就是要把國民組織起來、加以指導加以訓練、以期造成剛種建設事業、一朝有事的時候、一同來担當保衛國家保衛地方的重責、這種國民指導訓練、首先要對於中堅份子的、青少年來實行工作、所以由中央以至地方已經倡興了、一種青少年運動、設立青少年訓練所、結成了青少年義勇奉公隊、各種團体組織、協和會哈爾濱地區本部、設有青少年科長辦這種工作、可是進行這種工作、主要的要喚起國民全體認識這種工作的重要性、爲國家的發展爲民族的生存、一定要使青年有剛健旺盛、堅忍不拔的精神、健全强壯的體格、和有紀律的生活習慣爲達到這種目的、一切的組織、訓練指導工作是絕對必要的、可是這種工作初辦的時候、因爲民族的複雜、程度不齊、難免發生種種摩擦、種種困難、有的人因爲不瞭解這種工作的眞意、抱有種種恐懼設法躲避在家庭方面對於子弟、在商方面對於權勢有受訓練的時候却抱着很冷淡不關心的態度、能未積極的去協力、有的時候僱人代替、敷衍官方的命令、一方面在受訓練的青少年自身、也未能徹底覺悟自己的立場、有的利用自己的立場趾高氣揚、擅作威權、約一般人有許多壓迫摩擦的情形、這些事情因爲初辦固所難免、將來應當努力改善的可是就好的方面看來拿一點訓練沒有的國民、經過訓練以來、在精神身体上、都有顯然的進步、對於團体行動的基礎知識、都有很好的練習在每次舉行的防衛演習上看來、各青少年團体都能拿着活躍精神去服務這種的成績、都是組織訓練的好結果、所以今後要加參考以往的優點、來加一層的努力邁進、主要的希望青少年自身徹底的覺悟、而作家長的、作掌櫃的、要一同認識這種青年運動的意義和價值、來熱心的協力以期北滿中心的哈爾濱市、青年的組織訓練早日完成、以强化國防的体制、這是會盼望大家共同努力、蒙各位靜聽、以此作爲簡單的話表示謝意云云、

濱江特刊
第四〇五號

濱江省公署當局舉行詔書傳達式

各縣旗市長警察廳長均出席參加

濱江省公署、於十五日午前十時、在省長官房會室、召集各縣旗市哈爾濱警察廳關係者、舉行國本奠定詔書傳達式典、當時出席參加者計有于濱江省長、原田次長及各關係科長、王警察廳長、趙市長以及管下各縣旗長、統計不下百餘名、於全體入席後、首向日滿國旗行最敬禮、繼由于省長源田省次長先後捧讀日滿詔書、詔文並由于省長將國本奠定詔書恭謹分別傳達於各縣旗市長、及警察廳長、於詔書傳達典禮完了後、于省長致如左訓示之後、

當於國本奠定詔書傳達式之良辰、得與諸官一述所懷、實在是本省長最感榮幸的、恭維

皇帝陛下、完成御訪日之曠古盛典、同鑾之後渙發詔書已於奉戴式之佳日、有所訓示、想諸位當能日夜銘記、而躬行不忘的、謹維

皇帝陛下、所以於同鑾之吉、敬立建國神廟、奉祀天照大神、奠定國本於唯神之道、張國綱於忠孝之教者、乃以我國建國以來之國運隆昌、無不皆賴

天照大神之神庥、

天皇陛下之保佑、

皇帝陛下基於報恩感謝之御念、躬禱國民之福祉是也、伏維聖慮宏遠、誠我臣民不勝惶懼感激之至者、茲當此際、願與諸官再作反省、奉體聖意感戴神德、以尊崇敬神之念、竭盡忠誠、確立國基、完成興亞之大業、以上謹述微懷、願與全省官民、共同奮勉用以奉副聖旨、而報神德、特此訓示、於訓示畢、全體肅立向國旗行最敬禮、即行散會云云、

盈、事機不密竟被慧眼正陽署煙務系警官偵知、將贓款及吞煙等一併逮捕送署懲辦、茲將經過情形據錄如下

五十七號吞煙所長呂震

[illegible]鴉片新規法實施以來、私賣鴉片價格突然激漲、每份官煙私賣二元二三角不等、因此藉詞故意刁難各界女煙客、而各煙館爲防禁給金刁難、無奈只得以煙飛運動、所以所得煙客的煙及每日殘餘者、均行私已賣出、每份煙竟得二元有奇之暴利、而一般煙客雖被其任意刁難均敢怒不敢言、詎知該所長又爲不足、遂與看燈出麗泉者、合謀之下、盜賣殘餘煙份、於前日正陽署煙務系係員前身往該所查結果、在看燈出麗泉者煙槍上搜出煙証四本、並官煙份、煙紙灰若干、遂將其逮捕至署審訊結果、供出與正副所長等合謀領出的官煙高價出售、不幸事機不密被捕、當局除對該正副所長免職外、現正追求中、有否餘罪不得而知云云、

協和義勇奉公隊

舉行舊旗返還新旗授與式

在南崗神社境內盛大舉行

【哈爾濱】協和義勇奉公隊本部、基於當此非常時局之下、爲喚起五十萬市民一致躍起奉公精神之觀念、特於十五日午前八時許、在南崗神社境內、舉行協和義勇奉公隊舊旗

全體職員外、來賓計有趙市長、大殖〇〇部隊長、第四軍管區刑司令官、于濱江省長、在鄉軍人代表、協和會分會代表、青年國防婦人會代表等參加、即舉行舊隊旗返還式

市民遵守防疫方法

道外發生疑似虎疫　防疫當局協力防之

警察廳特規定防疫預防方法

城縣管內正黃旗王屯發生眞性虎列拉傳染病以來、爲因距離哈爾濱市相近、爲防止侵入本市起見、市警各防疫當局、緊急圖起張佈防疫陣、徹底防疫、不料於十四日道外正陽十四道街門牌四十三號住戶穆珍年四十八歲以拉洋車爲生、於十三日突然發病、至四日午前六時即行死亡、同時道外北五道街七號住戶吳曝東年四十三歲、於十二日患病、至十四日午

如報

自双

前二時許死亡、該二名死亡者均患痢疾、市公署防疫本部據報、立即派遣道多診療所長前往檢查結果、認爲容疑頗多、故又由衛生試驗所實施檢便、疑似虎疫患者、市警兩防疫當局、鑑於本市附近惡疫又行猖獗、一般市民偶而不愼、極易發生疫病、爲期徹底捕滅傳染病菌起見、特制定傳染病預防方法、企圖西滿醫師及一般市民遵守防疫工作以資杜絕其傳染云云

市方積極整備國勢調查機構

各班等主要人員担當已選定

哈爾濱市公署、爲謀國勢臨時調查之徹底、以期對於調查事務處理之敏捷起見、特積極整備設置臨時國勢調查內部機構、同時發表担當人選、故新規定、委囑部員、並聘任哈爾濱濟察廳協和會及其他關係人員担當、前將各班系主要人選氏名檢錄如下、

1、總務班長（庶務科長）石尾英文副班長（主計科長）池田良吉庶務係長（庶務科長）高田爲助以次係員三名、

2、經理係長（主計科員）椎名彌太郎係員（庶務科員）茂豐木忠次

3、宣傳係長（庶務科員）田中盛義以次係員市三名協和會一名

4、調查班長（市庶務科長）尾英文副班長（協和會地區本部指導科長海路昌臣同副班長（警察廳警務科長）鹽島廣次郎

5、調查係長（區政股長）張澤溥調查係員市公署六名、協和會一名、各區三十三名、警察廳一名

6、警察係長（警察廳警佐）山下勘次、同係員警察廳濟下各署六名、協和會三名、各區事務所十名、市公署二名、企圖各區屆全調查順利之進展、特由市區政、股指定責任者、由各區長及日滿俄副區長全員担當、俾將預定期限完成之、關於各委囑人員、於日內一律送交委囑狀云云、

遺式及新隊旗入魂奉戴授與式典、市內五十九個無隊分隊、及特殊分隊、各奉隊員一致參加之下、半田協和會本部長、以下

及新隊旗授與式、後並由小澤總隊長致訓示、繼由半田本部長之訓示、並由各來賓之祝詞、於午前十時許、始行解散云云、

期普及國兵法趣旨　特編成巡廻講演班

自八月廿日至十月廿五日止

濱江省公署、國兵法事務局、自國兵法實施以來、徹底宣傳、以期國兵法、同各縣旗民衆作徹底之普及、特由該事務局、與協和會、第四軍管區、濱江省等機關聯絡之下、編成國兵法工作指導班、共計五班十七組、自八月二十日起至十月二十五日止、分別赴管下各縣旗巡廻、講演舉行座談會及映畫各會、現已將各班担當人員及日程業已規定完了、屆時即行分別赴各縣旗宣傳之工作云云

看燈舞弊被捕

弊竇叢生之各營煙所、盜賣煙份、脅索煙客、各種醜態不勝枚舉、茲有道外豐潤六道街五十七號營煙所、據長呂寵宇、副所長王座豐以及看燈司賬等、狼狽爲奸、脅索煙客及盜賣煙份、不料惡貫滿

對已故魏縣長　舉行葬儀式典

【興京】因患腦溢血症而急逝之魏縣長、已誌本報、縣葬委員會發表、對故魏縣長、十八日開弔、十九日發引、廿日抵復縣原籍云、

地政科積極工作　實測長嶺街宅地

【長嶺】本縣地政科、自成立以來、即着手積極工作、惟因本縣地籍、年久未淸、紛錯異常、但在該科全員努力之下、業有端倪、茲該科爲徹底整理起見、於日昨開始勘測長嶺街宅地、政府爲使人民產權確立、始有此審之整理、尙希一般民衆徹底理解云、

哈爾濱市公署　舉行詔書捧讀式

於十六日在市公署會議室舉行

哈爾濱市公署、定於八月十六日午前九時、在四階樓上會議室召集全體署員及附屬機關職員舉行國本奠定詔書捧讀式典、其式典次序規定如左、

一、振鈴入場開會
二、向日滿國旗行最敬禮
三、詔書捧讀
四、滿文市長日文副市長
五、訓示六、閉式
七、退場云云

馬主任盡職

【乾安】縣城內禁烟所主任、馬金良會計樹煥章自滿本所以來、對於所內一切、事務力求盡美盡善、對於看煙者、嚴勵落祭、以便癮者吸食並減少並向癮者諄諄告戒、鴉片之流毒、一日縻萬日難除、民若言勸告然對無吸食證者難能入所、恐青年之籍染、嚴重警戒、對於癮者、從主任蒞任以來、勸告減其百分之十五、左右可謂盡職心也、

濱江特刊
第四〇六號
盛京時報北滿總支社
社址 哈爾濱道裡地段街一號
電話四三四六番

本年度儲蓄週間 全省下一致實施

喚起國民儲蓄精神宣傳貯金趣旨

政府當局與全國協和會協同之下、爲促進國民儲蓄思想向上、以期完成國家强國資源、維護經濟節約並充實非常時局下經濟國策、故於康德七年度國民儲蓄八億元爲目標運動方針、決定於八月二十七日起始全國一齊舉行國民儲蓄週間、以資養成國民儲蓄奉公精神、並確保國民生活之安定、協和會濱江省本部爲徹底普及儲蓄運動趣旨、喚起全省民躍起自動儲蓄之觀念起見、特於二十七日與□下各旗縣市展開本年度儲蓄運動、同時在各市縣旗之協和會爲主体、組成儲金會、以分會員作爲國民之先道率先傳、巡廻懇談、此外更於每月設儲金日、關於儲金週間宣傳方法省本部規定如左、

一、無線電放送

二、開講演會座談會

三、宣傳單標語畫片

四、金融機關廣告勸誘

五、宣傳布幕之揭起

六、映畫映寫時插入字幕

七、儲金週間設置儲金日

八、利用新聞雜誌宣傳

九、學校宣傳

十、儲蓄功勞表彰云、

虎列拉侵入哈市 市警努力防疫中

新陽區孫書建疑似虎疫致死

自虎列拉傳染病侵入本市以來一般市民、其脅威無不惴惴萬分市警兩衛生防疫當局、爲謀徹底捕滅虎疫蔓延□見、除□□如助手科、講習生矢立正司年二十五歲、於二十三日午前在軍官司滿鐵宿舍、忽患猛烈吐瀉、疑係虎疫患者、市警兩防疫本部員

頭垢可形容憔悴、徘徊多時、痛泣悲鳴、愁悶不展心中似有所思、未幾双手捧面躍身跳入江中、企圖自殺、適遇水上救護隊員見其在江沿徘徊啼泣時即早加防備其投江自殺、正在尾追監視之際、詎料淑芬竟躍身跳入江中、張某情急之下、奮不顧身、亦隨至跳入水中、未幾將其救出、迨至甦醒後、張某嚴加追問投江自殺原因、而該少女一語不答、於無奈中、將其送至一面街分所、審訊、據供稱名、×淑芬年十九歲山東人、住北十六道街門牌四號現□北二道街滿 大酒社 當招待、因近來生活感覺困難

之巡視、現已將大用頭村牛毛塢村、永甸村、長甸村視察完竣、其他各村、奈因雨天水漲、交通障碍關係、暫行中止、以俟天霽水清、再行繼續巡視云、

孟蘭會誌盛

【清原】由縣當局主催、於本月十六日起至十八日止之三日晚間、辦理孟蘭會及慰靈會等、屆時除在爲國損軀諸烈士之墓前舉行隆重之祭祀外、並在農事合作社事業部門前大廣場處、搭立高臺、組成樂隊、日族雲集、鮮民畢至、頭繫紅巾、身着華服、手舞足蹈、環臺起伏一時鼓樂喧天、歌韻悠揚洵可樂也、更以秋高氣爽月光皎潔、景色尤爲宜人故一般街民、紅男綠女、扶老携幼、前往遊觀者、絡繹不絕、頗極一時之盛以資超渡亡魂而慰英靈云

開我義倉 賑濟貧乏

【遼中】縣當局以去歲縣境遭受水災極重、茲值青黃不接之際、各村農民、多有嗷嗷待哺者、縣長王公目擊時艱、惄然憂之、爲賑濟災黎計、特請准省方、開我義倉、共提出紅粮六千五百石、以一千五百石贈給各村貧乏之戶、以五千石貸與各中一

儲蓄、努力誘導一般業者加入儲金、關於儲金之指導、設國民儲蓄連聯會凡幹事、徹底實施運動並宣

公順號被竊賊光顧
損失約一千五百元
開具失單報警請求查找

近來市之竊盜案件層見迭出不鮮、警察當局爲期徹底一掃、邇來各署刑事以不眠不休總動員活躍之下、嚴加捕獲、不料仍有逍遙法外者、茲有道裡中國九道街公順號雜貨商經理王樂三、於前日晚散櫃後、各櫃夥即行睡眠、及至翌日午前六時許起床時見門戶大開、情知有異、立報告經理、急檢點室內一切物件、發覺衣架上之衣服散亂、並衣箱皆空、詳細檢查結果、計丟失白羊皮襖一件、價格約五百元、灰洋服料一件值五十元、灰風衣料一件值百元、狼皮襖一件、約十五元、白羊皮女半身皮襖一件值五十元、羊絨男皮領一件、約三十三元、洋服坎肩一件、約十五元、白花衣料一件、值十五元及其他共計三十六件、價值一千二百二十八元五角、此外尚有客人寄存之獺皮襖一件值三百元、總計損失約一千五百餘元、該事於發覺後、當即開具失單報告新城大街分所請求於竊賊嚴加搜查中云云、

南崗警署實施
檢查車輛乘金

南崗警察署、爲防止汽車馬車洋車夫等任意貪索乘客乘用金等弊發生、故於二十四日下午六時至九時、由全體警察官總動員之下、劃分四區、分別檢查管內馬車洋車汽車等一般乘用料金、以免外來顧客受其欺騙、凡違反公定價格者、皆嚴加處罰、並諭再有故意違反時定從嚴重罰辦云、

檢補之防疫陣外、對於一般市民及公務員以及接客業者均實施預防注射、不料哈鐵教育所分教所機關聞訊、急赴現場、將患者送水晶街臨時收容所隔離治療外、更將同宿舍居住者二百零七名、禁止出入嚴重消毒、一方該患者檢便、據該患者自稱於一個月前已經實施預防注射、惟此次之傳染經路頗堪注目、現下正銳意調查中、不料一波未平一波又起、新陽區撫順街門牌十八號住戶孫書建、年三十八歲、於數年前來哈以營商爲生、一家數口頗爲安樂、於二十二日下午忽患頭痛發燒、並腹痛難忍、當即臥床不起、繼而吐瀉不止、迄至二十三日下午四時許、病勢轉烈、立即死亡、市警防疫當及市立衛生救護隊聞訊立即赴現場、實施消毒、對死者之家族、實施隔離、關於死者之屍体、現正着手檢查是否眞性虎疫云云、

爲慰安鐵道從業員
哈鐵編成慰安列車

哈爾濱鐵道局、爲慰安偏僻地區各鐵道從業員、並獎勵其業務、向上之精神、定於九月十七日起至十二日間、編成慰安列車、赴北黑綏神各主要線路巡迴慰安、該慰安列車、計有食堂、生活必需品售賣車、電影演映娛樂車、以與其他各列車、由福祉係員數名同乘赴各地沿線實施慰安工作云云、

投江自殺遇救

道外十六道街住戶少女×淑芬年十九歲、現充道外北二道街福大酒社女招待、於二十三日下午六時許、不知因何事故自殺、[illegible]

始萌自殺之念、分所見此精神恍惚、頗爲可疑、現已備文送署、以便調查結果自殺原因云、

蔡縣長初度巡視

【寬甸】本縣縣長蔡遇春氏、到任伊始、對於應興應革事宜、莫不極力刷新整頓、近於八月上旬出發下鄉巡視計十二日間共帶同隨員、有吳行政科長、久野特務股長、李征收股長、弘報系主任季鵬官、以及協和會伊木事務長等、對管下各村行初度

三個開拓關係訓練所
同時盛大擧行開所式
日滿要人多數參加于省長致祝詞

爲開拓北滿之產業、特新設哈爾濱開拓民指導員訓練所、並開拓農民訓練所、滿洲開拓青年義勇隊嚮導訓練所共爲三個所、業已設置完了、故於二十五日午前八時、在該所會議室擧行三個所合同開所式典、當時在哈各日滿機關要人多數一致出席之下盛大擧行、式典完了後、由富永所長引導之下、分別參觀各所內外部之設備正午擧行午餐會、下午一時許擧行閱兵式、並運動會、更定於二十六日擧行開拓展覽會、其展覽品爲在各開拓地帶之各種出產農產物品等、當時擧行開所式典同時、由于省[illegible]談之祝詞云云、

小農戶、以濟眉急、前者不收回之役者限於一年加利一分償還此誠爲本縣之德政也各村農民聞之無不欣頌、現已將貸之者調查完竣、不日即可施放云、

萬聚源開始造酒

【遼中】萬聚源燒鍋、前以民食之故、曾經官府予以停閉、茲以各燒商所存之糧谷、均收腐爛損失堪虞、當經請准縣當局、復行釀造、已蒙允許、見以本城萬聚源燒鍋、現已正式開始釀酒云、

青牛斃主續訊

【海城本縣三區管界分水村、附村官屯、住戶趙維義、前報誤爲趙玉芝、被青牛觸斃一則、曾記前訊、茲趙維義、聞其戚屬養青犍一頭、價值三四百元、唯因孔有膂力、外人不敢買、緣此牛經官家調查、不准閹割、以備種牛戚家因等錢使用、若有買者、頗賤價出售、趙維義以爲有便宜可得、乃往常家溝、以國幣二百五十元買妥牽回、在村外牧放、因牛吃田禾、以棒擊之、此牛犍一時性起、從把趙維義觸傷、未到三日、則[illegible]死去、亦云慘矣、

濱江特刊

第四〇七號
盛京時報北滿總支社
社址 哈爾濱道裡地段街一號
電話四三四六番

興亞奉公

在神社舉行式典誌盛
同時實施協和義勇奉公隊訓練

九月一日爲興亞奉公日、協和會哈爾濱地區本部、爲謀盛大慶祝並對協和義勇奉公隊員團体實施訓練起見、經即通知各機關、學校、協和分會及義勇奉公隊、於九月一日午前八時三十分、一齊在哈爾濱神社境內集合、舉行禮典、規定如左、

一、修祓、
二、玉串奉奠
三、日滿兩國旗揭揚、合唱日滿國歌、
四、向日滿國旗 行最敬禮、
五、皇居遙拜、
六、帝宮遙拜、
七、對護國英靈默禱、
八、講話（由協和會哈爾濱省市本部各幹部、命務要員講述時事）
九、向日滿兩國旗行最敬禮、

八千八百八十萬元之儲蓄目標運動云云、

有妻不貞 乘機潛逃

道外北十六道街、門牌八十一號住戶泰倫藥房、執事人高英傑年二十九歲、生意頗稱不惡、其妻金雲秀年十八歲、生性風流不安於室、於八月三十一日乘高某外出之際、高金氏席捲潛逃無踪、待高某返宅發覺時、遍尋無着、立即至該管分報告請求查找云云、

非常時局下
趙署長訓示所屬
自肅自戒 克服時難

當此非常時局下、爲促進所屬官吏自肅自戒之哈爾濱專賣署長趙伯俊氏、爲使官民團結一致、克服時難爲目標、特於目前在該署樓上會議室、對全署全体

後、對於一切所計劃之事業、自然會克苦完成之、

▲自肅自戒

我們王道政體下的國家之官吏、現在已經日有向上邁進之良好情勢、但在此各股事業力求刷新之際物質供求不圓滑的時期中、我們哈爾濱專賣署上下官員終於自肅自戒、中對於北滿地方各種統治物資的配給尚屬可觀、並博得各方面之好評、這也是值得高興的、但是尚希望我們專賣署官員、更進一步之奮勉與自覺以明更進於光明、

△協和團結

關於民族協和是爲政府……所當……風尚之美風、並令在今時局非常時、我們更當精密團結、共濟時艱、如是協和團結之意義、望諸君部屬深切明瞭云云、

濱江省公署
開農產對策會議

濱江省公署爲伴同中央當局農產物之統制法實施爲期管下各縣市旗農產物統制陣容之强化、特定於九月十六日起至十九日止亘四日間、在省長官房會議室、召開農產物對策會議、現在積極準備一切議案、已分別通知各縣旗市副縣市旗長參事官屆時來哈參加會議云云、

國民儲蓄週間

【八面城】中央銀行郵政局及與農合作社、於八月廿七日起至九月二日間、於市內懸掛布旗、並於門前張貼佈告、目的爲鼓勵國民儲蓄、藉此以強國利民、並適應八億圓儲蓄之運動云、

物資配給圓滑
實施簿記台賬

【盖平】現在處於非常時局之下、各種物資、不無缺乏、以前雖力謀圓滑、終乏善策、以致弊端橫生奸商作祟、縣方有鑒及此處心積慮、考查對策、以謀今後物資配給之普及、結果計劃實施配給簿與台帳、各街村現已進行辦理每戶配給簿與戶口簿、彷彿此後無論何物、均須按配給簿之人數爲標準、持簿領物、注於台帳、互相對照、似此辦法、既無遺漏、又雜壟斷、當收決大之圓滑效果云、

船厨私帶紙幣
被警看破逮捕

【大連】大連汽船會社所有船青島丸廚夫、姜玉山年三十八歲、六月中旬

十、閉會（散隊）除舉行上述式典外、並在全市實施事項、
全市揭揚日滿兩國旗、當日又定爲貯蓄日、官民勵行儲蓄運動、
三、官民實踐一菜一飯徒步行路之節約報國運動、
四、勤勞作業、於國民儲蓄實踐週間之一日儲蓄日希望一般市民踴躍儲蓄、以便達成濱江省下職員訓話、茲將其訓話意旨摘錄如下、

▲强化体力

於今時局多事之秋、我們專賣署官員、於國計民生上、乃負有最重要之使命、而當上下一體振奮努力於事務、但在今酷暑之末氣候變遷不定、所以爲忠於興國大業、健康是爲最重大之問題、也是我們專署上下官員企謀向上的要件、決不可稍有忽視、我們每個人之體力增强之

增順昌私立公堂 膽敢昧良拘柜夥

公理尚在高恩春冤曲得雪

道裡中國十二道街增順昌百貨店、於前月中忽發生一幕損失不下約四萬元之驚人大竊盜案件、但因內幕非常複雜關係、故發生竊盜後、未曾報告警察當局查緝、茲將其中情形錄誌如下、增順昌百貨店財東爲中泰銀行行長徐中一、徐某之姪徐芳亭担任增順昌經理、徐之表姪田嘉章年十八歲担任該商號外務員、而田某雖有任外務員之技能、然因年幼關係、受徐某百般之愚弄、將田之一切家產、完全收歸徐之一手掌握、徐某茲將田之家產收歸後、對田某遂加脅迫、因此田嘉章始監取該商店之貨物、業已經過數次終未發覺、迄於日前始行發覺後、經詳細點查被失貨物結果、乃判明損失約三四萬元之洋服料子及各種貴重布疋、而徐中一、因與田某有親戚關係恐將事實傳出、故特命田某誣賴以前增順昌柜夥高恩春竊盜、田某爲了個人脫出法網、並受徐中一之暗中嗾使、誣爲高某竊盜、徐中一不顧天良、即將高恩春私行監禁在中泰銀行內、加以打罵、逼迫高某承認竊盜始行、幸高恩春之親友聞知赶到、與徐中一理論、要以法律解决、徐情知理缺乃於前將高恩春釋放恢復自由行動云云、

實踐儲蓄 舉行運動週間

基於消費節約富家强國之運動、實施本年度國民實踐儲蓄週間、而哈爾濱市由商工金融合作社主催之下、於八月二十七日起至九月二日一週間、決定向八億元儲蓄目標邁進、特定提高利息、希望一般商民於實踐儲蓄週間內踴躍儲蓄、不但富家、並可達成非常時國家經濟政策云云、

張吉祥遇害

警當局正搜查中

於二十七日在梁家窩堡方包米地內、行路人發現滿人屍體一名、當即報告顧鄉屯署、山下司法係主任當與警察廳司法聯絡之下、由濱田司法及陳搜查股長等急赴現場檢驗結果、判明死者爲雜貨行商小販張吉祥年五十五歲登州李家屯人、頭部受有重傷數處、死後已經過數小時間、其懷中財物被劫一空、現下警察當局正努力搜查行兇暴漢中云云、

滿電營業所 勸誘市民裝燈

【溝幇子】滿電溝幇子營業所、主任鄭翰儒、於上月廿五日、奉到電業會社命令、率領全員出動嚴查燈戶、並努力向市民勸誘裝燈、非但裝燈費蠲除、每月之燈費、只收壹圓二角云、

河溝街坍塌橋樑 現正建築中

工費一万八千元月末竣工

自馬家溝河溝街橋樑曾於八月六日坍塌發生電車顚覆空前大慘案後、南崗至馬家溝間各種車輛通行禁止、交通極感不便、而哈爾濱市公署土木科當局有鑑及此爲建築該橋起見日前即從事拆除塌橋工作、近日以來晝夜赶修橋樑、特設浮橋通行車輛、該橋架設總工事費一萬八千元、幅圖爲五米五〇、長約二十八米、預定於九月末竣工云云、

密帶朝鮮銀行紙幣十元者九十四枚、五元者一枚、計金九百四十五元、送往上海、於滬地錢莊、換得天津法租界之匯票千三十四元、復帶歸大連、賣與住東鄉町孔某、得金千八十五元、計獲利金百四十元、七月中旬、又帶鮮幣十元者十六枚、日本銀行紙幣五毛者二百枚、計金七百元、以同樣手段、賣得金七百八十四元、得利金八十四元、本月二十日晨、又帶金二千五百十二元五毛、欲登青島丸時、被水上署員看破、當爲拘捕、略經審訊即押留該署云

濱江特刊

第四〇九號

盛京時報北滿總支社
社址　哈爾濱道裡地段街一號
電話四三四六番

之單身者票共三件共填寫事項計有姓名以下共十五項

四、申告書上附有記載例除由調查員擔任各別指導外並由指導員及區事務所擔任總體的指導

五、爲調查便利計前曾佈告各戶主揭出門標在案各戶應即於該標牌上填寫戶長（世帶主）之住所（於木製標板上（約橫幅八糎縱長二〇糎）從速揭於門外易見處所並右例外同一建築物中爲數戶（數世帶）內寓時其房主或爲管理者應將各戶按番號一括連名寫於一大表板上揭出

六、本調查嚴守秘密絕無損傷申告者之人格或涉及課稅關係等情事務希質直正確以申告之

七、各戶所養之犬於九月五日以後務須鎖繫或出以其他處置免於調查時發生危害事故

八、對於本調查阻障職務執行者、不申告者、不實申告者依國勢調查法第十四條處罰

九一八事變紀念 舉行慶祝式典

九一八爲滿洲事變紀念日、協和會哈爾濱地區本部、爲喚起五十萬市民對於九一八事變紀念日徹底之認識、舉行慶祝、於當日午前八時起、全市商民一律、揭揚國旗、同時對於各遊興場加以合理地之限制、以示斯日紀念之誠意精神、另外於午前十時三十分許、王兆屯忠靈塔內、舉行參拜式典日滿俄各團体學校機關市民多數參加、除各種行事外、各家庭及工場等集團場所於當日午前十時半、宜由各該家或商店執事人爲領率在自家內、自由舉行紀念行事、是以哈市于當日慶祝式典頗極隆重云

祀孔委員會 舉行秋丁祀孔

十一日爲秋丁祀孔之佳辰、濱江省於祀孔委員會主辦之下、嚴肅舉行、除祭祀當時由各團體機關學校一致參加典禮、並於十一日下午一時至五時、爲一般市民參拜時間、爲使各祭祀官禮儀純熟起見、曾於十日下午一時、先期令南崗文廟、實施演禮、結果成績極爲圓滿、於下午三時演禮完了、而十一日之本祭、自午前九時三十分起、祭崇聖祠、十時祭大成殿、共禮祭官氏名大成殿正獻官于鏡濤、大成殿東配分獻官源田松三大成殿西配分獻官劉澤漢大成殿東哲分獻官秋吉盛郎、大成殿西哲分獻官相馬龍雄、大成殿東廡分獻官范垂紳、大成殿西廡分獻官王賢偉以外配祭以及各執事人員均爲各機關首腦云云、

日滿俄代表等 赴京參加大會

九月十八日爲滿洲事變紀念日新京國都當局、爲慶祝紀元二千六百年及事變兩大紀念起見特在新京舉行紀元二千六百年慶祝國民動員全國大會、而哈爾濱市協和少年團、及日滿俄代表二十二名、前往參加、實踐訓練、以資國民精神之强化及建國精神之昂揚、並慶祝眞義之徹底、決定於十五日下午四時在青少訓練集合、合宿十六日午前七時二十分、由哈搭乘南下列車晉京參加大會云云

四家膠皮鞋店 停止配給貨品

當局對此四商仍在銳意調查中

哈爾濱市膠皮鞋販賣商、因乘膠皮鞋缺乏之機會、曾一度暴利出售、不但違反暴利取締並擾亂配給統制行爲、竟被經濟警察當局檢舉之四家膠皮鞋商、現下仍在銳意調查中、依當局之指令、對此四家暴利奸商、決加嚴

暴利受懲

特於十三日午前十時許在南崗國防會館會議室內舉行新經濟生活運動懇談會、當時出席參加者計有省市兩公署及其他關係機關代表特殊會社以及協和會中央本部實踐科並協和會哈爾濱地區本部等一致參集之下、共懇談事項如左、

一、時局認識之徹底

二、基於建國精神確立新經濟論理觀、

三、公私肅清完全刷新

職能登錄申告徹底
勞協會召開協議會

濱江省對于職能登錄、自實施以來經過績頗爲登良好爲謀今後更進一步徹底起見、特由勞工協會濱江省支部主辦之下、於十日午前十時、在省公署官房會議室、召集管下各縣旗協會關係者、舉行協議會、於下午四時許、始行散會、茲將協議經過情形誌錄如左、

當開會時、首由小泉屬官代表源田省次長致詞、以次勞工協會濱江省支部並哈爾濱指紋管理局指示事項、各縣旗概況報告、次勞工協會哈支部武林氏說明所管事項、並質疑應答、乃後爲事務協議、及懇談參加者、均皆嚴肅研究各種議案、關於將來登錄不申告者之摘發、而努力宣傳、使其登錄效果之發揚、促進迅速登錄、則登錄者之摘發、亦爲不名譽之事、故應積極協力使其急速登錄申告徹底云云、

國勢調查
十月一日開始

哈爾濱市臨時國勢調查部、以十月一日全國一齊實施國勢調查、然我國政府初次辦理關於人口情形民籍原簿資料、實在負有重大使命而且劃期的、本市市民的住居戶口關係、特別複雜、調查上的困難當亦非尋常之比、而以目下正在進行辦理對處之調查區的設定、調查機構之編成、及其他各般的準備希各位市民深明本調查的意義、詳閱以下各事項正確的申報爲要、茲將其注意各項、誌之於下、

一、本調查於康德七年十月一日（舊曆九月一日）午前零時實施之

二、對於各戶執行之調查事項計有（1）調查番號之設定（2）調查番號票之粘貼（3）準備調查照查表之作成（4）申告書用紙之配布（5）申告書之蒐集（6）申告完訖證之交付共六項

三、由戶長申告之事項計有（1）申告書甲號（2）申告書乙號之一家族票（3）申告書乙號之二

重處分、暫行停止膠皮鞋之配給、茲將被停止配給四家商店名稱如下、

一、道外升平街四五號固本商店、
二、哈爾濱市富錦街集生祥、
三、道裡中央大街松浦洋行、
四、道裡外國七道街加藤商店、

新經濟生活運動
舉開懇談會

協和會哈爾濱地區本部基於中央本部之指示、爲完成戰事時下之經濟体制同時並展開協和經濟建設運動、以便達成國民消費生活革新之運動兩大工作

四、國民貯蓄率之增進
五、物資活用及消費節約
六、勤勞的增進
七、資源之愛護
八、國產力的擴充及能率的增進
九、配給之圓滑及價格之合理化其外尚有臨時提議事項以及哈市現有之經濟情況而發生之問題云云

七期地方職員訓練生
入所式典誌盛

濱江省地方職員訓練所第七期訓練生、現職官公吏員日滿系八十二名於十日午前十時、在該所舉行入所式典、當時出席參加者、有于省長、源田省次長、劉民生廳長、秋吉警務廳長、范開拓廳長、相馬土木廳長、以下各科長並教官來賓訓練生等、一同入席後、即依式舉行式典本屆訓練生、共訓練科目如左、

一、建國精神
二、民族協和
三、官公吏道
四、精神訓話
五、勤勞訓練
六、日滿關係
七、世界狀勢
八、日滿語
九、組織法
十、登錄法
十一、警察法規
十二、教育並社會法規
十三、地方制定
十四、稅法
十五、交通法規
十六、經濟
十七、產業
十八、政策
十九、法令並公文書
二十、財務合計
二十一、珠算以上訓練時間日系三百三十八時間、滿系六百五十二時間云、

土木廳長
來縣視查

【法庫】本月六日奉天省溝江土木廳長、暨中山工務科長、松本都邑計劃科長等、乘鐵法汽車於上午十一時到縣、於下午一時由縣赴各村視察既建道路橋樑、於六時歸縣、至經此番視察、將來於縣道發展與指導地方建設頗待於七時許始返鐵嶺就歸途云

錦州第三區會議
來月十日開催

【阜新】錦州省第三區、阜新市、阜新警察廳、吐默特左、中、右各旗、彰武各市縣、第一回地區會議、擬於來月十、十一兩日、阜新市幹事在市公會堂開催第一日項目、各縣市提出之議案審議、第二日預定滿炭現場、及東染油田、視察屆時各縣旗正副縣長科長、多數出席此番會議意義頗屬重大云

濱江特刊

第四一二號

盛京時報北滿總支社
社址　哈爾濱道裡地段街一號
電話四三四六番

討論治水公債募集法
開滿俄委員懇談會
省長次長發表公債募集辦法談話

濱江省土地開發及治水事業監理委員會、爲順應產業開發及治水等事業遂行之徹底起見、特於二十四日下午五時許、在道裏賓樓飯店召開滿俄兩方委員懇談會、討論治水利民公債募集之辦法、當時出席參加者計有于濱江省長以次劉民生廳長范國哲廳長以及關係各科股長等外與哈爾濱商工公會會長、並地方官民有力者約四十餘名、首由于省長說明本治水利民公債募集之趣旨然後開始歡宴、於下午八時許方始散宴、茲將于省長談話誌錄如下、

本年六月經國會議決定而公表之濱江省防水開發事業爲中央地方成爲一體鋭意準備最近預算業已所貢獻者甚大此係周知之事業、一切本事業遂行所需資金之一億六千萬圓資金之大部分將必散布於本省內利潤哈爾濱之市民與縣旗民矣、由此觀之、本事業直接間接所與省民利之處本不在少、敝人以爲如斯增進省民共同之福祉、除抑省民共同災害之事業惟以省民共同之力、方可成就者也、如依賴他人之力即使需時數年、數十年、亦決不能解決、而年年歲歲、尤不得不恐怖於水災日爲救助罹災者、與災害復田省民直接間接、更不得不担負莫大之安費矣、因中央亦有所促使、對於本事業遂行所要之一億六千萬圓資金之中、須省民調達之七千五百萬圓、則發行省公債、在所能範圍內、樹立省內募集調達計劃、決議斷行本事業爲本明年度所要資金則發行募集二千萬圓、本事業最初雖需鉅資、但二十萬圓之資金調達、如能順利遂行而工事能按預定進行時處分、所得土地獲得資金、將必不難、必能順利進行未必即需七千五百之多、當有相當減少之可能性矣、故最初之資金調達成功與否、實本事業成否之關鍵、亦省民負担輕重之分岐點也、今春以來、哈爾濱市屢起火災、蒙受莫大損害、其滲濟光影當尤歷之、此亦全因水道設備不安備之故也、當局預測去年水荒之再來、兼圖市民保健衛生及哈爾濱工業發展之基礎立以七百二十萬圓之總工費、樹立五年計劃、企圖上水道之根本擴充、然因政府資金計劃、暫不許可起債事業、實陷於滯澁狀態、而有許多困難、於此則擬將本年度明年度之起債額三百萬圓、由本公債二千萬元之中通融一時、按水道建工事項定進行之關於公債之發行使在哈爾濱各銀行結成爲銀行團承辦該證券市場之育成及發達、但此事業乃我國最初之試舉、必須用全智全能、以期募集工作之萬全爲要、因此以民間有力者爲委員、組織募集『監理委員會』、煩懇立案審議、且希與銀行團結爲一體、依實際工作而期募集之圓滿遂行者愛鄉心、發勇奉公除之爲首期募債事業之成果以防水開發事業之完成以省民福利之增進不已者也云同時源田省次長外於地方公債之募集亦有懇切之談話云、

道德支會開催
第五週講演會

【熊岳】本城道德支會、於本月二十五日、開催第五週講演大會、先期於街市各通衢、高懸濃墨大書特書曰、歡迎講演山字、並函達各機關各團體奉照、期限自二十五日起至二十七日止、共三日間並由新京總會、及奉天總分會、蓋平分會等處、聘到馬大臣、（現充總會總裁）及秦方海瀾、雅坤二女士、陳儲生劉仁溥馮波淸三君、擔任講演、第一日開會時、首由李生純長報告開會宗旨、次由段亭實理事長報告會務、及

決定防水關係局之官制及陣容亦行內定、不日則可開始活動、一切準備均行就緒矣、爲調聚本年度及明年度本事業所要資金首先決定第一次發行二千萬圓之公債、本日即公佈、此所關要諸法令、與其他一切本事業於以此年年所受一千五百萬圓水害之同時並圖劃十二萬餘陌之澤田、其發展前途大增計劃進行

一掃暴利奸商
徹底勵行明碼

哈爾濱警察廳經濟保安科、爲謀徹底掃清暴利奸商惡徒、以期確保市民生活安定、對於自去年實施之物品明碼制度、決定徹底勵行、以免奸商暴利徒肆出售物品遂意騰漲價格等、因此現已分別通知各警察署、轉告管內一般商民今後凡有故意違反者、決定一照暴利嚴重處罰不貸云云、

也、如上所述本事業非特爲我濱江省之極重大之事業、亦向來以解決至非目視此事之我滿洲國之翹期的大事業也、由此之成功、實與地方產業開發上、我國金融界革新上、以極大之好影響、並能成爲我國一大問題之水害問題、治水問題、解決之指針矣、故希軍官民各方面、賜以全面協力、基於全省民之

每年化費出入情形、三由馮大臣講演道德眞義、及建國精神、四由各代表講演、並每日下午七時至十時表演新劇、每日聽講者時間約在千人、晚間約四千餘人、由此可見人心向善、亦足見道德感人之速云、

市公署教育科
舉行初等教師檢定
定於十一月上旬在哈四處實施

【哈爾濱】哈爾濱市公署教育科遵照濱江省民生廳教育當局規定之省下第三回初等教師檢定規程將於本年十一月上旬在哈爾濱以次四處執行初等教師教導檢定目前已經開始接受申請者願書採誌其規定如左記、

一、檢定種類、分爲學力、性行、體格等檢查爲重

二、申報資格報名者年齡須在十七歲以上畢業於國民高等學校或認爲與此有同等學力程度者、

三、申報期間、自康德七年九月下旬至十月十五日

四、施行日期、定康德七年十一月上旬於收到願書後另函通知本人

五、施行方法及學科項目

1、學力試驗分必須科及選科兩種但有優良成績証明書之各科目得省略檢定之其科目規定如左、

△必須科、國民道德、教育、國語（滿語、日語）歷史、地理、理科數學、體育、

△選修科男子由實業（農業、商業）手工、音樂、四科中任選二科女子由圖畫、手工、音樂、家事、裁縫手藝五科中任選二科

2、性行考査、右爲對於現職教師由縣旗市長行之彙總連同其他書類一併呈報省長至非現職者、則於檢定時實施之

3、身體檢查於提出願書時連同附帶官公立醫師之身體檢查書

六、施行地及其範圍、第一試場哈爾濱市範圍爲哈爾濱市、双城、阿城、呼蘭、賓、五常 第二試場肇東縣範圍肇東、蘭西、青岡、肇州、安達、郭後旗 第三試場、巴彥縣範圍巴彥木蘭、東興、第四試場、珠河縣範圍珠河、延壽葦河

七、報名手續將各種証明文件連同書類逕寄各試場所在地教育關係機關並每名付交受驗費國幣之人參考事項令

1、初等教育教諭檢定之學力試驗科目在男子並照師道學校之學科目其程度以師道學校畢業者爲標準在女子準照女子國民高等學校、本科及師道科之學科目其程度以女子國民高等學校及同師道科學力爲標準

2、初等教育指導之檢定學力試驗科目並照師道學校特修科之學力爲準

3、受驗者雖未及格而其受驗科目中有成績優良者對於該學科目授與成績優良証明書受有前記証明書者如再申請初等教師學力試驗之檢定試驗時限五年以內省略其証明書中所載科目

4、哈爾濱市地方師道訓練所畢業者在初等教諭時依康德五年六月二十五日民生部令第七十四號關於初等教育教諭學力試驗檢定之學科目中得如左記省略之國民道德、教育國語、實業圖畫手工、體育、音樂、

5、對於初等教育教諭檢定合格者、授與初等教諭第二種許可狀、

6、白系俄國之檢定志願者其受驗科目之國語係俄語在其他學科目與滿握者同惟均以俄語答卷、

7、日系教師國語爲日語

8、滿系教師對其受於科目中國語之一科雖規定有滿語日語但其不瞭日語者得暫省略至欲日勵受驗者、不在此限且其分數如能及格亦可補充其他不及格之另一科目云、

濱江特刊

第四一三號

盛京時報北滿總支社
社址 哈爾濱道裡地段街一號
電話四三四六番

克服時艱

在哈有志日本人 組織自肅自戒委員會

在哈日本人有志者、基於日本新體制、以向東亞新秩序建設途上邁進克服聖戰爲目的、使在哈日本人之槍後生活、毫無遺憾、以市民自肅之運動計、經逐次協議結果、將於最近結成自肅委員會、同時聘請柳田特務機關長、大迫部隊長、久保田總領事、濱口海軍武官等爲顧問、以昂揚槍後奉公之眞髓、喚起民族之自覺運動爲目標、其委員會要綱概誌如左、

（一）組織自肅自戒委員會、

（二）在自肅委員會下設立自肅委員會幹事會、並自肅輔導隊、

（三）構成並運營、1自肅委員會由軍官民代表組織之、担當運動之展開並企畫立案2顧問任本運動

所、理髮店、百貨店、浴場、電影院等、揭示自肅自戒字樣之大標語、更爲滲透於各家庭間印刷物、一方聯絡學校、各機關等、舉開懇談會、國防婦人會、亦味應此旨、召開各會長會議、至料理屋旅館飲食店咖啡店舞場、劇場等、基於當局之指示、努力使業者自肅自戒、自體上宣傳徹底、

●●●●●●對取締當局要望事項

（1）料理店特殊飲食店咖啡店、酒場等營業關係至下午十一時半停止並新規營業者、持不許可之方針、

（2）飲酒每人最大限度二合或啤酒三瓶程度努力節酒、

（3）、接客婦關係、抑制新規就業者、及無限制雇入者、伴客外遊之禁止、奢侈美裝之禁止、貴重品裝飾使用、

（4、）劇場映畫館關係場內禁煙、由警察官指示下勵行、中小學生除文化映畫之外、入場禁止、

●●●●一般市民關係

各機關諸團體實施朝禮朝起勵行掃掃、不急不要之奢侈品購買使用之抑制、虛禮廢止、不要不急自動車運行、（不問營業用或自家用車）之禁止、合機關自家用車之宴會場、娛樂場行之禁止、婦人之極端傾向模倣歐風之禁止、結婚喪葬等儀式伴同飲酒之禁止、並嚴廢止互贈之[illegible]、自[illegible]合時間之嚴守、

●●●商店關係

（一）限制販賣二、包裝紙之簡易化三奢侈品賣買之禁止、

●●●●學校關係

（一）學生蓄長髮、飲酒吃煙之禁止、

（二）小學校上級學生通學生赴校退校步行、

（三）學用品徹底節約等

右各項將來由在哈日本人自肅運動委員會經充分懇議後、即行實施、但或不免多少變更云云、

協會中央副部長 檢閱奉公隊

爲查閱奉公隊總隊狀況、協和會中央本部副部長金子定一氏特代理中央本部長丁鑑修氏、於昨來哈、實施檢閱、業於十月三日午前九時、在八區運動場、擧行綜合査閱、全市所有義勇奉公分隊、爲皆參與檢閱後並致訓示云、

讀書識字運動 全省擴大擧行

因爲文盲太多

介紹、並開展覽會（對於與地方有關係之傳記等及有興趣於地方民之良書尤須留意、（7）其他於現地對於民衆於實際生活上痛感識字之必要性、及使感於讀書有興趣之方策、須充分設法（8）關於國民學校生徒之識字及讀書作文募集、其作文募集、以國民學校所募集之作文中選定優秀作文、日滿蒙三點以內、由省集總於十一月十五日以前送部、對於優秀作品、由作文募集之、國民學校自行授與賞品、由部選定全國之代表

全般之組織上指導統轄、3自肅幹事會由多數日系者具有主要職場或組合中選出、依委員會之指導統合所職場組合員慾惡、徹底的自肅自戒、投當積極的修養練磨指導4自肅自戒輔導隊、依各地域別編成之由委員會發給所屬地域之識別以表明其身份、

●●●●自肅運動細目●

（一）宣傳方法、利用新聞無線電廣播、努力喚起職場者之反省自覺、及時局之認識、並頒佈傳單向各機關諸團體各種營業

濱江省公署奉中央民生部命令、因滿洲國人文盲過多、爲促進讀書識字思想、實有識字必要、爲期涵養其讀書知識、故定於十月七日起至十三日止、全國一致實施識字運動週間、故濱江省民生廳、依據左記實施計劃舉行識字運動週間、其要領誌錄如左

一、要旨使文盲者認識識字之必要性、以釀成向學之機運與以指導之、使識字者高揚對於讀書之關心、並涵養有良書之興趣以期智識之向上發達、同時並使把握健全之思想、

二、實施期間、自十月七日至十月十三日止

三、實施機關、圖書館民衆教育館、民衆講習所國民學校、協和會、及與各種教化團体協力實施之、

四、實施事項參考下列事項、於現地樹立適當之計畫實施之、（1）由國民學校生徒、民衆講習所學生、及青年訓練所學生轉使文盲者認識字之必要性、並設法勸誘入識字機關就學（2）平素對於識字事業有功勞者調查後、由省表彰之、（3）圖書館無料入場（期間內）（4）開座談會及講習會（5）配布宣傳印刷物、（壁畫由本部印刷分發）（6）優良圖書之推薦及作文日滿蒙文各數點、對於當選者、授與賞狀並對於當選者之所屬學校、授與獎狀、由部將當選作文適宜發表之、（9）無線電放送計劃在新京於該週間內預定實施、全滿放送而在放送局所在地之地方、亦應照宜計畫之

國勢調查毫無遺漏

在押犯人亦已申報

十月一日午前零時實施全國臨時國勢調查、經過調查結果、一般商民全部申告完了、惟一般各犯罪人留置於各警察署及警察廳因無戶主無法申報、所以由警察廳長及警察署長爲戶主、擴寫申報、茲將警察廳及警察署所留置人數及國籍別、探錄如左、

△警察廳

日本內地人三名朝鮮人二二名滿人七一名俄人六名總計一〇二名

△正陽署

日本內地人一名朝鮮人六名滿人七十三名總計八〇名、

△經緯署

日本內地人九名朝鮮人四名滿人二九名俄人三名總計四五名

△南崗署

日滿俄人四六名、

以上各犯人、由警察廳鹿毛司法科長坂元經緯署長劉正陽署長南崗鈴木署長等爲戶主、分別申報、以順利國勢調查云云、

哈附近匪團槍械

已被起出

日前本市三棵樹洋灰窯附近一帶、忽然發生股匪正陽署據得情報、會組織討伐隊急遽出動前往兜剿結果卒將該匪團擊滅、惟其槍械埋藏處所、不得而知、後經正陽署司法系全體刑事總動員緝查、始判明匪徒槍彈完全埋藏於江北草叢中、於是由該署司法系當即率領十餘名刑事特赴江北岸搜查結果、在八號標附近之江岸草叢中發現大槍六支、子彈三百三十餘粒、遂行凱旋云云、

學童競技大會

三十四校參加

大北報主辦八區運場舉行

大北新報社與哈爾濱市公署教育科共同主辦之下、於五日正午在八區運動場、舉行哈爾濱市學童陸上競技大會、當時參加國民校及優級學校共計三十四校、男女學童選手、四百八十六名總計參加學童不下一萬五千餘名、實爲空前之盛況云、

學生奉公隊

舉行解散

哈爾濱市公署國勢調查部、爲期國勢調查之徹底使無遺漏計、曾召集哈爾濱市中學生、組織臨時國勢調查奉公隊、分佈在市內各個國勢調查問事處、輔助國勢調查員工作並指導一般不徹底市民塡寫申報書、結果成績非常良好、此次實施之國勢調查、已於十月一日業已申告完了所以於一日下午四時許在哈爾濱市公署四階樓上會議室、舉行學生奉公隊解散式典、當時參加者到有調查本部劉民生廳長、及山口副市長等、於高呼日滿兩帝國萬歲三呼外、即行解散云、

老翁納妾

三十六棚住戶張某者年四十五歲、河北省保抵縣人、素性荒蕩不羈、煙花柳巷不時發現其足跡、張某曾於去年春季託伊友人介紹以國幣五百元、娶薛永利之長女薛慧珠年十六歲爲妻、不料自結婚後、慧珠忽發覺其夫在河北家內尙有髮妻、即對其丈夫非常不滿、而張某依然隱瞞堅不承認、事隔數月慧珠日漸疏忽不甚追究、張某遂行放心、詎知好事多魔、張某在哈納妾、消息傳到其家髮妻耳中、於數日前張之髮妻由河北來哈尋夫、妻妾見面分外眼紅双方會發生幾度衝突慧珠始知被騙但只可居妾位

濱江特刊

第四一四號

盛京時報北滿總支社
社址 哈爾濱道裡地段街一號
電話四三四六番

謀協和運動徹底　希市民極力活躍

半田本部長對記者團發表談話

協和會哈爾濱地區本部長半田敏治氏、爲謀協和運動之徹底、希一般市民極力從事協和運動活躍、以期達成協和精神、計於九日午前十一時、在該部會議室、與在哈日滿俄記者團、發表談話如左、

協和運動、雖然已經有了八九年的歷史、可是總沒有達到我們希望的程度、也可以說是還啓蒙時期、所以、關於今後的協和運動、不限於協和會員、就是一般百姓、也希望認識着這種運動、以便達成我們的使命、但、現在因爲在哈爾濱市內住有許多民族的人、其中定有的人、對於協和運動、尚不能徹底認識、關於這一點、希望各新聞社當局協助、擴大宣傳、本部實在感謝、

館內、將以滿人爲中心、展開有力的協和運動、至於担當指導責任者本部方面已經決定由張參事出頭、至於南崗、道裡、馬家溝地方之地域別分會、因諸關係決定於明年三月間成立、每一地域別分會之懲辦事務、由本部與市公署及警察廳兩關係機關聯絡完了、決不能發生不便之處、再有建國神廟之參拜、由大北新報、哈爾濱日日新聞、俄文時報、市公署、哈鐵道局、商工公會主辦之下、第一次預

日本紀元二千六百年慶祝會奉天、新京等地已經先後舉行完了、而哈爾濱計劃在近日內連續舉行、第一日爲慶祝講演電影會第二日提燈遊行云云

市明年預算

達三千五百萬圓

哈爾濱市公署當局、爲謀市政躍進之發展、對於明年度的預算、因時値當此非常時局之下、並物價之昂騰、決定以抑制方針、故集合各科之要求額中、大約已達三千五百萬圓之譜、現下對於上述之要求額、進行本格的査定中云云、

滿鐵社員會

組成自肅輔導隊

嚴格實施自肅自戒

當此非常時局下、在哈官民爲表示槍後支援之赤誠、官民一致協力展開自

勵行職務中節煙、（五）自制事項（1）不出入咖啡館、舞場料理

暢行、（牛?）他民族集合之場所、嚴禁非日本人態度、（八）、結婚式宜簡素嚴肅、廢除飲酒及茶菓等不當之消耗、（九）葬儀宜簡素、香奠費宜減少、更廢止虛禮贈與等云云、

△虐待幼女▽

道外小六道街九十四號十八戶住戶岳勳學年四十五歲、經營木業、年來頗獲厚利、故有相當積蓄、其妻方氏二年前因病逝世、遺有一女、名小花、年僅五歲、岳某因髮妻死去、家務缺人料理、並不堪個人寂寞、頗感無趣、故於年前託友人之介紹、娶得山海關白姓女子爲繼室白氏年二十三歲、雖姿容秀麗、生性刁惡異常、自過門後、岳某非常對其寵愛、言聽計從、詎知白氏故本刁悍再經其丈夫之寵愛、刁惡性質更甚、對於方氏所遺下之五歲幼女小花視如眼中釘、每逢藉端非打即罵、以致打得小花遍体鱗傷、其隣居見小花被其虐待毒打、均抱不平、因此異口同音稱其刁婦、於九日下午一時、白氏又行暴打小花、將小花打得面部青腫事被小花伯母宋氏聞聲赶到現場勸解多時、乘白氏不備之際、將小花抱至東陽署、請求保護、當經東陽署直轄派出所、將岳某傳至、審訊

為求會務運動的徹底、現在本部方面更計劃或立地域別分會、首先對道外之地域別分會、已經籌備妥善、設於正陽街三江會定為本月二十七日、日滿俄鮮人二百五十名、在領導者引率之下、赴新京參拜、第二次 在十一月三日、

肅自戒運動、而滿鐵社員會已蹶起參加以便促進社員自肅自戒、凡左記諸事項、即刻實施、並由聯合會役員分會代表、及所屬青年隊役員、組成自肅戒輔導隊、以便實施左記事項、
（一）、勵行徒步行進禁止乘用代步馬車、
（二）時間嚴守、
（三）服裝之整正
（1）禁止婦人極端模倣歐風、（2）禁止浴衣之外出、
（四）節煙節酒、
1、禁止白晝飲酒、2、

店、（2）不作打麻雀牌或賽馬之賭博、
（六）極力抑制宴會等應酬更絕對廢止二次會、
（七）嚴禁醉酒放形於街頭、及高聲喊唱等、酒

結果供出如左、岳勤學四十五歲河北省深縣人、因每日忙於商事、故對於小花之保養、悉由白氏料理、嗣經徐所長詳加調查屬實當 令岳某嗣後須嚴防白氏、不得再有虐待情形云、

悽慘

火車與馬車衝突　人傷馬斃

馬家溝中和街住戶趙華年三十三歲、以赶馬車為業、於九日午前五時許、赶馬車行經濱綏線大房身附近鐵道處、突與向哈爾濱急馳中之三九一二列車發生正面衝突、結果將駕馬車二匹馬輒得血肉橫飛、車夫趙某左肩部及胸部亦受有相當重傷、當經抬送醫院應急治療、約需三週間始能全愈、無有生命之危險亦可謂不幸中之大幸云云、

協和會省本部　開青年指導會議

協和會濱江省本部、為研究省下青年劃期事業、並防水及土地 開發事業等、特定於十日午前十時召開協和青少年指導連絡會議、以便結成協和青年勤勞奉仕團之件、及青少年運動指導計劃、青少年指導幹事會結成之件加以協議云、

本月十四日起正式實施

伴同汽油統制强化　交通路線從新變更

電車汽車廢止多數停留場

哈爾濱市交通會社、為伴隨汽油統制之强化、並打開交通之難關、故於九月末日在道裡商工公會曾開交通緩和懇談會、同時採取市內運行公衆汽車重點主義、對於汽車線路斷行變更、並廢止多處停留場、於八日下午一時、由加藤憲兵隊長、山口副市長、警察廳園田副總長、加藤商工公會副會長、以及各關係機關市民等多數代表參列之下、舉行協議會、所討論交通問題、待經監督官廳認可後、最晚由十月十四日起實行、即將大汽車路線變更、如將警察街宣化街之間變更為秋林東治街間、八系統桃花 巷草 料街間、新設透籠街陸軍街中間之系統、其他 第八系統、九系統、十三系統、運行不停車、至于 三、四、五、六、十、各系統、則行休止、此外對於電車、更極力運行、以圖回數之增加、更縮減停留場、茲將變更路線誌錄如下、

△大汽車站變更

△一系統、秋林、協和街、比樂街、教堂街、車站街、

△二系統、警察街、商店街、霞曼街、新城大街、地段街、田地街、霽虹、秋林、

△七系統、新城大街、地段街、一面街、南馬路、桃花巷、顯道街、五道街、九道街、十四道街、十六道街、

△八系統、桃花巷、草料街（急行車途 中不停車）、

△八系統、透籠街、田地街、霽虹街、哈爾濱驛、中央寺院、永和街、通道街、文昌街、靖國街、陸軍街、

△九系統、桃花巷、新城大街、鄉里街（新城大街鄉里街間急行）、

△十一系統、新城大街、中央大街、安寧街、安廣街、新國路、新民街、河溝街、

△十二系統、秋林、海拉爾街、大直街、極樂街、陸軍病院、

△十三系統、十六道街、三棵樹（急行車、途中不停止）、

△大趙家綫、鄉里街、金山保、小三姓、薛家屯、大趙家、

△滿拓線、透籠街、哈爾濱驛、靖國路、草料街、種馬場、開拓訓練所、

△磨電車站變更

△一系統、警察街、公園、新城大街、經緯街、霽虹街、霽虹廣場、哈爾濱驛、中央寺院、中和街、教堂街、通道路、文明街

△二系統、中央寺院、鐵道局教化廣場、曲線街

△三系統、哈爾濱驛、霽虹廣場、警察廳、南極街、南馬路、桃花巷、景陽街、北三道街、北七道街、北十二道街、北十六道街、十六道街、此次變更、頗堪注目、一般乘客、更應認清、否則恐有錯誤發生云、

濱江特刊

第四一五一號

盛京時報北滿總支社
社址　哈爾濱道里
地段街一號
電話四三四六番

市組成特殊防衛分隊
擔當動員工作

哈爾濱市公署爲對處戰時下之防衛工作、特編成哈爾濱市公署特殊防衛分隊、屆時全署職員之總動員、對於自体防衛上作徹底之認識、其編成目的及任務區如左、

▲目的及方針

（一）當戰時事變及其他非常事態發生時、對被害力求防止、及減輕目的

（二）關於防衛重點之順序爲御容及勅語之奉安警備、防火、防毒、救護、避難等工作、

（三）爲明右目的之達成、特組成市署特殊防衛分隊、

（四）各附屬機關、準用本計劃爲彼之編成、隸屬於本隊、

▲編成及任務區分

（一）本分隊編成及任務區如左、

（二）本分隊本部置於官庶務科、

▲集結配置及一般注意事

（四）各組各係交替時間由分隊長命令之

△特殊指示場合、雖第一組出動第二組第三組亦取待機之勢

△各科長於所屬職員中村分隊員缺勤者補充得時將其氏名通知分隊長、

市公園股
建築公園

哈爾濱市公署公園股鑒於江北方面、每年夏季遊人如闘、爲助成一般遊人避暑及興趣起見、特於本年度、以三萬五千元經費、在江北極樂村處、建造公園之計劃、因此村由由民娘九衛起於公園行之步道、現正着工建築中、該道路幅圓四米、現由田園地帶開通六米寬之通路、道路兩旁栽植樹木、預定於十一月中完竣工程、於明年度起歸始各種之設備云云、

防遏百斯篤
省開防疫會

當此各地百斯篤傷染病猖獗之際、偶一不愼即易傳染濱江省公署當局有鑒及此、爲謀徹底防止百斯篤侵入哈市、現正努力防疫中、於十四日下午二時、在民生廳保健科會議室內、召集市警軍部赤十字醫院市立醫院以及關係調査班、此外對赴新京之旅行者、須有百斯篤預防注射證、否則雖到新京亦不准許事云云、

協和會人事異動

【依蘭】協和會地區本部、高木事務長、爲整理會務計、已有如下之人事更動、聞以將双河鎮協和會分會駐在員・部員劉松山氏、調回本部辦事、遺缺另派他人前往接充、又因會務日繁添購打字機壹台、對於打字員、將不日招考云、

協會依蘭地區
本部機構改革

【依蘭】協和會縣本部自今年五月間、桑子事務長升任省事務長、依蘭遺缺並未派員接充、至六月間、高木事務長接事以來、諸般計劃、無不刷新整理、對於內部機構改革非常完善、如辦公室從新修理、無線電放送器之安設等、人事之佈置、不遺餘力、聞對於縣城分會、不日將有根本之改革云、

奉迎國本大詔
李縣長一行歸來矣

【訥河】前於月之十七日爲奉迎國本奠定詔書而赴省之李縣長、及姜教育股長、已於十九日午十二時五十三分、在整齊列隊驛頭之各校學生、及地方各機關首領之敬謹奉迎裏而歸來矣、據聞此國本奠詔書、將於最近向各學定校傳達而隆重舉行式典云、

吏員訓練延期

【開通】本縣爲期街村吏員素質向上計、俾訂於二十二日起、遴選各街村優秀者、實施一個月間講習訓練、唯當各員行將入所之際、因故竟而延期開課云、

強制癮者入院數

【西安】西安縣立康生院新院落成、其戒療室能容癮者約一百餘人、縣當局警察責任者、本諸鴉片斷禁之國策、近日來強制癮者往康生院中戒癮、此期規定爲七十五人入院療戒、現已達入院者五十餘人、不日即能足額、新戒療室清潔寬廣、鄭院長、馬醫官、對於癮者療戒甚爲注意、寄語癮者勿存觀望早爲入院戒除云

放送局歡宴各界

【錦州】放送局長永里正德氏、茲爲値此全滿放送聽取者三十萬戶、突破紀念起見、經該局定于十二日、午后六時、假滿洲飯店、開催歡宴新聞雜誌、及關係者懇談紀念大會、各界關係者、至期均行出席、參與紀念當時實

項、（一）對防衛下令時、除執務時限外、全分隊職員立即集合、對應召者、如遲到時絕對處罰、（二）本署分隊員、集合位置除特別指示外如左記、分隊本部官房庶務科長室、警報係、官房庶務設警備係、廳舍外正面道路防火係、同右防毒係、同右救護係、同右避難係、同右用度係、一階守衛室、▲分隊員編成（一）一、二、三、各組使交替勤務、（二）分隊長全部統理兼第一組長、副分隊長、分隊長補佐分隊長、如有事故時、代理其職務、副分隊長兼第二組第三組長（三）各係置係長一名及副係長二名助理系長指揮所屬員司

機關代表等出席之下開防疫委員會、以日前赴新京調查百斯篤發生狀況及防疫狀況而爲哈之丸田市防疫股長、顯原警察廳技佐兩氏之報告爲中心、徹底協議防疫對策、當經決定者、在省公署設置省防疫本部、在市公署設市防疫本部、由軍警憲等援助之下、特組織診療班、檢菌班注射班、消毒班、戶口

召開醫師講演會
樹立防疫對策

哈爾濱警察廳當局、現鑑於新京方面百斯篤傳染病蔓延激烈、爲謀防止侵入哈市、會與各機關聯絡之下、準備樹立防疫政策、現在具體案大致完備、該廳爲使防疫之完璧、特定於本月十九日下午一時在道裡水道街第二國民高等學校講堂內、召集全市日滿鮮俄醫師、舉開防疫講演大會、並指示醫師、在防疫工作上之任務與各醫師當局的各種防疫工作云云、

黑籍末路
爲確謀鴉片斷禁
組成煙務搜查班

哈爾濱市警兩當局、爲伴同政府當局鴉片十年斷禁政策遂行之强化、以期達成禁煙之使命、故與各警察署煙務關係者一致協力之下實施市內鴉片斷禁自肅自戒周間、對於一般不良滿鮮人販賣麻藥及鴉片者並不正癮者大肆搜查、頗收相當效果、現仍斷行從事搜索中、以期對於哈市鴉片斷禁政策較得相當效果云、

利用兒童竊盜
被警一網打盡

年來市內滿俄兒童竊盜團、不時發生、曾被警察當局一度破獲、業已斂跡久矣、不料近來市內又行發現兒童竊盜團之活躍、不幸賊星不旺竟被逮捕、茲將經過情形探錄如下、

滿人耿德盛於十七日下午一時三十分許、由火車站乘第三等號電車赴道外、在道外北頭道街電車停留場降車之際、忽然發覺懷表被人竊去、急赴一面街分所報告、警網丟失懷表之當時、似屬幼童所竊、警長小川及警士郭世忠據報急赴現場搜查、當場逮捕容疑孟繁年十四歲、現住道外十五道街玉花棧、經帶至分所審訊結果、供稱行竊不諱、並供出同夥犯數名、該所據供即令該犯引導赴各棧搜查結果、先行逮捕馬麗生年十三歲住太古九道街太陽棧、劉善亭年十四歲、住十五道街玉花棧、當將四犯逮捕帶至分所、經一度審訊確認其組織之竊盜團、據四犯供出如左、

△組織竊盜團之陰謀

緣因近來各警所所捕獲之竊盜犯、蓋皆爲幼童、該幼童等乃利用法律、而未屆成年之兒童、雖一旦被捕、亦無何重大關係因而該團、每在街頭發現依無靠流浪兒童時、即勸誘其參加竊盜無論如何、須聽其指揮、稍不如意即行威嚇、並加暴行、每日見其竊盜頭時、須將衣袋任其搜查、如竊不來金錢物品、必遭其白眼、所以市內家庭不教之兒童最易被引誘加入、該所審畢後、即赴竊盜大本營之大觀園南門外路西三階樓上、逮捕主犯于鳳山年二十九歲、山東齊光縣人、馮通海年二十八歲、河北省人、從犯趙榮順年十八歲、山東黃縣人、住洪昇棧、一併逮捕備文送交司法系處罰嗣云云、

主歡宴一堂、盃盤交錯、呈空前盛況云、

揚武校重勞作

【營口】市公立揚武國民學校、校長劉全功氏、服務教育界多年、學識[illegible]深、抱負頗大、自任職該校長以來、對於內外校務、無不力加整頓、同時對於日常勞作教育更爲注意、以故於每日早起朝會之時、於秋風習習之中、則作建國第一二操、並每晚實施勞作、關於課室之整理、校舍之掃除等等一切事務、均由各教師躬行實踐引率學生工作云、

濱江特刊
第四一六號

警廳機構改革問題 來月初實施

伴隨全滿洲國警察行政機構改革之哈爾濱警察廳歸併哈爾濱市公署改爲市警察局一事、據傳十一月一日實施、爲討論歸併問題、濱江省警務廳當局會於二十二日下午二時、在該廳會議室舉開會議、當時與會者、省警務廳山崎警務科長、村上特務科長、渡邊警務科長胡刑事科長、縣保安科長、立田致養督察科長、岡田官房庶務科長坂部人事股長、關口文書科事務官、市方面爲石尾庶務科長以及哈爾濱警察廳方面代表、關於警察廳移屬之日期、據傳將於十一月一日先行改換市警察局牌匾、至于行政之移歸現因將近年底、立時移交、頗有不便、似在來年一月一日對於行政等、始能完全移歸完了云云、

增進國民健康 救療鴉片中毒者

【訥河】爲促進國民體位向上、以喚起鴉片癮者之自肅自覺、而轉向健康領域踏進、縣警務科保安股相互協力、於月之二十一日、對每日至管煙所領吸鴉片之中毒者、擇其有即爲救濟必要之人士、收容於康生院、以加療六十名、此其循於鴉片漸禁方針、以講求癮者之保健對策、頗爲官民所與以讚許云、

剌傷事主强搶手鐲 兇手被捕解哈

因賭輸頓萌强搶惡念

十月上旬下午八時三十分許、有道外景陽街門牌一九二二號住戶馮氏年七十二歲、在道外承德街新站派出所前、竟被暴徒利用銳刃之兇器刺傷、搶奪赤金手鐲三枚兇犯逃走事故頓萌强搶之念、遂用計策、將馮白氏誘引外出、以備乘機奪取、無奈馮白氏能捨生命不肯捨財、雖年老依有抵抗力、遂用刀將馮白氏刺傷强奪到手中而逃、逃逸北安、意爲神名、此其術於鴉片漸禁方針、以講求癮者之保健對策、頗爲官民所與以讚許云、

翰、於二十三日下午四時之盛情、偉大盛三十分、在厚生會館舉行業、舉行盛大慶賀、全市之、共崇義至爲深遠、且民衆均前往參加、是宜於此世界新秩序建設途上邁進時期、我國國民須有一齊覺云、

鼻疽病檢疫 廿五日開始

【齊齊哈爾】龍江省署保健科、爲期市內之牛馬蕃殖健壯、排除鼻疽起見、派遣技術八名、實施本年度鼻疽檢疫、自月之廿五日起至廿七日計三日間、檢疫場所爲疫前、省公署前、公園前、預定檢疫以三千頭爲目標云、

上」縣署政務報告、次日視察國民高等學校、興農合作社、師道校、糧穀交易場、縣立醫院、農業模範場、縣公署各科等、後省長訓話、紀念撮影、午後二時二十分赴西安云、

舉行同盟祝賀會 在厚生館行舉

金省長來縣視察

【東豐】金省長於本月二十一日午後四時三十分抵縣、全縣各職員及學校均赴縣公署門前奉迎、首先名刺捧呈式、「股長以

王廳長視察縣政

【義縣】省公署民生廳王廳長、於十月二十二日、由錦來義、經實縣長引導之下、往各省縣立學校、視察一切、並作種種之指示、已於二十三日、早十時十二分、離義他往云、

潛伏匪團 完全逮捕

已供乘機綁搶工作

時値秋末冬初之際、天氣逐日漸寒、一般不逞之徒、不堪生活之逼迫、竟而冒法挺身走險、以致市內搶案不時發生、負使市巧妙潛伏中之匪團、實施以迅雷不及掩耳手段之檢舉、卒將多數擬乘機蠢動匪徒已行檢舉矣、押收多數兇器、玆將經過情形略

件、當時經過情形已誌前報、自該慘案發生後、當管正陽警察署全體總動員以不眠不休銳意搜查犯人結果、偵知犯人已向佳木斯方面潛逃、當由該署司法係員及警察廳司法科應援之下、依偵得的線索、由該署葉警尉協同司法科池田警尉等急赴佳木斯、由該地警察當局努力應援、進行搜查結果、探知犯人又行轉逃北安方面、該葉警尉及池田警尉等立即又向北安追捕、結果於十九日深夜在兇手之胞兄家中、將該犯逮捕、于二十一日朝、將兇犯護送來哈、現拘留於警察廳、該兇犯自稱在佳木斯南滿鐵機關勤務、名張華國年二十五歲、關於刺傷被害之馮白氏老媼之事、乃因行兇之先、來哈購物、不料所携帶的現欵、因賭博及其他之揮霍、致將揮盡、遂赴馮宅、當時見馮白氏手中持有現金三百餘元、不知鬼不覺、不料終被逮捕、關于馮白氏被刺強搶案全貌判明、對於兇犯決依法懲治云云、

馬家溝方面發現天然痘

當預防百斯篤雷厲緊張聲中、不料且斯篤傳染病雖未得侵入、而天然痘患者、忽發現於哈爾濱市矣、各防疫當局努力躍起、張佈水洩不漏之防疫網、展開徹底撲滅工作、預想現下雖然發現二三名天然痘患者、亦決難容其蔓延、茲將天然痘發現地探錄如左、

於本月初旬在馬家溝平安街十七號門牌日人幼女忽然發現天然痘患者、近來又與前記地點又發生日人幼兒天然痘患者所轄南崗警察署立即前往對於附近一帶大肆消毒並施行預防注射該患者及馬家溝平安街十八號國際運輸會社勤務岩崎正治氏之子近衛現年三歲自十三日發病至十九日在赤十字病院診斷時則判明為眞性天然痘、據該患者謂、罹病經過、本為感染而致、原第一次發生幼女節子、本為其父菅原氏所感染、菅原氏供職於滿拓海倫出張所、曾數次出張於僻地、於八月頃在工作地流行天然痘、菅原氏當、受定期種痘、然因受風襲、以致感染於節子、此次近衛因與節子同在一起遊玩、以致感染、此謂哈爾濱市傳染病又驟波動、防疫當局努力撲滅、以防其蔓延云云、

鐵工業組合舉行結成式

當此鐵製材料不足需用及分配聲中、各鐵工業者無不感覺困難、為期鐵製材料配給之圓滑、及價格適正起見、故結成哈爾濱市鐵工業組合、於二十二日下午二時許在道裡商工公會禮堂內、由省市公署及商工公會關係致六十餘名業者出席之下、舉行鐵工業組合結成式典、關于組合定欵及各規章當場業已決定、理事長推選菅野東北鐵工所所長充任、今後哈市所需用之鐵製品、趣可能圓滑配給云云、

全哈爾濱市軍官民一致、為慶祝日德意三國同盟締約成立祝賀大會、經籌備結果、業已就

內治安確立之哈爾濱警察廳司法科當局、連日以來督勵各警察總動員之下、對於松花江岸附近一帶

誌如左、

二十日午前五時許、由警察廳司法科葉警佐外數名組成一隊、急遽松花江對岸、徹底搜查、結果行至松浦鎮南家屯、與潛伏中之匪團發生衝突、經搜隊奮不顧身、勇往直前、施以強烈急襲、乘隙將匪團中之匪黨一名逮捕、至同日午前六時半、已奏凱歌返哈經一番嚴重審訊、據供係仁義軍一派名姚鳳奏、現年四十五歲、尚有多數同黨、專在三棵樹、松浦鎮江岸、各地帶、作綁票強搶等待機姿勢、將擬圖謀不軌、不幸即被逮捕現正仍嚴重追訊其他等一切及犯罪事項不久即可完全暴露云云

商工公會 經濟報國週間

哈爾濱商工公會、為喚起全市商民消義、經濟報國、使之遵守經濟統制法盛大宣傳、以期促進奸商利徒徹底反省、以免再蹈入暴利之行為、特定於本月末舉行消義經濟報國強調週間、現已印刷大批各種宣傳標語、以便向日滿各商店分配、使其徹底了解消義經濟報國強調週間之趣旨以明達及全國之使命云云

哈爾濱警察廳舉行 警官實彈射擊

結果獲得極優良的成績

哈爾濱警察廳當局、為謀各警官射擊素質之向上、特在陸軍第一射擊場舉行管下警察官射擊大會、所得成績、以日滿俄警官以五十點為滿點、結果、最高紀錄為四十七點、最低者為二十點、平均三十點、故收有相當的優秀成績也、足證警察官射擊大有進展云云、

準備訓練 成績良好

【哈爾濱】濱江省第四次準備防衛訓練之第六日二十二日於午前所實施配給訓練完了後、是日下午一時起、召集香坊署、奉公隊、香坊區各隊、於下午一時半起實施各班之編成、檢點配置完了後、受魁生市計劃科長、山下警察廳防衛股長、富田奉公隊副隊長之查閱、成績極等為良好云云、

濱江特刊

第四一七號

盛京時報北滿總支社
社址　哈爾濱道裡地段街一號
電話四三四六番

實施燈火管制訓練
道外遮光成績極佳
全市防空訓練大体良好

濱江省防衛地區司令部、連日以來、實施第四次之準備防衛訓練、經過成績、共稱良好於二十八日下午六時三十分許、實施燈火管制訓練全市雖黑暗異常、極爲雅靜、由防衛司令官濱江省長濱江省次長、哈爾濱市長山口副市長及防衛關係者、集合於南崗新哈爾濱旅館內、待至下午六時四十五分、空襲警報發令之後、防衛司令官、以次全員、均集於新哈爾濱旅館屋頂上、觀察全哈爾濱市燈火管制狀況畢、然後、復分乘自動車赴哈爾濱車站、道裡丸商百貨店屋頂觀察燈火管制後、又赴道外正陽十六道街、北七道街、北新街、南崗馬家溝義州街、協和街、分部街通道街等各地區作實地之視察、於九時五十分許、返回南崗

市燈火管制狀況、全市消燈黑暗異常、而道外方面未見有漏燈光、至于道裡亦頗良好、但尚不免有一二家由窗隙中露出微光、尤以馬家溝爲最劣、迨至全無遮光之設備、燈光露於街頭、輝煌奪目、儼然如平日無異、嗣經責任者加以嚴重告誡後、始從事遮光、又當夜直至翌晨曾反覆數度發令實施非常燈光管制經過成績大體均爲良好云云、

冬季軍警慰問袋
現正開始募集
希望愛國志士踴躍献納

【哈爾濱】終日活躍北滿冰天雪地第一線上衛國勤民討匪工作之日滿軍警、特別勞苦功高、協和會哈爾濱地區本部及國防婦人會、軍人後援會等三機關共同主辦、冬季軍警慰問袋募集工作、希一般愛國志士踴躍献納、凡有意獻納慰問袋者、於十一月二十日以前送交協和會

連寫眞模型研究會等、各關係側後援、定自十一月十四日起、至十七日止四日間、假大連三越六階開催關於航空及防空展覽會、同會場內陳列各種寫眞、如現在航空機之發達過程、模型製造上之發達狀況、航空機之攻擊方法、以及空襲技術等一貫的內容、更有寫眞壁畫、

示之、寫眞壁畫、係空襲作戰、及其慘害狀況、該部分有長六尺至十二尺者、他如排除敵軍之擾亂槍後人心、空襲下確保平常以上之生產能率等、皆以其模型而表示之云、

呂某妻被殺案
本夫担大嫌疑

【青原】人心不古、道德淪亡、慘殺案件、層出迭見、於本年八月初旬本縣興隆臺村王忠深者、在野地以鋤刃慘殺其妻逃逸被獲一案、會誌本報、而今在本縣北大林村況金廠屯、又發生本夫慘殺其妻一案、緣該村有呂振生者、於十月二十三日晝間外出、家中遺有其妻趙氏及小孩二人、竟於同日晚其妻在自宅內、突遭兇徒以菜刀砍殺情形、亦誌昨報、現經青原警察署、佈開嚴密之法網、銳意之搜查、茲偵得其本夫呂振生担有最大嫌疑、刻已拘禁正在審訊中、結果如何、容訪再誌、

首警新体制
行初次訓示

【新京】即應新時代之線、統合於新京特別市公署之首警、二日午前九時、於本廳二階講堂、集合本廳及各署警尉級以上者、姜總監、田村副總監各關於新體制警察仁政、行初次訓示云、

日之講習會、參加者甚衆林科長及股長之講解明瞭參加者無不勤聽云、

豬羊肉充裕

【北鎮】縣城自春徂夏、不但牛羊肉缺乏、而豬肉亦勤感不足、茲自近日不惟豬肉充裕、而羊肉亦有賣者、然牛肉仍屬沉寂、想係官定價格未能如意耶、

行政科開催
民籍法講習會

爲察街村行政
檢查班已出勤

【盖平】街村爲地方政治上之樞軸、是以縣當局、時加注意、關於一切建設施行、確有極大關連現在爲視查各村行政起見特組成檢查班六班、以行政科長、街村股長等爲班長、每班四人、定期十一月一日即開始出勤、分班定施檢查云、

棉絲布配給村民

【南坟】村公所當局

新哈爾濱旅館、據綜合全及國防婦人會皆可云云、

捕鼠週間 擴大宣傳

入侵之止百見、防爲起動百斯預菌爲除篤施斯實注射外奬勵全市民衆並防員捕鼠、防疫當局爲民期徹捕底滅百斯篤菌媒介之老鼠、故於十月二十八日起始舉行捕鼠週間、爲使擴大之宣傳、喚起全市民衆一致努力捕鼠之心理、爰於捕鼠週間之第一日之二十八日、是日特利用消防署大院東、東体週圍以白布、上寫着捕鼠標語、並用着樂隊在先頭吹奏、到處引誘一般人之注意、在道裡外各行大遊行、並撒佈宣傳單、以資鼓勵市民徹底防止百斯篤、群起捕鼠云云、

航空展覽會 定期舉行

【大連】滿洲空務協會關東州本部以爲現下之航空機大有發達乘此機會、對於州民間應徹底普及航空防空思想、故由旅順要塞司令部、州廳、市防空課、旅順工大航空科、大

圖表、模型、並實物等、皆註有系統的說明、粲然一堂、可使州民一目瞭然、灌以相當的認識、藉以涵養關於航空及空防之觀念云除各種寫眞圖畫而外、實物方面、則有落下傘、飛機、毒瓦斯彈等展

市立精神病院 舉行落成式典

【哈爾濱】哈爾濱市立精神病院、向來附設於南崗市立病院內、不但內部狹窄設備亦不甚完備、市當局有鑑及此、爲謀精神病院施設之充實、並收容患者之增加起見、會於去年度起、投以二十五萬圓經費、在五兆屯建築一規模宏大之市立精神病院、雖感覺各種材料入手之困難、經勤工以來、已打破難關、卒能全部工程完竣、故定於十一月四日午前十一時許、在該病院、盛大舉行落成式典、待該病院開院時、實一般精神病患者莫大福音云

【輯安】縣公署行政科長林磐市氏、惟辦國勢調查後、以民籍法之重要性恐不澈底、特於十月廿三四兩日、召集各街村長職員、開催民籍法講習會、使各街村吏員、對於民籍法之認識澈底明瞭、該兩

近由縣商工會領來棉絲布、現以公正配給管下村民、每戶按十三尺半配給、村民凡持有物品配給通賬者、經村公所蓋章、然後至各商家領取、是以村民各沾恩典、無不欣喜異常云、

惡貫滿盈

四個流氓青年 冒充官人 捉賭被捕

供稱迭次在市內詐欺市民

供稱迭次在市內詐欺市民道外北十四道街門牌一號住戶姚[illegible]和年四十三歲、錦州人、現在以赶地列車爲生（即蒔馬車）日有相當收入、惟姚某嗜賭如命、每乘工作完了歸宅之後、必邀集賭徒開場賭博、於二十七日下午十時許、又邀請同行地列車夫徐福、張財、孫洪元等在伊宅賭耍牌九之際、正在天天地地與高彩烈之際、於十時四十分許、忽闖入素不相識滿人四名、自稱係警務廳公務員、特來捉賭言畢大加威嚇迫令交出賭資、而該四名賭徒因素日相識、以信用賭耍、待事後、有錢再還、賭資統計僅爲十元零三角、當由首稱公務員四人之一人沒收、並持牌九一付、灰毯一條、聲言先將現行犯証據交至警務廳、然後再處理賭徒、旋即呼哨一聲均行走去、姚某認爲彼等四人舉動不審、情有可疑、乃由二人守門二人尾追彼等、待行抵正陽街該四人即分散、及行抵同發街姚某及他一賭徒仍尾隨其的、巧被一面街分所警長周維世及郭世忠警長瞥見、當即趨前詢問尾隨原因、姚某即具實報告、郭周二警長聞訊立即將兩犯逮捕、經帶所審訊據供稱一名王秉武、年十八歲吉林人現住太古街二百七十九號、一名張文波年十八歲奉天人、現住道外大新四道街十四號、供稱在市內迭次詐欺不諱、備文送署、現正追究在逃二人、不久即可一網打盡云云、

分所長視事

【南坟】警察分駐所所長福重岩氏、於上月奉令榮轉田師村警察署負務已誌前報、遺缺未便久懸今由草河口警察署、警尉補濱崎榮吉、榮陞南坟分駐所長、現已到南接任視事云、

代書事務所遷移

【阜新】司法代書邱連仲事務所原設立在西和路、玆因該代書信用卓著事務日益繁劇、碍地址狹窄不便辦公、今另租妥旗公署前胡同路東市房內外修理工程完竣、已遷入該處云、

分所長易新

【阜新】阜新城內警佐分駐所長田中警佐、現因身体染病、極待休養、今調回警察廳勤務、藉資調攝、所遺之缺、以錦州警察廳警佐田村雅夫擢充該氏於月之廿五日着所視事、廿六日訪問挨拶云、

伊藤股長出張

【北鎮】縣警務科伊藤股長、因某項要公出張錦州大約不久即能公畢返轉云

濱江特刊

第四一八號

電話四三四六番

慶祝二千六百年紀念 舉行奉祝式典

哈市兒童協會亦舉行奉祝式

全市官民爲慶祝友邦日本帝國紀元二千六百年輝煌歷史、除於十一月一二三日盛大舉行各種慶祝外、並定於十一月十日舉行奉祝式典、並行祈祝聖壽無疆、於斯日全市懸掛國旗外、各協和分會各青少年團、義勇奉公隊等關係者各自適當場所集合全員、舉行奉祝式於斯日午前十時集合、其次序如左、

一、宮城遙拜

二、大日本帝國萬歲三呼、

三、大日本天皇陛下萬歲、

四、奉祝之詞

【又訊】哈爾濱市兒童協會爲舉行皇紀二千六百年奉祝式典、定於十一月十日、集合全市小學生於一堂、灌輸以輝煌的史績、使其徹底了解奉祝之意義、參加學生、每一會場約爲一千二百名乃至一千五百名、場所第一會場在道裡大光明電影院、第二會場爲厚生會館、均於下午一時起分別舉行、其式序如左、

一、開會之詞、

二、訓話、

三、向國旗行最敬禮、

四、國歌合唱、

五、二千六百年奉祝歌

六、演藝、

七、電影云云、

使冬季治安確保 强化搜查陣容

徹底宣傳工作 舉開懇談會

爲徹底宣撫工作、使一般人民改過向善計、協和會地區本部、特於六日午後三時、開東南地區肅奸工作懇談會、出席者、除中央方面派朴錫瀧氏參加外、市內各機關首領均行參與、共討論事項爲選舉委員、及幹事並檢討宣撫工作、軍警慰問各行事、至六時許始能完畢、圓滿閉會云、

蔬菜貯藏庫 現已竣工

爲保五十萬市民冬期菜蔬之足用、市公署特投三十五萬元之巨資、在王兆屯建築大貯藏庫、現已竣工、各種菜蔬向庫內搬入、今年冬期市民菜蔬之購買價格當能低下二三成之譜云、

物資統制法 勸俄商遵守

自實施經濟報國、物資統制以後、而日滿各商號多行遵守、成績頗稱良好、而市內之若干俄系商工業者、對於法令上、多有未能明瞭、違反者滋多、協和會市本部、及白俄事務局特將統制之經濟法令、翻成俄文、分發各商號、令其遵守、如再有違反者定行嚴懲云、

市署擬定 增築路道

伴隨國策之農產物增產計、哈市公署農政科、對於農村之開發、產業增量必須道路整備、該科特備六千元之預算、增築、補修農村之道路、以便車輛之通行、該項工事均在明年春開始興工云、

萬惡已極 福順棧司賬竟敢調戲女店客 色徒被拘將受嚴懲

少婦李業陶年二十二歲、河城縣人、曾在中等學校卒業後、即嫁於某機關職員爲妻、自過門後、夫婦間感情頗爲融洽、惟李女士曾受中等教育腦筋故而煥然一新、無如其婆母、係被禮教固制頗深、以致婆媳間意見分歧、不時發生衝突、天長日久、李氏不免憂慮成疾、爲治療病疾日前特行來哈、延醫治療、

氏見其人面獸心、嘗被李氏拒絕、不料該徒雖遭李氏拒絕、無受慾火衝動、意馬非拴之際、依然色心不退、强行非禮、李氏見勢不佳、將欲呼喊、該色徒見好事非成、畏懼逃出、因此李氏於當夜、爲防範不測、衣不解帶合衣而眠、待至午前四時許、李氏因係良家婦女、自思居客棧化客棧錢、無辜受人辱侮

協會事務長 巡視各分會

協和會地區本部牛田事務長、爲視察管下各分會工作之情形、特定於十八日起赴驛州、驛東、郭後旗、延壽、珠河、葦河等縣、以便詳爲指導工作云

公濟當改名稱

【八面城】本街大興公司營業所公濟當、爲國內唯一之庶民金融機關、經理

並將實施舉行防犯週間

哈爾濱市警察局司法科、爲對冬季治安之確保、以期市民生命財產之安全、徹底剷除不良份子潛伏市內起見、特由該科搜查股股長白玉振與葉警佐並全體刑事與正陽署司法係刑事團結一致、分爲三班、每日下午五、六、七、八九、等各時間在市內實施輪流搜查、由本月起至康德八年三月下旬止、對於徹底的警務工作如左、

一、預防對策

1、戶口調查之徹底

2、特殊營業場視察與取締

3、刑事要視察　視察與強化取締工作

4、防犯思想普及並徹底（甲）防犯協會強化工作（乙）防犯的非常時用鈴設置再強化行

5、派出所勤務業間化、

二、檢擧對策

1、刑事要視察　諜報網之充實、

2、一般一齊檢問搜索之實施

3、特殊的一齊搜索實施

三、其他各種防犯事情一致徹底實施

除以上各項外司法科當局爲喚起全市民衆之自覺一致躍起、防止被人侵犯防止自已犯罪、乃預定於最近實施防犯週間云云、

所以投宿於哈爾濱驛前福順棧內、自李姓少婦投宿於棧後、該棧司賬鮮人某、見李氏姿容秀麗、思欲染指、以爲孤身女子可欺、藉故不時闖入李房間一日連續十餘次、初則挑門沔言穢語不堪入耳外、繼則向李氏要求好事、李頗爲憤怒、立赴該管警察當局報告、該署據情、立將萬惡滔天的司賬鮮人傳訊、供認不諱、當局爲維持風化計、除將李氏命其夫領回家外、對於色鬼司賬鮮人實施拘留、以待嚴重處罰、以免任意調戲投宿的女客云云、

便利居民交通 開設香坊驛

哈爾濱鐵道局、鑑於香坊一帶居民激增、經來哈爾濱市內通學生及一般民衆交通上極爲不便、該局爲便利上述即（香坊）通學生及民衆特於十一月五日起開通兩列廻送列車、每至香坊驛停車一分鐘、以供乘降、所以對於香坊附近一帶居民及通學生頗予多大便利、茲將列車出發時間摘錄如左、

午前七時四十分、由哈爾濱驛發、下午四時四十五分、由哈爾濱驛發云云、

路煥庠氏、自接任以來、對於業務、力謀改善、予一般庶民、頗多便利、對於地方聯絡圓滑、深得各界之好感、最近奉到本店命令、營業所名義、爲全滿劃一起見、將原有公濟當、改爲大興當、該氏奉命後、即時籌備、於十一月一日、巳將現地總接當完全改爲新名稱、並印就多份廣告、向各方宣傳、據該氏談、此後業務更能隨新名義以進展、故各界頗爲期待云、

卍會計畫施粥

【海城】本縣紅卍字分會、自創立以來、業經十載、對於慈善事業、有極顯著之成績、該會會長曲惠觀、院監王郁臨、統掌耿懸浩等、以天氣逐漸寒冷、城關內外的貧民、衣不蔽體、食不果腹情殊可憫、爲救濟其度過嚴冬計、刻間正在準備米糧燃料等項、定於舊曆冬月初一開放粥鍋、俾若輩到場食粥、誠貧民之福音也云、

獎勵捕鼠 增價收買

○○○○○○○

市警防疫當局、爲期徹底捕滅百斯篤媒介的老鼠以期確保市民身体之健康故於上月二十八日舉行捕鼠週間、惟在此週間內、以捕獲的鼠其數甚少、成績不佳、茲爲更進一步之徹底捕鼠決於十一月六日初收買鼠價增加五分、計每頭鼠給價一角、希市民一致協力徹底的捕鼠、以絕鼠疫發生、茲據市防疫科長沈邇榮氏談話如左、

一、希望徹底驅鼠

捕鼠週間所得之鼠、不過三千頭而已、其數殊爲寥寥、百斯篤由鼠而傳染故可憎惡之鼠、須互相協力而捕獲之、是所深望、由六日起始鼠一頭買收價每頭改爲一角、以鼓勵多捕之善行、但捕鼠之意不在金錢、而在衛己、亦在衛我哈市六十萬之民衆也家庭自体即是防疫本部、須本此標語而更求進一步之努力、

二、鼠害之實例如下

1、能傳染人的百斯篤

2、能殺傷赤子

3、能傳染傷寒副傷寒（遍尋下水糞壺而例身於廚房）

4、鼠所發生之鼠傷寒能使得食品中毒、

5、歪露斯病原體、（發高熱得黃疸出血而亡）存於鼠尿之中而鼠尿得撒於食品上、

6、咬鼠病發生之主人翁、

7、能傳染赤痢虎列拉及其他腸傳染病等（由糞壺而廚房）

8、能食寄生蟲之卵而再傳染於人

9、齧傷菜類

10、擾亂廚坊

11、破壞家物

12、齧傷書籍鼠尿能污染衣物

31、煙突穿穴發生火警

△防疫方法

一、不完全之家庭髒水窖宜修理之不要之食物宜棄投於洋鉄製之筒中絕對不使鼠竊食

二、廚坊所剩之殘飯菜不使流入髒子窖中

三、凡鐵管出入處之有隙者宜盡以鐵網或其他物以閉塞之云云、

冬期預防火災 消防署散傳單

【遼陽】市消防署爲防火災、使人民注意火事現又屆冬季取暖火爐等、裝設時辦、喚起市民防火於本月六日午前九時、由全體署員乘車出動、在市內遊行、並散佈傳單、以期杜絕火事發生云、

濱江特刊

第四一九號

盛京時報北滿總支社
社址 哈爾濱道里地段街一號
電話四三四六番

警察局長交替式
已隆重舉行矣
新舊局長對全体官員致詞訓勉

新任哈爾濱市警察局長單作善氏、已於日前由齊齊哈爾來哈履任、於十一日午前九時登局正式視事、當時與前任局長王賢偉氏、辦理交接事務後、由園田副局長發起在該局二階樓上禮堂內、舉行隆重的新舊局長迎送會、當時兩局長先後、分別致詞茲誌如下、

王局長致辭

敝人在哈一共五個多月與大家在一起辦理警務事情、這可以說很大的緣分、不過我們無論感情處的怎樣好、可是、我們當官吏的、是得聽從 國家命令的、調遣這也是意料以內的事情、縱然無論轉到什麼地方去、我們都是爲國而努力、我也一定像在哈時這樣努力、同時、也希望各位對我、要予以精神切、要勇於公、懼於私、這樣一來、非常時期中的防衛警察及經濟警察之使命、也就不難完成了、我們也不負國家對於這次警察行政改革的意義、哈爾濱是北滿最大都市、也是國防第一線上的重鎮、在此居住的人民、有二十三樣的民族、在這些衆多的市民之中、一定有的知識較爲低下、而我們當警察官、當對我們致親切的指導、使知識低下的人、也一天天的進步起來、所以大家不要忘記了我們警察官的責任是非常重大的、一個國家的文化高低與行政的完善與否、只看警察官的活躍情形就可知道的我們要有高尚的警察權、應當做些高尚的事情、萬不可爲不良的社會、把我們拉到低下的階段、最後不過、又一想、大家都是爲了國家的好在王局長到奉天去、那地方離哈爾濱也不算遠、並且氣候也一定較這裡好些、以後我們精神的聯絡、一定更強化起來、同時、希望王局長和從前一樣、指導我們、再有、新任的單局長、已經王局長將我們介紹過了、我們一定上下一致、在單局長指導中、努力哈爾濱的警察事務、一方我們決心實現王道警察的本質、一方不負王局長和單局長對我們的期待、

歡送歡迎會、迄至十二時始分閉會云、

哈爾濱市警察局、日昨午前十二時、於新舊局長歡迎歡送閉會之後、園田副局長、又對全局警察官訓示、大意爲關於自肅自戒運動、雖然由協和會主辦、而與警察官却發生直接關係、所以全市警察官除本身勵行此運動外、更當指導市民、使之皆体得自肅自戒運動之趣旨、而期此運動之徹底云、

六、住宅貸金管理關係事項
七、住宅共同建築關係事項
八、住宅建築組合關係事項
九、一般住宅關係事項
云云、

自肅輔導隊
舉行結成式

爲完成聖戰下興亞自肅自戒使命、日前特組成自肅輔導隊、經籌備結果、現已就緒、已於十一日下午二時許、在協和會哈爾濱地區本部會議室、盛大舉行結成式典、殆測該輔導隊今後、在街頭流浪泥醉喧嘩之不良行爲者、必當徹底取締云、

哈爾濱鐵道局
召開協議會議
本月下旬在南崗厚生會館舉行

哈爾濱鐵道局、爲謀貨物集配之徹底、並事務處理之圓滑起見、故於二十九日在南崗厚生會館會議室召集管下鐵道沿線各驛轄當鐵道貨物關係者、開第二回貨物集配關係事務打合會、屆時預定出席參加會議者、經哈爾濱鐵道關係之監理員、哈爾濱驛、八區驛、濱江驛、綏化、北安、及黑河各埠頭各驛貨物之主任、以及三岔河、双城、香坊、驛東、安達、海倫、孫吳等各驛貨物助役、及其他關係人員、關於一切議案、現正由哈鐵貨物係進行準

宣傳國兵法
舉行雄辯會

協和會哈爾濱地區本部爲期國兵法徹底之宣傳、以資起一般民衆了解國兵

局擬重鈴衡結果、決定爲哈爾濱鐵道監理所、貨物備中云云、

上的援助、此外、我更希望各位要以對我的熱誠、一致擁護新任的單局長、這位單局長、是非常老誠的將來哈市的警務、一定會很快速的向上發展、以上爲敝人簡單的離任之辭

在王局長致離任之辭、全會場之上下警察官、均在臉上現出一片惜別的表情由此種表情、可以証實王局長處人之忠厚矣、

單局長致辭

方才王局長對各位鄉謙介紹敝人、實在有些過獎敝人覺得慚愧、不過是敝人抱有最大的決心、要努力警察的事情的、可是、還決對缺少不了各位的援助、希望各位以對待王局長那種熱情、來支援我、我們上下團結一体、要親

一句、我們對於市民、應當特別親切、那才是我道義警察應有的態度、以單局長番熱烈的又親切的新任致辭、又把全場人們惜別情緒打消起大家的熱血、又興奮起來都要在單局長指導之下做個良好的道義警察官吏並且還深深的記着單局長的『勇於公、怯於私』的忠實話、

園田副局長致歡迎歡送辭、

敝人代表全局同寅向王局長及單局長說幾句心中的話、王局長在任時、因爲對我們部下都是異常忠厚和親切、所以、今天在王局長將要離任時、我們都有一種惜別的感觸、

緩和住宅困難 嚴禁改作商店

濱江省公署當局、基於政府之意旨、對於哈爾濱市以及管下各縣旗的住宅缺乏問題、爲了緩和住宅困難之辦法、並安定民生計、今後對於一般住宅、決定禁止改作事務所及商店（但有特殊情形者不在此限）以資確保住宅之困難、約於上述趣旨、決於最近期內、通令各縣市旗一体遵行同時並由各現地警察當局實施之取締、一方約於住宅建築問題、今後亦必設法代爲斡旋、因此現已決定令各縣旗市對於左記各項應特別注意加以善處之如左、

一、住宅建築關係事項

二、住宅建築關係附帶之古氣瓦斯施設等關係事項

三、住宅建築資金關係事項

四、住宅建築資材關係事項

五、住宅建築勞力關係事項

法之趣旨、必須由青年層作起向各該家庭家長之滲透、所以舉行國兵法青年雄辯大會、先由各學校學行自体之雄辯會、昨日由此雄辯會中選出各學校選優者兩名、再舉行綜合雄辯大會其自体的部份、已於十一日下午一時、在各學校分別舉行協和會方面爲獎勵起見、特備有多數獎勵品、對於優秀者加以獎勵云云、

物資價格 施行明碼制

爲伴同政府當局經濟制及物資價格確定、一掃貨物交易價格之紊亂、故於百十月十一日起全濱一齊實施貨物價格明碼標示、所以哈爾濱市內各商業、爲呼應新休制之完璧、今以決定實施明朗化之交易徹底掃除暴利之私心、全市各大商店、皆由十日夜起至十一日公休、於公休之機會作徹底之整備以期保守商人公平交易故有之道德、以便達成經濟統制■資價格明朗化制云、

正陽經緯兩署 警官異動發表

正陽警察署及經緯警察署、爲謀治安陣容之强化適材適所起見、特於兩警察署長及警務主任進行協議之結果、對於所屬警官實施一部人事調轉、現已通知所屬勤務警官調轉如左、

△正陽署警務系勤務警尉補巳鍾齡、家畜市場勤務警長李葆三、北新街派出所勤務警長張永元等三名、調經署內司法系勤務、一面街派出所勤務警長張富學、直轄派出所勤務警士彭連生、趙慶連、錢塘街派出所勤務劉鳳玉等四名轉任本署警務系勤務、東原街派出所勤務警尉補韓鳳桔、太平橋派出所勤務警長韓永明、新市街派出所勤務警長李國瑞等三名轉任正陽署韓家窪子派出所勤務、特務系警尉補吳咸中轉任十五道街派出所勤務、十五道街派出所警尉補姜丕文轉任東原街派出所警務勤務系、警士張中魁轉任直轄派出所勤務、俞璞街派出所警士楊喜臣轉任保定街派出所勤務、大新九道街派出所警長劉富貴、轉任錢塘街派出所勤務以上十五名、已於十一日各赴新勤務場所辦公、

△經緯署撫順街派出所勤務警長孫懷魁、警察街派出所勤務警士張書紳等二名、轉任本署、特務系勤務、高士街派出所警長郭紀山南和街派出所警長王大昌二名、轉任本署司法系勤務、撫順街派出所警長劉傑民高士街派出所警士李喜東、交通警士高貴一等三名、轉任地包街派出所勤務、特務系警尉補鄭維斌直轄派出所苗博臣、莫斯科派出所警長周明德等三名、轉任大同路派出所勤務、商務街派出所警士革芳非、直轄派出所警士夏澤民等二名、轉任高士街派出所勤務特務系警長李森芳轉任三十六棚派出所勤務、司法系警長趙慶山轉任共樂街派出所勤務、大同路派出所警長魏廼謙轉任直轄派出所勤務、以上十五名、已均於十一日各赴新地勤務云云、

騾子遭滅頂

【北鎮】縣城南三義廟河套、於日前陰雨之候邱姓家車行至該處、因御者不愼、不測水之深淺、遽然下水、意圖經過、致將外套騾子一灰一黑色遭其滅頂之禍損失約不菲云

濱江特刊
第四二〇號
盛京時報北滿總支社
社址 哈爾濱道裏地段街一號
電話四三四六番

防水利民徽章 當選者已發表

濱江省防水利民公債之紀念徽章圖案、於日前開始募集以來、一般應募者頗爲踴躍、現已截止、於十一月十八日在濱江省公署會議室舉行徽章圖案審查會、當時出席參加者、計有源田省次長外並有其他關係者多數出席、茲應募總數爲四百八十件、其中決定入選者如左、

一等 森榮吉（東京市橋區濱町二之四五南山方）二百元

二等 小谷津五珀石（東京市橋區築地二八五）一百元

管野與一（大連市霧島町六八）一百元

三等 永田鐵（熊本市小時町八）五十元

同 烏德尼哥夫（哈爾濱市）五十元

同 中村五郎（哈爾濱市）五十元

佳作（各二十元）

廣瀨次（哈爾濱大北新報）

竹中矢（京城府御成町八五）

高橋達雄（大阪市浣川毛野中町）

神條仲（山梨縣谷村町）

郭宗惠（哈爾濱香坊）云、

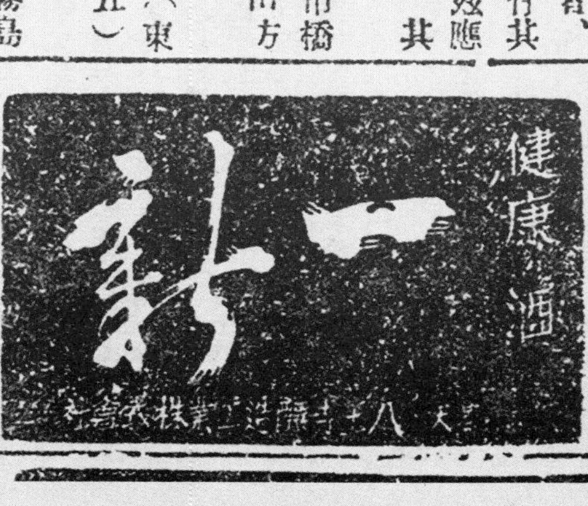

對勞働者優遇辦法 省側會議研究

濱江省公署民生廳勞務科、及勞工協會濱江省本部、現鑑於最近國外勞働者入滿、以呈減少之現象、據究其原因、不外因滿洲國實施國勢調查及民籍法國兵法、各種影響所致、查斯等之設置、乃爲滿洲國制度之施設、對於華北國外等入滿之勞働並無任何障碍、不過其自身認爲有影響而已、關於斯項制度之使用、係專指國內有生活及本籍者、對於國外移入者決不發生關係、因爲應汎括諸國外勞働者、使勞働者使用業主、對於勞工作詳細之解決起見、特於十一日下午一時、在濱江省興農合作社聯合會會議室召開國外勞働者使用業主[illegible]開協議會、屆時出席者勞務科長、地方科長勞工協會、中央銀行等參加至于勞働

云云、

協和會國兵運動

【通江】月之十一日縣本部招京先生張樹藩、督縣署王君、聯袂來通分會事前通知旗寧、八岔、小房、兩家、督通江五村協和幹部人員、假道德會開會、實施國兵法適齡報告之一切進行事項、諄諄指導、對于國兵之援護暨優遇兩項、均有詳細之表示、足徵我國官民一體、毫無官僚之習氣云、

警員檢索結果 嫌疑犯均落網

正陽警察署爲謀管下冬季治安之確保、對於潛伏匪徒極力防止、故於十九日下午十時起、至十二小時、對管下行一齊大檢舉、結果共檢舉十餘家嫌疑者、其中在道外景陽街東新棧內逮捕之李榮邦年三十二歲、在玩具品小槍一支、利用該玩具小槍日前曾在道外五道街某化粧品商店強搶現金四十元、此外曾要求在各處督充正陽署特

毒、以上各項各沐浴業者須絕對遵守、如有明知故犯定嚴罰云、

低價明碼制 各商須遵守

哈爾濱市警察局經濟保安科爲徹底一掃暴利奸商、使商價明碼制之強化、以期自肅自戒之徹底化、

育區之學童、皆由其教師選優、引率參加、故出席者達千餘人、頗極一時之盛、最後開原國民學校、

新任張市長來訪本報分社

【遼陽】市新任市長張世謙君、數日前到遼接任視事、於本月十五日、來訪本報分社、作新任之辭、查該君歷任各要職、學品兼優、今幸來遼任職、將來行政及市民謀幸福、頗堪期待云、

署長到署視事

【四方台】本村警察署長杜榮德、於本月十四日、

國外匯款一節當時與中央銀行代表者、作徹底研究、所以移入國外之勞働者決定予以匯款許可匯款

務、乘機恐嚇欺詐一般商民、似有作案多起之模樣、現下正陽署正在嚴重調查其他餘罪云云、

促起自肅自戒
召浴業代表舉行會議

正陽警察署保安系、甚於當此非常時局、爲促進管內各澡塘業者、自肅自戒起見、特於十九日正午十二時、另集各澡塘經理及司賬等舉行會議、由袁保安系長訓示一切、至下午二時許方始散會、約於各澡塘業者今後應注意事項如左、

一、營業時間由午前十時至下午十時止、

二、對於營業時間決定嚴守

三、不准使客人長期睡眠

四、不准患有傳染病者入內沐浴、

五、不准十歲以上男女混合沐浴如洗對盆等發覺則依法處罰

六、池水須每日更換使用之大毛巾手巾每日須三次消毒

七、客人使用之手巾理髮器具須用藥品及蒸煮消

謀青年斷煙癮
決强制戒除

哈爾濱市警察局正陽警察署署長劉俊峯氏、自蒞任以來、對於管內積極謀刷新、以爲管內治安之固、政府當該長官合作隨局鴉片十年斷禁計劃之遂行徹底、所以對於管內一般青年癮者、不肯迅速戒除、仍徘徊於岐途、執迷不悟者、實有强制收容予其戒除之必要、故於十九日通飭所屬、對於青年癮者强制收容之件、必須强調實施、將於最近期內使青年不正癮者全般戒除、以期國民體格之康健云云、

孫某不走運
不願再活着

道外南三道街門牌三十三號孫德曦年二十八歲、山東人、年來因受經濟壓迫、自思自己所賺之薪金寥寥不足供給双親之生活、時感苦腦、故頓萌自殺之短念、於十九日下午一時許乘人不備之際、吞服多量毒品、待人發覺時、業已氣絕多時、當經該管分所開訊協同南崗洽善醫院醫師前往檢驗屍體結果、該死者孫某確係生前服毒自殺無疑、並由其屍體身旁搜出遺書一封該遺書係致其胞兄孫憲芬者、略云、因弟生世至今、步步不走運、自殺與別人無關、是不想活了云、

表演奉祝皇紀二千六百年之新劇、以助餘興、頗饒興味、午后三時許、於盛況中散會云、

特通令全市所有各商號、一律施行低價明碼制、計各種貨物之標價、分爲四種、照公定價格、協定價格、標準價格、自肅價格、倘如商號對於記事情有不明瞭者、可向市公署商工科或商工公會、或同記商場等處詢問、不然如不勵行明碼、標記或標記不正確時、被經濟警察調查出來、決定嚴重處罰、或處五百元以上之罰金、或六個月有期徒刑、關於此點、希各種商號徹底注意云云、

音樂大會

【開原】爲奉祝盟邦日本輝煌之紀元二千六百年、開原縣教育會主催之下、本月十七日、自午前十時起、在公會堂開催全縣學童音樂大會、各教

奉上峯之命令、與警務股長文業紘對調、文氏於十六日、搭乘三〇六次列車來四、受紳商各界歡迎中、到署視事、

“禁煙週間”
開通盛大舉行

【開通】縣公署於本日開催禁煙週間促進會、蒞會者正副縣長、協和會石森事務長、各科長股長署長、各機關首領、地方士紳、各有重要演說、復於晚間、假與滿戲院、又開禁煙演劇講演會、蒞會者岩島副縣長、鄭行政科長、諸關係長官、首由岩島副縣長、講演鴉片流毒之始末、使人民徹底戒除、繼由鄭行政科長、解釋入癮者、宜如何之戒除、與未入癮者之警惕、以便人民健康、而完成良民良兵之正義、同時協和俱樂部、演唱新排禁煙新戲、並舊劇、無料入場、籍資表現東亞忠臣孝子、協和精神以便借鏡、而完成協和使命云云、

異、然對於公共廁所及簡易旅館小店夥房等項尤爲特別注意云云、

副縣長會議歸來

【開通】縣副縣長岩島功太郎氏、於日前赴齊齊哈爾、參加糧穀上市督勵會議、於歸來後、即召集縣內幹部人員會議、並組織宣傳督勵班、分赴各村宣傳、以便新糧早日上市、而完成國家之目的云、

警察署長到任

【新民】警察署長榮轉、業誌本報、茲由首都警務警正、齊長福氏來新接替遺缺、於昨上午來訪本社及市內其他主要機關、今已接任、據云齊君亦爲經驗宏博學品兼優者、不日發表善政、改進事務、定行優良成績實現云云、

確保市民健康
實施冬季掃除

哈爾濱市公署防疫科、爲謀確保市民身體之健康以期徹底普及衛生思想起見、經計劃結果、決定實施冬季清潔大掃除、其掃除方法雖於春秋之大掃除無

警務科長着任

【海州】阜新市新任警務科長、永松增朗氏、自佳木斯榮轉來阜、於月之十三日、午十二時着阜新驛列車到廳、經多數歡迎之下、到科接鈴視事云

（第三種郵便物認可） 康德七年十二月三十日 盛京

濱江特刊

第四二一號
盛京時報北滿總支社
社址 哈爾濱道裡地段街一號
電話四三四六番

提倡冬季戶外運動 舉辦滑冰大會

來月一日於運動場內舉行

體育聯盟哈爾濱事務局鑒於非常時局之下、煤炭務費節約趣旨、並促進市民防寒能力之增加、積極提倡冬季冰上運動、因此特定於十二月一日在八區運動場、由大北新報、哈爾濱日日新聞俄文時報等社後援之下、舉行哈爾濱市民滑冰競技大會云云。

哈爾濱 近日以來、市內丟失自行車者一日不下數起、而警察當局、爲徹底一掃自行車竊盜犯、對於各小客棧、加以搜查、故於二十五日在道外慶行街呈祥棧內由司法搜查隊員董文華二名、正在搜索中、見住客張有財者年四十一歲河北倉縣人、舉動不審、認爲可疑、經嚴重審訊結果、供出爲竊自行車常習犯不諱、當將贓物自行車兩輛、亦行搜出、當將自行車及犯人一併帶至司法科、以便嚴重懲辦云云

經緯署長 整理警務

經緯警察署長增森茂氏自日前由香坊署轉任該署後、於警務非常關心、爲明瞭管下各派出所警務並視察警察官吏之精神起見、特由各派出所之勤務着手整理、因此於二十六日通知所屬各派出所、對於當番警備勤務者於每日下午五時起至十時止、當番警備者、須武裝整齊、在派出所門前站立待候、以

車站前廣場 發生搶劫案

當此天氣寒冷、一般無衣無食被生活逼迫者大有人在、所以近日以來、强搶案件不時發生、於前日在站廣前場又發生一幫搶案、茲將經過情形誌錄如下

有周振起者年三十二歲於二十六日下午六時許、在車站候車室等候火車、

染成鴉片癮、所以現在陷於面黃肌瘦無人問津矣、不但吸鴉片無錢及一日三餐亦發生問題、所以於二十六日午前十一時半因腹中飢餓咕咕嚕嚕難忍、欲食無錢、乃赴道外北十六道街寶慶軒飯店飽食一頓、吃喝完畢、不但分文未有、反向該飯店經理索

申斥一番、無奈釋放云云、

電杆急於埋設 商民勤勞奉仕

【興京】興京電報電話線杆、向由該二局施設辦理、爰至電話事務一經歸屬電報局後、則舊有電線杆復有亚足應用之概、是以急待埋設、經由興京警察署傳令、商民各戶攤工興修、對此、攤工各戶於早四點鐘、在各派出所門前集合、待工人等到齊點名送署、遂即出發赴任務地、埋設電報電話線杆今則已二日矣云、

房東增租未果 設法驅逐房戶

被房戶聯名控告受申斥

際此住宅困難聲中、一般無德貪而不知足之房閥、對於房戶不時藉詞增漲房租、雖經警察當局三令五申嚴禁隨意增漲房租、然一般無德房東惟利是圖、竟置若罔聞、一味設法增漲房租、如增漲房租房戶不遂時、即驅逐房戶搬家、時有所聞、茲有道外房閥對於房戶接三連四的房戶增漲房租、初要增漲房租時、各房戶因見物價暴騰均表同情默認其增漲、不料該房閥貪而不知足、思將房租逐意繼續增漲、既惹出各房戶不

道外興業街門牌一百十一號房東安邦傑者年三十九歲、視現下物價暴漲、企圖羊毛仍由羊身上出的主義、對於各房戶屢次設法增漲房租、由每間三元增至四元、又由四元增至六元、迄至現在又擬增漲八元、因而竟惹起各住戶之公忿、除每月照付六元外、均拒絕其再度增漲、所以安某見增漲房租計策未達到目的、對各房戶百般設法 威嚇逼迫房戶搬家、當經房戶邱蔭亭年四十四歲、馬玉堂四十二歲、李沛霖年五十九歲等

[illegible]監視員接收報告云云、

警憲協力
組織搜查班

第四憲兵團與哈爾濱警察局、爲謀冬季市內治安秩序之鞏固、徹底一掃不良份子蠢動起見、故於二十六日起實施聯合搜查工作、計警察局司法科搜查股十八名、第四憲兵團勤員十二名、正陽署四名計三十四名、組成非常強化之搜查班、搜查股長白玉氏及憲兵團警務科長進藤科長兩人親自出馬任指揮、每日下午五時起皆着便衣、分別在市內各混亂場所徹底搜查以明不良份子徹底掃滅云云、

因等候時間過久火車未到、未免覺着寂寞不堪、故赴車站前小廣場略行遊玩、不料將至廣場未久、即突然來一滿人年約二十許怪漢、追至周某身旁、掣出類似尖刀兇器、加以威嚇、禁止聲張、周某見狀亦未敢與其抵抗、將所帶之現款二百三十元、被匪搶去逃之夭夭、周某見匪逃走後、立至所轄之南崗警察署報告請求偵緝逃匪、該署據報後、立即張佈警網嚴重搜查中云云

洋三元、該經理張寶德見其不但不給飯錢反倒要三元、豈有此理、雖双方扭赴分所理論、因其身邊分文無有、被警將少婦嚴重

滿、拒絕其增漲、以致觸起房東設法驅逐各房戶搬家、因此各房戶聯名將其控告當官、茲其經過情形分別誌錄如左、

十四戶聯名向正陽署保安系申請、現經該系將房東安邦傑傳到署中除處罰外並諭令其此後不準恣意增租及設法驅逐房戶云云、

少婦眞無賴
吃完飯大耍骨頭

三棵樹住戶少婦郭馬氏年二十七歲、其夫郭殿臣現在牡丹江新興大菜館充當廚夫、只留馬氏在哈看家、不料馬氏意志薄弱、竟被惡徒之引誘、始

自行車常習犯
被警察當局逮捕

當搜出贓物自行車兩輛

商人難養時髦婦
一逃再逃終離異

道外承德街門牌十三號住戶丁振海現年二十八歲、與其弟丁振江年二十歲、兄弟二人經商爲業、早出夜歸、競競業業、所以相當積蓄、兄弟二人經人介紹先後娶得馬淑誠年十七歲、陸進德年十七歲爲妻、過門後、夫婦間感情不洽、不料日久天長馬陸二婦受都市之薰染虛榮心日盛一日、因此妯娌兩個、每乘其夫外出之際、不安於室、所以引誘一般登徒子弟追逐如蜂、不料乃被其夫聞知、經嚴加語誡、以促起痊改前非、安心度日、詎知妯娌兩個、因醉迷虛榮、竟於本年九月二十三日妯娌相偕逃至綏化縣、行經正陽署向各縣照會、竟被綏化警察當局將伊妯娌在綏化逮捕、引導來哈送交正陽署、經袁保安系長嚴加申斥、諭令各守婦道、始命其夫領回家度日、該二淫婦隨夫回家後、對其夫不時啓隙衝突、丁氏弟兄爲顧全体面、忍氣呑聲、依然共經其商業、對於馬陸二淫婦行動、只好由其便、以期其改過從新、合家團圓度日、不料該二淫婦得寸進尺、不但毫無改過、更變向來淫蕩態度、且向丁氏弟兄提出離婚、丁氏弟兄見其無法挽救、無奈只好應諸其離婚要求、現經人調解由陸馬二婦退還丁氏弟兄國幣各一千元双方情願男婚女嫁各由自便云、

淫婦弄巧成拙
虛報被搶敗露
警官炯眼難瞞揭破

顧鄉屯鄉里街門牌四十六號住戶少婦安元俊年二十九歲、素性風流、不安於室、曾與姦夫金柄哲者拘達成姦日久情熱、如膠似漆、誠有寸步難離之勢、惟該少婦虛榮心過旺、日前曾與姦夫金柄哲手中借得現金一千元、不料未幾日間即將現金悉數化費無餘、該婦甚恐姦夫追問此項鉅款、無法對答、即思對答計策、經千思萬想、故想出虛報被匪行搶計策、於是於前日午前三時許、裝模作樣、驚慌態度、慌慌張張、即赴所轄顧鄉屯警察署報告、家中剛才闖入匪徒搶去現款一千元、及大氅一件、請求偵緝匪徒、該警察署聞訊管內發生搶案、立即與警察局司法科取以緊密聯絡外、立即召集全署總動員、急遽現場搜查匪人、一方詳細追訊該婦行搶經過狀態、結果、賊人胆虛、對答言語支吾、警官視其態度可疑、經嚴重一度審訊結果、始判明該婦所報告之強盜事件是虛報、當局對其虛報匪警之惡作劇未免故意擾亂治安、決定嚴加懲辦、以儆效尤、茲將該淫婦虛報匪徒強搶意義探錄如左、

緣該淫婦、素日淫蕩成性、結交情夫金柄哲者、金某手中有相當積蓄、被該淫婦上釣沸點浮動、米湯灌的十足、可謂百呼百應、於是向金某借得現金一千元、未用幾日悉數揮霍已畢、該婦自思、若是金某追問此項鉅款、如何化費如此迅速、未免無法答覆、經千思萬想、忽然想出此項巧妙計策、故冒三更半夜不辭寒冷、即一氣跑到當管顧鄉屯警察署報告、說家中闖入匪徒搶去鉅欵、企圖馬馬虎虎遮瞞姦夫金柄哲、誰知慧眼之警察官難瞞、想不到弄巧成拙、竟被警察當局判明虛報眞象、不但未瞞過警察官虛報匪警、反造成一幕虛報罪身上、並揭開自己的淫蕩秘密、與姦夫通姦醜事、可謂畫虎不成反類犬也云、

濱江特刊
第四二二號
盛京時報北滿總支社
社址 哈爾濱道裡地段街一號
電話四三四六番

一、三呼日滿帝國萬歲滿洲帝國協和會萬歲
一、致閉式詞

歲末同情週間
各縣旗市一律實施
募集辦法亦已擬定

特訊 値茲冬天氣日漸寒冷、一般流落街頭呼飢嚎寒貧民大有人在、幸各慈善機關現正開放粥鍋救濟外、而濱江省公署當局、爲謀救濟一般貧民、基於中央之意旨、定於陰歷十二月十四日起至二十日止亘七日間、在管下各縣旗及哈爾濱市、援例舉行歲末同情週間、募集義捐金、以資救濟貧民、關於同情週間實施之要領、業已決定、將於日內即可在各縣旗市一律分別舉行茲將要領內容誌錄如左、

一、實施地域、1、省公署所在地、2指定縣、3、指定街、4、其他省長認爲適當之街、

二、實施期間 陰歷自十二月十四日起、至十二月二十日

組織歲末同情週間實施委員會、共同協力辦理之、未設前記諸團體之地方由街公署辦理之、

四、實施方法、利用講演、廣播、招牌旗幟、宣傳畫、傳單等擴大宣傳、並與電影院劇場、報館等連絡、充分宣傳本週之趣旨、而以配布同情袋、設置同情箱、及開同情演藝等方法募集義捐、

五、救濟方法 按實施機關認爲適當之方法救濟之、

六、報告 於週間實施後一個月以內、將其結果將該管下之狀況、彙總報告民生部大臣、

七、備考 同情週間使用之宣傳畫由滿洲國中央社會事業聯合會配布各機關、須以最大效果揭示之、例年所配布之同情袋、本年度中止配布、各地機關應各自造袋使用云云

協和會道外辦事處
舉行開處式

協和會哈爾濱地區本部、爲期協和運動徹底發

一、致詞（半田地區本部長）

電話機運哈
即着手按設

哈爾濱中央電話局、爲謀電話徹底之普及、約於本年度開通電話募集、現經抽籤決定完了、但因電話機械尚未運到、感覺特別困難、惟受一般市民需用電話者再三催促、結果現在電話機械已運到哈市近將着手裝設外並接設各處電線、預定來年一月間即可正式開通、至急待用電話者頗爲雀躍云、

防止傳染病
開始預防注射

經緯警察署、鑑於新京附近方面仍有鼠疫之容疑患者發生、惟恐病菌傳染於哈爾濱市、故依然樹立防疫對策、以期市民身體之健康、確無遺憾起見、特定於二日午前十時起至下午四時、召集管內理髮業飲食店旅店茶食店肉商澡塘等接待業者、在道裡斜紋四道街埠頭診療所實施預防注射云云、

興亞動員電影大會
已盛大舉行

協和會哈爾濱地區本部爲促進一般青少年層對於興亞奉公精神徹底之認

價格、

四、自肅價格即業者以適當利所販賣之價格云云

青少年幹部訓練
隆重舉行開處式

【蘇家屯】滿洲帝國協和會青少年團南滿幹部訓練處、在本街農民修練所舊址、籌備多日、現已修治完竣、乃於本月二日、午前十一時三十分隆重舉行開處典禮、是日參加者、除省本部派員參與式典外其他即本街日滿各機關之長官、均行蒞臨參加典禮、計本期入處之訓練生、係由各市縣本部、選拔青訓幹部優秀份子、訓練期、爲一週間、但訓練諸生、既又經此番陶冶、關於全滿青少年團前途之發展、頗堪期待云、

協和懇談延期

【開原】協和會開原縣本部、原訂本月五日、開催協和懇談會、以强化民族之協和精神、而融洽官民之感情、茲因當日、爲西園寺公國葬日、故延期至八日午后一時開催云、

安滿氏献金

【營口】安滿稅關監視科長、以榮轉琿春分關長、於日昨特向營口市協和義勇奉公隊、寄附國幣十元云、

止、陽曆自十二月十四日起至十二月二十日止、按各實施區域之狀況、決定陰曆或陽曆而施行之、即於同一都市內、滿人多數居住之地域按陰曆，日人多數居住之地域按陽曆、實施之亦可、

三、實施機關、以當該實施地區之市（街）公署爲主體、會同當地協和會社會事業聯合會、滿洲國赤十字社等諸團體、及鄰保委員等

展、並推進滿人方面之協和精神起見、特在道外滿人密集地帶之道外正陽六道街三江會館內設置協和辦事處、經籌備多日結果現已就緒、故於十二月二日下午二時許、由日滿軍官民多數出席之下、盛大舉行開處禮典、茲將其次序誌之如下、

一、開會之辭

一、向日滿國旗敬禮

一、合唱日滿國歌

一、勅語捧讀（張地區本部參事）

一、訓約（于省本部長）

一、祝詞（柳田特務機關長邢第四軍司令官、趙市長紳高代表張廷閣區長代表楊貫三氏）贈呈感謝狀及紀念品

一、向日滿國旗行最敬禮

識、特於此次一日之興亞奉公日午前在南崗第四軍管區司令部体育館舉行興亞國民動員大會電影會、當時前往參觀者除參加動員大會之各代表並奉公隊員青少年團員等外、尚有傷病死之隊員的家族、至下午五時許始閉幕云云、

鞏固冬防

警官搜查隊討匪樹奇功

入冬以來市之近郊地帶劫路劫車匪案不時發生、香坊警察署爲確保來往通行人生命財產之安全、對於近郊跳樑小醜徹底肅淸起見、特組成便衣搜查隊二班第一班由司法系張警尉指揮便衣警五名第二班由保安系警尉引率便衣警五名、分乘大汽車兩輛赴穆家溝附近待機搜查姿勢、不意遭遇匪徒、當向搜查隊開槍射擊、搜查隊奮不顧身與匪激戰約一小時後、匪勢不支、奔路逃走、當匪逃至楊家店途中有一農人李財貴、爲協助警察捕匪、徒手奮勇躍身於匪群中、捉住一匪企圖送交警察、[illegible]一匪倉毀、追擊在柳樹林屯、匪徒又搶得馬匹向鞠家牀子方面侵入柳條叢中、因時值深夜無方搜查、至翌晨香坊署長率領警員親身出馬討匪、午前十一時三十分許在楊始處地方將匪名宗生年二十 二歲報字 鑫朋友者擊斃、斯日下午在萬家窩堡又將匪首韓有年二十三歲別號韓永林報字孫三好者將匪包圍、雖然匪徒佔較優之地勢、然由警官奮勇、當即冒險衝鋒、率將該匪生擒、搜查隊凱旋歸署、除擊斃及活擒匪外并擄獲匪槍兩支子彈若干粒、樹立赫赫功勳、是役警尉補陳洪侯因奮不顧身腿部當中匪彈、受有微傷、業在哈埠醫治中云、

絕滅奸商暴利

督勵明碼標示

如發現高價販賣通知當局

哈爾濱市警兩當局、爲安定市民之生活、徹底絕滅奸商暴利行爲、前曾迭次審議制定價格明碼標示制度、自實施後、各商店均一律遵行、該當局深恐各商有標定錯誤或故意標示高價者、頃再對各商工業作督勵之告示、並希市民們協力之下、如發現各商品如無價格標示及較價格標示高價販賣時、即各通知經濟保安科或市公署商工科、決加嚴罰不而貸各種價格標示範圍略誌如下、

一、公定價格、即基於法令所決定之價格、

二、標準價格、即依不當利益取締規則（包含暴利取締 令所規 定之價格）

三、協定價格即依業者協定呈請地方官廳認可之

又配給煤油

【西豐】關於鄉村照明必需之煤油、又是缺乏狀態、近來以豆油代用者亦屬不尠、西豐專賣局、爲緩和調劑計、業自十二月一日起、令各煤油小賣商發放本月份之煤油、凡持有通帳者、每戶配給一斤可逕到煤油小賣商購領可也云云、

丁校長視察歸來

【海城】本縣教育科、前奉省令、謂省署擬組織一教育視察團、由各縣選派中等校長一名、以便在省垣集合、由團長坂井氏率引、特由陸路赴日本國視察教育、本縣教育科、特派大甲屯村校長丁守魁參加、其預定旅程、往復廿五日、茲丁校長、已於月之三日由東瀛歸來、當諸縣署、報告一切經過、並擬將視察所得、即成報告書貢獻於教育界云、

建設運動場

省側擬定分期進行

濱江省公署、爲期一般省民体位之向上、特行計劃在各縣市旗各地帶新設國民体育場、現正在計劃中、其第一次計劃、以三個年建設期間各投資一萬元、在各市 縣建 築体育場、範圍、包含有地上競技場、足球場、排球場、野球場、馬術練習以及兒童遊園地等、總面積約十二萬平方米、近將着手進行中、其第二次計劃地、則有哈爾濱市（將哈市舊有之綜合運動場加以相當之充實改建）巴彥地區、珠河地區、賓東地區青岡地區等處云云、

濱江特刊
第四二四號
盛京 社址 哈爾濱地段街 北滿總支社 電話四三四六番

防止結核病 舉行預防週間

規定預防要領希市民注意

哈爾濱市公署為謀確保市民健康、徹底撲滅結核病之發生、特主辦結核病預防週間、由滿赤及日滿新聞社等後援之下、於十四日起開始至十七日止、此結核預防期間內、實施之要領如左、一、主催、市公署、協和會、二、後援者、滿洲國赤十字社哈爾濱支部、哈爾濱鐵路局醫院、哈爾濱日日新聞社、滿俄各新聞社、日滿俄各醫學研究會、三、期間、自康德七年十二月十日至十七日、四、宣傳、一、橫聯、於市內各樞要地區五處、以長三間半寬二尺五寸之橫聯揭揚於週間內以強調市民之認識、二、利用電影院、由警察局聯

宣傳印刷物、同時、派衛生、指導隊、醫員、自人口稠密、及衛生思想欠缺之處所、實行街頭講演、說明趣旨、並結核預防知識、至於遊行班之經路、為第一班、汽車隊由保健科出發、經中央大街、警察街、新城大街、石頭道街、南馬路、許公路正陽街、南十六道街、薔芳里、大新街、中馬路買賣街、透籠街、然後回保健科、第二班、徒步者、由平安電影院出發經正陽街、南十六道街、太古街南頭道街至平安電影院前解散、四、無線電放送、為左記醫師、於週間內放送、將每日之家庭時間內、改為結核預防思想普及之放送、即日人、顧原技佐、滿人、滿人醫師會長、俄人、露西亞人醫師會長放送內容、經放送局之檢閱、每人為十分間、又連日對『官廳新聞』、及無料健康相談所、開設等項、亦行放送、五、新聞紙上宣傳、以左記醫師執筆作成結核、預防知識並實生活改善之記事、於在哈滿俄各新聞紙上揭載、即日語者、為哈爾濱日日新聞、由衛生□□隊長、高崎英彥衛生試驗所長、蟹江善雄作成、滿語者、由衛生處長、俄語、由保夫滿作成、揭載日數、各為二日、乃至三日間

五、實施事項、一、無料康健診斷、由國路局醫院、赤十字病院、市立醫院及各埠頭區、傅家甸、新安埠、診療所於一定之時日、實行無料健康診斷、二、講演會開催、濱江省、學校組合、管轄各學校、於週間內、每日選各學校開催講演會、及其他滿俄系、小學校教職員於一定日時場所集合、開催結核預防、講演會、更各該教職員、對全兒童、實行對本病預防、及衛生講話、於十二月十二日、午後一時、在市公署、會議室、講師為關處長、六、座談會、實施後援者代表及其他關係者為對本趣旨徹底、關係事項、交換意見、以作將來之參考、而開催座談會云、

又 奮結核之傳染、率多由痰為媒介、而我國一般人士、往往隨意吐痰、曝於陽光空氣之中、隨風飛揚、而致成為本疾發起之泉源、故吐痰時、必須吐於痰筒、或吐於紙、或手巾內、然後擲於僻靜之所、於此週間開始時、所製成之結核預防十訓、誌之如左、

一、要常外出、勿懼寒冷、
二、小窗勿糊上、
三、要常開小窗交換空氣
四、室溫不可過高（晝間、要在攝氏十六度十八度夜間一〇度一三度）、
五、女子要用防寒的服裝、
六、要注意小孩的衣服、
七、勿隨意吐痰、有痰時必須吐在痰盂或鼻紙內
八、被褥衣服要常曬、
九、要取營養食物及十分安眠、
十、身體如有不適、宜速延醫、

※※※※※

反對父母擇婚 秀芬服毒自殺

※※※※※

惡德奸商

以民用麵粉私售牟利

當此生活必需品之小麥粉缺乏之際、一般購買麥粉者極感困難、哈爾濱專賣署當局、為體念市民購

將所領受大批麥粉、為遮瞞官家眼目、乘夜靜人稀僅放發三四十個面票、每個面票二斤、所得其面票

絡各電影院、映演保健注意思想、明聞、主催等之影片三、傳單配布、印日滿俄語文之結核預防十訓、及火爐之辦理法由各區事務所向各家庭配佈、圖使結核預防知識之普及浸透、同時對學童、爲培結核預防知識、亦行佈配、街道遊行以樂隊十名、及保健防疫科員若干員、編成街頭遊行班、於市內、繁華地區遊行、並撒布

道外太古街住戶王寶益年五十歲、吉林省人、現經商爲業、手中頗有積蓄、膝下僅生有一女名秀芬年二十一歲、父母視如掌上明珠、不但嬌生慣養、秀芬業已情竇早開、醉心戀愛、每日在外自由結交異性、竟將個人終身業已早竟許定、其父母固不知矣、王某夫婦見秀芬女兒現已成人實有擇配必要、因此即託親友與秀芬擇主、結果有友人介紹一商人劉某不但人品出衆並且老誠、即被秀芬父母重視、故欲將秀芬嫁給劉某、現正協議定婚手續、不料秀芬業將終身大事自己許定、對其父母主張婚事加以及對其父母堅不肯由其自便主張婚事、所以秀芬氣憤之下、頓萌短見、於八日午前九時乘家人不備、私吞多數洋火企圖自殺、幸經人發覺尚早、送醫灌救結果、不至于有生命危險云、

買麥粉困難、曾於每月一次發給各小麥粉代賣人大批麥粉、令其遵章向一般市民配給、不料當局雖計劃方策最善、無如各麥粉小賣人良莠不齊、而將每月所領受大批麥粉遵章向市民均衡配給者固不乏人然唯利是圖、竟將每月所領大批麥粉私行暴利出售之麥粉代賣人亦大有人在以致惹起一般市民煩言嘖嘖、玆有道外南十八道街源昇泰麥粉代理店、每月者非其親戚既其朋友、該號竟將所餘面粉、私運十六道街德興東雜貨代饅頭及切面舖、查德興東係源昇泰支號、其殘餘之特等面粉、每袋十九元、普通面粉十三元之高價、私售給十七道街戴家包子舖、該號每月所得面粉暴利、不下三四百元、將配給市民需用之面粉、爲貪圖暴利、私行高價出售、如此等之惡德奸商、一般市民無不憤慨、希當局加以取締、以免配給市民之面粉被其壟斷自肥私囊云云、

睡夢中突覺臀部疼痛
醒來後瓶子潛入腸中

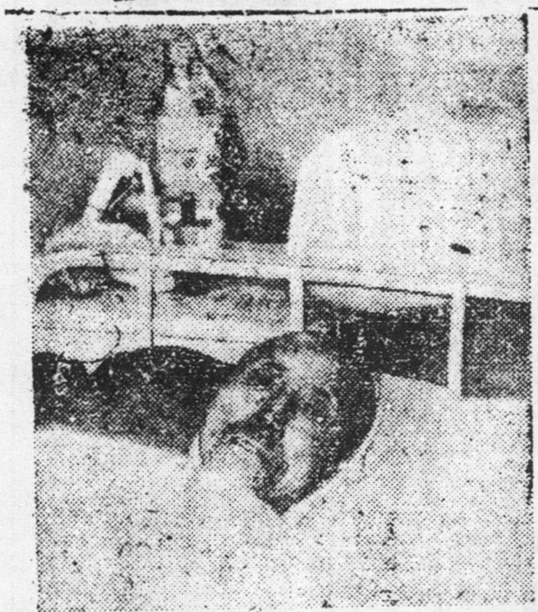

双城縣距車站一里許沈家窩堡、住戶王珍年五十一歲、以農爲業、家道小康、一家數口度日生活頗稱富裕、不料人有旦夕禍福、天有不測風雲、王某於本月二日深夜、正在酣睡之際在夢中忽覺有人在其臀部肛門中硬塞玻璃瓶子一個、乍覺疼痛驚醒時果覺小腹似有硬物、當時頗覺驚奇、翌日即由其弟王滿年四十二歲送往醫院診斷結果、確認屬實、但因其醫院設備不完備、恐解剖發生障碍、經鄰近某勸其來哈爾濱市立醫院治療、所以於本月六日下午經其胞弟將被害胞兄、用車送來哈市、入市立醫院、於七日由外科醫師栗林及看護婦多名陪備之下、於下午一時、施行大手術、將腹部切開後、果在腹腔及大腸裂口處、取出玻璃瓶子一個、查該瓶係普通裝藥水使用之扁形藥水瓶其瓶容量約爲二百瓦左右高約四寸許、寬約二寸許狹處約爲八分、自經過大手術解剖後、大體良好、現正在市立醫院靜養於第三病棟十二號病室中、記者聞人傳說此消息疑爲謠言、爲査其究竟事實與否、故於九日下午一時許、特造訪市立醫院、訪問患者則其胞弟王滿與患者王珍均在病室中、經詢問其胞弟王滿年四十二歲、據稱其住房、係租得陳某之平房三間、由中間開門、東屋爲王滿與其妻而居、西屋則爲王珍與其姪年十五歲同居、當肇此奇禍之夜、門窗依然緊閉安寢、於翌晨曾請跳大神來家察看、經跳大神 謂王珍 前生時係獵者所打死黃鼬甚多（即黃皮子）因此特來報仇等語、患者王珍其人忠厚老誠、自稱突患此禍頗覺離奇云、

（寫眞即王珍經解剖將瓶子拿出後靜養時情形）

道院開沙化刼

【洮南】縣世界紅卍字會道院奉老祖訓、於十二月初、由總會來修方多名蒞洮、開沙化刼各界修方均至院侍壇二日之間事畢、奉訓各修方均赴他縣道院去矣、

濱江特刊
第四二五號
社址 哈爾濱道外北三道街
電話 四三四六番

鞏固年末治安
全体警官出動
鹿毛司法科長親身指揮搜查

哈爾濱市警察局司法科、為謀治安確保、除與各警察署聯絡舉行年末年始大警戒外、並組織搜查班、活躍於全市收徹底掃蕩不良徒輩、以免其乘機蠢動擾亂治安、鹿毛司法科長為使年末年始治安更進一步之徹底強化、於日前下午六時起至十二時止、亘六小時間、親立陣頭指揮全體精銳刑事對於下級住戶之南崗下坎及太平橋區域實施大檢舉結果、經檢舉不審住戶八十餘戶、不審者四百餘名、現正鋭意審訊中、經被審二十餘名內中、竟有二名常習扒摸犯人鞠會臣年十六歲現住道外十四道街門牌十六號、及道外東倫街六號住戶李雲者、此二犯人專以哈爾濱車站為中心、東西搜次入哈爾濱驛之旅客、此出落網前日曾將向濟南行之某旅客國幣十六元被其掏去、可謂惡貫滿盈矣云云、

不由軌道時、適逢由北京開來三六五號貨車、双方因躲避不及、將陳某軋倒於火車輪下、待火車停止、業已血肉橫飛慘不忍睹、復由警護隊員趕到收場、檢驗後、遂行抬埋云、

賭犯奉公
清掃街道

香坊警察署司法系、鑑於年末年始在邇、為謀治安之確保、對於浮浪份子徹底剷除起見、特於日前起開始管界大搜索、經全體刑事不避三十度的天氣酷寒搜索結果、卒在各簡易旅館捕獲賭徒蜂起、同時並逮捕私會局蜂起、計捕犯人四十餘名、現均拘留中、該署基於消費節約及奉公精神之強化、於十五日將四十餘名賭犯、分派赴上號四門拆除舊式木柵工作並掃雪清理作業、由各警官之監督以防其逃逸、結果上號街頭積雪現清潔化、亦可謂為功於賭徒及當局指揮有方云云、

女生投考丟款
愁悶徘徊街頭
幸蒙陳警長借款得返里

【哈爾濱】濱江省巴彥縣女學生孫淑範年十七歲王芝傑年十六歲、該二女生日前一同來哈投考女子中學、不料將抵哈市道外途、二女主腰中錢包不知何時竟被竊賊掏去、二女生發覺時、極為驚惶萬分、欲返回巴彥縣不能留哈不得、展轉徘徊道外、飢餓一日、舉目無親可投、二女生進退維谷、正在一籌莫展如呆如痴方沮痛泣之際、忽被道外一面街警察官派出所陳所長巡邏時瞥見、當即上前盤詰、經二女生詳細述明携款悉數丟失經過、陳所長見其陷入進退可憐之際、當時慨然欲借給其路資國幣十元、助其返里後、再行補還、二女生幸遇陳所長之資助得免於難云云、

勵行戒煙

哈爾濱理教會、基於禁煙國策、乃對禁煙運動、一再宣傳、以期喚起所有癮者之反省、一致誠心戒除吸毒之不良嗜好、詳情會誌本報、茲今回因屆年末、該會特又預定於本月二十五日起、連續三日

圖厚利命小福薄
失鉅欵短見服毒
王世閣被救後精神失常

王世閣年三十五歲、問五時許吞服多數安眠藥

對商工從業員
審查表彰

哈爾濱商工公會為促進各商號從業員素質向上、特對各商工從業員之表彰名、精勤者六四名、至于表彰日期因為尚未整理完竣故未確定云云、

島省人、經商爲業、年來頗獲厚利、不料王某竟不知足、於數日前在間島省方面私行購買大批棉布、現因棉布統制森嚴、不敢公然向哈運輸、經迭次計畫結果、想出完全方策、僱用馬車一輛載有大批棉布、向哈市密輸、無奈王某感覺路途寒苦、故先行來哈、投宿於道外南三道街洪記代理店內、王某因貨多不放心、在間島起身時即僱一心腹人跟隨車輛詎料該馬車行抵吉林三道鎮時、車夫劉明佑見財起意、故意用酒將隨車同行之王振海灌醉、車夫乘此機會、將滿載棉布的車輛赶車逃走無踪、待至王某醒酒後、發覺棉布被車夫拐走、王某始知中了車夫之奸計、於是電知在哈待候住宿之王世閣、敘明被拐經過、王某聞訊之下、因痛惜鉅額財款、立即不省人事、經救治結果、因受刺激過重、精神失常、啼笑皆非、於十六日下午雖終發覺救治法生命甚當危篤、據一般對於該車夫拐載棉布逃走一案、是否與隨車輛之王振海者同謀拐騙不得而知云云、

苦力陳玉美 被火車軋斃

松村組苦力陳玉美年四十歲關裡人、於十七日下午在哈南濱驛構內橫越火

間、在理教會立學校、舉行年末禁煙宣傳大會、同時、並擴大舉行遊行宣傳、撒佈傳單、以求宣傳之普及、關於傳單、最有係大意義者爲好男兒志氣强、烟癮戒除、身體壯、當國兵威武揚、衞國衞民、快樂異常、如此觀之戒除惡癮、眞是一件必須的事情、凡有癮者當特別勵行忌煙運動云、

現經各商號中告者極爲踴躍、於十六日由商工公會開審查委員會、日滿俄三商從業員各別審查結果、決定

一、日系者一〇六名精勤者八十七名、功績者一名、模範優秀者十八名、

二、滿人四九八名、模範優秀者一三五名、精勤者二六〇名、

三、俄系模範優秀一百

海倫煙份搶案 犯人在哈落網

海倫縣公署保健科所積存精製鴉片煙份、四十萬包、價值一百二十萬圓、曾於本年七月中旬、突被惡徒搶去、自該案前稀有案件發生後、該縣警務科因關係事件重大、全体總動員以不眠不休嚴張警網從事搜索犯人外、並採取經過犯人指紋鑑識結果乃判明犯人係前科脫獄的四犯于振臣者年三十二歲、及其他二人所爲當即通牒全滿各警察當局協同努力搜查迄今、始緝知首魁于振臣潛伏哈爾濱市中、遂由海倫縣警務科派遣阿部警尉外數名來哈、與哈爾濱市警察局司法科與南崗警察署司法系全体刑事聯絡之下、於前日午前三時許、以迅雷不及掩耳手段急襲馬家溝盧家街門牌三十六號犯人于振臣潛伏處所、卒將美夢酣睡中之首魁于振臣者逮捕、並捕獲其共犯王某其他一名將所逮捕之犯人帶至南崗署、追究其所搶之四十萬包鴉片埋匿藏處所結果、所供出搶得大批煙份、除分別匿藏於海倫及錦州外、並匿藏在現在潛伏處所牆壁中若干、現仍調查中、他處匿藏所在、犯人現拘留南崗署中不久即可向海倫縣引渡關於此案經數月苦心搜查告高奏凱歌矣云云

暴利 高價賣煙捲 抓將官裡去

自日前物品價格經各關係者從事公定、並勵行明碼制以來、迄今數月經過成績頗爲良好、然遵守公定價明碼之商人固大有人在、而陽奉陰違之惡德奸商因其見利不見害一味暴利是圖、仍不乏人、所以哈爾濱市警察局經濟保安科與各警察署經濟保安系協力聯絡之下、對於暴利惡德奸商銳意搜查結果、已捕獲多數暴利份子、決從嚴重處罰、以免其三令五申置若罔聞、不料各種貨奸商未徹底澈淨、今又發現煙草代理店、不顧公定價格、竟行高價私售、忽被慧眼警官緝知將其逮捕、茲將其經過情形分誌如下道裡十四道街德興長煙草代理店、乘煙草缺乏之機會、將所代售公定價格之各種煙草、均私行暴利出售、於日昨該代理店竟將公定華道煙每包六元私售每包八元八角高價、有一商人在該代理店購買若干包華道煙、行抵北城大街、被南崗署便衣韓警尉瞥見、以富此煙草購買之難、該商人竟持大批華道煙不無可疑、所以即將持大批華道煙商人、帶至分所訊問結果、始得悉德興長煙草代理店暴利息、立即僑裝商人模樣前往該代理店聲稱購買華道煙、詎知該煙草代理店不知韓警尉係官吏、該商人拿出素日之驕傲態度、答謂你買華道煙麼、每包八元八角、韓警尉問該號華道煙每包公定價格若干、不料即觸該商之怒答每包八元八角、願要不要、並說買不起煙別來搗亂、此時韓警尉忍無可忍、即由腰中將文明手鐲掏出、至此該商一見係警察官吏來臨並且暴利情形已被人撿明、嚇得屎滾屎流、面如土色、帶著懲辦中云云、

各學校卒業式 聯合舉行

【鳳城】鳳城街內各小學校、康德七年度卒業生、計優級部男女生三百餘名國民部四百餘名、共計七百餘名、本月十四日、舉行聯合卒業式、爲愼重人材、注重教育計、先明由代表文廟優級學校長何連昌氏、函請各機關長、屆期參加、是日午前十時、假協和會館、盛大舉行卒業式、頗爲隆重云、

(第三種郵便物認可)　康德八年二月十二日　盛京

濱江特刊

第四二六號

社址 哈爾濱道裡地段街一二六番
電話 四三四六番
京時報北滿總支社

喚起商民認識防水利民債券

對惡德收買奸徒嚴懲辦

年來因松花江及各河川一帶洪水爲患淹沒良田無算、農民蒙受損失、濱江省公署有鑑及此、爲謀防止水患使農產物之增產起見、曾於日前實施濱江省防水利民公債發行以來、經過成績極爲良好、已迭誌前報、不料一般商民因對於防水利民債券及一般証券之認識缺乏、並其運營智識不足、更兼受一般奸商利徒之煽惑、所以竟有暗中極低廉之價格暗中買賣者、現經中央銀行哈爾濱分行發覺、通知濱江省警務廳當局、已將收買此項公債券之奸商某浪人及滿人一名逮捕、現正嚴重審訊中、而濱江省公署爲本公債又價額起見、惟恐再有同樣之低價暗中買賣事件發生、當局特於七日發表談話如左、於關濱江省防水利民公債之價格維持當局當講求萬全之對策、至於其具體的方法最近即將發表、惟當此舊正迫近之際、有多數奸商竟藉缺乏証券智識之口實對公債應募者出以不當價格買之估學、對此警務廳刑事料業在進行調查逮捕中、即省當局方面亦決行對此種惡性者、予以取締待與檢查當局聯絡後、必臨以重罰之方針、蓋債券於銀行業中與國債相同、有充分之担當價値、可以作適當之通融、再關於此點希應募者再認識爲盼云

爲使教育普及

道外建設學校

哈爾濱市公署教育科爲謀國民教育徹底之普及、對於適齡學童得以入學、於康德八年度、投以九十萬圓工事費、在道外方面建築學校一所、現在對於地址正在選擇中、收容學童一千人、設二十學級、以便緩和入學難點云云、

正在嚴重取調查中、關於此慘殺案不久即可全案水落石出云云、

配給豆油

各區設置小賣所

市立赤十字兩病院

施診捨藥

哈爾濱市社會事業聯合會協和會哈爾濱市地區本部及哈爾濱市公署社會科等三當局、爲救濟一般無衣無食貧民起見、經協議結果、決定於本月十一日起開始向一般市民募集貧民同情金外、而滿洲赤十字社哈爾濱病院及市立病院兩當局定於同情週間內實施施藥、以盡救濟貧民同情之意、茲將施診及施藥之場所分誌如下

一、東傅家區區事務所內於十一日午前十時至當日下午三時止、

二、西傅家區傅家甸診療所中於十二日時間同上

三、太平區在勞工協會管理所內於十三日時間同前

四、香坊區在慈善會內於十四日時間同前

五、顧鄉區在慈善會內於十五日時間同前

六、新陽區在新安埠診療所內於十六日時間同前

屆時一般貧民患者隨意赴各場所免費診療、但須帶先赴地區本部、領取無料診療券、屆時希一般貧患同胞們幸無錯過機會云

大汽車料金改正後

較前增收二成以上

【營口】奉南交通會社營口支店、由本年元旦自開始對市內通行之公共汽車料金實施一角均一制以來、較之從前每日約增收二成乃自二成五、但自舊停留所廢止六個所後、今社方面能幸增進收入增多、惟市民稍感不便、所以處此非常時下汽油缺乏、實屬不得已之事云、

舊年將屆

街市人稠

年紙蓬棚鱗次櫛比

【北鎮】縣城街市因舊歷年關將屆、街市人烟漸稠、年紙棚蓬棚相繼出現、對於陽歷年雖經協和會竭力提倡、一般人民腦筋狃

麻藥癮者斷禁完了

鴉片癮者仍繼續工作

濱江省地方禁煙促進委員會、爲向鴉片麻藥斷禁途上徹底邁進、以期使癮者早日斷禁起見、曾於過去數年間、即設斷禁方策從事禁戒中、結果已收相當效果、就中麻藥一項頃據發表、在去年五月末統計哈爾濱市共有登錄癮者七百三十五名、除其中年老衰弱者二百四十六名改吸鴉片、登錄鴉片癮者並自動戒除外、其餘之壯年癮者四百八十餘名均經先後送入康生院、斷禁完了、迄至康德七年杪對於本市之麻藥癮者業經全部斷禁整理完了云云、

道理慘殺案

逮捕容疑犯人

現正取調不久即可大白

道裡中國九道街保神津食堂門前於四日下午十一時許忽發現被人慘殺男人屍體一具、經行人發見當時即報告經緯警察署、該署聞訊除非常召集全體署員外、並與司法科聯絡之下、急赴現場檢驗被害屍體結果、判明該慘死者係保神津食堂大菜館之經理、希拉人馬夫立斯基、年六十歲、頭部受有刀傷三處、腦蓋骨粉碎、經當局對屍體解剖之結果、被害者係於四日下午九時許、被人以劈柴刀將頭部砍傷三處即行死去、後經當局嚴密搜索、已發現犯人指紋、由警察局鑑識係再加調査後、於五日早晨逮捕有力容疑濃厚者現下

天然痘猖獗

當局努力防止中

因近來天氣寒暖不均、以致天然痘傳染病患者又行猖獗、據市立醫院現在收容患者之名中內有三名滿人患天然痘、經醫師診斷結果、乃判明爲眞性天然痘、其外有日人二名患者、據醫師診斷爲疑似天然痘患者、爲防止其蔓延起見、現已將患者均加隔離治療中、聞此種傳染之來源、係是昨年十二月間由牡丹江方面傳染入哈爾濱市矣、現在市防疫當局鑑於天然痘者屢次發生、爲期徹底防止杜絕其蔓延計、現正努力防止對策中云云、

自生活必需品之豆油實施配給制度以來、因配給手續種種不完備、以致配給市民需用豆油極不圓滑所以市民怨聲載道、哈爾濱市油坊同業組合有鑑及此、爲謀向一般市民配給豆油永久圓滑起見、經與各關係機關一度折衝研究結果、決定由該油坊組合直接經營下在全市設十三個豆油小賣所、計東西兩傅家區共五個所、太平區一個所、埠頭區兩個所、新陽區一個所、南崗區一個所、顧鄉區一個所、馬家區一個所、香坊區一個所、刻下積極選擇地址、一旦房舍賃妥時、立即開始營業、在各豆油小賣所成立同時、對於豆油發放辦法、仍按照戶口人數配給豆油票、按期配給、現正着手調査戶口、以作發放豆油票配給準備中云云

組合配給棉布

【北鎭】縣城爲棉絲布組合長劉維周氏、爲體恤民艱起見、特於月杪、按照國勢調査完訖証、每日配給棉布十三尺、及襪子每人一双、價格從公、尙稱圓滑、以致頗博得好評云、

神紙已上市

【本溪】新年已過、而舊歷年將到、滿人習慣難除、每屆新年、無論大小人家、均爭購度年物品、是以近日市面人多擁擠、合商鋪均發賣神紙、而四鄉農民多來市內叮年紙、頗呈興隆鼎盛狀況云

於積習、仍不十分消極、此亦積重難返之故耶、

遼西會社對乘客禮讓

【北鎭】縣遼西交通會社、社長李守業氏、對於一般司事、實施教養、待遇一般乘客、無論婦孺務持和平態度、以盡經濟道德之意、所以該員司、頗肯效命、一般旅客嘖嘖稱贊、該會社之規律、嚴肅和平也、茲自新年以還生意常發達、乘客蜂擁而至、大有山陰道上、應接不暇之勢云、

對同情週集金

於廿日起實施分配

【營口】昨年末實施之營口歲末同情週間寄附金、已如別項市公署發表揭載、收得預想以上之成果、得擧對貧困者全面的救濟之、實由全關係各機關之熱烈努力、對寄與一般市民同胞相愛之溫熱同情市當局表示大喜、因一部分集計遺漏、故適格數字尙不能判明、總數將突破一萬三千元、收支之報告、因紙面之關係上、須三四回方能完全揭載、其明確數字、至最後始能書明、然而十五日於市公署開催警務處、協和會、商工公會、國婦支部、赤十字社、各機關首腦部會議關於救護支出之具體案、愼重審議後、由二十日起實施救護、救貧置重點於軍人關係之貧困者、今後之救貧事務委任協和會云、

街長視察歸來

【北鎭】縣城北鎭街長張久儒、於陽歷年前東渡視察見學、一切藉資借鏡等情業誌前報、茲已視察完畢歸來、將來對於街務猶必有所表見之地云、

歲末同情週間擧開隣保委會

【本溪】市公署村田市長、爲實施歲末同情週、定於本月十日、在市公署禮堂擧開隣保委員會云、

濱江特刊
第四二七號
盛京時報北滿總支社
社址哈爾濱道外地段街一號
電話四三四六番

舊曆年關臨邇
充實配給陣容
各種必需品較往日配給增量

哈爾濱市商工科鑑於舊歷年關切迫、爲期各種生活必需品、於年末頃、配給圓滑、俾一般市民安度舊正、特對於生活必需品之面粉豆油糧穀等項規定、配給方法、如左

一、豆油

於市內重要處所設零賣所十三處市民可持戶口冊經由各區牌長分別依人數發給配給票、所指定之零賣所發放之、至其數量則每人一滿斤、即自本月十五日開始向各方配給至豆油價目則規定每斤爲三角、

二、小麥粉

因屆舊歷年關、預想達人側、慣習的需要大量面粉故本次配給量按全市人口每人五公斤以上配給之、至于配給辦法、則仍照前番辦法右數量較之既往約增加二倍乃至三倍已自目前開始配給矣

三、重要糧穀

約在以萬噸以上自本十八日起向市配給全幼兒亦同樣數量配給之

四大豆

準備二十噸自十八日起配給云云

斷指祈愈夫病◎◎
賢妻可風

劉子民旗順方家屯人、香薌告保佑完畢後、進
現充當協和會哈爾濱地區入屋內走至切菜板前、右

聲狂叫、劉某正在昏迷不省、聞得狂叫聲音驚醒、一見其妻左手小指掉落鮮血淋漓不止、忽吃一大惶驚出全身體出了一身冷汗與不可喚矣、不料吓得這一身冷汗後、劉某病疾忽然全愈、此項消息傳出、

許娶桂香爲妾、双方協議安富、不料好事多魔、事被李妻劉瑞芝聞知其神密、因醋火中燒、與本夫李某終日哭鬧外、並時找桂香理論、以及惹得滿城風雨、李某受此重大刺激、均垂頭喪氣悶悶不樂、將來結果演到何種地步不得而知、容訪再誌云云、

怪電話惡作劇
◇◇盧報首善醫院醫師殺人◇◇

哈爾濱市警察局司法科於前日忽接一滿人之電話謂南崗山街首善醫院有一位醫師、把一個前經醫療病患者殺死、請求司法科當局、前往檢驗屍体、該科據報、因人命關係重大、立即以電話通知該管之南崗警察署、而南崗署立派署員前往調查結果、並無殺人事件發生、當時署員以爲電話聞錯、不是首善醫院、又赴南崗山街孔氏醫院調查、結果、亦無異狀、乃即返還署中、不料將返到署中未久、南崗署復接得地方檢察廳之電話、仍謂南崗首善醫院醫師殺死患者裸体男人、而南崗署接得此種怪電話不勝疑惑不解乃再度赴首善醫院調查、結果判明事實如左、

原來於數日前首善醫院有一滿人患花柳病者前往醫治花柳病、竟被該醫院拒絕、以致觸起該患花柳病者之憤怒、當時即暴露不滿態度、憤怒而去、推測今次之怪電話、必係該手段無疑云、

實施隣保組織
統合區町會

【新京】爲順應邁進新體制東亞共榮圈日趨鞏固之時間首都協和會爲實踐建國精神及協和之大理想確立國民組織、所以對於市立之區町會與協和分會機構統合、實施鄰保組織之問題、經關係方面協議、大體已趨於一致、決定融合一體、新則隣保組織、今後對市民福祉之設施、互保相愛之精神、頗堪期待、所以自從此風一傳、市民莫不注目與期待、至於一切之組織、現正在愼重考慮、而對於區町會、協和分會統合式典、預定於來月十一日慶祝紀元佳節之良辰、同時舉行區、會統合式典云、

召集分區會議

【本溪】兹値舊歷年末、市民所需米面油、渴望當局配給、本月十五日午後二時、市公署召集全市各分區長、舉行會議、

本部部員、少年英俊、作事認眞、並操流暢的日語、其妻王雲英年十九歲、曾在某中學校畢業、自結婚後、夫婦感情頗濃、日前由原籍旅順來哈、因覓住宅困難、夫婦無奈、即投住於道外、南三道街豐順旅館中、因夫婦度日生活富裕、可謂一快樂之小家庭也、孰知天有不測風雲、人有旦夕之禍福、劉某於二月前忽患染痢疾病、延請中西名醫治迄今不但不見稍愈、並且病勢轉劇、体瘦如枯柴、大有氣息奄奄之概、終日昏迷不省、忽於十日劉某病勢頓然轉呈危險狀態、不時昏迷不省人事、劉妻王雲英觀其丈夫病勢危在旦夕之際、不禁嚎啕痛哭之際、忽然憶起古人丁香割肉焚香祈禱醫治母病之事故、立即外出洗手洗面後遂在院內焚香跪地禱告過往神靈保佑丈夫病愈、情願將左手小指割下祭示以表心誠則靈之決意、俟焚

手操起銳刃切菜刀一把光輝奪目、劉妻雲英毫無思索之下、只聽得咳吱一聲將左手小指割下、鮮血淋漓、此時雲英痛極哇呀一

一般人莫不以爲奇事、心誠則靈果然斯也、而王雲英割指與丈夫治病其賢淑心誠實不可多云云、

患花柳病者所出此種之惡

以羽配給圓滑云、

戀招待髮妻難容

哭擾後垂頭喪氣

道外北十道街十二號院內住戶李德發年二十歲、金州人、現以販賣皮革爲業、但因皮革在統制之類極感缺乏、適逢千載難遇之機會、所以大發洋財、李某因手中積蓄頗多、不堪奈韓之寂寞、曾於本年春季經友人之介紹、以國幣四百五十元彩禮、娶哈爾濱市某學校之女生劉謙芝年十九歲爲妻、自結婚後、夫婦感情不惡、不過李某素嗜杯中之物、時與友人赴酒館飲酒取樂、久之即與某酒社女招待員桂香者相處極爲親密、而桂香視李某爲意中人、非嫁李某不可、李某見桂香姿容秀麗、自思左擁右抱爲人生之美事、李某業已默

咎由自取

◇…嗜賭失業短見服毒…◇

劉喜陽年三十三歲河北省獻縣人、充當道外成義香店司賬員、劉雖爲人忠厚老誠、惟素日嗜賭如命日前因賭博輸去櫃上公款五百餘圓、因無錢償還、竟被該號執事人發覺、除追索劉某之保人緊急償還外並將劉某革職、劉被革後即搬在客棧內閒居、因受生活逼迫、將所有衣物典當已空、近更受客棧追索店錢甚急、不但無錢還店錢對於每日三餐亦發生問題、劉某不堪各種之脅威、即頓萌短念、於十三日將身上所着棉袍已行典當國幣十餘元、當即赴飯館大吃特喝飽餐完畢、竟購買鴉片煙二份、返還店中、乘人不備將鴉片吞服、企圖自殺、大煙吞服未久、煙毒已行發散、劉某陷入人事不省、口吐白沫、被茶房發見、驚愕之下、立即報告店主、經店主將劉某急送附近醫院灌救結果、因發覺尚早、生命似無危險云云、

防止天花蔓延

實施種痘

自哈爾濱市內發現眞性天然病患者以來、似有蔓延之勢、市防疫當局爲期確保市民之健康、徹底防止天然痘之蔓延起見、除對於發生眞性天然痘者之住所及其附近、實施消毒與交通遮斷外、同時對於一般市民實施種痘、正陽警察署衛生係自天然痘發見以來、亦即總動員檢查管內戶口、以免患天然痘者隱瞞不報、近爲更進一步防止天然痘計、特定於本月十八日起分別在道外傳家甸診療所及東傳家區事務所兩處、對於一般市民實施免費種痘、希市民們屆時踴躍前往種痘、以期使天然痘傳染病早日滅絕云云

刁悍婦虐待婆母

老媼吞毒遇救

丈夫發覺双方同意離婚

道外中十二道街滿善祥大院內住戶馬鳳瑞者河北省人於數年前由原籍攜眷同其父、母妻子 來哈、以一家數口度日生活尤裕、二年前馬父因病逝世、現有馬某 與其生 母妻子相處、亦可謂快樂家庭也、常、自其公翁逝世後、每趁其夫外出經商機會、對於婆母非常虐待、初時馬母尙氏、爲謀家庭中之和睦、並明促起兒媳自己之覺悟、同時希望兒子安心經商、集屢受兒媳虐待亦不肯對其兒子吐露虐待情事、詎知胡氏不但不知悔悟、反視其婆母愚弱、近來對其婆母變本加厲虐待食就打罵交加、天長日久愈演愈兇、竟逼得馬母尙氏、實在忍無可忍、忽於十三日吞服滷水兩碗、企圖自殺以了殘生、吞服未久正在苦悶交加之際、幸巧有馬某之母舅前往馬某家中串門發覺、乃立即延醫灌救結果、幸發覺較早生命無有危險、其子聞訊急忙奔回家中探視伊母、訴屢受兒媳虐待並時斷絕飲食、老淚滾滾言之頗慘、始知伊妻刁潑頑固、馬某氣憤之下、遂將其岳父找來談判一切、而胡氏但不思改過、竟公然向其夫馬某提出離婚條件、此事正中馬之心意、双方無條件同意離婚、現正辦理離婚手續中云云、

濱江特刊

第四二八號

盛京時報哈爾濱支社 社址 北滿地段街 總支道外一號

電話四三四六番

兩份、及身體檢查通知書交至徵兵官處（濱江省長）

二、因傷痍、疾病犯罪及其他事項、而不能受驗者、應速備事實証明書將其理由急速交於徵兵官、

三、爲避免兵役而逃亡不受檢查、或毀壞身體僞裝疾病、或當身體檢查時故意擴大疾病並虛僞申告者、決按照法律嚴重處罰之、

四、除前述各項以外、其他詳細手續、得向國兵民籍股詢問之

△受驗須知、

一、關於醫師、齒科醫師、獸醫師、自動車運轉手航空駕駛員等職業者、有就業証書、及修業証書免許証技術証明書屆時須携帶之、

二、須携帶午飯並帶包皮一枚、以備檢查場內包裹自己衣服、

三、金錢貴重品除必要以外不準携帶、

四、爲檢查必要事先應剪去頭髮帶潔沐浴

五、須服裝整齊樸素清潔以免失禮

六、受檢查時刻遲誤時亦受法律處分云云、

防止風水災害充實燃料
樹立造林計劃
市農政科本年度決定植樹方針

哈爾濱市公署農政科基於產業五年開發計劃遂行之徹底、對於防範風水災害之造林計劃連年以來積極努力實施、以期達成植樹充實將來之燃料自給自足計、故極大實施綠化運動因此以康德八年度施政方針爲標準、企圖徹底綠化哈爾濱市及近郊、對康德八年度植林計劃如左、

一、爲謀達成綠化地帶之設定、以期完成護岸、防止水災、以及將來燃料林之培植、在左記各種地種植大批 之楊柳槐 長葉等、

1、馬家溝河的上流、任家窩堡、李家屯、薛家屯、魏家窩堡以上數處種植林木、加以妥協之保護、

2、馬家溝河的上流朝陽屯移家溝區域、栽植樹木、以達綠化地帶

充四十公畝、由市公署農政科直營之、並伴隨苗木需要之激增、擬在該苗圃以楊槐以外十種之林木、以期培養成實生苗之良好成績、將增產至約在一百二十萬株之增產重點、

三、學校林設營、指導市內各學校學生之精神訓練及基本財產之造成、配備各種苗木與各學校、加以植栽管理及指導、

四、勤勞奉仕作業利用本年度夏 季休息 之暑期中、與市公署教育科聯絡、在農政科之苗圃及植林地內、舉行勤勞奉仕、

五、農村備林十年計劃之利用河川沿岸荒蕪地、由市署技術員指導監濟之下、實施苗木之配付、

六、苗木分議、應各公私團体之希望請求、及北滿適於植木之地點分讓各種苗木云云、

壯丁檢查會議
來月一日舉行

濱江省管下各縣旗市、對康德八年度適齡壯丁者業經申報完了、對於二月一日起、實行檢查、爲謀檢查處理之完備、期無遺誌如左

△檢查注意事項

一、欲求取銷居住地受驗所許可者、應將志願書

追悼清水少佐
舉行十週慰靈祭

一月二十七日爲故清水少佐在哈入城遭難十週年紀念之辰而哈爾濱市史跡名勝保存會主催之下、特定於二十五日午前十時、在道裡田地街哈爾濱商工公會樓上會議室、盛大舉行故清水少佐慰靈祭式典、祭祀式典終了後、即搭乘汽車更赴故清水少佐碑（遭難地）參拜其慰靈祭式典次序如左、

一、修祓

二、招魂

三、獻饌

四、祭主祝詞奏止

五、祭主玉串奉奠

六、玉串奉奠

七、撤饌

八、送魂

九、一同敬禮退下、是日各機關代表之玉串奉奠順序如左

一、主催之哈爾濱市史跡名勝保存會代表、

二、哈爾濱駐屯地司令部

三、特務機關

四、陸軍病院院長

五、在鄉軍官民代表田中少將、

六、哈爾濱陸軍兵事部長

七、哈爾濱在勤日本海軍武官

3、正陽河夏家窩堡水發屯區域該地帶植樹
4、東腰長嶺子、西腰長嶺子、辛家窩堡、宮家窩堡、登州李屯、獨一處地帶、造成森林、
二、養苗事業、在任家窩堡既成植林苗圃加以擴

懋起見、決定於二月一日午前十時起、在八區宣德體育館召集各壯丁家長及各商店經理等會議、屆時由濱江省公署說明壯丁檢查應注意事項、受檢查適齡壯丁必須徹底明瞭檢查內容、茲將應注意事項詳

八、哈爾濱憲兵隊
九、日本總領事
十、第四軍管區司令部
十一、江上軍司令部
十二、在鄉軍人會代表
十三、協和會代表
十四、滿鐵
十五、山口縣人會
十六、各學校
十七、氏子會
十八、在哈各新聞社、
十九、哈爾濱商工公會云云、

電信電話局長會議
來月初在新京舉行

滿洲電話電信株式會社爲討論本年度的經營事業及機構之改正、特定於二月三日起至五日止、亘三日間、在新京本社內召集管下所屬管理局長及出張所長社員養成所長等召開協議協會、議該社機構及康德八年度預算運營之方針、而哈爾濱電話電信局長山本冬彥氏預定屆時參加會管理決偕同隨員一名前往出席云云、

下水道工事
本年度決定敷設

哈爾濱市公署水道科、爲伴隨國際都市躍進之發展、籌謀哈爾濱市明朗化、對於市內汚水排洩迅速起見、對於康德八年度下水道敷設工事計劃業已決定、以馬家溝爲中心、總工事費八十萬圓、於解氷後即動工建築、其下水道建設之區域預定計如埠頭區一面街口、南崗區曲線街、南崗區木介街附近、南崗區花園街附近、馬家區通道街、馬家區樂土東三道街、馬家區樂土街附近、馬家區靖國路附近、馬家區靖民街附近、新陽區新安埠幹線、香坊區十六號線幹線等處云云、

双城縣行政
于省長巡視

濱江省長于鏡濤氏、爲明瞭管下各縣一般行政狀況、日前曾親赴五常珠河等縣本年初度巡視、將行歸哈、又復於二十一日午前九時三十分南下列車、偕同秘書官徐克誠氏及其他隨員等、赴双城縣視察一般縣政、預定二十二日下午返哈、預定二十三日偕同隨員赴呼蘭縣視察、二十四日下午返哈云云、

創辦教育通訊社

【海城】本縣教育會定於最近期間、創辦教育通訊、至其通訊組織、編輯長爲林教育科長、編輯爲王學務股長、周總教股長、視學張鵬飛、主事湯有田、以及各街村公立學校長等、此外並聘郭蔭軒、爲該通訊社編審囑託云、

貪圖便宜
被人欺騙
幸遇慈善女郎施金救濟

劉兆禮年三十七歲山東黃縣人、於二年前由原籍山東來滿、在下江一帶、專以販賣各種雜貨爲業、劉某經度過貧困日子、對於素日吃穿非常儉樸、所以販賣雜貨經過二年光景積蓄國幣三百餘元、因手下有了錢又將臨舊曆年關故整裝歸里探親、二十一日由下江搭車來哈、到哈後、擬購買應用物品即思急速歸里、因爲年關切近、不料將行到哈尚未入店、就在道外桃花巷口、遇見一操山東黃縣口音身着棉袍老鄉、劉某本來與其素不相識、劉某終因對於初到都市中有點蒙頭轉向態度、但經該人一番甜言蜜語、自稱名叫王從周、經提起老鄉來當然格外親近、因老家都是山東遠在哈爾濱滿洲國相會眞是有緣、王某非請劉某吃飯不可、劉某本來就貪圖便宜、況且素不相識、僅由說話口音始認爲老鄉、王某決意請客爲何不去白吃一頓、於是乎亦不客氣即隨王某赴桃花巷口文明獨一處飯館、要得滿桌酒菜、二人大吃二特喝、正在興高彩烈之際、王某由腰中掏出十元國幣交給飯館、未幾王某藉稱外出小便、囑令劉某稍候即回來、劉某不疑有他、自己思想樂得天花亂墜、素不相識提起老鄉竟請我喝酒吃飯、老鄉老鄉到是（鄉親）自己唧唧咕々誇獎不休、不料待候有兩小時間亦不見王某回來、反是心裡有底酒飯錢已由王某給了、因自己要買東西要緊、不能再等就令飯館算賬、共化八元許、還剩兩元、劉某本來慣貪便宜、自己樂的東倒西歪白吃喝了一頓尙剩兩元錢、及至正陽街某百貨店購買物品時、由兜掏錢時、三百餘元國幣踪影杳無、不翼而飛、立刻急的汗流滿面、不但不能購買物品、連回山東路費皆無遂時張開大嘴嚎啕大哭、疼不欲生、其狀極慘、當時有一年約二十許時髦女郎、類似小姐態度、視其可憐、詢問其經過、始知被人騙了、此女郎慷慨由手提包中取出國幣二十元給與劉某命劉某買票回家過個團圓年吧、該女郎即揚常而去、劉某接錢雖再三叩謝問女郎姓名住址、女郎笑而不答、如此女郎救人之難可謂慈善也、令人欽佩可風云云、

濱江特刊

第五三一號

盛京時報北滿總支社
社址 哈爾濱道外地段街一號
電話四三四六番

為造成工業人材

設哈爾濱工業學校

三月五日開校現正招募新生

濱江省公署、爲造成工業人材起見、經一步協議結果、特在哈爾濱市內第一國民高等學校內、附設夜班工科學校、該校定名爲濱江省立哈爾濱工學校、現已均行準備就緒、定於三月五日舉行開校式、其第一期新生計招募甲乙兩班各三十名、甲班以機械爲主、乙班以電氣爲主、現正開始招募新生中、茲將其招生之簡章誌錄如下、

一、本校設置目的＝本校根據職業學校令、及職業學校規定以涵養國民道德、修練國民精神、鍛鍊身體、授與關於工業之知識技能、培養勞作習慣、造成能担當實務技術者爲目的、

二、本校地址＝哈爾濱、南崗、郵政街、一三一號、（哈爾濱、第一國民、高等學校內）

三、設置學科＝甲班、（以機械、爲主）、乙班、（以電氣、爲主）

四、修業年限＝各班、

語滿語）午後一時身體檢

查、及口頭試問、

十一、試驗地址＝本校

十二携帶品＝受驗證、鉛筆、小刀、橡皮、

十三、錄取發表＝二月十九日午前、於本校揭示

十四、入學＝三月五日

云云、

惡徒冒充警官詐財未遂被捕

市內冒充官人詐財惡徒依然乘機蠢動、被害商號大有人在、茲有孫繼超及王林茂二名惡徒、專以冒充警察赴各商號詐欺爲生、於三日下午八時許、利用習慣詐財手段、又赴道外純化街九號切面舖處向該切面舖執事人莊錕聲

第四軍管區司令官邢士廉氏、對於管區內各地實施之壯丁檢查、極爲關心、於四日親赴宣德體育館壯丁檢查處、巡視檢查情形、並定於七、八兩日再赴双城縣巡視壯丁檢查一切情況外九日赴阿城巡視云云、

區進德分區大同分區北新分區、據當日受檢査壯丁之體格甲種占百分三十五乙種占百分之三十五、丙種占百分之三十、當日受檢査之適齡壯丁並無一人缺欠、成績極爲良好云云

某旅社開燈供客因索煙賬時發衝突

該旅社旅客非野妓即癮士

市警煙務當局、爲伴隨政府鴉片麻藥十年斷禁國策遂行之徹底計、除嚴防新癮發生外、對既癮者實施漸減辦法、同時對於鴉片麻藥密賣密輸取締極爲嚴緊、以明完成鴉片斷禁之使命、不料竟有一般惡徒、不顧當局對鴉片麻藥斷禁之苦心、企圖暴利、對於無吸食証癮者公然開燈供給、茲有道外豐潤五道街××旅社『素稱野妓窩』、該旅社所有居客除野妓外、餘者大部份均爲鴉片、麻藥癮者、該旅社經理乘當局對鴉片取締嚴厲並鴉片來源困難之機會由去年八月以來迄至今日、竟私行開燈供客、該旅社所有煙具計有六七套、每日售賣煙膏不下二三兩餘、所得暴利平均每日二十餘元、一般無吸食煙証癮者、企圖鴉片吸食之便利、均欲投宿於該旅社、査該旅社每日所出入之旅客非野妓即爲癮士也

迄今已九易星霜、經該校院長等之慘淡經營、成績尙屬不惡、茲據調査所得、將該院現狀分誌如下以告關心者、

一、本校自昭和七年創立以來瞬越九載由州內外各地來金就學之聾啞兒童逐漸增多、現有教員四名、生徒三十五名、（內住宿生州內十五名州外十二名）卒業生日系計三十餘名、

二、聾啞學生之成績、五六年學生均能作簡單語言及簡易書信、聾啞學生作品、曾參加日滿華學童作品展覽會、

三、本校係私人創設者昭和十六年度豫算三千餘圓內收入授業科千餘圓、其餘不足者爲各機關補助金及善士捐欵充之、

四、補助各機關如下

恩賜財團兒童獎學資金（關東州廳內）、歲末同情週分配金（大連市役所內）、州會事務所、金州奬學會（民政署內）、

均二年、（授業時間、每日午後、六時至九時半）、

五、募集人數＝甲班、三十名、乙班、三十名、

六、入學資格＝須品行端方、志願堅固、不拘有無職業、具有左列條件爲合格、1、高級小學校卒業、國民優級學校卒業、及有同等以上學力者、2、年齡滿十三歲以上者、3、視官健全、身體强健、而無缺欠者、（色盲者不許與試）、

七、報名日期＝即日起至本月廿日止、（每日午前十時至午後四時）

八、報名地址＝本校、

九、報名手續＝1須將規定之入學願書、證明書最近二寸脫帽半身像片二張、由出身學校長一併提交本校長、（本校備有用紙）

十、試驗日期及科目＝二月廿六日午前十時至十時五十分算術、十一時十分至十二時國民科、（日

稱彼係純化街分所警官、因有急用、借國幣三元、但該執事人對分所警察官素均認識、即判明其冒充詐財、當即報告分所被警逮捕交警署內拘留中云云

刑司令官
巡視壯丁檢查

壯丁檢查
成績良好

康德七年度適齡壯丁檢查、哈爾濱市已於二月一日起開始檢查矣、第四日爲檢查第二日、當日在八區宣德體育館檢查東傳家

土木廳長調查道路河川
已調查完了以備將來整理參考

濱江省公署相馬土木廳長、爲謀土木廳年度計劃並防水土地開發事業之順利化、對於管下主要道路河川等地必須加以徹底調查、以作計劃參考資料、因此該廳長於上月二十六日冒三十餘度酷寒天氣、率領土木廳調查隊一行七名由哈爾濱出發、赴珠河木蘭賓縣、方正、延壽、五常、六道河子等地作實地調查、現已調查完了、一行於三日下午五時許列車安然返哈、相馬土木廳長對此次調查發表如左之談話、

全行程爲六百五十公里、時期又爲最寒、且多雪之期、是以調查所得、亦極珍貴、

一、濱江省管下之道路河川、較比遂行北邊振興計畫中、北安、三江、兩隣接省、倘有改修者極多、是以新年度計畫、必須置重點於斯、

二、如使縣政水準之提高、必須使道路、河川之利用、方面高度化、

三、冬季多雪之濱江省雪撬、倘不得發達今後必須考慮、利用西伯利亞式之完備的馬拖雪撬爲主要交通運輸機關、

四、開拓團食的部面、雖大體充足、惟衣、住之點、尚應採適切適應主義、婦人及乳幼兒之罹病率與死亡率、均因此缺陷所致、今後必須考慮對策云云、

確保娛樂安全
檢視影院戲園
對不良建築决命其改修

哈爾濱市警察局長單作善氏、爲謀確保一般市民赴娛樂場娛樂生命之安全計、特於四日下午八時許、偕同鹽島警務科長周保安科長韓教養股長等、赴道外各戲園以及各電影院檢視房舍之建築、結果檢明一部娛樂場之湧舍、因建築年久失修、有坍塌之危險、同時尚易發生火警、並且關於衛生之施設亦甚缺欠、如果不及時加以改修、恐發生意外、對一般觀衆生命亦頗危險、所以警察局與市公署等關係當局聯絡協議改善對策中云云

個個男女旅客蓬頭垢面、一望即可瞭然矣、該旅社近來因與紳士旅客索要煙賬關係、不時發生衝突、希當局加以取締以免妨碍鴉片斷禁政策云云、

交易場給獎券

【南坟】興農合作社南坟交易場、主任王璽林氏日前發表與農民、自本月起至三月三十一日止若賣到該場之糧穀、足二〇〇〇瓩以上者、獎給必需品交換券一枚、此券可換綿布一五尺、石油二斤、火柴五盒、此品均按配給價格合算之、以作勵獎云、

聾啞校之現狀

【金州】私立金州聾啞學校、於昭和七年成立、

金州盲啞相助會（民政署內、

五、昭和十五年度善士捐助者氏名及金額如左、王安民十圓、畢國樹五十圓、王天民五十圓、張餘九卄圓、部太太四十圓楊際明五十圓、合計二百二十圓、

六、現在生徒學年別豫科十二名、初等科第一學年五名、第二學年七名、第三學年五名、第四學年六名、

七、本校學生居住於滿鐵、國鐵沿線者往返發給乘車割引券（減價票）近距離者代購通學月票、（但限成年男生）

八、本學院生徒多係寄宿者學生遠離家庭而外求學每屆陰曆年定例放寒假令學生歸家團聚、本年業於陰曆十二月初五日起放寒假、明年正月十八日照常授課、

九、康德八年度招收豫科新生十名限八歲以上十五歲以內男女兼收、州內外學生不限、志願入學者報名從速額滿截止、本校並備有招生簡章以備各界人士索閱函索即寄、

滿洲屯村長辭職
遺缺在選舉

【法庫】本縣滿洲屯村長韓鳳閣氏因事辭職、業蒙當局照准、其遺缺由該村票選、再由縣當局詮衡而任命之、鹿死誰手、尚未可知、容訪再誌云、

濱江特刊

第二三五號

社址 盛京 哈爾濱 地段街

電話四六四三番

為協議建國行事 召開連絡會議

各機關代表在協會議室舉行

二月 日為滿洲帝國建國第九週年紀念日、現已為期切迫、協和會哈爾濱地區本部、為討論各種慶祝事項起見、於十八日下午二時許、在該本部會議室、召集各關係機關代表等、開催連絡會議云云、

私藏猪馬皮張 高價出售被捕

正陽警察署經濟保安系、為防奸商暴利、總動員之下、且不眠不休檢舉、結果、探知昇平街永長源皮店所住老客陳拯俊、正陽北門道街公和長皮店老客王振與同街長興店內寓老客鐘玉林等三名逮捕、計檢出馬皮九十四張、猪皮五十九張、依公定價格每張皮子不過五六元、彼三人暗行密賣每張售價六七十元、得不當暴利約七八千元、對此暴利份子、決定嚴重處罰云云、

與顯達、於十六日將麥粉路運出市時、即被正陽署經濟保安系員偵知、將其逮捕、麥粉已被沒收、可謂見利而不見害、由未發身先坐獄、以嘗鐵窗風味云云、

軍警慰問班 于大臣返哈

中央軍警慰問班第三班班長興農部大臣于靜遠氏一行、日前赴牡丹江省慰問軍警工作、現已慰問完了、

殉逐漸缺少、事被王妻發覺、亦未聲明、由此留意、捉捕偷木小偷結果日前被又命其子前往窃木之際、

悽慘 又發生交通慘劇 電車撞傷行路婦

因傷勢頗重恐生命危險

【哈爾濱】於十九日午前十一時二十分許、第三系統十一號電車運轉手王海山由大車站向道外十六道街行駛中、由紙道外大新九道街正急馳如飛之際、忽有滿人陳姓老媼年近花甲、由南向北橫過電車軌道上、因耳聾眼花、未見電車奔來、双方躲避不及、剎那之間、竟將橫過鐵道之陳老媼撞倒於車下、雖未輾於車輪下、然肇禍現場檢驗、除將受傷之老媼急送附近醫院應急救治外、並將肇事運轉手帶警署中審訊懲辦、據醫師說被害老媼因傷勢頗重、生命危篤云云、

警署檢查衛生 市民紛紛種痘

【昌圖】因本縣境內之天花發生、乃引起警察當局之關心、近日縣城內昌圖警察署人員出動、實行檢查家宅之衞生、並宣傳

募集學生圖畫

【西豐】縣教育會、茲奉滿洲帝國、協和會中央本部、弘報科令募集學生圖畫、以紀念建國第九周年、作品種類、為油繪水彩蠟草繪巴斯特爾鉛筆等

日滿初等校開 乒乓球賽大會

【大連】結果沙公教員提金領歸大連市內各初等學校教師等之乒乓球大會、於本月十六日午前九時、在下沙公學校開始、乒乓球台七架并列、小學校外公學堂諸男女教員等、到場者達四百餘名、講堂之上、衣冠楚楚、濟濟一堂、首成整隊、向日本宮城遙拜、繼行默禱、由中山伏見台公學堂長致開會辭、畢開始比賽、男女分別比賽、男方選出七名為一組、女方以三名成班、各個乒乓台前、各獻好身手鬥是騰挪、皆不相讓、彼此之戰之下、熱鬧非常、結果沙河口公學堂教員等、高奏凱歌、於午後五時半告終云、

國兵檢查情形

【綏化】滿洲第一次國兵法實施、各地已屆在檢查期中、而綏化為第六徵兵區檢查、茲將經過情形誌左、

檢查月日、二月十三日至十七日計五日間、地址在四方台國民優級學校、被檢查村名、四方台村、漆家村、興南村、齊家村、張維村、九井村、頭井村担當出席官、第六徵兵區徵兵官陸軍騎兵中校張雲路、補助官陸軍騎兵上尉三木保、地方徵兵官綏化縣長張遇春、第三憲兵團黑河分團中士岳景昌、醫官陸軍軍醫少校加藤哲、副醫官陸軍軍醫少尉國鴻鈞等、志願國兵者四方台村姚福臣、王錫五、興南村于海雲君等、以上担當責任官檢查各項、堪稱徹底云、

定於十□日晚由牡丹江搭乘列車來京、當晚投宿於大和旅館、於二十日午前亞細亞號列車返歸新京云云、

衛生作業不徹底 塵土糞便如山

道外素爲滿人集居的大部落、樓房櫛比、商業林立、堪稱繁華、其美中不足者、即爲衛生施設極不完備、因無公共廁所之建築、以致各街頭巷尾糞尿橫流、觸目皆是、同時更無市公署所屬道外衛生班作業時、對於道外各地區塵土糞灰汚水運搬掃除作業之不徹底、而以各街道巷尾塵土糞灰如山、[illegible]

忽被王妻將其子提携、投在其保理論、不料該區長依地位之威勢、竟不講理、反將王妻侮辱其名譽、而王妻不但不示弱、結果由該區長將[illegible]所丟失之大批木料、王妻竟赴警署控告、遂其日無理缺、始認過錯始行解決、不料該分區長日前突然向所屬三十五個牌長以及各商家徵收國幣一元、但不知此項款作何需用、竟惹得一般怨聲沸騰云云

欲發一點暴財 私運麥粉被捕

【哈爾濱】北安省人徐洪義素在當地販賣雜貨爲業、近鑒於各商須由小麥粉統制、因特價格比較外縣昂騰數倍、以爲有利可圖、乃在北安省方面購買一千六百袋本縣小麥粉、[illegible]運來哈、在[illegible]高價販賣、[illegible]圖[illegible]利、不料事

頭部及身体亦受數處重傷、血跡淋漓、當時陷於瀕死狀態、不省人事、經警察及交通關係者、即訊急遽

種痘、是以市內各戶紛紛種痘、一般醫師、頓形忙碌甚願我民衆、一体注意以期毒氛早息云、

孝子節婦之表彰 在省署舉行表彰傳達式

濱江省公署、於十八日午前十一時許、在省長官房會議室舉行省下第八屆孝子節婦表彰傳達式、當時出席參加者于省長源田省次長、即社會科長以及關係者並各縣行政科長等、當由于省長向各該縣行政科長傳達孝子節婦表彰狀、及賞品、受表彰者爲孝子萬善恒修寶珠、節婦王趙氏、白[illegible]氏、王譚氏、李氏、柏劉氏、鄒孫[illegible]王氏等八名、於賞品傳達完了、繼由于省長致訓示之詞云云

年末救濟金 突破一千圓

【敦化】爲救濟貧民、故以於敦化戲院演戲募集救濟金、事先將票賣出、故得良好成績、總收入救濟金一千七十八圓五角、而其他經費六十八圓六角云

募集教師考試

【遼陽】市初等教師不足分配、今茲考取教師數名、於日前在市公署樓上考、應試者男五名、女十四名、不日發表、派各校服務云、

合格者給與賞狀、並圖用品、於三月二十五日截止、等因已轉令所屬各學校、遵照辦理云、

開原糧棧組合理事會開催

【開原】開原糧棧組合于昨日午后二時、假商工公會樓上、開催理事會議、其詳俟容後另誌云、

安部警尉補着任

【本溪】由西安省轉任、本縣警務科附、安部不二人氏、於本月十九日、着任特務股、警尉補勤務云

酒後落井斃命

【鐵驪】北安省鐵驪縣田昇屯、警備村、吏員、温奇禹、年將弱冠、雙城縣籍、於客歲四月間、由縣選入綏化縣地方職員訓練所卒業後、歸保服務勤勞、頗爲同寅所欽佩、孰意天有不測風雲、人有當時禍福、乃於新春元宵佳節、竟而效法劉伶、大事飲酒作樂、以致酩酊大醉、踉步外出、東倒西斜、陷落井中、次日拂曉、時有[illegible]見早已命[illegible]云、

農產增產會議 現在新京舉行

岡林省農林科長携案晉京參加

中央興農部爲討論本年度農產物之增產、特定於本月十八九二日間、在新京召集全滿各省農林科長會議、而濱江省開拓廳岡林農林科長爲參加斯項會議、[illegible]携帶各種提議案晉京、關於本年度全滿農產之根本方策大致如左、

一、獎勵選擇種子、
一、整備農地試驗機構
一、確立生產指導系統
一、地方更生對策、
一、獎勵用[illegible]
一、獎勵進行排水施設
一、改善種子配給組織
一、徹底防止兇害、
一、[illegible]及優良農具[illegible]

區長行爲惡劣 市民怨聲沸騰

道外××分區區長滕××者年四十許、一小房產家、爲人品行惡劣、無利不取、一家數口均[illegible]、見利忘義、[illegible]其鄰王某撫[illegible]、被被逼迫、不時命其[illegible]

濱江特刊

第五三四號

盛京時報北滿總支社　社址哈爾濱道外一段街一號　電話四六四三番

卍卍卍卍卍卍

確保市民身体健康
衛生機構强化擴充
市計劃充實衛生保健醫療事業

卍卍卍卍卍卍

哈爾濱市公署衛生處爲謀確保市民身體之健康、對於康德八年度之衛生事業作劃期的革新、以期完成衛生保健之使命、因此對市內各衛生機構之擴充並市民各衛生保健醫療事業積極强化、其充實計劃如左、

△市立醫院

本年度繼去年略見完成之增築之事、圖內部之充實、另外並採用俄系醫師、專司俄系市民之診療事務、因之本年度、在市立醫院、從事員得有總數二八〇名之人員配置、

△看護婦養成所

使從來的略具規模之看護婦育成機關、擴充成爲優秀的看護婦養成所

△傳染病院

在本年起市債八十萬元並仰國庫補助八十萬元新築大規模的傳染病院

△精神病院

本年度因去年增設完了故已成爲名實相符的全滿唯一精神病患者之療將現在於一面街婦人病院、收更以十五萬元、實施豫算之事、即於本年一月起實施、由市方經營、

△第一清理作業所

以塵芥車十四輛、水自動車十三輛、屎尿自動車四輛、特殊車三輛外管車六十輛、從事市內各所汚物運搬計、於康德七年度、搬出汚物六〇四〇二公噸、汚水（除下水道運送外）六五七、六八、三方米、屎尿（除下水道運送外）一三九二五立方米、更擬定本年度修業之事、計塗裝工場改造、上下水道新設洗車場修理等項、

本年度新規事業預定向太平橋方面移轉、其於康德七年度汚物搬出量塵芥六六七〇一噸、汚水一〇二三三三方米、屎尿三三九八三三方米

屎尿處分場因本年處分場去年度賜鑾扶斫流行地、看做本年度研究移轉中等項云、

徹底防止交通事故
定期舉行交通訓練旬間
於旬間內作街頭擴大宣傳

後許、搭乘列車由新京來哈、定於六日分別視察醫大、農大、工大等各國立大學、於七日參加國立大學哈爾濱學院卒業生證書授與式典、於八日視察各省立中等學校、於十日搭乘南下列車返還新京云

壯丁本格檢查
即將實施矣

【新民】當局對國兵法實施、迭經各關係機關援助、以故壯丁應募成績、極爲優良、茲爲本年度壯丁、將屆入營之期、當局爲體恤一般壯丁受檢種種便利起見、規定日期及受檢區域、茲特詳誌如下

計

第一徵兵署爲新民街及其他各村、由四月五日起至十日止、第二徵兵署爲中古城子及其他共十四村由三月二十七日起、爲檢查期、第三徵兵署爲康家屯等共十三村、由三月十八日起至四月二十五日止爲檢查期、第四徵兵署、爲公主屯等共十八村、由三月七日至十七日爲檢查期總計徵兵區域共五十七村、業經通知受檢各員、準備受檢、想屆時由軍管區及我縣公署要員、實施愼重檢查終了後、所得成績、定當空前優良云云

實施種牛痘

【新台子】時屆陽春、草木萌芽、當局爲防止天花、實施種痘命令、以保健康、陳署長、當即督飭各醫院校醫、分班出動於各學校、男女學生、以及民衆行旅等、普及實施、以期杜絕、而保安全云

市一部機構改革
人事將有異動
官房人事股進行嚴密研究中

哈爾濱市公署基於中央當局地方機構改革命令同時、對於哈爾濱市一部斷行機構改革、關於所屬各處科之新機構案、自前業已結成計劃案、至于人事異勤、現正由市公署官房人事股爲中心、進行嚴密的準備研究中、大約將於三月中旬頃始能確定云

茲將其飭報要項列下、（一）鎬頭、（二）鋤板（三）鋤鈎、（四）鐵鍬（五）鏵子（六）懷信子（七）梨碗子、

滿映時報（滿語版）

第百二十報

一、中華民國第一任大使

養機關、內中可容入院治療者二百名

△埠頭區診療所

因鑑於原來埠頭區診療所狹窄、將於去年半頃移較至外國四道街工務處原址以內容的擴充、

△傅家甸診療所

因專門担當接客業者極徵並一般市民之實費診療、將於最近擇適宜地點、移轉以從事花柳病、並各種病患之診療、並由五十病床新擴充至二百床、

△衛生試驗所

爲担當邊節地區衛生化驗事項、特由道外遷至道裏工務處舊址、

△衛生救護隊

爲隨行患者報急處置、及延搬行旅死亡者、担當傳染病患者發生處所之消毒事務、對本年度特將從事員增加至二十三名、

△衛生指導隊

本隊爲促各家庭之各種疾患之預防治療、並乳幼兒保護指導、衣食住之改善一般市民衛生上指導的必要事務向上、特於年度由日本聘請具有多年經驗之保健婦二名、將來更擬作養成滿俄各民族保健婦之準備、

△婦人病院

向來對日鮮俄之藝妓酌婦檢黴、區別各民族別分別實施、又不能充分收容入院患者、至去年

爲徹底一掃各大都市之交通事故、特由哈爾濱奉天新京三大都市交通協會共同主辦之下並由治安部交通部及滿鐵各當局爲後援、防止交通事故並交通思想之普及、所以三大都市聯合之下、舉行交通訓練旬間、定於四月十一日起始實施、以前在奉天舉行三大都市交通協會總會議、討論訓練旬間之一切行事、現已決定、所以哈爾濱市交通協會、於訓練旬間中、由警察局協和義勇奉公隊協力之下、舉行擴大街頭大宣傳、對於來往行人及車馬、作合理化的指導、四月十六日由哈爾濱放送局、放送交通道德振興關係講演、十七日下午五時、在道裡商工公會舉行講演映畫之夕、此外並實施一般市民交通標語懸賞募集、當選者於

三月二十一日發表云云、

視察各中大學 牧田司長蒞哈

中央民生部、牧田教育司長、爲視察哈爾濱市各大學及中學教育狀況、並參加國立大學哈爾濱學校康德七年度卒業生證書授與式典、特於五日下午十

云、

農具需用數量 各村調查申報

【海城】縣興農合作社前會向各街村、飭調查農具需用數量、業由各村申報、現已製作完了、及於月之三日、又通飭各街村爲調查需要者數量具報、

、到任（新京）
一、國兵退伍式（新京）
一、明治神宮冬季大會
滿洲軍之活躍（北海道）
一、特輯、建國九年之躍進國勢
封切日　三月十三日

爲促進自肅自戒精神 凡舞場禁僱日滿鮮舞女

□—酒社下午五時起十一時半止—□

當此非常時局之下爲喚起一般日滿鮮人自肅自戒之精神、一致團結向東亞建設新秩序途上邁進、會在過去對於舞場特殊飲食店各酒社等計劃取締辦法、現已正式實施、凡所有舞場及特殊飲食店等均一律不得僱用日滿鮮舞女須庸俄人舞女、至於各酒社方面、則須於下午五時起至十一時三十分止、倘如果違犯規定時間時、一經被查出時、決必嚴重處罰云云、

一掃近郊匪賊 警察動員檢索

園田副局長親任總指揮

哈爾濱市警察局、爲期徹底肅清近郊潛入蠢動之匪徒、以期確保市民生命財產之安全、故於上月二十八日起始、由園田副局長親身出馬指揮之下、鹽島警務科長鹿毛司法科長以下司法科員、協同松花署顧鄉署各署五十八名搜查員之動員、於松花江沿岸地帶遠至呼蘭郭後旗等各縣境地帶、實施匪賊之大檢舉、結果已將疑似匪徒者及其他一名逮捕、

爲慶祝陸軍紀念日 屆時舉行模擬大演習式

演習終後遊街並閱兵式

駐哈各部隊及在鄉軍人爲盛大慶祝聖戰下之三月十日陸軍紀念日、對於各種慶祝式典、大体業已規定完了、決定是日舉行模擬大演習、以示慶祝之意、以在哈皇軍各部隊爲中心、青年學校在鄉軍人、大學生隊、哈爾濱學院、各中學校學生、分爲南北兩軍、於三月十日午前九時三十分起、在道外於松花江岸航務局前、設假戰場、而展開南北兩軍之激烈攻防戰鬪、於午前十時許、由東新街起點、開始街頭大行進、經由正陽街至許公路、南馬路、道裡石頭道街、正午在道裡同發隆門前、由〇〇部隊長行閱兵式、後經中央大街經過斜紋街霽虹橋、車站於哈爾濱神社參拜以後解散云云

高奏凱旋云云

濱江特刊
第五三五號
盛京時報北滿總支社
社址　哈爾濱道外地段街一號
電話四六四三番

強化禁煙工作
擬定整備要領
現已通知各縣旗市一體遵行

濱江省公署、基於中央當局鴉片麻藥十年計劃、遂行之徹底化、以明管下各縣旗市鴉片麻藥斷禁事務處理之圓滑、以便達成早日鴉片斷禁之使命、乃對於煙務職員及禁煙關係諸設備、力謀整備強化及充實、茲將其整備重點要欽誌錄如下、

一、關於地方煙務職員定員及支辦區分變更之件、本件近已由公文通示、依左記實施之、

1、省市縣之官制改正地方費支辦官吏定員之一部、國費支辦之、

2、右振替省地方費、其全部市縣旗費又一部國費支辦之、

3、市縣旗支辦官吏吏員傭員傭人之經費、由禁煙特別會計、省支出官對當該市縣旗指定補給之、

二、關於營煙所業務之指

登錄癮者、鴉片及麻藥之供給並癮者之救療及管理爲目的、即將來由康生院收容矯治之、暫行處署、及禁煙政策之遂行上必要不可缺之手段、不論其對於眞意認識與否、可誤解爲財政之補足等、蜚語流言但如有可能之機會、即應將政府之眞意、努力闡明、以期聯解疑義倘再故意流言紊亂國策者、決取以斷乎之處置、

四、關於康生院之收容癮者計畫、並順位決定之件、觀各康生院之收容

之點、如施設擴充、或人之內容不備、及其他之原因、應求理想之施設爲必要、最低限度應努力、實施現存之康生院、最高度運用之、

六、關於職業輔導之件、應附哈爾濱市康生院、設本格之輔導所、矯治完了者中、認爲必要者入所、中央禁烟總局、刻下正在計畫中、一方

其他、縣旗康生院、現在實施中之農科、及製繩、木工作業等、採用職業輔導、並課外之訓練、施行精神訓育、以免陷於退院後之再癮、而行此輔導、並對退院者失職者、應與各機關緊密連絡、以斡旋其就職、

七、關於解癮者之養護、及查察之件、對康生院、矯治退院者中之再癮率、超過百分之五〇之現況、誠如斯、乃收容中時、對矯治、輔導等之不充分、並對退院後再癮防止之對策、仍不徹底、故退院後、應以有效之適切手段、養護及查察、以期萬全防止再癮、

八、關於施療施藥之件、施藥及施療、爲避免鴉片及麻藥、醫藥之代用、且可防止新癮、及再癮者之發生、故鑑於事實防止主旨之下、實

施施療中則、以補助公立醫院再[illegible]藥及家庭常備藥之[illegible]、康生院並其他禁煙指導員努力、以適切之方法行之、

九、關於教化、宣傳、工作之計畫化之件教化、宣傳、向來、稍事漫然之實施、缺乏、計畫性、依各地之實情、即應綜合計劃之樹立、其實施應以當省與他方密接連繫爲重點、

十、關於禁烟促進委員會之積極的活用之件、禁烟促進委員會之活動、乃斷禁政策遂行上、特別所期待、以圖全面之活動、

十一、關於阿片吸食器具、購買手續之件、關於向來之吸食器具購買、每感種種困難、本年度省方對於各市縣旗之所要數爲預算範圍內之購買其代金由省支拂、

協和會濱江省本部
準備市縣旗協聯會議

協和會濱江省本部、爲實踐協和精神、並宣德達情之徹底、對於康德八年度市縣旗聯合協議會、除由中央本部既定聯合協議

市縣旗聯合協議會、須具相當日期故不得不早期舉行、所以省本部現下積極籌備舉行日期及舉行方針並一般計劃、關於市縣旗

張×林之一切揮霍、「老鼠嘴火鏈倒纖」不料正在此時、小寶之男人鄒某對小寶之淫蕩風聲耳中略有傳聞、所以由此對小寶之

導監督系綱紀之振肅之件、鴉片麻藥配給担當日、日常與癮者接觸其管理責任及多額之金錢管保出納、是以管煙所之責任頗關重大、不拘取引或火災盜案等之不祥事件、層出不窮、誠堪遺憾、對其指導監督、應行嚴肅職員素質之向上、而期認識徹底、信賞必罰、以期綱紀之肅振、

三、關於鴉片及麻藥供給之誠意闡明之件、對於

狀況均缺乏一貫計畫性講求便宜處置、故一定年限全癮者計畫矯治誠感困難、故急將本年度之收容計畫、依定其順位與癮者之實體把握工作併行對各癮者應精密調査於本年度十月末迄各收容計畫順位決定、

五、關於康生院之機能發揮之件、觀現在之康生院運用狀況、對其機能全面活用者、實僅少數、收容癮者之選擇、收容人員、療治方法等、認爲尚多有應改善

會具体大綱外、而省本部學開聯合協議會日期大正在進行具体準備中、惟体於四月中旬正式實施云

同姦夫潛逃被夫尋獲
拒絕與夫同居擬再逃
彭某無奈現託人調解中

道外太古街住戶彭文安年十九歲、山東掖縣人、家中貧寒、於三年前由其父母作主、聘妥山東平度縣女子陳玉秋年二十歲爲妻、自結婚後、夫婦感情不惡、惟陳玉秋雖係鄉中女子、素好虛榮、時感到其夫成衣手藝供給不足一切華衣美食、所以對其夫漸有不滿態度、陳玉秋因愛虛榮、即不安於室、公然外出結交異性、天長日久、醜聲四揚、竟傳播於其夫耳中、雖加規勸、然陳玉秋置若罔聞、因欺其丈夫懦弱、日來則更變本加厲、爲所欲爲、迄到最後、又與彭之同鄉張壽者年二十二歲、發生關係、陳玉秋爲防止本夫干涉、與姦夫一度協議之下、一對姦夫淫婦席捲一切逃之夭夭、遠逃出外縣匿居一年間、而彭文安自髮妻潛逃後、雖各處尋找亦無踪影、不料數日前彭有友人某自外縣來哈、並報告其在外縣遇着其潛逃之妻、於是彭文安聞訊之下、立即搭乘前往、果將姦夫淫婦尋獲、而陳玉秋依然拒絕與其夫返哈同居、彭某無奈報告警察、仍經判令陳玉秋與本夫同居、陳玉秋無奈始隨其夫來哈、但是陳玉秋對姦夫依然戀戀不捨、時有潛逃之勢、彭某處此種情形下現正託人調解中、將來能否同居、尚不得而知云、

招司賬協議驅逐股東
愛妾與司賬發生姦情
▲……弄巧成拙報應循環……▼

道外南三道街××號染料商店經理、鄒×原年四十七歲、山東蓬萊縣人、係外恭而內陰險之徒、數年前有張劉二商人、與其合夥開設該染料商、迄今已有十餘年矣、自開始營業數年間、染料營業不振、苟延殘喘支持、幾乎倒閉、幸近年以來、時局之變遷機會、染料來源之缺乏、該商原存有各種大批染料及靛油等、價格驟然暴漲、又兼該商大肆收買靛油囤積結果、均以最高價格出售、因此發了一筆意外暴財、詎知貧人乍富如同受罪鄒某既燒得五雉六獸、吃喝嫖賭無所不爲、花柳場中及有女招待酒館不時發現足跡、專門玩弄女性、每逢遇有姿色婦女不論其良家娼妓、其喜皮笑臉之醜態立即暴露、雖係經理身份、非常輕薄不時招惹婦女之唾罵、因此之故、綽號「花中魔王」鄒因尋花問柳結識串巷藝妓小寶年二十四歲、双方經過幾度春風後即打得火熱、繼則納小寶爲小星、現住於道外正陽北九道街、不料小寶因串巷時結識男友數名、就中有熱客張×林者、年二十許、爲道外南十一道街小房產家也、而小寶雖被鄒大腹賈納爲愛妾、然則因年歲懸虛、淫慾終難供給滿足、所以小寶不得不趣入岐端、遂與鄒某同床異夢、鄒於五里霧中固不知矣、嗣後小寶與張×林者熱度達到沸點、誠有寸步難離之勢、然張×林家有孀嫂又兼伊有繼母係妓女從良、對於其子張×林與小寶行動早已窺破、因防奸情出人命之原則、母嫂常勸張×林拒絕與小寶之交往、事後小寶每赴張×林處送外賣時、時遭張×林之母嫂白眼、小寶甚恐臨時宣淫處消沒、爲解決自己行慾起見、不惜大把國幣運動張之母嫂、並供給

行勤、嚴加監視、雖然加以監視、鄒某終因櫃上事務不能終日在家看守、而小寶心意毫無恐惶、心中早有規章、鄒在家看守時、小寶不出門外一步、每乘鄒某赴櫃時、即仍趁機暗會情人、待鄒某回家時、而小寶早已××滿囊而歸多時矣、鄒某近來爲斷絕其妾與情人往來、竟多日不赴櫃上視事、終日在家監視、意爲此次決能隔絕姦夫淫婦、豈知雖然斷絕其妾昔日情人之張某而小寶近又接交一乎將弱冠俏皮少年、此少年爲該染料商之司賬、但鄒某雖知道實確其愛妾與其司賬孫×生年二十四歲萊平縣人發生姦情關係、只得僞裝聾目耳聾而矣、有話說不出、究因鄒某自己將司賬孫某時常招至家中私議驅逐股東對策、始與其妾發生關係、所以打牙向肚中嚥是也至於協議驅逐股東及與小寶通姦情形容之再誌云云、

爲保護農產收穫
積極防除病虫害
◇…向省下各縣派遣督勵員…◇

【吉林】省農林科、爲保護農產收穫、防除病虫害、特所屬各市縣旗配屬農作物病虫害防除督勵員、開永吉縣四名、農安一名、舒蘭三名、磐石三名、懷德三名、蛟河三名、通陽三名、長嶺一名、德惠二名、敦化二名、九台二名、榆樹二名、樺甸二名、長春三名、扶餘二名、前郭旗一名、計三十八名、現已派往各地、實施病虫害週間防除工作、並對於成績優秀者加以表彰云、

濱江特刊
第五三七號
盛京時報東北滿總支社
社址 哈爾濱道外地段街一流
電話四六四三番

討論省下開拓地稅
召開地稅聯絡會議
在省長官房會議室擧行

濱江省公署、爲討論管下各縣旗市開拓地稅關係事項、於二十四日午前九時三十分起、在省公署省長官房會議室、召開開拓地稅聯絡會議、當日出席參加者、計有中央經濟部代表、濱江稅務監督署代表、省側于省長源田次長以及關係各科股長並管下各縣旗市財務股長、徵收股長等、達六十餘名、於全體入室後、首向滿日國旗行最敬禮、繼由行政科長致開會詞畢、于省長致詞完了後、即正式開始審議如左記各種之審議案

一、用擬用地地稅等措置法解說

二、開拓地地稅等措置法施行規則解說

三、開始用地地稅等措置法實行要領說明、於午後四時頃散會、定於今二

關係法令改正縣旗稅條例改正之件、

一、關於公文添付譯文之件、

一、關於過納及誤納返還之件、

一、關於農用大車賦課率提高之件、

一、關於財務事務能率之增進方策之件、

一、關於滯納整理之徹底方法之件、

一、關於牲畜稅之股稅事項注意取締之件、

一、關於囑託徵收之件云云、

養成精銳店員
設商業講習所
定於四月一日擧行開所式典

協和會道外傳家甸辦事處爲養成精銳滿商優良店員、對於不充分敎育之各商店員、實有再度普通常識與商業智識敎育必要、現擬設立市立商業講習所以便救濟欲求學而無適從學校之店員、爲討論一切

午後一時爲口試、

六、考試地點、正陽北校、

七、携帶用品、鉛筆、算盤、

八、合格者發表、三月卅日午前十時、

九、講習科目、一

奸商私存絲絨袍料
高價出售現被檢擧
道外福綸百貨店經理被逮捕

當此非常時局、物資缺乏之際、價格繼續暴漲、警察局經濟保安科、爲安定市民生活、對於管下各大小商店所出售之貨物、一律公定價格並明碼標示制度、用資防止惡德奸商壟斷囤積暴利等弊發生、不料奸商利徒、不了解經濟保安當局關心民瘼之苦心、仍有奸商趁機暗中活躍、大有人在、然遵守當局暴利取締法令之商人亦不乏人、而經濟保安科、爲期徹底肅淸暴利惡德奸商暗行高價交易、脅威市民生活之安定、故與各警察署經濟保安係緊密之聯絡、以不眠不休總動員之徹底下檢擧暴利奸商、結果獲有、相當效果、茲有道外正陽六道街福綸百貨店、私行囤積婦女用絲絨旗袍料子很多、自從當局實施公定價格、對該絲絨旗袍料每件公定價格爲三十元、該號執事人梅藝林年三十三歲、企圖暴利、竟將公定價三十元之絲絨旗袍料每件、暗中出賣每件爲國幣六十元、超過公定價格一倍以上、不料事機不密、被正陽署經濟保係聞知、前往檢擧、檢出大批絲絨料子、該係以其違反公定統制法、將梅經理逮捕、拘留署中、以待

衚巷堆積氷雪、現在融解橫流、更兼堆積塵土爐灰如山、不但於都市觀瞻不雅、及與市民健康亦有莫大妨碍、正陽署衛生係張主任有鑑及此、爲徹底掃除起見、曾與市公署淸理作業所一度討論結果、僱用國際汽車十數輛、以三週間期限完全掃除云云、

井中發現女屍

香坊警察署管內楊家店、於二十五日午前十時許、有人挑水、在深約二十五米之井內、發現有一女人屍体一具、當時報告香坊署司法係、該係據報立即派員前往檢驗結果、判明該死者爲楊家店住戶農人李福林年二十五歲之髮妻李高氏年二十一歲、至于投井自殺原因、據傳說紛紛、莫衷一是、究竟爲姦爲仇而死、尚不得知、其現在當局正在進行調查中云云、

十五日再繼續召開一日、審議議案、
一、財務科關係指示事
二、其他各科關係指示事項、
三、財務科關係協議事項、
四、其他各科關係協議事項、
五、一般事務懇談、茲將指示及協議事項之內容分別誌左、
△指示事項
一、關於諸報告書類、提出期限嚴守之件、
一、關於街村稅務特別指導講習會開催之件、
一、關於因事業所得稅之創設營業稅自由職業稅之廢止者、伴隨之地方稅

進行事項特於二十四日下午一時在該辦事處、召集道外各商店經理、開催協議會、結果決定在道外正陽北校內設置商業講習所授課時間爲每日下午六時起至九時止亘三小時、其入學校手續大致如左、
一、年齡、十三歲以上者、
二、資格、國民優級學校卒業或同等學力者、
三、報名地址、正陽北校、
四、報告日期三月二十七日截止、
五、考試日期三月二十九日午前十時至十五時十分爲算術、十一時至十一時五十分爲滿語及日語、
1、商業要項
2、商業簿記、
3、日語會話、
4、作文、
5、珠算日本式算盤
6、國民道德、
十、開所式於四月一日舉行云、

懲辦、堂堂一大百貨店竟敢暴利、不顧市民生活安定、誠令人憤恨、此次被檢舉、確保大快人心云云、

道外塵土如山　限期掃除搬運

當此春風和暖、道外各

爲防止花柳梅菌　捕獲野妓密賣

當此春季、正是花柳梅菌發生時期、正陽署保安係有鑑及此、爲謀確保市民身體之健康、於二十三四日亘二日間、以總動員之下、對於管內潛伏野妓及密賣淫者、大加捕獲結果、在各旅店中捕獲野妓三十餘名、現均拘留署中、以待嚴重懲辦云云、

一場小火警

【昌圖】金家屯鎮小東關住戶倪 姓院內 秫稭垛內、於本月二十二日午後六時、竟自發生火警、經該戶知覺時、業已黑煙沖天火光四溢、當即往報警署、招集一般商民前往捕救、幸是無風未能延及他處、僅焚毀秫 稭三 百餘捆、而起火之原因尙未判明云、

防止天然痘發生　實施春季種痘

各區種痘日期場所均已規定

哈爾濱市公署衛生處爲防止天然痘發生、給與關係者協議結果、對於本年度春季定期種痘、日期及場所現已決定、按區實施種痘、屆時適齡種者、均須按照區域規定日期前往種痘、其實施種痘辦法如左了
一、台於左記各欵之一者須受本季種痘、
甲、第一期適齡者、上年誕生者、
乙、第二期適齡者、年交五歲者、
丙、第三期適齡者、年交十二歲者
丁、以前之定期種痘之不善感者、
戊、此外未受種痘者已其他希望者
二、種痘並檢痘日期場所、每日自午前九時起、至午後三時半、其日則如左記
△滿人之部
三日二十五日、顧鄉、松花、香坊、警察署、三月二十六日二十七日、馬家溝優級、通道街俄僑、上號優級、各學校內、
三、三月二十九日南崗國民學校、
三月三十一日教化國民學校、
四月一日 建設國 民學校、
四月二日郵政街優級校
四月四日撫順街優級學校、
四月五 日新陽國 民學校、
四月七日 安廣國 民學校、
四月八日新安埠俄僑國民學校
四月九 日公園優 級學校、
四月十日新國民學校、
四月十一日馬街國民學校、
四月十二日砲隊街俄僑學校、
四月十四日北新優級學校、
四月十五日正陽國民學校、
四月十六日地靈國民學校、
四月十七日太古國民學校、、
三、定期種痘適齡者如因疾病及其他事故、不能種痘時、希由保護者於施行種痘、當日具請種痘場申告緩種、
四、定期種痘適齡者如無疾病、及其他正當之理由時、而拒絕受種者當按種痘法處罰之云云、

濱江特刊

第五三八號

盛京時報北滿總支社
社址 哈爾濱道外
地段街一號
電話四六四三番

滿鐵 創業三十五週年 隆重舉行紀念式

永年勤務社員均受表彰

四月一日爲滿鐵創業三十五週年紀念日、哈爾濱鐵道局爲盛大舉行紀念式典、於當日午前九時三十分許、由全體職員在殉職者紀念碑前集合之下、盛大舉行紀念式典、其順序如左、

一、開式之辭二、向日滿國旗行最敬禮三、社旗揭揚四、國歌合唱五、宮城遙拜六、向殉職社員碑敬禮七、對戰歿者默禱八總裁訓詞（由省長代讀）於次序完了後、即舉行社會結成式、一、開式之詞二、社員會聯合會長致詞（本多商會長高野新會長）三、聯合會旗授與四、綱領朗讀五、總裁訓詞六、局長祝詞七、大日本滿洲帝國滿鐵社員會萬歲三呼八、國旗降下九閉式後、即對於永年勤勞者舉行表彰式、當受表彰者二十五年者二十二名、授與滿鐵刀、十五年者三十一名授與銀杯、於十二時許始舉行終了云

薛某以胞妹騙彩禮

一女二聘發生紛糾

媒人大發雷霆找薛理論

道外南頭道街門牌四十六號住戶薛長海河北省濬苑縣人、來哈有年、以擺攤床爲業、因近年各種物品缺乏、價格昂騰、以致薛某

……解決、結果女子到誰手不得而知矣云云

興亞奉公日

清掃市內積穢

示興亞奉公之精神、盛大舉行興亞奉公勤勞運動、於一日中全市揭揚國旗、並戒煙酒、充分檜後、支

起各分會員、及奉公隊員青少年團員總動員之各持鐵鍬掃帚於各街頭展開勤勞奉仕運動、對於各街道積穢及氷雪徹底掃除、污穢之全市各街頭頓成清潔化、至下午五時許清潔大掃除工作始告完了云云、

愛路團旗授與式

【訥河】爲發揚於昨年十二月所結成之訥布路之訥河街、親仁村、登科村等之愛路團體、省長代表吳民生廳長以次、滿野、劉張三屬官、於日前來訥、在縣署大禮堂、參集協和會代表、鐵道自動車區長路團長、團員、與本報記者等數十人、舉行第二回道路愛護團旗授與式、一全體肅立、二、向日滿國旗行最敬禮、三、團旗授與、四、省長訓示（吳廳長代）五、來賓致祝、六團員宣誓、七、撮影紀念繼於午後一時在會英樓、舉開愛路懇談會、席上吳代省長、有長篇之愛路激勵演說、而滿野屬官與自動車區長等、對愛路團員等、並有眞赤之愛路意見之交換、尤其省當局之允與修道用具之斡旋、爲參加者所甚深感者云、

預防流行災疫發生

全市漢醫懇談會舉行

對本年度雜災根本撲滅

時値春季、天氣漸暖、各種流行災疫最易發生時期、市警兩衛生當局有鑑及此、爲期徹底防止災疫發生、現在即開始預防、於日前在道外北新國民優級學校舉開全市漢醫懇談會、當時出席者計有警察局蕾衛生科長顯原技佐、蘇技士、郭技士、以及全市漢醫師、同時由蘇技士担當講師、講解關係傳染病症預防徹底、以期本年度傳染病根本撲滅云、

醉心時髦亂戀愛

藉口歸寧住旅館

消息暴露双方同意離婚

道外五道街住戶劉振中年四十五歲河北省保定縣人、數年前來哈、以開設

……頗爲充裕、其子世坤業已娶人、於去年春季、經友人之介紹、以國幣三百元

……故未回家、但其夫劉世坤根本懦弱無能之輩、並未追究、不過其公翁劉振中者因名譽關係、對其兒媳如此舉動極爲憤怒、所以將其兒媳于氏嚴加申斥以促其將來改邪爲正之反省、不料于氏不但不知改過、反將對其公翁護罵不

手有相當積蓄、惟薛某素有賭博癖、又兼現在生活富裕、薛某即開始賭博、不料賭運不佳、屢賭屢敗、所以將所有積蓄輸光無餘、還輸的債台累累、近來薛某受債主追迫、搞借無門、竟將伊之胞妹名桂芝年十九歲託其家鄉人之介紹、以國幣四百元爲聘禮、許配與小本商人蘇禮爲妻、定婚財禮物完全交齊、只待擇吉結婚、薛某以區區四百元彩禮、仍不足還債、遂奇想天開、又私將其胞妹桂芝許配於王禮者爲妻、言明彩禮國幣爲八百元、不料事機不密、事被先次爲媒者察知、以薛某以胞妹二聘、大爲憤慨、於前日立即找到薛某家大發雷霆之怒、薛某自知理屈、默無可言、現在双方發生糾葛中、以一女二聘、兩方男子能否圓滿

四月一日之興亞奉公日、除舉行儀式外、爲表

鐵匠爐爲業、年來生意極爲發達、一家數口生活、

松島氏愛國心極切　將慰問金献納恤兵

鎗後佳話

既報道裡水道街、日本電影院、哈爾濱會館、日前下午八時許、正在放映電影之際、天棚突然塌坍、自稀前空行大慘案發生後、各方面對於死傷者、頗表同情紛紛獻金慰問、然遭難最慘者一家三口當即死去一名餘二名受有重傷之新安埠安定街康定胡同門牌五號院內一個松島三郎、與其妻及其子、一家三口人均遭慘禍波及、其子松島嗣君年二歲、因受重傷當即死去、伊夫婦均受有重傷、現在赤十字社病院治療中、各方面對其遭遇頗表同情、故向其獻金慰者頗夥、所以接收慰金頗多、於前日該松島三郎氏特獻納恤兵獻金五百元送交南崗憲兵隊本部云、

爲財禮、娶江北對青山農戶女子于淑芳爲妻、自結婚後夫婦感情不佳、而淑芳受都市不良薰陶、力追求時髦、醉心戀愛、與其夫同床異夢、結果電影院旅館不時發現淑芳與情人足跡、於本年正月間于氏藉口歸寧之機會、竟在本市天泰旅館居住多日、嗣被劉某之親戚劉金升者所發見、于氏情知消息暴露、藉謂伊父親來哈、不願意去親戚家裡攪鬧、所以父女在旅館中住一夜、

休、劉振中於氣憤之下、逼其兒子將于氏暴打、豈知于氏羞惱成怒、反誣其公翁虐待、於前日私逃回娘家、向其父哭述一切、其父不加詳查、立即來哈向劉興師問罪、及至劉振中把已往的經過對于翁詳解、于某始發覺完全是其女兒搬弄是非、劉家爲省卻是非起見、當向于翁提出離婚手續、于某至此無奈慨然應諾、立將女兒領回、從此男婚女嫁各由已意云云、

正陽署司法刑事　又捕獲悍匪二名

搜出大槍四支手槍一支子彈若干

正陽警察署司法系刑事據某方面之秘密情報、刑事總動員冒此寒夜、急赴呼蘭縣北二道街門牌九號以迅雷不及掩耳手段、將巨匪李錫廷及其部下陶文逮捕、茲將匪首李錫廷爲匪情形及逮捕經過標錄如下、

李錫廷年四十歲報字双山從前曾在哈爾濱市近郊顧鄉屯及太平橋等地居住但因其過去曾在李海十二等匪團爲匪、其慘惡情形盡人皆知、所以在哈市感覺身邊危險、嗣後遷居對青山、前十數日又由對青山遷移至呼蘭、終因惡貫滿盈被捕、日前正陽署刑事乘夜間衝入其家將該等二名一併逮捕、同時在李錫廷之枕下搜出手槍一支、後又據該等供出、在安達站南方四五里地之村中、起出大槍四支、子彈十餘粒云云、

討論配給問題　舉行幹事會議

濱江署整備委員會規定議案

濱江省公署當局、爲協議物品配給統制關係等問題特定於四月三日下午一時三十分在省長貴賓室、舉開濱江省整備委員會幹事會、現除分別通知各幹事屆時出席參加外、積極準備各種議案中、茲將其審議事項誌左、

一、關於康德七年度第四期鋼鐵保留數量並康德八年度第一期鋼鐵格落品市縣旗配給額等關係事項

一、濱江省育兒用乳製品暫行統制配給關係事項

一、康德八年度白絞油配給關係事項云云

公司工人慘死

【南坟】當村本溪湖煤鐵公司、南坟鐵山採鑛所、採鑛係、於三月三十一日午前九時、在作業中之苦力耿佩芝（二四）（山東省禹城縣高家庄人）、在輕便鐵道上、手推運鑛鑛之小車、不幸行到鐵道分岐點、該車顚覆脫線、觸耿佩芝之頭部、當時七竅血出、不省人事、即一命嗚呼、急報當會警所、警尉補濱崎榮吉氏、協同該公司醫院耿醫師急赴現場取調云、

濱江特刊
第五三九號
盛京時報北滿總支社
社址　哈爾濱道外地段街一號
電話四六四三番

哈市義奉隊改組 新幹部亦任命

協和會哈爾濱市本部並阿城縣併立之哈爾濱地區本部、因此次於阿城縣、設立縣本部乃行解消、市則今後則哈爾濱市本部一單位而活動、同時此次強化義勇奉公隊科、改組爲總隊本部、關此亦任命新幹部如左、

總隊長、趙市長、副總隊長、山口副市長、小澤豐吉、徐會海、基斯里欽、隊長室主事、和田三次郎、

至於該隊已於十二日午後一時半、在八區野球場舉行新幹部之就任式、次爲五千七百名之動員堂堂分列、更解散從來之愛路義勇隊、而爲協和義勇奉公隊之特殊隊新編入之愛路隊、其結成式亦同時實施、

情敵見面分外眼紅 兩雌打得落花流水

李妻暴打姪婦從中難壞奸夫

道外北十六道街門牌十八號住戶劉占高年三十四歲、現充當北滿江運局輪船二副、因去冬封江時、將船停泊在黑河方面、因冬季修理船關係劉某所以未能返哈、只遺有劉妻一人在哈居住、但是其妻雖拍門聲々三響、尚未待開門、李妻情急將門踢開破扉而入、見奸夫淫婦二人汗流滿面頭髮蓬鬆、進屋未容分說、上炕將劉妻一把捉住、拳打腳踢、又未解恨、用嘴向劉妻不顧週身面亂咬亂啃結果、李某行返家、但是劉妻忽受此侮辱難過、遂時又找到李家意欲與其理論、不料想劉妻方一進門、即被李妻發覺立即操起茶碗、向劉妻頭部擊去只聞克吱一聲當時劉妻血流滿面、應聲倒地、李妻立即赶奔上前大耳光拍々打得分外晌亮經鄰人解勸、一場醋武劇始告閉幕云云、

分區長舞弊

住民煩言嘖嘖

當此非常時局之下、物資缺乏之際、當局爲謀一般市民生活之安定、對於各種生活必需品、一律實施配給制度、方法雖稱良善、無如不良惡徒、利用職權地位、爲利是圖、不顧當局煞費苦心之配給、並市民生活安定與否、竟將當局屢次所配給之市民生活必需品、乘機攫爲私衡、只得由其任意胡爲而已、茲將其經過情形略誌如左、

潘××年近古稀現住於道外十八道街現充道外分區區長之職、一家數口均素有甚深阿芙蓉癖、因利用分區長地位、擅將配給市民需用生活品爲私有、惹得該分區住民無不憤恨嘖嘖煩言、茲有此次棉聯當局、向一般市民所配給棉布棉絲等類、按每戶配給棉布十三尺及棉線等棉聯當局爲免配給遺漏起見故將各區住戶購買棉布棉線証、按住戶數量、悉數發給各該管分區長、命其再向各住戶分配購買棉布棉線証、持此購買証、即可赴指定商店處購買、不料潘某領到大批棉布購買票、喜歡眉開眼笑、以發財機會來到、若依棉聯規定配給各住戶棉布購買票誠爲可惜、發財機會到手、豈能令其錯過、經一再考慮結果、若一點不向住戶配給購買棉布票、而各住戶亦知道放布消息、恐發生問題、無奈忍疼之下、將棉布購買票以少數分給該管住戶、終因戶多票少無法分配、遂寫了不少的紙球、令各住戶抓鬮結果、有鬮少空鬮多、抓鬮者當然十[illegible]、仍惹起不少紛爭、該分區長竟敢公然舞弊未免目無法紀

其要人、而王中文以不知道推絕、蔡某無奈在正陽署將王中文控告、說其妻被王小三拐走、當局現正搜查中云云、

苦力自縊 命家掩埋

道外太安胡同門牌六號住有苦力王金印者、不知因何事故、忽然於七日晚間在院內電柱自縊身死、至午前清晨經人發覺、已早氣絕多時、當即報告分所、並正陽署、經張警尉前往檢驗確係縊死、令其家人掩埋云云、

警務人事移動

【興京】伴隨警務人事轉出轉入之新趨向、興京縣警察官新移動、刻已明令發表、分別各就新任勤務者姓名列下、興京警察署長劉兆麟、永陵警察署長楊均波、葦子峪警察署長馬俊、五龍口警察署長林德馨、木奇警察署長劉俊琇、灣甸子警察署長唐

係徐娘半老、而風流情事仍不減當年分毫、因不堪獨眠寂寞、即趁其夫不在之時乘此機會、在家招引情人作樂、殊不依皮肉生涯、然亦早張幕李、謀其夜夜擁新郎之快樂生活、天長日久、劉妻即與其夫同寓李鳳辰者年二十四歲亦充當江運局輪船二副之職、現住道外北新街六十號、發生關係、二人打得火熱如膠似漆、一對姘夫淫婦終日在一處廝混、一時不能分離、詎料好事多魔事被李妻偵知、醋火沖燒、怒髮沖冠、不肯善罷甘休、於八日下午一時許、李某又至劉妻處幽會、正在狂風暴雨美不可言之際李妻尾追至劉家時、正值卿卿我我尚未完畢、李妻見妻如兇神附體亦未敢分辯即奪門逃之夭夭、將劉妻打得落花流水、李妻始

有、暴利出售、以飽私囊竟惹得市民怨聲載道、因威其勢力、均不敢與其爭希當局加以取締、以維持配給制度云云、

惡德房閥驅逐住戶

欲增房租演成糾紛

◎互扭至分所理論經排解了事◎

一般惡德房閥、乘此住宅困難機會、大伸魔手暗增房租驅逐房戶事件不時發生、警察當局、爲使市民生活安定減輕負担起見、對於各房閥、會三令五申、嚴禁私增房租及驅逐房戶、但惡德房閥及經租者、均陽逢陰違、仍有私漲房租及驅逐房戶事實發生不迭、茲有道外景陽街門牌一二八號經理房租、蕭福海者、鑑於時値住宅困難、利用此機欲發筆橫財、僞稱自己用房屋驅逐住戶、遇有住戶默許其增漲房租及以國幣運動者、即不驅逐、否則加以不客氣驅逐、該院內樓上有一住戶駱長昇者河北省南皮縣人、現在充當市公署禁煙科製膏廠工人、租該院樓上房屋一小間、蕭某對駱某僞稱房屋現在自己等用、限期急速搬家、但駱某因找房困難、待覓妥房子再搬、對蕭某之答稱、因此双方演成先口角繼動武、所以双方互扭至當營分所理論、該分所所長以蕭某無理驅逐房戶實有違法、故將蕭某申斥一次、不料蕭某返宅內、即對駱某大加威嚇、駱某爲恐發生危險、以此威嚇言語又赴分所據實報告、分所以蕭某未免可惡、將蕭某傳到所中嚴勵申斥云、

意欲侵佔孀婦家業

宋康氏現告到當官

正陽署調查中如事實決罰彭某

遺外十五道街門牌四十一號住戶孀婦宋康氏年將花甲、生有一子宋文德尚在年幼、母子相依爲命、專依賴其夫逝遺留下福井泉及鐵工廠之營業收入爲生活費用、然因母老子幼不能經營、乃聘任彭占榮者爲經理、掌理櫃上一切營業、不料彭某爲人陰險極點、見宋康氏老小不能掌理櫃事、即懷意不良、擬侵佔宋康氏之家業、除[illegible]毒辣手段對待宋康氏、日前宋康氏前往領取生活費時、彭占榮則嗾使二三名惡徒向宋康氏威嚇、宋康氏本係一懦弱女流之輩、爲防母子身邊危險、亦未敢與其爭論、以致忍耐迄今而宋康氏終因母子生活貧窮無法維持、實在忍無可忍、乃於日前具狀正陽署司法係、懇求從中調解乘公判斷、該署具呈後、現正從事調查中、倘如事實、[illegible]

蔡妻突然失踪

王某以有嫌疑

中文奉天省人、素以賣破爛爲生、生有一子名王小三年將弱冠、現無正業、專好尋花問柳、素與其院內隣居蔡某之妻發生關係、二人打得熱度沸點、誠有寸步難離之勢、於七日午前十時許蔡妻突告失蹤、經蔡某遍尋無着、同時有人發現蔡妻與王小三在一同遊玩、告知蔡某、蔡某據實找到王中文家興

遊山賞水注重公德

慎滅餘火勿折花草

◇……視察戰蹟者預防山火……◇

【大連】陽春日暖、草木萌動、所謂解放寒冬市民行樂季節是也、賞山觀水、久困閨中之士紳等多乘時外出、遊賞於山野間、因而山火之頻發、亦莫多如此季、戰蹟及山林最多之旅順警察署、由於事變下資源愛護之趣旨、決定防止由於不注意而發生之山火、並望官民協力將每年被害不下數萬圓之季頻發之山火、多由於觀山賞水、及視察戰蹟之遊客及各團體等、拋卸烟頭所致、今後當以前轍不可蹈吸烟時慎滅餘火、切勿任便投棄、致延燃及山林更應昂揚公德觀念、所攜之午食等、及吸食物、不可食後拋棄、亦勿拆毀花草、有傷山林地帶之美觀關此刻由同署佈告於一般云、

桂馨、保安股長李百良、教習所主任教官徐志英、林佐張興業、警尉陶永金趙寶財任警務科勤務、警尉夏毓珊李福盛陳徹田任永陵警察署勤務、警尉楊懷德任平定山警察署勤務警尉張慶祥任華子峪警察署勤務、警尉胡振鐸任五龍口警察署勤務、警尉胡品珍任木奇警察署勤務、又訊興京警察署長何廣禹氏榮轉双遼縣已誌本報、對興京警察署長一席、今調永陵警察署長劉兆麟氏接充、劉氏此番爲二次任興京署長云、

(第三種郵便物認可)　康德八年四月十九日　盛京

濱江特刊

第五四〇號

盛京時報北滿總支社
社址 哈爾濱道外地段街一號
電話四六四三番

松岡外相訪德一行
返國途中滯在哈市
大島理事談德國歡迎熱烈盛況

日前伴隨松岡外相、因交涉通商關係赴盟邦德國之外務省囑託日本帝國燃料理事大島義淸氏、現已交涉重大使命完了、於松岡外相一行於四月四日由柏林出發、歸國之途、於十四日下午二時五十分安抵國際都市之哈爾濱矣、降車後、即搭乘專備歡迎汽車投宿於南崗新哈爾濱旅館矣、而大島理事即盛讚松岡外相滯德中之活躍、惟關於松岡外相之消息及激烈戰事下德國之一般狀況、頗引讀者耐人聽聞、記者特往訪該氏於新哈爾濱旅館中、當蒙延見、該話如下

松岡外相抵柏林前之上月廿六日、柏林市長、即張布告示於當日午後二時起、各校休課、至驛歡迎外相降車、驛特使用國賓用驛安哈塔驛驛頭首爲親衛隊之侍立、繼則由文達德里街堵列沸其與議員手持日德兩旗揮動不已有市民多數堵列一方各大建築物、均懸起幔幕、其歡迎盛況、由市民聲稱無異於希特勒總統、自波蘭凱旋之時、及莫索里尼訪德之時節、再接伯林知識階級市民之談、松岡氏爲具有理解力之人、詳判極佳、又觀戰時下德國生活狀況、誠爲良好、極具訓練之統制狀況、英國之空襲不甚强烈、已將安哈爾塔驛、爆毁等等、英國側已行報道、然仍在存在中、再同氏十五日乘午前十時發亞細亞號車赴新京云云、

苦力冒充警官
詐去衣服被捕

安埠門牌二六三號李棟樺云、

山東人馬福忠年二十四歲、素以賣苦力爲生、因其素性懶惰、即受生活壓迫、竟奇想天開、忽於日前赴道外十六道街門牌五十六號估衣莊、經理楊甫山處、自已冒充伊係正陽署徐警長要買幾件衣服、所以當時由其揀選毛布襖褲八條大和棉褲四條、青毛布上身小袂襖二件、選畢亦未付錢持物走去、而馬某出門後、頗顯驚惶態度、同時楊經理視其如此鬼祟、脣知必係冒充警官詐財、故立即報告附近分所、協同警察官立即尾追、結果卒將冒充徐警長之苦力馬福忠者逮捕、備文送至正陽署拘留懲辦云云、

松江水勢激增
停泊風船沉沒

松花江江北沿岸一帶冬季所停泊風船被冰凍結甚固、暫不能移動、不料近日冰上流水激增、忽將凍結二十餘隻風船船倉被水灌滿、均行沉沒、損失撈鉅、將來能否完全顯出、不得而知、現在被害風船船主極爲焦慮中云云、

治水調查(事務所)
舉行開所披露宴會
十八日在新哈爾濱旅館舉行

現在松花江業已開始流水、半載冬眠、轉瞬間、又將活躍於最近日內即正式開航、中央交通部治水處、爲謀松花江大動脈全流域航行之安全起見、特在該處直轄之下、新設哈爾濱治水調查事務所、專門調查松花江全流域之水路疏濬事項、現下該事務所業已籌備完了、最近即在南崗義明街開始辦公、同時定於十八日下午五時在交通部治水處舉辦之下、在南崗新哈爾濱旅館舉行哈爾濱治水調查事務所開所披露宴云云、

利用嗎啡予癮戒煙
鴉片癮斷嗎啡癮成
與鴉片麻藥斷禁毫無補益

只圖求利
不顧民害

市警廳煙務當局爲伴隨政府方面鴉片麻藥斷禁十年計

因此之故、各醫療社趁當局取締鴉片之嚴緊、以爲千載難逢、發財機會到來、大肆宣傳如槍上斷癮拉或祖傳戒煙良方、不受疼苦、能將多年煙癮戒除

牀騷擾音嘆通通且達宵嚎喊、以致隣居深夜不得、安眠、怨聲沸騰、該醫療社去年冬季收容數十名癮士正從事戒除中、忽被當局偵知爲防嗎啡癮士

國兵壯行歌募集

現審查完了發表
約於入選者日內發給賞品

本年度壯丁適格身體檢查以來、全國各地一齊實施、雖初壯丁檢查、結果又獲美談不勝其數須定於八月間實施入營訓練、當入營時全國各地均一致舉行大會、以資鼓舞其尚武忠誠報國之眞精神、以期完成國家之干城、而哈爾濱大北新報社、爲昂揚壯丁之意氣、日前特舉行募集國兵壯行歌、自開始募集以來、應募者竟達五百餘名、非常踴躍、由此可知一般關心國兵壯舉、第一次並由大北新報社預選二十名、然後又經第二次、在治安部總務廳弘報處國兵法中央事務局共同審查之下、結果入選者一等一名、二等二名、按原定二等爲三名、但因二等入選者中、李汝菊其人者、彼竟一稿數投、盛京時報及大同報均有同稿、以其地域屬於奉天、及入選於盛京時報、故大北新報當時對其取銷、所以二等入選者乃爲二名矣、

△一等一名爲哈爾濱市新

防水公債會議
在省公署舉行

濱江省公署爲防水利民所發行公債之債券業已分配完了、爲維持該公債之價格確實、以保其信用起見、以防不良惡徒從中乘機爲宣傳暗中購買暴利、特定於十九日午前十時在省長官房會議室召開濱江省防水利民公債募集監理委員會、第四回總會、現在除分別通知各委員屆時出席外忙準備各種議案以便會議時提出協議云云、

劃逐行之強化、對於私煙館嗎啡館及不正癮者嚴厲取締、以期完成 禁煙使命、最近市警煙務當局爲謀禁煙更進一步之徹低、對於鴉片癮者取締雷厲風行、更爲緊張、所以一般不癮者以及四十歲以下之癮者、視當局取締之嚴緊、如驚弓之鳥漏網之魚、不約而同、無不積極設法戒除、惟可惜終未得到禁煙不受痛苦之良方、等等、千奇百怪之宣傳、極易而癮者偶不查眞僞、上其愚弄圈套、雖將鴉片癮戒除、不料竟反演成嗎啡癮、查其原因、各醫療社爲防癮者戒煙痛苦、多利用麻藥注射、所以最容易演成嗎啡癮者比比皆是、煙務責任當局、若不急速設法肅淸不良醫療社、鴉片癮雖然逐日減少、而嗎啡癮者驟然激增、對於禁煙國策似有相當妨碍、茲有外道正陽北四道街路東××醫院院長趙×林爲人神精過敏、每乘煙務當局取締鴉片癮者緊張之機、即大肆宣傳、所以被其愚弄者大有人在、而在該醫院戒煙演成嗎啡癮者亦不在少數、現在該醫院收容癮者現已突破二十餘名、而癮者夜間不堪痛苦、每在深夜夜靜人稀之際叫苦連天、拳打腳踢發生、當將該醫療社所收容之癮士、均行逮捕送康生醫院予以戒除、並將該醫院長趙某一倂懲辦以防其與癮者戒煙亂用麻藥、但將鴉片癮者戒除、反到演成嗎啡癮、實與禁煙、上不但毫無補益、反到有害云云、

正副本部長
舉行就任式

新任協和會哈爾濱市本部正副本部長就任式、於十四日午前十時許在該市本部會議室隆重舉行矣、當時出席參加者、本部長瀧簑氏、副部長山口副市長加藤明李明遠兩商工公會副會長、及前牛田本部長、道外協和會辦事處張處長以及全體協和會職員均行出席云、

驚人慘劇
夫婦口角動武
双手揑死髮妻
兇手赴警自首謂替母弟報仇

道外正陽北十二道街門牌一號住戶王金倫者、年三十六歲、山東黃縣人、王某年前由原籍山東偕同其母及其年幼胞弟來哈謀生、終因王某素能勤苦耐勞、以資苦力並包工爲業、未數年間即有相當積蓄、而王某以其老母年邁體弱、須需人侍奉、故於三年前經友人之介紹娶本地段姓女子爲妻、自結婚後、夫婦感情不佳、不時發生衝突、結果王某在外工作、日久不歸、其妻段氏本係刁悍潑婦、乘其夫日久不歸、即對其婆母及幼弟虐待日甚一日、未幾其婆母及幼年胞弟相繼亡故、而王某發覺老母及年幼胞弟被其妻虐待相繼氣死、即對其妻段氏懷恨在心、嘗思替代死去老母及幼弟報仇、總恐法律不容以及忍耐迄今、不料段氏其刁悍性質毫無悛悔、不時以氣死婆母及幼弟態度對待其夫王某、所以夫婦間屢次發生衝突、至此王某懷恨其妻段氏異常、結果於前日下午五時三十許、夫婦忽又發生口角、繼則動武、遂將其妻按倒於地、極力用双手揑住段氏頸部、約三十分許、段氏被揑當時即氣絕身死、王某視其妻已死、而老母幼弟受虐待氣死之仇恨已報、欲行潛逃又恐法網難脫並隣居甘受連累、思慮結果、大丈夫作事敢作敢當、故於肇禍當日下午八時三十分許、王某親赴正陽署自首、報告揑死其妻經過情形、所以正陽署司法係立即派員、前往現場檢驗結果、確係生前被人揑死無疑、經審訊兇犯王某因何將其妻揑死、王某供稱爲其老母及胞弟復仇、始演成此項殺人慘劇、究竟是否爲母弟報仇或有其他緣故發生慘劇、現正審訊中云云、

濱江特刊 第五一四號

盛京時報北滿總支社
社址 哈爾濱道外地段街一號
電話四六四三番

爲向民衆普及宣傳 國民隣保組織要旨

◇——省縣旗市當局實施宣傳——◇

濱江省公署、以管下各縣旗市實施國民隣保組織制度中、惟對於此次國民隣保組織之趣旨、一般省民仍有多數不徹底明瞭者、所以濱江省公署及各縣旗市當局、爲謀國民隣保組織制度之圓滑、並使一般民衆徹底明瞭、決定實施宣傳、茲將國民隣保組織實施之要旨誌錄如下、

一、夫國家政治要能普遍浸透於國民大衆、則國民大衆亦能充分理解、由能理解而能予以協力、能協力始能期待施政的完璧、故政治之要諦是如此不待贅言因此國民以理解協力與國家的要請結在一起才生出國民運動、鄉土自治、此種現象自然能在市街鄉關之間展開的、所以行政對於國民生活上須有普遍的消化、徹底的貫通去是最有必要的、又其我國的政治是根據建國的理想不是瞞藏國民以强迫依從式之官僚政治、又不是用强權威嚇國民、强使國民盲從的專制政治、但決非如新規容造、實際古來早已發達、例如在鄉村之軍閥的政治、專制的政治、或爲防匪賊之跳梁予以防避、出於極素僕之鄰民互相組織上自然的發生、建國後在保甲制以下國家之要請略加以育成之或在都市如近代防衛、統制經濟等迫於當面之必要、漸次而發達者也、

如此種自然發生之鄉保互助生活協同相互親睦之實態十分尊重之、並使其適應於新國家、根據建國精神醇化而育成之眞正輔國家之諸要請得以變質的向上者即本組織之本旨也、

特別在政治的反潑只知擁護鄉民利益、忘却大局之判斷、但以局地之利害爲主張、如有此種傾向者乃舊時代之殘滓極力有清掃的必要、本組織之名稱特稱爲『國民』鄉保組織者須與舊時代鄉民鄉保之區別分明理由即在此也、

四、國民鄉保組織在另要綱已有所示純係鄉土的自治組織而展開國民運動之基盤、行政浸透之基底、故其本質全存在國民生活協同之組織也、是以此等之諸機能、必須始終貫通於國民日常生活內具體的實踐躬行具現之處、即其眞正存在也、苟離日常生活、離具體的實踐空以政治的批判、或弄理論之遊戲、而表現者、切宜嚴戒之、

五、國民鄉保組織爲國民、自發的協力組織決非行政之補助組織、故所謂行政滲透、不獨以消還的攺容上意或機械的服從、狀態須自發的理解玩味、並同住民一致協力、予以積極的實踐躬行、出乎活潑的自主建設的動向爲其生命也、

六、對於國民組織、協和會雖爲國民先達之組織、決非協和會組織之組織、實以協和會爲形成其中核擔任推進力之作用、在協和會諸工作之影響下得以活潑展開國民運動之組織也、

不得以協和會員爲中核之國民隣保組織者即所謂不加骨之組織、未有靈魂之活動體、所以本組織與協和會含有機的不可分之關係也、

七、所稱確立隣保組織、其基礎的實體、已在前述、大致於各地方均有存在、或有正在萌動、至於有整備形式的結成不如實質的發揮其本來之機能、使能眞正具現國民鄰保組織之實績予以指導育成誠爲當面之重點、負此責任係行政機關與協和會共同負擔協力而行、然鑑及本組織之本質伴同協和會組織之發達、會活動之本格化、當然指導育成之主流爲協和會擔當依旺盛之啓蒙 動員、實踐之指導、展開活潑之國民運動在其基礎上、切望十分發揮其諸機能行政機關固然不惜餘力以協力、在協和會之任務尚不能達到之地

來哈、劉某將信看完後置於桌上、遂與其叔父赴街用飯、但胡氏視其丈夫看信時頗露憂悶狀態、係知有異、待彼叔姪赴街用飯機會、將信詳加檢閱結果始知劉某家中尙有髮妻、自己不愼被騙爲人作妾立即怒火冲冠、待劉某用飯畢回家、胡即加質問非與其離婚不可、並要求贍養費用三千元、否則決告其夫騙婚罪、劉某將書信放在桌上被胡氏發覺後悔離當、無奈與正託出友人從中調解、將來能否圓滿解決容訪再誌云、

防狂犬病發生 實施預防注射

哈爾濱市公署當局、爲確保市民之安全、對於狂犬病積極樹立防止對策、特定於四月二十三日起始至五月二十三日止、亘一個月期間、在市內各區分別實施狂犬病預防注射對於注射場所均已規定完了、凡有養犬者須一齊赴各注射場所受其注射、倘有養犬故意不注射一旦查出時、決定嚴重處罰云、

侵吞公款 被判五年徒刑

【哈爾濱】巴彥縣康莊村村公所會計陳秉德者年二十二歲素性荒蕩不羈、因其月入甚微、任意揮霍、故築債台累累、被

以民意之歸趨所謂民主衆愚的政治、實在是根據消義、就是所謂獨創的王道政治、將國家的要請、充分貫徹於國民、使民意常反映於政治依民衆的理解和實際的執行是本質的所以我國民鄰保組織的必要原因即在於此、

最近我國鑑及內外的情勢、對於國民生活、受國家的指導和統制益形擴大強化之時局下因之便有確立本組織之必要、

二、以廣義所稱謂國民組織者、即以協和會爲中核、在本組織上有協和義勇奉公隊、青少年團、國防婦人會等之外廓團体等是指國民總動員之組織健全化之義也、

在本組織所稱謂國民組織者、以鄉土的鄉保互助之生活協同組織爲根底在此不可使兩者相混、

三、所以國民鄰保組織

徹底斷禁鴉片　强制收容癮者

以資達成國强民健目的

哈爾濱警察局衛生科煙務股、爲謀鴉片斷禁之徹底、對於私煙館子嗎啡館取締雷厲風行、頗收有相當效果、該股爲徹底肅清不正癮者起見、對於登錄以外之癮者實施强制收容辦法、在可能範圍內全部收容、於康生醫院予其戒除、以便使癮者之健康、達成以國强民健之目的云云、

恐被丈夫押入窰娼　趙淑蘭投入救濟所

俟本夫表明態度再行定奪

劉富發年二十八歲山東黃縣人、曾在北平某機關充當職員、後因事辭職赴奉天謀事未就、經友人之介紹於去年九月十五日聘娶奉天市大東關趙淑蘭年二十歲爲妻、結婚後約三個月、劉某即赴北平、忽於本年正月寄信給其妻趙淑蘭女士、聲言因淑蘭患有宿疾、令伊自由改嫁、本人已在北平另行結婚、淑蘭自接得此信後、不久即憂慮成疾、因擬治病手中又無現欵、爲解消個人憂慮起見、即入奉天市東關道德會聽講、果然病疾未待調治即告全愈、不料伊夫劉某忽於月前來奉、將其妻淑蘭前日携帶來哈、未久又擬將伊妻淑蘭領赴呼蘭、結果淑蘭覘其丈夫劉某態度極爲曖昧令人不測、淑蘭恐被其丈夫押入娼妓中、爲防自己安全計、特於二十一日投入道外十三道街婦孺救濟所內、哭述一切經過情形、經楊所長詳細考慮後、准予暫時收容、一俟其本夫劉某表明態度、再行研究完全辦法云云、

方者、爲促全組織之伸張同時行政機關先擔任一切、將全面之工作充分發揮、期無遺憾自不待言、

八、要而言之國民鄰組織爲國民各位日常生活之組織將此確立、發揮其機能始能依各位之自發的創意協力、則明朗之日常生活自能改善向上鄉土則能更生建設、此間國家之意思、自然能的確具現在各位生活中、由此吾國政治之理想型態、亦見諸確保矣、深望國民各位充分理解盡量協力、將本組織性速確立至爲切盼、

普及儲蓄運動　開儲蓄懇談會

哈爾濱道外郵政局、爲促進富家強國郵政儲蓄運動之徹底普及、以期喚起全市商民踴躍實施儲蓄起見、特於二十二日下午二時在協和會道外傳家甸辦事處、召集地方紳商、開催儲蓄運動懇談會至下午五時始散會、並在道外厚德福舉行晏會云云、

納妾消息暴露　胡氏決意離婚

胡氏不肯作妾擬告騙婚

道外十九道街門牌二十號院內住戶劉從和者年三十九歲、河北省欒縣人、以經營商業爲生、所以手中頗有積蓄、而劉某飽暖思淫慾、假稱髮妻數年前患病已逝世矣、遂託友人之介紹、結果、於三年前以三百八十元財禮聘娶阿城縣農戶　女士胡淑萍爲妻、自結婚後、夫婦感情頗佳、現生存一女、忽於前日劉有一家族叔父劉某由原籍並携帶劉從和數年之不顧髮妻信件來哈、將書信送交劉從和處叔姪談論家中景况、其妻劉高氏信謂家中生活困難、將

債主逼迫日緊、即蓄意不良、因其自己管理公欵、不時從中舞弊、自去年九月至十二月間被先後舞弊六次、將所收入之地畝稅及門戶費共計侵吞爲五千一百七十三元三角六分、以飽私囊、任意化費、爲防將來身邊危險、將所侵佔現欵携至哈市、妓院舞場及太平橋之賭局、完全化罄、不久即被當局檢舉送至巴彥縣區法院依法懲辦結果、依法判其徒刑五年、陳某不服所判、現在正行向哈爾濱市地方法院上訴云云、

稅局調查新稅

【望奎】稅捐局長、李元治、鑑於新稅法、實施以來、爲稅收强化起見對縣內各商、極應派員、加以指導、及視查、以期新稅一致、遂行、而免遺漏、此後本縣、稅收之向上、可期而待云、

貸倉穀接濟民食

【西安】西安縣當局、爲籌黃不接時救濟民食計、特請准極峰將各街村倉內之穀、按貧困之戶貸給每人五斗、至秋後歸還分命各街村長照辦、西安街公所爲街村之首、張街長奉令飭行政課將貧苦之戶調查完竣、經李旭滄課長、張文達股長遵令、按照各戶開始貸給倉穀云、

濱江特刊

第五四二號

盛京時報北滿總支社
社址 哈爾濱地段街
電話四六四三番

計劃建設高度國防
繼續設防空地下道
全市交叉地點共設八處

哈爾濱市公署公務處以當此非常時局之下、爲謀建築高度國防都市防空地下道、其主要目的、爲限制高速度車輛之馳行、並防止交通慘劇於未然、同時更可以利用於非常時空襲之避難所、以資促進高度國防都市交通之強化、現正計劃於市內主要地點建設八處、經一度慎重研究結果、現已作成具体案、關於此項國防道下道、第一次試驗建設在通道街花園小學校門前設計長爲十七米、寬爲三米、昇降口爲二米、此種建築共項點則爲防止出入學校兒童發生交通慘禍、擬於來年度計劃繼續建設八處、而建設之形体、爲交叉路交叉點者、或三叉點者、總之爲交通繁雜處所、關於防空地下道、建設之全長及設置處所、預定如左、

一、通道街花園小學校前四九米

二、地段街與石頭道街交叉點一六六米

三、大直街海拉爾街交叉點一二四米八〇、

四、哈爾濱驛建國碑前八三米

五、中央大街經緯街交叉點八十五米五〇

六、中國十六道街斜紋街交叉點一〇一米

七、石頭道街新城大街街交叉點一〇二米

八、義州街大直街交叉點一八三米六〇云云、

誰家嬰屍拋棄街頭
猪狗拖啃血肉狼藉

地、以致甚有被猪狗特嬰屍拖至院內爭嚙、因此院中不時發現嬰兒肉骨血跡、其狀極慘、又於同時在道外十八道街路東空場處、距該嬰屍僅數武、忽又發現生後幾日死亡女孩

嬰屍一具、亦被其附近猪狗業已啃食過半、腦漿腸腹散亂滿地、血染塵土摻賦、血腥惡臭、令人嘔之欲吐、際此天氣炎熱、若不急速設法掩埋、與市民健康上誠不堪設想、希市警兩衛生當局、今後對於背棄人道逐意拋棄嬰兒屍体於各街頭之萬惡極點之徒、加以嚴重之取締云云、

協會審核議案

【公主嶺】協和會懷德縣本部、以本年之縣聯協議會將於五月內展開、期日迫近亦在眉睫、故管下之各街村分會均紛紛提出議案、該部爲重視提案起見、以致事務長部員等、無不徹夜通宵作議案之整理云、

哈市特殊風景
爲向各地介紹
哈觀光協會與滿映研究拍攝

【哈爾濱】誇爲東方第二小巴黎國際都市之大哈爾濱、擁有複雜民族市民六十餘萬、所以風俗人情風土各異因雜居二萬餘白系俄人僑民關係多傷歐化之情勢、而哈爾濱觀光協會、爲將歐化之特殊風味之哈爾濱市景緻介紹於國外國內、爲資文化之發展、並引誘旅客之觀光、並昂揚王

華南各地介紹、至于拍攝風景計劃、現經觀光協會與滿映進行研究中云云、

關之必要性、市內各種業者代表三十五名、（滿系七名）聯名請求設立哈爾濱無盡會社資本金五十萬圓、（繳款四分之一）由商工公會、及市公署之後援、目下向經濟部當局申請認可中、受認可後、當即於石頭道街前田商店內設置事務所、並立時開始業務、今於關係者間、正在進行各種準備、該無盡會社、

因於客歲奢侈品販賣禁止令之施行、急待轉業之市內貴金屬及同類業者、七十餘店、（滿系二十店）對此更含有多分之更生對策的性格、當無盡會社之設立、同時貴金屬商使用現有資材行鑄錯製品所、鐵器具製造業等之轉換策、亦在考究中、其動向各方面頗爲注目云、

經濟懇談會

【北鎮】縣北鎮警察署署長郎鳳桐暨保安主任張天奎、爲期經濟強化、物資充分、物價均衡起見、特於四月廿八日午前十一時召集一般紳商代表、於商公會開催經濟懇談會、檢討結果、頗爲良好、遂圓滿閉幕云、

哈爾濱無盡會社

爲保護育成在哈中小商工業、鑑於庶民的金融機

（哈）（爾）（濱）市警察局
開科署長會議

妨碍公衆衛生希當局加取締

嬰兒夭亡 棄屍 於各街頭、不顧公共衛生、此是滿洲國人多年之惡習、迄今棄屍之事、毫無悛改、當此春夏相交天氣逐日酷熱、以致各種流行傳染病正待機勃發之際、誠爲全市民衆之勁敵、因此市警兩衛生當局、互相協力從事防疫工作、現正積極實施預防注射中、不料市民中衛生知識簡單、視衛生與防疫如兒戲毫不徹底、故近來迭次嬰兒患疾夭亡者、發生遺棄屍體於各街頭、與市民防疫衛生影響頗大、極爲遺憾、茲將其大概情形誌錄如左、

於四月三十日午前十時許、在道外正陽十七道街太平胡同、壓士箱後、忽發現已死一週男孩嬰屍一具、體大白胖、不知係誰家嬰兒患病夭亡、竟棄屍於各街頭、據觀測似死已達數日間、因被其附近住戶所飼猪犬、將嬰屍拖餐爭食嚼咬、血肉狼藉滿

道樂土之滿洲國殊異之發展、待與滿洲映畫協會聯絡結果自五月中旬起始以四萬元經費、拍攝哈爾濱風景電影、企圖將哈爾濱市特殊風景並日常生活狀況、向全滿及日本內地並

所討論均爲治安工作問題

市警察局爲謀與各科署警務聯絡打成一片、以期治安陣容之充實、市民生命財產之確保、故於五月一日午前八時三十分許、在警察局二階會議室、召集康德八年度第一回科署長會議、當時出席除有單局長岡田副局長以次各科長署長全體入席、首致開會詞後、即正式討論、除既定治安工作關係問題八十四件、此外尙有各科長署長等臨時提出問題亦頗不少云云、

日蘇條約實施締結 駐哈日領開祝賀宴

在哈各國文武將官齊集一堂

友邦日本帝國駐哈久保田總領事、基於日蘇此次條約締結之和平精神、特於一日下午四時許、在領事官邸、邀請馬拉黎夫爲主賓、舉開日蘇中立條約締結祝賀宴會、當來賓側計有德國駐哈領事、意大利駐哈領事、○○部隊長特務機關長、大石代理外務局北滿特派員、于省長源田省次長應第四軍管區司令官、李江上軍司令官等、所有在哈各國文武將官一齊出席、至下午七時許、賓主盡歡而散云云、

縣署開經濟會議

【海城】縣公署警務科於上月之卅日在縣署議事廳、開催經濟會議、是日各警察署經濟系之主務警員、俱蒞場出席、屆時由警務科長、中間陽吉氏、主席之下、開始講演經濟要領、俾出席警員、依講演之旨趣、徹底施行云、

淫婦攜欵潛逃 夫發覺遍尋無踪

暢子珍現年四十許、山東省人、於十數年前來哈、素以經商爲業、爲人忠厚老誠、仗義疏財、每逢慈善事項、率先慨解義囊、可謂見義勇爲之慈善翁矣、因此「得一綽號暢善人」曾於數年前在上號安埠街開設永升利糧米雜貨商、因其對於主顧慇懃和藹、所以生意頗稱發達、於是暢某感覺髮妻病逝數年、永未續絃未免獨身寂寞、並感有無後爲大[illegible]之[illegible]、故由友人之介紹、以國幣三百元爲財禮、於康德三年冬月間、娶河東黄山嘴子農人孔照玉之長女孀婦爲繼室、該孀婦今年二十八歲、自結婚以來夫婦感情不惡、不料孔氏受都市之歐風薰染、虛榮心熾烈、雖姿容平常加人工之修飾醉心摩登時髦、追求衣服華美及高跟鞋、打扮得花枝招展、以其夫暢某孤獨忠厚儒弱可欺、亂講戀愛、即抱有人皆可夫主義、任意揮霍、而暢某因名譽關係隱忍自重、屢加規勸、以期促起反省、孰知孔氏戀愛迷於心竅、竟以其夫良言規勸、置之不裡、反更明目張胆、竟與其櫃彩史文易「即暢某外甥」舅母外甥勾搭成姦、姦夫淫婦對臥、終日短笛横吹、噴雲吐霧、大有神仙不如我之勢、但暢某懼孔氏刁潑蠻不講理、深恐夫婦衝突被鄰居恥笑、只得任意孔氏胡爲、僅二三年光景、血汗滴滴粮米雜貨舖、被其化得流光、無奈即宣告荒閉、暢某即將其外甥史文明驅逐、後暢某爲維持生活、遂託友人爲某在双城東姓所開設雜貨商覓妥司賬職務、故在双城服務、留其妻孔氏在哈度日、詎知暢某赴双城任職未久、其妻孔氏私將所有開雜貨舖舖墊及衣物悉數典賣已罄、得數百元之現欵逃之夭夭、待暢某發覺立即返哈、遍地查找亦無踪跡、但是暢某屢受伊妻淫蕩之刺激、受有相當打擊、自思多年省吃儉用之血汗積蓄、一旦不濵聘娶禽獸不如之淫蕩孀婦爲妻、名譽被其破壞、現又蒙受人財兩空之損失、未免令人寒心、暢某現已憂慮成疾、精神失常、哭笑皆非、如〃精神病況、惟暢某友人某、視暢某爲人忠厚老誠、現趨入此種可憐的情狀極報不滿、勢必援助暢某秘密調查拐帶姦夫淫婦下落不可、以便追回人財、頃據傳說暢某之外甥史文明者、在暢某尚未赴双城任職前半月間即接得家書謂其母患病危篤、命其回家、史某得信立即隻身返回山西省、而孔氏此次被拐有人曾見現在海城與一土豪惡霸朴某及吳某時常在一處厮混、所以暢某及友人現正派人赴海城東黄山咀子各地調查中、將來能否找着不得而知云云、

濱江特刊

第五四三號

盛京時報北滿總支社
社址 哈爾濱道外地段街一號
電話四六四三番

爲視察友邦教育狀況
組織訪日教育視察團
一行十九名已由哈出發東渡

濱江省公署教育廳局爲視察友邦日本教育狀況、仲資借鏡補助教育發展起見、經多日之籌備從事組織訪日教育視察團、現已籌備就緒、視察團員一行、於五日下午十時由哈爾濱驛搭乘京濱線列車就訪日之征途矣、視察團長爲珠河行政科長徐國藩以次團員十九名、引率者爲双城縣視學杉淵稔省民生廳事務官森山日出雄、視察日程共計爲二十五日間預定於本月二十九日返回哈爾濱云云、

森澤行政科長
視察南滿各地行政
將視察所得資料發表談話

哈爾濱市公署行政科長森澤厚氏、基於市當局機構刷新及人事交流實施以來力謀行政徹底之發展、爲明瞭南滿各大都市國民鄰保組織並區政之擴充强化以及失業者救濟與殘老者之收容等狀況、日前特搭乘列車赴新京奉天等地作實地之視察、以待返哈後、所得視察資料、以長速成立、以順應新体制也、關於區政、亦以大都市之見地、對區事務所陣容、決定著著擴充强化、融員等約三十名之數、勿論大都市之中央第一線、在區政執行上、當然爲必要之事、各都市在逐漸發展途上之民籍、國兵配給等各種事務輻輳、愈益擴大之趨勢中、哈爾濱市於此際對區事務所、擴充强化實爲余所期望者、次對失業者救濟、殘老者收容問題、此點亦哈爾濱市較南滿稍見活潑在北邊振興産業開發五個年計劃等國策遂行之中心地點爲北滿雄都的大哈爾濱市、我等深感其責任之重大、余爲討右記國策之遂行、益願應現下新體制期其萬無憾奉公竭力實施云云、

劉姓少婦偕鄰女逛廟
少婦在人羣中忽臨產
少婦因羞愧難當僱車赶緊回家

本年度四月八日浴佛節南崗極樂寺法會、每日前詣少婦爲高興心之驅使、毫不顧忌懷孕將産之憂、之際、突然想出一策、立即攜帶同來之郭姓女郎、兩手捂肚子脚底下加勁、急跑、意欲向廟後下坎無人處分娩、不料業已來不及矣、正跑在廟門外人群中、業已嬰兒呱呱墜地、但一般人忽聞嬰啼靡無不驚奇、經詳細查視結果、始知逛廟的少婦臨産、當時因暴風激烈、飈得塵土四起、而該少婦因在人群中突然生産、因羞恥靡當、嬰兒在褲襠中無處擱置正在進退爲難之際、忽有一老媼見少婦在人群中産生實爲不便、當告知少婦何不多花幾個錢叫一輛小汽車將汝母子送到家中、於是少婦如醉方醒、即命同來女郎顧用小汽車送至家、因嬰孩始終在褲襠兜內、究竟不知是男或女云云、

槍殺甲能强盜兇犯
要犯馬鳴久已落網
慘殺發生以僅三十小時破案

哈爾濱南崗警察署管界馬家溝巴山街三十三號深草料理店執事人甲能慎吾、於五日午前五時頃、突然被人用手槍慘殺一案、自該慘殺案發生後、消息傳出、曾轟動全市、驚人聽聞、頗惹各方面之注目、當時過情形經已誌前報當慘殺案件發生後、接得急報之警察局司法科搜查股及當晉之南崗警察署、急遽蒞事現場詳加檢驗結果、爲破獲兇手計、即以司法科爲中心、由各刑事組成七個搜查班、南崗兩班、道外三班、道裡一班、東站一班、由各班長監督之下、以不眠不休之精神、張佈警網、開始本格的搜查、終因各刑事一齊努力搜查結果、卒將發生慘殺後僅三十八時短時間內、竟能敏捷迅速手腕將鳴槍殺人開開、侵入屋內毫無聲響、犯人即闖入甲能的臥室隔壁倉庫內、將錢款及貴重品等盜出、包成一個包裹、仍擬由進入的窗戶逃出、不料因屋內無光黑暗異常、此時犯人突然一脚踏在花盆上、以致花盆吱叹一聲被賊人蹈得粉碎、所以甲能忽然由夢中驚醒吓得滿身立抖、於是自已長了長胆子、立即披衣下床查視、可巧將行下床及與賊人正面撞個、因此甲能就向賊人質問深更半夜闖入人的臥室意欲何爲、賊人聞言張口結舌無所回答、於是甲能想將賊人逮捕、以致双方演成格鬪各不稍讓、豈知賊人此時正在急眼之際焉能垂手被縛、當即賊人由腰中掣出手槍射準甲能、轟然一槍、甲能飲彈倒地即斃、賊人即由前門逃走、甲能的厨夫見賊人逃走始奔馳

神短實施發展哈市行政、現已視察完了、業於前日返哈、據該氏此次視察所得資料發表談話如左、

國民隣保組織、其目的在於互相親睦融合强化、充實國民生活、上意下達、下情上呈、企圖五族之民力一致團結、以順應未會有之新体制運動、新京奉天等地下部組織、早已結成、藉親睦融和、上意下達、下情上呈、國民生活改善簡易化等目的之常會時常舉開又物資之統制配給等組織稍遲、但運營上亦呈相當活潑、然哈爾濱對於此點成立稍遲、與其他都市比、實爲遺憾、哈市基於特殊情形對結成上當能容易、惟希各關係機關協力援助、於可能範圍內急

往善男信女、人山人海、雖連日暴風颳得飛沙揚塵、經廟會的男女依然踴躍、於五月五日廟會爲最末一日、前往廟會之男女仍不下數萬之衆、當日下午二時許、有本市上號住戶劉德成之妻劉張氏年二十二歲、現已懷孕數月大腹便便、已屆分娩期近、不料

所以即協同同院鄰戶郭姓女郎年十八歲、同往廟會觀覽景緻、並拈香禮佛、詎知將入廟未久、拈香叩頭拜佛之際、忽覺腹痛如絞、情知必係要臨產、意回家亦來不及、擬在廟附近分娩、然亦無適當地點、況又逛廟人山人海、極不方便、正在一籌莫展

逃走之兇犯逮捕、由此可知王道警察官之精銳破案神速、實令人欽佩矣、茲將經過情形略誌如左、

於本月五日午前五時許、馬家溝巴山街深草料理店經理甲能愼吾、正在酣睡夢中、忽有一手持槍械强盜、利用夜靜人稀機會、私將甲能所住之應接室窗戶用巧妙方法將窗戶

南崗署報告、故南崗署與司法科聯絡從事搜查犯人、致捉捕容疑者二十餘名、及至六日下午一時許、由刑事李兆豐劉殿元偵知緣案之日、協同刑事劉金鈺董文華詹克禮范耀東等、卒在道外七道街而將殺人兇犯逮捕、立即帶至司法科經渠警佐嚴重之審訊、該要犯初度終始不肯承認、因此渠警佐無奈即又在各處搜集証據証物並對指紋之採取、足跡之考查、該犯自知難再隱瞞、始供出强盜殺人不諱、氏名如左、犯人馬鴻久年三十三歲、吉林省扶餘縣人、曾在該縣立初中學校畢業、久慣强盜、並供出將甲能擊斃後、即將三號手槍匿藏於發電廠後木橋下第三橋樑空中云云、

哈埠市署拍電 慰問綏化災民

如災情較重將寄慰問金

哈爾濱於六日午前零時十五分、忽然發生稀有罕見之大地震、關於情形迭誌本報、而受最大慘害者莫過於綏化縣矣、

哈爾濱市公署爲表災情頗重之民衆之同情、特由市行政科長郭濬文行政科長森澤厚厚生股長馮詠秋氏三氏代表全體向綏化縣長副縣長拍慰問電文、對於罹災民衆表示懇切之慰問、倘該縣被害災情奇重時、將準備寄贈慰問金云、

爲謀協和之精神徹底 各縣聯合協議會舉開

省本部派員往賓縣參加

爲謀民族協和運動之精神、以期宣德達情之徹底、協和會聯合協議會現在各縣又屆分別舉行時期、而協和會濱江省本部管下各縣現已分別舉行中、茲悉賓縣聯合協議會已在該本縣盛大舉行、濱江省本部方面派員前往參加、繼續双城縣五常縣於五月八日至十日舉開、珠河縣、青岡縣、自十三日至十五日舉開、延壽縣呼蘭縣自十七日至十九日舉行、巴彥縣自二十三日至二十五日、木蘭縣自五月二十八日至三十日、哈爾濱市自六月三日至六日舉開、至于安達肇州郭後旗等縣因爲本月一日間業已舉開臨時協議會、故於此期間中不再舉開矣、但於日內舉行官民懇談會、此外蘭西縣葦河縣東興縣阿城縣亦於最近舉開官民懇談會、關於在此期中不舉開聯合協議會之各縣別定於本年秋季舉行、本年度聯合協議會議案協議內容分爲四部進行如左

第一部＝建國精神之闡揚（思想、文化、教育、保健）

第二部＝民族協和之實現（民族組織制度法規）

第三部＝國民動員之完成（治安訓練通信交通）

第四部＝國民生活之向上（農林、水產、拓植、礦工、金融、商事、公課勞働）

開會式典一、開式宣言二、國旗敬禮、三、遙拜四、國歌合唱、五、賜與協和會勅語捧讀、六、訓辭、七、閉會宣言、

閉式式典、一、開式宣言、二、參加証授與、三、本部長致詞、四、滿洲帝國萬歲三唱、五、滿洲帝國協和會萬歲三唱、六、向國旗敬禮七、閉、會宣言、議事順序、一、議事開始宣言、二、議長副議長任命、三、書記長書記任命、四、議長致詞、五、議長着任、六、協議員出席報告、七、各種委員會設置委員任命、1、議案整理委員會、2、文書處理審議委員會、3、文案起草委員會、八、前年度議決事項處理經過報告、九、會勢報告、十、會運動方針大綱說明、十一、施政方針說明、十二、散會（各族委員會開催）十三、再開會、十四、文案起草委員會報告、十五、宣誓、十六、議案整理委員會報告、十七、議案協議云、

濱江特刊
第五四四號
電話四六四三番

全省保健衛生會議
各方參加正式開幕
省方指示注意事項質疑應答

既報濱江省公署民生廳、爲明管下各縣旗市衛生保健事業之發展、於十二日起在南崗土建協會會議室、所召開之全省保健衛生會議、由各縣旗市保健衛生關係者參加之下、正式舉行矣、於十三日爲會議第二日、當日午前九時起仍在土建協會繼續舉行、當時出席人員與第一日相同、其討論事項如次、

一、指示事項、
二、注意事項、
三、質疑希望事項應答、
四、其他關係各科指示並注意事項、
五、一般保健衛生事務懇談、茲將其指示及注意事項內容略錄如左、

△指示關係事項
1、關於縣旗衛生機構改革之件、
2、關於衛生關係預算之件、
3、關於檢黴之件、
4、關於公立醫院運營之件、
5、關於公醫配置之件、
6、關於開拓地公醫之件
7、關於醫學研究會之指導監督之件
8、關於漢醫講習會開催

18、傳染病發生之報告並通告聯絡之件、
19、傳染病患者之隔離所設定之件、
20、特別防疫班編成之件
21、定明種痘及普通種痘之件、
22、各種傳染病預防接種之件
23、地方病之預防並調查之件、
24、非常時防疫資材整備之件、
25、開拓地並學校衛生之積極援助之件、
26、農村保健衛生確立之件、
27、我國体育團体及其掌管之件、
28、國家的体育運動諸行事實施之件、

件、
34、學校体育查閱之件、
35、鴉片斷禁方策眞意認識之徹底化之件、
36、鴉片痲藥取締之强化徹底之件、
37、確實癮者把握之件、
38、官紀振肅及職員素質向上之件、
39、康生院之機能完全發

△注意關係事項
一、關於濱江省漢醫學日刊購讀之件、
二、關於開業學專門科名表示之件、
三、關於開業醫學位稱號廣告之件、
四、關於燐酸叩逵音配給之件、
五、關於藥品之販賣製造輸入中申請之件、
六、關於預防藥品空瓶回收之件、
七、關於提出傳染病關係月報之件、
八、關於發行公衆衛生叢書之件、
九、關於當傳染病棟建築指導監督之件、
十、關於體育之獎勵事項、
十一、依據民生報告例報告書提出之件、
十二、關於報告文書之提出被止明日嚴守之件、
十三、關於鴉片痲藥供給員意闡明之件、
十四、對於癮者實數把握工作認識之件、
十五、關於宣傳資料製作之件、
十六、關於禁煙促進委員會積極的活用之件云、

二七報
一、昭和製鋼所新熔爐入火式（鞍山）
一、時事片片
○愛馬日（新京）
○送往豐滿堰堤之發電機（柏林）
⊙女子國民服審查（新京）
○春之京城（京城）
○白系俄人掃墓祭（哈爾濱）
⊙千山之春季廟會（鞍山）
一、火花粉飛陸軍兵器廠（日本）
完成日五月十九日

國兵法實施週年紀念
決舉行慶祝講演大會
同時並舉行街頭宣傳大會

滿洲帝國國兵法頒布實施一週年紀念、爲宣揚滿洲建國之精神、並使一般民衆徹底了解國兵法之意義起見、而道外西傳家區事務所決於五月二十三日午前九時半起、在道外中央大舞台舉行國兵法講演大會、屆時希一般市民隨意踴躍參加聽講、其講演

無正業、投宿道外頭道街東永德旅館、不堪生活壓迫、竟奇想天開、冒充經濟警察詐欺、於十二日伊赴道外七道街同合公雜貨舖、僞稱係正陽署經濟保安警察、說該號有暴利行爲、撿查賬簿、該號經理不知其眞僞、殷勤招待、未幾委某辭去、不料約一即派警官前往、將其逮捕、帶至署中經嚴重審訊結果、伊供認冒充警察官詐財不諱、決定嚴重處分云云、

土建協會開設

【營口】滿洲土木建築業協會、依據昨春土木建築統制法並土建協會令之

之件、

9、關於漢醫使用洋藥處理之件、

10、關於一般開業醫師漢醫之診察料並藥價目統制之件、

11、關於配給統制醫藥品之件、

12、關於無許可藥品販賣營業者取締之件、

13、關於虛借藥劑師名義之藥品販賣業者取締之件、

14、關於勵行井水消毒之件、

15、關於藥品節約並使用代用藥之件、

16、關於傳染病患者及其家族對處之件、

17、傳染病疑似患者對處之件、

29、學校体育指導方針之件、

30、學校体育教授要目普及徹底之件、

31、學校体育衛生施設及用具之整備之件、

32、學生沙眼預防之件、

33、國民体育場施設之

皇軍御遺骨着哈

官民均出迎默禱

於十四日向祖國無言凱旋

於十三日為英靈哀悼日為友邦皇軍御遺骨、於午前八時二十五分及八時五十分先後搭乘列車着哈、當時赴站出迎者計有駐屯軍司令官以及各關係機關要人並各團体學校學生、由白俄人樂隊吹奏之下、英靈搭乘大汽車受一般人士之虔誠默禱而抵道裡商工公會安置場、嚴肅舉行通夜祭、於十四日搭乘南下列車無言凱旋祖國云云、

題目及担當講師決定如左

一、國兵法第一週年紀念致詞　西傳家區區長　蘭星三、

一、滿洲建國之理想與其國兵　協和會道外辦事處長　張廣善

一、國兵之意義與其使命　第四軍管區兵事處長　蒙上校

一、關於軍事援護　滿洲軍人後援會濱江省支部　沈宗翰

一、關於國兵法諸手續　市公署行政科國兵股　高玉山

同時為慶祝滿洲帝國國兵法實施頒佈一週年紀念除舉行國兵法講演大會外、並由道外西傳家區事務所舉行國兵法街頭宣傳以資祝賀、關於其宣傳組織業已決定云云、

小時許、姜某復行歸來、言說剛才回到署內替代說了不少好話、即向該號經理借國幣五十元、但該號經理視其態度鬼祟行跡可疑、乃私派櫃夥報告、當

冒充警官詐財事機不密被捕

姜治清年二十四歲、現

畢振渭君慨解義囊

捐金救濟綏化災民

將捐款送至大北報請代轉呈

此次北滿一帶遭受空前罕見震災之襲擊、被害奇重之綏化縣下各村鎮、罹災難民、為數極多、經過情形已迭誌前報自該震災發生後、被害民衆流落失所、徘徊街頭嗷嗷待哺之婦孺老幼啼飢嚎寒之慘聞不絕入耳、其狀極慘、各方慈善之士女無不表其同情、所以見義勇為、慨解義囊、獻金慰問災民者不乏人、茲有哈爾濱市道外住民畢振渭君鑑於綏化縣下各村、蒙受意外地震災害鉅重之民衆飢寒交加、不忍坐視、即生惻忍之心、慷慨捐助綏化災民國幣三十元、於十三日送至大北新報社、請求代為轉呈救濟災民云云、

發布、於新的政府之外廓機關連帶國策遂行之使命而設立、為大陸建設之實踐的先驅者參畫興亞盛業之完遂、奉天支部之態勢現已相當整備、再先前新結成之營口土木建築組合昨年十一月舉行盛大發會式、俾計對將來國策順應及斯業之向上發展、此次木建協會奉天支部開設營口出張所以象報國之誠、向達成協會負荷之大使命途上邁進、所長任命神之村清太郎氏、現已着任在千代田街設立事務所目下執務中、於五月十七日午後二時假公會堂開設出張所舉行披露宴云、

為緩和住宅難

對民需房材料

市公署住宅科業已分配定數

因伴隨都市之發展人口急驟激增、以致住宅困難聲調、巴達雲霄、政府當局有鑑及此、特樹立三個年二十萬戶建築計劃、而哈爾濱市基於此旨、從緩和住宅困難、本年度對於民需住宅、預定建築激百戶計劃、所以市公署住宅科因感材料入手困難關係對此預定計劃、恐難達到圓滿目的、而酒本住宅股長為緊急緩和住宅困難計中、竟打破一切難關、乃要求建築材料之供給、故對於民需住宅所需用建築資料、大體已分配有確定數矣、計日系分有五百五十戶、滿系分有一千四百三十戶、鋼材日系五五〇延、滿系一、一四五延、滿洋灰日系二八六〇噸、滿系一四三〇噸、木材日系一三〇〇〇立方米、滿系一四三〇〇立方米云云、

濱江特刊
第五四五號
盛京時報北滿總支社
社址哈爾濱道外地段街二號
電話四三四六番

太古十四道街福興德
損失十萬餘元
起火原因現正調查中

祝融肆虐

際此風高物燥最易發生火警之今日、市民稍一不慎、即易殃成巨災、損失方面亦頗不貲、責任當局雖然一再三令五申、無如一般市民如秋風過耳、滿不在意、本市近數日之中、曾連發生大火災數起、一切業誌前報、茲將道外東傳區太古十四道街五七號福興德木廠、經理人邱子彬營此業有年、對於院中之一切木材稍欠檢點、不料於前日午後二時許、不知因何院中忽然發生火警、當此風高物燥之際、院中滿堆木材、當時即發生大火、一時風借火勢、火借風威、黑烟繚繞、霎時將院中堆積之木材化爲灰燼同時立延及隣人草房、幸經消防車趕到、努力挑

時半頃即參觀哈爾濱麥酒會社香坊工廠、四時至道外同記工場、施又到勞工協會出席支部長之宴會、十九日午前八時三十分至三棵樹福昌公司磚瓦窯場參觀、十時大同酒精會社、正午國際運輸株式會社、及國際水花江水運狀況、一行於十九日乘亞亞車細南下赴吉林云、

俄人老媼酒後無德
躺於街頭大耍酒瘋

新安埠八道街北頭、火車道下坎工部街門牌一八號隔壁、有一板房、門牌六號、院內住有一白俄老媼、年約五十餘歲、因一鷄皮鶴髮之老媼也、該老媼身世亦不詳、係一酷嗜杯中物之女人、於本月十九日午後四時獨自一人在家中飲酒、因年邁關係、且稍過量、一時酒性大發、醉得東倒西歪、精神失常、於四時一刻許、伊即一人走出、在該門前大耍其酒瘋、手中持玻璃瓶子一個、容量約在四百瓦左右、坐於地上、以沙土向瓶中裝、如小孩遊戲一樣、且喃喃作語、行人見之莫不捧腹不置、至四時四十五分鐘頃、老媼腹中、酒力又行發做、當即摔倒塵埃、不叫不動、宛如中心臟痲痺病而行死亡者、迄至五時許、有三日人釣魚返回、路經該處、見老媼臥於塵埃、以爲患病當即趨前詢問「你的甚麼病氣、房子那邊」該老媼似乎尚能明白、當答以「我的房子有」、同時並用手指指明其住處、當由日人將其身邊殘碎之瓶片拋棄、嗣後又由一滿人木匠將該老媼送歸家中、囑其安安靜養云、

召各縣旗國兵民籍股長
舉開講習大會
講師由省各幹部担當現已閉幕

濱江省公署、爲謀管下各縣旗國兵民籍股長對於軍事援護法以及暫行民籍法徹底明瞭計、已於前二十日起至廿五日止、前後五四日間、在省興農合作社聯合會會議室內、召集各市縣旗國兵民籍股長、舉開講習會、每日由午前八時三十分起、至午後四日止、講師由省各幹部担當、共講題計廿日國軍事援護法、廿一、二、三日暫民籍法廿三則爲[illegible]會、

御造營勤勞奉仕

【北鎭】縣協和會青訓所揀派代表五名、於五月二十日晉京參加宮廷府御造營勤勞奉仕云、

別比較誌之於左、

康德六年度、一月計三一次、損失額一一三、九三七元、七年一月三十次、四四、四四七元、六年二月、二三次、五一、四二八元、七年二月三二次、〇二〇元、六年三月廿七次、六七、三八七元七年三月三六次、一四三三六九元、六年四月二六次、八七、八八七元、七年四月三十次、四六七、〇六三元、六年五月十五次、三〇、五七八元、七年五月三三次、六五四、三六八元、六年六月八次、九、五一〇元、七年六月二十次、四三、四九一元、六年七月十次、六六、五八五元、七年七月、十七次、三九七、〇〇五元、六年八月、十五次、四六、一四九元、六年九月十三次、九、八〇五元、七年九月十七次、一六四、四三一元、六年十月六次、一一九、二七八元、七年十月三十二次、一九三、六三八元、六年十一月廿次、四八、二七八元、七年十一月二六次、一三三、九四三元、六年十二月二四次、一二八、九二〇元、七年十二月三十四次一五四、六八七元

△本年度統計、

一月三十五次一七三、七八〇元、二月三十二

救、並該管之正陽署各員維持秩序、未幾即將火撲滅、火後調查計損失約十萬餘元左右、至於起火原因責任當局之正陽署正在調查中云、

六·七年度火災統計
損失數目驚人
市民應再加努力防止火災

最近市內屢 屢發生 火災、被害之數目亦頗鉅、況除此風高物燥之今日、偶不留心、即易 惹起 火事、輕則受虛驚、重則萬貫家財瞬間化爲灰燼、瀕自道外十六道街脊芳里被祝融獨臨之後、接着道外北二道街張包翊同又有同樣不祥事件發生、在此高度節約物資之現在、火警頻傳、金錢與物資兩方面所蒙之損害實重 而且 大災、翊正値住宅恐慌、一且住宅被焚、則市民不免有流離失所之感、故火之與市民也定嚴加防範、勿使其星星之火 而致 燎原也、頃據哈爾濱市警察局警防科當局發 表、康 德六、七年度火災損失及月次、一四九、九八三元、三月三十三次、一七、四四〇元、以上損失、以元爲單位、本 年度僅三個月中、竟發生 如此驚人數目、其損失金額、更屬令人咋舌也、究 其起 火原因、多爲市民對於火事疏懈、以致有此火災之發生也、尤以客歲本市之火災發生次數及損失金額更爲鉅大、責任 當局 之市警局、今後爲喚起住民努力防火、嗣後仍注意於喚起市民防火云、

村長視察團
由哈赴吉林

爲視察滿洲農村及各大都市而行來滿之華北村長視察團、一行十名、業於前十八日午後一時三十分來哈、稍事休息後、於二、

哈爾濱市聯合協議會
定於六月三日起舉行
大會運營要綱業已擬定就緒

協和會市本部、如期徹底協和運動、使協議員與市民渾然一體、國民生活之安定向上、暢達民意起見、特定於六月三日起至六日止、前後四日間舉行哈爾濱市聯合協議會、地點則在道裏水道街省立第二國民高等學校禮堂內、大會運營要綱、業經市本部擬定就緒、茲將其日程及各議案誌下、

△第一日【六月三日】午前九時開始 （一）開會式（開式之辞）（市本部事務長） （二）向日滿國旗敬禮 （三）日滿國歌齊唱 （四）回鑾訓民詔書奉讀（市本部長副部長） （五）協和會勅語奉讀（同上） （六）宮城遙拜 （七）宮廷遙拜 （八）對護國英靈默禱（一分間） （九）市本部長致辭 （十）省本部長致辭 （十一）來賓代表致辭 （十二）閉式之辭（市本部長）

△議案 （一）議事開始之件（市本部事務長） （二）地區本部長致辭 （三）代表市民名點呼（市本部長） （四）任命議長副議長、書記長書記（市本部長） （五）議長副議長、書記長致辭、 （六）議長着席 （七）任命各種委員會委員 1議案整理委員 2宣誓文起草委員 （八）前年度市聯決議事項處理經過報告（市本部事務長） （九）前年度工作經過報告並本年度運動方針說明（市本部事務長） （十）主要機關施政方針、並事業方針說明 1市公署 2警察局 3興農合作社 （十一）文案起草委員會經過報告（委員長） （十二）宣誓 （十三）議案整理委員會經過報告（委員長） （十四）向日滿國旗敬禮

△第二日（六月四日）午前八時半開始 （一）向日滿國旗敬禮 （二）議案審議第一部議案（三）向日滿國旗敬禮（第二日之日程終了）

第三日（六月五日）午前八時半開始 （一）向日滿國旗敬禮 （二）議案審議、

△議案（第一、二部） （三）向日滿國旗敬禮（第三日之日程終了）

第四日（六月六日）午前八時半開始 （一）向日滿國旗敬禮 （二）第三部議案審議 （三）分科委員會經過報告並審議 （四）議案審議結果報告（議長） （五）省聯代表選定（副議長） （六）議長致詞 休憩

三、閉會式 （一）開會之辭（市本部事務長） （二）參加證授與（省本部長 （三）所感發表（中央本部代表） （四）地區本部長致詞 （五）萬歲三唱 （六）解散

△協議員 一分會（包含各區）代表之協議員、一、本部長須基於平素之觀察、由入會後、以經過一年以上爲原則、且爲分會之中堅會員而得衆人之心服者、中興定定員之約倍數、作成代表候補者名簿提交各分會、二、分會長經常務員會議後根據該名簿附以分會代表協議員候補者之順位向各該本部長推薦之、三、本部長以分會長之推薦爲基準經本部委員會議於協議員候補者名簿、（約定員之倍數）附以順位、向省本部長推薦而由省本部長任命之、未被任命爲協議員之候補者則爲補缺二、本部委員及處理委員之協議員市本部長參照平素之會活動經本部委員會議、由本部委員及處理委員向省本部推薦、協議員候補者而由省本部長任命之

△協議事項 一、分會（包含各區）代表選出方法之 （一）之手續希爲省略、 （二）由本部委員應選出之協議員數應如何爲之、

（未完）

濱江特刊
第五四七號
盛京時報哈爾濱支社
社址　哈爾濱地段街北頭道街一號外
電話四三四六番

哈爾濱市聯合協議會
在道裡國高學校舉行
議案分四部全議案三十五件

爲明協和運動並宣德達情徹底實踐及促進建國大業之精神、官民聯合爲一體熱意之康德八年度哈爾濱市聯合協議會、經市本部多日之準備、結果、業已就緒、故於三日午前九時起亙日間、在道裡水道街第二國民高等學校禮堂正式開幕矣、各關係代表統計達百餘名、依次席舉行儀式外、首由于省本部長致訓詞如左、

訓辭

茲當舉開康德八年度濱江省哈爾濱市聯合協議會、藉此機會、鄙人得以略致數語、不勝榮幸之至也、

夫聯合協議會者、乃爲我國建國精神之政治的實踐、其與會者超越民族官民職業之區別、渾然成爲一體、企圖達成國家目的、增進國民福利、暢達眞正民意、藉以産出建設道義之經綸、而爲建設的協議機關是也、聯合協議會之運營、不做議會政治之轍、不陷專制政治之弊、乃爲實現獨創的王道政治、所謂、宣德達情之眞建國精神之下、大同團結遂行國策、戮力同心、參劃國政、具不退轉之決心官民一途、産出國家經綸之聯合協議會、善爲運營、則於國運發展上、實有莫大之貢獻、故其運營如何、皆繫於協議各位及關係機關之雙肩、此次協議諸位既爲國民先達者之協和會會員、深體使命所在、不存私利私欲之心、專計國利民福之念、對於關係機關、切勿吐露不平不滿之意、持誠心誠意、協力之態度、率直陳述民意、爲具體的報告、暢懷胸意、是所至望、同時官吏及關係機關方面、亦傳達皇帝陛下之御仁慈、自覺本身所負之責任深懷協和同志之精神、應以寬大心懷、傾聽協議員之陳述、竭力興革、不生誤解、正義解答、親切可嚳、俾明王道政治之光、普照全體國民、此爲希望不竭者也、要而言之、互爲遂行國策、參劃建國偉業之選士、明察聯合協議會之本質、深體建國精神之眞義、毫無隔閡、協議懇談發揚宣德達情之眞髓、顯現王道政治之精華、則本會實放異彩矣、本日開會伊始、得睹協議員諸位英姿勇躍蒞臨、殊爲欣愉、茲特表示深甚之敬意焉、以上謹述蕪語、作爲致詞、

康德八年六月三日
滿洲帝國協和會濱江省本部長　于鏡濤

出、但不知你的行李價值若干、而舒某聞該人說能將丟失行李找着、立時轉憂爲樂喜不自勝、當答謂丟失行李價值約百餘元、但是舒某聞其能代替將自己丟失之行李查出、舒某立即邀請自稱爲便衣警察官在附近飯館大吃二喝、化費八元餘、以資酬謝之意、該二人酒飯用畢、舒某將酒飯錢付完、二人一同外出、自稱便衣警官之青年對舒某謂你現借給我國幣十二元、我好給去查找行李、令舒某在三道街口少候、待行李查出時連剛才借的十二元現欵及行李一併在此交付與汝、於是舒某信而不疑付他、立即由腰中掏出國幣十二元當即交給自稱便衣警察官之青年、不料該青年接收現欵時、再三令舒某別遠離此處、將行李查出時在此交付、言畢該青年持欵揚常而去、舒某果然不敢少離一步、詎知舒某待候數小時之久、亦不見該青年回來、竟待至下午七時許、依然不見該青年蹤影、忽然省悟始知被人欺騙、此時舒某思想行李被人竊去、腰中所有二十元許國幣被人又行騙去、更爲憂慮交加、頓萌自殺之念、所以至道外北五道街江岸、徘徊多時、忽然躍身跳入江中、幸有一商人劉某見有投江自殺、奮不顧身、立亦跳入江中、打撈結果、幸將自殺之舒某從江底打撈上岸、略行手術始行甦生、經劉某詢問其因何自殺、舒某詳述行李被竊現欵又被人騙、故行自殺、劉某見其情形可憐、慨解義囊救助舒某國幣二十元並按慰多時、舒某再三感謝劉某救命之恩又特贈錘金之救助、如劉君可謂見義勇爲云、

爲謀徹底預防百斯篤
對農村學生決定注射

【新京】首都市內爲防止百斯篤而實施之豫防注射、互二旬來、成績相當良好、但遠于農村地區之各學校師生尚未實行注射、市署教育科對此異常注意、刻正與防疫科及各農村學校連絡中、一俟日期場所等規定、即開實施云、

祝福其前途之成功勝利、藉表官民之尊崇起見、當日午前九時在開原神社祈禱、十時在開原公會堂舉開隆重之壯行會、十一時四十二分於萬衆歡送中、向四平街出發、各分會義勇奉公隊、各青少年團、國防婦人會、各機關各團

諭、王道政治之精華、藉此以顯現也、

惟查現下時局、日加緊張、歐戰方酣、勢將東漸、所幸日蘇中立條約、業經成立、日滿華三國之合作日趨鞏固、建設東亞新秩序之理想、殆將實現、我滿洲國、既爲其樞軸之據點、其使命益重且大、國力之充實發展及順應時局之要請、確立國防國家體制、實爲急務中之急務也、

値此非常時局下、聯合協議會之任務愈爲重大、尤其伴隨統制經濟之進展強化、而生國民生活上種種問題、爲圖圓滿解決、達成國家目的、全國民於

丟失行李又被人騙　痛不欲生投江遇救

舒玉海者可謂禍不單行

冒充便衣　乘機欺騙

舒玉海年二十五歲、山東省東平縣人、於數年前來哈、務農爲業、於三日下午三時許由上號赴道外、持有行李一個、擬欲覓找旅店投宿、行抵道外長春街三道口處、忽遇有一賣棉線布頭之商人、喊叫售賣棉線布頭、於是舒某即將所持之行李落放置道傍、上前挑選布頭二枚、當時與賣布頭者双方爭論布頭價格之際、忽然發現放置在道傍之行李捲不翼而飛、驚惶之下、遍尋無着、結果珠淚滾滾、疼不欲生、正在嚎啕慟哭時、忽有一年約三十餘歲滿人見其丟失行李疼嚎嚎可憐、當即上前用手拍打舒玉海之肩膀、自稱是便衣警察官吏、按慰被害之舒某謂你不必疼苦了、我決能替代閣下將行李查

考試雇員發表

【西豐】縣某於地政科之設置、募集僱員十名一節、已見前日本報、業於五月二十日、在地政科辦公室、命題考試錄取合格者三十名、復於日前施行人物考查結果錄取康貴軒等七名備取二名日內即可通知本人予以採用云、

歡送國兵入營　舉開盛大壯行會

【開原】康德七年度合格之國兵由六月一日光輝入營、本縣沐此光榮者、除有因特別事故而發行者、於五月廿五日赴四平街集合、開原官民爲鼓吹此次榮幸入選之壯丁士氣、以

體、各學校等、旗幟、林立、飄蕩於麗日之下、南滿站構內構外、無立錐之餘地、而高呼入營兵萬歲之聲、震天動地、呈空前罕有之偉大情況云、

覩生意興隆驅股未遂　愛妾被姦反被人驅逐

以恩仇報總因報應循環

人心不古道德淪亡以恩仇報、可謂喪盡天良、有一鄒×厚者、昔年運命不濟、曾流落如乞丐、着鄒衣服襤褸、堪憐休、一日三餐亦發生問題、幸有其同鄉張某爲人忠厚老誠、視鄒某流落情況可憐、爲表示同鄉互相親愛之精神、並友人之義氣、不惜竭力救濟、於是張某劉某二人借助鉅額資金予鄒某所以三人合夥於數年前、即在道外南三道街、開設建×號染料商業、共推荐鄒某充當該商執事人、迄今已達十餘年矣、結果因時局關係舶來染料品來源据措、因染料品之缺乏、價格驟然暴漲、而該染料商事先存積染料頗多、所以頗獲厚利、所因此引起見財蓄意不良、竟將商業奪歸自有、傾萌坑東滅夥之惡念、即拘結司賬不時至其家私行協議塗抹賬簿、以致近二年來、所獲之利益悉歸私有、又爲不足、復召集司賬至家中討論驅逐張劉二股東計劃、詎知報應循環、其司賬孫鳳生者係翩翩之青年也、西其服、革其履、素性荒蕩不羈、因其執事鄒某常召伊至家中、私議驅逐股東計劃、所以與鄒某之妾小寶者双十年華、素日不安於室淫亂成性、與孫某一見傾心、竊恨相見之晚也、初以眉目傳情、繼則發生關係、因通姦情熱、誠有難捨難離之概、至此一對姦夫淫婦每乘鄒某外出之際、相聚幽會、天長日久、竟傳播於鄒某耳中鄒不堪戴綠頭巾、不免醋火中燒、由此懷恨孫某日深、幾懷有捉姦之舉動、詳細思想又自己設計驅逐股東計劃及侵吞公欵、如捉住姦時恐被司賬孫某暴露消息、思念至此殆因愛妾被姦、憤恨難消、正進在退維谷之際、不料日前由外歸家、一步闖入室內、忽然發現一對野鴛鴦情話綿綿、正在行雲作雨之際、孰知老鄒不容則可、一看怒髮冲天、結果姦夫見事不佳、奪門潛逃夭夭、鄒某遂將其妾一把捉住、將欲脚拳交加之下、豈知小寶不但不懼、並且强硬抵抗、一方喊讓此事不能怪我、孫某係給我召來家的、你若不按心不良密議驅逐股東私吞公欵、我何能與孫發生愛情、這是報應耶、你若動手打我時、那我必暴露你的計畫、鄒某聞言之下只氣得抖抖戰戰、果未敢毆打其妾、於是鄒某思想良久、只說你從今日後、小心一點、偷偷摸摸到未嘗不可、不過亦得躲避一點、你們若再辦那個事別叫我看見才好、小寶即時答謂我們辦那個事時、不但不願叫你看見、誰都不叫他們看見才好、不料其驅逐張劉股東計劃、結果卒被張劉二股東察知因見鄒某蓄意不良、按心坑害股東、結果經張劉二人度協議結果、決定二人依然夥作、日前突將鄒某實施驅逐噫如鄒某者劃虎不成、反類犬也、果然賠上婦人又被逐、以恩仇報報應迅速云云、

（第三種郵便物認可）　康德八年六月十四日

濱江特刊

第五四八號
盛京時報北滿總支社 社址哈爾濱道外地段街一號 電話四三四六番

哈爾濱市聯合協議會 警察局說明施政方針

對於鴉片斷禁一事更非常注目

康德八年度之本年度哈爾濱市聯合協議會、已於六月三日起在道裡水道街國民第二高學校大禮堂、連日隆重熾烈經各協議員之協議、並各協議員質疑問答、對於各種提議案詳加嚴密討論、並有各關係機關相繼對於本年度施政方針系事業方針、詳細說明、以便達成官民實踐一体邁進東亞共存共榮圈之新体制、該協議會現已圓滿閉幕、至于市警察局單局長於大會開幕之同時、起立對各議員及各關係者說明警察施政方針但關於本年度警察施政方針、對於鴉片麻藥斷禁取締並防空壕之建築以及衛生暴利取締異常關心重視、以資仰同國家鴉片麻藥斷禁徹底化、茲將市警察局對於本年度各種施政方針依原文抄錄如左、

△哈爾濱警察局施政方針

警察之目的、在予排除國家之障害、至於何謂國家之障害、則依法令所規定、而有所違犯者是也、然因現下諸般情勢之推移法令時有改廢制定之必要、為使全般國民徹底周知計、逐次在政府公報及日常報紙上、業經將其要點揭載、此乃諸位之所知者也、

職員以勞力俸仕、構築最少能收容其所屬員併出入者等約五乃至十分之一的防空壕、以期防空思想之普及徹底為盼、至市內分區及區事務所附近、由管內住民的勞力

化並兼法令之不完備與官吏之不足等所致而經濟犯罪日漸增多頗為遺憾之至也、

我國之實行經濟統制乃為確立高度國防國家外以防禦敵人侵內安定民心更進而完成所謂東亞共榮圈據點之重責達到國策圓滿之目的均在各洞悉之中也

是以為追求私人之利益而故意紊亂統制並阻害國策之遂行

而敢行走險者對於此等之惡質的商人決予以檢舉而嚴重處罰者也

然而關於統制之趣旨及法令內容等對於尚未徹底瞭解之一部市民時常予以講解並指導其防犯的措置

所謂公定價格品根據物價及物資統制法及其他法令依販賣價格之公定、指定許可認可、之物品、所謂標準價格品根據不當利益等取締規則、所指定之物品、協定價格品者物品販賣業者、共同公定之價格呈請官廳認可價格之物品也自肅價格品除前三種以外之物品、總稱為自肅價格、然而公定標準協定之三種價格、必須全市一律遵守施行、同一商品中其賣價不一却屬自肅價格、於自肅價格、於康德七年十月二十一日公佈的『關於根據物價及物資統制法第七條表示物品販賣價格之件』極力維持公佈當日之價格、而指導公佈當日價格不准超過、然自肅價格販賣之商品因為有買入時期及買入價格等不一的關係、所以同一商品小賣價格、多少不同亦、實屬不得已、其實情如前、然此等趨勢、倘置而不問實與民生及消費者、頗有影響、所以與關係各機關、連絡密切、於可能範圍內急速設定協定價格、以謀小賣價格之統一、如果超過協定價格、而販賣之時則經濟警察、一旦偵知、則決予以嚴重取締、而謀民生之安定者也、

（未完）

警局幹部警官 人事實施異動

已於九日正式發表異動令

市警察局為謀警察陣容之強化、達成治安鞏固之使命、以及市民生命財產之安全、故依據新任高等官四名同時、對於幹部警官人事實施異動、於九日正式發表如左、

南崗署長 特館義雄

調任省警政轉任双城縣警察股長云云、

無賴少年 搶錢被捕

楊春年十六歲山東省掖縣人現無職業、投宿於道外長春三道街利發客棧內、因不堪生活之壓迫、竟奇想天開、聯絡流氓劉春市等挺身冒險、素專竊盜為生、得來不費筋力之金錢、任意花天酒地之揮霍、於八日下午三時許、有一商人陳生者手持國幣五元、正在道外北五道街估衣攤床擬購買布衫、將行揀選爭論價格之

現在處於舉世動亂、超非常時局之下我滿洲國爲打破此難關計、應如何要求國民、團結一致、協力邁進、觀夫以下數語、即可明瞭矣、

「爲滿洲國有用的人、作有用的事吧」

查我滿洲國、非法治國家、乃道治國家、固無贅述、吾等警察官、負有執行國家法律命令之重大任務、兼有指導訓練國民、成爲國家有用之人的資源、排除國家一切之障害把完成使命之信念、本警政之根本精神率部下竭全力而向前努力邁進中、將本局警政方針披攊於下祈各位予以理解、並熱烈援助是幸

一、關於防衛關係事項

（1）警察行政管區調整之件

查既往因爲市行政區劃、與警察行政管區、未臻一致之故、豈止諸種行政之浸透未能達到善良地步、即警民於警護勸員之完成上、亦極感不便、有鑑及此、遂加以合理之調整、以資舉行警民一體之實績並期警政得以透徹運行、乃從速實現計正在銳意辦理諸般之手續中、

（2）促進國民防空整備之件

官廳、會社、銀行、病院、學校、劇場等指使爲特殊分隊、現在缺乏防空設備的地下、[illegible]處

俸仕、構築公共防空壕、（但分區最少限度要能收容三十名以上、區事務所附近五十名以上）以備管內老幼婦孺的待避所、並且此種防空壕、平時可以貸與商人作冷藏庫、所得的租金、作爲以後修理保管防空壕的費用

二、經濟警察强化之件

作隨我國經濟統制之强

竭力講求萬全之策期使其不致因不習法令而有違反之處罰者也

且爲維持公定價格並促進農產物蒐荷之進展計對於超過公定價格而販賣者及違反農產物統制者等實以重懲不貸希各位徹底理解本趣旨予以協力爲荷

一、小賣價格分、公定標準協定及自肅等之四種

務科勤務、

香坊署長　家田光義

調任南崗署長

警察局警佐　山寺三郎

陞任警政調任香坊署長

警察局警政搜查股長　白玉振

調任省警正調任巴彥縣署長

治安部屬官　蔡聖琳

調任警察局警正司法科搜

際、當時楊春及劉春市二惡徒經過該地、見陳某手持國幣五元爭論布衫價値之際、所以楊劉一見眼紅頓起搶奪之惡念、於是楊劉私議搶奪劉策結果、生出巧計劉楊二惡徒急趨入陳生背後、楊乘陳不備幾會、由陳某身後忽將陳某所持之國幣五元、奪得手中、楊某爲脫却被人搜索及追究之責任、將錢奪得手中立即交給其背後同夥之劉春市、持錢逃之夭夭當時被奪陳某發見手中錢項被楊奪去交給同夥持至逃跑、立將楊某捉住不放於是楊堅不承認奪錢事件所以當時二人發生衝突、結果被正陽署刑事赶到現場、遂將楊某逮捕至署嚴加追究共同黨劉某住所中不久即可眞像大白云云、

（慘劇）

白俄夫婦感情破裂

夫殺妻後遂亦懸樑

近來市內被殺及自殺流血慘劇頻迭發生不鮮、曾轟動全市之道外六道街、因嫖客胡克山者要求情婦小紅與其同居未果、一時醋火冲冠情急、於日前忽以手槍將小紅頭部砰然一槍頭顱擊碎未幾死去、兇手胡某遂以手槍照自已頭部喨喨一槍自殺當即斃命、自該桃色慘殺案件、發生迄今、尚未[illegible]何[illegible]、不料一波將平一波又起、在懶漢屯又行發生一幕驚人慘殺案件、忽於七日下午六時許在本市懶漢屯住戶白系俄人哈琳家因夫婦感情意見不合、時常發生衝突哈琳懷恨在心、哈琳突然操起銳刃將其髮妻慘殺後、哈琳復以懸樑自縊身死、該慘殺事件發生同情、曾轟動全市驚人聽聞、當管之南崗署聞訊之下、急赴現場檢驗結果乃判明兇手哈琳先將其妻利用銳刃將頭部被受重傷致死後、復行懸樑自殺並發現遺書一封、詳述夫婦間常發生衝突、故生殺機、茲將其經過情形探誌如左、

南崗警察署管界懶漢屯四道街門牌十五號住戶白系俄人哈琳其克夫年四十許、自動車運轉手、素與其妻克利 阿其年二十八歲、夫婦意見不合、時常發生衝突、因此夫婦之感惟趨入破裂狀態、所以其夫哈琳懷恨在心日久、於七日下午六時許、夫婦間不知因何事故又發生熾烈衝突 結果、哈琳 殺機頓生、遂操銳刃菜刀猛照其妻頭面部迎砍數刀、花紅髮禁迸裂即時死去、於是哈琳見其妻已行慘斃後、遂行懸樑自縊身死、當慘案發生後、適有當管之懶漢氏派出所戶口警官前往調查戶口、當時闖入屋內、忽見有血跡淋漓身臥血泊中已慘斃多時女屍一具、驚惶之下、急返派出所以電話報告南崗署及司法科、兩關係當局聞訊之下、急赴現場檢驗慘死女屍結果忽又在裏屋室內、復又發現自縊身死男屍一具、經一度詳細搜索慘殺及自縊男女慘殺原因、當時在哈琳枕頭底下、發現遺書一封、內陳夫婦不合所致、故行慘殺、因此始判明該幕慘殺原因云云、

濱江特刊
第五四九號
盛京時報北滿總支社
社址 哈爾濱道外地段街一號
電話四三四六番

哈爾濱市聯合協議會
警察局說明施政方針
對於鴉片斷禁一事更非常注目

(續)

三、關於風紀取締之件

為完成建設東亞新秩序之大業而日滿兩帝國於茲亘數年之久舉國家及國民之總力以謀此大業之急速向實現之途而邁進、今者時局愈益緊張、而為國民者、當此際也更須以緊張努力之精神與實踐協和之精神、相互併行由於警察取締之運行、使各階層國民之不健全生活均而加以抑制刷新改良以樹充質實剛健明朗化之東亞生活新體制、對於國民有指導其對處時局萬無遺憾之必要倘對於國民之日常生活、徒加以無意之壓迫、豈止使活潑之國民精神、頹萎不振並有使其喪失克服非常時難之奮鬪的氣魄之虞也、

是以必須由於大局的見地、限於眞正必要之限度予以愼重之考慮、根據政府指示之方針並參酌本市內及其他公衆集合場所等平素即須採取有秩序之行動、規律上之嚴守不妨碍他人、即是便利自己一朝有事之際、市民多能從事於國家付與防空防護重要之義務、獨交通之訓練、與其他事業之性質同須有實質持久之鍛練非來前外表結果乃在十年如一之計也此點與日前即能發揚效果之防空施設或防犯宣傳等、其趣旨實不同也、如上所述、於重要之交通訓練凡我市民應急速覺悟、平素須致意於此、更須官民一致協力向前邁進而達到最高度之交通訓練、實為切望者也、

吾司法警察官以不眠不休之精神、努力企圖市民安居樂業並眞正樂土建設之大業而求達到犯罪防止、并檢舉之目的、造成明朗樂園之哈市、本諸此意、務望各位予以特別之協力援助實為切盼者也

七、關於衛生警察徹底取締之件

依據康德七年十月三十日所公佈之鴉片斷禁強化方策要綱之本旨並適合現下本市之情勢擬逐行左列諸種之取締方針、尤其於本年度置重點於潛伏癮者之肅清以完成所期之目的

1、對於鴉片取締方法

自康德五年度以來即置

參加宮廷御營造
哈市奉仕隊晉京
受多數官民歡送搭車南下

實施也而對現有多數潛伏癮者、於本年度竭力檢舉此等潛伏癮者(即不正吸食者)或強制送往康生院戒除或依其行為之性質付諸司法處分使其減少者也為達成此減少之目的計日夜不息努力取締絕非一朝一夕即可肅清者目前擬實行再登錄之辦法、為準備萬全計、將戶別所有之全癮者之所在地址加以詳查促其報告、使其無遺漏、強制使其集中於管理網中、着着實行施禁政策之基本的要件、所謂完全把握癮者之實體工作者也、

2、對於鴉片麻藥不正業之取締

由於潛在癮者、與不正業者之存在、實係如車之兩輪、不分離之密切因果關係、而於取締方面、倘偏重一方、則難期收到完全之效果、應努力檢舉鴉片麻藥大批密賣者、使其斷絕根源、並將其支源之多數私烟館及麻藥館逐次覆滅、而檢舉犯人對於惡質者予以嚴重處分、並對於癮者之輕微者予以長期強制收容等之手段、均在日夜致力之中、而期其達到效果也、

一、關於自宅吸食者之取締

原則以不許可自宅吸食為方針、但只限疾病殘廢、或距離管煙所較遠者之不得已情形、已往由於管下各警察署發給准予自宅吸

名矣、關於取締決定戶別、巡回視察線、以迅雷不及掩耳之手段加以查察期達到完全防止不正行為者也、

二、關於禁煙教化之徹底並養成禁煙運動

養成排煙拒毒之觀念必須市民一致自覺、實踐自肅自戒努力禁煙運動、確立禁煙之基礎、一方由本市各學校倡導普及禁煙思想、為徹底起見由四月十八日、至五月十九日期間、施行募集學童宣傳用繪畫、及標語、優秀作品、授與賞品、將此公開於一般市民並癮者眼前、以資促其精神的戒療與反省之外並由於本市報紙上及無線電放送上關於教化普及並嚴厲取締以及斷禁促進狀況、檢舉狀況予以揭載或放送明瞭民成為一体實施禁煙運動而遮斷禁煙政策、

三、關於癮者之管理取締

依據鴉片法施行規則督勵管下各警察署明癮者管理取締益趨完善地步、即登錄癮者亦須受多次登錄手段以免非癮者而登錄、或利用已死亡者登錄之情事、務使癮者受到正當之登錄、其他為有在諸種情況之下、仍避免登錄而潛伏於法網之外者此種癮者為管理上一極大障害必須根除之、至於管烟所職員、利用諸種不正行為、業經

現實之情況而樹立適當之取締方針目下著著實行中

四、關於收回民間散在武器之件

於收回民間所有散在之武器一事乃重要國策之一本局根據省政方針歷以來由於官民努力實行收回之結果、著有相當回收之成績、雖然如此難認爲滿足即以本年度所預想之武器回收數自由於各警察署之報告觀、認爲散在民間尚未回收之武器遠影、自本年四月起設置武器回收特工作班、在其組織內置有巡回工作員、此項巡回工作員、委囑地方之有力者、或協和會職員充任之爲遂行本計畫之目的、今後希望予以絕大協力爲盼、

五、關於交通力行訓練之作

國民檢後之守護、雖有多端多岐之事然有輕重之分爲市民者、於平素須共同關心之中並負有重要性者謂之交通訓練一事、亦非過言也、倘平素無訓練之舉、一旦有天災地變或化爲戰禍之區、於斯時不想而知、何况天災無預告而可光臨、病魔發生於無形之中亦殊難預防然而交通招禍、由於訓練注意而能防止、若依統計表所示均因故意而招來之災害者居多、由此觀之、能講求防止之手段、確能免去此幸之災害、所謂防止者、不僅以防止交通事故爲目的、即於街頭之交通機關

六、關於司法警察明民衆協力之件

對於防犯及犯罪檢擧、本局講求諸般對策、竭力進行、無無市民之努力亦難期其完璧者也、既往由於民衆之協力而博得成績之實例、亦復不少、此不過均係特殊之場合而已、而一般民衆尚有對於犯罪發生時、或平素搜查時、凡於事犯有關連之資料、或事情知悉之時甚至對於犯行有確認無疑之時不問警察官有無發覺、或有發覺一經問及即故意隱避、使警察官陷於完全不知之地步、此等行爲、非止無援助協力之可言、實於非常時局下、國家需要義勇奉公之民衆、頗屬遺憾之至、

為參加中央宮廷、御營造而哈爾濱市所派遣之協和分會員六名、義勇奉公隊員七名、青少年團員八名、共計二十一名、受官民多數赴站歡送聲中、已於十七日午前九時三十分由哈市搭乘列車一行赴京矣云云、

重點於不正纏者肅清、而實施取締之結果反而使此等不正纏者流爲登錄網外而竟潛伏於警察取締之法網外也、然而觀以往纏者逐漸減少之成績其登錄數目逐年減少、此絕非眞正

食證明書以來、屢有發見不當情事、例如或無自宅吸食之必要、或利用死亡者之證明書、或吸食者密行買賣等是、所以由四月十五日起、關於自宅吸食證明書事務改爲本局直接辦理、至四月末凡申請者須本人直接來局經過嚴重之健康診斷、並必要之番查事項之後限於不得已者方予以更換新證明書、辦理之結果、已減少二百餘

派外勤警察官實行內偵並檢擧不正行爲、受法律處分者亦有相當之多數也、

總之警察官爲維持國家社會安寧秩序、使國民邁進國策之目標、化弱爲強化毒爲健而適應強化國防國家之体制並明民心得以安定計講求諸般誘導取締之善策、而著著實行者也、

（完）

對於入營國兵家族
擧行家族慰安電影

××××× 協和會市本部軍人後援主辦 ×××××

協和會哈爾濱市本部及軍人後援會、爲慰安國兵入營之家族、共同主辦、國兵入營者家族慰安電影大會特於二十五、六、兩二日間午前八時起、在道外十六道街國泰電影院及道裡巴拉斯兩電影院擧行、其儀式規定如左、

一、開會之詞
二、市長致詞
三、兵事處長致詞
四、軍事援護法規說明
五、懇談
六、演映電影
七、散會云云、

禁煙宣傳下鄉
施療施藥工作

【彰武】縣長王甲第氏、對禁煙政策、尤爲關心、月之十八日組成禁煙宣傳班、赴各村宣傳工作並施療施藥以免再纏者之發生、記第一班班長、財務科長李純江、保安股長劉竺屛、保安股長井撫生視學楊鴻林、雇員二員、計六人爲一班、第二班長行政科長于天德屬官顏澤民、向井警長、張鳳喜警尉補、雇員二人計六人爲一班已分頭下鄉工作云、

爲防止炭疽病發生
實施牛馬預防注射
屆時希各畜主赴規定場所注射

哈爾濱市公署衛生處獸醫股、爲防止本市牛馬炭疽傳染病發生起見對於康德八年度定期牛馬炭疽預防注射實施計劃結果、對本市所於有牛馬（包含鄰縣）於六月十六日起至七月五日止亘十八日間分別實施預防注射、至于注射區域及日程已規定同時由市公署獸醫關係者編成七個預防注射班、就中馬匹分爲注射三班、每班由獸醫一名、助手二名、夫役六名、牛部注射分爲四班、每班獸醫一名、助手一名、夫役二名、注射全市所有馬匹（包含鄰縣在內）爲一二、〇〇〇頭、牛三、五〇〇頭、計一五、五〇〇頭、屆時希各家畜飼養主、赴各該規定場所受預防注射、發給証明書、並在中馬左臀部烙有火印、以資爲注射之証明、以免遺漏、倘有故意不受注射者、被査出時決定嚴重處分云云、

本報改變複式編輯預告（七月一日開始）

本報隨同各報、仰衞國策、節省紙面、自七月一日起、實行每日出版兩張及星期日或放假日之翌日仍出版一張等情、已陳報端、茲有不能已於言者、即本報同人 當此紙面縮減之際、無論時值如何炎暑、亦必誓盡棉薄、以期新聞內容之全般充實、原夫、新體制下之報紙精神、早已傾重必有『簡當敏捷』之記述、同時、爲適應國內外 地方讀 者之需要、尤不能不謀社會時代文 化上之鼓舞 及發展、爰是本報有『複式編輯』之新組織、蓋報紙雖同爲兩張、然爲注意國內各省市『地理的建設的未來需要』、除奉天市域內、仍有晨晚兩刊外、其他外埠、則使各 版綜合、成一地方的渾成讀物、並作一次 之遞達、此固本報編輯理想上多年宿願、今逢節約紙面、始欲試行之耳、

一、奉天市域版晨晚兩刊

本版共爲兩大張＝本報鑒於本報社居奉天市內已三十餘年、就躍進之大奉天市諸般發展觀之、有昂揚我百萬市民奮勉精神必要、除愼選政治消息外、決以『市的本身上達』爲主眼、精採全般社會消息、不爲外埠無用消息所多佔、故於試行此項新式編輯之始、尤望市內讀者諸君、不吝援助、

二、外埠綜合版擷精取華

本版共爲兩大張＝本報鑒於國內各省市、年來建設 交通發 展之不同、有隨此趨勢、改進地方新聞之必要、故採『綜合版』制度、廢止晨晚兩刊、即每日一份報紙中、除內外重要政治消息、專載一版外、並力求地方的政治社會消息之充實、以副外埠讀者多年期望地方消息發展之雅意、又因全國各省市地域、多有關聯性之共同的文化消息、則另闢『東邊』『北滿』『南滿』特刊三欄、分別專載此項消息、亦望各地讀者協助指教、是所至盼、

最近可採用小型活字

本報當 此縮減 張數伊始、除採取上述之『複式編輯』制度外、並擬於八月間、就此兩張報紙面積內、改增欄數、另易新鑄之小型活字、謀一新面目、此舉實施後、不獨新聞內容並其他副刊亦均得充實、且其容納文字量、當較前此三張時代、尤有餘裕、夫採取小型活字、本爲現代世界 報紙之共同 競進目標、本報未敢落後、致碍紙面審美、今如此設備、諒讀者諸君、必有同一之感也、

篇名筆畫索引

編製説明：本索引收録本書刊載的所有文章，共計3555篇。按篇名筆畫順序排列，著録格式爲：“篇名　期號　刊登日期　所在頁碼”。

一畫

“一元復始”“萬象更新”：爆竹聲中除舊歲，梅花數點送春來，春節中哈市之花花絮絮　第47號　1936年2月1日　90頁
一日之内丢失兩車　第114號　1937年6月9日　227頁
一日之間兩起竊案　第109號　1937年5月5日　216頁
一日之間大會八起　第64號　1936年6月4日　127頁
一日之間寒暑各異［嫩江］　第69號　1936年7月9日　137頁
一日間兩起自殺　第179號　1938年9月15日　353頁
一月中旬，北滿穀物積存量比較去年激增二十萬噸——據北滿經濟調查所調查　第147號　1938年2月5日　294頁
一向成爲懸案之道路交通取締規則決定由八月一日起施行　第23號　1935年8月2日　44頁
一妻一妾尚感不足，引誘良家婦女通奸，事機不密被床頭獅子偵知，提出嚴重抗議，妻妾輪流監視，賈老闆一頁臭史　第195號　1939年1月19日　382頁
一面坡：日洲兩軍努力討伐，不眠不休勞苦功高，東部線之治安漸趨平靖　第58號　1936年4月23日　114頁
一面坡之一瞥——商工業之凋蔽已極，地方之治安頗安靜　第56號　1936年4月10日　110頁
一起交通事故，電車汽車三輪車相撞，三輪車大破，交通杜絶半時餘　第217號　1939年7月13日　427頁
一家六口同時殺害，綏化縣之慘劇　第110號　1937年5月12日　218頁
一紙饒有趣味的判詞，舊北鐵職員合謀騙財案判决，鄒科長手眼通天竟得脱法網　第35號　1935年10月31日　67頁
一掃交通事故，取締違犯交通規則者　第228號　1939年10月26日　450頁
一掃近郊匪賊，警察動員檢索，園田副局長親任總指揮　第534號　1941年3月8日　555頁
一掃暴利奸商，徹底勵行明碼　第412號　1940年9月29日　519頁
一場小火　第49號　1936年2月13日　95頁
一場小火　第119號　1937年7月15日　237頁
一場小火警［昌圖］　第537號　1941年3月30日　559頁
一場火警　第47號　1936年2月1日　91頁
一場訛詐未遂案　第13號　1935年5月22日　27頁
一幕合謀詐欺案，既懼獅子吼何必有外遇，田子玉險遭拐帶之嫌疑　第94號　1937年1月13日　186頁

一幕離奇搶案：鬧了半天原來自家搗鬼，苦了警察費盡偵查工夫　第 17 號　1935 年 6 月 20 日　32 頁
一幕離奇慘殺案：市之附近顧鄉屯發見五條大蟲，周建奎吃下麵條一碗一命嗚呼，且看法官如何審理　第 21 號　1935 年 7 月 17 日　40 頁
一對野鴛鴦被獲［哈爾濱］　第 30 號　1935 年 9 月 28 日　56 頁
一雙佳偶變成怨偶：妻跑了五年，夫尋遍了天涯，結果在岳家發見線索始尋獲，但她已不願跟他了［黑龍江］　第 18 號　1935 年 6 月 27 日　35 頁
一覺醒來錢物丟失　第 35 號　1935 年 10 月 31 日　66 頁

二畫

二十日至現在哈市特產存量——據大興公司所調查　第 104 號　1937 年 3 月 31 日　207 頁
二七報　第 544 號　1941 年 5 月 17 日　572 頁
二元匯票改成二千，犯人三名在哈捕獲，在逃韓人正緝拿中　第 40 號　1935 年 12 月 5 日　76 頁
二中舉行運動大會　第 82 號　1936 年 10 月 2 日　160 頁
二月下旬特產積存量——大興公司哈支店調查　第 100 號　1937 年 3 月 4 日　199 頁
二月上旬沿線穀物積存量：大豆較去年增加廿三萬三千噸，小麥較去年反減少十三萬餘噸　第 149 號　1938 年 2 月 23 日　299 頁
二月份哈市製粉量約百十六萬袋，因適值舊正出產減少　第 101 號　1937 年 3 月 11 日　201 頁
二月份家畜交易狀況：頭數，五千三百二十六頭；金額，二十七萬九千餘元　第 102 號　1937 年 3 月 17 日　202 頁
二次防空訓練預定九月中旬整備完成——省署防衛本部會議決定　第 175 號　1938 年 8 月 17 日　344 頁
二妓服毒，自殺原因不明　第 108 號　1937 年 4 月 28 日　214 頁
二洋車夫爭戀少女，造成殺人慘案，兇手畏罪潛逃頃已被捕　第 177 號　1938 年□月□日　349 頁
二烈士三六周年紀念舉行大慰靈祭，參加者須一律着用協和服　第 210 號　1939 年 5 月 17 日　411 頁
二鮮人冒充刑事到處搜查私烟館，南崗署檢舉拘留中　第 232 號　1939 年 11 月 22 日　458 頁
十一月份豆餅產量　第 142 號　1937 年 12 月 5 日　281 頁
十一月份家畜交易額較上月增加七萬三千元　第 143 號　1937 年 12 月 30 日　287 頁
十一月份屠宰家畜九五七七頭　第 142 號　1937 年 12 月 5 日　280 頁
十一月份麵粉製產減少，滯貨突破百萬，市內販賣量較上月激減　第 142 號　1937 年 12 月 5 日　280 頁
十九日現在大豆上市量　第 89 號　1936 年 11 月 26 日　176 頁
十三家牛肉商暗中高抬物價，已被警察廳偵知逮捕　第 216 號　1939 年 7 月 7 日　424 頁
十三道街何來嬰屍　第 143 號　1937 年 12 月 30 日　287 頁
十月之內市內傳染病人數——市衛生科統計　第 138 號　1937 年 11 月 17 日　274 頁
十月中郵票賣出額十四萬二百八十五元，比較上月約增加二成　第 89 號　1936 年 11 月 26 日　176 頁
十月份火警統計　第 142 號　1937 年 12 月 5 日　280 頁
十月份哈市油房生產量較去年同期約增三成　第 138 號　1937 年 11 月 17 日　274 頁
十月份屠宰家畜數共計七千四百九十九頭　第 138 號　1937 年 11 月 17 日　274 頁
十四瓶藥水價值國幣二千元？紫忱醫院大敲竹槓，一般患者需加注意　第 12 號　1935 年 5 月 16 日　25 頁

丁校長視察歸來［海城］　第 422 號　1940 年 12 月 7 日　539 頁
七月下旬末特産積存量較上旬減二九四〇八噸　第 123 號　1937 年 8 月 13 日　245 頁
七年度協和日記本頃已印製出版　第 234 號　1939 年 12 月 7 日　463 頁
七期地方職員訓練生入所式典志盛　第 409 號　1940 年 9 月 19 日　517 頁
卜陳氏忽操刀自殺，鄰人發覺送往醫院，終因傷勢頗重而香消玉殞　第 198 號　1939 年 2 月 9 日　388 頁
八月份鹽之銷售額：原鹽一萬九千餘袋，精鹽僅一千〇三袋　第 128 號　1937 年 9 月 16 日　254 頁
八角次官將來哈，各方準備歡迎中　第 179 號　1938 年 9 月 15 日　352 頁
八站中馬路之搶案：内中情節令人懷疑，被搶人李鴻發供辭矛盾　第 36 號　1935 年 11 月 8 日　69 頁
八站旱橋即將興工，先修田地街道路　第 110 號　1937 年 5 月 12 日　219 頁
人感仙恩建祠堂［海城］　第 82 號　1936 年 7 月 31 日　143 頁
入滿勞動者書目［安東］　第 118 號　1937 年 7 月 7 日　234 頁
九・一八紀念日盛大舉行慶祝：各游興場所停業一日以表紀念　第 225 號　1939 年 9 月 15 日　444 頁
九一八事變紀念：舉行慶祝式典　第 409 號　1940 年 9 月 19 日　516 頁
九一五紀念日慶祝行事草案——協和會市本部之計劃　第 179 號　1938 年 9 月 15 日　352 頁
九月中旬在新京招開日滿實業協會總會：日内地財閥二百名來滿視察，關係日滿經濟前途重大　第 69 號　1936 年 7 月 9 日　136 頁
九月份原鹽銷售量比較去年同期增加七成——據哈爾濱專賣署所統計　第 134 號　1937 年 10 月 20 日　267 頁
刁悍婦虐待婆母，老媪吞毒遇救，丈夫發覺，雙方同意離婚　第 427 號　1941 年 1 月 18 日　547 頁
又一幕庸醫殺人！吕程氏患腹痛請醫行針，不料針竟折於腹内［黑龍江］　第 19 號　1935 年 7 月 3 日　36 頁
又配給煤油［西豐］　第 422 號　1940 年 12 月 7 日　539 頁

三畫

三十六棚火警：一家六口葬身火窟，焦頭爛額目不忍睹　第 83 號　1936 年 10 月 23 日　166 頁
三大惡習：吐痰、鼻涕、小便，哈警衛生科極力矯正　第 79 號　1936 年 9 月 19 日　157 頁
三月下旬混保成績：寄託三八五七車，合格三五四八車　第 106 號　1937 年 4 月 14 日　211 頁
三月份豆餅生産量二十三萬二千五百餘枚，比較上月減産百分之四四　第 165 號　1938 年 6 月 15 日　330 頁
三江省特別工作班出發［三江］　第 129 號　1937 年 9 月 22 日　256 頁
三好巡長等之局葬式盛況：滿鐵特授與功績金一封　第 106 號　1937 年 4 月 14 日　211 頁
三角戀奸旅館中一幕喜劇：溫柔鄉變爲是非地，假戰場遽成真場戰　第 75 號　1936 年 8 月 15 日　149 頁
三角戀愛案：移花接木差警兩全其美，得隴望蜀教員一箭三雕，醋海生波同入縲絏　第 15 號　1935 年 6 月 7 日　29 頁
三角戀愛惹起醋海波瀾，情敵狹路相逢動武——大汽車上一幕喜劇　第 55 號　1936 年 4 月 4 日　109 頁
三河白俄事務支局盛大舉行哥薩克祭典，團結努力爲都市俄僑所不及——最近由呼倫貝爾來哈某人談　第 56 號　1936 年 4 月 10 日　110 頁
三匪諒難，逃出法網　第 50 號　1936 年□月□日　99 頁
三匪攔路行搶，損失二百餘元　第 213 號　1939 年 6 月 14 日　418 頁
三個開拓關係訓練所同時盛大舉行開所式，日滿要人多數參加，于省長致祝詞　第 406 號　1940 年 8 月 29

日　513頁
三個竊犯送往檢廳懲辦［黑龍江］　第31號　1935年□月□日　58頁
三訓練所射擊大會　第164號　1938年6月8日　329頁
三家零賣所竟敢依然私用女招待，特用一人守門防範警官，以電燈電鈴等暗號告急，烟館女招待有復活之望?　第69號　1936年7月9日　136頁
三棵樹太古街道路翻修，九月中旬即可竣工，一般市民莫不稱便　第76號　1936年8月27日　150頁
三輪汽車撞傷學生　第30號　1935年9月28日　56頁
于大臣巡視各機關　第190號　1938年12月9日　373頁
于上將允任籃球協會支部長定期舉行紀念籃球聯賽　第164號　1938年6月8日　329頁
于股長解到嫌疑匪犯　第36號　1935年11月8日　69頁
于琛澄氏榮轉離哈時之盛況：日滿官民熱烈歡送，臨行前于氏並致告別詞　第17號　1935年6月20日　32頁
工人不足擬用白俄——土建協會之創舉　第118號　1937年7月7日　234頁
工人何太無理，偷瓜尚敢蠻橫　第74號　1936年8月13日　146頁
工人乘車不慎墮江冰上身死，姓名及住所刻在調查中　第205號　1939年4月12日　403頁
工作班於悦鎮宣講［三江］　第133號　1937年10月16日　265頁
工科改農林學校［延吉］　第52號　1936年3月16日　103頁
工業研究會重要提案：全哈工業紳士協定無統制之苦力今後將見曙光，具體案現製作中，日内將實現　第127號　1937年9月9日　252頁
工業視察團來哈視察　第103號　1937年3月25日　205頁
工業調查懇談會——市實業處召開　第146號　1938年1月26日　292頁
土木局鋪墊馬路［佳木斯］　第100號　1937年3月4日　199頁
土木廳長來縣視查［法庫］　第409號　1940年9月19日　517頁
土木廳長調查道路河川，已調查完了以備將來整理參考　第531號　1941年2月8日　551頁
土地整理事務召開土地委員會　第302號　1940年3月27日　479頁
土建協會組織皇軍慰問團，星村支部長定期出發　第143號　1937年12月30日　286頁
土建協會開設［營口］　第544號　1941年5月17日　572頁
土藥徵收落地捐［石家莊］　第183號　1938年10月13日　358頁
下水道工事本年度決定敷設　第428號　1941年1月25日　549頁
下水道工程本年完成十一處，工程費約八萬元　第107號　1937年4月21日　212頁
下車之後包伏丟失，價值二千餘元，日婦人太馬虎　第113號　1937年6月2日　225頁
大日本報國會之演藝慰問隊蒞哈，分別慰問在哈友軍各部隊，十一日夜作一般公開表演　第110號　1937年5月12日　218頁
大水冲毀好田禾［通江］　第221號　1939年8月9日　435頁
大北新報社主催訪日實況講演會，由譚編輯次長講演，往聽者擁擠　第235號　1939年12月21日　466頁
大北新報社主辦訪日本自行車隊　第403號　1940年7月21日　505頁
大老賈手眼通天，楊寶貴氣憤身死，各方對之引起深甚注意，楊之屍體現正剖解化驗　第86號　1936年11月4日　170頁

大老買膽大妄爲，賣枕頭兼賣廢票，事發被捕，飽嘗鐵窗風味，吴剪票員聞風遠走高飛　第 82 號　1936 年 10 月 2 日　160 頁
大西洋錶店營業發達　第 11 號　1935 年 5 月 8 日　22 頁
大成號群英樓營業權將取消？正陽署向衛生科申請　第 70 號　1936 年 7 月 17 日　139 頁
大同元年至康德二年北滿豆麥收獲比較——濱江省公署調查發表　第 41 號　1935 年 12 月 13 日　79 頁
大同公園游泳場昨日舉行開場式［新京］　第 404 號　1940 年 7 月 30 日　507 頁
大同旅館依然有賭　第 103 號　1937 年 3 月 25 日　204 頁
大同酒精公司重役多數變更，本莊、山田同時退職　第 90 號　1936 年 12 月 2 日　179 頁
大同學院視察班在哈視察各方面　第 183 號　1938 年 10 月 20 日　360 頁
大阪羅紗商貨樣展覽會假商工會議所舉行　第 113 號　1937 年 6 月 2 日　224 頁
大車險遭奇禍［新民］　第 194 號　1939 年 1 月 12 日　381 頁
大豆混保成績良好——哈鐵十一月份　第 91 號　1936 年 12 月 10 日　180 頁
大豆混保檢查數比較去年同期減少九二車　第 165 號　1938 年 6 月 15 日　330 頁
大豆價格每況愈下　第 16 號　1935 年 6 月 13 日　31 頁
大豆價格勢必提高　第 8 號　1935 年 4 月 20 日　16 頁
大汽車股訓練有方　第 30 號　1935 年 9 月 28 日　57 頁
大汽車料金改正後較前增收二成以上［營口］　第 426 號　1941 年 1 月 12 日　544 頁
大汽車路請求延長——三棵樹住民請願　第 92 號　1936 年 12 月 16 日　183 頁
大汽車機械發生障礙，請更換不准硬逼駕駛，司機被打昏迷不省人事送院治潦，私立公堂竟敢拒絕警官調查　第 213 號　1939 年 6 月 14 日　419 頁
大直街東端馬路重修，九月末竣工　第 76 號　1936 年 8 月 27 日　150 頁
大來公經理已掩埋，副理唐某已被釋放，係在死者身邊搜出毒品證明　第 203 號　1939 年 3 月 24 日　399 頁
大迫副市長天長節祝詞　第 159 號　1938 年 5 月 5 日　319 頁
大迫副市長到哈蒞新　第 127 號　1937 年 9 月 9 日　252 頁
大迫副市長昨日晉京　第 143 號　1937 年 12 月 22 日　285 頁
大迫副市長昨日歸任　第 136 號　1937 年 11 月 3 日　271 頁
大迫副市長急遽返里　第 134 號　1937 年 10 月 20 日　267 頁
大迫副市長將躬親視察汽車線路，以爲將來改修之張本　第 149 號　1938 年 2 月 23 日　298 頁
大陸科學院以顧鄉屯爲中心已開始發掘古物，考古家遠藤博士亦參加發掘，對其成果頗堪期待　第 131 號　1937 年 9 月 29 日　261 頁
大腹賈斂得不義財，挾妓狂嫖爭風吃醋，惹得穢聲四揚名譽掃地　第 308 號　1940 年 6 月 7 日　494 頁
大滿麥酒株式會社營業前途極度悲觀，所造麥酒迭次發見死　第 33 號　1935 年 10 月 18 日　62 頁
大綸綢緞莊又施騙人伎倆，但營業依然不振　第 7 號　1935 年 4 月 9 日　15 頁
大賚扶餘百斯篤病：九月中旬以來可保小康，警廳防役股調查之結果　第 131 號　1937 年 9 月 29 日　260 頁
大慶祝南京陷落［開原］　第 142 號　1937 年 12 月 5 日　281 頁
大興公司經營之當鋪營業狀況：貸出六十三萬七千餘元，贖出一百二十一萬餘元　第 93 號　1936 年 12 月 25 日　184 頁
大學生視察北滿，下月末到哈　第 116 號　1937 年 6 月 23 日　230 頁

大檢查之結果：經緯署犯罪較多　第 77 號　1936 年 9 月 2 日　153 頁
大膽狂徒果敢放火　第 139 號　1937 年 11 月 23 日　276 頁
大膽匪徒白晝行搶　第 104 號　1937 年 3 月 31 日　207 頁
大膽匪徒白晝行搶　第 110 號　1937 年 5 月 12 日　219 頁
大膽匪徒白晝行搶，警察趕到當場捕獲　第 109 號　1937 年 5 月 5 日　217 頁
大膽匪徒竟敢公然強搶，路人不平尾追捉獲，日人窮極挺身走險　第 98 號　1937 年 2 月 17 日　194 頁
大竊盜團一併被捕，警廳司法科收得赫赫殊勳，起出贓品多數，現正偵查共犯中　第 219 號　1939 年 7 月 27 日　430 頁
丈夫在外宿娼胡爲，髮妻一怒吞毒自殺，被夫發覺後送院救治，性命危險　第 205 號　1939 年 4 月 12 日　403 頁
丈夫染成不良嗜好，伊妻要求脫離關係　第 405 號　1940 年 8 月 7 日　508 頁
上下水道須早竣工——一般商民之切望　第 85 號　1936 年 10 月 28 日　169 頁
上月哈市工程統計　第 127 號　1937 年 9 月 9 日　253 頁
上水道工程本年中埋設配水管六萬米，哈市居民不久將享受淨水　第 58 號　1936 年 4 月 23 日　114 頁
上旬末特產積存量：大豆約一一三二三五噸，小麥約六〇七九二噸　第 120 號　1937 年 7 月 21 日　238 頁
上海輪船發生故障，金泰號急往營救　第 114 號　1937 年 6 月 9 日　226 頁
山口副市長蒞哈，各要人熱烈歡迎，對日滿俄記者團發表就任談話　第 401 號　1940 年 6 月 26 日　501 頁
山口審判長談啓“審判官係從良心之命以解釋適用最正當之法律爲其決定任務之法律的忠實之徒”　第 97 號　1937 年 2 月 3 日　193 頁
山內警佐長男失跡，迷途歟？抑被惡魔誘拐歟？頃正在聯絡警署各方查找中　第 171 號　1938 年 7 月 20 日　338 頁
山東苦力樂不思歸，今冬各地營業必呈空前活況　第 138 號　1937 年 11 月 17 日　275 頁
山東省官民視察團十日午前抵哈，日滿各首要趨站歡迎　第 191 號　1938 年 12 月 16 日　375 頁
山東魁元閣包子鋪平民飯鋪生意極佳，包子、小麵、油粉是他們主要食品　第 212 號　1939 年 6 月 8 日　417 頁
山東愛護區來嶺參觀農事試驗場［公主嶺］　第 210 號　1939 年 5 月 17 日　411 頁
山東義地又遭劫［龍江］　第 11 號　1935 年 5 月 8 日　23 頁
山海棧聚賭騙財，前日晚被警逮捕［哈爾濱］　第 198 號　1939 年 2 月 9 日　389 頁
千振舉行紀念與招魂祭［三江］　第 163 號　1938 年 6 月 2 日　326 頁
千葉君勇哉！受傷瀕死追匪不止，匪雖一時脫網足令膽寒　第 100 號　1937 年 3 月 4 日　198 頁
乞丐八名挖墻圖逃，被警覺後押於單間內，街頭之乞丐仍不見少　第 63 號　1936 年 5 月 28 日　124 頁
乞丐叫苦不迭：社會事業聯合會大肆宣傳，勸告市民勿賜予乞丐錢物，既不收容，復不救濟，真真豈有此理　第 8 號　1935 年 4 月 20 日　17 頁
乞丐收容所經費支絀成績欠佳，望當局速謀治本之辦法　第 17 號　1935 年 6 月 20 日　32 頁
乞丐收容所編製工作班恐群居飽食游惰成性，擬加以訓練從事工作　第 117 號　1937 年 7 月 1 日　233 頁
乞丐收容所釋舊納新：昨日釋放四十一名，今後並將陸續釋放　第 73 號　1936 年 8 月 6 日　144 頁
久大昌被騙，損失國幣兩萬元　第 7 號　1935 年 4 月 9 日　14 頁
久在倫敦市場獨占之滿洲大豆益趨崩潰，美國大豆價格與滿豆並行，各方對此深甚關心！　第 63 號　1936

年 5 月 28 日　125 頁
丸商樓上出售船票　第 108 號　1937 年 4 月 28 日　215 頁
已作到營業名標［西安］　第 99 號　1937 年 2 月 26 日　196 頁
已故施省長舉行告別式：十九日在極樂寺，各機關一律參加　第 149 號　1938 年 2 月 23 日　299 頁
已卸任之軍官通匪被捕，其他嫌疑犯亦被捕受審，道外憲兵分隊之殊勳　第 59 號　1936 年 4 月 29 日　117 頁
女生投考丟款，愁悶徘徊街頭，幸蒙陳警長借款得返里［哈爾濱］　第 425 號　1940 年 12 月 22 日　542 頁
女生被騙異地落溷［秦皇島］　第 81 號　1936 年 7 月 29 日　141 頁
女車掌廢馳職務，乘客摔下竟不理　第 36 號　1935 年 11 月 8 日　69 頁
女既樂徒，何必作梗，趙某太不知趣　第 113 號　1937 年 6 月 2 日　225 頁
女國高旅行大連［海城］　第 206 號　1939 年 4 月 14 日　405 頁
女實校舉行畢業典［北鎮］　第 193 號　1938 年 12 月 29 日　378 頁
小小舞弊，打了飯碗　第 49 號　1936 年 2 月 20 日　96 頁
小北屯發生一幕殺人放火案：俄人老夫婦同時被慘殺，犯人戴發已被警察逮捕　第 51 號　1936 年 3 月 6 日　101 頁
小汽車撞傷少婦　第 158 號　1938 年 4 月 27 日　317 頁
小苗請得養母同意頃已脫離舞業，每日深入簡出儼如大家閨秀　第 192 號　1938 年 12 月 22 日　376 頁
小林、向後二烈士盛大祭奠典禮廿四日午前十一時隆重舉行，並有擊劍之衍手術演藝奉納　第 62 號　1936 年 5 月 21 日　123 頁
小兒多患水痘症　第 69 號　1936 年 7 月 9 日　137 頁
小兒屍體用火焚燒，諒係國人惡習　第 117 號　1937 年 7 月 1 日　233 頁
小兒險作輪下之鬼　第 112 號　1937 年 5 月 27 日　222 頁
小麥市價跌落，物價對策委員會定於廿一日開會　第 149 號　1938 年 2 月 23 日　298 頁
小麥粉販賣組合舉行成立式典，今後市內麵粉配給可以圓滑［哈爾濱］　第 190 號　1938 年 12 月 9 日　372 頁
小麥粉對策協議會：各地派遣代表參加，三日在省公署會議室開催　第 178 號　1938 年 9 月 7 日　350 頁
小麥價騰，麵粉減少　第 151 號　1938 年 3 月 9 日　303 頁
小麥豐收可期待［佳木斯］　第 82 號　1936 年 7 月 31 日　143 頁
小偷受懲了事［新民］　第 195 號　1939 年 1 月 19 日　382 頁
小評：北滿特別區撤廢與公務員之飯碗問題　第 3 號　1935 年 3 月 18 日　6 頁
小評：軍人乘車半票問題（農）　第 2 號　1935 年 3 月 6 日　5 頁
小評：道德云乎哉　第 51 號　1936 年 3 月 6 日　101 頁
小楊月樓空負盛名，來哈表演無叫座能力　第 32 號　1935 年 10 月 11 日　61 頁
小翠圖逃未果，事機不密爲龜奴查覺，可憐有情人難成眷屬　第 78 號　1936 年 9 月 10 日　155 頁
小學教員講習會開講式［陽信］　第 239 號　1940 年 3 月 5 日　473 頁

四畫

王希福夜行被害［熊嶽］　第 207 號　1939 年 4 月 21 日　406 頁
王姓小女孩忽然失踪　第 22 號　1935 年 7 月 25 日　43 頁

王翁購彩恨命薄，轉賣他人中頭獎［哈爾濱］　第 167 號　1938 年□月□日　333 頁
王崗附近獸疫猖獗，哈鐵急往調查　第 143 號　1937 年 12 月 22 日　284 頁
王敬齋手眼通天，可謂剥削能手　第 7 號　1935 年 4 月 9 日　14 頁
王道講演在民會舉行　第 74 號　1936 年 8 月 13 日　147 頁
王監察官十日離哈返京　第 191 號　1938 年 12 月 16 日　374 頁
王廳長視查縣政［義縣］　第 416 號　1940 年 10 月 27 日　526 頁
井中發現女屍　第 537 號　1941 年 3 月 30 日　558 頁
井水檢驗結果：水質預想以上之不良　第 130 號　1937 年 9 月 23 日　258 頁
夫在外眠花宿柳，妻找來他不收容，經人說合後他又虐待妻女　第 233 號　1939 年 11 月 30 日　461 頁
天時不正，痢疾猖獗　第 20 號　1935 年 7 月□日　39 頁
天剛落網，唐縣長險遭不測　第 86 號　1936 年 11 月 4 日　170 頁
天氣驟然溫暖異常，松江解冰期在即，江運局正準備停行中　第 202 號　1939 年 3 月 15 日　396 頁
天順棧賭局被捉　第 87 號　1936 年 11 月 12 日　172 頁
天然痘患者日人居多，道里新世界又發生一名，植村處長談天然痘原理　第 163 號　1938 年 6 月 2 日　326 頁
天然痘猖獗，當局努力防止中　第 426 號　1941 年 1 月 12 日　545 頁
天新染廠技藝精巧　第 11 號　1935 年 5 月 8 日　23 頁
天網恢恢，疏而不漏，因爲奸情發生慘案，兇手當場被捕，被害者生命危篤　第 168 號　1938 年 6 月 29 日　334 頁
天網恢恢，疏而不漏，奸拐友妻又逼爲娼，傅某可謂人面獸心　第 302 號　1940 年 3 月 27 日　479 頁
元宵節蕭條景象：秧歌稀少，花火不若往年之盛，年節均皆渡過，商家照常營業，哈市燈節中之素描　第 49 號　1936 年 2 月 13 日　94 頁
木材銷售稅明春或可豁免，因採伐時已向林務署納稅，中央當局現正慎密考慮中　第 85 號　1936 年 10 月 28 日　168 頁
木商叫苦：下江今冬採伐數量　第 77 號　1936 年 9 月 2 日　153 頁
木鋪被搶，損失七百餘元　第 95 號　1937 年 1 月 21 日　189 頁
五月份哈市製粉量與上月比較稍見增加　第 116 號　1937 年 6 月 23 日　231 頁
五月份特產發送量與上月比稍見減少　第 115 號　1937 年 6 月 16 日　228 頁
五月份道外商號新設及荒閉——道外商會所調查　第 66 號　1936 年 6 月 18 日　131 頁
五月滿商開業倒閉狀況：開業七四家，資本七七千元；倒閉六十一家一〇〇千元，大資本商店倒閉二家　第 116 號　1937 年 6 月 23 日　231 頁
五金價格暴漲，與去年比增至五成至十成　第 112 號　1937 年 5 月 27 日　223 頁
五柳街之火：是否縱火　第 86 號　1936 年 11 月 4 日　170 頁
五教道德院六個月食粥人數總計約二十萬人［黑龍江］　第 24 號　1935 年 8 月 8 日　47 頁
五常山家屯新設電信局　第 126 號　1937 年 9 月 1 日　250 頁
不正業者之當頭棒喝，一日檢舉三百餘名　第 131 號　1937 年 9 月 29 日　260 頁
不足五十萬之銀行有將整理說：滿側小銀行紛紛倍股　第 95 號　1937 年 1 月 21 日　188 頁
不良日人設計騙財　第 35 號　1935 年 10 月 31 日　66 頁
不良行爲徹底取締　第 104 號　1937 年 3 月 31 日　207 頁

不逞鮮人，來哈被捕　第 95 號　1937 年 1 月 21 日　188 頁
不堪回首之製粉界前途仍不容樂觀，每袋賠損一角至一角五分，久之恐有全部休業之慮　第 110 號　1937 年 5 月 12 日　218 頁
不與車資，縱犬傷人　第 108 號　1937 年 4 月 28 日　214 頁
不懂醫理，豈可多言，鮮女死後張某倒黴　第 109 號　1937 年 5 月 5 日　216 頁
太子河小學校開複式研究會［本溪］　第 401 號　1940 年 6 月 26 日　500 頁
太平橋慘殺案：兇犯二名就捕，原來是一夥強盜所爲，刑事科搜查股之殊勳　第 112 號　1937 年 5 月 27 日　222 頁
太田洋服店丟失大批皮張，損失千三百餘元　第 47 號　1936 年 2 月 1 日　91 頁
太陽島素描：萬臀聳動白沙映雪肌，青年男女緑蔭下談情　第 221 號　1939 年 8 月 9 日　435 頁
太歲頭上竟敢動土——警長家被竊　第 46 號　1936 年 1 月 27 日　88 頁
友邦（三十四回）海軍紀念日前在神社隆重舉行，同時並舉行各種模擬演習行事　第 211 號　1939 年 5 月 31 日　414 頁
友邦人士爭相投資，努力開發北滿，投資二千五百萬元——事業會社四十七社　第 74 號　1936 年 8 月 13 日　147 頁
友邦神武天皇祭决擴大慶祝式典，省市兩公署規定慶祝行事　第 302 號　1940 年 4 月 6 日　481 頁
友邦紀元佳節哈市各機關奉祝行事［哈爾濱］　第 148 號　1938 年 2 月 17 日　297 頁
友軍剿匪，捷報頻傳　第 75 號　1936 年 8 月 15 日　149 頁
友軍演習　第 22 號　1935 年 7 月 25 日　43 頁
巨匪落網　第 98 號　1937 年 2 月 17 日　195 頁
巨商東發合販賣私土　第 93 號　1936 年 12 月 25 日　184 頁
巨商洪增合之紅利糾紛案帳目鑒定後即可宣判　第 40 號　1935 年 12 月 5 日　76 頁
比翼飛來轉戀他人，醋海生波真情敗露　第 118 號　1937 年 7 月 7 日　235 頁
少年俄犯設計脱逃，警署現正搜查中　第 118 號　1937 年 7 月 7 日　234 頁
少婦真無賴，吃完飯大要骨頭　第 421 號　1940 年 11 月 30 日　537 頁
少婦携幼女潛逃［黑龍江］　第 19 號　1935 年 7 月 3 日　37 頁
少婦潛逃　第 74 號　1936 年 8 月 13 日　146 頁
少婦潛逃，報警查緝　第 112 號　1937 年 5 月 27 日　223 頁
少婦歸甯，私自潛逃［黑龍江］　第 11 號　1935 年 5 月 8 日　23 頁
少婦歸甯尋歡不返，丈夫去找不見，近將以虐待爲理由控告本夫　第 183 號　1938 年 10 月 13 日　358 頁
日人人口激增比四月末又增二百五十一名，據領警署調查約三萬五千名　第 116 號　1937 年 6 月 23 日　230 頁
日人戶口激急增加　第 142 號　1937 年 12 月 5 日　281 頁
日人北野家被匪光顧　第 185 號　1938 年 11 月 2 日　364 頁
日人外出，家中被竊損失九十餘元　第 40 號　1935 年 12 月 5 日　76 頁
日人外出，家中被竊損失百餘元　第 47 號　1936 年 2 月 1 日　90 頁
日人外出家中失火　第 93 號　1936 年 12 月 25 日　185 頁
日人外出家中被竊，損失五百餘元　第 118 號　1937 年 7 月 7 日　234 頁
日人亦有銀針秀士　第 40 號　1935 年 12 月 5 日　76 頁

日人何故途中遭害　第 49 號　1936 年 2 月 13 日　94 頁
日人住戶被偷兒光顧　第 24 號　1935 年 8 月 8 日　46 頁
日人拐款潛逃，報告領警追緝　第 125 號　1937 年 8 月 26 日　249 頁
日人貨店被竊［哈爾濱］　第 36 號　1935 年 11 月 8 日　69 頁
日人發賣狗肉，被警察逮捕問罪　第 97 號　1937 年 2 月 3 日　192 頁
日人意欲何爲，深夜覬覦四軍栅内，逮捕審詢態度曖昧　第 76 號　1936 年 8 月 27 日　151 頁
日人藉端詐財，事發聞風遠蕩　第 41 號　1935 年 12 月 13 日　78 頁
日小學開體育會［遼源］　第 82 號　1936 年 10 月 2 日　161 頁
日本中學生訪問教導隊，對滿軍認識更進一層　第 97 號　1937 年 2 月 3 日　193 頁
日本西本願寺開催宗教講習會，表示團結並破除邪教　第 87 號　1936 年 11 月 12 日　172 頁
日本赤十字社社員總會盛況：晚間在鐵路俱樂部聚餐　第 81 號　1936 年 10 月 8 日　162 頁
日本神武天皇祭，全市舉行慶祝式，主催之協和會市本部規定行事　第 301 號　1940 年 3 月 22 日　477 頁
日本馬政視察報告（一）　第 50 號　1936 年□月□日　98 頁
日本馬政視察報告（二）　第 51 號　1936 年 3 月 6 日　100 頁
日本馬政視察報告（三）　第 52 號　1936 年 3 月 16 日　102 頁
日本馬政視察報告（四）　第 53 號　1936 年 3 月 20 日　104 頁
日本馬政視察報告（五）　第 54 號　1936 年 3 月 27 日　107 頁
日本馬政視察報告（六）　第 55 號　1936 年 4 月 4 日　109 頁
日本馬政視察報告（七）　第 56 號　1936 年 4 月 10 日　111 頁
日本馬戲團六日開演［黑龍江］　第 24 號　1935 年 8 月 8 日　47 頁
日本移民地區預定本年度買完，省當局派員赴各縣辦理手續　第 188 號　1938 年 11 月 22 日　371 頁
日本移民計劃：明年爲積極化第一年，共八千戶，濱江省四千餘戶　第 77 號　1936 年 9 月 2 日　152 頁
日本商工省擬設哈市幹旋所，幹旋所之成行頗堪注目　第 155 號　1938 年 4 月 5 日　311 頁
日本婦人矯風會開懇談會招待林歌子女士　第 183 號　1938 年 10 月 13 日　359 頁
日本賣藥會社招待藥業觀光，全滿二十餘都市藥業卅餘名，使兩國有力實業家遙相握手　第 82 號　1936 年 10 月 16 日　164 頁
日本歐林匹克遠征選手在哈表演，於細雨淋漓中熱烈舉行，博得全場觀衆掌聲雷動　第 66 號　1936 年 6 月 18 日　130 頁
日成號被匪光顧，損失十數元　第 88 號　1936 年 11 月 19 日　174 頁
日羊視察團行程［錦州］　第 68 號　1936 年 7 月 2 日　135 頁
日系官舍建築將竣［扶餘］　第 136 號　1937 年 11 月 3 日　270 頁
日系警務科長會議經過情形　第 159 號　1938 年 5 月 5 日　318 頁
日妓逃之夭夭，後藤果是拐帶乎　第 97 號　1937 年 2 月 3 日　192 頁
日商成昌堂櫃夥自刎，自殺原因不明　第 68 號　1936 年 7 月 2 日　135 頁
日商松浦洋行主催網球比賽大會，假鐵路俱樂部球場比賽各團體機關等均行參加　第 69 號　1936 年 7 月 9 日　136 頁
日商睦商會主辦慰問廣軌線路員軍隊，沿線放映慰安電影　第 49 號　1936 年 2 月 20 日　97 頁
日婦自殺，幸又救活　第 109 號　1937 年 5 月 5 日　217 頁

日農移民計畫：濱江省以濱北線爲中心指定六處，現正進行土地取得手續中　第 95 號　1937 年 1 月 21 日　188 頁
日資本家向北滿進出，製粉業黄金時期：慶祥泰被日滿租用將復業，永勝火磨日清擬出款收買　第 63 號　1936 年 5 月 28 日　124 頁
日經濟記者團莅哈，商議所召開座談會，各關係機關多數列席　第 119 號　1937 年 7 月 15 日　237 頁
日銀理事山内氏莅哈，連日視察各方　第 112 號　1937 年 5 月 27 日　222 頁
日領事館慰勞宴［佳木斯］　第 140 號　1937 年 12 月 1 日　278 頁
日語學試驗［義縣］　第 215 號　1939 年 7 月 4 日　423 頁
日滿初等校開乒乓球賽大會［大連］　第 532 號　1941 年 2 月 22 日　552 頁
日滿亞麻新廠竣工　第 117 號　1937 年 7 月 1 日　232 頁
日滿兩國民熱烈歡迎中，領權撤廢慶祝會：日滿兩國大體之法的基礎確立，由遠東和平而達成世界和平之象徵，撤廢條約十日在新京簽字　第 65 號　1936 年 6 月 10 日　128 頁
日滿協力肅清毒源，一般市民感激萬分　第 92 號　1936 年 12 月 16 日　183 頁
日滿俄代表等赴京參加大會　第 409 號　1940 年 9 月 19 日　516 頁
日滿俄競技會盛況：前廿七日在八區體育場舉行　第 173 號　1938 年 8 月 2 日　341 頁
日滿華電報匯兑六月一日開始辦理，市内指定爲景陽街香坊兩郵局［哈爾濱］　第 308 號　1940 年 6 月 7 日　495 頁
日滿商紛起呼籲建修八站横道口，謀發展都市之繁榮，掃除向來交通慘禍　第 107 號　1937 年 4 月 21 日　213 頁
日滿製粉股票募妥　第 102 號　1937 年 3 月 17 日　203 頁
日滿僧侣三名毅然從軍，親赴華北實行宣揚工作　第 132 號　1937 年 10 月 7 日　262 頁
日滿實業協會滿洲支部理事會閉幕，中央及各地代表多數參加　第 118 號　1937 年 7 月 7 日　234 頁
日蘇條約實施締結，駐哈日領開祝賀宴，在哈各國文武將官齊集一堂　第 542 號　1941 年 5 月 4 日　569 頁
日警署注意取締日僑墜胎惡風，向日本人醫師會發出通知，依醫師法施行第八條施行　第 40 號　1935 年 12 月 5 日　77 頁
中央大街之國際賭場，呼盧嚇雉通宵達旦　第 6 號　1935 年 4 月 4 日　12 頁
中央支行易經理［西安］　第 34 號　1935 年 10 月 24 日　64 頁
中央市場成立後經濟重心竟轉移，中央批發市場營業依然不振，繁榮哈市即斯之謂歟？　第 46 號　1936 年 1 月 27 日　88 頁
中央市場限令各代理店廿日起一律遷入，如有敢故意反對者將實行取締，無條件遷入商方堅决反對　第 38 號　1935 年 11 月 21 日　72 頁
中央市場營業狀况　第 95 號　1937 年 1 月 21 日　189 頁
中央市場營業狀况：五萬三千三百餘元　第 70 號　1936 年 7 月 17 日　139 頁
中央市場擴充内部　第 16 號　1935 年 6 月 13 日　30 頁
中央車站之改築工程，顧鄉屯將有大中央車站出現，京濱車站似無立即改築必要　第 37 號　1935 年 11 月 15 日　71 頁
中央批發市場三月份交易額三十六萬八千四百餘元　第 157 號　1938 年 4 月 19 日　315 頁
中央批發市場客歲交易額：場外出締法實施後日見增加，總交易額三百七十七萬餘元　第 94 號　1937 年 1

月 13 日　186 頁
中央批發市場業經正式開幕之前途仍不容樂觀，已收買之十家代理店因仲賣票發生波折，未收買之二十一家商店又聯合一致反抗，市公署進退維谷成騎虎之勢　第 33 號　1935 年 10 月 18 日　62 頁
中央派員赴日考察，濱江省應選三名　第 18 號　1935 年 6 月 27 日　35 頁
中央電報局將築新舍　第 23 號　1935 年 8 月 2 日　45 頁
中旬混保成績“寄託一六八車，合格一四三車”　第 108 號　1937 年 4 月 28 日　214 頁
中村商店竊案終被領警破獲，日、鮮、俄四人所爲　第 125 號　1937 年 8 月 26 日　248 頁
中孚旅館賭局被抄　第 88 號　1936 年 11 月 19 日　175 頁
中秋佳節警戒嚴備　第 130 號　1937 年 9 月 23 日　259 頁
中國事變二周年，舉行時局講演會　第 217 號　1939 年 7 月 13 日　426 頁
中等教員檢定後各校教員將大異動，區小接收如入五里霧，失學兒童依然未減少　第 3 號　1935 年 3 月 18 日　6 頁
中等學校暑假卒業生，共爲四百三十名　第 69 號　1936 年 7 月 9 日　137 頁
中舞臺等將行改修，警署通知劇園　第 114 號　1937 年 6 月 9 日　227 頁
中銀支行通告舊幣失效在邇［黑龍江］　第 11 號　1935 年 5 月 8 日　23 頁
中銀哈支行副理易人　第 105 號　1937 年 4 月 7 日　208 頁
内局長注重日語［西豐］　第 82 號　1936 年 7 月 31 日　143 頁
毛子墳東有匪劫路，行人須加小心　第 81 號　1936 年 10 月 8 日　162 頁
升平街私烟窟一網打盡　第 163 號　1938 年 6 月 2 日　326 頁
仇長富家被搶，損失約七百餘元　第 109 號　1937 年 5 月 5 日　216 頁
爪哇女教員視察團一行抵哈訪問各方　第 218 號　1939 年 7 月 20 日　429 頁
反消運動成功，哈商工協會得到最後勝利　第 10 號　1935 年 5 月 6 日　21 頁
反將李杜部下寶山匪落網，刑事科嚴審中　第 51 號　1936 年 3 月 6 日　101 頁
反對父母擇婚，秀芬服毒自殺　第 424 號　1940 年 12 月 14 日　540 頁
反蘇運動益呈激化　第 75 號　1936 年 8 月 15 日　149 頁
反蘇運動表面化，秋收僅爲百分之四十五，成立販賣農作物事業會　第 82 號　1936 年 10 月 2 日　160 頁
父打子不差，何苦萌短見，張合亭匆乃太愚　第 38 號　1935 年 11 月 21 日　73 頁
今冬燃料勢必缺乏，一般關心者特別注意　第 74 號　1936 年 8 月 13 日　147 頁
今後已無冷天——觀象臺之觀測　第 204 號　1939 年 3 月 28 日　400 頁
今後對私立學校應取積極政策，俾符建設途上官民協力之實，各縣私立學校及學生數　第 53 號　1936 年 3 月 20 日　104 頁
今商民注意門戶［安東］　第 113 號　1937 年 6 月 2 日　225 頁
分別舉行講演會：事務擔當及會場決定　第 210 號　1939 年 5 月 17 日　410 頁
分所長易新［阜新］　第 417 號　1940 年 11 月 3 日　529 頁
分所長視事［南墳］　第 417 號　1940 年 11 月 3 日　529 頁
分科規程日内發表　第 143 號　1937 年 12 月 30 日　286 頁
分區長行爲惡劣，市民怨聲沸騰　第 532 號　1941 年 2 月 22 日　553 頁
分區長舞弊，住民煩言嘖嘖　第 539 號　1941 年 4 月 12 日　562 頁

公司工人慘死［南墳］　第 538 號　1941 年 4 月 6 日　561 頁
公益和運輸店聚賭被捕，搜出賭資六千餘元，捕獲賭徒十有七名　第 99 號　1937 年 2 月 26 日　196 頁
公衆電話十月增設六處　第 130 號　1937 年 9 月 23 日　259 頁
公設下水道希望利用　第 85 號　1936 年 10 月 28 日　169 頁
公順號被竊賊光顧，損失約一千五百元，開具失單報警請求查找　第 406 號　1940 年 8 月 29 日　513 頁
公順糧棧設賭被捉　第 39 號　1935 年 11 月 29 日　74 頁
公然賭博，警察當局何不取締　第 18 號　1935 年 6 月 27 日　34 頁
公園詩謎社爲文人薈萃之處，爲無上娛樂之所　第 16 號　1935 年 6 月 13 日　31 頁
公會附設商會内建築工事未完成前，各公會仍保持舊態　第 150 號　1938 年 3 月 1 日　301 頁
公濟支當已開市［大民屯］　第 116 號　1937 年 6 月 23 日　231 頁
公濟當又設分號［洮南］　第 63 號　1936 年 5 月 28 日　125 頁
公濟當忙碌［新民］　第 168 號　1938 年 6 月 29 日　335 頁
公濟當改名稱［八面城］　第 418 號　1940 年 11 月 9 日　530 頁
公濟當開市［虹螺峴］　第 135 號　1937 年 10 月 29 日　269 頁
戶口警士，克盡厥職　第 46 號　1936 年 1 月 27 日　89 頁
丹麥領事業已歸任　第 81 號　1936 年 10 月 8 日　162 頁
六、七年度火災統計，損失數目驚人，市民應再加努力防止火災　第 545 號　1941 年 5 月 24 日　575 頁
六日起至十日止，發給零賣所代價，零賣所收歸公營後之狀況　第 144 號　1938 年 1 月 14 日　289 頁
六月中“鹽”之銷售量，二萬九千餘擔　第 70 號　1936 年 7 月 17 日　139 頁
六月初旬定期船開發情形　第 113 號　1937 年 6 月 2 日　225 頁
六百萬元起債額，近將移交省公署　第 181 號　1938 年 9 月 29 日　355 頁
六年度參事總會商工會前日舉行，檢討本年度工作方針　第 204 號　1939 年 3 月 28 日　400 頁
文化區長逐鹿［鳳城］　第 403 號　1940 年 7 月 21 日　504 頁
方正南方發現股匪，被警隊擊退　第 69 號　1936 年 7 月 9 日　137 頁
火之用心，七年間火災統計發生達一八七二件，損害爲六五九七三七五圓［哈爾濱］　第 302 號　1940 年 4 月 6 日　481 頁
火災防止聲中祝融竟敢肆逞，清香閣肉鋪付之一炬　第 140 號　1937 年 12 月 1 日　278 頁
火柴配給良好［青岡］　第 308 號　1940 年 6 月 7 日　495 頁
火警之中之慘劇：俄人乳牛三頭葬身火窟，滿人周歲小兒被烟熏斃　第 106 號　1937 年 4 月 14 日　210 頁
卐字粥鍋，就食者多　第 41 號　1935 年 12 月 13 日　79 頁
引起一般注意之路警退職金問題，路警勞苦功高應與路員同一待遇，鐵路局人事課現在正調查考慮中　第 23 號　1935 年 8 月 2 日　44 頁
卍字會募集義金［營口］　第 12 號　1935 年 5 月 16 日　25 頁
卍會計畫施粥［海城］　第 418 號　1940 年 11 月 9 日　531 頁
以七十五萬元資金改良小麥等籽種，同時擴充各地農試場　第 99 號　1937 年 2 月 26 日　196 頁
以日本海軍歸國爲機，海軍江防艦隊將改編——于治安部大臣對本報記者談　第 190 號　1938 年 12 月 9 日　372 頁
以中央本部長來哈爲機舉行協和青少年團結成準備會議，各方面均參加，在協和會本部　第 191 號　1938 年

12月16日　375頁
以包工爲名到處施行欺騙技倆，不良日人被領警逮捕　第70號　1936年7月17日　139頁
以地段街爲中心演習市街戰，青年學校實施訓練　第134號　1937年10月20日　266頁
以全國主要都市爲中心，調查國民所得實相，哈爾濱市定於三月即着手調查，關係者打合會席上議决之事項　第149號　1938年2月23日　298頁
以事變爲分水嶺，北滿商品較輸入比：治安確立農民購買力恢復，今後之輸入勢必日漸增加　第89號　1936年11月26日　176頁
以協和會爲主體，各機關援助之下，救濟被災者各對策已决定　第223號　1939年8月31日　439頁
以哈市演習爲模範，普及全國防空思想——國務總理大臣對記者談　第80號　1936年9月26日　159頁
以新設北安省爲楔機，視察海倫縣政——韋省長歸來發表談話　第207號　1939年4月21日　407頁
以預算七十五萬元建築國優學校　第232號　1939年11月22日　459頁
以滿溝爲中心結成四縣一旗政務聯絡會，各參事官協力一致發揮機能，爲一綜合的連絡指導機關　第123號　1937年8月13日　244頁
以滿鐵社宅爲中心，開始安全防空設備，以免一旦有事而致心荒意亂　第186號　1938年□月□日　366頁
以譚劇團來哈爲機演賑災義務戲，同時並邀請本市各名票參加　第194號　1939年1月12日　380頁
水道工程完成，水井即廢除，本年完成百分九十，今秋開始驗水工作　第49號　1936年2月20日　97頁
水道無水，坐觀火勢，道外發生空前火警，燒毁樓房二百餘間，延燒近鄰損失二百餘萬圓　第303號　1940年4月18日　484頁
水運至此閉幕，最終航之慶瀾號已出航　第136號　1937年11月3日　271頁
水運局開闢中心碼頭　第62號　1936年5月21日　122頁

五畫

未領許可，不准賣鹽　第128號　1937年9月16日　255頁
未領許可擅開飯館被警署拘捕　第35號　1935年10月31日　67頁
正在燈火管制實施中，汽艇發生障礙，高警尉補聞聲後駛舟應援，航行監視員數名得免於難　第211號　1939年5月25日　413頁
正副本部長舉行就任式　第540號　1941年4月19日　565頁
正陽保長，果誰當選，一般頗爲注目　第89號　1936年11月26日　176頁
正陽街上雙管齊下，交通殊爲危險　第112號　1937年5月27日　222頁
正陽街上警匪大戰　第8號　1935年4月20日　17頁
正陽署大捕野妓　第156號　1938年4月12日　313頁
正陽署司法刑事又捕獲悍匪二名，搜出大槍四支、手槍一支、子彈若干　第538號　1941年4月6日　561頁
正陽署映衛生電影一般住民隨意觀覽［哈爾濱］　第82號　1936年7月31日　143頁
正陽署破獲丟包騙案　第156號　1938年4月12日　313頁
正陽署破獲欺騙團　第35號　1935年10月31日　67頁
正陽署捉獲慣匪　第33號　1935年10月18日　62頁
正陽署進行組織經濟保安警察　第225號　1939年9月15日　445頁

正陽署設檢問班　第 99 號　1937 年 2 月 26 日　196 頁
正陽署厲取締交通行　第 117 號　1937 年 7 月 1 日　232 頁
正陽署舉行表彰式　第 13 號　1935 年 5 月 22 日　26 頁
正陽署檢舉高抬物價商，違犯暴利取締令十二家，决定嚴重依法懲辦肅清奸商份子　第 216 號　1939 年 7 月 7 日　424 頁
正陽署檢舉窩藏贓物犯　第 167 號　1938 年□月□日　333 頁
正陽經緯兩署，警官異動發表　第 419 號　1940 年 11 月 14 日　533 頁
正陽警察署檢查：各飲食店業者，發現不良飲食物頗多　第 175 號　1938 年 8 月 17 日　345 頁
正義團招集支部會議：本月十日午後　第 20 號　1935 年 7 月□日　38 頁
去年一年中各火磨生產比較：天興福占全市百分之二二，日滿占第二產二四〇萬袋　第 96 號　1937 年 1 月 27 日　191 頁
去年十二月份道外新開及荒閉商號，開市者僅三十有七家，荒閉者竟達百〇二家　第 45 號　1936 年 1 月 17 日　86 頁
去年十月以降全國豆餅生產量，本年度油房之不振可見一斑　第 132 號　1937 年 10 月 7 日　262 頁
去年下半期日滿營業總額約二十四萬元　第 97 號　1937 年 2 月 3 日　192 頁
去年今年製粉業之比較：一二兩月輸出量增加五倍，四月以後生產量激急減落　第 116 號　1937 年 6 月 23 日　231 頁
去年北滿紙類銷售額約二百萬元，比較前年約增加二成五分　第 100 號　1937 年 3 月 4 日　198 頁
去年度全省内娼妓患花柳病症統計一萬四千百廿三名　第 199 號　1939 年 3 月 3 日　393 頁
去年度德國商品輸入數統計，以金物類爲最多　第 181 號　1938 年 9 月 29 日　355 頁
去年特産交易額較前期減一成五——哈市交易所之成績統計　第 156 號　1938 年 4 月 12 日　312 頁
本月十四日起正式實施：伴同汽油統制強化交通路線從新變更，電車汽車廢止多數停留場　第 414 號　1940 年 10 月 12 日　523 頁
本月中旬召開全省副縣長會議　第 186 號　1938 年□月□日　367 頁
本市日商演成激戰，年末總賣約五十萬元　第 94 號　1937 年 1 月 13 日　187 頁
本市水道科利用松花江水建設水道，關於具體案正在近行計畫中　第 231 號　1939 年 11 月 16 日　456 頁
本市砂糖組合開結成協定會，由各關係者參加在商工會舉行　第 211 號　1939 年 5 月 31 日　415 頁
本市道外郵局局長克盡厥職，局務日漸進步　第 205 號　1939 年 4 月 12 日　402 頁
本市製粉業二月份生産量　第 53 號　1936 年 3 月 20 日　104 頁
本年十月哈商工會議所調查：貨物消售統計共爲國幣九百三十萬元，除日本外德國占第一位　第 141 號　1937 年 12 月 11 日　282 頁
本年木材出產成績良好——據林務署統計　第 130 號　1937 年 9 月 23 日　258 頁
本年末航預定期日　第 75 號　1936 年 8 月 15 日　149 頁
本年北滿各沿線農產物發育不良，以濱北線爲最，將有減收之慮——愛護村之農作情況調查　第 81 號　1936 年 7 月 29 日　140 頁
本年四月以降氣溫降雨比較——觀象臺測量記録　第 68 號　1936 年 7 月 2 日　134 頁
本年冬石炭及木柈預想需用數量與前年比較激增約二成　第 181 號　1938 年 9 月 29 日　354 頁
本年全滿農作物第一回收穫豫想——哈鐵北滿經濟調查所發表　第 73 號　1936 年 8 月 6 日　144 頁

本年江豆品質化驗成績良好　第 109 號　1937 年 5 月 5 日　217 頁
本年度上半期來往旅客總數：車站統計較上年同期激增二倍　第 230 號　1939 年 11 月 9 日　454 頁
本年度都市計畫：對既設事業加以整備擴張，近藤工務處長對記者談話　第 155 號　1938 年 4 月 5 日　310 頁
本年度航運預想：減收一百萬元以不工避免，貨物積散地之哈市將轉佳木斯　第 102 號　1937 年 3 月 17 日　202 頁
本年度甜菜收穫預想：總數約達三百萬布特，砂糖生產將超過去年　第 127 號　1937 年 9 月 9 日　252 頁
本年度第一次防衛訓練成績極爲優秀，最近或將舉行優秀者表彰　第 211 號　1939 年 5 月 31 日　415 頁
本年度第一次省聯會提出關於幼兒愛護運動　第 216 號　1939 年 7 月 7 日　424 頁
本年度量衡器整備集合檢查，檢查日程及場所規定完了　第 307 號　1940 年 6 月 2 日　492 頁
本年度儲蓄周間，全省下一致實施，喚起國民儲蓄精神宣傳貯金趣旨　第 406 號　1940 年 8 月 29 日　512 頁
本年都市計劃工程告一段落，將於明年全部完成　第 88 號　1936 年 11 月 19 日　174 頁
本年航聯局成績良好：貨物八十二萬噸，乘客二十二萬人　第 91 號　1936 年 12 月 10 日　181 頁
本年教育整備計劃舉全力促其完成實現，於新學制實施後本省教育劃期飛躍　第 205 號　1939 年 4 月 12 日　403 頁
本年植樹禮場選定［哈爾濱］　第 154 號　1938 年 3 月 30 日　308 頁
本年開江後運輸狀況比較去年約增六成　第 69 號　1936 年 7 月 9 日　136 頁
本年開江提前二周　第 155 號　1938 年 4 月 5 日　311 頁
本年農村勞工比較去年增加　第 102 號　1937 年 3 月 17 日　203 頁
本年新豆品質優良　第 135 號　1937 年 10 月 29 日　269 頁
本次防衛訓練濱江省當局發表談話　第 210 號　1939 年 5 月 17 日　410 頁
本報啓事　第 49 號　1936 年 2 月 13 日　95 頁
本諸協和精神努力向前邁進——新任韋濱江省長對記者談　第 148 號　1938 年 2 月 17 日　296 頁
左右開弓暴打不休，車掌司機同時遭辱，河野車務監督之兇暴行爲　第 28 號　1935 年 9 月 5 日　54 頁
左袒右護難爲常祥五，既欲納妾何懼獅子吼，車掌于芸英被逐之經過　第 50 號　1936 年□月□日　99 頁
左推事蒞嫩視察［嫩江］　第 181 號　1938 年 9 月 29 日　355 頁
石油小麥粉［北鎮］　第 309 號　1940 年 6 月 14 日　497 頁
石炭消費節約周間煤烟濃度測定由工業醫大學生擔任　第 185 號　1938 年 11 月 2 日　364 頁
布街村會議規則［梨樹］　第 116 號　1937 年 6 月 23 日　231 頁
平時戰時兼備建設防空塔，防護團一舉兩得之美舉　第 147 號　1938 年 2 月 5 日　295 頁
打破消遣新紀録之高爾夫球場近將開幕，内部修理富麗堂皇無與倫比　第 197 號　1939 年 2 月 1 日　386 頁
北田巡官調轉松浦　第 41 號　1935 年 12 月 13 日　79 頁
北黑拉賓鐵軌將改修　第 16 號　1935 年 6 月 13 日　31 頁
北黑電社拐款案：全案俱已判明　第 100 號　1937 年 3 月 4 日　198 頁
北新警署捕匪一名　第 82 號　1936 年 10 月 2 日　161 頁
北滿小麥本年收穫預想：將來必較前年爲優，濱江及龍江兩省約增五萬七千八百陌　第 214 號　1939 年 6 月 23 日　420 頁
北滿各地去年十二月末農産物積存量七十六萬五千四百餘噸　第 94 號　1937 年 1 月 13 日　186 頁
北滿各移民團畜産改良狀况——北滿經濟調查所最近調查　第 162 號　1938 年 5 月 26 日　325 頁

北滿各鐵路沿線穀物積存量數——北滿經濟調查所調查　第 129 號　1937 年 9 月 22 日　256 頁
北滿沿線糧石積存量　第 150 號　1938 年 3 月 1 日　301 頁
北滿特產大豆各線存貨數量　第 51 號　1936 年 3 月 6 日　100 頁
北滿特產界三月間之情形：哈爾濱管内所存大豆統計一〇四二八〇　第 7 號　1935 年 4 月 9 日　15 頁
北滿家畜調查總計五百四十八萬五千三百餘頭——哈爾濱商工會議所最近發表　第 80 號　1936 年 9 月 26 日　158 頁
北滿移民踴躍，去年冬季達一萬人　第 141 號　1937 年 12 月 11 日　283 頁
北滿產米與年俱增　第 102 號　1937 年 3 月 17 日　202 頁
北滿開發之先鋒，省下移民之全貌，招墾地整備工作着着進行中　第 157 號　1938 年 4 月 19 日　314 頁
北滿電信網計劃入於整時期，新設勃利等五電信局，現有電報局五十四局　第 68 號　1936 年 7 月 2 日　135 頁
北滿製粉之現勢：新舊資本家將演激烈商戰，日產能力可達十三萬袋　第 102 號　1937 年 3 月 17 日　203 頁
北滿製糖會社增資百萬元，擴張工場以圖增產，近將招開股東總會決定　第 162 號　1938 年 5 月 26 日　325 頁
北滿糖業之展望：供不應求輸入品占百分九十，本年甜菜栽培倍於往年　第 105 號　1937 年 4 月 7 日　209 頁
北滿麵粉輸出華北絕望，華北麵粉市場爲日獨占　第 131 號　1937 年 9 月 29 日　261 頁
北鐵接收，哈市前途無量　第 5 號　1935 年 3 月 27 日　11 頁
北鐵接收後，俄人不動產紛紛求售，資本家投資二百萬元，組織不動產株式會社　第 13 號　1935 年 5 月 22 日　26 頁
田中科長晉京參加教育科長會議　第 168 號　1938 年 6 月 29 日　335 頁
田中理事昨日來哈　第 102 號　1937 年 3 月 17 日　202 頁
田地街與八站間縱斷大路六月中動工九月間竣工，數年來之懸案今始解決　第 102 號　1937 年 3 月 17 日　202 頁
田苗苦旱［盤山］　第 117 號　1937 年 7 月 1 日　233 頁
由二十日起京濱線增開臨時旅客列車，南行旅客非常便利，二期路軌改正爲止　第 61 號　1936 年 5 月 14 日　120 頁
由日購來交通整理機四架已運來兩架分裝於街頭，十二日開始裝設，廿五日即可竣工，實我哈市人民交通安全之福音　第 183 號　1938 年 10 月 20 日　361 頁
由安東榮轉之四氏赴任［安東］　第 118 號　1937 年 7 月 7 日　235 頁
“史國公”酒中有老鼠，嗜之者多不飲，有礙市民衛生希當局注意　第 226 號　1939 年 10 月 12 日　446 頁
只圖求利，不顧民害，利用嗎啡予癮戒烟，鴉片癮斷嗎啡癮成，與鴉片麻藥斷禁毫無補益　第 540 號　1941 年 4 月 19 日　564 頁
兄弟亂倫叔嫂通奸，張國梁可謂衣冠禽獸　第 87 號　1936 年 11 月 12 日　173 頁
四五兩月份油坊生產計一一六五二七枚　第 70 號　1936 年 7 月 17 日　138 頁
四日假地區本部會議室舉開第一次聯絡會議，現已通知各關係者屆時出席　第 198 號　1939 年 2 月 9 日　388 頁
四月下旬特產積存量：大豆六七六車，小麥一五三七車　第 109 號　1937 年 5 月 5 日　217 頁
四月份煤炭消費量：共約六二八七四噸，較去年同期增四成　第 162 號　1938 年 5 月 26 日　324 頁
四角桃色新聞：坤令戀愛武生，自謂便宜本行　第 307 號　1940 年 6 月 2 日　492 頁
四軍所屬部隊討匪樹立武勳［哈爾濱］　第 190 號　1938 年 12 月 9 日　373 頁

四軍軍官候補生入隊後精神訓話，四軍司令官郭中將口演記録　第 73 號　1936 年 8 月 6 日　144 頁
四軍區討匪成績：斃匪百四十六名　第 131 號　1937 年 9 月 29 日　260 頁
四軍區新兵入隊式前日隆重舉行，參加者有各機關首要　第 207 號　1939 年 4 月 21 日　407 頁
四軍勝碧眼兒：今年哈埠體育界最初有趣籃球賽　第 3 號　1935 年 3 月 18 日　7 頁
四軍當局感謝軍警慰問袋，决定發給代表者感謝狀，請道里外兩商會開名單　第 64 號　1936 年 6 月 4 日　127 頁
四軍選拔看護兵士，送入衛戍病院，教以看護方法　第 82 號　1936 年 7 月 31 日　143 頁
四軍鵬飛少將逝世，廿四日在極樂寺内盛大舉行葬儀式　第 184 號　1938 年 10 月 27 日　363 頁
四消防隊合併問題近將實現，七月一日機構改革同時實現説，兩主管當局進行交涉　第 117 號　1937 年 7 月 1 日　233 頁
四喜妓館放賭被捕　第 155 號　1938 年 4 月 5 日　310 頁
生女通奸被捉送警，司法警知法不知情！　第 39 號　1935 年 11 月 29 日　75 頁
生命保險成績佳［義縣］　第 211 號　1939 年 5 月 31 日　414 頁
生計所倉庫被焚損失萬餘元　第 113 號　1937 年 6 月 2 日　224 頁
生活壓迫，日人自殺　第 162 號　1938 年 5 月 26 日　325 頁
生徒練習商業，獲利益慰問軍警　第 188 號　1938 年 11 月 22 日　370 頁
失明已經五年，經治果然復明，石博士醫術驚人慈善可風　第 121 號　1937 年 7 月 29 日　241 頁
失信固屬無禮，搗毁亦太野蠻　第 20 號　1935 年 7 月□日　39 頁
失業之後繼以失戀，青年服毒自殺，三十片安眠藥以了殘生——男女招待一幕戀愛悲劇　第 105 號　1937 年 4 月 7 日　208 頁
失照聲明　第 307 號　1940 年 6 月 2 日　492 頁
失學兒童激增，市署將何以處，兒童家長請求增設學校，市諮議會即將提出討論　第 148 號　1938 年 2 月 17 日　296 頁
丘八爺目無法紀，竟聚衆毆打倌長，倌太太亦被毆狼狽不堪，燈節中秋歌與燈倌衝突　第 49 號　1936 年 2 月 13 日　94 頁
丘八爺電招援車，虎兒冠溜之乎也，同記獨一處一幕趣劇　第 86 號　1936 年 11 月 4 日　170 頁
代書事務所遷移［阜新］　第 417 號　1940 年 11 月 3 日　529 頁
白俄更夫因何自縊　第 114 號　1937 年 6 月 9 日　226 頁
白俄事務局主辦納特勞夫慰靈祭，廿七日在南崗神社舉行　第 223 號　1939 年 8 月 31 日　438 頁
白俄事務局爲救濟白俄失業青年設置俄人青年聯盟，十三日在南崗開會　第 25 號　1935 年 8 月 16 日　48 頁
白俄結成王政同盟，發表成立宣言，以建立帝國鄉土滅除共黨爲主旨　第 173 號　1938 年 8 月 2 日　340 頁
白處長赴日見學　第 13 號　1935 年 5 月 22 日　27 頁
白晝被匪光顧，損失八千餘元　第 178 號　1938 年 9 月 7 日　350 頁
印花税法座談會　第 107 號　1937 年 4 月 21 日　212 頁
印製石炭申請書，向會社家庭配布　第 225 號　1939 年 9 月 15 日　445 頁
外人在哈工業狀態：市署實業科基本調查資金、產量、使用職工數　第 63 號　1936 年 5 月 28 日　125 頁
外人製菓業入末落時期　第 104 號　1937 年 3 月 31 日　207 頁
冬季軍警慰問袋現正開始募集，希望愛國志士踴躍獻納［哈爾濱］　第 417 號　1940 年 11 月 3 日　528 頁

冬眠半載之松花江近將解冰，過去五年解冰期比較　第 151 號　1938 年 3 月 9 日　302 頁
冬期預防火災，消防署散傳單［遼陽］　第 418 號　1940 年 11 月 9 日　531 頁
冬期輸出界之寵兒：北滿之名産雉雞因英皇加冕典禮需要激增，市内輸出商不惜交價爭買　第 99 號　1937 年 2 月 26 日　196 頁
主任榮升分局長［公主嶺］　第 30 號　1935 年 9 月 28 日　57 頁
主要糧穀實施統制，非經許可不准外運——市公署商工科正式發表　第 302 號　1940 年 4 月 6 日　481 頁
主催民族交歡大會［海倫］　第 129 號　1937 年 9 月 22 日　257 頁
市一部機構改革，人事將有異動，官房人事股進行嚴密研究中　第 534 號　1941 年 3 月 8 日　554 頁
市大汽車又肇禍　第 142 號　1937 年 12 月 5 日　281 頁
市之機構不欲急變，大迫副市長對本報記者談　第 138 號　1937 年 11 月 17 日　274 頁
市支給移轉費三十萬，限八月末遷竣——木商代表與市方要請之結果　第 214 號　1939 年 6 月 23 日　420 頁
市内三春町發生火災［大連］　第 216 號　1939 年 7 月 7 日　425 頁
市内不潔地區各市場附近占大多數，保甲團指揮厲行殺蛆　第 116 號　1937 年 6 月 23 日　230 頁
市内公共便所太少，糞尿狼籍有礙衛生，希望當局速爲設法以善處之　第 23C 號　1939 年 11 月 9 日　455 頁
市内四民失業人數：四民之中惟工人失業者最多，哈爾濱市公署社會科所調查　第 143 號　1937 年 12 月 22 日　285 頁
市内批發商去年總賣額九千二百萬元　第 101 號　1937 年 3 月 11 日　201 頁
市内急待公共廁所　第 70 號　1936 年 7 月 17 日　139 頁
市内特產積存量：大豆七四四車，小麥一九二二車　第 107 號　1937 年 4 月 21 日　212 頁
市内特產積存量：大豆一四，小麥一四二四車　第 134 號　1937 年 10 月 20 日　267 頁
市内區立小學市署接管始末：市方爲統一市教育有歸市辦必要，原社會科所屬教育股同時升爲科，市内某文化機關亦有收歸市管説　第 19 號　1935 年 7 月 3 日　36 頁
市内道路網整備計畫：預算工程費三十萬元　第 102 號　1937 年 3 月 17 日　203 頁
市内發現女妖出入巨賈之門，良家婦女被誘墮落者頗多　第 82 號　1936 年 10 月 2 日　160 頁
市公園股建築公園　第 415 號　1940 年 10 月 24 日　524 頁
市公署少壯吏員十六名升委任官——大迫副市長對記者談　第 149 號　1938 年 2 月 23 日　298 頁
市公署六年度預算現正與各科折衝中　第 183 號　1938 年 10 月 20 日　361 頁
市公署再限期換訂新房地租約，屆期倘仍不聲請換領，認爲退租必另行招租　第 38 號　1935 年 11 月 21 日　72 頁
市公署定期召開諮議　第 234 號　1939 年 12 月 7 日　462 頁
市公署教育科舉行初等教師檢定，定於十一月上旬在哈四處實施［哈爾濱］　第 412 號　1940 年 9 月 29 日　519 頁
市公署教育科一年中之行事（一）　第 153 號　1938 年 3 月 22 日　307 頁
市公署教育科一年中之行事（二）　第 154 號　1938 年 3 月 30 日　309 頁
市公署盜難迭出　第 151 號　1938 年 3 月 9 日　303 頁
市公署將增設自來水販賣所，不良之水井自然將廢除——工務處岸喜氏對記者談　第 162 號　1938 年 5 月 26 日　324 頁
市公署管内明年小麥耕種面積增加千五百陌，模範的農事合作社將組成，優良籽種分配法仍照舊　第 128 號

1937年9月16日　254頁
市公署實施餓鬼供養執行［本溪］　第402號　1940年7月16日　503頁
市公署警察廳共同舉辦之秋季大掃除方法時間均已決定，希望市民加意清掃　第126號　1937年9月1日　250頁
市公署警察廳共同舉辦之秋季大掃除方法時間均已決定，希望市民加意清掃（續）　第127號　1937年9月9日　253頁
市公署警察廳鐵道局印製虎列拉預防書，利用無線電新聞等施行宣傳　第175號　1938年8月17日　345頁
市方積極整備國勢調查機構，各班等主要人員擔當已選定　第405號　1940年8月17日　511頁
市主計科召開會議　第143號　1937年12月22日　284頁
市立小學校國語綴法，教職員成立委員會　第88號　1936年11月19日　174頁
市立各小學校教員、學生數目——市教育科最近調查　第120號　1937年7月21日　239頁
市立各小學校學生數目調查——康德三年二月末現在　第57號　1936年4月17日　112頁
市立各小學校學生數目調查——康德三年二月末現在　第58號　1936年4月23日　115頁
市立各校改變名稱　第147號　1938年2月5日　294頁
市立戒烟所五年度戒烟成績極爲良好　第196號　1939年1月25日　384頁
市立赤十字兩病院施診捨藥　第426號　1941年1月12日　544頁
市立精神病院舉行落成式典［哈爾濱］　第417號　1940年11月3日　529頁
市立獸醫院新屋落成，最近即將開始遷入　第183號　1938年10月20日　361頁
市民注意防範竊盜　第118號　1937年7月7日　235頁
市民墓地一部完成　第147號　1938年2月5日　295頁
市民遵守防疫方法，道外發生疑似虎疫，防疫當局協力防之，警察廳特規定防疫預防方法　第405號　1940年8月17日　511頁
市召校長會議示教育改善點［鐵嶺］　第222號　1939年8月24日　437頁
市自治委員改選問題責任當局早有成見　第40號　1935年12月5日　76頁
市行政處下設地方科？辦理農村行政　第90號　1936年12月2日　178頁
市社會科召開討論會［哈爾濱］　第160號　1938年5月13日　321頁
市虎肇禍，道外一幕交通慘劇：九歲幼童慘死輪下，被害父母痛子心切如精神病狂　第303號　1940年4月18日　485頁
市虎肇禍，撞傷俄女　第168號　1938年6月29日　334頁
市明年度預算總額增加二百萬元　第89號　1936年11月26日　177頁
市明年預算主計科查定完了，十日提出自治會决議　第91號　1936年12月10日　181頁
市明年預算達三千五百萬圓　第414號　1940年10月12日　522頁
市明年預算整理齊備，十七日交自治會　第92號　1936年12月16日　183頁
市制紀念七月一日花火大會，市署現正極積準備，觀光局募集觀光團　第115號　1937年6月16日　228頁
市制實施慶祝式，昨在道里盛大舉行，參加者約計四千餘人　第169號　1938年7月7日　336頁
市建築科長易人［哈爾濱］　第111號　1937年5月19日　220頁
市政周年紀念日，表彰大批吏員［齊齊哈爾］　第154號　1938年3月30日　309頁
市校體育講習本月末間舉開［新京］　第404號　1940年7月30日　506頁

市教育科指定特別研究學校，分別研究各種科門　第 57 號　1936 年 4 月 17 日　112 頁
市教育科爲融合民族精神擬設聯合教育會，定於二十五日召開幹事會　第 103 號　1937 年 3 月 25 日　205 頁
市教育科當局爲喚起民衆認識時局，特組織時局講演班赴近郊講演　第 222 號　1939 年 8 月 24 日　436 頁
市教育科整理私塾現已開始調查，不合格者取締　第 127 號　1937 年 9 月 9 日　252 頁
市教育科檢定私塾教員［哈爾濱］　第 143 號　1937 年 12 月 22 日　285 頁
市商工科計劃發展地方產業，根據哈市繁榮爲主體，獎勵諸般工業之復興　第 105 號　1937 年 4 月 7 日　209 頁
市商工科準備招開經濟懇談會，網羅哈市經濟界有力者加入　第 112 號　1937 年 5 月 27 日　223 頁
市商工科擬組設商工發展委員會，爲哈爾濱產業界之指針　第 104 號　1937 年 3 月 31 日　207 頁
市組成特殊防衛分隊，擔當動員工作　第 415 號　1940 年 10 月 24 日　524 頁
市場會社定期開催役員總會［開原］　第 234 號　1939 年 12 月 13 日　465 頁
市場賣項，打破新紀録　第 89 號　1936 年 11 月 26 日　176 頁
市街商民屢遭匪搶［富錦］　第 8 號　1935 年 4 月 20 日　17 頁
市道路科員向商號叩節，因有強索行爲被捕　第 115 號　1937 年 6 月 16 日　228 頁
市發放賞金　第 235 號　1939 年 12 月 21 日　467 頁
市當局召開區長會議［大連］　第 68 號　1936 年 7 月 2 日　135 頁
市農政科舉辦農產物品評會，同時並舉行講習會　第 135 號　1937 年 10 月 29 日　268 頁
市農會又一醜聞，堂堂會長合謀詐欺，被害人將控諸有司　第 91 號　1936 年 12 月 10 日　180 頁
市農會又開會議，討論罷免島顧問事件　第 11 號　1935 年 5 月 8 日　22 頁
市農會行將改選，姚錫九引咎辭職，辛英才將不免被押，市農會之笑話何多　第 6 號　1935 年 4 月 4 日　12 頁
市農會財源茂盛，姚會長老運亨通　第 1 號　1935 年 2 月 23 日　2 頁
市農會笑料何多？姚錫九辭職，照準島顧問罷免待議，奔走副會長之王雨穠被警廳拘留　第 10 號　1935 年 5 月 6 日　20 頁
市農會從來多事，姚會長賄選，風潮乍告平息，鄉農會賄選風潮又起　第 2 號　1935 年 3 月 6 日　5 頁
市農會評議兼斡旋所長，王雨穠移交法院判罪，將來法院如何判斷頗堪注目　第 13 號　1935 年 5 月 22 日　26 頁
市農會搬回原處，望辛會長好自爲之　第 17 號　1935 年 6 月 20 日　33 頁
市農會與菜蔬組合，因營業上之衝突三進三出，辛英才可算倒戈能手　第 7 號　1935 年 4 月 9 日　14 頁
市署人事一部發表　第 141 號　1937 年 12 月 11 日　283 頁
市署之人事異動，機構改革後實現，中央之意决不欲令一般失業，韋市長對記者談市政之近況　第 139 號　1937 年 11 月 23 日　276 頁
市署王屬官赴日見學，期間爲一年　第 54 號　1936 年 3 月 27 日　106 頁
市署元年度稅捐成績　第 23 號　1935 年 8 月 2 日　45 頁
市署年中賞與金，六月初旬可發表，仍本上薄下厚之原則　第 211 號　1939 年 5 月 25 日　412 頁
市署防止天花舉行臨時種痘　第 168 號　1938 年 6 月 29 日　335 頁
市署招開事務主任會議，提出議案頗多　第 60 號　1936 年 5 月 7 日　119 頁
市署重申前令，促癮者速戒除，限期申報，否則免其官職　第 174 號　1938 年 8 月 12 日　342 頁
市署特殊結成式，七日午前在道里公園，參加人員計一千三百餘名　第 52 號　1936 年 3 月 16 日　103 頁

市署商工科招開度量衡集合檢查懇談會，各關係機關均派員出席　第 164 號　1938 年 6 月 8 日　329 頁
市署提倡優良籽種，在糖廠及朝陽堡播種，發育之成績非常優秀　第 73 號　1936 年 8 月 6 日　145 頁
市署最近設置廁所　第 56 號　1936 年 4 月 10 日　111 頁
市署普及自來水，在市内設置賣水樓百二處　第 163 號　1938 年 6 月 2 日　327 頁
市署新設區政股　第 154 號　1938 年 3 月 30 日　308 頁
市署新築傳染病院　第 152 號　1938 年 3 月 16 日　304 頁
市署編纂哈市案内　第 70 號　1936 年 7 月 17 日　139 頁
市署整備工廠地　第 124 號　1937 年 8 月 18 日　246 頁
市署警廳聯銜佈告平抑房租　第 30 號　1935 年 9 月 28 日　56 頁
市實業科調查商況，以爲改良之張本　第 85 號　1936 年 10 月 28 日　168 頁
市衛生科究升格否？　第 90 號　1936 年 12 月 2 日　179 頁
市衛生科組織巡迴診療班，四郊農民蒙受恩惠　第 151 號　1938 年 3 月 9 日　302 頁
市衛生科鋭意整備衛生設施，建設近代都會，明年臨時經常費二百萬元，新設葬齋場、火葬場墓地　第 81 號　1936 年 10 月 8 日　162 頁
市衛生清理科機能行將擴大，實施塵芥定期搜集，明年度市清理計劃　第 127 號　1937 年 9 月 9 日　253 頁
市機構改革後各處科分掌事務，市政進行將益趨圓滑　第 144 號　1938 年 1 月 14 日　289 頁
市諮議會廿日招開　第 143 號　1937 年 12 月 22 日　285 頁
市諮議會新陣容　第 145 號　1938 年 1 月 21 日　290 頁
市諮議會舉行成立式，張延閣氏被任爲諮議長，諮議會會規則草案　第 146 號　1938 年 1 月 26 日　293 頁
市營中央批發市場因延付客人貨款，客幫提出質疑！中興市場之經濟支絀狀況捉襟見肘，向市署請求墊款二萬元向再兩可中　第 35 號　1935 年 10 月 31 日　66 頁
市營交通事業從前弊端不但未除，接收之後流弊叢生　第 1 號　1935 年 2 月 23 日　2 頁
市聯協議提案現經整理完備，各種議案共爲四十四件　第 306 號　1940 年 5 月 24 日　491 頁
市聯閉幕，開始宴會　第 309 號　1940 年 6 月 14 日　496 頁
市職業校來年開校，定修業期爲二個年　第 87 號　1936 年 11 月 12 日　172 頁
市警兩當局實施防空演習　第 201 號　1939 年 3 月 8 日　394 頁
市警兩衛生當局實施檢痰工作，確保市民健康杜絕傳染　第 215 號　1939 年 7 月 4 日　422 頁
市警檢便，發現窒扶斯　第 173 號　1938 年 8 月 2 日　340 頁
市警雙方嚴重取締腐爛飲食物品，杜絕時疫保健市民　第 220 號　1939 年 8 月 3 日　433 頁
市獸醫股本年度注射牛馬炭疽病　第 184 號　1938 年 10 月 27 日　363 頁
市屬調查雜貨商　第 62 號　1936 年 5 月 21 日　122 頁
市屬擬定增（築）路道　第 418 號　1940 年 11 月 9 日　530 頁
半截河子發見股匪，國道局自動車隊被匪襲擊損失頗重　第 5 號　1935 年 3 月 27 日　10 頁
永井班長勉勵職員［三江］　第 134 號　1937 年 10 月 20 日　267 頁
永吉縣村公所明年建新所址［吉林］　第 227 號　1939 年 10 月 24 日　449 頁
永來盛被匪光顧　第 9 號　1935 年 4 月 26 日　18 頁
永昌區新陣容［開原］　第 234 號　1939 年 12 月 13 日　465 頁
司法界多事之秋，鄭檢察官因受賄被撤職，黄推事因設賭被捉官裹，昔日堂上客今日階下囚　第 8 號　1935

年 4 月 20 日　17 頁
司法界頓忙碌，遵赦令處理犯人，出席書記官會議人員已定　第 121 號　1937 年 7 月 29 日　240 頁
司法科全部遷移警廳内　第 194 號　1939 年 1 月 12 日　380 頁
司法科捕獲匪徒三名　第 130 號　1937 年 9 月 23 日　259 頁
司法科捕獲慣匪　第 138 號　1937 年 11 月 17 日　275 頁
司法科捉獲竊盜團，首魁二名同時落網　第 139 號　1937 年 11 月 23 日　277 頁
司法科嚴查客棧賭局，連日捕獲數起　第 130 號　1937 年 9 月 23 日　258 頁
司法當局破獲，私造烟土窟穴，私土没收犯人拘留　第 169 號　1938 年 7 月 7 日　337 頁
司法講習會兩日舉行　第 210 號　1939 年 5 月 17 日　411 頁
司賬與店客拘搭成奸　第 211 號　1939 年 5 月 25 日　413 頁
司機人才缺乏，交通會社再行續招中　第 179 號　1938 年 9 月 15 日　353 頁
司機被逼自殺，交通局大汽車股之不祥事件　第 49 號　1936 年 2 月 13 日　95 頁
司機無許可證，竟爾軋斃幼童　第 155 號　1938 年 4 月 5 日　310 頁
民食缺乏嗷嗷待哺［鳳城］　第 199 號　1939 年 2 月 15 日　390 頁
民航收買問題已解决，四月一日舉成立式典，屬於奉天鐵道總局直轄　第 202 號　1939 年 3 月 15 日　396 頁
民部召開兩大會議：二屆全國省長會議及總務廳處長會議　第 95 號　1937 年 1 月 21 日　189 頁
民教實三廳定期遷移道勝銀行舊址　第 66 號　1936 年 6 月 18 日　130 頁
民族交歡大會假神武天皇祭佳節舉行，協和會市本部主辦　第 104 號　1937 年 3 月 31 日　206 頁
民族協和實話懸賞募集，期建國精神及協和運動徹底，協和會市本部之創立　第 119 號　1937 年 7 月 15 日　237 頁
弘報要員慎重，資格之檢選［三江］　第 163 號　1938 年 6 月 2 日　327 頁
出外辦事，丢失大氅　第 105 號　1937 年 4 月 7 日　209 頁
加藤氏轉榮［鎮東］　第 307 號　1940 年 6 月 2 日　492 頁
召各縣旗國兵民籍股長舉開講習大會，講師由省各幹部擔當，現已閉幕　第 545 號　1941 年 5 月 24 日　574 頁
召開青訓指導者協議會　第 191 號　1938 年 12 月 16 日　375 頁
召開協議會　第 199 號　1939 年 2 月 15 日　390 頁
召開第一次磋商會，建設傷病兵娱樂室，如各方一致同意時即進行籌備　第 199 號　1939 年 2 月 15 日　390 頁
召開醫師講演會，樹立防疫對策　第 415 號　1940 年 10 月 24 日　525 頁
召集分區會議［本溪］　第 427 號　1941 年 1 月 18 日　546 頁
召集全市體育教員，開催體育講習會　第 217 號　1939 年 7 月 13 日　426 頁
召集各廳幹部人員開省政懇談會，懇談日程已規定完了　第 197 號　1939 年 2 月 1 日　386 頁
召集青訓指導者開催協議研究會　第 218 號　1939 年 7 月 20 日　429 頁
皮黄的源流考　第 113 號　1937 年 6 月 2 日　225 頁
幼女横渡電車道，左足竟被軋斷，大人照拂不周故罹此禍——大新街上一幕交通慘劇　第 127 號　1937 年 9 月 9 日　252 頁
幼兒無知吞食鴉片，父母醒來悔之晚矣，黑籍君子可不戒乎　第 143 號　1937 年 12 月 22 日　284 頁
幼童路上嬉戲，慘作輪下之鬼，爲父母者應有戒心　第 130 號　1937 年 9 月 23 日　258 頁

六畫

丟失斗車請求查緝　第45號　1936年1月17日　87頁
刑事科努力搜查兇犯　第96號　1937年1月27日　190頁
邢司令官巡視壯丁檢查　第531號　1941年2月8日　551頁
邢克仁畏罪潛逃，詐財案至此大白　第28號　1935年9月5日　55頁
吉地法院長易人［吉林］　第212號　1939年6月8日　416頁
吉林省通告，蒙租局廢止［吉林］　第199號　1939年2月15日　390頁
吉林郵局新獻增加收受投遞次數［吉林］　第234號　1939年12月7日　463頁
考取烟政服務員［西安］　第209號　1939年5月11日　409頁
考取警察，成績優良　第130號　1937年9月23日　259頁
考試雇員發表［西豐］　第547號　1941年6月7日　577頁
考選師範生揭曉［甯安］　第49號　1936年2月20日　97頁
老正陽河十三道街大汽車新路線定於本月十日開通，道里秋林間票價將酌減　第48號　1936年2月8日　93頁
老翁軋成三截，電車在車站肇禍　第131號　1937年9月29日　260頁
老翁納妾　第413號　1940年10月8日　521頁
老郭上當了，先反目後現媚，終至鴻飛冥冥　第302號　1940年4月6日　480頁
老婦失察擇婿非人，追尋未得在哈相遇，曲某暴打岳母被警逮捕送署　第173號　1938年8月2日　340頁
老鼎新欺騙顧客　第11號　1935年5月8日　23頁
老嫗因何慘遭殺害　第138號　1937年11月17日　275頁
老嫗來哈尋子，下車錢包被掏，何物绺賊匆乃太恨！　第86號　1936年11月4日　171頁
老嫗搶奪小兒手鐲　第117號　1937年7月1日　233頁
老闆娘戀張愛李，管烟所大演醋劇，朱某被甩後蓄意報復，看燈的幸運竟得作入幕之賓　第196號　1939年1月25日　385頁
地下溝疏通完竣［安東］　第113號　1937年6月2日　225頁
地方法院區法院成立親和會　第232號　1939年11月22日　458頁
地方法院新設調停委員制，初代委員已經聘任　第151號　1938年3月9日　303頁
地方警察學校舉新生入學式　第214號　1939年6月23日　421頁
地政科積極工作，實測長嶺街宅地［長嶺］　第405號　1940年8月17日　511頁
地區協和分會定二十日結成　第198號　1939年2月9日　389頁
地區勞動統制協定，蒙民生部大臣許可　第234號　1939年12月13日　465頁
地窖内強奸幼女案開庭審理　第25號　1935年8月16日　49頁
地窖強奸幼女案繼續審理情形，劉母親自出庭被告推翻原供，本案之推演益堪注目！（一）　第26號　1935年8月26日　51頁
地窖強奸幼女案繼續審理情形，劉母親自出庭被告推翻原供，本案之推演益堪注目！（二）　第27號　1935年8月31日　53頁
地窖強奸幼女案繼續審理情形，劉母親自出庭被告推翻原供，本案之推演益堪注目！（三）　第28號

1935年9月5日　54頁
地整哈支局，整理道外　第156號　1938年4月12日　312頁
地檢廳附設之，法警訓練所開幕，陳廳長對學生有所訓示　第54號　1936年3月27日　106頁
地籍局招考職員［昌圖］　第202號　1939年3月15日　396頁
朽木課長赴日視察　第201號　1939年3月8日　395頁
吏員訓練延期［開通］　第415號　1940年10月24日　524頁
再募教員三十名［鳳城］　第108號　1937年4月28日　215頁
在三棵樹設立工場製人造羊毛，年產一億鎊内外，當局正在考慮中　第82號　1936年10月16日　164頁
在哈滿系福德銀行首先增資爲百萬圓，其他銀行合併增資氣運濃化　第234號　1939年12月7日　463頁
在郭爾羅斯後旗將建設曹達工廠，採取該處一帶天然曹達加工製造，工廠建設費共計五百萬元　第154號　1938年3月30日　308頁
在鄉將校團結成式，定於十四日嚴肅舉行　第152號　1938年3月16日　305頁
在滿日本臣民土地權利取得手續，中央訓令哈市各機關由本年七月一日實施　第83號　1936年10月23日　166頁
在德元輪船上搜出大批私土，共二千餘兩價值四千餘元，密輸犯船員十七名同逮捕　第31號　1935年□月□日　58頁
在錦居留日鮮人概數　第61號　1936年5月14日　121頁
在濱黑省境發見廣大可耕地——安達調查隊實地踏查結果　第157號　1938年4月19日　314頁
百斯篤疫路局努力防止　第40號　1935年12月5日　77頁
有妻不貞，乘機潛逃　第407號　1940年9月5日　514頁
有計畫有組織經過長時間的龍沙大騙案敗露經過，騙婚騙財官商律師全班合演運鴻鈞女士被騙痛史（一）　第20號　1935年7月□日　39頁
有計畫有組織經過長時間的龍沙大騙案敗露經過，騙婚騙財官商律師全班合演運鴻鈞女士被騙痛史（二）　第21號　1935年7月17日　41頁
有計畫有組織經過長時間的龍沙大騙案敗露經過，騙婚騙財官商律師全班合演運鴻鈞女士被騙痛史（三）　第22號　1935年7月25日　42頁
有計畫有組織經過長時間的龍沙大騙案敗露經過，騙婚騙財官商律師全班合演運鴻鈞女士被騙痛史（四）　第23號　1935年8月2日　45頁
有計畫有組織經過長時間的龍沙大騙案敗露經過，騙婚騙財官商律師全班合演運鴻鈞女士被騙痛史（五）　第24號　1935年8月8日　46頁
列車三輛脱軌，濱州列車遲誤　第97號　1937年2月3日　193頁
列車中分娩，送入鐵路醫院　第108號　1937年4月28日　214頁
列車旅館將實現玉泉、阿城、亞溝等處新設　第118號　1937年7月7日　235頁
列車機車相沖，女生九名負傷，女二中阿城旅行出發時不幸事件　第114號　1937年6月9日　226頁
死亡率之比較：哈市占世界第一位，哈市每年死亡萬五百餘人　第114號　1937年6月9日　226頁
死屍臉的金香姑娘接客的一幕突梯劇　第195號　1939年1月19日　383頁
成衣鋪拒夥，拐款潛逃　第116號　1937年6月23日　230頁
劣紳架詞唆訟，爲人飽以老拳　第94號　1937年1月13日　186頁

光天化日匪人行劫　第6號　1935年4月4日　12頁
曲線街一帶大汽車路失修，市民非難之聲甚囂塵上，希望市署哈鐵急速修築　第110號　1937年5月12日　218頁
吕某妻被殺案，本夫擔大嫌疑［清原］　第417號　1940年11月3日　528頁
同生泰執事熱戀招待　第11號　1935年5月8日　23頁
同奸夫潛逃被夫尋獲，拒絕與夫同居擬再逃，彭某無奈現托人調解中　第535號　1941年3月20日　557頁
同和自動車設修理工場　第133號　1937年10月16日　265頁
同會堂執事王書田自殺［黑龍江］　第11號　1935年5月8日　23頁
因人口增加，開發工作進展，烟草輸入量激增，比較北鐵接收前到着量增加三倍半，向農村發送量達六成之多　第155號　1938年4月5日　311頁
因小麥之缺乏，火磨相繼停業，製粉業今後之成行頗堪重視　第150號　1938年3月1日　301頁
因小麥價格高昂，麵粉需要量激減，推定本年需要量約在二千五百萬袋，整備配給網實爲當務之急　第116號　1937年6月23日　230頁
因日濠通商好轉，麵粉落價，倘舊正原料缺乏，價格仍難免再漲　第95號　1937年1月21日　189頁
因事外出，家中被竊　第44號　1936年1月9日　84頁
因受三特殊印刷所之壓迫，滿日印刷業者將協力排擊，哈爾濱印刷同業組合蘊釀中　第114號　1937年6月9日　227頁
因受虐待請求離異　第136號　1937年11月3日　270頁
因受圖佳線影響，江運客貨果激減，河豆沿圖佳線輸往朝鮮三港，哈爾濱市之特産商頗受打擊　第164號　1938年6月8日　328頁
因運費改正國幣暴落，麵粉得進出南滿，可謂哈埠製粉業之黄金時代，日滿製粉公司等日産萬五千袋，每日南下之麵粉竟達八千餘袋　第16號　1935年6月13日　30頁
因電車收入縮減，恢復車内電爐，交通局之亡羊補牢策　第46號　1936年1月27日　89頁
因路局收回官房，官公吏紛紛遷居，道里外之空閑房屋大半租出，呈房産界數年來未有之活況　第30號　1935年9月28日　56頁
因農村購買力增大，滿商營業繁盛，各百貨店賣項較去年激增　第136號　1937年11月3日　270頁
因農會辦理不當，今後農村歸市直轄，來年度以十五萬元預算建設農村主要計畫　第86號　1936年11月4日　171頁
因戀奸逼死髮妻案男主角保釋，官廳對此應注意偵查　第67號　1936年6月26日　132頁
回民請求市署設立牛羊仲立會，家畜市場又發生内訌　第23號　1935年8月2日　44頁
回鑾詔書紀念精神發揚周間省教廳懸賞募集標語，現已徵求就緒審完畢　第64號　1936年6月4日　126頁
肉體供給復感不足，要求結婚被拒，鮑某懷恨在心竟至酒社尋隙　第178號　1938年9月7日　350頁
年末年始節約冗費，打破陋習廢止虚禮　第191號　1938年12月16日　375頁
年末年始警戒解除，收到意外之好成績　第144號　1938年1月14日　288頁
年末救濟金突破一千圓［敦化］　第532號　1941年2月22日　553頁
年末獎金，警市先後發放　第93號　1936年12月25日　184頁
年關在邇，匪人殺人越貨，道外十四道街之搶案　第43號　1935年12月26日　83頁

年關在邇，匪警頻傳，山口家被搶損失國幣二百餘元，日滿警察竭力搜查　第 97 號　1937 年 2 月 3 日　192 頁
朱小姐幾聲“原諒”聲裏，交通局暗潮消彌，從此電車股汽車股言歸於好　第 51 號　1936 年 3 月 6 日　100 頁
先令姘妻充當招待，再接再厲竟逼爲娼，小紅忍無可忍狀請脱離　第 174 號　1938 年 8 月 12 日　342 頁
乒乓球競賽會，令各社員報名［開原］　第 234 號　1939 年 12 月 13 日　465 頁
延壽青訓，視察所得，黄事務官談　第 161 號　1938 年 5 月 19 日　322 頁
自行車不翼而飛　第 158 號　1938 年 4 月 27 日　316 頁
自行車被誰偷去　第 100 號　1937 年 3 月 4 日　199 頁
自行車零件賣行不振，去年賣出三十萬元，本年預料僅二萬元　第 128 號　1937 年 9 月 16 日　255 頁
自治會反對廢除特市制，時至今日未免晚矣　第 117 號　1937 年 7 月 1 日　232 頁
自治會解散式二日在市署嚴肅舉行，韋市長有剴切之演説　第 141 號　1937 年 12 月 11 日　282 頁
自前十九日起各防衛群分别實施，期市民對防衛事項澈底　第 176 號　1938 年 8 月 24 日　346 頁
自殺者兩起　第 149 號　1938 年 2 月 23 日　299 頁
自動車協會募集標語　第 56 號　1936 年 4 月 10 日　110 頁
自動車庫發生火警　第 130 號　1937 年 9 月 23 日　259 頁
自肅自戒，克服時難，非常時局下趙署長訓示所屬　第 407 號　1940 年 9 月 5 日　514 頁
自肅輔導隊舉行結成式　第 419 號　1940 年 11 月 14 日　532 頁
自衛團之再組織，市署與警察廳意見對立，區制實施前之難决問題　第 154 號　1938 年 3 月 30 日　308 頁
自衛團長通匪，爲香坊署特搜班檢舉　第 140 號　1937 年 12 月 1 日　278 頁
自衛團員指揮交通，二名被軋於車下［哈爾濱］　第 153 號　1938 年 3 月 22 日　306 頁
伊藤股長出張［北鎮］　第 417 號　1940 年 11 月 3 日　529 頁
向省屬各縣旗派遣農村指導員，由實業廳向各縣旗分配　第 103 號　1937 年 3 月 25 日　205 頁
行使僞幣，事發逃走　第 82 號　1936 年 10 月 16 日　164 頁
行政科開催，民籍法講習會［輯安］　第 417 號　1940 年 11 月 3 日　528 頁
行將着手建築江壩　第 7 號　1935 年 4 月 9 日　14 頁
行路俄婦被拖車中，拉至郊外輪流無理，因求婚事被拒惡徒出此劣行　第 209 號　1939 年 5 月 11 日　408 頁
行騙術事發入獄，學放鷹者應以此爲鑒　第 158 號　1938 年 4 月 27 日　316 頁
全省保健衛生會議：各方参加正式開幕，省方指示注意事項質疑應答　第 544 號　1941 年 5 月 17 日　572 頁
全國商議會九月在哈召開　第 120 號　1937 年 7 月 21 日　238 頁
全滿土建請負額八七五一萬元，土建協會調查　第 126 號　1937 年 9 月 1 日　250 頁
全滿第二十六回醫學總會於二日起盛大舉行　第 224 號　1939 年 9 月 6 日　440 頁
全滿商議聯合會議案一部提出：希望各地提案早日提出　第 126 號　1937 年 9 月 1 日　250 頁
全滿農産物本年第三次調查：省令各縣迅速詳細呈報　第 89 號　1936 年 11 月 26 日　176 頁
全滿麵粉需要總額預想減二成五分，南滿製粉界同樣不振　第 112 號　1937 年 5 月 27 日　222 頁
全滿籃球遠征隊赴京吉比賽　第 181 號　1938 年 9 月 29 日　355 頁
全滿鐵道從業員舉行赤誠報國周間哈鐵道局行事决定　第 184 號　1938 年 10 月 27 日　363 頁
合作社聯合會議舉行落成式典，各機關均派代表參加　第 234 號　1939 年 12 月 7 日　462 頁
各大商店均聯名請求，恢復正陽街各車交通，營業上有莫大關聯如何尚難逆料　第 215 號　1939 年 7 月 4 日　422 頁

各大商店營業活況　第 63 號　1936 年 5 月 28 日　125 頁
各甲徵收開辦費［錦州］　第 68 號　1936 年 7 月 2 日　135 頁
各級學校實施郊外勤勞奉仕［北鎮］　第 403 號　1940 年 7 月 21 日　505 頁
各校忙設滑冰場　第 188 號　1938 年 11 月 22 日　370 頁
各校放映衛生電影——由二十日起　第 133 號　1937 年 10 月 16 日　265 頁
各區報告雨量［營口］　第 24 號　1935 年 8 月 8 日　47 頁
各隊署送警入學［彰武］　第 52 號　1936 年 3 月 16 日　103 頁
各路沿線特產積存量，大豆超過七千噸以上——北滿經濟調查所調查　第 90 號　1936 年 12 月 2 日　179 頁
各署併和後大檢舉，檢舉日滿不良者七名，於午後十一時完全終了帶署審問　第 205 號　1939 年 4 月 12 日　402 頁
各署總務主任會議定廿日召開　第 134 號　1937 年 10 月 20 日　267 頁
各製粉場日產量　第 138 號　1937 年 11 月 17 日　274 頁
各縣日系警官夫人授以產科知識，不但個人方便且可救濟人民，七月上旬開始講習　第 114 號　1937 年 6 月 9 日　227 頁
各縣旗警察署房舍樹立三年計劃方案，濱江省公署設備趣旨，通令各縣旗遵照辦理　第 61 號　1936 年 5 月 14 日　121 頁
各縣嚴密布年防［安東］　第 45 號　1936 年 1 月 17 日　87 頁
各學校忙碌考試［彰武］　第 191 號　1938 年 12 月 16 日　374 頁
各學校卒業式聯合舉行［鳳城］　第 425 號　1940 年 12 月 22 日　543 頁
各警署陣勢充實，犯罪事件漸減，州内犯罪及檢舉比率［連大］　第 164 號　1938 年 6 月 8 日　329 頁
名伶周嘯天二次來哈出演，嗓音業已復原，頗得一般好評　第 60 號　1936 年 5 月 7 日　118 頁
多角風流訟案，男主角方錫重之自述　第 17 號　1935 年 6 月 20 日　32 頁
多情女子負心漢，高子范人心大變，張雅茹母女被棄之詳末　第 104 號　1937 年 3 月 31 日　206 頁
交易所利益分配　第 83 號　1936 年 10 月 23 日　166 頁
交易所將築新舍：八站南馬路　第 90 號　1936 年 12 月 2 日　179 頁
交易場給奬券［南墳］　第 531 號　1941 年 2 月 8 日　551 頁
交通安全周間二日起實施　第 178 號　1938 年 9 月 7 日　351 頁
交通安全周間十八日起盛大舉行　第 139 號　1937 年 11 月 23 日　277 頁
交通社乘客收入［大連］　第 63 號　1936 年 5 月 28 日　125 頁
交通局大汽車股，運轉時間延長　第 24 號　1935 年 8 月 8 日　46 頁
交通局之財產評價額約四百萬程度　第 146 號　1938 年 1 月 26 日　292 頁
交通局之新式車票予車掌以舞弊之機，既無編定號碼又無附剪時間，與世界各國電車票別開生面　第 13 號　1935 年 5 月 22 日　26 頁
交通局之醜聞何多？門田某竊款被查覺調管零件，管庫者偷油經發見改任更官　第 12 號　1935 年 5 月 16 日　25 頁
交通局延長收車時間　第 56 號　1936 年 4 月 10 日　111 頁
交通局何忽略道里外路線　第 77 號　1936 年 9 月 2 日　153 頁
交通局電車股、汽車股發生暗潮，省局不速謀解決之策，恐將來有漸擴大之虞　第 49 號　1936 年 2 月 13 日

94 頁
交通局電車股、汽車股間暗潮愈惡化，雙方對峙各不相讓，當局亟宜設法防止　第 49 號　1936 年 2 月 20 日　96 頁
交通局醜聞兩則，堂堂屬官行竊當場被捕，小小車掌竟敢挑逗女生　第 11 號　1935 年 5 月 8 日　22 頁
交通局雜聞兩則　第 85 號　1936 年 10 月 28 日　168 頁
交通事故：兩車相撞　第 49 號　1936 年 2 月 20 日　97 頁
交通事故防止聲中又一幕流血慘劇　第 103 號　1937 年 3 月 25 日　205 頁
交通事故兩車相撞　第 50 號　1936 年□月□日　99 頁
交通事業發展情形　第 79 號　1936 年 9 月 19 日　157 頁
交通部擬設立無線電監視所，哈爾濱奉天黑河三處　第 18 號　1935 年 6 月 27 日　35 頁
交通運輸愈發達，集中力愈形狹小，新線完成後哈市將受打擊，哈爾濱之前途堪慮　第 61 號　1936 年 5 月 14 日　120 頁
交通會社新社章發表，當選者數名　第 171 號　1938 年 7 月 20 日　339 頁
交通會社正式改組成立，高社長等重役致勖勵之詞，同時發表人事及組織系統　第 169 號　1938 年 7 月 7 日　336 頁
交通會社成立後，車費果將漲價？二月份收入電車增、汽車減　第 152 號　1938 年 3 月 16 日　305 頁
交通會社現正準備向各線配布監督，澈底剷除司機車掌之不良者　第 215 號　1939 年 7 月 4 日　423 頁
交通慘劇：三車正面衝突　第 37 號　1935 年 11 月 15 日　71 頁
交響管弦樂協會舉行理事會　第 234 號　1939 年 12 月 13 日　464 頁
充實教育，募集教員［懷德］　第 143 號　1937 年 12 月 30 日　286 頁
次長司長之來去［三江］　第 163 號　1938 年 6 月 2 日　326 頁
江上游覽會盛況，參加人數不下六百餘名，沿江兩岸青草如茵茅屋漁船相對成趣，徐風吹來水波不興樂聲悠揚共樂融融　第 18 號　1935 年 6 月 27 日　34 頁
江上滿赤救護艇已得到本部諒解，建造費爲三萬元醫藥器五萬　第 196 號　1939 年 1 月 25 日　385 頁
江口刑事科長講習司法　第 39 號　1935 年 11 月 29 日　74 頁
江水冲上男屍二具　第 64 號　1936 年 6 月 4 日　126 頁
江水奇瘦，船運變更　第 158 號　1938 年 4 月 27 日　317 頁
江水奇瘦航行困難，江岸之貨物堆積如山不能運出，大體輪船皆停航行駛者十餘艘　第 32 號　1935 年 10 月 11 日　60 頁
江水忽漲忽落，三姓淺灘減至三尺七寸　第 118 號　1937 年 7 月 7 日　235 頁
江水消瘦，影響染業　第 12 號　1935 年 5 月 16 日　24 頁
江水漸漲，航行有望　第 9 號　1935 年 4 月 26 日　18 頁
江水增漲，航運活躍　第 116 號　1937 年 6 月 23 日　230 頁
江水續漲，因上游積雪溶解　第 109 號　1937 年 5 月 5 日　217 頁
江北難民救濟狀況　第 4 號　1935 年 3 月 21 日　8 頁
江防艦隊考試新兵録取二百名　第 16 號　1935 年 6 月 13 日　31 頁
江豆運哈量圖佳線開通毫無影響，開江以來六萬五千頓　第 113 號　1937 年 6 月 2 日　224 頁
江豆運哈激減，小麥較去年亦減少　第 139 號　1937 年 11 月 23 日　277 頁

江豆輸送量　第 110 號　1937 年 5 月 12 日　218 頁
江沿公園近將竣工，一切設備頗爲完善　第 161 號　1938 年 5 月 19 日　322 頁
江原次長由哈轉牡　第 139 號　1937 年 11 月 23 日　277 頁
江原後任星野繼之　第 86 號　1936 年 11 月 4 日　171 頁
江捐修江捐，本年度廢止徵收，貨運每噸減輕一元之負擔——王道政治下仁政之表現　第 57 號　1936 年 4 月 17 日　112 頁
江順輪船蒞哈，加以嚴厲消毒，乘客船員均予注射　第 127 號　1937 年 9 月 9 日　253 頁
宇增榮之長子德元被人慘害，何物杜某匆乃太狠　第 109 號　1937 年 5 月 5 日　217 頁
决在各愛護村設置農事實行合作社，哈鐵管内共計四百九十二社，最近即將召開設立委員會議　第 135 號　1937 年 10 月 29 日　268 頁
决澈底禁烟工作，省署擬定新方針　第 227 號　1939 年 10 月 24 日　448 頁
安川總裁來哈視察　第 109 號　1937 年 5 月 5 日　217 頁
安田警廳長蒞錦［錦州］　第 70 號　1936 年 7 月 17 日　139 頁
安全地帶竟不安全，市營大汽車在道里肇禍　第 99 號　1937 年 2 月 26 日　196 頁
安部警尉補著任［本溪］　第 532 號　1941 年 2 月 22 日　553 頁
安達農地收買業已成立協定　第 191 號　1938 年 12 月 16 日　375 頁
安鳳蘭嫌貧私逃，再嫁後依然如故　第 147 號　1938 年 2 月 5 日　295 頁
安滿氏獻金［營口］　第 422 號　1940 年 12 月 7 日　538 頁
安樂村長瀆職［昌圖］　第 82 號　1936 年 10 月 16 日　165 頁
阮大臣返京，行前對記者談視察印象　第 58 號　1936 年 4 月 23 日　114 頁
防止天花蔓延，實施種痘　第 427 號　1941 年 1 月 18 日　547 頁
防止天然痘發生，實施春季種痘，各區種痘日期場所均已規定　第 537 號　1941 年 3 月 30 日　559 頁
防止風水災害充實燃料，樹立造林計劃，市農政科本年度決定植樹方針　第 428 號　1941 年 1 月 25 日　548 頁
防止匪患檢（查）旅客　第 188 號　1938 年 11 月 22 日　371 頁
防止結核病舉行預防周間規定預防要領希市民注意　第 424 號　1940 年 12 月 14 日　540 頁
防止傳染病，開始預防注射　第 422 號　1940 年 12 月 7 日　538 頁
防止豬虎列拉發生，組成二班預防注射，由市警兩獸醫股興農社等處　第 308 號　1940 年 6 月 7 日　495 頁
防止豬虎列拉蔓延，市警舉行預防注射，其注射日程及場所規定完了　第 400 號　1940 年 6 月 16 日　498 頁
防止竊盜事件，對典衣者嚴行調查　第 234 號　1939 年 12 月 13 日　465 頁
防火周間，市警共同舉行學生游行宣傳　第 90 號　1936 年 12 月 2 日　179 頁
防火周間討論會議　第 138 號　1937 年 11 月 17 日　275 頁
防火陣容益見鞏固，消防署改組——永井警務主任對本報記者談　第 186 號　1938 年□月□日　367 頁
防水公債會議在省公署舉行　第 540 號　1941 年 4 月 19 日　565 頁
防水利民徽章當選者已發表　第 420 號　1940 年 11 月 23 日　534 頁
防犯日成績良好，官民聯絡異常嚴密，跳樑小醜不得其逞　第 90 號　1936 年 12 月 2 日　178 頁
防犯周間十日起亘一周間，市民防犯意識必愈深刻　第 110 號　1937 年 5 月 12 日　219 頁
防狂犬病發生，實施預防注射　第 541 號　1941 年 4 月 29 日　566 頁
防空見學演習，九月十三日在顧鄉屯舉行，參加人數五萬人　第 76 號　1936 年 8 月 27 日　150 頁

防空協會招開特殊防護團會議，討論防護團之編成事項，各機關關係者全出席　第 49 號　1936 年 2 月 20 日　97 頁
防空演習，空襲警報　第 78 號　1936 年 9 月 10 日　155 頁
防空演習之末日舉行分列講評式，山岡中將英風凜凜，各防護團精神奕奕　第 80 號　1936 年 9 月 26 日　158 頁
防空演習準備會議在偕行社開催　第 82 號　1936 年 7 月 31 日　143 頁
防空實施演習［南玟］　第 302 號　1940 年 3 月 27 日　478 頁
防疫工作益益緊張！省署組織防疫委員會，禁止華北一帶鮮果魚菜等輸入，在各鐵道主要處所設置防疫所　第 175 號　1938 年 8 月 17 日　344 頁
防疫注射日期市署業已決定，自十二日起實施　第 175 號　1938 年 8 月 17 日　345 頁
防匪擾亂治安，江邊設臨時巡邏隊　第 232 號　1939 年 11 月 22 日　459 頁
防控設備檢查，合格者貼證證明，違犯者予以處分　第 178 號　1938 年 9 月 7 日　350 頁
防遏百斯篤，省開防疫會　第 415 號　1940 年 10 月 24 日　524 頁
防衛要人搭機查閱縣旗防空　第 401 號　1940 年 6 月 26 日　500 頁
防衛訓練成績良好者，當局予以表彰，被表彰者團體五家，個人三名　第 220 號　1939 年 8 月 3 日　432 頁
防衛訓練第三日：二十日舉行綜合訓練，於當夜實施燈火管制，二十一日午前舉行綜合閱兵式　第 401 號　1940 年 6 月 26 日　500 頁
防衛展覽會六月一日舉開　第 308 號　1940 年 6 月 7 日　494 頁
防衛綜合訓練成績極爲良好，二十日全部訓練終了　第 211 號　1939 年 5 月 25 日　412 頁
奸夫淫婦飲酒貪歡，乃夫捉獲控告警所［哈爾濱］　第 36 號　1935 年 11 月 8 日　69 頁
奸夫淫婦潛逃　第 32 號　1935 年 10 月 11 日　60 頁
奸商自斷查必嚴處，組自衛團維持治安，馮市長對記者縱橫談　第 164 號　1938 年 6 月 8 日　329 頁
奸商利徒：各商潛用地列車，秘向外縣輸麵粉，好在新麥行將登場，市民何不暫用粗糧　第 171 號　1938 年 7 月 20 日　339 頁
奸商利徒又暗活躍，暴漲物價脅威民生，警廳與各署擬最近期開始檢舉　第 304 號　1940 年 4 月 27 日　486 頁
奸商利徒以身試法，十餘家悉被警檢舉，高抬紙烟價格被罰三十元　第 191 號　1938 年 12 月 16 日　375 頁
奸商私存絲絨袍料，高價出售現被檢舉，道外福綸百貨店經理被逮捕　第 537 號　1941 年 3 月 30 日　558 頁
奸商冒領配給，烟筒加價轉售［錦西］　第 234 號　1939 年 12 月 7 日　462 頁
如何配備都市防護　第 121 號　1937 年 7 月 29 日　241 頁
如何配備都市防護（續）　第 124 號　1937 年 8 月 18 日　246 頁
如是我聞（一）　第 65 號　1936 年 6 月 10 日　129 頁
如是我聞（二）　第 70 號　1936 年 7 月 17 日　138 頁

七畫

戒烟成績　第 128 號　1937 年 9 月 16 日　255 頁
戒烟豈可打麻藥針，惹起公憤勢甚洶湧　第 227 號　1939 年 10 月 24 日　448 頁
戒烟診療所省署決定管下建設十六處，總工費八十七萬圓　第 181 號　1938 年 9 月 29 日　354 頁

戒烟運動　第 151 號　1938 年 3 月 9 日　303 頁
戒烟歌謠　第 187 號　1938 年 11 月 17 日　369 頁
赤十字社新樓落成　第 82 號　1936 年 10 月 2 日　161 頁
赤司令警署長有將任經緯署長說　第 133 號　1937 年 10 月 16 日　264 頁
赤字會發款賑濟［阜新］　第 199 號　1939 年 3 月 3 日　392 頁
孝子節婦之表彰，在省署舉行表彰傳達式　第 532 號　1941 年 2 月 22 日　553 頁
孝子節婦以及社會懿行者哈市共十五名　第 134 號　1937 年 10 月 20 日　267 頁
花甲翁行竊被捕［哈爾濱］　第 26 號　1935 年 8 月 26 日　50 頁
花界公會變相之婦女救濟會將成立，可憐的妓女又添一層剥削　第 3 號　1935 年 3 月 18 日　6 頁
花國拾零，記美玉老六　第 64 號　1936 年 6 月 4 日　127 頁
克服時艱，在哈有志日本人組織自肅自戒委員會　第 413 號　1940 年 10 月 8 日　520 頁
杜大夫藥到命除，田張無辜喪生，被害者將舉發，杜某正托人疏通中，庸醫殺人層出不窮，當局宜速取締　第 223 號　1939 年 8 月 31 日　438 頁
杜季貞庸醫殺人案頃已圓滿解决，杜醫師甘願賠償一切損失費　第 225 號　1939 年 9 月 15 日　445 頁
杜絕時疫發生　第 217 號　1939 年 7 月 13 日　426 頁
杜絕煤烟作祟，研究王字型遮斷板，慫恿各旅館業一律使用　第 232 號　1939 年 11 月 22 日　458 頁
村女拾得黄金，引起愚民貪心——阿城鴨溝屯之趣聞　第 155 號　1938 年 4 月 5 日　311 頁
村長視察團由哈赴吉林　第 545 號　1941 年 5 月 24 日　575 頁
李氏何太狠，打死弟婦　第 28 號　1935 年 9 月 5 日　55 頁
李成權家發生搶案　第 103 號　1937 年 3 月 25 日　204 頁
李交通部大臣歡宴：哈埠各機關假座道里宴賓樓　第 22 號　1935 年 7 月 25 日　43 頁
李某不法被捕入獄　第 114 號　1937 年 6 月 9 日　226 頁
李院長到任蒞新　第 162 號　1938 年 5 月 26 日　325 頁
李督辦將任駐俄大使　第 4 號　1935 年 3 月 21 日　8 頁
李廣有被誰搶殺　第 104 號　1937 年 3 月 31 日　207 頁
李維葉茨塔伯爵對記者談話：操流利之日語滿面春風，因無團長許可故不發表　第 159 號　1938 年 5 月 5 日　318 頁
李縣長由京回任［盤山］　第 134 號　1937 年 10 月 20 日　267 頁
車内吸烟固不道德，拽之下車亦屬不當，車務監督何故動手打人？　第 9 號　1935 年 4 月 26 日　19 頁
車站前廣場發生搶劫案　第 421 號　1940 年 11 月 30 日　536 頁
車務段食堂倉庫被盜案現已破獲，犯人李捷三當場被捕　第 107 號　1937 年 4 月 21 日　213 頁
車務監督未免過惡　第 10 號　1935 年 5 月 6 日　20 頁
車撞幼女逃之夭夭　第 83 號　1936 年 10 月 23 日　166 頁
更夫觸電，當即斃命　第 123 號　1937 年 8 月 13 日　245 頁
更正　第 30 號　1935 年 9 月 28 日　57 頁
更官雖然作要脅，臠肉豈可當門包　第 82 號　1936 年 10 月 16 日　165 頁
豆餅交易活況，日產數量達二萬枚　第 141 號　1937 年 12 月 11 日　282 頁
投江自殺遇救　第 406 號　1940 年 8 月 29 日　513 頁

投炭燃燒競技會在道里舉行　第 229 號　1939 年 11 月 2 日　453 頁
吴額外少尉兩次遭打　第 12 號　1935 年 5 月 16 日　25 頁
助夫縱欲強奸養女，惡貫滿盈被捕拘押　第 88 號　1936 年 11 月 19 日　174 頁
足球聯賽路局亦參加，定於十四日比賽　第 66 號　1936 年 6 月 18 日　131 頁
男女擁抱嘎嘎有聲，看燈聲稱是烟客烟妓行雲作雨，原來是一對小怨家在大䔒其吻——鴉片零賣所内一幕趣劇　第 19 號　1935 年 7 月 3 日　37 頁
別宫廳長往新京［安東］　第 99 號　1937 年 2 月 26 日　197 頁
牡丹江大豆集存量突破五千五百車——某權威者所調查　第 85 號　1936 年 10 月 28 日　168 頁
利用兒童竊盜，被警一網打盡　第 415 號　1940 年 10 月 24 日　525 頁
利用放暑假期中舉行各種講習會　第 215 號　1939 年 7 月 4 日　423 頁
利用夏季休假期舉行各種講習會，市署教育科已分別通知各參加者　第 216 號　1939 年 7 月 7 日　425 頁
利用暑假期開教育講習會［齊齊哈爾］　第 403 號　1940 年 7 月 21 日　505 頁
利用塵芥污物作爲肥料，將在香坊郊外設場曬糞，一舉兩得即將實行　第 133 號　1937 年 10 月 16 日　265 頁
私烟館兼營質當，癮君子無錢有物亦可吸烟　第 35 號　1935 年 10 月 31 日　66 頁
私烟館變成野妓窩，責任當局盍取締之　第 99 號　1937 年 2 月 26 日　197 頁
私宰肥豬十四口運哈，事機不密被警察勘破，咄咄！趙科長何竟以身試法，南崗警察署現正從事調查中　第 198 號　1939 年 2 月 9 日　388 頁
私藏豬馬皮張，高價出售被捕　第 532 號　1941 年 2 月 22 日　552 頁
我國馬政計畫之現況　第 109 號　1937 年 5 月 5 日　216 頁
我國馬政計劃之現況（續）　第 111 號　1937 年 5 月 19 日　220 頁
我當局猛烈活動之結果：蘇聯密探終落網，蘇聯空唱和平高調口是心非，我當局對之極度激昂　第 70 號　1936 年 7 月 17 日　138 頁
兵役制度實施，開始募兵檢查［長白］　第 302 號　1940 年 3 月 27 日　478 頁
兵隊學生合同演習　第 134 號　1937 年 10 月 20 日　267 頁
何來惡臭氣味，原是屍體糜爛，日人男女二人何故同時殞　第 55 號　1936 年 4 月 4 日　108 頁
何來無名男屍一具，體無完膚，知係銀針秀士　第 169 號　1938 年 7 月 7 日　336 頁
何物乃爾，富而不仁惡德房閥，嗾使離婚又行遺棄，人面獸心之郭玉恒可謂色迷心竅　第 304 號　1940 年 4 月 27 日　487 頁
何物王子令！敢強奸養女，無恥雅茹助紂爲虐，責任當局極應取締　第 85 號　1936 年 10 月 28 日　168 頁
何物店主竟敢強霸人妻，法院起訴且看如何判處，可憐鄉愚有理不能分訴　第 68 號　1936 年 7 月 2 日　134 頁
何物產婆玩忽人命?　第 16 號　1935 年 6 月 13 日　30 頁
何物惡徒深夜投石何爲，警察當局誓破此案　第 98 號　1937 年 2 月 17 日　195 頁
佈告免徵地稅地捐［營口］　第 143 號　1937 年 12 月 22 日　284 頁
但見新人笑不聞舊人哭，王硯青夫死再嫁夫，張趾祥妻在又娶妻　第 75 號　1936 年 8 月 15 日　148 頁
但見新人笑不聞舊人哭，昔日鴛鴦侶今日陌頭人，孫依石喜新厭故遺棄髮妻，吕靜之狀訴離異請求調解　第 27 號　1935 年 8 月 31 日　53 頁
作品展覽會［旅順］　第 229 號　1939 年 11 月 2 日　453 頁
低價明碼制，各商須遵守　第 420 號　1940 年 11 月 23 日　534 頁

住戶失盜［黑龍江］　第 27 號　1935 年 8 月 31 日　53 頁
住宅困難緊急會議，所得結果極爲圓滑　第 219 號　1939 年 7 月 27 日　431 頁
住宅難當前問題：要望當局對建築材料實施統製定標準價格　第 213 號　1939 年 6 月 14 日　418 頁
住居北滿日人生活改善座談會，二十三日已盛大舉行　第 89 號　1936 年 11 月 26 日　177 頁
佛教訪日團一行三十七名首途東渡出席全日佛教青年大會　第 106 號　1937 年 4 月 14 日　211 頁
佛教會改選會長［遼陽］　第 199 號　1939 年 2 月 15 日　390 頁
近日大雨連綿，鐵道多被冲，昂昂溪以北客貨暫停辦理，工事復舊後即可開始運行　第 171 號　1938 年 7 月 20 日　339 頁
近因天氣轉暖，終航期間延長，佳木斯行來月一日終航　第 185 號　1938 年 11 月 2 日　364 頁
近郊小麥品質優良，均在百廿七棗泥　第 128 號　1937 年 9 月 16 日　255 頁
近郊各警察署配布義勇奉公隊　第 186 號　1938 年□月□日　367 頁
狂犬注射之同時，正陽署大捕野犬　第 108 號　1937 年 4 月 28 日　214 頁
狂犬藥殺成績良好［錦州］　第 157 號　1938 年 4 月 19 日　315 頁
迎送新舊縣長［海城］　第 308 號　1940 年 6 月 7 日　495 頁
迎新送舊官，民歡宴一堂［法庫］　第 304 號　1940 年 4 月 27 日　487 頁
床頭金盡妙想天開，虚報匪警期圖橫領，經一再審詢，結果案情大白　第 44 號　1936 年 1 月 9 日　85 頁
忤逆之子毆打雙親，鄰人規勸加入戰團，如此教員可爲師表矣！　第 33 號　1935 年 10 月 18 日　62 頁
汽車夫案猶未破，馬車夫又被慘殺，凡當車夫者可不慎諸　第 92 號　1936 年 12 月 16 日　182 頁
汽車馬車互撞［黑龍江］　第 27 號　1935 年 8 月 31 日　53 頁
汽車換號牌　第 104 號　1937 年 3 月 31 日　207 頁
汽車撞樹乘客受傷　第 93 號　1936 年 12 月 25 日　184 頁
宋允公家被匪光顧　第 44 號　1936 年 1 月 9 日　85 頁
宋紉秋具呈請求却下恐嚇案　第 22 號　1935 年 7 月 25 日　42 頁
宋紉秋遵傳來哈，恐嚇案即將却下案　第 31 號　1935 年□月□日　58 頁
宋警長何太野蠻　第 86 號　1936 年 11 月 4 日　170 頁
良心遽變，挾款潛逃　第 212 號　1939 年 6 月 8 日　417 頁
良玉旅社形成盜窟，鄭某蠻不講理，店客見事不公出頭作證　第 220 號　1939 年 8 月 3 日　432 頁
初次見嚴霜［旅順］　第 184 號　1938 年 10 月 27 日　362 頁
初等教育擴充計劃，自本年起逐步實施　第 194 號　1939 年 1 月 12 日　380 頁
社會批評：從桃色案之纏訟不休說到炭料的地方法院，慢令致期與違反時效（上）　第 24 號　1935 年 8 月 8 日　46 頁
社會批評：從桃色案之纏訟不休說到炭料的地方法院，反噬復仇與呈誣利己（中）　第 25 號　1935 年 8 月 16 日　48 頁
社會批評：從桃色案之纏訟不休說到炭料的地方法院，非法奸淫與豪奪婚媾（下）　第 26 號　1935 年 8 月 26 日　50 頁
社會教化功績者，市社會科詳細調查所得（一）　第 150 號　1938 年 3 月 1 日　301 頁
社會教化功績者，市社會科詳細調查所得（二）　第 151 號　1938 年 3 月 9 日　303 頁
社會剪影，女車掌素描　第 206 號　1939 年 4 月 14 日　405 頁

社聯會催繳會費［開原］　第142號　1937年12月5日　281頁
社聯領到補助費　第139號　1937年11月23日　276頁
祀孔委員會舉行秋丁祀孔　第409號　1940年9月19日　516頁
祀孔禮節略有變更，三叩禮改爲一鞠躬，讀祝詞時行敬立之禮　第225號　1939年9月15日　445頁
壯丁本格檢查即將實施矣［新民］　第534號　1941年3月8日　554頁
壯丁檢查成績良好　第531號　1941年2月8日　551頁
壯丁檢查會議來月一日舉行　第428號　1941年1月25日　548頁
壯志淩雲，映協處女作將着手拍攝　第143號　1937年12月22日　284頁
改良羊種　第75號　1936年8月15日　149頁
改革農事道場具體案正進行究研中，决定後即可着手改革　第190號　1938年12月9日　372頁
改善滿人子弟教育，州内堂長開會議［大連］　第214號　1939年6月23日　420頁
阿什河工作緊張　第106號　1937年4月14日　211頁
阿片組合將設日語班［黑龍江］　第11號　1935年5月8日　23頁
阿片斷禁協議會，參加者前已晉京，省署警務廳箭頭技正以下多名　第176號　1938年8月24日　346頁
阿芙蓉秘運者本年完全絕跡［大連］　第214號　1939年6月23日　420頁
阿城縣發現珍奇石人像、七百五十年前金朝遺物、考古學上珍貴物品　第70號　1936年7月17日　138頁
附加税商捐撤廢同時道外將改納市税，按照賣錢數目徵收百分四十五，比較從前之數目增加十三倍強　第41號　1935年12月13日　78頁
妓女小桃被刺，兇手當場自殺——薈芳里發生慘殺案　第134號　1937年10月20日　266頁
妓女非真愛龜頭，緣何偏偏常討厭——風流慘案再調查　第400號　1940年6月16日　498頁
妓女無恥與友苟且，被客遇見大加斥責——薈芳里慶增堂一幕趣劇　第206號　1939年4月14日　404頁
妓女嫖客烟館銷魂，警察不作美，捉到官裏去　第99號　1937年2月26日　196頁

八畫

奉公隊成績極良好——省源田次長歸來談　第221號　1939年8月9日　434頁
奉迎國本大詔，李縣長一行歸來矣［訥河］　第415號　1940年10月24日　524頁
奉迎御頒團旗，昨已在車站莊嚴舉行，團旗十一旒飄蕩游行市内　第51號　1936年3月6日　101頁
武道訪日使節團哈市選許劉二君　第303號　1940年4月18日　485頁
青少年幹部訓練隆重舉行開處式［蘇家屯］　第422號　1940年12月7日　538頁
青少年團大會　第209號　1939年5月11日　409頁
青牛斃主續訊［海城］　第406號　1940年8月29日　513頁
青年不務正，失戀圖自殺——莊新民兩次自殺因果　第56號　1936年4月10日　111頁
青年男子順水逐流，被人發見打撈上岸，姓名不詳搜出女像片一張　第215號　1939年7月4日　423頁
青年訓練生舉行查閲式　第307號　1940年6月2日　493頁
青年訓練所明年增設已決定　第177號　1938年□月□日　349頁
青年訓練所陶冶我國青年之身心，養成國家中堅之人才　第104號　1937年3月31日　207頁
青年學生何故自殺，孀婦之命可謂苦矣　第109號　1937年5月5日　216頁

青年邀友酒社沽酒，女侍歸來大怒　第 182 號　1938 年 10 月 6 日　356 頁
青果銷售激增，造成市場成立後未曾有之新記録　第 85 號　1936 年 10 月 28 日　169 頁
青岡處匪患掃情　第 7 號　1935 年 4 月 9 日　15 頁
青草池塘處處蛙［錦西］　第 308 號　1940 年 6 月 7 日　494 頁
青蚨飛來法繩收去，捉奸未成詐財罪立，姚錫九六太太與人通奸被捉，徐譒譯因五十元錢賣放入獄　第 32 號　1935 年 10 月 11 日　60 頁
青訓召開委員會，報告二期狀況審議生徒募集　第 126 號　1937 年 9 月 1 日　251 頁
青訓使命重大　第 129 號　1937 年 9 月 22 日　256 頁
青訓所行入所式［安東］　第 132 號　1937 年 10 月 7 日　263 頁
青訓第四期生舉行休業式　第 165 號　1938 年 6 月 15 日　331 頁
青訓舉行卒業生會座談　第 146 號　1938 年 1 月 26 日　293 頁
青菜小販持僞證販賣青菜被逮捕　第 402 號　1940 年 7 月 16 日　503 頁
表示愛國之赤城，舉行獻金游藝會　第 400 號　1940 年 6 月 16 日　498 頁
盂蘭盆會行事，佛教總會業已規定就緒　第 174 號　1938 年 8 月 12 日　343 頁
盂蘭會志盛［清原］　第 406 號　1940 年 8 月 29 日　512 頁
長山屯赤痢流行［延吉］　第 69 號　1936 年 7 月 9 日　137 頁
長途汽車定期開駛　第 132 號　1937 年 10 月 7 日　263 頁
長途汽車區間決定　第 143 號　1937 年 12 月 22 日　284 頁
長途汽車運行同時，裝甲警備車出動，跳梁小醜自得望影而逃，不得肆逞——水上警務段保護客貨之計劃　第 133 號　1937 年 10 月 16 日　264 頁
長途汽車營業發達　第 1 號　1935 年 2 月 23 日　3 頁
長途旅客減少，短途反見增加——哈爾濱車站收入之比較　第 142 號　1937 年 12 月 5 日　281 頁
長野縣移民視察團定於廿六日南下　第 133 號　1937 年 10 月 16 日　265 頁
長勝區陣容［開原］　第 234 號　1939 年 12 月 13 日　464 頁
垃圾箱中發現人手，警察當局現搜查中，斷定爲女子左手無疑　第 215 號　1939 年 7 月 4 日　423 頁
亞麻之增產計畫：耕種面積預定二萬二千垧，去年度收到預想以上成績　第 145 號　1938 年 1 月 21 日　290 頁
取締私塾：市警兩當局之決意，目下正派員調查中　第 86 號　1936 年 11 月 4 日　171 頁
取締街頭代書，既礙觀瞻復妨交通　第 76 號　1936 年 8 月 27 日　150 頁
取締暗娼後，澡塘平添春色　第 10 號　1935 年 5 月 6 日　21 頁
取締暴利規定市街房屋賃金［阜新］　第 209 號　1939 年 5 月 11 日　408 頁
苦力自縊，命家掩埋　第 539 號　1941 年 4 月 12 日　562 頁
苦力冒充警官，詐去衣服被捕　第 540 號　1941 年 4 月 19 日　564 頁
苦力陳玉美被火車軋斃　第 425 號　1940 年 12 月 22 日　543 頁
苦力群起動武，朴某等皮肉吃苦，結果一干人犯捉到官裏　第 123 號　1937 年 8 月 13 日　244 頁
苦海無邊回頭是岸，戒除癮者廿名出所　第 190 號　1938 年 12 月 9 日　372 頁
英靈十四體合同告別式：岡村部隊主催在西本願寺舉行，軍民法團代表多數參列　第 115 號　1937 年 6 月 16 日　229 頁
林景新家，失馬兩匹　第 55 號　1936 年 4 月 4 日　109 頁

板垣陸相對協會省本部，電送感謝狀文　第 220 號　1939 年 8 月 3 日　432 頁
來函照登（一）　第 11 號　1935 年 5 月 8 日　23 頁
來函照登（二）　第 18 號　1935 年 6 月 27 日　35 頁
來函照登（三）　第 49 號　1936 年 2 月 13 日　95 頁
來函照登（四）　第 103 號　1937 年 3 月 25 日　205 頁
松田警廳長視察歸來［錦州］　第 68 號　1936 年 7 月 2 日　135 頁
松竹公司是否騙財，當局應加注意　第 22 號　1935 年 7 月 25 日　43 頁
松江下游水警局本月杪實行撤廢，一切事務分交濱江三江兩省署　第 18 號　1935 年 6 月 27 日　34 頁
松江水勢激增，停泊風船沉没　第 540 號　1941 年 4 月 19 日　564 頁
松江北岸何來怪光，當局嚴重調查中　第 53 號　1936 年 3 月 20 日　105 頁
松江運費研究會最近即將開會，各方面對之頗爲注目　第 111 號　1937 年 5 月 19 日　221 頁
松江結冰　第 89 號　1936 年 11 月 26 日　176 頁
松花江下游舒樂鎮匪報，警察署長被殺，署員幸被拉致，當局計畫討伐　第 59 號　1936 年 4 月 29 日　117 頁
松花江上，船艦增加　第 94 號　1937 年 1 月 13 日　186 頁
松花江上扒犁通行　第 39 號　1935 年 11 月 29 日　75 頁
松花江已開始流冰，航聯電知各船返航　第 187 號　1938 年 11 月 17 日　369 頁
松花江中流水二十日起開航，上下流域出船舶準備完了　第 304 號　1940 年 4 月 27 日　486 頁
松花江水勢激漲，松浦鎮岌岌可危，市署向中央請求築堤費五百萬元，松浦保甲市署派工日夜補修江提，梅津河港科長談防水計劃　第 69 號　1936 年 7 月 9 日　136 頁
松花江治水問題具體業已經作成，地質調查三月間完竣，總經費五千五百萬元　第 101 號　1937 年 3 月 11 日　200 頁
松花江畔老翁自殺，原因不明由官掩埋［吉林］　第 307 號　1940 年 6 月 2 日　493 頁
松花江開始流水，黑龍江踏水冰可以渡江矣　第 138 號　1937 年 11 月 17 日　274 頁
松岡外相訪德一行，返國途中滯在哈市，大島理事談德國歡迎熱烈盛況　第 540 號　1941 年 4 月 19 日　564 頁
松岡總裁來哈視察　第 92 號　1936 年 12 月 16 日　183 頁
松岡總裁赴京［大連］　第 154 號　1938 年 3 月 30 日　309 頁
松浦呼蘭間電線被竊，當局對之十分注意　第 57 號　1936 年 4 月 17 日　113 頁
松浦鎮添設郵政局及公衆電話　第 18 號　1935 年 6 月 27 日　34 頁
松黑公司股東會　第 128 號　1937 年 9 月 16 日　254 頁
松濱花事漫談（二）　第 44 號　1936 年 1 月 9 日　84 頁
松濱花事漫談（三）　第 45 號　1936 年 1 月 17 日　86 頁
松濱花事漫談（四）　第 46 號　1936 年 1 月 27 日　89 頁
松濱花事漫談（五）　第 47 號　1936 年 2 月 1 日　91 頁
松濱花事漫談（六）　第 48 號　1936 年 2 月 8 日　92 頁
松濱花事漫談（七）　第 49 號　1936 年 2 月 13 日　94 頁
松濱花事漫談（八）　第 49 號　1936 年 2 月 20 日　96 頁
松濱花事漫談（九）　第 50 號　1936 年□月□日　98 頁
松濱花事漫談（十）　第 51 號　1936 年 3 月 6 日　100 頁

松濱花事漫談（十一）　第 52 號　1936 年 3 月 16 日　102 頁
松濱花事漫談（十一）　第 53 號　1936 年 3 月 20 日　104 頁
松濱花事漫談（十二）　第 54 號　1936 年 3 月 27 日　106 頁
松濱歌臺近訊，新舞臺新角到齊，華樂營業勉支持　第 74 號　1936 年 8 月 13 日　146 頁
杭州輪坐礁，江水消瘦航運困難　第 158 號　1938 年 4 月 27 日　316 頁
東北大戲院許可被警廳收回，因建築不合法恐再發生火警，執事人劉光甫拘押中　第 49 號　1936 年 2 月 20 日　97 頁
東江壩外之慘殺案：肉商傅長發途中遇害　第 156 號　1938 年 4 月 12 日　312 頁
東部五縣以牡丹江爲中心將另設新省說，省當局與中央間折衝中，本年六月間似可具體化　第 103 號　1937 年 3 月 25 日　204 頁
東海樓佩芝小史：兩度當太太，一旦入烟窟　第 54 號　1936 年 3 月 27 日　107 頁
東興義之搶案破獲，司法科之王警尉補殊勳　第 153 號　1938 年 3 月 22 日　306 頁
刺傷事主強搶手鐲，兇手被捕解哈，因賭輸頓萌強搶惡念　第 416 號　1940 年 10 月 27 日　526 頁
兩汽車互撞　第 183 號　1938 年 10 月 20 日　361 頁
兩省長過哈　第 211 號　1939 年 5 月 31 日　414 頁
兩起自殺案：一刎頭一墜樓　第 151 號　1938 年 3 月 9 日　303 頁
兩起竊案　第 115 號　1937 年 6 月 16 日　229 頁
兩商會嚴禁商家減價贈彩，無意識競賣有亂秩序　第 79 號　1936 年 9 月 19 日　157 頁
兩機關同時更名　第 118 號　1937 年 7 月 7 日　234 頁
兩警察署嚴查不良飲料　第 123 號　1937 年 8 月 13 日　245 頁
協助會舉行解散式　第 103 號　1937 年 3 月 25 日　205 頁
協和事務長兼代［西安］　第 238 號　1940 年 2 月 22 日　471 頁
協和省事務局招開之省聯協議會開幕，十二日起在道里商會開始會議，先一日開籌備會日程議案發表　第 57 號　1936 年 4 月 17 日　113 頁
協和省聯會第一日：吕大臣蔡長官均有懇切訓示，參加者計達百餘人　第 173 號　1938 年 8 月 2 日　341 頁
協和飛機獻納式：省參加代表選定［錦州］　第 171 號　1938 年 7 月 20 日　339 頁
協和創立紀念日：市本部於日前開會，所議行事業已決定　第 171 號　1938 年 7 月 20 日　339 頁
協和運動進展：市諮員任地本部委員　第 302 號　1940 年 4 月 11 日　482 頁
協和會人事異動［依蘭］　第 415 號　1940 年 10 月 24 日　524 頁
協和會五周紀念：廿五日在道里商會嚴肅舉行，日滿各要人出席並均有祝詞　第 82 號　1936 年 7 月 31 日　142 頁
協和會市本部建國體操周間各分會選派代表三人參加　第 112 號　1937 年 5 月 27 日　223 頁
協和會市本部士紳分會：自動獻納慰問金，由張代表送交請求轉呈　第 218 號　1939 年 7 月 20 日　428 頁
協和會市本部：召集臨時市聯協會［吉林］　第 193 號　1938 年 12 月 29 日　379 頁
協和會市本部：協和青少年團訓練事項於本年度中各季節實施訓練　第 239 號　1940 年 3 月 5 日　473 頁
協和會市本部：定期開懇談會　第 231 號　1939 年 11 月 16 日　457 頁
協和會市本部：專任事務長將決定　第 152 號　1938 年 3 月 16 日　304 頁
協和會市本部：購買大批布製國旗　第 239 號　1940 年 3 月 5 日　473 頁

協和會召開之役員講習會：韋市長等要人均有訓示　第 143 號　1937 年 12 月 22 日　284 頁
協和會召開官民懇談會：融合官民之情感，剷除中間之隔閡　第 120 號　1937 年 7 月 21 日　238 頁
協和會召開幹事長會議　第 127 號　1937 年 9 月 9 日　252 頁
協和會召開縣本部會議　第 120 號　1937 年 7 月 21 日　238 頁
協和會考試青年輔導員　第 157 號　1938 年 4 月 19 日　314 頁
協和會地本部規定六月中行事　第 308 號　1940 年 6 月 7 日　495 頁
協和會成立本部［西豐］　第 79 號　1936 年 9 月 19 日　157 頁
協和會省本部：開青年指導會議　第 414 號　1940 年 10 月 12 日　523 頁
協和會省本部召開縣本部事務長會議，確立明年度之運動方針　第 143 號　1937 年 12 月 22 日　285 頁
協和會省本部開事務長會議，關於協議事項及日程規定完了　第 400 號　1940 年 6 月 16 日　499 頁
協和會宣撫四鄉［佳木斯］　第 100 號　1937 年 3 月 4 日　199 頁
協和會國兵運動［通江］　第 420 號　1940 年 11 月 23 日　534 頁
協和會組訪日視察團，哈地區本部派員參加，十八日在新京集合，廿日首途赴日　第 226 號　1939 年 10 月 12 日　447 頁
協和會提倡勞動奉仕　第 165 號　1938 年 6 月 15 日　331 頁
協和會道外辦事處舉行開處式　第 422 號　1940 年 12 月 7 日　538 頁
協和會準備慶祝日本陸軍紀念日，慶祝各種行事業已規定完備　第 201 號　1939 年 3 月 8 日　394 頁
協和會實施時局有效工作，市本部總動員實施指導　第 134 號　1937 年 10 月 20 日　266 頁
協和會舉辦中小學生雄辯大會　第 80 號　1936 年 9 月 26 日　158 頁
協和會濱江省本部準備市縣旗協聯會議　第 535 號　1941 年 3 月 20 日　556 頁
協和義勇奉公隊舉行舊旗返還新旗授與式，在南崗神社境内盛大舉行［哈爾濱］　第 405 號　1940 年 8 月 17 日　510 頁
協和義勇奉公隊計劃來年增加隊員　第 191 號　1938 年 12 月 16 日　374 頁
協和義勇奉公隊開隊長聯絡會議［哈爾濱］　第 183 號　1938 年 10 月 20 日　360 頁
協和徽章頒到，希望者可購領［本溪縣］　第 234 號　1939 年 12 月 13 日　465 頁
協和懇談延期［開原］　第 422 號　1940 年 12 月 7 日　538 頁
協會中央副部長檢閱奉公隊　第 413 號　1940 年 10 月 8 日　520 頁
協會召新聞界開催懇談會　第 207 號　1939 年 4 月 21 日　406 頁
協會事務長巡視各分會　第 418 號　1940 年 11 月 9 日　530 頁
協會依蘭地區：本部機構改革［依蘭］　第 415 號　1940 年 10 月 24 日　524 頁
協會省本部舉開省聯合　第 171 號　1938 年 7 月 20 日　339 頁
協會募集舊衣，救濟熱河災民　第 181 號　1938 年 9 月 29 日　354 頁
協會發告綠林書［吉林］　第 70 號　1936 年 7 月 17 日　139 頁
協會審核議案［公主嶺］　第 542 號　1941 年 5 月 4 日　568 頁
妻死無錢殯葬，遺女棄屍潛逃，房東報告警署請設法處理　第 229 號　1939 年 11 月 2 日　453 頁
妻逃報警，請求查緝　第 108 號　1937 年 4 月 28 日　214 頁
妻貌過艷，夫疑不貞　第 2 號　1935 年 3 月 6 日　4 頁
抽調團員實施建國操［北鎮縣］　第 199 號　1939 年 3 月 3 日　392 頁

拐款潛逃，未幾被捕　第 115 號　1937 年 6 月 16 日　228 頁
拐款潛逃終予被捕　第 82 號　1936 年 10 月 16 日　165 頁
拍花賊猖獗“根帶”失踪，有子□應注意　第 68 號　1936 年 7 月 2 日　135 頁
拉濱路一部復舊：牡丹江海浪間廿五日已開通　第 68 號　1936 年 7 月 2 日　135 頁
拉濱路沿線水害嚴重：損壞路基橋樑數十處，五常以南電信仍未通　第 67 號　1936 年 6 月 26 日　133 頁
招司賬協議驅逐股東，愛妾與司賬發生奸情，弄巧成拙報應循環　第 535 號　1941 年 3 月 20 日　557 頁
招考教員正式發表，已分別赴任地就職　第 203 號　1939 年 3 月 24 日　398 頁
招考優良男教師，分配於管下各校　第 201 號　1939 年 3 月 8 日　394 頁
招待背夫，携女潛逃　第 57 號　1936 年 4 月 17 日　113 頁
招募優良航空兵士，擴大宣傳以期收效，協會省本部已通函各界分會　第 201 號　1939 年 3 月 8 日　394 頁
招集街村司計人員，來縣講習［安達］　第 171 號　1938 年 7 月 20 日　338 頁
非銀行及非金融機關决取締收受存款事項，商工公會前傳知各商號　第 204 號　1939 年 3 月 28 日　400 頁
虎口餘生，竹不列夫現在治療中　第 199 號　1939 年 2 月 15 日　390 頁
虎列拉侵入哈市，市警努力防疫中，新陽區孫書建疑似虎疫致死　第 406 號　1940 年 8 月 29 日　512 頁
虎林線一部復舊　第 70 號　1936 年 7 月 17 日　138 頁
虎兒冠，不易戴也　第 55 號　1936 年 4 月 4 日　109 頁
果園成績良好［三十里堡］　第 175 號　1938 年 8 月 17 日　345 頁
明年度巴彥等七八縣實施新街村制，葦河縣規定八年度實施　第 232 號　1939 年 11 月 22 日　458 頁
明年擬設立勞工協會，市社會科調查勞工數目　第 143 號　1937 年 12 月 30 日　286 頁
忠興福火磨開業，日產三千七百萬袋，品質優良博得好評　第 89 號　1936 年 11 月 26 日　177 頁
忠靈塔現已竣工［遼陽］　第 191 號　1938 年 12 月 16 日　374 頁
呼蘭河口發見男屍　第 114 號　1937 年 6 月 9 日　226 頁
呼蘭糖廠明年復業，年產十萬擔　第 85 號　1936 年 10 月 28 日　168 頁
咄！咄！怪事！！！軍士遇艷婦？結果竟是一淫蕩妖精［黑龍江］　第 23 號　1935 年 8 月 2 日　45 頁
咄咄！烟妓中之怪物，曾爲女車掌，被開除流爲招待，以女學生自居專貼白靠八爺，記廣德樓小賣所女招待佩秋　第 47 號　1936 年 2 月 1 日　90 頁
岡村部隊合同慰靈祭，十二日在西本願寺舉行　第 148 號　1938 年 2 月 17 日　297 頁
物資配給圓滑，實施簿記台賬［蓋平］　第 407 號　1940 年 9 月 5 日　514 頁
物資統制法飭俄商遵守　第 418 號　1940 年 11 月 9 日　530 頁
物資價格施行明碼制　第 419 號　1940 年 11 月 14 日　533 頁
物價飛騰，人民叫苦　第 92 號　1936 年 12 月 16 日　182 頁
物價節節昂騰——日本商工會議所調查　第 98 號　1937 年 2 月 17 日　195 頁
和樂家庭變爲地域　第 56 號　1936 年 4 月 10 日　111 頁
佳木斯將設商工會議所　第 91 號　1936 年 12 月 10 日　181 頁
佳木斯稅務出張所舉行落成禮　第 137 號　1937 年 11 月 9 日　273 頁
供佛燒香，發生火警，人畜死傷，損失萬元　第 111 號　1937 年 5 月 19 日　220 頁
使冬季治安確保：強化搜查陣容，並將實施舉行防犯周間　第 418 號　1940 年 11 月 9 日　530 頁
使市民徹底認識時局，舉行講演電影大會　第 220 號　1939 年 8 月 3 日　432 頁

使民衆澈底歐門汗事件，協會編製宣傳書類，同時闡明日滿兩國決意　第 218 號　1939 年 7 月 20 日　428 頁
佩刀落處血光四濺，老翁純德被砍負重傷，候某真乃虎兒冠者也　第 160 號　1938 年 5 月 13 日　320 頁
依原告人之抗告，鄒玉如終被押，且看原審推事如何處置，舊北鐵職員騙財案續訊　第 36 號　1935 年 11 月 8 日　69 頁
依蘭縣内捕匪十名　第 128 號　1937 年 9 月 16 日　255 頁
欣逢伏降甘霖，預卜今秋豐收［西豐］　第 403 號　1940 年 7 月 21 日　504 頁
金少山吴素秋一行十七日來哈，拜訪各關係方面後十九日出演　第 167 號　1938 年□月□日　333 頁
金性小孩被車撞死　第 212 號　1939 年 6 月 8 日　416 頁
金定珠家發生竊案　第 96 號　1937 年 1 月 27 日　190 頁
金省長來縣視查［東豐］　第 416 號　1940 年 10 月 27 日　526 頁
金庫制度即將實施　第 103 號　1937 年 3 月 25 日　204 頁
金融合作社積極準備中　第 140 號　1937 年 12 月 1 日　279 頁
金融社員代表會議［黑山］　第 222 號　1939 年 8 月 24 日　437 頁
金融聯會來新，實行業務檢查［新民］　第 234 號　1939 年 12 月 13 日　465 頁
採木成績良好，突破預定數目　第 98 號　1937 年 2 月 17 日　195 頁
受青年訓練後的感想，青年訓練所生徒　第 113 號　1937 年 6 月 2 日　224 頁
乳兒審查會，日人參加者多　第 111 號　1937 年 5 月 19 日　221 頁
肺結核病早期發見秘密方法介紹——市公署技佐　第 139 號　1937 年 11 月 23 日　276 頁
周局長因公赴奉　第 143 號　1937 年 12 月 22 日　285 頁
咎由自取，嗜賭失業短見服毒　第 427 號　1941 年 1 月 18 日　547 頁
京濱列車中發見天然痘患者，乘客抵京均加消毒　第 115 號　1937 年 6 月 16 日　229 頁
京濱夜車即將恢復　第 6 號　1935 年 4 月 4 日　12 頁
店東幼女被人拐逃　第 110 號　1937 年 5 月 12 日　219 頁
店頭裝飾競技會：審查順位决定，一等榮冠爲大羅新等獲得　第 121 號　1937 年 7 月 29 日　241 頁
放下屠刀立地成佛，肉商公會捐款，興辦乞丐兒童義務學校　第 1 號　1935 年 2 月 23 日　3 頁
放映電影介紹日本　第 150 號　1938 年 3 月 1 日　301 頁
放送局前無名男屍，領警嚴重調查　第 82 號　1936 年 7 月 31 日　143 頁
放送局舉辦招待大會　第 157 號　1938 年 4 月 19 日　315 頁
放送局歡宴各界［錦州］　第 415 號　1940 年 10 月 24 日　524 頁
於北鐵接收紀念日放送慰靈祭的盛況，藉資喚起民衆強化　第 300 號　1940 年 3 月 8 日　475 頁
於百方奔走之下，經理職終未獲得　第 207 號　1939 年 4 月 21 日　406 頁
於各校中增添壁畫，使學生受感應教育，市教育當局樹立新教育方針　第 203 號　1939 年 3 月 24 日　399 頁
於各游藝場所講演非常時局　第 220 號　1939 年 8 月 3 日　432 頁
育兒院整備計劃：張院長向市屬之條陳　第 55 號　1936 年 4 月 4 日　108 頁
怙惡不悛行同化外，土棍韓耀亭仍出花會局　第 42 號　1935 年 12 月 18 日　80 頁
性病對策座談會二十七日開催，討論性病撲滅方針　第 181 號　1938 年 9 月 29 日　354 頁
怪汽車案：撲朔迷離終難判明，各方推測其說不一　第 147 號　1938 年 2 月 5 日　295 頁
怪電話惡作劇：虛報首善醫院醫師殺人　第 427 號　1941 年 1 月 18 日　545 頁

炕洞串火，延燒比鄰，損失達千餘元　第 113 號　1937 年 6 月 2 日　224 頁
炎天盛暑之下友軍捷報頻傳，匪徒已漸潰滅所餘甕中之物　第 123 號　1937 年 8 月 13 日　245 頁
法院編製法明春定能公佈，全國分五大司法區域，濱特兩地法院亦合併　第 38 號　1935 年 11 月 21 日　73 頁
法華宗妙法寺嚴修釋迦道會［開原］　第 234 號　1939 年 12 月 13 日　465 頁
法國財團有力者組織對滿事業公司：計劃經營全滿各地大和旅館，今後企業界亦必有一番活躍　第 140 號　1937 年 12 月 1 日　279 頁
法權撤廢後外人課稅問題：濱江稅署召開稅捐局局長會議，整備徵稅機構實施新租稅制度，袁署長致開會之詞　第 67 號　1936 年 6 月 26 日　132 頁
法權撤廢後日人課稅問題：總務廳處長會議閉幕後，佐藤代總務處長傳達會議情形　第 66 號　1936 年 6 月 18 日　131 頁
法權撤廢祝賀式於六日在市公署隆重舉行，來月一日舉行國民慶祝會　第 137 號　1937 年 11 月 9 日　272 頁
河溝街坍塌橋樑現正建築中，工費一萬八千元，月末竣工　第 407 號　1940 年 9 月 5 日　515 頁
油坊業每況愈下，希望當局從速設法救濟，現在產餅日僅六千餘枚　第 108 號　1937 年 4 月 28 日　214 頁
油坊業愈衰微，四月間生產量調查　第 111 號　1937 年 5 月 19 日　221 頁
（油房業）漸見好轉，哈市開張碾七家　第 86 號　1936 年 11 月 4 日　171 頁
治水調查（事務所）舉行開所披露晏會，十八日在新哈爾濱旅館舉行　第 540 號　1941 年 4 月 19 日　564 頁
治水墾會第二日繼續舉行　第 211 號　1939 年 5 月 31 日　414 頁
治外法權撤廢一周紀念：警廳隆重舉行式典，白廳長對屬下各員剴切訓示　第 190 號　1938 年 12 月 9 日　372 頁
治外法權撤廢後召開司法講習會，由十一月九日起亘四日間　第 136 號　1937 年 11 月 3 日　270 頁
治外法權撤廢前警察司法陣容一新，犯人二重審理廢止，搜查班各配置日系警長一名，司法事務由此尤見完璧　第 126 號　1937 年 9 月 1 日　250 頁
治外法權撤廢聲中募集日系警官，濱江省定五月十九日考試，考試地址在地方警察學校　第 110 號　1937 年 5 月 12 日　219 頁
治安確保農村恢復，滿商遽呈活狀，十商上半期賣出額增百分七，下半期之賣項豫料必益增加　第 90 號　1936 年 12 月 2 日　178 頁
治法撤廢之無線電講座：網羅市内權威者講演　第 138 號　1937 年 11 月 17 日　275 頁
治廢實施之日慶祝大會　第 140 號　1937 年 12 月 1 日　279 頁
治廢實現前警察管下各派出所將設專用警備電話，警察實力將充分發揮，對其實現各方頗期待　第 128 號　1937 年 9 月 16 日　254 頁
宗教分會祈禱會［西安］　第 157 號　1938 年 4 月 19 日　314 頁
宗教概說：濱江省教育廳禮教科長　第 96 號　1937 年 1 月 27 日　191 頁
宗教概說：濱江省教育廳禮教科長（續）　第 97 號　1937 年 2 月 3 日　192 頁
定期檢查自動車［齊齊哈爾］　第 229 號　1939 年 11 月 2 日　452 頁
定期檢查車體［安東］　第 77 號　1936 年 9 月 2 日　153 頁
官吏共濟法會議，市署派員晉京參加　第 139 號　1937 年 11 月 23 日　277 頁
官商職工公寓一幕有趣的武劇：也可說是男司機女車掌的一段素描　第 8 號　1935 年 4 月 20 日　16 頁
空協支部設立問題：四月二十日舉行發會式，人事陣容已整備計劃進行中　第 301 號　1940 年 3 月 22 日

476頁
空房灰中發現男屍　第105號　1937年4月7日　209頁
空幃獨守衾底單寒，偕妹同母潛逃來哈，兩次捉獲恨劉何必多事，一紙呈文誣其妨害自由　第35號　1935年10月31日　66頁
房戶福音：房租審查委員會將於近期即結成，關於委員人選現已經決定　第405號　1940年8月7日　508頁
房東增租未果，設法驅逐房戶，被房戶聯名控告受申斥　第421號　1940年11月30日　536頁
建修橫道口旱橋問題最後之猛烈運動，市内四商工團體分謁市路當局　第108號　1937年4月28日　214頁
建國五周年紀念感言——哈爾濱警察廳長　第100號　1937年3月4日　199頁
建國紀念第五屆全哈運動大會：日滿各機關贈品頗多，各顯身手非常熱烈（一）　第64號　1936年6月4日　126頁
建國紀念第五屆全哈運動大會：日滿各機關贈品頗多，各顯身手非常熱烈（二）　第65號　1936年6月10日　129頁
建國紀念第五屆全哈運動大會：日滿各機關贈品頗多，各顯身手非常熱烈（三）　第66號　1936年6月18日　131頁
建國紀念運動大會：施市長之訓詞　第64號　1936年6月4日　126頁
建國運動會定十五日舉行［通化］　第308號　1940年6月7日　494頁
建國精神　第88號　1936年11月19日　175頁
建設水產試驗場已得中央許可，場内並設水族館一處，將來之水產頗可期待　第185號　1938年11月2日　365頁
建設健康都市充實衛生機構，將設立哈市衛生試驗所　第134號　1937年10月20日　266頁
建設運動場，省側擬定分期進行　第422號　1940年12月7日　539頁
建設樺湯間長途電話［佳木斯］　第100號　1937年3月4日　199頁
建築不良樓房坍塌，工人被埋没死傷七名，對於同樣建築當局决令拆除　第229號　1939年11月2日　452頁
建築江堤即將動工　第15號　1935年6月7日　29頁
建築完備防空壕，哈郵管理局特殊防護隊動工挖掘［哈爾濱］　第225號　1939年9月12日　443頁
建築物取締規程：都市建設局進行討論改正中，來年度起皆須適用此新規程　第42號　1935年12月18日　80頁
建築限制期間［錦西］　第234號　1939年12月7日　462頁
建築原料缺乏，價格因之暴漲，石子每立方米價七元左右　第131號　1937年9月29日　260頁
建築新小學校，救濟失學兒童　第220號　1939年8月3日　433頁
建築新廳舍，舉行地鎮祭［法庫］　第165號　1938年6月15日　331頁
建築製冰會社八月末可竣工　第211號　1939年5月31日　414頁
建議發展哈爾濱航業計畫書（一）　第2號　1935年3月6日　5頁
建議發展哈爾濱航業計畫書（二）　第3號　1935年3月18日　7頁
建議發展哈爾濱航業計畫書（三）　第4號　1935年3月21日　9頁
建議發展哈爾濱航業計畫書（四）　第5號　1935年3月27日　11頁
建議發展哈爾濱航業計畫書（五）　第6號　1935年4月4日　13頁
建議發展哈爾濱航業計畫書（六）　第7號　1935年4月9日　15頁

姑妄言之，姑妄聽之，山東省掖縣城南王某與狐結婚，村長不信毆打招禍——據山東來人談一幕神話　第115號　1937年6月16日　229頁
承認紀念之盛況［城廠］　第30號　1935年9月28日　57頁
承認紀念作文募集，當選者已發表，優等當選秦世英等二名　第129號　1937年9月22日　257頁
承認紀念標語彙誌　第128號　1937年9月16日　254頁
承德街之殺人案，正陽署捕獲嫌疑犯　第43號　1935年12月26日　82頁
孤兒養成所暫行簡章，第三次理監會通過　第117號　1937年7月1日　232頁

九畫

契約已滿不得自由，龜奴昧良虐待妓女，數度趁機奸污皆遭拒絕　第213號　1939年6月14日　418頁
春季忠靈塔大祭［遼陽］　第163號　1938年6月2日　326頁
春季第一次賽馬，念三日舉行，爲引起賽馬者之興趣，第一著賞金爲一千元　第158號　1938年4月27日　316頁
春季清潔大掃除［三江］　第163號　1938年6月2日　327頁
春季清潔檢查成績極爲良好　第212號　1939年6月8日　416頁
春季慰安列車，濱洲北黑兩線慰安日程　第64號　1936年6月4日　126頁
春風一度，珠胎暗結　第161號　1938年5月19日　323頁
毒死守夜犬，竊去馬匹　第107號　1937年4月21日　212頁
毒殺生女，將送法案　第145號　1938年1月21日　291頁
封江之期迫於眉前，長途汽車準備運行，哈同線開通例年在十二月中旬　第131號　1937年9月29日　260頁
封鎖兩英學校已待圓滿解決　第190號　1938年12月9日　372頁
城内房荒可除［黑山］　第222號　1939年8月24日　436頁
城街實施區町制［開原］　第168號　1938年6月29日　334頁
赴市病院汽車免費，上午八時至午後一時　第87號　1936年11月12日　172頁
赴街購物，家中失盜　第117號　1937年7月1日　233頁
郝署長親捉匪首［海龍］　第49號　1936年2月20日　97頁
某旅社開燈供客，因索烟賬時發衝突，該旅社旅客非野妓即癮士　第531號　1941年2月8日　550頁
某醫療社草菅人命，李某無辜大受痛苦，欲鳴之於有司經人調說乃寢　第218號　1939年7月20日　429頁
甚矣哉錢之作孽，妓女戀熱客起異心奔走他鄉，老父不作美半途中拆散姻緣　第91號　1936年12月10日　181頁
草房兩間付之一炬　第95號　1937年1月21日　188頁
荒唐青年竊去主人衣物潛逃，逃至五常竟被捕獲　第97號　1937年2月3日　192頁
胡某因何服毒自殺　第113號　1937年6月2日　224頁
胡匪襲入五家屯，搶去車馬衣物［黑龍江］　第36號　1935年11月8日　68頁
胡謅春秋（一）　第41號　1935年12月13日　78頁
胡謅春秋（二）　第42號　1935年12月18日　81頁
胡謅春秋（三）　第43號　1935年12月26日　83頁

胡謅春秋　第 46 號　1936 年 1 月 27 日　88 頁
南木廠遷移問題：因徵收地皮捐自願拆除房屋，新馬路即將入於本格鋪設期　第 158 號　1938 年 4 月 27 日　316 頁
南京陷落慶祝會：舉市若狂高蹺龍燈提燈會，協和會市本部著手準備　第 142 號　1937 年 12 月 5 日　280 頁
南崗小賣市場：十一月一日開業　第 136 號　1937 年 11 月 3 日　271 頁
南崗小賣市場：市署製定使用須知　第 133 號　1937 年 10 月 16 日　265 頁
南崗極樂寺舉行浴佛節法會，舉行慰靈祭追悼日滿戰歿軍警　第 304 號　1940 年 4 月 27 日　487 頁
南崗道外間電車宜增加，不然有失民望　第 33 號　1935 年 10 月 18 日　62 頁
南崗警署實施檢查車輛乘金　第 406 號　1940 年 8 月 29 日　513 頁
南新保垢物箱：有力牌竟拒絕設置，各方對之煩言嘖嘖　第 69 號　1936 年 7 月 9 日　137 頁
南新署防犯會議　第 86 號　1936 年 11 月 4 日　171 頁
南新署捕獲慣匪　第 147 號　1938 年 2 月 5 日　294 頁
查獲挖墳盜墓犯［黑龍江］　第 27 號　1935 年 8 月 31 日　52 頁
柳條包女屍案，依照像片搜查　第 88 號　1936 年 11 月 19 日　174 頁
柳條包女屍案李某嫌疑重大　第 93 號　1936 年 12 月 25 日　185 頁
威迫離婚婦，身遭縲絏之苦［阜新］　第 239 號　1940 年 3 月 5 日　473 頁
砍殺岳父母案，經法院判處死刑　第 171 號　1938 年 7 月 20 日　338 頁
面莊發財全憑倒袋　第 1 號　1935 年 2 月 23 日　2 頁
指定米穀組合商［白城子］　第 219 號　1939 年 7 月 27 日　430 頁
指定馬車駐車場所　第 130 號　1937 年 9 月 23 日　259 頁
指紋事務移交警廳司法科辦理，省側指紋人員調科任用　第 125 號　1937 年 8 月 26 日　249 頁
指紋效用宏大，南崗之大竊案三日後破案　第 133 號　1937 年 10 月 16 日　265 頁
虐待幼女　第 414 號　1940 年 10 月 12 日　522 頁
省土木廳當局開土木股長會議，各縣旗土木關係多數出席［哈爾濱］　第 304 號　1940 年 4 月 27 日　486 頁
省下農地開發，成績極爲良好　第 226 號　1939 年 10 月 12 日　446 頁
省内新設青訓七處　第 152 號　1938 年 3 月 16 日　305 頁
省公署民生廳將召開社會教化團體諸會議，研究進行對策，善導民心促社會淨化　第 212 號　1939 年 6 月 8 日　416 頁
省公署招開廳長會議，討論議案三大要項　第 56 號　1936 年 4 月 10 日　110 頁
省公署秋吉警務廳長乘機視察罌粟密種地，同時並散放傳單促殘匪投降　第 211 號　1939 年 5 月 31 日　415 頁
省公署擬招開第二次縣旗長會議，通知所屬各縣旗準備提案　第 160 號　1938 年 5 月 13 日　321 頁
省令各縣旗注意農作物收穫調製，謀商品化價值之向上，須隨時指導以資宣傳　第 65 號　1936 年 6 月 10 日　129 頁
省令各縣旗商會停止徵收修路費，人民謳歌王道政治之恩惠　第 110 號　1937 年 5 月 12 日　218 頁
省令取銷烟館招待　第 74 號　1936 年 8 月 13 日　147 頁
省長次長先後會議　第 165 號　1938 年 6 月 15 日　330 頁
省協分會開協議會　第 164 號　1938 年 6 月 8 日　329 頁
省官吏戒烟所廿四舉行開所式　第 184 號　1938 年 10 月 27 日　363 頁

省垣警廳衛生課調查全市牛乳業，計全市共四十五家［黑龍江］　第 11 號　1935 年 5 月 8 日　23 頁
省教育科放送新學制之趣旨　第 154 號　1938 年 3 月 30 日　308 頁
省教育視察團於十九日已首途東渡，預定下月十三日返哈　第 58 號　1936 年 4 月 23 日　114 頁
省教育會組織訪日視察團　第 156 號　1938 年 4 月 12 日　313 頁
省教育廳原學務股長拐款案問題擴大，檢查帳簿陸續出見弊端，徹底究查恐將牽連前任　第 96 號　1937 年 1 月 27 日　190 頁
省教育廳普及農村教育，開發農村產業家庭合理化，發揚固有美俗將實施講話，其要項已編製就緒　第 74 號　1936 年 8 月 13 日　146 頁
省教廳將召開縣旗教育局長會議，新學制實施之前提　第 118 號　1937 年 7 月 7 日　234 頁
省教廳學務科開協議準備會，準備全國學務科長協議會，擬就希望及質疑事項　第 62 號　1936 年 5 月 21 日　122 頁
省商工公會開第四回總會　第 300 號　1940 年 3 月 8 日　475 頁
省視學察學校［西安］　第 234 號　1939 年 12 月 13 日　464 頁
省開拓廳農林科，開實業股長會議　第 404 號　1940 年 7 月 30 日　507 頁
省署土木廳召開護岸工事會議，討論今後護岸工事進行方針　第 174 號　1938 年 8 月 12 日　343 頁
省署公佈暴利取締令，嚴禁奸商高抬物價，令各商家貨物注明價格　第 184 號　1938 年 10 月 27 日　362 頁
省署召開本年末縣旗預算會議　第 193 號　1938 年 12 月 29 日　379 頁
省署召開指導官會議，議題大體決定　第 133 號　1937 年 10 月 16 日　264 頁
省署召開警務會議　第 101 號　1937 年 3 月 11 日　200 頁
省署招開預算方針會議，來年度預算分三個時期，各廳長科長均出席　第 54 號　1936 年 3 月 27 日　106 頁
省署招開縣長會議　第 165 號　1938 年 6 月 15 日　330 頁
省署招開廳長例會：提案及報告事項　第 57 號　1936 年 4 月 17 日　113 頁
省署招開廳長例會：總務廳提出都市計劃案　第 59 號　1936 年 4 月 29 日　117 頁
省署注意防範家畜傳染病，預防及遏止獸疫之蔓延，救濟農村飼養家畜損害　第 68 號　1936 年 7 月 2 日　134 頁
省署定期舉行考試汽車司機　第 152 號　1938 年 3 月 16 日　305 頁
省署定期舉行產業關係協會，現正準備各種議案　第 199 號　1939 年 3 月 3 日　393 頁
省署昨開預算關係會議　第 174 號　1938 年 8 月 12 日　343 頁
省署追加新規預算　第 82 號　1936 年 10 月 16 日　165 頁
省署計畫配給各縣新銳農業用俱，促進農產之開發　第 179 號　1938 年 9 月 15 日　353 頁
省署計劃設立官公吏戒烟所，使各官公吏癮者速予戒除，已通令屬下各地實行　第 178 號　1938 年 9 月 7 日　351 頁
省署派員視察弘報　第 154 號　1938 年 3 月 30 日　308 頁
省署教育廳召開教育股長會議，自廿四日亘二日間舉行　第 183 號　1938 年 10 月 13 日　359 頁
省署與日滿商事協商，輸入大量亞鉛，以備建築業用及製烟筒用　第 227 號　1939 年 10 月 24 日　449 頁
省署製定保甲青年團訓練要領，鍛煉全體青年之心身及陶冶情操，養成愛鄉奉仕觀念，強化協和精神　第 110 號　1937 年 5 月 12 日　219 頁
省署整理社會事業，將設縣營社會館，努力改善民生思想善導，儘量發揮精神教化之實　第 160 號　1938 年

5月13日　320頁
省署整備弘報陣，養成優秀弘報技術人材，下月在極樂寺施行教育　第153號　1938年3月22日　306頁
省管内本年度實施大豆增產計劃，面積爲二萬五千八百陌　第204號　1939年3月28日　401頁
省衛生科令種牛痘　第156號　1938年4月12日　313頁
省聯協議會大體就緒，星野長官屆期參加，已分別函知各縣本部長參加　第215號　1939年7月4日　422頁
省聯協議會期迫，市縣旗移議案頗夥　第401號　1940年6月26日　501頁
省警務廳人事異動　第131號　1937年9月29日　260頁
省警務廳組織宣傳班實施鴉片麻藥斷禁工作，分別赴管下各縣實地宣傳　第212號　1939年6月8日　417頁
是之謂難兄難弟，兄輩女招待弟割靴腰子，醋海起波瀾險些出人命　第32號　1935年10月11日　60頁
是誰失馬速去認領　第110號　1937年5月12日　218頁
是誰無理取鬧擲磚砸碎玻璃，日人住戶咸感不安，日滿警察偵查犯人　第94號　1937年1月13日　187頁
冒名六商櫃夥一律保釋，具結永不再抵觸市場法，六商營業今後不易恢復　第80號　1936年9月26日　159頁
冒充刑事，騙土而逃　第76號　1936年8月27日　151頁
冒充官人，詐騙俄婦　第38號　1935年11月21日　72頁
冒充便衣，乘機欺騙，丟失行李又被人騙，痛不欲生投江遇救，舒玉海者可謂禍不單行　第547號　1941年6月7日　577頁
冒充偵探被警逮捕　第92號　1936年12月16日　183頁
冒充緝私員之日浪人相繼落網，現在日警署嚴重審訊中　第39號　1935年11月29日　74頁
冒充警官詐財，事機不密被捕　第544號　1941年5月17日　573頁
昨年度木材產量實量五四五萬石，木炭七二萬擔，薪材四七萬指，比較康德三年度均見增加　第160號　1938年5月13日　320頁
韋省長初登廳，午後分訪市内各機關　第149號　1938年2月23日　298頁
韋省長視察呼蘭行政狀況　第224號　1939年9月6日　440頁
韋省長榮升外務長官，遺缺由于總監繼任，韋省長對本報記者發表談話　第306號　1940年5月24日　490頁
哈市一年内犯罪統計　第79號　1936年9月19日　157頁
哈市二月份煤炭銷售狀況，總數約六五二四五噸，與前月比較約減一半　第104號　1937年3月31日　206頁
哈市八月中經濟狀況之消長　第30號　1935年9月28日　57頁
哈市人口消長觀　第4號　1935年3月21日　9頁
哈市又一剝削機關　第12號　1935年5月16日　24頁
哈市及廿三縣打成一片，將結成總聯合防護團，防空演習前陣容一新　第116號　1937年6月23日　231頁
哈市之斗車賊店：初次來哈旅客須加注意　第45號　1936年1月17日　86頁
哈市之兩種怪現象：市場内公然賭博無人過問，大街上公開賣淫有誰干涉　第12號　1935年5月16日　24頁
哈市之怪現象：初來哈者須要小心　第112號　1937年5月27日　223頁
哈市之輪廓　第79號　1936年9月19日　156頁
哈市日人將編入保甲，現在進行研究中　第38號　1935年11月21日　72頁
哈市日人激增，每月增加七百七十餘名，領警調查人口突破四萬　第113號　1937年6月2日　224頁
哈市日本人口八月末達四萬人　第129號　1937年9月22日　257頁

哈市日鮮人二八四〇四名　第 54 號　1936 年 3 月 27 日　106 頁
哈市公署行政處長東游感想，春之櫻花秋之紅葉，可成一幅天然名畫（一）　第 61 號　1936 年 5 月 14 日　121 頁
哈市公署行政處長東游感想，春之櫻花秋之紅葉，可成一幅天然名畫（二）　第 62 號　1936 年 5 月 21 日　123 頁
哈市公署行政處長東游感想，春之櫻花秋之紅葉，可成一幅天然名畫（三）　第 63 號　1936 年 5 月 28 日　125 頁
哈市公署退職人員共九十四名　第 38 號　1935 年 11 月 21 日　72 頁
哈市去年度土木建築統計，土建會哈支部調查　第 97 號　1937 年 2 月 3 日　193 頁
哈市本年工事費額約八百萬元　第 133 號　1937 年 10 月 16 日　265 頁
哈市本年上半期國人當商業績，較去年貸出增贖出減　第 139 號　1937 年 11 月 23 日　276 頁
哈市白俄各學校實施軍事訓練，省署與四軍聯絡妥協　第 202 號　1939 年 3 月 15 日　396 頁
哈市印刷業没落時期：官方與民爭利，印刷組合請願　第 91 號　1936 年 12 月 10 日　180 頁
哈市立衛生指導隊，促進市民預防沙眼，特編製沙眼預防注意事項傳單　第 222 號　1939 年 8 月 24 日　436 頁
哈市肉類銷售額——七月至十一屠宰牲畜統計　第 93 號　1936 年 12 月 25 日　185 頁
哈市各製粉工廠最近之生産能力：日産八萬九千一百袋　第 153 號　1938 年 3 月 22 日　306 頁
哈市各種工業國籍别及工場數職工人數達一萬六千餘人　第 122 號　1937 年 8 月 5 日　242 頁
哈市交易所各糧棧交易額天豐東占首位，純益金約八十萬元　第 105 號　1937 年 4 月 7 日　209 頁
哈市防護委員會定四月一日在市署嚴肅舉行發會式，哈爾濱之天空造成一大防護完壁陣　第 152 號　1938 年 3 月 16 日　305 頁
哈市近郊將新設省立農民訓練所，收容人員三百名，訓練期間二個年，街村建設工作進行中之前鋒　第 113 號　1937 年 6 月 2 日　224 頁
哈市青訓：第二期學生畢業式盛況，省市長等均有剴切訓示　第 129 號　1937 年 9 月 22 日　256 頁
哈市制醬業成立組合　第 227 號　1939 年 10 月 24 日　448 頁
哈市油坊三月份生産數量較二月份減産餅約十三萬弱，消費原料約一千八百萬強　第 57 號　1936 年 4 月 17 日　112 頁
哈市油坊産量十二月來稍見起色　第 95 號　1937 年 1 月 21 日　189 頁
哈市重要商品價格與日俱增　第 165 號　1938 年 6 月 15 日　330 頁
哈市保甲・自衛團役員數目調查，經濟南崗兩保日内成立　第 43 號　1935 年 12 月 26 日　82 頁
哈市保稅倉庫棉織物仍占首位，二月經由地别輸送數量　第 155 號　1938 年 4 月 5 日　310 頁
哈市飛六出松花江流冰　第 88 號　1936 年 11 月 19 日　175 頁
哈市馬拉蓀大會，日方選手開茶話會，滿方選手開預選會　第 63 號　1936 年 5 月 28 日　124 頁
哈市都市計劃輪廓：三十年後之人口以一百萬作預算，將來市面積擴大二百五十平方粁　第 5 號　1935 年 3 月 27 日　10 頁
哈市特殊風景：爲向各地介紹，哈觀光協會與滿映研究拍攝［哈爾濱］　第 542 號　1941 年 5 月 4 日　568 頁
哈市特産積存數量：大豆三九九車，小麥三五九〇車　第 95 號　1937 年 1 月 21 日　188 頁
哈市畜産加工所四月間即可開始工作，本年加工牛豚二萬餘頭　第 146 號　1938 年 1 月 26 日　293 頁
哈市區制之實施：三月間或可實現，原案之大綱大體決定　第 147 號　1938 年 2 月 5 日　294 頁

哈市設農業大學，組織設立委員會，以百萬元巨資作設立經費　第 165 號　1938 年 6 月 15 日　330 頁
哈市商工公會決定廿七日召開，商業繁榮懇談會　第 168 號　1938 年 6 月 29 日　334 頁
哈市商工公會：省署直接監督　第 146 號　1938 年 1 月 26 日　293 頁
哈市商工公會通知各會員至期繳會費　第 167 號　1938 年□月□日　332 頁
哈市等七縣新設農事合作社，濱江省管内一市廿縣一旗　第 145 號　1938 年 1 月 21 日　291 頁
哈市創舉民族交歡大會舉行之盛况，滿日俄鮮民衆踴躍參加，民族協和精神十分表現　第 105 號　1937 年 4 月 7 日　208 頁
哈市童子團地方聯盟來年度工作方針：期必超駕乎其他童子團之上，至少亦須使與他國並駕齊驅　第 43 號　1935 年 12 月 26 日　82 頁
哈市童子團地方聯盟來年度工作方針：期必超駕乎其他童子團之上，至少亦須使與他國並駕齊驅（續）　第 45 號　1936 年 1 月 17 日　87 頁
哈市新設企業：事變以來投資總額一億一千萬元以上　第 78 號　1936 年 9 月 10 日　155 頁
哈市義奉隊改組，新幹部亦任命　第 539 號　1941 年 4 月 12 日　562 頁
哈市煤炭陷於饑饉，當局亟宜設法維持，各種煤炭現已消費殆盡，恐煤價將絕高，多抱悲觀　第 150 號　1938 年 3 月 1 日　300 頁
哈市製粉業三月份生產量　第 57 號　1936 年 4 月 17 日　112 頁
哈市製粉業十一月中生產量突破百八十萬袋　第 92 號　1936 年 12 月 16 日　183 頁
哈市管下農村生活狀況，負債原因多爲婚喪　第 136 號　1937 年 11 月 3 日　270 頁
哈市管内農作物育成狀態良好，小麥决不至發生蟲災　第 120 號　1937 年 7 月 21 日　238 頁
哈市漢醫學研究十一月中旬舉行講習會，假座北新國民優級學校内　第 228 號　1939 年 10 月 26 日　451 頁
哈市線毯類及土布行銷之情形　第 10 號　1935 年 5 月 6 日　21 頁
哈市線毯類及土布行銷之情形（續）　第 11 號　1935 年 5 月 8 日　22 頁
哈市聯合防護團舉行隆重結成式，結成宣誓及舉行示威游行，吕民政部大臣等均有祝詞　第 52 號　1936 年 3 月 16 日　102 頁
哈市邊商工科長榮轉隆化縣縣長　第 404 號　1940 年 7 月 30 日　506 頁
哈市顔料需要量：年額百五十萬元，陰丹士林占大部　第 132 號　1937 年 10 月 7 日　263 頁
哈市雜糧積存數量　第 153 號　1938 年 3 月 22 日　306 頁
哈市警察當局嚴重取締暴利奸商，安定市民生活以維難民　第 167 號　1938 年□月□日　333 頁
哈市麵粉昨年南下總數計四九四〇五一五　第 95 號　1937 年 1 月 21 日　189 頁
哈地方科長榮轉［開魯］　第 142 號　1937 年 12 月 5 日　280 頁
哈社聯會催繳會費，積欠千餘元　第 88 號　1936 年 11 月 19 日　174 頁
哈社聯會資助難民　第 82 號　1936 年 10 月 2 日　161 頁
哈附近匪團槍械已被起出　第 413 號　1940 年 10 月 8 日　521 頁
哈林務署發見胡桃適宜植培地，最近即將講求造林具體策，崎田林務署長談發見經過　第 132 號　1937 年 10 月 7 日　263 頁
哈林務署管内本年度採伐量預定約三十五萬石，九月上旬即可入山矣　第 121 號　1937 年 7 月 29 日　240 頁
哈郵局義務貯金數　第 51 號　1936 年 3 月 6 日　101 頁

哈郵局管下貯金匯兑成績良好　第 81 號　1936 年 7 月 29 日　141 頁
哈郵局管内新設四局　第 82 號　1936 年 10 月 2 日　161 頁
哈郵管内貯金成績　第 95 號　1937 年 1 月 21 日　189 頁
哈埠市屬拍電慰問綏化災民，如災情較重將寄慰問金　第 543 號　1941 年 5 月 11 日　571 頁
哈埠電影事業概觀　第 1 號　1935 年 2 月 23 日　3 頁
哈專賣署召集管下開催局長會議，關係各機關均派代表出席　第 182 號　1938 年 10 月 6 日　357 頁
哈專賣署管内密運烟土犯統計，開江以來被檢舉四九名　第 115 號　1937 年 6 月 16 日　229 頁
哈國立大學不甘人後，亦組織奉公隊，現正積極從事訓練中　第 219 號　1939 年 7 月 27 日　431 頁
哈税關屬下各關卡廢止與新設，現已佈告開始事務　第 60 號　1936 年 5 月 7 日　119 頁
（哈爾濱）市警察局開科署長會議，所討論均爲治安工作問題　第 542 號　1941 年 5 月 4 日　568 頁
哈爾濱大房產家姚錫九再入獄，因某種事件被警廳逮捕　第 30 號　1935 年 9 月 28 日　57 頁
哈爾濱之牛乳事業　第 8 號　1935 年 4 月 20 日　16 頁
哈爾濱市“十一月份”滿外戶口統計四十六萬三千九百九十三名，國籍之複雜竟達二十又七國　第 43 號　1935 年 12 月 26 日　82 頁
哈爾濱市内特産積存量：大豆一九八八車，小麥一八三五車，大興公司哈支店調查　第 113 號　1937 年 6 月 2 日　225 頁
哈爾濱市内電影事業之消長：道里南崗電影事業日落千丈，道外之亞洲平安營業極發達　第 40 號　1935 年 12 月 5 日　76 頁
哈爾濱市内滿人自由勞動者二千三百九十二名　第 151 號　1938 年 3 月 9 日　303 頁
哈爾濱市公署獎勵家庭副業　第 302 號　1940 年 4 月 6 日　480 頁
哈爾濱市公署舉行詔書捧讀式，於十六日在市公署會議室舉行　第 405 號　1940 年 8 月 17 日　511 頁
哈爾濱市立學校統計：滿側學校計十七處，俄僑學校計達九處　第 184 號　1938 年 10 月 27 日　362 頁
哈爾濱市事變前後：滿俄商業消長，滿商賣錢數約增二成，俄商百貨店反減七成　第 89 號　1936 年 11 月 26 日　176 頁
哈爾濱市財閥孫汝元劣行録，奸通、謀財、奪產（一）　第 70 號　1936 年 7 月 17 日　138 頁
哈爾濱市財閥孫汝元劣行録，奸通、謀財、奪產（二）　第 81 號　1936 年 7 月 29 日　140 頁
哈爾濱市記者協會緊要啓示　第 123 號　1937 年 8 月 13 日　245 頁
哈爾濱市康德三年度市税條例說明至要，爲市税體系之繼備，與徵税手續之改善（一）　第 42 號　1935 年 12 月 18 日　80 頁
哈爾濱市康德三年度市税條例說明至要，爲市税體系之繼備，與徵税手續之改善（二）　第 43 號　1935 年 12 月 26 日　83 頁
哈爾濱市康德三年度市税條例說明至要，爲市税體系之繼備，與徵税手續之改善（三）　第 44 號　1936 年 1 月 9 日　85 頁
哈爾濱市康德三年度市税條例說明至要，爲市税體系之繼備，與徵税手續之改善（四）　第 45 號　1936 年 1 月 17 日　87 頁
哈爾濱市康德三年度市税條例說明至要，爲市税體系之繼備，與徵税手續之改善（六）　第 46 號　1936 年 1 月 27 日　88 頁
哈爾濱市康德三年度市税條例說明至要，爲市税體系之繼備，與徵税手續之改善（七）　第 47 號　1936 年

2月1日　90頁
哈爾濱市康德三年度市稅條例說明至要，爲市稅體系之繼備，與徵稅手續之改善（八）　第48號　1936年2月8日　93頁
哈爾濱市康德三年度市稅條例說明至要，爲市稅體系之繼備，與徵稅手續之改善（九）　第49號　1936年2月13日　94頁
哈爾濱市康德三年度市稅條例說明至要，爲市稅體系之繼備，與徵稅手續之改善（十）　第49號　1936年2月20日　97頁
哈爾濱市康德三年度市稅條例說明至要，爲市稅體系之繼備，與徵稅手續之改善（十一）　第51號　1936年3月6日　101頁
哈爾濱市康德三年度市稅條例說明至要，爲市稅體系之繼備，與徵稅手續之改善（十二）　第53號　1936年3月20日　105頁
哈爾濱市康德三年度市稅條例說明至要，爲市稅體系之繼備，與徵稅手續之改善（十三）　第54號　1936年3月27日　107頁
哈爾濱市康德二年度市稅條例說明至要，爲市稅體系之繼備，與徵稅午績之改善（十四）　第55號　1936年4月4日　109頁
哈爾濱市康德二年度市稅條例說明至要，爲市稅體系之繼備，與徵稅手績之改善（十五）　第56號　1936年4月10日　111頁
哈爾濱市管内菜蔬生產量：市農政科之基礎調查　第103號　1937年3月25日　205頁
哈爾濱市聯合協議會在道里國高學校舉行，議案分四部全議案三十五件　第547號　1941年6月7日　576頁
哈爾濱市聯合協議會定於六月二日起舉行，大會運營要綱業已擬定就緒　第545號　1941年5月24日　575頁
哈爾濱市聯合協議會：警察局說明施政方針，對於鴉片斷禁一事更非常注目　第548號　1941年6月14日　578頁
哈爾濱市聯合協議會：警察局說明施政方針，對於鴉片斷禁一事更非常注目（續）　第549號　1941年6月22日　580頁
哈爾濱車站將大加刷新　第8號　1935年4月20日　17頁
哈爾濱牡丹江間增加旅客列車，決定二月一日實現　第97號　1937年2月3日　193頁
哈爾濱放送局召開放送協會，說明放送之意義　第65號　1936年6月10日　129頁
哈爾濱厚生會前日開懇談會　第177號　1938年□月□日　349頁
哈爾濱洋灰公司在牡丹江設工場，新工場有年產十萬噸能力，哈工場之生產能力亦增加　第136號　1937年11月3日　270頁
哈爾濱素描　第167號　1938年□月□日　333頁
哈爾濱素描（一）　第176號　1938年8月24日　347頁
哈爾濱素描（二）　第177號　1938年□月□日　349頁
哈爾濱都市計畫：第一期計劃實施情形，今後步入第二期計劃　第78號　1936年9月10日　154頁
哈爾濱都市計劃：第一期建設工程區域墊土工作終了，按工程之實況分爲一、二、三區　第39號　1935年11月29日　74頁
哈爾濱都市計劃與我國將來之關係（一）　第46號　1936年1月27日　88頁
哈爾濱都市計劃與我國將來之關係（二）　第47號　1936年2月1日　91頁

哈爾濱都市計劃與我國將來之關係（三）　第 48 號　1936 年 2 月 8 日　93 頁
哈爾濱都市計劃與我國將來之關係（四）　第 49 號　1936 年 2 月 20 日　96 頁
哈爾濱郵政管理局行委任官採用考試　第 225 號　1939 年 9 月 15 日　444 頁
哈爾濱特別市公署主辦：募集軍警慰問袋，軍警將士犯冰雪冒酷寒忠勇可嘉，全國民衆爭先恐後竭力輸將　第 48 號　1936 年 2 月 8 日　92 頁
哈爾濱特別市有將改普通市說，因特殊性失掉爲圖事務之圓滑，據一般傳說實現不可避免　第 111 號　1937 年 5 月 19 日　220 頁
哈爾濱特別市婦女救濟所規則　第 54 號　1936 年 3 月 27 日　106 頁
哈爾濱特別市概況（一）　第 73 號　1936 年 8 月 6 日　144 頁
哈爾濱特別市概況（二）　第 74 號　1936 年 8 月 13 日　146 頁
哈爾濱特別市概況（三）　第 75 號　1936 年 8 月 15 日　148 頁
哈爾濱特別市概況（四）　第 76 號　1936 年 8 月 27 日　150 頁
哈爾濱特別市概況（五）　第 77 號　1936 年 9 月 2 日　152 頁
哈爾濱特別市概況（七）　第 78 號　1936 年 9 月 10 日　155 頁
哈爾濱特別市概況（八）　第 79 號　1936 年 9 月 19 日　157 頁
哈爾濱特別市概況（九）　第 80 號　1936 年 9 月 26 日　158 頁
哈爾濱特別市概況（十）　第 82 號　1936 年 10 月 2 日　160 頁
哈爾濱特別市概況（十一）　第 81 號　1936 年 10 月 8 日　163 頁
哈爾濱特別市概況（十二）　第 82 號　1936 年 10 月 16 日　164 頁
哈爾濱特別市概況（十三）　第 83 號　1936 年 10 月 23 日　167 頁
哈爾濱航聯局將疏浚上游江道，明年解冰後即行動工，三年之内完成此工程　第 38 號　1935 年 11 月 21 日　73 頁
哈爾濱記者視察團定於八月一日，首途視察廣軌沿線及濱北沿線，本報特派記者田春光隨行　第 23 號　1935 年 8 月 2 日　44 頁
哈爾濱站前汽車組合設立賣票處規定車價　第 87 號　1936 年 11 月 12 日　173 頁
哈爾濱站發著貨物　第 104 號　1937 年 3 月 31 日　207 頁
哈爾濱海参消費輸入統計年達三十餘萬元　第 88 號　1936 年 11 月 19 日　175 頁
哈爾濱描素　第 169 號　1938 年 7 月 7 日　337 頁
哈爾濱啤酒公司擬在新京設立工廠，預定年產十萬箱　第 125 號　1937 年 8 月 26 日　248 頁
哈爾濱無盡會社　第 542 號　1941 年 5 月 4 日　568 頁
哈爾濱慈善總會章程　第 62 號　1936 年 5 月 21 日　122 頁
哈爾濱慈善總會募集經費辦法，社聯會曾一度開會討論，擬定辦法三項大會通過　第 56 號　1936 年 4 月 10 日　110 頁
哈爾濱慈善總會開春季會員大會，各機關首腦均踴躍參加，修正章程並推選理監事　第 62 號　1936 年 5 月 21 日　122 頁
哈爾濱歌臺續聞：孟麗君白玉崑來哈終未實現，黃玉麟珠喉玉貌得一般歡迎　第 52 號　1936 年 3 月 16 日　102 頁
哈爾濱碼頭船客乘降數：乘客達十一萬餘人，降客四萬八千餘人　第 127 號　1937 年 9 月 9 日　252 頁

哈爾濱學院生奉公作業，協會舉行壯行大會，七月廿五日向黑河出發　第 219 號　1939 年 7 月 27 日　430 頁
哈爾濱警察廳舉行警官實彈射擊，結果獲得極優良的成績　第 416 號　1940 年 10 月 27 日　527 頁
哈爾濱警察廳檢查警官健康，管下二千警官一一檢查　第 153 號　1938 年 3 月 22 日　307 頁
哈爾濱鐵道局召開協議會議，本月下旬在南崗厚生會館舉行　第 419 號　1940 年 11 月 14 日　532 頁
哈爾濱鐵道局明春在三棵樹建築社宅　第 232 號　1939 年 11 月 22 日　458 頁
哈爾濱鐵道局開驛區長會議　第 400 號　1940 年 6 月 16 日　499 頁
哈爾濱鐵道局節約汽車用油　第 209 號　1939 年 5 月 11 日　409 頁
哈爾濱鐵路局三月下旬之貨物運用計畫：特產穀類存貨日減，濱綏濱洲雜貨增多　第 54 號　1936 年 3 月 27 日　107 頁
哈爾濱鐵路局組織第三回產業視察團，團員及日程現已編製就緒　第 82 號　1936 年 7 月 31 日　142 頁
哈爾濱觀光協會召開六年度第一次總會，定於三月十一日在市署舉行　第 202 號　1939 年 3 月 15 日　397 頁
哈爾濱觀光協會創立趣意書　第 105 號　1937 年 4 月 7 日　208 頁
哈製粉業之活躍，日產五萬五百袋，廣信升日内即將開始作業，今後生產能力將愈見增加　第 91 號　1936 年 12 月 10 日　180 頁
哈警爲安定民衆生活，召開經濟統制會議　第 238 號　1940 年 2 月 22 日　471 頁
哈警廳人事異動（一）　第 141 號　1937 年 12 月 11 日　283 頁
哈警廳人事異動（二）　第 156 號　1938 年 4 月 12 日　312 頁
哈鐵之使命重大，新年度產業課事業方針確立，定於四月一日起實行　第 153 號　1938 年 3 月 22 日　306 頁
哈鐵日滿俄從業員，實施語學教授，以求事務及聯絡後之圓滑　第 206 號　1939 年 4 月 14 日　404 頁
哈鐵分科規程改正，本月下旬即可發表　第 211 號　1939 年 5 月 25 日　413 頁
哈鐵本年新建社員住宅，建築工費百九十萬元　第 152 號　1938 年 3 月 16 日　305 頁
哈鐵主催農具展覽　第 133 號　1937 年 10 月 16 日　264 頁
哈鐵召開特委會議　第 151 號　1938 年 3 月 9 日　302 頁
哈鐵自動車科招收司機人員　第 186 號　1938 年□月□日　366 頁
哈鐵自動車課新設五條路線　第 300 號　1940 年 3 月 8 日　474 頁
哈鐵局員增薪一成　第 184 號　1938 年 10 月 27 日　363 頁
哈鐵局員轉任牡丹江　第 82 號　1936 年 10 月 2 日　161 頁
哈鐵林業所改爲林業課，課長仍爲前林業所長　第 195 號　1939 年 1 月 19 日　383 頁
哈鐵計畫建築歷史的博物館，設中央寺院前鐵路官舍　第 193 號　1938 年 12 月 29 日　378 頁
哈鐵夏季防疫辦法　第 114 號　1937 年 6 月 9 日　227 頁
哈鐵設滑翔機部，現正購買練習機　第 302 號　1940 年 3 月 27 日　478 頁
哈鐵將分别招開貨物責任者大會，説明改訂運費之原則及辦法，開催日期及參加各站　第 45 號　1936 年 1 月 17 日　86 頁
哈鐵組成演藝班，派赴鐵道沿線愛獲村宣傳，使村民認識更新團結強化　第 164 號　1938 年 6 月 8 日　328 頁
哈鐵當局建殉職社員科　第 239 號　1940 年 3 月 5 日　473 頁
哈鐵愛路系樹立，愛路運動計劃行事　第 199 號　1939 年 2 月 15 日　391 頁
哈鐵管内國營檢查狀況　第 155 號　1938 年 4 月 5 日　311 頁
哈鐵慰安電影班定由本月二十日出發　第 156 號　1938 年 4 月 12 日　313 頁

哈鐵樹立本月份貨運計劃，特產貨運遲鈍中土建材料活況，豆餅因日本需期已過將益凋落　第60號　1936年5月7日　119頁
哈鐵舉行旅客周間　第157號　1938年4月19日　315頁
哈鐵舉行運動選手推戴式　第73號　1936年8月6日　145頁
哈鐵擬築游泳池　第69號　1936年7月9日　136頁
哈鐵職員體育計畫　第152號　1938年3月16日　304頁
哈鐵警護隊捕獲竊盜數目　第171號　1938年7月20日　339頁
哈鐵體育會舉行講習會　第214號　1939年6月23日　420頁
炭疽病預防十九日起實施　第225號　1939年9月15日　444頁
骨肉得以重圓，謝善人積德可嘉　第81號　1936年10月8日　163頁
看燈的誤認債客［烟筒山］　第82號　1936年10月2日　161頁
看燈舞弊被捕　第405號　1940年8月17日　511頁
看護法講習會赤十字社主催　第138號　1937年11月17日　274頁
香坊署警士破獲賭窟　第32號　1935年10月11日　60頁
秋丁祀孔舉行協議會　第224號　1939年9月6日　441頁
秋林洋行，日、滿、德、英共同投資，改組股份公司，資本金額達四百四十萬元，東京神戶均擬設置支店　第125號　1937年8月26日　248頁
秋林洋行再增資網羅滿洲國側財界有力者加入，企圖積極的進出日本內地　第128號　1937年9月16日　255頁
秋雨無缺蔬菜鮮［西安］　第82號　1936年10月2日　161頁
重要工業申請許可，共計四十四家　第123號　1937年8月13日　244頁
便利往來旅客，建築大小便所　第220號　1939年8月3日　432頁
便利居民交通，開設香坊驛　第418號　1940年11月9日　531頁
修理已毀官廳［海城］　第143號　1937年12月30日　287頁
修理電線，觸電摔死　第113號　1937年6月2日　224頁
保甲自衛團合併組織，於事務發揮能力上裨益非淺——專門家向當局之建議　第87號　1936年11月12日　173頁
保甲制度實施中，當局首須注重人選，土豪劣紳時在磨其爪牙，爲一旦得勢必擇人而噬　第36號　1935年11月8日　68頁
保甲團員室內安容匪人烤火，結果竟被團員捕獲　第87號　1936年11月12日　173頁
保安科計劃澈底取締野妓　第38號　1935年11月21日　73頁
保稅會議：市署召集關係方面開催　第99號　1937年2月26日　197頁
促起自肅自戒，召浴業代表舉行會議　第420號　1940年11月23日　535頁
促進從業員和靄，召各團經理誥誡　第238號　1940年2月22日　470頁
俄人大膽大街行搶　第42號　1935年12月18日　81頁
俄人少年行竊被捕　第103號　1937年3月25日　204頁
俄人失踪，請警查找　第117號　1937年7月1日　233頁
俄人外出，家中被竊損失六十餘元　第37號　1935年11月15日　70頁

俄人司機幸未肇禍　第 23 號　1935 年 8 月 2 日　45 頁
俄人老媪酒後無德，躺於街頭大耍酒瘋　第 545 號　1941 年 5 月 24 日　574 頁
俄人江浴慘遭滅頂　第 119 號　1937 年 7 月 15 日　236 頁
俄人何故打傷司機　第 16 號　1935 年 6 月 13 日　30 頁
俄人兒童多患天然痘，俄僑學校臨時休校　第 165 號　1938 年 6 月 15 日　330 頁
俄人乘機施展欺騙伎倆，舊北鐵職員其注意之　第 11 號　1935 年 5 月 8 日　22 頁
俄人家被賊光顧，損失約二千餘元，博役嫌疑濃厚現被逮捕看押　第 199 號　1939 年 3 月 3 日　393 頁
俄人側第一回，商工業講習會　第 204 號　1939 年 3 月 28 日　400 頁
俄人遇害原因不明　第 144 號　1938 年 1 月 14 日　289 頁
俄人窮極無聊，僞稱自蘇逃出，經憲兵隊偵查結果真像始明　第 41 號　1935 年 12 月 13 日　79 頁
俄少年陰謀顛覆電車，被司機發見捉獲送署　第 30 號　1935 年 9 月 28 日　56 頁
俄商被偷水獺皮五十餘張　第 31 號　1935 年□月□日　59 頁
俄商被竊損失頗巨　第 40 號　1935 年 12 月 5 日　76 頁
俄童失踪，求警搜查　第 112 號　1937 年 5 月 27 日　222 頁
俄童行竊養母，被捕繫諸囹圄　第 141 號　1937 年 12 月 11 日　282 頁
俄監督栽贓暴露，惹起滿人之反感，市署人事科對此盍加注意　第 103 號　1937 年 3 月 25 日　205 頁
信濟銀行倒閉後不正事實暴露，債權人召集會議討論索款辦法，該行與美領館幹部有關　第 37 號　1935 年 11 月 15 日　70 頁
信濟銀行清理問題最近將圓滿解决？被傳喚偵查之兩經理已開釋，將赴滬向總行索款清理外債，別特洛夫等被釋後對俄報記者之談話　第 53 號　1936 年 3 月 20 日　104 頁
皇帝陛下萬壽佳節，省市高官晉京拜賀，屆時各官員並聯名恭呈賀表　第 237 號　1940 年 1 月 24 日　468 頁
皇軍遺骨着哈，官民多數奉迎，十二日搭乘列車向祖國凱旋　第 305 號　1940 年 5 月 17 日　488 頁
皇軍慰問袋應募者踴躍，由國婦哈支部呈交關東軍　第 237 號　1940 年 1 月 24 日　468 頁
皇軍御遺骨着哈，官民均出迎默禱，於十四日向祖國無言凱旋　第 544 號　1941 年 5 月 17 日　573 頁
皇恩浩蕩澤及犯徒，卡斯配案已判决，被告等依赦令均予免訴　第 97 號　1937 年 2 月 3 日　192 頁
侵吞公款，被判五年徒刑［哈爾濱］　第 541 號　1941 年 4 月 29 日　566 頁
追悼清水少佐，舉行十周慰靈祭　第 428 號　1941 年 1 月 25 日　548 頁
後此名花有主，金紅脫離苦海，本月一日與人正式同居　第 221 號　1939 年 8 月 9 日　434 頁
食物缺乏，民心不穩　第 68 號　1936 年 7 月 2 日　134 頁
食飯團後腹痛如絞，醫生說是中毒　第 90 號　1936 年 12 月 2 日　178 頁
食鹽將歸專賣說，濱江、龍江、三江專賣署長内定？中央財實兩部現正具休計劃中　第 86 號　1936 年 11 月 4 日　170 頁
食鹽銷售量較前年減六成五　第 102 號　1937 年 3 月 17 日　203 頁
逃至臺灣，終難脱網　第 99 號　1937 年 2 月 26 日　196 頁
逃來我國之四蘇聯人游覽市内感想：每見物美價廉非常驚異，眼中所見如同做夢一般　第 114 號　1937 年 6 月 9 日　227 頁
風流玉蘭背夫偷情，竟而偷到姐夫身上，被姐姐察出服毒自殺未遂　第 198 號　1939 年 2 月 9 日　389 頁
風流科長甘戴緑頭巾，老夫娶少妻早晚人家的，可爲老而無德者之殷鑒　第 8 號　1935 年 4 月 20 日　17 頁

風流訟案又起波瀾：檢察官對重婚妨害公務案，同時偵察並傳厚德福爲證　第 23 號　1935 年 8 月 2 日　45 頁
風流訟案始末記（一）　第 18 號　1935 年 6 月 27 日　34 頁
風流訟案始末記（二）　第 19 號　1935 年 7 月 3 日　36 頁
風流訟案始末記（三）　第 20 號　1935 年 7 月□日　38 頁
風流訟案始末記（四）　第 21 號　1935 年 7 月 17 日　41 頁
風流訟案始末記（五）　第 22 號　1935 年 7 月 25 日　42 頁
計劃建設高度國防，繼續設防空地下道，全市交叉地點共設八處　第 542 號　1941 年 5 月 4 日　568 頁
計器販賣組合舉行創立總會，參加組合員日滿俄一百十一家　第 201 號　1939 年 3 月 8 日　394 頁
度量衡施行期迫，陳科長來哈考查，考察結果成績非常良好，昨日在市公署招開會議　第 45 號　1936 年 1 月 17 日　87 頁
施市長告市民書：關於九一八之防空大演習　第 78 號　1936 年 9 月 10 日　154 頁
施市長招宴：保甲自衛團出席者百三十餘人，施市長席間之致詞　第 52 號　1936 年 3 月 16 日　102 頁
施市長招宴日滿俄新聞界，今秋舉辦防空大演習　第 50 號　1936 年□月□日　98 頁
施行接客業者健康診斷，正陽署自五日起共兩周間之檢驗　第 105 號　1937 年 4 月 7 日　209 頁
音樂大會［開原］　第 420 號　1940 年 11 月 23 日　535 頁
音樂使節團前日首途赴日　第 201 號　1939 年 3 月 8 日　395 頁
美子孃來連［大連］　第 194 號　1939 年 1 月 12 日　380 頁
姜屬官履新［大賚］　第 403 號　1940 年 7 月 21 日　505 頁
前二日秋丁祀孔，本市隆重舉行，並開講演大會，市民隨便往聽　第 182 號　1938 年 10 月 6 日　357 頁
前次坍塌之樓房判明係建築不良，警廳現正嚴緝在逃之包工者　第 230 號　1939 年 11 月 9 日　454 頁
前赤十字病院改爲小學校　第 92 號　1936 年 12 月 16 日　182 頁
前昨兩年特產年度製粉界之消長：去年度得到預想以上之盛況，制產量一三一二九二七〇袋　第 134 號　1937 年 10 月 20 日　266 頁
首警新體制，行初次訓示［新京］　第 417 號　1940 年 11 月 3 日　528 頁
洪發永夜間被竊　第 93 號　1936 年 12 月 25 日　185 頁
洪增合紅利糾紛案内容原來如此，股東滅良吞蝕盈利，民事敗訴誣告侵占　第 34 號　1935 年 10 月 24 日　64 頁
洪增合劈利糾紛有和平了結之望　第 47 號　1936 年 2 月 1 日　91 頁
洪增合劈利糾紛案似仍無調處之望，因劉之親屬從中架唆　第 43 號　1935 年 12 月 26 日　83 頁
洞悉民之生活力，調查農家經濟［法庫］　第 199 號　1939 年 2 月 15 日　390 頁
派專員貸倉穀［西安］　第 305 號　1940 年 5 月 17 日　488 頁
派遣技術人員，開始農村備林——地方農村備林會議決定　第 157 號　1938 年 4 月 19 日　314 頁
洋車夫拾金不昧　第 143 號　1937 年 12 月 30 日　286 頁
洋車夫懇求取銷正陽街大汽車線路，警察當局予以批駁　第 12 號　1935 年 5 月 16 日　24 頁
洋車不翼而飛　第 203 號　1939 年 3 月 24 日　398 頁
宣保安科長退職，劉東赫繼任［延吉］　第 183 號　1938 年 10 月 13 日　358 頁
宣揚國軍威武精神，現組成將校宣傳班，將來對國軍法、兵法作徹底宣傳　第 239 號　1940 年 3 月 5 日

472頁
宣詔紀日慶祝會［瞻榆］　第162號　1938年5月26日　325頁
宣詔紀念慶祝大會，哈市已熱烈舉行，日滿各機關學校數千人參加，關省長、施市長先後發表謹話。第60號　1936年5月7日　118頁
宣傳國兵法舉行雄辯會　第419號　1940年11月14日　532頁
軍犬協會支部普及軍犬計畫　第156號　1938年4月12日　313頁
軍犬協會支部總會，十四日盛大舉行　第111號　1937年5月19日　220頁
軍裝股匪劫掠自衛團　第20號　1935年7月□日　39頁
軍警慰問班于大臣返哈　第532號　1941年2月22日　552頁
軍警慰問袋各方踴躍捐贈，國婦支部非常忙迫，預料成績大有可觀　第90號　1936年12月2日　179頁
軍艦陸續開往下江，治安可保無虞　第62號　1936年5月21日　123頁
軍艦掃匪，奏凱而還，與匪殲滅之打擊　第131號　1937年9月29日　260頁
神社春季大祭前日嚴肅舉行，全市一致揭揚日滿兩國旗　第211號　1939年5月31日　414頁
神社秋季大祭，各關係者參加舉行［哈爾濱］　第225號　1939年9月12日　443頁
神社桑木奉獻［錦州］　第107號　1937年4月21日　212頁
神武天皇祭舉行遙拜式［東豐］　第302號　1940年4月11日　482頁
神紙已上市［本溪］　第426號　1941年1月12日　545頁
祝融肆虐，太古十四道街福興德損失十萬餘元，起火原因現正調查中　第545號　1941年5月24日　574頁
祝融肆虐，火警頻出　第143號　1937年12月30日　287頁
退職警士，代薦樺川　第157號　1938年4月19日　314頁
既設賭抽頭，復見財變心，狼子心何太狠　第50號　1936年□月□日　99頁
既逼嫡妻爲娼，又迫續娶下水，萬惡滔天之龜奴張殿閣之兇暴　第31號　1935年□月□日　59頁
既毆小販又誣路人，李某堪稱無賴之尤　第82號　1936年7月31日　143頁
屋蓋坍陷死傷工人三名　第82號　1936年10月2日　160頁
除草時節農業勞動者缺乏，秋收將受影響，工價平均增加十分之五，各方對之引起極端注目　第69號　1936年7月9日　137頁
姚王氏畏罪潛逃，姚錫九將受掛連，姚太太通奸捉放案續訊　第33號　1935年10月18日　63頁
姚明武詐欺未遂，當場被捕拘留中　第184號　1938年10月27日　362頁
姚錫九辭職後，島英三突被罷免，市農會之搗亂將何日終止，市當局置之不理，農民苦矣　第9號　1935年4月26日　18頁
飛行協會哈支部舉行籌備協議會，二十五日在市署舉行　第103號　1937年3月25日　204頁
飛行會員定期訓練　第152號　1938年3月16日　304頁
飛燕汽艇進水式典十二日在江北舉行　第115號　1937年6月16日　229頁
紅卐字會十周紀念昨隆重舉行　第133號　1937年10月16日　264頁
紀元節協會盛大慶祝　第199號　1939年2月15日　390頁

十畫

耕馬十匹慘死輪下　第 146 號　1938 年 1 月 26 日　292 頁
馬主任盡職［乾安］　第 405 號　1940 年 8 月 17 日　511 頁
馬車驚逸，車夫重傷　第 123 號　1937 年 8 月 13 日　245 頁
馬車驚逸，壓死幼童　第 23 號　1935 年 8 月 2 日　45 頁
馬迭爾天棚塌落，打傷觀劇俄婦，年久失修勢頗危險　第 167 號　1938 年□月□日　332 頁
馬迭爾財東被綁案，法院昨日公開審理　第 16 號　1935 年 6 月 13 日　31 頁
馬某川資輪罄，路旁自縊身死　第 173 號　1938 年 8 月 2 日　341 頁
馬家溝一場火警，損失千數百元　第 100 號　1937 年 3 月 4 日　198 頁
馬家溝方面發現天然痘　第 416 號　1940 年 10 月 27 日　527 頁
馬家溝收容所仍將按日發給食料，市署鑒於貧民無處投奔致解散期限遂無形延緩　第 13 號　1935 年 5 月 22 日　26 頁
馬家溝發生搶案　第 143 號　1937 年 12 月 22 日　285 頁
馬家溝發電廠將設大型發電機，北滿各地民營電燈廠本年内一律收歸官營　第 13 號　1935 年 5 月 22 日　26 頁
馬家溝新築小賣市場　第 134 號　1937 年 10 月 20 日　267 頁
秦玉峰怒打王亞魯，諸名伶甘爲魯仲連——新舞臺停演前一幕武劇　第 73 號　1936 年 8 月 6 日　145 頁
泰豐樓厨役何故輕生？原因在調查中　第 35 號　1935 年 10 月 31 日　66 頁
珠河縣王縣長、張會長舞弊案，辯論終結將宣判，昔日堂上客今日階下囚，貪官污吏盍當鑒諸　第 54 號　1936 年 3 月 27 日　106 頁
珠河縣商會：張會長擅徵捐税，王縣長助紂爲虐，各商聯名陳情濱江省公署，派員調查，結果下情未上達，商方再派代表晉謁省當局，王縣長因通匪被省署逮捕　第 22 號　1935 年 7 月 25 日　42 頁
匪持假槍劫路，經人看破被捕，現在羈押於正陽署中　第 56 號　1936 年 4 月 10 日　111 頁
匪首老二哥落網　第 41 號　1935 年 12 月 13 日　79 頁
匪首富國落網［黑龍江］　第 49 號　1936 年 2 月 20 日　97 頁
匪徒十四名潛哈，正陽署一網打盡，匪等開江時來哈變裝苦力，正陽署樹立罕有功勳　第 163 號　1938 年 6 月 2 日　326 頁
匪徒刀傷事主，王素禎生命尚無危險　第 95 號　1937 年 1 月 21 日　189 頁
匪徒大膽，刺傷事主，搶去二百餘元　第 55 號　1936 年 4 月 4 日　109 頁
匪徒化裝賣瓜，探聽市内情勢，司法科慧眼識破捕獲　第 126 號　1937 年 9 月 1 日　251 頁
匪徒襲擊天理村，經警備隊擊潰　第 77 號　1936 年 9 月 2 日　152 頁
匪案兩起：國課街與太古街　第 51 號　1936 年 3 月 6 日　101 頁
匪搶私烟館，槍傷張徐氏　第 46 號　1936 年 1 月 27 日　89 頁
匪搶煎餅鋪，損失三百餘元　第 55 號　1936 年 4 月 4 日　108 頁
匪賊持槍跳入，打傷經理強搶［老達房］　第 202 號　1939 年 3 月 15 日　396 頁
匪賊警報傳來，自衛團員往剿［青岡］　第 223 號　1939 年 8 月 31 日　438 頁
都市行政建設視察團一行前日抵哈，一日午後乘列車南下晉京　第 224 號　1939 年 9 月 6 日　440 頁
都市金融合作社開設立準備委員會　第 142 號　1937 年 12 月 5 日　280 頁

都市建設局將建新舍　第 100 號　1937 年 3 月 4 日　198 頁
都市建設節節進展，近代都市面孔將現市民之前，計畫完成百分之八十　第 82 號　1936 年 10 月 16 日　165 頁
都市計畫座談會　第 99 號　1937 年 2 月 26 日　196 頁
都市計畫躍進中，全市劃分十六區，草案已定，待市政審議會通過施行——市公署當局對記者發表　第 50 號　1936 年□月□日　98 頁
都市衛生，燃料節約，煤烟防止委員會主催煤烟防止講演會，森井燃料士應邀出席講演，十八日在商工會議所舉行　第 143 號　1937 年 12 月 22 日　284 頁
恐被丈夫押入窑娼，趙淑蘭投入救濟所，俟本夫表明態度再行定奪　第 541 號　1941 年 4 月 29 日　567 頁
華北大戰捷：市民慶祝大會二日午前十時盛大舉行，參加市民數達五萬餘人　第 132 號　1937 年 10 月 7 日　262 頁
華北大戰捷慶祝大會致詞，主辦者代表哈爾濱市長　第 132 號　1937 年 10 月 7 日　263 頁
華北水災奇重聲中定縣來函呼籲，協會省本部發起醵金［哈爾濱］　第 225 號　1939 年 9 月 12 日　442 頁
華北派遣日本軍司令部募集宣撫要員，各有志者可速往報名　第 228 號　1939 年 10 月 26 日　450 頁
華樂舞臺，又將荒閉?　第 23 號　1935 年 8 月 2 日　45 頁
華樂舞臺之末運：邢君明亦無叫座能力　第 21 號　1935 年 7 月 17 日　40 頁
華樂舞臺營業不振　第 17 號　1935 年 6 月 20 日　32 頁
華樂舞臺角色空負盛名，票價又復過昂，打炮第一日引起觀衆誹議　第 59 號　1936 年 4 月 29 日　117 頁
莫某昧良僞造帳目，已被控於法院　第 233 號　1939 年 11 月 30 日　460 頁
荷馬車組合主事吞没公款萬元，事機不密被人發覺　第 224 號　1939 年 9 月 6 日　441 頁
真耶僞耶，疑竇叢生，俄生報告被綁經過，刑事科慎重偵查　第 111 號　1937 年 5 月 19 日　220 頁
桃色案公審旁廳記：男主角方錫重未到案，宋紉秋姜芷君一度激辯（一）　第 19 號　1935 年 7 月 3 日　36 頁
桃色案公審旁廳記：男主角方錫重未到案，宋紉秋姜芷君一度激辯（二）　第 20 號　1935 年 7 月□日　39 頁
桃色案公審旁廳記：男主角方錫重未到案，宋紉秋姜芷君一度激辯（三）　第 21 號　1935 年 7 月 17 日　40 頁
桃色慘劇：夫忿髮妻不貞，竟用手槍擊斃，事後被捕琅鐺下獄，奸情出人命可鑒諸　第 171 號　1938 年 7 月 20 日　339 頁
校長會議壯重舉行　第 141 號　1937 年 12 月 11 日　282 頁
校長盡厥職［郭家店］　第 400 號　1940 年 6 月 16 日　499 頁
根絕舊通貨，擴大聯銀區［濟南］　第 300 號　1940 年 3 月 8 日　475 頁
根據保甲費四基礎街村税大體業已决定，對於税外一切賊課金根本取締　第 191 號　1938 年 12 月 16 日　374 頁
索倫溫泉間鐵路一部開始運輸，由索倫至南興安間　第 45 號　1936 年 1 月 17 日　87 頁
連生三女遭丈夫不滿，少婦不堪虐待自殺，幸發覺尚早送醫治療生命危險　第 231 號　1939 年 11 月 16 日　457 頁
配給豆油，各區設置小賣所　第 426 號　1941 年 1 月 12 日　544 頁
破案迅速，香坊署之功勳　第 145 號　1938 年 1 月 21 日　291 頁
破獲大批私土，價值一萬餘元　第 103 號　1937 年 3 月 25 日　204 頁
原被告一律羈押，致市民煩言嘖嘖，北田巡官之新猷殊爲不當　第 40 號　1935 年 12 月 5 日　77 頁
捕鼠周間，擴大宣傳　第 417 號　1940 年 11 月 3 日　529 頁

捕滅腸窒扶斯，市署防疫科預防注射　第 232 號　1939 年 11 月 22 日　459 頁
振興水產，設水族館　第 309 號　1940 年 6 月 14 日　496 頁
振興產業：實業廳技佐盧元凱放送　第 63 號　1936 年 5 月 28 日　124 頁
時局物價對策委員會二十一日在市公署結成　第 135 號　1937 年 10 月 29 日　268 頁
時評：由電車顛覆談到各男女從業員　第 213 號　1939 年 6 月 14 日　419 頁
時髦少婦，何故淹斃　第 163 號　1938 年 6 月 2 日　326 頁
畢振渭君慨解義囊，捐金救濟綏化災民，將捐款送至大北報請代轉呈　第 544 號　1941 年 5 月 17 日　573 頁
畢隊長耿直招怨，被誣告私通消息，一經偵查賈某畏罪潛逃　第 4 號　1935 年 3 月 21 日　9 頁
畢業學生分別採用　第 139 號　1937 年 11 月 23 日　277 頁
財務分所一律廢止［公主嶺］　第 216 號　1939 年 7 月 7 日　424 頁
圃民再接再厲，誓死反對菜蔬組合，反對圃民不下三千餘名，日內擬分向各機關呼籲　第 28 號　1935 年 9 月 5 日　55 頁
恩生產科熱心公益　第 82 號　1936 年 7 月 31 日　143 頁
郵局新設分局三處　第 107 號　1937 年 4 月 21 日　212 頁
郵政生命保險成績良好，滿人加入者將達三千人——關格股長對記者之談話　第 140 號　1937 年 12 月 1 日　278 頁
郵政局長轉勤［西安］　第 234 號　1939 年 12 月 13 日　465 頁
郵政保險成績良好　第 135 號　1937 年 10 月 29 日　269 頁
郵政募集儲金［彰武］　第 234 號　1939 年 12 月 7 日　462 頁
郵政業務積極改善　第 86 號　1936 年 11 月 4 日　171 頁
郵政辦生命保險［寬甸］　第 198 號　1939 年 2 月 9 日　389 頁
郵便車突然脫軌　第 116 號　1937 年 6 月 23 日　230 頁
郵便物到達日數　第 82 號　1936 年 7 月 31 日　143 頁
氣候寒暖不定，雜疫流行注意［開原］　第 300 號　1940 年 3 月 8 日　474 頁
氣溫激急下降，終航迫於眉睫，下江客船陸續歸哈　第 134 號　1937 年 10 月 20 日　267 頁
特別市公署之行政設施小調查，本年預定建築污物燒却場，市立病院之改善大有進步　第 5 號　1935 年 3 月 27 日　11 頁
特別區行將廢止，大江堤本年興修，各縣治安已有具體方針，哈市春耕救濟調查完畢——呂省長對記者團發表　第 9 號　1935 年 4 月 26 日　18 頁
特產物交易改善委員會在日滿俱樂部開催　第 70 號　1936 年 7 月 17 日　139 頁
特產界之紛糾：因小麥規格之漲價問題，製粉、糧棧、油房三者鼎立　第 83 號　1936 年 10 月 23 日　166 頁
特濱兩地法院即將實行合併，道外改爲特地法院分院　第 33 號　1935 年 10 月 18 日　62 頁
乘兒子不常在家，老子專學掏灰耙，半夜硬鑽被窩強行奸污，釀發逐子，父子打成官司　第 42 號　1935 年 12 月 18 日　80 頁
乘客輕狂車中調戲車掌，一五一號女車掌墜車畢命，咄！某職員其真人面獸心歟？　第 230 號　1939 年 11 月 9 日　455 頁
乘客錢包不翼而飛　第 178 號　1938 年 9 月 7 日　350 頁
秫秸垛被焚［開通］　第 307 號　1940 年 6 月 2 日　492 頁

笑話迭出之哈爾濱市農會：姚錫九雖然辭職依舊野心勃勃，島英三固屬握權但是四面楚歌，評議員會議招集三次未開成　第 8 號　1935 年 4 月 20 日　16 頁
借鏡日本教育：市教育視察團定廿九日出發　第 58 號　1936 年 4 月 23 日　115 頁
倒黴洋車夫深夜拉鬼客［黑龍江］　第 22 號　1935 年 7 月 25 日　42 頁
倪某夫婦，心何太狠　第 56 號　1936 年 4 月 10 日　111 頁
健全生活運動周間八日起全國一致實施，實施要綱協和會製定公佈　第 183 號　1938 年 10 月 13 日　358 頁
師道訓練教員返縣［黑山］　第 217 號　1939 年 7 月 13 日　426 頁
徐子何往，遍尋無着　第 83 號　1936 年 10 月 23 日　166 頁
徐文敬之死非自縊乃被殺，經緯署現搜查兇犯中　第 39 號　1935 年 11 月 29 日　74 頁
航空展覽會定期舉行［大連］　第 417 號　1940 年 11 月 3 日　529 頁
航務局所屬職員，江運局一律任用　第 204 號　1939 年 3 月 28 日　401 頁
航運界人事小異動：中川水運處長勇退，立川航聯總理繼任　第 130 號　1937 年 9 月 23 日　258 頁
航運運費再檢討：特產界單獨運動，惹起各方面注目　第 109 號　1937 年 5 月 5 日　216 頁
航運運費問題：哈市日本商工會議所將開始積極運動，鑒於沿江各地輿論鼎沸，請求航聯是正航運運費　第 122 號　1937 年 8 月 5 日　242 頁
航業聯合局地帶制、噸、基羅制並用，貨物運費大改正，力謀旅客便利，改修各船客室，改修費共計二十八萬五千元　第 152 號　1938 年 3 月 16 日　304 頁
航業聯合局去年度營業狀況：輸送船客數達七十一萬人，輸送貨物四萬三千百七十噸　第 151 號　1938 年 3 月 9 日　302 頁
航業聯合局召開本年第一次理監事會議，討論運費改訂事項及人事整理各問題　第 102 號　1937 年 3 月 17 日　202 頁
航業聯合局爲防止江難，製定江面輪值規程　第 60 號　1936 年 5 月 7 日　119 頁
航聯局去年度收支決算通過：總收入六四三五四五六二〇，總支出三八二六五一一四二　第 117 號　1937 年 7 月 1 日　232 頁
航聯局本年度輸送貨物統計　第 183 號　1938 年 10 月 13 日　358 頁
航聯局召集局員開催運輸規則講演　第 188 號　1938 年 11 月 22 日　371 頁
航聯局改選問題：于高王三巨頭有意的把持，因各船東反對將引起糾紛　第 56 號　1936 年 4 月 10 日　110 頁
航聯局移管消息：水運局並無此舉，新任水運局長對記者談　第 50 號　1936 年□月□日　99 頁
航聯局船隻分配狀況　第 13 號　1935 年 5 月 22 日　26 頁
航聯局游船大會二十日舉行　第 115 號　1937 年 6 月 16 日　229 頁
航聯局傳將廢止，設江運統制機關，新會社七、八月頃或可實現，經營之方法現在尚未確定　第 161 號　1938 年 5 月 19 日　322 頁
航聯局新設施：在佳木斯設水上旅館，定期船添設無線電機　第 117 號　1937 年 7 月 1 日　232 頁
航聯局職員何得代客包購船票　第 12 號　1935 年 5 月 16 日　24 頁
航聯局職員增薪　第 118 號　1937 年 7 月 7 日　235 頁
航聯改選　第 67 號　1936 年 6 月 26 日　133 頁
航聯招開船東會議　第 142 號　1937 年 12 月 5 日　280 頁
航聯船舶定期出航　第 58 號　1936 年 4 月 23 日　115 頁

航聯總理立川繼任　第 81 號　1936 年 10 月 8 日　163 頁
拿獲賭犯四名［黑山］　第 210 號　1939 年 5 月 17 日　411 頁
殺父之仇奪妻之恨，按贓圖陷害弄巧反成拙，撲朔迷離之通匪案大白　第 67 號　1936 年 6 月 26 日　133 頁
殺劉純九兇犯，法院已宣判［哈爾濱］　第 162 號　1938 年 5 月 26 日　324 頁
討虱運動：市署防疫股正在籌備中　第 53 號　1936 年 3 月 20 日　105 頁
討債衝突踢傷孕婦生命危險［哈爾濱］　第 167 號　1938 年□月□日　332 頁
討論土木事項，開土木懇談會　第 405 號　1940 年 8 月 7 日　508 頁
討論治水公債募集法，開滿俄委員懇談會，省長次長發表公債募集辦法談話　第 412 號　1940 年 9 月 29 日　518 頁
討論省下開拓地稅，召開地稅聯絡會議，在省長官房會議室舉行　第 537 號　1941 年 3 月 30 日　558 頁
討論配給問題，舉行幹事會議，濱江署整備委員會規定議案　第 538 號　1941 年 4 月 6 日　561 頁
討論造林計劃，培養技術人材，林野局會議歸來之——長崎署長對記者談　第 149 號　1938 年 2 月 23 日　299 頁
訓練軍犬，在鐵路俱樂部舉行，支部長閻濱江省長　第 81 號　1936 年 7 月 29 日　141 頁
記者協會主催慰問華北友軍游藝大會盛況：收到預想以上之好成績，施省長李參謀長均有演講　第 124 號　1937 年 8 月 18 日　246 頁
記者協會召開臨時總會，致電慰問華北友軍　第 122 號　1937 年 8 月 5 日　243 頁
高法院長程崇氏逝世　第 122 號　1937 年 8 月 5 日　243 頁
高某可風，見義勇爲，今之古人　第 152 號　1938 年 3 月 16 日　304 頁
高等法院將設北鐵事件處理庭　第 86 號　1936 年 11 月 4 日　171 頁
高等法院整備陣容　第 162 號　1938 年 5 月 26 日　324 頁
高粮米漲價［新民］　第 174 號　1938 年 8 月 12 日　343 頁
高粱餘量約五萬四千噸　第 151 號　1938 年 3 月 9 日　302 頁
高價私售麵粉被警偵知逮捕　第 402 號　1940 年 7 月 16 日　503 頁
郭禮年家爲匪光顧　第 101 號　1937 年 3 月 11 日　200 頁
唐山保險業發達［唐山］　第 31 號　1935 年□月□日　59 頁
站前交通亟宜整理　第 41 號　1935 年 12 月 13 日　79 頁
站前廣場加意整理　第 86 號　1936 年 11 月 4 日　170 頁
旅店公會改選：林吕當選會長　第 79 號　1936 年 9 月 19 日　156 頁
旅店公會幹部會議　第 106 號　1937 年 4 月 14 日　210 頁
旅蘇華人談蘇聯現狀，踏入滿境另一天地　第 90 號　1936 年 12 月 2 日　179 頁
畜産品會評志盛［蘇家屯］　第 226 號　1939 年 10 月 12 日　446 頁
畜産增殖聲中家畜交易激減，與去年同期比約減七萬元　第 111 號　1937 年 5 月 19 日　220 頁
悍匪落網，王玉林報字占中山，現在刑事科詢問中　第 105 號　1937 年 4 月 7 日　209 頁
益發糧棧在正陽河建築製粉工廠，日産能力二千五百袋　第 112 號　1937 年 5 月 27 日　222 頁
烟妓之末路：正陽署大捕招待　第 27 號　1935 年 8 月 31 日　53 頁
烟妓鳳英可謂逆女　第 4 號　1935 年 3 月 21 日　8 頁
烟草銷路，日漸增加　第 95 號　1937 年 1 月 21 日　189 頁

烟酒去年生產量：酒類約二十四萬石，烟草約三十五億支　第 104 號　1937 年 3 月 31 日　207 頁
烟務股人事異動［阜新］　第 226 號　1939 年 10 月 12 日　447 頁
烟販被捕　第 171 號　1938 年 7 月 20 日　338 頁
烟麻組合又將出兌，因商民覺悟官府嚴予監督，以致無油可揩乃妙想天開　第 13 號　1935 年 5 月 22 日　26 頁
烟膏製造場預定廿三四日正式開辦，已採用包烟女工四十名　第 142 號　1937 年 12 月 5 日　281 頁
烟樓招待之出路　第 68 號　1936 年 7 月 2 日　134 頁
烟樓瑣話，各零賣所女招待素描（一）　第 55 號　1936 年 4 月 4 日　108 頁
烟樓瑣話，各零賣所女招待素描（二）　第 56 號　1936 年 4 月 10 日　110 頁
烟樓瑣話，各零賣所女招待素描（三）　第 57 號　1936 年 4 月 17 日　112 頁
烟樓瑣話，各零賣所女招待素描（四）　第 58 號　1936 年 4 月 23 日　114 頁
烟樓瑣話，各零賣所女招待素描（五）　第 59 號　1936 年 4 月 29 日　116 頁
烟樓瑣話，各零賣所女招待素描（六）　第 60 號　1936 年 5 月 7 日　118 頁
烟樓瑣話，各零賣所女招待素描（七）　第 61 號　1936 年 5 月 14 日　120 頁
烟樓瑣話，各零賣所女招待素描（八）　第 62 號　1936 年 5 月 21 日　122 頁
烟樓瑣話，各零賣所女招待素描（九）　第 63 號　1936 年 5 月 28 日　124 頁
烟樓瑣話，各零賣所女招待素描（十）　第 64 號　1936 年 6 月 4 日　126 頁
烟樓瑣話，各零賣所女招待素描（十一）　第 65 號　1936 年 6 月 10 日　128 頁
烟館女招待絕難復活，一般人勿作非非之想　第 92 號　1936 年 12 月 16 日　182 頁
酒社内一幕醜劇進屋沽酒手不老實，商人大受其窘，怪叫之聲達於戶外，原來是唱了一出探陰山　第 193 號　1938 年 12 月 29 日　378 頁
酒後落井斃命［鐵驪］　第 532 號　1941 年 2 月 22 日　553 頁
酒後喪身可不慎諸　第 130 號　1937 年 9 月 23 日　258 頁
酒綠燈紅熱鬧異常，嚴令取締今昔不同——哈爾濱酒館業取締後之現狀　第 168 號　1938 年 6 月 29 日　335 頁
酒館激增，影響娼妓　第 10 號　1935 年 5 月 6 日　20 頁
消火栓竟凍裂，石頭道街以南成澤國，急遽修理後翌晨恢復　第 99 號　1937 年 2 月 26 日　197 頁
消防隊移管問題　第 156 號　1938 年 4 月 12 日　313 頁
海洛英注射寒腿毒斃，希望一般有疾者不可亂用偏方　第 235 號　1939 年 12 月 21 日　467 頁
海軍爲復仇二次打警察，警士宋浩然滿體鱗傷頭破血出，警察廳現向海軍司令部交涉中　第 27 號　1935 年 8 月 31 日　52 頁
海倫烟份搶案：犯人在哈落網　第 425 號　1940 年 12 月 22 日　543 頁
海宴號船員將穴居度冬，救援隊由漠河出發，治安方面可保無虞　第 86 號　1936 年 11 月 4 日　171 頁
浴佛節之由來　第 63 號　1936 年 5 月 28 日　124 頁
浪漫女崇尚摩登，慣講戀愛流落異地，加入魔術團大施其誘惑手腕，墜胎後充招待，頃已被人攫去　第 192 號　1938 年 12 月 22 日　376 頁
浪漫車掌醋海生波　第 105 號　1937 年 4 月 7 日　209 頁
家庭防衛教育講演會廿五日在鐵道俱樂部開催，不論男女均各免費隨意往聽　第 181 號　1938 年 9 月 29 日　355 頁
家庭燃料與主婦之心得：國婦會鶴見支部長發表談話　第 143 號　1937 年 12 月 22 日　284 頁

家畜市場交易狀態仍不振：交易頭數僅九千十五頭，交易金額三十五萬餘元，九月以後當必好轉　第 125 號　1937 年 8 月 26 日　248 頁
家畜市場將大改革　第 158 號　1938 年 4 月 27 日　316 頁
家畜注射，成績良好　第 125 號　1937 年 8 月 26 日　249 頁
家畜屠宰數：市獸醫股統計　第 145 號　1938 年 1 月 21 日　291 頁
家畜傳染病預防辦法：省署令各縣旗遵照　第 82 號　1936 年 7 月 31 日　142 頁
家族慰安會［開原］　第 400 號　1940 年 6 月 16 日　498 頁
家禽組合乍成立，家禽公會又醞釀　第 16 號　1935 年 6 月 13 日　30 頁
被取警士限期入局［安東］　第 25 號　1935 年 8 月 16 日　49 頁
被害鮮農聯名向協和會陳情，要求救濟顧鄉屯水害難民　第 181 號　1938 年 9 月 29 日　355 頁
被處徒刑郵局員在執刑中查出餘罪，郵政局又向法院追訴　第 169 號　1938 年 7 月 7 日　336 頁
被淘汰之職員有鼓動留任運動說：各官憲對之注意調查，市屬之人事整理果不公乎？　第 38 號　1935 年 11 月 21 日　72 頁
祥泰工廠，將吃官司　第 77 號　1936 年 9 月 2 日　152 頁
剥削苦力腰纏累累，工人莫不怨言嘖嘖　第 82 號　1936 年 7 月 31 日　142 頁
弱女背井離鄉，中途險遭不測，路警孫偵探慷慨救助　第 76 號　1936 年 8 月 27 日　151 頁
陸軍紀念日哈市盛大舉行，防護團舉行閱團分列式　第 101 號　1937 年 3 月 11 日　200 頁
陸軍病院獻金，運動成績良好　第 207 號　1939 年 4 月 21 日　406 頁
陸軍娛樂室獻金者：市署又接到大批　第 207 號　1939 年 4 月 21 日　407 頁
陳會長視察工商［朝陽鎮］　第 103 號　1937 年 3 月 25 日　204 頁
通化省縣兩署人事異動［通化］　第 142 號　1937 年 12 月 5 日　280 頁
通知線麻價格［開原］　第 234 號　1939 年 12 月 7 日　462 頁
通緝匪徒，警廳努力搜查　第 75 號　1936 年 8 月 15 日　149 頁
孫玉梅自縊　第 123 號　1937 年 8 月 13 日　245 頁
孫某不走運，不願再活着　第 420 號　1940 年 11 月 23 日　535 頁
孫壽山家發生竊案損失二百餘元　第 111 號　1937 年 5 月 19 日　221 頁
納妾消息暴露，胡氏決意離婚，胡氏不肯作妾擬告騙婚　第 541 號　1941 年 4 月 29 日　567 頁
納稅者表彰式［北鎮］　第 300 號　1940 年 3 月 8 日　475 頁
紙烟銷路增加，較前年增五百餘萬箱　第 99 號　1937 年 2 月 26 日　197 頁
紙張暴漲，原料不足所致　第 112 號　1937 年 5 月 27 日　223 頁
紙類饑饉愈演愈烈［安東］　第 304 號　1940 年 4 月 27 日　487 頁

十一畫

理科教員講習會：省公署教育廳主辦　第 74 號　1936 年 8 月 13 日　147 頁
理髮所應備消毒器防範傳染病，經緯署昨告理髮業者　第 87 號　1936 年 11 月 12 日　172 頁
理髮組合辦理規則：省令各縣遵照施行　第 83 號　1936 年 10 月 23 日　167 頁
現在物價暴漲，經濟保安取締　第 301 號　1940 年 3 月 22 日　476 頁

現在租房到期，房閥暗地活躍［蓋平］　第 300 號　1940 年 3 月 8 日　475 頁
教育敕語御賜下［開原］　第 207 號　1939 年 4 月 21 日　406 頁
教育普及益爲撤底，街村制處設立小學，安達縣頃已設立十二個校矣　第 190 號　1938 年 12 月 9 日　373 頁
教育會售教科書［彰武］　第 204 號　1939 年 3 月 28 日　401 頁
教育廳令各縣來省，舉行詔書奉戴典禮，已定於七月十九舉行［黑龍江］　第 22 號　1935 年 7 月 25 日　42 頁
教界捐賑百餘元［安東］　第 19 號　1935 年 7 月 3 日　37 頁
教員考試已發表［哈爾濱］　第 204 號　1939 年 3 月 28 日　400 頁
教騎團演習射擊［黑龍江］　第 69 號　1936 年 7 月 9 日　137 頁
教廳將派員調查［安東］　第 28 號　1935 年 9 月 5 日　55 頁
教廳編製，防空三字經　第 120 號　1937 年 7 月 21 日　238 頁
基督會佈道［黑龍江］　第 24 號　1935 年 8 月 8 日　47 頁
黄酒公會請求合併　第 103 號　1937 年 3 月 25 日　204 頁
黄酒釀造業擬請求取銷營業稅，既有專銷稅再納營業稅不免重複，稅局新發之帳簿各商均無法填寫　第 6 號　1935 年 4 月 4 日　12 頁
黄署長解送胡匪［西豐］　第 82 號　1936 年 7 月 31 日　143 頁
菜蔬組合果將再起？一般觀測係放空炮，消息傳出後圃民大起恐慌　第 31 號　1935 年□月□日　59 頁
菜蔬組合強制納捐惹起農民激烈反抗，太古街上每日發生群毆事故，國際都市中演出稀罕怪現象　第 26 號　1935 年 8 月 26 日　51 頁
菊花執壺於大香賓，大頭瘟生趨之若鶩　第 220 號　1939 年 8 月 3 日　433 頁
萃華金店誣賴顧客竊手鐲，孀婦無端受辱心頗不甘，歸後自殺被救，萃華老闆過於胡鬧　第 218 號　1939 年 7 月 20 日　429 頁
麥加利、匯豐等三銀行正式加入組合，本市金融陣容益強化　第 211 號　1939 年 5 月 31 日　415 頁
麥粉之生產微增，輸出及市内販賣稍呈活躍　第 145 號　1938 年 1 月 21 日　290 頁
麥粉批發商市署業已批准［又訊］　第 188 號　1938 年 11 月 22 日　370 頁
專賣署調查簿記［朝陽鎮］　第 86 號　1936 年 11 月 4 日　171 頁
曹藝斌叫座無力，金蓮花應聘出演，新舞臺前途果將如何　第 49 號　1936 年 2 月 20 日　97 頁
副縣市長協議會在省署隆重舉行，關係各科提出指示聯絡事項　第 239 號　1940 年 3 月 5 日　472 頁
副縣長公畢返縣［嫩江］　第 201 號　1939 年 3 月 8 日　395 頁
副縣長奉天出張中［本溪］　第 303 號　1940 年 4 月 18 日　485 頁
副縣長蒞任視事［樺甸］　第 157 號　1938 年 4 月 19 日　314 頁
副縣長會議歸來［開通］　第 420 號　1940 年 11 月 23 日　535 頁
區長與牌長衝突，事後區長找算他［通化］　第 174 號　1938 年 8 月 12 日　343 頁
區制實施問題：來月一日或可實現，市署某有力者談稱　第 160 號　1938 年 5 月 13 日　320 頁
區法院啓用新印［鳳城］　第 69 號　1936 年 7 月 9 日　137 頁
盛京時大同報緊要啓事　第 165 號　1938 年 6 月 15 日　331 頁
盛暑炎威之下友軍剿匪功績：匪徒聞名喪膽望影而逃　第 81 號　1936 年 7 月 29 日　140 頁
盛源東櫃夥被捕，因有通匪之嫌疑　第 49 號　1936 年 2 月 20 日　96 頁
排列整齊威嚴，各員精神煥發，防衛隊閱兵分列式盛況　第 183 號　1938 年 10 月 13 日　359 頁

掏兜盜犯，一網打盡　第 75 號　1936 年 8 月 15 日　149 頁
接收北鐵五周年紀念：盛大舉行慶祝式典，同日哈鐵並舉行殉職社員慰靈祭　第 300 號　1940 年 3 月 8 日　474 頁
接收北鐵五周紀念：盛大舉行紀念式典，赤魔被驅逐，鐵道衝横南北滿　第 302 號　1940 年 3 月 27 日　478 頁
接收北鐵紀念表彰五年在勤社員　第 301 號　1940 年 3 月 22 日　476 頁
接收區立小學市署已奉到文部指令，十五六日可接收完竣　第 25 號　1935 年 8 月 16 日　48 頁
接收鴉片零賣所基礎工作已終了，省衛生科員總出動　第 142 號　1937 年 12 月 5 日　281 頁
救濟白俄青年，成立俄人日語講座　第 196 號　1939 年 1 月 25 日　384 頁
救濟安東罹災難民，哈市捐款八百元，各機關當仁不讓　第 100 號　1937 年 3 月 4 日　199 頁
救濟所二女潛逃　第 160 號　1938 年 5 月 13 日　321 頁
救濟油業：實部及特產中央會决定救助，即向鐵路當局交涉　第 58 號　1936 年 4 月 23 日　115 頁
救濟哈市油坊策：減低豆油之運費，改正豆餅之運則　第 102 號　1937 年 3 月 17 日　203 頁
救濟院添印刷部［海城］　第 179 號　1938 年 9 月 15 日　353 頁
堂名地照，申報本名　第 82 號　1936 年 10 月 16 日　165 頁
堂堂警察膽敢爲匪，惡貫滿盈被捕，刑事科第一班之特殊功勳　第 55 號　1936 年 4 月 4 日　109 頁
野妓厄運，經緯署大捕野妓，紛紛飛道外避難　第 111 號　1937 年 5 月 19 日　221 頁
野妓勢難，根株斷絕，中署又拿獲七名［黑龍江］　第 31 號　1935 年□月□日　59 頁
野狼又出現於田地街，突破武裝警察官之戒備網　第 163 號　1938 年 6 月 2 日　327 頁
野狼被射殺，深夜出現新城大街電業局前，王存榮警尉補之殊勳　第 164 號　1938 年 6 月 8 日　328 頁
販賣韭菜，歸途遇匪，衣履被掠一空　第 110 號　1937 年 5 月 12 日　218 頁
販賣嗎啡，被警破獲　第 82 號　1936 年 7 月 31 日　143 頁
距離運費延期一年，油房運動收到實效　第 110 號　1937 年 5 月 12 日　219 頁
婁事務官晉京［齊齊哈爾］　第 210 號　1939 年 5 月 17 日　411 頁
國人有志者崛起，爲飛協支部募款，張廷閣等八日在新世界開發起會　第 156 號　1938 年 4 月 12 日　313 頁
國本奠定詔書着哈，官民赴站熱烈歡迎，於二十二日在省署嚴肅舉行詔書奉讀式　第 403 號　1940 年 7 月 21 日　504 頁
國立醫院正式閉鎖　第 95 號　1937 年 1 月 21 日　189 頁
國民大會之盛況：閉幕後分班沿街游行，參加人數不下十萬人　第 124 號　1937 年 8 月 18 日　247 頁
國民共樂社：陳内社長逝世，患腦溢血故於吉林　第 112 號　1937 年 5 月 27 日　223 頁
國民振興演藝大會在中央大舞臺舉行，於省本部長講演青少團運動體制　第 405 號　1940 年 8 月 7 日　509 頁
國民儲蓄周間［八面城］　第 407 號　1940 年 9 月 5 日　514 頁
國有土地出賣總額　第 74 號　1936 年 8 月 13 日　146 頁
國有地收歸市有，七月一日將接收，土地收入充作共公設施——佐藤工務處長對記者談　第 162 號　1938 年 5 月 26 日　324 頁
國有鐵路運轉時間改正，哈爾濱關係各線，主要站發着時間　第 79 號　1936 年 9 月 19 日　156 頁
國防婦人會主催滿人軍夫慰勞會　第 171 號　1938 年 7 月 20 日　338 頁
國防婦人會主催慰問團　第 7 號　1935 年 4 月 9 日　15 頁
國防婦女會哈支部二次籌備委員會决於下月廿五日舉行發會式，十九日在市署再開籌備會議　第 66 號

1936年6月18日　130頁
國防婦女會第一回總會廿日盛大舉行　第99號　1937年2月26日　196頁
國防婦女會雙城分會舉行結成式　第112號　1937年5月27日　222頁
國防婦會發會式　第154號　1938年3月30日　309頁
國兵壯行歌募集現審查完了發表，約於入選者日内發給賞品　第540號　1941年4月19日　564頁
國兵法公佈實施盛大舉行慶祝會，慶祝式典次序規定完了　第303號　1940年4月18日　485頁
國兵法實施周年紀念決舉行慶祝講演大會，同時並舉行街頭宣傳大會　第544號　1941年5月17日　572頁
國兵法實施徹底宣傳，特設國民指導委員會，協和會省本部規定慶祝行事　第302號　1940年4月11日　482頁
國兵檢查情形［綏化］　第532號　1941年2月22日　552頁
國軍一月討伐殊勳［三江］　第165號　1938年6月15日　330頁
國軍討匪，樹立殊勳　第143號　1937年12月22日　284頁
國軍最近討匪成績　第140號　1937年12月1日　278頁
國軍剿匪功績，今後匪徒已入於末路　第133號　1937年10月16日　264頁
國都建設紀念日省署隆重舉行，式典後舉行叙勳傳達式　第129號　1937年9月22日　257頁
國婦支部美舉，各方均受感動　第120號　1937年7月21日　238頁
國婦募集恤兵獻金　第143號　1937年12月22日　284頁
國婦會省署分會發起募集軍警慰問袋，以會員爲中心廿五日彙齊　第196號　1939年1月25日　384頁
國婦慰問使定期來哈　第135號　1937年10月29日　268頁
國婦鐵警分會：作成大量慰問袋，最近即將發送在華皇軍　第156號　1938年4月12日　313頁
國勢調查十月一日開始　第409號　1940年9月19日　517頁
國勢調查毫無遺漏，在押犯人亦已申報　第413號　1940年10月8日　521頁
國際倉庫運輸狀況　第75號　1936年8月15日　149頁
國際偽幣團被當局一網打盡　第23號　1935年8月2日　44頁
國際運輸倉庫出入貨物調查：棉絲布呈未曾有之激增　第100號　1937年3月4日　199頁
國際樂團在公園演奏　第82號　1936年7月31日　142頁
國際戀愛爭奪戰：老毛子既嫁日人又戀韓人，醋海生波打得落花流水　第37號　1935年11月15日　70頁
國境民衆獻金慰軍［延吉］　第141號　1937年12月11日　283頁
國境治安極鞏固，民衆均安居樂業——尹司令官視察歸來談　第229號　1939年11月2日　452頁
啤酒瓶中私藏烟土［哈爾濱］　第25號　1935年8月16日　49頁
過失殺人上訴案已由高檢廳送交高法院　第225號　1939年9月15日　445頁
甜瓜遍市，疫癘可畏　第76號　1936年8月27日　151頁
梨料附近天然痘捕滅　第99號　1937年2月26日　197頁
移民先遣隊過哈赴目的地　第118號　1937年7月7日　235頁
移民指導班八日蒞哈　第104號　1937年3月31日　207頁
移民視察團今日首途　第69號　1936年7月9日　137頁
移民團長會議：各方參加者計達百五十餘人，關於指示事項及說明　第178號　1938年9月7日　351頁
移民團開座談會［三江］　第162號　1938年5月26日　325頁

第一回區長會議六日在市署舉行，今後市内之區政事務益強化　第 209 號　1939 年 5 月 11 日　408 頁
第一次防衛演習定十一日舉行　第 202 號　1939 年 3 月 15 日　396 頁
第一次省聯協議會於嚴肅中圓滿閉幕，各議案一一解答，代表喜形於色　第 217 號　1939 年 7 月 13 日　426 頁
第一期護岸工事竣工，省署舉行祝賀式，總工費爲二百三十五萬元　第 185 號　1938 年 11 月 2 日　365 頁
第二日之防衛訓練情形緊張如真戰時，本報記者參加視察各般訓練　第 401 號　1940 年 6 月 26 日　501 頁
第二中學前發生路劫案，被劫之姚謀看押中　第 53 號　1936 年 3 月 20 日　105 頁
第二回妓女檢黴［龍江］　第 116 號　1937 年 6 月 23 日　230 頁
第二回都市會議：省署積極準備中　第 202 號　1939 年 3 月 15 日　396 頁
第二次市諮議會：一切議案圓滿通過　第 161 號　1938 年 5 月 19 日　322 頁
第二次模範防衛訓練：市署組成義勇奉公隊，分成多班作敵，投下燒夷彈訓練，由各打字員組成看護婦隊救護　第 176 號　1938 年 8 月 24 日　346 頁
第二次慰安列車十日午前由三顆樹出發　第 165 號　1938 年 6 月 15 日　330 頁
第二次警民懇談會舉行日期地址已決定　第 204 號　1939 年 3 月 28 日　400 頁
第七回警民懇談會本月暫停來日舉行　第 219 號　1939 年 7 月 27 日　431 頁
第七次農業移民過哈赴目的地，一行一百四十名　第 116 號　1937 年 6 月 23 日　231 頁
第八次警民懇談會［五棵樹］　第 223 號　1939 年 8 月 31 日　439 頁
第八屆運動大會：本市各選手七日晉京　第 223 號　1939 年 8 月 31 日　438 頁
第三次都市問題會議如期在哈舉行，出席各代表芳名一覽　第 233 號　1939 年 11 月 30 日　460 頁
第三國高勤勞奉公，交通整理成績良好　第 220 號　1939 年 8 月 3 日　433 頁
第五次諮議委員會議九日下午在市署召開，全體委員以次市署各處科長均出席　第 191 號　1938 年 12 月 16 日　374 頁
第四日市聯協議會於圓滿裏閉幕，各項議案逐一解答　第 212 號　1939 年 6 月 8 日　416 頁
第四軍司令部開教育主任會議　第 302 號　1940 年 3 月 27 日　479 頁
第四軍區建陸軍監獄　第 8 號　1935 年 4 月 20 日　17 頁
第四軍區討伐效果　第 143 號　1937 年 12 月 22 日　284 頁
第四軍區顧問查閱青年團員［青岡］　第 223 號　1939 年 8 月 31 日　438 頁
第四軍管區組織時局宣傳班，大北新報記者參加講演，於廿二日赴東部各地　第 135 號　1937 年 10 月 29 日　268 頁
偕樂地球場訪問記　第 201 號　1939 年 3 月 8 日　395 頁
偷女出賣未竟被捕，高振貴出獄又入獄　第 33 號　1935 年 10 月 18 日　62 頁
售大批菊花［安東］　第 184 號　1938 年 10 月 27 日　363 頁
偽造紙幣犯潛伏，來哈終於被捕　第 56 號　1936 年 4 月 10 日　110 頁
偽造假票，到處行使［大連］　第 216 號　1939 年 7 月 7 日　425 頁
偽造藥品犯被警捕獲　第 61 號　1936 年 5 月 14 日　120 頁
偽幣何多，交通局日收二三元　第 114 號　1937 年 6 月 9 日　227 頁
偽幣迭次發見，警察當局努力搜查　第 143 號　1937 年 12 月 30 日　286 頁
偽幣頻頻發見，商民人等須加注意　第 112 號　1937 年 5 月 27 日　223 頁
假面具英青年真像完全敗露，如何奸詐難逃當局慧眼　第 139 號　1937 年 11 月 23 日　277 頁

船中發見無名男屍，原是嗎啡中毒　第 109 號　1937 年 5 月 5 日　217 頁
船客下航，開江以來二萬餘人　第 110 號　1937 年 5 月 12 日　219 頁
船員俸給統制，州内四月公佈［大連］　第 301 號　1940 年 3 月 22 日　476 頁
船厨私帶紙幣，被警看破逮捕［大連］　第 407 號　1940 年 9 月 5 日　514 頁
釣魚大會路局特開臨時列車　第 64 號　1936 年 6 月 4 日　127 頁
欲吞没人家房產，事機不密消息暴露，恐被房東控告，請人調解中　第 222 號　1939 年 8 月 24 日　437 頁
欲脱離終無籍詞，唆友人實行奸污——一幕撲朔迷離之怪訟案　第 53 號　1936 年 3 月 20 日　104 頁
欲發一點暴財，私運麥粉被捕［哈爾濱］　第 532 號　1941 年 2 月 22 日　553 頁
貪圖便宜被人欺騙，幸遇慈善女郎施金救濟　第 428 號　1941 年 1 月 25 日　549 頁
貧女遽成富太太，茶役變爲入幕賓，一對下賤貨全都不要臉，遺產之害！少妻之害！　第 101 號　1937 年 3 月 11 日　201 頁
貧民福音，市署擬設當鋪，減輕利息以蘇民生，一般市民莫不期待　第 77 號　1936 年 9 月 2 日　152 頁
貧民福音，紅卍會施粥［海龍］　第 234 號　1939 年 12 月 7 日　463 頁
鳥羽洋行店員盗出金屬數千圓［大連］　第 216 號　1939 年 7 月 7 日　424 頁
鳥越事件：各方拼命搜查兇犯　第 108 號　1937 年 4 月 28 日　215 頁
脱獄犯人在哈逮捕　第 82 號　1936 年 10 月 2 日　161 頁
猛虎攔路劫舍，農民晝不［敢］出［延吉］　第 203 號　1939 年 3 月 24 日　398 頁
訥河本年水害損失三百萬元［訥河］　第 177 號　1938 年□月□日　348 頁
許校長請款修校［西豐］　第 85 號　1936 年 10 月 28 日　169 頁
訟棍歟律師歟？無權代理有用意，大鬧法庭侮辱人［黑龍江］　第 18 號　1935 年 6 月 27 日　34 頁
設立結核預防會，開始撲滅菌工作　第 186 號　1938 年□月□日　366 頁
設立警察會館，對警察家庭均有相當照料，使安心服務，不致心地兩懸心　第 186 號　1938 年□月□日　366 頁
設置三縣聯合治安肅正辦事所，設於木蘭縣管界之大賚，掌理建設三縣防備部落　第 65 號　1936 年 6 月 10 日　128 頁
設置花壇慰藉旅客：哈鐵之設施　第 61 號　1936 年 5 月 14 日　121 頁
設賭抽頭被警補獲　第 125 號　1937 年 8 月 26 日　249 頁
訪友不遇忽生盜心，執事看破，送警懲辦　第 139 號　1937 年 11 月 23 日　277 頁
訪日行政視察團：本省派楊縣長參加［延吉］　第 157 號　1938 年 4 月 19 日　315 頁
訪日宣詔紀念日：排除從來形勢的紀念式典，協和會市本部積極準備中　第 156 號　1938 年 4 月 12 日　312 頁
訪日視察團四月上旬啓程　第 149 號　1938 年 2 月 23 日　299 頁
訪日視察團昨已出發東渡　第 60 號　1936 年 5 月 7 日　119 頁
訪日學童使節返哈，官民多數赴站歡迎，張科長對訪日學童致懇切慰勞詞　第 404 號　1940 年 7 月 30 日　506 頁
訪滿天台答禮團蒞哈，佛教會舉行歡迎會，十五日午後在極樂寺　第 115 號　1937 年 6 月 16 日　228 頁
麻藥癮者斷禁完了，鴉片癮者仍繼續工作　第 426 號　1941 年 1 月 12 日　545 頁
產馬改良之先聲：改良裝蹄講習會，三月間在哈爾濱舉行　第 149 號　1938 年 2 月 23 日　298 頁
產業振興懇談會　第 128 號　1937 年 9 月 16 日　254 頁

產業開發之先鋒：觀象陣大動員，北滿各地增設九處觀測所　第 151 號　1938 年 3 月 9 日　303 頁
產業開發第四年度計劃案已完成　第 228 號　1939 年 10 月 26 日　451 頁
產業開發聲中：哈市將設農具公司，資本金五十萬元，工場用地物色中從來之不便可以一掃　第 118 號　1937 年 7 月 7 日　234 頁
產業調查，積極活動　第 75 號　1936 年 8 月 15 日　149 頁
產業擔當指導會議在省公署隆重舉行，對於農畜產增產上有所指示　第 301 號　1940 年 3 月 22 日　476 頁
庸醫殺人　第 51 號　1936 年 3 月 6 日　101 頁
康得毛織工廠建築工事告竣，新購新式機械數架頃已運哈　第 177 號　1938 年□月□日　348 頁
康德二年度市歲出入預算案：一般會計二百四十七萬三千元，十七日提出市自治會審議　第 17 號　1935 年 6 月 20 日　32 頁
康德二年發出許可　第 53 號　1936 年 3 月 20 日　105 頁
康德五年度市歲入歲出預算說明（一）　第 143 號　1937 年 12 月 30 日　287 頁
康德五年度市歲入歲出預算說明（二）　第 144 號　1938 年 1 月 14 日　289 頁
康德五年度市歲入歲出預算說明（三）　第 145 號　1938 年 1 月 21 日　291 頁
康德四年濱江省管下各縣之預算：總額約八百八十七萬元，較前年約減百五十萬元　第 98 號　1937 年 2 月 17 日　194 頁
康德商店丟自行車　第 37 號　1935 年 11 月 15 日　70 頁
族弟不德，竊取族兄　第 116 號　1937 年 6 月 23 日　231 頁
商人衛生思想普及，自請鑒定賣品，全市飲料品檢查收效頗大　第 117 號　1937 年 7 月 1 日　232 頁
商人難養時髦婦，一逃再逃終離異　第 421 號　1940 年 11 月 30 日　537 頁
商工公會經濟報國周間　第 416 號　1940 年 10 月 27 日　527 頁
商工公會昨開職員會　第 174 號　1938 年 8 月 12 日　342 頁
商工公會徵收會費　第 163 號　1938 年 6 月 2 日　327 頁
商工公會舉開二次農品評會［新民］　第 234 號　1939 年 12 月 13 日　464 頁
商工設指導調停部，委員俱已分別聘妥，日滿俄委員共五十三名　第 167 號　1938 年□月□日　332 頁
商工視察團報名者踴躍　第 156 號　1938 年 4 月 12 日　313 頁
商工會成立延期，新會址以丸商樓上爲有力，誕生之期預料今春三四月　第 144 號　1938 年 1 月 14 日　288 頁
商工會舉行總會［青岡］　第 190 號　1938 年 12 月 9 日　373 頁
商工會議所解散後，工業研究會之歸趨——據某識者之意見　第 152 號　1938 年 3 月 16 日　304 頁
商工銀行竟敢擅自查封福泰樓，該行自知理曲要求和平了結，福泰樓要求賠償損失三千元　第 36 號　1935 年 11 月 8 日　68 頁
商工銀行無理取鬧，咄咄推翻前言，這是演義務戲，那能白留包箱　第 195 號　1939 年 1 月 19 日　382 頁
商工講習會開懇談會　第 156 號　1938 年 4 月 12 日　313 頁
商民槍後支援熱誠，商工會納獻兵器材料，於廿一日在四軍舉行獻納式　第 238 號　1940 年 2 月 22 日　471 頁
商務印書館販賣反滿抗日書籍，太平花小說被沒收　第 42 號　1935 年 12 月 18 日　80 頁
商務會開選舉會［普蘭店］　第 104 號　1937 年 3 月 31 日　207 頁
商場□呈繁華［黑山］　第 224 號　1939 年 9 月 6 日　441 頁
商業振興會舉行發會式　第 123 號　1937 年 8 月 13 日　244 頁

商業登記　第 300 號　1940 年 3 月 8 日　474 頁
商業登記　第 302 號　1940 年 3 月 27 日　478 頁
情敵見面分外眼紅，兩雌打得落花流水，李妻暴打淫婦，從中難壞奸夫　第 539 號　1941 年 4 月 12 日　562 頁
情竇乍開難禁蹂躪，拒絕好事夫加鞭笞，少婦禁不住狂風暴雨請離異　第 203 號　1939 年 3 月 24 日　398 頁
淒慘！又發生交通慘劇，電車撞傷行路婦，因傷勢頗重恐生命危險［哈爾濱］　第 532 號　1941 年 2 月 22 日　552 頁
清潔實施成績優良　第 219 號　1939 年 7 月 27 日　431 頁
淩河冰固［錦州］　第 43 號　1935 年 12 月 26 日　83 頁
（淒慘）道外一幕交通慘劇，電車顛覆乘客車掌受傷，責任當局進行調查翻車原因　第 300 號　1940 年 3 月 8 日　475 頁
淒慘！火車與馬車衝突，人傷馬斃　第 414 號　1940 年 10 月 12 日　523 頁
淫婦弄巧成拙，虛報被搶敗露，警官炯眼難瞞揭破　第 421 號　1940 年 11 月 30 日　537 頁
淫婦携款潛逃，夫發覺遍尋無踪　第 542 號　1941 年 5 月 4 日　569 頁
淫婦潛逃，報警緝捕　第 31 號　1935 年□月□日　58 頁
深夜車行郊外，與警發生誤會，警察與司機兩疑是匪，汲家店前夜一場虛驚　第 114 號　1937 年 6 月 9 日　227 頁
寄信髮妻聲言自殺，妻歸來夫臥血泊中，果斯別泥克生命危篤　第 217 號　1939 年 7 月 13 日　426 頁
密月新婦私奔　第 78 號　1936 年 9 月 10 日　155 頁
啓事　第 7 號　1935 年 4 月 9 日　14 頁
視生意興隆驅股未遂，愛妾被奸反被人驅逐，以恩仇報總因報應循環　第 547 號　1941 年 6 月 7 日　577 頁
視察各中大學，牧田司長莅哈　第 534 號　1941 年 3 月 8 日　555 頁
視察禁烟狀況，谷次長來齊［齊齊哈爾］　第 184 號　1938 年 10 月 27 日　363 頁
將在八站體育館内建設室内游泳池，難波千種體協兩理事來哈磋商，設備完善之體育館即將實現　第 113 號　1937 年 6 月 2 日　225 頁
將在八區運動場設大規模游泳池，一般有游泳癖者無不喜形悅色　第 193 號　1938 年 12 月 29 日　378 頁
將各鄉村國民學校改爲市立學校，改編案將呈民生部核准　第 193 號　1938 年 12 月 29 日　379 頁
將兩俄僑學校合併，改稱爲北滿學院，内部分設商業工業二部門，三月上旬即可開學　第 150 號　1938 年 3 月 1 日　300 頁
將於八站、香坊新設糧穀市場，去年度馬車運送約十三萬噸，今後之推移頗堪注意　第 119 號　1937 年 7 月 15 日　236 頁
將於天長節舉行之飛協支部成立式典，同時舉行航空少年團結成式　第 106 號　1937 年 4 月 14 日　210 頁
將於沈家王崗設廣大牧場，以圖哈市獸肉自給自足，鐘紡與市署折衝堪期待　第 121 號　1937 年 7 月 29 日　240 頁
將設婦女戒烟所［三江］　第 199 號　1939 年 2 月 15 日　390 頁
將澈底取締不法旅館，警廳與關係方面正在研究辦法中　第 82 號　1936 年 7 月 31 日　143 頁
將錯就錯正式求婚，順水推舟結成秦晉，萬國道德會第三分會之醜聞　第 51 號　1936 年 3 月 6 日　100 頁
張天寶勉學兔子叫，張少如怒責楊月樓——哈埠游藝界之一段趣聞　第 40 號　1935 年 12 月 5 日　77 頁
張云珍不願當招待被父責罵服毒自殺，幸發覺尚早無有生命危險　第 402 號　1940 年 7 月 16 日　503 頁

張布防疫網捕滅天然痘　第 195 號　1939 年 1 月 19 日　382 頁
張吉祥遇害，警當局正搜查中　第 407 號　1940 年 9 月 5 日　515 頁
張國選熱戀女招待，被素梅騙出嫁妝費，雙方交涉决裂，發生激烈衝突　第 309 號　1940 年 6 月 14 日　497 頁
張德進喜新厭故，金淑元遇人不淑，積蓄騙去竟別戀他人，圓頭發覺乃要求離異　第 100 號　1937 年 3 月 4 日　198 頁
強化禁烟工作，擬定整備要領，現已通知各縣旗市一體遵行　第 535 號　1941 年 3 月 20 日　556 頁
強奸養女不隨，一怒砍傷全家，馬某殺人後竟自殺　第 38 號　1935 年 11 月 21 日　72 頁
強制癮者入院數［西安］　第 415 號　1940 年 10 月 24 日　524 頁
婦孺救濟所實施工讀教育狀况：現有婦孺共廿三名　第 87 號　1936 年 11 月 12 日　172 頁
參加宮廷御營造，哈市奉仕隊晉京，受多數官民歡送搭車南下　第 549 號　1941 年 6 月 22 日　580 頁
鄉村學校建築設備標準，省署令各縣參照辦理　第 107 號　1937 年 4 月 21 日　212 頁
組合配給棉布［北鎮］　第 426 號　1941 年 1 月 12 日　545 頁
組織麵粉聯合社以製粉業者之出產量定大小股份，紅利決無偏枯即不開磨亦可分劈　第 179 號　1938 年 9 月 15 日　352 頁
終日冶游揮金似土，原來是一著名慣竊，高密探獨具慧　第 78 號　1936 年 9 月 10 日　155 頁

十二畫

賁醫師醫術精明，求診者頗爲擁擠，聖佛醫社予患者造福　第 229 號　1939 年 11 月 2 日　453 頁
場小搶案：盛茂永雜貨鋪損失約百餘元　第 42 號　1935 年 12 月 18 日　80 頁
場窩棚起火［旅順］　第 183 號　1938 年 10 月 13 日　359 頁
報區屯確立狀況［海城］　第 167 號　1938 年□月□日　333 頁
達成貯金報國使命，協會成立貯金組合，製定規約飭令各會員辦理　第 196 號　1939 年 1 月 25 日　385 頁
惡疫蔓延，類似青菜含有病菌，市警對於青菜消毒，青菜小販攤床私售不消毒青菜　第 402 號　1940 年 7 月 16 日　502 頁
惡徒任某居心不良，美艷被騙下水爲娼，本夫歸還，探明事實控於法院　第 212 號　1939 年 6 月 8 日　416 頁
惡徒冒充警官，詐財未遂被捕　第 531 號　1941 年 2 月 8 日　550 頁
惡貫滿盈：四個流氓青年冒充官人捉賭被捕，供稱迭次在市内詐欺市民　第 417 號　1940 年 11 月 3 日　529 頁
惡貫滿盈：奸商義昌泰火磨私囤積大宗貨物，被經濟警察檢舉將其逮捕　第 404 號　1940 年 7 月 30 日　506 頁
惡德奸商，以民用麵粉私售牟利　第 424 號　1940 年 12 月 14 日　540 頁
惡德奸商迭出不鮮，檢舉大批奸商利徒，警廳當局决定嚴重懲罰　第 300 號　1940 年 3 月 8 日　474 頁
惡德的奸商萬興隆配給市民麵粉私囤，前購麵粉市民被騙，莫不叫罵　第 309 號　1940 年 6 月 14 日　496 頁
惡德房閥驅逐住戶，欲增房租演成糾紛，互扭至分所理論，經排解了事　第 539 號　1941 年 4 月 12 日　563 頁
惡癖矯正宣傳日，努力普及衛生思想，徹底養成衛生觀念　第 143 號　1937 年 12 月 22 日　285 頁
期王道教育之徹底：没收不穩書籍，新學制實施後白俄教育愈整備　第 156 號　1938 年 4 月 12 日　312 頁
期收鴉片斷禁實效，省署組成教化宣傳班赴各縣實施鴉片教化宣傳工作，十四日出發，配布傳單已擬定　第 183 號　1938 年 10 月 20 日　360 頁
期改良哈市工商業，將採用友邦學生，决於明年度起實行　第 179 號　1938 年 9 月 15 日　352 頁

期物價平穩剷除奸商，舉行經濟警察講習會，由七日起亘十日間在本市舉行　第 234 號　1939 年 12 月 13 日　464 頁
期普及國兵法趣旨，特編成巡迴講演班，自八月廿日至十月廿五日止　第 405 號　1940 年 8 月 17 日　511 頁
期鴉片斷禁徹底，嚴重調查管烟所從業員，對癮者一律強制逆烟所無料戒除　第 224 號　1939 年 9 月 6 日　441 頁
欺騙未遂竟逮捕　第 54 號　1936 年 3 月 27 日　107 頁
葉松十萬株分發各縣各學校，於植樹節日栽培　第 105 號　1937 年 4 月 7 日　209 頁
募兵映畫會舉行盛況　第 132 號　1937 年 10 月 7 日　263 頁
募兵宣傳，收穫效果頗大　第 149 號　1938 年 2 月 23 日　298 頁
募兵宣傳電影講演會，成績極爲良好，聽者皆徹底募兵意義　第 234 號　1939 年 12 月 13 日　464 頁
募兵班昨已出發　第 69 號　1936 年 7 月 9 日　137 頁
募集一期青訓生［東豐］　第 203 號　1939 年 3 月 24 日　398 頁
募集教師考試［遼陽］　第 532 號　1941 年 2 月 22 日　553 頁
募集學生圖畫［西豐］　第 532 號　1941 年 2 月 22 日　552 頁
萬盛祥遭匪搶掠，損失二百餘元　第 139 號　1937 年 11 月 23 日　276 頁
萬國道德會講詞概要（一）　第 73 號　1936 年 8 月 6 日　145 頁
萬國道德會講詞概要（二）　第 74 號　1936 年 8 月 13 日　147 頁
萬國道德會講詞概要（三）　第 75 號　1936 年 8 月 15 日　149 頁
萬國道德會講詞概要（四）　第 77 號　1936 年 9 月 2 日　153 頁
萬國道德會講詞概要（五）　第 78 號　1936 年 9 月 10 日　155 頁
萬國道德會講詞概要（六）　第 79 號　1936 年 9 月 19 日　157 頁
萬惡之大刀會匪首日没途窮被捕，爲滿洲除一大害，道里憲兵分遣隊之功勳　第 81 號　1936 年 10 月 8 日　163 頁
萬惡已極，福順棧司賬竟敢調戲女店客，色徒被拘將受嚴懲　第 418 號　1940 年 11 月 9 日　530 頁
萬壽聖節本市派代表晉京奉祝　第 198 號　1939 年 2 月 9 日　388 頁
萬聚源開始造酒［遼中］　第 406 號　1940 年 8 月 29 日　513 頁
萬緑橋前發生路劫，行人須要小心　第 108 號　1937 年 4 月 28 日　215 頁
朝鮮人實踐隊舉行軍事教練　第 229 號　1939 年 11 月 2 日　452 頁
朝鮮物產即賣會今日開始　第 164 號　1938 年 6 月 8 日　328 頁
朝鮮校組合長會議於十五六兩日舉行，參加者各首要六十餘人　第 192 號　1938 年 12 月 22 日　376 頁
喪身敗德之壽而康春藥，當局何不速予取締　第 6 號　1935 年 4 月 4 日　13 頁
植木廳長巡視警廳　第 136 號　1937 年 11 月 3 日　270 頁
植田大將飛齊齊哈爾，日滿要人皆往歡送　第 59 號　1936 年 4 月 29 日　116 頁
植田大將就任致辭，舉行傳達式，省市四軍江防艦隊各機關同日分別莊嚴舉行　第 57 號　1936 年 4 月 17 日　112 頁
植田警務司長搭乘列車歸京　第 188 號　1938 年 11 月 22 日　371 頁
植村處長訓示所屬　第 144 號　1938 年 1 月 14 日　289 頁
植樹典禮廿日假文廟盛大舉行，施市長閻省長等致詞　第 106 號　1937 年 4 月 14 日　210 頁

森山参事官抵任［延吉］　第 99 號　1937 年 2 月 26 日　197 頁
森田理事長歸京［大連］　第 188 號　1938 年 11 月 22 日　370 頁
森林事務所改稱林務署［吉林］　第 70 號　1936 年 7 月 17 日　139 頁
森林採伐預定數約四十萬石，哈管區尚在調查中　第 157 號　1938 年 4 月 19 日　314 頁
森島總領事行將歸國　第 16 號　1935 年 6 月 13 日　31 頁
森澤行政科長視察南滿各地行政，將視察所得資料發表談話　第 543 號　1941 年 5 月 11 日　570 頁
棉布膠皮雜貨獲利，吉新設如雨後春筍［吉林］　第 177 號　1938 年□月□日　349 頁
棉花統制施行澈底，委勸導員開懇談會［海城］　第 224 號　1939 年 9 月 6 日　440 頁
棉絲布配給村民［南墳］　第 417 號　1940 年 11 月 3 日　528 頁
棉業成立組合廿八已開始辦公　第 173 號　1938 年 8 月 2 日　341 頁
極樂寺浴佛節延長二日，連日游人頗踴躍　第 64 號　1936 年 6 月 4 日　126 頁
厨夫偷食黏糕，被噎當即斃命　第 101 號　1937 年 3 月 11 日　201 頁
厨夫騎馬，踏傷小女　第 31 號　1935 年□月□日　58 頁
厨夫竊款潛逃　第 32 號　1935 年 10 月 11 日　60 頁
揚武校重勞作［營口］　第 415 號　1940 年 10 月 24 日　525 頁
提出土地買收費，政府諒解成立，大塚科長向政府請求之結果　第 179 號　1938 年 9 月 15 日　353 頁
提存法康德二年八月二十二日公佈，同年九月一日施行　第 39 號　1935 年 11 月 29 日　75 頁
提倡冬季戶外運動，舉辦滑冰大會，來月一日於運動場内舉行　第 421 號　1940 年 11 月 30 日　536 頁
提倡婚喪節約　第 196 號　1939 年 1 月 25 日　384 頁
揭揚日滿國旗，舉行市内游行　第 185 號　1938 年 11 月 2 日　364 頁
搜出槍一支，現正審訊中　第 218 號　1939 年 7 月 20 日　428 頁
搜查中巧獲一匪，田島主任之功勳　第 31 號　1935 年□月□日　59 頁
暑期講習會開辦［榆樹］　第 82 號　1936 年 7 月 31 日　143 頁
貯金信託會社將改商業銀行，資本金增至百萬元，五月决算後將實現　第 94 號　1937 年 1 月 13 日　186 頁
開江期日切迫，準備開航事項，北滿江運局舉行協議會　第 303 號　1940 年 4 月 18 日　485 頁
開防疫會議［開原］　第 176 號　1938 年 8 月 24 日　346 頁
開我義倉，賑濟貧乏［遼中］　第 406 號　1940 年 8 月 29 日　512 頁
開治維幹部會議［延吉］　第 107 號　1937 年 4 月 21 日　213 頁
開始調查省内工場　第 152 號　1938 年 3 月 16 日　305 頁
開封路清掃周間［開原］　第 130 號　1937 年 9 月 23 日　259 頁
開庭審理仍無結果，溫某否認傷害人命　第 175 號　1938 年 8 月 17 日　344 頁
開原司法事件［開原］　第 234 號　1939 年 12 月 13 日　465 頁
開原新年行事［開原］　第 234 號　1939 年 12 月 13 日　465 頁
開原糧棧組合，理事會開催［開原］　第 532 號　1941 年 2 月 22 日　553 頁
開發荒地增殖農產，舉債大致由政府擔保，省公署明年度縣旗事業計畫　第 177 號　1938 年□月□日　348 頁
開發國策及確保資源，江軍局組織大調查隊，來年解冰時沿江調查　第 222 號　1939 年 8 月 24 日　437 頁
開禁烟會議　第 221 號　1939 年 8 月 9 日　434 頁
開催警察武道納會［開原］　第 224 號　1939 年 9 月 6 日　441 頁

開燈供客，被警逮捕　第 219 號　1939 年 7 月 27 日　430 頁
開警察協和懇談會［通遼］　第 199 號　1939 年 3 月 3 日　392 頁
景星樓捕一招待　第 88 號　1936 年 11 月 19 日　175 頁
景星樓鴉片零賣所烟妓韻秋之小史：宋營長用盡計謀空遺恨，傅菊元能死不嫁結冤仇　第 35 號　1935 年 10 月 31 日　67 頁
貴院議員一行蒞哈　第 165 號　1938 年 6 月 15 日　330 頁
喚起商民認識，防水利民債券，對惡德收買奸徒嚴懲辦　第 426 號　1941 年 1 月 12 日　544 頁
喚起愛農耕種精神，種蕎麥奉公作業　第 403 號　1940 年 7 月 21 日　505 頁
買主小販間發生爭執，因度量衡關係　第 100 號　1937 年 3 月 4 日　199 頁
買賣街工夫市遷移　第 63 號　1936 年 5 月 28 日　125 頁
帽爾山站發見股匪　第 16 號　1935 年 6 月 13 日　31 頁
黑山視察團來義［義縣］　第 215 號　1939 年 7 月 4 日　423 頁
黑井博士病陷重態［新京］　第 209 號　1939 年 5 月 11 日　408 頁
黑河十三日夜間降雪三寸厚　第 183 號　1938 年 10 月 20 日　361 頁
黑河省募集警察［北鎮］　第 202 號　1939 年 3 月 15 日　396 頁
黑龍江全省各官私立學校總額及現狀：本報駐江記者才元伯調查［黑龍江］（一）　第 16 號　1935 年 6 月 13 日　31 頁
黑龍江全省各官私立學校總額及現狀：本報駐江記者才元伯調查［黑龍江］（二）　第 17 號　1935 年 6 月 20 日　33 頁
黑龍江全省各官私立學校總額及現狀：本報駐江記者才元伯調查［黑龍江］（三）　第 18 號　1935 年 6 月 27 日　35 頁
黑龍江全省各官私立學校總額及現狀：本報駐江記者才元伯調查［黑龍江］（四）　第 19 號　1935 年 7 月 3 日　36 頁
黑龍江建國紀念第四次運動大會：江省大會籌備忙，關於大運動會之要旨已規定，並印刷成册，已分發於各界矣［黑龍江］　第 13 號　1935 年 5 月 22 日　27 頁
黑龍江龍江縣界內饑民紛紛來省領賑，目下已達二百五十四名［黑龍江］　第 11 號　1935 年 5 月 8 日　23 頁
黑籍末路，爲確謀鴉片斷禁，組成烟務搜查班　第 415 號　1940 年 10 月 24 日　525 頁
甥舅發生口角，馮翁氣憤自殺未遂，司機發覺尚早脫出輪下慘禍　第 302 號　1940 年 3 月 27 日　478 頁
無力養妻寄友家，變良心欲賣爲娼，被妻偵知，投入婦孺救濟所　第 177 號　1938 年□月□日　349 頁
無聊之鮮人冒充醫師，到處騙弄愚人，已被日警補獲　第 60 號　1936 年 5 月 7 日　119 頁
無線電聽取者招待大會，十四日在慈光影院舉行，十萬突破紀念日之盛況　第 161 號　1938 年 5 月 19 日　323 頁
無線電聽取者激增，自十二月至本年四月末，聽戶激增二千一百餘戶　第 112 號　1937 年 5 月 27 日　222 頁
無賴少年，搶錢被捕　第 548 號　1941 年 6 月 14 日　578 頁
無獨有偶之兩起竊案　第 41 號　1935 年 12 月 13 日　78 頁
稅吏升沉，稅務監督署發表　第 77 號　1936 年 9 月 2 日　153 頁
稅局調查新稅［望奎］　第 541 號　1941 年 4 月 29 日　567 頁
稅所徵收家屋稅［北鎮］　第 202 號　1939 年 3 月 15 日　396 頁

稅捐局副局長榮轉［新民］　第 229 號　1939 年 11 月 2 日　452 頁
稅務當局嚴厲取締偷稅，製成稽征獎勵規則　第 18 號　1935 年 6 月 27 日　35 頁
稅署十二日開講習會　第 105 號　1937 年 4 月 7 日　209 頁
傅家甸憲兵分隊舉行開廳式　第 40 號　1935 年 12 月 5 日　76 頁
傅家甸憲兵隊喬遷　第 39 號　1935 年 11 月 29 日　75 頁
貸倉穀接濟民食［西安］　第 541 號　1941 年 4 月 29 日　567 頁
牌匾落下，少婦受傷　第 123 號　1937 年 8 月 13 日　244 頁
集官民濟濟一堂，招開防犯座談會，期市民對於防範思想更進一層之徹底，刑事科對於開會之細目正積極準備中　第 107 號　1937 年 4 月 21 日　212 頁
集團部落建設計劃經省當局規定完了，每集團部落收容農民百廿戶　第 191 號　1938 年 12 月 16 日　374 頁
街公所新改組［八道江］　第 218 號　1939 年 7 月 20 日　429 頁
街名改稱計劃具體案現已做成，至晚金秋可實現　第 105 號　1937 年 4 月 7 日　208 頁
街村吏員卒業，獎優秀生三名［本溪縣］　第 234 號　1939 年 12 月 13 日　465 頁
街村制度實施前，行政事務講習會於廿五日起在省屬舉行　第 140 號　1937 年 12 月 1 日　279 頁
街村制運用如何關係國家之發展，協和會員應負指導助成之責，中央本部令知各地協和會員　第 144 號　1938 年 1 月 14 日　288 頁
街村制預算及課稅額將向副縣長會議席上提出討論，解決後再行正式發表　第 190 號　1938 年 12 月 9 日　372 頁
街村股屬官街長連翩出張視察［北鎮］　第 403 號　1940 年 7 月 21 日　504 頁
街村區劃名稱頃已分化完了：三十二冲二百九十四個村　第 194 號　1939 年 1 月 12 日　381 頁
街長視查歸來［北鎮］　第 426 號　1941 年 1 月 12 日　545 頁
街所慎重稅收，會議審核參考［蓋平］　第 301 號　1940 年 3 月 22 日　476 頁
街頭巷尾卦攤充斥，都拿孔明來作標識，生財有道全憑三寸不爛之舌，糊口得方借光幾部古人遺書　第 197 號　1939 年 2 月 1 日　387 頁
舒蘭煤礦新煤到哈，每噸十三元　第 3 號　1935 年 3 月 18 日　7 頁
爲日滿軍團結鞏固開懇親會盛大舉行　第 308 號　1940 年 6 月 7 日　494 頁
爲公務處理圓滑，科下設股之規定，市公署將實施計畫分科股制　第 302 號　1940 年 4 月 6 日　480 頁
爲加入中央市場十商提出質疑書：中央批發公司不過一普通代理店，非得強迫加入係何意義！（一）　第 4 號　1935 年 3 月 21 日　8 頁
爲加入中央市場十商提出質疑書：中央批發公司不過一普通代理店，非得強迫加入係何意義！（二）　第 5 號　1935 年 3 月 27 日　10 頁
爲加入中央市場十商提出質疑書：中央批發公司不過一普通代理店，非得強迫加入係何意義！（三）　第 6 號　1935 年 4 月 4 日　12 頁
爲向民衆普及宣傳國民鄰保組織要旨，省縣旗市當局實施宣傳　第 541 號　1941 年 4 月 29 日　566 頁
爲安定民衆生活，取締不標明碼奸商，希市民發覺奸商暴利報告廳署　第 302 號　1940 年 3 月 27 日　478 頁
爲防止天然痘蔓延，全省實施提前種痘　第 238 號　1940 年 2 月 22 日　470 頁
爲防止不祥事件發生，路局令注意各點　第 59 號　1936 年 4 月 29 日　116 頁
爲防止列車事故運行線路試驗列車，拉賓全線運行試驗完了，京濱濱洲各線陸續運行　第 62 號　1936 年 5

月 21 日　123 頁
爲防止花柳梅菌，捕獲野妓密賣　第 537 號　1941 年 3 月 30 日　559 頁
爲防止炭疽病發生，實施牛馬預防注射，屆時希各畜主赴規定場所注射　第 549 號　1941 年 6 月 22 日　581 頁
爲防止牲畜炭疽病，實廳派員注射，肇東等縣派員協助　第 124 號　1937 年 8 月 18 日　246 頁
爲防止惡疫蔓延，開第三回防疫會議，日前在市公署會議室舉行　第 402 號　1940 年 7 月 16 日　502 頁
爲防止傷寒發生，於全市預防工作由市警兩衛生當局協力進行　第 301 號　1940 年 3 月 22 日　477 頁
爲防雜疫流行，實施清潔檢查［青岡］　第 403 號　1940 年 7 月 21 日　505 頁
爲求省政之向上，决肅清匪患——閻傳紱省長鄭重之談話　第 17 號　1935 年 6 月 20 日　32 頁
爲免車掌擁擠，終點設售票處　第 235 號　1939 年 12 月 21 日　467 頁
爲改正一部市税條例自治委員會開會，更正預算一六四三三七三，增加預算五一三八五元　第 67 號　1936 年 6 月 26 日　132 頁
爲表示槍後赤城，舉國防獻金演劇　第 401 號　1940 年 6 月 26 日　501 頁
爲事務聯絡便利，謀統一滿日假期，治外法權撤廢前之運動以圖滿日一德一心互相協調　第 109 號　1937 年 5 月 5 日　216 頁
爲協議建國行事召開連絡會議，各機關代表在協會議室舉行　第 532 號　1941 年 2 月 22 日　552 頁
爲使小麥脱粒迅速，舉行動力講習會，自十三日起亘二日間　第 175 號　1938 年 8 月 17 日　344 頁
爲使市民澈底防疫，市警雙方印發宣傳單，由各派出所向市民配布　第 176 號　1938 年 8 月 24 日　346 頁
爲使教育普及，道外建設學校　第 426 號　1941 年 1 月 12 日　544 頁
爲使鐵路事業發展，實施徹底綜合監察，宇佐美局長發表監察成績談話　第 309 號　1940 年 6 月 14 日　496 頁
爲育成各縣旗街村，决定先設置模範村，濱江省當局設置模範村計畫指定　第 302 號　1940 年 4 月 6 日　481 頁
爲刷新地方教育，省署設定教育區，謀村校與民衆教化之統制振興，俾收化民成俗之實效　第 106 號　1937 年 4 月 14 日　211 頁
爲研究小人病根源，開始化驗水質，以期剷除移民之敵，省署衛生科之壯舉　第 96 號　1937 年 1 月 27 日　191 頁
爲拯救麻藥患者，戒烟所即將擴充，經費五萬元，收容三百人，已得中央同意十月一日動工　第 130 號　1937 年 9 月 23 日　258 頁
爲便利市民納税，市署實施金庫制度，市署以外新設五處　第 109 號　1937 年 5 月 5 日　216 頁
爲保護農産收穫，積極防除病蟲害，向省下各縣派遣督勵員［吉林］　第 535 號　1941 年 3 月 20 日　557 頁
爲促進自肅自戒精神，凡舞場禁雇日滿鮮舞女，酒社下午五時起十一時半止　第 534 號　1941 年 3 月 8 日　555 頁
爲宣傳國兵法内容，在各區舉行電影會　第 405 號　1940 年 8 月 7 日　508 頁
爲造成工業人材，設哈爾濱工業學校，三月五日開校，現正招募新生　第 531 號　1941 年 2 月 8 日　550 頁
爲救濟白俄失業，設白俄副産組合，在俱樂部舉行結成式　第 188 號　1938 年 11 月 22 日　371 頁
爲貧所迫秀春下水，爲情所感相武服毒，桃園女掌班的未免太惡！　第 21 號　1935 年 7 月 17 日　41 頁
爲視察友邦教育狀况，組織訪日教育視察團，一行十九名已由哈出發東渡　第 543 號　1941 年 5 月 11 日　570 頁
爲强化全省教育行政，樹立三個年計畫，職員互授日滿語整備清潔衛生，各科職員須一致遵守上班時間，省

教育廳幹部會議決定　第 59 號　1936 年 4 月 29 日　116 頁
爲强化情報宣傳，開弘報聯絡會議，省當局準備議案並通知關係參加　第 199 號　1939 年 3 月 3 日　392 頁
爲達成民族協和精神，哈鐵社起用俄人站長　第 238 號　1940 年 2 月 22 日　471 頁
爲期社員之身體健康，哈鐵舉行郊外長途競走，早朝體操四月一日起始　第 203 號　1939 年 3 月 24 日　398 頁
爲期哈市人口增加實施植樹運動，以現在之三十萬平方米，擬定擴張爲八十萬平方米　第 171 號　1938 年 7 月 20 日　339 頁
爲期鴉片斷禁澈底，樹立强化方針，本年度具體計劃案已決定　第 211 號　1939 年 5 月 25 日　413 頁
爲期燈火管制圓滿達成，召開防空監視隊長講習　第 173 號　1938 年 8 月 2 日　340 頁
爲期鮮人教育發展，必先造就優秀教師，決定來月舉行鮮人教師講習會　第 168 號　1938 年 6 月 29 日　334 頁
爲開發北邊産業，開勤勞準備協會，十九日在省官房會議室舉行　第 304 號　1940 年 4 月 27 日　486 頁
爲備春日游興，設寢台車　第 94 號　1937 年 1 月 13 日　186 頁
爲普及協和精神，將結成宗教聯盟，協和運動之新展開運動　第 146 號　1938 年 1 月 26 日　292 頁
爲發展近郊農産增産，正擬配給優良種籽，市農政科派員調查耕種數量　第 199 號　1939 年 3 月 3 日　392 頁
爲統制沿江煤炭配給，設松花江賣炭公司　第 162 號　1938 年 5 月 26 日　325 頁
爲電業募股懇談會，兩商會慨允協力應募，韓大臣對往訪記者談　第 134 號　1937 年 10 月 20 日　267 頁
爲搪債串演美人計，因揭載二報被控告，經偵查結果予以却下處分　第 42 號　1935 年 12 月 18 日　81 頁
爲對抗長期抗戰，結成在滿預後備役將校團，岩田分會長爲哈爾濱將校團會長，三月上旬在神社前舉行結成式典　第 150 號　1938 年 3 月 1 日　300 頁
爲察街村行政，檢查班已出動［蓋平］　第 417 號　1940 年 11 月 3 日　528 頁
爲實施産業計劃，布成産業指導陣　第 111 號　1937 年 5 月 19 日　221 頁
爲確立新村制度，成立村制指委會，濱江省關係職員爲中心各方代表構成，今後之活動頗堪注目　第 101 號　1937 年 3 月 11 日　200 頁
爲確保松花江水産，嚴厲禁江捕獲幼魚　第 201 號　1939 年 3 月 8 日　395 頁
爲徹底防止傳染病，唤起市民注意［三江］　第 184 號　1938 年 10 月 27 日　362 頁
爲徹底普及愛路思想，舉行巡迴愛路工作講演，哈鐵道當局正在進行準備中　第 188 號　1938 年 11 月 22 日　371 頁
爲徹底實施防護事業，將開防護講習會，日期定自五月六日起繼續三日間，講師由防空協會本部派遣　第 108 號　1937 年 4 月 28 日　214 頁
爲慶祝陸軍紀念日，屆時舉行模擬大演習式，演習終後游街並閲兵式　第 534 號　1941 年 3 月 8 日　555 頁
爲慰安鐵道從業員，哈鐵編成慰安列車　第 406 號　1940 年 8 月 29 日　513 頁
爲緩和住宅難，對民需房材料市公署住宅科業已分配定數　第 544 號　1941 年 5 月 17 日　573 頁
爲謀小麥粉配給圓滑，省署召開配給協議會，各縣旗市關係均行來哈參加　第 188 號　1938 年 11 月 22 日　370 頁
爲謀市民上健康將建築傳染病院，經費國幣二十萬元，市衛生科一大貢獻　第 94 號　1937 年 1 月 13 日　186 頁
爲謀市民健康，實施保健周間　第 302 號　1940 年 4 月 11 日　482 頁
爲謀市政明朗，拔擢强幹青年［哈爾濱］　第 225 號　1939 年 9 月 12 日　442 頁
爲謀防空知識徹底，將舉行防空展覽會　第 174 號　1938 年 8 月 12 日　342 頁

爲謀免除適齡兒童失學，省市兩當局將擴充校舍　第 187 號　1938 年 11 月 17 日　368 頁
爲謀協和之精神徹底，各縣聯合協議會舉開，省本部派員往賓縣參加　第 543 號　1941 年 5 月 11 日　571 頁
爲謀兒童體格健康，舉行陸上競技大會，廿六日午後在道里體育場　第 222 號　1939 年 8 月 24 日　437 頁
爲謀治安確保，樹立防匪對策，省警務廳令管下一體協力防遏　第 235 號　1939 年 12 月 21 日　467 頁
爲謀省下教育振興，開第二回教育總會，對於宣言綱領使徹底努力實現　第 404 號　1940 年 7 月 30 日　507 頁
爲謀就學者之普及，實施教育擴充，省公署當局之計畫　第 209 號　1939 年 5 月 11 日　409 頁
爲謀煤炭配給圓滑，舉行煤炭配給協議會，於最近期內在協會市本部舉行　第 231 號　1939 年 11 月 16 日　456 頁
爲謀徹底預防百斯篤，對農村學生決定注射［新京］　第 547 號　1941 年 6 月 7 日　576 頁
爲闡揚郵政事業精神舉行郵政紀念日，慰藉殉職職員之英靈，肅正郵政從業員心氣　第 70 號　1936 年 7 月 17 日　138 頁
爲戀愛横領公款，被發見身敗名裂，郵局貯金係職王某之惡德　第 107 號　1937 年 4 月 21 日　213 頁
創立日語研究夜校［嫩江］　第 188 號　1938 年 11 月 22 日　370 頁
創辦教育通訊社［海城］　第 428 號　1941 年 1 月 25 日　549 頁
飯店組合前開會研討顧客借用電話費問題，每次三分，外來借用五分，正請求中　第 211 號　1939 年 5 月 31 日　414 頁
飯商之營業發達［海城］　第 191 號　1938 年 12 月 16 日　375 頁
猶太收容所缺乏麵粉，署市飭益發合供給　第 174 號　1938 年 8 月 12 日　342 頁
廁所看性史：東北影院劉經理之無狀　第 21 號　1935 年 7 月 17 日　40 頁
痛惜巨款與匪格鬥，所長身負重傷，綁去所員一名匪逃無踪　第 178 號　1938 年 9 月 7 日　350 頁
普及民衆教育，省教廳樹立三年計畫　第 89 號　1936 年 11 月 26 日　177 頁
普及海軍知識運動，募集影片機購買金，希望愛國愛軍志士踴躍獻納　第 403 號　1940 年 7 月 21 日　505 頁
普及儲蓄運動，開儲蓄懇談會　第 541 號　1941 年 4 月 29 日　567 頁
普通市新官制頒佈後，都建交通兩局同時解消說，自治委員會解消後設市議會　第 135 號　1937 年 10 月 29 日　268 頁
尊重自由決不強制　第 134 號　1937 年 10 月 20 日　267 頁
道外十二道街發生慘殺案，六十餘老翁飲彈當時身亡，原因不明當局正在嚴查中　第 102 號　1937 年 3 月 17 日　202 頁
道外又發生大火警，十數家商戶全被焚，延燒六小時損失約達十數萬圓　第 308 號　1940 年 6 月 7 日　494 頁
道外之綁票案終被爾字隊破獲　第 43 號　1935 年 12 月 26 日　83 頁
道外公園，門雖設而常關，不讓人們游玩　第 75 號　1936 年 8 月 15 日　148 頁
道外各大商號去年賣錢總額：道外商會調查報告　第 60 號　1936 年 5 月 7 日　118 頁
道外商號荒閉數目　第 57 號　1936 年 4 月 17 日　112 頁
道外發生驚人大火，延燒商店住戶二百餘家，損失數目頗巨，調查起火原因中　第 305 號　1940 年 5 月 17 日　488 頁
道外路倒何多，市内平均每日三人　第 111 號　1937 年 5 月 19 日　220 頁
道外路燈問題中途又行擱淺，電業局何必節外生枝，商務會已屬委曲求全　第 81 號　1936 年 10 月 8 日　162 頁

道外新舞臺戲院雜役任意欺人，收票復逼客重起票　第 205 號　1939 年 4 月 12 日　402 頁
道外塵土如山，限期掃除搬運　第 537 號　1941 年 3 月 30 日　559 頁
道里商會長穆文煥逝世，享年五十六歲　第 82 號　1936 年 7 月 31 日　143 頁
道里慘殺案：逮捕容疑犯人，現正取調，不久即可大白　第 426 號　1941 年 1 月 12 日　545 頁
道里藥鋪街發生慘殺案，遍體斧傷腦漿崩裂　第 79 號　1936 年 9 月 19 日　156 頁
道院開沙化劫［洮南］　第 424 號　1940 年 12 月 14 日　541 頁
道理商會，善後問題　第 118 號　1937 年 7 月 7 日　234 頁
道路交通取締規則　第 24 號　1935 年 8 月 8 日　47 頁
道路交通取締規則（續）　第 25 號　1935 年 8 月 16 日　48 頁
道會視查團蒞臨並招開通常大會［泡子］　第 194 號　1939 年 1 月 12 日　380 頁
道德支會開催，第五周講演會［熊嶽］　第 412 號　1940 年 9 月 29 日　518 頁
道德分會總動員再度實施禁烟宣傳運動，日内起在省下各縣一致實施　第 192 號　1938 年 12 月 22 日　377 頁
道德會改正會名：滿洲國道德會　第 80 號　1936 年 9 月 26 日　159 頁
道德會招收講員［嫩江］　第 188 號　1938 年 11 月 22 日　370 頁
道德會的三大綱領：濱江省道德總分會理事長李恩源在哈市放送局講演詞（一）　第 124 號　1937 年 8 月 18 日　247 頁
道德會的三大綱領：濱江省道德總分會理事長李恩源在哈市放送詞（二）　第 125 號　1937 年 8 月 26 日　249 頁
道德會的三大綱領：濱江省道德總分會理事長李恩源在哈市放送詞（三）　第 126 號　1937 年 9 月 1 日　251 頁
道德總分會召集所屬開催通常大會，宋會長致開會辭並報告會況　第 186 號　1938 年□月□日　366 頁
遂行產業開發國策，設立自動車工場，哈鐵道局頃已決定　第 187 號　1938 年 11 月 17 日　369 頁
勞工協會支部受檢印激增　第 301 號　1940 年 3 月 22 日　477 頁
勞工協會哈支部開催勞動座會談　第 231 號　1939 年 11 月 16 日　456 頁
勞苦功高之警察隊剿匪凱旋，與匪接戰數十次每戰必勝，東山里由此可高枕無憂矣　第 49 號　1936 年 2 月 20 日　96 頁
馮市長視察青訓　第 162 號　1938 年 5 月 26 日　324 頁
馮市長預定招待新聞記者　第 192 號　1938 年 12 月 22 日　377 頁
馮新市長定期蒞新　第 149 號　1938 年 2 月 23 日　299 頁
滑翔機飛行競技大會，前二十五日盛大舉行，並臨時增發大汽車以利往觀　第 181 號　1938 年 9 月 29 日　354 頁
滑翔機競技大會舉行之盛況　第 130 號　1937 年 9 月 23 日　258 頁
游山賞水注重公德，慎滅餘火勿折花草，視察戰跡者預防山火［大連］　第 539 號　1941 年 4 月 12 日　563 頁
游民習藝所改組［西豐］　第 113 號　1937 年 6 月 2 日　225 頁
寒霜初降，禾稼受害　第 226 號　1939 年 10 月 12 日　447 頁
甯佳線開通後航運受影響，松黑二江貨物全額比較　第 69 號　1936 年 7 月 9 日　137 頁
甯科長參加地籍座談會［北鎮］　第 403 號　1940 年 7 月 21 日　505 頁
運到大批鐵板，開會籌商配給［蓋平］　第 232 號　1939 年 11 月 22 日　459 頁

運哈木材較去年減少　第 93 號　1936 年 12 月 25 日　184 頁
運費改正後輸入貨物激增，八站貨物倉庫不敷占用　第 6 號　1935 年 4 月 4 日　13 頁
運輸業大恐慌，分向各方呼籲，松黑公司取銷代理店引起反響，要求航聯局直接撥船運貨　第 117 號　1937 年 7 月 1 日　232 頁
裕升合東夥，設局騙財案，各方面正在偵查中　第 47 號　1936 年 2 月 1 日　90 頁
裕慶德有將出兌談，津田爲此來哈?　第 91 號　1936 年 12 月 10 日　180 頁
畫棚子漸行熱鬧［海城］　第 198 號　1939 年 2 月 9 日　388 頁
疏濬江道經費廿七萬餘元　第 67 號　1936 年 6 月 26 日　133 頁
賀年郵便決定廢止　第 141 號　1937 年 12 月 11 日　282 頁
發生雞瘟，食之者應注意　第 185 號　1938 年 11 月 2 日　364 頁
發生類似百斯篤病　第 165 號　1938 年 6 月 15 日　331 頁
發展地方行政，五常縣爲實驗縣　第 232 號　1939 年 11 月 22 日　459 頁
發現一齣盗馬［哈爾濱］　第 36 號　1935 年 11 月 8 日　68 頁
發現牛肺疫病　第 201 號　1939 年 3 月 8 日　394 頁
發現迫擊炮彈二發，現保存於警護隊中　第 219 號　1939 年 7 月 27 日　431 頁
發現真性馬炭疽，市獸醫股立布防疫陣，施行消毒外厲行警戒　第 150 號　1938 年 3 月 1 日　300 頁
結成防疫委員會［延吉］　第 175 號　1938 年 8 月 17 日　345 頁
結成哈爾濱銀行組合，順應國策而達成使命　第 210 號　1939 年 5 月 17 日　410 頁
結城次長明日晉京，參加省次長會議　第 168 號　1938 年 6 月 29 日　335 頁
結城次長視察東部　第 154 號　1938 年 3 月 30 日　308 頁
結核患者療養所本月中即將動工建修，經費卅萬明年秋竣工　第 130 號　1937 年 9 月 23 日　259 頁
統制家畜交易價格，企圖家畜助長發展，省當局令各縣旗設立市場　第 125 號　1937 年 8 月 26 日　249 頁
統計講習會警務廳召開　第 135 號　1937 年 10 月 29 日　268 頁
絕滅奸商暴利，督勵明碼標示，如發現高價販賣通知當局　第 422 號　1940 年 12 月 7 日　539 頁

十三畫

聖域奉仕歸來［公主嶺］　第 306 號　1940 年 5 月 24 日　490 頁
勤勞奉仕隊編成準備會議於十二日開催，討論省本部一切辦法　第 210 號　1939 年 5 月 17 日　411 頁
蒙銀向滿銀派優秀從業員［大連］　第 205 號　1939 年 4 月 12 日　403 頁
禁止無牌馬車［海城］　第 56 號　1936 年 4 月 10 日　111 頁
禁烟周間開通盛大舉行［開通］　第 420 號　1940 年 11 月 23 日　535 頁
禁烟宣傳下鄉，施療施藥工作［彰武］　第 549 號　1941 年 6 月 22 日　581 頁
楊連三報應不爽　第 2 號　1935 年 3 月 6 日　4 頁
楊彩忱因（貸）借官款偖大財產被没收，平民借官款終成後患，勢力相懸殊強肉弱食　第 31 號　1935 年□月□日　58 頁
楊紫融過失殺人案，前日開庭審理，被告仍不承認過失殺人　第 219 號　1939 年 7 月 27 日　431 頁
楊繼楷氏登廳視事　第 137 號　1937 年 11 月 9 日　273 頁

楊繼楷榮升龍沙，於十三日赴任　第 70 號　1936 年 7 月 17 日　139 頁
想假定有敵機來襲，投下持久性毒瓦斯，行路市民發覺腥臭味報告處理　第 401 號　1940 年 6 月 26 日　500 頁
賈民政廳長自立陣頭，宣撫班開始活躍，警務廳亦組織宣撫隊十二班，向各縣旗施行宣撫工作　第 140 號　1937 年 12 月 1 日　278 頁
電工觸電致死，原因不慎所致　第 171 號　1938 年 7 月 20 日　339 頁
電杆急於埋設，商民勤勞奉仕［興京］　第 421 號　1940 年 11 月 30 日　536 頁
電車事故　第 159 號　1938 年 5 月 5 日　318 頁
電車案内蠻横不遜，怒聲載道咸呼負負　第 211 號　1939 年 5 月 25 日　413 頁
電信電話局長會議來月初在新京舉行　第 428 號　1941 年 1 月 25 日　549 頁
電氣消費合理化座談會在商工會舉行　第 234 號　1939 年 12 月 7 日　462 頁
電報局長履新［北鎮］　第 304 號　1940 年 4 月 27 日　487 頁
電費減低年内實行　第 16 號　1935 年 6 月 13 日　31 頁
電電哈爾濱管理局召開技術講習會，各項規定業已就續　第 206 號　1939 年 4 月 14 日　405 頁
電電買收，雙城電話局　第 101 號　1937 年 3 月 11 日　201 頁
電電會社：本年度新設施，收買新設局二百四十處　第 1 號　1935 年 2 月 23 日　3 頁
電電會社：北滿事業之概要　第 9 號　1935 年 4 月 26 日　19 頁
電電會社：哈爾濱管理處開發北滿電政計劃，縣與縣間主要幹線將繼續興修，明月溝朝陽川等處將設電報局　第 13 號　1935 年 5 月 22 日　26 頁
電電積極普及放送事業，社員總動員努力勸誘，截至二月末聽戶數目　第 106 號　1937 年 4 月 14 日　210 頁
電業防護團舉行防毒講演，市衛生科野垣技正　第 62 號　1936 年 5 月 21 日　123 頁
電業局交通局暗潮愈擴大，因從前電業局之優待條件一旦免除，兩局之職員互相仇視，暗潮愈趨愈烈，發電廠住在車掌一度鬧荒　第 7 號　1935 年 4 月 9 日　14 頁
電業局將設大發電所，地址在馬家溝　第 6 號　1935 年 4 月 4 日　12 頁
電業哈支店新築營業所，明春解冰後即動工　第 130 號　1937 年 9 月 23 日　259 頁
電業施行勸誘周間：預料成績必佳　第 57 號　1936 年 4 月 17 日　113 頁
電話費改正案明春實現，電電當局銳意準備中　第 86 號　1936 年 11 月 4 日　170 頁
電話費酌減運動，市内及長途電話費較南滿過昂，日本商工會議所具函請求酌減，電電會社正在審議中　第 20 號　1935 年 7 月□日　38 頁
電話線被竊，頃在搜查中　第 167 號　1938 年□月□日　333 頁
電話機運哈，即着手按設　第 422 號　1940 年 12 月 7 日　538 頁
電影演員投考者多，共計二三三名　第 136 號　1937 年 11 月 3 日　270 頁
電線盜竊，一網打盡　第 126 號　1937 年 9 月 1 日　250 頁
零賣所女招待幾擒幾縱——是謂取締！　第 2 號　1935 年 3 月 6 日　4 頁
零賣所公營後嚴禁青年出入，市署植村衛生科長對記者談　第 137 號　1937 年 11 月 9 日　273 頁
零賣所男女分室：市戒烟科特出揭示　第 147 號　1938 年 2 月 5 日　295 頁
搶去財物後又回來乃被擒［遼陽］　第 115 號　1937 年 6 月 16 日　229 頁
搶劫犯次第被擒［延吉］　第 99 號　1937 年 2 月 26 日　197 頁
搶案迭出不窮，東發合茶莊又被搶，警察當局嚴重搜查中　第 154 號　1938 年 3 月 30 日　308 頁

督勵房產會社建築市民住宅，將來各地住民困難必能解決　第 214 號　1939 年 6 月 23 日　421 頁
歲末同情周間各縣旗市一律實施，募集辦法亦已擬定　第 422 號　1940 年 12 月 7 日　538 頁
歲末同情周間舉開鄰保委會［本溪］　第 426 號　1941 年 1 月 12 日　545 頁
當局决將繼續掃蕩市内乞丐，有嗜好者爲之戒除　第 156 號　1938 年 4 月 12 日　312 頁
當局澈底取締學校不穩書籍，搜查結果發見頗多　第 77 號　1936 年 9 月 2 日　152 頁
當局嚴厲禁止買賣青苗，派員赴各縣調查，以免糧價之暴騰　第 69 號　1936 年 7 月 9 日　137 頁
睡夢中突覺臀部疼痛，醒來後瓶子潛入腸中　第 424 號　1940 年 12 月 14 日　541 頁
賊星不旺被捕，乘人不備竊包，現正在拘押審訊中　第 197 號　1939 年 2 月 1 日　386 頁
賊運不佳當場被捕　第 91 號　1936 年 12 月 10 日　181 頁
賊運不佳竊米被捕［哈爾濱］　第 213 號　1939 年 6 月 14 日　418 頁
賊運不通，當場捉獲　第 30 號　1935 年 9 月 28 日　57 頁
賊運不通行竊被捕　第 39 號　1935 年 11 月 29 日　75 頁
盟弟與盟嫂相戀奸，旅館之中大起醋戰，汪程氏小老虎之名其當之無愧　第 233 號　1939 年 11 月 30 日　461 頁
路局召開站長會議　第 132 號　1937 年 10 月 7 日　263 頁
路局再令注意防火　第 62 號　1936 年 5 月 21 日　123 頁
路局協議製紀念章　第 6 號　1935 年 4 月 4 日　13 頁
路局感謝國軍勇敢，致感謝狀及金一封　第 120 號　1937 年 7 月 21 日　239 頁
路局業務竟技會：開辦電報等竟技成績優秀授賞［黑龍江］　第 31 號　1935 年□月□日　59 頁
路線延長，市民稱便　第 211 號　1939 年 5 月 31 日　415 頁
路燈建設費須急速繳納，昨在商會再開會　第 90 號　1936 年 12 月 2 日　178 頁
路燈縮減，民有怨言　第 12 號　1935 年 5 月 16 日　24 頁
路警追匪受傷，匪雖逃脫，警士之忠勇可風　第 49 號　1936 年 2 月 13 日　94 頁
路警與地方警衝突，誠爲邇來一大不幸事件　第 19 號　1935 年 7 月 3 日　36 頁
農地造成協議會定於二十日舉行　第 195 號　1939 年 1 月 19 日　382 頁
農地造成會議前日在省署官房舉行，詳細說明施行要領　第 196 號　1939 年 1 月 25 日　385 頁
農安新設農事試驗場　第 8 號　1935 年 4 月 20 日　17 頁
農村備林設置計劃，廿日召開全國營林署長會議　第 145 號　1938 年 1 月 21 日　290 頁
農村購買力恢復，烟酒等銷路激增，惟食鹽銷路近反見减少　第 92 號　1936 年 12 月 16 日　182 頁
農社考試雇員［昌圖］　第 225 號　1939 年 9 月 15 日　445 頁
農事合作社設立總會定期在市公署舉行，關於各種提出議案業已規定　第 231 號　1939 年 11 月 16 日　457 頁
農事合作社業務講習會，三省之關係者齊集哈市，講師爲梅原、松元兩技師　第 123 號　1937 年 8 月 13 日　244 頁
農事育成場新設兩種畜場　第 102 號　1937 年 3 月 17 日　202 頁
農事組合實現後交易所將受威脅，哈爾濱特產界俄然一大衝動，哈市交易所召開緊急會議　第 117 號　1937 年 7 月 1 日　232 頁
農事試驗場，努力市民生活向上，教民釀造醬油方法　第 128 號　1937 年 9 月 16 日　254 頁
農事試驗場改稱勸農試驗場，擴充整備案同時决定爲地方農民指導機關　第 130 號　1937 年 9 月 23 日　258 頁

農事調查注意各種事項，市署諭令通知各調查員　第 168 號　1938 年 6 月 29 日　334 頁
農具需用數量，各村調查申報［海城］　第 534 號　1941 年 3 月 8 日　555 頁
農物檢查所成立［營口］　第 184 號　1938 年 10 月 27 日　362 頁
農產品評會審查出品　第 140 號　1937 年 12 月 1 日　278 頁
農產增產會議現在新京舉行，岡林省農林科長携案晉京參加　第 532 號　1941 年 2 月 22 日　553 頁
農業技術員職制發表［哈爾濱］　第 204 號　1939 年 3 月 28 日　401 頁
農業委員來哈石黑氏一行廿人　第 109 號　1937 年 5 月 5 日　217 頁
農會長病故出缺［延壽］　第 32 號　1935 年 10 月 11 日　61 頁
農調講習圓滿閉會　第 163 號　1938 年 6 月 2 日　326 頁
農機協會進出計劃　第 140 號　1937 年 12 月 1 日　278 頁
農機具懇談會於意義重大裏宣告閉會　第 136 號　1937 年 11 月 3 日　270 頁
農機械座談會在哈鐵俱樂部舉行，各地農事試驗場均行參加　第 302 號　1940 年 3 月 27 日　478 頁
裝甲車行將出動　第 139 號　1937 年 11 月 23 日　276 頁
裝設路燈年末即可竣工　第 136 號　1937 年 11 月 3 日　270 頁
裝飾國際都市風光，闢太楊島歡樂境，周圍一千萬平方米之平原，鑿闢運河建設各種娛樂場　第 82 號　1936 年 10 月 16 日　164 頁
嗚呼友情！嗚呼人道！先以妻相奸繼以妻相換，最後害了幼女一走了之！　第 21 號　1935 年 7 月 17 日　41 頁
署長到署視事［四方台］　第 420 號　1940 年 11 月 23 日　534 頁
署長警尉補畢業［嫩江］　第 183 號　1938 年 10 月 13 日　359 頁
雉雞減收，因雨雪過多之故，預料將比年減少　第 103 號　1937 年 3 月 25 日　204 頁
稚子在抱急待撫育，老母病臥無人奉養，既警娣姒可資分勞亦無僕婢能爲照顧，宋紉秋具狀檢廳請准回籍　第 28 號　1935 年 9 月 5 日　55 頁
與夫口角服毒自殺　第 157 號　1938 年 4 月 19 日　315 頁
與農村經濟有關之當鋪之營業狀況：九月以降當者少贖者增多，大興公司哈爾濱支店調查　第 100 號　1937 年 3 月 4 日　198 頁
傳染病院落成典禮　第 143 號　1937 年 12 月 30 日　286 頁
傳染病患者：市衛生科統計　第 128 號　1937 年 9 月 16 日　254 頁
傳染病患者：數數及民族別　第 186 號　1938 年□月□日　367 頁
傳染病患者九月份共計六十四名：市公署衛生科所統計　第 133 號　1937 年 10 月 16 日　264 頁
傳染病預防講演　第 82 號　1936 年 7 月 31 日　143 頁
傷害犯送檢查局［大連］　第 68 號　1936 年 7 月 2 日　135 頁
奧田副縣長蒞任［鳳城］　第 156 號　1938 年 4 月 12 日　313 頁
會計審核報告書省令須按期呈報，以明逐月收支狀況，而期政務聯絡迅速　第 81 號　1936 年 7 月 29 日　140 頁
會發源配鞋［通江］　第 404 號　1940 年 7 月 30 日　507 頁
愛路少年團舉行訓練大會　第 225 號　1939 年 9 月 15 日　444 頁
愛路青少年合同訓練十五日起舉行，前後亘三日間　第 183 號　1938 年 10 月 20 日　361 頁
愛路思想向上，襲車案漸減少，八木段長視察歸來談　第 100 號　1937 年 3 月 4 日　198 頁

愛路視查團員返縣［嫩江］　第 188 號　1938 年 11 月 22 日　370 頁
愛路團旗授與式［訥河］　第 538 號　1941 年 4 月 6 日　560 頁
頒發警察慰問袋［西安］　第 68 號　1936 年 7 月 2 日　135 頁
腳踏車不翼而飛　第 44 號　1936 年 1 月 9 日　85 頁
詹鴻溥何故輕生，原因調查中　第 39 號　1935 年 11 月 29 日　74 頁
解冰後擬建修聯貫市内外二馬路，具體案目下已作成，工務處正在測量中　第 50 號　1936 年□月□日　99 頁
痴情郎偏遇薄幸女，趙筱培天生賤骨頭　第 82 號　1936 年 10 月 2 日　160 頁
新任省市長分訪各機關　第 150 號　1938 年 3 月 1 日　300 頁
新任張市長來訪本報分社［遼陽］　第 420 號　1940 年 11 月 23 日　534 頁
新任開原警務局長，蓬世隆氏來哈　第 144 號　1938 年 1 月 14 日　288 頁
新任賈廳長舉行會面式，對所屬有所訓示　第 61 號　1936 年 5 月 14 日　121 頁
新任警察廳副廳長園田氏廿二日到任　第 228 號　1939 年 10 月 26 日　450 頁
新江泉總動員大鬧迎春院，剃頭匠逛窑子被壺兵毆打，黑衣八爺出頭始找回面子　第 101 號　1937 年 3 月 11 日　200 頁
新兵身體檢查十五日起實施　第 234 號　1939 年 12 月 13 日　464 頁
新奇騙術，以磚塊充當烟土，安井被騙國幣拾元　第 118 號　1937 年 7 月 7 日　235 頁
新京吉林：第二屆馬拉蓀大會哈市預選情形，長途健將于萬昌名不虛傳，忽布麥酒會社熱心援助　第 65 號　1936 年 6 月 10 日　128 頁
新京樓設賭抽頭　第 49 號　1936 年 2 月 20 日　96 頁
新郎出走趣劇［海龍］　第 234 號　1939 年 12 月 7 日　463 頁
新春將臨囂張聲中之太古街上一瞥（痕舟）　第 198 號　1939 年 2 月 9 日　389 頁
新度量衡克期實施［遼中］　第 107 號　1937 年 4 月 21 日　212 頁
新都市撤高填低［三江］　第 134 號　1937 年 10 月 20 日　267 頁
新造玄海丸大連寄港［大連］　第 207 號　1939 年 4 月 21 日　407 頁
新麥粉標準價格省公署前已發表，二等粉哈市爲五元三角　第 183 號　1938 年 10 月 13 日　358 頁
新區制遲遲難產　第 153 號　1938 年 3 月 22 日　307 頁
新商工公會發會式，最近即將舉行，參事人選現正權衡中　第 157 號　1938 年 4 月 19 日　314 頁
新商工會議所法令，哈市情形不同或將有特殊之規定歟　第 104 號　1937 年 3 月 31 日　206 頁
新稅則頒佈後營業稅决不再增：中澤副署長對本報記者談（一）　第 9 號　1935 年 4 月 26 日　19 頁
新稅則頒佈後營業稅决不再增：中澤副署長對本報記者談（二）　第 10 號　1935 年 5 月 6 日　21 頁
新稅則頒佈後營業稅决不再增：中澤副署長對本報記者談（三）　第 11 號　1935 年 5 月 8 日　23 頁
新發祥春增長執事果因何而被捕?　第 37 號　1935 年 11 月 15 日　70 頁
新電車票，格式規足　第 168 號　1938 年 6 月 29 日　335 頁
新經濟生活運動，舉開懇談會　第 409 號　1940 年 9 月 19 日　517 頁
新舞臺華樂競爭益烈，奚嘯伯大紅特紅，華樂急謀應付策　第 90 號　1936 年 12 月 2 日　178 頁
新舞臺動工改修，中舞臺計畫重築　第 158 號　1938 年 4 月 27 日　316 頁
新舞臺與華樂營業上成反比例，奚嘯伯叫座能力不稍減　第 92 號　1936 年 12 月 16 日　183 頁
新舞臺邀來新角，不日即可開鑼　第 43 號　1935 年 12 月 26 日　83 頁

新穀上市時，北滿之製粉界將演激烈販賣戰，從來麵粉販路將有變更　第 119 號　1937 年 7 月 15 日　237 頁
新鴉片上市期中，對密輸者嚴重警戒，鴉片密輸經路變更極爲注目　第 231 號　1939 年 11 月 16 日　456 頁
新編多數教科書將分配於各縣，使平民適齡者免費入學　第 197 號　1939 年 2 月 1 日　386 頁
新舊兩市長舉行交接式　第 209 號　1939 年 5 月 11 日　409 頁
意人基培氏之義舉，贈書三百餘種，市公署對氏頗爲感謝　第 173 號　1938 年 8 月 2 日　341 頁
意使團滯留期内，哈警廳嚴重警備　第 159 號　1938 年 5 月 5 日　318 頁
意欲侵占孀婦家業，宋康氏現告到當官，正陽署調查中如事實決罰彭某　第 539 號　1941 年 4 月 12 日　563 頁
意義重大之戰捷大會，所獲成績極爲優良　第 179 號　1938 年 9 月 15 日　353 頁
義大利使節團抵哈後，歡迎大會之盛況，協和會主催在八區公園舉行，大會終了後並舉行歡迎飛行　第 159 號　1938 年 5 月 5 日　319 頁
義大利親善使節團蒞哈，市内充滿歡迎氣象，對我國發展欽佩不置，下車後對記者團發表談話　第 159 號　1938 年 5 月 5 日　318 頁
義州税局舉行納税表彰式典［義縣］　第 300 號　1940 年 3 月 8 日　474 頁
義舉：餘款五千餘元，悉數捐助冬賑　第 191 號　1938 年 12 月 16 日　374 頁
慈善會設置嬰兒救濟所　第 226 號　1939 年 10 月 12 日　446 頁
慈善機關分區施粥，下月一日開始　第 88 號　1936 年 11 月 19 日　174 頁
慈善總會附設之乞丐收容所添設編物工廠，使乞丐得機練習工藝，俾身體與技能各受益　第 74 號　1936 年 8 月 13 日　147 頁
慈善總會理監會議（一）　第 102 號　1937 年 3 月 17 日　202 頁
慈善總會理監會議（二）　第 104 號　1937 年 3 月 31 日　207 頁
慈善總會理監會議（三）　第 117 號　1937 年 7 月 1 日　233 頁
慈善總會假道里商會召開理監聯席會議，審核理監聯席會議規則，徵取吴穆兩會長之傳略　第 107 號　1937 年 4 月 21 日　213 頁
煤油到放領［新檯子］　第 239 號　1940 年 3 月 5 日　472 頁
煤炭價格高昂，當局宜設法平抑　第 38 號　1935 年 11 月 21 日　72 頁
煤烟防委會結成式典　第 133 號　1937 年 10 月 16 日　264 頁
煤烟作祟，薰死四人　第 187 號　1938 年 11 月 17 日　368 頁
源隆漁業公司實部嚴予批駁，因與漁業組合相抵觸　第 62 號　1936 年 5 月 21 日　123 頁
準備訓練，成績良好［哈爾濱］　第 416 號　1940 年 10 月 27 日　527 頁
準備新設之北安省，將建設現代化廳舍，開設籌備處決定設於齊齊哈爾　第 207 號　1939 年 4 月 21 日　406 頁
準備警署改組，開始改築廳舍，經緯正陽南崗將擴充　第 95 號　1937 年 1 月 21 日　188 頁
福順德財東富而不仁　第 23 號　1935 年 8 月 2 日　45 頁
福聚東櫃夥被匪架走　第 30 號　1935 年 9 月 28 日　56 頁
預防牛口蹄疫［西安］　第 150 號　1938 年 3 月 1 日　301 頁
預防流行災疫發生，全市漢醫懇談會舉行，對本年度雜災根本撲滅　第 538 號　1941 年 4 月 6 日　560 頁
經富樫警正之斡旋，六商承認加入市場，商方要求賠償二十萬元損失，市場方面似承認賠償十萬元　第 39 號　1935 年 11 月 29 日　74 頁
經緯署之新陣容，新廳舍預定十日舉行落成式　第 141 號　1937 年 12 月 11 日　283 頁

經緯署召開保甲長會　第 130 號　1937 年 9 月 23 日　258 頁
經緯署交通周間收到良好成果　第 116 號　1937 年 6 月 23 日　230 頁
經緯署長整理警務　第 421 號　1940 年 11 月 30 日　536 頁
經緯署捕獲慣竊二名　第 68 號　1936 年 7 月 2 日　135 頁
經濟統制委會組織分科處理［本溪］　第 307 號　1940 年 6 月 2 日　493 頁
經濟調查所調查方針　第 102 號　1937 年 3 月 17 日　203 頁
經濟壓迫日人自殺　第 94 號　1937 年 1 月 13 日　187 頁
經濟懇談會［北鎮］　第 542 號　1941 年 5 月 4 日　568 頁
經濟懇談會二十日舉行　第 301 號　1940 年 3 月 22 日　476 頁

十四畫

碧眼獵師四名，捕獲猛虎四隻，犧牲愛犬八隻換來猛虎四頭，母虎擊斃虎子三隻生擒　第 147 號　1938 年 2 月 5 日　294 頁
趙市長因公晉京　第 228 號　1939 年 10 月 26 日　451 頁
趙署長定期放送　第 146 號　1938 年 1 月 26 日　293 頁
趙警佐天良何在，戀表妹拋棄髮妻，可憐的郭氏被棄仰藥自殺！　第 15 號　1935 年 6 月 7 日　28 頁
截至二十日特產積存量：大豆共計四百〇九車，小麥千八百八十一車　第 108 號　1937 年 4 月 28 日　215 頁
截至五月中旬末沿線穀物積存量　第 163 號　1938 年 6 月 2 日　326 頁
截至六月末市內特產積存量：大豆一九九〇車，小麥一一〇五車　第 118 號　1937 年 7 月 7 日　234 頁
截至四月末麵粉等積存：哈市交易所詳確調查　第 160 號　1938 年 5 月 13 日　321 頁
赫騎兵團殲滅曹匪　第 154 號　1938 年 3 月 30 日　309 頁
慕松亭手到病除［西豐］　第 82 號　1936 年 7 月 31 日　143 頁
蔡妻突然失踪，王某似有嫌疑　第 539 號　1941 年 4 月 12 日　563 頁
蔡縣長初度巡視［寬甸］　第 406 號　1940 年 8 月 29 日　513 頁
樺川城野指導官剿匪之捷報，頓獲匪槍頗多　第 46 號　1936 年 1 月 27 日　89 頁
樺川開催招懇會議［三江］　第 160 號　1938 年 5 月 13 日　321 頁
槍後支援益愈熱誠，慰問袋獻納者踴躍，國防婦哈支部舉行慰問袋獻納式　第 403 號　1940 年 7 月 21 日　504 頁
槍後佳話，松島氏愛國心極切，將慰問金獻納恤兵　第 538 號　1941 年 4 月 6 日　561 頁
槍後團體結成準備會，定制徽章售款作爲恤兵獻金　第 139 號　1937 年 11 月 23 日　277 頁
槍殺甲能強盜兇犯，要犯馬鳴久已落網，慘殺發生以僅三十小時破案　第 543 號　1941 年 5 月 11 日　570 頁
歌場艶聞　第 2 號　1935 年 3 月 6 日　5 頁
歌樓舞榭（一）　第 70 號　1936 年 7 月 17 日　139 頁
歌臺舞榭（二）　第 81 號　1936 年 7 月 29 日　141 頁
歌臺叢訊，曹藝斌蓉麗娟悄然再去，孟麗君白玉崑捲土重來，華樂新舞臺各邀新角競爭激烈　第 51 號　1936 年 3 月 6 日　100 頁
監視侵犯禁獵區域，州廳施檢查狩獵者［大連］　第 234 號　1939 年 12 月 7 日　462 頁

監察院整理地方行政，施行地方行政監察，在哈監察日程業已決定，哈市各機關準備歡迎中　第 53 號　1936 年 3 月 20 日　105 頁
酷愛時髦被夫責打，仰藥希圖自殺，被夫發覺送往醫院灌救得生　第 183 號　1938 年 10 月 13 日　359 頁
需要激增貨物減少，煤炭恐有饑饉之虞，對需給圓滑，希望早講對策　第 132 號　1937 年 10 月 7 日　262 頁
對已故魏縣長舉行葬儀式典［興京］　第 405 號　1940 年 8 月 17 日　511 頁
對日鮮人不正業者決將撤底的檢舉　第 160 號　1938 年 5 月 13 日　320 頁
對生活各物品行調查價格　第 234 號　1939 年 12 月 13 日　465 頁
對外紛爭乍息，詎知禍起蕭墻，菜蔬組合真成多事之秋　第 20 號　1935 年 7 月□日　39 頁
對同情周集金，於廿日起實施分配［營口］　第 426 號　1941 年 1 月 12 日　545 頁
對各旱災地域發給白菜種［安東］　第 223 號　1939 年 8 月 31 日　438 頁
對於“桃色訟”案的論評（上）　第 32 號　1935 年 10 月 11 日　61 頁
對於“桃色訟”案的論評（中）　第 33 號　1935 年 10 月 18 日　63 頁
對於“桃色訟”案的論評（下）　第 34 號　1935 年 10 月 24 日　65 頁
對於入營國兵家族舉行家族慰安電影，協和會市本部軍人後援主辦　第 549 號　1941 年 6 月 22 日　581 頁
對於中國事變時局之視察　第 131 號　1937 年 9 月 29 日　261 頁
對於街村職員，縣訓自肅自戒［公主嶺］　第 309 號　1940 年 6 月 14 日　497 頁
對峙半年來之農會菜蔬組合合併，兩剥削機關雖然歸併爲一，然而農民之負擔未稍輕減　第 12 號　1935 年 5 月 16 日　24 頁
對商工從業員審查表彰　第 425 號　1940 年 12 月 22 日　542 頁
對勞動者優遇辦法：省側會議研究　第 420 號　1940 年 11 月 23 日　534 頁
對罌粟之秘種者，决斷然取締，中央製定取締要綱，分令各縣遵照施行　第 158 號　1938 年 4 月 27 日　317 頁
蝸牛，家庭良好附業　第 74 號　1936 年 8 月 13 日　146 頁
圖佳全通運費遞減［三江］　第 120 號　1937 年 7 月 21 日　238 頁
圖佳線添設郵局［佳木斯］　第 100 號　1937 年 3 月 4 日　199 頁
圖厚利命小福薄，失巨款短見服毒，王世閣被（騙）後精神失常　第 425 號　1940 年 12 月 22 日　542 頁
圖財歛仇殺歛，馬車夫竟失踪［嫩江］　第 199 號　1939 年 2 月 15 日　390 頁
圖書員講習［西安］　第 307 號　1940 年 6 月 2 日　493 頁
圖書館現改名爲民衆教育館［洮南］　第 234 號　1939 年 12 月 7 日　463 頁
舞女與藝妓等人數統計　第 224 號　1939 年 9 月 6 日　440 頁
製定日系警官禁行事項，日系之警官將面目一新，警政推行圓滑亦可實現　第 137 號　1937 年 11 月 9 日　272 頁
製粉業黃金時代各工廠年産統計：比較往年增產二倍以上　第 89 號　1936 年 11 月 26 日　176 頁
管烟所内一幕趣劇：入廁便溺，桃源芳草凝結於便桶上，妙齡少女情急狂喊救命，群往應援（聞所未聞）　第 199 號　1939 年 2 月 15 日　391 頁
管烟所弊竇叢生，高價私賣走份大發厥財　第 213 號　1939 年 6 月 14 日　418 頁
管烟所變成野妓窩，涉賭抽頭劣跡重重，煩言嘖嘖希當局取締焉　第 214 號　1939 年 6 月 23 日　421 頁
鼻疽病檢疫，廿五日開始［齊齊哈爾］　第 416 號　1940 年 10 月 27 日　526 頁
領事裁判權本年末可撤廢，日本人本年七月一日起實行課稅，法院編製法六月一日或七月一日決實施，馮大

臣十二日來哈巡視，十四日返還新京　第 61 號　1936 年 5 月 14 日　120 頁
領事裁判權撤廢期中，司法機構大整備，吉林濱江地方法院將廢止，今後之司法界將煥然一新　第 68 號　1936 年 7 月 2 日　134 頁
領警破獲賣槍械犯　第 107 號　1937 年 4 月 21 日　213 頁
語學檢定正準備中，民間有志者可報名受驗　第 160 號　1938 年 5 月 13 日　321 頁
誘弱女於密室而奸污之，且欲帶至新京押入娼窑，青年學生真乃大膽妄爲　第 18 號　1935 年 6 月 27 日　34 頁
廣大之埠頭構内殆被滯貨占領，埠頭當局將下斷乎處置　第 214 號　1939 年 6 月 23 日　420 頁
廣信升即將復活，日産二千四百袋　第 92 號　1936 年 12 月 16 日　183 頁
腐爛食品嚴禁販賣　第 176 號　1938 年 8 月 24 日　346 頁
適應新學制之實施，造就專門教師人才，師道學校明年度新生增額　第 187 號　1938 年 11 月 17 日　368 頁
齊市協和會市聯會舉行［齊齊哈爾］　第 209 號　1939 年 5 月 11 日　409 頁
齊齊哈爾市最近全市人口總額，四五兩月份之調查統計［黑龍江］　第 19 號　1935 年 7 月 3 日　36 頁
齊齊哈爾全市中小學校一覽：本報記者最近調查［黑龍江］（一）　第 15 號　1935 年 6 月 7 日　28 頁
齊齊哈爾全市中小學校一覽：本報記者最近調查［黑龍江］（二）　第 16 號　1935 年 6 月 13 日　30 頁
齊齊哈爾全市國籍戶口人數調查［黑龍江］　第 36 號　1935 年 11 月 8 日　69 頁
齊齊哈爾郵政局滿日華匯兑之成績，三四兩月份者［黑龍江］　第 15 號　1935 年 6 月 7 日　29 頁
齊齊哈爾警察廳再發退職恩餉三月，前後共計六月，足見皇恩浩蕩［黑龍江］　第 13 號　1935 年 5 月 22 日　27 頁
齊齊哈爾鐵路局施行業務大監察［黑龍江］　第 27 號　1935 年 8 月 31 日　52 頁
慘！不甘戴緑頭巾，殺妻後自縊死，投函各報訴述苦衷　第 182 號　1938 年 10 月 6 日　357 頁
慘！柴斧砍死髮妻，復砍死其二歲幼子，兇手畏罪潛逃後妻又甦生，警署現正從事緝拿兇犯中　第 183 號　1938 年 10 月 20 日　360 頁
慘！鮮童行路不慎被小汽車軋死　第 226 號　1939 年 10 月 12 日　447 頁
慘，醋歟？仇歟？正在熟睡被人砍暈，傷勢極重生命危險，本夫行方不明有重大嫌疑　第 176 號　1938 年 8 月 24 日　347 頁
慘死之王明孝前七日已掩埋　第 213 號　1939 年 6 月 14 日　419 頁
慘殺：妻被擊斃夫命危險，二怪漢行兇後逃逸，爲財爲仇不明正嚴緝兇犯中　第 196 號　1939 年 1 月 25 日　384 頁
慘劇：白俄夫婦感情破裂，夫殺妻後遂亦懸樑　第 548 號　1941 年 6 月 14 日　579 頁
慣匪一名落網，一名占北，一名順江，哈爾兩隊之功勳　第 49 號　1936 年 2 月 13 日　95 頁
慣匪二名落網，刑事科搜查班之功績　第 81 號　1936 年 10 月 8 日　163 頁
慣匪振海落網，作案重重惡貫滿盈，道外憲兵隊之功勳　第 81 號　1936 年 7 月 29 日　141 頁
精神病逃去無歸［五常］　第 211 號　1939 年 5 月 25 日　413 頁
鄰委力謀，患者便利　第 134 號　1937 年 10 月 20 日　267 頁
鄰保委員會巡迴施療班，施療日期區域等已定　第 133 號　1937 年 10 月 16 日　264 頁
鄰保委會九月成績　第 134 號　1937 年 10 月 20 日　267 頁
鄰保委會成績優良，八個月間辦理事務　第 145 號　1938 年 1 月 21 日　291 頁
鄭警尉出張中安堡［北鎮］　第 207 號　1939 年 4 月 21 日　406 頁

漢口陷落慶祝大會在南崗神社盛大舉行，市民騰歡之聲達於天空　第 185 號　1938 年 11 月 2 日　364 頁
漢醫法由本年三月一日起實施　第 94 號　1937 年 1 月 13 日　187 頁
漢醫學研究會創立一周紀念　第 152 號　1938 年 3 月 16 日　304 頁
滿人記者日本視察團大北新報譚次長參加　第 230 號　1939 年 11 月 9 日　454 頁
滿人理髮業組合正準備成立中，於手續就緒後，年末能實現　第 190 號　1938 年 12 月 9 日　373 頁
滿人側露店商不久結成組合，現向市警當局呈請許可中　第 237 號　1940 年 1 月 24 日　469 頁
滿日亞麻公司在哈設大工場，五年內全國設立六十工場，占全世界第四位　第 121 號　1937 年 7 月 29 日　240 頁
滿日俄三商會勢將合併一體，組織總商會設於現道里商會，道外商會現已準備合併手續，一般推測十月間或可實現　第 115 號　1937 年 6 月 16 日　228 頁
滿日商店納稅比較　第 108 號　1937 年 4 月 28 日　215 頁
滿映男女明星來哈舉行電影懇談會，並在大光明表演明星大會　第 201 號　1939 年 3 月 8 日　395 頁
滿映季燕芬來哈，一日在江岸拍外景，屆時一般影迷均可前往參觀　第 216 號　1939 年 7 月 7 日　424 頁
滿映時報（滿語版）　第 534 號　1941 年 3 月 8 日　554 頁
滿俄大竊盜團，竊犯多數落網　第 195 號　1939 年 1 月 19 日　382 頁
滿洲屯村長辭職，遺缺在選舉［法庫］　第 531 號　1941 年 2 月 8 日　551 頁
滿洲武道會哈支部近將舉行發會式，馮市長被推爲哈支部長，發會式同時舉行演武大會　第 154 號　1938 年 3 月 30 日　309 頁
滿洲建國三周年帝制實施周年紀念，哈埠市民慶祝若狂：懸燈結彩，輝煌華麗，萬人空巷，排隊游行　第 2 號　1935 年 3 月 6 日　4 頁
滿洲帝國協和會，開省本部座談會，召集日滿有力代表者及各會員十一日午後一時在道里商會舉行　第 87 號　1936 年 11 月 12 日　172 頁
滿洲帝國國防婦女會哈爾濱支部規程　第 66 號　1936 年 6 月 18 日　130 頁
滿洲國各大臣令夫人組織國防婦女會，國防乃全國民之責任男女俱無可諉卸，各地愛國婦女莫不踴躍參加　第 34 號　1935 年 10 月 24 日　64 頁
滿洲國防婦人會四月三日在神社舉行結成式，鶴見夫人支部長，于夫人副之　第 148 號　1938 年 2 月 17 日　296 頁
滿洲國協和會濱江省事務局狀況概要（上）：濱江事務局事務長赤嶺義臣述　第 30 號　1935 年 9 月 28 日　57 頁
滿洲國協和會濱江省事務局狀況概要（下）：濱江事務局事務長赤嶺義臣報告　第 31 號　1935 年□月□日　59 頁
滿洲國道德會講詞概要（七）　第 80 號　1936 年 9 月 26 日　159 頁
滿洲國道德會講詞概要（八）　第 82 號　1936 年 10 月 2 日　161 頁
滿洲國道德會講詞概要（九）　第 81 號　1936 年 10 月 8 日　162 頁
滿洲國道德會講詞概要（十）　第 82 號　1936 年 10 月 16 日　165 頁
滿洲國道德會講詞概要（十一）　第 83 號　1936 年 10 月 23 日　167 頁
滿洲國道德會講詞概要（十二）　第 85 號　1936 年 10 月 28 日　169 頁
滿洲國道德會講詞概要（十三）　第 86 號　1936 年 11 月 4 日　171 頁

滿洲國道德會講詞概要（十四）　第 87 號　1936 年 11 月 12 日　172 頁
滿洲國道德會講詞概要（十五）　第 88 號　1936 年 11 月 19 日　174 頁
滿洲國道德會講詞概要（十七）　第 89 號　1936 年 11 月 26 日　177 頁
滿洲國道德會講詞概要（十八）　第 90 號　1936 年 12 月 2 日　179 頁
滿洲國道德會講詞概要（十九）　第 91 號　1936 年 12 月 10 日　180 頁
滿洲國道德會講詞概要（二十）　第 92 號　1936 年 12 月 16 日　182 頁
滿洲國道德會講詞概要（二十一）　第 93 號　1936 年 12 月 25 日　185 頁
滿洲國道德會講詞概要（二十二）　第 94 號　1937 年 1 月 13 日　186 頁
滿洲國道德會講詞概要（二十三）　第 95 號　1937 年 1 月 21 日　188 頁
滿洲國農產物輸出檢查法有於本月十五日發佈說，施行期日其說不一　第 127 號　1937 年 9 月 9 日　252 頁
滿洲國權度局哈爾濱分局成立，丁大臣趙局長均有訓問　第 41 號　1935 年 12 月 13 日　79 頁
滿洲農民之須知，家畜篇：開發愛護村的產業，增進愛護村的福利（一）　第 89 號　1936 年 11 月 26 日　176 頁
滿洲農民之須知，家畜篇：開發愛護村的產業，增進愛護村的福利（二）　第 90 號　1936 年 12 月 2 日　179 頁
滿洲農民之須知，家畜篇：開發愛護村的產業，增進愛護村的福利（三）　第 91 號　1936 年 12 月 10 日　181 頁
滿洲農民之須知，家畜篇：開發愛護村的產業，增進愛護村的福利（四）　第 92 號　1936 年 12 月 16 日　183 頁
滿洲農民之須知，家畜篇：開發愛護村的產業，增進愛護村的福利（五）　第 93 號　1936 年 12 月 25 日　184 頁
滿洲農民之須知，家畜篇：開發愛護村的產業，增進愛護村的福利（六）　第 94 號　1937 年 1 月 13 日　187 頁
滿洲農民之須知，家畜篇：開發愛護村的產業，增進愛護村的福利（七）　第 95 號　1937 年 1 月 21 日　189 頁
滿洲農民之須知，家畜篇：開發愛護村的產業，增進愛護村的福利（八）　第 96 號　1937 年 1 月 27 日　190 頁
滿洲農民之須知，家畜篇：開發愛護村的產業，增進愛護村的福利（九）　第 97 號　1937 年 2 月 3 日　193 頁
滿洲農民之須知，家畜篇：開發愛護村的產業，增進愛護村的福利（十）　第 98 號　1937 年 2 月 17 日　195 頁
滿洲農民之須知，家畜篇：開發愛護村的產業，增進愛護村的福利（十一）　第 99 號　1937 年 2 月 26 日　196 頁
滿洲製粉聯合會將開催臨時總會　第 187 號　1938 年 11 月 17 日　369 頁
滿洲数子大量輸出日本，去年輸出量較前激增　第 152 號　1938 年 3 月 16 日　305 頁
滿洲體育保健協會哈支部之規程　第 119 號　1937 年 7 月 15 日　237 頁
滿商開店依然增加　第 155 號　1938 年 4 月 5 日　310 頁
滿電營業所，勤誘市民裝燈［溝幫子］　第 407 號　1940 年 9 月 5 日　515 頁

滿德通商協定内容説明會廿五日下午開催　第 181 號　1938 年 9 月 29 日　354 頁
滿蘇聯絡會議順利進行中，自十日起已連續開會四次，雙方意見已漸趨接近　第 17 號　1935 年 6 月 20 日　32 頁
滿鐵用度品購入問題　第 87 號　1936 年 11 月 12 日　172 頁
滿鐵在平房建設結核病療養所，工費廿五萬元最近將興工　第 151 號　1938 年 3 月 9 日　302 頁
滿鐵社員會組成自肅輔導隊，嚴格實施自肅自戒　第 414 號　1940 年 10 月 12 日　522 頁
滿鐵厚生分會冬期慰安會舉行，屆時希社員家族免費參加［哈爾濱］　第 237 號　1940 年 1 月 24 日　468 頁
滿鐵第三次慰問班莅哈［哈爾濱］　第 99 號　1937 年 2 月 26 日　196 頁
滿鐵創業三十五周年隆重舉行紀念式，永年勤務社員均受表彰　第 538 號　1941 年 4 月 6 日　560 頁
滿鐵醫院國分院長榮轉　第 111 號　1937 年 5 月 19 日　221 頁
滯納地税特別整理［法庫］　第 219 號　1939 年 7 月 27 日　430 頁
滬江輪船下游遇匪，幸無損害脱險　第 130 號　1937 年 9 月 23 日　258 頁
漏電之處易生火警，市民亟宜注意　第 143 號　1937 年 12 月 30 日　286 頁
賓縣突然發見炭礦，打開煤炭饑饉問題，實爲附近各縣民衆一大福音　第 239 號　1940 年 3 月 5 日　473 頁
實行防空演習［昌圖］　第 302 號　1940 年 3 月 27 日　479 頁
實行煤炭消費節約，規定冬季生活要綱　第 227 號　1939 年 10 月 24 日　448 頁
實施交通整理取締，以期不再發生慘劇，各街口配置警官檢查來往汽車　第 219 號　1939 年 7 月 27 日　430 頁
實施區屯牌長訓練，期素質向上［海城］　第 228 號　1939 年 10 月 26 日　451 頁
實施勤勞奉公作業，收得預期的好成績　第 230 號　1939 年 11 月 9 日　455 頁
實施種牛痘［新檯子］　第 534 號　1941 年 3 月 8 日　554 頁
實施鄰保組織，統合區町會［新京］　第 427 號　1941 年 1 月 18 日　546 頁
實施燈火管制訓練，道外遮光成績極佳，全市防空訓練大體良好　第 417 號　1940 年 11 月 3 日　528 頁
實業股提倡緑化［北鎮］　第 207 號　1939 年 4 月 21 日　406 頁
實業部大臣丁鑒修局長訓詞　第 41 號　1935 年 12 月 13 日　78 頁
實業部調查豬種［鐵嶺］　第 39 號　1935 年 11 月 29 日　75 頁
實業銀行七月一日正式營業　第 110 號　1937 年 5 月 12 日　218 頁
實業銀行將出現　第 101 號　1937 年 3 月 11 日　200 頁
實業廳長榮任處長［哈爾濱］　第 191 號　1938 年 12 月 16 日　375 頁
實踐消費節約，廢止新年虚禮　第 234 號　1939 年 12 月 7 日　463 頁
實踐儲蓄舉行運動周間　第 407 號　1940 年 9 月 5 日　515 頁
實廳派員調查種籽消毒狀況，並搜集農作物破害標本　第 81 號　1936 年 7 月 29 日　140 頁
肇興輪船公司向日海軍獻金［營口］　第 148 號　1938 年 2 月 17 日　296 頁
盡忠報國殉職，小野司機舉行局葬　第 229 號　1939 年 11 月 2 日　453 頁
嫩江已結冰［齊齊哈爾］　第 188 號　1938 年 11 月 22 日　371 頁
嫖妓未果，頭破血流　第 159 號　1938 年 5 月 5 日　319 頁
鄧典獄長辭職［黑龍江］　第 11 號　1935 年 5 月 8 日　23 頁

綜合演習似定九月中旬舉行　第 123 號　1937 年 8 月 13 日　245 頁
緑化運動及保健清掃雙管齊下，同時舉行　第 157 號　1938 年 4 月 19 日　315 頁
緑牡丹與華樂舞臺因掛幛一架惹起糾紛，出洋七百元始行了事　第 57 號　1936 年 4 月 17 日　112 頁
髮妻潛逃，乃夫報警查找　第 88 號　1936 年 11 月 19 日　175 頁

十五畫

賣野藥者手探桃源，好事未諧被踢，翌日復來，歪嘴大怒，飽嘗耳光　第 177 號　1938 年□月□日　348 頁
熱烈歡迎曹縣長［西豐］　第 142 號　1937 年 12 月 5 日　281 頁
鞏固冬防，警官搜查隊討匪樹奇功　第 422 號　1940 年 12 月 7 日　539 頁
鞏固年末治安，全體警官出動，鹿毛司法科長親身指揮搜查　第 425 號　1940 年 12 月 22 日　542 頁
增加游人興趣，市署裝飾公園　第 205 號　1939 年 4 月 12 日　402 頁
增進國民健康，救療鴉片中毒者［訥河］　第 416 號　1940 年 10 月 27 日　526 頁
增設放送塔，期普及時局認識　第 179 號　1938 年 9 月 15 日　353 頁
增植馬鈴薯，濱江省之創舉　第 97 號　1937 年 2 月 3 日　193 頁
增順昌私立公堂，膽敢昧良拘櫃夥，公理尚在高恩春冤曲得雪　第 407 號　1940 年 9 月 5 日　515 頁
鞍山賽馬，春季第一次　第 539 號　1941 年 4 月 12 日　562 頁
鞍山賽馬，秋季第一次　第 407 號　1940 年 9 月 5 日　515 頁
鞍山賽馬，秋季第二次　第 415 號　1940 年 10 月 24 日　525 頁
蔬菜貯藏庫，現已竣工　第 418 號　1940 年 11 月 9 日　530 頁
樓頂摔下胳膊跌傷　第 79 號　1936 年 9 月 19 日　157 頁
麩子輸出激增，截至八月輸出達六萬三千餘噸，預測今後輸出將益增加［哈爾濱］　第 128 號　1937 年 9 月 16 日　255 頁
麩皮之新販路：大批運往歐洲　第 83 號　1936 年 10 月 23 日　167 頁
歐風美雨害人非淺，周桂蘭果墜入阿鼻　第 88 號　1936 年 11 月 19 日　175 頁
遷移啓事　第 3 號　1935 年 3 月 18 日　7 頁
醉心時髦亂戀愛，藉口歸甯住旅館，消息暴露雙方同意離婚　第 538 號　1941 年 4 月 6 日　560 頁
遼西會社對乘客禮讓［北鎮］　第 426 號　1941 年 1 月 12 日　545 頁
遼漲河水三尺，帆船載貨暢行［台安］　第 308 號　1940 年 6 月 7 日　494 頁
確保市民之安全，取締不良建築物　第 402 號　1940 年 7 月 16 日　503 頁
確保市民身體健康，衛生機構強化擴充，市計劃充實衛生保健醫療事業　第 534 號　1941 年 3 月 8 日　554 頁
確保市民健康，實施冬季掃除　第 420 號　1940 年 11 月 23 日　535 頁
確保松浦鎮一帶居民設置防水組合，本月五日舉行結成式　第 212 號　1939 年 6 月 8 日　416 頁
確保娛樂安全，檢視影院戲園，對不良建築决命其改修　第 531 號　1941 年 2 月 8 日　551 頁
豬肉商同業公會工人宿舍落成式，市總務處長等均出席　第 88 號　1936 年 11 月 19 日　175 頁
豬肉商組織屠宰組合　第 47 號　1936 年 2 月 1 日　91 頁
豬肉實施剥皮，價格驟然暴漲，現正呈請警察廳許可中　第 199 號　1939 年 3 月 3 日　393 頁
豬羊肉充裕［北鎮］　第 417 號　1940 年 11 月 3 日　528 頁

震明樓執事李振一欺騙招待，佩君可謂人才兩丟！　第 18 號　1935 年 6 月 27 日　34 頁
撲朔迷離之慘殺案：石少尉妻險遭不測　第 68 號　1936 年 7 月 2 日　135 頁
播種期迫於目前，慈善家宜速賑濟！市署借給籽種何故遲遲不發，江北災民多以樹葉野菜果腹　第 15 號　1935 年 6 月 7 日　28 頁
鴉片斷禁視察班十四日下午來哈　第 183 號　1938 年 10 月 20 日　360 頁
鴉片癮者三萬五千人，市當局講求徹底的撲滅策，斷行擴充市立戒烟所　第 147 號　1938 年 2 月 5 日　294 頁
鴉片癮者登録，正陽署管内共一萬六千餘名　第 175 號　1938 年 8 月 17 日　345 頁
暴利，高價賣烟捲，抓將官裏去　第 425 號　1940 年 12 月 22 日　543 頁
暴利取締等於兒戲，奸商漠視標準價格，打雞不成反折一把米，祈責任當局宜速善處　第 171 號　1938 年 7 月 20 日　338 頁
暴利受懲，四家膠皮鞋店停止配給貨品，當局對此四商仍在鋭意調查中　第 409 號　1940 年 9 月 19 日　516 頁
暴雨傾盆，冰雹降落農作物受損害，雨量一坪約九升九合　第 67 號　1936 年 6 月 26 日　132 頁
暴風沉没小汽艇五隻，流失舢板四十餘　第 226 號　1939 年 10 月 12 日　447 頁
賭犯奉公清掃街道　第 425 號　1940 年 12 月 22 日　542 頁
賭徒被捕，頃已送交法院　第 194 號　1939 年 1 月 12 日　380 頁
賠了夫人又折兵，姜淑芬受騙之經過　第 152 號　1938 年 3 月 16 日　304 頁
閲團及分列式嚴肅舉行　第 122 號　1937 年 8 月 5 日　242 頁
閲團及分列式嚴肅舉行（續）　第 124 號　1937 年 8 月 18 日　246 頁
影院一幕喜劇：富小姐一馬雙跨，大美人皮肉吃苦　第 85 號　1936 年 10 月 28 日　169 頁
獎勵捕鼠，增價收買　第 418 號　1940 年 11 月 9 日　531 頁
德政愛人，今後絕對嚴厲斷禁，無證吸食處七年徒刑，省署箭頭技正對記者談　第 174 號　1938 年 8 月 12 日　342 頁
德軍攻擊比荷，駐哈德領發表談話，詳述德軍絕非侵害荷比領土野心　第 305 號　1940 年 5 月 17 日　489 頁
德記者歡迎宴十五日在道里斜紋街舉行，參加者會費每人定爲四元　第 210 號　1939 年 5 月 17 日　411 頁
衛生車開始使用［安東］　第 113 號　1937 年 6 月 2 日　225 頁
衛生車肇禍［開原］　第 226 號　1939 年 10 月 12 日　447 頁
衛生技術分廠明年歸市直轄，改爲市立衛生試驗所　第 143 號　1937 年 12 月 22 日　285 頁
衛生作業不徹底，塵土糞便如山　第 532 號　1941 年 2 月 22 日　553 頁
衛生取締□談會　第 217 號　1939 年 7 月 13 日　427 頁
衛生思想普及宣傳會，警廳衛生科主催　第 81 號　1936 年 7 月 29 日　141 頁
衛生科升格問題：治外法權撤廢前之急務　第 135 號　1937 年 10 月 29 日　268 頁
衛生組合歸公辦理，私人經營者一律取締之　第 62 號　1936 年 5 月 21 日　123 頁
衛生當局決定衛生實施項目，以期市民保健衛生思想向上　第 148 號　1938 年 2 月 17 日　297 頁
徹底一掃交通慘劇：交通株式會社亘一月間實施，精神自勵與節約自肅等周間　第 224 號　1939 年 9 月 6 日　440 頁
徹底一掃奸商暴利：召開經濟取締會議，今後經濟警察取締陣容更爲強化　第 309 號　1940 年 6 月 14 日　496 頁
徹底防止交通事故，定期舉行交通訓練旬間，於旬間内作街頭擴大宣傳　第 534 號　1941 年 3 月 8 日　554 頁

徹底宣傳工作，舉開懇談會　第 418 號　1940 年 11 月 9 日　530 頁
徹底宣傳鴉片斷禁，舉行禁烟講演大會，濱江省道德總分會努力禁烟宣傳　第 235 號　1939 年 12 月 21 日　466 頁
徹底斷禁鴉片，強制收容癮者，以資達成國強民健目的　第 541 號　1941 年 4 月 29 日　567 頁
膠皮鞋奸商暴利，被警查出暴利之行爲，共押收膠皮鞋兩汽車　第 402 號　1940 年 7 月 16 日　502 頁
魯書記官到任［清原］　第 402 號　1940 年 7 月 16 日　503 頁
劉五子拐走小荷花，老父發覺控到警署［五棵樹］　第 222 號　1939 年 8 月 24 日　437 頁
劉姓少婦偕鄰女逛廟，少婦在人群中忽臨產，少婦因羞愧難當雇車趕緊回家　第 543 號　1941 年 5 月 11 日　570 頁
劉某可謂佛門罪人，欠債不還累及活佛　第 20 號　1935 年 7 月□日　39 頁
劉檢查廳長履新［通化］　第 196 號　1939 年 1 月 25 日　385 頁
誰埋槍彈被人挖出　第 36 號　1935 年 11 月 8 日　69 頁
誰家嬰屍抛棄街頭，豬狗拖啃血肉狼藉，妨礙公衆衛生希當局加取締　第 542 號　1941 年 5 月 4 日　568 頁
調查文教化兩團體，省本部奉命進行　第 226 號　1939 年 10 月 12 日　446 頁
調查市内工業、商議、商會最近開始　第 154 號　1938 年 3 月 30 日　308 頁
調查官民林野，與產業民生關係重大，實部製定三個年計劃　第 82 號　1936 年 10 月 16 日　164 頁
調查特產實收數量　第 98 號　1937 年 2 月 17 日　195 頁
調查烟草生育［鳳城］　第 69 號　1936 年 7 月 9 日　137 頁
調查農作物收穫［台安］　第 86 號　1936 年 11 月 4 日　171 頁
調查經濟實態，法大在海日程［海城］　第 402 號　1940 年 7 月 16 日　503 頁
調停委員來縣［錦西］　第 401 號　1940 年 6 月 26 日　501 頁
褒獎修路有功者［佳木斯］　第 99 號　1937 年 2 月 26 日　197 頁
慶城農村一瞥，侯技士視察歸來談　第 91 號　1936 年 12 月 10 日　181 頁
慶祝二千六百年紀念，舉行奉祝式典，哈市兒童協會亦舉行奉祝式　第 418 號　1940 年 11 月 9 日　530 頁
慶祝建國紀念施市長發表之感言　第 51 號　1936 年 3 月 6 日　100 頁
廢止年末虛禮，省署通知屬下各員　第 234 號　1939 年 12 月 13 日　465 頁
敵機比翼而來均爲我方射退，全國防空演習之第一日　第 122 號　1937 年 8 月 5 日　243 頁
養成國民良好性格，俾使上下一心努力，協會置諸點爲指導根本精神　第 204 號　1939 年 3 月 28 日　401 頁
養成精鋭店員，設商業講習所，定於四月一日舉行開所式典　第 537 號　1941 年 3 月 30 日　558 頁
養豚組合結成，高實業處長爲組合長　第 146 號　1938 年 1 月 26 日　292 頁
潛伏市内到處行搶之慣匪，首魁已被逮捕，警方現正從事搜查餘黨中　第 203 號　1939 年 3 月 24 日　399 頁
潛伏匪團，完全逮捕，已供乘機綁搶工作　第 416 號　1940 年 10 月 27 日　526 頁
潛逃未果　第 209 號　1939 年 5 月 11 日　409 頁
潘股長視察歸來［北鎮］　第 207 號　1939 年 4 月 21 日　407 頁
澈底普及度量衡［延吉］　第 185 號　1938 年 11 月 2 日　364 頁
澈底檢舉不正業［遼陽］　第 134 號　1937 年 10 月 20 日　267 頁
慰安職員家族舉行春季總會　第 301 號　1940 年 3 月 22 日　477 頁
慰問友軍游藝大會如期在道里外分別舉行，邊教育科長有懇切致詞　第 128 號　1937 年 9 月 16 日　255 頁

慰問友軍游藝大會現已開始售票　第 127 號　1937 年 9 月 9 日　252 頁
慰問華北皇軍經過情形及感謝濱江省代表郭濬文氏（一）　第 136 號　1937 年 11 月 3 日　271 頁
慰問華北皇軍經過情形及感謝濱江省代表郭濬文氏（二）　第 137 號　1937 年 11 月 9 日　273 頁
慰問華北皇軍經過情形及感謝濱江省代表郭濬文氏（三）　第 138 號　1937 年 11 月 17 日　275 頁
遲韓氏被奸夫拐走［旅順］　第 142 號　1937 年 12 月 5 日　281 頁
選派警官，晉京受訓　第 155 號　1938 年 4 月 5 日　310 頁
嬌妻逃之夭夭，本夫情急自殺，痴情漢偏遇薄情女？　第 79 號　1936 年 9 月 19 日　157 頁
駕駛如飛，撞傷工人　第 77 號　1936 年 9 月 2 日　152 頁
緩和升學艱難，增設中等學校，市當局與各校共運動［大連］　第 104 號　1937 年 3 月 31 日　207 頁
緩和住宅困難，嚴禁改作商店　第 419 號　1940 年 11 月 14 日　533 頁
編後餘墨　第 1 號　1935 年 2 月 23 日　2 頁
編後餘墨　第 3 號　1935 年 3 月 18 日　6 頁
編輯餘墨　第 9 號　1935 年 4 月 26 日　19 頁
編輯餘墨　第 11 號　1935 年 5 月 8 日　23 頁
編輯餘墨（一）　第 15 號　1935 年 6 月 7 日　28 頁
編輯餘墨（二）　第 16 號　1935 年 6 月 13 日　30 頁
編輯餘墨（三）　第 21 號　1935 年 7 月 17 日　40 頁
編後餘墨（四）　第 30 號　1935 年 9 月 28 日　56 頁
編後餘墨（五）　第 35 號　1935 年 10 月 31 日　67 頁
編後餘墨（六）　第 36 號　1935 年 11 月 8 日　69 頁
編輯餘墨（七）　第 37 號　1935 年 11 月 15 日　71 頁
編輯餘墨（八）　第 99 號　1937 年 2 月 26 日　197 頁

十六畫

駭人聽聞：經緯警察署當局破獲鴉片大密輸團，犯人日滿鮮達一百十數名之多　第 302 號　1940 年 4 月 11 日　482 頁
駭人聽聞之大竊盜案：損失國幣萬三千餘元，警察機關正努力搜查　第 95 號　1937 年 1 月 21 日　188 頁
薛某以胞妹騙彩禮，一女二聘發生紛糾，媒人大發雷霆找薛理論　第 538 號　1941 年 4 月 6 日　560 頁
樹有淨化空氣功能，官民協力造林運動，植樹節省市當局均有祝詞　第 158 號　1938 年 4 月 27 日　317 頁
橫山部隊舉行軍旗祭儀式　第 9 號　1935 年 4 月 26 日　19 頁
橫道口之隧道解冰後興工，市公署已測量完了，繪圖交鐵路局備驗　第 50 號　1936 年□月□日　98 頁
橋本中央本部長對省聯會之訓示：宣德達情乃各代表之責任　第 217 號　1939 年 7 月 13 日　427 頁
樵夫險遭滅頂，遇救送出水來冤魂附體，姑妄言之姑妄聽之　第 49 號　1936 年 2 月 13 日　94 頁
機器墾荒，成績良好　第 75 號　1936 年 8 月 15 日　149 頁
整理街道利交通［義縣］　第 211 號　1939 年 5 月 31 日　415 頁
整肅縣政，組縣政視查班［吉林］　第 223 號　1939 年 8 月 31 日　438 頁
醜劇，奸夫淫婦通奸，本夫發見暴打，奸夫吕子和見事不佳乘機潛逃　第 305 號　1940 年 5 月 17 日　488 頁

勵行戒烟　第 425 號　1940 年 12 月 22 日　542 頁
頰與掌合奏一支交響曲，大腹賈色性狂甜言求愛，美女郎心情冷動手打人　第 75 號　1936 年 8 月 15 日　149 頁
冀南各縣會議［石家莊］　第 184 號　1938 年 10 月 27 日　362 頁
縣公佈稅法條例［錦州］　第 68 號　1936 年 7 月 2 日　135 頁
縣公署開追悼大會［鳳城］　第 49 號　1936 年 2 月 20 日　97 頁
縣本部長事務長會議前日隆重舉行　第 204 號　1939 年 3 月 28 日　401 頁
縣立中學教員二次檢定試驗，省教廳令飭各縣旗　第 82 號　1936 年 10 月 2 日　160 頁
縣考雇員已榜示［海城］　第 81 號　1936 年 7 月 29 日　141 頁
縣事務長會議四日圓滿閉幕　第 174 號　1938 年 8 月 12 日　343 頁
縣視學查城廂校［開原］　第 26 號　1935 年 8 月 26 日　50 頁
縣署招領自轉車［安東］　第 97 號　1937 年 2 月 3 日　193 頁
縣署開經濟會議［海城］　第 542 號　1941 年 5 月 4 日　569 頁
縣署發年度賞金［新民］　第 118 號　1937 年 7 月 7 日　235 頁
縣署實行改組［遼源］　第 143 號　1937 年 12 月 22 日　285 頁
縣旗市長會議開幕，韋省長懇切致訓示，開會第一日之五日經過情形　第 302 號　1940 年 4 月 11 日　483 頁
縣旗長會議閉幕，閻省長對記者談［哈爾濱］　第 19 號　1935 年 7 月 3 日　37 頁
縣旗警務科長會議本月在省長會議室舉行，在王兆屯舉行射擊大會　第 228 號　1939 年 10 月 26 日　450 頁
縣聯協議會開催［開原］　第 204 號　1939 年 3 月 28 日　401 頁
縣聯會圓滿閉幕［昌圖］　第 205 號　1939 年 4 月 12 日　402 頁
戰利品展覽會同時放映時局電影，每每前往觀衆非常踴躍［哈爾濱］　第 225 號　1939 年 9 月 12 日　442 頁
戰科長榮轉雙城［雙城］　第 226 號　1939 年 10 月 12 日　446 頁
罹火災之貧民，市署救濟生活　第 306 號　1940 年 5 月 24 日　490 頁
“積德累人終有報，詩書從此有傳人”學生子女傳爲佳話　第 86 號　1936 年 11 月 4 日　170 頁
築谷警正榮轉承德　第 118 號　1937 年 7 月 7 日　235 頁
舉世注目之京濱線改軌情形，三小時內彪大工程宣告完竣，京濱線廣軌車至此已告歸寢　第 28 號　1935 年 9 月 5 日　54 頁
舉行同盟祝賀會，在厚生館行舉　第 416 號　1940 年 10 月 27 日　526 頁
舉行紀念式典，全市懸旗慶祝　第 217 號　1939 年 7 月 13 日　427 頁
舉行隆重祀孔禮［延吉］　第 103 號　1937 年 3 月 25 日　204 頁
舉行詔書奉戴式［遼陽］　第 133 號　1937 年 10 月 16 日　265 頁
興安憲兵隊舉行開廳式［遼源］　第 193 號　1938 年 12 月 29 日　379 頁
興安嶺之深山中又發見一大鐵礦，經昭和製鋼所鑒定含有鐵質百分之六十，惟因交通不便立即開發困難　第 114 號　1937 年 6 月 9 日　226 頁
興安嶺探勝記：札蘭屯巴林兩避暑地風光綺麗，實幽邃勝境　第 76 號　1936 年 8 月 27 日　151 頁
興亞奉公在神社舉行式典志盛，同時實施協和義勇奉公隊訓練　第 407 號　1940 年 9 月 5 日　514 頁
興亞奉公日清掃市內積穢　第 538 號　1941 年 4 月 6 日　560 頁
興亞動員電影大會已盛大舉行　第 422 號　1940 年 12 月 7 日　538 頁

興記商店内檢出私烟具　第22號　1935年7月25日　43頁
興農鎮民營電話於來月實施買收，現正在進行辦理買收手續中　第194號　1939年1月12日　380頁
學生奉公隊舉行解散　第413號　1940年10月8日　521頁
學生佳行，獻金四十五元　第234號　1939年12月13日　465頁
學生拾金不昧［鳳城］　第403號　1940年7月21日　505頁
學生雄辯大會於盛況裏圓滿終了　第130號　1937年9月23日　259頁
學校清潔，衛生基礎，市通知各校　第127號　1937年9月9日　252頁
學校運動大會預聞［洮南］　第213號　1939年6月14日　418頁
學童陸上競技大會二十六日舉行，市署大北新報午報三當局主辦　第223號　1939年8月31日　439頁
學童競技大會三十四校參加，大北報主辦八區運場舉行　第413號　1940年10月8日　521頁
儘量收容鴉片癮者，各縣旗將設戒烟所，省當局現在嚴重研究設置中　第193號　1938年12月29日　378頁
邀請二李伶演義務戲，籌款用作建築興亞塾，現正從事磋商一般頗爲注目　第216號　1939年7月7日　425頁
錯中錯張冠李戴，巧中巧飛鳳還巢　第82號　1936年10月16日　165頁
錢包不翼而飛［安東］　第113號　1937年6月2日　225頁
錦州第三區會議來月十日開催［阜新］　第409號　1940年9月19日　517頁
謀交通安全，實施車體檢查　第234號　1939年12月7日　462頁
謀青年斷烟癮，决強制戒除　第420號　1940年11月23日　535頁
謀協和運動徹底，希市民極力活躍，半田本部長對記者團發表談話　第414號　1940年10月12日　522頁
謀都市觀瞻美麗化，設五處馬糞處理所，年產馬糞總額約四萬三千元　第232號　1939年11月22日　459頁
謀開發北滿農業，施行大規模調查，二十年内由日本移民五百萬，農業界最高權威者出發調查，綏濱縣占農業界重要地位　第64號　1936年6月4日　126頁
諮議會初次會合［開原］　第161號　1938年5月19日　323頁
辦秧歌龍燈［本溪］　第238號　1940年2月22日　471頁
龍江縣招募信差［黑龍江］　第27號　1935年8月31日　53頁
龍江縣境内近日之匪訊　第36號　1935年11月8日　69頁
龍沙戶口突破九萬［黑龍江］　第51號　1936年3月6日　101頁
龍沙瑣聞：十八大姑娘隨情人潛逃　第23號　1935年8月2日　45頁
糖業聯合會因意見分歧，須延期成立　第16號　1935年6月13日　31頁
燃料消耗：煤約四十五萬噸，木材約二十萬磇　第81號　1936年7月29日　141頁
燃爐取暖發生火警，焚毀房屋三間　第41號　1935年12月13日　79頁
燈光稀少之處行人須加小心，警察街東方又有路劫　第44號　1936年1月9日　84頁
縫紉公會定期改選　第102號　1937年3月17日　202頁

十七畫

聲明　第45號　1936年1月17日　87頁

藉司法會議歸來之便，繼開院長會議，協議一般司法事宜　第 73 號　1936 年 8 月 6 日　145 頁
舊北鐵殉職者慰靈祭：哈鐵依例舉行，管内各驛亦同樣舉行　第 204 號　1939 年 3 月 28 日　401 頁
舊年將屆，街市人稠，年紙畫棚鱗次櫛比［北鎮］　第 426 號　1941 年 1 月 12 日　545 頁
舊年新正中發生殺人越貨案：艾敬夫之妻被殺衣物被搶一空，警察當局偵緝逃犯中　第 47 號　1936 年 2 月 1 日　91 頁
舊政權時遺下之警捐：道外商會請求豁免，大哈爾濱市内一道之隔不宜兩種待遇，道外商民每年擔負警費達十一萬餘元　第 27 號　1935 年 8 月 31 日　52 頁
舊俄地名即將取銷，都市建設局正在研究中　第 40 號　1935 年 12 月 5 日　76 頁
舊曆年關在邇，滿商營業活况呈建國以來未有之景氣　第 95 號　1937 年 1 月 21 日　189 頁
舊曆年關在邇，滿商營業繁榮，比較前年賣項增加二三成　第 96 號　1937 年 1 月 27 日　190 頁
舊曆年關臨邇，充實配給陣容，各種必需品較往日配給增量　第 427 號　1941 年 1 月 18 日　546 頁
韓人烟館被搶，朴某受槍傷頗重　第 99 號　1937 年 2 月 26 日　197 頁
韓大臣來哈出席講演會　第 124 號　1937 年 8 月 18 日　247 頁
檢察當局擬開犯罪展覽會，訓練市民對犯罪搜索常識，指紋學在犯罪搜查上殊多輔助　第 36 號　1935 年 11 月 8 日　68 頁
檢舉市内不良分子，開始晝夜警戒工作　第 197 號　1939 年 2 月 1 日　387 頁
擊死股匪三名，獲大小槍三支、子彈一百發　第 223 號　1939 年 8 月 31 日　439 頁
擊匪凱旋辦追悼［慶城］　第 86 號　1936 年 11 月 4 日　171 頁
擊碎玻璃損失頗巨　第 229 號　1939 年 11 月 2 日　453 頁
擬在哈市近郊設置農場以期完成產業之開發，市署農政科計畫實施中　第 188 號　1938 年 11 月 22 日　370 頁
擬休業之十一油房日產量愈增，第一日生產一萬四千枚　第 155 號　1938 年 4 月 5 日　310 頁
擴大防疫所，實施獸類清血　第 232 號　1939 年 11 月 22 日　458 頁
擴增用地百畝，邁進苗圃強化［黑山］　第 237 號　1940 年 1 月 24 日　468 頁
擲酒瓶未中要害，想逃脱反吃菜刀——耀庭旅館中一幕武劇　第 105 號　1937 年 4 月 7 日　208 頁
戲院營業的起伏：華樂之營業還能夠維持，新舞臺情形又陷於下風　第 69 號　1936 年 7 月 9 日　136 頁
嬰屍袚於街上，警方現正調查　第 210 號　1939 年 5 月 17 日　411 頁
雖無苟且之爲亦有瓜李之嫌，二男一女同榻而眠，被警瞥見罰款了事　第 27 號　1935 年 8 月 31 日　53 頁
雖然離任精神猶在，韋市長離任前之致詞　第 149 號　1938 年 2 月 23 日　299 頁
雖經幾度彈壓，反蘇運動愈熾，蘇聯當局仍在繼續彈壓中　第 74 號　1936 年 8 月 13 日　146 頁
點心鋪大叫其苦　第 87 號　1936 年 11 月 12 日　173 頁
矯正三大惡習，製牌懸掛各處希望市民遵守　第 82 號　1936 年 10 月 2 日　161 頁
矯正市民惡習，警廳製矯正牌數萬，各保分發市民懸掛　第 87 號　1936 年 11 月 12 日　172 頁
魏炳祥家被匪光顧　第 39 號　1935 年 11 月 29 日　74 頁
優秀代用品展覽會成績極爲良好，每日參觀者計達千數百人　第 209 號　1939 年 5 月 11 日　409 頁
御造營勤勞奉仕［北鎮］　第 545 號　1941 年 5 月 24 日　574 頁
鍘草不慎，手指鍘掉　第 160 號　1938 年 5 月 13 日　320 頁
鍛煉少年團身心，舉行合宿訓練，北新校於十四五兩日實行　第 227 號　1939 年 10 月 24 日　449 頁
鮫島市長歸任［本溪］　第 238 號　1940 年 2 月 22 日　471 頁

鮮人母女三人一併葬身火窟，香坊郊外火警演成慘劇，起火原因不明現調查中　第143號　1937年12月30日　287頁
鮮人行竊，請警協緝　第86號　1936年11月4日　170頁
鮮人持槍威嚇，搶去國幣六元，警察出動終於捕獲　第123號　1937年8月13日　245頁
鮮人竊取托運物件　第115號　1937年6月16日　228頁
鮮女逃哈，結果尋獲　第94號　1937年1月13日　186頁
鮮匪強搶孫金禮家　第59號　1936年4月29日　117頁
鮮匪落網，日憲兵隊殊勳　第55號　1936年4月4日　108頁
鮮貨業之今昔，北滿各地分設代理店　第87號　1936年11月12日　173頁
講演關於華北問題——柏田忠一教授　第92號　1936年12月16日　182頁
齋藤部隊討匪報捷　第70號　1936年7月17日　138頁
濱北各縣治安良好，韋省長視察歸來談　第165號　1938年6月15日　331頁
濱田修造家中被竊　第37號　1935年11月15日　70頁
濱地檢廳日系檢官由特檢大塚兼任　第33號　1935年10月18日　63頁
濱州車脫軌，交通杜絕，秩序大亂　第96號　1937年1月27日　190頁
濱州濱北兩線鐵橋警廳限制通行時間　第219號　1939年7月27日　431頁
濱江市建國紀念日軍樂隊奏樂攝影　第3號　1935年3月18日　7頁
濱江省人事小異動，今後將有繼續異動說　第111號　1937年5月19日　221頁
濱江省下十四縣明年預算額統計，要求額約一五五萬元　第88號　1936年11月19日　174頁
濱江省之新方針：警官之待過改善費增額，設訓練所樹立三年計畫　第157號　1938年4月19日　314頁
濱江省之機構人事春節前改革　第146號　1938年1月26日　293頁
濱江省日滿人關係：農事輔導委員會委員長爲特務機關渡邊少佐，省令各縣旗遵令照辦　第65號　1936年6月10日　128頁
濱江省今年度農業更生策已經全國農務會議決定——省實業廳河村技佐談　第53號　1936年3月20日　104頁
濱江省公署開農產對策會議　第407號　1940年9月5日　514頁
濱江省公署召開副縣旗長會議　第150號　1938年3月1日　300頁
濱江省公署召開縣旗會議　第239號　1940年3月5日　472頁
濱江省公署特殊防護團之陣容：前田警務廳長爲團長，總人員千三百〇九人　第52號　1936年3月16日　103頁
濱江省公署設置魔藥斷禁促進委員會，全省四萬癮者十年計畫撲滅，布成水泄不通之魔藥撲滅陣　第160號　1938年5月13日　321頁
濱江省公署設置種苗圃，一在甯安，一在密山　第106號　1937年4月14日　211頁
濱江省公署組織特別治安工作班，同時整頓全省警備機關，服裝五萬套已運送到哈　第16號　1935年6月13日　30頁
濱江省公署開統計講習　第400號　1940年6月16日　498頁
濱江省公署開催副縣市旗長會議，本月十八九兩日在會議室舉行　第234號　1939年12月7日　462頁
濱江省公署當局舉行詔書傳達式，各縣旗市長警察廳長均出席參加　第405號　1940年8月17日　510頁

濱江省公署當局樹立農産增産計劃　第 237 號　1940 年 1 月 24 日　468 頁
濱江省公署新年拜賀典禮：宣揚國民槍後精神，祈禱皇軍武運久長　第 143 號　1937 年 12 月 30 日　287 頁
濱江省公署調查省下官吏癮者總數計達一千〇八十餘名　第 184 號　1938 年 10 月 27 日　363 頁
濱江省本部開催縣事務長會議，自本月十五日起舉行［哈爾濱］　第 225 號　1939 年 9 月 12 日　443 頁
濱江省成立學校組合事務所，管轄管内日本小學校　第 141 號　1937 年 12 月 11 日　282 頁
濱江省决以廿六萬預算開設原種圃，各縣支出預算大體决定　第 111 號　1937 年 5 月 19 日　220 頁
濱江省阿片癮者十八萬人，當局苦心調查之後實行十年根絕計劃　第 145 號　1938 年 1 月 21 日　291 頁
濱江省明年度起實施識字運動五年計劃，每年開辦民衆學校八百處，本年度起開始基本之調查　第 106 號　1937 年 4 月 14 日　210 頁
濱江省所屬各縣之財政狀况：各縣財政之確立須視治安之狀態，廿七縣中財政能自立者僅有六縣，財政確立之前途仍尚遼遠　第 10 號　1935 年 5 月 6 日　20 頁
濱江省教育概况（一）　第 58 號　1936 年 4 月 23 日　114 頁
濱江省教育概况（二）　第 59 號　1936 年 4 月 29 日　116 頁
濱江省教育概况（三）　第 60 號　1936 年 5 月 7 日　119 頁
濱江省教育概况（四）　第 61 號　1936 年 5 月 14 日　121 頁
濱江省教育概况（五）　第 62 號　1936 年 5 月 21 日　122 頁
濱江省産業開發五年計劃案内容：振興畜産，增産穀物爲主體，設農事組合，增進農民福利　第 104 號　1937 年 3 月 31 日　206 頁
濱江省農地造成計劃：年次開發預定面積，自明年度起實施趨入本格的　第 192 號　1938 年 12 月 22 日　376 頁
濱江省農事試驗場技術改善方策：各縣技士會議議决　第 70 號　1936 年 7 月 17 日　139 頁
濱江省署協和分會現組織慶祝委員會　第 237 號　1940 年 1 月 24 日　468 頁
濱江省與管下各縣一齊舉行禁烟周間，由廿八日至來月三日　第 184 號　1938 年 10 月 27 日　363 頁
濱江省新舊省長交接式於三日午前已莊嚴舉行，施省長閻省長均有致詞　第 118 號　1937 年 7 月 7 日　235 頁
濱江省管下各校共通缺點，後藤視學官視察所得　第 66 號　1936 年 6 月 18 日　130 頁
濱江省管下各縣地方税成績良好，各縣治安漸趨確立，總額二百九十六萬八百餘元　第 76 號　1936 年 8 月 27 日　150 頁
濱江省管下各縣四年度預算概要：歲入八三〇八九八元，歲出八八一五八四元，總計六九九六一九六元（一）　第 66 號　1936 年 6 月 18 日　131 頁
濱江省管下各縣四年度預算概要：歲入八三〇八九八元，歲出八八一五八四元，總計六九九六一九六元（二）　第 67 號　1936 年 6 月 26 日　133 頁
濱江省管下各縣四年度預算概要：歲入八三〇八九八元，歲出八八一五八四元，總計六九九六一九六元（三）　第 68 號　1936 年 7 月 2 日　135 頁
濱江省管下各縣設四百集團部落，充實縣警察機構強化司法行政，結成總經費約達二百三十萬元——警務廳之治安工作計劃　第 58 號　1936 年 4 月 23 日　114 頁
濱江省管下被水災狀况：總面積約四萬垧，呼蘭河約占一千百垧　第 223 號　1939 年 8 月 31 日　438 頁
濱江省管内各縣穀物移出總額：濱江税務監督署調查　第 68 號　1936 年 7 月 2 日　134 頁
濱江省管内私塾取締規程　第 83 號　1936 年 10 月 23 日　166 頁

濱江省管内宗教調查：勢力龐大者以佛教爲最，道教儒教基督教等次之（一）　第 59 號　1936 年 4 月 29 日　116 頁
濱江省管内宗教調查：勢力龐大者以佛教爲最，道教儒教基督教等次之（二）　第 60 號　1936 年 5 月 7 日　118 頁
濱江省管内宗教調查：勢力龐大者以佛教爲最，道教儒教基督教等次之（三）　第 61 號　1936 年 5 月 14 日　120 頁
濱江省管内家畜調查：農耕馬增加十一萬匹　第 101 號　1937 年 3 月 11 日　200 頁
濱江省管内貿易調查：總額四千四百四十一萬餘元，建國後第一次調查　第 75 號　1936 年 8 月 15 日　148 頁
濱江省實業廳孫廳長視察歸來談：牡丹江都市建設突飛猛進，東部各縣之治安非常良好　第 93 號　1936 年 12 月 25 日　184 頁
濱江省實業廳樹立主要家畜防疫計劃，在各縣定期舉行預防注射　第 161 號　1938 年 5 月 19 日　322 頁
濱江省整備委員會召開專門委員會議，討論主要食料品配給改善對策　第 238 號　1940 年 2 月 22 日　470 頁
濱江省檢定中等教師　第 160 號　1938 年 5 月 13 日　320 頁
濱江省警務廳一幅升官圖　第 141 號　1937 年 12 月 11 日　282 頁
濱江省警務廳機構一部變更，新設置警備一科，司法科仍改刑事科［哈爾濱］　第 135 號　1937 年 10 月 29 日　269 頁
濱江站貨物倉庫後身發見柳條包裹一少女，血跡淋漓狀極慘，年約六七，捕朔迷離，當局現在正調查中　第 195 號　1939 年 1 月 19 日　383 頁
濱江商工公會開催常務理事會　第 188 號　1938 年 11 月 22 日　371 頁
濱江紳界之趣聞：因門牌刁某要無賴，爲口角吴氏喪殘生　第 42 號　1935 年 12 月 18 日　81 頁
濱江稅署副署長易人　第 155 號　1938 年 4 月 5 日　310 頁
濱江稅署管内本年營業稅額，約三百五十萬元，較去年增二成　第 114 號　1937 年 6 月 9 日　227 頁
濱江游擊隊擊退股匪［哈爾濱］　第 70 號　1936 年 7 月 17 日　139 頁
濱江管内石油專賣額　第 15 號　1935 年 6 月 7 日　29 頁
濱江龍江三江省將添設拓政科，下月初旬即可公佈官制　第 108 號　1937 年 4 月 28 日　215 頁
濱省地籍整理局土地整理已規定：由康德五年度樹立繼續整理計劃　第 303 號　1940 年 4 月 18 日　484 頁
濱省佟事務官現榮轉總務廳　第 304 號　1940 年 4 月 27 日　487 頁
濱洲沿線林業區之經濟狀況（一）　第 12 號　1935 年 5 月 16 日　25 頁
濱洲沿線林業區之經濟狀況（二）　第 13 號　1935 年 5 月 22 日　26 頁
濱洲沿線林業區之經濟狀況（四）　第 15 號　1935 年 6 月 7 日　29 頁
濱洲沿線林業區之經濟狀況（五）　第 16 號　1935 年 6 月 13 日　30 頁
濱洲線工事改良中貨物經由辦理方法：東昂昂溪站即將廢止　第 82 號　1936 年 7 月 31 日　142 頁
濱洲線煥然一新　第 6 號　1935 年 4 月 4 日　13 頁
濱綏線改良工事十九日全線終了，哈市牡丹江車十八日運行　第 116 號　1937 年 6 月 23 日　230 頁
澀谷警務廳長視察歸來談：治安狀態將愈確立　第 111 號　1937 年 5 月 19 日　221 頁

十八畫

騎車追逐女郎，車倒人翻衣碎皮破，可爲荒唐子之殷鑒　第 78 號　1936 年 9 月 10 日　155 頁
職員訓練終了，赴關東州見學［新民］　第 307 號　1940 年 6 月 2 日　493 頁
職能登録申告澈底，勞協會召開協議會　第 409 號　1940 年 9 月 19 日　516 頁
職業學校卒業式函請各機關參加，已就職者達七十餘名　第 190 號　1938 年 12 月 9 日　373 頁
鞦韆腳力會［寬甸］　第 400 號　1940 年 6 月 16 日　499 頁
藤堂高宣在哈逝世　第 104 號　1937 年 3 月 31 日　206 頁
藥研會舉行成立　第 195 號　1939 年 1 月 19 日　383 頁
櫃夥失踪，請警查找　第 115 號　1937 年 6 月 16 日　228 頁
櫃夥潛逃，拐去貨物，損失數十元　第 55 號　1936 年 4 月 4 日　108 頁
醫士公會長改選［昌圖］　第 218 號　1939 年 7 月 20 日　428 頁
醫科大學閻校長榮升市衛生處長，哈市衛生陣容益愈整備　第 304 號　1940 年 4 月 27 日　487 頁
醫師法施行同時着手取締庸醫，滿人庸醫被檢舉者二十七名，庸醫由此可以休矣　第 96 號　1937 年 1 月 27 日　190 頁
醫專學生慘遭滅頂，江浴者可慎諸　第 73 號　1936 年 8 月 6 日　144 頁
擺船不慎，墜江溺死　第 174 號　1938 年 8 月 12 日　342 頁
穢水窖内，手槍何多　第 158 號　1938 年 4 月 27 日　317 頁
雙合盛皮革廠復活，年產八十萬元　第 85 號　1936 年 10 月 28 日　168 頁
雙城堪稱模範縣，視察歸來之韋省長對記者談　第 163 號　1938 年 6 月 2 日　327 頁
雙城縣行政，于省長巡視　第 428 號　1941 年 1 月 25 日　549 頁
雙盛店櫃夥携款潛逃，拐去國幣二百餘元　第 40 號　1935 年 12 月 5 日　77 頁
雙發福付之一炬，損失四千餘元　第 146 號　1938 年 1 月 26 日　293 頁
雙興合被竊　第 38 號　1935 年 11 月 21 日　73 頁
邊霄亭又犯賭，一犯再犯怙惡不悛　第 43 號　1935 年 12 月 26 日　83 頁
離婚後之少婦突爾投江自殺，被水上署員奮勇救上［安東］　第 119 號　1937 年 7 月 15 日　237 頁
糧石交易所事務員考試終了　第 183 號　1938 年 10 月 13 日　358 頁
糧食市場非常閑散，平抑物價所收效果　第 122 號　1937 年 8 月 5 日　243 頁
額爾克訥左翼旗概觀（一）　第 27 號　1935 年 8 月 31 日　52 頁
額爾克訥左翼旗概觀（二）　第 28 號　1935 年 9 月 5 日　55 頁
額爾克訥左翼旗概觀（三）　第 30 號　1935 年 9 月 28 日　56 頁
額爾克訥左翼旗概觀（四）　第 31 號　1935 年□月□日　58 頁
額爾克訥左翼旗概觀（五）　第 32 號　1935 年 10 月 11 日　60 頁
額爾克訥左翼旗概觀（六）　第 33 號　1935 年 10 月 18 日　63 頁
額爾克訥左翼旗概觀（七）　第 35 號　1935 年 10 月 31 日　66 頁
額爾克訥左翼旗概觀（八）　第 36 號　1935 年 11 月 8 日　68 頁
額爾克訥左翼旗概觀（九）　第 37 號　1935 年 11 月 15 日　71 頁
額爾克訥左翼旗概觀（十）　第 38 號　1935 年 11 月 21 日　73 頁

斷手案真象大白，兇犯現押審訊中　第 221 號　1939 年 8 月 9 日　434 頁
斷指祈愈夫病，賢妻可風　第 427 號　1941 年 1 月 18 日　546 頁

十九畫

蔥賣烟份，被市逮捕　第 163 號　1938 年 6 月 2 日　327 頁
蘇子交易狀況：日本需要激增，銷路尚稱旺盛　第 101 號　1937 年 3 月 11 日　201 頁
蘇飛行將校圖逃未果，羨我王道樂土　第 65 號　1936 年 6 月 10 日　129 頁
蘇境武市子藥庫爆發，黑烟彌漫火光冲天，原因恐爲反蘇份子所爲　第 65 號　1936 年 6 月 10 日　128 頁
蘇境鐵路列車連翻三次，旅客多數死傷，越獄囚犯所爲　第 68 號　1936 年 7 月 2 日　135 頁
蘇聯果將何爲？强化東部國境防備，東甯對岸建築炮壘，興凱湖增加警備艦　第 66 號　1936 年 6 月 18 日　130 頁
蘇聯偵察機一架越境偵查撮影，在綏芬河飛行場上空，我政府當局極爲憤慨　第 56 號　1936 年 4 月 10 日　110 頁
蘇聯從業員多欲歸化滿籍　第 5 號　1935 年 3 月 27 日　11 頁
蘇聯最近經濟及生活情形，人民咸有生不如死之感，竊盗社會主義財產犯多　第 96 號　1937 年 1 月 27 日　191 頁
蘇聯積極擴充極東艦隊，潛水艇廿艘運往海参崴　第 82 號　1936 年 7 月 31 日　142 頁
蘇聯憲法不顧民權　第 90 號　1936 年 12 月 2 日　178 頁
蘇聯鐵路局從業員因感蘇聯政治不良逃脫來滿，由滿洲里站逃來蘇聯人自述　第 68 號　1936 年 7 月 2 日　134 頁
警士巡邏途中巧獲一匪，搶畢擬逃中途被捕，惡貫滿盈天理昭彰　第 92 號　1936 年 12 月 16 日　183 頁
警士何故輕生浴新池澡塘——一幕自殺案　第 68 號　1936 年 7 月 2 日　135 頁
警士盤獲竊犯送署［營口］　第 134 號　1937 年 10 月 20 日　267 頁
警戒空襲警報傳達訓練，十日起實施希市民注意　第 179 號　1938 年 9 月 15 日　352 頁
警局定期大掃除［錦州］　第 104 號　1937 年 3 月 31 日　207 頁
警局幹部警官人事實施異動，已於九日正式發表異動令　第 548 號　1941 年 6 月 14 日　578 頁
警局義務種痘［錦西］　第 57 號　1936 年 4 月 17 日　113 頁
警官六名分别深造　第 77 號　1936 年 9 月 2 日　153 頁
警官破案神速［瓦房店］　第 239 號　1940 年 3 月 5 日　473 頁
警科開保安講習［北鎮］　第 219 號　1939 年 7 月 27 日　430 頁
警匪激戰：俄匪二名當場被捕，哈市警政良好成績　第 63 號　1936 年 5 月 28 日　125 頁
警員檢索結果：嫌疑犯均落網　第 420 號　1940 年 11 月 23 日　534 頁
警訓所四期開學［北鎮］　第 70 號　1936 年 7 月 17 日　139 頁
警務人事移動［新京］　第 539 號　1941 年 4 月 12 日　562 頁
警務科考取警士［海城］　第 191 號　1938 年 12 月 16 日　374 頁
警務科長着任［海州］　第 420 號　1940 年 11 月 23 日　535 頁
警務廳管下殉職英魂合同慰靈祭在西本願寺大舉行　第 103 號　1937 年 3 月 25 日　204 頁

警報與燈火管制，防空常識第一警報，警報分爲空襲警報及防護警報　第 76 號　1936 年 8 月 27 日　150 頁
警署按戶種痘［懷德］　第 211 號　1939 年 5 月 31 日　414 頁
警署檢查衛生，市民紛紛種痘［昌圖］　第 532 號　1941 年 2 月 22 日　552 頁
警察司法講習會　第 106 號　1937 年 4 月 14 日　211 頁
警察何得假公濟私　第 13 號　1935 年 5 月 22 日　27 頁
警察局長交替式已隆重舉行矣，新舊局長對全體官員致詞訓勉　第 419 號　1940 年 11 月 14 日　532 頁
警察官夫人產婆講習開始，十二月廿五日卒業　第 123 號　1937 年 8 月 13 日　244 頁
警察官表彰式現正積極準備進行中　第 194 號　1939 年 1 月 12 日　380 頁
警察官派出所廢合改稱問題，警察廳當局慎重考慮中　第 134 號　1937 年 10 月 20 日　266 頁
警察捐行將撤銷，新會計年度七月一日施行，誠爲哈爾濱特產界之福音　第 16 號　1935 年 6 月 13 日　30 頁
警察乘車理宜讓座　第 11 號　1935 年 5 月 8 日　22 頁
警察當局嚴勵取締野妓，野妓命運由此休矣　第 115 號　1937 年 6 月 16 日　229 頁
警察署長到任［新民］　第 420 號　1940 年 11 月 23 日　535 頁
警察署管區變更，預定六月一日實行　第 162 號　1938 年 5 月 26 日　324 頁
警察職員表彰式在警校隆重舉行　第 209 號　1939 年 5 月 11 日　409 頁
警察權歸市問題，市警幾成對立形勢，市政執行頗多障礙，市署某有力者之談片　第 75 號　1936 年 8 月 15 日　148 頁
警察廳人事異動［延吉］　第 160 號　1938 年 5 月 13 日　321 頁
警察廳司法科破獲大批誘拐婦女團，被害婦女天津北京方面居多數　第 167 號　1938 年□月□日　332 頁
警察廳召開歲末司法會議　第 199 號　1939 年 2 月 15 日　391 頁
警察廳即將設置綜合人事相談系，内中分爲日滿俄各部份，各方面希望其早日實現　第 143 號　1937 年 12 月 30 日　286 頁
警察廳計劃增添消防大汽車三台　第 209 號　1939 年 5 月 11 日　408 頁
警察廳試驗合格，自動車運轉手於八月一日公佈［黑龍江］　第 24 號　1935 年 8 月 8 日　47 頁
警察廳認真注射［佳木斯］　第 70 號　1936 年 7 月 17 日　139 頁
警察廳衛生科舉行秋季診斷檢查，每日由下午一時起至四時止　第 186 號　1938 年□月□日　366 頁
警網密佈之下匪徒膽敢肆逞，通道街又發生強搶案　第 125 號　1937 年 8 月 26 日　248 頁
警憲協力組織搜查班　第 421 號　1940 年 11 月 30 日　537 頁
警廳人事異動　第 132 號　1937 年 10 月 7 日　263 頁
警廳召開署長會議二十七八兩日舉行　第 106 號　1937 年 4 月 14 日　210 頁
警廳召集各關係側舉行交通事故防止懇談會，秋吉警廳長以下多名出席　第 218 號　1939 年 7 月 20 日　429 頁
警廳考試運轉手［齊齊哈爾］　第 224 號　1939 年 9 月 6 日　441 頁
警廳考優良警士［三江］　第 129 號　1937 年 9 月 22 日　256 頁
警廳努力整理市内交通，登喜和捐贈信號機一架，南崗及道里將分別增設　第 77 號　1936 年 9 月 2 日　152 頁
警廳招開署長會議　第 162 號　1938 年 5 月 26 日　324 頁
警廳果警長拿獲著名匪首［黑龍江］　第 32 號　1935 年 10 月 11 日　61 頁
警廳官兵恤助故警［黑龍江］　第 36 號　1935 年 11 月 8 日　69 頁
警廳查惡德商人，嚴施暴利取締令，奸商利徒可以休矣　第 165 號　1938 年 6 月 15 日　331 頁

警廳保安科設置標識燈，假宴賓樓招開座談會，說明標識特長技能　第 62 號　1936 年 5 月 21 日　122 頁
警廳將接收市消防隊　第 148 號　1938 年 2 月 17 日　296 頁
警廳將設法取締不良建築　第 37 號　1935 年 11 月 15 日　70 頁
警廳喚市民防火［安東］　第 104 號　1937 年 3 月 31 日　207 頁
警廳爲安定人心，決取締流言蜚語，捏造黑白者一經查獲嚴重處罰，添設放送塔以便報道正確消息　第 128 號　1937 年 9 月 16 日　254 頁
警廳爲防止交通事故，實施交通訓練期間，訓令各署交通保安兩股取締，並告市民注意訓練事項　第 105 號　1937 年 4 月 7 日　208 頁
警廳衛生科注意家畜防疫，農村經濟致被蠶食，國計民生均受影響　第 62 號　1936 年 5 月 21 日　123 頁
警廳衛生科飭令各署檢查各飲食店，以期確保市民健康　第 212 號　1939 年 6 月 8 日　417 頁
警廳機構改革問題，來月初實施　第 416 號　1940 年 10 月 27 日　526 頁
警廳擬接收游覽船許可權［哈爾濱］　第 168 號　1938 年 6 月 29 日　335 頁
警廳嚴查奸商高抬物價　第 191 號　1938 年 12 月 16 日　374 頁
警廳嚴格調查不合格車體　第 175 號　1938 年 8 月 17 日　344 頁
警廳屬下之各警署廢合問題近將實施，署長人選治安部發令後將可決定　第 201 號　1939 年 3 月 8 日　394 頁
攀花折柳意圖叵測，捧牌抽頭曲盡孝思，中泰銀行湯經理之風流穢史　第 28 號　1935 年 9 月 5 日　54 頁
關口司長朝陽視察［錦州］　第 68 號　1936 年 7 月 2 日　135 頁
關岳合祀，祈願國威宣揚　第 154 號　1938 年 3 月 30 日　309 頁
關於洪增合劈利糾紛訟案之遠因近果：股東依然調兵遣將設法應付，新任監理鬧了一鼻子灰　第 44 號　1936 年 1 月 9 日　84 頁
關於國軍之現況及將來：四軍參謀長李少將放送詞（一）　第 76 號　1936 年 8 月 27 日　150 頁
關於國軍之現況及將來：四軍參謀長李少將放送詞（二）　第 77 號　1936 年 9 月 2 日　153 頁
關於國軍之現況及將來：四軍參謀長李少將放送詞（三）　第 78 號　1936 年 9 月 10 日　154 頁
關於康德六年度鴉片斷禁方策：禁烟促進委員會討議結果　第 182 號　1938 年 10 月 6 日　356 頁
嚴防時疫天花［安東］　第 100 號　1937 年 3 月 4 日　199 頁
嚴禁女生燙髮擦粉，金井總務廳長之提議：整頓學風之壯舉　第 52 號　1936 年 3 月 16 日　102 頁
嚴禁場外交易，冒名商可以休矣　第 77 號　1936 年 9 月 2 日　153 頁
嚴厲取締放印錢［遼陽］　第 133 號　1937 年 10 月 16 日　265 頁
獸肉組合，呈請增加　第 402 號　1940 年 7 月 16 日　503 頁
羅津將設立特產取引所，設立運動已表面化　第 145 號　1938 年 1 月 21 日　291 頁
譎譯指導官狼狽爲奸，慘殺無辜塗炭居民，警察保護下滿溝站竟成黑暗世界（一）　第 41 號　1935 年 12 月 13 日　78 頁
譎譯指導官狼狽爲奸，慘殺無辜塗炭居民，警察保護下滿溝站竟成黑暗世界（二）　第 42 號　1935 年 12 月 18 日　81 頁
譎譯指導官狼狽爲奸，慘殺無辜塗炭居民，警察保護下滿溝站竟成黑暗世界（三）　第 43 號　1935 年 12 月 26 日　82 頁
韻事何多，一幕滑稽趣劇：司機的犯重婚畏罪潛逃無踪，女車掌被責後也不知那去了　第 194 號　1939 年 1 月 12 日　381 頁

爆竹製造中火藥突爆發，執事櫃夥三名受重傷，顧鄉屯深夜中之慘劇　第 143 號　1937 年 12 月 30 日　286 頁
爆炸子藥庫之兩悍匪被刑事科搜查股捕獲，並搜出槍兩支子彈十八粒　第 54 號　1936 年 3 月 27 日　107 頁

二十畫

麵粉生產量激減，四月份生產二十四萬一千餘袋，比較前月減少四成　第 161 號　1938 年 5 月 19 日　323 頁
麵粉市況不振，各製粉場相繼休業　第 123 號　1937 年 8 月 13 日　244 頁
麵粉町村配給改善［吉林］　第 219 號　1939 年 7 月 27 日　430 頁
麵粉價格之比較：較去年一月增漲五成　第 138 號　1937 年 11 月 17 日　275 頁
麵粉價格暴騰：小麥較去年漲價二元　第 140 號　1937 年 12 月 1 日　278 頁
麵粉價格暴騰：責任當局應速謀對策　第 148 號　1938 年 2 月 17 日　296 頁
麵粉價暗漲不已，省署再定標準價［吉林］　第 188 號　1938 年 11 月 22 日　370 頁
麵粉銷路漸佳，但價格將有暴落之勢　第 112 號　1937 年 5 月 27 日　223 頁
醴泉副縣長轉勤［洮南］　第 213 號　1939 年 6 月 14 日　418 頁
懸賞募集時局國歌　第 128 號　1937 年 9 月 16 日　254 頁
罌粟栽培區域漸減　第 81 號　1936 年 10 月 8 日　162 頁
籌設市政電話［嫩江］　第 69 號　1936 年 7 月 9 日　137 頁
籌備慶祝建國大典［通遼］　第 199 號　1939 年 3 月 3 日　393 頁
籃球聯賽選手權大會　第 222 號　1939 年 8 月 24 日　437 頁
饒河團山子商務會邢會長合謀詐財，現已在哈法院起訴　第 25 號　1935 年 8 月 16 日　49 頁
饑寒交加悔過自新，匪徒相繼投降，王道慈光普照無微不至　第 187 號　1938 年 11 月 17 日　368 頁
護岸工事計劃十一日在省署官房會議室開催，出席者結城次長以下多名　第 175 號　1938 年 8 月 17 日　344 頁
繼洪盛隆之後，匪徒膽大包天，協茂長又被搶，當局十分震怒嚴重搜查中，道里繁華街搶案頻頻發生　第 153 號　1938 年 3 月 22 日　306 頁
繼烟樓招待之後，酒館招待之厄運，酒館協議一致解雇　第 78 號　1936 年 9 月 10 日　154 頁
繼道外商會之後道里側亦不後人，飛行協會特別會員加入者踴躍，張會長以下二十二名加入　第 116 號　1937 年 6 月 23 日　231 頁
繼滿德通商協定之後，將締結滿意通商協定，滿洲大豆之輸歐頗堪期待　第 153 號　1938 年 3 月 22 日　307 頁

二十一畫

驟子遭滅頂［北鎮］　第 419 號　1940 年 11 月 14 日　533 頁
歡迎義大利視善使節團結成歡迎委員會，各機關代表者協議之結果　第 154 號　1938 年 3 月 30 日　308 頁
歡送國兵入營，舉開盛大壯行會［開原］　第 547 號　1941 年 6 月 7 日　577 頁
歡送庶務科長榮轉志盛［東豐］　第 302 號　1940 年 4 月 11 日　482 頁
轟動社會之地窖強奸案辯論終結即將宣判，如何判處殊堪注目　第 42 號　1935 年 12 月 18 日　81 頁
霸占於先遺棄於後，王榮軒可謂衣冠禽獸　第 26 號　1935 年 8 月 26 日　50 頁

鐵工業組合舉行結成式　第 416 號　1940 年 10 月 27 日　527 頁
“鐵公雞”接演“南北合”，新舞臺某坤伶之戲中戲　第 108 號　1937 年 4 月 28 日　215 頁
鐵道局員廢止虛禮，開始節約動運，由日常生活交際費上着手　第 181 號　1938 年 9 月 29 日　355 頁
鐵道局結成消節委會，實施要項已決定　第 224 號　1939 年 9 月 6 日　441 頁
鐵道局新設記者室一處　第 194 號　1939 年 1 月 12 日　381 頁
鐵道事故去年萬三千餘件　第 70 號　1936 年 7 月 17 日　139 頁
鐵道警護隊將舉行愛路大會，同時舉行懇談會追悼會，北滿鐵道沿線分別開催　第 145 號　1938 年 1 月 21 日　290 頁
鐵路名稱一律改革　第 142 號　1937 年 12 月 5 日　280 頁
鐵路材料場發生火警　第 114 號　1937 年 6 月 9 日　226 頁
鐵路局接收航聯問題，短期間内恐難辦到，與船東間之價格研究甚爲困難　第 37 號　1935 年 11 月 15 日　71 頁
鐵路局爲防患未然，組成線路巡迴班，解冰期間出軌事故易於發生，一經發見必須立即修理完成，哈爾濱鐵路局訓示所屬　第 55 號　1936 年 4 月 4 日　108 頁
鐵路局嚴厲整頓，行李包裹授受手續，昨已通飭各方注意　第 54 號　1936 年 3 月 27 日　106 頁
鐵路病院看護養成所召募新生　第 151 號　1938 年 3 月 9 日　302 頁
鐵路業務檢查［彰武］　第 193 號　1938 年 12 月 29 日　379 頁
鐵路學院紀念展覽會　第 64 號　1936 年 6 月 4 日　126 頁
鐵輪馬車亟宜取締　第 2 號　1935 年 3 月 6 日　4 頁
鷄林叢訊　第 18 號　1935 年 6 月 27 日　34 頁
瘾者車内昏倒［安東］　第 402 號　1940 年 7 月 16 日　502 頁
顧客突變暴客，開槍擊傷事主，三十六棚之行搶未隨案　第 45 號　1936 年 1 月 17 日　86 頁
顧鄉屯管内發見股匪，當局立起嚴戒　第 125 號　1937 年 8 月 26 日　248 頁
鶴崗煤輸入不振，預料本年度恐仍不足用，推測結冰時僅二十萬噸　第 119 號　1937 年 7 月 15 日　236 頁

二十二畫

蘿蔔内裝子彈，遇警棄之而逃　第 193 號　1938 年 12 月 29 日　379 頁
驚人慘劇：夫婦口角動武，雙手捏死髮妻，兇手赴警自首，謂替母弟報仇　第 540 號　1941 年 4 月 19 日　565 頁
霽虹橋西側改建兒童游戲場　第 211 號　1939 年 5 月 31 日　414 頁
體育周間擴大舉行　第 127 號　1937 年 9 月 9 日　253 頁
體育保健哈支部役員推定，組成體育館建委會，委員規程均經選成　第 119 號　1937 年 7 月 15 日　236 頁
體育振興會廿七日舉行　第 196 號　1939 年 1 月 25 日　385 頁
體育消息　第 121 號　1937 年 7 月 29 日　240 頁
體育聯盟支部籌備化裝滑冰競技大會，日内即向各關係方面請求獎品　第 192 號　1938 年 12 月 22 日　377 頁
體聯哈事務局召開理事會議　第 235 號　1939 年 12 月 21 日　466 頁

讀者之聲：正陽署管内搶案何多　第 10 號　1935 年 5 月 6 日　20 頁
讀者之聲：論道外衛生　第 25 號　1935 年 8 月 16 日　49 頁
讀書識字運動全省擴大舉行，因爲文盲太多　第 413 號　1940 年 10 月 8 日　520 頁
聾啞校之現狀［金州］　第 531 號　1941 年 2 月 8 日　551 頁
竊木樁者被獲［黑龍江］　第 27 號　1935 年 8 月 31 日　53 頁
竊自行車常習犯被警察當局逮捕　第 421 號　1940 年 11 月 30 日　537 頁
竊盜破案迅速，戴警尉之殊勳［本溪］　第 307 號　1940 年 6 月 2 日　492 頁
竊盜案件激增，由去年一月至今年二月共計發生八百九十四件　第 161 號　1938 年 5 月 19 日　323 頁
竊鍋女賊，當場被獲［哈爾濱］　第 118 號　1937 年 7 月 7 日　235 頁

二十三畫

鶩尾緝私官拿獲私造烟斗犯［黑龍江］　第 36 號　1935 年 11 月 8 日　69 頁
戀奸情熱拐款潛逃，警當局追緝中　第 70 號　1936 年 7 月 17 日　139 頁
戀招待髮妻難容，哭擾後垂頭喪氣　第 427 號　1941 年 1 月 18 日　547 頁
戀野妓不顧老母，趙鴻勳禽獸不如　第 54 號　1936 年 3 月 27 日　107 頁

二十四畫

觀光協會主催作品展覽會十六日在登喜和舉行　第 183 號　1938 年 10 月 20 日　361 頁
觀光協會發會式典三十日舉行　第 104 號　1937 年 3 月 31 日　207 頁
觀光團體紛至沓來，觀光協會搜集本市名勝照片，四月初開催觀光照片展覽會　第 150 號　1938 年 3 月 1 日　301 頁
觀劇歸來被匪搶劫，掠去赤金鐲一付，損失約三百餘元　第 114 號　1937 年 6 月 9 日　227 頁
鹽去年度銷售量約二九七千擔，哈爾濱專賣署管内成績　第 96 號　1937 年 1 月 27 日　191 頁
釀造醬油講習會　第 155 號　1938 年 4 月 5 日　311 頁
艷樂堂蕭條［阜新］　第 223 號　1939 年 8 月 31 日　439 頁